U0512285

本书编委会

主　　编：李铁城

主要撰稿人：李铁城　石　磊　左　洁　胡王云

参与撰稿人：白　石　王昕雪　张利萍　王艺陶　丛琳娜

　　　　　　王海英　王　旭　林　琳　楚静莹　李佳辰

　　　　　　胡昊三　杨中一　郭彦君　雒景瑜　陈艳君

　　　　　　李乾坤　李进芳

对完成本书
作出贡献者：张小丽　李永霞　祝颖婷　柴　婧　李冰之

　　　　　　孙巧园　毕彩霞　王　珩　高晓兰　穆虹宇

　　　　　　戴伊宁　刘春翔　杨芳菲　林　翔

国际联盟与联合国大事长编

1920—2021（上）

李铁城 主编

人民出版社

责任编辑：刘彦青
装帧设计：姚　菲

图书在版编目（CIP）数据

国际联盟与联合国大事长编　1920—2021 / 李铁城
主编. --北京：人民出版社，2024. 12. -- ISBN 978－7－01－
026961－0

Ⅰ. D813

中国国家版本馆 CIP 数据核字第 2024LS7899 号

国际联盟与联合国大事长编

GUOJILIANMENG YU LIANHEGUO DASHI CHANGBIAN

1920—2021

李铁城　主编

人民出版社 出版发行

（100706　北京市东城区隆福寺街 99 号）

北京新华印刷有限公司印刷　新华书店经销

2024 年 12 月第 1 版　2024 年 12 月北京第 1 次印刷

开本：710 毫米×1000 毫米 1/16　印张：118

字数：2055 千字

ISBN 978－7－01－026961－0　定价：490.00 元（上、中、下）

邮购地址 100706　北京市东城区隆福寺街 99 号

人民东方图书销售中心　电话 （010）65250042　65289539

版权所有·侵权必究

凡购买本社图书，如有印制质量问题，我社负责调换。

服务电话：（010）65250042

国家社科基金后期资助项目
出版说明

后期资助项目是国家社科基金设立的一类重要项目，旨在鼓励广大社科研究者潜心治学，支持基础研究多出优秀成果。它是经过严格评审，从接近完成的科研成果中遴选立项的。为扩大后期资助项目的影响，更好地推动学术发展，促进成果转化，全国哲学社会科学工作办公室按照"统一设计、统一标识、统一版式、形成系列"的总体要求，组织出版国家社科基金后期资助项目成果。

全国哲学社会科学工作办公室

编 辑 凡 例

一、本书编年所收条目,起于 14 世纪初,迄于 2021 年 12 月 31 日。其中具体分为序篇、国际联盟篇、联合国篇与中国篇(上、下篇)等部分。书中的序篇是讲国际组织缘起,属引言性质,虽很重要,但毕竟为开场白。本书名为《国际联盟与联合国大事长编 1920—2021》,百年大事是本书的基础与核心,主要是讲国际联盟与联合国以及中国与这两个组织的关系,应该说这才是本书最应关注之点,而关注联合国又无疑是重中之重。

二、本书词条采用历史学的编年体,依年、月、日为序排列,一事一条。书中的标识符号 • 表示非同日发生却联系密切的同一类事件。

书中对发生在同一天内容又不同的多个词条的排序,通常以联合国主要机构在先,附属与专门机构在后;而对主要机构中的同日词条,又多以《联合国宪章》中的大会、安理会、经社理事会等顺序为先后。对极少数日期不明的词条一律置于该月月末。

三、根据宪章规定,联合国大会(书中简称"大会"或"联大")在联合国各机关中占据中心位置,是联合国主要的审议、政策制定和代表机关,拥有广泛的职权。"大会每年应举行常会,并于必要时,举行特别会议。"又根据 1950 年 11 月 3 日大会通过的关于"联合一致共策和平"的第 A/RES/377(5)号决议,大会可以决定在 24 小时内召开"紧急特别会议"。

这样,大会举行的全会可分为常会、特别会议(特别联大)与紧急特别会议(紧急特别联大)3 种。下面就大会这 3 种全会各自举行的程序分述如下:

1.依据宪章规定,大会每年应举行常会。大会常会通常在每年 9 月的第 3 个星期二开幕,一直持续到 12 月中下旬,其中可分为两个阶段,前半期为一般性辩论阶段,后半期是大会审议列入议程的各项议题阶段。大会常会通常在每年 12 月底的圣诞节假期前完成其主要议程。随后在第 2 年 1—9 月,根据需求不定期召开各类主题会议。大会每年为一届,从当年 9 月中旬,一直持续到第 2 年 9 月中旬新一届联大开始换届。比如第 74 届大会自 2019 年 9 月 17 日开始,到 2020 年 9 月 15 日下午第 75 届大会开幕的前一天 9 月 14 日为止。大会届数是跨年度的,从当年 9 月中旬到下一年的 9 月中旬为一届,而不是常被误认的从当年年初到年底。

2.大会特别会议(特别联大)。根据宪章规定,大会于必要时,举行特别会议。其程序为"特别会议应由秘书长经安全理事会或联合国会员国过半数之请求召集之"。自1947年4月28日至5月15日联合国召开首届审议巴勒斯坦问题的特别联大以来,到2020年12月3—4日召开的应对新冠疫情的一届特别联大,至2021年底大会已召开了31届特别联大。

3.大会紧急特别会议(紧急特别联大)。根据1950年11月3日大会通过的关于"联合一致共策和平"的第A/RES/377(5)号决议,如果安理会因有大国行使否决权而难以及时处理《联合国宪章》第7章中所出现的那种紧急事态时,可召开紧急特别联大,这是一种应急措施。紧急特别联大属于特别联大的一种,决定两者召开的程序相同。之间的区别在于"紧急"二字,一经决定召开"紧急特别会议","即应在24小时内举行"。自1956年11月1—10日应安理会请求召开有关中东问题的第1届紧急特别联大,到1997年4月24—25日召开有关"被占领的东耶路撒冷和其他巴勒斯坦地区"问题的第10届紧急特别联大以及其后该届紧急特别联大的多次续会,至2021年底大会共召开过10届紧急特别联大。

四、根据宪章规定,安理会对维持国际和平安全负主要责任,是唯一有权采取行动维持国际和平与安全的联合国机构,可以做出全体会员国都有义务接受并执行的决定。安理会应持续不断地行使其职能,并规定两次会议的相隔时间不得超过14天。安理会的表决原则,依照宪章第27条所载的规定进行。在表决程序上,除程序性事项之外的一切事项的决议,须以9个理事国的可决票通过,其中包括5个常任理事国的同意票,这就是"大国一致"原则,通常称为"否决权"。自1946年1月25日安理会通过的关于军事参谋团的第S/RES/1(1946)号决议,一直到2021年12月30日安理会一致通过关于"恐怖袭击对国际和平与安全造成的威胁"的第S/RES/2617(2021)号决议,安理会总共通过2600多项决议,书中均悉数编入。同时,本书对安理会内因常任理事国行使否决权而未能通过的决议案也都按时序辑入,以备研究参考。

对安理会决议编号格式的处理问题。安理会决议一直以连贯的序号顺序并在括号内加年份的形式进行排列。例如,1946年1月25日安理会通过关于军事参谋团的第S/RES/1(1946)号决议,按中文顺序解读应为:安理会/决议/决议排序号,之后括号内的数字表示该决议系于1946年通过。

五、对大会决议的编号格式处理问题。本书对联合国大会和安理会决议的文件编号格式与联合国官网完全一样。主要考虑是如果我们有准确的文件编号,一进入官网就易于查到文件全文,很方便使用。根据联合国官网的文件编号格式,本书关于大会决议的编号格式遵循以下形式:

大会决议的编号格式分为两个阶段,第1阶段从1945年到1975年,第2阶段从1976年至2021年底。

1. 大会常会的排序格式

第1阶段大会决议以连贯的顺序序号作为标准,括号内用阿拉伯数字表示大会届数,如第A/RES/1(1)号决议、A/RES/3541(30)号决议,这种排序方法一直到第30届大会通过的最后1项第A/RES/3541(30)号决议为止。第31届大会后,排列方式有所改变。

第2阶段以大会届数作为排序标准,每年从头开始重新排序,如第A/RES/31/6号决议即第31届大会的第6号决议、A/RES/75/266号决议即第75届大会的第266号决议。

2. 特别联大的排序格式

第1阶段特别联大决议以连贯的顺序序号作为标准,括号内用"S—数字"表示特别大会届数,如第A/RES/3201(S—6)号决议,中文意为"大会/决议/大会第3201(第6届特别联大)号决议"。

第2阶段以特别联大届数作为排序标准,每年从头开始重新排序,如第A/RES/S—18/3号决议,中文意为"大会/决议/第18届特别联大/第3号决议"。

3. 紧急特别联大的排序格式

第1阶段紧急特别联大决议以连贯的顺序序号作为标准,括号内用"ES—数字"表示特别大会届数,如第A/RES/998(ES—1)号决议表示该决议为在首届紧急特别联大上通过的决议,同时该决议本身是联大成立以来通过的第998号决议。

第2阶段以紧急特别联大届数作为排序标准,每年从头开始重新排序,如第A/RES/1(ES—9)号决议,中文意为"大会/决议/第9届紧急特别联大/第1号决议"。

六、本书直接引文较少,其中很大部分引文均出自联合国官网文件本身,恕未一一注出。而相对较少的注释,首先考虑来源不易寻找的资料或属必须加以解释或说明,否则会影响词条体量的内容。

七、条目中出现的译名,一般均采用学术界约定俗成的译法。为方便比对,可参考本书附录二《常用专业词汇中英文对照表》。

八、本书依照国内出版物有关质量管理的规定、规范书写。

目　录

序　篇
国际组织的早期形态

第一篇
国际联盟篇

第二篇
联合国篇（1941—2021）

第三篇
中　国　篇

上篇　中国与国际联盟

下篇　中国与联合国

序　篇

国际组织的早期形态

现代国际组织是在近代资产阶级革命和资本主义工业革命基础上产生的,它的最初发轫地在欧洲。国际组织的产生经历了一个从思想理念到逐步践行,从原始状态走向成熟状态的漫长、曲折的历史过程。

1305 年 法国思想家庇埃尔·杜布瓦(1250—1322 年)在《收复圣地》中建议所有基督教国家组建大同盟,以公断代替战争来解决国家间争端,对不遵守共同协议的任何国家,可以没收财物、切断食品供给,甚至进行军事制裁。

1312—1313 年 意大利思想家、诗人但丁(1265—1321 年)在《论世界帝国》中大力倡导建立全权帝王治下的世界政府,这个政府的使命是“根据一切人共有的东西来统治人类,它可以通过一部共同的法律引导所有人走向和平”。

1603 年 法国国王亨利四世(1553—1610 年)和他的大臣苏利(1560—1641 年)提出“伟大计划”,试将欧洲分成 15 国,并组成一个邦联,由各国委员组成的总理事会为最高机关,共同处理欧洲的冲突和纠纷,以实现欧洲的和平。

1623 年 法国神职人员埃默里克·克鲁塞(1590—1648 年)在《新西尼亚》(或译《新克尼阿斯论》)一书中,以废除战争为目标,提议建立兼容基督教国家、非基督教国家的联盟,并在威尼斯设立总理事会以解决国家间争端。总理事会是联盟的最高机关,由各成员国大使组成,实行少数服从多数,必要时可以采取强制性的武力制裁措施。

1625 年 近代国际法奠基人胡果·格劳秀斯(1583—1645 年)出版了他的巨著《战争与和平法》,系统阐述了通过国际法来维护世界和平的思想。他提出国家之间存在“某些法律”;国家间的法律不是谋求某一国之利益,而是谋求各国之共同利益。他将“正义”“公理”“人道主义”作为国际法的基本准则,认为各个主权国家应该通过他们之间的契约来恪守这些准则。他认为人们可以通过法律手段减少战祸,呼吁卷入 30 年战争的欧洲国家共同制定战争与和平法、签订和平条约。

1648 年 5—10 月 威斯特伐利亚大会召开,缔结《威斯特伐利亚和约》,结束了三十年战争,标志着基于威斯特伐利亚主权概念的现代国际体系的开始。威斯特伐利亚大会开创了国际关系史上通过国际会议解决国际问题的先例。从此,国际会议便被经常作为解决国家之间争端的一种有效途径,而这种早期的国际会议便被视作后来国际组织的一种雏形。

1693 年 基督教贵格会信徒彭威廉(1644—1718 年),在奥古斯特联盟战争(1688—1697 年)期间,撰文《论欧洲和平的现在与未来》,提出以宽容、博爱实现欧洲联合的空想主义方案。彭威廉呼吁"采用议会制或参议院体制来实现欧洲现在和将来的和平","欧洲议会"的代表席位分配以国富比例为基础,以多数票决议,以圆桌方式排序各国席位。

1713 年 4 月 11 日 以法国和西班牙为一方,以英国、荷兰、勃兰登堡、萨伏依和葡萄牙为另一方,为结束西班牙王位继承战争签订了《乌得勒支条约》。该条约瓜分了西班牙王国,并成为划定后来欧洲民族国家疆界的基础,欧洲形成了新的国际格局。《乌得勒支条约》第 1 次以法律条文形式将"均势"概念写进国际条约,进一步发展了近代国际法的内容。

1713 年 法国大主教圣皮埃尔(1658—1743 年)发表《欧洲永久和平计划》,主张通过建立欧洲参议院和集体安全体系把欧洲各国联合起来,组成一个确保相互安全的永久性联盟。建议欧洲各国在订立永久同盟的基础上建立单一共和国,成立欧洲参议院,组建统一军队、费用由各国分摊。拒绝加入永久性联盟的君主将被视为欧洲公敌。各国的领土与条约义务非经永久性联盟 3/4 多数同意和保证,不得变更;对于不履行这项义务的国家,其他各国共伐之。此外,成立专门机构,推动各国在商法、度量衡、货币体制等方面的合作。圣皮埃尔的思想被视为"集体安全"理念的雏形。

1756 年 卢梭(1712—1778 年)在《通过欧洲联邦达成持久和平》一文中,主张把欧洲建成一个永久性的联邦,各国放弃战争权,并将一切国际争端付诸司法解决或联邦议会公决。

1786—1789 年 英国思想家边沁(1748—1832 年)在《国际法原则》中提出了建立国际联盟的思想。这是部未完成的作品,汇集了《国际法的目标》《普遍和永久和平的计划》等 4 篇短文。书中写道,为了消灭战争和维护和平,应该建立一个国际联盟,由各国派各自的代表组成联盟机构,联盟代表大会有权决定各国军队的数量。他还提出应该建立国际法庭,编纂国际法,以解决国际争端,并提出国家平等、内政独立等原则。

1795 年 德国哲学家康德(1724—1804 年)发表《永久和平论》,在对人性进行哲学分析的基础上阐述自己的和平学说。他指出,人既有自私自利的一面,又有理性的一面;理性导致惩戒的出现,严厉的惩戒又约束人的自私本性,促使人接受法律和政府。国家与人一样,认识到战争的损害后,便会理性地通过各种途径逐渐摆脱无政府状态。国际联盟遂产生,"在那里,每个国家即使是最小的国家,也可以期望得到它的安全和权利,这并不是由于自己的实力或者正确的判断,而仅仅是由于这个伟大的联盟"。不过,永久和平的实现过程渐进而漫长,其间,各国必须遵循一套稳定的行为规范。应把欧洲各国组成一个大联邦,由议会解决争端,废除常备军;不能靠政府、继承、买卖变更领土现状;保障各国的自决权,各国在睦邻友好的基础上达成协议实现各国间公民的自由迁徙。康德的《永久和平论》留给后世的最大影响是其提出民主主义最适宜构筑国家间和平关系这一国内政治体制与国际和平的关联性思考。康德在其另一部著作《道德形而上学原理》(1785 年)中提到了国际组织,提议通过推动国家间联合的方式防备来自外部的攻击。

1814 年 3 月 1 日　签订《休蒙条约》。该条约为英、奥、俄、普为继续抗法所订的同盟条约,原为"联合、协调、补助条约"。缔约国承诺"协调一致"使用其所有方法为欧洲获致普遍和平;"共同协调"是欧洲延续和平的最适当方法。后来的"欧洲协调"之名即得自《休蒙条约》。

1814 年 10 月 1 日—1815 年 6 月 9 日　维也纳会议召开。这是一次欧洲列强的外交会议,由奥地利政治家梅特涅提议和组织,其目的在于重画拿破仑战败后的欧洲政治地图。以会议处理外交,古已有之,但不经常举行;维也纳会议开启的一连串协商最终才形成了一种制度。维也纳会议是欧洲协调的开端。欧洲协调是指以会议外交方式处理欧洲或与欧洲有关事务的一种定期协商的制度,一系列的国际会议成就了多边协商的习惯做法,也确定了国际组织的诞生。

1815 年 6 月 9 日　根据维也纳会议《最后文件》的规定,莱茵河航运中央委员会成立,总部位于斯特拉斯堡市共和国广场,于 1816 年 8 月 15 日召开首次会议。它是现存最古老的国际组织,其宗旨是保障莱茵河及其支流的航运自由与平等,促进莱茵河航运的繁荣与安全,其主要工作是制定和修改有关莱茵河航运的规定,如《危险商品运输条例》、《检查条例》(包括船只的技术标准和对船员的有关规定)、《检疫条例》和《警察条例》等。

1815 年 11 月 20 日　《第二次巴黎和约》缔结后,为了防止法国东山再起,根据英国的建议,英、俄、普、奥在同一天还签订了《四国同盟条约》。《四国同盟条约》第 6 条特别规定:"缔约国四方同意定期举行会议",就欧洲重大问题进行磋商并采取措施。这就确立了四大国(后发展为五大国)协商主宰一切的原则,从而开始了所谓"欧洲协调"时期。《四国同盟条约》为《休蒙条约》的补充协定,两者构成了欧洲协调定期协商的基础。

1815 年　"纽约和平协会"与"马萨诸塞和平协会"成立,是美国最早的两个和平组织,也是世界上最早的和平协会,一般被认为是国际和平运动的起点。1828 年成立的"美国和平协会"是全美第 1 个全国性的和平组织。这些和平团体领导人多为教会人士,倡导基督教的仁爱精神,反对一切形式的暴力。

1816 年 3 月　英国成立了废除战争协会,同年 6 月该组织将名称改为更加简洁的"和平协会"。

1818 年 9 月 30 日—11 月 22 日　亚琛会议在普鲁士莱茵河区的亚琛召开。亚琛会议是 1818 年四国同盟召开的首次会议,是 19 世纪初欧洲协调机制的第 1 次会议,会议主要讨论拿破仑战争中的战胜国英国、俄国、奥地利、普鲁士从法国撤出占领军及法国支付赔款问题。10 月 9 日,同盟国与法国签订条约,确定同盟国军队于 1818 年 11 月 30 日以前撤离,法国则应支付下余赔款 2.65 亿法郎。至此,从法律上结束了长期的对法战争。11 月 10 日,四国声称同法国签订的条约造成了普遍的和平,并要求法国参加同盟。11 月 15 日,五国发表共同宣言,表示要维持和平,保障已经签订的各项协定。这样四国同盟就扩大为五国同盟。旧的四国同盟体现着战胜国对战败国的国际制裁,而新的五国同盟则具有持久同盟的性质,目的在于保持欧洲的协调。

1820 年 10 月底　特洛波会议在奥属西里西亚的特洛波(今捷克的奥帕瓦)召开,俄、普、奥、英、法等国的代表参加,是欧洲协调机制的第 2 次国际会议,讨论意大利的革命运动(那不勒斯发生了烧炭党革命)。11 月 19 日,俄、普、奥 3 国签署了《特洛波议定书》,规定:(1)凡因革命而更迭政府的国家一概被排斥于"欧洲协调"之外。(2)如改变现状而危及"欧洲协调"的其他成员国时,缔约国负有责任使破坏现状的国家回到"欧洲协调"的怀抱,必要时不惜使用武力。英国由于国内自由派反对任何国家有权干涉其他主权国家的内部事务,因而没有在议定书上签字。法国虽然在议定书上签了字,但对议定书的内容持有保留。这次会议第 1 次破坏了四国同盟条约中所规定的大国会议协调一致原则,"欧洲协调"开始变得不协调了。

1821 年 1—3 月　莱巴赫会议在莱巴赫(今斯洛文尼亚的卢布尔雅那)举行,是"欧洲协调"机制的第 3 次国际会议。参加会议的有俄奥两国君主、普鲁士王太子和英法两国的观察员,并邀请那不勒斯国王斐迪南一世及其他意大利小邦代表参加。这次会议是特洛波会议的继续,决定由奥地利出兵镇压意大利革命。同年 3 月,奥军占领那不勒斯,恢复斐迪南一世王位。3 月初会议宣布结束后,与会代表仍留在莱巴赫等待那不勒斯革命最终被镇压。不久,皮埃蒙特又发生革命。4 月,奥军又伙同撒丁王国军队扑灭了皮埃蒙特起义。对于外国武装干涉别国内政问题,英国和法国持有异议,表明它们与俄、奥、普之间裂痕的扩大。5 月 12 日,俄、奥、普签订一项确认神圣同盟诸原则的宣言。

1822 年 10 月 20 日——12 月 14 日　维罗纳会议在威尼斯召开,参加会议的有俄国、奥地利和普鲁士 3 国君主、意大利各君主、法国外长和英国代表。维罗纳会议是欧洲协调机制的第 4 次国际会议,主要目的是策划镇压西班牙革命(1820 年西班牙发生了反对专制君主、要求宪法和人权的革命)。俄、奥、普、法 4 国达成协议,授权法国以神圣同盟名义出兵镇压西班牙革命。鉴于英国无意以镇压革命为名干预别国内政,因而与上述 4 国不和,最后英国退出欧洲协调机制。这一结果使以大国为主导的欧洲协调机制破裂了。维罗纳会议以后,欧洲列强再也没有举行过类似的会议来商议欧洲的重大问题。

1828 年　美国和平协会成立。该民间团体在 19 世纪 30 年代中叶以有奖征文的形式征集关于“世界会议”的论文。所谓的世界会议,即各国定期地召开会议,是与现在联合国大会相类似的组织。美国原总统昆西·亚当斯以及著名政治学者约翰·C.卡尔霍恩出任该有奖征文审查委员。最终有 5 篇论文入选获奖。从这些论文中能看出其中的理念,即通过通商、学问、科学、国际法的发展、交流逐渐实现将世界连成一个整体的进步性见解,并认为法院在世界会议体系中会发挥重要作用。但是也提到了一些引人深思的否定性观点(认为难以给予世界会议太多的权力)以及一些现实主义的观点(认为现实性的选择应该从英美法联合的形式开始)。

1832 年　美国和平协会主席威廉·莱德在《论国际议会》中提出一项和平计划,主张以美国和瑞典为标本,建立一个所有基督教国家和其他文明国家都参与的万国公会。万国公会不干涉各国内部事务,只协调国家间关系,通过规定交战国彼此之间的权利和义务,确立中立国权利等方式,降低战争频率与损害。万国公会一致以条约的形式制定国际法,国际法庭依国际法进行国际裁判,案件由各国自愿提交。莱德努力开展向大众普及其构想的活动,同时也积极游说政府。结果,马萨诸塞州议会上通过了主旨为“世界会议体以及法院是解决争端的现实性策略”的决议。

1837 年　英国成立原住民保护协会。英国在 19 世纪早期曾发起过反对非洲奴隶贸易的“教友派信徒运动”。1843 年 2 月从原住民保护协会中单独分离出了“伦敦民族学会”,该协会是“一个收集所有人种的观察结果并加以系统化的中心和储存库”。之后,在 1863 年和 1870 年之间产生了两个社团,分别为民族学协会和人类学协会。1871 年这两个相互竞争的社团合并重新组建为英国人类学会。直到 1907 年英国人类学会才被允许加上"皇家"的头衔。从此,"学者与外国的行政官员与传教士"对包括非洲在内人类文化进行交流研究的活动,便有了正式的学术机构。

1849 年　由民间人士倡导的探索和平的会议在巴黎召开,法国著名诗人维克多·雨果担任主席,会上广泛讨论了世界会议相关问题。雨果在会上发表演讲称,由等同于国内普遍参政权的国家投票权以及仲裁法院制度取代枪炮与战争,世界会议不久就会成为与国内议会同等功能的机制。

1856 年 3 月 30 日　克里米亚战争(1853—1856 年)的交战双方签署《巴黎和约》。根据和约,土耳其被容许加入欧洲国际法体系,国际法迈出了其走向世界性的第一步;多瑙河开放,保证各国商船自由航行,并设置"欧洲多瑙河委员会"进行管理。

1856 年 4 月 16 日　《巴黎海战宣言》在克里米亚战争结束后的巴黎和会上由英国、法国、俄国、奥地利、普鲁士、土耳其和撒丁签订。该宣言全称为《巴黎会议关于海上若干原则的宣言》,是一部关于战时海上捕获和封锁问题的国际公约,标志着国际海上武装冲突法的诞生。

1863 年 2 月 9 日　红十字国际委员会由瑞士人亨利·杜南倡议成立。当时称为"伤兵救护国际委员会",1880 年改为现名。根据《日内瓦公约》的规定,该委员会得以中立团体的身份对战争受难者进行保护和救济,受理有关违反人道主义公约的指控,致力于改进和传播人道主义公约,与有关团体合作培训医务人员,发展医疗设备。

1865 年 5 月 17 日　为了顺利实现国际电报通信,法、德、俄、意、奥等20 个欧洲国家的代表在巴黎签订了《国际电报公约》,国际电报联盟宣告成立。1868 年在维也纳召开第 1 次国际电报联盟大会,决定在波恩建立联盟总部"国际电报联盟局",成为第 1 个真正的常设国际机构。1906 年,德、英、法、美、日等 27 个国家的代表在柏林签订了《国际无线电报公约》。1932 年,70 多个国家的代表在西班牙马德里召开会议,将《国际电报公约》与《国际无线电报公约》合并,制定《国际电信公约》,并决定自 1934 年 1 月 1 日起正式改称为"国际电信联盟"。经联合国同意,1947 年 10 月 15 日国际电信联盟成为联合国的一个专门机构,其总部迁至日内瓦。

1873 年 9 月　国际气象组织成立。1947 年 9 月在华盛顿召开的各国气象局局长会议,通过了《世界气象公约》草案,1950 年 3 月 23 日该公约生效,国际气象组织改名为世界气象组织。1951 年 3 月 19 日在巴黎举行世界气象组织第 1 届大会,正式建立机构。同年 12 月,成为联合国系统的一个有关气象(天气和气候)、业务水文和相关地球物理科学的专门机构。

1873 年　两大国际性学会"国际法学会"与"国际法协会"在比利时成立。

1874 年 8 月 27 日　《关于战争法规和惯例的国际宣言》(《布鲁塞尔宣言》)签署于布鲁塞尔,是最早提到禁止使用化学武器的国际协议。该宣言第 12 条指出:"战争法规不承认交战各方在采用伤害敌人的手段方面拥有不受限制的权利。"第 13 条指出:"根据这一原则,特别禁止:(a)使用毒物或有毒武器"。该宣言最终未能生效,但为 1899 年海牙和平会议上战争法的编撰奠定了基础。

1874 年 9 月 15 日—10 月 9 日　德国、法国、英国、罗马尼亚、瑞士、美国等 22 个国家的代表在瑞士伯尔尼举行全权代表大会,签署了第 1 个国际性的邮政公约,即《伯尔尼条约》,成立邮政总联盟,于 1875 年 7 月 1 日正式运行。

1875 年 5 月 20 日　国际计量局成立。该机构是国际计量大会和国际计量委员会的执行机构,是一个常设的世界计量科学研究中心。它的主要任务是保证世界范围内计量的统一。它是一个中立而自治的机构,不依附于任何现有政府间的组织,没有参加任何国际联盟或协会,只同联合国教科文组织、国际原子能机构、欧洲原子能共同体、国际法制计量局等有互通情报和相互联系的协议。它的地址设在巴黎附近的桑特—克鲁德公园里。

1878 年 6 月 1 日　由于加盟国家迅速增加,"邮政总联盟"正式更名为"万国邮政联盟",邮政总联盟在巴黎举行第 2 届代表大会,修订了《伯尔尼条约》,改名为《万国邮政公约》。万国邮政联盟,简称"万国邮联"或"邮联",是商定国际邮政事务的政府间国际组织,自 1978 年 7 月 1 日起成为联合国一个专门机构,总部设在瑞士首都伯尔尼。1914 年中国加入万国邮联。

1883 年 3 月 20 日　《保护工业产权巴黎公约》(简称《巴黎公约》)诞生,这是第 1 部旨在使一国国民的智力创造能在他国得到保护的重要国际条约。《巴黎公约》成立了国际局来执行行政管理任务。

1884 年　英国自然法学家洛里默发表的著作《万国公法概要》,设想建立具有独立行政职能的联邦式万国联盟、取代缺乏强制力的国际公会。联盟以美国宪法为蓝本,以国际服务为专门目标,由立法、司法、行政、金库 4 部分组成。成员国不仅要响应立法院的号召,还有义务向联盟提供资金或军队,保证联盟行政政策、联盟法院判决的强制实施与执行。任何未经联盟行政院批准的从事战争行为,或超过裁军条约所定限额的扩军都是国际叛乱,将受到联盟的制裁。

1885 年 6 月　国际统计学会成立于英国伦敦,是开展国际统计学家的合作交流活动,以致力于发展和改进统计方法及其应用的国际性学术团体。1887 年在罗马召开第 1 次会议。

1886 年 9 月 9 日　《保护文学和艺术作品伯尔尼公约》(简称《伯尔尼公约》)的缔结使版权保护走上了国际舞台。《伯尔尼公约》成立了国际局来执行行政管理任务。

1889 年　在 19 世纪,许多沿海国家为了改善海军、商船的航行而建立专门的水文机构,以提供航海制图、航海出版资料和其他航行服务。但是在水文制图和其他出版资料中都存在着大量的差异和分歧。一个国际航海会议在华盛顿召开,提议在这方面建立一个永久的国际委员会。1908 年和 1912 年在圣彼得堡举办的两次航海国际会议也都提出了相似的提案。在 1919 年,英国和法国的水文工作者在关键环节中相互合作,召集举办水文工作者的国际会议,终于在 7 月 24 日成功在伦敦举行第 1 次有 24 个国家水文工作者出席的国际会议。会议的成果之一就是通过法规准备建立一个永久的国际组织,即 1921 年建立的国际海道测量局(IHB)。1970 年成员国对有关国际协定进行修改,国际海道测量组织(IHO)这个名称得到采用。不过 IHB 仍然得到保留,作为在摩纳哥的国际水文组织总部行政机关的称呼。国际水文组织是一个基于水文学的政府间国际组织。

1889 年 6 月 30 日　第 1 届国际议员大会暨世界和平大会在巴黎召开,成立了各国议会联盟。后来更名为"促进国际仲裁的各国议会联盟",每年开会 1 次,直至第一次世界大战爆发。

1889 年 10 月—1890 年 4 月　1889 年 10 月,美国同拉美 17 国在华盛顿举行第 1 次美洲国家会议。早在 19 世纪 20 年代,玻利瓦尔在巴拿马举行的美洲国家会议上就曾提出有关泛美团结的号召,美国在门罗主义口号下也打起"泛美主义"的旗号。1889 年 10 月,由美国发起的美洲国家会议,提出"美洲人民利益一致"的口号,并希望建立泛美组织,"以巩固南北美洲各国经济文化的联系"。在美国倡议下,这次会议成立了由上述 18 国参加的"美洲共和国国际联盟"及其常设机构"美洲共和国商务局"。商务局设在华盛顿,并由美国国务卿领导其工作。19 世纪末,美洲国家建立的这一"国际联盟"是世界上出现的第 1 个区域性国际组织。1910 年,在布宜诺斯艾利斯举行的第 4 次会议上,美洲共和国国际联盟改名为美洲共和国联盟,美洲共和国商务局改名为泛美联盟,1945 年又更名为美洲国家组织。这一组织的成立及其活动,对 20 世纪国际组织的建立和发展,尤其对区域性组织的建立和发展产生了重要影响。

1890 年 3 月 第 1 次由各国政府正式派代表讨论国际劳动立法的会议在柏林召开,有 15 个国家参加。但由于所通过议案内容过于空泛,而且缺乏国际公约的效力,所以并没有付诸实施。然而,柏林会议对于促进国际劳动立法的产生仍然具有重要意义。

1891 年 国际和平局成立,是在罗马召开的第 3 届世界和平大会的产物。国际和平局是一个民间性质的世界和平机构,总部设在伯尔尼,主要创始人和首任主席是丹麦左翼自由党人弗雷德里克·贝耶。国际和平局是当时重要的和平组织,与各国议会联盟关系密切,在推动国联建立的过程中发挥了重要的影响;因弗雷德里克·贝耶在维护世界和平、促进国际合作等方面成绩显著,被授予 1908 年诺贝尔和平奖。

1892 年 控制霍乱的国际卫生公约被采用。

1893 年 《巴黎公约》与《伯尔尼公约》的两个国际局合并,成立了被称为保护知识产权联合国际局(常用其法文缩略语 BIRPI)的国际组织。1967 年 7 月 14 日,"国际保护工业产权联盟"(巴黎联盟)和"国际保护文学艺术作品联盟"(伯尔尼联盟)的 51 个成员在斯德哥尔摩签订《建立世界知识产权组织公约》。1970 年 4 月 26 日公约生效,保护知识产权联合国际局变成了世界知识产权组织。1974 年,世界知识产权组织成为联合国的一个专门机构,该组织总部设在日内瓦。

1894 年 6 月 16 日 国际体育运动代表大会在巴黎索邦神学院(巴黎大学前身)开幕,顾拜旦主持大会开幕式,大会的中心议题是"恢复举办奥林匹克运动会"。历史名城雅典赢得了首届现代奥运会主办权。6 月 23 日,国际奥林匹克委员会正式宣告成立,顾拜旦担任秘书长。

1896 年 4 月 6—15 日 第 1 届奥林匹克运动会在希腊雅典召开。首届奥运会中,东道主雅典沿袭了古奥运会旧制,不允许女子运动员参加。应邀参赛的有澳大利亚、奥地利、保加利亚、英国、匈牙利、德国、丹麦、美国、法国、智利、瑞士、瑞典和东道主希腊 13 个国家的 241 名运动员(国际奥委会官网数字,以下皆同)。在 4 月 15 日的闭幕式上,希腊国王乔治一世向获奖运动员颁发奖牌。冠军被授予银牌和橄榄枝花环,亚军被授予铜牌和月桂花冠,第 3 名只有铜牌。参赛的每位选手都得到一张纪念证书。

1897 年 7 月 23—31 日 第 2 届奥林匹克代表大会在法国勒阿弗尔的市政厅举行,议题为"与身体活动有关的卫生、教育、历史等问题"。

1899 年 5 月 18 日—7 月 29 日 第 1 次国际和平会议在荷兰海牙召开,又称第 1 次海牙会议。会议由俄国沙皇尼古拉二世发起,参加会议的有中、俄、英、法、美、日等26国。中国代表团由首席全权代表杨儒、第2代表陆征祥、第3代表胡维德与副代表何彦升4人组成。会议以裁军问题为中心,签订和通过了众多文件。其中有:《和平解决国际争端公约》《陆战法规与惯例公约》和《日内瓦公约诸原则适用于海战的公约》3个公约,以及《禁止从气球上或用其他新的类似方法投掷投射物和爆炸物宣言》《禁止使用专用于散布窒息性或有毒气体的投射物的宣言》和《禁止使用在人体内易于膨胀或变形的投射物,如外壳坚硬而未全部包住弹心或外壳上刻有裂纹的子弹的宣言》3项宣言。上述公约和宣言各自构成单独的文件。会议本着同样的精神,一通过了如下决议:"会议认为限制目前世界负担沉重的军费,对人类物质和精神福利的增进将大有裨益。"此外,会议还表达了6个愿望,后5个愿望除几票弃权外,被全体一致通过。

1900 年　国际劳动法协会在巴黎正式成立。协会的宗旨是:联合一切相信国际劳动法是必要的人;组织国际劳动机关;赞助各国研究劳动法,传播有关劳动法的消息;提倡制定关于劳动状况的公约;召开国际大会讨论劳动法。

1900 年 5 月 20 日—10 月 28 日　第2届奥林匹克运动会在法国巴黎召开。本次奥运会比赛项目增加较多,但赛程松散拖沓,历时5个多月,是一场"马拉松"式的奥运会。参加比赛的有来自26个国家的1226名运动员。本次奥运会开创了女子迈向世界体坛的先河。

1901 年　国际劳动法协会第1次代表大会在瑞士的巴塞尔召开。

同年　常设仲裁法院,根据《和平解决国际争端公约(1899)》的有关规定于1901年在荷兰海牙设立,旨在便利将不能用外交方法解决的国际争端立即提交仲裁。1907年的海牙条约也规定"永久保留第一次和平会议所设立的常设仲裁法院"。该法院可以受理除当事国已提交临时仲裁以外的一切仲裁案件。法院设有国际局作为秘书处,由海牙公约缔约国常驻海牙的外交代表和荷兰外长组成一个常设的行政理事会,负责指导和监督国际局的工作。法院备有一份仲裁员名单,每个缔约国最多可以指定4名仲裁员列入该名单,仲裁员需从精通国际法问题、享有最高道德声誉且愿意担任仲裁员的人士中选任。常设仲裁法院自成立至1996年共审理了23个案件。

1904 年 7 月 1 日—11 月 23 日　第3届奥林匹克运动会在美国圣路易斯召开。此届奥运会参赛国家仅有12个,是迄今为止各届奥运会参赛国家最少的1次。参赛运动员共651人。由于远隔重洋,旅费昂贵,加之忧心远东日俄海战事态发展,包括法国在内的许多欧洲国家均未出席;此外,本次奥运会首次出现了金、银、铜牌,分别授予冠军、亚军和季军。

1904 年　在巴黎签署《禁止贩卖妇孺国际公约》。

1905 年 5 月　国际农业研究所在罗马成立,是联合国粮食及农业组织的前身。

1905 年 6 月 9—14 日　第 3 届奥林匹克代表大会在布鲁塞尔举行,议题为"竞技运动与体育教育"。

1905 年　正式起草并提交由瑞士政府发起召开的伯尔尼国际会议讨论通过了两个公约,即《关于禁止工厂女工做夜工的公约》和《关于使用白磷的公约》。这是世界上最早的两个国际劳动公约,标志着国际劳动立法的正式开始。

1906 年 5 月 23—25 日　第 4 届奥林匹克代表大会在巴黎举行,议题为"将艺术融入奥运会和日常生活"。

1907 年 6 月 15 日—10 月 18 日　第 2 次海牙会议召开。此次会议与会国增加到 44 个国家,除第 1 次与会国(因挪威已与瑞典分立,共 27 国)外,还有 17 个中南美国家。中国代表团由陆征祥、约翰·福斯特、钱恂 3 名全权代表和丁士源 1 名陆军代表,以及张庆桐、赵诒铸两名副代表共 6 人组成。这次会议最后发表了《第二届国际和平会议最后文件》,会议对 1899 年的 3 项公约和 1 项宣言进行了修订,并新签订了 10 项公约,总计 13 项公约①和 1 项宣言②,被称为《海牙诸公约》。这次会议编纂的有关限制作战手段和方法的战争法规有重要意义,迄今在国际法上仍然有效。但这次会议在限制军备问题上仍毫无成就,除在最后文件中写上了会议"确认 1899 年会议通过的关于限制军费的决议"之外,又加上一句"鉴于从那时以来,几乎所有国家的军费均大大增加,会议宣告各国政府对此问题重新进行认真的研究,是十分适宜的"。后来事实证明,这些只是空话。两次海牙会议对现代国际组织的建立和发展有很大影响。可概括为:与会国的普遍性和广泛性、与会国不分大小强弱,各有一票、开国际组织关心国际和平和安全的先河、向建立常设会议制度迈进、对会议表决程序的改进,在传统的全体一致原则基础上又产生了"准一致"的表决原则等。两次海牙会议所编纂

---

①　这 13 个公约包括:第 1 公约,和平解决国际争端公约。第 2 公约,限制使用武力以索偿契约债务公约。第 3 公约,关于战争开始的公约。第 4 公约,关于陆战法规和习惯的公约。第 5 公约,中立国家和人民在陆战时的权利和义务公约。第 6 公约,关于战争开始时敌国商船地位公约。第 7 公约,关于商船改发为军舰公约。第 8 公约,关于敷设自动触发水雷公约。第 9 公约,关于战时海军轰击公约。第 10 公约,关于日内瓦公约原则适用于海战的公约。第 11 公约,关于对海战中行使拿捕权的某些限制的公约。第 12 公约,关于建立国际捕获法院公约。第 13 公约,关于中立国在海战中的权利和义务公约。

②　该宣言为《关于禁止从气球投掷投射物和爆炸物宣言》。

的公约许多至今仍然有效,为嗣后战争法的编纂和发展奠定了基础,并对在战争中实行人道主义原则起了促进作用。

1908 年 4 月 27 日—10 月 31 日　第 4 届奥林匹克运动会在英国伦敦召开。参加本届奥运会的国家有 22 个,运动员 2008 人,总人数比前 3 届的总和还要多。本届奥运会组织良好,成绩显著,绝大多数项目进行得十分顺利。"重在参与"的奥林匹克精神首次被提出并得到体现。

1909 年 2 月 1—26 日　世界上第 1 次国际性的禁毒会议,即历史上第 1 次国际禁止麻醉毒品(指鸦片、吗啡)大会,又称"万国禁烟会",在我国上海外滩和南京路交汇处的汇中饭店(今和平饭店南楼)召开。毒品犯罪属于国际犯罪,需要国际间的通力合作。当时联合国的前身国联尚未成立,但有关涉及国家已认识到毒品危害到整个人类的健康,毒品问题非一国能根本解决。这次会议由中国、日本、英国、法国、德国、俄国、美国、葡萄牙等 13 个毒品制造、滥用国家参加,就限制用于正当目的的鸦片数量,对鸦片的进口实行管制,逐渐取缔吸食鸦片等问题,作出了 6 条决议。决议的主要内容是:(1)与会各国承认中国对禁除鸦片烟出产行销之事所付出的真诚努力和获得的进步;(2)各国将在本境或属地内逐渐推行禁吸鸦片的法令;(3)各国将作医用以外的鸦片均视为禁品,并应防止鸦片运往禁烟之国;(4)禁止制售吗啡;(5)各国应在中国的居留地和租界内禁烟;(6)有关药物法规属领事裁判权限内,各国在华公民应予遵守等。这 6 条决议虽然属于建议性质,对签字国不具有约束力,但后来成为 1912 年 1 月在海牙召开的第一个国际禁毒公约——《海牙鸦片公约》的蓝本。这次禁毒会议开国际协作禁毒之先河,其确定的原则被纳入了以后的国际禁毒公约之中。

1910 年 11 月 25 日　美国著名的工业家、慈善家安德鲁·卡内基宣布资助 1000 万美元信托资金创办卡内基国际和平基金会(后称"卡内基国际和平研究院"),它是世界上第一个致力于研究和平问题和推广世界事务的公众教育机构。卡内基等 20 世纪初的国际主义者们大多认为,只要拥有强有力的国际法和国际组织,战争是可以避免的。为实现这一信念,他还大量捐款,包括 1903 年为建立海牙"和平宫"捐献的 150 万美元。

1911 年 8 月 10 日　清朝海军"海圻号"巡洋舰访问美国纽约港。"海圻号"从上海锚地启航,先后穿过马六甲海峡、亚丁湾、苏伊士运河、直布罗陀海峡、英吉利海峡,驶抵朴次茅斯军港,参加英王加冕庆典和多国舰队校阅式。完成外交使命后,"海圻号"横跨大西洋抵达纽约,并驶往古巴宣慰侨胞。这是近代中国海军的首次远航。

1912 年 1 月 23 日　中国、美国、日本、英国、德国等国家在海牙召开禁毒国际会议,签订《海牙禁止鸦片公约》,第 1 个国际禁毒公约诞生。其要点是:缔约国应制定法律管制"生鸦片"的生产、销售和进口;逐渐禁止"熟鸦片"的制造、贩卖和吸食;切实管理吗啡、海洛因、古柯等麻醉品。美国、中国、荷兰、洪都拉斯和挪威于 1915 年实施了该公约。在 1919 年被写入《凡尔赛条约》(全称《协约国和参战各国对德和约》)以后,该公约在国际上强制实施。1961 年该公约被《麻醉品单一公约》所替代。

1912 年 5 月 5 日—7 月 22 日 第 5 届奥林匹克运动会在瑞典斯德哥尔摩召开。参赛的运动员为 2407 人,参加国 28 个,除欧、美、非、澳 4 大洲之外,亚洲的日本第 1 次派两名选手参加,因而在正式奥运会上,真正实现了全球 5 大洲运动员的聚会。本届奥运会首次举行了 5 项文艺比赛。内容是以体育运动和奥运会为题材的建筑、色彩画、雕塑、音乐和文学作品。顾拜旦的名著《体育颂》获得了金质奖章。

1913 年 5 月 7—11 日 第 5 届奥林匹克代表大会在洛桑举行,会议的中心议题是"运动心理学与运动生理学"。

第一篇

国际联盟篇

国际联盟成立前后

一九一四年

6月15—23日　第6届奥林匹克代表大会在巴黎索邦学院举行,议题是"统一奥林匹克规章和参赛条件"。会议通过了几项重要决议:(1)确定了国际奥委会五环会旗、会徽;(2)规定了法文、英文、德文(现为法文、英文)为国际奥委会正式语言;(3)第一次讨论了国际奥委会与各国奥委会、国际单项体育组织的相互关系和协作问题。这对以后奥林匹克运动的发展具有深远的历史意义。

1914年6月28日—1918年11月11日　人类历史上爆发了第一次世界规模的战争,当时称为欧洲战争,后被通称为第一次世界大战。这次大战是欧洲列强中的两大对立军事集团"同盟国"(德、奥、意)和"协约国"(英、法、俄)为争夺欧洲与世界霸权而进行的拼死争夺的必然结果。1914年6月28日,奥匈帝国皇储弗兰茨·斐迪南大公为向塞尔维亚炫耀武力到波斯尼亚检阅军队,在萨拉热窝被塞尔维亚爱国青年普林西普刺杀。这成为第一次世界大战的导火线。7月28日,奥匈帝国对塞尔维亚宣战,大战正式爆发。德、俄、法、英以及日本等多国先后参加了战争。1917年4月与8月美国和中国先后参战并加入了协约国阵营。美国参战使战局发生了有利于协约国的根本变化。1918年秋季,保、土、奥先后投降,11月11日德国与协约国签订《贡比涅森林停战协定》,战争结束。这次历时4年零3个月的世界战争,33国先后卷入,殃及15亿多人口,造成3000余万人死伤,经济损失高达2700亿美元,最后以同盟国的失败告终。这次大战制造的史无前例的灾难,迫使人们痛定思痛,纷纷设想消除世界战争与实现永久和平的各种方案。

7月28日　奥匈帝国向塞尔维亚宣战,第一次世界大战爆发。

9月28日　汉密尔顿·霍尔特在纽约《独立》周刊上发表题为《通向裁军之路:切实的建议》的社论,认为国际组织的职责应是确保争端以仲裁方式解决、以充足的军事力量担保成员国领土完整。

一九一五年

1月10日　美国女性和平党创立大会召开，多达3000名人士与会，简·亚当斯提出了题为"建设性和平"的和平构想项目。该构想项目提议立即停战、缔结推动裁军以及产业国有化的国际协定、消除导致战争的经济原因（撤销经济壁垒）、外交民主化、民族自决、仲裁制度、公海自由以及设立替代势力均衡的"国际合作组织"。

2月24日　一战开始后不久，英国即在白贲士主持下组织一个国际关系研究会，研究防止未来战争的方法。2月24日，提出19项初步研究结果，称为"避免战争计划"。由于顾虑影响战争进行，迟至美国参战后方才公布，但早已在私人间流传。后来的费城方案受其影响，争端和平解决方法即采自白贲士小组的建议。白贲士小组还建议延缓敌对行为的方法：（1）在争端提交公断或和解会议之前；（2）在提交后12个月内；（3）公断裁决或和解会议报告公布后6个月内均不得从事战争。同期，10余国人士在海牙发起一个"促进持久和平中央组织"，主张使海牙会议成为一个常设制度，定期集会，要求各国和平解决一切争端，裁减军备、领土移转必须经过公民投票。

6月17日　100多位美国知名人士在费城独立大厅召开会议，前总统威廉·霍华德·塔夫脱作为首任主席正式宣布"力促和平同盟会"（或译为"和平促进联盟""强制和平同盟会"）成立。亚历山大·格雷厄姆·贝尔、斯蒂芬·塞缪尔·怀斯、枢机主教詹姆斯·吉本斯以及新近成立的美国商会代表爱德华·菲林等人与会。哈佛大学董事长A.劳伦斯·罗威尔、前阁员与外交家奥斯卡·施特劳斯、杂志主编汉密尔顿·霍尔特、塔夫脱等人入选执行委员会。会议通过4项和平纲领，称为"独立厅方案"，主张一切得由司法审理的问题未经谈判解决者，应交由法庭审判；一切其他（政治）问题必须提交和解会议讨论，作出建议；缔约国未照上述办法解决其争端而从事战争者，其他国家群起而攻之；缔约国不时举行大会，制定国际法规则。同盟会通过在杂志发文、举办公开演说来争取公众对国际联盟的支持。1923年，随着威尔逊国联政策的流产，同盟会解散。

12月24日　美国总统伍德罗·威尔逊在给顾问豪斯的指令中首次提到国际联盟，"我们只关心未来的世界和平，只对此做出保证。唯一可能的保证是：（A）裁减陆军和海军以及（B）确保每一个国家都反对侵略和维持海上绝对自由的国际联盟"。

一九一六年

5 月 16 日 威尔逊在给豪斯的信中再次申明美国对待国际联盟的基本立场是,国际联盟应该是通过多国合作来防止战争和侵略的国际组织,其要点是保证主权独立和领土完整。

5 月 27 日 威尔逊在"力促和平同盟会"的会议上发表演讲,原则上支持建立国家间的联合组织。

1916 年秋 英国外交大臣薛西尔建议内阁着手研究战后和平组织。是年冬,首相劳合·乔治核准外交部设立一个"国际联盟问题委员会",由费立摩尔主持,研究各种不同计划,凭借国际联盟或其他机构,建立某种代替战争作为解决国际争端方法的可行途径。"国际联盟"一词由"和平联盟"演变而来;"和平联盟"则得自"和平促进联盟"。

11 月 7 日 威尔逊成功连任美国总统。一战期间,美国主流是支持和平的,仅东部各州稍倾向于加入协约国参战。威尔逊能连任总统,很重要的原因就在于他的和平竞选纲领。1916 年,威尔逊及其顾问爱德华·豪斯上校多次尝试斡旋,未见成效。

12 月 12 日 德国政府吁请美国转告各协约国政府:同盟国准备议和。但德国没有提出任何具体条件,当时又占据战场优势,协约国担心其此举意在分化协约国盟军,于 12 月 30 日拒绝。

12 月 18 日 威尔逊致信交战各国,提出自己的停战建议:由交战双方阐述各自的媾和条件以及为保证世界不再重启战端而作如何安排的条款;成立国际联盟,以确保世界和平正义。同盟国以赞赏的语气予以答复,但重申最好的办法是召开会议来交换意见。协约国家则复照"只要各小国被侵犯的权利与自由未能保证得到恢复,它们的民族原则和自由生存未能保证得到承认",就不可能实现和平;它们支持其有关建立国际联盟的提案,认可通过制裁防止侵略战争的办法,但提出的媾和条件很严格。

一九一七年

1 月 22 日 美国总统威尔逊在参议院发表演说,针对协约国提出的媾和条件,他坚持"和平不分胜负"。他称欧洲均势为"有组织的敌对",认为"世界必须是权力的共同体,而非权力的均衡;它必须是有组织的共同和平,而非有组织的敌对"。

3—5月　英国召开帝国战时内阁会议期间,战时内阁和战时内阁的秘书莫里斯·汉基准备了一份文件供内阁讨论。该文件综述了第一次世界大战爆发以来业已出现的筹建未来国际组织的3种方案:(1)类似"力促和平同盟会"那样的国际组织;(2)具有"欧洲协调"特点的联盟;(3)势力均衡性的组织。完全没有提及美国所希望的集体安全制度。

4月2日　美国总统威尔逊向国会发表宣战咨文说明作战的目的,为了伸张正义于天下,要成立一个"自由人民的协调",给所有国家带来和平与安全,并使世界终获自由。

4月6日　美国以德国实行"无限制潜艇战"为由对德宣战,这使战局发生了有利于协约国的变化。

4月26日　南非政治家扬·克里斯蒂安·史末资将军向英帝国战争内阁呈交报告,阐释建立国际联盟的必要性。他认为,欧洲旧的体制已经消失,要将欧洲拯救出混乱和无政府状态,就必须创设一种新的体制,"国联将在欧洲旧帝国和旧秩序被打破后的真空中占有重要地位","在这个伟大的组织之下,世界将变得安全和美好"。

8月1日　罗马教皇本笃十五世向所有交战国家提出纲领性和平建议,希望各国做成两件事情。第一,裁减军备,同时将武装力量裁减到维持国内秩序所需的必要水平上;第二,以道德力量代替武装力量处理国际事务,归还一战期间侵占的领土,放弃赔偿要求,承诺日后以仲裁解决国际争端,以公民投票解决领土争端,共同制裁拒绝仲裁或拒不执行仲裁决定的国家。不过,这封信发送时间与德奥两国某些秘密行动偶合,被协约国怀疑为圈套,故影响有限。

8月14日　中国北洋政府正式对德、奥宣战,参战后将14万名中国青壮年运送到欧洲战场充当劳工,执行战场勤务工作。在残酷的战争条件下,中国民工做出重大牺牲。此前,美国在与德国断交后就建议中国采取一致行动,英法两国也鼓励中国参战。

11月7日(俄国旧历10月25日)　俄国布尔什维克党领导武装起义,推翻二月革命后建立的临时政府,建立苏维埃政府和第一个社会主义国家,史称十月革命。

11月8日　苏维埃政府颁布列宁起草的《和平法令》,确定社会主义国家外交政策的基本方针和原则。该法令呼吁各国废除秘密外交,签订公正、民主的和约,承认民族自决权。苏俄宣布退出战争,强烈建议所有交战国立即停战,开启和平谈判。协约国没有答复。不过,该法令刺激到英、美等国,加速他们对战后国际秩序的设计。英国首相劳合·乔治说:"俄国工人政府的态度对我们的工厂工人产生了干扰。所以我们认为需要就协约国的战争目的发表一个详尽的、精心制定的和权威性的声明,以便消除公众的疑虑。"

11 月　"力促和平同盟会"通过纲领宣称,为防止战争重演,战后各国应当成立一个国际性的联盟。主要内容如下:(1)能够通过司法途径解决的问题则通过裁判解决。(2)不适合通过司法途径解决的争端委之于调停委员会,由该委员会提出解决建议方案。(3)设立行政组织,负责共同关心的问题、欠发达地区以及国际利益的管理。该行政组织的目的在于安定与进步。(4)设立由各国代表组成的议会,负责国际法的法典编纂以及行政业务管理。公开会议的讨论内容。(5)设立由各国代表构成的执行机构。各国按照相应责任与义务比例向联盟派遣代表。通过经济、军事力量阻止发动武力攻击。条约的内容应当予以公开。联盟构想的国际组织是一个模仿美国国内政治体系(行政、立法、司法)的翻版,承认国际组织有权决定经济制裁、武力制裁。

一九一八年

1 月 5 日　劳合·乔治同工会代表会见时说明了英国政府作战的目标:首先,恢复条约的神圣不可侵犯性;其次,根据被统治人民的意愿或同意来解决领土问题;最后,"必须通过建立某种国际组织来设法限制军备的负担和减少战争的危险"。

1 月 8 日　美国总统威尔逊在国会演说中提出著名的"十四点计划",作为实现战后"世界和平纲领",其中的第十四点是:"为了大小国家都能相互保证政治独立和领土完整,必须成立一个具有特定盟约的普遍性的国际联盟"。"十四点计划"围绕民族平等、共同利益、国际联盟、国际经济合作、外交公开这 5 项原则展开,其中 8 条是针对具体国家,6 条属于国际关系的一般原则。除建立国联以外,另 5 条国际关系原则是推行公开外交、公海航行自由、取消贸易障碍、裁减军备和"调整"殖民地,都与国联有密切关系。正因如此,威尔逊称建立国联为战后"达到永久和平的全部外交结构的基石",是"头等要素的问题"。由于威尔逊在正式宣布"十四点计划"以前,美国政府并未与协约国磋商,所以欧洲各国不愿按照美国的要求处理和平问题,而是希望在战场上击败对手,迫使对手接受有利于自己的和平条件。直到 1918 年 10 月双方胜负局势已定之时,败局已定的德国才通过瑞士政府向美国提出以"十四点计划"为媾和基础。协约国考虑到战时、战后对美国的依赖,于11月5日勉强同意德国的请求。11月11日,德国与协约国在"十四点计划"的基础上签订了《贡比涅森林停战协定》,战争结束。

3月20日　英国政府公布费立摩尔委员会起草的国际联盟方案。这是第一次世界大战期间关于国联构想的第1份政府报告。该报告认为"国际联盟应包括绝大多数国家",但严格限制国联的超国家属性,将国联的组织目标限定于预防缔约国间战争,并且将战败国排除在外。该报告设想:(1)如果相关方愿意,应通过仲裁解决国际争端;(2)如果一方或更多方面拒绝仲裁,应把问题提交给缔约国集体召开的国际会议讨论;(3)在仲裁机关或国际会议审议问题、作出决定之前,相关方面不得开战;(4)无论如何,不应对遵守仲裁规定或会议决定的国家发动战争;(5)若有缔约国破坏其依据盟约所应负之国际义务,其他缔约国应对其进入战争状态,不仅断绝经济往来,还应以必要的军事措施迫使其就范;(6)至于缔约国与非缔约国之间的争议,应以相同的办法处理,只是在战事发生的情况下,不可实施(5)中规定的制裁办法,非争端方的缔约国可自行决定是否援助作为争端方的缔约国。由于美方草案采纳了英国方案的诸多意见,威尔逊劝说英方不要公布费立摩尔委员会报告,后来不少规定纳入《国际联盟盟约》(简称《国联盟约》)。该委员会研究了自16世纪以来各种方案,在解决国际争端时,建议采取调查和延缓而不是完全禁止战争的调解程序,对于制裁还给予相关界定。这些技术性的管理方式都被吸收到后来的国联和平解决国际争端机制之中。

6月8日　布尔日瓦委员会公布法国的国际联盟方案。该方案为国联设计了一套独立的常设机构,并赋予这些机构较大的国际权力。法国方案十分重视国联处理国际争端的功能,认为国联应肩负5项重要使命:维持会员国间和平、保护会员国免遭非会员国侵害、预防非会员国之间争端的蔓延。该方案指出,关于国家间的法律问题,应以习惯法、国际条约、法学原理和理论为处理依据,针对违反国际法的行为,可使用外交、法律、经济3种惩罚手段,必要时应要求赔偿或进行国际制裁。此外,方案第3章详细规划了军事制裁的原则、方法和手段。军事制裁的关键前提是建立一支国际武装部队。"国际理事会"负责确定武装部队的规模,从国联会员国提供的军官名单中挑选武装部队参谋长、副参谋长,若应形势所需,可临时任命武装部队总司令,再由总司令指派其他军官。国联会员国保留一定的自由裁量权,以决定本国部队以何种方式参与国际武装部队。在巴黎和会起草《国际联盟盟约》期间,法国代表团多次提出这一要求,因美国和英国执意反对最终没有被采纳。布尔日瓦委员会报告和费立摩尔委员会报告同为美国官方稍后拟具《国际联盟盟约》草案的重要参考文件。

7月 威尔逊开始起草国联盟约,并任命其私人顾问爱德华·豪斯上校参与工作。

11月5日 英法两国政府宣布在保留两项权利的基础上接受威尔逊的"十四点计划"。这两项保留的权利是:第一,协约国保留在和平会议上讨论海上自由的权利;第二,要求德国支付战争赔偿、放弃殖民地。威尔逊代表协约国照会德国,通知其协约国拟定的和谈条件,德国复照表示接受。

11月11日 德国与协约国签订《贡比涅森林停战协定》,第一次世界大战结束。随后,美国、法国、英国、比利时联军占领德国莱茵兰西部,在此基础上建立了协约国军事占领莱茵兰的制度,以确保德国履行《凡尔赛条约》。后随事态发展,整个占领区的实际控制权集中到了法国福煦元帅手里。

12月13日 威尔逊率领美国代表团抵达法国布雷斯特港参加即将召开的巴黎和会,其成员包括爱德华·豪斯上校、国务卿罗伯特·蓝辛、塔斯克·布利斯将军及共和党外交家前驻法大使亨利·怀特等人。威尔逊在和会前夕到巴黎、伦敦和罗马游说,认为建立国联应该是和会的首要任务。

12月16日 南非出席和会的代表史末资将军发表一本小册子《国际联盟:一个切实的建议》,对筹建国联提出21条切实、系统的建议,丰富了威尔逊的国联设想。他突出强调,应将总揽一切国际事务的权力赋予国联,为它建立一套强有力的组织机构以保障工作的有效性。这些机构应当包括由全体成员参加、讨论一般问题的经常性会议,它规定主要的政策方针,能使延续多年的各种代表会议组织化、程序化;9国(包括主要大国)组成的行政院(书中均指国际联盟行政院),直接管理整个组织的一切活动;仲裁法院和调解法院,为国际联盟处理各种专门问题或技术性议题的专家委员会;常设秘书处,用以同会员国保持密切联系,研究并注视世界各地发生的各种可能需要国际联盟采取行动、提供咨询意见的情况。史末资还提出一个新概念,从这个概念产生了日后的"委任统治制度"。在这本小册子发表前,关于战后组织的讨论,其重心几乎完全放在安全与国家间和平关系的维持。这本小册子发表后,讨论才提到一个较高的水平。史末资认为拟议中的国联不但是一个预防战争的可能工具,更是一个和平生活的伟大机关。

一九一九年

1月11日 中国政府派出以北洋政府外交总长陆徵祥为团长的中国代表团抵达法国参加巴黎和会。代表团有5名全权代表,除团长外,其余4

人为南方政府代表王正廷、驻英公使施肇基、驻美公使顾维钧、驻比利时公使魏宸组。中国代表团一行 52 人,阵容强大,规模空前。代表团抵达巴黎之后,顾维钧先后提出两份备忘录:一份是有关建立新世界组织的原则以及各主要协约国及参战国的观点;另一份是有关新世界组织对于中国的重要性以及中国应全力支持的理由。中国代表团希望通过这些努力能够促使国内公众广泛关注国际联盟问题。

1 月 8 日、18 日　美国先后提出威尔逊拟定的两份"《国际联盟盟约》巴黎草案"。加上 1918 年夏季提出的"华盛顿草案",美国的国联方案共有 8 项要点:(1)支持成立国际法庭;(2)以仲裁作为解决国际争端的主要方法;(3)提出全面封锁作为制裁手段,并同意用武力去实施封锁;(4)坚持国际联盟成员国相互保证领土完整与政治独立;(5)同意在保证领土完整和政治独立的同时,在民族自决的原则下进行必要的领土调整,但要做相应补偿;(6)裁减各国军备,由行政院直接负责;(7)规定行政院由大国外交代表和少数小国代表组成;(8)将德国前殖民地纳入委任统治范畴,在委任统治地区实行门户开放、种族平等和宗教信仰自由政策。

1 月 13—17 日　英、法、美、日、意 5 国举行巴黎和会准备会议,制定和会的议事规则,规定英、法、美、日、意 5 大国为有"普遍利益的交战国",可参加和会的一切会议。比利时、中国、塞尔维亚等国为有"个别利益的交战国",只能出席与其本国有关的会议。玻利维亚等与德国断交的国家,只在 5 大国认为有必要时,才得以用口头或书面陈述意见。议事规则还限定各国出席会议的全权代表的名额,5 大国各 5 名,比利时、塞尔维亚、巴西各 3 名,中国、波兰等国各 2 名,共计 70 名全权代表。这一规定遭到中国等国的强烈反对。

1 月 18 日—6 月 28 日　巴黎和会在法国凡尔赛宫召开。这是第一次世界大战战胜国制定对战败国和约的会议,也是历史上第 1 次不允许战败国参加制定媾和条约的国际和平会议。来自英、法、美、意、中、日等 27 个国家的 1000 多名代表参加,其中全权代表 70 人。每个代表团都拥有众多秘书、顾问和专家。苏俄未被邀请与会。和会的议事形式包括最高会议、专门委员会会议和全体会议。由于代表们很难聚齐,全体大会总共只召开了 6 次。会议的一切重大问题均由最高委员会,即"十人会议"决定。"十人会议"为 5 大国"经常的正式会议",由 5 个主要大国的首脑和外长组成,包括美国的伍德罗·威尔逊,罗伯特·兰辛,英国的劳合·乔治、亚瑟·贝尔福,法国的乔治·克里孟梭、斯特凡·皮雄,意大利的维托里奥·埃曼努尔·奥兰多、西德尼·松尼诺,日本的西园寺公望、牧野伸显。3 月 25 日起,英、法、美、意首脑"四人会议"取代"十人会议",实则由英、法、美3国首脑劳合·乔治、克里孟梭和威尔逊主宰。会议焦点是如何处置德国及其他战败国(包括德国一战后疆界问题、德国赔偿问题、阜姆问题等)和建立国际联盟,在欧洲安全保障、意大利的领土要求、山东问题、波兰问题等诸多方面争论激烈。会议伊始,威尔逊就主张首先讨论筹建国际联盟的问题,并认为国联盟约应与和约构成一个统一的、不可分割的整体,对所有国家都有约束力。

1月25日 巴黎和会按照威尔逊的主张首先讨论国联问题。当天,在威尔逊的坚持下,和会全体会议通过由英国首相劳合·乔治根据塞西尔建议草拟的建立国际联盟的决议。决议主要内容为:(1)为维持本次会议所要达到的世界安定,必须建立一个国际联盟来"促进国际合作,保证公认的国际义务的实施和提供防止战争的保证";(2)应把国联的建立"作为总的和平条约的不可分割的一部分",凡相信可以促进它的目标的文明国家都可以参加;(3)国联会员国应该定期举行国际会议,并应设立常设组织、秘书处在会议休会期间处理国联的事务;(4)决议还要求和会设立一特别委员会,负责起草国联盟约,即国际联盟委员会(又称"盟约起草委员会")。

2月3日 国联委员会正式组成并开始工作。该委员会由14个国家的代表组成,除美国、英国、法国、意大利和日本外,其他9国为中国、比利时、巴西、葡萄牙、塞尔维亚、希腊、波兰、捷克斯洛伐克和罗马尼亚。按照规定,前5国各派两名代表,后9国各派1名代表。美国总统威尔逊和英国代表塞西尔勋爵分别任委员会的正、副主席。作为委员会中的中国代表,顾维钧在盟约起草过程中提出很多重要建议,比如国联行政院应由大国代表5人、小国代表4人组成,获得通过。

同日 犹太代表团向大会提交了题为《犹太复国主义运动组织关于巴勒斯坦的声明》的提案。其中声称,犹太人对巴勒斯坦有历史性权利,有权在巴勒斯坦建立民族家园;新成立的国联拥有巴勒斯坦主权;应任命英国为巴勒斯坦的委任统治国,并规定犹太机构和委任统治国对犹太人的职责和义务;该文件还划定了巴勒斯坦的边界。此后,英国对巴勒斯坦的委任统治很大程度上便是以这份文件为基础的。

2月3—13日 国联委员会先后开会10次,大国都力图使自己的利益体现在盟约之中,加上协约国之间错综复杂秘密条约的掣肘,谈判十分艰难。根据豪斯建议,由美国代表团的法律顾问戴维·米勒和英国的塞西尔·赫斯特合作,以美国方案为基础,吸收英国方案的某些内容,起草了《国际联盟盟约草案》,交予和会全体会议审议,形成了所谓的"赫斯特—米勒方案"。"赫斯特—米勒方案"版本的国联盟约一共 22 条,比较重要突出的规定分别集中在联盟的组织机构、缩减军备、解决争端、国际制裁 4 个方面。中国代表顾维钧全程参与国联盟约的起草和修订工作并对盟约草案的制定做出了贡献。

2 月 6 日　费萨尔作为阿拉伯世界的唯一代表、以观察员的身份向巴黎和会提交了议案,主张争取战时协约国允诺的亚历山大勒塔—伊朗一线以南所有阿拉伯国家的统一和直接独立,并建议在咨询当地人意愿以后决定巴勒斯坦是独立还是接受委任统治。费萨尔虽然表示巴勒斯坦不存在种族冲突,但并无任何支持建立犹太国家的想法。

2 月 13 日　为了解决西方排斥日本移民的问题,在国际上争取平等地位,日本代表牧野伸显在国联委员会会议上发言称,应在国联盟约第 21 条的信教自由条款中补充加入一条,"各缔约国应尽快约定将种族平等作为国际联盟基本纲领,对于国际联盟全体成员之国民,不论其种族或国籍,均不在法律或事实上设置差别之对待"。为了减少西方抵触情绪,日方发言中没有把"种族平等"表述为"Racial Equality",而是换成了"Equality of Nations"(民族平等)。对于日本代表团的"人种差别废除议案",日本民众普遍持支持态度。与代表团随行的近卫文麿此前已在巴黎和会召开以前发表了《排除英美本位的和平主义》一文,称"希望欧美痛悔前非,改变傲慢无礼之态度,除撤去针对黄种人所设之入国限制外,亦应在正义人道上改正针对黄种人差别之待遇一切法律规定"。西方大国普遍反对日本的"人种差别废除议案",澳大利亚总理休斯称"澳洲有澳洲之舆论及立场,余对此不得不慎重考虑"。法国表示,尽管宗教和人种条款并非不对,但"前两者都删除掉为最佳"。美国也因日本提案引发各方分歧,有可能阻碍建立国联而放弃了在此问题上对日本的支持。日本代表团于是做出让步,仅要求将"承认各国民平等及公正对待各国民"一句写入盟约的序言部分,但仍遭到英美各国反对。最终,仅将日本提出议案一事写入会议记录而了事。

2 月 14 日　和会全体会议通过国际联盟委员会起草的盟约草案,要求委员会再作修订。2 月 20—21 日,国联委员会讨论阿根廷、智利、哥伦比亚、丹麦、荷兰、挪威、巴拉圭、波斯、萨尔瓦多、西班牙、瑞典、瑞士和委内瑞拉等战时中立国的意见。

2 月 24 日—3 月 2 日　威尔逊返回美国并在全国各地进行巡回游说,号召公众支持国联。美国国内出现反对国联盟约的运动,共和党参议员洛奇和波拉组织一个反对国联和威尔逊的集团,塔夫脱等较为温和的共和党人指出,只有对盟约草案中作出某些修改才有希望得到参议院批准。3 月

13 日,威尔逊返回法国。

3 月 22 日—4 月 11 日 国联委员会 5 次开会,进一步审议、修改盟约草案。3 月 22 日、24 日、26 日,分别召开 3 次会议,逐条审查盟约草案。威尔逊为求得和约批准,迫于美国国内压力,提出把门罗主义纳入国联盟约。4 月 10 日、11 日,在最后两轮讨论中,顾维钧发言反对"门罗主义",意在防范日本利用此条控制东亚。经此 5 轮会议,国联委员会最终敲定盟约草案,将"赫斯特—米勒方案"由 22 条扩充至 26 条,并将威尔逊关于"门罗主义"的提议列于第 21 条,规定不得视门罗主义与盟约内任何规定"有所抵触"。4 月 11 日,经过激烈讨论,国联委员会通过决议,将国际联盟总部设在瑞士日内瓦,没有接受比利时和法国提出的以布鲁塞尔为国联总部的要求。

4 月 9 日 根据美国的建议,巴黎和会确定一项有关萨尔地区的特别制度,并将其加入《凡尔赛条约》。该制度规定:将萨尔地区的煤矿资源交予法国;将萨尔地区的政府权力移交给国联,国联设立一个行政委员会管理地区事务及财产资源,自和约实施之日起,为期 15 年;15 年后举行全民表决,对于萨尔的归属,萨尔人可选择维持国联管理制度,同德国合并,或同法国合并。除了煤矿资源的所有权以外,法国人在萨尔地区还享有一些特权,比如,用法郎进行交易、签署与煤矿相关的合同,在法国政府的指示下建立学校和其他机构,5 年后,萨尔地区加入法国关税体系。

4 月 23 日 意大利首相奥兰多因威尔逊不同意其对阜姆的要求而退出巴黎和会,"四人会议"被英、法、美 3 国首脑以"三人会议"代替。5 月 5 日,奥兰多又重返会议。自 3 月 25 日起,巴黎和会"十人会议"就缩减为"四人会议",仅由英、法、美、意 4 国首脑私下就欧洲相关问题展开协商。

4 月 28 日 巴黎和会全体会议一致通过修正后的《国际联盟盟约》,决定将秘书处设在日内瓦,并推举英国人埃里克·德拉蒙德为国联第一任秘书长。该盟约规定:国际联盟以保障国际和平与促进国际合作为宗旨。通过集体安全、裁军、和平解决国际争端等措施,以保障会员国的领土完整和政治独立,并规定对违背者实行经济制裁。国际联盟还关注并协助处理国际范围内的卫生、知识产权交流、奴隶贸易、鸦片贸易、难民及妇女权利等全球性问题;会员国包括创始国、中立国和其他一切国家、领地或殖民地,经大会 2/3 同意可以加入国联成为会员。此前,迫于国内要求修正盟约的压力,威尔逊为抚慰国会内的反对派以求得和约批准,提出把门罗主义纳入国联盟约。会议决定把不得使门罗主义与盟约内任何规定"有所抵触"的条款列入盟约的第 21 条。

5月6日　巴黎和会的全体会议上,中国代表宣告,中国对《凡尔赛条约》处理山东问题的条款持保留意见。会后,又将该项保留意见正式通知会议主席克里孟梭,但均被拒绝。中国代表于是提议以附件的方式提出该项保留,或将该项保留变换说法,即只说中国代表签署该公约的事实不得被理解为阻碍中国在有利的时机要求重新考虑山东问题。但这一提议又遭拒绝。中国作为协约国一员派代表参加了巴黎和会。参战前,协约国曾许诺说,如果中国参战,将保证中国会取得大国地位。但在和会上,许诺成为空话。五强只肯给中国以中小国家标准的两个代表席位,比巴西还少一席。尤其甚者,和会不顾中国的强烈反对,在《凡尔赛条约》中公然把德国在山东窃取的全部殖民权益,原封不动地交给日本。以此为导火索,在"内惩国贼,外争国权"的号召下,中国北京爆发了轰轰烈烈的五四爱国运动。在国内外广大爱国民众的支持下,中国代表团于6月28日正式拒绝签署《凡尔赛条约》,以抗议西方列强对中国的不公正。中国爆发的大规模抗议浪潮点燃了五四运动的导火索,中国现代史由此掀开辉煌的篇章。

5月7日　威尔逊、劳合·乔治、克里孟梭和奥兰多在巴黎和会"四巨头"会议上对前德国殖民地作出分配,据此协约国最高委员会决定把西太平洋赤道以南的德属新几内亚及附近的德属岛屿(俾斯麦群岛)交予澳大利亚委任统治,中太平洋的德萨摩亚(西萨摩亚)交予新西兰委任统治,生产磷酸盐的瑙鲁交予英国委任统治。西太平洋赤道以北各岛屿,如马里亚纳群岛、马绍尔群岛、加罗林群岛委托给日本,德属西南非洲作为国联丙类委任统治地划给南非联邦,把德属东非作为国联乙类委任统治地划给英国。这些都成为国联委任统治制度的基础。

5月30日　比利时与英国达成协议,取得对东非部分的旧殖民地(卢旺达和布隆迪)的委任统治权,后来得到国联的确认。

6月16日　由于《凡尔赛条约》草案在德国引起强烈抗议,协约国向德国人保证,该条约中有关德国军备限制的条款不仅仅是为了限制它将来的侵略性行动,"也是普遍裁军和限制军备方面的第一个步骤……普遍裁军和限制军备是国际联盟将要推动的主要任务之一"。

6月28日　巴黎和会闭幕,德国代表在《凡尔赛条约》上签字。7月7日、10月13日、10月15日、10月30日,德国、法国、英国、意大利和日本先后批准该条约。美国始终没有批准该条约,同时拒绝作为《凡尔赛条约》第一部分的《国际联盟盟约》和6月28日签订的英美共同保障法国安全的条约。

同日　《凡尔赛条约》确定德国新疆界为:1871年被德国割占的阿尔萨斯和洛林归还法国;萨尔煤矿开采权交让给法国,行政管理权由国联行使

15 年,期满后举行公民投票决定归属;莱茵河左岸由协约国占领 15 年,右岸 50 公里为不设防区;德国将毛莱斯纳让给比利时,欧本、马尔梅迪交由公民投票决定其归属,投票后也归属比利时;承认波兰独立,将波兹南省、西普鲁士大部分、上西里西亚的一部分划归波兰,但泽为自由市,加入波兰关税同盟,归国联管辖,由此构成"波兰走廊",打通波兰出海口;石勒苏益格由公民投票决定其归属,1920 年公民投票决定北石勒苏益格归属丹麦;上西里西亚的古尔琴地区割让给捷克斯洛伐克;德国放弃默麦尔,1923 年协约国大使会议决定其归属立陶宛;承认奥地利独立,不得与它合并;承认卢森堡独立。根据这些安排,德国总共丧失战前领土的 1/8 和人口的 1/10。也正是因为对战败国的惩罚过于严苛,使得以《凡尔赛条约》为基础的战后国际体系内部矛盾重重、很不稳定。

同日 签署《美利坚合众国、比利时、大英帝国、法国、德国有关莱茵区军事占领的协议》。该协议规定"协约国和参战国的武装部队将继续占领德国领土作为德国履行该条约(《凡尔赛条约》)的保证"。协约国应建立一个被称为"莱茵河流域协约国高级委员会"的民政机构。除《凡尔赛条约》另有规定外,高级委员会应是协约国在占领区内最高代表机关。该委员会应由比利时、法国、英国和美国代表组成。

《凡尔赛条约》签署后,条约签署国又先后于 1919 年 9 月 10 日和 11 月 27 日签订对奥地利的《圣日耳曼条约》和对保加利亚的《纳伊条约》,又于 1920 年 6 月 4 日和 8 月 10 日签订匈牙利的《特里亚农条约》和对土耳其的《色佛尔条约》(后由 1923 年《洛桑条约》代替),这些条约统称《巴黎和约》。在巴黎和约的基础上,构建起英、法、美、意、日等战胜国对德国等战败国作出的惩罚性安排的凡尔赛体系。凡尔赛体系的主要内容包括:对战败国实行割地、赔款,限制其军备,对其在欧洲、非洲、中东的殖民地和势力范围进行再分配。这个体系排斥和反对苏俄,并以新建的国际联盟为维护国际秩序的工具。在这一体系中,英国加强了在欧洲、地中海、中东和非洲的优势,仍然是世界上最大的殖民帝国和海军强国。法国在中欧的影响扩大,增强了在欧洲大陆的战略优势。德国沦为战败国而备受宰割。奥匈帝国瓦解而出现了一些新独立国家。但是中小国家依然处于从属地位。日本加强了在中国和南太平洋的地位。但是巴黎和会并未解决重新分配远东太平洋地区的势力范围和确定大国海军军备力量对比的问题。美国又因《凡尔赛条约》不能保证其全球扩张野心得以实现而不予批准。因此,凡尔赛体系不能成为整个资本主义世界范围的国际关系体系。

根据《凡尔赛条约》的规定,正式成立国际劳工组织,以作为国际联盟的附属机构。总部设于日内瓦。国际劳工组织在国际上享有很高的声望，巴西和日本退出国际联盟后仍然是这个组织的成员，二战爆发前美国也加入了进来。即使在战争时期，国际劳工组织也维持了正常活动。劳工组织宗旨是：寻求社会正义，促进充分就业和提高生活水平；促进劳资合作，建立政府和社会伙伴之间自由而公开的辩论；改善劳动条件、保障劳工权益、改善其工作与生活状况；制造就业、扩大社会保障；实现世界持久和平，建立和维护社会正义。主要机关包括：国际劳工大会为最高权力机构，每年召开1次，由各会员国派遣的2名政府代表、1名雇主代表、1名工人代表组成，根据"三方性"原则，官方、资方、劳方代表有平等独立的发言权和表决权；理事会由大会选举产生，在大会休会期间指导工作，每年春季和秋季召开两次；国际劳工局为常设秘书处，局长为国际劳工组织的最高行政首长，任期5年。

7月10日　美国总统威尔逊正式向参议院递交包括国联盟约在内的《凡尔赛条约》供批准。参议员们对和约的态度分3种：民主党议员支持立即批准和约；温和的共和党议员要求对部分条款予以保留以保护美国利益；强硬的共和党议员拒绝批准和约及国联盟约。威尔逊拒绝对和约进行任何形式的修订。

同日　英、法达成协议，划定各自在喀麦隆的委任统治地的边界。这样，英国受托统治喀麦隆的5/6（西喀麦隆），多哥的2/3（西部多哥），剩余部分委托于法国（东喀麦隆、东部多哥）。

8月14—15日　在国联秘书长德拉蒙德的建议下，在伦敦召开国际统计合作会议以推动战后各国经济恢复与经济国际合作。当时，国联还没完全建立起来。

9月4—25日　为争取美国民众支持批准《凡尔赛条约》及国联盟约，威尔逊总统在全美29个城市进行了37场演说，行程8000英里，直至中途病倒。威尔逊拒绝对和约进行任何修改或保留。10月2日，他患上严重的中风，不得不中断其要求国会批准《凡尔赛条约》及国联盟约的活动。

9月10日　协约国与奥地利签订《圣日耳曼条约》。该条约正式标志着哈布斯堡帝国的分裂，并将新建立的奥地利共和国作为旧政体的代表加以惩罚。奥地利承认捷克斯洛伐克、南斯拉夫、波兰、匈牙利的独立，而这些新生国家必须保证保护少数民族权益。奥地利应割让部分领土，将军队控制在3万人，30年内付清赔款，并且，除非国际联盟行政院同意，不得与德国合并。

10月29日—1920年1月27日　国际劳工组织召开第1届会议，通过组织章程草案、起草 6 项公约,一并提交国联第 1 届大会审议。6 项公约内容涉及限制工时、限制失业、产妇保护、最低用工年龄、妇女夜间工作等方面。大会决定让德国和奥地利作为平等的成员参加这个组织,这是战胜国与战败国之间第 1 个重大的和解行动。

10 月 根据国联盟约第 23 条第 5 款,并应法国政府邀请,一个半官方的通讯与交通运输临时委员会在巴黎开会,筹划国联框架下的国际交通事务。

11 月 19 日 美国参议院对附有洛奇 14 项保留条款的《凡尔赛条约》进行首次投票。围绕国联盟约分化出四派不同意见:威尔逊派主张毫无保留地批准国联盟约;波拉派坚决保持美国孤立;洛奇派强硬地要求美国对盟约作出严格保留,只有在满足所有的保留条件前提下,才能批准国联盟约;凯洛格派也要求作保留,但比较温和。首轮投票中,39 票同意,55 票反对,1 票弃权,1 票缺席。经再次辩论后进行第 2 次投票,41 票同意,50 票反对。随后,对威尔逊派安德伍德的提案进行表决,该提案要求没有任何保留地批准《凡尔赛条约》。投票结果是 38 票同意,53 票反对,未能通过。

11 月 27 日 协约国与保加利亚签订《纳伊条约》。保加利亚丧失爱琴海沿岸地区,只保留一个经济性出海口;保加利亚承认南斯拉夫独立;同意偿付 22.5 亿金法郎的赔款;陆军减至 2 万人,并须交出大部分战争物资。

12 月 8 日 协约国最高委员会确定以"寇松线"为波兰东部边界,但波兰的实际控制范围超出这条线很多,并且覆盖了波兰、立陶宛之间存在争议的维尔纳城。维尔纳今为立陶宛首都和最大的城市维尔纽斯,但在历史上曾因为各种政治及军事的原因而属于不同的国家。一战期间,维尔纳也在德国、俄国、立陶宛、波兰军队之间几度易手。

12 月 10 日 第 1 届大会决定设立国际卫生组织,并将 1907 年以来总部设于巴黎的公共卫生国际办公室置于其指导之下。

早期活动与发展

一九二〇年

1 月 10 日 《凡尔赛条约》正式生效。《国际联盟盟约》作为对德《凡尔赛条约》第 1 部分而生效并具备独立国际条约的法律地位,国际联盟宣告正式成立。《国际联盟盟约》,是国际联盟的组织章程、法律依据和行动纲领。由巴黎和会国际联盟委员会拟定,1919 年 4 月 28 日由和会全体会议通过,列入对一战各战败国和约,作为其第 1 部分。1920 年 1 月 10 日,国联盟约随《凡尔赛条约》的生效而生效。① 国联盟约由序言、26 款条文和 1 个附件组成。该序言称,国联的宗旨是增进国际合作并保持国际和平与安全。盟约正文依次规定了会员国权利与义务,国际联盟大会、行政院、常设秘书处的构成与工作规则,会员国的裁军义务、会员国相互尊重领土完整和政治独立的义务,国联以有效措施制止战争并消除战争危机的职责,会员国和平解决国际争端的义务,大会、行政院处理国际争端的权力和规则,国联制裁从事对外侵略会员国的措施,条约登记与条约义务,委任统治制度、国联保障特殊群体的权利、监督军火军械贸易、促进商务贸易自由、防止疾病的责任,专门机构之设置,卫生合作,盟约之修正。第 26 条专门规定了修正盟约的前提和程序,以确保国联适应时局变化的能力,但在国联 26 年的历程之中,除 1926 年为便利德国加入行政院担任常任理事国而修订行政院选举规则外,盟约只经历过几次细节上的修订,并无重大修改。国际联盟总部设在日内瓦。国联是世界上第一个普遍性的国际组织。国联盟约规定了国联应遵行的宗旨:(1)规定通过集体行动维持国际和平与安全,以防止战

---

① 创始会员国系指在大战中对德奥集团宣战的 32 个国家和被邀请加入盟约的 13 个中立国。在宣战国家中,美国、汉志和厄瓜多尔虽在部分巴黎和约上签字而成为国联创始会员国,但出于不同原因,并没有加入国联。这样,国联共有 42 个创始会员国。中国代表团因《凡尔赛条约》第 4 部第 8 编关于山东问题(第 156—158 条)的条款受到中国人民坚决反对,不得不拒绝签字;但为取得国际联盟创始会员国资格,中国代表团 7 月 16 日在《圣日耳曼条约》上签字并批准了该条约,北洋政府后来又签署了《纳伊条约》《特里亚农条约》。中国借此成为国际联盟的创始会员国。1921 年 5 月 20 日,北洋政府代表在北京与德国代表另行缔结中德协约,作为恢复两国关系的依据。

争；（2）在经济和社会事务中促进国际合作，保证各国间严格遵守国际义务。为实现这些宗旨，盟约列有多项条文予以保证。如列入缩减军备、共同防止侵略、和平解决国际争端、进行经济和军事制裁以及实行公开外交等，以保证实现和平和使成员国免遭侵略；又如盟约有3条规定国联要为促进国际合作而努力。但实际上，这些条文很大部分都是建立"在沙（滩）的基础上"，多是纸上谈兵，名不副实。根据盟约规定，国联会员国包括创始会员国和会员国两种。创始会员国包括：在凡尔赛和约或在《圣日耳曼条约》上签字的32个战胜国（在和约或条约上签字的美国、厄瓜多尔、汉志即现沙特阿拉伯3国虽为创始会员国，但并没加入国联）；受邀加入盟约的13个战时中立国。这两类国家实际为42个，均为创始会员国。会员国为国联成立后新加入的国家，这类会员国共有21个。国联会员国累计数字曾达到63个，最多时为1934年的57国。美国是倡议成立国联的国家，却因国会拒绝批准《凡尔赛条约》和国联盟约而未能加入。中国虽未签署《凡尔赛条约》，但通过签署《圣日耳曼条约》成为国联创始会员国。

●国联的主要机构有大会、行政院、秘书处、国际常设法院以及与国联关系密切的国际劳工组织。

大会：由全体会员国的代表组成，一国一票。1920年国联第1届大会决定，大会应于每年秋季召开常会，如"随时按时机所需"，亦可开会。大会拥有广泛的职权，有权"处理属于联盟行动范围以内或关系世界和平之任何事件"。大会表决程序，除另有规定外，均"应达联盟出席于会议之会员国全体同意"。具体的表决方式依照处理事务的性质可分4种：（1）全体一致：关于维持国际和平与安全及其他重要议题的议案，须经到会及投票会员国全体一致通过，包括争端国在内。（2）简单多数：程序性问题须经到会会员国过半数通过，如，设立调查委员会。（3）2/3多数：新会员国加入，或行政院非常任理事国选举办法的制定，需要到会会员国2/3多数通过。（4）包括行政院全体理事国同意的简单多数：行政院移交大会的国际争端调解报告书，需要到会会员国过半数通过。其中，争端当事国投票不计，但须包括行政院全体理事国的同意票。

行政院（理事会）：由常任理事国和非常任理事国的代表组成。盟约最初规定，前者为5国（美、英、法、意、日），后者为4国。按盟约规定，"行政院应随时按事机所需"开会，"得处理属于联盟行动范围以内或关系世界和平之任何事件"。尽管盟约对大会与行政院之间的关系划分不清，但从盟约条文上看，行政院处于解决国际争端的中心地位，故通常被视为国联的行政机构。除与大会行使相同的职权外，行政院还有自己的多项专属职权。

行政院表决的程序与大会相同。根据在解决争端与维持和平方面处理的事项不同,所需同意方式亦有所差别,包括简单多数、全体一致,以及当事国除外的全体一致等。从1923年起,行政院还专设了"报告员制度",即在处理具体问题时,如需就事实展开调查、听取汇报,应委派于此问题上较为中立的国家承担调查、汇报任务。

秘书处:是辅助大会和行政院的国联常设事务机构,秘书处由秘书长和其他秘书与职员组成。秘书长由大会多数核准,经行政院委任。秘书处是国联体制中最富于创新的部分,是一个严格的国际性的机构。秘书处设有秘书长1人、常务副秘书长1人、副秘书长3人。除第一任秘书长(英国人埃里克·德拉蒙德)由盟约事先确定之外,历任秘书长都由行政院任命。常务副秘书长和副秘书长由秘书长任命,须经行政院同意。3位副秘书长分管国际办公室、文化合作部和政治部。秘书处的职员具有国际性和中立性,任职期间只能效忠于国联,并享有外交特权和豁免权。为保证秘书处文职人员的国际性和中立性,国联坚持独立遴选,独立支付薪水。1919年秘书处职员共121人,1931年最多时达750人。

国际常设法院:是盟约规定的国际司法机构,依据由行政院与大会审议、通过,并由国联会员国签字和批准的《国际常设法院规约》行使职务,其职权为审理并判决各方提出的属于国际性质之争议,并可对行政院或大会提出的争议或问题发表咨询意见。按照规定,大会和行政院选出法官11人、备补法官4人。1922年2月15日,国际常设法院在海牙正式宣告成立。国际常设法院每年开会1次,直到第二次世界大战爆发后才被迫中断。

1月16日　行政院在巴黎法国外交部举行第1次会议,国联开始成为处理国际事务的舞台。布尔日瓦担任首次会议主席。这次会议做出了多项决定。

1月26日—7月23日　国联根据《凡尔赛条约》有关德比边界的规定,在欧本和马尔梅迪举行公民投票以决定两地归属。

2月11—13日　行政院在伦敦举行第2次会议。这次会议审议与决定的内容有:

• 通过两项有关工作程序的决议。为消除行政院与秘书处之间的纠纷,日后行政院议程上的每一个问题应分两个阶段提出:先由秘书处提出备忘录(备忘录应严格限于陈述事实,不得提出行动建议),之后由行政院理事国据此提出行动建议;建立"报告员制度"——就每一个问题选出一个委员进行研究,负责听取各方意见并在适当时候提交行政院以便采取行动。

• 关于国联组织机构之建设。任命负责草拟国际常设法院规约的法学家委员会;指派专家委员会以筹划建立交通运输组织;考虑为国联筹备一个正式组织以处理经济和财政事务;决定召集国际专家会议以便制定国联卫生机构章程。

● 行政院确定萨尔行政管理委员会的 5 名委员,规定每人薪金。并采纳负责报告《凡尔赛条约》执行进展的希腊代表狄米特律斯的建议,任命行政管理委员会中的法国代表维克托·拉尔特担任主席。

● 决定任命雷金纳德为国联高级专员,并代表协约国临时管理但泽地区。后来,又设置但泽市长一职,由德国人海因里希·萨姆担任。

● **2 月 13 日**　行政院发表伦敦宣言,接受瑞士为会员国,并同意瑞士提出的要求,容许它对国联的任何军事行动保持中立。瑞士提出的具体要求是:在国联被迫对一个犯侵略罪的国家使用强制手段时,不能期望瑞士参加任何军事行动,容许别国军队通过瑞士领土;但瑞士将充分参与国联根据盟约规定的各会员国均应实施的经济和财政制裁。

2 月 26 日　萨尔行政管理委员会成立,任命 3 名委员到现场去划定萨尔领土与德国之间的疆界。① 根据《凡尔赛条约》的规定,德国应放弃对萨尔的统治,将当地的煤矿资源交予法国、政府权力移交给国联。国联则应设立一个行政委员会管理地区事务及财产资源,自和约实施之日起,为期 15 年;15 年后举行全民表决,对于萨尔的归属,萨尔人可选择继续维持国联管理制度,或选择同德国合并,或选择同法国合并。

3 月 12—13 日　行政院在巴黎召开第 3 次会议,决定派遣专门委员会前往俄罗斯地区调查东欧伤寒等传染病疫情,决定成立主司通讯与交通事务的专门机构,并邀请通讯与交通运输自由问题临时调查委员会完成相关预备研究。

3 月 16 日　萨尔行政管理委员会颁布一条法令,暂时雇用当地的原公职人员(多为德国人),但要求其宣示效忠新政府、接受试用期考察。5 月 10 日,经过艰难的磋商,德国政府同意萨尔新政府雇用本国公务员,但要求新政府建立与前德国政府相应的薪资和抚恤制度。

3 月 19 日　美国参议院对附有洛奇 14 项保留条款的《凡尔赛条约》进行第 2 次也是最后 1 次投票。49 票赞成、35 票反对,但未达 2/3 多数,和约未获通过,威尔逊的理想落空,美国终未能成为国联的成员国。随后,威尔逊也否决了国会关于宣布结束对德战争的两院联合决议。3 月 20 日,参议

---

① 萨尔为德法两国长期争夺的一个地区。萨尔原为德国西南部的一个州,面积 2568 平方公里,盛产煤和钢铁。1381 年萨尔纳入德意志拿骚伯爵领地,1801 年为法国占有,1815 年割让给普鲁士。第一次世界大战以后,作为一种过渡性安排,协约国暂时占领了萨尔地区。

院将和约退还总统。

3月20日　行政院在巴黎举行特别会议,向苏俄政府发出一封电报,说明它决定组织一个委员会来收集有关俄国情况的公正而充分的情报,并要求苏俄政府保证对委员会提供便利和保护。这实质上是国联向承认苏维埃政权为俄国实际政府迈出的重要一步,有利于逐步建立苏俄同世界其他地方之间的正常关系。5月5日,苏俄政府答复行政院,原则上同意国联委员会入境,并给予其研究苏俄国情的机会。苏俄认为行政院3月20日发来的电报表明了国联一些会员国不再敌视苏俄人民。

4月9—11日　行政院在巴黎召开第4次会议,讨论新独立国家亚美尼亚的地位问题。3月12日,美国拒绝接受委任统治亚美尼亚的任务,最高委员会遂将问题转交国联。这是它首次主动请国联处理一战遗留问题。4月11日,行政院正式拒绝这项委托,理由有三:第一,根据委任统治制度,托管职责应该由各国单独担负,而非国联整个组织;第二,除非协约国明确提出,在亚美尼亚托管问题上,将对国联提供怎样的军事和财政援助,国联不会接受这个委托,因为国联自己没有军队和独立的经济来源;第三,美国最适合执行这个任务。

4月13—17日　国联在伦敦主持召开世界卫生会议,并研究制定了国联卫生机构章程,适逢苏俄和东欧地区流行传染病,会议建议设立防疫工作机构,委派一个传染病临时委员会前往波兰、巴尔干各国及苏俄部分地区开展活动。5月,传染病临时委员会正式成立,由波兰籍医生拉西曼领导。1921年底,拉西曼担任国联秘书处卫生科主任,怀特接管临时委员会。两人经过两年努力才获得苏俄的信任,得以在苏俄开展工作,获取苏俄的疫情资料。

4月19—26日　协约国在意大利圣雷莫举行特别会议,就对土耳其和约纲要进行谈判,并达成一致意见。25日,协约国最高委员会决定:将前奥斯曼帝国领地作为国联甲类委任统治地,其中,美索不达米亚(即伊拉克)、巴勒斯坦(包括外约旦)交给英国,将叙利亚(包括黎巴嫩)交给法国实行委任统治;建立犹太民族之家的条款不适用于外约旦;这些领地的范围、边界、管理形式都由协约国商议或决定,并提交给国联行政院审核通过;确定英国继续占有摩苏尔,但摩苏尔所采石油的25%应归法国;法国则允许英国通过叙利亚经地中海运输石油。

4月20日—9月12日　第7届奥林匹克运动会在比利时安特卫普召开。本届奥运会的参加国达到了29个,运动员2622人。原定于1916年在德国柏林召开的第6届奥林匹克运动会因第一次世界大战停办。在战火洗礼后,本届奥运会东道国比利时政府筹资不足,只好向各盟军求助。其中,美国提供了一批军用物资,荷兰开来了一艘大船以缓解住宿问题,法、意、英及瑞典也向筹委会提供了物资援助。

5月5日 英国政府正式从国联手中接管伊拉克,对其实行委任统治。

5月14—19日 行政院在罗马召开第5次会议,决定召开布鲁塞尔财政会议,决定临时设立一个小组研究国际统计合作问题,同年10月10日,该小组在巴黎召开了会议。行政院本次会议决定的事项还有:

• **5月15日** 国联行政院决定向秘书处特派1名专员,处理一切涉及贩卖妇孺的日常事务。

• **5月17日** 行政院决定在其所属下成立"陆海空军问题常设咨询委员会"专门研究各国裁军问题,并从调查法国、英国、意大利、日本4国的军备现状入手。国联在裁军领域的工作主要根据盟约第8条展开,该条规定:会员国为维持国际和平,必须裁减本国军备至适合保卫国家安全及履行国际义务的最低限度。

• **5月19日** 行政院草拟两份组织章程,以确定国联各专门机构的组织原则,主要涉及国联专门机构与行政院、大会的关系,国联专门机构的一般工作规则。该章程随后被国联大会采纳。同日,为应对波兰伤寒,行政院向国联会员国呼吁,要求捐款200万英镑来应对危机,这是专家们认为所需的最低金额,却少有会员国提供捐助。

5月16—20日 瑞士就是否参加国际联盟举行全民公投,以416000票对323000票的微弱优势决定参加国联。

5月18日 苏俄里海舰队追捕白军至波斯的恩泽利港,攻击港口并捕获白军船只。波斯外交大臣费鲁兹王子以苏俄此举危及地区和平为由,根据国联盟约第10条、第11条要求行政院处理,并请求国联给予波斯援助。恩泽利事件是国联会员国向行政院提出的第1个"危及和平"的案件。

5月19日 国联行政院下设之陆、海、空军问题常设咨询委员会正式成立。这是国际联盟正式建立的第1个专门性辅助机关,行政院每个理事国都有权指派分别来自本国陆军、海军、空军的至多3名现役军官参加,每位代表任期3年。三军代表可召开联席会议,也可以举行专门的小组会。成立以后,委员会就在圣塞巴斯蒂安召开首次会议,准备调查研究各国兵力、军械、弹药等军备状况。军备调查须从大国开始,法国、英国、意大利、日本却拒绝委员会调查本国军备现状,委员会陷于瘫痪,不得不于12月6日作出结论,"研究各国军备问题为时过早"。

6月4日 协约国与匈牙利签订《特里亚农条约》。匈牙利丧失近3/4

的原有领土和 2/3 的原有的人口,只能保留 35000 名陆军,还须承担原奥匈帝国的部分债务。

6 月 5 日　芬兰方面以"犯国事罪"的名义逮捕奥兰群岛"归属瑞典运动"的两名领导人,并派出 3 个中队镇压运动。瑞典政府对芬兰的行动表示抗议。芬兰政府则指责瑞典干涉内政,撤回其驻瑞典公使。奥兰群岛局势骤然恶化。

6 月 14—16 日　行政院在伦敦召开第 6 次会议,审议波斯呼吁国联处理苏俄入侵恩泽利港的问题,当时波斯与苏俄已经开始谈判,苏俄撤回了军队,行政院于是拒绝启动和平解决国际争端机制,表示"在获悉双方谈判结果之前不打算行动"。

6 月 15 日—7 月 10 日　国际劳工组织在意大利热那亚召开第 2 次会议。会议讨论涉及海员最低年龄限制、遇难海员赔偿办法、海员雇佣制度等内容。

6 月 19 日　英国外相寇松以奥兰群岛争端危及国际和平为由根据国联盟约第 11 条第 2 款以"友谊的名义"提请国联大会和行政院注意该项争端。奥兰群岛亦称"阿赫韦南马群岛",位于瑞典和芬兰之间,扼波罗的海波的尼亚湾入口处,由 6500 多个岛屿和礁岩组成。其居民多操瑞典语。1809 年,瑞典根据瑞俄《菲特列斯汉姆和约》,将奥兰群岛与芬兰一起割让给俄国,成为一个政区。克里米亚战争期间,奥兰群岛被英、法于 1854 年占领。根据 1856 年奥兰群岛不设防公约规定,该岛实行中立化。1917 年,俄国发生十月革命,芬兰宣布独立。1918 年芬兰内战期间,支持白军的德国军队登上奥兰群岛,岛上军民开展了归附瑞典的运动,瑞典派兵进驻。1918年 3 月,芬兰政府被迫宣布允许奥兰群岛自治,暂时缓和了岛上的"归属瑞典运动"。1920 年 6 月,岛上局势骤然恶化。应寇松的要求,行政院 6 月 19日当天在伦敦召开特别会议以讨论瑞典和芬兰之间的奥兰群岛争端,邀请两争端当事国代表出席。瑞典代表要求举行公民投票决定归属,芬兰代表认为此事属于本国内政、国联无权干涉。奥兰群岛的归属问题是国联处理的第 1 个国际争端。

7 月 5—16 日　赔偿委员会在斯帕举行首次会议,德国代表列席。该会议就德国赔偿问题达成《关于煤炭支付事项的斯帕议定书》。文件并未涉及德国赔偿总数,主要规划德国交付煤炭的办法、德国赔偿的分配比例:规定协约国在埃森设立一个委员会,德国将在其监督下履行条约,否则,协约国可占领鲁尔等地区;德国赔偿按所谓的"斯巴比率"分配,英国 22%、法国 52%、意大利 10%、比利时 8%、日本及葡萄牙各为 0.75%,希腊、罗马尼亚、南斯拉夫共为 6.5%。德国赔偿问题是 20 世纪 20 年代国际关系中的一大难题。《凡尔赛条约》未载明德国应付赔款总额和付款办法,只要求先付 200 亿金马克,另设协约国赔偿委员会统筹其事。德国未能如数偿付,也未能按协约国要求按月交付足额实物(煤炭)。1920 年,协约国召开圣雷莫会议、斯帕会议、布洛涅会议等一系列会议,主要由于英法分歧,难以顺利形成决议。法国要求德国巨额赔偿,反对拖欠;英国则不愿逼迫德国过甚,以图利用德国牵制法国。

7 月 9—12 日   行政院在伦敦圣詹姆斯宫召开第 7 次会议,专门讨论奥兰群岛争端,邀请芬兰和瑞典代表列席。芬兰代表始终坚持认为奥兰群岛问题属于芬兰内政,国联无权干涉。行政院于是决定成立一个国际法学家特别咨询委员会,研究国联对于奥兰群岛争端的管辖权问题。委员会由 3 名国际法学家组成,任务为:第一,研究奥兰群岛问题是否属于芬兰内政问题,国联就此是否有管辖权;第二,调查奥兰群岛根据 1856 年条约解除军备义务的履行状况。

7 月 12 日   在苏军再次从波兰人手中夺回维尔纳之后,苏俄与立陶宛在莫斯科签署和平条约,承认立陶宛独立,并确定两国边界,把整个维尔纳划在立陶宛境内。

7 月 24 日   协约国与奥地利于 1919 年 9 月 10 日签订的《圣日耳曼条约》生效。

同日   国联行政院正式认可英国对巴勒斯坦的委任统治,法国对叙利亚、黎巴嫩的委任统治。

7 月 28 日   协约国最高委员会召开首次允许魏玛共和国代表参会的斯帕会议,主要处理德国裁军与战争赔偿问题。会上讨论了波兰、捷克斯洛伐克的边界争议,大体将整个争议区的西部划归捷克斯洛伐克,东部地区划给波兰。但这种划分过于粗糙,使捷克斯洛伐克境内的扎沃泽居住着大量的波兰少数民族,双方对此并不满意。在实际勘界过程中,大使会议又根据勘界委员会的建议,对边界做部分调整,将亚沃齐纳划给波兰,把它北边的两个村庄划给捷克斯洛伐克。这引起双方的争执。

7 月 29 日   萨尔行政管理委员会根据与德国达成的协议颁布公职人员薪资、抚恤制度,却遭致公职人员怨愤,引起为期 8 天的公职人员罢工,诱发工人罢工。委员会请求法国卫戍部队援助。在法国的武力镇压和驱逐威胁下,风波平息,但余波不止,直到 1923 年矿工再度罢工。国联萨尔行政管理委员会管理萨尔地区的 15 年中,法德两国之间明争暗夺,萨尔地区的法国人、德国人之间分歧不断。先后发生了 1920 年公务员罢工、1923 年工人大罢工、1933 年纳粹势力挑动骚乱等事件,但萨尔的地区局势和发展势头总体上比较稳定。

7 月 30 日—8 月 5 日　行政院在圣塞巴斯蒂安召开第 8 次会议,讨论了法学家委员会提交的有关建立国际常设法院的报告、汉志对法国在叙利亚所采取行动的抗议以及国联在委任统治问题上的职责,决定建立委任统治制度。

8 月 3 日—9 月 5 日　研究奥兰群岛争端的国际法学家特别咨询委员会在巴黎展开工作,并于 9 月 5 日做出结论:第一,芬兰于争议发生时尚未得到苏俄的承认,根据国际法,该岛的地位并不完全在芬兰国家权力之内,国联有权建议争端如何解决;第二,1856 年条约关于奥兰群岛非军事化地位的规定至今仍然有效,任何继苏俄之后占有该群岛的国家都需对其认真考虑。

8 月 10 日　协约国与土耳其签订《色佛尔条约》。

8 月 17 日　行政院批准但泽自由市议院宪法委员会起草的但泽市宪法。

9 月 5 日　波兰正式向行政院申诉,拒绝苏俄、立陶宛之间《莫斯科和平条约》划定的边界,指控立陶宛侵略波兰领土。当时,为维尔纳主权归属问题,波立两国军队发生冲突。波兰政府要求行政院促使立陶宛放弃维尔纳。行政院为避免立陶宛、波兰之间开战,介入维尔纳争端的调解,一方面劝告双方和解,另一方面决定组成国联军事调查组赴现场调查。

9 月 7 日　比利时与法国签署军事协定,此后比利时在绝大多数具有重大国际意义的问题上都与法国密切配合。

9 月 16—20 日　行政院在巴黎召开第 9 次会议:根据民意征询结果通过决议,决定将欧本和马尔梅迪割让给比利时。1 月 26 日—7 月 23 日,根据第 3 部"欧洲政治条款"第 1 编"比利时"第 34 条的规定,国联主持在欧本、马尔梅迪两地举行公民投票以决定两地归属。33276 名投票者中,只有271 人赞同两地留在德国。行政院第 9 次会议于是通过决议,将两地割让给比利时;9 月 20 日,行政院接受奥兰群岛法律委员会报告书中的结论,决定再任命一个调查委员会草拟奥兰群岛争端的解决办法;同日,会议还听取了波兰和立陶宛代表关于维尔纳争端的意见,决定由英、法、意、西、日军官组成军事小组委员会去战区实地调查。

9 月 20 日　根据国联行政院的决议,德国正式将欧本和马尔梅迪两市割让给比利时。

9 月 24 日—10 月 8 日　国联在布鲁塞尔主持召开世界财政会议。除

国联会员国外,美国、德国等非会员国也与会。据统计共有 39 国代表 86 名
财经专家出席了会议。会议旨在研究欧洲国家的财政危机并探讨改善的对
策,主要讨论了财政、货币及国际汇兑、国际贸易、国际贷款 4 大问题。会议
认为各国应大力健全财政,作为战后欧洲经济复兴的一块基石;建议国联着
手建立稳定国际金融信用的机构;并决定成立财政委员会,作为国联常设的
工作机构之一。这是国联成立后所召开的第一个重要的专门性国际会议,
是国联推动国际经济、财政合作的开端。

9 月 30 日　在行政院法国、日本、西班牙代表的斡旋下,立陶宛代表与
波兰代表就维尔纳冲突达成一项政治性协议:立陶宛不协助苏俄;波兰停止
进攻立陶宛;两国根据协议确定一个停战分界线,并由行政院派遣军事小组
确保停战任务之执行。

10 月 5 日　行政院军事小组抵达立陶宛、波兰临时分界线上的苏瓦乌
基市,并提出一份具体的划界方案。这是国联第 1 次向战场实地派遣军事
小组,法国、英国、意大利、日本、西班牙每个理事国各派出 1 位委员,由法国
委员夏迪奈上校担任主席。

10 月 7 日　在国联军事小组的协助下,立陶宛和波兰正式签署一项全
面协议,停战、划定两国边界,并保证遵守该项协议直到有关维尔纳的所有
问题都得到解决。此即《苏瓦乌基协定》。根据协定,维尔纳暂时被划在波
兰一边,距离分界线的立陶宛一侧有 100 多英里。

10 月 8 日　波兰军队越过《苏瓦乌基协定》确定的军事分界线,进入维
尔纳并在当地建立傀儡政权。

10 月 12 日　苏俄与波兰在里加签署停战协定与初步和约,确定两国
分界线,并宣布波兰与立陶宛间分界应该由两国自行决定。波兰的前线将
军柴利戈夫斯基强行突袭,尝试进占科夫诺及附近地区,引发波兰、立陶宛
之间大规模的军事冲突。直到 11 月,仍难分胜负。国联军事小组只好划出
一个"中立地带",以阻隔双方。

10 月 14 日　苏俄与芬兰就卡累利阿问题谈判达成《多尔帕特条约》。
俄国、芬兰边界将卡累利阿一分为二。十月革命后,苏俄政府向地方分权,
东卡累利阿境内的芬兰人组织自治运动,受到芬兰政府支持。该条约第 11
条规定:芬兰应自条约生效之日起 45 天内,从莱波拉和巴拉耶尔维自治区
撤出军队。莱波拉和巴拉耶尔维自治区应并入苏俄并划入东卡累利阿自治
领内,自治领包括阿尔汉格尔和奥罗奈特。卡累利阿居民享有民族自治权。
该条约第 11 条详细规定了确保自治的措施。12 月 31 日,双方在莫斯科互
换批准书,条约生效。

10月15—21日 国联在巴黎主持召开关于国际旅行护照持有和报关手续的会议,讨论制定护照范本、降低签注费用、延长有效期限、各国协商取消入境签字的办法等事项。

10月20—28日 行政院在布鲁塞尔召开第10次会议,审议和决定的事项有:

• 会议根据立陶宛的要求讨论维尔纳争端和立陶宛—波兰军事冲突,要求波兰立即结束对国联背信弃义的行为。28日,劝说立陶宛和波兰接受在维尔纳举行公民投票的方案,由国联负责组织公投,由8—10国派遣部队组成国际部队接替柴利戈夫斯基的部队执行维尔纳防卫任务。两国代表虽然在会上接受这个计划,却并无合作的诚意。波兰并不满足于控制维尔纳市和维尔纳省,还企图进一步控制科夫诺及附近地区;立陶宛拒绝在波兰军队撤出维尔纳之前举行公投。

• 会议讨论了保护少数民族的职责。10月25日,行政院正式确定少数民族委员会制度,针对会员国提出的每项少数民族案,都选派行政院3名代表组成专门委员会,负责根据行政院的决定专门调查缔约国违反相关国际条约、对少数民族权利造成损害的情况,并向行政院提交调查报告。第1个3人委员会由法国的莱昂·布尔热、日本的石井菊次郎、西班牙的吉奈斯·杜·莱昂组成,于1921年春开始工作。1922年3月,有关少数民族的控诉案第1次被列入行政院议程。二战爆发以前,行政院共举行了约1000次少数民族委员会会议,讨论了约400项申诉。

• 会议任命了奥兰群岛争端调查委员会。委员会由贝恩斯(比利时)、卡伦代尔(瑞士)、和埃尔克斯(美国)3人组成,经巴黎、斯德哥尔摩、赫尔辛基到奥兰群岛,调查4天返回复命。

10月27日 行政院根据各国对财政会议决议以及建议案的反馈,决定设立经济与财政临时委员会。11月14日,临时委员会正式成立,计划于1922—1923年仅工作1年。

11月1日 国联总部由伦敦迁至日内瓦。

同日 玻利维亚向国联提出请求,要求国联处理该国与智利、秘鲁3国关于塔克纳—阿里卡地区的主权争端。

11月11日 中国北洋政府驻英公使顾维钧抵达日内瓦,设立中国"国联全权代表办事处",准备参加国联第1届大会。中国非常重视国联大会,希望将在巴黎和会上未能得到公平处理的山东问题、废除"二十一条"等提交会议处理。因美国最终没有加入国联,中国失去了相对最有力的支援,遂决定将重心转移到竞选行政院非常任理事席位。

11 月 14 日—12 月 18 日 行政院在日内瓦召开第 11 次会议,讨论了盟约修正问题,确定国际常设法院之地位。会议决定的事项还有:

• **12 月 17 日** 首先提交行政院的丙类委任统治地文书被批准生效。国联将德国战前在西太平洋赤道北侧的殖民地加罗林群岛、马里亚纳群岛、马绍尔群岛移交给日本实行委任统治。国联确认中太平洋瑙鲁岛由英国、澳大利亚、新西兰共同进行委任统治。

• 鉴于维尔纳的军事冲突继续扩大,行政院成立 3 人委员会(法国的莱昂·布尔热、日本的石井菊次郎、西班牙的吉奈斯·杜·莱昂)负责准备在维尔纳进行公民投票。此外,另由英、法、意、西、比各国代表组成一个委员会派往当地研究公民投票的具体措施,并为了取代波兰军队维持维尔纳及其附近地区的秩序组建了一支"国联警察部队",由英、法、比、西、瑞典、丹麦、挪威、希腊 8 国军队组成。波兰一方面接受国联的方案,另一方面凭借军事占领维尔纳的有利条件对当地居民进行渗透,立陶宛担心波兰方面操纵公投,随后拒绝了国联方案。

11 月 15 日 根据《凡尔赛条约》的规定,但泽自由市正式成立,成为一个受国际联盟保护的半独立的准国家,设有市长、市政府、上下议院,在国联高级专员的监督下履行职责。行政院委派哈金将军任驻但泽高级专员。

同日 第一次世界大战以后,为打通波兰波罗的海出海口、建设"波兰走廊",根据《凡尔赛条约》在战前德国但泽地区建立了由国联监督、保护的自由市。但泽为今天波兰北部沿海港口城市格但斯克之德语名称。该地区扼守维斯杜拉河河口,古时曾是波兰的一个地区首府。14 世纪后,德国商人在此聚居,1793 年俄普第 2 次瓜分波兰时为普鲁士占领,取名但泽,但在地理和经济上仍与波兰联系密切。《凡尔赛条约》第 100—108 条规定:但泽脱离德国,但不属于波兰管辖,成为受国联保护的自由市;当地居民可自行组织议会并制定宪法;国联任命高级专员负责行政管理;波兰代管其对外关系,对该市拥有某些经济和海关管理权,并得在该地区铺设铁路和从事自由贸易;非经国联认可,但泽不能用来建设军事基地。

11 月 15 日—12 月 18 日 国联第 1 届大会在日内瓦隆重召开,审议和决定了多项重要内容:

• 大会选举比利时人海曼斯担任主席。首先讨论大会程序,盟约修正程序,大会与行政院的关系,大会、行政院与国联专门机构之间的关系,选举行政院非常任理事国的方法。大会议程被分成 6 大类:(1)一般组织;(2)经济、社会和技术工作;(3)常设法院的建立;(4)预算和人事;(5)新会员国的入会问题;(6)委任统治地和裁军。每类问题被提交给一个委员会讨论,每个国家的代表团都有权参加各主要委员会。大会决定接受秘书处建议,设立总务委员会,该委员会由 6 个主要委员会的主席和全体大会选出的 6 个副主席组成。大会通过讨论厘清了与行政院在职能上的分工,大会成为国联的中心机构,并决定每年开会 1 次。

● 大会要求行政院立即采取步骤解决土耳其军队入侵亚美尼亚的问题。

● 大会将裁军问题列入议事日程,这是国际关系史上首次将裁减陆军、空军、海军议题纳入统一框架并一揽子提出,由此形成"全面裁军"概念。大会肯定陆海空军问题常设咨询委员会继续工作的必要性,但不满于其成员皆为军人,认为应该以政治管理军事,超越军事技术层面设计裁军。大会要求行政院组建一个与常设咨询委员会性质截然不同的机构,准备普遍裁军计划,此机构的成员应是具备相当政治资历和特殊学问的人物,能从政治、经济、社会、历史、地理等各个方面综合研究裁军方案。大会达成基本共识,"实现一个全面的裁军目标应以诚信及安全为基础,决不是立刻可以办到的",裁军事业应分段逐步进行。此外,接受比京财政会议的主张,请行政院注意限制军费开支在财政预算中的比例,请其从速邀请各国政府共同约定,2 年之内不增加军费。

● 大会要求对国联财政行使监督权力,要求所有会员国为国联的费用捐款,各国有权讨论和表决有关开支的每一项建议并对所核准款项的支配进行考核。澳大利亚和印度代表提出秘书处和国际劳工局存在开支浪费现象,反对国联在日常开支上的浪费行为,大会任命以法国人诺布尔梅尔为主席的一个委员会展开调查,调查报告将在第 2 届大会上公布。

● **11 月 29 日**　大会决定建立常设委任统治委员会。行政院随后于 12 月 1 日完成了对国联常设委任统治委员会的任命。

● 委任统治制度(Mandate System)是第一次世界大战后国联建立的对战败国殖民地和领地进行再分配和统治的制度。国联盟约第 22 条对委任统治制度作出规定,但该条款与盟约其他条款不同,并非巴黎和会国联委员会起草,而由协约国最高委员会起草。该条款规定,一战前德国殖民地和奥斯曼帝国的领地由国联委任英、法、比、日、澳、南非统治,这些国家被称为"受委任国",由国联授予委任统治书。被统治的殖民地或属地被称为委任统治地。受委任国对委任统治地拥有行政和立法全权,对国联负责并每年提交年度施政报告。委任统治地分为 3 类。甲类包括前奥斯曼帝国的领地叙利亚(法)、黎巴嫩(法)、伊拉克(英)、外约旦(英)和巴勒斯坦(英),其发展已达到可以暂认为足够独立的程度,但仍须"由受委任国予以行政的指导和援助,直至其自立为止"。乙类包括前德国殖民地多哥(法)、喀麦隆(法、英)、卢旺达—布隆迪(比)、坦噶尼喀(英),这些地区短期内不能获得独立,由受委任国"负责地方行政之责"。丙类包括前德国殖民地西南非洲(南非)、新几内亚(澳)、瑙鲁(澳、新、英)、西萨摩亚(新)、赤道以北的太平洋岛屿(日),由受委任国"作为其领土一部分"予以统治。盟约提出用"委任统治制度"的办法处理战败国的殖民地和分离出来的领土,把这些地区从战败国手中夺过来,并不准列强重新瓜分。名义上这些被分离出来的领土不属于任何国家所有,由国联委任给被称为"受任国"的若干国家,由它们根据与国联订立的委任统治协定所规定的条件,代表国联行使治理权。尽管这种办法与战胜国再重新瓜分殖民地或兼并领土有所区别。但实际上受任国仍然是那些老牌的殖民国家,它们的统治办法很少翻新,对委任统治地仍然实行沿袭的那老一套。到第二次世界大战结束前仅有伊拉克、叙利亚、黎巴嫩等少量甲类委任统治地获得有限程度的独立。其他乙、丙类委任统治地几乎都原封未动。故从某种程度上讲,委任统治制度是一种在国联名义伪装下的变相殖民主义统治。国联在这方面所做的工作与取得的成绩实属微不足道。

- **11 月 30 日** 大会通过工作规则,决定每年 9 月 10 日前 1 周的星期一在日内瓦或其他地方举行 1 次大会,必要时可应任何会员国请求、经多数会员国同意,召开临时特别会议。

- **12 月 11 日** 大会决议非常任理事国任期为 3 年,任期从当选后的次年 1 月 1 日算起。

- **12 月 13 日** 大会全体会议一致通过行政院法学家委员会草拟的国际常设法院筹立方案,称为《国际常设法院规约》。大会还通过该规约的责任条款,规定在所有法律性质的案件上,法院应有强制裁判权,即如果一个国联会员国愿意把它同另一会员国的争端提交法院时,后者必须同意这一强制制裁程序。12 月 16 日,46 国签订该议定书,其中 15 国声明承认国际常设法院的强制管辖。

- 中国北洋政府任命驻英公使顾维钧、驻荷兰公使唐在复为出席代表。大会通过顾维钧提出的关于行政院非常任理事国竞选的"分洲主义"原则,即行政院 4 个非常任理事国,3 个由欧、美选出,1 个由亚、非、澳洲选出。这为中国参选行政院非常任理事国奠定基础。经中国代表多方努力,中国最终当选为行政院第 1 届非常任理事国(其余 3 国为比利时、西班牙、巴西),希腊退出,顾维钧兼任中国出席国联行政院会议代表。

- **12 月 15 日** 大会通过决议,要求秘书处就贩卖妇孺问题设计问卷并分发各国政府,内容应包括:针对贩卖妇孺行为的立法如何,政策如何,未来规划如何。大会请行政院对 1904 年、1910 年约章的缔约国派出代表,邀请这些国家参加拟于 1921 年第 2 届大会之前召开的国际会议。此外,大会还提请行政院调查大战时被土耳其军队驱逐到亚美尼亚和小亚细亚一带的妇女儿童人数。为此,行政院组建一个调查小组,勘察亚美尼亚、小亚细亚、土耳其及其邻近地区的状况。调查小组的 3 名成员都是专家,其中 1 名是女性。到国联召开第 2 届大会时,已经解救 9 万人。国联还建立中立宿舍安置被解救的妇孺。后来,这项工作继续在国联委任统治地展开。到 1927年,这项工作基本结束。

● 大会决定接受一批新会员国,包括奥地利(12 月 15 日),芬兰、保加利亚、哥斯达黎加、卢森堡(12 月 16 日),阿尔巴尼亚(12 月 17 日)。

● **12 月 18 日**　大会通过决议,要求行政院于 1921 年大会提交一份有关国际知识合作的详细工作报告,其中应汇报教育对推广自由气质、推动国际合作的影响,并就建立国际文化合作专门机构提出建议。

● **12 月 18 日**　第 1 届大会最后 1 天,顾维钧声明保留日后将中国关切之问题提交大会或行政院的权利。

12 月 15 日　国联举行国际禁毒第 1 届执行会议。国联成立后,在其章程中明确规定其具有监督国际间鸦片及其他麻醉药品贸易的使命。会议通过决议,由国联负责执行《海牙禁止鸦片公约》,并建议行政院指派与禁烟关系密切的 8 国组成鸦片及其他危险药品贩卖咨询委员会("禁烟委员会"),每年召开 1 次会议,向国联提出督促禁毒的建议,以推动各国切实执行 1912 年《监督生产和销售并逐步销毁鸦片公约》(又称《海牙禁止鸦片公约》)。中国成为委员国之一。

12 月 16 日　甘肃省海原县(现属宁夏)发生了里氏 8.5 级特大地震,震源深度 17 公里,一共造成了 28.82 万人死亡,约 30 万人受伤,数十座县城遭受破坏。强烈的震动持续了 10 余分钟,当时世界上有 96 个地震台都记录到了这场地震,被称为"环球大震"。

12 月 23 日　英、法就叙利亚同巴勒斯坦、伊拉克的边界达成协议。至此,协约国基本完成了对奥斯曼帝国亚洲部分的战后安排。

一九二一年

1 月 24—29 日　赔偿委员会在巴黎召开会议。28 日,英、法、比、意、日代表达成一项协议,规定德国赔偿总额为 2260 亿金马克,分 5 期支付,最初两年每年付 20 亿金马克,并规定抽取德国出口税的 12% 用于支付赔偿。

31 日,德国政府拒绝说,只能支付 300 亿金马克,其中 80 亿金马克尚需外借,德国出口税也不能作他用。

1 月 30 日　国联根据《国际联盟盟约》和《国际常设法院规约》正式建立国际常设法院,以作为国际联盟框架下独立自主的常设国际司法机构。国际常设法院总部设在海牙,它是第 1 个真正意义上和平解决争端的国际审判法庭。法院并非国际联盟的一部分,该规约非《国际联盟盟约》之一部分,国联会员国也不自动成为法院规约的当事国,但是,法院的经费由国联提供,规约最初也主要开放给国联会员国签署。

● 国际常设法院的职责包括:(1)对国联大会和行政院提出咨询意见以备其采择,这种意见不具备审判性质;(2)受理和审判各国相互提出的诉讼。对于涉及少数民族保护、国联委任统治、国际劳工组织和国际交通运输的案件,法院有强制管辖权;非经条约或公约规定必须交付国际常设法院审理的两国或多国争议,在未得到当事国双方同意的情况下,法院没有管辖权;国际常设法院规约中还设有"任择条款",会员国如果事先宣布接受这一条款,就应当承认法院对于任择条款中所列举的各类争端有强制裁决权。法院审判案件一般依据当事国承认的国际公约、国际法惯例、法律准则和国际法判例。

● 法院处理的案件根据法院管辖权可分为诉讼管辖案件和咨询管辖案件,其中,诉讼管辖案件又分为自愿管辖案件和强制管辖案件。

● 法院于 1922 年 2 月 15 日首次开庭。最初设在海牙和平宫,1940 年纳粹德国占领海牙后,迁至日内瓦,其活动亦因二战的爆发而中断。

同日　苏俄外交人民委员格奥尔基·瓦西里耶维奇·齐切林向科夫诺的立陶宛政府发出一个威胁性照会,宣称在立陶宛、波兰直接谈判解决问题以前,维尔纳是立陶宛的一部分、立陶宛有义务撵走柴利戈夫斯基的军队、恢复当地秩序;国际联盟向该地区派遣的任何部队都将被视为对苏俄的威胁,而立陶宛允许其入境的行为也将被视为不友好举动。

2 月 12 日　国联的常设委任统治委员会正式成立。为推行委任统治制度,行政院根据国联盟约第 22 条专设国联常设委任统治委员会以作为在监督受委任国方面的咨询机构。该委员会接受并审查受委任国的年度报告,并就执行委任统治的各项问题向行政院陈述意见。委员会的职权纯为咨询性质,无权通过决议案、或直接向委任统治国提出建议,但行政院在委任统治方面采取的措施多根据委员会的建议作出。委员会最初有 9 名代表,英、法、比、日受任国各有 1 名代表,另 5 名代表来自非受任国。1926 年德国加入国联以后,增加 1 名德国委员。委员在任期内不得在各自国家政府任职,同本国政府无直接隶属关系。委员会设正、副主席各 1 人,每年选举 1 次。而实际上,委员及正、副主席的当选完全取决于个人的地位和能力,正、副主席之职分别由意大利、荷兰委员长期担任。委员会每年召开两次常会,1 次在春季,1 次在秋季。必要时可召开特别会议,由国联秘书处的委任统治科负责筹备,不公开内部分歧,每次开会过后只发表纪要。委员会的职责包括检阅委任统治地治理的成绩,详细审查年度报告书的各章节,与委任统治国的代表讨论、并提出委任统治改革计划书。遇有非常事故发生,委任统治国应向委员会送交一特别报告书,陈述事变之经过及其处理办法。委员会曾提出过一些有限的、公正的咨询意见。如,1921 年英国、比利时在坦噶尼喀、卢旺达和布隆迪之间选铁路线时,将卢旺达的一个部落分割为两部分。委员会在审核该部落居民的请愿书以后,建议英、比改变原定路线。但对于两国的错误政策和不当行为,委员会保持缄默,并无批评。

2 月 21 日—3 月 4 日 行政院在巴黎召开第 12 次会议,审议为修正盟约而任命特殊委员会;讨论委任统治问题;任命委员会调查近东地区局势。关于维尔纳争端,行政院讨论了国际部队通过瑞士的问题。2 月 21 日会议还决定:行政院根据国联第 1 届大会的建议通过决议,决定成立鸦片及其他危险药品贩卖咨询委员会。其职责是接受各国政府报告、收集相关资料、研究防止非法贸易的方法,与国联卫生委员会共同核定世界医用麻醉品数量,向各国政府通报非法贩运麻醉药品分子"黑名单",推动各国切实执行 1912年《监督生产和销售并逐步销毁鸦片公约》(又称《海牙禁止鸦片公约》),并准备一份新的国际公约。

2 月 21 日—3 月 14 日 赔偿委员会在伦敦召开会议。3 月 1 日,协约国向德国下达"最后通牒",以 3 月 7 日为最后期限,如果德国不接受 1 月29 日协议,协约国将出兵占领鲁尔区和莱茵河东岸,将杜塞尔多夫、杜伊斯堡、卢罗特等工业区划入占领区,以示惩戒。

2 月 25 日 行政院决议成立关于裁军的临时混合委员会,着手研究裁军问题的内涵、裁军的标准、国联会员国以及欧洲会员国与裁军问题有关的特殊国情,以弥补常设咨询委员会之不足。该委员会从 1921 年起与陆海空军常设咨询委员会并行工作,主席为法国前总理勒内·维维亚尼。委员会下设有 6 个专门委员,对政治、经济、社会诸领域中的各种特殊问题开展具体研究。国联经济与财政委员会派遣 6 名委员,国际劳工局理事会派遣 6名委员(3 名资方代表、3 名劳工代表)参与临时混合委员会工作。

同日 根据国联第 1 届大会决议,由各方面专家组成的裁减军备临时混合委员会召开会议,审议了裁军和军控涉及的政治、经济、社会等各项问题,并在国联秘书处设立裁军科。该委员会曾与陆海空军问题常设咨询委员会并行工作,主要任务是研究裁军问题的内涵、标准与实施办法;根据各国提供的资料,编印裁军和各国军备年鉴。英国专家埃雪在该委员会提出裁减欧洲国家陆军计划,限制各国分别只能拥有若干"单位"(每一"单位"3万人)兵力,因意大利和北欧各国政府强烈反对,英国政府也不赞成而流产。

• 英国代表不赞成集体安全的主张,提议各国签订互助公约,建立相互保障制度;法国代表则主张缔结区域性的互助协定。两种分歧一直无法调和。直到1922年,第3届国联大会通过调和了英法双方主张的14项裁军决议。在此基础上第4届、第5届联大先后通过《互助公约草案》和《日内瓦和平解决国际争端议定书》,但都未生效。1924年,国联撤销了陆海空军问题常设咨询委员会和裁减军备临时混合委员会,成立裁军委员会。1925年,又成立国联裁军会议筹备委员会。该委员会历时4年、共召开7次会议,最终提出《裁军公约草案》。但国联主持召开的国际裁军大会未能以《裁军公约草案》为基础达成一项普遍性的、综合性的裁军、军控条约。国联框架的裁军进程最终宣告失败。

• 除国联以外,4强国之间也召开了一些裁军国际会议,但它们签署的军控协议实际上是为了限制对手或利用条约掩盖扩军活动,比如《美、英、法、意、日五国关于限制海军军备条约》。所以,这些谈判并不能阻止缔约国扩充军备。

3月2日 行政院决议,在建立常设性卫生组织以前,先设立一个临时卫生委员会,由国际劳工局、国际红十字会的12名专家组成,研究国际卫生组织的建设问题。因公共卫生国际办公室拒绝加入国际卫生组织,临时委员会遂向行政院提出备案。

3月4日 共和党人沃伦·G.哈定就任美国第29届总统,并宣誓美国决不卷入外国的纷争。4月12日,哈定在国会两院联席会议上表示,美国"将不参加国际联盟"。

3月8日 协约国出兵占领杜塞尔多夫、杜伊斯堡、卢罗特。同时,提高德国向协约国家的出口税,并于4月9日起在莱茵河上设立海关卡,对出入未被占领的德国其他地区的货物征收50%的关税。但这并未改变德国消极抵抗的立场。

3月10日 德国向国联行政院提出申诉,坚称协约国占领德国莱茵河东岸的领土违反《凡尔赛条约》。国联行政院虽然同情德国,认为德国申诉合情合理,认为"协约国的行动确有值得斟酌之处",但并没有受理德国的申诉。

3月10日—4月21日　国联在巴塞罗那召集第1届国际通讯与运输大会,通过关于《过境自由的公约》(巴塞罗那公约)和《关于国际利益的通航河流制度的公约》,并通过《通讯和运输委员会大会及其咨询与技术委员会议事规则》(第1稿)。

3月13日　由于波兰不肯从维尔纳撤军,立陶宛拒绝在波兰军队占领形势下举行公民投票,苏俄阻挠也使国际部队无法就位,行政院决定放弃在维尔纳举行"公民投票"的计划,改为建议由立陶宛与波兰举行直接谈判,由比利时人保罗·海曼斯担任谈判主席,并建议于1个月内开始举行。这一建议为立陶宛和波兰接受。但双边谈判一直没有进展。

3月20日　根据《凡尔赛条约》的要求,在国联国际委员会的主持下,上西里西亚地区举行公民投票。3月21日,计票结果公布,德国获得717122票,波兰获得483154票。单就投票结果而言,应该按照一定的领土面积比例或居民比例,把上西里西亚划分为两个区。实际上,这个方案操作起来很困难,亲德的行政区和亲波兰的行政区交错在一起,人口众多的亲德工业区又在上西里西亚东部,距离波兰更近。更重要的是,德国、波兰都想独吞工业三角区。国联公民投票委员会的波兰代表科尔凡蒂强烈反对上西里西亚并入德国,为此于5月2日发起第3次西里西亚起义,引发德国—波兰武装冲突。德国、波兰的纠纷还引发国联行政院内英国、法国、意大利代表的争执。6月16日、7月1日,法国、英国军队相继介入。

●《凡尔赛条约》规定,东普鲁士南部的阿伦斯泰恩、马利盎浮特以及上西里西亚(古尔琴地区除外)的归属问题,必须通过公民投票解决。1920年7月11日,在阿伦斯泰恩和马利盎浮特的公投中,德国分别以96%和92%的选票取得胜利。上西里西亚有11万平方公里土地,矿产丰富,工业发达。2/3的居民为波兰人,1/3为德国人。相较于阿伦斯泰恩、马利盎浮特等地区而言,上西里西亚的归属问题更难解决。

3月　英、法、意、日4国共同倡议通过国联活动,拟具一项从根本上复兴奥地利经济的全面计划。4国表示愿意在限定期间退还奥地利先前借款时所抵押的实物,并对其他13个国家发出照会,希望也采取与之相一致的措施。4国还要求奥地利把某些生产管理权交给国联代管。

4月　意大利、南斯拉夫、希腊要求改变1913年确定的阿尔巴尼亚疆界,阿尔巴尼亚政府请求行政院解决它的疆界问题。

同月　奥兰群岛争端调查委员会提交调查报告,结论为:奥兰群岛主权属于芬兰,为芬兰领土。报告指出芬兰境内瑞典人占12%,芬兰境内并无民族压迫,如果奥兰群岛与芬兰分离,则芬兰本土的瑞典人很有可能同芬兰人发生冲突,不利于民族和解,并可能引起芬兰局势混乱。报告希望芬兰继续保证给予奥兰群岛居民以高度自治,该群岛应继续非武装化。

5月2—5日 鸦片及其他危险药品贩卖咨询委员会(禁烟委员会)召开首次会议,并制定工作程序规则。委员会由8名政府代表、3名顾问组成,在研究缔结国际公约问题之外,还应成为国联专门处理鸦片问题的机构,筹备国际麻醉品会议、起草麻醉品公约并监督其执行,同时监察由《国际鸦片公约》引入的一个统计控制系统,来控制生产、批发、交易和销售鸦片及其副产物。委员会对中国禁烟情况相当不满,技术顾问朱尔典在会上建议"派员密查",但因中国代表坚决反对,此事作罢。此后,委员会每年至少召开1次会议,到1934年共有13位官方委员,分别代表中国、美国、英国、德国、法国、意大利、荷兰、匈牙利、南斯拉夫、日本、印度、暹罗、玻利维亚。另外,委员会还创立了一个用于麻醉药品合法国际贸易的进口证书及出口授权系统。

5月4日 赔偿委员会第2次伦敦会议通过新方案,即《伦敦支付方案》。该方案规定:德国赔偿总额为1320亿金马克,应该42年内付清赔偿;在此期间,德国每年应支付20亿金马克;方案还规定了德国可以发行的3种债券,各种债券的利息、总额,以及德国每年应付给协约国的额面价格;协约国设保证委员会以监督德国财政,如若违约,协约国可控制德国税务。5日,协约国将方案通知德国,限于5月12日以前答复,否则将占领鲁尔地区或采取其他军事行动。德国康斯坦丁·费伦巴赫政府因在赔偿问题上交涉不利而倒台。5月10日,成立了约瑟夫·维尔特主导的新政府。11日,经议会表决,德国接受了协约国最后通牒。

5月 波兰和立陶宛开始直接谈判,谈判主席海曼斯提出一项协调方案:(1)维尔纳成为立陶宛一自治州,该地可拥有独立的地方武装,不归立陶宛国家指挥。波兰语与立陶宛语均为公用语,对少数民族给予充分保护;(2)有关波兰、立陶宛的外交问题,由两国联合会议协商解决;(3)两国缔结防御军事同盟;(4)两国缔结经济条约,互相给予最惠国待遇;(5)两国对于条约解释有争议时,交付国联或常设国际法庭仲裁。27日,立陶宛代表答复可以考虑海曼斯的方案,但不能将这一方案作为谈判的基础。28日,波兰答复说,海曼斯的方案可作为讨论的基础,但须有维尔纳居民代表出席会议,并同波立两国代表享有同等资格。

6月2—7日 第7届奥林匹克代表大会在洛桑举行,会议议题为"修订奥林匹克计划和参赛条件"。

6月3日 为帮助奥地利恢复经济,国联财政委员会派出专门代表团到维也纳实地调查,并根据调查结果制定一项"全面计划"。代表团在报告中建议:债权国应放弃战争赔偿和救济款项的偿还,再给予奥地利一项新的贷款;奥地利改革内政;成立国际机构监督奥地利政府对贷款的使用。行政院通过这份报告以后,将其转交给了协约国最高会议。

6月12日 拉特瑙和鲁舍尔会谈,讨论德国参加法国北部复兴工作,10月达成《威斯巴登协议》,法德两国关系出现一定程度的缓和迹象。此前,德国政府已于5月如期付款10亿金马克。

6月17—28日 行政院在日内瓦召开第13次会议。会议确定了谈判维尔纳问题的先决基础或初步条件;在阿尔巴尼亚边界问题上表示尊重大使会议决定;此外,会议审议了逐渐稳定下来的萨尔局势。

●6月24日 行政院通过关于奥兰群岛争端的决议,判定奥兰群岛属于芬兰主权管辖,决定扩大群岛居民的自治权利和缔结一项国际条约代替1856年条约,以确保奥兰群岛的非武装化和中立化。对于这项决议,瑞典表示失望和不满,芬兰予以承认。

●6月24—27日 芬瑞两国代表在比利时驻国联代表海曼斯的主持下举行双边谈判,并达成协议,将调查委员会列出的5条原则加入《奥兰群岛自治法》。其中第5条规定,由国联行政院监督芬兰贯彻这些原则,芬兰政府有义务将奥兰自治议会的任何不满和意见,连同自己的考虑一并陈述给行政院,涉及法律问题时由国际常设法院提供咨询意见。

●6月25日 行政院就阿尔巴尼亚边界问题听取阿尔巴尼亚、希腊、南斯拉夫3国的立场陈述。1921年初,希腊和南斯拉夫向协约国大使会议提出修改阿尔巴尼亚1913年边界的要求。4月、6月,阿尔巴尼亚政府先后两次请求行政院根据盟约第11条解决其边界问题、以免遭到外国占领,并认为1913年伦敦会议有关阿尔巴尼亚边界的决定仍然有效。希腊和南斯拉夫坚称,只有大使会议才有权处理这个问题。阿尔巴尼亚否认大使会议的管辖权,保留提请国联大会处理这个问题的权利,并指责南斯拉夫支持其本国境内的独立运动。在行政院会议上,大国理事国以大使会议正在处理这个问题为由劝服中小国家理事国暂不采取行动。行政院决定将边界问题和阿尔巴尼亚对南斯拉夫的控诉一并交给大使会议。大使会议处理这种问题一向因循守旧,国联大会很不满行政院对其妥协。

6月21日 协约国最高委员会在讨论上西里西亚公民投票结果时,英法意见发生分歧。依照和约有关规定,根据投票结果上西里西亚可以一分为二,一部分属德,另一部分属波。英国代表主张该地区的工矿地区为不可分割的金三角地带,应留在德国。法国代表则强调工矿地区不能单独划出去,反对把工矿区留在德国。于是划界问题得不到解决。德国军队开赴上西里西亚示威,波兰也积极备战,局势十分严重。根据意大利外长卡罗·斯福尔扎的建议,各方同意把上西里西亚交付行政院解决。

6月30日—7月5日 国联在日内瓦召集禁止贩卖妇孺国际会议,34国参加。会议建议行政院设立一个5—6名政府代表和3—5名顾问组成的委员会,监督各国对3项约章的执行情况;并建议缔结1项新的国际公约,各国政府每年应将此公约的执行情况报告给国联秘书长。

7月16日 国联裁减军备临时混合委员会召开第1次会议,经过冗长的讨论,委员会提交一份初步报告,陈述裁军道路上的技术、政治难题,认为全面、普遍裁军的时机不成熟。

8月15日 协约国最高委员会正式照会行政院,请其进一步协助解决奥地利财政问题。此前,奥地利政府已正式宣布无法再对本国前途负责,奥地利议会也宣布奥地利人民不再对本国前途负责。

8月22日 协约国最高委员会主席白里安根据意大利外长卡罗·斯福尔扎的建议,致函国联行政院轮值主席石井菊次郎,请求国联帮助解决上西里西亚划界问题,并保证接受其任何决定。

8月22—24日 国联在日内瓦召开关于俄国难民福利与政治问题的会议。会议决定设立"国联处理欧洲俄国难民问题高级事务专员"一职,并选举挪威人弗里约瑟夫·南森担任该职;决定与国际劳工组织合作,统计难民人口及其职业;向其颁发难民护照或证明书并提供旅行便利;由高级专员向各国政府咨请是否可能在该国雇佣难民;如难民愿意返回俄国,各国政府应给予便利。这是国联为应对俄国难民潮、处理国际难民事务而专门设立第一个机制。第一次世界大战以后,革命、内战及外敌干涉使俄国产生200多万名难民,分散在亚欧各地,生活困难且无国籍、无护照,无法在所在国谋生,处境十分凄惨。当时,仅靠各国红十字会、国际救济儿童基金委员会等私人团体对这些难民提供救助。

8月27日 苏俄政府与南森就苏俄难民问题达成协定,规定成立由苏俄政府、南森团队双方代表组成的委员会,监督分配南森团队提供的救济物品;南森团队在苏俄地方不设立机构,救济物资由苏俄机关负责分发。

8月29日—10月12日 行政院在日内瓦召开第14次会议。

● **8月29日—9月1日** 关于上西里西亚问题的特别会议。行政院于9月1日决定成立一个报告委员会进行实地考察、提出争端解决方案。委员会包括:4位中立国代表即海曼斯(比利时)、加斯塔奥·达·孔哈(巴西)、顾维钧(中国)、昆农内斯·德·勒翁(西班牙);国联秘书处选定的一批行政人员;1 位捷克斯洛伐克的工业界领袖、1 位瑞士铁路专家。9 月 5 日—10 月 5 日国联召开第 2 届大会期间,委员会秘密展开工作。它根据公民投票结果确立两条基本原则:总体上,将上西里西亚地区划分为两个区域;工业三角地区必须分割,但应采取一切可能的措施维持工业区经贸系统的完整性。

- **9 月 13 日**　奥地利与匈牙利在边界争端地区举行公民投票,奥地利对投票结果不满,请求行政院裁决。《特里亚农和约》规定行政院具有调停匈牙利与其邻国边界争端的职责。

- **9 月 19 日**　行政院听取海曼斯的报告及立陶宛和波兰代表的陈述。20 日通过决议,劝说争端双方接受海曼斯方案,但决议并未被双方完全接受。

- **10 月 2 日**　行政院决议将国际水文局置于国联指导之下。此前,行政院已通过阿诺托的报告,确定了将国际局置于国联框架下的一般原则。根据一般性多边国际协议或公约而设立的国际局,其与国联关系之处理须经所有缔约国同意,故国联不宜强调对其的指导或管辖权,而认同其作为独立机关之地位,对其提供精神支持和适当建议。非基于国际协议设立的国际局,国联应首先调查其宗旨、组织、人员、财政等状况,对于状况良好且与国联宗旨相关、与现有国联机关职责不重复者,国联应根据盟约第 24 条,对其发出正式文件,请其加入国联系统,并维持对其指导或管理的权力,请其履行国联盟约规定的相关职责,但不负担其经费。1921 年 6 月 21 日,行政院据此原则确定了《国际水文局章程》。

- **10 月 7 日**　行政院应大会 10 月 2 日决议的要求,决定成立阿尔巴尼亚边界问题调查委员会,要求调查委员会 11 月 1 日以前抵达该国,但避免在协约国作出决定前采取任何行动,并就协约国决定的执行情况、阿尔巴尼亚边界及其附近地区可能发生的一切不稳定形式提交报告。

8 月　美国分别同德、奥、匈签订了单独和约,这些和约没有涉及国联盟约,但保留了根据巴黎和会签署的和约中美国应享有的权利。单独和约很快得到了美国国会的批准。

9 月 1 日　行政院有关建立国际常设法院的协议已获得 41 个签字国家(过半数)批准,《国际常设法院规约》正式生效。《国际常设法院规约》是国际常设法院组织和活动的基本法,共有 64 条,其中第 2 条以下分组织、管辖、程序 3 章。该规约规定,国际常设法院独立存在于根据 1899 年和 1907 年《海牙公约》成立的常设仲裁法院,管辖国联会员国和非会员国提交的案件,对条约的解释、国际法问题、违反国际义务事实的确定等。成立伊始,国际常设法院主要是开展咨询活动。所谓咨询意见,是指对于国联内部机构或组织提出的法律问题发表司法意见,而该意见对任何机构和国家都没有约束力,其实际作用是责成提出请求的实体在认为该意见对法律情势所表示的观点是正确的这个基础上调整自己的行为。国际常设法院总共对21个诉讼案件作了判决,发表了26个咨询意见,其中有一批很著名的具有重大国际意义的案件,对整个国际法的普遍发展作出了贡献。1940年5月16日,国际常设法院的最后一次官方活动——索菲亚电气公司案中的口述程序未能按规定举行,因德国军队已侵犯荷兰。法官们于1946年1月30日宣布辞职。国际常设法院根据国联大会的最后一次决议(大会决定结束其业务)于1946年4月18日解散。

同日 国联卫生组织秘书长、波兰医生鲁维克·拉奇曼和传染病委员会主席诺曼·怀特博士一同抵达莫斯科,就俄罗斯传染病防治、卫生工作现状进行调查。报告指出,在某些省份饥荒蔓延扩展,伤寒、霍乱等传染病流行,苏俄的统计数据不可靠,但也赞扬了医生、护士的惊人勇气和卫生当局在力所能及范围内表现出的效率。自此,国联便与苏俄建立起有效的卫生合作。

9月4日 南森正式接受"国联处理欧洲俄国难民问题高级事务专员"这一职务。在国际劳工组织的帮助下,国联开始对俄国难民进行调查统计,并且在雅典、贝尔格莱德、布达佩斯、布加勒斯特、君士坦丁堡、赫尔辛基、伦敦、巴黎、里加、维也纳等地设立难民局和职业介绍所。苏俄政府高度评价南森团队的活动,选举他为莫斯科苏维埃名誉委员,全俄苏维埃第9次代表大会还通过一项特别公告称,俄国人民将永远铭记南森的名字。

● 除俄国难民外,国联通过难民问题高级专员还救助了亚美尼亚、亚述、土耳其难民。1922年,土耳其军队在小亚细亚获胜,驱逐了大批的外国人,包括150万希腊人、30万亚美尼亚人、3万亚述人及迦勒底人、被安哥拉政府驱逐出境的土耳其人。国联第4届大会应希腊政府迫切呼吁,拨款10万金法郎,并令南森兼理此事。几星期后,饥荒和疫情得到初步控制。到1929年末,51国采用了难民国籍证书的规范格式——南森护照。国联还向难民提供交通工具、食物、帐篷,设立了职业学校和模范农场以帮助难民就业,使希腊经济秩序得以逐渐恢复。

● 南森去世以后,国联将难民问题高级专员一职改设为南森国际难民办公室(1931—1938年)。除此以外,国联在难民事务方面设立的其他机构包括:德国难民问题高级专员办公室(1933—1938年)、政府间难民委员会(1938—1947年)、国联难民事务高级专员办公室(1939—1946年)。

9月5日—10月5日 国联第2届大会在日内瓦召开。审议的主要议题包括:国际常设法院法官选举;建议正式批准《圣日耳曼公约》;盟约修正;行政院非常任理事国选举;国联会费问题;爱沙尼亚、拉脱维亚、立陶宛加入国联;维尔纳争端;塔克纳—阿里卡争端;任命阿尔巴尼亚问题调查委员会;东卡累利阿问题;预备召开国际私营制造业会议。会议审议和决定的其他事项还有:

● 中国政府派顾维钧、王宠惠以及驻意大利公使唐在复代表中国出席本届大会,顾维钧以行政院轮值主席身份担任大会临时主席主持开幕式,中国顺利连任行政院非常任理事国1年。

● 诺布尔梅尔委员会提交有关国联秘书处、国际劳工局管理状况,国联预算与行政机构基本规章的报告,即《诺布尔梅尔报告》。报告建议把秘书长每年起草的预算首先提交给一个由独立顾问组成的小团体,研究是否有削减的可能性;然后把预算连同独立顾问小组的意见一并送交各会员国,再由大会讨论。后来,行政院根据这项建议设立监察委员会。1929年,大会获得监察委员会的任命权,彻底取消行政院影响国联预算的权力。

● **9月14日** 进行国际常设法院第1次法官选举。法官由国联大会和行政院自会员国推举的不超过4名法官候选人(其中,属本国国籍者至多2名)中分别以过半数票选出,任期9年,可连选连任,享有外交特权与豁免,应能代表世界主要法系,但不代表所属国家。除法官以外,法院院长1人、副院长3人(均任期3年)以及记官长、书记官皆由法院自选。第一届大会选出国际常设法院法官11人,候补法官4人。中国推举王宠惠为候选人,他以行政院全票、大会26票(多数票)当选国际常设法院候补法官。1931年,国际常设法院取消候补法官,法官人数增加为15人。

● **9月7日** 大会全体会议应阿尔巴尼亚的请求讨论阿尔巴尼亚边界及相关问题,因法国、英国、意大利代表一再保证大使会议将尽速做出决定,大会不愿与协约国正面冲突,遂将问题交给第六委员会(法律委员会),并推迟全体会议的讨论。26日,第六委员会向大会提交报告,建议阿尔巴尼亚接受大使会议可能做出的任何决定,并请行政院应阿尔巴尼亚6月份的请求,派遣一个调查委员会。10月2日,大会一致通过这项报告。

● **9月21日** 大会通过有关国际知识合作的秘书处报告和《布尔日瓦报告》,决定建立知识合作委员会,并确定其作为大会和行政院咨询机构的职能,以及统筹、督导国际文化合作的特别使命。大会规定,知识合作委员会不能超过12人,应包括女性代表,他们必须是文化各领域的领军人物,以个人身份入选,不代表其本国政府。

● **9 月 22 日**　爱沙尼亚、立陶宛、拉脱维亚加入国联。乌克兰、阿塞拜疆、列支敦士登、格鲁吉亚、亚美尼亚等曾请求加入，因其身份地位比较特殊，第 2 届大会采纳第 1 委员会报告，"在国际联盟就相关问题积累到足够的经验之前，不应就此类问题作出决议"，搁置了上述各方的入会请求。

● **10 月 5 日**　大会通过 14 个修订议定书，其中 5 项于 1921 年生效。有 1 个是授权大会自行拟定 1 个国联会费分担表。根据 1919 年通过的盟约，国联经费应遵照万国邮政联盟的经费分担比例。此项修正案 1924 年生效。还有 1 个是在盟约第 4 条第 2 款中增加 1 项，即"大会应以 2/3 之多数决定关于选举行政院非常任理事之规则，特别是决定关于非常任理事任期及被选连任条件之各项规章"，目的是保证大会能够控制选举行政院非常任理事国的一切问题，并防止非常任理事国席位被垄断。由于西班牙有意长期占据非常任理事国席位，迟迟不予批准，该项议定书直到 1926 年才生效。

9 月 30 日　各国在 1921 年 6 月 30 日—7 月 5 日日内瓦贩卖妇孺问题国际会议决议的基础上缔结《禁止贩卖妇孺国际公约》，规定禁止贩运 21 岁以下的妇女为娼，21 岁以上的妇女"可以自愿被贩为娼"。没有参加会议但缔结公约的国家有澳大利亚、新西兰、哥伦比亚、哥斯达黎加、古巴、拉脱维亚、波斯。1922 年 6 月 15 日，公约正式生效。

10 月 10—20 日　国联在日内瓦发起召开关于奥兰群岛主权归属的国际会议，签订《关于奥兰群岛不设防和中立化的公约》。规定芬兰不能在奥兰群岛设防和保持军事基地；战时，该群岛将被视为中立区，但是波罗的海区域内若发生战争，芬兰有权为保卫奥兰群岛中立区而在该群岛附近沿海布设水雷。1922 年 1 月 11 日，行政院决定接受条约第 7 条规定的义务和第 9 条的要求。该公约于 1922 年 4 月 6 日生效，与会并签约的国家有：丹麦、爱沙尼亚、芬兰、法国、德国、英国、意大利、拉脱维亚、波兰和瑞典。

10 月 12 日　行政院召开特别会议，主要审议上西里西亚问题。通过四国委员会报告，决定将上西里西亚及其三角地带的工业区分成两部分，并划定德波在该地区的边界。但决定要求作为一项过渡措施，上西里西亚原有的工业、交通、水利、供销体系不能打破，还须保护少数民族权利。行政院将报告转交给协约国最高委员会、德国政府和波兰政府，并要求两国代表在瑞士调解人卡隆德的主持下直接谈判。10 月 19 日，最高委员会批准四国委员会计划。

同日　印度代表提出针对中国的"领事禁烟"建议，中国代表强调事关国家主权，拒不让步。印度提案作罢。

10 月 20 日　协约国最高会议正式声明接受国联于 12 日作出的关于上西里西亚地位问题的决议,提出在瑞士调解人卡隆德主持下,德、波签订关于解决上西里西亚问题的协议。

10 月 24 日—11 月 21 日　国际劳工组织在日内瓦召开第 3 次会议,论及农业工人最低年龄限制等内容并通过相应的决议。

11 月 2 日　阿尔巴尼亚政府致电国联秘书长,申诉南斯拉夫入侵。英国政府此时也改变了对形势的看法,并相信阿尔巴尼亚的警告——战争迫在眉睫。11 月 7 日,劳合·乔治致电秘书长,指出阿尔巴尼亚问题已危及和平,建议南斯拉夫如果不履行盟约义务,国联就依照盟约第 16 条对其实施制裁。

11 月 8 日　法国政府宣布外国人在突尼斯所生的子女为法国公民。英国反对法国的这项决定并将其提交给国际常设法院裁定。

11 月 9 日　大使会议就阿尔巴尼亚、希腊、南斯拉夫 3 国边界争端宣布,1913 年已经解决的阿尔巴尼亚疆界维持不变,但是附有 3 个有利于南斯拉夫的修正。随后,大使会议正式通过决定,确定 1913 年确定的阿尔巴尼亚边界有效,并决定:(1)协约国承认阿尔巴尼亚主权及领土完整;(2)协约国确认 1913 年边界有效,并将主持划定实际界线;(3)因 1914 年战争,该国北部、东部部分地区非军事化中断,协约国将指派 4 委员组成的非军事化委员会重建这些非军事区;(4)非军事化委员会负责听取边界两边国家的意见,考虑两国政府提出的相关要求。南斯拉夫断然拒绝这项决定。行政院应英国首相劳合·乔治的要求提出:如南斯拉夫不执行这一规定,就对其进行经济制裁。

11 月 11 日　大使会议请行政院派遣委员会实地调查,并将南斯拉夫违背协约国非军事区相关规定的行为通知给非军事化委员会。

11 月 12 日—1922 年 2 月 6 日　美国、英国、法国、意大利、日本、葡萄牙、比利时、荷兰、中国参加了美国发起召开的华盛顿会议(又称“太平洋会议”),表面上是讨论限制海军军备、处理远东和太平洋地区的德国殖民地,实际上是美、日争霸远东,尤其是争夺在中国的势力范围,以及列强争夺在太平洋地区的海上霸权。会议议程主要有两项:一是限制海军军备;二是太平洋和远东问题。为此组成两个委员会:“限制军备委员会”由英、美、日、法、意 5 个海军大国参加;“太平洋及远东问题委员会”则有 9 国代表参加,两个委员会分别进行讨论。会议的主要成果包括 3 项条约:美、英、法、日《关于太平洋区域岛屿属地和领地的条约》(通称《四国条约》,1921 年 12 月 13 日)、《美、英、法、意、日五国关于限制海军军备条约》(通称《五国海军条约》,1922 年 2 月 6 日)、《关于中国事件适用各原则及政策之条约》(通称《九国公约》,1922 年 2 月 6 日)。这些统称为"华盛顿条约"。华盛顿会议签订的各项条约和通过的决议案构成华盛顿体系,是凡尔赛体系的继续和补充。这一体系是在承认美国占优势的基础上,确定了凡尔赛体系未能包括的远东、太平洋区域的帝国主义国际关系体系,暂时调整了第一次世界大战后帝国主义列强在远东、太平洋地区的关系,确立了它们在东方实力对比的新格局。但它并未消除帝国主义之间的矛盾,它使日本受到一定的抑制,而且使中国回归到几个帝国主义国家共同支配的局面。此后,美日两国之间在远东及太平洋地区的争夺愈演愈烈。以巴黎和会对第一次世界大战战败国的处置为主要基础,华盛顿会议有关远东、太平洋地区国际秩序的安排为辅,最终形成了"凡尔赛—华盛顿体系"。这是两次世界大战之间的主要国际秩序,但体系内部充满战胜国与战败国、战胜国之间、大国与中小国家、殖民国家与殖民地半殖民地的诸多矛盾。至 20 世纪 30 年代末,德、意、日 3 个轴心国发动法西斯战争,这一体系彻底崩溃。

中国驻美公使施肇基、驻英公使顾维钧和前司法总长王宠惠参加会议。施肇基提出《十项原则》,要求尊重中国"领土之完整及政治与行政之独立",赞同美国要求中国实行的"门户开放"政策;王宠惠提出废除 1915 年日本向中国提出的"二十一条要求"的提案。中国还在会议上提出山东问题。经中日谈判,双方于 1922 年 2 月 4 日正式签署了《解决山东悬案条约》。至此,延续多年的胶济铁路问题及整个山东问题遂告解决。

11 月 16—19 日 行政院应英国要求在巴黎召开有关阿尔巴尼亚边界问题的特别会议,即行政院第 15 次会议。会议审查了南斯拉夫武装力量推进情况,命令南斯拉夫从阿尔巴尼亚疆界内撤出。18 日,行政院参考协约国决定通过一项决议,要求南斯拉夫、阿尔巴尼亚遵循协约国 11 月 9 日作出的撤军决定;要求行政院调查委员会与协约国非军事化委员会合作,确保阿尔巴尼亚的国内地区性政治运动不受任何外部支持,并就争端之解决、未来之防范办法向行政院提出建议。另外,行政院还在劳合·乔治的建议下专门讨论南斯拉夫拒绝遵守这份决议的情况下行政院可以采取的经济制裁措施。在这种国际政治压力下,南斯拉夫只得宣布愿意接受大使会议的决定,并将军队撤至规定的边界。

11 月 23—26 日 为防止上西里西亚爆发战争,国联主持德国、波兰在日内瓦开会。卡隆德担任会议主席,会议分设 12 个小组委员会并从事实地调查。德、波双方立场虽有不少抵触但最后还是互有让步。

11 月 26 日 芬兰向行政院申诉,苏俄不履行《多尔帕特条约》的义务,致使东卡累利阿局势不断恶化,已危及和平。苏俄以此事属本国内政为由拒绝国联介入。年底,苏俄又大军压境、镇压东卡累利阿的叛乱分子。

●卡累利阿历史上是芬兰人民的土地。根据1617年沙皇俄国与瑞典王国之间签订的《斯托尔波沃条约》,瑞典将卡累利阿东部东正教信徒居住地区,包括白卡累利阿和奥洛涅茨卡累利阿地区,割让给沙皇俄国。自此卡累利阿地区开始东西分治。西部称西卡累利阿,并入瑞典,芬兰独立后属于芬兰。这样俄国与芬兰之间的分界线将卡累利阿一分为二。十月革命后,苏俄政府实施分权政策,东卡累利阿境内的芬兰人便组织起自治运动,受到芬兰政府支持。1920年10月14日,苏俄与芬兰谈判达成《多尔帕特条约》,就两国停战、两国间边界以及政治、经济关系等作出一揽子安排。12月31日,苏芬代表在莫斯科互换批准书,条约生效。1921年3月5日,该条约在国联秘书处登记入册。条约第10条规定:芬兰应自条约生效之日起45天内,从莱波拉和巴拉耶尔维自治区撤出军队;莱波拉和巴拉耶尔维自治区应并入苏俄并划入东卡累利阿自治领内;此外,卡累利阿自治领内还应包括阿尔汉格尔和奥罗奈特;卡累利阿居民享有自治权,条约第11条详细规定了保障其自治权的措施。

12月　国联召开旨在提高生物制剂标准化生产以治疗传染病的国际会议。

药剂生产与疾病治疗是国联在卫生领域关注的重点之一,国联在相关的10多个领域多次召开国际会议。如,1922年9月25—27日在日内瓦召开的血清学会议;1923年7月19—21日在爱丁堡召开的推动标准化治疗的国际会议,1923年12月27日至1924年1月2日召开的成员国之间医疗人员国际交流的会议;1924年5月14—18日在罗马召开的治疗癌症国际会议;1925年5月19—22日在伦敦召开的关于非洲昏睡症的卫生会议,1925年9月3日在日内瓦召开的关于统一全球制药规则的第2次医疗标准化会议;1927年4月25—30日在巴黎召开的治疗狂犬病国际会议,1927年10月25日在日内瓦召开的疾病控制国际会议;1928年10月15—18日在巴黎召开的研制肺结核疫苗的国际会议;1930年5月20—22日在巴黎召开的医学专科学校负责人国际会议,1930年7月26日在巴黎召开的研究交叉调配血型的国际卫生会议,10月27日在布达佩斯召开的鼓励农村地区建设和发展医疗中心的国际会议;1931年5月27日在日内瓦召开的减少生产和交易有毒药物的国际会议,1931年6月17—20日在伦敦召开的消除白喉和猩红热医学专家会议;1933年10月26日—11月1日在日内瓦召开的提高全球公共卫生标准的国际会议;1937年11月22—27日在日内瓦召开旨在加强欧洲医学教育的会议。

一九二二年

1月8日 波兰单方面在维尔纳举行公民投票。立陶宛政府拒绝接受投票结果并切断了同波兰的经济联系。行政院宣布自己的调停使命结束。因协约国大使会议也偏向波兰,立陶宛遂将斗争重点放在国联大会。

1月10—14日 行政院在日内瓦召开第16次会议,主要讨论领土争端。关于维尔纳争端,要求武装控制部队撤离;关于阿尔巴尼亚问题,审查调查委员会提交的报告;关于奥兰群岛争端,国联承担担保责任;行政院还审议了德国、波兰关于上西里西亚问题谈判的进展。会议审议和决定的事项还有:

● **1月11日** 行政院决定接受《奥兰群岛不设防和中立化的公约》要求国联担负的两项义务。第一,缔约国应单独或联合请求国联行政院采取措施以保证公约之遵守、制止违约行为,并承诺协助行政院履行这些责任。行政院开会做决议时应邀请所有缔约国,并以全体一致作决定(被诉违约国除外),2/3多数通过的决议只能视为建议。第二,行政院将公约周知国联各会员国,以促各国普遍尊重,经原始缔约国一致同意,非签字国可加入条约。

● **1月14日** 行政院审议芬兰1921年11月26日的申诉,建议可由与苏俄保持正常外交关系的国联会员国派代表居中斡旋,但未被冲突双方接受。

● **1月14日** 行政院正式决议设立"国际知识合作委员会"。该委员会的主要目标是:改善脑力劳动者的物质状况;建立教员、艺术家、作家和其他知识界职业之间的国际联系与接触;借助知识界的影响力,推动国联的和平事业。

● **1月14日** 行政院决议成立贩卖妇孺问题咨询委员会。该委员会由法国、英国、日本、波兰、西班牙、罗马尼亚、丹麦、意大利、乌拉圭代表和1921年《禁止贩卖妇孺国际公约》所建议的3名顾问组成,共20位委员。咨询委员会主要承担《禁止贩卖妇孺国际公约》框架下的情报搜集任务,每年至少开会一次,有关国际组织亦可派代表参与。最初,咨询委员会下设贩卖妇女问题委员会和儿童福利委员会2个小组委员会;后于1924年12月10日、1925年6月9日先后改组两次,随后正式更名为"贩卖妇女、保护儿童问题咨询委员会";1936年又改组为"社会问题咨询委员会"。

1月30日　国联第2届大会选出的9位法官和4位候补法官在海牙的和平宫就职,和平宫也被选定为国际常设法院的总院。自此以后,行政院和大会可以向这个最高主管机构征询可能需要的任何法律意见。2月15日,国际常设法院首次开庭。

2月6日　美、英、法、意、日、荷、比、葡和中国在华盛顿会议上签署《关于中国事件应适用各原则及政策之条约》,通称为《九国公约》。第1条确立了美国所提的4项原则:尊重中国主权、独立及领土与行政的完整;给中国以建立有力、稳固的政府的机会;在中国实行和维持门户开放和工商业机会均等的原则;各国不得利用中国当前的形势谋取特殊权利。其余8条是具体规定,包括:不订立有违上述原则的条约协定,不划分有关商务或经济发展的势力范围,维持中国铁路门户开放和机会均等原则,各国尊重中国的战时中立权,而中国则须遵守中立义务。公约主要是美国门户开放政策的产物,强调列强在华机会均等、共同支配。虽然极大地损害了中国的权利,但在客观上牵制了日本侵华的步伐。

2月19日　法国与波兰签订防御条约。此后,法国又分别于1926年6月10日、1927年11月11日与罗马尼亚、南斯拉夫签订内容与法波条约相似的防御条约。

3月20—28日　国联在华沙主持召开国际会议,商讨如何制定策略抵御欧洲传染病,欧洲27国参加。会议缔结东欧各国卫生公约;协调苏俄和波兰之间的防疫合作;决定派遣代表团前往埃及、巴勒斯坦、叙利亚、君士坦丁堡,筹划在地中海东部和红海重新部署控制传染病的工作;应日本要求,决定向远东派遣一代表团;决定研究非洲的热带病。而此前,苏俄教授L.塔拉塞维奇撰写的关于本国传染病状况的第1份全面报告已刊登在国联《传染病学公报》第2号上。当时,苏俄政府已经开始经常性地向国联卫生组织通报相关信息,并参加后者主持的许多活动。

3月24—28日　行政院在巴黎召开第17次会议,主要议程包括:筹备热那亚会议和华沙疾病防治会议;任命军备问题临时混合委员会成员;商讨俄国难民问题;决议设立萨尔协商会议和审查委员会。

4月6日　《奥兰群岛不设防和中立化的公约》经有关各国签字、批准,正式生效。该公约规定:奥兰群岛的领土与水道中立化,芬兰政府负责确保奥兰群岛中立地位不动摇;芬兰不得在奥兰群岛设防和构筑炮台,不得在该岛低潮标准3海里内保持任何战备或军事基地,但在两种特殊情况下,芬兰政府保有自由裁量权:第一,战时,为维护奥兰群岛的中立,芬兰可在群岛的领水内暂时铺设水雷;第二,遇有其他国家经奥兰群岛向芬兰发起进攻时,芬兰可在群岛地区组织抵抗,这两种行动都应立即通知行政院。平时,芬兰应允许一切战船"无害通过"奥兰群岛的领海;缔约国应单独或联合请求国联行政院采取措施以保证公约之遵守、制止违约行为,并承诺协助行政院履行这些责任,行政院开会做决议时应邀请所有缔约国,并以全体一致通过作出决定(被诉违约国除外),2/3 多数通过的只能做建议;本公约的效力不能因波罗的海地区任何形势变化而削弱;行政院将公约周知国联各会员国,以促各国普遍尊重,如经原始缔约国一致同意,非签字国可加入条约。

4 月 10 日—5 月 19 日　关于欧洲经济问题的国际会议在意大利热那亚召开。英、法、德、意、日、苏俄等 29 国代表参会,美国派观察员列席会议。4 月 16 日,苏俄与德国签订《拉帕洛条约》,双方确认恢复外交关系、相互放弃赔偿要求、并根据最惠国待遇原则发展贸易。本次会议并没有取得具体成果,标志着协约国最高委员会已经名存实亡。

4 月 19 日　行政院阿尔巴尼亚边界问题调查委员会提交报告。根据这份报告,行政院决定让委员会中一名成员驻留在阿尔巴尼亚边界以监视地区形势。这项责任由塞德霍尔姆承担,至 1924 年 1 月 24 日科孚岛事件得到妥善处理、阿尔巴尼亚边界基本稳定之时,他先后提交了 3 份报告。

4 月 22 日　行政院对匈牙利和捷克斯洛伐克之间的边界争端作出决议。匈牙利与捷克斯洛伐克之间的争议主要是绍尔戈陶尔扬的归属。边界勘定委员会中有一半的人认为可以将这个地区划归捷克斯洛伐克。对此,匈牙利坚决反对,因为该地区拥有丰富的矿产资源。行政院请西班牙代表与双方代表一起研究相关问题,包括地区安全和铁路交通。1922 年 4 月 22日,行政院决定将绍尔戈陶尔扬以及附近一些地区留给匈牙利,而将丘陵部分地区、索莫斯—乌结法鲁部分地区划给捷克斯洛伐克,以利其国防与人民出入境。这个决定为双方接受。

5 月 11—17 日　行政院在日内瓦召开第 18 次会议。此次行政院会议与 2 月 14 日—5 月 22 日国联主持召开的关于上西里西亚问题的第 2 次多边会议有所交叠,德国、波兰双方均派代表参加。会议主要议题为波兰的德国移民问题、上西里西亚少数民族权益保护,任命知识合作委员会委员。此外,行政院还就维尔纳的临时分界、特赦政治犯等问题对波兰、立陶宛展开游说,未果。

5 月 15 日　德国和波兰签署关于上西里西亚问题的《日内瓦条约》。规定双方各占有上西里西亚一部分,该地工业地区由德波共管,居民有选择国籍的自由,少数民族有受到保护的权利。协议第 5 篇详细规定关税、运输、货币、矿山、水利、电力、电讯、铁道保持统一、联系和协作的措施。该项条约于同年6月生效,上西里西亚争端遂告解决。这是国际关系史上一份罕见的规定在横跨政治疆界地区维持经济统一的独特文件。

6月14日　罗马尼亚政府照会保加利亚政府,并代表希腊、南斯拉夫两国政府,对保加利亚边境地区武装团伙进入本国、引起骚动的情况表示严重关切,并警告保加利亚政府,如其不采取有效措施,后果自负。7月,保加利亚根据国联盟约第11条,向行政院提出这个问题,说自己无力控制局势,请行政院帮助。行政院以相关各国即已开始谈判为由,不准备介入,请4国政府保持沟通与协调。

6月15日　《国际禁止贩卖妇孺公约》正式生效。

7月1日　南森领导的遣返战俘的工作结束。据国联统计,一共有42.7386万人、属于27个国籍的战俘得以重返家园。

7月3—5日　国联在伦敦主持召开苏俄难民跨境迁移身份认证问题的国际会议。国联很重视国际人口流动、人员交流的相关问题。比如,1926年5月12—18日在日内瓦主持召开国际护照会议,1929年11月5日—12月5日在巴黎召开关于外国侨民待遇的国际会议,1936年7月2—4日、1937年2月7—10日、1938年2月7日在日内瓦先后3次召开帮助德国难民在迁移过程中取得合法地位的国际会议。

7月17—24日　行政院在伦敦召开第19次会议,讨论裁军和保加利亚边境地区武装团伙引发的骚乱问题,确定甲、乙类委任统治地,将国际劳工组织的管辖权问题提交到国际常设法院等。

●7月19日　行政院讨论阜姆问题和奥匈边界上布尔根兰等地的划界与归属问题。关于阜姆问题,南斯拉夫代表说,南斯拉夫与匈牙利的相邻边界长达360公里,边界勘定委员会却只考察了60公里就准备给出意见,有失片面;在勘察完所有边界后,南斯拉夫愿意同匈牙利做互谅互让的解决。匈牙利反对南斯拉夫的立场。行政院没有进行强制仲裁,力促争议双方直接谈判。至于奥匈边界相关问题,行政院劝说双方在比利时代表海曼斯主持下直接谈判。9月19日,边界勘定委员会根据奥匈双方会谈的结果修改前一方案,行政院据此通过决议,划定了双方接受的两国新边界。

●7月20日　行政院通过6份委任统治文件,分别确立英国对西部多哥、喀麦隆部分地区、坦噶尼喀,法国对东部多哥、喀麦隆剩余地区,比利时对卢旺达—乌隆迪的委任统治。乙类委任统治地生效。

●7月24日　行政院通过2份委任统治书,分别批准法国对叙利亚、黎巴嫩,英国对巴勒斯坦委任统治。

8月1日　英国外交大臣贝尔福向法、意等6个协约国发出照会,即著名的"贝尔福照会",提出英国"准备放弃对德国赔偿的一切未来权利和对战债偿付的一切要求"。

8月1—5日　国际知识合作委员会在日内瓦召开首次会议,下设3个小组委员会。大学组负责大学教授交换、学生转学、课程与学位统一等事务,图书编目组研究国际通行的图书编目方法,文化权利组研究知识产权保护。1925年,国际知识合作委员会又增设文艺组,旨在鼓励文学与美术的国际合作。

8月15日　国际常设法院在召开第1次会议后发表两项咨询意见:国际劳工组织对农业生产方法职权问题的咨询意见、国际劳工组织对农业工人职权问题的咨询意见。

8月31日—10月1日　行政院于第3届大会前后,在日内瓦召开第20次、21次和22次会议,审议了匈牙利的犹太人问题、巴勒斯坦委任统治问题、匈牙利边界争端、增加非常任理事国等多项议题,会议还确定了国际劳工组织理事会永久代表,为解决阿尔巴尼亚问题任命了财政顾问,并审议了法学家委员会提交的有关波兰境内德国移民问题的报告。会议还决定:

● 行政院接受协约国最高会议请求,决定协助解决奥地利财政问题。为此,组成5国特别小组委员会,起草新计划,签署协议。

● **9月10日**　行政院决定延长经济与财政临时委员会的任命直至国联就经济、财政问题作出进一步的正式安排。

● **9月16日**　行政院确定了英国对外约旦的委任统治。

● **9月19日**　参照奥、匈会谈结果,行政院作出裁决,划定两国边界。奥匈双方均表示愿意接受国联的裁决,争议圆满解决。

9月4—30日　国联第3届大会在日内瓦召开,主要议题包括:选举行政院非常任理事国;讨论少数民族保护问题;盟约修正;匈牙利入会;国联会费分摊;维尔纳争端;近东地区冲突与停战以及下列事项:

● 中国在竞选连任行政院非常任理事国席位时,因内政不修又未能善尽"国际义务"而遭到强有力挑战,顾维钧以外交总长身份敦请各国协助,在非常任理事国席位增至6席后勉强保住席位得以连任。

● **9月7日**　英国代表埃雪勋爵参照华盛顿会议限制主力舰的经验,在国联裁军临时混合委员会上提出欧洲国家立即大量裁减陆军、空军平时力量的简单计划,通称"埃雪计划"。该计划未获通过。经磋商,塞西尔、维维亚尼、莱布伦、雷昆上校向临时混合委员会提交一份联合报告,建议缔结一项新的互相保证条约,每个签字国都按照商定的比例裁减军备,一旦遭受攻击,便可立即得到同一大陆上所有其他签字国的援助。这项建议获临时混合委员会一致通过。

● **9月7日** 大会讨论了裁军临时混合委员会通过的裁军计划及其实施建议,并在该计划的基础上通过了裁军方面的14项决议。前13项主要涉及国防预算、私造军火、武器买卖监督、使华盛顿海军条约适用于较小的海军国家等。第14项决议确认了1921年临时混合委员会裁军计划所包含的总体原则。这项决议声明:只有保证其普遍性,裁军计划才能成功;只有国家安全得到保障,许多国家的政府才能诚心实意地裁减军备;缔结一项防御性的互相保证条约可以提供这种安全保障,所有国家都可以加入这项条约,一旦遭受进攻,将立刻得到其所属地区所有其他签字国的有效援助;互相保证条约的最终目标是普遍裁军,它的保证条款只有在各缔约国按总的裁军计划裁减军备后才能生效。

● **9月15日** 大会通过知识合作委员会首次会议通过的6项议案和1项建议。这6项议案分别为:全球知识生活情况普查;救济知识生活现状堪忧国家,尤其是要调查中欧和东欧脑力工作者的惨况;建立各学科的国际档案,研究、统一书目,推动科学出版物的国际交流;国际科学互助,实行科学研究合作,为此设立1项国际基金;国际大学互助,以交换教授和学生、建立大学信息中心和其他办法促进大学间的合作;保障版权和科学专利权,调整考古的勘探工作。其中一项建议为,将1886年美国、比利时、意大利、巴西、西班牙、葡萄牙、塞尔维亚、瑞士签署的《科学文艺出版品国际交换公约》及《官方报告及政府文件国际交换公约》推广到更多国家。根据大会决议,委员会便着手调查欧洲大学情况。根据调查结果,英美等国向中欧、东欧的一些大学提供了图书、仪器等科研资源。

● **9月18日** 匈牙利加入国联。此后,它便在英国的支持下开始向国联求助,并试图削弱赔偿委员会在匈牙利问题上的影响力。

● **9月25日** 大会通过决议,将行政院非常任理事国席位由4个增至6个。

10月4日 奥地利、英国、法国、意大利和捷克斯洛伐克签订了帮助奥地利复兴的3项议定书,奥地利经济与财政复兴计划正式启动。国联派出荷兰人齐默尔曼为国联驻维也纳特派员以监督奥地利的财政改革。

10月10日 英国政府同伊拉克费萨尔王朝签订了《英伊同盟条约》,定于1924年12月起生效,有效期20年。条约共18条,主要确立了英国在财政、司法、军事、人事、外交等方面对伊拉克的控制权;规定在涉及英国利益的国际问题上,伊拉克要听从英国的指导;英国承认伊拉克有"国家主权"(第1条)并保证尽速使其取得国联会员国资格(第6条);同盟条约的最终解释权归国际常设法院。1923年4月30日,双方又签订1项备忘录,将同盟条约的有效期缩减为4年。

10月18日—11月3日 国际劳工组织在日内瓦召开第4次会议,主要议题是收集移民统计数据。

11月10日 芬兰根据国联盟约第14条,建议行政院将芬兰、苏俄之间有关东卡累利阿的争议转交到国际常设法院,以咨询国联对于此案件是否拥有管辖权。

12月26日 赔偿委员会巴黎会议决定对德国实施制裁。对此,美国务卿查尔斯·埃文斯·休斯29日在康涅狄格州纽黑文美国历史学会发表重要演说时提出,应由一个"公正的"国际专家委员会来研究德国的赔偿问题,包括对德国的偿付能力作出新的更加符合实情的评估。

12月30日 苏维埃社会主义共和国联盟成立。

一九二三年

1月5日 立陶宛出兵占领与波兰之间存在争议的默麦尔。根据《凡尔赛条约》,默麦尔及其内陆地区脱离德国,被置于协约国管辖之下作为移交给立陶宛的第一步。但移交的下一步因波兰、立陶宛冲突和波兰、法国分歧被无限期拖延。因此,默麦尔仍由协约国控制,立陶宛仅获得一个海港。随后,行政院组织一个特别调查委员会到当地调查。调查委员会建议:默麦尔主权归立陶宛,但港口应由立陶宛、波兰和默麦尔各派代表一人共同管理;默麦尔成立一个五人指导委员会,作为行政机构对当地民选议会负责,委员由当地居民选任;立陶宛应委派总督一人,监督当地行政。

1月8日—2月7日 国际常设法院在海牙召开第2次会议,就突尼斯和摩洛哥国籍命令案发表咨询意见。1921年11月8日,法国总统颁布了两个命令,分别规定在法国的被保护国突尼斯或摩洛哥领土上出生的子女,如其双亲的一方虽是外国人,但因出生在突尼斯或摩洛哥的领土上,这种子女就是法国国民。这同英国当时的国籍法相抵触。依照英国国籍法,英国籍男子在外国所生的子女是英国国民。英国政府反对这些命令适用于英国人,并向法国提议将这个争端提交仲裁。法国以这个争端不能成为仲裁的理由,拒绝交付仲裁。英国政府即依国际联盟盟约第15条,将该问题提交给国际联盟行政院。法国政府援用该条第8款的规定,主张国籍事项是纯粹属于国内管辖的事项,国际联盟行政院对于这个问题不能提出任何建议。鉴于此,行政院就其"英法间关于1921年11月8日在突尼斯和摩洛哥(法属区)颁布的国籍命令及其适用于英国臣民所发生的争端,按照国际法是否纯粹属国内管辖事项"的问题,请求常设国际法院提供咨询意见。

1月11日　法国、比利时军队占领德国鲁尔区,鲁尔危机爆发。英、法在德国赔款问题上的矛盾更加尖锐,德国也停止了对英、法等国的赔偿,并在鲁尔区组织了最大规模的消极抵抗运动。由于法国的高压政策和强硬姿态,国联大会和行政院都没有正式讨论这个问题,严重损害了国联的国际形象和声誉。

1月29日—2月3日　行政院在巴黎召开第23次会议。审议奥地利经济、财政重建的进展;通过援助匈牙利经济的计划,组成七国委员会以监督计划执行;审议了捷克斯洛伐克、匈牙利边界争端和维尔纳争端,为希腊难民筹集贷款,并将波兰少数民族条约的相关问题转交给国际常设法院。2月2日,行政院根据此前实践经验正式颁布"报告员制度"。它规定,行政院在处理具体问题时,如需就事实展开调查、听取汇报,应委派于此问题上立场较为中立的国家承担调查、汇报任务。

1月　行政院决定成立一个委员会,包括英、法、意、捷、南、匈等7国代表,以监督匈牙利经济复兴计划的执行。七国委员会共筹集到1000万英镑支持匈牙利改善财经状况,该笔基金使用上无须担保。行政院任命美国人史密斯为协助匈方执行此计划的特派员。援匈计划得以很快成功,匈牙利境内的外流资本逐渐回归。

2月5日　鲁尔危机引发萨尔矿区全面罢工,萨尔行政管理委员会主席借法国警卫队的力量强力镇压,并发布禁令。5月15日,罢工结束。

2月15日　协约国与立陶宛达成临时协议,在默麦尔建立一个主要为立陶宛控制的政府,协约国撤回高级官员和法国驻军。协定的具体内容和最终效力还有待大使会议的最终审核。

2月16日　大使会议决定,默麦尔主权归属立陶宛但应高度自治;为确保其自治地位,立陶宛应订立特别的法律章程,在当地建立有效政府;政府应确保德国人在陆路、水路、自由港方面与立陶宛人享有相同的权利。3月14日,立陶宛政府接受决议,德国坚决反对。随后,在与立陶宛政府谈判最终协议和默麦尔自治法章程时,大使会议坚持让波兰分享默麦尔港口的行政权、享受与立陶宛相同的商业待遇。9月,立陶宛严正拒绝与波兰分享默麦尔管理权。月底,将争端交付国联行政院解决。

2月17日　美国政府提出一项意见,认为美国应加入国际常设法院。

3月15日 协约国大使会议划定波兰和立陶宛边界,将维尔纳划给波兰。因此,立陶宛和波兰的双边关系在整个20世纪20年代一直处于紧张状态,立陶宛不断向国联提出控诉并将斗争焦点转向大会,要求收回维尔纳。

4月3日 国联财政委员会4人税务专家组发表关于双重征税对国际经济影响的研究报告。首次从理论上阐述了双重征税对国际资本流动的影响、税收管辖权的执行依据,并研究了资本输出国与资本输入国之间财政利益分配的各种模式。

4月17—23日 行政院在日内瓦召开第24次会议,审议奥地利财政复兴计划中的长期贷款问题,讨论委任统治地居民的合理地位,审议萨尔地区局势,任命阿尔巴尼亚财政顾问,就捷克斯洛伐克—匈牙利边界争端宣布仲裁决定,任命希腊难民问题小组委员会。此外,就德兰士瓦尼亚匈牙利人的财产被征收的问题听取匈牙利、罗马尼亚两国的申诉;就维尔纳争端,讨论大使会议决定边界划分的法律权限;就保加利亚军备问题,研究保加利亚与大使会议之间的分歧。

4月21日 行政院要求国际常设法院就如下问题提供咨询意见:"1920年10月14日,芬兰、苏俄签署的《多尔帕特条约》第10条和11条及附件中苏俄有关东卡累利阿自治的声明是否因涉及苏俄、芬兰关系而使苏联据该条约担负有国际义务,并使条约的具体执行具有国际性质?"

5月3日 协约国根据《凡尔赛条约》相关规定同波兰、但泽当局签署条约,将战前、战时德国在但泽的财产转交给但泽新的市政府或波兰。

5月8日 立陶宛与英、法等协约国和美国签订默麦尔地区交予立陶宛的协议。该协议规定:在立陶宛主权之下默麦尔地区享有立法、司法、行政及财政自治权;立陶宛政府保护默麦尔地区少数民族的权利;允许外国自然人和法人在默麦尔地区利用商港、经营商业、租赁和利用地产。根据协议附件,默麦尔港务由立陶宛政府、默麦尔地方政府和国联代表各1人组成管理机构。

6月11日 苏联政府对5月19日国际常设法院就东卡累利阿提出的征询问题发表声明:"苏联政府拒绝参与国际联盟或国际常设法院有关此问题的任何调查。且不说东卡累利阿在法理上纯属苏联内政,国联多数会员国尚未正式承认苏联政府,少数国家甚至拒绝与苏联发展事实上的双边关系,在这种情况下国际联盟与国际常设法院也不会公正处理此案。"

6月15日—9月15日 国际常设法院在海牙召开第3次会议,对"温勒勒顿号案"作出判决;就东卡累利阿案、波兰德国移民问题、波兰国籍取得问题 3 项案件发表咨询意见。

7 月 2—7 日　行政院在日内瓦召开第 25 次会议,审议并批准了国联卫生机构的章程,就萨尔地区罢工问题、行政管理状况进行听证,处理匈牙利和罗马尼亚之间的纠纷,审查希腊难民问题上的国际合作状况,将波兰境内的德国移民问题交给国际常设法院处理,并讨论了盟约修正程序。

7 月 23 日　经 7 票对 4 票决议,行政院决定无权就东卡累利阿问题发表意见。"对东卡累利阿地位的任何判断都意味着争端之最终解决,因此,行政院不能给出判断;鉴于苏联否认行政院管辖权,也无意对事实展开调查。"这样就确立一项原则,对于国联会员国与非会员国之间的争议,非经后者同意,行政院无权发表意见。此前,行政院分别征询了苏联政府和芬兰政府的意见,前者否定行政院的管辖权,后者支持行政院的管辖权。决议公布后,芬兰仍坚决维护《多尔帕特条约》及其相关补充声明,坚持东卡累利阿问题的国际性。1923 年 9 月 18 日,芬兰代表团在国联召开第 4 届大会前夕正式声明了保留将争端提交国际讨论的权利。

7 月 24 日　协约国与土耳其签订《洛桑条约》,取代 1920 年 8 月 10 日签订的《色佛尔条约》。《色佛尔条约》规定将摩苏尔地区划入英国委任统治范围,并入正走向自治的新阿拉伯国家伊拉克。签署《洛桑条约》前,穆斯塔法·凯末尔领导下的土耳其人坚持保留该地区。于是在《洛桑条约》中加入 1 条内容,土耳其—伊拉克边界应由土耳其、英国直接谈判解决,如果 9 个月以后仍不能达成协议,就将争端提交给国联行政院。

8 月 11 日　英国政府向法国发表了最后通牒式的声明,声称如果法国继续占领鲁尔,英国在赔偿问题上将不再支持法国。

8 月 18 日　大使会议将捷克斯洛伐克与波兰边界争端的书面报告提交给行政院征求意见。8—9 月,行政院对该问题进行讨论,当事国双方代表一致要求由国际常设法院裁决。

8 月 27 日　大使会议指派的希腊—阿尔巴尼亚边界争端调查委员会在执行任务时,在希腊领土内靠近阿尔巴尼亚边界的地方遭到伏击。除委员会主席特里尼将军(意大利人)以外,还有 3 名意大利属员和 1 名翻译均遭杀害。大使会议声称这是针对协约国犯下的罪行,要求希腊赔偿被害人家属、惩治凶手。

8 月 29 日　意大利向希腊发出最后通牒,提出 3 项严苛要求:希腊应以屈辱的形式向意大利道歉;希腊应对这次罪行进行严密的调查,调查必须在意大利陆军武官的参与下进行,5 天内完成,处决所有罪犯;希腊于 5 天内向意大利政府偿付 5000 万里拉的罚款(约 50 万英镑)。次日,大使会议相似的照会也送达雅典。希腊原则上接受上述要求,但拒绝意大利人参加案件调查,并声明:除非查证此案为希腊人所为,不予赔偿;如果意大利不满意希腊的答复,可将此案提交到国联,希腊保证接受行政院可能做的任何决定。与此同时,以波利蒂斯为首的希腊代表团请行政院注意意大利的最后通牒以及希腊政府的答复,要求行政院按照盟约第 12 条、第 15 条,将本案件作为"不能以正常外交途径解决的性质严重的争端"来处理。

8 月 31 日　意大利以特里尼委员会遇害事件为借口派遣一支强大的舰队前往科孚岛。岛上并未设防,意大利舰队在短暂轰击后,未遇任何抵抗就占领了它,打死希腊平民 15 人、打伤 30 余人。科孚岛地处爱奥尼亚海东侧,历来为东西列强争夺之地,当时属于希腊。

8 月 31 日—9 月 12 日　国联在日内瓦召开治理淫秽出版物会议,与会国签署《禁止猥亵图书流通与贩卖公约》,禁止制造、销售、陈列和进出口淫秽出版物,禁止将淫秽图画和照片用作广告宣传之用。到 1929 年底,有 35 国批准这一条约。

8 月 31 日—9 月 29 日　行政院在日内瓦召开第 26 次会议。会议决定开始实施由秘书处提出的一项改革方案:将行政院开会日期固定在每年的 3 月、6 月、9 月和 12 月,以便各顾问机构采用正规的时间表,也能够提高行政院的向心力。行政院还处理波兰—捷克斯洛伐克边界争端,英国、比利时在卢旺达地区的委任统治地划界问题;审查希腊、土耳其居民交换问题,德国在波兰的移民境况,少数民族保护规定的修改程序;通过救济希腊难民的方案;确定匈牙利经济、财政复兴的总体合作原则;通过巴勒斯坦、叙利亚委任统治书,宣布之时即刻生效。

●9 月 1 日　行政院应轮值主席石井的建议讨论艾奥尼纳案和科孚岛危机。除了法国以外,其他国联会员国都谴责意大利恃强凌弱的侵略行径。意大利墨索里尼政府利用特里尼案件侵占希腊科孚岛的事件,是国联处理的第 1 个大国直接侵略小国的案件。意大利扬言国联无权过问此事,如若国联不支持意大利占领科孚岛,意大利将退出国联;它只接受由协约国大使会议处理此案。行政院的英国代表和瑞典代表则坚决维护国联行政院的管辖权和权威。

●9 月 6 日　行政院在举行过两次关于特里尼案的非公开会议(无争端方参加)后,授权昆农内斯·德·勒翁提出一个详细建议案:希腊向特里尼委员会成员的国籍所在国(共有 3 个)道歉,而非向意大利道歉;这 3 国以委员会成员派遣国的名义参加调查;由国际常设法院决定希腊的赔款数额;希腊在瑞士银行存入 5000 万里拉以便按照法院的决定支付赔款。行政院未经正式表决,以会议记录的方式将自己的意见通知了大使会议。大使会议先是经修改通过行政院的决议,后又于 9 月 13 日作出偏向意大利的决定,与行政院的基本立场完全相反。26 日,大使会议对希腊下达"最后通牒";27 日,意大利从科孚岛撤军,希腊服从大使会议的决定。

● 9 月 22 日　行政院任命一个法学家委员会制定一个问题清单,用以寻求与行政院权限、罪行发生国政府责任相关之盟约条款的国际法解释。9 月 26 日,委员会向行政院提交问题清单,内含 5 个问题:前 3 个问题关于在争端的一方声称盟约第 15 条的程序由于某种原因不能适用时,行政院根据该项条款采取行动的权利和义务;第 4 个问题是,不以战争为目的的强制措施是否符合盟约义务;第 5 个问题是,一个国家对其领土上所犯罪行应负何种责任。行政院理事国一致赞成,任何国联会员国之间可能导致关系破裂的争端都属于国联行动范围之内,如果这种争端无法通过外交、仲裁、司法手段解决,行政院就有义务根据盟约第 15 条处理此项争端。行政院决定上述问题应交予法学家特别委员会作出司法解释。

9 月 3—29 日　国联在日内瓦召开第 4 次大会,审议科孚岛问题、盟约修正问题、军备问题之互助条约草案,确立爱尔兰的自由邦地位,选举行政院非常任理事国。在选举行政院非常任理事国时,中国因北洋政府的混乱状态而失去了席位。会议还决定:

● 大会继行政院(7 月 7 日)之后批准了建立国际卫生组织的计划,正式决定成立国联常设卫生组织,并通过了国联卫生机构章程。国联卫生机构由卫生委员会、咨询委员会和秘书处的卫生部联合组成。卫生委员会成员约 20 人,每年开会两次。委员均为医药卫生专家或各国公共卫生的行政负责人员。国联卫生机构不做纯理论研究,主要做实际工作,处理的事务仅限于具有国际卫生性质的问题,如国际间防疫协作事宜。此外,当某一国政府就其国内卫生工作向国联卫生机构提出咨询时,该机构可提供意见。

● 大会决定成立国联儿童保护委员会,并将原属私营部门儿童保护任务中的政治性要素划归该委员会的职能范畴。行政院据此专门设立了儿童福利咨询委员会。

● 裁军问题临时委员会结合第 3 届大会期间英国、法国在答复大会通过的 14 项裁军原则时分别提交的《普遍安保条约》和《防守预定计划》草拟了《互助条约草案》。该草案的突出特征是规划了从普遍地适用于全球各地区到具体地针对某一区域的一整套由大到小、由广泛到具体的防止侵略的协议。第 1 条明确规定"侵略战争是一种国际性罪恶",这使条约草案具有一定的《非战公约》色彩。后面的条款则规定了保障安全的具体办法。贝奈斯作为行政院裁军问题的报告员将《互助条约草案》提交给大会审议。在塞西尔的主持下,大会裁军委员会的 45 国代表通过了草案原文。因非欧洲国家的代表都是第一次看到这份草案,还没来得及请示国内,所以大会最后决定将草案送交各国政府审查。29 国书面回复了行政院,其中 18 国赞成,法国及其盟国完全接受草案,意大利有所保留;英国及其自治领、挪威、瑞典、丹麦、荷兰等 11 国则完全反对。《互助条约草案》最终未能生效。

●**9 月 10 日** 爱尔兰自由邦加入国联。

●**9 月 23 日** 国联正式决定接纳阿比西尼亚为会员国。1919 年国联成立时,阿比西尼亚帝国摄政王塔法里就提出加入申请,因英国反对未果。英国还对英部分附属国同阿比西尼亚边界地区的混乱现象提出质疑。意大利政府在第一次世界大战之后向英国提议合作开发阿比西尼亚,英国回避。意转而采取与法国相似的立场,力主接纳阿比西尼亚。国联在审议是否接纳阿比西尼亚问题上进行过长时间的讨论,主要牵涉到该国普遍存在的奴隶制问题。大多数国家也认为,阿比西尼亚或可确保遵守关于奴隶制和军火买卖的国际条例。塔法里则表示愿意接受国际武器贸易协约并采取措施废止奴隶制。大会同意接纳阿比西尼亚以后,该国于 9 月 28 日正式加入国联并于 1924 年正式废除奴隶制。

●**9 月 28 日** 行政院主席石井代表行政院就科孚岛危机之处理,以及行政院对相关问题之研讨向大会做陈述。

●**9 月 28 日** 大会通过决议,要求行政院专门设立一个小组研究废除奴隶制的相关问题。随后,国联根据盟约第 23 条第 2 款采取了一系列措施以推动废除奴隶制。

●**9 月 29 日** 国联关于甲类委任统治地的决定正式生效。

●应希腊政府要求,大会通过决议,紧急拨款救助土耳其、希腊难民,并任命挪威人弗里德约夫·南森博士负责赈济工作。

9 月 26 日 新任德国总理斯特莱斯曼宣布放弃鲁尔区的消极抵抗政策。鲁尔危机使法德两国两败俱伤。随后,法国承诺放弃对莱茵兰地区分离运动的支持,同意将德国赔偿问题放到国际多边场合解决,接受新建专家委员会的调解。

10 月 15 日 赔款委员会在巴黎任命 C.G.道威斯和欧文·D.杨格为调查德国财政情况的美国专家,并组成了道威斯领导的专家委员会。

10 月 15 日—11 月 3 日　国联在日内瓦召开关于关税手续的国际会议,达成一条约草案。主要内容包括:缔约国间不得设置不公正之关税手续;改正法规,简化关税手续;除非有关国家重大利益牵涉其中,应遵守本条约;缔约国协定关税规则;缓和禁止或限制输出、输入的规则;省略登明原产地,相互承认发给机关;同一主权下之属地、领地与本国之间,或属地、领地相互之间亦适用本条约的规定。

10 月 22—29 日　国际劳工组织在日内瓦召开第 5 次大会,讨论对劳动保护的监察问题。

11 月 12 日—12 月 6 日　国际常设法院在海牙召开第 4 次会议,发表了对波兰与捷克斯洛伐克划界问题(亚沃齐纳划界案)的咨询意见。裁决的结果是支持大使会议的修改意见,但根据亚沃齐纳地区的经济、交通和波兰人聚居情况对局部划界有所调整——分割奥拉瓦河流域和斯皮什地区的领土,并互换小部分领土。争议双方均表示服从。

11 月 15 日—12 月 9 日　国联召开第 2 次国际交通及运输会议,通过了《海港国际制度公约》《铁路国际制度公约》《电流输送通过公约》《有关数国共同开发水电公约》等多项多边公约。

11 月　根据英国提议,协约国赔款委员会增设两个专门委员会,一个研究平衡德国预算和稳定德国金融之方法,一个调查德国资本外流情况并设计引回的方法。

12 月 9—20 日　行政院在巴黎召开第 27 次会议,就匈牙利经济财政复兴签署贷款协议,延长了萨尔行政管理委员会任期,继续讨论了德国在波兰的移民问题。

●**12 月 9 日**　行政院任命默麦尔问题调查委员会,由美国人诺曼·戴维斯担任主席,包括 1 名荷兰代表、1 名瑞士代表。3 个月后,戴维斯委员会提交报告,稍稍修改了大使会议起草的协议,并提出默麦尔问题的实质及处理办法:保障当地德国人权利,使其免受不公正待遇;保证默麦尔作为立陶宛海上贸易枢纽的地位,充分发挥其功能;波兰在默麦尔不应享受特权,默麦尔政府应确保涅曼河商贸通航自由;指派国联通讯与交通运输委员会一中立国委员担任默麦尔外国委员,监督默麦尔港口的管理。

●**12 月 10 日**　行政院正式决定成立有关匈牙利经济与财政重建的七国委员会,包括英国、法国、意大利、捷克斯洛伐克、南斯拉夫、匈牙利代表,以监督匈牙利经济与财政重建计划的执行。此前,9 月 29 日,国联行政院会议通过决议,要求国联财政委员会在充分征求赔偿委员会意见以后草拟匈牙利经济与财政重建计划;10 月 17 日,赔偿委员会决定将相关问题交由国联全权处理;11月,国联派遣财政委员会的专家前往布达佩斯考察。在赔偿委员会的协调下,七国与匈牙利展开多轮磋商。七国委员会共筹集到1000万英镑无须担保便可使用的资金。七国支持国联工作,同意放弃赔偿要求,并保证尊重匈牙利的主权、独立和领土完整,而匈牙利则应严格执行《特里亚农条约》,尤其是裁军条款。

1923年底 东欧传染病基本得到控制,国联传染病临时委员会结束了在波兰和苏联的活动。

一九二四年

1月15—24日 法学家委员会研究行政院1923年9月28日提出的涉及行政院权限、罪行发生国政府责任等5个问题,并提交报告,维护行政院对由国际罪行引发的国际争端、侵犯他国行为的管辖权。

1月25日—2月4日 国际奥委会在法国的夏蒙尼举办了"冬季运动周"的运动会,共有16个国家和地区的258名运动员参赛。1925年,国际奥委会布拉格会议又将其更名为"第1届冬季奥运会",并决定每4年举行1次,与夏季奥运会在同年和同一国家举行。

自1924年世界举办第1届冬季奥林匹克运动会开始至2022年2月4—20日在中国北京举行的冬奥会止,共举办了24届冬季奥林匹克运动会。从1928年第2届冬奥会起,冬奥会与夏季奥运会的举办地点改在不同的国家举行。1986年国际奥委会又决定自1994年起将冬奥会和夏奥会分开,每两年间隔举行,并按实际举行次数计算届数。

2月1日 英国正式承认苏联。

2月20日 根据行政院1923年7月7日、大会1923年9月15日先后批准的国联卫生机构章程,国联正式成立卫生组织。国联卫生组织奉行两项工作原则——不做理论研究,只做实际工作;只处理超出一国管辖权范围的具有国际性质的卫生问题。它由常务委员会、顾问委员会(由国际公共卫生局常务委员会组织)、国联秘书处卫生科3部分组成。国联卫生组织的主要任务是引导质询、监察国联卫生工作的进展,并向国联行政院汇报。它还通过全球灭蚊行动来推动控制麻风病、疟疾及黄热病的传播,制备标准化的血清以治疗癌症和热带病,定期、及时通报卫生信息,协助各国建立、健全公共卫生制度、提高卫生保障、降低婴儿死亡率。国联卫生组织是世界卫生组织的前身。

2月 国联在罗马主持召开海军军备会议。行政院理事国和拥有华盛顿会议加以限制之舰种的其他所有国家的海军军官参加会议,苏联海军部也派代表参加。这次会议的初衷是把华盛顿条约的原则推广到世界其余各国海军,但会议因单纯讨论技术问题、忽视政治问题而毫无建树。

3月10—15日　行政院在日内瓦召开第28次会议。

● **3月12日**　行政院在1923年12月国际常设法院咨询意见的基础上通过决议划定波兰、捷克斯洛伐克之间的边界,两国于1925年4月24日签署协议予以确认。

● **3月14日**　与匈牙利政府签署两项议定书,规定了匈牙利在战争赔偿、战后复兴方面应尽的各项义务,正式启动了匈牙利经济与财政重建计划。

● **3月15日**　行政院根据戴维斯委员会报告决议,建立默麦尔港口3人管理委员会,1人代表默麦尔、1人代表立陶宛政府,另1位来自非涅曼河流域国家,由国联通讯与交通运输委员会提名。其作用应包括:保证默麦尔作为立陶宛海上贸易枢纽的地位及其作用的充分发挥;保障当地德国人权利,使其免受不公正待遇;保证涅曼河商贸通航自由,尤其应关注波兰在此方面的权益保障。立陶宛同意,波兰反对但没有阻挠决议通过。

4月9日　道威斯委员会拟定一项解决赔款问题的计划,史称“道威斯计划”。该计划企图用稳定德国经济的办法来保证德国偿付赔款。主要内容是:由协约国监督改组德意志银行,实行货币改革并由协约国提供贷款以稳定其币制,在赔款总数难以最后确定的情况下规定了德国1924—1929年之间每年的赔款额度。道威斯计划与赔偿委员会的专家报告内容有很大差异。

4月17—23日　行政院会议研究与审议奥地利经济与财政重建计划中的长期贷款问题。4月18日,国联同意介入国际金融系统的重建工作,派美国银行家杰雷米阿·史密斯担任国联驻布达佩斯的监督专员。

5月4日—7月27日　第8届奥林匹克运动会在法国巴黎召开。本届应邀参赛的国家增至44个,运动员共3088人。本届奥运会首次引入了“更快、更高、更强”的奥林匹克格言,并在闭幕式上首次进行了升旗仪式。中国有3名网球选手参加了这届奥运会的网球比赛,这是中国人首次出现在奥运会的赛场上。

5月7日、17日　英国、法国与立陶宛,美国与立陶宛分别签署协议,正式将默麦尔交给立陶宛。协议规定:在立陶宛主权之下,默麦尔地区享有立法、司法、行政及财政自治权;立陶宛政府保护默麦尔地区少数民族的权利;

允许外国自然人和法人在默麦尔地区利用商港、经营商业、租赁和利用地产。根据协议附件,立陶宛政府、默麦尔地方政府和国联各派1代表组成联合机构,管理默麦尔港务。但因协约国大使会议拖延,协议直到1925年8月才生效。

5月13日　行政院通过法学家特别委员会针对1923年9月26日所提5项问题作出的报告,并转交大会。在前3个问题上,委员会明确维护行政院的权力,在第5个问题上明确反对大使会议的立场。但对第4个问题的答复没有杜绝暴力行为,被大会许多国家认为空洞而软弱。

6月11—17日　行政院在日内瓦召开第29会议,主要讨论战败国军备控制问题,研究设立一个前敌国军备状况调查机制的必要性和可行性。

6月12日　国联禁奴问题临时委员会成立,计划于1924年7月—1925年7月展开工作,主要负责起草《禁奴公约》。国际联盟成立后,遵行盟约第23条第2款采取了一系列措施以推动废除奴隶制。

6月16日—7月5日　国际劳工组织在日内瓦召开第6次大会,主要议题为劳动者业余时间的利用。

6月16日—9月24日　国际常设法院在海牙召开第5次会议,对《纳伊条约》第179附属条文第4段解释案作出了判决,对塞尔维亚与阿尔巴尼亚在圣瑙吴姆修道院边界划定案发表了咨询意见。

●8月8日　国际常设法院对希腊诉英国马夫罗马蒂斯巴勒斯坦特许权案作出判决,确定对该案件有管辖权。1914年,希腊公民马夫罗马蒂斯与奥斯曼当局签订了两项有关在巴勒斯坦从事某些公共事业的特许权合同。1920年,国际联盟批准英国委任统治巴勒斯坦。1921年,马夫罗马蒂斯写信给巴勒斯坦政府,询问他是否可实施特许权合同,遭到英国拒绝,并且英国早已将其中一部分特许权给了鲁登伯格。马夫罗马蒂斯与英国当局进行谈判未果,将该问题提交希腊驻伦敦使馆,两国政府间对该问题的谈判仍未解决问题,希腊政府于1924年5月13日代表马夫罗马蒂斯向国际常设法院对英国政府提起诉讼。1925年3月26日,国际常设法院对本案实质问题作出判决,接受英国就亚法特许权提出的初步反对意见,驳回有关耶路撒冷特许权的初步反对意见。对耶路撒冷特许权案的实质问题作出如下结论:(1)耶路撒冷特许权有效;(2)在一段时期内鲁登伯格有权取消马夫罗马蒂斯特许权的规定不符合英国作为受托国的国际义务;(3)马夫罗马蒂斯未遭受损失;(4)驳回希腊提出的赔偿要求;(5)《洛桑和约》第12议定书第4条适用于马夫罗马蒂斯的特许权。

7月16日　讨论道威斯计划的协约国国际会议在伦敦开幕。美国政府打破了只派观察员列席会议的惯例,首次派遣驻英大使凯洛格作为正式代表出席会议。

7月17—19日　国际知识合作委员会召集专家对《科学文艺出版品国际交换公约》进行修订,并将其提交给第5届国联大会以审议通过。

7月24日　法国政府应知识合作委员会主席亨利·柏格森请求,向该委员会建议,设立一所世界知识合作机构,即国际知识合作院,以作为国联国际知识合作委员会的常设性机构;由法国政府提供办公场所并每年出资200万法郎支持其运转。委员会原希望它设在日内瓦,但法国政府建议设在巴黎。

8月6日　土耳其和英国将伊拉克、土耳其交界地带的摩苏尔地区归属问题交付国联行政院解决。摩苏尔是古亚述王朝的中心,亚述帝国崩溃以后,先后为波斯帝国、马其顿帝国、塞琉古帝国、萨珊王朝、阿拉伯帝国、蒙古帝国、奥斯曼帝国征服。1534—1918年,摩苏尔一直是奥斯曼帝国的一个省份,但列强对摩苏尔地区的石油资源和战略地位觊觎已久。1916年,英法《赛克斯—皮科协定》把摩苏尔划为法国势力范围。1920年,英法重新划分在中东地区势力范围,在《色佛尔条约》中确定将摩苏尔划入英国委任统治范围,并入正走向自治的新阿拉伯国家伊拉克。这引起土耳其的不满。在土耳其的坚持下,在1922年《洛桑条约》中专门加入1项条款,规定土耳其和英国应在9个月内协商、确定土耳其与伊拉克的分界,如果不能达成一致,应将争端提交给国联行政院,在行政院划定边界以前,双方都不得采取行动。1924年5月19日—6月5日,英土谈判失败。麦克唐纳于是决定将摩苏尔争端提交给国联行政院解决。

8月16日　道威斯计划的最后议定书通过,为相关各方所接受。8月28日,德国国会正式通过该计划。自此,法国失去了干预赔偿问题的主导权,美国在经济和金融上介入德国和欧洲的程度加深。

8月29日—10月3日　行政院在日内瓦召开第30次会议,讨论了和平解决国际争端的办法,尝试拟定一国际协议。

●**9月27日**　行政院第30次会议讨论摩苏尔问题及其相关问题。

●行政院首先通过了关于国联盟约第22条适用于伊拉克的决议,承认《英伊同盟条约》,并规定对该条约进行任何修改以前须经行政院同意,其引发的任何争端若不能通过谈判解决应提交到国际常设法院。伊拉克加入国际联盟后,英国应该终止委任统治义务。若同盟条约期满之时伊拉克仍未入会,行政院应采取新的措施以使盟约对伊拉克生效。至此,国联框架下各委任统治地都正式确立与其受托统治国的关系。

● 行政院任命布兰亭为摩苏尔问题报告员,听取争端双方陈述,并要求英国、土耳其做出两项保证:履行《洛桑条约》规定的义务、不改变领土现状;接受行政院最后可能做出的任何决定。行政院还决定派遣一个委员会实地调查居民意愿,同土耳其、伊拉克、英国磋商,拟具解决办法。其后,委员会调查结果显示:占摩苏尔人口绝大多数的库尔德人希望独立;相较于重归土耳其统治而言,多数人更愿意并入伊拉克,但要以英国委任统治伊拉克15年为前提条件。

● 行政院决定设立前敌国军备状况调查机构,并于10月28日,12月9日、10日、11日通过后续决议确立其工作制度。

8月30日 协约国签署《伦敦协议》,就组织德国财政和将来的赔款支付问题达成协议。德国帝国银行脱离政府而独立,并采用一套新的货币马克。

9月1日 道威斯计划生效,随后德国按道威斯计划完成了第1批偿付。在赔款总数难以最后确定的情况下,道威斯计划规定了德国1924—1929年的赔款年度限额,即由第1年(1924—1925年)10亿金马克开始,逐年增加,到第5年(1928—1929年)增至年付25亿金马克。德国在前4年内虽靠借款勉强能够支付年度赔偿金,终感负担沉重,遂于1928年提出"修改道威斯计划"的要求。

9月1日—10月2日 国联召开第5届大会。英国首相麦克唐纳和法国总理赫里欧向会议提出一项联合提案,建议研究安全保证等问题,得到与会各国的赞同。大会责成一个专门委员会研究并拟定集体保障公约草案。

● **9月22日** 大会决定成立国联国际法典渐进编纂专家委员会,作为行政院附属专家委员会之一。委员会的主席和副主席分别来自瑞典、意大利。其他成员分别来自英国、法国、萨尔瓦多、荷兰、葡萄牙、捷克斯洛伐克、日本、印度、波兰、德国、阿根廷、比利时、中国、美国。委员均以个人身份参加,不代表本国,只代表全世界各种文化传统与法律体系。委员会的任务为:(1)对最宜于而且能够由国际条约来规范的国际法诸问题,拟出一件目录。(2)由国联秘书处将目录通知各国(不论是否国联会员国)以征求意见,并审议其答复意见。(3)对认为已成熟的国际法问题,以及为准备开会议决这类问题应采取的工作程序,向行政院提出报告。

● **9月23日** 大会对行政院9月9日就设立国际知识合作院提出的3个问题给出答复:第一,国际知识合作院的职责与权限由国联知识合作委员会请示大会、行政院后确定,在后两者同意下,可适当扩大。第二,行政院应与法国政府磋商,确保合作院之成立与维持。合作院的行政事务之管理、监督权委于知识合作委员会。知识合作委员会经行政院同意,须任命不同国籍之 5 人组成的指导委员会。指导委员会每两个月应召开至少 1 次会议。合作院的经费预算、决算应向行政院、大会报告,并由国联审计长每年审查。第三,合作院与现有知识合作之国际机构的关系应由知识合作委员会与相关方商讨后决定,如有需要,知识合作委员会可与各个机构合作,但不能损害其自主性。

●**9 月 23 日**　大会还通过推动国际知识合作、完善国联工作制度的决议:(1)知识合作委员会与经济委员会磋商后,于 1925 年年内召集国际会议,探讨科学知识产权问题。(2)赞同知识合作委员会的意见,认为统一文献目录十分重要,但这项工作不应局限于物理学,还应扩展到其他学科,首先是社会科学领域。(3)核准知识合作委员会与国际目录学会签署的协议。(4)通过出版物交换国际专家委员会的报告,请比利时政府继续履行根据 1886 年《布鲁塞尔协定》承担的职责,并请各国政府考虑接受知识合作委员会新起草的理学、文学出版物交换公约。(5)要求大学信息国际办公室将知识合作委员会所有关于大学事务的建议整合成一份报告,请各国政府考虑委员会提出的各国学历等值问题。(6)考虑到各国政府都赞同应为学生跨国游学提供便利,请其仔细研究本国学生组织的诉求与建议,给予资历突出的教师、研究人员相同的便利,并为这两个目的设置专门奖学金。(7)请知识合作委员会与财政委员会协同研究以国际贷款推动知识进步的办法。

●**9 月 29 日**　多米尼加加入国联。

●**10 月 1 日**　48 国代表一致通过《日内瓦和平解决国际争端议定书》文本,即《日内瓦议定书》。该议定书采纳“仲裁+安保+裁军”的集体安全公式,旨在把对一切争端都有约束力的解决办法制度化,以弥补国联盟约没有全面禁止战争反而认可在一定场合下使用武力的缺陷。除序言以外,该议定书共 21 条。序言确认侵略战争为国际罪行,国联会员应和平解决国际争端,并裁减军备至最低限度。正文主要涉及仲裁、安全保障与制裁侵略、裁军等。10 月 2 日,在议定书提付表决时,各国表达了迥异的立场。法国是第 1 个在该议定书上签字的国家。截至 1924 年 10 月底,13 国签署了议定书。随后,议定书的倡导国英国和法国都发生了政府更迭。1925 年 3 月,英国新任外交大臣张伯伦声称英国政府难以接受议定书;1926 年 12 月,英国政府正式、明确地拒绝该议定书。其他签字国除捷克斯洛伐克以外,也均不予批准。议定书未能生效。不过,《日内瓦议定书》的历史性意义不容忽视。它将仲裁、安保、裁军熔于一炉、合成一体,标志着国联暂时放弃了以埃雪计划为代表的直接裁军方案和以统计为主的裁军问题研究办法,希望将裁军放在政治关系、安全保障、和平之塑造与维持的整体框架之中,为普遍裁军开辟道路。这对各国产生一定的影响。比如,1925 年 1 月 17 日,爱沙尼亚、芬兰、拉脱维亚和波兰"在它们的相互关系方面适用《国际联盟盟约》中所规定的"以及"1924 年 10 月 2 日《日内瓦议定书》予以进一步补充的主要原则",并决定"使用其中所规定的方法"订立和解和仲裁公约,"以便和平解决它们之间可能发生的任何争端"。

9 月 23 日　德国部长级委员会决定寻求尽早入会。24 日,德国政府发表声明,希望早日加入国联,并提出 4 项先决条件:德国必须成为行政院常任理事国;鉴于德国被解除武装和不设防的情况,它不能参与盟约第 16 条规定对侵略者实施的经济和军事制裁;必须不再以任何方式让德国承担战争责任;希望在适当时候参与国联对殖民地的委任统治。

9 月 29 日　德国政府向国联行政院各理事国政府发出备忘录,询问其在德国入会问题上的立场。备忘录强调:(1)德国应确切地被告知,它在入会的同时也将成为行政院的常任理事国;(2)鉴于军备权利不平等的现象一直存在,德国与其他会员国不同,入会后将不会依照盟约第 16 条之规定裁减军备;(3)德国政府准备以正式声明的形式表达其履行国际义务的真诚态度;(4)德国希望在恰当的时候被赋予委任统治国的积极角色。各理事国政府的回复都比较积极,12 月 12 日,德国政府正式向行政院提出上述要求。

10 月 9 日　英国向土耳其发出最后通牒,限土耳其军队 48 小时内撤离英国主张的边界线。土耳其请求行政院确定临时边界线。此次事件由摩苏尔争端引发,就在行政院摩苏尔问题争端调查委员会实地考察期间,英国、土耳其双方在摩苏尔地区因边境部族问题发生局部的武装冲突。

10 月 20 日　根据委任统治制度的安排,比利时正式接管德国战前在东非的殖民地卢旺达和布隆迪。

10 月 27—31 日　行政院在布鲁塞尔召开第 31 次会议。29 日,会议就土、英提交的摩苏尔问题,根据洛桑会议期间双方的实际控制线划定一条临时分界线,亦称"布鲁塞尔线",将摩苏尔大部分地区划入英国控制下的伊拉克。

10 月 28 日　行政院轮值主席通报签署《日内瓦议定书》的会员国已达 13 国,随即正式通过决议,准备承担筹备国际裁军会议的职责,由 10 月 3 日根据《日内瓦议定书》新设立之裁军委员会负责起草裁军总计划以及议定书第 12 条所特别要求的 2 项计划,即针对侵略国的经济与金融制裁计划以及针对被侵略国的经济与金融支援计划。

10 月 30 日　国联介入法国、瑞士的关税争端的法律调查。

11 月 3 日—1925 年 2 月 19 日　为了检验《海牙鸦片公约》的实施情况以及解决禁止贩运毒品的问题,在鸦片及其他毒品顾问委员会的提议下,国联召开了两次日内瓦国际禁毒会议,是国联历史上会期最长的会议。1924年 12 月 11 日签订《关于熟鸦片的制造、国内贸易及使用的协定》(《日内瓦禁毒协定》),1925 年 2 月 19 日签订《国际鸦片公约》(《日内瓦禁毒公约》)。中国和美国代表皆主张在远东各国彻底禁止鸦片、严格限制鸦片和大麻的种植与生产应以不超过医药和科研应用为限度。但这些意见并不为会议所采纳,中美代表因而中途退出会议。《日内瓦公约》中列入使用鸦片出口许可证制度,事实上等于承认国际鸦片贸易为合法。

11 月 26 日　应救助儿童会的请求,国联通过《儿童权利宣言》,通称《日内瓦宣言》。这是历史上首份保护儿童权利的国际公约,也是后来联合国《儿童权利公约》的前身与基础。

12 月 11 日　行政院根据《凡尔赛条约》及其他一战媾和条约中的军事条款,并经数次调整,在陆、海、空军问题常设咨询委员会所拟计划的基础上确定前敌国军备状况调查机制,赋予国联调查一战战败国军备状况的权力。但各方对该机制各项条款的解释不同。

12 月 12 日　行政院在罗马召开第 32 次会议。德国外长斯特莱斯曼正式致函国联秘书长,送达德国给行政院各理事国的照会文本。9 月 29 日以来,行政院各理事国均已就德国入会问题提出反馈意见,德国对各国的答复总体感到满意。但在军备与战后制裁方面,德国向国联提出,德国被解除武装并且不设防,而周围都是拥有强大武装和大量军队的国家,这令德国感到不安。

12 月 19 日　《英伊同盟条约》及其议定书正式生效,英国承认伊拉克有"国家主权"并保证尽速使其取得国际联盟会员国资格。条约于 1922 年10 月 10 日签署,议定书于 1923 年 4 月 30 日签署。

1924 年　地球表面通常被概括为"三山六水一分田"。其中"六水"大部分为海洋。对于如何管理海洋,国际社会早有议论。在世界对海上安全、海上矿产资源的发现以及对海洋生物资源的保护越来越关切的推动下,1924 年国际联盟就对海洋法表示了兴趣,并着手编写关于各种题目法律,包括领水和海洋资源的开发。在其提交的关于国际法的逐渐发展和编纂专家委员会的报告中,阿根廷法学家何塞·里恩·苏亚雷斯把"富饶的海洋"

描绘成"全人类的遗产"。

一九二五年

1 月 12 日—3 月 25 日　国际常设法院在海牙召开第 6 次会议,对《纳伊条约》第 179 条附属条文第 4 段解释案、希腊诉英国马弗罗玛提斯巴勒斯坦特许案做出判决,就希腊和土耳其交换居民问题发表咨询意见。

1 月 25 日　德国提出在有关欧洲国家间签订一项莱茵保障公约的建议,内容为德国保证执行《凡尔赛条约》关于莱茵非武装化的义务,有关国家间签署一项共同保障莱茵区领土现状不可侵犯的条约,此项条约可以按国联大会曾通过但尚未生效的《日内瓦议定书》的原则拟定。

同日　哥斯达黎加政府宣布因无力缴纳每年分摊的会费而退出国联。

2 月 4—13 日　由于鼠疫和霍乱在远东地区流行,国联在新加坡主持召开卫生会议应对远东地区的流行病,决定在新加坡设立东方传染病探询局。东方局成立后,每天收到来自 200 多个港口的报告,再定期用明码电报为远东地区各港口、各国、各地区的卫生机构发送疫情报告,使其做好防疫准备。东方局也是在其活动范围内的各国卫生机关的中间联络站,故各国卫生机关每年均派代表出席东方局举行的咨询会议。同时,东方局还从事各种传染病的流行病学调查和治疗研究工作,成绩斐然。

3 月 9—14 日　行政院在日内瓦召开第 33 次会议。3 月 12 日,英国外交大臣张伯伦在会议上宣布,英国新政府因担心英联邦国家卷入欧洲疆界问题引起战争危险而拒绝签署 1924 年 10 月 2 日国联大会通过的《日内瓦议定书》。行政院于是决定将各会员国针对《日内瓦议定书》和相关问题提出的意见交予第 6 届国联大会讨论;暂不启动裁军会议的筹备程序,直到第 6 届大会作出决定。

●**3 月 14 日**　行政院通过有关前敌国军备调查委员会权限、受调查国义务的报告,编入国联调查制度的第 2 部分,该报告由法学家委员会与常设咨询委员会组成的混合委员会起草。另外,按照 1924 年 12 月例会的决议,任命 1925 年度 4 个调查委员会的主席。

●**3 月 14 日**　行政院对 1924 年 12 月 12 日德国致函作出答复:关于行政院理事国资格的问题,"各国已有充分的共识";关于盟约第 16 条,应由德国自主决定其对行政院所建议之措施将持何种态度,在决定盟约的具体执行方式手段上德国应像其他会员国一样有发言权。

4 月 4 日—5 月 25 日　国际常设法院在海牙召开第 7 次会议,对但泽与波兰间邮政问题发表咨询意见。

5月19日—6月10日　国际劳工组织在日内瓦召开第7次会议,主要讨论劳动者意外伤亡及职业病的赔偿问题。

5月29日—6月4日　第8届奥林匹克代表大会在捷克首都布拉格举行,议题是"奥林匹克规则与计划",主要讨论技术性问题。由于"首届国际教育奥林匹克代表大会"也在此时进行,这届大会也被称为"双代表大会"。

6月8—11日　行政院在日内瓦召开第34次会议,继续研究1924年确立之前敌国军备状况调查机制中第2条、第5条在莱茵兰非军事区的具体适用程序。

6月15日—8月25日　国际常设法院在海牙召开第8次会议,对波属上西里西亚德国利益案作出判决。

6月17日　国际联盟在日内瓦召开的"管制武器、军火和战争工具国际贸易会议"上通过《禁止在战争中使用窒息性、毒性或其他气体和细菌作战方法的议定书》(又称《日内瓦议定书》)。《日内瓦议定书》根据军事科学技术的发展,对禁止有毒武器的惯例和条约加以具体化和引申,把禁止使用化学武器和生物武器作为国际法所公认的准则确定下来。《日内瓦议定书》由美国、英国、法国、德国、日本等37个国家签署,1928年2月8日起生效,无限期有效。中华民国政府于1929年8月7日加入,中华人民共和国政府于1952年7月13日发表声明予以承认,并指出:"该议定书是有利于国际和平与安全的巩固,并且是符合于人道主义原则的",中国将在"互相遵守的原则下,予以严格执行"。

8月25日　法国军队全部撤出德国鲁尔区。

8月　北洋政府决定加入国联国际知识合作委员会修订的《科学文艺出版品国际交换公约》与《官方报告及政府文件国际交换公约》,并为此设立国际交换局负责与其他缔约国交换出版品。

9月2—28日　行政院在日内瓦召开第35次会议,讨论默麦尔居民请愿书及其他文件的提交程序。

9月7—26日　国联在日内瓦召开第6届大会。美国政府首次派遣"官方观察员"参加国联大会。此后,美国官方代表出席了国联几乎所有的军备、经济、社会事务会议,并积极参加国联常设卫生组织和国际劳工组织的工作。到1930年,美国总共参加了40次国联会议,并在日内瓦总部常驻有5名代表。

• 大会采纳法国代表团的建议,认为各国间经济平稳可加强国际安全,呼吁召开国际经济会议。行政院随后设立 1 个国际经济会议专家筹备委员会,来自 21 国的 35 位成员用 1 年时间向各国政府、私人组织征求意见,准备了内涵甚广的 60 份备忘录。

● 针对非常任理事国的选举,大会确定了"轮流制"原则,以确保根据地域分配公平的原则选举行政院非常任理事国。

● 9 月 10 日 鉴于奥地利经济形势好转,大会决定于 1926 年 6 月终止奥地利经济与财政重建计划。1925 年底,奥地利政府正式宣布恢复对预算的完全控制。

● 9 月 25 日 大会根据第 3 委员会有关仲裁、安全、裁军的报告作出一项决议,认为洛迦诺精神值得赞赏、洛迦诺会议的做法值得推广,要求行政院在《洛迦诺公约》生效后监督其实施,研究其对普遍安全的影响,并向第 7 届大会汇报。大会提出,"为促进军备的普遍裁减与限制,对召开国际裁军会议(之可能性)做预备性研究,俾于安保条件普遍满足时,尽早召开这一会议"。

10 月 5—16 日 英、法、德、意、比、波、捷克斯洛伐克 7 国代表在瑞士洛迦诺举行会议,各与会国最终达成妥协。会议最后签署 7 项条约、1 项议定书,总称《洛迦诺公约》。会议期间,与会国还同意德国加入国联并成为行政院常任理事国,同意德国对国联盟约持有的保留意见。该条款要求有关国联会员国积极参加对和平破坏者采取惩罚措施。

《洛迦诺公约》的内容包括:德法、德比之间相互保证不破坏《凡尔赛条约》所规定的相互之间的领土现状,双方不得彼此攻击和侵犯,并且在任何情况下不得诉诸战争,彼此通过外交途径与和平方法解决它们之间的一切争端;英、意作为公约的保证国承担援助被侵略国的义务;德国被允许加入国联;德国分别同比、法、波、捷签订仲裁条约,相约凡外交上所不能解决的争端,应提交仲裁法庭和国际常设法院裁决;法国同波、捷分别签订在遭到德国进攻时相互给予支援的条约。

《洛迦诺公约》是欧洲局势变化与法、德、英之间大国政治的产物。第一次世界大战以后的欧洲安全保障问题在巴黎和会(1919 年)并未完全解决。法国致力于防范德国再起,虽与比、波结成同盟,但与英、美分别签订的保障条约未能生效,其法、英结盟和由国联主持签署互助公约的主张都受挫,其积极促成的含有安全保障内容的《日内瓦议定书》(1924 年)也遭到抵制。1925 年 4 月白里安出任法国外长以后,积极谋求在英国支持下通过与德国协商解决安全保障问题,并极力劝使英国对莱茵兰提供保障。斯特莱斯曼出任德国总理以后,抓住道威斯计划实施以后欧洲局势的变化,认为与法国达成政治和解的时机已经来,再次将1922年安全保障方案提上台面,并试图利用英、法矛盾,冲破协约国挟制,平等跻身列强。英国与法国一样,希望保持莱茵区现状,但为维持欧洲均势,反对法国过于强大和任意制裁德国,所以将矛头主要对准苏联,对法国则是安抚和牵制并重。而德国为了恢复大国地位、冲破凡尔赛体系的束缚,必须妥善处理与英法的关系、处理它们关切的问题,并加入国联、成为常任理事国,所以在英国授意之下分别向英、法、比、意递交备忘录,提出了召开多边会议以缔结安全保障公约的建议。

从维护欧洲和平的角度看,《洛迦诺公约》接受了以1924年《日内瓦议定书》为基础的一整套"仲裁+安保+裁军"方案。《莱茵保安公约》(即《德、比、法、英、意相互保证条约》)是《洛迦诺公约》的核心。比德边界具备了与法德边界相同的重要性,享受同样的安全保证;共同安全保证不仅适用于这两段边界,也适用于莱茵非军事区,德国不可在此驻军或修筑工事;德比、德法之间明确了"不诉诸战争"的义务;英国、意大利则以担保人的身份加入公约。《仲裁专约》则明确规定德国与其邻国和平解决相互间争端的义务和具体办法。从国际政治的角度看,《洛迦诺公约》对凡尔赛体系做了较大调整。《最后议定书》申明各国"通过共同协议寻求保护各自国家免受战争灾害"并对可能发生的任何性质的纠纷提供和平解决办法,这被视为法德和解的开始,受到除莫斯科以外世界各地的欢迎。公约以德国加入国联并成为行政院常任理事国为付诸实施的先决条件,则意味着协约国在政治上接受德国为平等国家。欧洲国际关系进入相对稳定的时期。

从日后欧洲安全态势的演变与各国应对方式看,《洛迦诺公约》也产生了一些消极影响。首先,《最后议定书》附有给德国的集体照会,对德国以军备已受限制为由提出的加入国联后不履行盟约第16条义务的要求作出让步。其次,在法国产生一种心照不宣、理所当然的观点:《洛迦诺公约》强化了《凡尔赛条约》对德国规定的义务,德国对法国西部边界提供的主动保证赋予这条边界以一种神圣不可侵犯的性质。最后,尽管英国强调自己将尊重在国联盟约框架下的一切义务,它在《洛迦诺公约》中的角色却实际上将边界划分出不同等级,并使它免于保卫东欧边界的军事义务。这样,《洛迦诺公约》透出一种暗示,除非有其他自愿性条约的保障,《凡尔赛条约》不具备约束力,也不能指望各国政府为保卫无涉本国利益的边界而采取军事行动。这就为日后德国撕毁《凡尔赛条约》、采取侵略行动、颠覆国联体制提供了便利。1936年3月7日,德国进军莱茵非军事区,颠覆了洛迦诺会议建立的短暂均衡。

10 月 19—30 日　行政院第 36 次会议紧急处理希腊—保加利亚冲突。19 日,希腊、保加利亚军队在两国边境发生冲突,希军侵入保领土。22 日,保加利亚诉诸国联要求干预;行政院照会两国政府要求其将军队各自撤回本国边界以内,并组成调查团赴实地调查。

• 10 月 22 日　保加利亚政府紧急致电国联秘书处。23 日上午 6 点,秘书长接到报告,由于前 3 天的边境骚动,希腊部队在炮兵和空军的掩护下侵入保加利亚的领土,已经威胁到距离希保边界保加利亚一侧 10 公里的彼得里奇。这即是“索非亚电报”。行政院轮值主席白里安在接到秘书长通知后,向希腊、保加利亚发去电报,劝阻双方进一步军事行动,并要求它们撤回越境部队,阻止了两国军事冲突。

10 月 26—30 日　行政院为处理希腊、保加利亚冲突在巴黎召开临时会议,亦即行政院第 36 次会议。26 日,行政院对双方下达 24 小时内(27 日晚之前)下令停止一切战斗,60 小时内(29 日上午之前)撤回本国军队的严格命令。27 日,任命一个调查委员会,要求其 11 月前提交希腊、保加利亚冲突的调查报告并提出赔偿问题的解决办法。28 日,武官们抵达冲突地区,监督希腊、保加利亚撤军。29 日下午行政院开会时,白里安宣布行政院命令得到贯彻执行。

10 月 22 日—11 月 25 日　国际常设法院在海牙召开第 9 次会议,对《洛桑条约》解释问题发表咨询意见。

11 月 5 日　北洋政府教育部正式设立出版品国际交换局,随后向国联图书室提供《四库全书》等赠书。

11 月 20—27 日　通讯和交通运输委员会在巴黎召开了一次谋求统一内河船只容积测定办法的国际会议。通过公约建立了一个统一的测定标准,不过只有一些欧洲国家批准了这一公约。之后,为了统一航海船只的容量测定,统一浮标和灯塔标准,交通和运输委员会的咨询及专门委员会进行了大量的讨论并拟定了多项草案。

11 月 27 日　德国政府批准《洛迦诺公约》。11 月 30 日,德国国会在批准通过《洛迦诺公约》的法案中授权政府“为加入国联采取必要措施”。

11 月 28 日　行政院希腊—保加利亚冲突调查委员会提交报告书,判定双方都没有从事战争的计划,但保加利亚领土遭到侵犯,确属不公,要求希腊付给保加利亚 3000 万列纳斯的赔款。

12 月 1 日　毛泽东在《中国社会各阶级的分析》中说:“现在世界上的局面,是革命和反革命两大势力作最后斗争的局面。这两大势力竖起了两面大旗:一面是红色的革命的大旗,第三国际高举着,号召全世界一切被压迫阶级集合于其旗帜之下；一面是白色的反革命的大旗，国际联盟①高举着，号召全世界一切反革命分子集合于其旗帜之下。那些中间阶级，必定很快地分化，或者向左跑入革命派，或者向右跑入反革命派，没有他们'独立'的余地。"②

12月3日 西班牙结束独裁制，原因是公众的不满情绪日益高涨。但独裁者德里维拉随即又被任命为首相，军人在内阁中占据压倒性优势。此后西班牙政局一直不稳。

12月7—16日 行政院在日内瓦召开第37次会议。讨论4项经常性议题，即奥、匈经济重建，但泽问题，土耳其—波斯关系和委任统治，并应急处理希腊—保加利亚冲突。行政院因此邀请下列各方参会：阿尔巴尼亚、奥地利、保加利亚、丹麦、希腊、匈牙利、荷兰、波斯、罗马尼亚、南斯拉夫、土耳其、希腊—保加利亚冲突调查委员会，匈牙利事务助理高级委员会，国联在奥地利的总代表、奥地利贷款控制委员会，委任统治委员会，但泽高级专员，波斯—土耳其人口交换问题混合委员会委员。

●**12月7日** 行政院通过希腊—保加利亚冲突调查委员会的报告书并作出最终决议。两国对赔款数额不太满意，但都接受总体安排。之后，在国联顾问的协助、国联贷款的资助下，两国局势平稳下来，相互间的对立情绪也逐渐消除。希腊于1926年3月1日将全部赔偿付清。

●**12月12日** 根据第6届国联大会对仲裁、安全保卫、裁军概念表示认可的决议，行政院指出"洛迦诺精神"值得推广，决定建立裁军会议筹备委员会。参加筹委会工作的国家除行政院各理事国的代表外，在地理位置上与裁军问题关系重大的国家亦应派代表参加。美国、苏联、土耳其3个非会员国派代表参加。裁军筹备委员会设立两个小组委员会：军事小组委员会，由各国陆海空军军官组成；经济小组委员会，包括国联财政委员会、经济委员会、通讯和交通运输委员会遴选的人员，国际劳工组织中的劳方和资方代表。会议还讨论了筹委会的议程和程序。该委员会从1926年5月18日—1930年12月9日共召开7次会议，最终提出《裁军公约草案》。

●**12月16日** 行政院正式批准摩苏尔争端调查委员会的建议：英国、伊拉克联合保证委任统治关系持续12年，伊拉克加入国际联盟时这种关系

---

① 国际联盟简称国联，1920年1月正式成立。先后参加的有60多个国家。国际联盟标榜以"促进国际合作，维持国际和平与安全"为目的，实际上日益成为帝国主义国家推行侵略政策的工具。第二次世界大战爆发后无形瓦解，1946年4月正式宣布解散。

② 《毛泽东选集》第一卷，人民出版社1991年版，第4页。

终止;英国作为委任统治国,对摩苏尔省的库尔德人提供特别保证;在这两个条件满足的前提下,沿布鲁塞尔线划定双方疆界。英国表示接受,土耳其强烈反对。

12月 意大利和英国秘密谈判并签署一项在阿比西尼亚划分势力范围和经济利益的协定,彼此支持在阿比西尼亚的特权要求。英国要在塔内湖上修建一个控制青尼罗河水源的堤坝,建一条横跨塔内湖、直抵苏丹边界、长达70英里的汽车公路。意大利要修建纵贯阿比西尼亚南北长达1000英里的铁路,以连接厄立特里亚和索马里,同时,在铁路沿线和阿比西尼亚西部实施经济独占。协定签署以后一直处于保密状态,也没有按照国联盟约的规定到秘书处登记。1926年,协定被报纸曝光。无奈之下,英、意驻亚的斯亚贝巴领事向阿比西尼亚政府通告了这项协定,并将条约送交国联秘书处登记。

1925年冬 国联卫生组织负责人拉奇曼应日本政府邀请访问日本,归途中受到中国北洋政府非正式邀请到北京考察卫生工作,与内务总长龚心湛及其他公共卫生行政人员讨论合作事宜。约定由中国政府向国联提出正式请求。但因时机不成熟,中国政府最终没有送出已经拟就的申请书。

一九二六年

1月17日 根据法国政府1924年7月24日提出的建议、行政院1924年9月9日决议、大会1924年9月23日决议和指导意见,国联国际知识合作委员会正式设立国际知识合作院。9月27—30日,该院在日内瓦主持召开国际电影大会。

1月27日 协约国最高委员会通过一份德国裁军评估报告。该报告主要以1925年10月23日德国政府递交给协约国政府照会所附的4份清单为基础。第1份清单列出德国已完成的裁军任务;第2份清单列出正常情况下可于1925年11月15日之前开始执行的任务;第3份清单列出有所延迟、但已开始执行的任务;第4份清单列出困难较大的任务。协约国对第1份清单的完成情况表示满意,但认为德国对第3份清单所列事项的落实不充分,第4份清单所列事项则毫无进展。

同日 美国参议院就签署《国际常设法院规约》的议案进行最后表决。此前,美国众议院于1925年3月以301票对28票通过了加入国际常设法院的建议。这一次,参议院以76票对17票通过参加国际常设法院的建议,同时附有5项保留。其中第5项保留提出,法院在接受要求就美国利益或有关美国认为同它有关的问题提出咨询意见时,必须先取得美国的同意。第5项保留构成美国加入国际常设法院的最大障碍。

2月2日—5月26日　国际常设法院在海牙召开第10次会议,再次讨论波属上西里西亚德国利益案,并作出判决。

2月8日　德国政府根据《洛迦诺公约》正式提交入会申请,并在申请书中附上《洛迦诺公约》相关国家有关国联盟约第16条的联合照会,其中提到,"国联会员国的义务应被理解为,任何国家根据其地理位置之考量,在发生足以被视为军事性入侵事件时,都应竭诚合作、予以抵抗,保证盟约之有效执行"。

2月12日　行政院在日内瓦召开第38次会议。会议将裁军筹备委员会讨论的问题总结为7项。

3月8—17日　国联大会在日内瓦召开特别会议。17日,特别全体会议讨论德国的入会申请。西班牙代表和巴西代表都表示,除非它们也同样取得常任理事国席位,否则不会同意德国的申请。波兰也提出自己应具有常任理事国席位。后经协调,波兰作出让步,西巴两国仍坚持己见,特别会议陷入僵局,只得宣告闭会。此后国联组织了一个专门委员会,负责筹划行政院的改选以及调停争当常任理事国的几国之间的关系。

3月8—18日　行政院在日内瓦召开第39次会议,决定裁军筹备委员会会议于当年5月18日召开。

4月26日　德国与苏联签署新的《友好和互不侵犯条约》,扩展了1922年的《拉巴洛条约》。1926年9月、1927年10月,立陶宛、波斯先后循德国之例与苏联签订条约。

4月　国联在巴黎主持召开关于机动交通会议。国联很重视交通领域的国际合作,除设立相关的专门机构以外,于1930年10月6—23日在里斯本召开统一浮标和灯塔装置的国际会议,1931年3月16—30日在日内瓦召开了统一欧洲交通法规的会议。

5月3日　国联在日内瓦主持召开推动戏剧发展的会议。文化、艺术、知识、教育和媒体方面的国际合作是国联努力的一大方向。国联先后于1926年11月5—6日、1927年8月24—27日、1928年11月15—17日、1933年11月7—11日召开4次国际新闻会议,又专门召开了人类学(1927年9月19—28日)、历史学(1929年5月5—8日)、国际关系学(1931—1939年共12次)、物理学(1938年5月30日—6月4日)、流行艺术(1928年10月7—14日)方面的国际会议和两次世界版画博览会(1928年6月12

日—7月4日、9月1—29日),并就留学生问题(1938年5月22—25日)、全球教育电影推广问题(1933年10月)、国际文化合作(1938年11月30日—12月3日)、世界历史遗迹保护(1931年10月21—30日)召开过国际会议。

5月10日 研究行政院席位一般问题的委员会开始工作,它包括行政院10理事国、阿根廷、波兰、中国、瑞士、德国代表。委员会于5月和8月先后开会两次,计划将行政院理事国席位从6席增加为9席,只有德国取得常任理事国资格,非常任理事国由6席增为9席,所增3席给波兰、西班牙和巴西。非常任理事国的任期原则上为3年,任期届满以后不得立即连选;但是,如经大会2/3多数同意,可对3个以内的国家放宽限制,允许其连选连任;1个国家在此种情况下连选的次数不受限制。这样,便产生"半常任理事国"制度。

5月18—25日 国联裁军筹备委员会第1次会议召开,主要讨论筹委会的组织规则、议事日程、咨询程序以及1925年12月行政院交付研究的问题。委员会下辖的第一小组委员会讨论军事问题,特别是海军舰种、吨位及其限制办法。第二小组委员会讨论有关裁军的政治、经济问题。11月,委员会提交一份长篇报告,除人力、物力以外,涉及军备的方方面面,包括财政资源、制造能力、原料资源等,并在每一个议题后面附上代表们认为有必要记录的疑点、分歧、保留意见。

5月26日—6月5日 国际劳工组织在日内瓦召开第8次会议。会议主要讨论简化海上移民检查问题。

6月5日 英国与土耳其政府签订关于摩苏尔问题的最终协定,即《摩苏尔协定》。主要内容是:摩苏尔按国联裁决划归伊拉克;将摩苏尔石油收入的1/10分给土耳其,有效期25年;土伊两国边界划出宽47英里的非军事中立地带,同意伊拉克仍可以在25年内申请加入国联,加入后将结束其托管地身份。

6月7—10日 行政院在日内瓦召开第40次会议。财务委员会报告奥地利、匈牙利两国财政、经济状况基本稳定,会议决定结束国联行政院财务委员会特派监督员的相关职责。6月30日、7月30日,匈牙利经济与财政重建计划、奥地利经济与财政重建计划先后宣告完成并结束。

6月7—24日 国际劳工组织在日内瓦召开第9次会议,主要讨论船员雇佣合同及其遣返问题。

6月10日 行政院应法国的要求讨论伪造货币问题。根据行政院的指示,财政委员会向43家发行银行分发调查问卷,收到20份详细的回执,普遍意见是召开一次国际会议,研究相关政策、立法与国际合作措施。

6 月 15 日—7 月 26 日　国际常设法院在海牙召开第 11 次会议,对国际劳工组织资方个人工作职权问题发表咨询意见。

6 月 19 日　阿比西尼亚就英、意 1925 年 12 月达成的划分在阿经济势力范围的秘密协定向国联提出抗议,并坚持国联《条约汇编》中的规定,要求将其抗议照会和英意协定同时发表。英意两国在国际舆论的压力下宣布协定作废。

6 月 21 日　国联在华沙主持召开大学间相互协作会议,以促进国际教育水平的提高。

8 月 7 日　意大利和西班牙签订友好条约。

9 月 2—7 日　行政院在日内瓦召开第 41 次会议。

•9 月 2 日　会议同意向保加利亚提供巨额贷款以帮助其解决难民问题。1926 年 6 月,保加利亚政府因无力安置第一次世界大战后回国的大批本国难民,向国联请求援助。国联财政委员会建议行政院向保加利亚政府提供 400 万美元国外公债帮助其解决难民问题。9 月 8 日,国联与保加利亚签订技术合作协定,由国联指派一特派员驻留保加利亚,负责管理公债、清理闲置土地、计算相应收入,除此以外,不过问保加利亚一般财政事务。

•9 月 4 日　行政院在改组问题委员会报告的基础上通过决议,德国加入为新的常任理事国,非常任理事国由 6 席增至 9 席。

9 月 6—25 日　国联召开第 7 届大会,中国再次当选为行政院非常任理事国。

•9 月 8 日　大会全体会议 48 国代表参与投票,经唱名表决,一致同意德国加入国际联盟。10 日,德国代表团列席大会,斯特莱斯曼演说过后,法国代表团团长白里安予以回应,这成为法德关系缓和的开始。

•9 月 11 日　西班牙正式宣布若不能成为行政院常任理事国将退出国联,这个决定后于 1928 年 3 月 22 日撤销。

•9 月 14 日　巴西抗议未能与德国一起成为行政院常任理事国,宣布退出国联。

•9 月 15 日　大会通过决议,正式确定了行政院非常任理事国的选举规则,即刻生效。第 1 条:大会须于每年开会期间为行政院选举 3 名非常任理事国,其任期自当选之日起,至 3 年后大会再行选举之日时结束。第 2 条:已当选非常任理事国的会员国在任期结束后的 3 个选举期内不得再次参选,除非在该国任期结束以前或结束之时,大会以 2/3 多数票决定该国可以连选。对于已经担任过非常任理事国的会员国,除非它主动提出申请,大会不得考虑该国再次参选的可能性。行政院的 9 个非常任理事国中,经再次参选而复任的理事国不得超过 3 个。大会在处理相关问题时应以此为限。第 3 条:只要获得 2/3 多数票支持,大会可以在任何时候对所有的非常任理事国进行换选;此时,大会须首先制定适用于这一轮的新选举规则。

● **9 月 25 日**　大会通过《禁奴公约》,1927 年 3 月 9 日公约正式生效。公约对奴隶制度作出了宽泛的定义,凡农奴、强制劳动、债务役使、童奴、以承继或陪嫁名义取得年轻女子等均包含在奴隶制度内,并要求各缔约国从速取缔这些制度。公约第 7 条还要求各国政府将奴隶问题之相关立法、规定、政策周知各缔约国并具报予国联秘书长。

9 月 16—20 日　行政院在日内瓦召开第 42 次会议,主要与大会配合,讨论了非常任理事国新选举规则。

9 月 22—27 日　国联裁军筹备委员会第 2 次会议召开,主要讨论委员会工作程序问题。第一小组委员会提出 1 份工作报告书,会上美英在如何进一步限制海军问题上存在分歧。

11 月 27 日　意大利与阿尔巴尼亚签订条约,实际上将后者变为自己的保护国。

12 月 6—11 日　行政院在日内瓦召开第 43 次会议,讨论国联从协约国接手德国裁军监管权的问题,围绕调查委员会之设置、职权范围、权限争论激烈,遂决定临时设置一法律专家委员会,用两天时间审查《凡尔赛条约》和国联相关决议的文本,再提出法律咨询建议。

● **12 月 9 日**　行政院法律专家委员会向行政院会议提交报告,它对于莱茵兰问题的解释有利于德国:《凡尔赛条约》并未授权对莱茵兰非军事区进行特别调查;对莱茵兰军事占领区的任何永久性控制,或在区内常设调查机构,都只能依照与德国政府的协议来执行。行政院会议采纳了这些法律性的意见,并决定暂时搁置莱茵兰调查问题,日后德、法可就此进行双边磋商。

● **12 月 9 日**　行政院就伪造货币问题任命一个混合委员会,4 名代表来自发行银行、4 名代表为国际刑法专家、3 名代表来自监察机关。混合委员会完成的报告和公约草案于 1927 年 12 月 6 日被分发各国政府考虑。

● **12 月 10 日**　行政院与爱沙尼亚签署协议以帮助该国改善财政、金融状况。早在 1924 年 9 月,爱沙尼亚政府请求国联派遣专家调查其国内经济、财政状况,而特派专家在报告中建议爱沙尼亚仿照奥地利、匈牙利和但泽前例,设立独立的发行银行,并新建一个独立的信贷机构管理爱沙尼亚政府所有的长期贷款。爱沙尼亚接受这个建议。随后国联财政委员会主持筹集了 135 万英镑的国际贷款,此次行政院向该国派遣 1 名贷款受托人,向其发行银行派遣 1 名外国顾问。1927 年 6 月正式发行债券。

●**12 月 11 日**   行政院通过法律专家委员会关于国联前敌国军备状况调查制度的法律解释正式文本,并以会议记录的形式作出决议,由英国代表张伯伦签署,其他代表接受。该决议由序文和 5 项条款组成,主要规定:协约国高级委员会于 1927 年 1 月 31 日撤出莱茵兰;大使会议继续就其关心的问题与德国政府磋商,若至 1927 年 1 月 31 日仍未达成协议便将其交付行政院。法德双方表示接受。

一九二七年

1 月 17—20 日   国联在巴黎主持召开以世界儿童健康与福利为主题的会议。妇女、儿童是国联重要的保护对象,为此,国联先后于 1930 年 7 月 12 日、1933 年 10 月 9—11 月、1937 年 2 月 2—15 日召开了提高婴幼儿卫生福利的国际会议(利马)、打击拐卖妇女卖淫犯罪的国际会议(日内瓦)和减少远东地区贩卖妇女行为的会议(万隆)。

1 月 31 日   协约国高级委员会、国联德国问题调查委员会以当天德国代表帕维尔提交的草案为基础,就德国东部边界防御工事拆除问题达成协议。德国可暂时保留勒特曾的全部新工事以及格洛堡、哥尼斯堡的部分新建工事,但须在 2 月 25 日起的 4 个月内全部摧毁。

2 月 27 日   巴拉圭小股军队在大厦谷的博雷尔区步行巡逻期间,其当地向导被玻利维亚军队俘虏,并被关押在普索雷沙堡的前哨,巴拉圭的 1 名中尉随后被杀。两国代表为此在布宜诺斯艾利斯谈判。1928 年 1 月,谈判破裂。博雷尔事件是两国间大厦谷战争的前奏。

3 月 7—12 日   行政院在日内瓦召开第 44 次会议,注意到此前巴拉圭和玻利维亚在大厦谷的冲突,但未深入讨论,而主要是为国联裁军筹备委员会第 3 次会议做准备。

3 月 21 日—4 月 26 日   国联裁军筹备委员会第 3 次会议召开,正式开始探讨裁减与限制军备的实质性问题,以英国为代表的直接裁军派与以法国为代表的间接裁军派相互对立。英、法代表各自提出本国的裁军公约草案,两个方案都很空洞,并存在很大距离,在军费限制、国际监督、可作战人员限制范围、海军限制方法等问题上意见不同,在海军舰种问题上分歧尤为严重。会议没有具体成果,仅通过一份报告,作为日后谈判的基础。

4月2日 经审查各国意见,国际法典渐进编撰专家委员会第3次会议重新拟定目录,列有7项问题。包括:(1)国籍之冲突问题;(2)在一国领海内的外国商船的司法管辖权问题;(3)对外国人遭受损害的国家责任问题;(4)制止海盗问题;(5)外交官的特权和豁免问题;(6)关于国际会议的程序、起草和缔结条约规则问题;(7)关于开采海洋资源的问题。委员会第1次会议于1925年4月召开,选定了11个法律问题,并将相关报告送予各国政府研究、反馈。第2次会议于1926年1月召开,主要对各国政府的反馈意见展开了深入、系统的研究,最终确定了上述7项法律问题。1927年国联第8届大会决议,就第1项、第2项、第3项问题专门召开国际会议,以深入讨论、编撰相关法典。

4月5日 意大利与匈牙利签订友好条约,标志法西斯国家开始执行一种拉拢主张"修改"《凡尔赛条约》的国家以反对小协约国和法国的政策。

5月2—23日 国联在日内瓦召开世界经济会议。来自50个国家的194名代表和157名专家出席,包括非国联会员国美国和苏联。会议分3个委员会分别讨论商业、工业和农业问题,通过3项主要决议:要求研究足以影响世界和平的现实经济趋向,认为实际从事经济工作的人员有同经济理论研究机构加强联系的必要,建议在国联成立一个经济咨询委员会。此次会议规模不小,但当时各国政府与舆论没有给予足够重视,并未达到消除国际间关税壁垒的目的。

5月25日—6月16日 国际劳工组织在日内瓦召开第10次会议,主要讨论工农业疾病保险问题。国际劳工局设立土著劳动力委员会。

6月7—11日 国联在乌拉圭首都蒙得维的亚召集医学专家会议,讨论儿童救助问题。

6月13—17日 行政院在日内瓦召开第45次会议。德国外交部照会前协约国军事占领委员会会员国政府、国联行政院,已摧毁1月31日协议所规定的全部工事,并附有工作计划和照片为证。协约国的外长们展开非正式讨论,并促使德国作出妥协,允许一两位协约国军事专家以个人身份前往德国东部边界核查。随后,法、比专家在德国代表帕维尔的陪同下前往格洛堡、哥尼斯堡和科斯琴,并在7月20日报告中指出:工事的拆除总体令人满意;德国政府也确实颁布新法令、规制战争物资贸易。

6月15日—12月16日 国际常设法院在海牙召开第12次会议,对霍茹夫工厂案、荷花号案等作出判决,对欧洲多瑙河委员会管辖权限问题发表咨询意见。

7月22日 大使会议正式通知国联行政院,已于1月31日解散军事占领委员会,协约国同时终止了依《凡尔赛条约》及其后续条约所拥有的一切相关权力。协约国的外长们在参加行政院第 44 次会议期间展开非正式讨论,并于 7 月 20 日接受了法、比专家考察德国东部边界军备状况后提交的报告。这样,协约国监督下的德国裁军、德国保持莱茵兰非军事化、协约国军事占领莱茵兰的问题基本宣告解决。

8 月 23 日—9 月 2 日　国联在日内瓦召开第 3 届国际交通与运输会议,修订国联通讯和交通运输委员会的规则,并通过了《通讯和交通运输组织规约》。国联第 8 届大会通过这两份文件,并以此为基础建立起国联通讯和交通运输组织。

9 月 1—15 日　行政院在日内瓦召开第 46 次会议。会议期间,斯特莱斯曼于 9 月 5 日代表德国政府接受了一项关于本国军事限制的最后方案。这一方案是英法两国为了赶在国联第 8 届大会之前彻底解决《凡尔赛条约》框架的德国军事限制问题而相互妥协达成的方案。

9 月 5—27 日　国联在日内瓦召开第 8 届大会。大会决议设立仲裁与安全委员会,与裁军会议筹备委员会同时展开工作、相互补充;大会认可经济委员会作为国联经济事务中坚力量的地位,为更好地发挥其作用,决定改组经济委员会,为其建立一套正式的组织、管理程序与规则。

● 9 月 26 日　国联会员国在一项正式决议中声明,各国政府同意,为执行国联任务或者为运载行政院人员参加会议的飞机或公路运输,将享有优先权和保护权,如有必要将标以特别记号。秘书处还建议国联应该拥有自己的、能向最远的国家首都发射短波电讯信号的无线电台;28 日,大会通过一项规则,自 1928 年 1 月 1 日起,设立一行政法庭专门处理秘书处职员之间的纠纷。法庭由不同国籍的 3 位法官、3 位候补法官组成,实行多数票表决制。

9 月 17—28 日　行政院在日内瓦召开第 47 次会议,根据大会要求讨论设立仲裁与安全委员会和改组经济委员会的问题。改组后的经济委员会内设 3 部分:经济委员会、临时专家小组、咨询小组。行政院于 9 月 27 日选出经济委员会、临时专家小组的成员。新成立的经济委员会主要讨论、处理了关税与商贸事务、贸易保护问题与国际经济协调、进出口禁止与限制问题,并重点研究了各国经济政策及其趋势。

9 月 26—28 日　国际知识工作者联合会第 4 次代表大会在巴黎召开。

10 月 15 日　立陶宛政府就波兰—立陶宛关系致函行政院,断言存在战争危险,立陶宛独立正遭到威胁。10 月初,波兰报纸登载本国教员在立陶宛遭受迫害的谣言。随后,波兰人关闭本国境内许多立陶宛人办的学校,并逮捕一些立陶宛教员和牧师。立陶宛政府获悉,波兰间谍已经同一些住在立陶宛的波兰侨民建立联系,支持他们的政变行动。

10 月　国联在日内瓦召开关于进出口品禁令的国际会议,制定一项废止进出口禁令和限制的公约。29 个国家签字,其中 17 国批准。德国的批准以波兰批准为条件,而波兰一直没有批准这项公约。英、美宣布公约从 1930 年 1 月 1 日起在两国之间生效,并希望其他国家也采取相似的措施。然而,公约需要 18 个国家批准才能生效。因公约迟迟不能生效,英、美决定摆脱前述义务。

11 月 30 日—12 月 3 日　国联裁军筹备委员会第 4 次会议召开,苏联和美国正式参加谈判。会上许多国家代表提出应在 1928 召开正式的国际裁军会议。苏联代表团团长李维诺夫在会议上提出立即普遍彻底裁军的建议,包括解散陆海空军部队、销毁一切类型武器和弹药、停止一切军事训练、废除义务兵役制、取消全部海空军基地等,会议对苏联的建议反响强烈。这一建议虽遭到英、法、美、德等国的反对,却打破了裁军谈判陷于沉寂的局面。

12 月 1—2 日　仲裁与安全委员会召开第 1 次会议,确立委员会的工作程序。

12 月 5—12 日　行政院在日内瓦召开第 48 次会议。9 日,行政院建立经济咨询小组,负责执行世界经济会议的决定和建议。10 日,由于波兰、立陶宛关系急剧恶化,立陶宛向行政院申诉说波兰对立陶宛的主权独立构成威胁。行政院开会审议波兰—立陶宛局势,随后通过一项决议:战争状态不存在;波兰声明承认并尊重立陶宛独立和领土完整;设立一个特别委员会,研究波兰虐待本国境内立陶宛人的控诉案,并提出报告;双方直接谈判以恢复正常关系。李维诺夫并未参会,但考虑到苏联与此事密切相关,行政院将这个决议特别告知李维诺夫并得到了他的同意。

12 月 14 日　英国为防止其他国家利用委任统治制度的相关规定要求在伊拉克享有经济上的平等待遇、争夺石油租让权,又同伊拉克签署一项新约,正式承诺承认伊拉克为独立的主权国家,并支持伊拉克在 1932 年底以前加入国联。这项条约虽因伊拉克拒绝英国监督其财政和军事而未得到两国政府批准,但伊拉克还是于 1932 年加入国联。

一九二八年

2 月 6 日—4 月 26 日　国际常设法院在海牙召开第 13 次会议,对上西里西亚德国少数民族学校案作出判决,对但泽法院管辖权问题发表咨询意见。

2月11—19日　第2届冬季奥林匹克运动会在瑞士圣莫里茨举行。25个国家和地区的491名运动员参赛,其中女运动员26名。从这一届起,冬季奥运会与夏季奥运会分别在不同的国家举办。

2月20日—3月7日　仲裁与安全委员会召开第2次会议,起草有关和解、仲裁、互不侵犯、互助的一系列示范条约,德国代表还提议强化防止战争之手段。会议结束时,示范条约基本做成,委员会将其分发所有国联会员国,以便下届大会讨论。

3月5—10日　行政院在日内瓦召开第49次会议,正式要求巴西、西班牙重新考虑它们两年前提出的退会决定和是否继续保持会员国资格。按照盟约,会员国的退会声明要在两年之后才能正式生效。3月22日,西班牙答复行政院,表示愿意撤回退会通告。10日,行政院通过稳定保加利亚财政金融状况的最终贷款计划,据此,国联财政委员会于同年9月8日同保加利亚政府签署协议,为其提供500万英镑的贷款,用以偿还中央银行为稳定货币而发行的国债,强化保加利亚农业银行、中央合作银行的金融地位,清算预算欠款,推动道路、铁路建设,助力1928年春季地震的灾后重建。保加利亚政府接受国联行政院向其委派的技术专家,承诺担保中央银行的独立性。

3月14—17日　国联在日内瓦召开禁止和限制兽类毛皮和骨骼出口的国际会议。第2届会议于同年6月29日—7月2日召开。国联对于国际贸易问题的讨论很细致,不仅涉及具体的交易物品限制,还涉及相关的政策、削减壁垒、货币兑换、生产等问题。如1928年11月4—8日,国联在日内瓦召开统一国际贸易统计标准的国际会议;1929年12月5—20日,国联在日内瓦召开减少国际进出口贸易障碍的国际会议;1930年2月17日—3月24日在日内瓦召开降低关税壁垒促进国际贸易的国际会议,5月13日—6月7日召开旨在通过统一兑换、本票和支票交易法案的国际会议;1937年4月5日—5月6日又在伦敦召开会议,讨论如何解决由于生产过剩而导致的世界糖价格进一步下降问题。

3月15—24日　国联裁军筹备委员会第5次会议召开,首要任务是审查仲裁与安全委员会的工作进展。苏联要求各大国代表团对苏联普遍裁军建议表明态度。英、法、日代表难以正面拒绝苏联建议,只好声称国联盟约第8条为缩减军备,而并非要求彻底裁军。苏联外交部部长李维诺夫又提出按比例递进的局部裁军草案,要求大国裁军一半、小国裁军1/3或1/4,

裁军在两年内分阶段进行。

5月3日 中国国民革命北伐军5月1日攻克济南,日军于5月3日派兵侵入中国政府所设的山东交涉署,将交涉员蔡公时割去耳鼻,然后枪杀,又将交涉署职员全部杀害,日军在济南城内将北伐军7000余人缴械,大肆屠杀中国军民1000余人,并肆意焚掠,制造了震惊中外的"济南惨案"。

5月10日 南京国民政府以主席谭延闿的名义致电国联秘书长德拉蒙德,要求按照《国联盟联盟约》第11条,处理日本有预谋地制造"济南惨案"的行为。但由于当时北洋政府仍是国际社会承认的合法政府,中国驻国联代表陈篆也为北洋政府派遣,所以在提案程序上发生困难。北洋政府以停止北伐为前提条件提议与南京政府共同向国联申诉,遭到南京政府拒绝,中国将"济南惨案"申诉国联的计划受挫。之后南京政府希望英、法、美进行调停,但英国因与日本利益密切而颠倒是非、法国因一战元气大伤而避免卷入冲突、美国进行的调解又被日本政府拒绝,国联因英、法的偏袒,不仅没有受理中国的申诉,还在会员国中分发了日本送交的颠倒黑白、歪曲事实的《关于"济南事变"声明书》。南京国民政府因尚未得到国际承认只得对日本政府委曲求全,于1929年3月与日方签订《中日济案协定》,对"济案"责任和赔偿等问题不了了之。

5月17日—8月12日 第9届奥林匹克运动会在荷兰阿姆斯特丹召开。本届参赛的有46个国家,首次参加的有马耳他、巴拿马和罗得西亚。德国在与奥运会关系中断16年后,重新派队参加了比赛。参加本届奥运会的运动员共2883人。日本运动员织田干雄在本届奥运会的三级跳远比赛中,以15.21米的成绩夺得第1名,这是亚洲人第1次在奥运会上获得金牌。

5月30日—6月16日 国际劳工组织在日内瓦召开第11次会议,主要讨论如何制定劳动者最低工资。

6月4—9日 行政院在日内瓦召开第50次会议,未能说服巴西撤回退会公告。6月13日,巴西1926年7月的退会通告生效,巴西正式退出国联。

6月15日—9月13日 国际常设法院在海牙召开第14次会议,对霍茹夫工厂案作出判决,对希腊—土耳其1926年协定解释问题发表咨询意见。

6月27日—7月4日 仲裁与安全委员会在日内瓦召开第3次会议,最终拟定7份文件,并提交给第9届大会审议。这7份文件是《仲裁与和解示范公约》《关于国际常设法院规约任择条款的决议》《互不侵犯和互助示范条约》《关于盟约第 10、11、16 条研究备忘录的决议》《关于国际联盟在突发事件中信息通信问题的决议》《关于财政援助被侵略国的决议》《旨在强化预防战争之手段的示范条约》。

7月3—11日　国联在日内瓦召开第 2 次废除限制进出口贸易规定的国际会议,通过一项近 30 个会员国签字的公约。根据这项公约,各签字国将承担废除一切进出口禁令和限制的义务,并且将来也不得再实行这些禁令和限制。

8月2日　意大利与阿比西尼亚在亚的斯亚贝巴签署《友好和解仲裁条约》。该条约规定意属索马里和阿比西尼亚间的边界应与贝纳迪尔海岸平行,并保持 21 里格(约 73.5 英里、118.3 公里)的间距。此外,条约第 5 条规定,"两国政府保证把两国之间可能发生和一般外交办法或难解决的争端提请调停,诉诸仲裁而非诉诸武力。两国政府将就指派仲裁员的方法专门磋商,达成一致意见后以互换照会的方式予以确定"。1925 年 12 月初,墨索里尼和英国外交大臣奥斯汀·张伯伦在拉巴洛举行会谈,签署了一项协定,保障彼此在阿比西尼亚的特权。1926 年,该协定曝光以后,阿国摄政王塔法里援引国联盟约,在法、美等国的支持下,迫使意、英宣布该协定作废。

8月27日　美国、德国、比利时、英国、加拿大、澳大利亚、新西兰、南非、爱尔兰、印度、意大利、波兰、法国、捷克斯洛伐克和日本代表签订《废弃战争作为国家政策工具的一般条约》(又称《白里安—凯洛格公约》)。该公约的主旨是废弃战争作为国家政策的工具,史称《非战公约》。当日美国向其他 48 个国家发出邀请,建议加入该公约。11 月 27 日,中国南京政府代表在华盛顿签署并加入《非战公约》。1929 年 2 月 6 日,德国签署《非战公约》;1929 年 7 月 24 日,《非战公约》生效。

《非战公约》共 3 条。主要内容包括:(1)缔约各方斥责用战争解决国际纠纷,并在其相互关系上废弃战争作为实行国家政策的工具。(2)缔约各方同意他们之间可能发生的一切争端或冲突,不论其性质或起因如何,只能用和平的方法处理或解决。(3)加入公约的条件、公约的批准等。

《非战公约》在一定程度上是一战结束以后新的国际和平思潮和国联推动和平解决国际争端、保障国际安全努力作用的结果,但更主要的原因是法美两国战略意图与策略的趋近:法国在欧洲裁军、安保谈判方面遭到挫败,试图借重法、美关系以增强本国安全与国际地位;美国在 1927 年 3 国日内瓦海军裁减会议破裂后调整对法外交。公约对谴责日德意发动侵略战争有一定的作用;在国际法层面确定侵略战争为非法有重要意义,曾在纽伦堡审判中被引作审判纳粹战犯的法律根据。虽然公约首次宣布废弃战争作为推行国家政策的工具,并规定缔约国只能用和平方法解决它们之间的一切争端,但没有明文禁止国家在其国际关系上使用武力或武力威胁,而且一些国家对公约所作的保留和解释严重地削弱了公约的作用。

8 月 30 日——9 月 8 日　行政院在日内瓦召开第 51 次会议。8 月 31 日,会议讨论国际鸦片问题,英国代表提出,禁止鸦片贸易之困难"尤以香港为最,其地近中国,水运方便",并向国联提议,请行政院派代表团赴远东各地,调查各处吸食鸦片情形,作为下一届禁烟大会讨论的根据。中国代表王景岐赞成调查,但认为不能有歧视态度,他声明"中国向来欢迎拔除毒瘤之企图,但是调查不应限于亚洲一地"。

9 月 3—26 日　国联召开第 9 届大会,改选了行政院非常任理事国。

● 中国南京国民政府第 1 次派出代表参加国联大会,对连任非常重视,竭力争取。但根据大会选举结果,中国在 52 票中得到 27 票赞成票,不足 2/3,没能连任行政院非常任理事国席位。

● **9 月 15 日**　大会第 5 委员会讨论英国政府在行政院第 51 次会议上提出的禁烟问题提案,南京国民政府指示中国代表王景岐坚持立场,力争使调查范围不限于远东。10 月 21 日,王景岐提出 3 项要求:调查范围应不限于鸦片,所有有害麻醉品均应包括;所有产烟土的国家都应前往调查;希望有中国委员参加调查团工作。该提议未被大会采纳,最后通过了英国政府的提议,但也对中国作出妥协,同意中国不在调查范围之内。

● **9 月 26 日**　大会在审议仲裁与安全示范公约之后通过《和平解决国际争端总议定书》及公约草案范本,试图建立起囊括和解、仲裁、司法等程序在内的一整套制度化解决国际争端的系统,以弥补 1924 年《日内瓦议定书》夭折所造成的空缺。总议定书规定各国间的"权利的争端"均应提交国际常设法院,其他争端凡不能以外交方法解决者,均应提交和解程序或仲裁法庭。其主要内容为:第 1 章为"和解"(第 1—16 条),规定加入国之间不能通过外交途径解决的争端,均应提交争端当事国组织的和解委员会解决。第 2 章为"司法解决"(第 17—20 条),规定一切关于权利的争端,均应提交国际常设法院裁判。第 3 章为"仲裁"(第 21—28 条),关于非权利争端,和解委员会工作结束后的一定时间内,若争端当事国仍未达成协议,除加入本条约时专作保留的事项以外,应提交仲裁法庭解决。第 4 章为"一般性条款",处理程序问题(第 29—47 条)。缔约国可选择接受整个议定书,或部分地接受,或在加入议定书时作特别保留。总议定书的设计似乎灵活到足以适用于一切情况,过于宽泛。当时美洲国家签署的一些条约、《洛迦诺公约》中都有关于和解的规定,所以第 1 章本身被认为没有多少价值。第 3 章则与国联行政院没有多少关系。各国反应不太积极。在批准议定书的两年时间里,只有比利时、挪威、丹麦、芬兰接受其全部内容。1929 年 5 月 13 日,瑞典加入总议定书第 1、2、4 章;同年 5 月 18 日,比利时接受全部章节,但根据第 39 条就第 1 类争议作出保留。这样,总议定书于 1929 年 8 月 16 日正式生效。随着国际政局、欧洲安全形势的恶化,英国、澳大利亚、新西兰、法国、意大利等国都相继宣布加入。到 1931 年底,共有 18 国加入总议定书。1949 年 4 月 28 日,联合国大会通过《修订总议定书》,将 1928 年《和平解决国际争端总议定书》中的"国际联盟""国际常设法院"等字样改为"联合国""国际法院",并对第 42 条、第 43 条第 1 款、第 46 条做了部分修改,其余内容保持不变。《修订总议定书》并不废除 1928 年议定书,对其原加入国依然有效。

9 月 12—26 日　行政院在日内瓦召开第 52 次会议。20 日,行政院通过一项决定,最终确立国际局、国际办公室、研究所等专门机构的辅助机关与国联的关系。

10 月 15—18 日　结核病问题专家会议在巴黎召开。

11 月 5 日　国联知识合作委员会在罗马成立国际教育电影学院,旨在奖励制作教育电影、协助宣传、交换教育电影、推广放映教育电影方法。知识合作委员会在部分会员国也设有分会及教育电影协会。

12 月 5 日　巴拉圭与玻利维亚因大厦谷领土争端发生武装冲突,巴拉圭正式向国联提出申诉。

12 月 10—15 日　行政院召开第 53 次会议。

●12 月 14 日　行政院设立专门委员会,就立陶宛、波兰根据已有协议改善双边关系的情况展开调查并提交报告。1929 年 3 月、1929 年 12 月 16—20 日,委员会先后两次召开会议。3 月会议上,决定分设两个小组,一个研究两国交通运输问题,一个监督双方执行已有协议、解决维尔纳争端的行动。1930 年春,委员会将报告送交国联通信与交通运输委员会审议,后交予行政院。根据报告,双方在恢复外交关系、维尔纳争端等实质性问题上仍无法达成协议,只在波兰途经默麦尔运输货物的问题上做出一些具体安排;不过两国都注意管控边界摩擦,一旦有突发事件也容许行政院采取行动。直到 1938 年 3 月,波兰试图以军事行动压迫立陶宛即刻恢复两国间正常外交关系,震动了欧洲。

●12 月 15 日　行政院应国际联盟协会的要求启动有关行政院保护少数民族程序改革的讨论,处理波兰的德国少数民族的问题。

● 行政院在开会期间接到巴拉圭—玻利维亚大厦谷冲突（12月5日）的最初报道。行政院向巴拉圭、玻利维亚政府同时发出电报，提醒它们负有盟约义务，并警告它们不要采取任何可能恶化局势的行为，行政院将继续关注事态的发展，如果再发生战斗，将立刻召集会议正式介入这个问题。这对制止冲突起到关键性作用。两国都向行政院保证，决心遵守盟约，并将接受泛美仲裁会议的处理，以尽早化解双方边防部队冲突引起的紧急事态，并着眼长远，解决两国领土争端。

12月20日 英国驻华公使蓝浦森向中国南京国民政府主席蒋介石递交国书，欧美各国开始承认南京国民政府为中国唯一合法政府的国际地位，并承认中国关税自主，南京政府同意不向英国货征收口岸税和内地税。随后，南京国民政府在日内瓦设立办事处，与国联建立正式外交关系。

一九二九年

1929年初 国联副秘书长爱文诺正式访问中国，与南京国民政府加强沟通和联系。随行的有国联秘书彭赉、在国联工作的中国职员吴秀峰。爱文诺在访华期间提出与南京国民政府进行技术合作，引起了南京国民政府的高度重视。

1月7日 玻利维亚向行政院提交有关大厦谷争端之处理的报告，建议由国际常设法院解决这起争端。但行政院采纳泛美会议的决定，由后者指派的五国中立委员会协调处理争端。哥伦比亚、古巴、墨西哥、乌拉圭驻华盛顿代表参加了这个委员会，美国国务院的高级官员弗朗西斯·怀特担任主席。委员会成功化解巴拉圭、玻利维亚本轮冲突，但没有解决大厦谷争端。9月12日，双方代表在华盛顿泛美会议上达成协议，恢复大厦谷地区1928年冲突以前的状态。

1月25日 中国代表王景岐在国联禁烟委员会第12届会议上对鸦片走私问题提出抗议，要求各帝国主义国家在其殖民地禁止种烟贩烟、吸鸦片，并要求在中国应该由中国政府和警察来处理禁烟事宜。大会因其发言涉及殖民侵略历史，牵涉英日两国，被大会主席阻拦并要求勿谈政治，决定不将其发言列入会议记录。王景岐非常愤怒，于29日再次提出抗议。

1月29日 杨格计划委员会成立。

2月9日 爱沙尼亚、拉脱维亚、波兰、罗马尼亚和苏联在莫斯科签署《实施〈非战公约〉的议定书》，亦称《莫斯科议定书》。

3月4—9日 行政院在日内瓦召开第54次会议，于9日决定正式派遣禁烟问题调查团赴远东调查。

4月9—20日　国联主持在日内瓦召开国际会议,制定了禁止伪造货币的国际公约。该公约规定,5国递交批准书以后,公约即可生效;15国根据公约设立禁止伪造货币中央办公室后,国联行政院须召集一次国际会议,以求国际协调之增进。签署本次会议最终决议书、国际公约及其议定书的国家(或实体)当年即达31个。

4月15日—5月6日　国联裁军筹备委员会召开第6次会议,对裁军公约草案进行第3次审议。土耳其开始参加国联裁军谈判,主张以一强国现役陆军数额为标准,规定其他国家自卫武装力量之限额,超过这一标准的部队予以裁减。中国代表蒋作宾提出废止强制征兵法案,德国代表提出各国军备一律公开的建议。美国代表吉布森提出裁减海军计划,内容为:(1)美国陆军远少于主要陆军国家;(2)美国不再坚持海军问题只能应用总吨位主义,同意法国的总吨位主义与舰别主义的折中方案。会议就化学武器、"可作战人员"限制方法以及空中、陆上可动用军备物资的上报制度达成部分协议,推迟讨论海军军备限制、公约执行以及杂项条款。

5月13日—7月29日　国际常设法院在海牙召开第16次会议,对塞尔维亚债券案、巴西债券案作出判决。

5月30日—6月21日　国际劳工组织在日内瓦召开第12次会议,主要讨论海运货物的称重问题和如何保护码头工人免遭意外。

6月7日　美国代表杨格主持比、德、英、法、意、日、美7国代表会议,重新审议道威斯计划,并向各国政府提交了《关于赔款问题完整的和最后的解决办法的建议》,通称杨格计划。1928年,德国要求修改"道威斯计划"。当年9月16日,7国财政专家组成的委员会于1929年1月29日成立,6月7日提出"杨格计划"。经同年8月和1930年1月两次海牙会议讨论,计划付诸实施,德国赔款总额和每年支付额均有所减轻。同时取消对德国经济的国际监督,撤走莱茵区的占领军。随着1929—1933年世界经济危机的发展,德国所借美国等国的贷款、外资不断抽走,德国经济枯竭,不得不再呼吁英、美援助,美国还发表了胡佛缓债宣言。1931年12月24日,国际清算银行咨询委员会提出报告,认为德国财政窘况属实,建议重新研究赔偿问题。1932年7月9日,《洛桑协定》签订,规定德国缴纳30亿金马克充作欧洲善后基金(后德国未交),赔款即行勾销。对协约国赔偿问题始得到最后解决。德国与苏联之间则于1922年签订《拉巴洛条约》,相互放弃赔偿要求。

6月10—15日　行政院在马德里召开第55次会议,除例行程序外,无特别议题,这使行政院开始考虑调整例会会制。

6月17日—9月10日　国际常设法院在海牙召开第17次会议,对奥得河国际委员会领土管辖权案作出判决。

7月10日　中东铁路事件爆发,张学良以武力接管中东铁路管辖权,解除路局管理层苏方人员的职务并将其遣送出境,逮捕苏方200余人,同时强行关闭了苏联驻哈尔滨的一切外交和商务机构。苏联外交部随即向南京国民政府发出最后通牒,要求立即释放所有被捕人员并取消一切不当行为等。遭到拒绝后,苏联政府遂正式宣布与南京国民政府断交,并于同年10月出动苏军进攻同江、扎兰诺尔和满洲里等地,两国边界局势骤然紧张。中东路事件最后以中方的失败而结束。战后苏俄在中国东北的殖民权益不仅依旧,而且苏联还强占了属于中国的黑瞎子岛。

8月6—31日　海牙会议讨论杨格计划,德国表示接受这一计划,条件是法国、比利时于1930年6月前从莱茵占领区撤军。杨格计划于1930年1月第2次海牙会议上正式通过。

8月25日　国联委任统治委员会提出关于巴勒斯坦冲突的报告,严厉谴责英国行政当局未能提供足够的警察保护。当月早些时候,发生了首次大规模袭击犹太人事件,起因似乎是犹太人使用耶路撒冷哭墙而引发的争执。

8月29日—9月11日　行政院在日内瓦召开第56次会议。

● **9月6日**　行政院决定将例会的日期固定在每年1月的第3个周一、5月第2个周一、大会开幕前3天;另外,若有重大事件,行政院可召开特别会议。此前,行政院的会议制度几经调整。1923年8月31日,行政院决议每年召开4次例会——前3次分别于12月10日、3月10日、6月10日前的周一召开,第4次于大会开幕前3天召开。1924年起,规定每年3月、6月、9月、12月各召开1次会议。1926年行政院改组以后,9月的例会又调整到8、9月间分两个阶段召开。

● 会议还审议到禁烟调查团的进展。9月,国联禁烟调查团从欧洲启程,前往缅甸、新加坡、马来、印度、越南、广州湾、香港、澳门、台湾、关东租借地、南满铁路及菲律宾等地,历时260天。调查团在远东调查期间及返回欧洲之后,中国驻国联办事处曾两次向秘书处声明"此次调查团未被邀赴华,中国既不在该团调查之列,则将来于造送行政院之报告不得载入我国禁烟情形及对于我国任何之批评"。

9月12日　玻利维亚和巴拉圭代表在华盛顿泛美会议上达成协议,恢复大厦谷地区1928年冲突以前的状态。这标志着泛美会议指派的5国中立委员会成功化解巴拉圭、玻利维亚本轮冲突,但没有解决大厦谷争端。

9月2—25日　国联在日内瓦召开第10届大会。

• 大会上举行了建设国际联盟新总部的奠基仪式。

• 大会正式声明不要瑞士为国联无线电台担负责任,并且答应在危机时期容许瑞士政府指派一名观察员查看(并非检查)发出的一切电讯。国联无线电台1932年初开始投入运作。

• **9月5—9日**　大会讨论白里安提出的欧洲联合体草案。白里安在备忘录中指出,获得政治安全之前,任何改善经济的措施都不可能有效;欧洲首先必须建立起有机的结构,最好是订立一系列洛迦诺式的保证公约,然后再合并到一个共同的体系中;只有到这个时候,才能有效地考虑任何有关经济团结的提议。为此,建议创立一个欧洲会议,国联全体欧洲会员国应定期召开;成立一个委员人数有限的常设政治委员会作为执行机关;成立一个小的秘书处。

• 中国希望在废除和修改不平等条约问题上得到国联的支持。《国际联盟盟约》第19条规定:"大会可随时请联合会会员重新考虑已不适用之条约,以及国际形势继续不改或致危及世界和平。"9月10日,中国首席全权代表、驻美公使伍朝枢提请大会讨论研究盟约第19条实行的具体办法,但英、美等国并未做出积极响应,大会只是将伍朝枢的提案有条件地列入大会议事日程,以后再无下文。此结果令南京国民政府十分失望。

• **9月14日**　大会通过《国际常设法院规约议定书及修正条文》,55国当天签署议定书表示同意规约之修订。除了解决法官的选举程序问题以外,增加了第4章"咨询意见",规定国际常设法院可应国联大会主席、行政院主席、国联秘书长之书面申请,提出咨询意见。议定书和修正后的规约于1936年2月1日生效。

9月4—13日　国联在日内瓦召开了扩大国际常设法院会员国的会议。会后,美国政府于14日签署修正后的国际常设法院规约,准备正式加入国际常设法院;澳大利亚、加拿大、新西兰、南非、印度和英国于19日签署《国际常设法院规约》的任择条款。

9月13—25日　行政院在日内瓦召开第57次会议,首次正式采用报告员制度的年度调整新规则。这一调整于1926年行政院改组时作出,规定报告员名单以后每年都根据理事国构成的变化而进行调整。

9月14日　南京政府请求国联秘书长派出卫生机构的专家委员会,来华研究各港口的卫生及检疫制度。1929年11月至1930年1月,国联卫生组织负责人拉奇曼一行走访南京、吴淞、无锡、杭州、广州、厦门、汕头、北平、天津、青岛等城市,向南京国民政府递交卫生行政计划书,提出发展公共卫生的 6 项建议。

10 月 24 日　纽约证券交易所股票价格暴跌。股市行情的崩溃标志着1929—1933 年世界经济大危机的开始。

11 月 13 日　国际清算银行在瑞士巴塞尔建立。

12 月 9 日　美国签署修正后的国际常设法院规约,但批准手续受到参议院中坚决反对的少数派的阻挠,美国加入常设法院的手续始终没有完成。

面临挑战和走向衰落

一九三〇年

1月3—20日 关于德国赔款问题的第2次海牙会议正式通过杨格计划。与道威斯计划相比,该计划有3点不同:第一是赔款有了具体数目和年限;第二是年赔款额减少;第三是取消对德国财政的国际监督。赔款支付也由德国马克改为外国货币,交由国际清算银行主理。杨格计划虽为德国政府接受,但在1930年经济危机日益深化的情况下,因遭到德国民众反对而搁浅。

1月13—16日 行政院在日内瓦召开第58次会议审议国联禁烟调查团的报告书。1月15日,鉴于该报告书不顾中国政府要求仍对中国禁烟状况提出批评,南京政府外交部提出严正抗议,谴责列强的鸦片专卖制度妨害了中国的禁烟工作。

1月20日—2月14日 国联禁烟委员会召开第13届会议,中、日、德、法、英、意、印度等12国政府派正式代表参加,美国派非正式代表列席。秘书处将各国送至国联的禁烟常年报告分发给各国代表,并编出《各国禁烟常年报告摘要》,将所有的统计和各国统计不符合之处另外列表汇集,以便对照讨论。中国代表吴凯声在会议上表达了南京国民政府禁烟的决心并指出禁烟是一项国际性事务需要各国互相配合,还强调列强在中国实行治外法权严重影响中国政府开展禁烟事业。

1月21日—4月22日 华盛顿海军条约的缔约国——英国、美国、日本、意大利、法国——召开伦敦海军军备会议,签署《限制和削减海军军备条约》(即《伦敦海军条约》),将1921年华盛顿协定扩大到巡洋舰、驱逐舰和潜水艇。条约有效期到1936年12月31日为止。法、意因争夺地中海霸权而彼此对立,未签署限制辅助舰种的部分。1931年3月,两国在英国斡旋下在有关海军吨位限额的英、法、意协议上签字。但协议很快便被法、意抛弃。

1月31日 南京国民政府卫生部部长薛笃弼正式邀请国联秘书处卫生科科长拉奇曼来华访问并担任卫生部长顾问。

3月5—8日　国联卫生组织召开第 15 次会议，主要讨论拉奇曼在中国的考察报告及中国政府递交与国联卫生合作的计划书。3 月 7 日，行政院接受中国的邀请，派遣拉奇曼来华担任卫生部部长顾问。这标志国民政府卫生部与国联卫生组织合作的正式开始。

3月13日—4月12日　以国联国际法典渐进编撰专家委员会的工作为基础，国联在海牙主持召开国际法编纂会议，来自 48 国的共 120 名代表出席。会议的主要目的之一是就 1927 年第 7 届大会从委员会提交的 11 项法律问题中选出的 3 项问题制定国际公约，即国籍冲突、在一国领海内的外国商船的司法管辖权、对外国人遭受损害的国家责任。会议达成了有关国籍问题的国际文书，通过了关于领水的某些条款草案但未能达成单一的综合性国际法文件，在国家责任问题上也未能达成任何协议。有关国际问题的 3 项议定书于 1937 年生效，有关领水的条款草案后来也得到各国政府的承认，产生了深远影响。

4月13日　法国、瑞士未能就两国间贸易与自由区问题达成协议，将争端提交国际常设法院。

4月28日—5月9日　仲裁与安全委员会召开第 4 届会议，起草《强化预防战争之手段的一般公约》。

5月12—15日　行政院在日内瓦召开第 59 次会议。15 日，行政院接受中国关于改良中国卫生事业与国联合作的全部计划。

5月25—30日　第 9 届奥林匹克代表大会在柏林举行，议题是"修订奥林匹克规章"。

6月10—28日　国际劳工组织在日内瓦召开第 14 次会议，主要讨论强制劳动和商业、办公人员的工作时长问题。

6月30日　法军从莱茵兰撤退完毕。

8月24日　行政院处理匈牙利、罗马尼亚纠纷，就德兰士瓦尼亚匈牙利人的财产被征收的问题听取两国申诉。

8月25日　国联发表报告严厉谴责英国巴勒斯坦委任统治当局未能有效保护当地犹太人免遭阿拉伯人的袭击。

9月8—12日　行政院在日内瓦召开第 60 次会议。9 月 8 日，克里斯蒂委员会在进行了 4 个月的调查后提交《利比里亚奴隶制与强制劳动问题国际调查团报告》，即《克里斯蒂报告》。委员会建议将利比里亚置于一个"能干而热心的白人政府管理"之下，据此，国联要求利比里亚政府废除奴隶制、改组政府、实行基本改革。

9月10日—10月4日　国联在日内瓦召开第 11 届大会。9 月 29 日，大会全体会议通过《财政援助受侵略国专约》并开放签署。鉴于财政援助的担保过于分散可能导致诸如延迟交款等困难,专约设立了一项名为"超级担保"的条款,使用于财政援助的资金得到3重保障:(1)贷款国的贷款;(2)专约所有签字国提供的一般性担保;(3)特别担保国提供的超级担保。根据专约第32条的规定,专约生效需要满足3个条件:一定数量的国家缔结并批准专约;签约国足以确保每年贷款金额不少于5000万金法郎;并且,这5000万金法郎应由一般担保国和不少于3个超级担保国提供。到10月28日,签署专约的已有28国,但只能满足前两个条件,直到1931年1月1日意大利批准后,专约才正式生效。大会还讨论了法国提出的欧洲联合计划,决定将此问题交由一个专门委员会讨论。这个委员会后来取名为"欧洲联合研究委员会",包括国联全体欧洲会员国,也接受非国联会员国、欧洲以外国家参与。

9月17日—10月3日　行政院在日内瓦召开第61次会议,主要是为第11届大会做会间辅助工作。

9月30日　南森国际难民事务所成立。

11月6日—12月9日　国联裁军筹备委员会召开第7次会议,即裁军会议筹备委员会最后1次会议。争论再次回到"可作战人员"的统计和军费限制上,前项分歧发生在德国与法国之间,后项分歧则发生在德国、苏联与海军强国之间。会议通过一项内容空泛的裁军公约草案,建议由国联正式裁军会议继续进行裁军谈判。12月9日,筹备委员会正式解散。

11月17日—12月9日　国联召集法律专家在日内瓦召开为促进商业运输和国际贸易而统一航运立法的国际会议,解决登记、特殊利益、抵押、内河船只的国际问题。最终建议是,关于公约的仲裁和争议应先提交咨询委员会进行调节,无效后将提交国际法院。某些规定不适用时,可以召开国际会议对公约进行修正,或依照国际法院的判例,使其与新环境相适应。

12月15日　阿比西尼亚国王海尔·塞拉西致电国联秘书长,控诉意大利,并提请行政院注意两国冲突。受英、法绥靖政策的影响,国联没有采取有效行动。

1930年　在海牙举行的海洋法编撰会议未能成功地通过关于领海范围的公约,但是会议确实成功表明领海系重大的国家和国际利益,需要国际社会的关注。

一九三一年

1月7日 中国南京政府主席蒋介石、财政部部长宋子文联名要求国联派遣经济财政委员会主席萨尔特、交通运输委员会主席哈斯来华讨论中国的经济和交通问题。国联秘书长表示:此事将转请行政院决定,倘若行政院对此事不发生管理上的困难,可立即答应中国政府的要求,萨尔特和哈斯将于2月中旬或3月上旬赴华。

1月19—25日 行政院在日内瓦召开第62次会议,听取了波兰、德国有关上西里西亚、少数民族等问题的辩论,讨论伊拉克独立后应该采取的少数民族政策、默麦尔问题。

●1月22日 英国和伊拉克代表向行政院提交双方签订的《英伊协定》,为英国结束在伊拉克委任统治和伊拉克加入国联铺平道路。

●1月23日 行政院建立《强化国联预防战争之手段的一般性公约》特别委员会,包括智利、法国、德国、英国、希腊、危地马拉、意大利、日本、南斯拉夫、荷兰、挪威、波兰、西班牙13国代表。

●1月25日 行政院否决德国提出的提早3个月举行裁军会议的建议,决定会议于1932年2月2日召开。5月,行政院各理事国代表一致同意邀请英国人汉德森担任裁军会议主席。

● 会议讨论了中国政府提出的派遣经济、财政官员访华的请求,当时未接到外交部训令的中国代表没有出席会议,但会议仍然同意中国政府提出的派遣经济、财政官员赴华的请求,决定中国与国联的技术合作费用在行政院临时预算项下开支,总额以10万法郎为限。

1月 国联欧洲联合研究委员会召开会议,决定集中精力研究经济危机对欧洲的影响,邀请苏联和土耳其参加工作。后来,委员会的活动同国联总的经济合作工作合并。

2—3月 国联为应对国际经济危机、促进国际贸易合作,集中召开一系列国际会议。包括2月23—25日在巴黎召开促进中欧地区谷物贸易的欧洲联合会议,2月23日—3月19日在日内瓦召开第2次统一兑换、本票和支票交易法案的国际会议,2月26—28日在巴黎召开防止农产品生产过剩的国际会议,以及3月4—7日在日内瓦召开打击印制假币的国际会议。

4月20日—5月15日 国际常设法院在海牙召开会议,对上西里西亚德国少数民族学校入学问题发表咨询意见。

5月7日—7月13日 国联在日内瓦召开限制麻醉品制造的国际会

议,出席会议的有 57 个国家的代表,中国代表为施肇基、伍朝枢和吴凯声。会议通过旨在限制麻醉品制造、控制麻醉品流通的《关于限制制造及调节分配麻醉药品公约》,将毒品制造限于世界医药和科学需求,并决定设立鸦片问题常设中央控制委员会和监督机构。这两个机构有权考虑、审定各签约国可制造或进口的毒品数量,如果认为某一国的毒品进口数量已超出估算数,它们还有权暂时停止该国的输入。1932 年 11 月 9 日,南京国民政府加入该公约。

5 月 11—14 日　《强化国联预防战争之手段的一般性公约》特别委员会召开第 1 次会议,通过关于国际监督的 A 准则。5 月 14 日,特别委员会一致通过公约草案,提交大会审议。

5 月 18—23 日　行政院在日内瓦召开第 63 次会议,讨论和研究是否调集波兰部队前往稳定但泽局势的问题,波兰代表还提交了一份关于上西里西亚的报告书。

●由于利比里亚的埃德温·巴克利新政府拒绝在奴隶制问题上根据国联的建议进行改革,行政院委派了一个由英国人罗伯特·塞西尔任团长的 9 国"国联赴利比里亚事实调查团"和以法国人亨利·布鲁诺为首的 3 人委员会。前者的职责是就改进利比里亚的行政、财政和公共卫生等问题拟定详尽的计划,但因大国代表粗暴干涉利比里亚内部事务,巴克利政府不得不拒绝国联九国调查团的计划,并与英、美断绝了外交关系。布鲁诺委员会专门负责就利比里亚必须进行的财政和行政改革向调查团提供咨询。在收到布鲁诺委员会报告后,利比里亚委员会草拟了利比里亚"援助计划总原则"。这些原则于 1932 年 9 月 27 日由委员会正式通过后提交给利比里亚政府。

●行政院会议还讨论了德奥关税同盟问题。经辩论,决定将此问题交付国际常设法院,在它提出咨询意见以前,德奥两国不就关税同盟采取进一步措施。5 月 19 日,奥地利与德国签订一项议定书,规定建立关税同盟制度。英国政府认为这违背和约义务,向国联行政院提出这一问题。国联行政院于 5 月 19 日通过决议,请国际常设法院就德奥建立关税同盟制度是否符合 1919 年 9 月 10 日《圣日耳曼条约》第 88 条和 1922 年 10 月 4 日在日内瓦签订的《第一号决议书》问题发表咨询意见。

5 月 28 日—6 月 2 日　国联交通运输委员会召开第 16 次会议,委员会主席哈斯详细报告了 2—4 月的访华之行,提出与中国合作的具体办法,获得通过。

5 月 28 日—6 月 18 日　国际劳工组织在日内瓦召开第 15 次会议,主要讨论煤矿工人工作时长问题。

6月20日 美国第31届总统胡佛发表《延债宣言》。

7月13日 为了补充《海牙鸦片公约》和《国际鸦片公约》的内容,更加严格地限制麻醉药品的制造,《限制制造及调节分配麻醉品公约》在日内瓦签订。

7月16日—10月15日 国际常设法院在海牙召开第22次会议。9月5日就德国—奥地利关税同盟问题、立陶宛和波兰之间铁路交通问题发表咨询意见。15名法官中,8名认为关税同盟违反奥地利1922年与国联的约定,7名持反对意见。但在2天以前,德国已经以经济危机破坏了本国财政实力为由,在欧洲联合研究委员会上和奥地利一起宣布放弃关税同盟计划。

9月1—14日 行政院在日内瓦召开第64次会议,主要是为第12届大会做会前筹备、会间辅助工作。

9月7—29日 国联在日内瓦召开第12届大会。

● 中国以全体一致票当选行政院理事国。中国代表吴凯声宣布中国政府已颁布防范毒品私运的新法规,再次强调因每年大宗毒品均由欧洲和日本向中国私运,私贩者又多享有领事裁判权,所受惩罚甚微,不足以起惩戒作用。他提出了与各国合作的4条禁烟建议。

● **9月8日** 意大利提出"军备休战"议案,大会于2日采纳这个议案,但决议的措辞较弱。决议劝告各国政府在11月1日开始的12个月内接受约束、不增加军备,为国际裁军会议的召开创造良好的国际环境。

● **9月12日** 墨西哥正式加入国联。

● **9月21日** 英国代表通知大会,英国已经放弃金本位制。

● **9月25日** 大会要求行政院设立"奴隶问题专家咨询委员会"。1931年1月28日,该委员会正式成立。1934年1月19日,该委员会正式确立组织制度与工作规则。

大会通过一项关于编纂国际法程序的决议,其要旨是增强各国政府对编纂过程各阶段的影响。此外,决议还建议为起草国际法草案专门设置一个委员会,该委员会应该同各种国际、国家科学机构密切协作。国联的计划因第二次世界大战的爆发而未能有效落实。但大会确立的上述原则后来均体现于联合国国际法委员会章程之中。

● **9月26日** 大会通过《强化国联预防战争之手段的一般性公约》文本,但各国普遍认为,行政院根据盟约第11条所采取的一切预防行动都必须获得包括当事国在内的一致同意。公约定于1932年2月2日(裁军会议召开的同一天)开放签署。因大国不予批准,公约久未生效。

9月18日　日本关东军按预谋计划在沈阳北郊制造九一八事变,并以此为借口侵入东北其他地区,挑起侵华战争,标志着日本已成为远东战争策源地。9月20日,中国驻国联代表施肇基即奉命向国联提出申诉,要求国联根据盟约第11条采取有效措施,制止事态扩大和恢复事变前原状。南京政府确定了军事上不抵抗,外交上不与日本直接谈判,一味依赖国联主持公道的方针。由于南京政府在军事上毫无抵抗,美、英、法等国力图唆使日本把矛头指向苏联,在国联也不愿得罪日本,国联虽先后召开了18次行政院会议,1次国联大会,通过4项决议,但没有起到约束日本的作用。日本侵华野心由来已久。19世纪中叶至20世纪中叶,日本推行"大陆政策",妄图吞并中国东北、朝鲜、内蒙古,进而用武力征服中国,席卷亚洲,建立大陆帝国,最终称霸世界的侵略计划。一战以后,日本的国际地位有所提高,逐渐转入全面进攻、灭亡中国的"大陆政策"第4实施阶段。不过,1922年2月6日,美、英、法、意、日、荷、比、葡和中国在华盛顿会议上签署的《关于中国事件应适用各原则及政策之条约》(《九国公约》)虽极大地损害了中国的权利,仍在客观上牵制了日本侵华的步伐。20年代币原喜重郎主掌日本外交时期,日本采取协调外交的软性策略,通过与英、美协调、参与并影响国联活动等方式共同处理中国问题,谋求在华利益,但始终坚持"日本在满蒙地方的权益不能受到侵害"。在此方针下,处理了恢复苏日邦交、《伦敦海军裁军条约》、中国关税条约等问题。但协调外交的做法被日军部视为"软弱外交"而遭到攻击。军部开始把打破现状、改造国家的口号付诸行动,为此关东军制造了满洲事变,开始武装占领中国东北的侵略举措,这宣告了币原外交的破产。

9月19—30日　行政院在日内瓦召开第65次会议第1阶段会议。从9月19日先后听取日中两国关于九一八事变的简报以来,直到12月10日,行政院第65次例会共举行19轮会议,以处理"中日冲突",但除了最终决定派遣调查团前往中国东北外,没有产生任何实质性作用:

•**9月19日**　行政院召开第65次例会第1轮会议,听取了中日双方关于九一八事变的简报。日本驻国联代表芳泽率先发言,声称日本政府已经采取了所有可能的措施以避免满洲"地方事件"升级。中国代表施肇基表示,根据他所得到的消息,这次事变并非中国方面挑起的。行政院对日本"采取措施避免事态恶化"一说表示满意。

•**9月21日**　中国驻国联行政院特别代表施肇基就九一八事变向国联提交正式书面申诉,指控日本侵略中国领土,破坏国联盟约,请求国联帮助恢复地区原状、禁止日本占领满洲。

● **9月22日** 国联行政院召开第65次例会第3轮会议,施肇基正式援引国联盟约第11条控诉日本九一八事变后侵占中国东北城镇,他宣读了南京国民政府的两封电报以证明事态之严重,并要求行政院尽快委派调查团前往事发地。日本代表芳泽谎称此次事件是中国方面挑起,要求国联充分考虑日本在满洲拥有巨大的权益以及这种权益近年来一直遭到中国人破坏的事实。随后,行政院通过调处中日冲突的首项决议,要求双方避免采取任何可能恶化局势或损害冲突之和平解决的行动,在协商的基础上即刻撤离军队,使双方国民的人身和财产安全都不受威胁。中国代表接受这项提议,并指出这应该只是国联处理中日冲突一系列行动中的第一步。日本代表则表示"非候本国政府训令,对一切提案不能加以承认"。

● **9月23日** 蒋介石在南京市国民党党员大会上,说明政府采取申诉国联方略的缘由。要求国人"暂取逆来顺受态度,以待国际公理之判断"。国民政府发表《告全国国民书》,向国人重申不抵抗和申诉国联的政策。

● **9月23日** 行政院致电中日两国政府,要求双方停止一切冲突,撤退军队。中国表示无条件服从,日本则采取敷衍和欺骗态度。

● **9月25日** 日本驻行政院代表芳泽谦吉就九一八事变发表正式声明,说日军是迫不得已采取最低限度的预防手段以保护日本、日本国民免受中国的攻击,满洲不存在日本军事占领,日本没有战争意图和领土野心,日本已将大部分军队撤回到铁路区,并打算在满洲的日本人生命财产不再受威胁时撤回其余的军队。日本政府希望同中国政府直接谈判。

● **9月30日** 行政院就日本撤兵问题再次召开会议,主要还是倾向于通过日本的自觉合作来实现,而非中国建议的行政院派代表监督撤兵。当天通过一项内含9条的决议,主要确认、重申了日本和中国已作出的声明,包括日本撤兵的声明、中国保护日本国民生命与财产安全的声明等。其中,第2条强调:"国联行政院已认明日本政府声明在满洲无领土企图之重要性。"第3条称:"国联行政院注意到日本代表在发言内容中声明日本政府将持续并迅速地撤出其军队,而相关动作已经开始进行。一旦日本国民的生命财产安全能得到有效保障,部队将按比例至铁路区,并希望能尽速全面实现此目标。"但日本方面不仅颠倒是非,还无视行政院决议,扩大了对华军事侵犯。

10月5日 美国国务卿史汀生致电国联秘书长,强烈要求国联"绝不应该放松警惕,务必维护它职权范围之内的限制中日两国行动的一切压力和权利,……美国政府通过它的外交代表独立行事,将尽力支持国联所做的事情"。

10 月 8 日　日军对中国锦州狂轰滥炸,炸死大量无辜平民,激起国际舆论公愤。日军进攻锦州,即表明它将全部侵吞东北的野心,显然违反了国联理事会 9 月 30 日的决议和日本所谓不扩大侵华的保证。

10 月 13 日　中国国民政府特别外交委员召开会议讨论日方所提直接交涉问题。顾维钧竭力主张与日本直接交涉,认为"要日本遵守国联行政院决议是不可能的,行政院也无权强制日本实行它的决议","如果中国对日本的建议给予完全否定的回答,拒绝和日本谈判,那么就正中日本之计,使其可以遂行其抗拒国联的策略"。但大多数委员反对直接交涉,并提出"若国联再无办法,可再请美国提出《九国公约》以制日"。

10 月 13—24 日　行政院在日内瓦召开第 65 次会议第 2 阶段会议,继续讨论中日冲突。

● **10 月 13 日**　行政院因中日冲突事态严重而比原定时间提前 1 天开会,但回避了日本违背行政院决议、拒不撤兵且扩大军事侵占行动的事实,主要采取中日辩论的方式处理问题。14 日,轮值主席白里安私下与调处中日冲突的五国委员会(由英、法、德、意、西代表组成)商谈,决定寻求与美国的合作。15 日,行政院以 13 票赞成、1 票反对(日本),正式决定邀请美国参加行政院有关中日冲突的讨论。

● **10 月 16 日**　行政院为处理满洲危机邀请美国派代表出席会议。美国指派驻日内瓦领事普伦提斯·吉伯特参加行政院会议,但他明确表示,美国不介入依据国联盟约而采取的任何行动,只参与涉及《非战公约》的讨论。这是美国官方代表首次应邀参加国联行政院的活动。

● **10 月 17 日**　行政院决议,行政院各理事国即以《非战公约》缔约国的身份分别照会中日两国,呼吁双方以和平手段解决国际争端。随后,五国委员会建议效仿华盛顿会议解决山东问题的案例,在第三国旁听下,由中日双方代表直接交涉,遭到中日双方的反对。

● **10 月 22 日**　行政院作出一项决议草案,内含 7 项条款。其中第 4 项要求日本立即采取行动,并在行政院确定的下一次会议召开之前(11 月 16 日),将日军撤至满铁区域以内;中国政府则应履行其保护日本国民的保证,并订定接受日军撤退地域的办法;中日双方"不得诉诸于任何侵略政策和行动",建议两国在撤军后举行直接谈判。币原外相在 23 日内阁会议上表示,对于行政院要求日本于 11 月 16 日以前完成撤军一事,绝对不能赞成。

● **10 月 24 日**　行政院召开会议,以对 22 日的决议草案进行表决,参会方包括中日双方在内一共 14 票,13 票赞成,1 票反对(日本)。根据国联盟约第 5 条的规定,此决议案适用全体一致原则,所以因日本反对而不具法律效力。

10 月 26 日 日本向国联行政院提出"指导中日直接谈判的基本原则",即"币原五原则":(1)相互摒弃侵略政策和侵略行动;(2)尊重中国的领土完整;(3)全力镇压一切干涉贸易自由以及煽动国际仇恨的有组织的运动;(4)在满洲全境提供有效保护以便日本国民在当地从事和平职业;(5)尊重日本在满洲的条约权利。

11 月 5 日—1932 年 2 月 4 日 国际常设法院召开会议,对但泽港波兰军舰问题、但泽波兰国民问题发表咨询意见。

11 月 9—28 日 国联在曼谷召开限制吸食、走私鸦片的国际会议,达成《远东管制吸食鸦片协定》。

11 月 16 日—12 月 10 日 行政院在巴黎召开第 65 次例会第 3 阶段会议,美国亦参与。此时,日本为建立伪满洲国,需要转移国际注意力、拖延时间,它一方面主动提出由国联派出调查团前往中国调查东北的情况,该调查团不得干涉日本在当地的军事行动,另一方面又策划、筹备武力进犯上海,以对南京政府的要害地区构成威胁。中国代表曾要求调查团过问日军自东北撤退的问题,遭到否决后,也投票赞同派遣调查团。

● **11 月 16 日** 行政院在巴黎召开第 65 届会议第 17 轮会议。轮值主席白里安介绍了中国东北的事态,但未举行中日间的公开辩论,而决定此后采取各国秘密磋商的方式以探讨解决中日冲突的办法。

● **11 月 19 日** 史汀生表示,如果行政院决定实行制裁,它的行动将会得到美国舆论压倒性的支持,美国政府也不会阻挠。美国表示将不参加国联对日经济制裁,但它指责日本对锦州的军事行动完全是不公正的侵略行动,并多次劝告日本放弃进攻锦州。

● **11 月 21 日** 行政院召开第 18 轮会议,日本代表芳泽谦吉正式向行政院提议,要求派遣调查团在全中国范围内进行调查,但调查团并非为了落实 9 月 30 日决议而建立,它不能介入中日双方的谈判、不能监督双方的军事行动。11 月 24 日,行政院做出一项决议草案,"重申 9 月 30 日之决议……组织委员团,调查当地情形。该委员团应将任何可影响国际关系、扰乱中日间和平的情形报告于行政院……委员团对于日本政府 9 月 30 日决议所定之撤军至铁路区域内的保证并无任何妨碍"。

● **11 月 25 日** 中国政府向国联提出一项方案,提出划锦州为"中立区",中国军队撤往山海关内,但有两项先决条件:日本军队撤出占领区;

英、法、美派兵进驻锦州,确保日军不进入锦州,不干涉中国在该地区的行政和治安事务。各国大体赞同这一方案,但不肯应允两项先决条件,只同意派观察员去锦州。

● **12月9日**　第19轮会议上,行政院依照10月24日决议草案的基本精神拟定了一项能为中日双方同时接受的派遣调查团决议草案。

● **12月10日**　行政院在中小会员国的舆论压力下,一致通过决议正式采纳12月19日拟定的决议草案,重申9月30日和10月24日决议,决定派遣国联调查团前往远东调查中日关系问题,就威胁和平和中日两国关系中具有国际性质的一切情况加以研究并提出报告。但调查团无权干涉任何一方的军事行动或发起两国间的谈判。行政院借此暂时结束了对中国申诉的讨论。中小理事国们集中表达了不满,认为行政院本可对日本进行制裁,却最终采取了不瘟不火的方式调处中日冲突,由此开不良之先例,使军事力量较弱的国家日后在面临强大邻国的侵略时安全难有保障。

● **12月10日**　在中国代表的一再要求下,国际联盟理事会通过决议,决定派遣调查团到中国东北实地调查日本武装侵入问题。国联批准的5人调查团由英国人李顿爵士为首,中国代表顾维钧以顾问身份参加。李顿调查团在东北调查数月,写成报告书。1933年3月,国联大会通过调查报告,决议要求恢复中国在东北的主权,日本退出东北,不承认所谓“满洲国”。决议通过后,日本代表当即退场,随即宣布退出国联,并进攻中国热河,悍然扩大侵华战争。

11月27日　《远东管制吸食鸦片协定》在曼谷签订。

一九三二年

1月3日　日军侵占锦州,进逼关内。

1月7日　美国国务卿史汀生以相同的照会分别致中国与日本政府,照会表示:“美国政府不能允许任何事实上的情势的合法性,也不拟承认中日政府或其代理人间所缔订的有损于美国或其在华国民的条约权利——包括关于中华民国的主权、独立或领土及行政完整,或关于通称为‘门户开放’政策的对华国际政策在内——的任何条约或协定;也不拟承认用违反1928年8月27日中、日、美均为缔约国的《巴黎公约》之条款与义务的方法而获致的任何局势、条约或协定。”美国这一立场史称“不承认主义”或史汀生主义,是此后一段时期美国对华政策的基本方针。“不承认主义”构成一项国际规范的基础:对于外国侵略或以其他非法行为造成的事态,无论其以新国家还是新政府的面目出现,国际社会均不得承认其为合法。后来,许多普遍性和区域性国际文件、国际组织决议以及国家实践都充分肯定了"不承认主义"的立场。

1月12日 白里安辞去国联行政院主席职务。

1月21日 调查中日关系的国联调查团正式成立,由英、美、法、德、意5国代表组成,并以英国驻国联代表罗伯特·李顿为团长,故称"李顿调查团"。根据行政院决议,中国派前外交部部长顾维钧担任代表团中方顾问,日本驻土耳其大使吉田伊三郎为日方顾问,国联秘书处官员哈斯为代表团秘书长。调查团于2月3日从日内瓦启程,经由美国赴远东。2月29日,调查团抵达日本,听取了日本各界对于中日冲突的解释;随后于3月14日抵达中国,于3月间先后前往上海、南京、汉口,4月20日抵达中国东北,途中听取了中国方面对于中日冲突的立场和解释。6月28日,调查团从中国东北返回东京;7月20日回到北平起草报告书。经过半年调查,李顿调查团于9月4日最终完成了调查报告书。

1月25日—2月29日 行政院在日内瓦召开第66次会议,多次听取中国代表颜惠庆和日本代表佐藤尚武的辩论。会议重点审议和讨论了中日关系问题。

● **1月25日** 行政院召开第66次例会第1轮会议,听取了中日双方关于九一八事变后的事态发展、锦州局势和上海局势的立场阐述,但未深入讨论。

● **1月28日** 日军进攻上海,挑起"一·二八"事变,中国国民党第十九路军广大官兵在全国人民支持下奋起抵抗。英国代表提出上海停战谈判报告,其中所有的建议均遭到日本拒绝。

● **1月28日** 行政院应第12届大会的要求设立奴隶问题专家咨询委员会,计划该委员会向第13届大会提交报告、完成使命后即停止活动。9月23日,该委员会通过行政院向大会提交咨询报告。10月12日,大会要求委员会继续工作,委员会遂正式转为国联常设性机构,寻求在全世界范围内杜绝奴隶和奴隶贸易。1934年1月19日,委员会正式确立工作规则与组织制度,1936年5月13日予以修订。20世纪30年代,除了设置专门机构、塑造全球性规范以外,国联对非洲的奴隶制问题十分关注,为调查、处理、根除利比里亚的奴隶制问题,先后派出克里斯蒂调查委员会(1930年)、九国代表组成的事实调查团(1931年)和布鲁诺委员会(1931年)前往利比里亚,并提出《利比里亚奴隶制与强制劳动问题国际调查团报告》(即《克里斯蒂报告》,1930年)和《布鲁诺报告》(1932年)、国联对利比里亚"援助计划总原则"(1932年)等文件,对利比里亚改革产生影响。

●**1月29日**　中国代表依据训令,在行政院第66次例会第6轮会议上提出《我国政府致国联提请适用盟约第10条与第15条之申请书》,声明在不减损国联盟约第11条效力的同时,正式要求国联根据盟约第10条和第15条,采取一切适宜和必要的行动处理中日争端。根据中国的申请,行政院根据盟约第15条赋予国联秘书长的"调查权"邀请德拉蒙德列席会议。

●**1月30日**　在行政院第66次会议第7轮会议上,德拉蒙德建议行政院各理事国(中日除外)驻上海的官方代表组成一个委员会向国联秘书处报告上海的情况,得到相关理事国的同意。

●**2月12日**　由于行政院始终难以采取实质性行动,秘书长依据国联盟约所能采取的行动也十分有限,上海地区的局势持续恶化,中国代表根据国联盟约第15条,向德拉蒙德提交正式申请,建议将中日争端移交给国联大会处理。

●**2月16日**　日本关东军司令本庄繁主持东北各省所谓的"领袖"在沈阳大和旅馆召开"东北政务会议",决定迎接溥仪执政伪满洲国,并分配了参会者在伪满政权中的职务。这促使行政院在同一天首次仅针对日本作出一项有关中日冲突的宣示。除中日两国代表以外,行政院所有12理事国代表联合签署一份文件,指出中国很好地遵循国联盟约、努力地尝试和平处理中日冲突;提醒日本政府有义务克制本国行动(尤其是对上海的军事进犯)、妥善处理对华关系、遵循《九国公约》并保证中国的领土完整,呼吁日本遵守国联盟约(尤其是第10条)的规定以维持国际和平。文件表达出行政院除日本外所有理事国的一致态度:认为日本应是导致中日间冲突发生并持续恶化的肇事方。

●**2月18日**　所谓的"东北行政委员会"发布《独立宣言》,"从即日起宣布满蒙地区同中国中央政府脱离关系,根据满蒙居民的自由选择与呼吁,满蒙地区从此实行完全独立,成立完全独立自主之政府"。

●**2月19日**　行政院在第66次例会第12轮会议上应中国代表的要求通过决议,将中日冲突案移交给国联大会处理,并建议大会于3月3日召开特别会议处理中日冲突。然而,日本代表质疑行政院作出的决议,蔑称中国"不是有组织之民族"因而不能享受国联盟约给予"有组织之民族"的权利,以此为日本在东北、上海的侵略行动辩护。

●**2月23日**　日本政府就2月16日行政院12理事国代表一致签署的文件作出正式答复,一方面以该文件的决定、签署过程不合国联盟约程序性规则为由质疑该文件的合法性,另一方面,污蔑中国"非有组织之民族",并将中日冲突难以和平解决的责任推给中国。对此,美国国务卿史汀生在致参议院外交关系委员会主席的信函中声明《九国公约》依然有效、美国仍坚持一贯的对华政策,实际上反驳了"中国非有组织之民族"的言论。

● **2月29日** 行政院第66次例会第14轮会议讨论解决上海危机的方案,决定在上海召开国际会议以结束上海地区的军事冲突、恢复地区秩序。参会方除中日两国代表以外,还应有意、法、英、美等国代表。尽管中日双方都接受了这项决议,日军却并未停止在上海地区的行动。

1月 根据1931年5月国联交通运输委员会第16次会议通过的合作计划,国联选派道路建筑技术专家6人以及交通委员会代表1人前往中国。受邀请的专门技术人才分成工程专家组、经济专家组、行政专家组、教育专家组,与中国进行技术合作。

2月2日—3月3日 国联在日内瓦召开世界裁军会议第1阶段会议,60个国家的代表参会。由汉德森(英国)担任会议主席。除筹备委员会草拟的《裁军公约草案》,会议还讨论了法国提出的"塔迪攸计划"。3月3日,国联为讨论中日冲突而召开特别大会,裁军会议因此休会9天。紧接着便是复活节,各国主要代表相继返回国内,裁军会议未能复会,只留下技术顾问组成的陆军军备、海军军备、空军军备和军费预算4个委员会继续研讨。

2月4—15日 第3届冬季奥林匹克运动会在美国普莱西德湖举行。本届冬奥会东道国向56个国家发出了邀请,但由于经济危机正席卷世界各国,最终只有17个国家的252名运动员应邀参加。

2月16日 为对抗国联与公开以中国为敌,日本关东军在沈阳召开"满洲建国会议",成立了"东北行政委员会",以汉奸张景惠为委员长,宣称与国民党政府脱离关系,"东北省军区完全独立"。3月1日,日本以伪满洲国政府名义,发表"建国宣言",宣布成立"满洲国"。

2月23日 美国国务卿史汀生致美国参议院外交委员会主席威廉·波拉一封公开信,重申美国门户开放政策和"不承认主义",并警示道,日本若继续破坏《九国公约》,美国将在军备上作出相应反应。这封信被正式送交国联讨论。

2月29日 英国通过保护关税法,其中包括一项新的"谷物法",保证英国农场主在国内生产的特定数量的小麦以每蒲式耳1美元左右的价格出售。这表明英国开始逐步废弃自由贸易制。

3月3日 国联大会根据行政院2月19日决议的建议,正式召开特别会议以处理中日冲突。这是继 1926 年特别大会讨论德国入会问题以后国联大会第 2 次召开特别会议。在听取中日双方立场和初步讨论之后，大会决定将中日冲突问题交予大会总务委员会处理，由此结束了特别大会第 1 次全体会议。之后，特别大会断断续续召开，直至 1933 年 3 月日本退出国联正式宣告失败。

3 月 4—8 日　特别大会总务委员会先后共召开 5 轮会议，讨论上海局势、九一八事变以来的中日关系、解决办法以及国联的应对。许多中小会员国对日本的行为、对国联迄今为止处理中日冲突的方法和效果不满；认为国联此次特别大会的任务不仅仅是要解决中日之间的"满洲冲突""上海冲突"，更要进一步维护国联机制和国联盟约的效力。捷克斯洛伐克等国代表建议对日启动制裁机制。但因大国态度消极，会议最后任命了一个决议起草委员会，暂时结束了总务委员会关于中日冲突的讨论。

3 月 11 日　大会总务委员会召开第 6 次、第 7 次会议，审议了特别大会决议起草委员会提交的有关中日冲突的决议草案，并一致通过决议草案，建议成立一个十九国委员会，由行政院除中日两国以外的其他理事国和大会不记名投票选出的另外 6 国组成，由大会主席兼任委员会主席。十九国委员会的职责包括：(1) 就冲突现状作出报告，草拟最终得使日军遵照大会 1932 年 3 月 4 日决议撤出军队的方案；(2) 继续观察行政院 1931 年 9 月 30 日、10 月 10 日决议的执行情况；(3) 根据国联盟约第 15 条第 3 款拟定一项可为中日双方同意的争端解决方案并向大会汇报；(4) 必要时可建议大会向国际常设法院寻求咨询意见；(5) 必要时根据国联盟约第 15 条第 4 款的要求准备一份报告；(6) 拟定应急措施；(7) 至迟于 1932 年 5 月 1 日向大会提交第一份进度报告。决议规定，特别大会仍在会期中，大会主席可随时召集开会。此外，要求行政院继续相关工作，并成立一个由英、法、意各国驻上海总领事组成调查委员会，协助中日两国解决"一·二八"事变后续问题。

同日　紧接着大会总务委员会会议，国联特别大会召开第 4 次全体会议，44 会员国一致通过关于设立十九国委员会的决议。决议还根据美国在特别大会召开前就"不承认主义"所做的表态以及英国在会上正式提交的"不承认主义"议案作出一项决定，"国际联盟会员国，对违反盟约与非战公约之规定而造成的任何情势、条约或协定，有不予承认的义务"。日本弃权，中国代表虽弃权，但随后便通报了中国政府接受特别大会决议的决定。经不记名投票，特别大会选举瑞士、捷克斯洛伐克、哥伦比亚、葡萄牙、匈牙利、瑞典加入十九国委员会。

3 月 12 日　美国政府致电国联秘书长，表示同意特别大会 3 月 11 日的决议。

3月24日—5月5日　根据国联行政院和特别大会的要求,中日两国代表在其他大国代表的调处下在上海开会谈判,以达成一项停止敌对行动的协议草案。5月5日,中日两国代表签署《淞沪停战协定》,英、美、法、意代表列席。根据特别大会的要求,协定特设附件3,规定成立由中、日、英、美、法、意6国军事、民政代表各2人组成的联合委员会,以确保协定的执行。中方希望在日军完全撤出后再正式签字,日方反对,所以该协议迟迟未正式签署。

●**4月12日**,李顿调查团通过国联秘书长向行政院提交了初步报告,19日抵达沈阳开始正式的实地调查。而此时伪满洲国已成立1月之久。日方对李顿调查团严密监视、封锁消息、禁止外人与之接触。调查团同日本占领当局、伪满政权进行了会谈,也与中日两国政府进行了会谈。

●**4月29日**　十九国委员会向特别大会提交报告,认为中日双方都较好地执行了撤军、停止敌对行动的决议。在此基础上,报告就中日双方接下来的撤军作出部署,要求成立英、美、法、意四国委员会,以监督撤军,协助将日军撤离的地带交予中国警力控制。

●**4月30日**　国联特别大会召开第5次全体会议,一致通过十九国委员会4月29日提交的决议草案,但未规定日军撤离的具体时间,日本弃权。

4月11日—12月14日　裁军会议第1阶段会议复会。会议就裁军原则达成基本一致,即把应禁止拥有或者国际共有的某些登记和种类的武器予以淘汰的原则。但无法就"进攻性""防御性"的区分达成一致,谈判陷入僵局。12月14日,裁军会议全体大会决定休会到1933年1月31日,其间会议主席可以参加任何影响未来裁军谈判的会务工作。

●**6月22日**　美国总统胡佛和美国裁军会议代表吉布森同时在华盛顿和日内瓦宣布进攻性武器裁减计划。该计划重申:根据《非战公约》,所有国家曾约定以自卫为限;裁军会议上,代表们对用以加强防御力量和削弱进攻力量的裁减原则、裁减路线意见一致。因此要求:废除专门的进攻性武器,包括坦克、大机动炮、轰炸机以及一切化学战争的工具;超过维持秩序的某种最低限度以上的一切地面部队——以允许德国拥有的数目为参照——裁减1/3;战斗舰在总吨位和数目两方面裁减1/3;其他海上军舰裁减1/4;每个国家可以拥有的潜水艇的最高限度是40艘,总吨位35000吨。此外,禁止一切空中轰炸物。

●**7月23日**　全体会议对本阶段裁军会议基于胡佛计划所作的最终决议案进行表决。决议案内容空泛,宣称裁军会议一致决定要达成实质性军备裁减,主要目标应该是裁减进攻手段,大炮和坦克超过某种限额以上的要加以禁止,但没有规定具体限额。这项决议是应英、法、美3国建议而作,以总结会议进展,为第2阶段的裁军会议作准备。41国勉强接受这份报告,但认为它过于空泛,实际上是裁军会议失败的表现;德国、苏联投反对票;意大利、阿尔巴尼亚、阿富汗、奥地利、保加利亚、中国、匈牙利、土耳其弃权。

● **9月14日** 德国代表纳多尔尼宣布,德国退出裁军会议。

● **11月10日** 为使德国重返裁军会议,英国下议院宣布,英国政府接受德国军备地位平等的要求,前提是德国在实际上不重新武装,并与其他欧洲国家再一次宣布正式放弃使用武力解决争端。

● **12月11日** 英、法、德、意在美国的协助下达成协议:裁军会议的目的在于缔结一项公约,根据公约德国应"在将为一切国家提供安全的体系中享受平等权利";所有欧洲国家庄严地重申,它们在任何情况下决不企图用武力解决它们的分歧。不过,法国坚持它的安全要求;英国声明,所有的让步将不得导致用威胁手段提出新要求。

4月12—30日 国际劳工组织在日内瓦召开第16次会议,主要讨论修订保护码头工人免遭意外伤害的措施和非工业劳动者最低用工年龄问题。由于失业工人数量激增,工人工作缺乏保障,参会的工人代表极力要求会议通过一决议,其内容应包括:立刻着手进行巨大的国际公共工程计划;国联接管并解决赔偿问题和战债问题;召开一次世界会议来建立稳定的国际货币制度;召开一次世界生产和贸易会议。只有后两项要求得到了政府代表、资方代表的考虑。

4月18日—8月11日 国际常设法院在海牙召开第25次会议,对上萨瓦及节克斯自由区案作出判决、默麦尔地区约章解释案作出判决。6月7日,国际常设法院对法国、瑞士1930年自由区争端案作出有利于瑞士的决定,要求法国政府1934年元旦前撤走税卡。7月12日,挪威要求国际常设法院承认其对南格陵兰岛的主权。

5月9日—7月15日 行政院在日内瓦召开第67次会议,并未就巴拉圭和玻利维亚之间的冲突展开讨论。6月15日,玻利维亚、巴拉圭驻大厦谷地区巡逻部队再次发生小规模冲突,双方都向国联秘书长提交照会谴责对方,但没有将争端提交给行政院。

5月10日 李顿调查团向行政院提交了调查进展报告。行政院对调查团的汇报只是确认收到,并未进行审议。

6月16日—8月9日 为继续讨论德国的赔款问题,相关各国在洛桑召开会议。美国担心战债被取消,拒绝派遣正式代表,只派观察员列席会议。会上,英国主张赔款与战债一并勾销;法国希望只取消战债,保留赔款;德国表明自己陷入经济危机,无法执行"杨格计划",要求对德国赔款问题作出最终的解决。英、法、意、比等国一致反对德国意见,要求它支付一定数额的赔款。最后,与会各国一致签署《洛桑协定》,规定德国缴纳30亿金马克充作欧洲善后基金(后德国未交),德国赔偿即行勾销。德国对协约国的赔偿问题就这样最终"解决"了。由于世界经济危机,杨格计划未能贯彻落实。

7月15日　行政院同意向奥地利政府提供3亿奥地利先令的贷款,前提条件是奥地利政府承诺不与德国进行政治或经济上的合并。8月17日,奥地利政府宣布接受国联提出的条件,获得贷款。

同日　英国代表西门正式提出举行世界货币和经济会议的建议。英国、法国、德国、意大利、比利时、日本在洛桑会议上作出这项决定,并已开始筹备工作。

7月18日　土耳其正式加入国联。

7月30日—8月14日　第10届奥林匹克运动会在美国洛杉矶召开。这届奥运会首次在两个多星期内进行,使会期开始走向规范化。参加这次比赛的有来自37个国家的1334名运动员。中国代表团在政府不予财政支持的情况下首次参赛。代表团共6人,分别为刘长春、沈嗣良、宋君复、刘雪松、申国权、托平,但运动员仅刘长春1人。

7月31日　大厦谷战争爆发,国联呼吁交战双方停战并接受调停。8月3日,国联中的全体美洲共和国代表就玻利维亚和巴拉圭间有关大厦谷地区领土争端发表一项宣言,呼吁玻利维亚和巴拉圭遵循美洲和平解决边界问题的传统,和平解决两国争端并宣布将不承认用武力造成的任何领土安排。负责调停两国争端的5国中立委员会主席弗朗西斯·怀特急电美国驻日内瓦代表,要求他防止行政院干涉此事。

9月1日　行政院举行会议讨论大厦谷争端,会上就是否干预玻巴冲突发生分歧。行政院表示支持五国委员会建议的争端解决措施,请后者保持与行政院磋商,使行政院获得充分的信息。行政院还建议五国委员会立即向冲突爆发地派遣一个委员会,这比在华盛顿与冲突两国代表谈判有效,同时,采取切实措施、防止两国继续输入武器弹药。五国委员会拒绝了这些建议。

同日　秘鲁洛雷托省的一支武装部队占领了秘鲁、哥伦比亚之间存在争端的莱蒂西亚,并驱逐了当地的哥伦比亚官员。哥伦比亚政府迅速组织一支远征队前往收复该城。两国间爆发武装冲突。

9 月 15 日　日本政府与伪满洲国的傀儡政府签署协议,伪满洲国成为日本的"保护国"。

9 月 24 日　行政院在日内瓦召开第 68 次会议,以决定在行政院正式讨论李顿调查团报告之前,应给予中日双方多长时间来研究该调查报告并作出反馈。

9 月 26 日—10 月 17 日　国联在日内瓦继续召开特别大会,亦即第 13 次大会。为参加这次会议,国民政府任命顾维钧为驻法公使兼中国驻国联代表。

●**10 月 1 日**　调查团提交《中日纷争调查委员会报告书》(即《李顿报告书》);10 月 2 日,《李顿报告书》节要于国联办事处所在地日内瓦、南京、东京同时公布。10 月 13 日,全文公布。该报告书共 10 章,它一方面承认"东北为中国之一部分",承认伪满洲国是日本制造的傀儡政权,判断日本"以强力侵吞并占领确属中国领土之广大地区"违反了国联盟约、《九国公约》和《非战公约》;另一方面,也为日本辩解,宣称东北对于日本有特殊重大的利害关系,日本"为开发满洲"付出了"高昂的代价",并认为中国抵制日货是造成中日冲突的重要原因。报告书最后要求在东北地区实行"高度自治",并提出了对东北实行国际共管的主张。中国舆论强烈谴责这份报告书,日本政府发言人则批评说,"该报告书对日本不公正之处甚多"。多数会员国指责日本违反国联盟约,认为应强化对日制裁,中日关系应由 19 国特别委员会调解。

根据《李顿报告书》,十九国委员会向特别大会提出建议:"确认中国对满洲的主权,'满洲国'不合法、不代表当地民意;促请中日两国举行谈判,以执行本报告的建议,由大会设立委员会予以协助;促请国际联盟会员国,不得予以'满洲国'事实或法律上的承认,亦不得从事任何妨碍本报告各建议之执行的行为。"

●**12 月 9 日**　大会在审查过《李顿报告书》以及行政院 11 月 21—28 日会议结果后,要求十九国委员会深入研究《李顿报告书》,并尽早提出解决危机的方案。随后,在国联大会和十九国委员会讨论《李顿报告书》时,日本与各国发生严重对立。

10 月 3 日—12 月 19 日　行政院在日内瓦召开第 69 次会议。

●**10 月 3 日**　伊拉克正式加入国联,英国对伊委任统治结束。

●**11 月 21—28 日**　行政院正式会议集中讨论《李顿报告书》,中国代表顾维钧、日本代表松冈洋右也都提出了本国政府的意见,但只是各说各话。

● **11 月 27 日** 波斯当局通知英波石油公司,将取消它的特权。12 月 12 日,英国代表西门根据盟约第 15 条,正式要求行政院将英国—波斯石油公司案列入议事日程。

10 月 14 日—1933 年 4 月 5 日 国际常设法院在海牙召开第 26 次会议,就《夜间雇佣女工公约》的解释问题发表咨询意见。

12 月 3 日 墨西哥政府宣布将退出国联。1934 年 5 月又撤回此决定。

12 月 6—8 日 国联特别大会在日内瓦续会,审议《李顿报告书》。在一般性辩论中,英、法等大国采取了为日本的侵略辩护的立场,但许多中小国家旗帜鲜明地站在中国一边,要求国联根据盟约采取有效行动制裁日本。

12 月 12 日 特别大会指派十九国委员会研究和起草有关《李顿报告书》的决议。在此期间,英国再次试图安抚日本以避免其退出国联。国联秘书长德拉蒙德与副秘书长日本人杉村阳太郎试图炮制出一个妥协方案,同意按日本要求删掉报告书中有关否认"满洲国"的部分,后因中国和十九国委员会的坚决反对,这一方案流产。

12 月 31 日 玻利维亚在大厦谷冲突中取得战场优势,明确拒绝四邻国应五国委员会要求而提出的协议方案,五国委员会宣布结束使命。这为国联正式介入争端创造了契机。

一九三三年

1 月 14 日 莱斯特就莱迪西亚冲突以行政院主席德瓦勒拉的名义提醒两当事国担负的盟约义务。双方表示接受国联的调解,但在复电中极力推卸责任。行政院委派爱尔兰、西班牙、危地马拉三国委员会研究两国冲突。26 日,秘鲁代表加西亚·卡尔德隆和哥伦比亚代表爱德华多·桑托斯向行政院详细陈述本国立场,行政院考虑两国驻里约热内卢、华盛顿的代表正在巴西、美国的斡旋下谈判,没有采取进一步行动。到 2 月,两国谈判仍无成果,战事却愈演愈烈。巴西和美国遂宣布放弃调停,将协助国联行动。

1 月 24 日—2 月 3 日 行政院在日内瓦召开第 70 次会议。26 日,玻利维亚、巴拉圭代表向行政院详述本国有关大厦谷争端的立场。此外,行政院应英国要求讨论英波石油公司案,听取双方立场陈述。同日,秘鲁和哥伦比亚代表向行政院陈述各自关于莱蒂西亚地区争端的立场。

1 月 30 日 德国魏玛共和国被推翻,希特勒出任总理。这标志着德国法西斯正式上台。此后,德国完全走上了军国主义道路,并迅速成为世界大战的欧洲策源地。

1月31日—10月14日　世界裁军会议第2阶段会议召开,法德代表一开始就在1932年12月11日四国协议的执行问题上争执不休。大国虽部分赞同英国、意大利方案,但在"侵略"的定义、空中轰炸、海军限制、常设裁军委员会并赋予其监督权等问题上分歧严重。10月14日,德国退出,会议再次休会。

● **3月16日**　麦克唐纳在会上正式提出一份裁军计划草案。英国的这份计划草案要求各国继续裁军,直到一切进攻性武器完全销毁为止;明确规定现役兵额的实际数字、飞机数量、机动炮口径大小、坦克的重量;海军限制则以伦敦条约规定的今后连续3年的情况为依据;承诺将以新公约代替《凡尔赛条约》,允许德国以短期兵役的军队代替国防军、在总基地的现役兵额方面与其他大国(除苏联以外)处于平等地位,并向其保证可以期待在5年内享有实际的军备平等;承诺将给予法国一些它一贯坚持的反抗侵略的援助保证,规定签署一项广泛的互不侵犯公约;《凯洛格公约》一旦遭到破坏,即与美国协商;建议设立常设裁军委员会,监督和视察裁军工作的实际开展。

● **3月18日**　意大利提出《四强公约草案》(亦即《英国、法国、德国、意大利四国公约草案》),要求四国在实质上保证:在维持和平方面切实合作,并使欧洲其他国家遵从它们的决定;接受和贯彻在国联体制范围内的条约修正原则;不管裁军会议成功与否,容许德国逐步达到有效的权利平等;除特殊情况外,应在一切经济和政治事务中,并且同样在"殖民地范围内"共同行动。

● **5月17日**　希特勒发表一篇演说,宣布接受以英国草案为裁军公约的基础,并就条约修正和裁军两项议题做了"明确、坚定和充满诚意"的再保证。

● **5月22日**　美国代表诺曼·戴维斯通知裁军会议,美国政府不但赞成、坚持英国有关《凯洛格公约》一旦遭到破坏就进行国际协商的建议,并且,如各国经协商认为有必要实施制裁且美国政府也同意,它保证决不阻挠国联采取任何行动。

1月　国联开始执行一项为期4年的罗马尼亚金融监管计划以解决该国的经济问题。

2月1日—4月19日　国际常设法院召开会议,对东格陵兰案作出判决,否决挪威对东格陵兰的主权要求,挪威没有提出异议。该案是1931年7月10日由丹麦和挪威共同提交的。

2月14日　十九国委员会历时2个月的讨论,就中日冲突拟订一份对日"劝告案",主要内容包括:(1)要求日本尊重国联盟约、《非战公约》和《九国公约》的规定,同意基于《李顿报告书》的解决方案;(2)承认中国对"满洲"的主权,日军撤至铁路附属地之内;(3)美国及苏联参加调解委员会促进中日交涉;(4)不承认"满洲国"。日本拒绝接受这些原则,并于15日内召开内阁会议;20日,内阁会议决定退出国联。

2月19日 秘鲁人抢劫哥伦比亚驻利马的公使馆。哥伦比亚政府正式根据盟约第15条,提请大会介入哥伦比亚—秘鲁莱蒂西亚冲突,并请行政院拟具正式报告、陈述案件情况、提出解决建议。

2月21日—3月27日 国联特别大会续会。

• **2月24日** 国联特别大会对"劝告案"和《李顿报告书》进行表决,42国赞成,暹罗弃权,日本反对。特别大会基本接受《李顿报告书》对中日冲突的判断,并声明国联将不给予"满洲国"以事实或法律上的承认,确认中国对东三省的主权。决定成立远东咨询委员会,由19国加上荷兰、加拿大,再邀请美、苏参加合作,以跟踪局势,协助大会履行盟约第3条第3款"处理属于联盟行动范围以内或关系世界和平之任何事件"的职责。松冈洋右在会上正式宣布,"日本政府不得不认为日本就中日纠纷而与国联合作之努力已达终点",然后率团退出会场。

• **3月27日** 日本发表政府通告和天皇诏书,指责国联对日本采取"不公正"的态度,称大多数会员国不了解真相,在"满洲国"问题上诘难日本,宣布日本自即日起退出国联,不再受国联及国联盟约的任何约束。史汀生代表美国政府发表一项声明,赞成国联大会得出的结论及其建议的解决办法,接受大会关于请美国参加它设立的委员会的邀请,但可做保留。国联2月24日裁决与日本3月27日退出国联,标志着国联调处中日冲突的结束。随后,日本大举侵入华北。

2月21日—3月18日 行政院在日内瓦召开第71次会议。2月25日,英法两国要求行政院组织国联会员国对玻利维亚、巴拉圭实行禁运。与此同时,胡佛和史汀生也劝说美国国会批准采取禁运措施。

2月27日 德国纳粹党制造"国会纵火案",放火焚烧国会大厦,并嫁祸共产党。

4月3日 行政院经一致通过作出最后决议:秘鲁撤退一切部队,停止支援非法占领哥伦比亚领土的行为,秘鲁军队撤离后才可以处理它不久前提出的控诉哥伦比亚案。如果拒绝这项决议,秘鲁将受到盟约第16条的制裁。随后,行政院设立一个由莱斯特主持的顾问委员会,监督双方执行决议,除了行政院时任理事国,美国和巴西也受邀参加。但秘鲁并未停止军事行动。

4月29日 英国、波斯在行政院的协调下就英波石油公司权益签署新的合同,规定将从开发波斯资源获得的利润更多地交于波斯,条件是将定于1961年期满的特权期限延长到1993年,波斯政府保证不再单方面宣布取消该项特权。

5月8日 秘鲁—哥伦比亚争端顾问委员会召开紧急会议,要求亚马孙河沿岸各会员国如遇秘鲁舰队经过时不可给予其援助。

5月10日 巴拉圭正式宣布与玻利维亚存在战争状态,这使国联有义务和权力采取盟约第16条规定的制裁措施。制裁的前提是判定谁首先违反盟约,但事实上,巴拉圭、玻利维亚的责任相同,它们都没有按照盟约的规定将争端提交国联,也没有履行和平解决争端的义务,反而强化武装行动、故意升级争端。所以,当务之急是停战。

5月15—20日 行政院在日内瓦召开第72次会议。20日,行政院决定,为停止大厦谷地区战事,并为国际仲裁创造条件,首先要派1个国联委员会前往出事地点进行调查。交战双方先是勉强接受行政院派遣调查委员会的建议,随后为拖延时间,又声称将再次寻求4个邻国的斡旋,要求行政院暂缓派遣。

5月16日 美国总统罗斯福致电各国元首,呼吁各国稳定货币,并努力避免日内瓦裁军会议和伦敦世界经济会议失败,因为这两个会议的失败将损害全球政治、经济两方面的和平与稳定。罗斯福在通电中针对裁军会议迟迟未能取得成果时说:"裁军会议已经艰苦地进行了一年有余,迄今未能做出令人满意的结论。由于目标原本不清,仍然存在危险的意见冲突。我们的职责在于,根据最大多数的最高利益,通过协调的行动,取得实际可行的结果。……唯一值得我们尽心争取的,只有在全世界各地推进我们这一代的持续和平。"(他进一步指出:"世界大战的悲剧和教训犹新,全球各国人民所受的军备负担却比前此任何时候更为沉重。究其原因,不外有二:第一,某些政府或明或暗地企图侵犯别国而扩张领土,我相信怀有此种目的的政府和民族只是极少数;第二,其他国家则担心遭受入侵。我以为绝大多数的民族感到不得不保持额外的军备,乃是因为担心遭受入侵,而不是自己想进行侵略。")美国总统在通电中向各国元首明确地提出4项建议:第一,立即采取第1个具体步骤以求达到麦克唐纳计划所广泛概括的这一目标。第二,就采取后续的时间和程序取得协议。第三,同意在第1个和后续步骤付诸实现的过程中,任何国家不得增加其现有武装以致超过条约义务所规定的限额。然而,在整个裁军期间,世界和平必须得到保证,为此,我还建议有1个第四步骤,即世界所有国家都要参加一项庄严而具体的互不侵犯协议;各国都庄严重申各自承担的限制和裁减军备的义务,并且在全体缔约国忠实履行此项义务的条件下,各自单独同意不派遣任何性质的武装力量越出本国的边境。

5月22日—6月6日 行政院在日内瓦召开第73次会议。5月25日,秘鲁、哥伦比亚代表在行政院会议上正式签署临时和平协议,同意在进行双边谈判时将有争议的领土交予国联控制。30天后,由美国、巴西、西班牙3国代表组成的国联临时管理委员会抵达莱蒂西亚,秘鲁、哥伦比亚在巴西外交部部长梅洛·弗兰科的主持下谈判。1934年5月,双方签署正式和平协议。

5月31日 国民政府接受《塘沽协定》,此后直到1937年,未再要求国联直接干预日本侵华问题。

5月 在但泽选举中,纳粹党在参议院首次以微弱优势占据多数。

6月8—30日 国际劳工组织在日内瓦召开第17次会议,主要讨论劳动保险问题。

6月12日—7月27日 国联在伦敦主办世界经济会议以制定对策、缓和资本主义各国因世界经济危机而互设关税壁垒、货币竞相贬值所造成的尖锐矛盾和国际威胁。67个国家和地区参加,与会者多为政府首脑或外长、财长,英国首相麦克唐纳担任主席。由于各国态度立场差别很大,会议在开幕5周后宣布无限期休会。6月15日,中华民国财政部部长宋子文在世界经济会议大会发言中阐述了中国希望同西方各国扩大经济关系的方针,并代表中国政府正式提出向西方资本、技术、商品全面开放的主张。同时,宋子文致函秘书长爱文诺,请求国联指派技术合作代表来华,作为与中国合作的全国经济委员会的联络员。

6月14日 国联远东咨询委员会就研究不承认"满洲国"问题小组的报告进行讨论,在《国联特别大会关于中日争议之报告书》基础上通过了关于不承认"满洲国"的决议。国联秘书长在发出该项文件的说明信中称:此文件能否生效,其希望寄托在各国政府的积极反应。但此后数月,国联只接到极少数国家的复函及极个别的肯定答复。作为"不承认"政策开创者的美国政府,直到1933年11月才通知国联秘书长其观点仍未改变,同意顾问委员会的结论。

6月30日 埃里克·德拉蒙德辞任国联秘书长,法国人约瑟·艾冯诺接任,此前他一直是首任秘书长埃里克·德拉蒙德的副手。

7月3日 行政院在日内瓦召开第74次会议。会议任命西班牙代表阿尔瓦雷斯·德耳巴约担任大厦谷争端调查委员会主席,秘书处法律科科长朱安·安东尼奥·布埃罗任秘书,并邀请英国、意大利、墨西哥、西班牙派遣军事和外交人员参加委员会。委员会即将启程之时,巴拉圭、玻利维亚不约而同地要求委员会暂缓行程,表示将再次邀请美洲 4 邻国帮助斡旋。9月 30 日,美洲 4 国通知行政院,它们拒绝接受这个委托。11 月,调查委员会抵达南美洲时,国联的威信已经因德国退出国联而遭受重创。

7 月 15 日　英、法、德、意 4 国在罗马正式签署《谅解和合作协定》,即《四强公约》,确定了德国在军备方面的"平等权利"。

8 月 3 日　行政院在日内瓦召开第 75 次会议。从叙利亚越界的基督教亚述人遭到伊拉克军队屠杀,行政院进行调查并试图安排其重返家园但没有结果。

8 月 21—26 日　国联主持在伦敦召开第 3 届国际小麦会议。美国、苏联、阿根廷、澳大利亚、加拿大签署《国际小麦协定》,旨在限制小麦出口数量和种植面积,以维持小麦市场稳定。后来,根据协定成立国际小麦咨询委员会。国际小麦会议缘起于 1927 年世界经济会议对农业问题的研讨,前两届国际小麦会议于 1931 年召开。

9 月 4 日　大会通过有关委任统治地独立规则的决议。

9 月 22—29 日　行政院在日内瓦召开第 76 次会议,墨西哥、爱尔兰、挪威代表要求将 8 月 10 日伊拉克军队屠杀亚述居民的案件列入议事日程,因费萨尔国王逝世,此案被推至 10 月例会讨论。

9 月 23 日—10 月 11 日　国联在日内瓦召开第 14 届大会。

9 月 29 日　顾维钧在大会上发言,赞扬和感谢国联对中国提供的经济及技术援助,对国联关于中日争端历次决议迄今未能实施表示遗憾,同时强调中日争端与目前日益紧张的欧洲形势密切相关,对维护世界和平至关重要。

10 月 3 日　国联与中国技术合作委员会驻华代表拉西曼抵华任职,并于 4 日参加全国经济委员会 3 常委的首次会议,会议讨论了棉麦借款、交通建设、技术合作等问题,并将原设的筹备处改为秘书处。

10 月 4—26 日　行政院在日内瓦召开第 77 次会议,讨论伊拉克军队屠杀亚述人案。行政院决定设立专门委员会,以西班牙代表洛佩斯·奥利班为主席,负责为亚述人寻找定居地,并为此筹集必要资金。此后奥利班委员会先后考虑两种方案,将亚述人安置到巴西巴拉那种植园,或开垦叙利亚加布沼泽以作为亚述人定居地,但因巴西禁止移民、法国放弃对叙利亚委任统治国的责任而无法实施。

10 月 9 日　非常任理事国数量上升至 10 国。

10 月 14 日 德国发表退出国联的声明。

10 月 20 日—12 月 15 日 国际常设法院召开会议,对匈牙利—捷克斯洛伐克混合仲裁法庭裁决的上诉案作出判决。

10 月 26—28 日 国联在日内瓦召开国际难民会议,决定成立一个专门安置从德国出逃的难民(以犹太人为主)的高级委员会。

10 月 26 日—11 月 1 日 关于公共卫生标准问题的专家会议召开。

11 月 17 日 美国政府正式承认苏联,美苏建交,这对当时的国际关系产生很大影响。法国向苏联提出了参加国联的建议,12 月 25 日,斯大林通过《纽约时报》回复道,在德日退出后国联能够成为制止或阻止军事行动发生的一种因素,尽管有很大缺点,苏联仍会支持它。12 月,联共中央通过关于建立欧洲集体安全体系的决议,苏联决定加入国联,但不同意按照常规手续申请入盟。

同日 巴拉圭军队攻克玻利维亚军队在皮尔科马约河上的重镇巴利维安,继而进入玻利维亚领土,威胁其产油区。

12 月 12 日 意大利召开法西斯大会。会议宣布,除非国际联盟作根本改革,意大利将退出国联。

12 月 18 日—1934 年 2 月 21 日 巴拉圭—玻利维亚在布宜诺斯艾利斯谈判。12 月 18 日,巴拉圭总统向调查委员会建议,将停战维持到年底,双方在调查委员会的主持下于蒙得维的亚或布宜诺斯艾利斯谈判。玻利维亚同意。谈判过程中,调查委员会发现,双方的态度依旧顽固。除非玻利维亚军队撤出整个大厦谷,同意由巴拉圭部队维持地区秩序,巴拉圭拒绝延长停战。1934 年 2 月 21 日,最后一轮谈判破裂。

一九三四年

1 月 15—20 日 行政院在日内瓦召开第 78 次会议,开始萨尔公投的筹备工作。根据《凡尔赛条约》的规定,行政院对萨尔地区的管理将于 1935 年 1 月 10 日结束。行政院任命"3 人委员会"负责监督萨尔地区的公民投票,由意大利首相府秘书长巴伦·阿洛伊赛主持,并邀请阿根廷代表何塞·马里亚·坎蒂洛和西班牙代表洛佩斯·奥利班协助。

2 月 21 日 玻利维亚和巴拉圭的最后一轮谈判破裂,行政院调查委员会宣布结束使命,返回日内瓦。调查委员会像李顿调查团一样也提交了一份报告。它关于战争发展的预言被证明是完全正确的,交战双方因精疲力竭被迫媾和时,严格地遵循了它制定的和解计划。委员会还指出,防止交战双方买进更多的弹药是促成停战的有效办法。据此,行政院决心实施武器禁运,理事国们原则上都表示同意,但顾及到贸易损失可能会为国内在野党、反对派提供口实,都把其他国家实施武器禁运作为本国行动前提。最后,行政院发现,必须有 35 个左右的国家协同行动,禁运才可能是有效的,而美国一国的拒绝就可能使禁运完全失效。

3 月 17 日　意大利、奥地利、匈牙利缔结《罗马议定书》,旨在建成一个法西斯庇护下的多瑙河国家集团,以与小协约国及法国势力相抗衡。

4 月 17 日　行政院就关于德国军事法令问题的决议案勉强进行表决,丹麦放弃投票,其他理事国投赞成票。法国政府照会英国政府,鉴于德国明目张胆地决心要破坏和约义务而重新武装,便不存在进一步谈判的任何可能性,法国此后将致力于维护本国安全。当天,日本外务省情报部部长天羽英二也发表《天羽声明》,显示出日本要独占中国的野心。

5 月 12 日　匈牙利政府送交行政院一项照会,对匈牙利与南斯拉夫两国边界存在争议表示不满,请求行政院帮助恢复边界的正常状态,并建议成立一个联合委员会调查所控诉的事件并防止发生类似的事件。

5 月 14—19 日　行政院在日内瓦召开第 79 次会议。会议内容有:由于利比里亚拒绝国联克里斯蒂调查委员会提出的针对利比里亚奴隶制的改革建议,行政院决定撤回该建议。英国代表艾登表示,利比里亚未能尊重盟约第 23 条第 2 款规定的义务,未能保障其领土内土著居民的权益,国联有权将其开除。利比里亚被迫保证将执行部分计划。19 日,在艾登和墨西哥代表卡斯蒂落·纳杰拉的推动下,行政院正式呼吁所有的武器制造国对玻利维亚、巴拉圭采取武器禁运措施。当时,美国因为玻利维亚一次贸然举动损害美国利益已提前颁布禁令,其他会员国紧随其后。德国、日本勉强同意,苏俄则无条件同意。8 月,禁运初显成效。

5 月 24 日　秘鲁与哥伦比亚政府达成关于解决莱蒂西亚争端的和平协议,秘鲁将莱蒂西亚交还哥伦比亚,并就 1932 年的入侵事件正式道歉,承诺在附近地区实行非军事化,给予哥伦比亚在亚马孙河和普图玛约河的自由航行权。双方保证互不侵犯。

5 月 29 日—6 月 11 日　国际裁军会议第 2 阶段会议复会。会议一开始就陷入混乱,末期所谈论的问题甚至已经游离于裁军范畴,而主要在于如何应对德国扩军备战,所以没有产生任何成果。会议的结束基本上宣告了在国联框架下的全面裁军努力的失败。

5 月 30 日—6 月 7 日　行政院在日内瓦召开第 80 次会议,听取南斯拉夫、匈牙利双方有关匈牙利 5 月 12 日照会的辩论与申诉。7 月 21 日,两国签署相关协议。

6 月 4—23 日　国际劳工组织在日内瓦召开第 18 次会议,主要讨论妇女夜间劳动、女工职业病赔偿标准等问题。

6 月 4 日　行政院批准阿洛伊赛委员会关于萨尔地区投票的所有建议,决定设立公民投票委员会,并由 3 名委员和 1 名专家顾问以及受其指挥的约 50 名监督员和分监督员组成。

6 月 30 日　德国纳粹在萨尔地区进行清洗活动,受害者包括一些德国天主教领袖。随后 1 个月里,最高公民投票法庭法官、副法官和官员带领另外约 25 名中立国官员到萨尔。

7 月 1 日　阿洛依赛委员会建立起萨尔公民投票委员会,包括 3 名委员、1 位专家顾问、50 名监督员和分监督员。这些人都来自第四方(非法国、德国或萨尔人),通晓德语,多为前中立国家人士(荷兰、瑞士、斯堪的纳维亚国家等),并为法德两国政府认可。

8 月 20 日　美国加入国际劳工组织。

9 月 7—15 日　行政院在日内瓦召开第 81 次会议,筹备萨尔公投事宜。

9 月 10—28 日　国联在日内瓦召开第 15 届大会。

• **9 月 13 日**　波兰通知大会,将停止同行政院在保护少数民族问题上的一切合作。此前,波兰、德国于 1934 年 1 月签订一个协议,承诺通过双边协商解决两国相互关系中的问题。这是双方出于不同的目的而加快削弱国联影响力的一个步骤,客观上在短期内缓和了两国在波兰境内日耳曼少数民族问题上的矛盾。

• 考虑到部分国家可能会反对苏联加入国联,大会决定以请柬的形式邀请苏联入会。34 国在请柬上签字,苏联表示接受。9 月 17 日,大会第 6 委员会审议这项互换文件,就苏联入会问题进行表决。38 票赞成,3 票反对,7 票弃权。9 月 18 日,大会以 39 票赞成、3 票反对、7 票弃权接纳苏联入会,并以 40 票赞成、10 票弃权授予其行政院常任理事国席位。

• **9 月 15 日**　国联行政院通过了关于给苏联以行政院常任席位的决议。当时,尽管苏联政府已看出这个组织的许多缺陷与不足之处,"但在德国和日本退出国联之后,在一定程度上已经有可能把它变为反对侵略、宣传和平主张和揭露战争挑动者的工具,尽管这个工具是不完善的"。苏联接受了 30 个国家的邀请,加入了国际联盟。苏联代表李维诺夫在声明中强调,苏联加入国联的唯一目的和唯一诺言,是在维护不可分割的和平事业中,同其他各国人民进行全力的合作。李维诺夫说:"我知道,国联不掌握彻底消除战争的手段。但是我仍相信,只要国联全体成员国意志坚定,友好合作,为了随时将战争的可能降到最低程度,是大有事情可做的。这是一项非常光荣而崇高的任务,实现这项任务将为人类带来不可估量的福利。为了实现这项任务,苏联政府自从成立以来从未停止过自己的努力。今后,苏联政府愿意同国联其他各成员国为此共同作出努力。"同时,苏联政府在加入国联时,"认为有必要提醒这个组织的全体成员国注意:苏联对国联在此以前的决议概不承担责任,对没有苏联参加所签订的条约概不承担义务"①。9月19—28日,行政院在日内瓦召开第82次会议,接纳苏联为常任理事国。

9月26日、28日　阿富汗、厄瓜多尔正式加入国联。

10月8日　南斯拉夫国王亚历山大和法国外交部长路易·巴都在马赛遇刺。巴都曾于4—6月历访欧洲各国首都,希望建立一个反对纳粹德国的坚强同盟体系。11月22日,南斯拉夫致电行政院,要求处理亚历山大国王遇刺案。

10月底—11月初　国联举行一系列国际会议以促进国际文化合作与发展,包括10月28日—11月4日在马德里召开的促进艺术发展和保护历史建筑的国际会议,10月29日—11月4日在马德里召开的促进音乐艺术发展的国际会议。

11月20—24日　国联大会在日内瓦召开特别会议讨论国联盟约第15条。在此基础上,于24日通过拉美特别委员会有关大厦谷冲突的条约草案:设立中立国军事委员会,由它监督停战,组织撤军和部队复原,处理真空地带的临时治安问题;与此同时,在布宜诺斯艾利斯举行和平会议;制定专门条款,保证国联处置办法的公正性,保障两国在大厦谷发展交通、商业的权益。美国和巴西随后表示愿意参加中立国委员会和和平会议。玻利维亚接受,巴拉圭拒绝。大会特别委员会建议全体国联会员国解除对玻利维亚的武器禁运、维持对巴拉圭的禁运。

11月22—23日　阿比西尼亚部队随负责划定阿国和英属索马里边界的英阿联合委员会抵达瓦尔瓦尔绿洲,与违背阿比西尼亚、意大利1928年《友好和解仲裁条约》而留驻在瓦尔瓦尔的意大利军队形成对峙。

12月5—7日　意大利与阿比西尼亚两国武装部队在意属索马里兰和阿属奥加登省之间的争议地区瓦尔瓦尔绿洲发生直接冲突,双方都没有采

---

① ［苏联］维戈兹基等合编:《外交史》第三卷(下),生活·读书·新知三联书店1980年版,第809页。

取措施避免冲突升级,阿方死亡100多人,意方死亡30—50人。这就是瓦尔瓦尔事件。

12月5—11日 行政院在日内瓦召开第83次会议,主要议题有二:第一,对萨尔公民投票做最后安排,决定向荷兰和瑞典发出关于请求派一支适当部队参加国际部队的邀请;第二,处理南斯拉夫国王遇刺的控诉案,在辩论过程中,匈牙利提出和约修正问题,苏联等国提出遏制恐怖主义意见。12月10日行政院一致通过决议,指出防止和镇压一切政治上的恐怖主义行为是每个国家的责任,匈牙利当局由于疏忽没有尽到这项责任,要求匈牙利深入调查并报告调查结果。另决定成立一个委员会来草拟旨在镇压恐怖主义的总公约,建立国联反对恐怖主义委员会。

12月6日 已经加冕为海尔·塞拉西一世的塔法里公开抗议意大利入侵瓦尔瓦尔,要求根据1928年《友好和解仲裁条约》将案件提交仲裁。意大利则断言事情很清楚、没有必要提请仲裁。12月8日,墨索里尼要求阿比西尼亚就瓦尔瓦尔事件正式道歉;12月11日,又要求阿比西尼亚进行赔偿。12月15日,塞拉西致电国联秘书长,控诉意大利,并提请行政院注意两国冲突。由于英、法对意采取绥靖政策,国联行政院未能通过政治、仲裁方法解决瓦尔瓦尔事件和该地区的归属问题,却客观上给予意大利充足的时间准备发动侵略战争。

12月15日 行政院举行特别会议,对萨尔公投做最后的安排,艾登发表声明,英国将参加国际部队,前提是其他国家也这样做,且德国同意。阿洛依赛随即通报,意大利也准备派出一个分遣队。德国同意。行政院遂决定邀请瑞典、荷兰加入国际部队,两国接受。圣诞节前,由英国布林德少将指挥的共3300人国际部队(主要是英国军队)抵达萨尔。

12月30日 墨索里尼秘密下令准备入侵阿比西尼亚。同时,采取一系列外交手段为侵略战争创造有利的国际环境。在英、法的劝阻下,行政院没有直接介入意阿冲突,而是同英、法、意3国展开交叉谈判以寻求瓦尔瓦尔事件的处置方案。

一九三五年

1月3日 阿比西尼亚再次向国联申诉,说意大利军队已在阿国格洛加比要塞前集结,以空中轰炸要挟阿比西尼亚屈服,要求行政院启动维护和平程序。随后,法国外长赖伐尔和英国外交大臣塞缪尔·霍尔赶赴罗马与墨索里尼进行了会晤。

1月7日　赖伐尔和墨索里尼签署《赖伐尔—墨索里尼协定》(又称《法意罗马协定》)。这是法国和意大利为协调对奥地利政策并就非洲殖民地和势力范围进行交易的协定。赖伐尔默许意大利在阿比西尼亚的行动自由,墨索里尼则声称支持法国对抗德国。

1月11—21日　行政院在日内瓦召开第84次会议,审议和决定的事项有:

●**1月13日**　萨尔地区在"3人委员会"主持下举行公民投票,528053名合格选民参加投票,其中,477119票要求归并德国,46613票要求维持原状,2124票主张并入法国。

●**1月15日**　阿比西尼亚代表提克利·霍沃里亚特正式要求行政院将瓦尔瓦尔争端补入议事日程。意大利借口将根据1928年意阿条约解决此案,要求行政院推迟讨论阿国的要求。1月19日,秘书长在行政院非公开会议上宣读意阿两国政府的来信,代表们都相信瓦尔瓦尔事件将被付诸仲裁。

●**1月16日**　行政院决议,萨尔地区将于1935年3月1日并入德国。赖伐尔声明法国接受投票结果,德国驻巴黎大使则保证,德国承认萨尔属于《凡尔赛条约》规定的非武装区。第二次世界大战以后,美、苏、英、法分区占领德国,萨尔属法占区。法国基于安全与经济利益,一直谋求萨尔脱离德国。但随着联邦德国经济的迅速恢复和发展,萨尔日益倾向于同联邦德国合并。1959年7月5日,萨尔退出与法国的经济联盟,完全并入联邦德国。

●**1月16日**　在国联建议下,对玻利维亚进行经济制裁的20个会员国取消了制裁措施,巴拉圭因未被撤销制裁而宣称要退出国联。2月25日,巴拉圭正式宣布退出国联。

1月16日　美国参议院以52票对35票否决了关于美国加入国际常设法院的提案。

2月1—3日　英、法在伦敦举行会议,商讨对德国宣布重新武装的对策,就军备、东欧的互助、德国重返国联等问题展开讨论,并对德国进行了口头谴责。

2月20日　有关萨尔地区的所有协议都已签字。26日,最后一批国际部队分遣队回国。28日,萨尔行政管理委员会将地区交到阿洛依赛委员会手中。29日,行政院正式向德国移交萨尔。约8000人选择离开萨尔地区,其中1/3是之前从纳粹恐怖统治下逃出来的难民,国联对他们提供了一些援助。最高公投法庭在萨尔多待1年,保障投票者的人身安全。

2月21日　但泽新首脑纳粹分子阿瑟·格雷解散但泽下议院、重开选举,但纳粹党人在 72 席中仅获得 43 席(57%),未达执政所需的 2/3 多数。但这次事件成为行政院在但泽监督体系崩溃的开始。

2 月 24 日　瑞士举行公民投票,决定延长军训年限,并着手执行一项广泛的扩军计划,包括边界防御的彻底现代化、军队的机械化、增强空军防御力量等。

3 月 1 日　麦克唐纳向英国议会和全国发表题为《关于国防声明》的白皮书。该白皮书断定"一旦采取了行动,就不能依靠国际和平机构作为反对侵略者的保护者",不但由于物质方面的理由,而且因为在德国青年中培养的黩武精神、德国武装部队的成长很可能很快造成使和平受到威胁的形势。因此,英国政府被迫放弃它的全面裁军希望,将注意力转移到国防力量日积月累的缺陷上,为加强一切战斗部队(特别是海军和空军)而着手确立一个新的费用庞大的国防计划。

3 月 16 日　德国政府公布一项法令:重建征兵制,规定和平时期德国军力为 36 个师。墨索里尼以此为契机,邀请西门和赖伐尔在斯特莱莎开会磋商德国问题与欧洲和平计划,但以不讨论意大利的非洲计划为条件,英法两国接受。

3 月 16 日、17 日　阿比西尼亚皇帝海尔·塞拉西发电报就瓦尔瓦尔事件向国联申诉,详述 1 月 19 日决议并未起作用,阿比西尼亚面临的军事威胁日益增加。他请求行政院根据盟约第 15 条处理争议,设法有效地把争端提交仲裁,并且制止意大利在厄立特里亚和索马里进行军事准备。

3 月 22 日　意大利回应阿比西尼亚的指控,说任何这类控诉都没有根据。意大利的军事准备是为保护殖民地不受阿比西尼亚威胁,并准备将瓦尔瓦尔事件提交仲裁。意大利要求行政院拒绝诉诸盟约第 15 条,因为这一条涉及"不得提交仲裁的争端"。

4 月 11 日　英、法、意 3 国在斯特莱莎开会。14 日,3 国发表联合公报,宣称政策目标是在国联框架下"集体维护和平",采取可行的办法反对"危及欧洲和平的单方面违反和约行为",保卫奥地利的独立和领土完整;至于其他问题,3 国"对其所讨论的一切问题意见完全一致",由此结成"斯特莱莎阵线"。会议召开以前,3 国请行政院一俟斯特莱莎会议结束就召开特别会议,并要求行政院发表一项决议:彻底尊重一切条约义务是国际生活中的首要原则和和平的必要条件;德国破坏了这个原则,因而也就威胁到欧洲安全;对德国的这个行动,应予谴责;英国、法国、意大利 3 国政府应当继续努力确保欧洲安全,维护裁军原则,使德国重返国联;将来应对拒绝履行条约义务而危害欧洲和平的任何国家实施经济制裁和财政制裁。正如会议发起人兼主席墨索里尼在开幕式上所言,斯特莱莎会议的目的不过是协商而已、协商不等于决定。同日,3 国发表题为《关于欧洲问题的决议》的最后宣言。该宣言既不涉及德国军备问题,也未提及意大利入侵阿比西尼亚的问题。3 国仅对德毁约以解决武装问题表示遗憾,表示愿努力促成限制军备的国际协定,可以考虑修改《圣日耳曼条约》《特里亚农条约》《纳伊条约》;唯一明确的是 3 国确认保卫奥地利的独立和领土完整是其共同目的,至于别的问题,3 国"对其所讨论的一切问题意见完全一致",此即所谓保障欧洲和平的"斯特莱莎阵线",它一方面损害了国联行政院的威信,另一方面,对侵略者实际上没有任何抑制作用。

4 月 15—17 日　行政院在日内瓦召开第 85 次会议,讨论意阿冲突和斯特莱莎国家的建议。15 日,意大利代表阿洛伊赛重申,意大利不认为行政院的所有成员都要求在这次会议上讨论瓦尔瓦尔问题,他拒绝就不采取军事措施作任何保证。17 日,行政院对斯特莱莎国家建议的决议案进行表决,除丹麦弃权以外,其他代表都投票赞成。

5 月 2 日　法国与苏联缔结同盟条约。

5 月 20—25 日　行政院在日内瓦召开第 86 次会议。5 月 20—21 日,行政院举行特别会议讨论意阿冲突,在意大利的压力下,会议不讨论瓦尔瓦尔归属、意大利军事准备问题,而将议题限定于瓦尔瓦尔事件的仲裁程序,确定了案件仲裁委员会的 4 名委员,最后 1 名委员留待英、法、意、阿 4 国商定;在确定人选以前,不启动仲裁该程序。6 月 25 日—7 月 9 日,意大利、阿比西尼亚代表在海牙就两国间争端的仲裁程序展开磋商,未果。7 月 26 日,国联确认两国在第 5 位仲裁员人选问题上谈判破裂。

6 月 4—25 日　国际劳工组织在日内瓦召开第 19 次会议,主要讨论煤矿女工权益和煤矿工人工作时间问题。

6 月 14 日　玻利维亚和巴拉圭政府同意停战。

6 月 18 日　英、德签署海军协定。英国纵容希特勒扩张军备,同意德国海军实力可发展至相当于英国海军实力的 35%。

6 月 27 日　英国举行和平投票,请求全国选民对 5 个问题给出意见,包括英国与国联的关系、是否参与经济制裁和军事制裁等。绝大多数选民认为英国应作为国联会员国忠诚于国联盟约。

7 月 1—13 日　国联在日内瓦召开国际会议,以探讨如何推动国内局势紧张的利比里亚政府进行改组。

7 月 3 日　塞拉西请求美国政府采取步骤以消除《非战公约》被破坏的威胁,收到的答复是:美国政府不相信意大利或阿比西尼亚将会用和平以外的方法来解决它们的争端。8月1日,美国总统在行政院例会期间发表声明:"美国人民和政府希望找到和解方法使和平得到维护"。

7月21日 玻利维亚和巴拉圭在国联主持的布宜诺斯艾利斯和平会议上签订《布宜诺斯艾利斯和约》。巴拉圭获得大厦谷北部地区约18万平方公里的土地,玻利维亚获得约8万平方公里,并得到经巴拉圭河进入大西洋的航行权。

7月25日 英国政府要求对意大利、阿比西尼亚双方禁运武器。坎特伯雷和乌布萨拉的大主教联合呼吁行政院采取强硬措施。

7月31日—8月3日 行政院在日内瓦召开第87次会议,根据5月会议的安排,本次会议只讨论瓦尔瓦尔事件的仲裁问题。在英国的影响下,决定无论如何要于9月4日举行会议讨论意大利和阿比西尼亚的双边关系。意国代表阿洛依赛放弃投票,阿国代表泽塞表示欢迎和感激。

8月12日 阿比西尼亚呼吁取消武器禁运。8月15—18日,根据英国的倡议,英、法、意3国代表在巴黎开会以解决意阿争端,英、法提出的联合议案给予意大利在阿比西尼亚诸多特权,试图以3国共管的方式防止意大利独占阿比西尼亚,遭到拒绝。于是,英国决定在解除对阿禁运的同时坚持对意大利禁运武器。

8月24日 世界基督教理事会宣布国联可以指靠基督教的全力支持。

8月29日 丹麦、芬兰、挪威、瑞典4国外交部长发表忠于国联的联合宣言。8月30日,捷克斯洛伐克、南斯拉夫、罗马尼亚发表更加有力的声明。多国劳工组织、社会舆论都要求国联对意大利采取强硬措施。

8月31日 美国国会通过中立法。中立法规定,"在两个或若干个外国之间发生战争时或在战争过程中,总统将此事宣布,嗣后凡由美国或其属地之任何地点把武器、弹药及军事装备输往交战国港口,或输往中立国以转运至交战国者,均属违法"。并禁止美国船舶运载军用品至交战国和美国公民乘搭交战国船只旅行,但不禁止其他物资包括战略物资出口。到1936年2月底该法期满时,国会随即通过第2个中立法,将第1个中立法有效期延长到1937年5月1日,并补充禁止向交战国提供贷款的条款。1937年4月29日,国会通过第3个中立法,除前两法规定的内容以外,又规定中立法适用于发生内战的国家,授权总统判定战争状态之是否存在,不仅有权禁止武器输往交战国,而且可以禁止任何货物输往交战国。

9月4—13日 行政院在日内瓦召开第88次会议,首次讨论整个意阿冲突。4人仲裁团经一致同意向行政院提交工作报告:不论意大利还是阿比西尼亚,都不负发动战斗的责任。在辩论中,意大利抨击阿比西尼亚国内制度,说它不具备国联会员国资格,因而无权要求盟约赋予的权利。苏联、墨西哥等国代表驳斥意大利的论据。7 日,行政院设立一个五国委员会(英国、法国、波兰、西班牙、土耳其)研究和平解决办法,然后结束了辩论。

9 月 9 日—10 月 11 日　国联在日内瓦召开第 16 届大会,审议和决定的重要事项有:

● 大会决定设立营养委员会。

● 9 月 10 日　艾登代表行政院、霍尔代表英国、赖伐尔代表法国达成协议,只针对意大利禁运武器。

● 9 月 11 日　大会主席请求各国代表就阿、意冲突开始一般性辩论,绝大多数发言的代表都表示,如果意大利不谨慎行事,他们就决定履行作为国联会员国的责任。

● 10 月 10 日　海地代表埃尔佛雷德·内莫尔斯在大会发言中激烈而尖锐地批评了意大利的举动。他在发言末尾预言道:"国家不论大小,不论强弱,不论远近,不论白种人或有色人种,让我们绝不要忘记,有朝一日我们也许也会沦为某一国家的阿比西尼亚。"

● 大会行将结束时,以 50 票对 1 票、3 票弃权通过一项决议,建议成立一个协调委员会,以付诸执行盟约第 16 条的制裁措施。

9 月 17 日—12 月 18 日　行政院在日内瓦召开第 89 次会议,审议和决定的重要事项有:

● 9 月 18 日　五国委员会提出一份新计划。根据这一计划,阿比西尼亚将接受国联任命的和在行政院指导下行动的若干顾问,这在表面上维持阿国主权独立的同时将其行政权力转交给国联。塔法里同意将其作为进一步谈判的基础,但在日内瓦收到他的答复以前,墨索里尼就拒绝了。五国委员会只好宣布结束调停。

● 9 月 25 日　塞拉西通知行政院,为了避免发生可能作为侵略借口的事件,他的军队已从边界后撤 30 公里,要求行政院派出观察员对可能发生的任何事件进行调查和报告。

● 9 月 25 日　英国议会一致通过议案,授权政府实施对意制裁。

9 月 26 日　行政院举行会议,宣布意阿冲突调停失败,将启动仲裁程序。行政院组成一个不包括两当事国在内的十三国委员会,并在秘书处帮助下开始起草关于该争端事实的声明和关于解决方法的最后建议。

10 月 3 日　意大利未经宣战大举入侵阿比西尼亚。行政院谴责意大利入侵阿比西尼亚,违反了国联盟约第 7 条。为判定意、阿间是否存在战争状态以及如果存在战争状态,战争是否已在漠视盟约的情况下开始,行政院成立关于意阿争端的新委员会,由葡萄牙外交部部长蒙特罗任主席,秘书处法国官员亨利·维及尔任首席秘书。

10月5日 行政院发表报告,详细叙述瓦尔瓦尔事件经过和意大利对阿比西尼亚控诉的理由,解释双方的条约义务,审查阿比西尼亚加入国联以来的行为,驳斥意大利的立场,并宣布:《国际联盟盟约》《凯洛格公约》《非战公约》和《国际常设法院规约》的任择条款是两国应庄严遵守的义务,这个义务禁止在国家间诉诸武力;如果阿比西尼亚被控违反其义务,只有行政院有资格断定这种控告。

10月7日 行政院关于意阿争端的报告交付表决,意大利投反对票,阿比西尼亚投赞成票,由于当事国投票不予计算,该报告被一致通过。行政院宣布意大利为侵略国并准备对其实施制裁。后经大会通过,正式启动对意经济制裁。

10月11—19日 对行政院关于意阿争端报告投赞成票的50个会员国成立协调委员会(也称"制裁会议"),并举行第1次会议,选举葡萄牙前总理兼外交部长奥古斯托·德巴斯孔塞洛斯担任主席。会议决定立即对意大利实行武器禁运,但会议允许对阿比西尼亚输出一切武器。委员会同时任命一个十八国委员会为"制裁委员会",具体处理相关事宜。

10月14日 制裁委员会通过对意大利进行财政制裁的决定,要求各国政府立即执行。会议还通过了关于禁止从意大利输入货物的禁令。

10月19日 制裁委员会批准第3个制裁(停止从意大利输入货物)和第4个制裁(禁运第一份清单的货物,包括橡胶、锡、铝、锰、镍和一些稀有金属以及牲畜),但并未决定这两项重要制裁开始实行的日期。

10月20日 意大利开始停止公布本国黄金储备数量。

10月28日—12月4日 国际常设法院在海牙召开第35次会议,对但泽立法法令问题发表咨询意见。

10月31日 制裁会议再次举行。约50个会员国宣布准备实行制裁决议。埃及虽为非会员国,但决定完全参与该项事务。大多数政府在同意实施第3项和第4项制裁报告时说,它们还需要两三个星期的时间来做必要安排,于是会议决定,所有相关国家将于11月18日对意大利实行制裁。会议结束前,批准了加拿大的动议:禁运一旦有效地实施,现在决定对国联会员国所控制的橡胶、锡和其他物资的禁运就应该扩大至包括其他主要物资。存有争议的是石油、铁和钢、煤炭和焦炭,留待制裁委员会与各国政府磋商。11月18日起,国联正式开始对意大利实行局部的财政和经济制裁:禁止向意大利输出武器、提供贷款,禁止进口意大利商品,禁止对意大利出口橡胶、锡、铅和一些稀有金属及牲畜,但禁运物资不包括石油、钢、铁、铜、锌、棉花等战略物资。然而,英法两国在制裁目标、制裁措施上有分歧。英国希望打破意大利的侵略计划、维持自己在东北非洲的优势。法国希望拉拢意大利对付德国,反对英国的石油禁运建议。所以,启动制裁的过程拖沓而缓慢,制裁范围极为有限,也无法保证每个国家都贯彻落实。美国趁机抢做生意,实际上扩大了对意出口;意大利军舰在苏伊士运河来去自由,英法两国睁一只眼闭一只眼;德国支持意大利,并成为当时意大利的主要煤炭供应国。大国都对意大利采取绥靖态度,企图牺牲阿比西尼亚,把意大利的注意力引向东非,而保欧洲一时安宁。

11月27日　里拉的金价降低约25%。

12月9日　霍尔与赖伐尔会晤,拟定计划以结束意阿战争。所谓"霍尔—赖伐尔计划"规定将阿国北部、东南部以北及格欧加登地区数万平方公里的土地割让给意大利,阿国可以获得一个出海口;将阿国南部16万平方公里的土地划为经济发展区,意大利享有特权。该计划是背着阿国作出的,英、法试图通过牺牲阿比西尼亚把意大利的注意力引向东非,以保欧洲一时安宁。这份协定虽因曝光而流产,却增强了意大利军事入侵的底气,损害了国联对意制裁的效力。

同日　中国爆发"一二·九"学生抗日救亡运动。

12月12日　制裁委员会举行会议,本次会议原定于11月29日召开,应法国总理的要求而推迟。英、法通知委员会,一项新的谈判基础文件刚刚送交交战国,不久即将通知行政院,并请行政院尽快开会进行讨论,委员会遂决定推迟讨论对意大利新的制裁措施。

12月—1936年2月　召开第2次伦敦海军裁军会议,日、意中途退出。在1922年条约和1930年条约即将因期满而失效的情况下,英、美、法再次签署限制海军军备的条约,但仅规定每年通报造船情况,而删除限制海军军备的具体内容。列强转入新的海军军备竞赛。

一九三六年

1月20日　行政院开会讨论阿比西尼亚问题,未能动员理事国对阿国提供财政援助。制裁委员会同时召开会议,否决关于煤炭、铁和钢的禁运建议,理由是国联秘书处搜集的统计数字未能证明此种禁运有效。至于石油禁运,委员会主席建议请专家研究这个问题。

2月6—16日　第4届冬季奥林匹克运动会在德国的加米施和帕滕基

兴两个城市举行,共有28个国家和地区的646名运动员参赛。在这届奥运会上,运动场主火炬首次被引入奥运会赛场,焰火表演也第1次出现在奥运会闭幕仪式上。由于第二次世界大战的影响,随后的两届奥运会都被迫中断。

2月12日 制裁委员会的石油专家们提出一项涉及意大利的石油需求、储存、供应来源和运输工具的全部问题的报告,结论是:意大利的资源将在实施禁运3个月到3个半月之后耗尽;禁运的效果将几乎不会因有石油从美国输入而减低,只要这些输入维持在平常的水平;国联会员国的领土之外没有其他的石油供应源;即使美国不采取协同行动,如果能禁止意大利使用其他国家的油船,它从美国输入石油的成本将增加。各国政府要求给予研究和考虑报告的时间。

2月17日 国际联盟秘书处迁移至日内瓦总部。

2月20—24日 行政院在日内瓦召开第90次会议。2月21日,在行政院协调下,巴拉圭和玻利维亚政府签订最终和平协议,大厦谷战争结束。

2月26日 日本法西斯军人在东京发动武装叛变,此即二二六兵变。

3月1日 斯大林和美国斯克里浦斯—霍华德报系总经理罗伊·霍华德先生进行了这样的对话:"霍华德:全世界都在谈论战争。如果战争真是不可避免的话,斯大林先生,照您看,战争将在什么时候爆发?斯大林:这是不能预言的。战争可能突然地发生。现在,战争是不经过宣战的,说打就打的。但在另一方面,我认为爱好和平的人们的阵地正在巩固起来。他们可以公开进行活动,他们依靠社会舆论的威力,他们掌握着象国际联盟这样一些工具。这是爱好和平的人们的长处。他们的力量,是在于他们依靠广大人民群众的意志来进行他们的反战活动。世界上没有一个国家的人民是愿意战争的。至于说到敌视和平的人们,他们就不能不秘密地进行活动。这是他们的短处。但是,也可能正因为如此,他们能够下决心从事战争冒险,作绝望的挣扎。"[1]

3月2日 制裁委员会再次开会讨论石油禁运问题。法国代表要求延后讨论,英国同意。

3月3日 行政院举行会议,向意大利和阿比西尼亚发出呼吁,要求它们宣布准备"在国联的组织内和本着盟约的精神"立即开始关于停止战争和恢复和平的谈判。

3月7日 德国军队重新占领莱茵河非武装区,同时希特勒宣布《洛迦

---

[1] 《斯大林文集》,人民出版社1985年版,第86—87页。

诺公约》由于法俄条约的批准已经失效,德国认为它不复存在。英国和比利时要求行政院举行紧急会议。

3月14—24日　行政院在伦敦召开第91次会议第1阶段会议。14日,行政院就德国破坏《洛迦诺公约》的行为听取各代表国讲话,会议邀请德国代表参加。行政院经投票表决,正式宣告德国破坏《洛迦诺公约》,厄瓜多尔没有出席会议,智利弃权,德国反对。

3月25日　英、法、美签署《伦敦海军协定》,日本和意大利此前已经退出伦敦海军会议。

3月29日　行政院接到英、法、德、意4国的共同声明,4国宣称"严格尊重一切条约义务是国际生活中的一个根本原则和维护和平的基本条件"。会议随后任命马达里亚加委员会,促成意阿协议。4月17日,行政院接到马达里亚加委员会报告,被迫放弃通过意阿两国达成协议促成停战的希望。

4月20日　行政院在伦敦召开第91次会议第2阶段会议,表决赞成维持对意大利已在实施的制裁措施。决定召开关于阿比西尼亚战争的特别大会。

4月30日　英国政府宣布建造38艘军舰的计划,这是1921年以来英国最大的造舰计划。

5月5日　意大利占领亚的斯亚贝巴。5月9日,意大利正式宣布兼并阿比西尼亚,将其和厄立特里亚、意属索马里一起组成"意属东非"。此前,塞拉西经御前会议赞成后,已于5月1日逃往吉布提,经由巴勒斯坦逃往英国伦敦。

5月11—13日　行政院在伦敦召开第92次会议第1阶段会议。意大利政府正式通知国联,阿比西尼亚已不复存在,不应准许所谓阿国代表参加行政院会议,也不应对列在行政院议程上的"阿比西尼亚—意大利争端"问题进行任何讨论。

●5月12日　行政院同意让塞拉西在国联大会发言,并决定用1个月时间考虑意大利吞并阿比西尼亚的影响,通知国联会员国应继续实施制裁。意大利代表退出行政院。

5月14日　危地马拉宣布将退出国联。

5月27—30日　国联在马德里召开会议,讨论如何以仲裁、调停等和平方式解决太平洋地区的国际冲突。

6月4—24日　国际劳工组织在日内瓦召开第20次会议,通过特殊工种招募办法、减少公共工作时间、带薪年假3项公约。

6月7日　塞拉西在日内瓦发表对意大利的申诉书。申诉书一共10个部分,依次为开篇陈词、蹂躏与恐惧、统一的国度、瓦尔瓦尔前奏、寻求和平的努力、违背盟约、被迫军事动员、大国的虚幻承诺、国联受到威胁、软弱的援助。

6月8—26日　国联在日内瓦召开打击贩运毒品行为的国际会议,签订了《禁止非法买卖麻醉品公约》。该公约第1次把非法制造、变造、提制、调制、持有、供给、兜售、分配、购买麻醉品等行为规定为国际犯罪,这是国际禁毒立法上的一项重大突破。

6月30日—7月4日　国联在日内瓦召开第17届大会,审议对意大利制裁、是否承认意大利对阿国主权以及国联改革等3项议题:

● **6月30日**　塞拉西以阿比西尼亚皇帝的身份出席国联大会全体会议,大会同意维持某些对意制裁措施,中国、新西兰、苏联、西班牙、墨西哥、美国等国也否认意大利对阿国的占领。

● **7月4日**　大会决议取消根据盟约第16条采取的对意制裁,但可维持某些对意制裁措施。阿比西尼亚反对,南非和少数其他国家弃权;中国、新西兰、苏联、西班牙、墨西哥、美国否认意大利对阿国的占领。随后,制裁委员会决定于7月15日取消制裁措施。

● **7月4日**　大会建议向阿比西尼亚提供1000万英镑以购买防御性武器的动议被付表决,只有阿国赞成,23国反对,25国弃权。

● 大会一致通过决议,要求每个会员国用书面提出自己从经验教训中获得的结论,以便修正盟约、推行国联改革。随后,成立了一个专门委员会研究各会员国提出的改革建议。根据该委员会报告,各国的意见主要有:盟约同巴黎和约分开;国联应具备世界性;多数意见强调战争之防止,而在战争已经爆发的前提下,少有意见涉及制裁;多强调修改和约,少数意见希望维持现存条约的局面;建议签订区域协定,从而免除制裁的需要。

● 中国再次当选行政院理事国,并表示:中国绝不同意北方各省分离出去,也绝不承认所谓的"满洲国"独立,中国有权利期望其他会员国帮助自己收回由于国联盟约被蔑视而被夺走的权益。

7月4日　行政院开会讨论但泽问题,并召格雷塞参会。格雷塞明确宣称自己不是作为但泽市的代表而是大德意志帝国的发言人参加会议,并在接二连三的谴责谩骂之后退出了会议。当天,行政院通过决议,停止对意制裁。

7月18日　西班牙内战爆发。内战肇始于西属摩洛哥的梅利利亚驻军首脑发动叛乱,迅速蔓延开来。由于政府控制了马德里和巴塞罗那的局势,叛军未能一举成功。外国势力从内战初期就插手干预,意大利和德国"志愿军"参加叛军,苏联则向政府军提供武器和顾问,这使西班牙成为敌对意识形态的战场。其他欧洲国家在法国的发起、英国的支持下加入"不干涉协定",9月初,不干涉委员会正式在伦敦成立。在"不干涉"的影响下,国联未能及时干预。

8月1—16日 第11届奥林匹克运动会在德国柏林召开。参加比赛的有来自49个国家的3963名运动员。美国黑人跳高运动员杰西·欧文斯独得4金,有力回击了希特勒欲借奥运宣扬的"雅利安人种优越论"。中国共派出69名运动员参加比赛,还派出一个武术表演队和一个体育考察团。尽管中国运动员在正式竞赛项目中战绩不佳,但武术表演深受观众欢迎。

8月14日 罗斯福总统在纽约肖托夸夏季讲学中心发表题为《我曾目睹战争,我痛恨战争》的演讲。针对欧洲日益逼近的战争危险,罗斯福在演讲中强调,美国不是孤立主义者。他说:"除了尽力使自己完全孤立于战争之外这一点,我们并不是孤立主义者。然而我们必须牢记,只要地球上存在战争,即使是最热爱和平的国家,也有被拖入战争的某种危险。"对美国与国联的关系,罗斯福在这次演讲中明确表示:"我们避免承担可能使我们卷入国外战争的政治义务;我们回避同国际联盟的政治活动发生联系;但我很高兴地说,在日内瓦的社会和人道主义工作方面我们进行了通力合作。因此,在世界各地控制贩运毒品,改善国际健康状况,支持儿童福利,消除双重赋税以及改善劳动条件和活动时间这一世界性的努力中,我们尽到了一份力量。"①

9月9日 法、叙签订《友好同盟条约》,规定:3年内结束委任统治,叙利亚被允许加入国联;杰贝勒·德鲁兹、阿拉维特、亚历山大勒塔将被归入叙利亚,但享有特殊地位;黎巴嫩仍保持其独立自主地位。12月26日,双方批准友好同盟条约。

9月21日—10月10日 行政院在日内瓦召开第93次、94次会议。10月5日,会议讨论但泽高级专员的地位问题,采纳了国际常设法院1935年底的咨询意见,要求波兰政府代表行政院处理这个问题。这标志着国联放弃但泽自由市体制的守护之责。

10月1日 弗朗西斯科·佛朗哥被叛军推举为西班牙元首。

10月6—24日 国际劳工组织在日内瓦召开第21次、22次会议,主要讨论海运人员配备、海上工作时长和海上用工最低年龄限制等问题。

---

① [美]富兰克林·罗斯福著:《罗斯福选集》,关在汉编译,商务印书馆1982年版,第132页。

10 月 14 日 由于德国重占莱茵兰,比利时废除与法国的军事同盟,重新取得行动自由,此外,比利时还废除《洛迦诺公约》,表示希望在保留国联会员国身份的同时恢复中立国地位。

10 月 25 日 德、意签订关于奥地利的协定,奠定两国合作基础,此为罗马—柏林轴心的开端。

11 月 16 日 国际联盟通过《防止和惩治恐怖主义公约》和《建立国际刑事法院公约》两项公约。这两项公约由英国、法国、比利时、智利、西班牙等 11 国专家组成的国联反对恐怖主义委员会于 1934—1935 年起草。

11 月 18 日 意大利和德国承认西班牙叛军政府。西班牙合法政府要求国联秘书长举行行政院紧急会议,并且声明德国和意大利侵略西班牙是很明显的事实。不干涉委员会仍坚持"不干涉"立场,并提出一项监督方案。

11 月 25 日 德、日签订《反共产国际协定》。根据协定,德国和日本有义务相互告知获悉的关于共产国际的一切情况,并且在抵抗共产主义的颠覆活动方面进行合作。

12 月 3 日 丘吉尔在谈及国联改革时表示:"国联的全盛时代仍要到来,放弃这个无限的拯救可能性……这将是狂愚的。"

12 月 10—16 日 行政院在日内瓦召开第 95 次会议。12 日,行政院应西班牙的要求讨论西班牙内战问题。不干涉委员会表示将努力制止派遣志愿军前往西班牙,在西班牙各港口和边界建立监督体系,行政院对此表示欢迎,并力主严格实施。另外,行政院还派了观察员前往叙利亚西北部亚历山大勒塔州调查有关土耳其和叙利亚对该州的领土争端。

一九三七年

1 月 2 日 英、意签署《地中海协定》,旨在结束两国在地中海危险的敌对状态。

1 月 21—27 日 行政院在日内瓦召开第 96 次会议,决定亚历山大勒塔州名义上仍为叙利亚的一部分,但在内政方面享有几乎完全的自主权。行政院将起草该州州章程和州根本法。为了监督上述章程和根本法得到适当的尊重和遇有必要时调解该州和叙利亚政府间可能发生的纠纷,行政院将派常驻代表。行政院还决定土耳其将在亚历山大勒塔享有充分权利,土耳其语为正式语言。

2 月 2—15 日 关于妇女儿童人口买卖问题的会议于万隆召开。

5月3日—7月9日　国际常设法院召开会议,对默兹河水分道案做出判决。

5月24—29日　行政院在日内瓦召开第97次会议。29日,行政院经一致同意作出决议,再次声明在西班牙的一切外国战争人员应立即全部撤出,并敦促兼任不干涉委员会委员的国联会员国全力以赴地制止外国支援西班牙叛军。为解决法国、叙利亚有关亚历山大勒塔地区的争端,在法国和土耳其均表接受后,行政院通过《亚历山大勒塔州基本法》,规定在该地区实行自治和非军事化。

5月26—27日　国联召开特别会议,一致同意接纳埃及为会员国。这是国联最后一次接纳新会员国。

6月3—23日　国际劳工组织在勒马斯的主持下在日内瓦召开第23次会议,主要讨论并解决纺织业工作时长、在工业和非工业生产中童工最低年龄、建筑业中的安全措施等问题。

6月15日　瑞士决定承认意大利对阿比西尼亚主权,虽然在危机期间它曾参与对意经济制裁。

6月22日—7月20日　应土耳其要求,英国、法国、希腊、保加利亚、罗马尼亚、南斯拉夫、苏联、日本、澳大利亚等国在瑞士蒙特勒举行修改黑海海峡制度的国际会议,确定新的黑海海峡通行原则,此即《蒙特勒公约》。公约规定:撤销海峡委员会,恢复土耳其对黑海海峡的主权,允许它在海峡地区设防;战时,若土耳其中立,它有权禁止任何交战国军舰通过海峡,但为保护盟约而行动的军舰除外;若土耳其认为本国处于战争危险之中,可以采取一切它认为必要的管理海峡的措施,但如行政院以2/3多数裁决这些措施不正当,土耳其应保证停止。

6月26日　行政院派往亚历山大勒塔州的选举委员会停止工作,返回日内瓦。

7月5日　国联促成波斯、阿富汗、伊拉克、土耳其等国家间签订《和平友好条约》(也称《中东条约》),成立中东理事会,规定每年在日内瓦或其他地方举行一次会议。

7月5—9日　为促进知识产权保护,国联在巴黎召开促进文化交流与合作的国家委员会全体会议。

7月7日　日军在未通知北平地方当局情况下,于国民革命军驻地附近进行挑衅性的"军事演习",入夜后诡称一名日军士兵失踪,要求进入宛平城搜查,中国驻军严词拒绝。日军遂于当晚8时炮轰卢沟桥,向城内守军进攻,遭到中国军队的激烈反击,爆发了震惊中外的七七事变。日本发动了全面侵华战争,中国全民族抗战开始。

7月8日　英国发表庇尔报告,建议结束对巴勒斯坦的委任统治,并将其分为阿拉伯和犹太两个国家,但耶路撒冷、伯利恒和通往海岸的走廊地带仍归英国委任统治。英国议会拒绝为这个方案承担责任,犹太人和阿拉伯人也反对。方案被暂时搁置。

7月　国联营养专门委员会出版报告书《健康、农业、经济政策与营养的关系》(《营养报告》),就营养和健康的关系、农业和经济政策的关系作出最后结论。

8月3日　关于远东各国地方卫生问题的国联会议于万隆召开。

8月10日　萨尔瓦多政府宣布退出国联。

8月23日　国联委任统治委员会原则上接受了有关巴勒斯坦分治的庇尔方案。1936年10月至1937年1月,英国政府任命的庇尔委员会在巴勒斯坦地区就阿拉伯人总罢工问题展开了调查。1937年7月8日,该委员会发表报告,提出一个分治方案,将巴勒斯坦分为3部分:犹太国(占地1/3),英国委任统治地区(包括耶路撒冷),剩余地方与外约旦联合为阿拉伯国。此后历届国联全体大会也都在原则上接受这一方案。

9月10—16日　行政院在日内瓦召开第98次会议。9月13日,因日本发动全面侵华战争,中国形势极其严峻,中国代表向国联申诉。行政院经过讨论,决定指派咨询委员会处理中国的申诉。中国获准参加委员会,美国也收到参加该委员会的邀请。日军空袭南京、广州后,美国接受了国联的邀请。随后,委员会批准法国外长德尔博斯提出成立一个具体研究制裁问题小组委员会的建议,并应顾维钧要求通过了谴责日本飞机轰炸中国不设防城市的决议。之后,顾维钧分别草拟了宣布日本为侵略者和小组委员会职权的决议草案,国联秘书处要求中国撤回这两个草案,遭到拒绝。10月初,咨询委员会通过了小组委员会人员构成和职权,其中包括中国。

9月13日—10月6日　国联在日内瓦召开第18届大会。会议审议和决定的问题有:

● 智利代表团在关于国联改革的辩论中提出,应立刻邀请非会员国参加讨论,或至少通过书面形式发表他们的意见。

● **9月25日**　大会通过决议,除非外国战斗人员能在近期全部撤出西班牙,国联会员国将考虑结束不干涉政策。

● 中国国民政府就日本侵华向大会提出申诉,中国代表顾维钧和郭泰祺向国联呼吁,希望获得国联的道义支持、获得其他国家的物质援助及美国的合作。10月5—6日,国联和美国政府谴责日本的侵华行为,支持中国购买军用飞机和进口军需物品以进行对日作战。

• **10 月 6 日** 国联大会通过两份报告:第 1 份虽避免正式把日本列为冲突的侵略一方,但仍然认为日本犯有违反条约义务的罪行;第 2 份则建议召开九国公约会议("布鲁塞尔会议"),并指出国联成员国应避免可能削弱中国或在"中日冲突"中给中国增加困难的任何活动,并请各国分别考虑对中国能作出多大程度的支援。在国联开会期间,中国首席代表顾维钧四处奔走求援,请求制裁侵略,并草拟了一个宣布日本为侵略者的决议草案,均遭拒绝。他在回忆录中写道:"我觉得国联秘书处的胆怯、操纵和诡计,实在是太卑劣了。"

9 月 16 日 国联常设委任统治委员会召开特别会议讨论巴勒斯坦结束委任统治、实行分治的可行性。此前,大会要求行政院着手研究分治必然引起的问题,委任统治委员会获行政院授权承担此项任务。

9 月 20 日—11 月 6 日 国际常设法院召开会议,对克里特和萨摩斯灯塔案、包尔格雷夫案作出判决。

9 月 27 日 国际劳工组织在日内瓦召开会议,主要解决世界劳动统计标准化等问题。

9 月 29 日—10 月 5 日 行政院在日内瓦召开第 99 次会议。9 月 29 日,行政院通过奥利班委员会的报告,决定将叙利亚边境哈布尔地区的一些村庄作为已经居住在该地区的亚述人的定居地,其余的亚述人留在伊拉克、或可迁往喀布尔。这些村庄起初由国联代表负责管理,1942 年初移交给叙利亚政府。

11 月 1—16 日 国联在日内瓦召开打击恐怖主义会议。11 月 16 日,国联通过行政院特设之反对恐怖主义委员会草拟的《防止和惩治恐怖主义公约》和《建立国际刑事法院公约》。前者是第 1 份国际性反对恐怖主义公约,第 1 次对恐怖主义作出法律上的定义,第 1 次确立了对恐怖主义的普遍管辖原则和"引渡或起诉"原则,有特殊的历史价值。后者是国际上第 1 份为审判和惩治国际恐怖主义分子缔结的国际公约,旨在推动与国际犯罪作斗争。但第二次世界大战爆发、国际局势紧张使公约谈判国无暇深入考虑这个问题,公约签署国也无暇交存批准书。公约被无限期搁置起来。

11 月 3—24 日 《九国公约》缔约国根据国联讨论中国对日侵华之控诉所作的建议,在比利时布鲁塞尔举行会议讨论如何结束所谓的"中日冲突",即"布鲁塞尔会议"。因美国婉拒担任东道国,故由比利时出面邀请。与会者有中、英、美、法、意、葡、比、荷,以及 1922 年以后参加《九国公约》的挪威、丹麦、瑞典、玻利维亚、墨西哥,英联邦成员国加拿大、澳大利亚、新西兰、印度、南非,以及苏联(共19国)。德国、日本拒绝参加。会议主要讨论日本侵略所造成的远东紧张局势,以及如何结束所谓的"中日冲突"。中国代表顾维钧、郭泰祺在会上要求:谴责日本侵略,对日本进行经济制裁,英、美、法、苏等国以军事演习等方式对日本实行集体制裁,并在物质上援助中国。其他各国主张中日先停火,再通过调解达成和平解决办法。大国都空谈和平和条约尊严,对日本不采取任何实质行动,反而要中国代表团放弃制裁日本的要求和接受对日妥协,在援助中国的问题上都采取推诿态度。只有苏联代表团建议集体制裁日本。会议最终以一纸"宣言"草草结束,既不谴责日本的侵略行径,又不规定任何制裁措施,宣布暂时休会。布鲁塞尔会议无所作为,客观上纵容了日本侵略。

11月6日 意大利加入德国—日本《反共产国际协定》。

11月30日 意大利宣布承认伪满洲国。

12月3日 中国以1933年意大利在国联作出不承认"满洲国"决议时投赞成票为由,向国联提出申诉,谴责意大利违背当初承诺和国联盟约、《九国公约》。

12月11日 意大利退出国联,16日又退出国际劳工组织。

12月13日 侵华日军攻陷南京,在城区开始了震惊中外的血腥大屠杀。据美国国家档案馆1994年9月9日解密公布的1934年7月—1938年7月档案,日本外相广田弘毅于1938年1月17日致日本驻美使馆电提到:"据可靠的目击者直接计算及可信度极高的一些人的来函,提供充分的证明:不少于30万的中国平民遭杀戮,很多是极其残暴血腥的屠杀。抢劫、强奸幼女及其对平民的残酷暴行,在战事早已于数星期前即已停止的区域内继续发生。"美籍华裔女作家张纯如在所撰英文著作《被遗忘的大屠杀——1937年南京浩劫》中写道:"忘记屠杀,就是第二次屠杀。"

一九三八年

1月7日 意大利政府宣布1项宏大的海军建设计划,以补充1年前开始实施的大规模重整军备计划。

1月11日 国联在香港召开第1次国联防疫委员会会议。在国联专家帮助下,国民政府中央卫生署、医疗防疫队等部门相继成立,通过建立疫苗试验室,供应各种传染病疫苗,改善难民营卫生条件,对疟疾、霍乱、鼠疫等传染病进行防治,直接为抗日军民提供医疗服务。当月,国联3支防疫队共519人携带药品和器具抵达香港,后分赴西北、华中、华南开展工作,在行动上支持中国抗战。

1月25日—2月2日　国联行政院在日内瓦召开第100次会议。审议和决定的重要事项有：

●**1月29日**　行政院根据国联第2届大会批准的国联专门机构组织法规正式通过《通讯和交通运输组织规约》，由此成立国联通讯和交通运输组织，以贯彻国联盟约第23条第5款的规定，"采取必要办法对国联所有会员国保障维持其交通运输自由及商务上的公平待遇"。国联的通讯和交通运输组织是国联唯一拥有成文组织法、具有独立性质、历时最久、机构最完备的专门机构，原则上只能处理具有国际性质的交通运输问题；涉及某个国家内部交通运输问题并需要国际合作、提请国联提出专家咨询意见时，该组织可从旁协助。国联的通讯和交通运输组织的经费纳入国联预算，其主要机构有通讯与交通总会、咨询及专门委员会、常设秘书处。通讯与交通总会每4年召开1次全体会议，部分国家代表间会议可不定期召开；咨询及专门委员会是交通及运输组织常设执行机构和国联行政院的咨询机关，设有铁道运输、内河航行、港口及海运、公路及交通、电力问题、法律问题等小组委员会；常设秘书处则由国联秘书处的运输交通科兼任。20世纪20—30年代，国联交通及运输组织曾召开几次全体会议，对规定一些国际交通运输管理制度的公约、简化国际间旅游护照手续、统一或协调各国交通运输事务，以及参与解决国联所处理的政治事务中涉及交通的问题，都曾作出一定贡献。国联解散以后，该组织的部分职能由联合国运输和通讯委员会（后于1959年撤销）承担。

●**1月29日**　中国代表顾维钧与英、法、苏3国外长会晤，要求就行政院支援中国的决议草案修正稿进行讨论，3国推诿。

●**2月1日**　行政院召开秘密会议，研究中国对日本的申诉。2日，中小国家代表要求将"中日冲突"问题和决议草案一起提交行政院公开会议，遭到大国反对。顾维钧提出把起草国国名删掉的修正案，决议得到通过。

2月20日　英国外相、集体安全行动的主要倡导者艾登辞职，他对张伯伦首相不等待西班牙问题的解决即决定向意大利谋求妥协不满。哈利法克斯勋爵继任外交大臣。

2月28日　国际劳工组织在日内瓦召开国际技术和金融合作会议，旨在为殖民地移民制定一个支持计划。

3月13日　德国公然违反《凡尔赛条约》吞并奥地利。3月18日，德国正式通知国联奥地利已不复存在。

3月　中国政府公布的《抗战建国纲领》中明确列入应"对于国际和平

机构充实其权威"的条文。中国是一个饱受列强侵略之苦的国家,第二次世界大战又以日本侵略中国首开肇端,因此中国特别珍视国家主权和民族独立,特别渴望国际和平与人类正义。弱国办外交,对国际组织更寄予厚望。九一八事变后,当时的中国政府曾幻想循外交途径,期待国联能主持公道对日本加以制裁,结局却让中国大失所望。鉴于国联难以制止侵略的教训,故中国政府在1938年3月公布的"抗战建国纲领"中明确列入应"对于国际和平机构充实其权威"的条文,它旨在呼吁反侵略的国家能建立"强有力的和权威性的国际组织"。

4月16日 英国与意大利签署协定,承认意大利征服阿比西尼亚的事实,数国效仿英国。

4月29日—6月14日 国际常设法院召开会议,对摩洛哥磷酸盐矿案作出判决。

4月30日 瑞士政府正式向国联行政院申请无条件中立。

5月9—14日 行政院在日内瓦举行第101次会议,讨论英国提出承认意大利对阿比西尼亚主权的问题,会议还听取了瑞士政府要求恢复瑞士曾经根据盟约部分地放弃传统中立的声明,以及听取智利代表关于退出国联相关机构的讲话。审议和决定的事项还有:

• **5月12日** 行政院会议就阿比西尼亚主权问题进行辩论,海尔·塞拉西出席会议并发表演说。

• **5月12日** 中国代表顾维钧叙述中国所受战争之苦,要求西方国家援助阿比西尼亚,他警告行政院说,只要一天不联合努力来抵抗确实正在一些国家中进行的侵略,密集的战争危险就只会增加,不会降低。

• **5月14日** 行政院接受瑞士无条件中立的请求,允许它不参加未来制裁侵略国的一切行动,包括经济制裁。

6月2日 智利政府宣布退出国联。

6月2—22日 国际劳工组织在日内瓦召开第24次会议,就采矿业工作时数和工资统计标准达成了一项协定。

6月8—26日 国联在日内瓦召开打击贩运毒品行为的国际会议,通过《禁止非法买卖麻醉品公约》。该公约第1次把非法制造、变造、提制、调制、持有、供给、兜售、分配、购买麻醉品等行为规定为国际犯罪。

6月21日 瑞士宣布无条件中立。

7月12日 委内瑞拉宣布退出国联。

7月21日 玻利维亚和巴拉圭在国联主持的布宜诺斯艾利斯和平会议上签订《布宜诺斯艾利斯议定书》,亦即《巴拉圭玻利维亚和平友好条约》。两国正式停战,并恢复外交关系。巴拉圭获得大厦谷地区18万平方公里的土地;玻利维亚保留约8万平方公里(包括石油矿区)和进入巴拉圭河的走廊地带,并有权使用卡萨多港通往大西洋。

9月9—19日　行政院在日内瓦召开第102次会议,审议西班牙局势。

9月12—30日　国联在日内瓦召开第19届大会。21日,苏联代表李维诺夫在大会发表演讲说,应该让捷克斯洛伐克自己决定在德国侵略威胁下如何行动,表示苏联政府将履行苏捷条约明确规定的全部义务。同日,西班牙政府军决定撤走在其军队中作战的一切外国志愿军,并请大会派遣观察员到现场监督执行。大会将此案转交行政院。

9月26—30日　行政院在日内瓦召开第103次会议。9月30日,《慕尼黑协定》签署当天,国联行政院就制裁日本问题通过决议,认为日本侵略行为违反盟约,并郑重宣布,国联会员国有权实行根据盟约第16条规定单独采取制裁措施;但就任何执行这些措施的共同宣言而言,决议也指出,必要的"协作要素尚未得到保证"。另外,行政院应西班牙的要求,任命10个国家的约15名军官组成的委员会前往西班牙监督外国志愿军撤离。3个月后委员会报告撤退完成。

9月27—28日　国联全体大会经讨论宣布日本为侵略国,并呼吁国联会员国向中国提供援助。

9月30日　英、法、德、意签署《慕尼黑协定》,规定捷克斯洛伐克将苏台德地区割让给德国。

10月1日　为保护国际司法体系和集体安全,国联正式区分国联盟约和第一次世界大战之后签署的巴黎和平条约,以便在保护和平的同时满足修正主义国家的要求。

10月24日　德国政府向波兰政府提出"全面解决德波之间争端"的方案,要求将但泽划归德国,使德国有权横穿"波兰走廊"、修筑一条享有治外法权的联结德国本土和东普鲁士的通道;作为回报,德国将对波兰西部边界提供保证,并将两国互不侵犯条约延长25年。由此挑起"波兰走廊危机"。

11月2日　日本宣布将退出所有与国联相关的专门组织。

11月17日　国际联盟难民事务所获诺贝尔和平奖。

11月　纳粹党开始在但泽实施排犹的《纽伦堡法案》。

12月1日　英国开始进行服兵役的"全国登记"。尽管登记完全自愿,但英国此举被认为是战备的一项重大措施。

陷于瘫痪与终止活动

一九三九年

1月16—20日 行政院在日内瓦召开第104次会议。20日,行政院通过一项决议,撤销1937年10月和1938年2月的决议,并要求各会员国为采取有效措施援助中国进行协商。

1月19日—4月4日 国际常设法院在海牙召开会议,对巴涅韦日斯—萨尔杜提斯基铁路案、索菲亚—保加利亚电力公司案作出判决。

1月26日 佛朗哥叛军在意大利军队的支援下占领巴塞罗那,政府军的防线彻底崩溃。叛军在两周内占领了整个加泰罗尼亚地区,20万人左右的政府军越过法国边界以后被解除武装。2月27日,英、法无条件承认佛朗哥政府。

3月10日 斯大林《在党的第十八次代表大会上关于联共(布)中央工作的总结报告》中分析20世纪30年代的国际形势时说:"战争破坏了战后和平制度的基础,推翻了国际法的起码概念,从而使国际条约和国际义务的价值发生问题。和平主义和裁军方案已经被埋葬了。代替它们的是武装的狂热。所有的大小国家,其中首先包括实行不干涉政策的国家,都开始武装起来了。所谓慕尼黑会议对侵略者所作的让步和慕尼黑协定似乎开辟了'绥靖'新纪元的甜言蜜语,现在谁也不相信了。"为了维护和平与应对严重的战争威胁,苏联必须采取保卫国家安全的必要措施。斯大林说:"苏联为了巩固自己的国际地位,还决定采取了其他一些措施。1934年底,我国加入了国际联盟,因为国际联盟虽然软弱,但它总还可以作为揭露侵略者的场所,作为一种虽然软弱但可以阻碍发动战争的和平工具。苏联认为,在这样不安的时刻,甚至象国际联盟这样一个软弱的国际组织,也不应加以忽略。"①战后,由联共(布)中央特设委员会编的《苏联共产党(布)历史简明教程》中也坚持了同样评价:一九三四年末,苏联加入了国际联盟,因为苏联知道,国际联盟虽然能力薄弱,但它终究可能成为一个揭穿侵略者的场

---

① 《斯大林文集》,人民出版社1985年版,第244—245、245页。

所,成为一种固然是很薄弱,但多少总能阻碍战争爆发的和平工具。苏联认为在目前这样的时候,甚至国际联盟的国际组织,也是不容忽视的。[①]

3月15日　德国和匈牙利瓜分捷克斯洛伐克。

3月18日　葡萄牙和西班牙佛朗哥政府签订《互不侵犯条约》。5月22日、26日,葡萄牙又与英国重申两国间的传统联盟关系。

3月20日　德国外长里宾特洛甫会见途经柏林的立陶宛外长约·埃尔巴伊斯,提出立陶宛立即把默麦尔地区交给德国,否则德国元首要以闪电般的速度采取行动。3月21日,德国外交部通知立陶宛政府派全权代表于22日来柏林,在割让默麦尔地区的文件上签字。立陶宛代表按时来到柏林,被迫同意把默麦尔地区交给德国。3月23日,德国吞并该区。

3月28日　西班牙共和政府组织的国防委员会投降,西班牙内战结束。4月1日,美国承认西班牙新政权。

3月31日　英国向波兰作出安全保证,在两种情况下,英国将对波兰提供及时和充分的援助:第一,波兰受到另一欧洲国家的直接侵略,并同该国进入交战状态时;第二,波兰受到直接或间接的威胁,并判断必须拿起武器反抗时。促使英国转变外交政策的是但泽情势的恶化、捷克斯洛伐克遭到入侵这两件事。8月25日,在英国安全保证的基础上,英波两国正式签署《安全保证条约》。

4月8日　意大利吞并阿尔巴尼亚。

4月11日　匈牙利退出国联,秘鲁宣布退出国联。

4月28日　希特勒在德国国会发表演说,宣告废除1935年英德海军协定。

5月9日　西班牙宣布退出国联。

5月15日—6月15日　国际常设法院在海牙召开会议,对比利时商业公司案作出判决。

5月17日　英国政府就巴勒斯坦委任统治问题发表白皮书,提出3条主要原则:第一,委任统治应当发展为自治机关;第二,这样建立起的国家既不是犹太人的,也不是阿拉伯人的,而是巴勒斯坦人的;第三,现有居民不应由于别的移民迁入而变成少数民族,因此,犹太人的移入将以有限的规模持续5年,使其人口达到巴勒斯坦总人口的1/3,此后停止移入,除非得到阿拉伯人的同意。10年以后,巴勒斯坦可以准备独立。

---

① 参见联共(布)中央特设委员会编:《苏联共产党(布)历史简明教程》,人民出版社1955年版中译本,第444页。

5 月 22—27 日　国际联盟常规大会最后一次召开。行政院在日内瓦召开第 105 次会议。理事国代表们避免讨论当时欧洲的所有重大事件,包括捷克斯洛伐克、阿尔巴尼亚的命运,波兰、罗马尼亚的局势等。芬兰和瑞典为避免奥兰群岛于战争之中再次为别国占领,要求在群岛设防,它们要求行政院和 1920 年公约的全体签字国同意。行政院和这些国家均表同意。

5 月 23 日、27 日　会议根据秘书长约瑟夫·爱文诺的建议,任命一个精干的小型特别委员会,研究如何改变国联专门委员会与行政院之间的隶属关系,通过内部改革,提升国联经济机构的地位,拓展国联处理技术性事务的方法,供大会讨论。澳大利亚出席国联大会和行政院的代表斯坦利·布鲁斯被任命为特别委员主席,该委员会遂通常被称为布鲁斯委员会。

6 月 8—24 日　国际劳工组织在日内瓦召开第 25 次会议,就原住民劳工的书面合同、流动劳工的雇佣和劳动条件、原住民劳工违反合同的处罚和公路运输工作时数等问题通过相关文件。

6 月 23 日　法国和土耳其缔结条约,将亚历山大勒塔让给土耳其。这推翻了国联此前在亚历山大勒塔等相关问题上的努力。

6 月　常设委任统治委员会开会讨论英国 5 月 17 日白皮书,作出与该白皮书完全相反的决定,对结束委任统治的建议表示怀疑,并有意推迟叙利亚和黎巴嫩的独立。因常设委任统治委员会与英国的分歧,行政院首次检讨整个委任统治制度。

8 月 22 日　布鲁斯委员会提交《发展国际经济、社会合作》报告,建议成立一个对所有国联机构行使有效权力的新的中央经济和社会问题委员会。委员会应由各国贸易、财政、运输和卫生各部部长组成,以在经济和社会事务方面具有与行政院在政治事务方面相似的权力和权威。它的领导机构成员将由大会决定。该委员会成立后,将接受大会和行政院前此所履行的大部分责任,它还将组织一些专门委员会,并监督它们的纲领,帮助草拟预算,批准或否决它们的计划。这些专门委员会还将接受非国联成员国,并与国联成员国处于平等地位。西方一些学者对该计划评价很高,认为它是想把全世界的社会和经济利益组织起来的"第一个伟大努力的总结",提出了"很可能是国际事务历史上主要里程碑之一的计划"。12 月,大会通过布鲁斯计划。但因当时国际形势动荡,局部战争不断升级,建议未付诸实施。

8 月 23 日　德国与苏联签订《互不侵犯协定》并附有秘密条约,纳粹党废除但泽宪法。利奥波德国王以比利时、荷兰、斯堪的纳维亚各国名义发出和平呼吁,毫无效果。比利时进行了军事动员,但在 9 月 3 日欧洲大战爆发时宣布中立。

9月1日　德国部队攻击但泽的波兰邮局,但泽港一艘德国巡洋舰炮击"韦斯特普莱特号"上的波兰驻军。随后,德国正式宣布兼并但泽。英国与法国协调立场,西班牙保持中立。二战以后,但泽归还波兰,并恢复格但斯克原名。

9月3日　英、法对德宣战,第二次世界大战爆发。

9月7日　苏联进攻波兰。芬兰对逼近的大战宣布保持中立。

9月10日　中国接到通知,国联第20届大会和行政院第106次会议同时延期。国联处理远东冲突的政治使命以失败告终。1938年12月—1939年6月,美、英、日与蒋介石政府曾酝酿召开国际会议,由英、美调停中日战争,未果。1939年6—9月,蒋介石政府重提续开九国公约缔约国会议,但英、美、法等大国均无意承担召集的责任,续会终未召开。

9月29日　苏、德瓜分波兰。10月5日,苏联邀请芬兰进行政治谈判,并提出驻防芬兰境内某些阵地的建议。11月13日,苏芬谈判破裂,苏联宣布废除1934年4月7日重订的《苏芬互不侵犯条约》。

11月30日　苏联进攻芬兰。12月3日,芬兰向国联提出控告。

12月11—14日　第20届国际联盟大会召开,讨论苏芬战争问题,通过了谴责苏联的决议。14日,经英、法提议,行政院就苏联入侵芬兰举行专门会议,将违反国联盟约的会员国苏联开除。当时行政院投票赞成开除苏联的有英国、法国、比利时、玻利维亚、埃及、南非、多米尼加这7个国家,并未超过15理事国之半数,而南非、玻利维亚、埃及在投票之前刚刚成为行政院理事国。苏芬战争一直持续到1940年3月12日,芬兰被迫向苏联让步并割让土地。

一九四〇年

1月1日　芬兰通知国际奥委会放弃第12届奥林匹克运动会的主办权。此前,国际奥委会选定东京为此届奥运会的举办地。由于日本军国主义发动了全面侵华战争,日本奥委会在军方的压力下,不得不宣布1940年日本无法举行奥运会。国际奥委会决定将这一届奥运会会址改在芬兰赫尔辛基。在芬兰放弃主办权后,战火遍及欧洲和世界各地,第12届奥运会随之流产。原定于1944年在英国伦敦举办的第13届奥运会也因第二次世界大战停办。

2月19—26日　国际常设法院在海牙举行1940年仅有的一次会议,随后即因战争停止了活动,将审议德国占领荷兰案的开庭期推迟到1945年

10 月。

　　6 月　普林斯顿大学、普林斯顿研究院和洛克菲勒基金会邀请秘书处把它的所有专门机构迁往美国的普林斯顿,美国政府表示非常欢迎这一计划。爱文诺秘书长代表经济、财政和运输处接受了邀请。麻醉药品贩卖科于 1941 年春季被邀请到华盛顿设立办事处;国际劳工组织迁往加拿大蒙特利尔。

　　7 月 1 日　罗马尼亚政府宣布将退出国联。

　　8 月 31 日　国联秘书长爱文诺辞职,副秘书长肖恩·莱斯特(爱尔兰人)就任代理秘书长。到 1940 年底,秘书处的职员减少至 100 人,不到国联当时公职人员的 1/7。

　　9 月 27 日　德国、意大利、日本 3 国代表在柏林签订《三国同盟条约》。

　　11 月 10 日　国联秘书处通知中国国民政府,国联财源枯竭,原定 1941 年合作经费无法支付,所有派赴中国的专家合同于本年底结束,中国需要专家服务可自行雇佣,薪水可与本人交涉。实际上,国联专家合同延长至 1941 年 1 月 31 日,中国与国联的技术合作也随之宣告结束。

一九四一年

　　4 月 18 日　法国维希政府宣布退出国联。

一九四二年

　　4 月　海地政府宣布退出国联,成为最后一个主动退会的会员国。

一九四四年

　　4 月 20 日　在美国费城召开的第 26 届国际劳工大会上,朱学范得 27 票(共 28 票)当选为正式理事。

一九四五年

　　4 月 26 日—6 月 26 日　国际联盟、国际劳工组织、国际常设仲裁法院、联合国粮食及农业组织与联合国善后救济总署(简称"联总")等 5 个国际组织的代表,作为旧金山制宪会议非正式代表参加了会议。

5月8日　德国签署无条件投降书。

8月15日　日本天皇宣布投降。

9月2日　在停泊于东京湾的美国战列舰"密苏里号"上举行了日本投降签字仪式,标志着第二次世界大战结束。面对一系列战争危机和侵略战争,国联没有起到制止侵略、维护世界和平的作用,国联因此而消亡,黯然退出了历史舞台。

整个二战期间,国联系统基本处于停止活动的状态,直到战争结束后于1946年4月正式宣布解散。

一九四六年

4月8—18日　国联在日内瓦召开了最后一次大会。代理秘书长肖恩·莱斯特被任命为第3任秘书长。莱斯特在国际联盟解散的同时辞去了秘书长之职。莱斯特成了国际联盟史上只出任过一天的秘书长。是时,在反法西斯浴血奋战中诞生的新的国际组织联合国正在伦敦召开首届大会。前者是结束过去,后者为开辟未来。国联最后一次大会通过了将国联的权力和职责移交给联合国的决议。① 大会最后宣告国际联盟正式解散,结束了26年的历史。自1946年4月19日起,国联已不复存在。

●4月18日　国际常设法院随国际联盟解散,后为联合国国际法院所替代。凡条约中规定应提交国际常设法庭的案件交由联合国国际法院处理。整个国际常设法院活动期间(1922—1940年),受理了29个诉讼案件,27个咨询意见案。1945年10月,国际常设法院举行最后一次形式上的开庭,1946年1月31日全体法官提请辞职,同年4月国联最后一次大会解散了国际常设法院。

---

① 事实上,联合国大会第1届会议已在此前的1946年2月10日与2月12日先后通过两项与此相关的决议,一项是关于"国联条约与协定的登记"的第 A/RES/23(I)号决议,另一项是关于"国际联盟若干职权、工作及资产的转移与接收案"的第 A/RES/24(I)号决议。两项决议都声明联合国愿意担任行使以前赋予国联的若干职能和权力,特别是关于保存由国联秘书处保存的条约文件,有关执行一些技术性的和非政治性的职能以及有关国联一些部门的工作等职能和权力。1946年7月以后,联合国又通过了多项与国联有关的决议,进一步规定了关于国联将资产转移给联合国的具体细节,以结束未尽事宜。这些决议如下:关于"国际联盟资产的移交"的第 A/RES/79(I)号决议,关于"联合国教育科学暨文化组织对于国际联盟在国际智识协会内的财产权的利用"的第 A/RES/71(I)号决议,关于"国际联盟依照有关麻醉品的各种国际协定、公约及议定书所行使权利的移交联合国"的第 A/RES/51(I)号决议,以及关于"国际联盟若干职权、工作及资产的转移与接收案"的第 A/RES/24(I)号决议等。

● 国联作为世界上第 1 个普遍性的国际组织,它反映了 20 世纪世界已经发展为一个息息相关的整体的现实。但是它作为凡尔赛华盛顿体系的有机组成部分,在帝国主义强权政治存在的情况下,实际成为英、法所操纵的、并不失为美国所支持的维护它们在战后建立的国际政治经济新秩序的外交工具。第二次世界大战的爆发已使国联名存实亡。但国联的存在也并不是毫无价值的。它有着承前启后的开创性意义,其历史地位也是毋庸置疑的。曾在巴黎和会上担任制定盟约特委会的两主席之一塞西尔勋爵在国联解散会上感慨万端地说:"国联死亡了,联合国万岁。""国联死亡了"标志着一个旧时代的终结,而"联合国万岁"预示着一个新时代的到来,联合国将引领人类在争取持久和平的征程中迈向一个新阶段。

第二篇

联 合 国 篇
（1941 — 2021）

旧金山制宪会议前后

一九四一年

6月12日　澳大利亚、加拿大、新西兰、南非联邦和英国的代表,比利时、捷克斯洛伐克、希腊、卢森堡、荷兰、挪威、波兰和南斯拉夫等国流亡政府代表,法国戴高乐将军的代表,在伦敦圣詹姆斯宫签署同盟国宣言。各签字国承认"持久和平的唯一真正基础是各国自由人民志愿在一个已经摆脱侵略威胁,人人享有经济和社会安全的世界中进行合作",宣称它们愿意"为了达到这一目的,在战时和平时同其他各国自由人民通力合作"。这是同盟国首次提出各自由国家的通力合作是实现"持久和平的唯一真正基础",通过多边主义致力"持久和平"。

8月14日　罗斯福和丘吉尔签署一项"美国总统和英国首相的联合宣言",史称《大西洋宪章》。双方宣称他们将把建立一个更美好的未来世界的希望,建筑在"他们各自国家所奉行的国际政策的若干原则"上,希望"促成一切国家在经济方面最全面的合作,以便向大家保证改进劳动标准、经济进步与社会安全"。宪章宣告:"待纳粹暴政最后毁灭后,两国希望可以重建和平,使各国俱能在其疆土以内安居乐业,并使全世界所有人类悉有自由生活、无所恐惧、亦不虞匮乏的保证","两国相信世界所有各国,无论为实际上或精神上的原因,必须放弃使用武力。倘国际间仍有国家继续使用陆海空军军备,以致在边境以外实施侵略威胁,或有此可能,则未来和平势难保持。两国相信,在广泛而永久的普遍安全制度未建立之前,此等国家军备的解除,实属必要"。而在此之后,将能建立一个"广泛而永久的普遍安全制度"。① 事实上,"广泛而永久的普遍安全制度"的提法,后来被盟国普遍认为是未来国际组织的同义语或代名词。《大西洋宪章》中有关尊重主权、领土完整、尊重各民族自由选择其政府的权利,有关希望促进一切国家的经

---

① 丘吉尔在回忆录中说,英国提供的联合宣言的原稿本有"要利用有效的国际组织"的提法,因罗斯福坚持删掉才改用上面的抽象提法代替。据参加起草工作的美国代国务卿威尔斯记载,罗斯福认为他难以同意丘吉尔提法的原因是:第一,"将会在美国引起怀疑和反对";第二,罗斯福不赞成仓促行事,以免新的国际组织成为国际联盟的翻版。

济合作,有关重建和平以使各国俱能在其疆土内安居乐业并使人类享有 4
大自由的保证,有关解除侵略国家的军备、必须放弃侵略和侵略威胁、必须
放弃使用武力等诸多条款,都为后来制定《联合国宪章》提供了思想依据。
这是最初播下的联合国的种子。

8 月 17 日　中华民国外交部发表声明,宣布中国政府赞同 8 月 14 日
美国总统罗斯福和英国首相丘吉尔的联合宣言。20 日,延安《解放日报》载
《中共中央关于最近国际事件的声明》(8 月 19 日)指出,宪章的发表向世
界表明"英美打倒法西斯主义的决心",它"有利于中国,有利于世界"。但
国共两党也同时指出其不足,宪章仅提摧毁"纳粹暴政"后"希望重建和平"
而没有涉及日本军国主义。当时中国政府还曾在内部提出可搞一《太平洋
宪章》以补充《大西洋宪章》之没有涉及日本军国主义的不足。在进行这种
可行性研究时,蒋介石的外交顾问、国防最高委员会秘书长王宠惠认为大西
洋宪章有两点欠缺①,并提出当时盟国在远东和太平洋方面应强调以下 3
点:第一,摧毁暴日;第二,民族自决;第三,种族平等。他向蒋介石建议虽不
宜采取太平洋宪章之方式,但可提出以下 3 条普遍性原则作为《大西洋宪
章》之补充,即"一、大西洋宪章,尤其是关于各侵略国武装解除及各国与各
民族自决等原则,一律适用于全世界。二、日本之领土,应以其 1894 年发动
侵略政策以前之范围为准。三、各民族及各种族一律平等,为世界和平与进
化之要素"②。尽管中国所要补充《大西洋宪章》的这些努力,当时并没有
显现直接结果,但其意义与影响深远:(1)充分反映出中国主张民族自决、
民族平等及种族平等的立场;(2)这些基本原则已成为"开罗宣言"与日后
处理日本问题的重要指导原则。

9 月 24 日　苏联宣布同意《大西洋宪章》的基本原则,并提出各国人民
的任务"应建立一种使子孙后代摆脱罪恶的纳粹主义的战后和平体制"。

一九四二年

1 月 1 日　中、美、英、苏等 26 个反法西斯盟国代表在华盛顿签署《联
合国家宣言》,一致赞同《大西洋宪章》的宗旨和原则作为盟国的共同纲
领。宣言指出,"完全战胜"敌国是十分必要的,各国兹宣告:(一)每一政
府各自保证与各该政府正在作战的三国同盟成员国及其附从者使用不论

---

① 参见《德黑兰、雅尔塔、波茨坦会议记录摘编》,上海人民出版社 1974 年版,第 450 页。
② 秦孝仪主编:《中华民国重要史料初编——对日抗战时期》第 3 编,战时外交(三),台北,
1981 年,第 797—798 页。

是军事的或经济的全部资源;(二)每一政府各自保证与本宣言签字国政府合作,并且不与敌人缔结单独的停战协定或和约。共同宣言中首次正式采用"联合国家"一词,是接受了美国总统罗斯福的建议,[①]当时主要是指参加反法西斯联盟的国家。后来"联合国"组织的名称,即渊源于此。关于签署26国宣言的排序问题:还在1941年12月27日,霍普金斯在就即将发表的联合国家宣言文稿致罗斯福的备忘录中指出:"要打破按字母编排的次序,把像中国和苏联这样的国家提到同我国和联合王国(英国)并列的地位;区别的办法可以是,那些在自己的国土上积极作战的国家为一类,另外则是已经被轴心国征服了的国家。我认为这种排列极为重要。"罗斯福完全赞同这一意见。显而易见,自太平洋战争爆发后,中国作为"四个最主要的参战国"之一的地位和作用,为战时盟国普遍重视。1942年1月1日,由美、英、苏、中4国领衔发表了联合国家宣言,签署宣言的26国依次排列是:美国、英国、中国、苏联、澳大利亚、比利时、加拿大、哥斯达黎加、古巴、捷克斯洛伐克、多米尼加共和国、萨尔瓦多、希腊、危地马拉、海地、洪都拉斯、印度、卢森堡、荷兰、新西兰、尼加拉瓜、挪威、巴拿马、波兰、南非联邦和南斯拉夫。[②] 这是中国作为战时四强之一的地位首次正式出现在国际文件上,它表明中国在战争中的重要地位得到了盟国的承认。

一九四三年

5月18日—6月3日 经美国总统罗斯福倡议,45国代表在美国弗吉尼亚州的温泉城举行联合国家间粮食和农业会议,决定建立一个粮食和农

---

① 盟国第1次使用"联合国家"一词,是采纳了罗斯福的建议,它当时代表反法西斯联盟。美国国务卿赫尔的回忆将美国国务院最初起草的这项宣言称为《共同宣言》,经罗斯福、赫尔、丘吉尔等人审阅后,均表赞同。当时丘吉尔正在美国访问,赫尔回忆说,12月31日晨,罗斯福总统向住在白宫的丘吉尔首相提议,将共同宣言定名为联合国家宣言,丘吉尔赞同。"联合国家"一词遂告成立,联合国的名字即源于此。

② 其后加入联合国家的国家按加入日期先后为:墨西哥、哥伦比亚、委内瑞拉、菲律宾、利比里亚、乌拉圭、埃塞俄比亚、法国、土耳其、伊拉克、厄瓜多尔、埃及、巴西、秘鲁、沙特阿拉伯、玻利维亚、智利、叙利亚、伊朗、巴拉圭、黎巴嫩。法国和丹麦应从一开始就属于联合国家阵营内。戴高乐将军领导的自由法国部队一直对轴心国家作战,而丹麦驻华盛顿公使在宣言签署时则表示全体自由丹麦人都忠于同盟国的事业。但由于联合国家宣言是由各国政府签署的,因而它们当时无法正式参加宣言。法国在法兰西民族委员会组成政府时,正式参加了这个宣言;丹麦在旧金山会议开幕后才获得解放,经会议批准为联合国家的一员。

业方面的永久性国际组织,并起草了《粮食及农业组织章程》,为联合国粮食及农业组织奠定基础。

9月14—24日　美、英首脑举行第1次魁北克会议,罗斯福说服丘吉尔赞同他提出的战后应以美、英、苏、中4国为中心建立国际和平组织的意见。

9月21日　罗斯福、赫尔等人积极筹备建立新的国际组织,为防重蹈威尔逊覆辙,从一开始就注意谋求两党著名国会议员如托姆·康纳利、J.W.富布赖特和阿瑟·范德堡等人的支持与合作,邀请他们共同参加联合国活动。1943年9月21日,美国众议院以360票对29票通过了富布赖特决议案,11月5日参议院以85票对5票通过了康纳利决议案,正式表明美国国会支持罗斯福总统建立和参加"维护国际和平及安全"的国际机构,宣示两党对建立战后和平机制的一致立场,特别是参院以压倒性多数通过了康纳利决议案,使1920年事件不致重演,这大大解除了罗斯福的后顾之忧。

10月18—30日　苏联、美国、英国3国外长莫洛托夫、赫尔、艾登在莫斯科举行会议,为即将举行的首脑会议作筹备工作。会议的主要任务之一是要讨论和签署一项由美国提出并已取得英国赞同的《关于普遍安全的宣言》草案。会议曾为签署一个"三国宣言"或"四国宣言"出现过明显分歧,最后终于在各方的努力下达成了一致。10月30日下午,由已获授权的中国驻苏大使傅秉常代表中国外长出席会议,并同苏、美、英3国政府代表共同签署一项《关于普遍安全的宣言》。4国政府在宣言中明确宣布:"它们承认有必要在尽速可行的日期,根据一切爱好和平国家主权平等的原则,建立一个普遍性的国际组织,所有这些国家无论大小,均得加入为会员国,以维护国际和平与安全。"四国宣言勾画出了新国际组织的轮廓,并向世界首次宣布要建立一个新的国际组织以及对要在"尽速可行"的时间内建立这一组织正式承担了义务。这是4国为筹建新国际组织迈出的关键性一步。赫尔回到华盛顿在美国参众两院联席会议上报告此次莫斯科之行时说:"苏联、英国、美国和中国已为战后世界的合作奠定了基础,这种合作的目的在于使所有热爱和平的国家,不论大小,都能在和平与安全中生存,都能维护文明生活的各种自由与各种权利,并享受多方面的机会和便利以取得经济、社会和精神进步。在目前的大战中以及在战胜轴心国以后的和平时期,世界上再也没有别的重要国家像我们这样休戚与共了。"其意义如同11月3日中国政府首脑蒋介石为四国宣言之签订在分别电贺苏、美、英3国首脑斯大林、罗斯福、丘吉尔中所言:"此一历史性的重要文件,昭示反侵略大义于世界,不仅增强我 4 国为达成共同信念之合作,且对全世界爱好和平之民族,均予以建立国际和平及普遍安全之保证,此于世界之前途实有莫大之贡献。"

11 月 9 日 44 个反法西斯国家在华盛顿建立联合国善后救济总署,其宗旨是在战争一旦结束后,在重建和安置难民方面提供帮助,负责向遭受战乱之苦者提供物资救济,帮助恢复生产和重建家园,它是联合国系统中最早建立的国际救援机构。战时和战后初期共向 17 国提供 40 多亿美元的救助(其中 27 亿来自美国捐款),一半开支用于中国、希腊、意大利等国;另一半则用于波兰和其他东欧国家。在联总的帮助下,及时缓解了意大利、希腊、波兰、南斯拉夫和阿尔巴尼亚等国家的饥馑,在马歇尔计划实施之前帮助欧洲国家重建了它们的工农业经济。联合国善后救济总署于 1949 年 3 月 31 日正式停止活动。联总活动的性质多种多样,它的工作后来由联合国各专门机构分担,如联合国粮农组织、儿童基金会、世界卫生组织、国际难民组织和一些较小的志愿团体和慈善团体等。

11 月 22—26 日 中、美、英 3 国首脑蒋介石、罗斯福、丘吉尔在开罗举行会议,美国总统罗斯福在主持首次会议的开幕词中说:"今日开会仪式虽简,但本会为有历史性之意义,因本会为四国宣言之具体化。"开罗会议主要议题为反攻缅甸与在战后处置日本等问题。结果除解决军事问题外,三方并同意发表《开罗宣言》。会议期间,为尽快落实四国宣言和早日建立战后强有力的国际和平机构问题,蒋介石分别与罗斯福和丘吉尔都进行了友好的交谈。丘吉尔在会见蒋时表示:"莫斯科会议及四国宣言,具有重大意义,影响所及,能奠定将来世界之和平。"罗斯福则明确认为,中国应取得它作为四强之一的国际地位,"以平等的地位参加四强小组机构并参与制订该机构的一切决定"。蒋介石表示:"中国将欣然参加四强的一切机构和参与制订决定。"①开罗会议期间,蒋介石曾为建立战后国际和平机构问题,分

---

① 中国代表团为参加开罗会议事先拟定的问题草案中,关于战后重要问题有:"一、维持世界和平:战事结束后现有之联合国团体仍应继续存在,而以中、美、英、苏为主席团,担负维持世界和平之责,至普遍集体安全制度成立时为止。二、国际经济合作:在原则上可予赞同,并表示欢迎外资。"到开罗后,中方又将预拟的政治方面提案,分成 4 项提要,译成英文,交给霍普金斯转罗斯福。其中第一项"关于设立 4 国机构或联合国机构问题"的内容包括:(1)在联合国总机构未能设置以前,应由美、英、苏、中 4 国及早成立 4 国机构,以便协商关于四国宣言所规定之事项。(2)上述 4 国机构之经常机关,设于华盛顿,但有时亦可在伦敦、重庆或莫斯科开会。(3)4 国机构应负筹设联合国总机构之责。(4)联合国总机构之组织,中国政府赞同美政府所拟议由 11 个联合国组成一种执行机关,由美、英、苏、中 4 国任主席团之办法。这些事实表明,中国政府明确主张,战后的和平机构应该是强有力的、永久的和普遍性的。无疑,中国这些意见对筹建联合国很有价值和十分重要。

别与罗斯福和丘吉尔交换过意见,提出莫斯科四国宣言能尽速具体化,以早日建立战后国际和平机构。

12月1日 11月28日—12月1日,美、苏、英3国首脑罗斯福、斯大林、丘吉尔在德黑兰举行会议。3国首脑之间讨论了落实四国宣言和未来国际组织问题,特别是罗斯福与斯大林两人在11月29日下午的会晤中专门讨论了这一问题。罗斯福认为,战后应该成立一个世界性的组织,它将建立在联合国家的原则基础上,罗斯福向斯大林专门介绍了他对未来国际组织的构思。通过这次会见,斯大林终于赞成罗斯福关于未来国际组织应是世界性的,而不是区域性的意见。12月1日,3国政府首脑发表的《德黑兰宣言》向世界宣告:"我们完全承认我们以及所有联合国家负有至高无上的责任,要创造一种和平,这和平将博得全世界各民族绝大多数人民大众的好感,而在今后许多世代中,排除战争的灾难和恐怖"。该宣言强调,"我们将力求所有大小国家的合作和积极参加,那些国家的人民,就和我们本国的人民一样,都是全心全意抱着消除暴政和奴役、迫害和压制的真诚。我们将欢迎他们,听他们抉择,到一个全世界民主国家的大家庭里来"。在开罗和德黑兰两次会议后,罗斯福政府把尽速建立新的国际组织作为美国对外政策的重要目标。

同日 根据开罗会议的约定,中、美、英3国政府同时公布《开罗宣言》,宣言全文如下:"罗斯福总统,蒋委员长,丘吉尔首相偕同各该国军事与外交顾问人员,在北非举行会议业已完毕,兹发表概括之声明如下:三国军事人员,关于今后对日作战计划,已获得一致意见。我三大盟国决心以松弛之压力,从海空各方面加诸残暴之敌人,此项压力已经在增长之中。我三大盟国此次进行战争之目的,在于制止及惩罚日本之侵略。三国决不为自己图利,亦无拓展领土之意思。三国之宗旨,在剥夺日本自从一九一四年第一次世界大战开始后,在太平洋所夺得或占领之一切岛屿。在使日本所窃取于中国之领土,例如东北四省、台湾、澎湖列岛等归还中华民国。其他日本以武力或贪欲所夺取之土地亦务将日本驱逐出境。我三大同盟稔知朝鲜人民所受之奴役待遇,决定在相当时期使朝鲜自由与独立。根据以上所认定之各项目标,均与其他对日作战之同盟国目标一致,我三大盟国将坚忍进行其重大而长期之战争,以获得日本无条件投降。"《开罗宣言》成为战后处置日本问题的指导性的文献。意义重大,影响久远。12月24日,罗斯福在圣诞节前夜关于德黑兰和开罗会议的"炉边谈话"中强调说,他与3大国领导人讨论的是国际关系中的大的主要目标。罗斯福认为:"英国、俄国、中国和合众国及其盟国,代表了全世界3/4以上的人口,只要这4个军事大国团结一致,决心维护和平,就不会出现一个侵略国再次发动世界大战的可能。"但他还说:"这四个大国必须同欧洲、亚洲、非洲和南、北美洲所有爱好和平的人民团结合作。所有国家不分大小,其权利都必须兢兢业业地予以尊重和保护,就像我们对待自己共和国之内的一切个人的权利那样。"罗斯福的这番话在相当程度上反映了4大国当时对战后世界的设想。同年12月,美国国务院组织了一个由赫尔领导的专家班子起草有关计划,以把罗斯福的设想具体化。

一九四四年

1月11日 罗斯福在致国会的国情咨文中谈到经过开罗和德黑兰两次会议后更要认真吸取上次战争中国联的惨重教训。为此,他特别强调说:"赫尔先生10月去莫斯科,以及我11月去开罗和德黑兰时,我们了解我们同盟邦是有共同决心把这场战争打下去并且打赢的。但是,当时还有涉及未来和平的许多关系重大的问题,而这些问题也在完全坦率和和谐的气氛中得到了讨论。在上一次大战中,这种讨论,这种会晤,一直到战火停息和代表们齐集和平谈判桌前才刚开始。事先不曾有机会进行足以导致思想交流的个人间的探讨。其结果是达成了一种并非和平的和平。那是我们在这次大战中不打算重犯的错误。"绝不可以像建立国联那样达成"一种并非和平的和平",这是罗斯福生前一再告诫美国和战时盟国的。其实,苏联也同样关心要建立一个真正维护和平与有效的国际组织,并坚决反对"恢复毫无权柄和毫无势力的国际联盟"(莫洛托夫语)。斯大林不止一次强调在创建新安全组织时,必须吸取国际联盟的可悲教训,新组织"不应当是既没有权力又没有手段来防止侵略的那个可悲的国际联盟的重演"①,苏联鉴于自己在国联时曾遭受的挫折和耻辱,它也极为关心新组织能否从制度上切实保证自己的大国地位,苏联希望新组织能成为防止德国东山再起的坚固堡垒,认为它应拥有制止侵略和维护和平的充分权威和手段。斯大林曾提出,有什么办法来防止德国的新侵略?他说:"除了完全解除各侵略国的武装以外,只有一个办法,这就是:建立一个由爱好和平国家的代表组成的捍卫和平、保障安全的特别组织",并说:"这将是握有捍卫和平和防止新侵略所必需的一切东西的新的特别全权国际组

---

① 《斯大林文集》,人民出版社1985年版,第431页。

织。"①为此,苏联方面认为:"国际政治中保障持久和平的一个切实可行的方针,这就是大国的一致行动。苏联政府正是从这个唯一正确的论点出发,来制定未来的国际安全组织的原则的。"②后来,葛罗米柯指出:苏联一贯主张联合国"应真正地为国际安全事业服务",它坚持有关保卫和平、维护国家关系的重大问题只有在取得五大国的同意后才能做出决定,也就是说,"五大国一致的原则,即安全理事会常任理事国一致的原则应成为有效活动的基础"③。

4 月　战时盟国的教育部部长在伦敦集会,提议成立联合国教育文化复兴组织。

5 月 29 日　美国国务卿赫尔正式宣布美国政府准备在英、美、中、苏 4 大国之间,就国际安全机构问题,开始非正式商讨。赫尔说,4 国代表去秋在莫斯科集会时,曾通过日后于华盛顿举行会议,商讨建立和平机构之议案。

6 月 1 日　中国大使魏道明、英国大使哈里法克斯、苏联大使葛罗米柯各代表本国政府接受美政府之邀请均往访赫尔,参与在华盛顿举行的非正式会谈,商讨建立国际和平机构之议案。赫尔把按照罗斯福指示起草的、并征得国会同意的"普遍国际组织暂定草案"作为美国的建议分送中、英、苏 3 国政府征求意见,同时邀请 3 国在美国举行会议,具体讨论未来国际组织的筹建问题。

6 月 2 日　就战后和平组织事,中国政府首脑蒋介石专门致电罗斯福表示,"中国向来主张早日成立此种机构,如其可能,并望在战时结束以前成立。阁下现时采取领导行动,俾此一件得以实现,余等极为欣慰",电文还强调"阁下与赫尔国务卿深切注意中国必须参加此次会议,余更为欣感。盖东方人民如无代表,则此会议将对于世界之一半人类失去其意义也"。④

7 月 1—22 日　联合国家及联盟国家国际货币金融会议(通称"布雷顿森林会议")在美国新罕布什尔州布雷顿森林举行,包括中国在内的 44 国参加会议,与会者共有 730 人。美国财长摩根索为主席,澳、比、巴西、苏联

---

①　《斯大林文集》,人民出版社 1985 年版,第 431 页。

②　[苏]瓦·米·别列日柯夫著:《外交风云录》,李金田等译,鄂文等校,世界知识出版社 1981 年版,第 214 页。

③　[苏]安·安·葛罗米柯著:《永志不忘——葛罗米柯回忆录》(上卷),世界知识出版社 1989 年版,第 299 页。

④　秦孝仪主编:《中华民国重要史料初编——对日抗战时期》第 3 编,战时外交(三),台北,1981 年,第 826 页。

代表为副主席。会议通过《联合和联盟国家货币金融会议最后决议书》、国际货币基金协定和国际复兴开发银行协定(通称"布雷顿森林协定"),成为战后国际货币体系即布雷顿森林体系的基础。

7月10日 中国驻美大使魏道明自华盛顿急电重庆请示对策,电文称:"外交部宋部长:本日美外长面告,关于战后和平组织事,昨已接苏联答复,愿与美英开始讨论,惟谓因日本关系,坚不欲此时与中国会商。赫尔经再三设法促成四强会议,但苏联态度坚决,故只得分别谈判。英方徇美方之请,愿与中、美会谈,现美英苏三国定于八月三日在华府开始谈判,美政府希望中、美、英三国谈判亦能于此事件中分别进行云云。赫尔询我政府意见,乞核示。"在这种形势下,中国只能接受仿开罗会议及德黑兰会议之方式举行两阶段会议。

8月21日—10月7日 中、美、苏、英举行敦巴顿橡树园会议,这是为落实莫斯科四国宣言而筹建新国际组织所采取的第1个具体步骤。在苏联坚持下,为尊重苏联在对日战争中的中立地位,会议分美、苏、英(8月21日—9月28日)和中、美、英(9月29日—10月7日)两个阶段进行。

● **8月21日—9月28日** 由美、英、苏3国举行第1阶段会议:会议的主要议题和讨论都集中在第1阶段,由于与会各国的方案比较接近,会议进展颇为顺利。与会各国就以下原则问题达成协议:确立联合国的4项宗旨和6项原则,其基本结构应包括大会、安全理事会、秘书处和国际法院4个部分;大会重要决议只要与会会员国2/3多数票即可通过,其他决议应以简单多数决定,大会决议属建议性;维护世界和平与安全的主要权力在安全理事会,安理会由11个成员组成,中、美、英、苏以及"于相当时期后"的法国应在安理会拥有常任席位,并拥有否决权,安理会决议对所有会员国都有约束力;专门成立经济与社会理事会,军事问题交安理会成立的专门机构军事参谋团处理;同意美国总统罗斯福的建议,将新国际组织定名为联合国;联合国这一名称意味着,"战争时期盟国有40个国家共同作战,胜利后盟国仍将在这个名称之下共同合作"(赫尔语)。第1阶段会议尚未解决之问题有两个:一是关于否决权问题。鉴于安理会所处极端重要的地位,苏、美、英3国对于常任理事国应享有否决权这一总原则并无异议,但英国认为,当一个大国是争端当事国时,它就不应该享有否决权,美国也支持英国意见。对此,苏联持反对意见,在任何情况下它都不同意取消否决权,认为大国一致应成为采取任何行动的一项绝对必要的条件,它坚持在安理会中的绝对否决权。鉴于这一分歧的严重性,9月8日罗斯福直接致电斯大林,希望他能直接过问并协调立场。罗斯福在电文中说,"小国很难接受这样一个国际组织,在这个组织中,大国坚持在理事会中关于牵涉大国在内的争端有投票权。无疑,它们将认为这是大国想把自己置于法律之上的一种企图"。9月14日,斯大林回电说明苏联坚持这一意见的理由,并希望能有机会面谈。二是关于创始会员国资格问题。对哪些国家有资格作为创始会员国,苏、美双方有分歧。苏联希望新组织是战时盟国的继续,应只吸收在联合国家宣言上已签字的国家。美国则认为,不仅应邀请宣言签字国,也应邀请一些尚未在宣言上签字的非参战国,并具体提出8个国家(其中6个拉美国家)。苏方反对接纳非宣战国。当美方坚持己见时,苏方代表提出,假如16个苏联加盟共和国也被列入创始会员国之内,苏联就同意接纳这8个非宣战国。苏方的反建议使美英两国代表感到透不过气来,认为"它将会引起很大困难"。

● **9月29日—10月7日** 由中、美、英3国举行第2阶段(又称"中国阶段"):以顾维钧、斯退丁纽斯、贾德干分别为首席代表的中、美、英3国代表团举行了第2阶段会议。造成这种安排的唯一原因是苏联以自己在对日战争中所处中立地位为理由,拒绝与中国代表团坐在一起开会。苏联这种借口的原因实际还是不愿意承认或给予中国与美、英、苏3国同等的地位。中方首席代表顾维钧认为:"不难回忆,莫斯科会议承认中国为四强之一。但是,敦巴顿橡树园会议在这方面几乎倒退了一步。由于迎合了苏俄的愿望,所以会议分成两个阶段,中国被排除在会议的主要阶段之外。"他认为,英国代表团同美国代表团一起参加第2阶段的会议,主要是为了"维护中国的声望,而不是听取什么重要意见"[①]。尽管如此,但中国并没有因此而减弱对国际组织的责任感和热情,中国把自己看作占世界人口半数的东方国家人民的代表。为促成会议成功,中国政府和中国代表团还是做了积极的、有成效的工作,先后准备了5个方案,系统表达了中国对新国际组织的基本态度与对重要国际问题的主张。8月22日,在第1阶段会议开始的第2天,孔祥熙向美、英代表团团长斯退丁纽斯和贾德干分别送交一份文件,阐述中国对制定国际组织宪章所持的基本观点,实际乃是中国的方案。随后当时中国驻美大使魏道明又将这份文件送交给苏方首席代表葛罗米柯。事后如将第1阶段会议结果与中国方案对照研究,就不难看出其中反映了不少中国的观点和主张。在第2阶段会议中,中国代表团遵照当时中国政府要"全力促成会议成功"的精神,竭尽努力为会议多做贡献。中国代表团认为,不可能、也不需要改变第1阶段美、苏、英3国已达成的一致意见。故

---

① 顾维钧著:《顾维钧回忆录》第五分册,中华书局1987年版,第405、417页。

当时中国提出的新建议和对第 1、2 阶段 3 国一致同意的建议的补充都已缩减到最低限度。中方首席代表顾维钧说:"对于第一阶段会议通过的提案,我们感到没有什么不可以接受的,只是遗漏了若干中国很关心的问题。"① 他在 10 月 2 日召开的全体会议上提出了 14 个与第 1 阶段会议已采纳的议案有关的问题,要求英美两国代表发表意见,以使中国代表团能够更确切地理解这些问题,与会英、美代表普遍赞赏中国代表对第 1 阶段会议结果了解得十分深刻,并认为中方所提问题很有见地。10 月 3 日上午全体会议上,中国代表团又提出了 7 项补充建议:(1)解决争端应适用的原则;(2)尊重政治独立及领土完整;(3)侵略定义;(4)国际空军;(5)编纂国际法;(6)国际法院的强制管辖;(7)文化合作。经讨论,英、美接纳以下 3 点:(1)处理国际争端应注重国际正义与国际公法原则;(2)国际公法之发展与修改,应由大会倡议研究并建议;(3)经济社会委员会应促进教育及其他文化合作事业。这些补充建议被称为"中国建议"②。在第 2 阶段会上,"中国建议"虽得到英美两国的同意,但尚需征得苏联同意,方能作为 4 国一致同意的提案。会议决定如于 9 日前尚未得到苏方答复,即先以 4 国名义公布第 1 阶段会议达成的"关于建立普遍性的国际组织的建议案",作为整个两阶段会议的共同建树,揭示 4 强意见一致。这次会议结束后,中方首席代表顾维钧与代表团总结会议成果时认为已实现了原先对会议所抱的希望:"第一,我们希望维持中国作为世界第四大国的地位,并在这个基础上同美、英合作。第二,关于成立新国际组织这一问题,我们希望:(1)应该成立一个有效的组织;(2)应该保证这个组织所有成员国独立自主及领土完整;(3)应该以公正原则及国际法作为解决国际争端的基础;(4)最后要本着促进和平的利益修订国际法,并促进各国之间的文化协作;(5)中国能继续得到小国的同情。"据顾维钧讲,这个第 5 点是中国在外交事务中一向十分重视的。他曾"特别为实现这一目的而努力",中国的讲话应"不仅仅是为了中国自身的利益,也是为了弱小国家的利益"。③ 敦巴顿橡树园会议进一步巩固了中国的四大国之一的地位,这次会议的直接结果是导致召开旧金山会议。由于中国政府对创建联合国所作的杰出贡献,因而可以无愧地与美、苏、英 3 国平起平坐,共同发起召开并领导了旧金山制宪会议。

① 顾维钧著:《顾维钧回忆录》第五分册,中华书局 1987 年版,第 411 页。

② 参见周鲠生著:《国际法》下册,商务印书馆 1976 年版,第 694 页;[苏]克里洛夫著:《联合国史料》第一卷,中国人民大学出版社 1955 年中译本,第 54 页。

③ 顾维钧著:《顾维钧回忆录》第 5 分册,中华书局 1987 年版,第 420 页。

敦巴顿橡树园会议虽然是作为专家会议召开的，但它一直受到4国政府领导人的高度重视，会议取得的成果意义重大，它公布的《关于建立普遍性的国际组织的建议案》，绘出了联合国的蓝图，为旧金山制宪会议奠定了坚实的基础。罗斯福和斯大林等盟国领导人都对会议给予很高的评价。罗斯福把会议的建议案称之为"国际上政治合作的奠基石"。斯大林说："这次会议的特点，并不是那里暴露了某些分歧，而是关于安全的问题，有十分之九都在这次会议上本着完全一致的精神解决了。……是反德同盟战线巩固的鲜明标志之一。"

● 10 月 9 日　中、美、英、苏4国同时发表敦巴顿橡树园会议《关于建立普遍性国际组织的建议案》全文，以供战时盟国政府研究讨论。该建议案在引言中建议将新国际组织命名为"联合国"，之后12章依次涉及宗旨、原则、会员、主要机构、大会、安理会、国际法院、海陆空军维持国际和平与安全之办法、国际经济与社会合作办法、秘书处、修正之程序、过渡办法。根据这些建议，联合国保卫世界和平的主要机构将是安全理事会，5大国在其中将有常任席位。至于安理会的表决程序则未达成协议。该建议案绘制出未来国际组织的主要特征与基本特点。

12 月 5 日　罗斯福就安理会表决程序问题致电斯大林和丘吉尔，提出如下建议方案：(1)安全理事会每一理事国应有一个投票权。(2)安全理事会关于程序事项的决议，应以七理事国的可决票表决之。(3)安全理事会对于其他一切事项的决议，应以七理事国的可决票包括全体常任理事国之同意票表决之；但对争端的和平解决内各事项之决议，争端当事国不得投票。

一九四五年

2 月 4—11 日　苏、美、英3国首脑举行雅尔塔会议。2月11日，3国领袖发表雅尔塔公报，宣称他们"决定尽可能从速和盟邦建立一个普遍性的国际组织，以维持和平与安全。相信这对防止侵略以及通过所有爱好和平民族的接近与持续合作来消除战争的政治、经济和社会原因，都是必要的"。该公报确定"当于1945年4月25日在美国旧金山召开联合国家会议，以便按照在敦巴顿橡树园非正式会谈中建议的方针准备这样一个组织（普遍性国际组织）的宪章"。会议决定邀请参加"关于拟议中的世界组织问题的联合国家会议"的国家，应是1945年2月8日前实有的联合国家和1945年3月1日以前向共同敌人宣战的协同国家（8个协同国家和土耳其）。这次会议还解决了召开联合国制宪会议前的尚未解决的几个重要问题:(1)关于安理会的表决程序问题,斯大林和丘吉尔同意罗斯福于1944年12月5日就安理会表决程序问题向他们提出的一项建议方案,并把它作为发起国一致提出的建议提交到制宪会议讨论。这一方案后被称为"雅尔塔公式",并被整个列入《联合国宪章》第27条。按照"雅尔塔公式",安理会通过除程序性之外的实质性决议时,必须贯彻"大国一致原则",即大国在实质性问题上享有否决权。斯大林在会上很精辟地把可能交由安理会审议的冲突概括为两类:第1类凡属需要采取经济、政治、军事或其他某种强制手段加以解决的争端,应有辩论的自由,但要通过决议,必须要全体常任理事国一致同意,即便是争端当事国,也不应拒之门外。第2类凡属可能通过和平方式解决的争端,①争端的当事国,即便是常任理事国,也不得投票。也就是说,大国可以通过否决权,阻止安理会采取任何自己所不同意的强制性措施,但不能用否决权阻止安理会审议通过和平方法解决该国所卷入的任何争端。(2)关于创始会员国资格问题,美英两国与苏联在会议上达成一项谅解,即"当世界组织举行会议时,联合王国和美利坚合众国将支持一项接纳两个苏维埃社会主义共和国,即乌克兰和白俄罗斯,作为创始会员国的提案"。(3)关于领土托管问题,会议公布的文件中也有相关规定。②(4)关于发起国问题,会议建议中国和法国同苏、美、英3国一起共同作为旧金山会议的发起国。中国政府接受了这一建议。法国同意参加会议,但决定不担任发起国,因为法国认为它没有参加敦巴顿橡树园会议和雅尔塔会议协商,故不能要求其他国家在没有自己"参加的情况下制定的宪章上签字"。对此,法国出席旧金山会议首席代表、外长皮杜尔解释说,"法国拒任联合国会议邀请国家者,因其所面临之决议,乃其所未参与商讨者,其中

---

① 在雅尔塔会议上,美国国务卿斯退丁纽斯就1944年12月5日罗斯福致书斯大林和丘吉尔提出的有关安理会表决程序的方案(即被列入《联合国宪章》第27条的"雅尔塔公式")做了详尽说明。他说,该方案区分了争端的性质,并提出了强制解决与和平解决的两种解决办法。他指出属于和平解决争端的5大类情况系指:(1)提请安理会注意的争端或事态如继续发展,是否可能构成对和平的威胁;(2)安理会应否促请各方以自行选择的方法解决或调停争端;(3)安理会是否应就调停方法和程序向各方提出建议;(4)提交安理会审议的问题和法律方面,是否应转送国际法院征询意见;(5)如设有和平调停地方争端的区域性机构,是否应促请该机构解决争端。美国的方案及对方案的说明得到了英国与苏联的赞同。

② 会议公布的文件中有关托管领土仅适用于:"(甲)国际联盟的现有委任统治地;(乙)由于此次战争的结果割自敌国之领土;(丙)一切自愿要求至于托管制度下之领土;并且(丁)在即将召开的联合国会议上或在初步协商中,将不就具体领土问题进行任何讨论,而上述各类领土中那些领土置于托管之下,应进一步通过协商决定。"

若干且全非所知,是以法国不能信托其所不知之体制"。

2月21日—3月8日　20个美洲国家的代表在墨西哥城举行美洲国家战争与和平会议,讨论4国建议案及其与泛美体系的关系。会上签订了一个战时的公约,把拉丁美洲国家置于以美国为核心和控制的一个类似集体安全机制的保护之下。该公约规定任何"侵略"美洲一国的行为等于对整个美洲国家的"侵略",缔约国家应谋协力"防御"。会议使拉丁美洲各国获得了协调,在他们赴旧金山会议前已准备好在世界组织问题上彼此合作。会议还通过一项"一般性国际组织的设立问题"的决议,提出了在制定《联合国宪章》时所要考虑的一些问题。与会各国一致同意建立一个基于法律、公平及正义的普遍性国际组织,并表示敦巴顿橡树园会议所通过的建议案,可以作为建立此组织的基础。

3月1日　罗斯福在向美国国会报告雅尔塔会议的讲话中再次强调说:"这一次,我们不打算重犯等待战后再创建和平机构的错误。这一次,正如我们共同战斗以彻底打赢战争一样,我们还要共同努力来保证战争不再发生。"这是罗斯福生前对美国与世界的最后一次告诫,不要重犯国联的错误。

3月5日　美国代表中、苏、英、美4发起国向3月1日对德国或日本宣战的国家以及在联合国家宣言上签字的国家发出正式邀请,提议以敦巴顿橡树园会议的4国建议案为基础制定《联合国宪章》,并欢迎各被邀请国在会议召开之前对建议案提出"意见或评论"。邀请书中载有关于安全理事会表决问题的规定,这些规定后来为旧金山会议所采纳。

4月4—13日　英联邦各国代表在伦敦举行会议,并在会议结束时发表一项声明,表示同意4国建议案为宪章提供了基础,但认为还需要某些澄清、改进和扩展。

4月9—20日　由美国政府代表4发起国邀请44国法学家在华盛顿举行联合国家法学家委员会会议,会商草拟《国际法院规约》事宜。这次会议修改了国际常设法院规约,使之更能适应联合国的新体制。但在修改规约之后,会议对是否保留现有的国际常设法院或是取消这一法院而建立新的国际法院问题并没有达成一致意见,认为应由旧金山制宪会议解决。

4月12日　美国总统罗斯福溘然长逝,反法西斯各国政府与民众同声悼念,认为这是世界反法西斯战争的重大损失。斯大林赞誉罗斯福是一位"有世界声誉的伟大政治活动家和战后和平与安全组织的倡导者"。罗斯福逝世对战时盟国和即将举行的旧金山会议以及美苏同盟,不啻是一大打击。继任总统杜鲁门表示要继续奉行过世总统的对外政策。

4月14日 对于罗斯福战时对华政策的主要方面,中国共产党曾给予充分肯定。当天,延安《解放日报》在《哀悼罗斯福总统》的社论中写道:"中美两大民族的友好团结,在罗斯福总统执政以来,得有长足进展,他的逝世,使我们中国人民深深感到哀悼。""对于我国的抗日战争,罗斯福总统一贯地采取同情和友谊的态度,自太平洋战争以来,美国成为我国的战友,罗斯福总统更不顾孤立主义分子的阻挠,采取促进我国团结和积极援助我国的政策。"对罗斯福总统的逝世,中国政府代理行政院院长兼外交部长宋子文在旧金山制宪会议首次大会讲话中沉痛地表示:"余谨首先代表中国,向已故罗斯福总统致追念之意,在吾人心目中,罗斯福总统不仅为美国第一名之公民,抑且为世界有灵感之领袖,彼以热烈之情绪,为国际谋正义和平,其高瞻远瞩,与夫政治家风度及魄力,已使联合国之胜利在望,彼实兼有全世界各民族之理想与期望,且被公认持久和平体系之创议人与缔造者。"

4月25日 联合国会议在旧金山隆重举行。最初参加会议的有46国代表团。除4发起国外,还有最早在《联合国家共同宣言》上签字的除波兰以外的21国,以及后来在宣言上签字和按照雅尔塔会议的决定向轴心国宣战的21国,最后会议参加国达到50个。出席会议的各国代表282名。各代表团的顾问、专家、秘书及其他工作人员达1726名。大会秘书处工作人员有1058人。到会采访的记者达2636名。美国代表团首席代表是国务卿斯退丁纽斯,苏联首席代表为外交人民委员莫洛托夫,英国首席代表是外交大臣艾登,中国首席代表是代理行政院院长兼外交部部长宋子文,中国共产党代表董必武作为中国代表团的代表之一参加了会议,法国首席代表是外交部部长皮杜尔。作为非正式代表参加会议的还有以下5个国际组织的代表:国际劳工组织、国际联盟、国际常设仲裁法院、联合国粮食及农业组织与联合国善后救济总署。

4月26日—5月2日 制宪会议第1阶段会议主要是大会一般性辩论,就会议组织相关的各项工作进行研究、作出决定。大会主席由4发起国首席代表轮流担任,成立由各国首席代表组成的指导委员会,在该委员会之下又设立一个执行委员会,其成员是经选举产生包括5大国在内的14国首席代表,负责为指导委员会准备各种建议。斯退丁纽斯担任两委员会主席。首次全体大会确定正式语文与工作语文,议事规则,并设立秘书处。执行委员会将起草的宪章分为4个部分,每一部分都有专门委员会研究。第一专门委员会研究一般宗旨及其原则、会员资格、秘书处和宪章修正案;第二专门委员会研究大会的权力和职责;第三专门委员会研究安全理事会相关议题;第四专门委员会研究《国际法院规约》。

4 月 30 日　大会批准了接纳乌克兰、白俄罗斯两苏联加盟共和国参加会议。但在接纳阿根廷问题上,会议曾发生激烈争议。墨西哥、智利代表在执行委员会上提出邀请阿根廷参加会议。莫洛托夫激烈反对说,我们不应忘记:大会邀请始终帮助敌人的阿根廷,而不邀请波兰临时政府参加大会,这样将败坏了这次大会的名誉。① 但美国代表一反过去罗斯福总统在雅尔塔会议上曾明确表示要排除阿根廷参加制宪会议的立场,转而大力支持阿根廷参加会议,会议进行了几乎一整天的辩论。但最后美国自恃有多数票支持,要求强行表决,玩弄“实力游戏”,终以 29 票对 5 票通过接纳阿根廷参加会议,它首开联合国内由大国操纵投票的恶劣先例。因病辞职不久的美国国务卿赫尔,当时批评美国对阿根廷政策的改变。他说,阿根廷被强行准许加入联合国,使美、苏间本应具有的信心,因这一事件给减少了。② 著名美国评论家李普曼不无担心地说,如果美国要用这种多数主宰一切的话,那将会在任何问题上遭到苏联人的坚决抵抗,“苏联人只好靠在安理会行使否决权了,这是因为美国在大会上控制了多数票”③。麦克尼尔说,这件事的结果是矛盾的,“苏联人固然在阿根廷问题的表决中遭到失败,但美国人也遭到了一种道义上的挫折”④。

5 月 1 日　敦巴顿橡树园会议的“中国建议”循外交文书的途径通知苏联,并在苏联赞同之下,于是日作为 4 发起国一致同意的提案提交给制宪会议审查。

5 月 5 日　制宪会议规定到当日午夜 12 时止为提案的截止时间,先后共有 36 个国家对 4 国建议案提出了 1200 件修正案。旧金山会议秘书处将修正案分类整理,印成达 400 页的整整 1 册。

5 月 7 日　专门委员会与委员会的主席联席会议确定以敦巴顿橡树园会议建议案作为制宪工作的基础。现 4 国建议案范围已经扩大为:原建议案、雅尔塔公式、由 4 大国一致同意的中国建议,以及 5 月 5 日以 4 发起国名义提出并被会议通过的 27 条修正案,这些修正案实际上吸收了各与会国

---

① 参见《解放日报》1945 年 5 月 3 日。
② 参见《科德尔·赫尔回忆录》第二卷,麦克米伦出版公司 1948 年版,第 1722 页。
③ [美]罗纳德·斯蒂尔著:《李普曼传》,于滨、陈小平、谈锋译,陈立水、蒋正豪校,新华出版社 1982 年版,第 625 页。
④ [美]威廉·哈代·麦克尼尔著:《美国、英国和俄国:它们的合作与冲突》(下),孙基亚译,上海译文出版社 1978 年版,第 912 页。

许多提案中的精神和内容。同日,白俄罗斯代表团与乌克兰代表团参加会议,与会国已有 48 个。

5 月 9 日　自是日之后,由 4 主席组成的会议变成 5 大国会议,因为法国参加了这方面的一切讨论。代表大会进行得也颇顺利,完成了一切初步的讨论和协议。重要的工作当时都由各种不同的委员会主持。

5 月 10 日—6 月 8 日　第三专门委员会审议区域性组织问题并达成协议,承认区域性组织包括在联合国范围之内。建议案原文有"未经安理会授权,不得用区域办法或者通过区域机关采取任何执行行动"①。这一使区域组织完全隶属于安理会的安排,宪章第 51 条和 53 条对此作了重要修改。前一条说:"联合国任何会员国受武力攻击时,在安全理事会采取必要办法,以维持国际和平及安全以前,本宪章不得认为禁止行使单独或集体自卫之自然权利。"后一条说:"如无安全理事会之授权,不得依区域办法或由区域机关采取任何执行行动",但它规定为了防范第二次世界大战中的任何敌国所采取的步骤,或在"区域办法内所取防备此等国家再施其侵略政策之步骤",不在此限。② 这两项例外条款,在某种意义上可以理解为对安理会的权力和对否决权的一定限制。

5 月 11 日　中国代表团发表了对国际托管制度建议案,提出托管制度的基本目的应为:(1)促进国际和平与安全;(2)促进托管领土及居民的政治经济及社会发展,并依照各区及人民具体情形之所宜,推动他们向独立和自治政府途径发展;(3)对于一切会员国人民在托管领土的经济的及其他正当平民活动,予以平等待遇。中国还提出应置于托管制度之下的领土,只适用于以下 3 种情况:(1)现为委任统治地的领土;(2)因此次大战结果,由敌国割取之领土;(3)由负责治理国家自动置于托管制度之下的领土。中国提出的国际托管制度建议案,特别是主张托管领土应实现向独立和自治途径发展的 3 项基本目的,已在宪章的国际托管制度一章中有充分的体现。

5 月 12 日　阿根廷代表团参加会议,与会国已达 49 个。执行委员会还一致通过邀请丹麦参加制宪会议。会议请柬当即向已来到旧金山的丹麦代表团发出。这样,连同先前已被接纳的乌克兰、白俄罗斯、阿根廷 3 国,会议最后参加国达到 50 个。

5 月 17—22 日　第三专门委员会专门研究审查安理会的职能,负责组织及程序、和平解决、执行办法、区域办法等问题,其中以安理会权限和否决

① ［苏］克里洛夫著:《联合国史料》第一卷,中国人民大学出版社 1955 年版,第 272 页。
② 《联合国宪章》,载《国际条约集》(1945—1947),世界知识出版社 1961 年版,第 47、48 页。

权问题的争论最大和最为激烈,几乎成为会议各委员会的中心。四国建议案规定,安理会应履行维持和平的主要责任,常任理事国在安理会内拥有否决权。自会议伊始,广大中小国家就力图减弱安理会的权限和缩小否决权的使用。在开幕式后的全体大会上,先后有 17 个代表团在发言中对安理会权限和否决权问题提出种种修正、质疑和批评。以澳大利亚为首的 40 多个中小国家,在各专委会中,凡是涉及有否决权规定的领域,皆设法提出各种缩小或取消的对案,以减弱或取消否决权。但大国对此毫不退让,层层设防,它们担心在否决权问题上出现的任何缺口都将会危及甚至葬送掉整个否决权。5 月 17—22 日,第三专门委员会负责研究审查安理会问题,自 17 日专委会提出审议安理会投票程序问题时开始,一直在激烈地辩论。澳大利亚、新西兰等国代表感到大国在解释雅尔塔公式时出现种种不一致,认为这一公式含义不清,不知大国将在什么情况下,将在哪些问题上行使否决权。于是它们提出了一个包括有 23 个问题的一览表①,要求 4 发起国解释雅尔塔公式。

5 月 27 日　4 大国在对雅尔塔公式的认知方面又发生了尖锐分歧。5 月 27 日,苏联代理首席代表葛洛米柯表示,否决权应适用于一个问题是否是程序问题的任何决定。6 月 2 日,他又提出,一项争端,必须先由所有常任理事国投票决定把它列入议程,然后安理会才能讨论。中、美、英一致反对苏联代表的这种见解,认为葛洛米柯又倒退回敦巴顿橡树园会议时的苏联立场。双方意见严重对立,几乎使整个会议陷于瘫痪。

5 月 28 日　经中国提出并得到巴西、挪威支持的一项"关于在最近数月内召开联合国全体会议,讨论设立国际卫生组织之问题"建议案在第二专门委员会通过。

6 月 5 日　4 发起国与法国共同讨论筹备委员会之计划,筹备委员会章程已由美国代表团拟就,5 国已在原则上同意筹备委员会应在伦敦设立。筹备委员会章程(即《过渡办法》),规定了从宪章生效到联合国正式开始运作这一期间的过渡工作。

6 月 6 日　杜鲁门通过正在访苏的霍普金斯出面与斯大林和莫洛托夫直接讨论了否决权问题。最后斯大林认为"整个争论没有多大意义,应当

---

① 23 个问题的一览表,其中有:对争端进行调查的决定是否可以行使否决权?当安理会表决非程序事项时,弃权是否具有否决权的意义、是否会妨碍通过决议?当通过关于实质性问题决议时,作为争端一方的常任理事国表示弃权是否会妨碍安理会通过决议?常任理事国可否参加表决关于该理事国是否为争端一方的问题?否决权能否适用于秘书长的选举以及把争端提交国际法院?否决权可否适用于接纳会员国和修改宪章?等等。

接受美国的观点"①,这样会议才度过困境。

6 月 7 日 4 发起国发表了一项声明,阐明它们对雅尔塔公式的解释。这项声明并未逐条回答中小国家所提的 23 个问题,而是阐述"对常任理事国在安理会通过决议时需全体一致的整个问题的总态度"。为了平息中小国家的不满,声明解释:"依照雅尔塔公式,5 大国单凭它们自己是不能够采取行动的,因为即使在一致同意的条件下,安理会的任何决议还必须包括至少两个非常任理事国的同意票,换言之,5 个非常任理事国有可能作为一个集团而行使否决权。"面对中小国家企图限制大国权力的要求,4 国毫不含糊地声称:"鉴于常任理事国负有主要责任,在目前的世界情况下,不能期望它们缘于一项它们所未同意的决议而在维持国际和平与安全这样严重的事项上担负起行动和义务。""如果要创立一个国际组织,而通过该组织所有爱好和平的国家能够有效地履行它们维持国际和平与安全的共同责任的话,这一公式是必要的。"②对于 4 国声明,许多中小国家仍有许多保留和不满,但它们企图限制否决权的种种努力终究未能奏效。最后,雅尔塔公式以 30 票赞成,2 票反对,15 票弃权和 3 票缺席得到通过,被原封不动地正式列入宪章的第 27 条。

6 月 15 日 第四专门委员会一致通过国际法院委员会之报告书,规定新法院的院址将设在海牙,但亦可于他处开庭。国际法院共有法官 15 人,人选由联合国大会及安全理事会推选。

6 月 21—24 日 制宪会议的最后阶段。由指导委员会和执行委员会授权有关的调整委员会对宪章条文修正字句及文法,但不能更改内容。调整委员会进行了大量工作,大大地改善了各章在宪章中的排列顺序和各条的措辞,以更好地把会议 12 个小组委员会所提交的"零散章节"编订成为一个统一的整体。

6 月 23 日 当晚指导委员会一致通过调整委员会完成之宪章的第 3 次整合稿,并同意宪章上应留有余地,以备由 50 个代表团之首席代表签字。签字之先后次序,应按字母排列。该委员会协议应留空白以待波兰签署。这次会议是制宪会议指导委员会的最后一次会议。

6 月 25 日 旧金山制宪会议举行第 9 次全体大会,一致通过了《联合国宪章》及《国际法院规约》。

---

① [美]威廉·哈代·麦克尼尔著:《美国、英国和俄国:它们的合作和冲突》(1941—1946 年),上海译文出版社 1978 年版,第 900 页。

② [苏]克雷洛夫著:《联合国史料》第一卷,中国人民大学出版社 1955 年版,第 305、306、307 页。

6月26日 在旧金山退伍军人礼堂举行了隆重的历时 8 小时的签字仪式。根据会议决定,全体代表均有签字权。各国代表均在宪章的 5 种文本(中、英、俄、法、西)上签字。中国代表团第 1 个签字,领先签字的是已接替首席代表宋子文的顾维钧,中国共产党代表董必武作为正式代表也和其他中国代表一起在宪章上签了字。接着是苏联、英国和法国的代表团签字,然后是其他国家的代表团依照英文字母顺序签字,美国作为东道国,最后签字。在宪章上签字的总共有 50 个国家的 153 名全权代表,这 50 国和稍晚签字的波兰被称为联合国创始会员国。

制宪会议参加国代表又签署了一项被称为临时规章的《参加联合国国际组织会议各政府所议定之过渡办法》。按照这一规定,应设立联合国筹备委员会,以在宪章尚未生效及宪章规定之联合国尚未成立之前,执行规定职务,以拟定临时办法,筹备大会、安理会、经社理事会及托管理事会之首次会议,并筹备秘书处之设立及国际法院之召开。《过渡办法》还规定,待联合国秘书长选定后,筹委会即行解散。筹委会由宪章签字国各派 1 名代表组成,并于制宪会议结束后在旧金山举行了第 1 届会议。

旧金山制宪会议举行了盛大的闭幕式。中、美、英、苏、法等 10 个国家的代表在闭幕会上讲了话。除 5 常任理事国外,并有依照地理区域及语言类别之代表发言,各代表均以本国语言演说。演说者计有:(1)美国之斯退丁纽斯。(2)中国之顾维钧。(3)苏联之葛罗米柯。(4)英国之哈里法克斯。(5)法国之彭古。(6)巴西代表维罗索。(7)捷克代表马隆里克。(8)墨西哥代表巴第拉。(9)沙特阿拉伯代表爱席斯。(10)南非联邦代表史末资。代表们盛赞这次会议获得了历史性的成果,有益于世界的未来。这一天被赞誉为"历史上伟大的一天"。最后由美国总统杜鲁门发表演说,杜鲁门说:"你们方才签字的《联合国宪章》是一个坚固的基础,在它上面我们可以建筑一个更美好的世界。为此你们将在历史上受到尊敬。"他说:"饱经忧患的人民热望产生一部这样的宪章,这种希望帮助他们保持勇气,度过战争最黑暗的日子。因为它是世界各国伟大信念的宣言——相信战争不是不可避免的,相信和平是能够保持的。"历时两个月的旧金山会议宣告圆满结束。旧金山会议已成为国际关系史和世界外交史上的一次盛会被载入史册。

6月27日 由 50 个签署宪章国家之代表组成的联合国筹备委员会宣告成立并在旧金山举行第 1 次会议,选出了执行委员会,以在筹委会闭会期间内代行其职权。执行委员会由澳大利亚、巴西、加拿大、智利、中国、捷克斯洛伐克、法国、伊朗、墨西哥、荷兰、苏联、英国、美国、南斯拉夫等 14 国代表组成,筹委会会址设在伦敦。中国代表为顾维钧,并被推选为执行委员会轮流担任的五主席之一。执行委员会实际上乃是联合国正式机构成立前之过渡组织。

6月28日　波兰作为联合国家宣言的签字国,因其临时政府尚未得到英、美等西方国家的承认,没被邀请与会,但同意它作为创始会员国之一签署《联合国宪章》。直到6月28日波兰新政府才宣告组成,已来不及参加旧金山会议。波兰于同年10月15日在宪章上签了字,10月24日交了批准书,完成批准宪章的法定程序,从而成为创始会员国之一。

7月6日　尼加拉瓜完成了国内法定批准手续,9月4日交存批准书,成为全部宪章签字国中第1个完成国内法定批准手续与第3个交存批准书的国家。

7月28日　依据宪章"应由签字国各依其宪法程序批准之"的规定,美国参议院以92票对2票的绝对多数批准了宪章,8月8日交存批准书,成为全部宪章签字国中第2个完成国内法定批准手续与第1个交存批准书的国家。

8月14日　法国完成了国内法定批准手续,8月31日交存批准书。

8月20日　苏联完成了国内法定批准手续,10月24日交存批准书。

8月24日　中国完成了国内法定批准手续,9月28日交存批准书。

9月20日　英国完成了国内法定批准手续,10月20日交存批准书。

10月16日　42个国家于加拿大魁北克城共同签署了《联合国粮农组织章程》,宣告该机构成立。苏格兰医生、生物学家约翰·博伊德·奥尔当选第1任总干事。他为消除饥饿和改善营养做了大量工作,并于1949年获得诺贝尔和平奖。

10月24日　苏联以及乌克兰与白俄罗斯交存了批准书,使批准国达29国,已符合宪章规定的需要5常任理事国以及其他签字国之过半数批准并将批准书交存美国政府时,"本宪章即发生效力"。美国政府即日发表公告宣布,《联合国宪章》业经中、法、苏、英、美以及其他签字国的半数批准,已于10月24日起正式生效。联合国宣告正式成立。10月24日这一天,在1947年被大会正式命名为"联合国日"。

同日　《联合国宪章》生效。《联合国宪章》是20世纪的一部伟大的历史文献,是联合国组织的基本法,宪章对会员国有法律拘束力。《国际法院规约》是"宪章之构成部分"。宪章由序言和19章共111条款以及简短的结语组成。其19章依次排序为:宗旨及原则、会员、机关、大会、安全理事会、争端之和平解决、对于和平之威胁、和平之破坏及侵略行为之应对办法、区域办法、国际经济及社会合作、经济及社会理事会、关于非自治领土之宣言、国际托管制度、托管理事会、国际法院、秘书处、杂项条款、过渡安全办法、修正批准及签字。宪章的宗旨及原则与序言是一不可分割的整体，共同构成了宪章的总纲。4 项宗旨与 7 项原则是申明联合国组织的存在依据并要达到的共同目标，其首要目标就是致力实现宪章序言中开宗明义的宣示："我联合国人民同兹决心，欲免后世再遭今代人类两度身历惨不堪言之战祸。"宪章将会员国依联合国成立的前后分为创始会员国与会员国两类，并规定凡"爱好和平之国家"为入会的首要条件。截至 2020 年底，已有 193 个会员国，真正实现了普遍性。宪章规定，联合国主要机构有大会、安全理事会、经济及社会理事会、托管理事会、国际法院及秘书处。大会由全体会员国组成，是联合国主要审议机构，拥有广泛的职权。安理会对维持国际和平与安全负主要责任，是唯一有权采取行动维持国际和平与安全的联合国机构，可做出全体会员国都有义务接受并执行的决定。经社理事会与托管理事会均是在大会权力之下的联合国主要机构：前者负有协调并全面指导联合国在经济和社会事务方面活动的广泛责任；后者是负责监督托管领土的管理机关，随着 1994 年最后一个托管领土帕劳的独立，该机构已暂停作业，历史使命已告结束。国际法院是为和平解决国际争端设立的联合国的主要司法机关，设在海牙。国际法院依据作为宪章组成部分之《国际法院规约》及其本身的规则行使职权与运作。秘书处是联合国的主要机构之一，负责联合国的行政管理，为联合国其他机构服务，并执行这些机构制定的方案和政策。秘书长为联合国组织的行政首长。秘书处由秘书长及所需之办事人员组成，专对联合国负责。宪章规定，各会员国承诺尊重秘书长及办事人员责任之专属国际性，决不设法影响其责任之履行。宪章全面、完整地确定了联合国的体制和目标，是联合国一切活动所应依据的准绳和指针。宪章为指导当代国际关系规定了基本准则，并确认和发展了公认的国际法原则。宪章的制定和生效无疑具有划时代的历史意义，引领和开创了战后世界秩序的新篇章，其价值和影响确实难以估量。但正如其与任何新生事物一样，总不可能十全十美。南非首席代表史末资在会议闭幕式上讲话说："宪章并不是一个完善的文件，在一些极为困难而纷扰的问题上，它充满了妥协，但它至少是一个良好、实用和精雕细刻的和平方案，与以往所有防御战争的安全方案相较，远为实在、牢靠。"史末资是参加过起草国联盟约与宪章的唯一代表人物，据说宪章序言就是由他起草而为会议完全接受的。作为亲历者和当事人，他对宪章的评价可能更为切合实际一些。它表明宪章不可能做到完美无瑕，还有进一步充实与发展之余地。美国总统杜鲁门在闭幕词中也说:"这个宪章,像我们自己的宪法一样,随着时代的前进,将获得发展与改善。没有人承认目前它是一个最终的或者完美无缺的工具。它不是灌入任何一个固定的模型而铸成的。改变着的世界情况,将需要一些调整——但这些是属于和平的而不是战争的调整。"确实,事物总是有局限性的,宪章只能反映出到第二次世界大战结束前后那段历史时期国际关系的特点,它必将随着时代的前进,不断修订、完善与发展,与时俱进。

12月10日　美国国会一致通过决议,邀请联合国将其永久总部设立在美国,联合国同时还收到世界其他许多地方关于永久总部地址的邀请和建议。经过审议,1946年2月14日第1届联合国大会通过决议,接受了美国的邀请。1946年初,秘书处临时设立在纽约布朗克斯的亨特大学;8月中旬,联合国迁至纽约长岛成功湖的斯佩里回旋器厂。

12月27日　布雷顿森林会议44个与会国中的29国(苏联拒签)代表签署布雷顿森林协定,这些国家的份额达70多亿美元,已超过协定生效的规定。国际货币基金组织正式宣告成立。

12月31日　总共有35个国家在布雷顿森林协定上签字。

一九四六年

1月10日—2月14日　第1届联合国大会第1期会议在伦敦举行。保罗—亨利·斯巴克(比利时)当选为本届大会主席。51个联合国创始会员国全部派代表出席会议。联合国组织系统正式开始运作。

●筹备委员会主席哥伦比亚代表苏莱塔·安赫尔主持开幕式。他在开幕词中表达了对集体与合作之力量,人的理性以及由此推动的历史之进步的坚信;认为5强应担负维持和平、安全的主要职责,其合作将构成国际和平与稳定的重要基础,大国担负维和责任与主权平等原则也不冲突;指出除强力之外,人们还需共同努力创造力量得以恰当运用的条件,其中各国外交以联合国为最高决定因素(国际法治)、社会正义、全民较善之民生是世界和平之要素。

●大会第2次全体会议授权执行秘书及其属下办事人员执行秘书长及秘书处职务之问题,邀请白俄罗斯、中国、丹麦、法国、海地、巴拉圭、菲律宾、沙特阿拉伯、土耳其为全权证书委员会之委员。大会考虑菲律宾代表团所提之议案——动议立即召开国际新闻会议以保证世界新闻自由原则之奠定、运用、推广,决定将此问题列入大会议程。

●大会在筹备委员会报告书第1章第3节与古巴代表所提意见的基础

上讨论暂行议事规则及暂行附则。筹备委员会所提具的暂行议事规则第32条规定,总务委员会由14位委员组成并代表联合国51个成员国处理各项行政问题;第33条规定,总务委员会于每次届会开始时审查临时议事日程及附单所列项目并向大会提出审查报告。古巴代表团认为第32条有损联合国大会之平等、自由议事精神,第33条难保该委员会之工作不带政治色彩。大会决定设置一个专门委员会,将相关问题交其审议,在所定期限内,不论其审议结果如何都应向大会提出报告,然后由大会将其列入议事日程并优先加以审议。

1月12日 第1届联大第5次全体会议进行第3次票选,以选举安理会之6位非常任理事国。中国代表顾维钧提及公匀之地域分配原则问题,认为包括亚洲在内,世界许多区域在此次安理会理事中没有非常任代表,此次选举之结果不应意味着以后的选举会排除其他区域的国家。

1月17日 安理会召开第1次会议,中、苏、美、英、法5常任理事国及首次选出的6个非常任理事国澳大利亚、巴西、波兰(以上3国任期2年)以及埃及、墨西哥、荷兰(以上3国任期1年)的代表出席了会议。会议根据《联合国宪章》第30条通过了由联合国筹备委员会起草的安理会议事规则;决定建立一个由安理会全体理事国代表组成的专家委员会,对议事规则进行研究并就此提出问题向安理会提出报告。

1月19日 安理会首次会议应伊朗请求讨论苏联军队干涉伊朗内政的问题。这是安理会讨论的第1个国际争端问题。根据1月5日第2次会议所做之决定"凡提控诉之国家被邀请参加安全理事会对该问题之讨论",1月28日第3次会议邀请伊朗代表参与讨论,但其无投票权。

1月21日 安理会应苏联的要求,讨论英国军队干涉希腊内部事务并可能危及和平与安全的问题。后相继邀请乌克兰、阿尔巴尼亚、南斯拉夫、保加利亚代表参加讨论。安理会应乌克兰的要求,讨论英国军队在印度尼西亚对当地居民的军事镇压造成对国际和平的威胁问题。

1月23日—2月18日 联合国经社理事会召开第1次会议。共通过13项决议,决定设立秘书处以及有关难民和流离失所者、人权与妇女地位、就业、交通通讯、社会发展、麻醉药品等事务的委员会,非政府组织委员会、政府间机构协商委员会和统计委员会,并倡议召开国际卫生会议以及国际贸易与就业会议。

1月24日 在大会第1次会议上,安理会5个常任理事国和加拿大提请大会考虑由于发现原子能和使用原子武器而引起的各种问题。作为1945年11月加拿大、英国、美国3国政府首脑会议以及1945年12月英国、苏联、美国 3 国外长会议的结果,这项决议草案建议在联合国下设 1 个委员会,研究原子能相关问题。是日大会通过关于"设置委员会处理由原子能的发现所引起的问题"的第 A/RES/1(1)号决议,呼吁"各国销毁原子武器以及可造成大规模杀伤的所有其他主要武器",决定设立联合国原子能委员会。其任务在于:促进各国间为和平目的而作基本科学情报之交换;在必要范围内控制原子能,以确保仅为和平目的而使用;摒除国防军备中原子武器以及其他一切广大破坏之主要武器;以检查及其他方法,有效保卫遵行国家免受破坏及规避行为而生之危险。该委员会应就确保原子能的和平利用、销毁原子武器和其他一切大规模毁灭性武器以及保障安全制度,视察防止违约和回避行为等问题向安理会提出建议。该委员会由安理会成员国和加拿大各派 1 名代表组成。

1 月 25 日 安理会通过关于军事参谋团的第 S/RES/1(1946)号决议,根据宪章第 47 条设立一军事参谋团,向理事会贡献意见并予以协助;此军事参谋团应由安理会各常任理事国的参谋总长或其代表负责组织;决议又训令军事参谋团的第一项任务是从军事观点研讨宪章第 43 条之规定,并于适当时间将研究结论及任何建议案提交理事会。同日阿尔巴尼亚申请加入联合国,成为联合国的首份入会申请。

1 月 28 日 安理会举行第 3 次会议,邀请伊朗代表参加对其问题的讨论,但其无投票权。

1 月 29 日 安理会根据宪章第 97 条规定,决定向大会建议任命赖伊为联合国秘书长。

1 月 30 日 安理会通过关于伊朗问题的第 S/RES/2(1946)号决议,邀请伊朗代表就安理会有关议题发表意见,决定请秘书长立即经由苏维埃社会主义共和国联盟及伊朗两国之代表向苏伊两国政府探询两国政府谈判之现况,尤其是苏联所宣布之撤退是否以两国就其他事项订立协定为条件。

2 月 1 日 大会任命挪威前外长特里格尔·赖伊为联合第 1 任秘书长,任期 5 年。首任秘书长正式就职。

大会通过"关于语文之议事规则"的第 A/RES/2(1)号决议决定:联合国之所有机关,应以中文、法文、英文、俄文、西班牙文 5 文为正式语文;以英文、法文为应用语文。

大会讨论波兰代表团有关受战争破坏之联合国会员国之复兴的决议草案,以及美国代表团对波兰决议草案所提之修正案。该修正案指出:"涉及国外之物质援助,应视国家政策及其构成因素——开明之自利及友善慷慨与慈善之自然本能——而定";美国对外援助的直接、间接承诺不得被视为美国赞成将经济复兴之全部问题交由大会下属经济及财政委员会以及经社理事会审查。大会据此作出决议,大会通过美国对波兰草案的修正案,即第A/RES/28(1)号决议,正式将战后复兴援助列入议事日程。

2月4日　根据宪章设立的联合国军事参谋团召开第1次会议。

同日　叙利亚和黎巴嫩向安理会指控英国和法国军队在战争结束后依然驻扎在叙黎两国,拒不撤走。

2月6日　大会和安理会同时选举出了国际法院第1批法官,中国籍的徐谟当选为首批法官之一(任期3年)。

2月9日　大会通过关于非自治民族的第A/RES/9(1)号决议,促请管理委任统治地的成员国会同有关国家着手实施宪章第79条的规定,并将拟定的托管协定提请大会核准(以不迟于第1届大会第2期开会时为宜),以尽早缔结各托管协定、设置托管理事会,并要求秘书长在其年度报告中总结相关信息。

大会通过关于大会下一次会期案的第A/RES/29(1)号决议,规定本届大会应于2月中旬闭会,下次会期日后决定。

大会全体会议讨论联合国会员国与西班牙之关系案,通过第A/RES/32(1)号决议。该决议忆及旧金山会议期间曾有决议规定对于支助轴心强权的政府,《联合国宪章》第2章第4条第2段不能适用;波茨坦会议期间,4大国声明不赞成现时西班牙政府加入联合国的申请。据此,大会认为西班牙现任政府不具备请求加入联合国的必要条件,建议成员国在与其交往时注意这一点。

2月10日　大会全体会议讨论国际条约与协定之登记问题,通过第A/RES/23(1)号决议。由于宪章第102条未规定如何处理非会员国自动致送而尚未载入《国际联盟条约汇编》的条约、协定,大会训令秘书长提供详细处理规则或其他办法,邀请成员国向秘书长致送近年来于宪章生效之日前所签订而未载入国际联盟条约汇编的条约、协定,决定接受非成员国政府致送、自愿请求归卷与公布的宪章生效日之前、之后签订的条约、协定。

2月12日　大会通过题为"国际联盟若干职权、工作及资产的转移与接收案"的第A/RES/24(1)号决议,依据相关条约、国际公约、协定及其他文件,国际联盟解散后,各职权或职务之继续,宜由或得由联合国规定。

2月13日　大会通过关于战争犯罪的引渡与处罚的第A/RES/3(1)号决议,建议联合国各会员国及非联合国会员国之各政府立即使用一切必要办法将战争罪犯施以逮捕,移送往其犯罪所在地国家,使得各该国依其法律审判处罚。此前,美、英、苏3国首脑1943年11月1日曾于莫斯科发表关于敌人在战争中残酷暴行的宣言,1942年1月13日和12月12日,联盟国家若干政府曾对相同问题发表共同宣言,海牙公约、国际军事法庭也对战犯问题做出过规定。届会各国深信仍有若干罪犯逍遥法外。

大会通过第A/RES/22(1)号决议,核准《联合国特权及豁免公约》,向会员国开放签署。大会授权秘书长在澳大利亚、比利时、玻利维亚、中国、古巴、埃及、法国、波兰、英国、苏联派出人员所组成的委员会之协助下与美国当局磋商因联合国设置于美国而生各需要之措施。

大会通过关于"各理事会理事的任期案"的第A/RES/33(1)号决议,各理事会理事继承人选举将于大会第1届常会第2期会议时举行之。

2月14日　大会在讨论了美国和其他国家关于联合国常设地址的各种建议后通过关于联合国总部问题的A/RES/25(1)号决议,接受美国的邀请,将联合国总部临时所在地选在纽约。

大会根据宪章第105条的授权,批准《联合国特权与豁免公约》,对联合国及其代表和职员所应享受的特权和豁免作了详细规定,并请每一个联合国会员国加入该公约。

同日　安理会讨论叙利亚、黎巴嫩对英国、法国的指控,邀请叙利亚及黎巴嫩两国代表参加讨论,但其无投票权;准其在当时有权提出提议,但不妨碍理事会日后之可能见解。

2月16日　安理会指示军事参谋团从军事观点审查宪章第43条关于使安理会获得武装部队和协助的各种协定的规定。

同日　安理会在表决一项表示相信英、法军队将会在切实可行的情况下从叙利亚和黎巴嫩迅速撤退的决议案时,苏联投票反对,该决议案被否决。这是安理会历史上的第1张否决票。

同日　经社理事会设立麻醉品委员会、人权委员会、经济和就业委员会、临时社会委员会、统计委员会、临时交通运输委员会等一系列机构。

2月17日　安理会讨论印度尼西亚问题,决定邀请荷兰参加对印度尼西亚问题的讨论,但其无投票权。

2月18日　经社理事会通过决议,确定19个国家组成联合国贸易和就业会议筹备委员会,负责起草联合国国际贸易组织章程。

2月21日　大会鉴于善后救济总署理事会之预计,于欧洲及远东方面之工作,将分别于1946年12月31日和1947年3月前完成,尽早采取行动,以便利该署最后各阶段工作之推进,至为迫切。大会通过关于联合国善后救济事务总署的第A/RES/6(1)号决议,为推进善后救济总署理事会在欧洲及远东的工作,决定设置一个委员会,与会员国磋商、请其缴付协议规定的援助,促请非总署签约国的联合国会员国加入该组织;委定加拿大、中国、多米尼加共和国、法国、希腊、新西兰、挪威、波兰、苏联、英国、美国为其委员。

2月24日　大会通过关于秘书长的任命条件及待遇的第 A/RES/11(1)号决议,规定秘书长任期为 5 年,并由安全理事会提名候选人选出。

3月1日　国际货币基金组织和国际复兴开发银行举行开业会议。前者决定自即日起开始工作;后者决定自 6 月 25 日起营业。两机构总部均设在华盛顿。

3月21日　联合国在美国纽约亨特学院设立临时总部。

3月29日　安理会决定请秘书长了解苏联及伊朗两国代表谈判现况,并于 4 月 3 日向其汇报。

4月3日　国际法院在荷兰海牙举行第 1 次会议。

4月4日　秘书长就伊朗向安理会提请关注苏联撤军情况作出答复,援请安理会将伊朗申诉延至 5 月 6 日,届时再关注苏联政府是否全部撤军。安理会通过关于伊朗问题的第 S/RES/3(1946)号决议,决定将伊朗关于苏联军队在撤退期限届满后仍留驻伊朗的申述延至 5 月 6 日再行讨论,届时请苏联政府和伊朗政府向安理会报告苏联军队是否已悉数撤离伊朗全境,由安理会审议对于伊朗申述是否应该采取任何步骤。

4月8日　安理会应波兰的请求,讨论西班牙局势。波兰提议安理会宣布佛朗哥政权的存在是对国际和平与安全的威胁,并号召联合国全体会员国和它断绝外交关系。波兰的议案未获通过。

4月29日　安理会通过关于西班牙问题的第 S/RES/4(1946)号决议,决定继续探讨西班牙问题,判断西班牙情势是否已引起国际摩擦,危及国际和平及安全;安理会指派一个以 5 理事国组成的小组委员会,负责审查各方此前就西班牙情势向其发表的陈述,并从事其认为必要的调查,然后于 5 月以前向安理会汇报。委员会以澳大利亚、巴西、中国、法兰西、波兰代表为委员,澳大利亚代表为主席。

5月8日　安理会通过关于伊朗问题的第 S/RES/5(1946)号决议,由于伊朗政府得有时间经由官方代表查明苏联军队是否已悉数撤离伊朗全境,决定暂缓对伊朗问题进行审议。

5月17日　安理会通过关于程序的第 S/RES/6(1946)号决议,决定凡秘书长已收到或可能收到的入会申请,应由安理会在 1946 年 8 月专为此事举行一次或数次会议加以审议;秘书长在 1946 年 7 月 15 日以前收到的所有入会申请书,应交由安理会以理事国各派代表一人组成一个委员会加以审查,至迟于 1946 年 8 月 1 日向安理会具报。

5 月 25 日—6 月 21 日 经社理事会召开第 2 届常会,通过 13 项决议。

6 月 14 日 联合国原子能委员会在纽约举行第 1 次会议。美国代表伯纳德·巴鲁克在会上提出后来被称为"巴鲁克计划"的主张,提议设立国际原子能监督机构,掌握和管理有关原子能发展和应用的必需原料、各项工作,这项计划要求授予该机构广泛的权力,进行视察以防止违约,并禁止有关国家在该机构内使用否决权。苏联则建议应优先考虑缔结 1 项禁止生产和使用原子武器的公约。谈判陷入僵局。

6 月 18 日 安理会就西班牙问题讨论一项提案,认为西班牙佛朗哥政权的活动对国际和平仅是一种潜在的威胁,并不构成现实威胁,同时提议大会要求各国断绝同佛朗哥政权一切外交关系。苏联认为这项提案未能触及实质问题,而且要求断绝外交关系的适当机关是安理会而不是大会,因而投了否决票。

6 月 19 日 苏联代表葛罗米柯在联合国原子能委员会第 2 次会议上提出 1 项公约草案,要求禁止生产和使用原子武器,并规定在公约生效后的 3 个月内销毁原子武器;在此基础上,考虑建立国际原子能管制机构,该机构仍应受大国一致原则的约束。

6 月 19 日—7 月 22 日 国际卫生大会在纽约举行,来自 64 个国家的代表拟定和签署《世界卫生组织法》,并成立一个由 18 国政府代表组成的临时委员会,为成立世界卫生组织这一常设机构做准备。

6 月 21 日 经社理事会设立妇女地位委员会及信息自由小组委员会、被毁坏地区小组委员会。同日,经社理事会还决定,给予各非政府组织参与协商的地位。

6 月 24 日 蒙古国申请加入联合国。

6 月 26 日 安理会通过关于西班牙问题的第 S/RES/7(1946)号决议,决定将继续观察西班牙情势,并指派一个小组委员会负责审查各方之前就西班牙情势向安理会提交的报告。当日苏联在讨论西班牙问题的过程中连续投了 3 张否决票。

7 月 2 日 阿富汗申请加入联合国。

7 月 8 日 约旦申请加入联合国。

7 月 10 日 安理会举行会议,将议程上国际法院受理非规约当事国诉讼条件的确定交由专家委员会审议具报。

7 月 29 日—9 月 13 日 遭到破坏地区经济重建临时小组委员会第 1 次会议召开。

8 月 2 日　冰岛、爱尔兰、葡萄牙申请加入联合国。

8 月 5 日　泰国申请加入联合国。

8 月 9 日　瑞典申请加入联合国。

8 月 16—19 日　联合国总部迁至纽约长岛成功湖的斯佩里回旋器厂。

8 月 24 日　乌克兰提请安理会讨论因希腊政府的政策造成对巴尔干地区和平的威胁。

8 月 26 日　联合国协会世界联合会成立。该会是一个非政府国际组织，前身为国际联盟协会世界联合会。其宗旨是在群众中开展认识和支持联合国的活动，鼓励各国人民的团结与国际合作，为正义、安全和裁军而努力。

8 月 28 日　安理会决定邀请希腊及南斯拉夫两国代表参加对阿尔巴尼亚入会申请的讨论，但无投票权。

8 月 29 日　安理会通过关于"吸收新会员国：阿富汗、冰岛、瑞典"的第 S/RES/8(1946) 号决议，就阿富汗等国申请加入联合国问题进行审议，苏联代表对推荐外约旦、爱尔兰和葡萄牙为联合国会员国的议案均投票予以否决。会议最后以 10 票对 0 票，1 票弃权(澳大利亚)通过第 S/RES/8(1946) 号决议，向大会推荐阿富汗、冰岛和瑞典为联合国新会员国。

9 月 11 日—10 月 3 日　联合国经社理事会第 3 届常会召开，共通过 25 项决议。

9 月 20 日　安理会开会讨论 1946 年 8 月 24 日乌克兰致联合国秘书长电报所陈述的阿尔巴尼亚、保加利亚、希腊、南斯拉夫几国边境相邻地区紧张情势，以及对希腊挑衅行动的控诉。在表决关于设立希腊问题调查委员会的议案时，苏联投票否决。

9 月 21 日　联合国行政协调委员会成立。该委员会是促进联合国系统内的一致性的指定部门，由联合国基金会、署及其他专门机构组成，以联合国秘书长为主席；每两年举行一次会议，在联合国体系面临的全部重要事宜和管理事务上谋求进一步的协调与合作。

9 月 26 日　原子能委员会下设的科学与技术委员会报告说，没有科学证据表明不可能有效控制原子武器。

9 月 30 日　法国向联合国秘书长提交有关多哥兰及喀麦隆二法国委任统治地之托管协定草案。这是正式提请联合国核准的首个托管协定。

10 月 3 日　依据经济及社会理事会决议成立人口委员会。1994 年 12 月 19 日，大会通过关于国际人口与发展会议报告的第 A/RES/49/128 号决议，决定将人口委员会改名为人口与发展委员会。

10月8日　原子能委员会的科学及技术分组委员会将原子燃料制造相关报告送抵第二分组委员会——政策问题分组委员会。报告详细说明了原子燃料制造之程序,以及在此项制造程序内将原子燃料转供和平之用的可能性。政策问题分组委员会同意对和平制造、使用原子能每一阶段所需的保障措施进行研究。

10月15日　安理会一致通过关于国际法院问题的第 S/RES/9(1946)号决议,规定了国际法院受理非《国际法院规约》参加国诉讼的条件为:这种国家必须向国际法院书记长官提出声明,表示接受法院根据《联合国宪章》和法院规约与规则所享有的管辖权,忠实遵守法院的判决,并接受《联合国宪章》第94条规定的联合国会员国所承担的一切义务。声明书可分为特别声明、一般声明两种。特别声明表示该国仅就已发生的一项或数项特定争端接受法院的管辖;一般声明表示该国就已发生或未发生的一切争端或一类、数类争端接受法院的管辖。

10月15日—11月25日　联合国贸易与就业会议筹备委员会在伦敦召开第1次会议,讨论美国起草的《国际贸易组织宪章》草案。

11月4日　联合国教育、科学和文化组织(UNESCO)在其组织法为20个签字国正式批准接受后宣告成立。该组织的宗旨是:"通过促进各国间在教育、科学和文化方面的合作来对和平与安全作出贡献,以促进对正义、法治以及人类均得享受之人权和基本自由的普遍尊重。"英国的朱利安·赫胥黎当选为第一任总干事。

同日　安理会通过关于西班牙问题的第 S/RES/10(1946)号决议,决定将西班牙情势问题自其据有事项单内撤销并将有关该案之所有记录及文件送交大会备用。

11月9日　大会根据安理会推荐,通过关于"准许阿富汗、冰岛及瑞典加入联合国"的第 A/RES/34(1)号决议,决定吸收阿富汗、冰岛和瑞典为会员国。

大会通过关于"安全理事会复审若干请求加入联合国的申请书问题"的第 A/RES/35(1)号决议,阿尔巴尼亚人民共和国、外蒙古共和国、外约旦哈希米德王国、爱尔兰及葡萄牙各国均曾递呈申请书,请求准予加入联合国,大会建议安全理事会按照宪章第4条之规定,复审上述各国的申请书,并以宪章为准绳,衡量各国之资格。

11月15日　安理会通过关于国际法院的第 S/RES/11(1946)号决议,瑞士自将加入书交存联合国秘书长之日起为《国际法院规约》当事国。该加入书须由瑞士政府的代表签署,并依瑞士宪法的规定予以批准。

11月19日　大会全体会议审理安理会复审若干国家加入联合国之申请书的问题。此前阿尔巴尼亚人民共和国、外蒙古共和国、外约旦哈希米德王国、爱尔兰、葡萄牙已提交加入联合国的申请书,安理会尚未做任何建议。因此,第A/RES/35(1)号决议建议安理会遵照宪章第4条复审上述申请书、衡量各国资格。

大会通过关于"准许新会员国加入联合国"的第A/RES/36(1)号决议,请安理会指派一个委员会与大会之程序事宜委员会会商,以拟定关于准许新会员国加入联合国的规定。12月15日,大会指派澳大利亚、古巴、印度、挪威、苏联为委员会成员;安理会指派中国、巴西、波兰为委员会成员。

大会通过关于"国际联盟依照有关麻醉品的各种国际协定、公约及议定书所行使的权利移交联合国"的第A/RES/54(1)号决议,及其所附的《关于麻醉品的各项协定、公约及议定书的议定书》。同意接收国际联盟根据二战前缔结的各种麻醉品国际协定、公约及议定书所行使的职权,并核准关于麻醉品之各种协定、公约及议定书之议定书,促请其中所列举各协定、公约、议定书之所有缔约国从速签署该议定书。

大会通过关于各国红十字会及红新月会的第A/RES/55(1)号决议,促请联合国会员国注意决议所提宗旨之特殊重要性,并保证采取必要措施使各国红十字会及红新月会保持联系。

大会通过关于迫害与歧视问题的第A/RES/103(1)号决议。大会特宣言:为弘扬人道起见,应立即终止宗教上及所谓种族上之迫害与歧视。

11月27日—12月13日　经社理事会麻醉品委员会举行第1次会议。

12月3日　希腊提请安理会审议在希腊北部地区由于该国北部各邻国向希腊游击队提供援助所造成的局势。

12月7日　大会通过关于大会常会的会期的第A/RES/77(1)号决议,大会决议通过修正案:大会常会应于每年9月的第3个星期二起开会。

同日　大会通过关于国际联盟资产的移交的第A/RES/79(1)号决议,核准关于国际联盟若干资产移交联合国之执行事项之协定。

大会通过关于联合国的正式钤印及徽记的第A/RES/92(1)号决议,核定联合国徽记以资识别,并准许用之本机构之徽记。

12月10日　根据安理会建议,大会通过的第A/RES/91(1)号决议决定瑞士成为《国际法院规约》当事国之条件如下:加入书由瑞士政府代表签署,并依瑞士宪法之规定予以批准;接受《国际法院规约》的规定;接受联合国会员国依宪章第94条所规定的义务;摊付法院经费。此前,瑞士联邦政府于1946年10月26日致函联合国秘书长,表示愿确知瑞士成为《国际法院规约》当事国之条件。

同日 安理会通过关于希腊问题的第 S/RES/12(1946)号决议,决定邀请希腊和南斯拉夫参加希腊政府有关指控问题的讨论,但没有投票权;邀请阿尔巴尼亚及保加利亚两国代表前来安理会,安理会听取其所愿提出之声明;如果有关阿尔巴尼亚和保加利亚的问题存在争议,允许它们的代表参加讨论但没有投票权。

12 月 11 日 大会通过关于"联合国善后经济总署事宜委员会的报告书"的第 A/RES/47(1)号决议,促请各会员国政府对联合国善后经济总署事宜委员会主席之来函给予考虑,及时缴付应缴纳款项之余额。

大会通过关于联合国善后救济总署结束后的救济需要的第 A/RES/48(1)决议,设立一特别专门委员会,训令该委员会将其报告书提交秘书长,再转送给各会员国政府。

大会通过关于妇女参政权的第 A/RES/56(1)号决议,建议若干会员国将授予男子之同等政治权利授予妇女。

大会通过关于国际儿童紧急救济基金的筹设的第 A/RES/57(1)号决议,设立联合国国际儿童紧急基金会(UNICEF),以便对遭受第二次世界大战苦难的儿童提供紧急救济。

大会通过关于联合国暂行财务条例的第 A/RES/80(1)号决议,并令秘书长向行政及预算问题咨询委员会提交财务条例草案,备供核议。

大会通过关于"联合国与卡内基基金会关于使用海牙和平宫房屋及付还借款的协定"的第 A/RES/84(1)号决议,核准通过联合国与卡内基基金会关于使用海牙和平宫房屋的协定。

大会通过关于"授权经济及社会理事会请求国际法院发表咨询意见"的第 A/RES/89(1)号决议,大会授权经社理事会就其工作范围内之任何法律问题请求国际法院发表质询意见。

大会通过关于国际法的逐渐发展与编纂的第 A/RES/94(1)号决议,重申编撰国际法、研究国际法之发展并作成建议的必要性,决定设立一个委员会,由联合国 17 个成员国之代表组成,该 17 国由大会经主席推荐而指定。

大会通过关于"确认纽伦堡法庭组织法所认定的国际法原则"的第 A/RES/95(1)号决议,确认纽伦堡法庭组织法所认定的国际法原则以及其所作的判决,东京审判采取了与其相同的原则。决议还请依 A/RES/94(1)号决议所设之国际法编撰委员会特别注意在关于危害人类和平与安全罪行之一般法律编撰中,或在国际刑法中,将纽伦堡法庭组织法及其判决所确认的法律原则予以制立。

大会通过关于屠杀人群罪的第 A/RES/96(1)号决议,肯定种族灭绝是文明世界根据国际法应予以谴责的罪行,规定"犯此罪者,无论其为主犯、从犯,无论其为个人、公务人员或政治首领,亦无论其犯罪理由为宗教、种族、政治或其他性质,均应予以处罚",并促请成员国制定必要法律、防止并惩罚此种罪行。为推动旨在迅速防止、惩罚屠杀人群的国际合作,大会也请经社理事会展开必要研究、拟定关于屠杀人群罪的公约草案。

12月12日 大会通过联合国各会员国与西班牙的关系的第 A/RES/39(1)号决议,建议联合国全体会员国立即召回各该国派驻西班牙的全权大使与公使。

同日 安理会通过关于"吸收新会员国:泰国"的第 S/RES/13(1946)号决议,向大会推荐泰国(暹罗)为联合国会员国。

12月13日 大会通过关于安全理事会的投票程序的第 A/RES/40(1)号决议,"坚决要求安理会常任理事国尽一切努力并与安理会各常任理事国互相磋商,以保证安理会常任理事国使用表决特权,而不妨碍安理会迅速做出决议"。决议建议安全理事会早日采取与宪章相符的事例及程序,减少使用上的困难。

大会通过关于托管协定的核准的第 A/RES/63(1)号决议,通过关于新几内亚、卢旺达—乌隆迪、英法属多哥、英法属喀麦隆、坦噶尼喀以及西萨摩亚这些非自治领领土的托管协定。

12月14日 大会通过关于军备的普遍管制与裁减的原则的第 A/RES/41(1)号决议,提出关于普遍调整和裁减军备的原则并建议安理会采取切实措施实现裁军目标。主要内容有三:促请原子能委员会迅即履行1946年1月12日决议第5节所载之职责,以尽早设立对原子能、其他现代科学发现与技术发展之国际统制,达到取缔目前及未来足以适用于大规模破坏之一切武器;认为有效的检查机制是实现军备、军队之普遍管制与裁减的要件,安理会对此负有特殊责任,因此建议其迅即审议有关制立原子能统制、军备普遍管制与裁减之国际机制的提案;建议成员国酌情、逐渐、均衡地撤出其驻扎于前敌国领土内的军队,并立即撤出其驻扎在其他成员国领土内、但未经该国同意的军队,与此相当,逐渐、均衡地裁减本国军队。

大会通过关于"国际联盟非依国际协定所担任的若干非政治性职务及工作的移交与联合国"的第 A/RES/51(1)号决议,审议与处理国际联盟非依国际协定所担任的非政治性职务、工作之移交,以及设立世界卫生组织的问题,授权秘书长接管并继续办理前由国际联盟秘书长办理的非政治性事务,又授权经社理事会接管并继续办理前由国联各委员会办理的非政治性事务。以下两类除外：依国际协定而执行的职务与工作；委托业已或行将依照宪章第 57 条、第 63 条之规定与联合国发生联系的专门机关执行的职务与工作。

大会通过关于设立世界卫生组织的第 A/RES/61(1)号决议，继 1946 年 9 月 17 日经社理事会有关设立世界卫生组织之决议，建议联合国会员国、1907 年罗马协定之缔约国(为设立国际公共卫生处所订)尽早接受世界卫生组织的组织法，令秘书长采取必要步骤，使原属国联卫生组织的职务移交于世界卫生组织之过渡委员会。

大会通过关于成立托管理事会的第 A/RES/64(1)号决议，设立非自治领土特设委员会，专门负责对有关非自治领土的情报进行分析和审查，并令秘书长至迟于 1947 年 3 月 15 日召集托管理事会第 1 届会。12 月 13 日，大会核准 8 项托管协定草案时，澳大利亚、比利时、法国、新西兰、英国成为相关委任统治地管理当局，于是托管理事会所必需之要件乃告具备。大会通过的第 A/RES/64(1)号决议确认上述 5 国，中国、美国、苏联成为托管理事会之理事国，同时选举墨西哥、伊拉克为任期 3 年的理事国。

大会通过关于西南非洲的将来地位的第 A/RES/65(1)号决议，审议南非联邦代表团关于西南非洲委任统治地并入南非联邦一事所作的各项声明，拒绝南非当局关于将其委任统治地西南非洲并入南非的要求，建议将西南非洲置于国际托管制度之下。大会重申 1946 年 2 月 9 日决议精神，对于西南非洲并入南非联邦一事，表示"不能同意"。并建议将西南非洲委任统治地置于国际托管制度下，请南非联邦政府拟提一关于该地的托管协定，供大会核议。

大会通过关于"与各专门机关在预算及财务方面的关系"的第 A/RES/81(1)号决议，请秘书长与行政与预算问题质询委员会会商，并向大会下次常会提具报告及建议。

大会通过关于"因联合国在美利坚合众国内设立永久会所须订的办法"的第 A/RES/99(1)号决议，决定纽约为联合国总部永久所在地，认为关于永久会所事与美国所订任何协定须适应该地区情形。

大会通过关于联合国的会所的第 A/RES/100(1)号决议，选定纽约为联合国总部永久所在地，并接受美国亿万富翁小约翰·D.洛克菲勒的 850 万美元赠款，以购买现在的总部地址。这个地址位于曼哈顿东区的第 42 街与第 48 街之间，西边与联合国广场(以前是第一大街的一部分)相邻接，东边以东河为界。在洛克菲勒赠款的同时，纽约市也赠送了一些在该地址以内和邻近该地址的土地，以及河岸权和地役权。地址一经确定，第 1 任秘书长特吕格弗·赖伊即指派美国建筑师华莱士·K.哈里森协同包括由中国著名建筑学家梁思成在内的 10 个国家的设计顾问组成的委员会,指导各项建筑和兴建设计。1947 年 11 月 20 日,大会一致通过了顾问们拟订的各项设计。

大会通过关于"条约及国际协定的登记与公布:《联合国宪章》第 102 条施行细则"的第 A/RES/97(1)号决议。

大会通过关于与专门机关的协定的第 A/RES/50(1)号决议,核定与国际劳工组织、联合国粮食及农业组织、联合国教科文组织等专门机构的协定,规定了同这些机构的相互关系。决议指出,各专门机构与联合国各机构的政策与工作必须做出调整,并请经社理事会对此保持关注。

12 月 15 日　大会通过关于准许泰国为联合国会员国的第 A/RES/101(1)号决议,接纳泰国为联合国会员国。

12 月 16 日　安理会第 84 次会议通过关于程序的 S/RES/14(1946)号决议,9 票对 0 票,两票弃权(苏联、美国),按照大会决议的安理会理事国任期(自每年 1 月 1 日起至 12 月 31 日止)对安理会主席每月轮值的办法加以调整。

12 月 19 日　安理会一致通过关于希腊问题的第 S/RES/15(1946)号决议,决定成立 1 个由安理会 1947 年理事国各派 1 名代表组成的有广泛权力的调查委员会,确定希腊指控的边境侵犯事件的原因和性质,并为避免再度发生入侵事件提出建议。调查团应有权在希腊北部进行调查,并得斟酌需要将希腊其他部分,以及阿尔巴尼亚、保加利亚及南斯拉夫 3 国境内之若干地区列入调查范围之内;有权要求上述诸国政府、官员、国民以及调查团认为必要之其他方面人士向其提供与调查有关的情报。此外,邀请希腊、阿尔巴尼亚、保加利亚、南斯拉夫 4 国政府各派代表 1 人以联络员身份协助调查团工作。

同日　大会通过关于经济及社会理事会的工作的第 A/RES/49(1)号决议,业已审查经社理事会送呈大会之报告书,对经社理事会为力求有效行使其职责在其组织方面做出的进展和努力表示满意。

12 月 30 日　联合国原子能委员会同意美国代表巴鲁克提出的关于建立原子能国际视察和管制制度的建议。

12 月 31 日　联合国原子能委员会以 10 票对 0 票,2 票弃权(苏联和波兰)通过该委员会提交安理会的第 1 份报告,建议由所有联合国会员国在公正与公平条件下参加一项条约或公约,以创立一种强有力的、完备的国际监督与视察制度。

冷 战 时 期

一九四七年

1月10日 安理会在审查对意大利和约草案中有关设立及管理的里雅斯特自由区之各项附件的基础上，通过关于"的里雅斯特自由区"的第 S/RES/16(1947)号决议，由安理会承担保障的里雅斯特自由区的独立和领土完整的责任，并负责任命该自由区的行政长官。在审议委派的里雅斯特自由区行政长官问题时，安理会决定成立一由澳大利亚、哥伦比亚、波兰3国代表组成的委员会，负责收集候选人资料以向安理会具报。

1月20日—2月24日 经社理事会下属的社会委员会、经济和就业委员会、人权委员会、统计委员会、临时社会福利委员会、交通运输委员会、妇女地位委员会等分别举行各自的首次会议。

1月27日—2月10日 人权委员会举行第1届会议，并成立一个由7个会员国组成的起草《世界人权宣言》委员会。

2月10日 安理会通过关于希腊问题的第 S/RES/17(1947)号决议，认为依据第 S/RES/15(1946)号决议设置的调查团无权向希腊、阿尔巴尼亚和保加利亚及南斯拉夫的主管当局提出暂缓执行对若干政治犯所判处的死刑。

同日 联合国人权委员会设立信息自由小组委员会、新闻自由小组委员会以及防止歧视并保护少数民族小组委员会。

同日 苏、美、英、中、法等战胜国分别与意、保、罗、匈、芬5个战败国在巴黎签订和约，即《五国和约》，同年9月15日生效。

2月13日 在苏联的建议下，安理会通过关于"军备：调节与裁减"的第 S/RES/18(1947)号决议，决定设立常规军备委员会，负责研究裁减军备和武装部队的措施以及有效的保障制度。委员会组成与安理会相同。

2月27日 安理会通过关于"科孚海峡事件"的第 S/RES/19(1947)号决议，指派一个由3人组成的小组委员会，审查关于英国与阿尔巴尼亚科孚海峡争端事件。

2月28日—3月29日 经社理事会第4届常会召开，通过35项决议。

涉及的新议题包括:国际木材会议与国际资源保护会议的筹备,种族灭绝问题、住房与城镇规划问题、成员国平衡国际收支问题;决定设立欧洲经济委员会、亚洲及太平洋经济委员会。

3月10日　安理会一致通过关于"原子能:国际管制"的第 S/RES/20(1947)号决议,根据美国提议,促请原子能委员会继续探讨原子能国际监督问题的一切方面,并于一定时期内拟就一个或数个包含其最后提案之条约或公约草案。

3月12日　安理会决定将2月17日美国代表致秘书长函内所附有关将前日本委任统治下岛屿置于联合国托管制度下之托管协定草案列入议事日程,并决定讨论这一问题时,邀请印度、新西兰两国政府参加但无投票权,若远东委员会其他委员国(加拿大、荷兰、菲律宾)请求列席陈述意见,应一并请其参加。

3月25日　安理会就科孚海峡争端事件向当事各方提出的建议案被苏联否决。

3月26日—4月28日　托管理事会举行第1次会议。会议讨论13项议题,其中比较重要的有:会议议事规则及程序,制定以托管地区人民为调查对象的有关当地政治、经济、社会、教育发展状况的问卷,审查国际劳工组织公约草案和有关坦噶尼喀(坦桑尼亚的一部分)、西萨摩亚的请愿书,以及新西兰政府的报告书,审议新西兰政府提交的年度报告书。理事会10个成员国(奥地利、比利时、法国、新西兰、英国作为托管地行政管理国,中国、伊朗、墨西哥、美国、苏联作为非托管当事国)均出席会议。

3月28日　经社理事会正式建立欧洲经济委员会,以促进欧洲的经济复兴及加强欧洲同世界其他国家和地区间的经济关系。

同日　经社理事会正式建立亚洲及远东经济委员会,其任务包括提高亚洲和远东地区经济水平,加强该地区各国之间以及它们同世界其他国家和地区的经济关系。

4月2日　英国政府致函联合国秘书长,要求把巴勒斯坦问题列入下届大会议程,届时英国将就它执行国际联盟对巴勒斯坦委任统治的情况提交报告。英国还表示,在希望巴勒斯坦问题早日得到解决的同时,大会能尽快召开一次关于巴勒斯坦问题的特别会议。

同日　安理会一致通过关于战略防区之托管的第 S/RES/21(1947)号决议,决定根据《联合国宪章》关于设立国际托管制度的规定,指定前由日本依据国联盟约第22条受委统治的太平洋各岛屿为战略防区(包括加罗林群岛、马绍尔群岛和马里亚纳群岛),并将其置于《联合国宪章》所制定的托管制度之下,同时指定美国为托管领土的管理当局。在决议限制范围内,管理当局对托管领土有行政、立法、司法之全权;美国政府认为本国法律适合托管领土情况与需要并确认实属必要的,可适用于托管领土。管理当局还应确保托管领土依据《联合国宪章》对于维持国际和平与安全及其本分之义务,为此,管理当局有权:在托管领土设立海、陆、空军基地,建筑要塞;在托管领土内驻扎及使用军队;利用托管领土之志愿军便利及协助,以履行管理当局对安理会所负之责任、实行地方自卫、维持法律与秩序。

4月9日 安理会审议英国、阿尔巴尼亚为1946年10月22日两艘英舰在科孚海峡为水雷炸损致有船员伤亡一案所引起的争端所作之陈述,安理会通过关于"科孚海峡事件"的第S/RES/22(1947)号决议,鉴于科孚海峡争端的复杂性,安理会建议将这一争端移交国际法院审理。

4月18日 安理会以9票对0票、2票弃权(波兰、苏联)通过关于希腊问题的第S/RES/23(1947)号决议,在安理会未作新决议以前,依理事会第S/RES/15(1946)号决议成立的调查团应于关系地带留置一辅助团,继续履行规定职务。

4月22日 匈牙利申请加入联合国。

4月24日 托管理事会批准成立第1个驻西萨摩亚行动组。

4月28日—5月15日 联合国大会举行关于巴勒斯坦问题的第1次特别会议,即首届特别联大,讨论英国提出的关于成立特别委员会并指令该委员会对巴勒斯坦问题进行初步研究的议题,通过第A/RES/104(S—1)—A/RES/107(S—1)号决议。这次会议决定成立一个由11国组成的特别委员会,对一切有关巴勒斯坦的争论进行调查并提出解决方案。9月,该委员会向大会提出报告,一致建议结束委任统治,并对未来治理提出两个方案:一个是由加拿大提出的分治方案;另一个是由印度等3国提出的反对分治方案,建议以耶路撒冷为首都成立阿犹联邦。

4月30日 军事参谋团就组织联合国武装部队的一般原则向安理会提出报告。因安理会内未能就此达成协议,组建联合国武装部队一事搁浅。

同日 安理会通过关于"吸收新会员国:匈牙利"的第S/RES/24(1947)号决议案,决议将匈牙利致安理会的加入联合国申请书交给理事会所属的申请入会国资格审查委员会研究并具报理事会。

5月2—14日 经社理事会欧洲经济委员会第1次会议召开。

5月5日 首届特别大会通过关于听取巴勒斯坦犹太民族建国协会之陈述的第A/RES/104(S—1)决议,决定将大会特别届会所已收到或日后收到之巴勒斯坦居民请求就巴勒斯坦问题发表意见之来文交由大会第一委员会(裁军与国际安全委员会)审核决定。

5月7日　首届特别大会通过关于听取阿拉伯民族大同盟最高委员会之陈述的第 A/RES/105(S—1)决议,兹追认第一委员会准许阿拉伯民族大同盟最高委员会之陈述意见之决定,该项决定为大会意旨之正确解释。

同日　意大利申请加入联合国。

5月12日—6月17日　国际法委员会就促进国际法的编纂和积极发展召开第1次会议。

5月15日　首届特别大会通过关于巴勒斯坦问题特别调查团的第 A/RES/106(S—1)决议,成立一个由11国组成的联合国巴勒斯坦问题特别调查团,并着该调查团就巴勒斯坦问题提具报告,备供大会下届常会审议。该调查团由澳大利亚、加拿大、捷克斯洛伐克、危地马拉、印度、伊朗、荷兰、秘鲁、瑞典、乌拉圭、南斯拉夫等11国代表组成。

同日　首届特别大会通过关于武力威胁或使用武力的第 A/RES/107(S—1)决议,促请各国政府及人民,尤其是巴勒斯坦居民,在大会就巴勒斯坦问题特别调查团之报告书采取行动以前,切勿以武力威胁或使用武力,或采取其他行动,以至于造成恶劣形势,从而妨碍巴勒斯坦问题的早日解决。阿拉伯国家对此普遍表示反对,它们认为决议只字未提巴勒斯坦独立或宪章规定的各项原则,并且毫不考虑巴勒斯坦居民利益,授予该特委会的职权无助于中东和平。

5月19—29日　经社理事会财政委员会第1次会议召开。

5月19日—6月4日　经社理事会信息与出版自由小组委员会召开第1次会议。

5月22日　安理会通过关于"吸收新会员国:意大利"的第 S/RES/25(1947)号决议案,决议将意大利致安理会的加入联合国申请书交给理事会所属的申请入会国资格审查委员会研究并具报理事会。

6月4日　安理会审议1946年11月9日大会通过的第 A/RES/88(1)号决议中所载之议事规则,大会依《国际法院规约》规定选举国际法院法官时,应继续开会,直至人数与所应当选人数相等、候选人于一次或数次票选中获得绝对多数票为止。安理会通过关于程序事项的第 S/RES/26(1947)号决议,赞同上述规则,并拟具安理会选举国际法院法官之程序(与大会同),送请大会查照。

6月11日　联合国同瑞士政府缔结了关于联合国日内瓦办事处的特权及豁免的临时协定。

6月12日 托管理事会向大会提交首份报告,内容涵盖1947年3月26日—4月28日其第1届会议讨论、处理的事务。

6月16—25日 经社理事会亚洲与远东经济委员会第1次会议召开。

6月25日 安理会希腊问题调查委员会在希腊北部进行调查后提出一份由该委员会中9位委员同意的报告,交安理会审议。

同日 安理会请军事参谋团就应备安理会使用的军队总兵力作一估计提送安理会,并说明其中陆、海、空军每一军种的大约实力以及组织成分;说明依照该意见,安理会5常任理事国根据平等原则对此项总兵力所应提供的数量。

6月26日 联合国秘书长同美国国务卿签署了一项关于处理联合国总部特权和豁免权的协议。根据协议,联合国有权就纽约总部辖区制定必要的管理规则。该协议于1947年11月21日生效。

7月8日 安理会以9票对0票、2票弃权(波兰、苏联)核准常规军备委员会在其报告书中提出的工作计划,其中包括:审议军备及军队问题中属于常规军备委员会职权范围之事项,并向安理会提具建议;审议并确定关于调节及裁减军备与军队之一般原则;审议如何借由特设机关管理之国际管制制度(以及其他方法),提供实际有效之保障以保护遵约国家使其不受违约行为及规避行为之危害;拟具调节及裁减军备与军队之实际提案;提交第2项、3项、4项对联合国会员国之适用问题;向安理会提具一件或数件报告书,尽可能是公约草案。

同日 安理会就英军干涉埃及内部事务问题进行讨论。

7月10日 安理会在审议委派的里雅斯特自由行政区长官问题时决定成立一委员会,由澳大利亚、哥伦比亚、波兰3国代表组成,负责搜集有关已经推荐为候选人以及其他可能人选的更多资料,向安理会具报。

同日 罗马尼亚申请加入联合国。

7月19日—8月16日 经社理事会第5届常会召开,通过41项决议,所涉新议题包括:护照和边境手续、信息及媒体自由、与托管理事会合作的问题,提议设立拉美经济委员会,并草拟联合国与万国邮政联盟协议草案。

7月26日 保加利亚申请加入联合国。

7月29日 安理会表决有关希腊边界事件的议案时,苏联投票反对。

7月30日 澳大利亚和印度提请安理会注意荷兰和印度尼西亚共和国之间的战斗,建议安理会采取措施要求双方立即停火。

8月1日 安理会分段表决通过关于印度尼西亚问题的第S/RES/27

（1947）号决议，并邀请当事国荷兰和印度尼西亚参加安理会的有关讨论。决议要求双方停止敌对行动，以公断或其他和平方式解决其争端，并将解决进展情形随时通知安理会。

8月6日　安理会通过关于希腊问题的第 S/RES/28（1947）号决议，指派一个小组委员会，由曾就希腊问题提出提案或修正案的代表组成，以便研讨是否可能另拟一个新的决议草案。

8月8日　经社理事会通过决议呼吁关爱儿童。

8月12日　安理会通过关于吸收新会员国的第 S/RES/29（1947）号决议，根据所属加入联合国资格审查委员会审查报告，建议大会准许也门、巴基斯坦加入联合国。本次会议之前，安理会收到申请入会国资格审查委员会就重新审查阿尔巴尼亚人民共和国、蒙古人民共和国、哈希米德外约旦王国、爱尔兰、葡萄牙申请书及审查匈牙利、意大利、罗马尼亚、奥地利、也门、保加利亚申请书所提具的报告。

8月15日　巴基斯坦申请加入联合国。

8月18日　安理会分别讨论外约旦、爱尔兰、葡萄牙加入联合国的申请，在表决时均被苏联代表投票否决。

8月19日　安理会再次讨论希腊边界事件，澳大利亚提出的判定希腊局势已构成对和平之威胁的决议草案以及美国提出的呼吁停止对该国游击队提供援助的决议草案均被苏联代表否决。

8月21日　安理会讨论意大利和奥地利加入联合国的申请，苏联代表均投了反对票。

8月25日　安理会通过关于印度尼西亚问题的第 S/RES/30（1947）号决议，得悉印尼与荷兰已停止敌对行动，要求理事国驻巴达维亚领事人员就1947 年 8 月 1 日决议案之后的印尼境内情势报告安理会。

同日　安理会以 7 票对 0 票、4 票弃权（哥伦比亚、波兰、苏联、英国）通过关于印度尼西亚问题的第 S/RES/31（1947）号决议，决定由澳大利亚（印尼推选）、比利时（荷兰推选）和美国（澳大利亚、比利时推选）代表组成一个3 国斡旋委员会，以协助和平解决印尼荷兰双方争端。

8月26日　鉴于军事行动仍在印尼领土内进行，安理会通过关于印度尼西亚问题的第 S/RES/32（1947）号决议，促请荷兰印尼政府遵守安理会关于印度尼西亚问题的第 S/RES/27（1947）号决议案。

8月27日　安理会通过关于程序事项的第 S/RES/33（1947）号决议，请大会程序委员会接受安理会所属之专家委员会进行修改的安理会暂行议事规则第 58 条，并请大会该委员会照安理会专家委员会之建议，对大会议事规则第 113 条、第 117 条作因上述修改而起之必要修改,若不行,则由安理会专家委员会对安理会暂行议事规则第 58 条再做修改。此外,根据专家委员会的建议,接受大会委员会对安理会暂行议事规则第 60 条所提的一些修改意见。

8 月 31 日　联合国巴勒斯坦特别委员会提出解决巴勒斯坦问题的两套方案。加拿大、捷克斯洛伐克、危地马拉、荷兰、秘鲁、瑞典、乌拉圭 7 国方案建议,把巴勒斯坦分为两个独立国家:犹太国和阿拉伯国,将耶路撒冷置于国际特别管辖之下。印度、伊朗、南斯拉夫 3 国方案则建议,成立一个由阿拉伯和犹太双方组成的独立的联邦国家,以耶路撒冷为联邦首都。澳大利亚认为这些建议超出了该委员会的职权范围,故对两个方案均未投票。

9 月 8—12 日　联合国召开世界统计大会。

9 月 11 日　联合国原子能委员会以 10 票对 1 票(苏联),1 票弃权(波兰)通过它的第 2 次报告,提出国际监督原子能的基本原则及实施这些原则的措施。

9 月 15 日　安理会讨论希腊北部局势及其初步问题,因苏联连续两次投否决票,未能通过决议。

同日　安理会通过关于希腊问题的第 S/RES/34(1947)号决议,决定从其受理事项单中删除希腊与阿尔巴尼亚、保加利亚及南斯拉夫彼此争端一案并请秘书长交由大会备案。

9 月 16 日—11 月 29 日　第 2 届联合国大会在纽约举行。奥斯瓦尔多·阿拉尼亚(巴西)当选为本届大会主席。

9 月 19 日　芬兰申请加入联合国。

9 月 23 日　大会通过决议,设立一个由全体会员国组成的巴勒斯坦问题专设委员会,进一步研究巴勒斯坦问题。

9 月 24 日　安理会举行秘密会议,就的里雅斯特自由区的总督人选进行磋商,由于一个常任理事国的反对,未能达成协议。

9 月 30 日　大会通过关于准许也门、巴基斯坦加入联合国为会员国的第 A/RES/108(2)号决议,接受 2 国为联合国会员国。

10 月 1 日　安理会在审议意大利和芬兰加入联合国的申请时,均被苏联代表否决。

10 月 3 日　安理会通过关于印度尼西亚问题的第 S/RES/35(1947)号决议,请秘书长担任三国委员会的召集人,安排执行第 S/RES/31(1947)号决议的任务。

10月20日　大会通过关于"国际联盟依照1921年9月30日的《国际禁止贩卖妇孺公约》,1933年10月11日的《禁止贩卖成年妇女公约》及1923年9月12日的《禁止猥亵图书公约》规定所行使的职权移交联合国"的第A/RES/126(2)号决议。

大会通过关于联合国旗帜的第A/RES/167(2)号决议,决定以白色的联合国徽记置于浅蓝色底旗正中为图案的联合国会旗。

10月21日　大会全体会议讨论关于希腊政治独立以及领土完整所受之威胁,希腊政府1946年12月3日就相关问题提出的申诉和安理会同年12月19日所做的相关决议;通过第A/RES/109(2)号决议,要求阿尔巴尼亚、保加利亚和南斯拉夫停止援助希腊游击队,要求这3国和希腊为和平解决它们的争端而进行合作,并为此目的,建议它们彼此间建立外交关系,缔结边界条约,共同解决难民问题。大会还决定成立一个由11国代表组成的联合国巴尔干问题特别委员会来协助上述4国政府执行大会的建议并观察它们执行的情况。大会下届常会开始以前,如有必要,将在特别委员会建议下召集大会特别会议。澳大利亚、巴西、中国、法兰西、墨西哥、荷兰、巴基斯坦、英国、美国,波兰、苏联被选为该特委会成员。但苏联和波兰认为,特委会的职权侵犯了阿尔巴尼亚、保加利亚和南斯拉夫的主权,它们因而拒绝该特委会的工作。

10月30日　参加联合国经社理事会国际贸易组织筹备委员会第2次会议的23个国家的代表在日内瓦签署了《关税及贸易总协定》及其《暂定实施议定书》。该协定的宗旨是:"制定互惠互利办法,以谋求削减关税及其他贸易壁垒,取消国际贸易中的差别待遇","推进世界资源充分利用并扩大货物生产和交换"。协定于1948年1月1日正式生效,总部设在日内瓦。

10月31日　大会通过关于联合国纪念日的第A/RES/168(2)号决议,将10月24日(《联合国宪章》生效的周年纪念日)正式定名为"联合国日",以向全世界人民报告联合国的目标和成就,争取更广泛的国际支持。决议要求联合国各成员国在举行这个周年纪念活动时进行合作。

大会通过关于联合国与美利坚合众国关于联合国会所的协定的第A/RES/169(2)号决议,审核通过秘书长提交的《联合国和美利坚合众国关于联合国总部的协定》。

11月1日　大会讨论托管问题,通过题为"托管理事会第一届会的报告书"的第A/RES/139(2)号决议,以及关于拟议瑙鲁托管协定的第A/RES/140(2)号决议,核准同年10月21日澳大利亚、新西兰以及英国等国政府提交的瑙鲁托管协定,决定对瑙鲁实行国际托管,并指定上述 3 国联合托管瑙鲁。

大会通过关于"审议或将提交的新托管协定问题:西南非洲问题"的第 A/RES/141(2)号决议,坚决维持将西南非洲置于托管制度之下的建议,促请南非联邦政府提具托管协定草案供大会第 3 届会审议,并授权托管理事会审查相关报告、向大会提出意见。

同日　安理会通过关于印度尼西亚问题的第 S/RES/36(1947)号决议。收悉第 S/RES/27(1947)号决议并未完全生效,安理会促请印尼荷兰双方立即彼此直接或借由斡旋委员会商议停火协议案。

11 月 13 日　大会根据美国提议以 41 票对 6 票(苏联集团),6 票弃权(阿拉伯集团)通过关于大会临时委员会的设立的第 A/RES/111(2)号决议,设立一个由全体会员国各派一位代表组成的大会临时委员会(即"小型联合国大会"或"小型联大")。作为大会常会闭会期间进行工作的一个辅助机关,其任务是就和平与安全问题进行调查与研究,并向大会提出报告。大会还授予它在认为必要时有进行调查及指派委员会等权限。设立"小型联大"旨在对付苏联,因此它遭到了苏联的激烈反对。苏联代表在多次发言中指出,设立"小型联大"的真正目的是要建立"一个新的机构来削弱、规避和代替安理会",认为这是"破坏联合国的一个步骤",它"将使安理会不可能履行宪章委托给它的任务"。苏联代表甚至表示,设立"小型联大"是"对宪章的一种粗暴的违反,而会导致联合国的毁灭"。"小型联大"设立期限原为 1 年,第 3 届大会决定将其延长 1 年,第 4 届大会又决定无限期地设立这一委员会,但由于苏联集团的坚决抵制并拒绝承认其合法性,它实际上形同虚设。

11 月 14 日　大会通过关于朝鲜独立的第 A/RES/112(2)号决议,决定邀请朝鲜民选代表参加朝鲜独立问题讨论,为监察代表之选举、便利代表之参会,于朝鲜当地设立一个联合国临时委员会。该委员会由澳大利亚、加拿大、中国、萨尔瓦多、法国、印度、菲律宾、叙利亚、乌克兰代表组成,享有在朝鲜全境旅行、视察、访寻的权利。在该委员会的协助和监督下,将在全朝鲜举行议会选举,然后成立全国政府。建议于 1948 年 3 月 31 日以前用秘密投票方式进行,每一投票区域之代表人数按当地人口比例分配。选举以后,尽速召开国民大会、成立国民政府。新成立的政府应从南北朝鲜军政当局接受政府职权,与联合国临时委员会磋商,组织国家保安军、解散其他军事和半军事组织,并与各占领国洽商外国军队撤军事宜。决议特别提出"所有会员国于朝鲜独立前之过渡准备时期内,除遵行大会之各决定外,切勿干涉朝鲜人民之事;并请各国此后完全停止一切损害朝鲜独立及主权之行为"。苏联、捷克斯洛伐克、白俄罗斯、乌克兰、波兰和南斯拉夫等国都未参加投票,乌克兰拒绝参加该委员会。

大会通过关于条约与国际协定的登记及公布的第 A/RES/172(2)号决议。敦请联合国各会员国遵守宪章第 102 条所规定之义务。

11 月 15 日　大会通过关于秘书处的组织及地域上公允分配原则的第 A/RES/153(2)号决议,重申力求秘书处办事人员效率、才干及忠诚之最高标准以及征聘办事人员时于可能范围内注重地域上普及之原则,认为两者并不冲突。请秘书长采取切实步骤,更换不合宪章所订之较高标准的职员,从尚无国民供职的国家聘用人员,以保证现时职员地域上分配有所改进。

大会通过关于大会第 3 届常会会议地点的第 A/RES/184(2)号决议,决定大会第 3 届常会应于欧洲举行,并请秘书长与大会主席选派 9 会员国代表组成委员会磋商选出举办城市。

大会通过国际复兴开发银行、国际货币基金组织、万国邮政联盟以及国际电信联盟等专门机构的协议。

同日　安理会决定将 11 月 7 日秘书长关于太平洋岛屿托管协定事致安理会主席函(S/599)中所提出的问题整个交由专家委员会审议并于 4 个星期内具报。随后,美国在太平洋岛屿托管领土中之埃尼威托克珊瑚岛进行原子分裂试验,12 月 2 日美国代表为此事致函安理会主席。12 月 9 日,安理会决定暂缓讨论这一问题,待专家委员会提交报告后再行审议。

11 月 17 日　大会通过关于准许新会员国加入联合国事宜的第 A/RES/113(2)号决议。向安全理事会各常任理事国建议,请就迄今尚未经推荐之各申请进行磋商。

大会通过关于联合国各会员国与西班牙的关系的第 A/RES/114(2)号决议。秘书长于其常年报告书中向大会报告关于本组织各会员国遵行 1946 年 12 月 12 日大会通过的第 A/RES/39(1)决议之建议所采步骤。

大会通过关于工会权利(结社自由)的第 A/RES/128(2)号决议。认可国际劳工会议关于工会权利所宣布的原则,决定将世界工会联盟与美国劳工联合会关于"保障工会权利之行使与发展"之观点、国际劳工组织之报告书转达人权委员会,或有助于构成人权法案或人权宣言中之某一部分。

大会通过关于世界卫生组织组织法的正式生效问题的第 A/RES/131(2)号决议。建议尚未接受世界卫生组织组织法之联合国之各会员国尽最早时间加以接受。

大会通过关于"会员国学校内对于联合国目的与原则:组织与工作的讲授"的第 A/RES/137(2)号决议,建议各会员国鼓励在本国学校中讲授关于联合国的知识。

大会请国际法院就接纳一国加入联合国的条件问题提出咨询意见。

11月20日 大会通过关于"与各专门机关的关系及各该机关的调整以及联合国与各专门机关工作计划的调整"的第 A/RES/125(2)号决议。

大会通过关于国际儿童紧急救济基金会的第 A/RES/138(2)号决议,核定经社理事会及国际儿童紧急救济基金执行委员会之报告书。

大会通过关于"联合国职员联合退休金制度"的第 A/RES/162(2)号决议,决定继续采用现行职员联合退休金暂行制度,仍以临时性习惯继续施行1年。

大会通过国际顾问委员会制定的联合国总部建筑设计方案,并且授权秘书长同美国政府谈判关于美国无息贷款6500万美元以支付建筑费用的问题。

同日 托管理事会第2届常会召开,本届常会分两阶段:1946年11月20日—12月16日,1947年2月18日—3月10日。常会期间审理了要求托管理事会管理极地地区的请愿书。

11月21日 大会通过关于"依宪章第109条召集全体会议修正否决权及大会第1届第2期会议有关否决权使用的决议案"的第 A/RES/117(2)号决议,特请大会临时委员会研究安理会投票问题。在此过程中,应注意联合国各成员国向大会第2届会议或向临时委员会业已提出或可能提出的所有提案,并与安理会可能指定的任何委员会洽商如何开展合作、研究。委员会应于1948年7月15日前将向大会第3届会议提交的报告书连同结论送交给秘书长,以备其致送各成员国、大会。

大会通过关于准许新会员国加入联合国的规则的第 A/RES/116(2)号决议。

大会在审议国际法委员会报告书的基础上,认为应设立一个由公认胜任合格之国际法界人士组成的确能代表世界各大文化及主要法系的委员会。于是通过关于国际法委员会的设置的第 A/RES/174(2)号决议,设立国际法委员会,目的在于促进国际法的逐步发展和编纂。

大会通过关于秘书处筹备国际法委员会的工作的第 A/RES/175(2)号决议,令秘书长作必要之准备,并令国际法委员会开始工作,特别针对大会第2届会托付委员会审议之问题。

大会通过关于国际法的教学的第 A/RES/176(2)号决议,促请联合国各会员国采取适当措施在大学或其他高等教育机构,推行国际法之各方面的教学。

大会通过关于"纽伦堡法庭组织法及法庭判决中所确认原理的编订问题"的第 A/RES/177(2)号决议,指令国际法委员会编订纽伦堡法庭组织法及法庭判决中所确认之国际法原理。

大会通过关于《国家权利责任宣言草案》的第 A/RES/178(2)号决议,请秘书长遵照 175(2)号决议规定国家权利责任宣言草案的必要准备工作。

大会通过关于"联合国及其各专门机关的特权及豁免协调问题"的第 A/RES/179(2)号决议及其所附的《各专门机构特权及豁免公约》,批准联合国各专门机构特权及豁免公约,力求各专门机构所享之特权及或豁免在尽可能宽的范围内实现统一。

大会通过关于《危害种族问题公约草案》的第 A/RES/180(2)号决议,断定危害种族为一种国际罪行,涉及个人或国家在国内或国际上的责任。

11 月 21 日—1948 年 3 月 24 日　联合国贸易和就业会议在哈瓦那举行。会议起草了《国际贸易组织章程》,即《哈瓦那章程》。

11 月 29 日　大会通过关于巴勒斯坦将来政府的第 A/RES/181(2)号决议,规定结束英国对巴勒斯坦的委任统治,英军最迟于 1948 年 8 月 1 日前撤出该地区;在这之后的两个月内成立阿拉伯和犹太两个国家;耶路撒冷置于国际机构托管之下;为执行这一决议专门设立联合国巴勒斯坦委员会。大会还建议安理会采取必要措施来实现这项决议,对于凡期以武力改易本决议所定解决办法的任何举动,依照宪章第 39 条之规定而断定其为和平之威胁、和平破坏、或侵略行为。阿拉伯国家当即表示抗议,声明对此决议不承担义务,并保留充分的行动自由。

12 月 8 日　1 名来自法国托管地多哥兰、名叫西尔维努斯·E.奥林姆斯的人将 1 封个人请愿书送到联合国托管理事会,这是托管理事会收到的第 1 封个人请愿书。

12 月 9 日　安理会一致通过关于程序事项的第 S/RES/37(1947)号决议,修改《联合国宪章》第 58 条、第 59 条和第 60 条中关于会员国申请的条款。

同日　安理会决定暂缓讨论巴勒斯坦问题,对于埃及、黎巴嫩准予无投票权讨论巴勒斯坦问题的请求,安理会表示同意,并同时表示,此项同意不致使安理会不能考虑其他请求。

12 月 19 日　秘书处根据联大第 A/RES/167(2)号决议的要求,颁布"旗典",以管理旗帜的使用并维护旗帜的尊严。1952 年 11 月,对"旗典"作出修改,准许那些愿意表示支持联合国的组织和人们悬挂联合国的旗帜。

12 月 20 日　大会通过关于联合国会所的第 A/RES/182(2)号决议,核定秘书长所提具的关于联合国永久会所的报告书,并授权秘书长与美利坚合众国进行谈判。

一九四八年

1 月 17 日　在联合国斡旋委员会的干预下,印度尼西亚与荷兰签订了停战协定,即《伦维尔协定》,双方同意就地停火,并以 18 项原则作为政治解决争端的基础。

同日　安理会通过关于印度巴基斯坦问题的第 S/RES/38(1948)号决议,鉴于克什米尔情势紧急,促请印度、巴基斯坦两国政府立即采取可以改善情势的步骤并要求于安理会审议期间报告该地区已发生或认为即将发生的重大变化。

1 月 20 日　安理会通过关于印度巴基斯坦问题的第 S/RES/39(1948)号决议,设立安全理事会委员会,并敦促该委员会尽速前往当地,调查查谟和克什米尔的局势并进行调解。委员会由联合国 3 会员国代表组成,1 国由印度选定、1 国由巴基斯坦选定、第 3 国由选出之两国指定。授予该委员会双重职权:依照宪章第 34 条调查克什米尔的局势;在不使安理会工作中断的条件下,运用任何可能有消除困难作用之调停力量,执行安理会对其的训令。此前,印度和巴基斯坦分别于 1 月 1 日和 1 月 15 日向安理会指控对方在双方争议的查谟和克什米尔地区的行为。

1 月 30 日—2 月 8 日　第 5 届冬季奥林匹克运动会在瑞士圣莫里茨举行,共有 28 个国家的 669 名运动员参加了本届冬奥会,德国和日本因发动第二次世界大战而被禁止参赛。

2 月 2 日—3 月 11 日　经社理事会第 6 届常会召开,通过 37 项决议。

2 月 19 日—3 月 6 日　联合国海事会议在日内瓦举行。会议拟订关于成立政府间海事协商组织的《国际海事组织公约》,规定该公约只有当 21 个国家,包括 7 个海船总吨位至少都在 100 万吨以上的国家予以接受时,才能生效。直到 1958 年 3 月 17 日,日本作为第 21 国,且为第 8 个海船总吨位超百万吨的国家接受公约时,该公约方始生效。

2 月 24 日　安理会讨论巴勒斯坦问题,决定邀请联合国巴勒斯坦问题委员会主席,并依议事规则第 39 条邀请犹太巴勒斯坦协会代表列席会议,并决定于阿拉伯高级委员会要求列席时亦予同样邀请。

2 月 25 日　经社理事会决定设立拉丁美洲和加勒比经济委员会,以帮助拉美各国政府促进各自国家的经济发展和提高人民的生活水平,并加强该区域各国之间以及它们同世界其他国家的经济关系。该委员会总部设在智利圣地亚哥。

2 月 26 日　由于朝鲜拒绝承认联合国朝鲜临时委员会,不让该委员会进入朝鲜北方,联合国朝鲜临时委员会决定在南朝鲜单独举行选举。

2 月 28 日　安理会通过关于印度尼西亚问题的第 S/RES/40(1948)号决议,请斡旋委员会对于西爪哇及马都拉的政治演变特予注意,并将演变情形经常报告理事会。

同日　安理会通过关于印度尼西亚问题的第 S/RES/41(1948)号决议,对印尼荷兰双方遵守第 S/RES/27(1947)号决议表示欣悉当事双方业已签订休战协定,并对斡旋委员会协助双方和平解决争端表示赞许。

3 月 5 日　自大会通过巴勒斯坦分治决议后,该地区局势不断恶化。安理会开会讨论巴勒斯坦局势,通过关于巴勒斯坦问题的第 S/RES/42(1948)号决议,呼吁安理会常任理事国就巴勒斯坦问题举行会商,并根据会商结果就该问题的解决办法向安理会提出建议,并呼吁各国政府作出努力,阻止该地区骚乱的进一步发展。

3 月 17 日　安理会讨论捷克斯洛伐克问题,决定邀请智利代表参加讨论但无投票权。3 月 22 日,决定邀请前捷克驻联合国常任代表列席;4 月 6 日决定邀请捷克斯洛伐克政府参加讨论但无投票权。上述决定均以 9 票对 0 票、2 票弃权(乌克兰、苏联)通过。

3 月 23 日　联合国与美国签订 6500 万美元借款协议,以支付联合国总部建筑费用。

3 月 23 日—4 月 21 日　联合国新闻自由会议在日内瓦举行。会议研究了"应当包含在新闻自由这一概念中的各项权利、义务和做法",并草拟了关于新闻的采访和国际传送、关于制定国际更正权以及关于新闻自由的 3 项公约草案。

3 月 24 日　在哈瓦那举行的联合国贸易和就业会议闭幕,53 个国家的代表在会议通过的《国际贸易章程》上签了字,但由于美国等多数国家未批准该章程,国际贸易组织未能成立。

3 月 30 日　联合国原子能委员会第二委员会(经济和金融委员会)会议因陷入僵局而被迫延期。

4 月 1 日　安理会通过关于巴勒斯坦问题的第 S/RES/43(1948)号、第

S/RES/44(1948)号决议,针对巴勒斯坦之暴乱与不安事件日渐增加的现状,请巴勒斯坦之阿拉伯及犹太武装团体立即停止暴乱行为,建议重新召开一次大会特别会议,进一步审议巴勒斯坦未来政府问题。

4月7日 世界卫生组织在其章程经26个联合国会员国批准而生效后,宣告成立。从此,每年4月7日被定为"世界卫生日"。该组织的目标是,推动世界各国的卫生事业,使"各国人民达到尽可能高的健康水平"。

4月10日 安理会通过关于"吸收新会员国:缅甸"的第 S/RES/45(1948)号决议,一致通过推荐缅甸联邦加入为联合国会员国的申请,建议大会批准。

同日 安理会审议意大利等11国加入联合国的申请,苏联代表再次对意大利的申请投票否决。其余10国的申请也都未获通过。

4月16日 安理会要求巴勒斯坦冲突各方停止敌对行动。

4月16日—5月14日 根据安理会建议,联合国大会举行关于巴勒斯坦问题的第2次特别会议,通过第 A/RES/185(S—2)—A/RES/189(S—2)号决议,讨论巴勒斯坦地区分治前夕出现的紧张局势问题。会议于5月14日通过决议(A/555),重申了它要求托管理事会为保护耶路撒冷城及其居民所提出的建议,并决定指派1名联合国巴勒斯坦调解专员进行斡旋,以求确实保护耶路撒冷的宗教圣地并促进和平调整。

●**4月26日** 大会通过关于"耶路撒冷市及其居民之保护问题:交付托管理事会审议"的第 A/RES/185(S—2)号决议,决议请托管理事会会同受委统治国及各当事者,研讨保护该市及其居民之适当办法,并于最短期内就此问题向大会提具建议。

●**5月6日** 大会通过关于"耶路撒冷市及其居民之保护问题:市政特派员之任命"的第 A/RES/187(S—2)号决议,决定在5月15日以前任命一名阿拉伯、犹太双方都可接受的中立者为市政特派员,会同耶路撒冷现有的各种市区委员会履行此前市政委所担之职,并令第一委员会保持对此问题的高度关注。

●**5月14日** 大会通过关于"任命联合国驻巴勒斯坦斡旋专员及其任务规定"的第 A/RES/186(S—2)号决议,重申它要求托管理事会为保护耶路撒冷城及其居民所提出的建议;授权中国、法国、苏联、英国、美国代表组成大会委员会选定之联合国驻巴勒斯坦斡旋专员,配合安理会休战委员会的工作,以求确实保护耶路撒冷的宗教圣地并促进和平调整,确保当地居民之福利。

●**5月14日** 大会通过题为"对于联合国巴勒斯坦委员会工作之嘉

许"的第 A/RES/189(S—2)号决议,决议对于巴勒斯坦委员会遵照大会命令所完成之工作深致嘉许。

4月17日　安理会通过关于巴勒斯坦问题的第 S/RES/46(1948)号决议,呼吁巴勒斯坦冲突各方立即停止一切敌对行动,并呼吁各国政府采取措施促成该地区停火。

4月19日　大会通过第 A/RES/188(S—2)号决议,准许缅甸联邦加入联合国。

4月21日　安理会以分段表决的方式通过关于印度巴基斯坦问题第 S/RES/47(1948)号决议,将联合国印度—巴基斯坦问题委员会成员增至5名,即捷克斯洛伐克(2月10日印度提名)、比利时及哥伦比亚(4月23日安理会委派)、阿根廷(4月30日巴基斯坦提名)、美国(5月7日安理会主席委派)。委员会应立即前往印度半岛斡旋调停,并采取必要步骤恢复和平与秩序,同时要求印度和巴基斯坦双方立即停火,建议以公民投票方式解决克什米尔的归属问题。

4月21日—5月5日　托管理事会第2届会议第3次会议召开。

4月23日　安理会通过关于巴勒斯坦问题的第 S/RES/48(1948)号决议,决定由比利时、法国、美国这3个在耶路撒冷驻有领事官员的安理会理事国的代表组成巴勒斯坦停战委员会,进行斡旋并协助安理会监督该地区的停火。叙利亚在耶路撒冷也驻有领事官员,但它通知安理会,叙利亚无意指派代表参加该委员会。

5月10日　在联合国朝鲜临时委员会的策划下,南朝鲜举行议会选举。

5月14日　英国对巴勒斯坦的委任统治期结束,以色列于当天宣告成立。美国常驻联合国代表奥斯汀立即在大会上受命要求停止关于托管巴勒斯坦的辩论,并宣布美国承认以色列。15日,阿拉伯国家在巴勒斯坦采取了武装行动。

5月15日　为反对犹太人建立以色列国,埃及、叙利亚、黎巴嫩和伊拉克等阿拉伯国家的军队及英国训练的外约旦阿拉伯军团分别从南部、北部和东部进入巴勒斯坦。阿以之间的第一次中东战争爆发。

5月17日　联合国原子能委员会以9票对2票(苏联和乌克兰)通过第3次报告,指出该委员会因意见分歧太大而陷入僵局,已无法起草一个原子能监督条约的草案,建议在该委员会常任成员国(五大国和加拿大)取得协商一致之前,委员会一级的谈判暂时停止。

5月20日　大会巴勒斯坦问题特别委员会选派瑞典红十字会会长福

尔克·伯纳多特伯爵为联合国巴勒斯坦调解专员。

5月22日 安理会召开紧急会议讨论阿以冲突问题。会议通过关于巴勒斯坦问题的第 S/RES/49(1948)号决议,呼吁有关各方停止在巴勒斯坦的一切敌对军事行动并为此目的向其军事及其准军事部队颁布停火令,自1948年5月22日纽约标准时间午夜后36小时生效。24日,决定停火命令实行期限展缓48小时。

5月24日 由于2月以来捷克斯洛伐克政局发生的变化,安理会应个别成员国的要求,开会讨论1948年3月12日智利就捷克斯洛伐克事件致秘书长的信,审议任命一个小组委员会对事件进行调查的建议案。因苏联代表两次投票反对,该案未获通过。

5月28日 国际法院就大会接纳新会员国的条件问题发表咨询意见,宣称宪章第4条规定的接纳会员国的条件是详尽无遗的,如果一个申请国满足了这些条件,安理会就应提出推荐,以便大会就接纳问题作出决定。

5月29日 苏联代表葛罗米柯在安理会发言,谴责阿拉伯国家在巴勒斯坦的行动是对以色列的"侵略"。苏联提出并得到美国支持的要求巴勒斯坦冲突各方立即停火的建议,遭到安理会多数成员国的反对而未获通过。安理会转而以分段表决方式通过关于巴勒斯坦问题的第 S/RES/50(1948)号决议,呼吁在巴勒斯坦的冲突各方自1948年6月11日起停火4周。停火期间,相关各方不可运送作战人员、作战物资进入巴勒斯坦、埃及、伊拉克、黎巴嫩、沙特阿拉伯、叙利亚、外约旦及也门;请各方采取一切可能之措施保护耶路撒冷市,以及有权前往朝拜之人前往该地区的权利。安理会明确指出,一旦本决议为任何一方或双方拒绝,或于其经接受之后又被弃之不顾或违反时,安理会将对巴勒斯坦情势重加审议,以备依照《联合国宪章》第7章采取行动。

6月3日 安理会通过关于印度巴基斯坦问题的第 S/RES/51(1948)号决议,重申此前第 S/RES/38(1948)号、第 S/RES/39(1948)号决议,并训令联合国印巴问题委员会立即前往争端地带,以完成安理会第 S/RES/47(1948)号决议授予的职责。

6月11日 巴勒斯坦交战各方接受停火计划。联合国巴勒斯坦停战监督组织成立,负责监督该地区的停火。

6月15日 安理会拒绝了苏联提出的由常任理事国派遣军事观察员参加巴勒斯坦停战监督组织的建议。

6月16日—8月5日 托管理事会第3届常会召开,讨论了其与安全理事会的关系。

6月18日—1949年5月12日 "柏林封锁"与第一次柏林危机。依据盟国战后协定,投降后的德国由苏、美、英、法4国分区占领,柏林也由4国分区占领,并实施民主化、非军事化和去纳粹化管理,以最终实现德国统一。但战后世界很快进入冷战时期,被苏、美、英、法4国分区占领的德国成为欧洲冷战的一个重点地区,苏占区与西方3国占领区的矛盾不断,而处于苏占区心脏部位的柏林西占区更成为冷战的一个前沿阵地。1948年6月18日,美、英、法3国突然宣布从6月21日起在西占区实行单独的币制改革,即在西占区使用加盖"B"字的帝国马克。此举遭到苏联的激烈抵制,于6月19日下令禁止西德马克进入苏占区的东德和东柏林,并全面封锁由西德进入西柏林的铁路、公路和水路通道。为打破苏联封锁,美国等3国毫不示弱,采取了针锋相对的手段、利用从西德汉堡、汉诺威和法兰克福三大城市飞往柏林的空中走廊组织了对柏林西区的大规模空运。币制改革与"柏林封锁"引爆了"柏林危机",东西方关系急骤恶化。8月,美、英、法、苏4国代表曾就柏林问题举行多次谈判,但毫无结果。9月21日,马歇尔、舒曼和贝文在巴黎举行会议,一致同意再向苏联发出一份照会,"假如俄国人的答复不能令人满意,那么再没有其他选择,我们只得坚决把这件事提交联合国。"22日,3国政府分别向苏联送出一份内容相同的照会,申明3国不能接受任何强加于柏林与西占区之间空中运输的限制等多项要求。9月25日,苏联政府向3国发出了拒绝对方要求的复照。9月26日,美、英、法3国外长认为,25日的苏联照会"是不能令人满意的",决定把柏林事件提交安理会,并将此决定通知了苏联。10月3日,苏联表示反对在安理会讨论柏林问题。10月4日,柏林问题被作为临时议程提交安理会,安理会即日起几次审议这一问题。苏联认为,安理会无权过问此事,宣布它不参加讨论。安理会的审议陷于搁浅状态。进入1949年后,苏联方面看到德国分裂已不可避免,形势迫使苏联不得不调整策略。1月27日,斯大林在回答美国记者史密斯问时首次表示,如美、英、法同意把成立联邦德国国家推迟至研究德国问题的4国外长会议召开之时,苏联可取消柏林封锁。据此,美国方面决定由美国常驻联合国代表杰塞普与苏联常驻联合国代表马立克进行会下接触,双方同意建立一条非正式的谈判渠道,随后英、法代表也参加进来。经过两个多月谈判,5月4日4国达成协议(亦称《马立克—杰塞普协定》):苏联方面同意从1949年5月12日起撤销自1948年3月以来对柏林和西方占领区之间交通、运输和贸易的一切限制,撤销封锁。1949年5月4日,法、英、美3国请求秘书长通知安理会,它们和苏联之间已达成结束"柏林封锁"的协议。5月12日,苏联撤销了"柏林封锁"。11天后的5月23日,

4 国在巴黎召开外长会议,讨论德国问题和柏林法定币制问题。至此,延续11 个月的"柏林危机"遂告结束。"柏林封锁"解除后,虽然柏林危机暂时缓和,但冷战双方的矛盾和对立依旧。"柏林封锁"对德国和东西方关系带来的直接和间接影响都十分严重。其主要方面可概述如下:(1)1949 年 5 月 23 日,美、英、法占领区合并成立德意志联邦共和国,简称"联邦德国"或"西德"。同年 10 月 7 日,苏联占领区则成立了德意志民主共和国,简称"民主德国"或"东德"。这样在被分区占领的德国境内先后出现了两个社会制度完全不同的国家,德国的分裂已成为一时难以逆转的现实。(2)1949 年 4 月 4 日,出于对"苏联西扩"的担忧,美国联合加拿大、比利时、法国、卢森堡、荷兰、英国、丹麦、挪威、冰岛、葡萄牙、意大利签署《北大西洋公约》,决定成立北大西洋公约组织,同年 8 月 24 日,各国完成批准手续,北大西洋公约组织(简称"北约")正式成立。(3)针对美、英、法 3 国决定吸收联邦德国加入北约一事,苏联方面采取的最重要的抗衡行动是联合东欧盟国捷克斯洛伐克、保加利亚、匈牙利、民主德国、波兰、罗马尼亚、阿尔巴尼亚等国于 1955 年 5 月 14 日在华沙签订了《友好互助合作条约》,即华沙条约。以苏联为首的华沙条约组织(简称"华约")正式成立。(4)就在苏联解除"柏林封锁"刚过一年,1950 年 6 月 25 日朝鲜战争爆发,东西方两大阵营从冷战发展到热战。空前残酷和血腥的战争持续了 3 年零 1 个月,1953 年 7 月 27 日交战双方在板门店签署《朝鲜人民军最高司令官及中国人民志愿军司令员一方与联合国军总司令另一方关于朝鲜军事停战的协定》。朝鲜战争是战后世界发生的一场有广泛国际性特点的局部战争,联合国常任理事国均不同程度地卷入这场战争。朝鲜战争的直接后果是进一步加剧了参战双方和东西两大阵营之间的对立和矛盾。

6 月 22 日 安理会审议了原子能委员会的第 3 次报告,美国就此提出的一项决议草案,遭苏联否决,未获通过。随后,安理会以 9 票赞成,2 票弃权(乌克兰和苏联)通过了加拿大提出的决议案,即第 S/RES/52(1948)号决议,要求秘书长将原子能委员会的各次报告及安理会的讨论意见提交大会审议。

6 月 25 日 联合国朝鲜临时委员会认为,南朝鲜议会选举充分体现了人们的自主意愿。

7 月 6 日 联合国第 1 次派出视察团前往托管领土进行定期视察。该团首先被派往坦噶尼喀和卢旺达—乌隆迪两个地区。

7 月 7 日 安理会通过关于巴勒斯坦问题的第 S/RES/53(1948)号决议,促请在巴勒斯坦的冲突各方接受延长停战的要求。阿拉伯国家对此予以拒绝,阿以之间重新开战。

7月15日 安理会通过关于巴勒斯坦问题的第 S/RES/54(1948)号决议,鉴于以色列临时政府已经表示接受延长休战的原则而阿拉伯联盟之各成员国拒绝安理会第 S/RES/53(1948)号决议,巴勒斯坦战事再起,安理会断定此情势构成联合国第 39 条所指对于和平之威胁;命令一切有关当局和政府在本决议生效后的 24 小时内停止在巴勒斯坦军事行动,并配合联合国调解专员的工作;否则将被视为破坏和平,安理会将立即审议现状并根据宪章第 7 章之规定采取强制措施。

7月19日—8月29日 经社理事会第 7 届常会召开,通过 39 项决议,其中包括欧洲、远东及太平洋地区、拉美经济委员会以及各司职委员会的报告,粮农组织有关粮食增产办法的研究报告,联合国与政府间海事协商组织协议草案,并提议召开亚马孙流域各国经济会议、关于资源保护与利用的科学会议。

7月22日 安理会与托管理事会举行联席会议,商议互派委员会以处理两者关于战略防区托管事宜中个别职务问题。

7月28日 瑞士第 1 个以非联合国会员国的身份成为《国际法院规约》参加国。

7月29日 安理会通过关于印度尼西亚问题的第 S/RES/55(1948)号决议,促请荷兰及印尼政府给以安理会斡旋委员会之协助,严格遵行《伦维尔协定》之军事及经济条款,并早日彻底实行《伦维尔协定》政治原则 12 项及补充原则 6 项。

7月29日—8月14日 第 14 届奥林匹克运动会在英国伦敦召开。不少国家在战后刚刚摆脱殖民统治,也应邀参加本届奥运会。本届参赛国家和地区达 59 个,运动员共 4104 人,这都是以往历届所不及的。

8月13日 安理会要求克什米尔地区停火。

8月18日 安理会审议锡兰(今斯里兰卡)加入联合国的申请,苏联代表投票否决。

8月19日 安理会分段表决通过关于巴勒斯坦问题的第 S/RES/56(1948)号决议,在耶路撒冷地区的调解工作要充分重视 7 月 15 日安理会通过的第 S/RES/54(1948)号决议。

9月17日 联合国巴勒斯坦调解专员伯纳多特伯爵和巴勒斯坦停战监督组织法籍首席观察员安德烈·塞洛上校在耶路撒冷的以色列控制区被犹太极端分子暗杀。

9月18日 安理会一致通过关于巴勒斯坦问题的第 S/RES/57(1948)

号决议,对联合国巴勒斯坦调解专员在耶路撒冷执行任务时遇害表示哀悼。

9月21日—12月12日　第3届联合国大会第1阶段会议在巴黎召开。H.V.伊瓦特(澳大利亚)当选为本届大会主席。

9月28日　安理会通过关于国际法院的第S/RES/58(1948)号决议,建议大会做出如下决定:《国际法院规约》的当事国但不是联合国会员国的国家可以参加国际法院成员的选举;如欠缴国际法院经费,而其拖欠数目等于或超过前两年所应缴纳的数目,此国家不得在大会中参加选举法院法官;但若大会认为拖欠确由该国无法控制的情形引起,得准许后可参加选举。

9月29日　美、英、法3国将"柏林危机"问题提交到安理会。苏联对于安理会有无资格审议这一事件提出质疑,并且在这一问题被列入安理会的议程后,与乌克兰共同宣称它们将不参加讨论。

10月1日　联合国确认已收到1800万美元的捐助以开展关爱儿童行动。

10月2日　苏联建议就原子能的限制问题与禁止问题分别签署协议。

10月4日　安理会开始审议"柏林危机"问题。

10月8日　大会通过关于《管制麻醉品的国际规约》的第A/RES/211(3)号决议。1931年7月13日,曾签署《为限制麻醉品制造及管制麻醉品运销的国际公约》,其所设立之管制制度并未完全覆盖所有麻醉品。1946年12月11日,各国签订一项新的议定书,对尚未处在国际管制之列的麻醉品实行管制。第A/RES/211(3)号决议正式核准这项新的议定书。

大会通过关于"出席大会代表、委员会委员与其他机关代表旅费及生活费用的发给"的第A/RES/231(3)号决议,核准秘书长关于委员会或分组委员会发给旅费或生活津贴所采取之政策。

10月10日　大会通过关于"非联合国会员国之《国际法院规约》当事国参加选举法院法官的条件"的第A/RES/264(3)号决议,规定不是联合国会员国但为《国际法院规约》当事国的国家与联合国会员国有同等的候选人提名权,也应在联合国大会内参加国际法院法官的选举。但若欠缴国际法院经费等于或超过前两年应缴纳的数目总和,就不得在大会中参加选举,除非大会认为该国拖欠法院经费的原因确实超出了该国的能力和控制范围。

10月19日　安理会一致通过关于巴勒斯坦问题的第S/RES/59(1948)号决议,责成以色列政府尽快对联合国调解专员被害事件提出调查结果,并要求冲突各方保证联合国观察员及停战委员会成员的人身安全及行动自由。

10 月 25 日　苏联投票否决了阿根廷、比利时、加拿大等 6 国在安理会提出的迎合美、英、法 3 国意见的关于解决"柏林危机"问题的议案。

10 月 29 日　安理会通过关于巴勒斯坦问题的第 S/RES/60（1948）号决议，决定建立一个包括英国、中国、法兰西、比利时和乌克兰代表的小组委员会，讨论 S/1059/Rev.2 文件中的修正案，并与执行协调员磋商制定修订决议草案。

11 月 3 日　大会通过关于"条约与国际协定的登记与公布"的第 A/RES/254（3）号决议，责令秘书长采取一切必要办法，务使登记之条约或协定迅速公布。

11 月 4 日　大会以 40 票赞成、6 票反对、4 票弃权，通过关于原子能委员会报告书的第 A/RES/191（3）号决议，核准原子能委员会第 1 次和第 2 次报告的某些部分；要求依照该委员会职权范围的规定，建立有效的原子能国际监督制度，以保证原子能仅用于和平目的并消除核武器。决议还要求原子能委员会打破僵局，复会继续工作。该决议的主要内容是美国提出的方案。决议的通过加深了美、苏在原子能委员会内部的矛盾。此后，由于美国极力维护其核垄断地位和苏联要打破这一局面的尖锐矛盾，致使联合国原子能委员会于 1949 年底停止了工作。

同日　安理会通过关于巴勒斯坦问题的第 S/RES/61（1948）号决议，促请巴勒斯坦地区各冲突方撤退其已越过 10 月 14 日阵地的部队，此后任何部队不得逾越代理调解专员划定的临时界线；双方直接谈判或经由联合国人员居间谈判以划定永久停火线及中立区，若不行，可由代理调解专员决定之。成立由 5 常任理事国和比利时、哥伦比亚代表组成的委员会协助代理调解专员工作，在巴勒斯坦地区划定永久停火线及中立区，决议还要求研讨安理会依据宪章第 7 章所应采取的适当步骤，并随时向安理会报告情况。

11 月 16 日　安理会一致通过关于巴勒斯坦问题的第 S/RES/62（1948）号决议，重申此前有关巴勒斯坦休战的各项决议案，决定巴勒斯坦各区应立即停战，以消除和平威胁并由休战转进至永久和平。

11 月 18 日　大会通过关于"联合国与政府间海事咨询组织的协定"的第 A/RES/204（3）号决议，载明业已审核经社理事会 1948 年 8 月 27 日决议案 165（7）及该理事会与政府间海事咨询组织筹备委员会的协定。

大会通过关于"联合国与国际难民组织的协定"的第 A/RES/205（3）号决议，载明业已审核经社理事会 1948 年 8 月 24 日决议案 164（7）及该理事会与国际难民组织组织筹备委员会的协定。

大会通过关于 1949 年区域经济委员会届会次数的第 A/RES/206(3)号决议,建议经社理事会授权各区域经济委员会于 1949 年内举行两届会议。

大会通过关于"经济及社会理事会所属辅助机关参加国的分布情形"的第 A/RES/207(3)号决议,建议经社理事会于选举有权推荐各专门委员会候选委员之会员国时,并于选举及准备选举辅助团体之职员时,对联合国各会员国统一考虑。

大会通过关于联合国经费分摊比额表的第 A/RES/238(3)号决议,请各会员国协助会费委员会向之提供现有之统计及其他为其工作所需之情报。至于经费分摊,美国占 39.89%,英国占 11.37%,苏联占 6.34%,中国、法国各占 6%,印度占 3.25%,加拿大占 3.2%。

大会通过关于"联合国善后救济总署的剩余资产及工作移交联合国"的第 A/RES/241(3)号决议,核准秘书长与联合国善后救济总署署长于 1948 年 9 月 27 日所订关于剩余资产及工作移交联合国的协定。

大会通过关于联合国会所的第 A/RES/242(3)号决议,核准秘书长关于联合国会所之报告书,并请秘书长将会所建设进展情况报告给大会第 4届常会。

大会通过关于"国际联盟依照 1928 年 12 月 14 日在日内瓦所订关于经济统计之国际公约规定所行使之职权移交联合国"的第 A/RES/255(3)号决议。

11 月 19 日 大会通过关于救济巴勒斯坦难民的第 A/RES/212(3)号决议,设立联合国巴勒斯坦难民救济组织,并呼吁世界卫生组织、国际难民组织、联合国粮农组织、教科文组织和儿童基金会予以充分合作。

大会表决关于裁军问题的两项提案。首先,大会以 39 票对 6 票、6 票弃权,否决了苏联提出的一项提案,该提案要求:5 大国于 1 年内首先裁减1/3 军队;禁止将原子武器作为侵略武器;在安理会范围内设立国际监督和控制裁军的机构等。随后,大会通过了关于"原子武器的取缔及安全理事会常任理事国各裁减其 1/3 的军备及军队"的第 A/RES/192(3)号决议,建议安理会研究常规军备和军队之管制与裁减的问题,由常规军备委员会主持其事,于下一届大会之前报告详细情报和具体建议。

同日 由联合国麻醉品委员会拟定的将新的合成麻醉品置于完全的国际管制之下的议定书在巴黎签字。该议定书授权世界卫生组织将根据1931 年《日内瓦公约》相关规定不能置于完全国际管制之下而世界卫生组织认为能使人上瘾或可以改制为上瘾药品的任何新药品，都置于这种国际管制之下。

11 月 22 日　苏联代表维辛斯基在大会特别政治委员会上就联合国接纳新会员国问题发言指出，接纳新会员国是一种政治行动，对这种行动予以政治上的考虑是完全合适的。

11 月 26 日　大会通过关于西南非洲问题的第 A/RES/227(3)号决议。要求以不妨碍大会 1946 年 12 月 14 日和 1947 年 11 月 1 日决议案为限，南非联邦在未与联合国就西南非洲将来之问题成立协议之前，仍继续按年提供管理该领土情形的情报。

11 月 27 日　大会要求所有流落在外的希腊儿童回归祖国。

12 月 3 日　大会通过关于大会临时委员会的重设的第 A/RES/196(3)号决议。决定于本届大会结束到下届大会开始之前设立一临时委员会。

大会通过关于"法兰西政府依照 1904 年 5 月 18 日之《禁止贩卖白奴国际协定》，1910 年 5 月 4 日之《禁止贩卖白奴国际公约》，以及 1910 年 5 月 4 日之《取缔猥亵出版物行销协定》规定所行使之职权移交联合国"的第 A/RES/256(3)号决议。

大会通过关于驻联合国各常设代表团的第 A/RES/257(3)号决议。调令秘书长颁发关于派驻联合国常驻代表之证书，并向大会每届常会提具报告。

大会通过关于联合国人员因公所受损害的赔偿的第 A/RES/258(3)号决议。将联合国人员因公受到损害的赔偿问题提请国际法院出具咨询意见。

同日　由于伯纳多特伯爵和其他在巴勒斯坦执行联合国任务的人遭到暗杀，大会就执行联合国职务时遭受伤害的赔偿问题请求国际法院提出咨询意见。

12 月 4 日　大会通过关于欠发达各国的经济发展的第 A/RES/198(3)号决议。建议经社理事会及各专门机构就欠发达各国的经济发展问题，就其所有方面进行急切考虑。

大会通过关于《老年人权利宣言》的第 A/RES/213(3)号决议。决议将阿根廷代表团所提老年人权利宣言草案送由经社理事会研讨，并向大会将来某次届会报告。

同日　秘书长授权向政府提供技术援助。

12 月 6 日　大会通过关于召开大会第 3 届会第 2 期会议的第 A/

RES/263(3)号决议。决定在巴黎召开的本届会议应于 1948 年 12 月 11 日或 12 日休会,并定在纽约联合国会所的本届会第 2 期会议以审议议事议程中未了之事项。

12 月 8 日   大会通过关于新会员国入会的第 A/RES/197(3)号决议。联合国会员国如依照宪章第 4 条被邀请于安理会、大会就某一国家加入联合国事宜投票时,在法理上无权以未经上述第 4 条第 1 项明白规定之标准为赞成这个国家加入的条件,不得以其他国家同时被准加入联合国为投可决票之外加条件。

12 月 9 日   大会一致通过关于"防止及惩治危害种族罪之通过及公约全文"的第 A/RES/260(3)号决议,核准通过《防止及惩办灭绝种族罪公约》,旨在防止和惩办不论战时或平时的灭种罪行。根据公约,不仅是灭种,而且预谋或煽动灭种的行为以及灭种的意图和灭种的共犯,无论其身份如何,也都在惩办之列。公约还对所涉及的引渡和审判权作了规定。该公约于 1951 年 1 月 12 日生效。

12 月 10 日   大会通过关于《国际人权法案》的第 A/RES/217(3)号决议,核准通过人权委员会起草的《世界人权宣言》。该宣言提出了世界各地所有男女毫无区别地都有权享有的各种基本权利和根本自由。大会宣布,这一世界宣言是"一切人民和一切国家努力的共同准则",并号召所有会员国和人民促进和保证宣言中所提出的各项权利得到有效承认和遵守。1950 年 12 月 4 日,大会决定每年 12 月 10 日为"人权日"。鉴于未达成完全共识,有关请愿权、少数民族权利的问题待进一步讨论,以后再做规定。

《世界人权宣言》是第 1 份保护世界人权的法律文件。《世界人权宣言》《公民权利和政治权利国际公约》和《经济、社会和文化权利国际公约》共同构成国际人权宪章。之后,一系列国际人权条约和其他法律文件的通过不断扩充了国际人权法的内容。

12 月 11 日   大会通过关于"巴勒斯坦:联合国调解专员规则进度报告书"的第 A/RES/194(3)号决议,设立由法国、美国、土耳其组成的巴勒斯坦和解委员会,协助有关方面达成巴勒斯坦问题的最后解决办法;保护耶路撒冷圣地及自由出入权;确保耶路撒冷的非军事化以及对难民的救助工作。

大会通过关于"国际联盟资产的移交"的第 A/RES/250(3)号决议。国际联盟资产移交联合国所产生的账款应以国际联盟之决定百分比交由国际联盟指定之联合国会员国。

12 月 12 日   大会通过关于朝鲜独立的第 A/RES/195(3)号决议,认为临时委员会在朝鲜境内视察访寻所及地区,其居民占全朝鲜人口之大多数,已建立合法政府,即朝鲜共和国政府。该政府乃经上述区域之选民自由意志之表达、在临时委员会的监督下选出,并确实行使管理部分朝鲜的职权。借此,宣布大韩民国政府是在朝鲜成立的"唯一合法政府",并决定设立"联合国朝鲜问题委员会"以取代"朝鲜临时委员会",负责实现朝鲜的统一和朝鲜全部军队的整编工作。

12月15日　安理会再次就锡兰加入联合国问题进行表决,苏联代表仍投反对票予以否决。

12月24日　荷兰12月18日撕毁停战协定,对印度尼西亚发动进攻,安理会召开紧急会议并通过关于印度尼西亚问题的第S/RES/63(1948)号决议,要求当事双方立即停止敌对行动并立即释放印度尼西亚共和国总统和战斗再度发生后被捕的其他政治犯,训令斡旋委员会就1948年12月12日以来印度尼西亚境内发生之事件及当事国对该决议案之遵行情形向安全理事会详报。

12月28日　安理会通过关于印度尼西亚问题的第S/RES/64(1948)号决议,再次要求荷兰当局释放印尼总统和其他政治犯。

同日　安理会通过关于印度尼西亚问题的第S/RES/65(1948)号决议,要求驻巴达维亚的各国领事代表尽速提交有关印度尼西亚共和国境内情势的详尽报告,以供安理会参考。报告应包括停战命令之遵行情形、军事占领区域以及现有占领军队行将撤退各区域之实际情况。

12月29日　安理会通过关于巴勒斯坦问题的第S/RES/66(1948)号决议,下令巴勒斯坦当地有关方立即停火,准许并协助联合国观察员彻底监督休战。

一九四九年

1月1日　安理会命令印度和巴基斯坦停火。1月13日,安理会审议联合国印度巴基斯坦问题委员会第2次临时报告书,认为该委员会仍有尽早返回印度次大陆继续开展工作的必要。12月17日,决定邀请加拿大(安理会主席国)、印度、巴基斯坦代表作非正式商讨以处理克什米尔问题。

1月10日　朝鲜共和国外交部代理部长为大韩民国申请加入联合国之事致函联合国秘书长,声明愿意接受宪章规定下的义务。

1月24日　联合国驻印度和巴基斯坦军事观察小组成立,其任务是在查谟和克什米尔地区监督印巴停火,就停火协定执行情况向联合国提出报告。

1月24日—3月25日　托管理事会第4届常会召开,讨论大会根据托管理事会第2届和第3届常会报告对其提出的评论与建议。

1月28日　安理会以分段表决方式通过关于印度尼西亚问题的第S/RES/67(1949)号决议,要求在印度尼西亚实现停火;成立一个联邦式的、独立自主的印度尼西亚合众国;荷兰政府立即无条件释放1948年12月17日以来在印度尼西亚境内拘捕之所有政治犯,给予印尼共和国政府有效执行职务之合理便利;建议双方以美国建议为基础谈判,争取就设立临时联邦政府、国民议会选举、荷兰于1950年7月1日前将主权移交给印尼共和国这3个问题达成协议。决议规定,将联合国斡旋委员会改名为联合国印度尼西亚问题委员会,以协助双方实施安理会的这项决议。1949年1月,安理会继续讨论印度尼西亚问题,先后邀请比利时、缅甸代表参加讨论,但无投票权。当时,争端当事方均已表示愿遵循伦维尔协定,至迟于1949年10月1日以自由民主方式选举国民议会,并同意联合国派适当机关监督选举。

2月7日—3月18日　经社理事会第8届常会召开,通过43项决议。新议题涉及科技支撑与经济发展之间的关系,某些国家浪费食物的问题,在农业区用DDT杀虫剂防治疟疾的有效性等。除区域委员会、职司委员会报告外,还审议了国际复兴与开发银行的报告。

2月10日　安理会通过关于"军备:调节与裁减"的第S/RES/68(1949)号决议,决定常规军备委员会将1948年11月9日通过的第A/RES/192(3)号大会决议付诸实施。

2月24日　在联合国代理调解专员腊尔夫·杰·本奇的斡旋下,埃及和以色列签订了总停战协定。

3月4日　安理会通过关于"吸收新会员国:以色列"的第S/RES/69(1949)号决议,建议大会准许以色列加入联合国。

3月7日　安理会通过关于"战略防区之托管"的第S/RES/70(1949)号决议,要求托管理事会代表安理会行使宪章第87条、88条所规定的关于各托管领土居民之政治、经济、社会及教育进展问题上的职能,并向安理会呈交关于上述问题的报告和建议。

3月21日　根据联合国秘书长的提名,安理会任命美国海军五星上将切斯特·维·尼米兹为查谟和克什米尔归属问题公民投票行政长官。

3月23日　黎巴嫩和以色列签订总停战协定。

3 月 31 日　联合国善后救济总署正式停止活动。联总活动的性质多种多样,它的工作后来由联合国各专门机构分担,如联合国粮农组织、儿童基金会、世界卫生组织、国际难民组织和一些较小的志愿团体和慈善团体等。

4 月 3 日　约旦和以色列签订总停战协定。

4 月 5 日—5 月 18 日　第 3 届联合国大会第 2 阶段会议在纽约举行。

4 月 8 日　安理会审议"大韩民国加入联合国"的申请,苏联代表投票予以否决。

4 月 9 日　国际法院在审理科孚海峡案时,判决阿尔巴尼亚应对其领海中发生的爆炸以及所造成的损失和人员伤亡负责。同时,法院拒绝接受那种认为水雷是阿尔巴尼亚本身敷设的看法。

4 月 11 日　国际法院就执行联合国职务时受伤害的赔偿问题发表咨询意见认为,联合国有权要求适当的赔偿,包括要求对受害者或其法律上的继承人所受损害的赔偿。

4 月 14 日　大会通过关于安理会表决问题的第 A/RES/267(3)号决议,要求安理会常任理事国加强彼此间的合作并节制行使否决权。附件列出应视为程序性问题的决议 35 种,建议安理会在不妨害得由其视为程序性质之任何其他决议之情形下以此为准开展工作。为使安理会的功用与声望不致因否决权的滥用而蒙受损害,常任理事国应尽可能就重要问题相互咨询,行使否决权时应说明充分理由。同时,建议各成员国,凡以职权授予安理会之协定,其关于安理会表决权条件的规定应在最大可能范围内避免应用常任理事国一致同意的原则。

4 月 20 日　大会通过关于"1928 年 9 月 26 日一般议定书原有效力之恢复"的第 A/RES/268(3)号决议,恢复 1928 年日内瓦《和平解决国际争端的总议定书》的效力,并修改关于仲裁的部分规定。

4 月 21 日—8 月 12 日　日内瓦外交会议订立《关于战时保护平民之日内瓦公约》(即日内瓦第 4 公约),公约有 159 条正文和 3 个附件,是对 1899 年海牙第 2 公约和 1907 年海牙第 4 公约的补充和发展。该公约于 1950 年 10 月 21 日生效。

4 月 28 日　大会通过关于"调查及和解人员名单之提具"的第 A/RES/268(3)决定,请每个会员国指定 1—5 名合适人员担任联合国调查委员会或调解委员,从事联合国委派的和平解决国际争端的任务。

4 月 29 日　大会审议秘书长提请创设联合国警卫队的报告书,通过关于联合国警卫队的第 A/RES/270(3)号决议。决定设立特别委员会,由澳大利亚、巴西、中国、哥伦比亚、捷克斯洛伐克、法国、希腊、海地、巴基斯坦、波兰、瑞典、苏联、英国、美国14国代表组成。研究设立联合国警卫队所有各方面的切要问题，包括技术、预算、法律等，拟具报告书供大会第4届常会审议。

5月4日 美、英、法3国请求联合国秘书长通知安理会，它们和苏联的代表在联合国进行非正式会谈后，已达成从5月12号起解除柏林封锁的协议。

5月7日 荷兰与印度尼西亚达成协议，就印度尼西亚问题举行公民投票。

5月11日 在美国和苏联的共同支持下，大会通过关于准许以色列为联合国会员国的第A/RES/273(3)号决议，接纳以色列为联合国会员国。

大会通过关于印度尼西亚问题的第A/RES/274(3)号决议，决定将荷属印度尼西亚问题延至大会第4届常会再审议。

大会通过关于"采用俄文及中文为大会应用语文的提案"的第A/RES/286(3)号决议，大会决定暂缓讨论采用俄文及中文为大会应用语文问题。

5月12日 柏林封锁被解除。

5月14日 大会通过关于印裔人民在南非联邦所受的待遇的第A/RES/265(3)号决议，建议印度、巴基斯坦和南非本着宪章和《世界人权宣言》的宗旨和原则举行1次圆桌会议，寻求解决南非境内印度人的地位问题。

5月18日 大会通过关于前属意大利殖民地的处置问题的第A/RES/287(3)号决议，决定将前属意大利殖民地的处置问题暂缓搁置，留待大会第4届常会再审议。

6月15日—7月22日 托管理事会第5届常会召开。

7月1日 国际劳工组织大会第32届会议通过《组织及共同交涉权公约》并开放给各国签字、批准和加入。该公约规定了工人应享有充分保护，不得因工会会籍受到歧视行为。该公约于1951年7月18日生效。

7月5日—8月15日 经社理事会第9届常会召开，通过44项决议。审议了国际民航组织、万国邮政联盟、国际电信联盟、国际难民组织、世界卫生组织、联合国教科文组织、国际劳工组织、联合国粮农组织的报告以及临时委员会有关死亡和失踪人口的报告，并讨论强迫劳动、奴隶制、不发达国家的经济发展、世界社会与文化现状等问题。

7月11日 南非联盟宣布停止向联合国报告西南非洲问题。

7月20日 在联合国积极斡旋下,叙利亚和以色列签订总停战协定,第一次中东战争结束。埃及—以色列总停战协定、黎巴嫩—以色列总停战协定、约旦—以色列总停战协定、叙利亚—以色列总停战协定都设立了若干混合停战委员会以监督这些协定的执行。

7月27日 安理会通过关于国际法院的第 S/RES/71(1949)号决议案,建议由大会依照《联合国宪章》第93条第2项决定,将列支敦士登公国列为《国际法院规约》当事国。

7月29日 鉴于原子能委员会主要成员国的分歧未能弥合,委员会自即日起停止工作。

8月11日 安理会通过关于巴勒斯坦问题的第 S/RES/72(1949)号决议,表示将对为稳定巴勒斯坦局势牺牲的10名职员表示敬意,同时对联合国巴勒斯坦代理调解员以及联合国驻巴勒斯坦特派团的职员表示感佩。决议促请有关各方直接或间接地通过巴勒斯坦和解委员会商讨一项最后的和平解决办法;解除代理调解专员根据安理会各项决议所负的任何责任;继续提供观察停火并协助执行停战协定所必需的联合国观察员之类的服务。

同日 安理会通过关于巴勒斯坦问题的第 S/RES/73(1949)号决议,决定结束联合国派往巴勒斯坦代理调解专员的工作,促请有关各方直接地或通过巴勒斯坦和解委员会商讨一项最后的和平解决办法,并表示联合国将继续提供停战监督观察员之类的服务。

8月12日 联合国大会通过《改善战地武装部队伤者病者境遇之日内瓦公约》《关于战俘待遇之日内瓦公约》《关于战时保护平民之日内瓦公约》并开放给各国签字、批准和加入。公约规定对于不参加战争之人员、俘虏给予人道主义保护,伤者和病者应予收治与照顾。以上公约于1950年10月21日生效。

8月15日 经社理事会建议扩大技术协助项目的内容和地区。

8月17日—9月6日 联合国关于资源保全和利用的科学会议在纽约召开,来自50多个国家的700多位科学家和专家参加了会议,对保全和利用资源技术、成本和效益等问题进行了认真讨论。

8月23日—9月19日 联合国召开大会讨论道路与车辆运输问题。

8月23日—11月2日 在联合国安排下,关于印度尼西亚问题的圆桌会议在海牙举行。荷兰、印度尼西亚共和国、联邦协商会议(代表共和国以外的印度尼西亚其他地区)和联合国印度尼西亚问题委员会的代表与会。会议制定的一项移交主权的宪章声明,荷兰将无条件地和不更改地把印度尼西亚的完整主权移交给印度尼西亚联邦共和国,并承认该共和国是一个独立的主权国家;新几内亚继续归荷兰管辖,但其政治地位应在 1 年内由印度尼西亚共和国与荷兰通过谈判决定。

9 月 7 日 安理会审议尼泊尔加入联合国的申请,苏联代表认为,接纳尼泊尔而仍然排斥其他国家(如阿尔巴尼亚、保加利亚等)是不公平的,因而投了否决票。

9 月 13 日 安理会分别投票表决阿根廷提出的支持葡萄牙、约旦、意大利、芬兰、爱尔兰、奥地利、锡兰等 7 国加入联合国的提案。苏联代表连续 7 次投票否决。

9 月 15 日 安理会分别审议阿尔巴尼亚、蒙古、保加利亚、匈牙利和罗马尼亚加入联合国的申请,但均未获通过。

9 月 16 日 安理会通过关于"原子能:国际管制"的第 S/RES/74(1949)号决议,指示秘书长将原子能委员会关于该委员会内分歧无法调和、工作陷入僵局的报告结论提交联合国大会。苏联提出的请该委员会继续工作的提案,未获通过。

9 月 19 日 联合国公路及汽车运输会议通过《公路交通公约》。

9 月 20 日—12 月 10 日 第 4 届联合国大会在纽约举行。卡洛斯·罗慕洛(菲律宾)当选为本届大会主席。

9 月 27 日 安理会通过关于"若干安理会所属委员会副代表之旅费及生活津贴"的第 S/RES/75(1949)号决议。鉴于 1948 年大会决议案第 A/RES/231(3)号认为安理会所属各委员会是否设副代表由安理会自行决定,并在副代表确属需要情形下,补发各委员会副代表旅费及生活津贴。该决议还指出两个有另派副代表之必要的委员会:已成为联合国印度尼西亚问题委员会(原为联合国斡旋委员会)、联合国印度巴基斯坦委员会。该项决议以 7 票对 1 票(乌克兰)、3 票弃权(古巴、埃及、苏联)通过。

同日 托管理事会召开第 1 次特别会议。

9 月 29 日 中国人民政治协商会议第 1 次会议通过的《共同纲领》规定:"中华人民共和国外交政策的原则为保障本国独立、自由和领土主权的完整,拥护国际的持久和平和各国人民之间的友好合作,反对帝国主义侵略政策和战争政策。"

10 月 1 日 中华人民共和国中央人民政府主席毛泽东在首都北京举行的开国大典上庄严宣告中华人民共和国中央人民政府成立,并宣读了《中华人民共和国中央人民政府公告》。公告称:中华人民共和国中央人民政府是代表中华人民共和国全国人民唯一合法政府。凡愿遵守平等、互利及互相尊重领土主权等项原则的任何外国政府,本政府均愿与之建立外交关系。

10月5日　安理会通过关于联合国军事观察员在印度尼西亚的未来费用的第 S/RES/76(1949)号决议,审议联合国驻印度尼西亚军事观察员的未来费用问题。

10月11日　安理会通过关于"军备:调节与裁减"的第 S/RES/77(1949)号决议,审议常规军备委员会递送的关于调整和裁减军备及武装部队的各项提案。法国提出的设立直接隶属安理会的中央监督机构的议案,虽获 8 票的多数赞成,但由于苏联投票否决而未获通过。苏联提出安理会应承认各国提供的有关武装部队和军备情报均属必要的议案,则仅获 3 票赞成也未获通过。

10月18日　安理会通过关于"军备:调节与裁减"的第 S/RES/78(1949)号决议,请秘书长将常规军备委员会通过的大会 1948 年第 A/RES/192(3)号决议案所载的各项提议与安理会及常规军备委员会讨论此问题的记录提送大会。

同日　安理会继续审议有关裁减军备的问题。在表决军备核查和建立军备控制制度的两项议案时,苏联代表均投了否决票。

10月20日　大会选举南斯拉夫为安理会的非常任理事国,任期两年。

10月21日　大会通过关于朝鲜独立问题的第 A/RES/293(4)号决议,决定延长联合国朝鲜问题委员会的工作期限。

10月22日　大会通过关于保加利亚、匈牙利、罗马尼亚国内对于人权及基本自由的遵守问题的第 A/RES/294(4)号决议,要求国际法院就保加利亚、匈牙利、罗马尼亚问题提出咨询意见。

10月24日　这一天即联合国日,联合国大会召开露天大会为联合国大厦奠基,美国总统哈里·S.杜鲁门在会上发表讲话。秘书处大楼于 1950年 8 月开始部分使用。并于次年 6 月全部使用。安全理事会于 1952 年初首次在其新会议厅举行会议,同年 10 月联合国大会第 1 次在新建的大会会堂举行会议。构成总部的 4 个相互连结的主要建筑物是:39 层楼的秘书处办公大楼,与东河平行的长而低的会议大楼、大会会堂以及后来以达格·哈马舍尔德名字命名的图书馆。

11月15日　中国外长周恩来分别致电第 4 届联合国大会主席卡洛斯·罗慕洛和联合国秘书长特吕格弗·赖伊,声明中华人民共和国中央人民政府是代表中华人民共和国全体人民的唯一合法政府,而所谓"中国国民政府"已逃亡溃散,丧失了代表中国人民的任何法律的与事实的根据,绝对没有代表中国人民的任何资格,因此要求联合国立即取消"中国国民政府代表团"继续代表中国人民参加联合国的一切权利。

11 月 16 日 大会批准扩展技术援助项目。

11 月 17 日 大会提出将提供咨询服务作为社会发展委员会最基本的职能。

11 月 18 日 大会以 50 票对 6 票,2 票弃权通过关于"希腊政治独立领土完整所受威胁"的第 A/RES/288(4)决议,指责阿尔巴尼亚、保加利亚和包括罗马尼亚在内的其他国家向希腊游击队提供援助的行动违反了《联合国宪章》并危及巴尔干和平,并宣称如果外国继续援助希腊游击队,大会就有理由召开一次特别会议。

大会指示安理会通过寻求红十字会的帮助以使更多的希腊儿童返回祖国。

11 月 21 日 大会通过关于意大利前殖民地的处置问题的第 A/RES/289(4)号决议,决定利比亚于 1952 年 1 月 1 日前获得独立,然后应由联合国接纳为会员国,大会将委派 1 名联合国专员去协助利比亚人起草宪法和建立独立政府;索马里兰委托给当时还不是联合国会员国的意大利进行托管,在大会批准该领土托管协定之日起 10 年后获得独立;派遣一个调查委员会前往厄立特里亚了解当地人民的意愿。委员会由缅甸、危地马拉、挪威、巴基斯坦、南非联邦代表组成。该委员会在调查、研究过程中,应顾及厄立特里亚局势与东非和平、安全的相关性,以及阿比西尼亚的特殊要求(尤其对出海口的要求)。12 月 10 日,大会任命了赴利比亚的联合国专员。

在大会临时委员会("小型联合国大会")延长工作期满之后,大会又通过关于"大会临时委员会之重设"的第 A/RES/295(4)号决议,无限期地延长这一委员会的存在。

11 月 22 日 大会通过关于申请国入会问题的第 A/RES/296(4)决议,要求安理会重新审议奥地利、锡兰、芬兰、爱尔兰、意大利、葡萄牙、约旦、尼泊尔和大韩民国加入联合国的申请,并要求安理会在审议其余尚未被接纳的各申请国情况时,在解释和运用宪章第 4 条方面要更有雅量,更灵活;要求国际法院就联合国大会在接纳一国加入联合国的权限问题提供咨询意见。

大会通过关于联合国外勤部及联合国视察预备队名单的第 A/RES/297(4)号决议,授权秘书长设立一个联合国外勤服务部以便对联合国的外勤使团提供某些技术服务,并掌握一份可承担监督停火和观察选举任务的合格人员名单,供组建联合国外勤观察员小组之用。

11 月 23 日　大会以 49 票对 5 票,3 票弃权,通过关于原子能的国际管制的第 A/RES/299(4)号决议,要求原子能委员会 6 个常任成员国继续进行协商,以探索一切可能打破僵局的途径,并将它们的进展情况随时报告委员会和大会。

同日　苏联代表团团长维辛斯基在大会全体会议上发言支持中国外长周恩来的声明,并且不承认国民党集团代表中国。

11 月 24 日　大会通过关于联合国会所的第 A/RES/350(4)号决议,请秘书长就会所建设之进展情况向大会第 5 届经常会议出具报告。

大会通过关于"设立联合国行政法庭"的第 A/RES/351(4)号决议,以审理对未遵守联合国秘书处工作人员雇佣合同或未遵守这种工作人员的任命条件而提出的诉讼。该法庭是一个独立的和真正的司法机构,由不同国籍的 7 人组成。它的判决对联合国也对大会具有约束力。

11 月 25 日　大会通过关于全民就业的第 A/RES/308(4)号决议,核准秘书长邀请专家小组就达成及保持全民就业而采取国内及国际措施提具报告。

12 月 1 日　大会通过关于《和平纲领》的第 A/RES/290(4)号决议,纲领确认《联合国宪章》为历史上最庄严之和平公约,其原则精神乃确立永久和平之必要基本原则。愿请所有成员国秉承创立联合国的合作精神,按宪章原则行动。尤应避免使用武力或以武力相威胁,竭力参加联合国之一切工作,以和平方式解决国际争端并通力支持联合国解决现有问题的努力,通力合作以限制常规军备,同意管制原子能、取缔原子能武器、和平使用原子能之原则。再次请安理会常任理事国节制对否决权的使用。

大会通过关于联合国人员因公所受损害的赔偿的第 A/RES/365(4)号决议,大会请求国际法院就联合国人员因公所受损害之赔偿问题发表咨询意见并提出数项提议,包括授权秘书长向各该负责国家之政府,不论其是否系联合国会员国,提出国际要求,俾对于联合国所受损害及对被害人或其继承人取得应有之赔偿,于必要时将谈判所不能解决之要求,按适当程序,提出公断。

大会授权秘书长可以向联合国会员国或非会员国提出赔偿的要求。

12 月 2 日　大会通过关于"禁止贩卖人口及取缔意图营利使人卖淫的公约"的第 A/RES/317(4)号决议,核定通过《禁止贩卖人口以及利用他人卖淫的公约》。

大会通过关于"适用宪章第 11 章规定的领土"的第 A/RES/334(4)号

决议,请大会所指派之负责审议依宪章第73条款所选送之情报之特别委员会在决定一领土人民的自治程度时应注意的事项。

12月3日 大会通过关于难民与无国籍人民的第 A/RES/319(4)号决议,鉴于联合国负有给予难民以国际保护的责任,决定任命一名联合国难民事务高级专员负责该项工作。

12月5日 大会以44票对5票,5票弃权,通过关于"常规军备及军队的管制与裁减"的第 A/RES/300(4)号决议,核准了常规军备委员会所拟定的关于提供常规军备和武装部队的情报并予以核查的各项建议。

同日 安理会决定无限期延缓讨论依据大会1948年12月11日A/RES/194(3)号决议之规定将耶路撒冷划为非军事区的议题。

12月6日 大会通过第 A/RES/375(4)号决议。关于大会依照《联合国宪章》,参照国际法之新发展,修订关于国家的基本权利与义务所遇困难,确认对此问题有继续研究的必要。目的在于,依照《联合国宪章》、并参照国际法之新发展,修订国家之基本权利与义务,以使各国在新秩序中相与共处,用法治与正义维护国际和平与安全。

大会通过关于西南非洲问题的第 A/RES/338(4)号决议,建议将西南非洲领土置于国际托管之下;敦促南非恢复向联合国报告它对该领土的管理情况;并要求国际法院就该领土的地位和南非的义务提出咨询意见。

12月8日 大会通过关于促进远东国际关系的安定的A/RES/291(4)号决议,愿请各国尊重中国之政治独立,在其对中国之关系上恪守联合国之原则;尊重中国人民无论现在或将来均有自由选择其政治制度、维持独立政府不受外力控制的权利;尊重关系中国之现有条约;避免在中国领土内造成势力范围或建立外国操纵的政权,并取缔各种特权。

大会通过关于援助巴勒斯坦难民的第 A/RES/302(4)号决议,肯定了此前国际组织对巴勒斯坦难民的援助,决定设置联合国近东巴勒斯坦难民救济工程处,秘书处、行政与预算问题咨询委员会、联合国国际儿童紧急救济基金会、世界卫生组织、联合国教科文组织、粮食及农业组织等都应在工程处建立相应派出机构,尽力协助、支持该机构的活动。此外,促请联合国所有成员国及非成员国自动捐助以保证机构正常、有效地行动。此后历届大会都审议该工作处前一年的活动报告,并为下一年的计划和预算提出建议。近东救济工程处于1950年5月1日正式开始运作。此后历届大会都审议巴勒斯坦问题,并以相关决议延长工程处的任务期限。1967年起,工程处还向1967年中东战争影响的其他难民提供人道主义援助。

大会讨论有关苏联"违反"1945年8月14日《中苏友好同盟条约》及联

合国宪章、"威胁"中国政治独立与领土完整以及远东和平的议题。认为此事事关宪章基本原则以及联合国威信,至关重要,仍须进一步审查研究。并通过第A/RES/292(4)号决议,将此问题交付大会驻会委员会研究,必要时可提请秘书长注意、向安理会报告。

12月8—20日 托管理事会第2次特别会议召开。

12月9日 大会再次通过关于"巴勒斯坦:建立耶路撒冷区国际职权及保护神圣处所问题"的第 A/RES/303(4)号决议,重申大会的意图是要把耶路撒冷置于永久性的国际管辖之下,成为一个由联合国管理的独立实体,并由托管理事会担负管理当局的责任。

12月13日 安理会就派遣调查团前往印度尼西亚监督主权移交事宜,以及就印度尼西亚问题圆桌会议取得的成果向有关各方表示祝贺的两项决议案分别进行表决,苏联均投票予以否决。

12月15日 国际法院就科孚海峡案作出最后判决,裁定阿尔巴尼亚付给英国240万美元作为对军舰损害和人员伤亡的赔偿。

12月16日 中共中央主席、中华人民共和国主席毛泽东访问苏联。这是新中国成立后的一次重大外交行动,是新中国领导人第1次出国访问。访问期间,毛泽东与斯大林就中苏两国重大的政治、经济问题进行商谈。两国还谈判签订了新的《中苏友好同盟互助条约》,"使中苏两大国家的友谊用法律形式固定下来,使得我们有了一个可靠的同盟国,这样就便利我们放手进行国内的建设工作和共同对付可能的帝国主义侵略,争取世界的和平"。条约有效期为30年。逾期后双方未再续签。

12月17日 在联合国印度尼西亚问题委员会的监督下,举行了荷兰向印度尼西亚联邦共和国移交除新几内亚(西伊里安岛)之外的印尼全部领土的正式仪式。

12月24日 赖伊秘书长和总建筑师哈里逊为联合国总部奠基。

12月27日 荷兰向印度尼西亚移交了除新几内亚之外的印尼的全部领土。

一九五〇年

1月8日 中国外长周恩来致电第4届联合国大会主席罗慕洛、联合国秘书长赖伊,并转安理会全体成员国苏联、美国、法国、英国、厄瓜多尔、印度、古巴、埃及、挪威等国(除南斯拉夫与中国国民党集团外)政府,指出中国国民党集团的代表留在联合国安理会是非法的,要求安理会开除他们。

1 月 10 日 苏联代表马立克在安理会提出一项支持周恩来 8 日声明的提案,要求安理会作出开除国民党集团的决议;苏联并声明,在国民党集团的代表未从安理会开除出去之前,将不参加安理会的工作。之后,由于中国代表权问题,苏联像同年早些时候退出原子能委员会那样,又退出常规军备委员会。两个委员会都于 1952 年初宣告解散。

1 月 13 日 苏联提出开除中国国民党集团的代表的提案在安理会以 3 票(苏联、印度和南斯拉夫)对 6 票(美国、法国、古巴、厄瓜多尔、埃及和中国国民党集团),2 票弃权(英国和挪威)未被通过。苏联代表马立克在表决后宣布,在国民党代表被驱逐出去以前,苏联代表团将不参加安理会的工作,苏联政府也将不承认在中国国民党代表参加下作出的任何决议是合法的。苏联代表随后退出安理会,以示抗议,直到 8 月 1 日才返回安理会。在此期间,苏联和其他 些支持苏联立场的国家也拒绝出席有中国国民党集团代表参加的联合国其他机构的会议。

1 月 17 日 安理会通过关于"军备:调节与裁减"的第 S/RES/79 (1950)号决议,决定将大会通过的第 A/RES/300(4)号决议关于规约和裁减军备的决议,交由常规军备委员会进一步研究,以便部署其工作计划。

1 月 19 日 中国外长周恩来照会联合国大会主席罗慕洛、联合国秘书长赖伊,并通知他们:中国政府业已任命张闻天为中国出席联合国会议和参加联合国工作包括安理会的会议及其工作的代表团的首席代表,并要求回答以下两个问题:(1)何时开除中国国民党集团的非法代表出联合国及其安理会。(2)以张闻天为首席代表的合法的中华人民共和国的代表团何时可以出席联合国及其安理会的会议并参加工作。

1 月 19 日—4 月 4 日 托管理事会第 6 届常会召开,讨论有效管理托管领土的途径。

2 月 2 日 中国副外长李克农致电联合国大会主席罗慕洛、联合国秘书长赖伊并请转达联合国及经社理事会各会员国代表团,告以我中央人民政府已任命冀朝鼎为中国出席将于 7 日开会的联合国经社理事会的代表,并要求联合国迅即答复以张闻天为首的中国代表团及冀朝鼎分别出席联合国安理会及经社理事会的时间。

2 月 7 日—3 月 6 日 经社理事会第 10 届常会召开,共通过 25 项决议。新的议题包括:全球经济形势,职司委员会议事规则修订,拟具信息自由公约草案。

2 月 27 日 经社理事会第 10 次会议通过第 288B 号决议,制定了关于非政府组织地位的规章。

3月1日　联合国秘书处成立外勤支助部。

3月3日　国际法院就大会关于接纳一国加入联合国的权限问题发表的咨询意见指出:大会无权未经安理会的推荐而作出决定,也不能将否决权的结果解释为"不赞成的"推荐,因为安理会本身已把它自己的决定解释为没有作出推荐的意思。

3月8日　联合国秘书长赖伊提出关于"联合国代表权问题的法律方面的备忘录",其中提到"中国问题在联合国的历史上是独特的,这并非因为牵涉到一个政府的革命变迭,而是因为第一次有两个敌对的政府并存着","当前争执的问题应该是,究竟这两个政府中哪一个在事实上具有使用国家资源及指导人民以履行会员国义务的地位"。备忘录认为,把取得一个国家在联合国组织中代表权问题和对一个政府的承认问题联结在一起,从法律观点看来是错误的。

3月14日　安理会通过关于印度与巴基斯坦问题的第 S/RES/80 (1950)号决议,决定撤销联合国印度和巴基斯坦问题委员会,将该委员会的权力和职责移交给 1 名联合国代表;要求印度和巴基斯坦在 5 个月内制定并执行一项克什米尔非军事化计划。这是安理会第 1 次在 5 常任理事国缺苏联代表参加的情况下作出的重要决定。

3月15日—4月6日　联合国召开会议讨论发表失踪人员死亡声明的问题。

3月21日　联合国大会通过第 A/RES/317(4)号决议,宣告通过《禁止贩卖人口及取缔意图赢利使人卖淫的公约》。该条约于 1951 年 7 月 25 日生效。

3月29日　列支敦士登成为第 2 个非联合国会员国身份的《国际法院规约》当事国。

同日　中国外长周恩来致电国际电讯联盟秘书长弗朗兹·艾奈斯特:中国政府已任命邮电部电信总局局长李强为参加国际电讯联盟的首席代表,希即转告国际电讯联盟有关各国及其行政理事会。电报并告艾奈斯特,4 月 1 日将在意大利佛罗伦萨召开的国际广播会议,如仍容许中国国民党集团的"代表"参加,中国政府将认为这是对中国人民的一种最不友好的举动。

3月30日　国际法院就保加利亚、罗马尼亚、匈牙利案中和平条约的签订问题提出咨询建议。

4月1日　中国外长周恩来再电国际电讯联盟秘书长艾奈斯特,通知中国已任命李强、宗之发、林定勖 3 人为参加 4 月 1 日在意大利佛罗伦萨召开的国际广播会议的代表。由于国际电讯联盟拒绝中国合法代表与会,苏联等6国退出佛罗伦萨会议。

4月6日　大会通过第 A/RES/493(5)号决议,宣告通过《失踪人员死亡宣告公约》。

4月12日　安理会任命澳大利亚的欧文·迪克逊爵士为联合国印度、巴基斯坦事务代表。

4月22日—5月中旬　赖伊对华盛顿、伦敦、巴黎、海牙、日内瓦和莫斯科进行了一系列访问,就世界形势以及他提出的20年和平计划,同时也就中国在联合国的代表权问题进行会商、调停和斡旋。

4月28日　中国外长周恩来就中国代表参加联合国经社理事会所属亚洲及远东经济委员会将于5月16日在曼谷召开的全体会议事,致电联合国秘书长赖伊,通知他:我中央人民政府已任命冀朝鼎为出席该委员会会议的代表。

中国外长周恩来致电国际红十字会会秘书鲁希,对完全没有资格参加国际红十字会和出席其各种会议的中国国民党集团的所谓代表,正式予以否认,并请将其从国际红十字会开除出去。

5月1日　联合国近东巴勒斯坦难民救济和工程处接管了联合国巴勒斯坦难民救济组织的资产和负债,并将其总部设在黎巴嫩首都贝鲁特。

5月5日　周恩来外长分别致电联合国秘书长赖伊、万国邮政联盟执行及联络委员会秘书长弗里兹·赫斯,正式通知我中央人民政府已任命邮电部邮政总局局长苏幼农为参加万国邮政联盟执行及联络委员会的代表,将出席该委员会15日起在瑞士蒙特罗举行的会议;并指出中国国民党集团的所谓代表已无资格参加该联盟。

5月8日　周恩来外长致电联合国秘书长赖伊,通知我中央人民政府已任命出席亚洲及远东经济委员会的代表冀朝鼎兼任出席5月9日在泰国曼谷召开的工业及贸易委员会会议的代表;中国国民党集团的非法"代表"必须从该委员会驱逐出去。

5月12日　中国外长周恩来分别致电联合国秘书长赖伊,联合国粮食及农业组织总干事毛里斯·陶德,世界卫生组织总干事布洛克·戚任姆,联合国教育、科学及文化组织总干事托里斯·鲍台特,及世界气象组织秘书处主任 G.斯渥波达,告以我中央人民政府是代表中国人民的唯一合法政府,要求将中国国民党集团"代表"从各该组织的各项机构和会议中驱逐出去。

5月15日　万国邮政联盟执行及联络委员会以秘密投票通过决议,允许我中央人民政府代表作为"唯一被认可的中国代表"出席会议。国民党集团的"代表"被迫离开会场。16日,秘书长弗里兹·赫斯将上述决议电告周恩来。

5月18日　赖伊秘书长在莫斯科与中国驻苏大使王稼祥进行会面。

5月24日　安理会通过关于程序事项的第S/RES/81(1950)号决议,表示已经同意大会1949年4月28日第A/RES/268(3)号决议案B(三)的内容,即争端发生后可指派报告员或调解员,决议遇有适当的时机,将以该决议案所载原则为采取行动的根据。

5月28日　出席万国邮政联盟执行及联络委员会会议的中国全权代表苏幼农在会上发表声明,中国政府的政策是:对内实行人民民主,对外维护世界和平。

5月30日　中国外长周恩来致电联合国秘书长赖伊,告以中国国民党集团"代表"已完全没有参加国际民用航空组织的资格,必须将其从该组织的各项机构和会议(包括5月30日在加拿大蒙特利尔召开的第4届代表大会)中驱逐出去。同日,周恩来致电国际民用航空组织秘书长罗拜博士,要求将国民党集团的"代表"从国际民用航空组织中驱逐出去。

6月1日—7月21日　托管理事会第7届常会召开。

6月5日　中国外长周恩来致电联合国秘书长赖伊,并请其转达国际法委员会主席、第一副主席和第二副主席,通知他们,中国国民党集团"委员"必须从该委员会及其各项会议中驱逐出去。

中国外长周恩来致电联合国秘书长赖伊,告以中国国民党集团"代表"已完全没有参加国际劳工组织的资格,必须将其从该组织的各项机构和会议(包括7日在日内瓦召开的第33届国际劳工大会)中驱逐出去。同日,周恩来向国际劳工组织总干事摩斯发出了同样内容的电文。

6月6日　联合国秘书长特里格夫·赖伊发表一份20年和平计划,指出国际形势的严重性,并强调"在中国代表权问题获得解决以前,要取得重大的改进是不可能的"。

6月12—14日　联合国召开技术援助会议,讨论向不发达国家提供技术援助计划,与会各国共提供了2007万美元的捐款供该计划使用。

6月14日　托管理事会宣布,大会关于耶路撒冷国际化的决议因以色列和约旦两国政府拒绝合作而未能得到实行。同日,以色列就伯纳多特伯爵等人被害一案支付赔款。

6月25日　朝鲜战争爆发。安理会通过关于"大韩民国遭受侵略之控诉"的第S/RES/82(1950)号决议,宣布北朝鲜的武装进攻是对和平的破坏;要求它立即停止敌对行动,将军队撤回三八线;呼吁各会员国停止对北朝鲜的援助并尽可能帮助联合国实施该项决议。

6 月 27 日 安理会通过关于"大韩民国遭受侵略之控诉"的第 S/RES/83(1950)号决议,指责北朝鲜既不停止敌对行动又不撤军是对和平的破坏,建议联合国会员国向南朝鲜提供必要的援助以击退武装进攻。

6 月 28 日 中国外长周恩来就美国总统杜鲁门 27 日关于美国武力阻止中国人民解放台湾的声明及美国第七舰队 26 日侵入台湾海峡的行动发表声明说:这是美国对中国领土的武装侵略,对《联合国宪章》的彻底破坏。周恩来还针对杜鲁门声明中所兜售的"台湾未来地位的决定,必须等待太平洋安全的恢复,对日和约的缔结,或联合国的考虑"的谬论,强调指出:不管美国如何阻挠,台湾属于中国的事实,永远不能改变;这不仅是历史的事实,而且已为《开罗宣言》《波茨坦宣言》及日本投降后的现状所肯定。中国全体人民,必将万众一心,为从美国侵略者手中解放台湾而奋斗到底。

7 月 3 日—8 月 16 日 经社理事会第 11 届常会召开,10 月 12 日—12 月 13 日复会,共通过 51 项决议。除审议司职委员会、区域委员会和专门机构的年度报告外,涉及一些新的议题,包括:韩国的救济与复原,推动韩国经济社会发展的长远措施,集中营幸存者问题,托管地区和前殖民地的经济、社会发展问题。

7 月 6 日 中国外长周恩来致电赖伊秘书长,代表中国政府声明:安理会 6 月 27 日,在美国政府操纵下所通过的关于要求联合国会员国协助南朝鲜(即韩国)当局的决议,是支持美国武装侵略、干涉朝鲜内政和破坏世界和平的,并且是在没有中国和苏联两个常任理事国参加下通过的,显然是非法的。这一决议违反了《联合国宪章》关于不得授权联合国干涉在本质上属于任何国家国内管辖之事件的重要原则,因此,该决议不仅毫无法律效力,而且大大破坏了《联合国宪章》。苏联、乌克兰、白俄罗斯、波兰、捷克斯洛伐克等联合国会员国和朝鲜民主主义人民共和国均持同样立场。

7 月 7 日 安理会通过关于"大韩民国遭受侵略之控诉"的第 S/RES/84(1950)号决议,要求全体会员国依照安理会的决议提供军队和其他援助,交由美国领导的统一司令部使用;决议允许这支军队称为"联合国军",使用联合国旗帜,并授权美国任命"联合国军"总司令。

7 月 8 日 美国总统杜鲁门任命美国驻远东军队总司令麦克阿瑟为"联合国军"总司令。

7月10日　中国副外长章汉夫接见印度驻华大使潘尼迦,就其一日所述印度政府关于朝鲜问题与新中国加入联合国各组织问题的意见宣读口头答复:我中央人民政府认为,中华人民共和国代表加入联合国问题必须与朝鲜问题先行区分开来解决。联合国只要仍将中国国民党集团的非法代表留在其内而拒绝中华人民共和国的合法代表,则其一切重大决议均将是非法的。并指出:安理会只有在中苏两个常任理事会出席之后,一切符合《联合国宪章》规定的问题,才能合法地被提出讨论。到那时,和平调处朝鲜问题,制止美国侵略台湾问题,也才有提出解决的可能。

7月11日　国际法院就西南非洲的地位和南非的义务问题发表咨询意见,认为西南非洲仍受委任统治,南非除非得到联合国的同意,无权修改那种地位;但在法律上,南非没有义务将该领土置于国际托管制度之下。

7月14日　秘书长赖伊宣布,已通知联合国52个会员国,要求它们援助在朝鲜的"联合国军"司令部,包括提供战斗部队,特别是地面部队。在朝鲜战争期间,除美国和南朝鲜外,有15个联合国会员国向"联合国军"提供了战斗部队,另有5国提供了医疗队。

7月17日　安理会成立驻朝鲜的统一的"联合国军"司令部。

7月18日　国际法院就罗马尼亚、保加利亚、匈牙利案发表咨询意见,认为秘书长无权任命委员,除非得到会员国同意。

7月31日　安理会通过关于"大韩民国遭受侵略之控诉"的第S/RES/85(1950)号决议,认为北朝鲜军队的非法攻击使韩国人民遭受艰难困苦,要求"联合国军"司令部尽快决定救济与援助之办法,并请秘书长、经社理事会等联合国辅助机关、专门性机构以及非政府组织予以协助。

8月1日　苏联重返安理会参加工作,并担任安理会轮值主席。在当天的会议上,苏联代表以会议主席的身份裁定国民党集团的代表不代表中国,因而不能参加安理会会议。这一裁定遭到安理会内多数反对,没能生效。

8月9日　大会任命一个专门委员会起草有关信息自由的条约。

8月20日　中国外长周恩来致电联合国安理会主席雅科夫·马立克及联合国秘书长赖伊,指出,美国出动海、陆、空三军侵略朝鲜;朝鲜是中国邻邦,中国人民不能不更关心朝鲜问题的解决。

8月21日　联合国秘书处大楼开始启用。联合国秘书处工作人员搬入的联合国总部大楼。这幢大楼1949年10月24日起破土动工,由4幢主楼组成:秘书处大楼、大会堂、会议楼(包括理事会会议室)以及图书馆。

8月24日　中国外长周恩来致电联合国安理会主席马立克及联合国

秘书长赖伊,控诉美国总统杜鲁门6月27日宣布以武力阻止我解放台湾、美国第七舰队向台湾海峡出动以及美国空军随即进入台湾公然侵占中国领土的行动,要求安理会予以制裁,并立即采取措施,使美国政府从台湾及其他属于中国的领土上完全撤出其武装侵略部队。

8月26日 中国外长周恩来再次致电联合国秘书长赖伊,指出联合国及其各机构仍容留国民党集团的非法"代表",不但违背了《联合国宪章》,而且漠视了中国人民的正义要求;并正式通知我政府已任命张闻天为中华人民共和国出席联合国第5届大会的首席代表,李一氓、周士第、冀朝鼎、孟用潜为代表,请即为他们办理一切手续。

中国外长周恩来致电国际电信联盟新任秘书长里昂·缪拉齐埃,通知我中央人民政府已任命李强为出席该联盟行政理事会第5届会议的中国理事,宗之发为顾问,并要求将国民党集团的所谓代表从该联盟的各项机构和会议中驱逐出去。

中国外长周恩来致电联合国秘书长赖伊,并转联合国国际儿童紧急救济基金执行局主席赖赫门、总干事斐德,通知他们:我已任命伍云甫为参加联合国儿童紧急救济基金执行局的代表;中国国民党集团的所谓代表必须从该执行局及所属各项机构和会议中驱逐出去。

中国外长周恩来致电联合国秘书长赖伊、国际货币基金总经理盖特、国际复兴开发银行总裁布莱克,正式通知他们:中国国民党集团的所谓代表现已完全没有资格参加国际货币基金、国际复兴开发银行的资格,必须将其从该组织的各项机构和会议(包括9月6日在巴黎召开的董事会第5届年会)中驱逐出去。

8月30日 中国外长周恩来致电联合国安理会主席马立克及联合国秘书长赖伊,指出美国侵朝空军继27日之后,又于29日侵入中国领空并杀伤中国人民。这种继续挑衅和残杀行为充分暴露了美国政府扩大战争和破坏世界和平的意图。因此,我中央人民政府再度向联合国提出控诉和要求:联合国安理会应根据我27日建议,立即采取有效措施,制止美国侵朝军队扩大侵略的行为,并从速撤退美国侵朝军队,以免事态扩大,实为刻不容缓之举。

9月6日 安理会讨论美国提出的一项谴责北朝鲜继续对抗联合国的提案,在表决时被苏联否决。而苏联提出的一项要求安理会听取南北朝鲜双方的申诉,并将美国军队从朝鲜撤出作为朝鲜问题先决条件的提案,也未被通过。

9月9日 中国外长周恩来在接见印度驻华大使潘尼迦时说,中华人民共和国应该加入联合国,那是一件无可争议的事情;问题是美国的阻挠。印度政府把这个问题提到美国面前,的确找着了对象。中国有句话"解铃还须系铃人",关键在美国。

9月10日　中国外长周恩来致电联合国安理会主席杰伯及联合国秘书长赖伊,指出:安理会8月31日已通过将中华人民共和国政府控诉美国侵朝军队的军用飞机侵入中国领空扫射杀伤中国人民,损坏中国财产一案列入议程;要求安理会在进行上述议程时必须有中华人民共和国代表出席陈述意见和参加讨论。否则,安理会所作的一切决议都是非法的、无效的。

9月11—12日　安理会审议中国控诉美国飞机侵犯中国领空、轰炸中国领土的问题。苏联提出邀请中国派代表参加的建议,由于美国等国的反对,未获通过;而美国极力主张由印度和瑞典进行现场调查的提案则遭苏联否决,也未被通过。

9月15日　联合国印巴事务代表欧文爵士向安理会报告,联合国印巴问题委员会和他本人都未能就克什米尔的非军事化和公民投票问题取得进展,要求免去他的职务。

9月16日　中国外长周恩来致电联合国安理会主席杰伯及联合国秘书长赖伊,指出:联合国安理会8月29日已通过将中华人民共和国政府控诉美国武装侵略中国领土台湾一案列入议程,该案将于9月18日开始讨论,届时必须有中华人民共和国的代表出席陈述意见和参加讨论,这是程序上首先应解决的问题。

同日　以色列向安理会控诉埃及对苏伊士运河进行封锁。

9月17日　中国外长周恩来致电联合国秘书长赖伊,指出现第5届大会开会在即,国民党集团的所谓代表团仍然前往纽约参加大会。如果大会接纳该非法"代表团",中华人民共和国政府将认为这是联合国对中国人民极不友好的行为。周恩来再次请赖伊立即为中华人民共和国代表办理一切必要手续,以便他们届时出席大会。

9月19日—1951年11月5日　第5届联合国大会在联合国纽约总部召开,纳斯罗拉·安迪让(伊朗)当选为本届大会主席。

大会通过关于"谁应代表中国出席大会问题"的第A/RES/490(5)号决议,设置由主席推荐、经大会认可的7人组成特别委员会审议中国在联合国大会合法代表问题。在大会有所决定以前,中国国民政府代表仍出席大会,其权利与其他代表相同。

9月20日　美国代表团团长、国务卿艾奇逊在大会发言中,对苏联进行猛烈的抨击,并提出了"联合一致共策和平"的建议。苏联代表团团长、外交部长维辛斯基在随后的发言中,反驳了美国的攻击,吁请大会通过决议谴责战争宣传、禁止使用原子武器、促进5大国之间签订一项公约,并号召在1950年裁减武装部队1/3。

9月25日 中国外交部发言人就联合国大会19日拒绝接纳中国代表参加大会的决定发表声明称,在美国操纵下,大会否决印度、苏联两国代表的提案,拒绝中国代表参加联合国及其所属一切机构,是完全没有道理的,完全非法的;中国人民不能接受这个破坏《联合国宪章》的决定。

9月26日 安理会通过关于"吸收新会员国:印度尼西亚"的第S/RES/86(1950)号决议,认为印度尼西亚共和国是热爱和平的国家,符合宪章第4条规定的条件,因而向大会建议接收其为联合国会员国。

9月28日 大会通过关于准许印度尼西亚共和国加入联合国为会员国的第A/RES/491(5)号决议,接纳印度尼西亚为联合国第60个成员国。

9月29日 安理会通过关于"台湾('福摩萨')遭受侵略之控诉"的第S/RES/87(1950)号决议,决定邀请中华人民共和国派代表参加联合国讨论由中国政府提出的控诉美国武装侵略台湾案的会议。

9月30日 中国政府周恩来总理兼外长在政协全国委员会举行的国庆节庆祝大会上作题为《为巩固和发展人民的胜利而奋斗》的报告,指出中国人民热爱和平,但是为了保卫和平,从不也永不害怕反抗侵略战争。中国人民决不能容忍外国的侵略,也不能听任帝国主义者对自己的邻人肆行侵略而置之不理。

10月3日 中国外长周恩来约见印度驻华大使潘尼迦,强调指出:"美国军队正企图越过'三八线',扩大战争。美国军队果真如此做的话,我们不能坐视不顾,我们要管。请将此点报告贵国政府总理。"关于朝鲜事件,我们主张和平解决,使朝鲜事件地方化,就是不使美军的侵略行动扩大成为世界性的事件。

10月7日 大会通过由英国、澳大利亚等8国提出的关于朝鲜独立的第A/RES/376(5)号决议,建议"采取一切适当的措施以确保整个朝鲜局势的稳定",并成立联合国朝鲜统一复兴委员会(UNCURK),以代表联合国筹组一个"统一、独立和民主"的朝鲜政府。决议判断北朝鲜谋以武力攻击推翻大韩民国政府,而大韩民国政府是经大会1948年12月12日决议承认的朝鲜境内唯一合法政府。鉴于"联合国军"正遵循安理会1950年6月27日的决议在朝作战,大会请联合国所有成员国给予大韩民国为击退攻击与恢复地区内和平局势所需之协助;仍以朝鲜统一、独立、民主为目标,敦请南北朝鲜各地全体人民、人民代表团与联合国各机构合作;认为联合国军队除非是为达成前述目标,不应驻留在朝鲜境内任何地区。该决议并决定设立朝鲜统一复兴委员会,由澳大利亚、智利、荷兰、巴基斯坦、菲律宾、泰国、土耳其组成,以代表联合国筹组一个"统一、独立和民主"的朝鲜政府。

10月8日　在美国和韩国军队已部分越过"三八线"的情况下,中国政府和毛泽东主席根据朝鲜党政方面请求和中国人民的意愿,作出"抗美援朝,保家卫国"的战略决策。

10月10日　中国外交部发言人对联合国大会7日"决议"发表声明,表示坚决反对英国、澳大利亚等8国提案。指出8国提案的实质就是授权美国占领全朝鲜;其目的在于继续盗用联合国名义,扩大侵朝战争。中国人民对美国及其盟国侵略朝鲜的这种严重状态和扩大战争的危险趋势,不能置之不理。

同日　中国人民银行行长南汉宸致电国际复兴开发银行总裁布莱克,声明中国在国际复兴开发银行中的全部财产及权益属于中国人民,只有中华人民共和国国家银行中国人民银行才有合法权利处理。国际复兴开发银行对中国在该行中已缴股款及一切其他财产和权益必须负保全的全部责任,任何非法处理,均属无效。中国人民银行对于因此种非法处理而遭受的损失,保留清算和追偿的权利。

10月12日　安理会讨论赖伊秘书长任期届满后的重新任命问题,苏联投票反对赖伊续任。美国则威胁要否决任何其他候选人。

10月17日　周恩来外长致电联合国第5届大会主席安迪让和联合国秘书长赖伊,坚决要求大会及其所属有关委员会在讨论第5届大会9月26日正式通过并列入议程的苏联所提出的关于美国侵略中国的控诉案和10月7日正式通过并列入议程的控诉美国侵犯中国领空及侵犯中国航行权利案时,必须有我中央人民政府的代表出席陈述意见和参加讨论;并严重抗议大会10月7日将美国提出的所谓"福摩萨"问题列入大会议程,坚决要求取消此项非法决定。周恩来指出:"台湾,今天存在的只有美国侵略中国领土台湾的事实,并不存在关于台湾的地位或前途的所谓'福摩萨问题'。"①

10月19日　中国人民志愿军在彭德怀司令员率领下,跨过鸭绿江,高举"抗美援朝,保家卫国"的旗帜,参加朝鲜战争。

10月23日　中国外长周恩来复联合国秘书长赖伊2日关于邀请中国派代表参加讨论控诉武装侵略台湾案会议并转达安理会9月29日有关决

---

① 《建国以来周恩来文稿》第3册,中央文献出版社2008年版,第407页。

议的来电,通知他:我中央人民政府已任命伍修权为大使衔特派代表,乔冠华为顾问,其他7人为特派代表的助理人员(共9人),出席联合国安理会讨论中国政府提出的控诉武装侵略台湾案的会议。

10月25日—11月21日 联合国商品包装会议于日内瓦召开。

10月31日 大会讨论联合国秘书长人选问题。苏联认为大会既无权直接任命秘书长,也无权延长其任期,因此建议推迟作出决定,并将这一事项交还安理会。但这一建议被否决。

11月1日 大会通过关于联合国秘书长继续供职案的第A/RES/492(5)号决议。大会根据美、英、法等15国建议,以46票对5票,8票弃权通过关于联合国秘书长继续供职案的第A/RES/492(5)号决议,将赖伊秘书长任期延长3年。苏联宣布,停止承认赖伊为联合国秘书长。

11月3日 大会通过了1项分为3部分的题为"联合一致共策和平"的第A/RES/377(5)号决议。该决议规定:"安全理事会遇有威胁和平、破坏和平或侵略行为发生之时,如因常任理事国未能一致同意,而不能行使其维持国际和平及安全之主要责任,则大会应立即考虑此事,俾得向会员国提出集体办法之妥当建议,倘系破坏和平或侵略行为,并得建议于必要时使用武力,以维持或恢复国际和平与安全。当时如属闭幕期间,大会得于接获请求后24小时内举行紧急特别届会。紧急特别届会之召集应由安全理事会依任何7理事国(1965年后改为9个理事国)之表决请求为之,或由联合国过半数会员国请求为之。"决议同时决定,设立一个包括安理会5常任理事国在内的14国组成的和平观察委员会,在和平受到威胁的地区观察形势并提出报告。

大会通过关于"保加利亚、匈牙利及罗马尼亚国内尊重人权及基本自由的情形"的第A/RES/385(5)号决议。

11月4日 大会通过关于"会员国及各专门机关与西班牙的关系"的第A/RES/386(5)号决议,撤销1946年12月12日大会通过的关于联合国各会员国与西班牙的关系的第A/RES/39(1)号决议。大会决议指出,和一个政府建立外交关系并互派使节,并不表示就是对那个政府国内政策作出评价。而且,由于各专门机构是技术性的,大部分是非政治性的,是为了所有国家的人民的利益而建立的,因此各专门机构应自行决定是否愿意让西班牙参加进去。

11月5日 "联合国军"司令部报告称中国共产党军队在朝鲜参战。

11月8日 安理会通过关于"大韩民国遭受侵略之控诉"的第S/RES/88(1950)号决议,邀请中华人民共和国派代表参加安理会讨论"联合国军"总司令麦克阿瑟关于中国干涉朝鲜的报告。

11 月 11 日   中国外长周恩来电复联合国秘书长赖伊和安理会主席贝勃勒，表示不能接受 8 日安理会第 520 次会议关于邀请中国与会的决定。指出：该决定将中国代表的权利限制在讨论所谓联合国（军）司令部的特别报告上面，而不讨论中国所提出的美国政府武装干涉朝鲜和侵略中国问题，所谓联合国司令部是在安理会没有苏联和中华人民共和国两个常任理事会参加并在美国操纵之下非法产生的，因此它的报告不仅是片面的和别有用心的，而且是非法的，绝不能作为讨论的根据。周恩来提议：鉴于美国政府武装干涉朝鲜和侵略中国台湾这两个问题的严重性而又被密切地联系着，安理会应将这两个问题合并讨论，以便中国代表出席安理会讨论中国政府控诉武装干涉侵略台湾议案时，得以同时提出控诉美国政府武装干涉朝鲜问题。

11 月 16 日   大会通过关于联合国邮政机关的组织的第 A/RES/454(5)号决议，成立联合国邮政管理局。

大会通过关于联合国财务条例的第 A/RES/456(5)号决议。核准行政及预算问题咨询委员会对联合国财务条例的修正。该条例适用于联合国以及国际法院之财务行政，除为适应个别机关组织法规定与组织机构的需要外，不做任何其他更改。

11 月 17 日   安理会通过关于巴勒斯坦问题的第 S/RES/89(1950)号决议，促请当事国各方同意依照各停战协定所定之程序处理控诉案及解决争端；促请埃及以色列混合停战委员会紧急注意埃及有关数千巴勒斯坦阿拉伯人被逐一事之控诉案，并请双方实施委员会有关遣返阿拉伯人的决定；授权停战监察组织参谋长就阿拉伯游牧人民迁移的问题向以色列、埃及等阿拉伯国家建议其认为必要之步骤，以便经过各国同意对这些人民越过国界、停战界限的行为进行管制。

同日   大会通过关于战事行为发生时改革应有的义务的第 A/RES/378(5)号决议，明确战争行为发生时各国应有之义务以求尽早停止战争行为、和平解决争端。建议当事国于武装冲突发生后，无论如何应在 24 小时内公开声明，在敌对国家采取相同措施的前提下，依据各当事方所同意的条款或联合国主管机构指示的条件，停止一切军事行动，并将其已侵入他国领土、领水或已越过某一界限的军队全数撤退。当事国还应尽早通知秘书长，在和平观察团尚未就位的情况下邀请联合国主管机关派遣观察团前往。

大会通过关于以实际行动争取和平的第 A/RES/380(5)号决议，谴责一国为了改变别国的合法政府,而以武力威胁或使用武力干涉别国内政的活动;重申一切侵略行动都是危害和平与安全的最严重的罪行;决定为了持久和平,有必要立即采取联合行动来对付侵略,并从两方面着手:(1)无论侵略发生于何处,必须迅速采取联合行动;(2)各国必须同意接受原子能之有效国际管制、切实禁用原子能武器,力谋管制及废除所有用于大规模破坏之其他武器,限制军备与军队并渐次裁减之,将用于军备的人力、经济资源控制在最低水平。

大会通过关于"谴斥危害和平的宣传"的第 A/RES/381(5)号决议。决议重申大会第 A/RES/110(2)、第 A/RES/290(4)号决议之精神,谴责所有危害和平之宣传。"危害和平之宣传"具体指:煽动冲突或侵略行为的宣传;阻止对国际情势之报道、致使人民不与外界发生接触的措施;意图隐蔽或曲解联合国致力于和平之活动或阻止人民知悉其他会员国意见的措施。

大会通过关于利比亚问题:联合国驻利比亚专员报告书;利比亚各管理国家报告书的第 A/RES/387(5)号决议,请各有关当局保证早日实现利比亚的统一并在 1952 年 1 月 1 日前把政权移交给一个独立的利比亚政府;敦促联合国秘书长、经社理事会和各专门机构对此给予必要的各种技术和财政援助。

11 月 20 日 大会通过关于土地改革的第 A/RES/401(5)号决议,建议由秘书长与粮食农业组织合作,并与其他当地专门机构会商,就改进落后国家领土内的土地分配方式出具报告,并由经社理事会根据以上报告提出有关土地改革的建议。

大会通过关于修订联合国实现和平 20 年方案的第 A/RES/494(5)号决议,称赞秘书长作出的 20 年和平计划。

同日 国际法院就难民营案作出裁决,并于 27 日作出司法解释。

11 月 22 日 托管理事会第 3 次特别会议召开。

11 月 24 日 中国出席安理会特别会议的代表伍修权和顾问乔冠华一行抵达纽约。这是中华人民共和国的代表第 1 次出席联合国的会议。

11 月 26 日 周恩来外长复联合国秘书长赖伊 24 日关于邀请中国代表参加大会政治及安全委员会会议的来电,通知他:我政府已任命出席联合国安理会会议的特派代表伍修权、顾问乔冠华及其他助理人员兼任出席大会政治及安全委员会参加讨论美国侵略中国控诉案的会议的代表、顾问及助理人员。

11 月 28 日 中国代表伍修权在安理会发言,控诉美国武装侵略中国领土台湾的罪行,并提出对美国侵略台湾和干涉朝鲜的行径进行谴责和制裁的建议。伍修权在演说中列举大量事实,控诉了美国侵略我国台湾和派遣空军轰炸扫射我国东北边境地区,杀伤我国和平居民的罪行。伸张了中国人民志愿军援助朝鲜人民反抗侵略的合理性和正义性,驳斥了所谓"台湾地位未定"的谬论,指出台湾是中国国土不可分割的一部分。伍修权代表中国政府向安理会提出 3 项提议:一是联合国安理会公开谴责和制裁美国武装侵略台湾和武装干涉朝鲜的罪行;二是联合国安理会立即采取措施,使美国自台湾撤出其武装力量,以保证太平洋和亚洲的和平与安全;三是联合国安理会立即采取措施,使美国及其他外国军队一律撤出朝鲜,朝鲜内政由朝鲜人民自己解决,和平处理朝鲜问题。

11 月 30 日 安理会分段表决一项决议,就对台湾("福摩萨")的武装侵略提出控诉;就对大韩民国的侵略提出控诉,并要求一切国家和当局不援助北朝鲜。苏联先后对序言部分第 1—3 段、序言部分第 4 段至决议草案末尾投了否决票。而苏联提出的一项谴责美国武装侵略中国领土、武装干涉朝鲜的决议案,也未获通过。

12 月 1 日 大会通过关于希腊政府独立及领土完整所受的威胁的第 A/RES/382(5)号决议,表示注意到希腊的政治独立和领土完整依然受到威胁,以及流落国外的希腊儿童均未被遣返;决定设立一常设委员会以完成希腊儿童的遣返工作,并要求国际红十字会继续作出努力。

大会通过关于"由于苏联违反 1945 年 8 月 14 日《中苏友好同盟条约》并由于苏联违反《联合国宪章》造成对中国政府独立与领土完整及对远东和平的威胁"的第 A/RES/383(5)号决议。

大会通过关于朝鲜的善后救济的第 A/RES/410(5)号决议,成立联合国朝鲜救助与重建局(UNKRA),"以帮助大韩民国及其人民恢复遭受战争破坏的经济"。该机构的活动直到 1958 年 6 月才结束。

大会通过关于"儿童仍待救济:联合国国际儿童紧急救济基金会"的第 A/RES/417(5)号决议,将联合国国际儿童紧急救济基金会的活动期限从 1950 年起延长 3 年,并指示它将工作重点从紧急救济转到为儿童谋求福利的长期事业。

12 月 2 日 大会通过关于"印裔人民在南非联邦所受之待遇"的第 A/RES/395(5)号决议,要求南非政府停止实施种族隔离的特定住区法。

大会通过关于"意管索马里兰领土托管协定"的第 A/RES/442(5)号决议,批准将索马里兰交意大利托管的协定。根据协定,该领土将自即日起 10 年后,即 1960 年 12 月 2 日,成为一个主权独立的国家。大会通过决议,建议将厄立特里亚作为一个自治单位同埃塞俄比亚组成联邦;委派 1 名联合国专员和若干专家,帮助厄立特里亚组织政府并起草宪法。

12月4日 大会通过关于"《国际人权盟约》及其实施办法草案:人权委员会将来的工作"的第 A/RES/421(5)号决议,决定立约规定人权包括经济、社会、文化等各项权利。

大会通过关于人权日的第 A/RES/423(5)号决议,将《世界人权宣言》视作所有人民、所有国家共同努力之标的,以及人类前进行程中的长足进步,并请所有各国及各机构将每年的 12 月 10 日规定为人权日,并请各国将人权日纪念之情形向秘书长转报。

大会通过关于申请国入会问题的第 A/RES/495(5)号决议,请安全理事会依照上述决议案之规定,继续审议各申请书。

12月5日 中国邮政总局局长苏幼农奉命致电万国邮政联盟国际局局长赫斯:中国人民邮政当局自即日起接受 1947 年在巴黎签订的《万国邮政公约》《汇兑协定》《报价信函和箱匣协定》《包裹协定》《代收货价邮件协定》及公约和各该协定之随附细则,唯其中包裹及代收货价邮件两项业务暂时停办。

12月10日 拉尔夫·邦奇被授予诺贝尔和平奖。他曾任 1948 年阿拉伯人与犹太人冲突期间的联合国巴勒斯坦问题调解人、秘书长特别代表和特使。

12月12日 大会通过加拿大提出的一项提案,决定设立一个由加拿大、厄瓜多尔、印度、伊拉克、墨西哥、菲律宾和波兰 7 国代表组成的特别委员会,专门审议中国在联合国的代表权问题;在未作出结论前,仍允许"中华民国"的代表留在联合国内,并与其他会员国享有同样权利。

大会通过关于充分就业的第 A/RES/405(5)号决议。赞赏经社理事会在充分就业方面所采取的强有力的行动,邀请各国与秘书长合作完成任务。

大会通过关于联合国会所的第 A/RES/461(5)号决议。请秘书长就会所建设进展情形向大会第 6 届会提交报告,并就如何筹措资金以建设联合国大厦事宜提出暂定计划及办法。

大会通过关于"使国际法中习惯法的资料更易于查考的方法"的第 A/RES/487(5)号决议。赞赏国际法委员会提出的关于习惯法的资料更易于查找的方法。

大会通过关于编订纽伦堡原则的第 A/RES/488(5)号决议。业已审议国际法委员会第 2 届会工作报告书第 3 部分(订立纽伦堡原则),认为各会员国政府宜有充分机会对此编订工作提供意见。

12月13日 大会成立 5 人委员会研究南非问题,并提交报告及诉状。

12月14日   大会通过印度、埃及等亚非13国提案,建议以5届大会主席安迪让和印度、加拿大的代表组成一个3人委员会,来"确定可以在朝鲜议定满意的停火基础并尽速向大会提出建议"。

大会讨论远东局势以及中华人民共和国中央人民政府关于所谓"干涉朝鲜"的问题,通过关于所谓"中华人民共和国中央人民政府干涉朝鲜事"的A/RES/384(5)号决议,亟盼各方立即采取步骤防止在朝鲜之冲突扩散至其他地区,并终止在朝鲜的战事。

大会通过关于联合国承认会员国代表权问题的第A/RES/396(5)号决议,建议凡是一个以上的当局自称是唯一有权在联合国代表某一会员国的政府,而这一问题成为联合国中争论的问题时,大会应依照宪章的宗旨和原则以及每一案件的情况审议这一问题;大会对这种问题所采取的态度,联合国其他机关和专门机构均应给予考虑。

大会通过关于非常时期新闻及报业自由问题的第A/RES/425(5)号决议,认为新闻及报业自由,为基本自由之一,应予促进,并予保障。

大会通过关于"战争俘虏问题和平解决办法"的第A/RES/427(5)号决议,要求秘书长任命3名"有资格的公正人士"组成战俘问题专设委员会,解决没有被遣返或用其他方法给予处理的第二次世界大战战俘的问题。

大会通过关于《联合国难民事务高级专员办事处规程》的第A/RES/428(5)号决议,批准通过《联合国难民事务高级专员办事处规程》。经秘书长提名,大会选举范·赫文·古德哈特为联合国难民事务高级专员。高级专员向大会负责。联合国难民署是第一个全面处理难民事务的机构。

大会通过关于《难民地位公约(草案)》的第A/RES/429(5)号决议,建议参加会议之各国政府考虑经社理事会之决议草案,尤其是草案附件中关于"难民"的定义。

大会通过关于大会第6届常会集议地点的第A/RES/497(5)号决议,决议依据大会议事规则第3条在欧洲举行第6届常会,并请大会主席及秘书长选择最适合城市并做相关部署。

12月15日   大会设立联合国法庭帮助利比亚划界,并通过在索马里兰划界的程序。

12月16日   伍修权在联合国记者招待会上发表谈话说:美国执拗地拒绝承认中华人民共和国的存在,抹杀它对所有和中国有关的远东重大问题的决定性的发言权和代表权;但事实证明,中华人民共和国对于亚洲事务的重大发言权及它在联合国中的地位,不是任何力量所能抹杀的。12月19日,伍修权和乔冠华等离开纽约,30日回到北京,受到热烈欢迎。

12月19日　外交部欧非司司长宦乡召见瑞典驻华大使阿马斯顿,面交中国政府备忘录,对瑞典政府转来的第5届大会主席安迪让所提的要求给予答复:(1)关于要求中国代表伍修权留下与"朝鲜停战3人委员会"谈判的问题。备忘录指出:大会通过所谓"朝鲜停战3人委员会"的决议,中国代表既未参加又未同意,中国政府曾多次声明,凡是没有中华人民共和国的合法代表参加和同意而被通过的联合国的一切重大决议,首先是有关亚洲的重大决议,中国政府都认为是非法的、无效的。据此,我政府不能命令伍修权将军继续留在纽约与非法的"3人委员会"举行谈判。(2)关于联合国如何与朝鲜取得接触的问题,我政府认为,联合国应直接询问朝鲜政府。

12月22日　周恩来外长就联合国大会关于成立"朝鲜停战3人委员会"的决议发表声明,重申中国政府及其代表不准备与这个非法委员会进行任何接触;并称:中国人民亟望朝鲜战事能得到和平解决。我们坚持以一切外国军队撤出朝鲜及朝鲜内政由朝鲜人民自己解决为和平调处朝鲜问题的谈判基础,美国侵略军必须撤出台湾,中华人民共和国代表必须取得在联合国的合法席位。他认为,离开这几点朝鲜问题和亚洲重要问题的和平解决是不可能的。

12月23日　中华人民共和国宣称"朝鲜停战委员会"非法并拒绝参与。

一九五一年

1月1日　联合国难民事务高级专员办事处正式成立,其工作期限暂定为3年。

1月11日　中国政府就建议举行中、苏、英、美、法、印度和埃及7国会议谈判结束朝鲜战争问题致苏联政府一份备忘录,阐明中国对停战谈判问题的立场,内中提出拟在拒绝先停战后谈判的建议之后,主动提出下列主张:甲、在同意从朝鲜撤退一切外国军队及朝鲜内政由朝鲜人民自己解决的基础上举行有关各国的谈判,以结束朝鲜战争。乙、谈判内容必须包括美国武装力量从台湾及台湾海峡撤退和远东有关问题。丙、举行谈判的国家应包括中华人民共和国、苏联、英国、美国、法国、印度和埃及7国。中华人民共和国在联合国的合法地位即从举行7国会议起予以确定。丁、7国会议的地点,提议在中国。

1月12日　联合国1948年12月9日通过的《防止及惩办灭绝种族罪公约》生效并实施,有效期10年。嗣后公约对未声明退约的缔约国继续有效,以 5 年为 1 期。

1 月 13 日　大会第一委员会以 50 票对 7 票(苏联、乌克兰、白俄罗斯、波兰、捷克斯洛伐克、萨尔瓦多及中国国民党集团代表),1 票弃权(菲律宾),通过一项有关朝鲜及远东其他问题的决议,要求首先在朝鲜安排停火,然后外国军队分阶段撤出朝鲜,在朝鲜举行自由选举;在达成停火协议后,大会将设立一个包括英、美、苏和中华人民共和国政府代表在内的适当机构,"依照现有的国际义务与《联合国宪章》的规定来求得远东问题的解决,其中包括'福摩萨'(台湾)问题和中国在联合国中的代表权问题"。美国在大会政治委员会的代表同意这项决议,赞同与中国解决中国代表团问题、台湾等问题。

1 月 14 日　中国政府将一份内容相同的备忘录送给朝鲜政府。

1 月 17 日　中国外长周恩来在致大会第一委员会主席乌但尼塔·阿彼拉兹的复电中指出:大会一委通过的有关解决朝鲜及其他远东诸问题的各项原则,是在没有中国代表参加下通过的,且其基本点仍是先在朝鲜停战,然后举行有关各国谈判;而先行停战的目的,只是为美军取得喘息时间。因此,中国政府对此不能予以同意。为使朝鲜问题和亚洲重要问题真能得到和平解决,中国政府特向联合国提出召开 7 国会议的建议。

中国外长周恩来接见印度驻华大使潘尼迦,面交中国于同日致大会第一委员会的复电。在听了潘尼迦关于上述委员会建议的解释后,周恩来说,刚才大使提的是个基本问题,即先停战,后谈判,或先谈判、后停战,或是在谈判过程中停战。这是和平解决朝鲜问题的基本点。谈判的目的在于停战,结束朝鲜战事,保障远东和平。在谈判中必然要谈停战条件。因此,我们主张在谈判中规定停战的条件,然后停战。

1 月 18 日　中国外长周恩来致电联合国代理秘书长奥温并转经社理事会与亚洲及远东经济委员会各会员国:亚洲及远东经济委员会及所属工贸委员会将于 2 月在拉合尔开会,我再次声明,中国政府仍派冀朝鼎为出席上述各委员会会议的代表;中国国民党集团的非法"代表"必须从各该委员会驱逐出去。没有中国代表参加,各该委员会会议所作的任何决议,都将是非法的、无效的。

1 月 22 日　中国副外长章汉夫接见印度驻华大使潘尼迦,就潘尼迦 1 月 21 日代表其政府向我外交部所提交的备忘录和对周恩来外长 1 月 17 日致大会第一委员会主席阿彼拉兹复电中的几点询问,作了如下答复:只要一切外国军队从朝鲜撤退的原则被接受,并付诸实施,中国政府将负责劝说中国人民志愿部队回到本国;我们认为关于停止朝鲜战争与和平调处朝鲜问题,可分两个步骤进行。第 1 个步骤,可在 7 国会议第 1 次会议中商定有限期的停火,并付诸实施。第 2 个步骤,商定从朝鲜撤退一切外国军队的步骤和办法;依据《开罗宣言》及《波茨坦公告》,美国武装力量自台湾及台湾海峡撤退;讨论远东有关诸问题;中华人民共和国在联合国的合法地位的确定必须得到保证。

1 月 24 日　印度、埃及等亚非 12 国向第 5 届大会提出召开中、苏、美、英、法、印、埃 7 国会议,讨论结束朝鲜战争的问题。但 1 月 30 日,大会一委否决了"12 国提案"。

1 月 25 日　中国代表、邮政总局局长苏幼农在万国邮政联盟执行及联络委员会(简称"邮联")与国际航空运输协会(1 月 22 日—2 月 5 日在开罗举行)联席会议上发言,列举多项事实,说明参加邮联会议及其工作是中华人民共和国的合法权利;并驳斥了美国代表所提出的反对中国代表团与会的提案。会议经过 3 小时辩论后,进行秘密投票,结果以 5∶3 通过中国代表团出席本届会议;国民党集团的非法"代表"被驱逐出会。

1 月 30 日—3 月 16 日　托管理事会第 8 届会议召开,讨论使意大利全面参与托管理事会工作的问题。

1 月 31 日　安理会通过关于大韩民国遭受侵略之控诉的第 S/RES/90(1951)号决议,决定将"大韩民国遭受侵略之控诉"这一项从会议列表中清除。

2 月 1 日　大会通过关于中华人民共和国介入朝鲜问题的第 A/RES/498(5)号决议,指责中华人民共和国没有接受联合国在朝鲜停火的建议,宣称中华人民共和国对朝鲜进行了侵略;并决定设立一个斡旋委员会,促进和平解决朝鲜问题。

大会通过关于"苏联违反 1945 年 8 月 14 日《中苏友好同盟条约》及《联合国宪章》以致威胁中国政治独立与领土完整及远东和平案"的第 A/RES/505(6)号决议。

大会通过关于"申请国入会问题及申请国提出证据以证明该国符合宪章第四条所载条件的权利"的第 A/RES/506(6)号决议。

2 月 2 日　中国外长周恩来发表声明称:大会第一委员会 1 月 30 日在美国政府操纵下,拒绝印度、埃及等 12 个亚洲和阿拉伯国家所提的召开 7 国会议以和平解决朝鲜问题及远东其他问题的提案和苏联修正案,非法通过美国所提的诬蔑中国为对朝鲜"侵略者"的提案;接着,2 月 1 日联合国大会又在美国控制下通过美国上述提案。这是美国在朝鲜武装侵略惨败、美国国内矛盾增加与世界和平民主力量空前强大的形势下一个铤而走险的步骤。

同日　中国外交部亚洲司代司长陈家康向印度驻华大使潘尼迦转达周恩来外长对印度坚持召开 7 国会议、反对美国提案所作努力的感谢。陈家康说，这次大会及其第一委员会非法通过美国提案，正如印度代表劳式先生所说"将意味着：不停火，不谈判，不要和平解决"。中国政府坚决反对非法诬蔑中国为"侵略者"的美国提案及根据该提案成立的所谓斡旋委员会。

2 月 4 日　中国外长周恩来复大会第一委员会主席阿彼拉兹 2 日来电，指出：1950 年 11 月第一委员会邀请中国代表伍修权出席讨论对美国侵略中国控诉案，但该委员会在美国操纵下，又不进行讨论，致使中国代表不得不在 12 月中离开纽约返国之前，将其准备在该委员会会议上发表的发言稿交给联合国秘书处。现在，该委员会在非法通过美国诬蔑中国的提案之后，突然于 2 日恢复对苏联控诉美国侵略中国案的讨论，而事先并未通知中国政府，以致中国代表不可能出席参加讨论，这是完全不合理的。周恩来提出：在第一委员会 2 月 6 日的会议上，中华人民共和国代表伍修权的上述发言稿和这一复电，应由联合国秘书处宣读，并作为正式文件印发。

2 月 13 日　大会未能通过苏联提出的美国侵华议案。

2 月 19 日　经济发展委员会专家建议成立国际金融公司和国际发展委员会。

2 月 20 日—3 月 21 日　经社理事会举行第 12 届会议，通过 26 项决议。拟具"国际人权及实现措施公约草案：未来人权委员会的工作"，"经社理事会及其专门机构为保持国际和平与安全采取的紧急行动"，"便利商业样品和广告材料进口的海关公约"等文件，并提出国际合作以利用与控制水资源的问题。

3 月 14 日　联合国印度尼西亚委员会认为没有必要在当地继续设立军事观察员。

3 月 19 日　经社理事会成立特别委员会处理强迫劳动问题。

3 月 28 日　赖伊秘书长代表联合国与美国政府代表签订了一项建立双方邮政事项的协定。根据这项协定的规定，美国邮政部代表联合国主管联合国邮政局；联合国提供场所、看管服务和用品，美国邮政部提供工作人员和设备；联合国可以发行和使用自己的专用邮票和信封信纸。

3 月 29 日　利比亚临时政府成立。

3 月 30 日　安理会通过关于印度巴基斯坦问题的第 S/RES/91（1951）号决议，决定再派联合国代表前往印度和巴基斯坦，设法在 3 个月内使双方同意克什米尔的非军事化，以便就归属问题举行公民投票；若 3 个月内无法达成协议,将由国际法院作出仲裁。

4月3日 联合国印度尼西亚委员会中止行动。

4月17日 中国邮政总局局长苏幼农致电万国邮政执行及联络委员会秘书长赫斯,对该联盟国际局3月8日发出的通函竟将已被逐出联盟的中国国民党集团与中华人民共和国邮政总局相提并论,甚至征求各会员国对中国在该联盟中代表权的意见,感到非常诧异,并指出这是荒谬无理的,中国绝对不能同意。5月13日、20日、31日,苏幼农再次致电抗议。

4月30日 安理会任命弗兰克·格雷厄姆为联合国印度和巴基斯坦事务代表,责成他在同两国政府协商后,根据联合国印巴问题委员会所作出的各项决议,使克什米尔非军事化,并要求印巴双方同他进行充分合作。

5月8日 安理会通过关于巴勒斯坦问题的第 S/RES/92(1951)号决议,敦促以色列实现哈勒河谷地区的停火。

5月18日 大会通过关于"采取附加措施以应对朝鲜问题"的第 A/RES/500(5)号决议,建议各国对中华人民共和国和朝鲜民主主义人民共和国实行禁运。苏联、乌克兰、白俄罗斯、波兰和捷克斯洛伐克未参加投票。中国外交部发言人于5月22日发表谈话,斥责美国操纵联合国大会于18日非法通过对中国、朝鲜实行禁运的美国提案,并指出:中国人民坚决反对联合国这一非法的决议,而且有信心用彻底打败美国侵略者的事实来回答此决议。

同日 安理会决定听取联合国停战监督组织和混合停战委员会关于巴勒斯坦问题的建议,通过有关叙以间非武装地带各村庄居留地之民政问题的第 S/RES/93(1951)号决议,决定听取联合国巴勒斯坦休战监察组织和混合停战委员会关于巴勒斯坦问题的建议,认为以色列近期出动空军在非武装地带所作之侵略性军事行动破坏了安理会所作之停火规定,呼吁以色列遵守停战协定。

5月28日 国际法院就大会提请咨询的灭种罪公约的保留问题发表咨询意见认为,即使一个公约没有关于保留的条款,这并不等于说保留是被禁止的;关键在于保留同公约的目的是否适合。

5月29日 安理会通过关于国际法院的第 S/RES/94(1951)号决议,决定将于大会的第6次会议上举行选举,以填补国际法院法官的5个空缺。

6月5日—7月30日 托管理事会第9届常会召开,审查了一般工作程序和请愿书审查程序,并审议了意大利管理当局对索马里兰请愿人申诉。

6月13日 国际法院就哥伦比亚和秘鲁之间持续两年多的因哥伦比亚驻秘大使馆给予一个被控告鼓动军事叛乱的秘鲁国民阿亚·德拉托雷以

庇护而引发的争端作出判决,认为虽然 1928 年关于庇护权的泛美哈瓦那公约明文规定把普通刑事犯引渡给地方当局,但关于政治犯则没有这种义务。

6 月 23 日 苏联常驻联合国代表马立克在联合国新闻部举办的"和平的代价"广播节目中发表演说,提出一项和平结束朝鲜战争的建议,并认为"第一个步骤是交战双方应该谈判停火与休战,而双方把军队撤离三八线"。这一建议很快得到中国和朝鲜的响应,一致同意在苏联建议的基础上开始停战谈判。美国表示愿参加朝鲜和平谈判。

6 月 25 日 《人民日报》发表题为《朝鲜战争的一年》的社论,对苏联常驻联合国代表马立克 23 日在联合国新闻部发表的演说中提出关于和平解决朝鲜问题的建议,表示完全赞同;并认为:这是对美国的又一次考验;看它是否愿意和平解决朝鲜问题。

6 月 29 日 国际劳工大会第 43 届会议通过《对男女工人同等价值的工作付予同等报酬公约》。条约于 1953 年 5 月 23 日生效。

6 月 30 日 "联合国军"总司令李奇微发表声明,表示愿意与朝中方面代表会晤,并准备举行停战谈判。

7 月 1 日 朝鲜人民军司令官金日成和中国人民志愿军司令员彭德怀联名答复"联合国军"总司令李奇微 6 月 30 日关于举行和平谈判的声明,同意举行朝鲜停战谈判,并建议 7 月 10—15 日双方代表在开城地区会晤。

7 月 2—25 日 联合国在日内瓦召开难民和无国籍人地位问题国际会议。与会各国代表于 25 日签署了《关于难民地位的公约》,以法典形式规定了难民的最低限度的权利。根据公约,联合国难民事务高级专员公署成立,其宗旨是保护难民并促进找出解决问题的永久办法。《关于难民地位的公约》于 1954 年 4 月 22 日生效。

7 月 5 日 国际法院就英伊石油公司案提出临时解决措施。

7 月 10 日 以朝鲜人民军和中国人民志愿军为一方、"联合国军"为另一方开始举行朝鲜停战谈判。

7 月 16 日 "联合国军"司令部与联合国朝鲜援助和重建局就双方关系达成协议。

7 月 26 日 朝鲜停战谈判双方就谈判议程问题达成协议:(1)通过议程。(2)作为在朝鲜停止敌对行为的基本条件,确定双方军事分界线,以建立非军事地区。(3)在朝鲜境内实现停火与休战的具体安排,包括监督停火休战条款实施机构的组成、权力与职司。(4)关于俘虏的安排问题。(5)向双方有关各国政府建议事项。

7 月 30 日—9 月 21 日 经社理事会第 13 次常会第 1 阶段会议召开,

12月18—20日复会。共通过48项决议。新议题涉及与世界气象组织的关系、限制性商业行为、不发达国家国民收入的分配、土地改革、印刷纸生产与分配。

8月1—31日 联合国国际犯罪审判委员会第1次会议召开。

9月1日 安理会通过关于巴勒斯坦问题的第S/RES/95(1951)号决议,认为埃及无理干涉一切国家之航海权及各国自由贸易权,呼吁埃及取消对经过苏伊士运河驶往以色列港口的国际商船、货船的限制。

9月14日 联合国巴勒斯坦委员会提出和平解决阿拉伯和以色列冲突的5点计划,建议就1948年中东战争造成的损害进行谈判,希望以色列接受一定数量愿意回到被它占领地区的巴勒斯坦难民,并对不愿回去的难民作出补偿;相互解除被对方冻结的存款;修改目前的停火线。

9月18日 中国外长周恩来就美国等国召开旧金山会议和签订对日"和约"发表声明说:美国等国公然违反一切有关国际协议,排斥在击败日本帝国主义的伟大战争中经历时间最久、遭受牺牲最大、所作贡献最多的中华人民共和国,于4日召开了旧金山会议,并于8日在此会议上签订了对日单独"和约"。周恩来重申:旧金山对日"和约"由于没有中国参加准备拟制和签订,我政府认为是非法的,无效的,因而是绝对不能承认的。

同日 联合国经济与就业委员会停止工作。

10月24日 联合国发行它的第1枚邮票。

11月5日 第5届联合国大会闭幕。

11月6日—1952年2月5日 第6届联合国大会举行。路易斯·帕迪利亚·内尔沃(墨西哥)当选为本届大会主席。美、英、法3国政府同时宣布,3国向大会提出了关于调整、限制和均衡地裁减一切武装部队和一切军备的7点建议。

11月9日 南斯拉夫向联合国指控,苏联3年多来不仅自己直接而且通过阿尔巴尼亚、保加利亚、捷克斯洛伐克、匈牙利、波兰和罗马尼亚的政府一直对其施加压力,威胁了南斯拉夫的领土完整和国家独立。

11月10日 安理会通过关于印度巴基斯坦问题的第S/RES/96(1951)号决议,敦促联合国驻克什米尔代表继续努力以敦促双方达成非军事化协议。

11月13日 大会在美国操纵下以37票对11票,4票弃权通过决议,决定"延期讨论"中国在联合国代表权的问题。

11月16日 针对西方3国的裁军建议,苏联外长维辛斯基在大会代表苏联提出具体裁军建议,要求5大国在大会通过有关决定1年期间内,在现有基础上裁减 1/3 的军备;在大会通过禁止原子武器的决议后,所有核国家在 1 个月内报告其原子武器的储存情况;在安理会下设立国际管制机构,执行禁止原子武器和普遍裁军计划。

11 月 18 日　美、英、法 3 国向大会提出实现裁军和控制原子武器的详细计划,主张安理会建立一个新的裁军委员会,取代原来的原子能和常规军备委员会,负责制定"武装力量和军备的限制以及均衡减少"的计划,对原子武器实行有效的控制。

11 月 28 日　苏联代表在大会特别政治委员会就南斯拉夫对苏联的控告进行辩论时,指责南斯拉夫是美国的殖民地,正在制造边境纠纷,以便为英美干涉铺平道路。

11 月 30 日　大会通过伊拉克、叙利亚和巴基斯坦提案,决定在大会第一委员会之下设立一个由美、英、法、苏 4 国代表组成的小组委员会,同时考虑西方三国裁军方案和苏联的修正案。

12 月 7 日　大会通过关于希腊政治独立及领土完整所受的威胁的第 A/RES/508(6)号决议,鉴于其职责已基本完成,大会决定于 60 天内将该委员会撤销。为保持对巴尔干地区局势的观察,敦请和平观察委员会设置巴尔干小组委员会关注危及当地和平与安全的潜在因素、提具报告。

12 月 11 日　美、英、法、苏 4 国代表在大会一委的小组委员会上达成协议,同意设立由安理会 5 常任理事国和加拿大代表组成的"原子能和常规军备裁减和控制委员会",在安理会领导下进行工作。

12 月 14 日　大会通过南斯拉夫的一项提案,建议南斯拉夫和苏联及东欧 6 国应按照《联合国宪章》精神和国际关系准则处理它们的相互关系,和平解决它们的争端。

12 月 18 日　托管理事会第 4 次特别会议召开。

同日　国际法院就美国—挪威渔业案作出司法判决。

12 月 20 日　大会通过关于德国是否能举行自由选举问题的第 A/RES/510(6)号决议,指派一公正国际调查团在联合国监督下对德意志联邦共和国,柏林及德意志苏维埃区同时进行调查,以资断定在当地目前情势下是否可于所有各该地域内举行真正自由的普选。苏联和东欧国家认为该委员会的成立是非法的、违反宪章的,波兰拒绝出任该委员会的成员。

大会通过关于"与世界气象组织的关系"的第 A/RES/531(6)号决议,通过理事会与世界气象组织的协定。

12 月 21 日　大会通过关于"联合国经费分摊比额表:会费委员会报告书"的第 A/RES/582(6)号决议,业已审议会费委员会关于调整联合国

1952 年度经费分摊比额表之建议。

12 月 24 日 利比亚宣布独立并立即申请加入联合国。

一九五二年

1 月 11 日 大会以 42 票对 5 票,7 票弃权,通过关于"一切军队及一切军备的调节、限制及均衡裁减;原子能的国际管制"的第 A/RES/502(6)号决议,决定解散原子能委员会和常规裁军委员会,在安理会下设立联合国裁军委员会执行先前由上述两个委员会承担的任务。这是联合国专门讨论裁军问题的第一个机构,成员包括安理会 5 常任理事国和加拿大。决议并着联合国裁军委员会拟具提案,内容应包括:一切军队及军备之调节、限制、均衡裁减;一切大规模毁灭性主要武器之废除;原子能之有效国际管制以确实禁止原子武器并保证原子能仅用于和平之途。委员会应首先考虑以连续性、可核查的方案达致上述目的。

1 月 12 日 大会重申"联合一致共致和平"之决议所表示的愿望,并通过第 A/RES/503(6)号决议,列出各成员国依据宪章之原则以维持并巩固国际和平与安全的集体办法与可行手段,建议各成员国在本国军队内保留若干部队,其训练编制与装备应以随时均能依照其本国宪法所规定之程序在其认为力所能及的限度内,迅即成为联合国部队的一部分;并请秘书长尽早指派第 A/RES/377(5)号决议所规定的军事专家团人员,以训练、编制、装备这一联合国部队。

大会通过关于多边公约保留问题的第 A/RES/598(6)号决议,建议各国关于防止及惩治危害种族罪公约应遵循国际法院 1951 年 5 月 28 日之意见。

大会通过关于不发达国家经济发展所需资金的筹措的第 A/RES/520(6)决议,要求经社理事会应推动研究不发达国家迅速工业化的计划,以及工业先进国家和不发达国家在这种计划中应起的作用,并尽快向大会提出具体建议。

大会探讨发展中国家和不发达国家经济发展技术协助的扩大方案,通过关于"发展落后国家经济发展技术协助扩大方案"的第 A/RES/519(6)号决议,请经社理事会、秘书长从人力、财力、物力、程序等方面对扩大之可能性、扩大的方法进行研究。在此过程中,应更进一步注重在这些国家开展人员培训和技术示范。

1 月 18 日 大会建议废除体罚,并请会员国设置奖学金。

1月19日　大会成立西南非洲特别委员会。

1月23日　联合国和平观察团成立巴尔干小组。

1月26日　大会同意联合国近东巴勒斯坦难民救济与工程处5000万美元用于援助难民的计划和2亿美元用于重建的计划。

1月30日　安理会通过关于"军备:调节与裁减"的第 S/RES/97（1952）号决议,决定裁撤常规军备委员会。

1月31日　大会通过关于厘定联合国实现和平20年方案的第 A/RES/608（6）号决议,要求将研究进展情况由秘书长转报下届大会。

2月1日　大会审议苏联违反《中苏友好同盟条约》《联合国宪章》,以致威胁中国政治独立与领土完整以及远东和平的问题,通过了第 A/RES/505（6）号决议。大会判断苏联在日本投降后不断阻挠中国国民政府在东北三省恢复主权的努力并对反叛国民政府的中国共产党给予经济、军事援助。将苏联的行为定性为有违《中苏友好同盟条约》。

大会通过关于"中国政府请求订正《防止及惩治危害种族罪公约》中文约文事"的第 A/RES/605（6）号决议,将"中国政府请求订正防止及惩治危害种族罪公约中文约文"列入大会第6届会议程。

大会通过关于"会所协定适用于非政府组织代表"的第 A/RES/606（6）号决议,特许秘书长根据经社理事会及其所属非政府组织事宜委员会所提之请求,制定办法。

2月2日　大会通过关于《联合国职员服务条例》的第 A/RES/590（6）号决议。

2月4日　新成立的联合国裁军委员会举行第1次会议,以11票对1票（苏联）批准了法国提出的委员会工作计划:公布和核查包括原子军备在内的一切军备和武装部队情况;对销毁原子武器和大规模毁灭性武器以及裁军实行监督;规定实行裁军方案的程序和时间表。

大会通过关于"经济及社会理事会及其所属各委员会的组织及工作"的第 A/RES/532（6）号决议,分别通过了经社理事会所属的妇女地位委员会与防止歧视暨保护少数民族小组委员会的任务与工作的规定。

大会通过关于尊重人权的第 A/RES/540（6）号决议,建议联合国会员国倍加努力,务使其本国全境及非自治与托管领土都能尊重人权与自由。

2月5日　大会认为人权的内容应包括自决订立条约和努力保留条约的权利。

大会通过关于"朝鲜独立问题:联合国朝鲜统一及善后委员会报告书"的第 A/RES/507（6）号决议,亟欲促成板门店之谈判及朝鲜停战协定。促请依据大会 1951 年 12 月 7 日通过的第 A/RES/57(B)(6)号决议案设立之预算以外款项劝募委员会着手为联合国朝鲜复兴事务处朝鲜善后救济计划自动捐款。

2 月 6 日 安理会审议意大利加入联合国申请,苏联代表投票否决。

2 月 14—25 日 第 6 届冬季奥林匹克运动会在挪威奥斯陆举行,共有 30 个国家和地区的 694 名运动员参赛。此次在主运动场中点燃的大会圣火火炬,成为冬季奥运会第 1 次正式的圣火。

2 月 27 日 纽约联合国总部新办公大楼举行落成典礼。

2 月 27 日—4 月 1 日 托管理事会第 10 届常会召开,讨论了各视察团之组织及办事方法,以及托管领土土著居民参与托管理事会工作的问题。

3 月 3—21 日 信息自由委员会小组委员会召开最后一次会议。

3 月 26 日 《联合国道路交通公约》开始生效。

4 月 5 日 美国向裁军委员会提出公开并查证各国军控情况的建议。

4 月 14 日 11 个亚非国家要求安理会审议突尼斯的局势,它们谴责法国剥夺突尼斯人民的自治和自决权利,并认为这种日益恶化的情势正危及国际和平与安全。但安理会未将这一要求列入议事日程。

5 月 17 日 中国外长周恩来致电 14 日起在比利时召开的第 13 届万国邮政大会,通知中国政府已任命邮政总局局长苏幼农为出席本届大会首席代表,并要求大会立即驱逐中国国民党集团的非法"代表"。

5 月 20 日—8 月 1 日 经社理事会召开第 14 届常会,通过 44 项决议。所涉新议题包括:邀请参与欧洲经济委员会工作但非联合国会员国之各国政府有意参加第 2 次促进贸易会议者列席会议的问题(意大利、芬兰、匈牙利),就世界人口会议之召开征询各国各专门机构意见,公共卫生用杀虫剂之严重短缺的问题,在成员国学校及其他教育机构内讲授联合国及各专门机构之宗旨、原则、组织与工作,联合国与各专门机构工作之协调问题,治水、利用水力以及开垦旱地等方面的国际合作。

5 月 28 日 法、英、美向裁军委员会提出限制武器数量的建议。

6 月 18 日 安理会应苏联要求,审议苏联提出的呼吁各国加入和批准 1925 年关于禁止使用细菌武器的日内瓦议定书的提案。该议案在表决时,以 1 票(苏联)对 0 票,10 票弃权,未获通过。

6 月 23 日 经社理事会指定特别委员会为联合国经济发展特别基金制定计划。

7 月 1 日 国际法院就安巴提洛斯一案作出裁决。

7 月 3 日 安理会审议美国提出的要求调查在朝鲜进行细菌战的事实

问题的提案。美国在提案中否认"联合国军"在朝鲜进行细菌战,并要求一切有关的政府和当局配合红十字国际委员会进行调查。苏联对这项提案投了否决票。此前,安理会拒绝了苏联提出的邀请中华人民共和国和朝鲜民主主义人民共和国代表参加会议的建议。

7月9日　苏联对安理会关于公正调查细菌战的决议投否决票。

7月10日　朝鲜停战谈判首次会议在开城举行。

7月17日　国际奥委会在赫尔辛基举行第47届会议,以33票对20票的多数通过了邀请中国运动员参加第15届奥运会的决议。新中国首次匆匆组队参加奥运会,待到达赫尔辛基时,许多项目的比赛已经结束。中国的3支球队同芬兰的球队进行了4场比赛。

7月19日—8月3日　第15届奥林匹克运动会在芬兰赫尔辛基召开。应邀参加本届奥运会的有69个国家和地区的4955名运动员,其中女子519人。首次参赛的苏联队对这届运动会非常重视,共派出295名运动员,人数居各国之首。苏联参加奥运会后,在部分项目中打破了美国的垄断地位,开始了美、苏两强相争的局面。

7月22日　国际法院否决其先前对英国—伊朗石油公司案的判决。

8月5日　大会设立的在德国调查有关自由选举问题的委员会停止活动,理由是不能与民主德国方面取得联系以作出必要的安排。

8月27日　国际法院就摩洛哥境内美国公民权利案作出判决。

9月11日　厄立特里亚与埃塞俄比亚组成联邦国家。

9月12日　安理会通过两项决定。一是不将日本加入联合国的申请发交新会员国入会问题委员会审议。二是不将越南、柬埔寨、老挝加入联合国的申请发交新会员国入会问题委员会审议。决定分别以8票对1票(苏联)、2票弃权(智利、法国)通过。

9月16日　安理会审议利比亚加入联合国的申请,苏联代表投票予以否决。

9月18日　安理会审议日本加入联合国的申请,苏联代表投票予以否决。

9月19日　安理会分别审议南越、老挝和柬埔寨加入联合国的申请,苏联代表连续投票予以否决。

10月1日　国际失踪人员死亡声明办事处成立。

10月14日—12月22日　第7届联合国大会第1阶段会议举行。莱斯特·皮尔逊(加拿大)当选为本届大会主席。

10月25日　大会以42票对7票,11票弃权通过关于各国出席大会第

7届会代表全权证书问题的第 A/RES/609(7)号决议,推迟讨论中国在联合国的代表权问题。

10月27日 中国外长周恩来致电大会主席皮尔逊,指出第7届大会应立即邀请中国代表出席大会,向大会提出关于美国在中国进行细菌战的报告;并指出,没有中国代表参加,大会任何关于所谓调查指控美国进行细菌战的讨论和决定都将是非法的。电文强调,中国人民以美国进行细菌战的直接受害者的资格,有权并有必要派代表出席本届大会,参加上述提案的讨论,因此要求大会立即邀请中国政府派遣代表前去向大会提出美国在中国进行细菌战的报告,并提供关于这一事实的充分证据。

11月1日 中国外交部办公厅主任王炳南致函联合国第7届大会主席皮尔逊,寄去由瑞典、法国、英国、意大利、巴西、苏联等国科学家组成的国际科学委员会发表的《调查朝鲜和中国的细菌战事实国际科学委员会报告及附件》60本,希其立即分发给除国民党集团"代表"以外的联合国各会员国和联合国秘书处。

同日 美国进行首次氢弹试验。

11月6日 大会通过关于"联合国近东巴勒斯坦难民救济工程处主任报告书"的第 A/RES/614(7)号决议,联合国近东巴勒斯坦难民救济与工程处截至1953年6月30日的预算为2300万美元。

11月10日 联合国秘书长特里格夫·赖伊宣布辞职。

12月3日 大会通过关于"朝鲜问题:联合国朝鲜统一善后事宜委员会报告书"的第 A/RES/610(7)号决议,以规划朝鲜战争善后事宜,尤其是遣返战俘事宜。确认战俘之释放、遣返应遵照1949年8月12日关于战俘待遇的日内瓦公约以及国际法既定原则;规定自由遣返的原则,并建议设置战俘遣返委员会,要求有关各方提供便利、使战俘尽快归国。

12月5日 大会通过关于印裔人民在南非联邦所受的待遇的第 A/RES/615(7)号决议,设立联合国斡旋委员会,委员3人由大会主席任命,以便布置并协助南非联邦政府与印度及巴基斯坦政府之间的谈判。

大会第1次全面讨论南非政府的种族隔离政策所造成的种族冲突问题,并于当日通过关于"南非政府的'种族隔离'政策在南非所造成的种族冲突问题"的第 A/RES/616(7)号决议,决定设立一个3人委员会,以研究南非的种族状况,并要求南非当局予以合作。大会还敦请所有会员国务必使它们的政策符合宪章所规定的必须促进人权和基本自由的义务。

大会通过关于"经济暨社会理事会及其所属专门问题委员会采用西班牙语为其应用语文之一"的第 A/RES/664(7)号决议,赞同经社理事会之意见,将西班牙语作为经社理事会及其所属专门问题委员会之今后应用语言之一。

大会通过关于国际刑事管辖的第 A/RES/687(7)号决议,对于国际刑事管辖问题委员会拟定规约草案的工作表示赞许;决议设立一委员会,由17 会员国各派代表 1 人组成,此等国家由大会主席与第 6 委员会主席会商制定之。

12 月 14 日　中国外长周恩来电复联合国大会主席皮尔逊,反对第 7届联大 3 日根据印度提案通过的关于朝鲜问题的决议案;指出该决议案是穿上印度外衣、以美国"自愿遣返原则"为其中心内容的非法决议案,它规定将十几万朝中战俘送到非军事区"释放",交给中立国组成的遣返委员会,对"自愿回家"者准其回家,"不愿回家"者则在 120 天后转交联合国处理。联合国是朝鲜战争中的一方,把"不愿回家"的战俘的最后处理权交给它,这是荒唐到极点的建议。周恩来指出,这样一个非法决议案,是根本不可能"作为一个协议的公正与合理的基础"的。

12 月 16 日　大会通过关于民族与国族的自决权的第 A/RES/637(7)号决议,要求联合国会员国承认、提倡并便利行使各该国管理下非自治领土及托管领土各民族之自决权,并指出民族愿望最好"在联合国主持下,以全民投票或其他公认民主方式确定之"。

大会为防止虚构新闻之传播通过关于《国际更正权公约》的第 A/RES/630(7)号决议,核准通过该项公约,1953 年 3 月 31 日开放签字。该公约于 1962 年 8 月 24 日生效。

12 月 17 日　大会通过一项关于突尼斯问题的第 A/RES/611(7)号决议,表示希望有关各方应本着实现突尼斯自治的目的继续进行谈判,并呼吁各方按照宪章的精神解决它们的争端。

大会通过一项关于"厄立特里亚:联合国驻厄立特里亚专员报告书"的第 A/RES/617(7)号决议,欢迎厄立特里亚与阿比西尼亚在阿比西尼亚皇帝管治下合组联邦。

12 月 19 日　大会通过一项由拉丁美洲 11 国提出的关于摩洛哥问题的第 A/RES/612(7)号决议,表示相信法国将"努力促进摩洛哥人民的基本自由",而有关国家会"继续进行谈判,以发展摩洛哥人民的自由政治组织"。

12 月 20 日　大会通过关于"吁请 1943 年 11 月 1 日莫斯科宣言签字国从速实践其对奥国所作诺言问题"的第 A/RES/613(7)号决议,呼吁法、苏、英、美等国政府重新作出努力就对奥和约达成协议,以尽快结束占领状态。苏联、乌克兰、白俄罗斯、波兰、捷克斯洛伐克认为,依据宪章第107条规定,大会在法律上甚至无权考虑这个问题,它们因此不参加大会对这项议题的审议工作。

大会通过关于"联合国难民事务高级专员报告书"的第 A/RES/639(7)号决议,认为加重难民问题联合国负有直接责任,此类问题不应拖延。各国政府,各团体及各私人已对难民紧急救济基金有所捐献,并希望此类基金能源源不断而来,以推动联合国高级专员执行其援助极端贫困难民之计划。

大会通过关于《妇女参政公约》的第 A/RES/640(7)号决议,核准通过《妇女政治权利公约》。该公约是在全世界范围内给予和保护妇女权利的第一个国际法文件,它保证在公约缔结国中,妇女享有与男子平等的选举权、被选举权、担任公职和行使所有公共职务的权利。公约于 1953 年 3 月开放供签署,并于 1954 年 7 月 7 日生效。

大会通过关于联合国国际儿童紧急救济基金会的第 A/RES/641(7)号决议,盛赞联合国国际儿童紧急救济基金会的工作,认为此种国际通力合作效果显著。

大会通过关于确立侵略的定义问题的第 A/RES/688(7)号决议,决定设置一特别委员会,由包括美国、中国在内的 15 会员国各派代表 1 人组成之,此委员会应于 1953 年于联合国会所举行会议,并请上述委员会将侵略定义草案或关于侵略观念之声明草案提送大会第 9 届会。

12 月 21 日　大会通过关于发展落后国家经济发展技术协助扩大方案的第 A/RES/621(7)号决议,确认运用、开发本国天然财富与资源是各国主权之不容分割的组成部分,建议各国在不妨害主权的限度内开展国际合作,相互信赖,维持资本之国际流动。

大会通过关于发展落后国家经济发展所需资金的筹供的第 A/RES/622(7)号决议,请经社理事会向大会第 8 届会提出大会决议案 502(6)第 1段和第 2 段所称计划,包括设立特别基金的建议。

大会通过关于自由开发天然财富及资源的权利的第 A/RES/626(7)号决议,批准本决议案附件所载财务办法,并促请各国政府捐助 1953 年度方案所需资金。

大会通过关于限制大会经常届会期间的办法的第 A/RES/689(7)号决议,决议设置一特别委员会,由包括美国、英国、苏联和中国在内的 15 会员国各派代表 1 人组成,并请上述特别委员会审议由秘书长或各会员国提供的有关资料,向大会第 8 届会提出建议。

12 月 22 日　大会拒绝审议苏联提出的在朝鲜大量战俘被屠杀的指控。

12 月 23 日　安理会通过关于印度巴基斯坦问题的第 S/RES/98（1952）号决议，支持联合国印度、巴基斯坦事务代表为谋求印巴之间达成协议而提出的各项一般原则，并敦请两国政府在联合国代表主持下，立即开始谈判，以便就克什米尔非军事化限期结束时在停火线两边留驻军队的具体数目达成协议。

一九五三年

2 月 24 日—4 月 23 日　第 7 届联合国大会举行第 2 阶段会议。

2 月 26—27 日　技术援助认捐会议获得援款 2240 万美元。

3 月 21 日—4 月 28 日　经社理事会召开第 15 届常会，通过 22 项决议。

4 月 7 日　大会通过关于联合国第 2 任秘书长的任命条件的第 A/RES/706(7) 号决议，决定第 2 任秘书长的任命条件应与第 1 任秘书长的任命条件相同。经安全理事会提名，大会一致通过任命瑞典人达格·哈马舍尔德为联合国秘书长，其于 4 月 10 日宣誓就职。

4 月 8 日　大会以 52 票对 5 票、3 票弃权，通过第 A/RES/704(7) 号决议，重申先前有关裁军的各项决议，并请裁军委员会继续工作，就调整、限制和均衡裁减一切武装部队和军备制定出全面而协调的计划。苏联提出的强调无条件禁止原子武器、细菌武器及其他类型的大规模毁灭性武器的提案，未获通过。

4 月 11 日　朝鲜南北双方就互换病弱伤残战俘达成共识。

4 月 23 日　大会就缅甸联邦于 1953 年 8 月 31 日控诉蒋介石集团的军队侵略缅甸问题通过关于缅甸联邦关于"中华民国"政府侵略缅甸的控诉的第 A/RES/707(7) 号决议，对缅甸存在外国军队一事表示遗憾，谴责这些军队对缅甸的敌对行动，并宣布这些军队必须解除武装，必须立即撤离缅甸。

大会通过关于"联合国军队被控从事细菌战争一案的公平调查问题"的第 A/RES/706(7) 号决议，设立一个委员会，对苏联和波兰等国控诉"联合国军"在朝鲜进行细菌战的问题进行调查。

5 月 11 日—6 月 18 日　联合国鸦片会议在纽约举行。会议通过关于限制和管理罂粟种植、鸦片生产、国际和批发贸易与使用议定书。根据该议定书，鸦片的使用和国际贸易仅限于医学和科学上的需要，各国应采取办法限制鸦片的生产。该议定书于 1963 年 2 月生效。

6 月 8 日　朝鲜南北双方就交换战俘问题达成共识。

6月16日—7月21日　托管理事会召开第12届常会,审议了1953年联合国太平洋托管领土的视察报告书,托管领土土著居民参加托管当局政府及托管理事会工作等问题。

6月30日—8月5日　经社理事会召开第16届常会。共通过30项决议,涉及协助利比亚的问题,并审议了防止歧视及保护少数民族(人权委员会第9届会)报告书。

7月27日　朝鲜停战协定签字,朝鲜战争结束。停战协定确定了分界线和非军事区,成立了由双方代表组成的军事停战委员会以及由瑞典、瑞士、波兰和捷克斯洛伐克4国组成的中立国监察委员会。协定还向有关国家政府建议于3个月内召开政治会议,通过谈判解决一切外国军队撤出朝鲜的问题及和平解决朝鲜问题,并宣布这一协定在没有被双方所共同接受的修正案或没有被双方就和平解决的政治决定所代替以前,继续有效。《朝鲜停战协定》的签署,结束了历时3年多的朝鲜战争,为世界各国争取和平解决国际争端树立了一个范例。

7月30日　"联合国军"撤出朝鲜非军事区。

8月5日—9月6日　朝鲜南北双方进行大规模的交换战俘行动。

8月12日　安理会通过关于国际法院的第S/RES/99(1953)号决议,鉴于国际法院法官谢尔盖·亚历山德罗维奇·戈伦斯基(Sergei Alexandrovich Golunsky)因健康关系请辞而任期未满,决定联合国大会第8届会议期间举行选举以补充遗缺。

8月17—28日　第7届联合国大会举行第3阶段会议。

8月28日　大会通过关于"褒扬为抵抗侵略维护自由与和平而在朝鲜作战的军队"的第A/RES/712(7)号决议,褒扬为"抵抗侵略维护自由与和平而在朝鲜作战的军队",并将此次停战视为"联合国号召以集体军事措施遏制武装侵略之首次努力"的成功。重申联合国的目标是,"通过和平手段建立一个在代议制政府领导下的统一、独立和民主的朝鲜",并完全恢复这一地区的和平。大会建议不迟于10月28日召开朝鲜停战协定所规定的政治会议,并建议那些"联合国军"的参加国和苏联也参加这一政治会议。

9月10日　由中立国代表组成的中立国监察委员会开始考虑对战俘的监护问题。

9月15日　大会通过关于"谁应代表中国出席大会问题"的第A/RES/800(8)号决议,决定在第8届常会本年会期内所有关于拒绝"中华民国"政府代表出席及准许中华人民共和国中央人民政府代表出席的提案,一概暂不讨论。

9 月 15 日—12 月 9 日　第 8 届联合国大会举行第 1 阶段会议。维贾雅·拉克希米·潘迪特夫人(印度)当选为本届大会主席。大会一致通过联合国秘书长达格·哈马舍尔德连任下一个 5 年任期。

9 月 20 日　第 8 届联合国大会复会。

9 月 21 日　苏联向大会提出"关于消除新的世界大战威胁及缓和国际紧张局势的措施"的提案。该提案未获得大会通过。

10 月 6 日　大会通过关于联合国儿童基金会的第 A/RES/802(8)号决议,将联合国国际儿童紧急基金会改为永久性的机构,其名称改为联合国儿童基金会,其英文缩写"UNICEF"保留不变。

10 月 23 日　大会通过关于申请国入会问题的第 A/RES/718(8)号决议,已审查申请国入会问题特别委员会之报告书,认为所有爱好和平的国家一体合作,当更能达成《联合国宪章》之目的。

大会通过关于发展落后国家经济发展技术协助扩大方案的第 A/RES/722(8)号决议,认为技术协助扩大方案目前之成就足以证明该方案对于发展落后国家之经济发展业已提供且可持续提供重大之贡献。

大会通过关于公共行政技术协助的第 A/RES/723(8)号决议,核准联合国公共行政协助订正方案并公布,并请秘书长就此方案下的各项工作进行情况经常向经社理事会报告。

大会通过关于"大会常会会期限制办法"的第 A/RES/791(8)号决议,业已审议大会常会会期限制办法特赦委员会报告书。

大会通过关于"国际联合会依据 1926 年 9 月 25 日《禁奴公约》所行使的职权移交联合国"的第 A/RES/794(8)号决议,正式接受国联依 1926 年 9 月 25 日禁奴公约所行使的职权。

10 月 27 日　安理会通过关于巴勒斯坦问题的第 S/RES/100(1953)号决议,认为对于巴勒斯坦停战问题的审议,不妨碍关系当事国的权利、主张或立场,并且在安理会审查该问题期间,宜取消 953 年 9 月 2 日在非武装地带开始建筑工事的计划,以便进行审查工作。

11 月 1 日　大会建议裁军委员会设立一个由主要相关国代表组成的裁军小组委员会,研究可以为各方接受的裁军办法。

11 月 12—13 日　技术援助认捐会议获得援款 2400 万美元,苏联首次参加。

11 月 17 日　国际法院就明基埃—埃克荷斯案作出判决。

11 月 18 日　国际法院就诺特波姆案作出初步判决。

11 月 24 日　安理会通过关于巴勒斯坦问题的第 S/RES/101(1953)号

决议,认定以色列武装部队于 10 月 14—15 日在齐比亚村所采取的报复行动及一切此类行动均构成违反安理会第 S/RES/54(1948)号决议中停火规定的行为,并与以色列约旦全面停战协定及《联合国宪章》中各当事国的义务相抵触,对此项行动表示最强硬之谴责,要求以色列采取有效措施防止未来一切此类行动。

11 月 27 日 大会通过关于"决定某一领土是否属于人民未臻充分自治程度的领土时所应计及的因素"的第 A/RES/742(8)号决议。

大会通过非自治领土委任国名单。

11 月 28 日 大会以 54 票对 0 票、5 票弃权,通过第 A/RES/715(8)号决议,重申先前宣布的裁军目标,并建议裁军委员会考虑设立一个由各主要有关国家组成的小组委员会,并通过小范围的谈判谋求一个各方均可接受的裁军方案。

大会通过关于西南非洲问题的第 A/RES/749(8)号决议,接受国际法院关于西南非洲之咨询意见,着西南非洲问题专设委员会照此前规定继续工作;另设由 7 个委员国组成的西南非洲问题委员会,在联合国与南非联邦缔结协定以前审查相关文件,与南非联邦谈判、以期其彻底实施国际法院的咨询意见。

12 月 3 日 大会审议美国 1953 年 10 月 30 日和 31 日提出的"北朝鲜及中国共产党军对联合国韩战战俘之暴行"的问题,通过关于北朝鲜及中国共产党军队对联合国韩战战俘的暴行问题的第 A/RES/804(8)号决议。决议载明大会、国际社会对上述行为之报告、消息"深表关切",并谴责谋杀、残害、虐待被俘军人与平民或犯其他暴行之政府或当局。

同日 安理会通过关于国际法院的第 S/RES/102(1953)号决议,建议大会根据宪章第 93 条第 2 项将日本自加入书交存联合国秘书长之日起成为法院规约当事国,且该加入书应由日本政府代表签署并按照日本宪法规定予以批准。

同日 安理会通过关于国际法院的 S/RES/103(1953)号决议,建议大会根据宪章第 93 条第 2 项将圣马力诺自加入书交存联合国秘书长之日起成为法院规约当事国,且该加入书应由共和国政府代表签署并按照圣马力诺宪法规定予以批准。

12 月 4 日 大会通过决议,再次敦促外国军队立即撤出缅甸。

12 月 7 日 大会通过关于发展落后国家经济发展的第 A/RES/724(8)号决议。号召联合国各会员国政府将裁军所节省的一部分款项提交国际基金,以协助联合国发展落后国家之发展与建设的工作,促进发展落后国家之生活程度和经济与社会进展之环境。

大会通过关于"强迫劳役确有其事的证据"的第 A/RES/740(8)号决议,决定邀请经社理事会和国际劳工组织共同审议关于强迫劳动问题的特别委员会提交的报告。

大会通过关于公断程序的第 A/RES/797(8)号决议。请秘书长将其所接得之任何意见分送各会员国,并将此项问题列入大会第 10 届会临时议程。

大会通过关于公海制度或领海制度的第 A/RES/798(8)号决议。决定在所有涉及该两制度之问题尚未悉经国际法委员会研究并向大会提出报告以前,暂不处理公海制度或领海制度之任何方面。

12 月 8 日 大会通过题为"缅甸联邦关于'中华民国'政府侵略缅甸的控诉"的第 A/RES/717(8)号决议,促请关系各方继续努力,以求撤退或拘留此等外国部队,并收缴其全部武器。

大会通过关于多哥兰统一问题的第 A/RES/750(8)号决议,建议由两地区全体成年人分别以无记名投票方式直接选举参加联合参议会的代表,请管理当局协助参议会开展有关政治、经济、社会、教育等一切事宜的自由讨论,使其在计议变更任一领土之托管协定时已成为足以代表当地民意的机关。另请托管理事会继续研究两领土统一的有效办法。

同日 美国总统艾森豪威尔在大会发表演说,提出建立国际原子能机构的计划,建议各国政府共同向准备在联合国支持下成立的一个国际原子能机构捐赠天然铀和裂变物质。

12 月 9 日 大会通过关于"托管领土问题单之修订"的第 A/RES/751(8)号决议,托管理事会业已采用订正问题单并请托管理事会按照前段所设小组委员会之工作,负责分别拟定适合各个托管领土特殊情形的问题单。

大会通过关于"托管领土达成自治或独立的目标"的第 A/RES/752(8)号决议,请接管索马里兰以外之各托管领土管理当局在其常年报告书内列入促使托管领土达成自治或独立所采或拟采措施之情报。

大会通过关于"意管索马里兰托管领土与 1960 年实行独立"的第 A/RES/755(8)号决议,认为联合国与管理当局共同负有责任,采取必要之措施,以实施 1949 年 11 月 21 日大会关于意管索马里兰托管领土独立的决议。

大会通过关于"改订大会经常届会开幕日期问题"的第 A/RES/783(8)号决议,赞同行政暨预算问题咨询委员会之建议,认为议事规则中关于大会经常届会开幕日期之现行规定,并应予维持。

大会通过关于秘书处的组织的第 A/RES/784(8)号决议,建议秘书长应在可行限度内,依照其所提方针并依据此类建议之一般范围测算 1955 年预算。

大会通过关于会所及日内瓦会议日程的第 A/RES/790(8)号决议,认可行政暨预算问题咨询委员会之意见;并建议联合国各机构按照秘书长所提分配表中规定之日期及地点准备其会议。

12 月 20 日　道路标志和信号协议生效。

12 月 31 日　周恩来总理在接见以印度大使赖嘉文为团长前来商谈关于中国西藏地方和印度之间关系问题的印度政府代表团时,首次提出和平共处五项原则。周恩来说,新中国成立后就确定了处理中印两国关系的原则,那就是,互相尊重领土主权、互不侵犯、互不干涉内政、平等互惠及和平共处的原则。并指出,两个大国之间,特别是像中、印这样两个接壤的大国之间,一定会有某些问题。只要根据这些原则,两国间的任何业已成熟的悬而未决的问题都是可以解决的。周恩来总理提出的这些原则得到了当时印度政府的赞同。

一九五四年

1 月 22 日　安理会表决一项要求叙利亚和以色列在约旦河改道问题上进行合作的提案,被苏联代表投票否决。

1 月 23 日　中立国遣返委员会释放了所有滞留在朝鲜的战俘。

1 月 28 日—3 月 25 日　托管理事会召开第 13 届常会。

2 月 5 日　安理会继续讨论巴勒斯坦问题。议程主要有二:以色列控诉埃及限制与以色列贸易之船只在苏伊士运河内通行、干涉驶往阿喀巴湾以色列伊拉斯港的船只;埃及就以色列于阿尔奥嘉非武装地带破坏埃及与以色列全面停战协定事控诉以色列。此后,5 月 4 日、10 月 14 日、11 月 11 日多次讨论相关问题。

2 月 18 日　圣马力诺第 3 个以非联合国会员国的身份成为《国际法院规约》参加国。

3 月 29 日　安理会表决一项要求埃及履行安理会有关苏伊士运河航行问题的第 S/RES/95(1951)号决议的提案,被苏联代表投票否决。

3 月 30 日—4 月 30 日　经社理事会召开第 17 届常会,通过 19 项决议。新议题涉及发展落后国家之经济,执行国际公断决定公约草案等。

4 月 2 日　日本第 4 个以非联合国会员国的身份成为《国际法院规约》

参加者。

4月19日　联合国大会建议在裁军委员会内部设立一个小型的、由核心国家组成的裁军小组委员会,以通过小范围谈判谋求能为各方接受的裁军方案。裁军委员会以9票对1票(苏联)、2票弃权,通过决议,决定设立一个由加拿大、法国、苏联、英国和美国5国组成的小组委员会,谋求达成全面裁军协议。苏联提出该小组委员会应加上中华人民共和国、捷克斯洛伐克和印度的建议未获通过。该小组委员会的成立使美、苏等国的裁军谈判出现了一些转机,但没有发生大的变化,促使联合国在机构设置上做出变化。

4月22日　1951年签署的《关于难民地位的公约》开始生效。

4月26日—6月15日　关于朝鲜问题的外长会议在日内瓦举行。苏、法、英、美、中华人民共和国、朝鲜南北两方以及派兵参加朝鲜战争的其他国家的代表参加了会议。由于美国的阻挠和破坏,会议未能就和平解决朝鲜问题达成任何协议。

4月29日　中印两国签订了《中印关于中国西藏地方和印度之间的通商和交通协定》。在该协定序言中明确规定:"双方同意基于(一)互相尊重领土主权,(二)互不侵犯,(三)互不干涉内政,(四)平等互惠,(五)和平共处的原则,缔结本协定。"这一协定的缔结,使中印两国不仅具体地解决了过去英国侵略中国西藏过程中所遗留下来的问题,并在新的基础上重新建立起中国西藏地方和印度之间的通商贸易、文化交流和互相往来的关系;尤为重要的是协定确立以五项原则作为指导两国今后一切关系的基本原则,实系国际关系史上的首创。

5月11日—6月4日　联合国就进口和旅游为目的的临时入境的道路机动车辆海关通报问题会议通过了两项协定。

5月13日—7月16日　裁军委员会的5国小组委员会在伦敦开会,讨论制定全面而协调的裁军方案问题。

5月29日　泰国驻联合国常任代表致函安理会(S/3220),由于在紧接泰国之区域内一再发生大规模战事,泰国政府认为外国军队有直接侵入泰国境内的可能,提请安理会注意,并请联合国派专员前往观察、提具报告。安理会于6月3日开会讨论这一项目并邀请泰国参会,无投票权。

5月30日　中国外长周恩来在日内瓦接见英国工党议员、前贸易大臣威尔逊和保守党议员罗伯逊·布朗,周恩来在谈到中国在联合国的代表权时指出,中国在联合国的代表权问题是一个权利的问题,而不是一个谈判的问题,中国的这一权利被美国操纵下联合国的多数会员国所剥夺了。

6月2日—7月16日　托管理事会第14届常会召开。

6 月 15 日 国际法院对阿尔巴尼亚黄金案作出判决。

6 月 18 日 安理会讨论泰国提出的请求联合国和平观察委员会前往印度支那地区进行视察的提案。因苏联投票否决,此提案未能通过。

6 月 19—20 日 安理会应危地马拉的请求开会讨论外来军队入侵危地马拉的问题。巴西和哥伦比亚建议安理会将危地马拉的控诉案提交美洲国家组织。法国对此作了修正,建议安理会在尊重美洲国家组织采取的措施情况下,要求立即停止可能造成进一步流血的任何行动。当法国修正案付诸表决时,苏联投票予以否决。

6 月 20 日 安理会通过关于危地马拉递交问题的第 S/RES/104 (1954)号决议,表示已将危地马拉政府致安全理事会主席的咨文视为紧急事项加以审议,决议要求立即停止足以引起流血的任何行动,并请联合国全体会员国本着宪章精神,不协助任何这种行动。

6 月 25 日 应危地马拉和苏联的请求,安理会再度开会讨论危地马拉局势。因两国提出的议程均未获得多数支持,会议没能继续。几天后,危地马拉政局突变,7 月 9 日,危地马拉新政府致电安理会主席,表示那里的和平与秩序已告恢复。

6 月 25—29 日 中国周恩来总理应邀对印度和缅甸进行友好访问时,分别与尼赫鲁总理和吴努总理举行会谈,并先后发表了联合声明。6 月 28 日,中印两国总理在发表的联合声明中,重申了中印两国 4 月间达成的协定中所规定的指导两国之间关系的原则,即:甲、互相尊重领土主权;乙、互不侵犯;丙、互不干涉内政;丁、平等互利;戊、和平共处。声明指出:两国总理"感到在他们与亚洲以及世界其他国家的关系中也应该适用这些原则"。6 月 29 日,中缅两国总理在联合声明中表示,五项原则也应该是指导中国和缅甸之间关系的原则,并着重指出:如果这些原则能为一切国家所遵守,则社会制度不同的国家的和平共处就有了保证。中印、中缅联合声明的发表,确认了五项原则作为指导中印、中缅之间双边关系的基础;同时,中、印、缅 3 国还共同把五项原则作为适用一般国际关系的原则加以倡导,希望亚洲及世界各国广泛采用这一原则。五项原则的提出和倡导,意义十分重大,影响极其深远,这是亚洲及世界国际关系中的重大事件。

6 月 29 日—8 月 6 日 经社理事会召开第 18 届常会,11 月 5 日—12 月 16 日复会,共通过 29 项决议,其间提出水利建设方面之国际合作的问题。

7 月 13 日 国际法院就联合国行政法庭所作关于补偿裁决的效力问题发表咨询意见,认为联合国大会无权根据任何理由拒绝执行联合国行政法庭所作的关于给予一个未经其同意而停止其服务合同的联合国工作人员以补偿的裁决。

7月20—29日　裁军委员会召开军控会议。

7月28日　安理会获悉已故国际法院法官 B.N.劳爵士任期未满,根据《国际法院规约》的规定,法官遗缺应补选,遂通过关于国际法院的第 S/RES/105(1954)号决议,决定在大会第9届会议期间进行补选,并且此项补选应在第9届会为补实1952年2月5日5名任期届满法官的遗缺而举行的定期选举之前举行。

8月1日　应希腊的要求,联合国和平观察委员会巴尔干小组委员会撤销了派驻希腊边界地区的军事观察团。

8月5日　经社理事会决定中止其财政委员会的工作,并决定设立国际商品贸易委员会。商贸委员会的职权为,研究旨在防止初级商品价格和贸易额波动过大的措施以及注意这些商品在世界市场中的状况。

8月31日—9月10日　联合国和国际人口问题科学研究联合会共同主持在罗马举行世界人口会议。这是联合国发起的第1次关于人口问题的国际科学会议。

9月13—24日　联合国关于无国籍人地位的全权代表会议在纽约举行。会议通过了关于无国籍人地位的公约。该公约以难民公约为基础。缔约各国保证给予无国籍人以和难民几乎同等的待遇,但在结社权利和以工资报偿的雇佣这两方面则与一般给予外国国民的待遇相同。该公约于1960年6月6日生效。

9月21日　大会以45票对7票、5票弃权通过关于"谁应代表中国出席大会问题"的第 A/RES/903(9)号决议,决定推迟讨论中国在联合国的代表权问题。

9月21日—12月17日　第9届联合国大会举行。埃尔科·范克里劳斯(荷兰)当选为本届大会主席。

10月10日　周恩来外长致电联合国秘书长哈马舍尔德并转第9届大会主席范·克里芬斯,控诉美国武装侵略中国领土台湾。并强调,第9届大会应该负起义不容辞的责任,促使安理会制止美国为干涉中国人民解放台湾而进行的侵略行动,并责令美国政府自台湾、澎湖列岛和其他属于中国的岛屿完全撤走其各种武装力量和一切军事人员。

10月11日　大会通过关于"西南非洲领土的报告书及请愿书的审查程序"的第 A/RES/844(9)号决议,对报告书之提交、审议,请愿书之提交、审议,相关会议公开与否,会议表决程序分别作出规定。特别规定已指出,大会涉及关于西南非洲领土之报告书、请愿书之问题所作的决议应视为《联合国宪章》第 18 条第 2 项所称之重要问题。

10 月 21 日　大会通过关于联合国难民事务高级专员主管范围内难民的国际协助的第 A/RES/832(9)号决议,批准难民事务高级专员提出的一项为期 5 年、总数为 1200 万美元的援助计划。

10 月 29 日　大会通过题为"缅甸联邦关于'中华民国'政府侵略缅甸的控诉"的第 A/RES/815(9)号决议,确认已有约 7000 名外国军人撤离缅甸,但尚有大批军队仍携巨量武器逗留缅甸联邦境内,宣称此等军队应即听候缴械拘留。

11 月 4 日　大会通过裁军委员会 5 国小组委员会的提案,形成第 A/RES/808(9)号决议,重申了联合国谋求解决裁军问题的责任,要求裁军委员会寻求裁军问题的一个可以接受的解决办法。

11 月 23 日　大会通过关于"与西南非洲领土报告书及请愿书有关问题的表决程序:向国际法院征求咨询意见"的第 A/RES/904(9)号决议。

11 月 26 日　技术援助认捐会获得了 60 个国家的 2800 万美元的捐助;大会通过了国家和国际组织合作的具体措施。

12 月 4 日　大会通过关于促进原子能和平使用国际合作的第 A/RES/810(9)号决议,决定在联合国主持下举行政府间国际技术会议以研讨如何借由国际合作推进原子能之和平使用,尤应注重原子动力的发展问题,并请联合国各专门机构之指定人员、所有会员国参会。

大会要求各国政府和专门机构对两项人权公约草案作出评价。

本届大会讨论侵略之定义的经过显示各国对此问题有较大分歧,实存协调观点的必要。大会通过第 A/RES/895(9)号决议,决定设置一特委会,参酌各国代表之意见,向大会第 11 届会议提送详细报告书并附以侵略定义草案。委员会成员包括:中国、法国、苏联、英国、美国等 19 国。

12 月 11 日　大会要求国际复兴开发银行拟订国际金融公司章程草案。

12 月 14 日　大会通过关于联合国儿童基金会的第 A/RES/835(9)号决议,庆贺联合国儿童基金会之工作成绩,认为仍应继续努力,使大众了解儿童之需要及儿童基金会之工作。

大会通过关于世界儿童日的第 A/RES/836(9)号决议,建议各国政府,世界儿童日应在其认为适当之日期,按其自定方式纪念之。

大会接获国际法委员会于第 5 届会工作报告书中所载关于大陆沙洲之条款的草案,认为大会不应过于延迟对公海、领水制度等问题的讨论。大会通过关于国际刑事管辖的第 A/RES/898(9)号决议,请国际法委员会研究公海制度、领水制度及其一切相关问题,并将其最后报告书列入第 11 届大会临时议程。

由于公海、领水制度等问题牵扯海洋资源,而海洋资源的养护、保障又与具体技术相关,大会认为应于最近召开国际技术会议以审议渔业养护问题。据此,大会通过关于海上生物资源养护问题国际技术会议的第 A/RES/900(9)号决议,请秘书长于 1955 年 4 月 18 日在联合国粮食及农业组织会所召开国际技术会议,研究相关问题并作适当的科学、技术建议。

12 月 17 日 大会通过关于"控诉中国海—带侵犯航海自由"的第 A/RES/821(9)号决议。请国际法委员会及时完成关于公海制度,领水制度之最后报告书,并请各会员国政府向国际法委员会提交关于公海航行自由原则之意见。

大会通过关于《国际利用广播共策和平公约》的第 A/RES/841(9)号决议。鉴于公约的若干规定所确立的职权,如经该公约当事国约定交由联合国接管,联合国则可充分实施该公约全部规定。

大会通过关于强迫劳役的第 A/RES/842(9)号决议。请经社理事会及国际劳工组织继续努力,以期废止强迫劳役制度。

大会通过关于秘书处组织的第 A/RES/886(9)号决议。大会赞同秘书长关于秘书处改组的报告。

大会通过关于 1955 年联合国 10 周年纪念的第 A/RES/889(9)号决议。决定在旧金山市举行为期 7 日的纪念活动,并邀请各会员国代表参与纪念活动。

同日 周恩来外长致电联合国秘书长哈马舍尔德,坚决反对第 9 届大会 10 日在美国操纵下通过诬蔑中国判处 11 名美国间谍案件为"违反朝鲜停战协定、拘留和监禁联合国军事人员"的决议;指出,这 11 名和另 2 名美国间谍是侵入中国境内、进行间谍活动时被捕获的,中国法院于 11 月 23 日对这些查有确证的美国间谍依法判刑,是中国内政问题,与朝鲜战俘问题没有任何关系。

12 月 18 日 中国外交部发言人发表声明,坚决反对第 9 届联大 11 日在美国操纵下通过一项批准以美国为首的侵朝 15 国关于讨论朝鲜问题的日内瓦会议的报告的非法决议;并指出,该报告不仅推卸了美国中断日内瓦会议的责任,而且提出了实际上要由交战一方的联合国独断朝鲜问题的解决,以便于美国继续阻挠朝鲜问题的和平解决。

12 月 23 日 大会就西南非洲领土报告书、请愿书相关问题的表决程序向国际法院征求咨询意见,即大会对于与西南非洲领土报告书、请愿书相关之问题的决议,是否应视为《联合国宪章》第 18 条第 2 项意义范围之内的重要问题? 与此相应,大会在通过相关决议时应采取何种表决程序。

一九五五年

1 月 5 日 沙特阿拉伯提请安理会注意:阿尔及利亚的局势有可能危及国际和平与安全,并指责法国政府正在阿尔及利亚采取军事行动镇压反抗殖民统治的民族起义。

1 月 5—11 日 联合国秘书长哈马舍尔德访问北京。在此期间同中国总理周恩来举行 4 次会谈,并在 1 月 10 日发表联合公报。双方认为会谈是有益的,并希望能够继续相互间的接触。

1 月 21 日 新华社受权公布:周恩来总理在同联合国秘书长哈马舍尔德会谈中曾表示,中国政府将为已被判罪的和正在审理中的美国犯人的家属提供便利,以便他们得以前来探访。中国红十字会并愿作一切必要的安排。

1 月 25 日—3 月 28 日 托管理事会召开第 15 届常会。

1 月 31 日 安理会根据新西兰的提议讨论台湾海峡局势问题。之后,苏联也要求将美国在台湾地区对中华人民共和国侵略的问题列入安理会议程。会议作出决定,首先讨论"1955 年 1 月 28 日新西兰代表团关于中国大陆沿海岛屿区域发生敌对行动问题致安理会主席函(S/3354)",然后再讨论"1955 年 1 月 30 日苏联代表团关于美国在台湾(福摩萨)及中国其他岛屿区域对中国之侵略行为问题致安理会主席函(S/3355)"。该决定以 10 票对 1 票(苏联)通过。同次会议并决定邀请中华人民共和国中央人民政府代表参加讨论新西兰提案,但无表决权。该决定以 9 票对 1 票(中国)、1 票弃权(苏联)通过。

同日 安理会继续审议中国代表权问题,决定先讨论美国动议再讨论苏联动议,后决定"不考虑凡拟排除'中华民国'政府代表或以议席给予中华人民共和国政府代表之任何提案"。该决定以 10 票对 1 票(苏联)通过。

2 月 3 日 中国外长周恩来复联合国秘书长哈马舍尔德 1 月 31 日来电,反对新西兰 1 月 28 日提出的由安理会审议中国政府和国民党集团在中国大陆沿岸某些岛屿地区的敌对行动的建议,并表示中国政府不能应安理会邀请,派遣代表参加对该建议的讨论,只有在讨论苏联提案并驱逐台湾代表的情况下,中国才同意派代表参加安理会会议。

2月5日　周恩来总理应约会见瑞典驻华大使雨果·维斯特朗,大使转达了联合国秘书长哈马舍尔德3日关于新西兰建议的口信。周恩来表示:国际上一切为缓和并消除远东紧张局势包括台湾地区的紧张局势在内的真正努力,中国总是给予支持的。但新西兰的提案是要通过联合国使中国政府同国民党集团谈判"停火"。从而把属于中国内政的事情,把任何外国或联合国都无权干涉的中国内政的事情放在国际舞台上。这是要制造"两个中国",要割裂中国的领土。因此,我们不能应邀派代表参加这个议程的讨论。

2月6日　周恩来总理接见印度驻华大使赖嘉文。大使告:尼赫鲁总理5日表示对台湾地区紧张局势担心,认为安理会不能解决此问题,要另觅途径,想知道"怎样一个跳出目前僵局的出路是(中国)可以接受的"。周恩来表示,中国政府认为,如果在联合国以外,采取类似日内瓦会议式的国际会议来缓和远东的紧张局势,包括台湾地区的紧张局势,这种想法是可行的。

同日　中国气象局局长涂长望电复世界气象组织代理秘书长斯渥波达,抗议该组织拒不接受我国代表参加其亚洲区域协会第1届会议,而容许蒋介石集团的"代表"与会的做法,并要求立即驱蒋,接受我国代表出席会议。

2月8日　周恩来总理接见印度驻华大使赖嘉文。赖嘉文转达尼赫鲁总理就苏联2月4日关于召开中、苏、美、英、法、印(度)、缅、印尼、巴(基斯坦)、锡(兰)10国会议来讨论台湾地区局势的建议,提出由苏联或别的国家要求安理会指定苏、英、印或3国中任何1国采取行动的意见。周恩来说,尼赫鲁总理已把印度政府意见告诉了苏联,随后周恩来总理阐明了中国政府对召开10国会议的原则立场。

2月14日　苏联代表在安理会驳斥新西兰提案,要求讨论苏联提案,但遭到美、英等国拒绝,安理会决定无限期搁置对上述两个提案的讨论。

2月15—25日　联合国召开关于亚洲和远东地区地图绘制问题的大会。

2月25日—5月18日　裁军委员会小组委员会军控会议召开。

3月7日　关贸总协定建议成立贸易合作组织。

3月29日　安理会一致通过关于巴勒斯坦问题的第 S/RES/106(1955)号决议,谴责以色列军队于1955年2月在加沙地带对埃及军队的进攻,认为以军的行动破坏了停火协议,要求以方采取措施防止此类行为再度发生,决议重申各方须严格遵守总停火协议,维护巴勒斯坦地区的和平。

3月29日—4月7日　经社理事会召开第19届常会,5月16—27日复会,通过19项决议。提出抚养义务在国外之承认与执行的问题,审议联合国朝鲜复兴事务处主任的报告书。其间,还对理事会届会制度进行修订:理事会每年举行两届常会;第1届常会开始日期应尽量接近于4月的第1个星期二,讨论包括经济、社会、人权各部门宜由高级人员讨论并做决定的少数重大问题;第2届常会应尽量接近于大会开会时间,但在大会开幕前6周休会、大会闭幕以后复会,主要讨论世界经济情势,并就联合国与专门机关在各领域内活动协调问题进行检讨。

3月30日　安理会一致通过关于巴勒斯坦问题的第S/RES/107(1955)号决议,希望联合国巴勒斯坦停战监察组织参谋长继续与埃及、以色列两国政府磋商,采取一切可能步骤,拟定实际措施,以在埃及以色列全面停战协定的范围内确保埃以分界线这一地区的安全。

4月6日　国际法院就诺特波姆案作出判决。

4月12日　中国外长周恩来致电世界气象组织代理秘书长斯渥波达并转第2届世界气象大会主席,抗议该组织仍容许国民党集团非法窃据中国代表的席位,要求大会将国民党集团的"代表"从世界气象组织的一切机构和会议中驱逐出去,以便中华人民共和国的代表参加。

4月15日　国际复兴开发银行提出国际金融公司章程(草案)。

4月18—24日　亚非会议是由缅甸、锡兰、印度、印度尼西亚和巴基斯坦5国总理在1954年12月茂物会议上联合发起召开的,并邀请包括中华人民共和国在内的25个亚非国家参加。除中非联邦以外,其余24个国家①全都接受了这一邀请。这次会议于1955年4月18—24日在印度尼西亚的万隆举行,共有29个国家派出约340名代表参加。会议讨论了国际形势和涉及亚非国家人民共同利害关系的有关问题。中国代表团团周恩来总理在会上做了重要讲话,阐述了新中国的基本对外政策并提出了著名的"求同存异"方针,为各国代表普遍接受,奠定了会议成功的基础。

4月23日　周恩来总理在8国代表团团长会议上就台湾地区局势问题发表声明:"中国人民同美国人民是友好的。""中国人民不要同美国打仗。中国政府愿意同美国政府坐下来谈判,讨论和缓远东紧张局势的问题,

---

①　除会议5个发起国之外,参加会议的有下列24个国家:(1)阿富汗,(2)柬埔寨,(3)中华人民共和国,(4)埃及,(5)埃塞俄比亚,(6)黄金海岸,(7)伊朗,(8)伊拉克,(9)日本,(10)约旦,(11)老挝,(12)黎巴嫩,(13)利比里亚,(14)利比亚,(15)尼泊尔,(16)菲律宾,(17)沙特阿拉伯,(18)苏丹,(19)叙利亚,(20)泰国,(21)土耳其,(22)越南民主共和国,(23)越南国,(24)也门。

特别是和缓台湾地区的紧张局势问题。"周恩来总理这一重要声明,有力地粉碎了美国想利用它一手造成的台湾地区的紧张局势来影响亚非会议的阴谋,向全世界表达了中国人民的和平诚意,并导致了尔后的中美大使级谈判。在万隆的各国代表团和国际舆论对周恩来总理的声明几乎是一致地作出积极反应,认为它是"一篇非常好的声明","完全符合亚非会议的目的"。4月25日,周恩来总理在万隆就美国"民族"周刊记者贾菲问"总理认为现在台湾地区的局势是否危险到足以引起第三次世界大战"时又进一步回答说,在现在的台湾局势中的确存在着新的国际战争的危机。但是现在的形势是否会导致大战,决定于美国,因为中国和美国之间现在并不存在着战争。中国人民的意愿,已经在4月23日的声明中说过了。

4月24日　万隆会议举行最后一次全体会议,亚非会议获得了圆满成功。经过与会各国的努力并达成一致协议,会议发表了最后公报和关于促进世界和平和合作的宣言,确定了与会各国共同奋斗的方针和目标,完成了它的历史任务。29个与会国家全体一致地通过了会议的决议,即《亚非会议最后公报》①。这是历时7天会议取得的历史性成果。亚非会议的召开深刻地反映了战后亚非地区的兴起已成为不可阻挡的历史趋势。最后会议还接受了周恩来总理关于亚非会议在将来应再次举行的建议,并将"亚非会议建议5个发起国在同与会国协商之下,考虑召开亚非会议下届会议的问题"的内容列入会议的最后公报。社会制度不同的29个亚非国家在短短7天的时间内,对于整个世界都有重要意义的上述广泛问题取得了完全一致的协议,"在亚非各国人民的历史上,是一件独一无二的事"。如同印度总理尼赫鲁所说,亚非会议"表明亚洲和非洲在受到西方国家两百年来的统治和剥削后的觉醒"。亚非会议及形成的"万隆精神"揭开了亚非人民

---

①　《亚非会议最后公报》包括有经济合作、文化合作、人权和自决、附属地人民问题、其他问题、促进世界和平和合作、关于促进世界和平和合作的宣言等7方面的决议。其中主要之点有:(1)关于经济合作的决议提出与会国之间在互利和互相尊重国家主权的基础上进行合作,并强调了亚非国家之间进行合作的重要性。关于文化合作的决议,谴责殖民主义和种族主义"不仅妨碍文化合作,而且压制人民的民族文化","各与会国政府重申它们要为更密切的文化合作而努力的决议";(2)决议宣布"完全支持《联合国宪章》中所提出的人权的基本原则"和"人民和民族自决的原则";(3)决议要求联合国的会员应当具有普遍性;决议认为亚非地区国家在安理会中的代表权是不充分的,提出非常任理事国的席位分配应能使亚非国家参加安理会。会议要求安理会支持接纳所有按照宪章具备会员国条件的国家,以实现联合国会员国的普遍性。会议认为与会国中下列国家具备这样的条件,即:柬埔寨、锡兰、日本、约旦、老挝、利比亚、尼泊尔,一个统一的越南;(4)决议"表达了亚非国家对战争与和平问题的严重关切",主张"裁减军备和禁止生产、试验和使用核子和热核子作战武器"等。

团结、反对帝国主义和殖民主义斗争的新篇章,亚非会议是亚非国家民族独立运动史上的一座丰碑。

亚非会议提出的十项原则①(或称万隆会议十项原则)见于"亚非会议最后公报"最后一部分"庚、关于促进世界和平和合作的宣言"之中。宣言提出的十项原则充分体现了中国、印度、缅甸所共同倡导的和平共处的五项原则,作为有关国家和平相处、友好合作的基础。如同周恩来总理随后指出:我们认为,亚非会议宣言的十项原则是和平共处的五项原则的引申和发展。这十项原则是不排斥任何国家的。宣言的十项原则中也规定了尊重基本人权、尊重《联合国宪章》的宗旨和原则,尊重正义和国际义务,和平解决国际争端等原则。这些都是中国人民的一贯主张,也是中国一贯遵守的原则。历史发展表明,十项原则与五项原则一样,已经成为现代国际关系中公认的准则,构成了国际法的基本原理。

5月10日 苏联向联合国裁军委员会小组委员会提出一份全面而详尽的裁军方案,建议分两个阶段实现英法两国提出的将苏、美、中3国武装部队最高限额各减至100万—150万人,英法两国的最高限额为65万人的计划;把禁止核武器推迟到武装部队已完成75%削减之后;扩大国际监督机构的职能,使其享有包括视察在内的监督权利。

5月13日 周恩来总理在全国人民代表大会常务委员会会议上关于亚非会议的报告中明确阐述中国政府与联合国的关系问题。周恩来在报告中指出,宣言(亚非会议宣言)的十项原则中也规定了尊重基本人权、尊重《联合国宪章》的宗旨和原则,尊重正义和国际义务,和平解决国际争端等原则。这些都是中国人民的一贯主张,也是中国一贯遵守的原则。"周恩来庄重宣示中国政府对联合国的原则立场:中国人民一贯支持联合国的宪章和原则。中国人民一向反对美国背弃《联合国宪章》的行为。联合国的许

---

① 《亚非会议最后公报》的"庚、关于促进世界和平和合作的宣言"中颁布的十项原则内容为:"各国应当在消除不信任和恐惧、彼此以信任和善意相待的情况下,在下列原则的基础上,作为和睦的邻邦彼此实行宽容,和平相处,并发展友好合作:一、尊重基本人权、尊重《联合国宪章》的宗旨和原则。二、尊重一切国家的主权和领土完整。三、承认一切种族的平等、承认一切大小国家的平等。四、不干预或干涉他国内政。五、尊重每一国家按照联合国宪章单独地或集体地进行自卫的权利。六、(子)不使用集体防御的安排来为任何一个大国的特殊利益服务;(丑)任何国家不对其他国家施加压力。七、不以侵略行为或侵略威胁或使用武力来侵犯任何国家的领土完整或政治独立。八、按照《联合国宪章》,通过如谈判、调停、仲裁或司法解决等和平方法以及有关方面自己选择的任何其他和平方法来解决一切国际争端。九、促进相互的利益和合作。十、尊重正义和国际义务。亚非会议宣布它确信按照这些原则的友好合作对于维持和促进国际和平和安全将会作出有效的贡献,而在经济、社会和文化方面的合作将有助于促进大家的共同繁荣和福利。"

多决议是在美国操纵之下通过的,同时中华人民共和国又被剥夺了在联合国的合法地位,因此,我们对于联合国的决议并未承担义务。对于那些违反《联合国宪章》、完全不公正的联合国决议,我们一向是坚决反对的。这就是我们历来对联合国所持的态度。周恩来还强调指出,中国代表团在亚非会议中支持联合国的成员应该具有普遍性的原则和安全理事会非常任理事国席位的分配应该照顾亚非国家的主张,赞成亚非会议与会国家中具有会员国资格的国家应该被接纳为联合国会员国。这是符合于《联合国宪章》,也是有利于和平事业的。至于中华人民共和国,那是一个恢复它在联合国中的合法地位的问题,而不是一个取得会员国资格的问题。二者当然不能混为一谈。

6月1日　裁军委员会小组委员会军控会议召开。

6月7日　国际法院提出关于西南非洲的咨询意见。

6月8日—7月22日　托管理事会召开第16届常会。

6月20—26日　联合国在旧金山隆重举行纪念《联合国宪章》签订10周年活动,60个会员国的外长率团参加。在20日举行的开幕会上,美国总统艾森豪威尔致欢迎辞。联合国秘书长哈马舍尔德和第9届联大主席范克里芬斯也先后致辞,指出这次纪念会的重大国际意义,并说"世界人民期待这个纪念活动能对改善国际气氛作出重要贡献"。纪念活动对10年来联合国的工作进行了回顾和总结,并对联合国的未来进行展望。法新社驻旧金山记者总结了60个会员国代表团团长演说的主要论点:让新会员国加入联合国、裁减军备和举行4大国首脑会议,其中很多代表团强烈要求恢复中华人民共和国在联合国的合法席位,并向美国呼吁,要它找出解决远东紧张局势的办法。各国代表纷纷宣布,他们将共同忠实于《联合国宪章》所规定的宗旨和原则,依照宪章的要求以和平方法解决国际争端,并和平和友好地相处。这次纪念活动意义很大。许多国家代表尽管对联合国的10年表现和现状不满,但都对联合国抱有期望,希望联合国能在缓和国际紧张局势方面有所作为。6月26日,第9届联大主席及这次纪念会议主席范克里芬斯在闭幕会议的讲话中指出,这次纪念活动取得了如下共识:(1)全体会员国都重申了他们欲免后世再遭战祸的共同决心;(2)全体会员国再次宣布共同忠实于《联合国宪章》所规定的宗旨和原则;(3)他们重申决心要做出新的努力依照《联合国宪章》的要求以和平方法解决国际争端,避免危及国际和平、安全及正义,并和平和友好地相处;(4)他们保证要用同样的努力寻找使各国有更大安全并使世界免受原子毁灭威胁的途径。

7月1日　美国提出通过航拍监控军控的建议。

7月5日—8月5日　经社理事会召开第20届常会,12月5—15日复会,共通过18项决议。

8月1日 中国以驻波兰大使王炳南为代表,美国以驻捷克斯洛伐克大使约翰逊为代表,正式开始在日内瓦举行中美大使级会谈。中美就平民回国问题达成了协议,但在缓和台湾地区紧张局势这个关键问题上没有取得任何进展。截至1970年2月,中美大使级会谈共举行了136次会议,这成为两国在无外交关系情况下保持某种接触的特殊途径,在冷战时期的中美关系史上具有重要意义。

8月8—20日 联合国和平利用原子能国际会议在日内瓦举行,主要讨论国际合作以和平利用原子能的手段,尤其是原子动力的发展,生物学、医学、辐射防护等宜于有效国际合作的技术问题。会议为成立国际原子能机构拟定了一份规约草案,并于8月底将该草案分给未出席会议的各国政府进行研究和审议。

8月23日 亚非17国在联合国发表声明,强烈谴责法国当局在摩洛哥和阿尔及利亚的血腥屠杀,要求联合国设法结束北非的流血事件。

8月29日—10月7日 裁军委员会小组委员会召开军控会议。

8月30日 联合国防止犯罪和罪犯待遇大会通过《囚犯待遇最低限度标准规则》。

9月8日 安理会通过关于巴勒斯坦问题的第S/RES/108(1955)号决议,要求埃以双方采取必要措施维护该地区的秩序与安全;要求双方派代表同联合国停战监督组织参谋长举行会谈,并保证联合国观察员在该地区行使职责的活动自由。

9月13日 英国向裁军委员会小组委员会提出控制欧洲军事试验区的计划。

9月20日 大会通过关于中国在联合国之代表权问题的第A/RES/990(10)号决议,推迟讨论中国在联合国的代表权问题。9月20日—12月20日,第10届联合国大会举行。何塞·马萨(智利)当选为本届大会主席。

9月25日 周恩来总理在接见联合国协会世界联合会访华代表团团长(执委会主席)查尔斯·贾德和团员(执委会秘书长)贝纳尔斯时说:中国对联合国的态度一直是很清楚的,我们历来拥护《联合国宪章》的宗旨和原则。我在万隆会议上的发言和会议的决议,都提到支持《联合国宪章》。现在的情况是我们支持联合国,而联合国却不承认我们,反而剥夺新中国在联合国的地位和权利,这是畸形的现象。但是,世界人民支持我们。这种矛盾的情况,不会永远如此下去,总有一天情况要改变。这是我们坚决相信的,也是诸位先生努力以求的。

同日　大会通过第 A/RES/991(10)号决议,决定通知民航组织,大会不反对德意志联邦共和国加入该组织。

9 月 30 日　在 14 个亚非国家的强烈要求下,阿尔及利亚问题被列入大会议程。

10 月 3—17 日　联合国召开橄榄油大会。

10 月 21 日　裁军委员会召开军控会议。

10 月 25 日　大会通过关于德意志联邦共和国申请加入国际民用航空组织的第 A/RES/991(10)号决议。

10 月 26 日　技术援助认捐大会获得 72 个国家的 2900 万美元的捐助资金。

10 月 26 日—11 月 26 日　联合国召开世界小麦会议。

11 月 3 日　大会通过关于国际银公司章程的第 A/RES/922(10)号决议。

11 月 21 日　大会通过"召开联合国会员国全体会议检讨宪章"的第 A/RES/992(10)号决议。决议指出,根据宪章第 109 条规定,联合国检讨宪章之会员国全体会议在大会第 10 届年会前尚未举行时,如经大会会员国过半数及安全理事会任何七理事国之可决,此项会议应即举行,深信检讨宪章允宜审酌施行中所得经验,承认此项检讨应在顺利之国际环境中为之。决议决定:决定检讨宪章之全体会议应在适当时间举行;且决定由联合国全体会员国组织——委员会与秘书长商议决定会议日期与地点及其组织与程序问题;请该委员会向大会第 13 届会提出报告书及建议等项重要事宜。同年 12 月,安理会表示赞同大会组成"筹备委员会"的决定。之后筹备委员会向大会 1957 年、1959 年、1961 年直到 1967 年等 7 届常会提交了报告。大会并未决定召开会议,但是在 1967 年,大会决定保留筹备委员会,并有一项谅解即任何会员国均可请求秘书长召开全体会议。

11 月 29 日　大会通过关于朝鲜问题的第 A/RES/910(10)号决议,宣布停战协定继续有效,直到达成一项和平解决的协议来取而代之。

12 月 3 日　大会通过关于原子能之和平用途的第 A/RES/912(10)号决议,批准大会政治委员会提出的关于和平利用原子能的建议。

大会以鼓掌方式通过关于原子能辐射所生影响的第 A/RES/913(10)号决议,决定设立原子辐射影响问题科学委员会。该委员会的任务是收集联合国会员国或专门机构关于原子辐射对于人类及其环境的影响方面的情报,以完整的方式编辑和汇集关于观察到的辐射水平的情报,审查和核对各国报告,为其编写摘要和评价,编写关于工作进展情况的年度报告,并作出评价再将这些资料送交秘书长公布;推荐样品收集和分析程序的统一标准。

大会通过关于西南非洲领土地位的第 A/RES/940(10)号决议。

大会就西南非洲问题通过"西南非洲问题委员会可否听取口头陈述的问题:请国际法院提供咨询意见"的第 A/RES/942(10)号决议等 9 项决议,重申该领土必须置于国际托管之下;要求国际法院就大会听取该领土请愿者申诉的权利提出咨询意见。

12 月 6 日　大会通过关于南非联邦政府"种族隔离"政策在南非所造成的种族冲突问题的第 A/RES/917(10)号决议。

12 月 8 日　随着朝鲜战争和印度支那战争相继结束,东西方关系出现缓和,接纳会员国的僵局也开始解冻。大会通过关于申请国入会问题的第 A/RES/918(10)决议,"请安理会参酌主张联合国会籍,应予尽量推广之一般舆论审议不发生统一问题之所在 18 国申请入会未决各案"(22 国中的南北朝鲜和南北越南除外),进行审议推荐,准备用所谓"一揽子解决办法"吸收更多会员国,以加强联合国的普遍性。"并请安理会在本届会期内就上述申请案向大会提举报告"。

12 月 9 日　大会通过了关于设置联合国经济发展特别基金问题的第 A/RES/923(10)号决议。另外,向各国政府提出有关联合国经济发展特别基金的 8 个问题,并且设立了 16 人委员会以审议各国的答复。

12 月 10 日　联合国难民事务高级专员办事处因其在欧洲救济难民的工作首次获诺贝尔和平奖(1954 年度)。该办事处共获和平奖两次。

12 月 13 日　1955 年第 10 届大会通过的关于申请国入会问题的第 A/RES/918(10)决议,已建议安理会能就无国家统一问题的 18 个申请国审议推荐。12 月 13 日,安理会举行第 704 次会议审议"一揽子解决方案",审议由巴西和新西兰要求推荐 18 个申请国的提案,但该提案经修正后又增加了越南南方和朝鲜南方。这种节外生枝,无疑是给苏联出难题。表决时,两者都被苏联否决;接着蒙古被否决;于是苏联又否决了西方所赞成的其他申请国;随后英、美、法也否决了东欧的全部申请国。"一揽子方案"搁浅。苏联在这次安理会上先后对越南南方、朝鲜南方、日本、奥地利、柬埔寨、斯里兰卡(锡兰)、芬兰、爱尔兰、意大利、约旦、老挝、利比亚、尼泊尔、葡萄牙、西班牙等国一连投了 15 张否决票,创下在安理会一次会议上投否决票的纪录。

同日　中国蒋介石集团代表在安理会上对推荐蒙古入联投反对票。这是蒋介石集团代表在安理会内以中国的名义投下的唯一一次否决票。

12 月 14 日　大会通过关于公断程序的第 A/RES/989(10)号决议。

大会通过关于申请入会问题的第 A/RES/995(10)号决议,接纳阿尔巴

尼亚、约旦、爱尔兰、葡萄牙、匈牙利、意大利、奥地利、罗马尼亚、保加利亚、
芬兰、锡兰、尼泊尔、利比亚、柬埔寨、老挝和西班牙为联合国会员国。

同日　安理会通过关于"吸收新会员国:阿尔巴尼亚,约旦、爱尔兰、葡
萄牙、匈牙利、意大利、奥地利、罗马尼亚、保加利亚、芬兰、锡兰、尼泊尔、利
比亚、柬埔寨、老挝和西班牙"的第 S/RES/109(1955)号决议,同意向大会
推荐阿尔巴尼亚等 16 国加入联合国。

同日　安理会再次就"日本申请加入联合国问题"进行表决,苏联仍继
续投否决票。

12 月 15 日　大会通过关于"荷兰政府关于荷属安提尔及苏里南的来
文"的第 A/RES/945(10)号决议,停止播报荷属安的列斯和苏里南的情况。

大会通过关于"托管领土达成自治或独立的目标"的第 A/RES/946
(10)号决议。

大会通过关于"多哥兰统一问题及英管多哥兰托管领土的前途"的第
A/RES/944(10)号决议,对于英管多哥兰,其前途应在联合国监督下以全
民表决方式决定、以多数票为准,可选方案有二,该领土与独立的黄金海岸
合并,或与黄金海岸分离、在最终决定其政治前途以前继续接受托管。对于
法管多哥兰,应照英管多哥兰实例、采取相同的方法以确定其前途,为此,实
行必要的政治改革。

大会通过第 A/RES/970(10)号决议,确定 1956 年、1957 年、1958 年度
联合国预算之分摊比额。其中,美国所占比例升至 33.33%,苏联升至
15.28%,中国升至 5.62%,英国降为 8.55%,法国为 6.23%。

12 月 16 日　大会以 56 票对 7 票通过根据加拿大和美、英、法联合提
案作出的第 A/RES/914(10)号决议,促请有关各国继续谋求全面裁军的计
划达成协议;建议实施美国总统艾森豪威尔提出的"交换军事蓝图"和"互
相进行空中视察"计划以及苏联总理布尔加宁提出的"在战略中心设立监
督站"计划那样的树立信任的措施。

大会建议在联合国监管下与法属多哥居民就相关问题进行磋商。

同日　安理会通过关于审查《联合国宪章》的问题的第 S/RES/110
(1955)号决议,赞同大会于 11 月 21 日通过的决议案所载决定,该决议案决
定联合国审查宪章的会员国全体会议应在适当期间举行。

12 月 19 日　大会希望西伊里安(新几内亚)各方举行进一步和谈。

12 月 22 日　葡萄牙请求国际法院考虑其在葡萄牙—印度案中的法案
通过权。

一九五六年

1月11日 大会通过美国提出的关于朝鲜问题的第 A/RES/1010(11) 号决议,要求在联合国的监督下举行朝鲜的"自由选举"。

1月19日 安理会一致通过关于巴勒斯坦问题的第 S/RES/111 (1956)号决议,谴责以色列对叙利亚的侵略行为违反了叙以停战协定和 《联合国宪章》,要求以色列采取有效措施防止这类行为再度发生。

1月26日—2月5日 第7届冬季奥林匹克运动会在意大利科蒂纳丹 佩佐举行,共有32个国家和地区的821名运动员参赛。本届冬奥会中,伊 朗、玻利维亚、苏联均为首次参加;德意志民主共和国和德意志联邦共和国 经过协商,组成了德国联队参赛。苏联最终在奖牌榜上名列第一。

2月6日 安理会一致通过关于"吸收新会员国:苏丹"的第 S/RES/ 112(1956)号决议,建议大会接纳苏丹为联合国会员国。

2月7日—4月6日 托管理事会召开第17届常会。

2月14日 大会一致通过关于"一切军队及一切军备的调节、限制及 均衡裁减,缔订关于裁减军备及禁止原子武器、氢武器及其他大规模毁灭武 器的国际公约"的第 A/RES/1011(11)号决议,对第10届大会以来裁军方 面取得的进展表示欢迎,要求裁军委员会的小组委员会复会,并建议它考虑 已经提交联合国的各国裁军提案。

2月15日 大会通过关于阿尔及利亚问题的第 A/RES/1012(11)号决 议,希望有关各方本着合作精神依照《联合国宪章》的原则行事,和平、民 主、公正地解决阿尔及利亚问题。

2月20日 大会通过关于国际合作建立各国粮食储备的第 A/RES/ 1025(11)号决议和关于建立各国粮食储备的第 A/RES/1026(11)号决议。

大会全体会议通过关于发展国际经济合作和扩大国际贸易的第 A/ RES/1027(11)号决议。建议各国减少或取消国际贸易与收支方面的限制 与歧视,在执行本国贸易政策时充分考虑此政策对其他国家可能带来的损 害。切盼贸易合作组织的成立,并促请联合国会员国以及各专门机构之会 员采取必要步骤以便批准设置此种组织的协定。

2月26日 大会通过关于塞浦路斯问题的第 A/RES/1013(11)号决 议,真诚希望与塞浦路斯问题有关的当事国能找到一项和平、民主和公正解 决塞浦路斯问题的办法,并为此继续进行谈判。

2月27日 大会通过关于"联合国秘书处职员地域分配的改变问题"

的第 A/RES/1097(11) 号决议。

2 月 28 日 大会通过关于申请国入会的第 A/RES/1017(11) 号决议。

3 月 8 日 大会通过第 A/RES/1118(11) 号决议,正式接纳加纳为联合国会员国。

3 月 14 日 国际法院决定不审理美国—捷克斯洛伐克诉讼案与美国—苏联诉讼案。

3 月 16 日 国际法院决定不审理英国—智利诉讼案与英国—阿根廷诉讼案。

3 月 29 日 托管理事会通过决议,同意美国于当年 4 月在马绍尔群岛进行热核武器试验。

4 月 4 日 安理会一致通过关于巴勒斯坦问题的第 S/RES/113(1956)号决议,对巴勒斯坦地区沿停战分界线上出现的紧张局势表示关切,促请秘书长与当事各方及参谋长讨论采取措施以减轻目前沿停战分界线地区的紧张局势。

4 月 9 日 联合国科学委员会提交第 1 份有关原子辐射影响的报告。

4 月 17 日 哈马舍尔德秘书长抵达中东访问,寻求巴勒斯坦问题的解决办法。

4 月 17 日—5 月 4 日 经社理事会召开第 21 届常会,通过 17 项决议,提出经济发展中的核能以及其他新能源之研究、外国公断裁决之承认与执行等新议题。

5 月 9 日 在联合国监督下,英属多哥举行公民投票,赞成该领土与毗邻的黄金海岸(加纳)联合。

5 月 21 日—6 月 20 日 联合国召开第 1 届糖业大会。

6 月 1 日 国际法院发表咨询意见认为,联合国大会可以合法地授权它的西南非洲委员会听取请愿者的请愿。

6 月 4 日 安理会一致通过关于巴勒斯坦问题的第 S/RES/114(1956)号决议,赞扬秘书长及当事各方就促成巴勒斯坦沿停战边界线紧张局势缓解的进展,并宣告停战协定缔约各方应与秘书长及联合国巴勒斯坦停战监察组织参谋长合作,以确保第 S/RES/113(1956) 号决议得以充分实施。决议还请参谋长根据第 S/RES/73(1949) 号决议的规定,继续对停火事宜加以督察。

6 月 13 日 13 个亚非国家要求安理会召开会议讨论阿尔及利亚日益恶化的局势。

6 月 25 日 国际法院徐谟法官在海牙任上病逝,终年 63 岁。联合国秘书长哈马舍尔德与国际法院院长格林·哈克沃思对徐谟法官的不幸溘逝表示了深深的悲痛与悼念。国际法院院长在追思会上赞扬说,徐谟先生在国际法院服务 10 年,他是一位杰出的同事,富有精深的法律知识,对于复杂的案件都能掌握其问题所在,"堪称业界典范"。由国际法院编辑和出版的《国际法院 1946—1996》一书中对徐谟先生有如下的评论:"徐谟法官或许可以被看作是一代中国法学家的典型代表,他们渴望摆脱对本民族不久前的痛苦记忆以及由于列强侵略而遭受的耻辱;徐谟法官或许还可以被看作中国年轻知识分子的典型代表,他们通过改变悠久传统使之适应现代社会的要求以寻求新的身份认同、通过使中国在迅速发展的国际社会发挥突出作用以求逐步恢复民族的尊严。"徐谟法官去世后,当时我国和荷兰还处于半建交状态。我驻荷兰王国代办处专门派出代表向徐谟先生的夫人及其家属表示亲切慰问和悼念。限于那时所处的复杂历史环境,当时双方还难以有进一步的联系和交往。

6 月 26 日　安理会拒绝将阿尔及利亚问题列入议程。

7 月 9 日—8 月 9 日　经社理事会召开第 22 届常会,12 月 17 —21 日复会,共通过 22 项决议。

7 月 20 日　安理会一致通过关于"吸收新会员国:摩洛哥"的第 S/RES/115(1956)号决议,建议大会准许摩洛哥加入联合国为会员国。

7 月 24 日　国际金融公司开始运作,它是世界银行集团的成员组织,也是发展中国家规模最大、专门针对私营部门的全球性融资发展机构。

7 月 26 日　安理会一致通过关于"吸收新会员国:突尼斯"的第 S/RES/116(1956)号决议,建议大会准许突尼斯加入联合国为会员国。

同日　埃及政府宣布将苏伊士运河国有化,英国和法国认为埃及的这一行动是对运河的自由航行和安全的威胁。

9 月 6 日　安理会对徐谟法官于 1956 年 6 月 25 日在任上逝世,深感痛惜。由于法官任期未满,根据国际法院规定,发生法官遗缺的情况,必须进行补选,且补选之日应由安理会指定。据此,安理会一致通过关于国际法院的第 S/RES/117(1956)号决议,决定此项补选应在大会第 11 届会议期间举行。

9 月 7 日　出席经社理事会在日内瓦召开的各国全权代表会议的 33 个国家的代表签署了关于废除奴隶制、奴隶贸易及类似奴隶制的制度和习俗的补充公约。该公约向各国开放签署。公约自 1957 年 4 月 30 日起生效。

9 月 20 日—10 月 26 日　联合国召开审批国际原子能机构规约的国际会议,81 个国家的代表出席。会议于 10 月 26 日一致通过《国际原子能机构规约》。70 个国家的代表当场签署了规约,另有 10 个国家在开放签署后的 90 天期限内也在规约上签了字。根据该规约,原子能机构的宗旨是:"设法加速并扩大原子能对全世界和平、健康及繁荣之贡献",并"就其所能,确保由其本身,或经其请求,或在其监督或管制下提供之协助,不致用以推进任何军事目的"。1957 年 7 月 29 日该规约正式生效,同时宣告国际原子能机构的诞生。

9 月 23 日 使用各种手段对埃及施压均告无效后,英、法联合致函安理会主席,要求安理会开会审议"埃及政府结束运河国际管理制度的单方面行动"所造成的形势。

9 月 24 日 埃及政府亦提请安理会紧急审查"某些大国,特别是法国和联合王国反对埃及的行动,这些行动构成了对国际和平的威胁"。

10 月 4 日—11 月 2 日 联合国召开第 2 届糖业大会,并通过了 1953年协议的议定书。

10 月 5 日 安理会开会审议苏伊士运河地区的形势。

10 月 10—12 日 在哈马舍尔德秘书长的斡旋下,英、法和埃及 3 国外长举行 7 次秘密会谈,达成 6 项原则。英、法承认埃及对运河的主权,埃及也同意照顾使用国的利益。

10 月 13 日 安理会讨论埃及政府采取单边行动废止 1888 年《苏伊士运河公约》所确认并完成的苏伊士运河国际合营制度所引起的情势。英、法提出议案,要求埃及接受"国际管理制度",并承认"使用国协会"的特权。该提案被苏联否决,未能通过。

同日 安理会一致通过关于"法国和英国对埃及的抗议"的第 S/RES/118(1956)号决议,认为关于苏伊士运河问题的任何解决办法都应当满足埃及和英、法外长秘密会谈同意的 6 项原则,即运河应自由通航,运河之经营管理应不受任何国家政治之影响,埃及主权应予尊重,遇有争端时,苏伊士运河公司和埃及政府间未能解决之事项应由公断解决等。

10 月 17 日 技术援助认捐大会得到 3090 万美元的捐助。

10 月 23 日 法属多哥举行公民投票。

10 月 26 日 大会在联合国总部举行有 81 国代表参加的会议上一致通过第 1 次联合国和平利用原子能会议拟定的有关和平利用原子能科学知识国际交流与合作的规约草案。有 70 国代表当天在规约上签了字,另有10 国在开放签字后的 90 天提案期限内签字。

10 月 27 日 法国、英国和美国提请安理会就 10 月 22 日以来在匈牙利发生的事件对匈牙利局势进行审议。

10 月 28 日　匈牙利政府对安理会讨论匈牙利局势提出抗议,认为匈牙利所发生的事件完全是匈牙利国内管辖权范围以内的事情。苏联代表表示,安理会的讨论粗暴地干涉了匈牙利的内政,违背了《联合国宪章》,并会鼓励反动的地下运动正在策动的反对匈牙利合法政府的武装叛乱。

10 月 29 日　以色列军队对埃及发动进攻,占领了加沙地带和西奈半岛,第二次中东战争爆发。美国当日致函安理会,指出以色列军队已违反以埃停战协定,要求安理会开会讨论“巴勒斯坦问题,并采取立即停止以色列在埃及的军事行动的步骤”。

10 月 30 日　安理会审议以色列入侵埃及造成的中东地区局势问题。美国和苏联分别提出要求以色列立即停止军事行动,将军队撤至停战线,呼吁所有联合国会员国避免使用“武力或武力威胁”,并且不给“以色列以军事、经济或财政援助”等内容的两项决议草案,但均被英国和法国否决,未能通过。

10 月 31 日　英、法军队开始对埃及的入侵行动,占领了苏伊士运河要地,并对埃及重要城市和军事目标进行空袭。埃及政府要求安理会立即讨论英法对埃及的侵略行为,但均因英、法否决,安理会难以采取行动。

同日　哈马舍尔德秘书长在安理会发言表示,除非立即采取积极行动,否则他可能被迫辞职。在此情况下,安理会通过关于“法国和英国对埃及的抗议”的第 S/RES/119(1956)号决议:鉴于安理会由于常任理事国意见不一致而不能担负起维护国际和平与安全的主要责任,应根据大会 1950 年通过的“联合一致共策和平”决议的规定召开大会紧急特别会议。

11 月 1 日　中国政府发表声明,强烈谴责英法两国政府的侵略行为,坚决支持埃及人民维护国家主权和民族独立的神圣斗争,坚决要求英、法立刻停止对埃及的侵略和对阿拉伯国家的武装挑衅,并不再延迟地就苏伊士运河问题进行协商。11 月 3 日,中国政府向英国、法国两国政府提出抗议,指出:英法两国政府武装侵略埃及是对《联合国宪章》的粗暴破坏,是对亚非人民的公然挑衅,是对世界和平的严重威胁。并要求:英法两国政府必须立即停止对埃及的一切武装进攻,必须立即撤出它们侵入埃及的一切武装力量;以色列武装力量必须立即撤回到停战线后面,以保证苏伊士运河航行自由的问题经过和平协商求得解决。

11 月 1—10 日　大会召开第 1 次紧急特别会议,即联合国首届紧急特别联大,讨论英、法、以 3 国侵略埃及造成的苏伊士运河危机问题。许多国家代表纷纷发言谴责英、法、以的侵略行径。会议连续通过关于中东问题的第 A/RES/997(ES—1)—A/RES/1003(ES—1)号决议。

●**11 月 2 日**　首届紧急特别会议以 64 票对 5 票(英国、法国、以色列、澳大利亚和新西兰),6 票弃权(比利时、加拿大、老挝、荷兰、葡萄牙和南非)通过一项美国提案,即第 A/RES/997(ES—1)号决议。促请中东冲突各方立即停火;要求各当事国将所有军队撤至停战线后面;建议各会员国不向敌对行动地区运送军用物资;敦促一俟停火生效,即采取步骤使苏伊士运河重新开放。

●**11 月 3 日**　秘书长向大会和安理会报告:埃及已同意接受大会决议,但英、法仍坚持其立场,不过它们表示如果埃及愿意接受一支联合国部队,并对有关苏伊士运河问题取得良好安排达成一致意见的话,英、法将停止军事行动。

●**11 月 4 日**　首届紧急特别会议通过了旨在促使 11 月 2 日决议得到执行的两项决议。大会首先以 59 票对 5 票,12 票弃权通过了由印度等 19个亚非国家提出的关于中东问题的第 A/RES/998(ES—1)号决议,谴责英、法、以对埃及的侵略,重申 11 月 2 日的决议并授权秘书长对决议的执行作出安排。之后大会又以 57 票对 0 票,19 票弃权(英国、法国、苏联和以色列等国)通过了由加拿大提出的另一项关于中东问题的第 A/RES/999(ES—1)号决议,要求秘书长于 48 小时内提出建立一支"联合国紧急部队"的计划,以"促成和监督停战"。

●应首届紧急特别会议的要求,哈马舍尔德秘书长提出一份报告,建议成立联合国紧急部队司令部,并建议任命联合国停战监督组织参谋长、加拿大的伯恩斯少将为这支部队的司令。秘书长同时建议:作为一项原则,参谋人员和分遣部队都不"从安全理事会常任理事国抽调"。

●**11 月 5 日**　首届紧急特别会议审议秘书长关于设立联合国军计划的第一报告书,在加拿大、哥伦比亚和挪威建议的基础上通过第 A/RES/1000(ES—1)号决议,决定遵照 A/RES/997(ES—1)号决议,组建由伯恩斯将军指挥的联合国紧急部队,将其派往中东地区,以保证和监督敌对行动的停止和侵略军队的撤离。这是联合国组建的第 1 支维持和平部队。哈马舍尔德提出维和行动应遵守的 3 项原则,后被称为"哈马舍尔德三原则":第一,维和行动不得妨碍有关当事国之权利、要求和立场,需保持中立,不得偏袒冲突中的任何一方;第二,维和行动必须征得有关各方的一致同意才能实施;第三,维和部队只携带轻武器,只有自卫时方可使用武力。

●鉴于英、法无视联合国的有关决议,继续对埃及进行侵略,苏联部长会议主席布尔加宁致信美国总统艾森豪威尔,指出需要采取立即和果断的行动,否则联合国很可能崩溃,并建议在联合国组织范围内实行美苏联合军事干涉。此项建议被美国断然拒绝。

• **11月6日** 哈马舍尔德秘书长向大会提出关于组建"联合国紧急部队"的第2份报告,就这支部队的规模、职能和经费来源等问题作了更详尽的说明。

• **11月7日** 首届紧急特别会议通过第 A/RES/1001(ES—1)号决议,同意秘书长报告中提出的有关联合国紧急部队司令部的组织和职能的指导原则,并要求该部队司令与秘书长磋商后,立即组建这支部队。这是联合国第1支紧急部队,任务是确保安全及监督中止敌对状态,包括撤除法国、以色列和联合王国在埃及领土境内的武装军队,并在撤除后协调埃及和以色列军队,公正监督停战。随后,24个会员国表示愿意参加这支部队,大会决定先由巴西、加拿大、哥伦比亚、丹麦、芬兰、印度、印度尼西亚、挪威、瑞典和南斯拉夫 10 国出兵。对于其余 14 国愿意出兵的请求仍予以保留,待有需要时再行调动。后应埃及要求,这支联合国紧急部队直到1967年五六月最后撤除。

• 首届紧急特别会议通过第 A/RES/1002(ES—1)号决议,要求以色列、英国、法国立即撤军,请秘书长及时向大会通过各相关方执行决议的进展。

• **11月8日** 秘书长派出了清理苏伊士运河河道的第1支打捞团队。

• **11月10日** 首届紧急特别会议通过第 A/RES/1003(ES—1)号决议,将本次紧急特别会议所论之事列为第 11 届大会的优先议题,而在第 11 届大会正常召开之前,本次紧急特别会议仍应继续工作。

• 联合国紧急部队第一支分遣队抵达意大利。

• 埃及同意联合国紧急部队驻扎埃及境内。

• **11月15日** 在征得埃及政府同意之后,第 1 批联合国紧急部队抵达苏伊士运河地区,负责监督停火和撤军。随后到达的联合国紧急部队陆续部署在加沙地带和西奈半岛,负责在埃及和以色列之间的停战分界线上巡逻。

• **11月24日** 大会继续讨论首届紧急特别会议所论之中东问题,通过第 A/RES/1120(11)、A/RES/1121(11)、A/RES/1122(11)号决议。第 A/RES/1120(11)号决议再次要求英国、法国和以色列立即履行大会以前要求它们的军队撤出埃及的决议。第 A/RES/1121(11)号决议授权秘书长继续负责协调冲突之解决并向大会报告。第 A/RES/1122(11)号决议决定为联合国紧急部队开设一个由各会员国分摊的总数为 1000 万美元的专门账户。在讨论该议案时,秘书长认为,联合国紧急部队的经费是宪章第 17 条第 2 款所指的"本组织的经费","应由各会员国依照大会分配限额担负之"。但苏联等 9 国认为,大会决定成立联合国紧急部队是违反宪章规定的,因为根据宪章规定,成立联合国武装部队完全属于安理会专有的权限,因此它们不愿承担该部队的费用。

11 月 2 日　匈牙利部长会议主席纳吉致函安理会,要求安理会指示苏联和匈牙利两国政府为苏联军队撤出匈牙利、匈牙利退出华沙条约组织和承认匈牙利中立等问题开始谈判。

11 月 4 日　安理会应美、英、法 3 国请求讨论"由于苏联动用军队镇压匈牙利人民申明自己的权利造成的严重局势"。美国提出的要求苏联不再派军队进入匈牙利并立即从该国撤出它的全部军队的提案,因苏联投票否决,未能通过。

同日　安理会通过关于匈牙利局势的第 S/RES/120(1956)号决议,要求大会根据"联合一致共策和平"的决议召开一次紧急特别会议,讨论匈牙利局势。

11 月 4—10 日　大会召开第 2 次紧急特别会议,讨论匈牙利局势问题,通过第 A/RES/1004(ES—2)—A/RES /1008(ES—2)号决议,要求苏联从匈牙利撤军,并呼吁国际社会对匈牙利进行人道主义援助。

●**11 月 4 日**　第 2 届紧急特别会议以 50 票对 8 票,15 票弃权,通过美国提出的关于匈牙利问题的第 A/RES/1004(ES—2)号决议案,谴责苏联在匈牙利的军事干涉,要求苏军立即撤出匈牙利,承认匈牙利人民有选择一个能够反映其民族愿望的政府的权利,并建议由联合国秘书长派观察员进入匈牙利调查由于苏联干涉造成的情势。决议还要求国际社会在向匈牙利人民提供经济援助方面进行合作。

●**11 月 9 日**　第 2 届紧急特别会议连续通过关于匈牙利问题的第 A/RES/1005(ES—2)号、A/RES/1006(ES—2)号、A/RES/1007(ES—2)号决议,谴责苏联政府违反宪章剥夺匈牙利的自由和独立;要求苏联立即停止以任何方式干涉匈牙利内政,立即撤军;敦促苏联和匈牙利政府停止对匈牙利公民的放逐,要求双方采取合作的态度解决危机;敦促各国政府和非政府组织为照顾和安置匈牙利难民提供捐助。

●**11 月 10 日**　第 2 届紧急特别会议通过第 A/RES/1008(ES—2)号决议,将本次会议讨论之事列为联合国第 11 届大会常会优先议题,并在第 11 届大会召开之前继续工作。12 月 4 日,大会继续讨论第 2 届紧急特别会议所讨论之匈牙利问题,通过第 A/RES/1130(11)号决议,重申此前做出的各项决议,并要求联合国所有成员国与秘书长代表合作,妥善处理匈牙利难民问题。

● **11 月 21 日** 大会继续讨论第 2 届紧急特别会议所论之匈牙利问题,通过第 A/RES/1127(11)、A/RES/1128(11)、A/RES/1129(11)号决议。第 A/RES/1127(11)号决议敦促苏联、匈牙利执行第 2 届紧急特别会议所通过的各项决议;第 A/RES/1128(11)号决议要求匈牙利政府允许联合国秘书长特派之观察员前往匈牙利境内展开调查;第 A/RES/1129(11)号决议要求联合国秘书长、联合国难民事务高级专员等相关机构妥善处理匈牙利难民问题。

● **12 月 12 日** 大会继续讨论第 2 届紧急特别会议所讨论之匈牙利问题,审议了秘书长提交的事态进展报告,通过第 A/RES/1131(11)号决议,再次谴责苏联违背《联合国宪章》、干涉匈牙利内政,要求苏联立即撤军。

11 月 12 日 大会通过第 A/RES/1110(11)号决议,接纳苏丹为联合国会员国。

大会通过第 S/RES/1111(11)号决议,接纳摩洛哥为联合国会员国。

大会通过第 A/RES/1112(11)号决议,接纳突尼斯为联合国会员国。

11 月 12 日—1957 年 3 月 8 日 第 11 届联合国大会在纽约举行。旺·微泰耶康·瓦拉旺亲王(泰国)当选为本届大会主席。

11 月 16 日 大会通过关于中国在联合国的代表权问题的第 A/RES/1108(11)号决议,决定推迟讨论中国在联合国的代表权问题。

11 月 18 日 埃及请求联合国援助清理运河。

11 月 20 日 联合国秘书长与埃及政府就联合国紧急部队驻扎期限达成协议备忘录。

11 月 22 日—12 月 8 日 第 16 届奥林匹克运动会在澳大利亚墨尔本召开,由于澳大利亚规定牲口入境后必须经过 6 个月的隔离检疫,最终国际奥委会选择斯德哥尔摩于 6 月 10—17 日举行马术比赛。本届奥运会参赛国家和地区共 72 个,运动员 3314 人,其中女运动员 376 人。在闭幕式上,运动员入场打破国家顺序,携手游行,这一温馨画面成为本届奥运会闭幕式的最大特色,也为日后其他各届奥运会所仿效。

12 月 12 日 安理会一致通过关于"吸收新会员国:日本"的第 S/RES/121(1956)号决议,建议大会准许日本加入联合国为会员国。

12 月 13 日 大会通过托管理事会建议的第 A/RES/1044(11)号决议,核准英管多哥兰与独立之黄金海岸合并,共同组成新的国家,定名为加纳,并确定两者合并之日乃英管多哥兰托管目标达成之时。

12月13—26日　大会通过了《经济、社会和文化权利公约》第6—12条试行条款。

12月17—21日　经社理事会召开第22届常会,通过22项决议。审议了联合国与国际金融公司协定草案,并提出建立世界粮食储备制度的问题。

12月18日　大会通过第A/RES/1113(11)号决议,接纳日本为联合国会员国。

12月21日　大会通过关于技术协助扩大方案及其实施的第A/RES/1022(11)、第A/RES/1023(11)号决议。

大会通过关于联合国经费分摊比的第A/RES/1087(11)号决议。

12月22日　英法军队完成从埃及的撤退,联合国紧急部队的分遣部队进入该地区并占领阵地。

12月28日　清理苏伊士运河的工作正式开始。

一九五七年

(国际地球观测年①)

1月10日　大会以59票对8票,10票弃权通过关于成立联合国匈牙利问题特别委员会的第A/RES/1132(11)号决议,决定成立联合国匈牙利问题特别委员会,调查由于苏联干涉匈牙利内政而造成的局面,并向大会报告调查结果。

1月19日　大会继续讨论首届紧急特别会议所讨论之中东问题,根据亚非25国提出的提案通过第A/RES/1123(11)号决议,对以色列未能遵守大会已做出的各项决议表示遗憾,要求秘书长继续努力,务使各项决议得到遵守。

1月23日　大会授权西南非洲委员会听取请愿者的申述。

1月24日　安理会通过关于印度巴基斯坦问题的第S/RES/122(1957)号决议,重申支持以公民自由投票的方式解决克什米尔归属问题的决定,并主张由联合国进行监督。

1月25日　哈马舍尔德秘书长向大会提交报告表示,对以色列提出联

---

① 国际地球观测年又称为国际地球物理年,是由当时国际科学界共同商定的。时间从1957年7月1日至1958年12月31日。要求在这18个月内,各国的科学家们将根据共同商定的统一的计划和要求,在全球各地广泛进行各种地球物理观测。这次国际地球物理年活动是世界范围内首次大规模的科技合作活动,对促进科学技术的发展有积极意义。

合国紧急部队应将保障亚喀巴湾西岸的沙姆沙伊赫地区通航自由及防止再次发生战斗作为其职责的要求,他无意做越权行动。这位秘书长坚持,联合国紧急部队在加沙和沙姆沙伊赫的部署"应与其沿西奈半岛停战线所作部署基于同样的原则",任何扩大联合国紧急部队在该地区职责范围的做法都必须征得埃及方面的同意。

1月29日　大会通过关于《已婚妇女国籍公约》的第 A/RES/1040(11)号决议。根据这一公约,不能因与外国人结婚而影响妻子的国籍;公约还为愿意取得丈夫国籍的妻子规定了特别优待的归化程序。1958年8月11日该公约生效。

2月2日　大会通过第 A/RES/1124(11)、A/RES/1125(11)号决议,呼吁以色列遵守大会在此以前提出的各项要求,立即从埃及撤军。

2月20—21日　安理会在表决一项向印巴争议的克什米尔地区派遣联合国部队可能性问题的提案,被苏联否决后,转而于21日通过关于印度巴基斯坦问题的第 S/RES/123(1957)号决议,要求安理会轮值主席冈纳·耶尔林(瑞典)在已有的各项决议基础上与印巴政府一起寻求一项解决办法。

2月21日　大会通过关于"审查海洋法的国际全权代表会议"的第 A/RES/1105(11)号决议,决定召开一次国际全权代表会议来审查海洋法,不仅考虑这一问题的法律方面,而且考虑其技术的、生物的、经济的和政治的各个方面。

2月22日　大会通过关于中东问题的第 A/RES/1126(11)号决议,审议并通过了1957年2月8日联合国秘书长就紧急部队事务提交的进展报告。

2月26日　大会通过关于塞浦路斯问题的第 A/RES/1013(11)号决议,真诚希望与塞浦路斯问题有关的当事国能找到一项和平、民主和公正解决塞浦路斯问题的办法,并为此继续进行谈判。

3月4日—5月15日　托管理事会召开第19届常会。

3月7日　安理会一致通过关于"吸收新会员国:加纳"的第 S/RES/124(1957)号决议,表示已经审查加纳的入会申请,建议大会准许加纳加入联合国为会员国。

3月8日　大会通过关于接纳加纳为联合国会员国的第 A/RES/1118(11)号决议,正式接纳加纳为联合国会员国。

同日　以色列完成从加沙和沙姆沙伊赫地区的撤军,联合国紧急部队随即进驻上述两个地区,开始履行职责。

3 月 18 日—9 月 6 日　根据大会 1957 年 2 月 14 日通过的第 A/RES/1011(11) 号决议的要求,裁军委员会小组委员会复会。苏联和西方 4 国相继提出了裁军计划,但终因分歧太大,无法达成协议。苏联还对小组委员会包含了 4 个北约成员国这种组合提出指责。本次会议成为该小组的末次会议。

4 月 8—18 日　科学委员会召开辐射问题会议。

4 月 16 日　法国颁布喀麦隆法令。

4 月 16 日—5 月 2 日　经社理事会召开第 23 届常会,通过 14 项决议。审议了联合国全权代表会议就废止奴隶制度、奴隶贩卖及类似奴隶制度之制度与习俗补充公约所提的建议,并提出发展落后国家之新闻机构以促进新闻自由的问题。

4 月 29 日　联合国报告指出,目前没有可促进克什米尔问题解决的具体建议。

5 月 20 日—7 月 12 日　托管理事会召开第 20 届常会,通过 1957 年联合国东非托管领土视察团任务的规定、议事规则第 19 条之修订条文。

6 月 25 日　国际劳工组织大会第 40 届会议通过《废止强迫劳动公约》。该公约于 1959 年 1 月 17 日生效。

6 月 30 日　国际地球观测年开始。64 个国家的科学家参与了一项重大的考察与研究活动。

7 月 2 日—8 月 2 日　经社理事会召开第 24 届常会,通过 18 项决议,论及对索马里兰托管领土的技术协助,审议了能源作为经济发展之手段的报告。

7 月 6 日　国际法院拒绝对挪威—法国案作出判决。

7 月 29 日　国际原子能机构成立。

8 月 2 日　比利时称有关自治领的信息应交由联合国图书馆存档。

9 月 5 日　安理会一致通过关于"吸收新会员国:马来西亚"的第 S/RES/125(1957) 号决议,表示已经审查马来西亚联邦的入会申请,建议大会准许马来西亚联邦加入联合国为会员国。

9 月 9 日　安理会讨论南朝鲜和南越加入联合国的问题,苏联均投了否决票。

9 月 10—14 日　第 11 届联合国大会复会,审议联合国匈牙利问题特别委员会的报告。14 日,大会以 60 票对 10 票、10 票弃权通过关于匈牙利问题的第 A/RES/1133(11) 号决议,谴责苏联违反《联合国宪章》剥夺匈牙利的自由和独立以及匈牙利人民行使其基本人权的权利,指称匈牙利现政府是苏联武装入侵强加给匈牙利的,并重申联合国对"仍然处于困难境况的匈牙利人民"的关心。第 11 届大会主席旺·威泰耶康亲王被任命为大会匈牙利问题的特别代表,负责促成大会关于匈牙利各项决议目标的实现。

9 月 12—20 日 托管理事会召开第 7 次特别会议。

9 月 17 日 大会通过关于马来亚联邦加入联合国为会员国问题的第 A/RES/1134(12)号决议,正式接纳马来西亚为联合国会员国。在新加坡、沙巴(北婆罗洲)及沙捞越加入新联邦之后,它于 1963 年 9 月 16 日改名为马来西亚。

9 月 17 日—12 月 14 日 第 12 届联合国大会在纽约举行。莱斯利·孟罗爵士(新西兰)当选为本届大会主席。

9 月 24 日 大会以 47 票对 27 票、7 票弃权通过关于中国在联合国的代表权问题的第 A/RES/1135(12)号决议,再次推迟讨论中国在联合国的代表权问题。

9 月 26 日 大会通过决议,再次任命哈马舍尔德为联合国秘书长,新的任期为 5 年,自 1958 年 4 月 10 日始。

10 月 2 日 波兰外长腊帕茨基在联合国大会发言中提出关于在中欧实现无原子武器区的计划,即"腊帕茨基计划",表示如果两个德国都愿意承担在它们各自的领土上禁止生产和部署核武器的义务,那么波兰政府也愿意承担同样的义务。

10 月 4 日 大会召开有全体会员国代表参加的特设委员会会议,以便使会员国宣布对联合国难民计划认捐的数额。由于 1956 年报告显示难民救济工作存在严重的财政危机,大会决定召开这次特别认捐会议。认捐会议成为此后历届大会的固定程序。

10 月 10 日 荷兰—瑞典案被提交国际法院。

10 月 16 日 以色列、英、美—保加利亚航空事件案提交国际法院。

10 月 24 日 周恩来总理同来访的阿富汗首相达乌德谈及阿方支持中国恢复在联合国的合法权利时说:新中国被承认,不被承认,是时间问题。现在美国及其追随者在搞"两个中国"的活动,把台湾不算中国的一部分,而想使它以独立国出现,我们绝不能容忍。因为中国只有一个,不同于东西德国、南北朝鲜,那是第二次世界大战结果造成的,也不同于南北越南,这是日内瓦协定肯定的。台湾是中国的领土,已由日本归还。我们的态度是,在一切国际组织中、国际会议上、国际活动中如果有造成"两个中国"的形势,我们决不参加。

同日 中国红十字会会长李德全抗议国际红十字会大会常设委员会邀

请蒋介石集团分子以所谓"台湾政府"和"台湾红十字会"名义参加第 19 届国际红十字会大会。

10 月 25 日　大会成立西南非洲事务调停委员会。

大会通过关于"新会员国加入联合国的准许"的第 A/RES/1144（12）号决议，认定大韩民国和越南充分具有为联合国会员国的资格，但悉安全理事会有一常任理事国的否决票，仍不能建议准许上述两个国家加入联合国为会员国，表示遗憾。

11 月 5 日　参加第 19 届国际红十字大会的中国政府代表团团长潘自力在国际红十字会会议上发言指出：蒋介石集团根本没有任何资格参加大会，中国的内政问题不容许任何国家干涉。7 日下午，国际红十字会大会全体会议在美国压力下通过了美国要让蒋介石集团出席会议的提案后，中国、印度、苏联等 17 国代表团退出会场表示抗议。随后，中国政府代表团团长潘自力在新德里举行记者招待会，就中国代表团退出国际红十字大会发表谈话，他强调指出，即使美国一百年不承认新中国，新中国不能参加任何国际会议和国际组织，我们也不能承认美国侵占我国台湾是合法的，我们也不能容许在任何我们所参加的国际会议或国际组织中有"两个中国"的局面出现。

11 月 14 日　大会以 56 票对 9 票，15 票弃权通过了美、英、法等 24 国提出的关于"一切军队及一切军备的调节、限制及均衡裁减军备及禁止原子武器、氢武器及其他大规模毁灭武器的国际公约"的第 A/RES/1148（12）号决议，促请有关各国，特别是裁军委员会小组委员会的成员国争取优先达成一项裁军协议，立即停止核武器试验，同时迅速建立有效的国际监督；停止生产用于军事目的的裂变物质；通过适当的有保障的安排，裁减武装部队和军备；并请有关各国考虑把裁军节省下来的部分资金用于改善贫困国家的生活条件。

大会通过第 A/RES/1145（12）号决议，核准有关联合国与国际原子能总署间关系的协定。协定规定，总署是在联合国领导下，负责依其规约办理和平使用原子能相关事宜的机关，但不损及联合国根据宪章在此方面具有的权利和责任；因其政府间性质与担负的国际责任，联合国承认其为独立的国际组织；两者应尽量交换适当的情报，必要时可互派代表。

大会以 71 票对 9 票，1 票弃权通过关于"采取集团行动，启发世界人民，使其明了军备竞赛的危险，尤其认识现代武器的破坏力"的第 A/RES/1149（12）号决议，表示希望在联合国主持下，撇开一切意识形态和政治上的考虑，组织一次有效而持续的世界性宣传运动，使全世界人民认识军备竞赛的危险,特别是核武器的破坏性后果。

11 月 19 日 大会以 60 票对 9 票,11 票弃权通过关于增加裁减委员会的委员名额的第 A/RES/1150(12)号决议,决定将裁军委员会成员从 11 国扩大到 25 国,增加阿根廷、澳大利亚、比利时、巴西、缅甸、捷克斯洛伐克、埃及、印度、意大利、墨西哥、挪威、波兰、突尼斯和南斯拉夫等 14 国。但苏联认为,扩大后的裁军委员会并未达到苏联提出的应具有更广泛代表性的要求,因此苏联将不参加扩大后的裁军委员会及其小组委员会的工作。

11 月 26 日 大会通过关于联合国韩国复兴事务处主任报告书的第 A/RES/1159(12)号决议,决定联合国朝鲜重建局的活动至 1958 年 6 月 30 日结束。

大会通过关于续设联合国难民事务高级专员办事处的第 A/RES/1165(12)号决议,决定联合国难民事务高级专员办事处的工作继续延长 5 年。

11 月 27 日 比利时—荷兰边境问题案提交国际法院。

11 月 29 日 大会重申希望朝鲜半岛能够实现和平统一。

12 月 2 日 安理会通过关于印度巴基斯坦问题的第 S/RES/126(1957)号决议,要求联合国印巴事务代表格雷厄姆向双方提出有关进一步采取适当行动的建议,以便加速执行印度和巴基斯坦问题委员会的各项决议,和平解决双方之间的争端。

12 月 9 日 大会关于联合国匈牙利问题特别委员会的联合国特别代表报告指出,他与苏联和匈牙利的谈判没有取得成效。

12 月 10 日 大会通过关于阿尔及利亚问题的第 A/RES/1184(12)号决议,再次表示对阿尔及利亚局势的关注,希望各方本着有效合作的精神着手通过谈判和其他适当途径,以寻求一种符合《联合国宪章》原则和宗旨的解决办法。

12 月 12 日 大会讨论了宪章修正问题,通过第 A/RES/1190(12)号决议,涉及依宪章第 108 条所定程序修正《联合国宪章》以增加安全理事会非常任理事国议席及理事会决议所需票数问题;依宪章第 108 条所定程序修正《联合国宪章》以增加经济及社会理事会的议席问题;依宪章第 108 条及国际法院规约第 69 条所定之程序修正国际法院规约以增加国际法院法官名额问题。决定将这些问题置于第 13 届大会临时议程中继续讨论。

12 月 14 日 大会通过关于各国间和平善邻关系的第 A/RES/1236(12)号决议,促请各国尽一切努力加强国际和平、发展友好合作关系并以宪章所规定的和平方式解决争端。

大会通过关于经济发展筹资问题的第 A/RES/1219(12)号决议,决定成立一个经济援助特别基金以取代联合国经济发展特别基金。

大会通过关于"智利政府愿赠圣地亚哥市内土地供联合国及其他国际组织设立办事处"的 A/RES/1124(12)号决议,决定在智利圣地亚哥设立区域委员会办事处。

大会通过关于清除苏伊士运河障碍物的第 A/RES/1212(12)号决议,将苏伊士运河的通行费提高 3%以支付清理运河的 840 万美元的费用。

12 月 21 日　匈牙利常驻联合国代表拒绝转交特别委员会致匈牙利政府的信函。

一九五八年

1 月 13 日　哈马舍尔德秘书长接受一份由来自 43 个国家的 9000 名科学家签名的敦促"立即签订一项停止核弹试验的国际协定"的呼吁书。

1 月 18 日　秘书长代表报告,以色列与约旦就斯科普斯山脉地区局势达成协议。

1 月 22 日　安理会通过关于巴勒斯坦问题的第 S/RES/127(1958)号决议,呼吁停止耶路撒冷地区的暴力冲突。

1 月 27 日—2 月 28 日　联合国科学委员会召开辐射问题会议。

1 月 30 日—3 月 26 日　联合国托管理事会召开第 21 届常会。宪章规定,托管理事会有权审查并讨论管理当局就托管领土人民的政治、经济、社会和教育方面进展提出的报告,会同管理当局审查托管领土的请愿书,并对托管领土进行定期的和其他特别的视察。

2 月 18 日　安理会开会讨论突尼斯对法国军用飞机轰炸突尼斯边境城镇的控诉,同时讨论法国对突尼斯向阿尔及利亚民族解放组织提供援助的反控。由于英、美出面进行斡旋,安理会未作出任何相关决议。

2 月 21 日　埃及和叙利亚从 1945 年 10 月 24 日起为联合国创始会员国。经过 1958 年 2 月 21 日的公民投票,埃及和叙利亚联合成立了阿拉伯联合共和国,并作为单一的会员国继续保持其会员国资格。因此,联合国会员国数目减至 81 个。

2 月 22 日　安理会开会讨论苏丹对埃及有关边界领土的控诉。

2 月 24 日—4 月 27 日　联合国第 1 次海洋法会议在日内瓦召开,86 个国家派代表出席。会议讨论了国际法委员会拟定的海洋法草案,并一致通过了《领海及毗连区公约》《公海公约》《捕鱼及保护公海生物资源公约》

《大陆架公约》以及 1 项关于强制解决这些公约可能产生的争端的任择议定书。此次会议奠定了现代海洋法的基础。会议还通过包括召开联合国第 2 次海洋法会议等问题的 9 项决议。

2 月 26—27 日　联合国信息大会召开。

3 月 11 日—4 月 15 日　联合国技术援助特别基金委员会召开筹备会议。

3 月 31 日　截至当日,纽约联合国总部已经接待了 400 万名来访者。联合国代表向安理会提交了关于克什米尔问题的 5 项建议。

4 月 15 日—5 月 2 日　经社理事会召开第 25 届常会,通过 14 项决议。此次会议就儿童基金、建立联合国非洲经济委员会、发展落后国家水利及工业化、发展落后国家之新闻机构以促进新闻自由的问题等议题达成决议。

4 月 21 日　安理会接到苏联对美国的指控,苏联称"带有原子弹和氢弹的美国军用飞机"向苏联边境进行挑衅性的危险飞行,要求安理会采取紧急措施制止美国的行径。

4 月 27 日　在联合国特派专员和联合国观察员的监督下,法属多哥通过公民普选产生独立的政府,为结束法国的托管开通道路。

4 月 29 日　经社理事会一致通过决议,决定成立非洲经济委员会,该委员会的功能和目的是促进、便利非洲经济及社会发展的协调一致的行动,并保持和加强非洲各国与各领地之间以及它们和世界其他国家之间的经济关系。

4 月 30 日　经社理事会设立由 30 个成员国组成的难民事务高级专员工作方案执行委员会,这些成员国是由经社理事会在最广泛的地区基础上选出,成员国皆是关心和致力于解决难民问题的国家。

5 月 2 日　安理会讨论 1958 年 4 月 18 日苏联致安全理事会主席函中所提的控诉,其题目为"制止美国携有原子弹及氢弹之军用飞机向苏联边境飞行的紧急措施"。随后,苏联否决了安理会关于建立北极军控监测区的决议草案。

5 月 7—8 日　联合国咨询委员会召开关于和平利用原子能会议。

5 月 20 日—6 月 10 日　联合国国际商业仲裁会议在纽约联合国总部举行。6 月 10 日,会议通过了《关于承认和执行外国仲裁书的公约》(又称《纽约公约》)并向各国开放签字。该公约规定,每个缔约国必须承认和执行外国仲裁裁决。此项公约于 1959 年 6 月 7 日生效。

5 月 22 日　黎巴嫩向安理会控诉阿拉伯联合共和国干涉黎巴嫩内政,指其煽动并帮助黎巴嫩的反政府集团进行推翻黎巴嫩合法政府的叛乱活动。阿拉伯联合共和国对此予以否认。

6月4日　安理会决定在6月18日突尼斯冲突各方都参与谈判之前,暂停对这一问题的讨论。

6月9日—8月1日　托管理事会召开第22届常会,讨论意大利托管之索马里兰问题,并通过议事规则第21条之修订。

6月10日　联合国国际商事仲裁会议通过《承认及执行外国仲裁裁决公约》,条约于1959年6月7日生效。

6月11日　安理会通过关于"黎巴嫩的抗议"的第 S/RES/128(1958)号决议,根据黎巴嫩关于阿拉伯联合共和国干涉其内政的指责及阿拉伯联合共和国的答复,决定成立由600人组成的联合国驻黎巴嫩观察小组,负责监督黎巴嫩边界安全及确保没有人员、武器或其他物资供应非法进入黎巴嫩境内。该小组的活动至当年12月9日结束。

6月18日　关于法国军队撤出突尼斯的协议提交安理会。

6月21日　联合国匈牙利特别委员会谴责对伊姆雷·纳吉、佩尔·马勒德等人的处决。

6月25日　国际劳工大会第42届会议通过《歧视(就业及职业)公约》,促进就业和职业方面的机会平等和待遇平等的国际政策,以消除就业及职业方面的任何歧视。该公约于1960年6月15日生效。

6月30日　联合国目前可支配的资金仅够维持联合国3个星期的运作。

7月1日　洪都拉斯将其与尼加拉瓜纠纷案提交国际法院。

同日　经社理事会召开第26届常会。此次会议分两阶段召开:7月1—31日,10月23日—12月11日。会议通过30项决议,包括国际原子能总署参加技术协助扩大方案、设置国际服务行政处等决议案。

7月14日　联合国特别委员会公布了匈牙利问题报告。

同日　伊拉克发生政变,国王费萨尔、太子和伊拉克总理被处死,现政府被取代。新的领导人一上台,立即同主张反对西方的、在埃及实行泛阿拉伯政策的纳赛尔将军结成同盟。

7月15日　美国以"应黎巴嫩总统的紧急要求"和"保护美国人的生命安全"的名义派遣海军陆战队在黎巴嫩登陆,干涉黎巴嫩内政。安理会当天召开紧急会议讨论黎巴嫩局势。苏联建议安理会要求美国停止干涉阿拉伯各国的内政,美军立即撤出黎巴嫩。

7月16日　联合国驻黎巴嫩观察小组报告,可以自由出入黎巴嫩边境。

7月17日 约旦向安理会控诉阿拉伯联合共和国干涉约旦内政,并通知安理会,应约旦政府要求,英军已在约旦登陆。安理会召开紧急会议就黎巴嫩和约旦的局势进行讨论。

7月18日 安理会讨论1958年5月22日黎巴嫩和1958年7月17日约旦给安全理事会主席的信,控诉阿拉伯联合共和国干涉本国内政。安理会分别投票,以多数反对否决了苏联建议安理会要求美、英从黎巴嫩和约旦撤军的提案和瑞典建议暂停联合国驻黎巴嫩观察小组活动的提案。苏联也否决了美国要求延长和加强驻黎巴嫩观察小组活动的提案。

7月19日 为解决当前中东的紧张局势,苏联领导人赫鲁晓夫建议"立即召开苏、美、英、法和印度5国政府首脑会议,邀请联合国秘书长参加,以便及时采取应对措施"。

7月22日 安理会表决日本提出的建议加强联合国驻黎巴嫩观察小组的决议草案,苏联投票予以否决。

8月7日 安理会通过关于"黎巴嫩的抗议—约旦的抗议"的第S/RES/129(1958)号决议,鉴于常任理事国在中东问题上无法达成协议,未能履行维持国际和平与安全的责任,决定召开联合国大会紧急特别会议。

8月8日 中国政府发表关于支持苏联建议召开联合国大会紧急特别会议的声明。声明要求美英军队立即从黎巴嫩和约旦撤出,恢复中近东地区和平。声明指出,大会面临能否真正制止侵略、保卫和平的又一次考验。

8月8—21日 大会召开第3次紧急特别会议,讨论由于英、美派遣武装部队干涉黎巴嫩和约旦事务引起的中东紧张局势。会议通过了第A/RES/1237(ES—3)号、第A/RES/1238(ES—3)号决议。前项决议关于"1958年8月7日安全理事会第838次会议所审议之问题",其中包括21日会议一致通过的苏丹代表阿拉伯10个国家的提案,该决议还要求各会员国按照互相尊重领土完整和主权、互不侵犯和互不干涉内政的原则行事,责成联合国秘书长根据宪章精神与有关国家协商,立即做出实际安排,促成外国军队尽快从黎巴嫩和约旦撤出。后项决议为出席大会第3届紧急特别会议代表的全权证书。

8月10日 联合国科学委员会发表了第1份关于原子辐射的全面报告。

8月11日 《已婚妇女国籍问题公约》生效。该公约规定缔约国同意其本国人与外国人结婚者,不因婚姻关系的成立或消灭,或婚姻关系存续中丈夫的国籍变更,而当然影响妻子的国籍;缔约国同意其本国人自愿取得他国国籍或脱离其本国国籍时,不妨碍其妻保留该缔约国国籍。

8月13日　美国总统艾森豪威尔向大会提交了中东和平6点建议。

8月20日　中国奥林匹克委员会就国际奥委会在其主席布伦代奇的操纵下,为美国制造"两个中国"的阴谋服务发表声明,断绝同国际奥委会的关系。

8月21日　大会呼吁各成员国按照相互尊重的原则协调行动,并责成联合国秘书长就中东黎巴嫩—约旦问题的解决作出实际安排。

同日　8大国认为建立实用有效的核爆炸监测系统是可行的。

8月22日　美国就航空事件向国际法院起诉苏联。

8月26日　联合国驻黎巴嫩观察小组报告,15个国家共派出了190名军事观察员。

9月1—13日　第2次联合国和平利用原子能国际会议在日内瓦举行。这次会议的议程范围比第1次会议更为广泛,涉及受控聚变可能性这个新的领域。

9月8—10日　联合国铜探测大会召开。

9月11—13日　联合国铅探测大会召开。

9月16日—12月13日　第13届联合国大会在纽约举行。来自黎巴嫩的查尔斯·马利克当选为本届大会主席。

9月20日　联合国驻黎巴嫩观察小组报告,21个国家共派出了214名军事观察员。

同日　陈毅外长发表声明,驳斥美国国务卿杜勒斯在联合国大会上的发言。声明指出,中国人民对于杜勒斯18日在大会发表的关于台湾海峡地区局势的言论感到愤怒。美国侵占中国领土台湾,最近又集结了大量兵力干涉中国人民收复金门、马祖等沿海岛屿,使远东及世界和平受到严重威胁。陈毅严正警告杜勒斯,美国武装力量必须撤出台湾地区。

9月22日—10月24日　联合国糖业大会通过了《1958年国际糖业协议》。

9月23日　大会以42票赞成28票反对,11票弃权通过关于中国在联合国的代表权问题的第 A/RES/1239(13)号决议,再一次无理粗暴地推迟讨论中国在联合国的代表权问题。值得关注的是支持美国等国无理提案的票数仅比反对和弃权票数多3票,它表明蓄意阻扰解决中国代表权问题的主张是如何不得人心。

同日　比利时诉西班牙巴塞罗那电车、电灯和电力有限公司案提交至国际法院。

9月29日　联合国秘书长哈马舍尔德提交了关于黎巴嫩—约旦问题

的措施报告,报告包括联合国对该地区的介入情况。

10月13日 法国向托管理事会报告,法属多哥将于1960年独立。

10月13—17日 托管理事会召开第8次特别会议。

10月16日 技术援助认捐大会得到2700万美元的捐助用于扩建项目,其中2100万美元用于特别基金。

10月16—29日 大会通过了《公民权利和政治权利国际公约》试行条款的第7—9条。该公约规定了公民个人所应享有的基本权利和基本自由,包括生命、自由和人身安全的权利,免受酷刑的自由,法律人格权,司法补救权,不受任意逮捕、拘役或放逐的自由,公正和公开审讯权,无罪推定权,私生活、家庭、住房或通信不受任意干涉的自由,迁徙自由,财产所有权,言论自由,结社集会的自由、参政权等。这一公约于1976年生效。

10月25日 在联合国的干预以及黎巴嫩和中东局势逐渐缓和的情况下,美军从黎巴嫩撤出。

10月27日 联合国近东和巴勒斯坦难民救济和工程处募集到来自32个国家的2750万美元的捐助。

同日 联合国难民署得到了26国政府提供的310万美元用于难民计划。

10月28日 朝鲜外相南日致函联合国秘书长哈马舍尔德和第13届大会主席马利克,中国人民志愿军已全部撤离朝鲜,要求美国军队也尽快从南朝鲜全部撤出。

10月30日 大会审议西南非问题委员会提出的关于西南非领土情况的报告书,建议将西南非委任统治领土置于国际托管制度下,并请南非联邦政府提出西南非托管协定以供大会审议。大会对于南非种族隔离政策仍未得到改变表示遗憾;并拒绝分割西南非洲地区。

10月31日 苏联、美国、英国3国在联合国秘书长私人代表列席下于日内瓦举行关于停止核武器试验的会议。实现全面禁止核武器试验是核裁军进程中迈出的重要一步。由于3方都没有停试的诚意,在核查问题上纠缠不休,谈判于1962年初休会,但3方为此进行的工作并未中断。

11月2日 在联合国的帮助及安排下,英国军队从约旦撤出。

11月4日 大会通过关于"裁军问题;停止原子武器及氢武器试验;苏维埃社会主义共和国联邦、美利坚合众国、大不列颠及北爱尔兰联合王国及法兰西的军事预算削减10%—15%,并将撙节的一部分用以协助发展不足的国家"的第A/RES/1252(13)号决议,敦促有关国家早日就有效的国际监督下停止核武器试验问题达成协议,并决定从1959年起将裁军委员会成员扩大到包括联合国全体会员国在内。

11月6—7日 托管理事会召开第9次特别会议。

11月10日 中国外交部代表中国政府,并受朝鲜政府委托,照会英国驻华代办处并且要求英国政府转达参加"联合国军"的各国政府。照会称,中国人民志愿军已经全部从朝鲜撤出。朝中方面的这一主动措施打开了朝鲜问题的僵局,为和平解决朝鲜问题提供了有利条件。但是"联合国军"方面不仅迄未采取任何相应措施,而且还不断违反停战协定。朝中两国政府认为,美国和参加"联合国军"的其他国家的军队继续留在朝鲜南部,是目前谋求和平解决朝鲜问题的主要障碍。

11月14日 大会通过关于法管多哥兰的前途的第A/RES/1253(13)号决议,表示注意到法国和多哥共和国两国政府同意多哥应于1960年4月27日获得独立;大会决定,关于该领土的托管协定将于同日失效,并建议多哥在获得独立后加入联合国。

大会通过关于"对阿富汗技术协助"的第A/RES/1259(13)号决议,促请联合国主管技术协助机构以及相关专门机构给予阿富汗经济与社会发展方面的技术援助。

大会通过《公民权利和政治权利国际公约》试行条款的第10条。

11月25日 安理会通过关于国际法院的第S/RES/130(1958)号决议,决定将在大会第14次会议或是在之前的特别会议上举行选举,以填补国际法院的职位空缺。

11月27日—1959年5月11日 第二次柏林危机。进入20世纪50年代中后期,美、英、法、联邦德国同苏联、民主德国之间关于柏林地位问题的争论日趋激烈。联邦德国接二连三地在西柏林设立和增加联邦机构、召开联邦会议等。1957年5月21日,联邦宪法法院又宣布,只要不与盟国的权利相抵触,"基本法"也适用于西柏林。面对西德不断激化矛盾的挑衅行动,11月27日,苏联照会美、英、法、两个德国和苏联的所有建交国,批评西方3国粗暴破坏波茨坦协定,把西柏林变成对苏联、民主德国和其他社会主义国家进行破坏活动的跳板,因此把德国划分为占领区的"伦敦议定书"及其他协议已不再有效,要求结束西方3国对西柏林的占领状态,并在6个月内把柏林变成非军事化的"自由城市"达成协议,否则将与民主德国单独缔结移交其管理柏林职权的协定。同日,赫鲁晓夫在记者招待会上声称,西柏林已变成毒瘤,苏联决定"动外科手术",同时表示6个月期限内不会打破柏林现状。12月14日,美、英、法和联邦德国外长在巴黎开会协调立场,重申自由出入柏林的权利,拒绝接受苏单方面废除对柏林的4国共管状态。

12月16—18日,北约部长理事会在巴黎举行会议,重申柏林属北约保护范围。12月31日,西方3国声明继续保持对柏林的权利,同时表示,如苏联放弃最后通牒方式,西方愿就广泛的德国问题和欧洲安全问题与苏会谈,并建议召开4国外长会议。1959年1月7日,苏联部长会议第一副主席米高扬赴美"休假"。米高扬在会见美国国务卿杜勒斯时表示,6个月的期限不是最后通牒,西方对柏林的自由通行可以保证。面对西方3国对6个月期限的明确拒绝和召开4国外长会议的建议,苏联放弃了原来限期的主张并接受召开外长会议的建议。5月11日,苏、美、英、法4国外长在日内瓦举行会议。第二次柏林危机暂告缓解。

11月29日　柬埔寨政府致函联合国秘书长哈马舍尔德,指出泰国正在泰柬边界地区集结军队和战备物资,威胁着柬埔寨的和平与安全。泰国方面则否认其在柬边境军事集结,并表示准备接受联合国代表前来实地考察泰柬边境局势。

12月4日　保罗·G.霍夫曼被任命为联合国特别基金主席。

12月5日　大会通过关于续开大会第13届会以审议法管卡麦隆及英管卡麦隆两托管领土的前途问题的第A/RES/1281(13)号和关于法管卡麦隆及英管卡麦隆两托管领土的前途问题的第A/RES/1282(13)号决议,要求托管理事会在1959年2月20日本届大会复会上就法属和英属两个喀麦隆独立的可能性问题提交报告。

大会通过关于国际卫生及医学研究年的第A/RES/1283(13)号决议,建议于1961年开展医学研究年活动,加强医疗卫生方面的国际合作。

大会通过关于国际难民年的第A/RES/1285(13)号决议,确定1959年为"世界难民年",目的在于为难民筹集资金和援助并使全世界注意他们的困境。

12月8日　安理会开会讨论了以色列控诉阿拉伯联合王国对其的进攻。

12月9日　安理会通过关于"吸收新会员国:几内亚"的第S/RES/131(1958)号决议,决定向大会推荐几内亚共和国为联合国会员国。

同日　安理会分别审议大韩民国和越南加入联合国的申请,苏联代表连续投票予以否决。

同日　联合国驻黎巴嫩观察小组停止工作。

12月10日　大会通过关于召开第2次联合国海洋法会议的第A/RES/1307(13)号决议,决定于1960年召开第2次海洋法会议,以便进一步讨论领海宽度和捕鱼区界限等问题。

12月12日　大会通过关于匈牙利形势的第A/RES/1312(13)号决议,

批准联合国匈牙利问题特别委员会的历次报告,谴责匈牙利处死伊姆雷·吉纳及其3个同事的行径,并任命第12届大会主席莱斯利·孟罗为新任大会匈牙利问题特别代表。

大会通过一系列经济、贸易、投资相关的决议,包括关于联合国资本发展基金的第 A/RES/1317(13)号决议、关于促进私人资本国际流通的第 A/RES/1318(13)号决议、关于国际经济合作目标与方法的第 A/RES/1321(13)号决议、关于在贸易方面促进国际合作的第 A/RES/1322(13)号决议、关于促进国际贸易及协助发展落后国家的问题的第 A/RES/1323(13)号决议和关于国际商品问题的第 A/RES/1324(13)号决议。

大会通过第 A/RES/1318(13)号决议,重申为提高发展落后国家经济及社会发展必须提高资本形成之水平。

大会通过第 A/RES/1325(13)号决议,接纳几内亚为联合国会员国。

大会通过关于非自治领土种族歧视问题的第 A/RES/1328(13)号决议,敦促托管当局对种族歧视问题时刻保持关注,并决定非自治领情报委员会将继续工作3年。

12月13日　大会通过关于外空的和平使用问题的第 A/RES/1348(13)号决议,决定设立一个由18国组成的和平利用外层空间特设委员会,要求该委员会就联合国及其专门机构研究和平利用外层空间国际合作方面的活动和办法、将来的组织安排以及在执行探索外层空间各项方案中可能产生的法律问题的性质等,向大会下一届会议提出报告。

12月29日　非洲经济委员会第1次会议召开。

<h2 style="text-align:center">一九五九年</h2>
(世界难民年)

1月1日　联合国特别基金成立,其作用在于向贫困国家较大规模的发展提供投资前的援助。该项基金是由联合国及其有关机构的成员国自愿捐献提供的。

1月26—27日　联合国特别基金执行委员会召开第1次会议。

1月30日—2月18日　托管理事会召开第23届常会。

2月13日　黎巴嫩起诉法国公司税款案提交国际法院。

2月20日—3月13日　第13届联合国大会复会。

3月13日　大会决定,于1960年1月1日终止法国对喀麦隆的托管,并建议法国管理下的喀麦隆在获得独立后加入联合国。大会同时建议举行公民投票来决定英国管理下的喀麦隆的前途。

3月17—20日 托管理事会第23届常会复会。

3月24日—4月18日 联合国关于消除或减少未来无国籍现象的会议在日内瓦举行。会议通过旨在减少未来无国籍现象的规定,但未就如何限制国家剥夺公民国籍的自由问题达成协议,因此会议建议联合国主管机构尽快再召开一次会议来完成后续工作。

3月25日 国际法院接受国际海事协议组织海事安全委员会的请求,就该组织的组成问题提供咨询意见。

4月7—24日 经社理事会召开第27届常会,通过16项决议。会议讨论通过国际货币基金报告书、国际复兴建设银行及国际金融公司报告书、发展落后国家经济之能源及土地改革等议题。

5月26日 国际法院认为其在以色列与保加利亚航空事件案中没有裁决权。

5月26—28日 联合国特别基金执行委员会第2次会议批准投资760万美元用于16个国家的13个项目。

6月2日—8月6日 托管理事会召开第24届常会,论及托管领土之农村经济发展问题以及在各托管领土传播关于联合国及国际托管制度的情报。

6月15日 联合国原子能辐射问题研究科学委员会发布进一步的报告。

6月16日 国际法院裁判支持比利时在其与瑞士的边界争端案中的主张。

6月20日 《国际橄榄油协定》开始生效。

6月26日 毛泽东主席接见应邀访华的由秘鲁众议员、世界和平理事会理事埃尔内斯托·莫雷率领的秘鲁议员团。

6月30日—7月31日 经社理事会召开第28届常会,12月14—15日复会,共通过24项决议。

9月4日 老挝王国政府向安理会提出指控,称越南支持老挝的反政府游击队及对老挝东北部边境进行"侵略",老挝要求联合国给予帮助,特别是派遣一支紧急部队维护老挝的安全。

9月7日 安理会通过关于老挝的问题的第S/RES/132(1959)号决议,在审议老挝对越南的指控之后,要求成立一个小组委员会,调查研究老挝的指控,并向安理会提出报告。苏联代表在决议通过后宣布,该决议的通过违反了《联合国宪章》和安理会议事规则,是非法的和无效的。

9 月 10 日 联合国裁军委员会举行会议,审议苏联、美国、英国、法国 4 国外长会议发表的公报,对 4 国同意设立一个新的 10 国裁军委员会并打算恢复谈判表示欢迎与支持。同年联大期间,确定这 10 个国家是保加利亚、加拿大、捷克斯洛伐克、法国、意大利、波兰、罗马尼亚、苏联、英国、美国。

9 月 15 日—12 月 13 日 第 14 届联合国大会在纽约举行,秘鲁驻联合国代表维克托·安德列斯·贝朗德当选为大会主席。

9 月 17 日 英国外交大臣劳埃德向大会提出一项综合裁军方案,建议分 3 个阶段销毁一切大规模毁灭性武器,同时将其他武器和武装部队削减到能够排除侵略战争的可能性的水平。

9 月 18 日 苏联部长会议主席赫鲁晓夫向大会提出一项"苏联政府关于全面彻底裁军宣言",建议在国际监督下,4 年内分 3 阶段解散一切武装部队和销毁一切军备。第 1 阶段,把苏联、美国、中国的武装部队裁减到 170 万人,英国和法国的武装部队则裁减到 65 万人。其他国家武装部队的人数将由大会的一次特别会议或国际会议议定,军备和军事装备则按照确定的武装部队人数做相应的裁减。第 2 阶段,解散剩余的武装部队,各国拆除一切外国军事基地。第 3 阶段应采取一系列综合性措施,包括销毁核武器、导弹,禁止军事研究和发展,停止军事开支。实现全面裁军以后,应设立一个监督机构,用空中视察和空中摄影制度对所有的监督对象进行自由调查,将违约行为证据提交给联大或安理会处理。

9 月 22 日 大会以 44 票对 29 票,9 票弃权通过关于中国在联合国的代表权问题的第 A/RES/1351(14)号决议,再次决定无理推迟审议中国在联合国的代表权问题。

10 月 6 日 柬埔寨—泰国关于柏威夏寺的边界争议交由国际法院受理。

10 月 14 日 中国全国人大常务委员会第 10 次会议通过关于支持苏联政府全面彻底裁军建议的决议,并且认为这个新的建议完全符合世界各国人民的迫切愿望和根本利益。

10 月 21 日 大会通过一项干涉中国内政的关于"西藏问题"的第 A/RES/1353(14)号决议,对中国政府平息西藏分裂主义分子的武装叛乱所采取的措施表示"痛心"。

11 月 4 日 安理会审议老挝问题小组委员会报告。

11 月 7 日 联合国主持英属喀麦隆北部的全民公决。

11 月 17 日 大会通过关于"南非政府'种族隔离'政策在南非所造成的种族冲突问题"的第 A/RES/1375(14)号决议,对南非联邦政府"种族隔离"政策在南非造成的种族冲突问题表示关切。

11月20日 大会一致通过关于普遍彻底裁军的第 A/RES/1378(14)号决议,同意将英国和苏联关于全面彻底裁军的提案送交联合国裁军委员会和新的10国裁军委员会审议;决议促请各国政府为全面彻底裁军问题谋求建设性的解决方法;同时希望尽快详细拟订在有效国际监督下实现全面彻底裁军目标的各项措施,并就这些措施达成协议。

大会通过关于法兰西在撒哈拉的核试验问题的第 A/RES/1379(14)号决议,对法国政府预定在撒哈拉进行核试验的意图表示严重关切,要求法国放弃这种试验。英国、美国投票反对,苏联投票赞成。法国则表示,普遍核裁军应无区别地适用于一切国家,并声称法国绝不接受任何歧视待遇;如果3个核大国同意在国际监督下停止生产用于核爆炸的裂变物质,将其存储移作和平用途并销毁核运载工具,法国也可以采取同样措施;否则,法国不会改变其立场。

大会以68票对0票,12票弃权通过了根据爱尔兰提案拟订的关于防止核武器的广泛扩散的第 A/RES/1380(14)号决议,表示对核武器扩散前景的担忧,建议10国裁军委员会考虑避免这种危险的适当手段,要求生产核武器的国家不得将对核武器的控制权转交给不拥有此种武器的任何国家,而不拥有核武器的国家则不得制造此种武器。

大会通过关于《儿童权利宣言》的第 A/RES/1386(14)号决议,强调所有儿童毫无例外地应受到特别保护,人类应当将所有最好的东西给予儿童,应通过立法和其他措施保证儿童以正常和健康的方式在身体、心智、道德、精神和社会生活各方面得到全面的发展。

11月21日 大会通过关于停止核试验及热核试验的第 A/RES/1402(14)号决议,呼吁有核国家继续其现阶段的自愿暂停核试验,并呼吁其他国家停止核试验,同时希望有关国家努力达成一项禁止核武器试验的协议。

11月27日 大会第一委员会通过一项关于朝鲜问题的美国提案,该提案建议坚持外国军队留驻朝鲜(指南朝鲜),并保留"联合国韩国统一复兴委员会"。

12月1日 《南极条约》在华盛顿签署,1961年6月23日生效。

12月2—14日 托管理事会第10次特别会议审议英属喀麦隆北部地区全民公决的结果。

12月5日 大会通过关于法管多哥兰托管领土的独立日期的第 A/RES/1416(14)号、第 A/RES/1418(14)号决议,决定法国托管的多哥和意大利托管的索马里将分别于1960年4月27日和7月1日获得独立。

大会通过关于巩固发展世界市场及改善经济发展较差国家的贸易状况的第 A/RES/1421(14)号决议,审议巩固发展世界市场及改善经济发展较差国家之贸易状况的问题。同时通过关于协助抵销商品价格波动的国际措施的第 A/RES/1423(14)号决议,研究协助抵消商品价格波动之国际措施。

12月7日　大会通过关于外交往来及豁免问题国际全权代表会议的第 A/RES/1450(14)号决议,同意国际法委员会建议,决定至迟在1961年春季以前召开一次国际会议,以制定关于外交往来与豁免的公约。

12月8—10日　联合国特别基金执行委员会第3次会议批准投资2300万美元用于35个国家的31个项目。

12月10日　大会未能通过关于法国与阿尔及利亚民族主义者进行谈判的请求。

12月12日　大会通过关于和平使用外空的国际合作的第 A/RES/1472(14)号决议,决定设立一个由24国(后来增加至28国)组成的常设和平利用外层空间委员会,作为联合国在这一领域中的行动中心。该委员会主要任务是,审查国际合作的领域,并研究如何实施在联合国主持下可以适当进行的和平利用外层空间方案的切实可行的办法,以及由探索和利用外层空间可能产生的法律问题的性质。

一九六〇年

(世界精神卫生年)

1月1日　法国的托管领土喀麦隆宣布独立,喀麦隆成为联合国托管领土中第一个获得独立的国家。

1月25日—2月8日　托管理事会召开第25届常会。

1月26日　安理会通过关于"吸收新会员国:喀麦隆"的第 S/RES/133(1960)号决议,决定向大会推荐喀麦隆共和国为联合国会员国。

2月13日　法国在撒哈拉爆炸第1个核装置。22个亚非国家要求联合国秘书长召开1次大会特别会议以研究法国核试验问题,建议未获通过。4月1日法国又爆炸了第2个核装置。

2月18日　哈马舍尔德秘书长对日益恶化的中东局势发出警告。

2月18—28日　第8届冬季奥林匹克运动会在美国斯阔谷举行,共有30个国家和地区的665名运动员参赛。中国台湾派代表考察、观摩了本届冬奥会的各项活动,这是中国人与冬奥会的首次接触。

3月15日　22个亚非国家要求召开1次特别大会,讨论2月13日法国在撒哈拉进行第 1 次核试验所产生的相关后果。但由于未获得大会过半数国家的支持,特别会议未能召开。

3 月 15 日—6 月 27 日 10 国裁军委员会首次会议,苏联修正 3 阶段实现全面彻底裁军方案,要求在第一阶段销毁核武器的一切运载工具、取消外国军事基地,并就彻底裁军情况下的和平与国际法问题进行共同研究。美国提出循序渐进的裁军方案,以不危及安全的最大限度为目标,意在停止储存武器,把武器的储存以及武装部队的水平裁减到不危及安全的最大限度,并在联合国范围内设立一个国际裁军监督机构。苏联认为西方强调广泛监督,不提裁军,是为了给间谍活动制造机会;西方认为苏联的建议不符合循序渐进的原则。保加利亚、捷克斯洛伐克、波兰、罗马尼亚、苏联退出会议。10 国谈判破裂。

3 月 17 日—4 月 26 日 第 2 次联合国海洋法会议在日内瓦举行,82 个国家的代表与会。此次会议未能就领海宽度和捕鱼区界限问题达成协议,但通过了一项需要在捕鱼方面进行技术援助的决议。

3 月 21 日 南非发生了举世震惊的沙佩维尔惨案,南非种族主义政权残暴镇压进行反对种族隔离示威的黑人群众,69 名示威者惨遭杀害。安理会在 29 个亚非会员国的要求下召开会议审议南非境内"反对种族歧视和种族隔离政策的手无寸铁的和平示威者遭到大规模屠杀而造成的情势"。

4 月 1 日 安理会通过关于南非联邦局势问题的第 S/RES/134(1960)号决议,谴责南非种族主义政权的暴行,指出此种情势如在南非继续存在将危害国际和平与安全;要求南非当局放弃种族隔离和种族歧视政策;并要求秘书长采取适当措施来维护《联合国宪章》的宗旨和原则。

4 月 5—21 日 经社理事会召开第 29 届常会,通过 17 项决议。会议讨论研究了可能协助前托管领土及其他新独立国家的各种国际合作方案、私人资本之国际流通问题,审议了天然资源永久主权委员会报告书等议案,并设置工业发展分组委员会。

4 月 11 日 托管理事会第 11 次特别会议开始审议有关英属喀麦隆举行的全民公决报告。

4 月 12 日 根据大会的建议,经社理事会成立一个由 18 个理事会成员国加 6 个会员国组成的工业发展常设委员会,负责向经社理事会提供咨询意见。

同日 国际法院对葡萄牙—印度案作出裁决,指出葡萄牙有权出入其处于印度领土包围下的葡萄牙领土。

4 月 14 日—6 月 30 日 托管理事会召开第 26 届常会。

4月15日　要求大会就法国核试验问题召开特别会议的请求未获得半数以上成员国通过。

4月26日　联合国海洋法会议第2次会议未采纳关于领海宽度和海洋沿岸捕鱼权问题的提议。

4月27日　法属多哥获得独立。

5月23—27日　安理会应苏联请求举行特别会议,讨论美国U—2飞机侵犯苏联领空事件。苏联外长葛罗米柯在会上作了长篇发言。26日,苏联提出的谴责美国飞机侵犯苏联领空的决议案在表决时未获通过。27日,会议通过关于"各大国间关系问题"的第S/RES/135(1960)号决议,敦促英国、美国、法国、苏联4国在首脑会议破裂后尽快通过谈判或依据《联合国宪章》所指出的其他和平手段解决现存的国际问题;要求有关政府就全面彻底裁军、停止一切核试验和防止突然袭击等问题努力达成建设性的解决方法。

5月23日—6月24日　联合国召开锡会议。6月24日,第2个国际锡协定获得通过。

5月25—27日　联合国特别基金执行委员会第4次会议批准对30个项目投资5860万美元的计划。

5月31日　安理会通过关于"吸收新会员国:多哥共和国"的第S/RES/136(1960)号决议,决定向大会推荐多哥为联合国会员国。

同日　安理会通过关于国际法院的第S/RES/137(1960)号决议,决定在大会第15次会议上举行选举,以填补国际法院法官的空缺。

6月6日　联合国《关于保障无国籍人员基本经济、社会和法律权利的公约》开始生效。

同日　中国政府发表关于支持苏联政府新的裁军建议的声明,指出:苏联政府提出的新建议发展了其在1959年9月18日提出的全面彻底裁军的建议,采纳了西方国家在裁军谈判中所提出的某些主张,是苏联政府争取实现裁军的又一次努力。

6月8日　国际法院对国际海事协议组织提出咨询意见。

6月23日　安理会通过关于"阿道夫·艾奇曼事件所造成的问题"的第S/RES/138(1960)号决议,要求以色列就将阿道夫·艾奇曼从阿根廷移交给以色列给予"适当的补偿"。

6月27日　由于美苏之间U—2飞机事件的影响,苏联、保加利亚、捷克斯洛伐克、波兰、罗马尼亚5国宣布退出十国裁军委员会,理由是西方国家对全面彻底裁军不感兴趣。

6月28日　安理会通过关于"吸收新会员国：马里联邦"的第 S/RES/139(1960)号决议,决定向大会推荐马里联邦为联合国会员国。

6月29日　安理会通过关于"吸收新会员国：马达加斯加"的第 S/RES/140(1960)号决议,审查了马达加斯加要求加入联合国的申请,决定向大会推荐马达加斯加为联合国会员国。

7月1日　意属索马里获得独立。

7月5日　安理会通过关于"吸收新会员国：索马里"的第 S/RES/141(1960)号决议,决定向大会推荐索马里为联合国会员国。

同日　经社理事会召开第 30 届常会,本次会议分两阶段：7月5日—8月5日,12月21—22日。主要关注落后国家的经济发展,共通过 43 项决议。

7月7日　安理会一致通过关于"吸收新会员国：刚果共和国(首都历雷堡市,通称刚果(金)"的第 S/RES/142(1960)号决议,决定向大会推荐刚果共和国为联合国会员国。

7月11日　古巴外长致函安理会主席,指控美国对古巴内部事务的干涉,称美国对古巴采取的行动违反了有关国际条约和国际协定以及《联合国宪章》的基本原则。古巴外长要求立即召开安理会会议,以审议由此产生的严重影响国际和平的局势。

7月12日　刚果独立后,国内发生动乱,原宗主国比利时政府以保护侨民为由,未经刚果政府同意,派兵进行武装干涉,并策动刚果冲伯集团在加丹加省宣布独立。为此,刚果总统卡萨武布和总理卢蒙巴联名致电联合国秘书长哈马舍尔德,控诉比利时企图继续控制刚果的侵略行径,请求联合国迅即给予紧急军事援助,保护刚果领土主权,使之免受外部侵略；同时要求联合国采取措施制止加丹加从刚果分裂出去。

7月13日　安理会应秘书长哈马舍尔德请求开会讨论刚果局势。

7月14日　安理会通过关于刚果问题的第 S/RES/143(1960)号决议,要求比利时从刚果领土撤军,并授权秘书长采取必要措施,在同刚果政府磋商之下,向刚果政府提供一切必需的军事和技术援助,直到刚果国家保安部队能完全承担其职责为止。根据这一决议,秘书长于当日建立了名为联合国刚果行动(简称"联刚行动")的维和行动,派出一支维持和平部队,即联合国驻刚果部队(简称"联刚部队"),帮助恢复当地秩序。美国的拉尔夫·J.本奇被任命为秘书长驻刚果特别代表,瑞典的卡尔·冯·霍恩中将出任联合国驻刚果部队司令,印度的里克耶准将出任秘书长的刚果军事顾问。

7月15日　联合国刚果行动的第 1 批部队抵达刚果首都利奥波德维

尔,开始接管比利时占据的刚果领土。

7月19日　安理会通过关于"古巴的控诉"的第 S/RES/144(1960)号决议,决定把古巴控诉美国侵略的问题交给美洲国家组织处理。

7月22日　安理会通过关于刚果问题的第 S/RES/145(1960)号决议,重申第 S/RES/143(1960)号决议的各项决定,要求比利时军队立即从刚果撤出,同时明确指出"不得损害刚果共和国的领土完整和政治独立","不得阻碍刚果政府行使自己的权力"。

7月26日　苏联就 RB—47 飞机事件对美国提出控诉,但否决了安理会关于将此事件提交国际法院的决议草案;苏联还否决了安理会的多项决议草案,包括要求国际红十字组织提供帮助的提案。

7月26日—8月3日　秘书长哈马舍尔德访问刚果,就刚果问题展开斡旋。

8月1日　联合国宣布将向刚果派遣 11155 人组成的联合国观察部队,其先遣队来自埃塞俄比亚、加纳、几内亚、爱尔兰、利比里亚、摩洛哥、瑞典和突尼斯等国。

8月8—19日　联合国召开第 2 次关于预防犯罪和罪犯待遇问题大会。

8月9日　安理会通过关于刚果问题的第 S/RES/146(1960)号决议,决议"要求秘书长继续执行赋予他的职责";"要求比利时政府按照秘书长决定的快速方式立即从加丹加省撤退它的军队";宣称联合国部队进入加丹加省是必要的;同时重申联合国部队将不参加或以任何方式干涉任何内部斗争,或被用于影响任何内部斗争的结局。

8月11—15日　哈马舍尔德秘书长访问刚果,以解决联合国部队进驻加丹加省的问题。12 日,哈马舍尔德亲自率领联合国驻刚果部队的两个连队进入加丹加,以迫使那里的比利时军队撤走。但这一行动遭到刚果总理卢蒙巴的反对。卢蒙巴认为,秘书长在事先未同刚果合法政府接触的情况下直接前往加丹加,并在那里"默认了比利时人制定的而由冲伯提出来的要求",因此"刚果政府和人民已经失去对联合国秘书长的一切信任"。

8月12日　西南非洲委员会要求对西南非洲托管地区的管理方式和政策进行调整。

8月13日　联合国武装部队进入刚果加丹加地区。

8月16—18日　十国裁军委员会因苏联等国宣布退出破裂后,联合国裁军委员会应联合国的要求,开会审议当前的军备形势,于 18 日一致通过一项决议,呼吁各国继续为实现全面裁军的目标而努力,并要求有关国家尽早恢复裁军谈判。

8 月 20 日　刚果总理卢蒙巴在安理会讨论刚果问题前夕召开记者招待会指出,刚果不愿用联合国的占领代替比利时的占领;联合国在刚果的行动是有限度的;联合国部队在刚果的活动应定期向刚果政府提出报告。同日,秘书长提名印度的拉杰希瓦尔·达雅尔接替拉尔夫·本奇,担任秘书长驻刚果特别代表。

8 月 21—22 日　安理会应秘书长的要求开会讨论刚果问题。哈马舍尔德秘书长对刚果政府未能与他本人及联合国部队合作表示遗憾。刚果代表则指责哈马舍尔德把他的意图及他同冲伯会谈的内容向刚果中央政府隐瞒。为期两天的会议未取得任何结果。

8 月 23—24 日　安理会通过关于“吸收新会员国:贝宁”等的第 S/RES/147(1960)号—第 S/RES/155(1960)号共 9 项内容相似的决议,决定向大会分别推荐贝宁、尼日尔、上沃尔特(布基纳法索旧称)、科特迪瓦、乍得、刚果(布)、加蓬、中非共和国、塞浦路斯为联合国会员国。

8 月 25 日—9 月 11 日　第 17 届奥林匹克运动会在意大利罗马召开。应邀参赛的有 83 个国家和地区,共 5338 名运动员,其中女子 611 人。本届奥运会是一次高水平的运动会,共 76 次打破奥运会纪录,30 次刷新世界纪录。

8 月 31 日　联合国朝鲜重建局解散,这一机构自成立起,共实施了 1.5 亿美元的援助项目。

9 月 5 日　刚果政府内部发生分裂,卡萨武布总统下令解除卢蒙巴总理职务,卢蒙巴随即召开内阁会议,宣布废黜卡萨武布的总统职务。当晚,联合国刚果行动组以维护和平与安全为理由,断绝了除联合国部队控制的机场外所有的主要飞机通道。第 2 天,联合国部队又封闭了刚果国家电台,禁止刚果各派使用。

9 月 8 日　安理会应苏联请求,审议美洲国家组织外长关于多米尼加共和国的决议。

9 月 9 日　安理会开会讨论刚果形势。苏联代表在当天给秘书长的一封信中强烈谴责联合国驻刚果部队司令部“已成为殖民主义者的仆从”,并指责哈马舍尔德派遣的代表的“所作所为是赤裸裸的殖民主义者行为”,哈马舍尔德本人则扮演了“不光彩的角色”。当天会议以 6 票对 3 票(锡兰、波兰、苏联),2 票弃权(厄瓜多尔、突尼斯)的表决结果,否决了一项支持卢蒙巴要求安理会在刚果首都利奥波德维尔开会讨论刚果局势的提案。

同日　安理会通过关于多米尼加问题的第 S/RES/156(1960)号决议,

表示闻悉美洲国家外交部长第 6 次谘商会议所通过的关于实行对多米尼加共和国之措施达成协议之决议案。

9 月 12 日　刚果总统卡萨武布和总理卢蒙巴分别派出各自代表团前往联合国参加安理会讨论刚果局势的会议。在确认谁是刚果合法政府的代表的问题上，安理会未能达成一致意见。

9 月 12—15 日　国际铅锡研究小组召开会议。

9 月 17 日　安理会拒绝了苏联"要求联合国军司令部停止干涉刚果国内政治"的提案；苏联则否决锡兰和突尼斯决议提案，该提案重申对联合国部队的信任，要求所有会员国政府捐助联合国刚果基金，并宣告"除了作为联合国行动的一部分以外"，不应给刚果以"军事目的的援助"。

同日　安理会通过关于刚果问题的第 S/RES/157（1960）号决议，表示由于安理会常任理事国不能取得一致，安理会要求召开一次紧急特别会议讨论刚果问题。9 月 17—19 日，讨论刚果问题的联合国大会第 4 次紧急特别会议在纽约举行。会议于 20 日以 70 票对 0 票，11 票弃权（苏联集团 9 国、法国、南非），通过了由加纳、锡兰等亚非 17 国提出的关于"安全理事会 1960 年 9 月 16 日第 906 次会议所审议之问题"的第 A/RES/1474（ES—4）号决议，表示完全支持安理会 1960 年 7 月 14 日、22 日和 8 月 9 日的决议；要求秘书长继续采取有力行动，协助刚果中央政府恢复并维护刚果共和国全境的法律与秩序，保卫它的统一、领土完整和政治独立；呼吁全体刚果人寻求和平方法迅速解决他们内部的一切冲突，以保证刚果的统一和完整；呼吁全体会员国切勿采取任何可能损害刚果共和国统一、领土完整和政治独立的行动；同时要求所有会员国按照宪章第 25 条和第 49 条的规定，接受并履行安理会的决定；呼吁所有国家除应秘书长的要求外，停止直接或间接向刚果提供武器或其他为军事目的的援助。此外，会议还通过了关于"出席大会第 4 届紧急特别会议各国代表之全权证书"的第 A/RES/1475（ES—4）号决议。

9 月 19 日　印度和巴基斯坦签署了《印度河用水条约》，并在世界银行的帮助下解决了双方的争议。

9 月 20 日　大会通过关于接纳新会员国的决议，喀麦隆、多哥、马达加斯加、索马里、刚果（利）、达荷美、尼日尔、上沃尔特、科特迪瓦、乍得、刚果（布）、加蓬、中非共和国和塞浦路斯等 14 个新独立的国家成为联合国会员国的第 A/RES/1476（15）—A/RES/1489（15）号决议。

9 月 20 日—12 月 20 日　第 15 届联合国大会第 1 阶段会议在纽约举行，爱尔兰人弗雷德里克·H.博兰当选为本届大会主席。会议主要议程包括讨论裁军、消除殖民主义、中国代表权、阿尔及利亚独立和刚果局势等问题。

9 月 22 日   美国总统艾森豪威尔在大会发表演说,提出非洲独立和发展计划。

9 月 23 日   苏联部长会议主席赫鲁晓夫在大会发表长篇演说,赫鲁晓夫要求大会讨论苏联提出的分 3 阶段全面彻底裁军的方案;建议联合国宣布它赞成立即废除一切形式的殖民制度;改组联合国机构,撤销哈马舍尔德的秘书长职务,由东、西方和中立国的代表组成 3 人执行机构,即所谓的"三驾马车",来取代秘书长职位,并将联合国总部迁出美国。

9 月 25 日   在意大利罗马举行的第 17 届夏季奥运会结束两周后,来自世界 23 个国家的 400 名残疾人运动员在罗马举行的国际斯托克·曼德维尔运动会开幕。自此以后,该运动会每 4 年举行 1 次。这届运动会后被正式承认为第 1 届"残奥会"。

9 月 26 日   国际开发协会成立。作为世界银行的附属机构,世界银行的全体成员均可加入该协会,协会的主要任务在于促进较不发达地区的经济发展。

9 月 28 日   安理会通过关于"吸收新会员国:塞内加尔"的第 S/RES/158(1960)号决议和"吸收新会员国:马里共和国"的第 S/RES/159(1960)号决议,建议大会准许塞内加尔和马里加入联合国为会员国。同日,大会通过关于接纳塞内加尔和马里为联合国会员国的第 A/RES/1490(15)、A/RES/1491(15)号决议。

10 月 1 日   英国托管的喀麦隆南部地区获得独立并并入喀麦隆共和国。

10 月 3 日   苏联领导人赫鲁晓夫在联合国指责哈马舍尔德秘书长"总是维护美国的利益",再次要求以"三驾马车"取代秘书长一职,撤销哈马舍尔德的职务。

10 月 5 日   联合国难民事务高级专员与德意志联邦共和国政府签订一项特别协定,规定由德意志联邦共和国提供 1000 万美元设立一笔基金,以便联合国难民事务高级专员采取措施援助那些在纳粹时期由于民族关系受到迫害,但根据联邦德国现行关于补偿的立法又无权得到补偿的难民。

10 月 7 日   安理会通过关于"吸收新会员国:尼日利亚"的第 S/RES/160(1960)号决议,决定向大会推荐尼日利亚联邦为联合国会员国。同日,大会通过关于准许尼日利亚联邦加入联合国为会员国的第 A/RES/1492(15)号决议。1960 年共 17 个新独立的国家(其中 16 个非洲国家)加入联合国,是会员国增加最多的一年,被称为联合国的"非洲年"。

10月8日　大会以43票对34票,22票弃权通过中华人民共和国在联合国合法权利的第A/RES/1493(15)号决议案,再一次无理推迟审议中国在联合国的代表权问题。

10月12日　苏联领导人赫鲁晓夫在回忆录中说:"启程去联合国之前,我见过伊巴露丽。我对她怀有极大的敬意,并且至今保留着这种敬意。她向我提出一个请求:'赫鲁晓夫同志,如果您在讲话中或者在即席插话中抓住机会痛斥西班牙佛朗哥政权就好了。'后来我一直在思索,如何讲才不至于显得粗鲁?粗鲁嘛怕是难以避免,但必须是议会程序所允许的那种。然而我要抨击的不是西班牙代表团,而是西班牙政治制度"赫鲁晓夫说,他代表苏联发言。在讨论某一个问题时,菲律宾的代表发言。"那个菲律宾人发言支持美国的政策,竟然充当美国帝国主义走狗。"回忆录中讲,"正在讨论殖民地问题。我要求即席发言,并决定正好利用这个机会完成伊巴露丽的嘱托。我非常激烈地抨击了佛朗哥政权,虽没有指名道姓,但我把这个政权描述为反动的、血腥的。我还使用了我们在报刊上和讲话中常用的这一类其他用语。话说得非常尖刻。西班牙代表,就是坐在我鼻子尖下面那位,立刻起来插话。在他发言之后,我们的代表团和代表们发出喧哗,并敲击桌子,可是也有些人在笑。显然,他们对待这种非议会式辩论方式并不认真。我回忆起关于俄国国家杜马会议的报告,便决定加油助威,于是脱掉了一只皮鞋,开始敲打桌子,我拼命地敲,尽量敲得响一些。这件事引得记者和摄影师们做出了强烈的反应[1],当时,特别是在即席插话时,感情冲动如此激烈,以致在他就座的时候,我们还相互对骂了一阵。虽然我们彼此听不懂对方的话,但都通过面部表情表达了内心的不满。突然一个为联合国会议服务的警察来到我们身旁。这是一个彪形大汉,当然是美国人,他走过来,像一尊泥菩萨似的横在我们中间,以防双方发生斗殴。这里曾经发生过代表们相互撕扯大打出手的事。[2]　赫鲁晓夫脱掉皮鞋拼命敲打桌子以及用拳头猛打桌子的粗野行为,瞬间引致国际舆论一片哗然,负面评论四起。连赫鲁晓夫在回忆录中也承认,"尼赫鲁遇到我时说,或许不该这么做。我理

---

①　这里,赫鲁晓夫搞错了。用皮鞋敲桌子,是对他上文提到的那位菲律宾代表的发言作出的反应。对于西班牙代表,他只限于用拳头击打桌子。这个场面与"摔鞋子"不同,曾被电影摄影师拍摄下来。在赫鲁晓夫的记忆中,这两次辩论被混为一谈了。转引自《赫鲁晓夫回忆录》(全译本)第三卷,社会科学文献出版社2006年版,第2007页注释①。

②　参见[俄]尼基塔·谢·赫鲁晓夫著:《赫鲁晓夫回忆录》(全译本)第三卷,社会科学文献出版社2006年版,第2004、2005、2006—2007页。

解尼赫鲁"①。

10 月 22 日 朝鲜民主主义人民共和国外务相朴成哲致函联合国大会主席和秘书长,指出本届大会讨论朝鲜问题必须有朝鲜民主主义人民共和国的代表参加。

10 月 31 日 在大会推动下,奥地利和意大利恢复就南蒂罗尔地位问题进行谈判。

10 月 在第 45 届联大的一般性辩论发言中,古巴领导人卡斯特罗演讲 4 个半小时,是联大一般性辩论历史上最长的演讲。他在演讲中抨击美国,谴责当时的总统肯尼迪。

11 月 4 日 埃塞俄比亚和利比里亚就南非未能履行西南非洲条约所规定的义务向国际法院起诉南非。

11 月 5 日 联合国秘书长哈马舍尔德根据大会第 A/RES/ES—4/1474 (15)号决议,组建由埃塞俄比亚、加纳、印度等 11 个亚非国家组成的调解委员会,其任务是对刚果进行实地调查研究,提出恢复刚果统一和"议会制度"的办法。

11 月 8 日 国际开发协会开始运作。国际开发协会是世界银行集团成员,也是世界银行的无息贷款和赠款窗口。协会通过向生产性项目提供贷款,促进欠发达国家的经济社会发展。协会成立以来,对于促进欠发达国家和地区的发展做出了巨大的贡献。

11 月 18 日 国际法院判定在洪都拉斯—尼加拉瓜案中洪都拉斯胜诉。

11 月 22 日 大会为刚果总统卡萨武布委派的代表安排了席位。

12 月 4 日 安理会在审议是否赞成推荐非洲新独立的毛里塔尼亚伊斯兰共和国入会之决议草案时,有 8 个理事国投赞成票,但因常任理事国苏联反对,致未能向大会提出这项推荐。② 其实,毛里塔尼亚于 11 月 28 日刚获得独立后立即申请加入联合国。当时苏联没有任何理由反对刚独立的毛里塔尼亚入会,它只是想用这样一个手段与非洲国家达成一项默契,即苏联支持毛里塔尼亚入会应以非洲国家支持蒙古入会为条件,这样就把两国入会问题捆绑在一起,以逼迫蒋介石当局不敢再次行使否决权。

同日 联合国教育、科学及文化组织大会第 11 届会议通过《取缔教育

---

① [俄]尼基塔·谢·赫鲁晓夫著:《赫鲁晓夫回忆录》(全译本)第三卷,社会科学文献出版社 2006 年版,第 2007 页。

② 参阅大会正式记录,第 15 届会,附件,议程项目二十,文件 A/4656。

歧视公约》,以促进世界范围内的教育机会平等。公约于 1962 年 5 月 22 日生效。

12 月 5 日　费利克斯·施莱德当选联合国难民事务高级专员。

12 月 7—13 日　安理会应苏联的要求开会审议卢蒙巴被刚果军队逮捕的事件。苏联要求秘书长保证立即释放卢蒙巴以及要求联合国驻刚果部队解除蒙博托军队武装的提案,遭美国等国反对,未获通过。随后,安理会在表决一项提议大会和秘书长继续努力以恢复刚果的法律和秩序的决议草案时,被苏联否决。

12 月 8 日　阿联、锡兰、印尼、几内亚相继宣布将从联合国驻刚果部队中撤回各自的分遣队,以此抗议联合国驻刚果部队成为西方国家干涉刚果内政的工具。

12 月 14 日　大会通过题为《关于给予殖民地国家和民族独立宣言》(又称《非殖民化宣言》)的第 A/RES/1514(15)号决议。该宣言庄严宣布迅速和无条件地结束一切形式殖民主义的必要性,同时宣布:使人民遭受外国的征服、统治和剥削,是对基本人权的否认和对《联合国宪章》的违反,是对增进世界和平与合作的障碍;政治、经济、社会和教育方面的准备不足绝不应成为推迟独立的借口。1970 年 10 月 12 日,第 A/RES/2621(25)号决议通过其执行行动方案。

12 月 15 日　大会通过关于设置联合国资本发展基金的第 A/RES/1521(15)号决议,决定设立联合国资本开发基金以援助欠发达国家发展经济,并决定由一个二十五国委员会来考虑具体的筹备措施,包括起草为此目的所必需的规章。

大会通过关于"会员国确定是否负有义务递送宪章第 73 条(辰)款规定的情报所应遵循的原则"的第 A/RES/1541(15)号决议,核准会员国为确定是否负有义务递送宪章第 73 条款规定之情报所应遵循之原则。

12 月 18 日　大会通过 6 项关于解决西南非洲问题的决议。

大会要求西萨摩亚应于 1961 年 5 月就独立问题举行全民公决。

12 月 19 日　大会通过关于阿尔及利亚问题的第 A/RES/1573(15)号决议,承认阿尔及利亚人民拥有民族自决权。

12 月 20 日　大会分别通过关于停止核试验及热核试验的第 A/RES/1577(15)、第 A/RES/1578(15)号决议,敦促有关国家做出一切努力,尽快达成在适当的国际监督下终止核武器试验的协议。

大会通过关于卢旺达和布隆迪的前途问题的第 A/RES/1579(15)号决议,决定设立委员会监督在卢旺达—布隆迪的选举。

大会通过关于《麻醉品单一公约》草案下之行政安排,确认将于 1961 年 1 月召开缔结该项公约的全权代表大会,请秘书长为此通传行政和预算问题咨询委员会所作的具体行政安排报告书。

12 月 31 日 古巴政府致函安理会主席,要求安理会开会审议美国对古巴发动直接军事侵略的企图。

一九六一年
(国际卫生和医学研究年、世界种子年)

1 月 1 日 爱尔兰的希安·麦克基翁少将接替瑞典的冯·霍恩将军出任联合国驻刚果部队司令。

1 月 3 日—2 月 20 日 联合国刚果和解委员会访问刚果。

1 月 4—5 日 安理会举行特别会议讨论古巴关于美国即将军事入侵古巴的指控。由于各方争执激烈,会议未取得任何结果。

1 月 6—12 日 联合国秘书长哈马舍尔德与南非政府就执行安理会 1960 年 4 月有关种族政策的决议问题进行磋商。

1 月 7 日 苏联常驻联合国代表佐林致函安理会主席,要求安理会召开紧急会议,以讨论比利时对刚果新的侵略行动。

1 月 12—14 日 应苏联要求,安理会召开紧急会议讨论刚果问题,锡兰、利比里亚、阿拉伯联合共和国(阿联)3 国提出的要求从刚果撤出“比利时全部军事和准军事人员、顾问和技术人员”的提案,由于西方国家的反对未能通过。

1 月 24 日—3 月 25 日 联合国关于麻醉品问题的国际会议在纽约联合国总部举行,来自 74 个国家的技术专家和行政管理人员与会。会议通过了一项新的麻醉品单一公约,该公约简化了国际管制机构,用一项条约代替各项国际管制文件,并将管制制度扩大到作为天然麻醉品的原料而生长的各种植物(鸦片、大麻和可卡叶)的种植。

2 月 1 日 安理会开会讨论刚果局势。联合国秘书长哈马舍尔德在会上要求扩大联合国刚果行动的权力。

2 月 11—12 日 联合国对英国托管下的喀麦隆就其未来问题举行的全民公决进行监督。

2 月 13 日 联合国秘书长哈马舍尔德向安理会宣布,根据刚果加丹加省政府发布的消息,刚果前总理卢蒙巴已被同部落某些敌对分子所杀害。这一事件在国际上引起强烈震动。次日,苏联政府发表一项声明并向安理会提交一项决议草案,谴责杀害卢蒙巴的野蛮行径,要求立即制裁比利时,逮捕冲伯和蒙博托,并指控哈马舍尔德是这一事件的同谋。苏联同时呼吁召开一次由各国政府首脑出席的联合国大会特别会议,专门讨论秘书长职务问题,要求联合国部队一个月内必须从刚果撤出,并要求解除哈马舍尔德联合国秘书长的职务。

2月20日　苏联否决了安理会关于谴责刚果暗杀暴行的决议草案。

2月21日　安理会通过关于刚果问题的第 S/RES/161(1961)号决议,对卢蒙巴等刚果领导人遇害表示悼念,决议敦促联合国立即采取包括使用武力在内的一切适当措施,防止刚果发生内战;要求立即从刚果撤出所有不受联合国指挥的比利时及其他外国军事人员;决定进行直接而公正的调查,以便查明卢蒙巴及其同事死亡的真相,并惩处那些罪犯。该决议是联合国历史上安理会第一次不是由于某国自卫需要而授权使用武力。

3月2日—4月18日　联合国关于外交往来与豁免会议在维也纳召开。来自 81 个国家的大约 320 名代表出席会议。会议通过关于外交关系的《维也纳外交关系公约》,并核准两项议定书即《关于取得国籍之任择议定书》和《关于强制解决争端之任择议定书》。4 月 18 日,75 国的代表签署了会议最后文件。该公约和两项任择议定书于 1964 年 4 月 24 日生效。

3月5日　印度政府宣布,准备应联合国秘书长要求,向刚果派遣一支 4700 人的战斗旅,加入联合国驻刚果部队,印度政府同时明确表示:"如有必要且联合国又授权"将其军队用于"和刚果军队以及在刚果境内的比利时的和其他的军事和准军事人员及外国雇佣军作战的话",印度不会反对。

3月7日—4月22日　第 15 届联合国大会召开第 2 阶段会议。

3月10日　安理会未能就利比里亚指责葡萄牙在安哥拉施行暴政的问题形成采取行动的决议。

3月13日　周恩来总理接见印度尼西亚驻华大使苏卡尼。在谈到中国进入联合国问题时,周总理说:现在联合国内的趋势已经很清楚,亚非国家、社会主义国家和一部分欧洲国家都支持中国进入联合国。美国一向只承认蒋介石的"中华民国",不承认中华人民共和国,现在看到了这种趋势,知道在联合国再取得多数票比较困难了,因此不得不采取新的方式,企图拿"两个中国"来哄骗我们,即让中国进入联合国和安理会,台湾作为一个"台湾国"或者作为"另一个中国"仍留在联合国内。英国、日本也有这种想法,并正在进行活动。无论把台湾当作"台湾独立国"或者当作"另一个中国",我们都一概加以反对。

3月16日　大会通过第 A/RES/1593(15)号决议,谴责南非在西南非洲所推行的政策"毫无道德和法律依据",呼吁与南非"特别亲近和长久关系"的会员国施加影响,以迫使南非当局约束政府行为,承担其对联合国的义务并遵循联合国的决议。

3月20日 联合国刚果和解委员会提交报告,指出有必要停止外来干涉,倡导成立联合政府;该委员会还着重指出刚果经济形势恶化的事实。

3月30日 大会通过了《麻醉品单一公约》,为期10年的起草工作遂告结束。《麻醉品单一公约》是反对违法麻醉品制造和走私的国际条约,它形成全球药品控制制度的基础,后于1972年修订。目前这一条约已由《精神药物公约》和《联合国禁止非法贩运麻醉药品和精神药物公约》做了补充。中国于1985年宣布加入此公约。

同日 美、苏宣布,已经取得一项谅解,在1961年6—7月间进行关于裁军问题的对话,并希望在一个适当的、其组成有待于一致商定的机构内恢复裁军谈判。

4月3日 大会通过关于联合国在刚果的行动的第A/RES/1595(15)号决议,授权秘书长为联合国刚果行动拨款,在4月21日之前每月开支不超过800万美元。

4月4日 刚果加丹加分裂集团领导人冲伯宣布,他的军队同联合国部队处于"敌对状态",冲伯亲自指使一群暴徒冲上街头,捣毁联合国机构财物,袭击联合国人员,企图从联合国部队手中夺取机场。刚果冲伯分裂集团军队同联合国部队的武装冲突呈一触即发之势。

同日 经社理事会第31届常会因出现分歧而休会,并将涉及宪章的选举其第18个成员国问题提交大会主席。

4月5日 哈马舍尔德秘书长在联合国发表讲话,对一段时间以来苏联对他的指责进行反驳,并表示如果辞职是最有利联合国组织的举动,他会立刻辞职。哈马舍尔德同时警告说,苏联政府撤销对他承认的行为,实际上是想把他们的否决权从根据宪章第97条规定的秘书长选举,扩大到"秘书长在整个任职期内行使职务"方面;而且苏联的举动也不符合宪章第100条关于秘书长应是联合国的公务员,不受压力支配的规定。其后,哈马舍尔德还进行了一系列活动,就联合国宗旨和秘书长作用等问题发表意见。

4月6日 安理会审议约旦关于以色列在耶路撒冷炫耀武力的指控。

4月7日 大会通过关于西南非问题的第A/RES/1596(15)号决议,提请安理会关注西南非洲的局势。

4月10日 比利时宣布不再就巴塞罗那电车、电灯及电力公司案提起诉讼,国际法院遂将此案从审理案件目录中删除。

同日　国际法院就柬埔寨与泰国边境争议案听取各方意见。

4月11日　安理会通过关于巴勒斯坦问题的第 S/RES/162(1961)号决议,批准混合停战委员会3月20日作出的决定,并要求以色列遵守,同时要求混合委员会成员通力合作促使以色列和约旦遵守它们之间的停战协议。

同日　联合国托管理事会第11次特别会议开始审理有关英属喀麦隆举行的全民公决报告。

4月15日　大会通过第 A/RES/1599(15)号决议,促请不在联合国指挥下的比利时和其他外国军事及准军事性人员、政治顾问及雇佣军队一律即刻撤离刚果共和国。

大会通过第 A/RES/1600(15)号决议,促请刚果当局竭力合作,和平解决政治危机,协助安全理事会及大会决议案的实施,并提供一切必要便利,以利联合国执行其各决议案内所规定之职务。

大会成立解决刚果政治危机的和解委员会,同时成立了一个委员会调查卢蒙巴被暗杀事件。

4月18日　大会打破经社理事会出现的僵局,选举意大利为经社理事会的第18个理事国。

同日　在奥地利首都维也纳召开联合国关于外交交往与豁免的会议,签订《维也纳外交关系公约》。该公约于1964年4月24日生效。

4月19日　大会通过"准许新会员国加入联合国"的第 A/RES/1602(15)号决议,"鉴悉蒙古自1946年以来即在等待联合国对其入会申请决定,鉴悉1960年12月4日安理会曾有8票赞成推荐毛里塔尼亚入会之决议草案,但因有一常任理事国(苏联)反对,致未向大会提出是项推荐。决议认为,为联合国前途着想实应准许所有具备宪章第4条所载条件之申请国加入本组织为会员国"。决议宣告:大会认为蒙古与毛里塔尼亚均符合宪章所规定的入会条件,因此应准予加入联合国为会员国,决议并"请安理会注意大会关于毛里塔尼亚应准予加入为联合国为会员国之决定"。

4月19—28日　经社理事会第31届常会复会,通过13项决议。论及发展国际旅行及游览、新闻自由、地名标准化国际合作、拟定一个国际经济合作宣言的问题,以及经社理事会部长级会议、世界国立公园会议的筹备。

4月20日　大会敦促葡萄牙调整其在安哥拉的政策,并成立了一个小组委员会研究安哥拉局势。

4月21日　大会通过关于卢旺达乌隆提的前途问题的第 A/RES/1605(15)号决议,决定于1961年8月在联合国监督下举行卢旺达—布隆迪全民公决。

大会通过关于"委派会费委员会委员一名以实悬缺"的第 A/RES/1612 (15)号决议,决定拨款 1 亿美元,供 1961 年 1 月 1 日—10 月 31 日联合国在刚果军事行动使用。

大会通过关于坦噶尼喀前途的第 A/RES/1609(15)号决议,在 1961 年 12 月 18 日坦噶尼喀获得独立后,终止与英国达成的有关坦噶尼喀的托管协议。

大会决定根据 2 月的全民公决结果,喀麦隆北部于 1961 年 6 月 1 日并入尼日利亚,南部于 1961 年 10 月 1 日并入喀麦隆共和国。

大会讨论古巴局势,通过第 A/RES/1616(15)号决议,敦促成员国采取和平手段缓解古巴的紧张局势。此前,古巴革命政府控诉美利坚合众国政府现正对古巴共和国进行的各种侵略计划与干涉行动构成对其领土完整、主权与独立的公然破坏及对于国际和平与安全的明显威胁。

5 月 23 日—6 月 1 日 联合国特别基金理事会第 6 次会议决定投资 3460 万美元用于 36 个国家的 42 个项目。

5 月 25 日 在刚果卡萨武布政权和美国、英国 3 方的联合压力下,达雅尔被迫辞去联合国秘书长刚果问题特使的职务。联合国秘书长哈马舍尔德只好让步,任命瑞典的斯蒂·林内尔接替达雅尔。

5 月 26 日 国际法院的法官坚持认为有权审理柬埔寨与泰国一案。

5 月 30 日 喀麦隆向国际法院控告英国没有遵守 1946 年托管协议规定的义务。

5 月 31 日 哈马舍尔德秘书长在英国牛津大学发表了关于联合国宗旨与秘书长作用问题的演讲。

6 月 1 日 英国托管的喀麦隆北部地区获得独立,并且并入尼日利亚。

6 月 1 日—7 月 19 日 托管理事会第 27 届常会召开。

6 月 2 日 苏联政府发表声明,抨击联合国秘书长哈马舍尔德 5 月 31 日在英国牛津大学所作有关联合国的宗旨与秘书长作用问题的演讲,声明批评哈马舍尔德的"所谓独立的政策反映了帝国主义国家的利益","在刚果事件发生时期,这一点最为明显"。

6 月 6—9 日 安理会应亚非国家的要求,讨论安哥拉局势问题。9 日,安理会通过关于安哥拉问题的第 S/RES/163(1961)号决议,重申各国人民有权享受完全的独立和自由,要求葡萄牙立即停止其在安哥拉的"镇压性措施",同时要求由大会成立的五国委员会尽快提交有关报告。

6 月 21 日 研究联合国行政改革的咨询委员会向秘书长提出报告,建议在分配专业性职务时,应该主要考虑人口和各国对联合国预算承担的份额这两个因素。该咨询委员会由来自美、苏、英、法及印度、加纳、阿联、哥伦比亚等国 8 位专家组成。

7月2—7日　安理会开会审议科威特关于伊拉克威胁其领土独立的控诉、伊拉克关于英国武装威胁其独立与安全的控诉。英国和阿联分别提出的两项决议草案均未被通过(苏联投票予以否决),会议没有取得任何结果。

7月4日　经社理事会召开第 32 届常会,本次会议分为两个阶段:7 月 4 日—8 月 4 日,12 月 21—22 日。通过 43 项决议,核准了专门机关特权豁免公约,审议了国际原子能总署报告。决定筹备召开部长级会议、联合国与粮农组织合办世界粮食方案会议,而且所涉议题也很广泛:促进初级商品输出国家经济发展,非洲教育发展,农村地区发展,工业化、乡村发展、都市化及住宅之协调,自然科学研究之主要趋势和科学知识的传播问题,联合国系统的粮食援助等问题。

7月21—29日　19 日,法国军队突然袭击突尼斯的海军基地比塞大,突尼斯军民奋起反击。20 日,突尼斯宣布与法国断交,并向安理会控诉法国的侵略行径。21 日,安理会开始讨论这一问题,并于 22 日通过关于"突尼斯的控诉"的第 S/RES/164(1961)号决议,呼吁在突尼斯停火,并把一切武装部队撤回原阵地。但法国方面拒不遵守这一决议,甚至在秘书长到访突尼斯和比塞大基地时故意对其搜身,以示羞辱。而其后一些国家向安理会提出的其他决议草案都没有获得必要的多数支持,安理会未能采取任何行动。

8月3日　联合国秘书长哈马舍尔德接受一个由 3 位前大会主席组成的咨询委员会的建议,同时提议委任 5 位副秘书长担任特殊任务,他们的任期为 3—5 年。其中各有 1 名美、苏公民,其余职务指定由"任何大国集团之外的"国家的公民来担任。

8月10日　哈马舍尔德秘书长宣布在联合国刚果行动谈判延期后收到刚果总理的来信,信中指出:"刚果有信心组织一个团结统一的政府并实现政治和解,刚果的宪法危机结束。"

8月13日—10月28日　第三次柏林危机是因民主德国构筑柏林墙而引发的东西方危机。第二次柏林危机以苏联的让步而缓解但并未消除柏林地位问题的矛盾。20 世纪 60 年代初,东德居民借道西柏林逃往西德的人数剧增,为削弱和消除西柏林的通道作用,苏联和东德一再要求解决西柏林问题。1961 年 6 月 4 日,赫鲁晓夫与美国新任总统肯尼迪在维也纳会晤时提交一份备忘录,提出两个德国应在6个月内就德国和平统一问题达成协议,否则4大国应采取措施分别同两个德国或一个德国签订和约。这又是一个最后通牒式的宣示,遭肯尼迪拒绝。同年7月底,美国提出西方对西柏林问题的3项原则:(1)盟国在西柏林有存在的权利;(2)保障自由出入西柏林;(3)西柏林居民有自决权。8月初,美、英、法和西德外长在巴黎召开会议决定采取措施以应对一旦出现的危险局面。7日,赫鲁晓夫发表广播电视讲话,宣布准备增加边界的苏军并征集后备役士兵入伍,同时呼吁西方国家举行谈判。10日,肯尼迪表示欢迎以外交方式和平解决争端,但首脑会议只能在保证取得成果后才能举行。13日,东德政府根据华沙条约组织建议,决定对东西柏林间的通道实行封锁和管制,并修筑柏林墙。19日,美国副总统约翰逊抵波恩和柏林,强调美对西柏林的安全保证。22日,东德政府规定盟国人员需通过弗里德里希大街通道出入东西柏林。同日,西方3国在西侧(美管区)设立查理检查站。23日,苏照会西方国家,西柏林不属联邦德国,后者的行政管辖权不得向柏林扩展。美白宫和国务院24日分别声明:对西柏林自由通道的任何侵犯都将构成侵略行为;西方完全有权不受阻挡地从通道进入柏林。26日,美、英、法和联邦德国照会苏联,要求恢复柏林通道畅行无阻。10月25日,美在查理检查站部署坦克和装甲车,27日苏也在东侧部署坦克,与美国坦克对峙,双方剑拔弩张,危机达到顶峰。不过双方并没有失去理智。私下接触一直在进行。9月21日,葛罗米柯开始同腊斯克交换意见。10月6日,肯尼迪会见葛罗米柯。尽管双方没有达成协议,但都摸清了对方的底线。10月19日,赫鲁晓夫在苏共22大工作报告中收回缔结对德和约的限期,表示:如西方有解决德国问题的诚意,苏不一定坚持1961年12月31日签订和约。第二天,腊斯克立即表示欢迎,说这"有助于减轻紧张局势"。10月28日,双方撤走坦克,美、英、法军人和文职人员通过检查站时也不再受检查,局势缓和,第三次柏林危机结束。

8月21—25日 鉴于安理会未能对突尼斯的紧张局势进行有效控制,应38个国家的要求,第3届特别联合国大会在纽约总部举行,就突尼斯问题展开讨论。法国拒绝出席。25日,会议以66票对0票,30票弃权通过了关于各国代表的全权证书的第A/RES/1621(S—3)号决议和关于"审议突尼斯自1961年7月19日以来所呈现的严重情势"的第A/RES/1622(S—3)号决议。后一决议认为法国在突尼斯的行为构成对突尼斯主权的侵犯,威胁了国际和平与安全,敦促法国全部履行决议中有关停火的规定,并从突尼斯领土撤出其全部军队。

8月21—31日 联合国新能源大会召开。

8月28日　联合国驻刚果部队应刚果中央政府要求,于当日凌晨在加丹加接管了当地邮局和电台,并逮捕了宪兵队中的欧洲人军官,然后将他们遣返回国。秘书长为此发电祝贺参与者"巧妙而勇敢地执行了这个极为微妙的行动计划"。

8月30日　《减少无国籍状态公约》签署,1975年12月13日生效。

9月1日　早在1956年,南斯拉夫总统铁托、埃及总统纳赛尔和印度总理尼赫鲁举行会谈,针对当时东西方两大军事集团严重对抗殃及广大中小国家的情况,提出了不结盟的主张。1961年9月,首次不结盟国家首脑会议在南斯拉夫首都贝尔格莱德举行,25个国家的代表出席了会议,不结盟运动正式形成。自成立以来,不结盟运动奉行独立、自主和非集团的宗旨和原则,支持各国人民维护民族独立、捍卫国家主权以及发展民族经济和文化的斗争,成为国际社会的重要力量。进入21世纪,世界格局发生了巨大变化,不结盟运动尝试对自身进行重新定义。在新形势下,不结盟运动着重强调维护世界和平与安全,推行平等、互不侵犯、多边主义等原则,并为来自不发达地区的成员国在国际谈判中争取权益。现在不结盟运动是一个拥有120个成员国、17个观察员国和10个观察员组织的松散国际组织,不结盟运动包括了近2/3的联合国会员国,绝大部分是亚洲、非洲和拉丁美洲的发展中国家,在国际社会具有广泛的代表性。不结盟运动不设总部,无常设机构,无成文章程。自1970年起,首脑会议会期制度化,每3年举行1次。不结盟运动各种会议均采取协商一致的原则。截至2019年,不结盟运动共举行了18次首脑会议和18次部长级会议。第18次首脑会议于2019年10月25—26日在阿塞拜疆举行。2020年5月4日,不结盟运动举行应对新冠疫情视频峰会并通过政治宣言,重申支持多边主义,支持世卫组织在全球抗疫中的领导作用,并呼吁各国加强团结合作,有效应对疫情。中国一贯重视与不结盟运动的关系,在国际事务中与不结盟运动保持着良好的合作。1992年9月,中国国务委员兼外交部部长钱其琛应邀率团出席了在雅加达举行的第10次首脑会议。会上,中国正式成为观察员国,同不结盟运动的关系得到了进一步发展。中国派团出席了此后历次首脑会议及协调局部长级会议,并同不结盟运动成员在联合国保持着经常性磋商与合作。

9月5—26日　英国蒙哥马利元帅访华。周总理在为蒙哥马利举行的饯别宴会上讲话时,重申中国政府关于恢复中国在联合国合法权利的立场,坚决反对美国制造"两个中国"的阴谋。

9月13日　哈马舍尔德秘书长亲自飞往刚果进行斡旋,同时探讨在苏、法等会员国拒付"刚果行动"摊款的情况下,通过减少刚果行动中心工作人员数目以降低开支的可能性。

9月18日 哈马舍尔德秘书长在前去会见刚果加丹加分裂集团领导人冲伯的途中,于北罗得西亚的恩多拉附近因飞机失事不幸遇难。虽经联合国及有关方面的多次调查,但事故原因均未有定论,至今仍是举世震惊的谜团。

9月19日—12月21日 第16届联合国大会第一阶段会议在纽约举行,来自突尼斯的蒙吉·斯灵当选为本届大会主席。

9月20日 美、苏发表一项联合声明,就裁军谈判的基本原则达成共识:第一,最终目标是全面彻底裁军,与此同时,为维持和平,各国为联合国和平部队提供一致协议的人力;第二,解散武装部队,拆除军事设施,停止军备生产、销毁军备或将其转用于和平目的等,销毁核武器、化学武器、细菌武器和其他大规模毁灭性武器;第三,按一致同意的顺序分阶段完成上述目标,并确保一切措施都在联合国范围内设立的国际裁军组织的严格监督下执行。

9月21日 联合国刚果行动中心同刚果加丹加冲伯集团签订停火协定,并自即日起生效。

9月25日 美国总统肯尼迪在联合国大会发表演说,对哈马舍尔德的遇难表示哀悼。肯尼迪表示在秘书长职务问题上,"三驾马车"或其他类似的建议都将扰乱联合国秩序而酿成无政府状态,削弱秘书长权威,便是削弱联合国的权威。肯尼迪同时建议将20世纪60年代正式定名为"联合国发展10年",以便联合国扩大和调整它在促进经济发展方面所作的努力。

肯尼迪向大会发表美国实现全面彻底裁军的新建议,称其为"在那些坚持循序渐进和只谈最终彻底实现的人们之间架设的桥梁"。

9月26日 安理会通过关于"吸收新会员国:塞拉利昂"的第S/RES/165(1961)号决议,决定向大会推荐塞拉利昂为联合国会员国。

同日 苏联提出一份题为"缓和国际紧张局势、加强各国之间的信任和促进全面彻底裁军的措施"的备忘录。

9月27日 大会通过关于准许纳塞拉利昂加入联合国为会员国的第A/RES/1623(16)号决议,接纳塞拉利昂为联合国会员国。

10月1日 英国托管的喀麦隆南部地区获得独立并并入喀麦隆共和国。

10月11日 南非外长因在大会一般性辩论中的发言不当而受到强烈谴责。

10月13日 叙利亚恢复其独立国家的地位,同时还恢复了其联合国会员国的资格。

10 月 18 日 大会通过关于西萨摩亚前途的第 A/RES/1626(16)号决议,核准西萨摩亚于 1961 年 5 月 9 日在联合国监督下举行公民投票的结果,决定西萨摩亚的托管于 1962 年 1 月 1 日成为一个独立主权国家时停止。

10 月 23 日 联合国秘书处不顾刚果中央政府的警告,批准了刚果行动中心与冲伯集团签订的停火协定,但附加一项谅解条件,即该协定决不能妨碍安理会和大会有关决议的执行。

10 月 25 日 1961 年又是蒙古要求入联的关键一年。由于苏联和非洲国家联手谋求蒙古加入联合国,再加上许多刚刚独立的非洲国家都是支持新中国的,故在这种形势下,迫使蒋介石当局不敢轻举妄动。10 月 25 日,安理会通过关于"吸收新会员国:蒙古"的第 S/RES/166(1961)号决议,安理会通过了推荐蒙古入会案。"中华民国"未参加投票表决。

同日 安理会通过关于"吸收新会员国:毛里塔尼亚"的第 S/RES/167 (1961)号决议,向大会推荐蒙古人民共和国及毛里塔尼亚伊斯兰共和国为联合国会员国。

10 月 27 日 大会通过第 A/RES/1630(16)号决议和第 A/RES/1631 (16)号决议,分别接纳蒙古人民共和国和毛里塔尼亚为联合国会员国。

大会通过关于"继续停止核试验及热核试验与各国所负不恢复此项试验的义务;亟须缔订条约在有效国际管制下禁止核武器试验"的第 A/RES/1632(16)号决议,呼吁苏联政府放弃它定于 10 月底以前在大气层爆炸一颗 5000 万吨级核武器的计划。但苏联仍于 10 月 30 日在新地岛进行了此项试验。

10 月 30 日 大会通过关于"联合国在刚果的行动:费用概算及筹款方法"的第 A/RES/1633(16)号决议,估算制定刚果行动的费用与筹款方法,并批准联合国刚果行动中心在 1961 年 12 月 31 日止的每个月的最大开支为 1000 万美元。

11 月 3 日 安理会通过关于推荐代理秘书长的第 S/RES/168(1961)号决议,建议大会任命吴丹于大会以前规定而尚未届满之任期内为联合国代理秘书长。

同日 大会一致通过关于任命代理秘书长的第 A/RES/1640(16)号决议,决定任命缅甸常驻联合国代表吴丹为联合国代理秘书长,填补哈马舍尔德遇难所留下的空缺,其代理期至 1963 年 4 月 10 日。

11 月 6 日 大会以 71 票对 20 票,8 票弃权,通过由埃塞俄比亚、加纳、印度、尼泊尔、阿联和南斯拉夫提出的关于"继续停止核试验与各国所负不恢复此试验的义务"的第 A/RES/1648(16)号决议,决议敦促有关国家在缔结一项必须具有国际约束力的试验协定以前不再进行新的核试验爆炸。

11月8日 大会以 71 票赞成、11 票反对、15 票弃权的表决结果,通过美、英联合提出并经修正的关于"亟须缔订条约在有效国际管制下禁止核武器试验"的第 A/RES/1649(16)号决议,重申在有效监督下达成一项禁止一切核试验的协议的紧急必要性,敦促有关国家立即重新作出努力,尽早缔结一项关于停止核和热核武器试验的条约,以此扭转危险的军备竞赛,缓解紧张的国际局势。

11月11日 联合国关于卢蒙巴死因调查委员会发表调查报告,否定了加丹加当局所提出的卢蒙巴及其同事是在 1961 年 2 月 12 日被某些同部落的人杀害的说法,报告指出有真实的证据表明卢蒙巴等人是 1961 年 1 月 17 日当着加丹加当局官员的面,被某些雇佣军人所杀害,卡萨武布和冲伯以及他们的助手不能逃避责任。

11月15日 联合国总部第一幢新增的大型建筑、以前任联合国秘书长名字命名的达格·哈马舍尔德图书馆落成。

同日 大会通过关于在法兰西受监禁的阿尔及利亚人的地位的第 A/RES/1650(16)号决议,促请法国"遵照公认的国际惯例和人道主义原则,承认被囚禁的阿尔及利亚人具有政治犯的地位,补偿他们所遭受的不当损害,以便尽可能使绝食立即停止"。

11月21日 鉴于 1961 年早些时候美苏双方在裁军谈判中关系有所缓和,大会一致通过第 A/RES/1660(16)号决议,敦促美苏两国政府尽快谈判并达成协议,建立它们和世界各国普遍满意的裁军谈判机构。

11月22—28日 安理会审议古巴对美国的指控,这一指控声称美国企图对多米尼加共和国进行武装干涉。

11月24日 大会以 55 票赞成、0 票反对、44 票弃权的表决结果,通过加纳等非洲 14 国提出的关于以非洲为非核区的第 A/RES/1652(16)号决议,要求各会员国在非洲不进行或不继续进行任何形式的核试验;不使用非洲领土、领海或领空试验、存储或运输核武器;承认并尊重非洲大陆为无核区。

大会以 55 票对 20 票,26 票弃权,通过埃塞俄比亚等亚非 12 个国家提出的关于"禁止使用核武器和热核武器宣言"的第 A/RES/1653(16)号决议,宣布:使用核武器和热核武器超越战争范围,涂炭生灵与人类文化,是违反《联合国宪章》及国际法规则和人道法则的行为;要求秘书长同各会员国政府进行磋商,讨论是否可能召开一次特别会议以签订一项禁止使用核武器的公约问题,并将结果向第 17 届大会报告。美、英等国反对这项决议案,苏联则支持,认为它可以为解决禁止使用核武器的问题提供良好的基础,而且有助于促进全面彻底裁军的实施。

同日　安理会通过关于刚果问题的第 S/RES/169(1961)号决议,重申联合国在刚果的政策与目的;强调支持刚果中央政府,强烈反对外部势力支持下的加丹加地方政权的分裂活动及其反对联合国部队的行动;授权秘书长根据安理会第 S/RES/161(1961)号决议的有关决定采取行动,包括需要时采取必要的武力措施,将所有外国雇佣军和其他不受联合国指挥的外国人员驱逐出境。

11 月 27 日　大会以 97 票对 0 票,4 票(英、法、南非和西班牙)弃权,通过亚非 38 国提出的决议案而形成的关于准许殖民地国家及民族独立宣言的实施情形的第 A/RES/1654(16)号决议,决定成立联合国关于给予殖民地国家和人民独立宣言执行情况特别委员会(简称"非殖民化特委会"),由大会主席提名的 17 个会员国组成,以审查上届大会通过的关于非殖民化宣言的执行情况,并对贯彻宣言的进展与程度提出建议和意见。该特委会的17 个成员为:澳大利亚、柬埔寨、埃塞俄比亚、印度、意大利、马达加斯加、马里、波兰、叙利亚、坦噶尼喀、突尼斯、苏联、英国、美国、乌拉圭、委内瑞拉和南斯拉夫。

同日　代理秘书长吴丹和刚果中央政府外交部长签署协议,为联合国刚果行动在刚果全境的行动自由提供便利。

11 月 28 日　大会再次敦促南非改变其种族政策,并且要求南非谈判解决在南非的印度人和有印度—巴基斯坦血统的南非人的待遇问题。

大会要求意大利和奥地利寻求解决博尔扎诺地区讲德语人的问题。

11 月 30 日　安理会审议科威特加入联合国的申请,苏联代表投票予以否决。

12 月 1 日　澳大利亚、日本、美国等国向大会提出议案:任何涉及中国代表权变更问题的议案应依照《联合国宪章》第 18 条之规定,都是"重要问题案",即要 2/3 多数同意才能通过。12 月 15 日,此案以 61 票赞成,37 票反对,7 票弃权,被大会通过为关于"中国在联合国代表权问题"的第 A/RES/1668(16)号决议。

12 月 3 日　自 11 月底以来,联合国刚果行动中心人员屡遭加丹加分离主义极端分子的袭击,行动受限。为此,联合国代理秘书长吴丹指示秘书长驻刚果特别代表林内尔,在驻刚果联合国部队四面受敌时"采取有力行动,恢复加丹加的法律与秩序并保障生命财产"。

12月4日　大会一致通过爱尔兰提出的关于核不扩散的决议案,成为关于防止核武器广泛扩散的第 A/RES/1665(16)号决议,要求一切国家,特别是目前拥有核武器的国家,尽其最大努力保证缔结一项国际协定,协议应规定有核国家保证不将核武器的控制权和制造此种武器所必要的情报出让给不拥有此种武器的国家;无核国家保证不制造此种武器或不以其他方式获得对此种武器的控制权。

12月5日　联合国驻刚果部队采用武力行动恢复自己的行动自由,同时与加丹加分离集团的战斗重新开始。当晚美国国务院发表声明表示,美国将毫不含糊地支持联合国采取它认为有必要的任何行动,恢复联合国刚果行动在加丹加的行动自由。

12月9日　英国托管的坦噶尼喀获得独立。

12月10日　9月18日因公殉职的联合国前秘书长达格·哈马舍尔德被授予诺贝尔和平奖。

12月14日　安理会通过关于"吸收新会员国:坦噶尼喀共和国"第 S/RES/170(1961)号决议,建议大会准许坦噶尼喀加入联合国为会员国。

同日　大会通过关于准许坦噶尼喀加入联合国为会员国的第 A/RES/1667(16)号决议,决定接纳 12月9日刚获得独立的坦噶尼喀为联合国会员国。

12月18—19日　印度军队于 18日凌晨开进葡萄牙在印度的 3块殖民地:果阿、达曼和第乌,与葡军发生激烈的武装冲突。葡萄牙于当日向安理会提出控诉,要求安理会立即开会讨论这一问题。同日,安理会不顾苏联和锡兰的反对,开会讨论葡萄牙对印度的指控。19日,锡兰、利比里亚和阿联的提案,在分别付诸表决时,均未被通过(苏联投票否决)。提案主要内容是关于安理会应拒绝葡萄牙的控诉,并要求葡萄牙停止敌对行动,要求印度撤军并敦促双方通过和平手段解决问题。

12月19日　大会通过关于"葡萄牙政府不遵守《联合国宪章》第 11章及大会决议案 A/RES/1542(15)"的第 A/RES/1699(16)号决议,宣布葡萄牙政府有义务依照《联合国宪章》第 11章就其所管理之非自治领土传递情报,此项义务应立即执行,勿再延缓。

大会通过关于"联合国发展 10年(1)"的第 A/RES/1710(16)号决议,将 20世纪 60年代定为"联合国发展 10年"。决议强调,欠发达国家的经济和社会发展不仅对这些国家,而且对实现国际和平与安全以及增进世界繁荣都有重要意义;号召所有会员国及其人民,在60年代应加紧努力,加速向各国经济及其社会进步的自力发展的方向前进,以实现到"10年"期满时,每一发展中国家国民收入的年增长率最低限度应达到5%的目标;要求秘书长为此同有关各方磋商,拟订加强联合国系统各组织在经济和社会发展方面行动的建议;同时要求经社理事会对旨在改善世界经济关系并促进国际经济合作的原则,加速进行审查及决议。

大会通过关于世界粮食方案的第 A/RES/1714(16)号决议。

大会通过关于"联合国发展10年:国际经济合作方案(2)"的第 A/RES/1715(16)号决议,深信技术协助扩大方案及特设基金会在此重要国际努力中,能起到日益重要之作用。确认充分利用特设基金会所有资源之必要。

大会通过关于西南非问题委员会的第 A/RES/1704(16)号决议,决定成立一个西南非问题委员会,以寻求使西南非洲获得独立的途径。

大会通过关于以国际贸易为经济发展主要手段的第 A/RES/1707(16)号决议。

同日 吴丹代理秘书长向荷兰首相和印度尼西亚总统发出了一份内容相同的电报,对于荷兰和印度尼西亚军队在西伊里安地区发生武装冲突导致两国之间可能出现的严重局势表示深切的关心,并且希望双方能够共同谋求一项和平解决问题的办法。

12月20日 大会通过关于开展外空和平使用的国际合作的第 A/RES/1721(16)号决议。确认联合国应为和平探索和利用外层空间提供一个国际合作中心,为促成此项目的,提出两项措施:(1)为向外层空间发射物体的各国提供和平利用外层空间委员会的资料,设置一个公开记录;(2)由于各国政府可能在自愿基础上提供有关外层空间活动,用以补充而不是重复现有技术和科学交流的情报,中心应组织这种情报交流。除其他事项外邀请和平利用外层空间委员会对探索利用外层空间可能引起的法律问题进行研究,并提出报告。依照决议和平利用外层空间委员会法律小组于1962年成立,随后研究4项问题:各国在外层空间活动的一项法律原则宣言;援助和送回宇宙飞行员和空间飞行器的问题;发射到外层空间的物体造成损失的责任问题;关于探索和利用外层空间,包括月球及其他天体的一个条约草案。

大会一致通过美国和苏联关于裁军问题的联合提案,成为关于裁军问题的第 A/RES/1722(16)号决议,决定成立由意大利、墨西哥、尼日利亚、波兰、罗马尼亚、巴西、保加利亚、缅甸、加拿大、捷克斯洛伐克、埃塞俄比亚、法国、印度、瑞典、苏联、阿联、英国和美国等 18 国组成裁军委员会,就在有效的国际监督下全面彻底裁军问题举行谈判,以便早日达成协议。

大会通过关于阿尔及利亚问题的第 A/RES/1724(16)号决议,呼吁法国和阿尔及利亚人民临时政府恢复谈判。

大会通过关于"联合国在刚果的行动:费用概算及筹款方法"的第 A/RES/1732(16)号决议,授权秘书长发行总额为 2 亿美元的联合国公债(年息 2%,25 年内偿清),以应付由于一些国家拒付联合国维和行动,特别是联合国紧急部队和刚果行动费用造成的财政危机。决议同时强调,发行公债是在目前情况下需要采取的"非常的财政措施","不应当把这种措施看作是今后"为联合国的开支"提供资金的先例"。

大会通过一系列关于财政问题的决议,批准联合国紧急部队 1962 年 1 月 1 日—6 月 30 日期间的预算为 975 万美元,联合国刚果行动 1961 年 11 月 1 日至 1962 年 6 月 30 日期间的预算为 8000 万美元。同时,大会还通过决议,请求国际法院就大会所核准的有关联合国刚果行动的开支和联合国紧急部队执行任务的开支是否属于宪章第 17 条第 2 款意义范围内的"本组织经费",对应由各会员国分担的问题,发表咨询意见。

大会通过关于西藏问题的第 A/RES/1723(16)号决议,决议声称严重关注西藏事态之发展,"鉴于有大批西藏藏民出逃邻邦,足见此等事态已使西藏人民感受极大痛苦,对此深感焦虑"。

12 月 21 日 中国外交部发表声明,强烈抗议美国操纵联合国大会就所谓"中国代表权问题"和"西藏问题"通过侵犯我国主权的非法决议。声明指出:"世界上只有一个中国,那就是中华人民共和国。台湾是中国领土不可分割的一部分,中华人民共和国在联合国的一切合法权利必须恢复。西藏是中国的领土,有关西藏的一切事务,完全是中国的内政,任何外国和国际组织,包括联合国在内的,都无权过问。"

同日 刚果中央政府总理阿杜拉和加丹加分离集团领导人冲伯在联合国代表和美国驻刚果大使的斡旋与监督下,于基托纳举行会晤并达成协定。冲伯承认中央政府的权力,并同意采取行动结束加丹加的分裂运动。

一九六二年

1 月 1 日 新西兰托管地西萨摩亚正式宣布独立。

1 月 9—15 日 特别基金理事会第 7 次会议决定投资 4280 万美元用于 38 个国家的 48 个项目。

1月10—11日 托管理事会第 28 届常会召开。

1月15日—2月23日 第 16 届联合国大会第 2 阶段会议举行。

1月30日 大会通过关于安哥拉情势的第 A/RES/1742(1962)号决议,敦促葡萄牙改革其安哥拉政策以促成安哥拉获得独立。

同日 安理会没有通过苏联提出的对加丹加合并要求予以考虑的提议。

1月31日—3月10日 联合国小麦会议通过谈判达成了一项新的为期 3 年的协议,该协议将于 1962 年 7 月 31 日起生效。

2月19—20日 大会讨论古巴控诉美国对其侵略和干涉问题。蒙古人民共和国提出的要求美国停止对古巴的侵略和干涉的提案,在表决时未获通过。

2月23日 大会通过关于工业递送及审查非自治领土情报的一般问题的第 A/RES/1745(16)号决议,调查南罗得西亚是否实现了完全自治。

大会成立委员会以解决卢旺达—布隆迪独立问题。

3月14日 根据第 16 届大会决议成立的 18 国裁军委员会会议在日内瓦开幕,法国拒绝参加,美国和苏联的代表共同担任会议主席。

3月14—23日 安理会开会审议古巴对美国的指控。古巴要求安理会就美洲国家组织在埃斯特角举行的会议是否有权排斥古巴的问题向国际法院寻求咨询。由于美国等国反对,古巴提案未能被通过。

3月15日 苏联代表团在日内瓦 18 国裁军委员会会议上提出《关于在严格国际监督下的全面彻底裁军条约》(草案)。苏联在文件中提出,世界各国在 5 年内分 3 个阶段实现全面彻底的裁军,而后仅保持一支数量上经严格限制的、仅配备轻武器的警察部队,必要时还可由联合国调遣,用于维护国际和平与安全等主张。

4月3—18日 经社理事会召开第 33 届常会,商议召开国际旅行与游览会议的问题,通过 15 项决议。

4月9日 安理会通过关于巴勒斯坦问题的第 S/RES/171(1962)号决议,谴责以色列于 3 月 16 日和 17 日对叙利亚边境地区的进攻违反了安理会有关决议,要求以色列今后不再采取类似行动。

4月16日 出席日内瓦裁军会议的巴西、缅甸等 8 个不结盟国家提交一份联合备忘录称,已有可能在非政治性且纯科学的基础上,通过协议建立一种对禁止核试验问题进行有效监督的制度。苏联、美国、英国都同意将 8 国联合备忘录作为进一步谈判的根据。

4月18日 美国代表团在日内瓦裁军会议上提出《关于在和平世界中

实现全面彻底裁军的基本规定的大纲》。美国提出应在特定期限内分阶段均衡、有效地进行裁军直到完成为止等多项主张。

5月2—29日 联合国特别基金理事会第8次会议决定投资3690万美元用于35个国家的41个项目。

5月7—14日 经社理事会国际商品贸易委员会和粮农组织商品问题委员会举行联席会议，研究农产品和非农产品的供求关系的长期计划所产生的有关问题，以及针对个别初级产品的价格波动利用国际津贴的可能性问题。

5月31日—7月20日 托管理事会召开第29届常会。

6月7—28日 第16届联合国大会第3阶段会议举行。

6月15日 国际法院就柬埔寨和泰国之间的隆端古寺争端作出判决，以9票对3票裁定隆端古寺位于柬埔寨领土之上；泰国有义务撤退其驻扎在柬埔寨领土上的隆端古寺或古寺附近的任何军事或警察部队，以及其他警卫或看守人员。国际法院还以7票对5票判定泰国有义务归还它自1954年占领古寺以来所迁走的任何雕刻物或类似物件。

6月19日 比利时就巴塞罗那电车、电灯及电力公司案向国际法院对西班牙提出新的诉讼。

6月22日 安理会在表决一项呼吁印巴谈判解决克什米尔问题的决议草案时，遭苏联代表投票否决。

6月27日 大会通过关于卢旺达布隆迪前途问题的第 A/RES/1746(16)号决议。

6月28日 大会通过关于南罗得西亚问题的第 A/RES/1747(16)号决议，要求英国在当地停止实行1961年宪法，并召集一次有充分代表性的制宪会议，在"一人一票"基础上制定一部保证大多数人民享有权利并将给予独立的宪法；同时要求英国在当地废除一切含有种族歧视的立法，并释放一切政治犯和因政治理由而被拘禁的人。

7月1日 比利时结束对卢旺达—布隆迪的托管，该领土于即日起分为卢旺达和布隆迪两个国家，并分别宣布独立。

7月3日 经社理事会召开第34次会议。本次会议分两个阶段：7月3日—8月3日、12月18—20日。会议对各发展中国家近年来因初级产品价格下跌而遭受的损失进行研究，决定召开联合国关于商品市场的贸易和发展会议。联合国代理秘书长吴丹向经社理事会提出了就"联合国发展10年"采取行动的建议。会议论及增进青年关于民族间和平、相互尊重及了解之理想之办法，保障及增进儿童及青年利益之规定，科学研究成果之协调,外空和平使用之国际合作,裁军之经济与社会后果。建议大会将即将落成之联合国图书馆以前秘书长哈马舍尔德之名命名,并设立哈马舍尔德基金。共通过 49 项决议。

7 月 9 日—8 月 25 日　联合国咖啡会议通过了一项为期 5 年的《国际咖啡协定》。

7 月 16 日—9 月 7 日　日内瓦裁军会议复会。在长达 50 余天的会期里,未能取得任何实质性进展。

7 月 20 日　国际法院就大会 1961 年 12 月 20 日决议要求咨询的有关联合国维和行动开支是否属于宪章第 17 条第 2 款范围内的"本组织的经费"给出咨询意见,认为维和行动开支属于"本组织经费",应由各会员国依照大会所确定的分配额负担。

7 月 26 日　安理会通过关于"吸收新会员国:卢旺达"的第 S/RES/172(1962)号和关于"吸收新会员国:布隆迪"的第 S/RES/173(1962)号决议,决定向大会推荐卢旺达共和国和布隆迪王国为联合国会员国。

7 月 31 日　联合国代理秘书长吴丹呼吁联合国全体会员国"利用各自的影响,说服刚果主要有关党派相信和平解决是符合他们自己长远利益的",呼吁加丹加当局结束分裂行动,实现刚果问题的和平解决。

8 月 5 日　联合国刚果行动中心应刚果中央政府的请求,宣布禁止一切飞机出入加丹加。

8 月 6—22 日　联合国召开世界地图绘制大会。

8 月 15 日　印度尼西亚与荷兰的代表在联合国总部纽约签订关于西新几内亚(西伊里安)问题的协议,并达成停止敌对行动谅解备忘录。协议规定,前荷兰属地西伊里安的行政于 1962 年 10 月 1 日起交由联合国临时执行机构接管至 1963 年 5 月 1 日为止;此后,联合国将把该地的全部行政职责移交给印度尼西亚政府;印度尼西亚负责作出安排,让该地 70 万巴布亚人于 1969 年以前在联合国监督下,就他们同印度尼西亚的关系进行自决。

8 月 19 日　联合国向刚果中央政府和加丹加当局提交了一份全国和解计划,名称为"民族和解计划"。规定了联邦政府制度,这项计划最后得到了阿杜拉总理和冲伯先生的接受。

8 月 20 日　代理秘书长吴丹在同有关国家磋商后,提出一个刚果"全国和解计划"(通称"吴丹计划"),作为解决分歧的基础提供给刚果中央政府和加丹加省当局。计划的主要内容有:30 天内草拟一份联邦宪法;建立一个包括各省集团和一切政治集团代表参加的中央政府;统一币制;统一军队;宣布大赦;让联合国人员在刚果各地有行动自由。

9月12日 安理会通过关于"吸收新会员国:牙买加"的第 S/RES/174 (1962)号和关于"吸收新会员国:特立尼达和多巴哥"的第 S/RES/175 (1962)号决议,决定向大会推荐牙买加、特立尼达和多巴哥为联合国会员国。

9月18日 大会通过第 A/RES/1748(17)号决议、第 A/RES/1749 (17)号决议、第 A/RES/1750(17)号决议和第 A/RES/1751(17)号决议,分别接纳卢旺达、布隆迪、牙买加、特立尼达和多巴哥这4个国家为联合国会员国。

9月18日—12月20日 第17届联合国大会举行。巴基斯坦人乔杜里·穆罕默德·查弗鲁拉·汗当选为本届大会主席。

9月21日 大会通过关于"印度尼西亚共和国与荷兰王国关于西新几内亚(西伊里安)之协定"的第 A/RES/1752(17)号决议,批准印尼与荷兰关于新几内亚的协议;决定成立联合国临时执行局,帮助西新几内亚移交行政权;并在该执行局下成立联合国驻西伊里安安全部队,其费用由印尼与荷兰共同负担,主要任务是帮助维持当地治安和法律,以保证移交工作顺利进行。

10月1—5日 10月1日,联合国临时执行机构从荷兰方面接管了西伊里安的行政权;3—5日,由1537名巴基斯坦军人组成的联合国维持和平部队抵达西伊里安以接替荷兰海军和陆军部队。

10月3—5日 联合国维和部队到达西新几内亚以取代荷兰的陆海军力量(荷兰军事力量至11月15日撤退完毕),并于1963年转到印度尼西亚。

10月4日 安理会通过关于"吸收新会员国:阿尔及利亚"的第 S/RES/176(1962)号决议,决定向大会推荐阿尔及利亚为联合国会员国。

10月8日 大会通过关于"准许阿尔及利亚共和国加入联合国"的第 A/RES/1754(17)号决议,接纳阿尔及利亚为联合国会员国。

10月12日 大会敦促英国采取行动释放南罗得西亚的政治犯。

10月14日 从1962年7月下旬开始,根据与古巴的协议,苏联陆续将导弹秘密运进古巴,并在古巴建造了导弹发射台,还向古巴运送了能够携带核弹头的伊尔—28型飞机。10月14日美国 U—2 高空侦察机发现了苏联在古巴部署的导弹和相关活动。美国反应激烈,于22日宣布苏联的行动威胁了美国和整个西半球,决定出动军舰对古巴实行海上封锁。美国提出,只有在联合国观察员的监督下迅速拆除和清理古巴的一切进攻性武器以后,它才解除海上封锁。同时,美国还宣布从古巴射向任何一个西半球国家的核导弹,都将被认为是苏联对美国的攻击,美国将对苏联做出"全面报复性回击"。苏联最初反应强硬,公开拒绝美国的要求,同时谴责美国对古巴的封锁,声称如果美国对苏联船只采取任何行动,苏联都将采取措施。当时局势紧张,美苏面临迎头相撞,核战争很有一触即发之势。这就是古巴导弹危机。

10 月 15 日　安理会通过关于"吸收新会员国:乌干达"的第 S/RES/177(1962)号决议,决定向大会推荐乌干达为联合国会员国。

10 月 22 日　伊朗的贾拉尔·阿巴多博士被任命为驻西伊里安的联合国临时执行机构行政长官。

10 月 23—25 日　应美国、古巴和苏联的要求,安理会讨论了加勒比海的紧张局势。美、苏在会上针锋相对,互相指责,并互相否决了对方草拟的有关这一问题的决议草案。鉴于这种僵局,来自亚非地区奉行和平、中立、不结盟的 45 个国家代表在联合国紧急磋商,促成安理会倡议秘书长出面调停。在这关键时刻,联合国秘书长吴丹写信给美国总统肯尼迪和苏联部长会议主席赫鲁晓夫,要求双方不要再采取进一步行动,避免局势更加恶化,建议苏联暂停向古巴运送军火 3 周,美国则暂停封锁,双方举行谈判,用和平手段解决危机。赫鲁晓夫和肯尼迪表示接受建议。此后苏联大步退却,美苏之间最终达成了妥协,一场箭在弦上的危机得以化解,持续了 13 天的加勒比海危机基本结束。

10 月 24 日　联合国代理秘书长吴丹分别致信美国和苏联,要求双方采取行动化解危机。

10 月 25 日　大会通过第 A/RES/1758(17)号决议,接纳乌干达为联合国会员国。

10 月 30—31 日　尽管苏联接受了美国要求,同意在联合国监督下将战略武器从古巴撤出,但这一行动并未征得古巴的同意。10 月 30 日,联合国代理秘书长吴丹亲赴古巴进行斡旋。古巴领导人卡斯特罗在会见吴丹时表示,不阻止苏联撤走战略武器,但坚决反对联合国前来视察,认为美国的所谓视察企图侵犯古巴主权,古巴决不接受。11 月 8—11 日,苏联撤回了全部导弹。11 月 20 日,苏联又再次满足美国要求,同意在 30 天内撤走在古巴的全部伊尔—28 型轰炸机。同时,美国也做出相应姿态,取消对古巴的封锁等。在整个危机的解决过程中,联合国及其秘书长以及广大和平中立国家起到了不可忽视的作用。由于联合国秘书长的特殊地位和身份,决定了由他出面呼吁和斡旋能起到任何人甚至是任何国家都难以起到的作用。在这场危机中,联合国与秘书长的出面充分显示了联合国的意义和价值所在。同时也应指出,两个核大国领导人在即将迎头相撞的核危机面前,各自后退一步,采取了相当明智的立场,没有采取将会铸成历史大错的鲁莽行动,化解了危机,让世界松了一口气。对此,国际社会的反应还不失正面。

10 月 31 日 大会通过关于南罗得西亚问题的第 A/RES/1760(17)号决议,要求英国在南罗得西亚召开有所有政党参加的会议,以制定一部保障大多数人权利的宪法。美国拒绝参加表决投票。

11 月 6 日 大会通过一项由 34 个亚非国家发起的关于南非共和国政府种族隔离政策的第 A/RES/1761(17)号决议,强烈谴责南非当局继续推行种族隔离制度。要求各会员国采取措施对南非实行制裁:同南非政府断绝外交关系;禁止所有悬挂南非旗帜的船只入港;禁止本国船只进入南非港口;抵制一切南非的商品并禁止向南非出口商品,包括一切武器弹药;拒绝对所有南非的飞机提供着陆和过境便利。决议决定设立一个关于南非政府种族隔离政策的 11 人特别委员会,以便在大会闭会期间继续对这一问题进行关注,并根据需要向大会和安理会提出报告。决议建议安理会采取适当措施,包括制裁措施,保证南非履行大会和安理会的各项决议,如有必要,还可根据宪章第 6 条正式请求大会考虑开除南非会员资格。

大会以 75 票对 0 票,21 票弃权,通过关于亟须停止核试验及热核试验的第 A/RES/1762A(17)号决议,谴责一切核武器试验;要求各国在 1963 年 1 月 1 日以前,立即停止这种试验;赞同把 1962 年 4 月 16 日的 8 国备忘录作为禁止在大气层、外层空间和水下进行核试验的协定。

大会以 51 票对 10 票,40 票弃权通过关于亟须停止核试验及热核试验的第 A/RES/1762B(17)号决议,敦促 18 国裁军委员会会议努力谋求缔结一项具有及时和有效的国际核查的、在一切环境中永远禁止核武器试验的条约。

11 月 7 日 大会通过关于《关于婚姻之同意、结婚最低年龄和婚姻登记问题的国际公约》,成为"关于婚姻之同意、结婚最低年龄及婚姻登记之公约草案与建议草案"的第 A/RES/1763(17)号决议。

11 月 21 日 大会通过关于普遍彻底裁军问题的第 A/RES/1767(17)号决议,重申需要尽早地缔结一项全面彻底裁军协定,同时要求 18 国裁军委员会恢复日内瓦谈判并定期向大会提出报告。

11 月 26 日 联合国刚果行动小组提出,如果加丹加地区政府不执行民族和解计划,将在 10 天内采取特别行动。

11月30日　大会一致通过关于任命联合国秘书长的第 A/RES/1771 (17)号决议,任命代理秘书长吴丹为联合国第 3 任秘书长,任期至 1966 年 11 月 3 日止。

12月7日　大会通过关于所谓"香港之中国难民问题"的第 A/RES/1784(17)号决议,吁请联合国各成员国、联合国各专门机关和相关的非政府组织对这些难民给予援助。

大会通过关于"拟定消除一切形式之种族歧视之宣言草案与公约草案"的第 A/RES/1780(17)号决议,请经社理事会转请人权委员会拟定消除一切形式之种族歧视之宣言草案交予第 18 届大会审议,并拟定相关的国际公约草案,至迟于联合国第 20 届大会提出,请各成员国于 1964 年 1 月 15 日之前提出意见。

大会通过关于"拟定消除宗教上一切形式的种族歧视之宣言草案与公约草案"的 A/RES/1781(17)号决议,请经社理事会转请人权委员会拟定消除宗教上一切形式之不容异己之宣言草案交予第 18 届大会审议,并拟定相关的国际公约草案,至迟于联合国第 20 届大会提出,并请各成员国于 1964 年 1 月 15 日之前提出意见。

12月8日　大会通过关于"联合国贸易及发展问题会议"的第 A/RES/1785(17)号决议,同意经社理事会关于召开联合国贸易和发展会议的决定,并请它于 1963 年 1 月召开会议筹备委员会的第 1 次会议,使联合国贸易和发展会议本身有可能在 1963 年下半年或 1964 年上半年举行。

12月10日　联合国教育、科学及文化组织大会第 12 届会议决议通过《设立一个和解和斡旋委员会负责对取缔教育歧视公约各缔约国间可能发生的任何争端寻求解决办法的议定书》。议定书于 1968 年 10 月 24 日生效。

12月13日　由于刚果局势仍未缓和,"吴丹计划"严重受挫,吴丹秘书长在同一些会员国政府磋商后,要求凡有条件采取行动的会员国都应对加丹加当局施加经济压力,特别是抵制其出口的铜和钴。

12月14日　大会通过关于天然资源的永久主权的第 A/RES/1803 (17)号决议。宣布各国人民及各民族行使其对自然财富与资源的永久主权,必须为其国家的发展着想,并以关系其国民的福利为依归。有外部资本参与时,务使受助国对其自然财富与资源的主权绝对不受损害。

大会通过关于西南非问题的第 A/RES/1805(17)号决议,重申西南非洲人民拥有民族独立权以及主权国家所拥有的一切权利,并对南非政府仍拒绝与联合国合作的行为提出谴责。

12月17日 大会通过关于"准许殖民地国家及民族独立宣言的实施情形"的第 A/RES/1810(17)号决议,决定继续非殖民化特委会的工作,并将其成员国扩大为 24 个国家。新增的 7 个成员国为:丹麦、伊朗、保加利亚、智利、伊拉克、科特迪瓦和塞拉利昂。同时,大会对特委会的授权作了较详细的规定。

12月18日 大会通过关于安哥拉情势的第 A/RES/1819(17)号决议,谴责葡萄牙对安哥拉人民进行的殖民战争;同时要求安理会采取包括制裁在内的适当措施,促使葡萄牙遵守大会和安理会的各项决议。

大会通过关于经济发展与大自然养护的第 A/RES/1831(17)号决议。

大会通过关于"裁军节余资源移供和平需要的声明"的第 A/RES/1837(17)号决议,吁请秘书长和各发展中国家政府加紧努力,制定各种考虑周密的计划项目和完整的发展计划,以便在全面彻底裁军方面达成协议,更多资源被节省下来时,实施这些项目和计划。

大会通过关于"发展中国家开罗宣言"的第 A/RES/1820(17)号决议,注意到该宣言就发展中国家的各项需求、在经济与社会增长与发展过程中所遇到的问题,以及为实现快速而平衡的发展而应采取之有效措施诸方面提出了一些原则,提请各成员国、联合国各机关注意。

大会通过第 A/RES/1831(17)号决议,认为天然资源与动植物对于各国进一步经济发展可能极为重要,且有利于人民。同时通过第 A/RES/1838(17)号决议,认为人口增长与经济发展息息相关。

同日 美国总统肯尼迪宣布,将派遣一个美国军事代表团访问刚果。这一决定意味着美国将单独干涉刚果,因此立即招致苏联、法国等国家以及刚果国内左翼的强烈反对。

12月19日 大会通过关于联合国的行政及预算程序的第 A/RES/1854(17)号决议,接受国际法院的咨询意见(1962 年 7 月 20 日,国际法院认为联合国紧急部队和刚果行动的开支属于联合国经费),决定成立一个由 21 国代表组成的审查联合国行政和预算程序工作小组,研究为开支庞大的联合国维和行动提供资金的特别方法;并决定于 1963 年召开一次特别会议,审议联合国的财政状况。

12月20日 大会通过关于联合国紧急部队的第 A/RES/1864(17)、关于联合国刚果行动的第 A/RES/1865(17)号决议,批准联合国紧急部队和联合国刚果行动每个月的开支分别为 158 万美元和 1000 万美元,至 1963 年 6 月 30 日止。

12月21日 国际法院对《西南非洲委任统治协定》做出解释,称有权对此案做出裁决。

12月28日　随着刚果局势的不断恶化,自12月24日以来驻加丹加的联合国部队一再受到加丹加宪兵队的炮火袭击。在与冲伯谈判失败后,联合国部队开始进行武装反击,扫除了在联合国部队驻地周围的路障,恢复了联合国部队在加丹加的行动自由。经过两昼夜的战斗,控制了加丹加首府伊丽莎白维尔及若干主要城镇,于12月30日停火。

12月31日　联合国秘书长吴丹发表声明说,在加丹加的"全部战斗和炮火"已于前一天停止,有关各方可以再度致力于"吴丹计划"的实施;但计划规定的条款必须"大约在两个星期的短时期内"迅速执行;否则,"就不得不考虑其他措施"。该声明发表后,美国明确表示,如有必要,它将全力支持联合国刚果行动中心的进一步行动。

一九六三年

1月7日　美苏两国政府联合致函联合国秘书长吴丹,对秘书长协助它们避免对和平的严重威胁所作的努力表示感谢。

1月8—9日　联合国召开钨探测大会。

1月14—21日　特别基金理事会第9次会议决定投资4370万美元用于43个新项目。

1月21日　联合国驻刚果部队已控制了所有先前由加丹加宪兵队驻守的城镇,在加丹加获得了行动自由。

2月4日　联合国秘书长吴丹向安理会报告说,加丹加的分裂已告终止,外国军事和准军事人员的撤离工作也已全部完成,联合国刚果行动已在很大程度上完成了各项委托给它的任务。因此,联合国部队可以开始逐步撤离刚果,但对刚果的技术援助应予加强。

2月4—20日　联合国为较不发达地区的利益应用科学和技术会议在日内瓦举行,来自联合国各会员国和各专门机构的代表,以及非政府组织的观察员约1500人与会。会议的主要目的是使世界舆论集中注意通过应用科学技术加速发展中国家发展的各种实际可能性和重要性。

4月2—18日　经社理事会召开第35届常会,通过17项决议。

4月16—20日　联合国橄榄油会议起草了新的国际橄榄油协议。

4月24日　安理会通过关于"吸收新会员国:肯尼亚、塞内加尔的控诉"的第S/RES/178(1963)号决议,谴责葡萄牙飞机对塞内加尔领空的侵犯。

　　同日　联合国领事关系会议通过《维也纳领事关系公约》,对领事关系作出一系列规定。该公约于 1967 年 3 月 19 日生效。

　　4 月 29 日　联合国秘书长吴丹就也门局势向安理会报告说,自 1962 年 9 月也门革命及随后的内战爆发以来,他一直同阿联和沙特阿拉伯及也门政府进行商讨,寻求解决冲突的途径。阿联与沙特已同意停止支持也门敌对派系,在也门脱离接触,在沙特和也门的边界两边将建立一个非军事区。吴丹表示准备由联合国派驻耶路撒冷的停战监督组织参谋长冯·霍恩将军前往这 3 国,协商派驻联合国观察员的有关事宜。这是秘书长首次未得到大会和安理会有关决议的授权,而采取的一次主动行动。

　　同日　玻利维亚、巴西、智利、厄瓜多尔和墨西哥 5 国总统就拉丁美洲的非核化问题发表联合宣言。5 国政府准备签订一项多边协定,各国保证不制造、接受、存储或试验核武器或核发射装置,并请拉丁美洲其他共和国国家元首注意本宣言,应邀加入。

　　5 月 1 日　在西伊里安的联合国临时执行局将西伊里安的行政权交给印度尼西亚政府,在当地执行维和任务的联合国驻西伊里安安全部队的任务也随之结束。

　　5 月 8—9 日　安理会审议了海地关于多米尼加共和国"多次威胁入侵并企图干涉内政"的指控。

　　5 月 14 日　大会通过关于"准许科威特加入联合国"的第 A/RES/1872 (S—4)号决议,决定接纳科威特为联合国会员国。

　　5 月 14 日—6 月 27 日　由于联合国派往埃及的紧急部队和在刚果的维和行动耗资巨大,而部分国家对这两项行动持有异议而拒绝缴纳维和行动的费用,联合国陷入了严重的财政危机。鉴于此,联合国大会第 4 次特别会议在纽约总部召开。会议通过了第 A/RES/1872(S—4)—A/RES/1880 (S—4)等一系列决议,一定程度上缓解了联合国的财政危机,使得维和行动得以继续。

　　5 月 22 日　苏联通知联合国将拒绝支付由大会"非法表决"通过的任何联合国开支,这一事件引起了联合国历史上一次深刻危机以及关于联合国维和行动的长期争论。

　　5 月 27 日　秘书长吴丹在给安理会关于也门问题的报告中说,霍恩将军已完成了同也门、阿联与沙特阿拉伯 3 国的协商任务,并建议将拟议中的联合国派驻也门的观察员扩大为一个观察团,由霍恩将军指挥。

　　5 月 29 日—6 月 26 日　托管理事会召开第 30 届常会。

　　6 月 3—10 日　联合国特别基金理事会第 10 次会议决定投资 8270 万

美元用于 35 个国家的 41 个新项目。

6 月 7 日　吴丹秘书长报告安理会,沙特阿拉伯和阿联已同意支付联合国也门观察团的各项费用,有关联合国在也门观察行动的财政问题业已解决。

6 月 8 日　苏联常驻联合国代表致函安理会主席,要求开会讨论联合国驻也门观察团问题。苏联认为,根据《联合国宪章》,联合国采取措施以维持国际和平与安全的决定须由安理会作出。因此,这一问题必须交由安理会讨论决定。

6 月 11 日　安理会开会审议也门问题。吴丹秘书长作了关于也门冲突各方脱离接触协议谈判的情况报告。随后,安理会通过关于"吸收新会员国:科威特秘书长关于也门发展局势的报告"的第 S/RES/179(1963)号决议,对有关各方就脱离接触条款已达成协议表示赞成,授权秘书长建立联合国也门观察团,由他规定观察团活动的范围,并就本决议的执行情况向安理会提出报告。

6 月 27 日　第 4 届特别联合国大会就联合国维和行动费用问题通过第 A/RES/1873(S—4)—A/RES/1880(S—4)号决议:为未来维持和平行动经费的问题规定了总的指导原则;为 1963 年 7 月 1 日—12 月 31 日期间的联合国紧急部队和联合国刚果行动中心分别提供经费,前者为 950 万美元,后者为 3300 万元;决议敦促会员国支付所拖欠的联合国紧急部队和联合国刚果行动摊款;继续延长审查联合国行政与预算工作小组的工作;提议设立和平基金以保证秘书长在行使维护世界和平与安全的职责有足够的经费可以动用,避免无谓的延误。

7 月 2 日　经社理事会召开第 36 届常会,本届会议分两阶段举行:1967 年 7 月 2 日—8 月 2 日,1963 年 12 月 12 日—1964 年 1 月 21 日。讨论扩大经济委员会、社会委员会以及协调委员会;讨论在发展方面应用科学技术问题咨询委员会、联合国特设基金董事会、联合国难民事务高级专员方案执行委员会的问题;并建议大会发起"世界普遍识字运动"。常会共通过 55 项决议。

7 月 3—4 日　联合国糖业大会通过了《1958 年国际糖业协定》。

7 月 4 日　联合国也门观察团的主要部队抵达也门,开始执行核查冲突各方脱离接触和阿联、沙特从也门撤军的任务。于 1964 年 9 月 4 日完成人员撤离。

7 月 22—31 日　安理会通过关于葡萄牙管理领土问题的第 S/RES/180(1963)号决议,谴责葡萄牙拒不执行大会和安理会有关决议的行动;敦促葡萄牙承认葡属领土居民自决和独立的权利,停止一切压制活动,要求葡萄牙宣布无条件政治赦免,并准许各政党自由活动,立即从其殖民地撤军;要求所有国家停止向葡萄牙政府提供援助。

8月5日 苏联、美国、英国3国外长在莫斯科正式签署《禁止在大气层、外层空间和水下进行核武器试验条约》,联合国秘书长吴丹出席签字仪式。该条约于1963年10月10日起生效。

8月7日 安理会通过关于南非共和国政府种族隔离政策的问题的第S/RES/181(1963)号决议,谴责南非的种族歧视政策违背了宪章的原则;要求南非放弃种族隔离政策,释放所有因反对这一政策而被监禁的人士;敦请一切国家停止向南非出售和运送军火(自愿性军火禁运);提请联合国秘书长注意南非形势并向安理会报告。

9月3日 苏联否决了安理会关于谴责叙利亚当局蓄意杀害两名以色列人的决议草案。

9月13日 安理会应非殖民化特委会的请求,审议自南罗得西亚少数白人政权要求独立后,当地"爆炸性局势的恶化"问题。一项要求英国在一个有充分代表性的政府建立之前不把权力移交给南罗得西亚当局,同时要求英国也不移交武装部队和飞机的提案由于英国投票否决而未能通过。但10月14日,大会还是通过了内容相同的决议。

9月17日—12月17日 第18届联合国大会在纽约举行。委内瑞拉人卡洛斯·索萨·罗德里格斯当选为本届大会主席。

9月19日 苏联在联大第18届大会上修正了1960年首次提出的3阶段实现全面彻底裁军目标方案:第1阶段,美苏两国可在其本土保留严格的有数量限制的洲际导弹、反导弹和防空导弹,直到裁军第2阶段。但这项措施必须同在国际监督下取消外国军事基地同时进行,并且保留的导弹数量必须小到足以排除进行一场核战争。本届大会上,苏联提出可以把上述导弹保留到第3阶段结束之时。美国重申,要求停止生产制造武器之用的裂变物质,并把美国6万公斤、苏联4万公斤的这种物质转用于和平目的。

9月28日 中国外交部就大会讨论朝鲜问题发表声明,坚决支持朝鲜外务省25日声明。声明指出,大会再次讨论朝鲜问题,无非是为美国继续霸占南朝鲜制造借口,为朝鲜和平统一制造新的障碍。

10月8日 大会就阿富汗、阿尔及利亚等16个亚非国家要求讨论南越当局侵犯人权的问题作出决议,由大会主席派遣事实调查团,前往调查南越政权与佛教团体之间的关系情况。

10 月 11 日　大会通过关于南非共和国政府之种族隔离政策的第 A/RES/1881（18）号决议，要求南非当局放弃对反种族隔离运动领导人的审判，释放所有由于反对种族隔离而被监禁或受其他限制的人，同时促请各会员国劝导南非遵守实行该决议。

10 月 14 日　大会敦促英国，在充分代表南罗得西亚人民的政府建立之前，不要移交权力和军队。

10 月 17 日　大会以鼓掌方式通过由墨西哥代表 18 国裁军委员会的17 个参加国提出的关于普遍及彻底裁军问题的第 A/RES/1884（18）号决议，欢迎美苏两国表示不在外层空间安置任何载有核武器或其他大规模毁灭性武器的物体，并庄严呼吁所有国家禁止向外层空间发送或在那里安置核武器和其他大规模毁灭性武器。秘书长随后发表演说声称，这一决议的通过意味着联合国已担当起将这一决议加以实施的政治上和道义上的责任。

10 月 18 日　应刚果政府请求，大会通过关于"联合国刚果行动：1964 年 1 月 1 日—6 月 30 日期间费用概算及筹款办法"的第 A/RES/1885（18）决议，决定将联合国驻刚果部队执行任务期限延长到 1964 年 6 月 30 日，以便继续协助刚果军队和警察维持该国的法律和秩序，同时授权秘书长为联合国刚果行动在 1964 年 1 月 1 日—6 月 30 日期间执行任务拨款 1820 万美元，决议还规定了款项的具体分摊办法。

同日　中国外交部就联合国派遣"调查团"去越南南方发表声明。表示完全支持越南民主共和国 10 月 14 日声明中表明的严正立场，即让南越人民自己解决南越问题。

10 月 21 日　大会以 41 票赞成，57 票反对，12 票弃权的表决结果，拒绝讨论中国代表权问题。

10 月 24 日　中国外交部就美国再次操纵联合国大会阻挠恢复我国合法权利发表声明。指出，中国是联合国创始会员国，而且是安理会常任理事国。只有中华人民共和国才有权享有中国在联合国的一切合法权利。台湾是中华人民共和国领土不可分割的一部分。美国及其追随者以任何形式制造"两个中国"的阴谋，都是中国坚决反对的，也是永远不能得逞的。

11 月 4 日　吴丹秘书长任命副秘书长兼联合国驻日内瓦办事处主任皮尔·斯皮奈利作为他派往也门的特别代表和联合国也门观察团团长。

11 月 13 日　大会重申主权国家拥有民族自决与民族独立的权利，并指出南非吞并西南非洲任何部分的企图都将被视为"侵略行为"。

11 月 18 日　大会通过关于"参加在国际联盟主持下所缔结之一般多边条约问题"的第 A/RES/1903(18)号决议。

11 月 20 日　大会通过关于《联合国消除一切形式种族歧视宣言》的第 A/RES/1904(18)号决议。该宣言指出,人与人之间基于种族、肤色或人种的歧视是对人类尊严的凌辱,应视为否定《联合国宪章》原则,侵犯世界人权宣言所宣示的人权与基本自由,妨碍国际友好和平关系及足以扰乱人民间和平与安全的行为,应加以谴责和追究。

11 月 27 日　大会以 64 票对 18 票,25 票弃权,通过关于"召开会议签订禁止使用核及热核武器公约问题"的第 A/RES/1909(18)号决议,决定召开一次旨在签订一项禁止使用核武器公约的会议,要求 18 国裁军委员会对此事进行研究并向大会提出报告。美国认为,核战争不能仅凭一纸意图声明来加以防止,反对举行这种会议。

大会以 104 票对 1 票,3 票弃权,通过 18 国裁军委员会中除法国之外的 17 国联合决议案,成为关于急需停止核试验及热核试验的第 A/RES/1910(18)号决议,对美、英、苏 3 国签订的部分核禁试条约表示满意,决议要求所有国家都加入该条约,同时要求 18 国裁军委员会继续进行谈判,以实现条约序言所规定的目标。

大会以 91 票对 0 票,15 票弃权通过巴西等 11 个拉美国家关于建立拉美无核区的联合提案,成为关于划定拉丁美洲为非核区的第 A/RES/1911(18)号决议。决议表示,1963 年 4 月 29 日拉美 5 国首脑联合声明中的拉丁美洲非核化的倡议,希望拉美各国在适当的时候,将根据《联合国宪章》的原则和区域性安排着手研究为实现决议的目标而采取的措施,决议同时请秘书长在拉美国家需要时予以技术援助以实现决议目标。

12 月 2 日　国际法院表示无法根据喀麦隆的申述对其与英国纠纷作出裁决。

12 月 4 日　安理会一致通过关于南非共和国政府种族隔离政策的问题的第 S/RES/182(1963)号决议,敦促南非当局停止其种族歧视的政策,并谴责其不遵循大会和安理会有关决议的行径,促请所有国家扩大对南非武器禁运的范围,要求秘书长设立小规模专家团协助解决这一问题,同时秘书长应继续保持对南非局势发展的关注并向安理会报告。

12 月 11 日　大会决定继续非殖民化特别委员会的工作,以保障实施《给予殖民地国家和人民独立宣言》。

大会通过了逐步实现马耳他、北罗得西亚和尼亚萨兰独立等多项决议;同时敦促相关国家采取行动推动实现亚丁、英属几内亚、巴苏陀兰、贝专纳以及斯威士兰的独立。

大会成立阿曼问题审查委员会。

同日　安理会通过关于葡萄牙管理领土问题的第 S/RES/183(1963)号决议,呼吁所有各国遵守第 S/RES/180(1963)号决议,抗议葡萄牙政府拒不遵守该决议,请秘书长继续努力,敦促葡政府给予各领土以自决权,并于 1964 年 6 月 1 日前向安理会具报。

12 月 13 日　大会通过名为"关于各国探测及使用外空工作之法律原则宣言"的第 A/RES/1962(18)号决议,宣称一切国家有按照国际法探索和利用外层空间和天体的自由,但禁止将外层空间和天体据为国家所有;各国应遵照国际法和《联合国宪章》办事,并以维持国际和平与安全及促进国际合作与谅解的利益为重;各国应对其本国在外层空间的活动担负国际责任。

12 月 16 日　大会促请各国采取措施"劝阻"南非停止其种族隔离政策。

同日　安理会通过关于"吸收新会员国:科威特"的第 S/RES/184(1963)号和关于"吸收新会员国:肯尼亚"的第 S/RES/185(1963)号决议,建议大会接受桑给巴尔和肯尼亚加入联合国为会员国。

大会通过第 A/RES/1975(18)号决议和第 A/RES/1976(18)号决议,分别接纳桑给巴尔和肯尼亚为联合国会员国。

同日　经社理事会通过关于举办联合国国际旅行及游览会议的第 995(36)号决议。

12 月 17 日　大会通过关于"安全理事会和经济及社会理事会席位之公匀分配问题"的第 A/RES/1991(18)号决议,决定对宪章第 23 条、第 27 条和第 61 条进行修正,并于 1965 年 8 月 31 日生效。修正案的案文为:第 23 条之修正案将安全理事会理事国自 11 国增至 15 国。修正后之第 27 条规定安全理事会关于程序事项之决议,应以 9 理事国(前为 7 理事国)之可决票表决之,对于其他一切事项之决议,应以 9 理事国(前为 7 理事国)之可决票包括安全理事会 5 常任理事国之同意票表决之。修正后之第 61 条将经济及社会理事会理事国自 18 国增至 27 国。

大会通过关于联合国紧急部队的第 A/RES/1983(18)号决议,授权拨款 1750 万美元用于联合国紧急部队 1964 年的开支。

大会通过关于西南非问题的第 A/RES/1899(18)号决议,谴责南非拒绝合作实施《给予殖民地国家和人民独立宣言》。

12 月 27—28 日　安理会应塞浦路斯的请求讨论其指控土耳其对本国

干涉问题。塞浦路斯称土耳其侵略并使用武力侵害其领土完整和政治独立、干涉其内政。土耳其则否认这些指控,会议没有取得结果。

一九六四年

(太阳极小期国际观测年)

1月2日 联合国秘书长向安理会报告,建议延长联合国驻也门观察团的使命两个月,定于1964年3月4日结束。沙特阿拉伯和埃及亦已同意此次延长并支付相关费用。此后,联合国驻也门观察团又3次延长,每次两个月,直到1964年9月4日任务结束后撤出。

1月10—11日 安理会召开紧急会议讨论巴拿马关于美国在巴拿马运河区驻军屠杀其平民的指控。美国拒绝这一指控。安理会随后依照巴西提出而为巴拿马和美国所接受的一项建议,授权巴西总统呼吁巴拿马和美国两国政府立即停止互相射击和流血冲突,并要求两国政府对它们所指挥的军队和所控制的平民施加最大的抑制。

1月12日 桑给巴尔人民发动武装起义,推翻封建主苏丹的统治,建立桑给巴尔人民共和国。桑给巴尔非洲—设拉子党主席阿贝德·卡鲁姆任共和国总统和革命委员会主席。

1月13日 秘书长通知安理会:塞浦路斯政府已会同英国、希腊和土耳其,要他任命一位私人代表前往塞浦路斯考察那里的局势。

1月16日 联合国秘书长任命印度的贾尼中将为他的私人代表,去监督英国、希腊和土耳其为保证和维持到1964年2月底为止的初步停火而在塞浦路斯所进行的行动。

1月21日—2月4日 日内瓦17国裁军会议继续举行。

1月28日 在日内瓦17国裁军会议上,苏联代表提出关于削减军备和缓和国际紧张局势9点措施的备忘录,其中包括销毁过时轰炸机的建议。美国国务院发言人同日发表声明,对苏联关于销毁过时轰炸机的建议表示欢迎。

1月29日—2月9日 第9届冬季奥运会在奥地利的因斯布鲁克举行,共有36个国家和地区的1091名运动员参赛。苏联在奖牌榜上名列第一。

2月3—17日 安理会应巴基斯坦要求,举行会议讨论克什米尔问题,没有通过任何决议。巴基斯坦外交部部长布托和印度教育部部长查格拉都在会上发言。布托在发言中对印度控制下的克什米尔最近的爆发性局势表示不安。布托强调,"巴基斯坦过去从来没有承认过,今后也永远不会承认印度对查谟和克什米尔领土的要求"。他要求安理会使印度放弃加剧克什米尔局势的措施。

2月5日　印度尼西亚、马来西亚及菲律宾通报联合国秘书长,他们原则上同意由泰国负责监察印度尼西亚与马来西亚在婆罗洲边界停火情况的建议。

同日　联合国秘书长介入卢旺达地区的边界争端,力图结束卢旺达与布隆迪边界地区的大范围部族冲突。

同日　古巴外交部部长罗亚写信给联合国秘书长吴丹,谴责美国劫走4艘古巴渔船的罪行。信件说,美国这一行为是对《联合国宪章》的精神和条款的公开违反和一次不能容忍的挑衅。

2月17日　安理会应塞浦路斯和英国的请求再次开会审议塞浦路斯问题。

2月27日　塞浦路斯外交部部长基普里亚在安理会会议上谴责土耳其"一直在集中它的军队和进行各种入侵塞浦路斯的准备"。

3月2日　玻利维亚等5国向安理会提交提案,建议"在塞浦路斯政府的同意下在塞浦路斯建立一支联合国维持和平部队,它的人数和组成将由联合国秘书长在同塞浦路斯、希腊、土耳其和英国磋商后确定"。

3月4日　安理会一致通过关于塞浦路斯局势的第S/RES/186(1964)号决议,建议在征得塞浦路斯政府同意的情况下,成立联合国驻塞浦路斯维持和平部队,以制止战事再起,维护和恢复法律与秩序以及恢复正常状态;建议秘书长在取得塞浦路斯、希腊、土耳其和英国政府一致同意后,任命一位联合国调解专员,以促进塞浦路斯问题的和平解决。在表决中,苏联、法国和捷克斯洛伐克均对某段决议内容有所保留,因此投了弃权票。但决议作为整体还是获得一致通过。

3月6日　联合国秘书长吴丹任命印度人贾尼中将为塞浦路斯"联合国维持和平部队"司令。贾尼曾作为吴丹的私人代表在1月17日到塞浦路斯去"观察维持和平行动的进展"。

3月11日　英国和美国同意承担联合国驻塞浦路斯7000人部队3个月费用的一半(当时3个月的总费用估计为600万美元)。

3月13日　安理会通过关于塞浦路斯局势的第S/RES/187(1964)号决议,重申安理会的第S/RES/186(1964)号决议,呼吁全体会员国必须停止一切可能使塞浦路斯局势进一步恶化的行动,并要求秘书长继续为实现第S/RES/186(1964)号决议的目标作出努力。3月14—15日,加拿大组建的联合国维和部队抵达塞浦路斯;芬兰、爱尔兰和瑞典证实将派遣军队加入这次联合国维和部队行动。

3 月 17 日 安理会应巴基斯坦要求,在 17 日和 20 日就克什米尔问题举行了会议。

3 月 23 日—6 月 15 日 首次联合国贸易与发展会议在日内瓦召开,共有来自 122 个国家的代表出席。会议研究了一系列与国际贸易的扩大及其对经济发展的影响有关的基本问题,在最后通过的行动纲领中制定了一系列关于贸易关系和贸易政策的原则,并建议会议本身成为贸发会议的一个常设机构,下设贸易和发展理事会和专职秘书处以及附属机构,以促进发展中国家的经济发展。77 个发展中国家和地区的代表在会上联合签署了《77 个发展中国家联合宣言》,表达了发展中国家要求改变旧的国际经济秩序和建立新的国际经济秩序的愿望。"七十七国集团"由此诞生并决定在其后每次联合国贸易和发展会议召开之前都举行一次部长级会议,以协调立场,制定共同策略。

3 月 24 日 联合国非殖民主义特别委员会主席、马里代表索里·库利巴利举行记者招待会,谴责英国当局支持在南罗得西亚的白人殖民者掠夺和镇压当地非洲人。

3 月 25 日 联合国秘书长指派芬兰人萨卡里·铎米奥亚为联合国驻塞浦路斯的协调专员,并任命印度人贾尼为联合国驻塞浦路斯维持和平部队的司令官。

3 月 27 日 联合国派驻塞浦路斯的维持和平部队开始执行任务。

4 月 2 日 安理会应也门要求召开紧急会议,讨论英国飞机 3 月 28 日轰炸也门市镇哈里卜的问题。阿拉伯国家代表在会上严厉谴责了英国侵略也门的罪行。

4 月 8 日 吴丹秘书长要求芬兰、爱尔兰和瑞典将它们答应参加在塞浦路斯的维和部队各增加 300 名,以加强这支部队的力量。

4 月 9 日 安理会通过关于"也门的控诉"的第 S/RES/188(1964)号决议,谴责英国于 3 月 28 日对也门领土所进行的空袭,呼吁也门和英国双方表现出最大的克制以避免再次发生冲突,同时要求秘书长进行斡旋解决争端。

4 月 13 日 联合国秘书长发言人透露,吴丹已要求英国、加拿大、芬兰、瑞典和爱尔兰等 5 国增派警察到塞浦路斯。

4 月 20 日 以瑞典阿尔瓦·米尔达夫人为首的联合国关于南非问题的一个专家小组提出报告,建议召开一次能充分代表南非所有人的全国代表大会来决定南非的前途;如果南非当局拒绝讨论召开这一大会,安理会应考虑对其使用经济制裁的措施。

4月26日 坦噶尼喀从1961年12月14日起成为联合国会员国。桑给巴尔从1963年12月16日起成为联合国会员国。1964年4月26日坦噶尼喀和桑给巴尔联合协定批准以后,坦噶尼喀和桑给巴尔联合共和国作为单一的会员国继续保持会员国资格,1964年11月1日改名为坦桑尼亚联合共和国。联合国的会员国总数由113个减少为112个。

4月27日 联合国非殖民化特别委员会通过决议,要求英国采取必要步骤,使南罗得西亚当局释放南罗得西亚民族主义运动领袖恩科莫和其他反殖民统治的政治犯。这项决议谴责英国拒绝遵守联合国大会以前就南罗得西亚问题通过的决议,并要求英国政府立即召开制宪会议作出立宪安排。

4月28日 日内瓦17国裁军会议自1月21日复会以来经过3个多月毫无结果的讨论,又一次宣告休会。会议将在6月9日再次举行。

5月4日 在日内瓦举行的联合国麻醉药品委员会第19届会议的开幕式上,法国代表支持驱逐蒋介石集团代表,把他的席位还给中华人民共和国政府的代表。

5月5日 安理会讨论克什米尔问题,会议没有取得任何结果。

5月11日 吴丹秘书长宣布任命厄瓜多尔人加洛·普拉扎为秘书长的驻塞浦路斯特别代表,负责执行安理会确定的恢复该国正常秩序的短期目标的任务,并为这个问题的长期解决创造条件。

同日 联合国非殖民化特别委员会通过决议,谴责英国在也门采取军事行动。决议要求英国停止对亚丁的军事行动,并且请安理会注意这些军事行动在那里造成的危险局势。

5月15日 坦桑尼亚联合共和国外交部致信吴丹秘书长,原坦噶尼喀和桑给巴尔的两个代表团将合并为一个代表团。

5月19日 安理会审议柬埔寨关于美国—南越对其侵略的指控。

5月21日 非殖民化特别委员会通过由15个亚非国家提出的一项决议,谴责南非政府对西南非洲的侵略政策。

5月22日 南非通报安理会,认为4月20日联合国关于南非问题专家小组的报告是对其国内司法权的侵犯。

6月4日 安理会一致通过关于柬埔寨领土和平民遭受侵略的控诉的第S/RES/189(1964)号决议,要求美国应该对侵犯柬埔寨边界行为道歉,并委派一个3人小组到越柬边境地区调查,研究避免事态进一步发展。

6月9日 安理会通过关于南非共和国政府种族隔离政策的问题的第

S/RES/190(1964)号决议,再次谴责南非当局拒不执行大会和安理会有关决议而对反种族隔离运动领导人进行审判,敦促南非当局对由于从事反对种族隔离政策而被判处死刑的人停止执行死刑,并终止对反种族隔离运动领导人的"里沃尼亚审判"。

同日 塞浦路斯总统马卡里奥斯宣布,塞浦路斯政府要求联合国安理会召开紧急会议,讨论土耳其军事入侵的威胁。

6月12日 联合国 33 个非洲成员国的代表发表声明,谴责南非当局悍然宣判南非民族主义领袖曼德拉等人无期徒刑。

6月15日 联合国秘书长在关于塞浦路斯问题的第 1 次全面报告中声称,联合国驻塞维和部队虽然已使该岛战斗不再重启,但紧急局势并未得到真正缓和,他建议这支维和部队延期留驻 3 个月。直至当时,联合国驻塞浦路斯维持和平部队已由来自奥地利、加拿大、丹麦、芬兰、爱尔兰、瑞典和英国的 6238 名军人和来自奥地利、澳大利亚、丹麦、新西兰和瑞典的 173 名民警,共计 6411 人组成。

6月16日 联合国贸易和发展会议在举行了将近 3 个月的会议后闭幕。会议通过决议,建议创建联合国贸易与发展组织以加速各国经济发展。

6月18日 安理会通过关于南非共和国政府种族隔离政策的问题的第 S/RES/191(1964)号决议,谴责南非的种族隔离政策;要求南非当局赦免政治犯并放弃执行对任何人因反对种族隔离政策而判处之死刑;赞成专家小组 4 月 20 日报告的主要结论,要求南非当局就 1964 年 11 月 30 日举行全国协商一事提出意见;决定成立一个由安理会全体理事国组成的专家委员会,以便对安理会根据宪章可以采取的措施的可行性、有效性和后果进行研究。

6月19日 越南民主共和国外交部发表声明,反对联合国安全理事会 4 日作出的关于派遣一个 3 人调查团前往柬埔寨—南越边境地区的决议。

6月20日 安理会一致通过关于塞浦路斯局势的第 S/RES/192(1964)号决议,决定联合国驻塞浦路斯维持和平部队再延期 3 个月,从 1964 年 6 月 27 日至 9 月 26 日。

同日 秘书长任命印度的高登德拉·苏巴亚·提马亚为联合国驻塞浦路斯维和部队司令,接替辞职的贾尼将军。此后,联合国驻塞浦路斯维持和平部队任务期限一再延长。

6月23日 联合国非殖民化特别委员会通过决议,要求英国立即确定英属圭亚那宣布独立的日期,并决定派遣一个 3 人委员会到圭亚那督促这一决议和大会决议的实施。

6 月 29 日 吴丹秘书长向安理会提交一份报告声称:刚果行动的大部分目标已在很大程度上达到,剩下的提供技术援助的目标,联合国将在财力许可的最大限度内继续予以完成。秘书长还在报告中对联合国驻刚果部队的经验进行总结,认为该部队的创立证明联合国具有应对严重紧急局势并在一个非常短促的时间内发动它在历史上最大的一次维持和平行动的能力,该部队在各方面的成就是显著的。

6 月 30 日 联合国刚果行动的军事阶段任务结束,最后一批联合国维和部队撤出刚果,但技术援助和民事行动仍在继续进行。据统计,联合国刚果行动开展 4 年以来,费用高达约 2.8 亿美元。

7 月 3 日 联合国非殖民化特别委员会通过一项谴责葡萄牙政府的殖民主义政策的决议。决议谴责葡萄牙政府不让安哥拉、莫桑比克和葡萄牙在非洲的其他殖民地实现独立。

7 月 6 日 尼亚萨兰宣告独立,改名为马拉维共和国,成为英联邦的一个自治领。

7 月 9 日 印度尼西亚总统苏加诺谴责联合国发起的在北加里曼丹的调查工作,称联合国发起调查北加里曼丹人民是否愿意加入“马来西亚联邦”和调查小组的工作“是靠武力和在刺刀的威胁下进行的”。

同日 叙利亚驻联合国代表向安理会主席递交了一封信,控告以色列从 7 月 2 日至 6 日在以色列—叙利亚边境对叙利亚进行了一系列武装袭击。信中指出,“以色列当局的侵略行动的这一新浪潮明显地违反了他们根据叙利亚—以色列停战协定所承担的义务”,希望安理会注意这个“在这一地区对和平和安全的巨大威胁”。

7 月 10 日 苏联政府向联合国提交了《关于加强联合国保障国际和平与安全效能的一些措施》的备忘录,认为只有严格遵守宪章的规定,联合国在维持国际和平方面的实效才能得到保证,应利用和平手段解决国际争端。

7 月 13 日 经社理事会召开第 37 届常会,本届会议分两阶段举行:1964 年 7 月 13 日—8 月 15 日,1965 年 3 月 1—8 日。会议决定向大会提交关于消除一切形式种族歧视宣言实施办法之报告书,建议发起世界反饥饿、反疾病、反愚昧运动,讨论对哥斯达黎加提供紧急援助,建议设立联合国训练研究所,并决定撤销国际商品贸易委员会、将其职能移交给联合国贸易和发展会议之贸易及发展理事会下设商品委员会。常会共通过 51 项决议。

7 月 17—21 日 在开罗举行第 1 次非洲统一组织国家元首和政府首脑会议,通过《非洲非核化宣言》。

7 月 20 日 经社理事会召开全体会议,通过第 1000(37)号决议,确认各区域经济委员会在发展各区域内国家间合作上的重要成就。决议希望各区域经济委员会尤其是贸易、资源开发及工业化各部门日益加强并提高效率,以满足各区域的需要。

7 月 24 日　经社理事会全体会议审议联合国贸易和发展会议文件及报告书,确认发展中国家的经济发展对于世界经济的扩展与国际和平及安全的维持的作用。

7 月 27 日　安理会 3 人小组促请柬埔寨与南越恢复政治关系。

7 月 30 日　经社理事会召开全体会议,就人权方面的咨询服务事宜展开讨论,建议于 1965 年内在蒙古及南斯拉夫设置研究班,并应作为优先事项举办;拟议设于非洲的研究班应早日举办。

同日　柬埔寨新闻社当天报道,柬埔寨政府已就美国—南越使用化学毒剂残害柬埔寨人民一事,向安理会提出控诉。柬外交大臣胡森巴在打给安理会的电报中指出:"美国—南越军队在这以前只是在南越采取的这种行动是属于化学战范围之内的。王国政府已就高棉和平农民深受其害的这种新形式的侵略向应对此负责的政府提出严重抗议。"

7 月 30 日—8 月 9 日　第 10 届禁止原子弹氢弹世界大会在日本举行。有 52 个国家和 8 个国际组织代表参加这届国际会议。会议通过了《为阻止核战争、全面禁止核武器、加强团结而开展国际共同行动的呼吁书》等项文件。

8 月 5—7 日　应美国要求,安理会召开紧急会议审议美国指控的"河内政府在国际水域中有意袭击美国军舰所造成的严重局势"。随后越南民主共和国向安理会反控美国对越南的侵略,并指出审议美国对越南的侵略战争行为不是安理会的职权,而是 1954 年关于印度支那问题的日内瓦会议权限内的事情。因此,如果安理会在美国"控诉"的基础上作出非法的决定,越南民主共和国就不能不认为这样的一个决定是完全无效的。此次会议未取得任何结果。

8 月 8—9 日　8 月初以来,塞浦路斯希、土两族之间再次爆发战斗,土耳其向塞浦路斯出动了空军和海军。为此,安理会应塞土双方的要求召开会议,讨论那里的紧张局势。

8 月 9 日　安理会会议以 9 票对 0 票,2 票弃权通过关于塞浦路斯局势的第 S/RES/193(1964)号决议,呼吁有关国家在塞浦路斯应立即停火,要求它们与联合国驻塞维和部队合作,以恢复当地的和平。8 月 10 日,希腊和土耳其双方接受安理会关于塞浦路斯地区停火的要求。

同日　越南民主共和国外交部就联合国安全理事会按美国政府的要求

审议在越南民主共和国沿海发生的事件发表声明。声明如下:众所周知,美国政府有计划地、极其严重地破坏了1954年关于印度支那问题的日内瓦协议,对越南南方发动了侵略战争,对越南民主共和国加紧进行挑衅和破坏活动,同时对老挝加强了武装干涉,并威胁柬埔寨的独立和中立。

8月12日　柬埔寨政府向联合国安理会发出照会,谴责某些国家的政府企图以安理会代替关于印度支那的日内瓦会议。照会称:"在任何时候,王国政府都不考虑、更不愿意把问题从日内瓦会议的范围转到纽约的场所去。"照会重申柬埔寨政府的立场:"只有走召开一次国际会议的道路,才能为印度支那,特别是柬埔寨的问题找到和平解决的办法。"

8月31日—9月9日　关于和平利用原子能的第3次国际会议召开。本次会议较前两次会议议程较窄,集中于核力量的技术问题,但参会方最多,包括77个国家、10个专门机构和国际原子能机构的代表。

9月2日　秘书长在关于联合国驻也门观察团的最后报告中承认,各方未能执行脱离接触协议,该观察团在观察和报告这些问题时面临困难。

9月4日　秘书长根据有关各方所表示的愿望决定不再延长联合国驻也门观察团的使命,该观察团的活动结束,从也门撤出。

9月15日　由于美国向联合国提出要求,如果苏联或其他会员国拒不缴纳联合国维和行动的摊款,将根据宪章第19条规定中止它们在大会的投票权,美苏之间发生激烈的争执,联合国面临分裂的危机。为缓解这一危机,应20个亚非国家要求,原定当日开幕的第19届联合国大会推迟到11月10日举行,其理由是为了不影响这些亚非国家参加10月在开罗举行的第2次不结盟国家会议。

9月17日　安理会审议马来西亚和印度尼西亚之间的纠纷。挪威提出一项决议草案,建议安理会对该地区所发生的事件表示遗憾,呼吁各当事国停止一切恫吓或使用武力,并尊重各方的领土完整和政治独立,以便创造一种有助于继续举行谈判的气氛。因苏联否决,该决议未获通过。

9月25日　安理会通过关于塞浦路斯局势的第S/RES/194(1964)号决议,决定将联合国驻塞浦路斯维和部队任务期限再延长3个月。

10月5—10日　第2次不结盟国家首脑会议在开罗举行,出席会议的有47个国家的元首、政府首脑或其代表。大多数与会者强烈谴责帝国主义和新老殖民主义,表示坚决支持民族解放运动和保卫民族独立的愿望。10月12日公布的《第二次不结盟国家会议宣言》指出:"不结盟的原则由于使全世界产生了信心,正在成为促进和平和人类福利的越来越强有力的力量。"不结盟国家还向联合国大会提出"和平与国际合作方案",其中包括一项在联合国主持下召开一次邀请世界各国都参加的世界裁军会议的建议。

10月9日　安理会通过关于"吸收新会员国:马拉维"的第 S/RES/195(1964)号决议,决定向大会推荐马拉维为联合国会员国。

10月10—24日　第18届奥林匹克运动会在日本东京召开,共93个国家和地区参加了本届赛事,参赛运动员达5151人,其中女子678人。这是首次在亚洲举行的奥运会。

10月16日　中国政府发表声明:1964年10月16日15时,中国爆炸了一颗原子弹,成功地进行了第1次核试验。这是中国人民在加强国防力量、反对美帝国主义核讹诈和核威胁政策的斗争中所取得的重大成就。声明郑重宣布:中国在任何时候、任何情况下,都不会首先使用核武器。同时向世界各国政府郑重建议:召开世界各国首脑会议,讨论全面禁止和彻底销毁核武器问题。

同日　联合国非殖民化特别委员会通过决议,要求西班牙和英国就直布罗陀问题举行谈判,但遭到英国的拒绝。

10月24日　北罗得西亚宣告独立,成立赞比亚共和国,卡翁达为首任总统。

10月30日　安理会通过关于"吸收新会员国:马耳他"的第 S/RES/196(1964)号和关于"吸收新会员国:赞比亚共和国"的第 S/RES/197(1964)号决议,决定向大会推荐马耳他和赞比亚共和国为联合国会员国。

11月10日　为便于美苏之间就已陷入僵局的有关维和行动摊款和适用宪章第19条规定的问题进行谈判,定于当天开幕的第19届联合国大会再次推迟到12月1日举行。

11月30日　美国和苏联接受了吴丹秘书长的一项提议,即第19届联合国大会定于12月1日召开,并且只讨论那些不需要正式付诸投票表决的问题,从而避免产生适用宪章第19条的问题。

12月1日　大会决定接纳马拉维、马耳他和赞比亚为联合国会员国。

12月1—23日　第19届联合国大会在纽约举行。这届大会被称作一次所谓"不投票",即"无反对的程序"的大会,除了选举大会主席之外,未进行其他任何官员和委员会成员的选举,一切工作均在大会全体会议进行,以防止出现适用宪章第19条的对抗。亚利克斯·奎森—萨基(加纳)当选为本届大会主席。

12月9—30日　应22个亚非国家和刚果民主共和国政府的要求,安理会召开紧急会议讨论美国伙同比利时武装干预刚果以及其他外部势力干预刚果内部事务所造成的紧张局势。在经过17轮讨论后,安理会最终达成决议。

12 月 12 日　肯尼亚宣告成立共和国,肯雅塔任首届总统。

12 月 18 日　安理会通过关于塞浦路斯局势的第 S/RES/198(1964)号决议,再次将联合国驻塞浦路斯维和部队的驻扎期延长 3 个月。

12 月 21 日　安理会讨论巴勒斯坦问题和 1964 年 11 月 24 日秘书长提交的相关报告,英国和美国提出一项联合提案,要求以色列和叙利亚与混合停战委员会主席合作以维持地区稳定,被苏联投票否决。

12 月 29 日　大会授权秘书长在 1965 年度预算经投票批准通过之前,筹集必要的资金,供联合国运作之用。

12 月 29—30 日　大会两次会议选出约旦、荷兰、乌拉圭和马来西亚为安理会非常任理事国,自 1965 年 1 月 1 日起以补巴西、摩洛哥、挪威及捷克斯洛伐克任期届满之遗缺,任期两年。

12 月 30 日　根据联合国贸易和发展会议第 1 次会议的建议,大会未经过投票程序通过关于联合国贸易和发展会议设为大会机关的第 A/RES/1995(19)号决议,成立联合国贸易和发展会议,作为大会的一个常设机构。它的主要职能是:促进国际贸易,尤其是不同发展阶段的国家之间、各发展中国家之间以及具有不同经济和社会制度的国家之间的贸易;制定关于国际贸易和经济发展有关问题的原则和政策,并就实施这些政策和原则提出建议,以及作为对各国政府与各区域经济集团的有关发展政策进行协调的中心等。

12 月 31 日　秘书长特别代表完成调停柬埔寨和泰国关系的使命后返回联合国。

同日　印度尼西亚总统苏加诺在当日晚间举行的一次群众集会上宣布,如果傀儡"马来西亚"被当作联合国安全理事会成员,印度尼西亚将退出联合国组织。

一九六五年

(国际协助年)

1 月 7 日　柬埔寨外交大臣坤·维克在当天公布的一封致联合国安全理事会主席的信件中宣布,柬埔寨政府再一次断然反对联合国对柬埔寨同西贡政府的纠纷的任何干涉,不论是指派一个调解人、派遣一支国际警察部队还是派遣一个专家委员会。他在这封 1 日发出的信件中说,柬埔寨政府深信,1954 年日内瓦会议是唯一有权处理印度支那问题的机构。

1月9日 中共中央毛泽东主席接见美国作家埃德加·斯诺,就世界主要矛盾、南越战争、核战争和恢复中国在联合国的合法席位等问题进行了交谈。

1月10日 中国政府发表声明,支持印度尼西亚共和国退出联合国的决定。12日,中国国家主席刘少奇主席接见印度尼西亚空运部长伊斯埃达率领的印尼友好代表团时,热烈赞扬苏加诺总统宣布退出联合国的决定。

1月18—25日 第19届联合国大会复会,美苏僵局未能打破,大会依然以"不投票"的方式进行。25日,阿尔及利亚外长布特弗利卡在大会发言中指出,目前的联合国已不适应国际形势的发展,要求改组联合国。

1月20日 1月7日,印度尼西亚总统苏加诺宣布,为抗议马来西亚担任联合国安理会的理事国,印度尼西亚决定退出联合国。1月20日,印度尼西亚政府正式宣布,决定在"现阶段和目前情况下"退出联合国。

1月23—28日 印度尼西亚第一副总理兼外长苏班德里约博士率印尼政府代表团访华。28日,发表了联合声明。声明强调,中国政府和人民热烈赞扬和坚决支持苏加诺总统宣布退出联合国的决定。

1月27日 古巴外交部长劳尔·罗亚当天通过古巴驻联合国代表团交给联合国秘书长吴丹一项照会,强烈谴责美帝国主义及其走狗派遣武装特务对古巴进行颠覆活动。

2月1—18日 第19届联合国大会复会,依然以"不投票"的方式进行。

2月10日 大会通过关于联合国贸易和发展会议设为大会机关的第A/RES/1995(19)号决议,将联合国贸易和发展会议作为大会的一个常设结构。

2月10—18日 大会选出加拿大、加蓬、巴基斯坦、秘鲁、罗马尼亚和美利坚合众国为经社理事会6理事国,以补澳大利亚、哥伦比亚、印度等国任期届满之缺。

2月12日 印度尼西亚政府第一副总理兼外长苏班德里约通知联合国,印度尼西亚正式退出联合国教育科学和文化组织。

2月16日 阿尔巴尼亚提议大会停止使用协商一致的表决方式,回到常规表决程序上来,并要求对其动议进行投票表决,但未能成功。

2月17日 肯尼亚、坦桑尼亚、赞比亚和乌干达这4个东非国家驻联合国的代表发表联合公报,严正谴责美国飞机最近轰炸乌干达的两个村庄。

2月18日 大会通过关于维持和平行动整个问题所有方面之全盘检讨的第A/RES/2053(20)号决议。大会请秘书长及大会主席将维持和平行动整个问题之所有方面,包括联合国武装部队的建立、指挥、使用和经费的筹集等问题以及如何克服本组织目前财政困难之方法在内,作为紧急事项安排并进行适当之咨商等,至迟在 1965 年 6 月 15 日以前向大会提出报告。授权大会主席设立维持和平行动特别委员会,由大会主席担任主席,秘书长协力合作。

大会通过第 A/RES/2016(19)号决议,决定成立特别委员会全面审查联合国维和行动,特别是提供维和资金的方式,以此应对在实施宪章第 19 条过程中美—苏的对抗行为。在美国把持下陷入危机的第 19 届联合国大会,在毫无结果地开会两个多月之后,当天草草宣布"休会"到 9 月 1 日,即下届大会开会前 20 天。

大会通过关于监督库克群岛举行之选举的第 A/RES/2005(19)号决议,据 1965 年 2 月 2 日新西兰驻联合国常任代表致联合国公函,授权监督库克群岛 1965 年 4 月举行的选举。

2 月 23 日　英国外交大臣斯图尔特在下院宣布,英国支持联合国"维持和平行动特别委员会"筹建"联合国部队"。

2 月 25 日　联合国教科文组织公布了印度尼西亚政府的信件,信件宣布印度尼西亚正式退出该组织。

2 月 26 日　大会主席宣布,包括美、苏、英、法在内的 33 个会员国已同意参加维持和平行动特别委员会的工作。这些国家是:阿富汗、阿尔及利亚、阿根廷、澳大利亚、奥地利、巴西、加拿大、捷克斯洛伐克、萨尔瓦多、埃塞俄比亚、匈牙利、印度、伊拉克、意大利、日本、毛里塔尼亚、墨西哥、荷兰、尼日利亚、巴基斯坦、波兰、罗马尼亚、塞拉勒窝内、西班牙、瑞典、泰国、阿拉伯联合共和国、委内瑞拉、南斯拉夫。

2 月 27 日　联合国驻雅加达办事处正式关闭。在印度尼西亚工作的约 90 名联合国人员大部分已经离开这个国家。

3 月 15 日　安理会通过关于"吸收新会员国:冈比亚"的第 S/RES/200(1965)号决议,决定向大会推荐冈比亚为联合国会员国。

3 月 19 日　安理会通过关于葡萄牙管理领土问题和塞浦路斯问题的第 S/RES/201(1965)决议,促请当事双方极度约束行事并与联合国联合部队充分合作,再次将联合国驻塞浦路斯维和部队的驻扎期延长 3 个月。

3 月 22—26 日　经社理事会召开第 38 届常会,审议国际货币基金组织报告、国际复兴开发银行及国际发展协会报告书、国际金融公司报告书,并通过相关决议。

3 月 26 日　维持和平行动特别委员会举行第 1 次会议,苏联代表费德林在会上主张建立"联合国部队",负责维护国际和平与安全,并表示苏联愿为这支部队出钱。4月22日—6月15日,维和行动特别委员举行一系列会议,但无法打破与美、苏的僵局。

4月25日 自4月以来,多米尼加共和国发生内战,美国以保护其公民安全为由,于4月25日出兵进行军事干涉。

4月29日 美国通知安理会,它已派遣部队抵达多米尼加共和国以保护那里的美国人。

4月30日 古巴外交部部长劳尔·罗亚照会联合国秘书长吴丹,谴责美国在多米尼加的干涉行动。

5月3日 安理会应苏联和古巴的请求,开会审议美国武装干涉多米尼加共和国内政的问题。

5月6日 安理会通过关于南罗得西亚的第 S/RES/202(1965)号决议,号召英国不要接受南罗得西亚地区任何"由少数人组成的政府作出的单方面独立宣言"。

5月14日 安理会一致通过关于多米尼加形势的第 S/RES/203(1965)号决议,要求多米尼加共和国冲突各方严格实行停火,促请秘书长派一名代表前往该国就当地的局势提出报告,呼吁有关各方与秘书长的代表进行合作。同日,秘书长派遣他的军事顾问里赫耶将军率领先遣团前往多米尼加共和国,并任命拉丁美洲经济委员会执行秘书何塞·安·梅沃布雷为他驻多米尼加共和国的特别代表。21日,多米尼加共和国交战方达成了24小时内停止敌对行动的协定。

5月19日 安理会通过关于"塞内加尔的控诉"的第 S/RES/204(1965)号决议,对葡萄牙军队侵犯塞内加尔的行为表示遗憾,并要求葡萄牙采取一切必要的方式防止进一步侵略行动的发生。

5月22日 安理会关于多米尼加形势的第 S/RES/205(1965)号决议,要求多米尼加共和国冲突各方把暂停敌对行动延长为永久性停火,并要求秘书长就决议的执行情况向安理会提出报告。

5月25日 安理会在过去3个星期中就美国武装干涉多米尼加问题断断续续举行了17次会议之后,宣布"无定期休会"。

5月28日—6月30日 托管理事会召开第32届常会。

5月31日 大会主席和秘书长共同发表一份报告书,向维持和平行动特别委员会成员国通报了该委员会在非正式磋商和正式会议期间收集到的意见和建议。报告涉及了维和行动的定义、与大会和安理会的关系、经费来源、维和行动的组织机构等重要问题,并且提出了某些可以适用于未来维和行动的广泛的指导方针。

6 月 15 日　安理会一致通过关于塞浦路斯局势的第 S/RES/206 (1965)号决议,决定把驻在塞浦路斯的"联合国维持和平部队"的驻扎期限再延长 6 个月。这已是安理会第 5 次延长这支部队的驻扎期限。

同日　维持和平行动特别委员会在举行一系列会议后向大会提出它的第 1 个报告,认为需有更多的时间来全面考虑维和行动问题。

6 月 25—26 日　《联合国宪章》签署 20 周年纪念会在旧金山举行。

6 月 30 日　经社理事会召开第 39 届常会,本届会议分两阶段举行:6 月 30 日—7 月 31 日、11 月 22—23 日。会议论及与石油输出国组织之间的关系,要求检讨并重新衡量经社理事会任务与职责,全面提出联合国与各专门机关的所有经济、社会、人权方案与工作之发展、协调、集中的问题。共通过 43 项决议。

同日　法国决定从 7 月 1 日起退出 1950 年朝鲜战争爆发时建立的"联合国军"司令部。

7 月 1 日　南斯拉夫和苏联两国在铁托总理访问苏联结束时发表联合声明,呼吁扩大联合国安理会和经济与社会机构,以接纳更多的亚非国家参加。

7 月 23 日　美国参议院批准美国最高法院法官阿瑟·戈德堡担任史蒂文森去世后留下的美国驻联合国首席代表职位。

7 月 26 日　安理会在苏联代表莫罗佐夫宣读安理会成员国关于多米尼加问题"一致看法"的声明以后,再次无限期休会。

同日　马尔代夫岛宣布独立。

7 月 27 日　日内瓦 17 国裁军会议在休会 10 个月后复会。直到 9 月 16 日会议结束时,没有就全面裁军或附带措施达成任何具体协议。同年 12 月 3 日,大会通过第 A/RES/2031(20)号决议,要求十八国委员会朝着达成关于有效国际监督下全面裁军协议的方向继续努力。

7 月 28 日　美国总统约翰逊宣布增派 5 万侵越美军。30 日,约翰逊政府在加紧扩大侵越战争的同时,正式要求联合国干预南越局势。

同日　经社理事会决定设立后来被称为发展设计委员会的专家小组,就国家发展计划的拟定与执行提供技术方面的支持。

8 月 1 日　柬埔寨首相兼外交大臣康托尔亲王在国民议会上说,根据国家元首西哈努克亲王的指示,柬埔寨王国政府已经采取必要措施,将恢复中华人民共和国在联合国的合法席位问题列入下届联合国大会议程。

8 月 9 日　新加坡从新建立的马来西亚分离出来。新加坡认为马来西亚中央政府给予其对英纺织品出口定额太小,而一些定额被给予了一些没有建立纺织厂的地区。

8月10日 安理会通过关于塞浦路斯局势的第S/RES/207(1965)号决议,拟定于1965年11月5日的第1252次会议邀请土耳其、希腊、塞浦路斯3国代表参加讨论主题为"1963年12月26日塞浦路斯常任代表致安理会主席函、1965年11月4日土耳其常任代表致安理会主席函、关于塞浦路斯情势之秘书长报告书"的会议,但无表决权。

同日 安理会通过关于国际法院的第S/RES/208(1965)号决议,决定于1965年11月16日选举福阿德·阿蒙(黎巴嫩)为国际法院法官阿布德勒·哈米德·巴达维逝世遗缺,其任期至死者任期届满时为止。

8月16日 联合国维持和平行动特别委员会复会。由于美国代表发表声明说,美国决定撤销其于1964年9月提出的要求,不再坚持运用宪章第19条的规定解决一些国家拖欠维和行动摊款的问题,以便联合国大会正常地进行工作。至此,影响联合国大会正常工作的僵局得以打破。

8月17日 印度尼西亚退出世界银行和国际货币基金组织。

8月18日 柬埔寨内阁首相兼外交大臣康托尔亲王致信联合国安理会主席说:"柬埔寨王国政府将断然拒绝在自己的领土上接待联合国可能派出的观察员。"

8月25日 秘书长报告安理会,阿拉伯联合酋长国与沙特阿拉伯就也门问题达成协议。

8月27日 亚洲、非洲、拉丁美洲和欧洲的10个国家正式要求把"恢复中华人民共和国在联合国的合法权利"问题列入下届联合国大会议程。这10国是:阿尔巴尼亚、阿尔及利亚、布隆迪、柬埔寨、刚果(布)、古巴、加纳、几内亚、马里和罗马尼亚。

8月31日 1963年第18届联合国大会通过的关于《联合国宪章》第23条、第27条和第61条的修正案,在获得法定的多数会员国批准后开始生效,安理会成员国由11国增至15国,关于表决通过需要有7个理事会的可决票改为9个理事国的可决票,经社理事会理事国由18国增至27国。

同日 维持和平行动特别委员会在向大会提出的第2个报告中确认,该委员会已就下列各点达成一致:(1)大会将按照议事规则正常地进行工作;(2)在联合国紧急部队和联合国刚果行动问题上,将不再提出宪章第19条是否适用的问题;(3)联合国的财政困难将通过会员国的自愿捐献,由高度发达国家作大量捐献来解决。

9月1日 第19届联合国大会复会,在通过了维持和平行动特别委员会的两个报告并且决定该委员会继续工作的方式应在第 20 届大会上加以确定后,宣布本届大会结束。特别委员会的报告声明:(1)大会将按照议事规则正常地进行工作;(2)针对联合国紧急部队和联合国在刚果的行动,将不提出宪章第 19 条是否使用的问题;(3)联合国的财政困难将通过会员国的自愿捐献,由高度发达国家作出大量捐献来加以解决。

9 月 4 日　自 1965 年 8 月以来,印巴之间在克什米尔地区爆发了大规模武装冲突,1949 年的停火协议已经瓦解。安理会开会审议秘书长 9 月 3 日提交的关于印巴之间的克什米尔冲突再起的报告。安理会一致通过关于"印度与巴基斯坦之间的局势"的第 S/RES/209(1965)号决议,要求印巴两国立即停火,将各自的武装人员撤至停火线自己一侧,并要求两国政府协助联合国驻印巴军事观察团执行监督停火的任务。

9 月 6 日　安理会接连举行两次会议,讨论印度和巴基斯坦之间的冲突,通过关于印度与巴基斯坦的局势的第 S/RES/210(1965)号决议,再次呼吁印巴停止敌对行为。

9 月 7 日　巴基斯坦通知安理会主席,巴基斯坦将行使它的单独和集体自卫的固有权利以抵抗印度的侵略。巴外长布托在致安理会主席的信中说,这种权利是《联合国宪章》第 51 条所确认的,巴将行使这种权利,直到安理会采取有效措施。

9 月 7—15 日　联合国秘书长吴丹出访印度和巴基斯坦两国,就印巴之间还在扩大和加剧的冲突分别同两国领导人进行会谈,敦促两国立即实施安理会要求双方停火的决议。

9 月 9 日　吴丹秘书长到达巴基斯坦。11 日,吴丹从巴基斯坦拉瓦尔品第乘飞机前往印度。

9 月 12—17 日　第 3 次阿拉伯国家首脑会议在卡萨布兰卡举行。

9 月 15 日　吴丹秘书长 12 日到达新德里进行了 3 天活动,于 15 日离开印度返回纽约联合国总部。

9 月 16 日　日内瓦 17 国裁军会议举行 1 个多月会议后,宣布休会。在会议期间,美国代表福斯特提出一项关于"防止核武器扩散的条约草案"要求通过。

9 月 18 日　安理会复会,吴丹秘书长提议授权安理会使用高压手段,强迫巴基斯坦接受有利于印度的停火方案。美国、苏联和印度对秘书长吴丹提出的"停火"建议表示赞同,要求立即实现"停火"。

9 月 20 日　安理会关于印度与巴基斯坦之间的局势的第 S/RES/211(1965)号决议,要求印巴双方于 9 月 22 日实现停火,并将各自全部的武装人员撤回到 8 月 5 日以前的位置上;要求秘书长提供必要的协助以监督停火和撤军;要求各国避免采取任何可能使那里局势恶化的行动;安理会将考虑采取步骤帮助解决造成两国冲突的政治问题。

同日 安理会通过关于"吸收新会员国:马尔代夫群岛"的第 S/RES/212(1965)号和关于"吸收新会员国:新加坡"的第 S/RES/213(1965)号决议,向大会推荐马尔代夫和新加坡为联合国会员国。

9 月 21 日 大会通过第 A/RES/2008(20)号决议、第 A/RES/2009(20)号决议和第 A/RES/2010(20)号决议,分别决定接纳冈比亚、马尔代夫、新加坡为联合国会员国。

同日 柬埔寨决定退出联合国非殖民化特别委员会,柬埔寨驻联合国首席代表胡森巴在给吴丹的信中说,柬埔寨退出这个委员会,"是因为这个委员会就非洲人民的境况提出的一切建议都已经证明不能起作用;尽管大会和安全理事会作出了种种决议,非洲人民仍然不能摆脱殖民主义的奴役"。

同日 联合国秘书长就监督印巴停火行为作出报告,包括派遣有 100 名军事观察员和支援人员的联合国驻印度和巴基斯坦观察团。印度同意停火。

9 月 21 日—12 月 21 日 第 20 届联合国大会在美国纽约联合国总部举行,来自意大利的阿明托雷·范范尼当选为本届大会主席。

9 月 22 日 巴基斯坦同意停火,并开始执行停火协议。

9 月 23 日 鉴于印巴之间的武装冲突已越出克什米尔地区,扩展到两国间的国际边界,秘书长因此向安理会报告,他已决定组建联合国印度巴基斯坦观察团,作为印巴军事观察团的行政附属机构,以从事在克什米尔以外发生冲突的印巴边界地区监督停火的活动。加拿大的麦克唐纳少将被任命为该观察团的首席观察员。

9 月 25 日 巴基斯坦外交部部长布托再次申明若不解决克什米尔自决权问题,巴基斯坦将退出联合国。

9 月 27 日 安理会通过关于印度与巴基斯坦之间的局势的第 S/RES/214(1965)号决议,对印巴违反停火协议的行为表示关切,并再次敦促双方执行停火协议并将军队撤到停火线以内。

9 月 29 日 陈毅副总理兼外长举行中外记者招待会,就中国政府的外交政策和当前国际局势中的许多问题发表了重要谈话。陈毅指出,联合国现在是几个大国的政治交易所,美国是它的主宰,联合国必须彻底进行改组。

10月1日　柬埔寨代表胡森巴在大会1日和5日的一般性辩论中发言时谴责美国及其仆从对柬埔寨的侵略。他在1日的大会全体会议上宣布,柬埔寨将不参加大会各小组委员会的工作,也不接受联合国的任何职务。

10月2日　由于巴基斯坦全国人民对联合国的不满情绪,巴基斯坦取消庆祝联合国周的活动。

10月4日　教皇保罗六世访问联合国总部纽约,并在大会上呼吁世界和平。

10月6日　12个阿拉伯国家驻联合国代表联名写信给安理会主席,谴责英国殖民主义者镇压亚丁人民的专横措施。英国当局在9月25日宣布暂停实施亚丁宪法、解散亚丁"立法议会"。阿拉伯国家的联名信指出,英国政府采取这些措施,"是蓄意图谋巩固殖民统治和不让(当地)人民获得自由和自决的权利"。

10月11日　大会通过关于联合国与非洲团结组织间之合作的第A/RES/2011(20)号决议,请秘书长邀请非洲团结组织行政秘书长以观察员资格列席大会届会,请秘书长商非洲团结组织之有关机关,探讨增进彼此两组织间合作之方法,相机向大会具报。

大会通过关于南罗得西亚问题的第A/RES/2012(20)号决议,认为南罗得西亚片面宣告独立系叛乱行为,实施是项宣言之任何措施则为叛国行为。

10月24日　巴基斯坦公众抵制"联合国日",不举行任何纪念活动。

11月1日　大会通过关于"婚姻之同意,结婚最低年龄及婚姻登记之建议"的第A/RES/2018(20)号决议,核准关于婚姻的同意、结婚最低年龄和婚姻登记的公约及其建议书。

大会通过关于南罗得西亚问题的第A/RES/2024(20)号决议。谴责该国种族主义者少数之片面宣告独立,敦促英国实施安理会及大会各项决议以制止叛乱。

11月2日　亚非国家常驻联合国代表不顾美、英等国反对,在大会4委提出一项提案,支持南也门人民争取独立的斗争。这项提案在3日表决时以83票赞成、11票反对、8票弃权获得通过。投反对票的有美国、英国、葡萄牙、比利时和荷兰等国家。

11月5日　大会通过了2日由亚非国家提出的建议案,敦促英国在其殖民地亚丁取消紧急状态法令,停止一切镇压行动;对英国违反联合国大会决议,企图在该领土内扶植一个没有代表性的政权一事表示遗憾;呼吁一切国家不承认任何不根据自由选举表达人民愿望而宣告的独立。决议还提请安理会注意由于英国对亚丁人民采取军事行动而造成整个地区的危险局势,并要求秘书长采取任何他认为合适的行动来保证大会决议的执行。

同日 安理会通过关于印度与巴基斯坦之间的局势的第 S/RES/215(1965)号决议,要求印度和巴基斯坦为全面实施安理会第 211 号决议中关于停火和撤军的规定而进行合作;要求双方都向各自武装人员发布指示与联合国进行合作并停止一切军事行动。决议还要求立即无条件地执行关于印、巴政府代表与秘书长的代表就双方撤军事宜举行会谈的建议,应尽快举行会谈,并为撤军计划规定一个实施期限。

11 月 8 日 大会开始举行关于中国在联合国席位问题的辩论。

同日 阿尔巴尼亚驻联合国代表在大会全体会议上发言,强烈谴责美国操纵联合国,阻挠恢复中国在联合国的合法权利和利用联合国为它的侵略政策服务。

同日 美苏两国经过幕后协商,操纵大会第一委员会通过有关防止核扩散的决议。

11 月 11 日 大会通过决议谴责南罗得西亚种族主义者少数之片面宣告独立,要求英国政府迅速实施大会及安全理事会所通过之各项有关决议案,以制止南罗得西亚非法当局之叛乱。建议安全理事会将此情势作为紧急事项审议。

11 月 12 日 安理会通过关于南罗得西亚的第 S/RES/216(1965)号决议,谴责南罗得西亚种族主义少数人政权单方面宣布独立的行为,呼吁所有国家均不承认这一非法的种族主义政权,并停止对它的任何援助。

11 月 17 日 大会通过关于中国在联合国之代表权问题的第 A/RES/2025(20)号决议,决定按 1950 年 12 月 14 日决议案 A/RES/396(5)所载建议处理:凡遇主张有权代表某一会员国出席联合国非止一方,而该问题又成为联合国争执之点时,则此问题应依《联合国宪章》宗旨原则并就个别情形予以审议。

大会投票表决阿尔巴尼亚等 15 国联合提案时,赞成与反对票数相等,首次打破美国控制的"多数"局面。但在美国操纵下,关于恢复中国代表权问题被列为需要 2/3 多数通过的所谓"重要问题",因此联合提案未获通过。

11 月 18 日 大会通过关于加速增进尊重人权及基本自由之措施的第 A/RES/2027(20)号决议。

11 月 19 日 大会通过关于防止核武器之扩散的第 A/RES/2028(20)

号决议,敦促裁军委员会高度重视核不扩散条约。

同日　刘少奇主席、周恩来总理联名致电柬埔寨西哈努克亲王,感谢柬埔寨政府在第 20 届联合国大会上,又一次为驱逐国民党集团、恢复中国的合法权利进行了坚决的、成效卓著的斗争。

11 月 20 日　安理会通过关于南罗得西亚局势问题的第 S/RES/217 (1965) 号决议,吁请一切会员国停止向南罗得西亚种族主义少数人政权提供武装和军事物资,并尽力断绝同它的一切经济关系;要求英国政府立即采取措施平定当地种族主义少数人的叛乱,并允许南罗得西亚人民遵照 1960 年大会"非殖民化宣言"的目标确定他们的前途;要求非洲统一组织竭尽全力按照宪章第 8 章"区域办法"的规定,协助决议的执行。

11 月 22 日　大会根据经社理事会的建议通过关于"特设基金会及技术协助扩大方案合并为联合国发展方案"的第 A/RES/2029(20) 号决议,决定将 1949 年设立的技术援助扩大方案和 1958 年设立的向较大规模的发展项目提供投资前援助的特别基金这两个机构合并成为联合国开发计划署,以便简化组织机构安排和程序,便利联合国组织系统内进行的几类技术合作方案的全面规划和协调,提高工作效率。开发计划署是秘书处的一个机构和为联合国促进发展活动的协调中心。

11 月 23 日　大会以 93 票对 0 票,5 票弃权通过巴西、缅甸和瑞典等 8 国提案,促请一切国家采取必要步骤及早缔结一项防止核扩散条约;要求 18 国裁军委员会尽早复会,就不扩散核武器问题进行紧急审议,并将工作结果报告大会。决议指出,防止核武器扩散条约应遵循如下原则:条约应不具有任何漏洞,被有核国家或无核国家用来直接或间接地以任何形式扩散核武器;条约应为有核国家和无核国家的相互责任与义务规定一种可以接受的均衡安排;条约应是走向全面彻底裁军,特别是核裁军的第 1 个步骤;条约应包括可以接受的和切实可行的规定以保证条约的有效性;条约的任何规定不得相反地影响任何国家集团为保证各自领土内完全没有核武器而缔结区域性条约的权利。

同日　安理会通过关于葡萄牙管理领土问题的第 S/RES/218 (1965) 号决议,要求秘书长保证当前决议条款的实施并最迟于 1966 年 6 月 30 日之前向安理会报告。

11 月 29 日　大会以 120 票对 0 票,1 票弃权(法国)通过关于召开世界裁军会议问题的第 A/RES/2030(20) 号决议,赞同 1964 年在开罗举行之不结盟国家元首或政府首长第 2 届会议所通过关于召开世界裁军会议邀请所有国家参加之提案,至迟于 1967 年召开世界裁军会议。

11 月 30 日　也门驻联合国代表穆赫辛·埃尼控告英国袭击也门设施。他控告说,英国在过去两个月里发起了 14 起侵略和侵犯领土的行动。他说,如果英国继续进攻,也门政府"保留合法的和不可剥夺的自卫权利"。同时他在给安理会主席的信中警告说,英国这种"侵略行动威胁着整个地区的和平与安全"。

12 月 3 日　大会通过关于普遍及彻底裁军问题的第 A/RES/2031(20)号决议,要求停止一切核武器试验,促请所有国家尊重禁止在大气内、外空及水中举行核武器试验条约之精神及条款。

大会通过关于必须停止核试验及热核试验的第 A/RES/2032(20)号决议。

大会通过关于非洲无核化的第 A/RES/2033(20)号决议,重申非洲应成为一个无核区;赞同非洲国家和政府首脑所发表的非洲无核化宣言;要求一切国家不在非洲大陆使用核武器或以使用此种武器相威胁,也不在非洲大陆试验、制造或部署核武器;希望非洲大陆各国采取措施,以实施非洲的非核化。

12 月 7 日　大会通过关于世界社会状况的第 A/RES/2035(20)号决议。

大会通过《关于在青年中培养民族间和平、互相尊重及彼此了解等理想之宣言》的第 A/RES/2037(20)号决议。

大会决定将 1966 年联合国日献给难民。

12 月 8 日　大会通过关于设置联合国资本发展基金的第 A/RES/2042(20)决议,决定设置联合国资本发展基金。

大会通过关于世界普遍识字运动的第 A/RES/2043(20)号决议,确认识字是经济、社会文化发展的必要因素,由各会员国奋起作有系统的努力,以尽速扫除全世界的文盲。

大会通过关于联合国训练研究所的第 A/RES/2044(20)号决议。

12 月 10 日　联合国儿童基金会获诺贝尔和平奖。

12 月 13 日　大会全体会议改选安全理事会。根据亚非国家的要求,新选出的安理会非常任理事国由原来的 6 席增加到 10 席。增选的 4 个非常任理事是乌干达、尼日利亚、新西兰和日本。同时大会还选出阿根廷、马里和保加利亚接替任期届满的非常任理事玻利维亚、科特迪瓦和马来西亚。

12 月 15 日　大会通过关于"维持和平行动整个问题所有方面之全盘检讨"的第 A/RES/2053(20)号决议,批准特别政治委员会关于联合国维和行动的实施和经费分摊等问题提出的两项建议,要求维和行动特委会尽早地完成其工作,把辩论记录送交大会特别政治委员会,并吁请所有会员国对维和行动作出自愿捐献。

大会通过关于南非共和国政府之种族隔离政策的第 A/RES/2054(20)号决议,严重关切南非政府违反其《联合国宪章》义务并反抗安理会及大会各决议案而继续实施种族隔离政策,致使南非共和国内之爆炸性情势益趋严重。再请所有各国完全遵守安理会所有关于此问题之决议案,立即停止对南非出售并运送武器、各种弹药、军用车辆及供其制造及保养用途之设备与器材。

12 月 16 日　大会通过关于第 3 次国际原子能和平用途会议的第 A/RES/2056(20)号决议,决定拟订计划并筹备第 3 次国际原子能和平用途会议。

大会通过关于"城市结谊:国际合作之方法"的第 A/RES/2058(20)号决议,认为鉴于 1964 年 4 月 1—3 日在连卡尔举行的非洲第 1 次世界社区会议特别重视"结谊合作",所以城市结谊为国际合作之方法。

大会通过关于设置联合国人权事务高级专员的第 A/RES/2062(20)号决议,促请人权委员会考虑设置联合国人权事务高级专员,以便在联合国系统内加强并协调人权活动。

大会通过关于福克兰群岛(马尔维纳斯群岛)问题的第 A/RES/2065(20)号决议。

大会通过关于直布罗陀问题的第 A/RES/2070(20)号决议,要求西班牙和英国通过谈判解决直布罗陀争端。

大会通过关于英属圭亚那问题的第 A/RES/2071(20)号决议。决议称:英属圭亚那将于 1966 年 5 月 26 日实现独立,确保英属圭亚那在最有利之条件下实现独立。请该管理国勿采任何足以延迟该领土独立之行动。

大会通过关于伊夫尼及西属撒哈拉问题的第 A/RES/2072(20)号决议,迫切促请管理国西班牙政府立即采取一切必要措施解除伊夫尼与西属撒哈拉之殖民统治,并为此目的,就有关该两领土之问题进行谈判。

12 月 17 日　大会通过关于渥曼问题的第 A/RES/2073(20)号决议,对英国政府及该领土当局拒绝与渥曼问题专设委员会合作及不予便利俾其访问该领土之态度表示遗憾;确认该领土全体人民有依照其自由表达之意愿享受自决及独立之不可转让权利。

大会通过关于西南非问题的第 A/RES/2074(20)号决议,重申西南非人民有依照大会第 A/RES/1514(15)号决议,享受自由及独立之不可转让权利。谴责南非政府在西南非所施行之种族隔离及种族歧视政策,此种政策构成危害人类之罪行。

同日 安理会通过关于塞浦路斯局势的第 S/RES/219(1965)号决议,将联合国驻塞浦路斯维和部队的驻扎期延长至 1966 年 3 月。

12 月 18 日 大会通过关于塞浦路斯问题的第 A/RES/2077(20)号决议,认为塞浦路斯人民无论属于任何种族与宗教都应享有人权;应保证少数族裔的权利;对上述权利的保障应该记录在案。

大会通过干涉中国主权的决议即关于所谓"西藏问题"的第 A/RES/2079(20)号决议。重申其关于西藏问题之 1959 年 10 月 21 日第 A/RES/1353(14)号决议案及 1961 年 12 月 20 日第 A/RES/1723(16)决议案。对联合国这一粗暴决议,10 月 21 日中国《人民日报》发表题为《联合国的又一可耻记录》的社论,指出:西藏的事务完全是中国的内政,任何国家、任何国际组织都无权过问。联合国就这一问题作出决议,是对中国内政的粗暴干涉,是对中国人民的恶毒诽谤,因而是完全非法的、无效的。

12 月 20 日 大会通过关于国际人权年的第 A/RES/2081(20)号决议,决定按 1963 年 12 月 12 日第 A/RES/1961(18)号决议将 1968 年定为国际人权年。

大会通过关于联合国发展 10 年的第 A/RES/2084(20)号决议。

大会通过关于联合国贸易和发展会议的第 A/RES/2085(20)号决议,决定依贸易与发展理事会在其 1965 年 9 月 15 日决议案 20(2)中之建议于 1967 年上半年召开贸易和发展会议第 2 届会。

大会通过关于"工业技术之转让与发展中国家"的第 A/RES/2091(20)号决议,表示工业技术之转让与发展中国家重申专利及非专利工业技术与管理技巧之取得,对于发展中国家之经济发展及工业化至关重要。此种转让应由已发展国家及发展中国家采取适当措施予以鼓励。

大会通过关于联合国发展方案的第 A/RES/2093(20)号决议。

大会通过第 A/RES/2101(20)号决议及其所附之宪章第 109 条的修正案。由于 1963 年对宪章第 23 条、27 条的修正生效,将第 23 条所规定之安全理事会理事国名额自 11 个增至 15 个,并将第 27 条所规定之安全理事会之决议改为以 9 理事国之可决票表决之,以代替原有之 7 理事国可决票之规定,大会决定相应地修改宪章第 109 条,以反映安理会在程序事项表决票方面的变化,将第 109 条第 1 项第 1 句中"7"字改为"9"字。大会通过对宪章第 109 条之这一修正案,于 1968 年 6 月 12 日生效。该修正案的案文还将该条第 1 项修正,规定联合国会员国为检讨宪章,得以大会会员国 2/3 表决,经安全理事会任何 9 理事国(前为 7 理事国)之表决,确定日期及地点举行全体会议。案文对宪章第 109 条第 3 项中规定由大会第 10 届常会考虑举行检讨会议之,原有之"安全理事会任何 7 理事国之表决"字样则仍予保留。因 1955 年大会第 10 届常会及安全理事会已经依据该项规定采取行动。

大会通过关于"准许殖民地国家及民族独立宣言之实施"的第 A/RES/2105(20)号决议,审查准许殖民地国家及民族独立宣言之实施。

12 月 21 日　大会通过关于《消除一切形式种族歧视国际公约》的第 A/RES/2106(20)号决议,通过《消除一切形式种族歧视国际公约》,并开放给各会员国签字和批准。

大会通过关于葡管领土问题的第 A/RES/2107(20)号决议,重申葡管非洲领土人民享有自由与独立之权利,愿请所有国家与非洲团结组织合作,予葡属领土人民所必需之道义及物质支援,以恢复其不可转让之权利;谴责葡萄牙之殖民政策及其始终拒绝实施大会及安全理事会之决议案。

大会通过关于葡管各领土特别训练方案的第 A/RES/2108(20)号决议。

大会通过关于那乌鲁托管领土问题的第 A/RES/2111(20)号决议,讨论瑙鲁托管领土问题。重申瑙鲁人民享有自治与独立之不可转让权利,请管理当局立即采取步骤实行瑙鲁人民代表关于 1966 年 1 月 31 日成立立法会议之建议;按照瑙鲁人民意愿订立准其独立之最早可能日期,唯不得迟于 1968 年 1 月 31 日;立即采取步骤整复瑙鲁岛,供瑙鲁人民居住而成为一主权国家。

大会通过关于新几内亚托管领土及巴布亚领土问题的第 A/RES/2112(20)号决议,讨论新几内亚托管领土及巴布亚领土问题。重申新几内亚及巴布亚人民均有享受自由与独立之不可转让权利;促请管理当局充分实施第 A/RES/1514(15)号决议案,并为此目的依照人民自由表达之意愿订立早日独立之日期;请托管理事会及特设委员会向大会第 21 届会提出报告。

大会通过关于"检讨宪章会议筹备委员会报告书"的第 A/RES/2114(20)号决议。

大会通过《关于不许干涉各国内政和保护国家独立与主权的宣言》的第 A/RES/2131(20)号决议,谴责以任何形式干涉其他国家内政的行为,明确宣布:任何国家、国家集团或国际组织都无权以任何理由直接或间接地干涉任何其他国家的内部或外部事务。

大会通过关于韩国问题的第 A/RES/2132(20)号决议,重申联合国在韩国之目标为和平方法建立在代议政体下之统一独立而民主之韩国,并完全恢复该地区之国际和平与安全;促请朝鲜接受业经大会再三声明之此等联合国既定目标;促请继续努力以达成此等目标;请联合国韩国统一善后委员会遵照大会各有关决议案继续其工作。

一九六六年

（国际米年）

1月1日 联合国开发计划署正式开始办公,总部设在纽约。它的主要任务是向发展中国家提供经济和社会方面的发展援助,其经费由各国政府的自愿捐款提供。

1月20日 17国裁军会议在日内瓦复会,美国代表宣布约翰逊向会议提出"七点计划",鼓吹就所谓防止核扩散问题达成协议。

1月27日 18国裁军委员会在日内瓦复会,集中商讨美苏两国提出的防止核武器扩散条约的草案,这两项草案是1965年8月17日由美国向18国裁军委员会以及1965年9月24日由苏联向联合国大会分别提出的。二者在对于"扩散"一词的解释,特别是关系到军事同盟内的核防务安排问题上,存在严重分歧。

1月31日 美国约翰逊总统要求安理会讨论越南问题,并于当日恢复对越南北方的轰炸。越南民主共和国外交部发言人就美国又把越南问题提交安理会一事发表声明指出,同前几次一样,美国这次又企图利用联合国来掩盖它扩大侵略越南的战争,强迫越南人民按照美国的条件解决越南问题。

2月1—2日 安理会理事国由11个增至15个后,第1次召集会议。此次会议是应美国请求审议越南问题。由于苏联等国反对将越南问题列入安理会的议程,理事国间无法达成一致意见,会议没有进行关于这一问题的实质性辩论。安理会主席建议举行私下协商,以便就最有效和最适当的继续进行辩论的途径作出决定。

2月25日—3月10日 经社理事会举行第40次全体会议。这是理事会成员从18个增至27个后第1次召集会议。共通过19项决议。

2月26日 秘书长报告安理会,印度和巴基斯坦从2月25日起开始将各自部队撤回到1965年8月5日冲突爆发前的位置。

2月28日 德意志民主共和国国务委员会主席乌布利希向联合国秘书长递交要求加入联合国的申请书和声明以及德意志民主共和国外交部关于这个问题的备忘录。这个要求一经提出就立即遭到美、英、法等国反对。

3月16日　安理会通过关于塞浦路斯局势的第 S/RES/220(1966)号决议,决定将联合国驻塞浦路斯维和部队的驻扎期延长至 1966 年 6 月 26 日。

3月22日　印度和巴基斯坦两国领导人 1 月在苏联塔什干签署联合声明,两国关系得到改善,印巴双方已于 2 月 25 日按期将各自的武装力量撤至 1965 年 8 月 5 日之前所处的位置。联合国印度巴基斯坦观察团的使命结束,当日宣布解散。

4月7日　英国要求就南罗得西亚问题召开安理会紧急会议。

4月9日　安理会通过关于"南罗得西亚局势问题"的第 S/RES/221(1966)号决议,要求葡萄牙不得从它所控制的莫桑比克的贝拉港通过管道向南罗得西亚运送石油,要求所有国家保证其本国船只不运送可能通过贝拉港抵达南罗得西亚的石油,授权英国在必要时使用武力阻止此类运油船抵达贝拉港。

5月17—23日　安理会采纳非洲国家建议,要求所有国家暂停与南罗得西亚的经济往来。

5月23日—6月23日　联合国召开可可大会。

5月26日　土耳其总统德米雷尔宣布,土耳其决定撤出联合国维和部队中的土耳其军队。

同日　英属圭亚那独立,国名为圭亚那。

5月27日　托管理事会召开第 33 届常会。

6月14日—8月25日　联合国 17 国裁军委员会举行会议。苏联代表罗申向美国代表保证,苏联将继续寻求可以为双方接受的方法来制止军备竞赛,特别是核军备竞赛。

6月16日　安理会通过关于塞浦路斯局势的第 S/RES/222(1966)号决议,将联合国驻塞浦路斯维和部队的驻扎期延长至 1966 年 12 月 26 日。

6月20日　中国外交部副部长韩念龙约见柬埔寨驻华大使张岗,就中国对参加国际法院的立场问题答复说,国际法院是联合国主要机构之一,中国对联合国的一贯态度是:在联合国驱逐蒋帮代表及恢复中国的合法权利之前,不同联合国任何机构发生任何关系。

6月21日　安理会通过关于"吸收新会员国:圭亚那"的第 S/RES/223(1966)号决议,审议圭亚那加入联合国申请书,建议大会接受圭亚那为联合国会员国。

6月27日—7月26日　托管理事会第 33 届常会复会。

7月5日　经社理事会召开第 41 届常会,本届会议分 3 阶段召开:7 月

5 日—8 月 5 日,11 月 15—18 日,12 月 17—21 日。因大会决定设立联合国工业发展组织、决定裁撤工业发展委员会;核准消除对妇女歧视的宣言草案,建议大会通过消除一切形式种族歧视的国际公约,并开放供诸国签署;建议大会将 1968 年定为国际人权年;请秘书长就国际联盟责任与资产移交联合国一事提交报告,研究并总结联合国在经济、社会、人权及有关方面开展的新工作。共通过 80 项决议。

7 月 18 日　国际法院公布西南非洲案(埃塞俄比亚—南非,利比亚—南非)的判决结果,法庭认为埃塞俄比亚和利比亚在西南非洲没有法律权利和利益范围,因此不予受理。

7 月 25 日　吴丹秘书长抵达莫斯科访问,就解决越南问题的办法同苏联领导人举行会谈。

8 月 11 日　马来西亚和印度尼西亚签订结束 1963 年以来敌对行动的协定。

8 月 16 日　安理会要求南阿拉伯地区的所有国家缓和紧张局势。

8 月 19 日　出席日内瓦 18 国裁军委员会会议的不结盟国家提出一份联合备忘录强调,在核不扩散问题上,有必要在有核武器国家和无核武器国家的相互责任和义务方面达成一种可以接受的均衡,不扩散条约应为无核国家设定不获得核武器的义务,而有核国家应着手采取一系列确实步骤,以停止军备竞赛,并限制、削减或消除核武器及其运载工具的储存。

8 月 22 日　吴丹秘书长在纽约联合国总部同美国国务卿腊斯克就越南问题举行会谈。

9 月 19 日　印度尼西亚新政府宣布,决定"恢复同联合国的充分合作,并自第 21 届大会起恢复参加大会的一切活动"。大会注意到印度尼西亚新政府这个决定,9 月 28 日,大会主席邀请印度尼西亚代表在大会就座,恢复印度尼西亚的联合国会员国资格,联合国会员国总数增至 119 个。

9 月 20 日　大会通过关于准许圭亚那加入联合国为会员国的第 A/RES/2133(21)号决议,接纳圭亚那为联合国会员国。

9 月 20 日—12 月 20 日　第 21 届联合国大会在纽约举行。阿卜杜拉—拉赫曼·帕日瓦克(阿富汗)当选为本届大会主席。

9 月 25 日—10 月 4 日　各国议会联盟第 55 次会议在德黑兰举行,通过《关于按照联合国宪章加强地区性安全的方法》等决议。

9 月 29 日　大会通过关于巴苏托兰、贝专纳兰及斯瓦西兰问题的第 A/RES/2134(21)号决议,对南非共和国现政权的侵略政策对巴苏托兰、贝专纳兰及斯瓦西兰的领土完整及主权构成严重威胁再度表示严重关切。

9月30日　贝专纳兰独立,成为博茨瓦纳共和国。

10月4日　巴苏托兰独立,成为莱索托王国。

10月7日　中国政府向越南、阿尔及利亚、罗马尼亚以及在联合国有席位的各亚非国家分别递交一份备忘录,揭露美国及其追随者利用联合国表决机器掩盖美国侵越实质、推行"和谈"阴谋。备忘录指出,联合国根本无权过问越南问题。美国的目的是利用参加联合国大会的多数国家对越南局势的正当关心,来为它的和谈骗局服务,并为它进一步利用联合国干预越南问题造成先例。中国政府坚决支持越南政府反对联合国干预越南问题的正当立场,并且认为任何一个有正义感的国家,都应该坚决支持越南的正当立场,都应该坚决反对联合国大会通过任何形式的关于越南问题的决议。

10月14日　安理会通过关于"吸收新会员国:博茨瓦纳"的第S/RES/224(1966)号决议,审议博茨瓦纳加入联合国之申请书,建议大会接纳博茨瓦纳为联合国会员国。

同日　安理会通过关于"吸收新会员国:莱索托"的第S/RES/225(1966)号决议,审议莱索托加入联合国之申请书,建议大会接受莱索托为联合国会员国。

同日　安理会通过关于刚果民主共和国局势问题的第S/RES/226(1966)号决议,敦促葡萄牙当局禁止外国雇佣军使用安哥拉作为干涉刚果民主共和国内部事务的基地,要求所有国家不要插手刚果国内事务。

同日　秘书长吴丹在关于多米尼加共和国问题的最后一份报告中通知安理会说,他已开始安排撤回联合国的代表团。1966年10月22日代表团全部撤回。

10月14—31日　安理会讨论以色列和叙利亚的相互指控。

10月17日　大会通过第A/RES/2137(21)号决议和第A/RES/2136(21)号决议,先后接纳莱索托和博茨瓦纳为联合国会员国。

10月22日　大会通过关于南罗得西亚问题的第A/RES/2138(21)号决议,谴责南罗得西亚政权为"非法"政权,对英国政府与少数种族主义者非法政权间举行的"关于会谈之会谈"进一步危及津巴布韦非洲人民的权利至表焦虑,谴责管理国与少数种族主义者非法政权达成的任何不依据大会第A/RES/1514(15)号决议承认津巴布韦人民自决及独立的不移权利安排;重申管理国有根据成人普选权,依照"一人一票"原则,将权利移交津巴布韦人民的义务。

10月24日　联合国日。大会提出1966年的主要任务是积极发展难民事业以及为非洲难民筹措资金。

10 月 26 日 大会通过关于消除一切形式种族歧视的第 A/RES/2142 (21)号决议,将每年 3 月 21 日定为消除种族歧视国际日,以纪念 1960 年在南非沙佩维尔惨案中被南非警察杀害的黑人示威者。

10 月 27 日 大会通过关于西南非问题的第 A/RES/2145(21)号决议,决定终止南非对纳米比亚的委任统治,并对该领土直接负责直至其独立为止。

10 月 28 日 安理会通过关于"对秘书长任命的建议"的第 S/RES/227 (1966)号决议,决定推荐延长吴丹秘书长的任期直到大会第 21 届常会结束。

11 月 1 日 大会通过关于任命联合国秘书长的第 A/RES/2147(21)号决议,将现任联合国秘书长吴丹的任期延长至大会第 21 届常会结束时为止。

11 月 4 日 大会通过关于国际观光年的第 A/RES/2148(21)号决议,决定将 1967 年定为"国际旅游年",以促进世界各地人民之间的了解,促进国际合作和加强对丰富多彩的各个不同文明的认识。

大会通过关于各国放弃足以妨碍缔结防止核武器扩散协定之行动的第 A/RES/2149(21)号决议,呼吁所有国家采取一切必要步骤以便利并尽早达成缔结防止核武器扩散条约,对有助于核武器扩散或足以妨碍条约缔结的任何行动应予避免。

11 月 16 日 安理会发表主席声明谴责以色列 11 月 13 日对约旦发动的大规模军事进攻行动。

11 月 17 日 大会通过关于南罗得西亚问题的第 A/RES/2151(21)号决议,对英国迄今尚未结束南罗得西亚种族主义少数族非法政权至以为憾;谴责管理国与该领土非法种族主义少数族政权所作之任何安排,不依据大会决议案 A/RES/1514(15)承认津巴布韦民族的自决与独立权利;谴责葡萄牙及南非两国政府支持南罗得西亚的非法种族主义少数族政权;促请英国政府采取迅速有效措施防止任何供应物品包括油类及石油产品到达南罗得西亚。

大会通过关于联合国工业发展组织的第 A/RES/2152(21)号决议,决定设立联合国工业发展组织,作为联合国系统的一个专门机构,目的在于促进和加速发展中国家的工业化和协调联合国系统的工业发展活动。该组织的行政和调研活动的费用由联合国正常预算支出,业务活动的主要资金则来源于联合国开发计划署、联合国技术援助经常预算和联合国工业发展基金。

大会以 97 票对 2 票,3 票弃权通过关于"防止核武器之扩散"的第 A/RES/2153A(21)号决议,呼吁各国尽快缔结一项不扩散核武器条约,并要求日内瓦 18 国裁军委员会考虑敦促有核国家保证不对无核国家使用或威胁使用核武器的问题。

大会以 48 票对 1 票(印度),59 票弃权,通过巴基斯坦等 5 国提出的关于防止核武器之扩散的第 A/RES/2153B(21)号决议,决定在 1968 年召开一次无核武器国家会议,以讨论防止核武器扩散等问题。

11 月 25 日 安理会通过关于巴勒斯坦问题的第 S/RES/228(1966)号决议,对以色列 1966 年 11 月 13 日采取的军事行动表示谴责,并重申各方遵守全面停战协议的必要性。

11 月 29 日 大会以 66 票对 48 票,7 票弃权通过关于中国在联合国之代表权问题的第 A/RES/2159(21)号决议,继续将中国在联合国的代表权问题列为需要 2/3 多数赞成才能通过的"重要问题"。阿尔巴尼亚等国关于"恢复中华人民共和国在联合国的合法席位,并将蒋介石集团的代表驱逐出联合国"的提案则以 46 票对 57 票,17 票弃权,未获通过。

11 月 30 日 大会通过关于严格遵守在国际关系上禁止以武力威胁或使用武力并严格遵守民族自决权的第 A/RES/2160(21)号决议,呼吁加强对国际关系中使用武力的监管,以及保证人民的自决权利。

同日 巴巴多斯结束英国长达 341 年的统治,获得独立。

12 月 2 日 安理会通过关于"任命联合国秘书长建议"的第 S/RES/229(1966)号决议,推荐任命吴丹连任联合国秘书长。

同日 大会根据安理会第 A/RES/2161(21)号决议的建议,在吴丹秘书长第 1 届任期结束后,再次任命他担任联合国秘书长,任期到 1971 年 12 月 31 日止。

12 月 4 日 安理会讨论巴勒斯坦问题,阿根廷、日本、荷兰、新西兰、尼日利亚和乌干达提出的一项联合提案,要求以色列、叙利亚遵守停战协议,与混合停战委员会合作以维持地区稳定,被苏联投票否决。

12 月 5 日 大会以 91 票对 0 票,4 票弃权通过关于必须停止核试验及热核试验的第 A/RES/A/RES/2163(21)号决议,要求所有国家严格遵守关于禁止使用毒气和细菌武器的 1925 年日内瓦议定书的原则和目标,并谴责违反这些目标的一切行动;促请所有尚未加入《禁止在大气层、太空及水中试验核武器条约》的国家加入该条约;敦促所有核武器国家停止在所有环境中进行核武器试验;希望各国切实交换地震资料;请 18 国裁军委员会会议精细拟定禁止地下核武器试验条约,勿再延迟。

大会通过关于"召开会议签订禁止使用核及热核武器公约问题"的第 A/RES/2164(21)号决议,决定于 1968 年和 1969 年分两期召开联合国条约法会议,制定条约法公约。

大会通过关于条约法国际全权代表会议的第 A/RES/2166(21)号决议,请秘书长于 1968 年初召开条约法国际全权代表会议第 1 届会并于 1969 年初召开该会议第 2 届会。

12 月 6 日 英国请求联合国对南罗得西亚实施包括石油禁运在内的托管制裁,并敦促联合国所有成员国都参加制裁。

12 月 7 日 安理会通过关于"吸收新会员国:巴巴多斯"的第 S/RES/230(1966)号决议,审议巴巴多斯加入联合国申请书,建议大会接纳巴巴多斯为联合国会员国。

12 月 9 日 大会通过第 A/RES/2175(21)号决议,接纳巴巴多斯为联合国会员国。

大会通过关于召开贸易及发展理事会特别届会的第 A/RES/2177(21)号决议,请贸易及发展理事会于 1966 年 12 月 21 日在纽约举行特别届会 1 天,复核理事会在第 4 届会所通过的联合国贸易和发展会议 1967 年会议日历。

12 月 12 日 大会通过"审议关于各国依《联合国宪章》建立友好关系及合作之国际法原则"的第 A/RES/2181(21)号决议,审议关于各国依《联合国宪章》建立友好关系及合作的国际法原则。

大会通过关于亚丁问题的第 A/RES/2183(21)号决议,重申亚丁领土人民依照大会第 A/RES/1514(15)号决议案实行自决及独立的天赋权利,重申对联合国负责充分实施有关该领土的联合国各项决议案的唯一当局为英国政府,决定将亚丁问题留在议程上。

大会通过关于葡管各领土问题的第 A/RES/2184(21)号决议,谴责葡萄牙政府将外来移民安置在各领土并将非洲工人输往南非因而侵害土著居民经济及政治权利的政策为危害人类的罪行。

12 月 13 日 大会以 76 票对 7 票,20 票弃权,19 国缺席通过决议,要求所有国家及联合国专门机构停止对葡萄牙、南非和西南非洲的种族主义非法政权提供任何形式的援助,直到它们放弃种族歧视政策和殖民统治。

大会通过关于斐济问题的第 A/RES/2185(21)号决议,重申斐济人民享有自由及独立的不可掠夺的权利,赞同特设委员会指派一小组委员前往斐济直接研究该领土情势的决定;促请管理国家根据"一人一票"原则进行普选以产生制宪会议,制定斐济早日独立的日期;请秘书长对于小组委员会视察斐济领土一事提供一切必要便利；请特设委员会继续审议此问题并向大会第 22 届会提出报告；决定将斐济问题留在议程上。

大会通过关于设置联合国资本发展基金的第 A/RES/2186（21）号决议，决定开办联合国资本发展基金作为大会机关之一，并为其制定处理业务时所需遵循的规定。

12 月 15 日　安理会通过关于塞浦路斯局势的第 S/RES/231（1966）号决议，将联合国驻塞浦路斯维和部队的驻扎期延长至 1967 年 6 月 26 日。

12 月 16 日　大会通过关于"消除对妇女歧视宣言草案"的第 A/RES/2199（21）号决议，决定于第 22 届会优先审议该项草案。

大会通过第 A/RES/2200（21）号决议，宣告《经济、社会和文化权利国际公约》《公民权利和政治权利国际公约》和《公民权利和政治权利国际公约任择议定书》正式通过，并开放签字和批准或加入。3 项文件均于 1976 年生效，它们连同《世界人权宣言》一起构成了通常所称的"国际人权宪章"。

同日　安理会通过关于南罗得西亚局势问题的第 S/RES/232（1966）号决议。根据宪章第 39 条和第 41 条，认定南罗得西亚（津巴布韦）当前局势已构成对国际和平和安全的威胁，要求联合国所有会员国共同对南罗得西亚实行强制性经济制裁，严禁南罗得西亚进出口一些重要原料产品和物资设备，并禁止向南罗得西亚种族主义政权提供任何经济援助。这是安理会在联合国历史上第 1 次按照宪章第 7 章实施的强制性制裁。

12 月 17 日　大会通过联合国工业发展组织总部的第 A/RES/2122（21）号决议，将联合国工业发展组织总部设在奥地利维也纳。

大会通过关于《国际可可协定》的第 A/RES/2210（21）号决议，对 1966 年联合国可可会议未能缔结一项可可协定深感失望，确认有及早缔结一项国际可可协定的需要，最迟于 1967—1968 年可可季节开始之前缔结。

大会通过关于联合国贸易和发展会议第 2 届会的第 A/RES/2206（21）号决议，决定自 1968 年 2 月 1 日至 3 月 25 日在新德里召开联合国贸易和发展会议第 2 届会议。

大会通过关于原子辐射之影响的第 A/RES/2213（21）号决议，敦促一切国家采取尽早缔结一项不扩散核武器条约的必要步骤；要求一切拥有核武器的国家不向无核国家使用或威胁使用核武器；要求 18 国裁军委员会把不扩散核武器问题当作重要优先事项予以考虑，并将工作结果报告大会。

大会通过关于人口增长与经济发展的第 A/RES/2211（21）号决议，秘书长据此于 1967 年设置人口活动信托基金，1969 年定名为联合国人口活动基金。1972 年 12 月 18 日,大会第 A/RES/3019(27)号决议将其置于大会权力之下。1979 年改名为联合国人口基金会。

大会通过关于设立联合国国际贸易法委员会的第 A/RES/2205(21)号决议,定于 1968 年 1 月 1 日成立联合国国际贸易法委员会。

12 月 19 日 大会通过关于联合国儿童基金会的第 A/RES/2214(21)号决议,在联合国儿童基金会 20 周年纪念之际资助儿童基金会的工作与目标,促请各国政府增加对儿童基金会的捐助,并请襄助其事的各组织、团体、个人加紧努力,达到新定的收入目标。

大会通过关于世界社会状况的第 A/RES/2215(21)号决议,赞同经社理事会关于重新评估社会委员会任务的第 A/RES/1139(41)号决议,决定于大会第 22 届会优先审议世界社会状况。

大会通过关于新闻自由的第 A/RES/2216(21)号决议,在第 22 届会中审议新闻自由这一项目。

大会通过关于国际人权年的第 A/RES/2217(21)号决议,核准人权委员会关于国际人权年建议采行措施与活动的进一步方案,请秘书长依照大会第 A/RES/2080(20)号决议的规定进行以 1968 年为"国际人权年"的纪念。

大会通过联合国发展 10 年的第 A/RES/2218(21)号决议,赞同 1966 年 8 月 4 日经社理事会 1152(41)决议案中指出的联合国发展 10 年的进展迟缓令人失望,建议斟酌既往经验,就所作的各项准备加以调查,以求促进及便利发展 10 年以后一致国际行动的设计。

大会通过关于"维持和平行动整个问题所有方面之全盘检讨"的第 A/RES/2220(21)号决议,决定审议特设政治委员会全盘检讨维持和平行动整个问题所有方面提交的报告书。

大会通过关于"联合国外空探测及和平使用问题会议"的第 A/RES/2221(21)号决议,决定于 1967 年 9 月在维也纳举行联合国外空探测及和平使用问题会议。

大会审议通过"关于各国探测及使用外空包括月球与其他天体之活动所应遵守原则之条约"的第 A/RES/2222(21)号决议,决定关于各国探测及使用外空包括月球与其他天体的活动所应遵守原则,审议外空和平使用问题委员会报告书并通过关于外空和平使用问题委员会报告书的第 A/RES/2223(21)号决议,大会一致通过被称作"外层空间宪章"的《和平利用外层空间条约》。该条约规定,外层空间的探索应为所有国家谋利益,而不论其经济或科学发展的程度如何;外层空间应当完全用于和平目的,不得向环绕地球的轨道发射大规模毁灭性武器;各国不得提出将外层空间据为己有的要求。

　　大会以 54 票对 36 票,25 票弃权,通过 18 个亚非拉国家提出的决议案,决定在 1967 年 4 月 30 日前召开一次讨论西南非洲局势及维持和平行动问题的特别会议,要求维和行动特委会继续审议维和行动问题,并向特别会议提交报告。

　　大会通过关于韩国问题的第 A/RES/2224(21)号决议,重申联合国在韩国的目标,为以和平方法建立统一、独立、民主而又采取代议制的韩国,并充分恢复该地区的国际和平及安全;认为应进行安排以求经由依照大会有关决议案举行的真正自由选举达成各目标。

　　大会通过关于"各国内政不容涉及其独立与主权之保护宣言之实施情形"的第 A/RES/2225(21)号决议,重申大会 1965 年 12 月 21 日第 A/RES/2131(20)号决议所载各国内政不容干涉及其独立与主权保护宣言中订立的一切原则和规则;敦促立即停止对各国内政外交的任何方式的干涉;谴责对其他国家内政外交的一切干涉。

12 月 20 日　大会通过关于瑙鲁托管领土问题的第 A/RES/2226(21)号决议,重申瑙鲁人民享有自治与独立的天赋权利;建议管理当局按照瑙鲁人民自由表示的愿望订立准其独立的最早可能日期不得迟于 1968 年 1 月 31 日;并建议管理当局将磷酸盐工业的经营移交瑙鲁人民管理,立即采取措施恢复瑙鲁岛,以供作为一主权国的瑙鲁人民居住。

　　大会通过关于巴布亚新几内亚托管领土问题的第 A/RES/2227(21)号决议,重申巴布亚新几内亚人民享有自决与独立的天赋权利,促请管理国取消所有歧视性的选举资格,废除经济、社会、卫生及教育等方面的一切歧视办法;依照承认普选制举行选举,以期将权力移交该领土人民;并确立早日独立的日期。

　　大会通过关于法管索马里兰问题的第 A/RES/2228(21)号决议,重申法管索马里兰人民有依照大会决议案实行自决及独立的不可割让权利。

　　大会通过关于伊夫尼及西属撒哈拉问题的第 A/RES/2229(21)号决议,请管理国依据第 A/RES/1514(15)号决议的规定,立即采取必要措施,加速伊夫尼领土殖民地制度废除的过程,并会同摩洛哥政府计及土著居民的愿望决定移交权力程序。

　　大会通过关于赤道几内亚问题的第 A/RES/2230(21)号决议,确认赤道几内亚人民依照大会决议中所载准许殖民地国家及民族独立宣言享有自决及独立的天赋权利。

　　大会通过关于直布罗陀问题的第 A/RES/2231(21)号决议,请直布罗陀问题当事双方计及该领土人民利益继续谈判,并请管理国不受任何妨碍,同西班牙政府加速消除直布罗陀的殖民地地位。

大会通过关于"美管萨摩亚、安提瓜、巴哈马、百慕大、英管佛京群岛、开曼群岛、椰子(岐令)群岛、多米尼加、吉尔栢特及埃利斯群岛、格拉纳达、关岛、茅利夏斯、蒙特塞拉特、新赫布里地、尼乌埃、匹特坎、圣海利纳、圣基茨尼微斯安圭拉、圣卢西亚、圣文森特、塞歇尔、所罗门群岛、托克劳群岛、土克斯和凯喀斯群岛及美管佛京群岛问题"的第 A/RES/2232(21)号决议,重申此等领土人民享有自决与独立的不可移让的权利。

大会通过关于渥曼问题的第 A/RES/2238(21)号决议,认可准许殖民地国家及民族独立宣言实施情形特设委员会报告书中关于渥曼领土之一章;重申该领土全体人民有自决及独立的天赋权利;承认该领土的天然资源为渥曼人民所有,未经人民同意而给外国独占企业以特许权系侵害该领土人民的权利。

大会通过关于"西南非特别教育及训练方案,葡管各领土特别训练方案及南非人民教育及训练方案之统一及合并问题"的第 A/RES/2235(21)号决议,为葡管各领土土著人民制订特别训练方案,通过决议制定西南非特别教育及训练方案,通过决议要求会员国为非自治领土居民提供求学及训练便利。

大会通过关于联合国经费分摊比额表的第 A/RES/2240(21)号决议,对第 21 届会议期间获准加入联合国为会员国的国家在 1967 年度分摊经费比率作出规定;对秘书处增加征聘长期定期合同人员提出相关建议,请求秘书长优先聘用代表人数不足国家的人选同时兼顾职位级别问题。

一九六七年

(国际旅游年)

1 月 1 日 联合国工业发展组织正式开始工作,它将从涉及直接援助的现场业务活动,进行调研、讨论和培训等形式的支援活动,以及设法使发达国家和发展中国家建立直接联系的促进活动等 3 个基本方面促进工业发展。

1 月 15 日 秘书长报告安理会,联合国停战监督组织已对以色列和叙利亚边境的军事集结行动发出警告。

1 月 27 日 《关于各国探测及使用外层空间包括月球与其他天体活动所应遵守原则的公约》自即日起开放供各国签署,60 个国家的代表分别在莫斯科、伦敦和华盛顿签署了这一公约。公约于 1967 年 10 月 10 日生效。

2月14日 拉丁美洲各国代表在墨西哥城特拉特洛尔科区签署《拉丁美洲禁止签署核武器公约》(又称《特拉特洛尔科条约》)。缔约国同意,在它们管辖下的任何核材料和设施将只用于和平目的,并禁止在任何情况下在其领土上拥有核武器。它们也同意不进行、不鼓励、不批准或以任何方式参与试验、使用、制造、生产、占有或控制人和核武器。吴丹秘书长为此向拉丁美洲非核化起草委员会发出贺信声称:拉丁美洲禁止核武器条约标志着对裁军的长期和艰苦的探求中的一个重要里程碑;在建立对核军备竞赛的限制方面,该条约与1959年的《南极条约》、1963年的《部分禁止核试验条约》和1967年1月的《外层空间条约》占有同样的地位;它在历史上第1次为地球上一个有人类居住的部分创立无核区提供了法律文件。12月5日,大会通过与此相关的第A/RES/2286(22)号决议。

2月21日 联合国日内瓦裁军会议复会,继续讨论关于拟定不扩散核武器条约的问题。

3月19日 法属索马里兰在公民投票中决定继续保持与法国的联系而不要求独立。

3月27日 第1个消除种族歧视国际日。

4月7日 叙利亚和以色列分别向安理会提出对对方的指控。

4月21日—6月13日 联合国大会第5次特别会议(简称"第5届特别联大")在纽约举行,着重讨论西南非洲局势、联合国维和行动及和平利用外层空间问题。

4月28日—10月29日 第67届国际博览会在加拿大蒙特利尔举行。

5月8日 秘书长向安理会报告,近一段时间以来,阿拉伯国家和以色列之间的武装冲突一再发生,中东地区局势不断恶化,提请安理会注意那里的局势发展。

5月12日—6月6日 经社理事会召开第42届常会。通过50项决议,涉及父母之权利与义务(包括监护权在内),实用工业技术转让予发展中国家的办法,联合国协助妇女发展的措施,对纳粹主义以及种族上不容异己问题应采取的措施,幼发拉底河洪灾应对措施,鼓励将城市结谊作为国际合作的方案。审议了社会发展宣言草案、消除对妇女歧视宣言草案、消除宗教上一切形式不容异己宣言草案等。

5月15日 美国、西欧各国、日本、加拿大等46国在日内瓦举行"肯尼迪回合"持续4年多的关税谈判后,终于达成一揽子原则性协议。6月30日,与会代表正式签署《关税及贸易总协定》的日内瓦议定书(1967年)等一系列文件。

5 月 16—19 日　16 日,驻扎在埃及和以色列边境地区的联合国紧急部队司令官接到埃及武装部队总司令的一项通知,要求沿埃及边境部署的联合国紧急部队全部撤离。18 日,阿拉伯联合共和国政府正式提出要求"联合国紧急部队"撤出阿联领土和加沙地区。19 日,秘书长正式下达命令,从埃及和以色列边境地区撤走联合国紧急部队,该部队使命宣告结束。他指出,派驻紧急部队作为维持和平行动是成功的,但代价高昂——10 年半时间里,89 名维和人员死亡,多人受伤,整个行动费用约为 2.13 亿美元。

5 月 19 日　大会通过关于西南非问题的第 A/RES/2248(S—5)号决议,决定审议西南非专设委员会报告书,设立联合国西南非洲理事会以管理该领土,并由其负责向当地人民征询意见以起草宪法,在该领土宣布独立时将所有权力移交人民。

5 月 22 日　吴丹秘书长飞往开罗会见埃及领导人,试图进行斡旋以缓和中东地区的紧张局势,但未能取得进展,中东局势继续恶化。

5 月 23 日　大会通过关于维持和平行动整个问题所有方面之全盘检讨的第 A/RES/2249(S—5)号决议,要求维持和平行动特别委员会对联合国开展的维和行动进行全面审查。

大会通过关于展期召开联合国外空探测及和平使用问题会议的第 A/RES/2250(S—5)号决议,决定在 1968 年 8 月召开一次联合国和平利用外层空间会议。

大会通过了关于各国代表全权证书的第 A/RES/2251(S—5)号决议。

5 月 24 日　应加拿大、丹麦的要求,安理会开会讨论日益严峻的中东局势。

5 月 27 日　阿拉伯联合共和国政府要求在阿联境内驻扎的"联合国紧急部队"中的加拿大部队必须在 48 小时之内撤离阿联领土。

5 月 29 日　"联合国紧急部队"中的加拿大部队在阿联政府的限令下,从阿联领土上撤走。

5 月 29 日—6 月 3 日　安理会开会审议日趋恶化的中东局势,但未能取得一致意见。

5 月 29 日—6 月 30 日　托管理事会召开第 34 届常会。

5 月 30 日　比夫拉共和国宣布脱离尼日利亚独立,出现激烈的战斗。

6 月 5 日　以色列向埃及、叙利亚和约旦发动大规模的突然袭击,第三次中东战争(又称"六五战争")爆发。在 6 天的时间里,以色列占领了加沙地带、西奈半岛、约旦河西岸、耶路撒冷旧城和戈兰高地等处共 6.57 万平方公里的阿拉伯国家土地,使近百万阿拉伯国家和巴勒斯坦人民沦为难民。

6月6—7日　安理会召开紧急会议,讨论中东战争局势。在美苏两国共同策划下,安理会一致通过关于塞浦路斯局势的第 S/RES/233(1967)号决议和关于中东局势的第 S/RES/234(1967)号决议,要求交战各方立即停火,并限制在 6 月 7 日格林威治时间 20 点停止一切军事行动。7 日,约旦宣布接受停火。当日,在阿拉伯联合共和国及以色列和约旦边境的敌对行动得到停止,但叙利亚边境的敌对行动仍在继续。

6月8—9日　阿联和叙利亚在 8 日晚间和 9 日凌晨相继宣布接受联合国安理会的停火协议。

6月9日　安理会通过关于中东局势的第 S/RES/235(1967)号决议,再次要求以色列和叙利亚立即停火。11 日,安理会通过关于中东局势的第 S/RES/236(1967)号决议,谴责停火线附近的违反停火协议活动。

6月13日　吴丹秘书长报告了在塞浦路斯的行动取得一些进展,但也注意到暴力行为因为联塞部队的出现才得到遏制。

同日　苏联要求召开紧急的特别联合国大会以处理以色列违反安理会停火协议活动。

同日　大会选举智利、哥伦比亚、圭亚那、印度、印度尼西亚、尼日利亚、巴基斯坦、土耳其、阿联、南斯拉夫和赞比亚为联合国西南非洲理事会成员。

6月14日　安理会一致通过关于中东局势的第 S/RES/237(1967)号决议,要求以色列政府保证冲突地区平民的生命和财产安全,敦促冲突各方政府根据 1949 年日内瓦公约,以人道主义方式对待战俘和平民。

同日　联合国秘书长敦促采取人道主义方式对待战犯和冲突中被关押的平民。

6月17日　中国第一颗氢弹在中国西部上空爆炸成功。中国政府再次郑重宣布,中国在任何时候、任何情况下都不会首先使用核武器,中国人民和中国政府,将一如既往地继续同全世界一切爱好和平的人民和国家一道,共同努力,为全面禁止和彻底销毁核武器的崇高目标而奋斗。

6月17日—9月18日　第 5 届紧急特别联大在纽约举行,审议中东局势,特别是耶路撒冷问题。6 月 17 日,大会通过不得兼并耶路撒冷市阿拉伯区的决议。6 月 28 日,以色列公然违抗紧急特别联大 6 月 17 日的决议,兼并了耶路撒冷市阿拉伯区。会议通过关于人道援助的第 A/RES/2252(ES—5)号决议(7 月 4 日)、关于"以色列变更耶路撒冷城地位所采取之措施"的第 A/RES/2253(ES—5)和 A/RES/2254(ES—5)号决议(7 月 14 日)、关于"出席大会第 5 届紧急特别会议各会员国代表之全权证书"的第 A/RES/2255(ES—5)号决议(7 月 17 日),以及关于中东情势的第 A/

RES/2256(ES—5)、第 A/RES/2257(ES—5)号决议(7月21日)。其中,第 A/RES/2252(ES—5)号决议,宣布以色列公然于6月28日兼并耶路撒冷阿拉伯区的举动无效,要求以色列停止任何以改变耶路撒冷城市地位为目标的行动,并呼吁援助中东战争中受困的平民。

6月19日 安理会通过关于塞浦路斯局势的第 S/RES/238(1967)号决议,将联合国驻塞浦路斯维和部队的驻扎期延长至1967年12月26日。

7月1日 欧洲经济共同体、欧洲煤钢共同体和欧洲原子能共同体等3个组织的机构合并,通称"欧洲共同体"。

7月8日 苏伊士运河沿岸发生武装冲突。阿拉伯联合共和国和以色列实现停火。

7月9日 安理会授权秘书长派联合国巴勒斯坦停战监督组织的观察员驻扎在苏伊士运河地区,以帮助维持停火。

7月10日 安理会一致通过关于刚果民主共和国局势问题的第 S/RES/239(1967)号决议,对外来势力对刚果民主共和国的独立和领土完整构成的威胁表示关切,谴责任何国家企图推翻联合国一个成员国政府的行径,呼吁所有国家确保其领土不被以推翻刚果民主共和国政府为目标的雇佣军利用。

7月11日 经社理事会召开第43届常会,本届会议分两阶段召开:7月11日—8月4日,11月13—14日,12月18日。共通过44项决议,涉及促进发展中国家之外国私人投资,开发天然资源之调查方案,增加食用蛋白质之生产与使用,并呼吁联合国秘书长与各专门机构采取行动应对土耳其、哥伦比亚、委内瑞拉、巴基斯坦的天灾。

8月24日 美国和苏联分别向日内瓦18国裁军委员会递交了内容完全相同的关于不扩散核武器条约草案。

9月19日—12月19日 第22届联合国大会在纽约举行,科尔内留·曼尔斯库(罗马尼亚)当选为本届大会主席。

9月26日 南非拒绝让联合国在西南非洲事务中发挥作用。

10月10日 关于使用核武器影响的专家报告提交大会。

10月10—24日 七十七国集团第1次部长级会议在阿尔及尔举行。24日通过《阿尔及尔宪章》,作为向第2届联合国贸易和发展会议提交的建议。

10月24—25日 安理会审议以色列针对和阿拉伯联合共和国之间就越过苏伊士运河停火线的相互指控。

10月25日 安理会一致通过关于中东局势的第 S/RES/240(1967)号

决议,谴责在这一地区违反停火协议的行为,重申严格执行停火协议的必要性,要求有关国家立即停止在这一地区的一切军事行动并同联合国停战监督组织完全合作。

11月3日　为打击南罗得西亚少数人组成的政权,大会采取的经济制裁措施宣告失败。大会对此表示遗憾,并敦促英国采取一切必要的措施结束该政权。

11月7日　大会通过关于《消除对妇女歧视宣言》的第 A/RES/2263 (22)号决议。决议表明对妇女的歧视,实属根本不公平且构成侵犯人格尊严的罪行,应为男女平等权利建立法律保障。

大会通过决议,决定从1969年1月起联合国难民事务高级专员办事处继续行使5年职能。

11月9日　安理会开会审议阿拉伯和以色列双方相互指控对方违反停火协议的问题。

11月15日　安理会通过关于刚果民主共和国局势问题的第 S/RES/241(1967)号决议,呼吁葡萄牙停止帮助威胁刚果现政府的雇佣军。

11月17日　大会谴责葡萄牙未能履行联合国决议,给予葡属殖民地独立地位。

11月22日　安理会一致通过关于中东局势的第 S/RES/242(1967)号决议,这项决议成为实现中东和平的基础,并作为指导中东和平谈判的基本文件。决议提出了在中东建立"公正及持久和平"的两项原则;以色列武装部队从它在最近冲突中所占领的土地上撤出;终止一切关于交战的主张或交战状态,尊重并承认该地区所有国家的主权、领土完整及政治独立以及各国在安全和得到承认的边界内不受武力威胁及武力行动影响的和平生活的权利。决议还确认有必要保证该地区国际水道航行的自由,公正解决难民问题以及采取包括建立非军事区的措施,保证该地区所有国家的领土不受侵犯和政治独立。决议要求秘书长指定一位特派代表前往中东进行斡旋,促使有关国家达成协议,并协助有关国家找到一项和平的、为各方所接受的解决办法。

11月22—23日　托管理事会第13次特别会议建议终止瑙鲁托管协议,并允许该岛于1968年1月31日独立。

11月23日　吴丹秘书长任命瑞典外交官冈纳·雅琳为他的中东问题特别代表和联合国调停人前往中东,与有关各方磋商,寻求和平解决中东问题的办法。

11月24日　11月初以来,塞浦路斯局势又产生新的动荡,希、土两族间的战斗再起。安理会应塞浦路斯政府的要求开会审议那里的局势。安理会一致呼吁有关各方表现出最大限度的克制,并且不要采取任何可能使局势恶化的行动。

11 月 30 日　南也门摆脱英国殖民统治,宣布独立,成立南也门人民共和国。

12 月 3 日　秘书长呼吁塞浦路斯、希腊和土耳其政府不要粗莽行动,以免妨碍这一地区问题的解决。

12 月 5 日　大会以 82 票对 0 票,28 票弃权,一致通过由 20 个拉丁美洲国家提出的关于《拉丁美洲禁止核武器条约》的第 A/RES/2286(22)号决议,对该条约表示"特别满意的欢迎",要求一切国家进行充分合作,以确保该条约所定的制度得到普遍遵守。在拥有核武器的国家中,英美两国对该决议投赞成票,而苏、法则投票弃权。

同日　大会通过关于国际原子能总署报告书的第 A/RES/2284(21)号决议。决定在联合国主持下举行第 4 次国际原子能和平用途会议,并请国际原子能总署尽量充分参加。

12 月 12 日　安理会通过关于"吸收新会员国:民主也门"的第 S/RES/243(1967)号决议,向大会推荐民主也门为联合国会员国。

12 月 13 日　大会通过关于国际教育年的第 A/RES/2306(21)号决议,宣布 1970 年为"国际教育年";决定于第 23 届会议宣布 20 世纪 70 年代为第 2 个联合国发展 10 年。

12 月 14 日　大会通过名为《领土庇护宣言》的第 A/RES/2312(22)号决议,重申《世界人权宣言》阐明的给予或拒绝庇护的原则,即人人都有为避免迫害而寻求并享受其他国家庇护的权利,但确实被控犯有刑事罪或其他违反联合国宗旨和原则的行为者除外;一国给予庇护是和平的人道主义行为,任何其他国家不得视为不友好举动。该宣言同时规定,给予庇护的国家不得准许得到庇护的人从事违反联合国宗旨和原则的活动。宣言表达了国际社会对庇护问题的关心。

大会通过关于"准许南也门人民共和国加入联合国"的第 A/RES/2310(21)号决议,将 11 月 30 日刚刚获得独立的南也门人民共和国接纳为联合国会员国。

12 月 15 日　大会决定将联合国资本发展基金置于联合国开发计划署的管理之下。

12 月 16 日　大会通过关于西南非问题的第 A/RES/2325(22)号决议,谴责南非当局继续无视联合国的权威,拒不执行联合国有关西南非洲问题的决议的行径;要求南非立即无条件地从西南非洲撤出其全部军事和警察部队及其行政机构;吁请所有会员国采取有效的经济及其他措施以确保南非从该领土立即撤出;提请安理会采取步骤以使西南非洲理事会能够履行其责任。

12月18日 大会一致通过决议,决定设立一个由35国组成的特设委员会,研究和平利用国家管辖权范围以外海床洋底问题,以及为了和平目的而在海床的开发、保存和使用方面促进国际合作的切实可行的办法。大会以90票对1票(阿尔巴尼亚),18票弃权,通过法律委员会提出的这项决议案,大会决定成立一个由35国组成的侵略定义问题特别委员会,审议各方面的意见,然后向第23届大会提交关于侵略定义的报告。

12月19日 大会通过关于援救航天员、送回航天员及送回射入外空之物体之协定的第A/RES/2345(22)号决议。根据该协定,各缔约国承诺对于因意外事故或紧急情况而在其管辖领土内降落,或在公海上或不属任何国家管辖范围的任何其他地方降落的航天器人员提供一切可能的援助,并将此种人员安全迅速地送回发射当局;如射入外层空间的物体或其构成部分回到地球上属于缔约国的领土内,应即行通知发射当局,并采取措施寻获并送回该物体。该协定于1968年4月22日签署,1968年12月3日生效。

大会通过关于那乌鲁托管领土问题的第A/RES/2347(22)号决议。

大会通过关于"美属萨摩亚、安提瓜、巴哈马、百慕大、英属佛京群岛、文莱、开曼群岛、椰子岭(歧林)群岛、多米尼加岛、吉尔伯特及埃利斯群岛、格林纳达、关岛、蒙特塞拉特、新赫布里底、尼乌埃、匹特坎、圣海利纳、圣基茨尼微斯安圭拉、圣卢西亚、圣文森特、塞歇尔、所罗门群岛、托凯劳群岛、土克斯及凯科斯群岛及美属佛京群岛问题"的第A/RES/2357(22)号决议。

大会请18国裁军委员会重新审议撤出亚洲、非洲及拉丁美洲国家境内外国军事基地问题;促请尚未加入禁止在大气层、外空及水中试验核武器条约的所有国家参加该约,勿再稽延。

12月22日 安理会通过第S/RES/244(1967)号决议,将联合国驻塞浦路斯维和部队的驻扎期延长至1968年3月26日。

一九六八年

(国际人权年)

1月1日 在国际人权年开始的第1天,大会主席向联合国123个会员国发出呼吁,要求所有国家和国际组织必须尽力保证世界人民享受他们应有的人权。

1月18日 在日内瓦 17 国裁军会议上,苏、美联合提出《防止核扩散条约(草案)》。

1月24日 联合国开发计划署第 5 次会议批准了投资 2.28 亿美元用于 71 个国家的 100 个项目。

1月25日 安理会一致通过关于西南非问题的第 S/RES/245(1968)号决议,谴责南非当局拒不执行联合国大会的有关决议,继续对 37 位西南非洲民族解放运动人士的非法审判;要求南非当局立即停止这一非法审判,并将这些人释放。

1月27日 应美国要求,安理会召开紧急会议审议美国所说的朝鲜民主主义人民共和国扣押美国"普韦布洛号"船的事件,但未获结果。安理会决定推迟对此事件的正式讨论,以便在联合国之外进行磋商。

1月31日 由澳大利亚代表新西兰、英国和澳大利亚 3 国联合管理当局对瑙鲁的托管协定终止,瑙鲁成为独立国家。

2月1日—3月29日 联合国贸易和发展会议第 2 次会议在印度首都新德里举行。132 个国家和地区的代表出席。会议通过了 33 项决议。

2月6—18日 第 10 届冬季奥林匹克运动会在法国格勒诺布尔举行,共有 37 个国家和地区的 1158 名运动员参赛。

2月7日 联合国秘书长吴丹出访印度、苏联、英国和法国,就越南战争的和谈前景问题同 4 国有关人士会晤。他在访问印度期间,还会晤了越南官员。2 月 24 日,吴丹提出书面报告,声称如美国停止轰炸,美越和谈可望很快举行。

2月19日 仲裁委员会将库奇兰恩的土地 300 平方英里判归巴基斯坦,3000 平方英里判归印度。

3月1日 根据 1961 年《麻醉品单一公约》设立的国际麻醉品管理局开始工作。它的主要职能是负责不断评价和全面监督各国政府对麻醉品管制条约的实施,审查和确认对麻醉品的制造和贸易加以限制的各国政府所提出的麻醉品需要量的年度估计。

3月6—11日 南罗得西亚当局处死 5 名民族主义领袖,激起国际舆论的公愤。

3月12日 36 个非洲国家要求安理会对少数白人组成的南罗得西亚政权采取行动。

同日 毛里求斯脱离英国殖民统治,宣告独立。

3月14日 安理会一致通过关于西南非问题的第 S/RES/246（1968）号决议，谴责南非政府公然蔑视联合国的权威，抗拒安理会有关决议的行径；再次要求南非当局立即释放被捕的西南非洲民族解放运动人员；要求联合国所有会员国同安理会进行合作，迫使南非当局履行安理会决议；安理会还决定根据宪章的有关规定，采取有效的步骤解决这一问题。

3月18日 安理会一致通过关于塞浦路斯局势的第 S/RES/247（1968）号决议，将联合国驻塞浦路斯维和部队的驻扎期再延长 3 个月，至1968 年 6 月 26 日止。

3月24日 安理会一致通过关于中东局势的第 S/RES/248（1968）号决议，谴责以色列在 3 月 21 日公然违反《联合国宪章》和有关停火协议向约旦发动大规模进攻，要求以色列停止其违反安理会有关决议的行动。

3月26日—5月24日 联合国条约法会议第 1 次会议在维也纳举行，会议的主要任务是审议国际法委员会草拟的条约法公约草案。

4月1日 秘书长委派 1 名代表咨询、协助和参与为自由选择行为——与印度尼西亚保持或脱离关系——所做的安排，而这种安排则是印度尼西亚的责任。

4月4日 安理会对中东局势的恶化表示焦虑。

4月4—12日 联合国秘书长吴丹访问荷兰、比利时、卢森堡 3 国，并在巴黎会晤越南代表梅文蒲。

4月18日 安理会一致通过关于"吸收新会员国：毛里求斯"的第S/RES/249（1968）号决议，向大会推荐接纳毛里求斯为联合国会员国。

4月22日—5月13日 由联合国发起的世界人权会议在伊朗首都德黑兰举行，以纪念《世界人权宣言》通过 20 周年。这次会议是第 1 次就整个人权领域召开的世界范围的政府间会议，会议通过的《德黑兰宣言》声称，人权和基本自由是不可分割的，如果没有经济、社会和文化权利就不可能充分实现公民和政治权利；国际人权文件已提出新的准则和义务，各国应该遵守。宣言吁请各国人民和政府为实现《世界人权宣言》的原则共同作出努力。会议还通过了 29 项决议，其中包括建议联合国大会审议宣布向种族主义和种族歧视进行战斗的国际行动年的可能性。大会根据这一建议，宣布 1971 年为"向种族主义和种族歧视进行战斗的国际行动年"。

4月24日 大会通过决议，接纳毛里求斯为联合国会员国。

4月24日—6月12日 第 22 届联合国大会复会，讨论西南非洲局势和核不扩散问题。

4月27日 安理会一致通过关于中东局势的第 S/RES/250（1968）号

决议,呼吁以色列对即将于 5 月 2 日在耶路撒冷进行的阅兵表示克制,并要求大会向安理会提交关于这项决议执行情况的报告。

5 月 2 日 安理会通过关于中东局势的第 S/RES/251(1968)号决议,对以色列不顾安理会 4 月 27 日一致通过的决定,在耶路撒冷举行阅兵深表遗憾。

5 月 6—31 日 经社理事会召开第 44 届常会,论及滥用大麻现象以及严格控制的必要性,并建议各国立法以控制精神药物,共通过 50 项决议。

5 月 21 日 安理会通过关于中东局势的第 S/RES/252(1968)号决议,呼吁以色列废止其一切旨在改变耶路撒冷法律地位的措施。

5 月 23 日 经社理事会一致通过第 1296(XLIV)号决议,承认非政府组织应当有机会表达它们的意见,并承认它们往往拥有对经社理事会工作十分有价值的特殊经验或技术知识;规定了非政府组织在经社理事会的咨商地位和权利,并将给予咨商地位的非政府组织分为 3 类;同时也对这些取得咨商地位的非政府组织的活动作了一定的限制。这一决议成为指导经社理事会与非政府组织的关系及有关活动的基本文件。

5 月 29 日 鉴于安理会第 S/RES/232(1966)号决议没有达到预期的结果,安理会一致通过关于南罗得西亚局势问题的第 S/RES/253(1968)号决议,宣布将对南罗得西亚的强制性经济制裁的范围扩大到包括除医药和教育用品及特殊情况下的粮食以外的一切进出口商品。这是安理会第 1 次在这个问题上一致作出的决定。安理会要求联合国各会员国按照宪章第 25 条接受并履行安理会的决议,并决定建立一个 7 国制裁委员会,以便审查各会员国执行制裁情况的报告。

6 月 10 日 联合国大会政治委员会通过《防止核扩散条约》。

6 月 12 日 由于多米尼加共和国和海地共和国拖欠应缴纳的联合国摊款,超过了宪章第 19 条的规定范围,这两国在联合国大会的投票权被中止。大会通过决议宣告,根据其人民的愿望,"西南非洲"今后应称为纳米比亚,建议安理会采取有效措施迫使南非从这一地区撤出。

同日 大会以 95 票对 2 票,21 票弃权,通过第 A/RES/2373(22)号决议,批准美、苏联合提出的《不扩散核武器条约》,并表示希望有尽可能多的国家加入这一条约,同时要求 18 国裁军委员会会议和各有核武器国家迅速就早日停止核武器竞赛和有关核裁军的有效措施,以及就缔结一项在严格和有效的国际监督下的全面彻底裁军条约,进行谈判。

6 月 18 日 安理会通过关于塞浦路斯局势的第 S/RES/254(1968)号决议,将联合国驻塞浦路斯维和部队的驻扎期延长至 1968 年 12 月 15 日。

6月19日　在讨论不扩散核武器条约草案的过程中,许多无核国家希望就它们防止遭受核攻击的安全问题获得更多保证,英、苏、美3国同意在安理会提出一项关于安全保证的决议案。为此,安理会开会审议这一问题,并于6月19日通过关于"保障防止核武器扩散条约非核武器当事国之措施问题"的第S/RES/255(1968)号决议。决议强调"任何使用核武器的侵略都将危及所有国家的和平与安全",因此,"一旦无核国家遭受使用核武器的侵略或此种侵略的威胁时,安理会,特别是有核武器的常任理事国将必须根据《联合国宪章》中规定的义务立即采取行动"。决议还特别重申宪章第51条确认的,联合国任何会员国在遭受武力攻击时可行使单独或集体自卫的自然权利。

6月27日　吴丹秘书长发出紧急呼吁,要求各会员国自动捐款,帮助承担联合国驻塞浦路斯维和部队的费用。

6月28日　联合国开发计划署第6次会议通过了1.27亿美元的61个预算投资项目。

6月28日—7月14日　联合国特使雅林前往荷兰、苏联、英国和瑞典等国,就和平解决中东问题同有关国家进行磋商。其间,他还先后会晤了以色列外长埃班和埃及外长里亚德。

7月1日　《不扩散核武器条约》即日起开放供签署。英国、苏联、美国以及其他59个国家的代表分别在伦敦、莫斯科和华盛顿签署了这一条约。该条约于1970年3月5日生效。

7月8日　经社理事会召开第45届常会。本届会议分4阶段召开:7月8日—8月2日,10月30日—11月1日,11月19—20日,12月5—6日。

8月14—27日　联合国探索与和平利用外层空间会议在维也纳举行。会议讨论了外层空间研究及探测所能得到的实际利益,以及非航天国家,尤其是发展中国家所能分享这些实际利益的程度,并审议了非航天国家所能得到的空间活动中国际合作的机会。

8月16日　安理会通过关于中东局势的第S/RES/256(1968)号决议,谴责以色列越过停火线对约旦发动军事进攻。

8月21—23日　安理会应加拿大、丹麦、法国、巴拉圭、英国和美国的要求召开紧急会议,审议苏联等华沙条约组织5国入侵捷克斯洛伐克所造成的严重局势。苏联反对讨论这一问题,认为它们5国的行动是依照其共同的条约义务及《联合国宪章》中有关单独或集体自卫的条款,对捷克斯洛伐克进行的援助。但安理会仍以13票对2票决定,将这一项目列入议程。

22日,巴西、加拿大、丹麦、法国、巴拉圭、塞内加尔、英国和美国联合提出一项决议案,要求苏联和华沙条约组织的其他成员国"撤出它们的军队并且停止以其他任何形式干涉捷克斯洛伐克的内政"。23日,该决议案付诸表决时,被苏联否决。

8月27日 捷克斯洛伐克致函安理会主席表示,8月23—26日的苏、捷领导人会谈已就捷克斯洛伐克局势问题达成协议,因此要求安理会将该议题从其议程上撤销。为此,安理会终止了捷克局势的审议。

8月29日—9月28日 联合国主持召开的无核武器国家会议在日内瓦举行,包括法、苏、英、美这4个核国家在内的96个国家出席。会议讨论了保证无核武器国家安全、建立无核武器区、防止核扩散、停止核军备竞赛及核裁军的有效措施以及和平利用核能方面的合作方案等问题,并通过了14项决议和1项宣言。

9月6日 斯威士兰独立。

9月11日 安理会通过关于"吸收新会员国:斯威士兰"的第S/RES/257(1968)号决议,审查并一致通过斯威士兰请求加入联合国的申请书,向大会建议接纳斯威士兰为联合国会员国。

9月18日 安理会通过关于中东局势的第S/RES/258(1968)号决议,对日益恶化的中东局势表示深度关切。

9月23日—10月24日 联合国糖业大会起草新的《国际糖业协定》。

9月24日 大会决定,尽管海地共和国因拖欠应缴纳的摊款,触犯了宪章第19条,但在会费委员会作出正式报告之前,继续让海地拥有在大会的投票权。

同日 大会通过第A/RES/2376(23)号决议,接纳斯威士兰为联合国会员国。

9月24日—12月21日 第23届联合国大会在纽约举行。埃米略·阿雷纳莱斯·卡塔蓝(危地马拉)当选为本届大会主席。

9月27日 安理会通过关于中东局势的第S/RES/259(1968)号决议,请求秘书长派遣特别代表前往以色列军事占领的阿拉伯领土报告当地阿拉伯人的待遇、安理会第S/RES/237(1967)号决议的实施情况。

9月28日 大会建议批准《拉丁美洲无核区条约》。

10月12—27日 第19届奥林匹克运动会在墨西哥墨西哥城召开。应邀参赛的有112个国家和地区,参赛运动员5516人,其中女子781人。本届奥运会是第1届在拉丁美洲举办的奥运会,也是发展中国家第1次举办的奥运会。

10 月 14 日　秘书长向安理会报告,他应安理会 9 月 27 日要求派出代表前往中东地区,但遭到以色列的阻挠。

10 月 17 日　认捐大会上共有 97 个国家为联合国开发计划署捐献了1. 15 亿美元。

11 月 1—4 日　应以色列与阿拉伯联合共和国的要求,安理会讨论近来发生在停火线附近的事件。

11 月 6 日　安理会通过关于"吸收新会员国:赤道几内亚"的第 S/RES/260(1968)号决议,审查并一致通过赤道几内亚请求加入联合国的申请书,向大会建议接纳赤道几内亚为联合国会员国。

11 月 7 日　大会通过关于南罗得西亚问题的第 A/RES/2383(23)号决议,谴责葡萄牙和南非违反大会和安理会关于对南罗得西亚种族主义政权实施强制性经济制裁的决议,仍在继续同该领土保持密切的关系,并允许进出南罗得西亚的货物自由通过它们领土的行为。

11 月 11 日　安理会对南罗得西亚实施制裁委员会宣称有些国家没有提供实施制裁的相关信息,并要求英国最大限度地支持制裁行动。

同日　马尔代夫共和国宣告成立。

11 月 12 日　大会通过第 A/RES/2384(23)号决议,接纳赤道几内亚为联合国会员国。

11 月 19 日　大会以 73 票对 47 票,5 票弃权,通过关于中国在联合国之代表权问题的第 A/RES/2389(23)号决议,继续无理地将中国在联合国的代表权问题当作"重要问题"来讨论,而阿尔巴尼亚等国要求恢复中华人民共和国合法席位的提案则以 44 票对 58 票,23 票弃权,未获通过。

11 月 20 日　会费委员会向大会提出报告说,海地共和国拖欠应缴纳的摊款是由于其严重的经济困难,因此建议允许海地在大会拥有投票权。之后海地补交了拖欠的款项。

11 月 26 日　大会通过关于"战争罪及危害人类罪不适用法定时效公约"的第 A/RES/2391(23)号决议,核准《战争罪及危害人类罪不适用法定时效公约》。该公约的目的是要确保对战争罪及危害人类罪负责的人不能仅仅因为在法定时效期限内没有对他们起诉就能免于受到追诉。缔约各方承诺采取国内措施,以便引渡应对此种罪行负责的人。该公约于 1979 年11 月 11 日生效。

大会通过关于死刑问题的第 A/RES/2393(23)号决议。

12 月 2 日　大会谴责南非对反对种族隔离政策的人实行残酷迫害,并决定通过信托基金为南非遭到迫害的人提供法律援助。

12月3日　大会通过关于人类环境之问题的第 A/RES/2398(23)号议,决定在 1972 年召开一次联合国人类环境会议,以促使人们和各国政府关注通过空气和水的污染、水土流失、废物、噪音、杀虫剂和其他物剂引起的环境急剧恶化问题。

12月10日　安理会一致通过关于塞浦路斯的第 S/RES/261(1968)号决议,决定将联合国驻塞浦路斯维和部队的驻扎期延长至 1969 年 6 月15 日。

12月16日　大会通过关于纳米比亚问题的第 A/RES/2403(23)号决议,敦促安理会采取有效措施,迫使南非当局立即无条件地从纳米比亚撤出其一切机构和人员。

12月18日　大会敦促西班牙按照摩洛哥人民的意愿移交出伊夫尼的领土。

12月19日　大会通过关于"占领领土内人权之尊重及实施"的第 A/RES/2443(23)号决议,决定建立一个调查以色列侵犯占领区居民人权行为的特别委员会,其任务是负责向大会报告包括东耶路撒冷在内的占领区的局势,供大会审议。

12月20日　大会就无核武器国家会议的结果所涉及的各方面问题通过关于非核武器国家会议的第 A/RES/2456(23)号决议,其中包括:要求秘书长将会议的各项决议和宣言转送联合国各会员国政府以及各有关国际组织,供他们慎重考虑;要求秘书长就在国际原子能机构范围内设立一个主管在适当国际监督下进行和平目的的核爆炸的国际服务处草拟一份报告;要求苏美两国及早就限制进攻性战略核武器运载系统和反弹道导弹防御系统问题进行双边磋商。

大会以 107 票对 0 票,2 票弃权,通过关于亟须停止核试验及热核试验的第 A/RES/2455(23)号决议,要求秘书长指派一个专家小组研究关于可能使用化学和细菌(生物)作战手段的影响问题;请秘书长在合格的咨询专家的协助下就这一问题草拟一份报告,并及早送交 18 国裁军委员会、安理会和大会,以及各国政府,以便在第 24 届大会上加以审议。

12月21日　大会通过关于增列俄文为大会应用语文(修改大会议事规则第 51 条)与增列俄文及西班牙文为安理会应用语文问题的第 A/RES/2479(23)号决议,认为联合国使用多种语言将有助于实现《联合国宪章》的目标,因此决定增加俄语和西班牙语作为大会和安理会的工作语言。

12月30日　1968 年《国际咖啡协定》生效。

12 月 31 日 安理会一致通过关于中东局势的第 S/RES/262(1968)号决议,谴责以色列军队对贝鲁特国际机场的袭击以及违反停火协议的行为,并警告以色列,如果再次发生这类事件,安理会将不得不考虑采取进一步的措施来执行有关决定。

一九六九年

1 月 1 日 新的《国际糖业协定》(暂行)生效。

1 月 3 日 吴丹秘书长发表声明,支持法、苏、英、美 4 国外长就缓和中东局势的途径问题举行会晤。

1 月 4 日 1965 年 12 月大会通过的《消除一切形式种族歧视国际公约》,在获得所需的多数签字国批准后,于是日起生效。公约规定,基于种族、肤色、血统或人种来源,对人们加以任何区别、排斥、限制,其目的或效果是取消或损害他们在政治、经济、社会、文化或公共生活任何其他方面享受或行使人权或基本自由者,即为种族歧视。缔约国应采取措施消除一切形式的种族歧视,促进种族间的谅解。

同日 西班牙和摩洛哥两国根据大会 1968 年 12 月 18 日决议签订条约。西班牙将伊夫尼的主权交还摩洛哥。

1 月 8 日 秘书长紧急呼吁各国为联合国驻塞浦路斯维和部队提供资助。

1 月 9—23 日 联合国开发计划署第 7 次会议批准了投资 3.407 亿美元用于 84 个国家的 107 个预投项目。

1 月 24 日 安理会一致通过关于安理会的工作语言的第 S/RES/263 (1969)号决议,决定将俄语和西班牙语列入安理会的工作语言,并为此对安理会临时性议事规则第 41 条、42 条、43 条和 44 条进行修改。

2 月 7 日 吴丹秘书长再次就解决中东问题的途径发表声明说,只有在大国参与和得到与这一冲突直接有关各方合作的情况下,安理会才可能在中东发挥自己的职能。

2 月 20 日 国际法院宣布北海大陆架案(丹麦—联邦德国,荷兰—联邦德国)中联邦德国胜诉。

2 月 25 日—3 月 4 日 第 2 个联合国发展 10 年预备委员会举行第 1 次会议。

3 月 3—7 日 联合国橄榄油会议决定将 1963 年《国际橄榄油协定》的有效期延长至 1973 年 12 月 31 日。

3月7日 秘书长宣布,应赤道几内亚的要求,他已任命联合国秘书处的马西亚尔·塔马约为私人代表前往当地斡旋,调查赤道几内亚指控驻扎在那里的西班牙军队侵犯赤道几内亚主权的事件。3月10日,塔马约抵达赤道几内亚进行斡旋。

3月20日 安理会通过关于纳米比亚局势的第 S/RES/264(1969)号决议,重申安理会对纳米比亚人民和领土负有特别责任,要求南非政府"立即将其管理机构撤出该领土",并宣布南非政府通过建立"班图斯坦"来破坏纳米比亚民族统一和领土完整的计划是违背《联合国宪章》的行为,呼吁所有国家运用它们的影响来迫使南非政府执行安理会的决议。安理会还决定,如果南非政府仍拒绝执行本项决议,安理会将立即开会,根据宪章的有关条款采取必要的措施和行动。

3月26日—4月3日 在秘书长私人代表的斡旋下,西班牙武装部队从圣伊萨贝尔和费尔南多博撤出。

4月1日 安理会通过关于中东局势的第 S/RES/265(1969)号决议,谴责以色列3月26日对约旦村庄发动空袭。

4月3日 苏、美、英、法4国常驻联合国代表在纽约开始就和平解决中东问题举行正式会谈。会谈公报宣称,4国一致认为,中东局势十分严重,它们绝不容许中东局势危及国际和平与安全;4国支持联合国中东特使雅林的和平努力。

4月5日 秘书长派往赤道几内亚的私人代表塔马约宣布,赤道几内亚和西班牙双方都证明驻在赤道几内亚的西班牙军队已完全撤离,所有表示愿意离开的西班牙平民也已同时离开。秘书长私人代表的工作于4月21日结束。

4月9日—5月22日 联合国条约法会议第2次会议在维也纳举行。在历时6个星期的会议上,与会代表就国际法委员会提交的条约法公约草案进行审议,并于5月22日通过《条约法公约》及最后文件。公约对条约的缔结和生效,条约的遵守、适用和解释,条约的修改、失效、终止等都做了全面的规定。最后文件包括两个宣言:一个是禁止使用军事、政治和经济手段强迫缔结条约的宣言,另一个是关于普遍加入条约法公约的宣言。

4月21日 秘书长向安理会提交报告警告说以色列与阿拉伯联合共和国间的停火线几乎被完全破坏。

5月12日—6月6日 经社理事会召开第46届常会,论及社会安全与社会福利之间的关系,并对各国政府提出有关青年发展长期政策的建议。共通过42项决议。

5月14日　秘书长报告安理会,南非仍然违抗安理会关于纳米比亚的决议。

5月23日　联合国条约法会议通过《维也纳条约法公约》,规定了条约的缔结、生效、遵守、适用、解释、修正、修改、失效、终止及停止施行等一系列规定。公约于1980年1月27日生效。

5月29日—6月19日　托管理事会第36届常会召开。

6月10日　安理会通过关于塞浦路斯局势的第S/RES/266(1969)号决议,将联合国驻塞浦路斯维和部队的驻扎期延长至1969年12月15日。

同日　教皇保罗六世在日内瓦国际劳工组织发表演说,并访问世界基督教联合会总部。

6月16日—7月3日　联合国开发计划署第8次会议拨出1.02亿美元用于78个国家的52个新项目。

6月24日　安理会应60个亚非国家的要求开会讨论对南罗得西亚种族主义政权的制裁未能达到预期目的的问题。由于英、法、美等国的阻挠,一项要求所有国家断绝与南罗得西亚政权关系的决议草案,在24日付诸表决时未能获得通过。

7月1日　秘书长向大会、安理会、18国裁军委员会和各会员国政府提交《化学和细菌(生物)武器及其可能使用的影响》的报告。秘书长在报告前言中敦促联合国各会员国:为增进世界各国人民的安全的目的,加入1925年日内瓦议定书,确认日内瓦议定书所包含的禁令适用于在战争中使用化学、细菌和生物手段的情况,并就停止为战争目的而发展、生产和储存一切化学和细菌(生物)武器并使其从武库中有效地消除的问题达成协议。

7月3日　安理会一致通过关于中东局势的第S/RES/267(1969)号决议,强烈谴责以色列改变耶路撒冷法律地位的措施,确认以色列的这些措施和行动都是无效的,再次要求以色列取消一切旨在改变耶路撒冷法律地位的行动,并决定安理会将根据以色列执行决议的情况考虑采取进一步行动。

7月14日　经社理事会召开第47届常会,本届会议分阶段召开:7月14日—8月8日,10月13日、27日、28日、30日、31日,11月17—18日。决定设置政府间观光事业组织,审议海洋问题研究长期扩大方案之综合大纲,并请秘书长就今后科学与技术方面之制度安排做研究报告。共通过41项决议。

7月14日—8月2日　根据1962年印度尼西亚和荷兰之间的协定,在联合国秘书长代表的监督下,西伊里安的8个区协商会议先后进行"自由选择行动",而后宣布它们赞同将西伊里安归属印度尼西亚。

7 月 20 日   尼尔·A.阿姆斯特朗、埃德温·E.阿尔德林上校和迈克尔·柯林斯中校进行了人类第 1 次月球着陆。

7 月 28 日   安理会通过关于"赞比亚的控诉"的第 S/RES/268(1969)号决议,强烈谴责葡萄牙对赞比亚领土的袭击并造成赞比亚平民生命和财产的损失;要求葡萄牙立即停止对赞比亚领土完整的破坏和无端袭击,并归还葡萄牙军队从赞比亚领土非法掠去的所有财物。

7 月 29 日   日内瓦裁军会议的成员国增加到 26 国,在 5 月曾由 18 国增加到 20 国。

8 月 12 日   安理会通过关于纳米比亚局势的第 S/RES/269(1969)号决议,谴责南非政府拒不执行安理会第 264 号决议和坚持对抗联合国权威的行径;再次呼吁南非政府立即从纳米比亚撤出其行政机构;承认纳米比亚人民反对南非非法占领斗争的合法性;要求所有国家从道义和物质上加强对纳米比亚人民反对外来占领斗争的支持。但安理会的要求被南非拒绝。

8 月 20 日   安理会开会讨论北爱尔兰地区宗教团体间的紧张局势。

8 月 26 日   安理会通过关于中东局势的第 S/RES/270(1969)号决议,谴责以色列对黎巴嫩南部村庄的空袭行为。

8 月 29 日   安理会设立一专家委员会研究联合国和微型国家的关系问题。

9 月 7 日   罗马尼亚部长会议主席毛雷尔率罗党政代表团前往河内参加胡志明主席葬礼途经北京时,周恩来总理与毛雷尔进行了会谈。周总理表示,关于中美关系,关键是台湾问题和联合国问题。这些问题总有一天要解决。

9 月 15 日   安理会通过关于中东局势的第 S/RES/271(1969)号决议,呼吁以色列停止违反联合国关于耶路撒冷决议的行为。

9 月 16 日—12 月 17 日   第 24 届联合国大会在纽约举行。安吉·E.布鲁克斯(利比里亚)当选为本届大会主席。

9 月 18 日   美国总统尼克松在联合国大会发表演说时宣布,美国将继续支持以安理会第 242 号决议为基础解决中东问题。

10 月 7 日   苏联和美国向 18 国裁军委员会提交一项联合提案,建议禁止在 12 海里毗连区以外的海床上安置核武器或任何其他大规模毁灭性武器,以及专门为了储存、试验或使用这些武器而设计的设施。

10 月 23 日   安理会通过关于国际法院的第 S/RES/272(1969)号决议,非联合国会员国的《国际法院规约》当事国可以参加修订规约的讨论。

10 月 31 日   大会通过关于庆祝联合国 25 周年的第 A/RES/2499(23)

号决议,决定设立联合国成立 25 周年纪念委员会,负责筹办在联合国成立 25 周年之际举行一系列庆祝活动,并同意秘书长关于宣布一个与联合国第 2 个发展 10 年相一致的"裁军 10 年"的要求,授权"本组织的能胜任的机构"向 25 届大会提出具体提案。

11 月 11 日　大会以 71 票对 52 票,4 票弃权,决定继续将中国在联合国的代表权问题作为重要问题讨论。阿尔巴尼亚等国要求恢复中华人民共和国的合法席位并驱逐蒋介石集团的提案则以 48 票对 56 票,21 票弃权,未获通过。

11 月 19 日　大会通过关于印度尼西亚共和国与荷兰王国关于西新几内亚(西伊里安)之协定的第 A/RES/2504(23)号决议,批准秘书长关于成功解决西伊里安问题的报告,并对秘书长及其代表完成了根据 1962 年协定委托给他们的任务表示赞赏。

12 月 1 日　大会促请安理会对南非种族主义政权违反有关纳米比亚决议的行为采取行动。

12 月 2 日　苏、美、英、法 4 国常驻联合国代表在纽约恢复了自 7 月以来中断的关于解决中东问题的会晤。

12 月 4 日　大会通过关于"为《国际法院规约》当事国而非联合国会员国之国家参加修正规约之程序"的第 A/RES/2520(24)号决议,规定凡为《国际法院规约》当事国而非联合国会员国之国家得在大会中以与联合国会员国同样的方式参加规约之修订;《国际法院规约》之修正案经本规约 2/3 表决通过并经本规约当事国 2/3 各依其宪法程序批准后,对于本规约所有当事国发生效力。

12 月 5 日　大会通过关于设立政府间观光事业组织的第 A/RES/2529 (24)号决议,建议将国际官方旅行组织联合会改为政府间的旅游组织以促进和发展旅游事业,并决定应该缔结一项协定,在联合国和未来的世界旅游组织之间建立密切合作和关系,承认旅游组织在同联合国系统内现有机构合作下将在世界旅游事业中起决定性的中心作用。

12 月 8 日　大会通过关于《特别使团公约》及《关于强制解决争端的任择议定书》的第 A/RES/2530(24)号决议。公约为 1961 年和 1963 年关于国家间外交关系和领事关系的维也纳公约所未包括的"临时"外交形式,即巡回使节、外交会议以及为有限目的派往某国的特别使节规定了适用规则。任择议定书则规定,因公约的解释和适用而产生的争端属于国际法院强制管辖范围,除非当事双方同意将争端提交仲裁法庭或自行和解。大会表示深信,编纂和逐渐发展国际法的多边条约,或其目标和宗旨关系到整个国际社会的条约应开放供世界各国加入。

大会通过关于"解决民事请求案件之决议案"的第 A/RES/2531(24)号决议,决议建议派遣国应该放弃接收国家中涉及民事权利请求的负有特殊使命的人员豁免权,如果没有放弃豁免权,派遣国家应该尽最大努力公正解决。

12 月 9 日 安理会通过关于"塞内加尔的控诉"的第 S/RES/273(1969)号决议,谴责葡萄牙炮击塞内加尔南部村庄。

12 月 11 日 大会通过关于《社会进步及发展宣言》的第 A/RES/2542(24)号决议,该宣言声明社会进步和发展的目的在于不断提高社会所有成员的物质和精神生活水平并尊重和遵守人权和基本自由,为此提出了一系列有待实现的目标。大会建议所有国家的政府在它们的政策、计划和方案中应考虑到这项宣言,并决定在制定联合国第 2 个发展 10 年的战略时以及在这 10 年实施方案的过程中都应考虑到这一宣言。

同日 安理会通过关于塞浦路斯局势的第 S/RES/274(1969)号决议,将驻塞浦路斯联合国维和部队的任务期限延长至 1970 年 6 月 15 日。

同日 国际劳工组织获诺贝尔和平奖。

12 月 12 日 大会通过关于民用飞机在航行中被迫改道的第 A/RES/2551(24)号决议。呼吁各国采取一切应有措施,确保本国立法规定有效防范对飞行中的民航飞机实行各种形式的非法干预和夺取;促请各国确保依法查办此类罪犯,并全力支持国际民航组织迅速草拟和实行一项公约,规定非法夺取民航飞机为应受惩处的违法行为,犯有此类行为的人将受法律查办。

12 月 15 日 大会就国家管辖范围以外的海床洋底问题通过决议,宣布在建立一个国际机构之前,对这些海床洋底的任何领土要求都不会得到认可,任何国家和个人也不得开发国际海床洋底的资源。

大会决定成立筹备委员会为 1972 年人类环境大会作准备。

12 月 16 日 大会以 82 票对 0 票,37 票弃权,通过关于普遍及彻底裁军问题的第 A/RES/2602A(24)号决议,呼吁苏联和美国政府就停止继续试验和部署新战略核武器系统的时限达成协议。

大会以 104 票对 0 票,13 票弃权,通过关于普遍及彻底裁军问题的第 A/RES/2602E(24)号决议,宣布 20 世纪 70 年代的 10 年为裁军 10 年;促请各国政府抓紧努力,制定关于及早停止核军备竞赛和关于核裁军及取消其他大规模毁灭性武器的有效措施,并缔结一项在严格和有效的国际监督下的全面彻底裁军条约;决议要求秘书长和各国政府以一切适当方法宣传裁军 10 年,以便使公众舆论熟悉其宗旨和目标以及与此有关的谈判和事态发展。

大会以 114 票对 1 票,4 票弃权,通过关于非核武器国家会议的第 A/RES/2605(24)号决议,敦促所有尚未加入《禁止在大气层、外层空间和水下进行核武器试验的条约》的国家立即加入该条约;要求有核国家停止一切核武器试验。

12 月 17 日　大会批准 1970 年财政预算为 1.684 亿美元。

12 月 22 日　安理会通过关于"几内亚的控诉"的第 S/RES/275(1969)号决议,对驻扎在几内亚(比绍)的葡萄牙军队炮轰几内亚边境村庄,造成几内亚人民生命和其他重大损失深为痛惜;敦促葡萄牙立即停止侵犯几内亚的主权和领土完整,立即释放自 1968 年 3 月以来扣留的一架几内亚飞机和机组人员以及 1969 年 8 月以来扣留的一艘几内亚汽艇和乘客。

一九七〇年
（国际教育年）

1 月 1 日　大会确定这一年为"国际教育年"。

1 月 12 日　经社理事会召开第 48 届常会,本届会议分几个阶段召开:1 月 12—14 日、2 月 18 日、3 月 23 日—4 月 3 日、5 月 11—28 日。共通过 46 项决议,所涉新议题包括:紧急时期或战时、在争取和平民族解放及独立期间保护妇女及儿童,卫星对于开发天然资源之可能的贡献,营养改善之社会因素,儿童所处社会境况之变化趋势,未婚母亲及其子女的社会保护及与社会整合的问题,建议大会指定 1974 年为世界人口年,土耳其库塔希阿省地震之灾后援助,罗马尼亚、匈牙利水灾之应对等众多议题。

1 月 19—27 日　联合国开发计划署第 9 次会议批准了为 109 项投资项目捐资 9550 万美元的计划。

1 月 30 日　安理会通过关于纳米比亚局势的第 S/RES/276(1970)号决议,强烈谴责南非拒不执行大会和安理会关于纳米比亚的各项决议;宣布南非当局在纳米比亚的继续留驻是非法的,因此,在委任统治结束后南非政府代表关于纳米比亚所采取的一切行动都是非法和无效的;决定在安理会内设立一个特别小组委员会来考虑迫使南非当局执行本决议而采取的措施。

2 月 5 日　国际法院在对比利时和西班牙的巴塞罗那公司案的第 2 阶段审理中作出判决,驳回了比利时的赔偿要求,国际法院说明这并非由于不符合比利时的经济利益,而是指出比利时的请求缺乏国际法依据。

2 月 26 日　和平利用国家管辖范围以外海床洋底委员会(简称"海底委员会")开始投入工作。

3 月 11 日　安理会决定邀请阿尔及利亚、塞内加尔和巴基斯坦 3 国代表参加南罗得西亚情况问题的讨论,但没有投票权。

3 月 12 日　安理会决定邀请南斯拉夫和印度的代表参加关于南罗得西亚问题的讨论,但没有投票权。

3 月 16—26 日　开发计划署召开特别会议,建议对联合国开发系统进行渐进性重大改革。

3 月 17 日　安理会就一项谴责葡萄牙和南非政府对南罗得西亚援助的决议草案进行表决,英国和美国投了否决票。

3 月 18 日　南罗得西亚白人种族主义政权于 3 月 1 日宣布南罗得西亚为共和国。为此,安理会应英国的要求开会审议这一问题,会议通过关于南罗得西亚局势问题的第 S/RES/277(1970)号决议,谴责南罗得西亚"非法政权非法宣告该土地为共和国地位";要求所有国家都不应承认该政权或给予该政权任何援助;促请各会员国从道义和物质上增加对南罗得西亚人民争取自由和独立斗争的援助。

5 月 11 日　安理会一致通过关于巴林局势问题的第 S/RES/278(1970)号决议,认可 1970 年 4 月 30 日秘书长以节略分发安理会理事国之秘书长个人代表的报告书,欢迎报告书之调查结果与结论,尤其"巴林绝大多数人民皆愿其成为完全独立及主权国家,自由决定其本身与其他国家关系之地位获得承认"一节。

5 月 12 日　安理会一致通过关于中东局势的第 S/RES/279(1970)号决议,要求所有的以色列军队立即从黎巴嫩土地上撤走。

5 月 15 日　联合国锡会议通过了第 4 个国际锡协议。

5 月 19 日　安理会通过关于中东局势的第 S/RES/280(1970)号决议,谴责以色列违背其对《联合国宪章》所承担的义务,蓄意对黎巴嫩采取军事行动;并警告以色列,如果它一再违反安理会决议,安理会将根据宪章的有关规定考虑采取适当和有效的措施来贯彻决议。

5 月 26 日—6 月 19 日　托管理事会召开第 37 届常会。

5 月 27 日　经社理事会第 48 次会议通过第 1503(XLⅧ)号决议,决定授权防止歧视及保护少数小组委员会指定一个由 5 个成员组成的工作小组。该工作小组每年举行一次不公开的会议来审议秘书长收到的关于人权的全部私人来信,并负责提醒小组委员会注意那些显示出一贯严重侵犯人权而有可靠证明的情况。

6月9日　安理会一致通过关于塞浦路斯局势的第 S/RES/281(1970)号决议,决定将联合国维持和平部队驻在塞浦路斯之期限再度延长至1970年12月15日。

6月9—30日　联合国开发计划署第10次会议批准了1.1亿美元用于52项投资项目。

6月26日　联合国在旧金山歌剧院举行纪念《联合国宪章》签署25周年庆祝大会。吴丹秘书长在大会演讲中提醒各国代表注意联合国所面临的"信任危机",要求各国,尤其是大国,加强和改善联合国处理国际事务的方式和能力。

7月6日　经社理事会召开第49届常会。本届会议分段召开:7月6—31日,10月1日、19日,11月6日、11日、12日、13日,12月1日。论及应用电子计算机技术促进发展,有关电子计算机之机构间合作。共通过45项决议。

7月9—17日　世界青年大会在纽约联合国总部举行。这是联合国第1次组织的国际青年集会。会议的目的在于引起青年注意联合国所面临的主要问题,给青年提供机会发表他们对和平和进步问题的意见,并请青年人指出他们愿意以何种方式支持联合国。会议讨论了有关世界和平、发展、教育以及人与环境的问题,并通过致联合国国书,表示希望联合国及其会员国加强它们在一些领域的工作,包括重申并尊重各国的独立和主权平等以及不干涉别国事务的原则,以及发展各国间的友好关系等。

7月23日　安理会通过关于"南非共和国种族隔离政策造成南非种族冲突问题"的第 S/RES/282(1970)号决议。谴责一切违反安理会对南非实行武器禁运决议的行为;要求所有国家严格遵守并加强对南非的武器禁运,帮助安理会有效实施有关决议。

7月28日　经社理事会向大会建议,在联合国系统的框架内,建立一项称为联合国志愿人员的新方案,以帮助从事联合国系统进行的援助项目。联合国志愿人员的目标是:给青年提供建设性机会,使他们在实施国家发展计划和执行国际合作方案中发挥才干和技能;提供新的人力资源,作为对发展项目的补充投入;通过青年的交流,增进国际了解,从而建立一个具有多种文化经验的专门人员的国际网;增加全世界公众对发展工作的同情,从而引起各援助国增加捐款,并形成由发展中国家青年参加的对发展工作更广泛的公共管理。

7月29日　安理会通过关于纳米比亚局势的第 S/RES/283(1970)号决议,要求所有国家不要与南非进行可能意味着承认其对纳米比亚具有权威的任何来往;确保各国的公司和国民停止在纳米比亚的一切商业或工业行为;劝阻对纳米比亚的旅游和向纳米比亚移民;并要求大会建立联合国纳米比亚基金,以援助遭受迫害的纳米比亚人和为一项教育与培训方案提供资金。

同日　安理会通过关于纳米比亚局势的第 S/RES/284(1970)号决议,请求国际法院就南非不顾安理会第 S/RES/276(1970)号决议,继续留驻纳米比亚对各国的法律后果问题提供咨询意见。

9月5日　安理会通过关于中东局势的第 S/RES/285(1970)号决议,要求所有以色列武装部队立即全部撤出黎巴嫩领土。

9月9日　巴勒斯坦游击队成员于9月6日劫持了3架分属瑞士航空公司、英国海外航空公司和美国环球航空公司的客机,应美国和英国的请求,安理会召开紧急会议审议这一问题。会议未经投票表决,通过关于“商用飞机劫持事件日增所造成之情势”的第 S/RES/286(1970)号决议,对劫机和其他干扰国际旅行给无辜平民生命造成威胁的情况表示严重关注,呼吁有关各方立即毫无例外地释放所有乘客和机组人员,并要求所有国家采取一切可能的法律措施防止进一步的劫机事件。

9月15日—12月17日　第25届联合国大会举行,爱德华·汉布罗(挪威)当选为本届的大会主席。

10月10日　安理会通过关于“吸收新会员:斐济”的第 S/RES/287(1970)号决议,审议斐济加入联合国之申请,向大会推荐接纳斐济为联合国会员国。

10月12日　大会通过关于“充分实施准许殖民地国家及民族独立宣言之行动方案”的第 A/RES/2621(25)号决议,批准非殖民化特别委员会提出的旨在使1960年非殖民化宣言得到充分贯彻执行的行动方案,并特别申明,继续推行各种形式的殖民主义是违反宪章和非殖民化宣言的犯罪行为;重申各殖民地人民有权采取一切必要手段,同压制其实现自由和独立愿望的殖民国家进行斗争;要求各会员国对于殖民地人民谋求自由和独立的斗争,给予一切必要的道义和物质援助。

10月13日　大会通过第 A/RES/2622(25)号决议,接纳斐济为联合国会员国。

10月14—24日　大会举行联合国成立25周年纪念活动,84个国家的领导人出席了大会的纪念活动并发表讲话,美苏两国首脑均未到会。

10月21日　安理会第1次根据宪章第28条第2款规定,举行定期会议,对国际形势进行回顾。

10月24日　大会在宪章生效25周年纪念日之际通过3项文件。

大会通过关于各国依《联合国宪章》建立友好关系及合作之国际法原则之宣言的第A/RES/2625(25)号决议,通过了《关于各国依联合国宪章建立友好关系及合作的国际法原则宣言》,重申了宪章关于国家关系的基本原则。大会宣布,该宣言阐述的宪章原则是国际法的基本准则。

大会通过关于第2个联合国发展10年国际发展策略的第A/RES/2626(25)号决议,宣布联合国第2个发展10年从1971年1月1日开始。

大会通过名为《纪念联合国成立25周年宣言》的第A/RES/2627(25)号决议,为增进和平、正义与进步的目标,联合国各会员国重申它们忠实于宪章及愿意遵守宪章规定的义务的决心,同时深信联合国能够为加强各国的自由和独立提供最有效的手段;各国保证将尊重国家间友好关系与合作的国际法原则,并决心尽最大努力来保证地球的持久和平及宪章宗旨的实现。

11月4日　大会呼吁中东冲突各方将停火状态延长3个月,以恢复和谈。

11月10日　安理会表决一项关于呼吁英国不要支持南罗得西亚独立的决议草案时,英国投了否决票。

11月11日　《战争罪及危害人类罪不适合法定时效公约》即日起生效。

11月17日　大会通过决议,再次谴责南罗得西亚种族主义政权宣布独立的非法行为,并谴责英国政府未能并且拒绝采取有效措施推翻南罗得西亚非法政权,把权力交给当地津巴布韦人民。大会重申,在制定有关该领土的未来的任何解决方案时都必须有真正代表大多数人民的政治领导人的充分参加,而且必须经人民自由地和完全地批准。

同日　安理会一致通过关于南罗得西亚局势问题的第S/RES/288(1970)号决议,重申谴责南罗得西亚非法宣布独立,促请担任管理国之英国履行其责任,采取紧急有效措施以终止南罗得西亚之非法叛乱;决定目前对南罗得西亚之制裁应继续施行;敦促所有国家依照宪章第25条所负义务,充分实施安理会有关决议。

11月20日　大会通过关于中国在联合国之代表权问题的第A/RES/2642(25)号决议,美国等国提出继续将中国代表权问题作为须大会2/3多数赞成才能通过的重要问题。阿尔巴尼亚等国提出的恢复中华人民共和国在联合国的合法权利并驱逐蒋介石集团代表的提案在大会付诸表决时,结果为51票对49票,25票弃权,提案第1次得到多数支持,但由于未达到所谓"重要问题"的2/3多数,故提案未获通过。

11月23日 葡萄牙军队及其雇佣军于11月22日清晨入侵几内亚首都科纳克里。应几内亚的请求,安理会召开紧急会议审议几内亚局势。会议一致通过关于"几内亚的控诉"的第S/RES/289(1970)号决议,要求立即停止对几内亚共和国的武装袭击,立即撤出所有外国军队和雇佣军,并决定派遣一个特派团前往几内亚,就有关局势提出报告。

11月25日 大会通过关于空中劫持或干预民用航空旅行的第A/RES/2645(25)号决议,谴责一切空中劫持及其他非法干预民用航行的行为,请各国采取一切办法阻止、防范和镇压此类行为,促请各国于飞机被劫改道至其领土时,对该飞机旅客及其机务人员进行保护和照料,促请充分支持国际民用航空组织对此问题所做的努力。

12月7日 大会通过关于韩国问题的第A/RES/2668(25)号决议,决定"联合国军"及"联合国韩国统一复兴委员会"将继续留在朝鲜半岛地区。对此,12月11日朝鲜民主主义人民共和国外务省发表声明断然拒绝该决议,并宣布该决议是无效的。

大会根据经社理事会的建议,以91票对0票,12票弃权,通过关于联合国志愿服务人员的第A/RES/2659(25)号决议,决定自1971年1月1日起正式成立"国际志愿服务团",其成员集体与个人均称为联合国志愿人员。大会同时提请联合国会员国或各专门机构成员国以及国际非政府组织和个人捐助一项特别志愿基金,以支援联合国志愿人员开展活动。开发计划署署长被指派为这项志愿人员方案的主管官员,并由秘书长任命1名协调专员。

大会通过关于《禁止在海床洋底及其底土安置核武器和其他大规模毁灭性武器条约》的第A/RES/2660(25)号决议,批准了《禁止在海床洋底及其底土安置核武器和其他大规模毁灭性武器条约》。根据该条约,缔约各国承诺不在12海里海岸区以外安置核武器或其他大规模毁灭性武器或任何用于这类武器的设备;各缔约国有权进行观察以核查本条约其他缔约国的活动。

12月8日 安理会根据派往几内亚进行调查的特派团的报告,通过关于"几内亚的控诉"的第S/RES/290(1970)号决议,强烈谴责葡萄牙对几内亚的入侵;要求葡萄牙全部赔偿由于其武装袭击和入侵造成的几内亚的生命财产的巨大损失;呼吁所有国家向几内亚提供道义和物质的援助,以增强其捍卫独立和领土完整的能力。决议还宣布,葡萄牙殖民主义在非洲的存在对独立的非洲各国的和平与安全是一个严重威胁;警告葡萄牙政府,一旦再度发生对非洲独立国家的武装袭击事件,安理会将根据宪章的有关条款立即采取有效的措施加以制止。

12月9日　大会通过关于武装冲突中保护平民之基本原则的第 A/RES/2675(25)号决议,确认了在武装冲突中保护平民的 8 项原则,主要为:国际法所承认及国际文书所规定的基本人权,在武装冲突中仍然完全适用;在军事行动中,无论何时均须将参与敌对行动的人员与平民加以区分;在从事军事行动时,应尽一切努力使平民免受伤害;平民本身及其住宅等设施不应成为军事行动的目标;平民也不应作为报复、强迫迁移的目标,不应以其他方式侵犯其人格完整;应根据《联合国宪章》《世界人权宣言》及其他有关人权方面的国际文书,对战时平民提供国际救济等。

12月10日　安理会一致通过关于塞浦路斯局势的第 S/RES/291(1970)号决议,将依据安理会决议案 S/RES/186(1964)号所设联合国维持和平军驻在塞浦路斯之期限再度延长至 1971 年 6 月 15 日。

12月11日　大会通过关于世界人口年的第 A/RES/2683(25)号决议,宣布 1974 年为"世界人口年",以促使世界各国注意人口问题的各个方面。

大会通过决议,赞成吴丹秘书长关于设立"一所确实具有国际性质,并致力于宪章中和平与进步目标的联合国大学"的建议,表示相信建立这样一所大学将有助于实现《联合国宪章》的目标,并授予秘书长建立一个 15 名成员的国际专家小组研究这一问题。

大会通过关于联合国发展体系之能量的第 A/RES/2688(25)号决议。

12月15日　大会通过关于战争罪犯及危害人类罪犯之惩治问题的第 A/RES/2712(25)号决议,提醒国际社会注意许多战争罪犯及危害人类罪犯在某些国家领土内继续隐匿并受到保护的事实,要求所有国家逮捕此种罪犯并把他们引渡到他们原来犯罪的国家,使他们受到审判及惩治,并进一步要求有关各国加强在惩治此种罪犯方面的合作,促请尚未加入《战争罪及危害人类罪不适用法定时效公约》的国家尽快加入。

大会通过关于"国际一致行动促进妇女地位方案"的第 A/RES/2716(25)号决议,确定了在妇女地位问题上联合国第 2 个发展 10 年应达到的一般目标和最低目标,以及整个 10 年的综合战略。

12月16日　大会通过关于《加强国际安全宣言》的第 A/RES/2734(25)号决议,重申《联合国宪章》的宗旨原则作为各国间关系的基础具有普遍和绝对的效力,如果按宪章规定应负的义务与按其他国际协定所负的义务冲突时,宪章规定的义务应居优先地位;重申各国必须充分尊重其他国家的主权及各民族自行决定其命运的权利,不得以武力威胁或使用武力侵害他国的领土完整和政治独立;促请所有会员国使用和平方式解决争端,并商定更有效的维持和平行动的指导原则;建议安理会充分发挥宪章所规定的强制行动的能力,确立有效的集体安全体系而不缔结军事同盟。该宣言还重申了裁军、经济发展及尊重人权等对加强国际安全的必要性。

12月17日 大会通过题为《关于各国管辖范围以外海床洋底及其底土的原则宣言》的第 A/RES/2749(25)号决议,首次在国际范围议定了关于广阔海洋区域的一系列原则。宣言提出,海床的国际区域及其资源"为全人类共同继承的财产","国家或个人均不得以任何方式将该地域据为己有";该区域应开放供所有国家专为和平用途而使用;应建立适用于该区域及其资源的国际制度确保各国公平分享由此而来的各种利益,同时特别照顾发展中国家的利益和需要。大会还决定准备召开第3次联合国海洋法会议,并确定海床委员会为这次会议的筹备机构。

一九七一年
(反对种族主义和种族歧视行动国际年)

1月11日 经社理事会召开第50届常会,本届会议分段召开:1月11—13日,4月26日—5月21日。论及发展中国家人才外流问题,核准联合国与国际刑事警察组织(刑警组织)合作之特别安排,通过《智力迟钝者权利宣言草案》。共通过37项决议。

同日 美国和英国分别通知联合国秘书长吴丹,它们即日起退出联合国非殖民化特别委员会,并称这是由于亚洲成员国已经控制这个委员会所造成的。

1月14日—2月2日 联合国开发计划署理事会举行第11次会议,通过了向96个发展中国家的154个较大规模的发展项目提供总额为1.39亿美元的投资前援助的计划。

1月18日—2月20日 联合国小麦大会通过了1971年《国际小麦协定》。

2月8日 联合国中东特使雅林提出关于解决中东问题的建议,主张以色列撤出西奈,但保留加沙地带;蒂朗海峡归还埃及,同时联合国部队将驻扎在海峡地区,以保证自由航行;阿联宣布结束战争,并承认以色列的主权和领土完整。

2月10日 安理会通过关于"吸收新会员国:不丹"的第 S/RES/292

（1971）号决议，审查通过不丹加入联合国的申请，向大会推荐接纳不丹为联合国会员国。

2月11日 《禁止在海床洋底及其底土安置核武器和其他大规模毁灭性武器条约》即日起开放供签署。苏、美、英等64个国家在条约上签字。

2月21日 联合国在维也纳召开了一个由71个国家和地区、世界卫生组织、国际刑警组织以及许多制药公司代理人共同参与的会议，并在会上通过了《精神药物公约》。该公约由33个条款组成，主要以1961年的《麻醉品单一公约》为蓝本，并规定了如何制定一个药品检查系统和打击精神药品非法交易措施的必需条件。另外，该公约还要求各个国家针对滥用问题采取预防和治疗，以及成瘾人员康复回归采取措施。该公约明确地解释了国际麻醉药品管理委员会和联合国毒品与犯罪办公室的职能。该公约1972年1月1日前听由签署，尔后听由加入，于1976年8月生效。

3月2日 联合国亚洲及远东经济委员会召开会议，通过了建立一个由主要胡椒生产国组成的胡椒共同体的协定。该协定于1971年4月16日在泰国曼谷开放供签署。

3月26日 联合国秘书长吴丹宣布，将设立联合国管制滥用麻醉品基金，以动员国际力量反对滥用麻醉品，并帮助那些无力对付日益增长的麻醉品生产、消费和非法贩运的国家加强麻醉品的管制。

4月1日 联合国管制药物滥用基金（简称"禁毒基金"，UNFDAC）成立，吴丹宣布任命荷兰外交官卡尔·舒曼博士为秘书长负责该项基金的私人代表。同日，联合国承诺提供2000万美元用于设立该项基金。

5月3日 吴丹秘书长在芝加哥召开的美国对外关系委员会一次会议上建议，召开包括中华人民共和国在内的5大国国家元首或政府首脑，或外交部部长出席的高级会议，讨论重大国际问题，以促进国际局势的缓和。

5月25日—6月18日 托管理事会召开第38届常会。

5月26日 安理会一致通过关于塞浦路斯局势的第S/RES/293（1971）号决议，再次延长联合国驻塞浦路斯维持和平部队的驻防期限至1971年12月15日，期望届时对达成最后解决当有足够进展，则可撤退或大量裁减该部队。

6月7—23日 开发计划署举行第12次会议，通过了向发展中国家提供总额为1.73亿美元的援助计划。

6月21日 国际法院发表的一项咨询意见宣布，南非军队和警察继续留驻纳米比亚是非法的，应立即从该领土撤出；联合国会员国有义务承认南非留驻纳米比亚是非法的，有义务不采取任何可能支持或帮助南非对该领土行政管理的行动。

6月23日 国际劳工组织大会第56届会议通过了《工人代表公约》，即关于对企业内工人代表给予保护和便利的公约。

7月1—15日 应塞内加尔的紧急请求，安理会开会讨论葡萄牙军队侵犯塞内加尔问题，并于15日以13票对0票，2票弃权（英国和美国）通过关于"塞内加尔的控诉"的第S/RES/294（1971）号决议，谴责葡萄牙对塞内加尔的侵略行径，并决定派一个由理事国组成并由各理事国军事专家协助的专门调查团前往当地。

7月5日 经社理事会召开第51次常会，会议分段召开：7月5—30日，10月27—29日，11月23日、30日，12月20日。会议讨论以出口信用为促进发展中国家出口之手段和绿色革命问题，认为绿色革命的影响将远超出农业技术范围以外，必须由整个联合国体系采取步调一致的多部门行动。共通过54项决议。

7月14日 吴丹秘书长致函各会员国政府，呼吁各国自愿向联合国驻塞浦路斯维持和平部队捐款，以维持其开支及在塞浦路斯履行维和使命。

7月15日 阿尔巴尼亚、阿尔及利亚等18国向联合国秘书长提交一份联合提案，要求把中国在联合国的代表权问题列入第26届大会议程。

8月3日 应几内亚共和国的请求，安理会开会讨论对几内亚政治独立构成威胁的情势，并一致通过关于"几内亚的控诉"的第S/RES/295（1971）号决议，认为几内亚的主权、领土完整和独立应得到维护，并决定派遣一个特使团前往几内亚进行调查。

8月17日 美国常驻联合国代表乔治·布什代表美国政府向联合国秘书长递交一封信和一份解释性备忘录，声称"支持中华人民共和国在联合国拥有代表权"，但"反对任何排斥'中华民国'，剥夺它在联合国代表权的行动"。

8月18日 安理会一致通过关于"吸收新会员：巴林"的第S/RES/296（1971）号决议，审议了巴林请求加入联合国的申请书，并向大会推荐接纳巴林为联合国会员国。

8月20日 中华人民共和国外交部发表声明，谴责美国企图制造"两个中国"，指出中华人民共和国政府坚决反对"两个中国""一中一台"或类似的荒唐主张，坚决反对"台湾独立"的阴谋；只要在联合国里出现"两个中国""一中一台""台湾地位未定"或类似情况，中华人民共和国政府就坚决不同联合国发生任何关系。声明认为，阿尔巴尼亚、阿尔及利亚等18国提出的主张才是恢复中华人民共和国在联合国合法权利的唯一正确的合理主张。

8月30日   巴基斯坦向国际民航组织理事会指控印度违反《国际民用航空公约》和《国际航班过境协定》,印度对此提出有关管辖权的初步反对意见,理事会于1971年7月29日裁定其对此案有管辖权。印度对理事会的这一裁决向国际法院提起上诉。法院认为仅仅单方面确认(而另一方反对)终止或暂停实施条约的抗辩,不能被用来否定理事会的管辖。最终法院以13票对3票驳回了印度关于法院管辖权的初步反对意见,判决国际民航组织理事会对此案有管辖权。

9月2日   阿拉伯联合共和国改名为阿拉伯埃及共和国。

9月15日   安理会一致通过关于"吸收新会员:卡塔尔"的第S/RES/297(1971)号决议,审议卡塔尔请求加入联合国的申请书,并向大会推荐接纳卡塔尔为联合国会员国。

9月21日   大会通过第A/RES/2751(26)号决议,接纳不丹为联合国会员国。

大会通过第A/RES/2752(26)号决议,接纳巴林为联合国会员国。

大会通过第A/RES/2753(26)号决议,接纳卡塔尔为联合国会员国。

9月21日—12月22日   第26届联合国大会在纽约联合国总部召开,亚当·马利克(印度尼西亚)当选为本届大会主席。

9月22日   大会总务委员会否决了美国提出的把制造"两个中国"的美、日等国所谓"双重代表权"提案与阿尔巴尼亚、阿尔及利亚等国提案合并讨论的主张,决定把阿尔巴尼亚等国提案放在美、日等国提案之前讨论。

9月25日   安理会通过关于中东局势的第S/RES/298(1971)号决议,宣布以色列采取的任何改变耶路撒冷地位的行动都是无效的,要求以色列取消它采取的所有可能改变耶路撒冷地位的措施和行动并不再采取任何行动步骤。

9月27—30日   安理会审议了特设小组委员会关于纳米比亚的报告,但并未采取行动。

9月29日   安理会审议了几内亚和塞内加尔特别任务小组的报告。

9月30日   安理会一致通过关于"吸收新会员:阿曼苏丹国(阿曼)"的第S/RES/299(1971)号决议,审议阿曼请求加入联合国的申请书,并向大会推荐接纳阿曼为联合国会员国。

10月7日   大会通过关于准许阿曼加入联合国为会员国的第A/RES/2754(26)号决议,接纳阿曼为联合国会员国。

10月8—12日   应赞比亚的请求,安理会召开紧急会议,讨论南非军队侵犯赞比亚的问题。12日,安理会一致通过关于"赞比亚控诉"的第S/RES/300(1971)号决议,重申对一个会员国主权和领土完整的任何侵犯都是对宪章的违背;要求南非完全尊重赞比亚的主权和领土完整。

10月20日　安理会通过关于纳米比亚局势的第S/RES/301(1971)号决议,谴责南非对纳米比亚的非法占领,呼吁所有国家不加入南非当局企图代表纳米比亚签订的任何条约,停止同南非合作并采取其他经济和外交步骤,以表示承认南非留驻纳米比亚是非法的。

10月25日　大会自18日起就中国代表权问题进行辩论和审议,经过1周的激烈辩论,大会先是以55票对59票,15票弃权,否决了美国等国关于取消蒋介石集团在联合国的代表权亦属"重要问题"的提案,然后以76票对35票,17票弃权的压倒性多数通过了由阿尔巴尼亚、阿尔及利亚等23国提出的关于"恢复中华人民共和国在联合国的合法权利"的第A/RES/2758(26)号决议,决定恢复中华人民共和国在联合国的一切合法权利,"承认它的政府的代表为中国在联合国组织的唯一合法代表,并立即把蒋介石的代表从它在联合国组织及其所属一切机构中所非法占据的席位上驱逐出去"。

10月29日　中国政府就26届大会通过的第A/RES/2758(26)号决议发表声明,感谢坚持原则、主持正义的一切友好国家的政府和人民,认为大会表决的结果反映了世界各国人民要求同中国人民友好的大势,同时也说明超级大国操纵联合国和国际事务的蛮横做法已越来越没有市场。声明还宣布,中国即将派出自己的代表团参加联合国的工作,"将同一切爱好和平和正义的国家和人民站在一起,为维护各国的民族独立和国家主权,为维护国际和平,促进人类的进步事业而共同奋斗"。

11月15日　以乔冠华、黄华为正、副团长的中国代表团首次出席第26届大会全体会议,受到了极其热烈的欢迎。57国代表在会上致欢迎词,表达了对中国人民的信任、鼓励和兄弟般的友好情谊。中国代表团团长乔冠华在掌声和欢呼声中登上联合国大会的讲坛,发表了重要讲话,全面阐述中国的对外政策。乔冠华强调中国将同一切爱好和平、主持正义的国家和人民一起,为维护各国的民族独立和国家主权,为维护国际和平、促进人类进步事业而共同努力。中国在联合国恢复合法席位,是中国外交的重大突破,是世界上一切爱好和平和主持正义的国家共同努力的结果,具有极为深远的意义。

11月16日　大会全体会议以106票对2票(葡萄牙、南非),13票弃权通过关于南罗得西亚问题的第A/RES/2765(26)号决议,谴责美国企图从南罗得西亚进口铬矿石,违反了安理会关于全面禁止同南罗得西亚进行贸易的决议。美国代表没有参加投票。中国代表第 1 次参加联合国大会表决,对此项决议投了赞成票。

11 月 19 日 联合国秘书长向安理会报告称,他在耶路撒冷问题上努力的失败是由于以色列并未遵守耶路撒冷决议。

11 月 22 日 大会通过关于南罗得西亚问题的第 A/RES/2769(26)号决议,重申在南罗得西亚多数人的统治实现之前不可能有独立;任何有关该领土未来的解决办法必须有代表津巴布韦大多数人民的民族解放运动领导人参与,必须得到该领土人民的认可。

同日 中国常驻联合国代表黄华首次出席安理会会议,开始代表中国履行安理会常任理事国的职责。

11 月 24 日 安理会通过关于"塞内加尔的控诉"的第 S/RES/302(1971)号决议,重申理事会第 294 号决议的规定,强烈谴责几内亚(比绍)的葡萄牙军队一再对塞内加尔人民的暴行;要求葡萄牙政府立即采取有效措施阻止暴力行为并充分尊重几内亚(比绍)人民不可剥夺的自决和独立权利;宣布葡萄牙如不遵守本决议的规定,安理会将考虑稳定局势所需要的行动和步骤。

11 月 24—30 日 安理会审议了制裁委员会关于南罗得西亚的报告。

11 月 29 日 大会通过有关南非政府的种族隔离政策的第 A/RES/2775(26)号决议,内含 8 项子决议:武器禁运,关于种族隔离的教材,种族隔离问题特别委员会工作方案,运动方面的种族隔离,班图斯坦的建立,种族隔离政策在南非造成的局势,传播关于种族隔离的情报,反对种族隔离的工会活动。决议还要求安理会采取有效行动,包括援引《联合国宪章》第 7 章来反对南非的种族主义政权。

同日 大会以 93 票对 0 票,4 票弃权,通过第 A/RES/2777(26)号决议及所附之《外层空间物体所造成的损害国际责任公约》。该公约就发射国对其外层空间物体在地球表面及对飞行中的飞机所造成的损害应负的法律责任、受损害国的权利、适用法律以及赔偿要求的解决办法等问题作了明确规定。该公约于 1972 年 9 月 1 日生效。

11 月 30 日 安理会同意几内亚特别任务小组的报告,并确认几内亚的领土完整不容侵犯。

12 月 3 日 印度和巴基斯坦两国爆发全面的武装冲突。4 日,安理会应阿根廷、比利时、布隆迪、意大利、日本、尼加拉瓜、索马里、英国和美国的要求,开始就印巴冲突造成南亚次大陆的紧张局势问题举行 3 天的紧急会议。4 日、5 日,美国等国要求印、巴立即停火撤军的提案连续两次遭苏联否决,未获通过。苏联要求政治解决巴基斯坦问题和要求巴基斯坦停止暴力行动的提案仅得到 2 票赞成,也未获通过。6 日,会议在未能达成任何协议的情况下以 11 票对 0 票,4 票弃权(法国、波兰、苏联和英国),通过第 S/RES/303(1971)号决议,决定将印巴冲突问题提交大会讨论。

12 月 6 日 大会通过关于消除一切形式种族歧视的第 A/RES/2784(26)号决议。认为亟须采取有力的国家行动和集体国际措施来消除种族歧视。

12 月 7 日 大会通过关于宣布联合国日为国际假日的第 A/RES/2782(26)号决议,宣布 10 月 24 日,即联合国日,应作为一个国际性节日加以庆祝。

大会通过关于"1971 年 12 月 4 日、5 日和 6 日安全理事会第 1606 次、1607 次及 1608 次会议审议的问题"的第 A/RES/2793(26)号决议,要求印巴双方立即停火,将各自武装力量撤回本土,并进行努力以利于难民自愿返回家园。

12 月 8 日 安理会一致通过关于"吸收新会员:阿拉伯联合酋长国(阿联酋)"的第 S/RES/304(1971)号决议,审议了阿拉伯联合酋长国请求加入联合国的申请书,向大会推荐接纳阿拉伯联合酋长国为联合国会员国。

12 月 9 日 大会通过第 A/RES/2794(26)号决议,接纳阿拉伯联合酋长国为联合国会员国。

同日 安理会审议了伊拉克对伊朗在阿拉伯海湾占领某些岛屿的投诉。

12 月 10 日 大会通过关于葡管领土问题的第 A/RES/2795(26)号决议,谴责葡萄牙军队在安哥拉、莫桑比克和几内亚比绍对当地人所犯下的暴行;要求所有国家,特别是北约各国,停止对葡萄牙的所有援助,使其不能继续在非洲的殖民统治。

12 月 13 日 安理会通过关于塞浦路斯局势的第 S/RES/305(1971)号决议,联合国驻塞浦路斯维持和平部队的驻防期限至 1972 年 6 月 15 日。

同日 鉴于印度不顾大会决议,继续进犯巴基斯坦,美国在安理会紧急会议上再次提出要求印巴双方立即停火撤军的决议案,但遭到苏联的又一次否决。

12 月 14 日 大会通过关于救助自然灾害和其他灾害情况的第 A/RES/2816(26)号决议,决定设立联合国救灾协调专员办事处,作为联合国处理救灾事务中心,组织并协调国际社会对受灾国的援助,帮助制定灾前规划和应急准备方案,并促进救灾工作。

12 月 16 日 大会通过关于《禁止细菌(生物)及毒素武器的发展、生产及储存以及销毁这类武器的公约》的第 A/RES/2826(26)号决议及其所附《关于禁止发展、生产和储存细菌(生物)及毒素武器并销毁此种武器的公约》。中国等 21 个国家没有参加投票。是日,大会还通过多项有关裁军问题的决议。

大会通过关于宣布印度洋为和平区的第 A/RES/2832(26)号决议及其所附《印度洋和平区宣言》,宣布"印度洋在尚待确定的界限内,连同上方空间和下方海床洋底,永远为和平区"。同时,大会吁请各大国同印度洋沿岸国家进行协商,在该地区消除大国军事力量的任何表现,并确保不利用印度洋对该地区国家的主权、领土完整和独立以武力相威胁或使用武力。

大会否决苏联关于召开世界裁军会议的提案。

12 月 20 日 大会通过关于扩大经济及社会理事会的第 A/RES/2847(26)号决议,建议再次修改《联合国宪章》第 61 条,将经社理事会理事国从 27 国增至 54 国,并在地域上作如下分配:非洲国家 14 个,亚洲国家 11 个,拉丁美洲国家 10 个,西欧及其他国家 13 个,东欧国家 6 个。该修正案,于 1973 年 9 月 24 日生效。

大会通过关于蛋白质资源的第 A/RES/2848(27)号决议。促请发达国家以符合发展中国家请求的方式加强其对关于蛋白质问题的双边及多边计划的支持。

大会通过关于发展和环境的第 A/RES/2849(26)号决议。促请国际社会及联合国体系各组织在环境和自然资源的合理利用等方面加强国际合作。

大会通过第 A/RES/2856(26)号决议及其所附之《智力迟钝者权利宣言》,重申了宪章宣布的人权与基本自由以及和平、人格尊严与价值的社会正义等原则,并要求各方以国家和国际行动保证以此宣言为共同基础和准据来保障智力迟钝者的权利。

大会通过关于纳米比亚问题的第 A/RES/2871(26)号决议,谴责南非继续对纳米比亚的非法占领和统治,重申纳米比亚人民不可剥夺的自决和独立权,要求各国严格遵守大会与安理会先前通过的有关决议,并从技术和资金上援助纳米比亚人民。

大会通过关于南罗得西亚问题的第 A/RES/2877(26)号决议。请各会员国严格遵守大会及安理会关于南罗得西亚问题各项决议的有关规定,尤其遵守安理会对于这个种族主义少数政权实施制裁的各项决议。

12 月 21 日 安理会一致通过关于"对秘书长人选的建议"的第 S/RES/306(1971)号决议,向大会推荐奥地利人库尔特·瓦尔德海姆先生为联合国新一任秘书长。

同日 安理会通过关于印度和巴基斯坦局势的第 S/RES/307(1971)号决议,要求印巴双方严格遵守停火协议,尽快从对方领土撤出各自军队,并要求所有国家不采取任何可能导致南亚次大陆局势复杂化的行动。

12 月 22 日 大会根据安理会推荐,选举库尔特·瓦尔德海姆为联合国第 4 任秘书长,自 1972 年 1 月 1 日开始,任期 5 年。

大会通过第 A/RES/2902(26)号决议及其所附之《联合国与卡内基基金会关于使用海牙和平宫房屋的协定和补充协定》。

12 月 30 日 英国在安理会上投票否决了由津巴布韦政治家伊恩·史密斯提出的一项关于解决南罗得西亚体制问题的建议案。

一九七二年

(国际图书年)

1 月 1 日 瓦尔德海姆接替吴丹担任联合国秘书长。

1 月 5 日 经社理事会召开第 52 届常会,会议分段召开:1 月 5—7 日,5 月 15 日—6 月 2 日。建议大会将 1975 年定为国际妇女年,并论及对苏丹难民的救济善后和重新定居的援助。共通过 44 项决议。

1 月 19 日 安理会支持非统组织关于在非洲国家举行安理会会议的请求,一致通过关于非洲团结组织的第 S/RES/308(1972)号决议,决定于 1972 年 1 月 28 日—2 月 4 日,在亚的斯亚贝巴举行会议,专门"审议安理会正在处理中的非洲问题和执行理事会的有关决议"等事项。

1 月 26 日 在日内瓦举行的世界卫生组织理事会会议通过决议,承认中华人民共和国为中国唯一合法的代表加入世界卫生组织。

1 月 28 日 联合国开发计划署第 13 次会议批准了在 90 个国家的共计 3.02 亿美元的发展项目。

1 月 28 日—2 月 4 日 应非统组织请求,安理会在埃塞俄比亚首都亚的斯亚贝巴召开关于南部非洲殖民主义和种族歧视问题的特别会议。这是安理会首次在纽约总部以外地区举行的会议。2 月 4 日,会议通过关于纳米比亚问题的第 S/RES/309(1972)号,关于纳米比亚问题的第 S/RES/310(1972)号、关于南非的第 S/RES/311(1972)号和关于葡萄牙管辖区的第 S/RES/312(1972)号等 4 项决议。英国否决了关于联合王国(英国)对南罗得西亚的责任的建议案。会议还重申,支持安哥拉、莫桑比克和几内亚比绍人民不可剥夺的民族自觉和独立的权利。

2月3—13日　第11届冬季奥运会在日本札幌举行,共有35个国家和地区的1006名运动员参赛。这是冬奥会第1次在欧洲和美国以外的地区举办,也是亚洲举办的第1届奥运会。

2月26—28日　应黎巴嫩的紧急请求,安理会开会审议以色列武装入侵黎巴嫩的问题。会议一致通过关于中东局势的第S/RES/313(1972)号决议,要求以色列立即停止在黎巴嫩的一切军事行动,并立即从黎巴嫩领土撤出其所有的军队。

2月28日　安理会通过关于南罗得西亚的第S/RES/314(1972)号决议,要求所有国家继续加强对南罗得西亚的经济制裁。决议特别指出,一些国家从南罗得西亚进口铬矿石将损害制裁,并违背它们作为联合国会员国的义务。

同日　联合国和平利用国家管辖范围以外海床洋底委员会第1次会议在纽约举行,继续为海洋法会议进行筹备工作。

3月10日　中国常驻联合国代表黄华致信联合国非殖民化特别委员会主席萨利姆,抗议联合国把香港、澳门列入所谓"殖民地领土"的做法,指出港澳问题是由历史遗留下来的不平等条约造成的,香港和澳门是被英国和葡萄牙当局占领的中国领土的一部分,根本不属于通常的所谓"殖民地"范畴,中国将在时机成熟的时候以适当的方式加以解决。

同日　世界卫生组织在日内瓦举行的年会以76票对15票,27票弃权,决定承认中华人民共和国为中国在该组织的唯一合法代表,并将蒋介石集团的代表驱逐出去。

3月25日　《修正1961年麻醉品单一公约的议定书》在日内瓦签订。

4月10—28日　联合国非殖民化特别委员会先后在几内亚首都科纳克里、赞比亚首都卢萨卡和埃塞俄比亚首都亚的斯亚贝巴开会,分别讨论了几内亚比绍和佛得角问题、葡萄牙殖民地问题、南罗得西亚问题,并通过了相应决议。

4月13日—5月21日　联合国贸易和发展会议第3次会议在智利首都圣地亚哥举行,来自141个国家的3000名代表出席。这也是中国恢复在联合国合法席位后第1次参加的大型国际会议。智利总统阿连德和联合国秘书长瓦尔德海姆分别在开幕式上致辞。智利外长阿尔梅达当选为本次会议主席。会议接纳孟加拉为联合国贸发会议成员国。会议决定设立6个委员会和3个工作小组帮助制定国际贸易政策,协调各国政府和区域经济集团的贸易和发展政策。经过 5 个星期的讨论,会议最后通过了约 40 项决议。会议取得的主要成果:一是将最不发达国家与人类生活的最基本条件联系看待,动员国际社会援助最不发达国家;二是决定在关贸总协定 1973 年开始的第 7 轮谈判中,将使发展中国家与工业国平等对话。

4 月 14 日　英国和联邦德国分别向国际法院对冰岛提起诉讼。英国请求国际法院判定并宣告冰岛把它的渔业管辖权扩大到 50 海里的主张在国际法上没有根据,是无效的;冰岛无权单方面排除英国渔船进入 12 — 50 海里的公海领域,或对在该区域的英国渔船的活动施加单方面的限制等。德国也向国际法院提出了类似的请求。1958 年,冰岛宣布 12 海里的专属渔区。在 1961 年 3 月 11 日冰岛与英国的换文中,英国表示不再反对冰岛 12 海里渔区的主张,并将其渔船从该区域撤出。冰岛将继续执行本国 1959 年关于扩大渔业管辖权的决定,但是在扩大渔业管辖权 6 个月以前将通知英国,如果对这种扩大有争议,经任何一方请求,应提交国际法院解决。1971 年,冰岛政府宣布终止上述与英国关于渔业管辖权的协议,冰岛的专属渔业管辖权扩大到 50 海里。1972 年 9 月 1 日,冰岛正式将渔业管辖权扩大到 50 海里,并规定一切外国船舶在此区域内的渔业活动均被禁止。英国认为该换文不能单方面废止,并认为冰岛所采取的措施无国际法上的根据。

4 月 19 日　国际法院举行特别开庭仪式,纪念国际司法体系建立 50 周年。

4 月 20 日　联合国非殖民化特别委员会在卢萨卡举行会议,通过了一项关于葡萄牙统治地区的提案。提案重申,安哥拉、莫桑比克,几内亚(比绍)、佛得角和其他葡萄牙统治地区的人民,享有不可剥夺的自决和独立权利,这些地区的人民通过他们的民族解放运动进行的斗争是合法的。

5 月 8—10 日　瓦尔德海姆秘书长同安理会各理事国代表举行紧急磋商,讨论美国在越南港口布雷并封锁越南海岸的行动,中国代表黄华在会上严厉谴责美国的行径。9 日,秘书长发表声明,呼吁有关各方采取最大的克制,首先停止敌对行动,而后寻求和平与持久的解决方法。

5 月 18 日　《禁止在海床洋底及其底土安置核武器和其他大规模毁灭性武器条约》在苏联、美国、英国等 34 国批准后正式生效。

5 月 19 日　联合国贸易和发展会议第 3 届会议,以 72 票对 16 票,17 票弃权通过由七十七国集团提出的关于《就支配有益于发展的国际贸易关系和贸易政策的原则取得更大程度的一致所应采取的步骤》的决议草案。

5 月 23—24 日　经社理事会第 52 届会议的社会委员会举行会议,讨论关于妇女地位问题,并通过了 13 项有关妇女权利问题的决议草案。

5 月 23 日—6 月 16 日　托管理事会召开第 39 届常会。

5 月 30 日　3 名日本赤军成员,奥平刚士、冈本公三、安田安之,突然出现在以色列特拉维夫机场,他们从托运行李中取出冲锋枪和手榴弹,向旅客发动猛烈袭击。这次恐怖袭击,造成约 100 人伤亡,其中 24 人死亡。在以色列军警的围攻下,奥平刚士和安田安之最后自杀身亡。另一名袭击者冈本公三自杀未遂,被以色列军警抓住时,他高呼"我们是日本赤军"。由此,日本赤军声名大噪,震撼了整个世界。日本赤军也和意大利的红色旅、北爱尔兰的爱尔兰共和军并列为当时 3 大国际左派恐怖组织。

6 月 5—16 日　联合国人类环境会议在瑞典首都斯德哥尔摩举行,112个国家的代表出席。会议目的在于促使人们注意人类的活动正在破坏自然环境,并给人类本身的福利和生产造成严重的危险,鼓励国际社会采取保护和改善环境的行动。会议通过的《人类环境宣言》是国际社会第 1 次确认指导有关环境政策的新的行为和责任原则。会议还通过了一项国际行动,呼吁各国政府、联合国机构和其他国际组织在采取具体措施解决各种环境问题方面进行合作,以保护地球上的人类栖息地。会议最后通过决议,建议大会确定每年 6 月 5 日为"世界环境日"。

6 月 6—23 日　联合国开发计划署执行局召开第 14 次会议。

6 月 15 日　安理会通过关于塞浦路斯的第 S/RES/315(1972)号决议,再次延长联合国驻塞浦路斯维持和平部队的驻防期限至 1972 年 12 月15 日。

同日　联合国非殖民化特别委员会通过决议,向大会建议将香港、澳门及附属地区从"殖民地领土"名单中删除。

6 月 20 日　安理会谴责劫机行为,并就此种行为给乘客和机组人员带来的生命安全威胁表示关切。

6 月 20 日—8 月 29 日　联合国海洋法会议第 2 期会议在委内瑞拉首都加拉加斯举行。从本届会议开始,会议进入实质性事项的协商阶段。有115 个国家代表在会上发言。

6 月 23—24 日　安理会召开紧急会议,讨论以色列最近再次武装入侵黎巴嫩的问题。黎巴嫩、中国、苏丹、索马里、埃及、科威特、几内亚和南斯拉夫等国的代表在会上强烈谴责以色列侵略黎巴嫩的罪行,要求安理会采取行动,制止以色列侵略者一再侵犯别国的罪恶行径。

6 月 26 日　安理会通过关于中东局势的第 S/RES/316(1972)号决议,谴责以色列部队一再袭击黎巴嫩领土和人民,违反联合国宪章的原则和以色列对宪章的义务;表示强烈希望会因适当步骤而产生即时的效果,使1972年6月21日以色列武装力量在黎巴嫩领土劫持的全部叙利亚和黎巴嫩军事和治安人员可尽快获得释放。

同日 国际货币基金组织宣布,准备建立一个由来自发达国家和发展中国家的20位代表组成的基金董事会,在制定政策的层面为各方面提供讲坛,以利于国际货币体系的改革。

6月30日 安理会关于制裁南罗得西亚委员会发表公报,指出美国违背安理会关于禁止同南罗得西亚种族主义政权进行贸易的制裁决议,继续向南罗得西亚进口铬和镍。

7月3日 经社理事会召开第53届常会,会议分段召开:7月3—28日,9月12、15日,10月17—18日,11月16—17日,12月13日。审议《科学和技术用于发展的世界行动计划》,发展中国家在多边贸易谈判中的地位问题,区分最不发达的发展中国家以进一步提供援助和采取相关的特别措施,实施国家发展策略和国际发展策略以消除普遍贫穷和失业,菲律宾发生自然灾害后应采取的措施等事项。共通过35项决议。

7月17日 联合国和平利用国家管辖范围以外海床洋底委员会(简称"联合国海底委员会"),开始在日内瓦举行为海洋法会议进行筹备工作的该年第2届会议。

7月21日 安理会通过关于中东局势的第S/RES/317(1972)号决议,重申第S/RES/316(1972)号决议,对以色列仍未释放在黎巴嫩领土劫持的叙利亚和黎巴嫩军事和治安人员表示强烈谴责;并请安理会主席和秘书长重新努力,使本决议得以实现。

7月26日 经社理事会协调委员会举行会议,讨论《给予殖民地国家和人民独立宣言》的实施情况,并且通过了一项专门机构和与联合国有联系的国际组织执行这一宣言的决议。

7月28日 安理会通过关于南罗得西亚的第S/RES/318(1972)号决议,呼吁那些仍同南罗得西亚保持经济和其他联系的国家立即终止这些联系。决议再次肯定了津巴布韦人民享有自决和独立的权利。

同日 经社理事会全体会议通过智利代表提出的一项决议草案,要求联合国秘书长和各国政府协商,指定一个小组调查"多国公司"的作用和它对于发展中国家的发展进程以及对国家之间关系的影响。

8月1日 安理会通过关于纳米比亚问题的第S/RES/319(1972)号决议,请秘书长与根据第S/RES/309(1972)号决议设立的安理会小组协商及密切合作,继续和所有有关各方面接触,以期建立必要条件,使纳米比亚人民能够依照《联合国宪章》的规定,自由并严格遵守人人平等原则,行使他们的自决与独立权利。

8 月 11—15 日　瓦尔德海姆秘书长访问中国。中国外长姬鹏飞在同他会谈时强调,国家不分大小,应该一律平等;全世界的事务要由世界各国来管,联合国的事要由参加联合国的所有国家来管,不能允许超级大国操纵和垄断。

8 月 25 日　安理会讨论孟加拉国申请加入联合国的问题。中国主张,在联合国有关决议还没有得到实施的情况下应推迟审议这一问题,以推动有关各方的和解,贯彻执行联合国的决议,因此在表决时投了否决票。几内亚、苏丹和索马里 3 国投弃权票。

8 月 26 日—9 月 11 日　第 20 届奥林匹克运动会在联邦德国慕尼黑召开。参加本届赛事的国家和地区共 121 个,运动员 7134 人。9 月 5 日凌晨,8 名巴勒斯坦恐怖分子闯入奥运村,杀害了 2 名以色列队运动员,并带走了 9 名以色列人质。这 9 名人质在随后的搏斗中被全部杀害,5 名恐怖分子和 1 名警察也在此次事件中身亡。随后奥运会被叫停,并在主体育场进行了悼念活动。赛事于 9 月 6 日继续举行,但以色列及一些阿拉伯国家的代表因担心安全得不到保证,离开了慕尼黑。赛事顺延至 9 月 11 日结束。

8 月 28 日　联合国非殖民化特别委员会以 12 票对 0 票,10 票弃权通过一项决议,承认波多黎各人民享有不可剥夺的自决和独立权利。

8 月 31 日　联合国亚洲和远东经济委员会倡议建立的国际胡椒共同体在泰国曼谷召开成立大会。

9 月 10 日　美国否决了英、法等国对南斯拉夫等 3 国反对以色列侵略叙利亚、黎巴嫩提案的一项修正案。这是一次分段表决。苏联代表也投了反对票,使英国等国的修正案未被通过。

9 月 19 日—12 月 19 日　第 27 届联合国大会举行,斯坦尼斯拉夫·特雷普钦斯基(波兰)当选为本届大会主席。

9 月 22 日　大会总务委员会于当日下午结束了关于本届大会议程和其他组织工作的讨论。会上就《防止危害或杀害无辜生命或损害基本自由的恐怖主义和其他暴力行为的措施》的议题是否列入本届大会议程的问题,进行了激烈辩论。对《为促进朝鲜的自主和平统一创造有利条件》的议题是否列入本届大会议程也进行了激烈辩论。阿尔及利亚、阿尔巴尼亚、中国、罗马尼亚、古巴、马耳他、南斯拉夫、布隆迪、智利和芬兰等国代表在会上相继发言,反对大会推迟讨论朝鲜问题。

9 月 29 日　安理会通过关于南罗得西亚的第 S/RES/320(1972)号决

议,要求全面实施联合国通过的制裁南罗得西亚的所有决议。鉴于南非和葡萄牙拒绝对南罗得西亚的经济禁运,决议还要求安理会的制裁委员会考虑对其采取适当行动。英国此前在该问题上投反对票。

10月2—17日　大会第四委员会(特别政治和非殖民化委员会)辩论葡属殖民地问题。60多个国家代表先后发言,要求联合国采取措施,迫使葡萄牙结束在非洲的殖民统治。

10月2—25日　联合国贸易和发展理事会在日内瓦举行第12次会议。在21日的全体会议上,通过了拉丁美洲11国的提案,宣布各国拥有自由支配本国自然资源的主权。

10月19日　联合国教科文组织就孟加拉国申请加入问题,展开激烈辩论。在就此问题进行表决时,巴基斯坦、中国等国投了反对票。

10月20日　中国代表在大会第一委员会发表声明,宣布台湾当局用"中国"名义签署有关外层空间的条约、协定和公约是非法的、无效的,中国一概不承担责任。

10月21日　在日内瓦举行的联合国可可会议通过了《1972年国际可可协议》。

10月23日　安理会通过关于塞内加尔的第S/RES/321(1972)号决议,谴责葡萄牙正规军1972年10月12日所犯的侵犯塞内加尔边界和攻击尼亚纳奥哨站的行为,决议要求葡萄牙政府立即停止对塞内加尔领土的一些暴力和破坏行为,尊重并采取必要措施来实施大会第A/RES/1514(15)号决议所特别阐明的自决和独立原则。

同日　联合国工业发展组织举行第5次联合国认捐会议,讨论为联合国工业发展组织提供活动经费的问题,60多个代表团提供了221万美元的捐款。

10月31日　第27届联合国大会举行全体会议,审议了国际原子能机构1971—1972年度工作报告和一项有关的决议草案。

11月2日　大会通过关于支援南部非洲殖民主义和种族隔离受害者的国家专家会议的第A/RES/2910(27)号决议,要求秘书长与非洲统一组织合作,主办于1973年在挪威首都奥斯陆召开的"支持受南非殖民主义和种族歧视迫害者的国际专家会议"。

联合国大会全体会议结束了关于非殖民化问题的辩论,并且以压倒多数的赞成票通过了谴责殖民主义、种族主义、种族隔离和其他各种形式的外国统治和剥削的4项决议。

11月8日　大会通过决议,批准非殖民化特别委员会关于把香港和澳门从"殖民地领土"名单中删除的报告,从而确认了中国对香港、澳门主权的立场和要求,并排除了其他国家参与解决港澳问题的可能性。

11 月 14 日 大会通过关于支援南部非洲、几内亚(比绍)和佛得角群岛等殖民地人民争取自由、独立和平等权利的团结周的第 A/RES/2911(27)号决议,重申安哥拉、几内亚(比绍)、佛得角、莫桑比克人民不可剥夺的自决和独立的权利;重申在这些领土上的民族解放运动组织是真正反映当地人民意愿的合法代表;要求葡萄牙政府立即与这些解放组织谈判,立即停止镇压这些地区人民的殖民战争;要求秘书长及特设机构尽可能地支持民族解放运动;要求北约国家停止对葡萄牙的军事援助,以防止它用于在非洲的殖民战争。

11 月 15 日 大会一致通过关于向种族主义和种族歧视进行战斗行动的 10 年的第 A/RES/2919(27)号决议,决定在 1973 年 12 月 10 日,即《世界人权宣言》通过 25 周年纪念日,发起"向种族主义和种族歧视进行战斗的行动 10 年"(1973—1983 年),其目标是促进所有人的基本人权和基本自由,不因种族、肤色、民族、人种或其他社会地位而有任何区别;制止种族主义政策的任何扩张;全部和无条件地实现消除一切形式的种族主义及种族歧视,消灭种族主义政权。

11 月 16 日 联合国教科文组织在巴黎开会,通过一项关于保护世界文化和自然遗产的决议,要求各国共同努力,对世界文化和自然遗产提供立即和长期的保护。

同日 安理会一致通过关于葡萄牙管辖区的第 S/RES/322(1972)号决议,要求葡萄牙政府立刻停止对安哥拉、几内亚(比绍)、佛得角及莫桑比克人民进行的军事行动和一切镇压行为;遵照《联合国宪章》及大会第 A/RES/1514(15)号决议的各项有关规定。

11 月 27 日 应罗马尼亚政府的请求,大会审议了关于加强联合国在维护国际和平与安全、发展所有国家间的合作、促进国际法规则等方面的作用的议程项目。大会全体会议进行了关于加强联合国维持和巩固国际和平与安全的作用问题的辩论,并一致通过了一项关于"加强联合国在维持并巩固国际和平和安全、发展所有国家间的合作、促进公约国家间关系的国际法规范等方面的作用"的第 A/RES/2925(27)号决议,指出"联合国有责任坚持不渝地采取行动,以便使国际关系中的原则获得遵守"。除其他事项外,还请会员国把关于如何加强联合国的作用的意见告知秘书长。

11 月 29 日 大会通过关于世界裁军会议的第 A/RES/2930(27)号决议,要求在适当的时候召开世界裁军会议,并成立由大会主席任命的、体现政治和地域代表性的 35 个成员国代表组成的特别委员会,研究各国对召开世界裁军会议的意见。

大会通过由苏联提出一项关于"在国际关系中不使用武力和永远禁止使用核武器"的第 A/RES/2936(27)号决议,谴责在国际关系中以任何方式使用武力,并要求永远禁止使用核武器。中国代表在表决前发言指出,苏联建议混淆了侵略和被侵略的界限,只能有利于帝国主义和超级大国的侵略扩张。中国对此决议投了反对票。

12 月 6 日 安理会通过关于纳米比亚问题的第 S/RES/323(1972)号决议,经秘书长代表咨商过的绝大多数意见表示赞成立刻废除本土政策,南非行政当局撤出该领土,纳米比亚达到国家独立,并保持其领土完整,从而进一步确认联合国对这个问题的一贯立场;要求南非政府同秘书长充分合作去执行本决议,以便在纳米比亚实现和平转移权力等。

12 月 7 日 大会通过两项关于南罗得西亚问题的第 A/RES/2945(27)号和第 A/RES/2946(27)号决议,第 1 项决议谴责美国违反安理会的决议,从南罗得西亚进口铬矿石和镍的行为,呼吁美国停止对这些决议新的破坏;建议各国终止同南罗得西亚的所有交通通讯,并对拒绝实施对南罗得西亚禁运的南非和葡萄牙进行制裁。第 2 项决议重申在占人口多数的非洲人获得权力前,南罗得西亚不能取得独立,并要求英国负责尽快召开南罗得西亚全国制宪会议,以便让津巴布韦人民的真正代表能表达他们的意愿。

12 月 8 日 大会通过关于中东局势的第 A/RES/2949(27)号决议,要求以色列撤出所占领的阿拉伯领土;承认该地区所有国家的主权、领土完整和政治独立以及和平生存的权利;宣布以色列在被占阿拉伯领土上的任何改变都是无效的;要求有关各方立即实施安理会第 S/RES/242(1972)号决议。

12 月 11 日 大会通过关于设立一所国际大学问题的第 A/RES/2951(27)号决议,决定建立联合国大学,其目的在于通过国际上学术和科学工作的协调合作,帮助解决紧迫的全球性人类生存、发展和福利问题。

12 月 12 日 安理会通过关于塞浦路斯的第 S/RES/324(1972)号决议,再次延长联合国驻塞浦路斯维持和平部队的驻防期限至 1973 年 6 月 15 日。

12 月 14 日 大会全体会议就外国经济及其他利益集团的活动妨碍实施非殖民化宣言的问题通过一项关于外国经济和其他利益的活动:在南罗得西亚、纳米比亚和葡萄牙统治下的领土以及所有其他殖民统治领土妨害给予殖民地国家和人民独立宣言的执行并在南部非洲妨害消除殖民主义、种族隔离和种族歧视的努力的第 A/RES/2979(27)号决议。决议还强调,支持南非和葡萄牙政府以及罗得西亚非法的种族主义少数人政权的那些外国经济、财政和其他利益集团日益加紧的活动,妨碍着这些地区的人们实现他们的自决和独立的合法愿望。

大会通过关于宣布印度洋为和平区的第 A/RES/2992(27)号决议,呼吁印度洋沿岸和内陆国家以及安理会常任理事国和其他印度洋主要航海国支持印度洋和平区的设想;决定成立由 15 位成员组成的印度洋特设委员会来研究 1971 年关于印度洋和平区宣言的有关问题,特别是实现宣言目标所可能采取的实际措施。

大会以 112 票对 0 票,10 票弃权,通过关于联合国人类环境会议的第 A/RES/2994(27)号决议,建立联合国环境规划署,其总部设在肯尼亚首都内罗毕。该机构的主要任务是促进环境领域中的国际合作,同时负责领导、指导和协调在国际一级采取有关环境的主动行动。大会还根据斯德哥尔摩联合国人类环境会议的建议,确定每年 6 月 5 日为"世界环境日"。

大会通过关于各国在环境方面合作的第 A/RES/2995(27)号决议、关于国家对环境的国际责任的第 A/RES/2996(27)号决议、关于国际环境合作的组织和财政安排的第 A/RES/2997(27)号决议。

12 月 18 日 大会通过关于"防止危害或杀害无辜生命或损害基本自由的国际恐怖主义的措施和由于困苦、挫折、怨愤和失望,以致有人不惜牺牲生命,包括自己的生命在内,以求实现彻底改革的恐怖主义和暴力行为的根本原因的研究"的第 A/RES/3034(27)号决议,对国际上暴力事件日益增长给人类生命及基本自由造成的威胁表示深度关切;要求各国立即寻求和平与公正地解决造成暴力行为增加的根源;并决定设立由 35 个成员国组成的国际恐怖主义问题特设委员会。

一九七三年

1 月 8 日 经社理事会召开第 54 届常会,会议分段召开:1 月 8—10 日,4 月 17 日—5 月 18 日。审议设立西亚经济委员会和联合国自然资源勘探循环基金的议题;讨论突尼斯水灾应对措施、援助受饥荒威胁的苏丹—萨赫勒区域居民;针对粮价异常高涨请粮农组织就粮食安全状况进行调查;核准禁止并惩罚种族隔离罪行公约草案,关于司法裁判平等的原则草案,关于政治权利事项中的歧视问题的研究及政治权利事项中自由和不歧视的一般性原则草案,对非婚生人的歧视研究与关于平等待遇和不歧视此等人的一般性原则草案;敦促各国尽早批准对《联合国宪章》第 61 条的修正案;决定自 1973—1974 年起每两年出版一次人权年鉴。共通过 64 项决议。

1 月 9 日 中国常驻联合国代表黄华向联合国秘书长递交中国代表团声明,重申中国将不参加世界裁军会议特别委员会的工作。

1 月 26 日 安理会通过关于巴拿马的第 S/RES/325(1973)号决议,决定自 3 月 15 日起至 3 月 21 日止,在巴拿马城开会。会议议程为"审议依照宪章规定和原则,维持并加强拉丁美洲国际和平与安全的措施"。

1 月 29 日—2 月 2 日 安理会应赞比亚的请求召开紧急会议,审议赞比亚对南罗得西亚和南非的指控。2 月 2 日,会议以 13 票对 0 票,2 票弃权(英国和美国)的同样结果,通过关于南罗得西亚的第 S/RES/326(1973)号决议和关于赞比亚的第 S/RES/327(1973)号决议,谴责南罗得西亚非法政权与南非相勾结对赞比亚进行的挑衅和骚扰;要求南非立即从南罗得西亚撤走它的军队。

2 月 2 日 联合国非殖民化特别委员会举行会议,纪念于 1 月 21 日在几内亚的科内克里被葡萄牙殖民主义者杀害的几内亚和佛得角非洲独立党总书记阿·卡布拉尔。会议由非殖民化特别委员会主席、坦桑尼亚代表萨利姆·艾哈迈德·萨利姆主持。

2 月 12 日 联合国贸发会议起草《各国经济权利和义务宪章》工作小组在日内瓦召开第 1 次会议,参加工作小组的 40 个国家的代表出席了会议。制定《各国经济权利和义务宪章》是 1972 年由墨西哥总统路易斯·埃切维里亚在联合国贸发会议第 3 届会议上提出的,得到发展中国家的积极支持。

2 月 13 日 联合国开发计划署执行局召开第 15 次会议,批准了 2.68 亿美元用于发展援助计划。

2 月 26 日—3 月 10 日 联合国贸易和发展理事会商品委员会在日内瓦举行第 7 次(特别)会议。会议就初级产品的出口市场和价格政策问题进行了广泛讨论,并通过决议,决定举行进一步的政府间协商,以研究贸易自由化和价格政策方面的问题。

3 月 1 日 中国正式加入国际海事组织。

3 月 10 日 安理会通过关于南罗得西亚的第 S/RES/328(1973)号决议,强烈谴责南非种族主义政权固执地拒绝从南罗得西亚撤出其军事和武装力量。决议促请作为管理国的英国尽快召开一个全国制宪会议,以便津巴布韦全体人民的真正代表能对该领土的前途问题找到解决方法。

同日 安理会通过关于赞比亚的第 S/RES/329(1973)号决议,呼吁所有国家依照第 S/RES/253（1968）号决议和第 S/RES/277（1970）号决议以及特派团的建议，立即对赞比亚提供技术、财政和物质援助，请联合国和各专门机构援助赞比亚，以使赞比亚能够推行其在经济上不依赖南罗得西亚种族主义政权的政策；决议请经社理事会定期审议按照本决议对赞比亚提供经济援助的问题。

3 月 15—21 日 安理会在巴拿马城开会，讨论"根据宪章的原则，在拉丁美洲维护和加强国际和平与安全的措施"。21 日，巴拿马和秘鲁提出并得到几内亚、印度、印度尼西亚、肯尼亚、苏丹和南斯拉夫支持的关于巴拿马运河的决议草案，在表决时被美国否决。安理会以 12 票对 0 票，3 票弃权（美国、英国和法国）通过关于拉丁美洲的第 S/RES/330（1973）号决议，要求各国尊重拉美国家对其自然资源的主权，不使用或不鼓励使用高压手段反对拉美国家，并约束本国公司的这类行动。

3 月 19—23 日 联合国橄榄油会议将《国际橄榄油协定》延长至 1978 年 12 月 31 日。

3 月 21 日 安理会讨论巴拿马问题，几内亚、印度、印度尼西亚、肯尼亚、巴拿马、秘鲁、苏丹和南斯拉夫提出一项联合议案，敦促巴拿马和美国合作解决双边冲突，遭到美国否决。此外，安理会还要求敦促各国采取适当措施，阻止一些企业蓄意强迫或控制拉丁美洲国家的行为。

同日 联合国人权委员会为纪念南非沙佩维尔惨案 13 周年，在日内瓦举行"消灭种族歧视的国际日"集会。参加集会的有出席人权委员会第 29 次会议的所有代表和各国驻联合国日内瓦办事处的代表。

4 月 1 日 中国正式恢复在联合国粮食及农业组织中的席位，并即日起参加该组织的活动。

4 月 5—27 日 联合国非殖民化特别委员会共举行了 6 次会议，讨论了罗得西亚的局势。4 月 27 日，会议在通过一项未经投票而一致通过的决议，"重申津巴布韦人民取得自决、自由和独立的不可剥夺的权利，重申津巴布韦人民在他们的斗争和民族解放运动中自由采取一切可能的手段来争取享有这种权利，是合法的"。

4 月 11—23 日 联合国亚洲及远东经济委员会第 29 届会议在东京召开。来自 30 多个国家和地区的代表出席了会议。中华人民共和国代表第 1 次出席亚洲和远东经济委员会会议。在 23 日举行的全体会议上通过《亚洲及远东经济委员会 1972 年 3 月 28 日至 1973 年 4 月 23 日年度报告》，并提交联合国经社理事会第 55 届会议审查。

4 月 20 日 安理会通过关于中东局势的第 S/RES/331（1973）号决议，

要求秘书长尽早向安理会提出一项详尽的报告,详细说明联合国自从 1967
年 6 月以来关于中东局势所作的各项努力;决定在秘书长提出这项报告后
开会研讨中东的局势。

4 月 21 日   安理会通过关于中东局势的第 S/RES/332(1973)号决议,
谴责以色列违反《联合国宪章》、以色列—黎巴嫩停战协定和安理会的停火
决议,一再对黎巴嫩进行军事攻击和侵犯黎巴嫩主权和领土完整;要求以色
列立即停止对黎巴嫩的一切军事攻击。

4 月 27 日   经社理事会第 54 届会议经济委员会结束了关于"自然资
源永久主权"问题的辩论。由智利及其他 16 国提出的这项决议草案以 37
票对 2 票,6 票弃权获得通过。这项决议强调发展中国家对其全部自然资
源有充分行使永久主权的不可剥夺的权利。

5 月 9 日   1966—1972 年,法国在其南太平洋的领土波利尼西亚进行
了一系列的大气层核武器试验。1973 年,法国声明计划进一步进行空中核
试验。1973 年 5 月 9 日,澳大利亚和新西兰分别向国际法院对法国提起诉
讼。澳大利亚请求国际法院判定并宣告在南太平洋地区进一步的大气层核
试验不符合现行的国际法原则,并命令法国不得进一步进行任何这种试验。
新西兰请求国际法院判定并宣告法国政府在南太平洋进行核试验引起放射
性微粒回降,构成侵犯新西兰国际法上的权利,这些权利将被进一步的这种
试验所侵犯。

5 月 11 日   "1973 年巴基斯坦诉印度案"成为国际法院受理的第 1 个
根据《防止及惩治灭绝种族罪公约》提起诉讼的案件。印巴战争结束以后,
孟加拉国宣布独立,印度指控 195 名巴基斯坦战俘犯下了灭绝种族罪和危
害人类罪,并准备引渡这些战俘到孟加拉国受审。巴基斯坦主张国际法院
对此案应具有专属的管辖权,认为印度的行为违反了《防止及惩治灭绝种
族罪公约》和《日内瓦战俘公约》的有关规定。国际法院受理该案件后曾开
庭审理过此案,但印度以国际法院对此案无管辖权为由没有出庭。该案只
涉及对公约的解释和对灭绝种族罪的管辖权问题,尚未涉及国家责任问题。

5 月 22 日   安理会通过关于南罗得西亚的第 S/RES/333(1973)号决
议,要求各国更有效的实施对南罗得西亚的禁运,阻止南罗得西亚通过南非
和葡属非洲殖民地进行的贸易活动。英国和美国此前曾投过反对票。

5 月 29 日—6 月 22 日   托管理事会召开第 40 届常会。

6 月 6—29 日   联合国开发计划署执行局召开第 16 次会议,批准了
2.56 亿美元用于发展援助计划。

6 月 12—14 日   联合国纳米比亚理事会会议在赞比亚首都卢萨卡举

行。会议通过了《联合国纳米比亚理事会卢萨卡宣言》,谴责南非种族主义极力延长其在纳米比亚的非法统治,要求世界各国在政治上和物质上积极支持纳米比亚人民争取自由、独立的斗争。

6月12—22日 联合国环境规划署第1届会议通过了关于人类环境行动计划、议事规则、规划署致大会的报告等决议。会议决定第2届会议将于1974年2、3月间在肯尼亚内罗毕举行。

6月14日 安理会经过10次无果会议后,决定暂停考虑中东局势。

6月15日 安理会通过关于塞浦路斯的第S/RES/334(1973)号决议,再次延长联合国驻塞浦路斯维持和平部队的驻防期限至1973年12月15日。

6月22日 安理会通过关于"推荐巴哈马共和国加入联合国问题"的第S/RES/335(1973)号决议,还分别审议了德意志民主共和国和德意志联邦共和国加入联合国的申请书;向大会推荐接纳德意志民主共和国和德意志联邦共和国为联合国会员国。

同日 联合国非殖民化特别委员会通过一项决议,呼吁联合国所有会员国政府、各专门机构和其他组织以及非政府组织,对安哥拉、几内亚(比绍)和佛得角、莫桑比克的人民特别是这些地区的解放区的人民,给予一切必要的政治、外交和物质援助,使他们能够继续斗争,以获得他们对自由和独立所拥有的不可剥夺的权利。

6月26日 国际劳工组织大会第58届会议通过《准予就业最低年龄公约》。公约于1976年6月19日生效。

6月29日 联合国非殖民化特别委员会通过一项决议,表示尽一切可能支持纳米比亚人民获得自由和独立的合法斗争。特别委员会在决议中表示完全赞成联合国纳米比亚理事会1973年6月14日通过的宣言和非洲统一组织第10届国家和政府首脑会议通过的关于纳米比亚问题的决议。

7月4日—8月10日 经社理事会在日内瓦召开第55届会议,10月15日、16日、18日和12月11日复会。这届会议通过了关于国际经济和社会政策,成立西亚经济委员会以及援助赞比亚等问题的34项决议。

7月18日 安理会通过关于"巴哈马共和国加入联合国问题"的第S/RES/336(1973)号决议,审议巴哈马联邦加入联合国为会员国的申请书,并向大会推荐接纳巴哈马联邦为联合国会员国。

同日 经社理事会协调委员会一致通过决议,决定给赞比亚以经济援助,以示制裁南罗得西亚种族主义政权。决议赞扬赞比亚在执行联合国关于制裁南罗得西亚种族主义政权的政策方面所采取的"无畏而坚定的立场",并强调给予赞比亚援助的重要意义。决议呼吁各会员国应尽快地提供所需要的补助捐助,无论这种捐助是双边的还是多边的。

7月25日 1963年7月15日美、苏、英3国恢复谈判,并于10天后的7月25日达成了《部分禁止核试验条约》,禁止在大气层、外层空间和水下3种环境下进行核试验。实际上这一条约对缓和与制止美苏核军备竞赛并无多大助益,3国不仅照样可通过地下核试验改进现有和发展新的核武器,而且还包藏有阻止中法两国拥有核武器的险恶用心。当时中国政府对此持严厉批评态度。其后,自1963年7月到1992年为止,关于全面核禁试的谈判始终没有取得任何实质性进展。

7月26日 安理会结束了由于以色列犹太复国主义者在1967年侵略埃及和其他阿拉伯国家造成的中东局势的辩论。提交会议表决的"对以色列违反《联合国宪章》、继续占领由于1967年冲突而占领的领土,表示遗憾"的决议草案被美国否决。

8月15日 瓦尔德海姆秘书长宣布,决定给予朝鲜民主主义人民共和国以联合国观察员的资格,并允诺让其在联合国总部设立常驻观察员办事处。

同日 安理会应黎巴嫩的请求召开紧急会议,审议8月10日以色列空军入侵黎巴嫩领空,拦截一架国际航班并使其在以色列迫降的严重事件。

同日 安理会通过关于黎巴嫩的第S/RES/337(1973)号决议,谴责以色列侵犯黎巴嫩主权和领土完整,并被以色列空军强迫在黎巴嫩领空飞行的一架黎巴嫩班机改道且予扣押,认为以色列此行为破坏1949年黎巴嫩—以色列停战协定、1967年安理会的各项停火决议、《联合国宪章》的规定、各项民用航空国际公约和国际法及国际道德的原则;并严重警告以色列,如果再有此种行为,安理会将考虑采取适当步骤或措施,以执行其各项决议。

8月24日 联合国纳米比亚理事会举行纪念"纳米比亚日"的特别会议,宣布8月26日为"纳米比亚日",以支持纳米比亚人民争取自决和独立的英勇斗争。

9月14日 关税及贸易总协定缔约国部长会议通过《东京宣言》,计划在1975年结束贸易谈判。

9月18日 大会通过关于接纳德意志民主共和国、德意志联邦共和国和巴哈马联邦为联合国会员国的第A/RES/3050(28)号决议,决定接纳德意志联邦共和国、德意志民主共和国和巴哈马联邦为联合国会员国。

9月18日—12月18日 第28届联合国大会在纽约举行。莱奥波尔多·贝尼特斯·比努埃萨(厄瓜多尔)当选为本届大会主席。

9月20日 联合国种族隔离特别委员会决定:要求联合国秘书长用他所掌握的一切手段来保证对南非警察枪杀南非德兰士瓦省卡尔顿维尔11名非洲矿工的暴行进行公正的调查。

9月24日 关于经社理事会理事国数目的《联合国宪章》第61条修正案在得到所必需的2/3会员国,包括安理会常任理事国批准后正式生效。根据生效后的宪章第61条修正案,经社理事会理事国从原来的27国增加到54国。

9月30日—10月4日 第10届奥林匹克代表大会在保加利亚的瓦尔纳举办,大会的口号是"为了和平世界的体育运动",议题为"奥林匹克运动的未来"。

10月2日 联合国环境规划署总部在内罗毕正式开始运作。

10月6—22日 6日,第四次中东战争爆发,交战双方为以色列与埃及、叙利亚,又被称为十月战争或"赎罪日"战争。战场形势是以色列方面在美国大力支持下转败为胜,而阿拉伯方面则从初期的主动转为被动。22日,战争以埃叙两国受挫而结束。

10月11日 瓦尔德海姆秘书长发表声明,敦促中东冲突各方立即停火,尽快寻求解决办法,同时希望安理会各理事国及其他国家帮助结束中东战争,并寻求公正和持久解决中东问题的途径。

10月12日 大会依照宪章第61条修正案,增选27个国家为经社理事会理事,使经社理事会理事国达到54个。

10月15日 经社理事会召开第55届会议,这是新近扩大理事会后召开的第1次会议。12月11日续会。

10月22日 应美国的要求,安理会召开紧急会议讨论立即结束中东战争的问题,但未取得任何结果。22日,安理会以14票对0票,通过关于中东问题的第S/RES/338(1973)号决议,要求中东交战各方全面停火,并在停火后立即开始全面执行安理会第S/RES/242(1967)号决议;在停火的同时,有关各方应在适当机构主持下立即开始进行为在中东建立公正、持久和平的谈判。

10月23日 安理会通过关于埃及—以色列问题的第S/RES/339(1973)号决议,重申要求中东交战各方立即停火,并要求秘书长立即派遣联合国观察员前往中东地区,监督埃及和以色列之间的停火。中国未参加投票。

10月25日 安理会通过关于中东问题的第S/RES/340(1973)号决议,再次要求中东交战各方立即全面停火,要求秘书长增加在阿以双方的联合国军事观察员;并决定在安理会领导下建立一支新的联合国紧急部队,由从安理会常任理事国以外的联合国会员国抽调人员组成,前往中东地区执行维持和平的使命;安理会要求秘书长在 24 小时内就此事提出报告。中国未参加投票。

10 月 27 日　安理会以 14 票对 0 票,通过关于联合国紧急部队的第 S/RES/341(1973)号决议,批准秘书长关于建立新的联合国紧急部队(以后称为第 2 支联合国紧急部队)的报告,以及该行动开始阶段的活动计划。根据秘书长的建议,该部队人数为 7000 人,行动期限暂定 6 个月,但可以延长,经费开支大约 3000 万美元,由联合国各会员国按会费比例分摊。中国未参加投票,并声明中国将不承担联合国维和行动的摊款。

11 月 2 日　联合国秘书长发表声明说,除中国以外的安理会其他理事国已就第 2 支联合国紧急部队的组成达成协议,并说将吸收至少 3 个非洲国家参加,以更好地体现该部队的地域代表性。

大会通过关于为种族主义和种族歧视进行战斗的行动 10 年的第 A/RES/3057(28)号决议,确定 1973 年 12 月 10 日起的 10 年期间为同种族主义和种族歧视进行战斗的行动 10 年。

大会一致通过关于世界人权宣言 25 周年的第 A/RES/3060(28)号决议,要求各国政府和国际组织采取实际行动,共同为实现《世界人权宣言》的原则和理想而努力。

大会通过关于“武装部队非法占领几内亚比绍共和国若干地区并对该共和国人民进行侵略行为”的第 A/RES/3061(28)决议,对几内亚比绍获得独立表示欢迎,同时强烈谴责葡萄牙继续非法占领该共和国的某些部分并进行侵略活动,要求葡萄牙立即从几内亚比绍撤军。

11 月 15 日　在联合国大会政治和安全委员会表决关于“迫切需要停止核和热核试验”的两个决议草案时,中国、阿尔巴尼亚、法国、加蓬和其他一些国家的代表团投票反对这两个决议草案。

11 月 20 日　安理会支持秘书长意见认为至少应有 3 个非洲国家应该向中东的联合国紧急部队派遣特遣队。

11 月 22 日　联合国大会政治和安全委员会通过一项提案,要求预定 1974 年召开的关于重申和发展武装冲突中适用的国际人道主义法律问题的会议考虑使用凝固汽油弹和其他燃烧武器以及其他特定的常规武器的问题,并就禁止或限制使用这类武器的规则达成协议。这项提案以 89 票对 0 票,18 票弃权获得通过。

11 月 23 日　联合国大会行政和预算委员会通过一项决议草案,就各会员国分担驻在中东的第 2 支联合国紧急部队头 6 个月的费用做了特别安排。阿尔巴尼亚和利比亚代表投票反对这个决议草案。阿尔及利亚和叙利亚等 4 国弃权。中国、也门民主共和国、伊拉克和沙特阿拉伯没有参加投票。

11 月 28 日　大会全体会议一致通过第一委员会的建议,发表关于朝鲜问题的声明,重申自主和平统一朝鲜的原则,并决定解散"联合国韩国统一复兴委员会",并且表示希望朝鲜北方和南方本着它们在 1972 年 7 月 4 日发表的联合声明中所包含的 3 项原则的精神,继续进行对话。

11 月 30 日　大会以 91 票对 4 票,26 票弃权,通过关于禁止并惩治种族隔离罪行国际公约的第 A/RES/3068(28)号决议及其所附《禁止并惩治种族隔离罪行国际公约》,核准《禁止并惩治种族隔离罪行国际公约》,宣布种族隔离是反人类的罪行;并指出,由于种族隔离政策所产生的不人道的行为均属于违反国际法和《联合国宪章》原则的罪行,要求缔约国采取立法、司法及行政措施来追诉和惩罚对这些罪行负有责任的人。该公约自即日起开放供签署、批准和加入。

12 月 3 日　大会通过第 A/RES/3074(28)号决议及其所附之《关于侦察、逮捕、引渡和惩治战争犯罪和危害人类罪犯的国际合作原则》。

12 月 6 日　大会以 118 票对 0 票,10 票弃权通过关于联合国大学的第 A/RES/3081(28)号决议,批准联合国大学章程,并决定将该大学设在日本东京市区。

大会通过关于国际货币体制改革的第 A/RES/308(28)号决议。强调国际货币基金组织应基于全球资金流动的需要,以充分和有秩序的方式来增设特别提款权。

12 月 7 日　大会以 82 票对 2 票(中国和阿尔巴尼亚),38 票弃权,通过苏联提出关于安理会常任理事国各裁减军事预算 10%,并用所节减款项的一部分向发展中国家提供援助的第 A/RES/3093(28)号决议,建议安理会所有常任理事国在下一个财政年度把它们的军事预算从 1973 年的水平裁减 10%,并将由此节省下来的资金的 10%用于援助发展中国家;希望其他国家,尤其是具有巨大经济和军事潜力的国家也采取类似行动。中国代表重申中国坚决反对这一提案的原则立场,美国、英国和法国代表则认为,在给军事预算下定义和比较不同国家的实际军事开支方面存在着严重困难,因而投了弃权票。

大会通过关于"联合国近东巴勒斯坦难民救济和工程处,联合国近东巴勒斯坦难民救济和工程处经费筹供问题工作小组和以色列侵占占领领土

内居民人权措施特别调查委员会的报告"的第 A/RES/3089(28)号,第
A/RES/3090(28)号和第 A/RES/3092(28)号决议,谴责以色列残酷镇压它
所占领的阿拉伯领土上的巴勒斯坦和阿拉伯人民,表示支持巴勒斯坦人民
争取自决权的斗争。这些决议是本届联合国大会特别政治委员会在关于
"联合国近东巴勒斯坦难民救济和工程处"的报告和"关于调查以色列采取
影响到被占领区人民的人权的做法的特别委员会的报告"中提出来的。

12月10日 在《世界人权宣言》通过 25 周年纪念日之际,联合国发起
的同种族主义和种族歧视进行战斗的 1 个行动 10 年即日起开始。

12月11日 安理会通过关于纳米比亚问题的第 S/RES/342(1973)号
决议,审议了秘书长的报告(S/10921 和 Corr.1);决定参照该报告和报告后
面附载的各项文件,停止根据第 S/RES/309(1972)号决议再作进一步努
力;请秘书长将有关纳米比亚问题的任何重要新发展,充分通报安理会。

同日 安理会通过决议,决定停止联合国秘书长同南非殖民当局进行
的关于纳米比亚问题的"对话"。

12月12日 大会通过关于武装冲突中对人权的尊重的第 A/RES/
3102(28)号决议,表示唯有彻底尊重《联合国宪章》以及在有效国际管制下
的全面彻底裁军才能充分保障不会有武装冲突和此种冲突带来的痛苦,因
此决心尽一切努力来达到此项目的。重申迫切需要保证武装冲突的所有各
方充分和有效地实施有关此类冲突的现行法律规则,欢迎秘书处就禁止或
限制使用特定武器的现行国际法规则所作的调查研究。

大会通过关于"对殖民地和外国统治以及种族主义政权进行斗争的战
斗人员的法律地位和基本原则"的第 A/RES/3103(28)号决议,重申各殖民
地人民为争取独立而拥有使用包括武装斗争在内的一切可用而适当手段的
不可剥夺的权利;宣布被压迫人民争取自决和独立的斗争是合法的,完全符
合国际法原则;并确认这些斗争应视为国际武装冲突,应遵守 1949 年《日内
瓦公约》的有关规定。

大会通过关于葡萄牙管领土问题的第 A/RES/3113(28)号决议,审议
了葡萄牙统治下各自治领土的非殖民化的问题。

12月13—17日 联合国大会全体会议就全权证书审查委员会报告进
行辩论。阿尔及利亚、阿尔巴尼亚和中国等 50 个国家在表决中投票反对承
认柬埔寨朗诺傀儡集团代表的全权证书。

12月14日 大会通过关于福克兰群岛(马尔维纳斯群岛)问题的第
A/RES/3160(28)号决议。促请阿根廷和英国两国遵照大会有关决议的规
定,立即进行谈判。

大会通过关于科摩罗群岛问题的第 A/RES/3161(28)号决议,重申科摩罗群岛人民不可剥夺的自决与独立权利,要求其管理国法国确保维护该群岛的统一和领土完整。同日,大会还通过多项关于其他非自治领土自决与独立权利的决议。

大会通过关于"支持南部非洲殖民主义和种族隔离受害者国际专家会议"的第 A/RES/3165(28)号决议,宣布南非种族主义政权无权代表该国人民,南非在联合国的代表权应交由非洲人民族解放组织。

大会一致通过题为《关于防止和惩处侵害应受国际保护人员包括外交人员和外交代表的罪行的公约》的第 A/RES/3166(28)号决议及其所附《关于防止和惩处侵害应受国际保护人员包括外交代表的罪行的公约》。该公约规定了"应受国际保护人员"的定义,确定了公约适用的范围,及缔约国追诉惩处这类罪行的权限和义务。

同日　安理会通过关于塞浦路斯的第 S/RES/343(1973)号决议,再次延长联合国驻塞浦路斯维持和平部队的驻防期限至 1974 年 6 月 15 日。

12 月 15 日　安理会审议澳大利亚等 10 个非常任理事国提出的对拟议中的中东和平会议做出安排的一项决议案。会议通过关于中东问题的第 S/RES/344(1973)号决议,表示希望和平会议将能够加快在中东建立公正和持久的和平进程;相信秘书长根据安理会有关决议能够在和平会议中充分发挥有效作用;要求秘书长为和平会议的工作提供一切必要的帮助和便利。中国未参加投票。

12 月 17 日　大会通过关于设立联合国自然资源勘探循环基金的第 A/RES/3167(28)号决议,以协助发展中国家系统地开发其自然资源。

大会通过关于对自然资源的永久主权的第 A/RES/3171(28)号决议。坚决重申各国对在其国际边界的陆地上和在其国家管辖范围内的海床及其底土中和上方水域中的一切自然资源,拥有不可剥夺的永久主权权利。

大会一致通过关于世界粮食会议的第 A/RES/3180(28)号决议,决定由联合国主办于 1974 年 11 月在罗马召开的世界粮食大会,讨论世界粮食形势,并商讨解决办法。

12 月 18 日　大会一致通过关于"将中文作为大会和安理会的工作语文和将阿拉伯文作为大会的工作语文"的第 A/RES/3189(28)和第 A/RES/3190(28)号决议,分别决定将中文和阿拉伯文列入大会和安理会工作语言的范围。

大会通过关于 1974—1975 年两年期方案预算的第 A/RES/3195(28)号决议,规定大会自 1974 年起,联合国开始实行两年期预算办法,目的是使成员国充分了解本组织各个活动方案的性质、范围、目标以及实现这些目标所需要的资金和人员情况。

12月21日 在联合国主持下,由美国和苏联共同担任主席的中东和平会议在日内瓦召开。埃及、约旦、以色列和美国、苏联代表出席会议,叙利亚拒绝与会。联合国秘书长瓦尔德海姆主持开幕式,并在会上宣布,决定建立军事工作小组和其他工作小组,负责向会议报告工作,此外将酌情决定召开部长级会议。

一九七四年
（世界人口年）

1月7—10日 经社理事会召开第56届常会,4月22日—5月17日复会,共通过42项决议。

1月17日 安理会通过关于"将中文列为安理会的工作语文"的第S/RES/345(1974)号决议,决定采用中文作为它的工作语言之一。

1月18日 埃及和以色列代表在第2支联合国紧急部队司令在场的情况下,签署双方军队脱离接触的协议,以执行关于中东问题的日内瓦和平会议的决定。

2月15—28日 应伊拉克的请求,安理会召开紧急会议,讨论伊拉克与伊朗之间的边界冲突。28日,安理会主席代表安理会发表声明,除中国外的理事国一致要求两伊采取克制态度,避免局势恶化,并请秘书长任命一位特使前往调查两伊边境最近发生的冲突事件。中国代表团声明:中国希望两伊在和平共处五项原则基础上通过谈判公正合理地解决边界争端。中国不赞成联合国以任何形式卷入边界争端。

3月27日—4月6日 联合国亚洲及远东经济委员会第30届会议在科伦坡召开。4月5日,会议通过了《科伦坡宣言》。6月,通过了亚洲及远东经济委员会1973年2月24日至1974年4月6日的年度报告。这一报告将提交给联合国经社理事会审议。

4月8日 安理会通过关于埃及—以色列问题的第S/RES/346(1974)号决议,决定将联合国紧急部队的授权期限延长6个月,至1974年10月24日止;决议要求所有会员国特别是有关各方,充分支持联合国,执行本决议。

4月9日—5月2日 联合国大会第6次特别会议在纽约联合国总部举行,这次会议应广大发展中国家的要求召开,集中讨论原料和发展问题。会议一致认为,旧的国际经济秩序同国际政治和经济关系的发展直接相冲突，必须加以改变并谋求确定和发展一个新的国际经济秩序。中国副总理邓小平率中国代表团出席，并在 4 月 10 日全体会议上反对殖民主义、种族主义和种族歧视。这次会议第 1 次全面系统地提出了建立新的国际经济秩序的基本原则和基本要求，是一次加强发展中国家的团结、维护民族经济权益、推动各国人民反对帝国主义和霸权主义的重要会议，标志着联合国经济发展工作进入了一个新的时期，对 20 世纪后半期国际政治经济格局产生了重大影响。

4 月 10 日　中国领导人邓小平在联大第 6 届特别会议的发言中曾庄重地向世界宣告："中国是一个社会主义国家，也是一个发展中的国家。中国属于第三世界。中国现在不是，将来也不做超级大国"。邓小平说："什么叫超级大国？超级大国就是到处对别国进行侵略、干涉、控制、颠覆和掠夺，谋求世界霸权的帝国主义国家。一个社会主义大国如果出现资本主义复辟，必然会变成超级大国。""如果中国有朝一日变了颜色，变成一个超级大国，也在世界上称王称霸，到处欺负人家，侵略人家，剥削人家，那么，世界人民就应当给中国戴上一顶社会帝国主义的帽子，就应当揭露它，反对它，并且同中国人民一道，打倒它。"

4 月 30 日　大会第 6 届特别会议通过关于代表的全权证书的第 A/RES/3200(S—6)号决议。认可所有出席大会第 6 届特别会议各会员国代表的全权证书，但南非代表的全权证书除外。

5 月 1 日　大会第 6 届特别会议通过关于"建立国际经济新秩序宣言"的第 A/RES/3201(S—6)号决议和关于"建立国际经济新秩序的行动纲领"的第 A/RES/3202(S—6)号决，通过由七十七国集团起草的《关于建立新的国际经济秩序的宣言》和《行动纲领》。该宣言称联合国各会员国决心共同努力设计一种建立在所有国家上的公正、主权平等、相互依赖、共同利益和合作基础上的新的国际经济秩序，并最终消除发达国家与发展中国家之间的差距。《行动纲领》则对保证发展中国家自然资源的主权，改善它们的贸易条件，克服它们的国际收支危机，以及加强发展中国家之间的合作和联合国系统在国际经济合作方面的作用等做出了一些规定。这两个文件的通过标志着南北关系问题提上了国际议事日程。

4 月 22 日—5 月 17 日　经社理事会召开第 56 届会议。会议就反帝、反殖以及一些国际经济和社会问题进行了广泛的讨论。会议一致通过了《向种族主义和种族歧视进行战斗的行动 10 年》等多项决议。

4 月 24 日　安理会关于以色列—黎巴嫩问题的第 S/RES/347(1974)号决议，谴责以色列对黎巴嫩领土完整和主权的破坏，并再度要求以色列政府不再对黎巴嫩采取军事行动和威胁;要求以色列将被绑架的黎巴嫩平民立即释放并遣返黎巴嫩。

5月2—14日 联合国工业发展理事会第8届会议在维也纳举行,会议讨论了广大发展中国家工业发展问题和工业发展组织面临的一些问题。

5月16日 经社理事会通过第1850(LⅥ)号决议,设立国际妇女年自愿基金。

5月20日—6月12日 联合国关于国际货物销售时效期间的会议在纽约召开,会议通过了《国际货物销售时效期间公约》并生效。

5月28日 安理会通过关于伊朗伊拉克间局势的第S/RES/348(1974)号决议,欢迎伊朗和伊拉克两国达成停火协议,要求双方从边界地区撤走武装力量,为全面解决两国争端创造良好气氛。中国未参加投票。

5月29日 安理会通过关于塞浦路斯的第S/RES/349(1974)号决议,再次延长联合国驻塞浦路斯维持和平部队的驻防期限至1974年12月15日。

5月31日 叙利亚和以色列代表在日内瓦签订两国军队脱离接触协定及其议定书。安理会当天通过关于"以色列—阿拉伯叙利亚共和国间局势"的第S/RES/350(1974)号决议,欢迎叙、以脱离接触协议,并决定建立一支联合国脱离接触观察员部队,自此,观察员部队一直留驻该地区,以维持以色列部队与叙利亚部队之间的停火,并监督脱离接触协定的执行情况。

6月3—14日 托管理事会召开第41届常会。

6月5—24日 开发计划署理事会第18次会议通过总额为1.29亿美元的发展援助计划。

6月10日 安理会一致通过关于"接受新会员国:孟加拉国"的第S/RES/351(1974)号决议,建议大会接纳孟加拉国为联合国会员国。

6月21日 安理会一致通过关于"接受新会员国:格林纳达"的第S/RES/352(1974)号决议,审议格林纳达加入联合国为会员国的申请书,向大会推荐接纳格林纳达为联合国会员国。

7月3日—8月2日 经社理事会在日内瓦召开第57届会议,就世界经济和社会政策问题进行一般性辩论。会议的主要任务是,采取措施执行联合国大会第6届特别会议通过的《建立新的国际经济秩序宣言》和《行动纲领》两个重要文件。10月14日、18日,11月19日、26日、29日,12月5日、10日、16日复会,本届会议共通过41项决议。

7月20日 自7月15日以来,塞浦路斯政局发生剧变,土耳其军队于7月20日进入塞浦路斯。安理会一致通过关于塞浦路斯的第S/RES/353

（1974）号决议，呼吁冲突各方停火，要求外国立即停止对塞浦路斯的军事干涉，立即撤出未依照国际协定进驻的外国军事人员，并呼吁所有国家尊重塞浦路斯的主权、独立和领土完整。

7月23日　安理会一致通过关于塞浦路斯的第 S/RES/354（1974）号决议，重申第 S/RES/353（1974）号决议，要求现在战斗的塞浦路斯所有各方立即停止该地区的一切射击，并要求所有国家力行克制，避免采取任何可使局势进一步恶化的行动。

7月25日　国际法院就冰岛与英国捕鱼权的争端做出判决，为了公平解决本争端，应通过双方对有关海域渔业依赖的评估，同时考虑其他国家的权利和保护渔业资源的需要，对冰岛的优惠捕鱼权与英国的传统捕鱼权进行协调。冰岛在法律上无权单方面排斥英国的渔船进入 1961 年双方同意的 12 海里外的海域，但这也不意味着英国在 12—50 海里的争议区中捕鱼时对冰岛不承担义务。双方有义务不断核查这些海域中的渔业资源，根据可得到的情报资料，共同审查、保护和发展所需的措施和公平地开发这些资源，要考虑现行的国际协定或谈判后可能达成的国际协定。

7月31日　安理会要求秘书长就塞浦路斯停火执行情况做出汇报。苏联投票否决了"所有国家都已宣称它们尊重塞浦路斯的主权、独立和领土完整"的决议草案。

8月1日　安理会通过关于塞浦路斯的第 S/RES/355（1974）号决议，回顾安理会第 S/RES/186（1964）号、第 S/RES/353（1974）号和第 S/RES/354（1974）号决议，请秘书长参照他的声明采取适当行动，并向理事会提出一个详尽的报告。

8月12日　安理会一致通过关于"接受新会员国：几内亚比绍"的第 S/RES/356（1974）号决议，审议几内亚比绍共和国加入联合国为会员国的申请书，向大会推荐接纳几内亚比绍共和国为联合国会员国。

8月14日　安理会一致通过关于塞浦路斯的第 S/RES/357（1974）号决议，重申第 S/RES/353（1974）号决议中的所有各项规定，并促请有关各方毫不迟延地执行这些规定；决定继续注视该地局势，并于必要时立刻召集会议，以审议停火如未获尊重时应采取何种更有效的措施。

8月15日　安理会一致通过关于塞浦路斯的第 S/RES/358（1974）号决议，对理事会第 S/RES/357（1974）号决议未获遵守，深表遗憾，回顾安理会第 S/RES/353（1974）号决议、第 S/RES/354（1974）号决议、第 S/RES/355（1974）号决议和第 S/RES/357（1974）号决议，并敦促所有各方充分执行上述各项决议，立即严格遵守停火协议。

同日 塞浦路斯局势发生动荡以来，联合国驻塞浦路斯维和部队人员伤亡人数不断增加，为此安理会通过关于塞浦路斯的第 S/RES/359(1974)号决议，痛惜联合国驻塞浦路斯维和部队人员的伤亡，呼吁有关各方尊重维和部队的国际地位，不得危害其人员的安全，并与维和部队进行合作以便利其执行人道等方面的任务。

8月16日 安理会通过关于塞浦路斯的第 S/RES/360(1974)号决议，正式表示不同意对塞浦路斯共和国采取的片面军事行动；促请各方遵守以前安理会各项决议的所有规定，包括关于所有外国军事人员，除了国际协定规定的以外，全部立即从塞领土撤出的规定；促请各方立即在建设性的合作气氛下重开第 S/RES/355(1974)号决议要求的谈判，不应因为军事行动取得的优势而妨碍或预先断定谈判的成果。

8月19—30日 由联合国主办的布加勒斯特会议是第1次世界性的政府间人口会议。与会的136个国家的代表从政治和发展的角度审议了人口问题。8月30日，会议通过《世界人口行动计划》，强调在发展过程中人口目标和政策起着不可缺少的作用；各国有权决定自己的人口政策，在执行政策时可以要求国际上的支持和合作。行动计划反映国际社会对人口趋势在发展中的意义和发展规划在决定人口趋势方面所发挥的重要作用的新认识。

8月30日 安理会一致通过关于塞浦路斯的第 S/RES/361(1974)号决议，对秘书长在促成塞浦路斯两社区领袖间谈判方面所起的作用表示赞赏；并请秘书长对需要联合国紧急人道援助的岛上所有各部分的人继续提供这种援助。

9月9—10日 联合国西亚经济委员会第1届特别会议决定将黎巴嫩首都贝鲁特作为5年内会议总部。

9月16日 大会第28届常会举行最后1次会议。

9月17日 大会通过决议，接纳孟加拉国、格林纳达、几内亚比绍3国为联合国会员国。

9月17日—12月18日 第29届联合国大会举行。阿卜杜拉·阿齐兹·布特弗利卡(阿尔及利亚)当选为本届大会主席。

9月26日 大会特别政治委员会决定，邀请南非非洲人解放运动组织——非洲人民国民大会和阿扎尼亚泛非主义者大会的代表为观察员参加该委员会活动。

9月30日 大会第29届会议全体会议以98票对23票，14票弃权通过全权证书审查委员会提出的关于拒绝接受南非种族主义政权代表的证书的建议。并通过了关于出席大会第 29 届会议各国代表的全权证书的第 A/RES/3206(29)号决议,认可全权证书委员会的报告。

10 月 11 日　大会一致通过关于"欧洲经济共同体在大会的地位"的第 A/RES/3208(29)号决议,分别邀请欧洲经济共同体和经济互助委员会作为观察员参加大会的工作。

10 月 14 日　大会以 105 票对 4 票,20 票弃权通过关于"邀请巴勒斯坦解放组织"的第 A/RES/3210(29)号决议,邀请巴勒斯坦解放组织的代表参加大会关于巴勒斯坦问题的辩论。美国、以色列等 4 国对此投了反对票。

10 月 17 日　联合国教科文组织大会第 18 届会议在巴黎举行。出席会议的共有 130 多个国家和地区的代表。会上通过了接纳朝鲜民主主义人民共和国为该组织成员的决议。会议还通过决议,接纳圣马力诺共和国为成员,接纳巴布亚新几内亚为准成员,接受一些民族解放运动组织(非洲统一组织承认的非洲民族解放运动和阿拉伯国家联盟承认的巴勒斯坦解放组织)参加教科文组织的活动。

10 月 18—23 日　托管理事会第 41 届会议续会。

10 月 23 日　安理会通过关于埃及—以色列间局势的第 S/RES/362(1974)号决议,决定将联合国紧急部队的任务再延长 6 个月,即延长到 1975 年 4 月 24 日,以便进一步努力协助建立中东的公正和持久的和平。

10 月 30 日　安理会讨论有关建议大会取消南非的联合国会员国资格的提案。美国、英国、法国代表分别发言,认为开除不是一个恰当的解决办法,它将树立一个严重损害联合国结构的破坏性先例。3 国均对该提案投了否决票。

11 月 1 日　大会通过关于塞浦路斯问题的第 A/RES/3212(29)号决议,要求各国尊重塞浦路斯共和国的主权、独立、领土完整和不结盟,并且制止反对它的一切干涉行动。

11 月 2 日　大会要求土耳其从塞浦路斯撤军。此后,土耳其拒绝了这一呼吁,结果联合国维和部队占领了沿军事停火线的一些据点和被分治的首都尼科西亚。

11 月 5—16 日　由联合国主办的世界粮食会议在罗马召开,来自 133 个国家的 1250 名代表以及来自一些非政府组织的 800 多名观察员出席了会议。会议的主要目的在于加强国际合作,寻求解决世界粮食问题的办法。会议决定,建议联合国建立世界粮食理事会和世界粮食安全委员会,并设立国际农业发展基金会。16 日,会议通过的《世界消灭饥饿和营养不良宣言》宣布,全世界男女老少均享有免于饥饿与营养不良的不可剥夺权利;各国政府有责任实现重组的粮食生产,在各国国内和各国之间实现更公平、更有效率的粮食分配。宣言还强调,要改善贫困国家的粮食生产条件,使它们获得自给自足同时要建立世界粮食保障体系以应对灾荒,稳定世界粮食市场。12月17日,大会通过第 A/RES/3348(29)号决议核可《世界消灭饥饿和营养不良宣言》。

11月12日　大会通过题为《关于登记射入外层空间物体的公约》的第 A/RES/3235(29)号决议及其所附《关于登记射入外层空间物体的公约》。该公约要求发射国向联合国登记其所发射的每一外空物体的情报,以便于识别外空物体。该公约于1975年1月14日开放供签署。

11月13—21日　大会辩论巴勒斯坦问题。这是巴勒斯坦问题首次作为单独项目列入联合国大会议程。82个国家参加辩论,巴解组织主席阿拉法特于11月13日应邀在会上发言,大会承认巴勒斯坦解放组织是"巴勒斯坦人民的唯一合法代表"。14日,大会通过表决反对以色列在有关中东的辩论中发言。

11月19日　联合国教科文组织大会第18届会议通过关于促进国际了解、合作与和平的教育以及关于人类和基本自由的教育的建议。

11月20日　在巴黎召开的联合国教科文组织全体会议以64票对27票,26票弃权通过阿拉伯国家的建议,中止对以色列的援助,并将其排除在教科文组织的地区小组及该组织活动之外。为此,美国于11月26日决定暂停给予教科文组织的援助,直至该组织取消对以色列的制裁。

11月22日　大会通过关于巴勒斯坦问题的第 A/RES/3236(29)号决议,宣布巴勒斯坦人民享有不可剥夺的权利,包括重返家园、不受外来干涉实行自决及民族独立和主权,并承认巴勒斯坦解放组织作为巴勒斯坦人民的代表是在中东建立公正持久和平的一支重要力量;通过关于给予巴勒斯坦解放组织观察员身份的第 A/RES/3237(29)号决议,授予巴勒斯坦解放组织在联合国及由联合国主办的国际会议中常驻观察员的地位。

11月23日　大会第一委员会通过一项决议草案,赞同建立中东无核区的主张。这项决议草案以103票对0票,3票弃权获得通过。

11月29日　大会通过关于"恢复柬埔寨王国民族团结政府在联合国的合法权利"的第 A/RES/3238(29)号决议。

大会以107票对1票(葡萄牙),20票弃权通过关于普遍实现民族自决权利和迅速给予殖民地国家和人民独立对于切实保障和尊重人权的重要的第 A/RES/3246(29)号决议,敦促葡萄牙政府加速在其殖民地上结束殖民统治的进程;谴责所有不承认各殖民地和被占领土,特别是南部非洲和巴勒斯坦人民自决和独立权的政府；要求那些同南非种族主义政权保持各种关系的国家重新考虑它们的政策，断绝同种族主义政权的一切联系。

同日　安理会通过关于以色列—阿拉伯叙利亚共和国问题的第 S/RES/363(1974)号决议，决定将联合国脱离接触观察员部队的任务期限延长 6 个月。

12 月 5—16 日　经社理事会召开第 57 届常会。

12 月 9 日　大会第一委员会会议上，强行通过了美国等国关于朝鲜问题的提案。这一提案闭口不谈撤走驻在南朝鲜的一切外国军队，硬要把解散"联合国军司令部"的问题提交安理会审议。

大会第六委员会结束了关于审议《联合国宪章》问题的辩论。会议通过一项决议，决定成立一个由 32 国组成的关于《联合国宪章》问题的特别委员会，来具体研究各国政府对加强联合国的职能和作用的意见和建议。

大会以 103 票对 0 票，26 票弃权通过关于"宣布印度洋为和平区的宣言的执行"的第 A/RES/3259(29)号决议，敦促有关国家尽力支持建立印度洋和平区；要求大国不再增加在该地区的武力和军事存在；要求印度洋沿岸和内陆国家尽快磋商召开一次印度洋会议；并要求安理会支持大会印度洋特设委员会的工作。

大会通过关于《签署和批准拉丁美洲禁止核武器条约》第二号附加议定书的第 A/RES/3079(28)号决议的执行情况。

大会通过两项关于建立无核武器区的决议，分别是关于在中东区域设立无核武器区和宣布设立南亚无核区的第 A/RES/3263(29)和第 A/RES/3265(29)号决议，分别赞成在中东和南亚建立无核武器区的计划。

大会讨论了苏联 8 月 7 日提案"禁止为了军事和其他与维持国际安全、人类福利和健康不相容的敌对目的而采取足以影响环境和气候的行动"，并通过了第 A/RES/3264(29)号决议，认为需要通过缔结一项国际公约，来采取有效措施，禁止为了军事和其他与维持国际安全、人类福利和健康不相容的目的而影响环境和气候的行动。

12 月 12 日　大会通过第 A/RES/3281(29)号决议及其所附之《各国经济权力利和义务宪章》，该宪章由墨西哥倡议以七十七国集团名义提出，论述了国际经济关系的基本准则和对国际社会的共同责任，确认各国有权对其自然资源行使主权，有权对外国投资加以管理并有权将外国财产的所有权收归国有、没收或转移，有权为发展其民族经济组成初级产品的生产者组织。

大会通过关于设立联合国生境和人类住区基金会的第 A/RES/3327

(29)号决议,决定自 1975 年 1 月 1 日起设立联合国住房基金,帮助各国改善住房和人类住区条件。

12 月 13 日　大会通过了关于葡萄牙统治下的领土问题的第 A/RES/3294(29)号决议。促请所有各国政府,各专门机构,与联合国有关系的其他机构为有关领土的人民取得民族独立和重建他们的国家给予一切道义和物质的援助。

同日　安理会通过关于塞浦路斯的第 S/RES/364(1974)号决议,再次延长联合国驻塞浦路斯维持和平部队的驻防期限至 1975 年 6 月 15 日,要求各国尊重塞浦路斯共和国的主权、独立、领土完整和不结盟,并且制止反对它的一切干涉行动。

同日　安理会通过关于塞浦路斯的第 S/RES/365(1974)号决议,赞同大会第 A/RES/3212(29)号决议,并敦促有关各方尽早予以执行;请秘书长就本决议的执行进展情况提出报告。

12 月 14 日　大会全体会议一致通过关于侵略定义的第 A/RES/3314(29)号决议及其所附《关于侵略定义的决议》。定义共 8 条,其中一条指出:"侵略是指一个国家使用武力侵犯另一个国家的主权、领土完整或政治独立,或以本定义所宣示的与《联合国宪章》不符的任何其他方式使用武力。"

大会通过关于《在非常状态和武装冲突中保护妇女和儿童宣言》的第 A/RES/3318(29)号决议及其所附《在非常状态和武装冲突中保护妇女和儿童宣言》,并要求所有会员国遵守该宣言。

大会通过关于"武装冲突中对人权的尊重"的第 A/RES/3319(29)号决议,强调更好地实施有关武装冲突的现有人道主义规则并筹订补充规则的迫切性,决议要求武装冲突中的所有各方承认并遵行在人道主义文书下所负的义务,遵守适用的国际人道主义规则。

12 月 16 日　大会宣布印度洋为和平区。

大会通过关于传播非殖民化工作的新闻的第 A/RES/3329(29)号决议,重申承认那些处在殖民主义和外国统治下的人们为行使自己的自决和独立的权利,而采取一切必要手段进行斗争的合法性,敦促各国对正在为自由和独立而斗争的人民特别是非洲的民族解放运动给予道义和物质上的支持。决议谴责南非政权与罗得西亚非法的种族主义少数政权对成百万纳米比亚和津巴布韦的非洲人实行殖民主义和种族主义镇压。

12 月 17 日　大会通过关于"对于阿拉伯被占领领土为国家资源的永久主权"的第 A/RES/3336(29)号决议。

大会通过关于同沙漠化进行战斗的国际合作的第 A/RES/3337(29)号

决议,决定发起向沙漠化进行战斗的国际一致行动。

大会通过关于"联合国与世界知识产权组织之间的协定"的第 A/RES/3346(29)号决议及其所附《联合国与世界知识产权组织的协定》。该组织的目标是通过各国间的合作,并在适当情况下,同其他国际组织协作,促进全世界范围内知识产权的保护;并管理分别根据各个多边条约成立的、处理有关知识产权方面不同问题的各种联盟。

大会通过关于世界粮食会议的第 A/RES/3348(29)号决议,决定建立由 36 国政府部长组成的联合国世界粮食理事会,作为世界上专门处理粮食问题的最高级别机构,负责审查影响世界粮食局势的重要问题和政策,并拟定解决这些问题的综合办法。

大会通过关于"需要研讨关于《联合国宪章》的建议"的第 A/RES/3349(29)号决议,决定设立由 42 国组成的联合国宪章特设委员会,审议关于如何在无须修改宪章的情况下提高联合国工作效能的建议。1974 年成立的特设委员会是审议宪章工作的一个转折点。在此之前,主要侧重点是如何修改宪章特别是针对否决权和安理会,因此招致苏联等国的激烈反对和抵制,实际也没有取得什么成效。在此之后,由破转向立,不仅减少阻力,而且也可为加强联合国机制做些实事。

同日　安理会一致通过关于纳米比亚问题的第 S/RES/366(1974)号决议,谴责南非对纳米比亚领土的继续非法占领和非法专断实施种族歧视和镇压性的法律和惯例;要求南非采取必要步骤,按照第 S/RES/264(1969)号和第 S/RES/269(1969)号决议的规定,撤退它维持在纳米比亚的非法行政机构,并在联合国协助下将权力移交给纳米比亚人民。

12 月 18 日　大会通过关于《国际公务员制度委员会规约》的第 A/RES/3357(29)号决议,决定设立由 15 名成员组成的国际公务员制度委员会,其任务是就影响联合国及其有关机构整个薪资和人事制度的事项提出建议,在某些情况下还作出决定。

12 月 20 日　国际法院以 9 票对 6 票作出判决,认为澳大利亚和新西兰的主张已不再有对象,因此不需要再对此问题作出裁定。法院指出,澳大利亚和新西兰的目的是终止法国在南太平洋地区的大气层核试验,而法国在法院审判前做出了一系列可以考证的自动终止核试验的声明,这些声明的效力不需要具有交换条件的性质或此后任何国家表示接受,甚至不需要有其他国家的任何反应,声明的形式也不重要。法院认为法国承诺了不再在南太平洋地区进行大气层核试验的义务,澳大利亚和新西兰的目的已达到,争端已不复存在。

一九七五年

（国际妇女年）

1月1日 志愿性的联合国生境和人类住区基金会依照大会第 A/RES/3327(29)号决议成立。

1月13日 经社理事会召开第58届常会，本届会议分段召开：1月13日、15日、28日，4月8日—5月8日召开第58次会议续会，共通过34项决议。

1月15日—2月3日 开发计划署理事会举行第19次会议，通过了总额为8350万美元的技术援助计划。

1月20日 联合国大学在东京正式开学。

2月4日 联合国关于国家在同国际组织关系中的代表权问题会议在维也纳举行。会议通过了《维也纳关于国家在其对普遍性国际组织关系上的代表权公约》，规定了各国政府派往国际组织的使团和包括观察团在内的代表团的地位、特权和豁免，以及它们在这些组织召开的会议上的代表权等事项，从而使国际法委员会编纂外交关系原则工作中产生的条约成为一组完整的条约。

2月10—21日 商品委员会开始了一个朝着综合商品稳定发展的方向的行动计划。

2月20日—3月12日 应塞浦路斯和希腊政府的请求，安理会开会审议塞浦路斯土耳其族人决定建立一个"土族联邦"的问题。3月12日，会议一致通过关于塞浦路斯的第 S/RES/367(1975)号决议，对土族的这一单方行动表示遗憾，并申明土族的这一决定并不代表塞浦路斯问题最后的政治解决，要求塞浦路斯希、土两族恢复对话，并请秘书长派遣一个特使团进行新的斡旋。

2月28日 联合国一专家委员会建议对联合国进行结构改革，以便其能够完全适应加强国际经济合作的要求。

3月12—26日 联合国工业发展组织第2次大会在秘鲁首都利马举行。会议通过《关于工业发展与合作的利马宣言》和《行动计划》。建议联合国大会把工发组织改组成联合国的一个专门机构，同时提出设想，发展中国家在世界工业生产中的份额将从1975年的7%增至2000年的25%。

3月17—28日 由48国组成的联合国跨国公司委员会举行第1次会议。该委员会是联合国内全面评估有关跨国公司所有问题的中心讲坛，其目的是在于促进各国政府、国际组织、工会和商业团体之间的意见交换,并开展对跨国公司活动的研究。

3月25日　世界粮食计划署主管团体批准了1.29亿美元的粮食援助资金。

3月26日　《关于禁止发展、生产和储存细菌(生物)及毒素武器以及销毁此种武器的公约》开始生效。

4月8日—5月8日　经社理事会第58次会议续会。

4月17日　安理会通过关于埃及—以色列问题的第S/RES/368(1975)号决议,要求有关各方立即执行安理会第S/RES/338(1973)号决议,将联合国紧急部队的任务期限延长3个月,至1975年7月24日止。

4月17日—5月2日　联合国环境规划署召开第3次会议。

4月28日—5月3日　在联合国秘书长斡旋下,塞浦路斯希、土两族代表在维也纳举行首轮谈判,寻求解决两族之间冲突及其所带来的问题的办法。双方决定设立一个专家委员会审查就中央政府的权力与职能所提出的详细建议。

4月30日　越南实现南北统一,越南民主共和国在越南共产党的领导下解放了南方,完成国家统一的历史大业。对这一伟大胜利,越共一直给予高度评价,越共中央总书记、国家主席阮富仲说:"这一胜利作为最耀眼的篇章、革命英雄主义与人类智慧全胜的崇高象征而永远载入我国民族史册,作为20世纪伟大战功以及具有重大国际意义和深刻时代性质的大事件而载入世界历史。"

5月2日　联合国工业发展理事会第9次会议在维也纳闭幕。会议通过《关于第二次工业发展大会决定和建议的后续工作的决议》。

5月5—30日　《不扩散核武器条约》缔约国第1次核查会议在日内瓦举行。会议于30日通过最后宣言,重申缔约各方坚决支持并忠实履行条约的义务,禁止从有核国家向无核国家转让核武器和核技术。

5月19—30日　国际公务员制度委员会(ICSC)第1次会议关注制定一个为联合国及其专门机构服务的统一的公务员制度。

5月20日　联合国改革专家小组提出一项新的适应全球经济合作的联合国结构改革报告。

5月20日—6月21日　联合国锡会议在日内瓦召开,会议通过了第5个国际锡协定,新协定从1975年7月1日起生效。

5月27日—6月7日　托管理事会召开第42届常会。

5月28日　安理会通过关于以色列—阿拉伯叙利亚共和国问题的第

S/RES/369(1975)号决议,将联合国脱离接触观察员部队的任务期限再延长 6 个月。

5 月 30 日—6 月 6 日 安理会讨论纳米比亚问题。喀麦隆等 5 国提出一项谴责南非对纳米比亚的非法占领,认定该占领构成对国际和平与安全的威胁。

5 月 31 日 苏联政府致信联合国秘书长,反对修改《联合国宪章》,并强调安理会常任理事国一致的原则是联合国组织的基石和可靠保障。

6 月 6 日 安理会讨论了纳米比亚局势,草案要求南非立即停止其目的在破坏纳米比亚民族团结和领土完整的班图斯坦和所谓的本土政策,要求南非紧急采取必要的步骤从纳米比亚撤出,并要求对南北实行武器禁运,法国、英国、美国对此决议草案投了反对票。

6 月 11 日 开发计划署理事会第 20 次会议批准向发展中国家提供总额为 1 亿美元的技术援助资金。

6 月 13 日 安理会通过关于塞浦路斯的第 S/RES/370(1975)号决议将联合国驻塞浦路斯部队的任务期限延长 6 个月,至 1975 年 12 月 15 日止。

6 月 16—20 日 在以国际经济合作与发展为主题的联合国大会特别会议召开之前,筹备委员会已经开始工作。

6 月 19 日—7 月 2 日 由联合国主持的国际妇女年世界会议——世界妇女大会在墨西哥城举行,来自 133 个国家 1000 多名代表出席了历史上第 1 次召开的关于妇女问题的世界性政府间会议。大会通过了《关于妇女的平等地位和她们对发展与和平的贡献的墨西哥宣言》和为实现妇女年目标而制定的世界行动计划和区域计划,以及 34 项从改进教育和保障服务到巴勒斯坦人的权利等问题的决议,以及《关于妇女的平等地位和她们对发展与和平的贡献的墨西哥宣言》。大会还提出了改善妇女地位的指导方针,强调各国有责任消除会影响妇女获得平等地位的障碍,寻求方法使妇女充分参与社会、并解决使妇女处于低下地位的不发达问题和社会经济结构问题。这是联合国成立以来第一次召开专门讨论妇女问题的政府间的世界性大会,即第一次世界妇女大会。

6 月 23—28 日 联合国世界粮食理事会举行首届会议,通过了一项行动优先次序的一览表。

7 月 2—31 日 经社理事会召开第 59 届常会,8 月 29 日—11 月 10 日复会,本届会议共通过 32 项决议。

7 月 24 日 安理会通过关于埃及—以色列问题的第 S/RES/371

（1975）号决议，审议了秘书长关于联合国紧急部队的报告（S/11758），决定将联合国紧急部队的任务期限延长3个月，至1975年10月24日止。

8月6日　安理会决定不把推荐韩国申请加入联合国的问题列入它的议事日程。

8月11日　安理会审议越南南方共和与越南民主共和国要求加入联合国的申请。美国连续两次投票予以否决。美国代表称，决定美国立场的因素是由于安理会决定不考虑韩国加入联合国的申请。

8月18日　安理会一致通过关于"接受新会员国：佛得角"的第S/RES/372（1975）号决议，审议佛得角共和国要求加入联合国的申请，向大会推荐接纳佛得角共和国为联合国会员国。

同日　安理会通过关于"接受新会员国：圣多美和普林西比"的第S/RES/373（1975）号决议，审议圣多美和普林西比民主共和国要求加入联合国的申请，向大会推荐接纳圣多美和普林西比民主共和国为联合国会员国。

同日　安理会通过关于"接受新会员国：莫桑比克"的第S/RES/374（1975）号决议，审议莫桑比克人民共和国要求加入联合国的申请，向大会推荐接纳莫桑比克人民共和国为联合国会员国。

8月25—30日　在利马举行的不结盟国家外长会议通过《政治宣言》和《巩固国际和平与安全和加强不结盟国家的团结与互助的战略》。

8月28—29日　托管理事会召开第42届常会。

9月1—12日　由联合国主持的第5次预防犯罪和罪犯待遇大会在日内瓦召开。会议提出了《保护人人不受酷刑和其他残忍、不人道或有辱人格待遇或处罚的宣言》草案，准备请提第30届大会批准。

9月1—16日　为贯彻实行《建立新的国际经济秩序宣言》和《行动纲领》以及《各国经济权利和义务宪章》，进一步研究世界发展和国际经济合作问题，并扩大世界经济和发展合作的范围和概念，主题为"讨论发展和国际经济合作问题"的第7届特别联大在纽约总部举行。会议集中审议了通过国际合作建立新的国际经济秩序的手段，并一致通过决议，规定采取一些措施，作为联合国系统加速发展中国家的发展，缩小发展中国家和发达国家之间差距的工作基础和框架。这些措施包括：增进国际贸易和对发展中国家的投资；增加对发展中国家科学和技术能力的转让；改革货币制度；促进发展中国家的工业化、粮食和农业的发展；开展发展中国家之间的合作。会议通过了第A/RES/3361（S—7）和第A/RES/3362（S—7）号决议。此次会议是第6届特别联大的继续，是发展中国家要求改革旧的国际经济关系、建立新的国际经济秩序的又一次重要会议。

大会通过关于各国代表的全权证书的第 A/RES/3361(S—7)号决议，决定第 7 届特别会议的总务委员会应与第 29 届常会的总务委员会相同。

大会通过关于发展及国际经济合作的第 A/RES/3362(S—7)号决议。决议重申了为建立新的国际经济秩序奠定基础的《建立新的国际经济秩序宣言》和《行动纲领》以及《各国经济权利和义务宪章》，强调迫切需要纠正发达国家和发展中国家之间的经济不平衡，决定成立国际农业发展基金，以资助发展中国家主要是为粮食生产的农业发展项目。决议还决定成立一个特设委员会，对改组联合国系统的经济和社会部门提出建议。

9 月 4 日 埃及和以色列在日内瓦签署了第 2 个脱离接触协议，规定要建立一个由联合国紧急部队控制的缓冲区。

9 月 16 日 大会通过第 A/RES/3363(30)号决议、第 A/RES/3364(30)号决议和第 A/RES/3365(30)号决议，分别决定接纳佛得角、圣多美和普林西比、莫桑比克为联合国会员国。

9 月 16 日—12 月 17 日 第 30 届联合国大会在纽约举行，加斯东·托恩(卢森堡)当选为本届大会主席。

9 月 19 日 大会通过由包括中国在内 55 国提出的关于接纳越南为联合国会员国的提案，即第 A/RES/3366(30)号决议，接纳越南民主共和国和越南南方共和国为联合国会员国。

9 月 22 日 安理会一致通过关于"接受新会员国:巴布亚新几内亚(巴新)"的第 S/RES/375(1975)号决议，审议巴布亚新几内亚要求加入联合国的申请，向大会推荐接纳巴布亚新几内亚为联合国会员国。

9 月 29 日—10 月 3 日 世界粮食理事会讨论并通过向 15 个国家提供总价值为 1.65 亿美元的粮食援助。

9 月 30 日 安理会根据大会决议，重新审议越南民主共和国和越南南方共和国加入联合国的申请。美国又连续两次否决了关于向大会推荐接纳上述两国成为联合国会员的提案。

10 月 1 日 大会通过关于出席大会第 30 届会议的各国代表的全权证书的第 A/RES/3367(30)号决议。核可全权证书委员会的第 1 次报告。

10 月 10 日 大会通过第 A/RES/3368(30)号决议，接纳巴布亚新几内亚为联合国会员国。

10 月 16 日 国际法院发表咨询意见，认为在西撒哈拉沦为西班牙殖民地时，在西撒哈拉人民同摩洛哥和毛里塔尼亚实体之间有某些法律关系，但不是领土主权关系，而且那些法律关系的性质还不能影响该领土实施自决原则。在该意见公布后，摩洛哥国王宣布，他将率领 35 万非武装的摩洛哥人向西撒哈拉进军,要求取得对该领土的权利。

10 月 17 日　安理会通过关于"接受新会员国:科摩罗伊斯兰联邦共和国"的第 S/RES/376(1975)号决议,审议了科摩罗要求加入联合国的申请,向大会推荐接纳科摩罗为联合国会员国。

10 月 22 日　应西班牙请求,安理会开会讨论西撒哈拉局势。安理会一致通过关于西撒哈拉的第 S/RES/377(1975)号决议,要求秘书长立即同西班牙、摩洛哥、毛里塔尼亚和阿尔及利亚进行协商,敦促这些国家避免采取可能加剧该地区紧张局势的行动。

10 月 23 日　安理会通过关于埃及—以色列问题的第 S/RES/378(1975)号决议,决定将联合国紧急部队的任务期限延长 1 年,至 1976 年 10月 24 日止。

10 月 25—28 日　联合国秘书长瓦尔德海姆访问西班牙、摩洛哥、毛里塔尼亚和阿尔及利亚。

10 月 30 日　联合国秘书长瓦尔德海姆呼吁在黎巴嫩内战中的冲突各方尽快结束流血冲突。

11 月 2 日　安理会通过关于西撒哈拉的第 S/RES/379(1975)号决议,重申安理会第 S/RES/377(1975)号决议,促请所有有关各方避免采取任何单方面的或其他行动,致使西撒哈拉地区的紧张局势进一步加剧。

11 月 5 日　110 个国家向联合国开发计划署承诺提供总额为 3.15 亿美元的资金,用于该机构 1976 年的活动开支。

11 月 6 日　安理会通过关于西撒哈拉的第 S/RES/380(1975)号决议,促请摩洛哥立即从西部撒哈拉领土内撤出所有参加进军的人;促请摩洛哥一切其他有关各方,在不妨碍大会根据其 1974 年 12 月 13 日第 A/RES/3292(29)号决议的规定可能采取的任何行动以及不妨碍有关各方按照《联合国宪章》第 33 条的规定可能进行的谈判的条件下,同秘书长充分合作,执行安理会第 S/RES/377(1975)号和第 S/RES/379(1975)号决议委托给它的任务。

11 月 8—27 日　联合国粮农组织第 18 届大会在罗马举行。100 多个国家的代表参加了这次会议。在大会和委员会的讨论和发言中,一些中小国家的代表强调,必须改变建立在剥削基础上的旧的国际经济关系,建立起新的国际经济秩序。

11 月 10 日　联合国秘书长呼吁安哥拉 3 个解放运动组织采取紧急措施,在国家独立前夕停止冲突。

大会通过关于巴勒斯坦问题的第 A/RES/3376(30)号决议,决定建立由 20 国组成的"巴勒斯坦人民行使不可剥夺的权利委员会",要求该委员会审议并提出一项使巴勒斯坦人民能够行使大会规定的权利的计划。

大会以 72 票对 35 票,32 票弃权,通过关于消除一切形式种族歧视的第 A/RES/3379(30)号决议,谴责犹太复国主义是"种族主义和种族歧视的一种形式"。同日,大会以 101 票对 8 票,25 票弃权,通过关于邀请巴勒斯坦解放组织参加为中东和平所作的努力的第 A/RES/3375(30)号决议,决定邀请巴勒斯坦解放组织代表以与其他各方代表平等的身份参加所有由联合国主持的解决中东问题的活动。

大会通过第 A/RES/3384(30)号决议及其所附《利用科学和技术进展以促进和平并造福人类宣言》。该宣言特别声明,所有国家应防止利用,特别防止国家机构利用科学和技术发展来限制或妨碍个人享受世界人权宣言、国际人权公约和其他有关国际文书中规定的人权和基本自由。

11 月 10—21 日 联合国贸易与发展会议航运委员会第 7 届会议在日内瓦举行。出席会议的有 70 多个国家的代表。中国代表第 1 次出席了会议。这次会议主要讨论航运的趋势、运价和保护托运人的利益等问题。

11 月 12 日 大会通过第 A/RES/3385(30)号决议,接纳科摩罗为联合国会员国。

同日 联合国秘书长针对摩洛哥国王的"号召"发布报告,要求游行者撤离闯入的西撒哈拉地区。

11 月 14 日 西班牙、摩洛哥和毛里塔尼亚 3 国政府在马德里发表一项关于西撒哈拉问题的原则宣言,又称《马德里协定》。根据该宣言,西班牙将于 1976 年 2 月 28 日之前终止它对西撒哈拉的管理,并将其权力移交给由西班牙、摩洛哥和毛里塔尼亚 3 国代表组成的一个临时行政机构。随后,西班牙将这一决议通知联合国秘书长,秘书长也于 11 月 19 日另行发布了报告。

11 月 18 日 大会通过关于朝鲜问题的第 A/RES/3390(30)号决议,要求"解散'联合国军司令部'和撤走在联合国旗帜下驻在南朝鲜的一切外国军队","建议停战协定的实际当事者用和平协定代替朝鲜军事停战协定"。

11 月 19 日 大会通过关于"归还各国被掠夺的艺术品"的第 A/RES/3391(30)号决议,要求有关国家迅速把从别国掠夺来的艺术品、历史文物、博物馆珍品、原稿和文件归还给原主国家。这项决议认为,统治或占领过外国领土的国家在这方面负有特殊的义务。这项提案是扎伊尔代表提出的。美国和以色列等一些国家在表决时投了弃权票。

11 月 20 日 大会以 117 票对 1 票,9 票弃权通过关于塞浦路斯问题的第 A/RES/3395(30)号决议,要求所有外国军队和军事人员立即从塞浦路斯共和国撤出,停止外部对塞浦路斯事务的干涉,立即采取措施帮助难民重返家园,并呼吁有关各方立即恢复谈判。

11 月 21 日　大会通过关于南罗得西亚问题的第 A/RES/3397(30)号决议,要求南罗得西亚当局停止处决自由战士,无条件释放所有政治犯和被拘押的人,停止一切镇压措施;决议呼吁所有国家制止为南罗得西亚征募雇佣兵,并给予津巴布韦人民在斗争中所需的各种援助。

大会以 109 票对 0 票,19 票弃权,通过关于"外国经济和其他利益从事活动在南罗得西亚、纳米比亚和所有其他殖民统治领土内妨害给予殖民地国家和人民独立宣言的执行,并在南部非洲妨害消除殖民主义、种族隔离和种族歧视的努力"的第 A/RES/3398(30)号决议,要求各国严格遵守《联合国宪章》的宗旨和原则以及《加强国际安全宣言》的条款,并以此作为国际关系的基础,共同推进世界所有地区的缓和进程。

11 月 26 日　大会通过关于纳米比亚问题的第 A/RES/3399(30)号决议,确认纳米比亚人民享有自决和独立的不可剥夺和不可让与的权利。该决议重申,纳米比亚民族解放运动——西南非洲人民组织——是纳米比亚人民的真正代表,决议支持这个组织为加强民族团结而作的努力,决议承认纳米比亚人民使用一切手段来反对南非非法占领他们国家的斗争的合法性。

11 月 28 日　大会通过关于"将联合国及粮农组织会议世界粮食方案政府间委员会改组为粮食援助政策和计划委员会"的第 A/RES/3404(30)号决议,同意联合国粮农组织第 66 届会议、经社理事会第 59 届会议的建议,将联合国及粮农组织合设世界粮食方案政府间委员会改组为粮食援助政策和方案委员会。

大会通过关于技术合作的新活动范围的第 A/RES/3405(30)号决议。核可本决议所附联合国开发计划署理事会第 20 届会议通过的关于技术合作的新活动范围的决定。

大会通过关于国际儿童年的第 A/RES/3406(30)号决议。会议要求关心儿童的一切福利,儿童的人权和他们在法律上和文化上的认同。

大会通过关于"南非政府的种族隔离政策决议 A、决议 B、决议 C、决议 D、决议 E、决议 F、决议 G"的第 A/RES/3411(30)号决议,宣布联合国对正在进行反对种族隔离斗争的南非被压迫人民和他们的解放运动负有特殊的责任。

11 月 30 日　安理会通过关于以色列—阿拉伯叙利亚共和国问题的第

S/RES/381(1975)号决议,决定将驻戈兰高地的"联合国脱离接触观察员部队"的任务期限再延长6个月。

同日 美国总统福特启程访问中国,这是在中美两国未建交的情况下,美国总统第2次访华。访问期间,毛泽东主席与福特总统就形势与战略问题高屋建瓴地交换了意见。中国国务院副总理的邓小平与福特总统会谈时指出:在我们两国关系中,我们一直是把国际问题摆在第一位,台湾问题是第二位。并坚定地阐明了中国政府关于台湾问题的立场:用什么方式解决台湾问题,这是中国的内政,由中国决定。

12月1日 安理会一致通过关于"接受新会员国:苏里南"的第S/RES/382(1975)号决议,审议了苏里南要求加入联合国的申请,向大会推荐接纳苏里南为联合国会员国。

12月4日 大会举行全体会议,一致通过第A/RES/3413(30)号决议,接纳新独立的苏里南共和国为联合国会员国。

12月5日 大会通过关于中东局势的第A/RES/3414(30)号决议,再次谴责以色列继续占领阿拉伯土地;要求所有国家停止向以色列提供军事或经济援助,只要它继续其占领行为并否认巴勒斯坦人民不可剥夺的权利;要求安理会采取一切必要措施贯彻大会通过的所有有关决议。

12月8日 大会通过关于联合国机构会议记录的第A/RES/3415(30)号决议。请安全理事会、经社理事会和托管理事会重新考虑在它们的会议记录方面所提议的标准。

大会通过关于联合国秘书处雇佣妇女问题的第A/RES/3416(30)号决议。重申秘书处职位在男女之间公平分配,是联合国征聘政策的主要原则。

大会通过关于伯利兹问题的第A/RES/3432(30)号决议,重申伯利兹人民不可剥夺的自决和独立权利,宣布维护伯利兹不受侵犯和领土完整,要求所有国家尊重伯利兹人民的上述权利,并要求作为管理国的英国政府同有关各方协商,早日解决伯利兹问题。

同日 安理会审议由5个不结盟国家提出的一项谴责以色列空袭黎巴嫩的提案,由于美国投票否决而未获通过。

12月9日 大会通过关于联合国环境方案的第A/RES/3435(30)号决议。谴责那些没有尽到责任来清除殖民战争物质残余的殖民主义国家。

大会通过关于"环境方面的公约和议定书"的第A/RES/3436(30)号决议。促请有权成为环境方面现有公约和议定书缔约国的国家尽快成为缔约国。

大会通过关于"联合国环境规划理事会报告书"的第A/RES/3437(30)

号决议。请各专门机构、国际原子能机构和联合国系统内其他组织在执行联合国环境规划署相关工作方面应积极合作。

大会通过关于联合国大学的第 A/RES/3439(30)号决议,联合国大学作为一个国际学人社团,应该致力于联合国和联合国系统各机构所关切的全球性迫切问题的研究,在发挥《联合国宪章》宗旨与原则方面起重大作用。

大会通过关于"联合国管制滥用麻醉品基金"的第 A/RES/3446(30)号决议,认识到面对麻醉药品滥用方面持续存在着的严重威胁,基金的资金仍然不足。

大会通过关于"残疾人权利宣言"的第 A/RES/3447(30)号决议及其所附《残废者权利宣言》,声明残疾人享有与其他人同样的各种基本权利,有权得到经济和社会保障,使他们能够发挥最大的能力并加速他们加入或重新加入社会行列的过程。

大会通过关于"保护人人不受酷刑和其他残忍、不人道或有辱人格待遇或处罚宣言"的第 A/RES/3452(30)号决议及其所附《保护人人不受酷刑和其他残忍、不人道或有辱人格待遇或处罚宣言》,强调各国应保证将一切酷刑行为定为刑事犯罪行为,并应该有系统地审查其审讯方法和做法,以防止使用酷刑。

12 月 10 日　大会通过关于"整个维和行动问题所有方面的全盘审查"的第 A/RES/3457(30)号决议。请和平行动特别委员会向大会第 31 届会议提出报告。

大会通过关于西属撒哈拉问题的第 A/RES/3458(30)号决议,重申西撒哈拉人民享有不可剥夺的自决和独立权利,并要求作为管理国的西班牙及临时权力机构立即采取措施,在联合国监督下允许所有西撒哈拉人民行使自决权。

12 月 11 日　大会通过关于联合国特别基金的第 A/RES/3460(30)号决议。授权理事会在 1976 年召开联合国特别基金认捐会议。

大会通过关于发展中国家的技术合作的第 A/RES/3461(30)号决议,意识到发展中国家间的技术合作是促进发展中国家间的经济合作,使它们达到自力更生的一个有效渠道。

大会通过关于"军备竞赛的经济及社会后果及其对世界和平与安全极为有害的影响"的第 A/RES/3462(30)号决议。决定将题为"军备竞赛的经济及社会后果及其对世界和平与安全极为有害的影响"的项目列入大会第 32 届会议的议程。

大会通过关于"凝固汽油弹以及其他燃烧武器及其可能使用所涉各方面问题"的第 A/RES/3464(30)号决议。决定将题为"基于人道理由可予禁止或限制使用的燃烧武器和其他特定常规武器"的项目列入第 31 届会议临时议程。

大会通过关于化学及细菌(生物)武器的第 A/RES/3465(30)号决议。审议了裁军委员会会议报告书,重申就有效禁止发展、生产和储存一切化学武器并销毁此种武器的有效和严格措施的谈判做出贡献。

大会通过关于"对无核武器区问题所有方面进行通盘研究"的第 A/RES/3472(30)号决议,发表《关于无核武器区的宣言》,对无核武器区的定义及有核国家应尽的义务等作了规定。

大会通过关于在中东区域设立无核武器区的第 A/RES/3474(30)号决议。决定将题为"在中东区域设立无核武器区"的项目列入第 31 届会议的临时议程。

大会通过关于"禁止为了军事和其他与维持国际安全、人类福利和健康不相容的敌对目的而采取足以影响环境和气候行动"的第 A/RES/3475(30)号决议。

大会通过关于宣布设立南亚无核区的第 A/RES/3476(30)号决议。决定在该地区有关各国之间酝酿成熟之后,再对在亚洲地区适当建立无核武器区的任何提案给予适当的考虑。

大会通过关于在南太平洋设立无核武器区的第 A/RES/3477(30)号决议。希望所有国家,尤其是核武器国家,充分合作以达成本决议的"在南太平洋设立无核武器区"的目标。

大会通过关于"缔结一项关于全面彻底控制武器试验的条约"的第 A/RES/3478(30)号决议。

大会通过关于"禁止发展和制造新型大规模、毁灭性武器和此种武器新系统"的第 A/RES/3479(30)号决议。

12 月 12 日 大会通过关于第 3 次联合国海洋法会议的第 A/RES/3483(30)号决议。

大会通过关于全面彻底裁军的第 A/RES/3484(30)号决议。

大会通过关于帝汶问题的第 A/RES/3485(30)号决议,对印度尼西亚军队进攻东帝汶表示关注,促请所有国家尊重东帝汶的领土完整及其人民不可剥夺的自决权,敦促印度尼西亚停止进一步侵犯该国领土并立即撤军,使该国领土人民能够自由地行使其自决与独立权。

12 月 13 日 安理会通过关于塞浦路斯的第 S/RES/383(1975)号决

议,重申"关于成立和维持联合国驻塞浦路斯维持和平部队和关于塞浦路斯局势其他方面"的1964年3月4日第S/RES/186(1964)号决议以及其后各项决议和决定的规定;再度延长联合国驻塞部队期限至1976年6月15日,再度呼吁所有有关方面对联塞部队给予充分合作以便该部队继续执行其任务。

12月15日　大会一致通过关于"联合国宪章和加强本组织作用特别委员会"的第A/RES/3499(30)号决议,决定将1974年大会决定建立的联合国宪章特设委员会改组为联合国宪章和加强联合国作用特别委员会,并将其成员增至47国。这项决议决定:联合国宪章和加强联合国作用特别委员会作为一个特别委员会应再召开会议和继续进行其工作:详细审查各国政府提出的涉及《联合国宪章》及加强联合国作用的有关意见和建议。

大会通过关于为发展中内陆国家设立特别基金的第A/RES/3504(30)号决议,决定立即设立一个发展中内陆国家特别基金,以补偿这些国家在运输和过境方面的额外费用。

大会通过关于妇女参与发展过程的第A/RES/3505(30)号决议,表示注意到国际妇女年世界妇女大会的报告,并对实现国际妇女年各项目标提出详细建议;宣告"1976—1985年为联合国妇女10年",其主题是"平等、发展与和平";决定在妇女10年中期的1980年召开一次世界妇女大会,审议和评价活动的进展。

12月17日　第30届大会闭幕。美国常驻联合国代表莫伊尼汉在闭幕式上发言时对联合国进行激烈指责,声称对本届大会深感失望。

12月22日　安理会从15日开始举行会议,讨论东帝汶问题。15日,东帝汶民主共和国外交和新闻部部长奥尔塔在会上发言,强烈谴责印度尼西亚武装侵略东帝汶的行径。安理会一致通过关于东帝汶的第S/RES/384(1975)号决议,严重关切东帝汶局势的恶化,要求各国按照大会第A/RES/1514(15)号决议确立的非殖民化原则,尊重东帝汶的领土完整及其人民不容剥夺的自决权利;要求印度尼西亚政府从该领土不拖延地撤出一切部队;请秘书长速派1位特别代表前往东帝汶,实地估量当前的局势并同该领土内各方面以及有关各国建立接触,以便确保本决议得到执行。

12月28日　阿拉伯经济和社会发展基金会同联合国开发计划署在科威特签署一项关于联合规划阿拉伯国家之间经济发展的协议。联合规划的目的是帮助鉴定和制定阿拉伯国家之间经济发展项目的计划,重点放在发展地区性的基本建设,特别是交通、电信和电力上。阿拉伯经济和社会发展基金会将对联合规划工作进行实际指导和监督。

一九七六年

1月3日 1966年12月16日第21届联合国大会通过的《经济、社会和文化权利国际公约》在获得必需的35个国家批准后正式生效。

1月5—8日 关于纳米比亚和人权问题的国际会议在塞内加尔首都达喀尔举行。会议通过一项宣言,强烈谴责南非当局继续对纳米比亚的非法占领,呼吁国际社会采取有效措施对南非进行制裁。

1月8日 《消除一切种族歧视国际公约》的88个缔约国一致同意建立消除种族歧视委员会来监督公约的执行。

同日 中国国务院总理周恩来逝世,设在美国纽约的联合国总部门前的联合国旗降半旗,以示悼念。

1月13—15日 经社理事会召开第60届常会,4月13日—5月14日复会,共通过27项决议。

1月26日 安理会审议一项关于确认巴勒斯坦人民享有不可剥夺的自决权利的决议案,因美国投了否决票未获通过。

1月28日—2月6日 世界粮食理事会通过关于设立农业发展基金的草案。

1月30日 安理会一致通过关于波黑局势的第S/RES/385(1976)号决议,要求南非从纳米比亚撤除它的非法政权,接受纳米比亚作为一个政治实体在联合国的监督下进行选举,并执行联合国关于纳米比亚的各项决议和国际法院的咨询意见,承认纳米比亚的领土完整与统一。决议再次谴责南非在该领土施行种族歧视和镇压的法律和措施,谴责它在纳米比亚进行军事集结和利用该领土为基地攻击邻国。

2月4—15日 第12届冬季奥运会在奥地利因斯布鲁克举行,共有37个国家和地区的1123名运动员参赛。

2月6日 安理会开会讨论科摩罗与法国之间就科摩罗的马约特岛发生的争端。在表决一项关于认定法国在马约特岛举行公民投票将构成对科摩罗内政的干涉并要求法国取消该举动的决议案时,法国投了否决票,致使该决议案未能通过。

2月16日 15个地中海沿岸国家签署由联合国环境规划署倡导的《保护地中海免受污染公约》。

2月17—21日 塞浦路斯的希腊族和土耳其族在联合国秘书长主持下在维也纳举行谈判。

2月21—28日　第 1 届冬季残疾人奥林匹克运动会在瑞典恩舍尔兹维克举行,比赛设高山滑雪和北欧滑雪两个项目。参加的运动员是残障人士,共有来自 16 个国家和地区的 250 名残疾人运动员参加了本届残奥会。主办机构为国际残疾人奥林匹克委员会,每 4 年举办 1 次。

2月23日　联合国第 2 期紧急部队按照埃以停火协定将西奈半岛的吉迪、米特拉两山口西部地区移交给埃及。

2月26日　秘书长呼吁向黎巴嫩内战难民提供 5000 万美元援助。

3月12—27日　联合国工业发展组织在秘鲁首都利马举行第 2 次全体大会,正式通过《工业发展与合作行动宣言》。

3月17日　安理会一致通过关于纳米比亚问题的第 S/RES/386(1976)号决议,谴责南罗得西亚非法少数政权对莫桑比克人民共和国的一切挑衅和侵略行为,赞扬莫桑比克政府同南罗得西亚断绝一切经济和贸易关系的决定,认为这项决定是根据宪章的原则和宗旨在南罗得西亚实现联合国目标的重大贡献。

3月22—26日　安理会开会讨论耶路撒冷和巴勒斯坦被占领土地局势问题。巴解组织和以色列代表首次共同出席会议。在 25 日表决一项谴责以色列在约旦河西岸和耶路撒冷政策的决议案时,美国、法国和英国投了否决票,致使该决议案未获通过。

3月23日　1966 年第 21 届联合国大会通过的《公民权利和政治权利国际公约》及其任择议定书在获得必需的 35 个国家批准后正式生效。

3月26日　秘书长呼吁黎巴嫩各派领导人接受立即停火协议。

3月26—31日　应非洲国家集团要求,安理会开会审议南非对安哥拉人民共和国的侵略行动。31 日,会议通过关于"莫桑比克—南罗得西亚"的第 S/RES/387(1976)号决议,谴责南非对安哥拉的侵略,要求南非严格尊重安哥的独立、主权和领土完整;要求它立即无条件撤军并停止利用纳米比亚对安哥拉或任何其他邻国进行挑衅性或侵略性的活动。

4月6日　安理会一致通过关于南罗得西亚的第 S/RES/388(1976)号决议,把对南罗得西亚非法政权的强制性制裁扩大到保险业和商业领域。

4月22日　安理会通过关于东帝汶的第 S/RES/389(1976)号决议,要求印度尼西亚毫不迟延地从东帝汶撤出其全部军队。贝宁未参加投票。

5月3—28日　联合国贸易和发展会议第 4 次会议在内罗毕举行。会议通过了一系列有利于维护发展中国家利益的决议,其中包括关于增加发展中国家收入的商品综合方案、关于减轻发展中国家外债负担的建议、加强发展中国家技术能力的措施,以及关于对跨国公司实行控制的决议等。

5月7日 世界粮食计划署理事会通过向24个国家的31个项目提供价值3.58亿美元的粮食援助。

5月28日 安理会通过关于以色列—阿拉伯叙利亚共和国问题的第S/RES/390(1976)号决议,重申第S/RES/338(1973)决议,决定将联合国脱离接触观察员部队的任务再延长6个月,至1977年5月31日止。

5月31日—6月11日 联合国人类住区会议在加拿大温哥华举行,132个国家和37个团体的代表与会。会议通过《关于人类住区的温哥华宣言》,宣布:国际社会对提高全人类的生活质量承担重大义务,各国人民都享有参与影响他们住所和社区问题决策的权利以及在本国内自由迁移与定居点权利。宣言还建议各国政府采取行动,确保人类居住地方的基本需要。

6月4—17日 国际劳工组织召开就业、收入分配、社会进步和国际分工问题三方世界会议,通过《原则宣言和行动纲领》。

6月10—13日 联合国建立国际农业发展基金会议在罗马举行,91个国家的代表与会。会议通过一项协定,决定成立国际农业发展基金,作为联合国的一个专门机构。设立该基金的目的在于提供赠款和低息贷款以提高发展中国家的农业生产能力,并优先考虑粮食欠缺的国家和乡村最贫穷的人口。

6月14—17日 世界粮食理事会第2次会议在罗马举行。会议审议了世界粮食局势、粮食援助、粮食安全、粮食贸易等问题,认为应当共同努力增加发展中国家的粮食生产,并增进世界的粮食安全。

6月15日 安理会通过关于塞浦路斯的第S/RES/391(1976)号决议,决定再度延长联合国驻塞浦路斯维持和平部队的驻留期限至1976年12月15日。

6月16日 联合国非殖民化特别委员会强烈敦促对南罗德西亚采取措施。

6月19日 安理会一致通过关于南非的第S/RES/392(1976)号决议,强烈谴责南非当局大规模镇压和平示威者,甚至屠杀参加示威的小学生的残暴行径;要求南非当局立即停止暴力行为并采取步骤取消种族隔离和种族歧视。安理会承认南非人民反对种族歧视斗争的合法性。

6月23日 安理会审议向大会推荐安哥拉为联合国会员国的提案,美、英、法投了否决票。

6月29日 安理会一项确认巴勒斯坦人民的自决权利并要求以色列从其占领的阿拉伯领土撤走的决议草案,遭到美、英、法的否决,未能通过。

6月29日—7月13日　托管理事会举行第43次会议。会议承认1975年6月北马里亚纳群岛的公民投票是该领土人民自由行使自决权的结果。在那次公民投票中,该领土多数居民通过一项盟约,决定建立一个同美国在政治上联合的联邦。

6月30日—7月9日　经社理事会第61届常会在科特迪瓦首都阿比让召开,正式通过《阿比让宣言》。7月12日—8月5日,10月18、25、27日,11月15日、17日,12月9日复会,共通过37项决议。

7月9—14日　以色列突击队于7月3日夜间袭击了乌干达首都恩德培机场,成功解救几天前被劫持到此地的一架法国航空公司班机。为此,安理会应非洲统一组织要求开会审议以色列对乌干达的这一"侵略行径"。英国和美国提出的一项谴责劫机行为,并呼吁所有国家采取一切必要措施防止和惩罚所有这类恐怖主义行为的决议草案,未获得多数票,没能通过。贝宁等国提出的谴责以色列"明目张胆地侵犯乌干达的主权和领土完整"的决议草案,因遭英国否决,也未获通过。

7月17日—8月1日　第21届奥林匹克运动会在加拿大蒙特利尔召开。此次运动会遭到了非洲国家的抵制。南非政权曾在6月邀请新西兰橄榄球队访问,非洲最高体育理事会对此曾提出警告,如果新西兰应邀,非洲将反对新西兰参加即将举行的奥运会。但新西兰对此置若罔闻,并派代表团赴蒙特利尔参加奥运会,这引起了非洲的强烈不满。由于非洲国家的抵制,本次奥运会的规模远逊于上届。最后应邀参赛的有92个国家和地区,运动员6084人。

7月27—30日　安理会应赞比亚的请求讨论南非于7月11日袭击赞比亚边境村庄的事件。30日,会议通过关于南非—赞比亚问题的第S/RES/393(1976)号决议,强烈谴责南非对赞比亚发动的武装袭击,要求南非严格尊重赞比亚的独立、主权、领空和领土完整,并立即停止使用纳米比亚领土作为对赞比亚和其他非洲国家发动武装攻击的基地。决议还赞扬赞比亚和其他前线国家对纳米比亚人民斗争的支持,宣布必须解放纳米比亚和津巴布韦并取缔南非的种族隔离。

8月10日　希腊就与土耳其关于爱琴海大陆架争端一案向国际法院提起诉讼。

8月16日　安理会一致通过关于"接受新会员国:塞舌尔"的第S/RES/394(1976)号决议,决定向大会推荐接纳塞舌尔共和国为联合国会员国。

8月25日　安理会一致通过关于希腊—土耳其问题的第S/RES/395

(1976)号决议,关切希腊土耳其之间因爱琴海而产生的紧张局势,呼吁双方表现最大限度的自制,竭尽力量减轻紧张局势;要求两国政府恢复直接谈判,产生双方都可接受的解决办法,并继续考虑适当的法律途径特别是国际法院。

9月11日 关于"爱琴海大陆架权利确认案",国际法院驳回希腊采取临时保全措施(请求法院:a.指示双方不作进一步的开发工作;b.不采取可能危害它们之间和平关系的进一步军事行动)的请求,同时拒绝土耳其提出的将爱琴海大陆架案撤案的要求。

9月14日 安理会决定推迟审议统一后的越南社会主义共和国加入联合国的申请。

9月15日 《关于登记射入外层空间物体的公约》生效。

9月20日 《公民权利和政治权利国际公约》的38个缔约国选举一个由18位成员组成的新的人权事务委员会,负责监督各缔约国履行该公约的情况。

9月21日 大会通过第A/RES/31/1号决议,接纳塞舌尔共和国为联合国会员国。

9月21日—12月22日 第31届联合国大会举行,汉密尔顿·谢利·阿梅拉辛格(斯里兰卡)当选为本届大会主席。

9月27—30日 国际农业发展基金筹备委员会举行第1次会议。由于该基金的创办认捐款已接近10亿美元的目标,会议决定设立一个临时秘书处负责使该基金投入运转。

10月10日 安理会讨论纳米比亚局势,贝宁、圭亚那、利比亚、巴基斯坦、巴拿马、罗马尼亚和坦桑尼亚提出一项联合提案,谴责南非非法占领纳米比亚,要求所有国家防止向南非提供武器,支持纳米比亚独立。该提案遭到法国、英国、美国否决。

10月18日 经社理事会第61届常会续会。

10月21日 大会以102票对1票(法国),28票弃权,通过关于科摩罗马约特岛问题的第A/RES/31/4号决议,谴责法国继续留在马约特岛的行径,确认马约特岛为独立的科摩罗共和国的一个组成部分,要求法国立即从该岛撤出并尊重科摩罗的主权和领土完整。

10月22日 安理会关于埃及—以色列问题的第S/RES/396(1976)号决议,注意到中东局势的发展,决定听从秘书长建议将联合国紧急部队的任务期限延长1年,即到1977年10月24日。

10月25—27日 经社理事会第61届常会续会。

10 月 26 日　在南非宣布其班图斯坦(黑人独立家园)之一特兰斯凯所谓独立之后,大会立即通过第 A/RES/31/6 号决议,拒绝接受特兰斯凯"独立"。

11 月 2 日　联合国开发计划署在认捐大会上从 102 个国家募集到 3.99 亿美元,联合国资本开发基金会在认捐大会上从 24 个国家募集到 1310 万美元。

11 月 5 日　大会通过关于"外国经济和其他利益从事活动,在南罗得西亚、纳米比亚和所有其他殖民统治领土内妨害《给予殖民地国家和人民独立宣言》的执行,并在南部非洲妨害消除殖民主义、种族隔离和种族歧视的努力"的第 A/RES/31/7 号决议,谴责一些国家,特别是法国、联邦德国、以色列、英国和美国继续同南非进行合作,继续向其供应军事装备与技术;要求这些国家严格遵守联合国的有关决议,停止同南非一切形式的合作。

11 月 9 日　大会一致通过关于支持南非的政治犯的第 A/RES/31/6 号决议,宣布 10 月 11 日为声援南非政治犯日。同日,大会还通过其他 9 项反对谴责南非种族隔离政策的决议。

11 月 12 日　大会呼吁希腊、土耳其双方就塞浦路斯问题进行进一步谈判。

11 月 15 日　安理会审议向大会推荐接纳越南社会主义共和国为联合国会员国的提案,美国又一次投了否决票。

11 月 18 日　经社理事会第 61 届常会续会,决定西亚经济委员会(EC-WA)总部永久设在巴格达。

11 月 19 日　大会通过关于国际经济合作会议的第 A/RES/31/14 号决议,对在巴黎举行的由 27 个发展中国家和发达国家参加的国际经济合作会议未能取得任何实质性进展表示深切关注与失望,担心该会议的失败将给国际经济合作带来不良影响。

11 月 22 日　安理会通过关于"接受新会员国:安哥拉"的第 S/RES/397(1976)号决议,向大会推荐接纳安哥拉人民共和国为联合国会员国。

11 月 23 日　大会呼吁以色列停止继续从加沙营地驱赶难民的行为。

11 月 24 日　大会通过关于向佛得角提供援助的第 A/RES/31/17 号决议,要求成员国及相关专门机构向佛得角共和国提供紧急援助抗击严重旱灾。

大会通过题为"联合国关于国家在条约方面的继承的会议"的第 A/RES/31/18 号决议,决定 1977 年 4—5 月在维也纳召开全权大使级会议,讨论关于条约的国家继承问题。

大会通过关于巴勒斯坦问题的第 A/RES/31/20 号决议,要求以色列撤出阿拉伯被占领土。

11 月 30 日 安理会通过关于以色列—阿拉伯叙利亚共和国问题的第 S/RES/398(1976)号决议,决定将联合国脱离接触观察员部队的任务期限再延长 6 个月,至 1977 年 5 月 31 日止。

12 月 1 日 安理会一致通过关于"接受新会员国:西萨摩亚"的第 S/RES/399(1976)号决议,向大会推荐接纳西萨摩亚为联合国会员国。

大会通过第 A/RES/31/44 号决议,接纳安哥拉人民共和国为联合国会员国。

大会通过关于伯利兹问题的第 A/RES/31/50 号决议,再次重申支持伯利兹人民的民族自决权和独立权,必须保护伯利兹的领土完整,其领土神圣不可侵犯。

大会通过关于东帝汶问题的第 A/RES/31/53 号决议,宣布东帝汶人民尚未能够自由行使他们的自决和独立权利;否认该领土已被并入印度尼西亚;要求印尼从东帝汶撤出其全部军队。

大会通过关于法属索马里问题的第 A/RES/31/59 号决议。

12 月 7 日 安理会一致通过关于秘书长任命的第 S/RES/400(1976)号决议,向大会推荐库尔特·瓦尔德海姆先生连任联合国秘书长。

12 月 8 日 大会任命瓦尔德海姆为联合国新一届秘书长,其第 2 任期从 1977 年 1 月 1 日至 1981 年 12 月 31 日。

12 月 9 日 大会以 122 票对 2 票(以色列和美国),8 票弃权,通过关于中东和平会议的第 A/RES/31/62 号决议,要求尽早在日内瓦恢复召开包括巴解组织在内的有关各方都参加的中东和平会议,并敦促各方为争取全面解决中东一切方面的问题而努力。

12 月 10 日 大会通过关于"禁止为军事或任何其他敌对目的使用改变环境的技术的公约"的第 A/RES/31/72 号决议及其所附《禁止为军事或任何其他敌对目的使用改变环境的技术公约》。该公约于 1977 年 5 月 18 日开放供签署。

12 月 14 日 安理会通过关于塞浦路斯局势问题的第 S/RES/401(1976)号决议,决定再度延长根据第 S/RES/186(1964)号决议成立的联合国驻塞浦路斯维持和平部队的驻留期限至 1977 年 6 月 15 日。

12 月 15 日 大会通过关于起草一项反对劫持人质的国际公约的第 A/RES/31/103 号决议,决定设立一个由 35 名成员组成的反对劫持人质国际公约特设起草委员会,以便制定出防止一切扣留人质的行为并对这类行为起诉、惩罚的有效措施。

大会通过第 A/RES/31/104 号决议,接纳西萨摩亚为联合国会员国。

12 月 16 日　大会通过关于"调查以色列侵害占领区内居民人权的措施特别委员会的报告"的第 A/RES/31/106 号决议,谴责以色列对位于叙利亚戈兰高地的库奈特拉城实施的大规模破坏行为,确认以色列应向叙利亚支付足额赔偿款。

大会一致通过关于"给社会上最脆弱的人群提供适当生活环境所需的具体措施"的第 A/RES/31/113 号决议,宣布 1981 年为"国际残疾人年",其主题是"残疾人应充分参与经济、社会与政治生活"。

大会通过关于保护智利境内的人权的第 A/RES/31/124 号决议,呼吁智利当局停止迫害并释放政治犯。

12 月 17 日　大会通过关于支持津巴布韦和纳米比亚人民的国际会议的第 A/RES/31/145 号决议,决定在 1977 年召开支援津巴布韦和纳米比亚人民的国际会议,以动员全世界支持和援助那里的人民争取自决和独立的斗争。

12 月 20 日　大会通过关于西南非洲人民组织的观察员身份的第 A/RES/31/152 号决议,大会邀请西南非洲人民组织以观察员身份参加大会的会议和工作及在大会主持下召开的一切国际会议和工作,请秘书长采取必要步骤执行本决议并给予一切必要的便利。

大会通过关于纳米比亚建国方案的第 A/RES/31/153 号决议,决定在联合国系统内发动一项全面援助方案,以支持纳米比亚建国,时间包括目前的独立斗争阶段和纳米尼亚独立后的起初阶段。

12 月 21 日　大会一致通过关于国际儿童年的第 A/RES/31/169 号决议,宣布 1979 年为"国际儿童年",动员国际社会为不分穷、富的所有国家儿童谋福利,并指定儿童基金会为联合国系统内负责协调儿童年活动的领导机构。

同日　联合国秘书长宣布,由于国际农业发展基金创办认捐款额已达到 10 亿美元的目标,建立该基金的协定于即日起开放供签署与批准。

同日　大会一致通过关于世界裁军会议的第 A/RES/31/190 号决议,重申裁军是联合国的一项基本目标,决定于 1978 年 5—6 月在纽约召开关于裁军问题的联合国大会特别会议。

12 月 22 日　安理会通过关于莱索托对南非的控诉问题的第 S/RES/402(1976) 号决议,赞同大会 10 月 26 日通过的关于南非政府种族隔离政策的第 A/RES/31/6A 号决议,赞扬莱索托政府不承认所谓的特兰斯凯班图斯坦独立的决定;谴责南非存心胁迫莱索托承认特兰斯凯班图斯坦的任何行动;要求南非立即采取一切必要步骤,重新开放那些边境站;吁请所有国家、联合国和各有关组织及规划机构,立即向莱索托提供财政、技术和物质援助;请秘书长不断注意局势的发展。

同日 大会通过关于设立联合国工业发展基金的第 A/RES/31/202 号决议,设立联合国工业发展基金,其宗旨是增加联合国工业发展组织的资源,加强其迅速和灵活地满足发展中国家需要的能力。

一九七七年

1月10日—2月4日 联合国全权代表会议就领土庇护问题召开会议。

1月11—14日 经社理事会召开第62届常会,4月12日—5月13日复会,共通过41项决议。

1月14日 安理会通过关于博茨瓦纳—南罗得西亚问题的第 S/RES/403(1977)号决议,强烈谴责南罗得西亚非法政权对博茨瓦纳进行的一切挑衅和骚扰;谴责该非法政权侵犯南罗得西亚人民基本权利和自由的一切政治压迫措施;要求该政权立即全部停止所有此类行为;要求联合国及其所属机构帮助博茨瓦纳的经济发展,并呼吁所有国家对博茨瓦纳提供援助。

1月31日—2月4日 地中海沿岸国家联合发起"蓝色行动计划"以消除该区域环境污染。

2月8日 安理会通过关于贝宁问题的第 S/RES/404(1977)号决议:确认贝宁人民共和国的领土完整和政治独立必须受到尊重,决定向贝宁派出由安理会3个成员国组成的一个特派团以便调查1977年1月16日在科托努发生的事件,并至迟于1977年2月底提出报告。

2月12日 秘书长在尼科西亚主持了塞浦路斯土族和塞浦路斯希族两族领导人的会晤,就指导两族间会谈的新方针达成协议。指导方针包括关于寻求建立一个独立的、不结盟的联邦制两民族的塞浦路斯共和国的协议以及关于每个民族管理的领土应按照经济上能否维持或生产能力及土地所有关系进行讨论的协议。同时还讨论了一些原则问题。

2月23日 经社理事会召开第3次特别会议,讨论以色列侵犯所占阿拉伯领土内居民之人权。

3月7日—4月3日 联合国协商会议就在商品综合方案框架下建立

公共基金达成广泛共识,但未作出正式决议。

3月14—25日　联合国水源会议在阿根廷的马德普拉塔举行。这是第1次世界范围的专门讨论水资源综合计划和开发的政府间会议,通过《马德普拉塔行动计划》,其中建议将1981—1990年指定为"国际饮水供应和卫生10年"。1980年11月10日,大会通过相关的第A/RES/35/18号决议。

4月4日—5月6日　联合国主持召开的关于国家在条约方面继承问题的大使级国际会议在维也纳举行。会议审议了《关于条约的国家继承公约》草案,并通过了该公约全部39项条款中的25项条款。会议决定将剩余问题留待1978年适当时机再次开会讨论解决。

4月12日—5月13日　经社理事会第62届常会在日内瓦续会。

4月14日　安理会通过关于贝宁问题的第S/RES/405(1977)号决议,强烈谴责1月16日外国雇佣兵对贝宁人民共和国的武装侵犯,提醒所有国家警惕雇佣兵企图推翻一些国家合法政府的活动,呼吁所有国家考虑采取必要的措施禁止在它们控制的领土上招募、训练雇佣兵。

4月14日—5月11日　政府间机构协商委员会通过批准国际农业发展基金(IFAD)成为联合国专门机构的草案。

4月18日—5月27日　联合国糖业会议因没有达成任何新协议而延期。

4月30日　秘书长向安理会报告3月31日至4月7日希、土两族关于塞浦路斯问题在维也纳举行谈判的情况。

5月16—21日　联合国非殖民化特别委员会主办的"支持津巴布韦和纳米比亚人民斗争的国际会议"在莫桑比克首都马普托举行。会议发表了关于津巴布韦和纳米比亚人民解放的"马普托宣言"和行动纲领,要求国际社会对南非实行强制性武器禁运,加强联合国对南罗得西亚非法政权的制裁,援助当地的民族解放运动与前线国家。

5月18日　第31届联合国大会通过对《禁止为军事或任何其他敌对目的使用改变环境的技术公约》开放供签署,当天有34个国家在公约上签字。

5月25日　安理会通过关于博茨瓦纳—南罗得西亚问题的第S/RES/406(1977)号决议,完全同意根据安理会第S/RES/403(1977)号决议设立的博茨瓦纳特派团的报告与1977年4月18日秘书长给所有国家的信;欢迎秘书长在总部设立特别账户,接受通过联合国对博茨瓦纳的捐助;决定请联合国和各有关组织及规划机构,在博茨瓦纳特派团报告所述的各个领域,向博茨瓦纳提供援助。

同日 安理会通过关于莱索托对南非的控诉问题的第 S/RES/407(1977)号决议,注意到南非完全无视安理会第 S/RES/402(1976)号决议,继续对莱索托人民做出高压和骚扰行为;完全同意根据安理会第 S/RES/402(1976)号决议设立的莱索托特派团所作的评估和建议;欢迎秘书长在总部设立特别账户,接受对莱索托的捐助;请联合国和各有关组织及规划机构,在莱索托特派团报告所述的各个领域,向莱索托提供援助等。

5 月 26 日 安理会通过关于以色列—阿拉伯叙利亚共和国问题的第 S/RES/408(1977)号决议,决定将联合国脱离接触观察员部队的任务再延长 6 个月,至 1977 年 11 月 30 日止。

5 月 27 日 安理会通过关于南罗得西亚问题的第 S/RES/409(1977)号决议,决定进一步扩大对南罗得西亚强制性制裁的范围,制止其非法政权的资金外流到它设在其他国家的任何办事处或机构。

同日 意大利与南斯拉夫正式通知联合国秘书长,它们两国之间 1975 年签署的关于的里雅斯特归属问题的条约开始生效,从而使第二次世界大战结束以来两国在该问题上的争端得到最终解决。

5 月 31 日 秘书长对南罗得西亚非法政权武装力量破坏莫桑比克领土完整的暴力行为表示严重关切。

6 月 6—23 日 托管理事会召开第 44 届常会。

6 月 8 日 联合国大会通过《日内瓦四公约关于保护国际性武装冲突受难者的附加议定书》。议定书于 1978 年 12 月 7 日生效。

6 月 13 日—7 月 1 日 联合国开发计划署理事会批准采取措施提高项目运作效率以更好地满足发展中国家需要。

6 月 15 日 安理会通过关于塞浦路斯局势问题的第 S/RES/410(1977)号决议,决定再度延长根据第 S/RES/186(1964)号决议规定的联合国驻塞浦路斯维持和平部队的驻留期限至 1977 年 12 月 15 日。

6 月 20—24 日 世界粮食理事会第 3 次部长级会议在马尼拉举行,在工作报告《马尼拉公报》中载入《消除饥饿和营养不良行动纲领》,同年被大会通过。

6 月 20 日—7 月 1 日 《禁止在海床洋底及其底土安置核武器和其他大规模毁灭性武器条约》缔约国在日内瓦举行第 1 次审查会议。会议通过对最后宣言要求考虑采取进一步行动,以制止在海床洋底的军备竞赛。

6 月 30 日 安理会通过关于莫桑比克—南罗得西亚问题的第 S/RES/411(1977)号决议,强烈谴责南罗得西亚非法的种族主义政权最近对莫桑比克的侵略行径;谴责南非违背安理会的有关决议,继续支持南罗得西亚非法政权;要求所有国家向莫桑比克提供援助并严格执行安理会的有关决议,强化对南罗得西亚非法政权的制裁。

7月6日—8月4日　经社理事会召开第63届常会,10月31日,10月5—17日续会,共通过43项决议。

7月7日　安理会通过关于"接受新会员国:吉布提"的第S/RES/412(1977)号决议,向大会推荐接纳吉布提共和国为联合国会员国。

7月20日　安理会通过关于"接受新会员国:越南"的第S/RES/413(1977)号决议,向大会推荐接纳越南社会主义共和国为联合国会员国。

8月22—26日　由联合国与非洲统一组织共同主办的反对种族隔离行动世界大会在尼日利亚首都拉各斯举行,来自110个国家的政府代表和各国际组织、民族解放运动和反种族主义团体的代表共1000多人出席。瓦尔德海姆秘书长致开幕词。会议最后通过《拉各斯宣言》强烈谴责种族主义和种族隔离政策,表示完全支持南非被压迫人民争取自由和平等的斗争,并要求所有国家立即停止对南非的一切武器供应及任何能够使南非获得核能力的援助与合作。

8月29日—9月9日　联合国沙漠化问题会议在内罗毕举行,通过《向沙漠化进行战斗的行动计划》,同年12月19日大会第A/RES/32/172号决议通过《防沙治沙行动计划》。会议通过一项与沙漠化作斗争的行动计划,指出近几十年来沙漠状态已日益扩展到原来能种植的土地,威胁着6亿多人的未来,要求从国家、区域和国际多个层次共同努力来制止沙漠化的加剧。

9月13—19日　第31届联合国大会复会,审议在巴黎召开的发展中国家和发达国家间的国际经济合作会议的结果,但未能达成一致的评价意见。大多数发展中国家认为,巴黎会议未能在建立新的国际经济秩序方面取得任何积极的进展,而不少发达国家却认为巴黎会议取得一定的积极成果。

9月15日　安理会通过关于塞浦路斯局势问题的第S/RES/414(1977)号决议,对塞浦路斯局势最近的发展表示关切,要求有关各方因此不要在塞浦路斯任何地点采取可能妨害公正和平解决的前景的任何片面行动,并敦促有关各方继续和加速坚定的合作努力,以达到安理会的各项目标。

9月20日　大会通过关于接纳吉布提共和国为联合国会员国的第A/RES/32/1号决议和接纳越南社会主义共和国为联合国会员国的第A/RES/32/2号决议。

同日 秘书长呼吁各方采取措施结束冲突、避免黎巴嫩南部局势进一步恶化;联合国停战监督组织(UNTSO)指出以色列炮兵曾为基督教军队提供帮助。

9月20日—12月21日 第32届联合国大会举行,拉扎尔·莫伊索夫(南斯拉夫)当选为本届大会主席。

9月22日 由秘书长任命的一个专家小组就军备竞赛和军事支出的经济和社会后果提出报告,认为军备竞赛正在以令人担忧的速度不断加剧,全世界每年的军事开支高达3500亿美元,消耗了大量的资源,世界正面临巨大的危险,必须实行有效的裁军。

9月29日 安理会通过关于南罗得西亚问题的第S/RES/415(1977)号决议,要求秘书长选派一位代表与英国驻南罗得西亚的高级专员及南罗得西亚各个派别共同商讨在南罗得西亚实现多数人统治的问题,并要求有关各方同秘书长的代表进行合作。

9月30日 秘书长对埃塞俄比亚东南部奥加登地区存在的严重敌对情绪和埃塞俄比亚、索马里两国日益紧张的局势表示担忧。

10月14日 非洲统一组织主席、加蓬总统邦戈在联合国大会一般性辩论中发言,要求修改《联合国宪章》,使非统组织每年都能有一个成员成为安理会理事国,而且代表非统组织享受常任理事国的权利。

10月21日 安理会通过关于埃及—以色列问题的第S/RES/416(1977)号决议,要求所有有关各方立即执行安理会第S/RES/338(1973)号决议,并决定将联合国紧急部队的任务期限延长一年,即到1978年10月24日。

10月28日 大会通过关于"以色列违背《联合国宪章》原则、1949年第4项日内瓦公约所规定的国际义务和联合国各项决议,最近在阿拉伯被占领土采取意图改变这些领土法律地位、地理性质和人口组成的非法措施,并对达成中东公正持久和平的努力横加阻挠"的第A/RES/32/5号决议,谴责以色列在其所占领的阿拉伯土地上建立定居点的行动;声明以色列的这一行动属于非法行为,并构成中东和平的障碍。

10月31日 安理会通过关于南非局势问题的第S/RES/417(1977)号决议,要求南非当局停止对黑人群众的暴力和镇压行动;释放一切因反对种族隔离而被监禁或拘留的人;停止对被拘留者进行杀害和对政治犯施加酷刑;取消对反种族隔离的组织和新闻机构的禁令;废除班图斯坦化政策和其他一切种族隔离措施,并在南非建立起多数人统治。

同日 美国、英国、法国3国否决了对南非采取经济制裁的决议草案。

11 月 1 日　大会一致通过关于科摩罗马约特岛问题的第 A/RES/32/7 号决议,呼吁科摩罗和法国应本着公正与公平原则、尊重科摩罗的政治统一和领土完整,妥善解决马约特岛问题。

11 月 3 日　大会一致通过关于国际民航的安全的第 A/RES/32/8 号决议,重申它强烈谴责空中劫持行为及其他一切类似的暴力行为,要求各国采取必要措施来防止此类行为的发生。

11 月 4 日　大会通过关于纳米比亚问题的第 A/RES/32/9 号决议,其中包括宣布南非当局必须负责向纳米比亚赔偿由于其非法占领而造成的一切损失。

同日　安理会通过关于南非问题的第 S/RES/418(1977)号决议,判定南非政权获得武器及有关物资构成对国际和平与安全的威胁;决定根据宪章第 7 章的条款对南非实行强制性武器禁运;要求所有国家立即停止向南非提供任何武器和军事物资装备,并停止为其制造武器装备提供任何帮助。这是联合国成立以来第 1 次根据宪章第 7 章对其一个会员国采取行动。决议还对南非开始研制核武器一事表示严重关切,要求所有国家都不应与南非在研制这类武器方面进行合作。

11 月 9 日　大会一致通过塞浦路斯问题的第 A/RES/32/15 号决议,呼吁紧急恢复塞浦路斯希、土两族之间的谈判以避免局势进一步恶化。

11 月 24 日　安理会通过关于贝宁问题的第 S/RES/419(1977)号决议,强烈谴责 1977 年 1 月 16 日对贝宁人民共和国进行的武装侵略行为,以及对会员国内政的一切形式的外来干预,包括利用国际雇佣军去破坏各国的安定和侵犯各国的领土完整、主权和独立,决议吁请所有国家和一切有关的国际组织,协助贝宁弥补侵略行为造成的损害,并请秘书长提供所必需的一切援助。

11 月 25 日　大会以 102 票对 4 票,29 票弃权,通过关于中东局势的第 A/RES/32/20 号决议,呼吁早日召开由联合国主持的日内瓦中东和平会议,邀请包括巴解组织在内的有关各方平等参加。

11 月 28 日　大会通过关于东帝汶问题的第 A/RES/32/34 号决议。

大会通过关于外国经济和其他利益从事活动,在南罗得西亚和纳米比亚以及所有其他殖民统治领土内妨害《给予殖民地国家和人民独立宣言》的执行,并在南部非洲妨害消除殖民主义、种族隔离和种族歧视的努力的第 A/RES/32/35 号决议,强烈谴责那些公然违背联合国的有关决议,继续在政治、外交、经济、军事上同南非进行合作的国家。

11 月 30 日　安理会通过关于以色列—阿拉伯叙利亚共和国问题的第

S/RES/420(1977)号决议,决定将联合国脱离接触观察员部队的任务再延长6个月,至1978年5月31日止。

12月8日 大会选举保罗·哈特林(丹麦)为新一任联合国难民事务高级专员,其任期5年,从1978年1月1日开始。

同日 大会一致通过关于国际原子能机构的报告的第A/RES/32/49号决议,宣布核能对促进社会和经济发展具有重要意义。

12月9日 安理会通过关于南非问题的第S/RES/421(1977)号决议,决定建立一个由安理会所有成员组成的委员会来监督对南非武器禁运实施的情况,并要求所有国家同该委员会进行合作。

12月12—19日 大会通过关于全面彻底裁军的第A/RES/32/87号、关于专门讨论裁军问题的大会特别会议的第A/RES/32/88号和关于世界裁军会议的第A/RES/32/89号的24项与裁军有关的决议,并决定大会将于1978年5—6月召开专门会议讨论裁军问题。

12月13日 大会通过关于发展援助塞舌尔等最不发达国家的第A/RES/32/101号决议,决定向塞舌尔等急需帮助的11个发展中国家提供特殊援助。

12月13—16日 新设立的由114个国家参加的国际农业发展基金理事会举行第1次会议。与会者表示要努力帮助世界上最贫困的国家增加粮食生产。

12月14日 大会通过关于以色列人道主义援助大会的第A/RES/32/105号决议及其所附《反对体育领域种族隔离的国际宣言》,重申大会无条件地支持不许因种族、宗教或政治关系而实行歧视的奥林匹克原则,呼吁各国采取一切行动,彻底终止同任何实行种族隔离的国家的体育接触,并使国际和区域体育团体排除或开除实行种族隔离的任何国家。

12月15日 大会通过关于"条约、资金和农业发展"的第A/RES/32/107号决议及其所附《联合国与国际农业发展基金协定》,批准联合国与国际农业发展基金所订立的协议,确认该机构为联合国的一个专门机构。

大会决定为1978年2月联合国工业发展组织(UNIDO)正式成为专门机构而召开全权代表会议。

同日 安理会通过关于塞浦路斯问题的第S/RES/422(1977)号决议,决定再度延长依据第S/RES/186(1964)号决议成立的联合国驻塞浦路斯维持和平部队的驻留期限至1978年6月15日,并呼吁所有有关方面对联合国维和部队给予最充分的合作,以便该部队有成效地执行其任务。

12月16日 大会通过关于保护某几类被监禁的人的人权的第A/

RES/32/121 号决议。

大会通过关于"保护因参加反对种族隔离、种族主义和种族歧视、殖民主义、侵略和外国占领以及争取他们本国人民自决、独立和社会进步的斗争而被拘留或监禁的人"的第 A/RES/32/122 号决议,要求以色列和南非种族主义少数人政权必须立即无条件地释放所有因为争取自决和民族独立,反对种族隔离、殖民主义和外国占领而被关押的人。

大会通过关于"向种族主义和种族歧视进行战斗的世界会议"的第 A/RES/32/129 号决议,决定于 1978 年 8 月 14—25 日在日内瓦召开同种族主义和种族歧视进行战斗的世界大会。

大会通过关于 7 项有关联合国妇女 10 年的第 A/RES/32/136—A/RES/32/142 号决议,要求各国努力贯彻联合国的有关决议,争取实现妇女 10 年的目标。

12 月 19 日　大会通过关于"国际安全宣言和平共处缓和"的第 A/RES/32/155 号决议及其所附《加深和巩固国际缓和宣言》,宣布联合国会员国决心坚决遵守《联合国宪章》及旨在加强世界和平与安全的各项宣言并促进宪章和宣言的执行,考虑采取新的步骤以便早日停止军备竞赛,特别是核军备竞赛,以期最后实现全面彻底裁军的目的。宣言保证要增强联合国促成和平与维持和平的能力,加强联合国作为维护国际和平与安全的首要工具的作用。各会员国还保证尊重各国人民之间的关系与合作。

大会一致通过决议,决定在 1980 年召开 1 次特别会议,对联合国系统在建立新的国际经济秩序方面取得的进展进行回顾与评价。

大会核准关于条约组织间的合作旅游的第 A/RES/32/156 号决议及其所附《联合国与世界旅游组织合作和关系协定》。

大会通过关于"非洲运输和通讯国际年国际 10 年资源调动"的第 A/RES/32/160 号决议,宣布 1978—1988 年为"非洲运输和通讯 10 年"。

大会通过关于"被以色列侵占的领土自然资源赔偿永久主权"的第 A/RES/32/161 号决议,宣布以色列在其所占领的阿拉伯土地上对人文和自然资源进行的一切开发活动和经济行为均是非法的,要求以色列立即停止此类举动。

12 月 20 日　大会通过决议,新设立联合国负责经济发展事务的副秘书长一职,其主要任务是在秘书长的领导下,协助秘书长处理经济和社会领域的事务。

大会通过关于改组联合国系统的经济和社会部门的第 A/RES/32/197 号决议,通过《改组联合国系统经济和社会部门特设委员会的结论和建议》。

12月21日 大会通过关于"国际公务员制度委员会的报告"的第A/RES/32/200号决议,对国际公务员制度中服务地点调整制度进行修订。

12月23日 经秘书长斡旋,西撒哈拉独立阵线释放被其控制的8名法国公民。

一九七八年
(国际反对种族隔离年)

1月1日 《1977年国际糖协定》生效,取代1973年的原协定,是自联合国贸易和发展会议第4次会议通过商品综合方案后第1项谈判成功的商品协定。

1月9—13日 联合国粮农组织第1次政府间茶叶工作组会议筹备会议召开,确定应尽全力尽快制定出关于茶叶生产和贸易的国际协定。

1月10—13日 经社理事会召开第64届常会组织会议。

1月16—20日 联合国粮农组织政府间黄麻工作组开始起草黄麻及其制品国际协定。

1月17日 安理会接受乍得提出的请求,听取乍得和利比亚关于利比亚向乍得境内派遣军队援助乍得叛乱武装的陈述。

1月18日 联合国纳米比亚理事会建议于1978年4月召开1次关于纳米比亚问题的联合国大会特别会议。

1月21日 安理会被告知乍得与利比亚的双边争端已自行解决,乍得撤回对利比亚的指控。

2月12日 地中海沿岸国家1976年在巴塞罗那签署的《保护地中海免受污染公约》生效。

2月12日—3月11日 联合国召开的讨论将工业发展组织改组成为联合国一个专门机构的全权代表会议在纽约举行。会议未能就工发组织的改组问题达成协议,决定将这一问题提交第33届联合国大会审议。

2月13日—3月23日 联合国小麦会议未能通过新协定替代已经延期的1971年《世界小麦协定》,会议决定将现有协定再延长1年。

2月20日 在联合国总部召开为期3周的联合国关于建立联合国工业发展组织专门机构的会议。

2月27日—3月24日 联合国宪章和加强联合国作用特别委员会在纽约召开第3次会议,讨论并审议了修改宪章和改变联合国现状的问题。会议最后通过了工作小组提出的关于联合国在和平解决国际争端中的作用等问题的 51 条建议,准备提交第 33 届联合国大会讨论。

3 月 6—31 日　在联邦德国汉堡举行联合国关于海上货物运送的国际全权代表会议,通过《1978 年联合国海上货物运输公约》(简称《汉堡规则》),旨在合理分摊海上运输事故责任。

3 月 14 日　安理会通过关于南罗得西亚问题的第 S/RES/423(1978)号决议,宣布在南罗得西亚非法政权主持下起草的关于南罗得西亚问题的任何内部解决方案都是"非法的和不能接受的",要求所有国家均不承认这类解决方案。决议还要求英国立即采取一切必要措施结束南罗得西亚的非法政权。

3 月 17 日　安理会通过关于赞比亚对南罗得西亚的指控问题的第 S/RES/424(1978)号决议,强烈谴责南罗得西亚非法的种族主义少数人政权的侵略行径;赞扬赞比亚和其他前线国家对津巴布韦人民争取自由和独立斗争的支持;确认纳米比亚和津巴布韦的解放和南非种族隔离制度的消亡是该地区实现公正与持久和平的必要条件;决议再次要求英国作为管理国立即采取措施,结束南罗得西亚非法的少数人政权的存在。

3 月 19 日　安理会通过关于黎巴嫩对以色列的控诉问题的第 S/RES/425(1978)号和第 S/RES/426(1978)号决议。为回应驻扎巴解组织对以色列进行的一次袭击活动,以色列部队于 3 月 15 日对巴解组织驻地黎巴嫩发动了大规模入侵。黎巴嫩政府随即向安理会表示强烈抗议。安理会就此紧急召开会议讨论黎巴嫩南部局势问题,并连续通过两项决议。前项决议要求严格尊重黎巴嫩的领土完整、主权和政治独立,并要求以色列从全部黎巴嫩领土撤出其部队。同时决定,根据黎巴嫩政府的请求,立即成立在安理会权力之下的联合国驻黎巴嫩临时部队,其任务是证实以色列军队确已撤离,当地和平与安全确已恢复,并协助黎巴嫩政府恢复对该地区的有效统治。后项决议以 12 票对 0 票,2 票弃权(捷克斯洛伐克、苏联,中国未参加投票)通过,决定设立联合国驻黎巴嫩临时部队,最初为期 6 个月,以后如果需要,并经安理会决定后,应继续执行任务。

3 月 27 日　秘书长呼吁黎巴嫩冲突各方严格遵守停火协定,保持克制,并同联合国临时部队通力合作。同日,秘书长还建议召开一次联合国大会特别会议,讨论联合国驻黎巴嫩临时部队的经费筹措问题。

4 月 10 日　安理会中的 5 个西方理事国(加拿大、联邦德国、英国、法国、美国)联合向安理会提交一项解决纳米比亚问题的建议,宣称"过渡到可被国际接受的独立的关键是作为一个政治实体的整个纳米比亚进行自由选举",设想在过渡时期任命一名秘书长在该领土的代表,由联合国对整个领土的选举进行监察和监督,并在取得独立之前派驻一支联合国维持和平部队。

4月11日—5月8日 经社理事会召开第64届常会。

4月15—24日 联合国环境规划署召开波斯湾地区会议,8个世界主要产油国通过两项保护其海洋环境及海岸地区免受污染的协定。

4月20—21日 联合国驻黎巴嫩临时部队的第1批士兵于3月23日到达了黎巴嫩南部地区,为解决该部队的经费筹措问题,联合国大会第8次特别会议在纽约举行。大会通过了第 A/RES/S—8/1 号决议和第 A/RES/S—8/2 号决议。前项决议是关于代表的全权证书的认定,后项决议通过了关于"黎巴嫩预算缴款筹措资金拨款定义维持和平行动"的拨款。会议决定为该部队1978年3月19日—9月18日的行动拨款5400万美元。

4月24日—5月3日 南非持续非法占领纳米比亚的行为对国际和平与安全造成了极大威胁。对此,联合国采取了一系列措施。然而,面对国际社会的压力,南非非但没有撤军,反而加紧了对纳米比亚的侵略和对反抗行为的镇压,致使局势日益恶化。鉴于此,主题为"讨论纳米比亚问题"的第9届特别联大在纽约举行,会议通过了第 A/RES/S—9/1 号和第 A/RES/S—9/2 号决议。本次大会为纳米比亚人民提供了道义和法理支持,对纳米比亚的独立进程起到了推动作用。

4月27日 联合国欧洲理事会部长委员会通过"保护人权宣言"的决议。重申《欧洲保护人权公约》对国际维护人权和基本自由以及在欧洲有效实现人权和基本自由所发挥的重大作用,决心维护和进一步实现人权和基本自由以促进世界正义及和平。11月30日,荷兰王国常驻联合国代表给联合国秘书长的照会上提交该宣言,并于12月5日成为第 A/RES/33/417 号正式文件。

5月3日 大会通过了关于出席大会第9届特别会议各国代表的全权证书的第 A/RES/S—9/1 号决议。

同日 大会通过了关于"纳米比亚宣言"和"支持纳米比亚自决与民族独立的行动纲领"的第 A/RES/S—9/2 号决议,强调联合国直接负责纳米比亚的独立问题,"它定要终止南非对纳米比亚的非法占领,务使南非完全而且无条件地"从包括南非企图吞并的沃尔维斯湾在内的纳米比亚全部领土撤出;表示完全支持纳米比亚人民在他们唯一真正的代表西南非洲人民组织领导下进行的武装斗争,并宣布任何谈判的解决都必须经西南非洲人民组织的同意并以联合国各项决议作为依据。

同日 安理会以12票对0票,2票弃权(捷克斯洛伐克、苏联,中国未参加投票)通过关于以色列—黎巴嫩问题的第 S/RES/427(1978)号决议,核准秘书长的要求,决定将联合国驻黎巴嫩临时部队的人数由原定的 4000人增至 6000 人左右;要求以色列不再延迟完全撤出黎巴嫩的全部领土;痛惜所发生的联合国部队遭受攻击的情势,要求黎巴嫩境内各方充分尊重联合国部队。

5 月 6 日　安理会通过关于安哥拉对南非的控诉问题的第 S/RES/428(1978)号决议,强烈谴责南非最近对安哥拉新的入侵,以及它利用其非法占领的纳米比亚领土作为侵略安哥拉的跳板;要求南非立即无条件地从安哥拉全部撤军,并立即结束对纳米比亚的非法占领。

5 月 15 日—6 月 8 日　托管理事会召开第 45 届常会。

5 月 23 日　秘书长获悉以色列将在 6 月 13 日前撤出其在黎巴嫩南部的全部军队并对此表示满意。

5 月 23 日—6 月 30 日　在世界人民强烈要求美苏停止军备竞赛和扩军备战的背景下,应不结盟国家的倡议,联合国大会第 10 届特别会议(又称联合国大会第 1 届裁军特别会议)在纽约举行,126 个会员国的代表出席了本届会议。大会通过了第 A/RES/S—10/1 号和第 A/RES/S—10/2 号决议,并决定重新设立包括联合国所有会员国参加的裁军审议委员会,作为联合国大会的一个附属机构,审议裁军领域的各种问题。本届会议是裁军谈判史上规模最大、参加国最多的一届会议。

● **6 月 28 日**　大会通过了关于出席本届特别会议各国代表全权证书的第 A/RES/S—10/1 号决议。

● **6 月 30 日**　大会通过关于"大会第 10 届特别会议的最后文件"的第A/RES/S—10/2 号决议,宣布在国际关系中放弃使用武力和通过裁军寻求安全的时机已到,强调联合国应在裁军努力中发挥中心作用。该文件还对裁军各方面的内容、目标、原则以及急需优先考虑的裁军措施都做了全面阐述,是联合国裁军工作的指导性文件,也是国际社会第 1 次就全面裁军战略达成的一致协议,对以后联合国主持的多边裁军谈判具有指导意义。

5 月 25 日　联合国环境规划署理事会决定在秘书处内设立一个专门机构负责跟踪防治沙漠化行动计划进展情况。

5 月 31 日　安理会通过关于以色列—阿拉伯叙利亚共和国问题的第S/RES/429(1978)号决议,要求有关各方立即执行第 S/RES/338(1973)号决议;决定将联合国脱离接触观察员部队的任务再延长 6 个月,至 1978 年11 月 30 日止。

6 月 14 日　世界粮食理事会第 4 次部长级会议呼吁各国政府将裁军

节省下来的资金的一部分用于发展,特别是粮食生产。

6月16日 安理会通过关于塞浦路斯局势问题的第 S/RES/430 (1978)号决议,再次延长根据第 S/RES/186(1964)号决议成立的联合国维持和平部队在塞浦路斯的驻留期限,至 1978 年 12 月 15 日止。

7月5日—8月4日 经社理事会在日内瓦召开 1978 年第 2 次常会。

7月27日 安理会通过关于纳米比亚局势问题的第 S/RES/431 (1978)号决议,表示注意到西方 5 国关于解决纳米比亚问题的建议,要求秘书长就纳米比亚独立的过渡期安排及自由选举问题拟定一份报告并任命一位特别代表,以便在联合国的监督和控制下通过自由选举确保纳米比亚早日独立。

同日 安理会通过关于纳米比亚局势问题的第 S/RES/432(1978)号决议,决定全力支持开始采取必要的步骤,以确保沃尔维斯湾及早重归纳米比亚,并决定继续处理这一事项,直到沃尔维斯湾完全重归纳米比亚为止。

7月31日—8月23日 联合国关于国家在条约方面继承的国际会议再次在维也纳举行。会议通过《关于国家在条约方面继承的维也纳公约》。该公约条款涉及:对领土一部分的继承、新独立国家、国家的合并和分裂、争端的解决等问题。此次会议还判定,南非不是纳米比亚应继承的国家。

8月14—25日 同种族主义和种族歧视进行战斗世界大会在日内瓦举行。会议通过最后宣言和行动计划,要求采取针对南非种族主义政权的全面的强制性制裁措施,并采取行动制止跨国公司和其他资本在种族主义、殖民统治和外国占领的领土上进行投资。

8月17日 安理会通过关于"接受新会员国:所罗门群岛"第 S/RES/433(1978)号决议,向大会推荐接纳所罗门群岛为联合国会员国。

8月29日 瓦尔德海姆秘书长就纳米比亚过渡时期的安排和自由选举计划向安理会提交报告,其中包括要求在纳米比亚建立一个联合国过渡时期援助团,帮助和监督在那里进行自由公正的选举,以实现纳米比亚的独立等内容。

8月30日—9月12日 联合国开发计划署署长在布宜诺斯艾利斯主持召开联合国发展中国家技术合作会议,通过《促进和执行发展中国家技术合作的布宜诺斯艾利斯行动计划》。

9月6—12日 在阿拉木图举行关于基本保健的国际会议,通过《阿拉木图宣言》。

9月6—17日 在美国总统卡特的参与下,萨达特和贝京在美国华盛顿附近的总统别墅戴维营举行会谈,讨论和平解决中东问题。9 月 17 日晚,在卡特在场的情况下,萨达特和贝京在白宫签署了《关于实现中东和平纲要》和《关于签订一项埃及同以色列之间的和平条约的纲要》两项文件,总称为戴维营协议。《关于实现中东和平纲要》主要规定了关于解决被以占领的约旦河两岸和加沙地带的问题。提出埃及、以色列、约旦和巴勒斯坦的人民应参加巴勒斯坦问题的各方面的谈判,为保证和平和有秩序地移交权力,规定埃、以、约3方应采取措施和作出不超过5年的过渡安排;《关于签署一项埃以和约的纲要》规定以撤出埃及的西奈半岛、埃以签订和约、建立外交关系、结束战争状态等实现两国关系正常化的一系列问题。

9月18日 安理会通过关于以色列—黎巴嫩问题的第 S/RES/434(1978)号决议,决定将联合国驻黎巴嫩临时部队的任务期限延长4个月,即延至1979年1月19日;决定要求以色列、黎巴嫩和其他所有有关各方紧急与联合国充分合作,执行安理会第 S/RES/425(1978)和第 S/RES/426(1978)号决议的规定。

9月19日 大会通过第 A/RES/33/1 号决议,接纳所罗门群岛为联合国会员国。

9月19日—12月21日 第33届联合国大会举行。因达莱西奥·列瓦诺·阿吉雷(哥伦比亚)当选为本届大会主席。

9月29日 安理会通过关于纳米比亚问题的第 S/RES/435(1978)号决议,要求南非从纳米比亚领土撤走,终止其非法统治;由秘书长任命一位特别代表,保证纳米比亚在联合国的监督与控制下举行自由公正的选举;建立联合国过渡时期援助团,协助特别代表的工作;欢迎西南非洲人民组织同南非签署停火协定;宣布南非在纳米比亚的非法行政当局就选举程序或权力移交采取的所有单方面措施都是无效的。

10月6日 安理会通过关于黎巴嫩问题的第 S/RES/436(1978)号决议,要求卷入黎巴嫩冲突的所有人员停止敌对暴力行动,遵守停火协议,以便在保持黎巴嫩统一、领土完整、独立和国家主权的基础上,恢复国内和平与民族和解。

10月10日 安理会通过关于南罗得西亚问题的第 S/RES/437(1978)号决议,遗憾和关切地注意到美国政府决定准许伊恩·史密斯和南罗得西亚非法政权的一些成员进入美国;认为上述决定违反安理会第 S/RES/253(1968)号决议和《联合国宪章》第25条规定的义务;要求美国严格遵守安理会关于制裁的各项决议的规定;表示希望美国继续施加影响,以便在南罗得西亚不再迟延地实现真正的多数统治。

10月16日—11月11日 联合国关于技术转让的国际行为准则会议

第 1 阶段会议在日内瓦举行。会议在制定一项为国际社会所接受的公平合理的技术转让行为准则方面取得较大进展。

10 月 23 日　安理会通过关于埃及—以色列问题的第 S/RES/438（1978）号决议,决定将联合国紧急部队的任务期限延长 9 个月,至 1979 年 7 月 24 日止。

10 月 23 日—11 月 3 日　世界粮食计划署理事会批准向 18 个国家的 21 个发展项目提供价值 1.72 亿美元的援助。

10 月 24 日—11 月 28 日　联合国教育、科学及文化组织大会在巴黎举行第 20 届会议,11 月 27 日通过关于"种族与种族偏见问题宣言"的决议。决议指出所有个人与群体有维护其特性的权利,有自认为具有特性并为他人所确认的权利。生活方式的差异及维护其特性的权利,在任何情况下,不应当作种族偏见的借口,不应在法律或实践上成为任何歧视行为的正当理由,不应为种族隔离政策提供理论依据。为反对种族主义、种族分离、种族隔离和种族灭绝迫害进行合法斗争。

11 月 9 日　大会以 110 票对 4 票,22 票弃权通过关于塞浦路斯局势的第 A/RES/33/15 号决议,要求所有外国军队立即从塞浦路斯撤走,停止对塞浦路斯事务的外来干涉,并呼吁塞浦路斯希、土两族立即恢复谈判。

11 月 13 日　安理会通过关于纳米比亚问题的第 S/RES/439（1978）号决议,谴责南非当局准备于 1978 年 12 月 4—8 日单方面在纳米比亚举行选举的计划,要求其立即取消该选举计划,否则安理会将被迫根据宪章第 7 章采取适当的行动。

11 月 27 日　安理会通过关于塞浦路斯局势的第 S/RES/440（1978）号决议,并重申安理会第 S/RES/365（1974）号等多项决议,要求有关各方遵守这些决议,并进行合作,在明确规定的时间内执行这些决议;促请两族代表在秘书长主持下,根据商定的基础恢复谈判;请秘书长在 1979 年 5 月 30 日就进行本决议所指谈判的各种努力和这些决议的执行进度提出报告,或在情况发展有必要时提前提出报告;安理会决定继续处理这项问题,并于 1979 年 6 月审查局势,以继续促进塞浦路斯问题的公正解决。

11 月 30 日　安理会通过关于以色列—阿拉伯叙利亚共和国问题的第 S/RES/441（1978）号决议,将联合国脱离接触观察员部队的任务再延长 6 个月,至 1979 年 5 月 31 日止。

12 月 6 日　安理会通过关于"接受新会员国:多米尼加"的第 S/RES/442（1978）号决议,向大会推荐接纳多米尼加联邦为联合国会员国。

12 月 7 日　大会通过关于中东局势的第 A/RES/33/29 号决议,指出公正和持久的中东和平必须建立在由联合国主持的全面解决之上,而且必须包含巴勒斯坦问题的公正解决。

同日 突尼斯向国际法院递交一项该国与利比亚签订的关于两国大陆架划界争端的特别协定。

12月8日 安理会敦促立即停止一切干涉联合国驻黎巴嫩临时部队(UNIFIL)工作的行为。

12月13日 大会以130票对0票,11票弃权,通过关于南罗得西亚问题的第A/RES/33/38号决议,谴责并且拒绝南罗得西亚非法政权1978年3月3日在索尔兹伯里达成的所谓"内部解决办法";声明在津巴布韦多数人统治实现之前不可能有真正的独立,而且任何解决办法必须包含津巴布韦爱国阵线的完全参与。

12月14日 安理会通过关于塞浦路斯局势的第S/RES/443(1978)号决议,再次延长根据安理会第S/RES/186(1964)号决议成立的联合国维持和平部队在塞浦路斯的驻留期限,至1979年6月15日止。

12月14—16日 大会通过关于"审查大会第10届特别会议所通过的各项建议和决定的执行情况"的第A/RES/33/71号决议,有41项关于裁军问题的决议,其中包括:同以色列的军事勾结和核勾结、不使用核武器和防止核战争、迫切需要停止核武器的进一步试验、裁军周、联合国裁军研究金方案、第10届特别会议各项建议和决定的执行情况、传播关于军备竞赛和裁军的新闻、裁军谈判和机构、裁军和发展、裁军协定的监测和国际安全的加强、裁军研究方案、第10届特别会议《最后文件》第125段、裁军和发展之间关系的研究、裁军新哲学等。

大会通过决议宣布,每年10月24日的那一周为裁军周,以推动世界裁军运动。

12月15日 大会通过第A/RES/33/73号决议及其所附之《为各国社会共享和平生活做好准备的宣言》。

大会通过关于尼加拉瓜局势的第A/RES/33/76号决议。

12月16日 大会一致通过关于"联合国宪章和加强本组织作用特别委员会的报告"的第A/RES/33/94号决议,表示注意到联合国宪章和加强联合国作用特别委员会的报告,要求该特委会继续其工作,并准备在第34届联合国大会上报告工作。

大会通过6项关于消灭种族主义和种族歧视的第A/RSE/33/98—A/RES/33/103号决议。

12月18日 大会通过关于"接纳多米尼加联邦为联合国会员国"的第

A/RES/33/107 号决议,接纳多米尼加联邦为联合国会员国。

12 月 19 日　大会通过关于发展资金的供应的第 A/RES/33/137 号决议,决定暂停联合国特别基金的活动,因为它未能获得开展业务所需的足够捐款,无法向那些最不发达国家提供援助。

同日　国际法院以 12 票赞成、2 票反对认定其没有权限受理希腊于 1976 年提交的爱琴海大陆架案。

12 月 20 日　大会通过关于南部非洲境内的移民劳工的第 A/RES/33/162 号决议及其所附《南部非洲境内移徙工人权利宪章》。

大会通过关于设立联合国智利信托基金的第 A/RES/33/174 号决议,设立自愿性的联合国智利信托基金,向智利境内由于被拘禁或监禁人权受到侵害的人士,被迫离国的人士及其亲属提供人道主义、法律、经济援助。

大会通过关于《执法人员行为守则草案》的第 A/RES/33/179 号决议,请秘书长将《执法人员行为守则草案》转送各国政府审查。

12 月 21 日　大会通过关于纳米比亚问题的第 A/RES/33/206 号决议,包含 3 项子决议:重申纳米比亚人民享有不可剥夺的自决、自由和民族独立的权利以及他们采取一切手段同南非占领当局斗争的合法性;谴责南非在纳米比亚进行的单方面选举,并宣布这些选举及其结果是无效的;批准联合国纳米比亚理事会就制裁南非所提出的一系列建议。

大会宣布 1979 年为"声援纳米比亚人民国际年"。

12 月 22 日　南非联合国告知秘书长,其已决定对纳米比亚独立计划的执行采取合作态度。

12 月 25 日　越南以要把柬埔寨从种族灭绝的灾难中拯救出来和消除柬对越南的安全构成的威胁为借口,打着"应邀入柬"的旗号,派遣十几万人的正规部队,分兵 7 路,向柬发动全面进攻,企图以闪电战的"速战速胜",一举推翻民主柬埔寨政权。1979 年 1 月 7 日,占领了金边,第 2 天便建立起亲越的韩桑林政权,并很快控制了柬埔寨的全国局势。联合国对柬埔寨形势的突变十分关注。

一九七九年

(国际反对种族隔离年、国际儿童年)

1 月 11—15 日　应民主柬埔寨请求,安理会召开紧急会议,审议越南武装入侵柬埔寨的严重事态。1 月 15 日,安理会 7 个不结盟成员国提出一项要求所有外国军队撤出柬埔寨的决议草案,由于苏联否决,未获通过。柬埔寨议题转入大会。

1月15—29日　第33届联合国大会复会。29日，大会一致通过关于"筹备联合国妇女10年：平等、发展与和平世界会议，包括通过'就业、保健和教育'次主题"的第 A/RES/33/185 号决议，决定设立一个筹备委员会，为联合国第3个发展10年的国际战略做准备。

1月19日　安理会通过关于以色列—黎巴嫩问题的第 S/RES/444(1979)号决议，决定将联黎部队的任务期限延长5个月，至1979年6月19日止。

1月23日　大会呼吁停止与南非进行的经济及军事合作。

1月24日—4月27日　根据大会第1届裁军问题特别会议决定，重新命名的裁军谈判委员会首轮会议在日内瓦举行。会议就世界裁军问题进行了广泛的探讨，但未能在实质性问题上取得进展。

2月5日　17个地中海沿岸国家在联合国环境规划署倡导下就共同承担治理该地区海洋污染费用达成共识：同意分摊"地中海行动计划"所需的财政支持，以保护该海域免受污染，并确保沿海地带的环境健康发展。

2月5—10日　经社理事会在纽约召开组织会议。

2月12—15日　托管理事会第14次特别会议决定，派遣一个视察团前往马绍尔群岛，监督将于3月在那里举行的宪法公民投票。

2月17日—3月16日　中国对越自卫反击战，狭义上是指1979年2月17日—3月16日中国、越南两国在中越边境爆发的战争。广义是指从1979年到1989年近10年间的中越边境军事冲突。越南在苏联的支持下，对中国采取敌对行为。中国采取自卫措施，在短时间内占领了越南北部20余个重要城市和县镇，一个月之内宣布撤出越南。中国边防部队撤出越南之后，双方都宣布战争的胜利。1979年对越自卫反击战，中国达到了预期的作战目的，对于保卫中国国家主权和领土完整以及地区的和平与稳定都有重要的意义。

2月19日　国际法院确定1980年5月30日为提交突尼斯—利比亚大陆架案备忘录的最后时限。此前利比亚已就此案同突尼斯签订了特别协议。

2月23—28日　安理会开会讨论东南亚紧张局势。苏联代表在会上要求中国从越南撤军。中国代表则针锋相对地指出，东南亚问题的关键是越南入侵柬埔寨，必须制止越南对柬埔寨的侵略和对中国的武装挑衅。会议未能取得成果。

2月26日　秘书长向安理会建议确定3月15日为纳米比亚停火日，

从该日起联合国将着手进行帮助该国最终实现独立的过渡工作。

2月28日 安理会讨论苏联要求中国从越南撤军和中国要求越南从柬埔寨撤军的提案,会议在没有通过任何决议草案的情况下延期举行。

3月8日 安理会通过关于南罗得西亚问题的第 S/RES/445(1979)号决议,强烈谴责南罗得西亚非法政权最近对安哥拉、莫桑比克和赞比亚的武装袭击,赞扬安哥拉、莫桑比克、赞比亚和其他前线国家对津巴布韦人民正义斗争的支持,要求所有国家援助前线国家,增强它们的防务能力,并宣布南罗得西亚非法政权在该领土举行的任何选举都是无效的。

3月16日 安理会再次开会讨论东南亚局势。在讨论一项要求卷入东南亚冲突的所有方面立即停止敌对行动,并立即将它们的军队撤回本国领土的决议案时,苏联投了否决票,致使决议案未能通过。

3月19日—4月27日 第3次联合国海洋法会议第8期会议举行,继续就一项全面的海洋法公约草案进行谈判。

3月22日 联合国贸易和发展会议的一个协商会议在经过长达3年的谈判之后就设立帮助稳定商品价格的商品共同基金的基本原则达成协议。联合国秘书长认为,这是通向建立新的国际经济秩序的一个重要步骤。

同日 安理会通过关于被以色列占领的领土的第 S/RES/446(1979)号决议,确认以色列在其占领的巴勒斯坦和其他阿拉伯领土上建立定居点的做法没有任何法律效力,并构成对在中东实现全面、公正和持久和平的严重阻碍;决议再次要求以色列遵守关于战时平民保护的 1949 年日内瓦公约,取消它所采取的改变包括耶路撒冷在内的阿拉伯被占领土法律地位和地理特征的措施,特别是不向被占领土移民;决定建立一个由安理会3个成员国代表组成的委员会,审查以色列自 1967 年以来在其占领的包括耶路撒冷在内的阿拉伯领土建立定居点的情况。

3月26日 在戴维营协议的基础上,埃以和约在华盛顿正式签订,萨达特和贝京在和约上签了字,卡特作为联署人也在和约上签字。4月25日,埃以双方交换和约批准书,和约开始生效。埃以和约主要内容是:(1)埃以双方重申他们遵守在戴维营商定的中东和平纲要,深信埃以和约"是谋求这个地区全面和平和谋求阿拉伯—以色列冲突的一切方面得到解决的一个重要步骤"。(2)双方宣布结束战争状态。(3)以色列军队将在3年内分两个阶段撤出整个西奈半岛。以军撤退后,埃以将在各自境内建立有限的军事力量区,并在边境建立联合国军和观察员驻扎的地区。(4)埃以将在以军完成第1阶段撤退后建立正常的外交、经济和文化关系。(5)蒂朗海峡和亚喀巴湾为国际水道,以色列船只可自由通过苏伊士运河。联合信件指出,埃以双方在互换和约批准书之后 1 个月内将就巴勒斯坦自治问题开始会谈。谈判在 1 年内完成:"美国政府会充分参加各个阶段的谈判。"埃以和约是戴维营协议的产物,它的签订结束了埃以双方自 1948 年第一次中东战争后存在的战争状态。1980 年 1 月,埃以两国正式开放边界。2 月,两国实现了外交关系正常化,之后两国又陆续签订了经济、文化、交通等方面的 9 个协定。1982 年 4 月,以色列撤出了除塔巴地区(约 1 平方公里的一个据点)外的西奈半岛。关于巴勒斯坦自治问题的谈判规定应在 1 年内完成。由于双方分歧太大,谈判毫无进展,双方同意延期。到 1982 年 6 月以色列大举入侵黎巴嫩后,埃及召回驻以大使,停止自治谈判和对双方协议的执行。使埃以关系处于实际上的"冻结状态"。直到 1984 年佩雷斯任以总理后,两国关系才有松动。3 月 26 日埃以和平条约签署后,联合国秘书长发表声明表示,该条约的签署是一个非常重要的历史性进展,但是要在中东实现稳定的和平还必须使巴勒斯坦问题得到公正的解决。

3 月 28 日   安理会通过关于安哥拉—南非问题的第 S/RES/447(1979)号决议,强烈谴责南非种族主义政权不断对安哥拉的入侵,要求南非立即停止它对安哥拉的入侵,尊重安哥拉的独立、主权和领土完整,要求各会员国向安哥拉和其他前线国家提供一切必要的援助,增强它们的防务能力。

4 月 10 日—5 月 11 日   经社理事会在纽约召开 1979 年第 1 次常会。

4 月 19 日   秘书长向安理会报告黎巴嫩南部武装力量对联合国驻黎巴嫩临时部队设在纳库拉的总部进行了"大规模无正当理由的攻击"。

4 月 26 日   安理会对日益升级的黎巴嫩南部紧张局势表示严重关切。

4 月 30 日   安理会通过关于南罗得西亚问题的第 S/RES/448(1979)号决议,强烈谴责南罗得西亚非法政权进行的一切旨在保持种族主义少数人统治和阻止津巴布韦实现真正独立和多数人统治的行动;重申南罗得西亚非法政权举行的所谓选举是无效的,并再次要求所有国家不承认该选举产生的任何代表或机构。

5 月 7—25 日   第 32 届世界卫生大会召开,通过《阿拉木图宣言》。

5 月 7 日—6 月 1 日   联合国贸易和发展委员会第 5 次会议在马尼拉举行。以七十七国集团为代表的发展中国家在会上提出了对发达国家的贸易保护主义进行限制,建立商品综合方案和共同基金,改变不合理的国际货币制度等要求。会议最后通过了《关于发展中国家之间经济合作的决议》《关于商品综合方案的决议》《关于帮助最不发达国家的决议》等 26 项决议。

5 月 15 日   安理会主席宣布,经安理会努力,黎巴嫩南部局势有所缓和。

5月15日—6月8日 大会第1届裁军问题特别会议决定设立的联合国裁军审议委员会在纽约举行第1次会议。许多国家的代表就贯彻大会第1届裁军问题特别会议的《最后文件》提出了种种建议。中国代表提出的《关于综合裁军方案主要内容的建议》为会议所通过,并将提交第34届联合国大会讨论。

5月20日—6月15日 托管理事会召开第46届常会。

5月22日 秘书长宣布,他已与塞浦路斯希、土两族领导人举行会晤,双方将于6月15日恢复谈判。

5月23—31日 第33届联合国大会复会,专门讨论纳米比亚问题。24日,大会拒绝接受南非递交的委任书,重申1974年做出的因南非实行种族隔离政策而不允许该国代表团参加大会工作的决定。在31日会议结束时通过的关于纳米比亚问题的第A/RES/33/206号决议中,大会强烈谴责南非将"内部解决方案"强加给纳米比亚人民;重申只有在西南非洲人民组织的充分参与下,纳米比亚问题才有可能得到公正持久的解决;要求立即无条件释放被拘留的西南非洲人民组织成员,停止一切对纳米比亚人民的暴力行为;号召国际社会加强对南非的贸易禁运,直至其接受联合国在纳米比亚的选举计划。

5月30日 安理会通过关于以色列—阿拉伯叙利亚共和国问题的第S/RES/449(1979)号决议,要求有关各方立即执行第S/RES/338(1973)号决议;将联合国脱离接触观察员部队的任务再延长6个月,至1979年11月30日止。

6月3日 联合国贸易和发展会议通过第122(Ⅴ)号决议,赞同《有利于最不发达国家的全面性新行动纲领》,将主要优先事项分为两个阶段进行:1979—1981年《应急行动方案》和20世纪80年代的《实质性新行动纲领》。

6月14日 安理会通过关于以色列—黎巴嫩问题的第S/RES/450(1979)号决议,要求以色列立即停止其对黎巴嫩采取的暴力行为,尤其是停止侵入黎巴嫩并停止对不负责任的武装团体继续提供援助;决定将联黎部队的任务期限延长6个月,至1979年12月19日止。

6月14日—8月14日 日内瓦裁军谈判委员会举行第2轮会议。会议在最后给联合国大会的报告中宣称,与会国确认需要缔结一项禁止研制、生产和储存化学武器的公约。但会议未能就缔结这项条约的办法达成协议。

6 月 15 日　安理会通过关于塞浦路斯局势问题的第 S/RES/451 (1979)号决议,再次延长根据第 S/RES/186(1964)号决议成立的联合国维持和平部队在塞浦路斯的驻留期限至 1979 年 12 月 15 日;决议促请各方在 10 点协议的范围内,恢复两族会谈,务求取得结果。

6 月 25 日　安理会决定延期讨论摩洛哥控告阿尔及利亚侵略一案。

7 月 4—20 日　经社理事会在日内瓦召开 1979 年第 2 次常会,10 月 25 日、11 月 8 日在纽约续会。

7 月 12—20 日　关于土地改革与农村发展问题的世界会议在罗马举行。会议通过《原则宣言和行动纲领》,号召国际社会共同努力,消除贫困和饥饿现象;呼吁所有国家,尤其是发达国家不要对农产品实行任何新的贸易壁垒,尽量多购买发展中国家的农产品。

7 月 20 日　安理会通过关于被以色列占领的领土的第 S/RES/452 (1979)号决议,要求以色列政府和人民立即停止在 1967 年以来所占领的包括耶路撒冷在内的阿拉伯领土上建立建筑和规划移民点;鉴于移民点问题的严重性,请安理会第 S/RES/446(1979)号决议所设委员会密切注意本决议的执行情况,并在 1979 年 11 月 1 日以前向安理会提出报告。

7 月 25 日　安理会作出非正式决议,不再延长中东地区联合国紧急部队的任务期。

8 月 20—31 日　联合国科学和技术促进发展会议在维也纳召开。会议通过《科学和技术促进发展维也纳行动纲领》,宣布要加强发展中国家的科学和技术能力,调整国际科学和技术关系的结构,加强联合国系统在这方面的作用,并建议设立国际科学和技术资料系统和全球资料网,将科技资料应用于经济发展。

9 月 1 日　人口和发展问题各国议员国际会议发表《科伦坡人口和发展宣言》。

9 月 4—7 日　世界粮食理事会第 5 次部长级会议举行。会议要求联合国在下一个发展 10 年中把粮食和农业发展问题放在最优先考虑的位置。

9 月 10—28 日　联合国禁止或限制使用特定常规武器会议在日内瓦举行。会议通过了《禁止或限制使用某些可被认为具有过分伤害力或滥杀滥伤作用的常规武器条约》。

9 月 12 日　安理会通过关于"接受新会员国:圣卢西亚"的第 S/RES/453(1979)号决议,向大会推荐圣卢西亚为联合国会员国。

9 月 18 日　大会通过关于"接纳圣卢西亚为联合国会员国"的第 A/RES/34/1 号决议,圣卢西亚被接纳为联合国会员国。大会还决定接受民主柬埔寨代表为出席本届大会的柬埔寨合法代表。

9月18日—1980年1月7日 第34届联合国大会举行。萨利姆·A.萨利姆(坦桑尼亚)当选为本届大会主席。

9月21日 安理会主席代表安理会发表声明,谴责南非宣布其班图斯坦之一的文达的所谓"独立",指出南非的这一行动目的在于分化和驱逐非洲人并建立在其控制下的"附庸国",以期永久维持种族隔离;要求所有国家拒绝承认所谓"独立"的班图斯坦,不同它们打交道并拒绝接受它们发放的任何旅行证件。

9月28日 联合国经济委员会敦促各国政府及国际金融机构向尼加拉瓜提供经济及技术援助,帮助其恢复、重建和发展提供资金和技术支持向其提供经济及技术援助。

9月29日 七十七国集团在贝尔格莱德举行部长级会议,通过《国际货币改革行动计划纲要》。

11月2日 安理会通过关于安哥拉—南非问题的第S/RES/454(1979)号决议:谴责南非的侵略行径;认定对安哥拉入侵活动的加剧和时间安排表明南非企图破坏通过谈判解决南部非洲问题的努力,特别是破坏安理会关于纳米比亚独立的计划;要求南非立即停止此类行动并从安哥拉撤军。

11月4日 当日,伊朗学生占领了美国驻伊朗大使馆,扣押使馆人员60余名,后释放了其中的黑人和妇女,其余52名留作人质,以强迫美国引渡在美国治病的伊朗前国王巴列维。美国拒绝伊朗的要求,伊朗则拒不释放人质,从而导致了严重的伊美关系危机。美国在最初希望通过外交途径加以解决,未果。以后转对伊朗采取一系列制裁措施,直到宣布同伊朗断交并正式对伊朗实行经济制裁。1980年4月,美国派突击队乘直升飞机秘密飞往伊朗营救人质,行动失败。对于人质事件,国际社会一直予以极大关注。联合国、不结盟运动、伊斯兰会议等国际组织以及与伊美两国保持友好关系的国家都进行了大量的斡旋工作,希望使人质问题得到解决。伊朗政界一些人士逐渐感到人质问题长期拖延下去对伊朗也是一个包袱,伊总统巴尼萨德尔曾在1980年8月表示,"美国人质使我国成了美国的一个人质"。1980年9月两伊战争爆发后,伊成立一个研究人质问题的委员会,10月伊总理拉贾伊对外国记者说,"我们对解决人质问题感兴趣","解决这个问题的钥匙掌握在美国手里"。美国方面立即作出了积极反应。11月2日,伊朗议会经过激烈辩论后,通过了释放人质美应接受的保证不干涉伊朗内政、解除对伊在美资产的冻结与制裁措施等4项条件。11月11日,美表示原则上接受上述条件作为解决人质问题的基础。之后,经阿尔及利亚的斡旋,1981 年 1 月 19 日美伊就释放人质问题达成协议,次日伊释放了全部人质。至此,迁延 14 个半月的美国人质事件终于得到和平解决。

11 月 10—28 日 粮农组织召开第 20 届会议,对非洲粮食情况表示严重关切,并一致决定将每年 10 月 16 日定为世界粮食日,1981 年 10 月 16 日为首次纪念日。1980 年 12 月 5 日,大会通过相关的第 A/RES/35/70 号决议。

11 月 14 日 第 34 届联大以 91 票对 21 票压倒多数通过关于柬埔寨局势的第 A/RES/34/22 号决议,要求撤走外国军队,呼吁各国不要干涉柬埔寨内政,以使柬埔寨举行独立的民主选举。从 1979 年起,历届联大都通过决议要求外国军队撤出柬埔寨,且赞成票越来越多。联合国以及其他东盟国家与法国等国也积极斡旋,希望及早促成柬埔寨问题的政治解决。

11 月 16 日 在联合国关于难民事务的特别会议上,48 个国家承诺向联合国难民事务高级专员办事处提供 1.14 亿美元的捐款,用于救助难民。

11 月 19—30 日 联合国可可会议在日内瓦举行第 3 期会议。

11 月 20 日 大会重申完全尊重塞浦路斯的主权完整及统一,反对一切外国势力干涉该国内政的行为。

11 月 21 日 大会通过关于西撒哈拉问题的第 A/RES/34/37 号决议,重申西撒哈拉人民不可剥夺的自决和独立权利,承认波利萨里奥解放阵线为西撒哈拉人民的代表,要求摩洛哥结束其对西撒哈拉的占领。

大会通过关于东帝汶问题的第 A/RES/34/40 号决议,重申东帝汶人民不可剥夺的自决和独立权利,并对该领土人民的遭遇表示关切。

11 月 23 日 安理会通过关于南罗得西亚—赞比亚问题的第 S/RES/455(1979)号决议,强烈谴责南罗得西亚非法政权对赞比亚无端的不断加剧的侵略行动,以及南非同南罗得西亚非法政权的勾结;赞扬赞比亚和其他前线国家对津巴布韦人民正义斗争的支持;要求英国政府采取有效的措施,制止南罗得西亚非法政权对赞比亚的侵略;要求南罗得西亚对赞比亚遭受的生命财产损失给予全部赔偿。

11 月 25 日 联合国秘书长在给安全理事会主席的函件中提到了伊朗和美国两国间已出现的严重局势,并指出美国对其使馆被占据和工作人员被扣留深感不安,这种行为是违反国际公约的。

11 月 27 日 应联合国秘书长请求,安理会对伊朗和美国的问题加以审议。伊朗未出席安理会关于人质危机问题的任何会议。

11月29日　大会呼吁各国收容更多的印度支那难民。

同日　美国向国际法院起诉伊朗占领美国在伊朗使领馆、扣押美国外交和领事人员为人质。美国要求国际法院宣布,伊朗违反了它对美国承担的国际义务,必须保证立即释放人质并保证他们的安全。美国还要求采取临时措施,要求赔偿,并对负责的人起诉。

同日　安理会通过关于以色列—阿拉伯叙利亚共和国问题的第 S/RES/456(1979)号决议,决定将联合国脱离接触观察员部队的任务再延长 6 个月,至 1980 年 5 月 30 日止。

12月1—4日　安理会开会讨论由于伊朗扣留人质而造成的紧张局势。

12月4日　安理会通过关于伊朗伊斯兰共和国—美国问题的第 S/RES/457(1979)号决议,重申所有国家都有义务尊重外交人员及其馆舍不可侵犯原则;要求伊朗立即释放美国人质并允许他们离开伊朗;要求美国和伊朗以和平方式解决其他遗留问题。

12月5日　大会一致通过题为《关于各国在月球和其他天体上活动的协定》的第 A/RES/34/68 号决议,批准《关于各国在月球和其他天体上活动的协定》,并决定于 1979 年 12 月 18 日将该协定开放供签署。该协定条款规定,缔约国承诺确保月球和其他天体以及对它们的探索和利用应专门用于和平目的及人类福祉,各国应相互通报可能危及人类生命或健康的任何现象等。

12月6日　大会重申科摩罗拥有马约特岛主权,呼吁法国同科政府通过协商解决争端。

12月11日　大会通过关于国际合作裁军宣言的第 A/RES/34/88 号决议,发表"第 2 个裁军 10 年宣言",宣布 20 世纪 80 年代为联合国第 2 个裁军 10 年,要求各国制止和扭转军备竞赛,根据第 1 届裁军特别联大《最后文件》规定的优先项目缔结裁军协定,呼吁把用于军事目的的资金转用于经济发展项目,尤其是用于资助发展中国家。

12月12日　大会通过有关纳米比亚问题的第 A/RES/34/92 号决议,要求安理会对南非实施强制性制裁,以迫使其保证执行联合国有关决议。

同日　大会通过关于"南非的宣言"的第 A/RES/34/93 号决议,指出南非人民为了消除种族隔离而进行的斗争是合法的,所有国家应庄严保证不以公开或秘密军事干涉支援南非种族隔离政权,并对南非被压迫人民以及遭受南非政权威胁或侵略和颠覆的独立非洲国家表示国际声援。

12月14日　大会通过由孟加拉国等 6 国提出的关于"国际关系中不

容推行霸权主义政策"的第 A/RES/34/103 号决议。决议宣布,任何国家和国家集团不得在任何情况下和以任何理由在国际关系中推行霸权主义,或在全球和在世界任何地区寻求统治地位。

同日　安理会通过关于塞浦路斯局势的第 S/RES/458(1979)号决议,决定将根据第 S/RES/186(1964)号决议成立的联合国驻塞浦路斯维持和平部队的任务期限延长 6 个月,至 1980 年 6 月 15 日止。

12 月 15 日　国际法院就美国诉伊朗劫持人质一案一致通过决定,要求伊朗政府将美国使领馆舍归还美国,确保它们的不可侵犯性和有效保护,并要求立即释放全体美国人员,保证他们应享有充分的保护、特权和豁免。

12 月 17 日　大会一致通过关于《反对劫持人质国际公约》的第 A/RES/34/146 号决议及其附件《反对劫持人质国际公约》。该公约对劫持人质做了明确定义。各缔约国同意以适当的刑罚惩治劫持人质的行为,并使对劫持人质的罪犯的任何刑事诉讼或引渡程序得以进行。公约于 1983 年6 月 3 日生效。

大会一致通过关于"国际青年年:参与、发展、和平"的第 A/RES/34/151 号决议,宣布 1985 年为国际青年年。其主题是:参与、发展、和平。大会同时确认,为了做好青年年的筹备、庆祝和后续工作,在联合国和青年之间需要有适当的交流渠道。

大会正式通过关于执法人员行为守则的第 A/RES/34/169 号决议及所附之《执法人员行为守则》,并建议以之作为考核这类官员的原则之一。

大会通过关于南非政府的种族隔离政策的第 A/RES/34/93 号决议。

大会一致通过关于智利境内的人权的第 A/RES/34/179 号决议,要求智利当局公布失踪政治犯的下落。

12 月 18 日　大会通过第 A/RES/34/280 号决议及其附件之《消除对妇女一切形式歧视公约》,同时将公约开放供各国签署和批准。该公约内容十分广泛,涉及各国在各个不同领域消除对妇女歧视应采取的措施。它为消除偏见和改善妇女地位提供了一个法律依据。

大会通过关于新闻问题的第 A/RES/34/182 号决议,决定将联合国新闻政策和活动审查委员会改称为"联合国新闻委员会",并适当扩大。

大会通过关于"环境领域内关于两个或两个以上国家共有的自然资源的合作"的第 A/RES/34/186 号决议。

12 月 19 日　大会一致通过关于发展中国家经济合作的第 A/RES/34/202 号决议,决定在 1980 年 8—9 月间举行各国高级领导人参加的特别会议,讨论如何采取有效行动促进发展中国家的经济发展和国际经济合作,并正式通过联合国第3个发展10年的国际发展战略。

大会一致通过关于"联合国最不发达国家问题会议"的第A/RES/34/203号决议,决定在1981年召开联合国最不发达国家问题会议,动员国际社会帮助最不发达国家摆脱极度贫困状态。

同日 安理会通过关于以色列—黎巴嫩问题的第S/RES/459(1979)号决议,决定将联黎部队的任务期限延长6个月,至1980年6月19日止。

12月21日 安理会通过关于南罗得西亚问题的第S/RES/460(1979)号决议,表示注意到在英国主持下召开的南罗得西亚制宪会议已就一部规定实现多数人统治的津巴布韦宪法及实施宪法的安排和停火问题达成协议;要求有关各方严格遵守所达成的协议,同时吁请各会员国取消对南罗得西亚的制裁。

12月31日 安理会通过关于伊朗伊斯兰共和国—美国问题的第S/RES/461(1979)号决议,对伊朗继续扣留人质表示遗憾,并吁请立即将他们释放。同时决定,如果伊朗不遵守安理会的要求,安理会将根据宪章第39条和第41条的规定采取有效措施。

一九八〇年

1月1—4日 瓦尔德海姆秘书长访问伊朗,就被扣留的美国人质问题进行斡旋,但未取得成效。

1月5—9日 应52个会员国要求,安理会召开紧急会议审议苏联于1979年12月底对阿富汗的入侵及其对国际局势的影响问题。7日,由6个国家提出的一项要求外国军队立即撤出阿富汗,以便阿富汗可以确定其本身政府形式的决议草案,被苏联所否决,未获通过。

1月9日 安理会通过关于国际和平与安全的第S/RES/462(1980)号决议,表示鉴于常任理事国间在阿富汗问题上缺乏一致意见,妨碍了安理会执行维持国际和平与安全的责任,决定要求大会召开紧急特别会议,审议阿富汗局势及其对国际和平与安全的影响。

1月7日 第34届联合国大会闭幕。

1月10—14日 大会召开第6次紧急特别会议,讨论阿富汗局势问题。14日,大会通过关于阿富汗局势及其对国际和平与安全的影响的第A/RES/2(ES—6)号决议。会议以104票对18票的压倒多数通过巴基斯坦等24国提出的决议案,对苏联入侵阿富汗表示非常遗憾;呼吁各国尊重阿富汗的主权、政治独立和不结盟地位；要求外国军队立即无条件和全部撤出阿富汗，使阿富汗人民在没有任何外来干涉、颠覆、胁迫或限制的情况下决定自己的经济、政治和社会制度；敦促有关各方协助创造阿富汗难民自愿返回家园的必要条件，并呼吁国际社会向阿富汗难民提供人道主义救援。

1月13日 安理会再次开会审议伊朗扣留美国人质事件。美国提出的要求所有会员国在美国人质得到释放之前对伊朗实行经济制裁的决议草案，遭苏联否决，未获通过。苏联认为，此案仅涉及伊朗和美国之间的双边争端，并不是一个国际和平与安全问题，任何制裁的问题都只会扩大事态。

1月21日—2月9日 联合国工业发展组织第3次大会在新德里举行。会议审议了全球经济情况的变化对利马行动计划的影响，通过了《新德里宣言》和行动计划，提出了国际发展的新观念，并要求建立一个到2000年止筹资3000亿美元的新的南北全球基金，以促进发展中国家工业化。会议号召各国共同努力，争取建立国际经济新秩序。

2月2日 安理会通过关于南罗得西亚局势问题的第 S/RES/463（1980）号决议，促请所有当事各方遵守兰开斯特宫协议，特别是管理国——英国采取必要措施，保证充分并公正无私地执行兰开斯特宫协议的内容和精神；强烈谴责南非种族主义政权对南罗得西亚内政的干涉；促请所有会员国只尊重津巴布韦人民作出的自由公正的选择，决定继续审查南罗得西亚局势，直到该领土获得真正多数人统治下的完全独立为止。

2月5日—4月29日 裁军谈判委员会1980年春季会议在日内瓦举行。40个成员国的代表出席会议。由副外长章文晋率领下的中国代表团首次参加该委员会工作。瓦尔德海姆秘书长向会议致电说，这次会议"标志着第2个裁军10年的开始"。

2月13—24日 第13届冬季奥运会在美国普莱西德湖举行，共有37个国家和地区的1072名运动员参赛。这也是中国奥委会于1979年在国际奥委会恢复合法席位后首次出席冬季奥运会，中国共派出28名男女运动员，参加了滑冰、滑雪、现代冬季两项的18个单项比赛，由于首次参赛的选手与世界先进水平有较大差距，无1人进入前6名。

2月14日 联合国人权委员在日内瓦举行第36次会议，通过一项由巴基斯坦等12国提出的强烈谴责苏联入侵阿富汗和粗暴侵犯人权与民族自由，要求苏联立即无条件从阿富汗撤军的决议。

2月19日 安理会通过关于"接受新会员：圣文森特和格林纳丁斯"的第 S/RES/464（1980）号决议，向大会推荐接纳圣文森特和格林纳丁斯为联合国会员国。

2 月 20 日　在伊朗和美国均表同意的情况下,秘书长宣布,已组成一个 5 人调查委员会,调查伊朗关于在巴列维国王统治时期侵犯人权和非法行为的指控和及早解决伊朗扣留美国人质的问题。

3 月 1 日　安理会通过关于被以色列占领的领土的第 S/RES/465(1980)号决议,对以色列政府支持在其 1967 年所占领的包括耶路撒冷在内的巴勒斯坦和其他阿拉伯领土建立以色列人定居点的决定表示遗憾;认定以色列采取的所有改变占领领土的自然特征、人口构成和风俗习惯的措施都是无效的;要求以色列拆除这些定居点,并停止建立和规划新的定居点;要求所有国家不向以色列这类定居点提供任何援助。

4 月 11 日　安理会通过关于南非—赞比亚问题的第 S/RES/466(1980)号决议,强烈谴责南非种族主义政权不断加紧无故袭击赞比亚共和国的行为,要求当局立即停止武装入侵赞比亚,从赞比亚领土上撤出其全部军队,否则,安理会将考虑根据宪章第 7 章的规定采取进一步的适当行动。

同日　在维也纳举行的联合国货物销售合同会议通过《联合国国际货物销售合同公约》(《维也纳销售公约》),对国际货物销售合同的内容、一般条件和标准合同的统一法律规则,以及买卖双方的义务,违约的赔偿等都作了详细规定。

4 月 17 日　中华人民共和国恢复在国际货币基金组织的合法席位。

4 月 18 日　安理会主席发表声明,对联合国驻黎巴嫩临时部队两名爱尔兰士兵遭残酷杀害一事表示强烈愤慨和谴责。

4 月 24 日　安理会通过关于以色列—黎巴嫩问题的第 S/RES/467(1980)号决议,重申安理会派遣联合国驻黎巴嫩临时部队的有关决议,谴责针对联黎部队的敌视行为,并提醒注意联黎部队获得可进行自卫的授权;要求有关各方同秘书长合作,以使得联黎部队完成其使命。决议还谴责以色列对黎巴嫩的军事干涉和一切破坏黎巴嫩主权和领土完整的行为。

4 月 30 日　安理会开会审议中东局势。突尼斯提出的一项要求保障巴勒斯坦人民合法权利的提案,遭美国否决,未获通过。

5 月 8 日　安理会通过关于被以色列占领的领土的第 S/RES/468(1980)号决议,对以色列军事占领当局将希布伦市和哈勒胡勒市市长及希布伦的伊斯兰教法官驱逐出境一事,深表关切;要求作为占领国的以色列政府撤销此项非法措施,并为被驱逐出境的巴勒斯坦人领袖的立即返回提供方便,使他们能再继续履行他们被选派担任的职责。

同日　世界卫生组织在收到最后一项天花病例报告之后 3 年,正式宣布消灭天花。

5 月 20 日　安理会通过关于被以色列占领的领土的第 S/RES/469（1980）号决议,对以色列不执行安理会通过的第 S/RES/468（1980）号决议表示痛惜;再度要求其撤销非法措施,并为被逐出境的巴勒斯坦领袖的立即返回提供方便。

5 月 24 日　国际法院就伊朗扣押美国在德黑兰的外交和领事人员案作出裁决,认定伊朗违反了维也纳公约以及一般国际法长期确立的原则所规定的它对美国承担的义务。法院认为,根据国际法,伊朗应对德黑兰发生的事件负责;伊朗必须立即停止扣押所有的人质,保证他们安全离开伊朗领土。法院还一致声明伊朗不得扣押任何外交或领事人员,不得对他们提起法律诉讼,伊朗有义务赔偿美国的损失。

同日　联合国贸易和发展会议通过《联合国国际货物多式联运公约》。

5 月 28 日—6 月 1 日　联合国纳米比亚理事会在阿尔及尔召开特别全体会议,审议安理会第 S/RES/385（1976）和第 S/RES/435（1978）号决议执行的情况。会议于 6 月 1 日通过关于纳米比亚问题的《阿尔及尔宣言》和《行动纲领》,重申坚决支持纳米比亚人民的自决和独立;要求安理会根据宪章第 7 章对南非实行全面的强制性制裁;要求各会员国对南非实行孤立,不承认其所谓的内部解决;建议在 1981 年召开支持纳米比亚人民斗争的国际会议,进一步动员国际舆论反对南非对纳米比亚的非法占领。

5 月 30 日　安理会通过关于以色列—阿拉伯叙利亚共和国问题的第 S/RES/470（1980）号决议,决定将联合国脱离接触观察员部队的任务再延长 6 个月,至 1980 年 11 月 30 日止。

6 月 5 日　安理会通过关于被以色列占领的领土的第 S/RES/471（1980）号决议,谴责企图暗杀纳布卢斯、拉马拉和比雷 3 市市长的行为,并要求立即将罪犯逮捕并起诉;对占领国以色列没有按照《关于战时保护平民的日内瓦公约》的规定适当保护被占领领土的平民一事深表关注;要求以色列政府充分赔偿这些罪行对受害者造成的损失;并要求以色列政府尊重和遵守《关于战时保护平民的日内瓦公约》的规定以及安理会的各项有关决议;再度要求各国不向以色列提供任何具体用于被占领领土内的移民点的援助;重申绝对必须终止以色列从 1967 年以来对包括耶路撒冷在内的阿拉伯领土的长期占领。

6 月 13 日　安理会通过关于塞浦路斯局势问题的第 S/RES/472（1980）号决议,决定再次延长根据第 S/RES/186（1964）号决议成立的联合国维持和平部队在塞浦路斯的驻留期限,至 1980 年 12 月 15 日止。

同日　安理会通过关于南非问题的第 S/RES/473（1980）号决议,强烈谴责南非种族主义政权恶化南非局势,并且大规模镇压所有反对种族隔离的人的行为;要求南非当局立即停止对非洲人的暴力措施,无条件释放包括纳尔逊·曼德拉在内的所有政治犯;并要求所有国家加强对南非的武器禁运。

6月17日 安理会通过关于以色列—黎巴嫩问题的第 S/RES/474(1980)号决议,决定将联合国驻黎巴嫩临时部队的任务期限延长 6 个月,至 1980 年 12 月 19 日止。

6月27日 安理会通过关于安哥拉—南非问题的第 S/RES/475(1980)号决议,强烈谴责南非种族主义政权对安哥拉不断的武装侵略,要求南非立即从安哥拉领土撤出其全部军事力量,并停止对安哥拉主权和领土完整的侵犯;呼吁所有会员国向安哥拉提供必要的紧急援助,加强其抵抗南非侵略的能力。

6月28日 由联合国贸易和发展会议主持在日内瓦举行的联合国商品综合方案共同基金谈判会议通过了共同基金最后协议条款,从而结束了长达 4 年之久的谈判。

6月30日 安理会通过关于被以色列占领的领土的第 S/RES/476(1980)号决议,敦促以色列立即终止占领包括耶路撒冷在内的阿拉伯领土;重申以色列占领当局任何旨在改变耶路撒冷圣城地理、人口及历史特征和地位的措施都是无效的。

7月14—31日 联合国妇女 10 年中期会议,即第二次世界妇女大会在哥本哈根进行。会议审议了自 1976 年妇女 10 年计划开始以来进展的情况,认为全世界妇女的实际地位并没有改变,在某些地方,尤其是在农村和传统社会里她们的地位更加恶化了,为妇女利益制定的法律没有得到执行。会议指出,男女平等不仅意味着法律平等,而且意味着妇女参与发展的平等。会议促请各国政府支持妇女团体和组织,设立评价妇女合法权利和撤销歧视性法律的委员会,增加担任公职的妇女的数量,在妇女 10 年的后半期作出努力,以促进妇女地位的提高。由于在妇女状况与政治的关系问题上存在分歧,会议最后发表的行动纲领未能以协商一致方式通过。

7月19日—8月3日 第 22 届奥林匹克运动会在苏联莫斯科召开。参加本届奥运会的国家和地区共有 81 个,运动员 5179 人,其中女子 1115 人。因苏军入侵阿富汗违背了和平、友谊的奥运宗旨,国际奥委会承认的 147 个国家和地区中,有 2/5 的参赛国公开抵制和拒绝参加。美国、日本、西德、加拿大、澳大利亚、中国等国坚决执行抵制政策,没有参加本届奥运会。

7月22—29日　大会召开第7届紧急特别会议,讨论巴勒斯坦问题。29日,大会通过关于巴勒斯坦问题的第 A/RES/3(ES—7)号决议,要求以色列于1980年11月15日之前开始从1967年6月以来占领的包括耶路撒冷在内的所有巴勒斯坦和阿拉伯领土无条件地全部撤出;宣布巴勒斯坦人民享有不可剥夺的权利,包括不受外来干涉的自决、民族独立和主权以及建立他们自己国家的权利;巴勒斯坦人民的代表巴解组织有权在平等的基础上参加在联合国机构范围内就中东局势和巴勒斯坦问题所进行的一切会议、谈判和各种努力。决议还重申了决不承认通过武力强占他人领土这一基本原则。1982年复会,于4月20—28日、6月25—26日、8月16—19日、9月24日分段召开。

7月30日　安理会通过关于"接受新会员:津巴布韦"的第 S/RES/477 (1980)号决议,向大会推荐接纳津巴布韦为联合国会员国。

8月20日　安理会通过关于被以色列占领的领土的第 S/RES/478 (1980)号决议,以最强烈的措辞谴责以色列议会7月24日颁布的关于吞并整个耶路撒冷并将其作为以色列首都和政府正式所在地的基本法以及拒不执行安理会有关决议的行为;确认以色列颁布的这一基本法构成对国际法违反,连同其旨在改变耶路撒冷特征和地位的所有措施都是无效的,必须予以废除;要求所有在耶路撒冷设有外交使领馆的国家立即从那里撤出其使领馆。

8月25日　大会通过了关于接纳津巴布韦共和国为联合国会员国的第 A/RES/1(S—11)号决议,审议了津巴布韦共和国要求成为会员国的申请,并决定接纳其为联合国会员国。

8月25日—9月15日　虽然第6届特别联大通过了《建立新的国际经济秩序宣言》和《行动纲领》,但不合理的国际经济旧秩序没有得到根本性改变。1977年的第32届联大曾决定召开一次高级别的特别会议,以求进一步促进发展中国家的发展和国际经济合作。鉴于此,关于"新国际贸易秩序"的第11届特别会议在纽约总部举行。大会通过了第 A/RES/1(S—11)—A/RES/4(S—11)号决议。本次会议对联合国第3个发展10年新的轨迹发展战略达成了一致,在一定程度上反映了发展中国家的愿望,但是在全球经济谈判问题上未能取得较大进展。

9月5日　联合国预防犯罪和罪犯待遇问题第6次大会在委内瑞拉首都加拉加斯召开。会议通过一项宣言,强调要尊重基本人权,并要求在总的发展规划中通盘考虑预防犯罪和刑事司法战略。

9月15日　大会通过了关于"秘书长关于克服许多发展中国家的严重

经济情况的各项建议"的第 A/RES/1(S—11)号决议,强调秘书长在 1980 年第 2 届常会上提出的各项建议,并呼吁国际社会迫切需要采取一致行动,以解决发展中国家的短期、中期和长期问题。

大会通过了关于对付最不发达国家严重处境的各项措施的第 A/RES/4(S—11)号决议,敦促各方不再延误,履行承诺,向最不发达国家提供援助;并请各多边发展机构在规划和分配其资源时优先考虑最不发达国家。

9 月 16 日 大会通过关于接纳圣文森特和格林纳丁斯为联合国会员国的第 A/RES/35/1 号决议,接纳圣文森特和格林纳丁斯为联合国会员国。

9 月 16 日—12 月 17 日 第 35 届联合国大会在纽约举行。德意志联邦共和国的巴龙·吕丁格尔·冯·韦希马尔当选为届会主席。

9 月 22 日 伊拉克与伊朗爆发全面战争。当天秘书长呼吁双方采取克制态度并努力通过谈判解决问题。翌日,安理会根据秘书长的要求进行磋商后发表安理会主席声明,表达了安理会对两伊战争的关切和对秘书长呼吁的支持,并呼吁两伊不要采取武装行动。

9 月 24 日 出席第 35 届联合国大会的中国代表团团长黄华在大会发言中提出公正合理地解决阿富汗问题和柬埔寨问题应遵循的 3 条基本原则,即外来侵略者无条件撤出全部军队;阿富汗和柬埔寨两国人民在没有任何外来干涉的情况下,决定自己的命运;恢复阿富汗和柬埔寨两国的独立与不结盟国家的地位。

9 月 28 日 安理会通过关于伊拉克—伊朗伊斯兰共和国问题的第 S/RES/479(1980)号决议,要求伊朗和伊拉克立即停止使用武力,按照国际法准则和平解决争端,敦促他们接受调停或调解,并呼吁其他国家不要采取任何可能导致冲突扩大的行动,表示支持秘书长为解决这一冲突所做的努力和斡旋。

10 月 13 日 大会以压倒多数否决了苏联和越南要求取消民主柬埔寨在联合国合法席位的决议"修正案",接受民主柬埔寨代表的全权证书。

10 月 16 日 联合国秘书长向安理会通报了他为确保冲突地区的和平航运和合法的国际贸易安全所做的努力。

10 月 22 日 大会通过关于柬埔寨局势的第 A/RES/35/6 号决议,决定于 1981 年初召开一次由所有冲突各方和其他有关国家参加的柬埔寨问题国际会议,以寻求一项全面政治解决柬埔寨问题的办法。

11 月 10 日 大会通过关于"宣布国际饮水供应和卫生 10 年"的第 A/RES/35/18 号决议,宣布 1981—1990 年为"国际饮水供应和卫生 10

年",其目标是在 1990 年以前做到为所有人提供干净饮水和足够的卫生设施。

11 月 12 日 安理会一致通过第 S/RES/480(1980)号决议,鉴于理查德·巴克斯特与萨拉赫·丁·塔拉齐两位法官先后去世,国际法院空出两名缺额,必须按照《国际法院规约》的规定进行补选,决定于 1981 年 1 月 15 日由安理会和大会第 35 届会议第 2 期会议各举行 1 次会议来进行补选。

11 月 14 日 大会通过关于"给予南部非洲殖民和种族主义政权以政治、军事、经济及其他形式的援助对人权的享受所发生的不良影响"的第 A/RES/35/32 号决议,呼吁所有国家特别是英国、美国等国严格遵守大会和安理会对南非实行制裁的各项决议,采取有效的紧急措施终止同南非在政治、外交、经济、贸易、军事及核领域的一切合作。

11 月 20 日 大会以压倒多数通过关于巴基斯坦等 41 个国家提出的"阿富汗局势及其对国际和平与安全的影响"的第 A/RES/35/37 号决议,重申阿富汗人民有权确定自己的政府形式,再次要求从阿富汗撤出所有的外国军队;呼吁各国对阿富汗难民提供援助,并为阿富汗问题寻求一种政治解决办法。决议还对秘书长为寻求问题的解决所做的努力表示赞赏,并要求他指定一名特别代表以协助他进行这项工作。

11 月 26 日 安理会通过关于以色列—阿拉伯叙利亚共和国问题的第 S/RES/481(1980)号决议,决定将联合国脱离接触观察员部队的任务再延长 6 个月,至 1981 年 5 月 31 日止。

12 月 3 日 大会通过关于"宣布 20 世纪 80 年代为第 2 个裁军 10 年宣言"的第 A/RES/35/46 号决议,宣布 20 世纪 80 年代为第 2 个裁军 10 年。

12 月 5 日 大会通过关于"设立和平大学"的第 A/RES/35/55 号决议及所附之《设立和平大学国际协定及和平大学章程》。

大会通过关于"联合国第 3 个发展 10 年国际发展战略"的第 A/RES/35/56 号决议,宣布 20 世纪 80 年代为联合国第 3 个发展 10 年,并通过《第 3 个发展 10 年国际发展战略》。这一战略力求通过加速发展中国家的发展,实现发展中国家作为一个整体,国内生产总值的年平均增长率要达到 7%的目标,并使它们同工业化国家的地位更加平等来改变国际经济结构不平等的状况。

同日 联合国预防犯罪和罪犯待遇大会通过第 A/RES/35/171 号决议,其中认可该决议之附件《加拉加斯宣言》。

12 月 11 日 大会通过关于全面执行《给予殖民地国家和人民独立宣言》的行动计划的第 A/RES/35/118 号决议,公布《充分实现非殖民化宣言的行动计划》,要求所有会员国应提供一切必要的道义和物质援助,支持仍处于殖民统治下的人民争取民族自决和独立的斗争,竭力充分实现 1960 年非殖民化宣言的各项目标。

同日　安理会通过关于塞浦路斯局势的第 S/RES/482(1980)号决议,再次延长根据第 S/RES/186(1964)号决议成立的联合国维持和平部队在塞浦路斯的驻留期限,至 1981 年 6 月 15 日止。

12 月 15 日　大会通过关于"联合国同非洲统一组织和合作"的第 A/RES/35/117 号决议,呼吁所有国家给予被非洲统一组织和阿拉伯国家联盟所承认的民族解放运动组织以开展它们符合《关于国家在同国际组织关系中的代表权的维也纳公约》的活动所需要的特权与豁免。

大会通过关于"调查以色列侵害占领区居民人权的行为特别委员会的报告"的第 A/RES/35/122 号决议所含的 6 项决议,宣布在没有巴解组织平等参加的情况下,任何国家都没有权利采取任何行动和措施,或举行任何涉及巴勒斯坦人民前途以及他们不可剥夺的权利和被占领的巴勒斯坦领土的谈判;要求以色列撤出从 1967 年 6 月以来占领的所有巴勒斯坦和阿拉伯领土;宣布以色列颁布的关于耶路撒冷的基本法和定耶路撒冷为以色列首都的行为是无效的。

大会通过关于"考虑有效措施以加强对外交和领事使团与代表的保护及其安全"的第 A/RES/35/168 号决议,要求所有会员国采取措施,禁止在它们管辖的领土内进行威胁外交使团的行动。

大会通过第 6 届联合国预防犯罪和罪犯待遇大会的报告及其附件《加拉加斯宣言》的第 A/RES/35/171 号决议,指出所有国家应在预防犯罪和罪犯待遇方面取得迅速进展。

12 月 16 日　大会通过关于南非政府的种族隔离政策的第 A/RES/35/206 号决议所含的 18 项谴责南非种族歧视政策的决议,要求安理会立即对南非实行包括石油禁运在内的全面的强制性制裁。

12 月 17 日　安理会通过关于以色列—黎巴嫩问题的第 S/RES/483(1980)号决议,决定将联合国驻黎巴嫩临时部队的任务期限延长 6 个月,至 1981 年 6 月 19 日止。

12 月 19 日　安理会通过关于被以色列占领的领土的第 S/RES/484(1980)号决议:重申《关于战时保护平民的日内瓦公约》适用于 1967 年以来被以色列占领的一切阿拉伯领土;要求占领国以色列遵守该公约的各项规定;宣布决定必须使希布伦市市长和哈勒胡勒市市长返回家乡重新执掌他们的职责;请秘书长就本决议的执行情况尽快提出报告。

一九八一年

（国际残疾人年）

1月7—14日　联合国主持的关于纳米比亚问题的会议在日内瓦举行。西南非洲人民组织、前线国家、尼日利亚、南非和西方联系小组的代表出席。这是以西南非洲人民组织为一方和以南非为另一方的在纳米比亚交战双方举行的首次"直接对话"。由于南非拒绝在执行安理会1978年提出的关于纳米比亚独立的方案方面进行合作,会议未能就在纳米比亚停火的日期和为执行安理会第S/RES/435(1978)号决议提供保证方面达成协议。

2月3日—3月24日　裁军委员会在日内瓦举行1981年春季会议。苏联不同意作出无条件保证不使用核武器的承诺,致使会议毫无进展。

2月5日　比勒陀利亚最高法院德兰士瓦地方法庭将南非非洲人国民大会3名成员公然判处死刑。

3月2—6日　第35届联合国大会复会,审议纳米比亚问题。大会通过全权证书委员会的报告,拒绝南非代表团的全权证书。大会通过关于纳米比亚问题的第A/RES/35/227号决议,内含10项,重申西南非洲人民组织是纳米比亚人民唯一真正的代表,呼吁各国向该组织提供各种援助;同时宣布,南非无视联合国的权威、非法占领纳米比亚、对纳米比亚人民和独立的非洲国家发动侵略战争、推行殖民扩张和种族隔离政策,以及研制核武器,所有这些都严重威胁着国际和平与安全;要求安理会考虑对南非实行全面制裁。

3月20日　安理会强烈谴责黎巴嫩南部地区所谓"事实上的部队"杀害联合国驻黎巴嫩临时部队人员的残暴行径。

4月9—10日　联合国、非洲统一组织和难民事务高级专员办事处在日内瓦共同主持召开关于援助非洲难民的国际会议,92国代表出席。会议呼吁国际社会密切注意非洲的难民形势,争取广泛的财源,为援助非洲难民计划提供捐款,帮助收容难民的国家减轻因难民涌入造成的经济负担。会议还就引起非洲难民问题的原因及解决的途径进行讨论,强调解决非洲难民问题必须尽快结束非洲大陆的殖民主义和种族主义统治,制止一切外来对非洲国家的干涉。会议共筹集到由49个国家和欧洲共同体认捐的以双边和多边援助方式提供的5.6亿美元的资金。

4月29—30日　应非洲国家要求,安理会开会讨论纳米比亚问题。非洲国家提出的4项谴责南非对纳米比亚的非法占领,要求对南非实行全面的强制性制裁的决议草案,均因美国、英国和法国的否决而未能获得通过。

5月1日 联合国秘书长向黎巴嫩冲突各方发出呼吁,要求它们立即停火并支持黎巴嫩政府为寻求和平解决危机所做的努力。

5月20—27日 联合国与非洲统一组织共同主持的关于制裁南非的国际会议在巴黎举行。120多个国家和南部非洲解放运动以及有关国际组织的代表与会,美国、英国、日本和联邦德国拒绝参加。会议发表的制裁南非的巴黎宣言指出,鉴于所有同南非达成和平解决方案的努力均未奏效,对南非实行全面制裁将是确保其执行联合国决议的最适宜和最有效的措施,要求国际社会对南非实行全面制裁并采取一致行动,支持和援助南部非洲和纳米比亚被压迫人民争取自决、自由与独立的合法斗争。

5月22日 安理会通过关于以色列—阿拉伯叙利亚共和国问题的第S/RES/485(1981)号决议,决定将联合国脱离接触观察员部队的任务期限再延长6个月,至1981年11月30日止。

6月2—5日 联合国纳米比亚理事会特别会议在巴拿马举行,通过《巴拿马声明》等文件,呼吁各国共同努力使纳米比亚尽快获得独立并行使其自决权利。

6月4日 安理会通过关于塞浦路斯局势问题的第S/RES/486(1981)号决议,决定再次延长根据第S/RES/186(1964)号决议成立的联合国维持和平部队在塞浦路斯的驻留期限至1981年12月15日。

6月7日 以色列出动飞机,袭击并一举摧毁了伊拉克塔穆兹核反应堆。立即引起国际舆论大哗,纷纷认为这是对一个主权国家的悍然入侵,它严重违反了国际法。1974年,伊拉克与法国签订了核技术合作合同,想依靠法国帮助在巴格达东南32公里处的塔穆兹建立核反应堆以发展核工业,预计1981年夏建成。在此期间,伊拉克还与意大利、巴西签订了有关核合作协定。伊拉克在签订这些合同与协定时,一再明确宣布它发展核技术是"用于和平目的"。但以色列以保护它的"安全"为借口,一再威胁说要"采取一切必要措施",使"伊拉克将不会有核武器"。以色列总理贝京密谋,采取先发制人的袭击。1980年,美国把F-16战斗轰炸机交付以色列后,巴格达处于以空军活动范围之内。以色列制定了一个代号叫"巴比伦行动"的摧毁核反应堆计划。6月7日,在6架F-15歼击机掩护下,8架F-16战斗轰炸机共携带16吨TNT炸弹开始行动。晚6点30分到达目标上空,2分钟内,16吨炸弹全部准确击中目标,塔穆兹核反应堆被炸毁。以色列的行径激起了阿拉伯世界和国际舆论的强烈反响。安理会为此举行紧急会议,并一致通过了强烈谴责以色列空袭伊拉克核设施的决议。美国国务院在8

日发表声明,谴责以对伊核设施的袭击,并指出以利用美国装备袭击伊拉克违反美国法律。以色列这一侵略行径进一步恶化了中东地区紧张局势,使阿、以矛盾再次突出起来,并给"戴维营和平进程"和埃以关系的发展罩上了一层乌云。

6月9—29日 开发计划署理事会开会批准对 15 个发展中国家的人口项目提供 1.35 亿美元的援助,并对 14 个国家的发展项目提供 7.1 亿美元的援助。此次会议被认为是该署成立 15 年来最富有成果的一次会议。

6月12—19日 6 月 7 日,以色列空袭伊拉克的一个核设施。为此,安理会于 6 月 12 日开会审议伊拉克对以色列的指控。同日,原子能机构理事会也对此事进行了审议,并强烈谴责以色列对伊拉克核设施进行的"预谋和无道理的"袭击。

•6月19日 安理会通过关于伊拉克—以色列问题的第 S/RES/487 (1981)号决议,强烈谴责以色列的空袭行动,认为以色列的行动严重威胁了原子能机构的保障措施制度,要求它今后不再进行类似的攻击或威胁;同时,安理会完全承认伊拉克和其他所有国家特别是发展中国家,拥有制定符合国际上接受的防止核武器扩散目标的技术和核发展方案的权利。

•6月19日 安理会通过关于以色列—黎巴嫩问题的第 S/RES/488 (1981)号决议。决定将联黎部队的任务期限再延长 6 个月,至 1981 年 12 月 19 日止;决议还请秘书长协助黎巴嫩政府,拟定一个共同的分阶段行动计划,在联黎部队本任务期限内实施,以求彻底执行第 S/RES/425(1978)号决议。

6月24日 秘书长向正在内罗毕举行的第 18 届非洲统一组织首脑会议发出警告说,由于非洲大陆的军费开支不断增加,非洲国家同饥饿进行的斗争面临失败的危险。

6月28日—7月3日 在圣约瑟举行国际大学校长协会第 6 届会议,建议设置国际和平年、国际和平月、国际和平日。同年 11 月 30 日,大会通过第 A/RES/36/67 号决议,将 9 月的第 3 个星期二(大会常会开幕之日)定为国际和平日。

7月8日 安理会通过关于"接受新会员:瓦努阿图"的第 S/RES/489 (1981)号决议,向大会推荐接纳瓦努阿图共和国为联合国会员国。

7月13—17日 由联合国主持召开的柬埔寨问题国际会议在纽约举行,93 个会员国与会,越南和苏联等国拒绝参加。会议认为,越南从柬埔寨撤军是解决柬埔寨问题的关键,是柬埔寨人民行使其民族自决权、恢复柬埔寨和平、中立和不结盟地位的前提条件。会议通过的《柬埔寨问题宣言》,

要求就全面政治解决柬埔寨问题进行谈判,并为这样的解决办法规定了基本要点。该宣言强调,外国军队必须全部撤出柬埔寨;国际社会必须尊重柬埔寨的独立、主权和领土完整,尊重其不结盟和中立地位;其他国家保证不以任何方式直接或间接地干涉柬埔寨内政。会议表示希望越南参加可以导致和平解决柬埔寨问题和恢复东南亚地区和平与安定的谈判过程。这将使该地区所有国家能够致力于经济和社会发展、建立相互信任并在一切领域内促进区域合作,从而在东南亚开创一个和平、协调、和睦的新纪元。会议还决定设立一个特设委员会以便协助会议寻求一种解决办法。

7月21日 安理会通过关于黎巴嫩问题的第 S/RES/490(1981)号决议,要求立即停止在黎巴嫩的一切武装攻击,重申黎巴嫩在其国际承认的边界内的主权、领土完整和独立。

8月10—21日 联合国新能源和可再生能源会议在内罗毕举行。会议要求长远解决能源问题,强调转变世界经济主要依赖碳氢化合物的状况必须取得重大而迅速的进展。会议通过的行动纲领,要求开发并采用新能源和可再生能源,以便满足将来尤其是发展中国家的能源需要。

8月21日 历时10周的日内瓦裁军委员会夏季会议结束,未取得任何进展。会议期间,中国代表重申,中国在任何时候、任何情况下都不首先使用核武器。

8月31日 安理会审议南非对安哥拉的武装入侵问题。一项谴责南非的侵略行径和要求其立即从安哥拉撤军的提案,因美国投票否决,未能通过。美国表示,它对南非在安哥拉的行动表示遗憾,但大量古巴军队和苏联军事顾问在安哥拉的存在也是造成当地局势紧张的重要原因。

9月1—14日 联合国最不发达国家问题会议在巴黎举行。会议一致通过《20世纪80年代援助最不发达国家的新的实质性行动纲领》,同年12月17日,大会第 A/RES/36/194 号决议予以通过。

9月13—14日 联合国大会应津巴布韦的要求举行第8届紧急特别会议,讨论纳米比亚问题。会议通过第 A/RES/2(ES—8)号决议,重申纳米比亚人民享有在统一的纳米比亚实现自决、自由和民族独立的不可剥夺的权利;要求南非立即、全部和无条件地履行联合国关于纳米比亚独立的计划;强调安理会第 S/RES/435(1978)号决议是和平解决纳米比亚问题的唯一基础;呼吁所有国家对南非实行全面的强制性制裁,立即停止与南非的一切联系。

9月15日 大会通过关于接纳瓦努阿图共和国为联合国会员国的第 A/RES/36/1 号决议,接纳瓦努阿图为联合国会员国。

9 月 15 日—12 月 18 日　第 36 届联合国大会在纽约举行。伊斯马特·T.基塔尼(伊拉克)当选为届会主席。

9 月 21 日　大会宣布 9 月 21 日为"国际和平日",在各国和各国人民中开展纪念活动,以加强和平的思想。

9 月 23 日　安理会通过关于"接受新会员:伯利兹"的第 S/RES/491(1981)号决议,向大会推荐接纳伯利兹为联合国会员国。

9 月 23—28 日　第 11 届奥林匹克代表大会在德国巴登—巴登举行。会议的口号是"通过体育而团结,为体育而团结",议题为"奥运会的前途、国际合作及奥林匹克运动的未来"。

9 月 25 日　大会通过第 A/RES/36/3 号决议,接纳伯利兹为联合国会员国。

9 月 27—28 日　出席联合国大会的不结盟国家代表举行会议,就联合国大会面临的各种国际问题协调立场。会议发表公报,表示支持纳米比亚人民和巴勒斯坦人民的正义斗争,要求外国军队从柬埔寨和阿富汗撤走。

10 月 6 日　自 1977 年 12 月萨达特访问以色列后,阿拉伯世界很快形成了一个强烈反对萨达特访以的 4 国 5 方(叙利亚、利比亚、阿尔及利亚和南也门与巴解组织)拒绝阵线。1979 年埃以和约签订后,阿盟决定对埃及实行制裁,暂停埃及的成员国资格,把阿盟总部由开罗迁到突尼斯。除阿曼、苏丹和索马里外,其他阿盟国家都中断了同埃及的政治和外交关系。1981 年 10 月 6 日萨达特总统在出席阅兵时不幸遇刺逝世。10 月 13 日,穆巴拉克当选为埃及总统。穆巴拉克执政后继续奉行萨达特的积极中立和不结盟政策,坚持戴维营协议,继续同美保持密切关系,但不与其结盟。穆巴拉克在对外关系中注意广交各国,特别是努力缓和与改善同其他阿拉伯国家的关系,并逐步回到阿拉伯世界当中。

10 月 8 日　世界旅游会议通过《马尼拉世界旅游宣言》。

10 月 14 日　诺贝尔奖金委员会决定将 1981 年诺贝尔和平奖授予联合国难民事务高级专员办事处,以表彰它为救助世界成千上万的难民所作出的特殊贡献。

10 月 21 日　大会通过关于柬埔寨局势的第 A/RES/36/5 号决议,敦促一切外国军队撤出柬埔寨,恢复柬埔寨的独立、主权和领土完整以及实现柬埔寨人民决定自己命运的权利,并决定在适当的时候再次召开柬埔寨问题国际会议,以寻求全面政治解决的办法。

10 月 22—23 日　由来自 14 个发展中国家和 8 个发达国家的国家元首和政府首脑参加的关于合作与发展的国际会议在墨西哥坎昆举行,联合国秘书长瓦尔德海姆应邀出席会议。会议就南北经济关系的重大问题进行了广泛的讨论和磋商,其主要目的是要对全球谈判取得认识上的一致并予以积极推动,以促成联合国早日达成举行全球谈判的协议。但由于美国的阻挠,会议未能达成任何实质性协议,南北对话受挫。

10 月 26 日 安理会开始讨论推荐下一任联合国秘书长人选。发展中国家推荐坦桑尼亚外交部部长萨利姆为秘书长候选人,但遭到美国的否决。

10 月 27 日 西方国家推荐现任秘书长瓦尔德海姆再连任下一届秘书长,中国则根据广大发展中国家的愿望,对其否决。

11 月 9 日 大会通过关于任意或即刻处决的第 A/RES/36/22 号决议,谴责草率和任意处决的做法,并对世界上许多地方发生的这种现象表示严重关注。

11 月 10 日 安理会通过关于"接受新会员:安提瓜和巴布达"的第 S/RES/492(1981)号决议,向大会推荐接纳安提瓜和巴布达为联合国会员国。

11 月 11 日 大会通过第 A/RES/36/26 号决议,接纳安提瓜和巴布达为联合国会员国。

大会通过关于国际原子能机构的报告的第 A/RES/36/25 号决议,敦促所有国家继续支持国际原子能机构在推动和平利用核能方面所做的努力,以加强核安全及有效的防护。

11 月 13 日 大会通过关于"以色列对伊拉克核设施的武装侵略及其侵略对已确立的关于和平利用核能、不扩散核武器及国际和平与安全的国际制度的严重后果"的第 A/RES/36/27 号决议,对以色列于 6 月 7 日攻击并摧毁伊拉克核设施这种"史无前例的侵略行为"表示震惊,要求安理会调查以色列的核活动以及它与其他国家在此领域中的合作情况,促请安理会采取有效的强制措施防止以色列进一步危及国际和平与安全。

11 月 18 日 大会以压倒多数通过关于阿富汗局势及其对国际和平与安全的影响的第 A/RES/36/34 号决议,再次要求外国军队立即撤出阿富汗,并重申阿富汗人民拥有决定他们自己的政府形式、免受外来干涉、颠覆和任何形式的压迫的权利。

大会通过关于"扩大国际法委员会:修正委员会规程第 2 条和第 9 条"的第 A/RES/36/39 号决议,重申国际法委员会系大会责成促进国际法逐步发展及编纂的主要永久附属性机构,极为重要。决定将国际法委员会规程第 2 条第 1 项修正如下:委员会应由 34 人组成,各委员应为公认能胜任的国际法界人士;又决定将上述规程的第 9 条第 1 项修订如下:候选人中以得票最多并得到出席及投票会员国过半数选举票者当选,人数可达规定各区域集团的最高名额。

11 月 19 日　大会通过了关于《2000 年人人健康全球战略》的第 A/RES/36/43 号决议,采纳 1981 年 5 月 22 日第 34 届世界卫生大会通过的该项战略,并要求各国、各机构在执行过程中重视其与《联合国第 3 个发展 10 年国际发展战略》之间的密切关联。

11 月 23 日　安理会通过关于以色列—阿拉伯叙利亚共和国问题的第 S/RES/493(1981)号决议,决定将联合国脱离接触观察员部队的任务期限再延长 6 个月,至 1982 年 5 月 31 日止。

11 月 24 日　大会通过关于西撒哈拉问题的第 A/RES/36/46 号决议,呼吁摩洛哥与萨基亚阿姆拉和里奥德奥罗人民解放阵线实现停火并就西撒哈拉问题进行谈判。

大会通过关于东帝汶的第 A/RES/36/50 号决议,重申东帝汶人民拥有自由行使其不可剥夺的自决与独立的权利,要求安理会采取措施确保这一权利。

11 月 25 日　大会通过关于《消除基于宗教或信仰原因的一切形式的不容忍和歧视宣言》的第 A/RES/36/55 号决议及其同名附件,宣布:所有人皆应享有思想、良心和宗教自由的权利,不得对任何人加以胁迫以致损害其上述自由,不得以宗教或其他信仰为理由对任何人加以歧视,并且呼吁所有国家采取措施防止和消除此类歧视行为。

12 月 1 日　大会通过关于传播非殖民化的新闻的第 A/RES/36/69 号决议,重申决心采取一切必要步骤以彻底和迅速消除殖民主义,并承认尚在殖民统治下的各国人民为争取自决权和独立而进行斗争的合法性。

12 月 9 日　大会通过题为《关于防止核浩劫的宣言》的第 A/RES/36/100 号决议及其同名附件,宣布任何允许首先使用核武器的理论都是不符合人类道义标准和联合国的理想的;首先使用核武器是对人类犯下的最严重的罪行,对采取这种行动的任何政治家都绝不能辩解或宽恕;拥有核武器国家的领导人有义务消除核冲突的危险。

大会通过关于《不容干涉和干预别国内政宣言》的第 A/RES/36/103 号决议及其同名附件,规定一切国家均有权确定自己的政治、经济、文化和社会制度;有权发展其国际关系;有权对其自然资源行使永久主权;有权发展和利用其新闻媒介以促进其政治、社会、经济和文化利益和愿望。同时各国也有义务不对其他国家的内政进行干涉或干预。它们不应使用武力或武力威胁以侵犯已经获得承认的国界;不应破坏其他国家的政治、社会或经济秩序;不应支持其他国家内部的叛乱或分裂主义活动;也不利用外援或其他经济措施作为施加政治压力和胁迫的手段。同时,各国有权利和义务支持处于殖民统治、外国占领或种族主义政权下的人民的自决、自由和独立,努力消除种族隔离和一切形式的种族主义和种族歧视。

大会通过"审查大会第10届特别会议通过的建议和决定的执行情况"的第 A/RES/36/92 号决议,包括 13 项内容:A.联合国裁军研究金方案;B.裁军审议委员会的报告;C.世界裁军运动;D.国际合作裁军;E.核武器的一切方面;F.裁军谈判委员会的报告;G.关于裁军和发展之间关系的研究;H.多边裁军协定的现况;I.不使用核武器和防止核战争;J.发动支持防止核战争、遏制军备竞赛和促进裁军措施的世界签名运动;K.禁止核中子武器;L.裁军调查研究方案;M.第10届特别会议各项建议和决议的执行情况。

大会通过关于全面彻底裁军的第 A/RES/36/97 号决议,其中包括 12 项关于裁军问题的决议:A.关于常规裁军的研究;B.缔结一项禁止发展、生产、储存和使用放射性武器的国际公约;C.防止外层空间的军备竞赛;D.关于裁军进程的体制安排的研究;E.不将核武器部署在现尚无核武器的国家领土上;F.建立信任的措施;G.禁止生产武器用裂变材料;H.对区域裁军一切方面的研究;I.限制战略武器会谈;J.审查裁军谈判委员会的组成;K.裁军和国际安全;L.关于裁军和国际安全之间关系的研究。

12 月 10 日 大会通过关于巴勒斯坦问题的第 A/RES/36/120 号决议内的 6 项决议,重申巴勒斯坦人民有权返回家园和建立独立主权国家的不可剥夺的权利,决定在联合国的主持下于 1984 年底前召开一次巴勒斯坦问题国际会议,要求以色列全部无条件撤出 1967 年以来占领的包括耶路撒冷在内的巴勒斯坦和阿拉伯领土。

大会通过关于纳米比亚问题的第 A/RES/36/121 号决议内的 6 项决议,要求安理会采取决定性的措施以迫使南非迅速无条件地履行联合国关于纳米比亚独立的计划。

12 月 11 日 安理会通过关于秘书长任命的第 S/RES/494(1981)号决议,向大会推荐任命哈维尔·佩雷斯·德奎利亚尔为联合国秘书长,任期自 1982 年 1 月 1 日起至 1986 年 12 月 31 日止。

同日 联合国难民事务高级专员办事处被授予诺贝尔和平奖。

12 月 14 日 安理会通过关于塞浦路斯局势的第 S/RES/495(1981)号决议,再次延长根据第 S/RES/186(1964)号决议成立的联合国维持和平部队在塞浦路斯的驻留期限至 1982 年 6 月 15 日。并且对于联合国维和决议,中国首次从出席会议不投票的立场变为支持的立场。

12月15日　大会通过关于任命联合国秘书长的第 A/RES/36/137 号决议,决定接受安理会经过 16 轮秘密投票后推荐出的下届联合国秘书长人选,任命秘鲁的哈维尔·佩雷斯·德奎利亚尔为第 5 任联合国秘书长,其任期从 1982 年 1 月 1 日至 1986 年 12 月 31 日。

同日　安理会通过关于塞舌尔问题的第 S/RES/496(1981)号决议,谴责最近雇佣军对塞舌尔共和国的侵略和随后的劫机行为;决定派出一个由安理会 3 名成员组成的调查委员会,以便调查 1981 年 11 月 25 日雇佣军侵略塞舌尔共和国的起因、背景和经费来源,估计和评价经济损失,至迟在 1982 年 1 月 31 日向安理会提出报告和建议。

12月16日　大会通过关于"以色列建造地中海和死海间运河的决定"的第 A/RES/36/150 号决议,要求以色列立即停止其开凿连接地中海与死海的运河的计划,并要求安理会采取主动行动制止以色列的这一计划。

大会通过关于"交换关于禁止使用的有害化学品和危险药品的资料"的第 A/RES/36/166 号决议。

大会第 A/RES/36/168 号决议通过关于《国际管制药品滥用战略》和 5 年行动纲领。

大会通过关于联合国近东巴勒斯坦难民救济和工程处的第 A/RES/36/146 号决议,内含 8 项内容:在加沙地带的巴勒斯坦难民;自从 1967 年起流离失所的人民和难民;巴勒斯坦难民财产的收益;援助因 1967 年 6 月敌对行动而造成的失所人民;联合国近东巴勒斯坦难民救济和工程处经费筹供问题工作小组;援助巴勒斯坦难民;为巴勒斯坦难民设立耶路撒冷大学;由会员国提供助学金和奖学金,供巴勒斯坦难民接受高等教育,包括职业训练。其中,"援助巴勒斯坦难民"一项呼吁各国向联合国近东巴勒斯坦难民救济和工程处捐款。

12月17日　大会通过关于南非政府的种族隔离政策的第 A/RES/36/172 号决议,对某些西方国家增加对南非的政治、经济、军事和文化援助的做法表示痛惜;宣布 1982 年为"动员制裁南非国际年";并敦促安理会宣布,南非种族隔离政权的存在是对国际和平与安全的巨大威胁。

同日　南非入侵莱索托,大会通过关于向莱索托提供援助的第 A/RES/37/219 号决议,促请安理会立即采取行动。

同日　安理会通过关于以色列—阿拉伯叙利亚共和国问题的第 S/RES/497(1981)号决议,宣布以色列于 12 月 14 日作出的将其法律强加于被其占领的叙利亚戈兰高地的决定是无效的,要求以色列立即停止这一做法。

12月18日 安理会通过关于以色列—黎巴嫩问题的第 S/RES/498（1981）号决议，决定将联黎部队的任务期限再延长6个月，至1982年6月19日止。

12月21日 安理会通过关于国际法院的第 S/RES/499（1981）号决议，决定安理会和大会第36届会议的续会应该召开会议进行选举，以填补国际法院因阿卜杜拉·埃里安法官任期未满去世所产生的空缺。

一九八二年
（制裁南非国际动员年）

1月1日 秘鲁人哈维尔·佩雷斯·德奎利亚尔当选为联合国秘书长，任期自1982年1月1日开始。

1月13—20日 安理会审议以色列吞并叙利亚戈兰高地问题。20日，一项要求对以色列采取有效的集体制裁，以使其取消对戈兰高地的吞并的决议案，遭美国否决，未能通过。

1月28日 鉴于安理会常任理事国在阻止以色列吞并戈兰高地问题上未能达成一致，妨碍了安理会履行其维护国际和平与安全的责任，因此安理会通过关于国际和平与安全的第 S/RES/500（1982）号决议，决定召开大会紧急特别会议讨论这一问题。

1月29日—2月5日 大会举行第9届紧急特别会议，讨论以色列吞并叙利亚戈兰高地的问题。2月5日，会议通过关于阿拉伯被占领领土的第 A/RES/1（ES—9）号决议，宣布以色列对戈兰高地的吞并构成了一个侵略行为，敦促所有成员国中止对以色列的军事和其他援助，并对其实施制裁。

2月2—5日 经社理事会在纽约召开组织会议。

2月24日 国际法院作出划定突尼斯/利比亚大陆架边界的裁决。

2月25日 安理会通过关于以色列—黎巴嫩问题的第 S/RES/501（1982）号决议，决定增派1000名维和人员，使临时维和人员总数达到7000人。

3月8日—4月30日 第3次联合国海洋法会议第11期会议在纽约召开。9月22—25日，第11期会议续会于纽约召开，续会讨论了公约草案最终文本的技术性更改。经过长达9年的谈判，会议最终以130票对4票（以色列、土耳其、美国和委内瑞拉），17票弃权，通过《联合国海洋法公约》及各项有关决议。同年12月6—10日，第11期会议最后会议在牙买加的蒙特哥湾举行。10日，150个国家和国际组织的代表签署了会议的最后文件。同一天,《联合国海洋法公约》开放供各国签署,117 个国家和其他两个实体在公约上签字,创条约开放供签署之日签署国数目最多的纪录。该公约被认为是"国际法上的一个不朽之作",也被认为是联合国取得的最杰出的成就之一。此公约对内水、领海、临接海域、大陆架、专属经济区、公海等重要概念做了界定。该公约于 1994 年 11 月 16 日生效。

第 3 次联合国海洋法会议前后共召开 11 期会议,时间从 1973—1982 年历经 9 个年头,现将此前分别召开的 10 期会议按时序集中排列如下,以助于了解与研究。

1973 年 12 月 3—15 日　第 3 次联合国海洋法会议第 1 期会议在纽约举行,148 个国家和地区代表出席了会议,讨论制定一项处理涉及海洋法一切问题的公约。本期会议具体主要处理有关会议的组织工作事项,包括选举会议的领导成员,通过会议议程和议事规则,建立各种协商机构以及分配任务。

1974 年 6 月 20 日—8 月 29 日　第 3 次联合国海洋法会议第 2 期会议在委内瑞拉首都加拉加斯举行。会议没有取得明显成效。

1975 年 3 月 17 日—5 月 10 日　第 3 次联合国海洋法会议第 3 期会议在日内瓦举行。会议拟定了关于海洋法公约的非正式的单一协商案文,为草拟公约提供了基础。

1976 年 3 月 15 日—5 月 7 日　第 3 次联合国海洋法会议第 4 期会议举行,继续就制定一项全面的海洋法公约进行谈判。

1976 年 8 月 2 日—9 月 17 日　第 3 次联合国海洋法会议第 5 期会议在纽约举行,继续就草拟一项全面的海洋法公约问题进行协商。

1977 年 5 月 23 日—7 月 15 日　第 3 次联合国海洋法会议第 6 期会议在纽约举行,继续就草拟一项全面的海洋法公约进行磋商。

1978 年 3 月 28 日—5 月 19 日　第 3 次联合国海洋法会议第 7 期会议在日内瓦举行,并于同年 8 月 21 日—9 月 15 日在纽约召开续会。会议成立 7 个协商小组,以处理那些关于国际海底开发制度和管理局机构以及内陆国和地理条件不利国家的捕鱼、大陆架外部界限和收益分享以及划界等难以解决的实质性问题。

1979 年 3 月 19 日—4 月 27 日　第 3 次联合国海洋法会议第 8 期会议在日内瓦召开,并于同年 7 月 19 日—8 月 24 日在纽约召开续会。会议讨论了开发深海海底、大陆架、保护海洋环境、海洋科学研究、内陆国在就近的沿岸国专属经济区获得渔业资源等问题,有的问题取得了一些进展,但仍未达成任何协议。会议把原《非正式综合协商案文》修改为《订正一号非正式综合协商案文》。

1980 年 3 月 3 日—4 月 4 日 第 3 次联合国海洋法会议第 9 期会议在纽约召开,会议通过了《订正三二号非正式综合协商案文》,主要讨论有关海底管理机构、海底矿藏开发制度的原则和财政开支、大陆架的定义和海洋科学研究条例等,并达成了协议。7 月 28 日—8 月 29 日,本期会议的续会在日内瓦举行,会议在国际海底的一些最重要的核心问题上取得了"突破",从而产生了《海洋法公约草案》。这一公约对诸如 12 海里领海宽度,200 海里专属经济区,海峡的通行,大陆架的界限,国际海底的勘探开发制度,内陆国进入海洋的权利,群岛国以及有关渔业管理,海洋环境保护,海洋科学研究以及海底争端的解决等,都作了详细具体的规定。

1981 年 3 月 9 日—4 月 16 日 第 3 次联合国海洋法会议第 10 期会议在纽约举行,并于 8 月 3—28 日在日内瓦举行续会。根据工作计划,原定在这次会议上要通过《海洋法公约草案》,但由于公约草案对美国要求无限制地自由进入国际海底开发有所约束,不符合它的最大利益,因此它节外生枝,要求对公约草案重新审查和对有关条款进行修改,以致会议没有能打破由此而造成的僵局,最后只通过了将公约草案的非正式文本变成《海洋法公约的正式草案》的决定,并规定在 1982 年 3—4 月在纽约通过公约,以及同年 9 月在加拉加斯签署这项公约。此外,会议选定牙买加作为权力机构的所在地,又选定在西德汉堡设立海洋法国际法庭。

3 月 19—4 月 28 日 第 36 届联合国大会复会,通过关于"方案预算的编制、提出、审查和核定"的第 A/RES/36/243 号决议和关于"扩大联合国儿童基金会执行局"的第 A/RES/36/244 号决议。

3 月 25 日—4 月 2 日 安理会应尼加拉瓜的请求开会审议中美洲的局势。一项呼吁各会员国避免对中美洲或加勒比地区任何国家使用武力,并呼吁所有国家支持寻求一种和平解决中美洲问题的办法的决议案,在 4 月 2 日安理会表决中遭美国投票否决,未获通过。

4 月 1 日—6 月 14 日 1982 年阿根廷和英国因马尔维纳斯群岛(英国称福克兰群岛,简称"马岛")归属问题而发生了一场严重的武装冲突或局部战争。马岛扼太平洋和大西洋航道要冲并与南极大陆遥遥相对。面积 12173 平方公里,人口 1900 余人(1984 年),多为英国人。马岛争端是殖民主义的恶果所造成的。第二次世界大战后,根据联合国有关决议,阿英双方就马岛归属问题举行过多次谈判,但争端终未解决。1982 年,两国政府代表团再次在纽约会晤,仍因意见相左而破裂。此后,阿根廷外交部发表声明,宣称阿根廷有权"自由选择更符合自己利益的手段"解决马岛主权问题。阿根廷与英国之间在马尔维纳斯群岛问题上的争端日趋紧张,4 月 1

日,英国要求安理会开会讨论阿根廷对马尔维纳斯群岛"迫在眉睫的入侵"。安理会发表主席声明,敦促双方加以克制。2日,阿根廷动用陆海空三军攻占了马岛和南乔治亚岛,宣布收复主权。当天,阿英两国断交。3日,安理会再次举行会议,以10票对1票(巴拿马),4票弃权(中国、波兰、西班牙和苏联)通过第S/RES/502(1982)号决议,要求立即停止敌对行动,阿根廷军队立即撤出马岛,并敦促阿英两国政府进行谈判以寻求一种外交解决办法。阿根廷攻占了马岛后,英国撒切尔政府面临来自各方的巨大压力和责难。撒切尔组成负责处理马岛危机的"战时内阁"并决定采取外交压力、军事行动和经济制裁三箭齐发的方针来对付阿根廷。5日,英国派特混舰队开赴南大西洋。25日,英军攻占了南乔治亚岛。经过74天的激战,6月14日英国重新占领马岛。驻守岛上的阿根廷军队被迫撤离。这场战争给阿英双方带来了巨大损失。① 马岛战争爆发后,安理会因为否决权问题难以行动。大会先后两次通过决议,要求阿、英恢复谈判,以和平方式尽早解决马岛主权问题。对此,阿赞成,英反对,决议对英国没有强制力。1986年10月,英国单方面宣布马岛周围200海里区域为英国管辖捕鱼区。阿根廷作出强烈反应,宣称可能会在马岛附近与英国再度发生摩擦。11月25日,第41届联大通过决议,敦促英国就马岛问题与阿根廷谈判,英国坚持对马岛拥有无可争辩的主权,表示其他问题可谈判解决。双方争端持续,但战后马岛的现状恐一时难以改变。

4月9日　安理会通过关于南非问题的第S/RES/503(1982)号决议,要求南非当局对1981年2月被比勒陀利亚一法院判处死刑的南非非洲人国民大会3名成员予以减刑。

4月13日—5月7日　经社理事会在纽约召开年内第1次常会。

4月20日　美国否决了一项安理会决议草案,该决议案指出以色列士兵对耶路撒冷大岩石清真寺的穆斯林信徒进行了"残酷杀害",要求以色列遵守并执行《日内瓦第四公约》的条款和国际法规定的军事占领原则,避免对耶路撒冷高级伊斯兰理事会行使公认的职能造成阻碍。

4月20—28日　讨论巴勒斯坦问题的第7次紧急特别联合国大会复会。会议通过第A/RES/7(ES—7)号决议,宣布以色列的所作所为表明它不是一个爱好和平的国家,它没有履行宪章规定的义务,强烈要求以色列执行大会和安理会有关巴勒斯坦问题的各项决议。

---

① 据英方公布的不完全统计,英方死255人,伤777人,损失各类飞机20架,被击沉击伤各型舰船近30艘,直接战争费用为7亿英镑。阿方死1000多人,被俘15000人,损失飞机90多架,被击沉击伤舰船10来艘,耗资共计30亿美元。

4月30日 安理会通过关于乍得问题的第 S/RES/504(1982)号决议，决定建立一支以维持乍得和平与安全为宗旨的维持和平部队，经费自筹，并请秘书长采取必要措施，以确保同非统组织共同管理基金。

5月4日 经社理事会通过第 1982/15 号决议，建议大会将 1986 年定为国际和平年。

5月5日 安理会主席代表安理会发表声明，对马尔维纳斯群岛地区不断恶化的局势及人员的伤亡深感痛惜，对秘书长为和平解决争端所做的努力表示坚决支持。

5月10—13日 联合国纳米比亚理事会第 5 次特别全体会议在坦桑尼亚的阿鲁沙举行。会议通过《阿鲁沙宣言》和《纳米比亚行动纲领》，表示坚决支持纳米比亚人民争取独立的武装斗争。

5月10—18日 在内罗毕举行联合国环境规划理事会一次特别性质的会议，审查执行《人类环境行动计划》方面的主要成就，并讨论环境领域的今后展望、行动与国际合作，以及联合国环境规划署今后 10 年需要面对的主要环境趋势。

5月11日—6月11日 托管理事会召开第 49 届会议。

5月26日 安理会通过关于福克兰群岛（马尔维纳斯群岛）问题的第 S/RES/505(1982)号决议，要求秘书长再次派遣斡旋团在英国和阿根廷之间进行调解，敦促英阿双方同秘书长及其斡旋团进行充分合作，并停止在马尔维纳斯群岛周围地区的敌对行动。

同日 安理会通过关于以色列—阿拉伯叙利亚共和国问题的第 S/RES/506(1982)号决议，将联合国脱离接触观察员部队的任务期限再延长 6 个月，至 1982 年 11 月 30 日止。

5月28日 安理会通过关于塞舌尔问题的第 S/RES/507(1982)号决议，强烈谴责 1981 年 11 月发生的"雇佣军入侵塞舌尔事件"，并决定设立一个由自愿捐助支持的塞舌尔特别基金，以帮助该国经济重建。

6月4日 安理会在表决一项要求马尔维纳斯群岛冲突双方立即停火的决议案时，美国和英国一起投了否决票，致使决议未获通过。

同日 1970 年 9 月巴勒斯坦游击队撤出约旦后，主力转移到黎巴嫩南部地区活动，黎以关系趋于复杂化。以色列经常以报复巴游击队袭击为借口，入侵和占领黎的南部地区。以色列和巴游击队武装冲突不断。黎巴嫩成为一个多灾多难的场所。1982 年 6 月 4 日，以色列以其驻英大使遭巴勒斯坦人枪击受重伤为借口，开始了蓄谋已久的大举入侵黎巴嫩的活动。到 6 月 25 日以军已用重兵严密包围了贝鲁特，使该市陷于孤立无援的境地。

6月30日,巴解迫于面临的严峻形势,同意从贝鲁特撤出武装力量,但要求在撤走时携带所有武器。巴解表示决不"无条件投降",如不能达成一项可以接受的解决办法,它将继续战斗。但是,关于巴武装力量撤退的条件和撤到哪里的问题一时并没有解决。8月18日,黎内阁通过了里根总统特使哈比卜提出的关于和平解决贝鲁特问题的方案。8月19日,这一方案取得巴叙双方的同意。8月21—25日,参加多国部队的法(800人)、美(800人)、意(500人)士兵分批抵达贝鲁特。这支部队的责任是在4000名黎政府军协同下进入西区,以监护巴解武装和叙军的安全撤出,驻扎期不得超过30天。到9月1日,总计12500多名的巴解武装部队先后分15批撤离到约旦、伊拉克、突尼斯、南、北也门、苏丹、叙利亚和阿尔及利亚等国,巴解总部迁往突尼斯。叙利亚的2500名部队也同时撤出贝鲁特。

6月5—8日   以色列以其驻英大使遭恐怖主义袭击为借口,于6月4日开始轰炸在贝鲁特及其周围地区的巴解组织的目标,造成大量人员的伤亡和破坏。巴解组织也进行了反击。5日,安理会召开紧急会议,通过关于以色列—黎嫩问题的第S/RES/508(1982)号和第S/RES/509(1982)号决议:要求冲突各方立即同时停止在黎巴嫩境内和黎以边境上的一切军事行动,以色列立即无条件从黎巴嫩撤军。但以色列拒绝执行安理会决议,继续其对黎巴嫩的侵略,并从根本上改变了联合国驻黎巴嫩临时部队执行任务的条件,使得联黎部队无法完成安理会交给它的任务。

6月8日   安理会在表决一项谴责以色列拒绝从黎撤军的决议案时,遭美国投票否决。

6月7日—7月9日   不扩散核武器条约缔约国第2次审查会议,主要就无核武器国家安全保证问题进行谈判。

6月7日—7月10日   为落实第1届裁军特别会议所达成的决议,裁减世界军备,尤其是核军备,专门讨论裁军问题的大会第12次特别会议(又称"第2次裁军特别联合国大会")在纽约举行。大会通过了关于各国代表全权证书的第A/RES/1(S—12)号决议,审议了1978年第1次裁军特别联合国大会通过的各项决定及建议的执行情况,却未能就裁军谈判委员会提交的《综合裁军方案》草案达成一致意见。但会议一致重申了1978年第1次裁军特别联合国大会最后文件的有效性,强调有必要加强联合国在裁军领域中的作用,提高裁军机构的效能,并准备发动一场世界裁军运动,使公众对军备限制和联合国裁军目标有所了解并给予支持。会议还决定每年从10月24日联合国日开始举行裁军周活动,并将其作为世界裁军运动的一个组成部分。

6月10日 一份由世界各地9000万人签名的呼吁各国裁军并消灭战争的请愿书送达联合国秘书长。

6月15日 安理会通过关于塞浦路斯局势的第 S/RES/510(1982)号决议,将根据第 S/RES/186(1964)号决议成立的联合国驻塞浦路斯维持和平部队的任务期限再延长6个月,至1982年12月15日止。

6月16—24日 阿富汗和巴基斯坦在日内瓦举行首轮"间接"谈判,就解决方案可能的内容达成谅解。

6月18日 安理会通过关于以色列—黎巴嫩问题的第 S/RES/511(1982)号决议,将联合国驻黎巴嫩临时部队的任务期限延长两个月,至1982年8月19日止,作为在审查各方局势期间的"临时措施"。

6月19日 安理会通过关于黎巴嫩问题的第 S/RES/512(1982)号决议,要求黎巴嫩冲突各方尊重平民的各项权利。

6月25—26日 讨论巴勒斯坦问题的联合国大会第7次紧急特别会议再次复会。会议分别通过决议,要求以色列立即无条件地从黎巴嫩撤军;谴责以色列拒不执行大会和安理会有关巴勒斯坦问题的决议。6月26日,第7届紧急特别联大通过关于巴勒斯坦问题的第 A/RES/5(ES—7)号决议,要求秘书长任命一位高级专员调查巴勒斯坦问题导致的人员伤亡和物质损失,向大会和安理会报告,并决定继续延长大会第7届特别紧急联大。

6月26日 安理会表决一项要求在黎巴嫩发生冲突的以色列和巴解组织立即将他们的军队从贝鲁特撤出的决议草案,美国投票否决,致使该决议未获通过。

7月4日 安理会通过关于黎巴嫩问题的第 S/RES/513(1982)号决议,要求尊重黎巴嫩平民的各项权利,并重申要求立即停火和以军无条件撤出黎巴嫩。

7月7—30日 经社理事会在日内瓦召开年度第2次常会。

7月12日 安理会通过关于伊拉克—伊朗伊斯兰共和国问题的第 S/RES/514(1982)号决议,要求伊朗和伊拉克停火并将军队撤至国际公认的边界;决定派遣一组联合国观察员,监督停火和撤军;主张在秘书长协调下继续进行调停,以便寻求双方可以接受的全面、公正和体面的解决办法。

7月26日 马耳他和利比亚将两国间的一份特别协议提交国际法院,请求法院裁决两国间的大陆架边界划定问题。

7月26日—8月6日 联合国支持召开的老龄问题世界大会在维也纳

举行,100 多个国家的代表团出席。会议于 8 月 6 日一致通过一项《老龄问题国际行动计划》,要求各国政府重视老年人的特殊问题和需要,并向老年人提供社会和经济保险以及为其社会发展做出贡献的机会。

7 月 29 日　安理会通过关于以色列—黎巴嫩问题的第 S/RES/515(1982)号决议,要求以色列政府立即取消对贝鲁特的封锁,以便国际救援物资能够到达平民手中。

7 月 30 日　《联合国工业发展组织章程》得到第 80 个国家的签署,这为该组织成为一个联合国专门机构铺平了道路。

8 月 1 日　安理会通过关于以色列—黎巴嫩问题的第 S/RES/516(1982)号决议,对贝鲁特及其周围地区军事冲突的加剧表示不安,要求立即停止在黎巴嫩境内和黎以边界上的所有军事活动,并授予秘书长根据黎巴嫩政府的要求,立即部署联合国观察员,以监视贝鲁特及其周围地区的局势。

8 月 4 日　安理会通过关于以色列—黎巴嫩问题的第 S/RES/517(1982)号决议,对以色列入侵贝鲁特的后果表示震惊和不安,再次要求以色列立刻将其军队撤出贝鲁特,同时注意到巴解组织关于把巴勒斯坦武装部队撤出贝鲁特的决定,并批准增加联合国驻贝鲁特及其周围地区的观察员人数。

8 月 6 日　安理会表决一项要求禁止向以色列提供武器援助,直至其从黎巴嫩全部领土完全撤军为止的决议案,美国投票否决,致使决议未能通过。

8 月 9—21 日　第 2 次联合国和平利用外层空间会议在维也纳举行,提出了对迅速加强使用空间技术的指导方针,对军备竞赛可能扩散到外层空间、保护地球附近的环境问题、污染问题以及由于发展空间火箭引起的反映问题表示深切关注。

8 月 12 日　安理会通过关于以色列—黎巴嫩问题的第 S/RES/518(1982)号决议,要求以色列和冲突各方严格遵守安理会关于立即停止所有军事活动的决议条款;要求以色列立即解除对贝鲁特的所有限制,以便允许自由运进供应品以满足该城平民的迫切需要;同时要求联合国观察员报告贝鲁特及其周围地区的局势,并要求以色列予以充分合作,以促成有效地部署观察员。

8 月 16—19 日　讨论巴勒斯坦问题的联合国大会第 7 次紧急特别会议再次复会。8 月 19 日,通过第 A/RES/6(ES—7)号决议、第 A/RES/7(ES—7)号决议和第 A/RES/8(ES—7)号决议。前两项决议重申巴勒斯坦人民自由行使他们的自决和民族独立的权利,拒绝任何将巴勒斯坦人重新安置在他们自己家园之外的企图。第 A/RES/8(ES—7)号决议决定将每年的 6 月 4 日定为"受侵略戕害的无辜儿童国际日"。

8 月 17 日 安理会通过关于以色列—黎巴嫩问题的第 S/RES/519(1982)号决议,将联合国驻黎巴嫩临时部队的任务期限再延长两个月,至1982 年 10 月 19 日止。

9 月 13 日 参加多国维持和平部队的 3 国军队全部撤离贝鲁特。14日,黎基督教长枪党总部发生爆炸,该党民兵司令、新当选的黎总统贝希尔·杰马耶勒被炸遇难。以色列借口防止事态扩大、阻止黎局势进一步恶化,于当日晚派兵乘机占领贝鲁特西区,并派装甲部队开抵位于西区的夏蒂拉和萨布拉两个巴勒斯坦难民营附近,切断了难民营与外界联系。16 日,以军与黎长枪党民兵一起攻入难民营,进行了 3 天大屠杀,残酷杀害了包括妇孺老弱在内的 1000 余名无辜的巴勒斯坦难民。以色列这一血洗手无寸铁的难民的罪行,激起了全世界的公愤。联大第 7 次紧急特别会议通过一项谴责以屠杀平民罪行的决议。安理会于 19 日凌晨为此举行紧急会议,并一致通过谴责以色列罪行和要求以从黎撤军的决议。以军在贝鲁特的大屠杀也激起了以各界的强烈反对。贝京政府的多名官员提出辞职以示抗议。25 日,以色列 30 万人参加抗议示威,要求贝京和国防部部长沙龙辞职。贝京政府在内外的强压力下被迫成立了由最高法院院长任主席的专门调查贝鲁特大屠杀的司法委员会。1983 年 3 月,该委员会公布调查报告,认为"贝京、沙龙、沙米尔及以色列的将军们应对大屠杀负有不可推卸的责任"。并指出,贝京应受到批评,建议沙龙辞职。沙龙被解除国防部部长职务。

9 月 17 日 安理会通过关于以色列—黎巴嫩问题的第 S/RES/520(1982)号决议,谴责谋杀按宪法选出的黎巴嫩总统当选人巴希尔·杰马耶勒的事件,以及一切力图用暴力使黎巴嫩无法恢复一个坚强而稳定的政府的行为,要求以色列立即退回到 1982 年 9 月 15 日以前占领的阵地。

9 月 19 日 9 月 16—18 日,在以色列军队和黎巴嫩长枪党军队控制下的贝鲁特西区的夏蒂拉和萨布拉两个巴勒斯坦难民营,发生了大肆屠杀巴勒斯坦难民的残暴事件。安理会通过关于黎巴嫩问题的第 S/RES/521(1982)号决议,谴责对巴勒斯坦平民的罪恶屠杀,授权秘书长立即将联合国驻贝鲁特及其周围地区的观察员从 10 名增加到 50 名,并请秘书长就安理会可能采取的新步骤包括能否部署联合国部队的问题开始磋商,特别是同黎巴嫩磋商,以协助该国政府确保贝鲁特及其周围地区平民的安全。

9 月 20 日　秘书长报告有 40 名观察员正在派往贝鲁特。他还指出，联黎部队指挥官说过，如果需要，他可以从向贝鲁特派遣一支大约 2000 人组成的队伍，其人员可从联黎部队的若干分遣队中抽调。

9 月 21 日—12 月 21 日　第 37 届联合国大会举行。伊姆雷·霍拉伊（匈牙利）当选为本届大会主席。

9 月 24 日　讨论巴勒斯坦问题的第 7 次紧急特别联合国大会复会。会议以 147 票对 2 票（以色列和美国），0 票弃权，通过第 A/RES/9（ES—7）号决议，谴责最近发生在贝鲁特对巴勒斯坦平民的大屠杀事件，要求安理会对此事进行调查，并尽快公布调查结果；要求所有有关各方严格尊重黎巴嫩主权、领土完整、统一和政治独立；应呼吁所有国家和国际机构向以色列侵略黎巴嫩的受害者继续提供人道主义援助。该决议最后强调，如果以色列继续拒绝执行安理会有关决议以及本决议，大会将要求安理会根据宪章采取切实可行的措施。当天大会举行追悼会，悼念在贝鲁特屠杀中的遇难者。

10 月 1 日　联合国召开会议通过了《国际黄麻及黄麻制品协议》，并决定成立国际黄麻组织。

10 月 4 日　安理会通过关于伊拉克—伊朗伊斯兰共和国问题的第 S/RES/522（1982）号决议，对伊拉克和伊朗之间的战争升级表示痛惜，再次要求双方立即停火和将军队撤至国际公认的边界；要求应不再迟延地派遣联合国观察员前去执行监督停火撤军的任务，并要求秘书长在 72 小时内提出报告。

10 月 18 日　安理会通过关于以色列—黎巴嫩问题的第 S/RES/523（1982）号决议，将联合国驻黎巴嫩临时部队的任务期限再延长 3 个月，至 1983 年 1 月 19 日止。

10 月 22 日　大会通过关于“伊朗和伊拉克之间武装冲突旷日持久的后果”的第 A/RES/37/3 号决议，指出伊朗和伊拉克冲突的持续和升级正威胁着国际和平与安全；呼吁两伊立即实现停火并将各自军队撤至国际公认的边界；呼吁其他国家不要采取使冲突加剧的任何行动；要求秘书长继续为争取和平解决而努力。

10 月 25—27 日　经社理事会年度第 2 次常会在纽约复会。

10 月 28 日　大会以压倒多数通过关于柬埔寨局势的第 A/RES/37/6 号决议，再次要求越南从柬埔寨撤军，并决定在适当的时候再次召开柬埔寨问题国际会议，以寻求政治解决的办法。

大会通过第 A/RES/37/7 号决议及其所附之《世界自然宪章》。文件分为一般原则、自然生态系统的功能、实施 3 方面内容，指出人类是自然的一部分,应在遵循自然生态规律的前提下进行生存和发展。

11 月 4 日 大会通过关于福克兰群岛(马尔维纳斯群岛)问题的第 A/RES/37/9 号决议,要求英国和阿根廷恢复谈判,以和平方式解决马尔维纳斯群岛的主权争端,并请秘书长再次进行斡旋工作。

11 月 9—10 日 经社理事会年度第 2 次常会在纽约复会。

11 月 15 日 大会通过《关于和平解决国际争端的马尼拉宣言》的第 A/RES/37/10 号决议,该宣言是由联合国宪章和加强联合国作用特别委员会从 1980 年开始着手起草的。该宣言强调,每一个缔约国有义务应只以和平的及不危害国际和平与安全的方式解决其国际争端;要求会员国在解决国际争端时应充分地运用《联合国宪章》的规定以及考虑大会和安理会的有关建议。宣言还提出要加强安理会在解决争端中的作用。

11 月 19 日 大会通过关于以色列对伊拉克核设施的武装侵略及以色列侵略对已确立的关于和平利用核能、不扩散核武器及国际和平与安全的国际制度的严重后果的第 A/RES/37/18 号决议,要求“以色列立即收回其公开宣布的再次对核设施进行袭击的威胁”。

11 月 23 日 大会通过关于西撒哈拉问题的第 A/RES/37/28 号决议,重申西撒哈拉人民不可剥夺的自决和独立权利,并再次声明,联合国决心与非洲统一组织充分合作安排一次全民公投,请秘书长为此与非洲统一组织秘书长通力合作。

大会通过关于东帝汶问题的第 A/RES/37/30 号决议。

11 月 29 日 大会以压倒多数通过 46 国联合提出的关于“阿富汗局势及其对国际和平与安全的影响”的第 A/RES/37/37 号决议,重申阿富汗人民有权决定本国的政权形式,并要求苏联立即从阿富汗撤出其全部军队。

大会通过关于《妇女参加促进国际和平与合作宣言》的第 A/RES/37/63 号决议,呼吁妇女充分参加社会的经济、社会、文化、公民和政治事务,作为促进国际和平的手段;要求国际社会采取特别措施,增加妇女在国际关系领域的参与程度并为妇女提供公平机会参加政府和非政府组织的决策过程。

同日 安理会通过关于以色列—阿拉伯叙利亚共和国问题的第 S/RES/524(1982)号决议,将联合国脱离观察员部队的任务期限再延长 6 个月,至 1983 年 5 月 31 日止。

12 月 3 日 大会一致通过题为《关于残疾人的世界行动纲领》的第 A/RES/37/52 号决议,并发表《关于残疾人的世界行动纲领》。提出了伤残预防、伤残复健及残疾人充分与平等地参与社会生活与发展的全球性战略,并宣布 1983—1992 年为"联合国残疾人 10 年",以此作为国际残疾人年的后续行动。

12 月 6—10 日　第 3 次联合国海洋法会议最后会议在牙买加的蒙特哥湾举行。10 日,150 个国家和国际组织的代表签署了会议的最后文件。同一天,《联合国海洋法公约》开放供各国签署,117 个国家和其他两个实体在公约上签字,创条约开放供签署之日签署国数目最多的纪录。

12 月 7 日　安理会通过关于南非问题的第 S/RES/525(1982)号决议,对于 1981 年 8 月 19 日南非将 3 人判处死刑以及 1982 年 10 月 4 日关于南非非洲人国民大会的成员在南非被判处死刑的声明,意识到执行死刑将使南非的局势进一步恶化,要求南非当局减缓上述 6 人的死刑,促请所有国家和组织按照《联合国宪章》、安理会各项决议以及有关文书,运用其影响和采取紧急措施来挽救这 6 人生命。

12 月 9 日　大会通过关于立即停止和禁止核武器试验的第 A/RES/37/85 号决议。

12 月 10 日　大会通过关于"调查以色列侵害占领区人权行为的特别委员会的报告"的第 A/RES/37/88 号决议内的 7 项决议,要求安理会承认巴勒斯坦人民的各项权利,包括在巴勒斯坦建立一个独立的阿拉伯人的国家的权利,并要求以色列撤出它所占领的阿拉伯领土。

大会通过关于各国利用人造地球卫星进行直接国际电视广播所应遵守的原则的第 A/RES/37/92 号决议及其所附之《各国利用人造地球卫星进行国际直接电视广播所应遵守的原则》。

12 月 14 日　安理会通过关于塞浦路斯局势的第 S/RES/526(1982)号决议,将根据第 S/RES/186(1964)号协议成立的联合国驻塞浦路斯维持和平部队的任务期限延长 6 个月,至 1983 年 6 月 15 日止。

12 月 15 日　安理会通过关于莱索托—南非问题的第 S/RES/527(1982)号决议,强烈谴责南非种族隔离政权公然破坏莱索托的主权和领土完整的侵略行径;要求南非对莱索托的生命和财产损失进行全部赔偿;重申莱索托有权按照其传统做法、人道主义原则及其国际义务接受种族隔离的受害者并给予他们庇护,并要求会员国紧急给予莱索托经济援助加强其照料南非难民的能力。

12 月 16 日　大会通过关于联合国近东巴勒斯坦难民救济和工程处的第 A/RES/37/120 号决议,内含 11 项子决议。

12 月 16—20 日　托管理事会第 15 次特别会议召开。

12 月 17 日　大会通过关于受教育的权利的第 A/RES/37/178 号决议。

12 月 18 日 大会通过关于医疗道德原则的第 A/RES/37/194 号决议,通过了有关医务人员,特别是医生在保护囚犯或被拘押者不受酷刑或其他残忍刑法方面的任务的"医疗道德原则"。该原则是大会在世界卫生组织、国际医学组织理事会和世界医学大会协助下制定的。

12 月 20 日 大会一致通过关于《联合国第 3 个发展 10 年国际发展战略》执行情况的审查和评价的第 A/RES/37/202 号决议,决定成立一个专门委员会审查和评价联合国第 3 个发展 10 年国际发展战略执行情况,并要求该委员会将审议结果于 1984 年向大会提出报告。

同日 托管理事会决定派遣一个访问团赴帕劳、马绍尔群岛和密克罗尼西亚联邦,以观察这些地区关于政治前途的公民投票。

12 月 21 日 安理会通过关于"增列阿拉伯文为安全理事会的正式语文和工作语文"的第 S/RES/528(1982)号决议,决定增列阿拉伯文为安全理事会的正式语文和工作语文,并修改了安理会暂行议事规则。

一九八三年

(世界通讯年:通讯基础设施的发展)

1 月 1 日 联合国残疾人 10 年(1983—1992 年)开始。

同日 第 2 个同种族主义和种族歧视斗争 10 年(1983—1992 年)开始。

1 月 18 日 安理会通过关于以色列—黎巴嫩问题的第 S/RES/529(1983)号决议,将联合国驻黎巴嫩临时部队的任务期限再延长 6 个月,至1983 年 7 月 19 日止。

2 月 1—4 日 经社理事会在纽约召开组织会议。

2 月 7 日 秘书长为全面解决阿富汗问题方案提出第 1 项框架建议。

2 月 21 日 安理会对两伊双方冲突升级表示严重关注,并再次呼吁停火和撤军。

3 月 14 日 联合国热带木材大会召开。

3 月 15 日—4 月 8 日 根据《联合国海洋法公约》规定设立国际海底管理局和国际海洋法法庭的筹建委员会举行第 1 次会议。

3 月 23—29 日 安理会应尼加拉瓜的要求召开紧急会议,审议中美洲局势。尼加拉瓜代表在会上谴责美国支持尼加拉瓜反政府武装力量的行为。大多数国家的代表要求美国停止干涉尼加拉瓜。

4 月 4 日 安理会要求秘书长对据报道在以色列占领的西岸阿拉伯领

土的"大规模投毒事件"进行调查。

4月6日   安理会主席就乍得与利比亚之间的领土争端发表声明,要求两国根据《联合国宪章》和《非洲统一组织宪章》关于尊重各国政治独立、主权和领土完整的规定,毫不迟延地以和平方式解决分歧,并避免采取使局势恶化的任何行动。

4月11—22日   阿富汗和巴基斯坦就关于阿富汗局势问题在日内瓦举行"间接"谈判。

4月25—29日   联合国发起的支持纳米比亚人民独立斗争国际会议在巴黎举行,130多个国家和有关国际组织的代表出席。会议一致通过《关于纳米比亚问题的巴黎声明》和《行动纲领》,指出南非政权非法占领纳米比亚是侵略行为,应受到国际社会的制裁;谴责以色列和某些西方国家向南非提供军事核能援助;要求不折不扣地实施安理会第 S/RES/435(1978)号决议,实现纳米比亚独立、领土完整和民族自决;确认纳米比亚人民有权采用包括武装斗争在内的一切手段抵抗南非的侵略。会议号召,采取地区行动以动员政府与公众舆论来支持西南非洲人民组织领导下的纳米比亚人民,并申明,掠夺纳米比亚自然资源的外国利益集团要对独立的纳米比亚政府负赔偿责任。

5月3—27日   经社理事会年度第1届常会在纽约召开。

5月10—13日   大会通过关于塞浦路斯局势的第 A/RES/37/253 号决议,谴责破坏塞浦路斯共和国充分行使主权的任何行为,要求所有外国军队从该国撤出,以便为公正解决塞浦路斯问题铺平道路,并对秘书长准备再次亲自参与寻求问题的解决表示欢迎。

5月16日—6月28日   托管理事会召开第50届常会。

5月19日   安理会通过关于洪都拉斯—尼加拉瓜问题的第 S/RES/530(1983)号决议,重申尼加拉瓜和所有中美洲国家都有免受外来干涉而在和平与安全的环境中生活的权利,促请孔塔多拉集团不遗余力地为该地区的问题寻求解决办法,并呼吁各有关国家与该集团充分合作。

5月23日   联合国环境规划理事会通过第 11/3 号决议,决定编制到2000年及其后的《环境前景》。

5月26日   安理会通过关于以色列—阿拉伯叙利亚共和国问题的第 S/RES/531(1983)号决议,将联合国脱离接触观察员部队的任务期限延长6个月,至1983年11月30日止。

5月31日   安理会通过关于纳米比亚问题的第 S/RES/532(1983)号决议,谴责南非拒不执行大会和安理会的决议,继续对纳米比亚进行的非法占领;要求南非坚决保证执行纳米比亚独立计划,并在这一方面同秘书长全力合作;委托秘书长同有关各方进行协商以达成纳米比亚停火协定。

6月6日—7月3日 联合国贸易和发展会议第6次会议在南斯拉夫首都贝尔格莱德举行。会议讨论了复苏世界经济和建立国际经济新秩序等问题,并通过了关于世界经济形势的《贝尔格莱德宣言》和关于国际经济问题的若干决议,旨在减少世界经济中的不稳定因素,并谋求缓和发达国家与发展中国家在贸易领域的矛盾。

6月7日 安理会通过关于南非问题的第 S/RES/533(1983)号决议,发出新的呼吁,要求宽大处理3名南非非洲人国民大会成员。

6月12—24日 阿富汗和巴基斯坦就关于阿富汗局势问题在日内瓦举行"间接"谈判。

6月15日 安理会通过关于塞浦路斯局势的第 S/RES/534(1983)号决议,将根据第 S/RES/186(1964)号决议成立的联合国驻塞浦路斯维持和平部队的任务期限再延长6个月,至1983年12月15日止。

6月20日 秘书长向安理会报告了他于5月曾派遣一特派团到伊朗和伊拉克,专门访问遭受军事攻击的平民区。特派团在伊朗所访问的平民区看到了严重的破坏,在伊拉克所访问的一些平民区看到某些破坏。

6月24日 开发计划署理事会批准在1984—1985年间向21个国家提供3.75亿美元的技术合作一揽子援助。

6月29日 安理会通过关于莱索托—南非问题的第 S/RES/535(1983)号决议,赞扬莱索托坚强地反对种族隔离政策及其对南非难民的慷慨帮助,要求联合国会员国、国际组织和金融机构在该特派团的报告确定的一些领域对莱索托进行援助。

7月—29日 经社理事会年度第2次常会在日内瓦召开。

7月18日 安理会通过关于以色列—黎巴嫩问题的第 S/RES/536(1983)号决议,将联合国驻黎巴嫩临时部队的任务期限再延长3个月,至1983年10月19日止。

8月1—12日 联合国第2次向种族主义和种族歧视进行战斗世界会议在日内瓦举行,100多个国家和国际组织的代表与会。会议通过的宣言和行动纲领严厉谴责南非种族主义政权的罪行,要求立即无条件释放南非和纳米比亚的政治犯;谴责以任何形式同南非当局进行合作,要求所有国家严格执行联合国对南非种族主义政权采取的制裁措施,断绝同它的一切联系;建议开展反对种族主义的教育、新闻和宣传活动,并建议宣布1983—1993年为同种族主义和种族隔离进行斗争的第2个行动10年。

8月2日　安理会审议和表决一项认定以色列在其占领的阿拉伯领土实行的定居政策没有任何法律效力且构成对在中东实现全面、公正和持久和平的严重破坏决议案时，由于美国投票否决，议案未获通过。

8月23—31日　德奎利亚尔秘书长访问南非、纳米比亚和安哥拉，同有关各方进行协调，以便能达成一项在纳米比亚实现停火并执行联合国纳米比亚独立计划的协定。但由于南非当局的顽固阻挠，使秘书长这次访问未获结果。

8月29日—9月7日　联合国发起的巴勒斯坦问题国际会议在日内瓦召开。会议通过《关于巴勒斯坦问题的日内瓦宣言》，提出解决巴勒斯坦问题的准则为：巴勒斯坦人民取得其合法的不可剥夺的权利；巴解组织在平等的基础上与其他各方一起参加关于中东问题的一切讨论的权利；以色列必须从自1967年以来占领的领土上撤走；必须反对以色列诸如建立定居点之类的政策和行动；必须重申以色列一切改变耶路撒冷的性质和地位的做法都是无效的；该地区一切国家都有在安全和国家公认的边界内生存的权利。宣言强调了"使巴勒斯坦问题公正解决的时间因素的重要性"，要求在联合国主持下召开中东问题国际和平会议。会议还通过一个《行动纲领》，提出了国际社会应采取的措施和建议。

8月29日—9月9日　联合国促进核能和平利用国际合作会议在日内瓦召开。

9月16日　国际民用航空组织理事会召开1次特别会议，对击毁航班一事深表遗憾，并指示民航组织秘书长对这次事件进行特别调查。民航组织理事会还决定审查将会禁止对民用飞机使用武力的对芝加哥公约的一项修正案。

9月19日　第37届联合国大会举行最后一次全体会议。七十七国集团的代表在会上呼吁立即就国际经济合作与发展问题举行全球谈判。

9月20日—12月20日　第38届联合国大会在纽约举行，豪尔赫·E.伊留埃卡（巴拿马）当选为本届大会主席。

9月22日　安理会通过关于"接受新会员：圣基茨和尼维斯"的第S/RES/537（1983）号决议，审查了圣克里斯托弗和尼维斯要求加入联合国的申请，建议大会接纳位于加勒比地区的新独立的圣克里斯托弗和尼维斯为联合国会员国。

9月23日　大会通过第A/RES/38/1号决议，接纳圣克里斯托弗和尼维斯联邦为联合国会员国。

10月9日　韩国总统全斗焕率领官方代表团预定出访缅甸、印度、斯里兰卡、澳大利亚和新西兰,缅甸是这次5国之行的第一站。10月8日,全斗焕到达仰光,9日上午,全斗焕率代表团到仰光烈士陵墓献花圈时发生爆炸事件。据报道,由于这次爆炸事件发生在全斗焕到达墓地献花圈之前的7分钟,故他得以幸免。爆炸事件发生后,全斗焕取消了原定的访问计划,离开仰光返回南朝鲜。全斗焕在回汉城后发表声明,指责这次事件是朝鲜北方"在背后操纵"的。同时南朝鲜当局召开了"紧急国务会议",在南朝鲜全境下达了"紧急戒严令",命令军队进入全面戒备状态。南北朝鲜武装对峙局面加剧。对此,朝鲜中央通讯社受权发表声明,驳斥南方对北方的指责,指出朝鲜从来就不进行国际恐怖行动。仰光爆炸事件发生后,缅甸政府组成了特别委员会调查这次事件。11月4日,缅甸政府发表声明说,有充分证据证明,仰光爆炸事件"是朝鲜民主主义人民共和国干的"。缅甸政府宣布断绝同朝鲜的外交关系,并关闭其在仰光的大使馆。对此,朝鲜于11月5日声明,朝鲜从来不搞恐怖暗杀活动,朝鲜同仰光爆炸事件没有任何关系。

10月14日 上沃尔特(布基纳法索曾用国名)和马里将双方达成的特别协议提交国际法院,请求由一个法庭审理两国间的边界定界问题。

10月18日 安理会通过关于以色列—黎巴嫩问题的第 S/RES/538(1983)号决议,将联合国驻黎巴嫩临时部队的任务期限再延长6个月,至1984年4月19日止。

10月25—28日 10月25日,美国出兵对格林纳达内部事务进行干涉。当天,应尼加拉瓜的请求,安理会开始审议格林纳达局势。与会的绝大多数国家都谴责美国的入侵是违反宪章的行为。当会议就尼加拉瓜和圭亚那提出的一项决议草案,对美国公然违反国际法的武装干涉深表遗憾,要求立即停止武装干涉并立即从格林纳达撤出外国军队的决议草案表决时,由于美国投票否决而未获通过。

10月27日 大会通过关于柬埔寨局势的第 A/RES/38/3 号决议,重申要求所有外国军队从柬埔寨撤出。

10月28日 安理会通过关于纳米比亚问题的第 S/RES/539(1983)号决议,宣布不能把纳米比亚独立作为解决与1978年的纳米比亚独立计划无关的问题的抵押品,重申安理会第 S/RES/435(1978)号决议是和平解决纳米比亚问题的唯一基础。

10月31日 安理会通过关于伊拉克—伊朗伊斯兰共和国问题的第 S/RES/540(1983)号决议,首次表示有必要对两伊战争的原因进行客观的审查;同时,谴责一切破坏国际人道主义法的行径,要求立即停止一切对非军事目标采取军事行动;要求秘书长继续进行调停以寻求一种两伊双方都能够接受的全面、公正和体面的解决办法;呼吁各国不要采取任何可能使冲突进一步升级的行动。决议还重申在国际水域自由航行和自由通商的权利,呼吁交战双方在海湾区域立即停止一切战争行动。

11月2日 大会对格林纳达局势进行审议后通过第 A/RES/38/7 号决议,对美国公然违反国际法武装干涉格林纳达表示遗憾;呼吁各国尊重格林纳达的主权、独立和领土完整;要求立即撤出外国军队;要求尽快组织自由选举以便格林纳达人民可以民主地选择其政府。

11月10日 大会通过关于"以色列对伊拉克设施的武装侵略及以色列侵略对已确立的关于和平利用核能、不扩散核武器及国际和平与安全的国际制度的严重后果"的第 A/RES/38/9 号决议,谴责以色列拒不履行安理会第 S/RES/487(1981)号决议;要求以色列今后不再对伊拉克或其他国家的核设施进行攻击,并要求以色列将其核设施置于国际原子能机构的保障制度之下。

11月11日 大会在审议了中美洲局势后通过关于"中美洲局势:对国际和平与安全的威胁及和平倡议"的第 A/RES/38/10 号决议,谴责对中美洲各国的主权、独立和领土完整进行的侵略活动,敦促所有国家避免采取旨在施加政治压力的任何军事行动,重申该地区所有国家都有权在和平中生活和在免受外来干涉和干预的情况下决定自己的前途。大会对孔塔多拉集团为解决中美洲问题所做的努力表示坚决支持,并对《关于中美洲和平的坎昆宣言》表示欢迎,认为该宣言提供了就中美洲和平共处问题进行谈判的基础。

同日 安理会对黎巴嫩北部近来和目前的局势发展表示深切关注,"这已经和正在造成普遍的人民生命伤亡和苦难。"

11月16日 大会通过关于福克兰群岛(马尔维纳斯群岛)问题的第 A/RES/38/12 号决议,再次呼吁英国和阿根廷两国进行谈判,以便就马尔维纳斯群岛主权问题尽快取得一项和平解决办法,呼吁秘书长继续斡旋工作。

11月17—18日 11月15日,塞浦路斯土族宣布成立"北塞浦路斯土耳其共和国"。应塞浦路斯、希腊和英国的要求,17日安理会通过关于塞浦路斯局势的第 S/RES/541(1983)号决议,对塞浦路斯土族宣布一部分领土脱离塞浦路斯共和国表示痛惜,认为这一宣告在法律上是无效的,并要求予以撤回,呼吁各国不要承认除塞浦路斯共和国以外的任何塞浦路斯国家。

11月23日 安理会通过关于黎巴嫩问题的第 S/RES/542(1983)号决

议,要求黎巴嫩有关各方立刻停火和停止敌对行动。

11 月 29 日 安理会通过关于以色列—阿拉伯叙利亚共和国问题的第 S/RES/543(1983)号决议,将联合国脱离接触观察员部队的任务期限再延长 6 个月,至 1984 年 5 月 31 日止。

12 月 1 日 大会通过关于纳米比亚问题的第 A/RES/38/36 号决议所含的 5 项决议,要求国际社会对南非实行全面的制裁,并要求南非立即无条件地执行联合国关于纳米比亚独立的计划,同时拒绝了美国和南非将纳米比亚独立与古巴从安哥拉撤军连在一起的企图。

12 月 13 日 秘书长向安理会报告了伊朗和伊拉克双方对第 S/RES/540(1983)号决议的立场。此外,还通知安理会说,伊朗要求他派一特派团视察遭受军事攻击的平民区以便补充 1983 年 5 月特派团的报告。伊朗在指控伊拉克使用化学武器的基础上要求特派团中应有 1 名化学武器方面的专家。但伊拉克拒绝了这项建议,并认为最近同构的决议应该作为一个完整的整体来执行。

12 月 15 日 大会通过关于防止外层空间的军备竞赛的第 A/RES/30/70 号决议,要求裁军谈判委员会加紧审议防止在外层空间进行军备竞赛的方法,并要求该委员会设立 1 个特设工作小组以商定 1 项关于防止外空军备竞赛的协定。

大会声明,为了全人类的利益,南极应当永远只被用于和平目的,同时要求秘书长筹备一项针对南极各个方面的全面、实际和客观的研究,其中应充分考虑到南极公约体系及其相关因素。

大会通过关于谴责核战争的第 A/RES/38/75 号决议。

同日 安理会通过关于塞浦路斯局势的第 S/RES/544(1983)号决议,将根据第 S/RES/186(1964)号决议成立的联合国驻塞浦路斯维持和平部队的任务期限再延长 6 个月,至 1984 年 6 月 15 日止。

12 月 19 日 大会谴责以色列和南非之间日益密切的合作,特别是在核领域。大会指出,这使得以色列有能力在该地区搞"核讹诈"。

大会通过关于"被占领的巴勒斯坦和其他阿拉伯领土内国家资源的永久主权"的第 A/RES/38/144 号决议。

大会通过关于"编制到公元 2000 年及其后的环境前景文件"的第 A/RES/38/161 号决议。次年,据此成立后来取名为世界环境与发展委员会的特别委员会。

12 月 20 日 安理会通过关于安哥拉—南非问题的第 S/RES/545(1983)号决议,强烈谴责南非继续占领安哥拉南方部分地区;宣布南非的非法军事占领是公然违反国际法的行为;要求南非无条件地立即将其所有占领军从安哥拉撤出;认为安哥拉有权要求对其遭受的任何物质损失进行赔偿。

12月28日　美国政府宣布,由于联合国教育、科学及文化组织的方针过于政治化,是反西方的,而且经费管理不善,违反了美国对联合国预算内容增长的原则,美国决定自1984年12月31日退出该组织,美国的这一决定引起了联合国和许多国家强烈反应。

一九八四年

1月1日　中国正式成为国际原子能机构成员国。

1月6日　安理会通过关于安哥拉—南非问题的第S/RES/546(1984)号决议,强烈要求南非立即停止对安哥拉的一切轰炸和侵略活动,并无条件地从该国撤出其全部占领军。决议认为,南非的行为是对安哥拉的主权和领土完整的公然侵犯,对国际和平与安全构成了严重威胁。

1月13日　安理会通过关于南非问题的第S/RES/547(1984)号决议,要求南非当局减轻马利西拉·本杰明·马洛西先生的死刑,促请各国和各组织根据宪章、安理会决议和有关国际文件的规定,运用其影响和采取紧急措施,以拯救马洛西先生的生命。

1月26日　安理会就以色列企图在约旦河西岸和加沙地带强制实施以色列法律一事发表声明,要求以色列不得恶化被它占领的巴勒斯坦领土上的紧张局势。

2月3日　联合国环境规划署发表公报说,1983年是现代史上世界性干旱和沙漠化最严重的1年,已有22个国家食品短缺。18日,秘书长德奎利亚尔在访问西非8国后说,干旱使半数非洲的国家严重缺粮,国际社会应予以帮助。

2月7—10日　经社理事会在纽约召开组织会议。

2月8—19日　第14届冬季奥运会在萨拉热窝举行,共有49个国家和地区的1272名运动员参赛。这是中国代表团第2次参加冬奥会,共派出37名运动员参加26个单项比赛。中国台北队也有14名运动员参加本届冬奥会。这是海峡两岸中国选手第1次同时参加奥运会。在高山滑雪女子小回转比赛中,中国选手金雪飞和王桂珍分别位列第19名和第20名。中国队达到了开阔眼界、锻炼队伍的目的。

2月24日　安理会通过关于"接受新会员:文莱达鲁萨兰国"的第

S/RES/548(1984)号决议,审查了文莱国加入联合国的申请,建议大会接纳文莱国为联合国会员国。

2月29日 安理会就法国提出向贝鲁特地区派遣联合国维和部队以取代即将撤出的由美、英、法、意4国组成的多国部队的一项决议草案进行表决,结果以13票对2票(苏联、乌克兰),被苏联否决。

3月8日 秘书长将派遣一个专家小组对在两伊战争中使用化学武器的指控进行调查。

3月19日 国际民航组织理事会就该组织对1983年9月1日苏联军用飞机击落韩国民航客机事件的调查后通过决议,谴责苏联使用武力击落韩航班机并宣告"这样使用武装力量是对国际民航安全的严重威胁"。

3月24日 对使用化学武器的指控进行调查的专家小组声称在伊朗被检查的地区发现以毒气弹的方式使用的化学武器。

3月30日 3月,受秘书长派遣的专家小组针对伊拉克对伊朗使用化学武器的指控进行调查后一致肯定,确有此事。30日,安理会发表主席声明表示强烈谴责在两伊战争中使用化学武器,再次呼吁两伊用和平方式解决它们间的冲突。

3月30日—4月4日 安理会就美国在尼加拉瓜港口布雷等问题举行4次会议。4日,安理会就尼加拉瓜提出的一项谴责在尼港口布雷并要求立即停止这一行动,重申在国际水域进行自由航行和贸易的权利的决议草案进行表决,结果以13票对1票(美国),1票弃权,被美国否决。

4月6日 美国声明它将临时修改其对国际法院强制管辖权的承认,以便在今后两年内把涉及中美洲的案件排除在外。

4月9日 尼加拉瓜向国际法院提交诉讼,要求美国停止针对尼加拉瓜使用武力,同时停止干涉其内部事务。

4月18日 美国副总统布什向在日内瓦召开的联合国40国裁决谈判会议提交了美国关于《禁止化学武器的条约》的草案。苏联代表在会上发言时表示,苏联希望就化学武器达成协议,而不是就化学武器的核查达成协议,苏联将研究美国的建议。

4月19日 安理会通过关于以色列—黎巴嫩问题的第 S/RES/549(1984)号决议,将联合国驻黎巴嫩临时部队的任务期限再延长6个月,至1984年10月19日止。

5月1—25日 经社理事会年度第1次常会在纽约召开。

5月3—11日 安理会先后举行9次会议,讨论塞浦路斯的严重形势。11日,安理会通过关于塞浦路斯局势的第 S/RES/550(1984)号决议,再次要求所有国家不要承认所谓的"北塞浦路斯土耳其共和国",谴责所有分裂主义行动,包括土耳其和塞浦路斯土族领导之间声称的互换大使的行动,并宣布这些行动是非法和无效的;决议要求各国不要支持"分裂主义实体"。同年11月30日,塞土族领导人被迫宣布接受联合国的全部建议。

5月10日　国际法院作出临时裁决,要求美国停止针对尼加拉瓜港口的任何行动,尤其是施放水雷。

同日　国际民航组织大会在蒙特利尔举行会议,通过对该组织章程的修正案,规定禁止对民航飞机使用武力。

5月14日—7月18日　托管理事会召开第51届常会。

5月18日　安理会谴责土耳其和塞浦路斯土耳其族领导阶层之间交换大使的行为是"非法和无效的",并要求立即召回大使。

5月24—28日　联合国非洲经济委员会第10次部长会议在亚的斯亚贝巴举行,会议研究了非洲的社会经济条件、联合国非洲交通运输10年规划、联合国非洲工业开发10年规划、非洲最不发达国家的特殊问题等。会议通过关于"非洲经济和社会危机"的特别备忘录多项决议,呼吁国际社会援助非洲克服困难。

5月25日　联合国经社理事会通过关于"保护面对死刑的人的权利的保障措施"以及附件《关于保护死刑犯的权利的保障措施》的第E/RES/1984/50号决议。

5月30日　安理会通过关于以色列—阿拉伯叙利亚共和国问题的第S/RES/551(1984)号决议,将联合国脱离接触观察员部队的任务期限再延长6个月,至1984年11月30日止。

6月1日　安理会通过关于伊朗伊斯兰共和国问题的第S/RES/552(1984)号决议,谴责其最近对进出科威特和沙特阿拉伯各港口商船进行的攻击,要求立即停止这种攻击,不要干扰进出不属于交战双方的两国港口的船只。

6月5—13日　德奎利亚尔秘书长访问埃及、叙利亚、黎巴嫩、约旦和以色列,就安理会主持召开解决中东问题的国际会议问题同这些国家进行磋商,得到埃、叙、黎、约4国的支持,但遭到以色列拒绝。

6月10日　伊朗和伊拉克接受秘书长关于停止对纯粹平民聚居区发动任何军事攻击的呼吁。

6月12日　秘书长宣布,伊朗和伊拉克已经接受了他的关于结束对纯粹平民居住中心的军事袭击的呼吁。伊朗和伊拉克两国政府都曾要求为核查遵守这一承诺的情况做出安排。据此,秘书长决定在巴格达和德黑兰设立两个小组,根据双方政府的要求进行视察以便核查违反承诺的指控。

6月15日 安理会通过关于塞浦路斯局势的第 S/RES/553(1984)号决议,将根据第 S/RES/186(1964)号决议成立的联合国驻塞浦路斯维持和平部队的任务期限再延长 6 个月,至 1984 年 12 月 15 日止。

6月18日—7月27日 万国邮政联盟第 19 届代表大会在汉堡召开,包括中国在内的 145 个国家的代表在新的《万国邮政公约》上签字。

6月26日 秘书长致函日内瓦四公约的所有缔约国强调遵守这些公约的重要性,并提请各国注意红十字委员会早些时候发出的关于对待伊朗与伊拉克冲突中战俘和难民的两项呼吁。他支持红十字委员会要求各国根据四公约的规定充当保护国的呼吁。

6月27日—7月6日 粮农组织世界渔业管理和发展会议在罗马召开,通过行动计划。

6月29日 联合国糖制品大会主席宣布各国对带有经济条款的新的国际糖制品协定"缺乏足够的意愿",大会将避免达成一项行政性的协议。

7月4—27日 经社理事会年度第 2 次常会在日内瓦召开。

7月9—11日 第 2 次援助非洲难民国际会议在日内瓦举行。这次会议是联合国秘书长同非洲统一组织、联合国难民事务高级专员和开发计划署合作,并根据大会 1982 年的一项决议召开的。会议通过了关于援助非洲难民的《宣言和行动纲领》的文件,确认改善难民状况是"国际社会的普遍责任",必须"由所有成员国公平分担"。会议决定向有关非洲各国提供它们所需要的援助,使它们能承担大批难民和被遣返者的安置任务。中国代表团团长代表中国政府向大会认捐 100 万美元。

7月16日—8月4日 联合国船舶登记条件会议第 1 阶段举行。

7月18—27日 防止沙漠化国际大会在达喀尔召开,会议全面研究了一些非洲国家沙漠化的严重问题,提出与沙漠化进行斗争的具体建议,并通过决议要求有关国家加强全面合作,互相支持和协调行动。

7月28日—8月12日 第 23 届奥林匹克运动会在美国洛杉矶召开。参加本届奥运会的国家和地区共有 140 个,运动员共 6829 人,其中女子 1566 人。中国共派出 225 名运动员参赛,累计获得金牌 15 枚,银牌 8 枚,铜牌 9 枚。中国运动员许海峰以 566 环的成绩获男子手枪 60 发慢射冠军,这是中国奥运历史上获得的第 1 枚金牌。被誉为"体操王子"的李宁,夺得 3 枚金牌、2 枚银牌和 1 枚铜牌,成为本届奥运会获奖牌最多的选手。

8月2—20日 联合国工业发展组织召开第 4 届大会。

8月6—14日 联合国第 2 次国际人口会议在墨西哥城召开,150 多个国家政府、国际机构的代表出席会议。会议通过《关于人口和发展的墨西哥宣言》和《进一步执行世界人口行动计划的建议》两个主要文件,希望国际社会加强合作、为稳定全球人口而共同努力。

8月17日　安理会通过关于南非问题的第 S/RES/554(1984)号决议,宣布南非种族隔离政权炮制的"新宪法"和即将举行的"选举"无效,并呼吁各国政府和国际组织不要承认南非当局所谓的"选举"结果。

8月24—30日　阿富汗和巴基斯坦在两年多时间举行了3轮间接谈判后,双方又达成改"间接谈判"为经由中间人、秘书长私人代表主持进行的"近距离间接谈判"的协议。8月24—30日,阿巴双方举行了第1轮"近距离间接谈判"。

8月31日　1984年的两期裁军谈判会议结束(2月7日—4月27日、6月12日—8月31日)。会议在禁止化学武器谈判方面取得某些进展,但在制定一项全面禁止核武器条约和其他有关核武器问题的谈判方面没有取得进展。

9月6日　安理会在表决一项谴责以色列在黎巴嫩占领区行径的决议草案时,遭美国否决。

9月18日—12月18日　第39届联合国大会开幕,大会选举赞比亚驻联合国代表卢萨卡为本届大会主席。

9月21日　大会通过第 A/RES/39/1 号决议,接纳文莱为第159个联合国会员国。

9月26日　秘书长德奎利亚尔发表声明,祝贺中国和英国就香港前途达成协议,并对两国政府为通过谈判"解决一个非常敏感而又复杂的问题所作的卓越的、竭诚的努力表示赞扬"。声明认为:"关于香港前途的谈判成功,无疑将被看成当代国际关系中悄悄外交成效卓越的一个最杰出的范例。"

同日　中国外长吴学谦在大会一般性辩论发言指出,和平与发展是当前世界的两大主题,也是中国内外政策的首要目标。

9月28日　大会通过关于南非局势的第 A/RES/39/2 号决议,要求各国政府和国际组织援助南非人民的斗争,再次重申所谓南非"新宪法"是无效的。决议谴责南非种族主义政权公然反对联合国的有关决议以及坚持进一步强化种族隔离制度的做法。

10月12日　安理会通过关于以色列—黎巴嫩问题的第 S/RES/555(1984)号决议,将联合国驻黎巴嫩临时部队的任务期限再延长6个月,至1985年4月19日止。

同日　国际法院对缅因湾大陆架划界作出裁决,海湾的 2/3 归美国,其余部分归加拿大。

10 月 23 日　安理会通过关于南非问题的第 S/RES/556(1984)号决议,要求南非政权立即停止屠杀行为,立即无条件地释放所有政治犯和被拘留的人员,并重申强烈谴责南非政权继续无视联合国的有关决议,顽固坚持种族隔离政策的行为。

同日　中国向大会一委提交一项防止外层空间军备竞赛的决议草案,这是中国向联合国组织提交的第 1 份有关裁军问题的决议草案。

10 月 26 日　大会通过关于"中美洲局势,对国际和平与安全的威胁及和平倡议"的第 A/RES/39/4 号决议,呼吁中美洲各国早日签署由孔塔多拉集团草拟的《关于中美洲和平与合作文件》。这是一个旨在通过谈判实现解决该地区问题的重要文书。

同日　中国领导人邓小平在会见马尔代夫总统加尧姆时说:"中国是个大国,又是个小国。所谓大国就是人多,土地面积大。所谓小国就是中国还是发展中国家,还比较穷,国民生产总值人均不过三百美元。中国是名副其实的小国,但是又可以说中国是名副其实的大国。联合国安全理事会常任理事国,中国算一个。中国这一票是第三世界的,是名副其实地属于第三世界不发达国家的。我们多次讲过,中国属于第三世界,将来发展起来了,还是属于第三世界,永远不做超级大国。"

10 月 30 日　大会通过关于柬埔寨局势的第 A/RES/39/5 号决议,呼吁实现柬埔寨问题全面政治解决,再次重申 1981 年柬埔寨问题国际会议所提出的公正和持久解决柬埔寨问题的 4 项原则,即:外国军队全部撤出柬埔寨;恢复和维持柬埔寨的独立、主权和领土完整;柬埔寨人民有决定自己命运的权利;所有国家保证不干涉和不干预柬埔寨的内政。

10 月 31 日　印度总理英迪拉·甘地夫人被一直都很信任的两名锡克教保镖刺杀身亡,享年 67 岁。英迪拉·甘地的遇难令举世震惊和痛惜,国际社会强烈谴责这种极其野蛮、不择手段的暗杀恐怖暴行。1966 年 1 月 11 日,英迪拉·甘地出任印度总理,领导印度达 16 年之久,为印度的独立和发展作出重大贡献,为国家奋斗到生命的最后一刻。印度一直有民众将英迪拉·甘地尊称为"民族英雄""国母"。英迪拉·甘地作为世界上不可多得的女性政治家、外交家一直在国际上享有盛誉、尊敬和广泛影响。

10 月 31 日—11 月 2 日　为期 3 天的联合国纪念"纳米比亚人民反抗殖民占领英勇斗争 100 周年"讨论会在联合国闭幕,会议谴责南非及其支持者阻碍纳米比亚独立。

11月1日　大会再次呼吁英国和阿根廷恢复谈判,以和平方式解决两国主权争端。

11月7日　中国著名国际法学者倪征燠教授当选为国际法院法官。从1985年2月6日开始,任期9年。

11月8日　大会通过关于国际和平年的第A/RES/39/10号决议,重申国际和平与安全的基础能够也必须在联合国范围内得到加强,并需要成员国做出坚强的保证。

同日　联合国开发计划署认捐大会获得了108个国家政府提供的6.7亿美元捐助。

同日　秘书长在纳库拉的联黎部队总部召开了1次以色列和黎巴嫩军事代表会议讨论以色列和黎巴嫩的一系列问题。会议断断续续开到1985年1月24日。

11月12日　大会通过第A/RES/39/11号决议及其所附之《人民享有和平权利宣言》,表示相信"在核时代里建立地球上的持久和平是人类文明得以保存和人类得以生存的首要条件",并郑重宣布,"我们星球上的所有人类都拥有要求和平的神圣权利",维护和平是每个国家的基本义务。

11月15日　大会再次通过关于"阿富汗局势及其对国际和平与安全的影响"的第A/RES/39/13号决议,要求苏军撤出阿富汗,决议重申前5届联合国大会通过的有关阿富汗问题的决议原则,强调阿富汗的主权、领土完整、政治独立和不结盟地位对于和平解决这一问题至关重要。

同日　中国政府分别向美、苏、英3国政府递交了中华人民共和国加入《禁止细菌(生物)及毒素武器的发展、生产及储存以及销毁这类武器的公约》的加入书。美、苏、英3国是该公约的保存国。按公约规定,从递交加入书之日起,公约将开始对加入国生效。

11月26日　国际法院裁定它有权审理尼加拉瓜控诉美国的案件,同时裁定限制美国军事及准军事行动的临时命令仍然有效。

11月28日　安理会通过关于以色列—阿拉伯叙利亚共和国问题的第S/RES/557(1984)号决议,将联合国脱离接触观察员部队的任务期限再延长6个月,至1985年5月31日止。

12月3日　大会通过题为《关于非洲危急经济情况的宣言》的第A/RES/39/29号决议,呼吁世界各国和国际社会对非洲问题给予更大的关注,并继续提供财力和物力来帮助非洲国家解决它们所面临的日益恶化的经济问题。

12月5日　大会强烈谴责某些西方国家同"南非少数派种族主义政

权"在核领域的"相互勾结",并要求所有成员国不向南非提供核原料和军事装备。

12月9日 联合国宣布,1982年12月10日《联合国海洋法公约》于开始供签署以来,迄至1984年12月9日,已有159个国家签署了该公约。根据规定,公约经60个国家签署批准后12个月起正式生效。

12月10日 大会通过关于《禁止酷刑和其他残忍、不人道或有辱人格的待遇或处罚公约》的第A/RES/39/46号决议及其同名附件,并呼吁各国政府作为优先事项,签署和批准该公约。该公约于1987年6月26日生效。

12月11日 大会以压倒多数通过关于巴勒斯坦问题的第A/RES/39/49号决议,重申支持巴勒斯坦人民为恢复民族权利而进行的正义斗争,再次呼吁各国政府作出更大的建设性努力,促使早日召开关于中东问题的国际会议,同时要求美国和以色列政府重新考虑它们反对召开国际会议的立场。

大会再次敦促法国就马约特岛回归科摩罗问题同科摩罗政府开始谈判。

12月12日 大会通过关于纳米比亚问题的第A/RES/39/50号决议,要求立即无条件地执行安理会第S/RES/435(1978)号决议,解决纳米比亚独立问题。决议指出南非非法占领纳米比亚是对纳米比亚人民的一种侵略行为。

大会呼吁签订一项禁止核试验公约,在5年内冻结美国和苏联的核武器,并要求努力防止外空军备竞赛。

12月13日 大会通过关于南非政府的种族隔离政策的第A/RES/39/72号决议,强烈谴责南非政权继续野蛮压迫、镇压和侵犯南非黑人,谴责南非政权继续非法占领纳米比亚和一再对其邻国发动侵略、颠覆和恐怖主义行动。

大会通过关于"联合国共同制度:国际公务员制度委员会的报告(第4—9章)"的第A/RES/39/69号决议,核准所附之《联合国工作人员条例》修正案,自1985年1月1日起生效,其取代现行的薪金毛额和净额表、工作地点差价调整数额表和工作人员薪金税率表。

同日 安理会通过关于南非问题的第S/RES/558(1984)号决议,要求各方严格遵守安理会决议,停止向南非交战各方出口武器及其他军事装备。

12月14日 大会通过关于"调查以色列侵害占领区居民人权行为的特别委员会的报告"的第A/RES/39/95号决议所含8项决议,呼吁以色列全部、无条件地撤出它所占领的阿拉伯领土,让巴勒斯坦人民行使建立独立国家的不可剥夺的权利,以便全面、公正和持久地解决中东问题。决议还指出,如果没有中东冲突的所有各方,包括巴勒斯坦人民的唯一合法代表巴解组织以平等的身份参加,中东问题就不可能解决。

大会就"以色列建造地中海和死海间运河的决定"通过第 A/RES/39/101 号决议。

大会通过两项关于难民问题的决议:在关于"第 2 次援助非洲难民国际会议"的第 A/RES/39/139 号决议中核可了 1984 年 7 月在日内瓦举行的第 2 次援助非洲难民国际会议通过的宣言和行动纲领,并促请国际社会将文件所提的各项原则付诸实施;在题为《联合国难民事务高级专员的报告》的第 A/RES/39/140 号决议中谴责一切侵犯难民和寻求收容者权利和安全的行为,特别是对难民营和定居点进行军事或武装袭击、其他形式的暴行以及对漂流海上的寻求收容者不予拯救的行为。大会促请所有国家采取一切必要措施确保难民和寻求收容者的安全。

大会通过关于"禁止贩运麻醉药物和神经性物质及其相关活动的公约草案"的第 A/RES/39/141 号决议,声明"贩运麻醉药物和神经性物质是违反人道的严重的国际犯罪",并通过题为《管制药品贩运和药品滥用宣言》的第 A/RES/39/142 号决议及其同名附件。

大会通过第 A/RES/39/98 号决议,决定接受中国参加新闻委员会的申请,中国成为新闻委员会的成员。

同日　安理会通过关于塞浦路斯局势的第 S/RES/559(1984)号决议,将根据第 S/RES/186(1964)号决议成立的联合国驻塞浦路斯维持和平部队的任务期限再延长 6 个月,至 1985 年 6 月 15 日止。

12 月 17 日　大会一致通过关于联合国 40 周年纪念的第 A/RES/39/161 号决议 A,确定 1985 年为"联合国年",并宣布联合国 40 周年纪念活动的主题为"联合国创造更美好的世界"。决议还决定大会将在 1985 年10 月 24 日举行联合国 40 周年纪念大会,同时宣布 1986 年为国际和平年。决议邀请各成员国国家元首和政府首脑参加这一纪念大会。大会以 143 票对 1 票(美国),2 票弃权(法国、英国)关于"联合国 40 周年纪念"的第A/RES/39/161 号决议 A,决议 B,决定联合国 40 周年的纪念活动应以适当方式同时纪念联合国《给予殖民地国家和人民独立宣言》通过 25 周年,以促进实现世界的非殖民化进程。

大会先后在 12 日和 17 日共通过 63 项有关核裁军和其他裁军问题的决议,数目之多,打破了历史纪录,其中 19 个决议以协商一致方式通过。其中包括 12 日通过的关于"禁止发展和制造新型大规模毁灭性武器和此种武器新系统"的第 A/RES/39/62 号、关于"审议和执行大会第 12 届特别会议的《结论文件》"的第 A/RES/39/63 号、关于"裁减军事预算"的第 A/RES/39/64 号和关于"化学武器和细菌(生物)武器"的第 A/RES/39/65 号决议;17 日通过的关于"审查大会第 10 届特别会议通过的建议和决议的执行情况"的第 A/RES/39/148 号、关于世界裁军会议的第 A/RES/39/150 号和关于"全面彻底裁军"的第 A/RES/39/151 号决议。

大会关心裁军和发展之间的关系,决定召开一次全面回顾裁军与发展之间关系的国际会议。

大会通过关于"不允许国家恐怖主义政策并不允许各国采取旨在破坏其他主权国家社会政治制度的任何行动"的第 A/RES/39/159 号决议,重申各国人民都有决定其命运及其发展方向的不可剥夺的权利,坚决为反对任何为破坏他国社会政治制度的国家行动寻找理由的一切想法、理论或思想,要求所有国家不要采取一切旨在进行军事干涉和占领,强行改变或破坏他国的社会政治制度的行为,敦促所有国家遵守各国主权和政治独立、民族自决的权利。

同日 秘书长在关于非洲紧急经济形势的特别会议上宣布,将建立非洲紧急行动办事处(OEOA),以协助所有联合国机构的活动;呼吁各国政府、国际社会向正遭受饥饿和营养不良威胁的非洲人民提供援助。中国常驻联合国代表凌青在会上宣布,中国将再向非洲增加 4 万吨粮食的援助,从而使中国当年对非洲的紧急粮食援助总数达到 12 万吨。

同日 伊朗和伊拉克就联合国派遣两伊战争战俘问题调查团一事达成谅解。

12 月 18 日 大会通过关于"将联合国工业发展组织改成专门机构"的第 A/RES/39/231 号决议。

12 月 19 日 安理会重申 1977 年执行的对南非强制性武器禁运,并强调继续严格执行的必要性。

一九八五年

（联合国年、国际森林年、国际青年年:参与、发展、和平）

1 月 1 日 亚洲和太平洋交通通讯 10 年(1985—1994 年)开始。

1 月 14 日 联合国减灾协调员(UNDRO)报告指出各国政府,国际组织和非政府组织已为缓解埃塞俄比亚的灾难性饥荒贡献了 3.127 亿美元的现金和物资。

1月17—20日　塞浦路斯总统基普里亚努和塞浦路斯土族帮领导人登克塔什在联合国秘书长德奎利亚尔主持下,在纽约联合国总部就塞浦路斯重新统一问题举行会谈,双方没有达成任何协议。

1月18日　美国通知国际法院,它已决定不参与关于在尼加拉瓜境内反对该国的军事和准军事行动案件进一步的法院诉讼。

1月22日　联合国关于两伊战争战俘状况特别调查团呼吁释放大批战俘,并要求双方停止虐待战俘。

1月28日　坦桑尼亚、阿根廷、希腊、墨西哥、瑞典、印度6国元首和政府首脑在新德里举行裁军和世界和平会议。会议通过《德里宣言》和《联合声明》,呼吁超级大国停止军备竞赛,立即禁止试验、研制和部署核武器,停止使空间军事化的做法。

1月28日—2月18日　联合国船舶登记条件会议第2阶段举行。

2月4日　《禁止酷刑和其他残忍、非人道或有辱人格的待遇或刑罚公约》开放供各国签署批准,并立即得到21个国家的签署。该公约将在20国批准后生效。

2月5—8日　经社理事会在纽约召开组织会议。

2月11日　联合国根据罗马尼亚的倡议,决定1985年为"国际青年年",主题是"参与、发展、和平"。当日,德奎利亚尔秘书长就"国际青年年"发表公告,号召全世界青年建设美好的未来。

2月26日　叙利亚外交部部长鲁克·沙雷当天下午紧急召见联合国安理会5个常任理事国驻叙大使,通报以色列占领军在黎巴嫩南部犯下的新罪行,要求各国政府采取适当措施制止以色列的野蛮行径。

2月27日　秘书长在一份声明中概述了联黎部队面临的困境。他说,由于显而易见的原因,该部队既无权阻止黎巴嫩人对占领军的抵抗,也没有防止以色列采取对抗措施的任务和手段。

2月28日　黎巴嫩要求安理会通过一项迫使以色列结束对黎巴嫩军事侵略的决议。

3月11日　由于美国使用了否决权,安理会12日未能通过一项谴责"以色列针对南黎巴嫩、西岸和加沙地带平民的行动和措施是对国际法原则的违反"的决议草案。

3月11—12日　有148国参加的联合国关于非洲紧急形势会议在日内瓦举行,会议由德奎利亚尔秘书长主持。会议讨论了遭受严重旱灾的非洲国家的特殊需要和向20个灾情最严重的国家提供紧急援助的问题。与会代表积极认捐。中国代表团团长李鹿野在会上宣布,中国政府决定继

1984 年捐赠 12 万吨粮食后,1985 年上半年再捐赠 5 万吨粮食作为对非洲的紧急援助。

3 月 12 日 安理会通过关于南非问题的第 S/RES/560(1985)号决议,谴责南非当局屠杀黑人群众。

3 月 15 日 安理会发表主席声明,对两伊冲突升级表示深度关切,安理会呼吁双方停止对居民区的袭击和敌对行动。

3 月 22 日 安理会发表主席声明对南非局势的迅速恶化表示"严重关切",安理会要求南非当局停止对黑人的镇压行动。

同日 《维也纳保护臭氧层公约》签署。

3 月 29 日 1985 年裁军谈判会议第 1 期(2 月 5 日—4 月 23 日)会议首次决定设立防止外层空间军备竞赛特设委员会,以"通过实质性的和全面的审议,来审查和防止与外层空间军备竞赛有关的问题"。

4 月 9 日 大会通过关于保护消费者的第 A/RES/39/248 号决议,决定通过该决议所附的保护全世界,特别是保护发展中国家消费者权益的《保护消费者准则》。

大会通过关于《提高妇女地位国际研究训练所章程》的第 A/RES/39/249 号决议。

同日 德奎利亚尔秘书长结束对伊朗和伊拉克的访问,对两伊战争的调解未获结果。

4 月 12 日 国际法院决定设立一个 5 人特别法庭审理布基纳法索与马里的边界争端。

4 月 17 日 安理会通过关于以色列—黎巴嫩问题的第 S/RES/561(1985)号决议,重申黎巴嫩在其国际公认疆界内的领土完整、主权和独立,将联合国驻黎巴嫩临时部队的任务期限延长 6 个月,至 1985 年 10 月 19 日止。

4 月 25 日 伊朗曾多次向联合国指控伊拉克使用化学武器。经专家调查证实后,安理会主席为此发表声明表示,各理事国对向伊朗士兵使用化学武器一事感到震惊,并对此强烈谴责。安理会要求严格遵守 1925 年《日内瓦议定书》。

4 月 28 日 联合国非洲经济委员会第 11 次部长会议在一份特别备忘录中说,非洲目前的旱灾已使 100 多万人死亡,1000 万人流离失所。

5 月 3 日 安理会宣布南非建立所谓的"纳米比亚临时政府"是"无效的",并要求各国拒绝承认南非的行动。

5 月 7—31 日 经社理事会年度第 1 次常会在纽约召开。

5 月 10 日　安理会通过关于"尼加拉瓜—美国问题"的第 S/RES/562
(1985)号决议,呼吁美国和尼加拉瓜恢复对话。之前,美国先后否决了 3
项安理会决议草案:第 1 项草案提到美国的禁运是加剧中美洲紧张局势的
根源;第 2 项草案要求立即结束"针对尼加拉瓜的贸易禁运和其他强制性
经济措施";第 3 项草案呼吁各国避免采取破坏他国稳定的行动,"包括实
施与《联合国宪章》条款不相符的贸易禁运、限制、封锁或其他措施"。安理
会决议重申支持孔塔多拉集团的努力,重申尼加拉瓜有排除外来干涉自由
决定本国政治、经济和社会制度的权利,同时呼吁美国和尼加拉瓜恢复在墨
西哥的对话。

5 月 13 日—6 月 7 日　托管理事会召开第 52 届常会。

5 月 21 日　安理会通过关于以色列—阿拉伯叙利亚共和国问题的第
S/RES/563(1985)号决议,将联合国脱离接触观察员部队的任务期限延长
6 个月,至 1985 年 11 月 30 日止。

5 月 24 日　安理会对黎巴嫩部分地区暴力活动加剧表示严重关注。

5 月 31 日　安理会通过关于黎巴嫩问题的第 S/RES/564(1985)号决
议,呼吁贝鲁特难民营冲突各方结束对黎巴嫩平民的暴力行动,特别是结束
在巴勒斯坦难民营及其周围地区的暴力行动。

6 月 4 日　中国中央军委主席邓小平在军委扩大会议上宣布,中国政
府决定军队减少员额 100 万,用实际行动为维护世界和平作出贡献。

6 月 6—10 日　大会历届主席和现任主席在纽约联合国总部举行会
议,结合联合国成立 40 周年的纪念活动,讨论如何提高联合国的影响力,并
提出了改进和加强联合国工作的建议。

6 月 12 日　根据宪章第 102 条规定,中英两国共同向联合国秘书长登
记《中英香港问题联合声明》。

6 月 14 日　安理会通过关于塞浦路斯局势的第 S/RES/565(1985)号
决议,决定把根据第 S/RES/186(1964)号决议成立的联合国驻塞浦路斯维
和部队任务期限延长 6 个月,至 1985 年 12 月 15 日止。

6 月 19 日　安理会通过关于纳米比亚问题的第 S/RES/566(1985)号
决议,要求南非种族主义政权立即撤销在纳米比亚建立的所谓"临时政
府",并警告南非如果在执行本决议中不与联合国进行充分合作,安理会将
被迫考虑根据宪章对其采取进一步措施。决议再次强调安理会第 S/
RES/435(1978)号决议是和平解决纳米比亚问题唯一的国际可接受的
基础。

6 月 20 日　安理会通过关于安哥拉—南非问题的第 S/RES/567

(1985)号决议,严厉谴责南非入侵安哥拉领土的行径,要求南非无条件从安哥拉撤军,停止对安哥拉的侵略和严格尊重安哥拉的主权和领土完整。

6月20—25日 阿富汗和巴基斯坦在日内瓦举行关于阿富汗局势的"近距离间接谈判",取得了结果:第一,起草两项涉及两国关系原则的双边协议,特别是互不干涉和难民自由回国;第二,完成国际保证宣言,并将文本转交给先前被任命为可能的担保国美国和苏联,供其发表意见。

6月21日 安理会通过关于博茨瓦纳问题的第 S/RES/568(1985)号决议,强烈谴责南非最近对博茨瓦纳首都哈博罗内发动的军事侵袭,要求南非当局赔偿相应损失,并应立即无条件地完全停止对博茨瓦纳的任何侵略行动。

6月23—26日 纪念《联合国宪章》签署40周年大会在美国旧金山举行。前来参加纪念活动的包括各个1945年宪章签署国代表团以及联合国高级官员和外交使节等。德奎利亚尔秘书长发表讲话,呼吁发挥联合国维护和平的潜力。

6月 自1982年9月16日贝鲁特大屠杀事件后,黎巴嫩局势更加混乱。同年9月20日,意、美、法决定向黎巴嫩重派多国部队。9月21日,黎基督教长枪党候选人阿明·杰马耶勒当选黎总统。以色列一再拖延撤军,直到1983年5月以、黎、美3方才签订了黎以撤军协议。同年9月,以军开始从黎境内舒夫山区向南撤至阿瓦利河一线,直到1985年6月以色列才基本完成撤军。黎长枪党民兵和德鲁兹民兵为争夺以撤出地区爆发了激烈的武装冲突,外部势力也不断干预黎的局势,使黎巴嫩危机难以平息,全国四分五裂、兵连祸结,成为中东地区的一大热点和难点。

7月1日 联合国妇女发展基金成立,与联合国开发计划署维持独立机能关系。

7月3—27日 经社理事会在日内瓦召开1985年夏季会议,7月27日在日内瓦闭幕,会议通过了关于非洲的严重经济形势决议以及其他有关决议和决定。

7月5—15日 世界青年大会在西班牙巴塞罗那举行,来自中国等118个国家的600名代表出席大会。会议通过的文件呼吁全世界青年加紧努力以达到本年"国际青年年"所宣布的3大目标:参与、发展、和平。这次大会由联合国教科文组织主办的,是该组织纪念"国际青年年"最重要的一项活动。

7月6日 安理会强烈谴责南非政府在36个地区实施紧急状态,要求立即将其取消。

7 月 13—26 日　在肯尼亚首都内罗毕召开了"审查和评价联合国妇女 10 年：平等、发展与和平成就世界会议"，即第三次世界妇女大会。会议通过了《到 2000 年提高妇女地位内罗毕前瞻性战略》（简称《内罗毕战略》）。这次会议标志联合国妇女 10 年的结束。同年 12 月，第 40 届联合国大会核准了《内罗毕战略》。

7 月 17 日　中国联合国协会在北京成立，联合国前副秘书长毕继龙任会长。

7 月 18—20 日　在亚的斯亚贝巴举行非洲统一组织国家和政府首脑会议第 21 届常会，通过《非洲经济情况宣言》及其附件《1986—1990 年非洲经济复原优先方案》。

7 月 25 日　安理会应法国和联合国非洲集团的要求召开会议讨论南非问题。10 多个国家的代表，包括安理会 5 个常任理事国的代表在会上发言，一致谴责南非当局推行种族隔离政策，并要求它结束紧急状态。

7 月 26 日　安理会通过关于南非问题的第 S/RES/569（1985）号决议，谴责南非政权推行种族隔离政策，呼吁各国停止与南非的联系。

7 月 27 日—8 月 2 日　联合国调查团访问博茨瓦纳，评估因南非侵略而造成的损失。

8 月 2 日　联合国非洲紧急行动办事处呼吁向苏丹提供 3000 万美元以满足其救济难民的迫切要求。

8 月 6 日　大会通过《南太平洋无核区条约》，促进南太平洋地区的无核化。条约于 1986 年 12 月 11 日生效。

8 月 12—17 日　联合国工业发展组织第 1 届大会第 1 阶段会议在维也纳举行。工发组织原属联合国总部，这次大会标志着它在法律上改为独立机构，成为联合国系统的第 16 个专门机构之一。大会选出了该组织的理事会成员、方案和预算委员会成员以及任命了首任总干事，并定于 12 月 9—13 日召开首届大会的第 2 阶段会议。中国当选为理事会的理事国及方案和预算委员会的成员国。

8 月 15 日　联合国非殖民化特别委员会举行全会，纪念《给予殖民地国家和人民独立宣言》发表 25 周年，并通过决议要求采取措施彻底而无条件地消除一切形式的殖民主义。

8 月 21 日　安理会发表主席声明，谴责南非当局无视国际社会一再发出的呼吁。安理会要求南非取消紧急状态，并谴责"比勒陀利亚政府执行的持续的屠杀和大规模任意逮捕和拘禁"，对南非当局企图处死南非非洲人国民大会成员表示严重关切。

8月24—25日 孔塔多拉集团和利马集团(阿根廷、巴西、乌拉圭、秘鲁)8 国外长在卡塔赫纳举行会议,共同讨论中美洲形势。会议发表公报,呼吁通过外交途径解决中美洲问题。

8月26日—9月6日 联合国预防犯罪和罪犯待遇问题第 7 次大会在意大利米兰召开,通过《联合国少年司法最低限度标准规则草案》。同年 11 月 29 日,大会通过第 A/RES/40/33 号决议及其所附之《联合国少年司法最低限度标准规则草案》(被称为《北京规则》)。规则分为 6 部分:总则;调查和检控;审判和处理;非监禁待遇;监禁待遇;研究、规划、政策制定和评价,旨在尽可能促进少年的幸福,从而尽量减少少年司法制度进行干预的必要。

8月27—30日 阿富汗和巴基斯坦在日内瓦举行关于阿富汗局势问题的"近距离间接谈判"。

9月3—6日 以"2000 年的青年:参与、发展、和平"为主旨的"国际青年年"各国委员会世界大会在罗马尼亚首都布加勒斯特举行,来自 60 多个国家和地区以及国际组织的代表出席了会议。德奎利亚尔秘书长向大会发出贺信。会议最后通过一项联合声明,呼吁世界青年联合起来制止军备竞赛。

9月6日 联合国预防犯罪和罪犯待遇问题第 7 次大会通过关于司法机关独立的基本原则的决议,旋经当年 11 月 29 日大会第 A/RES/40/32 号决议以及 12 月 13 日大会第 A/RES/40/146 号决议核可。

9月11日 联合国调查南非攻击博茨瓦纳财产损失代表团建议国际社会积极响应博茨瓦纳提出的 1400 万美元的援助要求,以帮助该国提升防卫能力与接收南非难民的能力。

9月12日 安理会通过关于国际法院的第 S/RES/570(1985)号决议,决定于 1985 年 12 月 9 日安理会和大会的同日会议上各自进行选举,以填补因国际法院普拉顿·莫罗佐夫法官 8 月 23 日辞职产生的一个空缺。

9月12—13日 孔塔多拉集团 4 国和中美洲 5 国外长会议在巴拿马城举行。会议在谋求谈判解决中美洲危机和最后修改和平条约草案上取得进展。

9月13日 安理会在表决一项对以色列自 1985 年 8 月以来对被占领土巴勒斯坦平民采取高压措施表示遗憾的决议案时,被美国否决而未获通过。

9月16日 第 39 届联合国大会复会与闭幕。

9月17日 第 40 届联合国大会开幕,西班牙前驻联合国代表德皮尼斯当选为本届联合国大会主席。

9月19—20日　墨西哥发生大地震。

9月20日　安理会通过关于安哥拉—南非问题的第 S/RES/571（1985）号决议，强烈谴责南非对安哥拉的武装侵犯，这一侵犯公然破坏安哥拉的主权和领土完整，对国际和平与安全构成严重威胁。

9月24日　大会通过关于援助墨西哥的第 A/RES/40/1 号决议，动员紧急捐助与救灾工作。

9月25日　美国撤回原本划拨给联合国人口项目的 1000 万美元资金，声称在支持中国的一个项目中使用了强制性堕胎和非自愿绝育。

9月26日　安理会 15 个成员国举行外长级会议，纪念庆祝联合国成立 40 周年并讨论加强安理会作用的问题。中国外长吴学谦在发言中强调要加强安理会维护国际和平与安全的作用。

9月30日　安理会通过关于博茨瓦纳—南非问题的第 S/RES/572（1985）号决议，严重关切南非的攻击造成哈博罗内的许多居民和难民的伤亡以及财产的损毁，重申反对种族隔离制度，且所有国家都有权收容逃离种族隔离压迫的难民。

同日　中国外长吴学谦在大会发言，阐述中国对和平与发展问题的立场，提出核裁军和常规裁军的 4 点建议。

9月30日—10月5日　第 30 届联合国协会世界联合会全体大会在日内瓦举行。中国是联合国协会世界联合会的创始国之一。从这届大会起，中国正式恢复在该组织的各项活动。这届大会的中心议题是"联合国、和平、安全——公众舆论的态度"，会议就世界经济形势、裁军和世界和平问题通过一系列决议。中国联合国协会会长、前联合国副秘书长毕继龙被选为世联会的执行委员会委员。

10月4日　安理会通过关于以色列—突尼斯问题的第 S/RES/573（1985）号决议，谴责以色列武装侵犯突尼斯领土的行径，并要求联合国成员采取措施制止以色列侵犯其他国家主权和领土完整的行径。

同日　第 13 届南极条约协商会议在布鲁塞尔举行。在 10 月 7 日的特别会议上，一致同意接纳中国和乌拉圭为南极条约协商成员国。1983 年 6 月，中国加入《南极条约》。1984 年底，中国南极考察队对南极进行科学考察，并在那里正式建立"中国南极长城站"。

10月7日　安理会通过关于安哥拉—南非问题的第 S/RES/574（1985）号决议，再次谴责南非对安哥拉的蓄意无端侵略，要求南非立刻停止一切侵略行为，立即无条件撤出占领安哥拉领土的所有军队。这是自 1976 年安理会通过第 S/RES/385（1976）号决议以来，要求南非当局停止对安哥拉武装干涉和侵略的第 10 个决议。

10 月 11 日 突尼斯外交国务秘书马哈茂德·梅斯蒂里召见安理会 5 个常任理事国和几个非常任理事国驻突尼斯大使,向他们通报了以色列飞机侵犯突尼斯领土完整的可耻侵略行径的情况。

10 月 12 日 安理会应突尼斯要求召开紧急会议,审议以色列飞机侵犯突尼斯主权和领土完整、轰炸巴解组织总部的罪行。突尼斯外交部长贝吉·凯德首先发言。他说,以色列的空袭是对突尼斯领土完整、主权和独立的"赤裸裸的侵略行径",是对国际法和《联合国宪章》的公开践踏。

10 月 14—24 日 大会举行为期 10 天的纪念联合国成立 40 周年特别会议,纪念活动的主题为"联合国创造更美好的世界"。这次纪念活动被誉为外交史上世界各国领导人的一次重要聚会。许多国家领导人在会上就全球性和地区性问题发表讲话。

10 月 16 日 大会举行特别会议,纪念《给予殖民地国家和人民独立宣言》通过 25 周年。会议高度评价联合国成立以来在实现非殖民化方面所取得的巨大成就。德奎利亚尔秘书长指出,该宣言加速了联合国实现非殖民化的历史进程,在过去 25 年中,共有 59 个殖民地的 8000 万人口获得独立并加入联合国,使联合国更具广泛性。与会发言纷纷呼吁国际社会应全面、尽快地执行《给予殖民地国家和人民独立宣言》,以消灭残存的殖民主义。

10 月 17 日 安理会通过关于以色列—黎巴嫩问题的第 S/RES/575 (1985)号决议,决定将联合国驻黎巴嫩临时部队现在的任务期限暂再延长 6 个月,至 1986 年 4 月 19 日止。

10 月 24 日 大会隆重举行为期 10 天的纪念联合国成立 40 周年特别会议的最后 1 天,成员国一致通过《国际和平年宣言》,宣布 1986 年为"国际和平年"。由于一些成员国间存在分歧,致使纪念仪式未能按原定计划通过一项关于联合国成立 40 周年的宣言,为隆重而盛大的纪念活动罩上了一片乌云。是日,中国首都北京各界集会纪念联合国成立 40 周年,万里代总理在纪念大会上讲话。《人民日报》为纪念联合国成立 40 周年发表了题为《为争取美好世界而奋斗——纪念联合国成立四十周年》的社论。

大会通过关于《国际和平年宣言》的第 A/RES/40/3 号决议。

10 月 28—31 日 大会全体会议举行关于南非问题辩论会,与会 100 多个国家和国际组织的代表发言,谴责南非当局的种族隔离政策。中国常驻联合国代表李鹿野在发言中呼吁国际社会对南非采取更为有效的制裁措施。

11月1日　大会吁请国际原子能机构考虑"确保以色列保证不攻击或威胁攻击伊拉克或其他地方用于和平目的的核设施的附加措施"。

11月5日　大会以压倒多数票再次通过关于柬埔寨局势的第 A/RES/40/7 号决议,要求外国军队全部撤出柬埔寨,大会签署了柬埔寨局势解决方案的 4 个主要部分:(1)从柬埔寨撤出所有外国军队;(2)恢复和保持国家的独立、主权和领土完整;(3)柬埔寨人民自主决定自己命运的权利;(4)所有国家不干涉柬埔寨内部事务的承诺。这是自 1979 年以来大会连续通过的第 7 个关于柬埔寨问题的决议。

11月6日　大会讨论了东南亚的和平、稳定和合作问题,至休会各国仍未能达成决议草案。

11月8日　大会通过关于"国际原子能机构的报告"的第 A/RES/40/8 号决议,肯定原子能机构的作用,促请各国在和平利用核能方面合作。

大会通过关于"庄严呼吁冲突各国立即停止武装行动和以谈判方法解决它们的争端,并庄严呼吁联合国各会员国以政治方法解决紧张与冲突局势和现存争端,并避免实行武力威胁或使用武力以及避免干涉别国内政"的第 A/RES/40/9 号决议,呼吁冲突各国"立即停止武装行动,通过谈判和其他和平方式解决争端"的决议,要求所有国家应"完全、一贯地"履行宪章的义务。

11月11日　大会通过关于题为《世界和平年纲领》的第 A/RES/40/10 号决议,表示希望成员国在实现"国际和平年"目标方面能为取得实质性进展作出努力。决议要求所有国家和组织以最适当的方式纪念"国际和平年",加强联合国在促进和维护国际和平与安全方面的作用。同日,大会通过题为《各国人民和平权利》的决议,呼吁各国人民同联合国一起进行坚定不移的努力,以维护和平与人类的未来。

11月13日　大会以压倒多数票通过关于阿富汗局势及其对国际和平与安全的影响的第 A/RES/40/12 号决议,要求外国军队立即撤出阿富汗,这是自 1979 年 12 月苏军入侵阿富汗以来,大会接连通过的第 7 个关于阿富汗问题的决议。

同日　哥伦比亚托利马省的内瓦多德尔鲁伊斯火山爆发,这是哥伦比亚历史上最严重的一次自然灾害。15 日,大会通过关于国际救助哥伦比亚的第 A/RES/40/13 号决议,呼吁国际救助受灾地区。

11月13—18日　大会决定自 11 月 13—15 日以大会全体会议的方式举行"国际青年年世界会议",作为纪念"国际青年年"的高潮。

11月14—15日　发展活动认捐大会获得 110 个国家的 7.4 亿美元的

捐款承诺。

11 月 15 日 安理会在表决一项要求按照宪章第 7 章对南非实行有选择的强制性制裁的决议草案时,以 12 票赞成、2 票(英国、美国)反对、1 票弃权的结果,被否决。

同日 秘书长在美苏首脑会议前夕同时向苏联共产党总书记戈尔巴乔夫和美国总统里根发去信息。

11 月 18 日 大会通过关于"国际青年年:参与、发展、和平"的第 A/RES/40/14 号决议,"为青年创造机会""作出努力和采取措施以确保青年实现和享受人权,特别是享受教育和工作的权利"和"联合国同青年和青年组织交流的渠道"等有关青年问题的 4 项决议,强调青年参与缔造人类前途的极端重要性。

11 月 21 日 大会通过关于"文化财产应送回或归还本国问题"的第 A/RES/40/19 号决议,重申归还"艺术品、历史文物、博物馆收藏物、文献、手稿、文件和其他任何文化或艺术珍品",将有助于"保存和发扬世界文化价值"。决议要求会员国同教科文组织合作,"继续系统地清点本国境内的文化财产和失散到外国的文化财产"。决议还呼吁会员国为促使文化财产归还援助国达成双边协议。

同日 安理会通过关于以色列—阿拉伯叙利亚共和国问题的第 S/RES/576(1985)号决议,将联合国脱离接触观察员部队的任务期限延长 6 个月,至 1986 年 5 月 31 日止。

11 月 27 日 大会要求阿根廷和英国启动谈判,以便根据《联合国宪章》寻找"用和平方式切实解决两国间悬而未决的问题"的办法,包括关于福克兰群岛(马尔维纳斯群岛)的未来方向的各个方面。

11 月 29 日 大会通过关于老龄问题的第 A/RES/40/29 号决议和关于《老龄问题国际行动计划》的执行情况的第 A/RES/40/30 号决议。

大会通过关于"第 7 届联合国预防犯罪和罪犯待遇大会"的第 A/RES/40/32 号决议,题为"为罪行和滥用权力行为受害者取得公理的基本原则宣言"的第 A/RES/40/34 号决议,关于"制定预防少年犯罪的标准"的第 A/RES/40/35 号决议和关于"家庭暴力行为"的第 A/RES/40/36 号决议。

大会通过关于《消除对妇女一切形式歧视公约》的第 A/RES/40/39 号决议。

12 月 2 日 大会通过关于非洲的危急经济情况的第 A/RES/40/40 号决议,决定于 1986 年 5 月 27—31 日召开部长级特别会议,深入审视非洲危急的经济形势。

大会通过关于"《给予殖民地国家和人民独立宣言》25 周年纪念"的第 A/RES/40/56 号决议和关于"执行 1960 年《给予殖民地国家和人民独立宣言》"的第 A/RES/40/57 号决议,号召各成员国,尤其是殖民地国家,为了迅速铲除各种形式的殖民主义而采取有效行动。

大会强烈谴责南非对纳米比亚的长期非法占领,并要求有关国家停止同南非的所有合作。

大会吁请摩洛哥和波利萨利奥阵线举行直接谈判实现停火,以便为西撒哈拉人民举行和平公正的全民公决创造必要的条件。

12 月 6 日　安理会通过关于安哥拉—南非问题的第 S/RES/577 (1985)号决议,要求南非对它最近的侵略行为给安哥拉造成的生命和财产损失做出全部赔偿,约 3670 万美元。

12 月 9 日　大会一致通过关于"明确谴责在任何地方由任何人犯下的一切恐怖主义行动"的第 A/RES/40/61 号决议,呼吁各国采取一切适当措施,履行其所承认的国际法义务,防止在本国领土上筹备和组织针对其他国家的行动,不组织、怂恿、支持或参加在其他国家进行的恐怖主义行动,或默许在其领土内进行旨在采取上述行动的活动。这项决议被秘书长和届会主席分别誉之为是"第 40 届联合国大会的一个重要成就","可称之为具有历史性的事件"。

大会重申科摩罗对于马约特岛拥有主权,并敦促法国开始同科摩罗的谈判,以确保该岛屿"立即和有效地回归"科摩罗。

12 月 9—13 日　联合国工业发展组织在维也纳举行首届大会第 2 阶段会议,主要任务是确定工发组织作为联合国专门机构后的方针和政策等。会议通过了《非洲工业发展 10 年》《关于妇女参加工业发展》《关于创造工业发展新概念和实施办法》等决议以及工发组织和联合国及其有关国际组织的关系协定草案和工发组织与政府间组织、非政府组织和其他组织之间的关系协定草案两项文件。

12 月 10 日　大会通过关于海洋法的第 A/RES/40/63 号决议,呼吁所有成员国尽早加入《联合国海洋法公约》,"以便使这部关于海洋及其资源使用的法律体系尽快生效"。

大会通过关于"南非政府的种族隔离政策:《全面制裁南非种族主义政权》《采取协商一致的国际行动消灭种族隔离》"的第 A/RES/40/64 号决议等 9 项决议,谴责南非当局实行种族隔离政策,呼吁国际社会采取一切行动消除种族隔离现象,并决定在 1986 年 6 月召开关于制裁种族主义南非的世界会议。

同日 国际法院对突尼斯针对利比亚提交的请求做出一致裁定,之前突尼斯申请对 1982 年 2 月 24 日两国大陆架案件所作的裁决进行修改和解释。

12 月 11 日 大会讨论了一系列法律性质的问题,包括保护儿童和拘禁人员、和平解决争端、《联合国宪章》的评估、国家与国际组织间的条约法等,通过了关于"和平解决国家间争端"的第 A/RES/40/68 号决议和关于"联合国宪章和加强联合国作用特别委员会的报告"的第 A/RES/40/78 号决议。

12 月 12 日 大会通过关于全面彻底裁军问题的第 A/RES/40/94 号决议,包括召开关于裁军与发展间关系的国际会议,以及第 3 次联合国大会裁军特别会议等。

大会通过一项关于巴勒斯坦问题的第 A/RES/40/96 号决议,再次呼吁召开中东问题国际和平会议。决议要求以色列和美国重新考虑其对于召开这类会议的态度,并指明以色列是"不热爱和平的国家,决议还要求联合国秘书长继续为如期召开会议作出努力。

大会通过关于纳米比亚问题的第 A/RES/40/97 号等决议,要求对南非非法占领纳米比亚实行全面强制性制裁,并决定在第 41 届联合国大会之前就纳米比亚问题举行一次特别联合国大会。

同日 安理会通过关于塞浦路斯局势问题的第 S/RES/578(1985)号决议,将根据第 S/RES/186(1964)号决议成立的联合国驻塞浦路斯维持和平部队的任务期限延长 6 个月,至 1986 年 6 月 15 日止。

12 月 13 日 大会通过关于改进联合国在社会发展领域的作用的第 A/RES/40/98 号决议。

大会通过 13 项决议,涵盖议题包括世界社会形势,预防犯罪、老龄化、残疾人以及国家实现社会和经济转变的经历。其中关于世界社会状况的第 A/RES/40/100 号决议载明大会"对世界经济和社会状况的持续恶化表示深切关注",特别是在非洲发展中国家,形势非常危急。

大会通过关于"各种形式的民众参与是发展和充分实现所有人权的重要因素"的第 A/RES/40/99 号决议。

大会通过一系列有关妇女权益的决议,包括:关于妇女的社会地位的第 A/RES/40/101 号决议、关于妇女参加促进国际和平与合作的第 A/RES/40/102 号决议、关于禁止卖淫的第 A/RES/40/103 号决议、关于联合国妇女发展基金的第 A/RES/40/104 号决议等。

大会批准了"回顾与评估联合国妇女 10 年(1975—1985 年)成就"世界会议的各项成果;邀请各国政府为克服妇女发展的障碍制定"可测量的目标";敦促联合国机构为实现"到 2000 年妇女地位的可持续提高"而确保"内罗毕前瞻性战略"的实施。

大会通过关于消除基于宗教原因的一切形式的不容忍的第 A/RES/40/109 号决议。

大会以 81 票对 30 票通过一项决议,谴责美国和英国在 11 月 15 日使用否决权,阻止安理会通过对南非实行制裁的决议。决议还呼吁这两个安理会常任理事国"不要再滥用否决权"。

大会通过关于反对"即决处决或任意处决"的第 A/RES/40/143 号决议。

大会通过关于《非居住国公民个人人权宣言》的第 A/RES/40/144 号决议,该宣言规定了非本国公民的生活和人身安全权利、隐私权、婚姻权、思想和宗教自由权、法律平等权、离境权以及拥有财产权。大会谴责"未能营救海上要求庇护人员"以及所有侵犯难民和要求庇护者权利的行为,特别是那些针对难民营的武装袭击。

12 月 16 日　大会通过关于"军备竞赛的经济和社会后果及其对世界和平与安全极为有害的影响"的第 A/RES/40/150 号决议。

大会以 151 票对 0 票,2 票弃权(美国、格林纳达)通过关于"和平利用外层空间的国际合作"的第 A/RES/40/162 号决议。中国是提案国之一。大会呼吁所有国家,尤其是拥有巨大空间能力的国家,为防止外层空间军备竞赛立即采取措施,这是推动以和平为目的开发利用宇宙空间国际合作的一个基本条件。

大会通过关于"审查和执行大会第 2 届特别会议《结论文件》"的第 A/RES/40/151 号决议。

大会通过关于世界裁军会议的第 A/RES/40/154 号决议以及关于裁军同发展的关系的第 A/RES/40/155 号决议。

大会通过关于"执行《联合国宪章》的集体安全条款以维持国际和平与安全"的第 A/RES/40/159 号决议。

大会通过关于"调查以色列侵害占领区居民人权的行为特别委员会的报告"的第 A/RES/40/161 号决议,谴责以色列严重违反 1949 年关于战时保护平民的日内瓦公约的行为,是"战争罪行和对人类的侮辱"。

大会第 3 次审议南极问题,并通过了 3 项文件,分别为:(1)更新和扩展 1984 年联合国对南极的研究;(2)吁请《南极公约》协商各方向秘书长通报它们关于建立南极矿产制度的谈判;(3)不允许南非参加协商方会议。

大会通过关于新闻问题的第 A/RES/40/164 号决议及其所附之《新闻委员会的建议》,呼吁为促进建立一个新的、更加公正、有效的世界信息和通信秩序而继续努力。

12月16—19日　阿富汗和巴基斯坦在日内瓦举行关于阿富汗局势的"近距离谈判",但关于会谈形式的一个难题阻碍了双方就相互关系文件草案的讨论。

12月17日　大会决定立即再次召集第二委员会在经社理事会 1986 年第 1 次常会之前举行为期 1 周的会议,讨论正在持续的全球经济和金融危机;吁请各国政府将每年 12 月 5 日作为"国际促进经济和社会发展志愿人员日"。

大会通过关于"新的国际人类秩序:发展的道德问题"的第 A/RES/40/206 号决议和关于"消费形态:发展的质量问题"的第 A/RES/40/179 号决议。

大会通过关于"加强联合国在国际经济,科学技术和社会合作领域的作用"的第 A/RES/40/178 号决议。

大会通过关于"联合国与联合国工业发展组织之间的协定"的第 A/RES/40/180 号决议,核准联合国与联合国工业发展组织之间的协定。

大会通过关于《各国经济权利和义务宪章》的第 A/RES/40/182 号决议。

大会通过关于"《支援最不发达国家的 20 世纪 80 年代新的实质性行动纲领》的执行情况"的第 A/RES/40/205 号决议。

大会通过关于"特别经济援助方案"的第 A/RES/40/236 号决议和 21 项涉及经济、灾害和人道援助的决议,对象国依次包括:也门、赤道几内亚、中非、乍得、毛里塔尼亚、塞拉利昂、吉布提、埃塞俄比亚、肯尼亚、索马里、苏丹、乌干达、贝宁、科摩多、冈比亚、几内亚比绍、佛得角、吉布提、埃塞俄比亚、马达加斯加、孟加拉国、莫桑比克、瓦努阿图、尼加拉瓜、几内亚。

大会通过关于联合国援助土著居民自愿基金的第 A/RES/40/131 号决议,设立一个自愿信托基金,由各国政府、非政府组织和其他私人或公共机构通过自愿捐助提供资金,向土著居民和组织的代表提供财政援助。

大会通过关于"无家可归者收容安置国际年"的第 A/RES/40/203 号决议。

大会通过关于"国际饮水供应和卫生 10 年"的第 A/RES/40/171 号决议。

大会通过关于有效动员妇女参与发展的第 A/RES/40/204 号决议。

大会通过关于联合国儿童基金会成立 40 周年的第 A/RES/40/210 号

决议。

大会通过关于"对尼加拉瓜的禁止贸易"的第 A/RES/40/188 号决议。

12 月 18 日　大会通过关于审查联合国的行政和财政业务效率的第 A/RES/40/237 号决议,决定设立审查联合国行政和财政业务效率高级别的政府间专家组(即"18 人小组",也简称"专家组"),研究有关行政和财务改革问题。该组于 1986 年 2 月 25 日开始工作,在 6 个月内分 4 段会期举行了 67 次非公开会议。

大会决定延期讨论中美洲局势问题,直至 1986 年第 40 届联合国大会复会。

同日　安理会通过关于绑架人质问题的第 S/RES/579(1985)号决议,严厉谴责一切劫持人质和绑架的行为,要求立即和安全释放一切人质和被绑架人士,无论其在何地和被何人拘留。

12 月 27 日　罗马达芬奇机场和维也纳施威夏特机场同时遭到恐怖分子的袭击,造成 10 多人死亡,百余人受伤的悲惨事件。

12 月 30 日　安理会通过关于莱索托—南非问题的第 S/RES/580 (1985)号决议,强烈谴责南非对莱索托进行的屠杀以及最近采取的预谋的无端暴力行动。

一九八六年

(国际和平年)

1 月 1 日　秘书长德奎利亚尔发表"国际和平年"元旦讲话。他说,人类今天站在十字路口,他希望这一年能够"为和平与裁军,和平与发展和为在和平中生活作准备"提供一个宝贵的基础。

同日　联合国非洲经济恢复和发展行动计划(1986—1990 年)开始实施。

同日　中国自 1981 年以来一直以观察员身份出席联合国麻醉品委员会的历届会议和特别会议。自 1986 年 1 月 1 日起,中国成为该委员会成员国。

1 月 10 日　帕劳同太平洋岛屿托管领土的管理当局美国签订了《自由联合协定》,规定举行公民投票,决定帕劳的未来地位。

同日　国际法院公布临时措施,要求布基纳法索与马里确保不采取任何形式的可能加剧或扩大边界争端的行动。

1 月 13 日　应黎巴嫩要求,安理会召开紧急会议,讨论以色列占领军在黎巴嫩南部的侵略行径。黎巴嫩常驻联合国代表拉希德·法库利在会上说,自 1985 年底以来,以色列的侵略行径已使 35 名黎巴嫩人丧生,720 人无家可归。

1 月 17 日　安理会在表决一项谴责"以色列的暴力行为及以色列对黎巴嫩南部平民的恶劣做法和措施违反国际法规则和原则"的决议草案时,以 11 票对 1 票(美国),3 票弃权,遭到否决。

1 月 20—24 日　非政府组织在日内瓦举行为期 4 天的"共同争取和平"会议,来自 50 多个国家和地区的约 340 名文化科学界人士与会,其中包括中国著名物理学家周培源教授。

1 月 21 日　苏联就塞浦路斯问题提出全面建议。

1 月 28 日　美国航天飞机"挑战者号"失事爆炸,7 名宇航员全部罹难,举世悲恸。安理会、秘书长、大会主席以及各国常驻联合国代表纷纷致电吊唁。安理会主席李鹿野在一项声明中为 7 名宇航员不幸遇难表示沉痛悼念。秘书长说:"在开拓人类知识边疆中发生的这次悲惨的生命牺牲,全世界都感到悲痛。"

1 月 30 日　安理会在表决一项对以色列人采取"挑衅性行动"亵渎耶路撒冷圣堂(阿克萨清真寺)深表遗憾的决议草案时以 13 票对 1 票(美国),1 票弃权,遭到美国否决。

1 月 31 日　联合国特别事务助理秘书长布莱恩·E.厄奎尔特退休。厄奎尔特先生 1945 年 7 月开始在联合国工作,功勋卓著,曾参与组织和指挥在中东,刚果和塞浦路斯的多项维和部队,以及纳米比亚独立谈判,对联合国维和行动多有建树,影响深远。

2 月 4—6 日　安理会讨论以色列拦截利比亚飞机一事。2 月 6 日,安理会在表决一项谴责以色列在国际空域"强行拦截利比亚民用飞机并令其改变航线的行为"的决议草案时以 10 票对 1 票(美国),4 票弃权,遭到美国否决。

同日　托管理事会召开第 16 次特别会议。

2 月 4—7 日　经社理事会在纽约召开组织会议。

2 月 4 日—4 月 25 日　裁军谈判会议在日内瓦召开 1986 年第 1 期会议。会议对禁止核军备竞赛、防止核战争、防止外空军备竞赛、禁止化学武器和综合裁军方案等议题进行审议。会议还对重新设立防止外空军备竞赛特设委员会达成协议。

2 月 7 日　《联合国船舶登记条件公约》获得通过,该公约授权一国可对悬挂该国国旗的船舶行使管辖权,旨在加强国家与此类船舶之间的联系。

2月13日　安理会通过关于南非局势问题的第 S/RES/581(1986)号决议,严正警告南非不得对非洲国家采取任何侵略、恐怖主义和破坏稳定的行为。决议呼吁所有国家对南非施加压力,迫使它停止对邻国进行侵略。

2月13—26日　托管理事会观察团赴帕劳视察与监督就《自由联合协定》举行的公民投票。21日,根据协定规定,帕劳举行公民投票,《自由联合协定》获得72%的赞同票(71%的选民参加了这次投票)。观察团认为此次公民投票是帕劳人民的"又一次有效的自决行动"。

2月24日　安理会通过关于伊拉克—伊朗伊斯兰共和国问题的第 S/RES/582(1986)号决议,要求伊朗和伊拉克立即停火与停止一切敌对行动,并把所有部队撤至国际公认的边界。

2月25日　关于联合国效率和财政的"18人小组"召开会议。

2月26日—3月3日　联合国派往伊朗的一个医生专家调查团,经实地调查后证实在1986年2月伊朗攻入伊拉克领土期间,伊拉克部队对伊朗部队多次使用含有芥子气和神经毒气的化学武器。

3月10日　中国成为亚洲开发银行的正式成员。至此,中国已参加联合国系统所有下属经济委员会,发展业务机构和经济性专门机构的活动。

3月20日　联合国关于国家和国际组织间或国际组织相互间的条约法会议通过了新的维也纳公约(67票对1票,23票弃权)。次日,与会的所有97国签署了最后文件。公约最后条款规定,公约应于1987年6月30日以前在纽约联合国总部开放供签署。

3月21日　安理会发表声明,强烈谴责伊拉克继续对伊朗使用化学武器,并要求严格遵守1925年日内瓦议定书的各项规定。

3月26日　安理会举行紧急会议,讨论由于美国与利比亚军事冲突而造成的地中海紧张局势。这次会议是应马耳他政府和苏联政府的要求而举行的。苏联新任常驻联合国代表尤里·杜比宁在会上发言认为,美国的行动是"早有预谋的强盗行径"。

4月7日　世界卫生日,本年主题是"健康地生活:人人都是胜利者"。世界卫生组织总干事说,人人都能够成为健康的使者。他呼吁要将这一信息传到世界各地,"保健是人人都可胜利的唯一比赛"。

4月9—15日　关于西撒哈拉问题的谈判在纽约举行。

4月15日　美国以利比亚支持国际恐怖主义为借口,出动飞机对利比亚进行突然袭击。

4月16—18日　关于裁军与发展间关系问题的杰出人士讨论会召开。

4月18日　安理会一致通过关于以色列—黎巴嫩问题的第 S/RES/

583(1986)号决议,将联合国驻黎巴嫩临时部队的任务期限再延长 3 个月,至 1986 年 7 月 19 日止。这是自 1978 年 3 月联黎部队成立以来首次一致通过这种决议。

4 月 21 日 安理会一项由刚果等 5 国提出的谴责美国"违反《联合国宪章》和国际行为准则"以"武力攻击"利比亚城市的黎波里和班加西的决议草案,被美国、英国、法国否决,未获通过。

4 月 26 日 当日凌晨位于乌克兰北部森林区的切尔诺贝利核电站发生大爆炸。天亮之后,人们发现天空中的云层已经被冲上高空的放射性云柱所污染。当天中午,空气中的辐射值已高达 0.2 伦琴,是正常值的 15000 倍。到了傍晚,辐射值攀升到正常值的 60 万倍。切尔诺贝利核电站事故发生后,有 8 吨多辐射物质喷涌而出,释放出的辐射量相当于日本广岛原子弹爆炸当量的 200 多倍。31 人因巨量辐射当场死亡,320 万人受到超量辐射,有 17 万人在事故发生后 10 年内死亡。在乌克兰,有近 200 万人被官方划为切尔诺贝利事故的受害人,这些人的癌症死亡率是其他人的 3 倍,婴儿的死亡率则上升了 20%—30%。切尔诺贝利核电站发生了迄今世界上最严重的一次核事故。5 月 14 日,戈尔巴乔夫在电视讲话中说,由于采取了有效措施,已防止了事故的最严重后果。据苏官方宣布,这次事故的直接经济损失达 28 亿美元。间接损失要比这大得多。为防止污染,苏联决定 50 年内禁止在核电站周围 10 公里地区进行耕作和放畜,10 年内禁止在 100 公里范围内生产牛奶。事故发生后,东西欧国家都不同程度地受到迅速扩散的放射性尘埃的污染。

4 月 28 日—5 月 2 日 联合国镍制品会议在日内瓦确定国际镍研究小组的职权范围。

4 月 28 日—5 月 23 日 经社理事会在纽约举行 1986 年的第 1 期会议,会议主要审议如人权、妇女、人口、青年、麻醉品、无家可归者、南部非洲等问题,通过了 43 个决议和 35 个决定。

4 月 29 日 纪念国际法院成立 40 周年。

5 月 5—8 日 关于西撒哈拉问题的谈判在纽约举行。

5 月 5—23 日 裁军审议委员会在纽约举行 1986 年会议,核可了制定的建立信任措施的指导方针草案,并决定把这一指导方针草案提交第 41 届联合国大会审议。会议还就核裁军、常规裁军谈判和削减军事预算采取了行动,以及对联合国在裁军领域的作用、海军军备竞赛和南非的核能力等问题进行了讨论。

5 月 9 日 复会的第 40 届联合国大会就 1986 年联合国经济措施达成

一致。

5月12日—6月30日　托管理事会举行第53届会议。6月30日,托管理事会认为《密克罗尼西亚协定》的终止是"恰当的"。

5月16日　1985年12月10日大会通过了从1977年起一直在审议的《反对体育领域种族隔离国际公约》,大会呼吁各国尽早签署和批准该公约,并规定将在得到27个国家批准或加入后生效。16日,43国代表在反对种族隔离特别委员会举行的签字仪式上签署了该公约。公约于1988年4月3日生效。

5月17日　世界电信日,主题是"进步中的伙伴:政府、营业实体、制造商和用户"。

5月22日　应代表非洲统一组织的塞内加尔和代表南部非洲前线国家的赞比亚的要求,安理会召开紧急会议,讨论南非5月19日对博茨瓦纳、赞比亚和津巴布韦3国进行的军事入侵问题。许多国家代表在会上要求对南非采取强制性制裁措施。

5月23日　安理会继续审议南非对博茨瓦纳、赞比亚和津巴布韦的侵略问题。由于英、美两个常任理事国投反对票,安理会未能通过一项谴责南非侵略这3个邻国并对南非实行制裁的决议草案。

5月27—31日　部长级大会特别会议在纽约召开,深入审议非洲危及经济情况。

5月27日—6月1日　大会第13届特别会议在纽约联合国总部召开。本次大会讨论和审议了非洲紧急经济形势,认为必须迫切地拟定和执行一项国际战略,以辅助非洲国家发起使其经济走上特殊轨道的努力,通过了第A/RES/1(S—13)号决议和第A/RES/2(S—13)号决议。这次特别联大是联合国第1次专门讨论一个区域的经济问题,第40届联大主席暨本届特别会议主席德皮尼斯称赞它是"成功的里程碑""非洲大陆的好兆头"。

5月28日　托管理事会指出马绍尔群岛、密克罗尼西亚和帕劳已经选择了同美国的自由联合关系,而北马里亚纳群岛已选择了联邦地位;并认为美国,作为太平洋岛屿托管领土的管理当局,已经"根据托管协议令人满意地履行了它的义务"。

5月29日　安理会通过关于以色列—阿拉伯叙利亚共和国问题的第S/RES/584(1986)号决议,将联合国脱离接触观察员部队的任务期限再延长6个月,至1986年11月30日止。

5月31日　大会通过了关于"出席大会第13届特别会议各国代表的

全权证书"的第 A/RES/1(S—13)号决议。

6月1日 大会通过了关于"联合国1986—1990年非洲经济复苏和发展行动纲领"的第 A/RES/2(S—13)号决议。

6月5日 世界环境日。联合国环境规划署要求每一位有能力的人种一棵和平树。1986年环境日的主题是"环境与和平"。

6月10日—8月29日 裁军谈判会议于日内瓦召开1986年第2期会议。会议继续审议第1期会议的议题。会议主席指出,该年春夏两期的裁军谈判取得了"积极和实质性进展",并说在化学武器谈判方面取得了重大进展。

6月12日 安哥拉政府要求安理会举行紧急会议,以讨论南非6月5日袭击安哥拉纳米贝港造成的局势。

6月13日 安理会主席发表声明,要求南非政府解除6月12日宣布的紧急状态,以便让人们能于6月16日在没有警察和军队的任何挑衅性干涉或恐吓的情况下纪念索韦托大屠杀10周年。

同日 安理会通过关于塞浦路斯局势问题的第 S/RES/585(1986)号决议,决定将根据第 S/RES/186(1964)号决议成立的驻塞浦路斯的联合国维持和平部队的任务期限再延长6个月,至1986年12月15日止。决议要求联合国秘书长继续在有关各方之间进行斡旋,寻求塞浦路斯问题的解决。

6月16—20日 根据1985年大会第40届会议的决议,制裁种族主义南非世界大会在巴黎举行。122个国家以及联合国、非洲统一组织、不结盟运动等国际组织的代表或观察员与会。20日,大会通过一项宣言,要求在世界范围内对南非实行全面的强制性经济制裁。宣言促请安理会谴责南非政权政策和行为是对国际和平与安全的严重威胁,应依照宪章第7章对南非政权实行强制性制裁。

6月18日 在安理会表决刚果等国提出的一项责南非最近对安哥拉的纳米贝港进行的"有预谋的无端的"攻击和继续占领该国部分领土的决议草案时,以12票对2票(英国、美国),1票弃权(法国)的结果遭否决。

6月20日 大会决定将原定1986年7月15日—8月2日在巴黎举行的国际裁军与发展大会推迟到1987年召开。

大会无法就经济问题达成一致,将这些问题延迟至第41届联合国大会。

同日 制裁种族主义南非的国际大会通过了在世界范围内全面制裁南

非的宣言。

6月26日　《禁止酷刑和其他残忍、不人道或有辱人格的待遇或惩处公约》生效。

6月27日　国际法院作出裁决：美国在尼加拉瓜境内进行的和针对尼加拉瓜的活动违反国际法。此外，驳回美国所持"集体自卫"的辩护理由。

7月1—3日　安理会审议尼加拉瓜对美国的控诉，会上没有提出决议草案，并在举行了5次会议后休会。

7月2—23日　经社理事会在日内瓦举行1986年第2期会议，审议了广泛的经济问题，通过了32个决议和决定，其中以经济和发展政策占主导地位。

7月6日　德奎利亚尔秘书长成功地调解了法国、新西兰两国因"彩虹勇士号"事件而产生的争端，法新两国就此达成了一项决议。

7月7—11日　促进纳米比亚立即独立国际会议在维也纳举行，128个国家政府及联合国专门机构等国际组织的代表参加，会议通过了行动纲领和宣言两项文件。会议要求安理会立即按照宪章第7章实行对南非的全面强制性制裁，并要求无条件地立即执行联合国纳米比亚独立计划。

7月10日　秘书长在关于联黎部队的报告中说，如果撤出联黎部队会在黎巴嫩南部造成真空，势必要导致难以控制的暴力情况，并将严重危及当地平民的安全。

7月16日　秘书长同哈桑二世国王在摩洛哥的拉巴特举行会谈。

7月18日　安理会通过关于以色列—黎巴嫩问题的第S/RES/586(1986)号决议，将联合国驻黎巴嫩临时部队的任务期限再次延长6个月，至1987年1月19日止。

7月21日　切尔诺贝利事故引起举世关注和不安，它表明应极其严肃地对核危险，核放射的影响是没有国界的。自1986年7月21日开始，国际原子能机构在维也纳召开了专门讨论核安全问题的国际会议，56个国家和9个国际组织的约150位专家与会。他们讨论了准备提交给国际原子能机构大会特别会议通过的两项有关核安全国际公约的草案。9月下旬，国际原子能机构特别大会在维也纳召开，来自世界80多个国家的代表参加了会议。会议一致通过了《及早通报核事故公约》和《核事故或核辐射紧急情况援助公约》，这两项公约是在加强核安全领域里的国际合作方面迈出的第一步，对人类和平利用核能将起重要作用。到当年11月为止，60个国家已在公约上签字。第41届联大为此专门通过决议，肯定和平利用核能对经济发展的积极作用，并呼吁和欢迎更多国家签署这两项公约。

7月25日 联合国可可会议通过一项新的《国际可可协定》。

7月28日 尼加拉瓜要求国际法院分别对哥斯达黎加和洪都拉斯提起诉讼,尼加拉瓜声称它们同由"反尼加拉瓜力量"组织的边界事件和武装袭击有联系。

7月28日—8月1日 首次各国禁毒执法机构负责人区域间会议在维也纳召开。

7月29日 安理会应尼加拉瓜政府的要求,开始审议"美国和尼加拉瓜之间的争端"。专程前来赴会的尼加拉瓜总统丹尼尔·奥尔特加在会上首先发言。他说:"国际法保证每个国家在没有任何外来干涉的情况下自决的权利以及自由选择经济、政治和社会制度的权利。"

7月31日 安理会因美国否决而未能通过由刚果、加纳等5国提出的一项决议草案。该草案内容为:安理会紧急并庄严地呼吁,充分遵行1986年6月27日国际法院关于"在尼加拉瓜境内进行的和针对尼加拉瓜的军事和准军事活动"一案所作的判决。

7月31日—8月8日 阿富汗和巴基斯坦在日内瓦举行关于阿富汗局势的"近距离间接谈判"。

8月4—15日 非殖民化特别委员会在纽约先后举行多次会议,审议纳米比亚前途和南部非洲以及联合国正在审查的17块非自治领土的地位,并通过有关决议和决定。

8月14日 秘书长呼吁两伊"从艾德阿尔阿达日,一个对所有穆斯林具有特别意义的纪念日开始",切实暂缓对平民地区的攻击。

8月18日 关于联合国效率和财政问题"18人小组"向秘书长递交包括71项对发挥联合国作用的建议报告。

9月2日 安理会在致秘书长佩雷斯·德奎利亚尔的一封信中强调:"安理会8月29日下午举行的磋商会上,15个成员国一致要求安理会当月主席致信联合国秘书长佩雷斯·德奎利亚尔,支持他8月14日发表的关于要求两伊和平解决争端的声明。"

9月5日 安理会主席发表声明,对联黎部队受到袭击、成员惨遭杀害的严重事件深表悲痛。声明要求采取紧急措施,切实加强联黎部队的安全,并请秘书长为此目的采取一切必要步骤。

9月8—26日 《禁止发展、制造和贮存并销毁生物及化学武器公约》缔约方第2次评估会议在日内瓦召开,会议要求采取加强禁止化学武器的措施。

9月9日 秘书长就他所称的联合国历史上"最严重的财政危机"提交

报告。

9 月 15—20 日　《关税及贸易总协定》缔约国特别会议在乌拉圭埃斯特角举行,开始乌拉圭的多边贸易谈判,提出加强国际贸易领域内多边组织体制的问题。

9 月 16 日　第 41 届联合国大会开幕,乔杜里(孟加拉国)当选为本届会议主席。解决财政危机和恢复对联合国的信任是这届会议的优先事项。

9 月 17—20 日　讨论南非对纳米比亚非法占领问题的大会第 14 届特别会议在纽约举行。会议通过关于纳米比亚问题的第 A/RES/1(S—14)号决议,呼吁安理会应召开紧急会议并采取行动立即无条件地执行纳米比亚独立计划,决议还谴责南非蔑视联合国决议继续非法占领纳米比亚,要求对南非实行全面的强制性制裁。

9 月 23 日　迄至 1986 年 9 月 22 日,联黎部队已有 132 名官兵在执勤中死亡。安理会通过以色列—黎巴嫩问题的第 S/RES/587(1986)号决议,最坚决地谴责袭击联黎部队的行为,对于这种犯罪行为可能得到支持表示愤慨。

9 月 24 日　中国代表团团长、外交部部长吴学谦在第 41 届大会上发表演说,系统地阐述了中国政府在和平、裁军、发展和人权问题上的基本观点,重申了中国政府对柬埔寨、阿富汗、朝鲜半岛、中东、中美洲、南部非洲等问题的原则立场。

9 月 24—26 日　国际原子能机构大会特别会议在维也纳举行。这是苏联切尔诺贝利核电站发生事故以后召开的首次加强核安全合作的国际会议。26 日,大会一致通过《及早通报核事故公约》和《核事故或辐射紧急情况援助公约》以及一项最后文件。中国、苏联、美国、法国和英国等 50 多国代表在两个公约上签了字。

9 月 25 日　中国常驻联合国代表李鹿野通知秘书长:"为响应秘书长关于联合国当前的财政危机的报告中的呼吁,中国政府决定缴纳其历年来由于众所周知的理由所拒付的摊款。中国政府的这一行动完全是为了有助于缓和联合国面临的财政危机,并不意味着中国政府在这些拒付款问题上的一贯立场有任何改变(拒付款共计约 440 万美元)。"秘书长、大会主席及秘书处的高级官员纷纷赞扬中国的这一做法。

10 月 1 日　秘书长会见"孔塔多拉集团"成员及其支援集团,他们向秘书长递交了主题为"在中美洲实现和平仍然是可能的"的联合宣言。

10 月 6 日　第 1 个世界居住地日。

10 月 8 日　安理会通过关于伊拉克—伊朗伊斯兰共和国问题的第

S/RES/588(1986)号决议,要求伊朗和伊拉克毫不迟延地充分执行1986年2月24日安理会一致通过的第 S/RES/582(1986)号决议,立即停火,立即停止一切敌对行动并将部队撤至国际公认的边界。

10月10日 安理会通过关于秘书长任命的第 S/RES/589(1986)号决议:15个理事国一致推荐德奎利亚尔连任联合国秘书长。

同日 萨尔瓦多发生大地震,震级里氏7.5级,造成1500人死亡。14日,大会通过第 A/RES/41/2 号决议,呼吁国际紧急援助与救灾。

10月14日 大会呼吁成员国向遭受破坏性地震的萨尔瓦多提供紧急援助。

10月15—19日 "国际和平年"世界大会在丹麦哥本哈根举行。130多个国家的2300多名代表与会,祈祷和平。

10月21日 大会通过关于"柬埔寨局势及其对国际和平与安全的影响"的第 A/RES/41/6 号决议,该决议草案由东盟等60个国家提出,以115票对21票,13票弃权,获得通过。决议重申赞同柬埔寨局势解决办法的4个主要组成部分。

同日 安理会应尼加拉瓜政府的要求召开紧急会议,开始审议美国没有执行,同年6月国际法院对美国干涉尼加拉瓜内政一案作出的裁决的问题。两年前尼加拉瓜政府曾就美国对尼加拉瓜实行武力和干涉政策向国际法院提出控诉,本年6月27日国际法院公布裁决结果,要求美国立即停止并不再进行干涉尼加拉瓜内政这一违背国际法的活动。

10月27日 大会通过关于南大西洋和平与合作区的第 A/RES/41/11 号决议,宣告位于非洲和南美洲之间地区的大西洋为"南大西洋和平与合作区"。

10月28日 安理会因美国否决未能通过刚果等5国提出的一项决议草案。该草案要求按照宪章有关条款,立即充分遵守1986年6月27日国际法院对"尼加拉瓜境内和针对尼加拉瓜的军事和准军事活动案"的判决。

10月29日 大会通过关于"以色列对伊拉克核设施的武装侵略及以色列的侵略对已确定立的关于和平利用核能、不扩散核武器及国际和平与安全的国际制度的严重后果"的第 A/RES/41/12 号决议,紧急要求以色列依照安理会第 S/RES/487(1981)号决议,将其所有核设施置于原子能机构的保障制度之下,请求提高核设施的安全标准,并决定于1987年3月23日—4月10日召开联合国促进和平利用核能国际合作大会。

10月31日 大会通过关于非洲紧急局势的第 A/RES/41/29 号决议,

对非洲一些受灾国家依然存在的危急情况深表关切,大会呼吁国际社会做出努力,以满足非洲受灾国家之急需。

大会通过关于地区非殖民化问题的第 A/RES/41/13 号决议至第 A/RES/41/28 号决议,对 11 块领土的地位进行了评估。依次包括:西撒哈拉、安圭拉、百慕大、英属维尔京群岛、特克斯和凯科斯群岛、美属萨摩亚、美属维尔京群岛、关岛、托克劳。

11 月 3 日 大会通过第 A/RES/41/31 号决议,紧急要求美国按照宪章有关条款,立即充分遵守 1986 年 6 月 27 日国际法院对"尼加拉瓜境内和针对尼加拉瓜的军事和准军事活动案"的判决,停止支持尼加拉瓜反政府武装的活动。

大会通过关于非殖民化问题的第 A/RES/41/30 号决议,重申科摩罗对马约特岛的主权,敦促法国为确保该岛立即和有效回归科摩罗而加快与科摩罗的谈判进程。

11 月 5 日 大会通过关于"阿富汗局势及其对国际和平与安全的影响"的第 A/RES/41/33 号决议,再次要求外国军队立即撤出阿富汗,要求政治解决有关阿富汗的局势。

大会呼吁成员国中所有非缔约国考虑尽早签署或加入《联合国海洋法公约》,"以使得这部关于海洋及其资源利用的新的法律体系尽快切实生效"。

11 月 10 日 大会通过第 A/RES/41/35 号决议,紧急呼吁安理会根据宪章第 7 章的规定采取行动,对南非实行全面强制性制裁,并呼吁美国、英国等反对对南非实行全面强制性制裁的政府重新考虑其立场,从而有助于安理会对南非实行全面强制性制裁,大会还促请安理会对南非实行强制性石油禁运,并成立了由 11 名成员组成的政府间监测小组。

11 月 11 日 大会敦促所有成员国同国际原子能机构合作以促进和平利用核能。

11 月 18 日 大会通过关于中美洲局势的第 A/RES/41/37 号决议,促请各国支持孔塔多拉集团的势力,"在没有外来干涉的情况下"通过谈判解决中美洲问题。

11 月 19 日 安理会举行会议,审议乍得控诉利比亚占领乍得北部所引起的严重局势,但未采取行动。

11 月 20 日 大会通过关于"非洲统一组织国家元首和政府首脑会议关于美国现行当局 1986 年 4 月向阿拉伯利比亚人民社会主义民众国发动海空军事攻击的宣言"的第 A/RES/41/38 号决议,谴责 1986 年 4 月 15 日美国对利比亚的袭击,认为这一行为违反了国际法。决议呼吁美国政府在解决同利比亚的争端时,避免使用或威胁使用武力,而应按照宪章规定,诉诸和平方式。

大会通过关于纳米比亚问题的第 A/RES/41/39 号决议和可促进纳米比亚立即独立国际会议关于纳米比亚问题的宣言和行动纲领。决议对安理会由于西方两常任理事国投否决票因而至今未能切实履行职责维持南部非洲及安全,表示非常失望;敦促安理会立即采取行动,以确保安理会第 S/RES/435(1978)号决议得到切实执行;还敦促一些大国政府在对南非实行全面强制性制裁问题上不要在安理会行使否决权。

11 月 20—26 日   托管理事会召开第 17 次特别会议。

11 月 25 日   大会重申要求阿根廷和英国启动谈判,以寻求“用和平方式切实解决两国间悬而未决的问题”的办法,包括关于福克兰群岛(马尔维纳斯群岛)的未来方向的各个方面。

11 月 26 日   安理会通过关于以色列—阿拉伯叙利亚共和国问题的第 S/RES/590(1986)号决议,将联合国脱离接触观察员部队的任务期限延长 6 个月,至 1987 年 5 月 31 日止。

11 月 28 日   安理会通过关于南非局势问题的第 S/RES/591(1986)号决议,要求严格执行对南非的武器禁运;并要求各国严格执行安理会第 S/RES/418(1977)号决议,不要在核领域同南非进行任何有助于南非制造和发展核武器或核爆炸装置的合作。

12 月 2 日   大会通过关于《给予殖民地国家和人民独立宣言》的执行情况的第 A/RES/41/41 号决议,认为新喀里多尼亚属于宪章所称的非自治领土,决议肯定新喀里多尼亚人民享有自治和独立的不可剥夺的权利。

12 月 3 日   大会通过题为《关于从外层空间遥感地球的原则》的第 A/RES/41/65 号决议,规定了“遥感法律原则”,即有关从空间遥感地球的 15 条原则。决议强调遥感活动应为所有国家谋福利和利益,并应特别考虑到发展中国家的需要。决议要求,进行遥感活动应遵守国际法。

大会通过关于“联合国近东巴勒斯坦难民救济和工程处”的第 A/RES/41/69 号决议和有关巴勒斯坦难民问题的 11 个决议,决定将联合国近东巴勒斯坦难民救济和工程处的任务期限延至 1990 年 6 月 30 日,并促请各国政府向工程处提供慷慨捐助。

大会通过题为《关于儿童保护和儿童福利特别是国内和国际寄养和收养办法的社会和法律原则宣言》的第 A/RES/41/85 号决议。决议包括家庭和儿童的一般福利、寄养安排、收养 3 部分在内的 24 条原则,并指出在所有寄养和收养的程序中,首先考虑应使儿童得到最大的利益。

大会通过关于新闻问题的第 A/RES/41/68 号决议,号召在实现新的世界信息和通讯秩序方面进行合作,这是一个“渐进和持续的过程”。

大会通过关于全面核裁军的第 A/RES/41/59 号决议,首次通过由中国第一次单独提出的关于核裁军和常规裁军的两项重要决议草案,即第 A/RES/41/59F 号决议和第 A/RES/41/59G 号决议。第 A/RES/41/59F 号决议敦促“拥有最重要核武库”的苏联和美国“履行它们对核裁军所负有的特别责任”,敦促它们“率先采取行动”以停止军备竞赛,并通过认真谈判,尽快达成大幅度削减它们的核武库的协议。第 A/RES/41/59G 号决议强调“拥有最庞大军事武库的国家”和两大军事集团“对于裁减常规军备进程负有特别责任”,它们应认真谈判,早日在有效国际监督下就“限制和逐步均衡地裁减军队和常规武器达成协议”。

大会通过关于“审查和执行大会第 12 届特别会议《结论文件》”的第 A/RES/41/60 号决议,内含 10 项子决议,包括:世界裁军运动(行动和活动)、世界裁军运动、审议建立信任的措施的准则、联合国和平与裁军非洲区域中心、冻结核武器、《禁止使用核武器公约》、召开第 3 届专门讨论裁军问题的大会特别会议、联合国裁军研究金方案、关于核武器冻结的大会第 A/RES/40/151C 号决议的执行情况、联合国和平裁军和发展拉丁美洲区域中心。大会对持续进行的军备竞赛使国际和平与安全形势更加恶化并转移了经济和社会发展迫切需要的大量资源表示关注。决议决定在 1988 年召开大会第 3 次专门讨论裁军问题的特别会议。

12 月 3—4 日　大会就裁军的各项问题通过了 65 个决议和 2 个决定,其中 20 多个是有关核问题的。

12 月 4 日　大会通过关于《发展权利宣言》的第 A/RES/41/128 号决议,确认和宣布发展权利是一项不可剥夺的人权,宣布人的发展权利还意味着充分实现民族自决权,包括在关于人权两项国际公约有关规定的限制下对他们的所有自然资源和财富行使不可剥夺的完全主权以及各国对创造有利于实现发展权利的国家和国际条件负有主要责任等范围广泛的内容。宣言强调国际社会在努力增进和保护人权的同时,还必须努力建立新的国际经济秩序。

大会通过关于“宣布世界文化发展 10 年”的第 A/RES/41/187 号决议,宣布 1988—1997 年为世界文化发展 10 年,由联合国和联合国教科文组织主持进行。决议同意这个 10 年的 4 项主要目标:认识到发展的文化层面;肯定并充分发挥文化特色;扩大文化参与和促进国际文化交流。

大会通过关于建立一个全面国际和平与安全制度的第 A/RES/41/92 号决议,重申联合国具有重要作用,是进行多边谈判并能对加强国际和平、安全与合作等重大问题达成协议的不可或缺的论坛。决议严肃地重申宪章中所揭示的集体安全制度仍然是维护国际和平与安全的一个基本的和无法取代的工具。

大会通过关于中东局势的第 A/RES/41/162 号决议,内含 3 项子决议。大会再次宣布以色列继续占领叙利亚戈兰高地并在 1981 年 12 月 14 日作出将其法律、司法管辖权和行政权强加于被占领的戈兰高地的决定都是一种侵略行为,再次强调以色列应立即撤销这一决定;断定以色列将其法律、司法管辖权和行政权强加于耶路撒冷圣地的决定是非法和无效的;要求在安理会范围内设立安理会常任理事国都参与的筹备委员会,以采取必要的行动,召开中东问题国际和平会议。这项决议草案,尽管遭到美国、以色列的反对,但仍然以绝大多数票通过这项第 A/RES/41/162 号决议。

大会通过关于妇女的社会任务的第 A/RES/41/110 号决议和关于"《提高妇女地位内罗毕前瞻性战略》的执行情况"的第 A/RES/41/111 号决议,要求优先采取措施改善妇女地位,以作为 1985 年内罗毕联合国妇女 10 年(1976—1985 年)会议的后续行动。

大会通过关于制定人权方面的国际标准的第 A/RES/41/120 号决议。

大会第 4 次评估南极问题并通过了第 A/RES/41/88 号决议。

大会通过关于"1987 年国际会议和同滥用毒品和贩毒进行斗争"的第 A/RES/41/127 号决议。

大会通过关于难民问题的第 A/RES/41/122 号决议,呼吁全世界为难民提供援助。

大会还通过了关于自决权、种族隔离、种族主义、种族歧视,以及广泛的社会问题如青年、预防犯罪和刑事司法、老龄化和残疾人的多项决议,同时谴责雇佣军的增加。

12 月 5 日　安理会举行紧急会议,谴责以色列当局 4 日出动军队,残酷杀害无辜的巴勒斯坦大学生的新罪行。4 日,约旦河西岸的比尔宰特大学学生举行和平示威,纪念"声援巴勒斯坦人民国际日"。以色列占领军公然向手无寸铁的巴勒斯坦大学生开枪,当场打死两名学生。

同日　第 1 个国际促进经济和社会发展志愿人员日。

12 月 8 日　大会就加强国际经济合作解决发展中国家的外债问题达成了协商一致的协议,通过关于加强旨在解决发展中国家外债问题的国际经济合作的第 A/RES/41/202 号决议。

同日　安理会通过关于被以色列占领的领土的第 S/RES/592（1986）号决议，重申《关于战时保护平民之日内瓦公约》适用于 1967 年以来被以色列占领的巴勒斯坦和其他阿拉伯领土，包括耶路撒冷。决议对以色列军队开枪打死打伤手无寸铁的学生表示强烈遗憾，要求以色列立即严格遵守《日内瓦公约》。

12 月 10 日　安理会根据尼加拉瓜的要求举行紧急会议，讨论尼加拉瓜和洪都拉斯最近在边境地区发生武装冲突问题。

12 月 11 日　安理会通过关于塞浦路斯局势的第 S/RES/593（1986）号决议，再次将根据第 S/RES/186（1964）号决议成立的联合国维持和平部队在塞浦路斯的驻留期限延长半年，至 1987 年 6 月 15 日止。大会同意秘书长应继续采取经济措施以防止可能出现的预算紧缺。

12 月 12 日　中国常驻联合国代表李鹿野大使代表中国政府签署《禁止酷刑和其他残忍、不人道或有辱人格的待遇和处罚公约》，同时声明不受公约第 20 条和第 31 条第 1 款的约束。

12 月 17 日　秘书长要求南非终止紧急状态，并释放在紧急规定下被拘禁的大批儿童及政治犯。

12 月 19 日　大会通过关于"审查联合国的行政和财政业务效率"的第 A/RES/41/213 号决议，批准"18 人小组"就联合国的财政和行政改革问题提出的建议，决定联合国自 1987 年开始进行为期 3 年的改革，同意采取范围广泛的 71 条措施以改善联合国的行政和财政业务，并制定出编制方案预算决策的新的指导方针。

大会第 41 届会议宣布休会。这届大会共审议了 146 个议程项目，通过了 310 个决议和 92 个决定，其中未经投票而经协商一致通过的决议达 159 个，即占决议总数的一半以上，这在联合国历史上是没有先例的。

12 月 22 日　安理会对继续存在于两伊之间的严峻局势表示深切关注。

同日　国际法院公布对马里—布基纳法索案件的判决，一致通过两国之间有争议地区的边界线。

一九八七年

（无家可归者收容安置国际年）

1 月 1 日　秘书长德奎利亚尔就无家可归者收容安置国际年发表讲话

时指出:"住所是一项基本人权,也是人的必需品。"他说:"在改善人类生活条件的过程中,这是一项重要工作,联合国一向为此目标奉献全力。"

1月12—16日 联合国妇女地位委员会在纽约举行特别会议,决定采取进一步措施执行提高妇女地位的内罗毕前瞻性战略。

1月13日 德奎利亚尔秘书长建议安理会考虑召开一次外长级的紧急会议审议伊朗和伊拉克战争,"以便制止一场不仅牺牲异常惨重,而且有可能扩大到整个地区的冲突"。1月26日,他又建议安理会应设立一特设委员会以调查发动伊朗和伊拉克战争的责任问题。

1月15日 安理会通过关于以色列—黎巴嫩问题的第 S/RES/594(1987)号决议,决定把联合国驻黎巴嫩临时部队的驻留期延长6个月零12天,即延长至7月31日止。安理会是应黎巴嫩政府的要求做出这一决定的。黎巴嫩常驻联合国代表拉希德·法胡里在给联合国秘书长的信中说,"代表国际社会意愿的联合国驻黎巴嫩临时部队依然是该地区稳定的必不可少的因素"。

1月16日 安理会发表声明指出,自1986年12月22日安理会声明以来,伊朗和伊拉克的敌对行动更趋激烈。安理会认为,"这场武装冲突进一步威胁这一地区安全的危险业已增加",它再次紧急呼吁当事双方应遵守安理会第 S/RES/582(1986)号和第 S/RES/588(1986)号决议。

1月18—21日 德奎利亚尔秘书长参加一个和平使团,对中美洲进行为期4天的访问。他重申支持孔塔多拉集团的努力,呼吁有关各方共同努力寻求政治解决的办法并制定大规模经济发展计划。

1月19—23日 拉丁美洲和加勒比经济委员会在墨西哥城举行特别会议,审议克服该地区经济危机和促进其经济发展的方法。40余国的部长、高级官员和技术专家与会。德奎利亚尔秘书长在会上说,整个地区的经济发展"整整失去了10年时间"。

2月2日—3月13日 人权委员会在日内瓦举行1987年届会,通过61个决议和11个决定。

2月3日—4月30日 裁军谈判会议先后分两期在日内瓦举行1987年会议,6月9日—8月28日为第2阶段。会议除在禁止化学武器公约谈判上有所进展外,其他议程均未取得实质性进展。

2月3—6日 经社理事会在纽约召开组织会议。

2月5—27日 联合国宪章和加强联合国作用特别委员会在纽约举行1987年届会,审议的主要问题有维持国际和平与安全、和平解决争端、联合国现有程序的合理化。

2月6日 美国向国际法院提起诉讼,指控意大利违反两国《友好通商航海条约》。

2月10日 中国驻斐济大使冀朝铸代表中国政府签署《南太平洋无核区条约》第2号和第3号附加议定书。他在签署这一议定书时还发表了包括有两项内容的声明。1988年9月5日,中国批准了该议定书。批准文件重申了中国政府的代表在签署该议定书时所作的声明。

2月10—13日 安全孕产会议在内罗毕召开。

2月13日 安理会发表声明对黎巴嫩境内局势不断恶化深表关切,呼吁有关各方立即实行停火并允许为人道主义目的而进入巴勒斯坦难民营。3月19日,安理会再次发表声明紧急呼吁有关各方提供便利,使联合国机构能够提供"迫切需要的人道主义援助"。声明还重申:"要求迅速终止黎巴嫩各巴勒斯坦难民营内及其周围的暴力行动。"

2月17—27日 经社理事会下属非政府组织委员会在纽约举行1987年届会,建议授予33个组织以经社理事会的咨询地位和将20个组织载入名册,以及对另10个团体的地位进行重新分类。

2月20日 安理会表决一项由阿根廷等5国提出的要求根据宪章第7章对南非实行有选择的强制性制裁的决议草案时,被美国和英国否决。

2月25日—3月9日 阿富汗和巴基斯坦在日内瓦举行关于阿富汗局势问题的"近距离间接谈判",讨论最后遗留问题,即撤军时间表的两项提议,将两个时间表的差距从45个月缩短至11个月。

2月 世界环境与发展委员会在东京召开第8次会议,通过题为《我们共同的未来》的报告。

3月4日 关贸总协定理事会会议决定成立工作小组,以审议恢复中国缔约国地位的要求。5月14日、6月17日,关贸总协定又先后召开理事会会议,分别通过了工作组的职责范围以及选出工作组主席。10月22日,工作组举行首次会议。

3月9—27日 加强在国际关系上不使用武力原则的效力特别委员会在纽约开会,完成《加强在国际关系上不使用武力或进行武力威胁原则的效力宣言》,同年11月18日,大会第A/RES/42/22号决议予以通过。

3月23日—4月10日 由联合国发起的有106国代表参加的和平利用核能世界会议在日内瓦举行。这是联合国主持的一个全球性论坛,具体审议了核国家的作用以及核技术在粮食和农业、保健和医疗、水文学、工业、科技研究促进经济和社会发展等领域的应用等问题。尽管联合国为召开这次全球性会议做了广泛努力,但会议仍未能就关键性的政治问题达成协议,会议没有产生最后文件。

3月27日 安理会通过关于国际法院的第 S/RES/595(1987)号决议,决定安理会和大会第 41 届会议均应于 1987 年 9 月 14 日召开会议进行选举,以填补因国际法院已故居伊·拉德雷·德拉夏里埃法官任期未满而产生的一个空缺。

4月6—8日 应非洲国家和不结盟国家的要求,安理会举行紧急会议审议纳米比亚问题。预定举行 3 天的安理会关于审议纳米比亚局势的紧急会议,由于发言踊跃,未能如期结束。3 天来,安理会连续召开 6 次会议,50 多个国家和国际组织的代表发了言。他们纷纷要求安理会作出对南非当局实行全面的强制性制裁的决定,以迫使它执行联合国关于纳米比亚独立的计划。

4月9日 安理会的一项由阿根廷等 5 国提出的要求按照宪章第 7 章并根据安理会维护国际和平与安全的基本职责而决定对南非实行全面强制性制裁的决议草案,再遭美国和英国否决。

4月16日 安理会主席发表声明,对南非当局依据 1986 年 6 月全国紧急状态法而发布的 1987 年 4 月 10 日法令甚为关切,并对这项压迫和镇压黑人多数的最新措施表示极为愤慨,声明要求南非当局撤销这项法令。

4月30日 黎巴嫩外交部人士透露,黎巴嫩总理兼外长卡拉米已责成黎巴嫩常驻联合国代表法库利向安理会提出对以色列袭击黎巴嫩南部村庄的控告。

5月4—15日 第 40 届世界卫生大会在日内瓦举行,讨论了广泛的卫生保健问题。大会通过了世界卫生组织"2000 年人人享有卫生保健"这一全球战略目标的决议。

5月4—29日 世界气象组织在日内瓦召开第 10 届世界气象大会。

同日 联合国裁军审议委员会在纽约举行 1987 年会议,审议了核裁军与常规裁军等多项议题,其中核查问题及海军军备与裁军是这次会议主要审议的议题。

同日 经社理事会在纽约举行 1987 年第 1 期常会,通过了 63 个决议和 46 个决定,会议还审议了为促进无家可归者收容安置年(1987 年)各项目标所做的世界范围的努力。

5月7日 秘书长提交关于中东和平会议的报告。

5月8日 为调查伊朗和伊拉克冲突中关于使用化学武器的指控,秘书长再次向战地派出了由专家组成的调查团。5 月 6 日,调查团提交了报告。8 日,秘书长在向安理会递交这一报告的声明中说,他遗憾地向安理会报告,专家们一致的结论是,在这次冲突中,仍然有违反 1925 年日内瓦议定书使用化学武器的情况。这次调查是 1984 年 3 月、1985 年 4 月和 1986 年 2 月调查的延续。

5 月 8—14 日　应中国政府邀请,联合国秘书长德奎利亚尔对中国进行正式访问。这是他任内第 2 次访华。当时世界还处在冷战结束前夕,联合国正处于一个大转折的历史时期。5 月 11 日,邓小平在会见访华时的联合国秘书长德奎利亚尔说,称赞这位来自第三世界的秘书长干得一点都不比别人差。德奎利亚尔感谢中国对其工作的支持。邓小平说,联合国安理会常任理事国拥有否决权,中国并不欣赏它,但有时还是有用的。秘书长表示中国使用否决权总是为了保护第三世界的利益,并高度赞扬中国在解决国际问题上的立场。当时邓小平强调指出,中国同联合国关心的问题一样,一个是和平,一个是发展。解决这两个问题,联合国的作用越来越重要。他说,有些人从自己的角度考虑,对联合国采取消极态度。然而从全世界、全人类的角度看,联合国是非常重要的。

5 月 11—28 日　托管理事会召开第 44 届常会。5 月 28 日,托管理事会建议尽早完成批准帕劳和美国间自由联合协议的程序。

5 月 14 日　安理会主席李鹿野发表主席声明,强烈谴责在伊朗和伊拉克冲突中公然违反 1925 年明确禁止在战争中使用化学武器的日内瓦议定书而一再使用化学武器的行为。

5 月 17 日　世界电信日。国际电信联盟成员国分别纪念世界电信日。1987 年世界电信日的主题是"电信为各国服务"。

5 月 18—22 日　审查发展中国家技术合作高级别会议召开。

5 月 24—27 日　孟加拉国遭受严重旋风袭击,10 月 18 日,大会通过第 A/RES/43/9 号决议,呼吁国际救助,请秘书长提出短期、中期、长期解决该国自然灾害问题的办法。

5 月 29 日　安理会通过关于以色列—阿拉伯叙利亚共和国问题的第 S/RES/596(1987)号决议,将联合国脱离接触观察员部队的任务期限延长 6 个月,至 1987 年 11 月 30 日止。

6 月 2 日　世界卫生组织发动全球性宣传活动,主题是"艾滋病:作出世界范围的努力就可制止"。艾滋病于 1981 年首次被发现,迄至 1987 年 5 月 27 日,有 112 个国家和卫生组织报告发现艾滋病,共达 51069 个病例。

6 月 3—24 日　国际劳工大会第 73 届会议在日内瓦举行,来自国际劳工组织 138 个成员国的政府、雇主和工人代表以及顾问参加了会议。会议选出了一个任期 3 年由 56 名理事组成的劳工组织理事会。

6 月 8—11 日 联合国世界粮食理事会在北京举行第 13 届部长级会议并通过了《北京宣言》,会议宣布获得粮食"是政府、人民和国际社会必须加以保护的一项人权",并指出贫困是饥饿问题的核心,"必须把改善人的境况放在经济发展的前面和中心地位"。这是首次在中国召开的高级别国际会议。

6 月 9 日—8 月 28 日 1987 年裁军谈判会议第 2 期会议报告指出,会议在彻底有效禁止化学武器的发展、生产和贮存及其销毁的多边公约谈判方面取得了相当大的进展。

6 月 12 日 安理会通过关于塞浦路斯局势的第 S/RES/597(1987)号决议,将根据第 S/RES/186(1964)号决议成立的联合国驻塞浦路斯维持和平部队的任务期限延长 6 个月,至 1987 年 11 月 15 日止。

6 月 15—19 日 非洲重振计划会议在尼日利亚召开。

6 月 16 日 南非索韦托日举行。

6 月 17—26 日 由联合国首次召开有 138 国政府部长级代表参加的麻醉药品滥用和非法贩运问题国际会议在维也纳举行。会议通过一项宣言,与会国承诺采取有力行动并在所有各级进行合作,以实现国际社会无滥用麻醉品现象这一目标。会议还核定了列有 35 项行动目标的一本题为《有关麻醉品滥用和非法贩运问题今后活动的综合性多学科纲要》的手册。会议决定将每年 6 月 26 日定为"国际禁毒日"。

6 月 19 日 联合国环境规划署举行第 14 届会议第 14/13 号决定通过《到公约 2000 年及其后的环境展望》。12 月 11 日,大会第 A/RES/42/186 号决议予以通过。

6 月 23 日—7 月 9 日 经社理事会在日内瓦举行第 2 期会议,对国际经济和社会政策进行广泛审议,通过了 58 个决议和决定。

6 月 26 日 《禁止酷刑和其他残忍、不人道或有辱人格的待遇或处罚的公约》生效。按公约规定,同年 12 月 26 日成立了反对酷刑委员会,并在 1988 年 4 月 18—22 日在日内瓦举行首届会议。

7 月 9—31 日 联合国贸易和发展会议第 7 届大会在日内瓦举行,参加大会的共有 143 个成员国和 98 个政府间机构和非政府组织。会议集中审议与发展中国家经济发展相关密切的发展资源、商品、国际贸易和最不发达国家等 4 个实质性问题。会议最后以协商一致方式通过了《最后文件》。会议还建议在 1990 年举行一次高级别的联合国最不发达国家问题会议。

7月11日　南斯拉夫的一个新生婴儿成为地球上的第50亿人,是日成为世界50亿人口日。联合国人口活动基金在当年《世界人口状况》的报告中提出:"达到50亿人对人类是一个胜利,抑或是对其前途的一个威胁?"它的结论是,两者兼而有之,"人口增加在带来进步的同时也带来了问题"。报告明确指出,必须降低生育率。

7月20日　安理会通过关于伊拉克—伊朗伊斯兰共和国问题的第S/RES/598(1987)号决议,断定伊朗和伊拉克之间的冲突破坏了和平,安理会正按照《联合国宪章》第39条和第40条的规定采取行动。决议要求伊朗和伊拉克立即停火,停止陆上、海上和空中的一切军事行动,并立即把一切军队撤到国际公认的边界内,以作为走向谈判解决的第一步。这项决议是联合国历史上少有的几个动用《联合国宪章》规定的所有手段的决议,也是安理会第1次作出强制性停火和撤军决定的决议。

同日　美国白宫发表声明,欢迎联合国安理会通过决议,要求两伊停火,认为这是解决两伊冲突的"历史性步骤"。白宫在声明中还表示,美国将不遗余力地支持联合国要求两伊停火的行动。

7月22日　联合国秘书长佩雷斯·德奎利亚尔分别向伊朗和伊拉克常驻联合国代表递交了安理会7月20日要求两伊立即停火的决议。秘书长同伊朗和伊拉克常驻联合国代表就实施联合国安理会上述决议的具体步骤进行了讨论。

7月27日—8月21日　在国际海底管理局及国际海洋法法庭筹备委员会在纽约复会的第5届常会上,登记印度为第1个在海床采矿的先驱投资者,从而朝实行1982年联合国海洋法公约规定的海床采矿制度迈出了第一步。

7月31日　安理会通过关于以色列—黎巴嫩问题的第S/RES/599(1987)号决议,将联合国驻黎巴嫩临时部队的任务期限延长6个月零12天,至1988年1月31日止。

8月3日　伊拉克国民议会议长哈马迪在给阿拉伯各国议会联盟委员会主席法伊兹的一封信中呼吁阿拉伯各国议会联盟为实施安理会关于结束两伊战争的第598号决议继续做出努力。

8月3—14日　非殖民化特别委员会举行1987年届会,讨论纳米比亚前途问题,并审议联合国正在审查的18个附属领土的地位等问题。

8月7日　哥斯达黎加、萨尔瓦多、危地马拉、洪都拉斯和尼加拉瓜5国总统签署了为实现中美洲和平的《危地马拉协定》,协定中呼吁民族和解,对话与特赦,结束敌对状态,民主化,自由选举,终止向"非正规武装和起义运动"提供援助,不使用本国领土攻击他国,就安全问题进行谈判,包括武器的核查、监控与限制,以及援助难民和流离失所者等问题。

8月13日 托管理事会召开第18届特别会议。

8月20日 为贯彻7月20日通过的要求伊朗和伊拉克立即停火的第S/RES/598(1987)号决议,安理会向联合国秘书长佩雷斯·德奎利亚尔提出了支持该决议的指导方针。

8月24日—9月11日 根据1984年大会第A/RES/39/160号决议,在纽约举行联合国裁军与发展关系国际会议。150个国家的代表参加了这次会议。美国拒绝参加。会议最后以协商一致方式通过了《最后文件》,确认裁军与发展是当前世界面临的最紧迫的挑战,并提出了今后的行动纲领。

9月4日 安理会在非正式磋商后,决定建议联合国秘书长佩雷斯·德奎利亚尔接受伊朗的邀请,前往德黑兰访问。本月安理会主席詹姆斯·格比霍对记者说,联合国秘书长在德黑兰将同伊朗政府讨论执行安理会要求两伊立即停火的第598号决议问题。

9月7—10日 阿富汗和巴基斯坦在日内瓦举行关于阿富汗局势问题的"近距离谈判",双方在撤军时间表问题上的差距缩小到8个月。

9月11—15日 德奎利亚尔秘书长对德黑兰和巴格达进行为期5天的访问,向当事双方提出了执行安理会第S/RES/598(1987)号决议的"概要计划"。

9月15日 第42届大会在纽约联合国总部开幕,彼得·弗洛林(德意志民主共和国)当选为本届会议主席。当日,大会还选举出它的7个主要委员会的主席和21位大会副主席。本届会议共有143个议程项目,其中4个是新项目。

9月16日 保护臭氧层的《蒙特利尔破坏臭氧层物质管制议定书》签署,又称《蒙特利尔议定书》《保护臭氧层条约》。这是1985年《维也纳臭氧层公约》的后续行动。

9月21—25日 国际原子能机构值成立30周年之际在维也纳召开第31届会议,审议关于原子能机构的预算,加强核安全和辐射保护方面的国际合作措施、禁止武装攻击核设施以及南非的核能力等议题。

9月23日 中国代表团团长吴学谦在大会一般性辩论中讲话,全面阐述了中国政府对国际形势的看法和在裁军、和平、经济等问题上的基本观点,表明了中国对柬埔寨、阿富汗、中东、海湾、南部非洲、中美洲、朝鲜半岛等重要问题的原则立场。

9 月 25 日　德奎利亚尔秘书长会见安理会 5 个常任理事国的外交部部长。他在会见后发表声明说,5 个常任理事国的目标和整个安理会的目标是结束伊朗和伊拉克冲突,并认为执行安理会第 S/RES/598(1987)号决议是"全面、公正、体面和持久解决这场冲突的唯一基础"。

10 月 7 日　大会通过关于"中美洲局势:对国际和平与安全的威胁及和平倡议"的第 A/RES/42/1 号决议,表示最坚定地支持中美洲 5 国签署的《危地马拉和平协定》,并吁请 5 国总统继续努力,以在中美洲实现稳固而持久的和平。

10 月 9 日　经社理事会通过关于《累西腓宣言》第 E/CN.4/Sub.2/AC.4/1989/3 号决议,认为应该在国际、地区及国际范围内承认、促进和尊重语言权,以便提高和确保各种语言的尊严和平等。

同日　联合国和平、裁军和发展拉丁美洲区域中心在利马成立。

10 月 12 日　大会举行两次全体会议正式纪念"无家可归者收容安置年"。

10 月 13 日　安理会讨论联合国秘书长为伊朗和伊拉克调停的一项新的指导方针。这项新的指导方针是由安理会 5 个常任理事国于上星期提出的。安理会的其他成员国讨论了这一方针的草案。

10 月 14 日　大会通过关于柬埔寨局势的第 A/RES/42/3 号,由东盟等 63 国提出,以 117 票对 21 票,16 票弃权通过。该决议要求撤出外国军队,由柬埔寨人民决定自己的命运、实现柬埔寨全国的和解。决议还授权柬埔寨问题国际会议特设委员会在必要时举行会议,并请秘书长进行斡旋以促成全面的政治解决。

10 月 19 日　挪威首相布伦特兰向大会提交世界环境与发展委员会的报告。

同日　大会敦促所有国家同国际原子能机构合作,促进核能的利用和增强核设施的安全,加强对发展中国家的技术援助,以及确保原子能机构保障系统的有效性。

同日　安理会通过关于国际法院(瑙鲁)的第 S/RES/600(1987)号决议,建议大会依《联合国宪章》第 93 条第 2 项决定瑙鲁共和国成为《国际法院规约》当事国。

同日　经社理事会第 2 期常会在纽约复会。

同日　纳米比亚理事会在第 1 次部长级会议上呼吁立即无条件地实施联合国纳米比亚独立计划。

10 月 22 日   联合国妇女发展基金成立 10 周年纪念。

10 月 30 日   安理会通过关于纳米比亚问题的第 S/RES/601(1987)号决议,授权秘书长开始安排南非和西南非洲人民组织之间的停火,作为实现纳米比亚独立的第一步。

11 月 5—7 日   反对体育领域种族隔离国际会议在津巴布韦的哈拉拉召开,呼吁国际奥林匹克委员会通过一项关于同南非进行体育交流的行为法规,同时呼吁各国政府和有关组织最大限度地利用联合国与南非体育交流登记表,从而反对种族隔离的合作者。

11 月 6 日   大会通过了关于纳米比亚问题的第 A/RES/42/14 号决议,内含 5 项子决议,敦促安理会确保第 435 号决议所载纳米比亚独立计划得到彻底执行,并呼吁安理会全体西方常任理事国支持安理会采取执行措施,以确保南非遵守安理会各项决议。

11 月 10 日   大会通过关于"阿富汗局势及其对国际和平与安全的影响"的第 A/RES/42/15 号决议,由巴基斯坦等 48 国提出,以 123 票对 15 票,11 票弃权通过。这项决议的赞成票为 9 年来的最高纪录。大会再次要求外国军队立即撤出阿富汗,要求有关各方为尽快实现政治解决而努力,同时要求创造条件"使阿富汗难民安全地和光荣地自愿返回他们的家园"。

大会称赞南大西洋国家促进本地区和平与合作的努力,并敦促它们为实现 1986 年"南大西洋和平与合作区"宣言的目标而继续行动。

11 月 11 日   大会通过关于科摩罗马约特岛问题的第 A/RES/42/17 号决议,重申科摩罗对马约特岛的主权,再次促请法国政府同科摩罗政府进行谈判,以确保马约特岛迅速、有效地回归科摩罗。

11 月 12 日   大会通过第 A/RES/42/18 号决议,要求完全和立即地执行国际法院 1986 年 6 月 27 做出的"在尼加拉瓜境内及针对尼加拉瓜的军事及准军事行动案"的判决。

11 月 17 日   大会通过关于福克兰群岛(马尔维纳斯群岛)问题的第 A/RES/42/19 号决议,再次吁请阿根廷和英国开始谈判,以解决两国之间有待解决的问题,包括福克兰群岛(马尔维纳斯群岛)的前途问题。

11 月 18 日   大会通过关于《加强在国际关系上不使用武力或进行武力威胁原则的效力宣言》(即《不使用武力宣言》)的第 A/RES/42/22 号决议。这是联合国第一次以宣言形式重申《联合国宪章》中规定的这项基本原则。这项宣言草案曾进行过多次讨论,中国代表在讨论中表示支持,并指出侵略是非法使用武力的最严重和最危险的形式,应构成国际罪行。非法使用武力占领别国领土的,首先应停止侵略,撤出占领军。

大会通过第 A/RES/42/20 号决议,呼吁成员国中所有非缔约国签署或加入《联合国海洋法公约》,以使得这部关于海洋及其资源利用的新的法律体系尽快切实生效,同时对 1987 年先驱投资者——印度、法国、日本和苏联的登记表示满意。

11 月 20 日　大会通过关于南非政府种族隔离政策的第 A/RES/42/23 号决议,内含 8 项子决议:A.国际声援南非境内的解放斗争。B.执行协调和严格监控的制裁南非措施。C.全面强制性制裁南非种族主义政权。D.以色列同南非的关系。E.反对种族隔离特别委员会的工作方案。F.对南非实行石油禁运。G.采取协调一致的国际行动消灭种族隔离。H.联合国南非信托基金。其中,C 项紧急呼吁安理会立即根据宪章第 7 章对南非实行全面的强制性制裁,并敦促英国、美国及其他反对这种强制性制裁的国家停止反对行动。

同日　应安哥拉要求,安理会召开紧急会议,讨论南非最近对安哥拉的侵略行径。会议迫切要求安理会对比勒陀利亚政权实行全面制裁,迫使其放弃对内推行的种族隔离、对外实行的侵略政策。

11 月 25 日　安理会通过关于安哥拉—南非问题的第 S/RES/602(1987)号决议,强烈谴责南非继续侵略和占领安哥拉,要求南非军队撤出安哥拉。

同日　安理会通过关于以色列—阿拉伯叙利亚共和国问题的第 S/RES/603(1987)号决议,将联合国脱离接触观察员部队(UNDOF)的任务期限延长 6 个月,至 1988 年 5 月 31 日止。

12 月 2 日　大会通过关于"和平利用外层空间"的第 A/RES/42/68 号决议,敦促所有国家,特别是那些拥有主要空间能力的国家,积极为实现防止外空军备竞赛这一目标做出贡献。

大会决定在 1988 年纪念《社会进步和发展宣言》发表 20 周年,还建议将通过该宣言的 12 月 11 日定为"社会进步和发展日"。

12 月 4 日　大会通过 25 项决议,涉及内容广泛,包括关于纳米比亚、福克兰群岛(马尔维纳斯群岛)、新喀里多尼亚、西撒哈拉、圣赫勒拿和其他 12 块小殖民地;外国经济活动和其他利益;殖民国家军事活动;以及专门机构对非殖民化宣言的执行等。

12 月 7 日　大会通过 34 项有关人权问题的文件,其中包括种族灭绝和酷刑。

大会通过有关难民问题的 13 项决议,涉及难民保护的国际程序、特定国家解决难民问题时所需的援助,以及为由其他国家进入南非的难民提供奖学金。

12月8日 大会通过第 A/RES/42/107 号决议,对进一步恶化的非洲经济形势表示担心,呼吁紧急增加对非洲的官方发展援助及其他各种援助,并采取减免债务的措施。决议还决定成立一个由大会全体成员参加的特设委员会,负责编写关于行动纲领的审查和评估报告。

大会要求国际社会增加货币援助和非优惠性贷款,稳定商品价格,扩大人道主义援助,以及采取减免债务的措施,包括将某些贷款勾销。

大会呼吁为建立一个新的世界信息通讯秩序而合作,这被认为是一个渐进的过程,同时也是建立在信息自由流通、分布日益广泛均衡的基础上的。

大会认为以色列严重违反 1949 年签订的《关于战时保护平民之日内瓦公约》的行为,认为这是"战争罪行和对人道的侮辱。"

同日 美国总统里根和苏共中央总书记戈尔巴乔夫在华盛顿正式签署了中导条约。该条约规定,双方在 3 年内销毁它们已经部署的和尚未部署的全部中程和中短程导弹(美国方面 859 枚,苏联方面 1752 枚)。这是美、苏经过长达 6 年的困难谈判签署的第 1 个真正减少核武器数量的条约。它规定要把整整一个等级的核武器(中程导弹)全部销毁,并为此规定了极为严格的核查措施。尽管要销毁的中导只占两国拥有核武器总数的大约 4%,但它是在核裁军道路上迈出的积极而又坚实的一步。它为整个裁军谈判打开一个突破口,造成一种势头,使整个军备控制向纵深发展,并有力地推动美苏关系,从紧张对峙转向进一步缓和。

12月10日 纪念世界人权日 40 周年。

12月11日 大会通过关于"国际减少自然灾害 10 年"的第 A/RES/42/169 号决议,将 20 世纪 90 年代定为第 1 个"国际减少自然灾害 10 年"。

大会通过现任挪威首相布伦特兰为主席的世界环境与发展委员会提出的一份题为《到公元 2000 年及其后的环境前景》的文件,即第 A/RES/42/186 号决议,决议中反映了包括人口、粮食和农业、能源、工业、健康及人类住区、国际经济关系在内的部门性问题,还讨论了海洋、外空、生物多类状态、安全和环境全球关注的其他问题,同时探讨了环境行动工具在处理环境问题中的作用。它被认为是指导各国政府实现环境健全发展的重要文件,是"行动的蓝图"。

大会通过第 A/RES/42/191 号决议,认为适当和安全的住房是一项基本人权,要求联合国人类住区委员会拟定一份"到 2000 年全球住房战略及其实施办法",通过经社理事会提交到大会第43届会议审议。该项决议还附有"国家行动准则"和"国际行动准则"两项附件。

大会呼吁发达国家避免使用经济措施,作为针对发展中国家的政治经济压迫的手段,包括封锁、禁运及其他经济制裁;建议在联合国系统内部进行全面建设性的对话,通过改革加强处理各国贸易、货币和金融关系的原则和法规,促进国际经济体系的发展;呼吁用新的方式来减少发展中国家的债务,并增强对非洲国家、最不发达和最贫穷的国家的援助。

12月14日　安理会通过关于塞浦路斯局势的第 S/RES/604(1987)号决议,将根据第 S/RES/186(1964)号决议成立的联合国驻塞浦路斯维持和平部队的任务期限延长6个月,至1988年6月15日止。

12月14—16日　托管理事会第44届常会复会。

12月21日　大会以146票对1票(以色列)、3票弃权(澳大利亚、日本、美国),通过1988—1989年的预算为17.7亿美元。大会要求所有会员国都按时足额缴纳分摊的会费。

大会第42届会议休会。本届会议共审议了143个议程项目,就广泛的政治、经济、社会和法律问题通过了318个决议和68个决定,其中有2/3是协商一致通过的。

12月22日　安理会通过关于被以色列占领的领土的第 S/RES/605(1987)号决议,对以色列军队开枪打死打伤手无寸铁的巴勒斯坦难民表示极其遗憾,要求以色列实行最大限度克制以有助于建立和平。

12月23日　安理会通过关于安哥拉—南非问题的第 S/RES/606(1987)号决议,谴责南非拖延从安哥拉撤军,并请秘书长继续监测撤军,以便从南非获得全部撤军的时间表,并核实撤军完毕。

12月24日　安理会发表声明,对秘书长同伊朗和伊拉克两国特使就执行安理会第598号决议进行协商的速度缓慢和缺乏实际进展深表关切。声明宣布安理会决心考虑采取确保遵守该决议的进一步的步骤,重申执行该决议是全面、公正、体面和持久地解决这场冲突的唯一基础。

一九八八年

1月1日　世界文化发展10年(1988—1997年)开始。

1月5日　安理会通过关于"被以色列占领的领土"的第 S/RES/607(1988)号决议,坚决要求以色列遵守《关于战时保护平民之日内瓦公约》规定的义务,再次重申这一公约对1967年以来以色列所占领的包括耶路撒冷在内的巴勒斯坦和其他阿拉伯领土适用。

1月9日 联合国维和部队被授予诺贝尔和平奖。

1月14日 安理会通过关于被以色列占领的领土的第 S/RES/608 (1988)号决议,对以色列继续把巴勒斯坦平民驱逐出被占领土的行为深表遗憾,呼吁以色列确保已被驱逐出境的人立即安全地返回那些领土。

1月15日 应黎巴嫩请求安理会举行会议,审议"以色列占领军在黎巴嫩继续采取侵略行动和暴虐活动"问题。

1月16日 5个中美洲国家在哥斯达黎加的阿拉胡埃拉签订了《阿拉胡埃拉联合宣言》,同时批准了1987年8月7日的《危地马拉协议》。

1月18日 美国否决了一项安理会决议草案,该决议案要求以色列"停止越界侵占土地,修建公路和篱笆的一切行动,以及占领或改变黎巴嫩领土状况,或阻止黎巴嫩政府在其主权领土内恢复有效统治的任何企图"。

1月26日 联合国秘书长发言人吉利阿尼表示,安理会将就两伊战争问题很快开始新一轮磋商。届时安理会15个成员国将讨论伊朗和伊拉克最近分别在致联合国秘书长的信中所表述的立场,并可能重点讨论制裁措施。

1月26—29日 国际农业发展基金理事会在罗马举行第11届会议,并纪念该基金会设立10周年。该基金自1978年开展业务工作以来,已给89个发展中国家的221个项目输送了100亿美元,其中约25亿美元以农发基金贷款和赠款方式提供。

1月29日 安理会通过关于以色列—黎巴嫩问题的第 S/RES/609 (1988)号决议,将联合国驻黎巴嫩临时部队的任务期限延长6个月,至1988年7月31日止。

2月1日 安理会表决一项决议草案,对以色列"侵犯巴勒斯坦人民人权"的政策和行为深表遗憾,要求以色列作为占领国和1949年《关于战时保护平民之日内瓦公约》的高级缔约国接受该公约在法律上的适用性并根据公约遵守其义务。该决议草案表决时以14票对1票(美国),遭到美国否决,未获通过。

2月1日—3月11日 人权委员会在日内瓦举行第44届会议,通过了79个决议和7个决定。会议还建议大会在适当时候宣布一个世界土著人口国际年。

2月2—5日 经社理事会在纽约召开组织会议。

2月2日—4月29日 1988年裁军谈判会议春、夏两期会议分别在日内瓦举行,7月7日—9月20日为第2阶段。会议继续审议核裁军等议题。除禁止化学武器公约有所进展外,其他议题均未取得实质性进展。

2月9—24日　国际民航组织在加拿大蒙特利尔总部召开关于国际航空法会议,通过了《关于制止在国际民用航空机场内进行非法暴力行为的议定书》。该议定书是对1971年签署的蒙特利尔公约的补充和完善。

2月10日　维持和平行动特别委员会举行了5年来的第1次会议,以加强联合国在该领域中的作用。

2月13—28日　第15届冬季奥运会在加拿大卡尔加里举行,共有57个国家和地区的1423名运动员参赛。中国派出一行20人的代表团,参加速滑、花样滑冰、越野滑雪3项比赛。

2月16—17日　安理会应韩国和日本要求举行会议,审议两国提出的对1987年11月两名朝鲜特务在大韩航空公司的一架班机上放置定时炸弹并造成机毁人亡事件的指控。朝鲜方面断然拒绝这一指控,安理会对这一事件没有采取行动。

2月17日　美国籍联合国驻巴勒斯坦停战监督组织领导人威廉·希金斯中校在黎巴嫩被劫持。

2月21日—3月11日　联合国宪章和加强联合国作用特别委员会(简称"宪章特委会")在纽约举行届会,完成了《关于预防和消除可能威胁国际和平与安全的争端和局势以及关于联合国在该领域的作用的宣言》草案。

2月24日　现年63岁的阿根廷人何塞·玛丽亚·鲁迪亚当选为海牙国际法院院长,接替1988年2月任期届满的辛格法官(印度)的院长职务。姆巴耶法官(塞内加尔)再次当选为副院长。

2月29日—3月2日　第42届联合国大会在1988年春、夏两度复会,审议美国准备关闭巴解组织常驻联合国观察员代表团的办事机构问题。3月2日,大会通过关于"东道国关系委员会的报告"的第A/RES/42/229A号决议,认为联合国与东道国美国在1947年总部协定的解释或适用方面存在着争议。3月11日,美国通知秘书长说,美国司法部部长已经决定将不顾1947年协定"可能承担的义务",必须遵照1987年的《反恐怖主义法案》,关闭设在纽约的巴解组织常驻联合国观察员代表团的办事机构。如果巴解组织不遵从这一法案,美国司法部部长将在1988年3月21日该法案生效之日,采取法律行动强行关闭。

3月1日　安理会主席发表声明,强烈呼吁伊朗和伊拉克采取最大的克制态度。安理会声明对伊朗和伊拉克重新加剧相互袭击,包括用导弹袭击对方首都深表遗憾。

3月1—10日　国际海事组织在罗马召开制定《制止危及海上航行安全非法行为公约》的国际会议。会议审议并通过了《制止危及海上航行安全非法行为公约》和《制止危及大陆架固定平台安全非法行为议定书》,这是国际海事组织制定的第一个反恐怖主义法律文件。中国代表团团长沈肇圻当选为大会副主席。

3月2日　非洲国家领导人最近分别致信联合国安理会主席,要求安理会召开紧急会议讨论南非局势。联合国发言人当天说,非洲国家集团本月主席塞拉利昂驻联合国临时代办和非统组织主席赞比亚驻联合国代表在各自的信中要求于3月3日举行安理会会议。

同日　阿富汗和巴基斯坦在日内瓦举行最后一轮关于阿富汗局势的"近距离谈判",完成了构成解决方案的所有文件并提交签署。

3月8日　由于英国和美国投票反对,安理会未能通过对南非进行有选择的强制性制裁的决议。英国和美国否决了一项安理会决议草案,该决议案要求停止对南非的进一步投资和金融贷款;同南非的一切形式的军事、警察或情报合作,特别是出售计算机设备;向比勒陀利亚出口石油;对南非贸易的所有承诺和支持;从南非进口钢铁;以及出售克鲁格金币和所有其他在南非铸造的硬币。

3月14日　1987年3月,联合国教科文组织委托中国在南沙群岛建立第74号海洋观察站。1988年1月31日,中国军队6名官兵驾驶小艇登上永暑礁,插上了第1面五星红旗。随后在当年3月14日,中国与越南为争夺南沙群岛岛礁发生一场小规模海战,战斗造成越军64人阵亡,中国战胜越南,占领了南沙群岛的永暑礁、华阳礁、东门礁、南薰礁、渚碧礁、赤瓜礁共6个岛礁,确立了中国大陆对南沙群岛的实际控制。

3月14日—4月8日　国际海底管理局和国际海洋法法庭筹备委员会在金斯敦举行第6届会议,开始了关于先驱投资者的义务的协商。5月16日,法国、日本和苏联继印度1987年登记之后成为国际海床区域先驱投资者。

3月16日　安理会通过关于南非问题的第S/RES/610(1988)号决议,要求对判处死刑的6名南非青年实行减刑。

同日　安理会主席发表声明表示,安理会支持联合国秘书长佩雷斯·德奎利亚尔邀请两伊进行紧急磋商,以尽快结束海湾冲突。声明要求秘书长在3周之内向安理会递交有关同两伊双方磋商的情况报告。安理会对两伊敌对行动升级,特别是袭击平民和城市,造成严重人员伤亡和大量财产损失的现状深表遗憾,尽管交战双方口头均已宣布准备停止此类攻击。

3 月 17 日　安理会审议阿根廷提出的南大西洋局势控诉,阿根廷认为这一问题正是英国政府决定于 3 月 7—31 日在福克兰群岛(马尔维纳斯群岛)举行军事演习所引起的,会议未通过任何决议案。

3 月 18—22 日　安理会举行会议审议尼加拉瓜提出的"因美国政府对尼加拉瓜的威胁和侵略升级,并决定派遣美军进入洪都拉斯领土而造成的严重局势"。会上没有提出决议草案,没有采取行动。

3 月 23 日　大会通过关于"东道国关系委员会的报告"的第 A/RES/42/230 号决议,确认该项关闭巴解组织代表团的美国立法"不符合总部协定并违反东道国根据总部协定所承担的国际法律义务",大会对此深表遗憾,并促请美国"不要采取任何与巴解组织代表团职能不符的行动"。决议还要求设立一个仲裁法庭来审议这一问题。但美国拒绝了大会的决议。

3 月 26 日—4 月 1 日　应中国外长吴学谦邀请,第 42 届大会主席彼得·佛洛林(民主德国)访华。这是大会在任主席首次访问中国。

3 月 30 日　自从 4 个月前安理会开会讨论以色列占领领土上的形势以来,这一地区的局势一直在恶化,至今已有 100 多个巴勒斯坦人被杀害,几百人受伤,几千人被拘留。安理会谴责以色列在约旦河西岸和加沙地带镇压巴勒斯坦人。

4 月 6—12 日　人类住区委员会在新德里举行第 11 届会议,通过"至2000 年全球住所战略"。

4 月 7 日　由世界卫生组织发起的第一个世界无烟日。

4 月 14 日　德奎利亚尔秘书长在日内瓦主持了由阿富汗、巴基斯坦、苏联和美国 4 国外长签署阿富汗协议的正式仪式。4 国外长分别在有关政治解决阿富汗问题的 4 项协定和声明上签字。这 4 项文书要求:苏联从1988 年 5 月 15 日开始撤军,1989 年 2 月 15 日前撤完;难民自愿返回;阿富汗和巴基斯坦承诺不干涉和不干预他国内政;苏联和美国作出国际保证。上述 4 项文书都将在同年 5 月 14 日生效。按照和平协定规定,联合国秘书长从中东维和部队抽调出 50 名军官作为观察员组成联合国阿富汗巴基斯坦斡旋代表团(阿巴斡旋团),其任务是协助监督外国军队撤出阿富汗和日内瓦协议其他条款的实施。5 月 15 日,阿富汗和平协议生效后,阿巴斡旋团开始工作。

4 月 15 日　安理会的一项谴责以色列侵犯被占领领土内巴勒斯坦人

民人权的政策和措施,特别是"打死打伤手无寸铁的巴勒斯坦平民"的决议草案以 14 票对 1 票(美国),遭到否决。

4 月 25 日　安理会通过关于以色列—突尼斯问题的第 S/RES/611 (1988)号决议,强烈谴责对突尼斯主权和领土完整犯下的侵略行为。

4 月 26 日　国际法院就大会在 1988 年 3 月 2 日的第 42/229B 号决议中所提的咨询问题作出一致裁决,美国必须将其关闭巴解组织常驻联合国观察员代表团的决定交付国际仲裁。

4 月 27 日　在马普托举行的援助莫桑比克捐助大会获得 2.72 亿美元捐款。

5 月 2—29 日　裁军审议委员会举行届会,审议核裁军与常规裁军的一切方面、联合国在裁军领域的作用等 8 项实质性议题。中国代表团团长范国祥大使在会上就即将召开的第 3 届裁军特别联合国大会及多边裁军组织的作用发表意见时指出,制止军备竞赛、争取实现军备限制和裁军,联合国应当并且能够发挥重要作用,如果否定、贬低、削弱联合国这一多边国际组织的作用,既不利于限制军备和裁军,也不利于国际和平与安全。

5 月 2 日—6 月 2 日　南极矿产资源会议最后一期会议在惠灵顿举行,并通过《南极矿产资源活动管理公约》。该公约填补了南极条约体系中的一个重大空白,是自 1959 年《南极条约》通过以来在南极管理方面取得的最重要进展。

5 月 3—4 日　在伦敦召开的西南非洲问题 4 国会议(安哥拉、古巴、南非、美国)签订了充满希望的关于结束安哥拉战争和纳米比亚独立的协议。

5 月 3—27 日　经社理事会在纽约举行 1988 年第 1 期会议,审议了各种人权、社会问题,特别是世界范围非法贩运麻醉品问题和提高妇女地位以及其他社会发展问题。本届会议通过了 46 个决议和 45 个决定。

5 月 9 日　安理会通过关于伊拉克—伊朗伊斯兰共和国问题的第 S/RES/612(1988)号决议,强烈谴责在伊朗和伊拉克冲突中继续使用化学武器的行为,要求双方今后遵循其根据《日内瓦议定书》的义务,不再使用化学武器。

5 月 10 日　安理会表决一项谴责以色列部队最近入侵黎巴嫩南部的决议草案,以 14 票对 1 票(美国),0 票弃权,被美国否决,未获通过。

5 月 10 日—6 月 3 日　托管理事会召开第 55 届常会。

5 月 11—12 日　大会促请国际社会加强同中美洲国家的技术、经济和金融合作。

5 月 13 日　大会通过关于"东道国关系委员会的报告"的第 A/RES/42/232 号决议,呼吁美国将其在巴勒斯坦观察员代表团地位问题上同联合国发生的争端按总部协定的规定交付仲裁,并赞同国际法院 4 月 26 日一致通过的咨询意见。但这一决议与国际法院的咨询意见皆遭美国拒绝。

5 月 16 日　法国、日本和苏联继印度 1987 年登记之后成为对国际海床区域的先驱投资者,这被认为是 1982 年联合国海洋法公约付诸实施过程中所迈出的重要一步。

5 月 17 日　世界电信日,主题是"在电子时代转让技术专门知识"。

5 月 27 日　托管理事会建议尽早完成对帕劳——构成太平洋岛屿托管领土或密克罗尼西亚的 4 个行政实体之一——的自由联合协定的批准过程,并且提示美国担保应根据宪章和托管协议履行义务。

5 月 31 日　安理会通过关于以色列—阿拉伯叙利亚共和国问题的第 S/RES/613(1988)号决议,将联合国脱离接触观察员部队的任务期限延长 6 个月,至 1988 年 11 月 30 日止。

5 月 31 日—6 月 26 日　20 世纪 80 年代之后,美、苏加快了核裁军谈判的步伐,核裁军逐渐从"限制阶段"发展到"销毁阶段"。在东西方日趋缓和和美、苏开始新一轮裁军的大背景下,第 15 届联合国大会特别会议(即第 3 届裁军特别会议)在纽约举行。会议审查了前两届裁军特别联合国大会各项决议的执行情况,讨论了指导今后裁军工作的新的原则和措施、裁军与发展的关系以及联合国在裁军领域的作用等问题。但由于美国持僵硬立场,大会未能就最后文件取得一致意见,仅通过两项关于"出席大会第 15 届特别会议各国代表的全权证书"的决议(第 A/RES/1A(S—15)号决议和第 A/RES/1B(S—15)号决议)以及一项决议草案。

6 月 1 日　美国总统里根和苏共中央总书记戈尔巴乔夫在莫斯科签署了《消除两国中程导弹和中短程导弹条约》批准书并互换文本,中导条约正式生效。

6 月 6 日—7 月 1 日　由 48 个成员组成的开发计划署理事会在日内瓦举行第 35 届会议,讨论了将来的财政资源、全球环境破坏和非洲社会和经济的持续需要等问题。1988 年是中国与开发署方案合作 10 周年,由于双方的共同努力,方案合作取得了圆满成功。为此,7 月在北京举行了庆祝会。

6 月 15 日　安理会通过关于塞浦路斯局势的第 S/RES/614(1988)号

决议,将根据第 S/RES/186(1964)号决议成立的联合国驻塞浦路斯维持和平部队的任务期限延长 6 个月,至 1988 年 12 月 15 日止。

6 月 17 日 安理会通过关于南非问题的第 S/RES/615(1988)号决议,再次呼吁南非当局延缓执行对 6 名黑人青年的判决并减轻对他们的刑罚。这是安理会 3 个月内第 2 次全体通过这样的决议。

6 月 23 日 秘书长通知 21 个会员国代表,包括主要会费缴纳者,如果不能找到解决严重的财政危机的办法,联合国将在 10 月末或 11 月面临"破产"。

6 月 24 日 安理会发表声明,强烈谴责南非对"热爱和平、没有自卫能力的"博茨瓦纳进行的"侵略行为、挑衅和骚扰"。

6 月 24—25 日 关于西南非洲问题的 4 国会议(安哥拉、古巴、南非、美国)在开罗召开。

6 月 26 日 第 1 个世界禁毒日。

6 月 30 日 美国联邦地方法院裁决美国 1987 年反恐怖主义法案并不要求关闭巴解组织常驻联合国办事机构,美国应"避免损害巴解组织代表团的职能"。

7 月 3 日 伊朗航空公司 655 次班机在波斯湾上空被美国军舰发射的导弹击中坠毁,机上 290 名平民全部遇难,举世震惊。

7 月 6—29 日 经社理事会 1988 年第 2 期会议在日内瓦举行,重点讨论经济问题。会议通过 29 个决议和 21 个决定。

7 月 7 日—9 月 20 日 1988 年裁军大会第 2 期会议闭幕,会议未能在主要裁军问题上取得切实进展,包括禁止化学武器和禁止核试验等首要问题。

7 月 11—13 日 在纽约举行的关于西南非洲问题 4 国会议(安哥拉、古巴、南非、美国)起草一项协议,随后被各国政府批准。协议规定建立地区和平基础的 14 项基本原则被认为是"对于达成全面解决办法必不可少的"。

7 月 13—14 日 国际民航组织理事会在蒙特利尔总部举行特别会议,对美国军舰于 7 月 3 日使用武器击落伊朗民航飞机表示痛惜,强烈敦促各国避免采取任何可能损害该地区民航安全的行动,并决定立即调查这一事件的真相。

7 月 14—20 日 应伊朗要求安理会于 7 月 14—20 日举行 4 次会议,"审议美国海军部队屠杀伊朗航空公司 655 次班机上 290 名无辜平民乘客一事"。

7月18日 伊朗宣布正式接受安理会 S/RES/598(1987)号决议。这意味着打了近 8 年的两伊战争有可能在不太长的时间内实现停火。

7月20日 安理会通过关于伊朗伊斯兰共和国—美国问题的第 S/RES/616(1988)号决议,决议表示针对伊朗民用飞机被美国军舰击毁事件,对"此次悲剧事件的受难者家属及他们原籍国的人民和政府表示真诚哀悼",也请相关各方展开调查,并重申有关两伊冲突的第 S/RES/598(1987)号决议。

7月25—28日 柬埔寨 4 方、东盟国家、越南和老挝在印度尼西亚举行第 1 次雅加达非正式会议。

7月29日 安理会通过关于以色列—黎巴嫩问题的第 S/RES/617(1988)号决议,将联合国驻黎巴嫩临时部队的任务期限延长 6 个月,至 1989 年 1 月 31 日止。

同日 安理会通过关于谴责劫持和绑架人质行为的第 S/RES/618(1988)号决议,要求立即释放希金斯中校,并谴责绑架希金斯的行为。美国军官希金斯中校是 1988 年 2 月 17 日在联合国停战监督组织指派协助联黎部队执行任务的军事观察小组组长,其在执勤时被劫持。

7月30日 商品共同基金开始实行,这项新的金融制度的资金来自发展中国家和发达国家,旨在帮助为商品缓冲存货在价格稳定计划中提供资金。

8月1—16日 非殖民化特别委员会在纽约举行 1988 年届会,审议了纳米比亚的前途,并审查了西撒哈拉、东帝汶、福克兰群岛(马尔维纳斯群岛)、新喀里多尼亚、密克罗尼西亚和其他 13 个受联合国审查的领土的情势。

8月2—5日 在日内瓦举行的关于西南非洲问题 4 国会议(安哥拉、古巴、南非、美国)上,安哥拉、古巴和南非之间达成三方协议,协议要求南非结束对纳米比亚的控制,并执行联合国在 10 多年前通过的纳米比亚独立计划。

8月8日 安哥拉、古巴、南非和美国在日内瓦宣布,作为它们根据安理会第 S/RES/435(1978)号决议为准备纳米比亚独立而同意采取的一系列步骤的结果,事实上的停火已经实现;4 国建议秘书长将 1988 年 11 月 1 日作为开始执行决议的目标日期。

8月9日 安理会通过关于伊拉克—伊朗伊斯兰共和国问题的第 S/RES/619(1988)号决议,决定成立为期 6 个月的联合国维持和平部队——联合国伊朗伊拉克军事观察团(简称"两伊观察团"),调查任何破坏停火的行为,并设法通过谈判以防止在所有部队撤至国际公认边界之后出现的任何改变现状的行为。

8月12日 西南非洲人民组织通知联合国秘书长,它将遵守8月8日在日内瓦宣布的停火。

8月16日 丹麦在国际法院就格陵兰东岸和挪威的简·美因岛之间水域中的丹麦和挪威渔业区和大陆架定界争端提起对挪威的诉讼。

8月20日 7月17日,伊朗总统哈梅内伊写信给联合国秘书长德奎利亚尔说,伊朗愿意接受安理会第 S/RES/598(1987)号决议。伊拉克已于1987年7月23日接受了该决议。8月8日,秘书长宣布两伊定于8月20日格林尼治时间3时正式实现停火,并规定8月25日为在日内瓦开始和平谈判日期。8月20日,两伊之间持续8年的战争终于结束。

8月22—24日 在奥斯陆举行的关于南部非洲难民困境、回归者和被逐难民问题的国际会议通过宣言和行动计划以帮助南部非洲的数百万难民。

8月23—31日 联合国犯罪预防和控制委员会在维也纳举行第10届会议,讨论国际犯罪、处决和罪行受害者等问题。会议还讨论了家庭暴力、少年犯罪和联合国预防和控制犯罪的行动。由中国委员程味秋教授提出的《少年司法和预防少年犯罪,包括关于青少年犯罪研究的原则、指导方针和优先项目》决议草案获会议一致通过。这是中国在联合国社会领域提出的第1个并获一致通过的决议草案。

8月24日 为推动全面解决持续了24年之久的塞浦路斯冲突的谈判,秘书长德奎利亚尔在日内瓦举行午餐会,邀请同年2月当选的塞浦路斯总统瓦西利奥乌和塞浦路斯土族领袖登克塔什出席。这是塞浦路斯两族领导人3年来首次进行的直接会晤。

8月24—26日 关于西南非洲问题4国会议(安哥拉、古巴、南非、美国)在布拉柴维尔举行。

8月25日 在德奎利亚尔秘书长主持下,伊朗和伊拉克在日内瓦开始举行首轮直接和平谈判。第2轮于10月在纽约举行,第3轮11月在日内瓦举行。

8月26日 安理会通过关于伊拉克—伊朗伊斯兰共和国问题的第 S/RES/620(1988)号决议,再次谴责在两伊冲突中违背《日内瓦议定书》所定的义务和违反安理会第 S/RES/612(1988)号决议而使用化学武器的行为。

8月30日 南非通知秘书长它已根据8月8日在日内瓦达成的协议

完成从安哥拉的撤军。

同日 摩洛哥和波利萨利奥阵线同意由联合国秘书长和非统组织主席共同提交的和平方案。

8月31日 联合国秘书长佩雷斯·德奎利亚尔主持两伊直接谈判,要求海湾地区持久和平的努力已得到了安理会所有成员国的支持。他希望两伊会谈能在当天取得重要进展。

9月7—9日 关于西南非洲问题4国会议(安哥拉、古巴、南非、美国)在布拉柴维尔举行。

9月12—24日 大会为审查和评价联合国1986—1990年非洲经济复兴和发展行动纲领而建立的特设全体委员会在纽约举行会议。

9月17日—10月2日 第24届奥林匹克运动会在韩国汉城召开,共有159个国家和地区的8397名运动员参加本届奥运会,其中女运动员2186人。本届奥运会新列入了乒乓球比赛,恢复了已中断64年的网球比赛,并允许网球和足球职业运动员参赛。中国共派出287名运动员参赛,累计获得金牌5枚,银牌11枚,铜牌12枚。

9月19日 第42届联合国大会复会与闭幕。

9月20日 第43届联合国大会开幕,选举阿根廷外长丹特·卡普托为第43届联合国大会主席,这届联合国大会将创纪录地审议包括有12个新项目的152个议程项目。

同日 安理会通过关于西撒哈拉局势问题的第 S/RES/621(1988)号决议,要求秘书长任命西撒哈拉问题特别代表,并就如何举行公民投票以及如何确保在联合国与非洲统一组织合作的组织和监督下进行此次公民投票提出报告。随后秘书长指派埃斯彼尔(乌拉圭)为西撒问题特别代表,以实施和平解决西撒问题的建议,包括实行停火和进行该领土人民自决的公民投票。

同日 中国外交部部长钱其琛正式函告国际原子能机构总干事汉斯·布列克斯,中国决定加入《核材料实物保护公约》,并同时声明中国不受该公约第17条第2款所规定的两种争端解决程序的约束。

9月22日 大会1985年通过的《保护臭氧层公约》在第20份接受书交存90天后,于是日生效。根据该公约,缔约国必须采取适当措施,保护人类健康和环境不受由于人类活动减损了臭氧层而带来的有害影响。

同日 中国常驻联合国代表李鹿野大使致函联合国秘书长提出,中国代表团受权向联合国申请加入联合国维持和平行动特别委员会。

9月26—29日 关于西南非洲问题4国会议(安哥拉、古巴、南非、美国）在布拉柴维尔举行。

9月28日 5常任理事国外长在同秘书长德奎利亚尔就重大的国际问题交换意见后发表联合公报。5国外长强调他们继续信任联合国,并强调要根据宪章原则为解决当前的区域争端作出努力。

同日 中国代表团团长钱其琛外长在大会一般性辩论中发表讲话,阐述了中国政府对当前国际形势和重大问题的基本立场和主张,重申中国政府一贯倡导在国际关系中遵循和平共处五项原则,并强调说,中国政府一贯主张公正合理地政治解决所有的地区冲突。

9月29日 诺贝尔委员会在挪威奥斯陆宣布将1988年诺贝尔和平奖授予联合国维持和平部队。联合国秘书长德奎利亚尔代表联合国获奖。

10月3日 安理会开会纪念第S/RES/435(1978)号决议通过10周年,支持"由秘书长领导的坚决行动"以实现纳米比亚独立,并表示注意到安哥拉、古巴、南非和美国最近为寻求西南非洲冲突的和平解决办法而做的努力。

10月6日 大会通过了题为《为当代人类及其后代保护全球气候》的第A/RES/43/53号决议。决议"承认气候变化是人类共同关心的问题",要求"各国政府、政府间或非政府间国际组织以及科学机构把气候变化问题作为头等大事对待"并批准了政府间气候变化委员会的工作。

10月11日 反对种族隔离特别委员会举行特别会议,纪念声援南非政治犯日。秘书长德奎利亚尔在会上呼吁南非释放包括著名黑人领袖纳尔逊·曼德拉在内的所有政治犯和被拘禁者。

10月14日 秘书长报告指出,1988年4月14日的阿富汗和平方案签字国都报告说对方严重违反协议;并且对阿富汗持续交战表示深切关注。

10月18—19日 大会13年来第1次审议由朝鲜南北双方联合提出的题为"促进朝鲜半岛内的和平、和解和对话"这一新的议程。韩国总统卢泰愚和朝鲜第一副外长姜锡柱先后于18日、19日在大会一般性辩论中发表讲话,各自提出重新统一的建议。两国在联合国均享有观察员地位,双方这么高级别的官员在大会讲话还是首次。

10月22—25日 "琼恩"飓风袭击尼加拉瓜、哥斯达黎加、巴拿马等国,28日,大会通过关于"向尼加拉瓜、哥斯达黎加、巴拿马及其他受'琼思'飓风影响的国家提供紧急援助"的第A/RES/43/17号决议,呼吁国际紧急救助。

10月24日 马耳他外交部部长塔博尼在大会发言说,"人类共同继承的财产"这一概念应扩大到气候,这是马耳他提出相关决议草案的目的。

后来大会未经投票就通过了该决议草案。

10月26日　第43届联合国大会选举加拿大、哥伦比亚、埃塞俄比亚、马来西亚和芬兰为联合国安理会非常任理事国。现任的非常任理事国是阿尔及利亚、巴西、尼泊尔、塞内加尔、南斯拉夫、阿根廷、联邦德国、意大利、日本和赞比亚。

10月27日　大会举行特别会议庆祝世界卫生组织成立40周年,重申世界卫生组织在防止艾滋病方面所起的必不可少的作用。大会宣布12月1日是世界防治艾滋病日。

10月31日　安理会通过关于阿富汗—巴基斯坦局势的第S/RES/622(1988)号决议,要求联合国秘书长就有关阿富汗问题的日内瓦各协议的执行情况经常地向安理会提出报告。

11月1日　大会通过了关于海洋法的第A/RES/43/18决议,请各国尽早加入1982年联合国海洋法公约,并"呼吁各国维护公约及与其同时通过的有关决议的完整性"。该公约已有159国签署,并有37国批准或加入。该公约生效须有60个国家的批准或加入。

大会通过关于柬埔寨局势的第A/RES/43/19号决议,重申了"公正持久解决"柬埔寨问题的4个组成部分。

11月2日　大会通过关于"巴勒斯坦人民的起义"的第A/RES/43/21号决议,谴责以色列在被占领土"侵犯巴勒斯坦人民人权的持续性政策和行动"。

11月3日　大会通过关于柬埔寨局势的第A/RES/43/19号决议,逐一列了"柬埔寨问题公正持久解决办法"的主要组成部分,其中包括:"在有效的国际监督和控制下"从柬埔寨撤出所有外国军队;建立一个临时行政当局;促进诺罗敦·西哈努克亲王领导下整个柬埔寨的民族和解;以及"不再去实行以往受到普遍谴责的政策和措施"。

大会通过关于"阿富汗局势及其对国际和平与安全的影响"的第A/RES/43/20号决议,呼吁所有有关各方严格遵守和切实执行1988年4月14日在日内瓦签订的阿富汗和平协定,并请秘书长及其代表鼓励并促进阿富汗问题按照日内瓦各项协定及本决议及早实现全面的政治解决。

11月10日　伊朗和伊拉克同国际红十字委员会在日内瓦签署了第一批大规模遣返伤病战俘的谅解备忘录。

11月12—15日　巴勒斯坦全国委员会在阿尔及尔举行第19次特别会议。11月15日,巴解执委会主席阿拉法特在闭幕式上庄严宣布建立巴勒斯坦国。会议一致通过《独立宣言》和《政治声明》,宣布接受大会

1947 年 11 月 29 日通过的第 S/RES/181(1947) 号决议;谴责恐怖主义活动;要求以色列撤出巴勒斯坦领土,恢复巴勒斯坦民族合法权利;宣布接受安理会第 S/RES/242(1967) 号和第 S/RES/338(1973) 号决议,并以此作为召开中东国际问题会议的原则基础。1947 年 11 月 20 日,中国与巴勒斯坦建交。

11 月 15 日　大会表示它会坚决支持 1987 年 8 月签订的旨在建立中美洲和平的《危地马拉协议》和 1988 年 1 月在哥斯达黎加签署的《圣何塞联合宣言》。

同日　关于"被占领土起义"的联合国大会特别会议承认巴勒斯坦全国委员会建立巴勒斯坦国的宣言,并决定联合国系统应当称巴解组织为"巴勒斯坦"。

11 月 17 日　大会通过关于福克兰群岛(马尔维纳斯群岛)问题的第 A/RES/43/25 号决议,再度请阿根廷和大不列颠及北爱尔兰联合王国政府开始谈判,以便寻求途径,根据《联合国宪章》和平地彻底解决两国之间有待解决的问题,包括福克兰群岛(马尔维纳斯群岛)的前途问题。

大会通过关于纳米比亚问题的第 A/RES/43/26 号决议,支持纳米比亚的独立,强烈谴责南非政权无视联合国决议继续占领纳米比亚的行为。

11 月 18 日　大会通过关于"联合国 1986—1990 年非洲经济复苏和发展行动方案》执行情况的中期审查和评价"的第 A/RES/43/27 号决议,要求大大增加给非洲提供的资金,并建议非洲国家集中力量振兴农业及其支持部门。大会核可了其特设委员会关于联合国 1986—1990 年非洲经济复兴和发展行动纲领的中期审查和评价及关于加速执行该行动纲领的建议,请秘书长设立一个专家组来评价非洲商品情势和非洲国家出口多样化的问题。

11 月 22 日　大会在第 A/RES/43/47 号决议中宣布 20 世纪 90 年代为"根除殖民主义国际 10 年",并请秘书长提出报告,以便大会能够通过一个行动计划,使 21 世纪实现没有殖民主义的世界。22 日,大会欢迎秘书长和非统组织主席为促成公正和具有权威的解决方案所做的努力;西撒冲突双方(摩洛哥和波利萨利奥阵线)在 1988 年 8 月 30 日达成的协议。

11 月 23 日　安理会通过关于南非问题的第 S/RES/623(1988) 号决议,强烈敦促南非政府延缓处决并减轻保罗·特弗·赛特拉巴先生的死刑,以免使南非局势进一步恶化。

同日　德奎利亚尔秘书长对南非决定免除被称为"沙佩维尔六君子的6 位南非青年(5 男 1 女)的死刑表示欣慰。大会主席卡普托(阿根廷)称这一决定是一个"非常积极的事态发展"。

11月25日—12月20日　应大会要求在维也纳召开有108国代表参加的通过取缔非法贩运麻醉品和精神药物新公约全权代表会议。12月19日,会议以协商一致方式通过了《联合国禁止非法贩运麻醉药品和精神药物公约》。包括中国在内的43国政府代表20日在这项公约上签了字。公约于1990年11月11日生效。

11月27日　美国宣布拒绝向将在纽约联合国大会发言的巴解组织主席阿拉法特颁发入境签证,声称有确凿证据表明巴解组织分子参与了针对美国和其他国家的恐怖主义活动。

11月30日　11月下旬,阿拉法特主席通知联合国将就巴勒斯坦问题在大会上发言。27日,美国宣布拒绝发给阿拉法特入境签证。此举立即遭到包括美国盟国在内的几乎所有会员国的反对。秘书长明确表示美国的决定不符合东道国根据1947年总部协定所赋予的义务。30日,大会以151票对2票(以色列、美国),1票弃权(英国),通过第A/RES/43/48号决议,对东道国未发给签证表示十分遗憾,敦促美国重新考虑并改变它的这项违反总部协定的决定。

同日　安理会通过关于以色列—阿拉伯叙利亚共和国问题的第S/RES/624(1988)号决议,把驻扎在叙利亚戈兰高地的联合国脱离接触观察员部队的驻扎期限再延长6个月,至1989年5月31日止。

12月1日　第1个世界防治艾滋病日。

12月2日　大会通过关于"东道国关系委员会的报告"的第A/RES/43/49号决议,154票对2票(以色列、美国),1票弃权(英国)。决议对东道国未能对大会第S/RES/43/48号决议中提出的要求做出有力答复表示惋惜,并决定,"鉴于当前不得已的情况,并在不妨碍通常惯例的情形下",全体会议于1988年12月13—15日在联合国日内瓦办事处召开,审议巴勒斯坦问题。美国认为"改变会议地点"没有必要,但说它将不反对这样一个步骤并出席日内瓦会议。

12月5日　大会决定召开1次种族隔离及其"对于南部非洲的破坏性后果"的特别会议。

大会通过《关于预防和消除可能威胁国际和平与安全的争端和局势以及关于联合国在该领域的作用的宣言》的第A/RES/43/51号决议。决议提出加强联合国在预防和消除可能威胁国际和平与安全的争端和局势的作用,将提高其处理有关国际和平与安全问题以及促进和平解决国际争端的效力。

12月5—9日 大会通过3项新的法律文书:(1)《关于预防和消除可能威胁国际和平与安全之争端与情势以及联合国在该领域之作用的宣言》;(2)《对受到任何形式的拘留和监禁的所有人的保护的原则文件》;(3)《关于国际汇票与国际期票的公约》。

12月6日 大会通过关于"为今世后代保护全球气候"的第A/RES/43/53号决议,对全球气候变暖和臭氧层减损的潜在灾难性影响感到忧虑,指出气候的变化是"人类共同关切的问题"并决定需要采取国际行动来对付这个问题。这是大会通过的第1个关于气候的决议,它表明气候变化问题已成为国际社会关切的紧迫问题。

大会通过关于科学与和平的第A/RES/43/61号决议,宣布每年在11月11日所属的那个星期举行"国际科学与和平周"。

大会通过关于"整个维持和平行动问题所有方面的全盘审查"的第A/RES/43/59号决议,同意中国加入维持和平行动特别委员会。决议指出,大会认识到维持和平行动的重要性,"深信中华人民共和国的参加将有利于维持和平行动特别委员会的工作"。

12月7日 大会通过关于"根据《联合国宪章》加强国际和平与安全的综合办法"的第A/RES/43/89号决议,重申宪章规定的集体安全制度是维护国际和平与安全的一种无法取代的制度。决议提倡会员国对国际对话做出贡献,以便找出普遍可以接受的办法全面加强宪章规定的安全制度和加强联合国在维持国际和平与安全方面的作用。

同日 苏共中央总书记米哈伊尔·戈尔巴乔夫在联合国大会上作了一个演讲,宣布将大规模削减苏联军队,特别是其在东欧的驻军。这被公认为标志着冷战的结束,也对联合国在世界事务中的角色产生了深刻的影响。当年联合国创始人曾将安理会设想为维护国际和平与安全的主要机构,但在过去40年里,由于美、苏这两个安理会中最强大的常任理事国之间争夺霸权,安理会一直处在一种持续的僵局中。戈尔巴乔夫的演讲预示了这种对抗及其造成的安理会的瘫痪局面即将终结。

12月8日 大会举行特别会议,纪念具有历史意义的人权宣言发表40周年。会上表彰了南非反对种族隔离领导人纳尔逊·曼德拉等6位卓越的人权活动家。并要求联合国做更多的工作以防止人们在精神病医院内受到折磨和拘禁以及因政治原因而"消失",并要帮助他们享有与获得食品权、居住权和受教育权相当的拥有财产权。

大会通过关于"给予南非种族主义和殖民主义政权政治、军事、经济及其他形式的援助对人权的受享所产生的不良影响"的第A/RES/43/92号决议。

大会通过关于种族歧视与隔离的第 A/RES/43/150 号决议,讨论了对付纳粹主义、法西斯主义和新法西斯主义活动以及基于种族隔离、种族歧视和种族主义以及有系统地剥夺人权和基本自由的其他一切形式的极权主义思想和做法所应采取的措施。

12 月 9 日 大会通过关于《联合国国际汇票和国际本票公约》的第 A/RES/43/165 号决议及其所附之《联合国国际汇票和国际本票公约》。

大会通过关于"保护所有遭受任何形式拘留或监禁的人的原则草案"的第 A/RES/43/173 号决议,核准《保护所有遭受任何形式拘留或监禁的人的原则》。

12 月 10 日 大会根据 12 月 2 日的决定在日内瓦审议关于巴勒斯坦的问题;美国宣布它将同巴解组织直接对话。

同日 德奎利亚尔秘书长在奥斯陆代表联合国维持和平部队领取 1988 年诺贝尔和平奖。秘书长说,现在受到嘉奖的这个"伟大的实验",是经过许多人的努力才形成的。自 1948 年在中东派出第 1 支维持和平部队以来,联合国已先后派出过 15 支维持和平部队。现在仍有 8 支,共有兵员 1 万人。

12 月 13 日 安哥拉、古巴和南非在刚果首都签署《布拉柴维尔协议议定书》,就安哥拉、南非从纳米比亚撤军达成了原则协议,规定了自 1989 年 4 月 1 日开始在 27 个月的时间内从安哥拉撤出大约 5 万人的古巴军队的详细时间表。

12 月 13—15 日 大会将巴勒斯坦问题的审议移至日内瓦举行。巴解组织主席阿拉法特在会上作了发言。秘书长称他的发言是对"和平进程的一个新的非常重要的贡献"。

大会在日内瓦共通过了第 A/RES/43/175 —A/RES/43/178 号决议,再次强调巴勒斯坦问题是"中东冲突的核心",中东和平"不可分割",必须以在联合国主持下的一项全面、公正和持久解决办法为基础,并再次要求召开中东问题国际和平会议。决议还决定从 1988 年 12 月 15 日起在联合国系统以"巴勒斯坦"的称谓代替"巴解组织",但不影响其在联合国系统内观察员的地位和职能。

12 月 14 日 美国国务卿舒尔茨宣布美国将同巴解组织进行直接对话。

同日 安理会应黎巴嫩政府的要求,开会讨论以色列最近对黎巴嫩的袭击。美国无视国际社会的要求,否决了一项谴责以色列侵略黎巴嫩的决议草案。

12月15日 安理会通过关于塞浦路斯局势的第 S/RES/625(1988)号决议,将根据第 S/RES/186(1964)号决议成立的联合国驻塞浦路斯维持和平部队的任务期限延长 6 个月,至 1989 年 6 月 15 日止。

同日 第 43 届联大日内瓦会议通过了 5 项决议,除了 3 项程序性决议外,还有 1 项关于召开中东国际会议的决议和 1 项从当天起联合国系统以"巴勒斯坦"的称谓代替"巴勒斯坦解放组织(简称"法塔赫")"。这种有利形势推动了美、巴直接对话。

12月16日 在巴勒斯坦全国委员会特别会议发表了《独立宣言》的有利形势下,自 1988 年 12 月 16 日起,美国同巴勒斯坦解放组织进行了长达18 个月的直接对话。这让国际舆论普遍认为错综复杂的中东和平进程将有可能发生实质性进展。但由于 1990 年 5 月 30 日发生了特拉维夫海滩袭击事件,中断了美国同巴勒斯坦解放组织之间的对话。

12月20日 大会通过关于"到 2000 年的全球住房战略"的第 A/RES/43/181 号决议,其主要目标是在 2000 年之前做到人人有住所,重点是改善社会地位低下和穷苦人的处境,以解决世界居住危机为目标。战略提供了一个国际政策构架,还包括各国政府在本国的行动指南。

大会通过关于粮食和农业问题的第 A/RES/43/191 号决议,强调非洲的经济情况继续恶化,包括粮食与农业部门持续的不利趋势,需要国际社会采取迫切的决定性行动以加快和确保《联合国 1986—1990 年非洲经济复苏和发展行动纲领》的充分执行。

大会通过关于"外债危机和发展:谋求持久解决债务问题的办法"的第 A/RES/43/198 号决议,150 票对 1 票(美国),1 票弃权(日本)。该决议是基于审查了世界上较穷国家所欠的 13000 亿美元外债影响之后作出的,以敦促国际社会通过对话和分担责任,继续为发展中国家的外债问题寻找一项持久、公平并且彼此同意的注重增长和发展的解决办法。

大会宣布 1991—2000 年为第 2 个非洲运输和通讯 10 年。

大会通过关于国际合作消除发展中国家的贫困的第 A/RES/43/198 号决议,128 票对 1 票(美国),21 票弃权。决议敦促创造一个"有助于增长和发展的国际经济环境"。决议还指出,现在官方发展援助总额停留在远远低于 1970 年规定应达到占发达国家国民生产总值 0.7% 的目标。大会对此深度关切,重申应达到这一目标,并强调对最不发达国家的援助达到占其国民生产总值 0.15% 的指标的重要性。

同日 安理会通过关于安哥拉核查团的第 S/RES/626(1988)号决议,

决定设立联合国安哥拉核查团,以核查古巴军队向北部部署及全部撤出安哥拉。

12月21日　在秘书长发表声明联合国组织将"继续面临其日常财政承诺受到拖欠的真实危险"后,大会通过决议,敦促各会员国按时和充分地履行其对联合国的财政承诺。

同日　泛美航空公司 103 号航班在苏格兰小镇洛克比上空因爆炸坠毁,机上 279 人全部遇难,其中包括联合国驻纳米比亚高级专员本特·卡尔森。飞机坠入洛克比镇,至少有 20 名居民遇难。此即"洛克比空难"。12 月 30 日,安理会发表声明,强烈谴责这起破坏行为,呼吁所有国家协助逮捕和起诉那些应为这桩犯罪行为负责的人。

同日　在联合国总部举行 8 月 5 日日内瓦协议和 12 月 13 日布拉扎维尔协议的签字仪式;安哥拉和南非承诺同联合国合作以实现纳米比亚的独立;古巴承诺从安哥拉撤出全部军队,由联合国核查;主持仪式的美国国务卿乔治·舒尔茨称这一地区解决方案为"南部非洲历史的重大转折点";秘书长声明所有签字方都已承诺"采取一系列必要措施实现西南部非洲的和平并为纳米比亚的独立开辟道路"。

12月22日　第 43 届联合国大会自 9 月 20 日开幕至 12 月 22 日正式宣布休会,在大会审议的 152 项议程项目中,区域和平、世界贫困和环境保护居议程的首位。大会通过了涉及政治、经济、社会和法律等方面广泛问题的 324 个决议和 85 个决定,其中约 2/3 是未经投票而通过的。

同日　安哥拉、古巴和南非在联合国总部签署关于纳米比亚独立和古巴军队撤离安哥拉的三方协议。安哥拉和古巴签署分阶段将古巴军队全部撤回古巴的双边协议。这两项协议的签订,为落实安理会第 S/RES/435(1988)号决议奠定了基础。

一九八九年

1月1日　《关于消耗臭氧层物质的蒙特利尔议定书》开始生效,议定书规定签字国在 20 世纪末要把氯氟烃使用量减少到 1986 年的一半。

1月3日　联合国安哥拉核查团监督一支 3000 人的古巴军队撤离安哥拉。

1月7—11日　禁止化学武器国际大会在巴黎举行,包括 1925 年《日内瓦议定书》缔约国在内的 149 个国家和地区的代表参加。大会通过了《最后宣言》,决心通过全面消除化学武器来防止使用这类武器,与会各国

"承诺不使用化学武器,并谴责使用这类武器"。

1月9日 安理会通过关于国际法院的第 S/RES/627(1989)号决议,决定安理会和大会第 43 届会议应于 1989 年 4 月 18 日分别开会进行国际法院法官选举,以填补任期未满的纳根德拉·辛格法官去世后留下的空缺。

1月11日 应利比亚要求,安理会于 1 月 5—11 日举行 6 次会议,11 日就一项对美国击落利比亚飞机表示遗憾的决议草案进行表决,以 9 票(阿尔及利亚、中国、哥伦比亚、埃塞俄比亚、马来西亚、尼泊尔、塞内加尔、苏联、南斯拉夫)对 4 票(美、英、法和加拿大),2 票弃权(巴西、芬兰),未获通过。

1月16日 安理会通过关于"安哥拉和古巴签署协定"的第 S/RES/628(1989)号决议,欢迎和支持安哥拉、古巴、南非之间的三方协定和双边协定,呼吁所有有关各方合作执行这两项协定。

同日 安理会通过关于纳米比亚问题的第 S/RES/629(1989)号决议,强调安理会决心确保纳米比亚通过在联合国监督和控制下进行的自由公平选举,早日实现独立,决定从 1989 年 4 月 1 日开始实施安理会于 1978 年通过的关于实现纳米比亚独立的第 S/RES/435(1989)号决议。决议也敦促南非当局立即大幅度削减部署在纳米比亚的 8000 多名警察部队,以便同将要在这一地区部署的联合国维持和平部队保持相对的平衡。

1月23日 安理会重申,1982 年由安理会通过的"有关一个独立纳米比亚的制宪会议和宪法制定的原则"仍对当事人有效。

1月30日 安理会通过关于以色列—黎巴嫩问题的第 S/RES/630(1989)号决议,应黎巴嫩政府的请求,决定将联合国驻黎巴嫩临时部队目前的任务期限暂时再延长 6 个月,至 1989 年 7 月 31 日止。

2月6—17日 为期两周的第 33 届联合国麻醉品委员会会议在维也纳举行。面对世界日益严重的麻醉品滥用和有组织的非法贩运,会议将讨论采取新措施以应对这一问题,同时落实 1988 年通过的《联合国反对麻醉品和精神药物非法贩运公约》的具体实施。

2月7日—4月27日 1989 年日内瓦裁军会议进入第 1 阶段。

2月8日 安理会通过关于伊拉克—伊朗伊斯兰共和国问题的第 S/RES/631(1989)号决议,有关伊朗和伊拉克间局势问题,要求有关各方立即执行安全理事会第 S/RES/598(1987)号决议,决定将联合国伊朗和伊拉克军事观察团的任务期限延长 7 个月 22 天,至 1989 年 9 月 30 日止。

2月9—10日 经社理事会在纽约召开组织会议。

2月14日　中美洲国家总统在萨尔瓦多的科斯塔勒签署了《科斯塔勒联合声明》,委托联合国监察1987年8月在危地马拉埃斯基普拉斯签署的和平协议的进程,监督1990年的尼加拉瓜选举,并且帮助目前在洪都拉斯的尼加拉瓜反对武装力量的复原以及其家属的自愿遣返或搬迁。

2月14日—3月7日　第43届联合国大会复会,大会于3月7日以123票对1票(美国),0票弃权,决定在1990年4月23—27日在纽约举行专门讨论国际经济合作的特别会议,重点放在发展中国家的经济增长与发展上。

2月15日　按照1988年4月14日《日内瓦协定》的规定,苏联军队已于1989年2月15日从阿富汗全部撤出。联合国阿巴翰旋团队撤军时间表得到严格遵守表示满意。该团的报告说,苏军在第1阶段的3个月里撤出50183人,从1988年2月15日至1989年2月15日又撤出50100人。同年8月17日,苏联方面公布苏军在阿富汗阵亡13833人,失踪和被俘330人。

2月16日　安理会通过关于纳米比亚问题的第S/RES/632(1989)号决议,决定按照安理会通过的第S/RES/435(1978)号决议原定文本执行联合国纳米比亚独立计划,确保纳米比亚的情况能使纳米比亚的人民自由而不受恐吓地参加由联合国监督和控制的选举进程,决议还批准秘书长关于建立联合国纳米比亚过渡时期援助团的建议。

2月17日　安理会在2月10—17日举行5次会议,审议"被占领的巴勒斯坦领土的局势",17日在就一项对以色列自1967年以来对被占领土政策表示"深切痛惜"内容的决议草案表决时,以14票对1票(美国),遭到否决,未获通过。

2月19—21日　为期3天的第2次关于柬埔寨问题的雅加达非正式会议在印度尼西亚首都雅加达召开,柬埔寨四方、东盟国家、越南和老挝与会,各方一致同意,停火将在达成一项关于解决柬埔寨问题的协议生效之日起同时生效,随之所有的越南军队、军事顾问、其他个人及装备和其他材料按照规定时间在1989年9月30日前从柬埔寨撤军。

2月20—24日　第2次联合国关于铜的会议在日内瓦召开,约有40个铜生产国和消费国参加这次联合国贸发会议发起召开的会议。据联合国贸发会议的官员讲,这次会议可能结束谈判,建立一个由铜生产国和消费国组成的新的独立组织,这个组织的职能将是就世界铜业的情况交流信息,定期对市场作出估价和对铜业的前景作出预测等。

2月26日　联合国于1989年向哥伦比亚提供2200万美元,资助该国的禁毒运动。据哥伦比亚政府人士说,联合国向哥伦比亚提供的这笔款项主要用于禁毒宣传和发展粮食生产以取代毒品大麻和古柯的种植。

3月1日 第43届联合国大会续会审议了联合国纳米比亚过渡时期协助团的经费问题,经大会协商一致决定该协助团的经费为4.16亿美元,这是有史以来联合国维持和平行动的最大一笔开支。

3月3日 联合国教科文组织宣布,1990年为国际扫盲年,同年12月6日在纽约联合国总部开始发起国际扫盲年。

3月5—7日 拯救臭氧层世界大会在伦敦举行,有120多个国家代表参加。中国代表团团长在会上表示,中国政府支持保护臭氧层的维也纳公约和关于消耗臭氧层物质的《蒙特利尔议定书》的宗旨和原则,准备参加维也纳公约。

3月10日 联合国纳米比亚过渡时期援助团首批先遣部队抵达纳米比亚,至4月28日完成在纳部署。3月30日,秘书长德奎利亚尔宣布,从4月1日起纳米比亚停火。

3月13—18日 各国议会联盟第81届大会在布达佩斯召开,这届大会是在该组织成立100周年之际召开,因而具有特殊的意义。大会的中心议题是研究各国议会在保护儿童权益,最终消灭殖民主义、种族主义和种族隔离以及解决中东问题等方面能做哪些努力。会议最终通过了有关这3个议题的3项决议,其中关于保护儿童权利的决议希望联合国能顺利地通过儿童权利公约,并呼吁各国议会支持这一公约。

3月13—22日 联合国社会发展委员会第31届会议召开,30个正式成员国出席了这次历时10天的会议。会议讨论了《1989年世界社会状况报告》《社会进步与发展宣言》等文件,还着重讨论了改进社会发展委员会工作的问题。

3月16—17日 托管理事会第19届特别会议批准由两名成员组成一个视察团,观察帕劳情况。1982年,帕劳与美国签订为期50年的《自由联合条约》,至今仍未获得通过。

3月20—22日 联合国环境署于瑞士巴塞尔召开世界环境保护会议,来自118个国家的代表在会上通过了《控制危险废料越境转移及其处置公约》,规定危险废料出口国必须事先向进口国和有关国家通报废料的数量及性质。这是关于危险废料问题的第1个国际公约。

3月28日 安理会表示,直到完成联合国为纳米比亚制定的独立计划,联合国的任务才算完成。

3月28—31日 由联合国儿童基金会主持的讨论儿童问题的世界圆

桌会议在巴黎举行,会议呼吁各国政府重视儿童问题,拯救儿童,呼吁动员各种力量,以促成签署保护儿童权利国际条约。会议结束时发表的一项声明说,此次会议支持为召开讨论儿童问题各国首脑会议所做的一切努力,并且讨论、制定了1990年尊重和保障儿童权益的战略。

3月30日—4月7日 联合国第33届妇女地位委员会会议在维也纳召开。会议通过决议,重申"联合国妇女10年:平等、和平与发展"各项目标的重要意义,要求妇女积极、平等参与经济和社会活动,参与国家建设,创建公正的社会和政治制度并进一步发展妇女教育、就业、保健与社会服务,以提高妇女的地位。

3月31日 危地马拉、洪都拉斯、哥斯达黎加、萨尔瓦多和尼加拉瓜5个国家正式提出要求联合国成立一支观察员部队,作为联合国在中美洲的观察员小组,以核查1987年8月7日5国签订的《中美洲和平协议》的遵守情况,停止援助该区域的非正规部队和反抗运动,不允许他们利用其领土进攻其他国家。

4月1日 安理会关于纳米比亚独立的第S/RES/435(1978)号决议正式开始实施,是纳米比亚独立进程中具有重要历史意义的一天,标志着纳米比亚将要最终结束南非长达74年的殖民统治,从而在政治上完成非洲大陆最后一块殖民地的非殖民化进程。

同日 联合国发起"苏丹生命线行动",向苏丹提供大规模的人道主义援助,要求在5月雨季开始前,通过航空、陆路和水路向苏丹南部运输10万多吨物资,以救济遭受持续不断的内乱和自然灾害影响的220万名市民,其中100多万人面临饥饿的威胁,这次向苏丹南部运输救济食品的紧急行动是空前的。

4月2日 南非向秘书长报告西南非洲人民组织越界进入纳米比亚北部,声称西南非洲人民组织持续和不断升级地违反1988年12月签订的三方协议的行为已经导致了严峻局势的出现。西南非洲人民组织则声明它的成员已收到遵守停火的命令,只有在纳米比亚境内遭到南非军队进攻时才作出自卫反应。

4月4日 联合国非洲成员国集团要求秘书长确保南非军队被限制在基地内。南非则声明整个纳米比亚和平进程"面临崩溃的危险",除非采取积极有效的措施阻止局势的迅速恶化。

4月5日 越南声明它将在1989年9月底之前从柬埔寨撤出全部军队,在此日期之前对柬埔寨内政的外国干涉和对柬埔寨各方的所有外国军事援助必须停止。

4月7日 安理会支持联合国秘书长德奎利亚尔在纳米比亚恢复停火上所做的努力。鉴于4月1日实施安理会关于纳米比亚独立的第S/RES/435(1978)号决议第一天发生的冲突仍在继续,且形势恶化,安理会将竭尽全力执行联合国关于纳米比亚独立的计划和加速在纳米比亚部署联合国维持和平部队。

4月8日 西南非洲人民组织宣布其领导机构已命令在纳米比亚境内的部队"停止战斗,重新集结并在联合国过渡时期援助团的护送下于72小时之内向安哥拉转移"。

4月9日 由安哥拉、古巴和南非代表组成,并由美苏两国作为观察员的联合委员会通过了《艾特约山宣言》,要求"将局势恢复为3月31日之原状",西南非洲人民组织的部队在联合国过渡时期援助团的监督下从指定的边界集结点离开纳米比亚,并被转移至安哥拉境内南纬16°以北的基地。

4月10—17日 托管理事会观察团访问帕劳,观察目前局势。

4月11日 应喀布尔政权的要求,安理会召开紧急会议。喀布尔政权和巴基斯坦的代表在会上就阿富汗目前的紧张局势进行了激烈的辩论。

同日 联合国欧洲经济委员会第40届年会在日内瓦开幕。在这次为期两周的会议期间,34个与会国的代表就欧洲的经济形势和各国面临的重大经济问题展开讨论,其中重点问题是贸易和欧洲各国间在工业、环境及运输方面的合作。联合国欧洲经济委员会成立于1947年,其使命是促进和加强欧洲各国的经济关系。该委员会有34个成员国,包括32个欧洲国家及美国和加拿大。

4月11—26日 安理会审议阿富汗对巴基斯坦的指控,会议未达成任何决议草案。

4月12日 中国代表首次出席联合国"维持和平行动特别委员会"(特委会)会议,并在会上呼吁安理会和秘书长对维持和平行动给予"有力指导",各成员国给予"有力的政治支持"。

4月13—16日 "联合国、大众媒介和社会舆论"国际讨论会在波兰的克拉科夫附近的雷特罗市举行。联合国新闻处处长泰丽丝·加斯托在讨论会上指出,尽管近两年来国际形势明显地缓和,但是地区冲突的根源并未消除,国际社会"仍面临着共同的挑战和危险",世界继续处在"核武器和常规武器扩散""政治性争执不断"和"贫困现象普遍和环境严重污染"的威胁之下。

4月13—23日 伊朗和伊拉克在日内瓦为实现最终和平举行直接

谈判。

4月17日　安理会将继续就阿富汗形势问题进行辩论。大多数代表在发言中认为,实现民族和解并建立一个具有广泛基础的政府,是解决阿富汗问题的关键。

4月18日　安理会第2854次会议和大会第43届会议第91次会议同时选出拉古南丹·斯瓦鲁普·帕塔克先生(印度)为国际法院法官,填补纳根德拉·辛格法官逝世所遗空缺。

4月20日　大会通过关于巴勒斯坦问题的第 A/RES/43/233 号决议,129票对2票(以色列、美国),1票弃权。决议谴责以色列军队开枪射击造成手无寸铁的巴勒斯坦平民伤亡的行动,并吁请安理会紧急审议保护以色列占领区内巴勒斯坦平民的国际措施。

4月24日　安理会要求冲突各方对停火的呼吁"做出有力反应",同时重申全力支持阿拉伯国家联盟部长会议的行动,以"停止人员伤亡,缓解黎巴嫩人民遭受的苦难,并实现解决黎巴嫩危机必不可少的有效停火"。

同日　联合国儿童基金会同意1990—1994年的5年内,向中国提供8000万美元的资金,以提高中国妇女、儿童的健康和教育水平。中国贫困地区的大约1.2亿名农民将成为这一援助计划的直接受益者。

4月24—28日　联合国第8届防止犯罪和罪犯待遇问题大会欧洲地区预备会议在芬兰首都赫尔辛基举行,来自欧洲、北美29个国家以及联合国机构和一些非政府间组织的代表出席了会议。会议期间,代表们着重讨论了剥夺自由和其他可供选择的惩罚,反对有组织的犯罪行为和恐怖主义等问题,并就防止和控制犯罪方面的国际合作、青少年犯罪及联合国刑事司法系统的准则等问题提出了一系列提案。

4月26日　秘书长指出,尽管由于联合国财政危机造成了不利局面,但是由"18国集团"在1985年倡导进行的联合国改革仍然取得了进展。

4月28日　应巴拿马政府的要求,安理会举行会议。巴拿马外长里特尔在会上指责美国"粗暴干涉"巴拿马的内政,策划、组织、资助反对巴拿马政府的活动。早在4月24日,巴拿马总统帕尔马就致函联合国,抗议美国秘密地向巴拿马的反对派提供1000万美元的援助,以资助他们参加定于本年5月7日的大选。

5月2日　联合国秘书长特别代表办公室在温得和克宣布,联合国纳米比亚过渡时期援助团已经完成了在纳米比亚部署4480名步兵部队的任务。

5月2—5日　《关于消耗臭氧层物质的蒙特利尔议定书》缔约国首次

会议在赫尔辛基举行。会议通过《赫尔辛基宣言》,确定在 2000 年以前停止生产和使用氯氟烃类物质。

5 月 2—26 日 经社理事会在纽约举行常会。

5 月 6 日 巴西、秘鲁、哥伦比亚等 8 个亚马孙流域国家宣布对该地区环境的国际关注应当转变为资金和技术援助;8 国承诺对亚马孙地区的可持续发展给予"充分的政治推动力"。

5 月 7 日 美国表示诺列加政权在试图"通过大规模的欺诈行为和胁迫"谋取选举结果后,"已经废除了选举并恢复了暴力和流血"。

5 月 9 日 印度尼西亚和葡萄牙在联合国秘书长主持下恢复了关于东帝汶问题的谈判。

5 月 15 日 中国常驻联合国副代表俞孟嘉大使出席托管理事会会议,并在会上表示,中国代表团将遵照《联合国宪章》,为完成国际托管制度的任务作出贡献,这是中国自 1971 年恢复在联合国席位后第 1 次参加托管理事会会议。

5 月 23 日 联合国秘书长佩雷斯·德奎利亚尔日前发表谈话,对中国的局势表示关注。秘书长 22 日向聚集在安理会会议厅外的记者说,他"一直希望中国不要发生暴力事件"。

5 月 24 日 安理会对纳米比亚目前似乎正恢复正常、独立进程的道路日渐清晰的局势表示满意。

5 月 29—31 日 中美洲难民问题国际会议在危地马拉城举行,通过宣言以及《援助中美洲难民、回返者和流离失所的人的协同行动计划》。

5 月 30 日 安理会通过关于以色列—阿拉伯叙利亚共和国问题的第 S/RES/633(1989)号决议,决定将联合国脱离接触观察员部队的任务期限再延长 6 个月,至 1989 年 11 月 30 日止,并发表声明认为中东局势不容乐观。

5 月 31 日 世界卫生组织决定将当日定为"世界无烟日",以引起全世界人对"无烟"的重视,以便逐步使全世界真正成为一个无烟社会。

同日 联合国秘书长指出,1988 年 8 月开始的塞浦路斯双方谈判已经"进展到逐渐可达成全面协议的轮廓"的阶段。同时,他还提出了能解决主要问题的一系列具体设想。

6 月 1 日 "6·5"世界环境日前夕,环保工作成绩突出的成都动物园、广东省潮州市环境教育领导小组和新疆和田县政府,受到联合国环境规划署的表彰。联合国这项全球范围内的表彰活动,是从 1987 年开始的,计划 5 年表彰 500 个环保先进单位和个人。

6月8日　安理会就一项对以色列"侵犯被占领土巴勒斯坦人民人权"的政策和行动深表痛惜的决议草案表决时,遭到美国否决,决议未获通过。

6月9日　安理会通过关于塞浦路斯局势的第 S/RES/634(1989)号决议,决定将根据第 S/RES/186(1964)号决议成立的联合国维和部队在塞浦路斯的驻留期限再次延长6个月,至1989年12月15日止。

同日　安理会自6日开始举行讨论以色列占领区形势问题的紧急会议。9日,一项谴责以色列在占领区内镇压巴勒斯坦平民暴行的决议草案以14票对1票(美国),遭到否决,未获通过。

6月11—12日　为期两天的国际儿童权利大会在斯德哥尔摩举行,大会呼吁各国政府确保儿童的权利。这次会议是由"瑞典拯救儿童"组织发起的,来自20多个国家的代表以及一些儿童权利问题专家参加了会议。这次会议的目的是为1989年秋季通过的联合国儿童权利公约制定一项行动计划,以促使更多的联合国会员国签署这一公约。

6月13—14日　印度支那难民国际会议通过全面行动计划,并呼吁用一种长期多边方式解决持续已久的越南和老挝难民与寻求庇护者问题。

6月13日—8月31日　1989年日内瓦裁军谈判会议第2阶段只在化学武器方面取得有限进步。

6月14日　安理会通过关于"塑料炸药或薄片炸药加添标记以利侦测"的第 S/RES/635(1989)号决议,呼吁世界各国合作,防止一切恐怖主义行为,保证国际民航安全,特别注意防范使用塑料炸药和薄片炸药的恐怖主义行为。

6月16日　联合国反对种族隔离特别委员会举行大会,隆重纪念"索韦托日",以示国际社会与南非人民共同反对种族隔离斗争的决心。

6月19日　联合国设立共同商品基金的协议开始生效,共同基金旨在建立一项为缓冲库存提供资金的机制,以便限制基本商品贸易中的价格波动。

6月20日　联合国贸易和发展会议发言人卡琳·理查德20日宣布,经过10多年的谈判,《商品共同基金协定》已经生效。她说,迄今为止,这项基金已筹款5.45亿美元,达到了协定生效所要求的数额。1976年,建立商品共同基金的问题在联合国贸发会议上第1次进行讨论。

6月22日　缅甸政府已经通知联合国,缅甸联邦社会主义共和国已改称缅甸联邦,其中缅甸的原英译名"BURMA"改为接近缅甸文的英译名"MYANMAR"。缅甸国名的更改一经宣布就立即生效,并影响到联合国会议席座次的排列和联合国总部大厦前成员国国旗的排列。

6月26日 秘书长向安理会报告,向中美洲派遣一支联合国观察部队的计划"处于暂停状态",指出这一地区的政治气候已经恶化,在某些情况下暴力行为重新增长;报告指出联合国正在采取初步行动以便应2月14日"太阳海岸"(Costa del Sol)峰会的请求监督1990年尼加拉瓜大选。

6月26日——7月1日 联合国教科文组织发起的和平国际大会在科特迪瓦政治首都亚穆苏克罗召开。会议通过了关于《和平在每个人心中的亚穆苏克罗宣言》。该宣言指出,现在出现了对和平的非军事性的威胁,即失业、毒品、第三世界的债务和整体发展问题,由此而造成的发展中国家和工业化国家之间的失去平衡和环境恶化等。该宣言要求对此采取具体和有效措施。

6月27日 国际劳工组织大会第76届会议通过《土著和部落人民公约》,保护土著和部落民族对人类文化的多样化,对人类社会的和谐与生态平衡所作的贡献。公约于1991年9月5日生效。

7月3——23日 纳米比亚进行选民登记,这是联合国监督下纳米比亚独立进程的一部分。

7月6日 安理会通过关于被以色列占领的领土的第S/RES/636(1989)号决议,对以色列驱逐巴勒斯坦平民出境深表遗憾,并要求以色列保证已被驱逐出境的人立即安全返回被占领巴勒斯坦领土,立即停止把任何其他巴勒斯坦平民驱逐出境的行为。

7月12日 联合国驻西撒哈拉技术小组召开首次会议,讨论联合国和非洲统一组织联合提出的和平解决西撒哈拉争端的计划的实施。联合国驻西撒哈拉技术小组由联合国秘书长和非统组织共同建议,成立于6月30日,旨在同有关各方进一步澄清执行计划的条件、方法和途径。该小组由联合国秘书长直接领导。

7月17日 国际货币基金组织宣布,该组织已与联合国开发规划署签订协议,将设立一个常设机构,专门负责向开发规划署成员国提供财政援助。协议规定,国际货币基金组织将按照要求,执行由联合国开发规划署资助的技术性合作活动。这项计划的目的是帮助受援国改善货币、财政政策以及统计工作。

7月18日 国际法院为瑙鲁1989年5月提出的控诉澳大利亚对在瑙鲁独立前开采磷酸盐造成生态破坏要求予以赔偿一案设定书面诉讼的时间期限。

7月19日 秘书长抵达纳米比亚的温得和克,表示保证在职权范围内竭尽所能帮助纳米比亚"在确保所有人的和平与安全的条件下"实现独立。

7 月 20 日　国际法院驳回美国的指控。美国指控意大利当局由于其对于 ELSI 公司的行为与疏忽,已违反了 1948 年《友好通商航海条约》;赔偿的要求也被驳回(法国公司 ELSI 为两家美国公司全权拥有)。

7 月 27 日　安理会通过关于中美洲局势的第 S/RES/637(1989)号决议,认识到孔塔多拉集团及其支援集团为促进中美洲和平所作的重大贡献,对《危地马拉协定》和中美洲 5 国的《联合声明》给予坚定的支持,并呼吁所有国家努力、合作,以实现中美洲的稳固持久和平。安理会还设立联合国核查尼加拉瓜大选观察团以核查尼加拉瓜各政党享有不受阻碍和胁迫的组织与动员的全部自由,并且选民名册编制合理。

同日　中国批准了《维也纳保护臭氧层公约》。9 月 11 日,中国加入该公约。

7 月 28 日　经济及社会理事会通过第 1989/115 号决议,关注进一步加速非洲工业化事业,宣布第 2 个非洲工业发展 10 年开始启动。

7 月 30 日—8 月 30 日　由法国政府出面组织联合国柬埔寨问题国际会议在巴黎召开,联合国秘书长、安理会 5 个常任理事国、东盟国家、越南等18 国参加了会议,这次会议虽然未达成任何协议,但为后来柬埔寨问题的和平解决扫清了道路。面对联合国和国际社会的巨大压力,越南终于在1989 年 9 月撤出柬埔寨,越南支持的金边政权却与柬埔寨其他 3 方的军事斗争仍在继续。1990 年 6 月 24 日,柬埔寨 4 方无条件停火。

7 月 31 日　1988 年 2 月,在黎巴嫩被绑架的美国军官、联黎和平部队的希金斯中校惨遭黎恐怖组织杀害,并引起强烈反响。同日,安理会通过关于人质扣留问题的第 S/RES/638(1989)号决议,断然谴责一切劫持人质和绑架行为,要求立即安全释放一切人质和被绑架人士。

同日　安理会通过关于以色列—黎巴嫩问题的第 S/RES/639(1989)号决议,决定将联合国驻黎巴嫩临时部队的任务期限暂时再延长 6 个月,至1990 年 1 月 31 日止。

8 月 3 日　秘书长对最近阿富汗战斗升级并有扩大的危险以及阿富汗人民长期遭受痛苦表示严重关切。

8 月 7 日　中美洲 5 国总统在洪都拉斯的德拉签署了《德拉宣言》,批准了《危地马拉宣言》(1987 年 8 月 7 日),《阿拉胡埃拉宣言》(1988 年 1 月16 日)和《太阳海岸联合宣言》(1989 年 2 月 14 日);签署了关于"尼加拉瓜抵抗组织成员及其家属的"自愿复员与归国或转移并且援助"FMLN(萨尔瓦多)成员自愿复原"的《联合计划》;为联合国和美洲国家组织设立国际援助与核查委员会做准备。

8月11日 巴拿马在安理会控诉美国最近的"敌对行动"加剧了两国间的危机,会议未达成任何决议草案。

8月14日 中美洲5国要求联合国和美洲国家组织设立国际援助与核查委员会。

8月15日 安理会紧急呼吁黎巴嫩交战各派停火,同时支持阿拉伯3国委员会(阿尔及利亚、摩洛哥、沙特阿拉伯)的和平努力。

8月18日 秘书长德奎利亚尔发表声明纪念两伊战争实现停火1周年。他要求双方为执行安理会第S/RES/598(1987)号决议作出新的努力,他警告说,"没有任何理由自满,因为枪声的停止,并不意味着第S/RES/598(1987)号决议所要求的该地区的安全和稳定"。

8月23日 几内亚比绍就与塞内加尔海域划界争端向国际法院提起诉讼。

8月25日 国际援助与核查委员会成立;联合国与美洲国家组织联合行动将收缴"尼加拉瓜抵抗组织成员的武器、物资和军用设备,并将它们处于监管之下"。

8月29日 安理会通过关于纳米比亚问题的第S/RES/640(1989)号决议,要求按照联合国独立计划解散纳米比亚所有的准军事和部族武装,特别是反叛乱部队科伏埃特,并且拆除它们的指挥机构。

8月30日 安理会通过关于被以色列占领的领土的第S/RES/641(1989)号决议,对以色列继续将所占领的巴勒斯坦领土的巴勒斯坦平民驱逐出境深表遗憾,要求以色列保证已被驱逐的巴勒斯坦平民立即安全返回它所占领的巴勒斯坦领土。

9月8日 秘书长宣布联合国的财政危机仍在继续,常规预算的拖欠会费超过6.88亿美元,拖欠维和行动经费超过6.61亿美元。

9月15日 西南非洲人民组织官员安东·卢勒斯基在温得和克遇害,安理会对此表示强烈谴责。

9月18日 第43届联合国大会召开常会。

9月19日 秘书长宣布伊朗和伊拉克已同意在双方之间进行一轮"穿梭谈判";他还对谈判表示乐观,因为双方都要求并且需要和平。

9月19—28日 在日内瓦召开的关于执行《海床条约》第3次评估会议通过宣言,呼吁裁军大会"迅速进行"讨论进一步的裁军措施以"防止在海床洋底及其底土中进行的任何军备竞赛"。

9月19—29日　《禁止在海床洋底及其底土中安置核武器和其他大规模毁灭性武器公约》缔约方在日内瓦举行第3次评估会议。

9月19日—12月29日　第44届联合国大会召开,尼日利亚常驻联合国代表加尔巴当选为本届大会主席,此次大会将审议161个议题。

9月21—26日　越南表示所有军队已撤出柬埔寨。

9月23日　自3月14日,黎巴嫩基督教强硬派人物、黎政府军原总司令奥恩发动"解放战争",黎巴嫩局势进一步恶化。23日,美国和苏联发表一项联合声明,对黎巴嫩缺乏和平以及解决方案表示"深切关注",并敦促继续探索政治解决办法。30日,在由摩洛哥、沙特阿拉伯和阿尔及利亚3国元首组成的阿拉伯3方最高委员会的调解下,来自黎议会的33名基督教派议员和30名穆斯林派议员在沙特的塔伊夫市举行会议,商讨黎政治改革以及叙利亚在黎巴嫩驻军等问题。最终会议于10月22日通过了黎民族和解的《塔伊夫协定》。

9月29日　安理会通过关于伊拉克—伊朗伊斯兰共和国问题的第S/RES/642(1989)号决议,将两伊军事观察团的任务期限延长至1990年3月31日。

同日　安理会5常任理事国外长在同秘书长德奎利亚尔会晤后发表的1项联合公报中强调,联合国在当前的国际政治气候中,需要发挥重要作用。

10月13日　联合国海事组织第16届大会在伦敦举行,中国再次当选A类理事国。

10月14日　联合国协会世界联合会第32届大会在莫斯科举行。中国联合国协会会长毕季龙被推举为执委会主席。

10月18日　大会通过关于科摩罗马约特岛问题的第A/RES/44/9号决议,敦促法国加速谈判进程以确保马约特岛"有效和迅速"回归科摩罗群岛。

10月19日　阿根廷和英国发表声明,两国已停止所有敌对行动并且都不会提出针对对方的指控。

10月23日　大会通过关于"联合国同美洲国家组织的合作中美洲局势:对国际和平与安全的威胁及和平倡议"的第A/RES/44/10号决议,对中美洲的和平进程表示最坚决的支持,同时全力支持秘书长对此做出的努力。

10月24日　秘书长表示关于柬埔寨问题的对话和谈判进程获得"前所未有的动力"。

10月27日   安理会发表主席声明说,安理会成员国对充分执行第 S/RES/598(1987)号决议方面仍然缺乏切实进展表示关切。

10月31日   安理会通过关于纳米比亚问题的第 S/RES/643(1989)号决议,重申要求彻底解散所有仍存在的准军事和部族武装以及民兵,尤其是科伏埃特和西南非洲领土武装。

11月1日   大会呼吁阿富汗问题有关各方严格遵守并忠实履行在1988年4月14日达成的日内瓦协议。

大会要求召开特别联合国大会以领导针对滥用毒品和贩运麻醉药品的国际斗争,并团结国际社会来反对毒品灾害这一严重问题。

同日   尼加拉瓜政府在公开谴责反政府武装的进攻和大规模边界渗透后,单方面中止自1988年3月以来的停火。

11月6日   大会通过关于文化财产送回或归还本国的第 A/RES/44/18 号决议,呼吁世界各国把"无法替代的文化遗产送还本国"。决议指出归还一国的文物,有助于加强国际合作、保存并发扬世界文化价值。

11月6—9日   21世纪人口问题国际讨论会在阿姆斯特丹举行,通过《让后代过上更好生活:阿姆斯特丹宣言》。

11月7日   安理会通过关于中美洲局势的第 S/RES/644(1989)号决议,建立一支260人的联合国中美洲观察团。该观察团于12月进入中美洲执行维和使命,以核查停止援助该区域的非正规部队,不允许他们利用其领土进攻其他国家。中美洲观察团是联合国在该地区开展的第1次大规模维持和平行动,到1992年1月17日圆满结束。

同日   美国否决了安理会的一项决议草案,该草案对于以色列"违反被占领土巴勒斯坦人民人权"的政策和行动深表痛惜,呼吁以色列"停止做出这种行动并解除包围",同时敦促以色列将"非法随意没收的财产"归还原主。

11月7—11日   在联合国严格监督下,为期5天的纳米比亚制宪议会选举,平静而顺利地结束,西南非洲人民组织获多数席位。纳米比亚各方和联合国安理会以及非统组织对选举结果表示满意,认为选举是"自由和公正的"。

11月9日   推倒柏林墙。1985年3月戈尔巴乔夫出任苏共总书记后,在他的"新思维"推动和影响下,苏联与东欧国家出现了一系列巨大变化,东德政权遭受到前所未有的压力。1989年,匈牙利宣布开放边境,对东德有直接影响。大量民众开始通过匈牙利前往西德,当年夏天达到高潮,已发展成难以控制的出逃事件。东德体制已岌岌可危。1989年11月9日深夜,柏林墙终于被怒不可遏的柏林民众推倒。1990 年 6 月,东德政府被迫决定拆除柏林墙。存在了 28 年 2 个月零 27 天的柏林墙,曾一度成为东、西德两国和东、西柏林的分界线,给人民和国家留下了难以抹去的伤痛和灾难。柏林墙虽可一时阻断人们的往来,却消除不了人们对自由的渴望和向往。推倒了柏林墙,两德统一的进程很快进入快车道,德国统一已水到渠成。

11 月 11 日 为回应有宣称说西南非洲人民组织将纳米比亚人拘禁在安哥拉和赞比亚的营地,联合国在向该地区派出一个代表团后发表报告表示没有发现被拘禁者,它也无法解释先前报道中失踪或被拘禁的 1100 多人中的 315 人的下落。

11 月 13 日 秘书长声明萨尔瓦多局势严重恶化,有联合国代表参与的萨尔瓦多政府同民族解放阵线的谈判"似乎面临危险"。

11 月 14 日 大会通过关于南大西洋和平与合作区的第 A/RES/44/20 号决议,呼吁所有国家帮助促进实现 1986 年《南大西洋和平区与合作宣言》的目标,并且避免采取任何可能导致或加剧该地区紧张局势或潜在冲突的行动。

11 月 15 日 大会通过关于"依照《联合国宪章》加强国际和平、安全和国际合作的一切方面"的第 A/RES/44/21 号决议,这是美国和苏联在历史上首次联合向大会提出一项政治决议草案。该决议要求加强联合国在维持国际和平与安全方面的作用,呼吁所有国家加强努力,遵照《联合国宪章》的原则,通过协商和合作确保国际和平与安全。

11 月 16 日 大会通过关于柬埔寨局势的第 A/RES/44/22 号决议,逐一列举了柬埔寨问题"公正持久和全面政治性解决"的主要组成部分,其中包括:(1)"在有效的国际监督和控制下"从柬埔寨撤出所有外国军队;(2)建立一个临时行政当局;(3)促进诺罗敦·西哈努克亲王领导下整个柬埔寨的民族和解;(4)不再实行近期受到普遍谴责的政策和措施。大会以 124 票对 17 票的空前压倒多数,通过东盟等 79 国共同提出的题为《柬埔寨局势》的决议草案。

同日 秘书长指出,"无论是在安理会内部还是在冲突各方之间都无法就允许召开关于中东问题的国际和平会议达成充分协议"。

11 月 17 日 大会通过第 A/RES/44/23 号决议,宣布 1990—1999 年为联合国国际法 10 年,以引起世界人民不断认识到增强法律规则在国际关系中的必要性。

11 月 20 日 大会通过《儿童权利公约》(第 A/RES/44/25 号决议),这是世界范围内衡量儿童基本权利的普遍标准。

大会呼吁所有国家保障 1982 年《联合国海洋法公约》章程的统一,并吁请各国"为促进公约的普遍参与做出新的努力"。

同日　安理会向纳米比亚人民祝贺大选的举行并且重申联合国将继续在对独立过渡期的监督方面扮演重要角色。

11 月 22 日　秘书长表示中东的"宝贵时机已经过去","现有的谈判意愿可能会被这块土地上发生的事件的苦难结局所逐渐销蚀"。

同日　大会通过关于谴责种族隔离政策的 12 项决议,要求铲除南非种族隔离制度,敦促实行强制性石油禁运,并且对于重订南非外债和与南非在军事、核情报与技术领域的持续合作表示痛惜。

11 月 29 日　安理会通过关于以色列—阿拉伯叙利亚共和国问题的第 S/RES/645(1989)号决议,将联合国脱离接触观察员部队的任务期限延长 6 个月,至 1990 年 5 月 31 日止。

12 月 4 日　大会谴责"无论何地由何人所犯的一切恐怖主义的动作、手段和行为"是犯罪的和毫无理由的,并号召所有国家避免组织、煽动、援助或参与其他国家境内的恐怖主义行动。

大会通过关于"利用雇佣军作为手段侵犯人权并阻止人民行使自决权利"的第 A/RES/44/81 号决议并通过《反对招募、使用、资助和训练雇佣军国际公约》。

12 月 4—6 日　大会再次呼吁召开一次中东问题国际和平会议;重申巴勒斯坦问题是该地区冲突的核心并谴责以色列侵犯被占领土巴勒斯坦人民人权的"顽固坚持的政策和行为"。

12 月 5 日　联合国和美洲国家组织的秘书长通知中美洲各国总统,"出于他们无法控制的原因并令他们十分遗憾",他们没能将 1989 年 8 月 7 日在洪都拉斯德拉通过的关于解散尼加拉瓜抵抗派的联合计划付诸实施。

同日　大会主席加尔巴发表声明,对美国以停交会费威胁联合国与阻挠联合国大会表决巴勒斯坦议案一事表示遗憾。6 日,大会通过关于巴勒斯坦问题的 4 项决议,强调全面公正地解决巴以冲突。

12 月 6 日　大会决定 1990 年为"国际扫盲年"以消除文盲和功能性文盲,针对目标是农村地区和城市贫民窟、妇女儿童和有特别教育需求的人群。

12 月 7 日　秘书长表示只要塞浦路斯希腊族和土耳其族双方的领导人"表现出应有的诚意并承认可行的解决办法必须满足双方族群的合法利

益"，并通过"有效谈判"达成全面协议的基础是存在的。

同日　大会通过关于"国际法院 1986 年 6 月 27 日对尼加拉瓜境内和针对尼加拉瓜的军事和准军事活动的判决：必须立即执行"的第 A/RES/44/43 号决议，要求美国遵守国际法院的判决，停止支持针对尼加拉瓜的军事活动和准军事活动。

12 月 8 日　大会宣布 1992 年为"国际空间年"，1994 年为"国际家庭年"，以强调全球对家庭问题的认识并促进处理与家庭有关的严重问题的国家机制。

大会通过 11 项关于巴勒斯坦难民的决议，呼吁保障难民的人权和法律权利；涉及诸如重新安置和住所、损失财产补偿、教育等问题；同时将联合国近东救济工程处（UNRWA）的任务期限延长至 1993 年 6 月 30 日。

大会纪念 1969 年《社会进步与发展宣言》发表 20 周年。

12 月 10—12 日　在哥斯达黎加举行的中美洲 5 国总统峰会通过一项宣言，请求延长联合国中美洲观察团的任务期限并赋予其解散该地区非正规武装的直接职责，停止援助该区域的非正规部队以及核查停火。

12 月 11 日　大会声明各种形式的殖民主义构成了对国际和平与安全的严重威胁，并且是同《联合国宪章》《世界人权宣言》和 1960 年的《非殖民化宣言》不相容的。

大会欢迎联合国秘书长和非统组织主席为推动西撒哈拉问题公正和持久地解决所做的努力；强调冲突双方（摩洛哥和玻利萨利奥阵线）达成原则协议的重要性。

12 月 12—14 日　联合国举行第 16 届特别联合国大会，讨论"种族隔离及其在南部非洲破坏性影响"问题，并于 14 日通过了题为《关于种族隔离及其在南部非洲破坏性影响的宣言》的第 A/RES/S—16/1 号决议。决议指出联合国各成员国应继续尽全力加紧支援南非人民的合法斗争，包括不断对种族隔离制度施加国际压力，直到予以铲除，使南非成为一个统一、民主、不分种族的国家，所有公民都能享受到正义和安全。

同日　安理会通过关于塞浦路斯局势的第 S/RES/646（1989）号决议，将根据第 S/RES/186（1964）号决议成立的联合国驻塞浦路斯维持和平部队的任务期限延长 6 个月，至 1990 年 6 月 15 日止。

12 月 15 日　大会建议在 1990 年和 1991 年大会期间召开 1963 年《部分禁止核试验条约》缔约国会议，以将该协议转变成一项全面禁止所有核试验，包括地下核爆炸的条约。

大会通过 3 项关于美苏双边裁军谈判进展的文件，要求将达成一项禁止化学武器的发展、生产、储存和使用的公约作为重要优先的工作。

大会通过关于裁减军事预算的第 A/RES/44/114 号决议,核准《关于各国在冻结和裁减军事预算领域内进一步行动所应遵守的各项原则》。

大会通过关于"化学武器和细菌(生物)武器"的第 A/RES/44/115 号决议,内含 3 项:A.化学武器和细菌(生物)武器;B.化学武器和细菌(生物)武器:确认《1925 年日内瓦议定书》的权威和支持缔结一项化学武器公约的措施;C.《关于禁止发展、生产和储存细菌(生物)及毒素武器和销毁此种武器的公约》缔约国第 2 次审查会议各项建议的执行情况。

大会通过《公民权利和政治权利国际公约》的第 2 个《非强制协定》,要求参加国在其管辖范围内采取措施废除死刑。大会谴责对难民和寻求庇护者安全和权利的侵犯,尤其是那些对难民营和居留地的军事或武装袭击,强迫征召入伍以及其他形式的暴力。

大会通过关于公民权利的第 A/RES/44/128 号决议,核准附件中旨在废除死刑的《公民权利和政治权利国际公约》第 2 项任择议定书。

大会通过关于取缔非法麻醉药品全球协定纲领的第 A/RES/44/141 号决议,对药物滥用和麻醉药品的非法生产和贩运的显著增加给世界大多数国家人民带来的威胁表示震惊,呼吁加强国际合作和共同行动,对国际药物管制采取更全面的执行办法以遏制这方面威胁。

大会谴责谋杀萨尔瓦多中美洲大学校长依戈纳西奥·埃拉库利亚神父及其他耶稣会教士的行为是"残忍的暗杀"。

大会通过关于智利境内的人权情况的第 A/RES/44/166 号决议,重申智利政府有义务按照智利加入为缔约国的各项国际文书的规定尊重并保护人权。

12 月 18 日　大会纪念《消除对妇女一切形式歧视公约》通过 10 周年。

12 月 19 日　大会通过关于《防沙治沙协定计划》的第 A/RES/44/172 号决议,大会认识到旱灾和沙漠化给受灾的发展中国家的经济和财政能力带来很大负担,而且国际经济环境的不良影响阻止了它们的努力。大会敦促各国政府,尤其是发达国家的政府、联合国各组织和其他政府间机关加强和加紧防沙治沙的努力,对《防沙治沙行动计划》内给的建议给予优先考虑。

12 月 20 日　安理会举行紧急会议审议美国武装入侵巴拿马后的形势。美国通知安理会其对于巴拿马的干涉是为了保护美国人生命和《巴拿马运河公约》完整性的自卫行动。

12 月 22 日　大会宣布 1991—2000 年为第 2 个非洲工业发展 10 年,

指出发展中国家与债务负担相伴随的"严重的社会后遗症"和"无法令人满意的产量和发展增长率",需要"对债务问题的可持久解决方案"。

大会通过关于联合国环境和发展会议的第 A/RES/44/28 号决议,决定1992 年在巴西召开一次关于鼓励环境健全性发展方式的大会("地球峰会"),并同意尽快起草一项保护地球气候的公约以求在巴西的会议上通过。

大会宣布 20 世纪 90 年代为国际减轻自然灾害 10 年(1990—1999 年)并确定每年 10 月的第 1 个星期三作为"国际减灾日"。

大会通过关于"有毒和危险产品及废料的贩运和处置、管制和越界运输"的第 A/RES/44/226 号决议,请所有国家在不妨碍区域政府间组织在这方面采取的最终立场的情况下考虑签署《巴塞尔公约》,有毒和危险产品及废料的非法贩运的问题必须由国际社会各成员的合作下来完成,必须协助所有国家特别是发达国家取得一切关于有毒和危险产品及废料的适当资料以查明和禁止此类行为及其目的。

12 月 23 日　安理会在就一项要求美国立即停止对巴拿马的干涉并撤回武装部队的决议草案进行表决,遭到法国、英国和美国的否决,未获通过。

12 月 29 日　大会通过关于"美利坚合众国军事干涉巴拿马对中美洲局势的影响"的第 A/RES/44/240 号决议,要求"美国立即停止对巴拿马的干涉并撤出武装入侵部队",同时对干涉行为深表痛惜,称其为"一次对国际法和国家独立、主权和领土完整的公然侵犯"。

一九九〇年

(国际扫盲年)

1 月 1 日　铲除殖民主义国际 10 年(1990—1999 年),国际减少自然灾害 10 年,联合国国际法 10 年(1990—1999 年)正式启动。

1 月 4 日　秘书长德奎利亚尔在提交给大会的一份报告中说,在过去30 年中,20 世纪 80 年代世界经济的增长速度是最低的,发展中国家尤其如此。

1 月 8 日　托管理事会召开第 20 次特别会议。

1 月 11 日　安理会通过关于阿富汗—巴基斯坦问题的第 S/RES/647(1990)号决议,关注阿富汗和巴基斯坦局势,决定将联合国驻阿富汗和巴基斯坦斡旋团任务延长两个月,至 1990 年 3 月 15 日止。

1月17日 安理会一项关于美军搜查尼加拉瓜驻巴拿马大使住所是"对基本人权和基于国际法之豁免权的践踏"的决议案遭到美国否决。

1月26日 59国政府在联合国总部举行《儿童权利公约》签字仪式。

1月31日 安理会通过关于以色列—黎巴嫩问题的第 S/RES/648 (1990)号决议,重申支持黎巴嫩在其国际公认疆界内的领土完整,主权和独立,决定将联合国驻黎巴嫩临时部队目前的任务期限暂时再延长6个月,至1990年7月31日止。

1月31日—2月10日 联合国观察团就帕劳群岛公民投票公布报告称,60.8%的公民投票赞成"紧密团结美国自由协会",并宣称投票自由、公正并符合规则,投票结果反映了帕劳群岛人民的自由意志。

2月6—8日 经社理事会在纽约召开组织会议。

2月9日 安理会讨论关于古巴抗议美国在1月31日"武力进攻"一艘由古巴人在巴拿马注册的商船,会议延期,该问题暂缓审议。

2月10—12日 第1次最不发达国家部长级会议在达卡举行,会议发表声明呼吁国际社会努力协助最不发达国家减轻债务负担,发展经济,消除贫困,摆脱落后。

2月11日 南非黑人政治领袖纳尔逊·曼德拉在被监禁了27年后获释,受到了国际社会的热烈欢迎。秘书长德奎利亚尔说,释放曼德拉和南非宣布采取的其他措施标志着"争取南非局势和平解决进程中的一个转折点"。反对种族隔离特别委员会称曼德拉的获释是南非反对种族隔离运动和多年来一直为争取曼德拉获得自由而斗争的全世界各国人民和政府的一个胜利。

2月11—12日 安理会5个常任理事国讨论柬埔寨维和形势,包括过渡时期军事安排及行政结构。

2月13日 德意志民主共和国与德意志联邦共和国同美国、苏联、英国、法国4大国在渥太华商定:先由两德解决与统一有关的"内部"问题,再由两德同4国一起通过"2+4"会谈,解决与统一有关的"外部"问题。德国统一问题正式提上日程。

2月14—15日 阿根廷和英国在马德里决定重新建立外交关系并同意采取一系列建立信任的措施。

2月15日 在苏军全部撤离阿富汗1周年之际,秘书长德奎利亚尔发表声明说,虽然外国军队已撤走,但是"阿富汗人民的悲剧"还未结束。日内瓦协议的其他条款还未得到充分执行。阿富汗人民作为一个整体仍然是一场"军事力量没有造就任何胜利者"的战争的受害者。他呼吁国际社会和阿富汗各阶层人士支持实现全面政治解决阿富汗问题。

2月20—23日　联合国大会召开第17届特别会议,会议全称为"国际合作取缔麻醉品和精神药物非法生产、供应、需要、贩运和分销问题的联合国大会特别会议"。会议通过了第 A/RES/1(S—17)号决议、第 A/RES/2(S—17)号决议以及《政治宣言》和《全球行动纲领》。《政治宣言》认为,非法麻醉品和精神药物对世界上所有国家都构成严重危险,各国应采取协调一致的行动与毒品作斗争;敦促国际社会加强反对毒品的教育与宣传,并宣布 1991—2000 年为联合国禁用药物滥用 10 年。而《行动纲领》则提出了落实《政治宣言》的具体措施,为世界范围内的反毒斗争设计了一幅蓝图。《行动纲领》还要求建立监督机构,以保证禁毒计划的实施。会议并宣布 1991—2000 年为联合国禁毒 10 年。这次大会是有史以来第 1 次专门讨论减少毒品需求的国际会议,因此也被称为"第 1 届禁毒特别联大"。中国已加入联合国《1961 年麻醉品单一公约》《1971 年精神药物公约》,并且是《禁止非法贩运麻醉药品和精神药物公约》缔约国。以卫生部副部长顾英奇为团长的中国代表团出席了禁毒特别联大并在大会上发言。

2月25日　150 多万名尼加拉瓜选民参加了由联合国第 1 次在一个独立国家监督的选举投票。查莫罗夫人以获投票总数的 54.7%当选为尼加拉瓜总统。3 月 23 日,尼加拉瓜民选总统查莫罗夫人与尼加拉瓜抵抗力量就停火和遣散安排达成《通孔廷协定》。4 月 19 日,尼加拉瓜政府和尼加拉瓜抵抗力量及红衣主教奥万多·布拉沃签署了一系列协定,决定在当天中午 12 点实现停火,建立安全区和确定遣散具体时间表。4 月 25 日,查莫罗夫人正式就职。

2月25日—3月1日　在雅加达举行关于柬埔寨问题的非正式会议。会议就所关心的问题达成一致,主要包括组织柬埔寨各政党同意的柬埔寨最高委员会和联合国在解决柬埔寨问题过程中的作用。

2月27日　安理会主席发表声明,表示全力支持秘书长有关两伊会谈的努力,以求"在他主持下,举行经过适当安排的直接会谈",会谈旨在达成一个执行第 S/RES/598(1987)号决议所有各个方面的计划,其中包括时间安排和程序。

3月2日　几内亚比绍(几内亚比绍共和国首都)的塞内加尔案件国际仲裁法庭未受理关于几内亚比绍要求处理其同塞内加尔争端的案件。该案由几内亚比绍在 1989 年 8 月 23 日提起诉讼,涉及国际仲裁法庭就两国海上分界争端的决议的地位问题。

3月12日 安理会通过关于塞浦路斯局势的第 S/RES/649(1990)号决议,呼吁塞浦路斯两族领导人继续努力,为塞浦路斯问题自由地达成一项双方都能接受的解决办法,规定按照他们 1977 年和 1979 年的高层协议建立一个两族、两区的联邦。

3月12—13日 安理会 5 个常任理事国在巴黎呼吁全面政治解决柬埔寨问题,以求早日实现和平,并为大选创造中立的政治环境;建议在举行大选前期,由柬埔寨四政党同意建立的"柬埔寨全国最高委员会"必须是独一无二的法律机构,其间蕴含"国家主权和领土完整";常任理事国原则上同意"提高联合国在解决柬埔寨问题中的作用",包括建立联合国驻柬埔寨过渡时期权力机构(联柬权力机构),保证该国在过渡时期中立的行政管理。

3月15日 联合国阿富汗巴基斯坦斡旋特派团任务期限届满。之后,秘书长又设立了秘书长驻阿富汗巴基斯坦办事处,以便依照日内瓦协议的条款和第 44 届联合国大会的有关决议继续履行他的斡旋使命。

3月21日 2月9日,纳米比亚制宪议会通过宪法。2月16日,一致选举努乔马为总统,任期 5 年。3月21日,纳米比亚独立,非洲大陆殖民化的历史宣告终结。4月8日,联合国过渡时期援助团任务结束。

3月27日 安理会通过关于中美洲局势的第 S/RES/650(1990)号决议,决定扩大联合国中美洲观察团的任务,以便它能在尼加拉瓜抵抗力量成员的自愿遣散方面发挥作用,具体负责从尼加拉瓜抵抗力量成员手中接收武器、军用物资和军事装备,包括军服。

3月29日 安理会通过关于伊拉克—伊朗伊斯兰共和国问题的第 S/RES/651(1990)号决议,决定将联合国伊朗和伊拉克军事观察团任务限期再延长 6 个月,至 1990 年 9 月 30 日止,再次要求有关各方立即执行其第 S/RES/598(1987)号决议。

3月30日 危地马拉民族革命联盟(URNG)和危地马拉民族和解委员会(CNR)在挪威首都奥斯陆签署《通过政治手段达成和平的基本协定》。

4月3日 进入 1990 年,中美洲局势进一步趋向缓和。4月3日,中美洲国家第 7 次首脑会议通过了《蒙特利马尔声明》。这次会议是中美洲和平进程的一个转折点。

4月4日 萨尔瓦多政府和民族解放阵线举行第 1 轮直接和平对话,并签署了关于迅速结束武装冲突的协定,以便在联合国监督下"促进国家民主,保证不受限制的人权和重新团结萨尔瓦多社会",并服从安理会的决议。

4月12日　侯志通大使在裁谈会上就化学武器公约问题发言指出：化学武器公约的目标，应是确保无条件地全面禁止和彻底销毁一切化学武器及其生产设施，确保完全、永久性禁止化学武器的生产和使用；在公约缔结和生效之前，所有拥有化学武器的国家应无条件地保证不使用和不再生产化学武器；所有其他国家都不发展、不生产和不获取化学武器。关于别国在受害国遗存化学武器的销毁问题，必须在未来的公约中得到正确解决。

4月17日　安理会通过关于"接受新会员国：纳米比亚"的第 S/RES/652（1990）号决议，商讨有关纳米比亚共和国和列支敦士登公国要求加入联合国的申请。

4月20日　安理会通过关于中美洲局势的第 S/RES/653（1990）号决议，决定于同年 5 月 4 日召开安理会第 2921 次会议，讨论题为"中美洲：谋求和平的努力——秘书长的报告"的项目。

4月22日　为呼吁全世界采取一致行动，保护人类赖以生存的地球，联合国举行盛大活动纪念"地球日"。

4月23日　大会通过了关于接纳纳米比亚共和国为联合国会员国的第 A/RES/S—18/1 号决议。

4月23日—5月1日　联合国大会专门讨论"国际经济合作，尤其是重振发展中国家经济增长与发展"的第 18 届特别会议在纽约召开。大会通过了第 A/RES/S—18/1 号至第 A/RES/S—18/3 号决议，特别是在关于"关于国际经济合作，特别是恢复发展中国家经济增长和发展宣言"的第 A/RES/S—18/3 号决议中，提出了包括对 20 世纪 80 年代的评价、20世纪 90 年代的挑战和机会、促进国际发展合作的决心与政策等 3 部分内容，认为主要工业化国家对宏观经济政策的协调应充分考虑到发展中国家，发展中国家也应当促进经济现代化，提高国际竞争力。这无疑对广大发展中国家从经济停滞和衰退中重新崛起有重要的提振作用。中国经贸部部长郑拓彬率团出席了会议并在大会发言中指出：国际社会在 20 世纪90 年代面临一系列重大课题。第三世界的发展就是其中一个带根本性的大问题。

5月1—25日　经社理事会在纽约召开本年度第 1 次正式会议。

5月4日　安理会通过关于中美洲局势的第 S/RES/654（1990）号决议，决定延长观察团任务期限，促进尼加拉瓜形势的好转。

5月7—18日　第 43 届世界卫生大会在日内瓦举行，要求发达国家增加对发展中国家，特别是最不发达国家的援助，以建立有效的保健发展方案。

5月7—29日 联合国裁军审议委员会会议于在纽约举行。会议审议了"常规裁军""南非的核能力""联合国的裁军作用""海军军备与裁军""宣布20世纪90年代为第3个裁军10年宣言""核与常规裁军"和"关于军事情况的客观情报"等7项议题,结束了对前6项议题的审议,并就7项议题通过了向联大提交的报告和建议,其中前5项议题以协商一致方式通过。中国代表团积极参加了会议各议题的工作,并提出了具体建议和案文,阐明了中国对核裁军、核不扩散、海军裁军以及加强裁审会作用等一系列重大裁军问题的原则立场和主张。同年,中国在大会上提出的关于"核裁军"和"常规裁军"两个决议提案连续5年获得一致通过。决议要求负有特别责任、拥有庞大武库的国家继续就裁减常规军备问题加紧谈判,敦促美苏两国率先停止核军备竞赛,早日大幅度削减核武器。中国希望美、苏继续实施关于全部销毁两国中短程导弹的条约,并就制止核军备竞赛和进一步削减核武器达成协议,强调不仅要停止在军备数量方面的竞赛,而且要停止在军备质量方面的竞赛。中国十分重视加强外空的国际合作,主张全面禁止一切类型的外空武器,实现外空的"非武器化",大力支持联合国1992年国际空间年的活动。

5月7日—6月11日 联合国方案和协调委员会举行了第30届会议。作为该委员会成员,中国派代表团参加了会议。中国常驻联合国副代表丁原洪大使在会上就审查联合国行政和财政业务效率议题发言时指出:"以联合国大会通过的第 A/RES/41/213 号决议为起点的联合国3年改革已告一段落。""联合国的改革进程始终与严重的财政危机交织在一起,改革进程始终是十分艰难和曲折的。我们认为,一个稳定的财政基础是本组织正常运转的前提,也是有效改革的前提。"

5月10日 中国代表在联合国维持和平行动特别委员会会议上表示,中国愿同其他成员国一起,为加强联合国维和行动的作用而努力。自1989年以来,中国首次向联合国中东停战监督机构派出5名军事观察员,向联合国纳米比亚过渡时期援助团派出20名文职官员。

5月16—21日 萨尔瓦多政府与民族解放阵线举行第2轮直接和平对话。

5月18日 依据2月13日两德同美国、苏联、英国、法国4大国在渥太华的商定,先由两德解决与统一有关的"内部"问题。5月18日,民主德国与联邦德国签订了《关于建立货币、经济和社会联盟的国家条约》,7月1日该条约生效,西马克取代东马克。

5月21日—6月1日　托管理事会召开第57次正式会议。托管理事会赞成美国托管当局在托管协议的基础上继续履行对联合国托管地太平洋战略岛屿(密克罗尼西亚群岛)的职责。

5月22日　民主也门和也门合并为一个国家——也门共和国,联合国会员国也因之从160个降至159个。

5月25—26日　安理会第1次将其开会地点搬到了日内瓦,以便巴解组织主席阿拉法特能够在安理会发表讲话。

5月30日　安理会主席代表成员国发表声明,促请支持联合国维持和平行动。声明说维和行动已成为促进解决国际争端的一个宝贵工具。维和行动最近取得的成功有助于加强联合国的威望和效力。声明强调,维和行动基本上是一个临时措施,旨在促进冲突和争端的解决。它的任务期限并不能自动延长。因此,"决不应把维持和平解释为可以代替最终目标——早日谈判解决"。

5月31日　安理会通过关于以色列—阿拉伯叙利亚共和国问题的第S/RES/655(1990)号决议,决定将联合国脱离观察员部队任务期限再延长6个月,至1990年11月30日止;并且就一项关于派遣观察员前往巴勒斯坦被占领土进行调查的决议草案进行表决。结果,该草案以14票对1票(美国),被否决。

6月1日　危地马拉各政党和危地马拉全国革命联盟在马德里签订《埃尔埃斯科里亚尔协定》,承认在奥斯陆和3月30日危地马拉民族革命联盟以及危地马拉民族和解委员会签订的有关通过政治手段实现和平的基本协定。

6月8日　安理会通过关于中美洲局势的第S/RES/656(1990)号决议,决定联合国中美洲观察团监督尼加拉瓜境内停火和部队隔离以及遣散尼加拉瓜抵抗力量成员的任务应予延长,但有一项谅解,即按照秘书长的建议,这些任务至迟应于1990年6月29日随着遣散过程结束而终止。

6月12日　联合国开发计划署报告称,联合国中美洲经济合作特别计划开始两年来取得了显著成效,有4亿美元流动资金支持该地区社会、政治和经济的发展。

6月15日　安理会通过关于塞浦路斯局势的第S/RES/657(1990)号决议,安理会决定邀请塞浦路斯、希腊和土耳其的代表参加讨论题为"塞浦路斯局势:秘书长关于联合国塞浦路斯行动的报告(S/21340和Add.1)"的项目,但无表决权。

6月15—17日 中美洲5国首脑会议在危地马拉的安提瓜岛举行第1次经济峰会,宣称"和平与社会公正不可分离,只要存在饥饿和贫穷,民主就不会得到巩固"。

6月19日 4月中旬,联合国纳米比亚理事会在温德和克举行特别会议,这是该理事会自1967年成立以来在纳米比亚本土举行的首次会议,也是最后1次会议。这次会议向联合国大会建议,随着纳米比亚的独立,该理事会将在完成托管使命以后自行解散。6月19日,联合国纳米比亚理事会要求解散,并要求联合国回应向新独立的纳米比亚提供资金援助。

6月21日 萨尔瓦多政府和民族解放阵线(FMLN)在哥斯达黎加的圣何塞举行第2轮直接和平对话,双方同意改善饱经战祸的萨尔瓦多的人权状况。

6月22日 纳尔逊·曼德拉在联合国大会讲话,感谢联合国为使他以及其他一些南非政治犯获释所做的努力。他同时呼吁联合国和一些国家政府继续实施对南非的制裁。

6月25日 萨尔瓦多政府和民族解放阵线在墨西哥城举行第3轮直接和平对话。

6月27日 安理会通过关于"西撒哈拉问题"的第S/RES/658(1990)号决议,决定联合国将监督西撒停火并举行一次全民投票,以在独立和并入摩洛哥之间做出选择。决议还核可了列有联合国西撒公民投票特派团的一个为期35周的活动时间表。

6月27—29日 《关于消耗臭氧层物质的蒙特利尔议定书》缔约国第2次会议在伦敦举行,有86国代表参加,并通过了《蒙特利尔议定书》修正案。该议定书修正案于1992年1月1日生效。

6月29日 联合国中美洲观察团(ONUCA)在安理会规定的期限内彻底遣散了21863名尼加拉瓜抵抗力量成员。

7月4—27日 经社理事会在日内瓦召开本年度第2次正式会议。

7月5—9日 秘书长、摩洛哥和西撒人阵在日内瓦讨论如何更好地贯彻安理会在6月27日通过的解决西撒问题的和平计划;秘书长报告称,通过可信的公民投票以达到公正和诚实地解决西撒问题。

7月19日 安理会发表声明全力支持秘书长在帮助塞浦路斯塞、土两族公正、持久地解决塞浦路斯问题所做的努力。

7月26日 秘书长发表声明称:萨尔瓦多"各政党第一次就国家独立、人权等对持续10年之久的萨尔瓦多冲突问题的谈判和解决非常重要的问题达成协议",并预见"只有在联合国核查下才能实现停火,联合国将进一步扩大监督作用。

7月31日　安理会通过关于以色列—黎巴嫩问题的第 S/RES/659 (1990)号决议,决定将联合国驻黎巴嫩临时部队目前的任务期限暂时再延长6个月,至1991年1月31日止。

8月2日　伊拉克大举入侵并吞并科威特,制造了举世震惊的海湾危机。联合国及其安理会对这一事件做出了历史性的反应。8月2日—11月29日,安理会先后通过了12项决议,谴责这次入侵行为并要求伊拉克撤军,决议援引宪章第7章对伊拉克实行全面强制性的制裁。为便于了解联合国安理会对海湾危机的处理,这里将12项决议依时间次序记述如下。

●**8月2日**　在伊拉克大举入侵科威特后,安理会召开紧急会议,通过了谴责伊拉克侵略科威特、要求伊军立即无条件撤出的第 S/RES/660 (1990)号决议,表示对伊拉克军队于1990年8月3日(纽约当地时间)入侵科威特,感到震惊,确定伊拉克入侵科威特构成对国际和平与安全的破坏,决议要求伊拉克立即无条件地将其所有部队撤至1990年8月1日所在的位置。

●**8月6日**　安理会通过对伊拉克进行广泛的强制性经济制裁的第 S/RES/661(1990)号决议,要求伊拉克立即终止对科威特的入侵和占领,恢复科威特的主权、独立和领土完整,并援引宪章第7章对伊拉克实行经济制裁。

●**8月9日**　安理会一致通过确认伊拉克兼并科威特完全无效的第 S/RES/662(1990)号决议,决定伊拉克不论以任何形式和任何借口兼并科威特均无法律效力,视为完全无效;要求所有国家、国际组织和专门机构不承认这一兼并,也不进行任何可能被视为间接承认这一兼并的行动或来往。

●**8月18日**　安理会通过关于伊拉克—科威特间局势的第 S/RES/664(1990)号决议,要求伊拉克准许和便利第3国国民立即离开科威特和伊拉克,并准许领事人员立即和继续不断前往探视这些国民,同时不采取任何行动危害这些国民的安全或健康。

●**8月25日**　安理会通过关于伊拉克—科威特间局势的第 S/RES/665(1990)号决议,呼吁同科威特政府合作的正在该地区部署海上部队的会员国,必要时在安理会权力下采取符合具体情况的措施,拦截一切进出海运船只,以便检查和核实其货物的目的地,并确保严格执行第 S/RES/661 (1990)号决议所规定的此种海运有关的规定。

●**9 月 13 日**   安理会通过关于伊拉克—科威特间局势的第 S/RES/666(1990)号决议,将不断审查伊拉克和科威特境内的食物供应情况。

●**9 月 16 日**   安理会通过关于伊拉克—科威特间局势的第 S/RES/667(1990)号决议,强烈谴责伊拉克对各国驻科威特外交馆舍和人员进行的侵略行为,包括劫持在这些馆舍内的外国侨民的行动。

●**9 月 24 日**   安理会通过关于伊拉克—科威特间局势的第 S/RES/669(1990)号决议,决定委托安理会关于伊拉克与科威特间局势的第 S/RES/661(1990)号决议所设委员会负责审查根据《联合国宪章》第 50 条的规定申请援助的要求,并向安理会主席建议适当行动。

●**9 月 25 日**   安理会召开外长级会议,以 14 票赞成,1 票反对,通过了对伊拉克实行空中禁运的第 S/RES/670(1990)号决议,要求所有国家都要履行其义务,保证严格彻底地遵守第 S/RES/661(1990)号决议,并确认第 S/RES/661(1990)号决议适用于一切运输工具,包括飞机在内。

●**10 月 29 日**   安理会通过关于伊拉克—科威特间局势的第 S/RES/674(1990)号决议,强调迫切需要所有伊拉克部队立即无条件撤出科威特,吁请伊拉克遵守其各项有关决议,并重申决心尽力运用政治和外交手段确保伊拉克遵守各项决议。

●**11 月 28 日**   安理会通过第 S/RES/677(1990)号决议,谴责伊拉克企图改变科威特的人口组成,并销毁科威特合法政府保留的民政记录。

●**11 月 29 日**   安理会以 12 票赞成、2 票反对、1 票弃权通过了第 S/RES/678(1990)号决议。决议明确限定,除非伊拉克在 1991 年 1 月 15 日或此前完全执行安理会各有关决议,否则授权同科威特政府合作的会员国使用一切必要手段执行安理会有关决议,并恢复该地区的国际和平与安全。中国对该决议投了弃权票。这是安理会自海湾危机以来第 2 次举行外长级会议,钱其琛外长出席了会议并讲了话。这是中国首次对安理会关于处理海湾危机的 12 项决议中投下唯一的一张弃权票,表明了中国既反对侵略,又主张和平解决,反对诉诸武力的原则立场。

8 月 5 日   在开罗举行的第 19 届伊斯兰外长会议筹备委员会通过关于"开罗伊斯兰人权宣言"的第 157/35 号文件,重申伊斯兰民族的文明和历史作用,相信伊斯兰的基本权利和普遍自由是伊斯兰宗教的一部分,没有任何人在原则上有权全部或部分中止或违反或忽略它们。后该宣言作为 1990 年 9 月 20 日联合国大会第 A/RES/45/421 号文件以及 1992 年 4 月 9 日世界人权会议筹备委员会第 2 届会议 A/CONF.157/PC/35 号文件印发。

8月10日 阿拉伯国家联盟在开罗召开首脑临时峰会,呼吁伊拉克立即从科威特撤军,并坚持重建伊拉克入侵前的科威特合法政府。

8月14日 安理会通过关于"接受新会员国:列支敦士登"的第S/RES/663(1990)号决议,审查了列支敦士登公国要求加入联合国的申请,建议大会接纳列支敦士登公国为联合国会员国。

8月16日 美国通知安理会称应科威特要求,美国参加了科威特拦截试图违反联合国强制性制裁决议与伊拉克或科威特进行贸易的船只。

8月17—22日 萨尔瓦多政府和民族解放阵线举行第4轮直接和平对话。

8月20日—9月15日 《不扩散核武器条约》第4次审议会在日内瓦召开,会议没有就最后宣言达成共识。中国代表团以观察员身份参加了在日内瓦举行的《不扩散核武器条约》第4次审议会。这是中国首次参与该条约的有关活动,受到各方重视。条约审议会每5年举行1次,前3次分别于1975年、1980年和1985年举行。条约将于1995年到期。这次会议与1995年条约是否能延长有关,是一次重要的会议,条约的141个缔约国中有85个国家参加,另有15个非缔约国派了观察员。会议审议了防止核扩散、核能的和平利用、核裁军以及对无核武器国家的安全保障等问题,肯定了该条约对防止核扩散和维护世界和平与安全的重要作用,强调应进一步加强其权威性和普遍性,防止核武器扩散的危险,并呼吁未加入该条约的国家尽快参约。中国代表团向会议提交了一个基本立场文件,阐明了中国政府在防止核扩散、核裁军、和平利用核能以及无核武器国家的安全保障等问题上的原则立场,重申了中国政府关于不主张、不鼓励、不从事核武器扩散,不帮助别国发展核武器的政策;支持条约所确定的关于防止核扩散、推动核裁军、促进和平利用核能的国际合作3大目标,并指出条约存在着对核武器缔约国和无核武器缔约国规定的义务失之平衡,也没有禁止在无核武器国家领土上部署核武器等重大缺陷。

8月27—28日 安理会5个常任理事国就政治解决柬埔寨问题举行第6轮会议并达成了关于解决柬埔寨问题的框架文件,作为全面解决柬埔寨问题的基础。框架文件由以下5部分组成:柬埔寨大选前临时行政管理安排、过渡时期的军事安排、在联合国主持下举行大选、保护人权和国际保证。要求在充分尊重柬埔寨国家主权的条件下,在中立的政治环境中,由联合国在柬埔寨组织和实施自由、公正的大选,并共同呼吁越南及柬埔寨各方接受该方案。

8月27日—9月7日 第8届联合国预防犯罪和罪犯待遇世界大会在

哈瓦那召开,会议就犯罪和发展、监狱及其替代措施等 5 个议题通过 46 项决议、建议、原则和示范条约。其中包括通过"执法人员使用武力和火器的基本原则"的决议、通过"关于律师作用的基本原则"的决议、通过"关于检察官作用的准则"的决议等。在此之前,从 1955 年首次召开预防犯罪大会起,每隔 5 年举行 1 次,已举行过 7 届。

9 月 2 日 《儿童权利公约》生效。

9 月 3—14 日 第 2 次联合国最不发达国家问题会议在巴黎举行。会议由贸发秘书处主办。会议通过了《最不发达国家 20 世纪 90 年代行动纲领》和《巴黎宣言》,有将近 25% 的会员国被定为"最不发达国家"。中国代表团团长、经贸部副部长王文东在会议发言中强调召开第 2 次联合国最不发达国家问题会议是很及时的,并具有重要意义。希望这次会议能为 20 世纪 90 年代振兴最不发达国家的经济产生积极影响。中国代表团积极支持《最不发达国家 20 世纪 90 年代行动纲领》的制定。

9 月 9—10 日 柬埔寨各政党举行"非正式会议",接受了安理会常任理事国于 8 月 28 日通过的解决柬埔寨问题的框架文件。

9 月 11 日 大会根据纳米比亚理事会的最后报告通过决议,宣布完成了历史使命的联合国纳米比亚理事会正式解散。

9 月 12 日 在两德实现统一的"外部"问题方面,5—9 月,"2+4"外长会议先后在波恩、柏林、巴黎、莫斯科举行。经过激烈的讨价还价,各方终于达成妥协。9 月 12 日,在莫斯科签署了《最后解决德国问题的条约》。该条约规定:统一后的德国拥有完全的主权,4 大国取消对德国和柏林的权利和责任。条约还规定了统一后的德国的军事地位、德国边界、苏联撤军等问题。"莫斯科条约"被认为具有对德和约性质,最终解决了德国统一的"外部"问题。德国统一标志着二战遗留问题的解决和欧洲冷战的结束,对欧洲局势的发展和世界新格局的形成都有重大影响。1990 年是美、苏分治欧洲结束的 1 年。

9 月 17—18 日 由柬埔寨有关各方参加的柬埔寨最高国民议会(SNC)第 1 次会议在曼谷召开。参加方包括由诺罗敦·西哈努克亲王领导的争取柬埔寨独立、中立、和平与合作民族解放阵线(FUNCINPEC,奉辛比克党),由宋双领导的高棉人民民族解放阵线(KPNLF),由乔森潘领导的民主柬埔寨(PDK)(被称为"红色高棉")及由韩桑林领导的柬埔寨人民革命党。

9 月 18 日 第 45 届联合国大会在纽约总部开幕,马耳他副总理兼外交和司法部部长德马尔科当选为本届大会主席,大会共有 155 项决议。大会接纳列支敦士登为联合国会员国,会员国达到 161 个。

同日　制裁委员会呼吁各国立即向约旦提供援助,以减少该国因海湾危机所面临的困难。

9 月 20 日　安理会 5 常任理事国继 1989 年磋商柬埔寨问题之后,1990年分别在纽约和巴黎举行了 6 轮副外长级磋商,讨论政治解决柬埔寨问题的各个方面问题,并于 8 月 28 日达成了 5 常任理事国关于全面政治解决柬埔寨问题的框架文件。主要内容包括:柬埔寨大选前的行政管理、过渡时期的军事安排、联合国主持下举行大选、保护人权和国际保证。此后,安理会以 15 票赞成一致通过了第 S/RES/668(1990)号决议,确认 5 常任理事国达成的框架文件,欢迎柬埔寨各方达成协议成立柬埔寨全国最高委员会,并敦促柬埔寨人及柬埔寨冲突各方充分合作,实现民族和解。10 月 16 日,联合国派出先遣特派团赴柬监督停火。中国在 5 常任理事国的磋商和安理会审议有关决议中,坚持原则,积极灵活,作出了很大努力,同时与东盟国家配合,向柬埔寨抵抗力量 3 方以及越南等方面做了大量工作,推动了柬埔寨问题全面政治解决的进程。

9 月 27 日　安理会通过关于伊拉克—伊朗伊斯兰共和国问题的第 S/RES/671(1990)号决议,决定将联合国伊朗和伊拉克军事观察团的任务期限再延长两个月,至 1990 年 11 月 30 日止。

9 月 28 日　安理会 5 个常任理事国外长就处理海湾危机、柬埔寨和中东紧张局势等国际问题发表声明,阐述 5 国对处理上述问题的共同立场和主张,强调加强安理会应对国际挑战的能力,强调联合国在新时期能够作出至关重要的贡献。

9 月 29—30 日　联合国世界儿童问题首脑会议在纽约举行。71 位国家和政府首脑出席会议并通过《儿童生存、保护和发展世界宣言》和在 20世纪 90 年代实施该宣言的行动计划。

10 月 3 日　民主德国与联邦德国在 8 月 31 日签署了《关于实现政治统一的国家条约》。9 月 21 日,两德议会分别批准了该条约。10 月 3 日,原民主德国按照联邦德国宪法第 23 条规定,以 5 个州的形式集体加入联邦德国,两个德国实现了历史性的统一。为此,联合国大会通过决议,承认德意志联邦共和国和德意志民主共和国的统一,重新统一的国家称作德国,一个统一的德国代表团出席联合国大会。

10 月 9 日　大会通过关于"维持和平行动部队地位协定范本"及附件《维持和平行动部队地位协定范本草稿》的第 A/RES/45/594 号协议,作为联合国与维护和平行动部署在其领土的国家之间订立个别协定的起草基础。

10 月 10 日　大会纪念 1960 年 3 月 30 日通过的《非殖民化宣言》(第 1514(XV)号决议)30 周年。秘书长在大会上说,自该宣言通过以来,59 个托管和非自治领土,共计 1.4 亿人口,获得了行使自决的权利。他宣布,联合国将继续履行承诺,致力于促进剩下的 18 块非自治领土的政治、经济和社会进步。

10 月 12 日　安理会通过关于被以色列占领的领土的第 S/RES/672 (1990)号决议,谴责以色列安全部队在哈拉姆谢里夫和耶路撒冷其他圣地所犯下的造成伤亡的暴力行为,并要求以色列严格遵守 1949 年《关于战时保护平民之日内瓦公约》的法律义务与责任。

10 月 15 日　大会通过关于柬埔寨局势的第 A/RES/45/3 号决议。该决议欢迎安理会通过的第 S/RES/668(1990)号决议,呼吁尽早实现柬埔寨问题的全面政治解决,欢迎柬埔寨各方接受安理会 5 个常任理事国达成的框架文件,敦促巴黎会议与会各国尽快将框架文件具体化为柬埔寨问题政治解决的协定草案,要求柬埔寨冲突各方实行最大限度克制达成协议,以尽早实现民族和解。

10 月 16 日　大会通过关于"鉴于 1949 年 8 月 12 日《日内瓦公约》赋予红十字国际委员会的特别作用和任务,给予该委员会观察员地位"的第 A/RES/45/6 号决议,邀请红十字国际委员会以观察员身份参加大会各界会议及其工作。

10 月 24 日　安理会通过关于被以色列占领的领土的第 S/RES/673 (1990)号决议,对被占领土局势的继续恶化表示严重关切,敦促以色列政府重新考虑其决定,坚持它应该充分遵守第 S/RES/672(1990)号决议,并允许秘书长的特派团按照原有目的进行工作。

10 月 29 日—11 月 7 日　第 2 次世界气候大会在日内瓦举行,通过《部长宣言》。

10 月 30 日　中国代表团再次提出关于核裁军和常规裁军的两项决议草案,并连续第 5 次获得一致通过。中国案文根据美苏双边谈判及欧洲常规裁军谈判取得进展等新情况作了调整,但继续强调,两超及拥有最大军事武库国家负有率先裁军的特殊责任。此外,中国还作为共同提案国,与其他国家一起提出了"裁军审议委员会的报告""生物武器公约审议会""亚、非、拉和平与裁军中心""防止外空军备竞赛""联合国裁军研究所 10 周年""关于军控与裁军协定的情况(决定)"等项提案,其中后 3 项为中国首次参与共同提案。这些决议和决定均获通过。本届联大共通过了 59 项有关裁军和安全问题的决议和决定。

11 月 1 日　大会重申科摩罗对马约特岛拥有主权,并敦促法国加快和科摩罗谈判进程以确保将"科摩罗群岛迅速有效地归还给科摩罗人民"。

11 月 5 日　安理会通过关于中美洲局势的第 S/RES/675(1990)号决议,决定将联合国中美洲观察团的任务期限再延长 6 个月,至 1991 年 5 月 7 日止。

11 月 7 日　大会呼吁尽快停止敌对行动和创造和平、正常条件以保证阿富汗难民安全、自愿地返回家园。

11 月 9 日　安理会强调采取必要措施,以谈判解决塞浦路斯问题。并呼吁各方恢复以政治决心和团结以推动和谈进程。

11 月 11 日　《联合国禁止非法贩运麻醉品和精神药物公约》正式生效。

11 月 15 日　大会重申以前发表的加强联合国在维护世界和平与安全中的作用的决议,这是第 1 次为美、苏共同接受的决议。

11 月 19 日　时隔 15 年以后,第 2 次欧安会首脑会议在巴黎召开,34国首脑签署了《新欧洲巴黎宪章》,宣告欧洲一个所谓"民主、和平、团结的新时代"已经开始。北约、华约 22 国签署了《欧洲常规武装力量条约》,双方同意在"大西洋至乌拉尔的地理范围内"大幅度裁减常规武器并确定了常规军备限额。这是两大集团成立以来签署的第 1 个裁减常规武器的条约,是欧洲裁军领域的突破性进展。

11 月 20 日　大会通过关于中美洲局势的第 A/RES/45/15 号决议。决议支持中美洲 5 国 1987 年通过的危地马拉和平协议,1990 年通过的《蒙特利马尔宣言》和《安提瓜宣言》,支持联合国中美洲观察团为该地区的和平进程所做的努力。

大会要求秘书长和非洲统一组织(OAU)主席加强努力,在西撒地区举行由联合国组织和监督并与非洲统一组织合作的自决公民投票。

11 月 23—26 日　关于柬埔寨问题的巴黎会议召开。安理会 5 个常任理事国就政治解决柬埔寨问题取得一致,包括联合国柬埔寨过渡时期权力机构的任务、大选、难民回归和新宪法原则,为有关柬埔寨问题的巴黎部长级会谈开辟道路。

11 月 24 日　联合国大会世界会议非洲区域会议筹备委员会通过"世界人权会议非洲区域会议最后宣言"(即《突尼斯宣言》)的第 A.CONF.157/AFRM/14 号文件,非洲国家重申人权的各项原则。

11 月 28 日　大会接受联合国国际法 10 年(1991—1999 年)方案,重点在第 1 个 3 年即 1990—1993 年。

大会通过关于"非洲统一组织和(或)阿拉伯国家联盟所承认的各民族解放运动的观察员地位"的第 A/RES/45/37 号决议,邀请非洲统一组织和(或)阿拉伯国家联盟所承认的民族解放运动以观察员身份参加大会、各专门机构和联合国系统其他组织的会议和参加这些国际组织主持下举行的会议的工作的现行做法。敦促还没有这样做的国家尽早考虑批准。

大会通过关于"考虑有效措施以加强外交领事使团和代表的保护及其安全"的第 A/RES/45/39 号决议。

同日 安理会通过关于伊拉克—伊朗伊斯兰共和国局势的第 S/RES/676(1990)号决议,决定将联合国伊朗和伊拉克军事观察团的任务期限再延长两个月,至 1991 年 1 月 31 日止。

11 月 30 日 安理会通过关于以色列—阿拉伯叙利亚共和国问题的第 S/RES/679(1990)号决议,将联合国脱离接触观察员部队的任务期限再延长 6 个月,至 1991 年 5 月 31 日止。

12 月 4 日 大会通过第 A/RES/45/62 号决议,宣布 90 年代为第 3 个裁军 10 年,通过《第 3 个裁军 10 年宣言》,呼吁所有国家支持"裁军 10 年"的各项目标,并参与《第 3 个裁军 10 年宣言》所制定的各项活动。

大会通过关于"防止外层空间的军备竞赛"的第 A/RES/45/55 号决议,重申外层空间包括月球和其他天体的探索和利用应基于和平目的,外层空间的军备竞赛和助长这种竞赛的事态发展会威胁国际和平及安全,强调各国要严格遵守包括双边协定在内的现有军备限制和裁军协定,促请苏维埃社会主义共和国联盟和美利坚合众国尽快就此事达成双边协议,呼吁所有国家对和平利用外层空间这一目标做出积极贡献。

12 月 5 日 安理会中的 4 个不结盟国家(哥伦比亚、古巴、马来西亚、也门)提出和平计划,建议联合国维和部队监督伊拉克从科威特撤军。

12 月 6 日 大会以 144 票对 2 票(美国、以色列),通过一项第 A/RES/45/68 号决议,要求由联合国主持召开一次中东和平国际会议,并要求中东冲突有关各方以及安理会 5 个常任理事国在平等基础上参加这一会议。

12 月 14 日 大会邀请各国重新努力以便参加联合国海洋法会议,要求各国批准或参加最早时的海洋法。

大会通过一项在 1995 年召开第 4 次国际妇女大会的计划。

大会通过关于"需要为个人福祉确保健康环境"的第 A/RES/45/94 号

决议,大会认识到需要各国普遍尊重和遵守人权与基本自由的各个方面,考虑到创建一个更加美好和健康的环境有助于使所有人充分享有人权,强调联合国在处理全球环境问题的作用日益重要,强调所有国家必须按照其各自的能力和职责,并顾及发展中国家的特殊需要、采取保护和改善环境的有效行动,而作为主要污染来源的发达国家则负有紧急采取适当措施的主要责任。

大会通过关于《电脑个人数据档案的管理准则》的第 A/RES/45/95 号决议。

大会通过关于"尊重每个人的单独的财产所有权以及同他人合有的所有权和此种权利对各会员国经济和社会发展的贡献"的第 A/RES/45/98 号决议。

大会通过 17 项关于反对暴力行为、预防犯罪、刑事司法及相关国际合作的决议,涉及:从发展角度来看犯罪预防和刑事司法(A/RES/45/107);审查联合国在预防犯罪和刑事司法方面的职能和工作方案(A/RES/45/108);刑事司法电脑化(A/RES/45/109);联合国非拘禁措施最低限度标准规则(东京规则)(A/RES/45/110);囚犯待遇基本原则(A/RES/45/111);联合国预防少年犯罪准则(利雅得准则)(A/RES/45/112);联合国保护被剥夺自由少年规则(A/RES/45/113);家庭暴力(A/RES/45/114);利用儿童从事犯罪活动(A/RES/45/115);引渡示范条约(A/RES/45/116);刑事事件互助示范条约(A/RES/45/117);刑事诉讼转移示范条约(A/RES/45/118);有条件判刑或有条件释放罪犯转移监督示范条约(A/RES/45/119);预防犯罪和刑事司法:就第 8 届联合国预防犯罪和罪犯待遇大会的举行向古巴政府和人民表示谢意(A/RES/45/120);第 8 届联合国预防犯罪和罪犯待遇大会(A/RES/45/121);刑事司法教育(A/RES/45/122);国际合作打击有组织犯罪(A/RES/45/123)。

同日 安理会通过关于塞浦路斯局势问题的第 S/RES/680(1990)号决议,决定再次延长根据第 S/RES/186(1964)号决议成立的联合国维持和平部队在塞浦路斯的驻留期限 6 个月,至 1991 年 6 月 15 日止。

12 月 15—17 日 中美洲 5 国首脑在哥斯达黎加的蓬塔雷纳斯举行会议,会议承诺将"为建立该地区的和平"而努力,并回顾了中美洲所取得的进步。

12 月 16 日 联合国海地选举观察团(ONUVEH)成立,以监督海地总统选举。

同日 大会纪念《公民权利和政治权利国际公约》和《经济、社会和文化权利国际公约》这两项有关人权的国际公约通过 25 周年。

12 月 18 日 大会通过题为《尊重国家主权和在各国选举程序中不干涉其内政的原则》的第 A/RES/45/151 决议,敦促所有国家尊重不干涉各国内政的原则以及各国人民决定其政治、经济和社会制度的主权权利。

大会通过一系列决议,谴责南非的种族隔离制度,呼吁各国继续实施旨在向南非政府施加压力的措施,以促使南非消除这一制度。

大会对"在萨尔瓦多持续存在的由政治原因引起的践踏人权行为,如简单执行、酷刑、绑架和对特定人群的恐吓等表示深切关注。

经过 10 年谈判后,大会批准一项多边人权文件《保护所有移民工作者及其家人的国际人权法案》(第 A/RES/45/158 号决议),并决定于 1993 年召开高水平的世界人权会议。

大会宣布 1993 年为世界土著人民国际年,旨在"解决土著人民面临的如人权、环境、发展、教育、健康等问题"上加强国际合作。

12 月 19 日 大会呼吁各国政府和组织严格遵守《反对种族隔离制度及其破坏性影响行动宣言》。

12 月 20 日 安理会通过关于被以色列占领的领土的第 S/RES/681(1990)号决议,要求以色列确保阿拉伯被占领土上巴勒斯坦人的安全。

12 月 21 日 大会通过关于"也门的统一:国际社会支持也门的经济和社会基础设施"的第 A/RES/45/193 号决议。

大会通过关于联合国第 4 个发展 10 年国际发展战略的第 A/RES/45/199 号决议。指定 1991 年 1 月 1 日至 2000 年 12 月 31 日为"联合国第 4 个发展 10 年"。该战略主要宗旨是确保 20 世纪 90 年代成为发展中国家加速发展和巩固国际合作的 10 年,使发展中国家人境况得到大幅度改善,缩小贫富国家差距。世界社会应该找到满足其需要又不会使环境恶化的方法。

大会建议向受切尔诺贝利核电站事故影响的地区提供联合国技术监督和其他援助方法。

大会呼吁立即采取行动寻求"持久、公正、共同增长、共同发展"的途径解决发展中国家的债务危机,这是 1986 年后首次就该问题达成共识。

大会连续通过涉及能源、环境问题的 5 项决议,涉及:发展和利用新能源和可再生能源委员会的报告(A/RES/45/208);开发发展中国家的能源(A/RES/45/209);环境和国际贸易(A/RES/45/210);联合国环境与发展会议(A/RES/45/211);为今世后代保护全球气候(A/RES/45/212)。

同日 安理会通过关于塞浦路斯局势的第 S/RES/682(1990)号决议,

决定审查联合国驻塞浦路斯维持和平部队的费用和筹措经费问题的各个方面。

12 月 22 日　安理会通过关于太平洋岛屿(托管领土)的第 S/RES/683 (1990)号决议,终止自 1947 年起由美国管理的 4 个太平洋岛屿托管领土中的 3 个实体的托管协定。

本书编委会

主　编：李铁城

主要撰稿人：李铁城　　石　磊　　左　洁　　胡王云

参与撰稿人：白　石　　王昕雪　　张利萍　　王艺陶　　丛琳娜

　　　　　　王海英　　王　旭　　林　琳　　楚静莹　　李佳辰

　　　　　　胡昊三　　杨中一　　郭彦君　　雒景瑜　　陈艳君

　　　　　　李乾坤　　李进芳

对完成本书
作出贡献者：张小丽　　李永霞　　祝颖婷　　柴　婧　　李冰之

　　　　　　孙巧园　　毕彩霞　　王　珩　　高晓兰　　穆虹宇

　　　　　　戴伊宁　　刘春翔　　杨芳菲　　林　翔

国际联盟与联合国大事长编

1920—2021（中）

李铁城　主编

人民出版社

后冷战时期

一九九一年

1月1日　第4个联合国发展10年(1991—2000年)、第2个非洲运输与通讯10年(1991—2000年)、第2个非洲工业发展10年(1991—2000年)、联合国反对滥用毒品10年(1991—2000年)开始。

1月7—18日　1963年《禁止在大气层、外层空间和水下进行核武器试验条约》缔约国修正条约会议在纽约举行。1月18日,缔约国修正条约会议决定,将该条约转变为全面禁止核试验条约还需要做更多的努力。

1月9日　美国国务卿贝克和伊拉克外长阿齐兹在日内瓦举行战前最后一次会晤,但是,双方都认为没有妥协余地,会谈没有取得结果。

1月12—13日　秘书长访问伊拉克并会见伊拉克总统萨达姆·侯赛因,敦促他遵守安理会决议。秘书长在返回后提交的报告中悲观地表示,会谈是"礼貌的,但又是不幸、不成功的","世界正处在和平与战争的边缘"。

1月17日—2月28日　1月17日凌晨2时(伊拉克当地时间),在伊拉克拒不执行安理会第S/RES/678(1990)号决议情况下,以美国为首的由34个国家组成的多国部队在取得联合国授权后,派出航空兵空袭伊拉克,发起"沙漠风暴"行动,海湾战争爆发。2月26日,萨达姆宣布接受停火,伊军迅即崩溃。27日,科威特城被解放,伊拉克通知安理会,它已决定遵守所有安理会相关决议;安理会接受秘书长的建议,终止联合国伊朗—伊拉克军事观察团的任务。28日晨8时,多国部队宣布停止进攻。伊拉克被迫宣布无条件地全面接受安理会的12项决议,并且从科威特撤军,持续42天的海湾战争结束。

1991年初爆发的海湾战争是第二次世界大战以来继朝鲜战争、越南战争后的第3场大规模地区性战争,持续42天。这场战争是上一年海湾危机的严重恶化和升级,是在伊拉克为一方、美国及其盟国为另一方之间进行的。它是冷战结束后,中东地区力量失衡而引发的,其规模之大,影响之广,牵动全局。美国在德、日和海湾国家的财力支持下和不少国家派兵参与下,赶走了伊拉克入侵者,恢复科威特独立和主权,并开始了重建工作。战争给伊、科等国造成了巨大损失。海湾战争后,美国为巩固在军事上取得的成果,维护自己在中东的战略利益,派国务卿贝克八下中东,大力斡旋,促成了中东和会的召开。这是40多年来阿以冲突各方叙利亚、约旦、巴勒斯坦、黎巴嫩、埃及和以色列第1次坐在一起直接谈判、谋求解决争端,实现和平。中东和会的举行具有积极意义,标志着中东问题进入政治解决的新阶段。到1991年底,阿、以先后于11月初和12月中在马德里和华盛顿进行了两个阶段会谈。但由于阿、以在"以土地换和平"等实质问题上分歧严重,谈判没有取得成果。全面解决中东问题的进程仍将是长期、曲折和复杂的。

1月20日　联合国监督海地选举核查团监督海地议会和地方官员的选举。

1月22日　安理会呼吁以色列冲突各方继续遵守1990年10月24日签订的停火协议,并且同西非经济共同体全面合作以恢复该国的和平与正常状态。

1月22日—3月28日　1991年日内瓦裁军谈判第1期会议召开。

1月29日　秘书长德奎利亚尔任命中国驻英国大使冀朝铸为联合国负责技术合作事务的副秘书长。

1月30日　安理会通过关于以色列—黎巴嫩问题的第S/RES/684(1991)号决议,将联合国驻黎巴嫩临时部队的任务期限再延长6个月,至1991年7月31日止。

1月31日　安理会通过关于伊拉克—伊朗伊斯兰共和国问题的第S/RES/685(1991)号决议,决定将联合国伊朗和伊拉克军事观察团的任务期限再延长1个月,至1991年2月28日止。

1月　索马里位于非洲之角,长期以来,国内各部族、部落之间矛盾持续,纠纷不断。1991年1月,统治索马里达21年之久的西亚德政府被以索马里联合大会为主的反政府武装力量推翻。当年9月,联合大会内部发生分裂,进而爆发武装冲突。以临时政府总统阿里·马赫迪和联合大会主席、议长法拉赫·艾迪德为首的两派军队在首都进行多次激战。时间尚不到一年,伤亡已达3万余人。内战使索马里国家机器瘫痪,经济全面崩溃,全国完全陷入无政府状态。祸不单行,百年不遇的大旱使全国一半人口陷入饥饿状态,一个仅930万人的国家其中有近200万人濒临死亡,100多万名难民流落异国。国际红十字会称,索马里发生了当今世界最大的人间惨剧。1992年1月和4月,安理会曾先后通过决议,但都远未解决问题。同年7月,联合国秘书长加利曾尖锐提出:"国际社会应当更关注在战火中煎熬着的索马里的饥民,联合国和安理会应当全力拯救索马里的饥民。"在加利的呼吁下,联合国加大了索马里维和的力度,安理会决定采取更加强有力的行动。

2月7—8日　经社理事会在纽约召开组织会议。

2月18日　1973年《国际防止船舶造成污染公约》一条严格的修正案开始生效,它绝对禁止轮船在北海整个海域内倾倒塑料制品、玻璃、金属、垫舱物料及其他废物。

2月25日　在苏东剧变的形势下,华约政治协商委员会在布达佩斯召开特别会议,宣布从3月31日起终止在华约范围内签订的军事协定的法律效力、解散华约所有军事机构。同年7月1日,华约组织签署本条约停止生效的议定书,宣告整个组织最终解体。

2月28日　中国政府分别向美国、英国和苏联3国政府递交中国加入《禁止在海床洋底及其底土安置核武器和其他大规模毁灭性武器条约》的加入书,宣布加入该条约。

3月1日　国际民航组织国际航空法会议通过《关于在可塑炸药中添加识别剂以便侦测的公约》。公约于1998年6月21日生效。

3月2日　安理会通过关于伊拉克—科威特间局势的第S/RES/686(1991)号决议,确认处理该议题的所有12项决议继续拥有完全的效力,要求伊拉克履行并接受上述全部12项决议;呼吁所有会员国以及联合国各专门机构和联合国系统其他国际组织采取一切适当行动,同科威特政府和人民合作重建该国家。

3月6日　1991年1月海湾战争爆发,把由联合国发起召开中东和平会议的设想和步骤打断。海湾战争后,美国在中东事务上的影响力加强,有了更大的发言权,于是美国乘势而上,重启了中东和平进程。1991年3月6日,美国总统布什在国会演说中,提出阿以争端应"以土地换和平"的原则和在安理会第S/RES/242(1967)号和第S/RES/338(1973)号决议的基础上,通过和平会议加以解决的设想。之后,美国国务卿贝克8日访中东,他在阿拉伯国家和以色列之间的穿梭外交终于有了结果。

3月7日　联合国发布新闻公报宣布,联合国海洋法会议总务委员会已批准中国为先驱投资开采海底矿藏的国家之一。此前,法、印、日、苏已在1987年获得此项授权。

3月22日　因为遵守安理会对伊制裁命令而受到最严重影响的一些国家向安理会提出请求帮助,称它们的损失已经超过了300亿美元;制裁委员会取消了伊拉克进口民用和人道主义物资的禁令。

3月26—27日　安理会磋商阿拉伯被占领土局势,并发表声明对被占领土的严峻形势表示严重关切。

3月28日　安理会敦促塞浦路斯局势的所有有关方面与秘书长全面合作,继续推进在过去几个月中为立即解决重要问题的讨论会。

4月3日　安理会通过关于伊拉克—科威特间局势的第 S/RES/687 (1991)号决议,确认了此前安理会通过的 13 项决议。第 S/RES/687 (1991)号决议详尽规定了恢复海湾地区和平与安全(即海湾战争正式停火)的条件:要求伊拉克承认 1963 年同科威特签订的边界条约;伊拉克在国际监督下销毁、拆除所有生化武器及射程超过 150 公里的弹道导弹;伊拉克不准拥有或研制核武器以及制造核武器所需的材料,并将其拥有的核材料完全置于国际原子能机构的控制之下;伊拉克必须对因侵占科威特造成的损失进行赔偿;继续禁止向伊拉克出售武器及相关材料和军事技术,但取消对伊拉克的食品和其他生活必需品的禁运;伊拉克应通知安理会,它不采取和支持任何支持国际恐怖主义行为。安全理事会还设立一个基金,以支付损失,损害和因伊拉克入侵和占领科威特直接损害的赔偿,据此创建的联合国赔偿委员会的性质在战后国际历史上是独一无二的。决议还规定,安理会每60 天对决议执行情况进行 1 次审议,以决定是否修改禁令。4 月 6日,伊拉克正式接受该决议规定的全部条件。4 月 11 日,安理会宣布海湾实现正式停火。

4月5日　安理会通过有关伊拉克问题的第 S/RES/688(1991)号决议,谴责对伊拉克境内许多地区伊拉克平民包括库尔德人的镇压,要求伊拉克立即停止这种镇压并举行对话,以确保伊拉克境内所有公民的人权受到尊重。

4月9日　安理会通过关于伊拉克—科威特间局势的第 S/RES/689 (1991)号决议,决定建立监督伊科边界的由 5 个常任理事国参加的联合国伊拉克和科威特观察团(伊科观察团),对两国接壤的非军事区实施监督。

4月19日　秘书长提出关于执行摩洛哥和波利萨里奥阵线在 1988 年8 月 30 日共同接受的解决方案的计划纲要;这一解决方案规定在联合国监督下摩洛哥和波利萨里奥阵线双方实现停火,以及如何组织决定西撒哈拉未来的全民公决的详细安排,并在这次公决中当地人将选择是独立还是并入摩洛哥。

同日　大会通过《联合国国际贸易运输港站经营人赔偿责任公约》,旨在协调和统一国际贸易法以减少或消除国际贸易交往中遇到的法律障碍。

4月22—29日　南极条约组织第 11 届特别协商大会第 2 次会议在马德里举行并通过协议,规定今后 50 年内,禁止一切在南极大陆开采矿产资源和石油资源的活动。

4月23日 第45届联合国大会复会。

4月29日 安理会通过关于西撒哈拉问题的第 S/RES/690(1991)号决议,决定在联合国监督下解决西撒问题的和平计划,并批准了秘书长德奎利亚尔关于在西撒举行公民投票的修正案。

5月3日 大会批准向联合国伊拉克和科威特观察团(最初6个月的任务期限,即从1991年4月9日至10月8日)提供6.1亿美元的经费。

大会通过第 A/RES/45/259 号决议,核准所附之《联合国工作人员条例》修正案。

5月3—31日 托管理事会第58次常会表示希望帕劳人民能够完成自由行使其自决权利的过程,并且指出对帕劳的托管者美国做出的保证表示满意。美国表示它准备对于任何根据帕劳人民的自由选择最终确定其政治地位的恰当努力给予帮助。

5月6日 安理会通过关于中美洲局势的第 S/RES/691(1991)号决议,将联合国驻中美洲观察团的任务期限延长6个月,直至1991年11月7日。

5月13日 大会通过关于"联合国经济、社会及有关领域的改革与恢复活力"的第 A/RES/45/264 号决议,决定经社理事会将在1992年开始实行一项新的精简工作方案,将每年举行两期会议改为举行1期,在5—7月之间,为期4—5周,会址在纽约和日内瓦,每年轮换1次。届会将分4个连续的部分:由部长参加的高级别决策会议、协调、业务活动和委员会工作。

同日 联合国人口基金组织在巴黎发表的《1991年世界人口态势》报告说,世界人口总数1991年中期可能达到54亿,到2050年可能增长至102亿。新增加人口的95%将在发展中国家。同日,联合国教科文组织公布报告说,1990年全世界共有文盲9.48亿人。

5月13—31日 经社理事会本年度第1次常会在纽约举行。

5月16—27日 1991年裁军大会第2期会议举行。

5月17日 大会原则上批准拨款18亿美元作为联合国驻西撒哈拉公民投票特派团9个月的经费,同时请求成员国为西撒哈拉难民遣返计划提供志愿捐款。

同日 芬兰向国际法院提出针对丹麦的诉讼,指出丹麦规划的"高出海平面65米的高平面桥梁"工程将侵犯芬兰自由进出连接波罗的海和北海水路的权利,相关条约和国际习惯法中规定了这一权利。

同日 伊科边界划界委员会成立。

5月20日 安理会通过关于伊拉克—科威特间局势的第 S/RES/692 (1991)号决议,为伊拉克赔偿占领科威特所造成的损失规定了总的轮廓,并正式设立赔偿基金。

同日 安理会通过关于萨尔瓦多问题的第 S/RES/693(1991)号决议,决定建立联合国萨尔瓦多观察团,以核查萨尔瓦多政府和法拉本多·马蒂民族解放阵线作出的尊重并促进萨尔瓦多人权的承诺的履行情况。

5月21日 秘书长德奎利亚尔提出政治解决阿富汗问题的 5 点建议:维护阿富汗的主权、领土完整、政治独立以及不结盟和伊斯兰特征;承认阿富汗人民的自决权;建立一种过渡机制;所有方面停止向阿富汗各派提供武器并就此达成协议;向阿富汗难民提供援助。

5月22日 阿富汗政府声明,秘书长 5 月 21 日的建议能够引导阿富汗的战争和流血走向结束,也能够成为确保这个国家和平的坚实基础。

5月23日 巴基斯坦欢迎秘书长在 21 日提出 5 点建议作为政治解决阿富汗问题的基础。

同日 联合国大会欧洲理事会部长委员会通过关于"联合国与提供联合国维持和平行动人员和装备的会员国之间的协定范本"及同名附件的第 A/46/185 号决议,供作联合国与为联合国维持和平行动或类似行动提供人员和装备的国家缔结个别协定的起草基础。

5月24日 安理会通过关于被以色列占领的领土的第 S/RES/694 (1991)号决议,要求以色列停止驱赶被占领土上的巴勒斯坦人。

5月27日 朝鲜外交部发表声明,朝鲜决定正式申请加入联合国。28 日,韩国外交部发言人说,韩国将申请加入联合国。

5月30日 安理会通过关于以色列—伊朗伊斯兰共和国问题的第 S/RES/695(1991)号决议,决定将联合国脱离接触观察员部队的任务期限再延长 6 个月,至 1991 年 11 月 30 日止。

同日 安理会通过关于《安哥拉和平协议》的第 S/RES/696(1991)号决议,决定安哥拉核查团任务期延长 6 个月直至 1991 年 11 月 30 日,执行因《安哥拉和平协议》签署而产生的新的核查任务。这一新的维和行动通常被称为安哥拉第 2 期核查团。

5月31日 安哥拉政府和安盟在里斯本签署《安哥拉和平协议》。持续 16 年的安哥拉内战完成停火谈判,停火由联合国安哥拉核查团监督执行。

6月5日 南非议会宣布废除作为种族隔离制度基石的土地法和集团住区法。17 日,南非议会宣布废除被称为种族主义支柱的《人口登记法》,

19 日,南非议会通过取消公共场所种族隔离法法案。

6 月 9—15 日　第 1 期化学武器检查团对伊拉克进行检查。

6 月 14 日　安理会通过关于塞浦路斯局势的第 S/RES/697(1991)号决议,将根据第 S/RES/186(1964)号决议成立的联合国驻塞浦路斯维持和平部队的任务期限延长 6 个月,至 1991 年 12 月 15 日止。

同日　安理会通过关于塞浦路斯局势的第 S/RES/698(1991)号决议,强调必须早日对解决塞浦路斯问题的方法达成协议。

同日　关于印度支那难民问题的《全面行动计划》获得通过,这为解决越南和老挝的难民和寻求庇护者的问题建立一个框架。

6 月 17 日　安理会通过关于伊拉克问题的第 S/RES/699(1991)号决议,规定伊拉克必须承担联合国销毁其大规模杀伤性武器所需的费用。

同日　安理会通过关于伊拉克—科威特间局势的第 S/RES/700(1991)号决议,规定对伊实行武器禁运的指导原则,决议要求各国政府在 45 天内向秘书长提出保证履行禁止向伊出口武器决议的措施,并规定将对违反禁运的人员进行处罚。

6 月 18—19 日　由中国政府发起召开的发展中国家环境与发展部长级会议在北京举行,会议通过了旨在推进环境与发展国际合作的《北京宣言》以及会议报告书。

6 月 19 日　出席《关于消耗臭氧层物质的蒙特利尔议定书》缔约国第 3 次会议的中国代表团在内罗毕宣布,中国政府决定加入经过修正的《蒙特利尔议定书》,并表示中国将继续同各缔约国和有关国际组织一道,为保护人类赖以生存的臭氧层和全球环境作出应有的贡献。

6 月 23 日—7 月 3 日　第 2 次核武器检查团报告指出,伊拉克军方曾两次拒绝或限制检查团进入指定的地点。

6 月 24—26 日　柬埔寨全国最高委员会会议在泰国帕塔亚举行,会议通过决议和最后公报。西哈努克亲王宣布,会议达成一致,自 24 日起在柬埔寨全国范围内实现无限期停火。25 日,柬埔寨全国最高委员会在帕塔亚举行升会旗、奏会歌仪式,该委员会 12 名成员出席了仪式,并于同日一致同意在金边设立柬埔寨全国最高委员会总部。

6 月 25—27 日　关于南非种族隔离制度受害者的教育需求国际会议呼吁支持改造南非教育体系的努力,以便为南非黑人提供适当的机会,并且帮助南非向非种族主义和民主化过渡。

6 月 28 日　尽管秘书长付出了努力,在争取达成一项解决塞浦路斯问题协议纲要方面还是没能取得必要进展,安理会对此表示遗憾。

　　同日　安理会要求伊拉克"立即无妨碍地准许"核武器检查团进入它准备在 6 月 28 日检查的一处地点,以及其他任何被认为必要的地点,安理会声明:"如再次发生任何不遵守决议的行为都将带来严重后果。"

　　6 月 30 日　联合国方面通知伊拉克,安理会"迫切要求伊拉克政府明确保证将采取一切必要措施保证特委会在执行任务的过程中不会遇到任何阻碍"。

　　6 月 30 日—7 月 7 日　第 1 个弹道导弹能力核查团开始销毁伊拉克弹道导弹。

　　7 月 1—12 日　伊拉克—科威特边界划定委员会在日内瓦召开会议。

　　7 月 3 日　负责视察伊拉克南部沼泽地区流离失所人群状况的联合国南伊拉克观察团提交报告,发现有针对该地区人民的实质性军事存在和活动。

　　7 月 3—26 日　经社理事会第 2 次常会在日内瓦召开。7 月 3—5 日经社理事会举行了为期 3 天的高级别特别会议,审议东西方关系演变对世界经济增长,特别是对发展中国家经济及国际合作的影响等问题。

　　7 月 6—19 日　第 3 次核武器核查团报告称,他们已经将伊拉克"相当数量的核原料和许多核设施"贴上了国际原子能机构的封条。

　　7 月 8 日　卡塔尔向国际法院提交针对巴林的诉讼,对于后者对"海瓦尔群岛、迪巴尔沙洲与吉塔特·杰拉达沙洲"的主权提出质疑。

　　同日　6 月 25 日斯洛文尼亚和克罗地亚两个共和国宣布独立后,南斯拉夫政府认为是"非法和无效的",于是以捍卫领土完整为名,出兵斯洛文尼亚。经欧共体调解,双方在 7 月 8 日达成协议,斯洛文尼亚获得独立地位,南斯拉夫军队撤出。克罗地亚境内的克拉伊纳塞族人不愿留在克罗地亚,宣布独立,得到了南斯拉夫的支持。克罗地亚族人和克拉伊纳塞族人之间爆发内战冲突。

　　7 月 10 日　伊拉克抱怨安理会没有履行每 60 天对禁运物品清单进行 1 次评估的责任,声称伊拉克人道主义形势已经超出了法律可接受的界限。

　　7 月 15—17 日　第 10 届中美洲首脑(哥斯达黎加、萨尔瓦多、危地马拉、洪都拉斯、尼加拉瓜、巴拿马)峰会在萨尔瓦多首都圣萨尔瓦多召开,会议通过关于建立适当的制度促进中美洲国家有效地实现政治、经济、社会和文化一体化的《萨尔瓦多宣言》。

　　7 月 17—18 日　安理会 5 个常任理事国和巴黎会议两主席就柬埔寨问题在北京举行磋商会议并发表公报。公报说,5 国和印度尼西亚注意到柬各方一再保证完全接受经安理会第 S/RES/668(1990)号决议批准、1990

年 10 月 15 日大会认可的 1990 年 8 月 28 日联合国框架文件作为解决柬埔寨冲突的基础,他们满意地注意到柬全国最高委员会根据这一保证为实现全面政治解决取得重大进展。

7 月 18 日 伊拉克军队和库尔德族人之间在苏莱曼尼亚和埃尔比勒爆发武装冲突,据估计伤亡人数达到了 500 人。

同日 国际原子能机构谴责伊拉克不遵守保护协定,这是首次《核不扩散条约》的缔约国被谴责伊拉克隐藏了核计划。

7 月 18—20 日 第 2 期弹道导弹核查团对伊拉克进行核查。

7 月 19 日 联合国粮农组织发表一项"特别警报",要求捐助国满足伊拉克对粮食的迫切需求。

7 月 22—26 日 危地马拉政府和危地马拉全国革命联盟举行了有 1 名联合国观察员参加的会谈,目标是结束危地马拉的国内武装冲突并实现民族和解;会谈涉及了民主化与人权的第 1 个总纲领。

7 月 23 日 伊拉克政府发表声明指出,国际原子能机构的谴责是基于"预定的政治理念与动机",其意图是在伊拉克完全展示其核计划后,通过一个特殊机构为准备一次新的对伊军事侵略行动赋予技术上的合法性。

7 月 23 日—9 月 4 日 裁军大会第 3 期会议在日内瓦举行。

7 月 25 日 奉命对所有有资格参加全民投票的西撒哈拉选民进行确认和登记的确认委员会宣布,随着包括 70204 人的选民清单修订完成,委员会第 1 阶段的工作已经结束。

7 月 26 日 联合国正式派出根据安理会第 S/RES/693(1991)号决议设立的驻萨尔瓦多观察团,该观察团是在双方在哥斯达黎加的圣何塞签署人权协议整整 1 年后派出的。

7 月 27 日—8 月 10 日 第 4 期核武器检查团进入伊拉克。

7 月 29 日 国际原子能机构通知秘书长:伊拉克"仍然可能存在尚未被公开的藏有敏感设备及原料的地点"。

7 月 30 日 伊朗、巴基斯坦和阿富汗反政府的游击队在巴基斯坦举行会议后声明,秘书长 5 月 21 日的声明包含"积极因素","经过必要的澄清后",可以考虑以此为基础形成阿富汗人可接受的全面解决办法;由联合国机构实施的在阿富汗进行紧急救援和重建的计划——"萨拉姆行动"宣布由于缺乏资源,1991 年的预算将被削减 3100 万美元至 1.05 亿美元。

同日 国际原子能机构向安理会报告说,伊拉克振兴计划的全部内容还没有完全公布。

7 月 31 日 安理会通过关于以色列—黎巴嫩间局势的第 S/RES/701

（1991）号决议,将联合国驻黎巴嫩临时部队（UNIFIL）的任务期限延长6个月,至1992年1月31日止。

同日 美苏两国签署了已经谈判9年的《削减进攻性战略武器条约》,其中规定,7年后每一方的洲际导弹、潜射导弹等累计不超过1600件,弹头不超过6000枚,条约在15年内有效。《第1阶段削减战略武器条约》:美苏双方将各自的战略武器运载工具削减至1600件,战略核弹头削减至6000件。两国首脑发表联合声明宣布两国共同倡议于10月召开中东和平会议,并表示两国将尽一切所能促进中东和平进程。

8月1日 美国和苏联向秘书长递交一份联合公报,表示支持他的工作,并建议他亲自介入萨尔瓦多谈判过程。

8月2日 科威特声明伊拉克并未放弃它针对科威特的扩张主义和敌对政策,要求安理会坚持其责成伊拉克全面严格履行国际决议的决心。

8月2—8日 第1期生物武器核查团对伊拉克进行核查。

8月4日 秘书长就销售伊拉克石油的基本结构和方式向安理会提出建议,以便满足该国的人道主义需求。

8月5日 伊拉克在伊拉克—沙特边界地带通过联合国特别工作队将3216块金砖移交给科威特。

8月6日 洪都拉斯请求联合国驻中美洲观察团尽快沿该国与尼加拉瓜边界设立观察站,以阻止"试图推翻该国政府"的武装分子入境。

8月8日 安理会通过关于"接受新会员国:朝鲜民主主义人民共和国和大韩民国"的第S/RES/702（1991）号决议,建议大会接纳朝鲜民主主义人民共和国和大韩民国为联合国会员国。

8月8—15日 第3期弹道导弹核查团对伊拉克进行核查。

8月9日 安理会通过关于"接受新会员国:密克罗西亚联邦"的第S/RES/703（1991）号决议,建议大会接纳密克罗尼西亚联邦为联合国会员国。

同日 安理会通过关于"接受新会员国:马绍尔群岛共和国"的第S/RES/704（1991）号决议,建议大会接纳马绍尔群岛共和国为联合国会员国。

同日 秘书长对于西撒哈拉军事行动的重新开始表示关切。

8月12日 联合国宣布伊拉克特委会将不得不动用自己的高空侦察手段以进一步选定伊拉克需要检查的地点。行动将使用美国U—2高空单座侦察机,从8月前半月开始。

8月12—16日 伊科边界划定委员会在日内瓦被授权对双方边界进行独立的调查和测绘。

8月12日—9月4日　联合国环境与发展大会筹备委员会召开第3次会议,就以下问题达成一致:(1)一项"21世纪议程"框架,将作为进入21世纪的全面行动蓝图在里约热内卢被通过;(2)一项"地球宪章"或者"关于可持续发展的里约宣言",它将成为参加大会的各国为实现会议目标所作承诺的基础。

8月15日　安理会通过关于伊拉克的第S/RES/705(1991)号决议,决定将伊拉克每年石油出口收入的30%用于赔偿科威特的战争损失,部分取消了关于伊拉克石油出口不得超过16亿美元的禁令。

同日　安理会通过关于伊拉克—科威特间局势的第S/RES/706(1991)号决议,关注伊拉克平民严重的营养和保健状况以及这种状况进一步恶化的危险。

同日　安理会通过关于伊拉克问题的第S/RES/707(1991)号决议,严重关切伊拉克政府违反第S/RES/687(1991)号决议所规定的义务。

8月15—23日　第2期化学武器核查团对伊拉克进行核查。

8月16日　联合国难民事务办事处和南非签署一项关于自愿遣返南非难民和政治流放者的协议,这一里程碑式的协议标志联合国正式在南非开始拥有影响力。

8月19日—9月4日　调查团访问与军事问题和实行思想计划有关的地区。

8月23日　伊拉克控诉"美国及其盟国的军事行动对伊拉克平民设施和基础设施造成的大规模毁坏",清楚地证明美国"非法利用国际合法性和安理会的决议作为借口"以达到毁灭整个国家的目的。

8月26—29日　秘书长代表分别与塞浦路斯两个民族的领导人举行会谈。

8月27日　安理会讨论了一项监督核查伊拉克大规模杀伤性武器的长期计划,会议没有达成任何决议草案。

同日　秘书长在同玻利萨里奥阵线的代表会见之后表示,对于西撒地区局势缓和抱有信心。

8月28日　安理会通过关于国际法院的第S/RES/708(1991)号决议,决定于1991年12月5日在安理会一次会议上和大会第46届会议上选举国际法官,以填补因塔斯利姆·奥拉韦尔·埃里亚斯逝世产生的一个空缺。

同日　科威特称伊拉克军队采取有预谋的行动,用重武器袭击了科威特的布比延岛(该岛位于非军事区外3公里);声明有43名袭击者已被俘获,7艘伊拉克船只被击毁。

8月29日　伊拉克方面声明认为科威特所称的伊拉克渗透行为是"毫无根据的编造",其目的是"使对伊拉克的封锁无限延长,以确保对伊人民的压制"并在伊拉克全面履行安理会决议的问题上混淆视听。伊拉克通知秘书长自3月以来伊拉克已经在国际红十字会的监督下遣返了6328名科威特人和5名非科威特籍公民,而且科威特以核查程序未完成为借口阻碍其他科威特人回归。9月3日,秘书长报告说,联合国驻伊科观察团经过对布比延岛事件的调查后,既没有发现在当地有交火的迹象,也没有发现在伊拉克船只上有武器的证据。

8月29—30日　安理会5个常任理事国和关于柬埔寨问题巴黎会议两主席在泰国的帕塔亚取得了柬埔寨民族和解工作的重要进展。

8月31日—9月4日　第3期化学武器检查团对伊拉克进行检查。

8月31日—9月8日　第4期化学武器核查团对伊拉克进行检查。

9月4日　裁军大会第7期会议在日内瓦闭幕,预期将在1992年会达成一项禁止化学武器的最终国际公约。

同日　秘书长声明指出,"在过去的12个月中,结束南非种族主义的进程虽然中断了,但仍然处在前进的轨道上",并强调"席卷全国的暴力浪潮"已成为对"信心的严峻考验"和"正在发展的政治对话的严重阻碍"。

9月6日　秘书长德奎利亚尔宣布,联合国将建立"国际减灾10年"特别理事会。

同日　联合国特派团宣布西撒正式停火。但是,由于摩洛哥和西撒哈拉人民解放战线(西撒人阵)双方在确定选民名单的标准上分歧依旧,秘书长的"西撒和平计划"未能如期执行。

9月7—14日　秘书长的代表分别与塞浦路斯两个民族的领导人举行会谈,双方领导人都同意向直接达成一项全面框架协议的方向努力。

9月9日　联合国代表对于在伊拉克北部发生的政府同非政府武装之间越来越严重的冲突表示关切,非政府武装威胁要阻止"任何有目的的人道主义行动"。

9月9—20日　第3次关于气候变化政府间会议在肯尼亚内罗毕举行。会议在起草一项应对全球变暖趋势的国际公约方面取得进展,该公约在1992年里约热内卢召开的联合国环境与发展大会上被签署。

9月9—27日　《禁止生物武器公约》缔约国第3次评估会议在日内瓦举行,会议讨论了核查、建立互信以及技术转让等问题,并通过《最后宣言》。该宣言声明,使用生物武器是"违背人类科学的"。

9月10日　伊拉克开始归还从科威特国家图书馆和国家博物馆掠走

的贵重物品。

9月11—13日 非政府组织年会讨论了环境、世界贸易、寻求和平、通过发展促进经济和社会正义,以及和平、正义与发展在联合国工作中的相互关系等问题。

9月12日 安理会通过关于"接受新会员国:爱沙尼亚共和国"的第S/RES/709(1991)号决议,建议大会接纳爱沙尼亚共和国为联合国会员国。

同日 安理会通过关于"接受新会员国:拉脱维亚共和国"的第S/RES/710(1991)号决议,建议大会接纳拉脱维亚共和国为联合国会员国。

同日 安理会通过关于"接受新会员国:立陶宛共和国"的第S/RES/711(1991)号决议,建议大会接纳立陶宛共和国为联合国会员国。

9月13日 安理会就报告所称的伊拉克拒绝特委会的一个检查小组乘坐美国直升机飞越伊拉克武器地点一事进行协商。

同日 秘书长对美苏两国在莫斯科发表的宣言表示欢迎,宣言表示两国将从1992年1月1日开始不再向阿富汗各派供应武器。

9月14—20日 第5期核武器检查团对伊拉克进行检查。

9月16日 秘书长、萨尔瓦多政府和法拉本多·马蒂民族解放阵线开始在联合国总部举行会谈。

同日 索马里特别紧急计划认捐会议为其4亿美元的筹资目标获得了1/3的捐款。

9月17日 第46届联合国大会在联合国总部开会。大会选举沙特阿拉伯现任常驻联合国代表萨米尔·希哈比为主席。列入本届联合国大会的议程及临时议程共有145项,其中包括裁军、发展与经济合作、地区性问题、环境保护和社会发展等重要问题。

同日 大会依次通过第A/RES/46/1号决议至第A/RES/46/6号决议,接纳朝鲜、韩国、马绍尔群岛、密克罗尼西亚、爱沙尼亚、拉脱维亚和立陶宛等7国为会员国。至此,会员国总数达166个。

9月19日 安理会通过关于伊拉克问题的第S/RES/712(1991)号决议,确认伊拉克石油出口的最高限额为16亿美元,并授权秘书长立即动用第1批1/3的销售款项以满足伊拉克平民的迫切需要。

9月19—21日 危地马拉政府和危地马拉全国革命联盟举行了有联合国观察员参加的关于人权问题的谈判,目标是结束危地马拉的国内武装冲突,实现民族和解。

9月20—21日 柬埔寨问题有关各方在联合国举行会议并就政治解决柬埔寨问题达成最后协议。

9月20日—10月3日　第2期生物武器检查团对伊拉克进行检查。

9月23日　安理会审议了伊拉克拒绝联合国核查团使用自己的直升机飞越伊武器设施地点的问题,要求伊拉克就此问题提交一份正式的书面承诺。

9月24日　伊拉克向安理会提出抗议,称核查团通过影印伊拉克工业和冶金业相关人员的个人资料从而"超越了其本职任务"。伊拉克遵守安理会的要求,允许在核查中使用联合国的直升飞机。安理会强烈谴责伊拉克多次阻止检查人员履行职责,并声明检查人员无法自由离开已检查过地点的情况是"不可接受的"。

9月25日　安理会(在部长级会议上)通过关于南斯拉夫社会主义联邦共和国的第 S/RES/713(1991)号决议,决议要求冲突各方采取和平手段解决争端,所有国家禁止向南斯拉夫运送一切武器军备,呼吁所有国家不要采取任何可能加剧南斯拉夫紧张局势的行动,联合国秘书长还派出特使前往该地区斡旋。

同日　萨尔瓦多政府和法拉本多·马蒂民族解放阵线签订一项关于民族解放阵线成员重新融入社会的条件和保证的"广泛协议",又被称为《纽约协定》。

9月27日　安理会5个常任理事国外长应邀出席德奎利亚尔秘书长举行的午餐聚会,并就当前国际问题发表声明。5国外长承诺将预防外交放在最优先的位置,并共同努力加强该组织在维持和平与缔造和平中的作用;各国重申一个恢复活力的联合国在国际事务、维护宪章原则以及建立国际新秩序方面将扮演核心且日益重要的角色。

9月30日　安理会通过关于萨尔瓦多的第 S/RES/714(1991)号决议,敦促萨尔瓦多冲突双方尽快实现停火,并根据萨尔瓦多政府同法拉本多·马蒂民族解放阵线于9月25日签署的《纽约协议》的框架尽早解决武装冲突。

10月1日　第1个国际老年人日。

10月2日　伊拉克指控联合国核武器检查团首席检查员"与外国情报部门有私人联系"并试图"制造与我们无关的虚假文件"以达到为"错误的指控"提供依据的目的,认为核查团"有预谋的和带有偏见的行为方式"正被用来"在敌视伊拉克的协同行动框架中散布反对伊拉克和平利用核能计划的传言"。

10月3日　安理会发表声明,谴责海地的军事政变者使用暴力篡夺合法政权,呼吁尽快恢复海地总统让—贝特朗·阿里斯蒂德领导的合法政府。

　　同日　国际原子能机构的报告指出,有证据表明伊拉克在广泛基础上进行内爆式原子弹的研制工作,成功地从天然铀中分离出了核武器材料,同时发展了核武器导弹投送系统。

　　10月4日　世界卫生组织发表公报宣布,迄今全世界至少有900万—1100万人感染了艾滋病病毒,其中已有150万人成为艾滋病患者。

　　10月6日—11月9日　第5期化学武器检查团对伊拉克进行检查。

　　10月7日　安理会将联合国驻伊科观察团的任务期限延长6个月,至1992年4月9日止。10日,安理会批准了两项新的计划,以便更好地监督核查伊拉克遵守联合国所要求的在停火协议中规定的裁军措施的情况。

　　10月10日　安理会支持秘书长在11月早些时候恢复与塞浦路斯两方以及希腊和土耳其的协商,以便达成塞浦路斯全面框架协议的一整套构想。

　　10月11日　大会通过关于海地的民主和人权局势的第A/RES/46/7号决议,谴责海地发生的军事政变,呼吁立即恢复被推翻的阿里斯蒂德总统的职权。

　　同日　安理会通过关于伊拉克问题的第S/RES/715(1991)号决议,确定秘书长和国际原子能机构总干事拟定将来不断监测和核查伊拉克的计划,并要求伊拉克无条件地履行对其规定的义务。

　　同日　安理会通过关于塞浦路斯问题的第S/RES/716(1991)号决议,敦促塞浦路斯希土两族、希腊和土耳其两国恢复对话,以达成解决塞浦路斯问题的全面协议。

　　10月16日　安理会通过关于柬埔寨问题的第S/RES/717(1991)号决议,决定建立联合国驻柬埔寨先遣团(联柬先遣团)。

　　10月18日　安理会5个常任理事国继7月上旬巴黎会议之后在伦敦继续讨论中东军控问题,并通过《关于常规武器转让的准则》。

　　10月21—23日　联合国柬埔寨问题国际会议再次在巴黎召开。柬埔寨最高委员会全体成员、联合国秘书长、澳大利亚等18个国家政府的代表和柬埔寨全国最高委员会的12名成员签署了《柬埔寨冲突全面政治解决协定》(《巴黎协定》)等具有历史意义的文件。它标志着延续13年之久的柬埔寨问题终于得到全面、公正和合理的政治解决,旷日持久的柬埔寨战争终于结束。

　　10月24—30日　联合国举行特别会议纪念"裁军周"。在29日为纪念"裁军周"举行的特别会议上,德奎利亚尔秘书长呼吁国际社会继续努力,进一步削减战略核武器。

10月28日　联合国大会非洲债务减免日。

10月30日—11月1日　10月30日,中东和平会议在马德里召开,布什和戈尔巴乔夫联合主持开幕式。阿以争端的有关各方叙利亚、黎巴嫩、约旦和巴勒斯坦联合代表团、埃及以及以色列第1次坐到同一张会议桌上,进行旨在实现中东全面和平解决的谈判。除埃及外,这是叙利亚、黎巴嫩、约旦和巴勒斯坦等国首次与以色列举行的面对面会议,而双方敌对已长达43年之久,这本身就标志着中东和平进程的一个重大进展。联合国派出秘书长的代表作为观察员出席了这次马德里会议,并在1991年第46届联大上通过一项重要决议对会议给予有力支持,这就是决定撤销1975年11月10日第30届联大通过的一项谴责犹太复国主义是"种族主义和种族歧视的一种形式"的决议。以马德里会议为开端的中东和平进程分3个阶段进行。第1阶段,历时3天,与会各方均可在会上阐述自己的立场和主张。第2阶段,在以色列和叙利亚、黎巴嫩与约旦巴勒斯坦联合代表团之间分别举行直接谈判,讨论戈兰高地、黎巴嫩南部地区和巴勒斯坦等问题,并签署和平协议。第3阶段,召开有关国家的多边会议,讨论资源保护和利用,经济发展等问题。从马德里开始的中东和谈,到1992年12月底,共进行了8轮双边和平谈判和两轮多边谈判。

10月31日　安理会通过关于柬埔寨问题的第S/RES/718(1991)号决议,赞成新签署的柬埔寨和平协定,要求秘书长任命1名柬问题特别代表,成立柬过渡时期联合国权力机构,以实施巴黎协定。

11月3日　约巴联合代表团同以色列代表团在马德里举行双边会谈。双方同意今后在华盛顿举行直接会谈。

11月6日　安理会通过关于中美洲局势的第S/RES/719(1991)号决议,将联合国驻中美洲观察团的任务期限延长至1992年4月30日。

11月8日　北约在罗马举行的特别首脑会议上做出了重大的战略调整:一是转变战略方向,放弃当年对付东面的"前沿防御"理论和"灵活反应"战略,代之以"危机管理"理论和灵活、机动"快速反应"战略;二是重组军事结构,将中欧常规兵力减少一半,美国驻欧军队由27万人减至15万人,同时把北约部署在欧洲的核武器削减80%;三是同当时尚未解体的苏联、东欧国家由对抗到对话又转入合作。

11月9日　联合国驻柬埔寨先遣团正式开始工作,总部设在金边。

11月13日　大会将美国针对古巴的经济禁运问题推迟到1992年审议。

11月15日　苏联和阿富汗游击队代表团在莫斯科发表联合声明,对苏联派兵进入阿富汗的决定进行谴责。双方就将阿富汗政权移交给伊斯兰临时政府等问题达成协议。

11月18日 1987年1月20日被扣押的英国人质特里·韦特和1985年6月9日被绑架的美国人托马斯·萨瑟兰在黎巴嫩被释放。

11月20日 大会通过关于柬埔寨局势的第A/RES/46/18号决议,完全支持在巴黎签署的《柬埔寨冲突全面政治解决协定》,支持秘书长成立柬埔寨过渡时期联合国权力机构,以实施10月23日的《巴黎协定》。

11月21日 安理会通过关于秘书长任命的第S/RES/720(1991)号决议,埃及前副总理布特罗斯·布特罗斯—加利以11票赞成、4票弃权获得推荐。

11月21—23日 "拟定有效的联合国预防犯罪和刑事司法方案部长级会议"在巴黎举行,并通过《制定有效的联合国预防犯罪和刑事司法方案决议草案》及《联合国预防犯罪和刑事司法方案的原则声明和行动纲领》。

11月26—27日 26日,南斯拉夫正式要求联合国向南派遣维持和平部队。27日,安理会一致通过关于南斯拉夫社会主义联邦共和国的第S/RES/721(1991)号决议,决定向南斯拉夫派驻联合国维持和平部队。中国代表李道豫在会上说,向南派遣维和部队是特殊情况下采取的特殊措施,不应为今后造成先例。

11月29日 安理会通过关于以色列—阿拉伯叙利亚共和国之间局势的第S/RES/722(1991)号决议,将联合国脱离接触观察员部队(UNDOF)的任务期限延长6个月,至1992年5月31日止。

12月3日 在安理会推荐下,大会任命布特罗斯·布特罗斯—加利(埃及)为联合国第6任秘书长,自1992年1月1日起,任期5年。

12月5日 大会通过关于"阿富汗局势及其对国际和平与安全的影响"的第A/RES/46/23号决议,要求切实履行1988年关于阿富汗问题的《日内瓦协议》,并呼吁有关各方积极寻求阿富汗人可接受的政治解决道路。

12月6日 大会欢迎不久前《南极条约》缔约国在马德里签署的《环境保护议定书》,同时对于该议定书的谈判未能得到国际社会的全面参与表示失望。

大会通过关于"《禁止在大气层、外层空间和水下进行核武器试验条约》的修正"的第A/RES/46/28号决议。

12月8日 苏联解体是1991年欧洲和世界上的最重大事件。3月,苏联改国号为"苏维埃主权共和国联盟"(用"主权"代替昔日的"社会主义",

仍简称"苏联"。）"8·19"事件后,苏联发生了根本性的变化:苏共解散,联盟中央机构瓦解。原来的 15 个加盟共和国除波罗的海 3 国已先分离出去外,也都相继宣告独立。12 月 8 日,3 个斯拉夫共和国——俄罗斯、乌克兰、白俄罗斯签署明斯克协议,宣布成立"独立国家联合体"。

12 月 9 日　大会通过决议,要求自 1992 年 1 月 1 日起建立常规武器的普遍性和非歧视性登记制度。

大会通过关于联合国近东巴勒斯坦难民救济和工程处的第 A/RES/46/46 号决议。

大会敦促秘书长继续监督小国的安全形势,并且考虑将任何对这些国家的安全威胁提请安理会注意。

大会通过关于《联合国在维护国际和平与安全领域的实地调查宣言》的第 A/RES/46/59 号决议,宣言要求实地调查应当是"全面、客观、公正和及时的",而且调查团的派遣应能代表联合国的关切并以建立信任和缓和争端与情势"同时避免其恶化"为目标。

大会通过关于发展和加强各国间睦邻关系的第 A/RES/46/62 号决议。

同日　秘书长在向安理会提交的报告中指出,伊拉克 1980 年 9 月 22 日对伊朗的进攻应当为这两国战争"承担责任"。

12 月 10—18 日　叙利亚、黎巴嫩、约巴 3 个代表团同以色列代表团在华盛顿举行第 2 轮双边会谈,未取得明显成果。巴、以代表将于 1992 年 1 月 7 日再次会谈。

12 月 11 日　大会声明地理位置、人口多少或领土的大小、有限的自然资源以及其他类似因素都不应阻碍任何非自治领土迅速行使自决的权利。

大会欢迎由美苏两国主持的中东和平会议于 1991 年 10 月 30 日在马德里召开;表示和平会议是"朝着在该地区建立全面、公正和持久的和平所迈出的重要一步"。大会还声明召集一次由联合国主持的中东国际和平会议将有助于促进在该地区实现和平。

大会通过关于"外国经济利益集团和其他利益集团的活动妨碍殖民统治领土内《给予殖民地国家和人民独立宣言》的情况"的第 A/RES/46/64 号决议。

大会通过关于"各专门机构和与联合国有关系的国际机构在援助非自治领土方面的合作与协调"的第 A/RES/46/70 号决议。

大会通过关于巴勒斯坦人民起义的第 A/RES/46/76 号决议。

大会审议通过了关于"外国利益经济集团和其他利益集团的活动妨碍在殖民统治领土内执行《给予殖民地国家和人民独立宣言》,并妨碍在南部非洲消除殖民主义、种族隔离和种族歧视的努力"的第 A/RES/46/64 号决议。大会严重关切外国经济利益集团在加勒比、太平洋和其他地区的殖民地领土和非自治领土内进行活动,继续掠夺和损害当地人民的资源和经济利益,从而剥夺当地人民掌管其领土资源的权利,阻碍这些领土人民实现自决和独立的合法愿望。严重关切某些国家、跨国公司和国际金融机构仍旧同南非保持经济关系。

大会通过关于"各专门机构和与联合国有关系的国际机构在援助非自治领土方面的合作与协调"的第 A/RES/46/70 号决议。

12 月 12 日 安理会通过关于塞浦路斯局势的第 S/RES/723(1991)号决议,将联合国驻塞浦路斯维持和平部队(UNFICYP)的任务期限延长 6 个月,至 1992 年 6 月 15 日止。

12 月 13 日 大会承认在南非制定新宪法和建立民主制度的过渡安排方面,障碍克服已经取得了进展,并且欢迎在 9 月 14 日签署的《国家和平协定》。

大会通过关于南非政府的种族隔离政策的第 A/RES/46/7 号决议。

12 月 15 日 安理会通过关于南斯拉夫的第 S/RES/724(1991)号决议,同意秘书长的评估,即"在南斯拉夫进行维持和平行动的条件尚不具备"。

12 月 16 日 大会通过关于中东局势的第 A/RES/46/82 号决议。

大会通过关于消除种族主义和种族歧视的第 A/RES/46/86 号决议,决定"撤销 1975 年 11 月 10 日第 A/RES/33/79 号决议"。第 A/RES/33/79 号决议确定"犹太复国主义为种族主义和种族歧视的一种形式"。这是联合国历史上第 2 次撤销已通过的一个决议。

大会通过关于利用雇佣军作为手段侵犯人权并阻止人民行使自决权利的第 A/RES/46/89 号决议。

大会通过关于"《老龄问题国际行动计划》的执行情况及其有关活动"的第 A/RES/46/91 号决议,包括 18 项《联合国老年人原则》,以便使"延长了的寿命富有更多的活力"。

大会通过关于"《提高妇女地位内罗毕前瞻性战略》的执行情况"的第 A/RES/46/98 号决议。

大会通过关于联合国国际药物管制规划署的第 A/RES/46/104 号决议,强调需在更广泛的经济和社会范畴内审议药物滥用和非法贩运问题,强调联合国国际药物管制规划署在管理上需要必要的灵活性,并敦促其特别重视解决第 34 届会议上通过的决议所确定为优先事项的《全球行动纲领》

中的问题,敦促所有国家政府向联合国国际药物管制规划署提供尽可能的财政和政治支助。

12月17日 大会通过关于"中美洲局势:对国际和平与安全的威胁及和平倡议"的第 A/RES/46/109 号决议。

大会通过关于《保护精神病患者和改善精神保健的原则》的第 A/RES/46/119 号决议。

12月18日 大会通过关于人权与科技发展的第 A/RES/46/126 号决议。

大会通过关于人权与人口大规模流亡的第 A/RES/46/127 号决议。

大会通过关于"加强国际合作和协调努力以研究、减轻和减少切尔诺贝利灾难的后果"的第 A/RES/46/150 号决议,认识到有必要加强国际合作和协调以研究、减轻和减少切尔诺贝利灾难的后果,包括它可能引起的长期性影响,其中含跨国影响,并对受此灾难影响的人民表示继续关切。强调在核电方面在做到和维持现时能达到的最高安全标准,包括对放射性的防护。

大会通过关于"最后审查和评价 1986—1990 年联合国非洲经济复苏和发展行动纲领"的第 A/RES/46/151 号决议,通过 90 年代《联合国非洲发展新议程》,包含在 1991 年的基础上实现持续性的和可持续的增长与发展的建议。

大会通过关于"制定有效的联合国预防犯罪和刑事司法方案"的第 A/RES/46/152 号决议,通过《联合国预防犯罪和刑事司法方案的原则声明和行动纲领》,决定设立一个新的预防犯罪和刑事司法委员会,作为经社理事会的一个职能机构。原有的预防和控制犯罪委员会将行解散。新委员会将于 1992 年 4 月 21—23 日在维也纳召开首届会议,宣告正式成立。

大会表示关注于许多国家虽然都在努力实行稳定和结构调整计划,但是债务负担已成为"加快增长与发展和消除贫困"的主要障碍。

12月19日 大会敦促国际社会履行对于 20 世纪 90 年代联合国最不发达国家行动纲领的承诺,并将其作为一项迫切事务。

大会要求联合国系统增强其促进经济活动方面的有效性,包括向感兴趣的国家提供技术援助。

大会通过关于加强联合国人道主义紧急援助的协调的第 A/RES/46/182 号决议,设立联合国紧急救助协调员一职,由秘书长任命,以确保对于灾难的"迅速反应"。

同日 秘书长在报告中指出,实施西撒哈拉问题解决方案的"必要条件"还要推迟几个月才能具备。

12 月 20 日 大会通过关于"最近东西方关系的演变对世界经济增长,特别是对发展中国家经济增长和发展以及对国际经济合作的影响"的第 A/RES/46/202 号决议。

大会通过关于"预防和控制后天免疫机能丧失综合征(艾滋病)"的第 A/RES/46/203 号决议,敦促各成员国把防治艾滋病放在首要位置,应通过制定强有力的国家艾滋病计划预防病毒的传播。

大会通过关于"发展规划委员会报告:确定最不发达国家的指标"的第 A/RES/46/206 号决议。

大会通过关于"作为向发展中国家进行政治和经济胁迫的一种手段的经济措施"的第 A/RES/46/210 号决议。

大会通过关于"大型远洋漂网捕鱼及其对世界海洋生物资源的影响"的第 A/RES/46/215 号决议。大会一直要求在 1992 年底之前全面禁止大规模远洋拖网捕鱼,即使这将对于在公海进行拖网捕鱼的团体带来不利的社会经济影响。

大会通过关于"国际合作以减轻伊拉克与科威特间的局势给科威特及该区域其他国家造成的环境后果"的第 A/RES/46/216 号决议,并呼吁采取缓解行动。

大会批准向联合国驻柬埔寨先遣团从 1991 年 11 月 1 日至 1992 年 4 月 30 日的工作提供 1400 万美元的经费。

大会注意到发达国家和多边金融机构保证分配给中东欧地区的资源不会减少,同时分配给发展中国家的资源不会变化,包括发展援助和粮食援助。

大会通过第 A/RES/46/216 号决议,紧急呼吁展开国际合作以减轻伊拉克与科威特间的局势给科威特及该区域其他国家造成的环境后果。

12 月 21 日 苏联的 8 个共和国同明斯克协议的 3 国在阿拉木图签署了《关于建立独立国家联合体协议的议定书》和《阿拉木图宣言》,作为"共同创始国"加入"独联体"。剩下的最后一个共和国格鲁吉亚也准备在协议上签字。"独联体"是一个松散的、不再有中央机构的联合体。

12 月 23 日 安理会要求塞浦路斯两大部族领导人以及希腊和土耳其与秘书长全面合作,以便尽快完成关于塞浦路斯全面框架协议的全套构想。

12 月 24 日 俄罗斯总统鲍里斯·叶利钦通知秘书长,苏联在联合国,包括在安理会的成员资格将由俄罗斯联邦继承,这得到了独联体国家的支持。

12 月 25—27 日 25 日,戈尔巴乔夫在最后的电视演讲中说:由于苏联已经解体,各共和国已经独立,作为苏联总统的他已完成了历史赋予的使命,在此宣布辞职并把核按钮交给叶利钦。苏联国旗从克里姆林宫屋顶降下,由俄罗斯联邦国旗取而代之。同日,俄罗斯苏维埃联邦社会主义共和国改名为俄罗斯联邦。26 日,苏联最高苏维埃共和国举行最后一次会议,通过宣言宣布苏联不复存在。苏联最高苏维埃不宣而散。27 日,俄罗斯联邦在联合国正式取代已解体的苏联的席位。中国国务委员兼外长钱其琛在向七届全国人大常委会第四次会议作关于国际形势和外交工作的报告时谈道:苏联解体标志着第二次世界大战后近半个世纪的美苏对抗、东西方冷战和两极体制的最终结束。

12 月 31 日　安理会通过关于西撒哈拉局势的第 S/RES/725(1991)号决议,重申西撒哈拉解决计划,由联合国同非洲统一组织合作,筹办并监督西撒哈拉人民自决的全民投票。

同日　在秘书长德奎利亚尔的调停下,萨尔瓦多政府和法拉本多·马蒂民族解放阵线的代表在纽约联合国总部达成一项为结束萨尔瓦多 12 年的武装冲突的协议(被称作"纽约文件"),规定了实现萨冲突双方停火和结束内战的条件。

一九九二年

(国际空间年)

1 月 1 日　布特罗斯·布特罗斯—加利(埃及)就任联合国第 6 任秘书长,自 1992 年 1 月 1 日起,任期 5 年。

1 月 6 日　安理会通过关于被占领阿拉伯领土的局势的第 S/RES/726(1992)号决议,强烈谴责以色列 1 月 2 日作出恢复从被占领土驱逐巴勒斯坦平民的决定。

1 月 7 日　联合国大会世界人权会议筹备委员会第 4 届会议通过了关于《波兹南学术自由宣言》的第 A/CONF.157/PC/42/Add.1 号决议,强调保障学术界的学术自由。

1 月 8 日　安理会通过关于前南斯拉夫的马其顿共和国局势的第 S/RES/727(1992)号决议,敦促南斯拉夫问题各方履行之前在日内瓦和萨拉热窝做出的承诺,以促使敌对行动完全停止,并请所有各方采取一切必要措施,以确保联合国派遣的人员和欧洲共同体监察团成员的安全。

同日　安理会通过关于柬埔寨局势的第 S/RES/728(1992)号决议,要求柬埔寨全国最高委员会和柬埔寨各方继续同联合国驻柬埔寨先遣团充分合作,再次重申要求各方严格遵守停火并向先遣团提供一切必要的协助。

1 月 14 日 安理会通过关于中美洲问题的第 S/RES/729（1992）号决议，欢迎萨尔瓦多政府和马蒂民族解放阵线之间达成多项协议，呼吁双方继续保持最大限度的克制，扩大联合国萨尔瓦多观察团的任务。

1 月 16 日 安理会通过关于萨尔瓦多局势的第 S/RES/730（1992）号决议，结束联合国中美洲观察团的任务。

同日 萨尔瓦多政府和马蒂民族解放阵线在墨西哥城正式签署和平条约，以结束长达 12 年的内战。

1 月 21 日 安理会通过关于利比亚问题的第 S/RES/731（1992）号决议，要求利比亚充分合作以确定 1988 年泛美航班客机和 1989 年法国联航班机被炸事件的责任，并要求利比亚引渡涉嫌炸机者。

1 月 22 日 联合国大会世界人权会议拉丁美洲和加勒比区域会议筹备委员会通过了关于《圣约瑟宣言》的第 A/CONF.157/PC/58 号决议，重申人权问题的重要性。

1 月 23 日 安理会通过关于"哈萨克斯坦共和国加入联合国问题"的第 S/RES/732（1992）号决议，审查了哈萨克斯坦共和国要求加入联合国的申请，建议大会接纳哈萨克斯坦共和国为联合国会员国。

同日 安理会通过关于索马里局势的第 S/RES/733（1992）号决议，要求所有国家应立即禁止向索马里运送武器和军事装备。

1 月 29 日 安理会通过关于黎巴嫩局势的第 S/RES/734（1992）号决议，决定将联合国驻黎巴嫩临时部队的任务期限再延长 6 个月，至 1992 年7 月 31 日止。

同日 安理会通过关于"亚美尼亚共和国加入联合国问题"的第 S/RES/735（1992）号决议，审查了亚美尼亚共和国要求加入联合国的申请，建议大会接纳亚美尼亚共和国为联合国会员国。

同日 安理会通过关于"吉尔吉斯斯坦共和国加入联合国问题"的第 S/RES/736（1992）号决议，审查了吉尔吉斯斯坦要求加入联合国的申请，建议大会接纳吉尔吉斯斯坦共和国为联合国会员国。

同日 安理会通过关于"乌兹别克斯坦共和国加入联合国问题"的第 S/RES/737/（1992）号决议，审查了乌兹别克斯坦要求加入联合国的申请，建议大会接纳乌兹别克斯坦共和国为联合国会员国。

同日 安理会通过关于"塔吉克斯坦共和国加入联合国问题"的第 S/RES/738（1992）号决议，审查了塔吉克斯坦要求加入联合国的申请，建议大会接纳塔吉克斯坦共和国为联合国会员国。

1 月 31 日 安理会 15 个理事国在联合国历史上举行首次首脑会议，

议题是"安理会维持国际和平与安全的责任"。会议一致通过一项主席声明,肯定了联合国在维和领域发挥的积极作用,要求秘书长就加强联合国在预防性外交、维持和缔造和平方面的作用向会员国提交报告。

2月1日　自即日零时起,萨尔瓦多政府军和游击队全面停火,从而结束了将近12年的内战。

2月1—6日　联合国亚非法律协商委员会在乌干达坎帕拉举行了第32届会议。

2月6日　联合国大会亚非法律协商委员会通过了关于《坎帕拉人权宣言》的第A/CONF.157/PC/62/Add.9号决议,表明了世界所有人民在人权领域里的一个共同认识,在促进人权和基本自由方面为人类提供了帮助、指南和鼓舞。

2月5日　安理会通过关于"摩尔多瓦共和国加入联合国问题"的第S/RES/739(1992)号决议,审查了摩尔多瓦共和国要求加入联合国的申请,建议大会接纳摩尔多瓦共和国为联合国会员国。

2月7日　秘书长加利上任后,开始了他称之为全面展开精简联合国机构的第1阶段工作,以使联合国适应"国际行动的新要求"。

同日　安理会通过关于前南斯拉夫的马其顿共和国局势的第S/RES/740(1992)号决议,要求南斯拉夫各方同南斯拉夫问题会议全面合作,以按照欧洲安全和合作会议的原则,实现其达成政治解决的目的。

同日　安理会通过关于"土库曼斯坦加入联合国问题"的第S/RES/741(1992)号决议,审查了土库曼斯坦要求加入联合国的申请,建议大会接纳土库曼斯坦为联合国会员国。

2月8—24日　第16届冬季奥运会在法国阿尔贝维尔举行,共有64个国家和地区的1801名运动员参赛,这也是最后1次与夏季奥运会在同一年举行的冬季奥运会。中国共派出33名运动员参赛,共获得3枚银牌,排奖牌榜的第15位。这是中国自1980年首次参加冬奥会以来,经过12年的努力,终于在本届实现了奖牌"零的突破"。

2月8—25日　联合国贸易与发展会议第8届大会在哥伦比亚举行,并通过最后文件和《卡塔赫纳精神》宣言。该宣言指出,发展应成为国际社会优先议程。

2月14日　安理会通过关于"阿塞拜疆共和国加入联合国问题"的第S/RES/742(1992)号决议,审查了阿塞拜疆共和国要求加入联合国的申请,建议大会接纳阿塞拜疆共和国为联合国会员国。

2月21日　安理会通过关于前南斯拉夫的马其顿共和国局势的第

S/RES/743(1992)号决议,决定建立一支14000人的联合国保护部队,部署在克罗地亚境内塞族聚居的3个保护区,要求保护区内的南斯拉夫人民军和其他武装力量撤出或解散,同时在其他一些地区派遣了军事观察员,这一系列行动使克罗地亚武装冲突有所缓和。

2月25日 安理会通过关于"圣马力诺共和国加入联合国问题"的第S/RES/744(1992)号决议,审查了圣马力诺共和国要求加入联合国的申请,建议大会接纳圣马力诺共和国为联合国会员国。

2月28日 安理会通过关于柬埔寨局势的第S/RES/745(1992)号决议,决定建立联合国柬埔寨过渡时期权力机构(联柬权力机构)。联柬权力机构直接控制了柬埔寨的外交、国防、财政等所有行政部门,临时负担政府机构的职能。这次行动是联合国历史上第2次规模最大、最复杂的维持和平行动,共需资金19亿美元,动用人员22000人。中国向联柬权力机构派出47名军事观察员、3名文职人员和一支400人的工程兵大队。

3月2日 大会先后通过9项决议,接纳摩尔多瓦、哈萨克斯坦、吉尔吉斯斯坦、乌兹别克斯坦、亚美尼亚、塔吉克斯坦、阿塞拜疆、土库曼斯坦、圣马力诺9国为会员国,使会员国总数达到175个。

同日 中国常驻联合国代表李道豫向联合国递交《儿童权利公约》的批准书。公约于1992年4月1日正式对中国生效。该公约是国际社会为保护儿童权利制定的一项普遍适用的标准,中国政府承担并认真履行公约规定的各项义务。多年来,中国与联合国儿童基金会、联合国教科文组织和世界卫生组织在有关儿童保护领域进行了卓有成效的合作,获得有关国际组织和权威人士的好评。

3月3日 利比亚未按安理会第S/RES/731(1992)号决议的要求引渡嫌疑犯,相反于是日向国际法院对美国和英国提出诉讼。利比亚在请求书中认为:按照《蒙特利尔公约》规定,利比亚对两名嫌疑犯拥有管辖权,美英两国的引渡要求违反前述公约。请求书还要求法院采取临时措施,以保护利比亚的权利。

同日 经社理事会通过了关于《适用于感染人体免疫缺损病毒(HIV)和后天免疫机能丧失综合征(艾滋病)情况下的人权、伦理和人道基本原则的权利和人道宣言》的第E/CN.4/1992/82决议。该宣言确定了人权、伦理和人道的基本原则,并且申明了保护大众健康和幸福与尊重过个人权利和自由的关系。各成员国有责任尊重所有人的权利和尊严,采取相应的行动,重新检查公共卫生法律和规定。各国应保障HIV和艾滋病感染者不被歧视和社会排斥,建立一个支持患病者的环境。

3月4日　在联合国人权委员会第48届会议上,一些西方国家提出一项所谓"中国/西藏局势"决议草案,中国代表团对此进行了坚决斗争。4日,会议以27票对15票,11票弃权通过了巴基斯坦提出的对"中国/西藏局势"决议草案不采取行动的动议,挫败了国际反华势力借口人权问题干涉中国内政,损害中国主权的图谋。

3月9日　中国完成了正式加入《不扩散核武器条约》的法律手续,同日该条约对中国生效。

3月11日　中国加入《不扩散核武器条约》。中国是《不扩散核武器条约》缔约国,坚决反对任何形式的核武器扩散。中国一贯主张全面禁止并彻底销毁核武器。中国自拥有核武器的第1天起即单方面承诺在任何时候任何情况下不首先使用核武器,并承担了不对无核国家和地区使用或威胁使用核武器的义务。中国在发展核武器的问题上一贯保持克制,唯一和始终的目的在于自卫。中国无意去威胁任何国家的安全,也无意与任何国家进行军备竞赛。

3月11—20日　联合国妇女地位委员会第36届会议在维也纳召开,会议一致通过决议,感谢并接受中国政府的邀请,决定第四次世界妇女大会于1995年9月4—15日在中国北京举行。8月28日,第四次世界妇女大会中国组委会在北京正式成立。10月,在七十七国集团倡议下,联合国大会通过了《提高妇女地位内罗毕前瞻性战略的执行情况》的决议,"感谢中国政府担当将于1995年9月4—15日在北京举行的妇女问题世界会议的东道国"。

3月17日　安理会通过关于索马里局势的第 S/RES/746(1992)号决议,敦促索马里各派信守1992年3月3日在摩加迪沙签署的停火协议的承诺,同时也呼请所有会员国及其人道主义组织向联合国人道主义救济工作提供援助和合作。

同日　南非有280万名白人参加公民投票,大多数人(68.7%)赞成通过谈判结束种族隔离制度。

3月24日　安理会通过关于安哥拉局势的第 S/RES/747(1992)号决议,决定扩大安哥拉第2期核查团的任务,包括观察、核查安哥拉的选举。

3月26—28日　国际法院在海牙应利比亚政府3月3日的申请就审理洛克比空难一案举行听证会。利比亚代表在听证会上强调,洛克比空难案必须按照1971年签署的《蒙特利尔国际航空公约》来处理,利比亚没有必要将被指控涉嫌此案的两名利比亚人交给英国或美国审讯,并要求国际法院尽快采取对利比亚的"临时性保护措施"。美、英代表则认为,利比亚的要求是"不适当的",因为该案已经"对国际和平和安全构成了威胁",超出《蒙特利尔国际航空公约》的法律范围。美、英代表强调,安理会才是"有能力解决这个案件的场所",要求国际法院"协调"同安理会的立场,并"配合"安理会的工作。

3月31日 安理会通过关于利比亚局势的第 S/RES/748(1992)号决议,要求利比亚政府必须毫不拖延地执行安理会第 S/RES/731(1992)号决议,必须停止一切形式的恐怖主义行为和对恐怖主义集团的一切援助。决议要求所有国家从 4 月 15 日起均应对利比亚实行航空、军事和外交制裁。

4月2日 联合国大会世界人权会议筹备委员会通过了关于《世界人权会议亚洲区域会议最后宣言》的第 A/CONF.157/PC/59 号决议。宣言强调世界人权会议的重大意义,强调在亚洲促进和保护人权的重要性。

4月7日 安理会通过关于波斯尼亚和黑塞哥维那(简称"波黑")局势第 S/RES/749(1992)号决议,呼吁在波黑的各方和其他有关方面同欧洲共同体合作,努力实现停火和通过谈判达成政治解决。

4月10日 安理会通过关于塞浦路斯局势第 S/RES/750(1992)号决议,重申塞浦路斯问题的解决办法必须要以安理会第 S/RES/649(1992)号决议和第 S/RES/716(1991)号决议所提原则为基础,决议还特别强调要解决领土调整和流离失所者的问题。

4月13日 大会设立 1995 年联合国成立 50 周年纪念活动筹备委员会。随后确定以"联合国人民联合起来创造更美好的世界"为 50 周年纪念活动的主题。

4月14日 海牙国际法院做出命令,拒绝受理利比亚提出的禁止英国和美国使用军事和经济手段迫使其交出两名嫌疑犯的上诉。法院认为鉴于安理会的决定,法院不能采取临时措施,美、英和利比亚都有义务执行安理会的决定,因为根据宪章第 103 条,会员国对于安理会做出决定的义务优于它们依照任何其他国际条约所承担的义务。

4月14—18日 联合国秘书长加利应中国政府邀请来华进行正式访问,江泽民总书记、李鹏总理分别会见,国务委员兼外长钱其琛与其进行会谈。双方就国际形势、联合国作用、改革、维和及柬埔寨等问题交换了意见。

4月16日 为执行安理会第 S/RES/745(1992)号决议,中国向联柬权力机构派出 47 名军事观察员、3 名文职人员和一支 400 人的工程兵大队。这是中国派往联合国参加维和行动的第 1 支成建制部队。他们接受的第 1 项任务是紧急修复遭战争严重破坏的 4 号和 6 号公路,让运载联合国救援物资和维持和平部队的车队顺利开赴柬埔寨各地。在柬埔寨老百姓眼中,中国士兵是吉祥的化身,是真正为和平而来的使者。中国工程兵战士用自身的行动赢得了柬埔寨人民的尊重和赞许。此外,中国继续向联合国停战监督组织、西撒特派团、伊科观察团分别派遣 5 名、20 名和 15 名军事观察员。

4 月 16—30 日 阿富汗政局动荡。16 日,阿富汗总统纳吉布拉宣布辞去党政一切职务。同日,联合国特使赛万抵达喀布尔。阿各派游击队已包围喀布尔。17 日,安理会和一些国家呼吁阿各方克制,寻求和平解决途径。24 日,阿游击队各党派达成原则协议,将组建临时委员会接管政权。25 日,阿游击队进入喀布尔市区,对立的两大派游击队在市区发生冲突。同日,喀布尔政府表示欢迎游击队接管政权。26 日,联合国秘书长和伊朗外长呼吁阿游击队停止流血冲突。27 日,在巴基斯坦总理斡旋下,阿对立的两派游击队达成停火协议。28 日,以穆贾迪迪为首的游击队临时委员会在喀布尔接管政权。穆贾迪迪任临时总统。30 日,阿临时委员会举行首次会议,呼吁国际社会给予阿援助。但此后,阿富汗局势长期处于冲突和动荡之中。

4 月 19 日 世界人权会议筹备委员会第 4 届会议通过了关于《非政府组织曼谷人权宣言》的第 A/CONF.157/PC/83 号决议。

4 月 24 日 安理会通过关于索马里局势的第 S/RES/751(1992)号决议,决定建立联合国索马里行动(联索行动),任务是促使立即停止战争、维持停火以及提供人道主义援助等。

4 月 27 日 1990 年前后的东欧剧变与苏联解体的局势很快波及南斯拉夫这个由 6 个共和国组成的多民族、多宗教国家。1991 年 6 月 25 日,南斯拉夫的斯洛文尼亚和克罗地亚两个共和国同时宣布独立。10 月和 11 月,马其顿共和国和波黑也相继宣布独立。1992 年 4 月 27 日,塞尔维亚和黑山共和国联合组成南斯拉夫联盟共和国(简称"南联盟"),宣布南联盟是原南斯拉夫国家的合法继承者,但联合国不予承认,要求重新申请加入。至此,南斯拉夫分裂为 5 个国家,存在 46 年之久的南斯拉夫联邦共和国已不复存在。

4 月 27 日—5 月 2 日 应中国外交部邀请,第 46 届大会主席希哈比(沙特阿拉伯)正式访华,杨尚昆主席、李鹏总理分别会见,钱其琛国务委员兼外长会见并宴请。

5 月 15 日 安理会通过关于前南斯拉夫的马其顿共和国局势的第 S/RES/752(1992)号决议,对前南斯拉夫社会主义联邦共和国某些地区的严重局势,特别是波黑局势的迅速剧烈恶化表示深切关注。

5 月 18 日 安理会通过关于"克罗地亚共和国加入联合国问题"的第 S/RES/753(1992)号决议,审查了克罗地亚共和国要求加入联合国的申请,建议大会接纳克罗地亚共和国为联合国会员国。

同日 安理会通过关于"斯洛文尼亚共和国加入联合国问题"的第 S/RES/754(1992)号决议,审查了斯洛文尼亚共和国要求加入联合国的申请,建议大会接纳斯洛文尼亚共和国为联合国会员国。

5 月 20 日 安理会通过关于"波黑共和国加入联合国问题"的第 S/RES/755(1992)号决议,审查了波黑要求加入联合国的申请,建议大会接纳波黑共和国为联合国会员国。

5 月 22 日 大会接纳克罗地亚、斯洛文尼亚和波黑 3 国为新会员国,使会员国总数达到 178 个。

5 月 23 日 1991 年 7 月 31 日由美国总统老布什与苏联总统戈尔巴乔夫于莫斯科签署第 1 阶段削减战略武器条约签署,有效期 15 年。但 5 个月后,苏联解体,条约的生效随之推迟。其后在 1992 年 5 月 23 日美国与独立后的俄罗斯、白俄罗斯、哈萨克斯坦和乌克兰 4 个武器继承国家在里斯本签署了《里斯本议定书》,即这项条约的附加议定书。白俄罗斯、哈萨克斯坦和乌克兰 3 国在《里斯本议定书》中承诺将其核军备送至俄罗斯处理,并在未来 7 年内销毁所有核武器。美国答应给予 3.3 亿美元的补偿,俄罗斯也同意按比例分享向美国出售浓缩铀的收入。按照议定书规定,美国和俄罗斯承诺为乌克兰提供安全保证。1994 年 12 月 5 日,俄罗斯、白俄罗斯、哈萨克斯坦、乌克兰与美国 5 方,在匈牙利布达佩斯正式交换《里斯本议定书》的批准书,《削减战略武器条约》正式生效。乌克兰、哈萨克斯坦和白俄罗斯 3 国作为无核武器国家加入《不扩散核武器条约》。

5 月 29 日 安理会 5 个常任理事国关于中东军备控制问题会议在华盛顿结束,并就《不扩散大规模毁灭性武器准则》达成协议。

同日 安理会通过关于脱离接触观察员部队的第 S/RES/756(1992)号决议,要求各方立即执行第 S/RES/338(1973)号决议,将联合国脱离接触观察员部队的任务期限再延长 6 个月,至 1992 年 11 月 30 日止。

5 月 30 日 安理会通过关于波黑局势的第 S/RES/757(1992)号决议,根据宪章第 7 章对南斯拉夫实行范围广泛的制裁,决议还要求在萨拉热窝机场建立安全区。

5 月 苏联解体后,当时拥有核武器的乌克兰、白俄罗斯、哈萨克斯坦 3 国与俄罗斯签署了《里斯本议定书》,前 3 个国家保证作为无核武器国家加入《不扩散核武器条约》,并将其领土上拥有的核武器全部运往俄罗斯,根据美、俄达成的削减战略武器条约加以销毁。

6月3—14日　在巴西里约热内卢召开的联合国环境与发展大会,是继1972年联合国人类环境会议之后举行的讨论世界环境与发展问题规模最大、级别最高的一次国际会议,也是人类环境与发展史上影响深远的一次盛会。183个国家的代表团和联合国及其下属机构等70个国际组织的代表出席了会议,包括中国政府总理李鹏在内的102位国家元首或政府首脑到会讲话。直接成果是通过并签署了5个重要文件——《里约环境与发展宣言》《21世纪议程》《关于所有类型森林问题的不具法律约束的权威性原则声明》《联合国气候变化框架公约》和《生物多样性公约》的第A/CONF.151/26/Rev.1(Vo1.1)号决议,其中《里约环境与发展宣言》和《21世纪议程》提出建立"新的全球伙伴关系",为今后在环发领域开展国际合作确定了指导原则和行动纲领,也是对建立新的国际关系的一次积极探索。与会各国对可持续发展达成了共识,其核心是要以公平的原则,通过全球伙伴关系促进全球可持续发展,以解决全球生态环境的危机。这在《里约环境与发展宣言》的"共同但有区别的责任"原则中已经被清楚地阐明。里约会议的历史功绩在于,让世界各国接受了可持续发展战略方针,并在发展中开始付诸实施,这是人类发展方式的大转变,是人类环境与发展史上的一次盛会。应该看到,各国在环发大会上对可持续发展的共识来之不易。它既是人类在长期与自然相互作用中得出的理性认识和经验总结,也是代表不同利益的各国之间既有斗争又有合作的政治性谈判的产物。为此,环发大会倡导在这个共识的基础上,以新型的全球合作伙伴关系开展世界范围的合作,为最终实现可持续发展的远大目标而共同努力。我们把这种在环发大会中表现出来并为各国承诺的合作精神,称为"里约精神"。首脑会议和"里约精神"对中国也具有重要意义,它对我国的可持续发展将是一个很大促进,对国家发展战略思路将会产生深刻影响。同时,中国作为世界上最大的发展中国家也在会议上发挥了应有的作用,既维护发展中国家的利益,又为促进国际环境与发展领域的国际合作做出贡献。可持续发展战略方针开始推行,道路崎岖而漫长,但重要的是找到了前进的道路和方向。

6月8日　安理会通过关于克罗地亚局势的第S/RES/758(1992)号决议,决定扩大联合国保护部队的任务和编制。

6月12日　安理会通过关于塞浦路斯局势的第S/RES/759(1992)号决议,将联合国维持和平部队在塞浦路斯的驻留期限延长6个月,至1992年12月15日止。

6月16日　继美、俄议会分别批准了《削减进攻性战略武器条约》后,6

月 16 日两国总统又达成谅解协议,同意在 2003 年以前,分两步将各自的战略核弹头的总数削减到 3000—3500 个。其中,潜射弹道导弹弹头削减到 1700—1750 个,重型轰炸机载的核弹头数削减到 752—1272 个,并完全消除分导式多弹头洲际导弹。美国还宣布撤回海外战术核武器。

6 月 17 日 应安理会首脑会议的要求,加利秘书长提交《和平纲领:预防性外交、建立和平与维护和平》报告,并于 23 日作为联合国文件分发征求会员国意见。安理会就此多次进行审议并发表主席声明。

同日 安理会发表声明,确认由联合国边界划分委员会划定的伊拉克、科威特边界。

6 月 18 日 安理会通过关于前南斯拉夫的马其顿共和国局势的第 S/RES/760(1992)号决议,决定第 S/RES/757(1992)号决议关于向南斯拉夫联邦共和国出售和供应除医疗用品和食物以外的商品和产品的禁令,以及有关此种财务交易的禁令可不适用于满足基本人道主义需要的商品和产品。

6 月 23 日 应安理会首脑会议的要求,加利秘书长提交《和平纲领》报告,作为联合国文件分发征求会员国意见。

6 月 29 日 安理会通过关于"前南斯拉夫的马其顿共和国局势"的第 S/RES/761(1992)号决议,批准在萨拉热窝机场部署联合国维和部队。同日,联合国维和部队接管萨拉热窝机场。

6 月 29 日—7 月 31 日 经社理事会实质性会议在纽约举行,会议分高级别、协调、发展业务以及经济和社会委员会等 4 个部分。会议共审议了协调、发展业务、恢复经社理事会的活力和环发大会后的机构安排等 20 多项议题。

6 月 30 日 安理会通过关于克罗地亚局势的第 S/RES/762(1992)号决议,敦促南斯拉夫人民军余部、在克罗地亚境内的塞尔维亚人领土防卫部队和其他有关各方,严格遵守联合国维持和平计划对他们规定的义务,特别是按照计划撤离所有部队和接触部队武装。

7 月 6 日 安理会通过关于"格鲁吉亚共和国加入联合国问题"的第 S/RES/763(1992)号决议,审查了格鲁吉亚共和国要求加入联合国的申请,建议大会接纳格鲁吉亚共和国为联合国会员国。

7 月 13 日 安理会通过关于波黑局势的第 S/RES/764(1992)号决议,痛惜波黑的战斗持续,以致在萨拉热窝和四周及其共和国其他地区难以提供人道主义援助,再次强调"急切需要为波黑局势寻求通过谈判达成的紧急政治解决办法"。

7月16日　安理会通过关于南非问题的第 S/RES/765（1992）号决议，谴责南非不断升级的暴力事件，要求各方合作，尽快恢复民主谈判进程。会议决定派美国前国务卿万斯作为秘书长特使前往南非，以求结束暴力冲突。

7月21日　安理会通过关于柬埔寨问题的第 S/RES/766（1992）号决议，对联柬权力机构在实施巴黎协定中遇到的困难深表关切，并就此决定采取一些相应措施。

7月25日—8月9日　第25届奥林匹克运动会在西班牙巴塞罗那召开，共有169个国家和地区的9356名运动员参加了比赛。国际奥委会成员全部参加了本届奥运会。苏联的15个加盟共和国除波罗的海3国外，余下的12国组成了"独联体"代表队参会。中国共派出248名运动员参赛，累计获得金牌16枚，银牌22枚，铜牌12枚。

7月27日　安理会通过关于索马里局势的第 S/RES/767（1992）号决议，对平民持有武器和弹药以及索马里全境武装盗匪横行深感关切。

7月28日　经社理事会通过《布拉格声明》的第 E/CN.4/Sub.2/1992/10号决议，决议建议各国制定简单的、切合实际并注重行动的准则，落实在艾滋病全球战略中关于社会政策和公共卫生战略中关于人权的各项原则。

7月30日　安理会通过关于黎巴嫩局势的第 S/RES/768（1992）号决议，决定将联合国驻黎巴嫩临时部队目前的任务期限暂时再延长6个月，至1993年1月31日止。决议重申坚决支持黎巴嫩在国际公认疆界内的领土完整、主权和独立。

同日　中国向联合国教科文组织递交了加入《世界版权公约》的官方文件，标志着中国正式加入《世界版权公约》。中国入约反映了中国在完善版权保护制度，促进国际间文学、艺术和科学交流，加强国际合作方面的良好意愿，是中国政府深化改革、扩大对外开放政策在知识产权领域的新进展。《世界版权公约》致力于促进人类精神产品更加广泛地传播和增进国际了解，目前有85个成员国。

7月31日　大会接纳格鲁吉亚为会员国，会员国总数达到179个。

8月1日　中国核动力研究院院长钱积惠正式出任国际原子能机构负责技术援助与合作的副总干事，任期3年，这是中国加入该机构以来第1位担任这一高级职务的中国人。

8月5—7日　莫桑比克总统希萨诺与反政府武装"莫桑比克全国抵抗运动"领导人德拉卡马正式举行会议，并签署一项关于停火的联合宣言。该宣言规定停火自10月1日起正式生效，届时将正式签署一项和平协议。

8月7日 安理会通过关于克罗地亚局势的第 S/RES/769(1992)号决议,批准秘书长扩大联合国保护部队的任务和编制的建议。

8月13日 安理会通过关于波黑局势的第 S/RES/770(1992)号决议,重申必须尊重波黑共和国的主权、领土完整和政治独立。

同日 安理会通过关于波黑局势的第 S/RES/771(1992)号决议,强烈谴责任何违反国际人道主义法的行为,包括那些进行"种族清洗"者的行为。

8月17日 安理会通过关于南非局势的第 S/RES/772(1992)号决议,授权秘书长加利在南非部署联合国观察员,以帮助结束那里愈演愈烈的暴力活动。

8月24日 大会通过题为《人文价值观世界宣言》的第 A/CONF.175/PC/46 号决议,决议认为人作为有理智和良知的独特的社会生命所具有的自我意识是对价值观所有认识的最根本来源。

8月25日 大会通过关于波斯尼亚—黑塞哥维那局势的第 A/RES/46/242 号决议。

8月26日 安理会通过关于伊拉克与科威特间的问题的第 S/RES/773(1992)号决议,对联合国伊拉克—科威特标界委员会的陆地边界的工作表示赞赏,并欢迎其标界决定,强调保证国际边界不容侵犯。

同日 安理会通过关于塞浦路斯局势的第 S/RES/774(1992)号决议,重申其解决塞浦路斯问题的立场,核可了一套设想作为达成全面协议的基础以及谋求根据这套设想举行高级别会议。

同日 美国以保护什叶派穆斯林免遭镇压为由,宣布美、英、法3国决定在伊拉克南部地区建立"禁飞区"。当天,美、英、法、俄4个常任理事国还发表一项关于"禁飞区"的声明,谴责伊拉克违反安理会第 688 号决议。

8月26—28日 前南斯拉夫问题国际和平会议在伦敦举行,会议由秘书长加利和欧共体时任主席、英国首相梅杰共同主持。包括中国在内的23个国家及联合国、欧共体、欧安会、伊斯兰会议组织的代表和南冲突各方领导人与会。与会各方最后达成一致,联合发表一项原则性声明和关于波斯尼亚的声明。

8月28日 安理会通过关于索马里局势的第 S/RES/775(1992)号决议,对索马里全境军火充斥,武装盗匪横行深感关切,强调亟须向全国迅速运送人道主义援助物资。

8月30日—9月1日 保护战争受难者国际会议在日内瓦召开。11月23日,联合国大会通过了关于《保护战争受难者国际会议——最后宣言》的第 A/RES/48/742 号决议。宣言致力于促进在武装冲突时保持人道精神的这种做法,使国际人道主义能为和解开路;促交战各方重建和平并增进各族人民间的融洽和谐。

9 月 2 日　美国总统布什宣布决定向台湾出售 150 架 F—16A 型和 B 型战斗机。公然违反中美《八一七公报》和 5 国军控会议所达成的有关原则。对此,中国政府表示最强烈的抗议,并指出美国这一行动破坏了由全体安理会常任理事国参加的 5 国军控谈判会议的基础,因此在美国取消这一错误行动之前,中国将难以继续参加 5 国军控会议。

9 月 14 日　安理会通过关于波黑局势的第 S/RES/776(1992)号决议,扩大驻波黑的联合国保护部队的任务和编制,并敦促会员国向秘书长提供可以酌情接受的财政或其他援助。

9 月 15 日　第 47 届大会在联合国纽约总部开幕,保加利亚外长斯托扬·加内夫当选为本届大会主席。大会将要讨论 148 个议程项目。

9 月 19 日　安理会通过关于前南斯拉夫的马其顿共和国局势的第 S/RES/777(1992)号决议,认为南斯拉夫联邦共和国(塞尔维亚和黑山)不能自动继承前南斯拉夫社会主义联邦共和国在联合国的会籍。

9 月 22 日　大会通过关于 1992 年 9 月 19 日安全理事会的报告的第 A/RES/47/1 号决议,决定南斯拉夫联邦共和国(塞尔维亚和黑山)应申请在联合国的会籍,并不得参加大会的工作。

9 月 25 日　安理会 5 个常任理事国外长在与秘书长会谈后就当前联合国的作用、前南境内的局势等重大国际问题发表一项声明。

9 月 29—30 日　安哥拉举行总统和议会选举,执政的安哥拉人民解放运动赢得了多数席位,反对派安盟指责政府舞弊并拒绝承认选举结果。

9 月 30 日　自 20 世纪 80 年代末至 90 年代初,随着苏联的解体,核军备竞赛势头减弱。美国的立场发生了很大改变。1992 年 6 月和 9 月美国众参两院先后通过决议,要求从 1992 年 9 月 30 日起暂停核试验 9 个月,到期恢复试验后以解决核武器安全和可靠性为目的的核试验不超过 15 次(含英国 3 次),并要求到 1996 年 9 月 30 日停止核试验。1993 年克林顿上台后,积极推动全面核禁试条约的谈判。

10 月 2 日　安理会通过关于伊拉克局势的第 S/RES/778(1992)号决议,决定征用伊拉克部分被冻结在海外的石油资产。

10 月 4 日　莫桑比克政府同反政府武装莫桑比克全国抵抗运动(抵运)在罗马签署结束 16 年内战的和平协议。27 日,安理会发表声明,呼吁莫内战双方遵守停火协议。

10月6日 安理会通过关于前南斯拉夫的马其顿共和国局势的第 S/RES/779(1992)号决议,欢迎9月30日克罗地亚共和国总统和南斯拉夫联邦共和国(塞尔维亚和黑山)总统在日内瓦签署的《联合声明》,尤其欢迎《联合声明》重申关于普雷克拉瓦半岛非军事化的协议。授权联合国保护部队酌情同欧洲共同体检测团合作,负责监督关于南斯拉夫军队从克罗地亚全部撤出。

同日 安理会一致通过关于波黑局势的第 S/RES/780(1992)号决议,要求各国和联合国有关机构及组织,将前南斯拉夫境内违反人道主义法,包括严重违反《日内瓦公约》的情况资料,提供给一个专门成立的专家委员会进行审查和分析。

10月9日 安理会通过关于波黑局势第 S/RES/781(1992)号决议,设立禁飞区,禁止在波黑共和国领空进行军事性飞行。

10月12日 民主柬埔寨方面发言人发表声明说,因巴黎和平协定基本条款未得到施行,民主柬埔寨方面不接受大选。

10月13日 安理会通过关于莫桑比克局势的第 S/RES/782(1992)号决议,欢迎10月4日莫桑比克政府和莫桑比克全国抵抗运动在罗马签署《全面和平协定》,并任命1名临时特别代表,向莫桑比克派遣1个最多25名军事观察员的小组。

同日 安理会通过关于柬埔寨局势的第 S/RES/783(1992)号决议,要求民柬重新加入柬埔寨和平进程。

10月14日 第47届联合国大会通过决议,确定每年12月3日为"国际残疾人日"。

10月15—16日 第47届联合国大会举行了专门讨论老龄问题的特别全体会议,纪念《关于老龄问题国际行动计划》通过10周年。16日,特别全体会议通过由中国等23个国家提出的关于《老龄问题宣言》的第 A/RES/47/5号决议,并宣布1999年为国际老人年。

10月30日 安理会通过关于萨尔瓦多局势的第 S/RES/784(1992)号决议,将联合国萨尔瓦多观察团的任务期限延长至1992年11月30日。

同日 安理会发表声明,要求塔吉克斯坦交战各方立即停止冲突,用和平方式解决争端,声明还对秘书长加利近期向塔吉克派遣和平使团的决定表示欢迎。

同日 安理会通过关于安哥拉局势的第 S/RES/785(1992)号决议,对安哥拉政治局势的恶化和紧张局势的升高表示深切关注,强烈谴责安盟在罗安达和万博重燃战火,并紧急要求立即停止这种行动。

11 月 10 日 安理会通过关于波黑局势的第 S/RES/786(1992)号决议,重申禁止波黑领空的军事性飞行。

11 月 16 日 安理会通过关于波黑局势的第 S/RES/787(1992)号决议,对波黑局势构成对和平的威胁深表关切,并确认该国作为联合国会员国,享有《联合国宪章》所规定的各种权利;决议要求经南斯拉夫联邦共和国(塞尔维亚和黑山)转运的任何商品不得被改变目的地,禁止转运原油、石油产品、煤、车辆、飞机等;决议重申多瑙河沿岸国有责任采取必要措施检查过往船舶,并核对船上货物和目的地。

11 月 19 日 安理会通过关于利比亚局势的第 S/RES/788(1992)号决议,对利比亚实施全面彻底的武器禁运。决议还请秘书长紧急派遣 1 名特别代表前往利比亚评估情况,尽早向安理会提出报告和建议。

11 月 24 日 大会通过关于"必须中止美利坚合众国对古巴的经济、商业和金融封锁"的第 A/RES/47/19 号决议,重申国家主权平等、不干涉内政、国际通商和通航自由等原则,要求所有国家遵守宪章、国际法及通商通航自由等国际法律文书,不颁布和实行对古巴进行经济、商业和金融封锁的法律和措施。决议还敦促已有这种法律或措施的国家应尽快采取必要步骤取消这些法律和措施。

11 月 25 日 大会通过关于外国军队完全撤出波罗的海国家领土的第 A/RES/47/21 号决议。

大会通过关于武装冲突中的环境保护的第 A/RES/47/37 号决议,促请各国采取一切措施,确保遵守适用于武装冲突中保护环境的各项现行法规,并呼吁尚未成为有关国际公约的缔约国的所有国家考虑成为缔约国。

同日 安理会通过关于塞浦路斯局势的第 S/RES/789(1992)号决议,重申维持塞浦路斯的现状是"不能接受的",促请所有有关各方承诺采取大量削减驻塞浦路斯共和国的外国军队人数等措施,立即按照联合国的设想达成一个全面协议。

同日 安理会通过关于脱离接触观察员部队的第 S/RES/790(1992)号决议,决定将联合国脱离接触观察员部队的任务期限再延长 6 个月,至 1993 年 5 月 31 日止。

11 月 30 日 大会一致通过《化学武器公约》,并决定于 1993 年 1 月 13 日开放供各国签署。

同日 安理会通过关于萨尔瓦多局势的第 S/RES/791(1992)号决议,决定将联合国萨尔瓦多观察团的任务期限再延长 6 个月,至 1993 年 5 月 31 日止。

　　同日　安理会通过关于柬埔寨局势的第 S/RES/792(1992)号决议,关切柬埔寨的经济情况及其对执行《巴黎协定》的影响,确定制宪会议的选举最迟将在 1993 年 5 月举行。

　　同日　安理会通过关于安哥拉局势的第 S/RES/793(1992)号决议,强烈谴责安哥拉战火重燃,并紧急要求有关方面立即停止这种行动。决议重申,安任何一方如不履行它在和平协定中承担的义务,都将受到国际社会的摒弃,而且通过使用武力所造成的结果也不会被接受。强烈呼吁安政府和安盟持续进行切实的对话,以期达成民族和解使所有各方都参与民主进程,并议定它们履行《和平协定》所规定的各项承诺的明确时间表。

　　12 月 3 日　安理会通过关于索马里局势的第 S/RES/794(1992)号决议,决定向索马里派遣以美国为首的多国部队,以确保向索马里提供人道主义援助物资的运送和分发。根据安理会授权,美国和法国将派遣总数为 3.5 万人的部队(美军 2.8 万人)。美、意、法、埃及等国派兵参加了这次名为“恢复希望”的行动。美军是多国部队的主力。克林顿说,1992 年 12 月布什总统在他的支持下,决定派遣美国军队到索马里去帮助联合国。多国部队在索马里首都摩加迪沙控制了机场和港口,并进而控制了其他重要城市的交通枢纽和要道,保证了救援物资的运送和发放。索马里的饥荒开始缓解。索马里冲突各派也开始寻求和解。

　　同日　大会通过了关于《在民族或族裔、宗教和语言上属于少数群体的人的权利宣言》的第 A/RES/47/135 号决议,旨在保护少数群体的人的种族、性别、语言或者宗教的基本自由。

　　12 月 11 日　大会通过关于“安理会席位公平分配和增加成员国问题”的第 A/RES/47/62 号决议,该决议由日本、印度和巴西等 36 国提出,要求各国于 1993 年 6 月 30 日前就安理会组成问题提出书面意见,由秘书长汇总后提交第 48 届联合国大会审议。

　　同日　安理会通过关于前南斯拉夫的马其顿共和国局势的第 S/RES/795(1992)号决议,授权在马其顿共和国部署联合国维和部队,作为联保部队的一部分,以防止发生种族冲突。这是安理会首次批准作出的预防性部署。

　　12 月 14 日　大会通过题为《关于在外层空间使用核动力源的原则》的第 A/RES/47/68 号决议。

　　同日　安理会通过关于塞浦路斯局势的第 S/RES/796(1992)号决议,再次延长联合国维持和平部队在塞浦路斯的驻留期限 6 个月,至 1993 年 6

月 15 日止。

12 月 16 日 大会通过关于"普遍实现各国人民自决权利和迅速给予殖民地国家和人民独立对于切实保障和尊重人权的重要性"的第 A/RES/47/82 号决议。

同日 大会通过关于"秘书长关于联合国接获要求观察厄立特里亚境内全民投票进程的报告"的第 A/RES/47/114 号决议,决定授权组建联合国核查厄立特里亚公民投票观察团,派出 240 名观察员,以核查厄立特里亚独立的公民投票进程。

同日 安理会通过关于莫桑比克局势的第 S/RES/797(1992)号决议,决定派遣一支 7500 人的联合国维持和平部队到莫桑比克,以监督莫桑比克《全面和平协定》的执行。

12 月 18 日 大会通过关于"和平纲领:预防性外交和有关事件"的第 A/RES/47/120 号决议,强调应以和平手段解决国际争端,并认为开展预防性外交是防止紧张局势发展为冲突的最有效措施。

大会通过关于加强秘书处人事事务中心的第 A/RES/47/127 号决议。

大会通过决议赞扬在南非部署联合国观察员的行动,并敦促南非政府结束正在进行的暴力行动,同时尊重人民举行和平示威的权利。

大会通过题为《在民族或族裔、宗教和语言上属于少数群体的人的权利宣言》的第 A/RES/47/135 号决议和题为《保护所有人不遭受强迫失踪宣言》的第 A/RES/47/133 号决议。

同日 安理会通过关于波黑局势的第 S/RES/798(1992)号决议,强烈谴责波黑境内妇女尤其是穆斯林妇女遭到大批、经常的拘留和强奸的残暴行为,要求立即关闭所有拘留营。

同日 安理会通过关于以色列占领领土的第 S/RES/799(1992)号决议,强烈谴责以色列驱逐 400 多名巴勒斯坦人的行为,要求以色列立即把所有被驱逐的巴勒斯坦人安全送回被占领土。

12 月 22 日 大会批准建立一个新的高级别的可持续发展委员会负责监督执行《21 世纪议程》。

大会通过关于"经济结构调整、经济增长和持久发展过程中的私有化"的第 A/RES/47/171 号决议。

大会通过关于联合国贸易和发展会议第 8 届大会的第 A/RES/47/183 号决议。

12 月 23 日 大会通过关于建立维持分配储备基金的第 A/RES/47/217 号决议。

一九九三年

（世界土著人国际年）

1月3日 《第2阶段削减战略武器条约》:美俄双方承诺将在2003年1月1日前(后改为2007年底)把战略核弹头分别削减至3500枚和3000枚。后来,由于美国企图开展反弹道导弹防御技术的研究和计划部署"全国弹道导弹防御系统",要求修改《反导条约》。这使得《第2阶段削减战略武器条约》批准受阻。最终,美国为了突破条约限制,以便研制和部署导弹防御系统以及天基反导系统,谋求军事上的绝对优势,于2002年6月13日单方面退出《反导条约》。随后,俄罗斯也宣布不再接受《第2阶段削减战略武器条约》约束。至此,该条约的历史使命被结束。

1月8日 安理会通过关于"斯洛伐克共和国加入联合国问题"的第S/RES/800(1993)号决议,审查了斯洛伐克共和国要求加入联合国的申请,建议大会接纳斯洛伐克共和国为联合国会员国。

同日 安理会通过关于"捷克共和国加入联合国问题"的第S/RES/801(1993)号决议,审查了捷克共和国要求加入联合国的申请,建议大会接纳捷克共和国为联合国会员国。

1月13—15日 《禁止化学武器公约》签约大会在巴黎举行,包括中国在内的130个国家先后签署了《禁止化学武器公约》。

1月19日 大会接纳捷克和斯洛伐克两国为会员国。至此,联合国会员国已增至180个。

1月25日 安理会通过关于克罗地亚局势的第S/RES/802(1993)号决议,要求克罗地亚武装部队立即停止在联合国保护地区或附近的敌对活动,并且立即从这些地区撤出克罗地亚武装部队。

1月28日 安理会通过关于黎巴嫩局势的第S/RES/803(1993)号决议,决定将联合国驻黎巴嫩临时部队的任务期限暂时再延长6个月,至1993年7月31日止,重申坚决支持黎巴嫩在国际公认疆界内的领土完整、主权和独立。

1月29日 安理会通过关于安哥拉局势的第S/RES/804(1993)号决议,对安哥拉许多地方爆发猛烈斗争,国内危险的政治和军事情况的进一步恶化表示深切的担忧,要求安哥拉政府和安盟立即停火,恢复对话,并商定充分执行《和平协定》的明确时间表。

2月4日 安理会通过关于国际法院法官问题的第S/RES/805(1993)

号决议,曼弗雷德·拉克斯法官于 1993 年 1 月 14 日逝世,因其任期未满,国际法院出现空缺,必须按照《国际法院规约》予以填补。

2 月 5 日　安理会通过关于伊拉克—科威特间局势的第 S/RES/806(1993)号决议,决定扩大伊拉克科威特观察团的职责,包括采取实际行动防止或纠正下列情况的能力:(a)非军事区的小规模违规事件;(b)侵犯伊拉克与科威特之间的边界,例如平民或警察的侵犯行为;(c)由于在新标定边界的科威特一侧非军事区内存在一些伊拉克装置和伊拉克公民及其财产而可能引起的问题。安理会将观察团的核定兵力增加到 3645 人(3 个机械化步兵营,包括支援人员),并请秘书长执行分阶段部署增拨人员的工作。

2 月 7 日　秘书长加利表示支持万斯—欧文和平计划。8 日,前南斯拉夫国际会议两主席万斯和欧文向安理会通报波黑 3 方和谈进展。24 日,安理会敦促波黑 3 方和谈。同日,俄罗斯提出应尽快通过和实施万斯—欧文计划。

2 月 8—17 日　联合国社会发展委员会举行第 33 届会议,并向大会建议,确定 1994 年为"国际家庭年",每年 5 月 15 日为"国际家庭日"。

2 月 12 日　根据第 47 届联合国大会的决议,可持续发展委员会正式成立,其主要任务是监督实施环发大会所指定的《21 世纪议程》等计划。1993 年 2 月 12 日联合国成立了可持续发展委员会,其主要任务是监督和审议《21 世纪议程》在全球的执行情况,致力于可持续发展。该委员会由包括中国在内的 53 个国家组成,是经社理事会下的一个职司机构。联合国系统内外的许多机构都将其经常性活动与实施《21 世纪议程》结合起来。联合国举行的全球性会议,如人口与发展、妇女与发展大会、人居大会等均将可持续发展纳入会议主题。联合国开发计划署和世界银行都提高了用于环境的资金比例。联合国工发组织将工作重心转向清洁生产,联合国开发计划署设立《21 世纪议程》能力建设项目,为发展中国家提供帮助。联合国系统、政府和非政府组织举行的关于可持续发展的各种国际会议和其他活动频繁众多。

2 月 19 日　安理会通过关于克罗地亚局势的第 S/RES/807(1993)号决议,要求各方充分遵守联合国克罗地亚维持和平计划以及它们所作出的其他承诺,尤其是停火义务。

2 月 22 日　安理会通过关于前南斯拉夫的马其顿共和国局势的第 S/RES/808(1993)号决议,决定设立国际法庭拟审判前南斯拉夫境内犯有严重违反国际人道主义法律行为的罪犯。

3 月 2 日　安理会通过关于西撒哈拉问题的第 S/RES/809(1993)号决

议,决心立即执行关于西撒哈拉问题的《解决计划》,要求摩洛哥和西撒人阵在未来3个月里解决双方在选民资格问题上的分歧,以便在1993年底前在西撒举行公民投票。

3月8日 安理会通过关于柬埔寨局势的第 S/RES/810(1993)号决议,赞成柬埔寨5月举行大选。9月,联合国驻柬临时权力机构与柬全国最高委员会举行会议,讨论为大选创立中立政治环境等问题。

3月9日 联合国贸发会议在日内瓦发表报告指出,全世界共有47个最不发达国家,其中非洲32个、亚太地区14个、加勒比地区1个。

3月10日 在联合国人权委员会第47届会议上,中国代表提出对西方国家提出的所谓"中国人权局势"决议草案不采取行动的动议,以22票对17票,12票弃权的多数通过,西方借口人权问题干涉中国内政的企图第3次遭到挫败。

3月12日 安理会通过关于安哥拉局势的第 S/RES/811(1993)号决议,谴责安盟违反和平协议,要求安哥拉交战双方立即停火。但交战双方一再发生武装冲突。

同日 安理会通过关于卢旺达局势的第 S/RES/812(1993)号决议,要求卢旺达政府和卢旺达爱国阵线尊重1993年3月9日生效的停火、允许运送人道主义供应物品、让流离失所的人返回家园、履行所签协定中的义务。

3月26日 安理会通过关于利比里亚局势的第 S/RES/813(1993)号决议,痛惜利比里亚各方没有尊重或执行各项协定,重申呼吁所有各方遵守和执行停火及和平进程的各项协定。

同日 安理会通过关于索马里局势的第 S/RES/814(1993)号决议,决定扩大驻索马里维和部队的任务。第2期行动规模巨大,计划动用军事人员、后勤人员、文职人员共计3万余人,经费预算15亿美元,属联合国历史上规模最大、耗资最多的1次维和行动;任务多样,包括提供人道主义援助、解除派别武装、促进政治和解以及重建索马里的经济和政治等等;动用宪章第7章,可使用武力。

3月30日 安理会通过关于克罗地亚局势的第 S/RES/815(1993)号决议,决定将联合国保护部队的任务期限再延长一段时间,至1993年6月30日止。

3月31日 安理会发表声明,要求各方确保部署在冲突地区的联合国维持和平部队和其他人员的人身安全。截至1993年3月底,已有875名联合国人员在执行任务时牺牲。

同日 安理会通过关于波黑局势的第 S/RES/816(1993)号决议,决定强制执行波黑禁飞决议。中国代表在表决时重申对在禁飞区使用武力持保留立场。

同日　大会通过关于《促进非洲报刊独立和多元的温得和克宣言》的第 A/CONF.157/PC/61/Add.6（该文件第 1 次出现是在 1991 年 4 月 29 日—5 月 3 日在纳米比亚温得和克举行的促进非洲报刊和多元专题研讨会上通过）号决议，成为非洲地区争取自由、独立和多元媒介的一个重要里程碑。

4 月 2 日　加利任命挪威外交大臣斯托尔藤贝格为前南斯拉夫问题国际会议两主席之一，接替已辞职的万斯。3 日，波黑塞族议会拒绝万斯—欧文和平计划中的波黑版图划分方案。

4 月 7 日　安理会通过关于前南斯拉夫的马其顿共和国局势的第 S/RES/817(1993)号决议，建议大会接纳第 S/25147 号文件所载申请书的国家为联合国会员国，在该国国名所引起的争论得到解决之前，为联合国内部的一切目的，暂时称该国为"前南斯拉夫的马其顿共和国"，敦促当事各方继续同前南斯拉夫问题国际会议指导委员会联合主席合作，以迅速解决因国名引起的争论。

4 月 8 日　大会通过关于"接纳第 A/47/876—S/25147 号文件所载申请书的国家为联合国会员国"的第 A/RES/47/225 号决议，接纳马其顿以"前南斯拉夫的马其顿共和国"的名称加入联合国，成为联合国第 181 个会员国。

同日　安理会根据第 S/RES/748(1992)号决议的规定，于本年 1 月、4 月、8 月复审对利比亚制裁问题，并发表主席声明，决定继续维持自 1992 年 4 月 15 日起对利比亚实施的航空、外交、武器进口的制裁。

4 月 14 日　安理会通过关于莫桑比克局势的第 S/RES/818(1993)号决议，重申对《莫桑比克全面和平协定》的重视，并促请莫桑比克政府和抵运采取紧急和坚定的步骤，履行承诺。

4 月 16 日　安理会通过关于波黑局势的第 S/RES/819(1993)号决议，要求波斯尼亚塞族准军事部队立即停止对斯雷布雷尼察的武装攻击并且立即撤离该地区，重申谴责一切违反国际人道主义法的行为，尤其是"种族清洗"的做法。

4 月 17 日　安理会通过关于波黑局势的第 S/RES/820(1993)号决议，决定对南斯拉夫实行经济制裁。18 日，南斯拉夫表示抵制安理会制裁决议。

4 月 23—25 日　厄立特里亚在联合国的核查下就独立问题进行全民

投票,登记的选民中98.5%参加了投票,99.9%的绝对多数决定与埃塞俄比亚分离。埃过渡政府接受公决结果,承认厄立特里亚独立。24日,厄立特里亚正式宣告独立,随后加入联合国和非洲统一组织。

4月28日 安理会通过关于前南斯拉夫的马其顿共和国局势的第S/RES/821(1993)号决议,重申南斯拉夫联盟共和国不能继承前南斯拉夫在联合国的会籍,建议大会禁止南斯拉夫联盟共和国参加经社理事会工作。

4月29日 大会通过关于1994—1995年两年期临时及非常费用的第A/RES/48/229号决议。

4月30日 安理会通过关于亚美尼亚和阿塞拜疆局势的第S/RES/822(1993)号决议,表示严重关切亚美尼亚共和国和阿塞拜疆共和国关系的恶化,要求立即停止一切敌对行动和敌对行为,敦促有关各方立刻在欧洲安全和合作会议明斯克集团和平进程的框架内恢复谈判以解决冲突。

同日 安理会通过关于安哥拉局势的第S/RES/823(1993)号决议,决定将安哥拉第2期核查团目前的任务期限延长至1993年5月31日。

5月4日 安理会发表主席声明谴责袭击联合国驻柬埔寨临时权力机构人员。4日和21日,驻柬联合国维和部队中国工程兵营地遭炮击,中国工程兵2人死亡,7人受伤。中国外交部发言人22日对此表示强烈谴责。安理会也发表声明谴责这一炮击事件。

同日 美国宣布,美索马里驻军已完成使命,并已将维持和平行动控制权移交给联合国。

5月6日 安理会通过关于波黑局势的第S/RES/824(1993)号决议,重申波黑共和国的主权、领土完整和政治独立,深为关切波斯尼亚塞族准军事单位在该国国内进行的武装敌对行动,要求立即停止以武力争取任何领土。

5月11日 安理会通过关于朝鲜核问题的第S/RES/825(1993)号决议(中国弃权),要求朝鲜重新考虑3月份宣布退出《不扩散核武器条约》的决定。

同日 安理会在表决由英国提出的一项决定把联塞部队的费用视为通过分摊会费筹集的联合国开支的决议草案时,以14票对1票(俄罗斯),被俄罗斯否决,这是自1990年5月31日以来安理会出现的第1张否决票。

5月15日 波黑塞族议会决定15日举行塞族全民公决,决定是否接受万斯—欧文和平计划。19日,波黑塞族议会公布波黑塞族全民公决结果,有96%的投票者拒绝接受该计划,并赞成波黑"塞尔维亚共和国"独立。

5月20日 安理会通过关于柬埔寨局势的第S/RES/826(1993)号决

议,赞扬不顾暴力和恐吓参加竞选的柬埔寨人民,并要求各方遵守《巴黎协定》,并按照要求给予联柬权力机构全力合作。

5月23日 在联合国驻柬埔寨过渡时期权力机构的主持和监督下,柬埔寨举行了21年来第1次制宪会议选举,共有选民470万人,20个政党角逐120个席位。28日,柬大选结束,投票率达90%,大选结果揭晓,奉辛比克党得票占45.47%,人民党得票占38.22%。奉辛比克党在制宪会议中获58席,人民党获51席。同日,民柬领导人乔森潘致信西哈努克表示民柬正式承认柬大选结果。1993年6月15日,安理会通过决议正式认可了柬埔寨制宪会议选举的结果。7月1日,柬埔寨制宪会议批准成立临时民族政府。7月20日,联柬机构提出撤离柬计划,所有人员将分批在11月15日前撤出。9月24日,西哈努克就任国王,任命了首相。

5月25日 安理会通过关于前南斯拉夫的马其顿共和国局势的第S/RES/827(1993)号决议,正式成立前南斯拉夫问题国际法庭,并通过《国际法庭规约》。

5月26日 安理会通过关于"厄立特里亚加入联合国问题"的第S/RES/828(1993)号决议,审查了厄立特里亚加入联合国的申请,建议大会接纳厄立特里亚为联合国会员国。

同日 安理会通过关于"摩纳哥公国加入联合国问题"的第S/RES/829(1993)号决议,审查了摩纳哥公国加入联合国的申请,建议大会接纳摩纳哥公国为联合国会员国。

同日 安理会通过关于观察员部队问题的第S/RES/830(1993)号决议,要求各方立即执行第S/RES/338(1973)号决议,并将联合国脱离接触观察员部队的任务期限再延长6个月,至1993年11月30日止。

5月27日 安理会通过关于塞浦路斯局势的第S/RES/831(1993)号决议,强调对于早日就塞浦路斯的政治解决取得进展以及对各种建立信心措施的重视,并对过去向联塞部队作出的自愿捐助表示感谢。

同日 安理会通过关于萨尔瓦多局势的第S/RES/832(1993)号决议,决定将联合国萨尔瓦多观察团的任务期限延长至1993年11月30日,敦促各国及其发展及金融方面的国际机构进行捐助,支持执行《和平协定》和巩固萨尔瓦多境内的和平。

同日 安理会通过关于伊拉克—科威特间局势的第S/RES/833(1993)号决议,批准联合国标界委员会标定的伊拉克科威特边界。

5月28日 大会正式接纳厄立特里亚和摩纳哥为会员国,联合国会员国增加到183个。

6月1日　安理会通过关于安哥拉局势的第 S/RES/834(1993)号决议,决定将联合国安哥拉核查团(第 2 期核查团)的任务期限延长至 1993年 7 月 15 日,并再次要求安盟无保留地接受 1992 年民主选举的结果,同时全面遵守《和平协定》。

6月2日　安理会通过关于柬埔寨局势的第 S/RES/835(1993)号决议,要求各方坚持其义务,完全尊重选举结果,并促请他们尽一切力量按照新宪法的规定和平建立一个民主政府,同时希望国际社会积极致力于柬埔寨的重建和复兴。

6月4日　安理会通过关于波黑局势的第 S/RES/836(1993)号决议,批准武力保护波黑安全区。17 日,前南问题国际会议两主席之一欧文承认万斯—欧文计划已失败。

6月5日　索马里联合大会主席艾迪德领导的武装人员在摩加迪沙袭击联合国维和部队,双方发生大规模冲突,造成维和部队中 23 名巴基斯坦士兵以及 28 名索马里人死亡。6 日,安理会通过关于索马里局势的第 S/RES/837(1993)号决议,强烈谴责索马里联合大会主席艾迪德领导的武装人员对联合国驻索维和部队的袭击。17 日,联合国秘书长代表宣布授权维和部队逮捕艾迪德。

6月10日　安理会通过关于波黑局势的第 S/RES/838(1993)号决议,请秘书长提交进一步报告,说明从联合国或从会员国抽调国际观察员,部署在波黑边界,以便有效监测安理会有关决议的执行情况。

6月11日　安理会通过关于塞浦路斯局势的第 S/RES/839(1993)号决议,再次延长联合国维持和平部队在塞浦路斯的驻留期限,至 1993 年 12月 15 日止,要求有关各方在任务规定的基础上继续同联塞部队合作。

6月14—25日　世界人权大会在维也纳举行,秘书长加利主持大会开幕式并发表讲话。这次大会是继 1968 年德黑兰国际人权大会之后,国际人权领域又一次重要会议。25 日,大会通过《维也纳宣言和行动纲领》。

6月15日　安理会通过关于柬埔寨局势的第 S/RES/840(1993)号决议,正式认可柬大选结果。17—18 日,柬问题国际会议在金边举行,会议承认柬大选结果。

6月16日　安理会通过关于海地问题的第 S/RES/841(1993)号决议,支持国际社会努力为海地危机达成政治解决办法,同时也决定对海地实行石油和武器禁运。

6月18日　安理会通过关于前南斯拉夫的马其顿共和国局势的第S/RES/842(1993)号决议,欢迎一个会员国主动提议对联合国保护部队驻前南斯拉夫的马其顿共和国的部队增派人员,并决定相应扩大联保部队的编制,并授权部署所增加的人员。

　　同日　安理会通过关于前南斯拉夫的马其顿共和国局势的第 S/RES/843(1993)号决议,确认受安理会制裁决议影响的国家可以按联合国宪章第 50 条提出援助请求。

　　同日　安理会通过关于波黑局势的第 S/RES/844(1993)号决议,决定向波黑增派联合国保护部队,以加强安全区的防务。驻波黑维和部队已达2.5 万人。

　　同日　安理会通过关于前南斯拉夫的马其顿共和国局势的第 S/RES/845(1993)号决议,感谢前南斯拉夫问题国际会议指导委员会联合主席所作的努力,促请各当事方继续在秘书长主持下努力迅速解决双方仍旧存在的问题。

　　6 月 22 日　安理会通过关于卢旺达局势的第 S/RES/846(1993)号决议,决定设立联合国乌干达—卢旺达观察团,以阻止卢旺达战火重燃。

　　6 月 30 日　安理会通过关于联合国保护部队的第 S/RES/847(1993)号决议,决定再次暂时延长联合国保护部队的任务期限,至 1993 年 9 月 30日止,并要求各当事国及其他有关方面,就克罗地亚共和国境内建立信任措施达成协议。

　　7 月 1 日　柬埔寨制宪会议批准成立临时民族政府。2 日,联柬机构主席明石康表示,民柬仍是柬政治生活的一部分。5 日,西哈努克呼吁民柬尽快参加民族和解进程。

　　7 月 2 日　格鲁吉亚政府军同阿布哈兹军队发生激烈冲突。当天,安理会呼吁冲突各方停火。

　　7 月 8 日　安理会通过关于安道尔公国加入联合国问题的第 S/RES/848(1993)号决议,审议了安道尔公国要求加入联合国的申请,建议大会接纳安道尔公国为联合国会员国。

　　7 月 9 日　安理会通过关于格鲁吉亚局势的第 S/RES/849(1993)号决议,敦请秘书长向格派遣军事观察员。7 月 4 日,格鲁吉亚政府军同阿布哈兹军队发生激烈冲突。

　　同日　安理会通过关于莫桑比克局势的第 S/RES/850(1993)号决议,欢迎各方达成协议,由莫桑比克共和国总统和抵运领导人于 1993 年 7 月17 日在马普托举行会议,处理同执行《全面和平协定》有关的各项主要问题。

　　7 月 12 日　驻索马里联合国维和部队袭击索联合大会领导人艾迪德

派武装在摩加迪沙的目标,并继续搜捕艾迪德。15 日,联合国部队同艾迪德武装在摩加迪沙发生激烈冲突。

7 月 15 日 安理会通过关于安哥拉局势的第 S/RES/851(1993)号决议,决定将联合国安哥拉核查团(安哥拉第 2 期核查团)的现行任务期限延长两个月,至 1993 年 9 月 15 日止。强调安哥拉第 2 期核查团和特别代表的斡旋和调停职能的重要性,目的是恢复停火和重新开展和平进程,以期全面执行《和平协定》。

7 月 17—19 日 摩洛哥和西撒人阵就实施安理会和平解决西撒争端的决议进行会谈。

7 月 27 日 波黑和谈由前南问题国际会议两主席欧文和斯托尔滕贝格主持在日内瓦举行。两主席建议未来的波黑成为"一个由 3 个共和国组成的联盟"。波黑冲突 3 方同意这一方案,签署了波黑未来宪法协议草案。但随后,穆族就提出异议。

7 月 28 日 大会正式接纳安道尔公国为会员国,联合国会员国总数增至 184 个。

同日 安理会通过关于黎巴嫩局势的第 S/RES/852(1993)号决议,决定将联合国驻黎巴嫩临时部队的任务期限再延长 6 个月,至 1994 年 1 月 31 日止,重申坚决支持黎巴嫩在国际公认疆界内的领土完整、主权和独立。

7 月 29 日 安理会通过关于亚美尼亚和阿塞拜疆局势的第 S/RES/853(1993)号决议,要求立即停止一切敌对行动,并将参与行动的占领部队立即、全面、无条件地撤出阿格达姆地区和所有其他最近被占领的阿塞拜疆共和国地区,吁请有关各方达成并维持持久的停火安排。

8 月 6 日 安理会通过关于格鲁吉亚局势的第 S/RES/854(1993)号决议,核可秘书长的建议,决定尽早在格鲁吉亚共和国部署一支最多的联合国军事观察员先遣队,以便开始按照停火协定的设想,协助核查对停火的遵守情况,并准备如果安理会正式设立联合国观察团,就将先遣队并入到观察团。

8 月 8 日 联合国索马里行动部队运输队在摩加迪沙遭索马里武装分子袭击,4 名美国士兵被打死。23 日,美国决定增兵索马里。30 日,驻索美军搜捕艾迪德。

8 月 9 日 安理会通过关于前南斯拉夫的马其顿共和国局势的第 S/RES/855(1993)号决议,要求南斯拉夫联邦共和国(塞尔维亚和黑山)当局重新考虑其拒绝准许欧安会特派团继续在科索沃、桑扎克和伏伊伏丁那进行活动的决定,与欧安会合作,采取必要的实际步骤恢复这些特派团的活动,并同意按照欧安会的决定增加监测员的人数。

8月10日　安理会通过关于利比里亚局势的第 S/RES/856(1993)号决议,批准向利比里亚派遣联合国军事观察团。

8月11日　中国常驻联合国代表李肇星致函加利秘书长,就中美洲少数几个国家要求在第48届大会增列所谓台湾在联合国平行代表权的议题一事阐明中国立场,并指明台湾没有资格参加联合国。

8月17日　大会通过改组主要委员会的决议,将特别政治和非殖民化委员会(第四委员会)合并为特别政治和非殖民化委员会,原有的7个委员会减为6个,并决定自9月21日第48届联合国大会开幕时生效。

8月20日　安理会通过关于国际法院法官提名的第 S/RES/857(1993)号决议,确定国际刑事法庭法官提名名单。

8月24日　安理会通过关于格鲁吉亚局势的第 S/RES/858(1993)号决议,决定成立联合国格鲁吉亚观察团,以监督格鲁吉亚和阿布哈兹武装力量之间达成的停火协议。

同日　安理会通过关于波黑局势的第 S/RES/859(1993)号决议,要求波黑全境立即停火并停止敌对行动,同时要求有关各方协助顺利地运送人道主义援助物资。

同日　加利秘书长任命穆·阿·尼亚兹(埃及人)为负责监察和调查处理浪费、欺诈和滥用职权事务的助理秘书长。

8月27日　安理会通过关于柬埔寨局势的第 S/RES/860(1993)号决议,指出联合国驻柬埔寨过渡时期权力机构已完成任务,并决定联柬维和部队11月全部撤离。

同日　安理会通过关于海地问题的第 S/RES/861(1993)号决议,注意到海地共和国总统与海地武装部队总司令达成的《加弗纳斯岛协定》,包括第4点的规定,即双方同意在总理已获任命并就职后应立即暂时取消制裁。

8月31日　安理会通过关于海地问题的第 S/RES/862(1993)号决议,决定尽速派遣一支先遣队负责评估各种需要并准备可能派遣提议的联合国海地特派团的民警和军事援助部分。

8月　非洲中部的卢旺达主要由胡图族和图西族两个部族组成,分别占卢旺达人口总数的85%和14%。[①]自1990年10月开始,以图西族难民为主体的反政府武装"爱国阵线",由乌干达攻入境内并向首都基加利推

---

① 在卢旺达受殖民统治时期,由于"间接统治""分而治之"等殖民政策,胡图族和图西族矛盾重重,曾发生过多次大规模流血冲突,大批图西族人被迫逃往他国。截至1990年,流亡国外的难民多达50万人,主要以图西族为主。

进,双方持续进行了一场 3 年之久的内战。直到 1993 年 8 月,在非统组织和邻国的多方调解下,双方才达成了《阿鲁沙和平协定》,宣告内战结束。

9 月 10 日　巴勒斯坦领导人阿拉法特在突尼斯签署了承认以色列的正式文件。文件承认以色列的生存权,废除巴勒斯坦全国宪章中有关消灭以色列的条款,规定双方以后的谈判将集中讨论如何落实安理会通过的有关巴勒斯坦和中东问题的决议。同一天,以色列总理拉宾在耶路撒冷签署文件,以色列正式承认巴勒斯坦。

9 月 13 日　安理会通过关于莫桑比克问题的第 S/RES/863(1993)号决议,强调必须充分尊重《全面和平协定》的所有规定,希望尽早开始部队的集结和遣散工作。

同日　在美国总统克林顿的斡旋下,巴以双方代表在华盛顿签署了巴勒斯坦和以色列之间的第 1 个和平协议《巴勒斯坦有限自治原则宣言》(又称《奥斯陆协议》),美、俄外长作为证人也在宣言上签了字。阿拉法特与拉宾在协议签字后握手。巴、以互相承认和《奥斯陆协议》的签署,是中东和平进程的历史性事件,是为贯彻安理会第 S/RES/242(1967)号和第 S/RES/338(1973)号决议而迈出的具有重大意义的一步。

9 月 15 日　安理会通过关于安哥拉局势的第 S/RES/864(1993)号决议,决定对安盟实施武器和石油禁运,并自 25 日开始实行。

9 月 20 日　第 47 届联合国大会闭幕,并通过决定 1994 年为"国际家庭年",从 1994 年起每年的 5 月 15 日为"国际家庭日"。

9 月 21 日—12 月 23 日　第 48 届联合国大会开幕,选举塞缪尔·因萨纳利(圭亚那)为主席。届会到 12 月 23 日暂时休会,共通过了 265 项决议和 106 项决定。大会宣布了《反对种族主义和种族歧视第 3 个 10 年(1993—2003 年)》报告。

大会批准自 1994 年 12 月 10 日开始为"世界土著人国际 10 年"。这届大会发起"国际家庭年"(1994 年)、"体育运动和奥林匹克理想国际年"(1994 年)、"国际宽容年"(1995 年)、"国际消灭贫困年"(1996 年)以及审查和批准了包括新命名的 1999 年为"国际老年人年"在内的其他国际年的筹备工作。

大会通过关于遵守奥林匹克休战的第 A/RES/48/11 号决议促请所有会员国在奥林匹克休战。大会还要求 12 月 3 日为庆祝国际残疾人日,并将 5 月 3 日定为世界新闻自由日。

9 月 22 日　安理会通过关于索马里局势的第 S/RES/865(1993)号决议,强调继续推动《亚的斯亚贝巴协定》提出的有关索马里的和平进程,并促请会员国进行捐款或其他的人道主义援助。

同日 安理会通过关于利比里亚局势的第 S/RES/866（1993）号决议，决定设立一个为期 7 个月的联合国利比里亚观察团，主要任务包括监测《和平协定》的遵守情况，观察并核实选举进程等。

9 月 23 日 安理会通过关于海地问题的第 S/RES/867（1993）号决议，决定建立并立即派出联合国海地特派团，为期 6 个月，以协助海地武装部队的现代化和协助建立一支新的警察部队。

9 月 24 日 秘书长加利发表声明祝贺柬埔寨颁布新宪法。26 日，联柬机构完成使命，明石康离柬前呼吁国际社会继续支援柬埔寨。

9 月 29 日 安理会通过关于"联合国部队和人员的保障和安全"的第 S/RES/868（1993）号决议，敦促各国以及冲突各方同联合国密切合作，确保联合国部队和人员的保障和安全。

9 月 30 日 安理会 5 个常任理事国外长会见加利秘书长，并表示支持加强联合国作用。

同日 安理会通过关于波黑局势的第 S/RES/869（1993）号决议，决定再次延长在克罗地亚共和国和波黑境内的联合国保护部队的任务期限，至 1993 年 10 月 1 日止。

10 月 1 日 安理会通过关于波黑局势的第 S/RES/870（1993）号决议，决定再次延长在克罗地亚共和国和波黑境内的联合国保护部队的任务期限，至 1993 年 10 月 5 日止。

10 月 3 日 针对联合国第 2 期行动，艾迪德派对维和部队人员进行了报复性的攻击。10 月 3 日，有线报说艾迪德及其两个高级助手在他控制的摩加迪沙的"黑海"地区出现。美国指挥官加里森少将采取了行动，命令陆军特种部队向据说是这两个人藏身的大楼发动袭击。他们在大白天乘坐黑鹰直升机飞到摩加迪沙。特种部队强行攻入大楼，捕获了艾迪德的助手和一些小人物，然而并没有抓住艾迪德。艾迪德的部队进行反击，击落了两架黑鹰。第一架直升机的飞行员被卡在飞机残骸里。特种部队士兵们在搭救这名飞行员时，同索马里人进行了激烈的交战。战斗结束后，18 名美国士兵阵亡，80 多名士兵受伤，黑鹰驾驶员迈克·杜兰特被俘。500 多索马里人被打死，1000 多人受伤。结果，联合国在索马里的人道主义救援行动变成了一场小型战争，维持和平变成了强制实现和平。对此，维和行动的参加者之间出现了分歧。克林顿在回忆录中说，所谓"黑鹰坠落"这件事，"标志着我总统生涯中最黑暗的一天"。他说："美国人被激怒了，他们感到震惊。我们的人道主义行动怎么会变成对艾迪德的抓捕？为什么美国军队要听命于布特罗斯—加利和海军上将豪?"对此,美国急剧地改变了对索马里维和行动的态度:美国政府决定派代表去执行说服艾迪德释放被俘的美国飞行员迈克·杜兰特的任务。最终杜兰特得到了释放,并最终与艾迪德达成了停火协议。1993 年 10 月上旬,美国总统克林顿宣布改变美国在索马里的战略。他宣布停止搜捕艾迪德,谋求政治解决,并宣布在 1994 年 3 月 31 日之前将美军全部撤出索马里。同年 11 月 26 日,联合国也宣布将分批撤出维和部队。

10 月 4 日　安理会通过关于克罗地亚局势的第 S/RES/871(1993)号决议,决定再次延长在克罗地亚共和国和波黑境内的联合国保护部队的任务期限,至 1994 年 3 月 31 日止。并授权联保部队在克罗地亚共和国境内执行任务时,为了自卫采取必要措施,其中包括使用武力,以确保自身安全和行动自由。

10 月 5 日　安理会通过关于卢旺达局势的第 S/RES/872(1993)号决议,决定建立联合国卢旺达援助团。11 月 1 日,联卢援助团正式在卢部署,任务是监测双方已达成的协定的执行情况。但进展迟缓,协定中规定的条款难以实施。

10 月 13 日　安理会通过关于海地问题的第 S/RES/873(1993)号决议,确认海地武装部队没有履行《戈弗诺岛协定》的义务已构成对该区域和平安全的威胁,决定按照第 S/RES/861(1993)号决议第 2 段规定,在 1993 年 10 月 18 日东部标准时间 23 时 59 分时起停止第 S/RES/841(1993)号决议第 5—9 段所述各项措施的暂时取消令,除非秘书长向安理会提出报告,说明海地境内《戈弗诺岛协定》的签署各方已充分执行协定,恢复让贝特朗·阿里斯蒂德总统的合法政府,并已经确立条件,让联海特派团能履行任务。

10 月 14 日　安理会通过关于阿塞拜疆局势的第 S/RES/874(1993)号决议,对阿塞拜疆共和国的纳戈尔内卡拉巴赫地区及附近的冲突和亚美尼亚共和国与阿塞拜疆共和国之间的紧张局势将危及该区域的和平与安全表示严重关切,再次重申将全力支持在欧安会框架内开展的和平进程以及明斯克小组的不懈努力。

10 月 16 日　安理会通过关于海地问题的第 S/RES/875(1993)号决议,呼吁各会员国与海地合法政府合作,实行相应的措施来保证安理会决议得到切实履行。

10 月 18 日　加利秘书长分别同莫桑比克总统希萨诺和全国抵抗运动领导人德拉卡马就加速莫和平进程举行会议。22 日,莫冲突双方签署新的和平协议。

10 月 19 日 大会通过关于协助扫雷的第 A/RES/48/7 号决议。

同日 安理会通过关于格鲁吉亚局势的第 S/RES/876（1993）号决议，要求格鲁吉亚共和国与阿布哈兹部队不要使用武力或者做出任何违反国际人道主义法的行为，并深度关切该地区因冲突所造成的灾难以及关于"种族清洗"和其他严重违反国际人道主义法事件的报告。

10 月 21 日 安理会通过关于前南斯拉夫的马其顿共和国局势的第 S/RES/877（1993）号决议，审议了秘书长提出的由拉蒙·埃斯科瓦尔·萨洛姆先生担任国际法庭检察官的提名，任命拉蒙·埃斯科瓦尔·萨洛姆先生为国际法庭检察官。

10 月 25 日 大会通过关于遵守奥林匹克休战的第 A/RES/48/11 号决议，促请所有会员国在奥运开幕前 7 天到闭幕后的 7 天期间实行休战。

10 月 26 日 中国、泰国、老挝、缅甸和联合国控制毒品计划署在联合国共同签署《关于打击非法生产、贩运与使用毒品的进度国际合作谅解备忘录》。

10 月 29 日 安理会通过关于索马里局势的第 S/RES/878（1993）号决议，强调索马里境内所有各方必须尽力克制，并努力谋求民族和解，决定将第 2 期联合国索马里行动的任务期限暂时延长，至 1993 年 11 月 18 日止。

同日 安理会通过关于莫桑比克局势的第 S/RES/879（1993）号决议决定将联合国莫桑比克行动任务期限暂时延长，至 1993 年 11 月 5 日止。

11 月 1 日 第 48 届联合国大会举行会议，纪念苏、美、英、中 4 国于 1943 年 10 月 30 日签署的《四国普遍安全宣言》发表 50 年。

11 月 3 日 大会通过关于"必须中止美利坚合众国对古巴的经济、商业和金融封锁"的第 A/RES/48/16 决议，要求美国停止对古巴的封锁。

11 月 4 日 安理会通过关于柬埔寨局势的第 S/RES/880（1993）号决议，欣见柬埔寨国王诺罗敦·西哈努克陛下登基以及根据《柬埔寨问题巴黎协定》通过宪法，成立全国新政府，同时也敦促会员国提供技术专家和设备协助防雷行动中心，并通过自愿捐款扫雷工作。

同日 安理会通过关于格鲁吉亚局势的第 S/RES/881（1993）号决议，核可联合国格鲁吉亚观察团继续驻留格鲁吉亚至 1994 年 1 月 31 日，并欢迎秘书长及其特使与欧安会当值主席合作，在调解国俄罗斯的援助下继续推动和平进程以达成全面政治解决。

11 月 5 日 安理会通过关于莫桑比克局势的第 S/RES/882（1993）号决议，敦促莫桑比克各方于 1993 年 11 月开始集合部队，并在 1994 年 1 月以前开展遣散工作，以便确保在 1994 年 5 月之前完成遣散进程，决定将联合国莫桑比克行动的任务期限延长 6 个月，但有附带条件，即安理会将根据秘书长的报告，在 90 天内审查联莫行动任务的情况。

11 月 9 日　联合国难民事务高级专员办事处首次发表的《世界难民状况》报告称，全球难民到 1992 年底达到 1820 万人，此外还有 2400 万人流离失所。

11 月 10 日　大会和安理会分别举行会议选出国际法院 5 名法官。中国的史久镛教授当选。

11 月 11 日　安理会通过关于"强化对利比亚制裁并冻结利比亚海外资产"的第 S/RES/883（1993）号决议，中国投弃权票。12 日，利比亚官方通讯社谴责联合国强化制裁利比亚，指责安理会"屈服于大国的压力"，非统组织也批评了安理会的决定。

同日　安理会通过关于阿塞拜疆局势的第 S/RES/884（1993）号决议，要求亚美尼亚政府运用其影响力，让阿塞拜疆共和国纳戈尔内卡拉巴赫地区的亚美尼亚人遵守联合国有关决议，敦促各区域的所有国家不要采取任何敌对行为，或者进行任何可能导致扩大冲突和破坏区域和平与安全的干涉。

11 月 15 日　联合国维持和平部队圆满完成了在柬埔寨的维和任务，全部撤出柬埔寨，联合国在柬埔寨的行动结束。联合国在柬埔寨的维和行动是联合国比较成功的维和行动之一，对柬埔寨局势的总体稳定起到了极其重要的作用。

11 月 16 日　安理会通过关于索马里局势的第 S/RES/885（1993）号决议，认识到亟须所有各方进行广泛基础的协商，就索马里实现民族和解与建立民主体制的基本原则达成协商一致意见，强调索马里人民负有实现这些目标的根本责任，并在这方面特别注意到第 S/RES/837（1993）号决议谴责 1993 年 6 月 5 日袭击第 2 期联索行动人员的事件并要求进行调查，决议授权成立一个调查委员会，以调查武装攻击第 2 期联索行动人员造成伤亡的事件。

11 月 18 日　安理会通过关于索马里局势的第 S/RES/886（1993）号决议，决定将联索行动 2 期的任务期延长到 1994 年 5 月 31 日。决议对联索行动 2 期任务进行了根本性的审查，并要求秘书长提出未来的行动战略。

11 月 20 日　中国国家主席江泽民出席在美国西雅图举行的亚太经济合作组织领导人非正式会议。这是自 1989 年亚太经济合作组织成立以来举行的首次最高级别会议。江泽民主席在会上提出,要把一个和平与繁荣的世界带入 21 世纪。江泽民主席在与美国总统克林顿会晤时强调,中美两个大国是在世界上具有重要影响的国家,在许多重大问题上有共同利益。中美之间增加信任,可以在国际上发挥积极作用。

11 月 24 日　正在对巴西联邦共和国进行国事访问的中国国家主席江泽民应邀在巴西国会发表演讲,提出中国政府关于建立新型国际经济关系的四项主张:(一)世界各国不分大小、贫富都应相互尊重,作为国际社会的平等成员参与处理国际经济事务,都应当根据平等互利的原则发展经贸关系;(二)各国有权根据各自的国情独立自主地选择本国的社会制度、经济模式和发展道路,有权对本国及其开发进行有效控制;(三)加强南北对话和合作,在商品、贸易、资金、质量、货币、金融等重要国际经济领域做出必要的调整和改革。发达国家应当尊重和照顾发展中国家的利益,在提供援助时不附加任何政治条件;(四)促进南南合作,加强发展中国家之间的磋商和交流,相互学习,互通有无,谋求共同发展。

11 月 29 日　安理会通过关于脱离接触观察员部队问题的第 S/RES/887(1993)号决议,决定将联合国脱离接触观察员部队的任务期限再延长 6 个月,至 1994 年 5 月 31 日止。

11 月 30 日　安理会通过关于萨尔瓦多局势的第 S/RES/888(1993)号决议,谴责最近萨尔瓦多境内的暴力行为,促请萨尔瓦多政府和法拉本多·马蒂民族解放阵线做出努力,防止政治暴力并加紧履行他们根据《和平协定》作出的承诺。

12 月 3 日　大会通过关于安全理事会席位公平分配和成员数量增加的问题的第 A/RES/48/26 号决议,"决定成立一个不限成员名额工作组,以审议安理会成员数目增加问题的所有方面以及安理会有关的其他事项"(工作组的全称为"安理会席位公平分配和成员数目增加问题及其他与安理会有关事项不限成员名额工作组")。1994 年 1 月,该工作组正式开始运作。

12 月 15 日　安理会通过关于塞浦路斯局势的第 S/RES/889(1993)号决议,决定再次延长联合国维持和平部队在塞浦路斯的驻留期限至 1994 年 6 月 15 日,吁请双方军事当局与联赛部队进行充分合作。

同日　安理会通过关于安哥拉局势的第 S/RES/890(1993)号决议,决定将联合国安哥拉核查团(第 2 期核查团)的任务期限延长至 1994 年 3 月 16 日,呼吁有关各方履行卢萨卡会谈中所作的承诺,敦促双方尽力克制,立即停止一切军事行动。

12月16日 大会通过关于"裁减军事预算:军事支出的透明度"的第A/RES/48/62(1993)号决议。

12月20日 大会通过关于防止偷运外国人入境的第A/RES/48/102号决议,关切借着偷运人口和侵害移徙者的尊严和生命非法牟利的犯罪组织活动使国际上移徙现象变得更加复杂,社会经济因素影响着偷运外国人的问题,且偷运形式往往涉及犯罪问题,必须给予移徙者人道待遇并保护其各种人权。强调各国必须在双边和多边层次紧急合作严格制止偷运活动。

大会通过题为《关于残疾人机会均等标准规则》的第A/RES/48/96号决议。

大会通过题为《消除对妇女的暴力行为宣言》的第A/RES/48/104号决议。

大会通过关于加强法治的第A/RES/48/132号决议。

大会通过题为《关于促进和保护人权的国家机构的地位的原则(巴黎原则)》的第A/RES/48/134号决议。

大会通过关于"促进和保护所有人权的高级专员"的第A/RES/46/141号决议,决定设立联合国人权事务高级专员职位。

同日 安理会通过关于卢旺达局势的第S/RES/891(1993)号决议,决定将联合国乌干达—卢旺达观察团的任务期限延长6个月。

12月21日 大会通过关于加强国际合作以检测全球环境问题的第A/RES/48/192号决议,大会认识到有必要使"地球观察"成为对影响全球环境之一切因素进行环境监测和评价的更有效率的工具,也认识到监测、评价和预测环境问题的潜力和重要性。邀请各国政府和联合国系统有关组织在各自职责范围内酌情审查他们对环境监测等方面的国际合作的贡献。

大会通过关于"向因执行安全理事会制裁南斯拉夫联邦共和国(塞尔维亚和黑山)的各项决议而受到影响的国家提供经济援助"的第A/RES/48/210号决议。

12月22日 安理会通过关于格鲁吉亚局势的第S/RES/892/1993(1993)号决议,决定按照秘书长的建议增派50名联合国军事观察员前往联合国格鲁吉亚观察团,并以此方式助成格鲁吉亚共和国与阿布哈兹双方执行1993年12月1日签署的《谅解备忘录》的各项规定。

同日 南非议会通过历史上第1部非种族主义的临时宪法。

12月26—27日 加利秘书长访问中国。访问期间,李鹏总理会见加利,钱其琛副总理兼外长同加利举行会谈。

一九九四年

(国际家庭年、体育运动和奥林匹克理想国际年)

1月1日　由联合国秘书长任命,并经联合国大会一致同意,何塞·阿亚拉—拉索先生于1994年4月5日成为首任联合国人权事务高级专员,任期为4年。直到何塞·阿亚拉—拉索先生被任命为他的祖国——厄瓜多尔的外交部长后于1997年3月15日辞职时为止,他一直担高级专员一职。

1月6日　安理会通过关于卢旺达局势的第S/RES/893(1994)号决议,强烈要求卢旺达有关各方继续开展合作,充分执行《阿鲁沙和平协定》。

1月14日　安理会通过关于南非选举的第S/RES/894(1994)号决议,决定扩大联合国南非观察团的任务和人数,以更好地观察4月26—28日的南非选举,支持南非的民主进程。

1月19日　联合国发布新闻公报宣布,截至2003年底联合国在16个国家部署了总数达69961人的维持和平部队。

1月21日　大会决定派1778名观察员监督南非大选。

大会通过联合国大会主席莫萨纳利的一项呼吁,促请各会员国在即将到来的冬季奥运会期间遵守奥林匹克休战。

1月24日　就阿富汗国内忠于总理和忠于总统的两派武装在首都喀布尔不断发生激烈的武装冲突,安理会发表主席声明,要求停止阿富汗国内的敌对行动。

1月28日　安理会通过关于联合国驻黎巴嫩临时部队的第S/RES/895(1994)号决议,决定将联合国驻黎巴嫩临时部队的任务期限再延长6个月,至1994年7月31日止。

1月31日　安理会通过关于格鲁吉亚局势的第S/RES/896(1994)号决议,核准联合国格鲁吉亚观察团的任务期限到1994年3月7日,并要求格鲁吉亚和阿布哈兹双方履行所承诺的义务。

1月31日—3月11日　人权委员会第50届会议在日内瓦举行。3月9日,会议以20票对16票,17票弃权,通过中国提出的一项动议,决定对某些西方国家提出的所谓"中国人权状况"决议草案不采取行动,使西方国家借人权问题向中国施加压力的企图再次受挫。

2月1日　加利秘书长任命并于2月14日经大会批准厄瓜多尔常驻联合国代表拉索为首任联合国人权事务高级专员,任期4年。

2月3日 海牙国家法庭经过7个月的审议,裁决奥祖地带属于乍得。多年来乍得与利比亚两国对这一地带存有领土争端。

2月4日 安理会通过关于索马里局势的第 S/RES/897(1994)号决议,修订第2期联合国驻索马里部队的任务和目标,主要保护重要港口、机场及保障人道主义援助,协助索马里的政治进程。

2月17—27日 第17届冬季奥运会在挪威利勒哈默尔举行,共有67个国家和地区的1737名运动员参赛。1986年国际奥委会投票决定,将夏季和冬季奥运会的比赛时间错开,间隔两年举行,为了应对这一改变,1994年的挪威利勒哈默尔冬季奥运会在与1992年法国阿尔贝维尔冬季奥运会间隔两年后再次举行,这也是唯一一次间隔时间只有两年的两届奥运会。中国共派出28名运动员参赛,最终以一银两铜的成绩排奖牌榜的第19位。

2月23日 安理会通过关于莫桑比克局势的第 S/RES/898(1994)号决议,授权设立一个联合国警察部门作为联合国莫桑比克行动的组成部分,强调莫桑比克政府和抵运双方的部队都必须在集结地区向联合国缴出所有武器,并且立即协议将武器转移到各地区贮藏所,以保证集结地区的安全。

2月25日 正当约旦河西岸希布伦市易卜拉欣清真寺内巴勒斯坦居民做祈祷时,一名犹太移民用机枪向祈祷人群扫射,造成大量人员伤亡,举世震惊。

3月4日 安理会通过关于伊拉克—科威特间局势的第 S/RES/899(1994)号决议,审议了1994年2月22日秘书长信中关于伊拉克和科威特国际疆界划定后留在科威特境内的伊拉克平民以及资产问题,决定按照秘书长信中说明的安排而支付补偿款,汇给在伊拉克的有关平民。

同日 安理会通过关于波黑局势的第 S/RES/900(1994)号决议,要求所有各方同联合国保护部队合作,巩固萨拉热窝城内和附近的停火,并且在联合国协助下,让平民和人道主义物品享有进出萨拉热窝和在城内的完全的通行自由。

同日 安理会通过关于格鲁吉亚局势的第 S/RES/901(1994)号决议,决定将联合国格鲁吉亚观察团的任务期限暂时延长,至1994年3月31日止。并请秘书长在1994年3月21日前,向安理会报告格鲁吉亚和阿布哈兹谈判的进展和战场的局势,特别是注意可能需要建立维持和平部队的情况以及该部队的组建方式。

3月11日 安理会通过关于塞浦路斯局势的第 S/RES/902(1994)号决议,对秘书长在1994年3月4日提出的有关其塞浦路斯斡旋任务的报告表示欢迎,欣见双方原则上接受与瓦罗沙和尼科西亚国际机场建立的信心措施。

3月16日　安理会通过关于安哥拉局势的第 S/RES/903(1994)号决议,决定将联合国安哥拉核查团(安哥拉第2期核查团)的任务期限再延长,至1994年5月31日止。决议对安哥拉境内持续不断的进攻性军事行动表示严重关切,要求立即停止所有这种行动。

3月18日　安理会通过关于"被占领的阿拉伯领土局势"的第 S/RES/904(1994)号决议,谴责2月25日发生的希布伦惨案。

3月23日　安理会通过关于海地问题的第 S/RES/905(1994)号决议,决定将联合国海地特派团的任务期限延长,至1994年6月30日止。

3月25日　安理会通过关于格鲁吉亚局势的第 S/RES/906(1994)号决议,促请格鲁吉亚和阿布哈兹尽快恢复谈判,并在根据此前制定的原则上达成政治解决方面取得实质进展。

3月29日　安理会通过关于西撒哈拉局势的第 S/RES/907(1994)号决议,促请西撒哈拉有关各方与秘书长合作,执行《解决计划》,并承诺为西撒哈拉问题谋求公正持久的解决办法。

3月31日　安理会通过关于联合国保护部队的第 S/RES/908(1994)号决议,决定将联合国保护部队的任务期限再延长,至1994年9月30日止。强调有必要通过谈判达成一项为所有各方都能够接受的解决办法。

4月7日—7月17日　卢旺达图西和胡图两大部族发生了一场全国规模的暴力冲突,一场名副其实的大屠杀。大屠杀是胡图族对图西族及胡图族温和派有组织的种族灭绝。这场屠杀得到了当时卢旺达政府、军队、官员和大量当地媒体的支持。除了军队,对大屠杀负主要责任的还有两个胡图族民兵组织:联攻派和同一目标派,同时大量胡图族的平民也参与了大屠杀。这场大屠杀是人类现代史上最惨烈的种族灭绝罪行。下面为便于读者了解和研究,特将这一时期的有关情况列举如下。

●**4月5日**　安理会通过关于卢旺达局势的第 S/RES/909(1994)号决议,决定将联合国卢旺达援助团的任务期限延长到1994年7月29日,敦促当事双方立即解决最近分歧,以设立基础广泛的过渡时期政府和过渡时期国民议会。

●**4月6日**　卢旺达总统(胡图族人)在参加达累斯萨拉姆关于解决卢旺达和布隆迪部族冲突的地区首脑会议之后,与布隆迪总统同机返回基加利,座机在基加利机场上空被火箭击中,机毁人亡。空难发生后,胡图族武装把空难的责任指向图西族,随即对他们展开疯狂的屠杀。7日,卢旺达大屠杀以胡图族士兵杀害图西族女总理乌维林吉伊姆扎纳和3名部长为开端,开始在首都和全国范围内大肆搜捕并屠杀图西族人以及支持同情图西族的胡图族人。从 4 月 7 日至 7 月 17 日的 100 天内,有 80 万—100 万人惨死在胡图族士兵、民兵、平民的枪支、弯刀和削尖的木棒之下,绝大部分受害者是图西族人,也包括一些同情图西族的胡图族人,约占卢旺达全国人口的 1/8,还有 25 万—50 万卢旺达妇女和女孩遭到强奸。战乱使得 200 万人在国内流离失所。200 多万人逃亡国外难民聚集之处,瘟神肆虐,饿殍遍地,数以万计从战乱中逃生的人惨死在异国他乡。由此制造了一场震惊世界的卢旺达部族大屠杀。

● **4 月 21 日**　安理会通过关于卢旺达局势的第 S/RES/912(1994)号决议,要求卢旺达政府部队与卢旺达爱国阵线部队立即停止敌对行动,终止席卷卢旺达全国的盲目暴乱和屠杀。4 月 21 日,安理会通过决议,根据卢旺达出现的新情况调整了联卢援助团的任务,决议要求双方立即停止敌对行动,并结束在卢全国发生的丧失理智的暴力和杀戮。当时联卢援助团共有 2500 多名士兵、军事观察员和警察,由加拿大的达莱尔少将指挥。据达莱尔讲,当时比利时决定撤回维和士兵,并带走所有武器。比利时部队在驻卢旺达维和部队中装备最好,比军撤出后,维和部队只剩下 2000 人留守,指挥官与外界只能通过卫星电话联系,维和部队陷入困境。大屠杀发生前,达莱尔曾经电告联合国总部,胡图族武装正在囤积武器,图西族处于危险之中,建议尽快采取行动,收缴武器。但他的建议未被采纳。达莱尔向比利时、法国和美国驻卢旺达大使通报了胡图族正在加紧备战的情报,仍未引起他们的注意。大屠杀开始时,许多当地居民以为有联合国维和部队驻扎,一定会受到他们的保护,因此没有逃离,结果蒙难。达莱尔称,制止这次大屠杀,其实只需要 5000 名装备精良、授权明确的联合国部队就行了。达莱尔盼望安理会派遣增援部队帮助救人。他向美国国务院官员请求技术支援,干扰极端分子散布仇恨的广播,美方以费用过高为由拒绝。秘书长加利要求安理会增兵,美国出于国内政治考虑,宣布一切维和行动必须符合美国的利益,反对向卢旺达增派维和部队。这时,安理会不仅没有派去援军,反而决定撤走维和部队 90% 的兵力,仅剩下 270 名维和军事人员,并且其全部来自发展中国家。几乎是唱空城计的达莱尔,只能靠手中仅有的兵力保护两万多卢旺达难民。

● **5 月 17 日**　在卢旺达大屠杀持续了近 1 个半月后,安理会通过关于卢旺达局势的第 S/RES/918(1994)号决议,决定将联合国卢旺达援助团增加到 5500 人,并扩大其任务。

● **6 月 8 日**　卢旺达自 1994 年 4 月上旬爆发内战后,约有 20 万人死于战乱,200 万名难民流离失所。安理会通过关于卢旺达局势的第 S/RES/925(1994)号决议,决定向内战已持续 2 个月的卢旺达派出 5500 人的维和部队,以执行在卢建立难民保护区和保护国际救援物资的使命,并规定维和部队进入卢后不得介入内战双方的战斗,期限为 6 个月。

●**6 月 20 日**　安理会通过关于卢旺达局势的第 S/RES/928(1994)号决议,决定将联合国乌干达—卢旺达观察团的任务期限最后再延长 3 个月,至 1994 年 9 月 21 日止,并同意在这一期间将军事观察员的人数分期裁减。

●**6 月 22 日**　安理会通过关于卢旺达局势的第 S/RES/929(1994)号决议,同意由法国和塞内加尔组成多国部队到卢旺达保护难民。多国部队由法国人指挥,约 2500 人,期限 2 个月,费用自理。25 日,法军开始了对卢进行人道主义军事干预的"绿松石行动"。8 月 19 日,法国宣布结束这一行动。大屠杀发生的第 4 天,联合国安理会通过投票,决定象征性地在卢旺达保留 260 名维和人员,职责仅仅是调停停火和提供人道主义援助。在卢旺达种族大屠杀持续了近 1 个半月后,联合国才决定将联合国驻卢旺达援助团人数增加到 5500 人,扩大其行动授权,并说服其他国家参与救援。

●**7 月 1 日**　安理会通过关于卢旺达局势的 S/RES/935(1994)号决议,请秘书长立即设立一个公正的专家委员会,审查和分析各项资料,以便就卢旺达境内严重违反国际人道主义法的行为,包括可能发生的种族灭绝行为的证据,还请秘书长在委员会成立后 4 个月内向安理会提交该委员会的结论,并参考这一结论,建议采取任何进一步的适当步骤。

●**7 月 17 日**　卢旺达爱国阵线与邻国乌干达的军队反攻进入卢旺达首都基加利,击败了胡图族政府,结束了这场大屠杀。200 万名胡图族人,其中一些屠杀参与者,由于害怕遭到图西族报复,逃到邻国布隆迪、坦桑尼亚、乌干达和扎伊尔(今刚果民主共和国)。但尽管如此,卢旺达新政府执政后还是在国际社会的配合下抓捕大批战犯,并将他们绳之以法。

卢旺达是地处非洲中部的一个落后的农业国家,1992 年被联合国列为世界 47 个最不发达国家之一。1994 年这场震惊世界的大屠杀给卢旺达带来了深重的灾难,使这个原本贫困的国家雪上加霜,大批劳动力丧失,国家经济处于崩溃边缘。大屠杀还使这个国家的人口结构产生了很大的变化,全国 14 岁以下的儿童约占总人口的 40%,许多妇女成为寡妇,至今仍有大量逃亡邻国的胡图族极端主义分子渗入邻近国家,给这些国家的安定带来负面影响。发生在 1994 年卢旺达的这场惨绝人寰的大屠杀,其教训,对卢旺达、对非洲、对全世界,都应铭刻永远,应绝对避免类似大屠杀的重演。

●**11 月 8 日**　安理会通过关于卢旺达局势的第 S/RES/955(1994)号

决议,决定设立卢旺达问题国际法庭,审判对卢国及其邻国发生的种族灭绝行为负有责任的卢国公民。

4月14日 安理会通过关于乍得与利比亚间签署的协定的第 S/RES/910(1994)号决议,认识到秘书长打算派出一个勘察队飞往利比亚,决定第 S/RES/748(1992)号决议第 4 段不适用于载运勘察队往返利比亚的联合国飞机。

4月21日 安理会通过关于利比里亚局势的第 S/RES/911(1994)号决议,决定延长联合国利比里亚观察团的任务期限至 1994 年 10 月 22 日,敦促利比里亚所有各方立即停止敌对行动,同西非军事观察组部队合作,迅速完成解除武装的进程。

4月22日 安理会通过关于波黑局势的第 S/RES/913(1994)号决议,要求波黑共和国政府和波斯尼亚塞族一方在联合国保护部队主持下,立即缔结戈拉日德和波黑共和国全境的停火协定。

4月25日—5月6日 联合国首届"小岛屿发展中国家可持续发展全球会议"在加勒比岛国巴巴多斯首都布里奇敦举行。会议通过了《巴巴多斯宣言》和《小岛屿发展中国家可持续发展行动纲领》。

4月26—29日 在联合国南非观察团 2527 名部署在南非各地的工作人员监督下,南非举行选举。

4月27日 安理会一致通过关于联合国保护部队的第 S/RES/914(1994)号决议,决定向前南斯拉夫增派维和部队。

5月4日 安理会通过关于乍得与利比亚间签署的协定的第 S/RES/915(1994)号决议,决定成立联合国奥祖观察团,并授权从本决议通过之日起至多 40 天的一个时期内部署 9 名联合国观察员和 6 名支助人员,以观察 1994 年 4 月 4 日乍得和利比亚在苏尔特签署的协定的执行情况。

5月5日 安理会通过关于莫桑比克局势的第 S/RES/916(1994)号决议,强调莫桑比克政府和抵运必须尽可能与联合国莫桑比克行动合作,充分遵守《全面和平协定》的所有规定。

5月6日 安理会通过关于海地问题的第 S/RES/917(1994)号决议,由于海地军事当局拒不执行《加弗诺岛协定》和安理会有关决议,决定对海地实行全面的制裁。

同日 南非首次全民大选结果正式揭晓,非国大以绝对优势获胜,曼德拉成为南非历史上第 1 位黑人总统。

同日 根据巴、以达成的决议,巴勒斯坦方面于 1994 年 5 月 17 日正式承担对加沙和杰里科自治区的日常行政管理。从此,巴勒斯坦地区开始了一个新的历史阶段。当年 12 月 10 日,拉宾、佩雷斯和阿拉法特 3 人同获得诺贝尔和平奖。

5 月 23—27 日　由联合国世界减灾 10 年委员会主办的世界减灾大会在日本横滨举行。会议主题是"面向少灾的 21 世纪"。会议通过了《横滨声明》和《减灾行动计划》。

同日　秘书长提出关于"发展纲领"的报告,勾画了改善人类生存条件的蓝图。

5 月 25 日　安理会通过关于南非局势的第 S/RES/919(1994)号决议,决定立即取消对南非的强制性武器禁运和其他一切制裁措施,解散安理会关于南非问题的委员会。决议为南非完全回到联合国、重新参与联合国的活动扫清了最后障碍。

5 月 26 日　安理会通过关于萨尔瓦多观察团的报告的第 S/RES/920(1994)号决议,吁请有关各方与秘书长特别代表和联合国萨尔瓦多观察团合作,配合他们核查各方履行承诺的工作,并敦促萨尔瓦多政府和马解阵线严格遵守"关于最重要协定中未执行部分的执行时间表的协定"。

同日　安理会通过关于中东局势的第 S/RES/921(1994)号决议,决定将联合国脱离接触观察员部队的任务期限再延长 6 个月,至 1994 年 11 月30 止。

5 月 31 日　安理会通过关于安哥拉局势的第 S/RES/922(1994)号决议,决定将联合国安哥拉核查团(第 2 期核查团)的任务期限延长至 1994年 6 月 30 日,并决定鉴于双方正在进行直接谈判,遂目前不对安盟采取进一步的措施,但重申准备在任何时候,考虑采取其他步骤,以执行进一步措施,或审查已生效的措施。

同日　安理会通过关于索马里局势的第 S/RES/923(1994)号决议,决定将第 2 期联合国索马里行动的任务期限延长,至 1994 年 9 月 30 日止。

6 月 1 日　安理会通过关于也门局势的第 S/RES/924(1994)号决议,决定请秘书长一旦实际可行,立即派遣一个实况调查团去也门,以评估当事各方恢复对话以及他们为解决分歧做出进一步努力的前景。

6 月 13 日　安理会通过关于乍得与利比亚间签署的协定的第 S/RES/926(1994)号决议,立即结束联合国奥祖地带观察组的任务。

6 月 15 日　安理会通过关于塞浦路斯局势的第 S/RES/927(1994)号决议,决定将联合国驻塞浦路斯维持和平部队的驻留期限再延长 6 个月,至1994 年 12 月 31 日止。决议强调迫切需要执行秘书长提出的建立信任措施。

同日 世界难民事务高级专员办事处公布的统计材料显示,全世界已有难民 2073.74 万人。其中,欧洲 749 万人,亚洲 550.94 万人,非洲 588 万人,大洋洲 102 万人,美洲 83.8 万人。

6 月 17—18 日 防治艾滋病部长级国际会议在巴黎举行。

6 月 23 日 大会通过第 A/RES/48/258 号决议,结束联合国反对种族隔离特别委员会和南非信托基金会两个组织的工作。南非在被国际社会摒弃 20 年之后,又重新回到联合国大家庭。

6 月 27 日 安理会通过关于南非问题的第 S/RES/930(1994)号决议,决定将联合国南非观察团立即撤销。

6 月 29 日 安理会通过关于也门局势的第 S/RES/931(1994)号决议,深度关切也门局势,对继续向亚丁进行军事攻击并造成平民伤亡和破坏表示痛惜,强调亟须制定并有效执行一项适用于一切地面、海上和空中行动的停火决议,其中包括规定将重武器放置于对亚丁的有效射程以外。

6 月 30 日 安理会通过关于安哥拉局势的第 S/RES/932(1994)号决议,决定将联合国安哥拉核查团(第 2 期核查团)的任务期限延长至 1994 年 9 月 30 日。决议强烈敦促有关各方立即批准救济物资在所有地点安全通行并给予保障,不采取任何可能会危害救济人员安全或阻碍向安哥拉人民分发人道主义物资的行动。

同日 安理会通过关于海地问题的第 S/RES/933(1994)号决议,决定将联合国海地特派团的任务期限延长至 1994 年 7 月 31 日。并请会员国准备迅速提供适当组成联合国海地特派团所需的部队、警察、文职人员、装备和后勤支援。

同日 安理会通过关于格鲁吉亚局势的第 S/RES/934(1994)号决议,决定将联合国格鲁吉亚观察团的任务期限延长至 1994 年 7 月 21 日。并请秘书长向安理会报告联合国格鲁吉亚观察团、当事双方和独联体维持和平部队之间为了议定扩大观察团和独联体维持和平部队在当地进行协调地面安排的协商结果。

7 月 5 日 美、英、法、德、俄 5 国外长在日内瓦确认波黑和平方案,即穆克联邦得波黑全境 51% 土地,塞族得 49%,并限期波黑 3 方对此作出回答。穆克联邦议会表示接受 5 国方案,塞族议会表示有条件地接受和平方案。

7 月 8 日 安理会通过关于"国际法庭—南斯拉夫"的第 S/RES/936(1994)号决议,审议了秘书长提名理查德·戈德斯通先生担任国际法庭检察官一事,任命理查德·戈德斯通先生为国际法庭检察官。

7月21日　安理会通过关于格鲁吉亚局势的第 S/RES/937(1994) 号决议,决定授权秘书长按照需要增加联合国格鲁吉亚观察团的人数,最多可达 136 名军事观察员以及适当的文职支助人员,并且决定扩大观察团的任务。

7月22日　中国常驻联合国代表李肇星约见加利秘书长,奉命就尼加拉瓜等少数国家要求在第 49 届联大议程中列入所谓台湾在联合国"代表权"议题一事面交了有关信件,郑重阐明中国政府的立场。

7月28日　第 48 届联合国大会通过关于"执行《联合国海洋法公约》第 11 部分的决议和协定"的第 A/RES/48/263 号决议。

同日　安理会通过关于中东局势的第 S/RES/938(1994) 号决议,决定将联合国驻黎巴嫩临时部队的任务期限再延长 6 个月,至 1995 年 1 月 31 日止。

7月29日　安理会通过关于塞浦路斯局势的第 S/RES/939(1994) 号决议,请秘书长开始与安理会成员、各保证国和塞浦路斯两族领导人协商,就处理塞浦路斯问题的方法,以能够产生成果的方式,进行根本而深远的思考,并重申呼吁当事双方拿出为此全力合作的决心。

7月31日　安理会通过关于海地问题的第 S/RES/940(1994) 号决议(中国、巴西弃权),授权美国组织多国部队进驻海地,使用一切必要手段使海地军事领导人离开海地。美国领导的多国部队于 9 月 19 日与联合国海地特派团(UNMIH)同时展开行动,并于 1995 年 3 月 31 日移交联合国海地特派团。

8月22日—9月14日　万国邮政联盟第 21 届大会在汉城举行,中国申办 1999 年北京万国邮联第 22 届大会获得本届大会通过。

8月29日—9月3日　第 12 届奥林匹克代表大会,即奥林匹克百周年代表大会在巴黎举行。会议主要议题包括:奥林匹克运动对现代社会的贡献、当代运动员、社会环境中的体育运动、体育运动与传播媒介。

9月5—13日　第 3 次国际人口与发展大会在开罗举行,来自 182 个国家的政府代表团、联合国各机构与专门机构、政府间组织与非政府组织共 3000 余名代表与会。大会的主题是:人口、经济增长和可持续发展。大会极大地加强了世界对人口问题的关注,通过规划未来 20 年世界人口发展战略的《行动纲领》。

9月20日—12月23日　第 49 届联合国大会在纽约联合国总部举行,大会一致选举阿马拉·埃西(科特迪瓦)为届会主席。届会到 12 月 23 日暂时休会期间,共通过 295 个决议,其中 3/4 以上的决议为协商一致通过。

大会宣布 1998 年为"国际海洋年",大会发起"世界土著人国际 10 年"
(1994—2004 年),并宣布自 1995 年 1 月 1 日起的 10 年为"联合国人权教
育 10 年"。

9 月 23 日　安理会通过关于前南斯拉夫的马其顿共和国局势的第
S/RES/941(1994)号决议,要求波斯尼亚塞族当局立即停止其"种族清洗"
运动,并请秘书长作出安排,在情况许可下使联合国保护部队和联合国监测
员部署在巴尼亚卢卡、比耶利纳和其他有关地区。

同日　安理会通过关于前南斯拉夫的马其顿共和国局势的第 S/
RES/942(1994)号决议,决定对波斯尼亚塞族实行制裁。

同日　安理会通过关于前南斯拉夫的马其顿共和国局势的第 S/
RES/943(1994)号决议,决定放松对南斯拉夫联盟共和国的制裁。

9 月 29 日　加利与出席联合国大会会议的安理会 5 个常任理事国外
长进行会谈,并在发表的公报中指出,国际和平与安全和发展仍是今日世界
所面临的主要问题。

同日　安理会通过关于海地问题的第 S/RES/944(1994)号决议,决定
自阿里斯蒂德总统返回海地的第 2 天起,撤销以前安理会各决议中对海地
的制裁措施。

同日　安理会通过关于安哥拉局势的第 S/RES/945(1994)号决议,决
定将联合国安哥拉核查团(第 2 期核查团)的任务期限延长至 1994 年 10 月
31 日,并敦促当事双方尽早完成谈判,在 1994 年 10 月 31 日前正式签署
《卢萨卡协定》。

9 月 30 日　安理会通过关于索马里局势的第 S/RES/946(1994)号决
议,决定将第 2 期联合国索马里行动的任务期限再延长 1 个月,至 1994 年
10 月 31 日止。

同日　安理会通过关于联合国保护部队的第 S/RES/947(1994)号决
议,决定将联合国保护部队的任务期限延长至 1995 年 3 月 31 日。

10 月 1 日　帕劳共和国宣告独立,并举行独立庆典。

10 月 15 日　安理会通过关于海地问题的第 S/RES/948(1994)号决
议,对海地民选总统阿里斯蒂德结束 1111 天流亡美国的生活回国执政表示
欢迎,并决定自 16 日起解除对海地的制裁。

同日　安理会通过关于伊拉克—科威特间局势的第 S/RES/949
(1994)号决议,要求伊拉克立即完成将最近部署到伊拉克南部的所有军队
撤至原来阵地,并且不再以敌对或挑衅的方式利用军事或任何其他力量威
胁其邻国或联合国在伊拉克的行动。

10 月 21 日　安理会通过关于利比里亚局势的第 S/RES/950（1994）号决议，决定将联合国利比里亚观察团的任务期限延长至 1995 年 1 月 13 日，并要求利比里亚各派立即停止敌对行动，并就部队脱离接触、解除武装和复员的时间表达成协议。

同日　安理会通过关于国际法庭选举法官的第 S/RES/951（1994）号决议，因尼古拉·康斯坦丁诺维奇·塔拉索夫法官于 1994 年 9 月 28 日逝世，因其任期未满，国际法院而出现空缺，必须按照《国际法院规约》予以填补，决定补选应于 1995 年 1 月 26 日在安理会的一次会议和大会第 49 届会议的一次会议上进行。

同日　朝鲜核问题始于 20 世纪 90 年代初，根据卫星资料美国怀疑朝鲜开发核武器，朝鲜则宣布无意也无力开发核武器，从而引发了第 1 次朝核危机。经过谈判，1994 年 10 月 21 日，朝、美签署了《日内瓦核框架协议》，暂时解决了核争端。根据协议，朝鲜冻结其核设施，以美国为主导的朝鲜半岛能源开发组织为朝鲜建造轻水反应堆，并同其他国家一起向朝鲜提供重油，作为能源补偿。

10 月 26 日　大会通过关于"必须中止美利坚合众国对古巴的经济、商业和金融封锁"的第 A/RES/48/9 号决议，要求美国尽快解除对古巴的经济、商业和金融的封锁。

同日　继巴以《原则宣言》签署后，1994 年 7 月 25 日，约旦国王侯赛因和以色列总理拉宾在华盛顿签署《华盛顿宣言》宣布结束两国间的战争状态。双方随即就领土划分、水资源分配、安全、经贸合作等问题举行谈判。10 月 26 日，约旦和以色列正式签署和平条约，以法律形式宣告结束两国长达 46 年的战争状态。11 月 27 日，两国建交，实现关系正常化。约旦是继埃及之后与以色列签署和平条约并实现关系正常化的第 2 个阿拉伯世界的国家，此举意义重大。约以和约是中东和平进程的又一个里程碑。

10 月 27 日　安理会通过关于安哥拉局势的第 S/RES/952（1994）号决议，决定将联合国安哥拉核查团（第 2 期核查团）的任务期限延长至 1994 年 12 月 8 日。

10 月 27—29 日　在约 2300 名国际观察员的监督下，莫桑比克举行历史上首次总统和议会大选。总统希萨诺赢得了这次选举的胜利。秘书长特别代表宣布这次选举是"自由和公正的"。莫桑比克新议会于 12 月 8 日成立，希萨诺总统于翌日就职。至此，联合国莫桑比克行动的任务期限结束，联合国在莫桑比克维和使命圆满完成。

10 月 31 日　安理会通过关于索马里局势的第 S/RES/953（1994）号决

议,决定将第 2 期联合国索马里行动的任务期限延长,至 1994 年 11 月 4 日止。

11 月 4 日　安理会发表主席声明,肯定朝鲜和美国 10 月签署的关于朝美核问题的框架协议。

同日　安理会通过关于索马里局势的第 S/RES/954(1994)号决议,决定于 1995 年 3 月 31 日终止联合国索马里行动。

11 月 10 日　安理会通过关于"托管领土—帕劳"的第 S/RES/956(1994)号决议,宣告联合国的最后一个托管地帕劳共和国结束托管地位。

同日　伊拉克国民议会通过承认科威特主权和边界的决议。

11 月 14 日　包括中国在内的 100 多个国家在巴黎签署了《国际防治沙漠化公约》。

11 月 15 日　安理会通过关于莫桑比克局势的第 S/RES/957(1994)号决议,决定按照秘书长的建议,将联合国莫桑比克行动的现有任务期限延长至莫桑比克新政府就职之日,但不得延至 1994 年 12 月 15 日以后。

11 月 16 日　《联合国海洋法公约》开始生效。加利秘书长指出,这是本世纪最伟大的成就之一。

11 月 19 日　安理会通过关于波黑局势的第 S/RES/958(1994)号决议,决定授权会员国,让会员国在各自行动或通过区域组织或安排下,同秘书长和联合国保护部队密切协调,可以采取一切必要措施,支援联合国保护部队执行第 S/RES/836(1993)号决议所规定的任务。

同日　安理会通过关于波黑局势的第 S/RES/959(1994)号决议,请秘书长就执行安全区概念的方法提出最新的建议,并鼓励联合国保护部队与波斯尼亚各方进行合作,继续努力就加强安全区制度达成协议。

11 月 20 日　安哥拉政府和安盟在卢萨卡就结束 20 年内战签署和平协议,即《卢萨卡议定书》。当天,安理会在一项主席声明中认为,这一议定书将为安哥拉的持久和平奠定基础。

11 月 21 日　安理会通过关于莫桑比克局势的第 S/RES/960(1994)号决议,欢迎莫桑比克按照《全面和平协定》举行选举,同时也要求莫桑比克各方遵守义务,接受并完全遵守选举的结果,促请各国和国际组织积极协助莫桑比克重建和复兴。

11 月 21—22 日　联合国讨论有组织跨国犯罪世界部长级会议在意大利那不勒斯举行,并通过《政治宣言》和《打击有组织的跨国犯罪全球行动计划》等文件。

11 月 23 日　安理会通过关于萨尔瓦多观察团的报告的第 S/RES/961

（1994）号决议，决定将联合国萨尔瓦多观察团的任务期限最后一次延长，至 1995 年 4 月 30 日止。

11 月 29 日　安理会通过关于中东局势的第 S/RES/962（1994）号决议，决定将联合国脱离接触观察员部队的任务期限再延长 6 个月，至 1995 年 5 月 31 日止。

同日　安理会通过关于"接纳新会员国：帕劳"的第 S/RES/963（1994）号决议，审查了帕劳共和国要求加入联合国的申请，建议大会接纳帕劳共和国为联合国会员国。

同日　安理会通过关于海地问题的第 S/RES/964（1994）号决议，授权秘书长逐渐扩大联合国海地特派团先遣队的编制至 500 名人员，并鼓励多国部队和联合国海地特派团先遣队继续进行密切协调。

同日　世界卫生组织公布的最新数字说，全世界迄今共有 1700 万人感染上了艾滋病病毒，其中 400 多万人患上了艾滋病。近 2/3 的艾滋病病毒携带者分布在非洲国家。

11 月 30 日　安理会通过关于卢旺达局势的第 S/RES/965（1994）号决议，决定将联合国卢旺达援助团的任务期限延长至 1995 年 6 月 9 日，并决定在援助团现有资源范围内扩大任务。

12 月 1 日　控制艾滋病首脑会议在巴黎召开并通过《巴黎宣言》。中国卫生部部长陈敏章在会上发言，并代表中国政府在《巴黎宣言》上签字。

12 月 2 日　大会通过关于第二次世界大战结束 50 周年纪念的第 A/RES/49/25 号决议，宣布 1995 年为各国人民纪念第二次世界大战死难者国际年，并决定于 1995 年 10 月 18 日召开纪念大会。

同日　安理会在表决一项要加强对南斯拉夫联盟共和国制裁的决议草案时，被俄罗斯投票否决。这是自 1990 年 5 月 31 日以来安理会出现的也是俄罗斯投的第 2 张否决票。

12 月 8—9 日　大会通过关于维和行动的 3 项决议：关于"整个维持和平行动问题所有方面的全盘审查"的第 A/RES/49/37 号决议、题为《关于增进联合国与区域办法或机构之间在维持国际和平与安全领域的合作的宣言》的第 A/RES/49/57 号决议、关于《联合国人员和有关人员安全公约》的第 A/RES/49/59 号决议。公约于 1999 年 1 月 15 日生效。

大会通过关于《消灭国际恐怖主义措施宣言》的第 A/RES/49/60 号决议。

同日　安理会通过关于安哥拉局势的第 S/RES/966（1994）号决议，决定为使联合国安哥拉核查团（第 2 期核查团）能够检测《卢萨卡议定书》所确立的停火实施情况,将核查团的任务期限延长至 1995 年 2 月 8 日。

12 月 14 日　安理会通过关于南斯拉夫境内多瑙河上的航运的第 S/RES/967(1994)号决议,决定自本决议通过之日起 30 天时间内准许从南斯拉夫联邦共和国(塞尔维亚和黑山)出口 12000 小瓶白喉抗血清,并决定为这种核准的货运所付的任何款项只能存入冻结账户。

12 月 15 日　大会通过第 A/RES/49/64 号决议,接纳帕劳为第 185 个会员国。

大会通过关于全面彻底裁军的第 A/RES/49/75 号决议,决定将禁止倾弃放射性废料、审查《宣布 20 世纪 90 年代为第 3 个裁军 10 年宣言》、军备透明度、逐步减少核威胁等项目列入大会第 50 届会议临时议程。

大会通过第 A/RES/49/64 号决议,接纳帕劳为第 185 个会员国。

大会通过关于全面彻底裁军的第 A/RES/49/75 号决议。

大会通过关于南极洲问题的第 A/RES/49/80 号决议,认识到南极洲对国际社会的特别重要意义,其中包括国际和平与安全、全球和区域环境、对全球和区域气候条件的影响和科研等方面。

12 月 16 日　安理会通过关于塔吉克斯坦局势的第 S/RES/968(1994)号决议,决定设立联合国驻塔吉克斯坦观察团(联塔观察团),以监督塔双方(政府和反对派)之间的停火协定的执行情况,为期 6 个月。大会决定设立一个于 1995 年 12 月 19 日开始工作的可自由参加的特别工作组,以进一步制定全面的、面向行动的《发展议程》,并审查举行一次国际发展会议的可能性。

12 月 19 日　大会通过关于商品的第 A/RES/49/104 号决议。

大会通过关于"转型经济与世界经济成为一体"的第 A/RES/49/106 号决议。

大会通过关于"在国家管辖区内未经许可捕鱼及其对世界大洋大海海洋生物资源的影响"的第 A/RES/49/116 号决议,请国际社会全体成员,特别是有捕鱼业的成员加强合作,按照《联合国海洋法公约》所反映的国际法,养护和管理海洋生物资源。

大会通过关于"副渔获物与抛弃物及其对可持续利用世界海洋生物资源的影响"的第 A/RES/49/118 号决议,确认《联合国海洋法公约》有关规定,吁请各国在制定目标渔业的养护和管理措施时,应考虑到其对相关或从属鱼种的影响,同时考虑到可得的最佳科学证据。

大会通过第 A/RES/49/115 号、第 A/RES/49/114 号、第 A/RES/49/119 号决议,分别决定从 1995 年起把每年 6 月 17 日定为"防治荒漠化和干旱世界日",每年9月16日定为"保护臭氧层国际日",每年12月29日为"生物多样化国际日"。

12月21日　安理会通过关于塞浦路斯局势的第S/RES/969(1994)号决议,决定将联合国驻塞浦路斯维持和平部队的驻留期限再延长6个月,至1995年6月30日止。

12月23日　大会通过关于联合国财政状况的第A/RES/49/143号决议。

大会通过关于《那不勒斯政治宣言和打击有组织跨国犯罪全球行动讲话》的第A/RES/49/159号决议。

大会通过关于新的国际人道主义秩序的第A/RES/49/170号决议。

12月31日　在美国前总统卡特的调解下,波黑穆塞两族分别签署停止敌对行动4个月的协议。

一九九五年
(联合国宽容年、各国人民纪念
第二次世界大战死难者世界年)

1月1日　根据乌拉圭回合多边贸易谈判达成的协议,世界贸易组织在日内瓦正式成立。

1月5日　秘书长加利发表《〈和平纲领〉补编的报告》,作为《和平纲领》的补充与修正。它强调联合国今后不应介入使用武力、强制性的维持和平行动。

1月6日　安理会发表主席声明,欢迎波黑各方签署停火协议。

1月12日　安理会通过关于前南斯拉夫的马其顿共和国局势的第S/RES/970(1995)号决议,欢迎南斯拉夫联邦共和国(塞尔维亚和黑山)当局采取措施,维持有效封闭南斯拉夫联邦共和国(塞尔维亚和黑山)与波斯尼亚—黑塞哥维那共和国之间的国际边界。决定自本决议通过起100天内,继续暂停实施第S/RES/943(1994)号决议第1段提到的各种限制和其他措施。

同日　安理会通过关于利比里亚局势的第S/RES/971(1995)号决议,决定将联合国格鲁吉亚观察团的任务期限延长,至1995年5月15日止。同时鼓励会员国向自愿基金提供捐款以支助1994年5月14日签署的《停火和部队隔离协定》的执行和捐助国指定的扫雷等人道主义的工作。

1月13日　安理会通过关于利比里亚局势的第S/RES/972(1995)号

决议,决定将联合国利比里亚观察团的任务期限延长至 1995 年 4 月 13 日,并提醒所有会员国,它们有义务严格履行和遵守第 S/RES/788(1992)号决议关于禁止向利比里亚运送任何武器和军事装备的规定。

同日 安理会通过关于西撒哈拉局势的第 S/RES/973(1995)号决议,决定将联合国西撒哈拉全民投票特派团的任务期限延续至 1995 年 5 月 31 日。

1 月 30 日 安理会通过关于中东局势的第 S/RES/974(1995)号决议,决定将联合国驻黎巴嫩临时部队的任务期限再延长 6 个月,至 1995 年 7 月 31 日止。

同日 安理会通过关于海地问题的第 S/RES/975(1995)号决议(中国投弃权票),授权加利秘书长在海地部署联合国部队。

1 月 30 日—4 月 7 日 裁军谈判会议分别于 1 月 30 日—3 月 7 日、5 月 29 日—7 月 7 日、7 月 31 日—9 月 22 日在日内瓦举行了 3 期会议。39 个成员国和一些非成员国派代表或观察员出席了会议。会议设立了禁止核试验特委会就《全面禁止核试验条约》进行了紧张的谈判。

2 月 1 日 联合国秘书长加利为《联合国宪章》原件展览揭幕,从而为在世界范围内纪念联合国成立 50 周年的庆祝活动拉开了序幕。

2 月 8 日 安理会通过关于安哥拉局势的第 S/RES/976(1995)号决议,批准设立第 3 期联合国驻安哥拉观察团。

同日 世界卫生组织发表报告说,女性艾滋病病毒携带者的人数正在急剧上升,在全球出现的病例总数中已占 50%,其中许多受害者是发展中国家的年轻妇女。

2 月 22 日 安理会就维和行动发表声明,强调必须严格遵循联合国宪章原则。

同日 安理会通过关于"国际法院—卢旺达"的第 S/RES/977(1995)号决议,决定将卢旺达问题国际法庭庭址设在阿鲁沙,但须经联合国与坦桑尼亚联合共和国政府订立并妥善安排。

2 月 27 日 安理会通过关于"国际法院—卢旺达"的第 S/RES/978(1995)号决议,敦促各国如果有充分证据证明在其境内发现的人员应对卢旺达问题国际法庭管辖权范围内的行为负责,即依照本国法律和有关的国际法标准将其逮捕和拘留,以待卢旺达问题国际法庭或适当的国家当局起诉。

3 月 2 日 联合国最后一批维和部队从索马里首都摩加迪沙撤出,实际上这是一次失败的撤退。联合国既没能制止冲突,也没能在索马里各部

族间实现民族和解,并最终组建一个民主政府。这场历时 27 个月、耗资 20
多亿美元的维和行动,最后以 100 多名维和士兵和近万名索马里人丧生的
结果而告终。1995 年 3 月 3 日,联合国秘书长加利承认,联合国维和部队
从索马里撤出是联合国维和行动的一次失败。4 月 6 日,安理会就索马里
行动发表主席声明指出,由于和平进程与民族和解缺乏进展,特别是索当事
各方与联合国没有充分合作,联合国无法实现其在索马里的各项目标,使索
马里行动在 1995 年 3 月 31 日之后无法继续下去。声明认为,联索行动为
创造和平、维持和平、建立和平的理论与实践提供了重要的经验和教训。

3 月 6—13 日　联合国社会发展问题世界首脑会议在哥本哈根举行。
秘书长加利和 118 个国家的元首或政府首脑以及另外 65 个国家的代表与
会,这是历史上各国领导人出席人数最多的一次会议。11 日,李鹏总理出
席会议并发表重要讲话,介绍了中国在社会发展领域取得的巨大成就,提出
了中国政府关于促进全球社会发展的 5 点主张:坚持各国和平共处,维护全
球社会稳定;努力加快经济发展,推动社会全面进步;相互尊重彼此国情,自
主选择发展道路;遵循平等互利原则,不断扩大国际合作;富国承担更多责
任,促进人类共同繁荣。这充分表明中国政府对解决社会发展问题的高度
责任感,也具体地体现了中国人民致力于和平与发展崇高事业的坚强决心。
13 日,会议通过宣言和行动纲领。

3 月 8 日　在联合国人权委员会第 51 届会议上由美国和欧洲联盟提
出的旨在干涉中国内政的所谓"中国人权状况"的议案在会上以 20 票对 21
票、12 票弃权的表决结果,遭到否决。对此,中国外交部发言人发表谈话指
出,它表明在人权问题上采取双重标准,把人权问题政治化是不得人心的。

3 月 9 日　安理会通过关于选举国际法院法官的第 S/RES/979(1995)
号决议,因罗伯托·阿戈法官于 1995 年 2 月 24 日逝世,其任期未满,国际
法院而出现空缺,必须按照《国际法院规约》予以填补,决定补选应于 1995
年 6 月 21 日在安理会的一次会议和大会第 49 届会议的一次会议上进行。

3 月 13 日　安理会经过磋商决定继续维持已历时 4 年多的对伊拉克
的经济制裁。

3 月 20 日　安理会决定继续维持对利比亚的经济制裁。

3 月 22 日　安理会通过关于选举国际法院法官的第 S/RES/980
(1995)号决议,罗伯特·尤多尔·詹宁斯爵士法官辞职,将于 1995 年 7 月
10 日生效,因其任期未满,国际法院而出现空缺,必须按照《国际法院规约》
予以填补,决定该空缺的补选应于 1995 年 7 月 12 日在安理会的一次会议
和大会第 49 届会议的一次会议上进行。

3月31日 安理会通过关于前南斯拉夫的马其顿共和国局势的第 S/RES/981(1995)号、S/RES/982(1995)号、S/RES/983(1995)号3项决议,将驻前南维和部队一分为三,并重新确定在克罗地亚的维和部队的任务:在克罗地亚的维和部队改名为联合国恢复信任行动;在波黑的维和部队仍为原名,任务不变;前南马其顿的维和部队改名为联合国预防性部署部队(联预部队)。

同日 以美国为首的驻海地多国部队向由6000人组成的联合国特派团移交维和使命,这标志着以美国为首的多国部队对海地6个月占领的结束和联合国正式接管在海地的多国部队。

4月6日 安理会发表主席声明说,联合国索马里行动为构建和平、维持和平与建立和平的理论与实践提供了重要教训。

4月11日 安理会通过关于安全保证的提案的第 S/RES/984(1995)号决议,向无核国家提供安全保证。确认《不扩散核武器条约》的无核武器缔约国有获得合法权益的保证,保证在这类国家遭到核武器袭击或受到核威胁时,安理会首先是核武器常任理事国,将立即按照《联合国宪章》的有关规定采取行动。这一决议的通过有利于维护世界和平与稳定,有利于推动实现全面禁止和彻底销毁核武器的目标。中国常驻联合国代表李肇星在会上发言,阐述中国政府在这一问题上的原则立场。

4月11—28日 联合国可持续发展委员会在纽约召开第3次实质性会议,有50多个国家派部长级代表团与会。以中国常驻联合国代表李肇星大使为团长的中国代表团出席了会议。会议审议了3年来《21世纪议程》的实施和执行情况。会议最后通过了包括设立森林问题政府间工作组、分别规定跨领域工作组和领域工作组任务在内的20项决定及主席总结。

4月13日 安理会通过关于利比里亚局势的第 S/RES/985(1995)号决议,决定将联合国利比里亚观察团的任务期限延长至1995年6月30日,促请所有国家,特别是邻国,充分遵守禁止向利比里亚运送任何武器和军事装备的禁运。

4月14日 安理会通过关于伊拉克和科威特间的局势的第 S/RES/986(1995)号决议,允许伊拉克在今后6个月内出口价值20多亿美元的石油,以购买药物、食品等紧急救济物品。伊拉克表示拒绝这一决议。

4月17日—5月13日 联合国《不扩散核武器条约》第5次审议大会在联合国总部举行。大会以协商一致的方式决定无限期延长该条约,这标志着裁军进入了一个新阶段。此外,大会还通过了《核不扩散和核裁军的原则和目标》《加强条约审议机制》《中东无核区》3项决议,以加强对防核扩散和裁军活动的监督。

4月19日　安理会通过关于波黑共和国局势的第 S/RES/987(1995)号决议,再次要求所有各方和其他有关方面不要对联合国保护部队以及人员采取任何恐吓或暴力行动。

4月21日　安理会通过关于前南斯拉夫的马其顿共和国局势的第 S/RES/988(1995)号决议,继续放松对南斯拉夫实行的制裁,期限为75天。22日,南斯拉夫指责安理会这项决议把放松对南制裁的期限缩短并附加新的条件。

4月24日　安理会通过关于"国际法庭—卢旺达"的第 S/RES/989(1995)号决议,决定审议1995年4月7日以前秘书长收到的卢旺达问题国际法庭法官的任命书,按照卢旺达问题国际法庭规程第12条制定了候选人名单。

4月28日　安理会通过关于克罗地亚局势的第 S/RES/990(1995)号决议,决定授权按照秘书长的报告部署在克罗地亚的联合国恢复信任行动,要求克罗地亚共和国政府和当地塞族当局与联合国恢复信任行动充分合作。

同日　安理会通过关于萨尔瓦多观察团报告的第 S/RES/991(1995)号决议,确认按照第 S/RES/961(1994)号决议,联合国萨尔瓦多观察团的任务将在1995年4月30日结束。

4月29日—5月8日　第9届联合国预防犯罪和罪犯待遇大会在开罗举行。大会的主题为"减少犯罪,增加正义,人人安全"。主要议题为加强法治的国际合作和技术援助、采取行动打击国内与跨国经济犯罪及有组织犯罪和刑法在保护环境方面的作用、刑事司法和警察系统、预防犯罪战略等。会议通过10项决议,并就加强国际合作必要性等问题达成共识。

4月30日　联合国萨尔瓦多观察团在完成任务后撤离萨尔瓦多。

5月11日　安理会通过关于多瑙河航行的第 S/RES/992(1995)号决议,决定在南斯拉夫联邦共和国(塞尔维亚和黑山)注册的或由南斯拉夫联邦共和国(塞尔维亚和黑山)境内或从该国对外营业的任何个人或机构有过半数股权或控制股权的船只按照本决议使用多瑙河左岸一号铁门系统船闸。

5月12日　安理会通过关于格鲁吉亚局势的第 S/RES/993(1995)号决议,决定将联合国格鲁吉亚观察团的任务期限延长到1996年1月12日,但如独联体维持和平部队的任务有任何变更,则需要由安理会审查观察团的任务。

5月15—29日 联合国裁军审议委员会在纽约举行,审议了"核裁军进程"、"国际武器转让"、《宣布20世纪90年代为第3个裁军10年宣言》执行情况等3项议题。

5月17日 美国在安理会投票否决了敦促以色列取消它在耶路撒冷征用巴勒斯坦人土地的提案(14票赞成,1票反对)。这是自1990年5月31日以来安理会出现的第3张否决票。

同日 安理会通过关于克罗地亚局势的第S/RES/994(1995)号决议,要求前南斯拉夫境内各方不得采取可能导致恶化的任何进一步军事措施或行动,并警告如果不遵守这项要求,安理会将会考虑采取必要的进一步措施以确保遵守。

5月18日 安盟领导人萨文比表示,安盟承认安哥拉1992年总统选举结果,同意参加新的民族团结政府。

5月26日 安理会通过关于西撒哈拉局势的第S/RES/995(1995)号决议,决定将联合国西撒哈拉全民投票特派团的任务期限延长到1995年6月30日。

5月30日 安理会通过关于中东局势的第S/RES/996(1995)号决议,决定将联合国脱离接触观察员部队的任务期限再延长6个月,至1995年11月30日止。

6月5—16日 联合国开发计划署执行局在纽约举行的年会上宣布,消除贫困将作为该署"压倒一切的优先事项"。

6月9日 安理会通过关于卢旺达局势的第S/RES/997(1995)号决议,决定将联合国卢旺达援助团的任务期限延长到1995年12月8日,并核准将部队人数在本决议通过后3个月内减少到2330人,4个月内减少到1800人,同时决定参照卢旺达的当前局势调整援助团的任务。同年6月19日,秘书长加利在致安理会的信中说,大约尚需3个月时间,扩大了的援助团才能到位。他透露,拥有必要能力的国家尚无一国提出愿意提供所需部队,而愿派兵的政府大多又提出某些附加条件。加利提出在这种难以很快落实决议的情况下,不妨考虑法国提出的一项建议,即组成一支由它指挥并根据宪章第7章采取行动的多国部队前往卢旺达。

6月11日 索马里主要政治派别之一的索马里全国联盟领导人艾迪德被正式解除领导职务。

6月16日 安理会通过关于波黑共和国局势的第S/RES/998(1995)号决议(中国、俄罗斯弃权),批准了法、英、荷3国提出的关于在波黑维和部队中建立一支1.25万人快速反应部队的建议。

同日 安理会通过关于塔吉克斯坦局势的第 S/RES/999（1995）号决议，决定将联合国塔吉克斯坦观察团的任务期限延长到 1995 年 12 月 15 日，强调当事双方需要通过塔吉克人会谈达成全面政治解决。

6 月 17 日 第 1 个世界抗荒漠化及干旱日。

6 月 22 日 为了尽快结束卢旺达的混乱局势，安理会决定根据《联合国宪章》第 7 章，授权会员国采取临时性的多国行动。在强调这一行动具有严格人道主义性质、限期 2 个月的前提下，批准由法国建议并领导的多国部队前往卢旺达，执行被命名为"绿松石行动"的联合国干预行动。"绿松石行动"行动是成功的。趁卢旺达局势混乱，图西族的"爱国阵线"加紧军事进攻，最终在 1995 年 7 月 17 日控制了卢旺达全境，并于 19 日成立卢旺达新政府。新政府马上宣布停止内战，制止种族屠杀，卢旺达局势趋于稳定。3 年之后，联合国秘书长安南、美国总统克林顿和国务卿奥尔布赖特向卢旺达人民道歉，保证今后不会再让此类悲剧重演。克林顿在访问卢旺达时表示："国际社会，包括非洲国家，都必须对这场悲剧承担责任。"①安南发表声明说："无论是联合国安理会，还是各会员国，当时都没能对越来越多的灾难迹象给予足够的重视。"联合国大会决定，将每年的 4 月 7 日定为"卢旺达大屠杀国际反思日"，以追思过去，警示未来。2003 年 10 月，达莱尔出版了回忆录《与魔鬼握手：卢旺达人道使命的失败》。他写道，失败属于几个西方大国，因为它们只关心对自己有价值的国家，有能力却没有及时制止大屠杀。失败属于联合国，它未能给身处困境的少量部队以支持。自己身为指挥官，是这失败集体中的一员。卢旺达屠杀这场大灾难，留给卢旺达、整个非洲以及联合国与国际社会的思考却远未结束。

6 月 23 日 安理会通过关于塞浦路斯局势的第 S/RES/1000（1995）号决议，决定继续延长联合国驻塞浦路斯维和部队执行任务的期限至 1995 年

---

① 美国总统克林顿在任期结束后的回忆录中对卢旺达大屠杀有如下的反思："4 月初，北约又在波斯尼亚发动空袭，这一次是为了阻止塞族对戈拉日德的包围。同一天，卢旺达爆发了大规模骚乱。卢旺达总统和布隆迪总统同坐的飞机失事，引发了一场可怕的屠杀。屠杀是占多数的胡图族领导人发起的，针对的是图西族及其胡图族同情者。图西族只占人口的 15%，却被认为拥有不相称的经济和政治权力。我下令撤退所有的美国人，并派部队去保证他们的安全。"克林顿继续写道："100 天之内，在一个只有 800 万人口的国家里，80 多万人被杀害了，大部分人都是被砍刀杀害的。我们太关注波斯尼亚了，仍然记得六个月前索马里发生的事情，在与我国利益无关紧要的遥远的地方部署军队也会遭到国会的反对，因此我和我的外交政策小组都没有认真考虑派兵去阻止屠杀。只要有几千名士兵，加上盟国的援助，再加上有部署部队所需的时间，我们本来可以挽救很多生命。未能努力阻止卢旺达悲剧的发生成为我总统任期内最大的遗憾。"（《我的生活——克林顿回忆录》（中译本），译林出版社 2004 年版，第 650 页）

12 月 31 日。

6 月 24 日 秘书长加利在旧金山明确表示,台湾是中国不可分割的一部分,根本无权加入联合国。

6 月 25 日 在联合国驻海地特派团严密监督下,海地举行阿里斯蒂德重新执政后的首次议会和市政选举。

6 月 26 日 《联合国宪章》签订 50 周年纪念活动在旧金山举行,加利秘书长在讲话中说,《联合国宪章》是国际关系的基石。

6 月 30 日 安理会通过关于利比亚局势的第 S/RES/1001(1995)号决议,决定将联合国利比里亚观察团的任务期限延长至 1995 年 9 月 15 日,并敦促利比里亚各方利用这段时间在执行《阿科松博协定》和《阿克拉协定》方面取得大幅度进展。

同日 安理会通过关于西撒哈拉局势的第 S/RES/1002(1995)号决议,决定再次延长联合国西撒哈拉全民投票特派团的任务期限,至 1995 年 9 月 30 日止。并确定 1995 年 11 月 15 日为西撒哈拉过渡时期的开始日期,以使全民投票能在 1996 年初举行。

7 月 5 日 安理会通过关于前南斯拉夫的马其顿共和国局势的第 S/RES/1003(1995)号决议,决定暂停实施关于放松对南联盟共和国制裁的第 S/RES/943(1994)号决议第 1 段所述的限制和其他措施,到 1995 年 9 月 18 日止。重申决定密切审查局势,根据局势的进展,将考虑对适用于南斯拉夫联邦共和国(塞尔维亚和黑山)的措施采取进一步的步骤。

7 月 6 日 世界银行发表报告指出,全球将面临水资源危机,现占世界人口 80% 的 80 个国家已面临水资源不足问题,发展中国家有 10 亿人口喝不到清洁水,17 亿人没有充足的卫生设备。

7 月 11 日 波黑塞族军队不顾北约空中打击,攻入安全区斯雷布雷尼察。12 日,安理会通过关于波黑局势的第 S/RES/1004(1995)号决议,要求波黑塞族立即停止进攻并撤出斯雷布雷尼察。但随后塞族军队又进攻另一安全区泽帕。17 日,波黑塞族领导人卡拉季奇宣称,受联合国保护的波黑各"安全区"不能继续存在。

同日 联合国人口基金发表 1995 年世界人口报告指出,世界人口已达 57 亿。

7 月 12 日 第 49 届联合国大会通过第 A/RES/49/244 号决议,宣布自 10 月 24 日联合国成立 50 周年纪念日起的一周为"世界和平周"。

7 月 17 日 安理会通过关于卢旺达局势的第 S/RES/1005(1995)号决议,确认为在卢旺达进行安全和成功的人道主义排雷工作,可向卢旺达提供适当数量的炸药专供排雷作业使用。

7月24日—8月4日　联合国第6届跨界鱼类和高度洄游鱼类会议在纽约联合国总部举行。会议以协商一致方式通过了《1982年12月10日联合国海洋法公约有关养护和管理跨界鱼类和高度洄游鱼类的规定执行协定》。这一协定将提交第50届联合国大会审议,并在30个国家批准后正式生效。

7月25日　联合国前南问题国际法庭正式起诉24名波黑和克罗地亚塞族领导人,并发出了逮捕令。

7月28日　安理会通过关于中东局势的第S/RES/1006(1995)号决议,决定将联合国驻黎巴嫩临时部队的任务期限再延长6个月,至1996年1月31日止。

7月31日　安理会通过关于海地问题的第S/RES/1007(1995)号决议,决定将联合国海地特派团的任务期限延长7个月,并期待到时能够结束联合国海地特派团的任务,新当选的宪政政府可以安全、稳固而有序地就职。

7月　波黑内战爆发后,成为前南危机的焦点。联合国积极采取行动,在各方之间积极斡旋,希望能够达成政治解决冲突的办法;同时继续采取维持和平行动控制局势、并坚持人道主义救援性行动以防止人道主义危机的发生;联合国还针对前南局势设立了国际法庭,申明在前南境内犯有违反《日内瓦公约》和违反人道主义法行为者,必须对其行为负责。

8月4—7日　克罗地亚在美国支持下出动10万大军向克拉伊纳塞族发动代号为"风暴行动"的全面进攻,占领了除东斯拉沃尼亚以外的全部克拉伊纳塞族控制区,并与波黑比哈奇地区穆斯林政府军会师。这次军事行动改变了波黑战场的力量对比。8月14日,联合国秘书长特使明石康宣布,由于克罗地亚占领了克拉伊纳,维和部队将开始撤离克罗地亚。

8月7日　安理会通过关于安哥拉局势的第S/RES/1008(1995)号决议,决定将第3期联合国安哥拉核查团的任务期限延长到1996年2月8日,并敦促安哥拉政府和安盟向第3期联合国安哥拉核查团提供必要的资料,确保核查团的行动自由,使它能够有效执行任务。

8月10日　安理会通过关于克罗地亚局势的第S/RES/1009(1995)号决议,要求克罗地亚共和国政府立即停止一切军事行动并充分遵守安理会所有决议。

同日　安理会通过关于波黑局势的第S/RES/1010(1995)号决议,要求波斯尼亚塞族立即让联合国难民事务高级专员、红十字委员会和其他国际机构的代表接触流离失所者,并允许红十字委员会的代表探访和登记违反意愿被拘留的人员。

8月15日 安理会举行会议,纪念第二次世界大战在亚洲、太平洋地区结束50周年。

8月16日 安理会通过关于卢旺达局势的第 S/RES/1011(1995)号决议,决定第 S/RES/918(1994)号决议第13段对向卢旺达政府出售或供应军火和有关物资所施加的限制应于1996年9月1日终止。同时规定向卢旺达政府出售或供应的军火或有关物资不得再直接或间接转售、转让给卢旺达的邻国或不在卢旺达政府任职的人员使用。

8月23日 联合国开发计划署公布《1995年人类发展报告》,强调应采取多种措施,实现男女平等。报告首次就妇女在家庭和社会中的无偿劳动对经济发展的"无形贡献"进行了研究和评估。

8月28日 安理会通过关于布隆迪局势的第 S/RES/1012(1995)号决议,请秘书长设立一个国际调查委员会以确定有关1993年10月21日刺杀布隆迪总统以及随后发生的屠杀和其他严重暴力行动的真相。

8月30日 北约以塞族炮击萨拉热窝平民为由,对其军事目标包括民用设施滥用武力轰炸,发动了持续半月之久的空中打击,进行了北约成立46年以来最大规模的军事行动。对此,中国外交部发言人发表谈话指出,北约这种行动使它正在变成冲突一方,并呼吁安理会应认真、有效地行使自己的权利,制止北约滥用武力的强权行为。

9月4—15日 由中国作为东道国的联合国第四次世界妇女大会在北京举行,来自197个国家和地区以及一些国际组织和非政府组织各界人士的46876人,参加了这次大会和北京非政府组织妇女论坛(8月30日—9月8日)。本次会议主题为:以行动谋求平等、发展与和平,次主题为健康、教育和就业。这是联合国历史上参加人数最多的一次国际会议,也是中国迄今为止主办的规模最大的一次国际会议。会议达到预期成果,获得圆满成功,最后通过了进一步加速执行《内罗毕战略》的《北京宣言》和《行动纲领》。

9月7日 安理会一致通过关于卢旺达局势的第 S/RES/1013(1995)号决议,决定立即设立一个国际调查委员会,调查违反安理会决议,向前卢旺达政府部队出售和供应武器的有关情况,以防止卢旺达与扎伊尔边境的大湖区局势进一步恶化。

9月14日 俄罗斯外交部高级官员说,在俄罗斯一再坚持下,联合国与北约就波黑局势达成的秘密"谅解备忘录"于13日晚发给了包括俄罗斯在内的安理会成员国。他说,在直接涉及和平与安全的问题上,联合国任何机关都无权绕过和背着安理会成员国。

9月15日　安理会通过关于利比亚局势的第S/RES/1014(1995)号决议,决定将联合国利比里亚观察团的任务期限延长至1996年1月31日,鼓励非洲统一组织继续同西非共同体合作,推动利比里亚的和平进程。

同日　安理会通过关于前南斯拉夫的马其顿共和国局势的第S/RES/1015(1995)号决议,决定暂停实施第S/RES/943(1994)号决议第1段所述的限制和其他措施,到1996年3月18日止。重申决定密切审查局势,根据局势的进展,将考虑对适用于南斯拉夫联邦共和国(塞尔维亚和黑山)的措施采取进一步的步骤。

9月19日　第50届联合国大会开幕,大会一致选举葡萄牙前外长多阿马拉尔教授为届会主席,加利秘书长在会上讲了话。本届联合国大会将审议160多项议题。

同日　加利秘书长致信安理会,要求组建一支多国部队取代驻波黑维和部队。

9月20日　9月20日和22日,联合国大会总务委员会和联合国大会第3次全体会议决定不将尼加拉瓜等少数国家代表提出的所谓台湾在联合国的“代表权”问题列入本届联合国大会议程。

9月21日　安理会通过关于波黑局势的第S/RES/1016(1995)号决议,要求当事各方在1995年9月8日《日内瓦原则声明》的基础上进行谈判,同时也促请各国和国际人道主义组织加紧努力以帮助缓解难民和流离失所者的困苦。

9月22日　安理会通过关于西撒哈拉局势的第S/RES/1017(1995)号决议,决定将联合国西撒哈拉全民投票特派团的任务期限延长到1996年1月31日,再次强调在《解决计划》的所有方面都要取得进展。

9月24日　1994年5月巴以签署巴自治第1阶段协议后,双方开始了巴自治第2阶段协议的谈判。由于涉及很多棘手问题,谈判进展缓慢。在美国、埃及和约旦的积极斡旋下,阿拉法特和佩雷斯终于在埃及塔巴签署巴自治第2阶段的协议。27日,以色列内阁和巴解执委会分别批准该协议。28日,在克林顿主持下,阿拉法特与拉宾在华盛顿白宫正式签署关于扩大巴自治范围的塔巴协议,即巴自治第2阶段协议。根据该协议,1995年12月27日,以色列完成了从约旦河西岸撤军的工作。

9月26日　安理会全体理事国举行外长会议,并发表一项主席声明。声明说,“对于国际社会面临的挑战,必须根据宪章的宗旨和原则作出坚决的回应,必须加强联合国并恢复其活力”。声明表示安理会必须继续全力以赴,并再次承诺负起维持国际和平与安全的主要责任。

9月27日 安理会5个常任理事国外长在会见秘书长加利后发表一项联合声明,回顾联合国诞生50年来的世界形势和联合国取得的成就,并分析了面临的严重挑战。5国外长重申对联合国的支持。

9月28日 巴解主席阿拉法特和以色列总理拉宾在华盛顿正式签署了关于巴勒斯坦自治第2阶段协议。此前24日,阿拉法特主席和以色列外长佩雷斯在塔巴草签了这一协议。

10月10日 加利任命加纳籍联合国副秘书长安南为新的前南特使,接替已任职两年的联合国秘书长驻前南地区特使明石康同时离职。

10月12日 零点起,波黑停火协议宣布生效。自9月中旬起,波黑穆克联邦军队在波黑中西部夺取大片土地,使和平方案规定的领土划分比例变为战场现实。11月12日,克罗地亚政府同克境内塞族就解决东斯拉沃尼亚问题达成协议,为波黑实现全面和平扫清外部障碍。

10月14—16日 世界粮食安全部长级会议在加拿大魁北克举行,并庆祝联合国粮农组织成立50周年。会议通过了魁北克宣言,号召"为实现人人有饭吃进行投资",呼吁全世界为实现粮食安全共同采取行动。

10月18日 第50届联合国大会举行第二次世界大战结束50周年特别纪念会并一致通过关于"第二次世界大战结束50周年纪念"的第A/RES/50/5号决议及其所附之《第二次世界大战结束50周年纪念宣言》。中国代表秦华孙在会上发言时谴责日本某些人否认侵略历史。

10月21日 中国政府为纪念联合国成立50周年向联合国赠送象征和平、发展与稳定的"世纪宝鼎",当日江泽民主席出席了在纽约联合国总部举行"世纪宝鼎"的揭幕仪式并致辞,表达了中国人民对联合国实现其历史使命的良好祝愿。

10月22—24日 为期3天的联合国成立50周年特别纪念会议在联合国总部隆重举行,并于10月24日通过题为《联合国50周年纪念宣言》的第A/RES/50/6号决议。联合国185个成员国中有150多个国家的元首或政府首脑出席了大会并合影留念。

10月24日 江泽民主席在会上发表了题为《让我们共同缔造一个更美好的世界》的重要讲话。江泽民说,战后50年间,世界发生翻天覆地的变化。时而波澜壮阔,令人振奋;时而风雨如磐,惊心动魄。但是,战后世界并不是一个和谐、安宁的世界。联合国是反映国际风云变幻的一面镜子。50年来世界政治格局几经演变,联合国也走过了一条不平坦的道路。江泽民说:"中国古代思想家孔子说:'四十而不惑,五十而知天命。'一个人有了几十年的生活经历,就可以更好地理解世事之变迁,更坚定地去实现自己的志向和理想。今天,在庆祝联合国五十诞辰之际,人们自然更加殷切地希望联合国遵循宪章的宗旨和原则,倾听各国人民的呼声,跟上时代的步伐,以新的面貌来迎接新的世纪。世界的发展变化昭示人们:人民是历史的创造者和推动者。……任何国家,自恃强大,迷信武力,谋求霸权,推行扩张政策,注定要失败。制造借口侵犯他国主权,干涉他国内政,终将自食其果。"江泽民最后指出:"总之,一切违背时代潮流、违反各国人民根本利益的行径,必然要受到抵制和反对。"历史洪流回旋跌宕,奔腾不息,人类社会走向进步的趋势不可阻挡。

同日　联合国秘书长加利宣布"世界和平周"开始。加利为联合国日发表献词,指出联合国正处于世界局势的转折点,在纪念联合国成立 50 周年时,我们有责任"仔细考虑这个世界组织在未来 50 年应走的道路"。

同日　中国纪念联合国成立 50 周年国家委员会在北京举行纪念大会。国务院总理李鹏在会上发表了题为《维护联合国宪章的宗旨和原则　促进和平与发展的崇高事业》的重要讲话,回顾中国同联合国的关系,全面阐述了中国政府关于世界局势、联合国事务的基本观点和原则立场。

10 月 28 日　第 50 届联合国大会举行纪念"国际青年年 10 周年"特别会议并通过《到 2000 年及其以后世界青年行动纲领》。

11 月 1 日　大会通过关于"修订世界粮食计划署总条例并将粮食援助政策和方案委员会改为世界粮食计划署执行局"的第 A/RES/50/8 号决议。

11 月 2 日　大会通过关于使用多种语言的第 A/RES/50/11 号决议,要求在联合国总部平等地对待所使用的中、法、俄、西、阿、英 6 种工作语言。

同日　大会以 117 票对 3 票,38 票弃权的压倒多数通过关于"必须终止美利坚合众国对古巴的经济、商业和金融封锁"的第 A/RES/50/10 号决议,要求美国必须停止对古巴的经济、商业和金融封锁。

11 月 4 日　巴以和平进程始终充满荆棘,当日,以色列总理拉宾在特拉维夫不幸遇刺身亡,给巴以和平进程与中东局势发展带来更多不确定性。

11 月 6 日　大会全体会议对 4 日晚以色列总理拉宾的不幸遇害表示哀悼,大会主席期望拉宾的遇害,将会使"国际社会和世界人民为拉宾精神所鼓舞,摒弃战争和暴力,去拥抱和平"。

11 月 7 日　安理会通过关于选举国际法院法官的第 S/RES/1018 (1995)号决议,因安德烈斯·阿吉拉尔·毛德斯莱法官于 1995 年 10 月 24 日逝世而任期未满,国际法院出现空缺,必须按照《国际法院规约》予以填补,决定补选应于 1996 年 2 月 28 日在安理会的一次会议和大会第 50 届会议的一次会议上进行。

11 月 8 日 安理会经过审查决定,继续维持对伊拉克的经济制裁。

11 月 9 日 安理会通过前南斯拉夫的马其顿共和国局势的第 S/RES/1019(1995)号决议,最强烈地谴责前南斯拉夫境内一切违反国际人道主义法和侵害人权的事情,并要求所有有关方面都要充分遵守在这一方面的义务。

11 月 10 日 安理会通过关于利比亚局势的第 S/RES/1020(1995)号决议,决定调整联合国利比里亚观察团的任务,并将军事观察员人数增至 160 人。

11 月 16 日 联合国阿富汗问题特使 14 日在喀布尔与阿富汗总统拉巴尼讨论阿富汗权力移交问题,16 日又在伊斯兰堡公布了联合国关于阿富汗问题的新和平方案。但联合国为实现阿国内和平的斡旋并无进展。

同日 中国发表了《中国的军备控制与裁军》白皮书,全面阐述了中国在军备控制与裁军领域的实践、贡献,并全面介绍了中国对推动国际军备控制与裁军进程作出的积极贡献。

11 月 22 日 安理会在前南斯拉夫 3 方草签了全面和平协议之后,分别通过关于前南斯拉夫的马其顿共和国局势的第 S/RES/1021(1995)和 S/RES/1022(1995)号决议,决定逐步取消对前南地区的武器禁运和经济制裁。

同日 安理会通过关于克罗地亚局势的第 S/RES/1023(1995)号决议,对 1995 年 11 月 12 日克罗地亚共和国政府和当地塞族代表签署的《关于东斯拉沃尼亚、巴拉尼亚和西锡尔米乌姆区域的基本协定》表示欢迎。

11 月 27 日 安理会就塞拉利昂局势发表主席声明,呼吁冲突双方立即停止内战。塞国内冲突始于 1991 年 3 月,4 年多的冲突已造成数千人死亡,200 万人流离失所。

11 月 28 日 安理会通过关于中东局势的第 S/RES/1024(1995)号决议,决定将联合国脱离接触观察员部队的任务期限再延长 6 个月,至 1996 年 5 月 31 日止。

11 月 30 日 安理会通过关于克罗地亚局势的第 S/RES/1025(1995)号决议,请秘书长不得迟于 1995 年 12 月 14 日向安理会提出一份报告,说明安理会为执行克罗地亚共和国政府和当地塞族代表签署的《关于东斯拉沃尼亚、巴拉尼亚和西锡尔米乌姆区域的基本协定》的有关规定而设立一个由过渡时期行政当局和过渡时期维持和平部队组成的行动。

同日 安理会通过关于波黑局势的第 S/RES/1026(1995)号决议,决定在安理会执行《波斯尼亚—黑塞哥维那共和国和平总框架协定》采取进一步行动前,将联合国保护部队的任务期限延长,至 1996 年 1 月 31 日止。

同日 安理会通过关于前南斯拉夫的马其顿共和国局势的第 S/RES/1027(1995)号决议,决定将联合国预防性部署部队的任务期限延长至 1996 年 5 月 30 日。重申对前南斯拉夫的马其顿共和国的独立、主权和领土完整的承诺。

12 月 4—8 日 联合国工发组织第 6 届大会在维也纳举行,150 个成员国与会,开发计划署等 20 多个国际组织列席了会议。会议通过了 16 项决议。在第 1 天的全体大会上,美国代表宣布"由于国内预算困难",美国将于 1996 年 12 月 31 日起退出联合国工发组织。日本和欧盟国家表示要继续支持工发组织。中国代表团团长在全会中发言重申中国对工发组织的坚决支持,并对美国的退出深表遗憾。

12 月 6 日 大会就维和行动特委会提出的《关于进一步加强联合国在维和领域能力的报告》通过一项决议,敦促有关方面采取一切措施执行报告中所提出的改进维和工作的建议。

大会通过关于和平利用外层空间的国际合作的第 A/RES/50/27 号决议。

大会通过了关于新闻的问题的第 A/RES/50/31 号决议。

大会通过关于"各专门机构和与联合国有关系的国际机构执行《给予殖民地国家和人民独立宣言》的情况"的第 A/RES/50/34 号决议。

大会通过关于西撒哈拉问题的第 A/RES/50/36 号决议。

大会通过关于"《给予殖民地国家和人民独立宣言》执行情况"的第 A/RES/50/39 号决议。

同日 在纽约联合国总部签署了 3 项关于图们江经济开发区的历史性协定。其中两项协定是设立第 1 个开发东北亚的政府间组织,第 3 项协定则为环境合作设立了体制。

12 月 8 日 大会审议第四次世界妇女大会通过的文件,吁请各国政府和联合国等国际组织采取行动,有效执行《北京宣言》和《行动纲领》。

同日 安理会通过关于卢旺达局势的第 S/RES/1028(1995)号决议,决定将联合国卢旺达援助团的任务期限延长到 1995 年 12 月 12 日。

同日 联合国秘书长发言人发表声明,反驳美国人权观察组织在其报告中对联合国的无理指责。

12 月 11 日 大会以 155 票赞成,3 票弃权,通过题为"联合国宪章和加强联合国作用特别委员会的报告"的第 A/RES/50/52 号决议,涉及"敌国"

条款问题和安理会席位问题。这项决议草案是由当年 2 月 27 日—3 月 10 日举行的"宪章特委会"会议通过提交给本届大会审议的。该草案中说,大会"注意到宪章特委会建议在删除第 53 条、第 77 条和第 107 条的'敌国'条款问题上采取最适当的法律行动";"承认世界上已发生了实质性的变化,'敌国'条款已经失效";同时该决议草案"注意到修改宪章的复杂程序",并要求"在联合国大会尽可能早的一次会议上启动第 108 条规定的修宪程序,删除'敌国'条款"。大会欢迎安全理事会席位公平分配和成员数目增加问题及与安全理事会有关的其他事项不限成员名额工作组的报告,又决定授权特别委员会接受不是联合国会员国,却是各专门机构或国际原子能机构成员的国家的观察员参加其会议,还决定在其认为政府间组织的参与有助于其工作时,邀请它们参加特别委员会全体会议有关具体项目的辩论。

大会通过关于"联合国国际法教学、研究、传播和广泛了解协助方案"的第 A/RES/50/43 号决议。

大会通过关于联合国国际法 10 年的第 A/RES/50/44 号决议。

大会通过关于设立国际刑事法院的第 A/RES/50/46 号决议。

大会通过关于《联合国独立担保和备用信用证公约》的第 A/RES/50/48 号决议。

大会通过关于《联合国国家间争端和解示范规则》的第 A/RES/50/50 号决议,核准联合国国家间争端和解示范规则。

大会通过关于"执行宪章中有关援助因实施制裁而受影响的第三国的规定"的第 A/RES/50/51 号决议。

大会通过关于"文化财产送回或物归原主"的第 A/RES/50/56 号决议,意识到原主国非常重视把具有重大精神与文化价值的文物送还它们,使这些文物成为能代表它们文化遗产的珍藏。

12 月 12 日 大会通过承认土库曼斯坦为永久中立国的决议。在联合国历史上,通过此类决议尚属首次。

大会通过关于缔结关于"保证不对无核武器国家使用或威胁使用核武器的有效国际安排"的第 A/RES/50/68 号决议。

大会通过关于全面彻底裁军的第 A/RES/50/70 号决议。

大会通过关于维持国际安全的第 A/RES/50/80 号决议。

同日 安理会一致通过关于卢旺达局势的第 S/RES/1029(1995)号决议,决定将联合国卢旺达援助团的任期延长至 1996 年 3 月 8 日。同时调整联卢援助团的任务,减少兵力,并开始规划最后的撤出。

　　同日　关贸总协定 128 个缔约方在日内瓦举行最后 1 次会议宣告该协定历史使命的完结。从 1996 年 1 月 1 日起,世贸组织将彻底取代该组织,成为全球最大的多边贸易机构。

　　12 月 14 日　安理会通过关于塔吉克斯坦局势第 S/RES/1030(1995) 号决议,决定将联合国塔吉克斯坦观察团的任务期限延长至 1996 年 6 月 15 日。

　　同日　继 11 月 21 日南联盟塞尔维亚、克罗地亚、波黑 3 国领导人在美国代顿达成和草签了结束波黑战争和实现全面和平的协议(代顿协议)之后,12 月 14 日这一协议在巴黎由 3 国总统正式签署,波黑战争宣告结束。协议规定,波黑仍作为主权国家保持统一,由占 51%领土的穆克联邦和占 49%领土的塞尔维亚共和国两个实体组成,并均可保留自己的军队。为保证协议实施,将部署一支由北约指挥的 6 万人维和部队。

　　12 月 15 日　大会通过关于南非情况的正常化的第 A/RES/50/83 号决议,接受南非的请求,不须缴付 1974 年 9 月 30 日至 1994 年 6 月 23 日会费,并决定因此而使联合国承受的负担由各会员国按照《联合国宪章》第 17 条以及本决议的规定分担。

　　大会通过关于巴勒斯坦问题的第 A/RES/50/84 号决议。

　　同日　安理会一致通过关于波黑局势的第 S/RES/1031(1995) 号决议,授权北约组织一支为期约 1 年的多国部队进驻波黑,并可采取"一切必要措施"执行和平协议。同时决定撤出驻波黑的联合国维和部队。经过安理会和北约理事会的授权和批准后,北约开始实施它在波黑的"协调努力"维和行动,这是自北约建立以来首次履行地面使命。

　　12 月 18 日　大会举行特别会议,正式宣布 1996 年为"国际消除贫困年",以促进全球采取行动,争取在最短的时间内消除贫困现象。

　　12 月 19 日　安理会通过关于塞浦路斯局势的第 S/RES/1032(1995) 号决议,决定将联合国驻塞浦路斯维持和平部队的驻留期限延长,至 1996 年 6 月 30 日止。

　　同日　安理会一致通过关于西撒哈拉局势的第 S/RES/1033(1995) 号决议,要求加强对西撒哈拉问题的协商。

　　12 月 20 日　大会通过关于"加强国际合作以持久解决发展中国家的外债问题"的第 A/RES/50/92 号决议。

　　大会通过关于国际贸易与发展的第 A/RES/50/95 号决议。

　　大会通过关于《20 世纪 90 年代支援最不发达国家行动纲领》的实施情况的第 A/RES/50/103 号决议。

大会通过关于"为今世后代保护全球气候"的第 A/RES/50/115 号决议,大会注意到很多国家和一个区域经济一体化组织已经批准《联合国气候变化框架公约》,并吁请其他国家也为此目的采取适当行动,吁请属于公约缔约国的会员国也向公约财政程序第 15 段设想的促进参与公约实施过程信托基金慷慨捐款,并向设想中为支持公约各项补充活动而设的信托基金捐款。

大会通过关于"以色列定居点对自 1967 年以来被占领的包括耶路撒冷在内的巴勒斯坦领土上巴勒斯坦人民和对叙利亚戈兰的阿拉伯人民的经济和社会影响"的第 A/RES/50/129 号决议。

12 月 21 日　大会通过关于"对付当代各种形式种族主义、种族歧视、仇外心理及有关不容忍现象的措施"的第 A/RES/50/135 号决议。

大会通过关于"禁止药物滥用和非法生产和贩运的国际行动"的第 A/RES/50/148 号决议,认识到麻醉药品和精神药物,严重地威胁到越来越多国家的社会经济和政治体系以及稳定、国家安全和主权,吁请所有国家加强行动促进有效合作,打击药物滥用和非法贩运,以期在权利平等和相互尊重原则基础上促成有利于实现此一目标的气氛,禁止药物滥用以及非法生产和贩运的国际行动。

大会通过关于"世界土著人民国际 10 年活动方案"的第 A/RES/50/157 号决议。

同日　安理会一致通过关于波黑局势的第 A/RES/1034(1995)号决议,强烈谴责在前南境内发生的所有违反国际人道主义法和侵害人权的行为。决议特别要求波黑塞族与前南问题国际法庭合作,并协助调查。中国代表在审议发言时强调安理会不应越权。

同日　安理会一致通过关于波黑局势的第 A/RES/1035(1995)号决议,决定在波黑新设两个国际机构,使联合国在维和部队将权力移交给多国部队的一年期间仍将在波黑发挥作用。新设两个机构是指:成立一支国际警察工作队,参与执行和平协定;设立联合国文职办事处,协调民事方面的工作。

12 月 22 日　大会通过关于"波黑共和国、克罗地亚共和国和南斯拉夫联邦共和国(塞尔维亚和黑山)境内的人权状况"的第 A/RES/50/193 号决议,重申所有会员国有责任促进和保护人权和基本自由并履行其作为人权文书缔约国所应担负的义务,并重申所有国家有责任尊重国际人道主义法。严重关切波黑共和国、克罗地亚共和国和南斯拉夫联邦共和国(塞尔维亚和黑山)境内发生的人类悲剧以及系统地大规模侵犯人权和国际人道主义法的情况,严重关切波斯尼亚塞族和克罗地亚塞族部队进攻和占领安全区,鼓励国际社会以双边方式或通过联合国和其他国际组织显著增强对该区域人民的人道主义支助，并促进人权、经济重建、遣返难民以及在波黑共和国举行自由选举。

大会通过关于保护和援助国内流离失所者的第 A/RES/50/195 号决议，深感不安地注意到世界各地的国内流离失所者日益增加，他们所得到的保护和援助是不够的，并意识到这一情况对国际社会造成严重的问题，吁请国际社会对国内流离失所者的需要做出更加协调一致的响应。但同时强调为他们的利益而进行的活动不应损害庇护制度。

大会通过关于卢旺达境内的人权情况的第 A/RES/50/200 号决议，延长了特别报告员调查卢旺达境内人权情况的任务期限，欢迎卢旺达政府承诺保护和促进对人权和基本自由的尊重，消除不受惩罚的现象，回顾其努力恢复法治、重建民政及社会、法律和人权基础结构，并注意到这些努力因缺乏资源而受阻，欢迎联合国人权事务高级专员采取措施，建立卢旺达人权实地行动。

大会通过关于"前南斯拉夫武装冲突地区强奸和虐待妇女"的第 A/RES/50/192 号决议。

大会通过关于司法行政中的人权问题的第 A/RES/50/181 号决议。

大会通过关于人权与恐怖主义的第 A/RES/50/186 号决议。

12 月 23 日 第 50 届联合国大会宣布休会。本届联合国大会从 9 月 19 日开幕，总共召开 100 次全体会议，议题广泛，涉及国际安全、经济发展、技术合作、帮助第三世界国家摆脱贫困、消除种族歧视、提高妇女地位、维护儿童、老年和残疾人权益、预防犯罪、打击毒品走私、反对国际恐怖主义、保护环境和自然资源等。整个第 50 届联合国大会期间共举行 128 次会议，审议议程项目 164 项，通过决议 328 个。

12 月 28 日 联合国秘书长加利在结束对科威特的访问后说，联合国可以在冷战后时代发挥新的作用，但对发挥什么样的作用会员国之间存在分歧。他说，国际新秩序尚未建立，国际社会"正处在一个过渡阶段"，"我们正在寻求建立国际新秩序的基础"。

一九九六年

（消除贫穷国际年）

1 月 1 日 自 1995 年 1 月 1 日世界贸易组织成立，经过与关贸总协定共存 1 年后，自 1996 年 1 月 1 日起，世界贸易组织彻底取代了关贸总协定，正式开始运行,负责管理世界经济和贸易秩序,成为全球最大的多边贸易机构。

同日 联合国内罗毕办事处成立,其职责是向联合国环境规划署和联合国人类住区中心提供各种行政服务。

1月4—26日 波黑各方经过谈判就实施波黑和平协议在维也纳达成协议。

1月5日 安理会决定继续维持对伊拉克已实施5年的制裁。之后,安理会在年内又6次复审对伊拉克的制裁问题,在美、英的坚持下,安理会仍继续维持对伊制裁。

同日 安理会发表主席声明,强烈谴责最近发生在布隆迪境内的严重暴力行为,要求所有国家采取措施阻止暴力分子出国和获得任何援助。

1月12日 安理会通过关于格鲁吉亚局势的第S/RES/1036(1996)号决议,会议审议了秘书长1996年1月2日的报告(S/1996/5),强调当事各方早日达成冲突的全面政治解决,包括解决阿布哈兹的政治地位问题,并充分尊重格鲁吉亚的主权和领土完整,最后决定将联格观察团的任务期限再延长到1996年7月12日,但如独联体维持和平部队的任务规定有任何变更,则需由安理会审查联格观察团的任务。

1月15日 安理会通过关于克罗地亚局势的第S/RES/1037(1996)号决议,表示支持1995年11月12日克罗地亚共和国政府和当地塞族社区签署的《关于东斯拉沃尼亚、巴拉尼亚和西锡尔米乌姆区域的基本协定》(《基本协定》),并决定在《基本协定》中所述的区域设立一个联合国维持和平行动,包括军事和民事部分,名称为"联合国东斯拉沃尼亚、巴拉尼亚和西锡尔米乌姆过渡时期行政当局"(东斯过渡当局),最初为期12个月。东斯过渡当局的军事部分应由一支起初部署最多5000人的部队组成。

同日 安理会通过关于克罗地亚局势的第S/RES/1038(1996)号决议,认定克罗地亚局势继续对国际和平与安全构成威胁,授权联合国军事观察员,继续监测普雷夫拉卡半岛的非军事化情况,为期3个月,经秘书长报告说延长监测期间会继续有助于减轻该地区的紧张,则可再延长3个月。

1月16日 伊拉克表示愿意根据安理会第S/RES/986(1995)号决议同联合国秘书长加利谈判限量出口石油问题。

1月20日 巴勒斯坦自治区举行了首次选举,选出了以阿拉法特为首的88人巴勒斯坦委员会。1996年4月,巴全国委员会第21次会议通过决议,取消其宪章中关于消灭以色列的条款。巴勒斯坦自治第1和第2两个阶段协议的签署是中东和平进程的重大里程碑。它表明经过长期冲突后,以色列终于开始承认巴勒斯坦人拥有约旦河西岸土地的权利。自此,巴勒斯坦人民真正开始了建立自己独立国家的实际进程。

1 月 22 日—3 月 29 日　1996 年裁军谈判会议分别于 1 月 22 日—3 月 29 日、5 月 13 日—6 月 28 日、7 月 29 日—9 月 13 日在日内瓦举行 3 期会议。会议设立了禁止核试验特委会,就《全面禁止核试验条约》进行紧张的谈判,最后形成了一个为绝大多数国家接受的条约草案。

1 月 29 日　安理会通过关于中东局势的第 S/RES/1039(1996)号决议,决定再延长联合国驻黎巴嫩临时部队的任务期限 6 个月,至 1996 年 7 月 31 日止。

同日　安理会通过关于布隆迪局势的第 S/RES/1040(1996)号决议,最强烈地谴责在布隆迪日益增加的暴力行为;欢迎秘书长派遣安全问题技术特派团前往布隆迪,审查改进联合国人员和房地现有的保卫安排和保护人道主义行动的办法;请秘书长随时向安理会通报情况,宣布准备参照该报告及局势发展情况审议根据《联合国宪章》采取措施,包括禁止向布隆迪供应任何军火和有关物资,并对继续鼓励暴力行为的布隆迪领导人采取禁止旅行和其他措施。

同日　安理会通过关于利比里亚局势的第 S/RES/1041(1996)号决议,决定将联合国利比里亚观察团的任务期限延长至 1996 年 5 月 31 日,呼请利比里亚各方尊重并全面执行已经签订的协定。

1 月 31 日　安理会通过关于西撒哈拉局势的第 S/RES/1042(1996)号决议,决定将联合国西撒哈拉全民投票特派团的任务期限延长至 1996 年 5 月 31 日。

同日　安理会通过关于克罗地亚的第 S/RES/1043(1996)号决议,决定按照第 S/RES/1037(1996)号决议的规定,授权部署 100 名军事观察员,为期 6 个月,为东斯拉沃尼亚过渡当局的一部分。

同日　1995 年 6 月 26 日,恐怖主义分子在埃塞俄比亚的亚的斯亚贝巴企图暗杀阿拉伯埃及共和国总统未遂后潜逃到苏丹。31 日,安理会通过关于埃塞俄比亚和苏丹的第 S/RES/1044(1996)号决议,呼吁苏丹政府将企图暗杀埃及总统而藏匿在苏丹的 3 名嫌疑犯引渡到埃塞俄比亚起诉;不再从事任何活动协助、支持和便利恐怖主义活动,不再收容和庇护恐怖主义分子,充分遵守《联合国宪章》和《非洲统一组织宪章》。

2 月 7 日　加利秘书长任命中国外交官金永健大使为联合国负责发展、资助和管理服务部的副秘书长,任命明石康为联合国负责人道主义事务的副秘书长。

2月8日 安理会通过关于安哥拉局势的第 S/RES/1045(1996)号决议,决定将第 3 期联合国安哥拉核查团的任务期限延长,至 1996 年 5 月 8 日止。

2月13日 安理会通过关于前南斯拉夫的马其顿共和国局势的第 S/RES/1046(1996)号决议:决定将驻在马其顿共和国的联合国预防性部署部队(联预部队)的兵力增加 50 名军事人员,同时核可联合联预部队设立部队指挥官。

2月15日 安理会发表主席声明,呼吁阿富汗各派立即停止敌对行动,并同联合国特使合作,和平解决冲突。

2月17—18日 为期两天的波黑和平问题国际会议在罗马举行,并签署《最后声明》等促进和平进程的文件。波黑、克罗地亚、南联盟 3 方领导人、美国前南问题调解特使及 5 国联络小组代表等参加。27 日,安理会宣布解除对波黑塞族的禁运制裁。同日,南联盟政府决定同波黑塞族恢复自 1994 年 8 月 4 日断绝的政治和经济关系。

2月25日 安理会举行紧急会议,讨论当天在以色列耶路撒冷和阿什克伦发生的由哈马斯组织制造的两起爆炸事件并发表主席声明,对这一恐怖主义行径表示谴责。同日,联合国秘书长加利发表声明,对在以色列发生的"恐怖主义野蛮行径"感到震惊。

2月27日 24 日,古巴战斗机在其领空击落两架属于在美流亡的反古巴组织"拯救兄弟"的美籍民用飞机。26 日,古巴外交部发表声明,驳斥美国关于美机是在公海上空被击落的谎言。27 日,安理会通过主席声明,对古巴击落美机一事表示遗憾,但没有像美国所要求的那样"谴责"古巴。

2月28日 联合国大会宣布,39 个会员国因拖欠联合国会费被取消在大会的投票权。

2月29日 安理会通过关于"国际法庭—南斯拉夫"的第 S/RES/1047(1996)号决议,决定任命路易丝·阿尔布尔夫人自戈德斯通先生辞职生效之日起担任起诉应对前南斯拉夫境内所犯严重违反国际人道主义法行为负责者的国际法庭和卢旺达问题国际法庭的检察官。

同日 安理会一致通过关于海地问题的第 S/RES/1048(1996)号决议:决定将联合国海地特派团任期最后一次延长至 6 月 1 日,将特派团部队从 5100 人减少到 1200 人,民警人数减少至 300 人。

3月1日 中国批准在 1994 年 6 月国际原子能机构外交会议上通过的《核安全公约》,4 月 9 日中国向原子能机构总干事递交了批准书。

3月2—5日 第 50 届大会主席弗·多·阿马拉尔应邀对中国进行了

访问。江泽民主席会见了阿马拉尔一行,李肇星副外长同阿马拉尔进行会谈,双方就国际形势、联合国的作用和改革等问题交换了意见。

3月3—4日 3日和4日,联合国秘书长加利连续发表声明,对在耶路撒冷和特拉维夫接连制造爆炸事件,致使许多无辜平民受害的恐怖主义行动表示强烈谴责。4日,安理会发表主席声明,谴责发生的恐怖主义袭击。

3月5日 安理会通过关于布隆迪局势的第 S/RES/1049(1996)号决议,最强烈地谴责对平民、难民和国际人道主义人员的一切暴力行为以及暗杀政府官员的行为,要求布隆迪所有各方不要采取任何暴力行为或煽动暴力,也不要企图用武力或其他违宪手段破坏安全或者推翻政府。

3月7日 联合国艾滋病联合计划署日前在日内瓦发表的统计资料显示,全球从20世纪70年代末至今感染上艾滋病病毒的人数已达到约2400万,其中有1000多万是妇女。

3月8日 安理会一致通过关于卢旺达局势的第 S/RES/1050(1996)号决议,决定开始从卢旺达撤出联卢援助团。同时在卢旺达维持一个由12名官员组成的联合国政治小组。

3月12日 美国总统克林顿签署3月5日、6日美国参议院和众议院先后通过的赫尔姆斯—伯顿法案,旨在进一步对古巴实行经济封锁。根据这项法案,有关对古巴长期实行经济封锁的一切总统行政命令和规定都将成为法律。

3月13日 为期1天的"和平缔造者国际首脑会议"(原称"国际反恐怖主义者首脑会议")在埃及旅游城市沙姆沙伊赫举行,并签署一项"和平缔造者国际首脑会议"联合主席声明。

3月15日 联合国秘书长加利在日内瓦宣布援助非洲的联合国特别倡议,建议提供250亿美元的援助用以加快非洲的发展。联合国各主要机构当天宣布了落实倡议的有关具体措施。

同日 国际法院在海牙裁定,在尼日利亚与喀麦隆边界巴卡希半岛领土纠纷的诉讼中,尼日利亚胜诉。

3月21日 美国、英国和法国常驻联合国代表致信加利秘书长,转达3国政府同日发表的关于要求继续制裁利比亚的联合声明。安理会根据第 S/RES/748(1992)号决议的有关规定,分别于3月、7月和11月复审了因利比亚拒绝交出涉嫌炸毁泛美103航班的两名嫌疑犯而对其实施的制裁,由于各方对放松制裁未能达成一致,安理会仍继续维持对利比亚的制裁。

3月22日 世界水日。联合国确定的主题是"为干渴的城市供水"。当天,世界各地举行纪念第4个世界水日活动。

3 月 24 日 世界卫生组织自本年起将每年的 3 月 24 日定为"世界防治结核病日"。

3 月 27 日 安理会一致通过关于伊拉克—科威特间局势的第 S/RES/1051（1996）号决议，决定加强对伊拉克进口军、民两用物资和技术的监督机制，以免伊拉克拥有大规模杀伤性武器的能力。

4 月 1—26 日 联合国维和行动特委会 1996 年届会在纽约联合国总部举行，全面审议维和方面的各个问题。

4 月 5 日 世界卫生组织公布了健康城市的 10 条标准，并将"城市与健康"作为当年 4 月 7 日世界卫生日的主题。

4 月 9—11 日 应韩国要求，安理会审议朝鲜单方面宣布不再执行停战协定有关义务并派兵进入非军事区的问题。安理会未采取行动。

4 月 11 日 《非洲无核武器区条约》签约大会在开罗举行，非洲 42 个国家的代表在条约上签字。中国、法国、英国和美国的代表对该条约第 1 号和第 2 号议定书作了有待批准的签署，俄罗斯代表未签字。

4 月 18 日 以色列军队轰炸了黎巴嫩南部的联合国驻黎临时部队的一个基地，造成在该基地避难的黎巴嫩难民重大伤亡，并炸伤 4 名斐济维和士兵。当日加利秘书长发表声明，强烈谴责以军炮击联合国驻黎临时部队基地。当晚安理会一致通过关于中东局势的第 S/RES/1052（1996）号决议，要求以色列、黎巴嫩冲突各方立即停止敌对行动。

4 月 18 日—5 月 3 日 联合国可持续发展委员会在纽约召开第 4 次实质性会议，有 50 多个国家派部长级代表团与会。以中国常驻联合国代表秦华孙大使为团长的中国代表团出席会议。会议继续审议环发大会 4 年来《21 世纪议程》的实施和执行情况。会议最后通过了资金机制安排等 20 多项决议及主席总结。

4 月 22 日—5 月 7 日 联合国裁军审议委员会在纽约举行会议。会议审议了"国际武器转让"和"第 4 届裁军特别联合国大会"两项议题。会议最后以协商一致的方式通过了题为《国际武器转让的指导原则》的报告。

4 月 23 日 安理会一致通过关于大湖区局势的第 S/RES/1053（1996）号决议，对发生违反安理会有关决议向前卢旺达政府部队出售和供应武器等情况表示严重关切，并敦促所有国家，特别是大湖区各国采取必要措施，确保有效执行军火禁运。

同日 在联合国人权委员会第 52 届会议上，一些西方国家提出了一项所谓"中国的人权情况"的涉华提案，中国代表团对此进行了坚决斗争。4 月 23 日，会议就中国提出的对该提案"不采取行动"的动议进行表决，以 27

票对 20 票,6 票弃权通过了中国的动议。这是西方国家在人权委员会借口人权问题干涉中国内政图谋的第 6 次失败。

4 月 23—25 日　应不结盟国家的要求,联合国大会召开全体会议讨论黎以冲突。大会谴责以色列军队袭击黎巴嫩平民,要求立即停止敌对行动。

4 月 24 日　安理会发表主席声明,敦促安哥拉政府和安盟双方采取必要行动加快和平进程。

同日　在加沙召开的巴勒斯坦全国委员会会议通过决议,决定对《巴勒斯坦国民宪章》进行修改,取消该宪章中有关消灭以色列的条款。对此,以佩雷斯总理为领袖的以色列工党决定在竞选纲领中删去反对建立巴勒斯坦国的内容。

4 月 25 日　安理会发表主席声明,对布隆迪人普遍购买和使用枪支以及对布隆迪政府总理号召武装图西族平民一事表示十分担忧,呼吁布隆迪摒弃暴力,通过对话来确保和平。

4 月 26 日　安理会通过关于埃塞俄比亚和苏丹的第 S/RES/1054(1996)号决议,确定苏丹政府没有遵从第 S/RES/1044(1996)号决议,根据宪章第 7 章采取制裁行动,决定所有国家应大幅度减少苏丹外交使团和领馆工作人员的人数和降低级别,并限制或控制所有留驻的这种工作人员在其境内的行动;采取步骤限制苏丹政府成员、苏丹政府官员和苏丹武装部队人员入境或过境;并呼吁所有国际组织和区域组织不在苏丹召开任何会议。中国代表在发言中指出,中国原则上不赞成动辄援引《联合国宪章》第 7 章,以实施制裁的办法来解决问题。

4 月 27 日—5 月 11 日　联合国贸易和发展会议第 9 届大会在南非米德兰举行。大会主题是:在趋于全球化和自由化的世界经济中促进增长和可持续发展。大会通过的最后文件和《米德兰宣言》强调,加强各国间的发展伙伴关系,发展一种互利的多边贸易体系;指出没有哪个国家能够单独解决所有经济和社会问题,只有建立相互依存的全球性伙伴关系,才能解决可持续发展问题。

5 月 1 日　联合国秘书长发言人福阿说,中国日前已一次付清 1996 年会费 800 万美元,成为第 56 个全额付清联合国会费的国家。发言人说,目前安理会 5 个常任理事国中,只剩下美国还没有缴纳会费。

5 月 4 日　联合国非洲经济委员会宣布:1995 年非洲地区国内生产总值比上一年增长 2.3%;非洲全部 53 个国家中,8 个国家 1995 年经济增长速度达到或超过 6%,19 个国家在 3%—6% 之间,23 个国家在 0—3% 之间,仅有 3 个国家为负增长,而近两年一直为负增长的非洲 33 个不发达国家

1995 年平均获得 2.4% 的经济增长率。

5月6日 安理会主席发表声明,对利比里亚局势日益恶化再次表示严重关注,强烈谴责交战各派部队对无辜平民任意杀戮和所犯的其他暴行,要求当事各方立即停止战斗,遵守停火协定。

5月7日 联合国正式公布了对以色列 4 月炮击联合国驻黎基地的调查报告。这份由加利的军事顾问起草的报告证实,以色列军队轰炸卡纳营地"在很大程度上不是偶然事件,而是有意的行动"。以色列向加利提出口头抗议。美国则威胁将抵制加利连任。但联合国方面表示将拒绝这些政治压力。

5月8日 安理会通过关于安哥拉局势的第 S/RES/1055(1996)号决议:决定将第 3 期联合国安哥拉核查团的任务期限延长至 1996 年 7 月 11 日。

5月13日 前南难民问题国际会议在日内瓦举行,强调必须按照代顿协议的原则确保难民重返家园。

5月15日 中国批准了《联合国海洋法公约》,7 月 7 日中国成为该公约的正式成员国。中国在批准公约的同时,声明享有 200 海里专属经济区和大陆架的主权权利和管辖权。

5月19日 世界卫生组织发表 1996 年健康状况报告公布,1995 年世界人均寿命超过 65 岁,比 1985 年约增加 3 岁。发达国家人均寿命超过 75 岁,发展中国家人均寿命为 64 岁,最不发达国家人均寿命为 52 岁。报告指出人类健康仍面临着传染病的严重威胁,1995 年全世界因传染病死亡的人数达 1700 万,其中 300 万人是儿童。

5月20日 联合国和伊拉克进行的"石油换食品"谈判终于达成协议,双方签订了《谅解备忘录》,伊拉克被准许根据安理会第 S/RES/986(1995)号决议,每 90 天出售 10 亿美元的石油以购买食品、药品等人道主义物资。

5月21—31日 联合国社会发展委员会特别会议在纽约总部举行,主要审议社发首脑会议后社发委员会的职能、组成和工作方案,以及"消除贫困的战略和行动"等议题。中国代表团指出,社发委员会作为经社理事会的职司委员会,是联合国系统负责和监督落实首脑会议成果的主要机构,其职能应进一步加强。

同日 联合国预防犯罪和刑事司法委员会第 5 届会议在维也纳举行。会议讨论了联合国预防犯罪和刑事司法领域的优先主题、枪支管理、第 10 届联合国预防犯罪和罪犯待遇大会、在预防犯罪和刑事司法领域的标准和规范及与联合国其他机构和实体合作和活动协调等事项。

5月22日 世界卫生组织在日内瓦举行仪式,纪念人类首次成功免疫接种200周年。

5月24日 大会通过关于联合国经济、社会及有关领域的结构改革与恢复活力的进一步措施的第 A/RES/50/227 号决议及其 3 个附件,强调联合国大会应改进发展援助工作。

5月29日 安理会通过关于西撒哈拉局势的第 S/RES/1056(1996)号决议,同意秘书长的建议,决定暂停身份查验过程,直到摩洛哥政府与波利萨里奥阵线(又称"西撒人民解放阵线")提出具体和令人信服的证据,表明双方已经致力于按照《解决计划》恢复和完成查验过程,到不再加以阻挠为止。

5月30日 安理会通过关于中东局势的第 S/RES/1057(1996)号决议,决定将联合国脱离接触观察员部队的任务期限再延长 6 个月,至 1996年 11月 30 日止。

同日 安理会通过关于前南斯拉夫的马其顿共和国局势的第 S/RES/1058(1996)号决议,决定将驻马其顿共和国的联合国预防性部署部队的任务期限延长至 1996 年 11 月 30 日止。

同日 世界卫生组织在 5 月 31 日世界无烟日之前在日内瓦发布公告说,全球死于与吸烟有关疾病者,将从目前的每年 300 万人增至 1000 万人。世卫组织还在世界第 9 个禁烟日前夕再次发出全球禁烟号召,并要求各国政府采取禁烟措施。

5月31日 安理会通过关于利比亚局势的第 S/RES/1059(1996)号决议,决定将联合国利比里亚观察团的任务期限延长至 1996 年 8 月 31 日,对利比里亚战事又起,战斗蔓延到蒙罗维亚以及周围原安全区表示严重关切。

5月 以色列大选,利库德集团右翼领袖内塔尼亚胡以微弱优势当选总理。内塔尼亚胡上台后提出以"安全换和平"取代"土地换和平"原则,对巴勒斯坦采取强硬政策,使和平进程顿生挫折。此后,巴以相继签署了《希伯伦协议》《怀伊协议》和《沙姆沙伊赫备忘录》,但终因各种原因,协议并未得以全面执行。中东和平进程搁浅。

6月3—15日 联合国第 2 次人类住区大会(简称"人居二",又称"城市首脑会议")在土耳其伊斯坦布尔举行。会议的主题是"人人享有适当的住房"和"城市化过程中的人类住区可持续发展"。来自 171 个国家的代表团,包括近 30 个国家的政府首脑以及世界各地的非政府组织参加了这次大会。会议最后通过了《伊斯坦布尔宣言》和《人类议程》。中国副总理邹家华和中国代表团团长侯捷分别在会上发言。

6月5日 联合国秘书长加利就世界环境日发表书面讲话,呼吁重视城市可持续发展问题。

6月7日 中国常驻联合国副代表王学贤大使向联合国递交了经江泽民主席批准的《联合国海洋法公约》批准书。批准书同时载明了中国对该公约所作的4点声明。1993年11月16日,第60个国家——圭亚那批准了该公约,故1994年11月16日该公约生效。1996年5月15日,第八届全国人民代表大会第十九次会议通过决定,批准《联合国海洋公约》。1996年6月7日,中国常驻联合国代表王学贤将批准书递交联合国秘书长的代表。根据公约第308条的规定,自批准书交存后第30天起,即1996年7月6日,公约开始对我国生效。

6月12日 安理会一致通过关于伊拉克—科威特间局势的第S/RES/1060(1996)号决议,要求伊拉克与特委会充分合作,允许核查人员立即、无条件及无限制地进入他们要求视察的任何地区。

6月14日 安理会一致通过关于塔吉克斯坦局势的第S/RES/1061(1996)号决议,呼吁塔吉克斯坦冲突双方立即停止敌对行动,恢复会谈,促成冲突的全面政治解决。

6月17日 在1996年裁军谈判会议第2期会议的全体会议上通过了吸收23国为裁军谈判会议新成员国的决定,使裁军谈判会成员国由原来的38个增加到61个。新增加的23个国家分别是:奥地利、孟加拉国、白俄罗斯、喀麦隆、智利、哥伦比亚、朝鲜、芬兰、伊拉克、以色列、新西兰、挪威、韩国、塞内加尔、斯洛伐克、南非、西班牙、瑞士、叙利亚、土耳其、乌克兰、越南和津巴布韦。新成员国在两年内没有否决权。

同日 世界防治荒漠化及干旱日。联合国防治沙漠化公约秘书长在日内瓦发表公报指出,全球荒漠化仍在加剧,呼吁各国尽快批准和落实里约热内卢环发大会通过的国际防治沙漠化公约。

6月18日 安理会正式宣布终止对前南地区的武器禁运。6月14日,南联盟、克罗地亚和波黑3国代表在佛罗伦萨签署了一项有关军备控制的协议。其中规定3方以及波黑内部穆克联邦和塞尔维亚共和国各自拥有重型武器的限额。

6月19日 秘书长新闻发言人向新闻界宣布,加利秘书长决定竞选连任联合国秘书长。20日,美国国务院发言人表示,美国不支持加利连任。22日,加利表示,尽管美国反对,但仍将坚持参加竞选连任。

6月20日 非洲难民日。此前一天,联合国难民事务高级专员绪方贞子在日内瓦发表声明说,目前非洲有670万名难民和190人万无家可归者,是世界上难民数量最多的大洲。

6月24—7月26日　经社理事会在纽约联合国总部举行由高级别、协调、发展业务和常务4部分组成的会议。

6月26日　国际禁毒日。此前一天,联合国秘书长加利发表文告,呼吁各国加强反毒品教育。当天联合国控制毒品计划署负责人范登贝格在参加秘鲁举行的国际禁毒日活动时宣布,全球每年毒品交易额达5000亿美元,超过石油和化工产品出口收入的总和。

6月28日　安理会通过关于塞浦路斯局势的第S/RES/1062(1996)号决议,决定将联合国驻塞浦路斯维持和平部队的驻留期限再次延长,至1996年12月31日止。同时对区域内最近的军事演习加剧紧张局势表示严重关切。

同日　安理会通过关于海地问题的第S/RES/1063(1996)号决议,决定建立联合国海地支助团(联海支助团),任务期限到1996年11月30日为止,以协助海地政府使警察专业化和维持安全与稳定的环境。联海支助团最初由300名民警人员和600名部队组成。

7月6日　《联合国海洋法公约》正式生效。该公约是联合国第3次海洋法会议历经近10年谈判取得的重要成果。它不仅编纂了海洋法方面的所有国际习惯法,而且发展了新的海洋法制度,建立了新的海洋秩序,对于维护发展中国家的正当权益、促进各国海洋事业的共同发展,发挥着十分重要的作用。中国对广大发展中国家期望建立公正合理的海洋新秩序给予了有力支持,为该公约的制定做出了积极贡献。

7月7—13日　第11届国际艾滋病大会在温哥华举行,来自世界125个国家和地区的15000名科学家、医护工作者、艾滋病病毒携带者和艾滋病患者与会,会议主题是"一个世界、一个希望"。据7月6日世界卫生组织在日内瓦公布的最新统计资料,1995年艾滋病在世界夺去130万人的生命。全世界目前共有2180万名艾滋病病毒携带者,其中妇女占42%,有100万名儿童受母亲的影响感染了艾滋病病毒。

7月8日　针对此前世界卫生组织和联合国大会分别提出请求国际法院就"国际法是否允许在任何情况下使用或威胁使用核武器"发表咨询意见,国际法院发表两份咨询意见。首先,拒绝世界卫生组织的请求,因为这"不属于该组织的职责范围"。对于联合国大会则做出如下意见:"使用或威胁使用核武器一般来说是与适应于武装冲突的战争法规,尤其与人道主义法的原则和规定相违背的。但是,考虑到目前国际法的现状,考虑到它所涉之事实诸因素,在整个国家存亡攸关的特别情形下采取自卫时,本法院不能得出使用或威胁使用核武器是合法抑或是非法的确切结论。"但该意见最后指出,各国"有义务秉承善意为缔结一个在裁军谈判会议和有效的国际控制下的全面销毁核武器的公约进行谈判"。

7月8—10日 非洲统一组织第32届首脑会议在喀麦隆首都雅温得举行,会议通过了关于遏制外债增长势头、保护生态环境等11项决议,并发表了《雅温得宣言》,决心把一个和平、稳定、发展的非洲带入21世纪。会议强烈推荐加利为下届联合国秘书长候选人,支持他竞选连任。

7月8—18日 《联合国气候变化框架公约》缔约国第2次大会在日内瓦召开,主要审议公约执行情况,加强公约的义务,寻求减少温室气体排放量的措施。会议最后发表声明,呼吁各国加速谈判,争取在1997年12月前缔结一项"有约束力的"法律文件,减少2000年以后工业化国家温室气体的排放量。

7月11日 安理会通过关于安哥拉局势的第S/RES/1064(1996)号决议:决定将第3期联合国安哥拉核查团的任务期限延长到1996年10月11日。

同日 海牙国际法庭确认对波黑塞族领导人卡拉季奇和姆拉迪奇犯有战争罪的起诉,并且发出国际通缉令。17日,俄外长表示俄罗斯反对逮捕卡拉季奇及将其递交海牙国际法庭。19日,卡拉季奇放弃波黑塞尔维亚共和国总统的一切权力,停止所有公开的政治活动。

7月12日 安理会通过关于格鲁吉亚局势的第S/RES/1065(1996)号决议:对全面解决格鲁吉亚阿布哈兹冲突的努力继续陷入僵局表示关切,决定将联合国格鲁吉亚观察团的任务期限延长到1997年1月31日。但如果独联体维持和平部队的任务有所变更,则需要由安理会审查联合国格鲁吉亚观察团的任务。

7月15日 安理会通过关于克罗地亚局势的第S/RES/1066(1996)号决议:认定克罗地亚局势继续对国际和平及安全构成威胁,授权联合国军事观察员继续监测普雷夫拉卡半岛的非军事化情况,直至1997年1月15日。

7月19日—8月4日 第26届奥林匹克运动会在美国亚特兰大召开。本届奥运会是奥林匹克大家庭的全家福,197个成员全部出席,参加的运动员也增加到10318名。本届比赛中设26个大项、41个分项、271个小项,创下现代奥运会举办以来参赛代表团、参赛人数和比赛项目3项最高纪录。

7月26日 安理会通过关于古巴和美国问题的第S/RES/1067(1996)号决议;注意到古巴空军1996年2月24日非法击落两架民用飞机,违反了各国必须避免对飞行中民用飞机使用武器以及拦截民用飞机时绝不能危及机上人员生命和飞机安全的原则;呼吁各方承认并遵守国际民航法律和国际议定的有关程序,包括《芝加哥公约》中规定的各项规则和标准及建议的做法。

7月28日　安理会主席就布隆迪局势发表声明,要求布隆迪恢复宪政政府和秩序,停止暴力,和平解决危机。

7月29日　1993年8月,日内瓦裁军谈判会议设立了全面禁止核试验条约谈判特设委员会,谈判于1994年正式开始。中国自加入该条约的谈判后一直为按时完成条约谈判作出自己的贡献。1996年7月29日,中国宣布即日起暂停核试验。

同日　中国发表了暂停核试验的政府声明,宣布中国于1996年7月30日开始暂停核试验。这既是为了响应广大无核国家的要求,也是为了推动核裁军而采取的一项实际行动。

7月30日　安理会通过关于中东局势的第 S/RES/1068(1996)号决议:决定将联合国驻黎巴嫩临时部队的任务期限再延长6个月,至1997年1月31日止。

同日　安理会通过关于克罗地亚局势的第 S/RES/1069(1996)号决议:决定授权再延长部署100名军事观察员6个月,作为联合国东斯拉沃尼亚、巴拉尼亚和西锡尔米乌姆过渡时期行政当局的一部分,至1997年1月15日止。

8月1日　国际海洋法法庭首届法官选举在联合国总部举行,来自中国北京大学的著名海洋法教授赵理海先生当选。

8月6日　索马里全国联盟主席艾迪德8月1日死于索南部的家中。索全国联盟领导机构4日推选艾迪德的儿子侯赛因·穆罕默德·艾迪德为索马里总统。对此,安理会呼吁索马里各派利用当前有利时机和平解决派系间冲突并建立持久信任。

8月9日　第2个世界土著人民日。加利秘书长就此纪念致辞,呼吁国际社会保护土著人民权益。

8月12日　伊朗政府正式向海牙国际法院起诉美国针对伊朗的制裁措施。8月5日,美国总统克林顿不顾西方盟国的反对,签署旨在惩罚伊朗和利比亚的达马托法案,它规定要惩罚1年内向这两个国家能源部门投资超过4000万美元的外国公司,伊朗对此反应强烈。

8月16日　由于苏丹政府至今仍未能将1995年企图暗杀埃及总统的3名嫌疑犯引渡到埃塞俄比亚受审。16日,安理会通过关于埃塞俄比亚和苏丹的第 S/RES/1070(1996)号决议:再次要求苏丹政府充分遵从第 S/

RES/1044(1996)号决议、第 S/RES/1054(1996)号决议,并根据《联合国宪章》第 7 章采取制裁行动,决定所有国家应拒绝允许在苏丹注册的飞机,或者由苏丹航空公司或代表苏丹航空公司或无论在何地设立或组织、主要由苏丹航空公司拥有或控制的任何企业所拥有、租借或营运的飞机,或者由苏丹政府或政府机构或无论在何地设立或组织、主要由苏丹政府或政府机构拥有或控制的任何企业所拥有、租借或营运的飞机在其领土起飞、降落或飞越。

8 月 22 日 经过近 3 年的艰苦谈判,日内瓦裁军谈判会议结束《全面禁止核试验条约》的谈判,但裁谈会未能就将其提交联合国大会达成协商一致。为此,澳大利亚等国向第 50 届联合国大会续会提交了《全面禁止核试验条约》的决议案,吁请联合国大会审议通过该条约。

8 月 26 日 日本总理府国际和平协力本部提出报告说,日本派出的联合国维和部队在得到指挥官指示的情况下,允许"以部队为单位"使用武器。

8 月 30 日 安理会通过关于利比亚局势的第 S/RES/1071(1996)号决议:决定将联合国利比里亚观察团的任务期限延长至 1996 年 11 月 30 日。

同日 安理会一致通过关于布隆迪局势的第 S/RES/1072(1996)号决议:要求布隆迪各方立即无条件地开始和平谈判。

9 月 1—4 日 鉴于伊拉克政府军攻占北部地区库尔德族"安全区"重镇埃尔比勒引起当地局势恶化,加利秘书长发表声明,决定将允许伊拉克出口石油的协定暂缓执行。2 日凌晨,伊拉克宣布,进入埃尔比勒的伊军已经撤回到南部的军事基地。3 日,美国驻海湾部队对伊拉克的军事设施进行轰炸。4 日,美军又对伊拉克南部的防空基地进行导弹袭击,美国国防部宣布把伊拉克南部的禁飞区从目前的 32 度扩大到 33 度。对此,阿拉伯国家强烈谴责美国侵犯伊拉克的主权。俄罗斯政府声明指出美国的做法开创了"危险的先例",是不可接受的。4 日,联合国官员表示,在伊拉克境内设立"禁飞区"是部分国家根据自己对安理会第 S/RES/688(1991)号决议的解释做出的,并非得到联合国的授权。

9 月 9 日 在中国和俄罗斯的共同反对下,英被迫撤回了仅谴责伊拉克对其北部的军事行动而只字不提美国对伊拉克导弹袭击的决议草案。中国常驻联合国代表秦华孙大使在发言中强调,对一个主权国家动辄使用武力,不仅严重违反国际关系准则,加剧地区紧张局势,而且必将产生严重后果。

9 月 10 日 第 50 届联合国大会召开全体会议,审议《全面禁止核试验条约》。经过两天讨论,最后以 158 票赞成,3 票(印度、不丹、利比亚)反对,5 票(黎巴嫩、叙利亚、毛里求斯、坦桑尼亚、古巴)弃权,通过关于《全面禁止核试验条约》的第 A/RES/50/245 号决议。大会决议要求秘书长作为条约保存人,尽早开放条约在联合国总部供各国签署,呼吁所有国家尽早签约并完成各自国内的批准程序,成为条约缔约国。缔约国承诺不进行、不导致、鼓励或以任何方式参与进行任何核武器试验爆炸或其他核爆炸。

9 月 14 日　根据代顿协议规定的日期,波黑穆、克、塞 3 个民族如期举行停战后首次大选,波黑穆斯林代表伊泽特贝戈维奇(波黑民主行动党)、塞尔维亚族代表克拉伊什尼克(塞尔维亚民主党)和克罗地亚族代表祖巴克(克罗地亚民主共同体)当选为波黑战后第 1 届主席团成员。3 人得票最多的伊泽特贝戈维奇出任主席团首任主席。此后将由 3 人轮流担任这一职务。

9 月 16 日　联合国秘书长加利发表向第 50 届联合国大会所提交的联合国工作年度报告,回顾上一届联合国大会的工作,并指出联合国正处于急剧的转变过程中。这一转变过程是随着冷战的突然结束而开始的。在谈到联合国改革时,加利指出,"不论政治上或体制上的改革都必须不断进行。改革是一个进程,不是一件事情。联合国不能在任何时候宣布改革已经结束"。但他强调,必须抓住当前联合国正处于急剧转变过程中的关键阶段进行和完成改革。

9 月 17 日　第 51 届联合国大会在纽约联合国总部开幕,185 个成员国的代表出席会议。大会一致选举马来西亚常驻联合国代表拉扎利·伊斯梅尔为本届联合国大会主席。伊斯梅尔在开幕式上讲话说,联合国尽管取得巨大进步,但宪章的宗旨和原则还远未实现。不平等和核武器问题以及贫困、环境等问题,应当成为各个国家和公众讨论的中心。他在谈到联合国的改革时说,改革必须从找到政治共识开始,应有一个可行的未来战略、明确的授权、可靠的资金来源、适当的轻重缓急、鼓舞人心的领导。他呼吁各国和秘书长都抓住这一改革的机会。

9 月 18 日　联合国秘书长发言人西尔瓦那·福阿在记者招待会上说,台湾当局企图通过向联合国捐款为其"重返"联合国活动制造声势,这种做法不符合联合国的规定,因此不予接受。

9 月 18—20 日　第 51 届联合国大会总务委员会审议是否将尼加拉瓜等国提出的所谓台湾在联合国的"代表权"提案列入联合国大会议程。中国代表秦华孙发言全面阐述中国政府关于台湾问题的原则立场,坚决反对将该提案列入联合国大会议程。智利、巴基斯坦、巴西、古巴等 37 个国家的代表相继发言支持中国政府的严正立场,反对将该提案列入议程。总务委员会据此作出不将该提案列入第 51 届联合国大会议程的裁决,并获得一致通过。20 日,总务委员会的上述建议在联合国大会全体会议上获得通过。台湾当局"重返"联合国的图谋再一次被挫败。

9 月 19 日 危地马拉政府与游击队组织"全国革命联盟"的代表在墨西哥城签署了关于加强文人政府、确定军队在社会中的作用的协议。这一协议的签署标志着危地马拉和平进程中关于实质问题的谈判全部完成。

9 月 20 日 安理会主席就塔吉克斯坦局势发表声明,对局势恶化表示关切,要求塔对立各派立即停止一切敌对行动和暴力行为。

9 月 24 日 历经 3 年谈判,各方终于就《全面禁止核试验条约》内容达成一致,其主要之点为:缔约国应作出有步骤、渐进的努力,在全球范围内裁减核武器,以求实现消除核武器,以及最终实现在严格和有效国际监督下全面彻底核裁军的目标;禁止缔约国进行任何核武器试验或任何其他核爆炸;建立一个包括国际检测系统、磋商和澄清、现场视察以及建立信任措施在内的完整的核查机制。并于 1996 年提交联合国大会大通过,9 月 24 日开放供各国签署,当日,中国国务院副总理兼外交部部长钱其琛在《全面禁止核试验条约》上签字。到 2005 年 11 月,已有 176 个国家签署了条约,其中 32 个国家已完成批准程序,条约规定要在 44 个具有核反应堆的国家批准后的第 180 天方能生效,但至今尚未达到条约生效的条件。《全面禁止核试验条约》未能全面生效的关键在于美国。1999 年 10 月 13 日,美参议院以 51 票反对,48 票赞成的表决结果拒绝批准《全面禁止核试验条约》。美国拒绝批约严重影响了国际军控的进程,将延迟条约生效时间,使国际社会多年努力被束之高阁。小布什上台后更是推迟将该条约再度提交参议院审议,并对推动批约大会和条约组织的活动采取消极抵制。依照《全面禁止核试验条约》第 14 条生效条款中每 3 年召开 1 次促进条约生效会议的规定,美国拒绝参加促进条约生效会议、拒绝为现场核查提供经费和技术支持等。显然,布什执政期间并无批准《全面禁止核试验条约》的打算。现拥核的 5 个常任理事国中,已有法、俄、英 3 国提交了批准书。近年来,中国政府在各个多边裁军机制和论坛均表示支持条约早日生效,并正在积极履行对条约的国内批准程序等。至今,《全面禁止核试验条约》仍在搁浅,生效无期。

同日 不结盟运动 35 周年纪念大会在纽约联合国总部举行。不结盟运动主席、哥伦比亚总统桑佩尔在会上发言,强烈谴责目前严重制约发展中国家进步的"新干预主义"和其他障碍。

9 月 26 日 中、俄、美、英、法 5 国外长在联合国总部发表声明,重申对联合国的承诺,敦促政治解决世界各地的冲突。

9月28日　鉴于巴以双方25日以来发生严重武装冲突,安理会通过关于"被占阿拉伯领土局势"的第S/RES/1073(1996)号决议:要求巴勒斯坦和以色列双方立即停止一切使局势恶化的行动,并立即在中东和平进程的基础上恢复谈判。

9月30日　波黑大选产生的波黑3人主席团在萨拉热窝举行首次会议,这标志着波黑停战后建立的合法政权机构开始运转。

10月1日　安理会通过关于前南斯拉夫的马其顿共和国局势的第S/RES/1074(1996)号决议:决定取消对前南地区的制裁。中国代表在磋商决议时指出,随着该地区各国关系正常化,国际社会应尽快考虑解决南联盟在联合国的席位问题。

10月9日　总部设在日内瓦的联合国"国际减灾10年"秘书处发表公报指出,全球目前近1/4的人口生活在容易遭受自然灾害的地区。自1960年以来,全世界每年遭灾人数平均增加6%。

10月11日　安理会通过关于安哥拉局势的第S/RES/1075(1996)号决议:决定将第3期联合国安哥拉核查团的任务期限延长到1996年12月11日。

10月18日　联合国秘书长加利表示反对向阿富汗派遣联合国维和部队。

10月22日　安理会一致通过关于阿富汗局势的第S/RES/1076(1996)号决议:呼吁阿富汗冲突各方立即停止一切武装敌对行动,进行政治对话,实现民族和解,并建立基础广泛的民族团结政府。

同日　安理会通过关于在联合国驻格鲁吉亚观察团内设立人权办事处的第S/RES/1077(1996)号决议。中国投了弃权票。中国代表在投票前的解释性发言中表示,中国认为,维和行动应该有明确的范围,不应也不可能包罗万象,更不要越俎代庖,将属于其他机构职权范围的事情也包揽过来。中国认为,由安理会授权设立办事处超出了安理会的职权范围。

10月23日　为纪念中国恢复在联合国合法席位25周年,美中关系基金会等5个团体在纽约联合举行研讨会。加利秘书长在讲话中赞扬中国对联合国所作的贡献,并高度评价中国恢复在联合国合法席位这一重要历史事件的意义。他说:"中国作为世界上一个伟大的文明古国和人口最多的国家,她在联合国的出现大大增强了联合国的信誉,使其真正成为一个世界性的组织。"他希望中国在未来与联合国进行更密切的合作。

10月24日　国际原子能机构宣布,《核安全公约》即日起正式生效。

10 月 25 日 安理会就急剧恶化的扎伊尔(刚果金)东部及整个大湖区形势紧急磋商,并呼吁有关各方立即停止冲突,进行对话。扎伊尔的武装冲突使联合国和其他国际救援组织在这一地区的救援行动无法进行。26 日,联合国从布卡武撤出了工作人员。30 日,加利秘书长和非统组织分别派代表去该地区调解。

10 月 31 日 由于匈牙利政府正式批准《禁止化学武器公约》,使批准该公约的国家达到 65 个。按规定,该公约自动在 180 天后生效。

11 月 1 日 安理会讨论扎伊尔东部进一步恶化的局势并发表声明,对该地区局势日益恶化表示严重关注,认为那里的局势对大湖区的稳定构成严重威胁。

11 月 8 日 加利秘书长发表长篇声明,对扎伊尔东部局势严重恶化表示极为关注和深切不安。他紧急呼吁国际社会立即采取一切可能的行动,援救那里的难民。

同日 因长期拖欠联合国会费,在大会的一次投票中美国第 1 次失去其在大会第五委员会(行政和预算委员会)的席位。但迄今为止,美国以联合国没有进行有效的改革等借口为由拖欠会费达 15 亿美元。

11 月 9 日 安理会通过关于大湖区局势的第 S/RES/1078(1996)号决议:严重关注大湖区特别是扎伊尔东部局势日益恶化以及不断战斗给该区域居民造成的影响,对秘书长提出的为人道主义目的在扎伊尔东部设立多国部队的建议表示欢迎。

11 月 11 日 危地马拉冲突双方谈判代表在墨西哥城达成协议,决定于 12 月 29 日签署危地马拉最终和平协定。

11 月 13—15 日 联合国《生物多样性公约》第 3 届缔约方大会部长级会议在布宜诺斯艾利斯举行,来自 160 个缔约国的 120 多名部长出席了会议。

11 月 13—17 日 联合国粮农组织倡议召开的世界粮食首脑会议在罗马召开。这是历史上第 1 次关于粮食问题的世界首脑会议,共有 186 个国家和 40 个国际组织派代表出席了会议,其中 82 位国家元首和政府首脑与会。此次会议的主题是通过加强各国及国家间的努力,实现人人享有粮食的权利,即"人人有饭吃"的目标。会议通过了《罗马宣言》和《行动计划》。但由于主要发达国家对会议持消极态度,不愿就加强粮农领域的国际合作作出切实的承诺,使会议成果有限。李鹏总理率中国代表团出席大会并发表了题为《中国是维护世界粮食安全的重要力量》的讲话。

11 月 15 日 安理会通过关于克罗地亚局势的第 S/RES/1079(1996)

号决议:决定将联合国东斯拉沃尼亚、巴拉尼亚和西锡尔米乌姆过渡时期行政当局的任务期限延长至 1997 年 7 月 15 日。

同日   安理会通过关于大湖区局势的第 S/RES/1080(1996)号决议:认识到国际社会必须紧急应对扎伊尔东部当前的局势,授权加拿大等国建立一支临时的人道主义救援多国部队,协助救援该地区的难民和平民。安理会决定这项行动应在 1997 年 3 月 31 日结束,费用将由各参与会员国和其他自愿捐助承担。

11 月 19 日   安理会 15 个成员国就埃及等 10 国提出的关于推荐加利秘书长连任的决议草案进行了秘密投票,结果是 14 票赞成,1 票反对,0 票弃权。由于常任理事国美国投了反对票,决议草案未被采纳。加利的发言人表示:"秘书长十分感谢绝大多数联合国会员国对他的支持。"

11 月 19—27 日   联合国环境署召开的保护臭氧层国际会议在哥斯达黎加首都圣何塞举行,来自包括中国在内的 160 多个国家的 500 多名代表出席了会议。会议通过了"关于保护臭氧层维也纳公约"缔约国第 4 次会议报告等文件。

11 月 20—22 日   联合国工业发展组织第 16 届理事会在维也纳举行。50 多个理事会成员国及一些国际组织的代表与会。西方发达国家在政治上以改革为借口,继续对工发组织持消极甚至否定态度。美国 1995 年宣布退出工发组织的决定于 1996 年 12 月 31 日正式生效。英国和澳大利亚又相继宣布将于 1997 年 12 月 31 日正式退出该组织,引起了各国对工发组织前景的普遍担忧。

11 月 25 日   联合国代表在巴格达宣布,同意伊拉克有条件地输出石油。

11 月 27 日   安理会通过关于中东局势的第 S/RES/1081(1996)号决议:决定将联合国脱离接触观察员部队的任务期限再延长 6 个月,至 1997 年 5 月 31 日止。

同日   安理会通过关于前南斯拉夫的马其顿共和国局势的第 S/RES/1082(1996)号决议:决定将联合国预防性部署部队的任务期限延长至 1997 年 5 月 31 日,并在 1997 年 4 月 30 日前将其军事部分的各级官员减少 300 名,以期在情况许可时结束任务。

同日   安理会通过关于利比里亚局势的第 S/RES/1083(1996)号决议:决定将联合国利比里亚观察团的任务期限延长至 1997 年 3 月 31 日,强调联合国利比里亚观察团继续驻留取决于西非监测组驻留和承诺确保观察团的安全。

同日 安理会通过关于西撒哈拉局势的第 S/RES/1084(1996)号决议:欢迎摩洛哥王国和波利萨里奥阵线重申对《解决计划》的承诺,决定将联合国西撒哈拉全民投票特派团的任务期限延长到 1997 年 5 月 31 日。

11 月 29 日 安理会通过关于海地问题的第 S/RES/1085(1996)号决议:决定将联海支助团的任务期限延长至 1996 年 12 月 5 日。

同日 联合国海牙国际法庭判处波黑塞族军队的 1 名克族士兵 10 年监禁。他也是二战以来海牙国际法庭继纽伦堡和东京战犯审判后被判刑的第一人。

同日 加拿大外交部宣布,援助扎伊尔东部难民的多国部队已正式组建,但人数由原来计划的 1 万人减少到一两千人。

12 月 1 日 大会举行全体特别会议,纪念一年一度的"世界艾滋病日"。加利秘书长在会上说,国际社会应当重视解决发展中国家的艾滋病问题。

12 月 5 日 安理会通过关于海地问题的第 S/RES/1086(1996)号决议:决定按照海地政府的请求,最后一次延长联海支助团的任务期限,到 1997 年 5 月 31 日为止。

12 月 6 日 第 51 届联合国大会全体会议通过关于国际民航日的第 A/RES/51/33(1996)号决议,宣布 12 月 7 日为"国际民航日"。12 月 7 日是 1994 年在芝加哥签订《国际民用航空公约》的纪念日。

同日 联合国教科文组织世界遗产委员会第 20 届会议批准庐山作为"世界文化景观"列入《世界遗产名录》。联合国教科文组织世界遗产委员会是政府间组织,成立于 1976 年 11 月,由 21 名成员组成,负责《保护世界文化和自然遗产公约》的实施。此届会议认为:"庐山的历史遗迹以其独特的方式,融合在具有突出价值的自然美之中,形成了具有重大美学价值的、与中华民族精神和文化生活紧密相连的文化景观。"

12 月 10 日 安理会关于"伊拉克:以石油换食品方案"的第 S/RES/986(1995)号决议开始执行。伊拉克总统萨达姆启动伊北部石油出口基地基尔库克一号泵油站的按钮,标志着伊拉克在中断石油出口 6 年后重返世界石油市场。

12 月 11 日 安理会通过关于安哥拉局势的第 S/RES/1087(1996)号决议:决定将第 3 期联合国安哥拉核查团的任务期限延长,至 1997 年 2 月 28 日止。

12 月 12 日 大会通过关于反腐败的行动的第 A/RES/51/59 号决议,以及决议所附《公职人员国际行为守则》,并建议会员国将守则用作指导反腐败工作的工具。

大会通过关于"联合国关于犯罪和公共安全问题的宣言"的第 A/RES/51/60 号决议,及其所附文件《联合国关于犯罪和公共安全问题的宣言》。大会深信通过一项关于犯罪和公共安全问题的宣言将有助于加强打击严重跨国犯罪活动的斗争。

大会通过关于"扩大联合国难民事务高级专员方案执行委员会"的第 A/RES/51/72 号决议。大会决定将联合国难民事务高级专员方案执行委员会的成员数目自 51 国增为 53 国;并请经济及社会理事会在 1997 年组织会议上选出新增成员。

同日 安理会通过关于波黑局势的第 S/RES/1088(1996)号决议,欢迎在执行《波斯尼亚—黑塞哥维那和平总框架协定》及其各项附件方面的进展,授权会员国设立一支统一指挥和控制的多国稳定部队(稳定部队),以执行《和平协定》附件 1—A 和附件 2 规定的任务,计划的任务时间为 18 个月。该部队将接替于本月 20 日授权期满的波黑和平协议执行部队。多国维稳部队的任务于 2004 年被欧盟部队接替。当天,安理会还决定将包括国际警察工作队在内的联合国波黑特派团任期延长至 1997 年 12 月 21 日。

12 月 13 日 大会通过关于"开展探索和利用外层空间的国际合作,促进所有国家的福利和利益,并特别要考虑到发展中国家需要的宣言"的第 A/RES/51/122 号决议及与其同名称的附件。

同日 安理会通过关于塔吉克斯坦局势的第 S/RES/1089(1996)号决议:谴责塔吉克双方公然违反停火,特别是最近反对派在加尔姆地区的进攻,要求立即停止一切敌对行动和暴力行为,吁请双方应充分遵守《德黑兰协定》和它们承担的一切义务。

同日 安理会通过关于联合国秘书长人选的第 S/RES/1090(1996)号决议:审议了推荐联合国秘书长人选的问题,向大会推荐科菲·安南先生担任联合国秘书长,任期自 1997 年 1 月 1 日起至 2001 年 12 月 31 日止。

同日 安理会通过关于联合国秘书长人选的第 S/RES/1091(1996)号决议:"感谢秘书长布特罗斯·布特罗斯—加利博士为国际和平、安全与发展作出贡献,为解决经济、社会和文化领域的国际问题作出特殊努力以及为满足人道主义需要及促进与鼓励尊重所有人的人权和基本自由投下心力,表示深切赞赏加利博士致力于宪章所载的宗旨及原则和发展各国间的友好关系。"

12 月 16 日 大会通过关于"联合国国际贸易法委员会通过的《电子商业示范法》"的第 A/RES/51/162 号决议并发布《联合国国际贸易法委员会电子商务示范法》。

大会通过关于《联合国反对国际商业交易中的贪污贿赂行为宣言》的第 A/RES/51/191 号决议,发表《联合国反对国际商业交易中的贪污贿赂行为宣言》。

12 月 17 日 大会通过关于任命联合国秘书长的第 A/RES/51/200 号决议,大会审议了安理会 1996 年 12 月 13 日第 S/RES/1090(1996)号决议所载的建议,任命科菲·安南先生为联合国秘书长,任期从 1997 年 1 月 1 日开始,2001 年 12 月 31 日结束。大会还通过了向任期届满的加利秘书长致敬的决议,赞扬他对国际和平与发展的贡献,以及在促进和保护人权与基本自由方面的业绩并感谢他在过去 5 年中为联合国所做的服务。

大会通过关于国际海洋法法庭在大会的观察员地位的第 A/RES/51/204 号决议,决定邀请国际海洋法法庭以观察员身份参加大会的届会和工作。

大会通过关于宣布 11 月 21 日为世界电视日的第 A/RES/51/205 号决议,宣布 11 月 21 日为"世界电视日",以纪念举行第 1 次世界电视论坛的日子。

大会通过关于消除国际恐怖主义的措施的第 A/RES/51/210 号决议,发表补充 1994 年消除国际恐怖主义的措施的宣言。

同日 北约 16 国国防部长在布鲁塞尔举行会议,核准了已经北约外长会议批准的向波黑派遣多国稳定部队的计划。稳定部队将由来自 35 个国家的 3.1 万人组成,由美国将军威廉·克劳奇担任司令。同日,美国总统克林顿正式批准了美军参加驻波黑多国稳定部队。

同日 秘鲁图帕克·阿马鲁革命运动武装分子攻占了日本驻秘鲁大使青木森久的官邸,秘鲁政界要人和一些国家使节等 400 余人被扣为人质。国际社会对此表示极大的关注。

12 月 18 日 第 51 届联合国大会休会。自 9 月 17 日至今,本届联合国大会共举行了 89 次全体会议,通过了 265 项决议。

12 月 20 日 驻波黑多国稳定部队在萨拉热窝郊区伊利扎举行仪式,开始在波黑执行维和任务。

12 月 23 日 在联合国秘书长特使和俄罗斯总理的斡旋下,塔吉克斯坦总统和塔联合反对派领导人在莫斯科签署了关于结束塔内战的和平协定,以及关于民族和解委员会职能和权限的议定书。

同日 安理会经过磋商,一致同意任命一名派驻非洲大湖区的新特使,以代替先前做出的向该地区派遣多国部队的决定。

同日 安理会通过关于塞浦路斯局势的第 S/RES/1092(1996)号决

议：决定将联合国驻塞浦路斯维和部队任期延长至 1997 年 6 月 30 日。

12 月 26 日　联合国防治荒漠化公约执行秘书处发表新闻公报，宣布 1992 年里约热内卢环境与发展首脑会议通过的《国际防治荒漠化公约》于 1996 年 12 月 26 日开始生效。截至 1996 年底，有 57 个国家批准或加入公约。中国于 1996 年 12 月 30 日批准了公约。

12 月 29 日　危地马拉政府和全国革命联盟在危地马拉城签署《永久和平协定》，从而正式结束该国长达 36 年的内战。全国革命联盟将改变成为一个政党参加国家的政治生活。

12 月 30 日　中华人民共和国第八届全国人民代表大会常委会第二十三次会议审议并批准《禁止化学武器公约》。

一九九七年

1 月 2 日　联合国新任秘书长科菲·安南在纽约联合国总部履职。

1 月 7 日　联合国武器核查小组开始在伊拉克搜寻未销毁的远程导弹。

1 月 13 日　由七十七国集团和中国倡议的南南贸易、投资和金融大会在哥斯达黎加首都圣何塞开幕。来自七十七国集团的 108 个成员国和国际组织的 300 多名代表出席了本次会议。这是七十七国集团面对新的政治和经济形势，推动发展中国家进一步加强团结、联合自强、迎接新挑战的一次重要会议。

1 月 14 日　安理会通过关于克罗地亚局势的第 S/RES/1093（1997）号决议：认定克罗地亚局势继续对国际和平与安全构成威胁，授权联合国军事观察员继续监测普雷夫拉卡半岛的非军事化情况，直至 1997 年 7 月 15 日，并请秘书长于 7 月 5 日前向安理会提交报告供其审议。

1 月 20 日　安理会一致通过关于"中美洲：迈向和平的努力"的第 S/RES/1094（1997）号决议：授权向危地马拉派遣 155 名军事观察员。决议规定这批军事观察员的任务是监督危地马拉政府和危地马拉全国革命联盟 1996 年底达成的《最后停火协定》的执行情况。

同日　联合国发表《对世界淡水资源的全面评估》报告，向全世界发出了淡水资源短缺的警报。报告说，缺水问题将严重制约下个世纪的经济和社会发展，并可能导致国家间冲突。

1 月 21 日　联合国裁军谈判会议在日内瓦开幕。由于 1996 年 9 月联合国大会通过了《全面禁止核试验条约》，本年会议将重点放在其他国际裁军谈判议题上。

1月22日 新任联合国秘书长安南抵达美国华盛顿访问,开始为说服美国交纳拖欠的联合国会费进行外交活动。这是安南首次以联合国秘书长身份访问华盛顿。美国近年来以联合国浪费严重和缺少必要改革为由,拖欠了13亿美元的联合国会费。

同日 以色列外长利维表示,以色列接受联合国要求它从叙利亚领土戈兰高地撤军的第S/RES/242(1967)号决议,愿意在此基础上恢复中断数月的以叙和谈。

1月28日 安理会通过关于中东局势的第S/RES/1095(1997)号决议:决定将联合国驻黎巴嫩临时部队的任务期限再延长6个月,至1997年7月31日止。

同日 联合国秘书长安南任命了一个8名副秘书长和10名助理秘书长组成的联合国新任领导班子。新任命的副秘书长为金永健、尼廷·德赛、明石康、贝尔纳·米耶、基兰·普伦德加斯特、约瑟夫·康纳、汉斯·克里尔和伊科巴尔里扎,他们分别来自中国、印度、日本、法国、英国、美国、瑞典和巴基斯坦。

1月29日 安理会发表主席声明,认为利比亚恢复国际航班违反安理会第S/RES/748(1992)号决议中有关航空禁运的规定。

1月30日 安理会通过关于格鲁吉亚局势的第S/RES/1096(1997)号决议:决定将联格观察团的任务期限延长到1997年7月31日。

2月7日 安理会发表主席声明,对非洲大湖区,特别是扎伊尔东部地区的局势恶化表示严重关切。安理会要求各方停止敌对行动,所有外部军事力量撤离该地区,并允许人道主义机构进入该地区实施救援活动。

同日 安理会发表主席声明,谴责塔吉克斯坦反政府武装4日扣押联合国难民事务局高级专员办事处和联合国驻塔观察团的5名成员的事件,并要求立即释放所有被绑架的人质。

同日 联合国环境署第19届理事会通过了《内罗毕宣言》。宣言呼吁加强环境署在全球环保工作中的领导地位。当天,英、美等发达国家以会议未能就机构改革达成协议为由,宣布将停止对环境署的捐助。

2月10日 国际法院选举美国法官斯蒂芬·施韦贝尔为新一任院长,任期3年,斯里兰卡法官克里斯托·弗维拉曼特里当选为副院长。

2月17日 塔吉克斯坦反政府武装释放了最后6名人质,其中包括5名联合国工作人员和塔吉克斯坦安全部长祖胡罗夫。

2月18日 安理会一致通过关于大湖区局势的第S/RES/1097(1997)

号决议:赞同联合国和非政府组织负责大湖区特别代表萨赫农提出的有关解决扎伊尔东部冲突的5点和平计划,即立即停止敌对行动;撤除所有外来部队,包括雇佣军;重申对扎伊尔和大湖区其他各国国家主权和领土完整的尊重;保护所有难民和流离失所者及其安全,并协助他们获取人道主义援助;通过对话、选举进程和召开关于大湖区和平、安全与发展的国际会议来迅速地和平解决此一危机。

2月19日 联合国秘书长安南对邓小平的逝世表示最深切的哀悼,并说邓小平在中国历史上留下了不可磨灭的印迹。20日,日内瓦裁军谈判会议和罗马国际农业发展基金第20届年会,当天举行会议时对邓小平逝世表示深切悼念。

2月27日 安理会通过关于安哥拉局势的第S/RES/1098(1997)号决议:决定将第3期联安核查团的任务期限延长到1997年3月31日,敦促安盟尽快加入安哥拉联合政府。

同日 安理会举行正式会议,对中国杰出领导人邓小平的逝世表示哀悼。3月12日,大会举行仪式,追悼中国杰出领导人邓小平。本届大会主席、马来西亚大使拉扎利主持追悼仪式。

2月28日 西非经济共同体在纽约建立驻联合国大使团,以便通过集体努力在联合国范围内争取和捍卫其成员国的共同利益。

3月5日 安理会举行会议,审议以色列政府批准在东耶路撒冷兴建犹太人定居点问题。与会各国代表纷纷敦促以色列以中东和平进程大局为重,停止执行有关计划。

同日 扎伊尔宣布接受安理会关于解决扎东部冲突的5点和平计划。扎伊尔政府要求迅速部署国际监督部队,以实施和平计划,监督所有外国军队、雇佣兵撤离扎伊尔。

3月7日 美国常驻联合国代表理查森否决了由法国、葡萄牙、瑞典和英国提出的一项呼吁以色列停止在东耶路撒冷兴建犹太人定居点的决议草案。该草案强调以色列修建定居点的行为是非法的,对中东和平构成严重障碍。安理会的投票结果为14国赞成,美国1国反对。

3月10日 联合国妇女地位委员会第41届会议举行第1次全体会议,庆祝委员会成立50周年。联合国秘书长安南出席会议并发表了讲话。

3月10日—4月18日 为期6周的联合国人权委员会第53届会议在日内瓦开幕。这次会议将审议与世界人权有关的发展权、经济社会文化权利、妇女权利和儿童权利等24项议题。会议审议并通过了有关发展权、反对种族主义和种族歧视以及反对对妇女儿童的暴力行为等100多项决议和决定。在会议闭幕当天,成员国代表还通过了关于召开一次反对种族主义和种族歧视的世界性大会的决议。

3月12日 联合国国际赔偿委员会向63个国家的政府汇出首批赔款,用于赔偿1990年8月伊拉克入侵科威特时遭受损失的受害者。这些赔款部分来自伊拉克石油出口的收入。

3月13日 大会以130票赞成、2票反对通过关于"以色列在巴勒斯坦被占领土特别是被占东耶路撒冷的定居活动"的第A/RES/51/223号决议。该决议由42个国家联合提出,敦促以色列政府立即停止继续推行在东耶路撒冷兴建犹太人定居点的计划。美国和以色列投了反对票。

3月14日 安理会通过关于塔吉克斯坦局势的第S/RES/1099(1997)号决议:决定将联塔观察团的任务期限延长到1997年6月15日。

3月17日 联合国秘书长安南首次提出对联合国改革的较具体方案,重点是改革秘书处。他提出,把秘书处3个负责社会和发展的主要部门合并。

同日 新建立的核禁试组织在维也纳正式开始工作。核禁试组织的主要任务是监督核禁试条约的执行。

3月20日 大会主席拉扎利提出了安理会改革的一揽子方案,建议增设5个常任理事国和4个非常任理事国,使安理会成员国数量从15国增加到24国。

3月21日 美国否决了由埃及和卡塔尔提出的一项决议草案。草案要求以色列停止在东耶路撒冷建筑阿布古奈姆山定居点以及在被占领的领土内进行一切其他以色列定居点的活动。

3月27日 安理会通过关于利比亚局势的第S/RES/1100(1997)号决议,决定将联合国利比里亚观察团的任务期限延长到1997年6月30日。

3月28日 安理会通过关于阿尔巴尼亚局势的第S/RES/1101(1997)号决议,欢迎在阿尔巴尼亚设立一支临时、有限的多国保护部队,以帮助运送人道主义援助,并协助为阿国境内的国际任务创造安全环境,为选举铺路。这支由意大利领导的多国保护部队在8月结束了任务。

3月31日 安理会通过关于安哥拉局势的第S/RES/1102(1997)号决议,决定将第3期联安核查团的任务期限延长到4月16日,并请秘书长在4月14日前报告团结与民族和解政府的成立情况。

同日 安理会一致通过关于波黑局势的第S/RES/1103(1997)号决议,授权波黑特派团增加186名警察和11名文职人员,以加强联合国警察工作队在布尔奇科的作用。波黑北部重镇布尔奇科是塞族和穆克联邦争夺的对象,国际仲裁法院 3 月 14 日宣布,在决定其归属之前,该地区由国际社会监管 1 年。

4 月 8 日　安理会一致通过关于"国际法庭—南斯拉夫"的第 S/RES/1104(1997)号决议,决定向大会推荐 19 名审判前南斯拉夫战犯国际法庭法官候选人。安理会是根据秘书长安南 3 月 13 日的提名而做出以上决定的。大会将从候选人中投票选出 11 名审判前南斯拉夫战犯国际法庭法官。根据安理会有关决议及规定,审判前南战犯法庭由 11 名法官组成,任期 4 年。

4 月 9 日　安理会通过关于前南斯拉夫的马其顿共和国局势的第 S/RES/1105(1997)号决议,决定在 1997 年 5 月 31 日联合国马其顿预防性部署部队目前的任务期限结束之前,暂停按照第 S/RES/1082(1996)号决议裁减其军事部分。

4 月 15 日　由美国和丹麦等一些西方国家提出的所谓"中国人权状况议案"在联合国人权委员会第 53 届会议审议程序中被否决。美国利用人权问题干涉中国内政的图谋再次遭到失败。

4 月 16 日　安理会通过关于安哥拉局势的第 S/RES/1106(1997)号决议,决定将第 3 期联合国安哥拉核查团的任务期限延长到 1997 年 6 月 30 日。安理会同意在 6 月 30 日以后,将目前以维和为主的核查团向观察团过渡。

同日　关于阿富汗问题的国际会议在纽约联合国总部召开。联合国副秘书长基兰·普伦德加斯特主持会议,中国、埃及、印度、伊朗、巴基斯坦、俄罗斯、美国等 22 个国家和伊斯兰会议组织的代表参加了会议。

4 月 24—25 日　大会召开第 10 次紧急特别会议,讨论以色列在东耶路撒冷被占领土上修建定居点及其行为。这次紧急特别大会是在美国连续两次在安理会行使否决权,反对通过要求以色列停止在东耶路撒冷兴建犹太人定居点的决议草案后召开的。此次会议历时 20 余年,是迄今为止最长的一次紧急特别会议。

4 月 29 日　《关于禁止发展、生产、储存和使用化学武器及销毁此种武器的公约》(简称《禁止化学武器公约》)于当天正式生效。该公约是在多边框架内谈判达成,是在普遍国际监督下消除大规模毁灭性武器的第 1 项裁军协定。公约于 1997 年 4 月 29 日生效。

5 月 1 日　联合国秘书长安南正式任命澳大利亚常驻联合国代表理查德·巴特勒大使为联合国监督伊拉克销毁化学、生物和核武器特别委员会主席,任期从 7 月 1 日开始。此前,安南秘书长"遗憾地"接受了原特委会主席、瑞典大使埃克乌斯递交的辞职请求。

5月4日 联合国负责维和事务的官员证实,近年来联合国在世界范围内维和行动的规模大幅度缩小,参与维和的人数锐减。1994年是联合国维和任务最紧张的1年,联合国在世界各地开展的各种维和行动多达18项,维和部队总人数达8万人,参与国家近80个,全年共耗费约33亿美元。目前,联合国在世界各地的维和行动虽然还有17项,但维和部队人数已减少到2.3万人。

5月6日 禁止化学武器组织缔约国大会第1届会议在荷兰海牙开幕。来自《禁止化学武器公约》165个签约国以及有关国际组织和非政府组织的代表出席了大会。

5月8日 联合国驻危地马拉军事观察团发言人克雷斯波上校宣布,鉴于危地马拉游击队已完成解除武器的任务,联合国这支和平协议核查部队的使命也已完成,该部队定于本月17日开始撤离危地马拉。

5月12日 根据《全面禁止核试验条约》成立的核禁试组织召开第1次会议,讨论机构的内部工作程序和预算问题,以及技术小组关于建立核查机制的报告,以监督全面禁止核试验条约的执行情况。

5月15日 国际原子能机构理事会在维也纳举行特别会议,一致通过一项关于加强国际核活动监督,更有效地防止核武器扩散的议定书。该议定书是经过长达4年的谈判后达成的,其宗旨是加强检查无核武器国家未申报的核活动能力。为更有效地防止核扩散,国际原子能机构理事会核准了保证协定附加议定书。这是自1970年通过第一批依照《不扩散核武器条约》与无核武器国家缔结的全面保障协定实施细则以来,对机构保障所作的最重要的修订。中国于1998年12月31日签署了保证协定附加议定书,并于2002年3月28日批准生效。

5月16日 安理会一致通过关于波黑局势的第S/RES/1107(1997)号决议:授权向波黑特派团增派120名国际警察,以监督当地警察的执法情况,确保《波黑和平协议》的执行。

5月17日 联合国驻危地马拉军事观察团在完成两个月的和平核查使命后,开始陆续撤离危地马拉。

5月21日 大会通过关于《国际水道非航行使用法公约》的第A/RES/51/229号决议及其所附之《国际水道非航行使用法公约》。

5月22日 安理会发表主席声明,对155名联合国军事观察员完成在危地马拉的监督停火任务表示欢迎。

同日 安理会通过关于西撒哈拉局势的第S/RES/1108(1997)号决

议:决定将联合国西撒哈拉全民投票特派团(西撒特派团)的任务期限延长到 1997 年 9 月 30 日。

5 月 24 日　禁止化学武器组织缔约国大会第 1 届会议在荷兰海牙落下帷幕。在会议闭幕式上,"禁止化学武器组织"正式成立。该组织由缔约国大会、执行理事会和技术秘书处 3 个主要机构组成,总部设在海牙。在这次为期 3 周的缔约国大会期间,已批准《禁止化学武器公约》的 88 个缔约国代表选举产生了由 41 个成员国组成的禁止化学武器组织执行理事会。

5 月 28 日　安理会一致通过关于中东局势的第 S/RES/1109(1997)号决议:决定将驻扎在叙利亚和以色列地区的联合国脱离接触观察员部队任期继续延长 6 个月,到 1997 年 11 月 30 日止。

同日　安理会通过关于前南斯拉夫的马其顿共和国局势的第 S/RES/1110(1997)号决议;决定将驻马其顿联合国预防性部署部队(联预部队)任期延长至 1997 年 11 月 30 日,并从 10 月 1 日起,在两个月内将军事人员减少 300 名。

5 月 29 日　中国常驻联合国代理代表王学贤在纽约联合国总部宣布,中国政府决定原则上参加联合国维和待命安排,并将在适当时候向联合国维和行动提供军事观察员、民事警察和工程等后勤保障分队。根据联合国 2002 年 12 月 11 日第 A/RES/57/129 号决议,每年的 5 月 29 日定为联合国维持和平人员国际日,以便向所有参与联合国维持和平行动的男女维和人员的高度专业精神、献身精神和勇气致敬,并缅怀为和平事业献出了生命的维和人员。

6 月 3 日　第 85 届国际劳工大会在日内瓦开幕,来自国际劳工组织 174 个成员的近 3000 名代表参加了这次大会。本届劳工大会的主要议题包括探讨经济全球化形势下的劳工标准和中小企业创造就业机会的潜力以及通过国际劳工组织 1998—1999 年度的行动纲领。

6 月 4 日　安理会通过关于伊拉克—科威特间局势的第 S/RES/1111(1997)号决议,决定从 6 月 8 日起将伊拉克石油换食品计划的执行期限延长 6 个月,以缓解伊国内仍然严重存在的物资匮乏问题。

6 月 12 日　安理会通过关于波黑局势的第 S/RES/1112(1997)号决议,同意任命卡洛斯·韦斯滕多尔普先生为联合国波黑问题高级代表,以接替卡尔·比尔特先生。

同日　安理会通过关于塔吉克斯坦局势的第 S/RES/1113(1997)号决议,决定将联合国驻塔吉克斯坦观察团的任期延长 3 个月,至 9 月 15 日止。决议呼吁塔吉克斯坦冲突双方切实执行以往达成的协议,鼓励双方签署

《建立和平与民族和解总协定》。

同日 联合国秘书长安南任命爱尔兰前总统玛丽罗宾逊夫人为联合国人权高级专员。联合国人权高级专员一职设立于1993年12月,由秘书长、大会和经社理事会授权和指导,负责联合国的人权活动。

6月19日 安理会通过关于阿尔巴尼亚局势的第S/RES/1114(1997)号决议,决定将驻阿尔巴尼亚多国保护部队的任期从1997年6月28日起延长45天。

6月20日 第51届联合国大会举行全体会议,通过了关于《发展纲领》的第A/RES/51/240号决议。该纲领说,发展是联合国的优先项目之一,目的是提高各国人民的生活水平。经济发展、社会发展和环境保护是相互依存的,在可持续发展中互为补充。

6月21日 安理会一致通过关于伊拉克—科威特间局势的第S/RES/1115(1997)号决议:要求伊拉克按照安理会有关决议规定,允许联合国特别委员会武器核查小组立即、无条件及无限制地视察特委会所希望视察的任何地区、设施、设备、记录及运输工具,并要求伊拉克允许特委会访谈所有伊拉克政府官员及其他人员。

6月23日 联合国和非统组织特使萨赫农在洛美宣布,一支由非洲国家组成的维和部队不久将进驻刚果。他说,这支维和部队将在联合国和非统组织的主持下组建。

6月23—27日 专门审议环境与发展问题的"地球问题首脑会议5周年特别会议"在纽约联合国总部开幕,即联合国第19次特别大会。170多个国家的代表,包括50多位国家元首和政府首脑及80多位部长出席大会并在大会上发言。这次特别大会回顾了自里约热内卢联合国环境与发展大会以来在执行《21世纪议程》等方面所取得的进展与不足,并围绕若干直接影响世界范围内可持续发展的重大问题进行了热烈的讨论,力求找出保护环境和资源的新途径和措施。大会最后通过关于《进一步落实21世纪议程的方案》的第A/RES/1(S—19)和A/RES/2(S—19)号决议。

6月27日 安理会通过关于利比亚局势的第S/RES/1116(1997)号决议:决定将联合国利比里亚观察团的任务期限延长到1997年9月30日,预期观察团将于该日结束。

同日 安理会通过关于塞浦路斯局势的第S/RES/1117(1997)号决议:决定再延长联合国驻塞浦路斯维和部队的任务期限,至1997年12月31日止。

6月30日 安理会通过关于安哥拉局势的第S/RES/1118(1997)号决

议：鉴于安哥拉冲突双方签署的和平协议已进入最后阶段，安哥拉国内政局稳定，决定结束联合国在安哥拉的维和核查行动，并于 7 月 1 日组建安哥拉观察团，首期任务期限至当年 10 月 31 日止。

7 月 7—11 日　联合国中部非洲安全问题协商委员会第 9 次会议在加蓬首都利伯维尔召开。中部非洲 9 国外长以及联合国和非洲统一组织大湖区特使萨努恩参加了开幕式。维护中部非洲的和平与安全，特别是缓解刚果的冲突是这次会议的主要议题。会议还就在本地区建立预防冲突机制、向刚果派遣非洲维和部队及其组成等问题进行磋商。会议通过的公报强调要在年底以前建立中部非洲预防危机快速预警机制。

7 月 13 日　根据安理会第 S/RES/1101（1997）号决议，进驻阿尔巴尼亚的欧洲多国部队开始撤离。按计划，驻阿多国部队将于 8 月 12 日全部撤离完毕。

7 月 14 日　安理会通过关于克罗地亚局势的第 S/RES/1119（1997）号决议：决定将联合国驻普雷夫拉卡半岛军事观察团的任期延长至 1998 年 1 月 15 日，并重申了对克罗地亚共和国独立、主权和领土完整的承诺。

同日　安理会通过关于克罗地亚局势的第 S/RES/1120（1997）号决议：决定将联合国东斯拉沃尼亚、巴拉尼亚和西锡尔米乌姆过渡时期行政当局（东斯过渡当局）的任期延长到 1998 年 1 月 15 日。

7 月 15 日　大会第 10 届紧急特别会议召开第 5 次全体会议，以 131 票赞成、3 票反对（美国、以色列和密克罗尼西亚）、14 票弃权的投票结果通过关于以色列在被占领的东耶路撒冷和其余被占领巴勒斯坦领土的非法行为的第 A/RES/ES—10/3 决议，再次敦促以色列停止在东耶路撒冷兴建犹太人定居点和其他非法行动。

同日　驻克罗地亚东斯拉沃尼亚地区的联合国维和部队开始第 1 阶段撤军。该地区联合国部队司令昂塞特少将说，到 10 月 15 日联合国部队人数将从现在的 5000 人减至 720 人，到 1998 年 1 月 15 日维和部队全部撤离。

7 月 16 日　秘书长安南在联合国大会上提出了联合国全面改革方案。安南指出，现在的改革方案是联合国成立 52 年来内容最广泛、影响最深远的改革方案。这一改革方案内容包括精简机构、提高办事效率、削减财政支出，把节省下来的资金用于发展中国家的经济建设。

7 月 22 日　安理会通过关于联合国维和的第 S/RES/1121（1997）号决议：决定设立达格·哈马舍尔德勋章，以表彰在联合国维和行动中作出牺牲的人员。自联合国成立以来，共有 75 万人参加了联合国维和行动，其中

1500 多人牺牲。

7月25日 秘书长安南任命美国人威廉·沃克为联合国东斯拉沃尼亚、巴拉尼亚和西锡尔米乌姆过渡时期行政当局(东斯过渡当局)新任行政长官。

7月29日 安理会通过关于中东局势的第 S/RES/1122(1997)号决议:决定将联合国驻黎巴嫩临时部队任期再延长 6 个月,至 1998 年 1 月 31 日止。

7月30日 安理会通过关于海地问题的第 S/RES/1123(1997)号决议:决定设立联合国海地过渡时期特派团(联海过渡团),以 4 个月为任务期限,至 1997 年 11 月 30 日止,以便支持和帮助海地国家警察的专业化;还决定联海过渡团人员由至多 250 名民警和 50 名负责保安的军人组成。

7月31日 安理会通过关于格鲁吉亚局势的第 S/RES/1124(1997)号决议:将联合国驻格鲁吉亚观察团任期延长 6 个月,至 1998 年 1 月 31 日止。决议说,安理会对全面解决格鲁吉亚阿布哈兹冲突的政治谈判陷入僵局表示关注,重申应在尊重格鲁吉亚主权和领土完整的基础上解决阿布哈兹政治地位问题的立场。

8月6日 安理会一致通过关于中非共和国局势的第 S/RES/1125(1997)号决议:核准参加班吉协定监测团的国家继续以中立和公正的方式监督前叛乱分子和其他非法持有武器者缴出武器,协助中非共和国恢复和平与安全。安理会决定上述授权最初期限为 3 个月,要求监测团参加国通过秘书长每两周递交一次报告。监测团包括了来自布基纳法索、加蓬、马里、塞内加尔、多哥的部队。

8月7日 为期 8 天的联合国气候问题会议在波恩结束。由于欧美和日本等发达国家在一些实质性问题上存有分歧,会议未能在达成一项新的世界环境保护公约问题上取得突破。会议期间,来自 145 个国家的代表主要就 2000 年以后削减全球温室气体排放问题上发生了激烈辩论。

8月21日 联合国秘书长副发言人胡安·卡洛斯·布兰特在新闻发布会上宣布,由于巴拿马政府邀请台湾当局参加巴拿马运河会议,联合国决定不参加这次会议。布兰特说,如果联合国参加这次会议,它就违背了联合国大会关于中华人民共和国是中国在联合国的唯一合法代表的决议。

8月27日 安理会轮值主席、英国大使温斯顿在安理会磋商结束后向记者说,安理会成员国对 8 月 22 日发生在卢旺达境内 148 名刚果民主共和国难民遭屠杀的暴力事件感到震惊,并强烈谴责这一暴力行为。

同日 安理会通过关于"国际法庭—南斯拉夫"的第 S/RES/1126

（1997）号决议：赞同秘书长的建议，由卡里比·怀特法官、奥迪奥·贝尼托法官和贾恩法官，在后任国际法庭法官接替之后，继续完成他们在任期届满前已经开始办理的切莱比奇案件。国际法庭预期在 1998 年 11 月之前结束这一案件。

8 月 28 日　安理会一致通过关于安哥拉局势的第 S/RES/1127（1997）号决议：决定对迟迟不履行和平协议的争取安哥拉彻底独立全国联盟实施制裁。安理会要求所有国家拒绝安盟一切领导人及其成年直系亲属提出的入境或过境申请，取消或吊销已发给他们的旅行证件、签证或居留许可证，立即关闭所有安盟办事处，禁止一切未经安哥拉政府允许的飞机进出安哥拉，禁止向安盟提供任何飞机、飞机部件等。

同日　联合国人权小组委员会会议在日内瓦表决通过了一项关于促进有关人权问题对话的决议案。这一决议案是由中国倡议并得到美国等 20 多个国家支持而共同提出。决议敦促人权小组委员会同各国政府及非政府观察员在人权问题上开展建设性的对话和磋商，以便增进了解和寻求有效办法，在所有国家促进和保护人权。

9 月 8 日　联合国秘书长安南发表联合国工作报告，总结联合国各部门一年来的工作，并表示将继续推进联合国改革，以促进世界朝着更加安全、富裕和公正的方向发展。

9 月 10 日　第 50 届联合国大会召开全体会议，审议《全面禁止核试验条约》。经过两天讨论，最后以 158 票赞成，3 票（印度、不丹、利比亚）反对，5 票（黎巴嫩、叙利亚、毛里求斯、坦桑尼亚、古巴）弃权，通过关于《全面禁止核试验条约》的第 A/RES/50/245 号决议。大会决议要求秘书长作为条约保存人，尽早开放条约在联合国总部供各国签署，呼吁所有国家尽早签约并完成各自国内的批准程序，成为条约缔约国，还请秘书长作为该条约保存人向大会第 52 届会议报告该条约签字和批准情况。

9 月 12 日　安理会通过关于塔吉克斯坦局势的第 S/RES/1128（1997）号决议：决定将联合国塔吉克斯坦观察团（联塔观察团）的任务期限延长两个月，至 1997 年 11 月 15 日止。

同日　安理会通过关于伊拉克与科威特间的局势的第 S/RES/1129（1997）号决议：决定授权各国准许进口原产于伊拉克的石油和石油产品，在 1997 年 6 月 8 日起的 120 天内不超过 10 亿美元，并在其后 1997 年 10 月 4 日起的 60 天内不超过 10 亿美元。

9 月 16 日　第 52 届联合国大会当天下午在纽约联合国总部开幕，来自所有 185 个会员国的代表参加了本届联合国大会的第 1 次全体会议。乌克兰外交部部长乌多文科当选本届联合国大会主席。

9月17日 第52届联合国大会总务委员会正式宣布,决定不将所罗门群岛等极少数国家所提出的所谓台湾"重返"联合国的提案列入本届联合国大会会议的正式议程。这是联合国大会总务委员会连续第5年挫败台湾当局在联合国内制造"两个中国"和"一中一台"的图谋。

同日 在挪威奥斯陆举行的国际全面禁止杀伤性地雷大会经过紧张谈判,通过一项关于全面禁止杀伤性地雷的国际协议草案。草案规定,禁止生产、出口和使用杀伤性地雷,现储存的所有杀伤性地雷在4年内予以销毁,现有的所有布雷区在10年内予以清理。所有工作都将在联合国代表的监督下进行。

9月18日 联合国秘书长安南向安理会提交报告,建议进一步加强联合国在索马里民族和解以及今后重建和经济恢复中的作用。

9月22日—10月7日 联合国大会展开以改革为主题的一般性辩论。各国代表都强烈呼吁联合国进行改革,但在具体问题上,各方意见不一。在为期3周的一般性辩论中,共有176个国家的代表发言,其中包括18位国家元首、14位政府首脑、16位副总理和111位外交部长。

9月25日 正在出席第52届联合国大会的安理会5常任理事国外长发表联合声明,重申对联合国的承诺和对联合国改革的支持,同时希望联合国能在维护世界和平与安全、促进世界经济持续发展等方面继续发挥作用。这5国外长分别是中国国务院副总理兼外长钱其琛、美国国务卿奥尔布赖特、俄罗斯外长普里马科夫、英国外交大臣库克和法国外交部长韦德里纳。

9月26日 联合国秘书长特使卡伊·艾德在帕莱同波黑塞族政府就紧急整编波黑塞族警察部队达成协议。艾德强调这是落实代顿和平协议的重要步骤,对波黑地区的稳定具有重要意义。联合国将对整编后的塞族警察部队的训练提供援助。

9月29日 安理会通过关于安哥拉局势的第S/RES/1130(1997)号决议:决定把针对安盟的部分制裁措施推迟至1997年10月30日执行。

同日 安理会通过关于西撒哈拉局势的第S/RES/1131(1997)号决议:决定将联合国西撒哈拉公民投票特派团任期先延长3周,以帮助恢复中断的公民身份查验工作,为西撒哈拉公民投票做准备。

9月30日—10月10日 《联合国防治荒漠化公约》缔约国第1届大会在罗马召开。会议就调动国际社会各方面的财力、物力和科技力量推进世界防治荒漠化进程等问题进行广泛的磋商和讨论。10月3日,大会通过投票表决,决定将《联合国防治荒漠化公约》常设秘书处设在德国波恩。这次会议是联合国首次就防治荒漠化问题举行的专门会议。来自包括中国在内的 112 个缔约国的政府、联合国有关机构和非政府组织等方面的 1000 多名代表参加了大会。

10 月 8 日　安理会通过关于塞拉利昂局势的第 S/RES/1132（1997）号决议：要求 5 月 25 日发动军事政变的塞拉利昂军政府立即采取步骤，恢复民选政府，决定对塞军政府进行制裁，限制军政府成员及其成年家属入境或过境他国，禁止所有国家向塞拉利昂出售或供应石油和石油产品以及军火和各种有关物资。

10 月 14 日　第 52 届联合国大会选举加蓬、冈比亚、巴林、斯洛文尼亚和巴西为安理会新的非常任理事国。上述 5 国将于次年 1 月 1 日起进入安理会，任期两年。

10 月 19 日　联合国东斯拉沃尼亚、巴拉尼亚和西斯雷姆地区过渡行政当局第 2 批部队撤离人数为 1700 名。此后，联合国在东斯拉沃尼亚地区的军事人员还剩下 720 人。

10 月 20 日　安理会一致通过关于西撒哈拉局势的第 S/RES/1133（1997）号决议，决定将联合国西撒哈拉公民投票特派团任期从 10 月 20 日起延长 6 个月，至 1998 年 4 月 20 日止，以帮助恢复中断的公民身份查验工作，为西撒公民投票作准备。

10 月 21 日—11 月 12 日　联合国教科文组织第 29 届大会在巴黎召开。来自 180 多个成员的近 2000 名代表就全世界在教育、科学和文化等领域面临的问题进行了广泛磋商，寻求解决办法。大会在闭幕当天通过了《当代人对后代人责任的宣言》，强调当代人在发展的同时还要承担起责任，为后代人创造更好的生存条件。

10 月 23 日　安理会通过关于伊拉克—科威特间局势的第 S/RES/1134（1997）号决议，要求伊拉克严格遵守安理会有关决议，否则将对其实施新的制裁措施。该议案是安理会听取伊拉克问题特委会主席巴特勒的工作报告后，由美英两国提出并付诸表决的。

10 月 29 日　安理会一致通过关于安哥拉局势的第 S/RES/1135（1997）号决议，决定从 10 月 30 日起对安盟实施制裁措施。这些制裁措施是安理会于 8 月 28 日通过的，应于 1 个月前生效，但由于当时安盟采取行动履行 1994 年《卢萨卡议定书》的有关义务而暂缓。

11 月 2 日　安南秘书长发表声明说，他已决定向伊拉克派遣 3 名特使，以调解目前在检查伊拉克武器问题上出现的危机。日前，联合国武器核查小组在抵达一个核查地点时，伊拉克当局禁止美国籍核查人员入内，致使核查工作被迫中断。

11月4日 在本月安理会主席、中国常驻联合国代表秦华孙的主持下,联合国安理会就中非共和国局势、《班吉协议》执行情况等问题进行了非正式磋商。

11月5日 大会以143票支持,3票反对(美国、以色列和乌兹别克斯坦),17票弃权通过关于"必须终止美利坚合众国对古巴的经济、商业和金融封锁"的第A/RES/52/10号决议,要求美国解除对古巴的经济、商业和金融封锁。

同日 经过安理会的一致同意,安南秘书长派遣的3名特使抵达巴格达开始进行武器核查危机的调解工作。这3名特使分别是阿尔及利亚的拉赫达尔·卜拉希米、阿根廷的埃米利奥·卡德纳斯和瑞典的扬·埃利亚松。

11月6日 安理会一致通过关于中非共和国局势的第S/RES/1136(1997)号决议,核准班吉协定监测团继续协助中非共和国恢复和平与安全。决议授权监测团参加国和向监测团提供后勤保障的国家确保有关人员的安全与行动自由,授权期限为3个月。

同日 联合国特使同伊拉克政府就武器核查问题举行的共4轮会谈结束。会谈并未取得实质性成果。

11月7—18日 联合国粮农组织第29届大会在罗马召开。会议由粮农组织总干事迪乌夫主持。来自粮农组织175个成员国的农业部部长和有关高级官员出席了会议。本届大会着重讨论1997年世界粮食形势以及1996年世界粮食首脑会议结束一年来各国对会议有关决议和文件的执行情况。

11月10日 联合国秘书长安南对伊拉克坚持禁止美国人参加联合国武器核查小组进入伊拉克的强硬立场感到遗憾,希望伊方配合联合国的调解努力,以避免伊拉克武器核查危机进一步恶化。同时,安理会就伊拉克武器核查问题进行内部磋商,以便为达成一项外交解决办法作最后的努力。

11月12日 安理会一致通过关于伊拉克与科威特间的局势的第S/RES/1137(1997)号决议,决定对阻挠联合国武器核查小组工作的伊拉克有关政府官员和军警人员实施制裁,禁止他们出国旅行。安理会还谴责伊拉克政府关于禁止联合国武器核查小组中美国人在其境内活动的决定,并要求其立即取消这一决定。

11月14日 安理会通过关于塔吉克斯坦局势的第S/RES/1138(1997)号决议,决定将联合国塔吉克斯坦观察团的任务期限延长到1998年5月15日。

同日 根据联合国特委会主席巴特勒的指示,联合国武器核查小组当天早晨离开巴格达,撤往联合国特委会的后勤基地巴林。

同日 联合国秘书长安南发表讲话,批评美国国会拒不批准克林顿政府交付联合国会费的做法,呼吁美国切实履行义务,尽快交清长期拖欠的15亿美元巨额会费。

11月20日 联合国5个常任理事国的代表结束关于伊拉克危机的会谈后在日内瓦发表联合声明,希望看到伊拉克无条件接受联合国武器核查人员重返伊拉克,根据安理会第 S/RES/1137(1997)号决议的规定开展正常工作。

同日 伊拉克常驻联合国代表哈姆顿正式通知安理会,伊拉克政府已同意联合国武器核查小组的所有成员返回伊拉克,恢复武器核查工作。

11月21日 安理会通过关于中东局势的第 S/RES/1139(1997)号决议:决定将驻中东地区的联合国脱离接触观察员部队的任务期限再延长6个月,至1998年5月31日止。

同日 经安理会同意后,包括美国人在内的联合国武器核查小组共77人重新返回巴格达,并尽快恢复中断两周的武器核查工作。

11月22日 联合国特委会结束关于伊拉克武器核查问题的紧急会议,并向安理会提交了一份关于伊拉克武器核查现状及建议的报告。安理会在审议后,对报告中的评估和建议表示欢迎。

11月26日 大会通过"关于联合国和国际海底管理局之间关系的协定"的第 A/RES/52/27 号决议,核准联合国和国际海底管理局之间的关系协定。

11月28日 安理会通过关于前南斯拉夫的马其顿共和国局势的第 S/RES/1140(1997)号决议,决定将驻马其顿的联合国预防性部署部队的任务期限再延长至1997年12月4日。

同日 安理会通过关于海地问题的第 S/RES/1141(1997)号决议,决定建立一支为期1年的联合国海地警察特派团,接替将于11月30日期满的联合国海地过渡时期特派团,以继续协助海地国家警察向专业化部队过渡。

12月1—11日 在日本京都举行第3次联合国气候变化框架公约参加国会议。会议制定了京都议定书全称为《〈联合国气候变化框架公约〉京都议定书》,是联合国气候变化框架公约的补充条款。京都议定书规定工业化国家要减少温室气体的排放,减少全球气候变暖和海平面上升的危险,发展中国家没有减排义务,实行自愿减排。议定书规定到2010年,相对于

1990 年的温室气体排放量全世界总体排放要减少 5.2%,包括 6 种气体,二氧化碳、甲烷、氮氧化物、氟利昂(氟氯碳化物)等。2008—2012 年的 5 年间,欧盟国家应减少 8%,美国 7%,日本 6%,加拿大 6%、东欧各国 5%—8%。新西兰、俄罗斯和乌克兰则不必削减,可将排放量稳定在 1990 年水平上,允许爱尔兰、澳大利亚和挪威的排放量分别比 1990 年增加 10%、8%、1%。《京都议定书》需要在占全球温室气体排放量 55% 的至少 55 个国家批准之后才具有国际法效力。各个国家之间可以互相购买排放指标,也可以以增加森林面积吸收二氧化碳的方式按一定计算方法抵消。

12 月 3 日 121 个国家的代表签署《渥太华禁雷公约》,该公约开放签署,于 1999 年 3 月 1 日正式生效。

12 月 4 日 安理会一致通过关于波黑局势的第 S/RES/1142(1997)号决议,决定将驻马其顿共和国的联合国预防性部署部队任期作最后 1 次延长,至 1998 年 8 月 31 日止。

同日 安理会一致通过关于伊拉克—科威特间局势的第 S/RES/1143(1997)号决议,决定第 S/RES/986(1995)号决议继续有效(第 4 段、第 11 段和第 12 段的规定除外);又决定在伊拉克政府提出的新的分配计划获得秘书长核准之前,所购买物品适用的分配计划应继续依照本决议。

12 月 12 日 大会通过关于消除对妇女的暴力行为的预防犯罪和刑事司法措施的第 A/RES/52/86 号决议及其所附《预防犯罪和刑事司法领域消除对妇女的暴力行为的示范战略和实际措施》。

12 月 15 日 大会通过关于联合国国际贸易法委员会跨国界破产示范法的第 A/RES/52/158 号决议及其所附《联合国国际贸易法委员会跨国界破产示例法》。

大会通过关于制止恐怖主义爆炸的国际公约的第 A/RES/52/164 号决议及其所附《制止恐怖主义爆炸的国际公约》。条约于 2001 年 5 月 23 日生效。

12 月 16 日 联合国难民事务高级专员公署发表《难民形势报告》称:目前全世界有 2270 万名难民,比 1990 年增加了 780 万人。亚洲是难民最多的地方,共 480 万人,其中 260 万人来自阿富汗,其次是非洲。

12 月 19 日 第 52 届联合国大会通过关于"革新联合国:改革方案"的第 A/RES/52/12B 号决议,采纳秘书长安南的建议,增设联合国常务副秘书长一职。决议称,常务副秘书长是秘书长办公厅的一个组成部分,将根据现有决策制度,受秘书长委托,承担包括协助秘书长管理秘书处业务,在秘书长不在的情况下代理秘书长,加强联合国在经济和社会领域的领导,代表秘书长出席会议和公务活动等职责。

同日　安理会通过关于波黑局势的第 S/RES/1144（1997）号决议,决定成立一个由 180 名民事警察组成、任期不超过 9 个月的联合国支援小组,接替将于 1998 年 1 月 15 日结束使命的联合国东斯拉沃尼亚、巴拉尼亚和西锡尔米乌姆过渡时期行政当局（即东斯过渡当局）。

同日　安理会通过关于克罗地亚局势的第 S/RES/1145（1997）号决议,决定从 1998 年 1 月 16 日起设立一个由 180 名民警监测员组成的支助小组,任务只限 1 期,至多 9 个月,以继续监测克罗地亚警察在多瑙河区域尤其是在难民回归方面的表现。

12 月 22 日　大会通过关于联合国经费分摊比额表的第 A/RES/52/215 号决议,批准了联合国财政委员会提出的会费分摊比额新方案,即 1998—2000 年期间会员国会费分摊比额的上限为 25%,下限为 0.001%;最不发达国家个别分摊率不超过现有的 0.01%。该方案按照联合国长期实行的"能力支付原则",根据 185 个会员国的国民生产总值在世界经济中所占的比例及人均收入情况,适当调整了会员国在今后 3 个财政年度中的会费分摊比额。这是联合国为摆脱长期的严重财政危机而迈出的第 1 步,同时美国减少自身会费分摊额的企图未能成功。

12 月 23 日　安理会通过关于塞浦路斯局势的第 S/RES/1146（1997）号决议:决定再延长联合国驻塞浦路斯维持和平部队（联塞部队）的任务期限,至 1998 年 6 月 30 日为止。

一九九八年

（国际海洋年）

1 月 2 日　联合国销毁伊拉克化学、生物和核武器特别委员会（以下简称"联合国特委会"）驻巴格达总部所在地"运河饭店"晚间遭到来历不明的火箭弹袭击,但没有人员伤亡。这是联合国特委会在伊拉克开展武器核查工作 6 年来首次遭袭。

1 月 5 日　秘书长安南向安理会提交报告,建议联合国驻普雷夫拉卡半岛军事观察团的任期再延长 6 个月,至 1998 年 7 月 15 日止。南联盟同克罗地亚于 1992 年 9 月曾达成关于该半岛的非军事化协议,安理会随后宣布该半岛为非军事区。

1 月 7 日　秘书长发言人卡洛斯宣布,安理会决定于 10 日向塞拉利昂派遣技术调查小组,以评估和了解国际社会特别是联合国在帮助塞拉利昂有关方面履行和平协议中所能发挥的作用。这是安理会在审议秘书长安南关于塞局势报告后作出上述决定的。

1 月 9 日 安哥拉和平进程联合委员会当晚在罗安达一致决定,在 2 月底前完成《卢萨卡和平协议》规定的所有尚未完成的工作。这表明安哥拉和平进程即将结束。

1 月 12 日 伊拉克政府当晚宣布,伊拉克将从 13 日起禁止联合国特委会下属的武器核查小组在伊执行任务,直到该小组重新组成并保证安理会常任理事国人员在小组中的比例达到平衡。11 日抵达巴格达的 1 个 16 人武器核查小组中包括 9 名美国人、5 名英国人,1 名俄罗斯人和 1 名澳大利亚人。伊拉克认为,该小组中安理会常任理事国人员的构成极不平衡,受到了美英两国的控制。

同日 秘书长安南在记者招待会上,劝告伊拉克不要在联合国武器核查问题上采取鲁莽行动,以免激化矛盾。伊拉克政府当天宣布中止联合国武器核查小组在伊的工作。

同日 秘书长安南宣布任命加拿大的路易丝·弗雷歇特女士为联合国首位常务副秘书长,并于 1 月 15 日正式就任,弗雷歇特从 20 世纪 70 年代起从事外交工作,1992—1994 年任加拿大常驻联合国代表,1995 年 6 月—1998 年初任加拿大国防部部长。

1 月 13 日 安理会一致通过关于克罗地亚局势的第 S/RES/1147（1998）号决议,决定将联合国驻克罗地亚普雷夫拉卡半岛军事观察团的任期再延长 6 个月,至 1998 年 7 月 15 日止。

同日 中国常驻联合国代表在安理会就有关伊拉克问题进行紧急磋商时表示,安理会在强调伊拉克必须全面遵守有关武器核查决议的同时,也应关注伊拉克的正当安全要求。

1 月 15 日 波兰国防部宣布,波兰已决定加入联合国快速反应部队。国防部部长奥内什凯维奇于当天签署了加入该部队的文件。为了和平目的而组建的联合国快速反应部队将于 1999 年 1 月 1 日开始行动。

同日 联合国驻克罗地亚东斯拉沃尼亚地区过渡行政当局在行使了两年行政管理权后,正式将权力移交给克罗地亚政府。根据安理会 1995 年 11 月通过的决议,向东斯拉沃尼亚派遣的过渡政权行政管理机构和国际部队即日起结束使命。

1 月 16 日 美国人斯科特·里特率领的联合国武器核查小组按照联合国特委会的要求提前一天撤离伊拉克。里特在临行前的记者招待会上说,核查小组的撤离不代表联合国在伊进行武器核查的决心有任何改变。

同日 秘书长发言人埃克哈德宣布,由中国政府向联合国提供的 3 名中国武器专家将于 2 月加入联合国特委会的武器核查小组,参加伊拉克武器核查工作。这是中国政府首次派遣有关专家参加此项工作。

同日 联合国和中亚国家代表在阿拉木图举行反生产、贩运和吸毒会议。会议宣布,中亚国家决心同联合国及其他国际组织密切配合,联手打击本地区日益猖獗的毒品犯罪。

1 月 19 日 联合国特委会主席巴特勒当天抵达巴格达后,在记者招待会上强调,伊拉克必须无条件地遵守联合国有关决议,允许武器核查小组进入他们要去的地点进行核查任务,同时核查小组也应尊重伊拉克主权。

1 月 20 日 联合国特委会主席巴特勒同伊拉克副总理阿齐兹在第 1 轮会谈中达成协议,双方同意于 2 月 1 日就伊拉克导弹弹头有关的问题举行技术会谈。

同日 1998 年度裁军谈判会议在日内瓦开幕。秘书长安南在会议书面讲话中敦促会议在裁减大规模杀伤性武器方面取得更大进展。包括中国新任裁军大使李长和在内的 61 个成员国的裁军大使或代表出席会议。

1 月 21 日 联合国特委会主席巴特勒结束对伊拉克的访问并离开巴格达。他与伊拉克副总理阿齐兹举行的武器核查问题会谈没有取得任何实质性进展。

1 月 22 日 联合国人权委员会高级官员玛丽·鲁宾逊抵达金边访问。她将同柬埔寨王国政府第一首相翁霍和第二首相洪森等政府领导人举行会晤。

1 月 26 日 安理会一致通过关于西撒哈拉局势的第 S/RES/1148(1998)号决议:决定扩大联合国西撒哈拉全民投票特派团规模,部署排雷工兵部队以及增加行政人员。

同日 伊拉克常驻联合国代表尼扎尔·哈姆敦警告说,如果美国借联合国对伊武器核查问题为由对伊拉克发动军事打击,伊拉克将被迫还击。

同日 秘书长安南向安理会提交报告,建议延长驻中非共和国班吉协定监测团任期至 1998 年 3 月 15 日,同时建立一支联合国维和部队接替该监测团,继续协助中非共和国恢复和平和安全并监督该国定于同年下半年举行的立法选举。

1 月 27 日 安理会一致通过关于安哥拉局势的第 S/RES/1149(1998)号决议:决定将联合国驻安哥拉观察团任期再延长 3 个月,至 1998 年 4 月 30 日止。同时减少联安观察团的军事人员。

同日 秘书长安南批准将联合国人道主义事务部更名为联合国人道主义协调办公室。其主要职能为:协调有关人道主义事务的紧急反应、政策研究和对有关人道主义的问题提出建议等。

1月30日　安理会一致通过关于格鲁吉亚局势的第 S/RES/1150 (1998)号决议,继续关注格鲁吉亚的阿布哈兹问题,赞扬冲突双方在日内瓦会议上的建设性做法,欢迎在协调理事会框架内设立各工作组,以及在秘书长特别代表主持下召开了第1届会议,并强调这些机构必须有效地开展工作。

同日　安理会一致通过关于中东局势的第 S/RES/1151(1998)号决议,决定将联合国驻黎巴嫩临时部队的任务期限再延长6个月,至1998年7月31日止。

1月31日　23名联合国武器专家抵达巴格达,参加定于2月1日召开的伊拉克武器核查技术评估会议。这次会议是联合国特委会主席巴特勒访问伊拉克期间与伊副总理阿齐兹会谈时应伊方要求安排的。

2月3日　秘书长安南与伊拉克副总理阿齐兹通电话,就如何解决伊拉克武器核查危机进行了磋商。安南认为这是一次富有建设性的讨论,双方同意努力寻求通过谈判解决危机的办法。此前,美国一直在寻求其他国家支持其可能对伊拉克动武而进行的外交努力。

2月5日　联合国粮农组织决定派团前往塞拉利昂,了解经济制裁和禁运对当地人民所造成的后果。

同日　安理会一致通过关于中非共和国局势的第 S/RES/1152(1998)号决议,决定将联合国驻中非共和国的班吉协定监测团任务期限延长到1998年3月16日。

2月6日　伊拉克导弹弹头和化学武器技术评估会议当晚在巴格达结束。与会的两个联合国专家小组随后离开巴格达返回联合国特委会后勤基地巴林。

2月7—22日　第18届冬季奥运会在日本长野举行,共有72个国家和地区的2176名运动员参赛。中国共派出60名运动员参赛,累计获得6银2铜8枚奖牌。

2月10日　由于外交解决伊拉克武器核查危机的努力进入关键阶段,秘书长安南当天取消了其他一切活动,全力调解伊拉克危机。安南当天就伊拉克问题会见了法国常驻联合国代表和联合国特委会主席。他希望能够协调有关各方建议,并形成安理会全体成员都能接受的一揽子解决方案。

同日　中国常驻联合国代表秦华孙重申,中国致力于通过外交途径解决伊拉克武器核查危机。中国认为,使用武力无助于促进联合国特委会与伊拉克的合作。

2月11日   伊拉克外长萨哈夫表示,伊拉克同意按照俄罗斯的建议,向联合国武器核查人员开放伊境内所有地点,其中包括总统府下属的8处场所。

同日   秘书长安南就外交解决伊拉克武器核查危机与5个安理会常任理事国的代表进行紧急磋商。会后,安南发表声明说,与会的安理会常任理事国代表们一致表示要继续努力,力争通过外交途径解决当前的危机。

同日   新上任的联合国环境署执行主任克劳斯·特普费尔表示,将进一步增强环境署在协调和处理全球环境事务中的作用。

同日   经社理事会通过了关于《国内流离失所问题指导原则》的第E/CN.4/1998/53/Add.2号决议,对全世界范围内国内流离失所者确定了一些权利和保障,确保任何人不被强迫迁移,保证他们可以获得保护和援助。

2月13日   秘书长安南就外交解决伊拉克武器核查危机再次与5个安理会常任理事国的代表进行紧急磋商。会后,安南说,他与代表们讨论了检查伊拉克总统府邸的问题。与会代表一致重申,安理会决议应得到全面和无条件的执行。

2月16日   秘书长安南同5个安理会常任理事国的代表进行了第3次紧急磋商,以寻求外交解决伊拉克危机。会后,安南说,这次磋商富有建设性,但仍需要时间才能得出结论。

2月18日   安理会15个成员国一致表示,完全支持秘书长安南前往巴格达,调解伊拉克武器核查危机。安南表示,他对安理会的一致支持感到高兴,并已经为伊拉克之行做好了准备。

2月19日   秘书长安南启程离开纽约,前往巴格达。途中,安南将在巴黎作短暂停留,并与法国总统希拉克就伊拉克危机进行会谈。他的随行人员包括秘书长负责阿富汗事务的特使卜拉希米、瑞典外交部大使级官员莫兰德和联合国负责法律事务办公室的副秘书长科雷尔等7人。

同日   第20届联合国粮农组织非洲地区会议在埃塞俄比亚首都亚的斯亚贝巴隆重开幕。

2月20日   安理会通过关于伊拉克与科威特间的局势的第S/RES/1153(1998)号决议:同意将伊拉克目前的石油出口限额由每半年20亿美元提高至52亿美元,以有效缓解伊拉克国内严重的粮食和药品短缺状况。安理会是在审议了秘书长安南的报告后作出这一决定的。

同日   秘书长安南抵达巴格达,开始为期4天的调解伊拉克武器核查危机的外交努力。美国总统克林顿认为,安南的巴格达之行是能否和平解决这场危机的关键机会。克林顿重申,如果伊拉克不遵守联合国有关武器核查决议,美国就一定诉诸武力。

2月21日 秘书长安南同伊拉克副总理阿齐兹举行正式会谈。安南向阿齐兹介绍了安理会5个常任理事国有关解决危机的基本原则,并要求伊方完全执行联合国有关销毁大规模杀伤性武器的决议,允许联合国武器核查人员自由进入任何可疑地点检查。

2月22日 秘书长安南同伊拉克总统萨达姆就武器核查问题进行了私下会谈。安南向萨达姆提交了一份联合国关于和平解决这场危机的总结性文件。安南的发言人埃克哈特说,会谈取得了重大进展,有关核查伊拉克总统府问题的分歧已经消除。

2月23日 秘书长安南与伊拉克副总理阿齐兹签署了联合国在伊拉克进行武器核查的协议。根据协议,伊拉克接受安理会所有有关决议,同意联合国武器核查人员可以不受限制地进入包括总统府在内的任何可疑地点进行检查,并同意保持联合国特委会的完整性,联合国武器核查活动也应尊重伊拉克的主权和尊严。安南说,这份协议与安理会决议相一致,希望安理会所有成员国都能接受。安南的巴格达之行取得了重要成果。

2月24日 秘书长安南向安理会汇报了他在巴格达斡旋的情况。安南随后表示,安理会普遍同意和支持他与伊拉克达成的谅解备忘录。美国总统克林顿同一天表示,将密切注视伊拉克能否严格履行与秘书长安南达成的恢复武器核查的协议。

2月25日 联合国特委会下属的17个武器核查小组对伊拉克境内的一些地点进行了核查。这表明,联合国特委会在伊拉克的武器核查工作已经恢复。

同日 鉴于安盟在安哥拉和平进程中不同政府合作和拒不执行卢萨卡和平协议的原因,联合国公布了制裁安哥拉反对派安盟领导人的名单。处于首位的是安盟主席萨文比,其次是安盟副主席登博和安盟总书记加托。

2月27日 海牙国际法庭宣布,尽管安理会就洛克比空难通过了制裁利比亚的决议,但它有权受理利比亚就洛克比空难对英国和美国的起诉。

3月2日 安理会一致通过关于伊拉克—科威特间局势的第 S/RES/1154(1998)号决议,同意秘书长安南与伊拉克政府就解决伊武器核查问题所达成的谅解备忘录,强调伊拉克必须遵守这项决议。

3月6日 安理会发表主席声明,呼吁克罗地亚政府立即和充分履行1995年与塞尔维亚族达成的关于东斯拉沃尼亚问题的协定,采取切实措施,实现全国民族和解。

3月7日 联合国代表在塞拉利昂首都弗里敦宣布,安理会已经决定取消对塞拉利昂的制裁,但保持对该国实行的武器禁运。联合国 1997 年 10 月 8 日通过第 S/RES/1132(1998)号决议,对塞拉利昂实行燃料和武器禁运,以迫使当年 5 月 25 日通过政变上台的塞军政府停止武装对抗。

3 月 10 日　安理会在非正式会议上听取了前南问题国际联络小组对南斯拉夫科索沃问题的通报,但安理会并没有就此问题举行正式磋商。安理会中许多成员国认为,科索沃问题是南联盟内政,安理会不应介入。

3 月 11 日　秘书长安南开始对华盛顿进行为期两天的访问。安南与美国总统克林顿以及其他政府高层就伊拉克武器核查问题交换了意见,并呼吁美国及时补缴拖欠联合国的会费。

3 月 14 日　美国白宫发言人鲁宾在华盛顿宣布,美国政府决定不再在日内瓦联合国人权会议上提出针对中国人权状况的议案。他说,美国的决定是在中国采取了一系列改善人权的措施之后作出的。他对中国政府准备签署《公民权利和政治权利公约》的决定给予了高度评价。

3 月 16 日　安理会一致通过关于中非共和国局势的第 S/RES/1155(1998)号决议:确定中非共和国的局势继续对该区域的国际和平与安全构成威胁,促请中非共和国政府继续履行中非共和国总统 1998 年 1 月 8 日给秘书长的信(S/1998/61,附件)中所作承诺,呼吁中非共和国各方完成《班吉协定》各项条款的执行,并落实民族和解会议的结论。

同日　安理会一致通过关于塞拉利昂局势的第 S/RES/1156(1998)号决议,决定即日起解除向塞拉利昂提供石油和石油产品的禁令。安理会在决议中对塞拉利昂恢复民选总统卡巴的执政权力表示欢迎。

3 月 18 日　秘书长安南开始对埃及、叙利亚、黎巴嫩、约旦、巴勒斯坦自治区和以色列进行为期 9 天的访问。安南此行是受美国总统克林顿之托,将带去美国关于打破巴以和谈僵局的最新方案。秘书长将在中东和谈问题上发挥非常积极和富有建设性的作用。

3 月 19 日　为期 3 天的“水与可持续发展”国际会议在巴黎联合国教科文组织总部开幕,来自 84 个国家的 600 名代表将共同讨论世界淡水资源的综合管理问题。

同日　秘书长发言人卡洛斯宣布,美国当天向联合国支付了 5170 万美元的会费。舆论认为,这是秘书长安南上周赴华盛顿与美国领导人会谈的结果。安南曾警告说,如果继续拖欠联合国会费,根据《联合国宪章》,美国将可能从 1999 年 1 月起失去在联合国大会的投票权。

3 月 20 日　安理会一致通过关于安哥拉局势的第 S/RES/1157(1998)号决议,决定在 1998 年 4 月 30 日前逐步从安哥拉撤走联合国安哥拉观察团军事人员,并规定这项工作必须在 7 月 1 日前全部完成。

3 月 25 日 安理会通过关于伊拉克—科威特间局势的第 S/RES/1158 (1998)号决议,决定第 S/RES/1143(1998)号决议各项规定在符合第 S/RES/1153(1998)号决议规定的前提下继续有效,但授权各国准许进口原产于伊拉克的石油和石油产品,在 1998 年 3 月 5 日起的 90 天期间内共计不超过 14 亿美元。

3 月 27 日 安理会一致通过关于中非共和国局势的第 S/RES/1159 (1998)号决议,从 1998 年 4 月 15 日起在中非设立一个联合国中非共和国特派团,以接替班吉协定监测团(非洲多国干预部队),继续协助中非恢复和平与安全,并监督该国将于当年八九月间举行的议会选举。

3 月 31 日 安理会通过关于科索沃(前南斯拉夫联盟共和国)的第 S/RES/1160(1998)号决议,决定对南斯拉夫联盟实施武器禁运。安理会呼吁南联盟进一步采取措施,通过对话实现科索沃问题的政治解决。

同日 联合国难民事务高级专员公署驻尼加拉瓜代表希尼娅·比希尔宣布,最后 1 批 14 名萨尔瓦多难民已加入尼加拉瓜国籍,标志着联合国难民事务署已完成在尼加拉瓜的使命,不久将撤出该国。

4 月 6 日 英国和法国宣布批准《全面禁止核试验条约》,两国常驻联合国代表当天分别将批准文件交存联合国总部。该条约 1996 年 9 月 24 日起开放签署,截至目前,共有 149 个国家签署了这项条约。

4 月 9 日 安理会通过关于卢旺达局势的第 S/RES/1161(1998)号决议:谴责卢旺达境内持续的暴力行为,表示严重关注有关违反安理会第 S/RES/918(1994)号、第 S/RES/997(1995)号和第 S/RES/1011(1995)号决议规定的禁运,向前卢旺达政府部队和民兵出售和供应军火和有关物资的报告,并强调各国政府必须采取行动确保切实执行禁运。

4 月 15 日 联合国驻中非共和国观察团正式接替班吉协定监测团(非洲多国干预部队),开始在中非执行维和任务。

4 月 17 日 安理会一致通过关于塞拉利昂局势的第 S/RES/1162 (1998)号决议,决定立即在塞拉利昂派驻 10 名联合国军事联络官。

同日 安理会一致通过关于西撒哈拉局势的第 S/RES/1163(1998)号决议,决定将联合国西撒特派团的任务期限延长至 1998 年 7 月 20 日。

4 月 21 日 联合国人权委员会第 54 届会议首次否决了美国提出的关于古巴人权状况议案。表决结果为,中国等 19 个发展中国家投了反对票,美国等 16 个国家投赞成票,其他 18 个国家弃权。这是自 1990 年以来,美国利用人权议案干涉古巴内政的图谋首次遭到失败。

4 月 29 日　安理会一致通过关于安哥拉局势的第 S/RES/1164(1998)
号决议,决定将联合国安哥拉观察团的任务期限延长到 1998 年 6 月 30 日。

4 月 30 日　安理会通过关于"国际法庭—卢旺达"的第 S/RES/1165
(1998)号决议:决定设立卢旺达问题国际法庭第三审判分庭,以便及时审
判待审的被告。根据 1994 年 11 月 8 日安理会决议,安理会可以在必要时
增加该法庭的法官人数和分庭数目。

5 月 1 日　为期 12 天的联合国可持续发展委员会年会结束。在会议
上,各国代表就淡水管理、工业与可持续发展、技术转让 3 个问题回顾了执
行 1992 年里约热内卢联合国环境与发展大会决议的情况,对下一步可持续
发展提出了指导意见。

5 月 8 日　安理会决定解除对部分伊拉克政府官员和军警人员实施的
禁止其出国旅行的制裁。安理会是在审议了联合国特委会主席巴特勒的建
议后作出上述决定的。

5 月 11—13 日　印度在 3 天时间内进行了 5 次地下核试验。5 月 28
日和 30 日,巴基斯坦进行了 6 次核试验。之后印度、巴基斯坦均自行宣布
成为核武器国家。印巴两国核试验引起国际社会的强烈反应,并遭到一致
谴责。

●**5 月 11 日**　秘书长安南发表声明,对印度当天进行 3 次核试验表示
遗憾。他说,印度的行为违背了国际社会已经达成的有关协议的精神。

●**5 月 13 日**　印度再次进行核试验。秘书长安南对此深表震惊。安
南通过发言人说,他希望印度切实遵守国际社会有关核试验和核不扩散的
准则,使国际社会在核裁军方面及早取得进展。

●**5 月 14 日**　安理会发表主席声明,对印度在 3 天内进行两轮核试验
深表遗憾,并强烈要求印度停止进行任何核试验。安理会呼吁印度以及尚
未签署《不扩散核武器条约》和《全面禁止核试验条约》的所有其他国家,立
即无条件地成为这两项条约的缔约国。

●**5 月 29 日**　秘书长安南就印度和巴基斯坦相继进行核试验与安理
会 5 个常任理事国进行了磋商。安理会发表主席声明,对巴基斯坦 28 日进
行核试验深表遗憾,同时呼吁印度和巴基斯坦立即停止一切核试验。

●**6 月 4 日**　安理会 5 常任理事国外长在日内瓦举行会议,讨论因印
度和巴基斯坦进行核试验而引发的南亚紧张局势和防止核武器扩散等问
题。这次会议是由中国和美国共同倡议召开的。中国外长唐家璇作为安理
会常任理事国轮值协调员主持了会议。美国国务卿奥尔布赖特、俄罗斯外
长普里马科夫、英国外交大臣库克和法国外长韦德里纳出席了会议。会后

发表了联合公报,谴责印度和巴基斯坦核试验,并呼吁两国立即无条件地签署或加入禁核条约,放弃核武器化及核部署。5 国均不承认印度和巴基斯坦的核国家地位。

●**6 月 6 日**　安理会一致通过关于"和平与安全——印度与巴基斯坦"的第 S/RES/1172(1998)号决议,谴责印度和巴基斯坦最近进行的核试验。决议指出,印巴核试验对南亚和国际的和平与安全造成了不良影响;两国应放弃核武器发展计划,防止南亚地区的紧张局势进一步恶化。安理会认可 5 个常任理事国 6 月 4 日在日内瓦发表的联合公报。

●**9 月 23 日**　巴基斯坦总理谢里夫在联合国大会发言时宣布,巴基斯坦准备在 1999 年 9 月召开核禁试条约缔约国会议前签署该条约。当天,秘书长安南发表声明,对巴基斯坦政府作出准备签署全面禁止核试验条约的决定表示欢迎。

●**9 月 24 日**　出席联合国大会会议的印度总理瓦杰帕伊也宣布,印度准备在 1 年内签署全面禁止核试验条约。安南秘书长表示欢迎印度政府的这一决定。

5 月 13 日　安理会一致通过关于"国际法庭—南斯拉夫"的第 S/RES/1166(1998)号决议:决定在审判前南斯拉夫战犯国际法庭下设立第三分庭,审判应对 1991 年以来在前南斯拉夫境内严重违反国际人道主义法的行为负责的人员。

同日　在日内瓦举行的第 51 届世界卫生大会决定不将尼加拉瓜等 5 国提出的要求将台湾作为世界卫生组织观察员的提案列入本届大会议程。

同日　第 51 届世界卫生大会选举挪威前首相布伦特兰女士为新一任世界卫生组织总干事,接替即将卸任的总干事中岛宏博士。布伦特兰女士将于当年 7 月 21 日正式就职,任期 5 年。

5 月 14 日　安理会一致通过关于塔吉克斯坦局势的第 S/RES/1167(1998)号决议,决定将联合国塔吉克斯坦观察团的任务期限延长 6 个月,至 1998 年 11 月 15 日止。

5 月 21 日　安理会一致通过关于波斯尼亚和黑塞哥维那局势的第 S/RES/1168(1998)号决议,决定将联合国波斯尼亚—黑塞哥维那特派团的国际警察工作队人数增加 30 人,使警力达到 2057 人。

5 月 27 日　安理会一致通过关于安哥拉局势的第 S/RES/1169(1998)号决议,决定将驻安哥拉的联合国脱离接触观察员部队的任务期限再延长 6 个月,至 1998 年 11 月 30 日止。

5 月 28 日　安理会一致通过关于非洲局势的第 S/RES/1170(1998)号

决议,欢迎 1998 年 4 月 13 日的秘书长报告及其建议,并赞扬秘书长为解决非洲武装冲突的各项努力,决定成立一个由安理会所有成员组成的特设工作组,为期 6 个月,酌情拟订一个执行各项建议的框架,并在 1998 年 9 月前,提出有关具体行动的明确建议,供安理会审议。

5 月 29 日　中国签署《〈联合国气候变化框架公约〉京都议定书》,成为该公约的第 37 个签约国。2002 年 8 月 30 日,中国常驻联合国代表王英凡大使向联合国秘书长安南交存了中国政府对《京都议定书》的核准书。2002 年 9 月 3 日,中国国务院总理朱镕基在约翰内斯堡可持续发展世界首脑会议上讲话时宣布,中国已核准《〈联合国气候变化框架公约〉京都议定书》。

6 月 5 日　安理会一致通过关于塞拉利昂局势的第 S/RES/1171(1998)号决议,决定解除对塞拉利昂的武器禁运。安理会要求所有出口到塞拉利昂的武器必须通过塞政府控制的边境口岸进入该国,同时要求塞政府对进口的武器进行严格登记,并定期向安理会汇报,以防止进口的武器落入前军政府武装人员及其他反政府武装手中。

6 月 8—10 日　大会召开关于世界药物问题的第 20 届特别会议,通过第 A/RES/1(S—20)至 A/RES/4(S—20)号共 4 项决议。这次会议将把全球禁毒斗争推向一个新阶段,故又被称为"第 2 届禁毒特别联大"。第 A/RES/1(S—20)号决议内含"减少毒品需求""打击兴奋剂犯罪""易制毒化学品管制""司法合作""打击洗钱""替代发展"等 6 个主题文件,并附有一项《政治宣言》。第 A/RES/3(S—20)号决议及其所附之《减少毒品需求指导原则宣言》确立了减少毒品需求的指导原则。中国国务委员罗干率中国代表团出席了这次大会。

6 月 12 日　安理会一致通过关于安哥拉局势的第 S/RES/1173(1998)号决议,谴责安哥拉反对派安盟未能彻底履行 1994 年签署的《卢萨卡议定书》,决定对其加强制裁。决议要求各国冻结安盟存储的资金和金融资产,拒绝同安盟领导人进行正式接触。

6 月 15 日　安理会一致通过关于波斯尼亚和黑塞哥维那局势的第 S/RES/1174(1998)号决议,决定将包括警察工作队在内的波黑特派团的任务期限再延长一段时间,至 1999 年 6 月 21 日止。

6 月 18 日　国际电信联盟会议通过《关于向减灾和救灾行动提供电信资源的坦佩雷公约》。公约于 2005 年 1 月 8 日生效。

6 月 19 日　安理会一致通过关于伊拉克—科威特间局势的第 S/RES/1175(1998)号决议:注意到目前伊拉克无法出口第 S/RES/1153

（1998）号决议中提到的 52.56 亿美元总额的石油或石油产品,决定将代管账户中 3 亿美元用于支付所批准的合同费用。

6 月 24 日 安理会一致通过关于安哥拉局势的第 S/RES/1176(1998)号决议:要求安盟无条件充分履行第 S/RES/1173(1998)号决议所规定的义务,决定第 S/RES/1173(1998)号决议中第 11 段和第 12 段规定的措施应于 1998 年 7 月 1 日生效。

6 月 26 日 安理会一致通过关于厄立特里亚与埃塞俄比亚之间的局势的第 S/RES/1177(1998)号决:严重关切埃塞俄比亚与厄立特里亚之间的冲突,表示强烈支持 1998 年 6 月 10 日非统组织国家元首和政府首脑会议的决定(S/1998/494),以及非统组织国家元首的任务和努力,并敦促非统组织尽快采取后续行动。

同日 联合国驻安哥拉特别代表贝耶乘坐的专机当晚在科特迪瓦经济首都阿比让机场准备降落时坠毁,贝耶及其随行人员不幸遇难。

6 月 29 日 安理会一致通过关于塞浦路斯局势的第 S/RES/1178(1998)号决议,决定延长联合国塞浦路斯维和部队的任务期限,至 1998 年 12 月 31 日。

同日 安理会一致通过关于塞浦路斯局势的第 S/RES/1179(1998)号决议:重申以前关于塞浦路斯的所有决议,强调全力支持秘书长的斡旋任务和秘书长塞浦路斯问题特别顾问为恢复持续的直接谈判进程而做的努力。

同日 安理会一致通过关于安哥拉局势的第 S/RES/1180(1998)号决议,决定将联合国安哥拉观察团的任务期限延长到 1998 年 8 月 15 日。

7 月 1 日 安理会本月主席、俄罗斯常驻联合国代表拉夫罗夫宣布,由于安哥拉反对派安盟没有如期于 6 月 30 日前履行和平协议,安理会 6 月 12 日决议中所规定的对安盟的制裁措施从 7 月 1 日起开始生效。

7 月 6 日 联合国经社理事会高级别经济讨论会开幕。会议宗旨是分析亚洲金融危机的影响,以及商讨在全球范围内解决危机的对策。

同日 联合国总部在纽约举行活动,悼念 6 月 26 日因飞机失事遇难的联合国驻安哥拉特别代表阿利翁·贝耶和其他 7 名联合国驻安哥拉观察团维和人员。

7 月 7 日 第 52 届联合国大会以 124 票赞成、4 票反对和 10 票弃权的表决结果通过关于巴勒斯坦参加联合国工作的第 A/RES/52/250 号决议,决定提高巴勒斯坦在联合国的地位。根据决议,作为联合国观察员,巴勒斯坦将享有参加联合国大会一般性辩论、按照联合国大会议程就巴勒斯坦和中东问题以外的所有问题进行发言和对有关问题作答复的权利。此外,巴勒斯坦还将享有就巴勒斯坦和中东问题联合提出决议草案、在有关巴勒斯坦和中东问题的会议上提出重要问题程序次序等的权利。

7月13日　安理会一致通过关于塞拉利昂局势的第 S/RES/1181（1998）号决议,决定在塞拉利昂设立联合国观察团,协助该国进行民族和解和国家重建。根据决议,联合国塞拉利昂观察团由秘书长驻塞拉利昂特别代表领导,由70名军事观察员和一个医疗小队组成,最初任期为6个月,至1999年1月13日止。

7月14日　安理会一致通过关于中非共和国局势的第 S/RES/1182（1998）号决议,决定将联合国中非共和国特派团的任务期限延长到1998年10月25日。

7月16日　安理会一致通过关于克罗地亚局势的第 S/RES/1183（1998）号决议:授权联合国军事观察员继续监测普雷维拉卡半岛的非军事化情况,直至1999年1月15日,请秘书长在1998年10月15日前向安理会提出报告,说明普雷维拉卡半岛的局势,以及是否改编联合国普雷维拉卡观察团的问题。

同日　安理会一致通过关于波斯尼亚和黑塞哥维那局势的第 S/RES/1184（1998）号决议,核准波黑特派团,设立一个监测并评估波黑法院系统的方案,作为高级代表办事处概述的司法改革通盘方案的一部分。

7月17日　为期1个多月的"联合国设立国际刑事法院外交全权代表会议"在罗马闭幕。会议表决通过了《国际刑事法院规约》,120个国家投了赞成票,21个国家投了弃权票,中国、美国、以色列和菲律宾等7国投了反对票。包括中国在内的162个国家和一些国际组织、非政府组织的代表参加了这次会议。《国际刑事法院规约》从1998年7月17日至10月17日在罗马并于其后至2000年12月31日在纽约联合国总部开放供签署。

7月18日　国际刑事法庭在罗马成立。

7月20日　安理会一致通过关于西撒哈拉问题的第 S/RES/1185（1998）号决议,决定将联合国西撒哈拉全民投票特派团的任务期限延长到1998年9月21日。

同日　联合国塔吉克斯坦观察团的4名工作人员在塔国东部地区被杀害。

7月21日　秘书长安南发表声明,强烈谴责7月20日发生的针对联塔观察团工作人员的恐怖袭击事件。

同日　安理会一致通过关于前南斯拉夫的马其顿共和国局势的第 S/RES/1186（1998）号决议,决定增加联合国预防性部署部队的兵力,至多增至 1050 人,并将联预部队目前的任务期限延长 6 个月,至 1999 年 2 月 28 日为止。

7 月 22 日　秘书长特别代表库比什在杜尚别宣布,为避免危险再次发生,联合国观察团从塔吉克斯坦召回全体工作人员。

7 月 30 日　安理会一致通过关于格鲁吉亚局势的第 S/RES/1187 (1998)号决议,决定将联合国格鲁吉亚观察团的任务期限延长到 1999 年 1 月 31 日止。

同日　安理会一致通过关于黎巴嫩局势的第 S/RES/1188(1998)号决议,决定将联合国驻黎巴嫩临时部队的任务期限延长 6 个月,至 1999 年 1 月 31 日止。

8 月 4 日　联合国驻柬埔寨特别代表梅霍特拉对柬大选顺利进行表示满意,认为这次具有历史意义的大选是成功的。

8 月 5 日　伊拉克政府宣布立即中止与联合国特委会和国际原子能机构的合作,直到特委会重新改组和联合国有关解除对伊拉克制裁的决议条款得到实施为止。

8 月 8—12 日　世界青年事务部长级会议在葡萄牙里斯本召开。9 月 14 日,会议通过了《关于青年政策和方案的里斯本宣言》和《布拉加青年行动计划》的第 A/53/378 号决议,重申了《到 2000 年及其后世界青年行动纲领》的主旨和建议,对青年问题进行全球对话。

8 月 13 日　安理会一致通过关于"和平与安全——肯尼亚和坦桑尼亚"的第 S/RES/1189(1998)号决议:强烈谴责 1998 年 8 月 7 日发生在肯尼亚内罗毕和坦桑尼亚达累斯萨拉姆,针对美国大使馆的恐怖主义炸弹袭击事件。这两起恐怖袭击共造成数百名无辜者丧生、上千人受伤,并对财产造成巨大破坏。

同日　安理会一致通过关于安哥拉局势的第 S/RES/1190(1998)号决议,决定将联合国安哥拉观察团的任务期限延长至 1998 年 9 月 15 日。

8 月 20 日　安理会举行正式磋商,审议联合国对伊拉克制裁问题。会后安理会主席蒂尔克向新闻界发表口头声明说,由于目前尚不具备解禁条件,联合国将继续维持对伊拉克的制裁。

8 月 27 日　安理会一致通过关于"国际法庭—南斯拉夫"的第 S/RES/1191(1998)号决议,决定审议秘书长截至 1998 年 8 月 4 日收到的前南斯拉夫问题国际法庭法官提名人选,并将 1 份 10 人的提名人名单送交大会。

同日　安理会一致通过关于阿拉伯利比亚民众国的第 S/RES/1192

（1998）号决议：欢迎英美两国关于在荷兰审判两名涉嫌制造洛克比空难事件的利比亚人的决定，同时呼吁利比亚政府合作，以确保这两名嫌疑人能够到荷兰接受审判。

8月28日　安理会一致通过关于阿富汗局势的第 S/RES/1193（1998）号决议，深为关切阿富汗内战因塔利班武装进攻阿富汗北部而急剧升级，谴责在塔利班控制区发生的对联合国人员的攻击，并呼吁塔利班紧急调查这些令人发指的罪行，并将调查结果通报联合国；又谴责塔利班占领伊朗驻马扎里沙里夫总领事馆，并要求塔利班确保伊朗外交人员安全离开阿富汗。

9月8日　大会通过第 A/RES/52/251 号决议，核准《联合国和国际海洋法法庭合作与关系协定》。

9月9日　安理会一致通过关于伊拉克—科威特间局势的第 S/RES/1194（1998）号决议，谴责伊拉克 1998 年 8 月 5 日所作暂停同特别委员会和原子能机构合作的决定，决定不进行预定于 1998 年 10 月份进行的审查，直到伊拉克撤销其上述决定。

9月9日—1999年9月13日　第 53 届联合国大会召开，乌拉圭外交部部长迪迪埃·奥佩蒂当选为本届大会主席。

9月10日　荷兰鹿特丹公约全权代表会议通过《关于在国际贸易中对某些危险化学品和农药采取事先知情同意程序的鹿特丹公约》。促进缔约方在危险化学品的国际贸易中分担责任和开展合作，保护人类健康和环境免受此类化学品可能造成的危害，并推动以无害环境的方式加以使用。公约于 2004 年 2 月 24 日生效。

9月11日　第 53 届联合国大会总务委员会宣布，不把尼加拉瓜等极少数国家提出的所谓台湾"重返"联合国的提案列入本届联合国大会议程。这是台湾当局在联合国内制造"两个中国""一中一台"的图谋连续第 6 年遭遇失败。

9月15日　安理会一致通过关于安哥拉局势的第 S/RES/1195（1998）号决议，决定将联合国安哥拉观察团的任务期限延长到 1998 年 10 月 15 日。

同日　安理会一致通过关于非洲局势的第 S/RES/1196（1998）号决议：安理会审议了 4 月 13 日秘书长提交大会（A/52/871）和安全理事会（S/1998/318）关于"非洲境内冲突起因和促进持久和平与可持续发展"报告中的建议，其中认为必须加强军火禁运的效力，作为减少可用于武装冲突的军火的手段。决议重申所有会员国均有义务执行安理会关于军火禁运的各项决定；鼓励各会员国通过立法或其他法律措施将违反安理会规定军火禁运的行为定为犯罪。

9月18日 安理会一致通过关于非洲局势的第 S/RES/1197(1998)号决议:敦促秘书长协助在非统组织内建立预警系统;核可在非统组织内设立联合国预防行动联络处,并欢迎联合国与非统组织在预防和解决非洲冲突的措施上加强并扩大合作。

同日 安理会一致通过关于西撒哈拉局势的第 S/RES/1198(1998)号决议,决定将联合国西撒特派团的任务期限延长到 1998 年 10 月 31 日。

9月21日 第 53 届联合国大会开始进行一般性辩论。本届联合国大会的一般性辩论预定于 10 月 2 日结束。来自 181 个国家的代表将在辩论中发言。

同日 国际原子能机构第 42 届大会在奥地利首都维也纳开幕。大会将审议并通过 1999 年和 2000 年的工作计划和预算、1999 年和 2000 年的技术合作计划与捐助目标、1997 年度报告,以及讨论核保障和监督、印巴核试验、伊拉克和朝鲜核问题等。

9月23日 安理会通过关于科索沃(前南斯拉夫联盟共和国)的第 S/RES/1199(1998)号决议,呼吁南斯拉夫联盟共和国境内的科索沃冲突各方立即停火,并通过协商结束冲突。决议还称在必要时将采取"进一步行动"和另外的措施,以恢复该地区的和平与稳定。

9月24日 安理会 5 个常任理事国发表联合声明,重申了对联合国改革的支持,希望联合国在维护世界和平与安全、促进世界经济全面和持续发展以及遏制国际金融危机等方面继续发挥其独特的作用。声明坚决支持联合国的全面改革,欢迎安南秘书长提出的关于联合国改革一揽子方案和联合国大会就安南改革方案通过的一系列决议。

同日 安理会举行第 2 次非洲问题外长会议并发表主席声明,紧急呼吁非洲国家和有关各方用和平方式解决争端,并表示将进一步提高非洲国家预防冲突的能力。

9月29日 联合国大会接受安南秘书长的建议,选举日本的绪方真子继续担任联合国难民事务高级专员,任期两年,到 2000 年底止。

9月30日 安理会通过关于"国际法庭—卢旺达"的第 S/RES/1200(1998)号决议,审议秘书长收到的卢旺达问题国际法庭法官 18 名候选人名单,并将候选人名单送交大会审议。

10月5日 秘书长安南在向安理会提交的有关南联盟科索沃问题的报告中说,科索沃地区最近发生种种令人震惊的暴行。阿尔巴尼亚族准军事组织和南联盟安全部队都应承担责任,但南联盟负有更大责任。由于没有派驻停火监督人员,所以秘书长不能对科索沃局势作出独立判断。

同日　中国常驻联合国代表秦华孙代表中国政府在联合国总部签署了《公民权利和政治权利国际公约》。

10月6日　联合国举办纪念维和行动50周年活动,通过关于《联合国维持和平50周年纪念宣言》的第A/RES/53/2号决议。秘书长安南在纪念仪式上发言强调,联合国维和行动为维护世界和平与安全发挥了巨大作用。安南发言强调"我们重申支持所有有效促进联合国维持和平人员的安全的努力。我们自豪地回顾联合国维持和平部队获颁1988年诺贝尔和平奖,我们欢迎安全理事会设达格·哈马舍尔德奖章,作为对那些在联合国军事指挥和权限下服务于维持和平行动牺牲生命者表示的敬意。我们联合国会员国申明我们承诺并愿意向联合国维持和平人员提供充分支持,以确保他们能成功地执行交付给他们的任务。"

10月7日　秘书长派驻塞浦路斯常驻代表赫克斯女士表示,她将开始同塞浦路斯希土两族举行穿梭谈判,以缓和塞岛紧张局势,推动塞问题尽早解决。

10月8日　大会选举阿根廷、加拿大、马来西亚、纳米比亚和荷兰为安理会新的非常任理事国。这5国将从1999年1月1日起进入安理会,任期两年。

10月9日　大会召开全体会议,审议秘书长安南向安理会和联合国大会提交的关于非洲问题的综合报告。会议呼吁国际社会更多地关注非洲,并以实际行动帮助非洲国家结束冲突、发展经济。

10月14日　大会通过关于"必须终止美利坚合众国对古巴的经济、商业和金融封锁"的第A/RES/53/4号决议,决定将题为"必须终止美利坚合众国对古巴的经济、商业和金融封锁"的项目列入其第54届会议的临时议程。

10月15日　秘书长安南已决定向南联盟派出一个联合国代表团,实地了解科索沃局势,以及向安理会报告南联盟政府遵守安理会第S/RES/1160(1998)号和第S/RES/1199(1998)号决议的情况。

大会全体会议通过关于"加勒比国家联盟在大会的观察员地位"的第A/RES/53/5号决议,决定邀请加勒比国家联盟以观察员资格参加大会的届会和工作。

大会全体会议通过关于"经济合作与发展组织在大会的观察员地位"的第A/RES/53/6号决议,决定邀请经济合作与发展组织以观察员资格参加大会的届会和工作。

同日　安理会一致通过关于中非共和局势的第 S/RES/1201(1998)号决议,决定为中非共和国即将举行的立法选举提供帮助,同时决定将联合国中非共和国特派团任期延长至 1999 年 2 月 28 日。

同日　安理会一致通过关于安哥拉局势的第 S/RES/1202(1998)号决议,决定将联合国安哥拉观察团的任务期限延长到 1998 年 12 月 3 日。

10 月 23 日　联合国特委会宣布已经下令将 1 名美国籍的武器核查人员驱逐出伊拉克,并指控他在伊拉克从事与联合国使命不符的活动,私自拍摄伊拉克某导弹基地。这是特委会首次驱逐其下属的武器核查人员。

同日　由于中国和俄罗斯的反对,安理会未能通过英、美等西方国家草拟的含有支持北约对南联盟采取军事行动内容的决议草案。中国常驻联合国代表秦华孙表示,中国反对武力干涉南联盟内政,主张通过外交手段和平解决科索沃危机。

同日　联合国与阿富汗武装派别塔利班就恢复阿人道主义救援活动的谈判取得进展,双方签署了一项在阿富汗的联合国工作人员安全保障协议,为联合国和一些国际非政府组织恢复对阿人道主义救援工作铺平道路。

10 月 24 日　安理会通过关于科索沃(前南斯拉夫联盟共和国)问题的第 S/RES/1203(1998)号决议,呼吁南联盟政府和科索沃阿族领导人"全面、迅速地"遵守安理会有关决议,并和欧洲安全与合作组织以及北约负责核查有关决议执行情况的人员进行全面合作。

同日　联合国特委会宣布将委员会中 1 名违反纪律的智利籍工作人员驱逐出伊拉克。该工作人员被指控从直升机上对伊拉克某军事基地进行拍摄,违反了特委会工作纪律。这是特委会驱逐的第 2 名工作人员。

10 月 26 日　联合国特委会向安理会提交报告说,法国实验室对从伊拉克武器销毁现场采集的导弹弹头碎片进行化验后发现,这些弹头碎片上有神经毒气(VX)的痕迹。

10 月 30 日　安理会通过关于西撒哈拉局势的第 S/RES/1204(1998)号决议,决定将联合国西撒特派团的任务期限延长到 1998 年 12 月 17 日;支持将身份查验委员会的工作人员从 18 人增至 25 人。

同日　安理会经过磋商,决定在伊拉克恢复与联合国武器核查人员的合作后,分两个阶段对伊执行安理会有关决议的情况进行全面审议。

11 月 2 日　《联合国气候变化框架公约》第 4 次缔约方大会在阿根廷的布宜诺斯艾利斯开幕。来自中国、美国、日本、欧盟等 160 多个缔约方政府代表、观察员代表及非政府组织的代表共 4000 余人参加了大会。

11 月 4 日　联合国大会主席发言人宣布,本届联合国大会当天一致通过关于"2001 年:不同文明之间对话年"的第 A/RES/53/22 号决议,决定将2001 年定为"联合国不同文明间对话年",以增进各种文明间的了解和沟通,减少不同文明间的冲突。

同日　联合国负责行政和管理事务的副秘书长康纳表示,美国前一天向联合国缴纳了 1.97 亿美元的会费,使美国本年缴纳的会费总额达到5.86 亿美元,从而使美国避免了 1999 年在联合国大会失去投票权的尴尬局面。

同日　联合国教科文组织在巴黎总部发表《世界文化报告》。这是该组织第 1 次就世界各国文化趋势和文化与发展的关系进行全面调查和分析后所发表的报告。

11 月 5 日　安理会通过关于伊拉克—科威特间局势的第 S/RES/1205(1998)号决议:谴责伊拉克 1998 年 10 月 31 日所作停止与特别委员会合作的决定是公然违反第 S/RES/687(1991)号决议;要求伊拉克立即无条件地撤销这一决定,并立即、全面和无条件地与特别委员会和国际原子能机构继续合作。

11 月 11 日　联合国驻巴格达新闻发言人宣布,遵照联合国总部的指示,鉴于伊拉克形势不稳,除主要官员外,包括武器核查人员和人道主义观察员在内的所有联合国工作人员当天全部撤出伊拉克,并说联合国此举是预防性措施。

11 月 12 日　安理会通过关于塔吉克斯坦局势的第 S/RES/1206(1998)号决议,强烈谴责 1998 年 7 月联合国塔吉克斯坦观察团名成员被谋杀案件,且该案件侦破工作至今尚无进展,决定将联塔观察团的任务期限延长 6 个月,至 1999 年 5 月 15 日为止。

11 月 14 日　《联合国气候变化框架公约》第 4 次缔约方大会闭幕。与会者决定进一步采取措施,促使上次会议通过的《京都议定书》早日生效,同时制定了落实议定书的工作计划。

11 月 15 日　联合国武器核查人员开始返回伊拉克,表明伊拉克政府恢复了与联合国的合作。

11 月 17 日　安理会通过关于"国际法庭—南斯拉夫"的第 S/RES/1207(1998)号决议,谴责南斯拉夫联盟共和国至今尚未执行国际法庭对1998 年 9 月 8 日信中所述向卡拉季奇等 3 人发出的逮捕令,并要求立即无条件执行,包括将这 3 人移送国际法庭拘押。

11 月 19 日　安理会一致通过关于非洲局势的第 S/RES/1208(1998)

号决议和第 S/RES/1209(1998)号决议,呼吁非洲国家在解决国际难民和遏制非法武器流通等问题上进一步加强合作。

11 月 23 日　大会以不投票方式通过关于"安全理事会席位公平分配和成员数目增加的问题及有关事项"的第 A/RES/53/30 号决议,决定如无大会会员至少 2/3 的赞成票,不就安全理事会席位公平分配和成员数目增加的问题及有关事项作出任何决议或决定。

11 月 24 日　安理会通过关于伊拉克—科威特间局势的第 S/RES/1210(1998)号决议,决定继续向伊拉克人民提供人道主义必需品,直到伊拉克政府履行各项有关决议,特别是 1991 年 4 月 3 日第 S/RES/687(1991)号决议,使安理会能够根据这些决议的规定,就 1990 年 8 月 6 日第 S/RES/661(1990)号决议规定的禁令采取进一步行动。

11 月 25 日　安理会通过关于中东局势的第 S/RES/1211(1998)号决议,决定将驻中东的联合国脱离接触观察员部队的任务期限再延长 6 个月,至 1999 年 5 月 31 日止。

同日　安理会通过关于海地问题的第 S/RES/1212(1998)号决议,决定将联合国海地民警团的任务期限延长到 1999 年 11 月 30 日。

12 月 3 日　安理会通过关于安哥拉局势的第 S/RES/1213(1998)号决议,决定将联合国安哥拉观察团的任务期限延长到 1999 年 2 月 26 日。

12 月 4 日　大会全体会议通过 49 项关于国际军控与裁军问题的决议,呼吁国际社会共同努力,实现全面、彻底的裁军,并全面禁止核试验以及防止在外层空间进行军备竞赛。决议主要涉及核裁军问题、在南亚和中亚建立无核区、在中东地区防止核扩散、禁止倾倒放射性废料以及裁军与发展之间的关系等问题。

12 月 7 日　大会全体会议以协商一致的方式通过联合国大会全权证书委员会提出的建议,同意恢复柬埔寨在联合国大会的席位。

同日　大会全体会议通过关于联合国危地马拉核查团的第 A/RES/53/93 号决议,决定授权延长联合国危地马拉核查团的任务期限,从 1999 年 4 月 1 日至 12 月 31 日止。

同日　联合国安哥拉观察团宣布,被安哥拉反对派安盟扣押的 14 名联合国观察团成员已于 6 日获得自由。

12 月 8 日　大会通过关于《国际谈判原则和准则草案》的第 A/RES/53/101 号决议及其所附《国际谈判原则和准则》。

同日　安理会通过关于阿富汗问题的第 S/RES/1214(1998)号决议,谴责塔利班杀害伊朗外交官和记者,鼓励秘书长派一特派团前往阿富汗,调查关于该国严重违反国际人道主义法的大量报告,并敦促各方特别是塔利班同该特派团合作。

12月9日　联合国大会主席奥佩蒂就《世界人权宣言》发表50周年发表文告说,《世界人权宣言》的发表"不仅在发展保护人权体系方面向前迈出了一大步,而且还是人类文明发展史上的一个里程碑"。

大会通过题为《关于个人、群体和社会机构在促进和保护普遍公认的人权和基本自由方面的权利和义务宣言》的第 A/RES/53/144 号决议。

大会通过关于《世界人类基因组和人权宣言》的第 A/RES/53/152 号决议。宣言确信必须在国家和国际计划中发展生命伦理学,在尊重基本人权和人人获益的情况下促进生物学和遗传学的科技进步,进行国际合作,使得全人类均能享受生命科学的成果,防止利用生命科学作其他有害于人类的用途。

大会通过关于《国际合作对付世界毒品的问题》的第 A/RES/53/115 号决议。

12月10日　纽约联合国总部举行一系列活动,隆重纪念《世界人权宣言》发表50周年。

大会以协商一致的方式通过关于《世界人权宣言》50 周年的第 A/RES/53/168 号决议,主张一切人权都是不可分割和相互依存的,"国际社会必须站在同样的地位上,用同样的眼光,以公平和平等态度全面看待人权"。

12月11日　历时12天的《联合国防治荒漠化公约》第2次缔约方会议在达喀尔闭幕。会议重点审议了公约的落实情况,一致同意在第3次缔约方会议召开前建立一个"公约执行委员会"。

12月15日　联合国特委会主席巴特勒向秘书长安南提交报告说,在过去一个月中,伊拉克没有履行其于11月14日作出的承诺,未能与联合国特委会进行全面和无条件的合作。伊拉克方面称,巴特勒的报告是在为美、英对伊拉克进行军事打击寻找借口。

12月16日　联合国特委会下令,为防不测,仍在伊拉克的所有联合国武器核查人员立即撤离伊拉克。

12月17日　第53届联大支持秘书长的建议并通过关于联合国千年大会的第 A/RES/53/202 号决议,决定将大会第55届会议定为"联合国千年大会",并决定召开联合国千年首脑会议,作为联合国千年大会的一个组成部分。随后第53届大会续会决定将2000年9月5日开始的第55届大会列为联合国千年大会,并将在9月6—8日举行作为联合国千年大会一个组成部分的千年首脑会议,以考虑如何加强世界机构在应对 21 世纪各种挑战方面的作用。大会同意秘书长的建议应在广泛征求会员国、各专门机构成员和观察员以及一些非国家行动者意见的基础上编写一份关于千年大会专题"21 世纪的联合国"的报告。秘书长的报告应在 2000 年仲夏提交给会员国。

同日   安理会通过关于西撒哈拉局势的第 S/RES/1215(1998)号决议,决定将联合国西撒哈拉全民投票特派团(西撒特派团)的任务期限延长到 1999 年 1 月 31 日。

同日   美国和英国以伊拉克拒绝同联合国特委会全面合作为由,当天凌晨开始向伊拉克发动了代号为"沙漠之狐"的空袭行动。美、英此举引起国际社会严重关切和强烈反应。中国和俄罗斯表示反对,安南秘书长对此表示遗憾。

12 月 21 日   安理会通过关于几内亚比绍局势的第 S/RES/1216(1998)号决议:呼吁从几内亚比绍撤出所有外国部队,并同时部署西非国家经济共同体军事观察组的干预部队;核准西非观察组干预部队以中立和公正的方式并按照联合国的维和标准执行任务,通过监测《阿布贾协定》的执行情况达到协助恢复和平与安全的目标。

同日   安理会举行正式会议,讨论解决当前伊拉克问题的办法。这是安理会在美英两国 19 日宣布停止对伊拉克的军事打击后就伊问题举行的首次磋商会议。

12 月 22 日   安理会通过关于塞浦路斯局势的第 S/RES/1217(1998)号决议,决定延长联合国塞浦路斯维持和平部队的任务期限,至 1999 年 6 月 30 日。

同日   安理会通过关于塞浦路斯局势的第 S/RES/1218(1998)号决议:赞赏 1998 年 12 月 14 日秘书长给安理会主席的信(S/1998/1166),其中说明秘书长的塞浦路斯斡旋任务,特别是他的副特别代表的工作;赞同秘书长在其斡旋任务框架内宣布的倡议,目标是缓和紧张局势和促进朝向公正、持久解决塞浦路斯问题取得进展。

同日   安理会继续就伊拉克问题进行磋商,但由于分歧严重,未能就有关问题达成一致。

同日   美、英停止对伊拉克的军事打击,驻伊拉克的联合国有关机构工作人员在接到联合国指令后,开始返回伊拉克首都巴格达。

12 月 23 日   安理会发表主席声明,谴责外国军队插手塞拉利昂内部冲突,并呼吁安理会实行有关对塞拉利昂反政府武装武器禁运的规定,以防止该国政局进一步恶化。声明表示,安理会将继续支持塞拉利昂总统卡巴领导的合法政府。

12 月 27 日　联合国驻安哥拉特使迪亚洛宣布,26 日中午一架联合国飞机在安哥拉中部城市万博附近失踪,机上载有 10 名联合国工作人员和 4 名机组人员,均下落不明。联合国安哥拉观察团已开始全力搜救遇难者。

12 月 29 日　安理会就"冲突后建设和平问题"发表主席声明,重申"根据联合国宪章,安理会在维护国家和平与安全方面负有首要责任"。声明说,安理会必须预防冲突再起或进一步升级,尤其欢迎秘书长在这一领域发挥作用。安理会认为,联合国在全世界适当参与冲突后建设和平的努力十分重要。安理会将继续根据联合国宪章的宗旨和国际社会普遍公认的维和原则来探讨及时解决冲突的其他手段。

12 月 31 日　安理会一致通过关于安哥拉局势的第 S/RES/1219 (1998)号决议,对安哥拉政府和安盟在救援一架联合国运输机坠毁事件中迟迟不提供合作"深表遗憾",并要求安哥拉冲突双方"立即允许"联合国驻安哥拉观察团前往事故现场进行调查和救援工作。

一九九九年

（国际老年人年）

1 月 3 日　联合国驻安哥拉观察团宣布,联合国的一架 C—130 运输机 2 日在安哥拉中部地区坠毁,机上有 14 名成员,其中 10 人是联合国官员,下落不明。这是 8 天内第 2 架联合国飞机在同一地区坠毁。同时,联合国驻安哥拉特使迪亚洛宣布,鉴于安哥拉内战升级,联合国将撤出驻在安哥拉交战区的观察员,但人道主义工作仍将继续。

1 月 4 日　安理会本月主席、巴西常驻联合国代表阿莫里姆·塞尔索发表声明,对又一架联合国飞机在安哥拉坠毁表示愤慨,并要求有关各方立即与联合国驻安哥拉观察团进行全面合作,以便开展抢救工作。

同日　联合国特使、联合国负责安全事务的副秘书长贝农抵达安哥拉首都罗安达,要求安哥拉政府和反对派安盟立即停火 48 小时,以便联合国就两架飞机坠毁进行救援和调查。

1 月 5 日　联合国秘书处致函伊拉克政府,拒绝了伊拉克关于撤换在伊工作的 1 名美国和 13 名英国人道主义工作人员的要求。

1 月 6 日　秘书长安南发表声明,强烈谴责刚果(金)东部地区最近发生的屠杀平民事件,并呼吁刚果(金)冲突各方尊重人权,遵守国际人道主义法律,通过和平方式解决冲突。

同日　安理会就塞拉利昂局势进行磋商后发表主席声明,对塞拉利昂总统卡巴表示支持,同时强烈谴责该国反政府武装近日在首都弗里敦的武装行动。

1月11日　联合国特使、负责防务和安全事务的副秘书长贝农离开安哥拉,启程返回纽约联合国总部。临行前,贝农介绍了联合国失事飞机的调查情况。他证实,联合国调查小组找到第1架飞机残骸,但事故现场已遭到人为破坏,黑匣子被盗,没有人员幸存。

1月12日　安理会通过关于塞拉利昂局势的第 S/RES/1220(1999)号决议,审议了秘书长关于联合国塞拉利昂观察团(联塞观察团)的第3次进度报告和特别报告,决定将联塞观察团的任务期限延长至1999年3月13日。

同日　安理会通过关于安哥拉局势的第 S/RES/1221(1999)号决议:谴责此前两架联合国飞机在安哥拉中部地区"被击落的悲惨事件",表示将通过客观的国际调查来查明这两架飞机坠毁的真相。

同日　安理会5个常任理事国举行闭门会议,就美国和英国1998年12月对伊拉克实施空袭后,联合国对伊应采取的新政策等问题进行秘密磋商。

1月13日　联合国国际劳工组织年度会议在泰国曼谷开幕。解决失业问题成为亚洲国家政府的当务之急。

1月14日　全面禁止核试验组织宣布,该组织将在乌干达设立一个核试验监测站,今后还将在非洲20个国家设立监测站,从而实现其在全球建立320多个监测站的计划。

1月15日　安理会通过关于联合国普雷维拉卡观察团的第 S/RES/1222(1999)号决议,授权联合国普雷维拉卡观察团继续监测普雷维拉卡半岛的非军事化情况,直至1999年7月15日。

同日　联合国发言人埃克哈德宣布,安南秘书长已经任命了11名包括中国在内的新的裁军咨询委员会成员。改组后的裁军咨询委员会共有20名成员,他们将于本月在日内瓦举行会议,就当前的国际裁军和军备控制等问题进行秘密磋商。

1月16日　秘书长安南发表声明,对南斯拉夫联盟科索沃地区发生屠杀大约40名平民的事件深感震惊,呼吁主管当局对此事进行全面调查。

1月21日　安理会发表主席声明,强调联合国观察团继续留驻安哥拉的重要性。由于安哥拉内战升级,安哥拉政府希望联合国观察团撤出该国。

1 月 25 日　联合国与阿尔巴尼亚政府合作开始实施"武器换发展"计划,收缴流散在民间的大量武器弹药。该计划由联合国开发计划署具体管理实施。

1 月 26 日　联合国安哥拉观察团宣布,联合国调查小组 25 日在安哥拉万博省北部找到坠毁的第 2 架联合国飞机残骸。调查发现,机上 9 名乘员全部遇难,飞机显然是被击落的,控制该地区的安盟武装组织对该事件有重大嫌疑。

1 月 27 日　秘书长安南表示,同意对联合国及他本人在卢旺达大屠杀中的责任展开调查。在 1994 年 4 月发生的卢旺达大屠杀事件中,约 50 万图西族人和部分胡图族人被害,另有 10 名比利时联合国维和士兵遇害。遇难者亲属指责联合国及当时负责维和事务的安南未能及时制止这起惨案的发生。

1 月 28 日　安理会一致通过关于联合国驻黎巴嫩临时部队的第 S/RES/1223(1999)号决议,决定将联合国驻黎巴嫩临时部队的任务期限再延长 6 个月,至 1999 年 7 月 31 日止。

同日　安理会一致通过关于联合国西撒哈拉全民投票特派团的第 S/RES/1224(1999)号决议,决定将联合国西撒哈拉公民投票特派团的任务期限延长至 1999 年 2 月 11 日。

同日　安理会一致通过关于联合国格鲁吉亚观察团的第 S/RES/1225(1999)号决议,决定将联合国格鲁吉亚观察团(联格观察团)的任务期限延长至 1999 年 7 月 31 日。

1 月 29 日　安理会通过关于埃塞俄比亚与厄立特里亚间局势的第 S/RES/1226(1999)号决议,对厄立特里亚和埃塞俄比亚两国在边境地区集结重兵表示严重关切,以最强烈的言辞呼吁两国尽量保持克制态度,不采取任何军事行动,并赞同秘书长向该地区派遣非洲问题特使、支持非洲统一组织和平进程的决定。

同日　联合国经济和社会事务执委会的特别工作组发表一份报告说,为防范金融危机,世界金融体系需要改革。在考虑建立全球金融监管体制时,应增加现有国际金融机构的成员,西方七国集团应吸纳发展中国家和经济转型国家的代表,联合国经社理事会应起到政治领导的作用。

1 月 30 日　安理会就伊拉克问题举行特别会议,决定分别就联合国对伊拉克武器核查、伊国内人道主义形势和伊归还科威特战俘、财产和档案文件等问题成立 3 个评估委员会。各评估委员会应在 4 月 15 日前提交报告,向安理会提出进一步采取措施的建议。自美国和英国1998年12月对伊拉克空袭后,安理会对伊磋商一直陷于僵局。此举正是为了打破僵局。

同日 北约决策机构决定,由北约秘书长索拉纳全权决定在科索沃动武的时机。

2月1—5日 联合国环境规划署第20届理事会会议在肯尼亚首都内罗毕召开。会议共通过47项决议,并在环境署的改革和预算等问题上达成一致。58个理事会成员国的代表出席了这次会议。

2月2日 秘书长安南的非洲问题特使萨赫努抵达厄立特里亚,就持续近9个月的埃塞俄比亚和厄立特里亚两国的边界冲突开展调解活动。

2月3日 安理会本月代理主席、加拿大常驻联合国副代表米歇尔·杜瓦尔发表声明,安理会对科索沃局势不断恶化深表关注,强烈敦促南联盟科索沃冲突各方积极、真诚和无条件地参加和平谈判,为政治解决科索沃问题创造条件。

2月4日 联合国特委会主席巴特勒表示,在本年任期届满后不再谋求连任。

同日 安理会就安哥拉局势举行秘密磋商。会后,本月代理主席、加拿大常驻联合国副代表杜瓦尔发表声明,对安哥拉局势不断恶化表示关注,呼吁冲突各方立即恢复外交努力,争取早日恢复和平。近日,联合国安哥拉观察团的1名纳米比亚维和士兵在执行任务时遇害。安理会已向纳米比亚政府致哀。

同日 秘书长安南的非洲问题特使萨赫努抵达亚的斯亚贝巴,继续调解埃塞俄比亚和厄立特里亚两国的边界冲突。

2月10日 安理一致通过关于埃塞俄比亚与厄立特里亚间局势的第S/RES/1227(1999)号决议:重申第S/RES/1177(1999)和第S/RES/1226(1999)号决议,强调《框架协定》的基础性地位,强烈敦促所有国家停止向冲突双方出售任何武器弹药。

2月11日 安理会通过关于联合国西撒哈拉全民投票特派团的第S/RES/1228(1999)号决议,决定将联合国西撒哈拉全民投票特派团(西撒特派团)的任务期限延长到1999年3月31日。

2月12日 为期5天的国际人口问题论坛在荷兰海牙闭幕,主办论坛的联合国人口基金公布了一组数字,预测世界人口将于1999年底超过60亿。

同日 联合国卢旺达战犯法庭同马里政府签署正式协议,同意将判刑的卢旺达战犯送到马里服刑。马里成为第1个接受关押该法庭判决的犯人的国家。

2月18日　联合国赔偿委员会向在海湾战争中遭受经济损失的近30万人支付了总额超过8亿美元的赔偿。此次获赔最多的国家是埃及,金额超过2亿美元,其次是印度、科威特、叙利亚和孟加拉国等。大约有22万名埃及工人因海湾战争被迫离开海湾地区。

同日　安理会本月主席、加拿大常驻联合国代表福勒发表声明,支持联合国对安哥拉反对派安盟采取更加严厉的制裁措施,力争切断安盟的经济和非法武器来源,为早日结束安哥拉内战创造有利条件。

同日　安理会发表主席声明,呼吁中非共和国各政治派别尽快恢复建设性对话,以确保下半年顺利举行总统选举。

2月19日　联合国世界粮食计划署大湖区办事处宣布,该机构已批准向非洲大湖区提供价值2.7亿美元的粮食援助,帮助那些因战争无家可归的难民。这项援助计划为期两年,从本年8月开始实施。

2月23日　安理会发表主席声明,呼吁南联盟科索沃冲突各方不要破坏朗布依埃谈判成果。

2月25日　安理会关于延长联合国驻马其顿预防性部署部队(联预部队)任期的决议草案进行表决,中国投了反对票,俄罗斯投了弃权票。中国代表秦华孙在投票后发言说,近年来马其顿局势已经明显缓和,与邻国关系得到了改善,联预部队已经完成使命。

2月26日　安理会通过关于联合国安哥拉观察团的第 S/RES/1229(1999)号决议:决定联合国驻安哥拉观察团于当天任务期限届满时结束其维和使命,并在3月28日前全部撤离安哥拉。决议对安哥拉局势恶化致使联安观察团无法充分执行任务深表遗憾。这是自联合国从索马里和卢旺达撤出维和部队后,又一次被迫中止维和任务。

同日　安理会通过关于联合国中非共和国特派团的第 S/RES/1230(1999)号决议:决定将联合国中非共和国特派团的任期延长至1999年11月15日;授权中非特派团在总统选举中起支助作用,确认联合国开发计划署在选举援助的协调方面负主要责任;还授权中非特派团监督销毁已收缴的武器和弹药。

3月1日　联合国安哥拉观察团开始撤离行动。

同日　联合国驻马其顿预防性部署部队停止一切行动,准备撤离。预计整个撤离行动持续两个月。

同日　美国和英国在伊拉克北部地区的空袭行动中将一条输油管道炸毁。该管道是伊拉克"石油换食品"计划允许伊使用的石油出口管道设施。

联合国伊拉克"石油换食品"计划办公室对此表示担忧,称这将影响伊拉克50%以上的石油出口。

3月3日　中国和俄罗斯在安理会当天举行的一次会议上,谴责美、英袭击伊拉克输油管道,对两国不断空袭伊拉克经济和民用设施并导致联合国人道主义救援工作中断深表关切。

同日　秘书长安南向安理会提交一份报告,建议联合国进一步采取措施,加强非洲的维和能力。

3月4日　安理会本月主席、中国常驻联合国代表秦华孙发表声明,安理会对埃塞俄比亚和厄立特里亚两国在边境地区交战表示关注,呼吁两国立即停火,为顺利执行非统组织提出的《框架协议》创造条件。

3月5日　秘书长在提交安理会审议的一份报告中说,他强烈谴责塞拉利昂反政府武装不久前在首都弗里敦杀害无辜平民的行径。他希望尽快在弗里敦重新设立联合国驻塞拉利昂观察团。

3月11日　安理会通过关于联合国塞拉利昂观察团的第 S/RES/1231(1999)号决议,决定将联合国塞拉利昂观察团的任务期限延长至 1999 年 6 月 13 日。

同日　联合国世界粮食计划署宣布,向因埃塞俄比亚和厄立特里亚两国交战而沦为难民的 27.2 万名埃塞人提供价值 2430 万美元的紧急援助。

3月12日　秘书长发言人埃克哈德宣布,鉴于目前阿富汗国内安全形势已经得到改善,塔利班承诺确保国际人道主义工作人员的安全,联合国已决定逐步恢复在阿富汗的人道主义救援工作。

同日　为期 12 天的联合国暨国际海事组织关于扣船问题的外交会议在日内瓦结束。会议审议并一致通过了《1999 年国际扣船公约》。该公约规定,船舶只能因海事请求而不能因任何其他请求被扣押。

3月14日　联合国驻海地特派团的一架救援直升机在海地中部地区坠毁,机上 13 人全部遇难。

3月18日　安理会本月主席、中国常驻联合国代表秦华孙发表声明说,安理会希望埃塞俄比亚和厄立特里亚两国立即停止敌对行动,争取通过谈判解决双边争端。

同日　安理会及其下属的制裁伊拉克委员会就伊拉克穆斯林乘坐飞机前往沙特阿拉伯伊斯兰圣地朝觐的问题进行紧急磋商,但对伊拉克此类飞机出国飞行是否违反联合国有关决议未能达成一致。17 日,沙特政府扣押了一架未经该委员会批准、满载朝觐者的伊拉克飞机,并要求安理会对如何处置作出答复。

同日　秘书长发言人埃克哈德宣布,近期内重返阿富汗的国际人道主义工作人员将不包括美英籍人士。因为他们的安全不能得到保障,可能成为恐怖主义分子袭击的目标。

3月19日　利比亚政府当天致信秘书长安南,正式通知他利比亚决定在4月6日前将两名涉嫌参与制造洛克比空难的利比亚人送交设在荷兰的法庭受审。这表明南非、沙特和联合国旨在和平解决洛克比问题的外交努力取得重大进展。

同日　联合国世界粮食计划署紧急援助塞拉利昂的1100多吨粮食已经运抵弗里敦。这批粮食可供2.2万名难民维持两个月的生活。

同日　俄罗斯驻联合国代表谢尔盖·拉夫罗夫在纽约签署了《联合国气候变化框架公约》。

3月21日　北约理事会当天下午开会讨论科索沃危机和对南联盟动武问题。北约秘书长索拉纳正在紧急与北约各国领导人和秘书长安南进行最后磋商。

同日　南部非洲发展共同体成员国就组建一支地区维和部队的时间表达成协议。根据协议,这支部队有望在2001年1月组成,旨在对短期的小规模突发事件作出快速反应,并执行联合国和非统组织授权的维和及人道主义救援任务。

3月22日　为期6周的联合国人权委员会第55届会议在日内瓦开幕。本届会议将审议发展权、经济社会文化权、公民和政治权利、妇女和儿童权利等20多项议题。同一天,欧盟宣布坚持1998年在中国人权问题上的立场,不提出针对中国的提案。

3月23日　大会全体会议通过关于关税合作理事会在大会的观察员地位的第A/RES/53/216号决议,决定请关税合作理事会以观察员身份参加大会会议和工作。

同日　北约秘书长索拉纳宣布,由于最后外交努力失败,北约理事会决定对南联盟实施大规模空袭。美国总统克林顿同一天声称,美国同北约盟国已经做好对南联盟实施空中打击的准备。

南联盟宣布全国进入战争状态,同时指责美国及其盟国肆意践踏国际法准则,干涉一个独立主权国家的内政。北约对南联盟发动空袭引起国际社会的强烈反应。

俄罗斯常驻联合国代表拉夫罗夫表示,俄罗斯坚决反对北约对南联盟动武。他说,北约的军事行动未经联合国授权,严重违反了《联合国宪章》的基本原则和公认的国际法准则。

3月24日—6月10日　冷战结束后,北约公然越过联合国参加的第1个军事行动是介入南斯拉夫内战。1999年3月24日—6月10日,持续轰炸南斯拉夫78天,向990个目标发射2300枚导弹,投掷14000枚炸弹,迫使南斯拉夫从科索沃撤军,结束了南斯拉夫内战。1年后,南联盟总统米洛舍维奇被推翻,再后来,作为战犯被押上国际海牙法庭。

3月24日　安理会召开特别紧急会议,就北约空袭南联盟等问题进行秘密磋商。会议由安理会本月主席、中国常驻联合国代表秦华孙主持。一些国家的代表在会上表示,反对北约未经安理会许可,单方面对南联盟采取军事行动。南联盟当地时间24日晚8时,北约对南联盟发动了首轮空袭。美国、英国、法国、加拿大、德国、意大利、荷兰和西班牙等8个国家参加了首轮空袭行动。

3月25日　北约对南联盟进行了第2轮空袭。南政府当晚宣布断绝与美国、法国、德国和英国的外交关系。

俄罗斯常驻联合国代表拉夫罗夫向安理会提交了一份决议草案,要求安理会对北约空袭南联盟进行谴责,并要求北约立即停止这一违反《联合国宪章》的行动。

中国外交部就北约对南联盟进行空中打击发表声明,中国政府对此深感忧虑,科索沃问题是南联盟内政,应该由南当事各方自行解决。

3月26日　安理会以3票赞成、12票反对的表决结果,未能通过一项要求北约停止对南联盟使用武力的决议草案。该草案由俄罗斯、白俄罗斯和印度3国联合提出。在安理会表决时,中国、俄罗斯和纳米比亚投了赞成票,其余12个安理会成员国投了反对票。

3月27日　联合国评估伊拉克销毁被禁武器现状委员会结束了评估工作。该委员会建议,虽然在伊的武器核查和销毁工作取得了某些进展,但联合国应继续加强对伊拉克的武器核查和监测工作。

3月30日　安理会通过关于联合国西撒哈拉全民投票特派团的第S/RES/1232(1999)号决议,决定将联合国西撒哈拉全民投票特派团的任务期限延长到1999年4月30日。

同日　联合国评估伊拉克人道主义形势委员会向安理会递交一份报告,建议安理会采取具体措施,有效缓解伊拉克国内不断恶化的人道主义危机。

4月5日　利比亚政府在的黎波里将被指控制造洛克比空难的两名利比亚籍嫌疑人阿明·哈利法·费希列和阿卜杜拉·巴塞特·阿里·迈格拉希,交给联合国负责法律事务的助理秘书长汉斯·柯瑞尔。在办理完交接手续后,他们乘坐一架联合国专机,飞往设在荷兰海牙扎斯特军营的国际法庭受审。持续 10 余年的洛克比危机走上解决之路。

同日　安理会本月主席、法国常驻联合国代表阿兰·德雅梅宣布,由于两名涉嫌制造洛克比空难的利比亚人已经被送往荷兰受审,联合国即日起暂停对利比亚实行了长达 7 年的制裁。

4 月 6 日　安理会通过关于几内亚比绍局势的第 S/RES/1233(1999)号决议,决议支持秘书长的决定,在几内亚比绍设立冲突后建设和平支助办事处(几内亚比绍支助处),提供政治框架并发挥领导作用,在大选之前的过渡期间协调和统筹联合国系统在几内亚比绍的活动。

4 月 7 日　安理会听取了伊拉克问题评估委员会主席、巴西常驻联合国代表阿莫里姆关于伊拉克销毁被禁武器现状、伊国内人道主义形势和伊履行其他义务 3 个方面情况的工作汇报。这是安理会自本年 1 月 30 日决定就伊拉克上述 3 个问题成立评估委员会以来首次就伊拉克问题举行正式磋商。但安理会对伊磋商难以达成一致意见。

4 月 9 日　安理会一致通过关于刚果民主共和国局势的第 S/RES/1234(1999)号决议,呼吁刚果(金)冲突各方立即停止敌对行动并签署停火协定,以便为撤出所有外国军队,在刚果(金)举行自由、公正的选举创造条件。

同日　伊拉克政府在向安理会递交的一份备忘录中表示,不接受联合国评估伊拉克问题委员会的报告结论及有关建议,认为结论和建议有损伊拉克的主权独立和领土完整,并为其敌人提供了侵略伊拉克的借口。

4 月 13 日　秘书长安南在马德里宣布,安理会将为政治解决科索沃危机作艰苦的努力。他说,安理会所有成员国对解决这场冲突必须发挥关键作用。

4 月 15 日　安理会发表声明,对北约 14 日轰炸南联盟科索沃平民车辆并造成难民重大伤亡的事件表示痛惜。在这起事件中,共有 75 人死亡,25 人受伤,其中多数为妇女和儿童。

同日　安理会和秘书长安南分别发表声明,对印度和巴基斯坦最近先后进行导弹试验表示关注。声明呼吁印巴两国就有关核问题进行对话谈判。

4 月 23 日　联合国大会批准秘书长安南关于任命世界银行副行长马克·布朗为联合国开发计划署署长的提议。布朗将于 1999 年 7 月 1 日上任,接替即将卸任的斯佩斯。

4 月 25 日　秘书长安南抵达德国柏林,为政治解决科索沃问题展开外交斡旋。

4月26日 南联盟政府表示,只同意由文职人员组成的联合国观察团及其他国际人道主义组织进驻科索沃。联合国观察团人员组成必须经过南联盟政府的同意,对南发动空袭的国家不能加入该观察团。

4月28日 安南结束访问德国,开始前往俄罗斯继续为政治解决科索沃问题进行斡旋。

4月29日 秘书长安南在莫斯科与俄罗斯、加拿大和希腊3国外长举行会晤。安南在会上强调,科索沃问题的任何解决办法都应由安理会来决定。

4月30日 为期6周的联合国人权委员会第55届会议在日内瓦结束。本届会议审议了有关发展权、经济社会文化权利、公民和政治权利、妇女和儿童权利等一系列决议。在本届会议上,美国提出的一项所谓"中国人权状况议案"还未付诸表决即被否决。这是美国在日内瓦人权会议上利用人权问题干涉中国内政的图谋又一次遭到失败。

同日 联合国发言人席尔瓦说,秘书长安南对当天科摩罗发生军事政变表示强烈谴责,并呼吁尽快在该国实现和平与稳定。

同日 安理会通过关于联合国西撒哈拉全民投票特派团的第S/RES/1235(1999)号决议,决定将联合国西撒哈拉全民投票特派团的任务期限延长到1999年5月14日。

5月3日 《关于禁止使用、储存、生产和转让杀伤人员地雷及销毁此种武器的公约》(又称《渥太华禁雷公约》)缔约国第1次国际会议在莫桑比克举行。会议对缔约国1年多来的禁雷工作进行评估,并为今后的禁雷工作制定规划。

5月4—26日 第13届世界气象大会在日内瓦召开。来自世界气象组织各成员国及相关国际组织的近500名代表审议了过去4年世界气象组织各项计划的完成情况,决定未来4年的计划和预算,并改选世界气象组织执行理事会的主席、副主席、秘书长和理事。会议最后通过了关于国家气象水文部门的作用及运作的日内瓦宣言。

同日 秘书长安南在向安理会通报近期访问德国和俄罗斯的情况时表示,他计划向南联盟派遣联合国人道主义评估小组,并首先从科索沃地区开始考察当地居民的人道主义需求。

5月6日 由西方7国集团和俄罗斯外长参加的8国外长会议在德国波恩举行,会议就政治解决科索沃危机一般原则达成协议。秘书长安南对于8国决定寻求安理会通过有关向南派遣国际部队的决议表示欢迎。

同日　南联盟同意联合国向该国派遣一个人道主义评估小组,以便为南难民返回家园创造条件。

5月7日　贝尔格莱德当地时间7日晚11时50分,中国驻南联盟大使馆遭到北约空袭,使馆馆舍严重毁坏,中国记者邵云环、许杏虎、朱颖3人遇难,多人受伤。中国政府对以美国为首的北约提出最强烈抗议。国际社会一致谴责北约严重违反《联合国宪章》和国际法的暴行。美国总统克林顿5月8日在俄克拉荷马向记者表示,中国使馆被炸事件是一起并非故意制造的不幸事件,对由此给中方造成的人员伤亡和财产损失,向中国领导人和中国人民真诚地表示深切哀悼和遗憾。

同日　安理会就北约导弹袭击中国驻南使馆举行非正式紧急磋商和公开辩论。会上许多国家的代表发言,强烈谴责北约暴行,要求北约立即停止轰炸南联盟,寻求政治解决科索沃危机。会后,安理会发表主席声明,对北约袭击中国驻南使馆并造成人员伤亡和财产损失表示震惊和关注。同日,安南秘书长也发表声明,对此事件表示震惊。

同日　安理会通过关于东帝汶局势的第 S/RES/1236(1999)号决议:欢迎1999年5月5日印度尼西亚和葡萄牙缔结关于东帝汶问题的协定,以及联合国与印度尼西亚和葡萄牙两国政府签订关于安全安排和通过直接投票进行东帝汶全民协商的协定;并决定尽快在东帝汶派驻联合国人员,以便执行这些协定。

同日　安理会一致通过关于安哥拉局势的第 S/RES/1237(1999)号决议:决定成立两个专家小组,为期6个月,分别就安盟资金收入来源和武器来源两个方面调查违反安理会对安哥拉反对派安盟制裁措施的情况。

5月10日　中国外交部部长唐家璇再次就以美国为首的北约用导弹袭击中国驻南联盟大使馆事件向美国驻华大使尚慕杰提出严正交涉。

中国常驻联合国代表秦华孙会见安南秘书长,向他转交了中国政府强烈谴责以美国为首的北约袭击中国驻南使馆的严正声明,并要求将此声明作为联合国大会和安理会的文件散发。

应中国要求,安理会举行非正式磋商,讨论中国起草的谴责以美国为首的北约用导弹袭击中国驻南联盟大使馆的主席声明。

5月13—14日　由秘书长安南主持的联合国关于科索沃问题高层会议在日内瓦举行。会议决定向南联盟派遣代表团调查北约空袭在人道主义领域造成的损失。安南在会后表示,没有联合国的参与,科索沃问题不可能找到长远的解决办法。安南还宣布,他将前往阿尔巴尼亚和马其顿两国访问。

5月14日 安理会召开正式会议,就北约袭击中国驻南联盟使馆通过了主席声明。声明对中国驻南使馆遭到北约轰炸所造成的严重人员伤亡和财产损失深表悲痛和关注,对中国政府和受害者家属表示最深切的同情和慰问。

同日 安理会一致通过关于联合国西撒哈拉全民投票特派团的第S/RES/1238(1999)号决议,决定将联合国西撒哈拉全民投票特派团(西撒特派团)的任务期限延长到1999年9月14日。

同日 安理会通过关于南斯拉夫科索沃局势的第S/RES/1239(1999)号决议:请求难民专员办事处和其他国际人道主义救济组织向科索沃、黑山共和国和南斯拉夫联盟其他地区提供救济援助;并要求允许联合国人员和其他人道主义人员进出这些地区。

5月15日 安理会一致通过关于联合国塔吉克斯坦观察团的第S/RES/1240(1999)号决议,决定将联合国塔吉克斯坦观察团的任务期限延长6个月,至1999年11月15日止。

5月17日 在日内瓦举行的第52届世界卫生大会决定,不将洪都拉斯等5国提出的"邀请台湾以观察员身份参加世界卫生大会"的提案列入本届大会议程。这是连续第3年世界卫生大会作出这样的决定。

5月19日 安理会一致通过关于卢旺达问题国际法庭的第S/RES/1241(1999)号决议,核可秘书长的建议,即由阿斯佩格伦法官在卸任法庭法官以后继续完成他在任满之前已经开始审理的鲁塔甘达和米瑟马两案,并尽可能在2000年1月31日前完成这两个案件。

同日 安理会本月主席、加蓬常驻联合国代表雷瓦卡发表声明,呼吁埃塞俄比亚和厄立特里亚立即全面执行安理会的有关决议,争取通过谈判解决双边冲突。

同日 秘书长安南及安理会主席分别发表声明,欢迎塞拉利昂冲突双方签署停火协议,并希望各方完全遵守该协议所有规定,推动该国和平进程。

5月21日 安理会一致通过关于"伊拉克:以石油换食品方案"的第S/RES/1242(1999)号决议,决定从5月25日起将伊拉克石油换食品计划的执行期限延长6个月,以缓解该国国内的人道主义危机。

同日 设在莫桑比克阿鲁沙的联合国卢旺达战犯法庭,以大屠杀罪判处卢旺达基布耶省前省长凯伊谢玛无期徒刑,判处卢旺达商人鲁津达纳25年徒刑。

5月27日 安理会一致通过关于联合国脱离接触观察员部队的第

S/RES/1243(1999)号决议,决定将驻扎在叙利亚和以色列边界的联合国脱离接触观察员部队的任务期限再延长 6 个月,至 1999 年 11 月 30 日止。

6月1日　安理会召开紧急会议,讨论联合国特委会在伊拉克遗留危险化学物质的问题。1998 年 12 月美、英轰炸伊拉克前夕,特委会工作人员在撤离伊拉克时,在巴格达运河饭店的一个实验室里留下了约 1 公斤的芥子毒气和 7 个放置 VX 神经毒气的容器。

6月7日　裁军谈判会议通过《在获得常规武器方面实现透明的美洲公约》,规定协议各国承诺通过交换属于联合国常规武器登记册范围内的武器信息系统的信息进一步提高公开性和透明度。公约于 2002 年 11 月 21 日生效。

6月7—8日　西方 7 国和俄罗斯外长会议在德国波恩举行,讨论并达成了一项关于政治解决科索沃危机的安理会决议。8 国外长同意,在确认南联盟开始从科索沃撤军后,北约停止对南联盟的军事打击。此前,南联盟已经表示接受 G8 提出的和平计划。

6月10日　安理会通过关于南斯拉夫科索沃局势的第 S/RES/1244 (1999)号决议:决定科索沃危机的政治解决应根据 G8 外长会议确定的原则进行,即南联盟从科索沃撤出一切军事人员和武装;还决定在联合国主持下在科索沃部署国际民事和安全存在;在科索沃建立一个由安理会决定的临时行政当局。根据这一决议,北约领导的科索沃部队与联合国科索沃临时行政当局特派团(UNMIK)的维和行动协作运行。

6月11日　安理会通过关于联合国塞拉利昂观察团的第 S/RES/1245 (1999)号决议,决定将联合国塞拉利昂观察团的任务期限延长至 1999 年 12 月 13 日。

同日　安理会通过关于东帝汶局势的第 S/RES/1246(1999)号决议:决定设立东帝汶特派团,任务期限至 1999 年 8 月 31 日为止,以组织和实施定于 8 月 8 日进行的东帝汶特别自治的直接投票。决议授权秘书长尽快向东帝汶派遣 280 名民警和 50 名军事联络官。

6月14日　秘书长安南向安理会提交报告,就成立联合国科索沃临时行政当局特派团及其运作方式等问题提出具体建议,其中包括欧盟负责南联盟科索沃地区的战后重建工作、由欧安组织负责进行组织选举等活动。

6月18日　安理会通过关于联合国波黑特派团的第 S/RES/1247 (1999)号决议,授权驻波黑多国稳定部队的任务期限延长 12 个月,决定将包括警察工作队在内的波黑特派团的任务期限延长至 2000 年 6 月 21 日。

6月25日　安理会通过关于"基里巴斯加入联合国"的第 S/RES/1248

号和关于"瑙鲁加入联合国"的第 S/RES/1249(1999)号决议。安理会审查了基里巴斯共和国和瑙鲁共和国要求加入联合国的申请,并建议大会接纳基里巴斯共和国和瑙鲁共和国为联合国会员国。联合国目前有 185 个会员国。

6 月 27 日 在英国访问的秘书长安南在伦敦表示,他有理由相信,在伊拉克执行武器核查任务的联合国特委会工作人员曾借核查之机为美国搜集情报。

6 月 28 日 联合国教科文组织在世界科学大会上发表了《1999 年世界社会科学报告》。这是该组织首次就社会科学问题发表全球性综合报告,也是其出版的系列世界报告的收尾之作。

6 月 29 日 安理会通过关于塞浦路斯斡旋任务的第 S/RES/1250(1999)号决议,强调支持安理会决定的秘书长斡旋任务,并要求塞浦路斯双方,包括双方军事当局,同秘书长及其特别代表进行建设性的合作。

同日 安理会通过关于联合国驻塞浦路斯维持和平部队的第 S/RES/1251(1999)号决议,决定延长联合国塞浦路斯维和部队的任务期限至1999 年 12 月 15 日。

6 月 30 日 秘书长安南在纽约联合国总部主持召开了"南联盟科索沃问题秘书长之友"国际会议,讨论如何加快国际警察在科索沃地区的部署等问题,以便进一步加强联合国科索沃临时行政当局特派团的工作。

6 月 30 日—7 月 2 日 大会召开关于人口与发展的第 21 届特别会议,会议审查并评估了 1994 年《国际人口与发展会议行动纲领》的实施情况,通过第 A/RES/1(S—21)和第 A/RES/2(S—21)号决议,找出了《行动纲领》实施过程中存在的问题,向国际社会,尤其是各国政府提出了新的要求。此次大会对全面贯彻执行《行动纲领》、真正让弱势群体从中获益大有裨益。

7 月 2 日 大会通过关于出席大会第 21 届特别会议代表的全权证书的第 A/RES/1(S—21)号决议,审议了全权证书委员会的报告和报告中的建议,核准全权证书委员会的报告。

同日 大会通过了关于"为进一步执行国际人口与发展会议行动纲领采取的重大行动"的第 A/RES/2(S—21)号决议,决议涵盖人口与发展、两性平等公平和赋予妇女权利、生殖权利和生殖健康、伙伴关系和协作和调动资源等方面内容。

同日 秘书长安南决定任命法国人贝尔纳·库什为联合国特别代表,全面指挥驻科索沃临时行政当局特派团。

7月8日　安理会本月主席、马来西亚常驻联合国代表哈斯米阿加穆发表声明,对塞拉利昂政府同反政府武装革命联合阵线签署和平协议表示欢迎,并表示联合国将与各方密切协调,在和平协议实施过程中发挥作用。

7月9日　安理会发表主席声明,欢迎利比亚在遵守联合国有关决议方面所取得的重大进展。但是,由于美国的反对,安理会未能如期宣布解除对利比亚的制裁。此前利比亚已经交出两名洛克比空难嫌疑人。

7月14日　由秘书长安南委派的5人专家小组抵达巴格达,着手处理联合国伊拉克问题特委会遗留在巴格达实验室里的危险化学制剂。伊拉克方面认为这是一起故意栽赃伊拉克的严重政治事件。

7月15日　安理会通过关于联合国普雷维卡拉观察团的第 S/RES/1252(1999)号决议,决定将联合国普雷维拉卡观察团的任务期限延长至2000年1月15日。

7月16日　秘书长安南向安理会提交报告,建议联合国向刚果(金)分阶段派遣一支规模较大的维和部队,以进一步推动该国的和平进程。

7月19—30日　联合国第3次探索及和平利用外层空间会议在维也纳举行。会议通过了《关于空间和人的发展的维也纳宣言》和会议报告等文件。会议的主旨是在新千年里更合理、更广泛地利用空间技术新成果,更好地为人类发展的各个领域提供服务。

7月23日　联合国驻科索沃临时行政当局特派团宣布,将在10天内从科索沃居民中招募3000名警察,组建科索沃地方警察部队。

7月26日　安理会发表主席声明,强烈谴责屠杀14名科索沃塞族平民的罪行,要求迅速、彻底调查这一事件。

7月28日　安理会一致通过关于"汤加加入联合国"的第 S/RES/1253(1999)号决议:审查了汤加王国要求加入联合国的申请,并建议联合国大会接纳汤加王国为联合国会员国。

同日　秘书长安南委派的5人专家小组在完成销毁联合国武器核查人员1998年撤离伊拉克时遗留的少量 VX 神经毒气的任务后离开了伊拉克。

7月30日　安理会一致通过关于联合国驻黎巴嫩临时部队的第 S/RES/1254(1999)号决议,决定将联合国驻黎巴嫩临时部队的任务期限再延长6个月,至2000年1月31日止。决议呼吁有关各方采取措施,停止对联合国维和部队的一切暴力活动。

同日　安理会一致通过关于联合国格鲁吉亚观察团的第 S/RES/1255(1999)号决议,认为格鲁吉亚阿布哈兹举行自封的选举是非法的、不能接受的;决定将联合国格鲁吉亚观察团的任务期限延长至2000年1月31日。

同日　经社理事会1999年实质性会议在日内瓦闭幕并发表主席声明,呼吁国际社会共同努力消除贫困。

8月3日　安理会一致通过关于"波黑局势:高级代表"的第S/RES/1256(1999)号决议,欢迎并同意和平执行委员会指导委员会7月12日任命沃尔夫冈·佩特里奇先生为联合国波黑高级代表,以接替任期届满的卡洛斯·韦斯滕多尔普先生。

同日　安理会一致通过关于联合国东帝汶特派团的第S/RES/1257(1999)号决议,注意到7月28日秘书长决定将东帝汶的全民协商推迟到1999年8月30日,决定将东帝汶特派团的任务期限延长到1999年9月30日。

同日　安理会宣布成立两个调查小组,调查安盟逃避联合国制裁的真相,以便有效切断安盟的经济和军事供给,为早日结束安哥拉内战创造条件。

同日　设在坦桑尼亚阿鲁沙的联合国卢旺达战犯法庭宣布,1999年在喀麦隆被捕的3名前卢旺达政府内阁部长已被移交到该法庭关押候审。

8月6日　安理会一致通过关于刚果民主共和国局势的第S/RES/1258(1999)号决议,决定向刚果(金)等国派遣90名联合国军事联络人员,任务期限为3个月,以进一步发挥联合国推动刚果(金)的和平进程,并为部署军事观察员做准备。

8月9日　联合国东帝汶特派团同东帝汶主张独立和主张同印度尼西亚合并的两派签署行为准则,以便防止在8月30日进行全民公决前发生暴力事件。

8月10日　秘书长安南发表公告,宣布根据《日内瓦公约》的精神,为联合国维和部队今后执行和平使命制定了基本原则和条例。

8月11日　安理会一致通过关于"前南法庭和卢旺达问题法庭:检察官"的第S/RES/1259(1999)号决议:路易丝·阿尔布尔夫人辞去了担任前南问题法庭和卢旺达问题法庭检察官的职务,自1999年9月15日起生效,任命秘书长提名的卡拉·德尔庞特女士从阿尔布尔夫人辞职生效之日起担任上述两个国际法庭的检察官。

8月20日　安理会通过关于联合国塞拉利昂观察团的第S/RES/1260(1999)号决议,决定将联合国驻塞拉利昂军事观察员的人数从目前的70人增加到210人,以帮助塞拉利昂实施本年7月7日签署的《和平协定》。

8月23日　第22届万国邮政联盟大会在北京人民大会堂隆重开幕。这是万国邮政联盟成立125年和中国加入万国邮政联盟85年来首次在中国举行大会。

同日　秘书长安南建议安理会全力审查伊拉克根据石油换食品计划提出的申请遭到搁置的情况,因为这已严重影响到联合国对伊人道主义方案的执行。

8月24日　安理会发表主席声明,对安哥拉不断恶化的政治、军事和人道主义状况以及国内难民人数急剧上升深表关切,同时呼吁国际社会提供人道主义援助。

同日　联合国派遣9名生态专家前往南联盟进行考察,以便就北约轰炸对多瑙河流域生态环境所造成的负面影响进行评估。

8月25日　安理会一致通过关于儿童和武装冲突的第S/RES/1261(1999)号决议,对武装冲突给儿童带来的伤害深表关注,并呼吁有关各方充分遵守《日内瓦公约》和联合国《儿童权利公约》等国际法,采取必要措施,有效保护武装冲突地区的儿童,特别是防止征召儿童参加武装组织。

8月27日　安理会一致通过关于联合国东帝汶特派团的第S/RES/1262(1999)号决议,决定将联合国东帝汶特派团的任务期限延长3个月至1999年11月30日,以保障东帝汶全民公决后的局势稳定。

8月30日　安理会发表主席声明,谴责南联盟科索沃地区发生的针对平民,特别是当地少数民族居民的暴力事件,并要求立即停止此类犯罪活动。

同日　东帝汶全民自治公决投票于当天结束。秘书长特使贾姆希德·马克表示,这次公投过程顺利,是在自由、公正和保密的情况下进行的,安南秘书长对此表示满意。

9月1日　联合国东帝汶特派团驻地遭到袭击,并造成人员伤亡。当天支持和反对东帝汶独立的两派人员发生冲突,部分人员躲进联合国驻地,反对独立的一方向联合国驻地开枪,后被警方增援部队驱散。

9月3日　安理会轮值主席、荷兰常驻联合国代表范瓦尔絮姆发表主席声明,呼吁东帝汶各派政治力量在和平与安全的气氛中落实8月30日全民公决的投票结果,要求印尼政府根据协议采取步骤,防止东帝汶发生新的暴力和威胁事件。同日,安南秘书长宣布,东帝汶全民公决结果表明,大多数人赞成独立。

9月5日　安理会就东帝汶全民公决后治安状况恶化召开紧急会议。会后发表主席声明,安理会准备向印尼派出代表团,同印尼政府商谈落实东帝汶全民公决结果的问题。

9月8日　安理会就日趋恶化的东帝汶局势进行紧急磋商。会后发表主席声明,安理会成员同意秘书长的建议,即如果东帝汶的安全局势在短期内得不到改善,那么安理会将考虑采取进一步行动,帮助东帝汶恢复秩序。

9月9日 联合国负责联合国大会事务和会议服务的副秘书长金永健当天宣布,即将开幕的第 54 届联合国大会将接纳基里巴斯、瑙鲁和汤加 3 个国家为联合国会员国,使联合国会员国总数增加到 188 个。

同日 秘书长安南宣布,由于印尼政府表示东帝汶紧急状态刚开始实行,希望联合国多给一些时间观察印尼正在采取的安全措施的效果,因此联合国将把东帝汶特派团从东帝汶撤出的时间推迟 24 小时。

9月12日 秘书长安南发表声明,对印度尼西亚政府接受国际维和部队前往东帝汶协助维持治安表示欢迎。同日,印尼总统哈比比宣布,印尼接受由联合国发起的国际维和部队同印尼军队合作参与恢复东帝汶安全和秩序的工作。

9月13日 大会第 A/RES/53/243 号决议通过《和平文化宣言和行动纲领》,呼吁世界各国和地区的人民为实现世界和平而努力。会议还确定 2000 年为"和平文化国际年"。

同日 安理会通过关于联合国西撒哈拉全民投票特派团的第 S/RES/1263(1999)号决议,决定将联合国西撒哈拉全民投票特派团的任务期限延长到 1999 年 12 月 14 日。

9月14日 第 54 届联合国大会于当天下午在纽约联合国总部开幕,秘书长安南以及来自 185 个会员国的代表出席了开幕式。由非洲国家推选的纳米比亚外交部部长西奥本·古里拉布当选为本届联合国大会主席。183 个国家的代表将在联合国大会一般性辩论中发言,其中包括 39 位国家元首和 25 位政府首脑。

大会总务委员会决定,不将尼加拉瓜等极少数国家提出的"台湾参与联合国"提案列入本届大会议程。这是台湾当局制造"两个中国"图谋连续第 7 次遭到失败,也是对李登辉提出的"两国论"的又一次沉重打击。

大会第 1 次会议分别通过接纳基里巴斯共和国、瑙鲁共和国和汤加王国为联合国会员国的第 A/RES/54/1 号、第 A/RES/54/2 号、第 A/RES/54/3 号决议。至此,联合国会员国的数量增加到 188 个。

同日 联合国关闭了在东帝汶首府帝力的办事机构。但仍有 12 名联合国工作人员留在当地继续关注安全局势并与印尼军方保持联系。

同日 联合国教科文组织在巴黎正式发起"2000 年国际和平文化年活动",并将埃菲尔铁塔命名为国际和平文化年使者。

9月15日 安理会通过关于联合国东帝汶特派团的第 S/RES/1264

(1999)号决议,授权根据1999年9月12日印度尼西亚政府向秘书长提出的请求,建立一支具有统一指挥机构的多国部队,前往东帝汶执行恢复和平与安全的任务。安理会规定这支部队的任务期限到由联合国维和行动取代为止。这支由澳大利亚领导的国际部队最初与在此之前建立的联合国东帝汶行政当局(UNTAET)同时行动,后并入其中。决议欢迎印尼政府承诺与多国部队合作,期望双方密切协调。

9月17日　安理会一致通过关于武装冲突中保护平民的第 S/RES/1265(1999)号决议,呼吁世界各地冲突各方严格履行国际法规定的义务,停止袭击平民和受保护人员,确保他们在武装冲突时得到必要的人道主义援助。安理会要求冲突各方充分尊重联合国人员和其他国际人员的地位,确保他们的安全和行动自由。安理会还决定立即成立有关机构,进一步审议安南秘书长的报告《保护武装冲突中的平民问题》。

9月20日　联合国贸易和发展会议发表《1999年贸易和发展报告》,预计1999年世界经济增长率在2%左右,与1998年持平。

同日　联合国驻中非特派团代表伊斯梅尔·迪亚洛宣布,鉴于中非共和国在9月19日顺利举行了第1轮总统选举,联合国驻中非特派团维和部队准备于10月15日从该国撤离。监督此次中非总统选举的200名国际观察员也对选举情况表示满意。

同日　联合国粮食计划署与安哥拉政府达成协议,向该国追加5.7万吨(价值4000万美元)紧急粮食援助,用于救济大约80万名战争难民。

同日　联合国驻科索沃代表库什内、北约驻科索沃维和部队司令杰克逊以及科索沃解放军领导人萨奇和切库在普里什蒂纳签署协议,决定将科索沃解放军改编为5000人的"科索沃保安团"。

9月21日　联合国人口基金在华盛顿举行会议,发表联合国关于世界人口的报告《60亿:是选择的时候了》,呼吁各国政府采取行动降低人口增长速度。

9月24日　安理会首次就小型武器的非法扩散及其严重影响等问题召开部长级会议。会后发表主席声明强调区域合作对打击小型武器非法贸易的重要性,要求各国对小型武器转让实行有效的管理和控制,防止小型武器向发生冲突的国际或地区扩散,进而达到消除武装冲突、打击恐怖主义活动、促进地区和平与发展的战略目标。这次会议也是为2001年在瑞士举行有关小型武器问题的国际会议做准备。

9月27日　秘书长安南向安理会提交一份报告,建议向塞拉利昂派遣一支6000人的联合国维和部队,协助塞政府收缴前反政府武装人员的武器和妥善安置他们的工作,以便为塞拉利昂实现持久和平创造条件。

9月27—28日 大会召开关于小岛屿发展中国家的第22届特别会议。此次会议对《巴巴多斯行动纲领》进行了5年回顾,审议了《巴巴多斯行动纲领》的实施情况,通过第A/RES/S—22/1号和A/RES/S—22/2号两项决议。前项决议为关于"出席大会第22届特别会议的代表的全权证书"的问题;后项决议为关于《宣言和小岛屿发展中国家可持续发展行动纲领的进展情况和今后实施的倡议》及其所附《宣言和小岛屿发展中国家可持续发展行动纲领的进展情况和今后实施的倡议》的问题,该决议充分体现会议的成果以及今后的发展目标。通过此次会议,国际社会对小岛屿发展中国家给予了一定关注,并认识到了其发展过程中的具体制约因素,认为应当支持小岛屿国家的可持续发展。

9月29日 安理会就非洲问题举行公开辩论,近40个国家的代表在会上发言,就如何帮助非洲消除冲突、实现可持续发展等问题阐述各自的立场。

10月4日 大会举行全体会议,审议秘书长安南提出的关于国际老年人问题的报告,并讨论如何有效地处理全球人口老龄化问题。

同日 安理会一致通过关于"伊拉克:以石油换食品方案"的第S/RES/1266(1999)号决议,决定将联合国正在执行的第6期伊拉克石油换食品计划的石油出口限额由52亿美元放宽到82亿美元。这一决议是为弥补伊拉克在前5期计划中未能完成出口指标而采取的措施。

10月5日 联合国负责行政事务的副秘书长康纳在记者招待会上说,由于美国等国家长期拖欠联合国会费,联合国正面临严重的财政危机。截至本年9月30日,会员国拖欠联合国会费总额高达25.1亿美元,其中美国所拖欠的款项约为17亿美元,占总数的68%。联合国会费主要由行政预算、维和费用和国际刑事法庭费用3个部分组成。

10月6日 大会通过第A/RES/54/4号决议及所附之《消除对妇女一切形式歧视公约:任择议定书》。

10月11日 大会负责裁军和国际安全事务的第一委员会(裁军与国际安全委员会)开始举行一般性辩论,包括中国在内的约130个国家的代表将在此次辩论中就有关问题阐述各自政府的立场。

同日 联合国驻科索沃特派团的1名保加利亚籍工作人员在普里什蒂纳市中心被枪杀。这是国际维和部队和联合国特派团进驻科索沃以来第1位遇害的联合国工作人员。

10月12日 秘书长安南通过发言人发表声明,对3名联合国工作人员最近在科索沃地区和布隆迪被害表示哀悼,并要求将杀人凶手绳之以法。

10月13日　安理会本月主席、俄罗斯常驻联合国代表拉夫罗夫发表声明,强烈谴责当天在格鲁吉亚阿布哈兹地区发生的5名联合国军事观察员和2名工作人员被绑架事件,并要求有关方面尽快释放人质。

同日　美国参议院以51票反对、48票赞成的表决结果否决了批准《全面禁止核试验条约》的决议案,使美国总统克林顿在外交政策上遭受严重挫折。反对决议案的共和党认为,核禁试条约存在严重缺陷,无法进行有效的核查,同时美国需要保留占绝对优势的核力量以保持核威慑,因此美国不能承诺停止核试验。

10月14日　大会当天选举孟加拉国、突尼斯、马里、牙买加和乌克兰成为安理会新一届非常任理事国成员。这5国定于2000年1月1日起在安理会行使职责,任期为两年。

同日　在南非德班举行的第9届国际反贪污大会上,联合国开发计划署署长马克·布朗宣布,计划署决定成立一个反贪合作基金会,以帮助发展中国家加强打击贪污行为。

10月15日　安理会通过关于"阿富汗局势:制裁塔利班"的第S/RES/1267(1999)号决议:要求阿富汗武装派别塔利班在30天内将沙特流亡分子本·拉登送交起诉他的国家,否则联合国将拒绝对塔利班提供空中交通方便并将冻结其在海外拥有的资金。决议说,安理会注意到美国以涉嫌炸毁美国驻肯尼亚和坦桑尼亚大使馆的罪名对本·拉登及其同伙提出起诉,并要求塔利班将其交出受审。

同日　安理会通过关于"联合国安哥拉办事处:设立"的第S/RES/1268(1999)号决议:决定在安哥拉设立联合国办事处,以便在推动和平进程、进行人道主义援助等方面向安哥拉人民提供有效的帮助。决议规定这个办事处的最初任务期限为6个月,将由30名工作人员组成。

同日　秘书长安南发表声明,对美国参议院拒绝批准《全面禁止核试验条约》的决定表示遗憾。安南强调,该条约对于防止核扩散以及促进核裁军具有重要意义,并再次呼吁有关各国尽快签署并批准这一条约,使之能生效。

同日　7名被绑架的联合国驻格鲁吉亚军事观察员和工作人员全部被解救。发生在阿布哈兹地区的联合国工作人员被绑架事件得到妥善解决。

10月16日　阿富汗武装派别塔利班当天拒绝了安理会关于要求塔利班把流亡分子本·拉登送交起诉国的决议。

10月18日　为期3天的国际反对使用儿童兵大会在柏林召开。来自联合国有关机构、欧洲各国政府和一些非政府组织的 250 多名代表参加了这次国际会议。与会代表强烈谴责使用儿童兵作战的行为,要求国际社会制定相关的法规,坚决制止这种现象。

10 月 19 日 安理会一致通过关于消除国际恐怖主义的第 S/RES/1269(1999)号决议,谴责一切形式的恐怖主义,呼吁所有国家全面执行有关反恐怖主义活动的国际公约,并采取适当步骤加大打击国际恐怖主义的力度。

10 月 20 日 联合国教科文组织执行局在巴黎总部投票选举日本人松浦晃一郎为新任总干事人选,以接替任期届满的现任总干事马约尔。新任总干事的提名将由当年 11 月召开的联合国教科文组织第 30 届大会审议批准。

10 月 22 日 安理会一致通过关于"联合国塞拉利昂特派团:设立"的第 S/RES/1270(1999)号决议,决定向塞拉利昂派遣由 6000 人组成的联合国驻塞拉利昂特派团,以进一步推动塞拉利昂和平进程。该特派团将接替联合国塞拉利昂观察团,任期 6 个月。

同日 安理会一致通过关于联合国中非共和国特派团的第 S/RES/1271(1999)号决议,决定将联合国中非特派团的任务期限延长到 2000 年 2 月 15 日。

10 月 24 日 联合国日。秘书长安南和大会主席、纳米比亚外长古里拉布分别发表文告,强调联合国的作用。

10 月 25 日 安理会一致通过关于"联合国东帝汶过渡行政当局:设立"的第 S/RES/1272(1999)号决议,决定设立联合国东帝汶过渡行政当局,在东帝汶独立前全权管理东帝汶事务。决议规定过渡行政当局的任务包括保障东帝汶的安全和法治,建立有效的行政管理体制,协调和提供人道主义援助。过渡行政当局包括一支由 8950 名军人和 200 名军事观察员组成的联合国维和部队和 1640 名国际警察,以取代目前的多国部队。

同日 《联合国气候变化框架公约》第 5 次缔约方大会在德国波恩开幕。德国总理施罗德在开幕式上致辞,呼吁发达国家为保护环境和减少温室气体排放承担更多责任。大会将对《京都议定书》确立的 3 个机制和执行办法进行磋商,并为 2000 年在荷兰海牙举行的第 6 次缔约方大会作准备。

10 月 26 日 联合国教科文组织第 30 届大会在巴黎开幕,来自 180 多个成员国的部长和代表出席了大会。

10 月 27 日 秘书长安南向大会第五委员会提交了联合国 2000 年和

2001 年的预算方案,预算总额为 25.35 亿美元,比 1998 年和 1999 年两年期的预算总额略有增加。

11 月 1 日　由安理会授权部署的东帝汶多国维和部队向安理会提交了一份最新报告。报告说,多国部队将把维和任务移交给联合国东帝汶过渡行政当局。多国部队报告提出,自 9 月 20 日进驻东帝汶,已经完成了大部分恢复和平与安全的任务。

11 月 4 日　南斯拉夫联盟共和国政府通过了关于联合国第 S/RES/1244(1999)号决议在科索沃执行情况的备忘录,并向联合国提交了这份文件。南联盟政府在备忘录中指出,自国际维和部队和联合国特派团进驻科索沃以来,当地非阿尔巴尼亚族居民中已有 447 人被杀害,648 人被绑架,33 万人被赶出科索沃沦为难民。

11 月 5 日　安理会通过关于刚果民主共和国局势的第 S/RES/1273(1999)号决议,决定将派驻刚果(金)的联合国军事联络员的任务期限延长至 2000 年 1 月 15 日,以便为推动刚果(金)的和平进程创造有利条件。

同日　为期 12 天的《联合国气候变化框架公约》第 5 次缔约方大会在德国波恩闭幕。大会通过了商定《京都议定书》有关细节的时间表,但在议定书所确立的 3 个重大机制上尚未取得重大进展,即联合履行、清洁发展机制和排放贸易。按照大会通过的时间表,2000 年 11 月 13—24 日在荷兰海牙举行的第 6 次缔约方大会上将完成对议定书细节的磋商,从而为各国尽早通过议定书创造条件。

11 月 9 日　大会以 155 票赞成、2 票反对(美国和以色列)、8 票弃权通过关于"必须终止美利坚合众国对古巴的经济、商业和金融封锁"的第 A/RES/54/21 号决议,要求美国解除对古巴的长期经济、商业和金融制裁。并要求美国采取必要措施,尽快废除旨在对古巴进行封锁的有关法律和规定,重申主权国家平等、不干涉他国内政及国际贸易和航运自由等基本原则。

同日　安理会一致通过关于联合国塔吉克斯坦观察团的第 S/RES/1274(1999)号决议,决定将联合国塔吉克斯坦观察团的任务期限延长 6 个月,至 2000 年 5 月 15 日为止。

11 月 12 日　大会正式选举并任命现任教科文组织世界遗产委员会主任松浦晃一郎为该组织新任总干事,接替将于本月 15 日任期届满的现任总干事马约尔。

同日　安理会发表主席声明,呼吁布隆迪冲突各方结束暴力活动,恢复谈判,争取和平解决布隆迪问题。声明重申安理会支持有关解决布隆迪问题的阿鲁沙和平进程。

同日 安理会发表主席声明,对索马里局势持续恶化深表关注,呼吁索马里所有派别的领导人同有关方面进行积极、真诚的合作,通过和平方式解决危机。

11月13日 联合国粮食及农业组织第30届大会当天举行总干事选举,现任总干事雅克·迪乌夫再次当选为总干事,任期6年,从2000年1月1日开始。他当选后表示将在新的任期内继续致力于帮助发展中国家消除贫困。

11月14日 由于阿富汗最大武装派别塔利班未能在规定期限内交出恐怖主义活动嫌疑人、沙特流亡分子本·拉登,联合国对塔利班的制裁于当天自动生效。联合国的制裁措施包括联合国会员国拒绝对塔利班提供空中交通方便,以及冻结塔利班在国外拥有的资金等。

11月15日 秘书长安南发表声明,要求阿富汗塔利班采取措施,保护联合国在阿富汗的财产,保证联合国在阿工作人员的人身安全。安南说,他对联合国在阿财产近日遭到严重破坏感到震惊,并敦促塔利班尊重安理会决议,履行有关义务。

11月16日 安理会就阿富汗局势举行磋商,听取了联合国秘书处关于阿富汗示威者冲击联合国驻阿办事处、损坏财物的汇报。会后,安理会发表声明,强烈谴责阿富汗境内接连发生针对联合国的暴力事件,要求阿富汗有关方面采取措施,保证联合国在阿人员及财产的安全。

同日 美国国务院发言人鲁宾在新闻发布会上表示,美国能够在本年底以前缴纳拖欠联合国的部分会费,以确保美国不会丢掉在联合国大会的表决权。根据《联合国宪章》的规定,美国本年需缴纳3.5亿美元会费,才能保住其在联合国大会的表决权。

11月17日 联合国授权部署的东帝汶多国维和部队表示,经过与联合国维和部门协商后一致认为,2000年1月中旬是把东帝汶多国维和任务移交给联合国维和部队的合适时间。

同日 联合国教科文组织第30届大会在巴黎闭幕,此次大会选举了日本人松浦晃一郎为该组织第9任总干事,讨论通过了前任总干事马约尔及各专业委员会的工作报告,并就教科文组织21世纪的重大政策性议题进行了公开辩论。

11月18日 秘书长发言人埃克哈德表示,在阿富汗执行人道主义任务的4名联合国粮农组织工作人员17日遭到了一伙武装分子的抢劫和殴打。这是近期在阿富汗境内发生的针对联合国的多起暴力事件之一。

　　同日　联合国负责裁军事务的副秘书长达纳帕拉在多哥首都洛美宣布,联合国非洲和平与裁军地区中心当天在洛美正式成立。洛美曾是多次地区裁军及和平会议的举办地。

　　11 月 19 日　安理会一致通过关于"伊拉克:以石油换食品方案"的第 S/RES/1275(1999)号决议,决定将目前第 6 期伊拉克石油换食品计划的执行时间延长两周,至本年 12 月 4 日结束。第 6 期石油换食品计划原定于本年 5 月 25 日开始实施,11 月 20 日结束。

　　11 月 20 日　伊拉克外交部部长萨哈夫发表声明,宣布伊拉克拒绝接受安理会日前通过的第 S/RES/1275(1999)号决议,将第 6 期石油换食品计划延长两周。声明说,安理会的新决议对执行石油换食品计划本身并无实际意义,而是为美国在安理会向其他成员国施压以通过英国提出的所谓解决伊拉克问题的决议草案提供了方便。

　　11 月 22 日　伊拉克石油部部长拉希德宣布,根据第 6 期石油换食品计划,伊拉克迄今已出口了 3.9 亿桶原油,从而完全执行了伊拉克与外国公司签订的原油出口合同。但伊拉克拒绝延长第 6 期石油换食品计划,并在当日停止向土耳其输送石油。

　　11 月 24 日　大会通过关于"通过体育和奥林匹克理想建造和平的、更美好的世界"的第 A/RES/54/34 号决议,在世界范围内重新弘扬古奥林匹克运动神圣休战条约的精神。该决议要求联合国会员国在 2000 年举行的悉尼奥运会期间遵守神圣休战条约,在世纪之交迎接一个祥和、公平竞技、保护环境的奥运会。

　　同日　安理会一致通过关于联合国脱离接触观察员部队的第 S/RES/1276(1999)号决议,决定将联合国脱离接触观察员部队的任务期限再延长 6 个月,至 2000 年 5 月 31 日止。

　　11 月 26 日　第 3 届联合国防治土地荒漠化大会在巴西东北部城市累西腓闭幕。与会 150 多个国家代表一致通过《累西腓倡议》。倡议指出,防治土地荒漠化和干旱对于改善人类生活质量及消除贫困有着重要的意义。

　　11 月 27 日　伊拉克石油部部长拉希德宣布,伊拉克将在石油换食品协议框架下与联合国继续进行合作,并将同意执行为期 6 个月的第 7 期石油换食品计划。

　　11 月 29 日　《蒙特利尔议定书》第 11 次缔约方大会在北京召开。这次大会是 20 世纪末在中国举办的最大规模的国际环保会议。

　　同日　联合国派驻塞拉利昂维和部队的一支先遣小组抵达该国首都弗里敦,从而开启了联合国在塞拉利昂的大规模维和行动。

同日　联合国在纽约总部举行声援巴勒斯坦人民国际日纪念大会。秘书长安南、大会主席古里拉布以及其他联合国高级官员出席了大会。安南呼吁中东有关各方采取措施,推动中东和平进程。

同日　联合国工业发展组织第 8 次大会在维也纳开幕。会议将讨论该组织近两年来的改革成果,并讨论通过下一年度的财政预算和工作计划等。

11 月 30 日　安理会一致通过关于联合国海地民警特派团的第 S/RES/1277(1999)号决议,决定继续维持联合国海地民警特派团,以便确保于 2000 年 3 月 15 日前分阶段过渡到驻海地国际文职人员支助团。

同日　安理会一致通过关于国际法院法官补选日期的第 S/RES/1278(1999)号决议:国际法院的斯蒂芬·施韦贝尔法官辞职,将于 2000 年 2 月 29 日生效,决定该空缺的补选应于 2000 年 3 月 2 日在安理会的一次会议和大会第 54 届会议的一次会议上进行。

同日　安理会一致通过关于联合国刚果民主共和国特派团的第 S/RES/1279(1999)号决议:决定组成联合国刚果民主共和国特派团(联刚特派团),并由秘书长任命的刚果(金)问题特别代表来领导,以协助其处理联合国在刚果的工作任务,任务期限到 2000 年 3 月 1 日。

同日　安理会就预防武装冲突问题发表主席声明,强调安理会在处理武装冲突问题时,必须充分尊重《联合国宪章》的原则和国际法准则,尊重所有国家的政治独立、主权和领土完整。声明指出,预警、预防性外交、预防性部署、预防性裁军与冲突后建设和平之间的关系非常密切。

12 月 1 日　大会以绝对多数通过俄罗斯、中国和白俄罗斯 3 国共同提出的"维护和遵守《反弹道导弹条约》"的决议。这表明国际社会几乎一致反对或不赞成美国企图修改《反弹道导弹条约》、研制和部署反导系统。

12 月 3 日　安理会通过关于"伊拉克:以石油换食品方案"的第 S/RES/1280(1999)号决议,决定把第 6 期伊拉克石油换食品计划再延长 1 周到 1999 年 12 月 11 日。12 月 10 日,安理会一致通过关于"伊拉克:以石油换食品方案"的第 S/RES/1281(1999)号决议:决定从 12 月 12 日起开始执行第 7 期"石油换食品"计划。决议规定,伊拉克在今后的 6 个月中,可出口价值为 52 亿美元的石油,并可将出口所得收入中的 3 亿美元用于购买急需的生产石油的设备和零部件。对此,伊拉克方面表示拒绝延长第 6 期石油换食品计划,但同意执行新一期的计划。

同日　联合国主持的塞浦路斯希腊族和土耳其族的近距离间接谈判当天正式开始。安南表示,他希望双方本着建设性的精神进行会谈,探讨公正和持久解决塞浦路斯问题的方案。

12 月 8 日　大会通过关于联合国危地马拉核查团的第 A/RES/54/99 号决议,决定授权延长联合国危地马拉核查团的任务期限,从 2000 年 1 月 1 日至 2 月 29 日。

12 月 9 日　大会通过关于《制止向恐怖主义提供资助的国际公约》的第 A/RES/54/109 号决议及其附件《制止向恐怖主义提供资助的国际公约》。

12 月 14 日　安理会一致通过关于联合国西撒哈拉全民投票特派团的第 S/RES/1282(1999)号决议,决定将联合国西撒哈拉全民投票特派团的任务期限延长至 2000 年 2 月 29 日。

12 月 15 日　安理会一致通过关于驻塞浦路斯维持和平部队的第 S/RES/1283(1999)号决议,决定将联合国这支维和部队的任务期限延长至 2000 年 6 月 15 日。

同日　联合国驻科索沃特派团团长库什内与科索沃阿尔巴尼亚族代表在普里什蒂纳签署成立科索沃过渡行政委员会协议。该委员会由 8 名成员组成,将在科索沃行使政府职能。

12 月 17 日　安理会通过关于伊拉克问题综合办法的第 S/RES/1284(1999)号决议,规定将成立联合国监测、核查和视察委员会代替原来的联合国特委会,负责对伊拉克销毁生物、化学武器和弹道导弹的核查。

同日　鉴于中非共和国局势已恢复平静,联合国特派团维和部队于当天开始撤离该国。中非共和国于 9 月和 10 月顺利举行两轮总统选举,但大选后班吉曾一度出现紧张局势。因此,秘书长安南建议特派团维和部队撤离期限从原定的 10 月 15 日延长到 2000 年 2 月 15 日。

12 月 18 日　伊拉克副总理阿齐兹向外界宣布,伊拉克政府拒绝安理会刚通过的第 S/RES/1284(1999)号决议。他说,这份由美国和英国提出的决议完全不顾伊拉克的合理要求,而是旨在继续保持对伊拉克的制裁。

12 月 25 日　秘书长安南发表声明,对科特迪瓦本月 23 日发生军事政变表示谴责,并要求立即恢复科特迪瓦的宪法秩序。

12 月 29 日　为了预防"千年虫"的危害和确保平稳过渡到 2000 年,联合国在日内瓦建立了一个行动中心,以确保出现问题时,能协调联合国和其他国际机构之间的人道救助行动。

新世纪、新挑战

二〇〇〇年

（国际感恩年、和平文化国际年）

1月1日 普天同庆千禧年第1天，新世纪的第1个元旦。当新千年钟声敲响时，联合国秘书长安南向全世界人民发出了一份热情洋溢的献词："今天，我们庆祝一个特殊的新年，它的年号不同凡响，是2000年。"安南说："新世纪带来新的希望，但也可能带来新的危险，或者是老危险换上了可怕的新形式。"安南认为，只有通过联合国，我们才能更好地共同面对。联合国正在为大家工作。联合国是大家的联合国，是全世界人民的联合国。所以，只有大家的帮助和运用智慧，"联合国才能发挥更大的作用"。安南祝愿，新的千年不必是恐惧或担忧的时代，如果我们共同努力，新千年可以成为希望和机遇的时代。

1月8日 据联合国教科文组织设在德国汉堡的成人教育研究所目前公布的统计数字显示，2000年到来之际，全球文盲人数已增加到9亿多，其中2/3是妇女。该所将制定一个专门促进妇女脱盲的计划。

1月12日 印度尼西亚军方同联合国东帝汶多国维和部队签署联合边界安全行动协议，规定印尼军队和警察以及联合国多国维和部队成员可以在边界进行联合巡逻，但双方必须尊重各自的主权。

1月13日 安理会一致通过关于联合国普雷维拉卡观察团的第S/RES/1285（2000）号决议，审议通过秘书长1999年12月31日关于联合国普雷维拉卡观察团（联普观察团）的报告（S/1999/1302）。

1月17—20日 来自亚太地区41个国家和联合国有关机构的400多名代表在泰国曼谷出席联合国2000年全民教育评估亚太会议，讨论过去10年间亚太国家在推广全民教育方面取得的成果、存在的问题和障碍。

1月18日 裁军谈判会议在日内瓦举行2000年首次全体会议，确定本年需要讨论的议题，包括核裁军、防止外层空间军备竞赛、对无核国家提供安全保障等内容，但尚未就具体的工作计划达成一致。

1月19日 安理会一致通过关于布隆迪局势的第S/RES/1286（2000）

号决议,重申以往关于布隆迪局势的各项决议和主席声明决定继续积极处理此案。

1月24日　安理会开始举行刚果(金)问题特别会议。与会的赞比亚、南非和其他一些非洲国家领导人表示,将继续推动有关各方实施1999年7月签署的《卢萨卡停火协议》,呼吁联合国在刚果(金)和平进程中发挥更大作用。

1月29日　世界各国(130个国家的)代表就规范转基因动植物产品达成协议。这项历经周折妥协完成的《生物安全协议书》,依据联合国1992年生物多样化公约为基础协商达成的协定规定,如果各国认为有危害环境之虞,则有权禁止基因改造的种子、动物及谷物进口。

1月31日　安理会一致通过关于联合国格鲁吉亚观察团的第S/RES/1287(2000)号决议,要求双方严格遵守《莫斯科协定》。决定将联合国格鲁吉亚观察团的任务期限延长至2000年7月31日,但独联体维和部队的任务或驻留如有任何变更,则需由安理会审查联格观察团的任务,并表示打算在观察团本期任务终了时,参照双方为实现全面解决而采取的步骤,对观察团进行一次彻底审查。

同日　安理会一致通过关于联合国驻黎巴嫩临时部队的第S/RES/1288(2000)号决议,将联合国驻黎巴嫩临时部队目前的任务期限再延长6个月,至2000年7月31日止。

2月7日　安理会一致通过关于联合国塞拉利昂特派团的第S/RES/1289(2000)号决议,申明所有国家承诺尊重塞拉利昂的主权、政治独立和领土完整,决定从本决议通过之日起,将经修改的联塞特派团任务期限延长6个月,还决定扩大联塞特派团的军事部分,以便在西非维和部队撤出塞拉利昂后为进一步推动该国和平进程创造有利条件。

2月12—19日　联合国贸易和发展会议在泰国首都曼谷举行第10届大会。主题是"全球化和新世纪发展战略"。

2月17日　安理会一致通过关于"图瓦卢加入联合国"的第S/RES/1290(2000)号决议,建议大会接纳图瓦卢为联合国会员国。

2月21—25日　联合国粮农组织第21届非洲地区会议在喀麦隆的首都雅温得举行,主要讨论"非洲共同农业计划"、"粮食安全专门计划"、南南粮食合作、非洲森林资源利用等问题。

2月23日　联合国维和部队正式接管由多国部队负责的东帝汶维和任务,联合国东帝汶过渡行政当局全面接管东帝汶事务。

2月24日　安理会一致通过关于联合国刚果民主共和国特派团的第

S/RES/1291(2000)号决议,决定将联合国刚果民主共和国特派团的任务期限延长到 2000 年 8 月 31 日,并授权扩大联刚特派团。

2 月 29 日 安理会一致通过关于联合国西撒哈拉全民投票特派团的第 S/RES/1292(2000)号决议,回顾其以往关于西撒哈拉问题的所有决议,特别是 1997 年 5 月 22 日第 S/RES/1108(1997)号决议,决定将联合国西撒哈拉全民投票特派团的任务期限延长到 2000 年 5 月 31 日。

3 月 1—3 日 联合国巴勒斯坦人民行使不可剥夺权力委员会举办的联合国巴勒斯坦问题亚洲会议在越南河内举行主题是:中东和平的关键——巴勒斯坦人民行使不可剥夺的权利。会议通过《河内宣言》,呼吁国际社会和联合国进一步积极推进中东和平进程。

3 月 17—22 日 第 2 届世界水资源论坛在荷兰海牙举行,指出 21 世纪水资源危机的前景,并讨论对水资源的管理问题。

3 月 31 日 安理会一致通过关于"伊拉克:增拨石油备件款"的第 S/RES/1293(2000)号决议,决定依照第 S/RES/1284(1999)号决议第 28 和第 29 段,代管账户中依照第 S/RES/1242(1999)号和第 S/RES/1281(1991)号决议产生的款项最多总额 6 亿美元可用于支付根据第 S/RES/1175(1998)号决议第 2 段批准的合同直接产生的任何合理费用,但伊拉克境内支付的费用除外,并表示打算对延长这项规定作出有利的考虑。

4 月 3 日 联合国秘书长安南发表了题为《我们的人民:21 世纪联合国的角色和作用》的报告,将供同年 9 月召开的联合国千年首脑会议审议。报告分为"新世纪、新挑战、全球化和治理、免于匮乏、免于恐惧、为了可持续的未来、革新联合国、供首脑会议审议的事项"等 7 个部分,共 369 段,中文约 5.6 万字。报告认为,没有一个强有力的联合国,要应对 21 世纪所面临的各种挑战就要困难得多,因此秘书长建议采取行动,推进联合国改革。报告在最后部分"供首脑会议审议的事项"中,秘书长列出了 6 种反映宪章精神的共同价值观,认为它们对这个新世纪特别具有现实意义,即:自由,公平和休戚与共,容忍,非暴力,尊重自然,和共负责任。他敦促千年首脑会议通过在报告正文内提出的一系列决议,以表明将这些价值观化为行动的意愿。安南提供的这份供千年首脑会议审议的长篇报告,是群策群力的结果,是集体智慧的产物。报告为新世纪联合国的发展设计了一个大体框架和初步蓝图,它大不同于既往的那种老生常谈或相当迟钝的某种机械腔调,颇有启发价值,对加强新世纪的联合国是很有意义的。因此,秘书长这篇"千年报告"才成为《千年宣言》的基础,"千年报告"提出的到 2015 年联合国应在全球发展领域奋斗的具体目标,才变成为联合国共同致力的"千年发展目标"。

4月3—4日　首届非洲—欧洲首脑会议在埃及首都开罗举行,会议结束时发表《开罗声明》和《行动计划》。与会各国领导人强调,要进一步加强非洲和欧洲在政治、经济和社会领域里的合作,以建立面向21世纪的战略伙伴关系。

4月10—17日　第10届联合国预防犯罪和罪犯待遇大会在维也纳举行。主题为"犯罪与司法:迎接21世纪的挑战"。主要讨论打击跨国犯罪、贪污腐败和计算机网络犯罪等国际社会在新世纪共同面临的问题。

4月11日　联合国教科文组织宣布已确定立项修缮保护新疆库木吐拉千佛洞的计划,并由日本提供250万美元的无偿资金支持。

4月13日　安理会一致通过关于联合国安哥拉办事处的第S/RES/1294(2000)号决议,决定将联合国安哥拉办事处的任务期限延长6个月,至2000年10月15日止。并请秘书长继续努力执行安全理事会第S/RES/1268(1999)号决议概述的联安办事处的任务。

4月18日　安理会一致通过关于"安哥拉:加强制裁安盟"的第S/RES/1295(2000)号决议,重申造成安哥拉当前危机的主要责任在安盟,决定加强制裁安盟。

4月19日　安理会一致通过关于武装冲突中保护平民的第S/RES/1296(2000)号决议,重申强烈谴责在武装冲突局势中蓄意以平民或其他受保护者为目标的行为,并呼吁所有各方制止这种做法。决议决定进一步增加解决武装冲突和在武装冲突中保护平民的机会。

4月24日—5月20日　联合国《不扩散核武器条约》第6次审议大会在联合国总部召开,条约的187个缔约国达成了多项共识并通过了会议的最后文件。这是条约自1995年无限期延长以来召开的首次会议。会议审议了第59届联大1995年通过的"核不扩散和裁军的原则和目标"的执行情况,尤其是核武器国家在核裁军方面的进程。会议期间,爱尔兰、巴西、埃及、墨西哥、新西兰、南非和瑞典7国组成了核裁军"新议程联盟",该联盟代表着广大无核国家的利益,有众多非政府组织作后盾,使有核国首次感到了真正的压力。同时,中、美、俄、英、法发表共同声明,"重申对彻底销毁核武器和签订在严格和有效国际监督下全面彻底核裁条约这两个最终目标的坚定承诺",这是5个核国家首次承诺核裁军。5大国还同意有条件地降低核武器在国家安全政策中的作用,在促进国际稳定和各国安全不受损伤的原则基础上,自愿增加核武器能力的透明度,降低核武器系统的作战状态,不将本国核武器瞄准任何国家,进一步削减非战略核武器等。这些承诺有助于恢复长期停滞的核裁军进程。

5月6日 各国议联理事会推选出千年议长大会主席和副主席,并成立大会指导委员会。主席由各国议会联盟主席纳杰马·赫普图拉女士担任,5个常任理事国与南非、约旦和巴西的议长被推选为副主席。中国李鹏委员长为千年议长大会副主席。

5月8—12日 联合国大会人居特别会议筹备委员会第1届实质性会议在肯尼亚首都内罗毕举行,总结和评估过去4年各国执行《人居议程》的经验、成绩以及存在的问题。

5月12日 安理会一致通过关于厄立特里亚和埃塞俄比亚间局势的第S/RES/1297(2000)号决议,要求厄立特里亚和埃塞俄比亚双方立即停止一切军事行动,强烈支持非统组织为和平解决此项冲突所作的努力,并决心在本决议通过后72小时内再次开会,以便在敌对行动仍然继续的情况下立即采取步骤,确保这项决议获得遵守。

同日 安理会发表主席声明,同意联合国秘书长安南关于从塔吉克斯坦撤出联合国观察团的建议。

5月14—20日 第53届世界卫生大会在瑞士日内瓦举行,通过17项决议和两项决定,其中涉及控制结核病和艾滋病等疾病、全球在接种和防疫方面协作、与联合国机构和政府间组织的合作、婴幼儿营养以及世界卫生组织的管理和财务等问题。

5月15日 第5届《生物多样性公约》缔约方大会在肯尼亚首都内罗毕开幕。着重讨论可持续利用生物资源、干地生态系统研究、基因资源的分享和管理、生态保护方面的国际合作以及公约的执行等问题。

5月17日 安理会一致通过关于"厄立特里亚和埃塞俄比亚间局势:制裁"的第S/RES/1298(2000)号决议,针对厄立特里亚与埃塞俄比亚之间的战斗继续状态,决定根据《联合国宪章》第7章采取行动,对两国实施武器装备以及相关技术援助等方面的制裁。

5月19日 安理会一致通过关于联合国塞拉利昂特派团的第S/RES/1299(2000)号决议,决定加强联合国塞拉利昂特派团(联塞特派团)的军事部分,并根据《联合国宪章》第7章采取行动,限制不适用于专供与联塞特派团和塞拉利昂政府合作的会员国在塞拉利昂境内使用的军火和有关物资的销售或供应。

5月22—26日 联合国非政府组织"千年论坛"在纽约联合国总部举行,以"21世纪的联合国"为主题。论坛通过的宣言呼吁进一步增强非政府组织在联合国系统中的作用,并呼吁联合国在维护世界和平和消除贫困等方面发挥更大的作用。

5月23—24日　联合国主持召开中东和平国际会议。会议通过声明，支持巴勒斯坦人民建立自己国家的合法权利。

5月25日　大会通过关于《〈儿童权利公约〉关于儿童卷入武装冲突问题的任择议定书》和《〈儿童权利公约〉关于买卖儿童、儿童卖淫和儿童色情制品问题的任择议定书》的第 A/RES/54/263 号决议及其附件《〈儿童权利公约〉关于儿童卷入武装冲突问题的任择议定书》和《〈儿童权利公约〉关于买卖儿童、儿童卖淫和儿童色情制品问题的任择议定书》。

5月31日　安理会一致通过关于联合国脱离接触观察员部队的第 S/RES/1300(2000)号决议，决定将联合国脱离接触观察员部队的任务期限再延长 6 个月，至 2000 年 11 月 30 日止。

同日　安理会一致通过关于联合国西撒哈拉全民投票特派团的第 S/RES/1301(2000)号决议，决定将西撒特派团的任务期限延长到 2000 年 7 月 31 日。

同日　联合国全球部长级环境论坛会议在瑞典南部城市马尔默闭幕并发表《马尔默宣言》，呼吁全世界私营部门和各社会组织与机构承担更大责任和发挥更大作用，以迎接人类在 21 世纪所面临的越来越严重的环境问题的挑战。

同日　联合国发表《2000 年的世界妇女：趋势和统计》报告，对全世界妇女在保健、就业、人权和参政、教育、人口以及家庭等 6 个领域的现状做了评估和分析。

6月5—10日　大会召开关于北京会议 5 周年的第 23 届特别会议，主题为"妇女 2000 年：21 世纪平等、发展与和平"，此次会议也被称为"妇女问题特别联大"。6 月 10 日，会议通过关于"妇女地位、权利之《政治宣言》"的第 A/RES/2(S—23)号决议和关于"执行《北京宣言》和《行动纲要》的进一步行动和倡议"的第 A/RES/3(S—23)号决议。中国澳门特别行政区政府行政法务司司长陈丽敏作为中国政府代表团的特别顾问出席此次大会，这是澳门特区主要官员首次以中国政府代表团成员身份出席联合国会议。

6月8日　安理会一致通过关于"伊拉克：以石油换食品方案"的第 S/RES/1302(2000)号决议，决心改善伊拉克境内的人道主义状况。

6月9日　由联合国人居中心组织的 11 位专家在沈阳评选出 40 个 2000 年迪拜国际改善居住环境最佳范例奖的提名城市。我国的沈阳、成都和昆明 3 个城市获得提名。

6月14日　安理会通过关于联合国驻塞浦路斯维持和平部队的第 S/RES/1303(2000)号决议，决定将联塞部队任务期限再延长至 2000 年 12

月 15 日。

6 月 15 日 大会通过关于"规定联合国同全面禁止核试验条约组织筹备委员会之间关系的协定"的第 A/RES/54/280 号决议及其附件《规定联合国同全面禁止核试验条约组织筹备委员会之间关系的协定》。

6 月 16 日 安理会就刚果局势一致通过关于"刚果（金）局势：要求乌、卢撤军"的第 S/RES/1304（2000）号决议，决定根据联合国宪章第 7 章采取行动，呼吁、重申、要求等 20 项措施。呼吁所有各方在刚果民主共和国全境停止敌对行动并履行《停火协定》和 2000 年 4 月 8 日坎帕拉脱离接触计划有关条款规定的义务；重申无保留地谴责乌干达和卢旺达部队侵犯刚果民主共和国的主权和领土完整，在基桑加尼交战，并要求这些部队及其盟友停止进一步交战；决议要求乌干达和卢旺达部队以及刚果武装反对派部队和其他武装团体立即完全撤出基桑加尼，并呼吁《停火协定》各方尊重该城及其周围地区的非军事化。

6 月 19 日 从 1964 年起，国际奥委会与国际残奥委会决定由举办奥运会的国家承办残疾人奥运会，但举办地点可不在同一城市。到 1988 年，国际奥委会与国际残奥委会作出新的规定，夏季奥运会和残疾人奥运会应在同一城市举行。2000 年 6 月 19 日，国际奥委会与国际残疾人奥委会又达成新的协议：从北京 2008 年奥运会起，由 1 个组委会同时组织两个赛会；申办奥运会的城市，必须同时申办残奥会；奥运会后 1 个月内，在奥运会举办城市的奥运场地举办残奥会。

6 月 19—20 日 第 10 届 15 国集团首脑会议在开罗举行，与会的亚、非、拉 3 大洲发展中国家领导人一致呼吁加强南南合作和南北对话，共同创建一种能促进世界经济繁荣和有助于发展中国家赢得经济全球化挑战的国际经济新秩序。

6 月 20 日 埃塞俄比亚和厄立特里亚外长签署停止相互敌对协议，安理会成立联合国埃塞俄比亚和厄立特里亚特派团。

6 月 20—24 日 第 1 届国际生物伦理大会在西班牙西北部城市希洪举行。来自 37 个国家的 450 名科学家在会议结束时签署了《希洪生物伦理声明》，呼吁"谨慎"使用生物技术，反对克隆人体，赞成在治疗中使用细胞，但不能破坏胚胎。

6 月 21 日 安理会一致通过关于联合国波黑特派团第 S/RES/1305（2000）号决议，决心支持执行《波黑和平总框架协定》及其各项附件［统称为《和平协定》，第 S/RES/999（1995）号决议，附件］，根据宪章第 7 章采取行动，并决定将包括警察工作队在内的波黑特派团的任务期限再延长一段时间,至 2001 年 6 月 21 日止。

6 月 22—26 日 为迎接新千年的到来,在安南提议下,联合国以"21世纪的联合国:我们人民"为主题,举办了一系列全球性的活动,这一系列活动可概称为"千年论坛"。安南还提议为配合千年大会举办的千年论坛应在千年大会之前一刻举办,这样可便于将"论坛计划与联合国大会和首脑会议的主题紧密联系起来"。6 月 22—26 日,作为千年论坛会议组成部分的非政府组织会议首先在纽约联合国总部大会厅举行,共有 145 个国家的非政府组织代表和社会人士等 1000 余人参加。在开幕会议上,联合国秘书长安南呼吁与会非政府组织的代表帮助世界上的穷人参与全球经济,分享经济全球化的利益。会议围绕"21 世纪的联合国:我们人民"这一主题,分和平、安全与裁军,消除贫困包括减免债务和社会发展,人权,可持续发展和环境,全球化的挑战,加强联合国和其他国际组织 6 个方面展开了广泛讨论,并将会议提出的意见和建议提供给在 9 月召开的联合国千年首脑大会参考。会议结束时发表了《千年论坛宣言》。

6 月 26—30 日 为纪念社会发展问题世界首脑会议 5 周年,大会第 24届特别会议在日内瓦万国宫隆重举行,此次会议的主题是"在全球化中实现惠及所有人的社会发展",故此次会议也被称为"社会发展问题特别联大"。会议通过了第 A/RES/1(S—24)号至 A/RES/6(S—24)号 6 项决议。这次会议是 1995 年哥本哈根联合国社会发展问题世界首脑会议的继续,旨在进一步落实哥本哈根会议的目标,进一步推动社会发展。会议以协商一致的方式通过了《关于进一步推动社会发展的建议》,坚持共同建设一个更加美好的世界。

6 月 29 日 联合国开发计划署公布《2000 年人类发展报告》,主题是人权和人类发展。开发计划署自 1990 年以来每年发布一次类似的报告,提醒人们对全球人类进步和人类利用资源实现可持续发展等问题的关注。

7 月 3 日 秘书长安南向埃塞俄比亚和厄立特里亚派去考察团,同双方讨论联合国协助实施停火协议的问题。

同日 德国总理施罗德在与来访的联合国秘书长安南在柏林会谈时表示,德国希望成为安理会常任理事国,但不想在这一问题上"操之过急",希望就此问题与欧盟伙伴进行协商。他强调,德国愿意为联合国承担更多责任,愿意继续积极地参与联合国的维和措施。加强联合国的作用与地位是德国外交和安全政策的核心之一。

7 月 5 日 安理会以 14 票赞成、1 票弃权通过关于"塞拉利昂局势:禁止钻石贸易"的第 S/RES/1306(2000)号决议,决定对塞拉利昂非法钻石贸易实行全球禁运,以切断塞拉利昂反政府武装革命联合阵线通过非法钻石贸易获取继续进行内战的经济来源。

7月5—6日 在日内瓦举行自发起以来规模最大的一次全球契约领导人峰会。会议以"直面现实:与商业同行"为主题,就企业社会责任、企业如何与社会其他部门共同应对当今人类所面临的挑战等问题建言献策,并为"契约"今后的方向探讨新思路。会议一致通过《日内瓦宣言》,承诺在企业经营和运作中遵守劳工权利、人权、环境保护以及反腐败领域内的准则,使全球化造福于人类。

7月6日 安理会发表声明,呼吁阿富汗各武装派别特别是塔利班立即停止敌对行动,通过政治手段解决冲突。

7月13日 安理会一致通过关于联合国普雷维拉卡观察团的第S/RES/1307(2000)号决议,授权联合国军事观察员依照第S/RES/779(2000)号和第S/RES/981(1995)号决议以及秘书长1995年12月13日的报告(S/1995/1028)第19段和第20段,继续监视普雷斯维卡半岛的非军事化行动,直至2001年1月15日。

同日 秘书长安南致函安理会主席表示,他已根据安理会有关决议,正式任命一个专家小组对安哥拉反政府武装安盟违反联合国对其实行武器和钻石贸易禁运的有关情况作进一步调查。这个5人小组任期半年,将在10月18日之前向安南提交有关调查报告。

7月17日 安理会一致通过关于"艾滋病病毒/艾滋病"的第S/RES/1308(2000)号决议,对艾滋病病毒对国际维和人员的健康可能产生的危害表示关注,决定在联合国维和人员中加强有关防治艾滋病方面的教育培训工作,并且订立和执行对即将部署到国际维持和平行动中去的人员进行艾滋病病毒/艾滋病的预防、自愿和保密检查的咨询以及治疗的政策。

7月18日 联合国有关机构发言人称,出于安全原因考虑,联合国各机构决定停止它们在伊拉克南部的一切活动,并从巴士拉、米桑、济加尔和卡迪西亚等省撤走所有联合国工作人员。

7月20日 安理会举行关于预防冲突的公开辩论,之后发表主席声明,重申将致力于预防地区的武装冲突。

7月25日 安理会一致通过关于联合国西撒哈拉全民投票特派团的第S/RES/1309(2000)号决议,决定将西撒特派团的任期延长到2000年10月31日。

7月26日 安理会就儿童与武装冲突问题举行公开辩论会,与会代表纷纷表示,安理会必须进一步采取有效措施,切实保护冲突地区儿童的权益。联合国常务副秘书长弗雷谢特在会上发表讲话说,如何有效保护武装冲突地区儿童的权益是严重困扰国际社会的重要问题之一。在一些国家和地区,儿童在武装冲突中遭杀害的现象仍在继续,联合国在这方面仍有许多艰巨的工作要做。

7月27日　安理会一致通过关于联合国驻黎巴嫩临时部队的第S/RES/1310(2000)号决议,决定将联合国驻黎巴嫩临时部队任期再延长6个月,至2001年1月31日止。

同日　安理会就安哥拉问题举行公开辩论,与会代表呼吁国际社会严格遵守安理会的有关决议,切实加强联合国对安盟的制裁。

7月28日　安理会一致通过关于联合国格鲁吉亚观察团的第S/RES/1311(2000)号决议,决定将联合国驻格鲁吉亚观察团的任务期限延长至2001年1月31日,但独联体维和部队的任务或驻留如有任何变更,需由安理会审查联格观察团的任务。

7月31日　安理会一致通过关于联合国埃塞俄比亚和厄立特里亚特派团的第S/RES/1312(2000)号决议,决定成立联合国埃塞俄比亚和厄立特里亚特派团,以便与埃、厄冲突双方保持联络,并设立相关机构核查两国执行《停止敌对行动协定》的情况,为联合国在两国边境地区开展维和行动做准备。特派团任期至2001年1月31日止。

同日　安理会塞拉利昂制裁委员会举行为期两天的公开听证会,就塞拉利昂钻石产品的出口与走私军火之间的关系进行调查,为切断塞反政府武装革命联合阵线的经济来源创造条件。这是安理会首次就非法钻石贸易问题举行公开听证会。

7月　为了打破巴以和谈的僵局,在美国总统克林顿的主持下,美、以、巴3方在美国戴维营举行首脑会议。由于所涉及的问题个个十分棘手,谈判进行得很艰难,无法达成任何协议。当年9月,由于沙龙强行进入阿克萨清真寺,引发长达4年多的巴以大规模流血冲突。谈判陷于停滞状态。

8月3日　安理会发表主席声明,呼吁有关方面着手调查7月25日发生在联合国驻东帝汶维和士兵被杀事件。被杀害的这名来自新西兰的维和士兵是自1999年9月联合国在东帝汶部署维和部队以来牺牲的第1位维和人员。

8月5日　安理会一致通过关于联合国塞拉利昂特派团的第S/RES/1313(2000)号决议,根据塞拉利昂当地的具体情况增加联合国驻塞拉利昂特派团的任务,其中包括"对任何敌对行动作出有力的反应"。并要求联合国维和部队确保交通要道和通往塞拉利昂首都弗里敦各主要干线的安全。

同日 联合国驻黎巴嫩临时部队开始全面进驻黎巴嫩南部地区,将在确定以色列从黎南部撤军的"蓝线"以上及沿线村庄建立 20 个新驻扎点,以维持该区域局势的稳定。

8 月 10 日 安理会轮值主席、马来西亚常驻联合国代表哈斯米发表声明,对莫斯科爆炸事件表示震惊,并对这一恐怖活动表示强烈谴责。

8 月 11 日 安理会一致通过关于儿童与武装冲突的第 S/RES/1314(2000)号决议,强烈谴责在武装冲突中把儿童作为蓄意攻击的目标,并呼吁各国政府、武装冲突各派根据国际人道主义法和联合国《儿童权利公约》的规定,加强对武装冲突地区儿童合法权益的保护。

8 月 14 日 安理会一致通过关于"塞拉利昂问题特别法庭"的第 S/RES/1315(2000)号决议,决定设立塞拉利昂特别法庭,以审理在塞拉利昂内战中严重违反国际人道主义法以及塞拉利昂有关法律的犯罪分子。

8 月 15 日 安南秘书长致函安理会,表示他已经决定任命前科特迪瓦能源部部长萨菲亚图·巴·恩多担任联合国专家小组负责人,对刚果(金)自然资源和其他形式的财富遭受非法开发的问题展开调查。

8 月 23 日 联合国秘书长委任的以阿尔及利亚前外长拉赫达尔·卜拉希米为首的高级别工作小组向联合国秘书长提交关于联合国维和行动的专题报告的第 A/55/305—S/2000/809 号文件。布拉希米高级别工作小组发表的研究报告(即布拉希米报告),报告包括"需要改变""和平行动的学说、战略和决策""联合国迅速有效部署行动的能力""总部用来规划和支持维持和平行动的资源和结构""和平行动的信息时代""执行方面的挑战"等6 大部分,共 280 条。报告的建议对联合国维和行动变革和发展,改进联合国维和行动,提高联合国的执行力都将具有重要影响,应予肯定。但报告在同意维和行动 3 原则的同时,也根据国际形势的变化提出了一些新建议和新设想。如提出了"接战规则",即"不应限制特派部队只能进行一枪对一枪的还击,还应容许在联合国部队或受其保护的人民受到致命攻击时做出有力的还击,——不应强迫联合国特遣队将主动权交给攻击者";再如报告认为,维和行动的"公正性不等于中立性,或等于在任何时候对所有各方一视同仁,那种做法有时可能等于是姑息。有时候,各地当事方在道义上是不相等的,有些显然是侵略者,有些是受害者。维持和平人员不但在行动上有使用武力的理由,而且基于道义也不得不这样做";报告还建议"在复杂的和平行动中使用民警、其他法制人员和人权专家,以反映出更加重视在冲突后的环境中加强法制和改善对人权的尊重",强调人权问题在维和行动中的重要性。报告的这些建议,明显突破了传统的维和基本原则,降低了维和行动使用武力的门槛,有可能导致维和部队在执行任务时成为交战一方。

8 月 23 日　安理会一致通过关于刚果民主共和国局势的第 S/RES/1316(2000)号决议,把联合国驻刚果(金)特派团的任期从 8 月 31 日延长到 10 月 15 日。

8 月 28—31 日　宗教领袖在纽约联合国总部召开世界和平千年大会,包括中国 5 大宗教 7 位领袖在内的 1000 多名各国宗教界人士出席了大会开幕式。大会主题是"号召对话,发挥宗教领袖在转化冲突中的作用,朝向宽恕与和解,结束贫穷的肆虐和环境恶化"。安南秘书长在大会致辞中说,宗教信仰千差万别,但是他们的共同之处都在于倡导慈悲为怀、宽容和解、与人为善。这些价值观念同样已根植于《联合国宪章》,根植于我们对世界和平的不懈追求。安南指出,宗教也有黑暗的一面,宗教极端主义分子经常在歧视、伤害妇女和少数民族。宗教还经常与极端民族主义结合在一起,煽起暴力和仇恨的火焰。他提议,世界各国的宗教领袖和政治家们以及他们的追随者从自身做起,寻求促进公正、平等、和解、和平的办法,消除人与人之间的恐惧和误解,在加强对话与合作方面为世界树立榜样。这是人类历史上各国宗教界领袖首次在联合国聚会。宗教领袖们围绕世界和平展开对话,努力为解决冲突、促进发展做出贡献。8 月 31 日,由联合国举行的"宗教和精神领袖世界和平千年大会"在纽约闭幕。由 5 大宗教领袖组成的中国代表团出席了大会。中国佛教协会副会长圣辉法师在大会闭幕式上做了和平祈祷。会议通过了题为《对全球和平的承诺》的宣言,供各国宗教领袖以个人的名义予以签署。宣言明确指出,联合国和世界各宗教对人类的尊严、正义与和平有着共同的关注。宗教既对世界的和平做出过贡献,也同时被用来制造分裂和敌意。只有承认文化和宗教的多样化,本着相互尊重和理解的精神,世界才会有真正的和平。这次会议还决定成立一个指导委员会,探讨与联合国的未来合作问题。

8 月 30 日　为配合联合国秘书长安南提出的在 2000 年举行千年首脑会议的建议,各国议会联盟(简称"议联")理事会决定将在联合国总部举行千年议长大会。5 月 6 日,议联理事会推选出千年议长大会主席和副主席,并成立大会指导委员会。主席由各国议会联盟主席纳杰马·赫普图拉女士担任,中国李鹏委员长被推选为千年议长大会副主席之一。8 月 30 日,千年议长大会在联合国总部隆重开幕,联合国秘书长安南在千年议长大会开幕式致辞。来自世界 142 个国家的 156 位议会领导人聚集一堂,共同探讨如何应对世界面临的新挑战、如何加强各国议联的作用以及如何进一步加强议联与联合国之间的实质性的合作关系等问题,以推动议联成为设想中的"联合国的议会组成部分",并推进议联改革。这次会议是各国议会联盟成立以来规模最大、级别最高的一次议会界的国际盛会,是专门为配合联合国千年首脑会议而召开的。

9月5日 第54届联合国大会闭幕。

同日 安理会一致通过关于联合国塞拉利昂特派团的第 S/RES/1317 (2000) 号决议,决定将联合国驻塞拉利昂特派团目前的任务延期至2000年9月20日。

9月6日 第55届联合国大会开幕,芬兰总理哈里·霍尔克里当选为本届大会主席。

9月6—8日 联合国千年首脑会议在纽约联合国总部隆重举行,会议的主题是"加强21世纪联合国的作用"。这次联合国千年首脑会议规模空前,超过了1995年举行的联合国成立50周年庆典。188个会员国的代表齐聚一堂,共同商讨维护世界和平、促进共同发展的世纪大计。会议由第55届联大主席国芬兰总统哈洛宁、第54届联大主席国纳米比亚总统努乔马共同主持。联合国秘书长安南出席开幕式并致开幕词。安南说,这次大会是"一个前所未有的事件,一个前所未有的机遇,因而我们承担了前所未有的责任",他呼吁国际社会为加强联合国在新世纪的作用和实现人类的持久和平与发展做出努力。包括143名国家元首、政府首脑在内的188个国家的领导人和代表出席会议并发言。各国就加强21世纪联合国在国际事务中的作用达成共识,并就国际关系准则、强化联合国机构职能、联合国改革、经济全球化、非洲地区被边缘化、地区热点问题等问题广泛发表了看法。

中国国家主席江泽民在联合国千年首脑会议上发表讲话。江泽民说,当此世纪更替、千年交接之际,世界各国领导人齐聚联合国大厦,共同探讨关系人类发展前途的重大问题,以推进世界和平与发展的崇高事业。此时此刻,一切爱好和平和憧憬幸福的人民,都在把关切的目光投向这里。人类在以往的千年和20世纪中,经历了惨烈的劫难和灾祸,也进行了伟大的斗争和创造,终于赢得了物质文明和精神文明的辉煌成就。江泽民指出:"在二十一世纪和新的千年中,人类必然会遇到难以预料的挑战和考验,也必然会实现新的历史巨变和飞跃。各国人民所期待的持久和平和共同繁荣的前景将是光明的。"

联合国千年首脑会议最后以鼓掌方式通过了具有历史意义的关于千年首脑会议宣言的第 A/RES/55/2 号决议。《千年宣言》共分8个部分,包括价值和原则，和平、安全与裁军，发展与消除贫穷，保护共同环境，人权、民主和善政，保护易受伤害者，满足非洲的特殊需要和加强联合国的作用。其中加强联合国的作用是核心内容。《千年宣言》把"自由、平等、团结、容忍、尊重大自然和共同承担责任"作为21世纪国际关系中的基本价值观，强调《联合国宪章》的宗旨和原则"是永恒的，普遍适用的"，并提出了联合国为实现这些共同价值观和原则应发挥的作用和努力目标。《千年宣言》重申了各国对《联合国宪章》宗旨和原则的承诺，决心根据宪章的目标和原则，在全世界建立公正持久的和平，确保经济全球化成为一股有利于全世界所有人民的积极力量。《千年宣言》宣示了与会各国首脑决心实现的目标，这些目标包括加强联合国维持和平与安全的效力，设法满足最不发达国家的特殊需要。宣言具体制定出在2015年底前应在全球实现的8项千年发展目标。宣言在人权、善政和民主方面也作出了广泛承诺。各国领导人最后庄严重申，联合国是整个人类大家庭不可或缺的共同殿堂，今后将全力支持联合国为谋求和平、合作和发展所作的一切努力。《千年宣言》被认为是联合国在新世纪、新千年工作的蓝图，对人类社会谋求和平、促进发展、实现共同进步具有重要的指导意义。

千年首脑会议上通过的《千年宣言》中世界各国领导人就消除贫穷、饥饿、疾病、文盲、环境恶化和对妇女的歧视等问题，商定了一套有时限而且也能够测量的目标和指标：时限以2015年为期，目标商定为8项。这些目标和指标被置于联合国全球议程的核心，统称为千年发展目标，具体如下：(1)消灭极端贫穷和饥饿：靠每日不到1美元维生的人口比例减半，挨饿的人口比例减半；(2)普及小学教育：确保所有男童和女童都能完成全部小学教育课程；(3)促进两性平等并增强妇女权能：最好到2005年在小学教育和中学教育中消除两性差距，至迟于2015年在各级教育中消除此种差距；(4)降低儿童死亡率：5岁以下儿童的死亡率降低2/3；(5)改善产妇保健：产妇死亡率降低3/4；(6)与艾滋病病毒/艾滋病、疟疾和其他疾病作斗争：遏止并开始扭转艾滋病病毒/艾滋病的蔓延，遏止并开始扭转疟疾和其他主要疾病的发病率增长；(7)确保环境的可持续能力：将可持续发展原则纳入国家政策和方案，扭转环境资源的流失；无法持续获得安全饮用水的人口比例减半；到2020年使至少1亿名贫民窟居民的生活有明显改善；(8)全球合作促进发展：进一步发展开放的、遵循规则的、可预测的、非歧视性的贸易和金融体制，满足最不发达国家的特殊需要。《千年宣言》确定的各项千年发展目标，是联合国历史上一件具有重大影响的事件。它是全世界领导人为了解决和平、安全、发展、人权和基本自由等问题，所做出的前所未有的一揽子允诺。联合国秘书长安南指出:"8 项千年发展目标,从将极端贫困减半,到制止艾滋病病毒/艾滋病的蔓延和普及初等教育,全部都以 2015 年这一目标日期为限。它们构成了世界各国和世界所有主要发展机构共同商定的蓝图,这是从纽约到内罗毕,再到新德里,每一个普通人都很容易支持和理解的一套简单但影响巨大的目标。这些目标自通过以来,已推动了为满足世界最贫穷人口的需要所进行的史无前例的努力。"安南还指出千年发展目标与众不同的理由:第一,千年发展目标以人为本,有时限且可衡量。第二,这些目标以全球伙伴关系为基础,强调发展中国家有责任进行必要的改革,发达国家有责任支助这些努力。第三,它们获得了前所未有的政治支持,得到发达国家、发展中国家、民间社会和主要发展机构最高级别的欣然接受。第四,它们是可实现的。

除大会外,千年首脑会议还分组举行了 4 次圆桌会议。同时,还举行了安理会成员国首脑会议和安理会 5 常首脑会晤。中国国家主席江泽民出席了这些会议并就维护《联合国宪章》的宗旨和原则等一系列重要问题阐述了中国的立场。江泽民主席在各国领导人的分组讨论会上着重论述了经济全球化给人类社会带来的挑战,呼吁实现各国共同发展和繁荣,并就联合国的作用以及人权与主权的关系等问题作了书面发言。关于联合国的作用,江泽民强调,在人类历史上,从未有过任何一个机构具有像联合国这样广泛代表性并通过国际合作对世界产生如此重大和深远的影响。关于人权与主权的关系,江泽民指出,各国人民有权自主选择符合本国国情的社会制度和发展道路,创造自己的生活,而国家主权则是一国人民充分享受人权的前提和保障,这两者不是相互对立,而是相辅相成的。会议期间,85 个国家响应联合国秘书长的呼吁,在 40 多项多边条约上签了字。

9 月 7 日 安理会首脑会议在联合国总部举行。会议由安理会当月轮值主席国马里总统科纳雷主持,议题为"确保安理会在维护国际和平与安全特别是非洲的作用"。安理会 15 个成员国的首脑、政府总理或外长出席了会议。联合国秘书长安南出席会议并发言。江泽民主席出席了安理会首脑会议,并发言阐明了中国对安理会作用、安理会改革和非洲等问题的主张。会议一致通过关于安理会首脑会议宣言的第 S/RES/1318(2000)号决议,决定通过所附关于确保安理会在维护国际和平与安全方面尤其是在非洲发挥有效作用的宣言。宣言强调维护《联合国宪章》的宗旨和原则,表示要以和平手段解决争端,加强联合国在维护和平领域的核心作用,决心特别注意非洲的持久和平与可持续发展等。

在中国倡议下,正在出席千年首脑会议的中国国家主席江泽民、美国总统克林顿、法国总统希拉克、俄罗斯总统普京和英国首相布莱尔在纽约华尔道夫饭店举行历史上首次安理会 5 常首脑会晤。会晤就加强 5 常机制达成了重要共识。首次会晤后 5 常发表了声明，声明承诺加强联合国作用、维护安理会权威、捍卫《联合国宪章》的宗旨和原则；保证在加强联合国在和平与安全方面的领导作用，加强联合国维持和平的能力，振兴联合国的管理，补充联合国的人力资源，重申对联合国的财政承诺等优先领域做出努力；声明同意 5 常就重大国际问题在各个级别进行更经常的磋商。

同日 安理会一致通过关于"东帝汶局势：杀害国际人员"的第 S/RES/1319（2000）号决议，要求印尼政府立即采取措施，履行在西帝汶地区的治安职责，确保难民营和人道主义工作人员的安全和保障。决议要求印尼政府立即解除在当地活动的民兵武装，恢复法律秩序。

9 月 15 日 安理会一致通过关于联合国埃塞俄比亚和厄立特里亚特派团的第 S/RES/1320（2000）号决议，授权在埃塞俄比亚和厄立特里亚特派团所部署的军力可达 4200 人，其中军事观察员可达 220 名，以监督执行两国本年 6 月签署停火协议，任务期限至 2001 年 3 月 15 日。

同日 印尼政治、社会和安全事务统筹部长苏西洛·班邦·尤多约诺和联合国东帝汶过渡行政当局负责人德梅洛分别代表印度尼西亚政府与联合国东帝汶过渡行政当局在巴厘岛签署联合解决边界问题和难民问题协议。这项协议是印尼政府高级官员和联合国驻东帝汶代表及东帝汶独立运动领导人经过两天的秘密会谈后达成的。

9 月 15 日—10 月 1 日 第 27 届奥林匹克运动会在澳大利亚悉尼召开，共有来自国际奥委会会员国的 10651 名运动员参加比赛，其中女运动员 4069 名。东道主在场馆建设、竞赛组织、药物检测等方面做了卓有成效的努力，最后一次主持奥运会的国际奥委会主席萨马兰奇（1921—2010 年）称本届奥运会"是有史以来最好的一届奥运会。"中国共派出 277 名运动员参赛，累计获得金牌 28 枚，银牌 16 枚，铜牌 15 枚。

9 月 16 日 印尼派遣 1 名特使前往联合国总部，与安理会讨论处理联合国难民事务高级专员公署驻印尼东沙登加拉省（西帝汶）工作人员被杀事件。

9 月 20 日 安理会通过关于联合国塞拉利昂特派团的第 S/RES/1321（2000）号决议，决定将联合国驻塞拉利昂特派团的任期再延长到当年 12 月 31 日。

同日 联合国安哥拉制裁委员会主席、加拿大常驻联合国代表保罗·海因贝克抵达安哥拉访问，以实地了解安哥拉的形势，以促进制裁安盟措施的贯彻实行。

9月27日 安理会表示,全力支持卜拉希米林领导的联合国维和行动专家小组于8月23日提出的全面改革现行联合国维和机制的一系列建议和措施。

10月7日 联合国安理会代表团开始对塞拉利昂等5个西非国家进行为期一周的访问,旨在通过实地考察,收集第一手材料,以便使联合国能够更加有效地在塞拉利昂开展维和行动。

同日 安理会以14票赞成,1票弃权通过关于"中东局势:巴勒斯坦"的第S/RES/1322(2000)号决议,要求以色列严格遵守其法律义务和《关于战时保护平民的日内瓦第四公约》规定的责任,强调必须建立一种机制,迅速、客观地调查过去几天的不幸事件,以防不测事件再度发生。

10月8日 联合国秘书长安南为使中东和平进程重新走上轨道,启程前往中东,此次行程包括会见以色列总理巴拉克、巴勒斯坦民族权力机构主席阿拉法特等政要。

10月10日 第55届联合国大会选举哥伦比亚、新加坡、爱尔兰、毛里求斯和挪威为安理会新的非常任理事国。这5个国家将从2001年1月1日起进入安理会,任期两年。

10月13日 安理会一致通过关于联合国刚果民主共和国特派团的第S/RES/1323(2000)号决议,决定将联合国驻刚果(金)特派团的任期延长到当年12月15日。

10月18日 应阿拉伯国家的要求,第10届紧急特别会议复会,讨论巴勒斯坦和以色列之间最近发生的暴力冲突。会议通过了关于以色列在被占领东耶路撒冷和其余被占领巴勒斯坦领土的非法行动的第A/RES/ES—10/7号决议,谴责2000年9月28日以色列对阿克萨清真寺广场进行的暴力事件,呼吁有关各方采取行动。

10月24日 安理会就妇女在缔造和平和建设和平中的作用进行辩论。这一公开辩论会是由安理会本月主席国纳米比亚倡导和发起的,是安理会就妇女和武装冲突、妇女与缔造和建设和平问题举行的首次公开辩论会。

10月27日 南斯拉夫联盟总统科什图尼察致函联合国秘书长安南,正式提出南联盟加入联合国的申请。

10月30日 安理会一致通过关于联合国西撒哈拉全民投票特派团的第S/RES/1324(2000)号决议,决定将联合国西撒哈拉公民投票特派团的任期延长至2001年2月28日,并希望摩洛哥与西撒人阵通过磋商就西撒哈拉争端商定双方可以接受的政治解决办法。

10 月 31 日　安理会在协商一致的基础上通过关于"南斯拉夫联盟共和国加入联合国"的第 S/RES/1326（2000）号决议，决议建议第 55 届联合国大会接纳南斯拉夫联盟共和国为联合国会员国。

同日　安理会一致通过关于妇女与和平与安全的第 S/RES/1325（2000）号决议，要求联合国各会员国为妇女在缔造和平与建设和平中发挥更大作用创造条件。

11 月 1 日　第 55 届联合国大会一致通过关于接纳南斯拉夫联盟共和国为联合国会员国的第 A/RES/52/12 号决议。

11 月 10 日　安理会就难民问题举行公开会议，即将退休的联合国难民事务高级专员绪方贞子和各国代表在会上发言，要求采取切实有效的措施，进一步加强联合国难民事务高级专员公署在处理难民问题上的快速反应能力以及保护难民和救援人员的人身安全。

同日　安理会分别与巴勒斯坦和以色列举行非正式会议，听取了巴勒斯坦民族权力机构主席阿拉法特和以色列常驻联合国代表兰克里有关巴以冲突最新情况的汇报，并就巴方要求联合国向其所有被占领土派驻保护部队交换了意见。

11 月 13 日　安理会一致通过关于和平行动问题小组的报告的第 S/RES/1327（2000）号决议，此前安理会审议了联合国维和行动专家小组关于加强和改进联合国维和行动的有关建议和措施。决议重申决心加强联合国维和行动，并强调维和行动应严格遵守宪章的宗旨和原则。

11 月 14 日　安理会轮值主席、荷兰常驻联合国代表范瓦尔索姆发表声明，对塞拉利昂政府与反政府武装革命联合阵线（联阵）11 月 10 日在尼日利亚首都阿布贾签署停火协议表示欢迎，认为这一停火协议"朝着恢复塞拉利昂和平迈出第一步"。

11 月 15 日　大会通过关于联合国打击跨国有组织犯罪公约的第 A/RES/55/25 号决议，内载《联合国打击跨国有组织犯罪公约（附件一）》、《联合国打击跨国有组织犯罪公约关于防止、禁止和惩治贩运人口特别是妇女和儿童行为的补充议定书（附件二）》和《联合国打击跨国有组织犯罪公约关于打击陆、海、空偷运移民的补充议定书（附件三）》。

11 月 16 日　中国常驻联合国代表王英凡在大会讨论安理会改革问题时指出，应在遵循公平地域分配原则的基础上优先解决发展中国家代表性不足的问题。

11 月 22 日　安理会召开紧急公开会议，审议近几天来不断升级的巴以冲突问题。安理会 15 个成员国代表、冲突双方以色列和巴勒斯坦的代表、阿拉伯国家集团主席国利比亚的代表以及不结盟运动主席国南非的代表等出席会议。

同日 安理会就科索沃问题举行公开会议,随后发表主席声明,对南联盟科索沃地区当天发生的爆炸事件和阿族武装分子袭击塞族警察的事件表示强烈谴责,并要求对这些事件进行全面调查,将肇事者绳之以法。

11 月 27 日 安理会一致通过关于联合国脱离接触观察员部队的第 S/RES/1328(2000)号决议,决定将联合国脱离接触观察员部队的任务期限再延长 6 个月,至 2001 年 5 月 31 日止。

11 月 28 日 安理会就刚果(金)武装冲突和难民问题举行公开辩论。

11 月 30 日 安理会一致通过关于"前南问题法庭和卢旺达问题法庭修改规约"的第 S/RES/1329(2000)号决议,决定根据宪章第 7 章采取行动,在前南问题国际法庭成立专案法官组,并增加前南问题国际法庭和卢旺达问题国际法庭上述分庭法官人数;并请秘书长尽快向安理会提交报告,就前南问题国际法庭属时管辖权的终止日期作出评估并提出建议。

12 月 3 日 安理会制裁伊拉克委员会最近作出决定,进口伊拉克原油的客户可在 12 月 1 日后继续装载伊原油,但在伊拉克提出合理的原油价格前不得向它支付油款。安理会制裁伊拉克委员会再次拒绝接受伊拉克最近向联合国提出的关于 12 月出口石油的价格机制。

12 月 4 日 大会通过关于"犯罪与司法:迎接 21 世纪的挑战的维也纳宣言"的第 A/RES/55/59 号决议及其附件《关于犯罪与司法:迎接 21 世纪的挑战的维也纳宣言》。

大会通过关于《儿童权利公约》的第 A/RES/55/79 号决议。决议在敦促《儿童权利公约》的执行情况、保护和促进儿童权利、促进和保护处于特别易受伤害情况下儿童的权利和不歧视儿童、防止和根除买卖儿童和对儿童的性剥削和性凌虐、保护受武装冲突影响的儿童、逐步消除童工方面具有重要意义。

12 月 5 日 安理会一致通过关于"伊拉克:以石油换食品方案"的第 S/RES/1330(2000)号决议,决定将伊拉克"石油换食品"计划的执行期再次延长 6 个月。根据这一决议,伊拉克将从 12 月 6 日开始执行第 9 期"石油换食品"计划。这期间,伊拉克可以尽其所能出口石油,并从出口石油的收入中提取 6 亿美元用于进口生产石油的设备。

12 月 6 日 安理会就国际恐怖主义问题举行辩论会,轮值主席、俄罗斯常驻联合国代表拉夫罗夫于会议结束前宣读主席声明,重申安理会谴责一切形式的恐怖主义活动,敦促那些尚未成为反恐怖国际公约缔约国的国家早日加入这一公约。

12月11日 安理会轮值主席、俄罗斯常驻联合国代表拉夫罗夫发表口头声明,强烈谴责发生在格鲁吉亚境内阿布哈兹地区绑架两名军事观察员的事件。

12月12日 大会通过关于国家继承涉及的自然人国籍问题的第A/RES/55/153号决议及其附件《国家继承涉及的自然人国籍问题》。

12月13日 安理会一致通过关于联合国驻塞浦路斯维持和平部队的第S/RES/1331(2000)号决议,决定将联赛部队的任期延长至2001年6月15日。

12月14日 安理会一致通过关于联合国组织刚果民主共和国特派团的第S/RES/1332(2000)号决议,呼吁所有有关各方履行各自在《卢萨卡停火协定》中作出的承诺,并呼吁乌干达和卢旺达的部队,以及所有其他外国军队按照安理会有关决议规定撤出刚果领土。

12月18日 安理会在巴勒斯坦代表的强烈要求下就关于向巴勒斯坦被占领土派遣联合国保护部队的决议草案进行表决,结果只有8票赞成,美国等7个安理会成员国投弃权票,决议草案未获通过。

12月19日 安理会以13票赞成,2票弃权通过关于"阿富汗局势:制裁塔利班"的第S/RES/1333(2000)号决议,决定对阿富汗塔利班武装实施更加严厉的制裁,要求塔利班毫不拖延地将沙特流亡分子本·拉登送交已对他起诉的国家,并立即停止向国际恐怖主义分子及组织提供庇护和训练。

12月22日 安理会一致通过关于联合国塞拉利昂特派团的第S/RES/1334(2000)号决议,决定将联合国驻塞拉利昂特派团的任期延长到2001年3月31日。

二〇〇一年

（联合国不同文明对话年,志愿人员国际年,
动员反对种族主义、种族歧视、
仇外心理和有关不容忍行为国际年）

1月12日 安理会一致通过关于联合国普雷维拉卡观察团的第S/RES/1335(2001)号决议,授权联合国军事观察员依照安理会有关决议继续监测普雷维拉卡半岛的非军事化情况,直至2001年7月15日。

国际原子能机构总干事巴拉迪专门就贫铀弹问题发表声明,就贫铀弹

对人体健康的危害作出权威性评估,国际原子能机构强调有必要详细调查贫铀弹危害。

1月13日 秘书长安南称,关注发展问题,特别是确保广大发展中国家享有平等的发展权利是联合国2001年以及今后几年的工作重点。

1月18日 秘书长安南通过其发言人发表声明,希望刚果(金)总统卡比拉的突然去世不会影响该国的和平进程。

1月19日 由于阿富汗武装派别塔利班未能在联合国规定的期限内完全履行有关决议,由美国和俄罗斯提出的对塔利班的制裁措施已于19日自动生效。

1月23日 安理会一致通过关于"安哥拉局势:监测机制"的第S/RES/1336(2001)号决议,决定将负责调查安哥拉反政府武装安盟的反制裁情况专家小组的任期延长。

1月28日 联合国秘书长安南安排以色列总理巴拉克与巴勒斯坦民族权力机构主席阿拉法特今后几天在欧洲举行首脑会晤,力促巴、以举行首脑会谈。

1月30日 安理会一致通过关于联合国驻黎巴嫩临时部队的第S/RES/1337(2001)号决议,决定将联合国驻黎巴嫩维和部队人员从目前的5800名减少至4500名。

1月31日 安理会一致通过关于联合国东帝汶过渡行政当局的第S/RES/1338(2001)号决议,决定将联合国东帝汶过渡行政当局的任期延长1年,至2002年1月31日止。

同日 安理会一致通过关于联合国格鲁吉亚观察团的第S/RES/1339(2001)号决议,决定将联合国格鲁吉亚观察团(联格观察团)的任务期限延长至2001年7月31日。

2月5日 联合国会费新摊派。美国多年来单方降低会费比例,将它的正常预算应缴25%降为22%,经常性预算与维和费用的分摊比例也随之降低,造成联合国与美国计算的会费有大约4亿美元的差额。

2月7日 安理会就如何推动刚果(金)和平进程问题再次举行公开辩论,联合国秘书长安南和来访的卢旺达总统卡加梅应邀出席了会议。这是安理会1周内第2次就刚果(金)问题举行公开辩论会。

2月8日 安理会一致通过关于前南法庭法官人选的第S/RES/1340(2001)号决议,将刘大群(中国)等26位来自26个不同国家的常任法官的提名人选送交大会。

2月22日 安理会通过关于刚果民主共和国局势的第S/RES/1341

（2001）号决议，再次要求乌干达部队和卢旺达部队，以及所有其他外国部队，遵照安理会第 S/RES/1304（2000）号决议第 4 段和《卢萨卡停火协定》，撤出刚果民主共和国领土。

2 月 27 日 安理会通过关于联合国西撒哈拉全民投票特派团的第 S/RES/1342（2001）号决议，决定将西撒特派团的任务期限延长到 2001 年 4 月 30 日。

3 月 4 日 德国外交部部长约施卡·菲舍尔在法兰克福与到访的联合国秘书长科菲·安南举行了会谈，双方对近来不断升级的中东暴力行动和日益紧张的巴尔干局势表示担忧，并赞成以安理会通过一项政治动议的形式解决伊拉克问题。

3 月 7 日 安理会一致通过关于"塞拉利昂局势：制裁利比里亚"的第 S/RES/1343（2001）号决议，以求促进塞拉利昂的和平进程。要求利比里亚政府立即停止对塞拉利昂反政府武装的军事和财政支持，否则将在决议通过之日起 2 个月后开始对利比里亚实行武器禁运和钻石贸易等制裁。

3 月 8 日 联合国总部以"妇女与和平：妇女应对冲突"为主题举行庆祝新千年第 1 个国际劳动妇女节活动。

3 月 12 日 阿富汗塔利班政权公然无视联合国、无视教科文组织以及众多会员国的强烈反对，颁布命令称巴米扬大佛雕像是崇拜偶像的行为，必须予以销毁。3 月 12 日，两尊大佛的古迹在经过近 1 个月的猛烈炮轰下，最后被塔利班团伙用炸药及坦克炮摧毁。对这一事件，联合国秘书长安南有如下一段鲜活的回忆："在 2000 年，我根据一次早就制订的访问巴基斯坦的计划访问伊斯兰堡，当时正值塔利班摧毁巴米扬大佛期间。在那里，我会见了一位代表塔利班的外事接待人物，相当于外交部长，名叫瓦基尔·阿赫曼德·穆塔瓦基尔。对我提出的关于制止毁坏巴米扬大佛的各种呼吁，穆塔瓦基尔的回答只有一个：'根据我们的法律，我们所做的任何事情都不能被认为是非法的。'但我警告他们说，他们的行为可能导致进一步制裁，包括他们的领导人将被禁止出国旅行，此时穆塔瓦基尔显得很迷茫，他回答说：'旅行？我们为什么要旅行？我们哪儿都不想去。'"摧毁巴米扬大佛雕像是塔利班政权对人类文明犯下的罪行，遭到世人谴责。

3 月 13 日 巴勒斯坦常驻联合国观察员基德瓦再次呼吁安理会向所有被占巴勒斯坦领土派驻联合国保护部队。

3 月 15 日 安理会一致通过关于联合国埃塞俄比亚和厄立特里亚特派团的第 S/RES/1344（2001）号决议，决定按照第 S/RES/1320（2000）号决议授权的部队和军事观察员人数，将埃厄特派团的任务期限延至 2001 年 9

月 15 日。

同日 应巴勒斯坦要求,安理会就是否向巴派遣联合国保护部队进行了公开辩论。

3 月 21 日 安理会一致通过关于马其顿和塞尔维亚南部局势的第 S/RES/1345(2001)号决议,强烈谴责阿族极端分子在马其顿境内以及南联盟塞尔维亚共和国某些城镇所进行的暴力活动,要求必须通过所有合法当事方之间的对话来解决一切分歧。

同日 安理会发表主席声明,欢迎格鲁吉亚政府和阿布哈兹方面近期在雅尔塔举行的关于建立信任措施的第 3 次会议以及双方恢复的政治对话,并敦促冲突双方对和平进程作出新的承诺。

3 月 27 日 安理会经过长时间磋商后,于午夜就不结盟运动成员国提出的向巴勒斯坦派遣联合国观察员部队的提案进行表决。尽管赞成票达到了规定的票数,但由于美国使用了否决权,提案未能获得通过。

3 月 29 日 首批联合国驻刚果(金)部队 110 名乌拉圭官兵抵达刚果(金)北基伍省省会戈马市,稍后即赴加丹加省的卡莱梅驻扎,执行保卫联合国驻刚果(金)部队设在此地的参谋部的任务。

3 月 30 日 安理会一致通过关于联合国塞拉利昂特派团的第 S/RES/1346(2001)号决议,决定将派驻塞拉利昂的联合国维和部队人数从目前的 10350 人增加到 17500 人,以便联合国维和部队能够深入塞反政府武装"革命联合阵线"长期占据的钻石矿区,帮助塞民选政府对全国行使权力。

同日 安理会一致通过关于"卢旺达问题国际法庭:法官人选"的第 S/RES/1347(2001)号决议,审议并通过秘书长收到的卢旺达问题国际法庭法官提名人选,送交大会审议。

4 月 5 日 南斯拉夫联盟总统科什图尼察会晤了联合国驻科索沃特派团团长海克鲁普,双方根据安理会第 S/RES/1244(1999)号决议就解决科索沃问题举行会谈。

4 月 13 日 摩洛哥向刚果(金)派遣的皇家武装力量维和部队启程执行维和使命。

4 月 17 日 南斯拉夫联盟塞尔维亚共和国会议发表公告,强烈谴责联合国驻科索沃特派团在科索沃同塞尔维亚本土交界处非法设立海关口岸。

4 月 18 日 西非国家经济共同体调解与安全委员会代表团受命奔赴利比里亚,以监督利政府执行安理会 2001 年 3 月 7 日一致通过的第 S/RES/1343(2001)号拟对利实施制裁的有关决议。

4月19日　安理会一致通过关于"安哥拉局势：制裁监测机制"的第 S/RES/1348(2001)号决议,将制裁安哥拉反政府武装安盟的监测机制任期延长6个月,至2001年10月19日止。

4月27日　安理会一致通过关于联合国西撒哈拉全民投票特派团的第 S/RES/1349(2001)号决议,决定将联合国西撒哈拉公民投票特派团的任期延长到6月30日,并希望摩洛哥与西撒人阵通过磋商就西撒哈拉争端达成双方可以接受的政治解决方案。

同日　安理会一致通过关于前南法庭诉讼法官人选的第 S/RES/1350(2001)号决议,将来自土耳其的艾丁·塞法·阿凯先生等不同国家的63位前南斯拉夫问题国际法庭诉讼法官的提名人选送交大会。

4月30日　安理会轮值主席、英国常驻联合国代表杰里米·格林斯托克发表声明,强烈谴责阿族极端分子袭击马其顿安全部队的暴力事件,并认为这一暴力事件已经对马其顿以及整个地区的安全构成威胁。

5月3日　安理会轮值主席、美国常驻联合国代理代表詹姆斯·坎宁安是在安理会就刚果(金)问题举行公开辩论后发表声明说,安理会决定将联合国调查非法开采刚果(金)自然资源问题的专家小组的工作时间延长3个月,以便对有关情况进行深入的调查与核实。

5月15日　安理会轮值主席、美国常驻联合国代理代表坎宁安宣布,安理会在联合国对埃厄两国的武器禁运于本月16日期满后,决定不再延长这一禁运。

5月18日　安理会代表团抵达安哥拉访问。安哥拉总统多斯桑托斯会见代表团全体成员。双方就非洲大湖地区形势和安哥拉和平进程等问题举行会谈。

5月22日　联合国大会通过《关于持久性有机物污染的斯德哥尔摩公约》,为了保护人类健康和环境采取包括旨在减少或消除持久性有机污染物排放和释放的措施在内的过激行动。条约于2004年5月17日生效。

5月30日　安理会一致通过关于联合国脱离接触观察员部队的第 S/RES/1351(2001)号决议草案,决定将联合国驻叙利亚和以色列边境地区观察员部队的任期延长半年,至2001年11月30日止。

5月31日　大会通过关于《联合国打击跨国有组织犯罪公约关于打击非法制造和贩运枪支及其零部件和弹药的补充议定书》的第 A/RES/55/255号决议及其附件《联合国打击跨国有组织犯罪公约关于打击非法制造和贩运枪支及其零部件和弹药的补充议定书》。

6月1日　安理会一致通过关于"伊拉克：以石油换食品方案"的第

S/RES/1352(2001)号决议,将现阶段伊拉克"石油换食品"计划执行期延长1个月。同时,决议重申所有会员国对伊拉克主权和领土完整的承诺,并呼吁改善伊拉克境内的人道主义状况。

6月6—8日 大会在纽约总部召开了关于人类住区问题的第25届特别会议,此次会议又被称为"人居问题特别联大"。会议对1996年联合国第2次人居会议各项成果的实施情况进行了审查和评价。

6月9日 大会通过了关于《关于新千年中的城市和其他人类住区的宣言》的第A/RES/S—25/2号决议,决议重申了联合国第2次人居会议的各项承诺,肯定了《人居议程》在实施中的各项成绩,确认了仍然存在的其他障碍和制约因素,并承诺采取进一步行动。

6月12日 联合国拉美及加勒比地区关于巴勒斯坦问题会议在古巴哈瓦那开幕。古巴外长佩雷斯、巴勒斯坦外长卡杜米、联合国负责政治事务的助理秘书长图尔克、联合国巴勒斯坦人民行使不可剥夺权力委员会主席德盖内等出席会议。

6月13日 安理会一致通过关于加强与部队派遣国合作的第S/RES/1353(2001)号决议,审议已商定的与部队派遣国合作措施的执行情况,请其维持和平行动问题工作组在本决议通过后6个月内评估这些商定措施的效率和效力,同时顾及部队派遣国所提建议以考虑进一步改进这些措施,并就这些事项向安理会提出报告。

同日 叙利亚外长沙雷与来访的联合国秘书长安南就中东局势的最新情况以及双方共同关心的其他问题举行会谈。

6月15日 联合国秘书长安南分别向第55届联合国大会和安理会提交一份为预防武装冲突的报告,呼吁联合国会员国将更多精力集中在及时采取措施预防冲突,而不是坐等事发后再去解决冲突。

同日 安理会一致通过关于联合国驻塞浦路斯维持和平部队的第S/RES/1354(2001)号决议,决定将联合国驻刚果(金)特派团的任期延长到2002年6月15日,以便使联合国维和人员对所有外国军队撤离刚果(金)以及刚果(金)反政府武装缴械进行监督。

同日 安理会通过关于联合国组织刚果民主共和国特派团的第S/RES/1355(2001)号决议,将联合国驻塞浦路斯维和部队任期延长6个月,至2001年12月15日止。

同日 上海合作组织成立大会在上海举行。中国、俄罗斯、哈萨克斯坦、吉尔吉斯斯坦、塔吉克斯坦、乌兹别克斯坦6国元首与会,并签署《上海合作组织宣言》和《打击恐怖主义、分裂主义和极端主义上海公约》。

6月19日　安理会通过关于索马里局势的第 S/RES/1356(2001)号决议,决定对第 S/RES/733(1992)号决议第 5 段规定的制裁措施不适用于联合国人员、媒体代表、人道和发展工作人员及有关人员临时运入索马里供其个人使用的保护性服装,包括防弹夹克和军用头盔;又决定对第 S/RES/733(1992)号决议第 5 段规定的措施不适用于经第 S/RES/751(1992)号决议所设委员会事先核准的专供人道主义或保护用途的非致命性军事设备。

同日　国际奥委会和国际残奥委会签署新的合作协议。残奥会一直与奥运会同年举行,自 1988 年韩国首尔夏季奥运会和 1992 年法国阿尔贝维尔冬季奥运会以来,根据国际残奥委会和国际奥委会的协议,形成残奥会与奥运会两大赛事均在相同的城市和场馆举办的惯例。2001 年 6 月 19 日,国际奥委会与国际残奥委员会又签署协议,旨在保障和保护残奥会的组织工作。协议再次确认,自 2008 年起,残奥会将在奥运会后相继举行,两大赛事应使用相同的体育场馆和公共设施。从 2012 年申办工作启动开始,奥运会主办城市均须根据要求主办残奥会:即从北京 2008 年奥运会起,由 1 个组委会同时组织两个赛事;申办奥运会的城市,必须同时申办残奥会;奥运会后 1 个月内,在奥运会举办城市的奥运场地举办残奥会。

6月21日　安理会一致通过关于联合国波黑特派团的第 S/RES/1357(2001)号决议,决议将联合国驻波黑特派团的任期延长到 2002 年 6 月 21日,并敦促联合国会员国抓紧为波黑地方警察部队提供训练、装备和其他有关援助。

6月25—27日　大会举行关于艾滋病病毒/艾滋病的第 26 届特别会议,并于 27 日通过题为《关于艾滋病病毒/艾滋病问题的承诺宣言》的第 A/RES/S—26/2 号决议及其附件《关于艾滋病病毒/艾滋病问题的承诺宣言》,为国际社会防治艾滋病行动制定了统一目标和行动规划。

6月27日　安理会一致通过关于推荐联合国秘书长人选的第 S/RES/1358(2001)号决议,提名现任联合国秘书长安南从 2002 年 1 月 1 日起连任秘书长职务 5 年。

6月29日　安理会通过关于联合国西撒哈拉全民投票特派团的第 S/RES/1359(2001)号决议,决定按照秘书长 2001 年 6 月 20 日报告的建议,将西撒特派团的任务期限延长到 2001 年 11 月 30 日。

7月3日　安理会一致通过关于"伊拉克:以石油换食品方案"的第 S/RES/1360(2001)号决议,将现阶段伊拉克"石油换食品"计划的执行期延长 150 天。决议通过的同时,安理会就英、美提出的对伊制裁"新安排"的表决也被无限期推迟。

7月5日 安理会通过关于国际法院法官补选日期的第 S/RES/1361（2001）号决议，决定对国际法院空缺的补选应于 2001 年 10 月 12 日在安理会的一次会议和大会第 56 届会议的一次会议上进行。

7月9日 伊拉克与联合国就执行将于 11 月 30 日开始的第 10 期"石油换食品"计划签署 1 份谅解备忘录。

7月11日 安理会一致通过关于联合国普雷维拉卡观察团的第 S/RES/1362（2001）号决议，授权联合国军事观察员依照安理会有关决议以及秘书长的相关报告继续监测普雷维拉卡半岛的非军事化情况，直至 2002 年 1 月 15 日，并请秘书长继续在适当时间向安理会提出报告。

7月12日 大会通过关于联合国系统职员学院章程的第 A/RES/55/278 号决议及其附件《联合国系统职员学院章程》。

7月30日 安理会一致通过关于"制裁塔利班：监测机制"的第 S/RES/1363（2001）号决议，决定在决议通过之日起 30 天内设立一个监测机制，以监测第 S/RES/1267（1999）号和第 S/RES/1333（2000）号决议所规定措施的执行情况；并决定向与塔利班控制下阿富汗领土接壤的国家和酌情向其他国家提供援助，以提高它们执行第 S/RES/1267（1999）号和第 S/RES/1333（2000）号决议所规定措施的能力。

7月31日 安理会一致通过关于联合国格鲁吉亚观察团的第 S/RES/1364（2001）号决议，决定将联合国格鲁吉亚观察团（联格观察团）的任务期限延长至 2002 年 1 月 31 日。

同日 安理会一致通过关于联合国驻黎巴嫩临时部队的第 S/RES/1365（2001）号决议，将联合国驻黎巴嫩临时部队任期延长至 2002 年 1 月。

8月7日 联合国驻科索沃警察部队强行占领南联盟和塞尔维亚共和国解决科索沃问题协调中心办公大楼。对此，南联盟和塞尔维亚当局表示强烈不满。

8月13日 安理会和秘书长安南分别发表声明，对马其顿 4 大政党领导人当天正式签署关于政治解决马其顿危机的框架协议表示欢迎，并希望这一协议能够在马其顿立即得到全面实施。

8月20日 安理会应伊斯兰会议组织的要求就中东局势和巴勒斯坦问题举行公开辩论，40 余个国家的代表在会上发言，一致谴责导致巴以冲突升级的暴力行为。

8月30日 安理会一致通过关于"预防武装冲突：安理会的作用"的第 S/RES/1366（2001）号决议，决定有关各方应从卢旺达的种族灭绝的第 S/RES/1257（1999）号决议和斯雷布雷尼察大屠杀 A/RES/54/549 号决议等惨剧发生之前所作预防努力的失败中吸取教训,决心在其职责范围内采取适当预防性战略,与会员国一道努力,防止此种惨剧再次发生。

8月31日　荷兰地区法院就米洛舍维奇关于受到前南斯拉夫问题国际刑事法庭(简称"前南刑庭")非法监禁的诉讼作出裁决,认为荷兰法庭无权干预国际法庭的司法管辖范围。

8月31日—9月7日　联合国第3次反对种族主义世界大会在南非东部港口城市德班举行。大会通过了关于《反对种族主义、种族歧视、仇外心理和相关的不容忍行为世界会议——〈宣言〉》的第 A/CONF.189/12 号宣言。

9月7日　大会通过关于联合国同禁止化学武器组织的合作的第 A/RES/55/283 号决议及其附件《联合国同禁止化学武器组织的合作》。

9月10日　安理会一致通过关于"南斯拉夫:终止军火禁运"的第 S/RES/1367(2001)号决议,决定取消对南联盟的武器禁运,同时解散安理会设立的与实施对南武器禁运有关的制裁委员会。

9月11日　本·拉登领导的基地组织发动了对美国的恐怖袭击:载有92位乘客的美国航空公司11次航班遭到劫持,并撞击世贸大楼的北部塔楼;载有65位乘客的联合航空公司175次航班遭到劫持,并撞击世贸大楼的南部塔楼;载有64位乘客的美国航空公司77次航班遭到劫持,撞击了美国五角大楼;联合航空公司的93次航班,坠毁在匹兹堡东南80英里以外的地区,该机上的45名乘客无一生还。袭击共造成来自62个国家和地区的5000多人死亡。"9·11"恐怖袭击事件发生后,美国总统布什立即向全国发表了简短声明。他说,这些劫机袭击事件是一个"全国悲剧",并发誓捉拿和严惩肇事者。布什宣布美国海内外军队处于高度戒备状态,同时表示将采取一切措施保护美国人民的安全,确保美国政府正常运转。他宣布,美国"正在准备一场对付恐怖分子的全面战争",这将是"一场面对不同敌人的不同战争"和"一场没有战场的战争"。

9月12日　"9·11"恐怖袭击事件发生后,联合国立即强烈谴责这一恐怖袭击事件,表示决心采取一切手段打击恐怖主义行为对国际和平与安全造成的威胁,吁请国际社会加倍努力防止并镇压恐怖主义行为。12日,第56届联合国大会在纽约联合国总部开幕。韩国外交通商部长官韩升洙当选为本届联合国大会主席。在大会开幕式上发表讲话时,他首先强烈谴责了11日在美国纽约和华盛顿等地发生的恐怖事件。

联大决议要求所有国家立即切断恐怖主义的财源,冻结所有直接或间接向恐怖活动提供的任何资金或经济来源,把为恐怖活动提供财政支持视为犯罪行为,并将给予严厉打击。联合国秘书长安南发表声明说:"'9·11'恐怖袭击事件过后,如果今天我们看得更加清楚,更加长远的话,我们就会意识到人类是不可分割的。新的威胁不分种族、国家和地区。新的不安全已经进入所有人的脑海,不管财富多少、地位高低。更深切的相互联系意识(无论是痛苦还是繁荣)已经深入人心,不分老幼"。"9·11"恐怖袭击事件爆发后,世界一片震惊。各国政府首脑纷纷发表讲话,一致谴责这一惨无人道的恐怖主义暴行。

同日 安理会一致通过关于打击恐怖主义的第 S/RES/1368(2001)号决议,强烈谴责 11 日在美国发生的一系列恐怖主义袭击事件,对事件中遭到重大损失的美国政府和人民表示深切慰问,对死难者及其家属表示哀悼。

9 月 14 日 安理会通过关于"联合国埃塞俄比亚和厄立特里亚特派团"的第 S/RES/1369(2001)号决议,决定将联合国驻埃塞俄比亚和厄立特里亚特派团的任期延长 6 个月,至 2002 年 3 月 15 日止。

9 月 18 日 安理会一致通过关于"联合国塞拉利昂特派团"的第 S/RES/1370(2001)号决议,决定将联合国驻塞拉利昂特派团的任期延长 6 个月,至 2002 年 3 月 31 日止。

9 月 19—21 日 大会召开关于儿童问题的第 27 届特别会议,会议原定于 2002 年 5 月 8—10 日在纽约召开,由于 9 月 11 日发生在美国的恐怖事件,联大决定将日期改至 9 月 19—21 日。会议通过了第 A/RES/S—27/1 号决议和第 A/RES/S—27/2 号决议。前项决议为各国代表的全权证书;后项决议为"关于适合儿童生长的世界"。后项决议重申了对儿童的承诺,呼吁国际社会建立一个适合儿童生长的世界,审议了 1990 年世界儿童问题首脑会议通过的宣言和行动计划的执行情况,并重新制定了未来 10 年解决儿童问题的行动计划。此次会议是 1990 年世界儿童问题首脑会议以来联合国关于儿童问题的最高级别会议,所以这次会议也被称为儿童问题特别联大。

9 月 20 日 安理会批准成立负责监督对塔利班制裁的 5 人专家小组。其日常活动机构设在纽约,主要任务是帮助阿富汗塔利班控制区的周边国家更好地实施安理会的制裁决议,避免这些国家因制裁而遭受过大损失。

9 月 26 日 安理会一致通过关于马其顿局势的第 S/RES/1371(2001)号决议,对马其顿 4 大政党领导人在 8 月签署关于政治解决马其顿危机的框架协议表示欢迎,并支持马其顿各方及时、全面地实施这一有利于推动该国和平进程的框架协议。该决议只是指出安理会"大力支持应前南斯拉夫的马其顿共和国政府的请求,在该国境内设立多国安全存在,以保障观察员的安全"。该决议呼吁派遣武装人员为欧盟和欧安组织驻马其顿非武装观察员提供支持,协助执行《奥赫里德湖协定》。该协定由该国主要政党于2001年8月31日签订。

9月28日　安理会以14票赞成、1票弃权通过关于"苏丹:解除制裁"的第S/RES/1372(2001)号决议,决定取消对苏丹长达5年的制裁。

10月4日　安理会通过第S/RES/1373(2001)号决议,援引《联合国宪章》第7章,要求成员国不惜一切代价打击恐怖主义;同时采取有力措施,冻结任何涉嫌从事恐怖主义行为的资金,对向其提供资金或经济来源的组织进行严厉打击。1373号决议有力地显示了"9·11"恐怖袭击事件后联合国在建立国际反恐联盟方面的作用。

10月7日　以美国为首的联军发动代号为"持久自由"阿富汗战争,宣称其目的是逮捕本·拉登等基地组织成员并打击塔利班。这标志反恐战争正式开始。10月7日,美、英对阿富汗实施大规模空袭行动,并支持阿富汗北方联盟武装。2002年1月29日,美国宣布,阿富汗塔利班政权被彻底打败。

10月8日　第56届联合国大会选举叙利亚、喀麦隆、几内亚、保加利亚和墨西哥等5国为联合国安理会新的非常任理事国。这5个国家将从2001年1月1日起进入安理会,任期为两年。

同日　联合国秘书长安南通过发言人发表声明,对联合国驻格鲁吉亚军事观察员座机遇袭坠毁事件表示震惊。

10月10日　安理会阿富汗制裁委员会宣布,27个组织及个人因涉嫌参与恐怖活动而被列入制裁名单,其中"基地"组织列于首位。

10月12日　挪威诺贝尔委员会宣布,联合国与联合国秘书长安南共同分享2001年诺贝尔和平奖。该委员会表示,这一决定是为了表彰安南为创建一个"更有组织与和平的世界"所作出的努力。该委员会高度赞扬了安南自近5年前担任秘书长以来为联合国所注入的新活力以及在消除贫困和与艾滋病和国际恐怖主义抗争中所作出的贡献,挪威诺贝尔委员会奖评:"在重振联合国方面,没有人比科菲·安南做了更多的工作。安南在短时间内为联合国赢得了外部的声望,并使联合国内部士气大振,这种情况在联合国五十多年的历史中,只在最初几个好年头里出现过而已。"安南在获奖感言中称:"首先,我们必须谋求和平,因为它是人类大家庭每一位成员生活得有尊严、有安全感的前提条件。"

10月19日　安理会一致通过关于"安哥拉局势:制裁监测机制"的第S/RES/1374(2001)号决议,断定安哥拉局势继续对该区域的国际和平与安全构成威胁,决定将监测机制的任务期限再延长 6 个月,至 2002 年 4 月 19 日止。

10 月 29 日 安理会一致通过关于布隆迪局势的第 S/RES/1375 (2001)号决议,支持布隆迪在 11 月 1 日成立过渡政府,并支持南非应布隆迪政府请求作出向布隆迪派遣安全部队的决定。

10 月 31 日 联合国巴勒斯坦人民行使不可剥夺权利委员会发表年度报告指出,以色列对巴勒斯坦领土的长期非法占领是造成中东安全危机的根本原因;呼吁巴以双方认真履行"米切尔报告",立即停止各种暴力行动。

同日 为纪念安理会通过关于妇女与和平与安全的第 S/RES/1325 (2000)号决议 1 周年,安理会发表主席声明:重申支持妇女在预防和解决冲突中发挥更大作用,支持各地方妇女团体在维护和平方面所做的工作;要求有关国家在处理武装冲突及实施维和行动中避免性别歧视;提出在联合国维和行动的有关培训中加入关于加强保护妇女权益和特殊需要的内容;赞成联合国维和出兵国将有关妇女保护内容纳入维和人员培训方案;呼吁各国向秘书长安南提供担任维和特派团特使或特别代表等高级职位时考虑妇女人选。

11 月 1 日 第 56 届联合国大会主席、韩国外交通商部长官韩升洙将代表联合国接受 2001 年诺贝尔和平奖,联合国秘书长安南将在颁奖仪式上发表演讲。

11 月 9 日 大会通过关于《不同文明对话全球议程》的第 A/RES/56/6 号决议及其附件《不同文明对话全球议程》。

同日 安理会一致通过关于刚果民主共和国局势的第 S/RES/1376 (2001)号决议,再次要求根据安理会第 S/RES/1304(2000)号决议迅速、无条件地使基桑加尼非军事化,欢迎秘书长决定在该市部署更多的联刚特派团人员,主要是帮助培训警察,一旦完成非军事化,就不容许任何一方再次军事占领该市。

11 月 10 日 在卡塔尔首都多哈召开的世界贸易组织第 4 次部长级会议上,以全体协商一致的方式,审议并通过了中国加入世贸组织的决定。11 日,中国政府代表团团长、外经贸部部长石广生代表中国政府在中国加入世贸组织的议定书上庄严地签字。自 1986 年申请复关以来,中国经过 15 年复关和入世谈判,成为世贸组织的第 143 个成员。石广生部长在决定通过后发表讲话,向 WTO 所有成员以及为中国加入作出贡献的 WTO 历任总干事表示感谢,表示中国将在权利和义务平衡的基础上在 WTO 中发挥积极和建设性的作用。石广生说,中国为复关和加入世贸组织做出了长期不懈的努力,充分表明了中国深化改革和扩大开放的决心和信心。加入世贸组织不仅有利于中国,而且有利于所有世贸组织成员,有助于多边贸易体制的发展。它必将对新世纪的中国经济和世界经济产生广泛和深远的影响。

11 月 12 日 安理会首次就反对国际恐怖主义问题举行外长会议。中国外长唐家璇出席会议并发表讲话,阐述中国政府对反恐问题的主张和立场。

同日 安理会一致通过关于全球努力打击恐怖主义的宣言的第 S/RES/1377(2001)号决议,发表《全球努力打击恐怖主义的宣言》,呼吁所有国家"采取紧急措施",全面执行安理会在本年 9 月通过的关于打击恐怖主义的第 S/RES/1373(2001)号决议。

同日 中国外长唐家璇在纽约联合国总部出席阿富汗问题"6+2"外长会议,并发表讲话,主张通过谈判和对话来实现阿富汗问题的政治解决。

11 月 14 日 安理会一致通过关于阿富汗局势的第 S/RES/1378(2001)号决议,呼吁阿富汗北方联盟和其他派别"毫不拖延地、抱有诚意地和无先决条件地"参加联合国主持的讨论阿富汗未来政治安排的会议。

11 月 20 日 安理会一致通过关于儿童与武装冲突的第 S/RES/1379(2001)号决议,强调武装冲突对儿童普遍造成的负面影响,呼吁冲突各方和联合国会员国采取有效措施,切实保护在武装冲突中广大儿童的合法权益。

11 月 21—27 日 联合国阿富汗问题会谈在德国波恩市郊的彼得斯贝格宾馆举行。这是多年来阿富汗各主要派别首次聚集在一起就阿富汗的前途问题举行会谈。

11 月 27 日 安理会一致通过关于联合国西撒哈拉全民投票特派团的第 S/RES/1380(2001)号决议,决定将联合国西撒哈拉公民投票特派团的任期延长到 2002 年 2 月 28 日,以便使联合国西撒哈拉问题特使、美国前国务卿贝克有更多的时间与有关各方进行磋商。

同日 安理会一致通过关于联合国脱离接触观察员部队的第 S/RES/1381(2001)号决议,决定将联合国脱离接触观察员部队的任务期限再延长 6 个月,至 2002 年 5 月 31 日止。

11 月 29 日 安理会一致通过关于"伊拉克:以油换食品方案"的第 S/RES/1382(2001)号决议,核准为期 6 个月的第 11 期"石油换食品"计划,同时规定 2002 年 6 月 1 日起执行美、英就对伊拉克制裁"新安排"提出的"审查物品清单"及其程序。

12 月 6 日 安理会一致通过关于"阿富汗局势:临时当局"的第 S/

RES/1383(2001)号决议,对在德国波恩签署的关于成立阿富汗临时政府的协议表示欢迎,呼吁阿富汗各派全面执行这项协议并与定于本月22日成立的临时政府充分合作。

12月11日 《中国加入世贸组织议定书》正式生效,中国成为世界贸易组织第143个成员。

12月12日 大会通过关于联合国国际贸易中应收款转让公约的第A/RES/56/81号决议及其附件《联合国国际贸易中应收款转让公约》。

12月13日 小布什上台后认为,1972年美、苏签订的《反导条约》限制了美国一方进攻性战略核武器的发展,束缚了美国谋求核优势的手脚,故以签订条约一方的苏联已不复存等所谓理由为借口,于2001年12月13日单方面宣布美国退出《反导条约》。其实,美国退约的主要原因旨在突破条约的限制,加快研制和部署导弹防御系统,谋求军事上的绝对优势,并为研制天基反导系统和部署外空武器扫除障碍等。《反导条约》是美、俄乃至国际一系列军控条约的基础,它与30多个军控条约挂钩,美国单方面退约对国际军控与裁军形势造成了严重的负面影响。

12月14日 安理会一致通过关于联合国驻塞浦路斯维持和平部队的第S/RES/1384(2001)号决议,决定将联合国驻塞浦路斯维持和平部队的任务期限再延长至2002年6月15日。

12月15日 美国代表团以"巴、以的双边问题不适合在安理会讨论"为由否决一项由突尼斯代表阿拉伯国家集团提出的决议草案,致使安理会经过连夜磋商而未能就设立中东和平监督机制问题达成一致。

12月19日 安理会一致通过关于"塞拉利昂局势:钻石制裁"的第S/RES/1385(2001)号决议,表示继续关切非法钻石贸易在塞拉利昂境内冲突中所起的作用,欢迎大会2000年12月1日第A/RES/55/56号决议,以及有关国家、钻石行业,特别是世界钻石理事会及非政府组织为切断未加工钻石非法贸易与武装冲突之间的联系而作出的努力,尤其是通过金伯利进程取得的进展,并鼓励在这方面取得进一步进展。

12月20日 第10届紧急特别联大复会,会议以压倒性多数通过关于以色列在被占领东耶路撒冷及其余被占领巴勒斯坦领土内的非法行动的第A/RES/ES—10/9号决议,谴责发生在该地区针对平民的恐怖及军事行动,呼吁建立中东和平监督机制以帮助改善巴勒斯坦被占领土的安全局势。

同日 安理会一致通过关于"阿富汗局势:国际安全援助部队"的第S/RES/1386(2001)号决议,决定成立国际安全援助部队,协助阿富汗临时政府在该国首都喀布尔及其附近地区维护和平与安全,以便使阿富汗临时政府和联合国有关人员能够在安全的环境中开展工作。

同日 安理会审议沃龙佐夫就科威特海湾战争失踪人员和遗失财物问题所作的年度报告，随后发表这项声明，呼吁伊拉克政府在海湾战争中科威特失踪人员和遗失财产问题上与联合国有关机构充分合作。

二〇〇二年
（联合国文化遗产年、国际山岳年、生态旅游年）

1月8日 联合国设立一专门处理全球无家可归者事宜的机构。机构办公地点设在日内瓦联合国人道主义事务协调办事处内，同时在纽约设立联络处。

1月15日 安理会一致通过关于联合国普雷维拉卡观察团的第S/RES/1387（2002）号决议，授权联合国军事观察员继续监测普雷维拉卡半岛的非军事化情况，直至2002年7月15日。

同日 安理会通过关于"阿富汗局势：取消部分制裁"的第S/RES/1388（2002）号决议，决定取消对阿富汗的部分制裁，决定终止安理会第S/RES/1333（2000）号决议第8（b）段规定的制裁阿富汗的措施。

1月16日 安理会通过关于"联合国塞拉利昂特派团：支助选举"的第S/RES/1389（2002）号决议，授权按秘书长2001年12月13日报告（S/2001/1195）的提议，增加联合国民警，鼓励秘书长酌情提出进一步增加民警的要求，并核可秘书长关于联合国民警应履行任务的建议。

同日 安理会通过关于"反恐怖主义：制裁本·拉登和'基地'组织"的第S/RES/1390（2002）号决议，要求国际社会继续执行对塔利班残余势力、本·拉登及其领导的"基地"组织和他的支持者的武器禁运和出入境限制。安理会要求所有国家在3个月内向安理会阿富汗制裁委员会报告决议的执行情况。

1月28日 安理会通过关于联合国驻黎巴嫩临时部队的第S/RES/1391（2002）号决议，决定将联合国驻黎巴嫩的部队目前的任务期限再延长6个月，至2002年7月31日止。

1月31日 安理会一致通过关于联合国东帝汶过渡行政当局的第S/RES/1392（2002）号决议，决定将东帝汶过渡当局目前的任务期限延长到2002年5月20日。

同日 安理会一致通过关于联合国格鲁吉亚观察团的第S/RES/1393（2002）号决议，强调在全面解决格鲁吉亚阿布哈兹冲突的关键问题上仍然缺乏进展,强烈敦促双方,尤其是阿布哈兹一方,在不久的将来接受"第比利斯和苏呼米之间权限分配基本原则"文件及其送文函,对其给予充分和开放的考虑。

1月31日—2月4日 以"脆弱年代的领导作用:对共同未来的展望"为主题的第32届世界经济论坛年会在美国纽约开幕。秘书长安南与来自100多个国家和地区的近3000名政界、经济界和学术界人士在这次为期5天的会议上讨论了当今社会面临的各种挑战。这是世界经济论坛自1971年成立以来首次在瑞士达沃斯以外的地方举行年会。

2月8日 联合国可持续发展世界首脑会议筹备委员会以压倒多数通过了中国代表提出的拒绝给予"国际西藏运动"与会资格的动议。

2月8—24日 第19届冬季奥运会在美国犹他州盐湖城举行,共有77个国家和地区的2399名运动员参赛。这是冬奥会史上比赛项目最多的一次。来自中国的短道速滑运动员杨扬成为中国第1位夺得冬奥会金牌的运动员。本届比赛中国队共派出73名运动员参赛,累计获得金牌2枚,银牌4枚,铜牌2枚,排在奖牌榜的第13位。

2月11日—3月8日 联合国维持和平行动特别委员会2002届会在纽约联合国总部举行。会议一致通过"整个维持和平行动问题所有方面的全盘审查"的年度报告,决定于当年5月召开特别会议纪念秘书处维和部成立10周年,并建议将每年5月9日定为"联合国维和人员国际日"。

2月12日 《关于儿童卷入武装冲突问题的联合国儿童权利公约任择议定书》(简称《禁止使用童军议定书》)正式生效,联合国人权事务高级专员办公室和难民署官员当天呼吁更多的国家签署和批准这份议定书。

同日 联合国前南斯拉夫问题国际刑事法庭在荷兰海牙正式开庭审理对南联盟前总统米洛舍维奇的指控。

2月13—15日 第3届全球部长级环境论坛在哥伦比亚海滨城市卡塔赫纳举行,会议再次向世界各国发出了环境恶化对人类可持续发展构成严峻挑战的警报。

2月21日 联合国教科文组织发表一项研究报告警告说,由于大语种影响日渐强大和一些国家政府施加的政策压力,全球6000种语言中有一半面临永远消失的危险。

2月26日 联合国禁毒署在纽约联合国总部发布年度报告,呼吁各国政府加强立法和执法,防止毒品犯罪分子利用网络技术走私和制造毒品。

2月27日 安理会一致通过关于"联合国西撒哈拉全民投票特派团"的第S/RES/1394(2002)号决议,决定将联合国西撒公民投票特派团的任期延长到 4 月 30 日。

同日　安理会一致通过关于"制裁利比里亚:专家小组"的第 S/RES/1395(2002)号决议,重申其 2001 年 3 月 7 日第 S/RES/1343(2001)号决议,安理会定于 2002 年 5 月 6 日或以前对第 S/RES/1343(2001)号决议第 5—7 段所规定的措施进行下一次 6 个月审查,认识到监测第 S/RES/1343(2001)号决议所载规定的执行情况的重要性,请专家小组前往利比里亚和各邻国进行后续评估。

3 月 4—15 日　联合国妇女地位委员会第 46 届会议在纽约联合国总部举行。会议除重点审议落实《北京行动纲领》和妇女问题特别联大成果文件的后续行动外,还讨论了"在全球化的世界中通过给妇女终身赋权而消除贫困"和"在环境治理和减少自然灾害中的性别视角"两个专题。

3 月 5 日　安理会一致通过关于"联合国波黑特派团:后续机制"的第 S/RES/1396(2002)号决议,欢迎和平执行委员会指导委员会于 2002 年 2 月 28 日接受欧洲联盟(欧盟)的提议,即从 2003 年 1 月 1 日起提供欧盟警察特派团,在波黑特派团任务结束后接替工作,作为一项法治协调方案的一部分,欢迎欧盟并打算邀请非欧盟成员国参加欧盟警察特派团。

3 月 11—15 日　联合国麻醉品委员会第 45 届会议在维也纳举行。

3 月 12 日　安理会通过由美国提出并推动的关于"中东局势,包括巴勒斯坦问题"的第 S/RES/1397(2002)号决议,要求立即在中东地区停止一切暴力行为,包括一切恐怖、挑衅、煽动和破坏行为;吁请以色列和巴勒斯坦双方及其领导人合作执行特尼特工作计划和米歇尔报告所载建议,以期恢复关于政治解决的谈判。决议首次支持巴勒斯坦建国,支持"巴勒斯坦和以色列两个国家"实现和平友好相处。这次安理会通过的第 S/RES/1397(2002)号决议、第 S/RES/242(1967)号和第 S/RES/338(1973)号决议将成为和平解决中东问题的基础,是历史性的决议。

3 月 13—15 日　联合国经社理事会下属 5 大区域委员会的交通运输合作第 3 次会议在泰国曼谷举行,来自亚太经社会、非洲经济委员会、西亚经济社会委员会、欧洲经济委员会和拉丁美洲及加勒比经济委员会的有关负责人及专家 50 多人出席会议。

3 月 15 日　安理会一致通过关于联合国埃塞俄比亚和厄立特里亚特派团的第 S/RES/1398(2002)号决议,决定将埃厄特派团的任务期限延至 2002 年 9 月 15 日。

3 月 18 日　联合国人权委员会第 58 届会议在日内瓦开幕,审议民族自决权、经济社会文化权、妇女儿童权利以及被占领土等一系列有关人权方面的议题。

3月18—22日 联合国在墨西哥蒙特雷召开的会议正式名称为"联合国发展筹资问题国际会议",通称蒙特雷会议。蒙特雷会议是首次由联合国主持讨论的财政、筹资与发展关系问题的会议,以"发展筹资中的社会""发展的连续性""发展筹资国际会议:面向未来"为主题。21日和22日举行首脑会议审议并通过会议的最后文件《蒙特雷共识》。

3月19日 安理会一致通过关于刚果民主共和国局势的第S/RES/1399(2002)号决议,谴责在莫利罗孤立地区恢复战斗和刚果民盟戈马派夺取莫利罗,并强调这是违反停火的重大事件;要求刚果民盟戈马派部队立即无条件撤出莫利罗,并要求各方撤退至哈拉雷脱离接触次级计划中要求的防御阵地;欢迎在莫利罗和普韦托部署联合国刚果民主共和国特派团(联刚特派团),并呼请所有各方与联刚特派团充分合作,确保联刚特派团人员在当地的安全和保障。

3月28日 安理会一致通过关于联合国塞拉利昂特派团的第S/RES/1400(2002)号决议,决定将联合国驻塞拉利昂特派团的任期延长6个月到2002年9月底。

同日 安理会一致通过关于"联合国阿富汗援助团:设立"的第S/RES/1401(2002)号决议,决定设立联合国阿富汗援助团。

同日 中国与国际原子能机构保障监督协定附加议定书对中国生效,中国成为第1个完成该议定书生效法律程序的核武器国家。

3月30日 安理会于30日凌晨以14票赞成(叙利亚未投票)通过关于"中东局势,包括巴勒斯坦问题"的第S/RES/1402(2002)号决议,呼吁中东冲突双方立即实现停火,要求以色列从包括巴勒斯坦城市马拉在内的被占领土撤军。此前安理会于本月29号晚召开紧急特别会议,讨论目前急剧恶化的巴以局势。

4月3日 联合国环境规划署、世界可持续发展企业委员会和世界资源研究所联合发表《明天的市场:全球性趋势及其对企业的影响》的报告,首次将全球经济、环境和社会等领域的有关指数与市场开发联系起来。

4月4日 安理会一致通过关于"中东局势,包括巴勒斯坦问题"的第S/RES/1403(2002)号决议,要求毫不拖延地执行第S/RES/1402(2002)号决议;欢迎美国国务卿前往该地区,以及其他人士,特别是美国、俄罗斯联邦和欧洲联盟的特使及联合国特别协调员,为实现中东全面、公正和持久的和平所作的努力。

4月5日 联合国可持续发展世界首脑会议筹备委员会在联合国总部

纽约通过了中国代表提出的拒绝给予"西藏正义中心"与会资格的动议。

4月8—12日　第2届世界老龄大会在西班牙马德里举行,全面回顾了1985年第1届世界老龄大会的成果,分析和讨论了新形势下的老龄化问题,提出建立"不分年龄,人人共享的社会"。并通过成果文件《政治宣言》和《马德里老龄问题国际行动计划》。

4月10日　联合国新闻部宣布,经联合国大会通过的《打击向恐怖主义提供财政资助的国际公约》因得到批准的国家数量超过了规定数目而于当天自动生效。

4月11日　《国际刑事法院规约》从当日起正式生效。联合国将从本年7月1日起开始进行国际刑事法院的组建工作。

4月16—25日　联合国预防犯罪和刑事大会第11届会议在维也纳举行,审议联合国预防犯罪和刑事司法标准和规范、国际合作打击跨国犯罪、加强打击恐怖主义中的国际合作、国际预防犯罪中心的工作等议题。

4月17日　联合国教科文组织宣布将与美国《发现》频道携手,共同推动保护全球濒危语种的工作。

4月18日　安理会一致通过关于"安哥拉局势:监测机制"的第S/RES/1404(2002)号决议,决定将在安哥拉设置的监测机制的任务期限再延长6个月,至2002年10月19日止。

4月19日　安理会一致通过关于"中东局势,包括巴勒斯坦问题"的第S/RES/1405(2002)号决议,要求解除对红十字国际委员会和联合国近东巴勒斯坦难民救济和工程处等人道主义组织活动施加的限制,特别是在杰宁,强调有关各方必须确保平民的安全,并尊重普遍接受的国际人道主义法准则。

4月21日　国际货币基金组织和世界银行春季会议闭幕,会上主要讨论经济发展和全民教育两大议题。

4月24日　根据联合国总部24日公布有关维和现状的最新资料,截至3月31日止,联合国正在执行的维和行动共有15项,参加联合国维和行动的共有46445名军事人员和民警,分别由87个国家派出。

4月24日—5月20日　联合国《不扩散核武器条约》第6次审议大会在联合国总部召开,条约的187个缔约国达成了多项共识并通过了会议的最后文件。这是条约自1995年无限期延长以来召开的首次会议。会议审议了第59届联大1995年通过的"核不扩散和裁军的原则和目标"的执行情况,尤其是核武器国家在核裁军方面的进程。会议期间,爱尔兰、巴西、埃及、墨西哥、新西兰、南非和瑞典7国组成了核裁军"新议程联盟",该联盟代表着广大无核国家的利益,有众多非政府组织作后盾,使有核国首次感到了真正的压力。同时,中、美、俄、英、法发表共同声明,"重申对彻底销毁核武器和签订在严格和有效国际监督下全面彻底核裁条约这两个最终目标的坚定承诺",这是 5 个核国家首次承诺核裁军。5 大国还同意有条件地降低核武器在国家安全政策中的作用,在促进国际稳定和各国安全不受损伤的原则基础上,自愿增加核武器能力的透明度,降低核武器系统的作战状态,不将本国核武器瞄准任何国家,进一步削减非战略核武器等。这些承诺有助于恢复长期停滞的核裁军进程。

4 月 25 日　沙特阿拉伯王储阿卜杜拉在与美国总统布什会谈时向美方递交有关解决中东问题的 8 点建议。

4 月 29 日　经社理事会举行会议,进行一年一度的联合国人权委员会改选,经过秘密投票,中国以亚洲组最高票再次当选为联合国人权委员会成员,任期至 2005 年。

4 月 30 日　安理会一致通过关于联合国西撒哈拉全民投票特派团的第 S/RES/1406(2002)号决议,决定将联合国西撒哈拉全民投票特派团(西撒特派团)的任务期限延长至 2002 年 7 月 31 日。

5 月 3 日　安理会一致通过关于"索马里局势:加强军火禁运"的第 S/RES/1407(2002)号决议,吁请所有国家和索马里过渡时期全国政府和地方当局在委员会主席和专家小组根据本决议追查情报时给予充分合作。

5 月 6 日　安理会一致通过关于"制裁利比里亚:执行制裁措施"的第 S/RES/1408(2002)号决议,决定对利比里亚执行制裁措施。

同日　美国负责战争罪行的无任所大使普罗斯帕当日宣布,美国已经正式退出关于成立国际刑事法院的条约,并且不再履行这一条约中规定的有关义务。

5 月 8—10 日　联合国召开关于儿童问题的特别联大,会议通过《适合儿童成长的世界》的第 A/RES/S—27/2 号决议及其所附行动计划。行动计划明确了在保健、教育、保护和艾滋病防治 4 个主要领域保护儿童权益、改善儿童生存条件的原则和目标,以及今后定期审议上述目标执行情况的程序。

5 月 14 日　安理会一致通过关于"向伊拉克供货的审查和批准办法"的第 S/RES/1409(2002)号决议,决定继续向伊拉克人民提供民用必需品,直到伊拉克政府履行各项有关决议,使安理会能够根据这些决议的规定就 1990 年 8 月 6 日第 S/RES/661(1990)号决议规定的禁令采取进一步行动。

5 月 17 日　安理会通过关于联合国东帝汶支助团的第 S/RES/1410

（2002）号决议，决定从 2002 年 5 月 20 日起设立联合国东帝汶支助团（东帝汶支助团），最初为期 12 个月。

同日　安理会一致通过关于前南法庭和卢旺达法庭法官的国籍的第 S/RES/1411（2002）号决议，决定修订《前南斯拉夫问题国际法庭规约》第 12 条，由本协议附件一所列条款取代；修订《卢旺达问题国际法庭规约》第 11 条，由本协议附件二所列条款取代。

同日　安理会一致通过关于"安哥拉问题：暂停执行第 S/RES/1127（1997）号决议"的第 S/RES/1412（2002）号决议，欢迎安哥拉政府和安盟于 2002 年 4 月 4 日采取历史性步骤，签署《根据卢萨卡议定书（S/1994/1441，附件）停止敌对行动和解决未决军事问题的卢萨卡议定书谅解备忘录增编》，强调必须同联合国和 3 个观察国密切合作，充分执行《和平协定》《卢萨卡议定书》和联合国安全理事会的有关决议。

5 月 20 日　东帝汶首任总统古斯芒于东帝汶当地时间 5 月 20 日零点宣誓就职，同时也宣告了新世纪诞生的第 1 个国家——东帝汶民主共和国的成立。

5 月 22 日　联合国环境规划署发布的最新研究报告指出，全球环境状况在过去 30 年里持续恶化，如国际社会不迅速采取有效措施，人类未来的发展与生存将会面临巨大威胁。

5 月 23 日　安理会一致通过关于"阿富汗：国际安全援助部队"的第 S/RES/1413（2002）号决议，断定阿富汗局势仍然对国际和平与安全构成威胁，决心与按照《关于在阿富汗重建永久政府之前的临时安排的协定》（《波恩协定》）成立的阿富汗临时当局及其后续机构进行协商，确保充分执行国际安全援助部队的任务，决定将第 1386（2001）号决议规定的国际安全援助部队的授权从 2002 年 6 月 20 日起延长 6 个月。

同日　安理会一致通过关于"东帝汶加入联合国"的第 S/RES/1414（2002）号决议，审查了东帝汶民主共和国要求加入联合国的申请，建议大会接纳东帝汶民主共和国为联合国会员国。

5 月 24 日　《美俄削减战略武器条约》规定，双方于 2012 年 12 月 31 日前压缩到 1700—2200 枚弹头数量范围。2003 年 6 月初，该条约正式生效。

5 月 30 日　安理会一致通过关于联合国脱离接触观察员部队的第 S/RES/1415（2002）号决议，将部署在叙利亚和以色列边境地区的联合国脱离接触观察员部队的任务期限延长 7 个月，至 2002 年 12 月 31 日止。

6 月 10—13 日　世界粮食首脑会议 5 年回顾会议在罗马联合国粮农

组织总部开幕,这是自 1996 年 11 月世界粮食首脑会议召开以来最高级别的粮食问题国际会议。与会许多代表在讲话中强调,各国政府必须采取实际行动、兑现承诺,以确保世界粮食安全、消除饥饿与营养不良问题。6 月 10 日,中国国务院副总理温家宝在会议发言时指出,粮食安全是全球性问题,世界各国和国际社会都有责任努力消除饥饿和贫困,保障生活在我们这个地球上的每一个人获得充足食物和免于饥饿的基本权利。中国政府关于解决粮食安全问题的原则立场和主张是:(一)维护世界和平与稳定,是根除饥饿、保障粮食安全的基本前提。(二)解决粮食安全问题是各国政府的基本职责。一个国家只有首先解决本国人民生存的基本问题,社会才能稳定,其他各项事业才有发展的基础。(三)发展粮食生产必须重视合理开发利用资源和保护环境。(四)确保全球粮食安全需要加强国际合作。

6 月 13 日 安理会一致通过关于联合国驻塞浦路斯维持和平部队的第 S/RES/1416(2002)号决议,决定将联合国驻塞浦路斯部队的任务期限再延长 6 个月,至 2002 年 12 月 15 日止。

6 月 14 日 安理会通过关于刚果民主共和国局势的第 S/RES/1417(2002)号决议,决定将联合国驻刚果(金)特派团的任务期限延长至 2003 年 6 月 30 日,但决议没有就安南秘书长有关增加特派团人数的建议表明态度。

6 月 21 日 安理会通过关于"前南斯拉夫问题:延长第 S/RES/1357(2001)号决议的有效期"的第 S/RES/1418(2002)号决议,决定将联合国驻波黑特派团的任务期限延长至 6 月 30 日。

6 月 26 日 安理会一致通过关于阿富汗问题的第 S/RES/1419(2002)号决议,称赞联合国系统在支持阿富汗人努力方面所起的作用,再次强调必须继续提供国际支持,以按照《波恩协定》完成该进程。

同日 联合国禁毒和预防犯罪办公室发表《2002 年全球非法麻醉品趋势》,报告指出,2001 年全球禁止非法鸦片生产取得了明显的进展,但是 2002 年阿富汗又增加鸦片种植是对阿富汗当局和国际社会的巨大挑战。

6 月 30 日 安理会就前南斯拉夫问题通过关于"前南斯拉夫问题:延长第 1357 号决议的有效期"的第 S/RES/1420(2002)号决议,根据联合国宪章第 7 章采取行动,决定第 S/RES/1357(2001)号决议的规定继续有效,至 2002 年 7 月 3 日止。

同日 美国否决了由保加利亚、法国、德国、爱尔兰、意大利、挪威、俄罗斯和英国提出的一项关于波黑和平局势的决议草案。

6 月 当年 2 月沙龙就任以色列总理,6 月沙龙决定在西岸地区沿

1948 年第一次中东战争停火线修建一条 8 米高、360 公里长的"隔离墙"，目的是将约旦河西岸巴勒斯坦地区与以色列彻底隔离开来，阻止巴激进组织成员渗透到以境内实施袭击。"隔离墙"①不仅没有给以色列带来安全，反而激化了巴以争端。

7 月 1 日 为国际刑事法院提供依据的《国际刑事法院规约》，又称《罗马规约》正式生效。5 月，美国宣布正式退出该规约，并没有阻止其如期生效。国际刑事法院正式成立，总部设于荷兰海牙，是人类历史上第 1 个对犯有战争罪、危害人类罪、灭绝种族罪等最严重罪行的个人进行刑事追究的常设法律机构。

7 月 3 日 安理会通过关于"前南斯拉夫问题：延长第 S/RES/1357（2001）号决议的有效期"的第 S/RES/1421（2002）号决议，将联合国驻波黑特派团的任期延长至 7 月 15 日，以便安理会继续就该特派团的任期问题进行磋商。

7 月 10 日 联合国艾滋病联合规划署在巴塞罗那举行的第 14 届世界艾滋病大会上发布报告《刑法权力、公共健康与艾滋病病毒传播》，呼吁各国政府谨慎使用刑罚处理可能导致艾滋病病毒传播的行为，维护艾滋病病毒感染者的权益，使他们能够获得社会尊重并享受到获得建议和接受治疗的权利。

7 月 12 日 安理会通过关于"国际刑事法院：对非缔约国暂缓 12 个月"的第 S/RES/1422（2002）号决议，根据《国际刑事法院规约》的规定，从本月 1 日起的 1 年时间内，国际刑事法院将不调查或起诉来自非缔约国的联合国维和人员。这个决议适用于现在和以前参加联合国维和行动的军人。

同日 安理会通过关于联合国波黑特派团的第 S/RES/1423（2002）号决议，欢迎新任高级代表已于 2002 年 5 月 27 日抵达波黑，强调安理会完全支持他发挥作用。欢迎欧洲委员会决定邀请波黑成为成员；欢迎克罗地亚

---

① 以色列的隔离墙计划：隔离墙计划从 2004 年 8 月开始实施，由数米高的钢筋混凝土墙体、铁丝网、高压电网、电子监控系统组成，并由以色列巡逻队和哨兵进行警戒。隔离墙建成后，整个约旦河西岸将变成 3 个被隔离的区域，北部为纳布卢斯、杰宁、盖勒吉利耶和拉姆安拉，南部为希伯伦、伯利恒，第 3 个区域为杰里科。联合国报告称，已建成的该隔离墙的一部分延伸到了被国际社会认为是巴方的领土上，并囊括了包括东耶路撒冷在内的约 10%绿线（1967 年中东战争前停火线）以外的土地。以色列强行修建隔离墙的行为遭到国际社会的普遍谴责。2004 年 7 月 9 日，海牙国际法庭正式宣布，以色列修建隔离墙违反国际法，应终止修建隔离墙的行为，同时拆除已修建的隔离墙。当年 7 月 20 日，联合国大会以压倒性多数通过决议，要求以色列执行海牙国际法庭的裁决。以色列方面却我行我素，一意孤行。

共和国和南斯拉夫联盟共和国政府采取积极步骤,履行其作为《和平协定》签署国的持续性义务。

同日　安理会通过关于联合国普雷维拉卡观察团的第 S/RES/1424(2002)号决议,授权联合国军事观察员继续监测普雷维拉卡半岛的非军事化情况,直至 2002 年 10 月 15 日。

7 月 22 日　安理会通过关于"索马里局势:军火禁运:专家团"的第 S/RES/1425(2002)号决议,强调对索马里的军火禁运,禁止直接间接向索马里提供技术咨询、财政和其他援助以及与军事活动有关的训练;请秘书长在本决议通过之日起 1 个月内,与 1992 年 4 月 24 日第 S/RES/751(1991)号决议所设委员会协商,在内罗毕设立 1 个由 3 名成员组成、为期 6 个月的专家团,以便就违禁行为编制独立情报,作为实行和加强军火禁运的一个步骤。

7 月 23 日　第 56 届大会一致作出决定,任命赛尔古奥·德梅洛接替玛丽·罗宾逊担任联合国人权事务高级专员。9 月 12 日上任,任期为 4 年。

7 月 24 日　安理会通过"关于瑞士加入联合国"的第 S/RES/1426(2002)号决议,建议大会接纳瑞士联邦为联合国会员国。

7 月 29 日　安理会通过关于"联合国格鲁吉亚观察团"的第 S/RES/1427(2002)号决议,决定将联格观察团的任务期限再延长一期,至 2003 年 1 月 31 日止。

7 月 30 日　安理会通过关于联合国驻黎巴嫩临时部队的第 S/RES/1428(2002)号决议,将联合国驻黎巴嫩临时部队任期延长至 2003 年 1 月 31 日。

同日　安理会通过关于联合国西撒哈拉全民投票特派团的第 S/RES/1429(2002)号决议,审核秘书长 2002 年 2 月 19 日的报告(S/2002/178)及其中载列的 4 项备选办法。

7 月 30 日—8 月 1 日　非法烟草贸易问题国际会议在纽约联合国总部举行,来自 145 个世界卫生组织成员国的代表在此次会议中就严厉打击香烟走私等问题达成了广泛的共识。

8 月 1 日　联合国发布的一份裁军报告显示,2001 年全球军费开支总额达 8400 亿美元,占世界各国国内生产总值之和的 2.6%;2001 年全球军费总开支和世界主要热点地区的军费开支均保持了持续增长的势头。

8 月 5 日　关于巴以问题的第 10 届紧急特别大会复会,会议以压倒性多数通过决议,严厉谴责以色列在被占领土的军事行动,呼吁巴以双方立即停止一切形式的暴力活动。

8月13日　联合国经济及社会事务部发表题为《全球挑战全球机遇》的报告,指出目前开发全球自然资源的方式不利于长期保护地球环境,呼吁各国领导人为子孙后代着想,在开发全球自然资源方面努力实现可持续发展。

8月14日　安理会一致通过关于"联合国埃塞俄比亚和厄立特里亚特派团:调整任务"的第 S/RES/1430(2002)号决议,决定联合国驻埃塞俄比亚和厄立特里亚特派团新的职责范围应包括排雷和协助两国边界划分,同时要求特派团为两国边界划分提供行政和后勤方面的支持。

同日　安理会一致通过关于"卢旺达法庭和前南法庭:修改规约"的第 S/RES/1431(2002)号决议,决定在卢旺达问题国际法庭设立一个审案法官组,为此又决定修订《卢旺达问题国际法庭规约》《前南斯拉夫问题国际法庭规约》的相关条款等事宜。

8月15日　安理会一致通过关于"安哥拉问题:暂停执行第1127号决议"的第 S/RES/1432(2002)号决议,决定再次从本决议通过之日起90天内暂停执行第 S/RES/1127(1997)号决议第4(a)和(b)段规定的措施,以进一步鼓励安哥拉的和平进程和民族和解。

同日　安理会一致通过关于"联合国安哥拉特派团:设立"的第 S/RES/1433(2002)号决议,决定新设联合国驻安哥拉特派团,任期为6个月,至2003年2月15日止。

8月26日—9月4日　可持续发展世界首脑会议在南非约翰内斯堡举行,这是迄今为止在非洲大陆召开的规模最大的国际会议。世界可持续发展的主要障碍是人口、贫困、粮食安全、水资源、植被保护、能源等问题。《约翰内斯堡可持续发展承诺》和《执行计划》两个文件终于获得通过。2002年8月26日—9月4日是年恰逢人类环境会议30周年,里约环发大会10周年,为进一步推动里约会议所倡导的全球伙伴关系和可持续发展战略的实施,联合国在南非约翰内斯堡举行可持续发展世界首脑会议,对环发大会以来的情况进行回顾,以推动可持续发展的全球行动。目前,围绕首脑会议的准备工作正在紧锣密鼓地展开。

9月2日　联合国教科文组织发表的统计数字表明,1995—2000年期间,全球文盲人数减少了1000万,全世界80%的15岁以上人口能识字,但世界扫盲事业仍任重道远。

9月5日　来自不同国家和地区教育机构以及在扫盲工作中取得显著成绩的代表聚集在纽约联合国总部,通过举办圆桌研讨会等活动纪念国际扫盲日。

9月6日 安理会一致通过关于联合国埃塞俄比亚和厄立特里亚特派团的第 S/RES/1434（2002）号决议，决定将埃厄特派团的任务期限延至2003年3月15日；决定经常审查双方依照《阿尔及尔协定》，包括通过边界委员会，执行承诺的进展，并审查对埃厄特派团的任何影响，包括在秘书长2002年7月10日报告所述的标界期间领土移交过程方面。

9月10日 联合国大会第57届会议开幕，杨·卡万（捷克）担任大会主席。本届联合国大会共审议了160多项议题。

同日 大会一致通过第 A/RES/57/1 号决议，正式接纳瑞士联邦为联合国会员国。瑞士成为联合国第190个会员国。

9月11日 在中国、美国、阿富汗、吉尔吉斯斯坦4国共同要求下，安理会正式将"东突伊斯兰运动"列入安理会颁布的恐怖主义组织和个人名单。

9月12日 日内瓦联合国裁军谈判会议自1月22日至9月12日结束了2002年的全部会议，主要讨论了停止核军备竞赛、防止核战争、防止外空军备竞赛和无核国家安全保障等传统军控问题，但是各方未能就工作计划达成一致意见。

9月16日 大会通过关于联合国非洲发展新伙伴关系宣言的第 A/RES/57/2 号决议及其附件《联合国非洲发展新伙伴关系宣言》。

9月17日 联合国贸发会议发表《2002年度世界投资报告》，依据发表的最新统计，2001年全球外国直接投资萎缩过半，中国是吸收外资最多的发展中国家。报告认为跨国公司在发展中国家的出口贸易中起着积极的作用。

9月23日 安南秘书长在联合国总部正式公布了他对联合国的第2期改革计划，强调联合国应根据不断变化的形势和需要进行改革，并着重提高工作效率。

9月24日 安理会以14票赞成，1票弃权通过关于"中东局势，包括巴勒斯坦问题"的第/RES/1435（2002）号决议，要求以色列立即停止在拉马拉市内及其周围的措施，包括摧毁巴勒斯坦民用和保安基础结构；要求以色列占领军迅速撤出巴勒斯坦城镇，回到2000年9月以前所在阵地。

同日 安理会一致通过关于联合国塞拉利昂特派团的第 S/RES/1436（2002）号决议，决定将联塞特派团的任务期限自2002年9月30日起再延长6个月。

9月27日 大会通过关于接纳东帝汶民主共和国为联合国会员国的

第 A/RES/57/3 号决议,东帝汶成为联合国第 191 个会员国。

10 月 4 日 安南秘书长在安理会为反恐委员会成立 1 周年举行公开会议上发表讲话说,联合国将遵循以"预防、打击与长期合作"为中心的战略引导国际反恐斗争不断深化,而且国际社会应时刻牢记反恐斗争应以维护基本人权和法纪为本的原则。

10 月 7 日 世界人居日。在比利时首都布鲁塞尔举行的全球庆典活动中,中国包头市政府因"在改善住房与城市环境方面的杰出成就及与中国其他城市间的成功合作"而获得联合国所授予的"联合国人居奖"。

10 月 11 日 安理会一致通过关于联合国普雷维拉卡观察团的第 S/RES/1437(2002)号决议,授权联普观察团继续监测普雷维拉卡半岛的非军事化情况,作为最后 1 次延长其任务期限,直至 2002 年 12 月 15 日;欢迎克罗地亚政府和南联盟两国政府关系正常化继续取得进展以及设立国家间边界委员会,并敦促双方加紧努力,以便按照《关系正常化协定》第 4 条,谈判解决普雷维拉卡争议问题。

10 月 12 日 汽车炸弹袭击印尼旅游胜地巴厘岛上的两家夜间俱乐部,导致 202 人死亡,其中包括 88 名澳大利亚人和 38 名印尼人。制造了巴厘岛恐怖袭击案的主要嫌犯之一是印度尼西亚通缉要犯乌玛尔·巴德克。报道说,40 岁的巴德克是东南亚极端主义组织"伊斯兰祈祷团"的成员,"伊斯兰祈祷团"被指针对西方驻印度尼西亚使馆以及酒吧、餐馆、旅馆等在印度尼西亚外国人常聚集的场所发动了一系列自杀式炸弹袭击,造成大量人员死伤。由于巴厘岛爆炸案遇难者有 7 人是美国人,美国当局悬赏 100 万美元捉拿他归案。10 月 14 日,安理会一致通过关于打击恐怖主义的第 S/RES/1438(2002)号决议,谴责印度尼西亚巴厘岛发生的恐怖袭击。

10 月 13—16 日 联合国秘书长科菲·安南应中国政府的邀请访华,国家主席江泽民和副主席胡锦涛分别会见了安南。14 日,浙江大学授予安南荣誉博士学位。

10 月 16—18 日 全球环境基金(GEF)第 2 届成员国大会在北京举行,来自 138 个国家和 55 个国际组织的政府和非政府组织的代表出席了会议。

10 月 18 日 安理会一致通过关于"安哥拉局势:监测机制"的第 S/RES/1439(2002)号决议,决定将设在安哥拉的监测机制的任务期限再延长两个月,至 2002 年 12 月 19 日止。

10 月 23 日—11 月 1 日 联合国第 8 次气候变化大会在印度新德里举行,探讨气候变化对人类生存和经济发展的影响,并研究如何达成共识以尽快实施旨在解决全球变暖问题的《京都议定书》。11月1日,大会通过《德里宣言》强调应对气候变化必须在可持续发展的框架内进行。

10月24日 安理会一致通过关于打击恐怖主义的第 S/RES/1440 (2002)号决议,谴责10月23日莫斯科劫持人质事件,要求立即、无条件释放人质,并敦促所有国家与俄罗斯合作,努力查明这一恐怖主义行为的行凶者、组织者和发起者并将之绳之以法。2002年10月23日晚,50多名蒙面持枪的车臣非法武装分子闯入俄罗斯首都莫斯科的一座文化宫,劫持了正在那里观看歌舞剧的观众和工作人员近千人。

10月29日 联合国秘书处人口司发表一份关于2002年全球移民状况的报告说,全球移民人口总数已经达到1.75亿,比1975年增长了一倍多。

11月8日 "9·11"恐怖袭击事件后美伊矛盾加剧,美国一再试图找出伊拉克与"9·11"恐怖袭击事件有染的证据,并多次向伊发出动武威胁。阿富汗战争结束后,布什很快把战火烧向伊拉克,矛头直指萨达姆政权。10月16—17日,应不结盟国家要求,安理会就伊拉克问题举行公开辩论,有40多个国家参与。多数国家表示希望在联合国框架内,通过政治和外交手段解决伊问题,避免战争。11月8日,安理会一致通过关于"伊拉克裁军:强化视察制度"的第 S/RES/1441(2002)号决议,要求伊拉克提交其大规模杀伤性武器情况的全面报告,恢复并加强对伊武器核查,修正并新增了监核视委和原子能机构的授权,包括不受限制地进出伊拉克以及各视察地点的权利,强化对伊拉克大规模杀伤性武器的核查,设立相应时限。如伊拉克有漏报、欺骗或不合作情况,则构成对其承担义务的"实质性违反",将面临严重后果。11月13日,伊宣布接受第1441号决议。11月27日,联合国监核会和国际原子能机构对伊武器核查工作正式恢复。

同日 联合国难民署发表的《2001难民统计报告》表明,在最近10年中,全球86%的难民来自发展中国家,其中72%的难民被发展中国家所接待。这是联合国难民署首次发表类似的统计报告。

11月12日 秘书长安南任命凯瑟琳·贝尔蒂尼为联合国副秘书长,任期从2003年1月开始。

11月17日 以色列坦克部队在武装直升机的掩护下,大举入侵加沙地带南部,摧毁了巴安全部队加沙总部。

11月19日 大会通过关于联合国国际贸易法委员会国际商事调解示范法的第 A/RES/57/18 号决议及其附件《联合国国际贸易法委员会国际商事调解示范法》。

11 月 25 日　安理会一致通过关于联合国驻塞浦路斯维持和平部队的第 S/RES/1442(2002)号决议,决定将联塞部队的任务期限再延长至 2003 年 6 月 15 日。

同日　安理会一致通过关于"伊拉克:以石油换食品方案"的第 S/RES/1443(2002)号决议,重申所有会员国对伊拉克主权和领土完整的承诺,决定将"作为暂时措施的继续向伊拉克人民提供民用必需品"的第 S/RES/1409(2002)号决议的规定延长至 2002 年 12 月 4 日。

11 月 27 日　安理会一致通过关于"阿富汗:国际安全援助部队"的第 S/RES/1444(2002)号决议,决定将阿富汗国际安全援助部队的授权从 2002 年 12 月 20 日起延长 1 年。

11 月 29 日　"声援巴勒斯坦人民国际日"纪念会在联合国总部纽约举行,联合国秘书长办公室主任伊克巴勒·里扎、第 57 届联合国大会主席扬·卡万、安理会轮值主席王英凡以及巴勒斯坦的代表出席了大会。

12 月 1 日　世界艾滋病日。联合国艾滋病联合规划署发表《2002 年艾滋病最新报告》。该报告显示,2002 年全世界已有 300 万人死于艾滋病,新感染艾滋病病毒的人数约有 500 万;艾滋病在世界范围内特别是在亚洲和一些人口大国仍在继续蔓延。当时世界上的艾滋病病毒携带者共有 4200 万人,其中男女各占一半。

12 月 3 日　国际展览局主席诺盖斯宣布,中国上海成为 2010 年世界博览会主办城市。世界博览会是展示人类在社会、经济、文化和科技领域取得成就的国际盛会。自 1851 年举办至今,经历了 150 多年。中国国务院副总理李岚清向国际展览局大会作陈述时指出,讲求和谐、注重共赢的中国文化,必将有利于国际展览局"理解、沟通、欢聚、合作"的理念发扬光大,促进各国在经济和文化领域的广泛交往与合作,促进世界和平、繁荣和稳定。

12 月 4 日　安理会一致通过关于刚果民主共和国局势的第 S/RES/1445(2002)号决议,决定向联合国驻刚果(金)特派团增派 3000 名士兵,使这支维和部队的总数达到 8700 人,以增强联合国维和部队在解除反政府武装、监督外国军队撤离刚果(金)等方面的能力,进一步推动刚果(金)和平进程。

同日　安理会一致通过关于塞拉利昂局势的第 S/RES/1446(2002)号决议,决定第 S/RES/1306(2000)号决议第 1 段所规定的措施应在 2002 年 12 月 5 日起的 6 个月期间继续有效。

同日　安理会一致通过关于"伊拉克:以石油换食品方案"的第 S/RES/1447(2002)号决议,决定审议对《货物审查清单》(S/2002/515)及其实施程序的必要调整,以便至迟于本决议通过后 30 天予以通过,并在其后定期进行彻底的审查;并请秘书长根据联合国在伊拉克人员的观察并与伊拉克政府协商,在 180 天期限终了前至少一个星期向安理会提交一份综合报告,说明伊拉克对按照第 S/RES/986(1995)号决议第 8(a)段筹款支付的药品、保健用品、食品和民用必需物资及用品是否确保公平分配,并在报告中列入它对收入是否足以支付伊拉克人道主义需要的任何意见。

同日 由联合国教科文组织和中国常驻联合国代表团联合举办的主题为"我们的过去、我们的未来"的世界文化遗产图片展在纽约联合国总部举行,中国秦始皇兵马俑、北京猿人遗址、洛阳龙门石窟、大同云冈石窟、敦煌莫高窟和明定陵地宫等 6 幅图片参加了展览。

12 月 9 日 安理会一致通过关于"安哥拉局势:停止制裁"的第 S/RES/1448(2002)号决议,决定解除对安哥拉反政府武装安盟的制裁。安理会决议还重申,尊重安哥拉的主权与领土完整,并对安哥拉当前的人道主义状况表示关注。

12 月 13 日 安理会一致通过关于"卢旺达问题国际法庭:法官人选"的第 S/RES/1449(2002)号决议,审议秘书长收到的卢旺达问题国际法庭常任法官提名人选,依照《国际法庭规约》相关条款,将提名人选送交大会。

同日 安理会以 14 票赞成、1 票反对通过关于打击恐怖主义的第 S/RES/1450(2002)号决议,最强烈地谴责 2002 年 11 月 28 日对肯尼亚基坎巴拉的天堂饭店的恐怖主义炸弹袭击和对从肯尼亚蒙巴萨起飞的以色列阿基亚航空公司第 582 号航班的导弹攻击企图,以及最近在各国发生的其他恐怖主义行为。

12 月 17 日 安理会一致通过关于联合国脱离接触观察员部队的第 S/RES/1451(2002)号决议,决定将联合国脱离接触观察员部队的任务期限延长 6 个月,至 2003 年 6 月 30 日止。

12 月 18 日 大会通过关于《〈禁止酷刑和其他残忍、不人道或有辱人格的待遇或处罚公约〉任择议定书》的第 A/RES/57/199 号决议及其附件《〈禁止酷刑和其他残忍、不人道或有辱人格的待遇或处罚公约〉任择议定书》。

12 月 20 日 大会通过关于联合国教育促进可持续发展 10 年的第 A/RES/57/254 号决议,从 2005 年起设立联合国可持续发展 10 年教育。

同日 安理会一致通过关于"打击恐怖主义:金融措施"的第 S/RES/1452(2002)号决议,宣布取消安理会在 1999 年和 2002 年初分别通过的两项决议中适时的对阿富汗的经济制裁。

　　同日　安理会在表决一项由叙利亚提交的谴责以色列最近在约旦河西岸和加沙地带枪杀联合国工作人员的决议草案时,由于美国投票否决,决议案未获通过。

　　12 月 24 日　安理会一致通过关于"阿富汗:睦邻友好关系宣言"的第S/RES/1453(2002)号决议,确认在 2004 年民主选举之前,过渡当局是阿富汗唯一合法的政府,并重申坚决支持全面执行《波恩协定》,欢迎并赞同2002 年 12 月 22 日阿富汗过渡当局与中国、伊朗、巴基斯坦、塔吉克斯坦、土库曼斯坦和乌兹别克斯坦等阿富汗邻国政府在喀布尔签署的《喀布尔睦邻友好关系宣言》(S/2002/1416);呼吁所有国家尊重该宣言并支持执行其各项规定。

　　12 月 26 日　联合国亚太经社会发表报告称,亚太地区近年来在提高保健水平和延长人均寿命方面取得了很大进展,但由此而出现的老龄化问题值得注意。当前本地区平均每 11 个人中就有 1 人超过 60 岁。

　　12 月 30 日　安理会以 13 票赞成、2 票弃权通过关于"伊拉克:货物审查清单"的第 S/RES/1454(2002)号决议,核准《货物审查清单》的调整以及本决议附件 B 所规定的《货物审查清单》订正实施程序,自 2002 年 12 月 31日东部标准时间 0 时 1 分起予以实施,作为第 S/RES/986(1995)号决议及其他有关决议所述伊拉克人道主义方案的基础;呼吁所有国家继续提供合作,及时提出技术上完备的申请书,迅速发放出口许可证,并在其权限内采取一切其他适当措施,以确保将急需的人道主义用品尽快运给伊拉克人民。

<h1 style="text-align:center">二〇〇三年</h1>

（国际淡水年）

　　1 月 1 日　联合国扫盲 10 年开始。

　　1 月 9 日　联合国发表联合国贸易发展会议和联合国经社理事会共同撰写的《2003 年全球经济预测》报告称,受生产能力过剩、资产价格被高估、投资者信心不稳和宏观经济失衡等不利因素的影响,全球经济在 2003 年乃至今后更长一段时期内将难以恢复强劲增长。

　　1 月 10 日　《日内瓦核框架协议》朝鲜宣布退出《不扩散核武器条约》。朝美在履行《日内瓦核框架协议》过程中,争端不断、矛盾频发。2002年 10 月,美国总统特使、助理国务卿凯利访问平壤后,美国宣布朝鲜"已承认"铀计划,指控朝鲜正在开发核武器。朝鲜则表示"有权开发核武器和比核武器更厉害的武器"。朝核危机再度爆发。2002 年 12 月起,美国中止向朝鲜提供重油,朝鲜半岛能源开发组织暂停轻水反应堆建设。朝鲜决定解除对核计划的冻结,重新启动用于电力生产的核设施,随后朝鲜又驱逐了国际原子能机构驻朝的监察人员,引发了第 2 次朝核危机。2003 年 1 月 10 日,朝鲜宣布退出《不扩散核武器条约》。

1 月 11 日　秘书长安南通过其发言人发表声明,对朝鲜宣布退出《不扩散核武器条约》的决定表示遗憾,呼吁朝鲜政府重新考虑这一决定。

1 月 17 日　安理会一致通过关于制裁塔利班和基地组织的第 S/RES/1455(2003)号决议,再次谴责"基地"组织网络和其他相关恐怖集团不断犯下多起旨在造成无辜平民和其他受害者死亡和财产毁损的恐怖主义罪行,重申所有会员国有义务充分执行安理会第 S/RES/1373(2001)号决议的规定,并有义务促进按照安全理事会有关决议履行反恐怖主义义务。

1 月 19 日　联合国监测、核查和视察委员会主席布利克斯和国际原子能机构总干事巴拉迪抵达巴格达,开始对伊拉克进行为期 2 天的访问。24 日,国际原子能机构称在伊拉克收集的样品中未发现核残留物。

1 月 20 日　安理会一致通过题为《关于打击恐怖主义的宣言》的第 S/RES/1456(2003)号决议及其附件《关于打击恐怖主义的宣言》。

同日　安理会 15 个成员国的外长和代表聚集在联合国总部,审议和总结安理会第 S/RES/1373(2001)号决议反恐决议的执行情况,协商进一步加强国际反恐工作。

同日　联合国人权委员会 53 个成员国以无记名投票方式,选举利比亚常驻日内瓦代表团大使哈贾吉女士担任第 59 届人权委员会主席。

1 月 23 日　联合国对阿富汗援助使团宣布,联合国对阿援助工作的重点今后将逐渐从人道救援转向发展项目。

1 月 24 日　安理会一致通过关于"刚果民主共和国:非法开采资源小组"的第 S/RES/1457(2003)号决议,强烈谴责非法开采刚果民主共和国自然资源的行动;重申刚果民主共和国的自然资源应在公平的商业基础上透明、合法地开采,使该国及其人民受惠;强调所有外国部队从刚果民主共和国领土全部撤出以及在该国早日成立一个包容各方的过渡政府,这将确保中央政府恢复控制,可行的行政部门有权力保护和管制开采活动,这些都是制止掠夺刚果民主共和国自然资源的重要步骤。

1 月 28 日　安理会就科特迪瓦局势一致通过关于"利比里亚:专家小组"的第 S/RES/1458(2003)号决议,决定重新设立根据第 S/RES/1408(2002)号决议第 16 段任命的专家小组,至迟自 2003 年 2 月 10 日起再工作 3 个月;于 2003 年 5 月 6 日或之前对第 S/RES/1343(2001)号决议第 5—7

段所规定并经第 S/RES/1408(2002)号决议第 5 段延长的措施进行下一次 6 个月审查。

同日 安理会一致通过关于未加工钻石验证制度的第 S/RES/1459 (2003)号决议,深度关切世界某些区域未加工钻石非法贸易与助长影响到国际和平与安全的武装冲突之间的联系;坚决支持因特拉肯会议通过的金伯利进程验证制度以及进行中的完善和实施该制度的过程。

1 月 29 日 安理会轮值主席、法国常驻联合国代表布利耶尔称,安理会第 S/RES/1441(2002)号决议并未设定对伊核查的最后期限,安理会大多数成员赞成给予联合国核查人员更多时间。

同日 联合国环境规划署公布《阿富汗战后环境评估》报告,敦促阿富汗尽快采取有效措施,恢复在过去 23 年的战乱中遭到严重破坏的环境。

1 月 30 日 安理会一致通过关于儿童与武装冲突的第 S/RES/1460 (2003)号决议,呼吁全球武装冲突的各方遵守《联合国宪章》的宗旨和有关儿童的国际法,立即停止招募和使用儿童兵。

同日 安理会一致通过关于联合国驻黎巴嫩临时部队的第 S/RES/ 1461(2003)号决议,决定再次将联合国驻黎巴嫩维和部队的期限延长 6 个月,至 7 月 31 日止。

同日 安理会一致通过关于联合国格鲁吉亚观察团的第 S/RES/1462 (2002)号决议,决定将联合国驻格鲁吉亚观察团的任期再延长 6 个月,至 2003 年 7 月 31 日止。

同日 安理会一致通过关于联合国西撒哈拉全民投票特派团的第 S/RES/1463(2003)号决议,决定将联合国西撒哈拉全民投票特派团(西撒特派团)的任务期限延至 2003 年 3 月 31 日。

2 月 1 日 联合国核查人员在伊拉克首次进行空中检查。

2 月 4 日 安理会一致通过关于"科特迪瓦局势:西非维和部队"的第 S/RES/1464(2003)号决议,在对科特迪瓦当前国内形势进行磋商后敦促各政治派别立即全面执行 1 月底在巴黎达成的和平协议,尽快组成各方参与的、稳定的民族和解政府。

2 月 5 日 2003 年伊始,伊拉克问题风云再起。1 月 27 日,安理会举行公开会议,听取两伊核查机构报告对伊武器核查情况。2 月 5 日,安理会召开伊拉克问题外长会议。美国国务卿鲍威尔向安理会通报了美国掌握的有关伊拥有大规模杀伤性武器的"证据"。事后证明,这些"证据"都是捕风捉影,似是而非。美、英、西班牙、保加利亚指责伊拉克没有执行安理会第 S/RES/1441(2002)号决议,要求安理会采取行动。中、法、德、俄等多数安理会成员重申应在联合国框架内政治解决伊问题。继第 S/RES/1441（2002）号决议后，布什政府试图让安理会再通过一份决议，斥责萨达姆·侯赛因未解除武装，授权对伊拉克发动战争。但这证明非常困难。主要因为法国等国反对，法国希拉克总统声称将否决任何授权战争的决议。联合国秘书长也在这场对抗中发挥了作用，旗帜鲜明地站在反对战争的立场。安南说，"如果美国等国在安理会外采取军事行动，这不符合宪章的宗旨"。

2 月 6 日 安理会就科索沃问题举行公开会议。与会代表对科索沃一些议员最近发起的寻求科索沃独立的倡议表示关注，并强烈呼吁科索沃领导人拒绝任何违反安理会有关决议的提议。

同日 联合国武器核查人员在巴格达首次对伊拉克科学家进行单独问询调查。

2 月 7 日 为期 5 天的联合国环境规划署理事会会议和第 4 届全球部长级环境论坛会议在肯尼亚内罗毕闭幕，来自 100 多个国家的环境部长共同承诺，将采取进一步行动遏制全球环境恶化的趋势，使人类走上可持续发展的轨道。

2 月 8 日 秘书长安南强调指出，联合国有责任尽一切努力和平解决伊拉克问题，对伊动武只能是最后选择，而且必须得到安理会的授权。

2 月 9 日 美国国务卿鲍威尔拒绝了法德两国拟议向安理会提出的旨在和平解决伊拉克武器核查危机的新方案。

2 月 10 日 俄、德、法经过密切磋商，在巴黎发表联合声明、呼吁国际社会根据安理会第 S/RES/687（1991）号决议通过以来的所有关于伊拉克问题的决议的精神，以和平的方式实现解除伊拉克武装的目标。

2 月 11 日 安理会轮值主席德国代表称，当时在安理会 15 个理事国中有 11 国支持延长联合国在伊拉克的武器核查工作，美国、英国、西班牙和保加利亚 4 国表示反对。

2 月 12 日 国际原子能机构理事会通过一项决议，指出朝鲜违反了该机构与朝鲜按照《不扩散核武器条约》缔结的"保障监督协定"，决定通过该机构的总干事将有关情况报告给国际原子能机构全体成员国、安理会和联合国大会。

2 月 13 日 安理会一致通过关于打击恐怖主义的第 S/RES/1465（2003）号决议。最强烈地谴责 2003 年 2 月 7 日在哥伦比亚波哥大炸死炸伤许多人的炸弹攻击；敦促所有国家按照第 S/RES/1373（2001）号决议规定的义务紧急齐心协力与哥伦比亚当局合作并酌情提供支持和协助，以查明这一恐怖主义袭击的行凶者、组织者和发起者并绳之以法。

2 月 14 日 儿童基金会公布关于 2002 年世界儿童状况的报告,报告中说刚果(金)当时有 17 万名儿童感染艾滋病病毒,另有 93 万名儿童因父母死于艾滋病而成为孤儿。

2 月 18 日 应不结盟运动主席国南非的要求,安理会就伊拉克问题举行为期两天的公开辩论,以便非安理会成员国能有机会就联合国武器核查主要负责人 14 日向安理会提交的核查报告发表看法。

2 月 24 日 美国在英国和西班牙的支持下,向安理会提交了一份伊拉克问题的新决议草案,认定"伊拉克失去第 S/RES/1441(2002)号决议给予的最后机会",实际是要求安理会授权动武。3 国这项决议草案,如果不被否决,需安理会 15 个成员国中 9 票支持才能通过。美国希望这项决议案至少能赢得 9 国支持。但到 3 月中旬,白宫意识到它已拿不到这 9 票。美国只得撤回这项决议案。于是美国政府又改口,说它认为不需决议就可发动战争,声称这么做是得到了包括第 S/RES/1441(2002)号决议在内的一系列其他决议的授权。联合国秘书长安南在安理会外对记者说,"如果这一行动没有得到安理会的支持,其合法性就会得到质疑,对它的支持也将遭到削弱"。但美国未予理睬。

2 月 24—25 日 不结盟运动第 13 次首脑会议在马来西亚吉隆坡召开。这次会议的焦点是伊拉克问题。王光亚副外长率中国代表团以观察员身份出席会议。王光亚在会上强调维护发展中国家利益。

2 月 26 日 联合国经济与社会事务部宣布,考虑到艾滋病和发展中国家妇女生育率降低的因素,到 2050 年世界人口将比原先预测的数字少 4 亿,达到 89 亿。

2 月 28 日 秘书长办公室向安理会各成员国公布了备受关注的伊拉克武器核查最新季度报告。联合国对伊武器核查负责人在报告中称核查有进展但伊方销毁违禁武器成果"非常有限"。

3 月 7 日 安理会举行会议,听取联合国监测、核查和视察委员会(核监会)主席布利克斯和国际原子能机构总干事巴拉迪关于伊拉克武器核查最新情况的通报。这是 2003 年以来安理会第 3 次就伊拉克问题举行的外长级会议。美、英、西 3 国向安理会成员国正式散发关于伊拉克问题的新决议草案,限定伊在 3 月 17 日前销毁大规模杀伤性武器。

同日 巴基斯坦、安哥拉、几内亚、喀麦隆、墨西哥和智利等 6 个非常任理事国在安理会会议上呼吁维护安理会的团结,和平解决伊拉克问题。

3 月 8 日 教科文组织总干事松浦晃一郎在布基纳法索首都瓦加杜古发表纪念"国际劳动妇女节"讲话,呼吁消除一切形式的性别歧视,推动男女平等,实现妇女自主。

3月10—13日 "放射源保安国际会议"在奥地利维也纳霍夫堡宫举行。这次会议由奥地利政府主办,俄罗斯联邦政府和美利坚合众国政府协办,由原子能机构组织,欧洲委员会,世界海关组织、国际刑警组织和欧洲刑警办事处参与合作,美国能源部部长担任主席。

3月11—12日 应不结盟运动国家的要求,安理会就伊拉克问题举行公开辩论,40多个非安理会成员国的代表报名发言,多数国家主张和平解决伊拉克问题。

3月13日 大会通过关于"对大会议事规则第1条的修正及一般性辩论的开始日期和期间"的第 A/RES/57/301 号决议。规定从 2003 年开始,联合国大会开幕日期由从前的每年 9 月第 2 周的周二,改为 9 月第 3 周的周二。

3月14日 安理会一致通过关于联合国埃塞俄比亚和厄立特里亚特派团的第 S/RES/1466(2003)号决议,决定将埃厄特派团的任务期延至 2003 年 9 月 15 日。

3月14—15日 联合国教科文组织在巴黎总部召开"协力促进信息技术设备再利用"会议,这是教科文组织首次围绕这一主题举办的国际性会议。

3月17日 美国总统布什发表电视讲话,指责"安理会没有履行自己的责任"并向伊拉克发出了"最后通牒"。

同日 联合国人权委员会第 59 届全体会议在日内瓦开幕,审议民族自决权、发展权、妇女儿童权利以及被占领领土等一系列有关人权方面的议题。

3月18日 安理会一致通过关于"小武器和轻武器扩散及雇佣军活动:对西非和平与安全的威胁"的第 S/RES/1467(2003)号决议,在这次就西非小型武器扩散和雇佣军问题举行公开的会议中,呼吁西非国家切实执行联合国 2001 年通过的遏制小型及新型武器非法贸易的行动计划,全面遵守安理会在西非地区实施的武器禁运措施。

3月19日 安理会就伊拉克问题举行高级别公开会议,多数与会代表呼吁国际社会支持联合国继续在伊拉克问题上发挥重要作用。

3月20日 美、英等国以伊拉克藏有大规模杀伤性武器为由,绕开安理会,单方面对伊拉克发动大规模的军事行动,第二次海湾战争爆发。4月15 日,美军宣布联军已控制了伊拉克全境。5月1日,美国总统布什宣布对伊主要军事行动结束,萨达姆政权被推翻。12月13日,萨达姆被抓获。

　　同日　美英两国绕开联合国公开发动伊拉克战争的当天,中国外交部发表声明:3 月 20 日,美国等国家绕开联合国安理会,对伊拉克发动了军事行动。中国政府对此表示严重关切。中国政府一直主张在联合国框架内政治解决伊拉克问题,要求伊拉克政府全面、切实地执行安理会有关决议;同时认为伊拉克的主权和领土完整应该得到国际社会的尊重。

　　同日　安理会一致通过关于刚果民主共和国局势的第 S/RES/1468(2003)号决议,确定刚果民主共和国的局势继续对该区域的国际和平与安全构成威胁,要求大湖区各国政府立即停止向伊图里地区武装冲突各方提供军事和财政支持,强调刚果各方,包括刚果民主共和国政府,必须恪守《卢萨卡停火协定》以及关于脱离接触和重新部署的《坎帕拉计划》和《哈拉雷分计划》所规定的义务,并重申所有外国部队必须撤出刚果民主共和国领土。

　　3 月 24 日　联合国环境规划署在日本京都举行的第 3 届世界水论坛上发表的调查报告称:目前世界上有 150 条“危险”河流需要加强管理,以免引发国际争端。

　　3 月 25 日　安理会一致通过关于联合国西撒哈拉全民投票特派团的第 S/RES/1469(2003)号决议,决定将联合国西撒哈拉全民投票特派团(西撒特派团)的任务期限延长到 2003 年 5 月 31 日。

　　3 月 26 日　安理会举行自 3 月 20 日美国领导的对伊拉克战争爆发以来的首次公开会议。

　　3 月 28 日　安理会通过关于联合国塞拉利昂特派团的第 S/RES/1470(2003)号决议,强调塞拉利昂问题特别法庭和真相与和解委员会对采取有效行动打击有罪不罚现象和追究责任并促进和解至关重要,强调联合国塞拉利昂特派团(联塞特派团)继续支持塞拉利昂政府对于巩固和平与稳定至关重要,审议了秘书长 2003 年 3 月 17 日的报告(S/2003/321),决定将联塞特派团的任务期限自 2003 年 3 月 30 日起延长 6 个月。

　　同日　安理会一致通过关于联合国阿富汗援助团的第 S/RES/1471(2003)号决议,决定从本决议通过之日起将联阿援助团的任务期限再延长12 个月。

　　同日　安理会一致通过关于“伊拉克:以石油换食品方案”的第 S/RES/1472(2003)号决议,同意对伊拉克的“石油换食品”计划进行调整,并授权秘书长安南暂时管理这一庞大的人道援助计划。

　　4 月 4 日　安理会一致通过关于联合国东帝汶支助团的第 S/RES/1473(2003)号决议,欢迎东帝汶独立以来在东帝汶支助团协助下取得的进展,决定东帝汶支助团警察部分的组成和编制以及缩编时间表将按照秘书长特别报告中的意见进行调整。

同日 安理会举行反恐公开会议,讨论恐怖主义行为对国际和平与安全所造成的威胁,并回顾安理会反恐委员会成立至今的工作。

4月6日 联合国观察团发表公报说,刚果(金)东方省伊土里地区3日凌晨发生罕见的大屠杀,至少有1000人丧生。4月8日,安理会发表声明,强烈谴责刚果(金)东部最近发生的千人大屠杀事件,要求将肇事者尽快缉拿归案并绳之以法。

4月7日 联合国粮食计划署呼吁国际社会重视非洲粮食短缺问题。

4月8日 安理会一致通过关于"索马里局势:军火禁运专家团"的第S/RES/1474(2003)号决议,认为索马里局势对该区域的国际和平与安全构成威胁。决定从本决议通过之日起至迟3个星期在内罗毕重新设立一个专家团,为期6个月,调查违反军火禁运等行为。

4月10日 安南秘书长与伊拉克常驻联合国代表穆罕默德·杜里举行会晤。

4月11日 俄罗斯总统普京、德国总理施罗德、法国总统希拉克在俄圣彼得堡举行3方会谈,一致呼吁在伊拉克战后安排问题上进一步发挥联合国的中心作用,同时强调巩固国际法地位并不断完善联合国解决危机机制。

4月14日 安理会一致通过关于塞浦路斯斡旋任务的第S/RES/1475(2003)号决议,呼吁塞浦路斯希腊族和土耳其族继续在安南秘书长的斡旋下举行谈判,尽早在安南提出的方案的基础上就塞浦路斯的统一达成协议。

4月15日 安南秘书长通过其发言人发表声明,对伊拉克文化遗产最近遭到灾难性破坏深表痛心,并敦促美英联军立即采取行动,防止伊拉克的历史宗教遗址、博物馆和其他文化遗产遭受进一步破坏。安南在声明中还呼吁伊拉克人民尽全力恢复已经遭受破坏的文化遗迹,交回所有被劫掠的文物。他同时希望与伊拉克接壤的国家的海关、国际刑警组织和国际文物市场的主要参与者能和联合国教科文组织密切合作。

4月16日 联合国贸易与发展会议秘书长里库佩罗和世界贸易组织总干事素帕猜在世贸组织总部就如何加强对发展中国家的技术援助问题签署了一项谅解备忘录。

4月16—25日 联合国人权委员会第59届会议在日内瓦举行。会议在表决一项欧盟谴责俄罗斯侵犯车臣人权提案时,以21票反对,15票赞成和17票弃权的表决结果否决了欧盟的提案。这是欧盟连续两年在人权委员会上提出对俄罗斯的谴责。中国及印度等国对提案投反对票,美国、澳大利亚、加拿大、墨西哥等国投赞成票。

4月17日　联合国核监会主席布利克斯表示联合国武器核查人员愿意随时根据安理会的决定重返巴格达。安理会本月主席、墨西哥常驻联合国代表辛塞尔17日说,安理会成员目前正在就解除对伊拉克制裁问题进行紧急私下磋商。

同日　联合国经济及社会理事会通过了关于《增进和保护人权——人权与生命伦理学》的第 E/CN.4/2003/L.95 号宣言。宣言认为生命科学的迅速演变为改善个人和全人类健康带来极大光景,但是宣言中指出,"对人类基因组进行的各种研究及其应用,特别是在生物、遗传学和医学方面的研究和应用都不应危害到人对人权和基本自由及个人和集体的人类尊严的尊重"。

4月22日　安南秘书长在维也纳对联合国雇员发表讲话时说:"我们必须承认,伊拉克人应该对他们自己的政治未来负责,自己控制他们自己的自然资源。"安南强调,国际社会在这一过程中应该有自己的角色,而联合国已经准备好为此作出贡献。

4月23日　首批联合国人员返回伊拉克。美联社报道,负责"石油换食品"计划的联合国伊拉克项目办公室(设在纽约)负责人说,这个小组由6人组成,他们在联合国儿童基金会和世界粮食计划署负责该地区的协调员的带领下抵达埃尔比勒。

4月24日　安理会一致通过关于"伊拉克:以石油换食品方案"的第 S/RES/1476(2003)号决议,回顾以往关于向伊拉克人民提供人道主义救济的各项决议,决定第 S/RES/1472(2003)号决议第4段所载各项规定应保持有效至2003年6月3日,并可由安理会进一步延长。

4月29日　安理会一致通过关于"卢旺达问题国际法庭:审案法官人选"的第 S/RES/1477(2003)号决议,审议了秘书长收到的卢旺达问题国际法庭审案法官提名人选,依照《国际法庭规约》的规定将提名人选送交大会。

4月30日　来自联合国、欧盟和俄罗斯的特使于当地时间下午5时,在西岸城市拉姆安拉向巴勒斯坦自治政府新总理阿巴斯递交了国际中东和平计划书——"路线图"。随后,联合国秘书长发言人办公室公布了各方期待已久的中东和平"路线图"计划。这项计划提出了建立独立的巴勒斯坦国,为永久解决以巴冲突问题,并实现以巴两国和平共处的构想。

5月1日　美国总统布什发表以"任务完成"为题的演讲,宣布美军在伊拉克的"主要作战任务完成",美军获得胜利。

5月6日 安理会一致通过关于"利比里亚:专家小组"的第 S/RES/1478(2003)号决议,表示严重关切专家小组有关利比里亚情势的调查结果,决议再次要求该区域各国停止对邻国武装集团的军事支助,采取行动阻止武装人员和集团利用其领土进行准备并袭击邻国,不要采取可能使该区域局势进一步动荡的任何行动。并宣布,如有必要,安理会准备考虑促进遵守这项要求的办法。

5月9日 联合国在刚果(金)布尼亚城的维和部队大院当日晚在遭数百名当地人攻击后被包围。

5月13日 安理会一致通过关于"联合国科特迪瓦派团:设立"的第 S/RES/1479(2003)号决议,决定设立联合国科特迪瓦派团(联科特派团),最初为期6个月,任务为促进科特迪瓦各方执行《利纳—马库锡协定》。在特派团中包括一个军事部分,配合法国和西非经共体部队的行动;赞同配备一小批工作人员,以在民政方面向秘书长特别代表提供支助,并建立一个军事联络组。

5月19日 安理会一致通过关于"联合国东帝汶支助团:延长"的第 S/RES/1480(2003)号决议,决定将东帝汶支助团的现有任务期限延长至 2004年5月20日。

同日 安理会一致通过关于"前南问题法庭:修改规约"的第 S/RES/1481(2003)号决议,深信应该加强前南斯拉夫问题国际法庭审案法官的权力,以便他们在被任命审理某案期间,如有需要而且他们能够做到,也可在其他案件的预审中作出裁定;决定修订《前南斯拉夫问题国际法庭规约》第13条之四,由本决议附件所列条款取代。

同日 安理会一致通过关于卢旺达问题法庭的第 S/RES/1482(2003)号决议,应秘书长的请求,就卢旺达国际法庭、国际刑事法院针对任期已满但尚未结束手中案件的多伦茨等4位法官的去留问题作出决定。

同日 第56届世界卫生大会在日内瓦开幕。中国代表团团长、国务院副总理兼卫生部部长吴仪在总务委员会和全体大会上分别发言,阐述中国政府在涉台提案问题上的原则立场,坚决反对将这一提案列入大会议程。在总务委员会会议中,涉台提案遭到25个成员中绝大多数成员的否决,最后以协商一致的方式做出了不把这一提案列入大会议程的决定。在随后举行的全体会议上,192个成员国又以同样的方式通过了总务委员会的决定。

同日 联合国驻刚果(金)观察团发表新闻公报说,两名联合国驻刚果(金)的军事观察员最近在刚果(金)东方省伊土里县执行任务时被杀害。

5月21日　第1个世界文化多样性促进对话和发展日。这个纪念日由联合国大会于2002年12月20日宣布。

5月22日　虽然美、英进攻伊拉克完全绕开了联合国，但联合国并未因而袖手旁观，仍然在战时和战后谨守宪章的宗旨，对伊拉克人民和伊拉克问题尽职尽责。联合国关于伊拉克的议程安排得很满，一连通过多项决议，其中安理会第S/RES/1483(2003)号和第S/RES/1511(2003)号决议在原则上确立了伊拉克战后重建的基本框架。5月22日，安理会以14票赞成（叙利亚未投票）通过关于"伊拉克：战后重建"的第S/RES/1483(2003)号决议，主要内容有：(1)确认美国、英国作为占领军的权利和义务，取消除武器禁运外所有对伊拉克的制裁；(2)设立"伊拉克发展基金"；(3)在6个月内终止联合国"石油换食品"计划；(4)责成联合国秘书长任命伊拉克问题特别代表。5月23日，安南秘书长任命联合国人权高专德梅洛为伊拉克问题特别代表。

5月27日　安南秘书长举行记者招待会，正式宣布他已任命联合国人权事务专员德梅洛为秘书长伊拉克问题特别代表，任期为4个月。

5月30日　安理会一致通过关于"刚果民主共和国：临时紧急多国部队"的第S/RES/1484(2003)号决议，授权在布尼亚部署临时紧急多国部队，任务期限至2003年9月1日止。其任务是与联刚特派团，特别是其目前部署在该城的特遣队密切协调，协助稳定布尼亚的安全状况和改善人道主义局势，确保机场、布尼亚营地内的国内流离失所者得到保护，并视需要协助保护该城的平民、联合国人员和人道主义人员的安全。

同日　安理会一致通过关于联合国西撒哈拉全民投票特派团的第S/RES/1485(2003)号决议，决定将联合国西撒哈拉全民投票特派团（西撒特派团）的任务期限延长到2003年7月31日。

6月3日　第91届国际劳工大会在日内瓦万国宫开幕，大会主要讨论国际航运、海员安全及减少工伤事故等问题，并将讨论制定人才交流的国际规范等。

6月5日　第31个世界环境日。联合国环境署把本年世界环境日的主题定为"水——20亿生命之所系"。

同日　联合国监核会主席布里克斯向安理会提交最后一份报告，详细阐述了监核会对伊拉克武器核查工作在各方面的成果。结论是：监核会在武器核查过程中，没有发现任何证据表明伊拉克在1991年后继续从事或恢复研制大规模杀伤性武器活动，也没有保留数量可观的违禁武器。

6月7日　联合国核专家当天抵达伊拉克首都巴格达郊外的伊最大核

设施所在地,着手对这个战后遭劫的核设施进行检查。

6月11日 安理会一致通过关于联合国驻塞浦路斯维持和平部队的第S/RES/1486(2003)号决议,决定将联塞部队的任务期限再延长至2003年12月15日。

6月12日 安理会一致通过关于"国际刑事法院:对非缔约国暂缓12个月"的第S/RES/1487(2003)号决议,注意到1998年7月17日在罗马订立的《国际刑事法院规约》(《罗马规约》)已于2002年7月1日生效,强调联合国行动对于国际和平与安全至关重要。

6月26日 安理会一致通过关于联合国脱离接触观察员部队的第S/RES/1488(2003)号决议,决定将联合国脱离接触观察员部队的任务期限延长6个月,至2003年12月31日止。

同日 安理会一致通过关于联合国组织刚果民主共和国特派团的第S/RES/1489(2003)号决议,对刚果民主共和国东部特别是北基伍省敌对行动持续不断深表关切,决定将联刚特派团的任务期限延长至2003年7月30日。

6月30日 在经社理事会年会上,安南秘书长指出发达国家的农产品补贴给穷国带来危害。

7月2日 为期3天的2003年联合国经社理事会高级别会议在通过《部长宣言》后在日内瓦结束。

7月3日 安理会一致通过关于"联合国伊拉克—科威特观察团:最后任期"的第S/RES/1490(2003)号决议,认识到已不再需要伊科观察团的继续运作和第S/RES/687(1991)号决议所设的非军事区来防止伊拉克对科威特采取行动威胁到国际安全。赞扬伊科观察团和维持和平行动部(维和部)人员发挥的出色作用,又注意到伊科观察团自1991年至2003年圆满完成了任务。决定将伊科观察团的任务期限最后一次延长到2003年10月6日,并决定在伊科观察团任务结束时,撤销从伊科边界向伊拉克境内延伸10公里、向科威特境内延伸5公里的非军事区。

同日 联合国驻科特迪瓦特派团首批26名军事联络官开始在科特迪瓦部署。

7月7日 安南呼吁联合国各成员国加快实施联合国防止、打击及消除小型和新型武器非法贸易的《行动纲领》,加快打击小型武器非法生产和贸易的力度。

7月7—11日 由国际原子能机构主办的安全运输核材料国际会议在奥地利维也纳举行。

7月8日　联合国开发计划署公布了2003年版的《人类发展报告》,建议发达国家和发展中国家加强合作,为实现"千年发展目标"采取共同行动。

7月9日　刚从西非访问归来的安理会代表团向安理会提交了一份报告,呼吁安理会紧急考虑安南秘书长提出的建议,尽快授权向战乱不断的利比里亚派遣多国稳定部队。

7月10日　总部设在肯尼亚首都内罗毕的联合国人居署宣布,2003年世界人居日的主题是"保障城市的用水与卫生"。

7月11日　安理会一致通过关于"波黑局势:欧盟警察团"的第S/RES/1491(2003)号决议,再度重申支持《和平协定》以及1995年11月10日《关于落实波黑联邦的代顿协定》(S/1995/1021,附件),吁请缔约各方严格遵守这些协定所规定的各项义务,并表示打算继续审查《和平协定》的执行情况和波黑的局势。

7月16日　安南秘书长通过其发言人发表声明,对西非岛国圣多美和普林西比发生军事政变表示强烈谴责,并重申他坚决反对任何通过武力夺取政权的行为。

7月17日　国际红十字会与红新月会联合会批评当今世界国际人道主义援助中出现的越来越严重的政治化和不公道倾向。

7月18日　安理会一致通过关于"联合国塞拉利昂特派团:缩编"的第S/RES/1492(2003)号决议,决定在2004年12月底前结束联合国在塞拉利昂的大规模维和行动,并从2003年7月起分4个阶段撤出联合国特派团。

7月21日　由联合国粮农组织和世界卫生组织共同设立的联合国食品法典委员会以协商一致方式通过一个关于评估食用转基因食品对消费者是否造成危害的国际准则。这是该委员会第1次就转基因食品订立国际准则。

7月22日　安理会就伊拉克重建工作举行公开会议,安南秘书长在安理会公开会议上发表讲话,呼吁美、英尽早结束对伊拉克的军事占领。

7月25日　联合国发言人埃克哈德在新闻发布会上会说,安南秘书长当天致函安理会,宣布任命芬兰前总理哈里·霍尔克里为他的科索沃问题代表,负责领导联合国驻科索沃特派团。

7月28日　安理会一致通过关于联合国组织刚果民主共和国特派团的第S/RES/1493(2003)号决议,决定将联合国刚果(金)特派团的任期延长1年,同时把特派团的编制从8700人增加到1.08万人,并要求联合国成员在决议通过的12个月内对刚果(金)东部部族冲突各方实行武器禁运。

决议授权安南秘书长向刚果（金）东部增派 3800 多名维和士兵，以接替即将在本年 9 月 1 日从该地区撤出的临时紧急多国部队。

7 月 29 日 联合国人道事务协调办公室在日内瓦宣布，联合国下属的人道主义救援机构联合发出呼吁，要求国际社会在未来的 1 年中为南部非洲提供 5.3 亿美元的援助。

7 月 30 日 安理会一致通过关于联合国格鲁吉亚观察团的第 S/RES/1494（2003）号决议，决定将联格观察团的任务期限再延长 1 期，至 2004 年 1 月 31 日止。

同日 安南秘书长在联合国总部召开的新闻发布会上说，应当支持通过外交和政治途径解决朝鲜核问题的进程；安南还强调国际社会应给予贫困和艾滋病等非常规威胁更多关注，积极推动"多哈回合"世界贸易谈判。

7 月 31 日 安理会一致通过关于联合国西撒哈拉全民投票特派团的第 S/RES/1495（2003）号决议，继续坚决支持秘书长及其特使的努力，并同样支持他们的《西撒哈拉人民实现自决和平计划》，认为是在双方协议的基础上达成政治解决的最佳办法；吁请各方与联合国合作并彼此合作，以接受和执行《和平计划》；吁请所有各方及该地区各国与秘书长及其个人特使充分合作。

同日 安理会一致通过关于联合国驻黎巴嫩临时部队的第 S/RES/1496（2003）号决议，决定将联黎部队目前的任务期限延长至 2004 年 1 月 31 日；谴责一切暴力行为，表示极为关切严重违规和海陆空侵犯撤离线的行为，并敦促各方制止这些侵犯行为，严格履行其尊重联黎部队及其他联合国人员安全的义务。

8 月 1 日 安理会以 12 票赞成，3 票弃权（法国、德国、墨西哥）的表决结果通过了关于"利比里亚局势：多国部队"的第 S/RES/1497（2003）号决议，在这次公开会议通过的决议中，安理会授权在利比里亚部署多国部队，以稳定当地局势，并为人道救援活动创造安全环境。

8 月 4 日 安理会一致通过关于"科特迪瓦局势：西非维和部队"的第 S/RES/1498（2003）号决议，决定将给予参加西非经共体部队的会员国和向其提供援助的法国部队的授权延长 6 个月；请西非经共体部队指挥部和法国，通过秘书长，定期向安理会报告各自任务执行情况的所有方面。

8 月 5 日 安南秘书长通过其发言人发表声明，对印度尼西亚首都雅加达一家酒店当天发生造成多人死亡的炸弹爆炸事件感到震惊。

8 月 6 日 安南秘书长在日本广岛和长崎遭受原子弹轰炸 58 周年之际发表声明，呼吁国际社会加快核裁军的步伐，并为制止核扩散作出更多努力。

8月8日 8月3日,联合国驻塞尔维亚科索沃省的1名警察午夜遭伏击身亡,联合国官员指责当地的黑社会犯罪集团制造了这起袭击。8日,安理会强烈谴责联合国科索沃维和警察遭枪杀事件。

8月9日 联合国教科文组织总干事松浦晃一郎在布拉柴维尔宣布,美国将于10月1日重新加入联合国教科文组织。

8月11日 安南秘书长通过其发言人发表声明,希望利比亚总统泰勒下台流亡能最终结束利比里亚人民长期遭受的苦难,并呼吁国际社会为恢复利比里亚的安全与稳定提供力所能及的帮助。

8月13日 安理会一致通过关于"刚果民主共和国:非法开采资源小组"的第S/RES/1499(2003)号决议,强烈要求卢旺达等有关国家遵守安理会决议,立即采取措施制止对刚果(金)自然资源的非法开采活动。

8月14日 安理会以14票赞成、1票弃权(叙利亚)的表决结果通过关于"联合国伊拉克援助团:设立"的第S/RES/1500(2003)号决议,对伊拉克临时管理委员会的成立表示欢迎,并授权安南设立一个联合国伊拉克援助团,以协调联合国在伊的各项工作。

8月19日 联合国驻伊拉克办事处所在的巴格达运河饭店发生自杀性汽车爆炸袭击事件,造成至少20人死亡、100余人受伤。联合国伊拉克问题特别代表德梅洛和联合国儿童基金项目协调员克莱恩·比克曼殉职。这是联合国历史上遭遇的最严重的恐怖主义袭击。安理会发表主席声明,对这起袭击事件表示最强烈的谴责。安南当天连续发表两份声明,对事件表示震惊和愤怒。安南说:"我们不会被吓倒。我们将继续工作,我们将坚持下去。"联合国表示不会因此而退缩。8月21日,安南派驻伊拉克的人道主义援助协调员达席尔瓦在巴格达宣布,联合国驻伊各机构将于23日恢复运转。

8月21日 安南秘书长通过发言人发表声明,对以巴之间的暴力活动升级深表忧虑,并呼吁以色列政府保持克制,立即停止其目前在加沙地带和约旦河西岸进行的军事行动。

8月25日 安南秘书长通过其发言人发表声明,对当天在印度最大的金融商业城市孟买发生的爆炸事件表示谴责。

8月26日 安理会通过关于刚果民主共和国局势的第S/RES/1501(2003)号决议,决定延长法国领导的多国部队在刚果(金)东部的驻扎期半个月,以便其在向联合国维和部队移交维和任务时确保当地局势稳定。决议深切关注刚果民主共和国东部地区特别是伊图里区以及北基伍和南基伍两省持续的敌对状况;重申安理会支持按照第S/RES/1484(2003)号决议部署于布尼亚的临时紧急多国部队,让多国部队于 2003 年 9 月 1 日将权力转交给联刚特派团,以期尽可能最有效地促进伊图里区的持续稳定。

同日 安理会通过关于保护联合国人员和人道主义人员的第 S/RES/1502(2003)号决议,要求加强冲突地区联合国职员和其他人道救援人员的安全。

8 月 27 日 安理会就利比里亚国内问题举行公开会议后发表主席声明,敦促利比里亚政府和反政府武装遵守停火协议,并尽快落实他们当月18 日在加纳首都阿克拉签署的全面和平协议。

8 月 27—29 日 为和平解决朝核问题,中国政府积极斡旋。4 月,中、朝、美 3 国就朝核问题在北京举行 3 方会谈。从 8 月起,3 方会谈扩大为 6方会谈,从中、朝、美 3 方,又增加韩、日、俄 3 方。8 月 27—29 日在北京举行第 1 轮 6 方会谈开始,截至 2007 年 2 月,先后在北京举行过 6 轮 6 方会谈。①谈判时而陷入停滞,时而又柳暗花明。关键之点没将承诺落实到行动。会谈最后陷入僵局,无果而终。

---

① 2003 年 8 月—2007 年 2 月在北京举行的朝核问题 6 轮 6 方会谈的简况如下:(1)2003 年8 月 27—29 日,在北京举行关于朝核问题第 1 轮 6 方会谈。会谈达成 4 点共识:有必要通过和平方式解决朝核问题,从而确保朝鲜半岛和平稳定,实现半岛无核化;必须解决朝鲜对安全的忧虑;朝核问题要分阶段、并行地、概括性地解决;不要进行任何导致局势恶化的行动。(2)2004 年 2 月 25—28 日,在北京举行关于朝核问题第 2 轮 6 方会谈,发表了主席声明,确定了下轮会议的地点和时间以及成立工作组推进会谈机制化。(3)2004 年 6 月23—26 日,在北京举行关于朝核问题第 3 轮 6 方会谈。各方都提出了解决问题的方案和设想,各方授权工作组尽早开会,具体确定无核化为目标的第 1 阶段措施的范围、期限、核查以及对应措施,并以适当方式向第 4 轮会谈提出建议。(4)2005 年 7 月 26—8 月 7 日、9月 13—19 日,在北京举行关于朝核问题第 4 轮 6 方会谈。会谈通过《共同声明》,就解决朝核问题达成 6 项共识,朝承诺放弃一切核武器及现有核计划,早日重返《不扩散核武器条约》,接受国际原子能机构保障监督。(5)2006 年 11 月 9—11 日、2006 年 12 月 18—22日、2007 年 2 月 8—13 日,在北京举行关于朝核问题第 5 轮 6 方会谈。会谈分 3 个阶段:第 1 阶段会议重申了《共同声明》的内容,首次发表具有约束力性质的文件;第 2 阶段会议重申通过对话和平实现半岛无核化是各方的共同目标和意志、重申认真履行《共同声明》,根据"行动对行动"原则,尽快采取协调一致步骤,分阶段落实共同声明;第 3 阶段会议通过题为《落实共同声明起步行动》的共同文件,6 方同意根据"行动对行动"原则,采取协调一致步骤,分阶段落实《共同声明》。(6)2007 年 3 月 19—22 日、2007 年 9 月 27—10月 3 日,在北京举行关于朝核问题第 6 轮 6 方会谈。会谈第 1 阶段会议各方同意继续推动 6 方会谈进程,重申将认真履行在《共同声明》和《落实共同声明起步行动》共同文件中做出的承诺。第 2 阶段会议制定并通过了《落实共同声明第 2 阶段行动》共同文件。根据《共同声明》和共同文件,朝鲜同意对一切现有核设施进行以废弃为目标的去功能化,同意 2007 年 12 月 31 日以前完成对宁边 5 兆瓦实验性反应堆、后处理厂(放射化学实验室)及核燃料元件制造厂去功能化;朝、美继续致力于改善双边关系,向实现全面外交关系迈进;根据共同文件规定,相当于 100 万吨重油的经济、能源与人道主义援助(包括已向朝鲜提供的 10 万吨重油)将向朝鲜提供。具体援助方式将由经济与能源合作工作组商定。

8月28日　安理会通过关于"前南问题国际法庭和卢旺达问题国际法庭：分设检察官"的第 S/RES/1503（2003）号决议，吁请所有国家，尤其是塞尔维亚和黑山、克罗地亚、波斯尼亚和黑塞哥维那以及波黑境内的斯普斯卡共和国，加强同前南问题国际法庭的合作并向其提供一切必要协助；吁请所有国家，尤其是卢旺达、肯尼亚、刚果民主共和国和刚果共和国加强同卢旺达问题国际法庭的合作并向其提供一切必要协助；吁请所有国家与国际刑事警察组织（刑警组织）合作，逮捕并解交被前南问题国际法庭和卢旺达问题国际法庭起诉的人；吁请前南问题国际法庭和卢旺达问题国际法庭采取一切可能的措施，在2004年底完成调查，在2008年底完成所有一审工作，并在2010年完成全部工作，以及决议还决定修订《卢旺达问题国际法庭规约》第15条等多项事宜。

8月29日　为期两天的首届联合国过境运输合作部长级会议在通过了《阿拉木图宣言》和《阿拉木图行动纲领》两个文件后在哈萨克斯坦首都阿拉木图闭幕。

9月1日　为期4天的联合国亚洲及太平洋经济社会委员会（亚太经社会）第59届部长级会议在曼谷开幕。年会主题是应对本区域需要，解决经济社会问题，尤其是艾滋病问题。

9月4日　安理会通过关于"前南问题国际法庭：任命检察官"的第 S/RES/1504（2003）号决议，审议了秘书长对卡拉·德尔庞特夫人担任前南斯拉夫问题国际法庭检察官的提名，决定任命卡拉·德尔庞特夫人为前南斯拉夫问题国际法庭检察官，自2003年9月15日起，任期4年。

同日　安理会通过关于"卢旺达问题国际法庭：任命检察官"的第 S/RES/1505（2003）号决议，决定任命哈桑·布巴卡尔·贾洛先生为卢旺达问题国际法庭检察官，自2003年9月15日起，任期4年。

9月3—5日　为期3天的第3届促进《全面禁止核试验条约》生效大会在维也纳奥地利中心举行，会议通过了最后宣言和促进该条约生效的措施。

9月8日　安南秘书长在公布有关《联合国千年宣言》落实情况的报告而举行的新闻发布会上呼吁对联合国机构进行改革。

9月8—10日　联合国新闻部/非政府组织年度会议举行，本次会议的主题是"人类安全和尊严：实现联合国的诺言"，目的是使我们重新关注人类安全的真正根源，要确保所有人在生活中享有尊严和安全，就必须推行强调经济与社会发展、人权和健康环境而不是军事行动的政策和方案。

9月9日 2003年联合国裁军谈判会议结束,各方连续第5年未能就将防止外层空间军备竞赛谈判等军控议题列入工作日程达成共识。

9月12日 安理会通过关于"利比亚:取消制裁"的第S/RES/1506(2003)号决议,决定解除联合国因1988年洛克比空难和1989年法国联航空难事件而对利比亚实施的长达11年的制裁。

同日 安理会通过关于联合国埃塞俄比亚和厄立特里亚特派团的第S/RES/1507(2003)号决议,决定将埃厄特派团的任务期限延长到2004年3月15日;要求按照边界委员会所定时间表开始标界工作,并吁请双方为标界工作创造必要条件,包括任命外地联络官;敦促埃塞俄比亚和厄立特里亚两国政府负起责任,采取进一步具体措施履行《阿尔及尔协定》规定的义务。

同日 国际原子能机构理事会会议通过决议,要求伊朗与国际原子能机构加强合作,在10月底以前采取必要行动,澄清其全部核活动。

9月13日 安南秘书长在日内瓦说,安理会5个常任理事国一致同意伊拉克的权力应尽快地移交给伊拉克人。

9月15日 安理会当月主席、英国常驻联合国代表帕里发表声明,谴责几内亚比绍14日的军事政变。

9月16日 第58届联合国大会开幕,朱利安·罗伯特·亨特(圣卢西亚)担任大会主席,并宣布这次大会将是"以行动为导向"的会议,敦促各代表团迅速、果断地采取行动,合作应对亟须解决的问题,例如艾滋病病毒/艾滋病大流行、伊拉克局势和中东的持续动荡。

同日 美国否决了由巴基斯坦、南非等国提出的一项决议草案。草案严重关切整个被占领巴勒斯坦领土及以色列境内发生的悲惨暴力事件和局势恶化。重申占领国以色列将巴勒斯坦人驱逐出境是非法的,并声明反对任何这类驱逐出境等内容。

9月18日 大会总务委员会决定,不将冈比亚等极少数国家提出的"台湾在联合国代表权问题"提案列入本届联合国大会议程,台湾当局分裂祖国的图谋连续11年遭到失败。

9月19日 第10届紧急特别会议复会。会议以压倒性多数通过了一项由苏丹等20个国家提出的决议案,要求以色列不要驱逐巴勒斯坦民族权力机构主席阿拉法特,并停止对他的安全进行任何威胁。

同日 安理会通过关于联合国塞拉利昂特派团的第S/RES/1508(2003)号决议,决定将联合国驻塞拉利昂特派团的任期在2003年9月30日到期后再延长6个月,决议同时鼓励进一步加强塞拉利昂警察和武装部队独立维持安全与稳定的能力。

同日 安理会通过关于"联合国利比里亚特派团：设立"的第 S/RES/1509（2003）号决议，决定向利比里亚派驻 1.5 万人的联合国维和特派团。决定设立联合国利比里亚特派团（联利特派团），即第 S/RES/1479（2003）号决议要求设立的稳定部队，任期为 12 个月，并请秘书长于 2003 年 10 月 1 日将西非经共体领导的西非经共体利比里亚特派团部队的授权移交给联利特派团。决定联利特派团的构成如下：联合国军事人员至多 15000 人，其中包括至多 250 名军事观察员和 160 名参谋；民警至多 1115 人，其中包括建制单位以协助在利比里亚全境维持法律和秩序；适当的文职部分。

9 月 21 日 第 13 届非洲艾滋病与性病国际会议当日在肯尼亚首都内罗毕正式开幕。22 日，鉴于各国抗击艾滋病的进展未能达到 2001 年艾滋病特别联大定下的目标，联合国在内罗毕会议上发表报告，对世界各国又提出了 7 条防治艾滋病的建议。23 日，联合国艾滋病联合规划署在内罗毕宣布提供 10 万美元资金与世界银行共同鼓励发展中国家艾滋病防治项目创新。

9 月 23 日 安南秘书长在大会一般性辩论开始时发表讲话说，美国的单边主义和先发制人战略对联合国成立 58 年来维护世界和平与稳定的原则提出了重大挑战。

同日 联合国维和部队开始正式在刚果（金）东北部的布尼亚市执行陆地巡逻和空中侦察任务。

同日 中国常驻联合国代表王光亚在纽约联合国总部向安南秘书长递交了中国加入《联合国打击跨国有组织犯罪公约》的批准书。

9 月 24 日 安理会就加强联合国促进公正与法治的作用举行部长级会议，会议发表的主席声明敦促国际社会帮助联合国在战后国家或地区的维和行动和重建中促进法治与司法公正建设。

9 月 26 日 安南秘书长在纽约举行的中东问题 4 方会议上敦促巴勒斯坦和以色列肩负起各自的责任，呼吁国际社会加倍努力，帮助巴以双方打破中东和平进程目前面临的僵局。

9 月 29 日 针对跨国有组织犯罪的全球性公约《联合国打击跨国有组织犯罪公约》生效，已有 147 国签署，51 国家批准。

10 月 1 日 《联合国反腐败公约》特设委员会在维也纳举行的第 7 届会议上确定并核准了《联合国反腐败公约》草案。

10 月 5 日 应叙利亚和联合国内阿拉伯集团的要求，安理会举行紧急公开会议,讨论以色列当天空袭叙利亚境内巴勒斯坦人营地一事。与会绝大多数国家代表在发言中对空袭事件表示谴责,并呼吁有关各方保持克制,通过落实中东和平"路线图"计划来实现整个中东地区的和平与稳定。

10月13日 安理会通过关于"阿富汗:扩大国际安全援助部队的任务"的第 S/RES/1510(2003)号决议,授权扩大国际安全援助部队的任务,让它在资源允许的情况下支助阿富汗过渡当局及其后续机构在喀布尔及其周围以外的阿富汗各地区维持安全,以便阿富汗当局以及特别是参与重建和人道主义工作的联合国人员和其他国际文职人员能够在安全环境中工作,并为支持《波恩协定》而执行其他任务提供安全援助;决定将第 S/RES/1386(2001)号决议和本决议规定的国际安全援助部队的授权延长 12个月。

10月14日 美国否决了由几内亚、马来西亚、巴基斯坦和阿拉伯叙利亚共和国提出的一项决议草案。草案中强调以色列必须结束 1967 年以来对巴勒斯坦领土的占领,重申反对以色列在被占领土建立定居点的活动,认定占领国以色列在被占领土内偏离 1949 年停战线修建一道墙是非法的,必须停止并拆除。

10月16日 安理会经过历时 6 周的磋商,一致通过关于"伊拉克:多国部队:授权"的第 S/RES/1511(2003)号决议,强调伊拉克主权属于伊拉克国,重申伊拉克人民有权自由决定自己的政治前途和控制自己的自然资源,重申决心使伊拉克人治理自己的那一天迅速到来,并确认国际支持,特别是该区域国家、伊拉克的邻国和区域组织的支持,对迅速推进这一进程至关重要。决议主要内容包括:(1)确认在伊拉克的美英联军权力机构为临时性质,并将尽快向伊拉克转交行政权力;(2)确认伊拉克临时管理委员会为伊拉克过渡行政当局的主体,于 2003 年 12 月 15 日前向安理会提交制宪和大选的时间表及具体计划;(3)授权在伊拉克建立多国部队。一俟国际承认、具有广泛代表性的伊拉克新政府成立,联军当局即向伊拉克交权,多国部队授权同时结束;(4)加强联合国在伊拉克选举和重建等问题上的重要作用,等等。12 月 10 日,安南秘书长正式任命罗斯·芒廷为其伊拉克问题临时代表,并向安理会提交工作报告,表示将根据安理会的要求开始组建联合国伊拉克援助团。

10月17日 联合国教育、科学及文化组织大会第 32 届会议通过《保护非物质文化遗产公约》,强调非物质文化遗产的重要性,呼吁保护世界范围内的非物质文化遗产。公约于 2006 年 4 月 20 日生效。

10 月 21 日 应阿拉伯国家要求,大会第十届紧急特别会议复会。会议以压倒多数票通过一项决议,要求以色列政府停止在包括东耶路撒冷在内的巴勒斯坦被占领土上修建隔离墙,并拆除现有的隔离墙。

同日 安南秘书长对伊朗政府同意签署《不扩散核武器条约》附加议定书并宣布放弃提炼浓缩铀计划表示欢迎。

10 月 23 日 大会选出 5 个新的安理会非常任理事国:阿尔及利亚、贝宁、巴西、菲律宾和罗马尼亚。

10 月 27 日 安理会通过关于卢旺达问题国际法庭的第 S/RES/1512(2003)号决议,决定修订《卢旺达问题国际法庭规约》第 11 条和第 12 条之四,由本决议附件所列条款取代。

10 月 28 日 安理会通过关于联合国西撒哈拉全民投票特派团的第 S/RES/1513(2003)号决议,决定将联合国西撒哈拉全民投票特派团(西撒特派团)的任务期限延长到 2004 年 1 月 31 日。

10 月 29—30 日 联合国大会高级别发展筹资问题对话会议在纽约总部举行。

10 月 31 日 大会全体会议审议通过关于《联合国反腐败公约》的第 A/RES/58/4 号决议及其附件《联合国反腐败公约》。

11 月 4 日 大会以 179 票对 3 票压倒多数通过关于"必须终止美利坚合众国对古巴的经济、商业和金融封锁"的第 A/RES/58/7 号决议,要求美国立即停止对古巴长达 42 年的制裁。

同日 安南秘书长致信第 58 届联合国大会主席、圣卢西亚外长亨特,宣布成立一个由 16 名在国际事务中有影响的人士组成的高级别名人小组,其主席为泰国前总理阿南,成员包括中国国务院前副总理钱其琛、阿拉伯联盟秘书长穆萨和美国前国家安全顾问斯考克罗夫特等人,负责对全球在和平、安全、经济及社会等领域面临的重大威胁与挑战进行研究,并就集体应对方法提出意见和建议。

11 月 13 日 安理会通过关于联合国科特迪瓦特派团的第 S/RES/1514(2003)号决议。决议关切地注意到对科特迪瓦的稳定继续存在各种挑战,并断定科特迪瓦局势继续对该区域的国际和平与安全构成威胁,决定将联合国科特迪瓦政治特派团(联科特派团)的任务期限延长到 2004 年 2 月 4 日。

11 月 18 日 跨政府会议通过《亚洲公路网政府间协定》,通过亚洲公路网的建设促进亚洲内部以及亚洲与周边地区之间的国际公路运输的规划、发展和改进。协定于 2005 年 7 月 4 日生效。

11 月 19 日 安理会通过关于"中东局势:路线图"的第 S/RES/1515 (2003)号决议,重申希望见到以色列和巴勒斯坦两国在安全和公认的边界内毗邻共存,强调必须在中东,包括以色列—叙利亚和以色列—黎巴嫩两方面,实现全面、公正的持久和平,欢迎并鼓励国际 4 方以及其他方面的外交努力,赞同 4 方的《以色列—巴勒斯坦冲突的永久性两国解决办法基于表现的路线图》(第 S/RES/1529(2003)号决议);吁请当事各方同 4 方合作,根据路线图履行义务,实现两国和平、安全的毗邻共存的希望。第 S/RES/1515(2003)号决议核准了"路线图"计划①。以色列和巴勒斯坦也宣布接受中东和平"路线图"计划。然而,由于以色列坚持其强硬政策,巴以双方冲突再起。2003 年 9 月,巴以和谈中断,"路线图"计划搁浅。

11 月 20 日 安理会通过关于打击恐怖主义的第 S/RES/1516(2003)号决议,最强烈地谴责 2003 年 11 月 15 日和 2003 年 11 月 20 日在土耳其伊斯坦布尔发生的炸死炸伤许多人的炸弹攻击,以及在各国发生的其他恐怖行为,并认为这种行为,如同任何恐怖行为,是对和平与安全的威胁;敦促所有国家按照第 S/RES/1373(2001)号决议规定的义务进行合作,努力查明这些恐怖袭击的行凶者、组织者和发起者被绳之以法。

11 月 21 日 安理会就伊拉克问题举行公开会议。与会的中国、法国等安理会成员的代表对美国和伊拉克临管会最近就全面移交伊主权时间表达成的协议表示欢迎,并呼吁美英联军占领当局尽快改善伊安全形势,为联合国在伊重建进程中发挥作用创造必要条件。

11 月 24 日 安理会通过关于联合国驻塞浦路斯维持和平部队的第 S/RES/1517(2003)号决议,决定将联塞部队的任务期限再延长至 2004 年 6 月 15 日;敦促土族塞人方面和土耳其部队取消对联塞部队的一切其余限制;表示关切土族塞人方面和土耳其部队最近在斯特罗维利亚继续违反规定,敦促他们恢复当地 2000 年 6 月 30 日以前存在的军事现状;请秘书长在 2004 年 6 月 1 日前就本决议的执行情况提出报告。

---

① 联合国、欧盟、俄罗斯和美国中东问题 4 方联合提出的旨在和平解决巴以冲突的计划,即中东和平"路线图"计划。该计划分为 3 个阶段:第 1 阶段(从公布之日起)巴以双方实现停火;巴方将打击恐怖活动,进行全面的政治改革,建立新的政治体制,并在安全问题上予以合作;以方则应撤离 2000 年 9 月 28 日以后占领的巴方领土,冻结犹太人定居点的建设,拆除 2001 年 3 月以后建立的定居点,并采取一切必要措施使巴勒斯坦人的生活恢复正常;第 2 阶段(2003 年 6—12 月)为过渡期,重点是在 2003 年底建立一个有临时边界和主权象征的巴勒斯坦国;第 3 阶段(2004—2005 年)在 2005 年完成巴以最终地位谈判并达成协议,建立巴勒斯坦国。

同日 安理会通过关于"伊拉克与科威特间局势：设立安全委员会"的第 S/RES/1518(2003)号决议，决定设立一个负责监督对伊拉克武器禁运的委员会。决议指出，尽管伊拉克局势已有改善，但仍对世界及地区安全与稳定构成威胁。为此安理会决定进一步强化对伊拉克武器禁运。

12月1日 第 16 个世界艾滋病日。2003 年的宣传主题是"羞辱和歧视"，旨在不要歧视艾滋病病毒感染者。世界卫生组织和联合国艾滋病联合规划署在日内瓦公布一项新的艾滋病防治计划，旨在到 2005 年使全球 300 万艾滋病患者得到抗逆转录病毒治疗。

12月3日 国际残疾人日。纽约联合国总部举办各种纪念活动，安南秘书长及有关机构负责人发表讲话，呼吁全社会关注残疾人的权利与尊严。

12月9日 联合国决定将每年的 12 月 9 日定为"联合国反腐败日"。

同日 中国政府决定向利比里亚派遣 550 人的维和部队，将分批前往执行任务地区，首批 60 名官兵今日从北京首都机场启程。这是迄今中国参与的联合国维和行动规模最大、人数最多的一次。

12月9—11日 在墨西哥南部城市梅里达举行的联合国国际反腐败高级别政治会议上将《联合国反腐败公约》开放，供各国签署，并将在第 30 个签署国批准后第 90 天生效。

12月10日 联合国人权奖设立于 1966 年，专门授予对促进和保护人权和基本自由做出卓越贡献的个人和组织。根据大会决议设立的遴选特别委员会每 5 年评选 1 次，由联合国秘书长于国际人权日当天在大会颁发。联合国以人权奖表彰得奖者的成就和卓越贡献。通过公开褒扬得奖者的重要工作，联合国也表扬了为促进和保护人权而冒着危险，辛勤工作的千万名默默无闻的人权倡导者和捍卫者。2003 年 12 月 10 日，中国残疾人协会主席邓朴方获得联合国人权奖，成为获得这一殊荣的第 1 个中国人。这是联合国对中国在保护人权方面的进步和对国际人权事业作出贡献的肯定。颁奖词写道："邓朴方先生是中国残疾人联合会创始人，也是联合会主席。他于 1988 年创立中国残联，在国际上倡导残疾人的权利。"

12月10—12日 信息社会世界首脑会议在日内瓦举行。这次会议由国际电信联盟发起，在日内瓦举行，为信息社会问题世界首脑会议的第 1 期会议，并于 2005 年在突尼斯举行第 2 期结束阶段的会议。

12月14日 安南秘书长通过发言人发表声明说，伊拉克前总统萨达姆的被捕为争取伊拉克的和平与稳定的努力提供了新的契机。

12 月 15 日　安南秘书长向中非合作论坛第 2 届部长级会议发表贺词,祝贺论坛召开,并赞扬它是南南合作的典范。

12 月 16 日　安理会通过关于"索马里局势:军火禁运检测小组"的第 S/RES/1519(2003)号决议,重申其以前关于索马里局势的各项决议,特别是规定禁止向索马里运送任何武器和军事装备的有关决议,请秘书长设立一个监测小组,由至多 4 名专家组成,从本决议通过之日起尽早开始,为期 6 个月,设在内罗毕,着重注意正在进行的违反军火禁运行为,包括转让弹药、单兵武器和小武器。

12 月 18 日　由于以色列无视联大决议,大会第 10 届紧急特别会议再次复会。大会通过关于以色列在被占领的东耶路撒冷和其余被占领巴勒斯坦领土的非法行动的第 A/RES/ES— 10/14 号决议,决定把隔离墙问题移交给海牙国际法庭裁决。

12 月 22 日　安理会通过关于"联合国脱离接触观察员部队:任务延期"的第 S/RES/1520(2003)号决议,决定将联合国脱离接触观察员部队的任务期限延长 6 个月,至 2004 年 6 月 30 日止。

同日　安理会通过关于利比里亚局势的第 S/RES/1521(2003)号决议,确定利比里亚的局势以及军火和包括雇佣军在内的非国家武装行为者在分区域的扩散,继续对西非国际和平与安全,尤其对利比里亚和平进程构成威胁,决定所有国家应采取必要措施阻止本国国民或从本国领土或使用悬挂本国国旗的船只或飞机向利比里亚出售或供应军火和各种有关物资,包括武器和弹药、军用车辆和装备、准军事装备及上述物资的备件,不论是否原产于本国境内。

12 月 23 日　为反思卢旺达大屠杀,防止大屠杀事件重演,大会通过一项决议,宣布将每年的 4 月 7 日定为"反思卢旺达大屠杀国际日"。

大会通过关于联合国与世界旅游组织间的协定的第 A/RES/58/232 号决议及其附件《联合国与世界旅游组织间的协定》。

同日　安理会发表主席声明,对利比亚自愿放弃发展大规模杀伤性武器及其运载工具的计划表示欢迎,并期待利政府做出的承诺能尽快得到落实。

12 月 29 日　安理会发表声明对伊拉克境内频繁发生袭击伊国民、多国部队及其他国际工作人员的事件表示"最强烈的谴责"。声明说,这些袭击事件包括本月 27 日发生在伊拉克南部城市卡尔巴拉的驻伊多国部队及伊拉克警察的遭袭击事件。声明对这些事件中遇难者的家属和有关国家政府和人民表示最深切的同情和慰问。

二〇〇四年

（纪念反对和废除奴隶制国际年、国际稻米年）

1月2日　联合国经济及社会事务部人口司发表了《2300年全球人口预测》。报告指出，随着生活水平的提高和医疗技术的革新，各国的人均寿命都将有不同程度的提高，而届时老龄化问题将成为困扰世界的难题。

1月5日　安南秘书长通过其发言人声明，对印度总理瓦杰帕伊在伊斯兰堡参加南亚区域合作联盟（南盟）首脑会议期间会晤巴基斯坦总统穆沙拉夫和总理贾迈利表示欢迎，并希望这些会晤是印、巴为改善双边关系及解决两国间悬而未决的问题而迈出的重要一步。

1月6日　联合国儿童基金会在乍得首都恩贾梅纳宣布，该基金会当日向逃至乍得东部边境地区避难的8万多名苏丹难民提供了包括22000条毯子在内的一批紧急援助物资。

1月9日　安南秘书长向安理会提交报告，建议向科特迪瓦派遣一支由6200多名官兵组成的维和部队，为该国的和平进程提供新的支持。目前在科特迪瓦境内执行维和任务的主要是法国和西非经济共同体（西共体）的部队，旨在推动冲突各方进行对话并执行2003年1月在法国达成的《马尔库西协议》。

1月14日　联合国公布的《2004年世界经济形势预测报告》指出，随着2003年下半年经济复苏势头在未来几个月中会进一步加强，2004年全球经济将增长可望达到3.5%。报告称，2004年全球经济加速增长的主要原因是美国采取低利率和刺激性的财政政策，以及进出口大国中国的经济快速发展。报告指出，2003年世界经济增长速度为2.5%，其中发达国家为2%，发展中国家为3.8%，经济转轨型国家为5.1%。2003年中国经济增长率高达8.5%，居世界各国或经济体之首。

同日　《全面禁止核试验条约》组织筹备委员会在维也纳宣布，利比亚已于1月6日正式批准《全面禁止核试验条约》，成为签约国中第109个批准该条约的国家。

1月15日　安理会通过关于刚果民主共和国局势的第 S/RES/1522（2004）号决议，对于在基桑加尼建立第1个统筹和统一旅的努力表示欢迎，这将是建立刚果国家军队的步骤之一。

同日　世界卫生组织和联合国儿童基金会在日内瓦表示，2004年计划向2.5亿名儿童进行防治脊髓灰质炎疫苗接种，争取年底前在全球根除脊髓灰质炎。脊髓灰质炎将成为 21 世纪在全世界被消除的第一种疾病。

1 月 18 日 世界卫生组织驻越南发言人鲍勃·迪茨说,世界卫生组织、联合国粮农组织及美国疾病控制和预防中心将向越南增派 10 名医学专家,帮助越南应对正在当地蔓延的禽流感和人类甲型流感。

1 月 19 日 联合国负责裁军事务的副秘书长阿部信泰在安理会关于控制小型武器非法贸易的公开会议上呼吁,国际社会应对非法小型武器给世界和平带来的威胁给予足够重视。阿部信泰说,通过各种非法渠道流入民间的小型武器每天导致 1000 多人丧生,1990 年以来在世界上发生的主要冲突中,这些武器已造成大约 400 万人死亡。

1 月 20 日 安南秘书长向安理会提交报告,建议延长联合国驻格鲁吉亚观察团的任期,以便继续监督格鲁吉亚政府和阿布哈兹分裂势力落实停火协议,推动格阿双方政治解决阿布哈兹问题。

1 月 22 日 国际劳工组织发表全球就业报告指出,2003 年全球失业人数达 1.86 亿,创历史新高。

1 月 23 日 联合国安全评估小组抵达伊拉克首都巴格达,主要任务是与美英联军临时管理当局建立联系,考察联合国职员将来重返巴格达时可能使用的建筑物。

同日 国际原子能机构宣布,利比亚已经把研发核武器的图纸交给联合国核查人员,这些图纸已被核查人员以联合国的名义封存。

1 月 26 日 安南秘书长在斯德哥尔摩举行的防止种族大屠杀方面会议开幕式上,呼吁国际社会采取切实行动,以防止前南斯拉夫和卢旺达发生的种族灭绝大屠杀事件重演。

同日 中国常驻联合国维也纳办事处和其他国际组织代表张炎致函核供应国集团轮值主席、韩国常驻联合国维也纳办事处代表曹昌范,正式提出了中国加入核供应国集团的申请。当天,张炎还就此照会国际原子能机构总干事巴拉迪,通报了上述决定并阐明了中国的有关立场。

1 月 29 日 安南秘书长通过发言人声明,强烈谴责当天发生在耶路撒冷的自杀式爆炸袭击事件。安南在声明中呼吁以色列和巴勒斯坦人举行和谈,以建立真正持久的和平,实现两个国家和平共处的最终目标。

1 月 30 日 安理会通过关于联合国撒哈拉全民投票特派团的第 S/RES/1523(200)号决议,决定将联合国撒哈拉全民投票特派团(西撒特派团)的任务期限延长到 2004 年 4 月 30 日。

同日 安理会通过关于联合国格鲁吉亚观察团的第 S/RES/1524(2004)号决议,决定将联格观察团的任务期限再延长 1 期,至 2004 年 7 月

31 日止。如果独联体维和部队的任务发生变化,则应由安理会酌情对联格观察团的任务进行审查。

同日　安理会通过关于联合国驻黎巴嫩临时部队的第 S/RES/1525 (2004)号决议,赞同秘书长 2004 年 1 月 20 日关于联黎部队的报告(S/2004/50),特别是报告中关于将联黎部队的任务期限再延长 6 个月的建议;决定将目前的任务期限延长至 2004 年 7 月 31 日。

同日　安理会通过关于制裁塔利班和"基地"组织的第 S/RES/1526 (2004)号决议,着重指出所有会员国有义务充分执行第 S/RES/1373 (2001)号决议,决定加强第 S/RES/1267(1999)号决议所设委员会的任务,重申委员会同第 S/RES/1373(2001)号决议所设委员会("反恐怖主义委员会")必须密切协调和交流具体资料。

2 月 2 日　联合国粮农组织宣布,将于 3—5 日在罗马总部由粮农组织、世卫组织和世界动物卫生组织就亚洲地区蔓延的禽流感召开 1 次联合紧急会议,将讨论并制定如何帮助禽流感疫区控制疫情以及今后预防禽流感暴发的具体措施。

2 月 3 日　联合国粮农组织亚太地区办公室发表新闻公告称,粮农组织已批准 1 笔 160 万美元的紧急援助资金,帮助亚洲受禽流感影响的越南、老挝、柬埔寨和巴基斯坦 4 国度过危机。

2 月 4 日　安理会通过关于联合国科特迪瓦派团的第 S/RES/1527 (2004)号决议,决定将联合国科特迪瓦派团(联科特派团)的任务期限延长 2004 年 2 月 27 日,决定将给予参加西非经共体部队的会员国和支持它们的法国部队的授权延长到 2004 年 2 月 27 日,呼吁《利纳—马库锡协定》签署各方迅速履行该协定所规定的责任。

同日　联合国刚果(金)观察团新闻发言人杜雷宣布,2000 名布隆迪作战人员当天从刚果(金)被遣返回国。杜雷说,联合国刚果(金)观察团已经从刚果金遣返了 6400 名外国作战人员。

2 月 5 日　联合国人口基金发布报告,呼吁国际社会重视生殖健康问题对发展中国家育龄妇女构成的巨大威胁,出资帮助发展中国家建设生殖卫生保健系统的基础设施。

2 月 6 日　利比里亚重建国际会议在联合国总部闭幕。96 个国家和国际组织的代表在会议上承诺,将为利比里亚在 2004—2005 年的重建工作提供总额 5.2 亿美元的援助。

2 月 7 日　联合国专家评估小组由安南的高级顾问拉赫达尔·卜拉希米带队,抵达巴格达后开始对通过大选产生伊拉克过渡政府的可能性进行评估。

2月9日 第58届大会第80次全体会议欢迎卡塔尔政府提议于2006年10月30日—11月1日在多哈举行第6次新的民主政体或恢复民主的政体国际会议。

2月11日 安南秘书长在联大非殖民化特别委员会年度会议上呼吁国际社会加强合作,努力推动全球非殖民化进程。他在会议开幕式上致辞说,"当今世界上仍有16块没有实现自治的土地,推行全球非殖民化对联合国而言是一项尚未完成的任务"。

2月12日 联合国粮农组织在罗马总部召开国际稻米大会,这是联合国宣布的2004年国际稻米年的活动之一。与会专家呼吁国际社会加强稻米的可持续生产系统,确保全球的粮食安全。

2月13日 联合国驻利比里亚、塞拉利昂和科特迪瓦3国维和部队的军事首脑在阿比让表示,他们决心加强联合国部队在西非地区的维和协调,力求从整体上解决上述3国的武装冲突问题。

同日 卢旺达总统卡加梅在非洲互查机制首届论坛上宣布,2004年4月7日卢旺达全国上下将举行卢旺达大屠杀10周年纪念活动。

2月19—20日 《生物多样性公约》缔约方第7次部长级会议在吉隆坡举行,通过《吉隆坡宣言》,呼吁各国政府把生物资源的保护和可持续利用,同各国的社会、经济发展有机结合起来,要求各国政府建立更多的陆地和海洋保护区。该宣言还呼吁各缔约方的公共和私人部门加强合作,以促进保护区的建设、环保技术的转让和资金的引进。

2月23日 安南秘书长向安理会提交报告,对伊拉克大选及政治安排问题提出建议。该报告认为,如伊拉克各方能尽快就选举问题达成共识并及时开展准备工作,2004年底在伊拉克举行直接选举是可能的,通过大选组建政府是伊政治进程的必由之路。但在当前的局势下,6月30日前通过举行大选组建过渡政府不具可行性。

2月25日 安理会就索马里局势及其和平进程举行闭门磋商,并于25日发表主席声明,对索马里冲突各方2004年1月底在肯尼亚首都内罗毕签署修改过渡期联邦宪章的协议表示欢迎,并敦促他们全面履行承诺,继续推进和平进程。

同日 联合国儿童基金会发表1份报告,指出全球土著儿童的权利长期未得到充分保障,他们正越来越被边缘化。国际社会应重视土著儿童的权利,使他们能像其他儿童一样健康成长。

2月27日 安理会通过关于"联合国科特迪瓦行动:设立"的第S/

RES/1528(2004)号决议,决定设立联合国科特迪瓦行动(联科行动),自2004年4月4日起,任期最初为12个月,请秘书长在该日将联科特派团和西非经共体部队的授权移交联科行动,并决定将其第 S/RES/1527(2004)号决议给予法国部队和西非经共体部队的授权延长到2004年4月4日。

同日 第12届十五国集团首脑会议在委内瑞拉首都加拉加斯开幕。联合国贸易和发展会议秘书长库佩罗在开幕式发言中强调,南方国家应加快能源一体化,并在这一基础上加强国家间的合作。十五国集团又称"南南磋商与合作首脑级集团",是继不结盟运动和七十七国集团之后的又一个发展中国家合作组织。它是一个完全由发展中国家组成的跨洲国家集团,这些国家分属于亚洲、非洲和拉丁美洲,共有17亿人口,具有广泛的代表性。该集团的国内生产总值近4万亿美元,在世界经济中占有重要的地位。

2月29日 安理会通过关于"海地:多国临时部队"的第 S/RES/1529(2004)号决议,吁请会员国支持海地目前进行的宪政接替和政治进程,推动以和平方式永久解决当前的危机;授权立即部署一支多国临时部队,从本决议通过起,为期不超过3个月。

3月1日 安南秘书长在美国布鲁金斯学会发表讲话,重申将致力于联合国改革以应对全球面临的新挑战。发达国家关注恐怖主义和大规模杀伤性武器扩散等问题。发展中国家关心贫困、饥饿、疾病和环境等问题,而现实生活中发展中国家的关注往往被忽视。他强调指出,忽视发展中国家面临的问题将破坏人类应对全球挑战的共同努力。

3月2日 联合国监督、视察和核查委员会(监核会)向安理会提交的季度核查报告中指出,由于美国在伊拉克战争爆发后一直拒绝在对伊武器核查问题上提供合作,监核会至今未能彻底查清伊违禁武器问题。

同日 安南秘书长和安理会分别发表声明,对当天发生在伊拉克和巴基斯坦的针对什叶派穆斯林的恐怖袭击事件表示"最强烈的谴责",并重申全力支持伊拉克的政治和经济重建进程。

3月3日 联合国非洲艾滋病问题特别代表斯蒂芬·刘易斯在纽约联合国总部举行的新闻发布会上呼吁,西方富国领导人应在抗击艾滋病问题上表现出足够的政治意愿,为世界卫生组织2003年12月发起的大规模防治艾滋病计划提供更多援助。

3月4日 安理会就反恐问题举行公开辩论。讨论了安理会反恐委员会最新提交的报告。与会的39个国家的代表一致表示支持反恐委员会的工作,支持委员会关于通过结构调整提高工作效率的改革建议。

同日 联合国环境规划署在墨西哥城发表报告指出,拉美和加勒比地区的环境污染(尤其大气污染)和自然资源状况日益恶化,已经给当地居民的健康和生活带来严重后果。

3月8日 安南秘书长在联合国纪念"国际妇女节"大型活动上发表讲话指出,艾滋病对妇女构成的威胁远远大于男性,国际社会应重视这一问题,支持全球妇女抗击艾滋病。

同日 联合国难民署发布公报宣布,该机构将正式启动在未来几年内遣返200万非洲难民的行动计划。为实施这项计划,联合国难民署将组建一个包括非洲国家代表参加的专门工作组。

3月11日 安理会通过关于打击恐怖主义的第S/RES/1530(2004)号决议,最强烈地谴责恐怖主义组织埃塔当天在西班牙马德里发动炸弹攻击,敦促所有国家按照第S/RES/1373(2001)号决议规定的义务积极合作,努力查明这一恐怖主义攻击的行凶者、组织者和发起者被绳之以法;表示下定决心按照联合国宪章规定的职责打击一切形式的恐怖主义。

3月12日 安理会通过关于联合国埃塞俄比亚和厄立特里亚特派团的第S/RES/1531(2004)号决议,将埃厄特派团的任务期限延长到2004年9月15日,并吁请双方给予配合。

同日 安理会通过关于"利比里亚:冻结资产"的第S/RES/1532(2004)号决议,对利比里亚前总统查尔斯·泰勒及其家人的行为和政策,特别是他们耗尽利比里亚资源,将利比里亚的资金和财产转移到国外藏匿的行为表示关切,确定这种状况对西非的国际和平与安全,特别是对利比里亚的和平进程构成威胁。要求各国政府立即追查并冻结利比里亚前总统泰勒和其家人及助手的所有资产。

同日 安理会通过关于刚果民主共和国局势的第S/RES/1533(2004)号决议,决定按照安全理事会暂行议事规则第28条设立一个安全理事会的委员会,由安理会全体成员组成,对第S/RES/1493(2003)号决议针对在该国(刚果(金))东部活动的所有外国和刚果武装团体实施的制裁执行情况进行监测。

3月13日 为期6天的国际原子能机构理事会会议在维也纳国际中心闭幕,以未经表决的方式通过一项有关伊朗核问题的决议,批评伊朗未公开其部分核计划,并保留在下一次理事会会议上是否决定将伊朗核问题提交安理会审议的选择权。

3月15日 安南秘书长发表声明,强烈谴责14日发生在以色列港口城市阿什杜德的自杀式爆炸袭击事件。安南敦促巴勒斯坦方面尽快采取调查行动,将爆炸事件的策划者和参与者绳之以法,并采取切实有效的措施避免此类事件的再次发生。安南还向爆炸事件中的遇难者家属表示最诚挚的慰问。

3月15日—4月23日 人权委员会第60届会议在日内瓦召开,审议全球反恐斗争,维护民族自决权、发展权、经济社会文化权、妇女儿童权利以及被占领土等一系列有关人权方面的议题,并通过了100多项有关决议。

3月17日 安南秘书长发表声明,强烈谴责科索沃北部米特罗维察等地发生的阿尔巴尼亚族和塞尔维亚族之间的流血冲突事件。声明敦促科索沃各方尽快停止暴力冲突,呼吁当地政府尽快恢复社会秩序并将肇事者绳之以法。

3月22日 第12个世界水日,主题是"水与灾害"。安南秘书长当天发表讲话,呼吁国际社会不仅要重视防治与水有关的自然灾害,也要重视人类普遍面临的水和水卫生问题。

3月24日 联合国发布的《2003年全球人口报告》中指出,人口增长过快和老龄化分别是发展中国家和发达国家面临的主要人口问题。

同日 联合国人权委员会通过决议,对以色列杀害巴勒斯坦"伊斯兰抵抗运动"(哈马斯)精神领袖亚辛表示强烈谴责。

3月25日 美国否决了由阿尔及利亚和阿拉伯利比亚民众国提出的一项决议草案。草案中谴责占领国以色列最近采取法外处决行动,在加沙市的一所清真寺外杀害了谢赫·艾哈迈德·亚辛和其他6名巴勒斯坦人,并要求彻底停止法外处决。呼吁双方根据安全理事会第S/RES/1515(2003)号决议核准的路线图履行义务,并同4方合作执行路线图,以便实现两国和平、安全的毗邻共存的愿景。

3月26日 安理会通过关于"前南问题国际法庭和卢旺达问题国际法庭"的第S/RES/1534(2004)号决议,重申必须审判被前南问题国际法庭和卢旺达问题国际法庭起诉者,并吁请两法庭采取措施以充分实施第S/RES/1503(2003)号决议第7段规定的《完成工作战略》。

同日 安理会通过关于"反恐委员会:设立执行局"的第S/RES/1535(2004)号决议,赞同反恐委员会关于振兴该委员会的报告(S/2004/124),决定对其下属的反恐委员会进行大幅度结构调整,以加强该委员会监督安理会第S/RES/1373(2001)号反恐决议落实情况及协调国际反恐斗争的能力。

同日 安理会通过关于联合国阿富汗援助团的第S/RES/1536(2004)号决议,决定从本决议通过之日起将联阿援助团的任务期限再延长12个月,吁请阿富汗所有各方在联阿援助团执行任务时给予合作,并确保援助团工作人员在该国各地的安全和行动自由。

同日 安理会通过关于联合国塞拉利昂特派团的第 S/RES/1537(2004)号决议,决定将联合国塞拉利昂特派团(联塞特派团)的任务期限延长 6 个月至 2004 年 9 月 30 日,敦促塞拉利昂政府建立独立有效的警察部队和司法部门以便迅速接管维持塞拉利昂全境法律和秩序的全部责任。

同日 联合国秘书长安南在纽约联合国总部举行的卢旺达大屠杀 10 周年纪念会上发表讲话,呼吁国际社会采取行动,防止卢旺达大屠杀事件重演。他希望各国人民响应卢旺达政府的提议,在每年的 4 月 7 日中午 12 时默哀 1 分钟,以哀悼大屠杀遇难者。同年 4 月 7 日,卢旺达举行纪念卢旺达大屠杀 10 周年的全国性活动,以哀悼大屠杀遇难者。

3 月 29 日 安南秘书长在瑞士比根斯托克向正在这里举行塞浦路斯统一会谈的 4 方正式提交了紧急修改后的塞岛统一新方案。新方案对塞岛驻军、希族和土族难民回归、统一后的中央政府的运转等问题都作了修改。

同日 世界粮食基金会在华盛顿宣布,中国工程院院士、水稻研究专家袁隆平教授和非洲水稻专家蒙蒂·琼斯博士共同被授予"2004 年度世界粮食奖"。

3 月 31 日 根据安理会 2 月 27 日通过的第 S/RES/1528(2004)号决议,当天由 30 多人组成的首批联合国维和部队先遣队抵达科特迪瓦首都阿比让。

同日 为期 3 天的联合国环境规划署第 8 次特别大会暨世界环境部部长会议在韩国济州闭幕。会议决定建立沙尘监测信息网,以便减少沙尘对东亚地区造成的危害。在本次大会上,联合国环境规划署将受沙尘危害的东亚地区定为"特别关注区",敦促有关各国为减少沙尘而努力,并决定建立信息网以监测有关各国空气中的微粒浓度。

4 月 4 日 联合国发言人办公室发表声明宣布,应伊拉克临时管理委员会的邀请,由安南秘书长特别顾问卜拉希米率领的联合国工作组已于当天抵达伊拉克首都巴格达,为伊政治过渡进程提供帮助。

4 月 5 日 安南秘书长再次强烈呼吁科特迪瓦各方恢复政治对话,实现真正的民族和解。联合国驻科特迪瓦维和部队当日在阿比让举行成立升旗仪式。联合国秘书长科特迪瓦事务特别代表特沃埃杰雷在仪式上宣读了秘书长安南的贺词。

同日 第 55 个世界卫生日,主题为"道路安全、防患于未然"。

4 月 8 日 大会通过了关于联合检查组的第 A/RES/58/751 号决议,

审议联合检查组关于联合国系统各组织预算外活动所涉支助费用的报告，并表示赞同。

4月14日 安南秘书长通过其发言人发表声明重申，巴勒斯坦最终地位的一系列问题应在安理会有关决议的基础上，通过以巴双方的谈判解决。安南在声明中说，以巴双方的任何一方都应该在谈判结果尚未产生前避免采取任何步骤。安南是在美国总统布什当天发表支持以色列总理沙龙单边行动计划的讲话后发表上述声明的。

4月14—15日 大会在纽约召开关于全球道路安全危机全体和专家协商会议，通过题为《加强全球道路安全》的第 A/RES/58/289 号决议，承认联合国系统应支持各国努力解决全球道路安全危机。决议邀请卫生组织同各区域委员会密切合作，担任联合国系统道路安全问题的协调机构。

4月14—30日 联合国可持续发展委员会第 12 次会议在联合国总部召开。会议的主要议题是审议水、卫生、人居 3 大重点领域的实施进展情况，目的是找出水、卫生和人居环境等领域的限制因素，交流经验教训，表达政治意愿。

4月15日 安南秘书长警告美国和以色列不要单方面对巴勒斯坦的最终地位发表声明，并间接批评美国总统布什有关巴勒斯坦难民和领土的言论。

同日 联合国发言人冈部在纽约联合国总部证实，联合国已初步决定成立由美联储前主席沃尔克领导的 3 人小组，对联合国管理的伊拉克"石油换食品"计划可能存在的腐败问题展开调查。这个独立调查小组的其他两名成员是前南斯拉夫国际刑事法庭检察官、南非人戈德斯通和瑞士法律专家皮特。

4月17日 以色列杀害巴勒斯坦伊斯兰抵抗运动（哈马斯）加沙地带领导人兰提西后，遭到国际社会的谴责。安南秘书长当日谴责以色列的刺杀行为，并要求以色列立即停止这类"非法杀戮"。安南发言人在一项声明中说，这类非法刺杀行为是"对国际法的侵犯"。该发言人说，安南担心这类行为将使中东"已经让人压抑和岌岌可危的局势更加恶化"。安南还表示，解决巴以冲突的唯一办法是以巴双方根据 4 方"路线图"开始"能够存活下去的谈判进程"。

4月19日 安理会举行紧急公开辩论会，讨论以色列暗杀哈马斯领导人兰辛后的中东局势。近 40 个国家的代表出席了辩论会，多数代表在发言中强烈谴责以色列违反国际法的暗杀行动，呼吁中东冲突各方停止暴力冲突和针对平民的恐怖袭击，及时采取有效行动实施中东和平"路线图"

计划。

4月20日 联合国亚太经社会第60届年会首个配套会议——太平洋发展中岛国特别机构会议在上海召开,着重讨论区域内城市化问题。

4月21日 安理会通过关于"伊拉克以石油换食品方案:设立调查组"的第 S/RES/1538(2004)号决议,对秘书长提出的任命一个负责调查关于伊拉克前政府在"石油换食品"计划中收取贿赂、回扣、附加费和在购买人道主义物品方面非法付款的行为的独立高级别调查组表示欢迎,并吁请联军临时权力机构、伊拉克和所有其他会员国,包括其国家管理机构,以一切适当手段同调查组充分合作。

同日 安理会就英国提出的一项塞浦路斯统一后安全部署的决议进行投票表决,结果是 14 票对 1 票(俄罗斯),由于俄罗斯投了否决票,该决议案未获通过。

同日 美国对巴勒斯坦和以色列问题的 3 个决议草案投了否决票。

同日 俄罗斯和中国否决了由英国和美国提出的一项决议草案。草案呼吁对缅甸境内人权问题表示关切,呼吁缅甸政府无条件释放昂山素季和所有政治犯。

4月22日 安理会通过关于儿童与武装冲突的第 S/RES/1539(2004)号决议,强烈谴责武装冲突各方招募和使用儿童兵、屠杀和残害儿童、主要对女孩进行强奸和其他性暴力、劫持和强迫流离失所、不让儿童获得人道主义援助、袭击学校和医院、贩卖人口、强迫劳动和一切形式的奴役。请秘书长紧急地、最好在 3 个月内制定一项建立系统、全面的监测和汇报机制的行动计划。

4月28日 安理会通过关于防止核生化武器扩散的第 S/RES/1540(2004)号决议,该决议以打击非国家实体生产、获取、使用大规模毁伤性武器及其运载工具为重点,决定各国不向试图获取大规模毁伤性武器的非国家实体提供任何帮助,并制定相关法律禁止非国家实体获取大规模毁伤性武器及其运载工具。决议呼吁各国采取行动,防止非法贩运大规模毁伤性武器及其运载工具和相关材料。该决议的通过标志着国际防扩散机制针对的目标已从国家实体扩大到非国家实体,具有重大的意义。

同日 安南秘书长在联合国可持续发展委员会高级别会议上呼吁国际社会注意协调打击恐怖主义及防止大规模杀伤性武器扩散与发展之间的关系,不应过于关注反恐和防扩散而忽视发展。

4月29日 安理会通过关于联合国西撒哈拉全民投票特派团的第 S/RES/1541(2004)号决议,支持《西撒哈拉人民实现自决和平计划》,认为这是在双方协议的基础上达成政治解决的最佳办法,并决定将联合国西撒哈拉全民投票特派团(西撒特派团)的任务期限延长到 2004 年 10 月 31 日。

4 月 30 日　安理会通过关于联合国海地稳定特派团的第 S/RES/1542 (2004)号决议,决定设立由一个文职部分和一个军事部分组成的联合国海地稳定特派团(联海稳定团),作为第 S/RES/1529(2004)号决议要求的稳定部队,任期最初为 6 个月,且打算予以延长;决议并要求于 2004 年 6 月 1 日将多国临时部队的授权移交联海稳定团。

5 月 6 日　大会全体会议通过关于"包括东耶路撒冷在内的被占领巴勒斯坦领土的地位"的第 A/RES/58/292 号决议,表示决心协助巴勒斯坦人民实现其不可剥夺的权利,并协助通过谈判在中东达成公正、全面的和平解决,最终使两个有生存能力的主权、独立国家以色列和巴勒斯坦,能够根据 1967 年以前的边界,和平、安全地毗邻共存。

5 月 7 日　安南秘书长通过发言人发表声明,重申联合国将不遗余力地支持对"石油换食品"计划腐败案的调查工作。

同日　安南秘书长发表声明,强烈谴责 7 日发生在巴基斯坦卡拉奇一座清真寺的爆炸事件。安南说,他对在一个祈祷的宗教场所再次发生血腥事件感到震惊。他以最强烈的方式谴责这次恐怖暴行,并呼吁有关方面尽快采取措施将恐怖分子绳之以法。

5 月 10 日　安理会发表主席声明,对俄罗斯车臣共和国首府格罗兹尼 9 日发生的爆炸事件表示最强烈的谴责。主席声明指出,格罗兹尼发生的恐怖爆炸事件造成了众多人员伤亡,是对正在庆祝卫国战争胜利日的无辜民众犯下的邪恶罪行。

5 月 10—21 日　联合国土著问题常设论坛第 3 届会议在纽约举行,会议实质主题为"土著妇女",并于 6 月 10 日向经社理事会提交第 3 届会议的报告。

5 月 12 日　安南秘书长发表声明,强烈谴责杀害 1 名在伊拉克被绑架美国人质的事件。声明说,安南对 1 名美国平民在伊拉克被绑架者残忍杀害表示震惊,对绑架者把杀害的过程公诸于世感到极度不安。他说,所有针对平民的杀戮行为与虐待战俘和其他违反国际法的行径一样都应遭到谴责。

5 月 14 日　安理会通过关于联合国东帝汶支助团的第 S/RES/1543 (2004)号决议,决定将东帝汶支助团的任务期限延长 6 个月,期望随后再将任务期限最后一次延长 6 个月,至 2005 年 5 月 20 日止。

同日　国际家庭日。安南秘书长、联合国人口基金会执行主任奥贝德和联合国儿童基金会执行主任贝拉米分别就"国际家庭日"发表声明,呼吁各国重视家庭和睦对社会发展的重要作用。

5月17—22日　第57届世界卫生大会在日内瓦举行,大会着重讨论艾滋病和非典型肺炎防治等问题。22日,大会通过一项旨在遏制肥胖的"饮食、锻炼和健康全球战略",以有效控制严重危害人类健康的各种非传染性疾病。会议还通过关于"道路安全与健康"的决议并接受联合国大会关于卫生组织担任道路安全协调机构的邀请。

5月19日　安理会通过关于"中东局势,包括巴勒斯坦问题"的第S/RES/1544(2004)号决议,谴责以色列在拉法地区屠杀巴勒斯坦平民的行为,呼吁以色列尊重国际人道主义法规定的义务,特别是它有义务不违反国际人道主义法摧毁住房,决议呼吁双方立即履行第S/RES/1515(2003)号决议赞同的《路线图》规定的义务,并对拉法地区巴勒斯坦无家可归者的人道主义局势表示严重关切,要求国际社会向他们提供紧急援助。

5月19—21日　联合国粮农组织第27届亚太区域大会在北京召开。会议深入探讨了本地区农业、农村发展和粮食安全面临的重大问题,并就水稻在亚太区域可持续农业中的作用、世界动物遗传资源状况、气候变化对亚太农业的影响等议题进行了讨论和交流。

5月21日　安理会通过关于"联合国布隆迪行动:设立"的第S/RES/1545(2004)号决议,决定授权在布隆迪部署一个维持和平行动,称为联合国布隆迪行动,任期最初为6个月,自2004年6月1日开始,并打算继续延长,以支持和帮助布隆迪人根据《阿鲁沙协定》的规定努力恢复持久和平并实现全国和解。

5月23日　联合国秘书长科特迪瓦事务特别代表、联合国驻科维和行动团团长特沃埃杰雷在阿比让发表"告科特迪瓦人民书",就科解除交战人员武装问题阐明5点立场:解除交战人员武装是签署《马尔库西协议》的科特迪瓦各方的共同意愿;科民族和解政府对此直接负责;有关的计划由解除武装全国委员会掌握;联合国决不能替代科当局或《马尔库西协议》签字各方;联合国驻科维和行动团根据安理会授权执行其监督任务。

5月24日　世界动物卫生组织与联合国粮农组织签署协定,努力合作控制动物传染病,特别是在贫穷国家,目的是控制诸如禽流感、口蹄疫、疯牛病等传染速度快的疾病。

5月26日　联合国驻刚果(金)特派团新闻发言人杜雷对媒体说,联合国目前在全球执行着15项维和行动,其中81%的蓝盔士兵部署在非洲,这反映了联合国对非洲局势的重视。

5月27日   世界卫生组织发表公报,建议更多的成员国采用全球统一的太阳紫外线指数,以保护人们的皮肤健康,减少皮肤和眼部疾病。紫外线指数是衡量紫外线辐射强度的国际标准尺度,由世界卫生组织与国际预防非电离辐射委员会、联合国环境规划署和世界气象组织共同制定。

同日   联合国贸发会议在日内瓦发表报告指出,全球50个最不发达国家的经济状况出现明显好转,但诸多不利因素仍制约这些国家经济的持续稳定增长。

5月28日   联合国维和部队第一批部队开始撤离东帝汶,边境安全交由新组建的东帝汶部队负责。在简短仪式上,95名在东帝汶和印度尼西亚接壤的边境山区执行任务的联合国维和部队士兵被授予联合国勋章。

6月1日   联合国儿童基金会公布报告称,目前在全球范围内有大约30万名童子军被迫应征入伍,在非洲地区这一现象尤其令人担忧。

同日   应美、伊要求,联合国秘书长安南派其特别政治顾问卜拉希米率评估小组于2月6—13日访问伊拉克,2月23日发表报告,提出对伊拉克政治过渡的若干意见和建议,认为美英联军应在6月30日前向伊拉克临时政府移交主权。在卜拉希米等推动下,伊拉克内部各派就组建临时政府进行协商,6月1日正式组建临时政府。

6月1—4日   第1届国际可再生能源大会在德国波恩举行,通过共同宣言,并提出关于在全球范围内提高可再生能源开发的国际行动计划。其中,《政治宣言》提出了到2015年要使10亿人获得可再生能源供应的目标。

6月3日   联合国塞拉利昂特别法庭在塞首都弗里敦开庭,对在该国10年内战中嫌疑犯有战争罪和反人类罪的人进行审判。这是塞内战结束3年来首次进行的审判。

同日   安南秘书长通过其发言人发表声明,对刚果(金)境内最近两天发生的针对联合国特派团的暴力示威活动深感不安,呼吁刚果(金)冲突各方尊重并保护联合国和其他国际组织人员的安全。

6月4日   联合国人口基金会在华盛顿召开大会,就在全球范围内抵制低龄新娘商讨举措。

同日   联合国人权高级专员办公室发表《伊拉克人权状况报告》,敦促驻伊拉克的美英联军尊重人权,并允许联合国官员定期视察伊拉克的监狱。

6月5日   世界环境日,主题为"海洋存亡,匹夫有责"。

6月7日   安理会发表主席声明,对刚果(金)叛军2日攻占该国东部边境城市布卡武表示强烈谴责,并要求他们立即停止在布卡武等地的军事行动。

6月8日 安理会一致通过关于"伊拉克临时政府:设立"的第S/RES/1546(2004)号决议,决定全面恢复伊拉克主权,结束对伊拉克的占领,授权多国部队在伊拉克驻留,并核准伊临时政府成立和政治过渡进程时间表。到6月30日之前结束美、英对伊拉克的占领状态,美英联军向伊拉克临时政府移交权力。

6月9日 联合国监测、核查和视察委员会(监核会)代理主席佩里科斯当日在安理会闭门磋商会上发言说,最近在荷兰和约旦相继发现的伊拉克远程导弹发动机表明,被监核会查封的违禁武器零部件在伊拉克战争结束后已被大量走私境外。

6月10日 大会选举加蓬国务部部长兼外交、合作和法语国家事务部部长让·平担任第59届联合国大会主席。根据联合国大会选举惯例和地区轮值原则,由非洲国家一致推举的新任联合国大会主席无须投票通过,而只须接受程序上和礼仪上的鼓掌表决。

6月11日 安理会通过关于"联合国苏丹先遣队:设立"的第S/RES/1547(2004)号决议,对苏丹政府和反政府武装苏丹人民解放运动5月26日在肯尼亚就国家权力分配等问题签署一系列协议草案表示欢迎,并同意安南秘书长提出的向苏丹派遣联合国工作组的建议。

同日 安理会通过关于联合国驻塞浦路斯维持和平部队的第S/RES/1548(2004)号决议,重申其关于塞浦路斯问题的各项决议,特别是1999年6月29日第S/RES/1251(1999)号决议及其后各项决议,决定再次将联塞部队的任务期限延长至2004年12月15日。

6月13—18日 联合国贸易和发展会议第11届大会在巴西圣保罗召开。通过指导全球贸易和发展工作的《圣保罗共识》和《圣保罗精神》。《圣保罗共识》认为,全球化既给经济增长和可持续发展带来机遇,也给发展中国家带来困难和挑战。

6月17日 安理会通过关于"利比里亚局势:维持制裁"的第S/RES/1549(2004)号决议,决定重新设立监测制裁的专家小组,调查制裁的执行和违反情况,包括向利比里亚的邻国派出一个评估团。

同日 第10个世界防治荒漠化和干旱日。《联合国防治荒漠化公约》秘书处当天在德国波恩举行系列活动,呼吁国际社会投入更大力量,防治日益严重的土地荒漠化。

6月18日 国际原子能机构理事会会议正式通过德、法、英3国提交的有关伊朗问题的决议。决议认为伊朗的核活动中有些问题亟待解决,伊朗应进一步与国际原子能机构配合,积极提供情况,以使核查尽早完成。

6月20日　第4个世界难民日。2004年世界难民日将聚焦寻求和实施难民问题的永久解决办法,其主题是"我想有个家:安全和有尊严地重新开始生活"。

6月21日　联合国人口基金会在日内瓦公布的一项调查结果显示,全球超过90%的国家已将计划生育和安全生育纳入本国的初级保健系统建设。

6月22日　联合国粮农组织呼吁非洲、加勒比和太平洋地区国家(非加太集团)各成员国加大农业投入,以实现摆脱贫困、发展经济的目标。

6月24日　全球契约领导人高峰会议在纽约联合国总部举行。经过与会者广泛协商后一致决定,将"全球契约"增加一项新的原则,即第10项反腐败原则。

6月25日　由联合国人权事务高级专员任命的负责调查国际人权状况的30名报告员在日内瓦发表联合声明,要求对被美军关押在伊拉克、阿富汗和古巴关塔那摩军事基地囚犯的状况进行调查。这项声明是在日内瓦举行的关于全球反恐斗争对人权形势影响的会议之后发表的。

同日　安南秘书长在纽约联合国总部举行的新闻发布会上呼吁布什政府不要因得不到美维和人员国际刑事豁免权而对联合国的维和行动采取抵制或其他报复行动。他说,美国23日决定撤回寻求延长国际刑事法院豁免权的提案对安理会和美国都是明智之举。根据《国际刑事法院规约》规定,国际刑事法院有权对种族灭绝罪、战争罪、反人类罪和侵略罪进行审判,但是只追究个人的刑事责任,而且是在国家所属的法院不能自主审理的情况下才可介入。美国不是《国际刑事法院规约》的缔约国。在美国威胁将否决联合国在世界各地的维和行动的情况下,安理会分别于2002年和2003年通过决议,同意给予来自非规约缔约国的联合国维和人员为期1年的刑事豁免权。6月22日,美国常驻联合国代表团在安理会散发了国际刑事法院提案的修正案,要求将非《国际刑事法院规约》缔约国的联合国维和人员享有的刑事豁免权在6月30日到期后再延长1年,并承诺2005年不在安理会寻求豁免期的再次延长。但由于未能在安理会获得足够的支持,美国撤回了这项提案。

6月26日　国际禁毒日。总部设在维也纳的联合国毒品控制和犯罪预防办公室政策分析与研究部主任乔拉说,全球非法滥用毒品的人数已达1.85亿,约占世界人口总数的3%。联合国毒品控制和犯罪预防办公室在国际禁毒日前夕发表了《2004年国际禁毒报告》。报告显示,由于哥伦比亚、秘鲁、玻利维亚等国政府不断加强打击产毒贩毒力度,南美洲"银三角"地区可卡因生产原料古柯的种植面积目前已经下降到15.3万公顷,为14年来最低水平。

6月28日 和平共处五项原则创立50周年纪念大会在北京举行,中国国务院总理温家宝出席会议并发表了题为《弘扬五项原则,促进和平发展》的重要讲话。温家宝回顾了和平共处五项原则创立的过程、发展历程和伟大意义,提出了在新的历史条件下,和平共处五项原则应该得到认真遵循和切实履行。他说,为大力弘扬和平共处五项原则,促进世界和平与发展,中国政府愿与各国共同作出努力:第一,坚定不移地维护国家主权平等;第二,尊重和维护世界文明的多样性;第三,在平等互利基础上促进各国经济的共同发展;第四,通过对话与协作维护世界的和平与安全;第五,充分发挥联合国及其他多边机制的重要作用。他强调,中国将继续奉行独立自主的和平外交政策,坚定不移地奉行和平共处五项原则,发展同所有国家的友好合作关系,为世界的和平与发展作出新的贡献。

6月29日 安理会通过关于"联合国脱离接触观察员部队:任务期限延长"的第S/RES/1550(2004)号决议,决定将联合国脱离接触观察员部队的任务期限延长6个月,至2004年12月31日止。

7月2日 大会一致通过决议,扩大梵蒂冈在联合国的参与。新增加的权力包括"回应的权力",即可以对大会中的发言提出意见和回答;可以在有许多国家元首和首脑参加的联大一般性辩论上发言,以及向191个成员国提交文件;在会议中的位置将在成员国后,其他观察员前。

7月5日 由联合国教科文组织统计中心发行《2004全球教育文摘:世界范围内的教育统计比较》,这是联合国国际统计中心发行的第2个系列年鉴报告,通过对世界各国的教育制度以及教育发展趋势的比较,为教育领域内的研究者提供了从学前教育阶段到高等教育阶段最新、最重要的教育指标。

同日 安南秘书长呼吁非洲国家利用推广农业技术、改善生产条件、发挥妇女作用等多种手段提高粮食生产,通过"绿色革命"解决饥饿问题。

同日 联合国贸发会议公布的《2003—2005年铁矿石市场报告》显示,2004年和2005年两年全球铁矿石市场供给将继续紧缺,随着新建产能逐步投产,到2008—2009年市场供给将出现过剩。

7月6日 联合国艾滋病联合规划署在伦敦发表了一份《2004年全球艾滋病报告》称,尽管1996年以来,全球用于艾滋病防治的费用从3亿美元提高到50亿美元,然而这还不到发展中国家所需金额的一半。报告呼吁,到 2005 年,应将全世界用于防治艾滋病的费用增加到每年 120 亿美元。

7 月 8 日　联合国驻科索沃特派团否决了科索沃临时议会当天通过的宪法框架修正案。联合国驻科索沃特派团当天发表公告说,根据安理会第 S/RES/1244(1999)号决议,科索沃临时议会根本无权修改科索沃宪法框架。

同日　联合国发言人冈部 8 日说,联合国不会应一些美国众议员的要求,派观察员监督将于 11 月 2 日举行的美国总统大选。冈部说,按照惯例和历来的政策,联合国只对一国政府提出的要求做出反应,而无法根据一国立法机构提出的要求采取行动。此外,派观察员监督一国的选举还须得到该国政府和联合国大会的同意,否则将有干涉该国内政之嫌。

7 月 9 日　安理会通过关于"波黑局势:欧盟特派团"的第 S/RES/1551(2004)号决议,授权会员国将多国稳定部队的任务期限再延长 6 个月。

同日　根据大会第 10 届紧急特别会议续会通过的 A/RES/14(ES—10)号决议的请求,国际法院就以色列在被占巴勒斯坦领土包括在东耶路撒冷内和周围建墙的法律后果发表咨询意见,裁定在被占巴勒斯坦领土内建墙违反国际法,并裁定以色列有义务停止修建隔离墙,拆除已建的部分并对巴勒斯坦财产遭受的所有损害提供赔偿。

同日　安南秘书长发表声明,支持阿富汗选举委员会做出的在 10 月 9 日举行总统选举并将议会选举推迟到 2005 年春季的决定。

7 月 10 日　世界人口日。安南秘书长发表文告,呼吁各国政府继续努力落实 1994 年在开罗举行的第 3 次国际人口与发展大会通过的《行动纲领》,提高妇女地位,保障妇女权益。

7 月 11 日　第 15 届世界艾滋病大会在泰国曼谷开幕。本届大会的主题是"全面共享",宗旨是促使所有人都能获得与艾滋病有关的科学知识、预防与治疗服务和其他资源。

7 月 12 日　联合国发言人冈部在新闻发布会上宣布,安南秘书长已决定任命巴基斯坦驻美国大使阿什拉夫·杰汉吉尔·卡齐为新的联合国伊拉克问题特别代表,接替 2003 年 8 月联合国驻巴格达办事处爆炸事件中遇难的德梅洛。

同日　总部设在日内瓦的联合国艾滋病规划署发布报告说,截至目前,该组织筹集到的用于防治艾滋病的资金只有 30 亿美元,仅占 2004 年全球防治艾滋病资金需求的 50%。

7 月 15 日　联合国开发计划署发表 2004 年度《人类发展报告——当今多样化世界中的文化自由》,和以往报告的主题不同,本年的报告集中关注的是:以尊重族属、宗教、语言等差异为核心的多元文化政策的现实需求。

同日 曾于 2004 年 6 月访问西非 7 国的安理会代表团在 7 月 15 日公布了一份报告称,《马尔库西协议》是使科特迪瓦恢复正常的唯一框架,安理会将在必要情况下考虑采取适当措施制裁阻止执行该协议的人。

7 月 16 日 大会关于中东和巴勒斯坦问题的第 10 届紧急特别会议复会,会议讨论了阿拉伯国家提交的要求以色列拆除隔离墙的提案。20 日,大会通过了第 A/RES/ES—10/15 号决议,决议主题为:国际法院对在被占领的巴勒斯坦领土包括在东耶路撒冷及其周围修建隔离墙的法律后果发表的咨询意见。该项决议要求以色列履行咨询意见中提及的法律义务,呼吁各会员国同样履行其法律义务,并请秘书长建立登记册,登记修建隔离墙所造成的损失。

7 月 19 日 第 58 届联合国大会主席亨特宣布,应巴勒斯坦方面和阿拉伯国家的要求,大会决定将就巴方提出的关于以色列修建隔离墙问题决议案的表决推迟到 20 日。

同日 总部设在维也纳的联合国工业发展组织(工发组织)发表报告说,阻止和扭转撒哈拉以南非洲地区经济下滑趋势,帮助该地区减少贫困,是当今世界在发展方面面临的最为严峻的挑战。该组织当天还发表《2004年工业发展报告》。

同日 安南秘书长说,进一步加强联合国与地区组织之间的合作有利于更好地维护全球的和平与稳定。安理会当天就联合国与地区组织在安全领域的合作问题举行公开辩论会。中国常驻联合国副代表张义山在安理会公开辩论会上发言指出,联合国和区域组织应进一步加强合作,实现优势互补,以便更加有效地应对当今世界面临的各种威胁和挑战。

7 月 20 日 大会以 150 票的压倒多数通过一项决议,要求以色列执行海牙国际法院的裁决,停止在巴勒斯坦被占领土上修建隔离墙并拆除已建的部分。

7 月 21 日 联合国难民事务高级专员公署(简称"难民署")发表公报说,随着最后两支难民车队当天分别从利比里亚和几内亚进入塞拉利昂,难民署为期 3 年的遣返塞拉利昂难民的计划宣告完成。公报说,从 2001 年遣返塞拉利昂难民计划启动以来,难民署共遣返了 17.8 万名塞拉利昂难民。

同日 经社理事会通过关于《基因隐私权与不歧视(宣言)》的第 E/2004/L.13/Rev.1 号宣言。该宣言促请各国保护受基因检验的人的隐私权,呼吁各国防止滥用遗传信息,避免基因检验的遗传信息的收集、存储、透露和使用导致歧视、轻蔑或侵犯隐私权。

7月23日　联合国环境规划署发表公报宣布,环境署将拨款1100万美元资金,帮助伊拉克恢复正在逐渐消失的美索不达米亚湿地。

7月26日　由联合国贸易和发展会议召集的热带木材国际会议在日内瓦开幕,会议将通过新修订的《国际热带木材协定》,以便国际社会加强对热带雨林的保护。

7月27日　安理会通过关于刚果民主共和国局势的第S/RES/1552(2004)号决议,将针对刚果民主共和国各运动和武装团体的武器禁运——原来的禁运定于7月31日失效,延长了1年。

7月29日　安理会通过关于“中东局势:联黎部队的任务期限延长”的第S/RES/1553(2004)号决议,决定将目前的任务期限延长至2005年1月31日;重申坚决支持黎巴嫩在其国际公认疆界内的领土完整、主权和政治独立;吁请各方尽力确保联黎部队在整个行动区履行任务时得到充分的行动自由。

同日　安理会通过关于“格鲁吉亚局势:联格观察团的任务期限延长”的第S/RES/1554(2004)号决议,决定将联格观察团的任务期限再延长1期,至2005年1月31日止;如果独联体维和部队的授权发生变化,则应由安理会酌情对联格观察团的任务规定进行审查。

同日　安理会通过关于“刚果民主共和国局势:联刚特派团的任务期限延长”的第S/RES/1555(2004)号决议,决定将根据宪章第7章通过的第S/RES/1493(2003)号和第S/RES/1533(2004)号决议所列联刚特派团的任务期限延长至2004年10月1日。

7月30日　安理会通过关于苏丹局势的第S/RES/1556(2004)号决议,要求苏丹政府解除金戈威德民兵的武装,并将实施暴行者绳之以法。

8月7日　国际原子能机构核查人员结束对伊拉克图韦萨核设施内核材料的核查工作之后返回维也纳国际原子能机构总部。这是伊拉克战争后国际原子能机构首次对伊拉克实施核查,也是应伊拉克临时政府的要求进行的。

8月9日　联合国驻刚果(金)特派团人权事务处和保护儿童事务处向安理会提交一份调查报告,揭露了刚果(金)东北部伊图里地区“糟糕程度可称世界之最”的人权状况。

8月12日　安理会通过关于“伊拉克局势:联伊援助团的任务期限延长”的第S/RES/1557(2004)号决议,将联合国伊拉克援助团(联伊援助团)的任务期限延长12个月。安理会还表示,如果伊拉克政府提出请求,安理会希望在1年或更短的时间里对该任务期限进行审查。

8月13日　联合国人权委员会下属的促进和保护人权小组委员会第56届会议在日内瓦闭幕,决定成立反恐行动工作组,以促进反恐行动中的人权保护。

同日　新任联合国伊拉克问题特别代表卡齐于当天率少量联合国工作人员抵达伊拉克首都巴格达,以恢复联合国在该国的工作。卡齐抵伊后的首项工作是出席于本月15日开幕的伊拉克千人国民政治会议。

8月13—29日　第28届奥林匹克运动会在希腊雅典召开,共有来自202个国家和地区的10625名运动员参加了比赛。中国台北选手在本届奥运会上取得了历史性的突破,陈诗欣获得跆拳道女子49公斤以下级冠军,为中国台北首次夺取了奥运会金牌。20分钟后,另1名中国台北运动员朱木炎在58公斤级比赛中再摘1金。中国共派出407名运动员参赛,累计获得金牌32枚,银牌17枚,铜牌14枚。

8月15日　安理会发表声明强烈谴责13日夜在布隆迪西部发生的屠杀刚果(金)图西族难民惨案,并敦促布隆迪和刚果(金)政府密切合作尽快将袭击者捉拿归案。

8月17日　安理会通过关于"索马里局势:重设军火禁运监测小组"的第S/RES/1558(2004)号决议,请求重新建立监测索马里武器禁运的小组,期限为6个月。该小组的任务期限本应在当日到期,决议请监测小组继续承担向其委派的任务,包括调查通过陆地、海洋和空中进入索马里的违反武器禁运情况。

8月21日　联合国与苏丹政府签署有关国内100多万名难民自愿返回的协议。

8月23日　联合国负责协调人道救援事务的副秘书长扬·埃格兰在参加挪威红十字会等非政府组织在奥斯陆发起的援救达尔富尔地区难民的活动时发出呼吁,请求国际社会向苏丹达尔富尔提供紧急援助,以防止那里发生人口大量死亡的严重后果。

8月26日　世界卫生组织和联合国儿童基金组织发表的一份最新报告指出,目前全球40%以上的人仍得不到基本卫生保障,另有10多亿人喝的饮用水不符合卫生标准。

8月27日　联合国环境规划署在内罗毕总部首次公布《朝鲜环境报告》,对朝鲜国内的自然状况进行评估后认为有待改进。

8月28日　第十届全国人民代表大会常务委员会第十一次会议决定:中华人民共和国加入1994年12月9日第49届联合国大会通过的《联合国人员和有关人员安全公约》。

9 月 1 日　30 余名车臣恐怖分子突然占领北奥塞梯别斯兰市第一中学,将正在举行开学典礼的 1000 余名学生、教师和家长劫为人质。事发后,俄罗斯当局迅速调集部队处置,经过近 52 个小时的对峙,9 月 3 日 13 时 5 分,突然发生爆炸,部分人质开始外逃,恐怖分子随即向逃跑的人群开枪。为保护人质,隐蔽在周边的军队立即予以还击,"阿尔法"特种部队冲进学校与恐怖分子展开激战,并炸开围墙,解救人质。双方一度处于胶着状态,战斗持续了近 4 个小时。至 17 时左右,大部分人质脱险,战斗基本结束。完全控制学校后,展开一系列的善后救援工作。据媒体发布的统计数字,在这次事件中,至少有 338 名人质死亡,191 人失踪,443 人受伤。"阿尔法"特种部队等官兵 10 余人牺牲。别斯兰市人质事件爆发突然,事件导致人质重大伤亡,以强攻结束战斗。此次事件中大部分人质获救,但造成重大人质伤亡,整个营救行动以失败而告终。别斯兰人质事件,举世为之震惊,联合国与国际社会予以严厉谴责。这次劫持人质事件是车臣非法武装重要头目马斯哈多夫和巴萨耶夫下达的命令。2004 年 9 月 6 日,俄护法机关一名官员调查表明,参与别斯兰劫持人质事件的恐怖分子来自外国和高加索各共和国,其中还包括一名北奥塞梯居民。2006 年 12 月 22 日,俄罗斯议会专门负责调查别斯兰人质事件的委员会公布的正式调查报告指出,俄有关方面在防范恐怖袭击和解救人质过程中存在一些严重问题和不足。

9 月 2 日　安理会通过关于"黎巴嫩局势:黎巴嫩即将举行总统选举"的第 S/RES/1559(2004)号决议,宣布支持黎巴嫩,根据在无外国干涉或影响下制定的黎巴嫩宪法规定,举行自由和公正的总统选举,并因此呼吁所有剩余的外国部队从这个国家撤出。决议再次呼吁应严格尊重黎巴嫩的主权、领土完整、团结,以及全国在唯一和全权黎巴嫩政府的带领下实现的政治独立。

9 月 10 日　安理会就海地局势举行闭门磋商后发表主席声明,对一些非法武装团伙试图在海地部分城市行使执法机关的职能表示谴责,并呼吁海地过渡政府采取行动,加快解除这些非法组织武装的步伐。

9 月 14 日　第 59 届联合国大会开幕,让·平(加蓬)担任大会主席。

同日　安理会通过关于"联合国埃塞俄比亚和厄立特里亚特派团"的第 S/RES/1560(2004)号决议,核准将埃厄特派团的任务期限再次延长 6 个月,至 2005 年 3 月 15 日止。

9 月 15 日　第 59 届大会总务委员会做出裁决,拒绝把乍得等少数国家提出的所谓台湾"参与"联合国问题列入本届联合国大会议程。

9 月 16 日　联合国贸发会议发布《联合国贸发会议 2004 年贸易和发

展报告》称,在经过两年低增长后,2004年全球经济增长将加速,达到3.8%,高于2003年的2.6%。报告同时对美国的财政赤字和贸易逆差表示担忧。报告指出,世界经济恢复进程和区域经济增长模式的形成证明,积极的财政和货币政策的重要性不容低估。

同日 国际保护臭氧层日。联合国环境规划署敦促各国进一步限制使用广谱杀虫剂溴甲烷,减轻溴甲烷对臭氧层的破坏。

9月17日 安理会通过关于利比里亚局势的第S/RES/1561(2004)号决议,决定将联合国利比里亚特派团(联利特派团)的任务期限延长到2005年9月19日。

同日 安理会通过关于塞拉利昂局势的第S/RES/1562(2004)号决议,决定将联合国塞拉利昂特派团(联塞特派团)的任务期限延长至2005年6月30日,并定义了驻留存在的任务性质。

同日 安理会通过关于阿富汗局势的第S/RES/1563(2004)号决议,给予驻阿富汗的国际安全援助部队为期1年的授权,将其任务范围扩大到了城市中心和喀布尔外围地区,并授权参加安援部队的会员国采取所有必要的措施来履行其任务。

9月18日 安理会通过关于苏丹局势的第S/RES/1564(2004)号决议,请秘书长迅速建立一个国际调查任务,立即调查达尔富尔侵犯人权的报告,并确定是否出现了种族灭绝的行动。

同日 国际原子能机构理事会会议以未经表决的方式通过有关伊朗核问题的决议,要求伊朗暂停与铀浓缩有关的一切活动,并与国际原子能机构充分合作,尽快澄清与其核计划有关的悬而未决的问题,将11月25日确定为对伊朗问题进行全面审议的最后期限。

9月19日 联合国驻科特迪瓦行动团启动致力于科民族和解的"和平走廊"计划。科特迪瓦2002年9月发生未遂政变并爆发内战。目前,反对派武装控制着该国北部地区,与政府军形成南北割据。"和平走廊"计划是为与科政府开辟一条安全通道,帮助因战乱而背井离乡或妻离子散的家庭重新团聚,推动科民族和解进程。

9月20日 消除贫困和饥饿世界首脑会议在纽约联合国总部举行,讨论消除贫困和饥饿等千年发展目标的落实情况,以及增加发展筹资及加强发展合作的新途径。会议宣言称将进一步加强国际合作,调动一切可利用资源来消除世界上的贫困与饥饿,力争按计划实现2000年制定的"千年发展目标"。

同日 国际原子能机构第48届大会在维也纳举行。24日,大会通过有关朝核问题决议,呼吁朝鲜与国际原子能机构合作,立即接受该机构的全面保障监督。决议要求朝鲜以立即、透明、可核查和不可逆转的方式放弃任何核武器计划,同时强调,应通过对话和平解决朝核问题,以推动朝鲜半岛无核化进程,维护该地区的和平与安全。

9月21日　巴西、德国、印度和日本4国领导人先后发表联合声明称,4国将在今后的安理会改革中,相互支持竞争安理会常任理事国的席位。

10月1日　安理会通过关于刚果民主共和国的第S/RES/1565(2004)号决议,将联合国刚果特派团(联刚特派团)的部署期延长至2005年3月31日,为另外5900名人员提供授权,并为扩大能力定义了范围广泛的条款,赋予其使用"所有必要手段"来执行任务的权力。请秘书长为联刚特派团安排额外军事能力的快速部署,并将所有的旅和恰当的增强军力手段部署在南北基伍省。

10月2日　世界银行和国际货币基金组织发展委员会在华盛顿举行第70届会议后发表公报,对大多数发展中国家不能按时完成联合国确定的千年发展目标表示关注,并表示将支持发展中国家为实现经济持续增长所做的努力。

10月4日　安南秘书长和国际刑事法院院长菲利普·基尔施在纽约联合国总部签署《联合国和国际刑事法院关系协议》,以规范和指导联合国系统和国际刑事法院之间的关系与合作。

10月8日　安理会通过关于"打击一切形式的恐怖主义"的第S/RES/1566(2004)号决议,以最强硬的措辞谴责所有恐怖主义行为,称之为对和平的最严重威胁,并提供一些加强现行反恐怖主义制度和法律规范的切实步骤。根据该决议,理事会应建立一个包含所有理事国的工作小组,它将提交一系列的实际措施建议,对除基地组织/塔利班制裁委员会所涉及内容以外的参与或支持恐怖主义活动的个人、团体和实体予以制裁。

10月12日　联合国发言人杜加里克宣布,第59届联合国大会已通过一项决议,恢复伊拉克和利比里亚等11个联合国成员国在联大的投票权。

10月14日　安理会通过关于前南斯拉夫问题国际法庭常任法官提名人选的第S/RES/1567(2004)号决议,审议秘书长收到的前南问题国际法庭常任法官提名人选,并依照《国际法庭规约》第13条之二第1款(d)项,将提名人选送交大会。

10月15日　大会举行全体会议,选举丹麦、希腊、日本、阿根廷和坦桑尼亚5国为安理会新的非常任理事国。它们将从2005年1月1日起进入安理会,任期两年。

10 月 20 日 大会通过了关于"审查第 3 次联合国探索与和平利用外层空间会议各项建议的执行情况"的第 A/RES/59/2 号决议,回顾和评价1999 年 7 月 19—30 日在维也纳举行的第 3 次联合国探索与和平利用外层空间会议(第 3 次外空会议)各项建议的执行情况。

10 月 21—22 日 大会负责法律事务的第 6 委员会开会审议拖延已久的制定禁止人的生殖性克隆国际公约的议题。

10 月 22 日 安理会通过关于"联合国塞浦路斯维持和平行动部队:任期延长"的第 S/RES/1568(2004)号决议,决定将联塞部队的任务期限再延长 6 个月,自 2004 年 12 月 15 日至 2005 年 6 月 15 日。

10 月 26 日 安理会通过关于"内罗毕会议:苏丹问题"的第 S/RES/1569(2004)号决议,决定就苏丹局势问题于 11 月 18 日和 19 日在内罗毕举行为期两天的会议,参加的代表来自非洲联盟和政府间发展管理局(伊加特)①。

10 月 28 日 大会以压倒性多数通过关于必须终止美利坚合众国对古巴的经济、商业和金融的封锁的第 A/RES/59/11 号决议,要求美国解除对古巴的制裁。该决议是由古巴提出的,179 个国家的代表在表决中投了赞成票。美国、以色列、马绍尔群岛和帕劳投了反对票。

同日 安理会通过关于"联合国西撒哈拉全民投票特派团:任务期限延长"的第 S/RES/1570(2004)号决议,决定将联合国西撒哈拉全民投票特派团(西撒特派团)的任务期限延至 2005 年 4 月 30 日。

10 月 29 日 大会全体会议审议秘书长关于联合国东帝汶支助团、联合国塞拉利昂特派团、联合国布隆迪行动和联合国海地稳定特派团经费筹措的报告,并决定批款维持以上项目。

同日 由联合国环境署召集为期 5 天的有关实施《巴塞尔公约》的会议在日内瓦闭幕。会议发表了一项部长级宣言。

11 月 4 日 安理会通过关于填补国际法院空缺的选举日期的第 S/RES/1571(2004)号决议,注意到由于吉尔贝·纪尧姆法官任期未满而辞职,国际法院出现空缺,必须按照《法院规约》的规定予以填补,决定该空缺

---

① 伊加特是政府间发展组织(Intergovernmental Authority on Development,IGAD)的中文简称,1986 年 1 月成立。前身是由东非国家组成的政府间抗旱与发展组织,1996 年 3 月改为现名。组织成立宗旨将伊加特建设成为在政治、经济、社会、人道主义事务、环保等领域进行全面合作的地区组织。成员共有 7 个国家:埃塞俄比亚、吉布提、肯尼亚、苏丹、南苏丹、索马里、乌干达。组织秘书处设在吉布提首都吉布提市。截至 2018 年 12 月,伊加特共召开12 次首脑会议、33 次特别首脑会议和 65 次部长理事会特别会议。

的补选应于 2005 年 2 月 15 日在安全理事会的一次会议和大会第 59 届会议的一次会议上进行。

11 月 8 日　联合国教科文组织在巴西举办的第 4 届全民教育高层小组会议上正式公布该组织编写的《全民教育全球监测报告》。该报告认为，全球对加强基础教育的投入远远不能满足实际需要。

11 月 11 日　大会举行特别会议，悼念当天逝世的巴勒斯坦民族权力机构主席阿拉法特。安南秘书长和与会各国代表呼吁国际社会为实现以色列和未来巴勒斯坦和平共存的目标继续努力。阿拉法特逝世后巴以局势出现转机。2005 年，阿巴斯上台后，巴以、巴美双方关系逐渐改善。当年 2 月、6 月、7 月和 11 月，美国国务卿赖斯先后 4 度访问巴勒斯坦，讨论双边和巴以关系，并承诺向巴提供援助。

11 月 15 日　安理会通过关于"科特迪瓦局势：实施制裁"的第 S/RES/1572(2004)号决议，决定立即对科特迪瓦执行为期 13 个月的武器禁运，并要求科特迪瓦冲突各方在 12 月 15 日之前履行其在现行和平进程中的承诺，否则将要面临进一步的财政和旅行限制。根据宪章第 7 章，决定将在 13 个月结束时，根据和平进程和民族和解进程取得的进展对制裁进行审查。

11 月 16 日　安理会通过关于联合国东帝汶支助团的第 S/RES/1573(2004)号决议，将东帝汶支助团的任务期限最后一次延长至 2005 年 5 月 20 日。

11 月 17 日　大会举行全体会议回顾并强调了《联合国海洋法公约》(1982 年 12 月 10 日)的普遍性和统一性及其对维护和加强国际和平与安全，以及对海洋的可持续开发的根本重要性，并呼吁所有尚未成为公约缔约方的国家尽快成为缔约国，敦促所有缔约国通过 1995 年《执行 1982 年 12 月 10 日〈联合国海洋法公约〉有关养护和管理跨界鱼类种群和高度洄游鱼类种群的规定的协定》和相关文书等途径实现可持续渔业。

11 月 18 日　俄罗斯在内罗毕向安南秘书长正式递交了加入《京都议定书》的文件，这意味着旨在减少全球温室气体排放的计划将于 2005 年 2 月 16 日正式生效。

11 月 18—19 日　安理会在内罗毕召开特别会议，讨论苏丹南部和西部的和平进程。这是安理会 14 年来首次在纽约总部以外的地方召开特别会议。

11 月 19 日　安理会通过关于苏丹局势的第 S/RES/1574(2004)号决议，决定将已派往苏丹的先遣团任务期限延长至 2005 年 3 月 10 日。

11 月 22 日 安理会通过关于"波黑局势：部署欧盟部队"的第 S/RES/1575（2004）号决议，通过对波黑情况进行审议后，定义了主要多国稳定部队——欧盟部队的任务范围，这一部队是由北大西洋公约组织（北约）领导的多国稳定部队（稳定部队）的合法继任者。欢迎北约决定在年底前结束稳定部队的行动，并且通过建立一个总部来保持存在，继续协定与欧盟部队合作执行和平协定。应欧盟部队或北约总部的请求，会员国有权采取所有很必要的措施来保护存在，或为两个组织执行其任务提供协助。

11 月 29 日 安理会通过关于"联合国海地稳定特派团：任务期限延长"的第 S/RES/1576（2004）号决议，决定将第 S/RES/1542（2004）号决议规定的联合国海地稳定团（联海稳定团）任务期限延长至 2005 年 6 月 1 日，并打算继续延长鼓励过渡政府继续积极探索所有可能的方法，使游离于过渡进程之外的各方都能够参与到民主和选举进程中来，但将暴力活动拒之门外。

12 月 1 日 安理会通过关于"联合国布隆迪行动：任务期限延长"的第 S/RES/1577（2004）号决议，决定将联合国布隆迪行动（联布行动）的任务期限延长 6 个月，至 2005 年 6 月 1 日止；表达了对 8 月 13 日加通巴屠杀的强烈谴责，并重申必须将这些罪行的作恶者绳之以法。

12 月 2 日 大会通过关于《联合国国家及其财产管辖豁免公约》的第 A/RES/59/38 号决议及其附件《联合国国家及其财产管辖豁免公约》。

大会通过关于"执行联合国宪章有关援助因实施制裁而受影响的第三国的规定"的第 A/RES/59/45 号决议，重申打击恐怖主义的国际合作及国家行动应遵照宪章的原则、国际法和相关国际公约进行，并敦促特设委员会从速拟定关于国际恐怖主义的全面公约草案和解决有关拟定制止核恐怖主义行为国际公约草案的未决问题。

大会通过第 A/RES/59/48 号、A/RES/59/49 号、A/RES/59/50 号、A/RES/59/51 号、A/RES/59/52 号、A/RES/59/53 号等决议，分别给予上合组织、南部非洲发展共同体、集体安全条约组织、西非国家经济共同体、东加勒比国家组织和南亚区域合作联盟大会观察员的地位。

大会通过关于安迪斯和平区的第 A/RES/59/54 号决议，确认并支持安第斯共同体成员国通过《建立和发展安第斯和平区的圣弗朗西斯科德基多宣言》，建立一个无核武器、化学武器和生物武器的和平区。

同日 联合国秘书长安南向大会提交一份联合国改革问题高级别名人小组撰写的题为《一个更加安全的世界：我们共同的责任》的报告（A/RES/59/55 号）。安南秘书长在向大会提交名人小组报告中曾有一段说明:"我在2003年9月在大会的讲话中指出,我们面临着一个对于联合国来说至关重要的关键时刻,而这一时刻对于实现宪章所载理想,为所有人提供集体安全来说,尤为关键","我最后宣布打算成立一个高级别名人小组,就如何朝前迈进,解决各种关键性问题,向我提出全面的一致性意见"。安南说,他请泰国前总理阿南·班雅拉春先生担任威胁、挑战和改革问题高级别小组(通称"名人小组"或"16人名人小组")主席,该小组由来自世界各地具有广泛经验和专门知识的一些名人组成。① "我现在非常高兴地向会员国传递该小组的报告。该报告为新世纪的集体安全设计了一个广泛的框架。这份报告所涉范围甚广,且极具深度。报告为安全问题提供了一个广泛的视角。报告不仅提出了对付具体威胁的办法,而且提出了理解各种威胁之间相互关联的新的途径,指出了我们必须因此而制定的政策和设立的机构。"报告共分为集体应对威胁的必要性、当今世界面对的6大类威胁及防范、集体安全与动用武力、联合国机构改革等4大部分。报告全文中文本7.7万余字。

12月3日　大会以178票赞成,4票弃权的压倒性多数通过关于防止外层空间的军备竞赛的第A/RES/59/65号决议,要求各国采取行动防止外层空间军备竞赛。

12月6日　《联合国气候变化框架公约》第10次缔约方大会部长级会议在布宜诺斯艾利斯举行。

12月15日　安理会通过关于"联合国脱离接触观察员部队:任务期限延长"的第S/RES/1578(2004)号决议,决定将联合国脱离接触观察员部队的任务期限延长6个月,至2005年6月30日止。

12月21日　安理会通过关于"利比里亚局势:维持制裁"的第S/RES/1579(2004)号决议,将针对利比里亚的武器、木材和旅行的限制延长1年,每6个月进行1次审查,而对毛坯钻石销售限制延长了6个月,并每3个月进行1次审查。决定将监测制裁专家小组的任务期限延长至2005年6月21日,并请该小组执行一次后续任务,调查制裁的执行和违反情况。

12月22日　安理会通过关于"联合国几内亚比绍建设和平支助办事

---

① 名人小组成员有下列人士:罗贝尔·巴丹泰(法国)、若昂·巴埃纳·苏亚雷斯(巴西)、格罗·哈莱姆·布伦特兰(挪威)、玛丽·奇内里—赫斯(加纳)、加雷思·埃文斯(澳大利亚)、戴维·汉内(大不列颠及北爱尔兰联合王国)、恩里克·伊格莱西亚斯(乌拉圭)、阿姆鲁·穆萨(埃及)、萨蒂什·南比亚尔(印度)、绪方贞子(日本)、叶夫根尼·普里马科夫(俄罗斯联邦)、钱其琛(中国)、萨利姆·艾哈迈德·萨利姆(坦桑尼亚联合共和国)、纳菲丝·萨迪克(巴基斯坦)和布伦特·斯考克罗夫特(美利坚合众国)。

处:任务延期"的第 S/RES/1580(2004)号决议,决定将作为政治特派团的联合国几内亚比绍支助处(联几支助处)任务期限自本决议通过之日起延长 1 年,并根据其面临的众多任务对任务范围进行了修改。

12 月 26 日 印度洋海啸,也称南亚海啸。位于印尼苏门答腊以北的海底发生大地震,涉及范围主要位于印度洋板块与亚欧板块的交界处的消亡边界,地处安达曼海。震中位于印尼苏门答腊以北的海底。地震强度其后经我国香港天文台和美国全国地震情报中心分别修正强度为 8.9 和 9.0,矩震级为 9.0。最后确定为矩震级达到 9.3。这是自 1960 年智利大地震以及 1964 年阿拉斯加耶稣受难日地震以来最强的地震,也是 1900 年以来规模第二大的地震。大地震引发大海啸,引发海啸高达 10 余米,波及范围远至波斯湾的阿曼、非洲东岸索马里及毛里求斯、留尼汪等国家或地区造成巨大的人员伤亡和财产损失。这是世界近 200 多年来死伤最惨重的海啸灾难。

史无前例的大海啸震惊了全世界。这不仅是有关国家的灾难,也是全人类的灾难。救援工作具有十足的全球性,是人类历史上规模最大的跨国人道主义救援行动。大海啸次日,联合国系统及各救援机构发出紧急动员,以帮助受海啸影响的印度洋沿岸亚洲国家。这次灾难引起国际社会的高度关切,联合国系统和国际与区域性组织、各国政府、众多的社会团体与非政府机构以及个人纷纷投入到救灾行动中,体现了高度人道主义和国际合作精神。像非国界医生等国际上著名的非政府组织在灾区的活动非常活跃与亮眼。大海啸在欧美等国引起了前所未有的震撼和人道救援总动员。

面对这场大灾难,中国是反应最迅速的国家之一。当印度洋地震海啸灾难一传出,国家主席胡锦涛、总理温家宝等领导人就相继向相关国家领导人致电慰问,深表同情。灾害发生后,中国政府进行了迄今为止最大规模的对外救援行动。在首批援助金额 2163 万元的基础上,又承诺向受灾国增加 5 亿元人民币的援助。中国医疗队、救援队已抵达现场参加救灾,数批救灾物资已经运抵主要受灾国家。灾难发生后,我国香港地区立即掀起捐款救灾热潮。香港各界已筹得近 7 亿港元的赈灾款项,平均每位香港市民捐款达 100 港元,创造了以单一城市及人均捐款计算的全球之冠。2005 年 1 月 6 日,中国国务院总理温家宝在印度尼西亚首都雅加达举行的东盟地震和海啸灾后问题领导人特别会议上的讲话中说,中国是饱受自然灾害的国家。我们对灾害带给人们的痛苦感同身受,深知患难真情之可贵。灾害发生后,中国政府进行了迄今为止最大规模的对外救援行动。温家宝表示,中国还是一个发展中国家,并不富裕。我们提供的力所能及的援助是无私的,它充分体现了中国人民对受灾国家人民的深情厚谊,显示了中国政府积极参与救灾和灾区重建工作的真诚意愿。温家宝在讲话中还高度赞赏联合国和国际社会为援助受灾国所做的工作,支持联合国和世界卫生组织在人道主义援助方面的领导和协调作用,中国将积极参与以联合国等国际组织和东盟为主导的援助计划。温家宝总理宣布,中国政府响应联合国的呼吁,决定在已有承诺的基础上,再提供 2000 万美元,用于多边救援和重建。

二〇〇五年

(国际微额信贷年、体育运动国际年、国际物理年)

1 月 7 日　联合国内部监督办公室公布有关联合国驻刚果(金)维和人员性虐待丑闻的调查报告。联合国负责维和事务的副秘书长盖埃诺宣布,联合国维和部门要求出兵国在制止维和人员性剥削及性虐待行为方面给予更多的合作。

1 月 10 日　联合国主持的小岛屿发展中国家可持续发展国际会议在毛里求斯首都路易港召开。

1 月 11 日　联合国海啸救灾国际会议在日内瓦召开,讨论如何协调合作,落实有关各方对印度洋地震和海啸灾难援助的承诺。

1 月 17 日　安南秘书长公布题为《投资发展:实现千年发展目标的实用计划》的研究报告,呼吁西方发达国家增加官方发展援助。

同日　世界贸易组织前总干事彼得·萨瑟兰领导的 8 人顾问小组提交世贸组织改革建议报告书,建议加强世贸组织在政治层面的力度,改革世贸组织的运行机制,加强总干事和秘书处的职能等。

1 月 18 日　安理会通过关于前南斯拉夫问题国际刑事法庭审案法官任期延长的第 S/RES/1581(2005)号决议,决定延长前南斯拉夫问题国际刑事法庭审案法官任期。

1 月 18—22 日　联合国第 2 届世界减灾大会在日本兵库县神户市召开。联合国教科文组织、环境规划署、国际减灾战略部、世界粮食计划署以及世界气象组织在大会上正式发起建立全球灾害预警系统,并呼吁各国把生态环境因素纳入其中。会议通过《兵库宣言》和《兵库行动框架》,为未来10 年如何减少灾害给全球造成的损失描绘出行动蓝图。

1 月 24 日　大会召开关于纪念纳粹集中营解放 60 周年的第 28 届特别大会。奥斯维辛集中营位于波兰西南部,是二战期间纳粹德国设立的最大的集中营,被称为“死亡工厂”,最终在 1945 年 1 月 27 日被苏联红军攻克。为纪念该集中营解放 60 周年,大会决定召开一届特别会议。奥斯维辛集中营幸存者、诺贝尔和平奖获得者埃利·维厄塞尔以及各国外长或代表在会上发言。此次会议为期 1 天,未通过任何决议,这在特别联大史上属首次。

同日 联合国在全球范围内发起一项"送水进学校"活动,让全世界每一所学校都享有清洁用水和卫生设施,从而降低患病风险,提高就学率。非洲、亚洲、中美洲是"送水进学校"活动的重点实施地区。

1 月 24—28 日 生物多样性国际会议在法国巴黎召开。如何挽回目前物种加速灭绝的趋势成为本次会议的焦点。

1 月 26—28 日 安理会反恐委员会第 4 次反恐特别会议在哈萨克斯坦的阿拉木图举行。主要议题是如何切断恐怖主义活动的资金来源、加强双边及多边反恐合作以及保障国际运输安全等。

1 月 28 日 安理会通过关于"格鲁吉亚阿布哈兹局势:联格观察团任务期限延长"的第 S/RES/1582(2005)号决议,决定将联合国格鲁吉亚观察团(联格观察团)的任务期限再延长 1 期,至 2005 年 7 月 31 日止。

同日 安理会通过关于"中东局势:联黎部队任务期限延长"的第 S/RES/1583(2005)号决议,决定将联合国驻黎巴嫩临时部队(联黎部队)的任务期限延长至 2005 年 7 月 31 日。

1 月 30 日 伊拉克举行大选,什叶派政党联盟赢得大选。2005 年伊拉克政治过渡进程在曲折中推进。根据第 S/RES/1546(2004)号决议规定,伊拉克政治过渡进程 2005 年底前结束,安理会须于此前审查驻伊多国部队任务和任期问题。10 月 15 日,伊拉克新宪法通过全民公决。10 月 27 日,伊总理致函安理会主席,要求多国部队继续驻留伊拉克。1 月 29 日,美国国务卿也致函安理会主席,表示多国部队愿继续协助维持伊拉克安全和稳定。

1 月 31 日 联合国公布一份调查报告指出,自 2003 年 2 月起处于战乱中的苏丹达尔富尔地区发生了许多严重违反国际人权法和人道主义法的事件,但没有发生种族灭绝的大屠杀。

1 月 31 日—2 月 25 日 第 59 届联合国维持和平行动特别委员会(特委会)在纽约联合国总部举行。会议重点讨论了加强维和行动的能力、设立战略后备部队、维和人员纪律规范等问题并一致通过了"消除联合国维和行动中性剥削和虐待的综合战略"的年度报告。中国重视并支持开展符合宪章精神的维和行动,不断扩大参与领域,并本着积极务实的态度,参与安理会、大会、维和特委会的有关审议和磋商。在本届大会维和特委会会议上,中国常驻联合国副代表张义山大使表示,支持联合国维和行动进行合理、必要的改革,强调应继续坚持维和行动的基本框架和原则,重在发挥其政治优势和综合功能,加强统筹规划、提高效率、增强快速反应能力、严肃维和人员纪律,改革措施应切合实际需要、量力而行。中国积极参与联合国维和行动。①

2月1日　安理会通过关于"科特迪瓦局势:设立专家组"的第 S/RES/1584(2005)号决议,决定请秘书长与委员会磋商,在本决议通过之日起 30 天内,设立第 S/RES/1572(2004)号决议第 17 段所指的专家组,任期 6 个月,成员不超过 3 名。

2月4日　联合国人权委员会负责任意刑拘、酷刑、失踪等问题的 6 名专家发表联合国声明,对美国关塔那摩海军基地在押人员的健康和人权状况表示忧虑,并对美军对有关人员关押长达 3 年多的合法性提出质疑。

2月7日　安南秘书长在联合国"巴勒斯坦人民行使不可剥夺权利委员会"会议上敦促以色列和巴勒斯坦抓住中东和平新机遇,在安理会有关决议和中东和平"路线图"框架下结束冲突。

1月10日,阿巴斯当选巴勒斯坦新领导人。2月8日,巴勒斯坦和以色列达成停火协议。8月15日,以色列开始单方面执行"脱离计划",并于9月下旬完成。但由于双方均受内部反和势力制约,"以暴易暴"行动不断,导致双方和谈重陷僵局。国际社会也没有解决巴以问题的新思路,缺乏推动巴以和谈的手段,"路线图"计划停滞。巴以问题处于重要十字路口,面临新一轮考验,中东和平进程远不平坦。

2月8日　联合国人权委员会的 9 名特别报告员发表联合国声明,敦促尼泊尔当局尽快恢复民主和国家机构。

2月9日　安南秘书长就联合国驻刚果民主共和国维和部队士兵对当地百姓进行性侵犯事件致信安理会,希望安理会支持联合国展开调查,并杜绝此类事件,以恢复联合国维和行动的声誉。

同日　联合国社会发展委员会第 43 届会议在纽约开幕,此次会议主要

---

① 1988 年,中国成为联合国维持和平行动特委会成员。自 1990 年以来,中国已先后向中东、伊科、柬埔寨、西撒、莫桑比克、塞拉利昂、埃厄、刚果(金)、利比里亚、苏丹等多项维和行动派出军事观察员、联络官、顾问和参谋军官共约 3000 人次;向东帝汶和波黑等维和行动派出维和民警约 300 人次;于 2003 年 4 月派出共 200 多人的工兵和医疗分队参加联合国刚果(金)维和行动;11 月派出共 500 多人的工兵、医疗和运输分队参加联合国在利比里亚的维和行动。2004 年 8 月决定向联合国海地稳定特派团派 125 人的成建制警察分队。2005 年 1 月决定向联合国苏丹特派团派 450 人的后勤保障分队。中国已接受联合国邀请,向联合国驻黎巴嫩临时部队派遣约 180 人的工兵部队。

审议哥本哈根社会发展峰会上通过的《行动计划》10 年来的执行情况。

2 月 14 日 黎巴嫩前总理哈里里在贝鲁特遭遇汽车炸弹袭击身亡。当月,叙利亚被迫从黎巴嫩撤军。

2 月 15 日 联合国粮食及农业组织发表《2004 年农产品市场状况报告》称,多年来国际市场初级农产品价格持续下跌给发展中国家数亿人的粮食安全带来威胁。

2 月 16 日 经过近 8 年争拗后,《京都议定书》终获得 120 多个国家确认履行公约,包括俄罗斯于 2004 年 11 月接纳后,终使议定书能在 2005 年 2 月 16 日起正式生效。其目标是在 2008—2012 年间,将发达国家的二氧化碳等 6 种温室气体的排放总量在 1990 年的基础上平均减少 5.2%,其中欧盟减少 8%。在全世界温室气体排放大国中,只有美国等少数几个国家没有批准实施《京都议定书》。美国曾于 1998 年 11 月签署了《京都议定书》,2001 年 3 月美国布什政府以“减少温室气体排放将会影响美国经济发展”和“发展中国家也应该承担减排和限排温室气体的义务”为由,单方面退出了京都议定书(美国人口仅占全球的 3%,而排放的二氧化碳却占全球排放量的 25% 以上)。随着《京都议定书》生效,气候变化问题进一步升温。2005 年八国集团与 5 个发展中大国领导人对话会和联合国 60 周年首脑会议等均将气候变化列为重要议题。

同日 安南秘书长向安理会提交《保护冲突中的儿童》报告,首次提出建立全面监督机制,保护儿童,严惩凶犯。

2 月 21 日 联合国环境规划署在总部内罗毕召开为期 5 天的第 23 届理事会暨全球环境部长论坛,100 多个国家的环境部长以及环境领域的专家和非政府组织代表与会讨论保护环境和推动实现千年目标事宜。

2 月 22 日 联合国环境规划署发表 2005 年度《全球环境展望》,指出人类活动对自然环境的破坏正造成一些已得到控制的传染病再次传播和蔓延,威胁人类健康。

2 月 27 日 《烟草控制框架公约》正式生效,首先对在 2004 年 11 月 30 日前批准的 40 个国家具有法律约束力。它是由世界卫生组织主持达成的第 1 个具有法律效力的国际公共卫生条约,也是针对烟草的第 1 个世界范围多边协议。

2 月 28 日 联合国妇女地位委员会在纽约总部召开“北京 + 10”会议,审议 1995 年世界妇女大会通过的《北京行动纲领》和妇女问题特别联大《成果文件》的执行情况。

3 月 1 日 旨在为巴勒斯坦改革提供帮助的国际会议在伦敦举行。会议对巴勒斯坦在政治、经济及安全领域的改革现状进行讨论,重点就如何为巴改革提供经济及政治上的支持等问题进行磋商,以加强和改善巴勒斯坦自治政府的管理、经济和安全,从而为巴勒斯坦建国打下基础。

3月4日 在维也纳召开的国际原子能机构理事会发表一项声明,敦促朝鲜尽快无条件重返6方会谈。

3月7日 安理会发表主席声明,敦促索马里各武装派别停止交战并达成停火协议。

3月8日 第59届联合国大会以84票赞成、34票反对、37票弃权(包括中国)表决通过关于联合国关于人的克隆宣言的第A/RES/59/280号决议及其附件《联合国关于人的克隆宣言》,要求各国禁止有违人类尊严的任何形式的克隆人。

3月8—10日 为期3天的"民主、反恐和安全"国际峰会在西班牙马德里举行,会后发表的"马德里日程"提出全球反恐计划和政治建议。10日,安南秘书长提出联合国"全球反恐战略",并成立一个由秘书长本人直接领导的落实反恐措施的工作组,以确保联合国所有部门和所属机构在反恐及与反恐有关问题上发挥应有的作用。

3月9日 安理会就海地局势举行磋商,敦促海地过渡政府在国际社会和联合国特派团的帮助下加快推进政治进程。

3月10日 安理会通过关于"联合国驻苏丹先遣团:任务期限延长"的第S/RES/1585(2005)号决议,决定将第S/RES/1547(2004)号决议所设联合国驻苏丹先遣团(联苏先遣团)的任务期限延长至2005年3月17日。

3月11日 联合国赔偿委员会理事会结束在日内瓦召开的第55届会议,批准向1991年海湾战争的受害者赔偿2.65亿美元。

3月14日 安理会通过关于联合国埃塞俄比亚和厄立特里亚特派团的第S/RES/1586(2005)号决议,决定将埃厄特派团目前的任务期限延长到2005年9月15日。

3月14日—4月22日 联合国人权委员会第61届会议在日内瓦召开。会议主席、印度尼西亚大使马卡里姆·维比索诺在开幕式上指出,反恐战争不应以牺牲人权为代价,反恐的同时必须尊重和捍卫人权。安南秘书长在大会上重申要对联合国人权体系进行改革,建议成立一个小规模的人权理事会,作为联合国处理全球人权问题的常设机构,以取代目前声誉日益下降的由53个成员组成的人权委员会。

3月15日 安理会通过关于"索马里局势:重设军火禁运检测小组"的第S/RES/1587(2005)号决议,强调所有国家均有义务全面遵守第S/

RES/733(1992)号决议所定措施;请秘书长同 1992 年 4 月 24 日第 S/RES/751(1992)号决议所设委员会协商,自本决议通过之日起 30 天内,重新设立第 S/RES/1558(2004)号决议第 3 段所指的监测小组,为期 6 个月。该小组负责监测索马里武器禁运,小组的任务包括调查通过陆地、海洋和空中进入索马里的违反武器禁运情况。

3 月 16 日 经社理事会在纽约总部召开为期 2 天的会议,审议联合国千年发展目标 5 年来的执行情况,并研讨如何进一步推动这些目标的实现。

3 月 17 日 安理会通过关于"联合国驻苏丹先遣团:任务期限延长"的第 S/RES/1588(2005)号决议,决定将第 S/RES/1547(2004)号决议所设联合国驻苏丹先遣团(联苏先遣团)的任务期限延长至 2005 年 3 月 24 日。

3 月 21 日 联合国秘书长安南提交综合报告,提出改革建议。安南于 2005 年 3 月 21 日提交题为《大自由:实现人人共享的发展、安全和人权》(简称《大自由》)的报告,提出联合国历史上规模最大、最"雄心勃勃"的改革计划。安南把《大自由》报告中提出的改革方案说成是"为建立一个全球合作和具体行动的新时代的蓝图",并认为,这将是"联合国历史上最有深远意义的一次改革"。他指出,联合国越强大,全人类就越会受益。报告强调安全、发展与人权相互关联,呼吁建立对彼此安全和发展负有共同责任的新安全共识,并就发展、安全、人权及联合国机构改革提出 41 条核心建议。《大自由》报告建议对大会、安理会和经社理事会进行改革并建议调整秘书处的结构,改革秘书处的工作机制和管理,取消托管理事会。其中,4 方面内容引人关注:(1)主张扩大安理会,敦促各方考虑联合国改革问题高级别名人小组提出的两个扩大方案或其他改进方案,于首脑会前做出决定。(2)敦促各国接受"保护的责任"理念。当发生种族灭绝、清洗等反人类罪行时,如一国不愿或不能保护本国国民,国际社会应进行干预。建议安理会确定核准名人小组有关使用武力的建议。(3)呼吁将人权提升到与和平、发展并重的地位。建议将人权委员会升格为人权理事会。(4)敦促发达国家在援助、减债、贸易等方面采取实质性措施,特别是设立时间表,在 2015 年前将官方发展援助达到占国民生产总值 0.7% 的水平。发展中国家应加强国家治理,打击腐败行为等。各方在此基础上,就联合国改革相关问题进行了热烈、广泛、深入的讨论和磋商,达成一系列共识。报告最受关注的是有关扩大安理会的建议。方案吸收了名人小组报告中扩大安理会的 A、B 两套方案:A 方案(6+3 模式):增加 6 个没有否决权的常任理事国和 3 个经选举产生的非常任理事国,具体分配是亚太和非洲地区各增加两个常任理事国席位,欧洲和美洲地区各增加一个常任席位;B 方案(8+1 模式):8 个任期 4 年、可以连选连任的准常任理事国和 1 个非常任理事国。亚太、非洲、欧洲和美洲增加两个可以连选的理事国席位。

安全理事会改革的方案 A 和方案 B,如下:

方案 A　增加 6 个没有否决权的常任理事国席位和 3 个任期两年的非常任理事国席位,按主要区域分配如下:

区域	国家数目	常任理事国席位(任期不间断)	拟设立的新常任理事国席位	拟设立的任期两年理事国席位(不可连任)	共计
非洲	53	0	2	4	6
亚洲及太平洋	56	1	2	3	6
欧洲	47	3	1	2	6
美洲	35	1	1	4	6
方案 A 共计	191	5	6	13	24

方案 B　不增加常任理事国席位,但新增 8 个任期 4 年并可连任的理事国席位,并新增 1 个任期两年(不可连任)的非常任理事国席位,按主要区域分配如下:

区域	国家数目	常任理事国席位(任期不间断)	拟设立的任期 4 年并可连任理事国席位	拟设立的任期两年理事国席位(不可连任)	共计
非洲	53	0	2	4	6
亚洲及太平洋	56	1	2	3	6
欧洲	47	3	2	1	6
美洲	35	1	2	3	6
方案 B 共计	191	5	8	11	24

3 月 24 日　安理会通过关于联合国阿富汗援助团的第 S/RES/1589(2005)号决议,决定从本决议通过之日起将联合国阿富汗援助团(联阿援助团)的任务期限再延长 12 个月,至 2006 年 3 月 24 日止。

同日　安理会通过关于联合国苏丹特派团的第 S/RES/1590(2005)号决议,决定设立联合国苏丹特派团(联苏特派团),任务期限最初为 6 个月,人员由至多 10000 名军事人员和适当的文职人员,其中包括至多 715 名民警组成；监测并核查《停火协定》的执行情况，调查违规行为；授权联苏特派团在其部队部署地区根据《联合国宪章》第 7 章采取力所能及的必要行动。

同日　联合国公布有关维和人员性侵犯维和地区妇女事件的《扎伊德报告》。

3 月 29 日　安理会通过关于苏丹制裁问题的第 S/RES/1591（2005）号决议，决定对苏丹西部达尔富尔地区涉嫌违反国际人道主义法和人权法的个人实施出国禁令，并冻结他们的境外资产。

3 月 30 日　安理会通过关于刚果民主共和国局势的第 S/RES/1592（2005）号决议，决定将第 S/RES/1565（2004）号决议所载的联刚特派团任务期限延长至 2005 年 10 月 1 日，并打算继续延长；再次要求各方充分配合联刚特派团的行动。

3 月 31 日　安理会通过关于"苏丹达尔富尔局势问题移交国际刑事法院"的第 S/RES/1593（2005）号决议，决定把 2002 年 7 月 1 日以来达尔富尔局势问题移交国际刑事法院检察官；决定苏丹政府和达尔富尔冲突其他各方必须根据本决议与该法院和检察官充分合作并提供任何必要援助，并在确认非《罗马规约》缔约国不承担规约义务的同时，敦促所有国家以及相关区域组织和其他国际组织充分合作。

4 月 4 日　安南秘书长任命爱尔兰总理埃亨、印尼前外长阿拉塔斯、莫桑比克前总统希萨诺和墨西哥前总统泽迪罗等 4 位政要为 2005 年 9 月联合国 60 周年峰会特使，协助他制定峰会议程，并向各国宣讲题为《大自由：为人人共享安全、发展和人权而奋斗》的报告，争取各国对联合国改革的支持。

同日　安理会通过关于"科特迪瓦局势：联科特派团任期延长"的第 S/RES/1594（2005）号决议，决定将联合国科特迪瓦特派团及支援它的法国部队的任务期限延长 1 个月，至 2005 年 5 月 4 日止。

4 月 4—8 日　联合国人类住区规划署理事会第 20 届大会在内罗毕总部召开，会议重点讨论如何改善城市贫民区居民的生活质量。

4 月 6 日　联合国政府间气候变化问题委员会开始在亚的斯亚贝巴召开为期 3 天的会议，来自 100 多个国家的代表将审定防止氢氟碳化合物和全氟碳化合物破坏臭氧层或导致温室效应的特别报告。

4 月 7 日　安理会通过关于"黎巴嫩：成立国际独立调查委员会"的第 S/RES/1595（2005）号决议，决定成立一个国际独立调查委员会，驻设黎巴嫩，协助黎巴嫩当局全面调查 2 月 14 日在贝鲁特发生的恐怖爆炸；并吁请黎巴嫩政府确保充分考虑委员会的调查结果和结论。

4 月 11 日　"咖啡俱乐部"（意大利、韩国、巴基斯坦、墨西哥、阿根廷等)国家在纽约集会,呼吁以协商一致的方式推进安理会扩大进程,反对"增常"。

4月12日　联合国环境规划署在纽约总部举行隆重颁奖典礼,授予包括中华全国青年联合会及其名誉主席周强在内的7位获奖者首届"地球卫士奖"。

4月13日　第59届联合国大会通过关于制止核恐怖主义行为国际公约的第A/RES/59/290号决议及其附件《制止核恐怖主义行为国际公约》,该公约规定了核恐怖行为的定义,并要求各国起诉和引渡核恐怖行为的制造者。

大会通过关于"内部监督事务厅关于加强联合国调查职能的报告"的第A/RES/59/287号决议。

大会通过关于联合国司法制度的第A/RES/59/283号决议。

大会通过关于采购改革和外包做法的第A/RES/59/288号和第A/RES/289号决议。

4月18日　安理会通过关于"刚果民主共和国:全面实施武器禁运"的第S/RES/1596(2005)号决议,对刚果民主共和国实施全面武器禁运。

4月18—25日　第11届联合国预防犯罪和刑事司法大会在泰国曼谷举行。五年一度的联合国预防犯罪和刑事司法大会是联合国系统的一个重要论坛,受到世界各国重视。本届大会主题是"协作与对策:建立预防犯罪和刑事司法战略联盟"。约130个国家、联合国系统和各专门机构、其他政府间国际组织、非政府组织和个人专家共约3000人与会。司法部部长张福森率团与会,并当选大会副主席。张福森在大会高级别论坛上阐述了中国在预防和打击犯罪、加强公正司法等方面的实践和成绩,以及加强国际合作的基本立场。会议最后通过了《曼谷宣言》。

4月20日　安理会通过关于"前南斯拉夫问题国际法庭:修正《前南斯拉夫问题国际法庭规约》"的第S/RES/1597(2004)号决议,决定修正《前南斯拉夫问题国际法庭规约》第13条之三,以本决议附件所列的条款取代该条;从本决议通过之日起,根据经修正的规约条款将提名审案法官的期限再延长30天。

4月21—23日　亚非峰会暨万隆会议50周年纪念活动在印度尼西亚雅加达和万隆举行。胡锦涛主席和88个亚非国家领导人,30个国际、区域组织代表及亚非以外国家的观察员出席。会议主题是"恢复万隆精神的活力:致力于建立亚非新型战略伙伴关系"。会议深入探讨了新形势下推进亚非国家团结合作的方向、领域和原则,签署了《亚非新型战略伙伴关系宣言》,宣布建立"亚非新型战略伙伴关系",确定"政治团结、经济合作、社会文化关系"3大合作领域,决定4年召开1次亚非国家或政府领导人峰会,两年举办1次部长会议。会议还发表了《亚非领导人关于海啸、地震和其他自然灾害的联合声明》。胡锦涛在会上作了题为《与时俱进,继往开来,构筑亚非新型战略伙伴关系》的重要讲话。胡锦涛在讲话中强调,构筑长期稳定、内涵丰富、与时俱进的亚非新型战略伙伴关系,是我们共同关心的重大问题。政治上,我们亚非国家要成为相互尊重、相互支持的合作伙伴。经济上,我们亚非国家要成为优势互补、互利共赢的合作伙伴。文化上,我们亚非国家要成为相互借鉴、取长补短的合作伙伴。安全上,我们亚非国家要成为平等互信、对话协作的合作伙伴。

4月26日 "无核区条约"缔约国会议在墨西哥特拉特洛科召开,安南秘书长致辞。

4月28日 安理会通过关于"西撒哈拉局势:西撒特派团任务期限延长"的第S/RES/1598(2005)号决议,决定将联合国西撒哈拉全民投票特派团(西撒特派团)的任务期限延至2005年10月31日。

同日 安理会通过关于"东帝汶局势:设立联东办事处"的第S/RES/1599(2005)号决议,决定成立1个为期1年的东帝汶后继政治特派团,即联合国东帝汶办事处(联东办事处),留驻东帝汶,直至2006年5月20日;并规定联东办事处的任务。

4月29日 安理会就叙利亚执行安理会决议、从黎巴嫩撤军事宜举行公开会议。

5月2—27日 联合国《不扩散核武器条约》第7次审议大会在联合国总部召开,187个缔约国代表与会。由于各国代表在有关伊朗核问题、建立中东无核区、拥有核武器国家进行核裁军等问题上存在分歧,另外美国不再认可在1995年和2000年审议大会中所作的承诺,也就是否认了1995年通过的"核不扩散和裁军的原则和目标"以及2000年通过的关于核裁军和不扩散的13项具体步骤,这次会议未能达成实质性的最后文件,只通过了一份陈述性报告,概括了本届会议的组织、议程和财政情况等,会议也未能就今后应如何进一步加强条约有效性达成共识。

5月4日 安理会通过关于"科特迪瓦局势:联科行动任务期限延长"的第S/RES/1600(2005)号决议,欢迎科特迪瓦各方在塔博·姆贝基总统的主持下,于4月6日在比勒陀利亚签署关于科特迪瓦和平进程的协定(《比勒陀利亚协定》);决定将联合国科特迪瓦行动和支持该行动的法国部队的任务期限延长1个月,至2005年6月4日止。

5月9日　大会在纽约总部举行特别会议,纪念二战胜利60周年。

5月10日　联合国维和行动部根据同年3月24日公布的联合国调查各地特派团维和人员性侵犯行为的《扎伊德报告》,建议在纽约总部和各地特派团设立联合国工作人员行为规范事务组,增设63个新职位,负责根除性侵犯行为。

5月12日　安南秘书长向安理会提交关于苏丹达尔富尔局势的最新报告说,苏丹政府支持的武装和反政府武装仍在达尔富尔交火,和谈陷入僵局。

5月13日　安南秘书长知会安理会主席,他打算任命德国资深检察官麦赫里斯为调查黎巴嫩前总理哈里里遇刺事件的联合国独立调查委员会负责人。

5月16—23日　第58届世界卫生大会在日内瓦举行。西班牙卫生大臣埃莱娜·萨尔加多当选本届世卫大会主席。会议审议和通过世卫组织新的《国际卫生条例》,以推动各国共同抗击重大传染病等突发公共卫生事件。

5月27日　由巴基斯坦、意大利等国组成的“团结谋共识”运动向第59届联合国大会主席让·平提交一份工作文件,要求增加10个安理会非常任理事国席位,并建议扩大后的安理会所有非常任理事国均可连选连任。

5月30日　在安南秘书长的主持下,要求增加安理会常任理事国的日本、德国、印度、巴西4国常驻联合国代表与部分反对“增常”的国家代表举行闭门对话,但两阵营未能就安理会扩大问题达成任何妥协。

5月31日　安理会通过关于“海地问题:联海稳定团任务期限延长”的第S/RES/1601(2005)号决议,决定将第S/RES/1542(2004)号决议规定的联海稳定团任务期限延长至2005年6月24日,并打算继续延长。

同日　安理会通过关于“布隆迪局势:联布行动任务期限延长”的第S/RES/1602(2005)号决议,决定把联合国布隆迪行动的任务期限延至2005年12月1日。

6月2日　联合国大会关于艾滋病问题的特别会议召开,安南秘书长呼吁各国加倍努力,力争在2015年底前实现扭转艾滋病蔓延趋势的千年发展目标。

6月3日　安南秘书长任命挪威驻北约代表艾德为其特使,负责审查科索沃当局执行国际社会为其制定的8点标准计划的情况。

同日　安理会通过关于“科特迪瓦局势:指定高级代表、联科特派团任务期限延长”的第S/RES/1603(2005)号决议,认可《比勒陀利亚协定》,并要求该协定所有签署方和科特迪瓦所有有关各方毫不拖延地予以全面执行;决定联科行动和支持该行动的法国部队的任务期限应延长至 2005 年 6 月 24 日,并准备在此特定情况下,再延期 7 个月。

6 月 7 日 中国政府发布关于联合国改革问题的立场文件。立场文件提出,联合国改革应遵循的 5 项原则,并从发展问题、安全问题、法治、人权与民主、加强联合国等 4 个方面明确地阐明了中国政府对联合国改革问题的立场。立场文件对"保护的责任"问题阐明了中国的如下立场:第一,各国负有保护本国公民的首要责任。一国内乱往往起因复杂,对判定一国政府是否有能力和意愿保护其国民应慎重,不应动辄加以干预。第二,在出现大规模人道危机时,缓和和制止危机是国际社会的正当关切。有关行动须严格遵守宪章的有关规定,尊重有关当事国及其所在地区组织的意见,在联合国框架下由安理会根据具体情况判断和处置,尽可能使用和平方式。在涉及强制性行动时,更应慎重行事,逐案处理。

6 月 8 日 日本、德国、印度、巴西四国集团散发有关安理会扩大的新框架性决议草案,继续要求增加安理会常任理事国,但表示新常任理事国的否决权问题可以等到安理会扩大完成的 15 年后再予以解决。

6 月 9 日 联合国发表千年发展目标实施情况中期报告。

6 月 13 日 大会选举瑞典人埃利亚松为第 60 届联合国大会主席。

同日 国际原子能机构理事会在维也纳召开会议,理事会全体成员一致选举巴拉迪连任原子能机构总干事。

6 月 14 日 由美联储前主席沃尔克领导的独立调查委员会发表声明,决定对安南秘书长与"石油换食品"计划腐败案是否有牵连问题重新展开调查。

6 月 15 日 安理会通过关于"塞浦路斯局势:联塞部队任务期限延长"的第 S/RES/1604(2005)号决议,决定再次延长联塞部队的任务期限,至 2005 年 12 月 15 日止。

同日 新任联合国难民事务高级专员公署高级专员、前西班牙首相安东尼奥·古特雷斯上任,任期 5 年。

6 月 16 日 美国国务院表示,美只支持增加包括日本在内的两个常任理事国以及 2—3 个非常任理事国的方案,并强调新任常任理事国不拥有否决权。

6 月 17 日 安理会通过关于延长观察员部队任务期限的第 S/RES/1605(2005)号决议,决定将联合国脱离接触观察员部队的任务期限再延长 6 个月,至 2005 年 12 月 31 日止。

同日　美国众议院通过众议院国际关系委员会主席海德提出的联合国如不进行改革美国则可执行应将交纳的联合国会费减半的"海德法案"。安南秘书长通过发言人发表声明对此议案提出批评,认为以扣缴联合国会费相威胁的做法无助于促进联合国改革。

同日　德国政府副发言人施特格在柏林表示,德国不接受美国提出的只增加两个安理会常任理事国的方案。

6月20日　安理会通过关于在布隆迪设立国际调查委员会的第S/RES/1606(2005)号决议,决定请秘书长着手同布隆迪政府进行谈判,并同布隆迪所有有关各方进行协商,讨论成立一个混合组成的真相委员会,并在布隆迪法院系统内设立一个特别分庭,以帮助布隆迪人民终止有罪不罚现象,促进和解,建立一个法治的社会和政府。

6月21日　安理会通过关于"利比里亚:延长钻石措施"的第S/RES/1607(2005)号决议,决定自本决议通过之日起,将第S/RES/1521(2003)号决议第6段对钻石规定的措施再延长6个月;决定重新设立依照第S/RES/1579(2004)号决议任命的专家小组,新任期到2005年12月21日。

6月22日　大会通过关于全盘审查在联合国维持和平行动中消除今后性剥削和性虐待行为战略的第A/RES/59/300号决议。

大会通过关于维持和平行动支助账户的第A/RES/59/301号决议。

同日　安理会通过关于延长联海稳定团任务期限的第S/RES/1608(2005)号决议,决定将第S/RES/1542(2004)号决议规定的联海稳定团的任务期限延长至2006年2月15日,并打算继续延长。

6月24日　安理会通过关于联科行动的任务的第S/RES/1609(2005)号决议,决定将联科行动和支助它的法国部队的任务期限延长7个月,至2006年1月24日止。

6月26日　安南秘书长为纪念联合国宪章签署60周年发表讲话。

6月29日　安理会就苏丹问题举行公开会议。国际刑事法院检察长奥坎波做报告说,有可靠证据显示,苏丹达尔富尔发生了严重的犯罪行为。

6月30日　安理会通过关于延长联塞特派团任务期限的第S/RES/1610(2005)号决议,决定对联塞特派团的任务期限作最后1次延长,为期6个月,至2005年12月31日止。

同日　代表美国多个人权团体的世界抗日战争史实维护联合会,向安南秘书长递交了他们征集的全世界41个国家4200万人的签名,反对日本在承认其二战罪行并作出真诚道歉和赔偿之前成为安理会常任理事国。

7月6日　安南改革联合国的方案在大会上引起了热烈的讨论,特别是关于扩大安理会的两个方案引起了各会员国的极大关注。大会先后出现了四国联盟方案,"团结谋共识"的工作文件,非洲联盟方案等。其中争执最大也是最有影响的是由日本、德国、印度、巴西提出的四国联盟方案,这一方案内容与A方案(6+3模式)相近,并排出了一份很急又很不切实际的议程表,其设立时限的做法引起了不少国家反感。意大利、韩国、巴基斯坦、阿尔及利亚等国发起组成了"咖啡俱乐部",后改为"团结谋共识"运动,首先提出反对四国联盟方案,认为"设定时限不妥",继而提出用B方案代替四国联盟的A方案。7月6日,四国联盟正式向大会提交安理会扩大框架决议草案。11日,大会开始就四国联盟方案举行公开辩论。中、美、俄3常任理事国明确表示反对。中国常驻联合国代表王光亚大使指出,不应在尚未做出任何实质性努力的情况下,就简单否定安理会扩大能够达成协商一致的可能性。美国代表明确反对四国联盟方案,美国仅希望安理会增加"两个左右"不享有否决权的新常任理事国。俄罗斯代表表示,俄支持在广泛共识基础上的安理会扩大,并反对急于扩大安理会的提议。7月13日暂停辩论。当晚非洲联盟正式向第59届联大秘书处提出了"增常"的非洲方案。在会外,四国联盟积极做非洲国家的工作,试图将非洲方案与四国联盟方案协调一起、合二而一。8月4日,非洲联盟宣布不能接受四国联盟方案,并坚持自己的非洲方案。这样四国联盟方案在失掉了非洲大票仓的支持后已难以通过,只得放弃寻求大会表决。结果,在首脑会议之前,扩大安理会问题没有达成任何共识,"增常"问题搁浅。

7月7日　安理会通过关于打击恐怖主义的第S/RES/1611(2005)号决议,谴责当天在伦敦发生的恐怖袭击,并向这些恐怖袭击的受害者及其家属,并向联合王国人民和政府表示最深切的同情和哀悼。决议敦促所有国家按照第S/RES/1373(2001)号决议规定的义务积极合作,努力查明这些野蛮行为的制造者、组织者和资助者,并将其绳之以法。

7月8日　"团结谋共识"运动向第59届联合国大会主席和各国代表散发了一项决议草案,要求增加10个任期2年的安理会非常任理事国,并建议允许安理会扩大后的所有20个非常任理事国连选连任。巴基斯坦常驻联合国代表阿克拉姆7日表示,"团结谋共识"运动散发决议草案是在四国集团正式向联合国大会提交要求"增常"的决议草案后被迫采取的反制行动。

7月11—12日　大会连续两天对由包括力争"入常"的巴西、印度、日本和德国在内的28个国家提出的安理会扩大决议草案进行公开辩论,因意见分歧严重而无法达成共识。中国常驻联合国代表王光亚在会上发言说，中方坚决反对为安理会改革人为设定时限，反对强行表决任何尚存重大分歧的方案。13 日，大会决定暂停辩论。

7 月 13 日　非洲联盟正式向第 59 届联合国大会提交有关安理会扩大的决议草案，要求增加 6 个拥有否决权的安理会常任理事国和 5 个非常任理事国，其中非洲应有 2 个常任理事国和 2 个非常任理事国。18 日，联合国大会举行全体会议，就此草案进行公开辩论。

7 月 14 日　联合国大会通过根据《联合国宪章》第 19 条提出豁免请求的决议，准许利比里亚、尼日尔以及圣多美和普林西比在大会投票，到大会在第 60 届会议主要会期期间作出最后决定为止。

7 月 21 日　反对"增常"的"团结谋共识"运动向联合国大会提交一项有关安理会扩大的决议草案，要求增加 10 个非常任理事国，并建议允许扩大后的安理会所有 20 个非常任理事国均可连选连任。26 日，大会举行公开会议，就此草案进行辩论。

7 月 25 日　四国集团与非洲联盟在伦敦举行外长会议，四国集团未能说服非盟支持其提出的有关安理会扩大问题的决议案。

7 月 25—26 日　第 6 届联合国与区域组织和政府间组织高级别会议在纽约联合国总部召开，围绕"联合国——区域组织加强世界安全伙伴关系"的会议主题，讨论了应对国际恐怖主义、全球威胁以及加强联合国与区域组织合作等问题。

7 月 26 日　安理会通过关于保护受武装冲突影响的儿童的第 S/RES/1612（2005）号决议，同意秘书长根据第 S/RES/1539（2004）号决议第 2 段要求提出的与建立一个儿童与武装冲突问题监测和报告机制有关的行动计划，决定成立一个由安理会所有成员组成的安全理事会工作组，审查该机制提交的报告并提出建议。

同日　安理会通过关于前南问题法庭法官提名的第 S/RES/1613（2005）号决议，审议秘书长收到的前南问题国际法庭审案法官提名人选，依照《国际法庭规约》的相关规定，将提名人选送交大会。

7 月 29 日　安理会通过关于联黎部队任务延期的第 S/RES/1614（2005）号决议，赞同秘书长 7 月 21 日关于联黎部队的报告（S/2005/460），决定将任务期限延长至 2006 年 1 月 31 日。

同日　安理会通过关于格鲁吉亚阿布哈兹局势的第 S/RES/1615（2005）号决议，决定再次延长联格观察团的任务期限，至 2006 年 1 月 31 日止。

同日　安理会通过关于刚果民主共和国局势的第 S/RES/1616(2005)号决议,决定将有关联合国刚果(金)特派团任务的第 S/RES/1493(2003)号决议第 20—22 段所列并经决定实施全面武器禁运的第 S/RES/1596(2005)号决议第 1 段修订和补充的所有规定延长至 2006 年 7 月 31 日。

同日　安理会通过关于对与恐怖主义有关联者采取的措施的第 S/RES/1617(2005)号决议,决定所有会员国都应采取针对基地组织、本·拉登和塔利班,以及针对按第 S/RES/1267(1999)号和第 S/RES/1333(2000)号决议拟定的名单("综合名单")列出的与它们有关联的其他个人、集团、企业和实体的措施。

同日　才华横溢、深得众望的联合国第 2 任秘书长哈马舍尔德 100 周年诞辰纪念日。安南秘书长特地为此发表讲话,赞扬哈马舍尔德为联合国及其工作人员树立了一个楷模。哈马舍尔德这个名字对于联合国来说,这可是一位令人难以忘怀、对联合国产生深远影响的秘书长。安南在纪念哈马舍尔德诞辰 100 周年系列活动的发起仪式上表示,尽管哈马舍尔德已经去世 40 余载,但至今世人仍被他的魅力所折服。哈马舍尔德在 1953 年出任联合国第 2 任秘书长,1957 年再次连任。1961 年,在刚果执行和平使命时因座机失事而死亡。哈马舍尔德在 1953 年当选秘书长一职时,联合国正处于低谷时期。上任伊始,哈马舍尔德把工作重点放在强化联合国秘书处的政治独立性上面。他着手修改联合国工作人员守则,使他们摒弃各自的国家利益,为了联合国的整体目标而工作。与此同时,他努力推进联合国在维持世界和地区的和平方面发挥更加主动和积极的作用。哈马舍尔德的中国之行充分展现了他作为一位具有高超外交技巧和客观性的国际公务员能够发挥他特有作用的一个场合。朝鲜战争中 17 名美国空军人员被俘事件给他提供了这样一个机会。在这一事件提交联大讨论后的第 2 天,哈马舍尔德出人意料地飞往中国亲自为此进行斡旋。他在北京同周恩来进行了马拉松式的谈判,使得这些美国军人得以释放,其中的 4 名飞行员是在他 50 岁生日的当天被释放的,这显然是中国政府做出的一个姿态,以强调哈马舍尔德个人为此所进行的努力产生了结果。在哈马舍尔德到任之前,人们普遍将秘书长这一职位看作一种纯行政性的职位。哈马舍尔德的中国之行在某种程度上拓展了秘书长的职责范围,也赢得了人们对他的尊重。从此,哈马舍尔德便以他极大的热情和旺盛的精力投入到了解决国际纷争的工作之中。在 1956 年的苏伊士运河危机、1958 年的黎巴嫩和约旦危机中,他都前往危机发生地进行斡旋。他的这种身先士卒的工作作风加速了化解危机的速度,但同时也使自己的生命安全受到了威胁。1960 年刚果危机发生后,他主张联合国在刚果发挥积极的作用,并为此而积极奔走,不幸在刚果维和行动的斡旋努力中因飞机失事而献出了自己的生命。1961 年,为了纪念哈马舍尔德,诺贝尔和平奖委员会将当年的和平奖颁发给了他。

8 月 4 日　安理会通过关于谴责在伊拉克的恐怖行为的第 S/RES/1618(2005)号决议,明确地大力敦促会员国防止恐怖分子经由本国进出伊拉克、为恐怖分子提供武器和筹集资金支持恐怖分子,再次强调该区域各国,尤其是伊拉克邻国,在这方面加强合作的重要性;敦促所有国家按照第 S/RES/1373(2001)号决议规定的义务积极合作,努力缉拿此类野蛮行径的实施者、组织者和赞助者,将其绳之以法;表示下定最大决心按照宪章赋予的责任抗击恐怖主义。

同日　联合国《保护与使用越境水道和国际湖泊公约》之《水与健康议定书》开始生效。

同日　联合国负责维和事务的副秘书长盖埃诺宣布在联合国 8 个维和特派团中设立行为和纪律小组。

同日　非洲联盟在埃塞俄比亚首都亚的斯亚贝巴宣布,拒绝接受四国集团提出的有关联合国改革的方案,继续维持其 2005 年 7 月初在利比亚苏尔特举行的第 5 届非盟峰会的既定方案。

8 月 5 日　第 59 届联合国大会副主席、澳大利亚常驻联合国代表约翰·多思,巴巴多斯常驻联合国代表克里斯托弗·哈克特在联合国总部共同举行新闻发布会,代表本届联合国大会主席、加蓬外长让·平公布联合国峰会第 3 版《成果文件草案》。

8 月 10 日　安理会就塞拉利昂局势举行磋商。安南秘书长的塞拉利昂事务副特使安吉罗向安理会介绍了联合国驻该国特派团的工作情况。

8 月 11 日　安理会通过关于"伊拉克局势:联伊援助团任期延长"的第 S/RES/1619(2005)号决议,决定将联合国伊拉克援助团(联伊援助团)的任务期限,自本决议通过之日起,再延长 12 个月;表示打算在满 12 个月时审查联伊援助团的任务,如伊拉克政府要求,亦可提前审查。

8 月 12 日　在台湾当局唆使下,乍得等少数台"邦交国"常驻联合国代表致函联合国秘书长安南,要求将所谓"2300 万台湾人民在联合国的代表权问题"及"联合国在维护台海和平方面的积极作用"问题列入大会议程。当日,中国常驻联合国代表王光亚大使奉命致函安南秘书长表示抗议。

8 月 19 日　安理会就几内亚比绍局势举行会议,通过一项主席声明,对该国总统大选成功举行予以肯定,并敦促该国各方避免采取危害国家和平与稳定的行为。

8月22日 世界卫生组织发表《千年目标实施报告》说,过去5年各国推动公共健康领域千年目标实现的进度缓慢,以目前的速度难以按期在2015年底前实现公共健康领域的各项目标。

8月24日 安理会就中东局势举行公开会议,联合国负责政治事务的副秘书长甘巴里在作报告时指出,以色列从加沙和西岸部分地区撤出是具有分水岭意义的行动,这是以色列第1次从巴勒斯坦被占领土撤出。

8月26日 第59届联大主席、加蓬外长让·平在秘书长《大自由》报告的基础上,主持起草了《成果文件草案》,以便于各国领导人在联合国60周年首脑会议上做出如何改革联合国的政治决定。大会讨论进行到第3稿时,"半路杀出个程咬金",8月24日刚上任的美国常驻联合国代表约翰·博尔顿将一份包含有750多条修改建议的方案分发给各成员国代表团,这形同一次搅局。为闯过这道难关,8月26日全体成员国同意联大主席让·平的建议,设立一个包括5个常任理事国、欧盟、非盟以及七十七国集团、不结盟运动等地区和集团的代表共32个国家组成的"核心小组",讨论解决《成果文件草案》中尚存重大分歧的7个议题,以期在峰会前通过。由于分歧明显,《成果文件草案》迟迟无法定稿,只得不断减负,甩下几个一时难以求同的重要议题。直到最后一刻《成果文件草案》尚未完全达成协议,只能迫使第59届联大闭幕时间数度推迟。这在联合国历史上尚属首次。9月13日下午,这份文件草案终于被第59届联大无异议地通过,但实际上已大大缩水,为各方妥协的结果,是一份不太合格的答卷。其中扩大安理会、裁减军备等令人瞩目的重大现实事项在文件中并未见踪影。

8月29日 联合国人权事务高级专员阿尔布尔开始对中国进行为期5天的访问,旨在加强联合国人权高专办与中国政府自2000年来的合作关系。

8月31日 安理会通过关于"塞拉利昂局势:设立联塞综合办"的第S/RES/1620(2005)号决议,设立联合国塞拉利昂综合办事处(联塞综合办),初步为期12个月,从2006年1月1日算起。

同日 联合国巴勒斯坦人民行使不可剥夺权利委员会发表声明,敦促以色列早日从西岸全部撤出,以促使中东冲突得到持久和公正的解决。

同日 第四次世界妇女大会10周年会议在北京闭幕,围绕"促进性别平等,实现共同发展"的主题进行讨论,通过《北京+10宣言》。

9月2日 安南秘书长宣布"文明联盟高级别小组"业已组成,该小组的18名成员是由研究不同文明和不同文化间相互关系的专家通过广泛磋商推举的。

9月6日　安理会通过关于"刚果民主共和国局势:联刚特派团扩大编制"的第 S/RES/1621(2005)号决议,扩大联合国组织刚果民主共和国特派团(联刚特派团)的编制,并强调部署属临时性质,请秘书长采取必要措施,至迟自 2006 年 7 月 1 日起将这些增派人员缩编或调回本国。

9月7—9日　第 2 届世界议长大会在纽约总部召开。会议以"议会和多边合作:应对 21 世纪的挑战"为主题,探讨新形势下加强多边合作、应对人类社会面临的新挑战等重大问题。最后通过题为《缩小国际关系中的民主差距:让各国议会发挥更大作用》的宣言,呼吁各国议会与联合国建立战略伙伴关系,并在应对全球性挑战方面发挥更大作用。

9月12日　大会通过关于加强和振兴的联合国大会的第 A/RES/59/313 号决议。

同日　原定当天下午闭幕的第 59 届联合国大会因各成员国尚未就《成果文件草案》达成共识,不得不将闭幕日期推迟到 13 日,原定 9 月 13 日下午开幕的第 60 届联合国大会只得往后推迟一天。这是联大历史上首次出现的罕有情况。

9月13日　第 59 届联合国大会通过关于 2005 年 9 月大会高级别全体会议成果文件草稿的第 A/RES/59/314 号决议后闭幕,决定将成果文件草稿提交定于 2005 年 9 月 14—16 日举行的大会高级别全体会议审议。

同日　第 60 届联合国大会开幕,扬·埃利亚松(瑞典)担任大会主席,会议主题是"为了更强有力和更有效的联合国:2005 年 9 月高级别全体会议的后续行动与执行情况"。

同日　安理会通过关于埃塞俄比亚与厄立特里亚间局势的第 S/RES/1622(2005)号决议,决定将埃厄特派团的任务期限延长到 2006 年 3 月 15 日。

同日　安理会通过关于"阿富汗局势:安援部队任务期限延长"的第 S/RES/1623(2005)号决议,决定将国际安全援助部队的授权,自 2005 年 10 月 13 日起延长 12 个月。

9月14日　联合国成立 60 周年首脑会议在纽约联合国总部举行,包括 170 多位国家元首和政府首脑在内的各国代表出席,是联合国历史上规模最大的首脑会议。会议期间还举行了安理会首脑会议、发展筹资高级别会议和 4 次圆桌会议。与会各国领导人讨论了改革联合国、加强集体安全机制、落实千年发展目标等重大问题,重申促进世界和平与发展及加强多边合作的承诺,进一步确认了联合国在多边合作机制中的中心地位。中国国家主席胡锦涛应邀参加在纽约联合国总部举行的联合国成立 60 周年首脑会议。胡锦涛主席出席了首脑会议开幕式,并在全会、安理会首脑会议、圆桌会、发展筹资高级别会议上发表讲话,全面阐述中国对国际形势和重大问题的立场。

同日 首脑会议以鼓掌方式一致通过《成果文件》。在《成果文件》中,各国领导人重申对《联合国宪章》宗旨和原则以及国际法的承诺,表示决心按照《联合国宪章》宗旨和原则维护世界和平,建立有效的多边体系,发挥联合国的中心作用;承诺采取具体行动积极应对威胁和挑战,致力于消除威胁和挑战的根源;表示支持联合国将促进经济、社会和环境的可持续发展作为主要活动;强调尊重和理解世界的多样性、宗教和文化多样性。各国领导人表示决心在发展、和平与集体安全、人权与法治、加强联合国4个方面采取具体措施,创建一个更加和平、繁荣、民主的世界。《成果文件》体现了各方在落实发展问题、改革秘书处内部管理、加强大会和经社理事会作用、设立建设和平委员会、人权理事会和民主基金、完成全面反恐公约、"保护人民免遭灭绝种族、战争罪、族裔清洗和危害人类罪之害的责任"等方面达成的原则共识,对联合国未来发展和联合国改革进程有重要影响。《成果文件》已成为指导联合国未来工作的纲领性文件。

同日 胡锦涛主席在发展筹资高级别会议上,就如何落实千年发展目标,加快国际合作,促进普遍发展,实现共同繁荣提出4点建议:(1)进一步深化改革,使国际经济体制和规则更加公平合理;(2)尊重发展模式多样性,推动发展经验的交流;(3)建立公平、合理、有效的千年发展目标进展评估框架;(4)加强联合国在推动国际发展合作中的作用。胡锦涛还强调,中国将尽最大努力支持和帮助其他发展中国家加快发展,并将采取5项新措施。胡锦涛提出将采取的这5项新措施是:(1)给予所有同中国建交的39个最不发达国家部分商品零关税待遇。(2)在今后两年内,全部免除或以其他处理方式消除所有同中国有外交关系的重债穷国2004年底前到期未还的全部无息政府贷款。(3)今后3年内向发展中国家提供100亿美元优惠贷款。(4)今后3年内,增加对发展中国家特别是非洲国家的相关援助,为其提供包括防疟特效药在内的药物,帮助他们建立和改革医疗设施、培训医务人员。(5)今后3年内为发展中国家培训培养3万名各类人才。

9月14—16日 联合国大会在首脑峰会开幕之际开放《制止核恐怖主义行为国际公约》《联合国反腐败公约》和《联合国国家及其财产管辖豁免公约》等30余项条约供各国签署。中国外交部长李肇星在联合国总部举行的"条约活动"中代表中国政府签署了《制止核恐怖主义行为国际公约》和《联合国国家及其财产管辖豁免公约》。

9月15日　中国国家主席胡锦涛在联合国成立 60 周年首脑会议上发表了题为《努力建设持久和平、共同繁荣的和谐世界》的重要讲话。胡锦涛说:"联合国的成立,是人类为和平与发展长期努力的结果。""六十年的实践表明,联合国的成立是人类历史上一件具有划时代意义的大事,是人类和平进步事业发展的一座重要里程碑"。胡锦涛提出:"历史昭示我们,在机遇和挑战并存的重要历史时期,只有世界所有国家紧密团结起来,共同把握机遇、应对挑战,才能为人类社会发展创造光明的未来,才能真正建设一个持久和平、共同繁荣的和谐世界。"就此,胡锦涛发表以下几点重要意见:"第一,坚持多边主义,实现共同安全。和平是人类社会实现发展目标的根本前提。没有和平,不仅新的建设无以推进,而且以往的发展成果也会因战乱而毁灭。无论对于小国弱国还是大国强国,战争和冲突都是灾难。因此,各国应该携起手来,共同应对全球安全威胁";"第二,坚持互利合作,实现共同繁荣。发展事关各国人民切身利益,也事关消除全球安全威胁根源。没有普遍发展和共同繁荣,世界难享太平。联合国应该采取切实措施,落实千年发展目标,特别是要大力推动发展中国家加快发展,使二十一世纪真正成为'人人享有发展的世纪'";"第三,坚持包容精神,共建和谐世界。文明多样性是人类社会的基本特征,也是人类文明进步的重要动力。各种文明有历史长短之分,无高低优劣之别。历史文化、社会制度、发展模式的差异不应成为各国交流的障碍,更不应成为相互对抗的理由";"第四,坚持积极稳妥方针,推进联合国改革……安理会改革是联合国改革的一项重要内容。要通过改革安理会,优先增加发展中国家特别是非洲国家的代表性,让更多国家特别是中小国家有更多机会参与安理会决策。"讲话最后,胡锦涛说:"在人类漫长的发展史上,各国人民命运从未像今天这样紧密相连、休戚与共。共同的目标把我们联结在一起,共同的挑战需要我们团结在一起。让我们携手合作,共同为建设一个持久和平、共同繁荣的和谐世界而努力!"

9月19日　大会在首脑峰会开幕之际开放《制止核恐怖主义行为国际公约》《联合国反腐败公约》《联合国国家及其财产管辖豁免公约》等 30 余项条约供各国签署。中国外交部长李肇星在联合国总部举行的"条约活动"中代表中国政府签署了《制止核恐怖主义行为国际公约》和《联合国国家及其财产管辖豁免公约》。9 月 19 日,中国外长李肇星在大会一般性辩论中发表题为《走和平、和谐、共同发展之路》的讲话。

同日　安理会通过关于"国际和平与安全面临的威胁"的第 S/RES/1624(2005)号决议,重申必须根据《联合国宪章》,采用一切手段抗击一切形式的恐怖主义,着重指出各国必须确保为抗击恐怖主义而采取的任何措施,符合它们依国际法承担的所有义务,并应根据国际法,尤其是国际人权法、难民法和人道主义法,来实行这些措施。中国支持安理会通过有关反恐决议,为安理会第 S/RES/1624(2005)号决议通过发挥了重要作用。中国还认真配合安理会反恐委员会及其下属的反恐执行局工作,切实执行有关决议内容。中国继续积极参与地区和区域反恐合作。

同日 安理会通过关于"加强安理会预防冲突的效力"的第 S/RES/1625(2005)号决议,通过关于加强安理会在预防冲突尤其是在非洲预防冲突方面所起作用的效力宣言。

同日 安理会通过关于"利比里亚局势:联利特派团任务期限延长"的第 S/RES/1626(2005)号决议,决定将联合国利比里亚特派团(联利特派团)的任务期限延至 2006 年 3 月 31 日。

9 月 20 日 安南秘书长在纽约总部主持中东和平 4 方会谈会议。美国国务卿赖斯、俄罗斯外长拉夫罗夫、欧盟外交事务"三驾马车"(共同外交和安全事务高级代表索拉纳、欧盟对外关系委员瓦尔德纳以及欧盟现任轮值主席国英国外交大臣斯特劳)参加会议。

同日 安理会就"社会在预防冲突以及和平解决争端中的作用"进行公开辩论。21 日,发表一项声明,表示将加强与社会在预防冲突方面的合作。

9 月 21 日 联合国在纽约总部召开第 4 次"推动《全面禁止核试验条约》生效大会"。依照《全面禁止核试验条约》第 14 条生效条款中每 3 年召开 1 次促进条约生效会议的规定,1999 年 10 月,2001 年 11 月、2003 年 9月、2005 年 9 月,联合国已召开了 4 届促进全面禁止核试验条约生效的会议。会议通过的有关宣言一再呼吁所有尚未签署条约的国家尽快签署并批准这一条约,并呼吁所有已签署但仍未批准的国家加速批准进程,以便使条约早日生效。但呼吁收效甚微,情况照旧,并且事情还不时发生变化。除在1996 年 9 月 24 日条目中已提到的美国因素外,还有如众所周知的印度与巴基斯坦先后进行核试验、朝核与伊核等问题。这不仅使《全面禁止核试验条约》生效时间旷日持久,甚至还严重威胁到以《全面禁止核试验条约》为主的条约的施行。

同日 安理会就苏丹问题举行会议。安南秘书长的苏丹事务特使普龙克就苏丹最新局势作报告。他在会后的记者会上指出,乌干达北部的反叛组织"圣灵抵抗军"正对苏丹南部刚刚产生的和平构成威胁。

9 月 23 日 安理会通过关于"苏丹:联苏特派团任务期限延长"的第S/RES/1627(2005)号决议,决定将联苏特派团的任务期限延长至 2006 年 3

月 24 日,并打算继续延长。

9 月 24 日　国际原子能机构理事会议 22 票赞成、1 票反对、12 票弃权的结果通过德、法、英提出的欧盟关于伊朗核问题的决议草案。该草案除了以较为强硬的言辞批评伊朗不遵守《不扩散核武器条约》义务外,还要求将伊朗核问题在"未来不确定的时候"提交到安理会。

9 月 30 日　安理会通过关于"刚果民主共和国局势:联刚特派团任务期限延长"的第 S/RES/1928(2005)号决议,决定将联刚特派团任务期限延长至 2005 年 10 月 31 日。

同日　安理会通过关于"前南斯拉夫问题国际刑事法庭:指派常任法官"的第 S/RES/1629(2005)号决议,决定指派克里斯蒂娜·范登韦恩加尔特法官担任预定 2005 年 10 月 3 日开始审理的姆克西奇等人一案的常任法官。

10 月 7 日　挪威诺贝尔委员会宣布,将 2005 年诺贝尔和平奖授予国际原子能机构及其总干事穆罕默德·巴拉迪,以表彰他们在"制止核能用于军事目的并确保最安全地和平利用核能"方面作出的贡献。

10 月 10 日　第 60 届联合国大会全体会议选举刚果(布)、加纳、秘鲁、卡塔尔和斯洛伐克为任期两年的安理会非常任理事国,任期从 2006 年 1 月 1 日开始。

10 月 10—21 日　《联合国打击跨国有组织犯罪公约》第 2 届缔约国大会在维也纳召开。65 个缔约国、32 个签署国及相关联合国机构、政府间国际组织和非政府组织的代表出席会议。中国派出以驻维也纳联合国和其他国际组织代表吴海龙大使为团长的代表团与会,并积极参加会议有关工作。

10 月 14 日　安理会通过关于"索马里局势:重设监测组"的第 S/RES/1630(2005)号决议,决定请秘书长同 1992 年 4 月 24 日关于建立联索行动的第 S/RES/751(1992)号决议所设委员会协商,自本决议通过之日起 30 天内,重新设立关于重建检测索马里武器禁运小组的第 S/RES/1558(2004)号决议第 3 段所指的监测组,为期 6 个月。

10 月 17 日　安理会通过关于"联合国与区域组织在维护国际和平与安全方面的合作"的第 S/RES/1631(2005)号决议,欢迎联合国与区域组织和其他政府间组织第 6 次高级别会议主席的结论意见(2005 年 7 月 25—26 日),决定按《联合国宪章》第 8 章的规定,进一步扩大联合国与区域和次区域组织在维护国际和平与安全方面的合作。

10 月 17—28 日　在内罗毕举行的《联合国关于在发生严重干旱和/或荒漠化的国家特别是在非洲防治荒漠化的公约》缔约方会议第 7 届会议决

定 2006 年为国际荒漠年。

10 月 18 日 安理会通过关于"科特迪瓦局势：延长专家组任期"的第 S/RES/1632(2005)号决议，认定科特迪瓦局势继续对该区域的国际和平与安全构成威胁，决定将专家组的任期延长至 2005 年 12 月 15 日，并请秘书长采取必要的行政措施。

10 月 19 日 安理会讨论厄立特里亚政府禁止联合国驻当地维和特派团飞机飞行的问题。

10 月 20 日 大会通过关于"2001—2010 年世界儿童和平非暴力文化国际 10 年"的第 A/RES/60/3 决议。

同日 南秘书长就苏丹达尔富尔局势向安理会提交报告说，达尔富尔近来暴力升级使得当地的安全和人道局势进一步恶化，他希望国际社会向达尔富尔冲突各方施加压力，促使苏丹政府和达尔富尔叛军加速和谈，并保护达尔富尔百姓。

同日 安南向安理会提交索马里问题报告，敦促索马里各派领导人全面执行停火协定。

同日 教科文组织在巴黎召开第 33 届大会以 148 票对 2 票（美国和以色列反对）、4 票弃权的压倒性多数通过了法国和加拿大倡议的《保护文化内容和艺术表现形式多样化公约》（简称《文化多样性公约》）；大会还通过了《生物伦理世界宣言》。

10 月 21 日 安理会通过关于"科特迪瓦局势：国际工作组任务"的第 S/RES/1633(2005)号决议，支持成立部长级国际工作组和调解小组，秘书长特别代表应担任这两个小组的共同主席；表示打算根据科特迪瓦的局势，至迟于 2006 年 1 月 24 日联科行动任期结束时，审查联科行动的兵力。

同日 联合国负责调查黎巴嫩前总理哈里里遇害事件的独立调查委员会负责人梅利斯提交报告指出，有证据显示，叙利亚和黎巴嫩高级官员与哈里里遇害案有关。25 日，安理会举行会议听取该委员会对此案调查进展的报告。

10 月 24 日 联合国在纽约总部举行隆重庆祝活动，纪念联合国成立 60 周年。联合国驻各地办事处以及特派团也举行了庆祝联合国 60 周年的活动。

同日 安理会就科索沃未来地位问题举行公开会议，安南秘书长的负责对科索沃局势进行全面审议的特使埃德和科索沃事务特使让森—彼得森作了汇报。

10 月 25 日 教科文组织在巴黎举行新闻发布会，宣布在不久前结束的该组织第 33 届会议以 122 票通过了《反对在体育运动中使用兴奋剂国际公约》（简称《反兴奋剂国际公约》）。这是全球第一个旨在反兴奋剂的有普遍国际约束力的法律文书。

10 月 26 日　安理会举行闭门会议，讨论了美、英、法 3 国共同提出的就黎巴嫩前总理哈里里遇害案威胁制裁叙利亚的决议草案，但未能就决议案的内容达成一致。

10 月 27 日　联合国通过首份指导选举观察员工作的《行为原则和准则宣言》。

同日　安理会举行公开会议，审议 5 年前通过的关于妇女与武装冲突问题的第 S/RES/1325（2000）号决议执行情况。

10 月 28 日　安理会通过关于"有关西撒哈拉的局势：延长西撒特派团的任期"的第 S/RES/1634（2005）号决议，决定将联合国西撒哈拉全民投票特派团（西撒特派团）的任务期限延至 2006 年 4 月 30 日。

同日　安理会通过关于"有关刚果民主共和国的局势：延长联刚特派团的任务期限"的第 S/RES/1635（2005）号决议，决定将联刚特派团的任务期限延长至 2006 年 9 月 30 日，并强调扩大编制属临时性质。

同日　安理会通过一项声明，谴责伊朗总统艾哈迈迪—内贾德称以色列应该被巴勒斯坦以及伊斯兰世界彻底"从地图上抹掉"的讲话。

10 月 31 日　安理会举行外长会议，通过第 S/RES/1636（2005）号决议，决定延长调查委员会任期。中国外长李肇星在这次会议上阐述了对哈里里遇害调查问题的立场：（1）中国赞赏调查委员会为查明哈里里遇害事件真相所做努力，希望委员会继续进行公开、公正调查。（2）安理会有责任敦促有关各方根据安理会通过第 S/RES/1595（2005）号决议，向委员会提供全面、充分和严肃的合作。（3）在调查委员会尚未形成最终结论的情况下，安理会预先判定调查结果，并威胁实施制裁是不合适的，也不利于问题的解决。（4）安理会在处理有关问题时，应充分考虑中东地区的特殊和复杂情况，尊重各国主权和人民的意愿，避免引发地区形势出现新的紧张和动荡。

同日　安理会通过一项主席声明，强烈谴责 29 日发生在印度首都新德里的系列恐怖爆炸袭击事件。

同日　非洲联盟在亚的斯亚贝巴进行第 5 次特别首脑会议，重新审议非洲国家 2005 年 7 月份提出的有关联合国安理会的改革方案。

11 月 1 日　联合国大会全体会议一致通过由 104 个国家共同发起的一项关于纪念大屠杀的第 A/RES/60/7 号决议草案，将每年的 1 月 27 日定为"国际大屠杀纪念日"。

11月2日 联合国贸易和发展会议发表报告,首次公布了110个国家的贸易和发展指数排名。丹麦、美国、英国分列前3名。前20名里唯一的发展中国家是新加坡,排在第15位。在亚洲国家中,韩国列第25名,马来西亚第28名,中国和印度分别位列第51名和第90名。排名最后10位的国家都来自非洲,其中包括9个最不发达国家。

11月3日 联合国大会通过第A/RES/60/25号、第A/RES/60/26号、第A/RES/60/27号、第A/RES/60/28号决议,分别给予拉丁美洲一体化协会、商品共同基金、海牙国际私法会议、伊比利亚—美洲会议等大会观察员地位。

同日 安南秘书长的特使拉尔森就安理会第S/RES/1559(2005)号决议执行情况向安理会吹风说,随着黎巴嫩国会选举和叙利亚军队从黎巴嫩撤出的完成,第S/RES/1559(2005)号决议的执行进入到下一阶段,即支持黎巴嫩解散武装派别、划清黎叙边界,又鼓励两国建立外交关系。

11月7—9日 世界卫生组织、联合国粮农组织、世界动物卫生组织和世界银行开始在日内瓦共同召开首次全球防治禽流感会议,提出应对禽流感疫情的6点全球行动计划。

11月8日 联合国大会全体会议通过关于"必须终止美利坚合众国对古巴的经济、商业和金融封锁"的第A/RES/60/12号决议,敦促美国终止对古巴的经济、商业及金融的封锁和制裁。

同日 安理会通过关于"有关伊拉克的局势:延长多国部队的任务期限"的第S/RES/1637(2005)号决议,指出多国部队是应伊拉克政府的请求驻留在伊拉克的,重申第S/RES/1546(2004)号决议为多国部队规定的授权,并决定把该项决议规定的多国部队任务期限延长至2006年12月31日;决定,应根据伊拉克政府的要求或至迟于2006年6月15日审查多国部队的任务。并宣布,如果伊拉克政府提出要求,将提前终止这一任务。

11月11日 第60届联合国大会就安理会改革举行的首次公开辩论结束。在为期两天的辩论中,美国、中国、俄罗斯、德国、尼日利亚等70多个国家的代表先后发言,呼吁改革安理会的结构和工作方法,但在安理会扩大问题上各方分歧依旧严重。

同日 安理会通过关于"利比里亚局势:增加联利特派团任务"的第S/RES/1638(2005)号决议,决定扩充联合国利比里亚特派团(联利特派团)的任务。

11月17日 联合国气候变化框架公约秘书处发表《全球主要温室气

体数据》,并呼吁各国采取有效措施,可持续地减少排放。

11 月 20 日　联合国环境规划署和《保护野生动物迁徙物种公约》(CMS)组织宣布,将联手建立全球性禽流感预警系统,以助各国政府预防因鸟类迁徙而引起的禽流感传播。

11 月 21 日　安理会通过关于"波黑局势:延长欧盟部队任务期限"的第 S/RES/1639(2005)号决议,欢迎欧盟打算在 2005 年 11 月以后在波黑维持其军事行动;授权会员国通过欧盟采取行动或与欧盟合作采取行动,自本决议通过之日起,再设立一支多国稳定部队(欧盟部队),为期 12 个月。作为稳定部队的合法继承者,接受统一指挥和控制,欧盟部队将与北约所设总部合作;欢迎北约决定以一个北约总部的形式,继续维持在波黑的存在,以便继续与欧盟部队共同协助执行《和平协定》。

同日　联合国艾滋病规划署和世界卫生组织联合发表《2005 年全球艾滋病疫情报告》称,全球艾滋病疫情仍在加剧,重点是加强艾滋病预防以抑制疫情蔓延。

11 月 23 日　大会通过关于《联合国国际合同使用电子通信公约》的第 A/RES/60/21 号决议及其附件《联合国国际合同使用电子通信公约》。公约于 2013 年 3 月 1 日生效。

同日　安理会通过关于"厄立特里亚与埃塞俄比亚间局势:要求双方克制"的第 S/RES/1640(2005)号决议,要求厄立特里亚政府不再拖延、不设先决条件地撤销其禁止埃厄特派团直升机飞行的决定,以及对埃厄特派团作业施加的其他限制,向埃厄特派团提供履行职责所需的出入便利、协助、支助和保护;吁请双方力行克制,避免彼此进行武力威胁或使用武力,并要求双方恢复到 2004 年 12 月 16 日的部署规模,立即开始实行,在 30 日内完成重新部署,以防止局势恶化。

同日　联合国毒品和犯罪问题办事处发布《阿富汗鸦片调查》报告。

11 月 25 日　国际原子能机构宣布用该机构及其总干事巴拉迪获得的诺贝尔和平奖奖金设立治疗癌症和促进儿童营养基金。

11 月 28 日　《联合国气候变化框架公约》第 11 次缔约方大会在加拿大蒙特利尔召开,大会期间还将举行公约下属的《京都议定书》生效后的第 1 次缔约方大会。来自 190 多个国家和地区的 8000 多名代表出席此次讨论气候变化对人类的影响及相应措施的会议。

11 月 28 日—12 月 9 日　在加拿大蒙特利尔举行了《联合国气候变化框架公约》第 11 次缔约方会议暨《京都议定书》第 1 次缔约方会议,来自包括中国在内的各国政府、政府间国际组织、非政府组织和媒体的近 9000 人参会。加拿大总理在部长级会议上致辞,加拿大环境部部长担任会议主席。会议围绕东道国加拿大确定的 3 大主题展开,即实施、完善和创新。所谓"实施"就是推动公约和议定书的履行,议定书缔约方会议为此通过了实施议定书的技术性文件《马拉喀什协议》(共 19 项决定),设立了议定书的遵约机制。会议的争论、斗争异常激烈。会议最终决定启动议定书第 3 条第 9 款规定的进程,设专门工作组谈判确定发达国家 2012 年后温室气体减排指标。会议还决定就加强实施公约以应对气候变化的长期合作开展非正式对话。会议期间,中方代表团积极同各方接触,表达中方立场和观点,强调中国政府为应对气候变化做出了极大努力,为实现公约目标做出了重要贡献。

11 月 29 日　因各方在恐怖主义定义适应范围问题上争执不休,第 60 届联合国大会负责法律事务的第六委员会作出决定,暂时中止《关于国际恐怖主义全面公约》草案的谈判。

11 月 30 日　大会通过关于阿富汗局势及其对国际和平与安全的影响和为饱经战祸的阿富汗的和平、正常状态及重建提供紧急国际援助的第 A/RES/60/32A—B 号决议。

同日　联合国大会通过关于"推迟马尔代夫从最不发达国家名单中毕业的平稳过渡期"的第 A/RES/60/33 号决议,鉴于 2004 年 12 月 26 日的海啸造成了前所未有的自然灾害,决定将马尔代夫从最不发达国家名单中毕业的 3 年平稳过渡期推迟 3 年,从 2008 年 1 月 1 日开始算。

同日　大会一致通过由中国提出的关于"加强全球公共卫生能力建设"的第 A/RES/60/35 号决议,呼吁国际社会采取有效措施,开展积极合作,加强全球公共卫生能力建设。

同日　安理会通过关于"布隆迪局势:延长联布行动任务期限"的第 S/RES/1641(2005)号决议,决定将联合国布隆迪行动的任务期限延长至 2006 年 1 月 15 日。

同日　在加拿大蒙特利尔举行的联合国气候变化会议通过《京都议定书》的执行规定。这意味着旨在限制发达工业国家温室气体排放的《京都议定书》将开始全面执行。

12 月 5 日　《禁止生物武器公约》缔约国大会在日内瓦召开,安南秘书长向大会致词,呼吁各国认真履行公约内容,防止恐怖分子获得此类武器。

12 月 7 日　安南秘书长和安理会分别发表声明,谴责厄立特里亚政府要求联合国驻埃塞俄比亚和厄立特里亚特派团部分工作人员离境。

同日　联合国人权事务高级专员路易丝·阿伯女士在纽约总部举行新

闻发布会,批评美国以反恐为名设立秘密监禁设施和未经法律程序转移嫌犯等违反人权的做法,并认为美国的行为削弱了全球禁止酷刑的努力。

12月8日　大会通过关于"联合国人员及相关人员安全公约任择议定书"的第 A/RES/60/42 号决议及其附件《联合国人员及相关人员安全公约任择议定书》,弥补了 1999 年生效的安全公约中所存在的缺陷。

12月12日　安南秘书长向安理会提交负责调查黎巴嫩前总理哈里里遇害的国际独立调查委员会的第 2 份报告。该报告维持并加强了第 1 份报告中的基本结论,即在哈里里遇害案背后,有个人和政治动机,谋杀不太可能在叙利亚情报官员不知情和没有参与的情况下发生。

12月14日　安理会通过关于"塞浦路斯局势:延长联塞部队任务期限"的第 S/RES/1642(2005)号决议,表示全力支持联塞部队,并决定再次延长联塞部队的任务期限,至 2006 年 6 月 15 日止。

同日　《联合国反腐败公约》正式生效。已有 140 个国家签署和 38 个国家批准该公约。

同日　尼日利亚、加纳、南非和塞内加尔 4 国向第 60 届联合国大会秘书处提交了一项有关安理会扩大的决议草案,要求增加 6 个拥有否决权的安理会常任理事国。

12月15日　联合国大会一致决定建立中央紧急应对基金,用于向危机国家提供紧急援助。

同日　安理会通过关于"科特迪瓦局势:重设专家组"的第 S/RES/1643(2005)号决议,决定将对科特迪瓦实行武器禁运的第 S/RES/1572(2004)号决议第 7—12 段各项规定的效力延长至 2006 年 12 月 15 日。

同日　安理会通过关于"中东局势:延长国际独立调查委员会任期"的第 S/RES/1644(2005)号决议,决定按照国际独立调查委员会的建议和黎巴嫩政府的请求,将第 S/RES/1595(2005)号和第 S/RES/1636(2005)号决议规定的委员会任务期限初步延长至 2006 年 6 月 15 日。

同日　世界粮食计划署执行主任莫里斯在北京表示,鉴于中国政府在解决贫困人口温饱方面已取得巨大成果,粮食署将于 2005 年底停止对华粮食援助。

12月16日　大会第三委员会(社会、人道主义和文化委员会)举行会议以 84 票赞成、22 票反对、62 票弃权(包括韩国)通过欧盟 11 月 2 日提出的有关朝鲜民主主义人民共和国人权状况的第 A/RES/60/173 号决议。自 2003 年起,联合国人权委员会已连续 3 年通过朝鲜人权问题决议案。联合国大会审议表决朝鲜人权案尚属首次。

大会通过关于《严重违反国际人权法和严重违反国际人道主义法行为受害人获得补救和赔偿的权利基本原则和导则》的第 A/RES/60/147 号决议及其附件《严重违反国际人权法和严重违反国际人道主义法行为受害人获得补救和赔偿的权利基本原则和导则》。

12月19日 安理会就非洲的人道局势举行磋商。联合国负责人道主义援助事务的副秘书长埃格兰向安理会介绍有关情况并指出,国际社会在进行人道主义救援时,一定要努力消除导致人道主义危机的根源,即冲突和社会的不平等。

同日 第 60 届联大主席埃里亚松根据联合国首脑会议《成果文件》要求,就安理会改革进展情况提交报告,表示各方对扩大安理会有广泛共识,但在扩大方法、规模、类别等问题上分歧犹存,①应在 2006 年继续讨论安理会改革;联大主席将举行联大安理会改革工作组会议。

12月20日 安理会通过关于成立建设和平委员会的第 S/RES/1645 (2005)号决议,决定按照《联合国宪章》第 7 条、第 22 条和第 29 条与大会同时行动,以期执行世界首脑会议的决定,成立建设和平委员会,履行政府间咨询机构的职能。

同日 安理会通过关于建设和平委员会组织委员会成员的第 S/RES/1646(2005)号决议,决定依照第 S/RES/1645(2005)号决议第 4 段 (a)分段的规定,宪章第 23 条第 1 款所列的常任理事国应为建设和平委员会组织委员会的成员,此外,安理会应每年从其当选成员中,选出两个成员参加组织委员会;第 1645 号决议第 15 段所述年度报告也应提交安全理事会进行年度辩论。

同日 安理会通过关于延长制裁利比里亚措施的第 S/RES/1647 (2005)号决议,决定自本决议通过之日起,将对利比里亚实行制裁措施的第 S/RES/1521(2003)号决议第 2 段和第 4 段对军火和旅行规定的措施延长 12 个月,第 6 段和第 10 段对钻石和木材规定的措施延长 6 个月,重申第 5 段、第 7 段和 11 段规定的条件一旦得到满足,安理会即准备终止这些措施;重新设立依照第 S/RES/1607(2005)号决议任命的专家小组,新任期到 2006 年 6 月 21 日止;吁请所有国家和利比里亚政府与专家小组充分合作。

12月21日 安理会通过关于"脱离接触观察员部队任务延期"的第 S/RES/1648(2005)号决议,决定将联合国脱离接触观察员部队的任务期限

---

① 具体指,日本、德国、巴西、印度组成的四国集团、非洲联盟、"观点相近国家"分别提出安理会改革决议草案。各方均支持安理会扩大,但在具体改革思路和方案上分歧明显。

再延长 6 个月,至 2006 年 6 月 30 日止。

同日　安理会通过关于"扩大第 1596(2005)号决议适用范围"的第 S/RES/1649(2005)号决议,谴责刚果民主共和国东部的外国武装团体仍不放下武器,要求所有这些团体毫不拖延,也不设先决条件,自愿着手解除武装、返回本国和重新定居;决定在 2006 年 7 月 31 日前,扩大对刚果实行武器禁运的第 S/RES/1596(2005)号决议适用范围。

同日　安理会通过关于联布行动任务延期的第 S/RES/1650(2005)号决议,决定将联布行动的任务期限延长至 2006 年 7 月 1 日;授权在必要条件下临时重新部署联布行动和联合国组织刚果民主共和国特派团(联刚特派团)的军事和民警人员;敦促帮助布隆迪发展的国际伙伴,包括联合国有关机构继续支持布隆迪的重建,尤其是积极参加于 2006 年初召开的捐助者会议。

同日　安理会通过关于延长苏丹专家组的任务期限的第 S/RES/1651(2005)号决议,决定将根据关于苏丹西部达尔富尔问题的第 S/RES/1591(2005)号决议任命的专家组的任务期限延至 2006 年 3 月 29 日。

12 月 22 日　联合国大会以 121 票赞成、1 票反对、51 票弃权通过一项关于国际贸易与发展的第 A/RES/60/184 号决议,呼吁及时完成多哈回合谈判,从而使国际贸易能最大限度地帮助发展中国家提高生活水平、根除贫困、增加就业。

12 月 30 日　安南秘书长发表声明,对联合国驻塞拉利昂特派团年底成功完成使命表示祝贺。

同日　伊拉克前总统萨达姆被处以绞刑。一国合法元首被外国军队推翻并被处死,这是世界现代史上极其罕见的事情。但伊拉克局势并未因萨达姆被处决而平静,也未因多国部队不断得到安理会授权延期而好转,伊拉克整体形势仍不乐观。

二〇〇六年

(国际沙漠和荒漠化年)

1 月 3 日　巴基斯坦地震灾区 1 日开始的入冬以来的首次大雨雪仍在持续,联合国救援人员密切与巴基斯坦政府合作,加紧援助巴基斯坦地震灾区。2005 年 10 月 8 日,巴基斯坦西北边境省和巴控克什米尔等地发生里氏 7.6 级地震,死亡人数超过 7.3 万,近 7 万人重伤,350 万人无家可归。

同日　塞拉利昂正式成立的联合国综合办事处致力于帮助塞拉利昂巩

固和平、民主，表示将帮助该国建立一个真相与和解委员会以及一个国家人权委员会，并通过帮助建立独立的司法体系来推动法治。

1月4日 安南向安理会提交报告：由于厄立特里亚对维和部队的行动进行限制，并驱逐来自欧美国家的维和人员，加上厄埃两国在边界部署部队，维和行动的意义受到质疑。安南就维和行动的前途提出了6种选择，包括全部撤出、改为观察团或联络处，或是维持现状。

同日 由联合国环境署推动起草的《喀尔巴阡山脉公约》开始具有法律效力，公约将帮助保护当地珍贵的野生物种、环境和自然、文化风光。环境署宣布，在获得斯洛伐克、乌克兰、捷克和匈牙利4国批准后，公约正式生效。

1月5日 粮农组织与卫生组织等机构共同派遣一个专家组启程前往土耳其，帮助调查当地出现的禽流感人类死亡病例。土耳其两姐弟因感染禽流感病毒H5死亡，这是亚洲以外发现的首例禽流感人类死亡病例。

同日 联合国人口基金会宣布，2005年接受的捐款额和捐助的国家数目都创下历史纪录。共有171个国家向人口基金会提供了资助，总额达到3.5亿美元。最大的6个捐助国是荷兰、瑞典、挪威、英国、日本和丹麦；此外，所有非洲国家都做出了捐款承诺。

1月6日 联合国难民署增派人员赴埃及首都开罗，紧急评估被警方拘捕的600多名苏丹人的身份，以确定他们应否受国际难民法保护。应联合国难民署要求，埃及政府同意将评估被拘留在开罗的600多苏丹人身份的工作期限延长1周。

同日 联合国驻海地维和部队加大在首都太子港的安全措施力度。已于前1天开始武装行动，旨在打击匪帮、阻止近来抬头的绑架事件的继续发生。

1月9日 安理会就厄埃局势举行闭门磋商后，本月轮值主席、坦桑尼亚大使马希加宣布决定接受美国的提议，派特使前往埃塞俄比亚和厄立特里亚，调停两国近来紧张的边境局势；在调停进行的30天内，暂不决定联合国驻当地维和部队的去留问题。

1月10日 大会召开会议，纪念首次大会在伦敦召开60周年。大会主席埃利亚松指出：联合国在过去60年里发生了很大变化，会员国从51个发展到191个。20世纪50年代和60年代，非殖民化是大会的主要工作，现在大会所讨论的议题包括国际安全、发展和减贫、传染病、人权、人道主义救助、核不扩散、裁军和恐怖主义。在一个存有诸多不确定因素和不信任的世界里，世界比以往任何时候都更需要一个强大的联合国和具有效率的大会。

同日　加勒比及邻近地区海啸预警系统在巴巴多斯首都布里奇顿宣告成立。

同日　一个旨在推动世界在 2010 年以前尽可能让所有人都获得艾滋病的预防、治疗及关怀和支持服务的全球指导委员会在美国首都华盛顿成立。该委员会由联合国艾滋病规划署牵头,捐助方及发展中国家参与,力图通过帮助各国制定明确的国家计划,推动世界实现普及艾滋病防治服务的目标。

同日　教科文组织授予灵长类动物学家珍·古道尔该组织 60 周年纪念奖,以表彰她为保护濒临灭绝的非洲黑猩猩所作的卓越贡献。

1 月 11 日　大会就设立人权理事会举行闭门讨论,着重探讨目前亟待会员国弥合分歧的理事会规模、成员资格等问题。

同日　挪威决定向巴基斯坦地震灾区派遣 7 名冬季山地生存技巧专家,培训国际人道援助人员,使他们更好地为地震生还者提供救助。

1 月 24 日　安理会通过关于"科特迪瓦局势:延长联科行动任期"的第S/RES/1652(2006)号决议,决定将联科行动的任务期限及支持联科行动的法国部队任务期限延长至 2006 年 12 月 15 日。

1 月 27 日　安理会通过关于"大湖区的和平、安全与发展"的第 S/RES/1653(2006)号决议,敦促大湖区各国继续作出集体努力,按照《达累斯萨拉姆宣言》的设想,制定一项促进友好关系、和平共处、和平解决争端的次区域办法,以期通过一项大湖区国家安全、稳定与发展公约,并敦促国际社会给予该地区多年冲突遭受暴力的平民提供保护和人道主义援助。

1 月 31 日　安理会通过关于"刚果民主共和国局势:重设专家组"的第S/RES/1654(2006)号决议,注意到刚果民主共和国局势继续对该区域的国际和平与安全构成威胁,根据宪章第 7 章采取行动,重新设立专家组,再次要求所有各方和国家全面配合专家组的工作。

同日　安理会通过关于"黎巴嫩局势:联黎部队任务期限延长"的第S/RES/1655(2006)号决议,决定将目前的任务期限延长至 2006 年 7 月 31日,同时强调联黎部队的临时性质,并期望它早日完成任务。

同日　安理会通过关于"联合国格鲁吉亚观察团任务期限延长"的第S/RES/1656(2006)号决议,决定将联合国格鲁吉亚观察团(联格观察团)的任务期限延至 2006 年 3 月 31 日。

2 月 1 日　联合国获得"第一逻辑"公司(First logic)提供的免费电脑软件,以帮助处理有关印度洋海啸捐款使用情况的数据。这将使联合国能够获得可靠、高质量和全面的财务记录,有助于在向海啸灾区提供援助方面做出更好的决定,确保款项的使用是透明和负责任的。

2月3日 安理会在2—3日进行两天闭门磋商后,本月轮值主席、美国常驻联合国代表博尔顿宣布,安理会原则上同意向苏丹达尔富尔地区派遣联合国部队,接替非洲联盟的维和部队。

同日 首次担任安理会轮值主席的博尔顿表示要改进安理会的工作,包括要求每天早上都举行吹风会,听取秘书处汇报维和行动及其他涉及国际和平与安全的重大事态。各理事国和安南秘书长已经同意这一要求,每日汇报从2月6日开始,话题首先是将举行大选的海地。

同日 世界卫生组织提出从现在起到2015年力争每年减少2%因癌症导致死亡的目标。为此提出了全球癌症防治策略,引导各国开展以预防、诊断和治疗为核心的综合性应对措施。

2月6日 安理会通过关于"科特迪瓦局势:联科行动增兵"的第S/RES/1657(2006)号决议,授权秘书长立即从联利特派团调动至多一个步兵连到联合国科特迪瓦行动,直至2006年3月31日,以便为联合国人员和财产提供额外的安全保障,并执行授权联科行动的其他任务。

同日 《烟草控制框架公约》首次缔约国会议在日内瓦召开。113个缔约国将在这次为期两周的会议中讨论建立永久秘书处、帮助发展中国家共同实施烟草控制战略、监督和汇报公约执行情况以及探讨制定新的议定书的可能性等问题。

同日 女性生殖器切割零容忍国际日。联合国儿童基金会呼吁男性与女性携手共同努力,尽快废除这项有害的风俗。

2月7日 海地总统及国会选举在全国顺利进行。联合国维和部队的近9000军人及警察全面维护选举秩序,海地选民投票踊跃。

同日 由环境署召集的全球部长论坛在阿拉伯联合酋长国的迪拜开幕,探讨能源与污染、环境保护与旅游业、帮助发展中国家提高应对环境挑战的能力等话题。环境署在这次论坛上发布的《2006年全球环境展望年鉴》显示,改善空气污染带来的经济效益是所需投资的6倍。

2月8日 联合国社会发展委员会在纽约总部举行为期10天的年会,重点对1997—2006年联合国首个"消除贫困10年"的工作进行回顾和检讨。负责经济和社会事务的副秘书长奥坎波在致辞中表示,尽管"消除贫困10年"取得了一定的成效,但世界范围内的绝对贫困现象并没有得到扭转。

同日 安理会决定对3名科特迪瓦人实施制裁,其中两人上月领导了袭击联合国人员及设施,另外 1 人是北部叛军领袖,他被指控招募儿童兵、绑架与强迫劳动及性虐待。

2 月 9 日　安南秘书长再次表示,哈马斯在巴勒斯坦选举中的获胜代表着巴勒斯坦人民的心声。10 日,安南呼吁国际社会提供必要的支持,以稳定巴勒斯坦当局的财政状况。

同日　全球环境部长级论坛,暨环境署第 9 次特别理事会会议当天结束时所发表的主席声明强调:在全球范围内迅速改善建筑物、厂房和汽车的能效可以帮助世界克服对矿物燃料的过度依赖。声明呼吁在全球范围内针对建筑、电器、汽车和农用机械制定严格的能效标准。2 月 10 日,联合国粮农组织和世界动物卫生组织呼吁尼日利亚政府紧急行动,停止禽类的运输,并关闭在发现疫情地区的所有家禽市场,以防止病毒进一步扩散。

同日　联合国和柬埔寨政府发表共同声明,宣布审判前红色高棉领导人的法庭现在已从筹备转入实际组建阶段,它将包括柬埔寨本国和国际法官。

2 月 10—26 日　第 20 届冬季奥运会在意大利都灵举行,共有 80 个国家和地区的 2508 名运动员参赛。中国共派出 78 名运动员参赛,最终以 2金、4 银、5 铜名列第 14 位。

2 月 13 日　9 个人口最多的发展中国家普及教育部长级会议在墨西哥城市蒙特雷召开。来自中国、孟加拉国、巴西、埃及、印度、印度尼西亚、墨西哥、尼日利亚和巴基斯坦的教育部长们将在今后 3 天里围绕"普及教育"的主题相互交流经验。

同日　由联合国反恐执行局执行主任鲁佩雷斯率领的一个专家代表团从 13 日开始将对坦桑尼亚进行为期 5 天的访问,以检查坦桑尼亚贯彻安理会 1373 号决议的落实情况。

同日　联合国森林论坛在纽约总部举行为期两周的会议,就 2005 年 5月建立的政府间机构"森林国际安排"的成效性和该机构未来的发展方向进行探讨。会议还将商讨制定森林法规和国际森林技术准则等问题。

2 月 14 日　安理会通过关于"海地局势:联海稳定团任务延期"的第S/RES/1658(2006)号决议,决定将第 S/RES/1608(2005)号和第 S/RES/1542(2004)号决议规定的联海稳定团的任务期限延长至 2006 年 8 月 15 日,并打算继续延长。

同日　安理会举行会议商讨科索沃问题。安南秘书长科索沃问题特别代表延森—彼得森通报了当地的最新形势。

同日　联合国负责人道主义事务的副秘书长兼紧急救援协调员扬·埃

格兰对科特迪瓦进行为期4天的访问。

同日 国际电信联盟的一个工作组在日内瓦召开为期两天的会议,讨论未来的"物物互联"时代。国际电信联盟在发表的报告中预言:未来世界将在互联网的基础上跨入一个"物物互联"的新阶段。

2月15日 安理会通过关于"阿富汗局势:阿富汗契约"的第S/RES/1659(2006)号决议,认可"阿富汗契约"及其各附件,认为它们提供了阿富汗政府和国际社会之间伙伴关系的框架,吁请阿富汗政府、国际社会所有成员和国际组织全面落实契约及其各附件。

2月16日 联合国人权委员会5位独立专家联合呼吁美国关闭设在关塔那摩海军基地的拘留中心,以独立、合格的法庭审判被押人员或将他们释放。

同日 海地临时选举委员会凌晨宣布勒内·普雷瓦尔赢得总统选举,联合国维和部队亦加强在首都太子港的部署。17日安理会发表声明,对海地大选结果表示认可。

同日 安南秘书长成立一个高层小组,探讨联合国各机构如何在发展、人道主义援助以及环境领域能够更协调、有效地工作。

同日 世界粮食计划署表示,急需2400万美元的资金支持,以将它对巴基斯坦地震救援的空运行动维持到8月底。巴基斯坦地震救援是联合国历史上最大的一次空运行动。

2月20日 由联合国主导的科索沃最终地位谈判在维也纳举行。

同日 为庆祝2月21日世界母语日,教科文组织通过系列活动强调语言作为人类交流工具和文化与历史遗产的重要性,并提倡网络空间使用多种语言。

2月21日 联合国环境署与全球一些著名的建筑公司共同发起国际绿色建筑运动,推动建筑行业对环境问题的关注。

2月22日 安南秘书长发表声明,对于刚果民主共和国2月17日颁布宪法、21日通过选举法表示欢迎,认为这是该国的重要历史里程碑。

2月23日 大会主席提出人权理事会决议草案,建议设立一个人权理事会,取代现有的信誉不佳的人权委员会。

同日 国际劳工组织会员一致通过《海事劳工公约》,该公约明确规定了海员在工作时间、最低年龄、安全标准与健康等方面的标准,为世界120万名海员享有体面工作环境提供了保障。

2月25日 "乞力马扎罗山倡议"主办的"旨在唤醒人们参与打击犯罪意识的首次攀登非洲最高峰——乞力马扎罗山"的活动开始,受到联合国人居署支持。

2月27日　联合国人权委员会在日内瓦举行最后一次会议,正式结束其60多年使命。

同日　在联合国国际减灾战略的支持下,第3届早期预警国际会议在德国波恩举行。

2月28日　安理会通过关于"前南斯拉夫问题国际刑事法庭:修正规约第12条和第13条之四"的第S/RES/1660(2006)号决议,决定修正《前南斯拉夫问题国际法庭规约》第12条和第13条之四,以本决议附件所列的条款取代这两条。

同日　联合国艾滋病规划署和卫生组织发表的一份报告中指出,在联合国的倡导和推广下,中低收入国家现在有5000多个公立医院正在提供抗逆转录病毒治疗。

同日　世界卫生组织在北京发起防治慢性呼吸道疾病全球联盟,力图通过加强监测、预防和治疗,减轻慢性呼吸道疾病造成的社会经济负担,并实现"人人都能自由呼吸"的目标。

同日　世界知识产权组织全体会员在新加坡一致通过一项新的商标法条约,根据当前的科技发展和商标生产的新趋势对1994年的《商标法条约》进行了扩充和更新。

3月1日　联合国环境规划署表示,刚刚结束的都灵冬季奥运会在环保方面为类似的大型体育赛事树立了榜样,其中的有益经验值得借鉴。

3月2日　国际原子能机构总干事巴拉迪发表声明,对欧盟与伊朗就核问题召开紧急会议表示欢迎。

同日　联合国中央紧急援助基金将在1周内启动。人道主义救援协调厅表示,到目前为止,共有18个国家承诺为基金提供款项约两亿美元,包括英国、瑞典、挪威、荷兰、法国等欧盟国家和斯里兰卡、格林纳达、亚美尼亚和墨西哥等发展中国家。这是国际社会在加快紧急救援速度方面迈出的重大一步。

3月3日　《联合国气候变化框架公约》秘书处宣布,《京都议定书》监督执行委员会即日起运作,以确保议定书得到贯彻执行。委员会有两个部门,执行部有权决定缔约国没有全面履行承诺时将面临的后果,促进部将为各国提供咨询意见,帮助其履行义务。

同日　联合国将帮助中美洲国家建立一个自然灾害的预防和反应体系。负责人道主义事务的副秘书长扬·埃格兰在危地马拉城举行的中美洲预防飓风高层会议上签署了意向书。

3 月 6 日 30 名公共卫生问题国际专家聚集日内瓦世界卫生组织总部，共同商讨对付有可能暴发的人类大流感所应采取的战略。

同日 安南秘书长主持联合国民主基金顾问委员会第 1 次会议。这次会议标志着民主基金进入了实施阶段。

3 月 7 日 安南秘书长向联合国大会提交酝酿已久的联合国管理改革报告，分 6 部分阐述了改革的必要性并提出了相关建议。6 大方面包括：人力建设、领导能力、信息和通信技术、服务的提供、预算和财政以及决策机制。

同日 由联合国粮农组织主办的农业改革和发展国际会议在巴西阿雷格里市开幕。主要讨论如何加强政府、小农户组织、国际机构、民间社会以及捐助者之间的合作，帮助世界上最贫困人群获得土地、水源等最基本的生产资料，从而摆脱饥饿与贫穷。

3 月 8 日 安南秘书长向柬埔寨总理洪森提出审判红色高棉特别法庭国际法官的 7 名候选人，分别来自新西兰、奥地利、斯里兰卡、美国、波兰、法国和日本。按照联合国与柬埔寨政府签署的协议，审判红色高棉特别法庭的审判庭由 3 名柬埔寨法官和 2 名国际法官组成，而高级审判庭由 4 名柬埔寨法官和 3 名国际法官组成。

3 月 13 日 对于埃塞俄比亚和厄立特里亚同意根据一个国际划界委员会的裁决，恢复边界划分工作，安南秘书长表示欢迎。两国代表与委员会在伦敦举行会议，决定执行委员会 2002 年的划界决定。

3 月 14 日 安理会通过关于延长埃厄特派团任务期限的第 S/RES/1661(2006) 号决议，决定将埃厄特派团的任务期限延长 1 个月，至 2006 年 4 月 15 日止。

同日 联合国《卡塔赫纳生物技术安全议定书》缔约国大会在巴西库里蒂巴市召开，讨论加强对转基因生物进出口监控的具体措施。

同日 联合国总部发表 1 份非政府组织题为《柴火之外：为流离失所妇女和女童提供替代燃料及保护战略》的报告。该报告披露，每天有数百万妇女和女童在捡柴时遭到抢劫、盘剥、袭击、强奸甚至是死亡。当流离失所者得到煤油供应时，妇女因捡柴遭受暴力的人数出现了下降。

3 月 15 日 大会通过关于建立人权理事会的第 A/RES/60/251 号决议，以 170 票支持、4 票反对(美国、以色列、马绍尔群岛和帕劳)和 3 票弃权(委内瑞拉、伊朗和白俄罗斯)的压倒性多数决定让人权理事会取代人权委员会。

3 月 20 日 位于海牙的国际刑事法院举行了 2002 年成立以来的首次

案件开庭审理。3月17日被移交给法院的首位被告、刚果民主共和国一武装派别领袖卢邦加出庭,聆听他被控的战争罪名和他可以享有的权利。

同日　联合国《生物多样性公约》第8次缔约方大会在巴西库里蒂巴市召开,这是最大规模的一次有关生物多样性问题的聚会,将为实现在2010年时大幅减少生物多样性流失速度的目标制定路线图。

同日　讨论如何应对世界鱼资源衰竭、加强国际协议执行的历时4天的会议在联合国总部召开。联合国在1995年通过《保护和管理跨界与移徙鱼类协议》,该协议的第1次审议大会将在5月举行。会议就审议的标准、审议会议的成果以及下一步的行动进行筹备,讨论的议题包括过度捕捞、非法、未申报和未经管制的捕捞、捕鱼船队过剩、不遵守协议等问题。

3月21日　《联合国水发展报告》发布,这是当时关于世界有关淡水资源的最全面的报告。

3月23日　安理会通过关于"阿富汗局势:联阿援助团任务期限延长"的第S/RES/1662(2006)号决议,决定自本决议通过之日起,将联阿援助团的任务期限再延长12个月。

3月24日　安理会通过关于"苏丹局势:联苏特派团任务期限延长"的第S/RES/1663(2006)号决议,决定自本决议通过之日起,将联苏特派团的任务期限延长至2006年9月24日,并打算继续予以延长。

3月29日　安理会通过关于设立黎巴嫩国际法庭事宜的第S/RES/1664(2006)号决议,欢迎建立一个基于刑事审判最高国际标准的具有国际性质的法庭,继续协助黎巴嫩查找真相,追究这次恐怖主义攻击事件的所有参与者的责任。

同日　安理会通过关于"苏丹局势:专家组任务期限延长"的第S/RES/1665(2006)号决议,决定将原先根据关于苏丹西部达尔富尔地区问题的第S/RES/1591(2005)号决议任命、并经第S/RES/1651(2005)号决议延长任期的专家组的任务期限延至2006年9月29日。

3月31日　安理会通过关于"格鲁吉亚阿布哈兹局势:联格观察团任务期限延长"的第S/RES/1666(2006)号决议,决定延长联格观察团的任务期限,新期限到2006年10月15日结束。

同日　安理会通过关于"利比里亚局势:联利特派团任务期限延长"的第S/RES/1667(2006)号决议,决定将联合国利比里亚特派团的任务期限延长至2006年9月30日。

3月　巴勒斯坦伊斯兰抵抗运动(哈马斯)在巴立法委员会选举中击败巴勒斯坦民族解放运动(简称"法塔赫"),赢得大选并组织政府。此后,两派武装人员和支持者之间武装冲突不断。控制加沙地带的哈马斯与约旦河西岸地区的法塔赫形成对峙局面。巴勒斯坦内部出现的这一新情况为巴以和平进程增添了新的变数和障碍。由于拒绝承认以色列、拒绝放弃暴力、拒绝接受巴以业已签署的协议,哈马斯遭到以色列和美国等西方国家政治上的联合抵制和经济上的严厉制裁。

4月10日 安理会通过关于"前南斯拉夫问题国际刑事法庭:延长法官任期"的第 S/RES/1668(2006)号决议,确认华金·卡尼韦利法官可以在2006年4月以后继续审理克拉伊什尼克案,直至审结该案,尽管他在前南斯拉夫问题国际法庭任职的累计时间届时将达到并超过3年。

同日 安理会通过关于"有关刚果民主共和国的局势:联刚特派团增兵"的第 S/RES/1669(2006)号决议,决定根据第 S/RES/1650(2005)号决议,授权秘书长临时从联布行动调动至多一个步兵营、一个军医院和不超过50名军事观察员到联刚特派团,直至2006年7月1日,并打算根据安全理事会今后就延长联布行动和联刚特派团任务期限所作的决定,延长这一授权的期限。

4月13日 安理会通过关于"厄立特里亚与埃塞俄比亚间局势:延长埃厄特派团任务期限"的第 S/RES/1670(2006)号决议,决定将埃厄特派团的任务期限延长1个月,至2006年5月15日止。

4月17日 安理会就巴以之间的紧张局势举行了紧急公开辩论。共有30多个国家和组织的代表在会议上发表意见,巴勒斯坦和以色列更是进行了针锋相对的发言。但会议结束时没有发表主席声明,也没有通过决议。

同日 安南秘书长批准发起成立"信息和通信技术及发展全球联盟"。该联盟的使命是提供一个对话的平台,把信息社会世界首脑会议的成果与联合国更广泛的发展议题联系起来。

4月20日 联合国人权事务高级专员驻尼泊尔办事处说,反政府的示威活动继续在尼泊尔数个城市进行。在首都加德满都,更是爆发了数万人大游行。

同日 国际原子能机构报告说,俄罗斯从乌兹别克斯坦运回大量使用过的核材料的行动19日正式全部宣告完成。这是自从苏联解体后,俄罗斯第1次从前加盟共和国运回在核研究反应堆上使用过的核材料。

4月25日 安理会通过关于"刚果民主共和国的局势:欧盟部署部队"的第 S/RES/1671(2006)号决议,授权在刚果民主共和国境内部署欧盟刚果(金)部队,部署时间自举行第1轮总统和议会选举之日开始,为期4个月。

　　同日　安理会通过关于"秘书长关于苏丹的报告：制裁"的第 S/RES/1672（2006）号决议，认为苏丹局势对该区域的国际和平与安全构成威胁，决定根据宪章第 7 章采取行动，对武装冲突相关方实施制裁。

　　4 月 27 日　安理会通过关于"不扩散大规模毁灭性武器：延长第 1540 委员会任期"的第 S/RES/1673（2006）号决议，审议了关于防止核生化武器及其运载工具的第 S/RES/1540（2004）号决议所设委员会的报告，并重申其 2004 年 4 月 28 日第 S/RES/1540（2004）号决议；决定第 1540 委员会应加紧努力，推动所有国家全面执行第 S/RES/1540（2004）号决议。

　　4 月 28 日　安理会通过关于武装冲突中保护平民的第 S/RES/1674（2006）号决议，重申其关于在武装冲突中保护平民的第 S/RES/1265（1999）号和第 S/RES/1296（2000）号决议，关于儿童与武装冲突和关于妇女、和平与安全的各项决议，以及关于联合国与区域组织在维护国际和平与安全方面的合作的第 S/RES/1631（2005）号决议，并重申安理会决心确保这些决议得到尊重和落实。

　　同日　安理会通过关于"西撒哈拉的局势：延长西撒特派团任务期限"的第 S/RES/1675（2006）号决议，决定将联合国西撒哈拉全民投票特派团（西撒特派团）的任务期限延至 2006 年 10 月 31 日。

　　5 月 10 日　大会行政与预算委员会 4 月底打破过去 20 年的传统，在无法取得共识的情况下，首次以投票方式通过南非代表"七十七国集团加中国"提出的联合国改革决议草案。欧盟、美国、日本等 50 个国家投了反对票，中国、俄罗斯、南非等 108 个国家投了赞成票，挪威、亚美尼亚和乌干达弃权。

　　同日　安理会通过关于"索马里局势：重设监测组"的第 S/RES/1676（2006）号决议，决定自本决议通过之日起 30 天内，重新设立为监测索马里武器禁运的第 S/RES/1558（2004）号决议第 3 段所指的监测组，为期 6 个月。

　　5 月 12 日　安理会通过关于"东帝汶局势：延长联东办事处任务期限"的第 S/RES/1677（2006）号决议，决定将联合国东帝汶办事处的任务期限延长至 2006 年 6 月 20 日。

　　5 月 15 日　安理会通过关于"厄立特里亚与埃塞俄比亚间局势：延长埃厄特派团任务期限"的第 S/RES/1678（2006）号决议，决定将联合国埃厄特派团任务期限延长至 2006 年 5 月 31 日。

　　5 月 16 日　安理会通过关于"秘书长关于苏丹的报告：向联合国行动过渡"的第 S/RES/1679（2006）号决议，重申达尔富尔冲突所有各方必须立即停止暴力和暴行,强调全面和迅速执行《达尔富尔和平协议》对达尔富尔实现可持续和平的重要性,吁请《达尔富尔和平协议》各缔约方信守承诺,毫不拖延地执行协议。

5月17日 安理会通过关于"中东局势:敦促叙利亚与黎巴嫩改善关系"的第 S/RES/1680(2006)号决议,坚决鼓励叙利亚政府对黎巴嫩政府按照黎巴嫩全国对话达成的协议所提出的请求作出积极反应,划定两国之间的边界。

5月21日 国际生物多样性日,主题是"旱地生物多样性,以仙人掌为标志"。

5月23日 联合国人权高专办公室和驻苏丹特派团联合发表苏丹人权状况报告。报告认为,从 2005 年 12 月到 2006 年 4 月,苏丹并没有实现2005 年签署的南北和平协议中有关人权方面的承诺。

5月25日 联合国安理会轮值主席发表的一份声明,欢迎一支在东帝汶社会治安崩溃后部署的军队和警察,即由澳大利亚领导的机敏行动。这项决议得到了 6 月 20 日安理会第 S/RES/1690(2006)号决议的事后赞同。

5月31日 安理会通过关于"厄立特里亚与埃塞俄比亚间局势:延长埃厄特派团任务期限"的第 S/RES/1681(2006)号决议,决定将埃厄特派团的任务期限延长 4 个月,至 2006 年 9 月 30 日止。

6月2日 大会通过题为《关于艾滋病病毒/艾滋病问题的政治宣言》的第 A/RES/60/262 号决议及其附件《关于艾滋病病毒/艾滋病问题的政治宣言》。

同日 安理会通过关于"科特迪瓦局势:增加联科行动的编制"的第S/RES/1682(2006)号决议,认定科特迪瓦局势继续对该区域的国际和平与安全构成威胁,授权增加联合国科特迪瓦行动(联科行动)的编制。

6月5日 2006 年环境日的主题为"莫使旱地成荒漠"。安南指出,贫困、不可持续的土地管理以及气候变化已经导致 10%—20% 的旱地贫瘠化、荒漠化,使更多人沦为环境和经济难民,甚至引起社区冲突。

6月13日 安理会通过关于"利比里亚局势:解除对某些武器弹药的限制"的第 S/RES/1683(2006)号决议,决定在一定范围内解除安理会第S/RES/1521(2003)号决议中规定的军火禁运,但是这些武器和弹药仅限于利比里亚特别安全局拥有和使用。联合国利比里亚特派团将负责监督和检查。

同日 安理会通过关于"卢旺达问题国际法庭:延长法官任期"的第S/RES/1684(2006)号决议,决定应秘书长的请求,将 11 位卢旺达问题国际刑事法庭常设法官的任期延长至 2008 年 12 月 31 日。

　　同日　安理会通过关于"中东局势:延长脱离接触观察员部队的任务期限"的第 S/RES/1685(2006)号决议,决定将联合国脱离接触观察员部队的任务期限再延长 6 个月,至 2006 年 12 月 31 日止。

　　6 月 15 日　安理会通过关于"中东局势:延长独立调查委员会的任务期限"的第 S/RES/1686(2006)号决议,再次最严厉谴责 2005 年 2 月 14 日的恐怖爆炸以及 2004 年 10 月以来黎巴嫩境内发生的其他一切袭击,愿意继续协助黎巴嫩查明真相,并追究所有卷入这次恐怖袭击的人的责任,决定将委员会的任期延长至 2007 年 6 月 15 日。

　　同日　安理会通过关于"塞浦路斯局势:延长联塞部队任务期限"的第 S/RES/1687(2006)号决议,表示全力支持联塞部队,包括支持它在缓冲区的任务,并决定再次延长联塞部队的任务期限,至 2006 年 12 月 15 日止。

　　6 月 16 日　安理会通过关于"利比里亚局势:在荷兰审判前总统泰勒事宜"的第 S/RES/1688(2006)号决议,认为利比里亚前总统查尔斯·泰勒应当受到审判,但如果在西非受审,将对地区安全造成威胁。因此,决议决定塞拉利昂问题特别法庭将在荷兰设立分庭审判泰勒。

　　6 月 19 日　联合国人权理事会首届会议在日内瓦开幕。

　　6 月 20 日　安理会通过关于"利比里亚局势:撤销部分制裁"的第 S/RES/1689(2006)号决议,决定不延长第 S/RES/1521(2003)号决议第 10 段的措施,这些措施规定会员国必须阻止原产于利比里亚的任何圆木和木材制品进口入境。

　　同日　安理会通过关于"东帝汶局势:延长联东办事处任务期限"的第 S/RES/1690(2006)号决议,决定将联合国东帝汶办事处(联东办事处)的任务期限延长至 2006 年 8 月 20 日,以便规划联合国在联东办事处任期期满后发挥的作用。

　　同日　世界难民日。安南秘书长和联合国大会主席埃利亚松分别发表声明,呼吁国际社会携手努力,消除造成难民和流离失所问题的根本原因。

　　6 月 22 日　安理会通过关于接纳黑山共和国为联合国会员国的第 S/RES/1691(2006)号决议,建议大会接纳黑山共和国为联合国会员国。

　　6 月 30 日　安理会通过关于"布隆迪局势:延长联布行动任务期限"的第 S/RES/1692(2006)号决议,决定将联布行动任务期限延长至 2006 年 12 月 31 日。

　　同日　安理会通过关于"有关刚果民主共和国的局势:延长联刚特派团增兵任务期限"的第 S/RES/1693(2006)号决议,决定将第 S/RES/1621

（2005）号和第 S/RES/1635（2005）号决议授权增派的联刚特派团兵员和民警的任务期限延长至 2006 年 9 月 30 日。

7 月 5 日 安理会应日本的请求举行紧急磋商,讨论朝鲜试射导弹问题。安理会对事态的发展深表关切。理事国同意应针对此事采取迅速而坚决的行动。

7 月 7 日 2010 年国际足联世界杯标志揭幕仪式在柏林举行。

7 月 8 日 教科文组织世界遗产委员会在立陶宛首都维尔纽斯召开年会,讨论增补世界遗产名录。审议了包括中国在内的 30 个国家提出的 27 个文化遗址、8 个自然遗址和 3 个文化自然混合遗址的申请,并审核 34 个濒危世界遗产。

7 月 12 日 大会在纽约总部举行会议,听取民间社会、私营部门、非政府组织的 200 多名代表在移民问题上的意见,为 9 月中旬的联合国大会国际移民与发展问题高级别对话做准备。

7 月 13 日 安理会通过关于“利比里亚局势:特派团人员增减”的第 S/RES/1694（2006）号决议,决定按目前的核定人数,将联利特派团的核定民警人数增加 125 人,并将联利特派团的核定军事人员减少 125 人。

7 月 15 日 安理会通过关于朝鲜发射导弹问题的第 S/RES/1695（2006）号决议,谴责朝鲜于当地时间 2006 年 7 月 5 日发射多枚弹道导弹。要求朝鲜暂停所有与弹道导弹计划有关的活动,敦促朝鲜立即无条件重返 6 方会谈,迅速实施 2005 年 9 月 19 日《共同声明》,特别是放弃一切核武器和现有核计划,早日重返《不扩散核武器条约》和国际原子能机构保障监督。朝鲜随后发表声明,强烈反对安理会第 S/RES/1695（2006）号决议,表示将不受这一决议的任何约束。10 月 3 日,朝鲜声明将在科学研究领域进行核试验,并强调朝鲜希望通过对话和协商实现朝鲜半岛无核化的原则立场“没有变化”。10 月 6 日,安理会发表主席声明,要求朝鲜取消计划中的核试验,立即无条件重返 6 方会谈,并警告朝鲜,如果无视国际社会劝阻坚持核试验,安理会将采取进一步行动。

7 月 19 日 科特迪瓦最大的城市阿比让当天发生反对联合国为该国选举而推行发放身份证计划的示威,总统巴博的支持者在街头焚烧轮胎、设置路障。他们称联合国的计划会使支持叛军的外国人登记为选民。安理会当天讨论科特迪瓦局势后发表主席声明称,敦促科特迪瓦各派执行身份证明计划,严格遵守已经同意的时间表。

7 月 27 日 经社理事会通过关于《关于打击非法药物的区域合作和相关事项的巴库协定:21 世纪展望》的第 E/2006/INF/2/Add.1 号决议。对于近东和中东非法药物贩运及相关事项进行区域合作关注。

7月31日　安理会通过关于"不扩散问题：伊朗核问题"的第 S/RES/1696（2006）号决议，要求伊朗须暂停所有浓缩相关和后处理活动，不再拖延地采取原子能机构理事会 GOV/2006/14 号决议所要求的步骤，如果不遵守本决议，将根据《联合国宪章》第 7 章采取行动。

同日　安理会通过关于"中东局势：延长联黎部队任务期限"的第 S/RES/1697（2006）号决议，决定将联黎部队的任务期限延长至 2006 年 8 月 31 日。

同日　安理会通过关于"刚果民主共和国的局势：延长以前决议的措施和专家组任期"的第 S/RES/1698（2006）号决议，决定将第 S/RES/1493（2003）号决议第 20—22 段所列、经第 S/RES/1596（2005）号决议第 1 段和第 S/RES/1649（2005）号决议第 2 段修订和扩充的各项规定延长至 2007 年 7 月 31 日，并将专家组的任期延长至 2007 年 7 月 31 日。

8月1日　"世界母乳喂养周"的第 1 天。联合国儿童基金会及其合作伙伴从当天开始在 120 多个国家举行活动，大力推动母乳喂养。

8月8日　安理会通过关于"与制裁有关的一般问题：与刑警组织的合作"的第 S/RES/1699（2006）号决议，强调所有会员国都有义务全面执行安全理事会通过的强制性措施。请秘书长采取必要步骤，增进联合国与刑警组织的合作，为各委员会更有效地完成其任务提供更好的工具。

8月10日　安理会通过关于"有关伊拉克的局势：延长联伊援助团任务期限"的第 S/RES/1700（2006）号决议，决定将联合国伊拉克援助团（联伊援助团）的任务期限，自本决议通过之日起再延长 12 个月。

8月11日　安理会通过关于"中东局势：黎巴嫩停火"的第 S/RES/1701（2006）号决议，呼吁特别是在真主党立即停止所有攻击和以色列停止所有军事进攻行动的基础上，全面停止敌对行动；在敌对行动停止后，呼吁黎巴嫩政府和联黎部队在南部全境部署其部队，呼吁以色列政府在这一部署开始的同时，将其部队全部撤出南黎巴嫩。

8月15日　安理会通过关于"海地局势：延长联海稳定团任务期限"的第 S/RES/1702（2006）号决议，决定将联海稳定团的任务期限延长至 2007 年 2 月 15 日，并打算继续延长。

8月18日　安理会通过关于"东帝汶局势：延长联东办事处任务期限"的第 S/RES/1703（2006）号决议，决定将联合国东帝汶办事处（联东办事处）的任务期限延长至 2006 年 8 月 25 日，并决定继续积极处理此案。

8月25日　安理会通过关于"东帝汶局势：设立东帝汶综合团"的第

S/RES/1704(2006)号决议,决定设立东帝汶后续特派团,即联合国东帝汶综合特派团(东帝汶综合团),任期最初为 6 个月,并打算继续延长。

8 月 28 日 由联合国国际减灾战略机构、联合国教科文组织等共同主办的 2006 年国际减灾会议在瑞士达沃斯开幕。会议的主要目标是把整个国际社会所面临的各种最引人关注的风险呈现出来,并为不同风险领域的专家提供一个进行深入讨论的平台,以便能通过相互探讨找出持久的解决办法。

8 月 29 日 安理会通过关于"卢旺达问题国际法庭:延长法官任期"的第 S/RES/1705(2006)号决议,决定索洛米·巴隆吉·博萨法官作为法庭审案法官的当选任期将于 2007 年 6 月 24 日结束,但批准她自 2006 年 8 月 28 日起继续担任布塔雷案的法官,直至结案。

8 月 31 日 安理会通过关于"秘书长关于苏丹的报告:扩大联苏特派团的编制和任务"的第 S/RES/1706(2006)号决议,决定在苏丹西部的达尔富尔地区部署最多为 1.7 万名兵力的联合国维和部队,并派遣最多可达 3300 人的民警和 16 个建制警察单位前往达尔富尔执行任务。

9 月 8 日 第 60 届联合国大会一致通过有关在全球范围内打击恐怖主义的《全球反恐战略》的第 A/RES/60/288 号决议,以协调和加强联合国各个成员国在打击恐怖主义方面的努力。这是联合国 192 个成员国第 1 次就打击恐怖主义的全球战略达成一致意见。

9 月 12 日 第 61 届联合国大会开幕,哈亚·拉希德·阿勒哈利法女士(巴林)担任大会主席。会议主题是"执行全球发展伙伴关系"。

同日 安理会通过关于"阿富汗局势:延长安援部队的授权"的第 S/RES/1707(2006)号决议,决定将国际安全援助部队(安援部队)的授权期限,自 2006 年 10 月 13 日起延长 12 个月。

9 月 14 日 安理会通过关于"科特迪瓦局势:延长专家组任期"的第 S/RES/1708(2006)号决议,决定将科特迪瓦专家组的任期延长至 2006 年 12 月 15 日,并请秘书长采取必要的行政措施。

9 月 18 日 联合国人权理事会第 2 次会议在日内瓦召开。

同日 联合国教科文组织在纽约举行"全球扫盲大会",以提请第 61 届联合国大会重视扫盲问题。

同日 联合国儿童基金会在纽约总部召开"儿童生存专题讨论会"探讨如何实现联合国千年发展目标的第 4 大目标问题。

9 月 18—19 日 第 61 届联合国大会举行关于对《2001—2010 年 10 年期支援最不发达国家行动纲领》执行情况全球综合中期审查的高级别

会议。

9月19日　第61届联合国大会开始一般性辩论。安南秘书长向大会提交他任期内的最后1份《联合国工作报告》，并指出当今世界和10年前他刚上任时一样面临着安全、发展以及人权和法治方面的3大挑战。

同日　大会通过关于大会第61届会议《2001—2010年10年期支援最不发达国家行动纲领》执行情况全球综合中期审查高级别会议的宣言的第A/RES/61/1号决议及其同名附件。

9月22日　安理会一致通过关于"苏丹局势：延长联苏特派团任务期限"的第S/RES/1709（2006）号决议，将苏丹特派团任务期限延至2006年10月8日，并打算以后继续延长。

9月29日　安理会一致通过关于"厄立特里亚与埃塞俄比亚间局势：延长埃厄特派团任务期限"的第S/RES/1710（2006）号决议，决定将埃厄特派团的任务期限延长4个月，至2007年1月31日止。

同日　安理会一致通过关于"刚果民主共和国局势：延长联刚特派团任务期限"的第S/RES/1711（2006）号决议，决定把联刚特派团任务期限延长到2007年2月15日；决定把依据授权增加的联刚特派团军事和民警力量的期限延长到2007年2月15日；决定把由秘书长临时从联布行动调动至多一个步兵营、一个军医院和50名军事观察员到联刚特派团的授权期限延长到2006年12月31日。

同日　安理会一致通过关于"利比里亚局势：延长联利特派团任务期限"的第S/RES/1712（2006）号决议，决定将联合国利比里亚特派团（联利特派团）的任务期限延长到2007年3月31日。

同日　安理会一致通过关于"苏丹局势：延长专家组任务期限"的第S/RES/1713（2006）号决议，决定将最初根据第S/RES/1591（2005）号决议任命，并经第S/RES/1651（2005）号决议和第S/RES/1665（2006）号决议延长任期的专家组的任务期限延长到2007年9月29日。

10月3日　安理会决定讨论朝鲜宣布将进行首次核武器试验的问题。美国大使博尔顿表示，朝鲜此举严重威胁国际和平与安全，比起7月份该国试射导弹后通过的决议，安理会此次应该采取更强有力的手段。中国大使王光亚说，中国不欢迎朝鲜的举动，但在这一敏感的问题上各方应该审慎行事。

10月5日　2006年是《国际劳工组织——联合国教科文组织关于教师地位的联合建议》发表40周年纪念。该文件是迄今为止唯一一个全面的教师职业国际标准。教科文组织、劳工组织、开发署和儿童基金会的负责人在联合声明中表示,目前全球仍有 1 亿名儿童没有上小学,如果要在 2015 年时实现普及小学教育的千年目标,全球还需要 1800 万名新教师。

同日 联合国邮政局发行包括中国国旗和钱币在内的新的邮票系列,并计划在大约 8 年内完成包括所有 192 个会员国的这一系列。

10 月 6 日 安理会通过关于"秘书长关于苏丹的报告:延长联苏特派团的任务期限"的第 S/RES/1714(2006)号决议,决定将联苏特派团的任务期限延长到 2007 年 4 月 30 日,并打算以后继续延长。

10 月 9 日 安理会大会通过关于推荐联合国秘书长人选的第 S/RES/1715(2006)号决议,建议大会任命潘基文为秘书长,任期从 2007 年 1 月 1 日起至 2011 年 12 月 31 日止。

同日 朝鲜宣布成功地进行了一次地下核试验。朝鲜此举受到了 5 大洲主要国家、重要国际组织和国际舆论的强烈反对。中国政府发表声明,对朝鲜无视国际社会的普遍反对悍然实施核试验,表示坚决反对。

10 月 10 日 世界心理健康日,主题是"树立意识—减少危险:心理疾患与自杀"。

10 月 11 日 联合国在总部举行"建设和平基金"启动仪式,安南秘书长呼吁各国为该基金慷慨解囊,以进一步促进世界和平。

10 月 12 日 大会一致通过关于任命联合国秘书长的第 A/RES/61/3 号决议,决定任命安理会推荐的韩国外交通商部部长潘基文任联合国第 8 任秘书长。

同日 联合国粮食及农业组织在罗马总部举行仪式,宣布该组织的"危机管理中心"正式投入运作,以加快全球对禽流感等疾病做出反应的速度。

10 月 13 日 安理会一致通过关于"格鲁吉亚局势:延长联格观察团任务期限"的第 S/RES/1716(2006)号决议,将联合国格鲁吉亚观察团任期延长至 2007 年 4 月 15 日。这份由俄罗斯提出的决议草案请求秘书长同有关各方一道就格鲁吉亚—阿布哈兹争端寻找建立信心的方式和方法。

同日 安理会一致通过关于"卢旺达问题国际刑事法庭:延长审案法官任期"的第 S/RES/1717(2006)号决议,将在卢旺达问题国际法庭任职的 11 名常任法官的任期延长至 2008 年 12 月 31 日。

10 月 14 日 安理会一致通过关于"防扩散问题:制裁朝鲜"的第 S/RES/1718(2006)号决议,对朝鲜核试验表示谴责,要求朝方放弃核武器和核计划,立即无条件重返 6 方会谈,并决定针对朝方核、导等大规模杀伤性武器相关领域采取制裁措施。

10 月 16 日　近千名联合国员工及驻联合国常驻代表团的部分外交官在联合国常务副秘书长马洛克—布朗的带领下,在纽约总部宣读了"反对贫穷、努力实现千年发展目标"的誓言。这次活动是由"千年运动"发起的一项为期两天、宣誓消灭贫穷活动的组成部分。

同日　第 61 届联合国大会投票选举安理会 5 个非常任理事国,结果选出印度尼西亚、南非、比利时和意大利 4 国。但角逐拉美和加勒比地区一个席位的危地马拉和委内瑞拉之间竞争激烈,形成僵局,尚待选出。

10 月 25 日　安理会一致通过关于"布隆迪局势:设立联布综合办"的第 S/RES/1719(2006)号决议,祝贺布隆迪结束过渡期并向民主选举产生的代议制政府和机构和平移交权力,决定设立联合国布隆迪综合办事处,自 2007 年 1 月 1 日起,初始任期 12 个月。

10 月 26 日　《联合国气候变化框架公约》秘书处宣布启动《京都议定书》联合执行机制,以帮助减少导致地球变暖的温室气体的排放。

10 月 31 日　安理会一致通过关于"有关西撒哈拉的局势:延长西撒特派团任期"的第 S/RES/1720(2006)号决议,将西撒哈拉全民投票特派团的任务延期至 2007 年 4 月 30 日。

11 月 1 日　安理会一致通过关于"科特迪瓦局势:总理和高级代表职权"的第 S/RES/1721(2006)号决议,决定继续根据宪章第 7 章采取行动,并开始全面执行该国总理领导下的和平进程,至迟于 2007 年 10 月 31 日举行总统和立法选举。

同日　安南秘书长动身前往乌拉圭蒙得维的亚,出席 11 月 4—5 日举行第 16 届伊比利亚—美洲首脑会议。

11 月 3 日　世界卫生组织宣布成为"世界戒烟倡议"5 个关键合作伙伴之一。

11 月 6 日　防止战争和武装冲突糟蹋环境国际日。安南秘书长发表讲话,呼吁国际社会采取更多行动应对战争对环境的破坏和威胁。

同日　2006 联合国气候变化大会在肯尼亚首都内罗毕开幕,大会的主要议题是"后京都"问题,即 2012 年之后如何进一步降低温室气体的排放。

11 月 7 日　大会当天上午就安理会非常任理事国剩下的一个拉美和加勒比地区席位举行了选举,巴拿马获 164 票当选,从而突破了前 47 轮投票的僵局。大会还选出白俄罗斯进入经社理事会,从而完成对该理事会 18 个轮换理事国的选举。

11 月 8 日　大会以 183 票支持、4 票反对和 1 票弃权的结果通过关于必须终止美利坚合众国对古巴的经济、商业和金融封锁的第 A/RES/61/11

号决议,呼吁美国尽快结束对古巴长达 45 年的制裁。

11 月 15 日 联合国人权理事会召开第 3 次特别会议,谴责以色列最近的军事行动在加沙北部的贝特哈努造成近 20 名巴勒斯坦平民丧生,并决定成立一个小组前往加沙北部调查这一事件。

11 月 16 日 安南秘书长在亚的斯亚贝巴召开的非洲发展论坛上发表讲话,呼吁国际社会共同促进非洲的发展,同时敦促非洲国家也做出应有的努力。

同日 安理会发表主席声明,欢迎乌干达政府与“圣灵抵抗军”(LRA)开展和平谈判,同时呼吁反政府武装立即释放其绑架的所有妇女、儿童和其他非战斗人员。

11 月 17 日 大会第 10 届紧急特别联会议复会。30 日,会议通过第 A/RES/ES—10/16 号决议,包括欧盟 25 国在内的 165 票赞成,美国、以色列等 7 票反对,6 票弃权通过决议,谴责以色列在巴勒斯坦被占领土的军事行动,并敦促以巴双方立即停止暴力行动。

同日 联合国气候变化大会在肯尼亚首都内罗毕闭幕。大会取得两项重要成果:一是达成包括“内罗毕工作计划”在内的几十项决定,以帮助发展中国家提高应对气候变化的能力;二是在管理“适应基金”的问题上取得一致,基金将用于支持发展中国家具体的适应气候变化活动。

11 月 18 日 联合国安南秘书长、联合国人权高专、移徙者人权问题特别报告员、国际移民组织等在“国际移徙者日”发表致辞或声明,敦促更多国家加入《保护所有移徙工人及其家庭成员权利公约》。

11 月 20 日 《禁止生物武器公约》第 6 次审议大会在日内瓦开幕。

11 月 21 日 安理会通过关于“波黑的局势:延长欧盟部队任务期限”的第 S/RES/1722(2006)号决议,决定自本决议通过之日起,再设立一支多国稳定部队(欧盟部队),为期 12 个月。作为稳定部队的合法继承者,接受统一指挥和控制,欧盟部队将与北约所设总部合作。

11 月 28 日 安理会一致通过关于“有关伊拉克的局势:延长联伊特派团的任务期限”的第 S/RES/1723(2006)号决议,决定重新设立第 S/RES/1558(2004)号决议第 3 段所指的监测组,为期 6 个月。并请秘书长作出必要的财政安排,支持监测组的工作。

11 月 29 日 安理会就索马里局势一致通过关于“索马里局势:重设监测组”的第 S/RES/1724(2006)号决议,重设军火禁运监测组。

11 月 30 日 大会通过《关于反恐怖主义、反腐败和打击跨国有组织犯罪国际合作的布加勒斯特宣言》的第 A/RES/61/601 号决议和关于《国家和商业界打击恐怖主义伙伴关系战略》的第 A/RES/61/606 号决议。

12 月 6 日　安理会通过关于"索马里局势：设立伊索维和团"的第 S/RES/1725（2006）号决议，决定授权伊加特和非洲联盟成员国设立索马里保护和培训特派团，初步为期 6 个月，期满后由安全理事会在伊加特通报情况后进行审查。

12 月 7 日　联合国牵头的国际防治禽流感大会在马里首都巴马科开幕，会议希望为防控禽流感募集 12 亿—15 亿美元的资金。

12 月 12 日　联合国人权理事会在日内瓦召开特别会议，讨论达尔富尔的人权问题。

12 月 13 日　大会以协商一致的方式通过关于残疾人人权公约的第 A/RES/61/1 号决议及其附件《残疾人权利公约》，这是国际社会在 21 世纪通过的首个人权公约。公约于 2008 年 5 月 3 日生效。

12 月 14 日　第 61 届联合国大会举行新秘书长就职宣誓仪式，联合国第 8 任秘书长潘基文在 192 个会员国代表面前进行宣誓，表示将不受任何外部影响，全心全意为联合国服务。

12 月 15 日　安理会通过关于"科特迪瓦局势：延长联科行动任务期限"的第 S/RES/1726（2006）号决议，决定将联科行动及支持联科行动的法国部队的任务期限延长至 2007 年 1 月 10 日。

同日　安理会通过关于"科特迪瓦局势：延长专家组任务期限"的第 S/RES/1727（2006）号决议，决定将对科特迪瓦实行武器制裁等内容的第 S/RES/1572（2004）号决议第 7 — 12 段和设立专家组的第 S/RES/1643（2005）号决议第 6 段各项规定的效力延长至 2007 年 10 月 31 日。

同日　安理会通过关于"塞浦路斯局势：延长联塞部队任务期限"的第 S/RES/1728（2006）号决议，表示全力支持联塞部队，包括支持它在缓冲区内执行的任务，并决定再次延长联塞部队的任务期限，至 2007 年 6 月 15 日止。

同日　安理会通过关于"中东局势：延长脱离观察员部队任务期限"的第 S/RES/1729（2006）号决议，决定将联合国脱离接触观察员部队的任务期限再延长 6 个月，至 2007 年 6 月 30 日止。

同日　大会第 10 届紧急特别会议复会。次年 1 月 24 日，大会通过关于"建立联合国关于在被占领巴勒斯坦领土修建隔离墙造成的损失登记册"的第 A/RES/17（ES—10）号决议，决定建立联合国关于在被占领巴勒斯坦领土修建隔离墙造成的损失登记册。

12 月 19 日　安理会通过关于"制裁：除名程序"的第 S/RES/1730

（2006）号决议,决定通过本决议所附文件中的除名程序,请秘书长在秘书处(安全理事会附属机关事务处)内确定一个协调人,接收除名申请和执行附件开列的任务,并指示安全理事会设立的各制裁委员会,相应修订其准则。

12 月 20 日 大会通过关于《保护所有人免遭强迫失踪国际公约》的第 A/RES/61/177 号决议及其附件《保护所有人免遭强迫失踪国际公约》,联合国强迫或非自愿失踪问题工作组发表声明,敦促各国尽快批准加入这一公约。公约于 2010 年 12 月 23 日生效。

同日 安理会通过关于"利比里亚局势:制裁措施"的第 S/RES/1731 (2006)号决议,决定将设在利比里亚的专家小组的任期再延长到 2007 年 6 月 20 日。

同日 世界气象组织宣布,2007 年将被定为"国际极地年",以提高国际社会对保护极地生态系统的重视。

12 月 21 日 安理会通过关于"与制裁有关的一般性问题:工作组完成任务"的第 S/RES/1732(2006)号决议,决定所设制裁的一般性问题非正式工作组已经完成 2005 年 12 月 29 日的 S/2005/841 号文件所列的任务,就如何提高联合国制裁的效力提出了一般性建议。

12 月 22 日 大会通过关于"192 个成员国在 2007—2009 年应该承担的联合国会费分摊比例"的第 A/RES/61/254(2006)号决议。其中,美国应承担的会费份额保持不变,日本的份额下降,而英国、中国、俄罗斯、印度等多个国家则有所上升。

同日 安理会通过关于"感谢卸任秘书长"的第 S/RES/1733(2006)号决议,向本月底卸任的安南秘书长表示敬意,赞扬他对国际和平、发展、人权和自由等领域做出的贡献和为改革及强化联合国所做出的努力。

同日 安理会通过关于"塞拉利昂局势:延长联塞综合办任务期限"的第 S/RES/1734(2006)号决议,决定将依据安理会第 S/RES/1620(2005)号决议概述的联塞综合办的任务规定期限延长至 2007 年 12 月 31 日。

同日 安理会通过关于"恐怖主义威胁:制裁恐怖分子的措施"的第 S/RES/1735(2006)号决议:重申一切形式和表现的恐怖主义是对和平与安全的最严重威胁之一,任何恐怖行为,无论其动机为何,在何时发生和何人所为,都是不可辩解的犯罪行为;重申明确谴责基地组织、本·拉登、塔利班和其他与之有关联的个人、集团、企业和实体不断多次实施恐怖主义罪行,以造成无辜平民和其他受害者的死亡,毁坏财产,引起重大不稳定,并将目前设在纽约的秘书长根据第 S/RES/1617(2005)号决议第 20 段任命的监测组的任务期限再延长 18 个月。

同日　安理会通过关于"刚果局势：联刚特派团增兵延期"的第 S/RES/1736(2006)号决议，授权从 2007 年 1 月 1 日至 2 月 15 日联刚特派团当前任务到期之日，将联刚特派团的兵力增加至多 916 名军事人员，以便目前在联布行动任务规定下核定的步兵营和军医院继续编入联刚特派团。

12 月 23 日　安理会通过关于"伊朗核问题：制裁措施"的第 S/RES/1737(2006)号决议，决定所有国家都应采取必要措施，防止从本国领土，或由本国国民，或使用悬挂本国国旗的船只或飞机，或为在伊朗境内使用或使伊朗受益，直接或间接向伊朗提供、销售或转让可能有助于伊朗的浓缩相关活动、后处理或重水相关活动，或有助于发展核武器运载系统的所有物项、材料、设备、货物和技术，不论它们是否源于本国领土。

同日　安理会通过关于"武装冲突中保护平民：新闻媒体人员的保护"的第 S/RES/1738(2006)号决议，认识到安全理事会审议在武装冲突中保护新闻记者的问题是因为该问题紧迫而重要，谴责在武装冲突局势中故意攻击新闻记者、媒体专业人员和有关人员的行为，并呼吁所有当事方终止这种做法。

二〇〇七年

（国际极地年）

1 月 2 日　联合国第 8 任秘书长潘基文正式上任。潘基文表示，承接安南此前的努力、顺利解决苏丹达尔富尔问题，是他上任后的首要关注；他将很快会见联合国达尔富尔问题特使埃里亚松，并将于本月晚些时候出席非洲联盟峰会，会见苏丹总统和其他非洲领导人，争取早日和平解决达尔富尔危机。朝鲜核问题是潘基文的另一个关注。

1 月 10 日　安理会通过关于"科特迪瓦局势：延长联科行动任务期限并调整任务"的第 S/RES/1739(2007)号决议，重申支持联合国科特迪瓦行动（联科行动）及支持联科行动的法国部队，并认定科特迪瓦局势将继续对该区域的国际和平与安全构成威胁，决定将联科行动及支持联科行动的法国部队的任务期限延长至 2007 年 6 月 30 日。

1 月 12 日　安理会对美国提出的缅甸问题决议草案进行表决，俄罗斯和中国投了否决票，决议没有获得通过。

1 月 17 日　安理会讨论中非和乍得的局势，建议联合国向该地区派遣一个加强的特派团，为在该地区部署一支多功能的联合国部队做准备。

1月18日 联合国索马里特使弗朗索瓦·法尔在摩加迪沙呼吁索马里过渡联邦政府为实现和解而进行具有广泛包容性的对话。这是他在过渡联邦政府恢复对首都摩加迪沙的控制后对该地进行的首次访问。

1月22日 联合国气候变化框架公约执行秘书德—布尔在新德里举行的"德里可持续发展峰会"上指出,世界领导人在气候变化问题上缺乏足够的领导力使遏制全球变暖的努力受到严重制约。他认为发达国家担心发展中国家的竞争对手不愿参与控制全球变暖的行动,因此不情愿自己迈出第一步;而发展中国家则担心新一轮的气候谈判会强加给他们一些影响自己经济发展的减排责任。

1月23日 安理会通过关于设立联合国尼泊尔政治特派团(联尼特派团)的第 S/RES/1740(2007)号决议,对 2006 年 11 月 21 日尼泊尔政府与尼泊尔共产党签署《全面和平协定》表示欢迎,决定设立联合国尼泊尔政治特派团(联尼特派团),由秘书长特别代表领导。

同日 国际法院以 14 票对 1 票的投票结果,决定不对乌拉圭提出的、控告阿根廷在界河桥梁上设置路障的做法进行阻止性裁决。国际法院说,阿根廷和乌拉圭两国围绕在乌拉圭河上建造纸浆厂所引起的纷争的现行状况,不足以促使它采取任何行动。

1月24日 第 10 次大会紧急特别联大通过关于"建立联合国关于在被占领巴勒斯坦领土修建隔离墙造成的损失登记册"的第 A/RES/17(ES—10)号决议。

1月26日 大会通过关于谴责否认大屠杀行为的第 A/RES/61/255 号决议,谴责对纳粹大屠杀的否认。潘基文表示,大会的行动反映了当今国际社会的主导观点;他重申,对纳粹大屠杀历史事实的否认是不可接受的,并希望决议的基本原则在言辞和行动上都得到落实。

1月29日 大会上午举行仪式,纪念第 2 个"缅怀纳粹大屠杀受难者国际日"。潘基文秘书长表示,纪念这个日子不仅是为了缅怀受难者,更重要的是要阻止类似暴行抬头或出现。

1月30日 安理会通过关于"厄立特里亚与埃塞俄比亚间局势:延长埃厄特派团任期"的第 S/RES/1741(2007)号决议,决定将埃厄特派团的任务期限延长至 2007 年 7 月 31 日,并要求埃塞俄比亚毫不拖延地全面接受厄立特里亚—埃塞俄比亚边界委员会具有约束力的最终裁定。决议同时要求厄立特里亚立即将其部队和装备撤出临时安全区,不再拖延、不设先决条件地取消对埃厄特派团的行动和作业的所有限制。

同日 知识产权组织宣布泰国国王普密蓬成为该组织首次授予的全球

领袖奖的获奖者,表彰他作为发明者和利用知识产权促进发展的积极宣传者对知识产权做出的杰出贡献。

1月31日 《罗马规约》侵略罪问题工作组主席韦纳韦瑟在联合国纽约总部举行记者会时表示,国际刑事法院成立已近5年,但对侵略罪实施管辖权还面临着两大难题。第1个障碍是国际社会还没有对侵略罪的定义达成一致,第2个障碍是安理会的角色问题。

2月1日 联合国环境署将2007年"地球卫士奖"授予7位在环保方面做出杰出贡献的领导人。

2月2日 联合国科索沃最终地位谈判特使阿赫蒂萨里向塞尔维亚和科索沃双方递交联合国科索沃最终地位建议方案。按照这份方案,科索沃有权利谈判和签订包括加入国际组织在内的国际条约。方案还建议应该用国际公务员和国际部队来帮助科索沃当局维持和平与稳定。

同日 联合国政府间气候变化专门委员会发布第4次全球气候变化报告,其中,科学家们认为人为原因造成气候变暖的结论的正确性为90%。

2月12日 联合国秘书长达尔富尔问题特别代表埃利亚松和非洲联盟特使萨利姆抵达喀土穆,对苏丹进行为期5天的首次联合国—非盟联合考察。

2月13日 联合国秘书长潘基文发表声明,热烈欢迎朝核问题6方会谈在北京达成协议。

2月14日 联合国儿童基金会发表报告,首次对发达国家儿童和年轻人的健康福祉进行全面评估。报告使用的6项衡量指标是:物质状况,健康和安全,教育,同伴和家庭关系,行为和危险,年轻人的自我评价。瑞典、丹麦、芬兰、荷兰在21个国家中名列前茅。

2月15日 安理会通过关于"有关刚果民主共和国的局势:延长联刚特派团任务期限"的第S/RES/1742(2007)号决议,重申对刚果民主共和国的主权、领土完整和政治独立的承诺,并指出刚果民主共和国局势继续对该区域的国际和平与安全构成威胁,决定将联刚特派团任期和已确定的编制人数方案期限延长到2007年4月15日。

同日 安理会通过关于"海地的问题:延长联海稳定团任务期限"的第S/RES/1743(2007)号决议,决定根据宪章第7章将联海稳定团任务期限延长至2007年10月15日,并打算继续延长;并再次呼吁联海稳定团支持海地目前的宪法和政治进程,包括进行斡旋,并同海地政府合作以促进政治对话和民族和解。

2月20日 安理会通过关于建立非索特派团的第S/RES/1744(2007)

号决议,决定授权非洲联盟成员国在索马里建立一个为期 6 个月的特派团;由于非索特派团的设立,第 S/RES/1725(2006)号决议第 3—7 段所列措施不再适用。该支部队旨在稳定 2006 年埃塞俄比亚军事干预之后的索马里形势,取代驻留在索马里的埃塞俄比亚部队。它原计划由联合国维和部队取代。但非洲联盟驻索马里派团未能获得足够的部队,这意味着它在索马里的作用非常有限。

2 月 22 日 安理会通过关于延长东帝汶稳定团任期的第 S/RES/1745(2007)号决议,决定把东帝汶综合团的任务期限延长至 2008 年 2 月 26 日,并至多为该综合团的核定兵力增加 140 名警察以补充现有的建制警察部队。

2 月 23 日 安理会在国际原子能机构向其呈交伊朗核活动评估报告后召开会议,就执行安理会第 S/RES/1540(2004)号和第 S/RES/1673(2006)号决议,防止大规模杀伤性武器扩散问题进行辩论。

2 月 26 日 1993 年,刚独立不久的波黑即向国际法院提起诉讼,指控当时的南联盟在波黑内战中"蓄意"实施了对波黑非塞族人的大规模屠杀,策划发动多起种族屠杀事件。在历时 14 年的审判过程中,身为被告的南联盟于 2003 年更名为塞尔维亚和黑山。随后,又于 2006 年各自宣布独立,并由塞尔维亚继承原塞黑国家共同体的国际法主体地位。2007 年 2 月 26 日,设在海牙的联合国国际法院宣判,塞尔维亚没有在波黑战争期间犯下种族屠杀罪,但它未能按照国际条约规定的义务阻止屠杀发生和惩办当事人。这一案件是国际法院历史上首次一个国家被控犯有种族屠杀罪。国际法院院长罗莎琳·希金斯说,法院以 13 票对 2 票裁定,发生在波黑斯雷布雷尼察的穆斯林遭屠杀事件是种族屠杀,但"塞尔维亚没有犯下种族屠杀罪"。判决书说,塞尔维亚不是屠杀同谋,也没有煽动屠杀。但国际法院认为,塞尔维亚没能尽到阻止屠杀的义务,也没有惩办屠杀当事人。希金斯院长指出:"法院认为,(塞尔维亚)可以,也应该采取行动,阻止屠杀,却没有。"塞尔维亚总统在国际法院作出判决后立刻表示欢迎,并呼吁议会通过决议,谴责斯雷布雷尼察屠杀,反思战争。为塞尔维亚辩护的律师团说,判决为塞尔维亚洗清了"历史上最严重的一项指控",他们希望这一判决能"成为前南斯拉夫人民和解的一个契机"。

2 月 27 日 经过近两年的调查,国际刑事法院检察官莫雷诺—奥坎波对两名涉嫌在达尔富尔犯下战争罪和危害人类罪的人提出公诉。一人是苏丹前内政部长艾哈迈德·哈伦,另一人是受到政府支持的金戈威德民兵前指挥官阿里·库沙布。

3月15日   大会通过关于本组织加强推动裁军议程的能力的第 A/RES/61/257 号决议,支持秘书长提出的将维和行动部一分为二、变成和平行动部和战地支援部、将裁军事务部变成裁军事务办公室的建议。

同日   世界知识产权组织公布该组织负责管理的商标国际注册马德里体系 2005 年受理申请的情况。在 2005 年共受理了 3.6 万多项注册申请,来自亚太地区的申请占了总申请量的一成,显示出这一体系在不断扩大,改变了原先集中在欧洲的情况,真正成为全球性的商标注册体系。

3月22日   世界水日,主题是"解决缺水问题",关注世界面临的人口快速增长、消费模式不可持续、管理不善、污染、基础设施投资不足、水效低下、水资源综合管理等问题。

3月23日   安理会通过关于"阿富汗局势:延长联阿援助团任务期限"的第 S/RES/1746(2007)号决议,决定将第 S/RES/1662(2006)号决议规定的联阿援助团的任务期限延长至 2008 年 3 月 23 日,欢迎并期待欧洲联盟在维持治安方面设立的特派团早日启动,同时呼吁国际社会为了阿富汗的稳定和区域稳定向阿富汗难民提供并增加援助。

3月24日   安理会通过关于"伊朗核问题:制裁措施"的第 S/RES/1747(2007)号决议,对伊朗的核计划有扩散危险表示关切,要求伊朗不得从本国领土,或由本国国民,或使用悬挂本国国旗的船只或飞机,直接或间接地提供、销售或转让武器或有关材料。安理会还呼吁所有国家和国际金融机构除人道主义和发展用途外,不再承诺向伊朗伊斯兰共和国政府提供新的赠款、金融援助和优惠贷款。

3月27日   安理会通过关于"黎巴嫩:延长国际独立调查委员会任务期限"的第 S/RES/1748(2007)号决议,决定将国际独立调查委员会的任务期限延长至 2008 年 6 月 15 日,并表示随时准备在委员会报告它已完成任务的情况下,提前结束其任务。

3月28日   安理会通过关于"有关卢旺达的局势:终止第 1011(1995)号决议第 11 段所定措施"的第 S/RES/1749(2007)号决议,审议其关于卢旺达的第 S/RES/918(1994)号决议所设委员会 2006 年 12 月 28 日的报告和该委员会主席 2007 年 3 月 13 日的口头报告,对卢旺达和大湖区局势出现积极发展,尤其是大湖区问题国际会议第 2 次首脑会议于 2006 年 12 月 15 日签署的《大湖区安全、稳定和发展公约》,表示肯定和鼓励,遂决定立即终止第 S/RES/1011(1995)号决议第 11 段所定的措施。

3月30日   安理会通过关于"利比里亚局势:延长联利特派团任务期限"的第 S/RES/1750(2007)号决议,将联利特派团的任务期限延长至 2007

年 9 月 30 日;并重申打算授权秘书长根据第 S/RES/1609(2005)号决议的规定,视需要在联利特派团和联合行动之间临时调动部队。

4 月 6 日 联合国政府间气候变化问题专门委员会在布鲁塞尔发布题为《2007 年气候变化:气候变化的影响、适应和脆弱性问题》的报告,它专注于气候变化带来的影响,并对潜在影响进行预测。

4 月 13 日 安理会通过关于"刚果共和国的局势:延长联刚特派团任务期限"的第 S/RES/1751(2007)号决议,决定将联刚特派团任期延长到 2007 年 5 月 15 日。

同日 安理会通过关于"格鲁吉亚局势:延长联格观察团任期"的第 S/RES/1752(2007)号决议,呼吁格鲁吉亚和阿布哈兹恢复对话,决定将联格观察团的任务期限延长,直到 2007 年 10 月 15 日。

4 月 20 日 联合国潘基文秘书长在瑞士日内瓦召集第 1 届协调联合国系统行政首长理事会。来自联合国各机构的负责人讨论了如何协调以援助换贸易、如何使发展中国家全面参与全球贸易体系等问题。

同日 在接到朝鲜政府的请求不到两个月的时间内,联合国儿童基金会、世界卫生组织和国际红十字会共为朝鲜 1600 万人接种了麻疹疫苗。

同日 潘基文秘书长派遣一个由政治、选举、人权和发展专家组成的真相调查小组前往斐济,评估这个太平洋岛国 2006 年 12 月政变以后的局势。调查小组将于 22 日抵达斐济,与临时政府、各党派代表和社会的广泛磋商。

4 月 23 日 联合国预防犯罪和刑事司法委员会第 16 届会议在维也纳举行,来自世界各地的刑事犯罪专家共同讨论如何处理全球刑事犯罪问题。此次会议的主题是都市犯罪和帮派犯罪。

同日 来自 100 多个国家的 400 多名青年聚集日内瓦,举行有关道路安全的世界青年大会。大会宣言呼吁所有年轻人参与地方和全国性道路安全活动,并做好宣传工作。

同日 潘基文秘书长出席在卡塔尔首都多哈举行的主题为民主、发展和自由贸易的第 7 届论坛。

同日 减疟全球伙伴关系举行记者会表示,到 2010 年将非洲疟疾减半的目标有望实现,2007 年非洲疟疾日主题强调到 2010 年将非洲疟疾减半的目标。

同日 教科文组织执行局一致通过保护耶路撒冷老城的决定。要求世界遗产委员会在 5 月早些时候举行紧急的非正式会议,讨论 2007 年 2 月派往耶路撒冷的专家小组提出考察报告后的工作建议。

4 月 23—29 日 首届全球道路安全周。呼吁各国政府采取措施避免青少年遭遇交通事故。

4月25日　世界卫生组织在日内瓦就发展中国家公平获得流感疫苗举行全球会议,巴西、印度、印度尼西亚、墨西哥、泰国和越南6个发展中国家分别获得了日本和美国提供的1800万美元的赠款,用于建设各自的流感疫苗生产设施,应对可能暴发的人类大流感。

4月26日　亚太经济社会委员会召开专家会议,讨论如何加强政策力度,以减少针对妇女的暴力。此次会议的焦点是有害的传统和文化习惯,旨在探讨对妇女暴力的社会文化根源,并分析政府、司法系统、警察、医务工作者、社区组织和非政府组织等在防止对妇女的暴力方面能够发挥的作用。

同日　索马里首都摩加迪沙的战斗恶化为16年以来该国最严重的武装冲突。导致占该城市人口1/3的40多万人逃离。与此同时,由于大批人逃离摩加迪沙,索马里中部和南部暴发急性腹泻和霍乱,已导致600多人丧生。

同日　世界知识产权日,主题是"鼓励创造"。世界知识产权组织总干事伊德里斯表示,知识产权制度构建了各种激励机制,鼓励发明家和艺术家充分发挥才智,丰富人类的集体文化遗产。

同日　潘基文秘书长任命葡萄牙前总统德桑帕约为不同文明联盟高级代表。

同日　潘基文秘书长在梵蒂冈会见教皇本笃十六世。他在回到纽约总部时表示,教皇已经接受他的邀请在适当时候访问联合国。

4月27日　安理会通过关于"利比里亚局势:终止钻石制裁措施"的第S/RES/1753(2007)号决议,赞扬利比里亚政府继续与金伯利进程证书制度合作,决定在审议联合国专家小组按照第S/RES/1731(2006)号决议第4(d)段的要求提出的报告后,着重检视利比里亚遵守金伯利进程证书制度的情况。

同日　在4月29日《禁止化学武器公约》生效10周年前夕,联合国裁军事务部公布,截至2007年2月底,全球宣布过的化学武器生产设施已经全部摧毁,860万件受公约查禁的化学弹药和容器中的三成已经被摧毁,同时6个库存有化武战剂的国家已经在国际监督下销毁了其中的1/4,根据公约要求,余下的库存必须在2012年4月29日之前销毁。

同日　在联合国儿基会、世界卫生组织和欧盟的支持下,8000多名医务工作者将在伊拉克全国开展持续两周的麻疹、腮腺炎和风疹联合疫苗的接种活动,这是国际社会两年来在伊拉克开展的最大的人道主义活动之一。

4月30日　安理会通过关于"西撒哈拉的局势:请秘书长安排双方谈

判"的第 S/RES/1754(2007)号决议,重申需要全面遵守与西撒特派团达成的有关停火的各项军事协定,决定将联合国西撒哈拉全民投票特派团(西撒特派团)的任务期限延至 2007 年 10 月 31 日。

同日 安理会通过关于"苏丹局势:延长联苏特派团任务期限并敦促各方履行承诺"的第 S/RES/1755(2007)号决议,决定将联苏特派团的任务期限延长至 2007 年 10 月 31 日,并打算以后继续延长,并呼吁《全面和平协定》各签署方紧急加快履行其所有承诺的进度,尚未签署《达尔富尔和平协议》的各方应毫不拖延地签署该决议,不要采取任何阻碍执行决议的行动。

同日 潘基文秘书长向正在日内瓦召开的 2010 年核不扩散审议会议预备会议发去致辞,敦促与会代表展现多边合作的精神,争取在核裁军和防不扩散问题上取得进展。这是联合国秘书长首次向核不扩散审议会议的预备会议发去致辞。

同日 为更好地制定和执行有效的制裁措施,安理会举行专题研讨会。潘基文秘书长在会议上表示,对伊拉克的制裁是联合国历史上最全面、时间最长的制裁;制裁措施被视为综合冲突解决方案的一部分时更有效;联合国今后应该保证安理会制裁措施的可信性、合法性、灵活性,制裁的目标必须清晰。

5 月 13 日 负责人道主义事务的副秘书长霍姆斯访问索马里首都摩加迪沙,这是 14 年来联合国级别最高的官员访问索马里,霍姆斯在摩加迪沙会见了索马里过渡政府总统,并访问霍乱治疗中心和流离失所者营地。

5 月 14—23 日 第 60 届世界卫生大会在日内瓦举行,就实施《国际卫生条例》与禽流感和人类大流感的关系、消除天花、改善儿童药物、非传染性疾病、合理用药等话题进行讨论。23 日,大会通过"分享禽流感病毒和享有疫苗及其他权益"的决议,确认将帮助所有国家就禽流感所带来的公共卫生挑战做好更加充分的准备。

同日 在伊拉克宪法审查程序 5 月 15 日截止前夕,秘书长伊拉克问题特使卡齐呼吁伊拉克所有政治派别就宪法修正达成共识。卡齐指出,宪法问题的核心是伊拉克的联邦制度如何运作,以及如何在联邦政府和各地区之间就权力和石油收入的公平分配找到平衡,他相信这样的方案是存在的。

同日 联合国开发计划署与欧盟在北京签署协议,共同支持中国加强法制建设和社会的发展。项目涉及 3 个领域:人大的立法过程、最高人民法院的司法改革及社会的参与。项目为期 4 年,预算 1050 万美元,是迄今中国实施的同类国际合作项目中规模最大的。

同日 第 18 届毒品危害大会在波兰召开。联合国艾滋病规划署呼吁各国紧急调集资源,在静脉注射毒品者中有效防治艾滋病。艾滋病规划署强调,静脉注射毒品在东南亚、中亚和东欧是主要的艾滋病传播途径,近些年来在撒哈拉以南非洲部分地区也开始抬头。

5月15日　安理会通过关于"刚果民主共和国的局势:延长联刚特派团任务期限并敦促各方支持和平进程"的第 S/RES/1756(2007)号决议,决定将联刚特派团的任务期限延长至 2007 年 12 月 31 日。

同日　国际家庭日。潘基文秘书长发表声明指出,社会对残疾人及其家庭负有责任,应当使家庭发挥作用,确保残疾人享有充分的人权和尊严,并作为个人茁壮成长。并敦促各国政府落实联合国大会 2006 年底通过、2007 年 3 月 30 日生效的《残疾人权利公约》。

同日　联合国开发计划署开始在约旦首都安曼举行 3 天会议,力图帮助伊拉克制定长期、有效的水资源管理战略。

5月16日　大会通过关于使用多种语言的第 A/RES/61/266 号决议,宣布 2008 年为国际语言年,确认联合国把使用多种语言作为促进、保护语言和文化多样性的重要途径,并强调联合国 6 种官方语言应该得到平等对待。

5月17日　在大会举行的人权理事会新一年任期成员国选举中,安哥拉、埃及、马达加斯加、南非、印度、印度尼西亚、菲律宾、卡塔尔、玻利维亚、尼加拉瓜、波斯尼亚和黑塞哥维那、斯洛文尼亚、荷兰和意大利 14 国当选。

同日　世界电信和信息社会日。潘基文秘书长为此发表声明指出,2007 年的纪念主题是"让信息通信技术惠及下一代",各国政策制定者和业界领导人应当集思广益,与青少年合作,开发出实用的技术、应用和服务,使青少年跨越沟通障碍,在求知的道路上突飞猛进。

同日　国际电信联盟推出遏制互联网犯罪的两年计划,通过建立国际合作框架,整合地区性或全国性的遏制网络犯罪计划,减少重复,提高资源使用效率。

同日　联合国秘书长执行办公室、联合国毒品和犯罪问题办事处和奥地利政府联合在维也纳举行研讨会,讨论如何执行大会 2006 年通过的全球反恐战略。这是全球反恐战略通过后,联合国与会员国就此举办的第 1 个大型论坛。

5月17—23日　亚太经社会第 63 届年会在哈萨克斯坦的阿拉木图举行,主题是"帮助亚太贫穷国家实现千年发展目标,并促进卫生医疗系统的投资";会上还举行了第 1 届亚太千年发展目标媒体奖颁奖仪式。这是亚太经社会第 1 次在中亚举行年会。

5 月 18 日 安理会常任理事国美国、法国和英国开始向其他成员散发一份有关设立黎巴嫩前总理哈里里遇刺案特别法庭的决议草案。因为黎巴嫩议会无法就设立特别法庭形成一致意见,安理会不得不援引《联合国宪章》第 7 章设立特别法庭。

同日 世界卫生大会第一委员会会议开始讨论一份有关酗酒问题的报告,报告提出了一系列对策和干预手段,以减少酒精引起的健康问题。

同日 卫生组织正式发布《2007 世界卫生统计报告》,这是卫生组织关于 193 个成员最完整的卫生统计资料,为艾滋病、结核病、精神疾病、儿童营养不良等全球 10 大公共健康问题提供了翔实的统计数据,也为世界各国提供了 50 个健康指标的权威性年度参考。

5 月 21 日 大会举行全体会议,对 2001 年通过的《关于艾滋病病毒/艾滋病问题的承诺宣言》以及 2006 年后续会议所规定的任务进行审议和讨论。联合国大会主席阿勒哈利法在发言中指出,自从 1981 年 6 月 5 日确认第 1 例艾滋病病例以来,这一致命性的疾病已经夺去 2500 万人的生命。

同日 潘基文秘书长发表声明,对过去两天伊斯兰法塔赫武装分子和黎巴嫩军队的交火表示严重关切。5 月 20 日,黎巴嫩政府军和"伊斯兰法塔赫"组织在黎北部城市的黎波里爆发激烈武装冲突。21 日,冲突再起,目前已造成 57 人死亡,其中包括 27 名黎政府军士兵。与黎政府军交火的武装组织也有 15 人被打死,30 人受伤。潘基文在声明中还呼吁黎巴嫩人在面对国家稳定与安全的威胁时能团结到一起。另一方面,潘基文还发表声明,希望加沙巴勒斯坦冲突双方能保持停火。潘基文对巴勒斯坦武装分子向以色列平民发射火箭表示关切,他同时也对以色列在加沙的军事行动造成平民伤亡数量上升表示关注。

5 月 22 日 国际生物多样性日,主题是"生物多样性与气候变化"。潘基文秘书长呼吁国际社会做出共同努力,消除导致生物多样性流失的原因:气候变化和土地的不恰当使用方式。

同日 环境规划署宣布该署在 2006 年 11 月内罗毕联合国气候变化公约会议上发起的"承诺种植 10 亿棵树"的倡议,提前 7 个月达到目标。

同日 潘基文秘书长发表声明说,联合国内部监督事务厅正在对一项 2006 年提出的指控进行调查。按照这项指控,联合国驻刚果民主共和国维和部队涉嫌在东部伊图里地区进行武器交易,以获取该地区的矿产。特派团在 2006 年初对指控进行内部调查后,立即要求内部监督厅的介入。

同日 国际劳工组织宣布,由南非前总统、诺贝尔和平奖得主纳尔逊·曼德拉和美国匹兹堡大学经济学和拉美研究荣誉教授梅萨—拉戈共同获得首届"体面劳动研究奖"。

5月24日 前南斯拉夫的马其顿共和国前外长斯格杨·克里姆经联合国大会选举,将担任第62届联合国大会主席。

5月25日 联合国秘书长潘基文对缅甸政府再次决定继续拘禁该国反对党领导人昂山素季表示遗憾。

同日 联合国"在反恐中保护人权"特别报告员谢宁结束在美国的10天访问,他表示,不同意美国在法律上将国际反恐界定为"战争"。

同日 非洲日。潘基文秘书长在为此所发表的致辞中对刚果民主共和国和科特迪瓦等非洲国家在实现民主和平进程上所取得的进展表示欢迎;同时指出非洲仍然面临的巨大挑战,呼吁国际社会通过增加援助、减免债务、开展公平贸易、促进和平与人权事业,来推动非洲的发展。

5月28日 教皇本笃十六世会见联合国粮食计划署执行主任乔塞特·希兰。希兰对教皇支持世界反饥饿事业表示感谢,并指出天主教会是一个真正的全球性组织,长期以来与粮食署有着良好的合作,希望这种合作能够继续并加深。

同日 联合国亚太经济与社会委员会开始在曼谷举行会议,讨论如何改进经济政策,利用创新的融资方式保护森林。哥斯达黎加代表团介绍了该国的森林保护计划,它将燃料税和《京都议定书》的清洁发展机制提供的资金投资于森林的可持续管理和流域保护,取得了良好效果,有望以较低成本将森林砍伐率降低一半。

同日 联合国环境规划署与南部非洲发展银行在约翰内斯堡举行"非洲银行家碳金融投资论坛",加强非洲金融机构参与碳市场的能力。会议为期3天,在为非洲各国银行提供培训的同时也展示地方项目,吸引投资者。

5月29日 联合国秘书长潘基文在联合国维持和平人员国际日在纽约总部向在维和行动中牺牲的维和人员敬献花圈后表示,联合国将尽一切努力,保证维和人员的安全。潘基文在为此发表的讲话中赞扬了联合国维和行动取得的成绩,呼吁对维和行动进行进一步的改革以便使其能够更好地应对将来的挑战。

同日 联合国难民署对发生在尼泊尔不丹难民营的暴力事件表示关注。从5月27日开始的难民之间的冲突演变成了一场难民同前来维持秩序的尼泊尔执法人员之间的对峙。难民署发言人帕格尼丝表示,冲突已导致两名难民死亡,多人受伤。

5月30日 安理会通过关于"黎巴嫩:设立黎巴嫩问题特别法庭"的第

S/RES/1757(2007)号决议,再次最严厉地谴责 2005 年 2 月 14 日的恐怖爆炸及 2004 年 10 月以来黎巴嫩境内发生的其他袭击。决议由美、英、法、意大利、比利时和斯洛伐克发起,中国、俄罗斯、南非、印度尼西亚和卡塔尔投了弃权票。根据该决议,安理会决定所附文件包括其附文关于建立黎巴嫩特别法庭的规定应于 2007 年 6 月 10 日生效。

同日 联合国举行仪式,向 2006 年在维和行动中殉职的 107 名维和人员追授达格·哈马舍尔德勋章,表彰他们为国际和平与安全做出的突出贡献。当天,还向 43 名从 27 个国家借调来联合国总部工作期满 90 天的军人和警察颁发了维持和平勋章。

同日 国际劳工大会在日内瓦开幕。决定派遣一个技术小组尽快前往巴勒斯坦被占领土,以便提出促进当地就业和企业发展的建议。

同日 世界卫生组织和联合国艾滋病规划署共同发布卫生保健设施中知情、自愿的艾滋病病毒检测和咨询的最新指南,建议全球卫生保健提供者向所有显示出疑似艾滋病症状的患者建议进行艾滋病病毒检测和咨询。

同日 联合国发表《2007 年世界经济形势与展望》中期报告,呼吁世界金融政策决策者设计出一套金融机制,以解决经常账户,即贸易的失衡问题,避免美元硬着陆。报告指出,美国房市疲软是导致世界经济增长放缓的最主要的原因;美元贬值将导致这些国家转而投资于其他货币,这将使美元承受更大压力,结果有可能导致全球失衡的无序调整。

5 月 31 日 潘基文秘书长在 5 月 30 日柏林新一轮中东 4 方会谈结束后,代表 4 方宣读一份声明,要求以色列人和巴勒斯坦人进行建设性的合作,创造一个使巴勒斯坦能够建立国家的环境。4 方会谈要求以色列在实施安全行动时实行克制,避免伤及平民和民用设施,并要求以方释放被关押的巴勒斯坦议会成员。

同日 联合国环境规划署举办第 16 届国际儿童环境绘画大赛结果揭晓。一等奖由 12 岁的英国小朋友查理·苏利文获得。本届国际儿童环境绘画大赛收到了来自 104 个国家的 14000 多幅绘画,是大赛自 1990 年建立以来最多的一次。

同日 世界无烟日。世界卫生组织驻华代表贝汉卫向世界最大的烟草生产、消费国中国发出呼吁,希望中国政府和普通百姓进一步认识到吸烟所带来的危害和严峻挑战。

6 月 1 日 联合国秘书长潘基文在五年一度的联合国纪念世界环境日中学生网络会议上指出,人类的活动正使世界日益变暖,其中南北极地区的变化最为明显。参加网络会议的中学生分别来自纽约、加拿大西北部北冰洋海岸地区、温哥华,以及巴基斯坦卡拉奇。除温哥华的学生没有表示经历明显的气候变化之外,其他各地的学生都表示观察到了反常气候。

同日　联合国总部举行"蓝色星球长跑"的起跑仪式。20名志愿者将在此后的95天中,24小时不间断地接力,途经北半球16个国家,最后回到纽约。活动目的是唤起人们对于安全用水的关注和支持,并为普及安全用水工作募集资金。

同日　世界卫生组织结束在日内瓦为期两天的社区精神健康全球论坛,呼吁各国亟须建立社区心理健康服务网络。

6月4日　联合国塞拉利昂特别法庭在荷兰海牙开始审判利比里亚前总统查尔斯·泰勒,他被指控在塞拉利昂内战期间煽动谋杀、强奸及恐怖主义。

同日　在世界环境日前一天,联合国环境规划署发布题为《全球冰雪瞭望》《极地旅游——可持续性的挑战》的两份报告。旨在引起人们关注气候变化对极地冰川、极地环境的影响。

6月5日　在阿、以"六日战争"40周年之际,联合国秘书长潘基文发表声明指出中东地区的和平是不能依靠武力实现的,对于以色列人、巴勒斯坦人、叙利亚人、黎巴嫩人以及更广泛的范围来说,结束占领并采取政治手段解决冲突是未来唯一的出路。

同日　世界环境日,主题是"冰在融化",聚焦气候变化对南北两极的影响。冰雪消融,海平面上升,不仅威胁到海岸地区人们的健康,也将影响全球的水循环系统和用水质量,各国必须加强公共健康治理。

同日　联合国开发计划署发起的千年发展目标碳基金(MDG Carbon Facility)正式开始运作。旨在帮助确保发展中国家减少温室气体排放的项目能够达到《京都议定书》所规定的标准并且产生真实、可持续的效益。富通银行将负责购买和销售由这些项目所产生的温室气体排放指标。

6月15日　联合国大会通过了第A/RES/61/271号决议,决定设立国际非暴力日,旨在"通过教育和宣传等渠道传播非暴力信息和文化",促进宽容和增进人类尊严,帮助制止暴力,使人类不仅能结束战争,而且能最终远离战争。

同日　安理会通过关于"塞浦路斯局势:支持和解进程并延长联塞部队任务期限"的第S/RES/1758(2007)号决议,决定再次延长联塞部队的任务期限,至2007年12月15日止。

6月20日　安理会通过关于"中东局势:延长脱离接触观察员部队任务期限"的第S/RES/1759(2007)号决议,决定将联合国脱离接触观察员部队的任务期限延长 6 个月,至 2007 年 12 月 31 日止。

同日 安理会通过关于"利比里亚局势:设立专家小组"的第 S/RES/1760(2007)号决议,赞许利比里亚政府最近被接纳为金伯利进程证书制度参与者,请秘书长在 1 个月内设立一个为期 6 个月由至多 3 人组成的专家小组,并呼吁所有国家和利比里亚政府就专家小组任务的各个方面与专家小组通力合作。

同日 安理会通过关于"科特迪瓦局势:延长专家组任务期限"的第 S/RES/1761(2007)号决议,决定将第 S/RES/1727(2006)号决议规定的专家组任务期限延长至 2007 年 10 月 31 日,并请秘书长采取必要行政措施。

6 月 26 日 热带风暴"叶明"席卷巴基斯坦南部沿海地带,西南部俾路支省部分地区遭受重创。联合国提供 10 万美元的紧急救援资金在当地采购救灾用品,派遣了一个灾害评估协调小组,并在奎达省和沿海地区建立了两个救灾现场协调中心。

6 月 29 日 安理会通过关于"伊拉克的局势:终止监核视委和原子能机构的相关任务"的第 S/RES/1762(2007)号决议,决定立即终止相关决议授予监核视委和原子能机构的任务;重申伊拉克根据相关决议所应承担的裁军义务,并邀请伊拉克政府在 1 年内就遵守所有适用的裁军和不扩散条约及有关的国际协定所取得的进展向安理会报告等事项。

同日 安理会通过关于"科特迪瓦局势:延长联科行动任务期限"的第 S/RES/1763(2007)号决议,决定将联科行动及支持联科行动的法国部队的任务期限延长至 2007 年 7 月 16 日。

同日 安理会通过关于"波黑局势:高级代表的任命"的第 S/RES/1764(2007)号决议,回顾《波黑和平总框架协定》及其各项附件以及和平执行委员会指导委员会 2007 年 6 月 19 日发表的声明,欢迎并同意和平执行委员会指导委员会任命米罗斯拉夫·拉查克先生为高级代表;同时注意到和平执行委员会指导委员会 2007 年 6 月 19 日的决定,即高级代表办事处将留驻波黑继续履行任务,并打算在 2008 年 6 月 30 日之前关闭高级代表办事处。

同日 安理会通过主席声明,对非法小武器和轻武器在世界许多区域造成的破坏稳定的影响表示严重关切,要求秘书长自 2008 年开始每两年提交一份报告,并就 2001 年《联合国从各个方面防止、打击和消除小武器和轻武器非法贸易的行动纲领》执行情况提出意见。

6 月 30 日 东帝汶议会选举计票工作正继续进行。此前,东帝汶于 4 月和 5 月平稳举行两轮总统选举,选出前总理奥尔塔为新任总统;随后举行了自 2002 年独立以来的首次议会选举投票。

7月2日　潘基文秘书长出席在日内瓦开幕的经社理事会高级别会议,并提交了《2007 年千年发展目标报告》。该报告指出,大部分减贫成就集中在南亚、东南亚和东亚,西亚的贫困率同期增长了 1 倍,撒哈拉以南非洲的贫困率仍然超过 41%;世界最终成功实现千年目标很大程度上有赖于发达国家兑现援助承诺。

同日　联合国常务副秘书长米基罗在加纳首都阿克拉参加非洲联盟峰会,强调建立合作伙伴关系对非洲实现旨在消除贫困以及改善人类生活诸多方面的千年发展目标的重要性。

同日　前中国常驻联合国日内瓦办事处代表沙祖康正式就职,担任负责领导经济和社会事务部的联合国副秘书长。

7月3日　潘基文秘书长出席在意大利罗马举行的旨在帮助改善阿富汗司法系统的阿富汗法治会议上发表讲话,并在罗马会见了意大利总理普罗迪、阿富汗总统卡尔扎伊、北约秘书长等人。

同日　国际移民组织发布《移民、发展与自然灾害报告》,强调在应对自然灾害的政策制定过程中,政府应重视移民、发展和应对灾害 3 方面之间的关联,并充分考虑到移民在灾害中的需求。

同日　粮食署和粮农组织的调查显示,干旱和蝗虫灾害在 2006 年造成东帝汶粮食减产 30%,在即将到来的农作物淡季将有 20 万东帝汶人需要粮食援助。秘书长东帝汶特别副代表尼尔森呼吁国际社会对东帝汶进行援助。

7月4日　联合国教科文组织国际教育规划研究所(IIEP)发布 1 份题为《学校和大学腐败:如何解决》的报告。该报告涉及 60 多个国家的具体情况,认为形形色色的教育腐败现象,在世界范围内对教育体系造成了严重损害。

7月5日　2007 年全球契约领导人峰会在日内瓦万国宫召开,主题是"直面现实:与商业同行",旨在通过与来自国际社会不同部门的决策者的对话和互动,使商界领导人了解到各种新的、顺应发展趋势的观点,了解如何制定应对社会和经济综合问题的企业发展战略。会议通过《日内瓦宣言》,内含 21 项要点,强调企业通过对社会责任作出承诺、在最大范围内创造并传播价值观念。

同日　国际妇女峰会在肯尼亚首都内罗毕举行,2007 年 1 月 4 日当选的新任世界卫生组织总干事陈冯富珍指出,贫穷、社会性别不平等和亲密伙伴的暴力助长了艾滋病的传播,撒哈拉以南非洲的女性尤其承受了最大的痛苦。

同日 经社理事会在日内瓦成立高级别发展合作论坛,通过增进各相关方就影响发展合作的质量和效果的政策问题展开对话,促进包括千年目标在内的国际商定的发展目标的实现。

同日 联合国贸易与发展会议发布秘书长报告指出,以中国、印度、巴西和南非为代表的全球化第2代经济生力军的崛起可能导致发达国家的保护主义抬头,全球贸易不平衡的无序调整将会抵消现在的增长;建议加强多边国际金融体系,建立危机预防和解决机制。

同日 潘基文秘书长任命马里外交官谢克·西迪·迪亚拉担任副秘书长级别的"最不发达国家、内陆发展中国家和小岛屿发展中国家高级代表",负责全面动员和协调联合国系统支持这3类国家的发展;迪亚拉还将兼任联合国非洲经济和社会事务协调人,负责包括非洲发展新伙伴关系方面的事务。

7月9日 国际原子能机构理事会召开特别会议,决定向朝鲜派遣核查人员,监督并检验朝鲜关闭和封存在宁边的核设施。这将是2002年以来,原子能机构的核查人员首次返回朝鲜。

同日 秘书长缅甸事务特别顾问甘巴里开始对中国进行为期两天的访问,与中国政府高级官员就缅甸局势进行磋商。随后,甘巴里将前往新德里和东京,分别与印度和日本政府就此举行会谈。甘巴里此行的目的是在与缅甸政府和人民进行直接对话之外,与所有关切缅甸局势的国家展开对话,以期促进缅甸局势发生积极转变。

同日 联合国教科文组织总干事松浦晃一郎发表声明,呼吁缅甸政府释放该国知名记者吴温丁。吴温丁是2001年"教科文组织—吉耶尔莫·卡诺世界新闻自由奖"得主,到2007年7月4日,已77岁高龄,入狱长达18年。

同日 销毁枪支国际日。联合国毒品和犯罪问题办公室与哥伦比亚政府举行枪支销毁仪式,共销毁1.4万件枪支;由此获得的金属将用于制造学校使用的课椅,并建造一个缅怀哥伦比亚暴力和绑架受害者的纪念碑。

7月10日 第1届移徙与发展问题全球论坛在比利时首都布鲁塞尔举行,旨在推动国际社会处理好本世纪最大的挑战——不断增长的移民问题,把移民潮转变为经济发展的机遇。

同日 世界银行发布第6份全球施政指标报告,对212个国家和领土1996—2006年的施政情况进行了分析。该报告显示,10年来,全球的施政质量总体改善不大,其中一些非洲国家取得较大进展,包括肯尼亚、尼日尔、塞拉利昂、阿尔及利亚、利比里亚和卢旺达;新兴经济体国家斯洛文尼亚、智利、捷克等在关键施政领域向富裕国家看齐,而津巴布韦、科特迪瓦、白俄罗斯和委内瑞拉等国则有所退步。

7月11日 世界人口日。以"男性参与孕产妇保健"为主题,强调男人在支持妇女权利包括性健康和生殖健康权方面的重要作用。

7月12日 东帝汶上诉法庭正式宣布于6月30日举行的议会选举的结果。有5个东帝汶党派和2个政党联盟在议会中取得席位,但无一赢得多数。联合国东帝汶综合特派团承诺,将继续与新议会及东帝汶政府在施政、法治、治安部门改革以及经济社会发展项目等方面展开合作。

同日 联合国环境规划署宣布,由环境署、粮农组织和教科文组织等多家联合国机构、科研机构以及非政府组织结成的"2010生物多样性指标伙伴关系"正式启动,其主要目标是开发一套综合的生物多样性指标,以便对各国生物多样性的状况及保护工作进行评估。

7月13日 国际原子能机构和伊朗达成协议:在7月底之前,由国际原子能机构的检查人员对伊朗在阿拉克的重水反应堆进行检查;选派新的核查人员,在8月初最终确定对伊朗在纳坦兹的铀浓缩设施采取安全措施的具体步骤;于8月初举行会议,就伊朗以往浓缩钚活动进行商讨。

同日 联合国秘书长发言人宣布将立即派遣管理稽查小组前往刚果民主共和国金沙萨,对有关联合国驻刚果维和部队人员不当行为的指控进行调查,并对联合国驻刚果特派团的风纪做出评估。

同日 原子能机构总干事巴拉迪出席在韩国首都首尔举行的纪念韩国与原子能机构合作50周年的会议,并会见了韩国总统及外交通商部长,论及有关朝鲜及原子能机构恢复对朝鲜的核查事宜。

7月16日 安理会通过关于"科特迪瓦局势:延长联科行动任务期限并调整其任务"的第S/RES/1765(2007)号决议,决定将联合国科特迪瓦行动(联科行动)及支持联科行动的法国部队的任务期限延长至2008年1月15日,以协助科特迪瓦在《瓦加杜古政治协定》规定的期限内举行自由、公开、公正和透明的选举,并表示随时准备视情况再次延长其任务期限;安理会还决定结束选举事务高级代表的任务。

7月23日 安理会通过关于"索马里局势:延长监察组任务期限"的第S/RES/1766(2007)号决议,强调过渡联邦机构需要继续致力于在索马里全国实行有效的治理,决定延长第S/RES/1558(2004)号决议第3段所指监察组的授权,请秘书长同第S/RES/751(1992)号决议所设委员会协商,尽快采取必要的行政措施,重新组建监察组,任期再延长6个月。

7月30日 安理会通过关于"厄立特里亚与埃塞俄比亚间局势:延长埃厄特派团任务期限并敦促双方合作"的第 S/RES/1767(2007)号决议,决定将埃厄特派团的任务期限延长 6 个月,至 2008 年 1 月 31 日止;重申要求厄立特里亚立即将其部队和重型军事装备撤出临时安全区;呼吁埃塞俄比亚减少最近在临时安全区某些邻近地区增派的军事部队人数。

7月31日 安理会通过关于"刚果民主共和国的局势:延长制裁措施和专家组任期"的第 S/RES/1768(2007)号决议,回顾其以前关于刚果民主共和国的各项决议,尤其是第 S/RES/1756(2007)号决议,决定将第 S/RES/1493(2003)号决议第 20 段规定的、经第 S/RES/1596(2005)号决议第 1 段订正和扩大适用范围的军火措施期限延长至 2007 年 8 月 10 日;在此期间,延长第 S/RES/1596(2005)号决议中规定的运输措施、金融和旅行措施期限。

同日 安理会通过关于"苏丹局势:设立非盟/联合国达尔富尔混合行动"的第 S/RES/1769(2007)号决议,决定为支持早日切实执行《达尔富尔和平协议》并落实第 18 段设想的谈判的结果,核准和授权设立非盟/联合国达尔富尔混合行动(达尔富尔混合行动),最初为期 12 个月。该混合行动应包括非苏特派团人员和联合国对非苏特派团小规模和大规模一揽子支援计划,一旦部署完成,混合行动将成为联合国历史上规模最大的一个维和行动。

同日 联合国环境规划署表示,印度北方邦在一天之中发动 60 万名志愿者种植了 1050 万棵树,推动环境署倡导的"种 10 亿棵树"活动目标的实现。该倡议于 2006 年 11 月发出,呼吁各国人民踊跃参加植树活动,帮助减缓全球气候变暖的趋势。

7月31日—8月2日 第 61 届联合国大会举行为期 3 天的非正式辩论,主题为"气候变化是一项全球性挑战"。这是联合国大会首次就气候变化问题专门召开全体会议,专题辩论的重点是邀请各成员国就解决气候变化问题阐述各自的国家对策以及应履行的国际义务。

8月1日 柬埔寨法院特别法庭的共同调查法官指控前红色高棉官员康克由犯有反人类罪。联合国 2003 年与柬埔寨签署协议,决定设立特别法庭,审判红色高棉前领导人。

8月2日 联合国教科文组织总干事松浦晃一郎发表声明,对刚果民主共和国维龙加国家公园的山地大猩猩遭到攻击和杀害表示关注,并呼吁该国政府尽快采取措施制止类似事件继续发生。教科文组织将与世界保护联盟联合派遣一个调查小组,于 8 月中旬前往该国调查并与该国合作采取必要措施,防止维龙加公园遭遇生态和经济双重灾难。

　　同日　塞拉利昂特别法庭第一审判庭下达了该庭的首份判决,判定两名塞拉利昂民防部队前领导人犯有战争罪。该特别法庭是由联合国和塞政府共同建立的一个独立法庭,负责审判应当对 1996 年 11 月底以后发生在塞拉利昂境内的残暴行径负责的个人;已对塞国所有 3 个前武装派别的 11 名成员提起诉讼。

　　8 月 3 日　安理会发表主席声明,敦促所有有关各方同安理会和联合国秘书长全面配合,根据安理会第 S/RES/1701(2006)号决议的精神,实现永久停火,并为黎巴嫩问题找到一个长期的解决方案。

　　同日　联合国达尔富尔问题特使埃利亚松与非盟特使萨利姆召集未签署《达尔富尔和平协议》的反政府武装领袖在坦桑尼亚首都阿鲁沙举行为期 3 天的会议,以期在各派间达成谅解。

　　8 月 5 日　国际原子能机构派出一个专家组抵日本,开始对日本柏崎刘羽核电站的现状进行为期 1 周的检查,以评估 7 月 16 日里氏 6.8 级地震对核电站造成的影响。

　　8 月 6 日　在联合国达尔富尔问题特使埃利亚松和非洲联盟特使萨利姆的主持下,未签署 2006 年《达尔富尔和平协议》的大多数冲突派别在阿鲁沙举行为期 4 天的会谈,就进一步与苏丹政府进行和平谈判达成共识。这是促进达尔富尔问题政治解决的非盟/联合国共同路线图上的关键环节。

　　8 月 6—8 日　潘基文秘书长在日本广岛原子弹爆炸 62 周年纪念日发表致辞,指出核扩散是当今世界面临的最迫切的问题之一,呼吁世界各国尽早消除核武器,为后人创造一个更加和平与安全的世界。

　　8 月 7 日　安理会就联合国伊拉克援助团(UNAMI)的工作举行闭门磋商,并听取负责政治事务的副秘书长贝霖的汇报,并论及英国和美国共同提出的扩大援助团的决议草案。

　　8 月 7—9 日　根据联合国人道救援协调厅公布的最新数字,印度、孟加拉国和尼泊尔目前共有 4000 万人受到数十年一遇的洪水灾害影响。世界粮食计划署表示,南亚洪水灾害带来的影响将会持续一段时间,国际社会因此需对这一地区给予长期的救助。

　　8 月 9 日　世界土著人国际日。联合国土著人人权和基本自由情况问题特别报告员斯塔文哈根呼吁国际社会关注土著人民的生存环境,特别是气候变化对土著人生活所带来的破坏性影响。

　　8 月 10 日　安理会通过关于"有关伊拉克的局势:延长联伊援助团任务期限并加强其作用"的第 S/RES/1770(2007)号决议,决定将联伊援助团的任务期限自本决议通过之日起,再延长 12 个月;决定在条件允许时,秘书长特别代表和联伊援助团应根据伊拉克政府的要求提供咨询、支持和协助,协同伊拉克政府推动、支持和促进伊拉克"政治对话与民族和解",帮助包括难民和境内的弱势群体,"促进对人权的保护,推动司法和法律改革,以加强伊拉克的法治"等,以"协助伊拉克努力建设一个繁荣昌盛、国内和平并与邻国和平相处的国家"。

同日 安理会通过关于"刚果民主共和国的局势:延长专家组任期并调整制裁措施"的第 S/RES/1771(2007)号决议,谴责各种武器继续在刚果民主共和国境内非法流动和继续非法流入该国,决定将第 S/RES/1493(2003)号决议第 20 段规定的、经第 S/RES/1596(2005)号决议第 1 段订正和扩大适用范围的军火措施期限延长至 2008 年 2 月 15 日。

8 月 20 日 安理会通过关于"索马里局势:授权非盟继续部署非索特派团"的第 S/RES/1772(2007)号决议,强调非索特派团及其乌干达特遣队正对索马里的永久和平与稳定做出贡献,决定授权非洲联盟成员国继续在索马里维持一个特派团,为期 6 个月,并敦促非洲联盟成员国为该特派团做出贡献,以便协助创造条件,让其他所有外国军队撤出索马里。

8 月 24 日 安理会通过关于"中东局势:延长联黎部队任务期限"的第 S/RES/1773(2007)号决议,最强烈地谴责对联黎部队的所有恐怖袭击,决定把联黎部队目前的任务期限延长至 2008 年 8 月 31 日,并敦促所有各方同联合国和联黎部队充分合作,认真履行尊重联黎部队人员和联合国其他人员安全的义务。

9 月 6 日 世界著名男高音歌唱家帕瓦罗蒂逝世。当天,联合国秘书长潘基文发表声明,对著名男高音歌唱家帕瓦罗蒂逝世表示沉痛哀悼。潘基文指出,帕瓦罗蒂不仅对音乐和艺术做出了深刻的贡献,作为联合国和平信使,他向全世界需要帮助的人尤其是遭受武装冲突影响的儿童提供了帮助。难民署也发表声明指出,帕瓦罗蒂生前多次进行义演,为难民署援助科索沃、阿富汗、安哥拉和伊拉克的难民提供了 700 多万美元资金。在 2001年之前,帕瓦罗蒂是向难民署捐款最多的个人,难民署为此当年向他颁发了南森难民奖。

9 月 14 日 安理会通过关于任命卢旺达问题国际刑事法庭检察官的第 S/RES/1774(2007)号决议。决定再次任命哈桑·布巴卡尔·贾洛先生为卢旺达问题国际法庭检察官,自 2007 年 9 月 15 日起任期 4 年,但国际法庭工作一旦完成,安理会可提前结束其任期。

同日 安理会通过关于延长前南斯拉夫问题国际法庭检察官任期的第

S/RES/1775（2007）号决议,决定尽管《前南斯拉夫问题国际刑事法庭规约》第16条第4款作出规定,但仍最后一次延长卡拉·德尔庞特女士作为前南国际刑庭检察官的任期,自2007年9月15日至2007年12月31日。

9月18日　第62届联合国大会开幕,斯尔詹·克里姆(前南斯拉夫马其顿共和国)担任大会主席,会议主题是"应对气候变化"。

9月19日　安理会通过关于"阿富汗局势:延长国际安全援助部队任务期限"的第S/RES/1776（2007）号决议,决定将第S/RES/1386（2001）号和第S/RES/1510（2003）号决议规定的国际安全援助部队的授权,在2007年10月13日之后延长12个月。

9月20日　安理会通过关于"利比里亚局势:延长联利特派团任务期限"的第S/RES/1777（2007）号决议,决定将联合国利比里亚特派团(联利特派团)的任务期限延长至2008年9月30日,并核可秘书长的建议,即在2007年10月至2008年9月期间将配属联利特派团军事部分的人员数目缩减2450人以及在2008年4月至2010年12月期间将配属联利特派团警察部分的警官数目缩减498人。

9月25日　安理会通过关于"乍得、中非共和国及该次区域局势"的第S/RES/1778（2007）号决议,认定苏丹、乍得和中非共和国之间边界区域的局势对国际和平与安全构成威胁,核准在乍得和中非共和国境内建立一个多层面存在,并决定该多层面存在中应包含为期1年的联合国中非共和国和乍得特派团(MINURCAT),负责同联合国国家工作队联络,在乍得东部和中非共和国东北部执行安全和保护平民、人权与法治的任务。安理会还决定MINURCAT将配备最多300名警察和50名军事联络官以及适当数量的文职人员。

9月28日　安理会通过关于"苏丹局势:延长专家组任务期限"的第S/RES/1779（2007）号决议,决定将最初根据第S/RES/1591（2005）号决议任命、此前经第S/RES/1651（2005）号、经第S/RES/1665（2006）号和第S/RES/1713（2006）号决议延长任期的目前专家组的任务期限延长至2008年10月15日,并请秘书长采取必要的行政措施。

10月15日　安理会通过关于"海地的问题:延长联海稳定团任期"的第S/RES/1780（2007）号决议,确认近几个月来海地安全形势已大大改善,但指出其安全形势仍十分脆弱,决定将联海稳定团任务期限延长至2008年10月15日,并打算继续延长。

同日　安理会通过关于"格鲁吉亚局势:延长联格观察团任务期限"的

第 S/RES/1781(2007)号决议,严重关切地注意到最近所有影响格鲁吉亚境内冲突解决进程的武装事件,尤其对造成生命损失的武装事件表示痛惜,重申对联格观察团的大力支持,要求格鲁吉亚与阿布哈兹双方与联格观察团通力合作,并决定将联格观察团的任务期限延长至 2008 年 4 月 15 日。

10 月 29 日 安理会通过关于"科特迪瓦局势:延长制裁措施和专家组任期"的第 S/RES/1782(2007)号决议,再次坚决谴责科特迪瓦境内发生的一切侵犯人权和违反国际人道主义法的行为,决定把第 S/RES/1572(2004)号决议第 7—12 段和第 S/RES/1643(2005)号决议第 6 段所述规定的时限延长至 2008 年 10 月 31 日,决定将第 S/RES/1727(2006)号决议第 7 段规定的专家组任期延长至 2008 年 10 月 31 日。

同日 世界电信联盟在卢旺达首都基加利举办"连通非洲"峰会。非洲用于信息和通信技术基础设施的投资从 2000 年的 35 亿美元增长到 2005 年的 80 亿美元,同期移动电话数量增长了近 4 倍,但非洲的连通程度仍然低于世界其他地区,接入因特网的人不到 4%,拥有宽带的人不足 1%。

10 月 31 日 安理会通过关于"西撒哈拉的局势:延长西撒特派团任务期限"的第 S/RES/1783(2007)号决议,决定将联合国西撒哈拉全民投票特派团(西撒特派团)的任务期限延长至 2008 年 4 月 30 日。

同日 安理会通过关于"苏丹局势:延长联苏特派团任期并敦促各方给予合作"的第 S/RES/1784(2007)号决议,决定联苏特派团的任务期限延长至 2008 年 4 月 30 日,并打算以后继续延长;并请秘书长就联苏特派团执行任务的情况、实施《全面和平协定》的进展以及遵守停火的情况,每 3 个月向安理会提出报告。

11 月 21 日 安理会通过关于波黑局势的第 S/RES/1785(2007)号决议,决定自本决议通过之日起,再设立一支为期 12 个月的多国稳定部队(欧盟部队),作为稳定部队的合法继承者,接受统一指挥和控制。欧盟部队将与北约所设部队合作,并根据 2004 年 11 月 19 日北约和欧盟给安理会的信函中所述的安排履行任务。

11 月 27 日 2003 年伊拉克战争后,美国在中东地区的影响力和主导权明显削弱。为扭转这一不利的态势,布什提出召开中东问题国际和平会议。中东问题国际和平会议在美国马里兰州安纳波利斯举行,以色列总理奥尔默特和巴勒斯坦民族权力机构主席阿巴斯宣布重启中断 7 年的和谈。2008 年底,以色列对加沙地带发动大规模军事打击,巴以和谈再度中断。在巴以几十年的流血争端后,实现巴勒斯坦建国和巴以和平相处绝非易事,但双方必须为实现这一目标而共同努力。

11 月 28 日　安理会通过关于任命前南斯拉夫问题国际法庭检察官的第 S/RES/1786(2007)号决议,决定任命塞尔日·布拉默茨先生为前南斯拉夫问题国际法庭检察官,自 2008 年 1 月 1 日起任期 4 年,但国际法庭工作一旦完成,安理会可能提前结束其任期。

12 月 10 日　安理会通过关于"恐怖行为对国际和平与安全造成的威胁:延长反恐执行局任务期限"的第 S/RES/1787(2007)号决议,重申一切形式和表现的恐怖主义是对和平与安全的最严重威胁之一,决定将第 S/RES/1535(2004)号决议第 2 段所述的初始任务期限延长至 2008 年 3 月 31 日。

12 月 14 日　安理会通过关于"中东局势:延长脱离接触观察员部队任务期限"的第 S/RES/1788(2007)号决议,决定将联合国脱离接触观察员部队的任务期限延长 6 个月,至 2008 年 6 月 30 日止。

同日　安理会通过关于"塞浦路斯局势:延长联塞部队任务期限"的第 S/RES/1789(2007)号决议,决定再次将联塞部队的任务期限延长至 2008 年 6 月 15 日。

12 月 17 日　大会通过关于"奴隶制度和跨大西洋贩卖奴隶行为受害者永久纪念碑和对受害者的纪念"第 A/RES/62/122 号决议,决定从 2008 年开始,将每年 3 月 25 日定为"缅怀奴隶制和跨大西洋贩卖奴隶行为受害者国际日",纪念废除跨大西洋贩卖奴隶 200 周年。1807 年 3 月 25 日,英国议会通过废除奴隶贸易法案,禁止英国船只从非洲往美洲运送奴隶。据圣卢西亚历史学家乔利恩·哈姆森估计,从 15 世纪到 19 世纪的 400 多年间,约有 1000 万名非洲奴隶被运到美洲,另有约 1000 万人在途中或被关押期间死亡。而圭亚那政治学家奥布雷·诺顿则认为,奴隶贸易使约 5000 万非洲人遭遇背井离乡、被奴役或被杀死的命运。

12 月 18 日　大会通过关于世界提高自闭症意识日的第 A/RES/62/139 号决议,决定设立"世界自闭症日",以促进自闭症相关研究与诊断以及社会对自闭症患者的关注。

同日　安理会通过关于"伊拉克的局势:延长多国部队任务期限"的第 S/RES/1790(2007)号决议,决定将本决议所规定的多国部队的任务期限延长至 2008 年 12 月 31 日;决定根据伊拉克政府的要求或至迟于 2008 年 6 月 15 日,审视多国部队的任务,表明可根据伊拉克政府的要求提前终止这一任务。

12 月 19 日　安理会通过关于"布隆迪局势:延长联布综合办任务期限"的第 S/RES/1791(2007)号决议,决定将第 S/RES/1719(2006)号决议规定的联布综合办任务期限延长至 2008 年 12 月 31 日,并请秘书长继续定期向安理会报告联布综合办执行任务的情况。

同日 安理会通过关于"利比里亚局势:延长专家小组任期并调整任务"的第 S/RES/1792(2007)号决议,决定自本日起,将第 S/RES/1521(2003)号等决议关于军火的措施、关于旅行的措施,再延长 12 个月;决定将根据第 S/RES/1760(2007)号决议第 1 段任命的现任专家小组的任期再延长至 2008 年 6 月 20 日。

12 月 21 日 安理会通过关于"塞拉利昂局势:延长联塞综合办任务期限并缩编"的第 S/RES/1793(2007)号决议,决定将第 S/RES/1620(2007)号决议概述的联合国塞拉利昂综合办事处(联塞综合办)任务期限延长至 2008 年 9 月 30 日。

同日 安理会通过关于"刚果共和国的局势:延长联刚特派团任务期限并力促解决南北基伍危机"的第 S/RES/1794(2007)号决议,决定将联刚特派团的任务和能力期限延长至 2008 年 12 月 31 日;授权继续部署至多 17030 名军事人员、760 名军事观察员、391 名警察人员和各由 125 人组成的 6 个建制警察单位,直到该日为止。

二〇〇八年

(国际地球年、国际语言年、世界卫生年、国际马铃薯年)

1 月 1 日 5 个新当选的非常任理事国布基纳法索、哥斯达黎加、克罗地亚、利比亚和越南,正式加入安理会的工作,开始两年的任期。其中利比亚还成为安理会本月轮值主席,这是该国近 40 年来首次成为安理会的非常任理事国。

同日 联合国儿童基金会在纽约宣布"2008 国际环境卫生年"正式启动,呼吁国际社会立即行动起来解决全球 20 多亿人口缺乏基本环境卫生设施的现实问题。

1 月 3 日 潘基文秘书长发表声明,对斯里兰卡政府决定终止与泰米尔伊拉姆猛虎解放组织在 2002 年签订的停火协议表示遗憾,呼吁尽快通过政治途径结束斯里兰卡的流血冲突。

1 月 4 日 世界粮食计划署宣布,将通过肯尼亚红十字会向该国裂谷省北部 10 万民众提供援粮,这些人因最近的选举危机而导致的暴力活动被迫背井离乡,急需粮食援助。

1 月 6 日 旨在结束刚果民主共和国北基伍省长期武装冲突的和平发

展会议在该省省会戈马召开。

1月7日　联合国塞拉利昂特别法庭在荷兰海牙重新开始对前利比里亚总统查尔斯·泰勒的审判,泰勒被控犯有11项战争罪和反人类罪,是第1个在国际法庭受审的非洲前国家首脑。

1月9日　联合国亚太经社委员会发表报告,美国次级抵押信贷危机和区域货币的升值给亚太地区经济带来不确定性,这将使2008年亚太地区的经济增长略有减缓,但是由于受到中国和印度两国经济持续增长的带动,亚太经济在2008年的平均增长率仍可达到7.8%。

1月11日　世界气象组织表示,该组织正在制定扩大和更新其全球观测系统的计划,预计改善后的观测系统将由现在的16枚卫星增加到数十枚,不仅能够监测天气变化,还能对气候系统变化进行整体观察。

同日　潘基文秘书长发表声明,对世界上第1位登上珠穆朗玛峰的人、新西兰的埃德蒙·希拉里爵士当天辞世表示哀悼。

1月15日　安理会通过关于"科特迪瓦局势:延长联科行动任务期限并力促执行各项协定"的第S/RES/1795(2008)号决议,决定将第S/RES/1739(2007)号决议确定的联合国科特迪瓦行动及支持联科行动的法国部队的任务期限延长至2008年7月30日,以协助科特迪瓦在《瓦加杜古政治协定》和2007年11月28日《补充协定》所列的时限内举行自由、公开、公正和透明的选举。

同日　潘基文秘书长、不同文明联盟高级代表葡萄牙前总统桑帕约、土耳其总理埃尔多安以及西班牙总理萨帕特罗在西班牙首都马德里共同为首次不同文明联盟论坛揭幕。

1月17日　《消除对妇女一切形式歧视公约》第40次会议在日内瓦就首次参加大会辩论的沙特阿拉伯王国提交的该国妇女权利现状报告进行了讨论。与会代表肯定了沙特近年来在提高妇女地位方面所做出的努力,特别是有越来越多的女性开始参与国家发展活动。

1月18日　国际农业发展基金与越南政府签署协议,为越南提供3500万美元贷款及55万美元赠款,用于改善农村地区的投资环境、为贫困农民创造商机和市场。

1月22日　安理会召开紧急会议讨论中东局势,特别是以色列对加沙实施全面封锁所造成的严重人道主义危机的问题。

同日　西班牙巴塞罗那足球俱乐部与难民署签署合作协议,承诺利用其知名度、良好形象以及广大的球迷群体,通过体育、教育和文化活动,提高公众对于难民和流离失所者的关注和支持,并为难民儿童的教育和发展提供帮助。

1月23日　安理会通过关于延长联尼特派团任务期限的第 S/RES/1796(2008)号决议,决定将安理会第 S/RES/1740(2007)号决议规定的联尼特派团任务期限延长至 2008 年 7 月 23 日。

1月24日　潘基文秘书长在世界经济论坛年会的水资源全会上讲话指出,确保人人都能获得足够和安全的水源是当今世界所面临的最严峻挑战之一,水资源的可持续发展问题却被长期忽视。

同日　在前联合国秘书长安南的斡旋下,肯尼亚总统齐贝吉和反对党"橘子民主运动"领导人奥廷加在内罗毕总统办公室举行了该国发生政治危机以来的首次对话。

1月25日　潘基文秘书长出席瑞士达沃斯出席世界经济论坛年会,呼吁国际社会共同行动,加快实现消除贫困目标,使 2008 年成为"千年发展目标行动年"。

1月28日　为纪念 1 月 27 日的"国际大屠杀纪念日",联合国邮政管理处和以色列邮政公司共同发行纪念邮票。这是联合国首次与会员国共同发行邮票。

1月29日　联合国第 1 次以地理学为主导的国际年活动——国际地球年,在中国正式启动。宣传口号是"认识地球,和谐发展",以鼓励公众不断加深对地球和地理学的认知程度,提高预测地球系统变化的能力,使地学更好地为人类社会的可持续发展服务。

1月30日　安理会通过关于"刚果民主共和国的局势:授权联刚特派团协助安排选举"的第 S/RES/1797(2008)号决议,授权联刚特派团与国际伙伴和联合国国家工作队密切协调,协助刚果当局包括全国独立选举委员会组织、筹备和举行地方选举。

同日　安理会通过关于"厄立特里亚与埃塞俄比亚间局势:延长埃厄特派团任务期限并促双方实现关系正常化"的第 S/RES/1798(2008)号决议,决定将埃厄特派团的任务期限延长 6 个月,至 2008 年 7 月 31 日止。

2月4日　世界癌症日。世界卫生组织呼吁为儿童创造无烟环境。

2月7日　著名巴西球星、世界足球先生卡卡帮助世界粮食计划署发起一项为饥饿儿童提供食物的新的募捐和为饥饿儿童提供食物支持意识的倡议。

2月12日　安理会召开全体会议并发表主席声明,严词谴责东帝汶叛军企图刺杀政府最高领导人,致使东帝汶总统、诺贝尔和平奖获得者奥尔塔中枪受伤的暴力行为。

同日 中国和俄罗斯在日内瓦共同向裁军谈判会议全体会议提交"防止在外空放置武器、对外空物体使用或威胁使用武力条约"草案。

2月13日 首次打击人口贩运全球论坛在维也纳举行。来自116个国家的法律专家、商业界领导人、非政府组织代表以及人口贩运的受害者就人口贩运的根源、影响和所应采取的行动进行为期3天的深入讨论。

同日 联合国人居署和教科文组织共同协办的首届世界城市发展会议在巴西阿雷格里港举行。来自30个国家63个大城市的代表在为期3天的会议中重点讨论城市民主进程演变和社会变革。

2月15日 安理会通过关于"刚果民主共和国局势:调整制裁措施并延长专家组任期"的第 S/RES/1799(2008)号决议,决定将第 S/RES/1493(2003)号决议规定的、经第 S/RES/1596(2005)号决议订正和扩大适用范围的军火措施延长至2008年3月31日,并在此期限内延长运输措施、金融和旅行措施期限以及专家组的任期。

2月17日 自2006年始,科索沃和塞尔维亚双方启动了科索沃地位问题的谈判。在谈判长期没有取得进展的情况下,2008年2月17日,科索沃当局单方面宣布独立。此举在国际社会引起广泛争议。2010年,国际法院就"科索沃单方面宣布独立的合法性"问题发表"参考意见书",认为科索沃于2008年宣布独立"不违反任何可适用的国际法规则"。科索沃已陆续获得以西方国家为主的约100多个国家的承认,但塞尔维亚一直拒绝承认科索沃独立建国,双方的矛盾依然没有得到根本解决,科索沃各族群的充分和解与融合仍面临挑战。

2月18日 应俄罗斯和塞尔维亚的请求,安理会就科索沃单方面宣布独立的问题举行公开会议,英、美、法、比利时、哥斯达黎加等国表示将承认科索沃独立,中国、巴拿马、印度尼西亚、南非等国则主张通过塞尔维亚与科索沃双方的对话解决问题。安理会没有采取任何具体行动。

2月19日 联合国相关机构的专家在日内瓦举行的有关人口迁移、气候变化和生态系统衰退全球关联性会议上发出警告:2050年,全世界将有近10亿人口由于气候变化或环境恶化而流离失所或被迫迁移。

2月20日 安理会通过关于"前南问题国际法庭:授权增加任命审案法官"的第 S/RES/1800(2008)号决议,决定秘书长可根据国际法庭庭长的请求,在现有资源范围内任命更多审案法官,以进行更多庭审,可暂时性超过《国际法庭规约》规定的12人上限,同一时间最多达到16人,但在2008年12月31日之前应恢复到最多12人。

同日 安理会通过关于"索马里局势:政治进程"的第 S/RES/1801

(2008)号决议,决定授权非洲联盟成员国继续在索马里维持一个特派团,为期6个月,该特派团应拥有为执行第S/RES/1772(2007)号决议第9段所述任务酌情采取一切必要措施的授权。

同日 联合国全球环境部长论坛在摩纳哥蒙特卡洛开幕。来自世界各地100多个国家和地区的环境部长、工商、科研领域的资深专家以及地方政府、民间组织、行业工会和相关国际机构的代表围绕"筹集资金,迎接气候挑战"的主题展开深入讨论。

2月20—22日 联合国环境署第10届特别理事会暨全球部长级环境论坛在肯尼亚内罗毕举行。会议讨论了全球环境状况、化学品管理、汞问题、废物管理以及环境署中期战略等议题,并通过关于化学品管理、环境署中期战略等5项决议。

2月21日 国际母语日。教科文组织启动国际语文年,通过"语文至关重要"的主题,提醒人们语言作为群体和个人身份载体的重要性。

2月25日 安理会通过关于"东帝汶局势:延长联东综合团任务期限"的第S/RES/1802(2008)号决议,决定将联合国东帝汶综合特派团(联东综合团)按目前核定编制的任务期限延长1年至2009年2月26日。

同日 潘基文秘书长发起一个长达7年的"结束针对妇女暴力运动"。他表示,针对妇女的暴力将永远不会被接受、原谅或容忍,这适用于所有国家、文化和社区。

2月26日 世界上最大的农作物基因资源库——斯瓦尔巴国际种子库正式启用,其容量是450万份种子样本,相当于20亿粒种子。

2月27日 世界卫生组织、联合国人口基金、开发计划署等10个联合国机构联合发表声明,呼吁在一代人的时间内停止切割女性生殖器的习俗,并争取在联合国千年发展目标期限的2015年大量减少这种做法。

2月28日 古巴政府在联合国正式签署《公民权利和政治权利公约》《经济、社会和文化权利国际公约》。上述两项公约于1966年12月16日在联合国大会通过。

2月29日 各国议会联盟与联合国共同发表一项题为"2008妇女政治任职情况"的研究。该研究显示,全世界议员的女性构成比例为17.7%,女性占有部长以上的政府职位的比例为16.1%;妇女继续在参政方面取得进展,但势头太弱。

3月3日 安理会以14票赞成、1票弃权的表决结果通过关于"防扩散:伊朗核问题"的第S/RES/1803(2008)号决议,进一步加大对伊朗核计划及其相关领域的制裁,包括检查怀疑装有禁运物资的货物、加强对金融机构的监控以及扩大旅行限制和冻结资产。

同日　首届全球卫生人力资源论坛在乌干达召开。潘基文秘书长在发去的录像致辞中指出,世界上有 60 个国家由于严重缺乏医务人员,以至于他们无法向自己的人民提供基本的卫生保健。

3 月 5 日　联合国宣布正式成立一支由 6 人组成的斡旋专家小组。这个小组随时处于待命状态,将应任何需要,全部或单独被派遣,帮助联合国特使或其他地区组织主导的和平斡旋活动。

同日　人口基金宣布,2008 年"联合国人口奖"将颁发给巴巴多斯外交和外贸部部长米勒女士及美国纽约的一家称为"国际家庭护理组织"的非政府组织。"联合国人口奖"创立于 1983 年,旨在奖励那些在人口领域以及提高卫生福利方面做出杰出贡献的个人和组织。

3 月 14 日　大会通过关于阿塞拜疆被占领土的第 A/RES/62/243（2008）号决议,对阿塞拜疆共和国纳戈尔诺—卡拉巴赫及周边地区的武装冲突表示严重关切,呼吁各国尊重阿塞拜疆的主权和领土完整,不得承认被占领的纳戈尔诺—卡拉巴赫地区的合法性。

同日　安理会通过关于"大湖区局势:要求武装团体解除武装并考虑调整制裁措施适用范围"的第 S/RES/1804（2008）号决议,表示严重关切刚果民主共和国东部继续存在其他卢旺达武装团体和民兵,导致整个区域持续存在不安全气氛,强调 2008 年 1 月 23 日在戈马签署的承诺书和内罗毕公报是朝恢复大湖区持久和平与稳定方向迈出的重大一步,吁请戈马承诺书的签署方立即采取行动予以支持,并表示打算继续密切监测其执行情况,并考虑调整制裁措施适用范围。

3 月 15 日　国际消费者权益日,主题为"垃圾食品一代:国际消费者协会发起停止对儿童发售不健康食品活动",呼吁各国消费者关注垃圾食品对儿童造成的危害。

3 月 19 日　联合国驻黎巴嫩临时部队在总部所在地黎巴嫩的纳库拉举行仪式,纪念联黎部队成立 30 周年。联黎部队发言人表示,尽管面临诸多挑战,但联黎部队维护南黎巴嫩地区和平与稳定的目标从未动摇过。

3 月 20 日　安理会通过关于"恐怖行为对国际和平与安全造成的威胁:延长反恐执行局任期"的第 S/RES/1805（2008）号决议,决定反恐执行局继续作为接受反恐委员会政策指导的一项特别政治任务开展运作,任期到 2010 年 12 月 31 日为止;还决定至迟于 2009 年 6 月 30 日进行一次临时审查,以及在其授权任务结束前全面审议反恐执行局的工作。

同日　安理会通过关于"阿富汗局势:延长联阿援助团任务期限"的第

S/RES/1806（2008）号决议,决定将联合国阿富汗援助团的任务期限延长 1 年,至 2009 年 3 月 23 日止。并规定联阿援助团应将在提供政治外联、支持和平计划和加强所有层面同国际安全援助部队的合作上,主导民政方面的国际努力。

3 月 22 日 第 16 个世界水日。因 2008 年是国际环境卫生年,故本年世界水日的主题为"涉水卫生"。

3 月 23 日 世界气象日,主题是"观测我们的星球,共创更美好的未来",旨在强调全球气象观测的重要性。

3 月 25 日 为庆祝"2008 国际马铃薯年",联合国粮农组织及国际马铃薯中心在秘鲁库斯科召开为期 4 天的国际会议,探讨如何提高马铃薯生产系统的生产率、收益率和可持续性,以便在当前谷物价格飙升的情况下,使马铃薯在农业、经济和粮食安全方面发挥更大的作用。

3 月 26 日 在人权理事会全会辩论中,欧盟、美国、澳大利亚和瑞士等国家就近来中国西藏自治区的局势发了言,中国代表钱波对这些国家在讨论《维也纳宣言和行动纲领》执行情况中谈及中国西藏自治区问题表示反对,并驳斥部分国家有关西藏问题的发言。

3 月 31 日 安理会通过关于"刚果民主共和国的局势:延长制裁措施期限及调整适用范围"的第 S/RES/1807（2008）号决议,决定延长联合国对刚果民主共和国的武器禁运及其他制裁措施的期限和调整适用范围,以促进该国东部地区早日实现和平。

同日 来自 160 多个国家的 1200 多名代表出席了在曼谷举行的联合国气候变化会议。这是自 2007 年底达成"巴厘岛路线图"的决议以来,落实路线图的第 1 次会议。

4 月 2 日 联合国纽约总部举行专题论坛、展览等系列活动纪念首个"世界自闭症日"。潘基文秘书长发表致辞表示,联合国大家庭一直致力于促进残疾人事业,特别是发育障碍儿童的权利和福祉。

4 月 3 日 前南斯拉夫问题国际刑事法庭宣告科索沃前总理哈拉迪纳伊无罪,免除对他在 1998 年 3—9 月期间领导科索沃解放军对塞尔维亚人和吉卜赛人实施了战争罪和危害人类罪行的指控。

4 月 4 日 国际提高地雷意识和协助地雷行动日。潘基文秘书长呼吁尚未批准与地雷、战争遗留爆炸物和这些装置的破坏性影响的幸存者有关的所有裁军、人道主义和人权法文书的国家批准这些文书。

4 月 7 日 在卢旺达灭绝种族事件发生 14 周年之际,联合国纽约总部及其在世界各地的办事机构开始了为期近 1 个月的纪念活动。潘基文秘书长指出,联合国有吸取卢旺达教训的道义责任,并呼吁大力防范灭绝种族事件再度发生。

4 月 8 日　难民署与谷歌公司发起一个在线软件,为人们搜索全球流离失所危机和救援行动的地理位置及其他情况提供了一个强有力的搜索工具。

4 月 15 日　安理会通过关于"格鲁吉亚局势:延长联格观察团任务期限并促双方加强接触"的第 S/RES/1808(2008)号决议,决定延长联格观察团的任务期限,至 2008 年 10 月 15 日止。

4 月 16 日　安理会通过关于"非洲和平与安全:加强与区域组织尤其是非盟的合作"的第 S/RES/1809(2008)号决议,强调有必要加强联合国在预防武装冲突方面所起的作用,着重指出有必要建立安理会与区域组织,尤其是与非洲联盟的有效伙伴关系,以便及早对非洲的各种争端和新危机作出反应,并制定预防冲突及建设和平的有效战略。

4 月 18 日　罗马天主教教皇本笃十六世访问联合国并在联合国大会演讲中发出倡议:促进人权是消除不平等问题和提高安全最有效的手段,呼吁国际社会采取集体行动推动人权与自由,并通过对话实现和解与发展。

4 月 21 日　为期两周的联合国土著问题常设论坛第 7 次会议在纽约总部举行。来自世界各地的 3300 多名代表将就气候变化、生物多样性和土著人民生计等问题进行深入探讨。

同日　联合国教科文组织发起的"2008 年普及教育全球行动周"正式拉开帷幕,行动周强调的重点是提高教育质量和扩大教育的包容性。

4 月 25 日　安理会通过关于"不扩散大规模毁灭性武器:延长 1540 委员会任期"的第 S/RES/1810(2008)号决议,决定将 1540 委员会的任务期限延长 3 年。该委员会根据 2004 年 4 月 28 日第 S/RES/1540(2004)号决议设立,决议要求各国不要支持非国家行为体获取大规模杀伤性武器。

4 月 28 日　联合国行政首长协调理事会会议在瑞士首都伯尔尼开幕。来自联合国 27 个重要机构的负责人围绕"世界粮食危机以及联合国可能提供的解决办法"这一中心议题,重点探讨了解决粮价飙涨危机的长远之计。

同日　世界工作安全健康日。国际劳工组织发布的报告指出,全球每年约有 220 万人因职业意外事故或职业病而死亡、约有 2.7 亿宗职业事故和 1.6 亿宗职业病个案,相关经济损失相等于全球国民生产总值的 4%。

4 月 29 日　安理会通过关于"索马里局势:延长监察组任期"的第 S/RES/1811(2008)号决议,决定延长第 S/RES/1558(2004)号决议所指监察组的授权,请秘书长同委员会协商,尽快采取必要的行政措施,重新组建监察组,任期再延长 6 个月。

4 月 30 日 安理会通过关于"苏丹局势:延长联苏特派团任务期限并促各方全面实施和平协议"的第 S/RES/1812(2008)号决议,决定将联苏特派团的任务期限延长至 2009 年 4 月 30 日,并打算以后继续延长;决议敦促联苏特派团与达尔富尔混合行动、非盟—联合国联合调解支助小组和其他利益攸关方密切协调,确保互补执行这些机构的任务,以支持实施《全面和平协议》并在苏丹实现和平总目标。

同日 安理会通过关于"西撒哈拉的局势:延长西撒特派团任务期限并促双方继续谈判"的第 S/RES/1813(2008)号决议,决定延长西撒特派团任期至 2009 年 4 月 30 日,并促双方继续谈判。

同日 安理会就联合国秘书长潘基文提交的首份有关小武器问题的报告举行讨论,听取成员国代表对评估报告相关建议政策的意见。

5 月 3 日 《残疾人权利公约》正式生效,这是联合国历史上第 1 个旨在全面保护残疾人权利的公约。

5 月 5 日 对联合国总部进行首次全面翻修的工程奠基仪式在联合国总部北草坪隆重举行。潘基文秘书长在仪式上对美国以及纽约市的支持表示感谢,他说对已经使用了 56 年的总部进行翻修标志着联合国的重生。

同日 可持续发展委员会第 16 届会议在联合国纽约总部开幕。沙祖康副秘书长在开幕词中表示,为期两周的会议将探讨农业、农村发展、土地、干旱和荒漠化等问题,并着重关注非洲和小岛屿发展中国家的可持续发展。

5 月 10 日 第 3 个世界候鸟日。世界各地举行的纪念活动围绕主题"候鸟——生物多样性的使者",提请人们关注候鸟对于生物多样性和监测环境变化的意义。

5 月 12 日 由潘基文秘书长亲自领导、联合国各机构高级别官员组成的全球粮食危机工作队在纽约总部举行首次会议。潘基文表示,造成全球粮食危机的原因复杂,其导致的后果多样,解决这一危机需要各国最高领导层的协调和带头作用。

5 月 15 日 安理会通过关于"索马里局势:支持秘书长报告的各项建议"的第 S/RES/1814(2008)号决议,决定联合国索马里政治事务处和联合国国家工作队的主要任务应为促进索马里问题达成全面、持久解决,并通过推动目前的政治进程,加强对过渡联邦机构的支持,以期制定宪法;按照《过渡联邦宪章》的规定,在 2009 年举行立宪公民投票和自由、民主的选举,并协助协调国际社会对这些努力的支持。

同日 国际家庭日。2008 年国际家庭日强调的重点是父亲在家庭中的重要责任及其挑战。

5 月 17 日 世界电信和信息社会日。国际电信联盟将当年的主题定为"让信息通信技术惠及残疾人"。

5 月 21 日 大会就联合国人权理事会部分席位举行改选,赞比亚、加纳、布基纳法索、加蓬、智利、巴西、阿根廷、斯洛伐克、乌克兰、日本、巴林、韩国、巴基斯坦、法国和英国等 15 国当选,任期将从 6 月 20 日开始,为期 3 年。

5 月 22 日 国际生物多样性日。主题是"生物多样性与农业——保护生物多样性,确保粮食安全"。

5 月 23 日 荷兰海牙国际法院对马来西亚和新加坡之间有关白礁岛长达 28 年的领土争端做出裁决。

5 月 24 日 国际刑事法院在比利时首都布鲁塞尔逮捕刚果民主共和国前副总统让—皮埃尔·本巴。本巴被指控犯有危害人类罪和战争罪。

5 月 28 日—6 月 13 日 第 97 届国际劳工大会在日内瓦举行,通过《关于促进社会正义、实现公平全球化宣言》。

5 月 29 日 国际维和人员日,以及联合国开展维和行动 60 周年的纪念日。联合国在总部举行仪式,缅怀为世界和平献出生命的联合国维和人员。

6 月 2 日 安理会通过关于"黎巴嫩:延长国际独立调查委员会任期"的第 S/RES/1815(2008)号决议,表示愿意继续协助黎巴嫩查明真相,追究所有参与这次恐怖袭击者的责任,决定将委员会的任期延长至 2008 年 12 月 31 日。

同日 安理会通过关于"索马里局势:授权打击海盗和武装劫船行为"的第 S/RES/1816(2008)号决议,决定自本决议通过之日起为期 6 个月内,在过渡联邦政府事先知会秘书长情况下,同过渡联邦政府合作打击索马里沿海海盗和武装抢劫行为的国家可以享有以下权利:第一,进入索马里领海,以制止海盗及海上武装抢劫行为,但做法上应同相关国际法允许的在公海打击海盗行为的此类行动相一致;第二,以同相关国际法允许的在公海打击海盗行为的行动相一致的方式,在索马里领海内采用一切必要手段,制止海盗及武装抢劫行为。

6 月 3 日 大会在纽约联合国总部举行主题辩论,讨论加强国际社会在打击人口贩卖问题上的合作。

6 月 4 日 大会举行全体会议,以协商一致的方式选举尼加拉瓜前外交部长德斯科托·布罗克曼为第 63 届联合国大会主席。

6 月 6 日 为期 3 天的世界粮食安全峰会在意大利首都罗马闭幕。来自 181 个国家包括 40 多名国家元首及政府首脑在内的与会者在一份宣言中承诺,共同抗击饥饿并发展农业。

6 月 11 日 安理会通过关于"阿富汗局势:国际合作防止海洛因化学前体转为非法用途"的第 S/RES/1817(2008)号决议,要求各国采取措施,加强国际与区域合作,以打击阿富汗的毒品非法生产与走私。据联合国毒品和犯罪问题办公室发布的《2007 阿富汗鸦片调查》报告显示,2007 年阿富汗的鸦片产量增长 34%,达到令人震惊的创纪录水平。

6 月 12 日 世界无童工日。劳工组织强调,教育和减贫是解决童工问题的根本出路。

6 月 13 日 安理会通过关于"塞浦路斯局势:延长联塞部队任务期限"的第 S/RES/1818(2008)号决议,决定再次延长联塞部队的任务期限,至 2008 年 12 月 15 日止。

同日 联合国开发计划署与东帝汶签署合作协议,为该国安全部门进行的改革提供支持。东帝汶安全改革涉及警察、军队、司法和公民安全的所有层面。东帝汶改革计划预计在 2009 年初或年中完成。

6 月 16 日 非洲儿童国际日。联合国儿童基金会表示,2008 年强调的重点是儿童通过学校、社区、媒体参与社会的权利。

6 月 17 日 防治荒漠化和干旱世界日,主题是"防治土地退化以促进可持续农业"。

同日 联合国环境规划署主办的世界上规模最大的国际儿童会议在挪威斯塔万格举行,来自 106 个国家的 700 多名 10—14 岁的代表,在会上就环保问题进行讨论。环境规划署每年都会组织青年或儿童举行全球性的大会,儿童环境大会每隔 1 年召开 1 次。

6 月 18 日 安理会通过关于"利比里亚局势:延长专家小组任期"的第 S/RES/1819(2008)号决议,决定请秘书长再次延长根据第 S/RES/1760(2007)号决议第 1 段任命的专家小组的任期,至 2008 年 12 月 20 日止。

6 月 19 日 联合国教科文组织宣布,经评审委员会评选,斯洛文尼亚首都卢布尔雅那被评为"2010 年世界图书首都"。从 2001 年开始教科文组织每年评选出一个城市作为"世界图书首都",以此促进图书的出版及公众对阅读的兴趣。

6 月 20 日 安理会通过关于"妇女与和平与安全:要求武装冲突各方停止针对包括妇女在内所有平民的一切性暴力"的第 S/RES/1820(2008)

号决议,要求武装冲突各方立即采取适当措施,保护包括妇女和女孩在内的平民免受一切形式性暴力。

同日　世界难民日,主题是"对难民给予保护"。据难民署统计,2007年全球共有1140万名难民,2600万名内部流离失所者。

6月23日　联合国向来自12个国家的公共机构颁发优秀奖,它们因运用创新的方式改善自己的工作而受到褒奖。联合国公共机构服务优秀奖建立于2003年,目的是在全世界的公共服务体系内促进专业精神和优良服务。

6月27日　安理会通过关于"中东局势:延长脱离接触观察员部队任务期限"的第S/RES/1821(2008)号决议,决定将联合国脱离接触观察员部队的任务期限延长6个月,至2008年12月31日止。

6月30日　安理会通过关于"恐怖行为对国际和平与安全造成的威胁:制裁恐怖分子的措施"的第S/RES/1822(2008)号决议,认定恐怖行为对国际和平与安全继续造成威胁,要求所有国家均应对基地组织、本·拉登和塔利班以及其他与之有关联的个人、团体、企业和实体采取联合国所规定的各种制裁措施。

7月1日　《不扩散核武器条约》签署40周年。潘基文秘书长呼吁缔约国和有关各方正视条约所面临的信任危机,积极推进防止核扩散的进程。

7月10日　安理会通过关于"有关卢旺达的局势:解散第918(1994号)决议所设委员会"的第S/RES/1823(2008)号决议,表示欣见《大湖区安全、稳定和发展公约》生效,并强调务必全面执行该公约,再度吁请该区域各国进一步深化它们之间的合作,以期巩固该区域的和平;决定终止第S/RES/1011(1995)号决议第9段和第10段规定的禁令;又决定解散关于卢旺达的第S/RES/918(1994)号决议所设委员会。

7月11日　俄罗斯和中国否决了美国等国家提出的制裁津巴布韦的决议草案。

7月14—18日　第3届联合国小武器问题双年度会议在纽约总部举行,审议各层面落实联合国大会2001年《从各个方面防止、打击和消除小武器和轻武器非法贸易行动纲领》的情况,以及《识别和追查非法小武器国际文书》的执行情况,为各方交流经验、促进全面落实该行动纲领提供重要契机。

7月18日　大会就全球粮食和能源危机问题举行特别会议,讨论如何加强国际合作与协调,以应对粮食和能源价格上涨所带来的挑战。

同日　安理会通过关于"卢旺达问题国际刑事法庭:延长若干常任法

官和审案法官任期并修正《法庭规约》"的第 S/RES/1824(2008)号决议,决定将担任卢旺达问题国际刑事法庭上诉分庭成员的若干常任法官的任期延长至 2010 年 12 月 31 日,如上诉分庭审理的案件在此之前结案,其任期亦提前结束;决定将担任法庭审判分庭成员的若干常任法官的任期延长至 2009 年 12 月 31 日,如指派给他们的案件在此之前结案,其任期亦提前结束;决定修正《卢旺达问题国际刑事法庭规约》第 11 条第 1 款和第 2 款,以本决议附件所列规定取代这些条款。

同日 柬埔寨就柏威夏寺问题致信联合国安理会与联合国大会,通报泰国军队已"侵犯"世界文化遗产柏威夏寺附近的柬方领土。

7 月 23 日 安理会通过关于延长联尼特派团任期的第 S/RES/1825 (2008)号决议,决定应尼泊尔政府的请求并根据秘书长建议,将第 S/RES/1740(2007)号决议规定的联尼特派团任务延长至 2009 年 1 月 23 日,以帮助完成和平进程。

7 月 29 日 安理会通过关于"科特迪瓦局势:延长联科行动任务期限,以支持选举进程"的第 S/RES/1826(2008)号决议,决定将第 S/RES/1739 (2007)号决议规定的联合国科特迪瓦行动(联科行动)及支持联科行动的法国部队的任务期限延长至 2009 年 1 月 31 日,尤其是为了支援科特迪瓦组织自由、公开、公正和透明的选举。

7 月 30 日 安理会通过关于"厄立特里亚与埃塞俄比亚间局势:终止埃厄特派团的任务"的第 S/RES/1827(2008)号决议,决定自 2008 年 7 月 31 日起终止联合国在埃塞俄比亚和厄立特里亚边境的维和行动。

7 月 31 日 安理会通过关于"苏丹局势:延长达尔富尔混合行动任务期限并要求各方终止暴力"的第 S/RES/1828(2008)号决议,决定将第 S/RES/1769(2007)号决议规定的达尔富尔混合行动任务期限再延 12 个月,至 2009 年 7 月 31 日止。

8 月 1 日 联合国纽约总部正式启动减少温室气体排放的"清凉联合国"项目。在潘基文秘书长带领下,不少联合国职员都脱下西服和正装,身穿"清凉"的短袖或本国民族服装出现在办公楼里。

8 月 3 日 以"全球行动,现在开始"为主题的第 17 届世界艾滋病大会在墨西哥首都墨西哥城开幕。来自世界各地的 25000 多名长期活跃在预防和治疗艾滋病最前沿的科学家、医务工作者、活动人士和政府官员将在 6 天会议期间共同分享在防治艾滋病领域的经验与教训,研讨政策的成功与得失。

8 月 4 日 安理会通过关于"塞拉利昂局势:设立联合国塞拉利昂和平

综合办事处"的第 S/RES/1829(2008)号决议,强调必须设立一个全面一体化的办事处,以便有效地协调联合国驻塞拉利昂各机构、基金和方案之间的战略和方案,决定联合国系统应根据执行代表作为驻地代表和驻地协调员所担负的职能,支持联塞建和办并与之通力合作,继续为建设区域和次区域和平与安全作出努力。

8月7日 安理会通过关于"伊拉克的局势:延长联合国伊拉克援助团任务期限"的第 S/RES/1830(2008)号决议,决定将联合国伊拉克援助团(联伊援助团)的任务期限自本决议通过之日起,再延长 12 个月,请秘书长每季度向安理会报告联伊援助团全面履行职责的进展情况。

8月8日 潘基文秘书长在北京奥运会开幕当天发表声明,呼吁全世界遵守奥林匹克休战。他指出这种休战虽时间有限,但潜力无限;可以让人们重新考虑战争的沉重代价;可以提供一个启动对话的契机;也可以开启一个窗口,为受害者提供救济。

8月8—24日、9月6—17日 第 29 届夏季奥运会、第 13 届夏季残奥会先后在北京成功举办。这是中国首次举办夏季奥运会、残奥会。共有204 个国家和地区的 10942 名运动员参加了奥运会。在北京奥运会上,中国共派出 639 名运动员参赛,累计获得金牌 51 枚,银牌 21 枚,铜牌 28 枚。

8月12日 世界青年日。2008 年的纪念主题是"青年与气候变化:行动起来",呼吁全球青年人选择"低碳"生活方式,为应对气候变化贡献力量。

8月13日 联合国与伊拉克政府签署名为《联合国援助伊拉克战略》的协议,为联合国在 3 年内如何支助伊拉克的重建、发展和人道救援勾勒出蓝图。

8月19日 安理会通过关于"索马里局势:延长非索特派团任务期限"的第 S/RES/1831(2008)号决议,决定授权非洲联盟成员国继续在索马里维持一个特派团,为期 6 个月,为重要基础设施提供安全保护,并在力所能及范围内应要求协助创造提供人道主义援助所需的必要安全条件。

同日 第 18 届"世界水周"论坛在斯德哥尔摩举行。来自全球的 2000多名专家,也汇聚了包括联合国人居署、儿童基金会在内的多家联合国机构的代表,为在全球提倡清洁饮用水、普及卫生设施献计献策。

8月27日 安理会通过关于"中东局势:延长联黎部队任务期限"的第 S/RES/1832(2008)号决议,决定将联黎部队目前的任务期限延长到 2009年 8 月 31 日。

9月3日 第 61 届联合国新闻部—非政府组织年会在法国巴黎开幕。

来自全球各地 2000 多名非政府组织代表将在两天的会议期间围绕"重申所有人的人权:《世界人权宣言》走过 60 年"的主题,重点探讨如何加强联合国与非政府组织在人权领域的有效合作。

同日　世界粮农组织在罗马总部正式通过一项为限制远洋捕捞对脆弱深海鱼类品种及其栖息环境所造成影响的国际准则,由此为管理公海水域捕捞活动提供了行动纲领。

9 月 4 日　第 62 届联合国大会举行全体会议,就《全球反恐战略》实施情况进行首次回顾与评估。联合国秘书长潘基文在会议上发表讲话,呼吁成员国采取实际、主动和精心规划的措施以进一步扩大多边反恐合作与能力建设。

9 月 8 日　国际扫盲日。潘基文秘书长在致辞中指出,全世界现存 1/5 的成年人是文盲,7500 万名儿童依然得不到教育,他呼吁各国通过制定明确的政策和增加投资来提高民众的识字能力。

9 月 8—26 日　联合国人权理事会第 9 次常会在日内瓦举行。在继续探讨如何在世界范围内促进和保护人权的同时召开特别会议,重点关注苏丹达尔富尔、加沙等地区人权现状,以及全球粮食危机带来的人权问题。

9 月 9 日　世界预防自杀日。世界卫生组织鼓励世界各地的人们共同承诺促进对自杀的了解并确保对各种自杀行为采取预防措施。

9 月 12 日　第 62 届联合国大会主席克里姆在当届大会闭幕前夕荣获"千年发展目标奖",作为对其努力推动会员国实现千年目标的认可。

9 月 16 日　第 63 届联合国大会开幕,米格尔·德斯科托·布罗克曼(尼加拉瓜)担任大会主席。会议主题是"全球粮食危机对世界范围内的贫困和饥饿的影响,以及联合国民主化的需要"。

同日　保护臭氧层国际日。联合国秘书长潘基文致辞指出,市场动荡、经济低迷和经济衰退言论历来不利于环境问题。

9 月 22 日　安理会通过关于"阿富汗局势:延长国际安全援助部队任务期限"的第 S/RES/1833(2008)号决议,决定将国际安全援助部队的授权,在 2008 年 10 月 13 日之后延长 12 个月,决心与阿富汗政府协调,确保安援部队的任务得到全面执行。

同日　大会通过题为《关于非洲发展需求的政治宣言》的第 A/RES/63/1 号决议,旨在确保有关非洲发展的所有承诺及时全部兑现,并确保会员国继续审议满足非洲发展的特别需求问题。

9 月 23 日　第 63 届大会一般性辩论开始,发展、安全和联合国改革是本届辩论的 3 大热点议题,气候变化、能源危机和金融危机受到广泛关注。

9 月 24 日　安理会通过关于"乍得、中非共和国及该次区域局势：延长中乍特派团任务期限"的第 S/RES/1834（2008）号决议，决定将第 S/RES/1778（2007）号决议规定的联合国中非共和国和乍得特派团（中乍特派团）的任务期限延长至 2009 年 3 月 15 日。

9 月 25 日　约 140 个国家领导人汇聚纽约联合国总部，参加联合国千年发展目标高级别会议。这次会议是世界各国领导人自 2000 年制定千年发展目标以来，首次对目标进展情况进行审议。

9 月 27 日　安理会通过关于"防扩散：呼吁伊朗履行义务"的第 S/RES/1835（2008）号决议，重申安理会此前通过的有关伊朗铀浓缩活动的第 S/RES/1696（2006）号等各项决议，呼吁伊朗"全面、毫不拖延地"履行其义务。

9 月 29 日　安理会通过关于"利比里亚局势：延长联利特派团任务期限并缩编"的第 S/RES/1836（2008）号决议，决定将联合国利比里亚特派团（联利特派团）的任务期限延长至 2009 年 9 月 30 日，视需要在联利特派团和联科行动之间临时调动部队。

同日　安理会通过关于"前南斯拉夫问题国际刑事法庭：延长若干常任法官和审案法官任期并修正《法庭规约》"的第 S/RES/1837（2008）号决议，决定将担任前南问题国际法庭上诉分庭成员的若干常任法官的任期延长至 2010 年 12 月 31 日，如上诉分庭审理的案件在此之前结案，其任期亦提前结束；决定将担任法庭审判分庭成员的若干常任法官的任期延长至 2009 年 12 月 31 日，如指派给他们的案件在此之前结案，其任期亦提前结束；决定在不影响 2008 年 2 月 20 日第 S/RES/1800（2008）号决议各项规定的情况下，修正《法庭规约》第 12 条第 1 款和第 2 款，以本决议附件所列规定取代这些条款。

10 月 1 日　国际老年人日，主题是"老年人权利"，呼吁世界确保老年人的尊严和权利，保障老年人充分参与社会。

10 月 2 日　联合国在大会会堂举行仪式，纪念第 2 个国际非暴力日，呼吁国际社会弘扬圣雄甘地的精神，实行非暴力、公正与和平的原则。

10 月 7 日　安理会通过关于"索马里局势：根据《联合国海洋法公约》打击沿海海盗和武装劫船行为"的第 S/RES/1838（2008）号决议，吁请关心海上活动安全的国家根据《联合国海洋法公约》所体现的国际法，积极参与打击索马里沿岸公海的海盗行为，尤其是部署海军舰只和军用飞机在索马里沿岸公海和空域采用必要手段，取缔海盗行为。决议并敦促各国和各区域组织依照第 S/RES/1816（2008）号决议的规定，继续采取行动保护世界粮食计划署海运船队。

10 月 8 日 大会以简单多数投票结果批准塞尔维亚提交的一项决议草案,要求国际法院就科索沃单方面宣布独立一事提出咨询建议。

10 月 9 日 安理会通过关于"格鲁吉亚局势:延长特派团任务期限"的第 S/RES/1839(2008)号决议,决定延长联合国驻格鲁吉亚特派团的任务期限,新期限到 2009 年 2 月 15 日结束。

10 月 10 日 世界精神卫生日。潘基文秘书长当天发表声明,呼吁各国将精神保健服务纳入初级卫生保健规划之中,并动员社会各界参与宣传、消除精神保健漏洞。

10 月 14 日 安理会通过关于"海地的问题:延长联海稳定团任务期限"的第 S/RES/1840(2008)号决议,决定将联合国海地稳定特派团任务期限延长至 2009 年 10 月 15 日。

10 月 15 日 安理会通过关于"苏丹局势:延长专家组任期"的第 S/RES/1841(2008)号决议,决定将最初根据第 S/RES/1591(2005)号决议任命、此前经第 S/RES/1651(2005)等多号决议延长任期的专家组的任期延长到 2009 年 10 月 15 日,并请秘书长采取必要的行政措施。

10 月 17 日 大会投票选出奥地利、日本、墨西哥、土耳其和乌干达担任联合国安理会非常任理事国,任期从 2009 年 1 月 1 日至 2010 年 12 月 31 日。

10 月 21 日 在联合国支持下发起的"关注气候变化行动"在日内瓦举行会议,来自全球 150 多个私营企业、非政府组织、政府机构和联合国机构的代表共同探讨如何通过企业行为解决全球变暖所带来的问题,以及如何加快应对气候变化的行动。

10 月 29 日 大会通过关于"必须终止美利坚合众国对古巴的经济、商业和金融封锁"的第 A/RES/63/7(2008)号决议,本次决议以 185 票赞成、3 票反对的压倒性多数连续第 17 年敦促美国结束对古巴经济封锁。

同日 安理会通过关于"科特迪瓦局势:延长制裁措施有效期"的第 S/RES/1842(2008)号决议,决定把第 S/RES/1572(2004)号决议第 7—12 段所定武器措施和金融及旅行措施以及第 S/RES/1643(2005)号决议第 6 段所定防止任何国家从科特迪瓦进口任何毛坯钻石的措施的有效期延至 2009 年 10 月 31 日;决定将第 S/RES/1727(2006)号决议第 7 段规定的专家组任期延至 2009 年 10 月 31 日,并请秘书长采取必要的行政措施。

10 月 31 日 联合国大会第一委员会以 145 票赞成、2 票反对(美国、津巴布韦)、18 票弃权的表决结果,决定继续推动 2006 年 10 月开始的拟定一项武器贸易条约的进程。

11月6日 世界防止战争和武装冲突糟蹋环境国际日。潘基文秘书长呼吁国际社会关注环境遭战争破坏的问题,并立即采取有效措施确保生态系统和自然资源免于武装冲突的影响。

11月7日 大会举行特别会议,纪念联合国开展维和行动60周年。强调在积极推进维和行动改革的同时,联合国必须加强与区域组织和参加维和行动的会员国之间的伙伴关系,以确保维和工作有效展开。

同日 联合国教科文组织为近来引发柬埔寨和泰国边境争端的世界文化遗产柏威夏古寺划界,以期平复两国边界地区持续紧张的安全局势,并避免古寺遭到冲突的破坏。

11月15日 二十国集团首次领导人峰会在美国首都华盛顿举行。这是G20财长会议首次提升为领导人高峰会议级别。"G20"系由七国集团财长和央行行长会议于1999年倡议成立,原为部长级会议机制。2008年国际金融危机爆发后,G20升级到领导人机制,旨在推动发达国家和新兴市场国家就世界经济和金融领域的重大问题开展对话与合作,促进世界经济强劲、可持续、平衡增长。G20共有20个成员,即阿根廷、澳大利亚、巴西、加拿大、中国、法国、德国、印度、印度尼西亚、意大利、日本、韩国、墨西哥、俄罗斯、沙特阿拉伯、南非、土耳其、英国、美国、欧盟。这些国家的国民生产总值约占全世界的85%,人口则将近世界总人口的2/3。G20无常设秘书处,峰会筹备工作由"三驾马车"(前任、现任和候任主席国)牵头、各成员共同参与,采取G20协调人、G20财金渠道双轨筹备机制。与会领导人就金融危机的起源、加强合作反对贸易保护主义、支持经济增长等问题达成共识,并就应对世界面临的金融和经济问题的措施达成一项行动计划,其中包括提高金融市场透明度和完善问责制、加强管理、促进金融市场完整性、强化国际合作以及改革国际金融机构等。会议最后发表了支持全球经济稳定和积极应对金融危机的宣言。宣言承诺,加强合作,努力恢复全球增长,实现世界金融体系的必要改革,防止类似危机再次发生。宣言强调,在金融不稳定时期更应反对保护主义,反对为投资或商品和服务贸易设置新壁垒,反对采取新的出口限制措施或采取不符合世界贸易组织规定的刺激出口措施。中国国家主席胡锦涛出席峰会并发表题为《通力合作 共度时艰》的重要讲话,深刻分析了金融危机发生的根源,呼吁国际社会采取包括加强宏观经济政策调控、深化国际金融监管等在内的"一切必要措施,尽快恢复市场信心,遏制金融危机扩散和蔓延"。

11月20日 安理会通过关于"刚果民主共和国的局势:授权向联刚特

派团增派人员"的第 S/RES/1843(2008)号决议,决定对包括海盗和武器走私人员在内的所有破坏索马里和平与稳定的个人和实体进行制裁。制裁措施包括资产冻结和禁止出国旅行等。

同日 安理会通过关于"索马里局势:制裁措施"的第 S/RES/1844 (2008)号决议,谴责索马里境内一切暴力行为和煽动暴力行为,并表示关注一切意在阻挡或妨碍和平政治进程的行为,审查监督对索马里进行的制裁。

同日 安理会通过关于"波黑局势:授权再设立多国稳定部队"的第 S/RES/1845(2008)号决议,认定波黑区域的局势继续对国际和平与安全构成威胁,授权会员国应欧盟部队或北约总部的请求,分别为保卫欧盟部队或北约的存在而采取一切必要措施,并协助两组织执行其任务,确认欧盟部队和北约的存在均有权采取一切必要自卫措施,以免遭受攻击或攻击的威胁。

12 月 1 日 世界艾滋病日,主题是"发挥领导作用、增强力量和履行承诺"。

同日 《联合国气候变化框架公约》缔约方大会在波兰波兹南开幕,总结 2008 年气候变化谈判取得的进展,并为 2009 年底在哥本哈根达成新的温室气体减排协议做准备。

12 月 2 日 安理会通过关于"索马里局势:延长打击海盗行为授权行为"的第 S/RES/1846(2008)号决议,决定从本决议通过之日起为期 12 个月内,在过渡联邦政府事先知会秘书长情况下同过渡联邦政府合作打击索马里沿岸海盗和海上武装抢劫行为的国家和区域组织可以以同相关国际法允许的在公海打击海盗行为的行动相一致的方式,进入索马里领海,以制止海盗和海上武装抢劫行为。

12 月 3 日 《集束弹药公约》开放签署,为国际人道主义法以及裁军和不扩散努力注入新的动力。

12 月 3—6 日 联合国互联网治理论坛第 3 届会议在印度海德巴拉召开,就互联网关键资源管理、网络安全及互联网介入进行广泛的探讨。

12 月 9 日 秘书长发言人蒙塔斯在纽约总部例行新闻发布会上证实,刚果(金)民主共和国政府与恩孔达反政府武装在联合国内罗毕办事处开始首次直接谈判。

12 月 10 日 大会通过关于"世界人权宣言 60 周年的宣言"的第 A/RES/63/116 号决议,重申了《世界人权宣言》的主旨和内容,致力于世界人权的维护和保障。

12 月 12 日 安理会通过关于"塞浦路斯局势:延长联塞部队任务期限

并敦促保持谈判势头"的第 S/RES/1847（2008）号决议,决定联合国驻塞浦路斯维持和平部队(联塞部队)有必要驻留到 2008 年 12 月 15 日以后,鼓励继续保持谈判势头,维护友善和信任,期待希土两族取得实质性进展。

同日 安理会通过关于"中东局势:延长脱离接触观察员部队任务期限"的第 S/RES/1848（2008）号决议,欢迎联合国脱离接触观察员部队正在作各种努力,落实秘书长对性剥削和性虐待的零容忍政策,并确保其人员全面遵守联合国的行为守则,请秘书长在这方面继续采取一切必要行动,随时向安理会通报情况;决议决定将联合国脱离接触观察员部队的任务期限延长 6 个月,至 2009 年 6 月 30 日止。

同日 安理会通过关于"前南问题国际法庭:授权增加任命审案法官"的第 S/RES/1849（2008）号决议,决定秘书长可根据前南斯拉夫问题国际法庭庭长的请求,在现有资源范围内任命更多审案法官,以便完成现有庭审或进行更多庭审。

12 月 16 日 安理会通过关于"中东局势,包括巴勒斯坦问题:支持双边进程"的第 S/RES/1850（2008）号决议,14 票对零票、1 票弃权(利比亚),安理会重申安理会支持巴以实现两个国家和平共处的前景,支持双方努力通过谈判达成和平协议。

同日 安理会通过关于"索马里局势:加强打击海盗行为的授权"的第 S/RES/1851（2008）号决议,由于过去 6 个月索马里沿岸海盗和海上武装抢劫事件急剧增加,海盗的攻击变得更加老练和大胆,其地理范围也大大扩充,安理会决定加强对各国打击海盗行为的授权,鼓励在索马里沿岸打击海盗和海上武装抢劫行为的所有国家和区域组织建立一个国际合作机制。

12 月 17 日 安理会通过关于"黎巴嫩:延长国际独立调查委员会任期"的第 S/RES/1852（2008）号决议,赞扬国际独立调查委员会所从事的大量工作以及它在调查其职责范围内所有案件方面继续取得的进展,期待委员会在这方面取得进一步进展,决定将委员会的任期延长至 2009 年 2 月 28 日。

12 月 19 日 大会通过关于国际化学年的第 A/RES/63/209（2008）号决议,将 2011 年定为"国际化学年"。2011 年正值国际纯粹与应用化学联合会的前身国际化学会联盟成立 100 周年,也适逢女科学家居里夫人获得诺贝尔化学奖 100 周年。

同日 安理会通过关于"索马里局势:重设监察组"的第 S/RES/1853（2008）号决议,决定延长第 S/RES/1558（2004）号决议所指监察组的授权,请秘书长同委员会协商,尽快采取必要的行政措施,重新组建监察组,任务期限为 12 个月,为此酌情利用第 S/RES/1811（2008）号决议所设监察组成员的知识专长,并增设第 5 名专家,以履行其扩大的授权。

同日　安理会通过关于"利比里亚局势:延长制裁措施并延长专家小组任期"的第 S/RES/1854(2008)号决议,决定自本决议通过之日起,将安理会第 S/RES/1521(2003)号等有关决议中修订的关于军火的措施以及关于旅行的措施,再延长 12 个月;并将根据第 S/RES/1819(2008)号决议中任命的现任专家小组的任期再延长至 2009 年 12 月 20 日。

同日　安理会通过关于"卢旺达问题国际法庭:修正《法庭规约》以加快法庭工作"的第 S/RES/1855(2008)号决议,决定秘书长可根据国际法庭庭长的请求,在现有资源范围内任命更多审案法官,以便完成现有庭审或进行更多庭审;决定修正《国际法庭规约》第 11 条第 2 款,以本决议附件所示为准,以加快法庭工作。

12 月 22 日　安理会通过关于"刚果民主共和国的局势:延长联刚特派团任务期限"的第 S/RES/1856(2008)号决议,决定将联刚特派团的任务期限延至 2009 年 12 月 31 日,并授权继续部署至多 19815 名军事人员、760 名军事观察员、391 名警察人员和 1050 名建制警察单位人员,直到该日为止。

同日　安理会通过关于"刚果民主共和国的局势:延长制裁措施期限"的第 S/RES/1857(2008)号决议,决定分别将第 S/RES/1807(2008)号决议第 1 段规定的军火措施、第 6 段和第 8 段规定的运输措施、第 9 段和第 11 段规定的金融和旅行措施延至 2009 年 11 月 30 日。吁请所有国家,特别是该区域各国,支持执行本决议规定的措施,在委员会执行任务过程中给予充分合作。

同日　安理会通过关于"布隆迪局势:延长联布综合办任务期限"的第 S/RES/1858(2008)号决议,决定将联布综合办任务期限延至 2009 年 12 月 31 日,鼓励布隆迪政府在联布综合办和其他伙伴的支助下,确保关于建立过渡时期司法机制的全国协商尽快开始,不再进一步拖延。

同日　安理会通过关于"伊拉克的局势:延长第 S/RES/1483(2003)号决议和第 S/RES/1546(2004)号决议所定安排,并决定重新审查各项有关决议"的第 S/RES/1859(2008)号决议,决定将第 S/RES/1483(2003)号决议所规定的将石油、石油产品和天然气出口销售所得收益存入伊拉克发展基金的安排以及第 S/RES/1483(2003)号决议和第 S/RES/1546(2004)号决议所述由国际咨询和监察委员会负责监察伊拉克发展基金的安排,延长至 2009 年 12 月 31 日。

12 月 23 日　大会通过关于"确认镰状细胞贫血为公共卫生问题"的第 A/RES/63/237 号决议,要求各国采取行动,提高公众对这种可致命的常见遗传疾病的认识。决议同时将每年的 6 月 19 日确定为"镰状细胞贫血日"，要求在国家和国际层面举行各种宣传活动，提高大众对这一顽症的认识。

12 月 24 日　大会通过关于《发展筹资问题多哈宣言：审查蒙特雷共识执行情况的发展筹资问题后续国际会议结果文件》的第 A/RES/63/239 号决议，重申《蒙特雷共识》的目标和承诺，各国将调动国内财政资源和国际发展资源促进发展，同时国际贸易作为发展的推动力，扩大国际金融和技术合作、利用外债等促进发展，处理体制问题和其他挑战以及新问题。

12 月 28 日　安理会发表主席声明，呼吁以色列和巴勒斯坦双方立即停止所有在加沙的暴力行动。安理会同时呼吁各方满足加沙严重的人道主义和经济需求，开放过境点，以便 150 万名加沙地带的巴勒斯坦人能够得到食物和其他所需的物资。

12 月 31 日　随着加沙地带的暴力冲突急剧升级，安理会召开紧急会议，讨论当地不断恶化的局势。除 15 个理事国之外，巴勒斯坦和以色列代表，以及阿拉伯联盟代表出席了会议。

二〇〇九年

（国际和解年、国际自然纤维年、国际人权学习年、
国际天文年、国际大猩猩年）

1 月 1 日　日本、奥地利、墨西哥、土耳其和乌干达等 5 国开始安理会非常任理事国任期，接替期满离任的比利时、印度尼西亚、意大利、巴拿马和南非。

1 月 2 日　《保护水下文化遗产公约》正式生效。公约由联合国教科文组织大会于 2001 年 11 月通过，旨在更为有效地保护水下文化遗产，控制日益增多的劫掠和毁坏水下文化遗产的活动。

1 月 5 日　潘基文秘书长与阿拉伯联盟秘书长穆萨以及阿盟国家外长就加沙和以色列南部地区的冲突局势举行特别会议。潘基文表示联合国正在竭尽全力为持续冲突之下的加沙民众提供支持，并协调国际社会促使以色列和哈马斯尽快实现停火。

同日　阿拉伯国家外长在联合国纽约总部召开会议，提出一个新的安理会决议草案，以期确立以色列和哈马斯实现永久停火。

1 月 8 日　在以色列北部遭到来自黎巴嫩境内的火箭袭击后，为防止事态升级，联合国驻黎巴嫩临时部队已向当地增派地面部队并加紧巡逻。以色列国防军当日向加沙地带的联合国救援车队开火，导致两名联合国近

东难民救济工程处雇用的合同司机死亡,另一名司机受伤,事件发生在以色列方面宣布的 3 小时停火期内。

同日 安理会通过关于"中东局势,包括巴勒斯坦问题:呼吁停火"的第 S/RES/1860(2009)号决议,14 票赞成,1 票弃权(美国)。决议强调加沙地带是 1967 年被占领土的组成部分,并将成为巴勒斯坦国的一部分,强调必须保障所有平民的安全和福祉,呼吁立即、持久和全面遵守停火,以促成以色列从加沙全面撤军。

1 月 9 日 联合国人权理事会在日内瓦举行特别会议,关注巴勒斯坦被占领土发生的严重侵犯人权事件,特别是近期加沙冲突所引发的人权问题。

1 月 12 日 人权理事会通过决议,谴责以色列两个多星期以来在被占巴勒斯坦领土加沙地带的军事行动,并决定派遣一个事实调查组调查被占领土上的侵犯人权行为。

1 月 12—15 日 国际刑事法院第三预审分庭举行听讯,确认检察官就刚果民主共和国前副总统本巴在邻国中非共和国冲突期间所犯战争罪和危害人类罪准备提请审判的指控,法庭将根据证据充足与否决定是否将本巴交付审判。

1 月 14 日 安理会通过关于"乍得、中非共和国及该次区域局势:延长中乍特派团任务期限"的第 S/RES/1861(2009)号决议,决定将中乍特派团任务延长至 2010 年 3 月 15 日,帮助创造有助于难民和流离失所者自愿、安全和可持续回归的安全条件。

同日 安理会通过关于"非洲和平与安全:吉布提和厄立特里亚边界争端"的第 S/RES/1862(2009)号决议,表示深度关切吉布提与厄立特里亚之间依然激烈的边界争端,敦促吉布提和厄立特里亚作为优先事项,以符合国际法的方式,和平解决边界争端,并强调双方对于为此目的建立适当的外交和法律框架承担着主要责任。

1 月 15 日 大会就近来加沙地带冲突升级举行特别紧急会议。

同日 联合国巴勒斯坦难民救济工程处(UNRWA)遭到以军炮火袭击,袭击导致 3 人受伤。储存救济用食物和药品的仓库等部分机构设施处于火海之中。潘基文秘书长发表强烈声明,对联合国设施再次遭到以军袭击表示愤怒和抗议。

1 月 16 日 安理会通过关于"索马里局势:授权继续维持非索特派团并打算部署联合国维持和平行动"的第 S/RES/1863(2009)号决议:认定索马里局势对该区域的国际和平与安全构成威胁,欢迎非洲联盟决定,非索特派团将继续驻留索马里至 2009 年 3 月 16 日。决定授权非洲联盟成员国继续在索马里维持一个特派团,自本决议通过之日起,至多为期 6 个月。表示打算在索马里设立联合国维持和平行动,作为非索特派团的接替部队,但需安理会至迟于 2009 年 6 月 1 日作出进一步决定。

同日　乌干达反叛武装"圣灵抵抗军"自 2008 年 9 月起频繁袭击刚果民主共和国东北部的平民,目前已经造成数百人死亡,10 多万人流离失所。安理会 1 月 16 日就此发表媒体声明,表示严重关注。

1 月 19—27 日　裁军谈判会议第 1 阶段的会议在日内瓦举行。1 月 20 日,潘基文秘书长发去致辞,敦促裁谈会早日打破僵局,由对程序问题的讨论转向实质谈判。

1 月 20 日　美国当选总统奥巴马就职,联合国环境署表示,奥巴马的绿色工作策略将会取得一种"四赢"结果,即同时解决经济衰退、能源安全、创造就业机会和减少二氧化碳排放的问题。

1 月 21—23 日　奥巴马宣布将暂停在美国关塔那摩基地对拘押的恐怖嫌疑犯进行审讯的程序。这一命令的有效期暂定为 120 天,到 5 月结束。22 日联合国人权高专对奥巴马政府的这一决定表示肯定。

1 月 22 日　联合国人道主义评估小组正式进入加沙地带,就该地区在以色列军事打击中所遭受的损失以及当地平民的紧急人道主义需求展开实地调查和评估,就此拉开国际社会为加沙重建提供支持的序幕。

同日　联合国第 3 任秘书长、来自缅甸的吴丹诞辰 100 周年纪念日。位于缅甸的吴丹学院为此举行纪念活动。潘基文秘书长发去致辞,缅怀吴丹在任期间对联合国所做出的贡献。

1 月 23 日　第 10 届紧急特别联大举行会议通过关于"支持根据安全理事会第 S/RES/1860(2009)号决议立即实现停火的大会决议"的第 A/RES/18(ES—10)号决议。

同日　安理会通过关于延长联尼特派团任务期限的第 S/RES/1864(2009)号决议,决定将第 S/RES/1740(2007)号决议规定的联尼特派团任务延至 2009 年 7 月 23 日。

1 月 26 日　联合国国际刑事法院在海牙开庭审理刚果民主共和国(刚果金)前部族武装领导人托马斯·卢班加在内战中征召并使用儿童兵一案。这是国际刑事法院自 2002 年 7 月成立以来首次开庭审案。

1 月 26—27 日　联合国世界粮食安全高级别会议在西班牙首都马德里开幕。来自各国政府、企业界和民间社会团体的代表共举行 4 场圆桌会议,共同探讨如何更有效地应对威胁全球 10 亿人生存的饥饿问题。

同日 "缅怀大屠杀遇难者纪念日"。联合国纽约总部当天举行形式多样的纪念活动,在缅怀数百万惨遭德国纳粹屠杀的人的同时,更旨在激励大众寻找更有效的方法来消除反犹太主义等不容忍问题。

1月27日 安理会通过关于"科特迪瓦局势:支持瓦加杜古政治进程并延长联科行动和法国部队的任务期限"的第S/RES/1865(2009)号决议,决定根据宪章第7章采取行动,支持瓦加杜古政治进程,延长联合国科特迪瓦行动和支持联科行动的法国部队的任务期限至2009年7月31日,这尤其是为了帮助在科特迪瓦组织自由、公开、公正和透明的选举。

1月28日 联合国驻科特迪瓦行动团发表公报说,安理会决定削减驻科维和部队人数,并将部队驻期延长6个月,以协助科政府进行大选的组织和筹备工作。

1月29日 人权高专皮莱发表声明,称斯里兰卡政府军近期与猛虎组织之间的冲突造成了大量无辜平民的死伤和流离失所;近25万名被困在战区的当地民众的人权遭到肆意践踏,其人道主义及安全境况正日益恶化。

2月3日 国际法院做出裁定,对罗马尼亚与乌克兰两国在黑海海域的边界进行划分。按照国际法院划分的边界,罗马尼亚与乌克兰两国存在争议的区域大约有80%被判归罗马尼亚所有。

2月4日 潘基文秘书长对巴基斯坦进行首次国事访问,他向印巴两国发出强烈呼吁,希望两国本着友好和和平的精神,就包括克什米尔在内的所有悬而未决的问题进行对话。潘基文秘书长在访问巴基斯坦期间,宣布将成立贝·布托遇刺事件独立调查委员会。

2月5日 安理会就潘基文秘书长提交的最新一份有关苏丹局势的报告听取了苏丹事务特别代表卡齐的工作汇报。他援引报告指出,国际刑事法院对苏丹总统巴希尔的有关指控不利于苏丹《全面和平协议》的执行。

同日 有关亚太地区人口问题的国际会议在泰国曼谷举行,与会专家普遍认为,在目前金融危机席卷全球并对贫困人口造成更大影响的情况下,生殖健康、两性平等以及制定解决人口问题的政策仍然是该地区减贫问题的核心。

2月6日 针对哈马斯近3天第2次劫走联合国近东难民救济工程处的援助物资,潘基文秘书长发表声明,要求哈马斯立即归还这批物资,他重申为加沙提供人道援助不应受到任何阻碍。

同日 联合国环境规划署发布的一份有关南亚淡水资源的报告指出,过度开发、气候变化以及各国之间缺乏合作等因素可对南亚地区一些世界最大的江河流域造成威胁,致使生活那里的数以亿计的人口面临缺水困境。

2月10日 联合国在纽约总部正式发起"世界社会公正日"。旨在促进国际社会对社会公正在实现和平与安全以及持久经济增长等方面的共识。这意味着在每年的2月20日,世界各地的人们将通过各种形式倡导实现社会公正。

2月13日 安理会通过关于"格鲁吉亚局势:延长联合国特派团任务期限"的第S/RES/1866(2009)号决议,决定将联合国格鲁吉亚观察团任期延长4个月,至2009年6月15日止。

同日 世界粮食计划署开始在布基纳法索首都发放粮食券,以帮助当地人缓解高粮价带来的压力。这是粮食署首次在非洲改变直接发放粮食的援助方式。

2月17日 联合国支持下的柬埔寨法院特别法庭开始正式审讯红色高棉政权时期的重要人物康克由。康克由是柬埔寨红色高棉统治时期首都金边监狱及被称为S21的政治集中营负责人,曾对1.6万多名被怀疑是红色高棉政权"敌人"的人员进行严刑折磨拷问。

2月18日 联合国环境规划署发布报告称:北京奥林匹克运动会在大多数的环境承诺上达到目标。报告说,从减少空气污染到大量投资公共交通和可再生能源,组织者们付出相当大的努力,使这个拥有巨大数量观众的奥运会成为一个生态友好型体育盛会。

2月19日 联合国大会启动有关安理会改革问题的政府间谈判,标志着相关讨论自1994年开始以来,终于即将进入实质性阶段。

同日 环境署宣布,哥本哈根成为该署1年前发起的旨在鼓励国家、地方政府和企业致力于大规模削减温室气体排放量的"气候中和网络"(CN Net)第100位参与者。

2月23日 联合国残疾人权利委员会在日内瓦召开成立以来的首次会议。联合国人权副高级专员康京和在会上致辞指出,本次会议对全球所有残疾人都有着极为重要的意义。

2月24日 国际劳工组织在日内瓦主办国际会议,来自各国政府、劳工和企业的100多位高级代表出席,共同讨论席卷全球的经济和金融危机对世界范围2000多万名金融从业人员所造成的冲击以及应对措施。

2月26日 安理会通过关于"东帝汶局势:延长联合国东帝汶综合特派团任务期限"的第S/RES/1867(2009)号决议,确认联东综合团继续在促进东帝汶和平、稳定与发展方面发挥重要作用,决定按目前核定编制,将联东综合团的任务期限延长至2010年2月26日。

同日 设在荷兰海牙的联合国前南斯拉夫问题国际刑事法庭当地时间

对前南斯拉夫联盟共和国塞尔维亚共和国总统米卢蒂诺维奇等 6 名高级领导人做出一审判决,判处米卢蒂诺维奇无罪,将立即获释。

2 月 27 日 联合国儿童基金会正式宣布,一个旨在彻底根除小儿麻痹症的大规模疫苗接种行动即日起将在西部非洲的 8 个国家全面展开。分两次进行的接种工作将使当地 5300 万名 5 岁以下儿童受到疫苗的保护。

3 月 2 日 加沙重建国际会议在埃及红海城市沙姆沙伊赫举行。出席开幕式的潘基文秘书长在发表讲话时,呼吁国际捐助者为加沙重建提供关键的资金援助。他同时强调,重建工作的顺利展开以及成功完成的关键是可持久的停火和全面和平协议的尽快达成。

3 月 3 日 负责审理黎巴嫩前总理哈里里遇刺案及相关案件的黎巴嫩特别法庭已经开始运作。主管法律事务的副秘书长帕特里夏·奥布赖恩称这是国际刑事司法领域的一个里程碑。

3 月 4 日 国际刑事法院一个由 3 名法官组成的预审分庭 3 月 4 日做出决定:同意检察官提出的向苏丹现任总统巴希尔发出逮捕令的请求。3 名法官裁定:巴希尔将面临 5 项危害人类罪和 2 项战争罪的正式指控。

同日 联合国环境规划署及其合作伙伴于 79 届日内瓦汽车展上推出一个在 2050 年将世界机动车尾气排放的温室气体减少一半的全球方案,这一方案是在多家联合国及国际机构的参与和支持下制定的。

3 月 5 日 联合国毒品和犯罪问题办公室正式启动以打击人口贩运为目的的"蓝心运动"。

3 月 8 日 国际妇女节,主题是"男女共同消除对妇女和女孩的暴力行为"。

3 月 10 日 潘基文会见奥巴马总统,双方就经济危机和气候变化等一系列广泛议题交换意见,并表示将进一步加强联合国与美国的合作。

3 月 16—22 日 第 5 届世界水论坛在土耳其伊斯坦布尔举行。副秘书长沙祖康出席论坛并强调,水与卫生问题对于实现千年发展目标至关重要,各国应确保人们享有清洁水和充足的卫生设施。

3 月 21 日 中亚作为又一个新的无核区加入了受到世人欢迎的"无核俱乐部"。潘基文秘书长对此发表声明,表示热烈欢迎。

同日 消除种族歧视国际日。潘基文秘书长在为此而发表的致辞中指出,各国都存在种族主义。他敦促所有国家协同努力,予以打击。

3 月 22 日 第 17 个世界水日。潘基文秘书长发表致辞呼吁,面对世界水资源的竞争,应该采取合作,而不是诉诸冲突的办法,共同分享有限、宝贵的水资源。

3月23日　安理会通过关于"阿富汗局势:延长联阿援助团任务期限"的第 S/RES/1868(2009)号决议,决定将依安理会通过的相关决议界定的联阿援助团任务期限延长至 2010 年 3 月 23 日。

同日　第 49 个世界气象日。世界气象组织称,空气中的污染气体和粒子会危害人的健康,并对整个天气—气候系统造成影响,因此有必要关注天气特征、气候和空气质量间的相互影响。

3月25日　安理会通过关于"波黑局势:同意任命新的高级代表"的第 S/RES/1869(2009)号决议:欢迎并同意和平执行理事会指导委员会于 2009 年 3 月 13 日任命瓦伦丁・因兹科先生为高级代表,接替米罗斯拉夫・莱恰克先生继续推动执行《波黑和平总框架协定》及其各项附件。

同日　由国际移民组织主办的"2009 年国际移民对话会"在瑞士日内瓦开幕。本次会议为期两天,主题为"有效尊重移民权利:一个共同分担的责任"。

同日　由联合国亚太经社理事会组建的减少灾害风险委员会在曼谷主办首届会议,有来自亚太地区 25 个国家以及 28 个国际组织的 200 多名代表参加,会议强调要协调政府间行动,为减少各类灾害风险而加强地区合作。

3月27日　上海合作组织倡导的阿富汗问题特别国际会议在莫斯科举行,主要议题是如何实现阿富汗的和平稳定与经济重建。潘基文秘书长亲自与会并发表讲话,特别强调上海合作组织成员国在阿富汗稳定问题上可以发挥的特殊作用。

3月29日　联合国 2009 年首次大型气候变化谈判在德国波恩启动。来自各国政府、企业界、环保组织及研究机构的 2000 余名代表将参加此次为期 11 天的谈判,以全面启动本年度的气候谈判进程,并为本年 12 月在丹麦哥本哈根召开的联合国气候变化大会达成新的减排协议铺平道路。

3月30日　第 21 届阿拉伯国家联盟(阿盟)首脑会议在卡塔尔首都多哈开幕。潘基文秘书长在发言中再次对苏丹达尔富尔问题表示关注,呼吁苏丹政府撤销驱逐国际非政府组织的决定。

4月1—3日　国际禁止地雷运动召开区域性会议,要求亚太国家加强禁雷努力。

4月2日　G20 领导人第 2 次峰会在英国首都伦敦举行。与会领导人会后发表声明,同意为 IMF 和世界银行等多边金融机构提供总额 1.1 万亿美元资金,其中 IMF 资金规模由 2500 亿美元增加到 7500 亿美元,以帮助陷入困境的国家。在金融监管方面,与会领导人认为有必要对所有具有系统性影响的金融机构、金融产品和金融市场实施监管和监督,首次提出把对冲基金置于金融监管之下,并同意对拒不合作的"避税天堂"采取行动及实施制裁。在金融机构改革方面,与会领导人决定新建一个金融稳定委员会取代现在的金融稳定论坛,并与IMF一道对全球宏观经济和金融市场上的风险实施监测。IMF和世界银行也将实施改革并赋予新兴经济体和发展中国家更大的发言权。与会领导人还一致承诺,反对保护主义,促进全球贸易和投资,并重申将致力于在年底哥本哈根联合国气候变化大会上就温室气体减排达成协议,朝着绿色经济迈进。中国国家主席胡锦涛出席会议并发表题为《携手合作 同舟共济》的重要讲话,全面深入阐述中国政府应对国际金融危机恢复世界经济增长的重要主张;介绍了中国政府为应对国际金融危机冲击、保持经济平稳较快发展采取的重大举措;提出了二十国集团是国际社会共同应对国际经济金融危机重要有效平台的主张。

4月3日 人权理事会任命由4名专家组成的事实真相调查组,调查与前不久的加沙冲突相关的违反国际人权法和人道主义法的行为。

4月5日 安理会召开紧急会议,就朝鲜发射火箭一事进行闭门磋商。同日,潘基文秘书长发表声明,对朝鲜按原计划发射火箭表示遗憾,并敦促相关各方提前恢复6方会谈。

4月6日 第2届不同文明联盟论坛在土耳其伊斯坦布尔举行,潘基文秘书长指出在世界目前经历多重危机的时候,要防止寻找替罪羊进行指责的倾向,而不同文明联盟能够预防由此产生的分歧与不和。

4月7日 朝鲜常驻联合国副代表朴泰勋在联合国纽约总部就该国5日进行卫星发射所引发的异议首次进行回应,他表示和平利用太空是任何一个国家不可被剥夺的权利。

同日 联合国总部、日内瓦办事处以及联合国在世界各地的办事机构同时举行一系列活动纪念"反思卢旺达大屠杀国际日",这一天也是卢旺达大屠杀发生15周年纪念日。潘基文秘书长发表声明指出,联合国将继续避免种族屠杀惨剧在今后重演而努力。

同日 世界卫生组织在北京发起2009年的世界卫生日活动,本次世界卫生日主题是"拯救生命,加强医院应对紧急情况的能力",世界卫生组织亲善大使、国际影星李连杰首次亮相。

同日 安理会就马达加斯加局势举行了闭门磋商,并听取负责政治事务的副秘书长林恩·帕斯科有关该国局势的汇报。

同日 大会通过关于世界金融和经济危机及其对发展的影响问题联合国最高级别会议的组织的第A/RES/63/277(2009)号决议,决定联合国有关全球金融和经济危机的会议于6月1—3日举行,并由联合国大会192个成员国的最高领导人亲自参加。

4月8日　联合国外层空间事务处表示,截止到4月9日,朝鲜尚未根据相关国际法向该办公室提供有关该国4月5日进行的空间发射的任何信息。

4月13日　安理会通过主席声明,认定朝鲜4月5日的发射行为违反了安理会2006年通过的第S/RES/1718(2009)号决议。安理会要求朝鲜不要再进行新的发射。

4月15日　朝鲜通知国际原子能机构,宣布朝鲜立即停止所有与原子能机构的合作,宣布撤出旨在推动实现朝鲜半岛无核化的6方会谈。并决定重新启动所有核设施。这是朝鲜对安理会4月13日通过主席声明谴责该国月初进行的发射行为做出的反应。

4月16日　国际原子能机构证实,该机构派往朝鲜宁边核设施的核查人员在接到朝鲜方面要求后,已于当日离开朝鲜。

同日　安理会举行磋商,就海湾战争遗留的查找和归还科威特死者遗体和科威特国家财产等问题听取了高级协调员、俄罗斯联邦大使根纳季·塔拉索夫的汇报,决定将协调两国间相关工作的联合国高级协调员的任期延长半年。

4月17日　潘基文秘书长出席在美国普林斯顿大学举行的题为"实行新多边主义的急迫性"讨论会并发表讲话。他指出,人类社会目前面临着经济衰退、气候变化、粮食无保障等多方面的危机,要解决这些危机,需要新的多边主义。

同日　"减少疟疾伙伴关系"启动旨在普及可负担得起的抗疟药物的合作机制,通过向制药厂商提供可预测的资金支持,鼓励他们降低药品价格,同时通过普及药品使用,扩大需求,吸引新的厂商加入市场。目标是将每次治疗所需的青蒿素复方药物的价格由目前的6—10美元降低到20—50美分。

4月20日　安理会就斐济动荡的政治局势举行闭门磋商,随后发表声明,敦促相关各方恢复民主进程,尽早举行公平、公正的大选。

同日　由联合国国际减灾战略秘书处和中华全国妇联联合主办的性别与减灾国际会议在北京开幕。来自43个国家及联合国系统的高级官员、国际非政府组织、学术团体等260多名中外代表出席会议,共同探讨如何确保妇女在与减灾有关的减贫、环保、社区建设等诸多领域的特殊权益的实现和发展。

同日 联合国教科文组织发起的"普及教育全球行动周"活动在阿富汗举行启动仪式,主题是:青年和成人扫盲以及终身学习。

4月21日 大会通过关于国际地球母亲日的第 A/RES/63/278 号决议认识到地球母亲反映出人类、其他生物和我们居住的星球之间存在的相互依存关系,宣布4月22日作为国际地球母亲日。强调需要帮助改善遭受无序的儿童和成人的生活,使他们能够过上充实而有意义的生活。

同日 正在日内瓦举行的联合国德班反对种族主义审议会议以一致共识方式通过成果文件,呼吁各国防止、抵制和消除种族主义和种族歧视。美国、以色列、加拿大、德国、意大利、澳大利亚、新西兰、荷兰和波兰对这次联合国反种族主义会议进行了抵制。

同日 由教科文组织和美国国会图书馆主要牵头,由包括中国国家图书馆在内的19个国家33个合作伙伴共同发起的"世界数字图书馆"正式上线启用。

同日 国际移民组织的代表在阿富汗首都喀布尔与该国内政部官员联合签署《谅解备忘录》,承诺建立一个合作框架,帮助政府打击该国猖獗的人口贩运问题,并为人口贩运活动的受害者及脆弱的移徙人口提供支持。

同日 秘书长伊拉克事务特别代表德米斯图拉向伊拉克政府总理、总统委员会成员以及库尔德斯坦地方政府领导人正式提交一套有关伊拉克北部地区内部边界争端的系列报告。该报告由联合国驻伊拉克援助团历时1年多完成,有史以来第1次深入、客观地分析了这一复杂问题的根源,并就如何化解矛盾提出具体建议。

同日 由国际原子能机构主办的"面向21世纪核能部长级国际大会"在北京闭幕。大会最后发表的主席声明称,为期3天的会议讨论了涉及核能发展的一系列问题;与会各方就涉及核能的未来进行了深入讨论和磋商,形成广泛共识,达到了预期目的。

4月23日 索马里问题捐助方大会在欧盟总部布鲁塞尔举行。召集会议的潘基文秘书长在会上呼吁各国慷慨捐款,帮助改善并维持索马里的安全与稳定,协调该国的经济复苏与可持续发展。

4月24日 世界卫生组织证实,墨西哥首都墨西哥城发生的人感染猪流感疫情目前已造成近60人死亡;在美国加利福尼亚州和得克萨斯州也有7人被确诊感染了一种新型猪流感亚型病毒。世卫组织对此表示高度关注,并正在密切注视疫情动态以协调相关控制措施。

同日 在4月26日切尔诺贝利核事故23周年纪念日到来之际,联合国开发计划署、国际原子能机构、儿基会和世界卫生组织4家机构正式启动

"国际切尔诺贝利研究和信息网络",为受事故影响社区的民众提供所需的准确信息,以帮助他们最大限度地实现社会和经济复苏与发展。

　　同日　联合国纽约总部举行特别活动,正式发布由泰国、印度尼西亚、马尔代夫、斯里兰卡和印度5个遭受海啸重创的国家、国际红十字会与红新月会联合会以及联合国相关机构共同完成的题为《海啸遗产:创新、突破和改变》的研究报告,希望通过总结国际社会从灾难中学习到的经验教训,更好地为受灾国家的复苏以及未来的全球防灾减灾工作提供指导。

　　4月27日　世界卫生组织紧急委员会在日内瓦举行会议,一致决定将人类大流感警报级别提升到第4级,即确认猪流感病毒"能够持续地在人与人之间传播",并有可能造成社区级别的疫情蔓延。

　　4月28日　世界安全生产和健康日。国际劳工组织在全球各地组织形式多样的宣传纪念活动,呼吁政府和雇主在经济和就业危机形势下,尊重劳工在工作中享受健康和生活的基本人权,避免由不安全工作造成的人类悲剧持续发生。

　　4月29日　世界卫生组织总干事陈冯富珍晚上1点举行紧急新闻发布会,正式宣布将总共有6个等级的全球流感大流行警戒级别从当时的第4级提高到第5级。

　　4月30日　世界卫生组织正式宣布,停止使用"猪流感"一词,将这种具有人际间传染能力的新型流感称之为H1N1甲型流感,以避免对生猪饲养业及猪肉产品造成冲击。

　　同日　安理会通过关于"苏丹局势:延长联苏特派团任务期限"的第S/RES/1870(2009)号决议:认定苏丹局势继续对国际和平与安全构成威胁,决定将联苏特派团的任务期限延长至2010年4月30日,并打算届时将视需要继续延长。

　　同日　安理会通过关于"西撒哈拉的局势:延长西撒特派团任务期限"的第S/RES/1871(2009)号决议,重申必须全面遵守与联合国西撒哈拉全民投票特派团(西撒特派团)达成的有关停火的各项军事协定,决定将西撒特派团的任务期限延至2010年4月30日。

　　5月3日　世界新闻自由日。潘基文秘书长发表致辞,呼吁国际社会重申保护新闻工作者自由和安全的决心。

　　5月4日　塞拉利昂特别法庭驳回利比里亚前总统查尔斯·泰勒的律师提出的无罪申诉,这意味着泰勒的律师必须开始就所有指控进行辩护。

　　5月5日　联合国和斯里兰卡政府发出一项联合紧急呼吁,为逃离政府军与泰米尔猛虎组织交战地区、躲避在营地中的近20万名平民募集

5000 万美元,用于食品、水、卫生、健康、临时教育等救助服务。

同日 潘基文秘书长向安理会提交加沙联合国设施遭受以色列军队袭击调查委员会报告的摘要。以色列总统佩雷斯在联合国纽约总部表示,该国政府完全不接受这份报告,更不会道歉。不过,以色列正在考虑对联合国设施遭受的损失进行赔偿的问题。

5 月 8 日 安理会举行会议讨论乍得东部的紧张局势,并且通过主席声明,谴责乍得反叛团体从境外进犯这一地区。安理会表示,任何通过武力破坏乍得稳定的企图都是不可接受的,并敦促反叛团体停止敌对行动,同时呼吁乍得政府和苏丹政府全面执行达成的多个双边协议。

5 月 12 日 第 63 届联合国大会举行全体会议,以不记名投票改选人权理事会中的 18 个空缺席位。

5 月 13 日 教科文组织宣布将该组织 2008 年度"费利克斯·乌弗埃—博瓦尼和平奖"授予巴西总统卢拉·达席尔瓦,以表彰卢拉在寻求和平、对话、民主、社会公正和平等权利所采取的行动以及在消除贫困、保护少数人权益方面所做出的宝贵贡献。

5 月 15 日 国际家庭日。本年纪念的主题是"母亲与家庭:不断变化的世界中的挑战",强调母亲在世界各地家庭和社区中的重要作用。

5 月 17 日 世界电信和信息社会日,本年纪念活动的主题是"在网络空间保护儿童"。

5 月 18 日 为期 12 天的联合国土著问题常设论坛第 8 次会议在纽约总部正式拉开帷幕。来自世界各地的 2000 多名土著民族、政府官员、社会和学术界代表,以及 35 个相关联合国机构与会,共同关注全球经济危机大背景下新近出现的土著问题,并着重探讨于 2007 年 9 月通过的《联合国土著人民权利宣言》如何能有效、深入地得到执行的办法。

同日 一年一度的世界卫生大会在日内瓦开幕,聚焦于预防与应对甲型 H1N1。

5 月 19 日 为期两天的第 5 轮格鲁吉亚问题国际会议在日内瓦闭幕。会议的 3 个主持方,即欧盟、联合国和欧洲安全与合作组织的代表都举行联合新闻发布会,称虽然会议在首日经历了俄罗斯及南奥塞梯代表团双双退场的波折,但与会各方仍以合作的态度再次回到了谈判桌前,并在建设性的气氛下就地区安全、稳定以及人道主义相关议题进行了实质性讨论。

同日 俄罗斯和美国的代表在莫斯科就新的削减进攻性战略武器条约开始首轮正式谈判。当天在日内瓦出席联合国裁军会议的潘基文秘书长对此表示欢迎,称近期几个主要国家就控制核武器发展做出了新的政治承诺,并主动出台相关措施,使得国际核军备控制的大气候得到明显改善。

5月25日　安理会发表声明,强烈谴责朝鲜当天进行的地下核试验,并表示将立即就此事件讨论一项决议草案。

5月26日　安理会通过关于"索马里局势:授权继续部署非索特派团"的第 S/RES/1872(2009)号决议,认定索马里局势对该区域的国际和平与安全构成威胁,决定授权非洲联盟成员国继续部署非索特派团至 2010 年 1月 31 日,以便执行其现有任务。

同日　安理会对朝鲜进行核试验问题举行磋商后决定,将对此通过一项决议并立即就此展开案文的起草和磋商工作。潘基文秘书长于当日发表声明,对于安理会的这一决定表示欢迎。

5月27日　在欧洲和拉丁美洲科学和文化界具有重要地位的阿斯图利亚王子奖 2009 年将其国际合作奖颁发给世界卫生组织,以表彰该组织在协调国际社会促进人类健康方面做出的突出贡献。

5月29日　安理会通过关于"塞浦路斯局势:延长联塞部队任务期限"的第 S/RES/1873(2009)号决议,表示全力支持联塞部队,决定再次延长联塞部队的任务期限,至 2009 年 12 月 15 日止。

同日　联合国维持和平人员国际日,主题是"女性在维和行动中的作用"。联合国纽约总部当天举行特别仪式,缅怀 2008 年在执行联合国维和任务中不幸殉职的 132 名维和人员,其中包括 10 名女性。

6月1日　由联合国人权理事会于 2009 年 4 月正式组建的一个事实真相调查组抵达加沙地带,开始对年初时发生的加沙冲突期间可能发生的相关违反国际人权法和人道主义法的战争罪行展开实地调查。

6月2日　联合国《粮农植物遗传资源国际公约》理事会会议在突尼斯召开。理事会当天宣布,按照公约框架下的"多边资源及利益共享制度",11 个发展中国家保护粮农植物遗传资源的项目将获得总额为 50 多万美元的资金扶持。

6月3日　为期两周的国际劳工大会第 98 次会议在日内瓦举行。来自 183 个国家和地区的近 4000 名政府、企业和工会代表将在会议期间重点讨论全球就业危机,以及促进两性平等、保护儿童和未成年劳工、加强艾滋病应对措施等问题。

6月4日　安理会举行会议,就前南斯拉夫问题国际刑事法庭和卢旺达问题国际刑事法庭的工作进展情况听取了两法庭庭长和检察官的工作汇报。包括中国在内的安理会成员国发言中指出,如果要让两法庭按照 2002年所确立的《工作战略》如期在 2010 年完成全部工作,将案件和逃犯向国家司法机关移交是其中的重要步骤。

同日 美国总统奥巴马抵达开罗访问,并在开罗大学发表旨在修复美国同伊斯兰世界关系的重要演讲。潘基文秘书长当天就此发表声明,称奥巴马的演说传达了和平、理解与和解的信息,而美国与伊斯兰世界的外交关系也将由此翻开一页新的篇章。

6月5日 世界环境日,主题是"地球需要你——联合国际力量,应对气候变化"。

同日 截至格林尼治时间上午6时,世界卫生组织通报全球甲型H1N1流感确诊病例共计21940例,其中包括死亡病例125例,涉及69个国家和地区。全球疫情持续蔓延的形势严峻。

6月8日 首个世界海洋日,主题是"我们的海洋,我们的责任"。潘基文秘书长为此发表致辞指出,安全、健康和多产的海洋是人类福祉、经济保障和可持续发展不可或缺的组成部分;呼吁国际社会认真保护海洋环境、管理海洋资源。

6月10日 安理会5个常任理事国和日本与韩国向其他安理会成员提交了制裁朝鲜的决议草案,很大程度上扩大和加强了安理会以往决议中对朝鲜实施的制裁措施。

同日 第63届联合国大会举行全体会议,以协商一致的方式选举利比亚非洲联盟事务秘书、前驻联合国代表阿里·阿卜杜萨拉姆·特赖基为第64届联合国大会主席,任期1年。

6月12日 安理会通过关于"朝鲜核问题:制裁措施"的第S/RES/1874(2009)号决议,针对朝鲜的核及弹道导弹活动,从禁止武器出口、加强货物检查、控制国际资金流动等5个方面加强了对朝鲜的制裁。

同日 中国常驻联合国代表张业遂大使在安理会通过制裁朝鲜的第S/RES/1874(2009)号决议后在安理会发言表示,朝鲜再次进行核试验,违反了安理会相关决议,损害了国际核不扩散体系的有效性,影响地区和平与安全。中国支持安理会对朝鲜核试验做出适当、平衡的反应。朝核问题在任何情况下,都不能使用武力或以武力相威胁。

同日 世界无童工日,主题是"给女童一个机会:解决童工问题,一把通往未来的钥匙"。

6月15日 俄罗斯否决了美国、英国、法国、土耳其等国提出的延长联合国格鲁吉亚观察团任务期限的决议草案。

6月16日 两年一度的"全球减少灾害风险平台"论坛在日内瓦开幕。主持会议的副秘书长霍姆斯敦促各国增加在减少灾害风险方面的投资,潘基文秘书长也呼吁各国设立目标,争取到 2015 年将因灾害死亡的人数减半。

6 月 17 日 防治荒漠化和干旱世界日。潘基文秘书长认为这一全球问题需要全球性对策,并应纳入预计于 2009 年底在哥本哈根达成的气候变化协议中。

同日 秘书长能源和气候变化咨询小组正式在联合国纽约总部启动。咨询小组负责人、联合国工业发展组织总干事坎德赫·云盖拉表示,预计能源价格将再次大幅度上涨。在全球经历了粮食、能源、金融等多重危机的背景下,咨询小组将协助秘书长和联合国系统对能源和发展问题进行深入了解。

6 月 18 日 松下丰田车队与世界粮食计划署合作,将在 2009 年的一级方程式锦标赛期间,在松下丰田车队的车身上打出粮食署的学校供餐计划"盛满这只杯"(Fill the Cup)的图标,以引起赛车迷们对饥饿问题的关注。

6 月 19 日 潘基文秘书长致函巴基斯坦总统扎尔达里,正式通知巴基斯坦政府,负责调查巴基斯坦前总理贝·布托遇害案件的独立调查委员会将于 7 月 1 日正式开始工作,为期 6 个月。

6 月 22 日 卢旺达问题国际刑事法庭做出裁决,以灭绝种族罪判处该国前内政部部长卡里曼兹拉入狱监禁 30 年。

6 月 22—24 日 联合国妇女发展基金在纽约总部组织召开一个讨论会,推动在缔结和平协议的谈判过程中,纳入反对性暴力问题的条款。妇发基金此举是为了推动安理会有关战争中的性暴力问题的第 S/RES/1820(2008)号决议的执行。

6 月 23 日 安理会通过关于"中东局势:延长脱离接触观察员部队任务期限"的第 S/RES/1875(2009)号决议,决定将联合国脱离接触观察员部队的任务期限延长 6 个月,即延至 2009 年 12 月 31 日。

同日 公共服务日。联合国纽约总部当天举行隆重的庆祝仪式,为来自全球 12 个国家的公共服务机构及项目颁发了"2009 联合国公务员奖",以表彰其在增强政府行政能力和改进管理质量等诸多领域所付出的创新努力。

同日 联合国难民署向即将从 7 月开始担任欧盟轮值主席国的瑞典发出了一份关于移民政策问题的公开建议,称 2009 年下半年对于决定欧盟未来的移民及难民庇护政策非常关键,欧盟在出台更严苛控制举措的同时,应切实履行其做出的保护移民权利的承诺。

6月24日 联合国"世界金融和经济危机及其对发展影响会议"在纽约联合国总部举行。这是联合国首次就世界金融与经济危机所举行的高级别会议,重点关注气候变化、粮食和能源短缺、流感大流行以及经济衰退等危机对广大发展中国家和发展问题的影响,呼吁国际社会深化全球发展伙伴关系,加强发展机构,加大发展投入。

6月25—26日 为适应维和工作的快速发展,加强与国际和平力量协作的现实需要,由中国政府于2003年底批准兴建的首个维和专业培训与国际交流机构,即国防部维和中心,当日在北京怀柔正式揭牌启用。

6月26日 安理会通过关于"几内亚比绍局势:筹建联几建和办以接替联几支助处"的第S/RES/1876(2009)号决议,决定将联合国几内亚比绍建设和平支助办事处(联几支助处)的任务期限延长至2009年12月31日。并请秘书长按照他本人在报告(S/2009/302)中提出的建议,设立一个联合国几内亚比绍建设和平综合办事处(联几建和办),以接替联几支助处,初步为期12个月,自2010年1月1日开始。

同日 禁止药物滥用和非法贩运国际日。潘基文秘书长发表声明,携起手来,共同帮助深受毒瘾之苦的人,减少地球上生产、贩运和消费毒品的危险地方。

同日 支援酷刑受害者国际日。本年国际日所关注的焦点是残障人士遭遇酷刑以及有辱人格的对待和处罚问题。

同日 由30个市场经济国家组成的经济合作与发展组织在巴黎总部结束了年度部长级会议。各成员国最后达成共识,通过一份"绿色增长"宣言,承诺以可持续发展的方式推动全球经济复苏和未来的经济增长。

6月29日 第63届联合国大会当日中午临时改变议程,暂停"世界金融和经济危机及其对发展影响高级别会议"的闭幕式,并由大会主席布罗克曼主持召开紧急全会,讨论中美洲国家洪都拉斯早些时候发生的政治动荡事件及其影响。

6月30日 大会通过关于"洪都拉斯局势:民主制度的崩溃"的第A/RES/63/301号决议,来自192个会员国的代表以鼓掌表决的方式一致通过决议,谴责洪都拉斯政变,并要求立即无条件恢复总统塞拉亚领导的合法政府。

7月1日 联合国巴基斯坦前总理贝·布托遇害案独立调查委员会从当天正式开始为期6个月的调查工作,以找出相关事实真相,并将肇事者交由巴基斯坦政府定罪问责。

同日 联合国贸发会议执行机构贸发理事会年会在日内瓦闭幕。本次会议以当前全球危机背景下非洲的粮食安全为主题,呼吁各国政府在关注自己的经济困境的同时,应通过降低农业贸易壁垒、增加官方发展援助等方式为非洲农业人口提供支持,让粮食危机真正从非洲大陆消失。

7月6日　安理会于当天晚间发表一份媒体声明,谴责朝鲜7月4日进行的弹道导弹试验,并要求该国遵守安理会相关决议规定的义务。

7月7日　安理会通过关于"前南问题国际法庭:延长法官任期"的第S/RES/1877(2009)号决议,敦促前南斯拉夫问题国际法庭采取一切可能措施,迅速完成工作,决定将国际法庭若干常任法官的任期延长至2010年12月31日。

同日　安理会通过关于"卢旺达问题国际法庭:延长法官任期"的第S/RES/1878(2009)号决议,敦促卢旺达问题国际法庭采取一切可能措施,迅速完成工作,决定将国际法庭若干常任法官的任期延长至2010年12月31日。

同日　为期4天的联合国经济和社会理事会高级别年会在日内瓦闭幕。会上来自世界各国的300多名与会代表通过一份部长级宣言,呼吁各国重申在预防并消除儿童和孕产妇的死亡和疾病方面所做出的承诺,加强机构建设以实现公共健康和发展领域的长期目标。

同日　联合国艾滋病规划署、万国邮联和国际劳工组织等机构联合启动了一个通过邮政网络宣传艾滋病预防的全球性项目。这一项目将包括中国在内的全球16000多个邮局展开,通过张贴宣传画和散发传单等方式提高人们防范艾滋病的意识。

7月10日　为期3天的G8峰会在意大利拉奎拉落下帷幕时,8国领导人承诺未来3年为支持贫穷国家发展农业提供200亿美元资金。在全球饥饿人口达到前所未有的10亿人的情况下,此举受到联合国系统的欢迎。

7月13日　国际法院就哥斯达黎加与尼加拉瓜之间有关圣胡安河(San Juan River)航行权的争端作出判决,由此结束了两国持续200多年的纠纷和长达4年的国际诉讼。哥斯达黎加在这条河上的航行权得到了维护,航行的管制仍由主权国尼加拉瓜行使。

7月14日　卢旺达问题国际刑事法庭以灭绝种族罪、危害人类罪和战争罪判处基加利市前市长仑扎侯终身监禁。在1994年卢旺达大屠杀发生时,仑扎侯曾一度是留在基加利的级别最高的政府官员。

7月15日　不结盟运动第15次首脑会议在埃及沙姆沙伊赫召开。会议的主题是"世界团结、和平发展"。中国作为观察员国与会,外交部副部长何亚非率团出席会议。何亚非指出,不结盟运动是发展中国家联合自强、维护共同利益的重要平台。中方主张国际社会关注并采取措施,减少危机对发展中国家特别是最不发达国家造成的损害,加大投入,帮助它们落实联合国千年发展目标。

7月16日 安理会制裁朝鲜委员会公布新的受制裁对象名单,其中包含了与朝鲜的弹道导弹、核武器和其他大规模杀伤性武器项目有关的5个实体、5名个人及两种禁运材料。

7月22日 海牙常设仲裁法院就苏丹南部阿卜耶伊地区的边界问题做出仲裁。仲裁维持了一个国际专家小组在2005年设定的阿卜耶伊的南北边界,重新确定了东西边界,并将黑格里格油田裁定给位于喀土穆的中央政府。

7月23日 安理会通过关于延长联尼特派团的第S/RES/1879(2009)号决议,决定将联尼特派团任务期限延长至2010年1月23日,以有助和平进程的完成。

7月28日 大会讨论2005年世界首脑会议一致通过的"保护责任"的相关议题,特别是潘基文秘书长早些时候就此提交的一份报告中所涉及的"三大支柱战略"的适用性。各国代表对这一新的国际干预机制存在明显的不同意见,但大多数国家一致认为,"保护责任"的履行必须要以尊重主权和领土完整、不干涉内政以及保护人权为基本准则。

7月30日 安理会通过关于"科特迪瓦局势:延长联科行动任务期限"的第S/RES/1880(2009)号决议,决定将联科行动任务期限延长至2010年1月31日,以帮助在科特迪瓦组织自由、公开、公正和透明的选举。

同日 安理会通过关于"苏丹局势:延长达尔富尔混合行动任务期限"的第S/RES/1881(2009)号决议,决定将非盟—联合国混合维和行动的任期再延长1年至2010年7月31日,并要求混合行动尽其全部责任为达尔富尔平民提供保护。

8月4日 安理会通过关于儿童与武装冲突的第S/RES/1882(2009)号决议,扩大联合国秘书长儿童与武装冲突问题报告附件中侵犯儿童权益当事方的收录标准,在原先规定的招募和使用儿童兵行为之外,增加杀害和摧残儿童、针对儿童的强奸和性暴力等监督目标。

8月5日 联合国毒品和犯罪问题办公室发表声明指出,目前已有确凿证据显示几内亚国内存在地下实验室秘密制毒活动。这也是联合国历年来首次在西非地区通过多方努力成功获取制毒活动的犯罪证据。

8月6日 万国邮政联盟开始启动新的全球监测系统,对贴有标签的邮件进行追踪,这一技术的推广将有助于邮政部门衡量服务质量,找出工作中的不足。

8月7日　安理会通过关于"伊拉克的局势:延长联伊援助团任务期限"的第 S/RES/1883(2009)号决议,决定将联合国伊拉克援助团(联伊援助团)的任务期限自本决议通过之日起再延长 12 个月。呼吁伊拉克政府和其他会员国继续向联合国在伊拉克的存在提供安全和后勤支助。

8月9日　世界土著人国际日。潘基文秘书长为此发表致辞指出土著人对于生物多样性、文化多样性和可持续生活方式保持的重要性,呼吁各国政府和民间社会加强同土著人民的合作,承认并落实土著人民的权利。

8月10日　亚洲及太平洋经济社会委员会宣布将在韩国仁川设立一个次区域办事处,协调东亚和东北亚国家在一些联合国关注的问题上的合作。

同日　联合国环境规划署表示,美国加利福尼亚州旧金山市的昔日的核应用研究基地猎人角造船厂将变成联合国机构"全球契约可持续中心"的办公场所。

8月12日　国际青年日,主题是"可持续性:我们的挑战　我们的未来"。潘基文秘书长发表致辞指出,当今世界面临相互关联的多重危机,其严重、深远的影响对青年的冲击尤其显著。

8月18日　潘基文秘书长在给安理会主席的 1 份书面信函中提名任命 1 个 7 人组成的专家小组,负责监督对朝鲜的制裁行动。

8月19日　大会作出决定,将每年的 8 月 19 日定为"世界人道主义日",以增加人们对于人道主义事业的认识,并使人们对于人道主义工作者所面临的危险和他们的奉献给予更多的关注。

8月20日　阿富汗大选投票结束后,潘基文秘书长发表声明,对于阿富汗大选如期举行表示祝贺。他同时鼓励所有的候选人、他们的代理人和支持者在后续的计票、结果汇总、裁定指称违规行为以及对大选结果予以证明的过程中,能够继续同所有阿富汗的选举机构进行合作。

同日　参加 2009 年联合国国际儿童和青年环境大会的青少年代表,向世界各国的领导人发出呼吁,要求他们就应对气候变化采取积极的行动。

同日　联合国环境规划署宣布,为向韩国的绿色经济发展战略提供支持,该署将与韩国结成新的伙伴关系。

8月24日　《禁止生物武器公约》缔约国在日内瓦举行为期 1 周的专家会议,讨论如何为了和平目的而加强生物科技方面的国际合作与能力建设,同时预防和应对生物制剂和毒素的非法使用。

8月27日　安理会通过关于延长联黎部队任务期限的第 S/RES/1884

（2009）号决议,对联合国驻黎巴嫩临时部队(UNIFIL)发挥的积极作用表示赞赏,并决定将联黎部队任务期限延长 1 年。

8 月 28 日 联合国维也纳国际中心举办庆祝 30 周年纪念活动。潘基文秘书长专程从纽约前往维也纳出席纪念仪式,并高度评价奥地利和维也纳国际中心在促进多边外交,以及协助联合国和国际社会就各种全球性问题进行讨论方面所做出的贡献。

8 月 31 日 联合国毒品与犯罪问题办公室在泰国曼谷发布报告,对亚太国家打击有组织犯罪的法律措施进行分析,并呼吁亚太各国在《打击跨国有组织犯罪公约》的框架下加强合作。

8 月 31 日—9 月 4 日 由世界气象组织主办的第 3 次世界气候大会在瑞士日内瓦举行,此次会议的主题是"为美好的未来提供更好的气候信息"。

9 月 1 日 在第二次世界大战爆发 70 周年纪念日到来之际,20 多位世界领导人参加了在波兰举行的纪念活动。联合国日内瓦办事处负责人谢尔盖·奥尔忠尼基泽呼吁各国不要忘记第二次世界大战的前车之鉴,为联合国及其所致力于和平、发展、裁军和人权的努力提供支持。

9 月 3 日 正在瑞士日内瓦举行的第 3 次世界气候大会进入高级别会议阶段,与会的 2000 多名专家学者和各国领导人以宣言的方式,一致同意建立全球气候服务框架。

同日 国际扫盲日。本年的国际扫盲日主要强调识字赋予人们的社会和政治能力及其对发展的重要作用。

9 月 9—11 日 联合国新闻部与非政府组织大会在墨西哥城举行会议,讨论裁军问题。来自世界 70 多个国家的 1400 多名非政府组织的代表在经过 3 天热烈的讨论之后,发表一项会议宣言,就核武器和常规武器的裁军提出多项建议,呼吁各国采取实际步骤,以便在裁军领域取得突破。

9 月 10 日 第 7 个世界预防自杀日。全球每年有 100 多万人死于自杀,产生了严重的社会、经济和情感后果。国际预防自杀协会和世界卫生组织提醒人们关注自杀的社会文化因素。

9 月 11 日 第 63 届联合国大会主席布罗克曼向新华通讯社联合国分社颁发奖状,表彰新华社对联合国大会讨论的复杂国际事务进行了客观公正的报道。

9 月 12 日 被称为"绿色革命"之父的美国农业学家博洛格以 95 岁的高龄在美国得克萨斯州逝世。博洛格因研究出高产量的短秆小麦而使世界农业收成提高,在很大程度缓解了饥饿问题,因此获得 1970 年的诺贝尔和平奖。

9月14日　国际原子能机构大会正式批准任命来自日本的天野之弥出任第5任总干事,取代即将届满的现任总干事巴拉迪。天野之弥将于12月1日上任,开始为期4年的任期。

9月15日　第64届联合国大会开幕,阿里·阿卜杜萨拉姆·图里基(利比亚)担任大会主席,会议主题是"有效应对全球危机:加强多边主义和文明间对话,以促进国际和平、安全与发展"。

同日　经2009年4月人权理事会设立的、由南非大法官戈德斯通所领导的一个"事实真相调查组"在纽约和日内瓦同步发表的报告指出,强有力的证据显示,在2008年底、2009年初以色列对加沙实施的为期3周的军事打击期间,以色列军方和巴勒斯坦武装团体滥用武力伤及无辜平民的行为,都已构成战争罪并可能进一步构成危害人类罪。

同日　联合国难民署宣布,决定将该署最高荣誉奖项"南森难民奖"授予刚刚去世的美国著名参议员爱德华·肯尼迪,以表彰他过去40多年的从政生涯中对于难民事业所做出的宝贵贡献。

同日　安理会通过关于"利比里亚局势:延长联利部队的任务期限"的第S/RES/1885(2009)号决议,决定将联合国利比里亚特派团(联利特派团)的任务期限延长至2010年9月30日。

同日　安理会通过关于"塞拉利昂局势:延长联塞建和办的任务期限"的第S/RES/1886(2009)号决议,强调联合国系统和国际社会继续提供综合支助,尤其是通过加强塞拉利昂政府能力的方式提供此种支助,对于促进塞拉利昂的长期和平、安全与发展至关重要,决定将第S/RES/1829(2008)号决议所述联塞建和办任务期限延至2010年9月30日。

9月17日　美国总统奥巴马宣布将联合澳大利亚、巴西、法国、意大利、新西兰、挪威、瑞士和英国,通过世界卫生组织向无法直接获得H1N1流感疫苗的国家提供疫苗。世界卫生组织对此表示欢迎。

9月18日　红十字国际委员会宣布和美国军方联合发起一项计划,使得目前在美国关塔那摩海军基地被拘禁者从现在开始将可以同家人定期进行视频通话。

9月22日　中国国家主席胡锦涛在联合国气候变化峰会上详细阐释中国应对全球气候变化的原则、立场和对哥本哈根会议的期望,并宣布中国进一步应对气候变化的政策、措施和行动。

同日　美国总统奥巴马在大会上表示,发达国家必须在应对气候变化的问题上发挥带头作用,美国正为此致力于大幅减少温室气体排放。但同时奥巴马也提出，所有的温室气体排放大国都应当减排。

同日 日本首相鸠山由纪夫承诺，到 2020 年将日本的温室气体排放量在 1990 年的基础上减少 25%；同时强调所有国家都应在"共同但有区别的责任原则"基础上减排温室气体。

同日 澳大利亚总理陆克文指出，世界需要发达国家和发展中国家在气候变化问题上做出重大妥协，并对中日两国首脑在气候峰会上做出的承诺表示赞赏。

同日 法国总统萨科齐提出一项建议，为推动在 2009 年底举行的哥本哈根气候变化大会上达成协议，世界主要经济大国的领导人在 11 月中旬举行一次首脑会议。

同日 中东 4 方会谈特使、英国前首相托尼·布莱尔表示，中东和平谈判除非将加沙问题包括其中，否则任何旨在缔造和平的政治谈判都将不具可信和可持续的性质。

9 月 23 日 第 64 届联合国大会举行一般性辩论。大会主席图里基在开幕致辞中表示，将致力于同会员国合作，加强多边主义，促进多重危机的有效解决。利比亚领导人卡扎菲在演讲中表示，安全理事会应该改名为恐怖理事会，他要求安理会进行全面改革，取消 5 个常任理事国的反对票，增加常任理事国数量，尤其是增补非洲国家的代表。伊朗总统艾哈迈迪—内贾德多次强调当今世界的不公平和不尽如人意的现状源自于对基本的道德和人性价值的违背，并敦促根据人类应有的价值观对世界政治、经济和文化秩序进行改革，尤其应当取消具有特权性质的安理会常任理事国否决权。巴西总统卢拉则要求对以国际货币基金组织和世界银行为代表的国际金融机构进行改革，增加发展中国家在这些机构中的发言权。

9 月 24 日 安理会通过关于"安理会峰会决议：核不扩散"的第 S/RES/1887（2009）号决议，这是安理会有史以来首次专门就核不扩散与核裁军问题举行峰会，并一致承诺按照《不扩散核武器条约》的目标，以促进国际稳定的方式，并根据各国安全不受减损的原则，寻求建立让所有国家都更加安全的世界，并为建立无核武器世界创造条件。吁请未加入《不扩散核武器条约》的所有国家作为无核武器国家加入该条约。吁请《不扩散核武器条约》所有缔约国开展合作，敦促所有国家根据本国的管辖权和立法，并遵照国际法，采取一切适当的国家措施，防止扩散融资和运输。

9 月 24—25 日 G20 领导人第 3 次峰会在美国匹兹堡举行，主要讨论了推动世界经济复苏和国际金融体系改革等议题。在匹兹堡峰会的《领导人声明》中，首次明确指定 G20 成为"国际经济合作的主要平台"。而在此前,充当这个国际经济合作主要平台的是 G8。此外,承诺将新兴市场国家和发展中国家在 IMF 的份额至少提高 5%,将发展中国家和转轨经济体在世界银行的投票权至少增加 3%。本次峰会确定了 G20 峰会日后的举办机制,即自 2011 年起每年举办一次。中国国家主席胡锦涛出席此次峰会并发表题为《全力促进增长 推动平衡发展》的重要讲话,强调应该充分利用二十国集团这一平台,继续加强宏观经济政策协调,保持政策导向总体一致性、时效性、前瞻性。

9 月 25 日 安理会应巴西政府的要求召开紧急磋商,商讨巴西驻洪都拉斯使馆遭围困一事。安理会在磋商后发表的一份媒体声明对于向洪都拉斯总统塞拉亚和家人提供庇护的巴西使馆遭到骚扰予以谴责。

9 月 26 日 潘基文秘书长和美国国务卿希拉里·克林顿在联合国总部共同主持召开一场高级别特别会议,重申 G8 领导人 7 月在意大利拉奎拉峰会上就保证全球粮食安全所做出的承诺,呼吁国际社会应对经济不景气、饥饿与贫困的过程中,在增加短期紧急援助的同时,更应注重中长期战略应对计划的制定。

9 月 28 日 《联合国防治荒漠化公约》第 5 次会议暨高级别会议在阿根廷首都布宜诺斯艾利斯举行。公约执行秘书、贝宁前环境部长卢克—纳卡加指出,遏制荒漠化的关键工作在于加强贫困发展中国家的适应能力,国际社会必须坚守承诺,提供必要的资金和技术支持。

同日 联合国难民署执委会第 60 届年会在日内瓦开幕。难民高专古特雷斯在发言中指出,日益复杂化的全球冲突目前已经成为难民及内部流离失所者获得国际人道主义救援的主要威胁;交战方把人道主义工作人员当作袭击目标的行为不但阻碍了救援行动的顺利开展,更严重破坏了国际人道主义行动赖以存在的共识基础。

同日 世界粮食计划署宣布将与"千禧村落计划"结成伙伴关系,共同扩大在非洲消除贫困、饥饿以及营养不良的援助行动。

9 月 28 日—10 月 9 日 联合国第 4 次气候变化国际谈判会议在泰国首都曼谷举行。为年底在丹麦首都哥本哈根举行的联合国气候变化大会达成全球减排新协议做最后的准备。

9 月 30 日 安理会通过关于"妇女与和平与安全:防止性暴力"的第 S/RES/1888(2009)号决议,要求武装冲突所有各方立即采取适当措施保护平民,包括妇女和儿童,防止他们遭受任何形式的性暴力,敦促冲突所有各方确保彻底调查有关平民或军人施行性暴力的所有报道,将所有被控行为人绳之以法,并敦促高级文官和军事指挥官根据国际人道主义法使用职权和权力,防止性暴力,包括打击有罪不罚现象。

10月1日 联合国教科文组织保护非物质文化遗产政府间委员会会议遴选出首批进入《急需保护的非物质文化遗产名录》的遗产名单,来自8个国家(俄罗斯、中国、法国、肯尼亚、拉脱维亚、马里、蒙古和越南)的12项人类非物质文化遗产代表作被正式列入。

10月2日 人权理事会决定,将延期到2010年3月讨论是否通过加沙冲突问题事实真相调查组的报告。讨论结果将决定是否将加沙冲突问题移交安理会,并进一步移交国际刑事法院。

10月3—11日 第13届奥林匹克代表大会在哥本哈根举行。会议主要讨论国际奥林匹克运动进一步发展的问题,具体议题包括:运动员的作用、奥运会、奥林匹克运动的架构、奥林匹克精神与青年、数字革命等。

10月5日 安理会通过关于"妇女与和平与安全:加强妇女在和平进程中的作用"的第S/RES/1889(2009)号决议,谴责在冲突中和冲突后对女性的侵犯行为,并呼吁潘基文秘书长任命更多女性担当和平斡旋的使命。敦促会员国、国际和区域组织进一步采取措施,让妇女进一步参与和平进程的所有阶段,尤其是参与解决冲突、冲突后规划和建设和平,包括让她们在恢复工作的初期进一步参与政治和经济决策。

10月7日 全球可再生能源论坛在墨西哥莱昂开幕,潘基文秘书长发表致辞,敦促各国政府和工业界投资于绿色的可再生能源,促进向低碳经济转型。

10月8日 安理会通过关于"阿富汗局势:延长国际安全援助部队任务期限"的第S/RES/1890(2009)号决议,决定将国际安全援助部队的授权,在2009年10月13日之后延长12个月,授权参加安援部队的会员国采取一切必要措施,履行部队的任务。

同日 被联合国卢旺达问题国际刑事法庭起诉并通缉的1名主要嫌犯,卢旺达前情报高官伊德尔冯斯·尼泽伊玛纳在乌干达被捕。他是1994年卢旺达大屠杀的主要煽动和策划者之一。

10月9日 潘基文秘书长在获悉奥巴马总统荣获诺贝尔和平奖之后迅即发表文字声明,向奥巴马总统表示祝贺,并稍后来到安理会前宣读了这份祝贺声明。

10月13日 安理会通过关于"苏丹局势:延长专家组任期"的第S/RES/1891(2009)号决议,决定将常驻埃塞俄比亚的斯亚贝巴专家组的任务期限延长到2010年10月15日,并请秘书长采取必要的行政措施。

同日 安理会通过关于"海地的问题:延长联海稳定团任务期限"的第

S/RES/1892（2009）号决议，决定将联合国海地稳定特派团（联海稳定团）任务期限延至 2010 年 10 月 15 日，并打算届时续延。

10 月 14 日　第 20 个国际减灾日，主题是"减少灾难风险，确保医院安全"，呼吁各国政府审查医院安全情况，并制定医疗卫生领域的减灾策略，让灾害远离医院。

同日　联合国人权高级专员办事处在欧盟设立办公室，这是人权高专办首次在西欧设立办公室，有助于加强联合国与欧盟在人权事务上的合作。

10 月 15 日　经大会投票，选出巴西、尼日利亚、加蓬、黎巴嫩、波斯尼亚和黑塞哥维那 5 国为新的安理会非常任理事国，任期将从 2010 年 1 月 1 日开始，为期两年。

10 月 26 日　联合国前南问题国际刑庭开庭审判波黑塞族前领导人卡拉季奇，由于卡拉季奇拒绝出庭，法庭在开庭 15 分钟后即宣布休庭。

10 月 28 日　大会以 187 票赞成、3 票反对和 2 票弃权的压倒性结果通过第 A/RES/64/6 号决议，要求美国停止对古巴已实施了 47 年的经济、商业和金融封锁。这也是联合国大会连续第 18 次通过这样的决议。

10 月 29 日　安理会通过关于"科特迪瓦局势：延长制裁措施有效期"的第 S/RES/1893（2009）号决议，决定将针对科特迪瓦采取的军火措施及金融和旅行措施以及防止任何国家从科特迪瓦进口任何毛坯钻石的措施的有效期延长至 2010 年 10 月 31 日。

11 月 5 日　大会通过关于联合国加沙冲突问题实况调查团报告的后续行动的第 A/RES/64/10（2009）号决议，认可联合国人权理事会委托南非前大法官戈德斯通就加沙冲突所进行的调查报告得出的结论：以色列和哈马斯在 2008 年底和 2009 年初发生的冲突中都犯下了严重侵犯人权的罪行。

11 月 9 日　为期 5 天的《联合国反腐败公约》第 3 次缔约国会议在卡塔尔首都多哈开幕。来自公约缔约国、签署国及多个联合国专门机构和非政府组织的近千名代表出席会议，就建立一个审议各国履行《联合国反腐败公约》情况的机制进行讨论。

同日　第 7 届债务管理会议在日内瓦举行，联合国贸发会议秘书长素帕猜指出，受到持续蔓延的全球经济和金融危机的影响，贫困发展中国家用于偿还债务的支出比重已超过政府收入的 17%，并呼吁有关国家能够允许其债务国暂时停止偿还相关官方债务，直至经济情况出现好转。

11 月 11 日　大会通过关于纳尔逊·曼德拉国际日的第 A/RES/64/13 号决议，为纪念南非前总统纳尔逊·曼德拉为种族平等事业做出的卓越贡献,大会一致表决通过南非常驻联合国代表团提交的决议草案,批准将每年的 7 月 18 日设立为"曼德拉日"。

同日 安理会通过关于在武装冲突中保护平民的第 S/RES/1894(2009)号决议,再次吁请尚未签署、批准或加入国际人道主义法、人权法和难民法相关文书的国家考虑签署、批准或加入这些文书,并采取适当的立法、司法和行政措施以履行其根据这些文书承担的义务。

11 月 13 日 人权理事会强迫或非自愿失踪问题工作组呼吁联合国相关机构将每年的 8 月 30 日正式确定为"失踪者国际日",以增强国际社会对仍然处于上升态势的失踪案件给予更多关注。

11 月 15—16 日 大会再次召开关于"被占领的东耶路撒冷和其他巴基斯坦地区"的第 10 届紧急特别会议,但未能通过决议。

11 月 16 日 世界粮食安全峰会开幕。各国领导人一致通过宣言,再次承诺尽早以可持续的方式在地球上铲除饥饿现象,并为此致力于扭转农业投资下降的趋势。

11 月 17 日 安理会发表媒体声明,谴责乌干达反政府武装圣灵抵抗军继续在刚果民主共和国、中非共和国和苏丹从事愈演愈烈的袭击平民的活动;要求圣灵抵抗军立即停止针对平民的袭击,敦促他们缴械投降。

同日 世界卫生组织、联合国儿童基金会以及多家非政府组织将于近期在非洲西部 3 个黄热病高风险国家同时启动一场有史以来规模最大的黄热病疫苗接种活动。

11 月 18 日 安理会通过关于"波黑局势:授权再设立多国稳定部队"的第 S/RES/1895(2009)号决议,认定波黑区域的局势继续对国际和平与安全构成威胁,授权会员国通过欧盟采取行动或与欧盟合作采取行动,自本决议通过之日起,再设立一支多国稳定部队(欧盟部队),为期 12 个月。作为稳定部队的合法继承者,接受统一指挥和控制,欧盟部队将与北约所设总部合作。

11 月 19 日 世界厕所日。联合国有关水和卫生、健康和酷刑问题 3 位人权报告员发表联合声明,敦促各国确保所有人,包括被拘禁人员,享有以安全卫生方式使用厕所的权利。

11 月 20 日 联合国纽约总部举行活动,纪念《儿童权利公约》颁布 20 周年。潘基文在活动上呼吁各国抓住机遇,建立一个适合于所有儿童的世界。

11 月 25 日 消除对妇女的暴力行为国际日。潘基文秘书长、联合国妇女发展基金执行主任阿尔韦迪和联合国难民事务高级专员古特雷斯分别发表声明,呼吁消除各种形式的针对妇女的暴力行为。

同日　联合国粮农组织成员国通过旨在打击海上非法捕捞的《港口国措施协议》,这是世界上首个旨在对非法捕捞采取管制行动、具有法律约束力的国际条约。

11月29日　声援巴勒斯坦人民国际日。潘基文秘书长发表特别声明,对巴勒斯坦和以色列双方的和平谈判再次陷入僵局表示关注,呼吁尽快重启中东和平进程。

11月30日　安理会通过关于"刚果民主共和国的局势:延长制裁措施期限"的第S/RES/1896(2009)号决议,决定延长第S/RES/1807(2008)号决议中规定的军火、运输、金融和旅行相关的制裁措施。

同日　安理会通过关于"索马里局势:延长打击海盗行为授权期限"的第S/RES/1897(2009)号决议,决定从本决议通过之日起,将给予在索马里沿海同过渡联邦政府合作打击海盗和武装抢劫行为的国家和区域组织的授权延长12个月。

同日　联合国粮农组织表示,与世界动物卫生组织等合作伙伴将在18个月内正式宣布在全球范围内消灭牛瘟,这将是人类历史上首次根除某种动物疾病,也是继天花之后人类通过努力消灭的第2个病害。

12月1日　世界艾滋病日,主题为"普遍可及和人权",意在强调实现艾滋病预防、治疗、关怀和支持的普遍可及是保护人权的当务之急。

12月7日　哥本哈根联合国气候变化大会开幕。来自110个国家元首或政府首脑将就通过一项连接《京都议定书》、为2012年后世界温室气体减排做出安排的协议展开谈判。

12月10日　世界银行集团旗下的国际金融公司与美国标准普尔公司在哥本哈根气候变化大会上宣布,将联合推出世界上首个"新兴国家市场碳效率指数",为有意注资新兴市场国家公司的投资者提供环境方面的指导。

12月11日　联合国环境规划署在丹麦哥本哈根宣布正式启动减排承诺"追踪"网站,对世界各国为抗击气候变化所做出的各种承诺和国家计划予以对比和追踪,以帮助各级政府和民众及时掌握达成全球温室气体减排新协议进程的最新动态。

12月14日　安理会通过关于塞浦路斯局势的第S/RES/1898(2009)号决议,表示全力支持联塞部队,决定再次延长联塞部队的任务期限,至2010年6月15日止。

12月16日　安理会通过关于"中东局势:延长脱离接触观察员部队任

务期限"的第 S/RES/1899(2009)号决议,决定将联合国脱离接触观察员部队的任务期限延长 6 个月,即延长至 2010 年 6 月 30 日。

同日 安理会通过关于前南斯拉夫问题国际法庭的第 S/RES/1900(2009)号决议,决定允许前南斯拉夫问题国际法庭审案法官普罗斯特和斯特莱在《国际法庭规约》第 13 条之三第 2 款规定的累计任期届满后,继续在国际法庭任职,以审结他们在任期届满前开始的"波波维奇案"。

同日 安理会通过关于卢旺达问题国际刑事法庭的第 S/RES/1901(2009)号决议,尽管卢旺达问题国际刑事法庭埃里克·莫塞法官的任期于 2009 年 12 月 31 日届满,该法官仍应审结他在任期届满前开始的"塞塔科案"。

同日 世界银行宣布,它与多边发展银行共同管理的"清洁技术基金"决定向越南、菲律宾和泰国提供 8 亿美元资金,用于支持这 3 个国家发展可再生能源、促进低碳增长的方案。这是这一基金首次向亚洲国家提供支持。

12 月 17 日 安理会通过关于布隆迪局势的第 S/RES/1902(2009)号决议,决定将联合国布隆迪综合办事处(联布综合办)任务期限延至 2010 年 12 月 31 日。

同日 安理会通过关于利比里亚局势的第 S/RES/1903(2009)号决议,决定自本决议通过之日起,将第 S/RES/1521(2003)号决议第 4 段所定旅行措施延长 12 个月,将根据第 S/RES/1854(2008)号决议第 4 段任命的专家小组的任期延长至 2010 年 12 月 20 日。

同日 安理会通过关于"恐怖行为对国际和平与安全造成的威胁"的第 S/RES/1904(2009)号决议,决定所有国家均应对基地组织、本·拉登和塔利班以及其他与之有关联的个人、团体、企业和实体,采取冻结资产、禁止出入境等相关措施,鼓励监察组和联合国毒品和犯罪问题办事处继续开展联合活动,与反恐执行局和 1540 委员会专家合作,以举办区域和次区域讲习班等方式协助会员国努力履行相关决议对其规定的义务。

12 月 19 日 《联合国气候变化框架公约》193 个缔约国达成在《哥本哈根协议》。它不具有法律约束力,但在一些问题上还是取得了进展。

12 月 21 日 安理会通过关于伊拉克的局势第 S/RES/1905(2009)号决议,决定将把石油、石油产品和天然气出口销售所得收益存入伊拉克发展基金的安排以及由国际咨询和监察委员会负责监察伊拉克发展基金的安排,延长至 2010 年 12 月 31 日。

12 月 23 日 安理会一致通过关于刚果民主共和国的局势的第 S/RES/1906(2009)号决议,决定将联合国驻刚果(金)特派团的部署期限延长到 2010 年 5 月 31 日,同时要求联刚特派团在与该国政府密切合作的基础上有效完成保护平民、解除武装组织的武装以及支持由政府牵头的安全部门改革等 3 项主要任务。

同日　安理会通过关于非洲和平与安全的第 S/RES/1907(2009)号决议,13 票赞成、1 票反对(利比亚)和 1 票弃权(中国),决定对该国实行包括武器禁运在内的一系列严厉的制裁措施。

12 月 29 日　根据联合国大会圣诞节前夕通过的未来 3 年会员国承担联合国费用的分摊比额表,中国的分摊比额有所上升。对此,中国常驻联合国副代表刘振民大使表示,分摊比额的计算方法并没有改变,中国分摊比额的增加是经济增长的结果,也是中国应尽的国际义务。

二〇一〇年

（国际青年年、国际生物多样性年、国际文化和睦年）

1 月 1 日　波黑、巴西、加蓬、黎巴嫩和尼日利亚成为安理会新非常任理事国,任期从 1 月 1 日算起,为期两年。

1 月 1 日、4 日　韩国、美国分别宣布正式取消对艾滋病病毒感染者的旅行限制。潘基文秘书长、联合国艾滋病规划署执行主任分别发表声明,欢迎此决定,并呼吁其他存在类似限制的国家效仿之。

1 月 4 日　英国首相布朗宣布将于 1 月底在伦敦召开关于也门反恐问题国际会议。潘基文秘书长对此表示支持,并对也门部分地区目前存在的暴力冲突、基地组织在该国的活动以及该国的人道主义局势深表关切。

1 月 7 日　海牙国际刑事法院开始恢复审理刚果民主共和国前叛军领袖卢班加在内战当中招募并使用儿童兵一案,这也是世界上首例因此类行为而被指控犯下战争罪的案件。

1 月 11 日　"国际生物多样性年"活动在德国柏林正式启动。潘基文秘书长在致辞中指出,过去半个多世纪中,人类活动对生物多样性造成了前所未有的破坏,地球上的物种正在以远远超过自然的速度走向灭绝,这种情况对生态系统、社会经济和人类生活都产生了严重危害。

1 月 11—15 日　海地首都太子港发生里氏 7 级强烈地震。13 日,潘基文宣布联合国方面将从中央紧急应急基金中调拨 1000 万美元支援海地救灾行动,并派遣助理秘书长穆勒前往现场协调救援工作。

1 月 19 日　安理会通过关于海地地震和联海稳定团增兵的第 S/RES/1908(2010)号决议,决定向海地增派 3500 名维和人员,为海地的人道主义救援、维护稳定和灾后重建工作提供协助。决定联海稳定团将由一个最多拥有 8940 名各级官兵的军事部分和一个最多拥有 3711 名警察的警察部分组成,安理会将视需要不断审查联海稳定团新的兵力和警力。

1 月 21 日 安理会通过关于"尼泊尔局势:延长联尼特派团任务期限"的第 S/RES/1909(2010)号决议,决定根据尼泊尔政府的请求和秘书长的建议,将第 S/RES/1740(2007)号决议规定的联尼特派团任务期限延长至 2010 年 5 月 15 日。

1 月 22 日 欧洲理事会近期通过了对世界卫生组织应对甲型 H1N1 流感疫情的过程展开调查的议案。议案指出,甲流的"危害性"被一些制药公司"刻意夸大",促使世卫组织宣布"人类大流感在全球暴发",使这些医药巨头从中赚取了数十亿欧元"不义之财"。世卫组织对上述指控表示高度关注,宣布将派遣代表团出席于下周举行的公开听证。

1 月 28 日 安理会通过关于"索马里局势:维持非索特派团"的第 S/RES/1910(2010)号决议,决定授权非洲联盟成员国把非索特派团维持到 2011 年 1 月 31 日,授权特派团采取一切必要措施,执行第 S/RES/1772(2007)号决议第 9 段规定的现有任务。

同日 安理会通过关于"科特迪瓦局势:延长联科行动任务期限"的第 S/RES/1911(2010)号决议,认定科特迪瓦局势继续对该区域的国际和平与安全构成威胁,支持瓦加杜古政治进程和具有公信力的选举工作,决定将第 S/RES/1739(2007)号决议规定的联科行动任务期限延长至 2010 年 5 月 31 日。

2 月 8—9 日 由联合国亚太经社会太平洋业务中心和联合国经济和社会事务部共同主办的亚太地区高级别对话会议在瓦努阿图首都维拉港举行。会议旨在《毛里求斯战略》通过 5 年以来,国际社会对这一战略的执行情况进行评估。2005 年 1 月,致力于解决小岛屿发展中国家面临的独特挑战的《毛里求斯战略》得到了 129 个与会国家一致通过。

2 月 10 日 潘基文秘书长宣布成立一个高级别气候变化筹资咨询小组。这一由各国政要以及金融和发展领域的专家组成的工作组,将在全球应对气候变化的行动中,为筹集发展中国家应对气候变化所需的资金出谋划策。

2 月 12—28 日 第 21 届冬季奥运会在加拿大温哥华举行。中国队发挥出色,一共收获 5 金 2 银 4 铜,一共 11 枚奖牌。其中王濛斩获女子短道速滑 500 米、1000 米和接力 3 枚金牌,并打破世界纪录,成为中国首位单届冬奥会获得 3 枚金牌的选手,中国队也由此包揽了本届冬奥会短道速滑女子项目全部 4 枚金牌。

2 月 15 日 联合国人权理事会根据普遍定期人权审议机制,首次对伊朗的人权状况进行审议。

2 月 19 日 联合国环境规划署发布的一份最新报告警告说,东亚地区许多在经济上有着重要价值的沿海生物资源和生态系统正遭受到污染、外来入侵物种和其他因素的威胁,建议东亚地区通过改进数据收集和管理、予以经济奖励以及鼓励私营部门参与环保工作等措施,对沿海和海洋资源进行更加系统和综合的管理。

2 月 23 日 联合国环境规划署宣布将 2009—2010 年的笹川环境奖分别授予在促进清洁照明与清洁炉灶方面取得显著成绩的两个基层组织:一个是在卢旺达、肯尼亚和印度推广可充电电灯的努如设计公司;另一个获奖者是一个名为"树、水、人"的组织。环境署此次笹川奖的主题是"抗击气候变化的绿色方案"。

2 月 24 日 世界卫生组织主办的首次"非传染性疾病网络全球论坛"在日内瓦举行。世卫组织总干事陈冯富珍在发言中指出,4 大类非传染疾病造成了全球 60% 的人类死亡,而以往被认为主要集中在发达国家的"富贵病"逐渐在发展中国家抬头,造成了很大的疾病负担。

2 月 26 日 安理会通过关于东帝汶局势的第 S/RES/1912(2010)号决议,确认联东综合团继续在促进东帝汶和平、稳定与发展方面发挥重要作用,决定按目前核定编制,将联东综合团的任务期限延长至 2011 年 2 月 26 日。

同日 环境署执委会/全球部长级环境论坛发表《努萨杜瓦声明》,各国环境部长承诺针对主要的环境和可持续性挑战,加强全球的共同应对能力。《努萨杜瓦声明》是继 2000 年瑞典玛尔摩环境部长会议后所发表的首份部长级环境宣言。

3 月 2 日 大会通过关于加强全球道路安全的第 A/RES/64/255 号决议,宣布 2011—2020 年为道路安全行动 10 年,目标是通过在国家、区域和全球各级开展更多活动,稳定并降低全球道路死亡率。

3 月 3 日 第 64 届联合国大会举行特别活动,隆重庆祝"国际妇女节"诞生 100 周年。潘基文秘书长在讲话中指出,平等和机会是世界各地的妇女和女孩不可剥夺的权利。

3 月 10 日 由于围绕气候变化问题出现的"气候门"和"冰川门"等一系列问题的争论,负责就气候变化问题撰写评估报告的政府间气候变化专门委员会(IPCC)被推上风口浪尖。潘基文宣布,现已委托一家独立的国际科学组织对其进行审查。

3月12日 安理会通过关于"乍得、中非共和国及该次区域局势：延长中乍特派团任务期限"的第 S/RES/1913（2010）号决议，决定将第 S/RES/1861（2009）号决议规定的中乍特派团任务期限延长至 2010 年 5 月 15 日。

3月18日 安理会通过关于"国际法院：补选一名法官"的第 S/RES/1914（2010）号决议，决定国际法院因史久镛法官辞职而出现的空缺补选于 2010 年 6 月 29 日在安理会的一次会议和大会第 64 届会议的一次会议上举行。

同日 安理会通过关于前南斯拉夫问题国际法庭审案法官总数上限的第 S/RES/1915（2010）号决议，注意到由于意外情况，"波波维奇案"的判决被推迟，将不会在 2010 年 3 月底之前作出，决定在前南斯拉夫问题国际法庭任职的审案法官总数可暂时超过《国际法庭规约》第 12 条第 1 款规定的 12 人上限，任何一段时间里最多可达 13 人，但至迟应于 2010 年 6 月 30 日恢复到 12 人上限，如"波波维奇案"在此前结案，则应于结案时恢复到 12 人上限。

3月19日 安理会通过关于索马里局势的第 S/RES/1916（2010）号决议，决定延长第 S/RES/1558（2004）号决议所述监察组的任务期限，敦促该区域内的所有各方和所有国家，充分配合监察组的工作，保障其成员的安全，确保他们通行无阻，特别是不受阻碍地执行其任务。

3月22日 安理会通过关于阿富汗局势的第 S/RES/1917（2010）号决议，支持阿富汗—巴基斯坦和平支尔格进程，决定将联阿援助团任务延长至 2011 年 3 月 23 日，要求援助团遵循加强阿富汗自主权和领导作用的原则，继续根据《伦敦会议公报》领导国际民事工作。

同日 世界各地的地方政府、社区组织以及外交和学术界代表在巴西里约热内卢参加为期 1 周的第 5 届世界城市论坛，共同讨论如何改善城市贫民窟的状况。

同日 世界水日。主题是"保障清洁水源，创造健康世界"，联合国举办了包括会议和图片展在内的多种形式的活动，提醒人们关注水的质量。

3月25日 在奴隶制和跨大西洋贩卖奴隶行为受害者国际纪念日前后，联合国举行一系列的会议、电影展映和图片展，向所有奴隶制受害者致敬，并承诺铲除一切形式的此类做法。

3月26日 伊拉克高等独立选举委员会公布该国本月初举行的议会选举结果，秘书长伊拉克事务特别代表梅尔克特表示这次选举可信，是伊拉克的一个历史性成就。

同日　人权理事会以协商一致、未经表决的方式通过一项由欧盟提出的有关缅甸人权状况的决议。决议认为缅甸存在系统性地侵犯人权和人民基本自由的行为,呼吁缅甸政府确保选举进程自由、透明和公正;并决定将缅甸人权形势特别报告员的任期延长1年。中国、俄罗斯、印度等国抵制该决议。

4月1日　国际刑事法院检察官奥坎波于2009年11月提出申请,要求对肯尼亚在2007—2008年间大选后暴力骚乱中出现的强奸、残杀以及袭击平民等严重罪行展开彻查。国际刑庭日前就此正式做出决定,批准对相关主要嫌疑人及其所实施的罪行予以立案审查。

4月9日　国际减灾战略秘书处等多家联合国机构和东南亚国家联盟日前在"东盟安全医院论坛"于菲律宾首都马尼拉开幕当天发起"一百万安全学校和医院运动"。号召各方共同做出承诺,致力于改善学校和医院的安全状况,使其能够抵抗灾害的打击。

4月9—11日　联合国2010年首次气候变化谈判会议在德国波恩举行。各国代表一致同意,在已经确定的谈判日程之外,到年底坎昆会议举行之前,再举行两轮每期至少1周的额外谈判。

4月12—13日　由美国总统奥巴马推动的核安全峰会在美国首都华盛顿召开。潘基文秘书长在会上指出,确保核物质安全和防止核恐怖主义是全球性挑战,建议国际社会应采取紧急行动以应对。

4月12—14日　《国际卫生条例》审查委员会对甲流全球应对的首次审查会在日内瓦举行。世卫组织总干事将根据委员会的建议,在2010年5月向世界卫生大会提交一份初步报告,并于2011年5月向卫生大会提交第2份报告。

4月20日　国际法院就阿根廷2005年诉乌拉圭单方面于界河边建立造纸厂、违背1975年双边条约、污染界河一案作出判决,对阿根廷要求乌拉圭拆除在两国界河上所建造纸厂的要求不予支持。

4月22日　地球日,亦即大会2009年命名的"国际地球母亲日"。潘基文秘书长呼吁世界各国政府、企业和公民给予地球母亲应有的尊重和关爱。

4月27日　安理会通过关于索马里局势的第S/RES/1918(2010)号决议,强调有必要处理由于索马里及该区域其他国家司法系统能力有限而造成的各种问题,以便有效地起诉海盗嫌犯,呼请《吉布提行为守则》参加方尽快全面实施该守则,确保追究海盗的责任。

4月28日 世界工作安全健康日,宣传主题是"变化的工作环境中的新兴风险和新的预防形式"。劳工组织总干事索马维亚当天发表致辞,呼吁国际社会协同努力,把确保职业安全和健康作为强劲、可持续和均衡发展策略的组成部分。

4月29日 安理会通过关于苏丹局势的第 S/RES/1919(2010)号决议,决定延长联合国驻苏丹特派团任务期限 1 年,至 2011 年 4 月 30 日止。

同日 化学战受害者纪念日。潘基文秘书长呼吁加强落实《禁止化器公约》,以此来缅怀受害者,早日使全世界摆脱化学武器的威胁。

4月30日 安理会通过关于西撒哈拉局势的第 S/RES/1920(2010)号决议,决定将西撒特派团的任务期限延至 2011 年 4 月 30 日。

同日 世界卫生组织总干事陈冯富珍在日内瓦举行记者会,介绍她从 4 月 26 日开始的对朝鲜进行的为期两天半的访问。她认为至少在公共卫生领域可以确认,朝鲜政府愿意同国际伙伴开展合作,愿意满足提高透明度方面的要求,以及改善数据质量,并且使流入该国的资源能够被问责;她呼吁鼓励朝鲜成为全球参与者。

5月1日 负责联合国参展上海世博会的主任专员拜纳姆与联合国副秘书长、人居署执行主任蒂拜朱卡共同为世博会的联合国馆正式开放举行了剪彩揭幕仪式。主题是"一个地球,一个联合国"。

5月3日 2010 年《不扩散核武器条约》缔约国审议大会在联合国纽约总部开幕。潘基文秘书长出席开幕式,并且提出了关于衡量全球控制核武器扩散成功与否的 5 项基准:第一,在核裁军方面切实取得进展,敦促所有核武器国家重申他们明确无误的担保,消除核武器;第二,向着《不扩散核武器条约》全球加入迈进,敦促所有尚未加入该条约的国家尽快加入;第三,加强法制,强烈主张《全面禁止核试验条约》这一重要文书生效,呼吁 2010 年或 2011 年对《核恐怖主义公约》的执行情况举行一次审议会议和裁军谈判会议尽早开始谈判裂变材料禁产条约;第四,在中东建立无核武器区和其他区域关切方面取得进展;最后希望核不扩散审议进程得到加强。

5月6日 为纪念 5 月 8 日第二次世界大战欧洲战场结束 65 周年,大会召开全会。潘基文秘书长、中国、美国、英国、法国、俄罗斯等战胜国代表作了发言之外,战败国德国政府的代表、该国常驻联合国代表彼得·维蒂希对于 60 多年前纳粹德国给全世界人民带来的深重灾难作了反省。

5月9日 国际货币基金组织执行董事会批准在今后 3 年中向希腊提供 300 亿欧元的贷款,以支持该国的经济调整和改革规划。按照计划,希腊能够立即从基金组织获得 55 亿欧元的贷款。

同日　在美国特使米切尔的推动下,巴以同意开启近距离间接会谈。潘基文秘书长对此表示欢迎。

5月11日　世界银行公布一项5年行动计划,旨在帮助发展中国家改善生殖健康以及降低产妇死亡率。全世界每年有35万余名女性死于怀孕和分娩综合征,其中99%发生在发展中国家。

同日　联合国粮食及农业组织在罗马总部启动题为"10亿饥饿人口"的大型网络请愿宣传项目,呼吁公众对全球10亿人口正遭受饥饿和营养不良的残酷现实表示关注。

5月12日　安理会通过关于尼泊尔局势的第S/RES/1921(2010)号决议,决定将第S/RES/1740(2007)号决议规定的联尼特派团任务期限延长至2010年9月15日。

同日　安理会通过关于乍得、中非共和国及该次区域局势的第S/RES/1922(2010)号决议,决定将联合国中非共和国和乍得特派团的任期延长11天,至5月26日止。

5月13日　大会举行全体会议,投票改选人权理事会当中的14个成员国空缺席位。安哥拉、厄瓜多尔、危地马拉、利比亚、马来西亚、马尔代夫、毛里塔尼亚、波兰、卡塔尔、摩尔多瓦、西班牙、瑞士、泰国和乌干达当选,并将于2010年6月开始3年的任期。

5月15日　国际家庭日,主题是"移徙对世界各地家庭的影响"。

5月17日　世界电信和信息社会日,活动主题是"信息通信技术让城市生活更美好"。国际电联特别在中国上海世博园举行大型庆典,以呼应2010年世界博览会"城市,让生活更美好"的主题。

5月17—21日　第63届世界卫生大会在日内瓦万国宫开幕,讨论防范大流行性流感,监测与卫生相关的千年发展目标落实情况,以及打击假冒医疗产品等重要议题。21日,世界卫生大会首次就病毒性肝炎通过一项决议,审视疾病的现状,并制定防治的措施以及应对策略。

5月19日　在联合国人道协调厅的领导下,世界粮食计划署在伊拉克正式启动首个"以劳换酬"援助项目,以帮助该国境内最贫困的人口获取购买粮食和养家糊口所必需的资金。

5月20日　韩国军队警戒舰"天安"号沉没事件调查团正式宣布调查结果,证实该军舰是在遭到朝鲜鱼雷的攻击后沉没的。朝鲜政府在平壤发表声明,表示拒绝接受调查结果。3月26日,韩国海军"天安号"舰船在韩国西部海域值勤时因发生爆炸而沉没,舰上104人只有58人生还。潘基文秘书长5月19日深夜发表声明称,他已获悉有关韩国海军"天安号"舰船沉没事件的调查结果,对此感到心情沉重和深表关切。

同日 联合国教科文组织总干事博科娃赴上海参观当地的创意产业园和服务平台,并现场授予上海教科文组织"创意城市网络—设计之都"的称号,使之成为全球第 7 个以设计为主题的创意城市。教科文组织"创意城市"上海推进工作办公室正式挂牌成立。

5 月 21—23 日 联合国与土耳其政府在伊斯坦布尔共同举办旨在支持索马里和平进程的国际会议,潘基文秘书长担任共同主席。参会各方表达了对索马里总统及其政府的全面支持。

5 月 22 日 生物多样性国际日,主题是"生物多样性促进发展和减缓贫穷"。

5 月 25 日 安理会通过关于乍得、中非共和国及该次区域局势的第 S/RES/1923(2010)号决议,认定苏丹、乍得和中非共和国之间边界区域的局势对国际和平与安全构成威胁,决定将中乍特派团的任务期限延长至 2010 年 12 月 31 日。

同日 2010 年亚洲媒体峰会在北京开幕。潘基文秘书长在向会议发出的致辞中指出,亚洲正在经历一场媒体革命,其长远影响尚无法预测,但能够肯定的是,自由、独立的媒体永远是民主和人权的基石,必须得到保护。

同日 非洲日。潘基文秘书长在致辞中指出,联合国已经证明自己是非洲大陆不可或缺的伙伴。

5 月 26 日 由"联合国女孩教育倡议"召集的一次国际会议在塞内加尔首都达卡尔落下帷幕。与会的 200 多名来自学术界、政府及教育部门的代表一致通过宣言,呼吁加速促进女孩入学,尤其是帮助那些来自贫穷和弱势家庭的女孩入学。

5 月 27 日 安理会通过关于科特迪瓦局势的第 S/RES/1924(2010)号决议,将联合国科特迪瓦行动及为其提供支持的法国部队的任务期限延长 1 个月,以便有充足时间讨论秘书长提出的修改这一维和行动的任务范围的建议。

5 月 28 日 安理会通过关于刚果民主共和国的局势的第 S/RES/1925(2010)号决议,决定将联刚特派团的任务期限延长至 2010 年 6 月 30 日,境内的联合国特派团联刚特派团自 2010 年 7 月 1 日起,改称为联合国组织刚果民主共和国稳定特派团(联刚稳定团)。

同日 为期 1 个月的 2010 年《不扩散核武器条约》审议大会落下帷幕。缔约国一致通过最后文件,其中包括加强条约的行动计划。

6 月 1 日 安理会于凌晨发表一项主席声明,对以色列在国际水域针对驶往加沙的船队采取军事行动,使用武力导致伤亡深表遗憾,对于导致至少10人死亡和众多人员受伤的行为予以谴责,并呼吁对事件进行符合国际标准的迅速、公正、可信和透明的调查。

6月2日 安理会通过关于国际法院法官补选的第 S/RES/1926(2010)号决议,决定国际法院因托马斯·比尔根塔尔法官辞职而出现的空缺补选于2010年9月9日在安全理事会的一次会议和第64届大会的一次会议上举行。

6月4日 安理会通过关于海地问题的第 S/RES/1927(2010)号决议,决定为联合国海地特派团再增派680名警察,作为有明确目标的临时快速增援能力,尤其注重建立海地国家警察的能力。

6月5日 世界环境日,主题确定为"多样的物种·唯一的星球·共同的未来"。强调恢复生物多样性和生态系统与创造就业机会和可持续发展之间的关联性,并倡议各国反思现状,遏止物种消失,更明智地管理人类共有的唯一家园。

6月7日 安理会通过关于"防扩散:朝鲜民主主义人民共和国"的第 S/RES/1928(2010)号决议,将根据相关制裁朝鲜的决议于2009年组建的一个"专家小组"的任务期限延至2011年6月12日,以进一步收集、检查并分析决议所规定措施的执行情况。

6月8日 世界海洋日,主题是"我们的海洋:机遇和挑战"。联合国粮农组织当天在罗马总部发表新闻公报,呼吁人类在渔业作业中采取新技术和设备以减少海龟的意外死亡。

6月9日 安理会通过了关于伊朗核问题的第 S/RES/1929(2010)号决议,扩大和加强了对伊朗的制裁。表决结果为12票赞成、2票反对(巴西、土耳其)、1票弃权(黎巴嫩)。中国常驻联合国代表李保东大使在表决后的解释性发言中指出,安理会刚刚表决通过了伊朗核问题新决议。这是自2006年7月以来,安理会就伊朗核问题通过的第6个决议。与此前的5个伊朗核问题决议一样,新决议既反映了国际社会对伊朗核问题的关切,也表达了各方对尽早通过外交谈判和平解决伊朗核问题的愿望。

6月11日 在乌干达首都坎帕拉闭幕的《罗马规约》审查会议上,缔约国通过决议,将侵略罪的定义和对侵略罪行使管辖权的条件写入规约,从而使政治或军事领导人将来有可能因发动侵略行为而受到国际刑事法院的审判。

6月12日 世界无童工日。劳工组织呼吁各国政府将最恶劣形式的童工现象当作一件紧急事项来处理,通过减少贫困、提供社会保障和教育规划等综合措施来应对。

6月14日 世界献血者日，主题是"向世界提供新鲜血液"。世界卫生组织特别发布了有关"全球血液安全与可得性状况"的最新评估数据，并呼吁公众提高对确保安全血液供应重要性的认识，建立自愿无偿献血的文化和社会氛围，以有效缓解全球"血荒"难题。

6月15日 安理会通过关于塞浦路斯局势的第 S/RES/1930(2010)号决议，将联合国驻塞浦路斯维持和平部队的任务期限延长 6 个月，至 2010年 12 月 15 日止。

6月23日 潘基文秘书长正式发布《2010 年千年发展目标报告》。报告汇总了联合国系统内外共 27 家国际机构所提供的最新数据和分析，对 2000 年 9 月于世界首脑会议上制定的 8 项千年发展目标在目前所取得的进度进行最全面的评估。报告呼吁各国加强政治意愿，以最弱势群体为关注焦点，出台切实的行动战略，推动千年发展目标如期实现。

同日 联合国公共服务日。潘基文秘书长发表致辞，向在各地社区改善他人生活的公仆们致意。联合国还在巴塞罗那向 23 个公共机构颁奖，表彰它们在公共服务中表现出的创新精神。

6月24日 安理会成员结束对阿富汗的访问。他们共同表示将继续支持其建设持久和平的努力，强调进行自由和公正选举、改善治理、维护人权的重要性。

同日 联合国开发计划署与艾滋病规划署在日内瓦宣布成立"全球艾滋病和法律委员会"，通过促进各国建设和谐的法律和政策环境，并加强相关法规在各级各地的积极落实，以持续有效地应对艾滋病威胁。

6月24—25日 1200 多名来自全球契约加盟企业、社会和学术界的代表汇聚纽约，出席第 3 届全球契约领导人峰会，探讨如何通过在经营中贯彻全球契约倡导的原则而将世界引入一个可持续发展的新时代。

6月26日 支持酷刑受害者国际日。联合国人权事务高级专员皮莱发表声明，谴责酷刑折磨的实施者，并呼吁更多国家和团体加入到反对这种暴行的行列当中。

同日 禁止药物滥用和非法贩运国际日，主题是"考虑健康，而非毒品"。潘基文秘书长在为此发表的致辞中敦促所有国家都成为《联合国打击跨国有组织犯罪公约》的缔约国，吁请各国履行其作为《联合国反腐败公约》缔约国的承诺，加强廉洁，减少为贩运毒品提供方便的腐败现象。

6月26—27日 G20 领导人第 4 次峰会在加拿大多伦多举行。峰会呼吁加强国际金融高管人员选拔机制改革，减少财政赤字，反对贸易保护主义;力推下一届首尔峰会前完成 IMF 投票改革;同意要求银行增加资本额。会议强调了 G20 集团的首要任务是确保和加强经济复苏。峰会发表了《G20 集团多伦多峰会宣言》,在发达国家削减财政赤字、国际金融机构治理改革、反对贸易保护主义等问题上提出了一些具体的时间表,强调采取进一步行动推动世界经济强劲、可持续和平衡增长。峰会达成"相互评估程序",旨在协调全球各国宏观经济政策,在中期可望使全球经济总量增加 2.5%,创造数千万就业岗位,并使数千万人摆脱贫困。中国国家主席胡锦涛出席峰会并发表题为《同心协力　共创未来》的重要讲话,强调继续发扬同舟共济、合作共赢的精神,推动世界经济尽早进入强劲、可持续、平衡增长。

6 月 29 日　安理会通过关于"国际法庭—前南斯拉夫问题"的第 S/RES/1931(2010)号决议,指出,目前在前南斯拉夫问题国际法庭任职的 1 名常任法官和 3 名审案法官将在了结各自的案件后在 2010 年底前离职,决定分别将国际法庭担任上诉分庭和审判分庭法官的若干常任法官的任期延长。

同日　安理会通过关于"国际法庭—卢旺达问题"的第 S/RES/1932(2010)号决议,指出,目前在卢旺达国际法庭任职的一名常任法官和两名审案法官将在了结各自的案件后在 2010 年底前离职,决定分别将国际法庭担任上诉分庭和审判分庭法官的若干常任法官的任期延长。

同日　安理会举行不记名投票,选举中国驻东盟大使薛捍勤担任国际法院法官。

6 月 30 日　安理会通过关于科特迪瓦局势的第 S/RES/1933(2010)号决议,决定延长科特迪瓦行动任务期限至 12 月 31 日,对联科行动和法国部队的任务范围规定以帮助各方执行和平进程中剩余的优先任务,包括监督武器禁运、保护人权、支持人道主义援助等事宜。

同日　安理会通过关于联合国脱离接触观察员部队的第 S/RES/1934(2010)号决议,决定将联合国脱离接触观察员部队的任务期限延长 6 个月,至 2010 年 12 月 31 日止。

7 月 1 日　联刚稳定团从上一期联合国维持和平行动——联合国组织刚果民主共和国特派团(联刚特派团)接管了维和任务。此次接管依据的是安全理事会 5 月 28 日的第 A/RES/1925(2010)号决议,反映了该国所处的新阶段。新特派团被授权采取一切必要手段,除其他外执行以下相关任务:保护随时可能遭受人身暴力的平民、人道主义人员和捍卫人权者,并支持刚果民主共和国实现稳定和巩固和平的工作。

7月2日 大会一致赞成创立名为"联合国妇女"的新实体,整合联合国目前现存的4个同促进两性平等和赋予妇女权利相关的机构,以此增强联合国在提高妇女地位事务方面的作用。

7月7日 由教科文组织代表和图书行业的3家主要国际专业协会的代表组成的评选委员会日前决定,将亚美尼亚首都埃里温命名为2012年世界图书首都(第12个世界图书首都)。

7月9日 安理会以协商一致的方式通过关于韩国"天安号"海军舰艇遇袭沉没事件的主席声明。声明谴责导致天安舰沉没的攻击,向遇难者家属表示慰问,并呼吁对事件责任者采取适当措施,以和平解决这一问题。

同日 世界人口日,主题是"人人都重要"。强调人口普查对于良政、透明度和问责制的重要性。

7月12日 国际刑事法院第一预审分庭向苏丹总统巴希尔发出了第2份逮捕令,认为现在有合理的理由相信巴希尔有意图要灭绝苏丹西部达尔富尔地区的3个族裔。这一决定扩大了2009年3月该法庭首次针对巴希尔发出逮捕令时仅指控他犯有危害人类罪和战争罪的指控。

7月18日 纳尔逊·曼德拉国际日。联合国系统和世界各地的人们在这一天前后通过各种各样的形式纪念这个象征自由、公正和民主价值观的日子,并且赞颂曼德拉为结束南非的种族隔离制度、促进和解与人权所做出的卓越贡献。

7月20日 安理会举行有关非洲和平与安全问题的会议,负责政治事务的副秘书长帕斯科在会上对厄立特里亚和吉布提采取步骤通过卡塔尔的调解解决边界争端表示欢迎。帕斯科表示,潘基文秘书长准备好为这一长期的边界争端的解决提供技术支持。

7月21日 前南斯拉夫问题国际刑事法庭下令逮捕哈拉迪纳伊,将以战争罪名对他再次进行审判。

7月28日 大会通过关于"享有饮水和卫生设施的人权"的第A/RES/64/292(2010)号决议,宣布享有清洁饮水和卫生设施是充分享受生命权所必不可少的一项人权。这对于全世界目前仍然缺乏清洁饮水的8亿多人口以及26亿多缺乏卫生设施的人来说是具有里程碑意义的"宣言"。

7月30日 安理会通过关于苏丹局势的第S/RES/1935(2010)号决议,决定将第S/RES/1769(2007)号决议规定的达尔富尔混合行动的任务期限再延长12个月,至2011年7月31日止。

同日 安理会于1999年10月依据第S/RES/1267(1999)号决议成立的"制裁基地组织和塔利班委员会"发表声明,宣布解除对5名阿富汗前塔利班政府高级官员的制裁。

8月2日　潘基文秘书长宣布成立一个 4 人小组,负责调查 5 月底向加沙运送援助物资的国际船队遭遇袭击的流血事件。他认为调查组的成立是一个"前所未有的进展"。

8月5日　安理会通过关于伊拉克局势的第 S/RES/1936(2010)号决议,决定将联合国伊拉克援助团(联伊援助团)的任务期限延长至 2011 年 7 月 31 日。

8月9日　世界土著人国际日。2010 年的国际日聚焦土著电影制片人,彰显这些电影制片人为让世界更多了解土著社区、文化和历史以及他们的日常生活和精神风貌所作出的贡献。

同日　潘基文秘书长宣布成立全球可持续问题高级别小组,负责研究如何在尊重和保护气候与自然体系的情况下消除贫困,并就此提出切实可行的建议。芬兰总统哈洛宁和南非总统祖马两人担任这个高级别小组的共同主席。

8月12日　国际青年日,主题为"对话和相互了解"。

8月16日　联合国在巴西正式启动"荒漠及防治荒漠化 10 年(2010—2020 年)计划",以加强全球合作,逆转荒漠化和土地退化进程,减缓干旱对受灾地区的影响,为全球减贫和可持续发展作出努力。

同日　国际原子能机构宣布与中国国家原子能机构签署合作协议,进一步加强双方在核安全方面的合作。

8月19日　世界人道主义日。联合国在纽约总部和世界其他地区开展各种活动,向所有人道主义工作者致以敬意。

8月23日　废除奴隶贸易国际纪念日。联合国教科文组织总干事博科娃呼吁各界加强对奴隶贸易和奴隶制的认识和反思,强调文化多元化带来的益处,以促进不同文化和种族之间的交流。

8月25日　安理会就索马里海盗问题召开会议。潘基文秘书长在会上提出了推动起诉和监禁索马里沿海海盗和海上武装抢劫行为责任人的 7 种可能方案,以供安理会审议。他强调,无论安理会赞成哪个方案,都需要长期协助索马里及其周边地区发展依照国际标准进行起诉和监禁方面的能力,这对持续有效地打击索马里沿海海盗有罪不罚的现象至关重要。

8月30日　安理会通过关于中东局势的第 S/RES/1937(2010)号决议,认定黎巴嫩局势继续对国际和平与安全构成威胁,决定将联黎部队当前任期延长至 2011 年 8 月 31 日。

8月31日　大会正式启动打击贩运人口行动计划,并设立了一个给受害者提供保护的信托基金,呼吁各国政府以及私人机构和慈善组织向该基金提供捐助,同时敦促会员国、国际和区域组织以及民间社会各界充分、有效地实施这个计划。

9月6日　为了传播孔子思想,让世界更好地了解中国文化,中国文化部等部门在联合国教科文组织巴黎总部共同举办丰富多彩的"孔子文化周"活动。

9月8日　大会通过关于联合国全球反恐战略的第 A/RES/64/297 号决议,强调国际社会应确保全球反恐努力的总体协调和连贯性,鼓励包括非政府组织在内的民间社会积极参与反恐行动,重申在打击恐怖主义的同时要增进对人权的保护。

9月9日　大会通过关于"请求国际法院就科索沃单方面宣布独立是否符合国际法的问题提供咨询意见"的第 A/RES/64/298 号决议,决议草案由塞尔维亚和欧盟 27 国共同提出。强调对话将有助于巴尔干地区的和平、安全和稳定。

9月14日　第 65 届联合国大会召开,约瑟夫·戴斯(瑞士)担任大会主席,会议主题是"重申联合国在全球治理中的作用"。

9月15日　安理会通过关于利比里亚局势的第 S/RES/1938(2010)号决议,决定将联合国利比里亚特派团(联利特派团)的任务期限延长至 2011年 9 月 30 日,协调国际选举援助,支持利比里亚机构和政治党派营造有利于举行和平选举的气氛。

同日　安理会通过关于尼泊尔局势的第 S/RES/1939(2010)号决议,决定根据尼泊尔政府的请求,将第 S/RES/1740(2007)号决议规定的联尼特派团任务期限延长至 2011 年 1 月 15 日,以帮助尼泊尔完成和平进程。

同日　国际民主日。大会就民主和实现千年发展目标两者之间的联系展开了讨论。

同日　联合国环境规划署在布拉格宣布 2011 年为"蝙蝠年",以宣传蝙蝠这一唯一的飞行哺乳动物给生态系统带来的益处,并促进对蝙蝠的保护和研究。

9月20日　联合国千年发展目标高级别会议在纽约联合国总部开幕。联合国秘书长潘基文、第 65 届联大主席约瑟夫·戴斯、第 64 届联大主席图里基出席会议。近 140 位国家元首或政府首脑将在为期 3 天的会议上审议千年发展目标进展情况。在离 2015 年实现千年发展目标的最后期限只有5 年之际,潘基文向世界各国领导人呼吁:"此次首脑会议将是一个至关重要的机会,让我们加倍努力,实现千年发展目标。"

9月21—23日 应联合国秘书长潘基文邀请,中国国务院总理温家宝赴纽约出席联合国千年发展目标高级别会议和第65届联合国大会一般性辩论。

● **9月22日** 中国总理温家宝出席联合国千年发展目标高级别会议并发表讲话。温家宝全面介绍了中国为推动落实千年发展目标所取得的成就和主张,宣布了一系列新的政策措施,并呼吁国际社会加强合作,为如期实现千年发展目标而奋斗。温家宝说,中国政府将进一步加强和改进援外工作,为全人类早日实现千年发展目标做出应有贡献。他提出推动发展中国家民生事业发展等6项举措。温家宝最后呼吁,国际社会以更加积极的姿态、更加精诚的合作,为如期实现千年发展目标、促进全人类的发展和进步而努力奋斗。

● **同日** 温家宝出席了一个有关千年发展目标与艾滋病的讨论会。在会上,温家宝不仅介绍了中国抗击艾滋病,的措施以及中国2015年实现有关遏制艾滋病蔓延势头的千年目标的决心,同时表达了他个人在反歧视与关爱受艾滋病影响人群方面的感受。同日,温家宝还出席了联合国妇幼健康战略启动仪式并在启动仪式上讲话指出,要更加广泛深入地开展国际合作,进一步加强沟通、协商和对话,为妇幼健康事业创造更好的发展环境和条件。

● **9月23日** 中国总理温家宝在纽约联合国总部出席了第65届联合国大会一般性辩论,并作了题为《认识一个真实的中国》的讲话。温家宝说,中华人民共和国成立以来,特别是改革开放30多年来,发生了翻天覆地的变化,已经实现了由解决温饱到总体上达到小康的历史性跨越。中国对取得的成就感到自豪,同时,我们也对面临诸多前所未有的挑战有着清醒的认识。中国仍然处于社会主义初级阶段,仍然属于发展中国家。这就是我们的基本国情,这就是一个真实的中国。温家宝说,中国的发展,不会损害任何人,也不会威胁任何人。中国绝不走"国强必霸"的路子。温家宝强调,中国讲友好,也讲原则,坚定不移地维护国家的核心利益。温家宝最后说,中国发展,世界机遇;中国好了,世界得利。一个和平发展的中国,一个充满活力的中国,一个敢于担当的中国,永远与世界同行。

● **9月23日** 温家宝出席联合国安理会首脑会议并发表了题为《实现共同安全 缔造持久和平》的讲话。温家宝表示,当前,国际安全形势总体稳定,但不稳定、不确定因素增多。安理会作为集体安全机制的核心,应该进一步增强权威,在维护国际和平与安全方面承担更大责任,做出更大努力,发挥更大作用。温家宝提出4点主张:(1)高举和平旗帜,推动以和平方式解决争端。(2)完善工作手段,提高安理会解决问题的能力。(3)加强统筹协调,消除争端冲突产生的根源。(4)突出工作重点,解决非洲热点问题。温家宝指出,中华民族是热爱和平的民族,中国是国际社会负责任的成员,将坚定不移地走和平发展道路。

9月27日 世界旅游日,主题是"旅游与生物多样性"。潘基文秘书长发表致辞,促请各国突出宣传旅游、扶贫和生物多样性之间的联系,并加强对可持续性的承诺。

9月29日 安理会通过关于塞拉利昂局势的第 S/RES/1940(2010)号决议,决定立即终止第 S/RES/1171(1998)号决议第 2 段、第 4 段和第 5 段规定的禁止向塞拉利昂境内的非政府部队出售和供应军火及有关物资等措施,还决定立即解散第 S/RES/1132(1997)号决议第 10 段所设的由安理会全体成员组成的委员会。

同日 安理会通过关于塞拉利昂局势的第 S/RES/1941(2010)号决议,决定将联合国塞拉利昂建设和平综合办事处(简称"联塞建和办")任务期限延至 2011 年 9 月 15 日,并强调联塞建和办必须与联合国国家工作队一起,在各自任务范围内实现《共同愿景》的各项目标。

同日 安理会通过关于科特迪瓦局势的第 S/RES/1942(2010)号决议,决定按秘书长 2010 年 9 月 14 日信(S/2010/485)中的建议,把联合国科特迪瓦行动(联科行动)的核定军事和警察人员从 8650 人临时增加到 9150 人;批准立即部署这些增派人员,部署时间最长 6 个月。

10月1日 纽约联合国总部举行特别活动庆祝 10 月 2 日"国际非暴力日",潘基文秘书长呼吁世人运用非暴力这一武器,克服偏见、结束冲突、增进人与人、国与国之间的相互尊重和了解。

10月1—5日 联合国教科文组织下属世界地质公园网络执行局大会在希腊莱斯沃斯岛举行。会议审议并通过决定,将来自 9 个国家的 11 处地质公园入选"世界地质公园",其中包含位于广西壮族自治区西北部的凤山地质公园和地处云贵高原向广西盆地过渡地带两处中国地质公园。

10月5日 世界教师日。儿基会执行主任安东尼·莱克和国际劳工组织总干事胡安·索马维亚发表联合声明,呼吁各国政府尽快采取切实行动,到 2015 年前新增至少 1000 万名教师,以如期实现相关全球教育目标。

10月6日 为纪念安理会就妇女、和平与安全问题通过历史性的第 S/RES/1325(2000)号决议 10 周年,联合国亚太经社会在泰国曼谷正式宣布启动首个"妇女、和平与安全"咨询小组,为本地区国家有效落实该决议精神提供建议和支持。

10月12日　大会选举德国、印度、南非、葡萄牙、哥伦比亚5国为新的安理会非常任理事国,任期两年,从2011年1月1日开始。

10月13日　安理会通过关于阿富汗局势的第S/RES/1943(2010)号决议,决定将国际安全援助部队(安援部队)的授权延长12个月,即延至2011年10月13日。

10月14日　安理会通过关于海地局势的第S/RES/1944(2010)号决议,决定将联海稳定团任务期限延长到2011年10月15日,并打算继续延长;决定继续维持稳定团现有的总兵力,目前有一个最多有8940名各级官兵的军事部门和一个最多有4391名警察的警察部门。

同日　安理会通过关于苏丹局势的第S/RES/1945(2010)号决议,14票对0票,1票弃权(中国)。该决议决定将苏丹制裁委员会专家小组的任务期限延长到2011年10月19日,并请秘书长尽快采取必要行政措施,以消除政治进程的障碍和达尔富尔及该区域稳定面临的威胁。

10月15日　安理会通过关于科特迪瓦局势的第S/RES/1946(2010)号决议,决定将针对科特迪瓦的制裁期限延长至2011年4月30日,这些制裁措施包括武器禁运、资产冻结、旅行限制和禁止钻石出口等。

同日　世界粮食日,主题是"团结起来战胜饥饿"。

10月21日　安理会就索马里局势举行公开辩论,轮值主席、乌干达常驻联合国代表鲁贡达发表安理会主席声明,称安理会再次表示支持将《吉布提协定》与和平进程作为持久解决索马里冲突的基础,并重申支持过渡联邦政府为重建和平、安全与民族和解所做出的各种努力。

10月27日　音像遗产日,本年主题是"现在起开始保存和享用音像遗产"。

同日　印度在国际原子能机构维也纳总部签署《核损害补充赔偿公约》。该公约旨在为核事故的受害者提供一个全球统一的法律赔偿机制。印度的签署使得推动公约生效的努力又向前迈出一步。

10月28日　为期3天的第4届亚洲减灾部长级会议在韩国仁川落下帷幕。会议通过了旨在今后5年内建立适应气候变化的灾难危险管理体系的路线图,将减少灾害危险纳入应对极端天气等适应气候变化的政策之中。

10月29日　安理会通过关于冲突后建设和平的第S/RES/1947(2010)号决议,要求联合国所有相关机构按照最近公布的一份评估"建设和平委员会"和"建设和平基金"审议报告提出的建议,进一步加强建设和平工作。

11月5日　人权理事会首次对美国的人权状况进行了普遍定期审议。

11 月 6 日 防止战争和武装冲突糟蹋环境国际日。潘基文秘书长特别敦促各国政府切实履行在发生武装冲突时保护环境的承诺,避免弱势民众的福祉以及构建持久和平的前景遭受威胁。

11 月 8 日 正在印度访问的美国总统奥巴马发表了旨在加强美印关系的讲话,对印度争取安理会常任理事国地位的努力表示支持。对此,秘书长发言人内西尔基表示,安理会的确有必要改革,但其改革的程度和形式将由联合国会员国决定。

11 月 11 日 大会举行全体会议,讨论安理会提交的年度工作报告。重点聚焦在安理会改革上,围绕扩大安理会规模、增加常任理事国,以及限制"一票否决权"等焦点问题存在较大分歧。

11 月 11—12 日 G20 领导人第 5 次峰会在韩国首尔举行。这是 G20 峰会首次在亚洲举行,也是首次在新兴市场国家举行。峰会主要议题为汇率、全球金融安全网、国际金融机构改革和发展问题。峰会通过了"首尔发展共识"和跨年度行动计划;通过了《G20 集团首尔峰会宣言》,宣言既对当时经济复苏和长远全球治理的焦点问题给出了解答,又对包括发展在内的全球性议题作出了承诺。首尔峰会再次肯定国际金融机构改革的重要意义,支持 IMF 向包括新兴市场国家在内的代表性不足国家转移 6%以上份额。首尔峰会就汇率政策与协调提出 4 项建议。与会领导人还承诺加强全球金融网建设和加强金融监管。中国国家主席胡锦涛出席并发表了题为《再接再厉 共促发展》的重要讲话,强调各方要本着"对历史、对未来负责"的态度,站在维护人类共同利益的高度,发扬同舟共济精神,再接再厉,努力促进世界经济强劲、可持续、平衡增长。

11 月 12 日 联合国纽约总部举行特别活动,隆重庆祝联合国首个"中文语言日"。

11 月 13 日 潘基文秘书长和人权高级专员皮莱分别发表声明,对缅甸民主领袖昂山素季当天获释表示欢迎,并且敦促缅甸当局释放所有其余的政治犯。

11 月 18 日 安理会通过关于波黑局势的第 S/RES/1948(2010)号决议,授权会员国通过欧盟采取行动或与欧盟合作采取行动,自本决议通过之日起,再设立一支多国稳定部队(欧盟部队),为期 12 个月。作为稳定部队的合法继承者,接受统一指挥和控制,欧盟部队将与北约所设总部合作,继续维持在波黑的存在,以促进该地区的和平与稳定。

同日 联合国正式发起了"学术影响力"全球倡议活动,号召世界各地的高等教育机构,通过正式同意和支持有关人权、减少贫困、可持续发展等方面的十项原则,使教育成为解决全球问题的引擎。

11 月 22 日　国际刑事法院正式开庭,审理刚果(金)前副总统本巴被控在邻国中非共和国冲突期间所犯战争罪和危害人类罪的案件。

11 月 23 日　安理会通过关于几内亚比绍局势的第 S/RES/1949(2010)号决议,决定将第 S/RES/1876(2009)号决议第 3 段规定的联合国几内亚比绍建设和平综合办事处(联几建和办)的任务期限延长到 2011 年 12 月 31 日,以实现安理会巩固几内亚比绍的和平与稳定的承诺。

同日　安理会通过关于索马里局势的第 S/RES/1950(2010)号决议,决定在今后 12 个月中继续授权会员国和区域组织与索马里政府合作,在其领海内打击海盗和海上武装抢劫行为。

11 月 24 日　安理会通过关于科特迪瓦和该次区域局势的第 S/RES/1951(2010)号决议,决定授权秘书长临时从联利特派团调兵到联科行动,时间最长为 4 个星期,兵员最多为 3 个步兵连和 1 个由两架军事通用直升机组成的航空单位。

11 月 29 日　安理会通过关于刚果民主共和国的局势的第 S/RES/1952(2010)号决议,决定将第 S/RES/1807(2008)号决议规定的军火措施、运输措施、金融和旅行措施等延至 2011 年 11 月 30 日,促进恢复刚果民主共和国的安全局势。

12 月 1 日　国际刑事法院发表通报,称该法院当天已经向中非共和国政府提出正式请求,希望其采取所有必要措施逮捕苏丹总统巴希尔,并将其尽快移交给国际刑事法院接受有关战争罪和危害人类罪的审讯。

12 月 3 日　国际残疾人日,主题是"履行诺言:将残疾问题纳入千年发展目标"。

12 月 7 日　大会通过关于海洋和海洋法的第 A/RES/65/37 号决议,以 123 票赞成、1 票(土耳其)反对和 2 票(哥伦比亚和委内瑞拉)弃权的结果,结束了就海洋法举行的年度辩论。决议重申《联合国海洋法公约》规定了开展各种海洋活动都必须遵循的法律框架,是国家、区域和全球在海事领域采取行动和开展合作的依据,具有重要战略意义。

12 月 9 日　国际反腐败日。联合国发出倡议,呼吁私营部门和商界领袖采取严格反腐败政策,以提高诚信和透明度。

12 月 10 日　大会宣布"国际非洲人后裔年"将于 2011 年 1 月 1 日起正式启动。潘基文秘书长在启动仪式上讲话指出,非洲人后裔是受种族主义影响最严重的人群之一,并呼吁国际社会确保他们充分享有所有权利。

同日　世界人权日,2010 年的主题强调人权卫士为维护人权所做的工作和贡献。

12 月 11 日 在墨西哥坎昆举行的《联合国气候变化框架公约》缔约方大会第 16 次会议正式落下帷幕。成果文件就一系列减缓变化的措施达成共识,包括加强问责,保护世界森林,建立长期性气候融资基金、为发展中国家提供支持,加强科技合作,提高弱势人口适应气候变化的能力。但文件不具备约束性。

12 月 14 日 安理会通过关于塞浦路斯局势的第 S/RES/1953(2010)号决议,决定再次延长联塞部队的任务期限,至 2011 年 6 月 15 日止,以帮助希土两族领导人充分利用当前机会,加强谈判势头,按安理会相关决议的规定,能在一个政治地位平等的两族、两区联邦制基础上达成持久、全面和公正的解决。

同日 安理会通过关于前南斯拉夫问题国际刑事法庭的第 S/RES/1954(2010)号决议,决定批准凯文·帕克法官审结在任期届满前已开始审理的"多德维奇案",决定批准乌尔迪斯·基尼斯法官审结在任期届满前已开始审理的"哥托维纳等人案",重申留驻工作人员对于及时完成国际法庭的工作至关重要,敦促国际法庭采取一切可能措施,迅速完成工作。

同日 安理会通过关于卢旺达问题国际刑事法庭的第 S/RES/1955(2010)号决议,决定批准约瑟夫·阿索卡·德席尔瓦法官和塔格里德·希克迈特法官审结在其任期届满前已开始审理的"恩丁地里维马纳等人案",决定批准约瑟夫·马桑切法官审结在其任期届满前已开始审理的"哈特格基马纳案",重申国际法庭必须有足够的工作人员来迅速完成工作,并同时呼吁国际法庭再次作出努力,注重履行核心职能。

12 月 15 日 安理会通过关于伊拉克局势的第 S/RES/1956(2010)号决议,决定于 2011 年 6 月 30 日终止将石油、石油产品和天然气出口销售所得收益存入伊拉克发展基金的安排以及由国际咨询和监察委员会负责监察伊拉克发展基金的安排,决定这是伊拉克发展基金各项安排的最后一次延长。

同日 安理会通过关于伊拉克局势的第 S/RES/1957(2010)号决议,决定停止实施与大规模毁灭性武器、导弹和民用核相关的措施,敦促伊拉克尽快批准《全面保障监督协定附加议定书》和《全面禁止核试验条约》,决定在 1 年后审查伊拉克履行批准《全面保障监督协定附加议定书》和履行《化学武器公约》为其规定义务的有关承诺的进展,并请秘书长就此向安理会提交报告。

同日 安理会通过关于伊拉克局势的第 S/RES/1958(2010)号决议,

促请秘书长采取一切必要行动,停止第 S/RES/986(1995)号决议设立的以石油换食品方案的所有剩余活动,确认必须让伊拉克获得与它在第 S/RES/661(1990)号决议通过前相同的国际地位。

同日　国际刑事法院检察官奥坎波正式向该法院对 6 名肯尼亚大选后发生暴力的主要责任人提出起诉,指控他们犯有危害人类罪行,并请求法庭传唤他们出庭受审。

12 月 16 日　安理会通过关于布隆迪局势的第 S/RES/1959(2010)号决议,请秘书长按其报告(S/2010/608)中的建议,设立联合国布隆迪办事处(联布办事处),作为一个规模大幅度缩减的联合国派驻机构,从 2011 年 1 月 1 日起初步为期 12 个月,支持该国所有利益攸关方最近几年在巩固布隆迪和平、民主和发展方面取得的进展。

同日　安理会通过关于武装冲突中保护平民的第 S/RES/1960(2010)号决议,再次要求武装冲突所有各方立即完全停止一切性暴力行为,还吁请各方作出并履行关于及时调查所述侵害行为的具体承诺,以追究有侵害行为的人的责任;鼓励会员国派更多的女军人和女警员参加联合国维持和平行动,为所有军事和警务人员提供有关性暴力和基于性别暴力的充分培训,以便他们除其他外履行其责任。

同日　安理会通过关于利比里亚局势的第 S/RES/1961(2010)号决议,决定自本决议通过之日起,将第 S/RES/1521(2003)号决议第 4 段规定的旅行措施延长 12 个月;敦促利比里亚政府执行 2009 年金伯利进程审查小组的建议,加强对钻石开采和出口的内部管制;鼓励金伯利进程继续与专家小组合作,并就利比里亚实施金伯利进程证书制度的各种动态提出报告。

同日　联合国毒品和犯罪问题办公室在纽约总部与西非国家经济共同体、联合国西非办公室、联合国维持和平行动部、联合国政治事务部以及国际刑警组织共同举办高级别会议,正式启动 2010—2014 年西部非洲地区行动方案,为有效打击在该区域日渐猖獗的毒品贩运和有组织犯罪活动注入更大的动力。

12 月 17 日　为更好地反映新兴市场和发展中国家在当今世界经济中的地位与作用,国际货币基金组织决定对该组织的份额与治理进行重大改革,目前改革方案已经获得最高决策机构理事会的批准。按照这个一揽子方案进行调整之后,中国将成为基金组织第三大成员国,而印度和巴西也将跻身 10 大成员国行列。

12 月 19 日　南南合作日。潘基文秘书长在为此发表的致辞中指出,南南合作是应对饥饿、贫穷等问题的全球举措的重要组成部分;鼓励发展中国家进一步加强合作,做出更长期的努力,建设更加和平、繁荣和公平的世界。

同日 由于韩国宣布在 12 月 18—21 日期间选择 1 天在延坪岛举行实弹射击训练,朝鲜随后表示如果韩国举行演习,该国将予以强烈回击。安理会就此举行紧急磋商,由于成员国之间存在分歧,会议未果。

12 月 20 日 安理会通过关于科特迪瓦局势的第 S/RES/1962(2010)号决议,决定将联科行动任务期限延长至 2011 年 6 月 30 日。联科行动按第 S/RES/1933(2010)号决议的授权,维持 8650 人的总核定人数,其中包括至多有 7200 名官兵和参谋人员和 192 名军事观察员,以及至多有 1250 名警务人员和 8 名借调的海关干事,直至 2011 年 6 月 30 日。

同日 安理会通过关于"恐怖行为对国际和平与安全造成的威胁"的第 S/RES/1963(2010)号决议,强调联合国在全球反恐斗争中的中心作用,欣见大会通过 2006 年 9 月 8 日《联合国全球反恐战略》(第 A/RES/60/288 号决议),按照大会 2009 年 12 月 24 日第 A/RES/64/235 号决议把反恐执行工作队机构化,这将进一步加强工作队为全面协调和统一联合国系统(包括外地的)反恐工作做出的努力,并呼吁加强会员国与反恐执行工作队所进行工作的互动。

同日 国际人类团结日。潘基文秘书长呼吁向脆弱人群伸出援手,与他们团结一致,共建美好世界。

12 月 21 日 在安理会轮值主席国美国的倡议和组织之下,安理会全体成员国代表与来自全球各地的 150 多名青少年代表讨论世界面临的重要挑战,以及应对之策。这是安理会首次举办此类创新性的活动。

同日 大会通过《联合国关于女性囚犯待遇和女性罪犯非拘禁措施的规则(曼谷规则)》的第 A/RES/65/229 号决议和《关于应对全球挑战的综合战略:预防犯罪和刑事司法系统及在变化世界中的发展的萨尔瓦多宣言》的第 A/RES/65/230 号决议。

12 月 22 日 安理会通过关于索马里局势的第 S/RES/1964(2010)号决议,决定授权非洲联盟成员国继续部署非索特派团,直至 2011 年 9 月 30 日。应授权非索特派团采取一切必要措施来完成第 S/RES/1772(2007)号决议第 9 段为其规定的现有任务,并请非洲联盟继续在索马里部署非索特派团并增加其兵力,由目前规定的 8000 人增至 12000 人,从而加强它完成任务的能力。

同日 安理会通过关于联合国脱离接触观察员部队的第 S/RES/1965(2010)号决议,决定把联合国脱离接触观察员部队的任务期限延长 6 个月,至 2011 年 6 月 30 日止。

同日　安理会通过关于前南斯拉夫问题国际刑事法庭的第 S/RES/1966(2010)号决议,决定设立刑事法庭余留事项国际处理机制("余留机制"),下设两个分支机构(卢旺达问题国际法庭分支和前南问题国际法庭分支),分别在 2012 年 7 月 1 日和 2013 年 7 月 1 日开始运作,并为此决定确定通过《余留机制规约》,并请前南问题国际法庭和卢旺达问题国际法庭采取一切可能措施,至迟于 2014 年 12 月 31 日完成本决议为其规定的剩余工作,为关闭法庭做准备并确保顺利过渡到余留机制。

同日　《保护所有人免遭强迫失踪国际公约》正式生效。联合国 5 名独立人权专家联合发表声明指出,该公约生效是国际社会在打击强迫失踪罪行方面采取的重要举措,呼吁更多国家加入该公约。

同日　美国参议院 22 日下午以 71 票赞成、26 票反对的投票结果批准 4 月美国总统奥巴马和俄罗斯总统梅德韦杰夫签署的《削减和限制进攻性战略武器条约》。潘基文秘书长称这一最新进展对于核裁军和不扩散发出了一个强有力的信号。

二〇一一年

(非洲裔人国际年、国际化学年、国际森林年)

1 月 17 日　联合国贸易与发展会议发布了《全球投资趋势监测》报告,发展中国家和转型经济体吸引外国直接投资首次超过全球投资总额的一半。

1 月 19 日　安理会通过关于科特迪瓦局势的第 S/RES/1967(2011)号决议,决定核准联合国科特迪瓦行动增派 2000 名军事人员,部署至 2011 年 6 月 30 日,将第 S/RES/1942(2010)号决议授权临时增派的军事和警察人员的部署期限延至 2011 年 6 月 30 日,并核准部署 60 名建制警察部队人员,替换 60 名联合国警察,以应对非武装人群构成的威胁。

2 月 4—7 日　柬埔寨和泰国在边境柏威夏寺连续发生多起武装冲突,安理会对此表示关注,呼吁两国立即停火,采取对话与合作的方式持续解决冲突。

2 月 16 日　安理会通过关于科特迪瓦局势的第 S/RES/1968(2011)号决议,决定延长从联合国利比里亚特派团临时调至联合国科特迪瓦特派团的 3 个步兵连和由两架军事通用直升机和 3 架武装直升机及机组人员组成的航空单位的部署期限,最多延长 3 个月。

2 月 17 日 利比亚国内发生大规模示威抗议,要求政府下台,随后游行示威者与安全部队发生武装冲突。利比亚领导人卡扎菲发表强硬讲话,表明不会辞职和离开国家,政府军与反对派冲突升级。

2 月 18 日 美国在安理会否决了多国提出的谴责以色列占领耶路撒冷的决议草案。草案中呼吁所有各方按照商定的职权范围并在 2010 年 9 月 21 日 4 方在其声明中规定的时限内,继续就中东和平进程中的最终地位问题进行谈判,以利于促进和平与安全。

2 月 24 日 安理会通过关于东帝汶局势的第 S/RES/1969(2011)号决议,决定按照目前核定编制,将联合国东帝汶综合特派团的任务期限延长至 2012 年 2 月 16 日,并督促东帝汶所有各方,特别是政治领导人,继续共同协作,参与政治对话。

同日 联合国妇女权能署正式成立。该机构由联合国妇女发展基金等 4 个联合国专门妇女机构合并而成。2010 年 9 月 14 日,智利前总统巴切莱特被任命为妇女署的负责人。该机构已于 1 月 1 日开始运作。

2 月 25 日 联合国人权理事会通过决议,对利比亚当局最近犯下的严重和蓄意侵犯人权的行为表示谴责,决定对当局镇压民众可能犯下的危害人类罪进行调查,建议联合国大会考虑取消利比亚人权理事会的会员国资格。

2 月 26 日 安理会通过关于利比亚局势的第 S/RES/1970(2011)号决议,敦促利比亚当局保持最大克制,尊重人权和国际人道主义法,确保所有外国国民及其资产的安全,立即解除对所有形式媒体的限制;决议决定把 2011 年 2 月 15 日以来的利比亚局势问题移交国际刑事法院检察官;决议要求所有会员国立即采取必要措施对利比亚实施武器禁运,决定对附件一中所列的有关个人发布旅行禁令;决议还提出,所有会员国应冻结其境内有决议附件二中所列的个人或实体资产;安理会决定成立一个由安理会全体成员组成的安全理事会委员会,以监测各项措施的执行情况,审查情报。

3 月 1 日 联合国大会召开全体会议,通过了由博茨瓦纳、加蓬、约旦等国提出的有关暂时取消利比亚在人权理事会成员资格的第 A/RES/65/265 号决议。

3 月 3 日 安理会通过关于利比里亚局势的第 S/RES/1971(2011)号决议,决定终止第 S/RES/1625(2005)号决议第 5 段给予的授权,请联合国利比里亚特派团至迟于 2011 年 3 月 7 日撤出塞拉利昂问题特别法庭提供保护的军事人员。

同日 国际刑事法院正式宣布对自 2 月 15 日以来由于卡扎菲当局武

力镇压和平示威民众而可能犯下的危害人类罪进行立案调查。这是国际刑事法院在向苏丹总统巴希尔发出通缉令后第 2 次对主权国家在职领导人提出指控。

3 月 11 日　日本东北部海域发生里氏 9.0 级地震并引发海啸,1000 多人遇难。地震还造成了日本福岛核电站发生核泄漏事故。

3 月 17 日　安理会通过关于索马里局势的第 S/RES/1972(2011)号决议,谴责武器和弹药供应和与这些供应相关的财务和技术援助违反军火禁运流入或流经索马里,呼吁所有国家遵守规定,不采取任何违反军火禁运的活动。

同日　安理会通过关于"利比亚局势——设立禁飞区"的第 S/RES/1973(2011)号决议,谴责利比亚当局未遵守第 S/RES/1970(2011)号决议,谴责利比亚当局未遵守第 S/RES/1970(2011)号决议,认定对利比亚局势继续对国际和平与安全构成威胁,要求立即实行停火,全面停止暴力和对平民的所有袭击和虐待。决议授权已通知秘书长的以本国名义或通过区域组织或安排和与秘书长合作采取行动的会员国,采取一切必要措施,以保护平民。安理会还决定在利比亚领土设置禁飞区,要求会员国强制执行武器禁运,对利比亚的飞机实施禁飞,对利比亚的资产进行冻结。决议决定请秘书长与委员会协商,设立一个最多由 8 名专家组成的专家小组,在委员会的指导下,协助执行各项任务,收集、审查和分析各国、联合国相关机构和其他有关各方执行情况,并提出相关建议。

3 月 22 日　安理会通过关于阿富汗局势的第 S/RES/1974(2011)号决议,决定将联合国阿富汗援助团的任务延长至 2012 年 3 月 23 日,并决定联阿援助团和秘书长特别代表在其任务范围内,尤其注意推动国际社会协调一致地对阿富汗政府的发展和治理,其中包括新的国家优先方案拟定工作、努力提高阿富汗政府使用发展援助的透明度和效率等多项任务。

3 月 30 日　安理会通过关于科特迪瓦局势的第 S/RES/1975(2011)号决议,对科特迪瓦最近出现的暴力升级,可能再次陷入内战的局势表示严重关切。强调必须追究应对这些严重暴行和侵犯行为,包括其控制下的部队采取此种行为负责者的责任,谴责洛朗·巴博不接受非洲联盟成立的高级别小组提出的全面政治解决方案,并敦促他立即让位。

4 月 1 日　国际法院以程序原因对格鲁吉亚诉俄罗斯种族清洗案不予受理。联合国国际法院以 10 票对 6 票的结果,裁定该法院目前对此案没有管辖权。

4 月 4 日　联合国气候变化谈判会议在曼谷举行,来自 173 个国家的

1500 多名代表出席了此次会议。联合国呼吁各国政府本着灵活和妥协的态度,争取早日取得实质性成果。

4 月 7 日 大会通过第 A/RES/65/271 号决议,宣布 4 月 12 日为载人空间飞行国际日,以便每年在国际一级庆祝人类空间时代的开始,同时重申空间科学和技术在实现可持续发展目标,增进各国和人民福祉,并确保实现其为和平目的维护外层空间的愿望方面所做的重要贡献。

4 月 11 日 安理会通过关于索马里局势的第 S/RES/1976(2011)号决议,确认索马里境内一直缺少稳定是海盗问题的重要起因之一,强调国际社会联合采取措施解决海盗问题。决议还呼吁各国可酌情在劫持人质问题方面展开合作。

4 月 20 日 安理会通过关于不扩散大规模毁灭性武器的第 S/RES/1977(2011)号决议,强调各国应依据国际法采取措施加强出口管制,控制可用于大规模毁灭性武器及其运载工具的技术的无形转让和信息的获取,防止为扩散提供资金和运输扩散物资,保护敏感材料安全。安理会重申第 S/RES/1540(2004)号决议的各项决定和要求,决定将第 S/RES/1540(2004)号决议所设委员会(即 1540 委员会)的任务期限延长 10 年,至 2021 年 4 月 25 日止。请 1540 委员会确定有效的做法、模板和准则,考虑制定一个有关第 S/RES/1540(2004)号决议的技术参考指南以供各国执行使用。

4 月 27 日 安理会通过关于"秘书长关于苏丹的报告"的第 S/RES/1978(2011)号决议,考虑到苏丹南方公民投票委员会 2011 年 2 月 7 日宣布的结果,决定将联合国苏丹特派团任务期限延至 2011 年 7 月 9 日,并宣布打算设立一个特派团接替联苏特派团。

同日 安理会通过关于西撒哈拉局势的第 S/RES/1979(2011)号决议,重申需要全面遵守与联合国西撒哈拉全民投票特派团达成的有关停火的各项军事协定,呼吁有关双方继续展示政治意愿,进行更深入和实质性的谈判,决定将西撒特派团目前的任务期限延至 2012 年 4 月 30 日。

4 月 28 日 安理会通过关于科特迪瓦局势的第 S/RES/1980(2011)号决议,决定将第 S/RES/1572(2004)等号决议中有关规定的军火措施和金融及旅行措施延至 2012 年 4 月 30 日,还决定将第 S/RES/1643(2005)号决议中所规定的防止任何国家从科特迪瓦进口任何毛坯钻石的措施延至同日。决议还敦促所有非法武装战斗人员立即放下武器。

4 月 29 日 人权理事会通过决议,谴责叙利亚当局对和平抗议者使用致命暴力,敦促叙利亚政府立即停止一切侵犯人权的行为。决议要求联合国人权高级专员办公室紧急向叙利亚派遣一个小组进行调查。此项决议草案由美国提出,美国、英国、法国、日本、韩国等 26 个国家赞成,中国、俄罗斯、古巴、巴基斯坦、马来西亚、孟加拉国、厄瓜多尔、加蓬和毛里塔尼亚等 9 个国家反对,沙特阿拉伯、泰国、乌克兰、尼尔利亚、喀麦隆、吉布提、乌干达 7 国弃权,巴林、卡塔尔、约旦和安哥拉缺席。

5 月 3 日 大会通过第 A/RES/65/275 号决议,决定将 7 月 30 日定为国际友谊日。

同日 巴勒斯坦民族解放运动法塔赫与巴伊斯兰抵抗运动哈马斯在埃及开罗正式签署和解协议,结束双方近 4 年的对立状态。这份协议由埃及起草,主要内容包括成立由独立人士组成的临时过渡政府,负责为大选做准备和重建加沙;协议签订 1 年后举行巴民族权力机构主席和议会选举;成立"最高委员会"以协调安全事务等。

5 月 13 日 安理会通过关于科特迪瓦局势的第 S/RES/1981(2011)号决议,决定将联合国科特迪瓦行动任务期限延至 2011 年 7 月 31 日。

5 月 16—20 日 2011 年信息社会世界峰会论坛在日内瓦举行,此次会议主题为"通过信息通信技术促进发展"。

5 月 16—24 日 第 64 届世界卫生大会在日内瓦举行,会议通过了 28 项重要决议,其中包括应对流感大流行行动框架和一项新的防治艾滋病综合战略,成果丰富。

5 月 16 日—6 月 3 日 第 16 届世界气象大会在日内瓦召开,与会代表针对为帮助各国应对气候变化所带来的破坏性影响的新行动计划进行讨论,并将审议"全球气候服务框架"(Global Framework for Climate Services)。

5 月 17 日 安理会通过关于"秘书长关于苏丹的报告"的第 S/RES/1982(2011)号决议,认定苏丹局势继续对该区域国际和平与安全构成威胁,并决定将专家小组的任务期限延至 2012 年 2 月 19 日。

5 月 20 日 大会举行全体会议,选举了 15 个联合国人权理事会的新成员,以替代法国、英国等 15 个任期即将于 2011 年 6 月 18 日届满的现任人权理事会成员国。此次新增成员为:布基纳法索、博茨瓦纳、刚果共和国、贝宁、印度尼西亚、菲律宾、印度、科威特、捷克、罗马尼亚、智利、哥斯达黎加、秘鲁、奥地利和意大利。此次成员的任期将从 2011 年 6 月开始,为期 3 年。

5 月 26 日 教科文组织在巴黎总部举行女童和妇女教育全球伙伴关系计划的启动仪式。此次计划以"让生活更美好,让未来更美好"为主题,将寻求合作与创新方案,以解决应对妇女与女童教育中最根本的障碍与挑战。目前已有数个项目开始在部分国家运行。

6月1—17日 第100届国际劳工大会在日内瓦开幕,来自各国政府、雇主和劳工方面的3000多名代表参加了本届会议。国际劳工组织总干事索马维亚向大会提交了一份题为《一个社会正义的新时代》的报告,指出世界人口的80%享受着30%的财富,而70%的财富却集中在上层20%人的手里,世界须纠正越来越不平等的趋势。

6月2日 中国国家副主席习近平与潘基文秘书长在罗马举行会晤,双方就八国峰会、苏丹、中东和北非、朝鲜半岛、缅甸以及支持发展等一系列问题进行了讨论。

6月3日 世界卫生组织任命中国歌唱家彭丽媛为"抗击结核病和艾滋病亲善大使"。

6月7日 安理会通过关于"艾滋病病毒/艾滋病流行病对国际和平与安全的影响"的第 S/RES/1983(2011)号决议,着重指出,国际社会仍需采取协调一致的行动,控制艾滋病病毒在冲突中和冲突后的影响,敦促各方支持建立和加强各国保健系统与民间社会网络的能力。

6月9日 安理会通过关于防扩散的第 S/RES/1984(2011)号决议,认定大规模毁灭性武器及其运载工具的扩散继续威胁国际和平与安全,决定将第 S/RES/1929(2010)号决议规定的专家小组任期延至2012年6月9日。

同日 联合国人权理事会就利比亚问题国际调查委员会举行特别听证和互动对话会。中国常驻联合国日内瓦代表团大使何亚非在大会发言中表示,中方对利比亚国内局势持续动荡引发的人道主义危机感到忧虑,对冲突不断升级造成平民伤亡深表关切。

6月10日 安理会通过关于"防扩散:朝鲜民主主义人民共和国"的第 S/RES/1985(2011)号决议,认定核武器、化学武器和生物武器及其运载工具的扩散继续威胁国际和平与安全,决定将第 S/RES/1874(2009)号决议规定的专家小组任期延至2012年6月12日。

同日 苏丹武装部队和南方的苏丹人民解放军5月在苏丹中部盛产石油区南科尔多凡州首府卡杜格莉发生激烈交火,造成人员伤亡和大批民众流离失所。联合国呼吁所有交战方确保人道行动的畅通,使民众得到急需的援助。

同日 大会通过题为《关于艾滋病病毒和艾滋病问题的政治宣言:加大行动力度,消灭艾滋病病毒和艾滋病》的第 A/RES/65/277号决议。

6月13日 安理会通过关于塞浦路斯局势的第 S/RES/1986(2011)号决议,欢迎塞浦路斯谈判中取得的进展,决定将联合国塞浦路斯部队的任期再次延长,至 2011 年 12 月 15 日止。

6 月 17 日　安理会通过关于推荐联合国秘书长人选的第 S/RES/1987 (2011) 号决议,审议了推荐联合国秘书长人选问题,建议大会任命潘基文连任秘书长,任期为 2012 年 1 月 1 日至 2016 年 12 月 31 日。

同日　安理会通过关于制裁塔利班的第 S/RES/1988(2011) 号决议,决定对塔利班及其有关方面实施资产冻结、阻止入境或过境、军事支持,并鼓励所有会员国向专门委员会提名任何参与和支持塔利班的名单,酌情与阿富汗政府协调除名工作,以确保与阿富汗政府的和平与和解努力相协调。

同日　安理会通过关于制裁基地组织的第 S/RES/1989(2011) 号决议,决定对基地组织及其有关的方面实施资产冻结,阻止其入境或过境或者获得军事支持,并鼓励所有会员国向专门委员会提名任何参与和支持基地组织的名单。

6 月 21 日　联合国大会任命潘基文连任联合国秘书长,任期自 2012 年 1 月 1 日起至 2016 年 12 月 31 日。

6 月 27 日　安理会通过关于苏丹局势的第 S/RES/1990(2011) 号决议,对 2011 年 6 月 20 日达成的《苏丹政府与苏丹人民解放运动关于阿卜耶伊地区临时行政和安全安排的协议》表示欢迎,决定设立联合国阿卜耶伊临时安全部队,任期为 6 个月,联阿安全部队最高人数可包括 4200 名军事人员、50 名警察和适当的文职支助人员。

6 月 28 日　安理会通过关于刚果民主共和国局势的第 S/RES/1991 (2011) 号决议,确认近年刚果民主共和国整个和平与安全局势有所改善,决定将联合国组织刚果民主共和国稳定特派团的任期延至 2012 年 6 月 30 日。

6 月 29 日　安理会通过关于科特迪瓦局势的第 S/RES/1992(2011) 号决议,决定将联合国利比里亚特派团向联合国科特迪瓦行动部署的 3 架有机组人员的武装直升飞机期限延至 2011 年 9 月 30 日,并决定向联合国科特迪瓦行动增派 2000 名军事人员以及将第 S/RES/1942(2010) 号决议核定临时增加的军事和警察人员部署期延至 2011 年 7 月 31 日。

同日　安理会通过关于前南斯拉夫问题国际法庭的第 S/RES/1993 (2011) 号决议,注意到国际法庭可能没有足够的人员来执行判决,决定将国际法庭担任审判分庭法官的让—克洛德·安托内蒂等常任法官任期延至 2012 年 12 月 31 日;决定将国际法庭担任审判分庭法官的梅尔维尔·贝尔德等审案法官的任期延至 2012 年 12 月 31 日。

6 月 30 日　安理会通过关于中东局势的第 S/RES/1994(2011) 号决

议,对中东局势紧张表示关切,呼吁所有各方按照现有协议,全面配合观察员部队行动,并决定将联合国脱离接触观察员部队的任期延长至2011年12月31日。

7月6日　安理会通过关于卢旺达问题国际法庭的第 S/RES/1995(2011)号决议,指出,国际法庭庭长和检察官对人员配置问题表示关切,决定审案法官有资格当选或投票当选国际法庭庭长,当选为国际法庭庭长的审案法官可以行使与常任法官相同的权力,目前作为审案法官拥有的服务条件也不会改变;当选为国际法庭副庭长的审案法官可以根据规定,在必要时代行庭长职务,作为审案法官拥有的服务条件也不会改变。安理会还决定,但丹尼斯·拜伦法官可自2011年9月1日起,部分时间工作并从事另一项司法工作,直至指派其审理的案件结案。

7月8日　安理会通过关于设立联合国南苏丹特派团的第 S/RES/1996(2011)号决议,决定于2011年7月9日设立联合国南苏丹共和国特派团(南苏丹特派团),初步任期1年,视需要予以延长。南苏丹特派团将最多有7000名军事人员,包括军事联络官和参谋人员,最多有900名文职警察人员,包括酌情配置建制单位,适当的文职部门以及进行人权调查的技术专业人员。3个月和6个月后可审查当地情况是否允许把军事人员减少到6000人。安理会授权南苏丹特派团为南苏丹国家的长期建设和经济发展创造条件,并支持南苏丹政府履行预防、缓解和消除冲突和保护平民的责任。

7月11日　安理会通过关于联合国苏丹特派团的任务终止的第 S/RES/1997(2011)号决议,决定在2011年7月11日起撤出联合国苏丹特派团,并请秘书长将联苏特派团的适当人员、设备、用品和其他资产,连同履行新范围职能所需适当人员和物资,转交南苏丹特派团和联阿安全部队。

7月12日　安理会通过关于儿童与武装冲突的第 S/RES/1998(2011)号决议,呼吁武装冲突各方严格遵守它们根据国际法应承担的在武装冲突中保护儿童的义务,敦促武装冲突各方不采取阻碍儿童享受教育和保健服务的行动。

7月13日　安理会通过关于接纳新会员国的第 S/RES/1999(2011)号决议,审查了南苏丹共和国要求加入联合国的申请,建议大会接纳其为联合国会员国。

7月14日　第65届联合国大会以鼓掌方式一致通过第 A/RES/65/308号决议,正式接纳南苏丹共和国为联合国第193个会员国。

7月18日　国际法院要求泰国与柬埔寨立即从柏威夏寺附近地区撤

军。柏威夏寺建于公元 10 世纪至 12 世纪,是一座古代高棉印度教寺庙,供奉着印度教三大主神之一的湿婆。柬埔寨和泰国对柏威夏寺的主权争议由来已久,国际法院曾在 1962 年就柏威夏寺的归属做出裁决,判定"柏威夏寺位于柬埔寨主权领土范围内"。柬埔寨在 2011 年 4 月 28 日向国际法院提出诉状,要求国际法院命令泰国立即无条件从柏威夏寺周边区域撤军。

7 月 27 日　安理会通过关于科特迪瓦局势的第 S/RES/2000(2011)号决议,决定将联科行动的任期延长到 2012 年 7 月 31 日,联科行动军事部门的核定兵员仍为 9792 人,有 9600 名官兵和参谋人员,其中包括第 S/RES/1942(2010)号和第 S/RES/1967(2011)号决议批准增派的 2400 人,以及 192 名军事观察员。

7 月 28 日　安理会通过关于伊拉克局势的第 S/RES/2001(2011)号决议,决定将联合国伊拉克援助团的任务期限延长 12 个月。

7 月 29 日　安理会通过关于索马里局势的第 S/RES/2002(2011)号决议,再次对索马里境内人道主义局势恶化和当前干旱和饥荒的影响表示严重关切,呼吁终止挪用资金行为。

同日　安理会通过关于苏丹局势的第 S/RES/2003(2011)号决议,决定将达尔富尔混合行动的任务期限再延长 12 个月,至 2012 年 7 月 31 日止。并要求冲突所有方面,尽一切努力达成永久停火,并在《促进达尔富尔和平多哈文件》的基础上达成全面和平解决办法,以实现该区域的稳定和持久和平。

8 月 9 日　世界土著人民国际日,主题是"本土设计:欢庆传说与文化、铸造我们的未来"。

8 月 19 日　世界人道主义日,主题是"守望相助"(People Help People)。

8 月 30 日　安理会通过关于中东局势的第 S/RES/2004(2011)号决议,决定将联合国驻黎巴嫩临时部队的任务期限延至 2012 年 8 月 31 日,敦促以色列同联黎部队协调,加快从盖杰尔北部撤军。

9 月 8 日　联合国可持续发展大会高级别研讨会在北京开幕,此次会议是为 2012 年 6 月在巴西里约热内卢举行的联合国可持续发展大会做准备。

同日　国际刑警组织就逮捕卡扎菲等人发出红色通告,要求各国协助逮捕卡扎菲、其子赛义夫和原情报部门负责人塞努西,并将其引渡到海牙。早在 6 月 27 日,国际刑事法院批准了检察官莫雷诺—奥坎波提出的申请,对卡扎菲等 3 人签发了逮捕令,指控其犯有危害人类罪。

9月9日 联合国纽约总部举行庄严仪式,纪念"9·11"恐怖袭击事件10周年。安理会当天发表主席声明,重申加强国际合作、打击恐怖主义的决心。

9月13日 第66届联合国大会开幕,纳西尔·阿卜杜勒阿齐兹·纳赛尔(卡塔尔)担任大会主席,会议主题是"加强调解在和平解决争端、预防冲突和解决冲突方面的作用"。纳赛尔在开幕致辞中表示,联合国目前正处于一个关键的历史时期,他将和平解决分歧、联合国改革、灾害预防与应对、可持续发展四大领域作为本届联合国大会的工作重点。

9月14日 安理会通过关于塞拉利昂局势的第 S/RES/2005(2011)号决议,决定将联合国塞拉利昂建设和平综合办事处的任务期限延长至2012年9月15日,并强调联塞建和办必须和联合国国家工作队一起在各自任务范围内实现《共同愿景》的各项目标。

同日 安理会通过关于卢旺达问题国际法庭的第 S/RES/2006(2011)号决议,决定再次任命哈桑·布巴卡尔·贾洛先生为卢旺达问题国际法庭检察官,任期为2011年9月15日至2014年12月31日。

同日 安理会通过关于前南斯拉夫问题国际法庭的第 S/RES/2007(2011)号决议,决定再次任命塞尔日·布拉默茨先生为前南斯拉夫问题国际法庭检察官,任期为2012年1月1日至2014年12月31日。

9月15日 首届国际道德与旅游业国际大会在马德里开幕,此次大会由联合国世界旅游组织与西班牙政府联合主办。与会代表将就确保旅游业的社会责任与可持续性展开辩论。

9月16日 第66届联合国大会以114票赞成、17票反对、15票弃权的表决结果,通过了有关出席本届联合国大会的各国代表全权证书的第 A/RES/66/1A 号决议,在事实上认可了由利比亚全国过渡委员会获得该国在联合国大会的席位。

同日 安理会通过关于利比里亚局势的第 S/RES/2008(2011)号决议,决定将联合国利比里亚特派团的任务期限延至2012年9月30日。

同日 安理会通过关于利比亚局势的第 S/RES/2009(2011)号决议,欢迎利比亚局势的改善,鼓励全国过渡委员会执行其计划。决议还决定设立联合国利比亚支助团,并对武器禁运、资产冻结、禁飞区和飞行禁令做出了一些修改。

9月19日 大会通过关于《预防和控制非传染性疾病问题大会高级别会议的政治宣言》的第 A/RES/66/2 号决议。宣言中表示将通过国际合作的方式预防和控制非传染性疾病,减少风险并且促进健康的环境。

9 月 22 日　联合国大会举行纪念《德班宣言和行动纲领》通过 10 周年高级别会议。会议通过《团结起来,反对种族主义、种族歧视、仇外心理和相关不容忍行为》的第 A/RES/66/3 号决议。

9 月 23 日　巴勒斯坦民族权力机构主席阿巴斯正式向潘基文秘书长提交加入联合国的申请。根据《联合国宪章》的规定,秘书长将向安理会提交申请,由安理会向大会推荐,最后由联合国大会表决通过。

9 月 30 日　安理会通过关于索马里局势的第 S/RES/2010(2011) 号决议,决定授权非洲联盟成员国继续部署非索特派团,直至 2012 年 10 月 31 日,并请非洲联盟将其兵力迅速增至规定的 12000 名军警人员。

10 月 3 日　国际刑事法院授权检察官就科特迪瓦总统大选后发生的所指战争罪和危害人类罪展开调查。

10 月 4 日　安理会就中东局势问题举行公开会议,并就一份由法国、德国、葡萄牙和英国共同起草提交的有关谴责叙利亚的决议草案进行表决。表决结果为 9 票赞成,2 票否决,4 票弃权。安理会常任理事国中国和俄罗斯投票反对,决议未通过。

10 月 11—12 日　联合国亚太经济与社会理事会在泰国首都曼谷召开高级别研讨会。这次会议的主题为"G20 戛纳峰会高级别研讨会——亚太地区的观点",其目的是使亚太地区所有国家能够以协调一致的声音参与G20 峰会全球经济事务的讨论。

10 月 12 日　安理会通过关于阿富汗局势的第 S/RES/2011(2011) 号决议,重申对阿富汗主权、独立、领土完整和国家统一的承诺,决定将国际安全援助部队的授权延长 12 个月,至 2012 年 10 月 13 日止。

10 月 14 日　安理会通过关于海地局势的第 S/RES/2012(2011) 号决议,将联合国海地稳定特派团任务的期限延长至 2012 年 10 月 15 日,并规定联海稳定团的总兵力最多有 7340 名各级官兵和 3241 名警察。

同日　安理会通过关于卢旺达问题国际刑事法庭的第 S/RES/2013 (2011) 号决议,因情况特殊,安理会决定巴赫季亚尔·图兹穆哈梅多夫法官可兼职从事另一项司法工作,至 2011 年 12 月 31 日止。

10 月 20 日　利比亚前领导人卡扎菲在家乡苏尔特附近被利比亚反政府武装俘获并虐杀。

10 月 21 日　安理会通过关于中东局势的第 S/RES/2014(2011) 号决议,强烈谴责也门当局继续侵犯人权,要求所有方面立即拒绝使用暴力来达到政治目标,并鼓励国际社会向也门提供人道主义援助。中国代表在安理会审议也门问题时表示,希望也门所有各派继续落实海合会倡议及其实施机制,遵守安理会决议,通过对话协商等和平方式化解分歧,确保政治过渡按期、顺利完成。

10 月 24 日 安理会通过关于索马里局势的第 S/RES/2015(2011)号决议,欢迎索马里方面在 2011 年 9 月 6 日过渡路线图中把同区域实体一起制定反海盗政策和立法列为过渡联邦机构的一项重大任务。决议指出,安理会已表示今后将视路线图任务的完成情况为过渡联邦机构提供支持。

10 月 27 日 安理会通过"关于利比亚局势——终止禁飞区和保护平民"的第 S/RES/2016(2011)号决议,欢迎利比亚境内出现积极事态发展,决定第 S/RES/1973(2011)号决议汇总规定的保护平民和禁飞区规定于利比亚当地时间 2011 年 10 月 31 日 23 时 59 分终止。

10 月 31 日 安理会通过关于"利比亚局势——评估从利比亚扩散的各类军火和相关物资,特别是与恐怖主义有关的威胁和挑战"的第 S/RES/2017(2011)号决议,呼吁利比亚当局采取所有必要措施,防止各类军火和相关物资,尤其是便携式地对空导弹的扩散,并继续与禁止化学武器组织协调销毁化学武器。

同日 安理会通过关于"打击几内亚湾海盗和海上武装抢劫行为"的第 S/RES/2018(2011)号决议,对几内亚湾海盗和海上武装抢劫行为表示谴责,欢迎打算召开一次几内亚湾国家元首峰会,鼓励西非国家经济共同体、中部非洲国家经济共同体和几内亚湾委员会国家拟定一项全面打击海盗和海上武装抢劫行为的战略。

11 月 1 日 联合国机构发布了一项旨在改善海洋和沿海地区管理的《海洋及沿海地区可持续发展蓝图》计划,公布了保护海洋 10 条建议。

11 月 3—4 日 G20 领导人第 6 次峰会在法国戛纳举行。峰会主要讨论了世界经济形势、"强劲、可持续和平衡增长框架"、国际货币体系改革、大宗商品价格等问题,重点讨论了欧洲国家的主权债务问题;强调 G20 的宏观经济政策协调;呼吁建立一个更稳定和更能抗风险的国际货币体系,扩大 IMF 特别提款权货币组成篮子。会议通过了《增长与就业行动计划》,G20 集团成员承诺在短期内应对经济脆弱性,恢复金融稳定,在中期加固经济增长基础。所有 G20 集团成员都将进一步推动结构改革,挖掘增长潜力,促进就业,加强各国和国际金融体系稳定,倡导贸易和投资自由化。此外,法国总统萨科齐还强调,戛纳峰会达成 3 点共识:(1)确保 IMF 拥有充足资源以发挥其作用,将在此前增资共识的基础上随时进行新的增资;(2)采取一切措施促进经济增长;(3)强调社会保障体系也是促进经济增长的有利因素,G20 集团成员,特别是新兴市场国家,承诺建立和完善社会保障体系。中国国家主席胡锦涛出席并发表了题为《合力推动增长　合作谋求共赢》的重要讲话,全面阐述了中国对走出国际金融危机,加强全球经济治理,实现世界经济强劲、可持续、平衡增长的立场和主张。

11 月 16 日　安理会通过关于波黑局势的第 S/RES/2019(2011)号决议,再度重申支持《波黑和平总框架协定》及其各项附件(统称《和平协定》以及 1995 年 11 月 10 日《关于落实波黑联邦的代顿巴黎协定》,并吁请各方严格遵守各自义务。

11 月 22 日　安理会通过关于索马里局势第 S/RES/2020(2011)号决议,确认索马里目前的不稳定是海盗问题的基本起因之一,造成索马里沿海的海盗和海上武装抢劫问题,呼吁各国采取积极措施参与打击海盗和海上武装抢劫行为。

11 月 27 日　早在 1980 年 10 月,联合国通过了旨在停止使用可被认为具有过度不人道或滥杀滥伤作用的某些类型武器的《特定常规武器公约》及 3 个附加议定书,规定了保护平民、民用目标和在某些情况下保护军事人员的新规则。该公约所附加的第 2 号议定书,即《禁止或限制使用地雷(水雷)、饵雷和其他装置的议定书》,又简称为《地雷议定书》,是全球第 1 个限制地雷武器使用的国际公约。潘基文秘书长在致辞中指出,《地雷议定书》在 1996 年得到了全面修订,将条约适用范围扩大到了非国际武装冲突,禁止不可探测杀伤人员地雷的使用,并规定不具有自毁和自失功能的地雷只能布设在受到军事人员监视并以栅栏等方式加以保护的标界区内,以确保将平民排除在危险区域之外。同时,《修订的地雷议定书》还要求各国在管辖范围内严格遵守并履行相关规定,并对违约行为予以处罚制裁。潘基文向 97 个已经表示同意接受《修订的地雷议定书》的国家表示祝贺,呼吁所有尚未采取行动的国家尽快成为缔约方,并切实履行规约义务,以增加对提高地雷意识和排雷行动的支持,加强全球团结,共同努力消除地雷威胁。

11 月 29 日　安理会通过关于刚果民主共和国的局势的第 S/RES/2021(2011)号决议,对刚果民主共和国包括南北基伍省和东方省内有的武装团体,致使整个地区长期笼罩在不安全气氛的情况再次表示严重关切,决定将第 S/RES/1807(2008)号决议中规定的军火措施、运输措施以及金融和旅行措施延至 2012 年 11 月 30 日,将专家组任期延至 2012 年 11 月 30 日。

12 月 2 日　安理会通过关于利比亚局势的第 S/RES/2022(2011)号决议,决定将联合国利比亚支助团的任务期限延至 2012 年 3 月 16 日,支助团的任务还应包括在与利比亚过渡政府协调和协商后,协助和支持利比亚在全国努力消除各类军火和相关物资尤其是便携式地对空导弹扩散的威胁。

12月5日 安理会通过关于索马里局势的第 S/RES/2023(2011)号决议,决议要求厄立特里亚提供自 2008 年 6 月 10—12 日发生冲突后在战场上失踪的吉布提作战人员的信息以便确定战俘的情况,并停止一切直接或间接破坏各国稳定的行动。安理会还呼吁有关各方和平解决争端,实现关系正常化。中国常驻联合国代表李保东大使在决议通过后的解释性发言中表示,中方高度关注非洲之角局势,反对一切危及地区和平与稳定的言行,主张非洲国家保持团结,通过对话和协商妥善解决分歧,希望非盟等地区组织发挥积极作用。中方一贯对制裁持谨慎态度,认为制裁可能导致局势更加复杂,并影响当事国的经济发展和民生,因此投了弃权票。

12月6日 印度尼西亚批准《全面禁止核试验条约》。

12月9日 大会通过题为《和平利用外层空间的国际合作》的第 A/RES/66/71 号决议,旨在促进和扩大以和平为目的的探索和利用属于全人类的外层空间并继续努力使所有国家都从中受益符合人类共同利益。

同日 大会通过关于《联合国人权教育和培训宣言》的第 A/RES/66/137 号决议。宣言旨在促进世界范围内的人权教育和培训都得到基本自由的尊重。

12月10日 大会通过关于"创造全球网络安全文化的要点"的第 A/RES/57/239 号决议。决议包括对创造网络安全提出了意识、责任、反应、道德、民主、风险评估、安全设计和实施、安全管理和再行评估等 9 项要点。

12月14日 安理会通过关于"秘书长关于阿卜耶伊局势的报告"的第 S/RES/2024(2011)号决议,决定联合国阿卜耶伊临时安全部队任务还应包括在非军事化边界安全区、联合政治和安全机制总部、区总部和队部在内的扩大行动区内开展工作,支持联合政治和安全机制业务,为双方联络提供便利,协助建立相互信赖。

同日 安理会通过关于利比亚局势的第 S/RES/2025(2011)号决议,严重关切地注意到利比亚政府在执行第 S/RES/1532(2004)号决议第 1 段规定的金融措施方面缺乏进展,决定在决议通过之日后的 12 个月期间,延长第 S/RES/1521(2003)号决议中所规定的旅行措施以及此前多次决议规定和修订的军火措施,并将专家小组任期延长 12 个月。

同日 安理会通过关于塞浦路斯局势的第 S/RES/2026(2011)号决议,注意到塞浦路斯政府同意联合国驻塞浦路斯维持和平部队有必要留驻至 2011 年 12 月 15 日以后,呼吁双方领导人加强谈判势头,努力达成共识,并酌情加强民间社会在谈判进程中的参与。

12月20日　安理会通过关于布隆迪局势的第 S/RES/2027（2011）号决议，非常关切地注意到布隆迪各地发生的对平民以及安全和国防部队的袭击和邻近国家有准军事活动的报道，决定将第 S/RES/1959（2010）号决议规定的任务期限延至 2013 年 2 月 15 日，并要求联合国布隆迪综合办事处继续在妇女和青年的社会经济发展和深化区域一体化方面对布隆迪政府提供支持。

12月21日　安理会通过关于中东局势的第 S/RES/2028（2011）号决议，对中东局势表示关切，呼吁所有各方按照协议，全面配合联合国脱离接触观察员部队的行动，决定将联合国脱离接触观察员部队的任务期限延长至 2012 年 6 月 30 日。

同日　安理会通过关于卢旺达问题国际刑事法庭的第 S/RES/2029（2011）号决议，指出，国际法庭庭长和检察官对人员配置问题深表关切，决定将国际法庭担任审判分庭法官的查尔斯·迈克尔·丹尼斯·拜伦等常任法官的任期延长至 2012 年 6 月 30 日；将国际法庭担任审判分庭法官的弗洛朗斯·丽塔·阿雷等审案法官的任期延长至 2012 年 6 月 30 日。

同日　安理会通过关于几内亚比绍局势的第 S/RES/2030（2011）号决议，决定将联合国几内亚比绍建设和平综合办事处任务期限延至 2013 年 2 月 28 日。

同日　安理会通过关于中非共和国局势的第 S/RES/2031（2011）号决议，决定将中非建和办的任期延长到 2013 年 1 月 31 日，鼓励政府继续以协商一致和包容的方式与反对派进行协商，强调乍得、苏丹和中非共和国需要执行 2011 年 5 月 23 日在喀土穆签署的通过联合巡逻加强其共同边界地区安全的 3 方协议。

12月22日　大会通过第 A/RES/66/221 号决议，申明需要提高公众对藜麦的营养、经济、环境和文化属性的认识，决定宣布 2013 年为国际藜麦年。

大会通过第 A/RES/66/222 号决议，认识到家庭农业和小农农业可在实现包括千年发展目标的国际商定发展目标过程中对粮食保障和消除贫穷做出重要贡献，宣布 2014 年为国际家庭农业年。

大会通过第 A/RES/66/225 号决议，要求占领国以色列停止开采、破坏、损耗或用尽和危害包括东耶路撒冷在内的巴勒斯坦被占领土和被占领的叙利亚戈兰的自然资源；促请占领国以色列在有关改变包括东耶路撒冷在内的巴勒斯坦被占领土的性质和地位方面，严格遵守国际法包括国际人道主义法规定的义务。

同日 安理会通过关于苏丹和南苏丹局势的第 S/RES/2032(2011)号决议,决定将联合国阿卜耶伊临时安全部队的部分任务延长 5 个月;确认联阿安全部队能否有效执行任务取决于苏丹和南苏丹政府是否履行双方之间和双方与联合国商定的各项承诺,并要求苏丹和南苏丹政府立即无条件地调走阿卜耶伊地区所有剩余军事和警察人员,按照 6 月 20 日协定的承诺,设立阿卜耶伊地区行政当局和阿卜耶伊警察局。

12 月 29 日 "联合国千年发展目标公益主题活动——中国周"在北京举行启动仪式。此次活动由中国联合国协会和中国智慧工程研究会共同主办,其主题为"推动千年目标实施,促进社会和谐发展",旨在宣传千年发展目标在全球及中国的落实情况,关注妇女、儿童、老人、残疾人、就业、环保、扶贫、教育、文化等千年目标所倡导的内容,并发动民间力量积极参与千年目标所倡导的公益事业。

二〇一二年

(国际合作社年、人人享有可持续能源国际年)

1 月 12 日 安理会通过关于"联合国与区域和次区域组织在维护国际和平与安全方面的合作"的第 S/RES/2033(2012)号决议,表示将进一步加强联合国与区域和次区域组织尤其是非洲联盟的关系,鼓励区域组织和次区域组织参与和平解决争端,包括预防冲突、建立信任和进行调解。

1 月 19 日 安理会通过关于国际法院空缺补选日期的第 S/RES/2034(2012)号决议,遗憾地注意到奥恩·肖卡特·哈苏奈法官辞职,于 2011 年12 月 31 日生效,决定在 2012 年 4 月 27 日安理会的会议上和第 66 届大会的会议上举行填补该空缺的选举。

1 月 31 日 安理会就叙利亚问题举行公开辩论,听取了阿拉伯联盟关于叙利亚问题调查团的进展报告,并就阿盟以及法国、英国、德国共同提出的一份决议草案进行了讨论。卡塔尔首相兼外交大臣指出,由于叙利亚政府采取的拖延做法及不合作态度,希望安理会向叙利亚施加压力。叙利亚常驻联合国代表贾法里则指责阿盟对其派出的观察团报告断章取义,不顾及报告中有关恐怖分子利用局势的段落,执意将叙利亚问题移交安理会。美国、中国和俄罗斯等国代表均在会上阐明了各自的立场。2 月 4 日,安理会以 13 票赞成、2 票反对、0 票弃权的投票结果对由阿盟与法、英、德 3 国等国提出的一项有关叙利亚问题的决议草案进行表决,中国和俄罗斯否决了这项议案。

2月4日　安理会以 13 票赞成、2 票反对、0 票弃权的投票结果对一份有关叙利亚问题的决议草案进行表决,常任理事国中国和俄罗斯否决此次决议。中国常驻联合国代表李保东在发言中指出,在当前形势下,片面向叙利亚政府施压,预断对话的结果,或强加任何解决方案都无助于叙利亚问题的解决,反而可能导致局势进一步复杂化。

俄罗斯常驻联合国代表丘尔金在投票后表示,这份决议草案向叙利亚各方发出的信号并不均衡,俄罗斯提出的要求叙利亚军队撤出城市的同时,要求武装团体停止袭击国家机构和居民区等提议均未被采纳。

2月10日　在非洲联盟主持下,苏丹和南苏丹两国政府于埃塞俄比亚首都亚得斯亚贝巴举行谈判,并签署一项"互不侵犯"争议边境地区的协议,以缓解当地的紧张局势。

2月16日　大会通过关于叙利亚局势的第 A/RES/66/253 号决议,强烈谴责叙利亚当局继续大规模蓄意侵犯人权和基本自由,并请秘书长任命 1 名特使,支持阿盟解决叙利亚危机的努力。这是大会 2011 年 12 月 19 日谴责叙利亚境内的暴力行为后,第 2 次就该国局势通过决议。这一决议表决的结果是 137 票赞成、12 票反对和 17 票弃权。

2月17日　安理会通过关于"秘书长关于苏丹的报告"的第 S/RES/2035(2012)号决议,重申全力支持努力达成全面和各方参与的达尔富尔冲突解决办法,决定将专家小组的任期延长至 2013 年 2 月 17 日。

2月22日　安理会通过关于索马里局势的第 S/RES/2036(2012)号决议,决定非索特派团的任务应包括在 1 月 5 日战略构想规定的 4 个区中驻派人员,并授权特派团与索马里安全部队协调,采取必要措施减少青年党和其他反对武装团体的威胁。安理会还请非洲联盟将非索特派团的兵力从12000 人增加至 17731 名军警人员。

2月23日　安理会通过关于东帝汶局势的第 S/RES/2037(2012)号决议,决定将联合国东帝汶综合特派团的任务期限延至 2012 年 12 月 31 日,并敦促东帝汶所有各方继续共同协作,参与政治对话。

2月29日　安理会通过关于刑事法庭余留事项国际处理机制的第S/RES/2038(2012)号决议,决定任命哈桑·布巴卡尔·贾洛先生为刑事法庭余留事项国际处理机制的检察官,任期为 4 年,自 2012 年 3 月 1 日起生效。

同日　安理会通过关于巩固西非和平的第 S/RES/2039(2012)号决议,欢迎秘书长几内亚湾海盗问题评估团的报告,鼓励各国以及区域和国际合作伙伴考虑执行评估团建议,鼓励各国向区域国家和组织提供支持,提供打击海盗和海上武装抢劫行为的能力。

3月1日 人权理事会通过决议,谴责叙利亚境内的暴力和侵犯人权行为,并要求当局立即停止武装镇压反政府示威者的行径,允许向所有受暴力影响的平民提供重要的救援物资和服务。决议获得了37票赞成,3票反对和3票弃权。其中俄罗斯、中国和古巴投了反对票,印度、菲律宾和厄瓜多尔投了弃权票。

3月10日 叙利亚问题联合国阿盟联合特使、前秘书长安南在叙利亚大马士革与阿萨德总统举行了会晤。安南当天还与叙利亚反对派领导人、青年活动人士以及商界和企业界杰出人士举行了会晤。

3月12日 安理会通过关于利比亚局势的第S/RES/2040(2012)号决议,决定将联合国利比亚支助团的任务期限再延长12个月,协助利比亚当局确定利比亚全国的需求和优先事项,酌情提供战略和技术咨询。决议还对武器禁运、财产冻结等事项作出调整。安理会还决定延长第S/RES/1973(2011)号决议第24段所设专家小组的任期并修订其任务,还决定调整有关任期,以便与委员会协商并在考虑目前活动领域的基础上建立一个接受委员会领导的最多由5名专家组成的小组。

3月13日 苏丹与南苏丹的代表就国民地位和边界划分达成初步协议。根据协议,两国将允许两国国民在对方国家自由居住、通行、开展经济活动和买卖财产,并同意商定建立边界划分委员会、技术小组等联合机制来划分边界。

同日 人权理事会决定向叙利亚周边国家派遣人权观察员,以记录在叙利亚发生的暴行和侵犯人权行为。

3月14日 国际刑事法院宣布自其成立以来的首个裁决,判定刚果民主共和国前武装领导人卢班加因征募并使用儿童兵而犯下了战争罪。国际刑事法院成立于2002年7月1日,设于荷兰海牙,是人类历史上第1个对犯有战争罪、危害人类罪、灭绝种族罪等最严重罪行的个人进行刑事追究的常设法律机构。

3月21日 安理会发表一项声明,表示全力支持联合国—阿盟联合特使科菲·安南的努力。安理会吁请叙利亚政府和反对派与特使安南合作,全面执行安南在其首次访问叙利亚期间提出的6点建议:叙利亚政府在安南提出请求时,应任命一名授权对话人;叙利亚政府应停止在居民区使用重型武器并从居民区撤出部队,在特使的推动下叙利亚政府和所有反对派应当在一个有效的联合国监督机制下停止一切武装暴力行为;还应建立有效机制,实施每天两小时人道主义停火;加快释放被任意拘禁者;确保记者在叙利亚全境的行动自由;尊重自由结社与和平示威的权利。

3月22日　安理会通过关于阿富汗局势的第S/RES/2041(2012)号决议,决定将联合国阿富汗援助团的任务期限延长至2013年3月23日,并确认援助团新任务应充分考虑到过渡进程,支持阿富汗按照与国际社会达成的谅解,在安全、治理和发展领域拥有充分主导权和自主权。安理会还强调阿富汗必须与其国际和区域伙伴加强合作,打击塔利班、基地组织和其他暴力极端主义团体和非法武装集团。

同日　首届"全球发展论坛"开幕,来自各国政府,国际组织、智囊机构和私营企业的领导人与会,并就全球可持续发展以及不平等所带来的挑战进行探讨,为人类制定未来发展的政策提出建议。

3月26—27日　第2届核安全峰会在韩国首尔召开。来自全球53个国家和4个国际组织的领导人出席了本次峰会,共同讨论了确保核材料与核电安全、防范核与放射性恐怖主义、加强国际合作等问题。

4月2日　联合国开发计划署和各国议会联盟发布首份《全球议会报告》指出,议会仍然是公民和政府之间重要而不可替代的纽带。

4月13日　朝鲜发射第1个实用卫星"光明星3号"失败。

4月14日　安理会通过关于"中东局势:向叙利亚派遣军事观察员先遣队"的第S/RES/2042(2012)号决议,吁请叙利亚政府立即全面履行其承诺,停止把部队调往居民中心,停止在居民中心使用一切重武器,开始撤出在居民中心和周围地区集结军队。决议表示打算在各方持久停止武装暴力并在秘书长同叙利亚政府协商后,立即设立联合国叙利亚监督特派团。在部署特派团之前,安理会决定派遣一支最多有30名不带武器军事观察员的先遣队。

4月21日　安理会通过关于"中东局势:设立联合国叙利亚监督团"的第S/RES/2043(2012)号决议,呼吁叙利亚反对派武装团体和有关人员尊重初步谅解的有关规定,决定立即设立一个最初为期90天的联合国叙利亚监督团,初期部署最多300人的非武装军事观察员以及适当的文职人员。

4月24日　安理会通过关于西撒哈拉局势的第S/RES/2044(2012)号决议,决定将联合国西撒哈拉全民投票特派团的任务期限延至2013年4月30日。

4月26日　安理会通过关于科特迪瓦局势的第S/RES/2045(2012)号决议,对在过去数月里科特迪瓦在恢复稳定局势方面取得稳定进展和成就表示欢迎,决定修改第S/RES/1572(2004)号决议中关于军火和有关物资的规定,并决定将第 S/RES/1572(2004)号决议中有关金融及旅行措施和第 S/RES/1643(2005)号决议规定的防止任何国家从科特迪瓦进口任何毛坯钻石的措施的期限延至 2013 年 4 月 30 日。

5 月 2 日 安理会通过关于"秘书长关于苏丹的报告"的第 S/RES/2046(2012)号决议,要求苏丹和南苏丹应立即停止包括空中轰炸在内的一切敌对行动,双方至迟应在本决议通过之后的 48 小时内,正式就此向非洲联盟委员会主席和安全理事会主席表明其承诺;按照先前通过的各项协议,包括 2011 年 7 月 30 日《关于边界监测支助团的协议》,无条件地将其所有军队撤到各自边界的一侧;至多在本决议通过后一周内,按非盟高级别执行小组 2011 年 11 月向各方提出的行政和安全地图,启动必要的边界安全机制,即联合边界核查和监测机制(核监机制)和非军事化边界安全区(边界安全区),决议还决定苏丹和南苏丹至多在本决议通过后两周内,无条件恢复谈判,以便就有关石油和相关付款的安排、居住在对方的本国国民的地位;边界地区地位问题及边界划界问题这些关键问题上达成一致。该决议还决定,苏丹政府和苏人解(北方)应充分与非盟高级别执行小组和伊加特主席合作等事项。

5 月 4 日 联合国经社理事会举办首届青年论坛,此次主题为"创建一个可持续发展的未来:更好的就业赋予青年权能",关注创造"绿色就业"。

5 月 9 日 列支敦士登向《国际刑事法院罗马规约》缔约国大会主席递交了该国批准规约侵略罪修正案的文书,成为第 1 个批准该修正案的国家。《罗马规约》于 1998 年通过,2002 年生效。由于规约没有对侵略罪的定义和国际刑事法院行使管辖权的条件做出具体规定,2010 年缔约国一致同意对规约进行修改,通过了侵略罪修正案。该修正案规定了侵略罪的定义,详细列举了侵略行为,并规定了国际刑事法院行使管辖权的条件等。根据要求,修正案将在获得 30 个国家的批准以及缔约国大会的同意后生效。

5 月 11 日 粮农组织世界粮食安全委员会首次发布有关土地权属和治理的指导文件《国家粮食安全范围内土地、渔业及森林权属负责任治理自愿准则》,以保护人权和促进粮食安全。

5 月 17 日 安理会通过关于"秘书长关于苏丹的报告"的第 S/RES/2047(2012)号决议,决定将联合国阿卜耶伊临时安全部队任务期限延长 6 个月,要求苏丹和南苏丹迅速商定设立阿卜耶伊临时行政当局组建警察局等事宜。

5 月 18 日 安理会通过关于几内亚比绍局势的第 S/RES/2048(2012)号决议,对几内亚比绍军方领导人 4 月 12 日发动军事政变再次表示强烈谴责,要求军事指挥部立即采取步骤恢复和尊重宪政程序,确保所有士兵返回军营,军事指挥部成员放弃权力职位。决议还决定,对指认的个人采取实施旅行禁令,并设立一个由安理会所有成员国组成的安全理事会委员会,监测决议的执行情况,制定必要准则。

5月29日 大会通过第 A/RES/66/262 号决议,欢迎过去 1 年参加《国际刑事法院罗马规约》的国家,吁请世界各个区域所有未参加《罗马规约》的国家考虑立即批准或加入规约。

6月1日 联合国人权理事会在日内瓦举行特别会议,对所谓叙利亚胡拉镇屠杀事件以及叙境内不断恶化的人权状况进行讨论。会议表决通过了由美国、土耳其和卡塔尔提交的决议草案,中国、俄罗斯、古巴对决议投了反对票,认为决议没有对政府和反政府武装力量采取不偏不倚的态度。

6月7日 安理会通过关于防扩散的第 S/RES/2049(2012)号决议,认定大规模毁灭性武器及其运载工具的扩散继续威胁国际和平与安全,决定将第 S/RES/1929(2010)号决议规定的专家小组任务期限延至 2013 年 7 月 9 日,表示打算最迟于 2013 年 6 月 9 日审查该任务期限并就进一步延长采取适当行动。

6月12日 安理会通过关于"防扩散:朝鲜人民民主共和国"的第 S/RES/2050(2012)号决议,认定大规模毁灭性武器及其运载工具的扩散继续威胁国际和平与安全,决定将第 S/RES/1874(2009)号决议,规定的专家小组任务期延至 2012 年 7 月 12 日,表示打算最迟于 2013 年 6 月 12 日审查有关任务期并就进一步延长采取适当行动。

同日 安理会通过关于中东局势的第 S/RES/2051(2012)号决议,对也门境内的安全局势和恐怖袭击表示严重关切,要求也门所有各方立即拒绝使用暴力来实现政治目标,并指出在过渡进程第 2 阶段应注重召开一次全国对话大会,改组安全和武装部队,处理过渡司法问题,进行宪法和选举改革并在 2014 年 2 月前举行大选。

6月18—19日 G20 领导人第 7 次峰会在墨西哥洛斯卡沃斯举行。峰会通过了《G20 集团洛斯卡沃斯峰会领导人宣言》。宣言指出,G20 集团的首要任务仍是寻求强劲、可持续、平衡的经济增长。G20 集团将共同努力加强需求和重塑信心,通过支持经济增长和促进金融稳定,来创造高质量的就业机会。为此,峰会通过了《洛斯卡沃斯增长与就业计划》来促成各方合作以达到目标。该计划强调,全球经济的风险和不确定性显著增加。峰会批准《洛斯卡沃斯责任评估框架》,对各国财政整固、货币和汇率政策、结构政策进展进行评估;向 IMF 累计承诺增资 4560 亿美元;宣言强调一个开放、可预测、有规则可循的、透明的多边贸易体系的重要性,保证世界贸易组织的中心地位。会议宣言指出,与会各方都意识到有效的"全球和地区安全防护网"的重要性。此次峰会期间,包括中国在内的许多新兴经济体做出向国际货币基金组织增资的决定,其中中国提供 430 亿美元,巴西、俄罗斯、印度、墨西哥各出资 100 亿美元,南非出资 20 亿美元。中国国家主席胡锦涛在会上发表了题为《稳中求进　共促发展》的重要讲话,全面阐述中国关于继续致力于保增长、促稳定的政策主张。

6 月 19 日　环境规划署在巴西里约热内卢发起一项"防止和减少海洋垃圾全球伙伴关系"新计划,以防止和减少海洋垃圾。

6 月 20—22 日　联合国可持续发展大会("里约+20"峰会)在巴西里约热内卢举行,此次大会的主题为:可持续发展和消除贫困背景下的绿色经济、促进可持续发展的机制框架。来自世界 130 多个国家的国家元首和政府首脑将就消除贫困、环保、促进社会公平等议题进行讨论。中国总理温家宝出席会议并发表重要演讲,全面阐述中国对可持续发展国际合作的原则立场,并就推进可持续发展提出 3 点建议:一是应当坚持公平公正、开放包容的发展理念;二是应当积极探索发展绿色经济的有效模式;三是应当完善全球治理机制。大会最后通过题为《我们憧憬的未来》的成果文件。重申了"共同但有区别的责任"原则,维护了国际发展合作的基础和框架;大会决定启动可持续发展目标讨论进程,就加强可持续发展国际合作发出重要和积极信号,为制定 2015 年后全球可持续发展议程提供了重要指导。

6 月 27 日　安理会通过关于中东局势的第 S/RES/2052(2012)号决议,所有违反《部队脱离接触协议》的行为,特别是对叙利亚武装部队 3 月 1 日进入隔离区的违反协议行为表示严重关切,呼吁各方按照协议全面配合联合国脱离接触观察员部队行动。决议还决定将观察员部队的任务期限延长至 2012 年 12 月 31 日。

同日　安理会通过关于刚果民主共和国局势的第 S/RES/2053(2012)号决议,决定将第 S/RES/1925(2010)号决议中所规定的联合国组织刚果民主共和国稳定特派团的任务期限延长至 2013 年 6 月 30 日。

6 月 28 日　大会通过第 A/RES/66/281 号决议,宣布每年 3 月 20 日为国际幸福日。

6 月 29 日　安理会通过关于卢旺达问题国际刑事法庭的第 S/RES/2054(2012)号决议,决定威廉·塞库莱等几位法官在 2012 年 6 月 30 日任期届满后,作为例外,可继续在国际法庭工作到 2012 年 12 月 31 日,或直到在其任期届满前已开始审理的恩基拉巴特瓦勒案审结。安理会还注意到国际法庭打算在 2014 年 12 月 31 日前完成全部剩余的司法工作,考虑到瓦格恩·约恩森法官的任期于 2012 年 6 月 30 日届满,决定作为例外将其任期延长至 2014 年 12 月 31 日。安理会请国际法庭考虑到刑事法庭余留事项国际处理机制的卢旺达问题国际法庭分支将于 2012 年 7 月 1 日开始运作,国际法庭向安理会报告把国际法庭职能协调移交给余留机制的列有具体估计日期的预计时间表,以期完成国际法庭的全部剩余工作,尽早且至迟于 2014 年 12 月 31 日关闭法庭。

同日 安理会通过关于不扩散大规模杀伤性武器的第 S/RES/2055 (2012)号决议,回顾第 S/RES/1540(2004)号决议所设委员会的任务期限延长至 2021 年 4 月 25 日,决议注意到 1540 委员会的工作量在任期内大幅增加,决定继续向 1540 委员会提供专家协助,并请秘书长将第 S/RES/1977 (2011)号决议第 5 段(a)分段所述专家组的人数增至最多 9 人。

6 月 30 日 叙利亚问题行动小组外长会议在日内瓦举行,与会人员包括安理会 5 个常任理事国和土耳其、伊拉克、卡塔尔等国的外长,以及联合国秘书长潘基文、阿盟秘书长阿拉比和欧盟外交和安全政策高级代表阿什顿。会议最后一致通过《联合公报》,敦促叙利亚冲突各方立即停止暴力,并全面落实安南特使的"6 点和平计划"和安理会相关决议。中国外交部长杨洁篪出席了会议,并就如何推动会议取得成果、妥善解决叙利亚问题提出 4 点主张:应始终坚持政治解决的正确方向;坚定支持安南特使的斡旋努力;切实尊重叙利亚人民的自主选择;对政治解决叙利亚问题保持耐心。

7 月 2 日 世界遗产委员会第 36 届会议对《世界遗产名录》项目进行审议。收录 26 项新遗产。中国申报的自然遗产澄江化石遗址和文化遗产元上都遗址成功入选。中国的世界遗产总数至此已达到 43 个。

7 月 3 日 大会通过第 A/RES/66/284 号决议,宣布 2014 年为国际晶体学年。

7 月 5 日 安理会通过关于非洲的和平与安全的第 S/RES/2056 (2012)号决议,认定呼吁马里所有各方创造必要条件,以确保全面恢复和维护宪政秩序。决议还要求北马里的反叛团体立即全面无条件地停止敌对行动。决议还请秘书长同区域组织协商,制定和执行一个涉及安全、治理、发展、人权和人道主义事项的联合国萨赫勒地区综合战略,最迟于 2012 年 9 月 15 日向安理会通报进展情况。

同日 安理会通过关于"秘书长关于苏丹的报告"的第 S/RES/2057 (2012)号决议,决定将第 S/RES/1996(2011)号决议第 3 段规定的联合国南苏丹共和国特派团的任务期限延长至 2013 年 7 月 15 日。决议还决定在启动联合边界核查和监测机制和联合政治与安全机制的特设委员会前,请南苏丹特派团观察和报告人员、军火和有关物资跨越与苏丹之间的边界的情况。

7月17—19日　联合国秘书长潘基文访问中国,并与中国国家主席胡锦涛举行会谈,双方就应对全球性挑战和解决地区热点问题交换了意见。潘基文还与外交部部长杨洁篪举行会晤。

7月19日　安理会通过关于塞浦路斯问题的第S/RES/2058(2012)号决议,呼吁塞浦路斯双方在核心问题上取得决定性进展,并继续同各技术委员会合作,改善塞浦路斯人的日常生活。决议还决定将联塞部队的任务期限延长至2013年1月31日。

同日　安理会以11票赞成、2票反对和2票弃权的表决结果未通过由英、美、法、德等国提交的一项关于叙利亚问题决议草案。中国和俄罗斯第3次共同否决涉叙决议草案。

7月20日　安理会通过关于"中东局势:延长联叙监督团任期30天"的第S/RES/2059(2012)号决议,决定将联合国叙利亚监督团的任期最后延长30天,考虑秘书长关于重组该特派团的建议,并呼吁各方要保障监督团人员的安全,叙利亚当局在这方面负有首要责任。安理会表示愿意在其后延长联叙监督团的任期,但只有在秘书长报称且安理会证实停止使用重型武器和所有各方暴力的减少能够让联叙监督团完成其任务时才会这样做。

7月25日　安理会通过关于索马里局势的第S/RES/2060(2012)号决议,欢迎索马里和厄立特里亚问题监察组建议设立一个联合财务管理委员会以加强索马里公共资源的财务管理、透明度和问责制,并谴责将人道主义援助政治化、滥用或挪用援助,要求所有各方确保全面、安全和不受阻碍地进出。决议最终还决定延长监察组的授权,至2013年8月25日止。

同日　安理会通过关于伊拉克的局势的第S/RES/2061(2012)号决议,决定将联合国伊拉克援助团的任务期限延长12个月,秘书长伊拉克问题特别代表和援助团应根据伊拉克政府的请求并考虑到伊拉克外交部部长给秘书长的信继续努力完成第S/RES/2001(2011)号决议为其规定的任务。

7月26日　安理会通过关于科特迪瓦局势的第S/RES/2062(2012)号决议,认为保护平民仍是联合国科特迪瓦行动的优先事项,联科行动应进一步注重支持政府落实复员方案和安全部门改革。安理会还决定将第S/RES/2000(2011)号决议中规定的联科行动任务延长至2013年7月31日,将安理会对法国部队的授权期限延长至 2013 年 7 月 31 日,以便支持联科行动。

7 月 27 日—8 月 13 日 第 30 届奥林匹克运动会在英国伦敦召开,共有 205 个国家及地区的 10568 名运动员参加比赛。国际奥委会前主席罗格评价称"伦敦奥运会是一届充满快乐和荣誉的运动会"。

7 月 31 日 安理会通过关于"秘书长关于苏丹的报告"的第 S/RES/2063(2012)号决议,决定将第 S/RES/1769(2007)号决议规定的达尔富尔混合行动的任务期限延长至 2013 年 7 月 31 日,并着重指出达尔富尔混合行动在决定使用现有能力和资源时优先注重保护达尔富尔各地平民,确保人道主义人员和物资安全、及时和不受阻碍地进出。安理会还要求冲突所有方面,尤其是所有未签署《多哈文件》的武装团体,立即在不提出任何先决条件的情况下做出保证,尽一切努力达成永久停火,并在《促进达尔富尔和平多哈文件》的基础上达成全面和平解决办法。

8 月 7 日 国际刑事法院确定刚果(金)前武装团体领导人卢班加招募和使用儿童兵案件中赔偿原则与程序。这是法院首次作出有关赔偿战争罪受害人的判决。

8 月 30 日 安理会通过关于延长联黎部队的任期的第 S/RES/2064(2012)号决议,决定将联合国驻黎巴嫩临时部队的任期延至 2013 年 8 月 31 日,并欢迎联黎部队与黎巴嫩武装部队进行战略对话,以便制定一系列表明联黎部队与黎巴嫩武装部队相应能力和责任的基准。

8 月 30—31 日 不结盟运动第 16 次首脑会议在伊朗首都德黑兰举行。会议主题是"联合全球治理,促进世界和平"。中国作为观察员与会,外交部部长助理马朝旭率团出席并发言。马朝旭表示,不结盟运动是广大发展中国家联合自强的象征,是维护世界和平、促进共同发展的一支重要力量。中方主张加强联合国的作用,坚持《联合国宪章》的宗旨和原则,推进多边主义和国际关系民主化。

9 月 7 日 《联合国气候变化框架公约》秘书处宣布,根据《京都议定书》确立的清洁发展机制所发出的"核证减排量"将达 10 亿个。这是全球在减少温室气体排放上的一个重要里程碑。核证减排量的使用是清洁发展机制中的最重要环节之一。每一个经核证的排放削减量应对一吨二氧化碳等同量的减排。参与国家或项目通过运用经核证的减排量来完成减排目标。核证减排量也可通过市场进行交易。发达国家可以使用这些核证减排量,以满足其《京都议定书》中的部分减排承诺。核证减排量只能由清洁发展机制执行理事会签发,在签发之前需要经过严格的审核、注册和复核过程。

9月10日 大会通过关于"人的安全"的第 A/RES/66/290 号决议,这是联合国对"人的安全"概念共同理解的重要里程碑。决议指出,人的安全是协助会员国确定和处理各国人民生存、生计和尊严所面临的广泛的跨领域挑战的一种办法。人的安全包含人民在自由尊严中生活、免受贫困和绝望之苦的权利。每一个人,尤其是弱势人民,都应有权免于恐惧,免于匮乏,获得平等机会享受一切权利并充分发挥其自身潜力。联合国大会强调,人的安全的概念不同于保护责任和履行保护责任,维护人的安全不需要威胁使用或使用武力或采取胁迫措施。

9月10—11日 日本政府于 9 月 10 日宣布购买钓鱼岛,次日正式签署"购岛协议"。中日钓鱼岛问题的争端由此变得更加严峻。

9月12日 安理会通过关于塞拉利昂局势的第 S/RES/2065(2012)号决议,决定将联合国塞拉利昂建设和平综合办事处的任期延长至 2013 年 3 月 31 日,并呼请塞拉利昂继续创造一个有利于举行包容各方的和平可信选举的环境,并尊重选举结果。

9月17日 大会通过第 A/RES/66/292 号决议,决定 6 月 1 日为全球父母节,每年为世界各地的父母举办庆祝活动;并邀请会员国与民间社会充分合作庆祝全球父母节,特别要使青年人和儿童参与进来。

同日 安理会通过关于利比里亚局势的第 S/RES/2066(2012)号决议,决定将联合国利比里亚特派团的任期延长至 2013 年 9 月 30 日。将特派团核定建制警察部队的数目再增加 3 个,增加总人数为 420 人,由现有的 7 支建制警察部队共 1375 人增加到新的核定最高人数 1795 人,并决定尽快向利比里亚部署增派的建制警察部队,最迟于 2013 年 1 月部署第 1 支部队。

9月18日 第 67 届联合国大会开幕,武克·耶雷米奇(塞尔维亚)担任大会主席,会议主题是"通过和平手段调节或解决国际争端或局势"。

同日 安理会通过关于索马里局势的第 S/RES/2067(2012)号决议,强调新索马里当局必须与各伙伴进行协商,制订方案以确定过渡后的各个优先事项,并加强与区域机构的关系,秘书长和联合国相关实体就此提供协助。决议还着重指出,索马里当局有责任支持和解,进行有效和包容性地方行政管理,并向索马里人民提供公共服务。

9月19日 安理会通过关于儿童与武装冲突的第 S/RES/2068(2012)号决议,对新的负责儿童与武装冲突问题秘书长特别代表表示欢迎,决议强烈谴责一切违反适用国际法的行为,包括武装冲突各方招募和使用儿童,绑架儿童等行为,要求相关各方立即停止这些行为并采取保护儿童的特别措施。

9月24日　大会通过第 A/RES/67/1 号决议,通过《国内和国际的法治问题大会高级别会议宣言》。

9月27日　杨洁篪外长在联大一般性辩论发言中直接提及钓鱼岛,称日本"购岛"行动非法、无效。杨洁篪敦促日本以实际行动纠正错误,回到谈判解决争议的正确轨道上来,并表示中国维护领土主权的立场坚定不移。

10月4日　安理会发表声明,以最严厉的言辞谴责叙利亚武装部队对土耳其东南部边境地区进行的炮击,呼吁叙土双方保持最大限度克制,立即停止炮击行为。

10月9日　安理会通过关于阿富汗局势的第 S/RES/2069(2012)号决议,决定将国际安全援助部队的授权延至 2013 年 10 月 13 日。安理会强调必须在一个综合框架内加强阿富汗安全部门的运作能力、专业素质和问责,鼓励安援部队和其他伙伴保持努力,在资源允许的情况下训练和辅导阿富汗国家安全部队,增强其能力,以加快实现建立自给自足、有持久性、负责和族裔平衡的阿富汗安全部队。

10月11日　首个国际女童日,主题是"结束儿童婚姻"。

10月12日　安理会通过关于海地局势的第 S/RES/2070(2012)号决议,决定将联合国海地稳定特派团的任务期限延长至 2013 年 10 月 15 日,在均衡撤出步兵和工程人员后,稳定团的总兵力将由人数最多为 6270 人的各级官兵和一个最多有 2601 人的警察部分组成。

同日　安理会通过关于非洲的和平与安全的第 S/RES/2071(2012)号决议,表示支持马里临时总统迪翁昆达·特拉奥雷的工作,敦促马里过渡当局提出一份有过渡具体步骤和时限的详细路线图。决议还请秘书长立即提供军事和安全规划人员,协助西非经共体和非洲联盟与马里、马里的邻国、该区域各国和其他所有双边伙伴及国际组织密切协商,联合开展规划工作,提交一份书面报告,用于回复马里关于派国际军事部队协助马里武装部队收复马里北部被占领地区的请求的详细可行建议,包括预期进行部署的途径和方式,特别是行动构想、组建部队的能力、兵力和财务支助的费用。

10月31日　安理会通过关于索马里局势的第 S/RES/2072(2012)号决议,决定授权非洲联盟成员国继续部署非索特派团,任务期限至 2012 年 11 月 7 日止。

同日　杨洁篪外长与联合国—阿盟叙利亚问题联合特别代表卜拉希米举行会谈,就叙利亚问题提出 4 点建议。第一,叙利亚有关各方应全力实现停火止暴;第二,叙利亚有关各方应尽快指定并派遣各自的全权谈判代表,在卜拉希米联合特别代表及国际社会的协助下,协商制定有关政治过渡路线图,组建具有广泛代表性的过渡管理机构,实施政治过渡;第三,国际社会应以更强烈的紧迫感和责任感,全力配合、支持卜拉希米联合特别代表的斡旋工作,切实推动落实叙利亚问题"行动小组"日内瓦外长会议公报、安南"6 点建议"及安理会有关决议;第四,有关各方应采取切实有效措施缓解叙利亚的人道主义危机,人道主义问题不应被政治化,人道主义救援不应被军事化。

11 月 6 日 在利马举行了替代发展问题高级别国际会议,讨论替代发展作为对解决世界毒品问题的手段的作用与必要性,坚决打击非法药物的使用和生产制造。2013 年 12 月 18 日,联合国大会通过了关于"替代发展问题利马宣言"的第 A/RES/68/196 号决议。

11 月 7 日 安理会通过关于索马里局势的第 S/RES/2073(2012)号决议,决定授权非洲联盟成员国继续部署非索特派团直至 2013 年 3 月 7 日,还授权非索特派团采取一切必要措施,在保持与索马里国家安全部队协调,协助执行《国家安全与稳定计划》特别是有效重建和培训包容各方的索马里国家安全部队,推动创造提供人道主义援助所需要的安全条件等方面开展工作。安理会决定,作为例外情况,临时扩大对非索特派团文职人员的一揽子后勤支助,再涵盖 50 名文职人员,并将这些文职人员迅速派往最近从青年党手中解放的地区。索马里青年党是索马里主要的反政府武装组织,前身是成立于 1991 年的"伊斯兰法院联盟",同"基地"组织有关联。该组织控制着索马里中南部大部分国土,一直想要推翻非盟与西方国家支持的索马里政府。

11 月 12 日 《世界卫生组织烟草控制框架公约》缔约方大会第 5 届会议通过《消除烟草制品非法贸易议定书》,旨在打击烟草制品的非法贸易及其后果。议定书于 2018 年 9 月 25 日生效。

11 月 14 日 安理会通过关于波黑局势的第 S/RES/2074(2012)号决议,欢迎欧盟打算在 2012 年 11 月以后在波黑维持其军事行动(欧盟部队木槿花行动),并授权会员国应欧盟部队木槿花行动或北约总部的请求,分别为保卫欧盟部队或北约的存在而采取一切必要措施,协助两组织执行任务。安理会还确认欧盟部队木槿花行动和北约的存在均有权采取一切必要自卫措施,以免遭受攻击或攻击威胁。

11 月 16 日 安理会通过关于苏丹和南苏丹局势的第 S/RES/2075(2012)号决议,决定将联合国阿卜耶伊临时安全部队的任务期限延长至

2013年5月31日,并敦促双方紧急启动联合边界核查和监测机制,设立非军事化边境安全区,最终确定一个所有武装部队调至各自边界一侧的时间表。

11月19日　大会召开会议,对中欧倡议努力加强与联合国系统以及相关国际和区域组织的关系表示赞赏,并呼吁中欧倡议与其他区域组织和倡议建立合作关系。

11月20日　安理会通过关于刚果民主共和国的局势的第S/RES/2076(2012)号决议,对刚果"3月23日运动"表示谴责,要求"3·23"运动立即撤出戈马,立即和永远解散并放下武器。安理会表示打算考虑根据第S/RES/1857(2008)号决议所定标准,对"3·23"运动领导人和向"3·23"运动提供外部支助者以及违反制裁制度和军火禁运的人实行进一步定向制裁,并吁请所有会员国向1533委员会紧急提出列名建议。

11月21日　安理会通过关于索马里局势的第S/RES/2077(2012)号决议,敦促各国协同相关国际组织,加紧努力,调查和起诉海盗犯罪网络中非法策划、组织、协助或资助这些攻击行动并从中受益的关键人物。

11月26日—12月8日　《联合国气候变化框架公约》第18次缔约方会议暨《京都议定书》第8次缔约方会议在卡塔尔多哈开幕。这是联合国气候变化会议首次在海湾地区举行。会议通过了包括开启《京都议定书》第2承诺期在内的一揽子决议,延长了规定发达国家减排任务的《京都议定书》,决定从2013年开启第2承诺期,为期8年。此外,会议还决定到2015年时达成一个涉及所有国家的有关2020年后全球应对气候变化行动的协议,并重申发达国家应当为发展中国家提供资金,以支持发展中国家应对气候变化。

11月28日　安理会通过关于刚果民主共和国的局势的第S/RES/2078(2012)号决议,极为关切地注意到,"3·23"运动和其他武装团体在刚果民主共和国东部不断严重践踏人权和违反人道主义法侵害平民的行动,决定将第S/RES/1807(2008)号决规定的军火措施、运输措施和金融和旅行措施延至2014年2月1日。

11月29日　声援巴勒斯坦人民国际日。大会通过第A/RES/67/19号决议,决定将巴勒斯坦在联合国享有的"观察员实体"地位提升至"观察员国地位"。

12月3日　大会通过第A/RES/67/39号决议,决定以为期1天的全体会议的方式于2013年9月26日召开核裁军问题大会高级别会议,以促进实现核裁军的目标,并鼓励会员国派出最高级别官员参加此次高级别会议。

同日 联合国大会通过第 A/RES/67/52 号决议,对蒙古和 5 个核武器国家 2012 年 9 月 17 日关于蒙古无核武器地位的声明表示欢迎。

同日 联合国环境规划署发布《衡量一个朝向包容性绿色经济进展》报告,推出一系列衡量发展的绿色指标。

12 月 12 日 大会通过第 A/RES/67/81 号决议,呼吁加大对卫生问题的关注力度,并邀请会员国确认促进全民医保与其他外交政策问题之间的联系。

同日 安理会通过关于利比里亚局势的第 S/RES/2079(2012)号决议,欢迎利比里亚政府在重建利比里亚以造福全体利比里亚人方面持续取得进展,决定在本决议通过之日后的 12 个月期间,延长此前决议规定的旅行措施、军火措施以及专家小组任期。

同日 安理会通过关于卢旺达问题国际法庭的第 S/RES/2080(2012)号决议,决定将国际法庭上诉分庭穆罕默德·居内伊等多位常任法官的任期延长至 2014 年 12 月 31 日。

同日 朝鲜使用"银河三号"运载火箭,成功发射"光明星三号"2 期卫星。

12 月 14 日 大会通过第 A/RES/67/102 号决议,决定给予欧洲核研究组织以观察员身份参加联合国大会的届会和工作。

12 月 17 日 大会通过第 A/RES/67/105 号决议,决定将 9 月 5 日定为国际慈善日。

同日 安理会通过关于前南斯拉夫问题国际法庭的第 S/RES/2081(2012)号决议,请前南问题国际法庭采取一切可能措施,尽快完成其工作,并提交一份关于完成工作战略、关闭法庭和过渡到余留机制的合并综合计划,提交每一个案件详细的最新时间表,列出案件每个程序的时限。安理会决定将国际法庭上诉分庭刘大群等常任法官的任期延长至 2013 年 12 月 31 日;决定将国际法庭审判分庭让—克洛德·安托内蒂等常任法官的任期延长至 2013 年 12 月 31 日;决定将国际法庭担任审判分庭的伊丽莎白·瓜温扎等审案法官的任期延长至 2013 年 6 月 1 日;决定将担任审判分庭法官的弗雷德里克·哈霍夫等审案法官的任期延长至 2013 年 12 月 31 日;决定将国际法庭担任审判分庭法官的审案法官梅尔维尔·贝尔德、弗拉维亚·拉坦齐、安托万·凯西亚—姆贝·明杜瓦的任期延长至 2013 年 12 月 31 日。

同日 安理会通过关于"恐怖行为对国际和平与安全造成的威胁"的第 S/RES/2082(2012)号决议,决定所有国家应对作为塔利班被指认的个人和实体以及被指认其他威胁阿富汗和平、稳定与安全的个人、团体、企业和实体实施资产冻结、阻止入境或过境。

同日　安理会通过关于"恐怖行为对国际和平与安全造成的威胁"的第 S/RES/2083(2012)号决议,决定所有国家应对基地组织以及与之有关联的个人和实体实施资产冻结、阻止入境或过境,鼓励所有会员国,特别是指认国和居住国或国籍国,向委员会提交刚刚获得的有关被列名个人、团体、企业或实体的更多识别信息和其他信息及证明文件,以便进行审核。

12 月 18 日　大会通过第 A/RES/67/136 号决议,决定将南苏丹列入最不发达国家名单。

12 月 19 日　安理会通过关于中东局势的第 S/RES/2084(2012)号决议,着重指出以色列和叙利亚之间的紧张关系有可能升级,强调双方都有义务严格全面遵守 1974 年《部队脱离接触协议》的条款;决议还决定将联合国脱离接触观察员部队的任务期限延至 2013 年 6 月 30 日。

12 月 20 日　安理会通过关于马里局势的第 S/RES/2085(2012)号决议,根据《联合国宪章》第 7 章采取行动,认定马里局势对国际和平与安全构成威胁,敦促马里过渡当局举行和平、可信、包容的总统和立法选举,请秘书长与西非经共体和非洲联盟密切协调,继续协助马里过渡当局,拟定一个过渡路线图,要求同马里反叛团体与马里北部所有同恐怖组织特别是"伊斯兰马格里布基地组织"及包括"西非统一和圣战运动"在内的相关团体断绝一切关系,并与无条件承认马里国家的统一和领土完整的各方进行谈判。安理会还决定批准部署一个初步为期 1 年的非洲主导的马里国际支助团(马里支助团),并表示愿意考虑为马里支助团提供自愿性一揽子后勤支助和联合国出资的一揽子后勤支助等措施。

同日　国际刑事法庭宣布了判处卢旺达前财政和经济计划部部长恩吉拉巴特瓦尔 35 年徒刑。恩吉拉巴特瓦尔在 1994 年卢旺达大屠杀中公开煽动、教唆和协助针对图西族平民的袭击、强暴和屠杀活动,犯有多项灭绝种族罪和危害人类罪。

12 月 21 日　大会通过第 A/RES/67/200 号决议,决定宣布每年 3 月 21 日为国际森林日,从 2013 年起举办活动,以纪念所有类型森林和森林外树木并提高对其重要性的认识。

同日　大会通过第 A/RES/67/206 号决议,决定宣布 2014 年为小岛屿发展中国家国际年,并鼓励所有会员国、联合国系统和所有其他利益攸关方利用该国际年推动各级采取行动,以实现小岛屿发展中国家的可持续发展。

12 月 26—28 日　第 67 届大会主席耶雷米奇访问中国。耶雷米奇与中共中央总书记习近平进行会谈。此外,耶雷米奇还同中国外交部部长杨洁篪举行了会谈,双方就大会工作、中国与联合国合作及其一些国际和地区问题交换了意见。

二○一三年
（国际水合作年、国际藜麦年）

1月10日 世界卫生组织在日内瓦总部举行《消除烟草制品非法贸易议定书》开放供签署特别纪念仪式。

1月21日 安理会通过关于维持和平行动的第 S/RES/2086(2013)号决议,强调联合国开展的维和活动应促进冲突后建设和平,防止武装冲突重现。确认维持和平特派团在多层面发挥重要作用,包括协助东道国制定重大建设和平优先事项和战略,帮助创造有利环境,开展早期建设和平工作等。该决议还着重指出,维和人员必须有专业技能,经过培训,拥有经验和才干,遵守联合国对不当行为零容忍的政策。

1月22日 安理会通过关于"防扩散:朝鲜民主主义人民共和国"的第 S/RES/2087(2013)号决议,谴责朝鲜于 2012 年 12 月 12 日使用弹道导弹技术进行发射,违反第 S/RES/1718(2006)号决议和第 S/RES/1874(2009)号决议。安理会要求朝鲜立即全面遵守安理会决议规定的义务,包括以完全、可核查和不可逆的方式放弃所有核武器和现有核计划;立即停止所有相关活动;不使用弹道导弹技术进行进一步发射,不进行核试验或进一步挑衅。

1月24日 安理会通过关于中非共和国局势的第 S/RES/2088(2013)号决议,决定将联合国中非共和国建设和平综合办事处的任期延长至 2014年 1 月 31 日,并呼吁政府、塞雷卡联盟、武装团体和民主反对派信守 2013年 1 月 11 日在利伯维尔做出的承诺。

同日 安理会通过关于塞浦路斯局势的第 S/RES/2089(2013)号决议,确认塞浦路斯正式谈判取得的进展,决定再次将联合国驻塞浦路斯维持和平部队的任务期限延长至 2013 年 7 月 31 日。

2月4日 联合国环境规划署以及泰国和日本在泰国曼谷共同主办旨在减少亚太地区炭黑、甲烷等"短期气候污染物质"影响的会议。来自 19个国家的政府代表出席了此次会议。这是亚太国家首次在区域层面上商讨如何应对这一挑战。

2月11日 "联合国国际水合作年"正式启动,目的是帮助人们了解各国在水资源领域合作的巨大潜力,以及这种合作对经济、社会和环境的益处。

2月12日 朝鲜在北部地下核试验场进行了第3次核试验。安理会发表声明,谴责朝鲜这一行为。

2月13日 安理会通过关于布隆迪局势的第S/RES/2090(2013)号决议,决定联合国布隆迪办事处的任务期限延至2014年2月15日,并请办事处在促进和协助国家行为体开展对话,加强国家主要机构特别是司法和议会机构的独立性、能力和法律框架,并对促进和保护人权等工作方面进行重点关注。

2月14日 安理会通过关于"秘书长关于苏丹的报告"的第S/RES/2091(2013)号决议,认定苏丹局势继续对该区域国际和平与安全构成威胁,决定将专家小组的任务期限延长至2014年2月17日。

2月22日 安理会通过关于几内亚比绍局势的第S/RES/2092(2013)号决议,决定将联合国几内亚比绍建设和平综合办事处的任务期限延至2013年5月31日,呼吁几内亚比绍利益攸关方努力加强内部政治对话,并再次要求武装部队全面接受文官控制。

2月25日 联合国粮农组织发布首份《畜牧业中儿童从事的工作:放牧和其他方面》全球报告。该报告称,童工现象在畜牧业十分普遍,而且在很大程度上被忽视。这不仅涉及人权问题,也将会影响到农村地区的可持续发展。该报告指出,解决畜牧业童工问题需要政府、畜牧行业的公司和农牧民家庭的共同参与。

3月5日 朝鲜宣布1953年签订的《朝鲜停战协定》"完全无效",全面停止人民军板门店代表部的活动,同时将切断板门店朝、美军事联络电话。

3月6日 安理会通过关于索马里局势的第S/RES/2093(2013)号决议,决定授权非洲联盟(非盟)成员国继续部署非索特派团直至2014年2月28日,授权非索特派团采取一切必要措施,执行支持索马里对话与和解,帮助当局履行政府职能等任务,并决定非索特派团支助办应并入新的联合国特派团。此外,决议还就武器禁运的相关规定作了说明和修改。

3月7日 安理会通过关于"防扩散:朝鲜民主主义人民共和国"的第S/RES/2094(2013)号决议,最严厉谴责朝鲜违反并公然无视安理会的相关决议于2013年2月12日(当地时间)进行的核试验,决定会员国不仅要履行第S/RES/1718(2006)号决议义务,还应防止提供可能有助于朝鲜的核或弹道导弹计划的服务,决定所有会员国都不向对朝鲜贸易提供金融支持(包括为参与此类贸易的本国国民或实体提供出口信贷、担保或保险)。如果船只在船旗国批准进行检查后拒绝接受检查,或悬挂朝鲜国旗的船只拒绝根据安理会决议接受检查,所有国家都应拒绝让其进入本国港口,除非为接受检查、发生紧急情况或返回出发港口需要进港。

3月14日 安理会通过关于利比亚局势的第 S/RES/2095(2013)号决议,决定将秘书长特别代表领导的联合国利比亚支助团的任务期限再延长12个月,联利支助团的任务包括协助利比亚政府确定利比亚各地的国家需要和优先事项,酌情将与之愿意提供的战略和技术咨询相匹配等。决议还决定将专家小组的任期延长13个月。决议还就武器禁运和资产冻结的规定作出修改。

3月18日 叙利亚政府指责反对派武装在阿勒颇地区使用化学武器,造成25人死亡,超过100人受伤。同时,反对派则认为是叙利亚政府在攻击中使用了化学武器。

3月19日 安理会通过关于阿富汗局势的第 S/RES/2096(2013)号决议,决定将联合国阿富汗援助团任务期限延至2014年3月19日,并决定援助团和秘书长特别代表应领导和协调国际民事工作,尤其注重推动国际社会更加协调一致地支持阿富汗政府的优先发展和治理事项,支持组织阿富汗今后选举包括2014年阿富汗总统和省议会选举等方面的工作。

3月20日 首个国际幸福日。

3月21日 人权理事会决定成立朝鲜人权问题调查委员会,对朝鲜进行为期1年的人权状况调查。

3月25日 3月24日,中非反政府武装联盟"塞雷卡"宣布占领中非共和国总统府,中非总统博齐泽出走喀麦隆。当日安理会发表声明,谴责此次武力夺权行为,并宣布对"塞雷卡"领导人实施包括旅游限制、冻结财产等的制裁。

3月26日 安理会通过关于塞拉利昂局势的第 S/RES/2097(2013)号决议,决定将联合国塞拉利昂建设和平综合办事处的任务期限延长至2014年3月31日,并将根据塞拉利昂政府的意见、2012年成功进行选举后的实地情况和秘书长报告建议,联塞建和办应于2014年3月31日全面缩编。

3月28日 安理会通过关于刚果民主共和国局势的第 S/RES/2098(2013)号决议,欢迎2013年2月24日签署了刚果民主共和国和该区域的《和平、安全与合作框架》,要求签署国全面履行其承诺。为此,安理会鼓励迅速建立一个由该区域领导人参加的"11+4"区域监督机制;决议决定将联刚稳定团任期延长到2014年3月31日,联刚稳定团应在核定的19815人兵员上限内,设一个"干预旅",初步为期1年;决议还授权联刚稳定团通过其军事部门为实现目标,酌情通过其常规部队和干预旅,开展保护平民、解除武装团体作战能力、监测武器禁运执行情况、为国家和国际司法程序提供支助的工作。

4月2日　英国等推动联合国大会投票表决通过《武器贸易条约》,为监管8个类别的常规武器国际贸易制定了共同国际标准。决议投票结果为154票赞成、23票弃权、3票反对,其中朝鲜、伊朗和叙利亚维持了此前在《武器贸易条约》谈判会议上的立场,认为条约草案存在重大缺陷,投了反对票。中国、俄罗斯等国投了弃权票。当年6月3日条约在纽约联合国总部开放签署。2014年12月24日正式生效。

4月16日　国际法院就西非国家布基纳法索和尼日尔之间的从桐同到波同之间约44公里以及其他3个争议地段的边境走向做出了裁决。国际法院希望,各方应充分考虑相关人口,特别是游牧或半游牧人口的需要,并对边境问题可能给他们造成的困难加以解决。国际法院注意到,双方已经在区域和双边的基础之上就这一问题建立了合作,并鼓励他们进一步加以发展。

4月25日　安理会通过关于西撒哈拉局势的第S/RES/2099(2013)号决议,决定将联合国西撒哈拉全民投票特派团的任务期限延至2014年4月30日,呼吁有关方面全面遵守有关停火的各项军事协定。

同日　安理会通过关于马里局势的第S/RES/2100(2013)号决议,决定设立联合国马里多层面综合稳定团(马里稳定团),把联合国马里办事处(联马办事处)并入马里稳定团,自2013年7月1日起将马里支助团的授权移交给马里稳定团。马里稳定团初步为期12个月,最多有11200人的军事人员其中包括能够在需要时在该国境内迅速部署的各后备营,以及1440名警察人员。马里稳定团的任务包括实现主要人口中心的稳定和协助在全国建立国家权力,支持执行过渡路线图等。

同日　安理会通过关于科特迪瓦局势的第S/RES/2101(2013)号决议,决定所有国家均应在到2014年4月30日截止的这段时期里,采取必要措施,防止从其领土或由本国国民或使用其旗船/旗机,直接或间接向科特迪瓦供应、出售或转让军火或任何相关军用物资,无论它们是否源于本国领土;决定将第S/RES/1727(2006)号决议规定的专家组任期延长至2014年4月30日;决定将安理会此前决议中规定的金融及旅行措施和防止任何国家从科特迪瓦进口任何毛坯钻石的措施延至2014年4月30日。

4月26日　大会通过《关于和平解决非洲冲突的政治宣言》,强调务必加倍努力,以和平方式解决非洲大陆所有悬而未决的冲突和争端,并欢迎非盟正在作出的积极贡献,支持非盟采取的调解和维和举措。

4月29日 有关《联合国气候变化框架公约》新协议的实质性谈判在德国波恩开幕。来自全球175个国家和地区的1000多名代表出席此次会议。在为期5天的会议中,与会代表将围绕气候立法、排放交易、如何加速可再生能源的使用以及怎样将其纳入新的气候协议并加以落实、如何在2020年前增强应对气候变化的措施,以实现将全球平均气温限制在高于工业化前水平2℃范围内的目标等议题上进行讨论。

5月2日 安理会通过关于索马里局势的第S/RES/2102(2013)号决议,决定根据秘书长的建议,于2013年6月3日设立由秘书长特别代表领导的联合国索马里援助团,初步为期12个月,并打算酌情继续予以延长。联索援助团的任务应是提供联合国的"斡旋"职能,支持索马里联邦政府的和平与和解进程就建设和平和国家建设提供战略政策咨询,帮助索马里联邦政府建立能力等。

5月15日 联合国大会围绕"预防武装冲突"的主题举行全体会议,并以107票赞成、12票反对和59票弃权的最终表决结果通过了一份由法、德、英、美等国共同起草的有关叙利亚的第A/RES/67/262号决议。该决议强烈谴责当局使用重武器的现象不断升级和继续有计划地大规模粗暴侵犯人权和基本自由,同时强烈谴责反政府武装团体的一切违反国际人道主义法的行为。该决议呼吁所有各方立即停止一切形式的暴力。在表决中,俄罗斯、中国、朝鲜、伊朗、津巴布韦等12国投了反对票,印度、巴西、新加坡、南非、乌克兰、尼日利亚、苏丹等59国弃权。

5月18—20日 朝鲜连续3天向东海方向发射短程导弹。联合国秘书长潘基文对此表示关注。

5月22日 安理会通过关于几内亚比绍局势的第S/RES/2103(2013)号决议,决定将联合国几内亚比绍建设和平综合办事处的任期延长12个月,至2014年5月31日止,并根据秘书长建议对任务规定做出调整,联几建和办将开展支持开展包容性政治对话和实现民族和解的进程;协助加强民主机构等工作。

5月29日 安理会通过关于苏丹和南苏丹局势的第S/RES/2104(2013)号决议,决定将联合国阿卜耶伊临时安全部队的任务期限延长至2013年11月30日,并将联阿安全部队的最高核定兵员增加到5326人,使联阿安全部队能够全力支持核监机制。

6月4日 联合国叙利亚问题国际调查委员会向人权理事会正式提交了工作报告,称有"合理理由"相信,叙利亚政府近期曾在4起武装冲突中使用了"有限数量的有毒化学品"。报告还称,冲突双方都犯下了战争罪行,但反政府武装方面的罪行没有达到叙政府的强度和规模。叙利亚代表哈穆伊当天就此进行了反驳。他表示,报告严重缺乏客观性,是西方国家旨在将阿萨德政府"妖魔化"的"幌子"。中国代表在当天发言中强调,军事手段不能解决叙利亚问题,政治解决叙利亚问题是唯一现实出路。中方希望推动各方依据叙利亚问题"行动小组"日内瓦外长会议公报精神,立即停火止暴力行动,启动由叙利亚人民主导的政治过渡进程。人权理事会的行动应为实现这一目标发挥积极作用;叙利亚的独立、主权、统一和领土完整应得到尊重。

6月5日 安理会通过关于防扩散的第 S/RES/2105(2013)号决议,认定大规模毁灭性武器及其运载工具的扩散继续威胁国际和平与安全,决定将第 S/RES/1929(2010)号决议规定的核查伊朗核问题专家小组任务期限延长至 2014 年 7 月 9 日。

6月24日 安理会通过关于妇女、和平与安全的第 S/RES/2106(2013)号决议,表示采取有效步骤防止和应对性暴力行为可大大有助于维护国际和平与安全,并强调任何预防和保护对策都必须有妇女的参与。

6月27日 安理会通过关于伊拉克和科威特间局势的第 S/RES/2107(2013)号决议,欢迎伊拉克继续承诺支付联合国赔偿委员会管理的赔偿金中尚未支付的数额,并与科威特开展合作寻找失踪的科威特国民和第 3 国国民。会议决定终止第 S/RES/686(1991)号决议、第 S/RES/687(1991)号决议和第 S/RES/1284(1999)号决议中提出并经其后各项相关决议重申的措施。

同日 安理会通过关于中东局势的第 S/RES/2108(2013)号决议,呼吁叙利亚国内冲突的所有各方停止在观察员部队行动地区内的军事行动,决定将联合国脱离接触观察员部队的任务期限延长至 2013 年 12 月 31 日。

6月27—29日 原子能机构有关核安全问题的首个部长级国际会议在俄罗斯圣彼得堡举行。总干事天野之弥提出,为应对"真实存在的"核恐怖主义的威胁,国际社会应当加强全球核安全体系。

6月30日 埃及数百万民众在开罗、亚历山大等主要城市举行大规模示威游行,要求埃及总统穆尔西下台。2011 年初,受突尼斯"茉莉花革命"影响,埃及国内发生大规模游行示威,穆巴拉克被赶下台,在临时政府举行的大选中,穆斯林兄弟会穆尔西当选为埃及历史上第 1 位民选总统。

7月3日 欧洲议会通过了欧盟委员会提出的旨在缓解碳排放额度供应过剩、推高价格的欧盟碳市场救助法案。欧盟碳排放交易体系是一个碳排放配额交易方案,按照这一方案,2013—2020 年间,有 160 亿吨二氧化碳被分配至企业并可在企业间进行交换。

7 月 11 日 安理会通过关于苏丹和南苏丹局势的第 S/RES/2109 (2013)号决议,决定将联合国南苏丹共和国特派团的任务期限延至 2014 年 7 月 15 日,并强调南苏丹特派团保护平民的任务应包括采取必要行动,在平民人身随时可能遭受暴力威胁时对其进行保护,无论这种暴力来自何方。

7 月 24 日 安理会通过关于伊拉克和科威特间局势的第 S/RES/2110 (2013)号决议,决定将联合国伊拉克援助团的任务期限延长至 2014 年 7 月 31 日。

同日 安理会通过关于索马里局势的第 S/RES/2111(2013)号决议,决定对索马里军火禁运的规定进行修订,重申会员国应采取措施落实木炭进出口禁令,鼓励索马里政府适当减少石油行业成为索马里紧张局势加剧的根源风险。

7 月 30 日 安理会通过关于科特迪瓦局势的第 S/RES/2112(2013)号决议,决定将联合国科特迪瓦行动任期延至 2014 年 6 月 30 日,并在 2014 年 6 月 30 日前对联科行动的军警人员进行改组,联科行动将拥有 7137 名军事人员,其中官兵和参谋人员 6945 人,军事观察员 192 人。同时,决议也要求联科行动应改组派驻的军事人员,将人手重点放在高风险地区,包括在可能时增加科特迪瓦西部的人手。联科行动应执行保护平民,处理其余安全威胁和边界挑战等重要任务。

同日 安理会通过关于"秘书长关于苏丹的报告"的第 S/RES/2113 (2013)号决议,决定将达尔富尔混合行动的任务期限延长至 2014 年 8 月 31 日,并欢迎联合首席调解人关于重启和平进程的倡议,包括让未签署多哈文件的各方重新参与。

同日 安理会通过关于秘书长关于塞浦路斯行动的报告的第 S/RES/2114(2013)号决议,决定将联合国驻塞浦路斯维持和平部队的任务期限延长至 2014 年 1 月 31 日。

8 月 14 日 安理会发表主席声明,对上半年接报的几内亚湾海盗和海上武装抢劫事件的次数和暴力程度表示深切关注,强调在该区域各国主导下采取综合办法,消除几内亚湾海盗及相关犯罪活动的威胁并消除其根本原因。安理会还呼吁国际社会支持区域国家的打击行动。

8 月 20 日 《2006 年海事劳工公约》正式生效。该公约将保障广大海员的劳动和生活权利,有助于杜绝一些船东通过降低劳动标准来恶意竞争的情况。

8月22—23日　8月22日,以色列遭到来自黎巴嫩境内的4枚喀秋莎火箭弹的袭击。其中3枚落在以色列北部,1枚被以色列火箭弹拦截系统摧毁。23日凌晨,以色列战机空袭黎巴嫩南部,以示报复。这是以色列自2006年与黎巴嫩真主党结束冲突以来,首次空袭黎南部地区。

8月23日　大会一致通过第 A/RES/67/296 号决议,决定将4月6日设立为"体育促进发展与和平国际日",呼吁进行纪念和宣传。

8月29日　安理会通过关于中东局势的第 S/RES/2115(2013)号决议,决定将联合国驻黎巴嫩临时部队的任务期限延长至2014年8月31日,并强烈促请所有有关各方遵守停止敌对行动协议,同联合国和联黎部队充分合作。

9月5—6日　G20领导人第8次峰会在俄罗斯圣彼得堡举行。峰会重点聚焦经济增长和就业两大主题,强调以创造更多生产力和更好工作作为各国政策的核心,目标在于实现强劲、可持续和平衡增长,减贫和增强社会包容性。峰会通过了涉及12个领域的《二十国集团领导人圣彼得堡宣言》,明确了世界最为紧迫的任务是增强全球经济复苏动力、促进更高速度的增长和改善就业。峰会持续关注发展议题,宣言强调了缩小发展差距和支持强劲、可持续、包容和弹性增长是增长和就业这一总体目标的关键。宣言关注了粮食安全、基础设施建设、金融包容、人力资源发展、包容性绿色增长和国内资源的流动性6个方面的内容,这些领域的相关计划和下一步行动安排可视为首尔峰会所达成的跨年度发展行动计划的延续。中国国家主席习近平代表中国新一届政府在峰会上作了重要讲话,提出发展创新、增长联动、利益融合等一系列新理念,倡导二十国集团成员建立伙伴关系,树立命运共同体意识,在竞争中合作,在合作中共赢。呼吁各国要采取负责任宏观经济政策,共同完善全球经济治理,维护和发展开放型世界经济。

9月14日　叙利亚签署《禁止化学武器公约》。

9月15日　联合国叙利亚化学武器调查小组正式呈交了有关8月21日发生在叙利亚首都大马士革郊区的被怀疑使用化学武器事件的调查报告。报告显示,在叙利亚首都大马士革地区确实发生了使用相当规模化学武器的事件。不过,报告并没有对使用化学武器的肇事者做出定论。

9月17日　第68届联合国大会开幕,约翰·威廉·阿什(安提瓜和巴布达)担任大会主席,会议主题是"前进的道路:直至2015年及其后兼顾残疾问题的发展议程"。本届大会将围绕2015年后发展议程问题举行3场高级别会议和3场主题辩论会,并就移民、核裁军等问题进行讨论。同时,大会主席阿什还承诺将继续改革联合国大会和安理会。

9月18日 安理会通过关于利比里亚局势的第 S/RES/2116(2013)号决议,决定将联合国利比里亚特派团的任务期限延长至 2014 年 9 月 30 日,维持联利特派团警察部门现有核定兵力 1795 人,其中包括 10 个建制警察部队。

9月23日 大会举行"残疾与发展问题"高级别会议。会议期间,与会代表呼吁各国采取行动,使残疾人可完全享有在教育、健康和就业方面的同等机会。会议通过成果文件《前进的道路:朝向 2015 年和之后的包容残疾人的发展议程》。同日,联合国大会也就"2015 年以后发展议程和兼顾残疾人问题的发展"问题举行圆桌会议。中国残联主席张海迪在会上发言,呼吁加强残疾问题的区域和国际合作,并提出了 4 点建议:第一,深化南南合作,将残疾人问题纳入全球经济社会发展的主要议题;第二,优先考虑发展中国家残疾人的生存与发展问题;第三,重视区域与次区域合作;第四,国际发展机构和发达国家向发展中国家提供更多援助。

9月25日 大会举行有关实现千年发展目标进程会议。

9月26日 安理会通过关于小武器的第 S/RES/2117(2013)号决议,欢迎各会员国以及各区域和次区域组织努力处理非法转让、不利于稳定地积累和滥用小武器和轻武器问题,鼓励酌情建立或加强次区域和区域合作、协调和信息共享机制,特别是跨境海关合作和信息共享网络,鼓励有能力的会员国和政府间、区域和次区域组织在接获要求时提供协助,确保政府库存小武器和轻武器的安全。

9月27日 安理会通过关于中东局势的第 S/RES/2118(2013)号决议,最强烈地谴责叙利亚违反国际法使用化学武器的行为,特别是 2013 年8 月 21 日的袭击。该决议认可禁化武组织执行理事会 2013 年 9 月 27 日的决定,要求以最快最安全的方式全面执行这一决定。决议决定叙利亚不得使用、开发、生产、以其他方式获取、储存或保留化学武器,或直接或间接向其他国家或非国家行动者转让化学武器;强调叙利亚的任何一方都不得使用、开发、生产、获取、储存、保留或转让化学武器;叙利亚应遵守禁化武组织执行理事会 2013 年 9 月 27 日决定的所有方面,并充分与禁化武组织和联合国合作。安理会还决定授权一个由联合国人员组成的先遣队为禁化武组织在叙利亚的活动提供初期援助,包括在实地开展业务活动,以执行理事会2013 年 9 月 27 日决定和本决议。

9月30日—10月18日 消除对妇女歧视委员会第 56 届会议在日内瓦举行。会议通过一项重要文件。根据文件规定,《消除对妇女一切形式歧视公约》的缔约国有责任在妇女涉及直接参与冲突时，保护其权利，并在开展维和行动、预防冲突的捐助行动、人道主义救援、冲突后重建等众多工作时，也要充分维护妇女的权利。

10月3—4日　大会举行移徙与发展问题高级别对话，会员国一致通过一项宣言，呼吁尊重人权和国际劳工标准，重申打击贩运人口行为，并强烈谴责种族主义和不容忍行为。大会通过了关于《国际移徙与发展高级别对话宣言》的第 A/RES/68/4 号决议。

10月6日　禁止化学武器组织宣布正式启动叙利亚化学武器项目的销毁进程。

10月10日　安理会通过关于海地局势的第 S/RES/2119（2013）号决议，将联合国海地稳定特派团的任务期限延长至 2014 年 10 月 15 日，并规定联海稳定团的总兵力最多有 5021 名各级官兵和 2601 名警察。

同日　安理会通过关于阿富汗局势的第 S/RES/2120（2013）号决议，决定将国际安全援助部队的授权延长至 2014 年 12 月 31 日，欢迎阿富汗政府与安援部队的部队派遣国达成协议，在 2014 年底前在阿富汗全境把该国的全部安全责任移交给阿富汗政府。

同日　安理会通过关于中非共和国局势的第 S/RES/2121（2013）号决议，表示全力支持联合国在中非共和国的工作，决定中非建和办应加强在协助落实过渡进程，支持冲突预防工作和人道主义援助，协助实现安全局势的稳定，协调国际行为体方面的工作。决议还期待迅速设立中非国际支助团，鼓励该区域各国和其他非洲国家参加设立中非国际支助团的工作。

10月11日　安理会致函潘基文秘书长，批准了他所提出的建立一支禁止化学武器组织和联合国联合工作队的建议，以监督叙利亚化学武器销毁工作。

10月18日　安理会通过关于妇女、和平与安全的第 S/RES/2122（2013）号决议，表示打算在安理会议程所有相关专题工作领域中，特别是在武装冲突中保护平民、冲突后建设和平等领域中，更加注意妇女、和平与安全问题；敦促会员国、联合国实体和金融机构等相关各方支持各国建立和加强国家机构特别是司法和卫生系统的能力和民间社会网络的能力，以便持久为受武装冲突和冲突后局势影响的妇女和女孩提供协助。

10月29日　安理会就改善工作方法举行公开辩论会。中国常驻联合国副代表王民大使在发言中表示，安理会应避免强行推动各方仍有严重分歧的案文，以维护安理会的团结。他指出，在安理会决策过程中，应通过充分谈判和耐心磋商，达成广泛共识，并确保安理会所有成员均有充分时间对有关决议或主席声明草案进行研究。

11 月 7 日 第 68 届联合国大会就"安全理事会席位公平分配和成员数目增加问题及有关事项"等议题举行全体会议。中国常驻联合国代表刘结一大使在会上阐述中国政府立场。刘结一指出,安理会的改革事关联合国的未来和全体会员国的切身利益,只能通过民主讨论和耐心协商,不断积累共识,寻求达成广泛共识的一揽子解决方案。安理会改革应优先增加发展中国家,特别是非洲国家代表性,并让更多国家特别是占联合国会员国大多数的中小国家有更多机会进入安理会,参与安理会的决策。

11 月 11 日 国际原子能机构与伊朗签署有关合作框架的联合声明。伊朗同意及时向原子能机构提交有关其核设施以及落实"透明化措施"的信息。原子能机构也承诺会充分考虑伊朗对安全问题的关切,包括采取可控制的准入、保护机密信息等措施。

同日 国际法院就柬埔寨和泰国围绕柏威夏寺周边地区的领土纠纷作出裁决,判定柬埔寨对柏威夏寺地区的全部领土拥有主权。

11 月 11—23 日 《联合国气候变化框架公约》第 19 次缔约方会议暨《京都议定书》第 9 次缔约方会议在波兰首都华沙举行。来自 190 多个国家和地区的代表参加本次会议。会议将围绕落实前期各项谈判任务、确定 2020—2030 年减排目标等重要议题进行讨论。此次会议在德班平台、资金和损失损害 3 个核心议题上,因发达国家和发展中国家存在严重分歧,只取得了小步进展:一是德班增强行动平台基本体现"共同但有区别的原则";二是发达国家再次承认应出资支持发展中国家应对气候变化;三是就损失损害补偿机制问题达成初步协议,同意开启有关谈判。

11 月 12 日 安理会通过关于波黑局势的第 S/RES/2123(2013)号决议,授权会员国通过欧盟采取行动或与欧盟合作采取行动,并再设立一支多国稳定部队(欧盟部队木槿花行动),为期 12 个月。

同日 安理会通过关于索马里局势的第 S/RES/2124(2013)号决议,决定授权非盟成员国继续部署非索特派团直至 2014 年 10 月 31 日,扩大对非索特派团的一揽子后勤支助,涵盖范围最多为 22126 名军警人员。该决议还决定请非索特派团支助办通过提供粮食和水、燃料、运输、帐篷和进行战场医疗后送,支持索马里国民军,不过这一特别支助只应提供给索马里国民军同非索特派团联合采取的作为非索特派团总体战略构想的部分行动。安理会还决定通过一个有关的联合国信托基金为这一支助提供资金,鼓励会员国提供不带条件的捐款。

11 月 18 日 安理会通过关于索马里局势的第 S/RES/2125(2013)号

决议,重申安理会谴责和斥责索马里沿海发生的所有海盗和海上武装抢劫行为,并再次促请有能力的国家和区域组织参与打击索马里沿海海盗和海上武装抢劫行为。

同日　联合国秘书长潘基文参观奥斯维辛—比克瑙集中营。这是联合国秘书长首次访问该集中营。

11 月 20—24 日　伊核问题 6 国与伊朗在日内瓦举行新一轮对话。经过密集谈判,伊朗核问题 6 国(美国、英国、法国、俄罗斯、中国和德国)与伊朗终于达成了第 1 份阶段性协议,提供了长期、全面解决伊核问题的路径。各方同意作为伊核问题全面解决过程的第一步,在 6 个月内采取"初步的互让措施"。声明表示,落实"第一步"的工作将会很快展开。伊核问题取得历史性突破。

11 月 25 日　安理会通过关于"秘书长关于苏丹和南苏丹的报告"的第 S/RES/2126(2013)号决议,决定联合国阿卜耶伊临时安全部队的任务期限延长至 2014 年 5 月 31 日,认定为核监机制业务活动提供的支助应包括在接获这些机制协商决定提出的要求时,酌情在联阿安全部队行动区内,根据现有能力为特设委员会提供的支助。

12 月 2—7 日　联合国教科文组织保护非物质文化遗产第 8 届政府间委员会在阿塞拜疆首都巴库举行。会议期间,教科文组织将中国珠算、韩国"泡菜的腌制与分享"等列入人类非物质文化遗产代表作名录。至此,中国目前已有 30 个项目入选,位居世界第一。

12 月 5 日　大会呼吁所有直接有关方面考虑执行建立中东无核武器区的提案,并同意在建立无核武器区之前将其所有核活动置于国际原子能机构的保障监督之下。

同日　安理会通过关于中非共和国局势的第 S/RES/2127(2013)号决议,授权部署中非国际支助团,为期 12 个月。支助团应采取一切必要措施,在通过采用适当措施在保护平民、恢复安全与公共秩序等方面提供协助。决议还授权中非共和国境内的法国部队临时采取一切必要措施,支持中非国际支助团完成任务。

同日　南非前总统曼德拉逝世,联合国秘书长潘基文发表声明,表示沉痛哀悼。曼德拉出生于南非特兰斯凯一个大酋长家庭,一直积极反对种族隔离。1962 年他被种族隔离政权逮捕入狱,1990 年最终被释放出狱。1994 年 4 月非国大在南非首次不分种族的大选中获胜,曼德拉成为南非历史上首位黑人总统。曼德拉是一位伟大的民主斗士,他为结束南非白人的种族主义统治,实现南非所有种族和民族的平等和统一,付出了一生的战斗和沉重的代价。曼德拉是世界上最受尊重的政治家之一,1993 年 10 月,诺贝尔和平委员会授予他诺贝尔和平奖,以表彰他为废除南非种族歧视政策所作出的贡献。

12 月 10 日 安理会通过关于利比里亚局势的第 S/RES/2128(2013)号决议,肯定联合国利比里亚特派团作出的贡献和依然具有的重要性,决定将此前决议规定的旅行措施和军火措施延长 12 个月,将第 S/RES/1903(2009)号决议设立的专家小组任期自本决议通过之日起延长 12 个月。

12 月 15 日 南苏丹局势突变,首都朱巴爆发激烈的武装冲突,并蔓延到外省,造成大量人员伤亡。

12 月 16 日 潘基文秘书长向安理会通报叙利亚化学武器调查小组最终报告。潘基文指出,有确凿证据显示,化学武器不仅在 2013 年 8 月袭击叙利亚大马士革姑塔东区的军事行动中得到使用,同时在其他几处地点包括以较小的规模、针对平民和军事目标也被使用。潘基文表示,在禁止化学武器组织和联合国联合调查小组的努力以及广大会员国的支持之下,叙利亚境内所有的化学武器生产设施及装备目前已被功能性摧毁。

12 月 17 日 安理会通过关于“恐怖主义行为对于国际和平与安全的威胁”的第 S/RES/2129(2013)号决议,决定反恐执行局将在 2017 年 12 月 31 日终了的期间内继续作为一项特别政治任务,在反恐委员会的政策指导下运作。决议着重指出反恐执行局在联合国内部评估第 S/RES/1373(2001)号和第 S/RES/1624(2005)号决议的执行问题和趋势,酌情与所有有关联合国反恐机构以及有关国际、区域和次区域组织交换信息方面发挥着必不可少的作用,欢迎反恐执行局采取专题和区域方式来满足会员国和各区域的反恐需要,鼓励反恐执行局促进国际合作。

同日 中国常驻联合国代表刘结一大使在安理会阿富汗问题公开辩论会上发言表示,中方欢迎阿富汗各界为筹备 2014 年总统和省级议会选举所作努力,呼吁国际社会积极向阿富汗提供协助,为大选如期、成功举行创造条件。中方希望国际社会应尽快兑现援助承诺,提高援助效率,加大对阿富汗民生领域投入,帮助阿富汗加强自身“造血”功能。阿富汗问题的地区合作应不断完善和加强,尊重地区国家合理关切,重视发挥上海合作组织等区域组织的重要作用。中方支持联合国阿富汗援助团根据授权,加强与阿富汗政府及有关各方的沟通配合,发挥更大作用。中方愿与国际社会一道,对 2014 年后如何更好发挥联合国阿富汗援助团的作用进行探讨。

12 月 18 日 安理会通过关于前南斯拉夫问题国际刑事法庭的第 S/RES/2130(2013)号决议,请前南问题国际法庭采取一切可能的措施,尽快完成其工作,以协助关闭法庭,并决定将担任审判分庭和上诉分庭法官的国际法庭常任法官和审案法官科菲库·梅里奥·阿方德等人的任期延长至2014年12月31日。

同日 安理会通过关于中东局势的第 S/RES/2131(2013)号决议,呼吁叙利亚国内冲突各方停止在观察员部队行动地区内的军事行动,并决定将联合国脱离接触观察员部队的任务期限延长至2014年6月30日。

12月19日 大会一致通过由巴西和德国共同提出的"数字时代的隐私权"决议草案。决议强调,隐私权是民主社会的基础之一,非法或任意监控通信以及收集个人数据是侵犯隐私权和言论自由权利的行为。决议呼吁各国尊重并保护隐私权,包括数字通信方面的权利。这是联合国首次对此项人权予以认可。

12月20日 大会一致通过第 A/RES/68/205 号决议,将每年的3月3日设立为"世界野生物日",以强调野生动植物对可持续发展和人类福祉方面所做出的贡献。

大会通过第 A/RES/68/231 号决议,宣布 2016 年为国际豆类年。

大会通过第 A/RES/68/232 号决议,决定将 12月5日定为世界土壤日,并宣布 2015 年为国际土壤年。

大会通过第 A/RES/68/237 号决议,宣布非洲人后裔国际 10 年(2015—2024 年),其主题为"非洲人后裔:承认、正义与发展"。

12月24日 安理会通过关于"秘书长关于苏丹和南苏丹的报告"的第 S/RES/2132(2013)号决议,要求所有各方充分配合南苏丹特派团执行任务特别是保护平民。鉴于局势的紧急状态,安理会决定南苏丹特派团将由最多达 12500 名各级官兵的军事部分以及包括适量建制警察部队在内的最多达 1323 人的警察部分组成。

同日 自 2004 年以来,英国、欧盟等推动在联合国框架内谈判一项全面的《武器贸易条约》以建立统一的国际武器转让原则和标准。经过多年谈判,各国未能就条约草案达成协商一致。直到 2013 年 4 月 2 日,联合国大会投票表决通过条约,6 月 3 日在纽约联合国总部开放签署。2014 年 12 月 24 日《武器贸易条约》正式生效。截至 2016 年底,共有 130 国签署条约。中国赞成国际社会采取必要措施,规范国际武器贸易行为,打击非法武器转让和贩运。因此,中国一直以积极态度参与《武器贸易条约》谈判进程,并愿与各方继续加强合作,共同致力于建设规范合理的武器贸易秩序。

12月31日 塞拉利昂问题特别法庭宣告关闭,从 2014 年 1 月 1 日开始,"塞拉利昂余留特别法庭"将开始运作,继续处理余留任务。2000 年,安理会决定设立塞拉利昂问题特别法庭,负责审判在塞拉利昂长达10年内战中犯有战争罪、危害人类罪以及其他严重违反国际法的嫌疑人。

二〇一四年

(国际家庭农业年、国际晶体学年、
小岛屿发展中国家国际年)

1月23日 南苏丹政府与叛军在埃塞俄比亚首都亚的斯亚贝巴签署和平协议,承诺在24小时内停止战斗,结束双方超过1个月的激战。

1月25—31日 在联合国阿盟叙利亚问题联合特别代表卜拉希米的主持下,叙利亚政府与反对派代表在联合国日内瓦办事处举行了首次面对面会谈。首轮谈判进展非常缓慢,双方分歧依然很大。

1月27日 安理会通过关于恐怖行为对国际和平与安全造成的威胁的第S/RES/2133(2014)号决议,强烈谴责恐怖团体为筹集资金或赢得政治让步,制造绑架和劫持人质事件,促请所有会员国在恐怖团体绑架和劫持人质期间密切开展合作。

同日 国际法院就秘鲁和智利的领海边界划分问题作出终审判决,将智利宣称为该国领海海疆的部分太平洋区域归还给秘鲁。

1月28日 安理会通过关于中非共和国局势的第S/RES/2134(2014)号决议,决定将中非建和办的任务期限延长至2015年1月31日。

1月30日 安理会通过关于塞浦路斯局势的第S/RES/2135(2014)号决议,确认塞浦路斯正式谈判迄今为止取得的进展,敦促双方继续进行讨论,以便在核心问题上取得决定性进展。

同日 安理会通过关于刚果民主共和国局势的第S/RES/2136(2014)号决议,欢迎宣布终止3月23日运动、刚果民主共和国政府作出相应的宣布和2013年12月12日在内罗毕签署有关文件。安理会决定将第S/RES/1807(2008)号决议中有关的军火措施、运输措施以及金融和旅行措施的期限延至2015年2月1日。

2月7—23日 第22届冬季奥运会在俄罗斯索契举行。中国国家主席习近平于2月6—8日应约赴索契出席开幕式。索契冬奥会中国代表团赢得3金4银2铜,其中速度滑冰张虹夺金,帮助中国大道速滑粉碎34年魔咒,可谓最重要1金。

2月13日 安理会通过关于布隆迪的第S/RES/2137(2014)号决议,决定将联合国布隆迪办事处的任期延至2014年12月31日,鼓励联布办事

处、布隆迪政府和双边及多边伙伴组建一个过渡指导小组,规划国际社会对布隆迪的支持。

同日 安理会通过关于"秘书长关于苏丹和南苏丹的报告"的第 S/RES/2138(2014)号决议,确认苏丹政府和冲突各方已作出努力以便达成一个全面和包容性的冲突解决办法,决定将此前安理会决议设立的专家小组任务期限延长 13 个月。

2 月 21 日 乌克兰政府和反对党领导人就解决当前危机达成程序性协议。协议包括提前选举、组建联合政府、修改宪法等内容。

2 月 22 日 安理会通过关于中东局势—叙利亚的第 S/RES/2139(2014)号决议,强烈谴责叙利亚当局普遍侵犯人权和违反国际人道主义法的行为以及武装团体践踏人权和违反国际人道主义法的行为,要求所有各方,特别是叙利亚当局,充分执行 2013 年 10 月 2 日安全理事会主席声明的规定,协助扩大人道主义救济行动。安理会还呼吁所有会员国为联合国人道主义提供或增加捐款。

2 月 26 日 安理会通过关于中东局势的第 S/RES/2140(2014)号决议,关注也门局势,欢迎也门政治过渡取得的进展,决定所有会员国均应采取对委员会指认的个人实施旅行禁令,并设立一个由安理会全体成员组成的安全理事会委员会,开展监测措施执行情况、制定准则等工作。

3 月 1 日 克里米亚共和国总理请求俄罗斯总统普京提供帮助,保障当地和平。当日,俄罗斯以保护乌克兰克里米亚的俄罗斯公民安全为名出兵克里米亚。

同日 中国云南昆明火车站发生暴力恐怖袭击事件,至少造成 28 人死亡、113 人受伤。

3 月 3 日 安理会就乌克兰局势举行公开会议。俄罗斯大使丘尔金表示,俄出兵乌克兰是应该国合法当局的邀请,以保护乌克兰的俄罗斯人安全。会上,丘尔金向安理会展示了乌克兰已被国会罢黜的总统亚努科维奇致俄罗斯总统普京请求俄罗斯出兵的信件。而美国大使鲍尔则反驳俄罗斯出兵理由不充分,呼吁立即部署由联合国或欧安会成员组成的国际观察员,洞察当地军事动向。中国大使刘结一在会上发言表示,中方坚持不干涉内政原则,尊重乌克兰的独立主权和领土完整,呼吁有关各方通过对话和谈判寻求政治解决分歧、维护地区和平稳定。

3 月 4 日 联合国首次向乌克兰克里米亚地区派遣特使。罗伯特·塞里特使将对克里米亚当地局势进行实地评估。

3 月 4—5 日 首届全球绿色经济行动伙伴关系会议在阿联酋迪拜召

开。此次会议是自 2012 年"里约+20"峰会以来首次各国政府和利益攸关者共同讨论如何把绿色经济作为实现可持续发展和消除贫困的道路。

3 月 5 日 安理会通过关于"防扩散:朝鲜民主主义人民共和国"的第 S/RES/2141(2014)号决议,认定核武器、化学武器和生物武器及其运载工具的扩散继续威胁国际和平与安全,决定将第 S/RES/1874(2009)号决议规定后经第 S/RES/2094(2013)号决议修订的专家小组任期延至 2015 年 4 月 5 日。

同日 安理会通过关于索马里局势的第 S/RES/2142(2014)号决议,决定在 2014 年 10 月 25 日前,对索马里的武器禁运实施修改,决定索马里联邦政府至少提前 5 天将交付决议允许提供给索马里联邦政府安全部队的武器、弹药或军事装备或提供咨询、援助或培训等事,均按规定通知委员会。决议还请索马里联邦政府在规定时间内向安理会就国家安全部队、现有基础设施、武器储存等情况进行报告。

3 月 7 日 安理会通过关于儿童与武装冲突的第 S/RES/2143(2014)号决议,建议会员国将儿童保护问题列入军事训练和标准作业程序并酌情列入军事指南,联合国实体和联合国维和行动的部队和警察派遣国进行有针对性的行动培训,以期特派团所有人员都能切实发现、报告和处理侵害和虐待儿童行为。决议还决定继续将保护儿童的具体规定列入联合国维持和平行动和政治特派团的任务规定。

3 月 8 日 由马来西亚吉隆坡国际机场飞往中国北京首都机场的 MH370 航班失联,至今下落不明。航班上共载有 227 名乘客(其中,中国大陆 153 人,中国台湾 1 人),12 名机组人员。

3 月 14 日 安理会通过关于利比亚局势的第 S/RES/2144(2014)号决议,决定将联合国利比亚支助团的任务期限延长至 2015 年 3 月 13 日,将专家小组的任期延长至 2015 年 4 月 13 日。

3 月 15 日 安理会就乌克兰克里米亚共和国 3 月 16 日举行"脱乌入俄"全民公投问题召开紧急会议。安理会审议了由美国、法国和英国联合起草的一份旨在维护乌克兰领土完整的决议草案。因俄罗斯否决未能通过,中国投了唯一的 1 张弃权票。中国常驻联合国代表刘结一大使在解释性发言中表示,中国一直呼吁国际社会为缓和乌克兰局势做出建设性努力并开展斡旋。

3 月 16 日 克里米亚就"脱乌入俄"举行全民公投,97%的投票公民赞成加入俄罗斯。

3 月 17 日 安理会通过关于阿富汗局势的第 S/RES/2145(2014)号决

议,决定将联合国阿富汗援助团的任务期限延至 2015 年 3 月 17 日。

3 月 19 日 安理会通过关于利比亚局势的第 S/RES/2146(2014)号决议,谴责从利比亚非法出口原油的企图,授权会员国在公海检查委员会根据决议视情况采取符合具体情况的一切措施对指定的船只进行检查,并指示该船只应采取适当行动将原油退还给利比亚。

3 月 21 日 俄罗斯正式签署克里米亚加入俄罗斯联邦法案,克里米亚正式并入俄罗斯。

3 月 26 日 朝鲜在东部海域先后发射两枚"劳动型"中程弹道导弹,导弹最终坠入朝鲜与日本之间的海域。

3 月 27 日 大会就乌克兰问题举行全体会议,并通过一项有关乌克兰领土完整的第 A/RES/68/262 号决议,确认乌克兰克里米亚全民公投无效。此次决议的表决结果为 100 票赞成、11 票反对、58 票弃权。俄罗斯投了反对票,中国、巴西等多国投了弃权票。

同日 联合国人权理事会决定授权人权高专办对斯里兰卡内战期间的战争暴行展开全面调查。

3 月 28 日 安理会通过关于刚果民主共和国局势的第 S/RES/2147(2014)号决议,决定作为一个例外,在不产生先例或损害维和商定原则的情况下,将联刚稳定团包括其干预旅在刚果民主共和国的任期延长到 2015 年 3 月 31 日,并规定应维持军事人员 19815 人、军事观察员和参谋人员 760 人、警务人员 391 人、建制警察部队人员 1050 人的核定兵力上限。

3 月 30 日 菲律宾向仲裁庭正式提交"诉状"。6 月 3 日,仲裁庭确定 12 月 15 日为中国提交"辩诉状"最后期限。中国外交部发言人多次明确表示,中国不接受、不参与菲律宾所提仲裁的立场不会改变。

3 月 31 日 国际法院就澳大利亚起诉日本在南极海域捕鲸一案作出终审裁决,认定日本捕鲸活动违反《国际捕鲸管制公约》,要求日本立即停止在南极海域进行的捕鲸活动。

4 月 3 日 安理会通过关于苏丹和南苏丹局势的第 S/RES/2148(2014)号决议,欢迎并认可秘书长 2014 年 2 月 25 日关于非洲联盟—联合国达尔富尔混合行动的报告及其建议,促请苏丹政府立即全面遵守《部队地位协定》,并加强与达尔富尔混合行动的合作。

4 月 7 日 卢旺达种族大屠杀 20 周年纪念日。卢旺达政府组织主题为"纪念——团结——重生"的反思活动。活动自 7 日起持续百日,至 7 月 4 日结束。7 日上午,总统保罗·卡加梅与多国政要来到基加利大屠杀纪念馆敬献鲜花。卡加梅与联合国秘书长潘基文一同点燃象征记忆和卢旺达人民坚韧的纪念之火。潘基文在发言中说,发生在卢旺达的种族大屠杀是人类历史最黑暗的篇章。卡加梅说,大屠杀展现了人类残酷的一面,但是卢旺达展现了重生之顽强。多个非洲国家领导人等出席纪念活动。

4月7—25日　联合国裁军审议委员会(简称"裁审会")在纽约联合国总部举行。2014年是本轮裁审会审议周期的最后1年。会议继续审议"关于实现核裁军与防止核武器扩散目标的建议"和"常规武器领域建立切实可行的建立信任措施"两项议题。由于各方在裁审会工作方法、核裁军与不扩散等问题上分歧严重,会议未达成实质性成果,仅通过程序性报告。中国代表团以建设性姿态参加2014年裁审会工作。

4月10日　安理会通过关于中非共和国局势的第S/RES/2149(2014)号决议,对中非共和国的安全局势表示深度关切,敦促过渡当局加快筹备工作,至迟在2015年2月举行自由、公平、透明和包容各方的总统和立法选举。该决议还决定在本决议通过之日设立联合国中非共和国多层面综合稳定团,任期初步至2015年4月30日。

4月14—15日　中国坚定致力于维护和加强《不扩散核武器条约》(NPT)的普遍性、权威性和有效性,忠实履行条约义务,积极落实NPT第8次审议大会最后文件,建设性参与新一轮审议进程。中国主办中、美、俄、英、法5个核武器国家(简称"5核国")北京会议,为推动5核国战略互信、共同落实NPT审议成果作出重要贡献。外交部副部长李保东出席会议,就加强核领域全球治理提出5点主张。

4月16日　安理会通过关于国际和平与安全受到的威胁的第S/RES/2150(2014)号决议,促请所有国家配合卢旺达问题国际法庭、国际刑事法庭余留事项处理机制和卢旺达政府逮捕并起诉卢旺达问题国际法庭判定有罪的剩余9名逃犯。

4月28日　安理会通过关于"维护国际和平与安全——安全部门改革:挑战与机遇"的第S/RES/2151(2014)号决议,决心继续酌情将安全部门改革列为联合国维和行动和政治特派团任务规定的一部分并予以优先考虑。安理会还着重指出,必须进一步支持旨在加强安全部门的治理和总体业绩以及为建立安全机构奠定基础的全部门举措;必须在同东道国协商后及时分析任务期结束后所需要的援助的基础上,管理维和行动或特别政治特派团的安全部门改革活动的过渡,尽快将技能和专业知识移交给东道国的官员和专家,顺利完成过渡工作。

4月29日　安理会通过关于西撒哈拉局势的第S/RES/2152(2014)号决议,决定将西撒特派团的任务期限延至2015年4月30日。

　　同日　安理会通过关于科特迪瓦局势的第 S/RES/2153（2014）号决议,决定所有国家均应在 2015 年 4 月 30 日前,采取必要措施防止直接或间接向科特迪瓦提供军火物资;决定为让科特迪瓦武装部队在维持公共秩序时只使用适当和相称的武力而供应非致命性装备和提供技术援助、培训或财务援助,不再需要通知委员会。决议还决定将金融和旅行措施延长至2015 年 4 月 30 日,终止防止任何国家从科特迪瓦进口任何毛坯钻石的措施,将安理会规定的专家小组任期延长至 2015 年 5 月 30 日。

　　同日　禁止化学武器组织宣布,将成立禁化武组织特派团,就在叙利亚使用氯气的指称进行事实调查。

　　5 月 6 日　中国、美国、俄罗斯、英国、法国 5 个核武器国家与哈萨克斯坦、吉尔吉斯斯坦、塔吉克斯坦、土库曼斯坦和乌兹别克斯坦中亚 5 国签署《中亚无核武器区条约》议定书。

　　5 月 8 日　安理会通过关于维护国际和平与安全的第 S/RES/2154（2014）号决议,决定设立"姆巴伊·迪亚涅上尉非凡勇气勋章",授予那些在为人类和联合国工作过程中,冒着极大危险执行任务或履行职责,表现出非凡勇气的联合国军事、警察和文职人员及其他相关人员。

　　同日　中国重视国际人权文书对促进和加强保护人权的积极作用,已加入包括《经济、社会和文化权利国际公约》在内的 26 项国际人权条约。中国继续与有关人权条约机构合作,认真履行已加入的条约义务。中国执行《经济、社会和文化权利国际公约》第 2 次报告顺利接受联合国经济、社会和文化权利委员会审议。中国常驻日内瓦代表吴海龙大使率团参加,香港、澳门特区政府代表作为中国政府代表团成员参加。审议中,委员会专家积极评价中国履约成绩,肯定中国根据自身国情制定的各项政策措施。

　　5 月 12 日　安理会发表声明,再次强烈谴责"上帝抵抗军"在中部非洲地区所犯下的暴行,并敦促继续努力消除"上帝抵抗军"的威胁。

　　5 月 16 日　中国全国人大常委会批准加入《京都议定书多哈修正案》,9 月 3 日国务院决定加入《建立国际反腐败学院的协定》,11 月 28 日国务院批准《北太平洋公海渔业资源养护和管理公约》。

　　5 月 20—21 日　亚洲相互协作与信任措施会议第 4 次峰会在中国上海召开。此次会议是亚信成立以来规模最大的一次会议,共有 46 个国家和国际组织领导人与会。会议最终发布了《上海宣言》,提出了安全含义的跨国性、综合性和联动性,并强调共同打击所有形式的恐怖主义。

　　5 月 22 日　安理会就法国等提交的将叙利亚局势提交国际刑事法院审理的决议草案进行表决。中国和俄罗斯投了反对票,决议草案未获通过。

中国大使王民在投票后所作的解释性发言中阐述了中国在这一问题上的立场。王民表示,中方对决议草案存在几点重大困难。第一,中方认为,由国际刑事法院追究严重违法行为人的责任,应当以尊重国家司法主权为前提,遵守补充性原则。中国不是《罗马规约》缔约国,一贯对安理会将一国局势提交国际刑事法院持保留态度,这是我们的原则立场;第二,当前叙利亚问题政治解决正面临困难,国际社会必须坚定信心,保持耐心,坚持政治解决大方向不动摇。当务之急是推动叙利亚政府和反对派尽快停火止暴,重启第3轮日内瓦谈判,推进政治进程,启动政治过渡。在当前形势下强行将叙利亚局势提交国际刑事法院,不利于叙利亚有关各方增进互信,无助于日内瓦谈判的尽快重启,将损害国际社会推动政治解决的努力;第三,在各方对决议草案尚存重大分歧的情况下,安理会应继续磋商,不应强行表决,以免损害安理会团结,干扰安理会在叙利亚问题及其他重大问题上的协调合作。

5月23日 安理会正式宣布将与"基地组织"关系极为密切的尼日利亚恐怖团体"伊斯兰博科圣地(Boko Haram)"增列入"基地组织制裁名单",对其实施有针对性的金融制裁和武器禁运。

5月27日 安理会通过关于"秘书长关于苏丹和南苏丹的报告"的第S/RES/2155(2014)号决议,决定将联合国南苏丹特派团的任务期限延长至2014年11月30日,南苏丹特派团的任务主要包括保护平民、监测和调查人权情况、支持执行停止敌对行动协议等;决定南苏丹特派团将有一个最多由12500名官兵组成的军事部门,并有一个最多1323人,其中包括适量建制警察部队的警察部门。

5月29日 安理会通过关于"秘书长关于苏丹和南苏丹的报告"的第S/RES/2156(2014)号决议,决定联合国阿卜耶伊临时安全部队的任务期限延长至2014年10月15日,再次要求苏丹和南苏丹立即恢复阿卜耶伊联合监督委员会的工作。

同日 安理会通过关于几内亚比绍局势的第S/RES/2157(2014)号决议,决定将联合国几内亚比绍建设和平综合办事处的任务期限延长6个月,至2014年11月30日止。决议还再次要求安全和国防部门全面接受文官控制。

同日 安理会通过关于索马里局势的第S/RES/2158(2014)号决议,决定将联合国索马里援助团的任务期限延长12个月。决议还重点指出索马里的长期安全取决于索马里国民军的组建,国际社会必须继续以协调一致和透明的方式支持组建国民军。

6月4—6日 第1届"人人享有可持续能源"论坛年会在联合国纽约

总部开幕。与会各方代表对各国在实现人人享有可持续能源各项目标方面所作出的承诺和采取的行动进行审议和评估,并展现成功范例和创新举措,动员各界采取积极行动。

6月6日　大会通过第 A/RES/68/275 号决议,决定设立纳尔逊·曼德拉奖,以对曼德拉作出的卓越贡献表示敬仰,并对那些取得出色成就以及对联合国宗旨和原则作出巨大贡献的个人予以表彰。

6月9日　安理会通过关于不扩散的第 S/RES/2159(2014)号决议,认定大规模毁灭性武器及其运载工具的扩散继续威胁国际和平与安全,决定把第 S/RES/1929(2010)号决议规定的专家小组任务期限延至 2015 年 7 月 9 日。

6月9—13日　《联合国海洋法公约》第 24 次缔约国会议在纽约联合国总部举行。其间还举行了公约生效 20 周年特别纪念活动。会议讨论了国际海洋法法庭、国际海底管理局、大陆架界限委员会工作有关情况,以及联合国秘书长关于海洋和海洋法问题新进展的报告。中国代表团在会上发言中阐述中国构建和维护和谐海洋秩序的主张,强调应尊重所有国家合法利用海洋的权利和自由,统筹兼顾对海洋的合理利用与科学保护,平衡处理沿海国利益和国际社会整体利益,以实现海洋的可持续发展。针对个别国家在会上提及南海问题,中国代表团严正阐明中国在相关问题上的原则立场,匡正视听。

6月10—13日　结束冲突中性暴力全球峰会在伦敦召开,参会者就改进对冲突中性暴力的调查和记录、为性暴力幸存者提供援助和赔偿等议题进行研讨。

6月11日　联合国正式启动恐怖主义受害者支助网站,并强调共同努力消除恐怖主义蔓延条件,落实包括为受害者提供支持的全球反恐策略。

6月12日　安理会发表声明,以"最强烈的措辞"谴责最近发生在伊拉克摩苏尔的"伊拉克和黎凡特伊斯兰国"恐怖袭击事件。安理会还提醒国际社会落实并执行针对"伊拉克和黎凡特伊斯兰国"及相关组织和个人实施的金融制裁、武器禁运和旅行禁令等制裁。

6月15—25日　教科文组织第 38 届世界遗产委员会会议在卡塔尔多哈召开。中国的丝绸之路、大运河和南方喀斯特(2 期)等 3 个项目成功列入《世界遗产名录》。至此,中国世界遗产总数达到 47 项,位居世界第 2,仅次于拥有 50 项世界遗产的意大利。

6月17日　安理会通过关于"恐怖主义对国际和平与安全的威胁"的第 S/RES/2160(2014)号决议,决定所有国家均应对被指认为塔利班及与其有关的个人和实体采取资产冻结、旅行禁令和武器禁运,鼓励委员会、阿富汗政府和联阿援助团继续合作,包括查明参与资助或支持塔利班行为或活动的个人和实体,提供关于他们的详细资料。

6月23日 建设和平委员会首届年会在联合国纽约总部召开。此次会议重点将围绕如何通过有效和可持续的体系调集资源,帮助刚刚摆脱冲突的国家巩固和平等议题展开。

同日 叙利亚化学武器战剂和关键前体全部撤出叙境,并于8月18日完成销毁;叙境内化武生产设施销毁工作已于年内启动。禁化武组织在处理叙利亚化武问题上发挥的独特作用,受到国际社会普遍关注和认可。

6月23—27日 首届联合国环境大会在环境署总部内罗毕召开。来自160多个国家的代表出席此次会议,并将围绕绿色经济、非法野生动植物贸易、2015年后的环境保护和发展、改善非洲城市空气质量等环境与发展问题进行讨论。

6月25日 安理会通过关于科特迪瓦局势的第S/RES/2162(2014)号决议,决定将联合国科特迪瓦行动的任务期限延长至2015年6月30日,联科行动警察部门的核定人员为1500人,保留以前核定的8名海关干事。

同日 安理会通过关于中东局势的第S/RES/2163(2014)号决议,关切地注意到中东局势紧张,决定把联合国脱离接触观察员部队的任务期限延长至2014年12月31日。

同日 安理会通过关于马里局势的第S/RES/2164(2014)号决议,决定将联合国马里多层面综合稳定团的任务期限延长至2015年6月30日,马里稳定团最多有11200名军事人员(包括能够迅速在马里境内进行部署的预备营)和1440名警察人员的核定兵力;授权马里稳定团在部署地区内使用一切必要手段执行任务,重点开展保障安全、实现稳定和保护平民等其他任务。

6月27日 人权理事会通过有关乌克兰问题的决议,呼吁在包括克里米亚在内的乌克兰全境保护所有人权,倡议各方在人权领域合作以及向乌克兰提供帮助方面予以全面合作,提供通道,并允许派遣独立的人权观察员。

同日 世界遗产委员会大会在卡塔尔多哈闭幕。会议决定将包括中国的大运河和由中国、哈萨克斯坦、吉尔吉斯斯坦联合申报的"丝绸之路:长安—天山廊道路网"等26处地点列入世界遗产名录。

7月14日 安理会通过关于中东局势的第S/RES/2165(2014)号决议,决定授权联合国人道主义机构及其执行伙伴除了它们已经使用的路线外,在通知叙利亚当局后,使用越过冲突线的路线和多个边界过境点,通过最直接的路线,把人道主义援助包括医疗和手术用品运送给叙利亚各地需要援助的人,并强调联合国人道主义行动要高效率地使用所有边界过境点。同时,安理会还决定在联合国秘书长主管下迅速设立一个监测机制,以监测所有人道主义救济物资援助工作。

7月16日　联合国呼吁柬埔寨各方避免暴力行为,并再次呼吁柬埔寨政府取消示威禁令。2013年7月28日柬埔寨举行国会选举,执政党"人民党"获胜,洪森连任首相。救国党拒绝接受这一结果,要求设立独立调查委员会,对大选进行调查,并接连发动大规模示威抗议活动,要求洪森下台。2014年1月,救国党发起、制衣业工人参与的大规模反政府示威活动遭到警方严厉镇压,数十人受伤。政府当局随后下令关闭示威主要地点——自由公园,并发布了禁止在首都金边举行示威的禁令。7月15日,救国党成员在自由公园再次举行和平示威,但遭到小区保安人员的阻止,最后引发冲突,数十人受伤。

7月17日　马来西亚航空公司MH17客机被导弹击落,在乌克兰靠近俄罗斯边界坠毁,283名乘客和15名机组人员全部遇难。2016年9月28日,由荷兰主导成立的马航MH17客机空难联合调查组发布中期调查结果显示,MH17客机被"山毛榉"(BUK)导弹击落,导弹来自俄罗斯。俄罗斯方面予以坚决否认。

7月21日　安理会通过关于乌克兰常驻联合国代表的信的第S/RES/2166(2014)号决议,最强烈谴责7月17日有人致使马来西亚航空公司MH17航班飞机在乌克兰的顿涅茨克州坠落,导致298人丧生,并再次对这次事件受害者的家属以及受害者原籍国的人民和政府表示最深切的同情和慰问。安理会支持努力按照国际民航准则对这次事件进行全面、彻底和独立的国际调查,要求控制坠机地点和周围地区的武装团体不采取任何可能破坏坠机地点原状的行动,立即允许有关调查主管机构、监察团及其他代表进入坠机地点和周围地区。决议还要求立即停止坠机地点周围地区的所有军事活动,以便国际调查能够有保障和安全地进行。

7月23日　人权理事会就加沙局势和包括东耶路撒冷在内的被占巴勒斯坦领土问题举行特别会议,并决定设立独立的国际调查委员会,对自6月13日以来在加沙军事行动中犯下的严重侵权行为展开独立国际调查。

7月28日　安理会通过关于联合国维持和平行动的第S/RES/2167(2014)号决议,强调联合国必须培养区域和次区域组织迅速部署维持和平部队的能力,欢迎并进一步鼓励非洲联盟和各次区域组织不断加强维持和平能力。决议还请秘书长全面与非洲联盟展开合作,并着手总结非洲联盟在马里和中非共和国的和平行动过渡的经验教训,至迟于 2014 年 12 月 31 日提出可用于今后过渡安排的具体建议。

7 月 30 日 安理会通过关于塞浦路斯局势的第 S/RES/2168(2014)号决议,决定将联合国驻塞浦路斯维持和平部队的任务期限延长至 2015 年 1 月 31 日。

同日 安理会通过关于伊拉克局势的第 S/RES/2169(2014)号决议,决定将联合国伊拉克援助团的任务期限延长至 2015 年 7 月 31 日。

8 月 1 日 朝鲜常驻联合国副代表李东日在联合国纽约总部举行记者会,指责美国自 1953 年以来不断在朝鲜进行军事演习是导致朝鲜半岛局势紧张的根本性原因,并在会上威胁朝鲜将每年常规性地发射火箭作为回应。

8 月 5 日 以色列和哈马斯宣布自 5 日上午 8 点起,实行 72 小时停火。自 7 月 8 日以色列对加沙地带发起代号为"护刃行动"的军事打击以来,已造成 1800 多名巴勒斯坦人死亡,另有 9370 多人受伤。以色列方面也有 67 人死亡,其中包括 64 名士兵。

8 月 7 日 由联合国支持成立的柬埔寨法院特别法庭宣布判处两名前红色高棉领导人农谢和乔森潘终身监禁。乔森潘和农谢曾分别担任前红色高棉国家元首及中央委员会副书记和人民代表大会委员长。柬埔寨特别法庭指出,审判分庭认定乔森潘和农谢在 1975 年 4 月 17 日至 1977 年 12 月间,犯下了灭绝和危害人类罪,其手段包括谋杀、政治迫害以及强迫迁移、强迫失踪、侵犯人类尊严等其他不人道行为。

8 月 8 日 世界卫生组织宣布,在西非埃博拉疫情已构成"国际关注的公共卫生紧急事件",建议实施协调一致的国际应对措施阻止和逆转疫情国际传播。

8 月 15 日 安理会通过关于"恐怖主义对国际和平与安全的威胁"的第 S/RES/2170(2014)号决议,最强烈地反对和谴责"伊黎伊斯兰国"的恐怖行为和它的暴力极端主义思想,要求"伊黎伊斯兰国"、"胜利阵线"和其他所有与基地组织有关联的个人、团体、企业和实体停止一切暴力和恐怖行为,立即解除武装和解散。安理会认为"伊黎伊斯兰国"是一个从基地组织分裂出来的团体,决定决议附件列出的个人受第 S/RES/2161(2014)号决议第 1 段规定的措施限制,并列入基地组织制裁名单。

8 月 20 日 安理会就朝鲜半岛局势举行闭门磋商。中国在会上提议安理会回应朝鲜的要求,就美国与韩国即将进行的联合军事演习召开会议。但是这一动议没有得到其他安理会成员的赞同。

8 月 21 日　安理会通过关于"预防冲突——维护国际和平与安全"的第 S/RES/2171(2014)号决议,强调预防冲突仍然是各国的首要责任,联合国在预防冲突框架内采取的行动应酌情支持和补充各国政府的预防冲突作用,重申所有国家都有义务采用和平方式解决国际争端。

8 月 26 日　安理会通过关于中东局势的第 S/RES/2172(2014)号决议,决定将联合国驻黎巴嫩临时部队的任务期限延长至 2015 年 8 月 31 日,并欢迎联黎部队与黎巴嫩武装部队进行战略对话,以对实地部队和海上资产进行分析,制定出一系列表明联黎部队与黎巴嫩武装部队相应能力和责任的基准。

同日　以色列和巴勒斯坦在埃及的斡旋下就加沙冲突达成无期限停火。

8 月 27 日　安理会通过关于"秘书长关于苏丹和南苏丹的报告"的第 S/RES/2173(2014)号决议,决定将第 S/RES/1769(2007)号决议规定的达尔富尔混合行动的任务延长至 2015 年 6 月 30 日,以便与非盟和平与安全理事会 2014 年 7 月 9 日的决定保持一致,并确认达尔富尔混合行动最多应有 15845 名军事人员、1583 名警察人员和 13 个每个最多为 140 人的建制警察部队。

同日　安理会通过第 S/RES/2174(2014)号决议,敦促利国内各方立即停火,谴责针对平民的暴力行为,决定对威胁利比亚和平、稳定与安全,或阻碍和破坏利比亚政治过渡进程的个人和实体实施列名制裁。中国代表在安理会审议利比亚问题时表示,中国对利比亚国内形势恶化感到担忧,希望利比亚各方以国家和人民利益为重,根据安理会决议要求和古达米斯对话会承诺,立即停火,并通过包容性政治对话解决分歧尽快实现国内和平稳定。

8 月 28 日　安理会就乌克兰问题举行公开会议。联合国负责政治事务的副秘书长费尔特曼在安理会发言指出,乌克兰冲突沿亚速海和俄罗斯边境向东南蔓延,这标志着危机出现了"危险的升级"。联合国呼吁俄乌两国继续展开谈判。

8 月 29 日　安理会通过关于武装冲突中保护平民的第 S/RES/2175(2014)号决议,重申参与武装冲突的所有各方遵守国际人道主义法,敦促各方允许人道主义工作人员全面和不受阻碍地接触所有需要援助的人,并尽可能为其行动提供一切必要的便利,增进援助人员的安全保障和行动自由。

同日　安理会通过关于也门局势的主席声明,对胡塞组织围攻也门首都导致局势恶化表示严重关切,谴责该组织军事领导人,并呼吁该组织尽快撤出阿姆兰省。声明同时谴责"基地"组织阿拉伯半岛分支在也门从事恐怖活动。安理会多次就也门恐怖袭击发表主席新闻谈话,对恐怖行为予以强烈谴责。中国代表在安理会通过主席声明后发言表示,中方支持也门政府在哈迪总统领导下推进政治过渡、实现国家稳定所做的努力;敦促也门有关武装组织停止军事行动,与也门政府通过对话和平解决分歧;呼吁国际社会加强合作,协助推进也门政治进程和民族和解,帮助也门政府稳步推进经济改革,促进民生发展,改善人道局势。

9月3日 安理会发表声明,要求武装分子立即无条件释放8月28日在叙利亚戈兰高地被强行扣押的40多名斐济籍维和军人。

9月5日 乌克兰问题3方联络小组(乌克兰、欧安组织、俄罗斯)与乌东部民间武装代表在白俄罗斯首都明斯克签署停火备忘录,乌冲突双方从当地时间5日18时起停火。

9月8日 第68届大会协商一致通过决定,要求第69届大会根据以往大会相关授权,在第68届大会所取得进展及会员国立场和建议的基础上,继续就安理会改革问题进行政府间谈判。中国积极参与安理会改革政府间谈判。中国常驻联合国副代表王民大使在大会全会上发言表示,中方一贯积极支持安理会改革,认为改革的出发点和落脚点应是优先增加发展中国家特别是非洲国家的代表性和发言权,同时让中小国家有更多机会进入安理会参与决策。如何推动改革进程取得进展,需要会员国通过广泛协商,兼顾各方特别是中小国家的利益和关切,寻求最广泛共识。中方认为,安理会改革谈判应坚持以下原则。一是团结一致原则。团结一致应该成为本届联大的关键词。包括安理会改革等在内的联合国各领域改革均不可能在各方争议指责、严重对立的情况下取得进展。不公正对待各国立场,人为设定时限,甚至强行推动不成熟改革方案的做法,只会加剧会员国对立与分裂。二是会员国主导原则。改革进程应该、也必须由会员国主导。没有会员国的共识,自行缩减谈判选项仓促进入案文谈判,只会激化矛盾和分歧,让改革进程更为艰难,与各方期待背道而驰。三是民主协商原则。当前会员国对改革基本思路仍缺乏共识。但越是有分歧,就越需要会员国进行耐心协商,寻求一致。

9月9日 大会通过第 A/RES/68/304 号决议,决定建立一个债务重组多边法律框架,以减少债务重组过程中的不确定性

9月15日 安理会通过关于利比里亚局势的第 S/RES/2176(2014)号决议,决定将联合国利比里亚特派团的任务期限延至2014年12月31日,

并请秘书长至迟于 2014 年 11 月 15 日向安理会通报利比里亚局势。

同日　伊拉克和平与安全部长级国际会议在法国巴黎召开。安理会 5 个常任理事国和其他 20 多个相关国家的外长围绕共同打击"伊拉克和黎凡特伊斯兰国"恐怖主义的战略以及对伊拉克提供人道救援等问题进行讨论。

9 月 16 日　第 69 届联合国大会开幕,萨姆·卡汉巴·库泰萨(乌干达)担任大会主席,会议主题定为"落实和执行 2015 年后发展转型议程"。

9 月 17 日　首届国际旅游和宗教旅行大会在西班牙著名宗教圣地圣地亚哥—德孔波斯特拉开幕。此次会议旨在强调朝圣旅游和精神旅行对可持续和负责任旅游所做的积极贡献,以及旅游业在促进不同文化间的相互理解、保护年代久远的自然和文化遗产方面所发挥的重要作用。

9 月 18 日　安理会通过关于非洲的和平与安全的第 S/RES/2177 (2014)号决议,鼓励利比里亚、塞拉利昂和几内亚政府加快建立国家机制,对疑似感染病例进行快速诊断和隔离,采取治疗措施,为急救人员提供有效的医疗服务,开展可信和透明的公共教育活动,加强探测、减少和应对埃博拉感染的预防和准备措施。决议还呼吁会员国提供紧急资源和援助,敦促会员国、双边伙伴以及多边组织(如非盟)提供技术专长和更多的医疗力量。

9 月 22 日　大会举行第 29 届特别会议,会议主题为讨论《国际人口与发展会议行动纲领》2014 年以后的后续行动,中国国家卫生和计划生育委员会主任李斌率团出席并发言。

9 月 22—23 日　首届土著人民世界大会在联合国纽约总部召开。此次会议审议了 2007 年通过的《土著人民权利宣言》的落实情况。

9 月 23 日　联合国气候峰会在纽约召开。来自 120 多个国家的元首和政府首脑以及全球商业界和社会代表与会。会议期间,各国政府、国际投资方以及金融机构共同承诺将投资发展中国家的低碳项目,宣布计划到 2015 年底为此筹集 2000 亿美元的资金。

同日　联合国气候峰会在美国纽约召开。国家主席习近平特使、国务院副总理张高丽出席会议。张高丽在峰会全会上发表题为《凝聚共识　落实行动　构建合作共赢的全球气候治理体系》的重要讲话,全面阐述中国 2020 年前应对气候变化的方针政策、目标行动和取得的显著成效,宣布中国对未来新协定的积极态度和原则立场,表明中方高度重视应对气候变化,将主动承担与自身国情、发展阶段和实际能力相符的国际义务。张高丽表示,中国坚定支持 2015 年巴黎会议如期达成协议,同时提出 3 点倡议:一要坚持公约框架,遵循公约原则;二要兑现各自承诺,巩固互信基础;三要强化未来行动,提高应对能力。并且,中国将在现有基础上把每年的资金支持翻一番,建立气候变化南南合作基金。中国还将提供600万美元资金,支持联合国秘书长推动应对气候变化南南合作。

9月24日 安理会通过关于"恐怖主义对国际和平与安全的威胁"的第 S/RES/2178(2014)号决议,促请所有会员国开展国际合作,努力应对外国恐怖主义威胁。决议决定会员国应防止和制止招募、组织、运输或装备人员前往居住国或国籍国以外的其他国家,并防止和制止资助他们的旅行和活动;会员国应确保将任何参与资助、筹划、筹备或实施恐怖主义行为或参与支持恐怖主义行为的人绳之以法,如果掌握可靠情报,有证据表明某个个人、团体、企业或实体与基地组织有关联,应防止他们试图进入其领土或过境。

同日 王毅外长出席安理会反恐峰会并发言。他指出,中国一贯坚决反对任何形式的恐怖主义,将继续坚定地参与国际反恐合作。针对恐怖主义的新动向和新变化,王毅阐述了中方关于加强反恐合作的4点主张:第一,发挥联合国及相关国际机构的优势实现反恐情报资源的共享。第二,坚决封堵利用社交媒介传播极端思想的渠道。第三,有效加强边境管控,切断流动和融资渠道。第四,推进去极端化,并保护正常宗教活动。王毅外长指出,恐怖分子漠视基本人权,挑战人类文明底线,是全人类的公敌,各国必须共同应对。王毅认为,国际反恐必须遵循国际法和国际关系准则,发挥联合国及其安理会的主导作用,并强调恐怖主义不论以何种形式出现,不论何时何地,针对何人何事,都必须予以打击,不能采取双重标准,更不能与特定的民族或宗教挂钩。各国要加大信息收集与分享,加强网络反恐,切断流动和融资渠道,推进"去极端化"。

9月24日—10月2日 外交部部长王毅赴纽约出席第69届联合国大会。

9月25日 王毅外长出席联合国埃博拉疫情防控高级别会议并发表了《疫病无国界 患难见真情》的讲话。王毅外长表示,埃博拉疫情是当前世界各国的共同挑战,国际社会必须建立信心,携手共克时艰,并且介绍了中国对疫区的援助举措,强调中国将视疫区需要继续提供新帮助,并在中非合作论坛框架下有限推进卫生合作,加强非洲卫生防控体系。截至2014年底,中国驰援非洲疫区国家应对埃博拉疫情,先后汇出4轮总计7.5亿元人民币援助,派出1000多人次专家和医疗人员赶赴一线参与救援,在疫区及时援建治疗中心,赢得国际社会广泛赞誉。

9月26日 王毅外长出席了由美国发起的"维和峰会"会议。他在发言中指出,当前维和行动面临的形势和任务已经发生了重大变化,需要与时俱进,不断发展创新,中国支持潘基文秘书长对维和行动进行评审的倡议,这应当成为本届联合国大会的核心工作之一。王毅还宣布,中国即将向联合国南苏丹特派团增派700人的维和步兵营,这是中国首次派出步兵营参与维和。此外,中国还正在积极考虑向联合国维和行动派遣直升机,这也将是中国航空兵首次参加联合国维和行动。

同日 中国代表在安理会中非共和国问题高级别会议上发言表示,中方赞赏非洲联盟、中部非洲国家经济共同体等区域和次区域组织及地区国家为推进中非政治进程所作积极努力,希望中非有关各方切实履行停止敌对协定,欢迎中非稳定团顺利部署,强调国际社会在中非问题上应充分尊重非洲主导权,重申中方将继续为推动中非问题妥善解决提供力所能及的帮助。

9月27日 外交部部长王毅出席第69届联合国大会一般性辩论并发言。王毅说,2014年是第一次世界大战爆发100周年,2015年是第二次世界大战结束70周年。为了共建和平、共守安宁,王毅强调:各国应该平等相待,恪守主权和领土完整原则;应该开放包容,实现不同社会制度、不同宗教信仰、不同文化传统国家的和谐相处;应该合作共赢,努力扩大各国利益汇合点;应该讲求公道,推动国际关系民主化、法治化,在国际法框架内促和平、谋发展等多项原则与主张。王毅还就乌克兰危机、伊拉克局势、叙利亚冲突、巴勒斯坦和以色列冲突以及伊朗核武器等问题阐明了中方的立场。王毅指出,以暴制暴不会换来持久和平,使用武力,产生的问题将多于答案。采取强制行动应由安理会授权,如果把本国国内法凌驾于国际法之上,随意干涉别国内政,甚至搞政权更迭,将被国际公理拷问其正当性何在。关于反恐问题,王毅强调,国际反恐合作应该多措并举、标本兼治,重视发挥联合国及安理会的主导作用。反恐不能搞双重标准,更不能把恐怖主义与特定民族、宗教挂钩。面对全球反恐形势出现的新变化,国际社会应该采取新举措,特别是重点打击宗教极端主义和网络恐怖主义。

10月1日 联合国和《禁止化学武器公约》组织叙利亚化学武器问题联合调查小组正式宣告完成任务。潘基文秘书长发表声明,感谢调查小组所有成员。《禁止化学武器公约》组织表示,禁化武组织将继续处理化学武器生产设施的销毁工作,并对叙利亚初期申报的某些方面予以澄清。调查小组2013年成立,对叙利亚境内化学武器进行调查。1月初,调查小组开始转移大部分关键材料并予以销毁。这些化学试剂被转移到叙利亚境外,在海上利用水解对这些化学试剂进行销毁。

10月6日—11月5日　联合国大会第一委员会会议在纽约联合国总部举行。会议举行一般性辩论,并就裁军机制、核武器、常规武器、其他大规模杀伤性武器、地区裁军与安全、外空、其他裁军措施与国际安全7个问题举行专题辩论。会议审议通过57项决议和6项决定。中国代表团以积极和建设性姿态参与会议各项工作。中方进一步指出,中国是核领域全球治理的重要建设者,化学武器销毁进程的重要贡献者,安全"新疆域"规则制定的积极推动者,以及维护常规、生物军控进程的积极践行者。

10月12日　《生物多样性公约关于获取遗传资源以及公正和公平地分享其利用所产生惠益的名古屋议定书》正式生效,为全球分享生物遗传资源提供了更多的确定性和透明度。

10月14日　安理会通过关于"秘书长关于苏丹和南苏丹的报告"的第S/RES/2179(2014)号决议,决定将联合国阿卜耶伊临时安全部队任务延长至2015年2月28日,并促请苏丹政府和南苏丹政府及时有效地利用核监机制和联合政治和安全机制以及其他商定的联合机制,保障非军事化边界安全区包括14英里区的安全和透明度。

同日　安理会通过关于海地局势的第S/RES/2180(2014)号决议,决定将联合国海地稳定特派团任务期限延长至2015年10月15日,并规定联海稳定团可拥有最多可达2370人的各级官兵和一个最多有2601人的警察部门的总兵力。

10月21日　安理会通过关于中非共和国局势的第S/RES/2181(2014)号决议,认定中非共和国的局势继续对国际和平与安全构成威胁,决定将第S/RES/2134(2014)号决议对欧盟行动的授权延长至2015年3月15日。

10月24日　安理会通过关于索马里局势的第S/RES/2182(2014)号决议,决定将第S/RES/2142(2013)号决议第2段的军火禁运规定延长至2015年10月30日,并授权会员国在决议通过之日后的12个月内,为严格执行对索马里的军火禁运和木炭禁令,与多国海军协作采取行动,在公海上对有合理理由认为载有往来索马里的木炭、武器或军事装备的船只进行检查。安理会决定授权非洲联盟成员国继续部署非索特派团,并规定兵员至多22126人,直至2015年11月30日;决定将马里和厄立特里亚问题监察组的任务规定延长到2015年11月30日。

10月28—30日　首届全球青年政策论坛在阿塞拜疆巴库举行。会议通过一项成果文件,呼吁各国继续落实《世界青年行动计划》,将有效的青年政策纳入社会发展的整体政策之中。

10月31日　潘基文宣布成立一个高级别独立小组来评估联合国现在的和平行动。此次小组将由东帝汶前总统奥尔塔担任主席,并汇集了10多名拥有广泛经验和知识的人士与专家。中国前常驻联合国副代表、中国首任南非大使、中国阿富汗事务特使王学贤是成员之一。

同日　首个世界城市日。

同日　阿富汗问题伊斯坦布尔进程第4次外长会在北京举行,该进程的14个地区成员国、16个域外支持国、12个国际和地区组织及4个主席国共46方的外长或高级别代表出席会议。此次会议是阿富汗大选后首次涉阿问题大型国际会议,也是中方首次承办阿富汗国际问题会议。中国国务院总理李克强和阿富汗总统加尼共同出席外长会开幕式,中国外长王毅和阿富汗外长奥斯马尼共同主持会议,李克强总理发表题为《携手促进阿富汗及地区的安全与繁荣》的主旨讲话,就解决阿富汗问题提出坚持"阿人治阿"、推进政治和解、加快经济建设、探索发展道路、加强外交部支持等5点主张,得到与会代表和国际社会的积极响应。会议各方就阿富汗局势和伊斯坦布尔进程合作等进行了深入交流,通过阿富汗问题伊斯坦布尔进程北京宣言:《深化地区合作:促进阿富汗及地区持久安全与繁荣》(简称《北京宣言》),确定了伊斯坦布尔进程框架下建立信任措施64个优先合作项目,决定由巴基斯坦筹办2015年伊斯坦布尔进程第5次外长会。

11月3—5日　大会在维也纳举办了第2次联合国内陆发展中国家问题会议。12月2日联合国大会通过了关于《内陆发展中国家2014—2024年10年维也纳行动纲领》的第A/RES/69/137号决议,以整体方式应对内陆发展中国家因地处内陆、位置偏远和地理制约因素而产生的特殊发展需求及挑战。

11月10—11日　APEC峰会在北京怀柔雁栖湖举行。此次会议的主题为"共建面向未来的亚太伙伴关系"。会议期间,与会领导人与工商界人士围绕推动区域经济一体化、促进创新发展、推动经济改革与增长,加强全方位互联互通和基础设施建设等主要议题进行了广泛对话。

11月11日　安理会通过关于波黑局势的第S/RES/2183(2014)号决议,重申波黑承担顺利执行《和平协定》的首要责任,授权会员国通过欧盟采取行动或与欧盟合作采取行动,再设立一支多国稳定部队(欧盟部队木槿花行动),为期12个月。

11月12日　安理会通过关于索马里局势的第S/RES/2184(2014)号决议,鼓励会员国继续与索马里当局合作,共同打击海盗和海上武装抢劫行为,并决定自决议之日起再次延长对在索马里沿海合作打击海盗和海上武装抢劫行为的国家和区域组织的授权,延期 12 个月。

同日　中国国家主席习近平与到访的美国总统奥巴马在北京发布《中美气候变化联合声明》,宣布两国将分别采取步骤,大幅度减少温室气体排放量。美国宣布到 2025 年将使温室气体排放量在 2005 年的基础上减少 26%—28%。中国则计划 2030 年左右二氧化碳排放达到峰值且将努力早日达峰,并计划到 2030 年非化石能源占一次能源消费比重提高到 20% 左右。

11 月 15—16 日　G20 领导人第 9 次峰会在澳大利亚布里斯班举行。峰会发布了《二十国集团领导人布里斯班峰会公报》,与会成员领导人核准了支持增长和抗风险的《2015—2016 年 G20 反腐败行动计划》,同意采取行动建设反腐败合作网络,包括加强司法互助,返还腐败资产,拒绝为腐败官员提供避罪港。中国国家主席习近平发表了题为《推动创新发展　实现联动增长》的重要讲话,提出"创新发展方式""建设开放型世界经济""完善全球经济治理"3 项行动建议,并强调中国将继续保持经济增长势头,为推动世界经济增长作出更大贡献。

11 月 17—21 日　国际海事组织的海事安全委员会第 94 届会议在伦敦总部举行。会议通过了强制性的《极地水域船舶航行国际准则》,这标志着该组织在保护船舶以及船上的所有人员在极地水域艰苦的环境中航行时的安全方面的工作进入了一个历史性的新阶段。该准则将于 2017 年 1 月 1 日生效。

11 月 20 日　安理会通过关于联合国维持和平行动的第 S/RES/2185 (2014)号决议,决定酌情将警务列为联合国维和行动和政治特派团任务规定的一个组成部分,对相关警务活动提出明确、可信和可以实现的任务规定并配备适当资源。安理会还敦促警察派遣国继续派遣有必要技能和经验的专业警察人员,并着重指出有关级别的人具有适当的语言技能对于完成任务的重要性,以及有性别平等专业人员的重要性。

同日　在德国柏林召开的联合国绿色气候基金承诺大会上,13 个国家政府承诺向该基金注资,总额超过 93 亿美元。

11 月 25 日　安理会通过关于几内亚比绍局势的第 S/RES/2186 (2014)号决议,决定将联合国几内亚比绍建设和平综合办事处的任务期限延长 3 个月(2014 年 12 月 1 日—2015 年 2 月 28 日),并要求联几建和办继续开展支持政治对话及全国和解进程、加强国家机构运作能力、提供战略和技术咨询与支助,协助打击毒品贩运和跨国有组织犯罪、协助促进和保护人权以及开展人权监测和编写报告活动、协助筹集、统一和协调国际援助等工作。

同日　安理会通过关于"秘书长关于苏丹和南苏丹的报告"的第 S/RES/2187（2014）号决议，决定将联合国南苏丹特派团的任务期限延长至2015 年 5 月 30 日，南苏丹特派团将会拥有一个最多有 12500 名官兵的军事部门，最多有 1323 人（包括适当建制警察部队）的警察部门，文职部门会继续缩减。该决议还授权南苏丹特派团采取一切必要手段开展保护平民、监测和调查人权情况等工作。

12 月 1—5 日　《禁止化学武器公约》全称为《关于禁止发展、生产、储存和使用化学武器及销毁此种武器的公约》，于 1992 年达成，1997 年生效。中国于 1997 年批准公约，是公约原始缔约国。《禁止化学武器公约》第 19届缔约国大会在荷兰海牙举行。中国代表团与会，在发言中阐述中国政府在叙利亚化武销毁、日遗化武销毁、国际合作等问题上的立场和主张，并对日遗化武销毁进度再次迟于执理会决定所设期限及销毁造成的环境安全问题表示严重关切，敦促日方加大投入，创新工作方法，按双方共同提交的销毁计划尽早完成销毁。香港特区代表作为中国代表团成员向大会介绍特区履约情况。

12 月 1—14 日　《联合国气候变化框架公约》第 20 次缔约方会议暨《京都议定书》第 10 次缔约方会议在秘鲁利马举行。来自 190 多个国家的代表将为即将于 2015 年巴黎气候变化大会上签署一项新的全球气候变化协议提供一份正式的谈判文本。经过艰难谈判，会议最终一份协议草案，作为 2015 年巴黎气候大会制定一份新的具有约束力和永久性的全球气候协议的基础。此外，此次大会还明确了缔约方需要向新协议提交的"国家自主决定贡献"所涉及的信息以及相关安排。

12 月 7 日　中国外交部受权发表《中华人民共和国政府关于菲律宾共和国所提南海仲裁案管辖权问题的立场文件》，系统阐述仲裁庭对菲所提仲裁案没有管辖权的法律依据和中国不接受、不参与菲所提仲裁的国际法依据。中方敦促菲方纠正错误做法，回到双边谈判解决争议的正确轨道上来。

12 月 8—17 日　《国际刑事法院罗马规约》第 13 届缔约国大会在纽约召开，截至 2014 年底，规约共有 122 个缔约国。缔约国大会选举塞内加尔司法部部长卡巴未大会主席，任期至 2017 年。会议还选举产生 6 名新法官，任期 9 年。中国以观察员国身份与会发言，阐述对国际刑事法院的原则立场和关切，指出国际刑事法院当务之急是通过司法实践取信于各缔约国和国际社会,强调在侵略罪修正案问题上,任何国际立法都要符合《联合国宪章》的规定,并希望法院通过实现司法正义促进一国政治稳定、社会和谐和民族和解进程。

12月9日 安理会通过关于利比里亚局势的第 S/RES/2188(2014)号决议,认定利比里亚局势仍然很脆弱,决定延长第 S/RES/1521(2003)号决议规定的旅行措施、军火措施,并承诺将继续不断审查所有措施,根据利比里亚满足终止条件的进展情况以及埃博拉病毒对利比里亚和平与安全的威胁,修改或解除制裁制度的措施。决议还决定将第 S/RES/1903(2009)号决议组建的专家小组的任期延长 10 个月。

12月10日 大会正式发起"非洲人后裔国际 10 年"特别活动,此次活动主题为"非洲人后裔:承认、正义与发展"。

同日 联合国大会通过《联合国投资人与国家间基于条约仲裁透明度公约》。公约于 2017 年 10 月 18 日生效。

12月11日 大会通过第 A/RES/69/131 号决议,决定将 6 月 21 日设立为国际瑜伽日,以提高人们对练习瑜伽益处的认识。

12月12日 安理会通过关于阿富汗局势的第 S/RES/2189(2014)号决议,特别指出国际社会必须继续为稳定阿富汗局势提供支持,欢迎北约与阿富汗达成协议,组建 2014 年后的非作战性坚定支持特派团,并应阿富汗的邀请为阿富汗国民军和安全部队提供训练、咨询和协助。

12月15日 安理会通过关于利比里亚局势的第 S/RES/2190(2014)号决议,决定将联合国利比里亚特派团的任务期限延长至 2015 年 9 月 30 日,规定联利特派团的核定人员应最多为 4811 名军事人员和 1795 名警察人员,并要求联利特派团重点支持利比里亚政府将所有安全责任顺利移交给国家警察。

12月17日 安理会通过关于中东局势的第 S/RES/2191(2014)号决议,要求叙利亚国内所有各方,特别是叙利亚当局,立即全面执行安理会通过的有关规定。该决议还决定将安理会第 S/RES/2165(2014)号决议第 2 段和第 3 段各项决定的期限均延长至 2016 年 1 月 10 日。

12月18日 安理会通过关于中东局势的第 S/RES/2192(2014)号决议,呼吁叙利亚国内冲突各方停止在观察员部队行动地区内的军事行动,促请观察员部队以外的其他所有团体放弃所有观察员部队阵地和库奈特拉过境点,交还维和人员的车辆、武器和其他装备。

同日 安理会通过关于前南斯拉夫问题国际刑事法庭的第 S/RES/2193(2014)号决议,决定将国际法庭担任上诉分庭法官帕特里克·鲁滨逊的任期延长至 2015 年 7 月 31 日;将国际法庭担任审判分庭和上诉分庭法官的常任法官和审案法官科菲·库梅利奥·阿方德等人的任期延长至 2015 年 12 月 31 日;决定再次任命塞尔日·布拉默茨先生为国际法庭检察官,任期为 2015 年 1 月 1 日至 2015 年 12 月 31 日。

同日 安理会通过关于卢旺达问题国际刑事法庭的第 S/RES/2194 (2014)号决议,请国际法庭完成工作和协助尽快关闭法庭,以期完成向余留机制的过渡。该决议决定将国际法庭担任上诉分庭法官的穆罕默德·居内伊和威廉·塞库莱的任期延长至 2015 年 7 月 31 日;将国际法庭担任上诉分庭法官的马迪克·尼昂等人的任期延长至 2015 年 12 月 31 日;将瓦格恩·约恩森先生的任期延长至 2015 年 12 月 31 日;再次任命哈桑·布巴卡尔·贾洛先生为国际法庭检察官,任期自 2015 年 1 月 1 日至 2015 年 12 月 31 日。

12 月 19 日 安理会通过关于"恐怖主义对国际和平与安全的威胁"的第 S/RES/2195(2014)号决议,强调需要集体开展工作,防止和打击恐怖主义,包括防止恐怖主义通过跨国有组织犯罪受益;促请会员国加强边界管理,防止恐怖分子和恐怖团体的流动;强调应加强跨区域合作和国际合作,处理全球毒品问题和相关犯罪活动;支持培养和加强国家和区域机构,特别是执法部门和反恐机构。

12 月 22 日 中国常驻联合国代表刘结一对安理会召开会议讨论朝鲜人权局势表示反对。他表示中国反对以朝鲜存在大规模侵犯人权问题将朝鲜局势列入安理会议程,强调不应将人权问题政治化,各方应坚持通过对话协商解决问题。

12 月 24 日 《武器贸易条约》正式生效。

12 月 30 日 安理会对约旦提交的巴勒斯坦问题决议草案进行表决。中国、俄罗斯、法国等 8 票赞成,英国等 5 票弃权,美国等 2 票反对,草案被美国否决未获通过。中国常驻联合国代表刘结一大使在表决后的解释性发言中表示,中方高度关注巴以问题,一直为推动中东和平进程作出建设性努力。中方支持巴勒斯坦人民恢复民族合法权利的正义事业,支持建立以 1967 年边界为基础、以东耶路撒冷为首都、拥有完全主权、独立的巴勒斯坦国,支持巴勒斯坦加入联合国等国际组织,希望巴以双方尽快恢复和谈,早日结束占领,实现两个国家和平共处等。

12 月底 联合国维和行动自 1948 年开始以来,截至 2014 年底,共部署 69 项维和行动。目前正在实施的有 16 项,共有 89568 名军事人员、1767 名军事观察员、12326 名警务人员、16961 名文职人员和 1826 名联合国志愿者参加。2014 年 7 月至 2015 年 6 月,联合国维和预算约为 77.59 亿美元。

二〇一五年

(光和光基技术国际年、国际土壤年)

1 月 7 日 安理会和大会主席分别发表声明,对当天发生的针对法国巴黎讽刺杂志《查理周刊》的恐怖主义袭击行为表示最严厉的谴责。安理会以最强烈的措辞谴责袭击《查理周刊》的野蛮和怯懦的恐怖主义行为;这起攻击事件造成了包括记者、媒体专业人员和相关人员以及两名警察的死亡。联大主席库泰萨发表声明,以最强烈的措辞谴责这起恐怖主义袭击行为,并向法国政府与人民表达了联合国大会对他们的支持。

1 月 11 日 法国百万民众以及 40 多个国家的政要参加了在巴黎举行的反恐大游行。正在印度访问的秘书长潘基文派遣特使代表联合国参加游行并发表声明,呼吁打击一切形式的恐怖主义。

1 月 22 日 安理会通过关于中非共和国局势的第 S/RES/2196(2015)号决议,决定从现在到 2016 年 1 月 29 日,所有会员国对中非共和国实施武器禁运、旅行禁令、冻结资产,并将此前安理会设立的中非共和国问题专家小组任期延长至 2016 年 2 月 29 日。

1 月 26 日 安理会就乌克兰问题举行公开会议。中国大使刘结一在会上表示,中方谴责针对平民的暴力袭击事件,支持对有关袭击事件展开客观调查,将肇事者绳之以法。他指出,当前事态充分表明,处理乌克兰问题,必须坚持政治解决的大方向,必须充分考虑乌克兰问题复杂的历史和现实,必须充分照顾乌克兰各地区、各民族的正当权益和诉求,重视解决有关各方的合理关切,实现各方的利益平衡,以根本和长远解决乌克兰问题。中国呼吁有关各方加大努力,充分发挥诺曼底和明斯克等调解机制作用,通过包容性政治对话,在兼顾彼此合理利益和关切的基础上,尽早达成全面、均衡、持久的政治解决方案。

同日 来自美国、俄罗斯、联合国和欧盟的中东和平 4 方代表在布鲁塞尔举行会谈,就中东地区的政治局势和振兴中东和平进程的前景交换了意见。4 方代表同时强调改善加沙严峻的人道主义局势的紧迫性,并一致同意必须尽一切努力鼓励在 2014 年 10 月开罗加沙重建国际会议上所作的援助承诺得以全面兑现。

1 月 29 日 安理会通过关于塞浦路斯局势的第 S/RES/2197(2015)号决议,决定将联合国驻塞浦路斯维持和平部队的任务期限延长至 2015 年 7

月31日。

同日 安理会通过关于刚果民主共和国的局势的第 S/RES/2198 (2015)号决议,再次深切关注外国和本国武装团体的持续军事活动和走私刚果自然资源行为在刚果民主共和国东部引发的安全问题和人道主义危机,决定将第 S/RES/1807(2008)号决议规定的武器规定措施、运输措施、金融和旅行措施延长到 2016 年 7 月 1 日,并提出指定有关个人和实体的具体标准。安理会还决定将第 S/RES/1533(2004)号决议设立的专家小组任期延长至 2016 年 8 月 1 日。

2 月 2 日 国际民航组织在蒙特利尔总部召开自成立以来第 2 次高级别安全会议,来自各国民航局的局长和相关战略决策部门的负责人将重点就飞行安全问题,特别是民航飞机在飞行过程中的行踪跟踪和通过武装冲突区域所存在的风险等问题进行商讨。

2 月 4—5 日 首届世界旅游和文化大会在世界著名遗产吴哥窟所在地柬埔寨暹粒召开。来自各国的旅游和文化部长围绕旅游和文化领域的合作所面临的机遇和挑战,以及如何利用旅游和文化的力量等议题进行讨论。

2 月 10 日 《核安全公约》缔约方外交大会一致通过《维也纳宣言》,提出 3 项新的指导原则。一是核电厂的设计、选址和建造应当以预防事故并在一旦发生事故时减轻辐射物长期影响和避免场外污染为宗旨;二是在现有核电厂的整个运转周期内定期和经常进行全面和系统的安全性评估,以便确定安全改进情况,而且合理可行或可实现的安全改进措施要及时落实;三是监管当局应当确保适用这些宗旨,并依据国际原子能机构安全标准制定国家要求和规范,以确定和实施对现有电厂的适当安全改进。

2 月 12 日 安理会通过关于"消除恐怖行为对国际和平与安全造成的威胁"的第 S/RES/2199(2015)号决议,决定会员国应在从本国领土上截获要交给"伊黎伊斯兰国"和"胜利阵线"或从它们那里接手过来的石油以及相关物资通知 1267/1989 委员会;会员国应采取适当步骤,防止买卖非法流出的伊拉克和叙利亚文化财产和文物。安理会还敦促会员国采取步骤,防止对"伊黎伊斯兰国"和"胜利阵线"提供武器、资金等。

同日 安理会通过关于苏丹局势的第 S/RES/2200(2015)号决议,对达尔富尔的暴力和不安全近几个月有所加剧表示深切关注,决定将安理会决议设立专家小组的任务期限延长至 2016 年 3 月 12 日。

2 月 15 日 安理会通过关于中东局势的第 S/RES/2201(2015)号决议,对胡塞人解散议会和接管也门政府机构的行动深感痛惜,要求胡塞人立即无条件参加联合国推动进行的谈判,并从政府机构撤军,安全释放总统哈迪、总理巴哈等人。

2月17日 在安理会轮值主席、中国常驻联合国代表刘结一大使主持下，安理会举行公开会并一致通过关于乌克兰问题的第 S/RES/2202（2015）号决议，核可2月12日乌克兰问题3方联络小组签署的《执行明斯克协议综合措施》，敦促有关各方全面执行上述措施。刘结一大使在安理会审议乌克兰问题时表示，安理会通过了第2202号决议，表明了国际社会对4国领导人外交努力、政治解决乌克兰问题的坚定支持。从根本和长远上解决乌克兰问题，既要充分照顾乌克兰国内各区、各民族的正当权益和诉求，也要重视解决有关各方的合理关切，实现各方的利益平衡。国际社会应继续加大推动乌克兰危机政治解决的外交力。中方呼吁有关各方继续保持冷静和克制，全面落实明斯克协议，巩固来之不易的停火局面，实现乌克兰的和平、安宁、稳定与发展。

2月18日 安理会通过关于几内亚比绍局势的第 S/RES/2203（2015）号决议，决定将联合国几内亚比绍建设和平综合办事处的任务期限延长12个月，从2015年3月1日延长至2016年2月29日。

2月24日 安理会通过关于中东局势（也门）的第 S/RES/2204（2015）号决议，再次呼吁也门所有各方进行对话与协商，决定将第 S/RES/2140（2014）号决议规定资金冻结和旅行禁令措施延长至2016年2月26日，将根据安理会决议设置的专家小组任期延长到2016年3月25日。

2月26日 安理会通过关于"秘书长关于苏丹和南苏丹的报告"的第 S/RES/2205（2015）号决议，决定将联合国阿卜耶伊临时安全部队的任务期限延长至2015年7月15日，将第 S/RES/1990（2011）号决议第3段规定的任务期限延长至2015年7月15日。

3月3日 安理会通过关于"秘书长关于苏丹和南苏丹的报告"的第 S/RES/2206（2015）号决议，强调安理会愿意实施定向制裁，以支持谋求在南苏丹实现包容和可持续的和平。安理会还决定设立一个由安理会全体成员组成的安全理事会委员会，以监测决议执行情况，制定必要准则。

3月4日 安理会通过关于朝鲜核不扩散的第 S/RES/2207（2015）号决议，认定核武器、化学武器和生物武器及其运载工具的扩散继续威胁国际和平与安全，决定将根据安理会决议设置的专家小组任期延长至2016年4月5日。

3月5日 安理会通过关于利比亚局势的第 S/RES/2208（2015）号决议，决定将第 S/RES/2146（2014）号决议规定的授权和实施的措施，以及联合国利比亚支助团的任务期限均延长至2015年3月31日。

3月6日 安理会通过关于中东局势(叙利亚)的第 S/RES/2209(2015)号决议,最强烈地谴责阿拉伯叙利亚共和国境内任何将氯气等有毒化学品用作武器的行为,强调必须追究其使用化学武器的行为。

3月13—18日 第3届联合国世界减少灾害风险大会在日本仙台举行。来自世界187个国家的代表在经过5天的激烈讨论后终于就全球今后15年的减灾框架达成一致,这是全球第1个与2015年后发展议程相关的重要协议。《仙台减灾框架》提出的未来15年全球7大减灾目标是:大幅减少全球灾难死亡率;大幅减少受影响的民众人数;减少与全球国内生产总值相关的经济损失;大幅减少灾害给关键基础设施带来的损失以及对基本服务的干扰,其中包括卫生和教育设施;在2020年前增加了制定国家和地方减灾战略的国家数目;促进国际合作;增加获得多灾预警系统和减灾信息和评估的机会。成果文件中通过的4大优先行动事项包括:了解灾害危险;加强减少灾害的治理工作,以对灾害危险进行管理;投资于减灾,以增强复原力;加强备灾,以开展有效应对行动;加强恢复、复原和重建工作。此外,大会还通过了关于《2015—2030年仙台减少灾害风险框架》的第 A/RES/69/283号宣言和《利益攸关方自愿承诺》两项文件。3月13日,潘基文秘书长在开幕式上致辞,秘书长减少灾害危险问题特别代表瓦尔斯特伦在成果文件通过后强调指出,此项新减灾框架的通过对实现可持续发展和抗击气候变化起着举足轻重的作用,翻开了可持续发展的新篇章。来自世界各国的2800名政府代表参加了此次世界减灾大会,会议期间举行的公共论坛与会者人数超过14万人,此次会议成为历来在日本召开的规模最大的联合国会议。

3月16日 潘基文秘书长在前来日本参加第3届联合国世界减灾大会的最后1天,潘基文秘书长来到了位于东京的联合国大学,①并在有关纪念联合国成立70周年的研讨会上发表了演讲。潘基文在演讲中指出,联合国是在二战之后创立的,意在使以后的数代人免于战争这一痼疾。然而,必须承认,联合国的创始人们所拥有的愿景并未得到完全实现。大屠杀再次

---

① 总部位于日本东京的联合国大学是一个全球智库,同时提供研究生教育,其使命为通过合作研究和共同教学,协助促进解决当前最为紧迫的全球性问题。这些难题有关人类生存、发展和繁荣,与联合国、其成员国和世界人民息息相关。1969年,联合国第3任秘书长吴丹在联合国大会上作年度报告时,提议设立"联合国大学"。1972年,联合国大会通过决议,同意建立联合国大学。日本政府大力支持联合国大学的建设,不仅为大学提供校址及各项设施,而且拨款1亿美元设立捐赠基金。1975年9月,联合国大学正式开展学术工作。联合国大学2013年的年度预算为7140万美元,其中近2/3款项由包括中国政府在内的21个国家及其他非政府机构和个人捐赠。

发生,武装冲突继续在世界许多地区进行,安全环境也变得更加复杂。潘基文指出,亚太地区被广泛看作全球增长的发动机。他指出,促进东北亚国家的合作是一个关键。他表示,联合国一直在积极介入几个地区合作机制,但东北亚仍然是一个缺失环节。他希望这一地区的国家,特别是日本、中国和韩国之间的对话将以一种前瞻性的方式进行。这样做将会为今后数代人创造一种和平与和解的精神,人们一定要为真正和解、和睦、和平与繁荣奠定基础。潘基文强调,实现共同繁荣和共同的目标符合大家的相互利益,3国应当在一种合作的精神下向前迈进。

同日 在2014年12月29日大会一致通过一项决议,确认了调查哈马舍尔德罹难原因法学家委员会2013年9月公布的一项报告,并认为报告包括了新证据。12月29日大会决议要求潘基文秘书长任命一个独立专家小组,审查有关第2任秘书长达格·哈马舍尔德坠机事件的新证据。2015年3月16日,潘基文任命联合国第2任秘书长哈马舍尔德死因调查独立专家委员会成员。独立专家委员会将对调查哈马舍尔德罹难原因法学家委员会提供给秘书长的信息的证据价值以及成员国或其他来源所发布的相关记录或信息进行审查和评估。独立专家委员会将在3月30日开始工作,在6月30日之前向秘书长呈交报告。

同日 安理会通过关于阿富汗局势的第S/RES/2210(2015)号决议,决定将联合国阿富汗援助团的任务期限延至2016年3月17日,并确认延期后的联阿援助团任务要充分考虑到过渡进程已完成和转型10年(2015—2024年)于2015年1月1日开始的情况,推动国际社会更加协调一致地支持阿富汗政府的优先发展和治理事项。

3月17日 由英国卫生部和经济合作与发展组织共同倡议并支持的首届抗击痴呆症全球行动部长级会议在世界卫生组织日内瓦总部开幕。来自全球80多个国家的卫生部部长以及研究、临床和非政府组织的专家应邀首次相聚,共同讨论痴呆症这一日趋严重却被忽视的全球问题。世卫组织总干事陈冯富珍在出席首届抗击痴呆症全球行动部长级会议时致辞指出:据统计,全世界现有超过4750万痴呆症患者,而且每年新增病例高达770万,其中将近60%都生活在中、低收入国家。痴呆症对社会和经济影响巨大,包括直接医疗成本、直接社会成本和非正式护理成本。随着人口老龄化持续加速,据预测,痴呆症患者人数到2030年将达到7560万,到2050年更将超过1亿3550万,由此将使中、低收入国家背负上沉重的负担。陈冯富珍说,本次全球行动会议的目标就是提高人们对痴呆症造成的社会经济负担的认识,同时强调如果全世界做出共同承诺,将痴呆症放在全球政治议程的重要位置,就可减轻这一疾病负担。为此,出席首届抗击痴呆症全球行动部长级会议的各国代表 17 日发出共同倡议,呼吁世界各国采取协同一致的有效行动,不断加强对痴呆症的认识,提高抗击痴呆症行动在全球公共卫生议程中的优先地位,制定出台基于人权的干预政策、计划及方案等措施。

3 月 23 日 新加坡国父、前总理李光耀逝世。联合国秘书长潘基文发表声明表示哀悼。

3 月 26 日 安理会通过关于刚果民主共和国的局势的第 S/RES/2211(2015)号决议,决定将联合国刚果(金)稳定特派团及其军事干预旅的任务期限延长至 2016 年 3 月 31 日,并赞同秘书长的建议,将联刚稳定团部队减员 2000 人,但仍需保留军事人员 19815 人、军事观察员和参谋人员 760 人、警务人员 391 人、建制警察部队人员 1050 人的核定兵力上限。

同日 安理会通过关于中非共和国局势的第 S/RES/2212(2015)号决议,决定除第 S/RES/2149(2014)号决议第 20 段核定的人员外,批准联合国中非共和国多层面综合稳定团增加 750 名军事人员、280 名警察人员和 20 名惩戒干事。

3 月 27 日 安理会通过关于利比亚局势的第 S/RES/2213(2015)号决议,决定联合国利比亚支助团的任务期限延至 2015 年 9 月 15 日,规定其任务应是立即优先重点支持利比亚的政治进程和安全安排。安理会还决定将第 S/RES/2146(2014)号决议规定的授权和实行的措施延长至 2016 年 3 月 31 日;将专家小组的任务期限延长至 2016 年 4 月 30 日。

同日 安理会通过关于利比亚局势的第 S/RES/2214(2015)号决议,谴责"伊黎伊斯兰国"、效忠"伊黎伊斯兰国"的团体、安萨尔旅和在利比亚境内活动的其他所有与基地组织有关联的个人、团体、企业和实体的恐怖行为,强调需要采用综合方法进行全面打击。

3 月 31 日 缅甸政府与该国 16 个武装组织达成协议,此举具有里程碑意义,在长达 60 年的冲突后,此项停火协议是缅甸朝着解决政治和军事问题进行广泛对话所迈出的第一步。

4 月 1 日 国际刑事法院正式接纳巴勒斯坦成为第 123 个成员国。这意味着今后国际刑事法院将对被指发生在巴勒斯坦领土上的罪行拥有管辖权。

4 月 2 日 安理会通过关于利比里亚局势的第 S/RES/2215(2015)号决议,认可秘书长提出的关于减少联合国利比里亚特派团军警人员的建议,授权秘书长执行分阶段缩编的第 3 阶段,在 2015 年 9 月时落实军事人员为 3590 人的新上限,将警察人数上限减至 1515 人;决定联利特派团的任务规定不再包括第 S/RES/2190（2014）号决议规定的任务，即协助利比里亚政府举行参议院选举，为其提供后勤支助。

同日 伊核 6 国（安理会 5 常任理事国加德国）和伊朗就最终全面解决方案达成框架性协议。

4 月 6—25 日 联合国裁军审议委员会在纽约联合国总部举行。会议继续审议"关于实现核裁军与防止核武器扩散目标的建议"和"常规武器领域建立切实可行的信任措施"两项议题。由于各方在裁审会工作方法、核裁军与核不扩散等问题上分歧严重，会议未达成实质性成果，仅通过程序性报告。中国代表团以建设性姿态参加了 2015 年裁审会工作。

4 月 14 日 安理会通过关于中东局势（也门）的第 S/RES/2216（2015）号决议，要求也门所有各方，特别是胡塞人，全面执行第 S/RES/2201（2015）号决议，要求胡塞人立即无条件把部队撤出 2013 年秋季后占领的所有地区包括首都萨那，交出从军事和安全机构收缴的其他所有武器，包括导弹系统。安理会决定决议附件一列出的人应受第 S/RES/2140（2014）号决议第 11 段和第 15 段规定措施的限制；所有会员国应对所列的个体和实体实施武器禁运；专家小组的任务还应包括检测有关武器禁运的情况。

4 月 23 日 欧盟各国首脑在布鲁塞尔举行移徙问题特别峰会，重点关注跨越地中海偷渡活动及船民海难事故持续增多的有效应对之策。联合国难民高专古特雷斯、人权问题高专扎伊德、国际移徙与发展问题秘书长特别代表萨瑟兰以及国际移民组织总干事斯温发表联合声明，强烈敦促欧盟领导人在制定相关战略时必须把人的生命、权利、尊重以及尊严置于首要位置。

4 月 28 日 安理会通过关于中非共和国局势的第 S/RES/2217（2015）号决议，决定将联合国中非共和国多层面综合稳定团的任务期限延长至 2016 年 4 月 30 日，稳定团的核定兵力最多为 10750 名军事人员，其中包括 480 名军事观察员和军事参谋人员，2080 名警察人员（包括 400 名警官和 40 名狱警），规定中非稳定团的任务应是立即开展保护平民、协助开展过渡工作等。

同日 安理会通过关于中非共和国局势的第 S/RES/2218（2015）号决议，决定将联合国西撒哈拉全民投票特派团的任务期限延长至 2016 年 4 月 30 日。

同日 安理会通过关于科特迪瓦局势的第 S/RES/2219（2015）号决议，决定所有国家均应在到 2016 年 4 月 30 日截止的这段时间内采取必要措施防止直接或间接向科特迪瓦提供军用物资；并决定将此前安理会决议规定的金融和旅行措施延长至 2016 年 4 月 30 日,将专家小组任务期限延长至 2016 年 5 月 30 日。

5 月 1 日 米兰世界博览会开幕,此次世博会的主题是"为地球提供食物,为生活提供能源"。

5 月 5 日 联合国大会通过关于《关于加强联合国同各区域和次区域阻止合作的政治宣言》的第 A/RES/69/277 号宣言,旨在加强联合国同各区域和次区域阻止在各自任务范围内开展的合作,建设一个高效益、高效率、协调一致的伙伴关系。

5 月 19 日 由联合国教科文组织主办,联合国开发计划署、人口基金、难民署、儿基会、妇女署及世界银行 6 家机构协办的 2015 年"世界教育论坛"在韩国仁川开幕。世界教育论坛是教育领域最大的国际会议,此次论坛的主题为"通过教育改变人生"。与会代表将就未来 15 年的教育工作制定路线图等议题进行磋商。

同日 中国常驻联合国代表团近日向联合国秘书处和各国常驻联合国代表团正式提交"2015 年后发展议程中方立场文件"。文件指出,政府间谈判进程应重点解决贫困、饥饿、卫生等涉及发展中国家人民基本生存的问题,并在此基础上,有效应对气候变化、能源资源安全、经济增长乏力等新挑战,实现可持续发展。文件强调,应尊重各国不同国情、发展水平和发展阶段,支持各国自主选择适合本国的发展政策、发展模式和发展道路,遵循"共同但有区别的责任"原则,实现合作共赢和平等协商。文件还提出,应加强国际层面执行手段的监督,重点审议官方发展援助、技术转让和能力建设等承诺的落实情况,发挥联合国可持续发展高级别政治论坛的统筹协调作用,并由各国根据本国国情,按照自愿原则落实并对执行情况进行评估。

5 月 21 日 联合国宣布成立人道融资高级别小组,以弥补不断增多的人道资金缺口问题。

5 月 22 日 安理会通过关于小武器的第 S/RES/2220(2015)号决议,重申各国应消除向恐怖分子提供武器包括小武器和轻武器行为,并再次要求各国想方设法,加紧和加快交换武器贩运活动的信息,在国家、次区域、区域和国际一级加强协调工作。

5 月 26 日 安理会通过关于索马里局势的第 S/RES/2221(2015)号决议,决定将联合国索马里援助团的任务期限延长至 2015 年 8 月 7 日。

5 月 27 日 安理会通过关于保护武装冲突中的平民的第 S/RES/2222(2015)号决议,谴责所有在武装冲突中侵害和虐待记者、媒体专业人员和有关人员的行为,敦促武装冲突所有各方竭尽全力,防止违反国际人道主义法侵害平民包括记者、媒体专业人员和有关人员的行为。

5月28日 安理会通过关于秘书长关于苏丹和南苏丹的报告的第S/RES/2223(2015)号决议,决定将联合国南苏丹特派团的任务期限延长至2015年11月30日,并规定南苏丹特派团将有一个兵员最多为12500人的军事部门,一个人数最多123人、内有适当建制警察部队的警察部门,对文职部门则进行缩减。决议还决定南苏丹特派团的任务应是开展保护平民等工作。

6月1日 国际原子能机构在维也纳举行首个核世界中的计算机安全问题国际会议。国际原子能机构总干事天野之弥在开幕式上指出,各国应当充分利用原子能机构提供的服务,确保核设施的网络安全。

6月2日 潘基文通过发言人发表声明,对6月1日中国长江客轮翻沉事件遇难者家属表示诚挚哀悼。6月1日晚,从南京驶往重庆的"东方之星"号客轮在湖北省荆州市监利段水域发生翻沉,客船上共有454人,其中旅客403人,船员46人,旅行社工作人员5人。此次事件最后造成442人遇难。

6月9日 安理会通过关于不扩散的第S/RES/2224(2015)号决议,认定大规模毁灭性武器及其运载工具的扩散继续威胁国际和平与安全,决定将第S/RES/1929(2010)号决议规定的专家小组任务期限延长至2016年7月9日。

6月17日 安理会就维和问题举行公开会议,听取来自第一线的维和行动指挥官的年度工作汇报,并关注当前维和行动的进展情况以及困难与挑战。中国常驻联合国副代表王民大使在会上发言并提出了4点意见。第一,维和行动的基本原则不应动摇。当事国同意、中立和非自卫或履行授权不使用武力的维和三原则是确保维和行动顺利实施、保持公正性和赢得会员国支持的前提和基础;第二,维和行动授权应切实可行,解决地区热点问题需要综合施策,联合国维和行动不可能也不应该"包打天下"。第三,联合国维和行动应尊重当事国主权。维和行动保护平民的适用范畴、条件和权限应有明确界定,确保得到当事国和国际社会的认可和支持,避免引发维和行动同当地民众的误解甚至敌视;第四,维和行动应加强能力建设和科学管理,争取少花钱、多办事,合理调配并利用现有资源,全面提高利用效率,避免不必要的重复和浪费。

6月18日 安理会通过关于儿童与武装冲突的第S/RES/2225(2015)号决议,敦促武装冲突所有各方立即无条件安全释放被绑架的儿童,敦促有关各方可酌情通过不断及时提供充足的资源和资金,支持建立和加强国家机构和地方民间社会网络声援、保护受武装冲突影响的儿童和让他们恢复正常生活的能力,支持建立和加强国家问责机制。

6月19日   大会通过关于消除冲突中性暴力行为国际日的第 A/RES/69/293 号决议,决定将每年的 6 月 19 日定为"消除冲突中性暴力国际日",显示了成员国在消除冲突中性暴力方面的决心和承诺。

6月21日   秘书长潘基文在纽约总部与到访的中国国务委员杨洁篪举行会晤。双方就可持续发展、气候变化、发展议程融资、国际和地区热点等一系列问题交换了意见。其间,潘基文对中国在缓解朝鲜半岛紧张局势的工作中所发挥的建设性作用表示赞赏。

6月25日   联合国在旧金山举行《联合国宪章》签署 70 周年纪念仪式。联合国秘书长潘基文在大会上强调,宪章是指南针,将继续指引世界走向美好未来。

同日   安理会通过关于科特迪瓦局势的第 S/RES/2226(2015)号决议,决定将联合国科特迪瓦行动的任务期限延长至 2016 年 6 月 30 日,规定联科行动军事部门的最高核定人数仍为 5437 名军事人员(其中 5245 人为官兵和参谋人员,192 人为军事观察员),警察部门的最高核定人数仍为 1500 人,保留此前核定的 8 名海关干事。

6月27日   安理会通过关于马里局势的第 S/RES/2227(2015)号决议,决定在最多 11240 名军事人员(至少 40 名监测和监督停火的军事观察员和能够迅速在马里境内进行部署的预备营)和 1440 名警察人员的核定兵力范围内,将联合国马里多层面综合稳定特派团的任务期限延长至 2016 年 6 月 30 日。决议还授权秘书长采取必要步骤,确保特派团相互开展合作,特别是马里稳定团、联利特派团和联科行动相互开展合作,并从其他联合国特派团适当调动部队和资产到马里稳定团,但条件是:(1)通报安理会,得到安理会批准。(2)征得部队派遣国的同意。(3)联合国各特派团部署地点的安全情况允许,且不妨碍它们执行任务。决议授权法国部队在马里稳定团人员即刻受到严重威胁时根据秘书长的要求进行干预,提供支持。

6月29日   安理会通过关于秘书长关于苏丹和南苏丹的报告的第 S/RES/2228(2015)号决议,决定将非盟—联合国达尔富尔混合行动的任务延长至 2016 年 6 月 30 日,并决定达尔富尔混合行动最多应有 15845 名军事人员、1583 名警察人员和 13 个每个最多为 140 人的建制警察部队。

同日   安理会通过关于中东局势的第 S/RES/2229(2015)号决议,决定将联合国脱离接触观察员部队的任务期限延长至 2015 年 12 月 31 日。

7月6日   联合国经社理事会正式发布千年发展目标最终报告。报告提出,虽然千年发展目标多个方面取得了显著成绩,但各国和各地区之间的进展并不均衡,存在巨大差距,并强调利用有针对性的干预措施、合理的战略、充分的资源和政治意愿,是能够取得进展的。潘基文秘书长也呼吁国际社会在千年目标的基础上继续努力,以弥补差距。

7 月 8 日　安理会就纪念斯雷布雷尼察大屠杀事件 20 周年的一项决议草案进行表决。结果以 10 票对 1 票(俄罗斯)、4 票弃权(中国、尼日利亚、安哥拉、委内瑞拉)而遭否决。中国常驻联合国代表刘结一在投票前所作的发言中表示,关于纪念斯雷布雷尼查事件决议草案,目前安理会成员仍存在严重关切,强行通过表决尚存重大分歧的决议草案与推动波黑国内和地区国家和解的精神不符,安理会成员完全可以继续就决议草案事交换意见,不应匆忙采取行动。

7 月 13—16 日　联合国第 3 次发展筹资问题国际会议在埃塞俄比亚首都的亚的斯亚贝巴举行。此次会议取得历史性突破,来自 193 个联合国会员国的与会代表正式通过成果文件《亚的斯亚贝巴行动议程》。行动议程包括一系列旨在彻底改革全球金融实践并为解决经济、社会和环境挑战而创造投资的大胆措施。

7 月 14 日　安理会通过关于"秘书长关于苏丹和南苏丹的报告"的第 S/RES/2230(2015)号决议,决定将联合国阿卜耶伊临时安全部队的任务期限延长至 2015 年 12 月 15 日,并促请苏丹政府和南苏丹政府及时有效地利用核监机制和联合政治与安全机制以及其他商定的联合机制,保障非军事化边界安全区包括 14 英里区的安全和透明度。

同日　伊核问题 6 国(5 常任理事国加德国)与伊朗达成伊核问题全面协议。同时,国际原子能机构与伊朗也就澄清伊朗核计划过去及悬而未决问题达成一项路线图协议。原子能机构将在 2015 年底之前,对伊朗核计划是否可能存在军事成分的问题做出评估。

7 月 20 日　安理会通过关于不扩散的第 S/RES/2231(2015)号决议,请原子能机构总干事根据《全面行动计划》,在伊朗的核相关承诺的整个有效期内对这些承诺进行必要的核查和监测。安理会还决定,审查联合委员会对各国参加或允许开展附件 B 第 2 段规定的核活动的提案提出的建议,除非安理会在收到建议的 5 个工作日内通过决议,拒绝联合委员会的建议,否则应视这些建议获得批准;决定作出必要的实际可行安排,直接开展与执行本决议有关的各项工作,包括开展附件 B 规定的工作和公布指南。决议还规定,《全面行动计划》中的所有规定仅为欧洲 3 国/欧盟+3 与伊朗之间执行本计划所用,不应认为是在为其他国家或者为国际法基本原则和《不扩散条约》及其他相关文书规定的权利和义务,以及为国际公认的原则和惯例,确立先例。

7月27日　联合国会员国继续围绕安理会改革问题展开讨论,并进行政府间谈判。第70届联合国大会期间举行了第12轮政府间谈判,各方在谈判中继续阐述各自立场和关切,就安理会改革相关问题交换看法。第70届联大协商一致通过决定,在第71届联大继续进行有关安全理事会改革的政府间谈判。

7月28日　安理会通过关于索马里局势的第S/RES/2232(2015)号决议,决定将联合国索马里援助团的任务期限延长至2016年3月30日,并授权非盟成员国继续在2016年5月30日前部署至多有22126名军警人员的非索特派团。决议还要求非盟按照非盟和联合国联合审查的建议,有步骤和有针对性地对非索特派团进行重组,特别是建立一支接受部队指挥官指挥的专门特种部队,与索马里现有的特种部队并肩作战。

7月29日　安理会通过关于伊拉克的局势的第S/RES/2233(2015)号决议,决定将联合国伊拉克援助团的任务期限延长至2016年7月31日。

同日　安理会通过关于塞浦路斯局势的第S/RES/2234(2015)号决议,决定联合国驻塞浦路斯维持和平部队的任务期限延至2016年1月31日。

同日　俄罗斯否决了美国、英国等国家提出的一项决议草案。草案中重申了7月21日马来西亚航空公司MH17航班飞机于2014年7月17日在乌克兰顿涅茨克州坠落而致机上298人悲惨丧生事件的第S/RES/2166(2014)号决议,安理会在该决议中要求追究对这次事件负责者的责任,要求所有国家充分配合追究责任的工作。

7月31日　国际奥委会在第128次吉隆坡全会上,经过竞选投票北京和张家联合举办以44票对40票胜出阿拉木图,最后确定北京和张家口为2022年第24届冬奥会联合举办城市。2022年北京和张家口联合举办的第24届冬奥会将于2022年2月4日开幕至2月20日闭幕,总时16天;而北京冬残奥会将于2022年3月4日开幕至3月13日闭幕。

同日　美国正式批准交存《核材料实物保护公约》修正案文书。国际原子能机构总干事天野之弥表示,美国的行动是促进世界核安全过程中的重要一步,也是推动该公约修正案生效的努力向前迈出了一步。

8月2日　联合国2015年后发展议程政府间谈判会议就2015年后发展议程达成一致。此议程是在各个层面、任何地方不可逆转地消除贫困,而且不让一个人被落下的行动计划,旨在确保和平与繁荣,并以人类和地球为核心构建合作伙伴关系。协同一致、相互关联且不可分割的 17 项可持续发展目标是人民的目标,同时也展示了这一全新国际发展议程的规模、普遍性和雄心壮志。

8 月 7 日　安理会通过关于中东局势(叙利亚)的第 S/RES/2235(2015)号决议,再次最强烈地谴责在叙利亚境内任何把氯等有毒化学品用作武器的行为,决定设立联合调查机制,为期 1 年。

8 月 12 日　中国天津市滨海新区瑞海公司危险品仓库发生火灾爆炸事故,造成严重人员伤亡。联合国秘书长潘基发表声明,向遇难者家人以及中国政府和人民表示慰问。

8 月 18 日　安理会就维和人员被指犯有性剥削和性侵犯行为的指称发表媒体声明。声明指出,安理会成员对秘书长潘基文对维和人员性侵犯行为实行零容忍政策表示欢迎,强调联合国应尽快对所指维和人员所犯不良行为以及所涉及的侵权事件进行可信、透明的调查。

8 月 21 日　安理会通过关于中东局势(联黎部队)的第 S/RES/2236(2015)号决议,决定将联合国驻黎巴嫩临时部队的任务期限延长至 2016 年 8 月 31 日。

9 月 2 日　安理会通过关于利比里亚局势的第 S/RES/2237(2015)号决议,认定利比里亚局势继续对该区域的国际和平与安全构成威胁,决定将有关军火措施延长 9 个月,终止旅行和金融措施,并将第 S/RES/1903(2009)号决议所设专家小组的任期延长 10 个月。

9 月 10 日　安理会通过关于利比亚局势的第 S/RES/2238(2015)号决议,将联合国利比亚支助团的任务期限延长至 2016 年 3 月 15 日,还规定联利支助团目前应优先重点支持利比亚的政治进程,并根据条件开展监测和报告人权情况、协助确保未管制武器和相关物资的安全等工作。

9 月 14 日　第 70 届联合国大会开幕,莫恩斯·吕克托夫特(丹麦)担任大会主席。会议主题是"联合国 70 周年——行动纲领新承诺"。

同日　大会就安理会改革问题进行讨论,意见分歧严重。中国大使刘结一在会上指出,本届联合国大会安理会改革政府间谈判机制主席有关做法和散发的框架文件并没有得到会员国的授权,违背了会员国主导原则和联合国大会决议精神。他表示,中方希望下次谈判能在 2009 年谈判启动以来各国提出的立场、主张、建议和所做努力的基础上开展工作,避免重蹈 2015 年联合国大会政府间谈判机制的覆辙。

9 月 17 日　安理会通过关于利比亚局势的第 S/RES/2239(2015)号决议,决定将联合国利比亚特派团的任务期限延长至 2016 年 9 月 30 日,并规定到 2016 年 6 月 30 日时,联利特派团的核定兵员将从 3590 人减至 1240 人(包括 1 个步兵营和相关辅助人员),核定警员从 1515 人减至 606 人(包括 3 个建制警察部队以及移民和警察顾问)。决议还决定联利特派团应执行保护平民、司法和安全机构的改革等任务。

9 月 23 日　欧盟成员国领导人在比利时布鲁塞尔召开特别峰会,商讨解决难民危机的整体方案和出台有效移民政策的必要性。与会各国代表最终承诺提供 10 亿欧元来资助联合国机构帮助依然滞留在中东地区的叙利亚难民,以分流难民潮涌入欧洲带来的压力,同时还决定在未来两年中将希腊和意大利境内额外的 12 万名难民转移安置到欧盟其他国家。

9 月 25 日　中美发表《中美元首气候变化联合声明》。两国元首重申坚定推进落实国内气候政策、加强双边协调与合作并推动可持续发展和向绿色、低碳、气候适应型经济转型的决心。双方将支持实现富有雄心的国内行动,并承诺通过中美气候变化工作组进一步深化和加强这些努力,气候工作组是促进建设性中美气候变化对话合作的首要机制。此外,中国宣布提供 200 亿元人民币建立"中国气候变化南南合作基金",以支持其他发展中国家应对气候变化,包括增强其使用绿色气候基金资金的能力,美国也重申了向绿色气候基金捐资 30 亿美元的许诺。

9 月 25—27 日　联合国发展峰会在美国纽约联合国总部举行,中国国家主席习近平及其他 150 余位国家领导人出席。峰会通过了一份由 193 个会员国共同达成的成果文件,即《2030 年可持续发展议程》。这项包括了 17 项可持续发展目标和 169 项具体目标的纲领性文件将推动世界在今后 15 年内实现 3 个史无前例的非凡创举——消除极端贫穷、战胜不平等和不公正以及遏制气候变化。为未来 15 年各国发展和全球发展合作指明了方向,具有里程碑意义。2030 年可持续发展议程包括序言、宣言、可持续发展目标、执行手段和全球伙伴关系、后续与评估 5 部分。序言部分指出,2030 年可持续发展议程旨在推动各国共同走上可持续的发展道路。宣言部分提出将消除贫困、健康、教育、粮食安全等作为优先目标,坚持"共同但有区别的责任"等里约原则。可持续发展目标是发展议程的核心,共包括 17 项目标和 169 个具体目标,多数以 2015 年为基线,2030 年为目标完成年,主要涉及消除贫困与饥饿、健康、教育、卫生、性别平等、经济增长、生态环境保护、应对气候变化等方面,涵盖了经济、社会、环境等 3 大领域。执行手段和全球伙伴关系部分呼吁重振全球发展伙伴关系,在资金、技术和能力建设等方面支持发展中国家,加强宏观经济政策协调,为发展中国家营造良好的发展环境。

9月26日 中国国家主席习近平在联合国发展峰会上发表讲话,强调国际社会要以2015年后发展议程为新起点,共同走出一条公平、开放、全面、创新的发展之路,努力实现各国共同发展。中国以落实2015年后发展议程为己任,团结协作,推动全球发展事业不断向前。习近平在发展峰会上宣布,中国将设立"南南合作援助基金",首期提供20亿美元支持发展中国家落实2015年后发展议程;增加对最不发达国家的投资,力争到2030年达到120亿美元;免除对有关最不发达国家、内陆发展中国家、小岛屿发展中国家截至2015年底到期未还的政府间无息贷款债务;设立国际发展知识中心,与各国共同研究和交流适合各自国情的发展理论和发展实践;倡议探讨构建全球能源互联网,推动以清洁和绿色的方式满足全球电力的需求。

同日 中国国家主席习近平与联合国秘书长潘基文在联合国纽约总部共同主持召开了"南南合作圆桌会",以落实2015年后发展议程为契机,在新的起点上进一步推动发展中国家南南合作。习近平在发言中承诺,未来5年,中国将向发展中国家提供"6个100"的项目支持,包括减贫项目、农业合作项目、促贸援助、生态保护和应对气候变化、医院和诊所、学校和职业培训中心等。

同日 习近平主席夫人彭丽媛在陪同出席系列峰会期间,出席了"教育第一"高级别会议、"每个妇女、每个儿童"倡议高级别会议、残疾人主题邮票纪念版首发式并发表演讲,传递爱心,深化友谊,助推公益,增进了国际社会对中国的全面了解,展现了独特软实力。

9月27日 "两性平等和妇女赋权全球领导人会议"在纽约总部举行。潘基文秘书长开幕式上呼吁各国将促进性别平等和妇女赋权的承诺转变为行动。中国国家主席习近平出席会议并宣布,中国将向妇女署捐款1000万美元,并帮助发展中国家实施100个妇幼健康工程,派遣医疗专家小组开展寻医活动,实施100个快乐校园工程,对贫困女童实施就业支助,邀请3万名发展中国家妇女来华参加培训,并在当地为发展中国家培训10万名女性职业技术人员。

9月28日 联合国大会一般性辩论拉开帷幕,大会主席吕克托夫特在致辞中呼吁会员国共同努力缔造和平、实现发展。

同日 中国国家主席习近平在联合国70周年纪念上发表了题为《携手构建合作共赢新伙伴 同心打造人类命运共同体》的重要讲话。习近平说:"70年前,我们的先辈经过浴血奋战,取得了世界反法西斯战争的胜利,翻过了人类历史上黑暗的一页。这一胜利来之不易。"习近平指出:"'大道之行也,天下为公。'和平、发展、公平、正义、民主、自由,是全人类的共同价值,也是联合国的崇高目标。目标远未完成,我们仍须努力。当今世界,各国相互依存、休戚与共。我们要继承和弘扬联合国宪章的宗旨和原则,构建以合作共赢为核心的新型国际关系,打造人类命运共同体。"为此,他提出,我们需要作出以下努力:我们要建立平等相待、互商互谅的伙伴关系;我们要营造公道正义、共建共享的安全格局;我们要谋求开放创新、包容互惠的发展前景;我们要促进和而不同、兼收并蓄的文明交流;我们要构筑尊崇自然、绿色发展的生态体系。习近平指出:"13亿多中国人民正在为实现中华民族伟大复兴的中国梦而奋斗。中国人民的梦想同各国人民的梦想息息相通。"他表示,中国将始终做世界和平的建设者,坚定走和平发展道路,无论国际形势如何变化,无论自身如何发展,中国永不称霸、永不扩张、永不谋求势力范围;中国将始终做全球发展的贡献者,坚持走共同发展道路;中国将始终做国际秩序的维护者,坚持走合作发展的道路。中国国家主席习近平在联合国讲坛上庄重宣告说:"在此,我宣布,中国决定设立为期10年、总额10亿美元的中国—联合国和平与发展基金,支持联合国工作,促进多边合作事业,为世界和平与发展作出新的贡献。我宣布,中国将加入新的联合国维和能力待命机制,决定为此率先组建常备成建制维和警队,并建设8000人规模的维和待命部队。我宣布,中国决定在未来5年内,向非盟提供总额为1亿美元的无偿军事援助,以支持非洲常备军和危机应对快速反应部队建设。"

同日　联合国维持和平领导人峰会在纽约总部举行。50多位国家元首、政府首脑以及总理及部长级代表出席了此次峰会并发表讲话。会议最终通过了一份承诺继续有效加强联合国维和行动的宣言。中国国家主席习近平出席并在会上发言宣布:第一,中国将加入新的联合国维和能力待命机制,决定为此率先组建常备成建制维和警队,并建设8000人规模的维和待命部队;第二,中国将积极考虑,应联合国要求,派更多工程、运输、医疗人员,参与维和行动;第三,今后5年,中国将为各国培训2000名维和人员,开展10个扫雷援助项目,包括提供培训和器材;第四,今后5年,中国将向非盟提供总额1亿美元的无偿军事援助,以支持非洲常备军和危机应对快速反应部队建设;第五,中国将向联合国在非洲的维和行动部署首支直升机分队;第六,中国联合国和平发展基金的部分资金,将用于支持联合国维和行动。

9月30日　外交部部长王毅出席安理会中东反恐问题高级别会议并发言,表示恐怖主义是人类公敌,恐怖主义没有好坏之分,打击一切形式的暴力恐怖行径,应该成为地区国家和国际社会的共同职责和优先任务。中方主张在联合国框架下开展广泛、综合性的国际反恐合作。地区不稳定和发展不平衡是恐怖主义的滋生土壤,妥善处理地区纠纷,恢复地区局势稳定,增强各国治理能力,加快经济发展,切实改善民生,就能从根本上解决恐怖主义得以产生蔓延的各种问题。

同日 俄罗斯宣布应叙利亚政府邀请对叙利亚境内的恐怖极端组织开展空袭。

10月7日—11月9日 第70届联合国大会第一委员会在纽约联合国总部举行会议。会议举行了一般性辩论,并就核武器、其他大规模杀伤性武器、外空、常规武器、裁军机制、地区裁军与安全、其他裁军措施与国际安全7个问题举行专题辩论。会议审议通过了55项决议和2项决定。中国代表团以积极和建设性姿态参与会议各项工作。在一般性辩论中,中国代表团全面阐述了对国际安全形势的看法和主张,倡导共同、综合、合作和可持续的安全观,积极宣传中国裁军30万;强调中国走和平发展道路的坚定决心不会改变,中国参与核领域全球治理的积极努力不会改变,中国推进生化军控进程的关键作用不会改变,中国对国际安全建章立制的大力支持不会改变;建议国际社会应不断加强国际军控和防扩散体系的完整性和权威性,妥善应对高科技给国际军控进程带来的挑战,尽快填补安全"新疆域"领域的国际规则空白,以维持推进国际军控、裁军与防扩散进程。

10月9日 安理会通过关于维护国际和平与安全的第S/RES/2240(2015)号决议,决定授权会员国在决议通过之日起的1年内,自己或通过参与打击偷运移民和贩运人口行为的区域组织采取行动,在利比亚沿岸公海上对有疑船只进行检查,并扣押证实被用来偷运移民或贩运人口的船只,视情采用一切相应措施来处理偷运移民或贩运人口的人。

同日 安理会通过关于"秘书长关于苏丹和南苏丹的报告"的第S/RES/2241(2015)号决议,决定将联合国南苏丹特派团的任务期限延长至2015年12月15日;决定维持南苏丹特派团的总兵员,包括一个最多有12500人的军事部门和一个最多有1323人的警察部门。

10月13日 安理会通过关于妇女与和平与安全的第S/RES/2242(2015)号决议,决定将妇女、和平与安全问题列入安理会议程的所有具体国家的局势,并表示打算根据需要,在定期举行的安理会具体国家局势磋商中专门讨论妇女、和平与安全的执行情况。

10月14日 安理会通过关于海地局势的第S/RES/2243(2015)号决议,决定联合国海地稳定特派团的任务期限延长至2016年10月15日,规定联海稳定团的总兵力为最多2370名官兵和一个最多2601人的警察部门。

10 月 15 日 缅甸总统吴登盛、国防军总司令敏昂莱以及 8 个民族武装组织领导人等在首都内比都签署全国停火协议。

10 月 23 日 大会召开全体会议,通过《纪念联合国成立 70 周年宣言》,重申了对联合国的信心,对《联合国宪章》的宗旨和原则以及对整个宪章的坚定承诺;确认联合国在过去数十年在促进经济和社会发展方面发挥的重要作用;决心通过全力支持《2030 年可持续发展议程》。

同日 安理会通过关于索马里局势的第 S/RES/2244(2015)号决议,决定将第 S/RES/2142(2014)号决议规定的武器禁运期限延长至 2016 年 11 月 15 日,把索马里和厄立特里亚问题监察组的任务规定延长至 2016 年 12 月 15 日。

同日 中东问题 4 方代表(美国、俄罗斯、欧盟和联合国)在维也纳举行会议。4 方代表发表声明,对巴以之间持续的紧张局势深表关切,呼吁双方保持克制,避免采取使局势进一步升级的言行,并恢复"两国解决方案"的政治谈判。4 方代表还同时鼓励以色列与约旦合作,以言论和行动维护耶路撒冷内圣地的现状。

10 月 26 日 大会通过了关于"通过体育和奥林匹克理想建立一个和平的更美好的世界"的第 A/RES/70/4 号决议,敦促会员国在于 2016 年在巴西里约热内卢举行的第 31 届夏季奥林匹克运动会开幕前 7 天起至第 15 届夏季残疾人奥林匹克运动会闭幕后 7 天止,遵守奥林匹克休战。决议还促请未来奥林匹克运动会和残疾人奥林匹克运动会的东道国和其他会员国酌情将体育纳入预防冲突活动,确保在奥运会期间休战得到有效执行。

10 月 31 日 俄罗斯科加雷姆航空公司客机 A321 在埃及西奈半岛坠毁。这架客机原计划从埃及飞往俄罗斯圣彼得堡,机上共有 217 名乘客和 7 名机组人员全部遇难。

11 月 6 日 旨在帮助发展中国家应对气候变化的绿色气候基金理事会批准向秘鲁、马拉维以及孟加拉国等国的 8 个减排和适应项目注资 1.68 亿美元资金。这是首批支持项目,此次注资标志着向发展中国家气候融资正式启动。

11 月 9 日 安理会通过关于索马里局势的第 S/RES/2245(2015)号决议,促请秘书长为非索特派团、索马里国民军和联索援助团提供支助,并就建立制度处理对不当行为包括性剥削和性虐待的指控一事,为非盟提供咨询和指导。同时决议还请秘书长审议联合国开展规定工作对环境产生的影响。

11 月 10 日 安理会通过关于索马里局势的第 S/RES/2246(2015)号决议,强调国际社会需要采用全面对策,防止和打击海盗行为,消除其根源。决议还就塞舌尔设立一个审理海盗行为和海事罪行的法庭并已开始进行首次庭审表示欢迎。

同日 安理会通过关于波黑局势的第 S/RES/2247(2015)号决议,决定设立一支多国稳定部队(欧盟部队木槿花行动),为期 12 个月,并将第 S/RES/2183(2014)号决议第 11 段规定的授权从本决议通过之日起延长 12 个月。

11 月 11 日 截至此时,国际上关于地雷问题的法律文书,除《特定常规武器公约》所附《地雷议定书》外,还有《渥太华禁雷公约》。中国不是《渥太华禁雷公约》缔约国。11 月 11 日,经修订的《地雷议定书》第 17 次缔约国会议在日内瓦举行。中国代表团应邀与会并在发言中积极评价经修订的《地雷议定书》在解决地雷引发的人道主义问题上发挥的重要作用,介绍了过去 1 年来中国在履约宣传培训、国际扫雷援助与合作等方面的履约情况。

11 月 11—12 日 欧盟与非洲国家超过 60 位领导人在马耳他首都瓦莱塔就难民和移徙者问题举行欧非首脑峰会,就欧非双方首脑加强合作以解决难民危机达成协议,并通过政治宣言和行动计划。

11 月 12 日 安理会通过关于布隆迪局势的第 S/RES/2248(2015)号决议,对布隆迪目前的暴力继续升级表示严重关切,要求布隆迪各方不采取任何威胁布隆迪和平与稳定的行动,并表示打算考虑对所有延续暴力和阻碍寻求和平解决言行的人采取措施。

11 月 13 日 法国巴黎发生特大恐怖袭击事件,发生一系列连环枪击爆炸案。这次恐怖袭击事件,共发生 5 次爆炸、5 次枪击。其中,法兰西体育场附近发生 3 次爆炸。遇难人数至少 132 人死亡,300 多人受伤。法国警方宣布:7 名恐怖袭击分子已全部被击毙。当天,法国总统奥朗德发表对全国讲话。奥朗德说,巴黎遭到史无前例的恐怖袭击,宣布全国进入紧急状态。奥朗德强烈谴责"伊斯兰国"组织策划了巴黎恐袭案,并称此次恐怖袭击是"战争行为",系由境外"伊斯兰国"组织策划实施,法国国内势力协助。奥朗德说,"我们必须体现出同情心和团结一致,我们必须展现团结保持冷静,法兰西必须坚强"。为应对恐袭事件,法国总统宣布了一系列重大举措。11 月 16 日,奥朗德在法国国会召开特别会议,并设立 3 天的全国哀悼日。惊悉惨剧发生,各国人民万众声讨,同仇敌忾,强烈谴责恐怖主义。联合国秘书长潘基文发表声明强烈谴责这一令人憎恶的恐怖袭击事件,他相信法国当局将尽其全力迅速将肇事者绳之以法。潘基文表示自己坚定地与法国政府和人民站在一起。安理会在所发表的声明中以最强烈的言辞对这一野蛮和怯懦的恐怖主义袭击事件予以谴责。安理会全体成员国向遇害者家属以及法国政府表示深切的同情和慰问。安理会强调将这一恐怖袭击事件的肇事者绳之以法的必要性。中国国家主席习近平和政府总理李克强、美国总统奥巴马、英国首相卡梅伦、俄罗斯总统普京、德国总统高克和总理默克尔、意大利总理伦齐、加拿大总理贾斯汀·特鲁多、印度总统慕克吉和总理莫迪等很多国家政要,纷纷通过向法国总统奥朗德致慰问电等多种方式表达对"伊斯兰国"组织精心策划的这场恐怖袭击的强烈谴责,并向法国和法国人民表示支持和慰问,誓与法国同在。

同日　缅甸联邦选举委员会宣布,昂山素季领导的全国民主联盟在联邦议会中获得超过联邦议会总议席的半数以上,依法获得单独组成新政府的权力。

11 月 14 日　由联合国、安理会 5 常任理事国、欧盟、阿盟、德国、伊朗以及沙特等阿拉伯国家代表组成的"国际叙利亚支持小组"在维也纳举行会议,就如何结束叙利亚冲突问题进行讨论,并发表一项联合声明。该项声明为叙利亚的政治过渡确定了指导原则,支持在叙利亚政府和反对派开始在《日内瓦宣言》的基础上、在联合国主持下为过渡采取最初步骤以后立即着手实施全国范围内停火。小组所有成员承诺采取一切可能的步骤要求他们所支持、提供援助或能够施加影响的组织或个人遵守停火。但停火不适用于对"伊斯兰国"或"努斯拉"阵线或任何"国际叙利亚支持小组"认定为恐怖主义者的组织。约旦还同意将在联合国支持下的政治进程开始前就确定哪些为恐怖组织和个人达成共识开展工作。"国际叙利亚支持小组"还强调了在联合国主持下举行叙利亚政府与反对派代表之间正式谈判的必要性,并为这一谈判设定了 2016 年 1 月 1 日启动的目标,并在 6 个月的期限内建立可信、包容和非宗派的治理团队,为起草一项新的宪法确定日程表和进程。"国际叙利亚支持小组"的全体成员包括:联合国、欧盟、阿拉伯联盟、美国、英国、法国、中国、俄罗斯、德国、意大利、沙特、土耳其、埃及、约旦、阿联酋、伊朗、伊拉克、卡塔尔、阿曼、黎巴嫩。

11 月 15—16 日　G20 领导人第 10 次峰会在土耳其安塔利亚举行。峰会最后发表了《二十国集团领导人安塔利亚峰会公报》。公报宣布二十国集团领导人,"决定采取共同行动,以实现包容和稳健增长,增加人民福祉。我们决心坚定,致力于创造更多、更高质量就业,促进全球强劲、可持续和平衡增长。我们认识到,要推进包容性增长和增强信心,需要运用所有政策工具并同关键利益攸关方紧密互动"。峰会领导人表示,为了实现目标,2015 年将围绕加强经济复苏和提升潜力、支持可持续性、增强抗风险能力等 3 个支柱制定了全面议程,"即坚定落实我们已有承诺、促进投资增强增长动力、提高我们行动的包容性以确保共享增长红利。作为落实这一议程的一部分,我们还加强同低收入发展中国家的对话"。中国国家主席习近平出席在峰会上发表了题为《创新增长路径 共享发展成果》的重要讲话。习近平系统、深入阐述中方对世界经济形势的看法和主张,指出世界经济存在的深层次问题,并提出从根本上解决问题的"中国方案"。习近平在会上宣布,中国将于 2016 年 9 月 4—5 日在浙江杭州举办 G20 领导人第 11 次峰会。杭州峰会将以"构建创新、活力、联动、包容的世界经济"为主题,从"创新增长方式""更高效的全球经济金融治理""强劲的国际贸易和投资""包容和联动式发展"4 个方面推进筹备工作。

11 月 20 日 国际社会加大打击"伊斯兰国"力度。安理会通过关于"恐怖主义对国际和平与安全的威胁"的第 S/RES/2249(2015)号决议,谴责"伊斯兰国"制造的恐怖袭击,呼吁国际社会采取一些必要措施打击恐怖主义。12 月,沙特宣布牵头组建伊斯兰反恐联盟。在国际社会的同步打击下,"伊斯兰国"在叙伊核心控制区的指挥中枢、人员装备和石油设施遭受重创。

11 月 30 日—12 月 4 日 《渥太华禁雷公约》第 14 次缔约国会议在日内瓦举行,中国派观察员代表团与会。中国代表在发言中表示,中国赞赏公约体现的人道主义精神,认同公约的宗旨和目标,将继续加强与公约缔约国和有关国际机构及非政府组织间的交流,中国重视并长期积极参与国际人道主义扫雷援助事业。2015 年 9 月,中国国家主席习近平在第 70 届联大维和峰会期间宣布,中方将于此后 5 年举办 10 个扫雷援助项目。中方将本着人道主义宗旨,切实落实中方承诺,继续为雷患国和受害者提供力所能及的援助。

11 月 30 日—12 月 12 日 《联合国气候变化框架公约》第 21 次缔约方会议在巴黎召开。来自全球 150 多个国家的领导人出席会议,旨在努力就 2020 年后应对气候变化的国际机制问题达成协议。

《联合国气候变化框架公约》近 200 个缔约方最终一致同意通过《巴黎协议》。协议共 29 条,包括目标、减缓、适应、损失损害、资金、技术、能力建设、透明度、全球盘点等内容。根据协定,各方同意将全球平均气温升幅与前工业化时期相比控制在 2℃ 以内,并继续努力、争取把温度升幅限定在

1.5℃之内,以大幅减少气候变化的风险和影响;发达国家应继续带头,努力实现减排目标,发展中国家则应依据不同的国情继续强化减排努力,并逐渐实现减排或限排目标。在资金方面,协议规定发达国家应为协助发展中国家,在减缓和适应两方面提供资金资源。同时,将"2020年后每年提供1000亿美元帮助发展中国家应对气候变化"作为底线,提出各方最迟应在2025年前提出新的资金资助目标。在国家自主贡献问题上,协议要求各方将以"自主贡献"的方式参与全球应对气候变化行动,各方应该根据不同的国情,逐步增加当前的自主贡献,并尽其可能大的力度,同时负有共同但有区别的责任;发达国家将继续带头减排,并加强对发展中国家的资金、技术和能力建设支持,帮助后者减缓和适应气候变化。协定还就此建立起一个盘点机制,即从2023年开始,每5年对全球行动总体进展进行一次盘点,以帮助各国提高力度、加强国际合作,实现全球应对气候变化长期目标。《巴黎协议》标志着2020年后的全球气候治理将进入一个前所未有的新阶段,具有里程碑的意义。该协议明确了把全球平均气温较工业化前水平升高控制在2℃之内的目标,确定全球气候治理理念为低碳绿色发展;标志着国际气候谈判模式从自上而下的谈判模式转变为自下而上,国际气候谈判重心转移到具体的低碳行动和政策。

　　中国国家主席习近平出席在法国巴黎举行的《联合国气候变化框架公约》第21次缔约方大会暨《京都议定书》第11次缔约方大会(简称"气候变化巴黎大会")开幕活动。来自150多个国家的领导人与会。习近平主席在开幕式上发表题为《携手构建合作共赢、公平合理的气候变化治理机制》的重要讲话。习近平主席就推进《〈联合国气候变化框架公约〉巴黎协定》(简称《巴黎协定》)谈判提出了中国主张,指出《巴黎协定》应该有利于实现公约目标,引领绿色发展;应该有利于凝聚全球力量,鼓励广泛参与;应该有利于加大投入,强化行动保障;应该有利于照顾各国国情,讲求务实有效。习近平主席呼吁各方展现诚意、坚定信心、齐心协力,推动巴黎大会取得令人满意的成果。习近平主席强调,《巴黎协定》不是终点,而是新的起点。应对气候变化的全球努力给人类思考和探索未来全球治理模式、推动建设人类命运共同体带来宝贵启示。

　　12月1日　中国接任G20峰会主席国。习近平主席发表致辞,进一步阐述中方办会思路和设想。

　　12月3日　大会就"和平文化"议题通过第A/RES/70/19号和第A/RES/70/20号决议,即《为了和平而促进宗教间和文化间的对话、了解与合作》决议和《贯彻落实〈和平文化宣言〉和〈和平文化行动纲领〉》决议。

决议促请各国进一步重视和扩大弘扬和平文化的活动,确保在各级促进和平和非暴力以及宗教间和文化间对话的活动,并敦促有关部门在学校为儿童提供适龄教育,以培养和平文化,鼓励媒体参与促进和平与非暴力文化,共同创造一个有利于和平与相互了解的环境。

12 月 7 日 大会通过《世界建立一个无核武器世界宣言》,呼吁各国、各机构和组织推动宣言的落实,建立一个无核武器的世界。

12 月 9 日 安理会通过关于维护国际和平与安全的第 S/RES/2250(2015)号决议,促请会员国考虑如何以包容方式让青年参加负责预防和解决冲突问题的地方、国家、区域和国际机构,并酌情考虑建立让青年切实参与和平进程和解决争端的各种综合机制,促请武装冲突所有各方采取必要措施保护平民,包括不让平民青年受一切形式的性暴力和性别暴力的侵害。

12 月 15 日 安理会通过关于"秘书长关于苏丹和南苏丹的报告"的第 S/RES/2251(2015)号决议,决定将联合国阿卜耶伊临时安全部队的任务期限延长至 2016 年 5 月 15 日。

同日 安理会通过关于"秘书长关于苏丹和南苏丹的报告"的第 S/RES/2252(2015)号决议,决定将联合国南苏丹共和国特派团的任务期限延长至 2016 年 7 月 31 日,把南苏丹特派团最高兵员增至 13000 名官兵和 2001 名警务人员(包括单派警察、建制警察部队和 78 名监狱警察)。决议还决定将特派团的任务包括保护平民、监测和调查人权情况、为运送人道主义援助创造有利条件等。

12 月 15—16 日 联合国大会信息社会世界峰会 10 周年成果审议高级别会议在纽约联合国总部举行,国际电联、联合国教科文组织、联合国开发计划署、联合国贸易发展大会以及联合国各成员国、非政府组织等出席。会议回顾信息社会世界峰会 10 年来成果落实情况,强调信息通信技术在推动实现可持续发展目标中的作用,并协商一致通过成果文件。

12 月 16 日 国际法院就"尼加拉瓜在边界地区进行的某些活动"以及"哥斯达黎加圣胡安河沿线修建道路"两起诉讼案件做出终审判决。法院一致裁定尼加拉瓜败诉,承认哥斯达黎加对争议领土拥有主权,并要求尼加拉瓜就其在哥斯达黎加领土上进行的不法活动所导致的破坏进行赔偿。

12 月 17 日 安理会通过关于"恐怖主义行为对国际和平与安全造成的威胁"的第 S/RES/2253(2015)号决议,决定自本决议通过之日起,"1267/1989 基地组织制裁委员会"即称为"1267/1989/2253'伊黎伊斯兰国(达伊沙)'和基地组织制裁委员会",基地组织制裁名单即被称为"'伊黎伊斯兰国(达伊沙)'和基地组织制裁名单";所有国家均应对"伊黎伊斯兰国(达伊沙)"、基地组织和相关个人、团体、企业和实体,采取资产冻结、旅行禁运、武器禁运措施。决议将此前安理会设立的监测组及其成员的任务期限自其现有任期 2017 年 12 月到期后,再延长 24 个月。

同日 利比亚各派在摩洛哥斯希拉特签署《利比亚政治协议》。根据协议,在利比亚政治对话中产生的 9 人总理委员会将承担新组建的民族团结政府工作,由国际社会承认的利比亚国民代表大会作为立法机构,并将新成立国家委员会作为新政府的咨询机构。协议指出,新的民族团结政府应立即着手解决利比亚当前面临的打击恐怖主义威胁、改革和建立政府机构、恢复和刺激经济发展以及控制非法移民等一系列紧迫问题。

同日 安理会的反恐委员会召开特别会议,就如何在保护人权和基本自由的同时,防止恐怖主义团体利用互联网和社交媒体招募恐怖分子和煽动恐怖主义行为进行讨论。来自谷歌、脸书、推特、微软、俄罗斯最大社交媒体公司 VK 以及中国的新浪和腾讯的代表参加了这次会议。反恐委员会执行局执行主任拉博德在会上建议国际社会需要在政府机构、社会和私人企业之间建立互信并相互协调合作,各国也需要在立法上应对恐怖主义的犯罪行为,与私人企业机构加强合作,做好提前预防。

12 月 17 日 联合国大会通过了关于《联合国囚犯待遇最低限度标准规则(纳尔逊·曼德拉规则)》的第 A/RES/70/175 号决议。

12 月 18 日 安理会通过关于中东局势(叙利亚)的第 S/RES/2254 (2015)号决议,重申安理会认可 2012 年 6 月 30 日《日内瓦公报》和"维也纳声明",寻求全面执行《日内瓦公报》,是进行叙利亚人主导并享有自主权的政治过渡以结束叙利亚冲突的基础;决议还表示支持在联合国协助下开展叙利亚人主导的政治进程,争取在 6 个月内开展可信、包容各方和没有宗派色彩的治理,制定起草新宪法的时间表和程序;决议还强调需要建立停火监测、核查和报告机制,强调叙利亚所有各方都需要采取建立信任措施,帮助政治进程取得成果和实现持久和平,并促请所有国家对叙利亚政府和叙利亚反对派施加影响力,推动和平进程、建立信任措施和实现停火的步骤。

12 月 21 日 安理会通过关于"恐怖主义对国际和平与安全造成的威胁"的第 S/RES/2255(2015)号决议,决定所有国家均应对在第 S/RES/1988(2011)号决议通过之日前作为塔利班被指认的个人和实体以及第 S/RES/1988(2011)号决议第 35 段所设委员会在 1988 制裁名单中指认的其他威胁阿富汗的和平、稳定与安全的个人、团体、企业和实体采取资产冻结、旅行禁令和武器禁运措施。

12 月 22 日 联合国大会通过第 A/RES/70/203 号决议,决定将 11 月

5 日定为世界海啸意识日,提高人们对海啸风险的认识。

联合国大会通过关于《联合国消费者保护准则》的第 A/RES/70/186 号决议。旨在保护所有会员国消费者,特别是发展中国家消费者的利益和需求,促进可持续消费。

同日 安理会通过关于前南斯拉夫问题国际刑事法庭和乌干达问题国际刑事法庭的第 S/RES/2256(2015)号决议,决定将前南问题国际法庭担任审判分庭和上诉分庭法官的常任法官和审案法官让—克洛德·安托内蒂等人的任期延长至 2016 年 3 月 31 日;将前南问题国际法庭担任上诉分庭法官的常任法官科菲·库梅利奥·阿方德(多哥)的任期延长至 2016 年 6 月 30 日;将前南问题国际法庭担任审判分庭法官的常任法官和审案法官伯顿·霍尔、居伊·德尔瓦等人的任期延长至 2016 年 10 月 31 日;将前南问题国际法庭担任审判分庭和上诉分庭法官的常任法官刘大群等人的任期延长至 2016 年 12 月 31 日。决议还决定再次任命塞尔日·布拉默茨先生为前南问题国际法庭检察官,任期为 2016 年 1 月 1 日—12 月 31 日。刘大群是中国出任前南斯拉夫问题国际刑事法庭法官的第 3 人,前两任分别是上述庭法官李浩培和审判庭法官王铁崖。

同日 安理会通过关于中东局势(联合国脱离接触观察员部队的第 S/RES/2257(2015)号决议,决定把联合国脱离接触观察员部队的任务期限延长至 2016 年 6 月 30 日。

同日 安理会通过关于中东局势(叙利亚)的第 S/RES/2258(2015)号决议,要求所有各方特别是叙利亚当局立即履行相关国际法,全面执行安理会相关决议的所有规定。决议还决定将安理会第 S/RES/2165(2014)号决议第 2 段和第 3 段的期限延长至 2017 年 1 月 10 日,并促请叙利亚当局尽快对联合国及其执行伙伴提出的所有跨线运送请求作出答复,并给予积极考虑。

安理会通过关于利比亚局势的第 S/RES/2259(2015)号决议,欢迎利比亚各派签署《利比亚政治协议》,以组建一个由总统委员会和内阁组成、得到众议院和国家委员会等其他国家机构支持的民族团结政府,认可支持民族团结政府为利比亚唯一合法政府的 2015 年 12 月 13 日《罗马公报》。安理会促请会员国,特别是该区域各国,继续敦促利比亚所有各方积极与民族团结政府和《利比亚政治协议》开列的所有其他机构接触,停止对自称是合法当局但不在该协议开列机构之列的平行机构的支持和官方接触。

12 月 24 日 第 70 届联合国大会正式批准了总额为 54 亿美元的联合国 2016—2017 年双年度常规预算案。根据 2016—2018 年度就联合国常规预算及维和预算摊款的最新分摊比额,中国应缴纳经常预算的比额将从2013—2015 年的 5.148% 上升至 7.921%,仅次于美国的 22% 和日本的9.68%,位居第 3 位。中国常驻联合国副代表王民表示,中国反对任何在预算比额方面把中国同其他发展中国家区别对待的做法,不会接受超出中国支付能力的计算方法。只要计算方法公平、公正、合理,中国会及时、足额缴纳。

12 月 30 日　联合国发表媒体通报宣布,2016 年 1 月 1 日起联合国正式启动《2030 年可持续发展议程》,并呼吁各国采取行动,为今后 15 年实现17 项可持续发展目标而努力。

12 月 31 日　设立于 1994 年 11 月 8 日的卢旺达国际刑事法庭如期关闭。安理会发表媒体声明,对于该刑庭所做出的贡献予以积极肯定,并呼吁所有国家在逮捕卢旺达国际刑庭起诉的 8 名在逃人员方面同余留机制和卢旺达政府合作,对居住在他们领土上的所有其他逃犯进行调查、逮捕、起诉或引渡。

12 月　联合国秘书长作为联合国系统的最高行政长官,对国际事务有着重要影响。第 8 任联合国秘书长潘基文任期应于 2016 年底结束。根据宪章规定,秘书长应由安理会推荐,联合国大会任命。2015 年 12 月大会及安理会正式启动下届联合秘书长遴选工作。先后有 13 名候选人正式向大会提出报名参选。

12 月底　截至 2015 年底,叙利亚人道危机持续恶化,叙利亚难民人数不断上升,已接近 500 万,占总人口的 25%,直接导致涌入欧洲的中东难民数量急剧增长,形成二战以来欧洲最大的难民潮,对欧洲国家社会稳定构成威胁。

二〇一六年

(国际豆类年)

1 月 3 日　1 月 2 日,沙特政府宣布处决包括著名什叶派教士尼米尔在内的 47 人,随后伊朗爆发大规模抗议活动,沙特驻伊朗大使馆受到攻击。3日,沙特宣布与伊朗断绝外交关系。

1 月 6 日　朝鲜进行第 4 次核试验,安理会举行紧急磋商并发表声明,强烈谴责本次核试验。

1 月 11 日　大会举行第 1 次联合国大会在伦敦召开首次会议 70 周年纪念活动。大会主席吕克托夫特和潘基文秘书长在活动上发表致辞,指出大会相当于世界人民的议会,它的重要性和所应发挥的重要作用现在比以往更加突出。

1月17日 在国际原子能机构于1月16日宣布证实伊朗已经完成了正式执行伊核全面协议所需的准备步骤后,安理会于17日宣布取消对伊朗军队银行和国际军队银行的制裁。

1月18—21日 世界未来能源峰会在阿联酋首都阿布扎比举行。潘基文秘书长在开幕式上发表讲话,呼吁国际社会在落实巴黎气候协议和可持续发展目标的进程中继续保持紧迫感与合作精神,以确保实现人人享有可持续能源的目标。

1月20日 安理会通过关于"科特迪瓦局势:减少联科行动兵力"的第S/RES/2260(2016)号决议,决定到2016年3月31日时,将联科行动军事部门的核定最高兵力从5437名军事人员减至4000名。

1月22日 联合国经济和社会理事会第1届全会召开70周年的纪念日。联合国常务副秘书长埃利亚松在会上指出,在过去70年中,经社理事会为推动世界的经济和社会发展取得了杰出的成就,在审核策略、推动对话和整合发展的经济、社会和环境层面起到了举足轻重的作用。

1月25日 安理会通过关于哥伦比亚《最终和平协议》中3方机制的第S/RES/2261(2016)号决议,哥伦比亚政府与革命武装签署的《最终和平协议》中将包括一个监测核查双方彻底停火和停止敌对行动的3方机制,决定设立一个由非武装国际观察员组成的政治特派团,作为3方机制的国际部分和协调方,任务期限为12个月。

1月27日 安理会通过关于中非共和国局势的第S/RES/2262(2016)号决议,将对中非共和国实施的武器禁运、旅行禁运和资产冻结等制裁措施延长至2017年1月31日,将专家小组任期延长至2017年2月28日。该决议还呼吁过渡当局根据商定的时间表,确保大选以自由、公正、透明并具有包容性的方式进行,以在3月31日前完成过渡进程。

同日 国际刑事法院做出决定,授权检察官对在格鲁吉亚南奥塞梯及其周边地区被指在2008年7月1日—10月10日期间所犯下的战争罪和危害人类罪行进行调查。

1月28日 安理会通过关于塞浦路斯局势的第S/RES/2263(2016)号决议,决定再次延长联塞部队的任务期限至2016年7月31日,并将兵力增加到888人。

2月1—2日 由联合国经社理事会主办的第5届青年论坛在纽约联合国总部举行,此次会议的主题为"青年人采取行动执行《2030年可持续发展议程》"。来自世界各地的 800 多名青年领袖围绕青年人在执行、交流和实现《2030 年可持续发展议程》的工作中所发挥的重要作用进行了深入讨论。会议还启动了"为青年人提供体面工作"的全球倡议。这是联合国系统内第 1 次发起的应对青年人就业危机的倡议。

2 月 7 日　安理会就朝鲜当天违禁使用弹道导弹技术发射卫星一事发表媒体声明,强烈谴责此次发射并表示将尽快出台新的安理会决议。

2 月 9 日　安理会通过关于"中非共和国局势:核定中非稳定团有关人员数量"的第 S/RES/2264(2016)号决议,核定中非稳定团将最多有 10750 名军事人员、2080 名警察人员和 108 名狱警。

2 月 10 日　安理会通过关于苏丹局势的第 S/RES/2265(2016)号决议,决定将达尔富尔问题专家小组的任期延长至 2017 年 3 月 12 日,并请专家小组最迟于 2016 年 8 月 12 日和 2017 年 1 月 13 日提交中期和最终工作报告。

2 月 11 日　联合国举办多项活动,庆祝首个妇女和儿童参与科学国际日。

同日　中国常驻联合国代表刘结一在安理会有关改进安理会下属机构工作方法的公开辩论中表示,中国支持安理会持续改进工作方法。刘结一在发言中表示,安理会应集中资源和精力,处理国际和平与安全领域重大和紧迫问题,应重视预防性外交和斡旋工作,应充分协商,争取达成广泛共识。他还指出,安理会下属机构如制裁委员会等应全面履行授权。

2 月 16 日　第 6 任联合国秘书长加利逝世。潘基文秘书长发表媒体讲话,对加利去世表示悲痛并高度肯定了其生前在联合国的工作和贡献。

2 月 22 日　国际叙利亚支持小组就全面停火达成协议,叙利亚全国范围内停止敌对行动将于 2 月 27 日正式生效。

2 月 24 日　安理会通过关于中东也门局势的第 S/RES/2266(2016)号决议,对阿拉伯半岛基地组织控制也门一些地区表示严重关切,决定将第 S/RES/2140(2014)号决议第 11 段和第 15 段规定的措施延至 2017 年 2 月 26 日,将此前决议规定的专家小组任期延长至 2017 年 3 月 27 日。

2 月 26 日　安理会通过关于"几内亚比绍局势:决定延长联几建和办任务期限"的第 S/RES/2267(2016)号决议,决定将联合国几内亚比绍建设和平综合办事处(联几建和办)的任务期限延长 12 个月,从 2016 年 3 月 1 日延至 2017 年 2 月 28 日。

同日　安理会通过关于叙利亚问题的第 S/RES/2268(2016)号决议,全面认可国际支持小组联合主席美国和俄罗斯 2016 年 2 月 2 日关于停止敌对行动的联合声明和声明所附叙利亚境内停止敌对行动条件,要求停止敌对行动于 2016 年 2 月 27 日零时开始;敦促所有会员国,特别是国际支持小组成员对停止敌对行动各方施加影响力,确保协议各方的承诺得到履行,为创造持久停火条件努力提供支持。

2 月 29 日 安理会通过关于前南斯拉夫问题国际法庭和卢旺达问题国际法庭余留机制的第 S/RES/2269(2016)号决议,任命塞尔日·布拉默茨先生为刑事法庭余留事项国际处理机制检察官,任期为 2016 年 3 月 1 日至 2018 年 6 月 30 日,并决定余留机制检察官、法官和书记官长可获任期两年的任命或再次任命。

3 月 2 日 安理会通过关于加强对朝鲜制裁的第 S/RES/2270(2016)号决议,决定在金融、贸易和技术领域进一步采取限制性措施,削弱其通过这些途径获得继续实施该国核计划和弹道导弹计划的能力。安理会还声明将继续审议朝鲜行动,决心在朝鲜再度进行核试验或发射时,进一步采取重大措施。

同日 安理会通过关于南苏丹局势的第 S/RES/2271(2016)号决议,决定将第 S/RES/2206(2015)号决议第 9 段和第 12 段规定的措施延长至 2016 年 4 月 15 日,将此前决议中所述的专家小组任务延长至 2016 年 5 月 15 日。

3 月 4 日 难民署向欧盟国家提出了 6 点建议,以解决欧洲难民危机。这 6 点建议具体包括:充分落实在难民和移徙者抵达"热点地区"设立接待中心以对难民予以注册的计划;加大向希腊解决人道危机努力的支持;确保成员国遵守所有欧洲有关庇护的法律和指南;在管理项目中提供更多进入欧洲的安全合法渠道;确保面临危险的民众的安全;制定全欧洲范围内对庇护寻求者进行保护的责任体系。

3 月 11 日 安理会通过关于"联合国维和行动中性剥削和性虐待问题"的第 S/RES/2272(2016)号决议,呼吁会员国采取必要步骤,调查本国人员进行性剥削和性虐待的指控,追究相关人员责任,并敦促会员国采取具体行动防止维和行动成员进行性剥削和性虐待,消除此类行为的有罪不罚现象。

同日 联合国人权专家发表声明,对日本和韩国于 2015 年 12 月通过的"慰安妇"问题协议提出关切,并敦促日本政府落实联合国消除妇女歧视委员会提出的建议,尤其要承认受害者获得补救的权利,提供充分而有效的补救和赔偿,包括赔款,作出官方道歉并提供康复服务,使幸存的"慰安妇"有效享有正义、真相和适足赔偿。

3月15日　安理会通过关于利比亚问题的第 S/RES/2273（2016）号决议,大力鼓励利比亚所有各方积极参与《利比亚政治协议》,决定将联利支助团的任务期限延长至 2016 年 6 月 15 日,确认联利支助团需要重新在利比亚境内派驻人员。

同日　安理会通过关于阿富汗局势的第 S/RES/2274（2016）号决议,强调阿富汗所有各方必须在政府框架内开展工作,决定将联阿援助团任务期限延至 2017 年 3 月 17 日。决议还决定联阿援助团和秘书长特别代表以阿富汗享有主权、主导权和自主权的方式,与阿富汗政府进行充分合作。

3月18日　安理会正对朝鲜发射弹道导弹采取紧急措施并发表媒体声明,对朝鲜近期发射弹道导弹表示强烈谴责,将会密切关注局势发展,视情况采取恰当行动。

3月22日　比利时首都布鲁塞尔发生恐怖袭击事件,造成 30 多人遇难,数百人受伤。联合国秘书长潘基文当天就此发表声明,对此次恐怖袭击事件予以强烈谴责,并重申任何恐怖主义行径都是无法开脱的犯罪行为,其肇事者必须被绳之以法。安理会成员同时发表媒体声明,对极端组织"伊斯兰国"宣称负责的此次恐怖主义袭击事件予以强烈谴责,向比利时抗击恐怖主义的行动表示声援,并强调必须加强区域和国际努力,有效遏制恐怖主义和暴力极端主义。

3月23日　联合国也门问题特使谢赫艾哈迈德宣布,也门冲突各方同意从 4 月 10 日开始在全国范围内停止敌对行动,并从 4 月 18 日开始在科威特重启和谈。

3月24日　安理会通过关于索马里局势的第 S/RES/2275（2016）号决议,决定将联索援助团任务期限延长至 2017 年 3 月 31 日,并特别指出联索援助团为政治进程提供支持包括联合国斡旋的重要性,特别是在完成国家组建和宪法审查工作以及 2016 年选举和 2020 年普选筹备方面。

同日　安理会通过关于不扩散问题和朝鲜问题的第 S/RES/2276（2016）号决议,决定将此前决议中规定和修订的专家小组任期延至 2017 年 4 月 24 日,决定这一任务规定也应适用于第 S/RES/2270（2016）号决议规定的措施。决议还请专家小组最迟于 2016 年 9 月 7 日和 2017 年 3 月 15 日向安理会提交中期报告和最终报告。

3月30日　安理会通过关于刚果民主共和国局势的第 S/RES/2277（2016）号决议,促请刚果民主共和国政府进一步履行根据《和平、安全与合作框架》做出承诺,敦促政府以及所有有关各方确保有有利的政治环境。决议还决定将联刚稳定团在刚果民主共和国的任务期限延长到 2017 年 3

月 31 日,维持其最高核定兵员 19815 名军事人员、760 名军事观察员和参谋人员、391 名警察和 1050 名建制警察部队人员。

3 月 31 日 安理会通过关于利比亚局势的第 S/RES/2278(2016)号决议,决定将第 S/RES/2146(2014)号决议规定的授权和实施的措施及专家小组任期延长至 2017 年 7 月 31 日。

同日 中美两国发表《中美元首气候变化联合声明》,宣布将于 4 月 22 日签署《巴黎协定》,并采取各自国内步骤以便尽早参加《巴黎协定》。同时,两国还鼓励其他国家采取同样行动,以促进协定早日生效。2016 年 4 月,中国作为主席国推动二十国集团第 2 次协调人会议发表历史上首个气候变化问题主席声明,呼吁二十国集团成员于 4 月 22 日或其后尽早签署《巴黎协定》,并根据各自国内程序加入协定,使其尽早生效,为《巴黎协定》的签署注入积极政治推动力。

4 月 1 日 大会通过第 A/RES/70/259 号决议,宣布启动"联合国营养问题行动 10 年(2016—2025 年)",促请联合国粮食及农业组织和世界卫生组织与世界粮食计划署、国际农业发展基金和联合国儿童基金会牵头实施。

同日 安理会通过关于布隆迪问题的第 S/RES/2279(2016)号决议,对布隆迪国内人道主义局势继续恶化和 25 万多名布隆迪人在邻近国家避难深表关注,强调布隆迪境内所有各方不要采取任何威胁布隆迪和平与稳定的行动,要求布隆迪各利益攸关方展开具有包容性的对话并找到协商解决危机的方案。

同日 中国国家主席习近平在第 4 届核安全峰会上作了题为《加强国际核安全体系 推进全球核安全治理》的重要讲话。当天,中美两国发表中美核安全合作联合声明。

4 月 4—22 日 2016 年联合国裁军审议委员会在纽约联合国总部举行,会议继续审议"关于实现核裁军与防止核武器扩散目标的建议"和"常规武器领域建立切实可行的建立信任措施"两项议题。由于各方在裁审会工作方法、核裁军与核不扩散等问题上分歧严重,会议未达成实质性成果。中国代表团以建设性姿态参加了 2016 年裁审会工作。在一般性辩论和各议题讨论中,中国代表团阐述了中方总体安全观理念和对全球安治理的看法,同时宣介中方裁军 30 万人,以及推动政治外交解决防扩散热点问题所做努力;积极宣传中方有关政策主张及为推动国际安全和多边军控所作贡献。

4 月 7 日 安理会通过关于南苏丹局势的第 S/RES/2280(2016)号决

议,决定将第 S/RES/2206(2015)号决议第 9 段和第 12 段规定的措施延长至 2016 年 6 月 1 日,将专家小组的任期延长到 2016 年 7 月 1 日。

4 月 11 日　潘基文秘书长出席在纽约总部举行的 2016 年"卢旺达境内灭绝种族罪国际反思日"纪念活动,并呼吁国际社会要加紧行动消除灭绝种族暴行的意识形态,制止散播仇恨言论。

4 月 12—14 日　大会第 1 次举办"与下任联合国秘书长候选人非正式对话"。对话会为期 3 天,秘书长候选人将在向全球现场直播的互动式会议上接受联合国各会员国、区域集团和来自社会的质询,阐述他们对相关问题的见解。大会主席吕克托夫特表示,这一史无前例的对话会议强化了在任命联合国秘书长过程中增加透明性和包容性的原则。

4 月 15 日　朝鲜发射中程弹道导弹失败。安理会当天发表声明,强烈谴责朝鲜发射弹道导弹的行为,并重申朝鲜应保持克制,避免采取违反安理会有关决议的行动。

4 月 16 日　由世界银行主办的"全球基础设施论坛"在华盛顿举行。潘基文秘书长在会上呼吁国际社会为发展中国家基础建设提供援助,世界各国继续加强密切合作。世界银行行长金墉、亚洲基础设施投资银行行长金立群、中国财政部部长楼继伟等人员出席会议并发表讲话。

4 月 19—21 日　大会举行关于世界毒品问题的第 30 届特别会议。此次特别会议主要将审议 2009 年"有关应对世界毒品问题的综合与平衡战略的国际合作政治宣言和行动计划"通过以来的执行情况,并评估成就、不足以及国际禁毒机制面临的挑战。

4 月 21 日　大会举行高级别主题辩论,来自 130 多个国家的国家元首、政府首脑和高级代表在会上就如何在未来 15 年落实 2030 年可持续发展议程进行探讨。会议期间,中国向联合国提交落实《2030 年可持续发展议程》立场文件。这份文件从落实可持续发展所应遵循的 6 大总体原则、努力的 9 个重点领域和优先方向、5 大落实途径以及中国的具体政策方面进行了全面概述。

4 月 22 日　《巴黎气候变化协定》签字仪式在纽约联合国总部隆重举行。包括 60 多个国家元首和政府首脑在内的来自 175 多个国家的代表在仪式上签署了 2015 年 12 月巴黎气候变化大会通过的划时代应对全球气候变化的协议。

4 月 23 日　朝鲜通过潜艇再次发射弹道导弹。

4 月 26 日　大会举行纪念切尔诺贝利核事故 30 周年的全会,警告人们需汲取切尔诺贝利核灾难所带来的沉痛教训。

同日 安理会通过关于"中非共和国局势：延长中非稳定团任期"的第 S/RES/2281（2016）号决议，决定将中非稳定团的任务期限延长至 2016 年 7 月 31 日。

4 月 27 日 安理会通过关于冲突后的和平建设的第 S/RES/2282（2016）号决议，重申各国必须在建设和平过程中享有自主权和领导权，政府和其他所有国内利益攸关方需要共同承担保持和平的责任，强调建设和平委员会在采用综合和协调一致的战略方法开展工作等方面的职能，并请秘书长探讨有关加强联合国—世界银行协作方案。

4 月 28 日 安理会通过关于科特迪瓦局势的第 S/RES/2283（2016）号决议，决定立即终止此前决议关于武器和相关物资、旅行和金融的措施，并立即解散专家小组。

同日 安理会通过关于科特迪瓦局势的第 S/RES/2284（2016）号决议，促请科特迪瓦所有利益攸关方继续合作巩固全国和解和社会和谐，决定将联科行动的任务期限延长至 2017 年 6 月 30 日，缩减其军事部门和警察部门以期到 2017 年 4 月 30 日时全部撤离，并决定将对法国部队的授权期限延长至 2017 年 6 月 30 日。

4 月 29 日 安理会通过关于"西撒哈拉局势：延长西撒特派团任务期限"的第 S/RES/2285（2016）号决议，决定将西撒特派团的任务期限延至 2017 年 4 月 30 日，并强调其迫切需要全面恢复工作。

5 月 3 日 安理会通过关于武装冲突中保护平民的第 S/RES/2286（2016）号决议，强烈谴责武装冲突各方对伤员和病人、医护人员和专门履行医护职责的人道主义人员、他们的运输工具和设备以及医院和其他医疗设施实施的暴力、袭击和威胁，要求武装冲突所有各方充分遵守国际人权法和国际人道主义法规定的义务。

5 月 4 日 安理会发表媒体声明，欢迎南苏丹民族团结过渡政府于当地时间 4 月 29 日正式成立，并表示这是在落实 2015 年 8 月签署的《关于解决南苏丹共和国冲突的协议》进程中的一个重大里程碑。

5 月 6 日 中国与联合国签署设立中国—联合国和平与发展基金协议。根据协议，中国将在未来 10 年向联合国提供 2 亿美元，设立联合国和平与发展基金，下设两个子基金：一是秘书长和平与安全基金，由联合国秘书长办公室托管；二是落实 2030 年可持续发展议程基金，由联合国秘书处下的经济和社会事务部托管。中方和联合国将共同派人组成基金指导委员会。

5 月 12 日 安理会通过关于苏丹和南苏丹问题的第 S/RES/2287

（2016）号决议，决定将联合国阿卜耶伊临时安全部队（联阿安全部队）的任务期限延至 2016 年 11 月 15 日，将第 S/RES/1990（2011）号决议第 3 段规定的任务延至 2016 年 11 月 15 日，特别提出苏丹和南苏丹继续合作的重要性。

5 月 16 日　国际社会 20 多个国家的外长以及联合国、欧盟、阿盟和非盟就利比亚安全局势发表联合公报，对利比亚民族团结政府申请获准购买武器和相关装备，以应对联合国指定的恐怖主义组织和"伊拉克和黎凡特伊斯兰国"对该国威胁的努力予以支持，并表示利比亚民族团结政府是国际安全援助的唯一的合法接收者。

5 月 19 日　由世界旅游组织和中国政府共同主办的首届"世界旅游发展大会"在北京召开，来自 100 多个国家和国际组织的 1000 多名代表与会。此次会议主题为"旅游促进和平与发展"，与会人员将围绕旅游产业在促进发展与推动落实联合国《2030 年可持续发展议程》中所发挥的关键作用进行深入讨论。

5 月 23—24 日　首届世界人道主义峰会在伊斯坦布尔举行，来自近 180 多个国家的国家元首和政府首脑、人道主义工作者、社会代表和受影响社区的代表出席了会议。会议期间，参会代表讨论如何改变人道主义工作的方式并做出新的承诺，以便更好地应对当今世界在人道主义方面的严峻挑战。与会各方在会上作出 1500 项承诺。本次峰会由联合国秘书长潘基文发起，旨在构建一个更加包容、多样、全球化的人道主义体系，为大力改进人道主义行动寻求全球支持。

5 月 23—27 日　第 2 届联合国环境大会在内罗毕召开。会议是《2030 年可持续发展议程》通过后召开的最重要的全球性政府间环境会议，围绕"落实《2030 年可持续发展议程》中的环境目标"进行讨论，号召各国采取共同行动应对当今世界所面临的环境挑战。环境保护部部长陈吉宁率领由环境保护部、外交部、常驻环境署代表处人员组成的中国政府代表团出席第 2 届联合国环境大会。

5 月 25 日　安理会通过关于利比里亚局势的第 S/RES/2288（2016）号决议，决定立即终止此前安理会规定和修订的军火措施，并立即解散专家小组。

5 月 27 日　安理会通过关于索马里局势的第 S/RES/2289（2016）号决议，决定授权非洲联盟成员国部署非索特派团至 2016 年 7 月 8 日，并规定其最多派驻 22126 名军警人员。决议还授权参加非索特派团的成员国采取一切必要措施完成第 S/RES/2232（2015）号决议第 3 段任务。

5 月 27—29 日　联合国最不发达国家大会在土耳其安塔利亚召开。会议评估世界上 48 个最不发达国家在过去 5 年中取得的进展,并且展望如何在可持续发展的道路上帮助这些国家加速进步。从 1981 年开始,联合国基本每 10 年召开 1 次最不发达国家问题会议。最近 1 次会议是 2011 年 5 月 9 日在伊斯坦布尔召开的第 4 届会议。本次会议通过了《2011—2020 10 年期支援最不发达国家行动纲领》,明确规定了下阶段最不发达国家发展和国际社会支持的优先领域和具体行动,设定了 2020 年一半最不发达国家达到"毕业"标准的宏伟目标。

5 月 31 日　安理会通过关于南苏丹局势的第 S/RES/2290(2016)号决议,对"关于解决南苏丹共和国冲突的协议"表示认可,决定将有关旅行和金融措施延长至 2017 年 5 月 31 日,将专家小组的任期延长至 2017 年 7 月 1 日并规定了其主要任务。

6 月 2 日　安理会以最强烈的措辞发表媒体声明,强烈谴责激进恐怖主义组织"青年党"6 月 1 日对索马里首都摩加迪沙"大使饭店"发动袭击。

6 月 3 日　首次联合国警察首长峰会在纽约总部召开,来自 100 多个国家的警务领导人参加会议。此次会议将讨论联合国维和行动当中的警察行动存在的问题和如何改善,以进一步推进和改革维和行动、提高它的效率和效能,同时呼吁为联合国维和行动提供更多的支持。

同日　国际奥委会主席巴赫在瑞士洛桑宣布,由 10 名难民组成的"难民奥林匹克运动员代表队",该代表队将作为一支不分国界的特别队伍参加 2016 年里约奥运会。

6 月 13 日　安理会通过关于利比亚局势的第 S/RES/2291(2016)号决议,决定将联利支助团的任务期限延长至 2016 年 12 月 15 日,并在秘书长特别代表领导下成为一个综合特别政治特派团,开展支持利比亚主要机构、监测人权情况等主要工作。

6 月 14 日　大会通过第 A/RES/70/267 号决议,决定 6 月 29 日定为"国际热带日",以提高人们对热带地区及其面临的特殊挑战和新机遇的认识。

同日　安理会通过关于利比亚局势的第 S/RES/2292(2016)号决议,决定授权会员国在 12 个月内可在利比亚沿岸公海上,对其认为违反规定装载武器或相关物资出入利比亚的船只进行检查,以确保严格执行对利比亚的武器禁运。

6 月 23 日　安理会通过关于刚果民主共和国局势的第 S/RES/2293(2016)号决议,决定将此前决议规定的军火措施、运输措施、金融和旅行措

施的期限延长至 2017 年 7 月 1 日,将专家小组任务延长至 2017 年 8 月
1 日。

同日　安理会发表媒体声明,强烈谴责朝鲜在 6 月 21 日试射弹道导弹
的行为,并对朝鲜完全无视安理会多次发表的声明、对近期实施一系列试射
弹道导弹的行为表示严重担忧。

同日　英国就是否留在欧盟举行全民公投,"脱欧派"以 51.9%对
48.1%的优势获得胜利,英国将退出欧盟。

同日　哥伦比亚政府与反政府武装"哥伦比亚革命武装力量——人民
军"在古巴首都哈瓦那签署历史性的双边停火协议。

6 月 28 日　土耳其伊斯坦布尔阿塔图尔克机场发生连环自杀式恐怖
袭击事件,造成了 40 多人死亡,200 多人受伤。

6 月 29 日　安理会通过关于联合国脱离接触观察员部队的第 S/
RES/2294(2016)号决议,呼吁所有各方全面配合和协助观察员部队的行
动,决定将联合国脱离接触观察员部队的任务期限延长至 2016 年 12 月
31 日。

同日　安理会通过关于马里局势的第 S/RES/2295(2016)号决议,敦
促马里政府、平台武装团体联盟和协调会武装团体推动执行《马里和平与
和解协议》,决定将马里稳定团的任务期限延长至 2017 年 6 月 30 日并将其
最高兵员增至 13289 名军事人员和 1920 名警察人员,决议确定了其支持政
府等战略优先等事项。

同日　安理会通过关于苏丹局势的第 S/RES/2296(2016)号决议,决
定将达尔富尔混合行动的任务延长至 2017 年 6 月 30 日,并规定其至多应
有 15845 名军事人员、1583 名警察人员和 13 个每个人数最多 140 人的建制
警察单位。

6 月 30 日　国际移民组织特别理事会在日内瓦举行。会议以协商一
致的方式通过中国加入国际移民组织的申请,并通过国际移民组织成为联
合国联系组织的决议草案。中国正式加入国际移民组织。2016 年 9 月 19
日,联合国秘书长潘基文和斯温总干事签署协定加入联合国系统,国际移民
组织成为联合国联系组织。国际移民组织成立于 1951 年,是移民领域唯一
的全球性政府间国际组织,宗旨是在世界范围内确保移民有序流动,并协助
有关国家处理移民问题。总部设在瑞士日内瓦,至 2016 年有 166 个成员
国。2001 年中国成为国际移民组织观察员国。

7 月 7 日　安理会通过关于索马里局势的第 S/RES/2297(2016)号决
议,决定授权非盟成员国继续部署军警人员最多为 22126 人的非索特派团

直至 2017 年 5 月 31 日,并授权非索特派团开展打击青年党和其他武装反对派团体、保障主要供应路线安全等工作。

7 月 12 日 联合国大会就人权问题举行高级别辩论。此次会议的问题为"人权作为全球议程核心"。潘基文秘书长出席会议并指出,人权是联合国的三大支柱之一,是和平与发展的最强大的推动力。

7 月 14 日 法国尼斯发生恐怖袭击事件,1 名司机驾驶卡车高速冲入当时正在庆祝法国国庆的人群,造成 80 多人死亡、200 多人受伤。16 日,伊斯兰国宣布对此次事件负责。

7 月 22 日 安理会通过关于利比亚局势的第 S/RES/2298(2016)号决议,决定授权会员国与利比亚民族团结政府进行适当协商,帮助该国彻底销毁尚存的化学武器,以防止这些化学武器落入非国家行动者手中。

7 月 25 日 大会通过第 A/RES/70/293 号决议,宣布 2016—2025 年为第 3 个非洲工业发展 10 年,并呼吁进一步加强国际合作,支持非洲工业化。

同日 安理会通过关于伊拉克问题的第 S/RES/2299(2016)号决议,对恐怖主义团体特别是伊拉克和黎凡特伊斯兰国和其他关联的武装团体构成安全威胁表示严重关切,决定将联合国伊拉克援助团(联伊援助团)的任务期限延长至 2017 年 7 月 31 日。

7 月 26 日 安理会通过关于"塞浦路斯局势:延长联塞部队任务期限"的第 S/RES/2300(2016)号决议,决定将联塞部队的任务期限延长至 2017 年 1 月 31 日。

同日 安理会通过关于中非共和国局势的第 S/RES/2301(2016)号决议,决定将中非稳定团的任期延长至 2017 年 11 月 15 日,核定其兵力最多为 10750 名军事人员,并规定其重点开展保护平民、增进和保护人权等工作。

7 月 27 日 在第 70 届联合国大会期间举行了第 12 轮政府间谈判。各方在谈判中继续阐述各自立场和关切,就安理会改革相关问题交换看法。7 月 27 日,第 70 届大会协商一致通过决定,在第 71 届大会继续进行有关安全理事会改革的政府间谈判。中国常驻联合国代表刘结一大使在第 70 届联大全会上发言表示,根据联大的有关决定和会员国共识,政府间谈判应坚持会员国主导,以会员国的立场、主张和建议为基础。政府间谈判已历时 7 年,是一个整体过程。本届联大政府谈判中,会员国围绕安理会改革涉及的 5 大类问题进行了坦诚、深入讨论,政府重回会员国主导的正确轨道。中方欢迎联大主席吕克托夫特和卢森堡常驻代表、政府间谈判机制主席卢卡斯大使作出的积极努力。中方希望下届联大政府间谈判坚持会员国主导，各方继续就安理会改革涉及的 5 大类问题展开广泛、民主协商，相向而行，逐步为寻求一揽子解决方案并达成最广泛共识的条件。

7 月 29 日　安理会通过关于"南苏丹局势：延长南苏丹特派团任务期限"的第 S/RES/2302（2016）号决议，决定将联合国南苏丹特派团的任务期限延长至 2016 年 8 月 12 日，并授权其采用一切必要手段完成任务。

同日　安理会通过关于布隆迪局势的第 S/RES/2303（2016）号决议，强烈敦促布隆迪政府和所有各方停止和反对任何形式的暴力，决定在布隆迪设立一个最高兵力为 228 名联合国警察部门，以监测安全局势，并协助人权高专办监测侵犯践踏人权行为。

8 月 3 日　朝鲜再次试射导弹，随后引发日本、韩国、美国等国的强烈反应和谴责。潘基文秘书长对朝鲜反复发射导弹行为表示不安。

8 月 5—21 日　第 31 届夏季奥运会在巴西里约热内卢举行，共有 207 个国家及地区的 11238 名运动员参加比赛。由 10 名难民运动员组成了奥运会历史首支难民奥运代表团参加这次奥运盛会。

8 月 12 日　安理会通过关于南苏丹局势的第 S/RES/2304（2016）号决议，决定将联合国南苏丹特派团的任务期限延长至 2016 年 12 月 15 日，将其最高兵员增至 17000 名官兵。决议还决定应建设一支区域保护部队，初步任务期限至 2016 年 12 月 15 日，兵力为 4000 人。

8 月 16 日　安理会强烈谴责 8 月 13 日在刚果金东部发生的屠杀平民事件，并敦促刚果民主共和国政府对这些攻击行为开展深入和及时的调查。

8 月 22 日　国际刑事法院开庭审理首例破坏历史和宗教遗产案。国际刑事法院预审分庭指控马里武装组织"伊斯兰捍卫者组织"在廷巴克图的机构负责人马赫迪在 2012 年 6 月 30 日—7 月 11 日期间蓄意破坏廷巴克图历史和宗教价值的纪念碑和建筑物。22 日开庭后，马赫迪主动认罪，这也是国际刑事法庭首位承认有罪的被告。9 月 27 日，国际刑事法院最终判处马赫迪 9 年监禁。

8 月 24 日　哥伦比亚政府与反政府武装"哥伦比亚革命武装力量"在古巴首都哈瓦那宣布达成最终全面和平协议，结束了长达 52 年的武装冲突。

8 月 30 日　安理会通过关于联合国驻黎巴嫩临时部队的第 S/RES/2305（2016）号决议，决定将联合国驻黎巴嫩临时部队（联黎部队）的任务期限延长至 2017 年 8 月 31 日。

同日　中国驻吉尔吉斯斯坦大使馆遭汽车炸弹袭击，使馆 3 名人员轻伤,馆舍受损。中国方面表示,将在双边和"上海合作组织"框架内加大与吉尔吉斯斯坦等地区国家的反恐合作。

9月3日 习近平主席出席二十国集团工商峰会开幕式并发表题为《中国发展新起点 全球增长新蓝图》的主旨演讲,回顾了中国改革开放的伟大征程,立足中国今天所处新的历史起点,展望中国未来发展方向,提出了"坚定不移全面深化改革、坚定不移实施创新驱动发展战略、坚定不移推动绿色发展、坚定不移推进公平共享、坚定不移扩大对外开放"5个"坚定不移"的重要主张。针对当前世界经济中的突出问题,习近平主席提出了共同构建创新型、开放型、联动型和包容型世界经济的主张。

9月4—5日 G20领导人第11次峰会在中国杭州召开,G20成员、8个嘉宾国领导人以及7个国际组织负责人与会。此次峰会主题为"构建创新、活力、联动、包容的世界经济",与会人员围绕创新增长方式、更高效的全球经济金融治理、强劲的国际贸易和投资、包容和联动式发展4个主题进行讨论。峰会会后发表了《G20领导人杭州峰会公报》以及28份具体成果文件。9月4日,习近平主席在峰会开幕式上发表题为《构建创新、活力、联动、包容的世界经济》的致辞,指出国际社会对二十国集团充满期待,对这次峰会寄予厚望,希望杭州峰会为世界经济开出一剂标本兼治、综合施策的药方,让世界经济走上强劲、可持续、平衡、包容增长之路。

9月6日 安理会通过关于修正前南问题国际法庭规约的第S/RES/2306(2016)号决议,决定增列"第13条之五任命专案法官",秘书长可应国际法庭庭长的请求,任命1名前国际法庭法官或卢旺达问题刑事法庭的法官担任国际法庭法官,专门临时派到上诉分庭工作。

9月7日 潘基文秘书长出席第8届东盟—联合国峰会闭幕式并发表讲话,呼吁东盟成员国保持克制,通过对话和平解决包括南海在内的领土争端,并期待全面落实《南海各方行为宣言》,早日达成"南海行为准则"。

同日 中国政府发表了第71届联合国大会中方立场文件。

9月13日 第71届联合国大会开幕,彼得·汤姆森(斐济)担任大会主席,会议主题是"可持续发展目标:全面推动变革我们的世界"。

同日 安理会通过关于哥伦比亚问题的第S/RES/2307(2016)号决议,核可秘书长报告中关于拟建中的联合国哥伦比亚政治特派团的规模和任务的建议,授权特派团与哥伦比亚政府一起提供必要的支助,以筹建推动正常化的地方过渡区并协助过渡区的管理工作。

9月14日 安理会通过关于"利比亚局势:延长联利特派团任务期限"的第S/RES/2308(2016)号决议,决定将联利特派团任务期限延至2016年

12 月 31 日。

9 月 18—28 日　中国国务院总理李克强赴纽约出席第 71 届联合国大会系列高级别会议。

9 月 19 日　在第 71 届联合国大会期间,联合国教科文组织总干事博科娃出席由中国主办的"落实 2030 年可持续发展议程——全球进程与中国实践"座谈会,并宣布发布《中国落实 2030 年可持续发展议程国别方案》。李克强总理主持会议并发表讲话。其间,教育部副部长郝平与博科娃总干事共同签署了关于继续支持"联合国教科文组织——中国信托基金"的协议。

同日　"应对难民和移徙者大规模流动问题高级别峰会"在纽约总部召开。这是联合国首次在国家元首和政府首脑层面召开的有关难民和移民大规模流动问题的高峰会议。与会各国领导人就如何加强对国际移徙问题的治理,建立一个更加负责、更具有可预见性的应对大规模难民和移民流动的系统进行了深入讨论。峰会最终通过成果文件《纽约宣言》,要求各国在今后两年当中制定更加清晰的有利于难民和移民的政策。

9 月 20 日　中国国务院总理李克强在出席联大解决难移民大规模流动问题高级别会议和难民问题领导人峰会时,阐述中国解决难民危机主张。这是联合国成立以来首次召开的应对难移民问题的高级别会议。李克强总理在发言中强调,中国一贯高度重视并积极参与解决难民和移民问题,作为发展中大国,中国愿意承担与自身能力相适应的责任。

9 月 21 日　联合国大会通过了关于《大会抗微生物药物耐药性问题高级别会议的政治宣言》的第 A/RES/71/3 号宣言。

同日　李克强总理在联合国大会一般性辩论中发表了题为《携手建设和平稳定可持续发展的世界》的重要讲话,呼吁建设一个人人免于匮乏、获得发展、享有尊严的美好世界,并就如何推动可持续发展、变革和改造世界提出重要主张。李克强总理表示,可持续发展首先是发展,基础也在于发展。唯有发展,才能保障人民的基本权利,消除全球性挑战的根源,推动人类文明进步。发展必须是可持续的。只有促进公平共享和绿色发展,发展才能立得稳、走得远。可持续发展必须联动包容。国际社会要相互合作、同舟共济,共同应对全球性挑战。李克强总理在发言中强调,必须维护《联合国宪章》的宗旨和原则,支持联合国及其安理会在国际事务中发挥主导作用,不断改革完善全球治理机制;必须坚持政治解决热点问题的大方向。国际社会必须携手促进世界经济稳定复苏。

9 月 22 日　安理会通过关于恐怖主义问题的第 S/RES/2309(2016)号

决议,对民用航空发动的恐怖袭击表示严重关切,呼吁所有国家在民航组织内开展工作,审查和调整它的国际安全标准,以有效处理恐怖分子袭击民用航空这一威胁,并促请所有国家加强国际和区域合作。

9月23日　安理会通过关于"维护国际和平与安全:《全面禁止核试验条约》"的第 S/RES/2310(2016)号决议,敦促 8 个有关国家毫不拖延地签署或批准《全面禁止核试验条约》以促成条约生效,并促请所有国家不进行任何核武器试爆或任何其他核爆炸。

9月25日　安理会就叙利亚局势召开紧急会议讨论阿勒颇局势。联合国特使介绍了叙利亚阿勒颇形势,并在会上呼吁国际社会采取行动制止暴力蔓延。中国常驻联合国代表刘结一发言提出,叙利亚局势越是复杂,就越应坚持政治解决大方向,坚持发挥联合国斡旋主渠道作用,坚持通过"叙人所有,叙人主导"的政治进程达成兼顾各方利益的安排。

9月28日　诺贝尔和平奖获得者、以色列前总统佩雷斯因病逝世。潘基文秘书长发表声明对佩雷斯的去世表示深切哀悼。

10月3日　大会分别于 4 月 12—14 日、6 月 7 日和 10 月 3 日举行秘书长候选人与各会员国之间的非正式对话会。候选人阐述本人对担任秘书长面临的挑战、机遇的愿景及其各自主张,并接受各国代表等提问。大会于7 月 13 日举行全球市民大会,由参加活动的候选人就全球性问题进行公开辩论。

10月3日—11月2日　大会第一委员会会议在纽约联合国总部举行。会议举行了一般性辩论,并就核武器、其他大规模杀伤性武器、外空、常规武器、裁军机制、地区裁军与安全、其他裁军措施与国际安全 7 个问题举行了专题辩论。会议审议通过了 64 项决议和 5 项决定。中国代表团以积极和建设性姿态参与会议各项工作。在一般性辩论中,中国代表团全面阐述了对国际安全形势的看法与主张,并就有效应对国际安全挑战提出以下建议:旗帜鲜明地倡导国际安全新理念;不遗余力地维护全球战略平衡与稳定;与时俱进地推进国际安全领域规则制定;始终不渝地巩固多边裁军条约机制;积极稳妥地处理全球热点安全问题。

10月5日　潘基文秘书长宣布,《巴黎气候变化协定》将跨过生效所需要的第 2 道也是最后一道"门槛",将于 2016 年 11 月 4 日正式生效。根据规定,《巴黎气候变化协定》在得到占至少 55% 的全球二氧化碳排放量的 55个《联合国气候变化框架公约》缔约方的批准后 30 天方可生效。

10月6日　安理会自 7 月起举行多轮秘密"意向性投票",了解各候选人所获支持情况。10 月 5 日,安理会轮值主席、俄罗斯常驻联合国代表丘尔金宣布安理会决定向联大推荐葡萄牙前总理、联合国难民署前高专古特雷斯。安理会通过关于任命联合国秘书长建议的第 S/RES/2311(2016)号决议,建议大会任命葡萄牙安东尼奥·古特雷斯先生为联合国秘书长,任期自 2017 年 1 月 1 日至 2021 年 12 月 31 日。

同日 安理会通过关于"维护国际和平与安全:利比亚问题"的第 S/RES/2312(2016)号决议,地中海继续发生海上惨剧表示痛惜,谴责所有出入和经由利比亚领土和利比亚沿海偷运移民和贩运人口的行为,并决定将第 S/RES/2240(2015)号决议有关检查和扣押偷运船只的授权延长 12 个月。

10 月 13 日 大会举行全会,通过第 A/RES/71/4 号决议,任命葡萄牙前总理、前联合国难民事务高级专员安东尼奥·古特雷斯担任联合国第 9 任秘书长,任期自 2017 年 1 月 1 日至 2021 年 12 月 31 日。

同日 安理会通过关于海地问题的第 S/RES/2313(2016)号决议,决定将联海稳定团任务的任务期限延长至 2017 年 4 月 15 日,并确定其总兵力最多由 2370 人的官兵和 2601 人的警察部门组成。

10 月 17—20 日 第 3 届联合国住房和城市可持续发展大会在厄瓜多尔首都基多召开。来自 142 个国家和地区的政府代表以及相关非政府组织的各方人士共 4.5 万多人与会。此次大会主要讨论世界各国快速城市化现象和人居环境等重要议题。会议最后通过成果文件《新城市议程》,为全球共同实现"可持续发展目标 11",即建设一个包容、安全、有抵御灾害能力和可持续的城市和人类住区确定了框架蓝图。

10 月 21 日 人权理事会就叙利亚阿勒颇问题召开特别会议并通过决议,决定成立叙利亚阿勒颇人权问题独立调查委员会,调查阿勒颇日益恶化的人权形势,并找出侵犯人权的肇事者。

同日 南非宣布退出《国际刑事法院罗马规约》。

10 月 31 日 安理会通过关于中东叙利亚局势的第 S/RES/2314(2016)号决议,最强烈地谴责叙利亚境内任何使用有毒化学品作为武器的行为,决定将联合调查机制的任务期限延长至 2016 年 11 月 18 日。

同日 联合国难民署宣布计划到 2020 年将现有援助资金翻一番,以更好地向全球难民以及被迫流离失所者提供有针对性的支援和保护。

11 月 4 日 《巴黎气候变化协定》正式生效。根据协定,各国承诺将全球平均气温升幅控制在 2℃ 以下,同时向 1.5℃ 的温控目标努力。

11 月 5 日 首个世界海啸意识日。

11 月 7—18 日 2016 年联合国气候大会在摩洛哥马拉喀什召开,来自

196 个国家和地区的超过 2.5 万人与会。此次气候大会是应对气候变化的里程碑式文件《巴黎协定》正式生效后的第 1 次缔约方大会，是一次旨在落实行动的大会。会议最后通过《马拉喀什行动宣言》，强调应对气候变化已成不可逆转的全球大趋势，重申对全面落实《巴黎协定》的承诺，提出现阶段任务是积极推动减少温室气体排放，支持《2030 年可持续发展议程》。

11 月 7—25 日 《禁止生物武器公约》全称《禁止细菌（生物）及毒素武器的发展、生产及储存以及销毁这类武器的公约》，于 1971 年达成，1975年生效。1984 年中国加入该公约。2016 年，公约缔约国总数为 178 个。公约执行情况总体良好，普遍性稳步提高，缔约国对履约的重视程度进一步加强，履约的深度、广度不断加大，履约支持机构运行平稳，进展顺利。11 月7—25 日，公约第 8 次审议大会在日内瓦举行，中国代表团积极、主动、深度参会，树立中国在全球生物安全治理中负责任大国形象。中国裁军大使在一般性辩论发言、裁军大使工作晚宴等场合，就中方有关立场、主张广做工作，各方应坚持"公正有效、平衡有序、合作互助、统筹兼顾"的生物安全理念，打造全球生物安全命运共同体。

11 月 8 日 安理会通过关于波黑局势的第 S/RES/2315（2016）号决议，授权会员国通过欧盟采取行动或与欧盟合作采取行动，再设立一支多国稳定部队（欧盟部队木槿花行动），为期 12 个月，并将第 S/RES/2183（2014）号决议第 11 段规定的授权延长 12 个月。

同日 美国共和党候选人唐纳德·特朗普击败希拉里·克林顿当选美国第 45 任总统。

11 月 9 日 安理会通过关于索马里局势的第 S/RES/2316（2016）号决议，决定将给予在索马里沿海同索马里当局合作打击海盗和海上武装抢劫行为的国家和区域组织的授权再延长 12 个月。

11 月 10 日 安理会通过关于索马里局势的第 S/RES/2317（2016）号决议，决定将对索马里的军火禁运、木炭进出口禁令的规定延长至 2017 年11 月 15 日，将索马里和厄立特里亚问题监测组的任务延长到 2017 年 12 月15 日。

11 月 15 日 安理会通过关于苏丹和南苏丹问题的第 S/RES/2318（2016）号决议，决定将联合国阿卜耶伊临时安全部队（联阿安全部队）的任期延至 2017 年 5 月 15 日，呼吁苏丹和南苏丹利用核监机制、联合政治和安全机制等机制，保障边界区的安全和透明度。

11 月 16—24 日 《罗马规约》第 15 届缔约国大会在荷兰海牙召开，中国代表团以观察员身份与会并发言，指出应重视有关国家的合理关切，反思法院深陷争议的原因,要求法院根据规约审慎行使职权,尊重包括豁免权在内的习惯国际法规则,妥善处理和平与正义等重要目标的关系,强调侵略罪修正案不应对安理会维护国际和平与安全的职能产生影响,应对有关重大分歧进行充分讨论,寻求共识。

11 月 17 日　安理会通过关于中东叙利亚局势的第 S/RES/2319(2016)号决议,对叙利亚境内平民继续因有毒化学品用作武器遭受伤亡感到震惊,决定将联合调查机制的任务再次延长 1 年。

11 月 18 日　安理会通过关于联合国与非盟在维持国际和平与安全方面的合作的第 S/RES/2320(2016)号决议,强调联合国与区域和次区域组织建立有效伙伴关系的作用,鼓励联合国与非洲联盟进一步开展对话和合作,支持非盟主导的和平支助行动。

11 月 22 日　联合国秘书长青年问题特使欣达维在出席联合国人权理事会举办的首次"人权、民主与法治"论坛时,宣布启动"竞选不论年龄"行动,呼吁政府降低竞选公职的年龄限制,积极提拔年轻干部和领导人,鼓励更多青年人参政议政。

11 月 28 日—12 月 2 日　《关于禁止发展、生产、储存和使用化学武器及销毁此种武器的公约》(以下简称"公约")于 1996 年达成,1997 年生效,现有缔约国 192 个(截至 2016 年底)。1997 中国批准公约,是公约原始缔约国。11 月 28 日—12 月 2 日,公约第 21 届缔约国大会在荷兰海牙举行。中国代表团与会,在一般性辩论发言中阐述中国政府在叙利亚化武、日遗化武、国际合作等问题上的立场和主张。对日遗化武销毁三度逾期表示严重关切,敦促日方尽快在 2016 年底就后续销毁计划与中方达成一致并向执理会提交,要求禁化武组织执理会继续关注中日双方就销毁计划磋商的进展。香港特区代表作为中国代表团成员向大会介绍了特区履约情况。

11 月 30 日　大会通过关于"秘书处新闻部巴基斯坦问题特别新闻方案"的第 A/RES/71/22 号决议,认同秘书处新闻部巴勒斯坦问题特别新闻方案对加深国际社会对巴勒斯坦问题和中东局势了解的重要作用,并请秘书处新闻部继续开展传播与巴勒斯坦问题有关活动信息等任务。

同日　安理会通过关于不扩散问题和朝鲜问题的第 S/RES/2321(2016)号决议,最强烈地谴责朝鲜在 2016 年 9 月 9 日所进行的核试验,决定对朝鲜实施了新一轮更为严厉和综合性的制裁措施,其重点是大幅度削减朝鲜从出口煤炭和其矿产品中获得的收入。决议具体规定,朝鲜 2016 年 12 月煤炭出口总金额不超过 53495894 美元,总量不超过 1000866 公吨;自

2017 年开始,朝鲜每年煤炭出口金额不超过 400870018 美元,总量不超过 750 万公吨。

12 月 5 日 大会通过关于《防止弹道导弹扩散海牙行为守则》的第 A/RES/71/33 号决议。该决议中写道,欣见 138 个国家已经签署《防止弹道导弹扩散海牙行为守则》,呼吁尚未签署国家签署守则,签署国家努力执行。

同日 大会通过关于降低核武器系统的战备状态的第 A/RES/71/53 号决议,呼吁核武器国家进一步降低核武器系统的战备状态,确保解除所有核武器的高度临战状态。

12 月 7 日 大会通过第 A/RES/71/124 号决议,决定将 5 月 2 日定为"世界金枪鱼日",以提高人们对金枪鱼的价值、金枪鱼存量面临的威胁等方面的认识。

同日 国际法院裁决,该法院缺乏制止法国审理赤道几内亚副总统奥比昂·恩圭马议案的管辖权。这意味着法国可如期以腐败、洗钱和贪污等罪名对奥比昂提出正式起诉。

12 月 8 日 联合国秘书长缅甸问题特别顾问南威哲发表声明,对缅甸若开邦北部局势动荡表示严重关切,呼吁昂山素季兑现相关民族和解的承诺,有效解决导致冲突、影响若开邦居民的根源性问题。

12 月 10 日 安理会发表声明,强烈谴责冈比亚现任总统叶海亚·贾梅出尔反尔,拒绝承认大选失败结果,呼吁贾梅尊重人民的选择,不附加任何条件和毫不延误地将权力移交给当选总统阿达马·巴罗。

12 月 12 日 大会举行全会,向联合国秘书长潘基文先生致敬,感谢其采取的各种措施和提出的建议。候任秘书长安东尼奥·古特雷斯宣誓就任第 9 任秘书长,1 月 1 日正式上任。

同日 安理会通过关于恐怖主义问题的第 S/RES/2322(2016)号决议,呼吁各国酌情分享恐怖分子和恐怖组织的信息,并在行政、警察和司法事项上开展合作,防止实施恐怖行为。决议还提倡广泛使用互联网等新的信息技术来打击恐怖主义。

12 月 13 日 大会通过第 A/RES/71/147 号决议,纪念国际法院成立 70 周年,赞扬国际法院在裁断国家间争端方面所发挥的重要作用。

同日 安理会通过关于利比亚局势的第 S/RES/2323(2016)号决议,决定将联利支助团的任务期限延长至 2017 年 9 月 15 日,并规定其支持利比亚关键机构、提供人道主义援助等重点任务。

12 月 14 日 安理会通过关于感谢卸任秘书长潘基文的第 S/RES/

2324(2016)号决议,高度肯定了其在任期间所做的工作,感谢潘基文秘书长为维护联合国宪章确立的宗旨和原则,为发展各国间的友好关系作出的奉献。

12月15日 安理会通过关于不扩散大规模毁灭性武器的第 S/RES/2325(2016)号决议,对恐怖主义构成威胁表示严重关切,决定1540委员会继续在每年1月底前向安理会提交工作方案并在每年第一季度通报情况,并呼吁所有国家提供补充信息,向1540委员会说明本国执行第 S/RES/1540(2004)号决议的情况,包括自愿说明本国的法律规章和有效做法。根据第 S/RES/1540(2004)号决议,各国应采取有效措施,防止核生化武器及其运载工具的扩散。

同日 安理会通过关于"南苏丹局势:延长南苏丹特派团任务期限"的第 S/RES/2326(2016)号决议,决定将联合国南苏丹共和国特派团(南苏丹特派团)的任务期限延长至2016年12月16日。

12月16日 安理会通过关于南苏丹局势的第 S/RES/2327(2016)号决议,要求所有各方立即在南苏丹全境停战,决定将南苏丹特派团的任务期限延长至2017年12月15日,并增加特派团部队总人数,将最高警员人数增加至2101人。该决议还要求南苏丹特派团开展保护平民、监测和调查人权情况、协助执行有关协议等任务。

12月19日 安理会通过关于中东叙利亚局势的第 S/RES/2328(2016)号决议,对阿勒颇灾难性的人道主义局势继续恶化以及当地众多居民需要紧急疏散和援助深表震惊,并要求所有各方允许联合国及其执行伙伴全面、立即、无条件、安全、不受阻碍地在冲突地区开展人道主义援助。决议还决定部署观察员,对阿勒颇地区疏散情况进行监督以及直接观察。

同日 安理会通过关于前南斯拉夫问题国际法庭的第 S/RES/2329(2016)号决议,决定将国际法庭中担任审判分庭和上诉分庭法官的常任法官任期延长至2017年11月30日,将前南问题国际法庭庭长卡梅尔·阿吉乌斯法官的任期延长到2017年12月31日。

同日 安理会通过关于中东局势的第 S/RES/2330(2016)号决议,强调有关各方严格全面遵守《部队脱离接触协议》的条款,决定将联合国脱离接触观察员部队的任务期限延长至2017年6月30日。

同日 联合国大会通过了关于《和平权利宣言》的第 A/RES/71/189号决议。宣言重申了人人享有和平,各国应尊重、实践和促进平等与不歧视、正义和法治,旨在保障世界范围内的和平权利。

12月20日 安理会通过关于维持国际和平与安全的第 S/RES/2331 (2016)号决议,强烈谴责在武装冲突影响地区贩运人口的行为,呼吁会员国采取行动防止和调查贩运人口,鼓励会员国向联合国维和人员提供培训,使其掌握武装冲突中贩运人口的应对措施等知识。

12月21日 安理会通过关于中东叙利亚局势的第 S/RES/2332 (2016)号决议,决定将第 S/RES/2165(2014)号决议第 2 段和第 3 段中关于授权人道主义机构高效使用所有边界过境点和监测机制的决定延长至 2018 年 1 月 10 日。

12月23日 联合国大会通过关于"2016—2017 两年期拟议方案预算"的第 A/RES/71/273A—C 号决议,将联合国 2016—2017 年的双年度预算上调至 56.1 亿美元。

同日 安理会通过关于利比里亚局势的第 S/RES/2333(2016)号决议,决定将联利特派团的任务最后延长至 2018 年 3 月 30 日,将联利特派团军事人员削减至最多 434 人,在 2017 年 2 月 28 日前把联利特派团的核定警力减至 310 名警察人员,并请秘书长在 2018 年 4 月 30 日时除特派团清理结束工作所需人员外,完成联利特派团所有军警和文职部门的撤离。

同日 安理会通过关于"中东局势:巴勒斯坦问题"的第 S/RES/2334 (2016)号决议,再次重申以色列在 1967 年以来被占领的巴勒斯坦领土设立定居点非法,并呼吁采取措施防止针对平民的暴力行为。

12月29日 叙利亚政府与反政府武装宣布自 12 月 30 日零点开始在全国范围内停火。

12月30日 安理会通过关于伊拉克局势的第 S/RES/2335(2016)号决议,决定授权秘书长继续维持伊拉克"石油换食品"代管账户并保留账内资金直至 2017 年 6 月 30 日全部余款移交伊拉克政府为止。决议还请秘书长至迟于 2017 年 3 月 30 日提出执行情况报告。

12月31日 安理会通过关于中东叙利亚局势的第 S/RES/2336 (2016)号决议,支持俄罗斯和土耳其终止叙利亚境内暴力和启动政治进程的努力,呼吁冲突各方允许人道主义机构不受阻碍地进入叙利亚境内,并重申启动包容各方的政治进程是化解当前危机唯一可行的办法。

12月底 截至 2016 年底,《罗马规约》共有 124 个缔约国。2016 年 10 月,南非、布隆迪、冈比亚相继宣布退出《罗马规约》,退约自联合国秘书长收到退出通知之日起 1 年后生效。11 月,俄罗斯宣布撤销对《罗马规约》的签署。

二〇一七年

（可持续旅游业促进发展国际年）

1月1日　联合国第9任秘书长安东尼奥·古特雷斯正式上任,他在新年致辞中呼吁把2017年打造为和平之年。

1月4日　安理会发表主席声明,呼吁刚果民主共和国政府及其国内合作伙伴采取一切必要步骤,加速筹备选举,至迟于2017年12月举办总统选举及全国和各省立法机构选举,实现和平权利转移。

1月15—18日　首届联合国世界数据论坛在南非开普敦举行。来自100多个国家的1400多名数据专家参会,共同探讨创新型数据解决方案,以改善生活。会议期间,论坛启动了一项可持续发展数据全球行动计划,以呼吁各国政府、政策制定者、国际社会在协调与领导、国家统计系统的创新和现代化、可持续发展数据传播、合作伙伴关系建立及资源运作等方面采取关键行动。

1月17日　联合国经济和社会事务部发布《2017年世界经济形势与展望》报告,并预测2017年经济形势将略有改善但仍将保持低速增长。

1月18日　中国国家主席习近平访问联合国日内瓦总部,并发表题为《共同构建人类命运共同体》的重要讲话。习近平在讲话中深刻、全面、系统阐述人类命运共同体理念,主张共同推进构建人类命运共同体伟大进程,坚持对话协商、共建共享、合作共赢、交流互鉴、绿色低碳,建设一个持久和平、普遍安全、共同繁荣、开放包容、清洁美丽的世界。习近平强调,中国始终认为,世界好,中国才能好;中国好,世界才更好。面向未来,中国维护世界和平的决心不会改变。中国支持多边主义的决心不会改变,将坚定维护以联合国为核心的国际体系,坚定维护以联合国宪章宗旨和原则为基石的国际关系基本准则,坚定维护联合国权威和地位,坚定维护联合国在国际事务中的核心作用。构建人类命运共同体,是面对世界百年未有之大变局,为解决人类面临的各种复杂问题贡献的中国智慧和中国方案,这一理念集中了中华优秀传统文化智慧,体现了全人类共同的愿望和追求,反映了世界各国人民对和平、发展、繁荣向往的必然趋势,成为引领时代潮流和人类文明进步的鲜明旗帜。

1月19日　安理会通过第 S/RES/2337(2017)号决议,敦促冈比亚有关各方尊重12月1日选举结果,承认当选总统阿达马·巴罗先生,并要求前总统贾梅启动和平有序的过渡进程,2017年1月19日时将权力移交给阿达马·巴罗。

1月26日 安理会通过关于塞浦路斯局势的第 S/RES/2338(2017)号决议,决定将联塞部队的任务期限延长至 2017 年 7 月 31 日,促请有关方面允许排雷人员通行,协助清除缓冲区内的剩余地雷,并敦促将排雷行动扩大到缓冲区以外。

1月27日 安理会通过关于中非共和国局势的第 S/RES/2339(2017)号决议,决定将针对该国的武器禁运以及针对制裁委员会指认的实体和个人的旅行限制和资产冻结措施延长至 2018 年 1 月 31 日,将专家小组的任期延长至 2018 年 2 月 28 日。

同日 缅怀大屠杀受难者国际纪念日。联合国在纽约总部举行隆重纪念活动,联合国秘书长古特雷斯在出席活动时指出,大屠杀是针对犹太人的数千年仇恨和歧视的结果,而需要警惕的是这种反犹太主义和其他不容忍现象今天仍然存在。

2月2日 大会通过第 A/RES/71/275 号决议,宣布 12 月 12 日为国际中立日。

2月3日 联合国人权高专办发布一份关于缅甸罗兴亚人人权状况的报告,指出:缅甸若开邦北部、孟都以北地区的大量罗兴亚人遭到缅甸保安部队的屠杀、暴力强奸等严重侵犯人权行为的侵害;这些罪行很有可能达到危害人类罪的程度。

2月8日 安理会通过关于苏丹局势的第 S/RES/2340(2017)号决议,决定将有关专家小组的任期延长至 2018 年 3 月 12 日,并敦促有关团队迅速签署《非盟路线图》。

2月12—14日 世界政府首脑会议在阿拉伯联合酋长国迪拜举行,来自 139 个国家的 4000 多名知名人士参加会议。2 月 13 日,秘书长古特雷斯发表主旨演讲指出,全球治理需要改革以重建信任。他还提出改善联合国治理 3 点主要建议:使联合国和平与安全战略、业务架构和联合国内部机构运作更加有效;改革管理,在不同成员国之间创造双赢、增强信心;改革联合国发展系统,加强协调和问责制。

2月13日 安理会通过关于恐怖主义袭击的第 S/RES/2341(2017)号决议,促请各国采取综合战略,减少关键基础设施受恐怖主义袭击的风险,包括评估风险、采取防备措施等。该决议希望各国开展积极合作,分享有关信息和经验。

2月21日 安理会举行主题为"维护国际和平与安全:欧洲冲突"的部长级公开辩论,以评估欧洲冲突对区域和国际和平与安全构成的威胁,并研究如何应对欧洲大陆的持续不稳定以及处于冲突后局势或长期冲突中的国家的危险动态。秘书长古特雷斯在会上呼吁维护乌克兰主权、领土完整和独立,和平解决冲突。

2月23日　安理会通过关于也门局势的第 S/RES/2342(2017)号决议,对也门目前面临的威胁表示关切,决定将有关资产冻结和旅行限制措施延长至 2018 年 2 月 26 日,将专家小组任期延长至 2018 年 3 月 28 日。

同日　安理会通过关于几内亚比绍问题的第 S/RES/2343(2017)号决议,决定将联几建和办的任务期限延长至 2018 年 2 月 28 日,并要求联几建和办将工作重心侧重于政治能力,支持秘书长特别代表开展斡旋和政治调节。

2月27日—3月24日　联合国人权理事会在日内瓦举行第 34 次会议,会议通过两项分别关于"经济、社会、文化权利"和"粮食权"问题的决议,决议明确表示要"构建人类命运共同体"。这是"构建人类命运共同体"这一重大理念首次载入联合国人权理事会的决议之中,它标志着这一理念成为国际人权话语体系的重要组成部分。

2月28日　安理会就一项有关叙利亚化学武器的决议草案进行表决。草案获得 9 票赞成,俄罗斯、中国和玻利维亚投了反对票,埃及、哈萨克斯坦和埃塞俄比亚弃权,草案最终未获得通过。中国常驻联合国代表刘结一在解释性发言中表示,当前对在叙利亚境内使用化学材料作为武器的调查仍在进行当中,得出最终结论为时尚早,安理会应保持团结,继续支持"禁止化学武器组织—联合国联合调查机制"秉持客观、公正立场,以专业方式进行调查。

3月1—3日　首届"全球可持续发展创意节"在德国波恩举行。来自80 多个国家和地区的逾千名人员参与,共同讨论推广《2030 年可持续发展议程》及落实 17 项可持续发展目标的创新举措。这是联合国及其合作伙伴共同举行的首个革命性节日,亮点之一是新兴科技在可持续发展方面所扮演的重要作用。

3月8日　安理会强烈谴责朝鲜在 3 月 5 日发射 4 枚新型弹道导弹,对朝鲜日益破坏稳定、藐视安理会决议的行为表示严重关切。安理会指出,朝鲜目前民不聊生,但当局正在将国家资源用于发射导弹,而非满足其民众的需求。

3月9日　安理会以最强烈措辞谴责 3 月 8 日在阿富汗首都喀布尔一所医院发生的恐怖袭击事件,并对受害者的家属、阿富汗人民和政府表示深切同情和慰问。安理会强调,必须将这些应受谴责的恐怖主义行为的肇事者、组织者、资助者和赞助者绳之以法,并敦促所有国家根据国际法和安理会有关决议规定的义务,与阿富汗政府和所有其他相关部门积极合作。此次事件造成 120 多人死伤。

3 月 13—24 日　主题为"在不断变化的工作世界中实现妇女经济赋权"的联合国妇女地位委员会第 61 届会议在纽约联合国总部举行。中国常驻联合国副代表吴海涛大使率由中华全国妇女联合会、外交部及港澳代表组成的中国代表团出席。中方代表团积极参加会议各项议程,宣传中方政策主张和妇女领域工作成果。"构建人类命运共同体"理念写入会议商定结论。

3 月 17 日　2017 年是阿富汗 10 年转型期的第 3 年。当日安理会通过关于阿富汗局势的第 S/RES/2344(2017)号决议,呼吁国际社会凝聚援助阿富汗共识,通过"一带一路"建设等加强区域经济合作,敦促各方为"一带一路"建设提供安全保障环境、加强发展政策战略对接、推进互联互通务实合作等。决议强调,应本着合作共赢精神推进地区合作,以有效促进阿富汗及地区安全、稳定和发展,构建人类命运共同体。决议通过后,中国常驻联合国代表刘结一向媒体表示,2017 年 1 月习近平主席在联合国日内瓦总部发表重要演讲,深刻阐释了共建人类命运共同体的理念,为推动世界发展和人类文明进步提出了中国方案。此次安理会一致通过第 2344 号决议,首次载入"构建人类命运共同体"的重要理念,体现了国际社会的共识,彰显了中国理念和中国方案对全球治理的重要贡献。刘结一说,中方希望广大会员国按照安理会决议要求,积极参与和推进"一带一路"建设,共同构建人类命运共同体。

3 月 18 日　联合国与"蓝精灵"共同庆祝 3 月 20 日"国际幸福日",并发起一项以促进人们对 17 项联合国可持续发展目标认识的宣传运动。

3 月 23 日　安理会通过关于朝鲜问题的第 S/RES/2345(2017)号决议,决定将专家小组的任务期限延长至 2018 年 4 月 24 日,最迟于 2017 年 9 月 6 日向安理会提交中期报告,于 2018 年 3 月 14 日提交最终报告。

同日　安理会通过第 S/RES/2346(2017)号决议,决定将联索援助团的任务期限延长至 2017 年 6 月 16 日。

3 月 24 日　安理会通过关于"恐怖团体以及冲突局势对文化遗产的破坏和贩卖问题"的第 S/RES/2347(2017)号决议,谴责文化遗产在武装冲突时遭到非法破坏,文化财产被抢夺和走私,并要求各国采取适当措施,防止和打击非法买卖和贩运来自冲突地区的文化财产。决议还特别申明,在某些情况下,非法袭击宗教、教育、艺术、科学或慈善专用场所及建筑物或历史古迹可构成战争罪。

同日 安理会发表声明,对朝鲜3月19日进行弹道导弹引擎测试,21日上午试射导弹但失败爆炸等行为予以强烈谴责。安理会指出,这些活动助长朝鲜发展核武器的能力,加剧了该区域及其周边地区的紧张局势,增加了区域军备竞赛的风险。

3月31日 安理会通过关于刚果局势的第S/RES/2348(2017)号决议,促请刚果民主共和国有关各方尽快执行2016年12月31日签署的《全面和包容各方的政治协议》,谴责开赛省发生的暴力事件,并决定将联刚稳定团的任务期限延长至2018年3月31日。

同日 安理会通过关于乍得湖流域地区局势的第S/RES/2349(2017)号决议,申明对喀麦隆、乍得、尼日尔和尼日利亚的主权、独立、统一和领土完整的坚定承诺,强烈谴责"博科哈拉姆"和"黎凡特伊斯兰国"的恐怖主义袭击,并促请该地区各国政府采取进一步措施解决一系列问题,并制定战略打击暴力极端主义宣传。

4月4日 叙利亚伊德利卜省发生化学武器袭击事件,造成数十人死亡。

4月5日 支持叙利亚和区域未来国际会议在比利时布鲁塞尔举行。此次国际会议由联合国和欧盟共同举办,来自70多个国家及国际组织的代表出席会议。会议期间,欧盟代表承诺将在未来两年为黎巴嫩、约旦以及叙利亚境内的人道行动提供至少5.6亿欧元的捐助。

4月6日 大会通过第A/RES/71/279号决议,指定6月27日为中小微企业日。

4月13日 安理会通过关于海地问题的第S/RES/2350(2017)号决议,决定将联合国海地稳定特派团的任务期限最后延长6个月,直至2017年10月15日,并要求稳定团军事部分在2017年10月15日完全撤出海地。决议还决定设立一个海地维持和平特派团(联海司法支助团),共有7个建制警察部队(或980名建制警察部队人员)和295名单派警察,任期为2017年10月16日至2018年4月15日。

4月19日 国际法院就乌克兰起诉俄罗斯联邦一案作出裁决。国际法院裁定,要求俄罗斯不得限制克里米亚鞑靼人保持其代表机构,确保在克里米亚可以用乌克兰语进行教学,并要求俄乌双方应当避免采取任何可能激化、扩大纠纷或使纠纷更难以解决的行动。而对于乌克兰提出的以克里米亚平民伤亡大量增多为由对俄罗斯采取临时措施,国际法院并未支持。

同日 联合国与非盟首届年度会议在联合国纽约总部举行。会议主要围绕联合国"2030 年议程"与非盟"2063 年议程"的互补性、打击恐怖主义、为非盟主导的维和行动提供资金,利比亚等国家局势等问题进行了讨论。联合国和非盟最终签署了"非盟—联合国加强和平与安全伙伴关系框架"文件。

4 月 22 日 联合国与世界银行签署一项伙伴关系框架,通过减少贫困、促进分享繁荣、加强粮食安全以及在受危机影响地区巩固和平,集中致力于帮助最脆弱群体建设应对能力。

4 月 27 日 大会通过第 A/RES/71/284 号决议,指定 4 月 21 日为世界创意和创新日。

大会通过第 A/RES/71/285 号决议,回顾经济及社会理事会 4 月 20 日第 2017/4 号决议,通过决议所载的 2017—2030 年联合国森林战略计划。

4 月 28 日 安理会通过关于西撒哈拉局势的第 S/RES/2351(2017)号决议,决定将西撒特派团的任务期限延长至 2018 年 4 月 30 日,并促请各方全面遵守有关停火的各项军事协议。

同日 安理会举行有关朝鲜无核化问题部长级会议。美国表示,安理会成员展示集体意愿,最大限度地对朝鲜施压,恢复无核化谈判。王毅外长提出"双轨并进"和"双暂停"主张,即实现半岛无核化和建立半岛和平机制两条轨道同时并进,朝鲜核导开发活动和美韩大规模军演同时暂停,以解决朝鲜问题。

5 月 9 日 安理会就联合国与欧盟合作举行年度会议。欧盟外交与安全政策高级代表兼欧盟委员会副主席费代丽卡·莫盖里尼出席会议并指出,联合国与欧盟共同认同"找到妥协的空间永远胜过对抗",呼吁美国不要削减对联合国机构的资金,继续落实《巴黎协定》。

5 月 11 日 索马里问题国际会议在伦敦举行。此次会议重点关注索马里的贫困问题和安全形势。秘书长古特雷斯出席开幕式并发表致辞,欢迎索马里首个国民发展计划并赞扬各方承诺建立、加强国际机制。

5 月 14 日 朝鲜于当地时间 5 点半左右再次试射弹道导弹,导弹最终落在日本海。

5 月 14—15 日 "一带一路"国际合作高峰论坛在北京举行。29 位外国元首、政府首脑、联合国秘书长、世界银行行长、国际货币基金组织总裁等重要国际组织负责人,以及来自 130 多个国家的约 1500 名正式代表出席本次论坛。此次论坛的主题为"加强国际合作,共建'一带一路',实现共赢发展"。5 月 14 日,中国国家主席习近平出席开幕式并发表题为《携手推进"一带一路"建设》的主旨演讲,为"一带一路"未来发展描绘新蓝图。

5月15日 安理会通过关于苏丹和南苏丹局势的第 S/RES/2352 (2017)号决议,决定将联合国阿卜耶伊临时安全部队的授权延长至 2017 年 12 月 15 日,并将其人员规模从 5326 人减至 4791 人。该决议还督促两国恢复直接谈判。

同日 世界气象组织宣布启动为期两年的"极地预测年"项目(2017 年中期至 2019 年中期),以改善极地气候预测,减少极地气候迅速变化带来的环境风险。

同日 英国曼彻斯特一家音乐厅发生恐怖主义袭击,造成至少 22 人死亡,59 人受伤。极端组织"伊斯兰国"声称对其负责。

5月23日 世界卫生大会选举埃塞俄比亚前外长特沃德罗斯·阿达诺姆为新任总干事,他是首位来自非洲的总干事。

5月24日 安理会通过关于苏丹和南苏丹局势的第 S/RES/2353 (2017)号决议,决定将专家小组的任期延长至 2018 年 6 月 30 日,并最迟于 2017 年 12 月 1 日向安理会提出中期报告,于 2018 年 5 月 1 日提出最终报告。

同日 安理会通过关于反恐怖主义宣传的第 S/RES/2354(2017)号决议,针对会员国和联合国有关实体执行"反恐怖主义宣传的综合性国际框架"提出了十几项原则,并要求反恐怖主义委员会与反恐执行工作队和其他行为体进行协商合作,执行综合性国际框架。

5月26日 安理会通过关于非洲联盟索马里特派团部署问题的第 S/RES/2355(2017)号决议,决定授权非盟成员国向索马里最多派驻 22126 名军警人员,并将非索特派团的部署期限延长至 2017 年 8 月 31 日。

5月31日 大会举行全体会议,斯洛伐克外长莱恰克当选为第 72 届联合国大会主席。莱恰克当选后发表讲话,表示任内将积极推动可持续发展、安理会改革等重要议程。

6月1日 美国总统特朗普宣布退出《巴黎气候协定》,停止履行 2025 年前将温室气体排放量在 2005 年基础上减少 26%—28% 的承诺,并停止捐助联合国绿色气候基金。

6月2日 大会举行全体会议选举新任安理会非常任理事国,科特迪瓦、赤道几内亚、科威特、秘鲁和波兰当选。5 国任期两年,自 2018 年 1 月 1 日生效。

同日 安理会通过关于朝鲜问题的第 S/RES/2356(2017)号决议,最强烈地谴责朝鲜自 2006 年 9 月 9 日以来进行的核武器和弹道导弹研发活动,并决定对朝鲜一系列相关个人和实体采取旅行禁令和资产冻结等严厉制裁措施。

6月5—9日 联合国首次海洋大会在纽约总部召开,联合国 193 个会员国代表、5000 多名与会者参加此次大会。本次会议主要围绕海洋污染、海洋生态保护、海水酸化、可持续渔业、海洋科研能力等问题进行讨论。会议最终达成一系列成果性文件,同时各成员国也纷纷做出自愿承诺并通过一份"行动呼吁"。

6月6—23日 联合国人权理事会在日内瓦举行第 35 次会议。会议通过了中国提出的"发展对享有所有人权的贡献"决议,首次将"发展促进人权"理念引入国际人权体系,得到了各国特别是广大发展中国家的支持和拥护。6 月 15 日,在人权理事会第 35 次会议期间,中国举办以"人类命运共同体与人权"为主题的国际研讨会,引导各方加深对人类命运共同体重大理念人权内涵的理解和认识。

6月7—9日 由国际电联和美国非政府组织 X 奖基金会共同主办的"人工智能造福人类全球峰会"在日内瓦举行,来自全球各地的专家学者在会议期间就如何有效利用人工智能的发展成果来为推进可持续发展提供解决方案。

6月12日 安理会通过延长有关利比亚授权的第 S/RES/2357(2017)号决议,决定将安理会第 S/RES/2292(2016)号决议规定的各项授权再次延长 12 个月。

6月14日 安理会通过关于索马里局势的第 S/RES/2358(2017)号决议,决定将联索援助团任务期限延长至 2018 年 3 月 31 日,特别指出援助团要支持政治进程,并鼓励其与民间社会各界进行互动。

6月15日 大会通过第 A/RES/71/291 号决议,一致同意建立一个由一名副秘书长担任负责人的联合国反恐怖主义办公室,将当前的反恐执行工作队办和联合国反恐怖主义中心连同其现有工作人员以及所有有关的经常预算和预算外资源脱离秘书处政治事务部,并入反恐怖主义办公室,要求确保向其提供充足的能力和其他资源。

6月21日 安理会通过关于马里和萨赫勒区域局势的第 S/RES/2359(2017)号决议,承认马里局势影响萨赫勒、西非和北非区域和平与安全并指出萨赫勒 5 国集团联合部队打击恐怖主义团体和其他犯罪集团有助于创造更安全环境。决议欢迎在部队派遣国全境内部署萨赫勒 5 国集团联合部队,其中军事人员和警务人员最多为 5000 人。

同日 安理会通过关于刚果局势的第 S/RES/2360(2017)号决议,最强烈地谴责杀害在开赛省监测制裁制度的 2 名专家组成员的行为,决定将安理会第 S/RES/2293（2016）号决议第 1—6 段规定的制裁措施延长至 2018 年 7 月 1 日,将专家组的任期延长至 2018 年 8 月 1 日。

6 月 22 日　大会通过第 A/RES/71/292 号决议,请求国际法院就 1965 年查戈斯群岛从毛里求斯分裂的法律后果提供咨询意见。

6 月 24 日　中国四川省阿坝州茂县发生特大山体滑坡,造成 40 余户农房、100 余人被掩埋。秘书长古特雷斯通过发言人发表声明,向中国人民和政府表示慰问,并表示联合国随时准备在需要时提供支持。此次事故发现遇难者遗体 10 具,73 人失联。6 月 25 日,中国国土资源部地质专家通报了高位垮塌成因:叠溪镇处地震断裂带,包括汶川地震在内的历史上多次地震对山体造成影响,加之连日降雨,内外因共同作用诱发此次灾害。

6 月 29 日　安理会通过关于中东局势的第 S/RES/2361（2017）号决议,强烈谴责叙利亚国内冲突各方在隔离区交战,要求双方严格全面遵守 1974 年《部队脱离接触协定》,并决定将联合国脱离接触观察员部队的任务期限延长至 2017 年 12 月 31 日。

同日　安理会通过关于利比亚局势的第 S/RES/2362（2017）号决议,对企图从利比亚非法出口石油的行为表示谴责,并决定将此前安理会第 S/RES/2146（2014）号决议规定的各项授权和措施延长至 2018 年 11 月 15 日,要求利比亚民族团结政府改进武器禁运执行工作,重申旅行禁令和资产冻结,并将专家小组的任期延长至 2018 年 11 月 15 日。

同日　安理会通过关于苏丹和南苏丹问题的第 S/RES/2363（2017）号决议,对近期达尔富尔冲突表示关切,决定将达尔富尔混合行动任务延长至 2018 年 6 月 30 日,将混合行动的核定行动和警察人数上限减至 11395 名军事人员和 2888 名警务人员,在 2018 年 6 月 30 日前将核定人数上限减至 8735 名军事人员和 2500 名警察人员。决议还要求秘书长和非盟委员会主席与达尔富尔混合行动协商,至迟于 2018 年 1 月 1 日提交书面评估报告,要求秘书长每隔 60 天向安理会提交关于达尔富尔混合行动的报告。

同日　安理会通过关于马里局势的第 S/RES/2364（2017）号决议,敦促马里政府、平台武装团体联盟和协调会武装团体联盟加快执行《马里和平与和解协议》,决定将联合国马里多层面综合稳定团的任务期限延长至 2018 年 6 月 30 日,维持最高兵力为 13289 名军事人员和 1920 名警察人员。决议还要求秘书长每 3 个月向安理会报告执行情况。

同日　秘书长古特雷斯发表声明,对联合国科特迪瓦行动即将在 6 月 30 日完成使命后关闭表示欢迎,并向所有在科特迪瓦和平进程中做出了贡献的联合国各方面人员表示敬意。

6月30日 安理会通过关于地雷、战争遗留爆炸物和简易爆炸装置的第 S/RES/2365（2017）号决议，严重关切冲突结束后地雷、战争遗留爆炸物和简易爆炸装置构成的安全和人道主义威胁，促请武装冲突各方立即停止滥用爆炸装置的行为，并要求各国履行好与地雷行动有关的国际义务。

7月5日 朝鲜成功试射"火星—14"洲际弹道导弹。安理会召开紧急会议讨论朝鲜局势，秘书处敦促各方重新开放交流渠道。中国常驻联合国代表刘结一在会上表示，呼吁安理会支持中俄解决朝鲜半岛问题联合倡议。该倡议以中国"双轨并行思路"和"双暂停倡议"，以及俄罗斯的"分步走"设想为基础。

同日 秘书长古特雷斯向经社理事会提交报告，就重新定位联合国发展系统提出重大改革建议。报告提出了 8 项原则，其核心是加速联合国发展系统从千年发展目标到 2030 年议程的转型，同时还要致力于发展融资，创建新一代联合国国家工作队，强化问责。

7月7日 联合国大会投票通过了《禁止核武器条约》，共有 124 个国家参加了《禁止核武器条约》的谈判，其中 122 个国家投了赞成票。有 40 多个国家没有参加谈判，包括安理会 5 个常任理事国、大多数西方国家、朝鲜、韩国、巴基斯坦、印度、以色列和日本等。《禁止核武器条约》明确规定缔约国不应发展、生产、制造或以其他方式获得、拥有或储存核武器，也不应使其领土或其管辖的任何地方存在其他国家的核武器；条约还规定拥有核武器的国家应当以不可逆转的方式消除核武器，并规定了具体的核查机制。当年 9 月 20 日，该条约在联合国纽约总部供开放签署。条约将在获得第 50 份批准书之日起 90 天后生效。

同日 联合国防务首脑会议在纽约总部召开，来自约 100 个国家的武装部队负责人参加会议，并就如何进一步改善联合国维持和平行动，包括快速部署、训练、增加女性维和人员以及加强纪律等问题，展开讨论。

7月7—8日 第 12 次 G20 峰会在德国汉堡举行。本次峰会主题为"塑造互联世界"，包含 3 大议题——确保经济稳定性、改善可持续性、负责任的发展。中国国家主席习近平出席会议并发表题为《坚持开放包容推动联动增长》的重要讲话，研判世界经济形势提出 4 点中国主张。汉堡峰会公报纳入习近平主席提出的建设开放型世界经济、包容性增长等理念，承诺推进杭州峰会启动的数字经济、结构改革、基础设施投资、2030 年可持续发展议程、卫生就业等领域合作，落实相关行动计划，体现对杭州峰会等以往共识的延续与落实。

7月10日 安理会通过关于设立哥伦比亚特别政治任务的第 S/

RES/2366(2017)号决议,决定设立联合国哥伦比亚核查团,任务期限为 12 个月。该决议要求核查团根据 2016 年 11 月 24 日签署的《结束冲突和建设稳定持久和平的最终协议》有关要求,核查哥伦比亚政府和哥伦比亚革命武装力量执行协议情况,并与有关机构进行合作。

7 月 10—11 日　第 2 届计划生育峰会在伦敦举行。来自国际机构、各国政府、非政府组织和企业的代表共 750 余人参加本次峰会,就如何普及性与生殖健康服务的可持续发展目标进行讨论。会议期间,参会各方承诺,确保到 2020 年世界上最贫穷国家的 1.2 亿名育龄女性可以自愿使用现代避孕方法和药具,实现发展中国家妇女享受与发达国家同样的计划生育、性与生殖健康等权利。

7 月 14 日　安理会通过关于伊拉克局势的第 S/RES/2367(2017)号决议,关注“伊黎伊斯兰国”对伊拉克未来构成的威胁,严重关切伊拉克安全局势,决定联合国伊拉克援助团的任务期限延长至 2018 年 7 月 31 日。

7 月 17 日　世界粮食计划署欢迎中国捐助 500 万美元以缓解也门饥荒。

7 月 20 日　安理会通过关于“恐怖主义对国际和平与安全造成威胁”的第 S/RES/2368(2017)号决议,重申恐怖主义是对和平与安全最严重威胁之一,对“伊黎伊斯兰国”和基地组织在世界各地的存在、其暴力极端主义思想和行动以及附属者数量日增表示最严重关切,决定各国应对“伊黎伊斯兰国”、基地组织和有关个人和实体采取资产冻结、旅行禁令、武器禁运等措施。

7 月 25 日　安理会举行关于中东局势的公开辩论,巴勒斯坦常驻联合国观察员曼苏尔谴责以色列最近实施的关闭阿克萨清真寺以及其他挑衅和煽动行为,并警告巴以局势目前正处于新一轮暴力循环的临界点。

7 月 27 日　安理会通过关于塞浦路斯局势的第 S/RES/2369(2017)号决议,促请希族塞人和土族塞人领导人进一步开展工作,执行建立信任措施,并决定将联塞部队任务期限延长至 2018 年 1 月 31 日。

7 月 28 日　朝鲜再次发射弹道导弹,秘书长古特雷斯予以强烈谴责。

8 月 2 日　安理会发表主席声明,对布隆迪政治局势表示严重关切,并敦促该国当局要采取切实行动,改善本国人权和安全局势。

8 月 9 日　安理会发表主席声明,严重关切目前空前严峻的全球人道主义需求以及也门、索马里、南苏丹和尼日利亚所面临的饥荒威胁。

8 月 14 日　联合国大会主席汤姆森访华。

8 月 16 日　《关于汞的水俣公约》正式生效,要求缔约国政府要在汞的整个周期中采取措施,保护人类健康和环境。这是世界首个针对汞中毒的公约。该公约于 2013 年在日本熊本县举行的联合国环境规划署特别会议上表决通过并开始签署。中国作为首批签约国签署了公约,2016 年 4 月 28 日全国人民代表大会常务委员会正式审议批准该公约,8 月 31 日向联合国交存公约批准文书成为第 30 个批约国。2017 年 5 月,该公约达到最低 50 的签署国家数目,得到批准,于 8 月 16 日开始生效。

8 月 17 日 国际刑事法院判处破坏马里文化遗产的战争罪犯艾哈迈德·艾哈迈迪支付 270 万欧元的个人和集体赔款,并要求他真诚和明确地道歉。

8 月 21 日 国际劳工组织宣布成立"全球未来工作委员会",包括中国人大外事委员会副主任委员王晓初在内的 28 人担任成员。该委员会将关注当下和未来面临的关键问题,并特别侧重于工作与社会的关系、为所有人创造体面工作的挑战、工作和生产组织以及工作的治理。

8 月 23 日 秘书长古特雷斯任命澳大利亚珍妮·康纳斯为联合国首位性剥削和性虐待"受害者权利倡导者",以协调和推动联合国系统向受害者提供援助。

8 月 27 日 危地马拉决定驱逐联合国"打击危地马拉有罪不罚国际委员会"专员维拉斯克斯。秘书长古特雷斯对此表示震惊,期待维拉斯克斯以其作为 1 名国际公务员而获得应有的尊重和对待。

8 月 29 日 朝鲜再次发射弹道导弹,该导弹飞越日本上空、落入太平洋。

9 月 3 日 朝鲜进行地下核试验,这是 2006 年来所进行的第 6 次试验。据朝鲜中央电视台称,此次试验完全成功测试了"洲际弹道火箭可装卸的氢弹"。

9 月 5 日 秘书长古特雷斯举行非正式媒体见面会,他表示目前国际社会面临的 3 个主要挑战为核威胁、教派纷争和气候变化。

9 月 7 日 "和平文化"高级别论坛在纽约总部举行,旨在强调影响实现和平的文化的新兴趋势,并让成员国和其他各方针对进一步推动和平文化进行交流。本次会议还包括全体辩论以及主题为"播种和平文化的种子:儿童早期发展是开始"的小组会。秘书长古特雷斯呼吁全球所有公民、政府和领导人克服分歧、促进对话,将和平放在首要位置。

9 月 11 日 安理会通过关于增加对朝鲜制裁的第 S/RES/2375(2017)号决议,最强烈地谴责朝鲜 2017 年 9 月 2 日再次进行核试验,决定将朝鲜石油制品的供应和出口限制在每年 200 万桶,禁止出口纺织品、液化天然气等,要求各国禁止与朝鲜个人或实体开设合资企业或实体。

9月11—16日　联合国世界旅游组织第22届全体大会在中国成都举行,来自137个国家和地区、41个国际组织的1000余名代表与会。国家主席习近平和联合国秘书长古特雷斯分别为大会发来贺信。国务院副总理汪洋出席开幕式,宣读习近平主席贺信并致辞。大会期间,选举祖拉布·波洛利卡什维利为联合国世界旅游组织秘书长;召开"一带一路"旅游部长会议,通过《"一带一路"旅游合作成都倡议》;审议通过联合国世界旅游组织第1个具有法律性质的公约——《世界旅游组织旅游道德框架公约(草案)》英文文本;发布以"旅游与可持续发展"为主题的大会成果性文件《成都宣言》;大会期间,中国还发起成立第一个全球性、综合性、非政府、非营利世界旅游组织——世界旅游联盟,现有创始会员89个。

9月12日　第72届联合国大会开幕。米罗斯拉夫·莱恰克(斯洛伐克)担任大会主席,会议主题是"以人为本:在一个可持续的星球上努力使人人享有和平与体面的生活"。秘书长古特雷斯出席开幕式并发表讲话。他指出,除了核武器扩散、全球恐怖主义威胁、气候变化和不平等现象之外,世界还面临着移徙和科技进步所带来的意想不到的后果,如网络攻击。他表示,联合国应该做得更多,来适应调整并有所成就。

9月13日　安理会发表主席声明,对几内亚比绍的政治局势表示关切,并敦促该国政治领导人执行《科纳克里协定》,任命共同推举的总理,改革安全部门,改善公共行政和国家收入管理,为人民提供基本服务。

9月14日　安理会通过关于利比亚局势的第 S/RES/2376(2017)号决议,决定将联利支助团的任务期限延长至2018年9月15日。决议还提出支助团在其行动和安保限度内,执行支持利比亚主要机构,提供人道主义援助,协助保管未受管制的军火等任务。

同日　安理会通过关于哥伦比亚局势的第 S/RES/2377(2017)号决议,欢迎哥伦比亚政府和民族解放军2017年9月4日宣布从2017年10月1日至2018年1月12日实行临时双边停火,并核可秘书长报告中关于联合国哥伦比亚核查团规模、行动方面和任务的建议。

同日　联合国毒品和犯罪问题办公室成立20周年特别活动在维也纳举行。秘书长古特雷斯对该办公室在解决毒品、有组织犯罪、腐败和恐怖主义等问题方面向各国提供的支持表示骄傲。执行主任费多托夫表示,该办公室将继续以信心和决心帮助建设一个更安全的世界。

9月15日　朝鲜发射一枚中程弹道导弹,导弹飞越日本上空后坠入太平洋。安理会就此次试射行动举行了紧急磋商,并发表声明。安理会强烈谴责朝鲜的"肆无忌惮的行动",并要求朝鲜立即停止所有的类似行动。

9月16日 保护臭氧层国际日,同时也是《关于消耗臭氧层物质的蒙特利尔议定书》通过30周年。

9月18日 国际劳工组织、联合国妇女署及经合组织宣布成立"同酬国际联盟",旨在到2030年实现男女同工同酬的目标。

同日 "为2030年议程融资——联合国的角色"高级别活动在联合国纽约总部举行。秘书长古特雷斯出席活动并发表致辞。他指出,联合国正在推行3步走战略,以加强联合国对"2030年议程"融资的支持。首先是联合国系统将努力确保"2030年议程"的各项目标在影响筹资活动的国际经济和金融政策中得到充分体现。其次是改革联合国发展体系,加强联合国国家工作队伍,旨在支持各国建立创新金融伙伴关系,更好地利用资源促进可持续发展,创造条件吸引金融投资。最后是联合国将利用推动大规模融资和金融系统发展改革的重大国际举措,如在数字化和气候融资领域以及与重要的投资倡议合作。

9月19日 法国发起"全球环境协定"倡议。该协定由法国独自起草,希望联合国会员国加入谈判并最终签署的一份具有法律约束力的新协定。该协定强调了污染环境者所应承担的偿付原则,但未侧重"共同但有区别"的原则。

9月20日 安理会通过关于联合国维和行动的第S/RES/2378(2017)号决议,强调政治优先应成为联合国解决冲突的标志,要求秘书长每12个月向安理会进行全面年度通报,说明联合国维和改革情况。决议还着重指出要加速启动非洲常备军。

同日 世界首份旨在全面禁止核武器的多边条约《禁止核武器条约》在联合国纽约总部开放签署。这是近几十年来国际裁军谈判进程中取得的第1个积极成果。

9月21日 安理会通过关于对国际和平与安全的威胁的第S/RES/2379(2017)号决议,再次谴责一切违反国际人道主义法、侵犯和践踏国际人权法的行为以及恐怖主义行为。决议还要求秘书长设立一个调查组,由特别顾问任组长,在伊拉克收集、保存和储存关于恐怖主义团体"伊黎伊斯兰国"在伊拉克犯下的构成战争罪、危害人类罪和灭绝种族罪的行为证据,以确保在国内法院中得到尽可能广泛的使用。

9月23—29日 《关于汞的水俣公约》首次缔约国会议在日内瓦召开,来自163个国家、政府间国际组织和国际机构的1000多名代表出席会议。该公约是全球首个旨在结束重金属汞污染给人类带来的健康风险及造成的环境破坏的条约,2017 年 8 月 16 日正式生效。

9 月 25 日　伊拉克库尔德地区就该区独立问题举行公投。伊拉克中央政府、土耳其、伊朗等邻国对此表示强烈对,美国、欧盟等也支持伊拉克统一。秘书长古特雷斯通过发言人发表声明,对公投表示关注,尊重伊拉克的主权领土完整和统一,希望中央政府与地区政府开展对话。

9 月 26 日　2013 年 12 月大会通过决议宣布 9 月 26 日为彻底消除核武器国际日,旨在通过在核武器对人类的威胁和彻底消除核武器的必要性方面提高公众认识和开展教育活动,动员国际努力,实现无核武器世界的共同目标。联合国秘书长古特雷斯在当天于纽约总部为此举行的纪念活动上发表致辞表示,使用核武器所造成的可怕的人道主义和环境影响将超越国家的边界。因此,每一个国家都有权要求消除这种毁灭性的武器。秘书长古雷斯特指出,最近几个月人们强烈地感受到了核武器所造成的危险。此时就消除核武器举行这样一次活动比以往任何时候都显得及时。他表示,消除核武器有多种途径,但拥有核武器的国家在采取具体行动方面具有一种特殊的责任。古特雷斯说:"朝鲜进行了一系列的挑衅性的核及导弹实验,使紧张局势升高,并突显了核武器扩散的风险……俄罗斯联邦和美国在过去就削减武器库和削弱核武器在他们的安全体系中的作用方面做出了努力,但昂贵的现代化努力加上缺乏有计划的武器削减使得难以对履行裁军义务做出评估。"

9 月 27 日　大会通过"关于执行《联合国打击贩运人口的全球行动计划》的政治宣言"的第 A/RES/72/1 号决议,再次承诺消除使人们易于受到人口贩运行为伤害的因素,强烈谴责贩运人口特别是贩运妇女和儿童的行为。

9 月 28 日　安理会就缅甸若开邦局势举行公开辩论。秘书处古特雷斯出席会议并发表讲话,指出自 8 月 25 日若开邦罗兴亚救世军对缅甸安全部队发动攻击以来,危机现已演变成全球发展最迅速的难民危机。他呼吁缅甸当局立即采取停止军事行动、允许人道准入、确保难民返回这 3 个步骤。

10 月 2 日—11 月 2 日　第 72 届联合国大会第一委员会会议在纽约联合国总部举行。中国代表团以积极和建设性姿态参与会议各项工作。在一般性辩论中,中国代表团全面阐述了对国际安全形势的看法与主张,并就有效应对国际安全挑战提出以下建议:打造人类命运共同体,建设持久和平、普遍安全会议期间,中方还成功推动将"构建人类命运共同体"的理念写入联大一委通过的"防止外空军备竞赛进一步切实措施"和"不首先在外空放置武器"两项决议。这是党的十九大胜利闭幕后人类命运共同体理念首次写入联合国决议,也是联大一委历史上的首次,填补和丰富了联合国国际安全领域的空白。

10月5日 安理会通过关于维护国际和平与安全的第S/RES/2380(2017)号决议,重申必须终止利比亚沿岸地中海海域的偷运移民和贩运人口活动,促请会员国采取或者通过与区域组织采取行动,与民族团结政府合作,4人防止偷运移民和贩运人口出入和过境利比亚领土及沿海海域的活动加剧。

同日 安理会通过关于哥伦比亚局势的第S/RES/2381(2017)号决议,知悉哥伦比亚政府和民族解放军(双方)在其2017年9月29日《联合公报》中请求联合国作为国际部分及协调人参加一个由哥伦比亚政府、民族解放军、联合国和天主教会代表组成的监测和核查机制,以核查双方临时停火的遵守情况,决定核查团按照《联合公报》所述临时参加并协调监核机制的工作,直至2018年1月9日。

10月6日 《内陆发展中国家国际智囊政府间协议》生效,内陆发展中国家将拥有一个旨在增强其分析能力并克服其特殊地理位置带来的发展挑战的战略工作。

10月10日 安理会通过一份主席声明,呼吁利比亚各方执行《利比亚政治协议》,举行选举、完成政治过渡,并对利比亚不断恶化的安全、经济和人道主义局势表示关切。

10月12日 在埃及的斡旋下,控制加沙地带的伊斯兰抵抗运动哈马斯与控制西岸的巴勒斯坦民族权力机构法塔赫在开罗签署协议,加沙地带的控制权将统一归到民族团结政府旗下。

10月22日 联合国和非盟发表联合声明,呼吁肯尼亚所有利益攸关方为和平选举创造条件,避免暴力行为。声明同时强调肯尼亚安全机构保持克制,在履行职责时应使用最低限度武力。

10月24日 美国等国提出了一项关于延长叙利亚化武问题"联合调查机制"任务期限的安理会决议草案。这项决议草案在表决中,以美国等11票赞成、俄罗斯和玻利维亚2票反对,以及中国、哈萨克斯坦2票弃权未获通过。这是俄罗斯在安理会第9次在叙利亚问题上行使否决权。

11月1日 全球能源互联高级别研讨会在联合国纽约总部举行。秘书长古特雷斯在会上讲话指出,世界的能源体系需要得到改变,应当推广那些既可以满足能源需求同时又不污染环境、向大气排放温室气体的现代技术。

11 月 6 日　安理会通过关于"联合国维和行动:警务专员"的第 S/RES/2382(2017)号决议,确认联合国警务工作的重要性,欢迎警务司警力开展工作,为联合国维和行动提供快速、一致、有效和及时的开办和协助能力。

11 月 6—17 日　《联合国气候变化框架公约》第 23 届缔约方大会在波恩举行,与会代表共同讨论了如何落实 2015 年《巴黎协定》。这次会议达成若干倡议,并正式成立由 20 多个国家组成的"助力淘汰煤炭联盟",以加速发展清洁能源,淘汰煤炭的使用,向清洁能源转型。

11 月 7 日　安理会通过关于索马里局势的第 S/RES/2383(2017)号决议,决定对在索马里沿海正同索马里当局合作打击海盗和海上武装抢劫行为的国家和区域组织提供的授权再延续 12 个月,促请所有国家与国际刑警组织共享信息,提高给全球反海盗数据库使用的能力。

同日　安理会通过关于波黑局势的第 S/RES/2384(2017)号决议,决定再设立一支多国稳定部队(欧盟部队木槿花行动),为期 12 个月。

同日　禁止化学武器组织——联合国联合调查机制独立小组负责人穆莱特,7 日就叙利亚境内使用化学武器事件所做最新调查结论向安理会进行情况通报。穆莱特确认,发生在乌姆·侯什的使用硫化氢事件由"伊黎伊斯兰国"所为,而发生在罕谢昆的使用毒气沙林事件由叙利亚政府所为。他指出,联合调查机制已经完成了自己的使命,对乌姆·侯什和罕谢昆的使用化学武器事件进行了调查并得出相应的结论,现在轮到安理会决定下一步采取什么样的措施的时候了。

11 月 12 日　伊朗和伊拉克北部边界地区当天晚上发生了 7.3 级强烈地震,造成至少 400 人死亡,数千人受伤。秘书长古特雷斯对地震遇难者家属和两国政府表示哀悼。

11 月 14 日　安理会通过关于索马里局势的第 S/RES/2385(2017)号决议,决定对索马里武器禁运的规定延长至 2018 年 11 月 15 日。

11 月 14—15 日　参加联合国维和行动各国的国防部部长会议在温哥华举行,来自 79 个国家的国防部部长和高级代表与会。会议主要围绕联合国维和人员面临的挑战进行了讨论,会议期间各国共做出 46 项承诺,向联合国维和行动提供关键的设备和专业人才,如直升机、装甲车、女性维和人员等,以帮助联合国维和行动更加有效、高效和更具反应力。

11 月 15 日　安理会通过关于苏丹和南苏丹局势的第 S/RES/2386(2017)号决议,决定将联合国阿卜耶伊临时安全部队的任期延长至 2018 年 5 月 15 日,将在 2018 年 4 月 15 日时核定兵力上限从 4791 人减至

4235 人。

同日 安理会通过关于中非共和国局势的第 S/RES/2387(2017)号决议,决定将中非稳定团的任务期限延长至 2018 年 11 月 15 日,并再增加 900 名军事人员。该决议还提出,中非稳定团的优先任务为保护平民,支持和平进程,协调创建有利于人道主义援助的安全环境,保护联合国人员、设施、装备和物品,以及保障人员安全和通行自由。

11 月 16 日 安理会分别就俄罗斯和美国提出的两份关于是否延长负责调查叙利亚化学武器袭击责任方的联合调查机制任务期限的议案进行表决。俄罗斯提出的决议草案对联合调查机制的工作方法提出了批评,并强调要收集和分析有关非国家行为者使用化学武器的信息。美国提出的决议草案则从最初要求将调查机制的任务期限延长 24 个月降为 12 个月。最终,俄罗斯的决议草案获得 4 票赞成,7 票反对,4 票弃权而未达到通过的票数;美国的决议草案得到 11 票赞成,2 票反对和 2 票弃权,其中常任理事国俄罗斯投了反对票而未获通过,中国和埃及投了弃权票。由于这两份草案均因不同情况而未获通过,故联合调查机制 11 月 17 日到期的任务期限没有得到延长。

11 月 21 日 安理会通过关于维护国际和平与安全的第 S/RES/2388(2017)号决议,强烈地谴责所有在受武装冲突影响地区贩运人口特别是贩运妇女和儿童的行为,促请会员国加紧调查、破坏和捣毁在受武装冲突影响的地区从事人口贩运的网络,并采取一切适当措施收集、保存和储存人口贩运的证据。决议还要求反恐执行局与其他机构合作,在有关资料中说明会员国在解决支持恐怖主义,包括为实施恐怖主义行为提供资助或招募人员为目的的人口贩运问题方面进行的努力。

11 月 22 日 前南斯拉夫问题国际刑事法庭宣判前波黑塞族部队总司令姆拉迪奇犯灭绝种族罪、危害人类罪和违反战争法规或惯例罪成立,判处其终身监禁。

11 月 28 日 朝鲜发射"火星—15"洲际导弹,导弹最终坠落在日本本州岛北部附近。11 月 29 日安理会就朝鲜再次发射导弹的行为举行紧急会议,对这一行为表示强烈谴责。

12 月 5 日 也门首都萨那达成临时人道主义停火,让平民离开家园寻求援助和保护,并协助援助人员实施人道主义救援。联合国密切关注新的形势发展,当天下午安理会举行了闭门会议。

12 月 6 日 联合国教科文组织宣布"海洋科学促进可持续发展 10 年"(2021—2030 年)计划,旨在动员科学界、决策者、企业和民间社会,加强海洋科学研究能力和技术转让,并在海洋科学领域展开国际合作,以保护和可持续利用海洋和海洋资源,促进可持续发展。

12月7日　刚果民主共和国反叛力量"民主同盟军"在北基伍省贝尼地区向联合国特派团的一个基地发动了攻击,造成至少14人遇害,50多人受伤。12月8日,秘书长古特雷斯对此表示愤怒和悲痛,并对这一事件予以强烈谴责。

12月8日　安理会通过关于大湖地区局势的第 S/RES/2389(2017)号决议,欢迎非洲联盟和平与安全理事会在2017年11月7日公报中表示承诺确保落实《和平、安全与合作框架》,促请刚果民主共和国、乌干达和卢旺达政府加强协作,按照承诺,确保该领土上的前"3·23"运动战斗人员能遣返回国。

同日　安理会通过关于伊拉克局势的第 S/RES/2390(2017)号决议,确认收到秘书长提交的最后报告,认为安理会第 S/RES/1958(2010)和第 S/RES/2335(2016)号决议根据《联合国宪章》第7章施加的所有措施均已被执行完毕。

同日　安理会通过关于非洲和平与安全的第 S/RES/2391(2017)号决议,对萨赫勒5国集团在联合部队启动运作方面取得迅速稳步进展表示欢迎,并提出联合国在现有任务和资源范围内向萨赫勒5国集团提供技术支助。

12月12日　大会通过关于和平共处的第 A/RES/72/130 号决议,宣布5月16日为国际和平共处日。

大会通过关于全民健康保障问题的第 A/RES/72/138 号决议,宣布12月12日为国际全民健康保障日。

12月11日　第72届联合国大会通过关于"不首先在外空部署武器"的第 A/RES/72/27 号决议,重申应研究和采取切实措施,以求达成防止外层空间军备竞赛协定,协力构建人类命运共同体。

12月14日　安理会通过关于苏丹和南苏丹局势的第 S/RES/2392(2017)号决议,决定将联合国南苏丹共和国特派团任务期限延至2018年3月15日,并授权南苏丹特派团使用一切必要手段执行任务。

12月15日　安理会就不扩散和朝鲜局势举行公开会议。秘书长古特雷斯表示,由于错位的过分的信心、危险的言辞,以及缺乏交流渠道,朝鲜局势意外升级的风险增大。中国常驻联合国副代表吴海涛在会上发言指出,朝鲜半岛局势升级不是单独一方造成。有关各方应相向而行,而不应该相互指责,更不应该转嫁责任。美国应承诺将不寻求朝体制更迭,不寻求朝政府政权垮台,不急于推进半岛统一,不将军队越过三八线,并将承诺转化为具体行动。

12 月 18 日 安理会就埃及提议的一份关于耶路撒冷问题的决议草案进行表决。草案指出"任何旨在改变圣城耶路撒冷的性质、地位或人口组成的决定和行动都没有法律效力,是无效的,必须根据安理会有关决议予以取消",还要求"所有国家不要向耶路撒冷派驻外交使团"。表决结果为 14 票赞成,1 票反对。草案最终因美国行使否决权未获通过。

12 月 19 日 大会通过关于手语的第 A/RES/72/161 号决议,宣布 9 月 23 日为国际手语日,从 2018 年开始每年举办活动,以提高对手语在充分实现聋人人权方面的重要性的认识。

同日 安理会通过关于中东局势的第 S/RES/2393(2017)号决议,决定将安理会第 S/RES/2165(2014)号决议第 2 段和第 3 段规定授权人道主义机构使用路线和部署监测机制的期限延至 2019 年 1 月 10 日,请叙利亚当局尽快对联合国及其执行伙伴提出的所有跨冲突线送达请求作出答复,并给予积极考虑。

12 月 20 日 大会通过关于家庭农业的第 A/RES/72/239 号决议,宣布 2019—2028 年为"联合国家庭农业 10 年",鼓励所有国家制定、改善和执行关于家庭农业的公共政策,并分享家庭农业方面的经验和最佳做法。

12 月 21 日 大会召开第 10 次紧急特别会议,讨论以色列在被占领的东耶路撒冷和其余巴勒斯坦被占领的非法行动。会议通过决议,强调耶路撒冷是一个应经谈判解决的最终地位问题,任何声称已改变圣城耶路撒冷性质、地位或人口组成的决定和行动都是无效的,必须予以撤销,促请所有国家根据安理会第 S/RES/478(1980)号决议的规定,不在圣城耶路撒冷设立外交使团。

同日 安理会通过关于中东局势的第 S/RES/2394(2017)号决议,谴责叙利亚武装部队和当前叙利亚冲突武装团体在隔离区内使用重型武器,决定将联合国脱离接触观察员部队的任务期限延长至 2018 年 6 月 30 日。

同日 安理会通过关于恐怖主义问题的第 S/RES/2395(2017)号决议,决定反恐执行局在 2021 年 12 月 31 日后继续作为接受反恐委员会政策指导的一项特别政治任务开展运作,特别指出反恐执行局的核心职能是对安理会有关执行情况进行中立的专家评估,以协助会员国查明并消除执行和能力方面差距。

同日 安理会通过关于恐怖主义问题的第 S/RES/2396(2017)号决议,促请会员国履行关于规定与外国恐怖主义作战人员旅行,以及招募和资助外国恐怖主义作战人员有关的严重刑事犯罪的义务,决定会员国应建立已知和疑似恐怖主义分子包括外国恐怖主义作战人员的监控名单或数据库,并将有关恐怖主义分子的信息共享边界安全、情报机构等使用。

同日 南苏丹政府和反对派团体在亚蒂斯亚贝巴签署停火协议,将停止敌对行动,结束一切形式的暴力,并允许人道主义援助。停火协议将于12月24日生效。

12月22日 大会通过纳尔逊·曼德拉和平首脑会议的第 A/RES/72/243 号决议,2018 年是已故曼德拉诞辰 100 周年,决定在大会第 73 届举行一般性辩论开始前一天召开名为纳尔逊·曼德拉和平首脑会议的大会高级别全体会议,会议重点为全球和平。

同日 安理会通过关于朝鲜问题的第 S/RES/2397(2017)号决议,强烈谴责朝鲜 2017 年 11 月 28 日违反并公然无视安理会决议发射弹道导弹,决定对朝鲜实施更加严厉的制裁,增加制裁个人和实体名单,缩减朝鲜精炼石油产品和原油进口量,扩大禁止朝鲜出口类别,禁止朝鲜进口工业机械和运输车辆,并针对朝鲜的非法走私活动规定了新的海上措施。

同日 安理会就也门胡塞武装 12 月 19 日向沙特首都利雅得发射导弹袭击表示强烈谴责,并呼吁成员国全面执行武器禁令,有关各方促进谈判已迅速达成结束也门冲突的协议。

12月26日 大会通过 2018—2019 两年期预算。根据方案,2018—2019 年双年度预算为 53.97 亿美元,比本双年度拨款低 2.86 亿美元,减少约 5%。

12月29日 联合国教科文组织宣布以色列将于 2018 年 12 月 31 日正式退出教科文组织。以色列 10 月 12 日宣布退出该组织,其外交部发言人表示,做出这个决定是基于联合国教科文组织"试图将犹太人的历史与以色列土地分离"。

12月31日 前南斯拉夫问题国际刑事法庭正式关闭。该法庭于 1993 年成立,开创了国际法庭审理国内战争犯罪的先例。24 年期间,前南刑庭开庭 1 万多天,听取了近 5000 人的证词,90 人因犯有严重罪行而被判刑。

二〇一八年

1月3日 朝鲜领导人金正恩宣布重新开放板门店朝韩联络热线,商讨朝鲜参加韩国平昌 2018 年冬奥会事宜。

1月4日 联合国对 12 月 28 日赤道几内亚发生未遂政变事件表示关

注。根据赤道几内亚国家安全部发布的公告,政府挫败了国内某些激进的反对党人员策划、外籍雇佣兵实施的政变图谋。

1月9日 朝韩在板门店"和平之家"重启高级别会谈,双方就朝鲜参加平昌冬奥会事宜达成一致,并就离散家属团聚、举行军事部门会谈等话题展开试探性会谈。

1月13—15日 由联合国安理会成员国代表组成的代表团对阿富汗进行为期3天的访问,这是2010年以来安理会首次对该国进行访问。访问期间,代表团在首都喀布尔会见了阿富汗总统、行政长官、部分高级官员、议会议员、非政府组织代表、联合国阿富汗援助团和北约坚定支持特派团负责人。

1月18日 安理会发表主席声明,强调开展预防冲突外交的重要性,并重申妇女和青年在建设和平中发挥的重要作用,并提出必须要通过一份广泛的预防冲突战略,全面处理武装冲突的根源,保护儿童。

1月22日 联合国秘书长就联合国发展系统改革问题向会员国呈递了报告,并提出了7大核心改革事项:建立以需求为导向的新一代联合国国家工作队;建立富有活力的驻地协调员制度;在各地区实施具有协调性、经过调整和重组的方法;为会员国提供更多空间指导全系统行动,并在最重要的国家一级实现更大的透明度和问责制;加强联合国对2030年议程伙伴关系的系统性响应和方法;通过联合国发展集团制定的全系统战略文;建立"筹资契约",增强系统实现"2030年议程"的能力。

1月23日 安理会就叙利亚近期再次发生化学武器袭击事件举行紧急磋商。

同日 美国常驻联合国代表黑莉表示,这是叙利亚阿萨德政权又一次公然无视国际法和其公民生命的残忍行径。黑莉提出,美国将继续与安理会一道,追究那些使用过化学武器的肇事者,确保他们对暴行负责。

同日 俄罗斯常驻联合国代表内本西亚呼吁安理会就叙利亚化学武器问题召开公开会议,并表示"禁止化学武器组织——联合国联合调查机制"所开展的调查是完全失败的,成为服务于政治操控的机制。

同日 中国常驻联合国代表团申博公参表示,中方坚决反对任何国家、任何组织或个人出于任何目的,在任何情况下使用化学武器。无论在何时何地,使用化学武器的行为都不能容忍。

1月26日 联合国大会通过一项决议,将卢旺达大屠杀纪念日正式名称从"反思卢旺达大屠杀国际日"改为"反思1994年针对图西族的卢旺达大屠杀国际日"。卢旺达常驻联合国代表瓦伦丁·鲁格瓦比扎在介绍该国起草的决议草案时说,历史上否认大屠杀和修正大屠杀历史的企图屡见不鲜,因此准确的表述和严谨的措辞至关重要。新名称更加准确地描述了1994年卢旺达发生的大屠杀,不留任何曲解的空间。决议以口头表决的方式通过。赤道几内亚常驻联合国代表恩东·姆巴代表非洲国家发言,对联大通过该决议表示欢迎,并对卢旺达人民在重建国家方面取得的成就表示敬意。美国代表凯莉·柯里认为,此次更名不能全面反映卢旺达当年发生的历史事件,因为除图西族外,受难者还包括胡图族以及其他民族。欧盟方面也对此次表决缺少事先磋商而表示遗憾。

1月27日 联合国与非洲联盟签署《执行可持续发展2063年议程和2030年议程框架》协议。秘书长古特雷斯表示,同非洲联盟的伙伴关系是最重要的伙伴关系,对于实现联合国的使命是一项根本战略。

同日 缅怀大屠杀受难者国际纪念日。

1月29—30日 叙利亚全国对话大会在俄罗斯索契开幕,超过1500名叙利亚各界代表与会。联合国叙利亚问题特使德米斯图拉出席会议并发表声明,指出与会者赞同在联合国主导的日内瓦进程中,就宪法委员会组成的授权、职权范围、议事规则和选择标准达成最终协议。

1月30日 安理会一致通过关于塞浦路斯局势的第S/RES/2398(2018)号决议,决定将联塞部队的任务期限延长至2018年7月31日。

同日 安理会一致通过关于中非共和国局势的第S/RES/2399(2018)号决议,决定对中非共和国采取武器禁运、旅行禁令、资产冻结等措施,限制时间至2019年1月31日。决议同时还将中非共和国问题专家小组的任期延长至2019年2月28日。

1月30—31日 联合国经社理事会第7届青年论坛在纽约总部举行,本次论坛主题为"青年在建设可持续和有活力的城乡社区的作用"。来自世界各国的近700名青年代表围绕主题,就青年一代如何在推动实施《2030年可持续发展议程》及其17个可持续发展目标方面发挥作用进行了深入讨论。中国青年代表首次参加论坛。

2月1日 大会主席莱恰克当天在有关"安全理事会席位公平分配和成员数目增加问题"2018年首次会议上发表讲话指出,安理会是70年多年前设计的。它在创立之初旨在保护的世界已今非昔比。安理会也必须反映这些变化,考虑到新的现实。大会于1993年成立安理会改革工作组,并在2009年启动了有关安理会改革问题的政府间谈判,围绕成员国类别、否决权问题、地区代表性、扩大后安理会的规模、安理会的工作方法等5个问题进行讨论,但截至目前,谈判并未取得任何实质性的进展。莱恰克指出,在多年的谈判中,没有人对需要改革提出质疑,人们知道哪种办法行不通,知道是什么不能把谈判推向前进。在谈判中重复已知的立场、画出红线、要求对方采取灵活态度,而自己寸步不让、在互动对话中照本宣科宣读已经准备好的讲稿、向对方发话而不是相互磋商——所有这些做法都阻碍着谈判向前推进。如果按照这种路线走,最后的结果是找不到任何出路。他强调,每一分钟停步不前浪费时间都会对世界成百上千万人造成影响。莱恰克认为,人们应当找出需要弥合的分歧,给找到新的共同点提供可能的机会,在5个类别问题方面向前推进提供各种选择,交流看法,相互倾听,相互磋商。莱恰克强调,人们需要一个适应当今世界的安理会,这不仅仅是一项技术性和程序性的任务,而是牵涉到人民的生活,影响到建立这一谈判程序的联大的信誉和作用。它还关系到整个联合国系统的未来。

2月5日 联合国秘书长古特雷斯发表声明,祝贺美国和俄罗斯成功地将其战略核力量削减到《进一步削减和限制进攻性战略武器措施条约》所要求的水平,即700枚运载工具和1550枚核弹头。

2月7—13日 第9届世界城市论坛在马来西亚吉隆坡举行,本次论坛主题是"所有人的城市,2030年的城市:落实新的城市议程"。来自世界各地的2万多名代表与会,就第3届联合国住房和城市可持续发展大会通过的《新城市议程》与联合国可持续发展目标11之间的互补性问题等进行深入讨论。

2月8日 安理会一致通过关于苏丹局势的第S/RES/2400(2018)号决议,决定将专家小组的任期延长至2019年3月12日。

2月9—25日 第23届冬奥会在韩国平昌举行。本次冬奥会设15个大项、102小项,来自92个国家和地区的2900多名选手参加比赛。中国体育代表团在平昌冬奥会上,获得1金6银2铜,列奖牌榜第16位。

2月13日 世界广播日,本年主题为"广播与体育"。

2月16日 世界卫生组织宣布任命一个由国家元首、部长、卫生问题领袖和企业家组成的高级别委员会。该委员会的主要职责是对加速预防和控制诸如心脏病、肺病、癌症和糖尿病在内的非传染性疾病提出可行性建议。

2月23日 联合国秘书长古特雷斯签署《联合国全球反恐协调契约》。该契约是有关36个联合国实体之间就如何对付和预防恐怖主义和暴力极端主义行为向会员国提供支持的协定,旨在显著改善联合国系统的协调一致,支持会员国执行联合国全球反恐战略。

2月24日 安理会一致通过关于叙利亚局势的第S/RES/2401(2018)

号决议,要求叙利亚全境停止敌对行动至少连续 30 天,以确保安全、不受阻碍地持续提供人道主义援助,确保危重伤病人员得到及时撤离。该决议还再次要求各方确保医疗设施、学校和其他民用设施非军事化。

2 月 26 日　安理会一致通过关于也门局势的第 S/RES/2402(2018)号决议,决定将资产冻结、旅行禁令的措施延长至 2019 年 2 月 26 日,对也门定向制裁机制和专家小组授权技术性延期至 2019 年 3 月 28 日。

2 月 28 日　安理会一致通过关于"填补国际法院职务空缺的选举日期"的第 S/RES/2403(2018)号决议,由于小和田恒法官辞职,决定于 2018 年 6 月 22 日在安理会和大会会议进行补选。

同日　安理会一致通过关于几内亚比绍局势的第 S/RES/2404(2018)号决议,决定将联合国几内亚比绍建设和平综合办事处的任务期限延长至 2019 年 2 月 28 日,并提出其主要工作重点应调整为加强政治能力,支持秘书长特别代表开展斡旋,简化管理结构。

3 月 5 日　人权理事会以 29 票赞成、4 票反对和 14 票弃权的结果通过了一项关于叙利亚问题的决议。决议要求叙利亚问题独立国际调查委员会在其任务期限得到延长后,对东古塔地区发生的事件进行一项全面和独立的调查。中国、布隆迪、古巴和委内瑞拉 4 个国家投了反对票,安哥拉等 14 个国家弃权。

3 月 6 日　澳大利亚和东帝汶在纽约总部签署《澳大利亚和东帝汶在帝汶海建立海上边界》条约。联合国秘书长古特雷斯参加了签署仪式,并发表讲话。古特雷斯指出,此次条约的签署标志着各国有史以来首次成功地根据《联合国海洋法公约》附件五完成了调解程序,这也将激励其他国家将调解作为解决争端的一个可行的替代办法。

3 月 8 日　安理会一致通过关于阿富汗局势的第 S/RES/2405(2018)号决议,决定将联合国阿富汗援助团的任务期限延长至 2019 年 3 月 17 日。决议支持联合国在国际援阿努力及阿政府间继续发挥协调作用,支持阿政府打击恐怖主义和暴力极端主义,呼吁各方通过"一带一路"等发展倡议推动区域合作进程、构建人类命运共同体等。7 月 23 日,安理会就阿富汗选举发表主席声明,中国代表在安理会审议中指出,中方高度关注阿富汗局势,国际社会应切实履行承诺,继续向阿提供帮助,尊重阿人民自主选择的政治制度和发展道路。中国代表说,安理会阿富汗问题决议指出,"一带一路"倡议对促进阿经济发展及区域合作具有重要意义,希望各国根据决议要求,通过对话与协作共同致力于构建人类命运共同体,帮助阿实现稳定与繁荣。

3月14日 安理会应英国要求召开关于俄罗斯前间谍中毒案的会议。3月4日,俄罗斯前间谍斯克里帕尔及其女儿在英国威尔特郡索尔兹伯里市街头一条长椅上昏迷。英国常驻联合国代表乔纳森·艾伦在安理会上表示,斯克里帕尔和他的女儿接触的是一种由俄罗斯研发的军用神经毒剂。英国政府认为俄罗斯"极有可能"对这一事件负有责任,并指出这是一种非法使用武力的行为,违反了《联合国宪章》。英方将根据《禁止化学武器公约》要求对此事进行调查。俄罗斯常驻联合国代表内本西亚在安理会表示,英国代表团在向安理会的致信中所发起不合理的指称是完全不可接受的,重申俄方完全与毒剂事件无关。

同日 英国著名物理学家史蒂芬·霍金逝世。

3月15日 安理会一致通过关于苏丹与南苏丹问题的第 S/RES/2406 (2018)号决议,要求各方立即在南苏丹全境停火,将南苏丹特派团的任务期限延长至2019年3月15日,并维持特派团的总人数,兵力上限为17000人,警力上限为2101人。特派团的任务主要包括保护平民、为运送人道主义援助创造有利条件、监测和调查人权情况、支持执行协议和和平进程等。

3月19日 联合国启动"从点滴做起"全球活动。该项活动由15—24岁的"Z世代"青少年牵头,计划到2030年在全球激发20亿个善举,对消除贫困、遏制气候变化等全球目标带来重大影响。

3月19—23日 信息社会世界峰会在日内瓦举行。来自全球2500多位信息通信技术专家与会,围绕如何利用信息通信技术构建信息和知识社会实现可持续发展目标等问题进行深入探讨。

3月21日 安理会一致通过关于朝鲜问题的第 S/RES/2407(2018)号决议,决定将专家小组的任期延长至2019年4月24日,决定这一任务规定也适用于此前安理会决议中规定的措施。

3月22日 联合国启动"水促进可持续发展国际行动10年(2018—2028年)"。

3月25—28日 朝鲜领导人金正恩首次访问中国。中国国家主席习近平与金正恩进行了会谈,双方通报了各自国内形势。金正恩在会谈中表示,致力于实现半岛无核化,是朝鲜始终不变的立场。

3月26日 联合国秘书长古特雷斯对美国宣布驱逐包括俄罗斯常驻联合国代表团外交官在内的60名俄罗斯外交官表示关切。3月上旬俄罗斯前间谍人员和女儿中毒事件后,英国驱逐了20多名俄罗斯外交官,随后欧洲近20个国家、美国、加拿大等国也相继驱逐俄罗斯外交人员。

3月27日 安理会一致通过关于索马里局势的第 S/RES/2408(2018)

号决议,决定将联合国索马里援助团的任务期限延长至2019年3月31日,并特别指出援助团必须要支持索马里政府主导的包容性政治进程以及为2020/2021年举行的一人一票选举进行的筹备。

同日 安理会一致通过关于刚果民主共和国局势的第S/RES/2409(2018)号决议,强烈敦促所有利益攸关方,积极执行2016年12月31日在金沙萨签署的《全面和包容各方的政治协议》,努力按照全国独立选举委员会宣布的时间表举行透明、可信和包容的选举。安理会决定将联刚稳定团的任务期限延长至2019年3月31日,明确最高核定兵为16215名军事人员、660名军事观察员和参谋、391名警务人员和1050名建制警察部队人员。该决议还指出,稳定团的战略优先事项为保护平民,支持执行2016年12月31日签署的《全面和包容各方的政治协议》和选举进程。

4月3—5日 第2届亚太能源论坛在泰国曼谷召开,本次论坛主要关注亚太地区如何通过合作和政策创新解决能源安全挑战等议题。亚太各国与会代表通过了部长级宣言,承诺实施包括加强区域合作促进跨境基础设施和能源贸易等一系列鼓励可持续利用能源的行动。

4月5日 安理会应俄罗斯要求就英国索尔兹伯里神经毒剂事件再次召开会议。俄罗斯常驻联合国代表内本西亚在会上指出,种种疑点显示,英方对"诺维乔克"(Novichok)神经毒剂出自俄罗斯的指称是无效的。"诺维乔克"虽然是俄文,但并非俄罗斯研制。这是由西方发明的用于命名一系列有毒试剂的名称,在美国、英国都被制造过。

4月9日 安理会就叙利亚杜马被指称使用化学武器事件举行紧急会议。联合国负责裁军事务的副高级代表兼主任托马斯·马克拉姆在安理会会议上表示,在被指称周末在杜马发生的使用化学武器事件中,据称至少有49人遇害,数百人受伤,500多例患者出现类似症状。秘书长叙利亚问题特使德米斯图拉在会上呼吁开展彻底调查。

4月10日 安理会通过以13票赞成,2票弃权(中国、俄罗斯)通过关于海地问题的第S/RES/2410(2018)号决议,决定将联合国海地司法支助特派团的任期延长至2019年4月15日,以协助政府加强海地法治机构,进一步支持和加强海地国家警察,开展人权监测、报告和分析。决议还决定分阶段逐步削减联海司法支助团警力。

同日 安理会就叙利亚发生的化学武器攻击事件问题举行会议,并对美国与俄罗斯分别提出的两份有关建立新的国际独立调查机制对这些事件进行调查以确定责任方的决议草案进行了表决。这两份草案均遭到否决,其中美国决议草案表决结果为12票赞成,1票弃权(中国),2票反对(俄罗斯、玻利维亚);俄罗斯决议草案表决结果为 6 票赞成(包括中国),7 票反对,2 票弃权。安理会当晚还就俄罗斯提出的第 3 个决议草案进行了投票,该草案涉及禁止化学武器组织事实调查组的工作。该草案获得 5 票赞成(中国、俄罗斯、埃塞俄比亚、哈萨克斯坦、玻利维亚、),4 票反对(美国、法国、英国、波兰),6 国弃权,也未获通过。

4 月 12 日 大会通过第 A/RES/72/272 号决议,决定宣布 6 月 3 日为世界自行车日,鼓励会员国在跨领域发展战略中特别关注自行车,在全体社会成员中推广自行车。

4 月 13 日 安理会一致通过关于苏丹和南苏丹问题的第 S/RES/2411 (2018)号决议,确认目前阿卜耶伊以及苏丹和南苏丹边界沿线局势继续严重威胁国际和平与安全,决定将联阿安全部队任务期限延长至 2018 年 4 月 23 日。

4 月 14 日 安理会就美、英、法空袭叙利亚召开紧急会议。4 月 13 日,美、英、法 3 国对叙利亚实施空袭,从空中和海上向叙利亚军事和民用设施发射了 110 多枚巡航导弹和空对地导弹,叙利亚政府军的防空系统进行了反击。

联合国秘书长古特雷斯表示关切,并强调遵守《联合国宪章》和国际法的重要性。美、英、法 3 国常驻联合国代表在发言中强调,此次军事行动是有限的、得到控制的,旨在打击叙利亚化学武器研发能力,阻止其继续使用化学武器。

俄罗斯常驻联合国代表内本西亚表示,俄罗斯总统普京当天发表声明指出,此次行动未得到安理会授权,违反了《联合国宪章》和国际法,实施了对一个主权国家的侵犯。

中国常驻联合国代表马朝旭表示,任何绕开安理会采取的单边军事行动都有悖《联合国宪章》的宗旨和原则,违反国际法原则和基本准则,也将给叙利亚问题的解决增添新的复杂因素。中方认为,应对叙利亚疑似化武袭击事件进行全面、公正、客观调查,得出经得起历史检验的可靠结论。在此之前,各方不能预断结果。

安理会对由俄罗斯起草的一项谴责对叙利亚进行军事打击的决议草案进行了投票表决。决议草案最终以 3 票赞同、8 票反对 4 票弃权的表决结果未获通过。中国、俄罗斯和玻利维亚投了赞同票,秘鲁、哈萨克斯坦、埃塞俄比亚和赤道几内亚投了弃权票,美、英、法、科特迪瓦、科威特、荷兰、波兰和瑞典投了反对票。

4 月 20 日 朝鲜劳动党第 7 届中央委员会第 3 次全体会议通过多项

决议,决定从 2018 年 4 月 21 日起中止核试验与洲际弹道导弹发射试验;为保证中止核试验的透明性,朝鲜将废弃北部核试验场;在未受到核威胁或核挑衅的情况下,朝鲜绝不会使用核武器,朝鲜在任何情况下都不会转移核武器与核技术。

4 月 23 日 安理会一致通过关于苏丹和南苏丹问题的第 S/RES/2412(2018)号决议,决定将联阿安全部队修订任务延长至 2018 年 10 月 15 日,这将是最后一次任务延期。决议还决定维持联阿安全部队 4791 人核定兵力上限至 2018 年 10 月 15 日,2018 年 10 月 15 日起将核定兵力上限减至 4250 人。

4 月 24—25 日 联合国"建设和维持和平"高级别会议在纽约总部召开,会议将重点关注反思如何解决冲突的根源,提高联合国建设和维持和平的能力,增强资助,加强关键伙伴关系并加强妇女和青年在预防冲突和建设和平工作等内容。

4 月 26 日 安理会一致通过关于"建设和平与维持和平"的第 S/RES/2413(2018)号决议,欢迎秘书长提交关于建设和平和维持和平的报告,赞赏地表示注意到其中所载建议和备选方案,决定进一步予以讨论。

4 月 27 日 安理会以 12 票赞成,3 票弃权(中国、埃塞俄比亚、俄罗斯)通过关于西撒哈拉局势的第 S/RES/2414(2018)号决议,决定将联合国西撒哈拉全民投票特派团的任务期限延至 2018 年 10 月 31 日,并促请各方按照现有协议,全面配合西撒特派团的行动。

同日 朝鲜最高领导人金正恩跨过军事分界线与韩国总统文在寅在两国边境的板门店举行了历史性的首脑会议。双方签署并发表了《关于实行半岛和平、繁荣及统一的板门店宣言》,宣布双方将为实现朝鲜半岛无核化和停和机制转换而共同努力。双方在宣言中承诺,朝韩将划时代地全面改善并发展双边关系;缓和半岛军事紧张,消除战争风险;争取在年内把朝鲜战争停战协定转换为和平协定,构建牢固的永久性和平机制,积极推动朝、韩、美 3 方会谈或朝、韩、美、中 4 方会谈。双方还决定,通过热线电话就民族重大事件交换意见,巩固互信。

5 月 2—4 日 全球土壤污染研讨会在粮农组织总部罗马举行。本次会议是"全球土壤伙伴关系框架内"2016 年通过的《可持续土壤管理自愿准则》实施的第一步,旨在通过防止和减少土壤中污染物来维持土壤健康和食物安全,进而实现可持续发展目标。

5 月 7—11 日 联合国森林论坛第 13 届会议在纽约召开。论坛审议 2017—2030 年联合国森林战略计划的执行情况;各国根据森林战略的要求,在考虑本国国情的基础上,自愿确定各自国家在植树造林等方面的自主贡献。

5月8日　美国决定退出伊朗核协议,并重新开始启动对伊朗"实施最高级别的经济制裁"。

5月9日　中日韩领导人会议在东京举行,这是时隔两年半后再次召开。会后3国领导人发表《联合宣言》,重申进一步深化和拓展3国合作,推进对话和磋商,共同维护自由贸易,推动区域经济一体化;致力于半岛完全无核化,强调只有通过国际合作,并根据联合国安理会有关决议全面解决各方关切才能为朝鲜半岛光明未来奠定基础。

5月15日　安理会一致通过关于索马里局势的第 S/RES/2415(2018)号决议,决定授权非洲联盟成员国继续部署非洲联盟驻索马里特派团(非索特派团),直至 2018 年 7 月 31 日。授权非索特派团采取一切必要措施完成任务,授权非洲联盟不迟于 2018 年 10 月 30 日将军警人员人数减少至 20626 人,其中包括至少 1040 名非索特派团警务人员(含 5 支建制警察部队)。

同日　安理会一致通过关于苏丹和南苏丹问题的第 S/RES/2416 (2018)号决议,决定将联阿安全部队任务期限延长至 2018 年 11 月 15 日,将其核定兵力上限削减至 4500 人,之后会进一步减至 3959 人。

5月16日　首个国际和平共处日。

5月18日　人权理事会通过决议,对以色列近期在加沙等地对进行和平示威的巴勒斯坦平民不加区分地过度使用武力表示谴责,要求以色列立即完全终止其对加沙的非法封锁,并决定紧急派遣独立国际调查委员会,对暴力事件进行调查。

5月21—26日　第 71 届世界卫生大会在日内瓦举行。各国代表在会上通过了《第 13 个工作总规划》,指导世卫组织 2019—2023 年的工作。该计划核心是实现"3 个 10 亿"目标,力争到 2023 年全民健康覆盖受益人口新增 10 亿人,面对突发卫生事件受到更好保护的人口新增 10 亿人,健康和福祉得到改善的人口新增 10 亿人。

5月24日　安理会一致通过关于保护武装冲突中的平民的第 S/RES/2417(2018)号决议,强烈谴责以断绝平民粮食以及非法禁止平民获得人道主义援助作为战争策略的行为,强调即便在冲突、极端暴力和不稳定的情况下,也必须保障粮食生产和平民生计。

5月31日　联合国大会通过第 A/RES/72/279 号决议,重新定位联合国发展系统。

同日　安理会以 9 票赞成,6 票弃权(玻利维亚、中国、赤道几内亚、埃塞俄比亚、哈萨克斯坦、俄罗斯)通过关于苏丹与南苏丹问题的第 S/RES/2418(2018)号决议,决定将关于旅行禁令和资产冻结的措施延长至 2018 年 7 月 15 日,将专家小组的任期延长至 2018 年 8 月 14 日。

6 月 4 日　由联合国大会授权建立的新机构"技术银行"在土耳其盖布泽正式启动。该机构旨在通过科学、技术和创新帮助全球 47 个最不发达国家应对发展挑战。

6 月 6 日　安理会一致通过关于维持国际和平与安全的第 S/RES/2419(2018)号决议,促请所有相关行为体,包括在谈判和执行和平协定时,增加青年在预防和解决冲突方面的参与,认识到青年被边缘化不利于建设可持续和平以及打击助长恐怖主义的暴力极端主义。

6 月 8 日　联合国大会选出德国、印度尼西亚、南非、多米尼加共和国、比利时 5 个新的安理会非常任理事国。该 5 个国家将从 2019 年 1 月 1 日开始履职,任期两年。

同日　国际刑事法庭上诉分庭宣布对 2016 年 6 月国际刑事法庭对刚果民主共和国前副总统本巴犯有战争罪和危害人类罪的判决进行改判,宣判本巴无罪。本巴在 2002—2003 年担任刚果民主共和国武装部队军事指挥官期间,下属部队在相邻的中非共和国犯下谋杀、强奸和抢劫等罪行。上诉主审法官范登维恩格特认为,本巴对其下属部队的行为不负有责任,且其在知晓部队的行为后还曾尝试制止,一审的法官未能采纳这一事实。

6 月 8—9 日　七国集团峰会在加拿大魁北克举行。本次峰会重点关注了经济增长、性别平等、气候变化以及安全稳定等方面。

6 月 11 日　安理会一致通过关于利比亚局势的第 S/RES/2420(2018)号决议,决定将安理会第 S/RES/2357(2017)号决议规定的各项授权延长 12 个月。

6 月 12 日　朝美首脑会晤在新加坡嘉佩乐酒店举行。当天,金正恩和特朗普签署了历史性文件。朝美两国领导人承诺建立新型朝美关系,推动和平与繁荣;建立持久稳定的朝鲜半岛和平机制;继续推动"半岛完全无核化"目标;寻找和遣送战俘和失踪人员遗体。会晤期间,美国总统特朗普承诺为朝鲜提供安全保证,而朝鲜领导人金正恩也重申了继续推动朝鲜半岛完全无核化的承诺。

6 月 13 日　联合国在纽约总部举行"'一带一路'倡议和 2030 年可持续发展议程"高级别研讨会。联合国主管经济与社会事务的副秘书长刘振民在致辞中表示,可持续发展目标与"一带一路"倡议在愿景和基本原则方面有许多共通之处,"一带一路"倡议为国际发展合作提供了开放与包容的全新平台,能够对可持续发展目标的实施做出巨大贡献。联合国大会主席莱恰克也在会上指出,"一带一路"倡议不仅涉及发展中国家的项目融资、改善运输路线和南南合作,它还代表了对可持续发展目标、气候行动和多边主义的承诺。"一带一路"倡议调动了不同国家的资金,并为可持续发展目标带来所需伙伴关系。

同日 应会员国的请求,大会召开第 10 届紧急特别会议续会。会议审议了题为"保护巴勒斯坦平民人口"的决议草案。

6 月 14 日 安理会关于伊拉克局势的第 S/RES/2421(2018)号决议,决定将联合国伊拉克援助团(联伊援助团)的任务期限延长至 2019 年 5 月 31 日,要求联伊援助团向伊拉克政府和人民提供有关的咨询、支持和援助。

6 月 18—23 日 联合国会议在维也纳举行外空大会 50 周年纪念活动,以纪念 1968 年 12 月 20 日联合国外空大会召开 50 周年。纪念活动包括了研讨会、高级别会议和展览。

6 月 19 日 美国声称联合国人权理事会对以色列"存在偏见"及"无法有效保护人权",宣布退出人权理事会。

6 月 21—22 日 第 2 届联合国警察首脑会议在纽约总部召开。来自 100 多个国家的部长、警方代表和专家围绕加强联合国维和警务能力建设等议题进行探讨,重点关注联合国和各国维和警察部队建立关系,加强对和平与安全构成的跨国威胁做出整体响应能力等方面。

6 月 22 日 联合国大会通过第 A/RES/72/282 号决议,要求俄罗斯军队全部无条件撤出摩尔多瓦共和国领土。

6 月 27 日 安理会以 14 票赞成,1 票弃权(俄罗斯)通过关于"国际刑事法庭余留机制"的第 S/RES/2422(2018)号决议,决定任命塞尔日·布拉默茨先生为刑事法庭余留事项国际处理机制的检察官,任期为 2018 年 7 月 1 日至 2020 年 6 月 30 日。

同日 南苏丹总统基尔与前副总统马沙尔在东非国家政府间发展管理局(伊加特)的斡旋下在苏丹首都喀土穆签署了《喀土穆协议宣言》,双方承诺在 75 小时内实施永久停火。

6 月 28 日 自 2012 年 3 月马里发生军事政变后,马里局势一直动荡不安。2013 年 4 月,安理会通过决议,决定设立联合国马里多层面综合稳定特派团(马里稳定团)。2015 年 5 月,马里政府与北部地区部分武装组织签署《和平与和解协议》以及履行《和平与和解协议》主要条款和路径的《路线图》。要求政府、反对派和所有相关利益攸关方继续就举行总统选举的办法进行建设性对话,并决定将联合国马里多层面综合稳定团任务期限延长至 2019 年 6 月 30 日。然而,马里北部地区近年来一直冲突不断,中部地区的武装袭击也有增多趋势。马里和平和解进程正在缓慢推进,包容性全国对话的筹备工作正逐步展开,马里中部族群间和解进程也取得进展。6 月 28 日,安理会一致通过关于马里局势的第 S/RES/2423(2018)号决议,敦促马里政府以及纲领会和协调会武装团体履行协议及其《路线图》主要条款,要求政府、反对派和所有相关利益攸关方继续就举行总统选举的办法进行建设性对话,并决定将联合国马里多层面综合稳定团任务期限延长至 2019 年 6 月 30 日。

同日　联合国首次反恐问题高级别会议召开。联合国秘书长古特雷斯在会上对反恐工作提出了 6 大目标,即加强国际反恐合作,重视预防,保护人权,对年轻人的战略投资为恐怖主义幸存者提供支持,加强联合国作用。

6 月 29 日　安理会一致通过关于刚果民主共和国局势的第 S/RES/2424(2018)号决议,决定将有关制裁措施延长至 2019 年 7 月 1 日;将专家组任期延长至 2019 年 8 月 1 日。

同日　安理会一致通过关于苏丹和南苏丹问题的第 S/RES/2425(2018)号决议,决定将联合国达尔富尔混合行动的任期延长至 2018 年 7 月 13 日。

同日　安理会一致通过关于中东局势的第 S/RES/2426(2018)号决议,决定将联合国脱离接触观察员部队的任务期限延长至 2018 年 12 月 31 日。

同日　中国常驻联合国代表马朝旭在联大全会发言时说,2018 年以来,联大政府间谈判举行了 5 次非正式会议。政府间谈判共同主席阿联酋常驻代表和格鲁吉亚常驻代表根据联大第 62/557 号决定授权履职,尊重会员国主导,广泛听取各方面意见。各成员国在政府间谈判中就安改所涉 5 大类问题及其内在关联性进行了坦诚、深入和耐心协商,增进了相互了解,为达成最广泛共识积累条件。中方对联大主席和政府间谈判共同主席为此发挥的积极作用表示高度赞赏。马朝旭说,共同主席提出的"立场要素文件更新版"是共同主席个人的工作文件,会员国没有给予其正式地位。近年来政府间谈判主席或共同主席根据各方讨论情况所提文件,均反映了会员国为推进安改问题所作努力,均为会员国讨论安改问题提供帮助和参考。中方认为,应同等重视 4 份文件,不应区别对待。马朝旭强调,安理会改革政府间谈判机制是会员国讨论安改问题的重要机制,会员国主导原则是政府间谈判平稳发展的关键保障。马朝旭表示,中方期待下届联大按照联大第 62/557 号决定授权,坚持会员国主导和"一揽子解决"思路,继续耐心广泛协商,不断积累各方共识,推动安理会改革政府间谈判沿着正确轨道,朝着凝聚最广泛共识、符合全体会员国共同利益和联合国长远利益的方向发展。

7 月 9 日 安理会一致通过关于儿童与武装冲突的第 S/RES/2427 (2018)号决议,强烈谴责武装冲突各方招募和使用儿童、重新招募儿童入伍、杀害和致残儿童、对儿童实施强奸和其他形式性暴力、绑架儿童、攻击学校和医院、武装冲突各方拒绝让人道主义人员和物资通行以及其他在武装冲突中侵害儿童的行为,要求所有相关方立即停止这些行为,采取特别措施来保护儿童。

7 月 9—10 日 联合国经济和社会事务高级别咨询委员会在纽约举行首次会议。该委员会由前国家元首、部长、著名经济学家和社会科学家组成,其主要工作任务是在《2030 年可持续发展议程》的大背景下就经济和社会问题提供咨询意见。会议期间,委员会讨论了世界经济的近期前景和风险、前沿技术的经济和社会影响、全球化、不平等和移徙等一系列问题,并强调全球化双赢和多边进程的重要性。

7 月 9—18 日 联合国高级别可持续发展政治论坛在纽约总部举行,主题为"向可持续和富有抗御力的社会转型",来自世界各国的 1000 多名各界人士出席会议,将围绕 47 个国家在落实联合国可持续发展目标方面所取得的进展进行讨论,并根据秘书长的年度进展报告总结有效的做法。

同日 第 2 届非盟—联合国年度峰会在埃塞俄比亚首都亚的斯亚贝巴召开。会议审查了"加强和平与安全伙伴关系联合框架"的执行情况,审议了非洲各国在和平、安全与发展方面所面临的挑战,并对国际秩序不确定性、国际关系的分歧以及影响全球和平与安全状况的负面因素表示深切关注。

7 月 10 日 安理会发表媒体声明,赞扬厄立特里亚总统和埃塞俄比亚总理 7 月 9 日签署了《和平友好联合宣言》,欢迎两国恢复外交关系,开启合作与伙伴关系的新篇章。

7 月 11 日 联合国秘书长古特雷斯致函日本首相对日本特大洪灾和山体滑坡表示慰问。日本中西部自 7 月 5 日以来暴发特大洪水和山体滑坡,目前已导致近 180 人死亡。

7 月 12 日 联合国秘书长古特雷斯启动秘书长数字合作高级别小组,旨在进一步发挥数字技术优势,同时避免不必要的负面影响。该高级别小组任期 9 个月,共有来自企业、民间组织和学术界的 20 名成员,主席由美国慈善家、"比尔与梅琳达·盖茨基金会"联合创始人梅琳达·盖茨,以及中国企业家、阿里巴巴集团董事局主席马云共同担任。

7月13日　安理会以9票赞成,6票弃权(玻利维亚、中国、赤道几内亚、埃塞俄比亚、哈萨克斯坦、俄罗斯)通过关于苏丹和南苏丹问题的第S/RES/2428(2018)号决议,要求所有联合国成员国立即采取必要措施,禁止武器流入南苏丹,其有效期至2019年5月31日。决议还同时将有关旅行和金融措施延长至2019年5月31日,将专家小组任期延长至2019年7月1日。

同日　安理会一致通过关于苏丹和南苏丹问题的第S/RES/2429(2018)号决议,决定将达尔富尔混合行动的任务延长至2019年6月30日。

同日　各成员国达成全球首个移民问题契约《安全、有序和正常球契约》。该契约是一份完整的框架,覆盖了国际移民问题所有方面。将为改善全球移民治理,应对移民相关挑战,加深国际社会对人口移徙的认识,以及提升移民和人口迁移对可持续发展所做的贡献奠定基础。该协议将于12月在摩洛哥马拉喀什举行的有关移徙问题的政府间会议上通过。

7月18日　联合国隆重纪念纳尔逊·曼德拉诞辰100周年,呼吁世人继承其团结与服务精神。

7月23日　6月5日,卡塔尔向国际法庭提起诉讼,指称阿联酋采取并实施了一系列"直接针对卡塔尔公民的基于国籍的歧视性措施",尤其是将所有卡塔尔公民驱逐出境,并禁止所有卡塔尔公民入境。7月23日,国际法院作出裁定,阿联酋必须立即确保因"外交封锁"而分离的包含卡塔尔人的家庭团聚,允许受影响的卡塔尔学生在阿联酋完成学业,或保留他们的学习记录,受影响的卡塔尔人有权求助于阿联酋的法庭和其他司法机关。国际法院表示,应采取临时措施,保护卡塔尔所要求的特定权利,并要求各方避免采取任何可能加剧或延长争端的行动。

7月24日　首届全球残疾人峰会在伦敦举行,约30个国家的政府代表、近百个国际残疾人组织的代表以及世界知名企业和相关机构的750名代表参加本次会议。联合国常务副秘书长阿米娜·穆罕默德与参会各方共同呼吁通过包容性教育、经济赋权和技术创新推进残疾人权益,在实施2030年可持续发展目标的过程中,通过包容和多元化创造更大的价值,让每一个人都能充分实现自身潜力。

7月25日　联合国秘书长古特雷斯通过发言人对叙利亚南部苏韦达省当天遭到的恐怖袭击表示强烈谴责。该袭击事件造成至少215人死亡、150人受伤。极端组织"伊黎伊斯兰国"已声称对此事负责。

7月26日 安理会一致通过关于塞浦路斯局势的第 S/RES/2430 (2018)号决议,决定将联塞部队的任务期限延长至 2019 年 1 月 31 日。

7月30日 安理会一致通过关于索马里局势的第 S/RES/2431(2018) 号决议,决定授权非盟成员国继续部署非索特派团直至 2019 年 5 月 31 日, 包括至少 1040 名非索特派团警务人员(含 5 支建制警察部队)。决议还决定授权非索特派团实现安全职责逐步移交给索马里安全部队,减轻青年党和其他武装反对派团体构成的威胁,协助索马里安全部队提供安全保障等战略目标。

同日 西非国家经济共同体和中部非洲国家经济共同体联合首脑会议在多哥首都洛美召开。会议集中讨论了和平、安全、稳定,以及共同打击恐怖主义和暴力极端主义等议题。会议最后发表公报,承诺通过建立和加强早期预警和快速反应危机机制,在预防冲突方面进行合作,促进两个地区的和平与稳定。同时,它们还承诺加强安全领域的合作,西非经共体委员会主席和中非经共体秘书长将在区域国家之间就司法协助和司法合作程序进行谈判。

8月5日 南苏丹与国内反对派在苏丹喀土穆签署《治理和责任分担未决问题协定》,这是振兴 2015 年 8 月签署的《关于解决南苏丹冲突的协议》的一个重要步骤。

8月6日 联合国秘书长古特雷斯发表声明,对印度尼西亚龙目岛发生 7 级强烈地震造成重大伤亡感到悲伤。据统计,至少有 91 人丧生,200 多人受伤,数千人流离失所,数以千计的房屋遭到破坏,约有 1 万人撤离龙目岛。

8月9日 联合国秘书长古特雷斯通过发言人发表声明,对刚果民主共和国总统卡比拉决定遵守宪法、不再寻求连任表示欢迎。根据刚果民主共和国宪法,总统最多可担任两届任期。此前,卡比拉在 2016 年两届任期结束时拒绝下台,引发了广泛的抗议。

8月12日 第 5 届里海沿岸国家首脑会议在哈萨克斯坦西部城市阿克套举行。哈萨克斯坦总统纳扎尔巴耶夫、俄罗斯总统普京、阿塞拜疆总统阿利耶夫、伊朗总统鲁哈尼、土库曼斯坦总统别尔德穆哈梅多夫出席会议, 并共同签署了历史性文件——《里海法律地位公约》,为该水域的资源开发以及相关合作奠定了法律基础。

8月14日 联合国秘书长古特雷斯发布了联合国组织 2018 年工作报告。报告回顾了过去一年中联合国在维护和平与安全、保护人权和促进可持续发展方面取得的进展。报告指出,随着世界面临的多种挑战的发展,多边主义代表着应对未来挑战的最佳途径。

8月15日　安理会发表媒体声明,以最强烈的言辞谴责当天在阿富汗喀布尔发生的针对一个教育中心的恐怖袭击,并向受害者家属和阿富汗政府表示最深切的同情和慰问,并祝愿受伤者迅速全面康复。

8月16日　联合国秘书长防止灭绝种族问题特别顾问阿达马·迪昂对塞族共和国国民议会8月14日决定取消对斯雷布雷尼察大屠杀事件调查委员会在2004年所作报告结论表示关切。斯雷布雷尼察委员会指出,在1995年的7月10—19日期间,有7000—8000名波斯尼亚穆斯林人在斯雷布雷尼察失踪,并确认超过1000名波斯尼亚穆斯林人被杀害,构成了严重的侵犯国际人道主义法的行为。国际法院和前南斯拉夫问题国际刑事法庭均确定,斯雷布雷尼察事件构成了灭绝种族罪。

8月18日　联合国第7任秘书长科菲·安南在瑞士首都伯尔尼一家医院病逝,享年80岁。在得知安南逝世的消息后,国际社会及各国政要纷纷表达对安南的怀念和哀悼。国际社会与多国领导人均深感悲痛并给予高度评价。现任联合国秘书长安东尼奥·古特雷斯在18日的声明中对安南去世的消息深表悲痛,称他的前任是"引导善良的力量"。古特雷斯说,"他永远都是一位有力的领导者。他从底层做起,以无比的尊严和决心带领联合国迈入新千年"。联大主席莱恰克哀悼称,安南是世界上最受尊敬的外交官之一,一位杰出的政治家,也是一位富有远见的多边主义倡导者,"像许多人一样,我认为科菲·安南是一个榜样和导师"。安南1938年4月8日生于加纳,1962年进入联合国系统工作。1997年1月1日就任联合国第7任秘书长,2001年连选连任,2002年1月1日开始第2个任期至2006年12月31日卸任。安南是出身联合国公务员行列而当选的第1位秘书长,是来自撒哈拉以南非洲地区的首位黑人联合国秘书长。安南逝世后,联合国宣布将召开纪念大会缅怀安南。安南的祖国加纳宣布,全国将举行为期一周的哀悼,以向安南致敬。安南是位经验丰富的外交家,懂英语、法语和几种非洲语言。安南是公认的联合国历史上最富有改革精神的秘书长。在任职的10年中,安南一直在坚持不懈地推动联合国改革进程,致力于将这个声望下降的庞大机构改革成为能够应对新时期新挑战的卓有成效的权威国际组织。安南曾经将自己的工作形容为"与时间赛跑"。就任后,为了和平使命,安南在世界各地不断地穿梭访问、调停斡旋,化解危机,遏制冲突,防止战争,到处呼吁和谈、谴责暴力,足迹遍布五大洲。被称为世界上最忙碌的和平使者,被誉为有史以来最活跃的联合国秘书长。在重振联合国方面,没有人比科菲·安南做了更多的工作。2001年10月,挪威诺贝尔委员会宣布,联合国与联合国秘书长安南共同分享 2001 年诺贝尔和平奖。此外,他为阐明千年发展目标所作的努力使全世界在消除贫困方面取得了成功,并为更加美好的蓝图——联合国《2030 年可持续发展议程》铺平了道路。

8 月 21 日 首个纪念和悼念恐怖主义受害者国际日。

8 月 24 日 安理会发表声明,对马里总统选举最终结果公布表示欢迎,同时敦促马里政府与相关各方根据安理会决议,尽快履行《马里和平与和解协议》所规定的义务。马里于 7 月 29 日和 8 月 12 日分别举行了两轮总统选举,该国政府于 8 月 16 日宣布,现任总统凯塔以 67.17% 的得票率再度当选。

8 月 27—31 日 《特定常规武器公约》政府专家组在日内瓦举行会议。会议期间,专家组就致命自动武器系统领域新技术的一套可能的指导原则达成了一致。可能的指导原则包括了国际人道主义法应继续全面适用于所有武器系统,包括潜在的致命自动武器系统的开发和使用;在使用武器系统的问题上,必须坚持对人进行问责;在开发和获取基于新技术的武器系统时,恐怖分子团体获得这些武器的风险,以及这些武器扩散的风险应当得到考虑等共 10 项内容。

8 月 30 日 安理会一致通过关于马里局势的第 S/RES/2432(2018)号决议,决定将有关旅行禁令和资产冻结等措施延长至 2019 年 8 月 31 日,将专家小组任务以及马里稳定团提出的要求延长至 2019 年 9 月 30 日。

同日 安理会一致通过关于中东局势的第 S/RES/2433(2018)号决议,决定将联合国驻黎巴嫩临时部队任期延长至 2019 年 8 月 31 日。

同日 集束弹药联盟在联合国日内瓦办事处发布报告,《集束弹药公约》通过 10 周年,缔约国已销毁了 99% 的集束弹药库存,共消除了超过 140 万件集束弹药和 1.77 亿件子弹药。

9 月 3—4 日 2018 年中非合作论坛北京峰会在北京举行,峰会主题为“合作共赢,携手构建更加紧密的中非命运共同体”。中非合作论坛非方成员方全部出席了本次峰会,其中有 40 位国家元首、10 位政府首脑、1 位副国家元首以及非盟委员会主席。中外参会人员总数超过 3200 名。峰会最后通过了《关于构建更加紧密的中非命运共同体的北京宣言》和《中非合作论坛——北京行动计划(2019—2021 年)》两个重要成果文件,推出了以实施“8 大行动”为核心的上百项全面深化中非合作的新举措。《关于构建更加紧密的中非命运共同体的北京宣言》主要宣示中非双方在战略性、全球性问题上的重要共识,《中非合作论坛——北京行动计划(2019—2021

年)》重点对未来 3 年中非合作进行具体规划,二者构成未来一段时期发展中非关系的纲领和指南。

9 月 10 日　安理会就腐败与冲突问题举行会议。联合国秘书长出席会议并发表讲话。他指出,腐败可能会引发冲突,打击腐败和应对治理挑战必须成为预防办法的一个组成部分。他还呼吁世界各地的领导人认真倾听,培养诚信文化,并赋予公民在基层尽自己职责的能力。

9 月 11 日　安理会审议有关叙利亚问题的阿斯塔纳峰会成果。俄罗斯常驻联合国代表内本西亚汇报了在德黑兰举行的阿斯塔纳进程 3 个担保国领导人峰会的成果。他表示,这次首脑会议是恢复叙利亚和平努力的一个重要里程碑;3 位领导人重申致力于尊重叙利亚的主权和领土完整,以及消除恐怖分子、保护平民、重建国家和推动政治进程的重要性;担保国领导人还要求武装团体停止对平民区进行炮击。美国代表表示,如果叙利亚伊德利卜出现任何使用化学武器的行为,都将招致美国的强有力的回应。

9 月 12—14 日　全球气候行动峰会在美国旧金山召开。会议敦促将气候行动"推向一个新的高度",到 2030 年为全球带来 26 万亿美元的经济收益,并帮助创造 6500 多万个"低碳工作岗位"。与会代表表示,将重点关注健康的能源体系、包容性的经济增长、可持续社区、管理土壤和海洋以及投资议程 5 大领域。

9 月 13 日　安理会一致通过关于利比亚局势的第 S/RES/2434(2018)号决议,重申坚决致力于维护利比亚的主权、独立、领土完整和国家统一,决定将联合国利比亚支助团的任务期限延长至 2019 年 9 月 15 日。作为一项综合特别政治任务,完全依照国家自主原则开展调解和斡旋工作。

同日　安理会一致通过关于联合国哥伦比亚核查团的第 S/RES/2435(2018)号决议,决定将联合国哥伦比亚核查团任务期限延长至 2019 年 9 月 25 日。

9 月 16 日　埃塞俄比亚与厄立特里亚在沙特阿拉伯签署历史性的和平协议,结束了持续数十年的冲突。联合国秘书长古特雷斯见证协议签署,并肯定了和平协议对地区带来的积极影响。

9 月 18 日　第 73 届联合国大会开幕,玛丽亚·费尔南达·埃斯皮诺萨·加西斯女士(厄瓜多尔)担任大会主席。会议主题是"致力于使联合国与所有的人民息息相关:全球领导和责任分担,促进建设和平、公平、可持续发展社会"。

9 月 21 日　安理会一致通过关于联合国维和行动的第 S/RES/2436(2018)号决议,最强烈地谴责针对联合国人员的杀戮和所有暴力行为;重申支持制定一个全面综合的业绩政策框架,确认有效执行维和任务是所有利益攸关方的责任,且取决于若干关键因素;欢迎会员国承诺支持加强培训和能力建设活动以加强维和行动,欢迎秘书长采取举措对涉及部队、警察和文职人员业绩表现的问题进行专门调查。

9月22日 伊朗西南部城市阿瓦士举行阅兵仪式,恐怖分子在仪式上发动攻击,造成了严重的人员伤亡。

9月23日 首个国际手语日。

9月24日 联合国大会举行"纳尔逊·曼德拉和平峰会",并通过了一份政治宣言。在宣言中,领导人们向曼德拉致敬,承认曼德拉对国际民主斗争和促进全世界和平文化所做的贡献。出席峰会的各国领导人也同时承诺,将加倍努力,重振曼德拉所坚持的价值观,努力建设一个公正、和平、繁荣、包容和公平的世界。

9月25日—10月1日 联合国大会举行一般性辩论,193个会员国和3个观察员在大会堂分别作发言,阐述各自对紧迫的世界问题的看法。9月29日,中国国务委员兼外交部部长王毅在大会一般性辩论上作了题为《坚持多边主义 共谋和平发展》的发言。

9月26日 联合国举行纪念《世界人权宣言》通过70周年的高级别活动。

9月27日 安理会举行朝核问题部长级会议。会上,美国代表蓬佩奥提出,要继续"强力实施安理会的制裁措施,直到充分实现最终可核查的无核化"。中国国务委员兼外交部部长王毅表示,"执行制裁"和"推动政治解决"是安理会决议的两个方面,二者不可偏废;鉴于局势的改善,有必要启动制裁的"可逆条款",以鼓励朝鲜以及有关各方朝着无核化的方向迈出更大的步伐。

同日 中国在联合国总部主持召开有关缅甸罗兴亚难民的会议,两个主要的利益攸关方缅甸和孟加拉国参加会议。会议期间,中国国务委员兼外交部部长王毅、缅甸国务资政府部部长觉丁瑞和孟加拉国外长阿里达成3项重要共识:一是缅孟双方同意通过友好协商妥善解决若开邦问题。二是孟方表示已做好遣返第1批避乱民众的准备,缅方也表示已做好接收首批避乱民众的准备。三是双方同意尽快召开联合工作组会议,形成遣返路线图和时间表,尽快实现首批遣返。

10月1日 国际法院就智利与玻利维亚之间的出海口争议问题做出裁决,拒绝了玻利维亚对智利提出的谈判要求,认定智利并无义务就出海口问题与玻利维亚进行谈判。玻利维亚于2013年向国际法院起诉智利,要求开展谈判,使其拥有永久性的出海口。

10 月 3 日　安理会一致通过关于维护国际和平与安全的第 S/RES/2437(2018)号决议,谴责所有偷运移民和贩运人口出入和过境利比亚领土及利比亚沿海海域的行为,决定将此前安理会决议通过的授权再延长 12 个月。

同日　国际法院就伊朗提出的一项针对美国实施制裁的控告做出裁决,认定美国必须根据它于 1955 年同伊朗签订的《友好亲善、经济关系和领事权利条约》,通过自己选择的方式,取消因 2018 年 5 月 8 日宣布的制裁措施而产生的向伊朗自由出口某些物资的任何障碍。物资种类包括:药品和医疗器械;食品和农产品;保障民用航空安全所需的备件、设备和相关服务(包括保修、维修、修理服务和检查)。美国必须确保相应许可证的颁发并给予必要授权,确保涉及以上物资的资金支付和其他资金转账不受任何限制。

10 月 8 日　政府间气候变化专门委员会发布特别报告,强调将全球变暖温度控制在 1.5℃ 而不是 2℃ 以内可以避免的一系列气候变化影响。报告指出,要实现将全球变暖温度控制在 1.5°C 以内需要社会各界进行紧急、深远和前所未有的变革。

10 月 8—13 日　国际货币基金组织和世界银行 2018 年年会在印尼巴厘岛举行。10 月 13 日,秘书长古特雷斯出席会议并发表讲话。他在讲话中提出,扩大投资,保持长期融资和全球稳定;加大力度应对气候变化;技术创新为解决长期发展挑战和加速实现可持续发展目标开辟了新的可能性。

10 月 10 日　联合国教科文组织通过保护耶路撒冷古城和巴勒斯坦教育问题的决议。决议对以色列军队侵犯巴勒斯坦大学和学校的行为表示关切,要求以色列当局立即停止有关行动。

10 月 11 日　安理会一致通过关于苏丹和南苏丹问题的第 S/RES/2438(2018)号决议,决定将联合国阿卜耶伊临时安全部队(联阿安全部队)修订任务延长至 2019 年 4 月 15 日,维持联阿安全部队 4500 人核定兵力上限至 2018 年 11 月 15 日;至 2019 年 4 月 15 日时核定兵力上限将减少541 人。

10 月 17 日　2018 年非洲对话系列活动在纽约总部举行。此次活动主题为"更强的非盟—联合国伙伴关系推动非洲的和平、安全和发展"。

同日　美国国务院通知总部设在瑞士的万国邮联:美国启动了退出万国邮联程序。美国总统特朗普认为,多边机构改革旷日废时,选择直接退出,借此逼迫其提升改革效率。根据万国邮联的规定,完成退出程序至少需要 1 年。

10 月 22—24 日 第 2 届联合国全球数据论坛在阿联酋迪拜举行,与会代表在会上共同就如何加强数据在移徙、健康和性别等关键领域的使用,以及如何利用更高质量的数据推动可持续发展目标的实施等议题进行探讨。

10 月 22—26 日 2018 年世界投资论坛在日内瓦举行。来自 160 多个国家的 6000 多名与会者围绕"投资于可持续发展"这一主题进行讨论,共同寻找新方案来解决新时代背景下所面临的全球性挑战。

10 月 26 日 联合国大会通过第 A/RES/73/6 号决议,欣见"外空会议+50"筹备进程和高级别会议达成多份文件,并邀请和平利用外层空间委员会在"外空会议+50"进程成果的基础上,继续拟订"空间 2030"议程及其执行计划。

10 月 28 日 联合国秘书长古特雷斯发表声明,对斯里兰卡政局动荡表示关切,并呼吁所有各方保持克制。10 月 26 日,斯里兰卡现任总统西里塞纳宣布解除总理维克勒马辛哈的职务,并任命前总统拉贾帕克萨继任总理一职。维克勒马辛哈表示,自己所在的政党仍在议会中占有多数席位,总统无权解除其职务。10 月 27 日,总统西里塞纳宣布议会休会。

10 月 30 日 安理会一致通过关于非洲和平与安全的第 S/RES/2439 (2018)号决议,对刚果民主共和国最近暴发埃博拉疫情表示严重关切,强调各方必须要尊重和保护人道主义应急小组、医院和向有需要者提供救生援助和救济的其他医疗设施,鼓励世卫组织和整个联合国系统借鉴 2014 年西非埃博拉疫情的经验教训,继续加强技术领导和业务支持,监测埃博拉病毒传播情况。

10 月 31 日 安理会以 12 票赞成,3 票弃权(玻利维亚、埃塞俄比亚、俄罗斯)通过关于西撒哈拉局势的第 S/RES/2440(2018)号决议,将联合国西撒哈拉全民投票特派团的任务期限延长至 2019 年 4 月 30 日。

10 月 31 日—11 月 1 日 首届全球空气污染与健康大会在日内瓦举行。来自各国的卫生、环境、财政和发展部长,以及城市领导者、活动家和科学家就如何解决空气污染与健康这一全球问题进行了深入讨论。

11 月 5 日 安理会以 13 票赞成,2 票弃权(中国、俄罗斯)通过关于利比亚局势的第 S/RES/2441(2018)号决议,谴责企图从利比亚非法出口石油的行为,决定将第 S/RES/2146(2014)号决议规定的各项授权和实施的各项措施延长至 2020 年 2 月 15 日,同时还决定各项授权和各项措施应适用于装载、运输或卸载非法从利比亚出口或企图从利比亚出口的石油(包括原油和精炼石油产品）的船只。

11月5—8日 全球网络峰会在葡萄牙里斯本举行，来自170个国家和地区的7万多人参加本次峰会。联合国秘书长古特雷斯出席开幕式并发表讲话。他指出，人工智能的武器化十分危险，自主武器必须受到国际法禁止。会议期间，人工智能、区块链、机器人等话题引发人们热议。

11月6日 安理会一致通过关于索马里局势的第S/RES/2442（2018）号决议，促请有能力的国家和区域组织参与打击索马里沿海海域海盗和海上武装抢劫行为，对有关国家协助打击海盗的授权再延长13个月，以打击死灰复燃的索马里海盗。

同日 安理会一致通过关于波斯尼亚和黑塞哥维那局势的第S/RES/2443（2018）号决议，授权会员国通过欧盟采取行动或与欧盟合作采取行动，续设一支多国稳定部队（欧盟部队木槿花行动），任务期限为12个月，履行《和平协定》附件1—A和附件2的执行方面的任务；决定将有关行动授权再延长12个月。

11月6—9日 中国在日内瓦参加联合国人权理事会第3轮国别人权审议。

11月11—13日 首次和平论坛在法国巴黎举行。和平论坛最早由法国总统马克龙提出，旨在成为促进国际合作、优化国际治理、维护多边主义的平台。本次论坛是为了纪念第一次世界大战结束100周年。来自105个国家的数千名代表出席论坛，其中包括60余名国家和政府首脑。联合国秘书长古特雷斯、世贸组织总干事罗伯特·阿泽维多、世界银行行长金墉、国际货币基金组织总干事拉加德、经合组织秘书长古里亚等多位国际和地区组织负责人出席。

11月12日 联合国秘书长古特雷斯通过发言人对加沙最新局势表示关切，并敦促有关各方保持克制。12日，巴以双方在加沙地带发生冲突，造成多名人员伤亡。

11月14日 安理会一致通过关于索马里局势的第S/RES/2444（2018）号决议，决定解除对厄立特里亚所实施的军火禁运、旅行禁令、资产冻结和定向制裁，自2018年12月16日起终止索马里和厄立特里亚问题监测组的任务。决议还决定设立索马里问题专家小组，任期自决议通过之日起至2019年12月15日；决定将对索马里的军火禁运延长至2019年11月15日。

同日 联合国秘书长古特雷斯对伊拉克政府于11月13日归还一批科威特财产表示欢迎，并提出这标志着两国关系向全面正常化迈出重要一步。

11 月 15 日 安理会一致通过关于苏丹和南苏丹问题的第 S/RES/2445(2018)号决议,决定将第 S/RES/1990(2011)号决议第 2 段规定的联合国阿卜耶伊临时安全部队(联阿安全部队)任务期限延长至 2019 年 5 月 15 日,将核定兵力上限减至 4140 人,核定警察人数上限增至 345 名。安理会还表示打算请秘书长为联阿安全部队任命一位文职副首长,以支持采取步骤执行《关于阿卜耶伊地区临时行政和安全安排的协定》和实现阿卜耶伊地位的政治解决。

同日 安理会一致通过关于中非共和国局势的第 S/RES/2446(2018)号决议,决定将联合国中非共和国多层面综合稳定团的任务期限延长至 2018 年 12 月 15 日。

11 月 16 日 柬埔寨前红色高棉领导人乔桑潘和农谢被柬埔寨一个受联合国支持的国际法庭判定犯有种族灭绝罪。两人在 1975 年 4 月至 1979 年 1 月期间灭绝湛占族穆斯林社区和越南少数民族社区。

11 月 19—21 日 联合国首届世界地理信息大会在浙江德清召开。大会以"同绘空间蓝图,共建美好世界"为主题,旨在增进对地理信息管理的沟通、理解、认知和应用,促进各国地理信息与技术更好地服务于联合国《2030 年可持续发展议程》实施,共同应对地方、国家及全球面临的发展挑战。来自联合国成员国政府、地理信息相关领域国际组织、学术界、产业界的百余个国家和地区的千余名代表参加大会,200 余家地理信息相关企业参加大会技术与应用展览。大会最后通过《莫干山宣言》,提出构建数据和地理信息领域的人类命运共同体,弥合地理空间信息鸿沟。

11 月 20 日 联合国秘书长古特雷斯任命西班牙前外交大臣米盖尔·安赫尔·莫拉蒂诺斯·库亚乌贝为不同文明联盟新任高级代表,任期从 2019 年 1 月 1 日开始。

11 月 25 日 安理会发表媒体声明最强烈地谴责 11 月 23 日针对中国驻巴基斯坦卡拉奇总领事馆袭击事件。此次袭击共造成两名巴基斯坦警卫人员和两名平民死亡。

11 月 26 日 联合国大会通过第 A/RES/73/10 号决议,赞赏中欧倡议对促进区域合作发挥的作用,鼓励联合国系统各专门机构及其他组织和方案加强与中欧倡议的合作。

11 月 27 日 联合国秘书长古特雷斯对黑海局势表示高度关注,并强调必须充分尊重乌克兰在其国际公认的边界内的主权和领土完整。11 月 25 日,乌克兰海军的两艘舰艇和一艘拖船在穿越连接黑海和亚速海的刻赤海峡时遭到俄罗斯海军的攻击并扣押。11 月 26 日,乌克兰总统波洛申科宣布,全国自 28 日起实施戒严 30 天。

11 月 30 日　美国前总统乔治·赫伯特·沃克·布什逝世。

11 月 30 日—12 月 1 日　第 13 次 G20 峰会在阿根廷布宜诺斯艾利斯举办,本次峰会主题为"为公平与可持续发展凝聚共识"。国家主席习近平出席会议并发表题为《登高望远,牢牢把握世界经济正确方向》的重要讲话,强调二十国集团要坚持开放合作、伙伴精神、创新引领、普惠共赢,以负责任态度把握世界经济大方向。峰会通过了《二十国集团领导人布宜诺斯艾利斯峰会宣言》,就维护多边贸易体制、世贸组织改革、应对气候变化等问题达成共识。

12 月 2—15 日　《联合国气候变化框架公约》第 24 次缔约方会议在波兰卡托维兹举行。190 多个缔约方围绕《巴黎协定》的具体执行细则展开谈判,并着重关注碳中和、全球升温控制在 1.5℃内、气候资金等议题。大会最后如期完成了《巴黎协定》实施细则谈判,通过了一揽子全面、平衡、有力度的成果,全面落实了《巴黎协定》各项条款要求,体现了公平、"共同但有区别的责任"、各自能力原则,考虑到不同国情,符合"国家自主决定"安排,体现了行动和支持相匹配,为协定实施奠定了制度和规则基础。

12 月 3 日　联合国大会通过第 A/RES/73/24 号决议,鼓励会员国和相关利益攸关方强调并推动将体育作为促进可持续发展的工具,承认体育和奥林匹克运动发挥的作用。

同日　联合国大会通过第 A/RES/73/25 号决议,决定宣布 1 月 24 日为国际教育日。

12 月 4 日　联合国大会主席埃斯皮诺萨发起一项关于清除塑料与净化海洋的全球行动倡议。

12 月 5 日　第 73 届联合国大会通过关于"不首先在外空部署武器"的第 A/RES/73/31 号决议,重申应研究和采取切实措施,以求达成防止外层空间军备竞赛协定,协力构建人类命运共同体。

12 月 6—13 日　中断两年半的也门和平和谈在联合国的召集下,在瑞典重新启动。也门政府和反政府的胡塞武装达成荷台达停火协议。

12 月 8 日　安理会发表媒体声明,以最强烈的措辞谴责近期南苏丹发生的性暴力事件,并呼吁南苏丹政府谴责这些袭击事件,确保进行全面调查,追究责任人的责任。根据报告,有 150 多名妇女和女孩在政府控制地区受到身着军事和民用服装的武装人员的袭击。

12 月 10 日　《世界人权宣言》通过 70 周年。

12 月 10—11 日　联合国全球移民问题政府间会议在摩洛哥马拉喀什

举行。会上,160多个国家成员国通过了首份全方位协调解决移民问题的全球性文件《移民问题全球契约》(全称为《安全、有序和正常移民全球契约》)。该契约总体兼顾移民来源国、过渡国和目的地国的立场和主张,倡导尊重国家主权,关注和保护移民权益。该契约不具有法律约束力。

12月12日 首个国际全民健康保障日。

12月13日 安理会一致通过关于联合国维和行动的第 S/RES/2447 (2018)号决议,强调加强维持和平行动和特别政治任务中的警察、司法和惩戒部门至关重要,必须将联合国对警察、司法和惩戒领域的支持纳入维持和平行动和特别政治任务的任务规定之中,敦促所有部队和警察派遣国在人员、训练和装备等方面要达到联合国业绩标准。

同日 安理会以13票赞成,2票弃权(中国、俄罗斯)通过关于中非共和国局势的第 S/RES/2448(2018)号决议,支持福斯坦—阿尔尚热·图瓦德拉总统努力促进中非共和国持久和平与稳定,要求所有民兵和武装团体建设性地真诚参与和平进程,决定将中非稳定团的任务期限延长至2019年11月15日。

同日 安理会以13票赞成,2票弃权(中国、俄罗斯)通过关于中东局势的第 S/RES/2449(2018)号决议,决定将有关人道主义行动和监测机制的期限延长至2020年1月10日,要求所有各方允许联合国及其执行伙伴的人道主义车队,安全、不受阻碍和持续地进入所有提出请求的地区。

12月17日 联合国大会通过第 A/RES/73/165 号决议,通过了《联合国农民和农村地区其他劳动者权利宣言》。

同日 联合国大会通过一项具有历史性意义的《难民问题全球契约》,旨在改变世界各国应对大规模流离失所和难民危机的方式,使难民和收容他们的社区都能够受益。根据契约规定,将设立跟踪系统来监测进展,并且每4年举行1次"全球难民论坛"。

同日 安理会召开专门会议讨论科索沃局势。科索沃近期大幅增加了从塞尔维亚进口货物的关税,并且通过有关法律,组建军队。科索沃与塞尔维亚关系更为紧张。负责维和事务的副秘书长拉克鲁瓦在安理会上呼吁各方保持克制,避免局势升级。

12月19日 联合国大会以152票赞成,12票弃权,5票反对的结果通过第 A/RES/73/195 号决议,通过了《安全、有序和正常移民全球契约》,捷克、匈牙利、以色列、波兰和美国等国反对。

12月20日 联合国大会通过第 A/RES/73/250 号决议,决定将6月7日定为世界食品安全日。

同日　联合国大会通过第 A/RES/73/252 号决议,决定宣布 2020 年为国际植物健康年。

12 月 21 日　安理会一致通过关于中东局势的第 S/RES/2450(2018) 号决议,决定将联合国脱离接触观察员部队的任务期限延长至 2019 年 6 月 30 日。

同日　安理会一致通过关于中东局势的第 S/RES/2451(2018) 号决议,支持也门政府与胡塞武装在瑞典由联合国主持的谈判上所达成的停火协议,授权秘书长设立并部署一支先遣队,实地监测并促成停火协议的实施,同时呼吁也门政府和胡塞武装采取措施,改善也门人道主义状况。

12 月 31 日　阿富汗北部萨尔普勒省和巴尔赫省的安全检查站发生了针对阿富汗国防和安全部队的恐怖袭击,造成至少 27 名安全部队成员死亡,20 人受伤。

二〇一九年

(土著语言国际年、国际温和年、
化学元素周期表国际年)

1 月 1 日　索马里政府宣布负责索马里问题的秘书长特别代表兼联合国索马里援助团团长尼古拉斯·海索姆为不受欢迎的人,并要求他离开该国,称他干涉国家主权,违反了国际外交准则。据报道,2018 年 12 月 31 日,海索姆曾给索马里政府写信,要求政府解释逮捕前青年党副负责人罗博的法律依据。而罗博是西南州地区总统选举的主要挑战者。

1 月 3 日　中国向世界粮食计划署提供 700 万美元的捐款,以加强该机构在南苏丹的粮食和营养援助。这笔捐款将用于向受冲突和粮食不安全影响最严重的地区的 12.6 万人提供校餐和基本口粮。

1 月 4 日　首个世界盲文日。庆祝"世界盲文日"旨在促进人们认识到盲文作为交流手段对于充分实现盲人和弱视者人权方面的重要性。

1 月 7 日　世界银行集团行长金墉宣布将于 2 月 1 日辞去行长职务,世界银行首席执行官、来自保加利亚的克里斯塔利娜·格奥尔基耶娃将担任临时代理行长一职。

1 月 8 日　马达加斯加高等宪法法院裁定该国总统选举第 2 轮投票结果有效,拉乔利纳当选总统。2018 年 11 月 7 日,马达加斯加举行总统选举,得票率居前两位的拉乔利纳和拉瓦罗马纳纳进入第 2 轮投票。12 月 19 日举行第 2 轮投票。12 月 27 日,马达加斯加国家独立选举委员会公布了总统选举第 2 轮投票计票结果,宣布拉乔利纳获胜。

1 月 15 日　安理会发表声明,对刚果(金)选举的成功表示欢迎,同时敦促各方避免使用暴力,采取行动确认选举过程的完整性,并通过政治对话等方式,实现国家团结与和平建设。刚果(金)国家独立选举委员会在 1 月 10 日公布了大选初步结果,反对派候选人齐塞克迪在总统选举中得票第一,另一位呼声较高的候选人法尤鲁对这一结果表示不服,已向刚果(金)宪法法院提起诉讼。

同日　国际刑事法院第一审判分庭以多数票意见,宣布科特迪瓦前总统洛朗·巴博和他的主要支持者、执政党青年部长的查尔斯·古德无罪。2010 年底科特迪瓦总统选举结束后,总统巴博和反对派领导人瓦塔拉均宣布获胜并分别宣誓就任总统,双方阵营爆发持续近 5 个月的冲突,据统计共造成 3000 人丧生,100 多万人流离失所。巴博和古德被指控在大选后犯下危害人类罪。

1 月 16 日　安理会一致通过关于中东也门局势的第 S/RES/2452 (2019)号决议,决定设立联合国支助荷台达协议特派团(荷台达协议支助团),以支持执行关于荷台达市以及荷台达港、萨利夫港和拉斯伊萨港的《荷台达协议》,特派团最初任期为 6 个月。

1 月 18 日　墨西哥伊达尔戈州特拉韦利尔潘市的一处输油设施遭不法分子偷油,随后发生爆炸。此次爆炸造成 100 多人死亡,数十人受伤。

1 月 22 日　联合国秘书长古特雷斯宣布任命来自中国的夏煌担任秘书长非洲大湖区问题特使一职。非洲大湖区一般指非洲坦噶尼喀湖以北,艾伯特、爱德华、基伍湖以西,以及维多利亚、基奥加湖以东的地区,包括布隆迪、卢旺达、刚果民主共和国东北部、乌干达以及肯尼亚、坦桑尼亚两国的部分地区。该地区人口稠密,多年内战和暴力使其成为世界上最贫困的地区之一。

1 月 22—25 日　2019 年世界经济论坛在达沃斯举行,来自 115 个国家和地区的 3000 余名与会者,其中包括 70 多位国家元首、政府首脑、重要国际组织负责人。本年的主题是"全球化 4.0:打造第 4 次工业革命时代的全球架构"。1 月 24 日,秘书长古特雷斯在达沃斯论坛发表了题为《世界现状》的讲话,指出萨赫勒危机、恐怖主义、气候变化、缺乏发展、治理等诸多问题相互交织,需要践行一种包容性的多边主义。

1 月 24 日　首个国际教育日。联合国教科文组织总干事与联合国秘书长分别发表致辞表示,教育在实现可持续发展目标过程中发挥着核心作用。他们呼吁在全球层面采取促进教育的集体行动,不让任何一个人掉队。

1月25日　希腊国会批准前南斯拉夫马其顿共和国更名为"北马其顿共和国",28年之久的国名争端终于结束。前南斯拉夫马其顿共和国于1991年从前南斯拉夫独立,定国名为"马其顿共和国"。这一名称招致希腊的强烈反对,因为在历史上,马其顿是希腊文明北端的边疆,公元前4世纪时这里崛起的马其顿帝国曾征服小亚细亚、波斯和埃及;现在希腊北部有一个省就叫马其顿,那里生活着马其顿斯拉夫族。希腊认为,前南斯拉夫共和国使用这一国名是对希腊主权的挑战。2018年6月,前南斯拉夫马其顿共和国和希腊领导人在位于两国边境的普雷斯帕湖就国名争端签署协议。该协议规定,待双方国会通过,前南斯拉夫马其顿共和国将更名为"北马其顿共和国"。在2018年9月举行的一次公投中,前南斯拉夫的马其顿共和国国会以及该国公民同意更名为"北马其顿共和国"。2月12日,《普雷斯帕协定》正式生效。

同日　巴西米纳斯吉拉斯州一个铁矿废料矿坑堤坝发生决堤,造成至少9人死亡,300多人失踪。决堤发生后,大量泥浆和垃圾流入一条河流和附近一些村落,淹没了不少建筑物。

1月29日　联合国教科文组织正式启动"化学元素周期表国际年",纪念现代化学鼻祖之一、俄罗斯科学家门捷列夫编制化学元素周期表150周年。其他纪念活动包括召开国际研讨会、线上知识竞赛,以及互动展览等。

1月30日　安理会一致通过关于塞浦路斯局势的第S/RES/2453(2019)号决议,促请塞浦路斯所有相关利用联合国的磋商重启谈判,决定再次延长联塞部队任务期限至2019年7月31日。

1月31日　安理会一致通过关于中非共和国局势的第S/RES/2454(2019)号决议,认定中非共和国局势继续对该区域的国际和平与安全构成威胁,决定将武器禁运、旅行禁令、资产冻结的有关措施和规定延至2020年1月31日,决定把有关专家小组的任务期限延长至2020年2月29日。

同日　黎巴嫩宣布组建新政府,结束了该国长达9个月的组阁僵局。哈里里第3次出任总理,新政府有29名部长,涵盖黎巴嫩所有主要政治派别;女性部长有4位,包括内政部长,这在黎巴嫩历史上尚属首次。2018年5月,黎巴嫩举行了近10年来的第1次议会选举,哈里里被任命为新一届政府总理,获权组阁。然而,各政治派别在新内阁席位分配问题上意见不一,导致组阁迟迟不能完成。

2月1日　联合国当天在纽约总部正式启动"土著语言国际年",以保存和振兴尚未消失的古老语言。

2月4日　安理会发表媒体声明,重申支持也门政府与胡塞反政府武装于 2018 年 12 月就荷台达省与荷台达、萨里夫、拉斯伊萨 3 个港口达成的停火协议,双方交换战俘协议的执行机制以及《斯德哥尔摩协议》提出的塔伊兹备忘录声明。呼吁各方抓住机会控制并缓和紧张局势,履行承诺,并推动迅速实施协议,以实现可持续和平。

同日 应现任联合国大会主席埃斯皮诺萨的邀请,7 位大会前主席(联大第 72 届会议主席莱恰克、联大第 71 届会议主席汤姆森、第 70 届会议主席吕克托夫特、第 67 届会议主席耶雷米奇、第 65 届会议主席戴斯、第 60 届会议埃利亚松以及第 61 届会议主席阿勒哈利法)在纽约总部进行互动对话。此次特别会议的主题是“振兴联合国,支持加强以多边规则为基础的制度”,与会者共同讨论如何振兴联合国,加强多边主义。

2 月 6 日 中非共和国政府与 14 个反对派武装组织在首都班吉签署《全面和平协定》。此次谈判于 1 月 24 日开始,是中非共和国政府与反对派武装组织进行的首次直接谈判。中非共和国总统图瓦德拉在签字仪式上说,这是历史性的一刻,政府将致力于落实协议,一切针对平民的暴力都将终止。参加仪式的非盟委员会主席法基表示,真正的挑战在签署协议之后,非盟将密切关注协议落实情况。

2 月 7 日 安理会一致通过关于苏丹和南苏丹问题的第 S/RES/2455(2019)号决议,认定苏丹问题继续对该区域的国际和平与安全构成威胁,决定有关专家小组的任务期限延长至 2020 年 3 月 12 日。

同日 俄罗斯以“组织被禁止的极端组织活动”的罪名判处“耶和华见证人”组织 1 名来自丹麦的成员 6 年有期徒刑。据报道,该组织在俄罗斯拥有约 17 万名支持者,全球约有 800 万名支持者。他们以挨家挨户的布道以及详细的圣经研究而闻名,该组织成员的规则包括拒绝输血以及拒绝服兵役。联合国人权高专巴切莱特称此举开启了危险的先例,将“耶和华见证人”的宗教或信仰自由权定为刑事犯罪,这违反了俄罗斯根据《公民权利和政治权利公约》所承担的义务。

2 月 12—13 日 由非洲联盟、联合国粮食及农业组织、世界卫生组织和世界贸易组织共同举办的首届国际食品安全大会在埃塞俄比亚首都亚的斯亚贝巴召开。约 130 个国家参加了本次为期两天的会议,包括各国的农业、卫生和贸易部部长。权威科技专家、伙伴机构以及消费者、食品生产者、民间社会组织和私营部门的代表也出席了会议。大会就防控食源性疾病及加大食品安全投入、气候变化下安全稳定的食品供给、科技创新数字化助推食品安全、赋予消费者以养成健康饮食习惯和支持可持续食品供给等 4 个专题展开讨论。会议最终达成了旨在推动各利益相关方特别是政府作出政治承诺,合力维护食品安全的《亚的斯亚贝巴联合声明》。

2月16—17日　在联合国的主持下,也门重新部署协调委员会成员在荷台达市举行了第4次联席会议。双方按照《荷台达协议》的设想,在规划重新部署部队方面取得了重要进展,就第1阶段重新部署部队达成了协议。

2月22日　安理会以最强烈的措辞谴责2月14日发生在印度管辖的查谟—克什米尔地区的针对印度安全部队的自杀式炸弹袭击。该事件导致超过40名印度中央后备警察部队士兵死亡,数十人受伤。活跃在印度查谟—克什米尔地区的伊斯兰极端组织"穆罕默德军"宣称对此次袭击负责。

同日　联合国粮农组织发布首份关于人类粮食系统的生物多样性状况报告。该报告提供了大量令人担忧的证据,证明支撑人类粮食系统的生物多样性正在消失,这严重威胁着人类未来的粮食生产、生计、健康和环境。报告警告,粮食和农业生物多样性一旦失去便无法恢复。

2月26日　安理会一致通过关于中东也门局势的第S/RES/2456(2019)号决议,决定将资产冻结和旅行禁令有关措施规定延至2020年2月26日。

2月27日　安理会一致通过关于"联合国与区域和次区域组织在维护国际和平与安全方面的合作——平息非洲枪炮声"的第S/RES/2457(2019)号决议,欢迎非洲联盟决心使非洲摆脱冲突,为非洲大陆的增长、发展和一体化创造有利条件,鼓励联合国和非洲联盟在冲突预防和调解、维持和平与建设和平、冲突后恢复与发展等方面加强互动合作,特别认识到需要大力注重消除贫困、匮乏和不平等现象,防止和保护儿童特别是在武装冲突中免遭一切侵害和虐待。

2月28日　安理会一致通过关于几内亚比绍局势的第S/RES/2458(2019)号决议,决定将联合国几内亚比绍建设和平综合办事处(联几建和办)的任务期限延长12个月,自2019年3月1日至2020年2月28日;决定自2019年6月起,联几建和办应作为一个精简的斡旋特别政治任务开展工作,由1名助理秘书长职等的特别代表领导;确定联几建和办重点关注:支持全面执行《科纳克里协定》和西非经共体路线图,促进包容各方的政治对话和全国和解进程;通过斡旋支持选举进程,确保2019年3月10日举行立法选举和在2019年法定时限内举行总统选举;支持包括通过提供技术援助支持国家当局加快并完成对几内亚比绍宪法的审查。

同日　安理会分别就美国和俄罗斯提交的有关解决委内瑞拉危机的决议草案进行投票表决,两个决议草案均未能获得通过。

同日　安理会首先就美国提交的决议草案进行表决,该草案呼吁启动和平的政治进程,并强调为委内瑞拉全境所有有需要的人不受阻碍地获得和运送援助提供便利,建议将 2018 年总统选举视为非法。表决时,美国等 9 个国家投了赞成票,俄罗斯、中国和南非投了反对票,赤道几内亚、印度尼西亚、科特迪瓦投了弃权票,草案未获通过。

同日 安理会随后对俄罗斯提交的决议草案进行了表决。由俄罗斯起草的决议草案呼吁在对话的基础上和平解决危机,承认委内瑞拉政府在发起、组织、协调和实施其领土上的国际人道主义援助措施方面发挥的主导作用,并表示只有在委内瑞拉政府的同意和请求下,才能实施这些举措。表决时,俄罗斯、中国、南非和赤道几内亚投了赞成票,美国、英国、法国、比利时、德国、波兰、秘鲁投了反对票,印度尼西亚、科威特、科特迪瓦和多米尼加共和国投了弃权票。草案最后未获通过。

3 月 1 日 联合国大会通过第 A/RES/73/284 号决议,宣布 2021—2030 年为联合国生态系统恢复 10 年,以支持和扩大在预防、遏止和扭转全世界生态系统退化方面所作的努力。

同日 联合国秘书长古特雷斯通过发言人发表声明,欢迎利比亚两个主要对立派别达成协议,表示将通过举行大选,结束目前利比亚的过渡阶段。2011 年卡扎菲政权倒台后,利比亚一度出现两个议会、两个政府并立局面,两派武装冲突不断。在联合国斡旋下,利比亚冲突各方于 2015 年 12 月签署《利比亚政治协议》,但协议并未真正得到落实。秘书长利比亚问题特别代表加桑·萨拉梅 2 月 27 日在阿拉伯联合酋长国召集利比亚总理兼民族和睦政府总统委员会主席费埃兹·塞拉杰和利比亚国民军司令哈利法·哈夫塔尔举行会议,最后双方达成协议。

同日 《禁止杀伤人员地雷公约》正式生效 20 周年。联合国秘书长古特雷斯在庆祝禁雷公约生效 20 周年的致辞中表示,禁雷公约挽救了无数人的生命,停止了残害和伤害,并使人们恢复了生计。根据最新数据,地雷继续被用作战争工具,随着地雷受害者人数的增加,国际社会迫切需要扩大对弱势社区、境内流离失所者和难民在预防和地雷风险方面的教育。

3 月 5 日 联合国布隆迪人权办公室在该国政府要求下被迫关闭。2016 年 8 月,由联合国人权理事会设立的布隆迪人权状况国际独立调查委员会发布了一份详细报告,指出布隆迪政府及其支持者犯有危害人类罪。2016 年 10 月,布隆迪政府终止了与联合国布隆迪人权办公室的合作。2018 年 12 月,布隆迪政府宣布,由于布隆迪在建立国家机构保护人权方面已经取得了充分的进展,联合国人权办公室在该国的存在已经没有正当理由。

3月5—6日　首届青年参与和平进程国际研讨会在芬兰赫尔辛基举行,各个年龄层的与会者就年轻人融入和平进程的议题交换了观点和最佳做法。会议最后出台了一项全球政策文件,旨在整合各方的努力、干预措施和贡献,以持续寻求和平解决冲突的办法。

3月6日　世界卫生组织宣布了一系列改革措施,成立应急准备司、首席科学家司等新部门,以应对紧急健康情况并促进科学工作。

3月10日　埃塞俄比亚航空公司一架客机从该国首都亚的斯亚贝巴起飞不久后坠毁,机上157人全部丧生。遇难者中包括19名联合国工作人员以及8名中国籍乘客。联合国秘书长古特雷斯发表声明,对坠机事故"深表悲伤",向包括联合国工作人员在内的遇难者家属表达"由衷的慰问"。

3月12日　联合国纽约总部当天举行了"妇女当权"的高级别活动。联合国秘书长古特雷斯在开幕致辞中表示,性别平等根本上是一个权力的问题,要建设更好的社会就要改变这种权力关系。此次活动主题为"妇女领导人如何改变世界、妇女领导力的未来",克罗地亚总统科琳达·格拉巴尔—基塔罗维奇、爱沙尼亚总统柯斯迪·卡柳莱德、冰岛总理卡特琳·雅各布斯多蒂尔进行发言。

同日　联合国发布针对刚果民主共和国西部城镇扬比大规模暴力事件的调查报告。联合国刚果(金)联合人权办公室特别调查团此前接到报告称,2018年12月16—18日期间,巴努努与巴腾德两族在扬比地区的4个地点,发生了得到宗族部落领袖支持的、有计划的族裔间暴力袭击事件,导致多达890人遭到杀害,上万人流离失所。调查团断定,在扬比所记录下的谋杀、折磨、迫害、强奸以及其他形式的性暴力等犯罪行为,可能构成危害人类罪。联合国呼吁立即追责避免惨剧重演。

3月15日　安理会以14票赞同、1票弃权(俄罗斯)通过关于苏丹和南苏丹问题的第S/RES/2459(2019)号决议,决定将南苏丹特派团的任务期限延至2020年3月15日;维持南苏丹特派团部队总人数,兵力上限为17000人,包括一支区域保护部队,部队人数由秘书长确定,但不得超过4000人,决定将警力上限维持在2101名警察,包括单派警察、建制警察部队和78名惩戒干事;授权南苏丹特派团采取一切必要手段开展保护平民、为运送人道主义援助创造有利条件、监测和调查人权情况、支持执行《重振协议》及和平进程等工作。

同日　安理会一致通过关于阿富汗局势的第S/RES/2460(2019)号决议,决定联合国阿富汗援助团(联阿援助团)的任务期限延至2019年9月

17 日,确认延期后的联阿援助团任务是为了支持阿富汗按照"转型 10 年 (2015—2024 年)"在安全、治理和发展领域充分行使主导权和自主权。

3 月 19 日 联合国安理会就不扩散大规模毁灭性武器问题召开会议。安理会 1540 委员会主席,印度尼西亚常驻联合国代表查尼大使表示,全球在不扩散大规模毁灭性武器方面已经取得了显著的进展,至今已有 182 个国家向委员会提交了已经落实或计划实施的相关措施。

3 月 20 日 联合国的一个上诉法庭驳回了波斯尼亚塞族前领导人卡拉季奇的上诉,同时将他的刑罚从 40 年刑期改为终身监禁。卡拉季奇在 20 世纪 90 年代的波黑战争期间担任波斯尼亚塞族实体塞族共和国的总统,波黑战争结束后卡拉季奇受到联合国建立的前南斯拉夫问题国际刑事法庭的通缉,2008 年被捕。2016 年 3 月,法庭认定卡拉季奇在波黑战争期间犯有灭绝种族罪、战争罪和危害人类罪,并判处了他 40 年监禁,并认定他对斯雷布雷尼察大屠杀事件负有罪责。

3 月 21 日 江苏省盐城市响水县陈家港化工园区天嘉宜化工有限公司化学储罐发生特别重大爆炸事故,并波及周边 16 家企业。事故造成至少 78 人死亡,数百人受伤。

同日 伊拉克一艘渡轮在北部城市摩苏尔附近沉没,导致近百人死亡。据报道,事故船只的目的地是底格里斯河上游、摩苏尔市中心以北的一处观光小岛,船上搭载的近 200 人大多是前往岛上庆祝诺鲁孜节的百姓,翻沉的原因可能是由于超载,渡轮规定载客量不超过 30 人。

3 月 25 日 企业领袖圆桌会议在北京召开,联合国全球契约、中国国务院国有资产监督管理委员会,与 40 多位中外企业领袖与会。本次会议以"责任企业共建'一带一路',合作共赢推进可持续发展"为主题,与会者探讨了企业如何通过负责任的商业行为,实现可持续发展的共同目标。

3 月 27 日 安理会一致通过关于索马里局势的第 S/RES/2461(2019) 号决议,决定将联合国索马里援助团(联索援助团)任务期限延至 2020 年 3 月 31 日,强烈谴责恐怖主义团体青年党最近的袭击,敦促索马里联邦政府和联邦成员州加快由索马里政府主导、包容各方的政治解决。

3 月 28 日 安理会一致通过关于"恐怖主义对国际和平与安全造成的威胁:防止和打击资助恐怖主义行为"的第 S/RES/2462(2019)号决议,大力敦促所有国家采用金融行动特别工作组关于打击洗钱、资助恐怖主义和扩散的 40 项修订建议及其解释性说明所体现的全面国际标准;促请会员国在恐怖主义相关案件中开展金融调查并设法解决在获取证据以确保对资助恐怖主义行为定罪方面的挑战;再次促请会员国防止恐怖主义分子直接或间接得益于赎金或政治让步,鼓励会员国加强合作和信息共享。

3 月 29 日　安理会一致通过关于刚果民主共和国局势的第 S/RES/2463(2019)号决议,决定将联合国组织刚果民主共和国稳定特派团(联刚稳定团)的任务期限延长至 2019 年 12 月 20 日;联刚稳定团最高核定兵力包括 16215 名军事人员、660 名军事观察员和参谋、391 名警务人员和 1050 名建制警察部队人员;确定联刚稳定团的战略优先事项是帮助实现保护平民、支持稳定和加强刚果民主共和国国家机构及支持关键的治理和安全改革。

3 月 31 日　第 30 届阿拉伯国家联盟首脑会议在突尼斯首都突尼斯市召开。联合国秘书长古特雷斯出席会议,并在会上指出了阿拉伯世界在国际舞台上的至关重要性,呼吁加强联合国与阿拉伯国家之间的合作。

4 月 2 日　联合国大会通过第 A/RES/73/286 号决议,意识到 2020 年是旧金山会议 75 周年纪念,当初 850 名代表创建了联合国,宣布 4 月 25 日为国际代表日,自 2020 年起每年为此举办纪念活动。

同日　联合国发起一项新倡议,呼吁采取行动改善对受武装冲突影响儿童的保护。联合国儿童与武装冲突问题特别代表甘巴表示,今后 3 年,该倡议将寻求加强联合国、民间社会和国际社会之间的合作,倡导实现普遍批准或认可《儿童权利公约关于儿童卷入武装冲突问题的任择议定书》《巴黎原则》《安全学校宣言》和《温哥华原则》等相关国际协定,推动全面执行联合国与冲突各方签署的现有行动计划,结束侵权行为。

4 月 3 日　联合国秘书长古特雷斯在获悉阿尔及利亚总统布特弗利卡 4 月 2 日宣布辞职后,表示期待该国开启一个反映阿尔及利亚人民愿望的和平民主过渡进程,联合国将继续支持阿尔及利亚的民主过渡进程。布特弗利卡当年 82 岁,执政 20 年。布特弗利卡辞职的消息公布后,该国人民举行了大规模的庆祝活动,并要求整个政府下台。

4 月 4 日　联合国环境署在丹麦哥本哈根与智利环境部、卢旺达环境部、丹麦外交部,中国能源基金会,以及来自丹麦和法国的能源企业等 20 多家政府、企业和机构,共同成立"清凉联盟",通过推广清洁和高效的制冷手段、节约用电、节省开支、应对气候变化,同时减少因高温而出现的生命损失。

4 月 7 日　1994 年卢旺达境内对图西族实施的灭绝种族罪国际反思日。1994 年 4 月 7 日—7 月中旬的 100 天时间里,卢旺达境内共有 80 多万图西族人、反对灭绝种族的胡图族人,以及来自其他族群的人遭到有计划的蓄意屠杀。2019 年,联合国秘书长古特雷斯在卢旺达灭绝种族事件发生 25

周年之际,提醒国际社会必须警惕仇外心理、种族主义和不容忍在全球多地日渐抬头的危险趋势。

4月10日 安理会一致通过关于朝鲜问题的第 S/RES/2464(2019)号决议,决定将专家小组的任务期限延至 2020 年 4 月 24 日;专家小组至迟于 2019 年 8 月 2 日向委员会提交中期工作报告,专家小组在与委员会讨论后至迟于 2019 年 9 月 6 日向安理会提交中期报告,至迟于 2020 年 2 月 7 日向委员会提交附有结论和建议的最后报告,专家小组在与委员会讨论后至迟于 2020 年 3 月 6 日向安理会提交最终报告。

同日 安理会就委内瑞拉问题举行了公开会议。美国副总统彭斯在会议中表示,美国正在酝酿一项安理会决议草案,要求联合国取消委内瑞拉现任常驻联合国代表的代表权,转而将这一权力授予美国所承认的瓜伊多政府代表。这一动议遭到了俄罗斯和中国的强烈反对。

俄罗斯常驻联合国代表内本西亚表示,俄罗斯"完全拒绝美国关于委内瑞拉的政策"。他指出,美国一方面通过制裁扼住了委内瑞拉的咽喉,不让这个国家正常发展,另一方面却在"盗窃"委内瑞拉的财富,仅在 2019 年初,美国就冻结了委内瑞拉价值 300 亿美元的资产,不让该国动用这笔资金。自 2013 年以来,委内瑞拉由于美国的行动已经损失了 1000 亿美元。

中国常驻联合国代表马朝旭在会上表示,中国反对外部势力干涉委内瑞拉内政,反对对委内瑞拉进行军事干预,反对封锁,反对利用人道主义问题达到政治目的。为了帮助委内瑞拉克服暂时的困难,中国正在提供紧急民生物资援助,不附加任何政治条件。

委内瑞拉常驻联合国代表蒙卡达指责美国对委内瑞拉的制裁,提出美国特朗普政府对委内瑞拉商业企业所实施的制裁堪称"恐怖袭击"。蒙卡达在会上质问安理会成员,美国的各种做法有什么法律依据。

同日 联合国纽约总部举行国际劳工组织成立 100 周年的纪念活动。国际劳工组织于 1919 年 6 月 6 日成立,是联合国的第 1 个专门机构,也是第 1 个将政府、雇主和劳工聚集起来就社会工作进行持续对话的机构。联合国秘书长古特雷斯在活动致辞中表示,国际劳工组织独特的 3 方磋商和治理模式是改善全球劳工法和标准的基石。

4月12日 联合国总部举行活动纪念卢旺达大屠杀 25 周年,并对这场杀戮进行反思。12 日上午,联合国大会厅调暗灯光后,联合国秘书长古特雷斯、第 73 届联大主席埃斯皮诺萨、卢旺达总统卡加梅等一同点燃联大讲台前的蜡烛,出席活动的各会员国代表也将席位上的仿真蜡烛"点亮"。埃斯皮诺萨在讲话中说,国际社会应谴责否认大屠杀存在的行径,应在教育中强化大屠杀带来的警示、教训,同时应加大力度打击仇恨言论和"视他人为非人"的行为。卡加梅表示,"纪念是为了预防",反对否认大屠杀存在的行径对预防杀戮再次发生至关重要。古特雷斯在讲话中缅怀大屠杀遇害者。他警告说,在世界上许多地方,仇外心理、种族主义和不容忍现象抬头,这是"危险的趋势"。古特雷斯还对卢旺达在大屠杀后重建方面取得的成绩表示赞赏。当天纪念活动现场还播放了卢旺达政府提供的反思大屠杀短片,两位大屠杀幸存者分享了他们痛失亲人和此后克服创伤、回馈社会的经历。

正如卢旺达总统卡加梅所言,"纪念是为了预防"。历经大屠杀悲剧后的卢旺达人民痛定思痛,举国在重建国家、实现民族和解等多方面都取得了令人瞩目的成就。经过近 30 年的努力,卢旺达便由一个"人间地狱"蜕变为极具魅力和发展潜力的国家,成为非洲最有潜力的小国。其人口已由大屠杀结束时的 600 万人飙升至现在的 1200 万人,是非洲人口最为稠密的国家之一。不仅如此,在国际社会的帮助下,卢旺达的经济获得长足发展,增长率近 10 年来一直处于非洲前列。在民众福利方面,卢旺达成功地实现了全民强制性医疗保险和 9 年义务教育,使得国民预期寿命上升到 60 岁,民众整体识字率达到 70%,远超周边国家。如今的卢旺达,被评为非洲大陆最安全的国家,廉洁程度在非洲位居第 5,营商环境也是名列前茅。除此之外,卢旺达还因风景秀丽、治安良好、政府廉洁,被世界经济论坛、世界银行、非洲发展银行评为最具旅游潜力国家,如今被誉为非洲瑞士,堪称世界当代史的奇迹,而之所以如此,卡加梅率领的政府堪称厥功至伟。正因如此,卡加梅得到国民的信任和拥护,得以连选连任,到目前为止已执政近 20 年时间,是非洲执政最久、最有人望的现任总统之一。卢旺达已成为当代非洲最有发展活力的国家之一。

4 月 12 日 安理会一致通过关于苏丹和南苏丹问题的第 S/RES/2465 (2019)号决议,决定将联合国阿卜耶伊临时安全部队(联阿安全部队)修订任务延长至 2019 年 10 月 15 日,到 2019 年 10 月 15 日联阿安全部队的核定兵力上限将减少 557 人,认定双方还应在标界方面取得可计量的进展。

同日 安理会以 13 票赞成、2 票弃权(多米尼加、俄罗斯)通过关于海地问题的第 S/RES/2466(2019)号决议,决定将联合国海地司法支助特派团(联海司法支助团)的任务期限最后 1 次延长 6 个月,至 2019 年 10 月 15 日止;鼓励联海司法支助团与联合国海地国家工作队密切合作,确保从联合国维持和平存在顺利过渡。

同日 由于缺乏证据以及得到政府配合的可能性很低,国际刑事法院拒绝该法院检察官立案调查阿富汗冲突期间可能发生的战争罪和危害人类罪行的申请。国际刑事法院检察官于 2017 年 11 月请求对有关阿富汗冲突期间可能发生战争罪行的指称开启正式调查,此前,检察官已花了 10 年的时间对相关情况进行研究审核。可能的战争罪行指称涉及阿富汗冲突各方,其中也包括美方。美国国务卿蓬佩奥在 2019 年 3 月表示,参与调查美国军队在阿富汗或其他地区执行任务情况的国际刑事法院工作人员,将被拒绝授予或吊销美国签证,并可能面临经济制裁。

同日 巴基斯坦奎达市赫扎尔根吉地区一处露天蔬菜市场内发生恐怖袭击事件,造成至少 20 人死亡。秘书长古特雷斯对该恐怖袭击事件深表震惊,并强烈谴责这一暴力行为。

4 月 15 日 15 日傍晚,正在装修之中的巴黎圣母院大教堂发生火灾。熊熊火焰在教堂两座钟楼间蹿出,之后大教堂的尖塔在大火中坠落。圣母院大教堂始建于 1145 年,1194 年遭遇火灾,后历经 26 年重建再现原貌,是建筑史上的经典杰作。教科文组织于 1979 年将巴黎圣母院列为世界文化遗产。

4 月 17 日 世界卫生组织发布首份数字卫生干预指南,表示各国可以通过 10 种方法,利用移动电话、平板电脑和计算机等手段,使用数字卫生技术来改善人民的健康和基本服务。

同日 联合国教科文组织执行局会议批准了 8 处新增世界地质公园,中国的九华山和沂蒙山入选。

4 月 21 日 斯里兰卡首都科伦坡包括教堂、酒店等 8 个地点发生爆炸,导致至少 200 多人死亡,另有 470 多人受伤,其中包括 35 名外国人。斯里兰卡当局已宣布当天夜间至第 2 天凌晨在斯里兰卡全境实行宵禁。联合国秘书长古特雷斯通过发言人对系列恐怖袭击事件予以强烈谴责。

4 月 23 日 安理会一致通过关于"妇女与和平与安全:冲突中的性暴力"的第 S/RES/2467(2019)号决议,再次要求武装冲突各方立即彻底停止一切性暴力行为,敦促会员国通过迅速调查、起诉和惩罚性暴力和性别暴力行为人及酌情补偿受害者等途径,增强冲突及冲突后局势中性暴力行为受害者包括暴力行为特别针对的妇女和女童诉诸司法的能力,鼓励会员国采取以幸存者为中心的办法预防和应对冲突及冲突后局势中的性暴力。

4 月 24 日 首个"多边主义与外交促进和平国际日"。联合国大会举行了一整天的高级别全会进行庆祝,共有 73 位发言者登上联大讲坛,就多边主义和外交对于维护和促进世界和平的作用畅所欲言。

4 月 25—27 日 第 2 届"一带一路"国际合作高峰论坛在北京举行,本次论坛主题是"共建'一带一路'、开创美好未来"。论坛期间举行高峰论坛开幕式、领导人圆桌峰会、高级别会议、12 场分论坛和 1 场企业家大会。包括中国在内,38 个国家的元首和政府首脑等领导人以及联合国秘书长和国际货币基金组织总裁共 40 位领导人出席圆桌峰会。来自 150 个国家、92 个国际组织的 6000 余名外宾参加了论坛。国家主席习近平出席高峰论坛开幕式并发表主旨演讲,全程主持了领导人圆桌峰会,同与会各国领导人举行了双边会见。在习近平主席的亲自主持和引领下,与会各方就共建"一带一路"深入交换意见,普遍认为"一带一路"是机遇之路,就高质量共建"一带一路"达成广泛共识,取得丰硕成果。论坛最终发布了联合公报,中方作为主席国汇总发布了成果清单。

4 月 28 日　联合国不同文明联盟高级代表发表声明,强烈谴责星期六美国南加州一座犹太教堂遭遇袭击的事件,尤其是这起致命事件是在逾越节的最后一天针对安息日信徒的仇恨犯罪。周六 1 名手持半自动步枪的人进入位于圣地亚哥的一座犹太教堂,大喊反犹太人的辱骂言语并开火。袭击造成 1 名女子死亡,教堂的拉比和另外两人受伤。

4 月 30 日　安理会以 13 票赞成、2 票弃权(俄罗斯、南非)通过关于西撒哈拉局势的第 S/RES/2468(2019)号决议,决定将联合国西撒哈拉全民投票特派团(西撒特派团)的任务期限延长至 2019 年 10 月 31 日。重申需充分尊重与西撒特派团就停火达成的军事协定,促请相关各方充分遵守这些协定,履行对个人特使的承诺。

5 月 2—3 日　第 5 届世界跨文化对话论坛在阿塞拜疆首都巴库举行,2019 年的主题是"将对话转变为行动,应对歧视、不平等和暴力极端主义"。本届论坛由联合国教科文组织、文明联盟、世界旅游组织、欧洲委员会及伊斯兰教科文组织联合举办,来自 100 多个国家及 30 个国际组织的代表出席了开幕式。联合国不同文明联盟高级代表莫拉蒂诺斯在开幕式上表示,近期,美国、斯里兰卡、新西兰和菲律宾等国的宗教场所接连发生"骇人的恐怖袭击事件",令人"心情沉重"。莫拉蒂诺斯强调,面对企图"分裂社会,散播动荡和混乱"的暴力极端主义,必须通过交流和对话加以应对。

5 月 6 日　联合国秘书长古特雷斯通过发言人发表声明,欢迎马里政府与反对党于 5 月 2 日在首都巴马科签署政治协议,并随后在 5 月 5 日组建了一个包容性的内阁。古特雷斯敦促马里所有利益攸关方,包括 2015 年《和平协议》的签署方,通过全面执行协定,包括完成宪法审查进程,来应对该国面临的挑战。

5 月 7 日　联合国发布"打击恐怖主义旅行方案"。秘书长古特雷斯表示,近期在肯尼亚、新西兰、斯里兰卡等地发生的恐怖袭击提醒人们恐怖主义在全球范围造成的危害。这些袭击强调了联合国系统内外密切合作的必要性。联合国反恐旅行方案旨在帮助实现这些目标。

5月14日 安理会一致通过关于苏丹和南苏丹问题的第 S/RES/2469 (2019) 号决议,决定将联合国阿卜耶伊临时安全部队(联阿安全部队)任务期限延至 2019 年 11 月 15 日,其各项工作的期限延至 2019 年 11 月 15 日;将联阿安全部队核定兵力上限减至 3550 人,核定兵力上限到 2019 年 10 月 15 日应再减少 585 人,核定警察人数上限增至 640 名警察,包括 148 名单派警察和 3 支建制警察部队;请秘书长为联阿安全部队任命 1 名文职副首长,促进各方之间的联络及与各方的互动协作。

5月17日 世界电信和信息社会日,主题是"缩小标准化差距"。旨在使国际电联成员和其他主要利益攸关方能够关注发展中国家参与国际电联的标准制定过程;为各地专家参与各国、区域和国际层面的标准化进程创造机会;以及促进国际标准在发展中国家的实施。联合国秘书长古特雷斯在致辞中表示,今天是国际电信联盟成立 50 周年纪念日,强调国际技术标准在加速全球创新方面的重要性。

5月20日 安理会就俄罗斯倡议召开讨论乌克兰通过"独尊"乌克兰语法律的会议举行程序性投票,德国、英国、波兰、法国、美国和比利时 6 个国家投票反对召开这一会议,加上印度尼西亚、科特迪瓦、科威特和秘鲁投弃权票,使得召开此类会议需达到 9 票门槛的要求未能得到满足,会议未能召开。中国、俄罗斯、南非、赤道几内亚和多米尼加共和国投了赞成票。4 月 25 日,乌克兰议会通过了"关于确保乌克兰语作为国家语言运作"的法律。5 月 15 日,总统彼得罗·波罗申科签署了该协议。俄罗斯联邦常驻联合国代表瓦西里·内本西亚在安理会对其投票进行解释性发言时表示,乌克兰这一新法律违背了联合国安理会已经批准的《明斯克协议》精神,新法律侵犯了讲俄语的乌克兰人和少数民族代表的权利。

5月21日 安理会一致通过关于利比亚局势的第 S/RES/2470(2019) 号决议,决定将联合国伊拉克援助团(联伊援助团)的任务期限延长至 2020 年 5 月 31 日,决定秘书长特别代表和联伊援助团开展优先向伊拉克政府和人民提供旨在推动包容各方的政治对话以及全国和社区两级和解等方面的咨询、支持和援助。

5月23—24日 首次"性暴力和基于性别的暴力"问题国际大会挪威首都奥斯陆举行。挪威、伊拉克、索马里、阿联酋政府以及联合国机构和红十字国际委员会共同举办了这一具有开创意义的大会。在会议上,21 个国家承诺在 2019 年和 2020 年提供 3.63 亿美元,用于预防和应对性暴力和基于性别的暴力,其中 2.262 亿美元将用于 2019 年的一些优先事项。与会者一致认为,对受害者具有毁灭性的性暴力和基于性别的暴力并非不可避免,这些暴力是可以预防的。

5 月 27—31 日　首届联合国人居署大会在肯尼亚首都内罗毕举行,会议总主题是"为提高城市和社区生活质量而创新",旨在为全球城镇化面临的挑战找到创新、可持续的应对之策。来自 120 多个国家和地区的 3000 多名代表出席会议。与会代表在大会闭幕式上通过了 5 项决议,涵盖城市安全、《新城市议程》实施的能力建设、推动性别平等、加强可持续城镇化进程中的城乡连接以及联合国人居署 2020—2023 年战略规划。大会还决定,联合国人居大会每 4 年举办 1 次,下一届大会定于 2023 年 6 月召开。

5 月 28 日　联合国大会通过第 A/RES/73/296 号决议,决定将 8 月 22 日定为基于宗教或信仰的暴力行为受害者国际纪念日。

5 月 30 日　安理会以 10 票赞成、5 票弃权(中国、科特迪瓦、赤道几内亚、俄罗斯、南非)通过关于苏丹和南苏丹问题的第 S/RES/2471(2019)号决议,决定将旅行、金融以及武器禁运措施延长至 2020 年 5 月 31 日,决定将专家小组的任务期限延长至 2020 年 6 月 30 日。

同日　中国与国际移民组织签署一份合作备忘录。这份备忘录将促进国际移民组织与中国应急管理部之间的知识和专业交流,包括分享应急行动和协调的相关标准与指南,交流有关帮助受灾人群的经验。根据备忘录,国际移民组织还将支持中国应急管理部建立减少灾害风险和应急管理的"一带一路"国际合作框架。这是朝着合作和三边协作迈出的第一步,以提高参与"一带一路"倡议的国家减少灾害风险和应急管理方面的能力。

5 月 31 日　安理会一致通过关于索马里局势的第 S/RES/2472(2019)号决议,决定授权非洲联盟成员国继续部署非索特派团直至 2020 年 5 月 31 日,包括至少 1040 名非索特派团警务人员(含 5 支建制警察部队),并根据过渡计划和向索马里安全部队移交责任的设想,到 2020 年 2 月 28 日将非索特派团军警人员减少 1000 人,最多维持 19626 人;授权非索特派团在索马里承担安全责任的过渡过程中,实现逐步把安全责任移交给索马里安全部队,减轻青年党和其他武装反对派团体构成的威胁,协助索马里安全部队提供安全保障并向索马里警察和当局提供相关支助等战略目标。

6 月 5 日　世界环境日。2019 年的环境日由中国杭州主办,聚焦"空气污染"主题,提出"蓝天保卫战、我是行动者"口号,呼吁全球共同采取行动,对抗空气污染。

6 月 7 日　联合国大会选举越南、尼日尔、圣文森特和格林纳丁斯、突尼斯和爱沙尼亚成为 2020 年和 2021 年安理会非常任理事国,任期从 2020 年 1 月 1 日开始。新当选 5 国将接替科威特、秘鲁、波兰、科特迪瓦和赤道几内亚。

同日　首个世界食品安全日,主题是"食品安全与每一个人息息相关",旨在鼓励各方采取行动,加强对食品安全风险的预防、管理和应对工作。

6 月 10 日　安理会一致通过关于利比亚局势的第 S/RES/2473(2019)号决议,回顾其规定对利比亚实施武器禁运的第 S/RES/1970(2011)号决议及其后所有相关决议,决定将第 S/RES/2420(2018)号决议规定的各项授权从本决议通过之日起再延长 12 个月。

同日　联合国秘书长数字合作高级别小组发表首份研究报告,呼吁建设包容性数字经济和社会,到 2030 年,确保每个成年人都能获得可负担得起数字网络,以及数字金融和医疗服务,建立广泛的多方利益攸关方联盟,为实现可持续发展目标共同分享"数字公共产品"和数据。该小组由秘书长古特雷斯在 2018 年 7 月设立,旨在推动各国政府、私营部门、民间社会、国际组织、技术和学术界以及其他利益攸关方在数字空间的合作。小组由比尔及梅琳达·盖茨基金会共同主席梅琳达·盖茨和阿里巴巴集团执行主席马云担任共同主席,其他的 18 名成员来自不同学科和领域、代表着不同地理区域和年龄段,是迄今为止最为多样化的一个秘书长高级别小组。

6 月 11 日　安理会一致通过关于"武装冲突中保护平民——武装冲突中失踪人员"的第 S/RES/2474(2019)号决议,重申强烈谴责在武装冲突局势中蓄意以平民或其他受保护人员为目标的行为,促请武装冲突各方采取一切适当措施,不加区分地查明据报失踪人员的下落,建立适当渠道,以便就搜寻过程作出反应并与家属沟通。

6 月 13 日　两艘油轮在霍尔木兹海峡遭遇袭击并发生爆炸,美国国务卿蓬佩奥称伊朗应对此负责,而伊朗则反驳美方指控毫无根据。上月,阿联酋港口附近停泊的 4 艘商船也遭遇袭击和破坏,海湾地区局势日趋紧张。6 月 14 日,联合国秘书长古特雷斯与阿盟秘书长盖特共同举行记者会,对海湾地区近期局势发展表示担忧,对油轮袭击事件表示谴责,呼吁立即查明真相。古特雷斯在会上强调,"海湾地区发生重大对抗是世界所不能承受的"。

6 月 14 日　联合国大会通过第 A/RES/73/299 号决议,决定以"我们想要的未来,我们需要的联合国:重申我们对多边主义的集体承诺"为主题,在 2020 年纪念联合国成立 75 周年;于 2020 年 9 月 21 日在纽约举行一次国家元首和政府首脑参加的大会高级别会议。

6月17日 联合国秘书长古特雷斯在《联合国海洋法公约》第29次缔约国会议上表示,全球的海洋正面临前所未有的巨大压力,保护海洋健康与每一个人息息相关,呼吁用好"海洋宪法"推动海洋保护和可持续利用。该公约就各国使用全球海洋的权利和责任做出规定,为商业开发、环境保护以及海洋自然资源管理提供指南,于1982年在联合国召开的海洋法会议上获得通过并开放给各国签署。1994年,在圭亚那成为第60个批准国满1年之后,公约正式生效。

同日 埃及前总统穆尔西在有关间谍罪的庭审时昏倒,在被送往医院后宣告死亡,终年67岁。联合国呼吁及时对穆尔西死亡事件的背景和原因,及其生前遭到囚禁的情况开展独立调查。穆尔西于2012年当选埃及总统,2013年在大规模示威中遭到军方解职,此后一直受到关押。其所领导的穆兄会也被政府列入恐怖组织名单。2017年9月,埃及最高上诉法院以向卡塔尔泄露国家机密的罪名,判处穆尔西25年监禁,且不得上诉。

6月20日 安理会一致通过关于武装冲突中保护平民的第S/RES/2475(2019)号决议,敦促武装冲突各方根据适用的国际法义务采取措施保护包括残疾人在内的平民,防止在武装冲突局势中发生对平民的暴力和虐待,促请武装冲突各方准许向所有需要援助者提供安全、及时和不受阻碍的人道主义援助并给予相关便利。

6月23日 埃塞俄比亚北部阿姆哈拉州6月22日发生未遂兵变,阿姆哈拉州州长、军队参谋长等3人死亡。随后,埃塞俄比亚国防部队参谋长在首都亚的斯亚贝巴的家中被保镖开枪打死,另外两名高级文职和军事人员也在动乱中遇害。秘书长古特雷斯发表声明,对埃塞俄比亚周末发生的"致命事件"深表关切,对这些杀戮行为予以谴责,呼吁各方展现克制,防止暴力,避免任何可能破坏埃塞俄比亚和平与稳定的行动。

同日 中国农业农村部副部长屈冬玉在粮农组织大会选举中,以108票当选为联合国粮食及农业组织第9任总干事,其任期将于2019年8月1日开始,并于2023年7月31日结束。

6月25日 安理会以13票赞成、2票弃权(中国、多米尼加)通过关于海地问题的第S/RES/2476(2019)号决议,请秘书长设立联合国海地综合办事处(联海综合办),自2019年10月16日起,最初为期12个月,尽快任命1位联合国秘书长特别代表领导综合办并在政治一级发挥斡旋、咨询和宣传作用。决议还要求联海综合办由几个咨询单位组成:一个具有善治、司法、选举、宪政改革和公共部门问责制等方面咨询职能的政治和善治单位;

一个负责帮派暴力问题、减少社区暴力和武器弹药管理事宜的单位;一个由至多30名文职和借调人员组成的警务和惩教单位,担任警务和惩教顾问,由1名联合国警务专员领导;1个人权单位;1个安保单位;1个任务支助单位;设在秘书长特别代表办公室内的新闻、性别平等咨询、协调和法律等职能人员,包括受害人权利倡导者。

6月26日 安理会一致通过关于中东局势的第S/RES/2477(2019)号决议,决定将联合国脱离接触观察员部队(观察员部队)的任务期限延长6个月,至2019年12月31日止。

同日 安理会一致通过关于刚果民主共和国局势的第S/RES/2478(2019)号决议,决定将有关制裁措施延长至2020年7月1日,决将第S/RES/2360(2017)号决议第6段规定的专家小组任务期限延长至2020年8月1日。

同日 联合国举行主题为"打击反犹太主义与其他形式的种族主义和仇恨—在数字时代培育宽容与尊重的挑战"的非正式全体会议,旨在引发就社交媒体和其他数字工具如果用于教育项目的讨论,并分享最佳做法和在打击仇恨和不容忍问题方面的经验教训。秘书长古特雷斯在致辞中指出,犹太大屠杀并不久远,敦促国际社会对社会凝聚力进行投资,以便社会所有成员都能感到他们的身份得到尊重,并且在未来发挥重要作用。联大主席埃斯皮诺萨指出,打击反犹太主义可以有教育、改变观念、捍卫价值观、对互联网和社交媒体保持警觉等手段。

6月27日 安理会一致通过关于苏丹和南苏丹问题的第S/RES/2479(2019)号决议,决定将非洲联盟—联合国达尔富尔混合行动(达尔富尔混合行动)的任务期限延长至2019年10月31日;将达尔富尔混合行动继续执行第S/RES/2429(2018)号决议规定的任务,并作为特例将达尔富尔混合行动军事人员缩编期临时延长,以便保持混合行动的自我保护能力。

6月28日 安理会一致通过关于马里局势的第S/RES/2480(2019)号决议,敦促马里政府以及纲领会和协调会武装团体("马里各方")继续加速执行《马里和平与和解协议》;决定将马里稳定团的任务期限延至2020年6月30日,马里稳定团的优先任务为支持执行《马里和平与和解协议》、支持中部稳定和在中部恢复国家权力、保护平民、斡旋与和解、促进和保护人权、人道主义援助等;鼓励萨赫勒5国集团国家确保萨赫勒5国集团联合部队继续提高行动力度;授权法国部队在其能力范围内并在部署区内采取一切必要手段,在马里稳定团人员受到迫在眉睫的严重威胁时,应秘书长请求进行干预,为他们提供支持,直至本决议批准的马里稳定团任务结束。

6月28—29日　G20集团领导人第14次峰会在日本大阪举行。本次峰会共有8大主题：全球经济、贸易与投资、创新、环境与能源、就业、女性赋权、可持续发展以及全民健康。中国国家主席习近平出席峰会并发表题为《携手共进，合力打造高质量世界经济》的重要讲话，从构建新型国际关系和人类命运共同体的高度，为世界经济和全球治理明确方向，为大国关系和国际合作把脉开方。联合国秘书长古特雷斯出席峰会并在会上发言表示，在"政治局势高度紧张"的背景下，二十国集团领导人必须加强在气候行动和经济合作方面的承诺。会议期间，中国国家主席习近平会见了古特雷斯，古特雷斯对习近平在促进实现可持续发展目标方面所发挥的领导作用表示感谢，对习近平在加强气候行动方面的个人参与表示赞赏。双方还讨论了朝鲜半岛局势以及联合国改革问题。

6月29日　G20大阪峰会期间，联合国秘书长古特雷斯会见了中国国务委员兼外交部部长王毅和法国外交部部长让伊夫·勒德里昂，并就气候变化发表了联合新闻声明。中国和法国在声明中承诺将提高减排温室气体的国家自主贡献目标。

6月30日　美国总统特朗普、韩国总统文在寅与朝鲜国务委员会委员长金正恩在板门店进行了历史性的3方领导人会面。特朗普先与金正恩在军事分界线握手，并随金正恩一同跨过边界踏上朝鲜土地，之后双方共同来到韩方一侧。在板门店韩方一侧自由之家等候的韩国总统文在寅加入谈话，促成首次韩、朝、美领导人会面。特朗普和金正恩会谈持续了近1个小时，随后双方宣布将恢复工作层面的对话。

7月2日　利比亚首都黎波里东部郊区的塔朱拉移民难民拘留中心遭到空袭，造成至少44人死亡、130人严重受伤，死伤者大部分为来自撒哈拉以南非洲国家的移民和难民。利比亚是非洲难民逃向欧洲的过渡国之一，这些非洲难民通常会被送到塔朱拉移民难民拘留中心。塔朱拉是亲"民族团结政府"的民兵组织的军营所在地，是哈利法·哈夫塔尔领导的国民军空袭目标。7月3日，联合国秘书长古特雷斯发表声明，呼吁对这一事件进行独立调查，并指出联合国已向冲突各方提供了拘留中心的准确位置。

7月3日　联合国秘书长古特雷斯任命来自中国的徐浩良担任助理秘书长兼联合国开发计划署政策和方案支助局局长。徐浩良于1994年加入开发计划署，自2013年起担任助理秘书长级别的联合国开发计划署亚洲及太平洋区域局局长。

7月5日　联合国教科文组织宣布将江苏省盐城市的黄（渤）海候鸟栖息地（第1期）列入《世界遗产名录》，成为中国的第54处世界遗产。

同日 苏丹"自由与变革力量"和过渡军事委员会就建立过渡期施政机构的相关问题达成协议,双方同意组建一个军事—文官联合权力机构,在3年多的过渡期内共同管理苏丹。

7月8日 国际刑事法院判定刚果(金)反叛领导人博斯科·恩塔甘达在2002—2003年间犯有18项战争罪和危害人类罪。恩塔甘达,绰号"终结者",其领导的刚果爱国者联盟及其军事派别刚果爱国解放力量参与了在该国东北部地区的武装冲突。恩塔甘达2006年首次被起诉,但长期逍遥法外,2013年在卢旺达向联合国自首。恩塔甘达是国际刑事法院自2002年成立以来第4个被定罪的人,也是第1个被判定犯有性奴役罪行的人。11月7日,国际刑事法院判处恩塔甘达30年监禁。

7月11日 联合国人权理事会通过决议,要求联合国人权高级专员对菲律宾的人权局势进行全面的报告,包括该国政府被指称在"禁毒行动"期间实施的法外处决行为;对菲律宾一系列侵犯人权行为表达了关切,包括杀戮、强迫失踪、任意逮捕和迫害人权捍卫者、记者、律师和政治反对派成员等;呼吁菲律宾政府与联合国人权机制和专家合作。据报道,当地非政府组织和国家人权委员会的估计表明,迄今为止,该国的"禁毒行动"已导致超过数千人死亡,针对毒品嫌疑人实施的法外杀戮影响到的大多是贫困的家庭,尤其是儿童。

7月15日 安理会一致通过关于中东局势的第S/RES/2481(2019)号决议,决定将联合国支助荷台达协议特派团(荷台达协议支助团)的任务期限延长至2020年1月15日,荷台达协议支助团应承担领导和支持在一个由联合国人员组成的秘书处协助下负责监督全省停火、部队重新部署和排雷行动的重新部署协调委员会的运作,监测各方在荷台达省遵守停火情况,与各方协作确保地域安全,促进和协调支助工作等任务。

7月17日 国际法院裁定巴基斯坦重新审核对涉嫌间谍罪印度公民的死刑判决。这位印度公民于2016年3月遭到逮捕,巴基斯坦方面指控其为印度情报部门工作,2017年4月以"间谍、破坏和恐怖主义"的罪名被判处死刑。国际法院认为,巴基斯坦的做法违反了《维也纳公约》的有关规定。

7月19日 安理会一致通过关于"恐怖主义对国际和平与安全的威胁"的第S/RES/2482(2019)号决议,促请会员国加大协调力度,以便全球更有力地应对国际恐怖主义与国内或跨国有组织犯罪之间的联系;促请会员国酌情审查、修订和实施包括针对性暴力和性别暴力行为的相关法律;敦促尚未采取和执行必要立法或其他措施的国家,为防止恐怖主义分子获取武器,采取和执行必要立法或其他措施;促请会员国提高惩教系统相关从业人员对恐怖主义与国内或跨国有组织犯罪之间联系的认识。

7月22日　欧盟国家外长和内政部部长在巴黎举行会议,就移民和安全问题进行讨论。会议期间,各国就解决地中海和利比亚移民与难民的困境达成一致意见。14个国家同意支持由法国和德国提出的新的"团结机制",以更公平地分摊难民配额。

7月24日　利比里亚与联合国签署一份谅解备忘录,承认利比里亚为联合国马里多层面综合稳定团提供一个保护连部队。该特遣队由105名维和人员组成,自2016年10月以来一直在马里中部城市廷巴克图开展维和行动。利比里亚从维和行动东道国过渡成为出兵国。

7月25日　联合国大会通过第A/RES/73/327号决议,宣布2021年为消除童工现象国际年,重申会员国承诺立即采取有效措施,确保禁止和消除包括招募和利用儿童兵在内最恶劣形式的童工现象,并到2025年结束一切形式的童工现象。

同日　安理会一致通过关于塞浦路斯局势的第S/RES/2483(2019)号决议,决定将联合国驻塞浦路斯维持和平部队(联塞部队)任务期限延长至2020年1月31日,严重关切停火线沿线违反军事现状事件增多。

7月31日　中国向与联合国近东巴勒斯坦难民救济和工程处捐款100万美元,以支持在加沙地带提供粮食援助的工作。这笔捐助彰显了中国对近东救济工程处这一为500万名巴勒斯坦难民提供重要援助的机构的支持。

8月1日　联合国秘书长古特雷斯决定设立一个联合国总部内部调查委员会,调查自俄罗斯和土耳其于2018年9月17日签署"稳定伊德利卜降级区备忘录"以来,叙利亚西北部发生的一系列事件。近3个月,叙利亚政府为了收复该国西北部伊德利卜省反政府武装控制的地区而加大了对该地区的封锁和打击,其间发生了一系列包括医院在内的民用设施遭受空袭的事件。

8月2日　联合国秘书长古特雷斯发表声明,对美国和苏联领导人于1987年12月签署的《苏联和美国消除两国中程和中短程导弹条约》(简称《中导条约》)正式失效"深表遗憾"。2018年10月,美国总统特朗普宣布,由于俄罗斯持续违反该条约相关规定,美国拟退出这一条约并于2019年2月正式启动了为期6个月的退出程序。

8月6日　莫桑比克总统纽西与反对党"莫桑比克全国抵抗运动"领导人莫马德在首都马普托签署新的《和平与和解协议》。双方已于8月1日签署了永久结束军事敌对状态的协议,8月6日正式达成和平协议,承诺终止持续多年的暴力,和平参与10月选举。

8月10日 安理会召开紧急会议,讨论利比亚局势。利比亚东部城市班加西当天发生汽车炸弹爆炸事件,导致3名联合国利比亚支助团的工作人员丧生。安理会在会后发表媒体声明,强调只有通过政治解决方案才能实现利比亚持久的和平与稳定,结束不断恶化的人道主义危机,各方应立即在联合国的主持下展开磋商。

8月16日 安理会就查谟和克什米尔问题举行非正式闭门磋商会议,中、印、巴3国向记者阐述了各自立场。

中国常驻联合国代表张军表示,印方修宪改变了克什米尔地区的现状,引发地区紧张。中方对当前克什米尔局势表示严重关切,反对任何使局势复杂化的单方面行动,呼吁有关方面保持克制。他还指出,印方的举措还挑战了中国的主权权益,有违双方关于维护两国边境地区和平安宁的协议。他强调,印方举措对中方不产生任何效力,更不会改变中方对相关领土行使主权的事实和进行有效管辖的现状。

巴基斯坦常驻联合国代表玛莉哈·洛迪在安理会前向记者表示,巴基斯坦欢迎联合国安全理事会召开这次会议讨论有争议的查谟和克什米尔邦问题。这是50多年来安理会第1次审议这个问题。她表示,这次会议重申了联合国安全理事会关于被占领查谟和克什米尔邦的决议的有效性。巴基斯坦随时准备和平解决查谟和克什米尔问题。

印度常驻联合国代表艾克巴鲁丁表示,印度的立场过去是、现在也仍然是:与印度宪法第370条相关的事务,完全是印度的内部事务。这些事务不产生外部影响。印度政府及立法机构近期所做出的决定,目的是确保推进良好的治理,提升查谟、克什米尔和拉达克地区人民的社会经济发展水平。

8月21日 乌干达总统穆塞韦尼和卢旺达总统卡加梅在安哥拉首都罗安达签署谅解备忘录,实现两国双边关系正常化。2月下旬以来,两国关系趋于紧张。卢旺达指责乌干达杀害、逮捕和监禁卢旺达公民,乌干达称卢旺达人在乌干达境内从事间谍活动,并指责卢旺达利用非关税壁垒阻碍乌干达进出口。两国紧张关系一度升级至关闭个别边境口岸甚至部署军队。

8月26—28日 第68届联合国民间社会会议在美国盐湖城举行。来自世界各地的民间社会代表和联合国高级官员,共同讨论应对城市生活和现代世界挑战的广泛解决方案。会议达成成果文件,强调需要理解城市和社区是实现所有可持续发展目标的核心,并强调包容性、和平、家庭、教育、青年以及增强妇女和女孩权能的重要性;承认农村和城市繁荣的相互依存性,以及解决山区和小岛屿发展中国家具体问题的必要性。

8月29日　安理会一致通过关于马里局势的第 S/RES/2484(2019)号决议,决定将旅行禁令和资产冻结的措施延长至 2020 年 8 月 31 日,决定将有关专家小组任务以及对马里稳定团提出的要求延长至 2020 年 9 月 30 日。

同日　安理会一致通过关于中东局势的第 S/RES/2485(2019)号决议,决定将联合国驻黎巴嫩临时部队(联黎部队)当前任务期延长至 2020 年 8 月 31 日,重申有必要加快在黎巴嫩南部和黎巴嫩领水有效和持久部署黎巴嫩武装部队。

9月1日　飓风多里安以最高的"五级飓风"级别登陆巴哈马北部,登陆时速超过 297 公里,追平了有史以来登陆大西洋飓风的最强纪录。飓风造成几十人丧生,数千人下落不明,7.6 万人无家可归。

9月2—13日　《联合国防治荒漠化公约》第 14 次缔约方大会在印度首都新德里举行,会议主题为"投资土地,开启机遇"。来自公约缔约国、相关国际机构及非政府组织的 8000 多名代表出席本次大会。会议通过了《新德里宣言》,承诺设立国家目标,抗击荒漠化和土地退化,同时还通过了 35 项具有法律约束力的决议,涉及土地所有权与性别平等,以及加强沙尘暴抵御能力等。

9月4日　联合国贸易和发展会议组织发布首份数字经济报告,表示数字经济的财富创造高度集中在美国和中国,全球需要协调一致,努力缩小数字鸿沟,让迅速增长的数字经济收益惠及更多人。

9月5日　世界卫生组织东南亚区域成员国通过一项决议,确立到 2023 年消除麻疹和风疹,以预防这两种具有高度传染性的"儿童杀手"疾病造成的死亡和残疾。该地区不丹、朝鲜、马尔代夫、斯里兰卡和东帝汶等 5 个国家已消灭了麻疹,孟加拉国、不丹、马尔代夫、尼泊尔、斯里兰卡和东帝汶等 6 个国家控制了风疹。

9月9日　联合国大会举行了纪念"禁止核试验国际日"高级别活动。联合国秘书长古特雷斯在致辞中表示,在过去 70 年期间全球进行了超过 2000 次的核试验,对环境和世界各地的民众造成了毁灭性的影响。他呼吁各国对核武器扩散实行有效的限制,采取实际步骤彻底消除核武器。

9月12日　联合国大会通过第 A/RES/73/338 号决议,宣布 2021 年为国际和平与信任年,鼓舞国际社会在政治对话、相互谅解与合作基础上努力弘扬国家间和平与信任,构建可持续的和平、团结与和谐。

同日　安理会一致通过关于利比亚局势的第 S/RES/2486(2019)号决议,决定将联利支助团的任务期限延长至 2020 年 9 月 15 日,完全依照国家自主原则开展调解和斡旋工作;决定联利支助团在其行动和安保限度内,执行支持利比亚主要机构、提供人道主义援助、监测和报告人权状况、协助保管未受管制的军火和相关军用品并阻止它们扩散、协调国际援助等任务。

同日 安理会一致通过关于哥伦比亚局势的第 S/RES/2487(2019)号决议,知悉 2019 年 7 月 12 日哥伦比亚总统的信,其中按哥伦比亚政府与大众革命替代力量的商定,请求延长核查团的任务期限;决定将核查团任务及报告要求延长至 2020 年 9 月 25 日。

同日 安理会一致通过关于中非共和国局势的第 S/RES/2488(2019)号决议,明确武器禁运、旅行禁令、资产冻结的有关措施不适用于一些部队和物资,决定供货会员国负有通知委员会的主要责任,明确提出的所有通知和豁免请求的具体要求。决定中非共和国当局应在 2019 年 12 月 31 日之前向委员会通报安全部门改革进程、解除武装、复员、重返社会和遣返进程以及武器弹药管理方面取得进展的最新情况。

同日 2019 年以来,世界各地接连发生多起针对宗教场所和信徒的袭击事件。联合国在纽约总部发起了保护宗教场所行动计划。该计划提供了具体建议,以支持会员国努力确保宗教场所安全,信徒可以和平地举行他们的仪式,并在全球范围内培养同情和宽容的价值观。该计划提出了 7 项指导原则:尊重所有人民;有责任建立相互理解与合作的桥梁;多样性,接受和尊重人与人之间的差异;对话是一种更好的沟通和互动的工具;团结,互相支持,特别是在痛苦或困难的时候;站在一起,作为对试图进行分裂的人的回应;保持一致,以确保随着时间的推移,针对宗教场所的攻击得到持续和加强的统一回应。

9 月 16 日 安理会一致通过关于阿富汗局势的第 S/RES/2489(2019)号决议,决定将联合国阿富汗援助团(联阿援助团)任务期限延长至 2020 年 9 月 17 日,决定联阿援助团和秘书长特别代表在各自任务范围内,以符合阿富汗主权、主导权和自主权的方式,与阿富汗政府充分合作并根据相关国际公报,继续领导和协调国际民事努力。其中值得注意的是,决议里面没有出现前几年决议中出现的"人类命运共同体""一带一路"的提法。据报道,安理会曾为此有过一场相当激烈的辩论,最后达成妥协,各方接受了一个折中方案,并一致通过了第 S/RES/2489(2019)号决议。决议通过后,美国常驻联合国代表凯莉·克拉夫特不无所指地表示,"某成员国坚持决议中使用该国政治优先项目('一带一路')的语言,而不是突出帮助阿富汗政府和人民的最有效的途径"。

9 月 17 日 第 74 届联合国大会开幕,蒂贾尼·穆罕默德·班迪(尼日利亚)担任大会主席。会议主题为"激励多边努力消除贫困,促进优质教育、气候行动和包容性"。联大主席班迪在致辞中表示,本届联大的愿景宣言关注的是消除贫困、零饥饿、高质量的教育、气候行动和包容,要推动相互信任,加深伙伴关系,造福所有人。秘书长古特雷斯在讲话中指出,多边主义能够提供全球挑战的真正解决方案,透明度、对话和更多的理解对于缓解不信任至关重要。

9月19日　安理会就中东问题举行会议,并就两份要求在叙利亚西北部伊德利卜停止敌对行动的不同决议草案进行投票。比利时、德国和科威特提出的草案要求所有各方应在9月21日中午之前立即停止在伊德利卜的敌对行动,所有各方允许并促进联合国及其执行伙伴获得安全、畅通和持续的人道主义准入等。该份草案表决时,获12张赞成票,俄罗斯和中国否决了草案。中国和俄罗斯也提出了一份决议草案,同样要求从9月21日开始在伊德利卜实现停火,要求"停止敌对行动不适用于针对安理会指定的与恐怖主义集团有关的个人、团体、企业和实体的军事行动",突出了对该地区恐怖主义团体活动的担忧。此份草案获9张反对票,4张弃权票,也未获通过。

9月20日　安理会一致通过关于对国际和平与安全的威胁的第S/RES/2490(2019)号决议,表示注意到伊拉克政府在其2019年9月19日信函(S/2019/760)中提出的要求,决定将特别顾问和调查组的任务期限延长至2020年9月21日。并应伊拉克政府请求或任何请该调查组收集关于"伊黎伊斯兰国(达伊沙)"在其境内实施可能构成战争罪、危害人类罪或灭绝种族罪的行为证据的其他政府请求,决定是否进一步延长任务期限。

9月23日　联合国气候行动峰会在纽约总部召开。会上,联合国秘书长古特雷斯敦促各国制定切实可行的行动计划,在2020年前提升国家自主贡献,并在未来10年内将温室气体排放量减少45%,到2050年实现净零排放。他提出了6大领域的气候行动:一是气候融资与碳定价,动员公共和私人部门资金投入,推动优先部门脱碳并提高抗灾能力;二是能源转变,加速从化石燃料到可再生能源的转变,显著提升能效;三是产业转型,实现石油和天然气、钢铁、水泥、化学品和信息技术等产业的转型;四是基于自然的解决方案,通过生物多样性养护以及充分利用供应链和技术等方式,在林业、农业、渔业和粮食系统内外实现减少排放、提高碳汇能力,并提高抗灾能力;五是城市与地方行动,在城市和地方各级提升缓解和抗灾能力,重点关注低排放建筑物、公共交通及城市基础设施方面的新承诺以及城市贫困群体的抗灾能力;六是抗灾能力与适应能力,促进全球努力,应对并管理气候变化带来的影响和风险,尤其是在最脆弱的国家和地区。

9月24日 联合国在纽约总部举行2030年可持续发展目标峰会。与会各国领导人通过一份政治宣言,共同呼吁国际社会在未来的10年内采取雄心勃勃的行动,力争按时实现可持续发展目标。

同日 联合国秘书长古特雷斯当天在联大举行的一般性辩论上发表讲话指出,值此全球大国关系过渡和异常时期,一个新的风险迫在眉睫,这个风险虽然不大,却真实存在。古特雷斯忧虑世界存在分裂的危险,他说:"我担心可能出现'大分裂':世界分裂成两个阵营,地球上两个最大的经济体建造两个独立的、相互竞争的世界,每个都有自己的主导货币、贸易和金融规则、自己的因特网和人工智能能力以及自己的零和地缘政治和军事战略。"他表示,我们必须尽一切力量避免"大分裂",维持普遍制度,即普遍尊重国际法的世界经济,拥有强有力多边机构的多极化世界。古特雷斯认为,全球人权进展出现逆转,专制主义方兴未艾。他表示,在21世纪,我们看待人权的视角必须针对每个人,必须囊括所有权利,包括经济、社会、文化、政治和公民权利。如果忽视或削弱经济、社会或文化权利,就会犯错。人权是普遍和不可分割的。一个人不能挑挑拣拣,偏袒一方而轻视另一方。他还表示,今天我们处在一个重大关头,几十年来取得的进展遭到限制和逆转,面临误解和不信任。各种新形式的专制主义方兴未艾。监控系统日复一日地扩大覆盖范围,一次一次点击,一个一个摄像头,不断侵犯隐私和个人生活。古特雷斯还表示,当难民家庭被拆散,寻求庇护的权利被撕碎时,我们看到的不仅是边界在关闭,人心也在关闭。在世界各地,疏离和不信任被当作武器。他表示,对于那些坚持压迫或分裂的人,他要说:"多样性是一种财富,不是一种威胁。"

9月25日 联合国举行《儿童权利公约》通过30周年纪念活动,督促各国履行承诺。《儿童权利公约》是第1个具有法律约束力的国际公约。

同日 在美国启动退出万国邮联程序快满1年之际,万国邮政联盟宣布,根据该联盟在9月25日达成的一项协议,万国邮联和中国等发展中国家同意增加终端费①。协议规定2020年的终端费将增长27%,以后每年涨15%—17%,到2025年总计将增长164%。这样,中国向美国和其他国家交付包裹的费用将增加近3倍。美国宣布继续留在万国邮联。

---

① 终端费是指原寄国邮政向寄达国邮政支付的为补偿寄达国处理所接收函件的费用,适用于信件和2公斤以下的小包裹。终端费由万国邮联192个成员国每4年召开1次大会商定。该体系将成员国按发展水平分为4组,计算标准对发展中国家有利。这次,万国邮联上调并拉平了1—4组的终端费上限。

9月26日 联合国纽约总部举行"为发展融资高级别对话"。秘书长古特雷斯在发言中呼吁将更多全球资金投入可持续项目,并让融资与国家可持续发展战略保持同步。联大主席班迪指出,可持续发展目标峰会中提出全球目前面临着约2.5万亿美元的资金缺口,他呼吁领导人坚守承诺,为雄心带来资源,并增加私人投资来促进进一步增长和就业。

同日 彻底消除核武器国际日。实现全球核裁军是联合国历史最为悠久的目标之一。正如秘书长古特雷斯所说:"要消除核武器构成的威胁,唯一可靠的方法就是消除核武器本身。"

9月27日 中国国务委员兼外交部部长王毅在联合国大会一般性辩论发言表示,当前单边主义和保护主义在冲击国际秩序,但"中国作为一个拥有五千年文明史、14亿勤劳勇敢人民、960万平方公里辽阔国土的国家,任何威胁都吓不倒,任何压力也压不垮"。王毅还就《中导条约》、伊朗核问题、巴勒斯坦问题、阿富汗问题、朝鲜半岛问题、罗兴亚难民危机、克什米尔问题等国际热点问题阐述了中国的立场。

10月2日 安理会召开"非洲和平与安全:动员青年实现2020年消弭枪声"主题会议。秘书长非洲事务特别顾问加瓦纳斯在会上表示,动员青年力量,以及实现2020年平息非洲枪声的目标,是使非洲告别冲突、实现可持续发展的关键。非洲联盟青年特使、来自突尼斯的彻比呼吁,非洲各国为青年发展提供有利环境,认可并重视他们的贡献,否则青年可能就会转而投向暴力以寻求认可。

10月2—26日 不结盟运动第18次首脑会议在阿塞拜疆首都巴库举行。中国作为观察员与会,驻阿塞拜疆大使郭敏作为中方代表团团长出席峰会并发言。郭大使表示,作为不结盟运动观察员,中国支持不结盟运动奉行的宗旨和原则,重视不结盟运动在国际事务中的重要作用。面对复杂形势和各种风险挑战,我们在全球治理中要坚持共商共建共享,秉持共同、综合、合作、可持续的新安全观,通过对话协商解决争端,通过国际合作应对共同威胁,推动建设持久和平、普遍安全的世界。

10月3日 安理会一致通过关于维护国际和平与安全的第S/RES/2491(2019)号决议,谴责所有偷运移民和贩运人口出入和过境利比亚领土及利比亚沿海海域的行为,决定把第S/RES/2240(2015)号决议第7段、第8段、第9段和第10段所列的船只检查、处置等授权时间再延长12个月。

10月8日 法国常驻联合国代表德·里维埃代表安理会的6个欧盟成员国,对朝鲜试射导弹的"挑衅性行为"进行谴责,强调针对朝鲜的国际制裁必须继续保留,彻底及严格地执行。朝、美领导人于2019年6月在板门店会晤后,双方之间的谈判再次陷入僵局。在美、韩于8月举行联合军演后,朝鲜实施了多次武器试射。10月2日,朝鲜试射一枚新型潜射弹道导弹。朝美双方于10月4日在瑞典斯德哥尔摩进行预备接触后,在5日进行了工作磋商。会后,朝鲜表示,美国态度依旧,磋商结果令人大失所望。

10月9日 联合国儿基会宣布设立加密货币基金,能够接受、保有及支出以加密货币以太坊及比特币形式捐赠的捐款。儿基会成为联合国系统内第1个启动加密货币基金的机构。

10月9—11日 C40世界市长峰会在丹麦哥本哈根召开,来自全球30个国家的80名市长出席会议。与会市长认识全球气候紧急情况,宣布支持全球绿色新政。通过"全球绿色新政",城市通过减少对气候危机负有最大责任的部门(运输,建筑,工业和废物)的排放,使全球变暖温度保持在《巴黎协定》规定的1.5℃以下。

10月15日 联合国大会通过第A/RES/74/5号决议,宣布9月28日为促进普遍获取信息国际日。

同日 安理会一致通过关于苏丹和南苏丹问题的第S/RES/2492(2019)号决议,决定将联阿安全部队修订任务期限延长至2019年11月15日。

10月16日 联合国宣布启动由秘书长古特雷斯召集的"可持续发展全球投资者联盟"。该联盟由安联集团首席执行官贝特与南非约翰内斯堡证券交易所首席执行官福里担任联合主席,成员包括美国银行、花旗集团、英国渣打集团、中国工商银行、印孚瑟斯、西班牙桑坦德银行,以及瑞士银行等30位具有影响力的商界领袖。联盟将在未来两年内为实现可持续发展目标筹措数亿美元资金。

10月23日 中国两支灾害救援队——中国救援队和中国国际救援队通过联合国国际重型救援队测评和复测,取得联合国国际重型救援队的资格认证。中国成为亚洲首个拥有两支获此认证的国际救援队的国家。中国救援队于2018年8月成立,此次是首次测评;中国国际救援队于2001年4月组建,2009年11月首次通过测评,根据每5年复测的要求,这是第2次复测。

同日 联合国秘书长古特雷斯宣布成立一个高级别小组,致力于解决全球范围内严重的境内流离失所问题。目前,全世界仍有4100万人在境内流离失所。

同日 首届海洋极端天气专题国际研讨会在国际海事组织伦敦总部举行,会议由国际海事组织和世界气象组织主办。本次会议致力于加强海上生命安全、减少环境破坏以及极端海洋天气对经济造成的破坏。

　　同日　英国警方在该国东南部埃塞克斯郡的一辆厢式货车车厢中发现39 具尸体。这辆货车是从比利时经渡轮抵达英国的。联合国秘书长古特雷斯通过社交媒体推特对此事表示震惊和难过。

　　10 月 28 日—11 月 22 日　2019 年世界无线电通信大会（WRC—19）在埃及沙姆沙伊赫召开。来自国际电联 193 个成员国、900 个部门成员以及国际组织、设备制造商、电信运营商和行业组织等近 4000 名代表与会，为历史之最。大会就 5G 毫米波频段、太赫兹地面通信频段的划分，高空平台通信（HAPS）新增使用频段，铁路和交通无线电通信全球频率使用协同等重要议题达成共识。

　　10 月 29 日　安理会一致通过关于"妇女、和平与安全"的第 S/RES/2493（2019）号决议，敦促会员国充分执行安全理事会以往有关妇女、和平与安全议程的所有决议的各项规定，请秘书长确保妇女、和平与安全议程得以充分落实，请要求秘书长在其关于第 S/RES/1325（2000）号决议及其后各项决议执行情况的下一次年度报告中提供关于妇女、和平与安全议程取得的进展和仍然存在的挑战以及应对建议、说明性别平等顾问和（或）妇女保护顾问的任命等情况以及按以往决议所述评估联合国安全理事会各制裁委员会的专家组和监测小组内专职性别问题专家技术力量方面取得的进展和做出的承诺。

　　同日　黎巴嫩总理萨阿德·哈里里辞职。联合国秘书长古特雷斯通过发言人发表声明，呼吁有关各方维护和平，避免暴力，呼吁安全部队表现出克制，保护平民，包括和平抗议者。近几个月来，黎巴嫩经济迅速恶化，债务激增，物价上涨，国内出现大规模民众示威，安全局势恶化。

　　同日　联合国首位女性难民事务高级专员、来自日本的绪方贞子当天在东京去世，享年 92 岁。联合国秘书长古特雷斯发表声明致哀，并称赞其为"全球人民的榜样"。他说："绪方贞子为难民援助工作设立了标杆：坚守原则、心存怜悯、实干高效。无所畏惧地为人民、为人道主义行动和政治解决方案大声疾呼。"古特雷斯表示，作为首位领导联合国难民署的女性，绪方贞子是一位先驱，她不仅着重强调暴力对于妇女的影响，更充分阐述妇女参与和平解决方案的重要意义。在卸任联合国难民高专之后也依然努力不懈，并尤其关注"人的安全保障"。联合国现任难民高专格兰迪表示，绪方贞子在任的 1991—2000 年，是"历史上最为关键的十年之一"。她在任期间，领导了难民署在苏联、伊拉克、波黑及整个巴尔干地区、索马里、非洲大湖区和东帝汶等多地开展的难民危机应对行动，"并通过大规模归国行动，帮助中美洲的数百万难民重返家园"。格兰迪表示,绪方贞子是"一位富有远见的领袖"和"一名坚定的国际主义者",且"终其一生都是联合国的挚友",她始终不懈地呼吁国际社会团结一致声援难民。

10月30日 安理会以13票赞成、2票弃权(俄罗斯、南非)通过关于西撒哈拉局势的第S/RES/2494(2019)号决议,决定将联合国西撒哈拉全民投票特派团(西撒特派团)的任务期限延长至2019年10月31日;敦促各当事方和邻国与西撒特派团进行富有成效的互动协作;敦促会员国为资助粮食方案提供自愿捐款。

同日 叙利亚宪法委员会正式在联合国日内瓦办事处启动。宪法委员会的任务是为叙利亚宪法改革做准备、起草宪法草案,促进叙利亚冲突的政治解决。150名成员将首先商讨宪法改革的主要目标,随后再由其中的45名代表负责具体的起草工作,45人中15人来自叙利亚政府、15人来自反对派,另有15人来自包括民间社会和宗教团体等在内的中间第3方。秘书长叙利亚问题特使彼得森表示,这是一个历史性的时刻,委员会成员身上肩负着为叙利亚的新宪法做出安排的重任。

10月31日 安理会一致通过关于苏丹和南苏丹问题的第S/RES/2495(2019)号决议,决定将非洲联盟—联合国达尔富尔混合行动(达尔富尔混合行动)的任务期限延长至2020年10月31日,决定达尔富尔混合行动重点致力于支持和平进程,支持建设和平活动、平民、监测和报告人权状况等工作。

11月4日 美国通知联合国秘书长古特雷斯,美国按计划正式退出2015年12月12日通过的《巴黎协定》。美国于2016年4月22日签署了《巴黎协定》,并于2016年9月3日表示同意接受该协定的约束。联合国秘书长是这一协定的保存人。根据《巴黎协定》第28条第2款,美国的退出将于2020年11月4日生效。

11月5日 安理会一致通过关于波斯尼亚和黑塞哥维那局势的第S/RES/2496(2019)号决议,授权会员国通过欧盟采取行动或与欧盟合作采取行动,续设一支多国稳定部队(欧盟部队木槿花行动),为期12个月;决定将安理会第S/RES/2183(2014)号决议第11段规定的授权再延续12个月;授权会员国应欧盟部队木槿花行动或北约总部的请求,采取一切必要措施保卫欧盟部队木槿花行动或北约派驻人员,并协助两组织执行任务。

11月6日 联合国秘书长古特雷斯在《金融时报》上发表评论文章指出,可持续发展目标设立4年来,进展严重偏离轨道,世界各地出现的抗议便是一种体现。他表示,各国政府提供的公共资源根本不足以实现可持续发展目标,呼吁更多的公司推动变革,企业需要服务于社会而不仅仅是股东利益。

11 月 7 日　联合国秘书长古特雷斯当天在纽约犹太遗产博物馆出席了该馆为纪念"碎玻璃之夜"(Kristallnacht)81 周年举办的纪念活动。古特雷斯在纪念会上发表了主旨演讲。他强调,在 21 世纪的今天,仇恨、反犹太主义和其他形式的不容忍依然存在,并且借助网络世界扩散、蔓延,人们对此必须保持警惕,并坚决地与之做斗争。"碎玻璃之夜"是指 1938 年 11 月 9—10 日凌晨,纳粹在德国和奥地利同时发起的袭击犹太人事件。当晚有近百名犹太人遇难,数千人受伤,上万人被逮捕,大量犹太教堂和商店被毁。暴行过后,被洗劫的地方到处是破碎的玻璃,犹如破碎的水晶,因此这一事件在历史上被称为"水晶之夜"或"碎玻璃之夜"。这一事件标志着纳粹对犹太人残酷迫害和大屠杀的开始。为纪念这个日子,缅怀大屠杀受害者,犹太人每年都举行纪念活动。古特雷斯在讲话中表示,在"碎玻璃之夜",被打碎的不仅是玻璃,还有人们的生活、梦想、家庭和社会。在这个国家精心策划的恐怖之夜之后,是长达数日、数月和数年的难以言喻的恐怖。古特雷斯指出,人们并非天生就会憎恨;不宽容是习得的,因此也可以预防和消除。这位联合国秘书长强调:"今天,我作为一个致力于防止种族灭绝和其他严重犯罪的组织的负责人,每天都看到和听到各种反犹太主义持续存在的迹象,包括纳粹口号和象征的死灰复燃,以及白人至上群体日益加剧的威胁和其他形式的不宽容。因此,今晚的纪念活动是十分必要的。"古特雷斯说,联合国全面参与了针对反犹太主义的斗争。本年 6 月,联合国发起了一项战略和行动计划,以应对仇恨言论。紧接着,联合国不同文明联盟高级代表又在 9 月发起了一项行动计划,以支持会员国保护宗教和礼拜场所。联合国还强调通过教育抵制仇恨言论的重要性。

11 月 9 日　德国在柏林墙纪念馆举行纪念柏林墙倒塌 30 周年的活动,包括总理默克尔、总统施泰因迈尔在内的多位德国和外国政要出席。默克尔在致辞纪念时说,柏林墙留下的历史教训,是任何阻止人们追求自由的高墙终将被打破,没有任何高墙能阻挡人们追求自由的脚步。默克尔说,欧洲的基本价值观,自由、民主、平等、法治和人权,在当前的高科技全球化趋势下,变得更加重要。11 月 9 日也是 1938 年纳粹开始大规模屠杀犹太人的标志性事件——"水晶之夜"纪念日。默克尔提醒人们不要忘记过去。

11 月 10 日　玻利维亚自 10 月 20 日总统选举以来爆发大规模抗议活动。监督大选的美洲国家组织审计发现,选举的确存在"严重的违规行为"。10 日,该国总统莫拉莱斯迫于压力宣布辞职。联合国秘书长古特雷斯发表声明,呼吁各方保持克制,并举行可信的选举。莫拉莱斯是拉丁美洲任职时间最长的国家元首之一,担任总统近 14 年,也是玻利维亚第 1 位土著总统。

11 月 11 日 冈比亚向国际法院提起对缅甸的诉讼,指控缅甸政府实施和纵容迫害罗兴亚人行为违反了《防止及惩治灭绝种族罪公约》。冈比亚认为,从 2016 年 10 月起,缅甸军方和其他缅甸安全部队通过大规模谋杀、强奸和其他形式的性暴力,以及有系统地用火焚烧的方式摧毁他们的村庄,从而达到全部或部分摧毁罗兴亚人这一群体的目的。2017 年 8 月,缅甸军方对罗兴亚人发起大规模"清剿行动",迫使近 100 万罗兴亚难民逃离家园,形成全球演变速度最快的难民危机。西非国家冈比亚是一个以穆斯林为主的国家,此次指控得到伊斯兰合作组织 57 个成员国和 1 个国际律师团队的支持。冈比亚总检察长兼司法部长曾在卢旺达问题国际刑事法庭工作期间参与调查 1994 年卢旺达境内种族灭绝事件,他在发起针对缅甸的诉讼当中发挥了很大作用。

11 月 11—13 日 第 2 届巴黎和平论坛在法国巴黎举办,2019 年会议主题为"创新全球治理手段"。包括 30 多位国家元首和政府首脑在内的近百个官方代表团出席,论坛议题涉及 6 大跨领域主题,相关多边讨论多达 80 场,参会人数将超过 6000 人。会议期间,与会者围绕完善全球治理、维护多边主义和保护生物多样性等议题展开讨论,推动创新解决方案以应对全球挑战。联合国秘书长古特雷斯出席开幕式并发言。他指出,当今世界正面临 5 大危机,5 条正在不断扩大的裂痕。他呼吁促进国际团结和多边主义。

11 月 14 日 安理会一致通过关于苏丹和南苏丹问题的第 S/RES/2497(2019)号决议,决定联合国阿卜耶伊临时安全部队(联阿安全部队)任务期限以及各项工作期限延长至 2020 年 5 月 15 日;认定双方应继续在标界方面取得可计量的进展;决定允许将高于核定兵力上限的 295 人的撤离推迟到 2020 年 5 月 15 日;请秘书长为联阿安全部队任命 1 名文职副首长,并在现有资源范围内增设更多文职工作人员,促进联络机动协作;请秘书长与双方和非洲联盟就苏丹和南苏丹正在采取旨在使联阿安全部队能够充分执行其任务的步骤、非盟高级别执行小组就阿卜耶伊争端及苏丹和南苏丹边界问题政治调解进行接触的状况、加强非洲之角问题特使的作用等重要问题进行协商。

11 月 15 日 安理会以 12 票赞成、3 票弃权(中国、赤道几内亚、俄罗斯)通过关于索马里局势的第 S/RES/2498(2019)号决议,请联邦政府加强与其他会员国以及与国际伙伴的合作与协调,防止和打击资助恐怖主义行为;重申所有国家应执行全面彻底禁止向索马里运送武器和军事装备,决定对索马里的军火禁运不适用于仅用于索马里国家安全部队或联邦政府以外的索马里安全部门机构发展,但不得转售转让;提供与军事活动有关的技术咨询、财政和其他援助及培训,需由联邦政府或提供援助的国家或国际、区域或次区域组织提前至少5个工作日告知委员会,联邦政府应不迟于武器或军事装备运送后30天向委员会提交确认已向索马里国家安全部队运送的运送后书面通知;决定续设索马里问题专家小组,任期至2020年12月15日。

同日　安理会一致通过关于中非局势的第 S/RES/2499(2019)号决议,决定将中非稳定团的任务期限延长至2020年11月15日,中非稳定团将继续包括最多达11650名军事人员(包括480名军事观察员和军事参谋人员)、2080名警务人员(包括400名单派警察和1680名建制警察部队人员)和108名狱警,其战略目标是在不损害维和基本原则的情况下,支持创造有利的政治、安全和体制条件,以持续减少武装团体及其造成的威胁;其优先任务是保护平民、开展斡旋和支持和平进程、2020/2021年选举、推动建立一个有利于立即、充分、安全和不受阻碍地交付人道主义援助的安全环境、保护联合国等。

11月18日　世界卫生组织与非洲联盟委员会在世卫组织总部签署一份谅解备忘录,承诺加深双方在健康领域的联系与合作,共同推进全球健康,落实全民健康覆盖。

11月19日　针对美国政府11月18日称不再视以色列在约旦河西岸修建犹太人定居点为"违反国际法"的表态,联合国秘书长发言人表示,联合国在这一问题上的一贯立场即以色列定居点修建行为有违国际法,并未发生改变,并对美国声明表示非常遗憾。

11月21日　中国国家主席习近平夫人、世界卫生组织结核病和艾滋病防治亲善大使彭丽媛21日在北京会见美国盖茨基金会联席主席比尔·盖茨。彭丽媛积极评价盖茨基金会同中方卓有成效的合作,赞赏基金会支持四川省凉山州艾滋病防治和健康扶贫项目取得进展。彭丽媛表示,中国把健康扶贫作为打赢脱贫攻坚战的关键举措之一,希望盖茨基金会继续支持和参与。中方愿同基金会继续开展结核病和艾滋病防治合作,总结推广有益经验,帮助包括非洲在内的发展中国家提高医疗卫生水平。比尔·盖茨高度赞赏中国在健康扶贫领域取得的巨大成就以及中国为推动国际合作、促进世界可持续发展作出的重大贡献。他表示,美、中加强合作将造福两国人民和世界人民。盖茨基金会愿同中方继续加大卫生、减贫、社会公益等领域合作,并共同致力于帮助其他发展中国家农业、卫生事业发展。

11月25日 联合国大会举行安理会扩大问题年度辩论,4国集团和"团结谋共识集团"分歧依旧。德国常驻联合国代表克里斯托夫·霍伊斯根代表由日本、德国、巴西和印度组成的4国集团在会议上表示,拖延安理会的改革,有可能使这个机构失去其权威地位和其所做决定的合法性。意大利常驻联合国代表马里亚安杰拉·萨皮亚代表"团结谋共识集团"发言表示,支持增加发展中国家、非洲、小岛屿发展中国家和小国在安理会的代表性。目前关于安理会改革的讨论围绕5个主要问题进行:新增安理会成员类别、否决权、区域席位分配、扩大后的安理会规模以及安理会工作方法问题。

12月2—15日 《联合国气候变化框架公约》第25次缔约方会议,《京都议定书》第15次缔约方会议和《巴黎协定》第2次缔约方会议在西班牙马德里举行。其间还举行了公约附属履行机构和附属科技咨询机构第51次会议。上述会议统称联合国气候变化马德里会议。本次会议适逢公约生效25周年、《巴黎协定》即将于2020年正式实施的重要节点,对全球气候治理具有承上启下的重要意义。来自公约197个缔约方和观察员国、1000多个政府间组织和非政府组织及500多家媒体共2.2万余人参会。西班牙首相佩德罗·桑切斯、联合国秘书长古特雷斯以及30多个国家元首和政府首脑出席,中国派出以生态环境部副部长赵英民率领的代表团出席会议。会议期间,中国代表团全面深入参与会议各议题谈判,坚持平衡对待各谈判议题,有效维护了发展中国家整体利益。会议达成了坚持多边主义、反映各国气候治理共识的"治理马德里行动时刻"以及《联合国气候变化框架公约》《京都议定书》《巴黎协定》落实和治理等30余项决议。因谈判各方分歧严重,大会未就《巴黎协定》第6条实施细则谈判这项核心任务达成共识。大会最后勉强签订"折中协议",同意在2020年苏格兰格拉斯哥峰会登场前,提出新的改良版减碳计划,碳交易市场等议题下次峰会再行决定。所有与会国家都须处理科学家就避免气候危机所提建言以及现状之间的鸿沟。依照目前趋势,全球可能在21世纪30年代即跨越门槛,落入气候变迁导致的危险处境。会议还决定,公约第26次缔约方大会将于2020年在英国格拉斯哥举办。

12月4日 安理会一致通过关于索马里局势的第S/RES/2500(2019)号决议,决定将给予在索马里沿海海域与索马里当局合作打击海盗和海上武装抢劫行为的国家和区域组织的授权再延续12个月,对索马里军火禁运措施不适用于为仅供采取措施的会员国、国际、区域和次区域组织使用而供应武器和军事装备或提供援助。

12月6日　联合国难民署发表声明,欢迎巴西承认成千上万名委内瑞拉寻求庇护者的难民地位。根据巴西全国难民委员会新出台的政策规定,获得难民身份,委内瑞拉寻求庇护者必须居住在巴西,不在该国持有任何其他居留证,年满18岁,拥有委内瑞拉身份证件,并且在巴西没有犯罪记录。巴西当局估计,目前约有22.4万名委内瑞拉人居住在该国。平均每天仍有500名委内瑞拉人继续越境进入巴西。

12月9日　国际刑事法院缔约国决定,在内战中蓄意将饥饿作为战争手段可构成战争罪。此前《罗马规约》已将蓄意使用饥饿为战争手段列为战争罪行,但仅适用于国际冲突中。这一修改将加强对内战中被围困地区的保护。

12月11日　联合国粮农组织、联合国儿童基金会、世界粮食计划署和世界卫生组织共同发布一份新报告。报告指出,要在2030年底之前实现可持续发展目标2中的零饥饿目标,亚太地区必须从现在起每月让300万营养不足人口填饱肚子。据统计,亚太地区生活着全球近5亿营养不足人口。

12月16日　安理会一致通过关于"恐怖行为对国际和平与安全的威胁"的第S/RES/2501(2019)号决议,决定所有国家应对被指认为塔利班的个人和实体以及其他威胁阿富汗和平、稳定与安全的个人、团体、企业和实体采取措施,将1267/1988分析支助和制裁监测组(监测组)现有任务期限于2019年12月到期后继续支持委员会12个月。

12月16—18日　首届全球难民论坛在瑞士日内瓦举行。本届论坛由联合国难民署与瑞士政府联合主办,哥斯达黎加、埃塞俄比亚、德国、巴基斯坦和土耳其5个难民收容大国共同协办。论坛旨在通过"大胆和创新"的方式,为全球难民群体以及收容他们的国家和地区找到更好的长期支持方案。会议期间,难民代表与国家元首、联合国机构、非政府组织以及私营部门就责任分担、教育、就业和生计、能源和基础设施、解决方案以及保护能力6大主题展开讨论,通过分享最佳做法,在经济、技术、物资援助、法律和政策等多方面提出富有建设性的意见和建议,让国际社会应对难民危机的方式变得更加合理、可预测和可持续。

12月18日　第74届联合国大会通过关于"防止外层空间军备竞赛的进一步切实措施"的第A/RES/74/34号决议。决议强调所有会员国,特别是拥有强大空间能力的国家,都应积极促进防止外层空间军备竞赛,以期促进和加强为和平目的探索利用外层空间的国际合作,以构建人类命运共同体。

12 月 19 日 安理会一致通过关于刚果民主共和国局势的第 S/RES/2502(2019)号决议,决定将联合国组织刚果民主共和国稳定特派团(联刚稳定团)在刚果民主共和国的任务期限,包括作为例外并在不构成先例也无损既定维和原则的情况下将稳定团干预旅的任务期限,延长至 2020 年 12 月 20 日;联刚稳定团核定部队上限将包括 14000 名军事人员、660 名军事观察员和参谋人员、591 名警务人员和 1050 名建制警察部队人员,同意按照秘书长报告的建议,临时增加部署 360 名建制警察部队人员以取代军事人员;决定联刚稳定团的战略优先事项是帮助实现保护平民、支持稳定和加强刚果民主共和国国家机构及支持关键的治理和安全改革的目标。

同日 安理会一致通过关于中东局势的第 S/RES/2503(2019)号决议,对任何行为体在隔离区内正在进行的军事活动继续有可能加剧以色列与阿拉伯叙利亚共和国之间的紧张局势,危及两国之间的停火并对当地平民和实地联合国人员构成风险表示关切,决定将观察员部队的任务期限延长至 2020 年 6 月 30 日。

12 月 26 日 印度洋海啸 15 周年纪念日。联合国呼吁加强备灾和抵御能力来应对灾害风险。

12 月 28 日 联合国大会批准了联合国 2020 年预算,金额为 30.7383 亿美元,这比秘书长古特雷斯最初提出的要求增加了大约 800 万美元。这也标志着自 1973 年以来,联合国首次通过年度预算而不是两年期预算。

12 月 30 日 非洲联盟—联合国达尔富尔混合行动对苏丹过渡政府与该国达尔富尔地区的 9 个反对派武装团体签署一项框架协议表示欢迎,认为协议为下一轮磋商指明了方向,也为实现公平和完整的和平协议奠定了基础。12 月 28 日,苏丹过渡政府与 9 个反政府武装团体所组成的"苏丹革命阵线"联盟在南苏丹首都朱巴签署协议。协议中所列出的关键事项包括应对导致冲突的根本原因、难民与流离失所者回返、解决冲突期间的土地和财产损失、各方权力分配,以及将武装团体编入国家武装部队等。

二○二○年

(国际植物健康年、国际护士和助产士年)

1 月 2 日 联合国宣布将从 2020 年 1 月 1 日起,在全球发起纪念联合国成立 75 周年的对话活动。联合国将在世界各地推动人们就为所有人建设更美好未来举行对话,这将是有史以来在全球开展的最大和最具包容性的对话活动。纪念联合国成立 75 周年活动组委会将在全球开展"一分钟调查",在 50 个国家举行一次民意测验,在 70 个国家对传统和社交媒体上刊载的内容所表达的情绪利用人工智能进行分析,为国家和国际政策和辩论提供信息。

1 月 8 日   一架乌克兰客机在伊朗首都德黑兰霍梅尼国际机场附近坠毁。这架波音 737 客机上的 176 人全部遇难(含 167 名乘客、9 名机组人员),无人生还。1 月 11 日清晨,伊朗通过国家电视台承认军方在无意中击落了乌克兰客机,强调此次击落是"无意的",并称之为"人为失误"。伊朗总统鲁哈尼发文称,这是"一个巨大的悲剧和一个不可原谅的错误"。自 1 月 3 日美国刺杀伊朗高级将领苏莱曼尼以来,美伊两国冲突升级,中东局势紧张。1 月 8 日凌晨,伊朗伊斯兰革命卫队发射导弹袭击了美在伊拉克的两处军事基地,为苏莱曼尼将军报仇。

1 月 10 日   安理会以 11 票赞成、4 票弃权(中国、俄罗斯、英国、美国)通过关于中东局势的第 S/RES/2504(2020)号决议,促请所有各方确保 2020 年对叙利亚开展恪守原则、持续不断且有所改善的人道主义援助,决定将第 S/RES/2165(2014)号决议第 2 段和第 3 段所载各项决定的期限延续 6 个月至 2020 年 7 月 10 日,不包括拉姆萨过境点和亚卢比亚过境点。

1 月 13 日   第 74 届联大主席班迪向成员国通报 2020 年的优先事项。本届联大的重点议题是维持和平与安全、消除贫穷、零饥饿、优质教育、气候行动和包容。

同日   安理会一致通过关于中东局势的第 S/RES/2505(2020)号决议,重申赞同也门政府和胡塞武装组织在瑞典就荷台达市以及荷台达港、萨利夫港和拉斯伊萨港达成的协议(《荷台达协议》),决定把联合国支助荷台达协议特派团(荷台达协议支助团)的任务期限延长至 2020 年 7 月 15 日,并确定该资助团应承担领导和支持重新部署协调委员会的运作、监测各方在荷台达省遵守停火情况以及部队调离情况、与各方协作使地方安全部确保地方安全、促进和协调联合国支助等任务。

同日   联合国发言人表示,中非共和国、冈比亚、莱索托、汤加、委内瑞拉和也门等 6 国在缴纳 2019 年会费方面远远滞后,即日起将失去联合国大会投票权。

1 月 17 日   联合国在纽约总部举行海地地震 10 周年缅怀纪念活动,缅怀在地震中丧生的 20 多万海地人,并向继续遭受这场悲剧影响的数百万人表示慰问和声援。2010 年 1 月 12 日下午 4 点 53 分左右,海地发生里氏 7.3 级大地震,造成 20 万多人死亡,100 万多人流离失所,当地居民财产遭到了难以估量的损失。

1月22日 联合国秘书长古特雷斯在向联大全体会员国进行非正式工作汇报时,指出了全人类在21世纪面临的4大威胁:多年来前所未见的最高的全球地缘战略紧张局势、既存的气候危机、全球不信任和数字世界的阴暗面。古特雷斯说:"我们必须用21世纪的4个解决方案来应对这4个21世纪的挑战。"必须采取连贯协调的行动,开展冲突的预防、调停、维持和平、巩固和平,以实现长期发展;在减缓气候变化、适应气候变化和融资方面要有雄心壮志,温室气体的主要排放国应在2020年11月于英国格拉斯哥举行的第26届联合国气候变化大会(COP26)之前大幅加大行动力度;建立公平的全球化,通过可持续发展目标行动10年全面动员起来;必须引导技术带来积极的变化,打击网络犯罪和网络仇恨,将网络空间目前堪比美国早期"狂野的西部"的"无法无天"的领域纳入规范,禁止致命的自主武器。

同日 联合国在当天这次会议上还正式发起了可持续发展目标行动10年,呼吁社会各界在3个层面上参加行动10年——全球行动:增强领导力,投入更多资源,采取更明智的解决方案;地方行动:在政府、城市和地方当局的政策、预算、机构和监管框架中进行必要的转型;全民行动:包括青年、民间社会、媒体、私营部门、工会、学术界和其他利益相关方在内的全体人民采取行动,必将带来势不可挡的动力,推动必要的变革。

1月23日 国际法院下达"临时措施",要求缅甸政府防止种族灭绝行为,确保军队和警察部队不可犯有种族灭绝罪,保存过去种族灭绝行为的证据,并在4个月内报告遵守情况。2019年11月1日,冈比亚代表伊斯兰合作组织组织向国际法院提起诉讼,控告缅甸对该国西部若开邦的穆斯林罗兴亚人少数群体实施了种族灭绝。同月,国际刑事法院批准了对驱逐罗兴亚人涉嫌危害人类罪的问题进行调查。2019年12月,开始就这一案件举行听证。联合国秘书长古特雷斯通过发言人发表声明,对国际刑事法院针对缅甸下达临时措施表示欢迎。

1月27日 世卫组织总干事谭德塞与该组织西太平洋区域主任葛西健抵达北京,与中国政府当局及卫生专家讨论新型冠状病毒疫情。世界卫生组织在1月23日和24日就新型冠状病毒疫情在日内瓦召集紧急委员会会议。委员会在会议结束时发表的声明表示,这一疫情"毫无疑问在中国是一个紧急情况,它尚未成为但有可能成为全球性的卫生紧急情况"。

1月28日 美国总统特朗普在白宫与到访的以色列总理内塔尼亚胡会面后宣布了中东和平计划,这一和平计划的主要内容包括:美国承认以色列根据这份计划中的建议地图行使领土主权;保持耶路撒冷为以色列"不可分割"的首都;承认以色列对位于西岸的定居点的主权;以色列将与耶路撒冷圣地的管理方约旦合作,维持圣地的现状。同时,该计划建议成立独立的巴勒斯坦国,以耶路撒冷东部郊区为首都;根据建议的地图分给巴勒斯坦的领土将保持开放,并在 4 年内不得开发,巴勒斯坦可在此期间与以色列进行谈判,以期达到建国标准。但巴勒斯坦称,美国的建议使其仅能控制"历史上的巴勒斯坦"15%的面积。联合国秘书长发言人杜加里克在回答记者提问时表示,多年来联合国对两国解决方案的立场是由对秘书处有约束力的安理会和联合国大会有关决议确定的。

1 月 30 日 安理会一致通过关于塞浦路斯局势的第 S/RES/2506 (2020)号决议,表示深度关切东地中海紧张局势因碳氢化合物勘探问题而进一步升级和加剧,决定将联塞部队任务期限再次延长至 2020 年 7 月 31 日,促请塞浦路斯土族人方面和土耳其部队在斯特罗维利亚恢复 2000 年 6 月 30 日之前存在的军事状态。

同日 世界卫生组织总干事谭德塞根据该组织突发事件委员会的建议,宣布新型冠状病毒疫情为国际关注的突发公共卫生事件。

1 月 31 日 安理会以 13 票赞成、2 票弃权(中国、俄罗斯)通过关于中非共和国局势的第 S/RES/2507(2020)号决议,决定对中非共和国实施武器禁运至 2020 年 7 月 31 日,将旅行禁令、资产冻结等措施和规定延长至 2020 年 7 月 31 日,将专家小组任务期限延长至 2020 年 8 月 31 日。

2 月 10 日 国际原子能机构核安全部长级会议通过了一份宣言,以加强全球核安全,并应对核恐怖主义和其他恶意行为带来的威胁。在宣言中,原子能机构成员国重申了核不扩散、核裁军与和平利用核能的共同目标,并确认核安全有助于国际和平与安全。

2 月 11 日 安理会一致通过关于"秘书长关于苏丹和南苏丹的报告"的第 S/RES/2508(2020)号决议,认定苏丹局势继续对该区域的国际和平与安全构成威胁,决定将专家小组的任务期限延长至 2021 年 3 月 12 日。

同日 安理会以 14 票赞成、1 票弃权(俄罗斯)通过关于利比亚局势的第 S/RES/2509(2020)号决议,谴责企图从利比亚非法出口石油(包括原油和精炼石油产品)的行为,决定将第 S/RES/2146(2014)号决议规定和实施并经第 S/RES/2441(2018)号决议第 2 段修正的授权和措施延长至 2021 年 4 月 30 日,将第 S/RES/2146(2014)号决议第 11 段所述的指认期修改为 1 年,将专家小组任务期限延长至 2021 年 5 月 15 日。

2 月 12 日 安理会以 14 票赞成、1 票弃权(俄罗斯)通过关于利比亚局势的第 S/RES/2510(2020)号决议,重申对利比亚主权、独立、领土完整和国家统一的坚定承诺。

2月25日 安理会以 13 票赞成、2 票弃权(中国、俄罗斯)通过关于也门局势的第 S/RES/2511(2020)号决议,决定将资产冻结、旅行禁令等措施延长至 2021 年 2 月 26 日,将专家小组任务期限延长至 2021 年 3 月 28 日。

2月28日 安理会一致通过关于几内亚比绍局势的第 S/RES/2512(2020)号决议,决定将联几建和办任务期限延长至 2020 年 12 月 31 日;联几建和办应继续作为一个精简的斡旋特别政治任务开展工作,由 1 名助理秘书长职等的特别代表领导;联几建和办应重点关注支持全面执行《科纳克里协定》和西非经共体 6 点路线图、支持几内亚比绍国家当局加快并完成对几内亚比绍宪法的审查这两项优先事项。

同日 安理会召集紧急会议讨论伊德利卜形势,联合国秘书长古特雷斯在会上表示,对于冲突不断变化的性质深切关注。2 月 27 日,叙利亚境内的土耳其部队遭到袭击。土耳其国防部部长表示,叙利亚政府发动的袭击造成 33 名土耳其士兵死亡,32 名士兵受伤。

同日 鉴于最近几天在中国境外受新冠疫情影响的国家和病例数量持续增加,世界卫生组织决定将这一病毒传播和影响的风险评估从"高"提高到"非常高"的水平,这是世卫组织风险评估的最高级。2 月 28 日,世卫组织在中国进行了为期 9 天(2 月 16—24 日)的考察之后,发布了一份报告,表示中国对一种新发传染病"采取了历史上最勇敢、最灵活、最积极的防控措施"。报告分析了中国的暴发数据,向中国和其他国家及地区推荐了应对 COVID—19 的具体行动。

3月2日 联大主席穆罕默德—班德和联合国经社理事会主席莫娜·尤尔共同召集非正式互动对话,并启动实现"2030 年议程"的国际金融问责制、透明度和廉政问题高级别小组。该高级别小组由联合国大会主席和联合国经济及社会理事会主席共同创建,由来自决策者、学术界、民间社会和私营部门的 15 名成员组成。小组将探讨各国政府和金融机构在金融透明度、税务事项、贿赂和腐败、没收和处置犯罪所得、洗钱以及追回和返还被盗资产等领域需要采取哪些进一步行动。

3月4日 联合国前秘书长、来自秘鲁的著名外交官哈维尔·佩雷斯·德奎利亚尔,于当地时间 4 日晚间在位于首都利马的家中去世,享年 100 岁。联合国秘书长古特雷斯发表声明,对德奎利亚尔的逝世深感悲痛。

3月5日 国际刑事法院上诉分庭一致决定授权检察官开始调查法院管辖下的阿富汗冲突局势中出现的有关指控罪行。上诉分庭的判决修正了第二预审分庭在 2019 年 4 月 12 日做出的决定,该决定驳回了检察官于

2017年11月20日要求获得授权进行调查的请求,并认定启动调查不符合司法利益。检察官对该决定提出了上诉。国际刑事法院检察官于2017年11月请求对有关阿富汗冲突期间可能发生战争罪行和危害人类罪行的指称开启正式调查,可能的战争罪行指称涉及阿富汗冲突各方,其中也包括美方。

3月9日 妇女地位委员会通过《政治宣言》,表示《北京宣言和行动纲要》仍然被认为是关于妇女权利的最有远见的蓝图。领导人承诺加紧努力,充分执行这一纲要。联合国秘书长古特雷斯在妇女地位委员会第64届会议上发表讲话指出,妇女权利是一种人权,性别平等是所有可持续发展目标的核心。

3月10日 安理会一致通过关于阿富汗局势的第 S/RES/2513(2020)号决议,指出阿富汗伊斯兰酋长国不被联合国承认,联合国安全理事会不支持恢复阿富汗伊斯兰酋长国,欢迎《阿富汗伊斯兰共和国与美利坚合众国推动阿富汗实现和平联合声明》和《美利坚合众国与塔利班推动阿富汗实现和平协定》为结束战争迈出重要步伐。

3月11日 世界卫生组织总干事谭德塞在日内瓦的记者会上表示,经评估,世卫组织认为新型冠状病毒疫情已构成全球大流行。3月13日世卫组织与联合国基金会和瑞士慈善基金会共同发起了新冠肺炎团结应对基金,以便个人和组织能够作出贡献,帮助应对这一病毒的大流行。团结基金筹集到的资金将用于世卫组织新冠疫情《战略准备和响应计划》中建议的行动,以便使所有国家,尤其是那些最脆弱、高风险和卫生系统最薄弱的国家对危机做好准备和应对,包括迅速检测病例,阻止病毒传播,并照顾受影响的人。

3月12日 安理会一致通过关于"秘书长关于苏丹和南苏丹的报告"的第 S/RES/2514(2020)号决议,要求冲突各方立即在南苏丹全境停止战斗并开展政治对话,南苏丹领导人执行停火,执行2017年12月21日签署的《停止敌对行动、保护平民和人道主义准入协议》;要求南苏丹政府履行南苏丹政府和联合国签署的《部队地位协定》规定的义务,立即停止阻挠南苏丹特派团执行任务;决定将南苏丹特派团任务期限延长至2021年3月15日;要求南苏丹特派团要开展保护平民、为运送人道主义援助创造有利条件、支持执行《重振协议》及和平进程、监测和调查人权情况等任务。

3月25日 联合国秘书长古特雷斯启动20亿美元的全球人道主义协同应对计划,以帮助世界上最脆弱的国家抗击新冠疫情,保护数百万人的生命,阻止病毒继续在各国蔓延。

3月30日 安理会一致通过关于朝鲜核问题的第 S/RES/2515(2020)号决议,决定将有关专家小组的任务期限延至 2021 年 4 月 30 日。

同日 安理会一致通过关于索马里局势的第 S/RES/2516(2020)号决议,决定将联合国索马里援助团(联索援助团)任务期限延长至 2020 年 6 月 30 日。

同日 安理会一致通过关于"秘书长关于苏丹和南苏丹的报告"的第 S/RES/2517(2020)号决议,决定非洲联盟—联合国达尔富尔混合行动(达尔富尔混合行动)应维持目前的部队和警察人数上限至 2020 年 5 月 31 日,打算在 2020 年 5 月 31 日前决定达尔富尔混合行动的缩编和撤离行动方案。

同日 安理会一致通过关于联合国维持和平行动的第 S/RES/2518(2020)号决议,促请东道国履行义务,为符合授权规定的联合国维和人员及其装备;联合国维和行动要加强与东道国政府、地方当局和民众的接触和沟通;促请联合国进一步推行轻协调机制,推动和进一步协调改进会员国之间的培训和能力建设。

4月1日 《联合国气候变化框架公约》秘书处表示,鉴于目前的新型冠状病毒疫情,决定将原定于 2020 年 11 月在英国格拉斯哥举行的公约第 26 次缔约方会议推迟到 2021 年。秘书处表示,这一决定是缔约方大会主席团与英国和意大利两个联合主席国共同做出的。新的会期将在与各方进一步协商后公布。

4月7日 世界卫生日。本年的口号是支持护士和助产士,尤其是在抗击 2019 冠状病毒的过程中,对护士和助产士的贡献进行赞颂。世卫组织还提醒全球领导人在维护全世界健康方面应发挥关键作用。

4月8日 世界卫生组织总干事谭德塞在日内瓦表示,不应将新冠疫情政治化,因为团结是战胜这一疾病的唯一选择。谭德塞提出:"现在,美国和中国应该团结起来,与这个危险的敌人作战。世界其他地区也应该团结起来与之作战。"

同日 零点,武汉在史无前例封城 76 天后终于解封。中国取得了抗疫行动的阶段性成果。

4月14日 载有 100 万件抗疫物资的联合国首架"团结航班"顺利飞抵埃塞俄比亚首都亚的斯亚贝巴,物资将分送至需求迫切的非洲诸国。本架航班共搭载 100 万件口罩、手套、护目镜、隔离衣、医用围裙、体温计和呼吸机等物品,以及由埃塞总理阿比和马云基金会捐赠的大批医疗物资,可为 3 万多名患者提供治疗,同时保障一线医护人员安全。

4月15日　4月14日,美国总统特朗普在白宫宣布,美国将暂停向世界卫生组织提供资金,并评估该机构应对新冠疫情措施等方面的问题。15日,世界卫生组织总干事谭德塞对美国总统决定下令停止向世界卫生组织提供资金表示遗憾。他表示,世卫组织正在审查美国撤回资金的决定对该组织工作的影响,并表示将与合作伙伴合作,填补面临的任何资金缺口,确保世界卫生组织的工作不间断地继续下去。

同日　世界艺术日。为了通过艺术的力量抗击新冠疫情,联合国教科文组织启动"坚韧艺术"(Resili Art)全球运动。这一运动旨在提高人们对疫情所带来的深远影响的认识,并在危机期间和危机后为艺术家提供支持。

同日　国际货币基金组织执行董事会批准减免25个成员国的债务,这是基金组织帮助缓解新冠疫情影响所采取的应对措施的一部分。

4月20日　联合国大会通过关于开展国际合作的第A/RES/74/274号决议。决议表示,新冠疫情已对全球人类的健康、安全和福祉造成威胁,并产生前所未有的多方面影响,包括对社会、经济、全球贸易和旅行的严重干扰,以及对民生的破坏性影响。决议鼓励会员国与所有相关利益攸关方合作,增加疫苗和药物的研发资金、借力数字技术、为抗击新冠疫情加强必要的科学国际合作。

4月23日　联合国人居署对64个国家启动紧急的新冠疫情应急计划,重点是在贫困和人口稠密地区立即采取行动。该运动通过其城市专业人员、基层组织和企业的网络以调动国家、城市和地方政府以及社区领袖的支持。

4月24日　众多国家元首和全球卫生领域的领导人作出了前所未有的承诺,将共同努力,加快新型冠状病毒疫苗的开发和生产以及针对这一病毒的检测和治疗,并确保全球范围内的公平获取。这一题为"支持全球合作以加速新型冠状病毒工具的开发、生产和公平获取"的承诺声明和呼吁的发布仪式由世界卫生组织、法国总统、欧盟委员会主席和比尔及梅林达·盖茨基金会共同主办。

5月14日　安理会一致通过关于"秘书长关于苏丹和南苏丹的报告"的第S/RES/2519(2020)号决议,决定将联阿安全部队的任务期限延长至2020年11月15日,修订任务规定联阿安全部队为联合边界核查和监测机制(边界核监机制)提供支持,决定仅允许在秘书长解除与新冠疫情有关的暂停部队遣返规定之前推迟撤出超过核定兵力上限的295名士兵。

5月18—19日　受到新冠疫情影响,第73届世界卫生大会以网络远程会议形式召开,各会员国将主要围绕新冠疫情的应对工作展开讨论。这也是有史以来世卫组织第 1 次举行在线世界卫生大会。194 个会员国的代表们通过了一项具有里程碑意义的决议。该决议呼吁加强控制新冠疫情的努力，并要求公平获得和公平分配所有与这一流行病作斗争所需的基本卫生技术和产品。

5 月 21 日 联合国发起一项题为"核实"的倡议，旨在通过增加可靠、准确信息的数量和覆盖范围来打击新冠疫情期间日益增多的虚假信息和错误信息。该倡议呼吁世界各地的人们注册成为"信息志愿者"，分享可靠的信息。

同日 联合国难民署发布关于丧失和剥夺国籍的新准则。该公约是两项关键的有关无国籍问题条约之一，与 1954 年《关于无国籍人地位的公约》一起，为防止无国籍状态的发生和保护已经失去国籍的人提供了法律框架。

5 月 27 日 世界卫生组织总干事谭德塞宣布，已准备两年之久的"世界卫生组织基金会"宣告成立。基金会的启动是世卫组织迈出的历史性一步，是世卫组织旨在扩大捐助者基础的而进行的资源调动战略的一个组成部分。

同日 美国常驻联合国代表团对全国人大关于中国香港特区维护国家安全立法事项妄加评论，对中方合法正当之举横加指责，并提出联合国安理会讨论的无理要求，粗暴干涉中国内政。对此，中国常驻联合国代表团就美常驻团干涉中国内政发表声明，中方对此表示强烈不满和坚决反对，已向美方提出严正交涉。声明指出：香港是中国的一个特别行政区。香港事务纯属中国内政，不容任何外来干涉，安理会承担着维护国际和平与安全的首要责任，不是讨论干涉会员国国内立法的场合。香港国家安全立法纯属中国内政，同安理会职责毫无关系。美方的无理要求，完全出于政治动机，严重违背《联合国宪章》宗旨原则和国际关系基本准则，严重破坏联合国会员国互信与合作，严重干扰联合国工作秩序。美方不负责任的行为，再次暴露其强权政治和霸凌行径的真实面目。

5 月 28 日 联合国大会通过第 A/RES/74/275 号决议，决定宣布 9 月 9 日为保护教育免受攻击国际日，重申人人拥有受教育权，而且必须确保在人道主义紧急情况下提供安全有利的学习环境，以及在各级包括为女童提供优质教育。

5 月 29 日 安理会一致通过关于索马里局势的第 S/RES/2520（2020）号决议，欢迎索马里联邦政府承诺在 2020 年 9 月底之前修订索马里主导的过渡计划，决定授权非洲联盟成员国继续部署 19626 名非索特派团军警人员直至 2021 年 2 月 28 日。

同日 安理会一致通过关于"秘书长关于苏丹和南苏丹的报告"的第 S/RES/2521(2020)号决议,对南苏丹境内持续的战斗表示关切,决定将有关军火方面措施延长至 2021 年 5 月 31 日,决定授权所有会员国在发现禁止供应、出售或转移的物项时,予以没收和处置;决定将旅行和金融措施延长至 2021 年 5 月 31 日,将有关专家小组任务期限延长至 2021 年 7 月 1 日。

同日 安理会一致通过关于伊拉克的局势的第 S/RES/2522(2020)号决议,决定将联合国伊拉克援助团(联伊援助团)的任务期限延长至 2021 年 5 月 31 日,决定秘书长特别代表和联伊援助团应根据伊拉克政府的请求,优先为伊拉克政府和人民提供关于推进包容各方的政治对话以及全国和社区两级和解的咨询、支持和援助。

同日 安理会一致通过关于"秘书长关于苏丹和南苏丹的报告"的第 S/RES/2523(2020)号决议,决定非洲联盟—联合国达尔富尔混合行动(达尔富尔混合行动)应维持目前的部队和警察人数上限至 2020 年 6 月 3 日,在此期间达尔富尔混合行动应维持所有队部以执行任务。

6 月 3 日 安理会一致通过关于"秘书长关于苏丹和南苏丹的报告"的第 S/RES/2524(2020)号决议,决定设立联合国苏丹过渡时期综合援助团(联苏综合援助团),最初任期 12 个月。

同日 安理会一致通过关于"秘书长关于苏丹和南苏丹的报告"的第 S/RES/2525(2020)号决议,认识到新冠疫情对达尔富尔混合行动缩编的影响,决定将非洲联盟—联合国达尔富尔混合行动(达尔富尔混合行动)的任务期限延长至 2020 年 12 月 31 日。

6 月 5 日 安理会一致通过关于利比亚局势的第 S/RES/2526(2020)号决议,回顾其对利比亚实施军火禁运的第 S/RES/1970(2011)号决议及其后所有相关决议,决定将有关各项授权再延长 12 个月。

6 月 9 日 国际刑事法院宣布,自 2007 年以来被该法院通缉的苏丹战争罪和危害人类罪嫌疑犯阿里·库沙卜已经被该法院拘留。这一国际刑事案件的审理由此取得了重大进展。从 2003 年 8 月左右起至 2004 年 3 月,库沙卜指挥了数千名金戈威德民兵执行苏丹政府的平叛战略。该战略导致了在苏丹达尔富尔犯下了大规模的战争罪和危害人类罪。

6 月 11 日 联合国秘书长古特雷斯在"数字世界现状和数字合作路线图实施的在线高级别活动"上正式推出"数字合作路线图"。古特雷斯表示,路线图的首要目标是连接、尊重和保护数字时代的人们。

6月12日 乌拉圭成为国际劳工组织《暴力和骚扰公约》首个批准国。2019年6月举行的百年国际劳工大会通过了2019年《暴力和骚扰公约》和2019年《暴力和骚扰建议书》。该公约仅需要两个国家批准就能生效,因此首次获得成员国批准意味着重要的一步。《暴力和骚扰公约》是首个解决工作世界中的暴力和骚扰问题的国际条约,对工作世界中的暴力和骚扰首次给出了国际定义,其中包括基于性别的暴力问题。

6月13日 中国第4个文化和自然遗产日。我国自加入《世界遗产公约》以来,已成功申报世界遗产55项,其中,文化遗产37项、自然遗产14项、自然与文化双遗产4项。世界遗产总数、自然遗产和双遗产数量均居世界第一,是近年全球世界遗产数量增长最快的国家之一。至今我国已有武陵源、九寨沟、黄龙、三江并流、四川大熊猫栖息地、中国南方喀斯特、三清山、中国丹霞、澄江化石地、新疆天山、湖北神农架、青海可可西里、梵净山、中国黄(渤)海候鸟栖息地(第1期)14项世界自然遗产,有泰山、黄山、峨眉山—乐山大佛和武夷山4项双遗产,总面积达6.8万平方公里,保护了最重要的自然生态系统和自然遗迹。世界遗产是列入联合国教科文组织《世界遗产名录》的具有突出普遍价值的自然区域和文化遗存。截至目前,全世界已有193个国家加入《世界遗产公约》,1121个项目列入《世界遗产名录》,其中文化遗产869项、自然遗产213项、自然与文化双遗产39项。

6月17日 土耳其外交官沃尔坎·博兹基尔在联合国大会当天举行的投票中当选为新一届联大主席。他将于9月开幕的新一届联大就职。

6月18日 肯尼亚当选为联合国安理会非常任理事国,获得预留给非洲国家的一个席位。在星期三举行的第1轮选举中,印度、爱尔兰、墨西哥和挪威成功当选。

6月19日 联合国人权理事会一致通过一项决议,请求联合国人权事务高级专员在相关特别任务负责人的协助下,编写一份关于系统性种族主义、执法机构违反国际人权法侵害非洲人和非洲人后裔的行为特别是导致乔治·弗洛伊德和其他非洲人及非洲人后裔死亡的事件的报告,以促进问责和对受害者进行补偿。

同日 国际原子能机构的决策机构理事会通过一项决议,呼吁伊朗与原子能机构充分合作,执行《不扩散条约保障监督协定》和《附加议定书》,并不再拖延地满足原子能机构的要求。该决议由法国、德国和英国提交,以25票赞成、2票反对、7票弃权的结果获得通过。

6月20日 第十三届全国人民代表大会常务委员会第十九次会议决定:中国加入2013年4月2日由联合国大会通过的《武器贸易条约》。7月

6 日,中国常驻联合国代表张军大使在纽约联合国总部,向联合国秘书长古特雷斯交存了《武器贸易条约》加入书。这标志着中国完成了加入这一条约的所有法律程序。条约自 7 月 6 日起 90 天后对中国生效。对此,中国外交部发言人赵立坚表示,加入《武器贸易条约》是中国积极参与全球武器贸易治理、维护世界和地区的和平与稳定的重要举措,体现了中方支持多边主义、维护国际军控体系、践行构建人类命运共同体理念的决心和诚意。

6 月 22 日　安理会一致通过关于索马里局势的第 S/RES/2527(2020)号决议,重申尊重索马里的主权、领土完整、政治独立和统一,决定将联合国索马里援助团(联索援助团)任务的期限延长至 2020 年 8 月 31 日。

6 月 25 日　安理会一致通过关于刚果民主共和国的局势的第 S/RES/2528(2020)号决议,决定将有关军火措施延长至 2021 年 7 月 1 日。

同日　安理会以 14 票赞成、1 票弃权(俄罗斯)通过关于"刑事法庭余留事项国际处理机制"的第 S/RES/2529(2020)号决议,决定任命塞尔日·布拉默茨先生为刑事法庭余留事项国际处理机制检察官,自 2020 年 7 月 1 日起生效,至 2022 年 6 月 30 日期满;敦促各国与余留机制充分合作。

6 月 29 日　安理会一致通过关于中东局势的第 S/RES/2530(2020)号决议,促请观察员部队以外的其他所有团体放弃观察员部队的所有阵地,并交还维和人员的车辆、武器和其他装备;决定将联合国脱离接触观察员部队的任务期限延长至 2020 年 12 月 31 日。

同日　安理会一致通过关于马里局势的第 S/RES/2531(2020)号决议,决定将马里稳定团任务期限延长至 2021 年 6 月 30 日,稳定团应继续由至多 13289 名军事人员和 1920 名警务人员组成;马里稳定团优先工作为支持执行《马里和平与和解协议》,支持中部稳定和在中部恢复国家权力,保护平民,斡旋及和解,促进和保护人权,人道主义援助。

6 月 30 日　联合国通过网络举行了"消除贫困的趋势、选择和战略"高级别会议。第 74 届联大主席班迪表示,此次会议标志着"消除贫困联盟"(Alliance for Poverty Eradication)正式启动。消除贫困是本届联大的主要优先事项之一。联合国秘书长古特雷斯在致辞中表示,新冠肺炎大流行暴露了全球面临的巨大脆弱性和挑战。现在正是时候集中精力在所有地方消除一切形式的贫困,从普遍存在的结构性不平等、医疗基础设施不足到缺乏普遍的社会保护。

7 月 1 日　安理会一致通过关于维护国际和平与安全的第 S/RES/2532(2020)号决议,对新冠疫情在世界各地大流行带来的破坏性影响表示严重关切,认可联合国启动以人民为中心的新冠疫情疫情全球人道主义应对计划,要求在安理会议程所列各个局势内普遍、立即停止敌对行动。安理会还要求武装冲突所有各方立即实行至少连续 90 天的持久人道主义暂停,以便持续运送人道主义援助和提供相关服务。

7 月 6 日 美国政府通知联合国秘书长,它将退出世界卫生组织,并告知这一决定将于 2021 年 7 月 6 日正式生效。

7 月 6—10 日 第 2 届联合国反恐周在线举行,本次主题为"全球大流行环境中的反恐战略和实际挑战"。联合国秘书长古特雷斯通过网络发表致辞表示,在新冠肺炎大流行的背景下,反恐工作面临更多挑战。

7 月 7—16 日 联合国可持续发展高级别政治论坛通过在线方式举行,以审查 2030 年前全球在实现 17 个可持续发展目标上取得的进展、面临的挑战,并总结经验教训。本次论坛主题是"加速行动和转型路径:实现可持续发展的行动和交付 10 年",聚焦如何分担责任,在新冠疫情后能更好地恢复与重建。

7 月 8—9 日 国际劳工组织全球峰会召开,50 多位国家元首和政府首脑以及全球知名雇主和工会领导人通过在线形式讨论新冠疫情对劳动世界的影响。新冠疫情暴露了全球数以百万计的工人和企业的极端脆弱性。秘书长古特雷斯在视频致辞中表示,体面工作对于全球在大流行后"重建得更好"至关重要。

7 月 9 日 世卫组织总干事谭德塞宣布启动新冠疫情准备和应对独立小组(IPPR),以评估世界对新冠疫情的应对表现。

7 月 11 日 安理会以 12 票赞成、3 票弃权(中国、俄罗斯、多米尼加)通过关于"叙利亚(人道主义局势)"的第 S/RES/2533(2020)号决议,重申坚定致力于叙利亚的主权、独立、统一和领土完整,决定将安全理事会第 S/RES/2165(2014)号决议第 2 段和第 3 段所载各项决定的期限延续 12 个月至 2021 年 7 月 10 日,不包括拉姆萨过境点、亚卢比亚过境点和巴布萨拉姆过境点。

7 月 14 日 安理会一致通过关于中东局势的第 S/RES/2534(2020)号决议,决定把联合国支助荷台达协议特派团(荷台达协议支助团)的任务期延长至 2021 年 7 月 15 日。决议还明确了荷台达协议支助团应承担领导和支持重新部署协调委员会的运作,监测各方在荷台达省遵守停火的情况以及各自将部队调离荷台达市以及荷台达港、萨利夫港和拉斯伊萨港的情况,与各方协作以及促进和协调联合国的支助等任务。

同日 安理会一致通过关于维护国际和平与安全的第 S/RES/2535(2020)号决议,重申青年可为维护和促进和平与安全、预防和解决冲突的努力作出重要的积极贡献,促请所有相关行为体考虑如何在预防和解决冲突以及建设和平中,提高青年的代表性,确保青年充分、有效和有意义地参与。决议还敦促会员国协助创造一个包容、安全、有利、促进性别平等的环境,使不同背景的青年能获得认同并得到适当的支持和保护。

同日 国际法院就一起涉及 5 个中东国家的空域纠纷做出了有利于卡塔尔的裁决,驳回了巴林、沙特阿拉伯、埃及和阿拉伯联合酋长国提出的申诉,该申诉对国际民用航空组织的权威提出质疑。2017 年巴林、沙特阿拉伯、埃及和阿联国 4 国对卡塔尔的一揽子制裁,制裁是为了报复卡塔尔对被原告国家视为恐怖组织的团体提供所指称的支持。卡塔尔对这些指控予以否认,称空中封锁违反了 1944 年《民用航空公约》,将此案提交给国际民航组织以对付这一封锁。但原告 4 国提出,只有国际法院有权就此争端做出裁决,称此案不仅仅局限于民航事务。国际法院最终裁定国际民航组织有权审理此案。

7 月 20 日 首个世界国际象棋日。

7 月 21 日 联合国粮食及农业组织启动"手拉手"地理空间信息平台,集成了数量庞大、门类丰富的粮食、农业、社会经济和自然资源数据,旨在加强粮食和农业领域基于实证的决策。

7 月 28 日 安理会一致通过关于中非共和国局势的第 S/RES/2536（2020）号决议,决定针对中非共和国和平与稳定破坏者的武器禁运以及旅行禁令和财产冻结等制裁措施延长至 2021 年 7 月 31 日,将制裁专家小组的任期延长至 2021 年 8 月 31 日。

同日 安理会一致通过关于塞浦路斯局势的第 S/RES/2537（2020）号决议,决定将联合国驻塞浦路斯维持和平部队（联塞部队）的任务期限延长至 2021 年 1 月 31 日。

8 月 4 日 国际劳工组织表示,继汤加王国批准 1999 年《消除最恶劣形式童工劳动公约》（第 182 号公约）之后,该组织所有 187 个成员国都已批准了这一公约,使其成为历史上首次获得所有成员国批准的国际劳动公约。国际劳工组织指出,该公约于 21 年前的国际劳工大会上得到通过,是其历史上最快获得批准的公约。2021 年是国际消除童工年,其目的是提高对童工问题的认识,并帮助加速取得进展,因此,该公约获得全体批准具有里程碑式的意义。

8 月 5 日 联合国秘书长古特雷斯在广岛原子弹爆炸 75 周年纪念活动上发表视频致辞表示:"今天,实现一个无核化世界的希望似乎正在渐行渐远……虽然每一个国家都扮演着积极角色,但拥有核武器的国家肩负着特殊的责任。"古特雷斯表示,联合国就诞生在广岛与长崎核爆发生的同一年,自成立伊始就确认了彻底消除核武器的重要意义。"然而,这一目标仍然未能实现。"古特雷斯表示,"漫长的75年足够让我们认识到,拥有核武器只会削弱而不是巩固安全",然而,现有的军备控制、透明和信任建立体系正在动摇,"分歧、不信任和缺乏对话,可能让世界重回不受控制的战略核竞赛。核武国家正在革新军备,发展危险的全新武器和发射系统。核武器被蓄意或因误解而意外使用的风险极高,这种趋势不能再持续下去"。这位秘书长再次呼吁各国回归共识,回归彻底消除核武器的道路。"各国都已反复做出相关承诺。现在是开展对话、建立信任,削减核武数量和采取最大程度的克制的时候了。"古特雷斯敦促各国借助2021年《不扩散核武器条约》审议大会召开的契机,维护和巩固国际不扩散和裁军体系,并尽快让《禁止核武器条约》与《全面禁止核试验条约》付诸实施。他表示,2020年的纪念活动在新冠疫情的阴影下举行,疫情对所有人的生活都造成了广泛的影响,同时也暴露出世界的许多脆弱之处,包括仍然存在的核威胁。古特雷斯强调:"彻底消除核威胁的唯一方法,就是彻底消除核武器……联合国与我本人将继续与相关各方密切合作,以实现我们共同的目标:一个没有核武器的世界。"

联合国大会届会主席班迪在向纪念活动发去的视频中说,核战争中没有赢家。他强调说:"我们必须重新致力于核裁军,因为核武器造成的大规模杀伤永远没有任何正当理由。"他称《禁止核武器条约》是核裁军的"里程碑协议",并呼吁所有会员国签署和批准该条约。他说:"为了纪念广岛和长崎的受害者……让我们共同努力,创造我们想要的未来:一个没有核武器威胁的未来。"

8月12日 联合国安理会以"新冠疫情与维持和平的挑战"为题举行线上公开讨论。联合国秘书长古特雷斯在发言中表示,新冠疫情侵蚀公众信任,打乱全球经济秩序,削弱社会结构,对维持和平的努力构成空前挑战。

8月14日 本月安理会轮值主席印度尼西亚常驻联合国代表当天下午宣布,由美国提交的关于延长对伊朗武器禁运的决议草案在安理会未获通过。美国和多米尼加共和国投了赞成票,俄罗斯和中国投了反对票,其余的11个成员国投了弃权票。

8月18日 联合国设立的黎巴嫩问题特别法庭做出判决,判定黎巴嫩真主党的1名成员因共谋和实施了刺杀前总理哈里里而有罪。2005年2月14日,黎巴嫩前总理哈里里的车队在贝鲁特市遭遇炸弹袭击,导致哈里里和其他21人丧生。

8月24日 世卫组织总干事谭德塞表示，已经有172个国家和地区加入"获得抗击新冠肺炎工具加速器"国际合作倡议框架下的"新冠疫苗全球获得机制"（COVAX），这一机制下有9种疫苗，世卫组织正在对其进行评估，以确保获得尽可能多的疫苗产品。

8月26日 国际原子能机构和伊朗政府表示，双方就解决国际原子能机构规定的保障执行问题达成协议，将进一步加强合作和信任以促进伊朗《全面保障协定》及《附加议定书》的全面执行。伊朗自愿向原子能机构提供进入该机构指定的两个地点的准入，并为原子能机构为解决这些问题开展的核查活动提供便利。

8月28日 安理会一致通过关于联合国维持和平行动的第S/RES/2538（2020）号决议，请会员国、联合国秘书处和区域组织加强集体努力，促进女性军警和文职人员充分、有效和有意义地参与维和行动的各级工作并担任所有职务包括高级领导职务，鼓励向维和行动部署更多女军警人员。

同日 安理会一致通过关于中东局势的第S/RES/2539（2020）号决议，决定将联黎部队的任务期限延长至2021年8月31日，大力重申有必要加速在黎巴嫩南部和黎巴嫩领水有效和持久部署黎巴嫩武装部队，并敦促以色列政府与联黎部队协调，加速从盖杰尔北部撤军。

同日 安理会一致通过关于索马里局势的第S/RES/2540（2020）号决议，决定联索援助团任务的任务期限延长至2021年8月31日，并提出联索援助团应继续与索马里联邦政府和联邦成员州充分合作，协调联合国的努力。

同日 有史以来第1份关于残疾人诉诸司法的指导方针《残疾人诉诸司法国际原则和准则》出台。这份文件由3个同残疾人权益有关的联合国机构共同起草制定，旨在残疾人确保所有残疾人在诉诸司法方面得到有效保障。

8月31日 安理会一致通过关于马里局势的第S/RES/2541（2020）号决议，强烈谴责2020年8月18日在卡蒂发生的兵变，决定将第S/RES/2374（2017）号决议第1—7段规定的旅行禁令、资产冻结措施延长至2021年8月31日，将专家小组任务以及对马里稳定团提出的要求延长至2021年9月30日。

9月3日 大在遵循保持身体距离准则的情况下，举行了近半年来的首次面对面会议。联大主席班迪敦促所有会员国为应对新冠疫情、为了所有人大力采取多边行动。班迪对有关纪念联合国成立75周年宣言政府间的谈判工作，以及对世界卫生组织从一开始就在新冠疫情的应对上展现领导力表示赞赏。

9月11日 大会通过第 A/RES/74/306 号决议,决心在各国、各国人民团结一致、同心协力、振兴多边合作的基础上,采取全球行动应对新冠疫情,从而增强国家和其他利益攸关方全面落实《2030 年可持续发展议程》的能力与决心。

9月14日 联合国毒品和犯罪问题办公室与国际足联签署了一份备忘录,旨在加强合作来应对犯罪对体育构成的威胁。该备忘录还承诺考虑如何利用足球作为一种工具,通过提供生活技能培训来增强青少年对犯罪和吸毒的抵御能力。

9月15日 第 75 届联合国大会开幕,沃尔坎·博兹克尔(土耳其)担任大会主席。会议主题为"我们想要的未来,我们需要的联合国:重申我们对多边主义的集体承诺——通过有效的多边行动抗击 2019 冠状病毒病"。在空前的新冠疫情的背景下,全体会员国代表进行了默哀。新任联大主席博兹克尔在开幕式上表示,新冠疫情体现了多边主义在应对集体挑战方面的价值。

同日 安理会以 13 票赞成、2 票弃权(中国、俄罗斯)通过关于利比亚局势的第 S/RES/2542(2020)号决议,决定将联合国利比亚支助团(联利支助团)的任务期限延长至 2021 年 9 月 15 日。

同日 安理会一致通过关于阿富汗局势的第 S/RES/2543(2020)号决议,欢迎 2020 年 9 月 12 日在卡塔尔多哈开始阿富汗人内部谈判,大力鼓励谈判各方继续采取建立信任措施,并将联合国阿富汗援助团(联阿援助团)的任务期限延长至 2021 年 9 月 17 日。

9月18日 安理会一致通过关于"延长'伊黎伊斯兰国(达伊沙)'在伊拉克犯罪证据调查小组特别顾问的任期"的第 S/RES/2544(2020)号决议,表示注意到伊拉克政府在其 2020 年 9 月 16 日信函中提出的要求,决定将特别顾问和调查组的任务期延长至 2021 年 9 月 18 日;将应伊拉克政府请求或应任何请该调查组收集关于'伊黎伊斯兰国(达伊沙)'在本国境内实施可能构成战争罪、危害人类罪或灭绝种族罪的行为之证据的其他政府请求,决定是否进一步延长任务期限。

同日 首个国际同工同酬日。联合国呼吁各国关注男女之间的薪酬差异,以及造成这种差异的结构性不平等问题。

同日 联合国举行首次"可持续发展目标时刻"活动。秘书长古特雷斯出席并发表讲话指出,在着手开展可持续发展目标行动 10 年的过程中,我们必须"为健康星球上的所有人享有尊严和机会而奋斗"。古特雷斯表示,新冠疫情削弱了《2030 年可持续发展议程》旨在解决的脆弱性,即消除贫困,不让任何人落后。他强调"再也没有时间拖延",并着重指出了融资、新冠疫情后复苏和更大的雄心 3 个关键领域。

9 月 21 日　联合国在纽约总部举行成立 75 周年纪念峰会,各国政要通过网络视频方式远程出席。联合国秘书长古特雷斯现场出席并发言提出,在联合国成立 75 周年之际,"多重挑战比比皆是,多边办法屈指可数",75 周年是"一个重要和包容的深刻反思"契机,唯有同舟共济,才能共克时艰。在这次纪念峰会上,各成员国一致通过了《纪念联合国成立 75 周年宣言》,回顾总结联合国成立的初衷、工作及成果,就可持续发展、应对气候变化等问题作出承诺。该宣言指出,人类面对的挑战是相互关联的,只能通过重振多边主义加以应对,新冠疫情再次提醒人们这一点。在更好地重建一个更加平等、更具适应力、更可持续的世界时,多边主义不是一种选项,而是一种必要。该宣言强调:"所有国家齐心协力履行各国联合起来的承诺,很少比现在更具紧迫性。"

同日　中国国家主席习近平在联合国成立 75 周年纪念峰会上发表讲话。习近平指出,当今世界正经历百年未有之大变局,突如其来的新冠疫情对全世界是一次严峻考验。人类已经进入互联互通的新时代,各国利益休戚相关、命运紧密相连。全球性威胁和挑战需要强有力的全球性应对。习近平说:"面对新形势新挑战,我们必须严肃思考:世界需要一个什么样的联合国? 在后疫情时代,联合国应该如何发挥作用?"他就此提出 4 点建议:一是主持公道。二是厉行法治。三是促进合作。四是聚焦行动。习近平主席向世界庄严表示:"我们将始终做多边主义的践行者,积极参与全球治理体系改革和建设,坚定维护以联合国为核心的国际体系,坚定维护以国际法为基础的国际秩序,坚定维护联合国在国际事务中的核心作用。"

9 月 22 日　联合国大会一般性辩论开幕。联合国秘书长古特雷斯在大会一般性辩论上指出,当今世界面临 5 大挑战:严重的地缘紧张局势、气候危机、全球互不信任、数字世界的黑暗面和新冠疫情。他将这些威胁比作危及人类共同未来的"天启 5 骑士",并强调应通过制定新型的公平社会契约并改进全球治理来征服这 5 大威胁。

同日　中国国家主席习近平在大会一般性辩论上发言中强调,要树立命运共同体意识和合作共赢理念,坚定不移构建开放型世界经济,树立新发展理念,坚持走多边主义道路,改革完善全球治理体系,宣布中国支持联合国发挥核心作用重大举措。习近平表示,中国将继续做世界和平的建设者、全球发展的贡献者、国际秩序的维护者。为支持联合国在国际事务中发挥核心作用,习近平宣布:中国将向联合国新冠疫情全球人道主义应对计划再提供5000万美元支持;中国将设立规模5000万美元的第3期中国—联合国粮农组织南南合作信托基金;中国—联合国和平与发展基金将在2025年到期后延期5年;中国将设立联合国全球地理信息知识与创新中心和可持续发展大数据国际研究中心,为落实联合国《2030年可持续发展议程》提供新助力。习近平在讲话中表示:中国是世界上最大的发展中国家,走的是和平发展、开放发展、合作发展、共同发展的道路。中国永远不称霸,不扩张,不谋求势力范围,无意跟任何国家打冷战热战,坚持以对话弥合分歧,以谈判化解争端。中国不追求一枝独秀,不搞你输我赢,也不会关起门来封闭运行,将逐步形成以国内大循环为主体、国内国际双循环相互促进的新发展格局,为中国经济发展开辟空间,为世界经济复苏和增长增添动力。中国将继续做世界和平的建设者、全球发展的贡献者、国际秩序的维护者。

9月25日 安理会一致通过关于"延长联合国哥伦比亚核查团的任期"的第S/RES/2545(2020)号决议,决定将联合国哥伦比亚核查团(核查团)任务期限延长至2021年9月25日,并表示愿意与哥伦比亚政府合作,进一步延长核查团的任务期限。

9月29日 首个国际粮食损失和浪费问题宣传日,主题是"为了人类、为了地球,停止粮食损失与浪费"。

9月30日 生物多样性峰会在纽约联合国总部举行。此次生物多样性峰会由联大召集。各国领导人在线对《全球生物多样性展望》报告的结论进行了审议。

10月1日 联合国大会举行纪念北京世界妇女大会25周年高级别会议。170多名政府代表在以在线方式举行的这次会议上强调:25年前通过的《北京宣言》和《行动纲领》仍具有重要意义,它们仍然是实现性别平等和增强所有妇女和女孩权能的最全面和最具变革性的全球议程,会议呼吁"加快实现性别平等和增强所有妇女和女孩的权能"。

10月2日 安理会一致通过关于维护国际和平与安全的第S/RES/2546(2020)号决议,谴责所有偷运移民和贩运人口出入和过境利比亚领土及利比亚沿海海域的行为,决定把第S/RES/2240(2015)号决议第7段、第8段、第9段和第10段所列授权再延长12个月。

同日 《联合国气候变化框架公约》秘书处宣布,随着牙买加和尼日利亚在当天批准《京都议定书多哈修正案》,这一旨在为《京都议定书》确立第

2 个承诺期的历史性文件将在 90 天后生效。《京都议定书多哈修正案》旨在帮助温室气体排放量低或微不足道但正在承受后果的发展中国家获得财政援助,以支持它们努力适应气候变化的影响。该修正案的生效意味着第 2 个承诺期的分配数量单位将发放给参与国,这将使它们能够正式遵守第 2 个承诺期的要求。

10 月 7 日　联合国大会举行了题为"保护责任 15 年:对人类的集体承诺"的高级别在线活动。联大主席博兹克尔表示,15 年前会员国通过了保护责任议程,虽然在这方面世界取得了一定的进展,但暴行仍在一些地方发生,多边主义和人权都面临挑战。

10 月 9 日　诺贝尔奖委员会宣布将本年的诺贝尔和平奖[1]颁给联合国世界粮食计划署,以表彰其在消除饥饿、推动世界和平方面所做出的杰出贡献。诺贝尔奖委员会在解释世界粮食计划署获奖的原因时说:"挪威诺贝尔委员会决定将 2020 年诺贝尔和平奖授予世界粮食计划署,以表彰其消除饥饿的努力、为改善受冲突影响地区的和平条件所做的贡献以及在努力防止将饥饿作为战争和冲突武器方面发挥的推动作用。"颁奖仪式定于 12 月 10 日举行。

同日　世卫组织总干事谭德塞在当天于日内瓦举行的记者会上宣布,中国与韩国和太平洋小岛国瑙鲁一道,于本周加入了全球新冠疫苗机制(COVAX),使参与的国家和经济体总数达到 171 个。全球新冠疫苗机制致力于在 2021 年底前提供 20 亿剂疫苗。

10 月 13 日　联合国大会投票选出新一届人权理事会成员,包括中国在内的 15 个国家成功当选,将从 2021 年 1 月 1 日起开始为期 2 年的任期。

10 月 14 日　黎巴嫩与以色列就两国在东地中海的海上边界问题举行了有史以来的首次非直接谈判。谈判在联合国与美国的主持下,在联合国驻黎巴嫩临时部队位于黎南部纳古拉镇的司令部举行。联合国秘书长古特雷斯发表声明,对谈判的启动表示欢迎。

10 月 15 日　安理会以 13 票赞成、2 票弃权(中国、俄罗斯)通过关于"海地问题"的第 S/RES/2547(2020)号决议,决定将联合国秘书长特别代表所领导、第 S/RES/2476(2019)号决议作出任务规定的联合国海地综合

---

[1]　据《联合国新闻》的统计,1901—2020 年间,诺贝尔和平奖共颁发了 101 次,共有 135 名诺贝尔奖获得者(包括 107 名个人和 28 个组织)获此殊荣。红十字国际委员会曾 3 次获得诺贝尔和平奖(1917 年、1944 年和 1963 年)。联合国难民署曾两次获得诺贝尔和平奖(1954 年和 1981 年)。此外,联合国儿童基金会、国际劳工组织、联合国和前秘书长科菲·安南、国际原子能机构也都曾获得过诺贝尔和平奖。

办事处的任务期限及该决议具体规定的报告要求延长至 2021 年 10 月
15 日。

10 月 16 日 联合国敦促马里当局迅速采取行动,逮捕针对联合国马
里多层面综合稳定特派团维和人员的两起袭击事件的责任人。10 月 15
日,1 辆载有马里稳定团维和士兵的车辆在基达尔地区北部遭遇爆炸袭击,
造成 1 名埃及维和人员死亡、另 1 名维和人员受重伤。第 2 起事件发生在
廷巴克图,至少有 1 名布基纳法索维和人员在针对特派团综合营地发动的
间接袭击中受伤。

10 月 24 日 联合国秘书长古特雷斯当天通过发言人发表声明,对《禁
止核武器条约》生效表示祝贺。他在声明中表示,条约生效的条件已经在
向其交存了第 50 个批准或加入该条约的文书之后得到了进一步满足。根
据相应条款规定,该条约将于 2021 年 1 月 22 日生效。古特雷斯在声明中
赞扬已批准该条约的国家并向民间社会的工作表示敬意。他表示,民间社
会的工作对促进该条约的谈判和批准发挥了作用。生效是向核爆炸和核试
验的幸存者的献礼,他们中的许多人致力于推动该条约生效。古特雷斯表
示,《禁止核武器条约》的生效标志着全世界提请注意任何核武器使用造成
灾难性人道主义后果的运动的高潮。它代表着对彻底消除核武器的有意义
的承诺,这一目标仍然是联合国裁军的最高优先事项。他期待着履行条约
赋予他的职能。据估计,目前大约有 1.5 万件核武器储存在 9 个国家,数千
件处于高度戒备状态,能够在几分钟内发射。

10 月 30 日 安理会以 13 票赞成、2 票弃权(俄罗斯、南非)通过关于
"西撒哈拉(西撒特派团)"的第 S/RES/2548(2020)号决议,决定将西撒特
派团任务期限延长至 2021 年 10 月 31 日。

10 月 31 日 世界城市日。联合国人居署在当天发布的《2020 年世界
城市报告》指出,城市是从新冠危机恢复和全球经济复苏的关键。

11 月 4 日 《联合国气候变化框架公约》秘书处就美国正式退出《巴黎
协定》与智利、法国、意大利和英国一起发布了一项联合声明,强调将继续
致力于与美国所有利益攸关方和全球的合作伙伴合作,加快气候行动。

11 月 5 日 联合国大会通过第 A/RES/75/5 号决议,回顾 2020 年是第
二次世界大战结束 75 周年,请大会主席在 2020 年 12 月 1 日举行一次隆重
的大会特别会议,纪念那场战争的所有受难者。

同日 安理会一致通过关于波斯尼亚和黑塞哥维那局势的第 S/
RES/2549(2020)号决议,欢迎欧盟准备自 2020 年 11 月起在波斯尼亚和黑
塞哥维那维持欧盟军事行动(欧盟部队木槿花行动),并决定将安理会第

S/RES/2183(2014)号决议第 11 段规定的授权自本决议通过之日起再延续 12 个月。

同日 首个反对校园暴力和欺凌包括网络欺凌国际日。

11 月 9—14 日 第 73 届世界卫生大会续会以在线视频模式举行。本次世界卫生大会取得了丰硕的成果,通过了诸多举措,包括:到 2030 年战胜脑膜炎的新路线图;应对被忽视的热带病新路线图;关于扩大针对癫痫和其他神经系统疾病行动的决议;宣布 2021 年为国际卫生保健工作者年;2030 年免疫议程;加速消除宫颈癌作为公共卫生问题的全球战略;结核病研究与创新全球战略;健康老龄化 10 年;《公共卫生、创新和知识产权全球战略和行动计划》;有关眼保健和食品安全的决议。

11 月 12 日 安理会一致通过关于"秘书长关于苏丹和南苏丹的报告"的第 S/RES/2550(2020)号决议,决定将第 S/RES/1990(2011)号决议第 2 段规定的联合国阿卜耶伊临时安全部队的任务期限延长至 2021 年 5 月 15 日将核定兵力上限维持在 3550 人,直至 2021 年 5 月 15 日。

同日 安理会以 13 票赞成、2 票弃权(中国、俄罗斯)通过关于索马里局势的第 S/RES/2551(2020)号决议,决定将索马里木炭进出口禁令延长至 2021 年 11 月 15 日;对索马里简易爆炸装置组件实施禁令;续设索马里问题专家小组,任期从本决议通过之日起至 2021 年 12 月 15 日。

同日 安理会一致通过关于中非共和国局势的第 S/RES/2552(2020)号决议,决定将中非稳定团任务期限延长至 2021 年 11 月 15 日,中非稳定团将继续包括最多达 11650 名军事人员、2080 名警务人员和 108 名狱警。

11 月 13 日 争取西撒哈拉独立的波利萨里奥阵线针对摩洛哥进入缓冲区的行为,宣布持续 30 年的停火状态结束。

11 月 14 日 第 15 届东亚峰会召开。会议由越南总理阮春福主持会议,以视频形式举行。会议最终通过了《东亚峰会领导人关于合作促进地区经济稳定增长的声明》等成果文件。

11 月 17 日 联合国启动"环境卫生和个人卫生基金"。该基金正在寻求在未来 5 年内筹集 20 亿美元,以支持各国向所有人提供环境卫生、个人卫生和月经健康。环境和个人卫生基金为负担最重、应对能力最弱的国家提供催化资金,重点放在 4 个战略目标上:扩大家庭环境卫生;确保月经健康和卫生;在学校和保健设施提供环境卫生和个人卫生条件;支持创新的卫生解决方案。

11 月 21—22 日 二十国集团领导人峰会在沙特首都利雅得举行,这也将是二十国集团领导人峰会首次在阿拉伯国家举行,受疫情影响,二十国集团领导人峰会以视频的形式召开。会后发表了《二十国集团领导人利雅得峰会宣言》。宣言指出,各方将致力于实施二十国集团暂缓最贫困国家债务偿付倡议,包括将其延期至 2021 年 6 月,允许符合缓债资格的国家暂停双边官方债务偿付。宣言还核可了《二十国集团支持发展中国家应对新冠疫情和恢复文件》《二十国集团高质量基础设施促进区域互联互通指南》等文件。

12 月 3 日 安理会一致通过关于维护国际和平与安全的第 S/RES/2553(2020)号决议,重申安全部门改革在建设和平和保持和平包括预防冲突以及在冲突后国家实现稳定和重建过程中的重要性,鼓励正在进行改革的会员国牵头制定包容各方的国家安全部门改革愿景和战略。

12 月 3—4 日 联合国举行了应对新冠疫情的第 31 届(2020 年)特别联大。此次特别会议,世界各国领导人、联合国负责人和其他利益攸关方就此次大流行病对人类、社会和经济造成的影响展开对话,讨论应对这一危机所需的多方面、协调一致的对策。大会主席博兹克尔在会议开幕式上说:"今天标志着一个早该进行的迫切需要的反思时刻。去年的这个时候,我们谁都无法想象会发生什么。"他表示:"全世界都在期待联合国发挥领导作用,以加强并采取示范行动,来应对当今世界面临的最大挑战。这场危机迫使我们改变做事方式,大胆行事,并恢复对联合国的信心和信任。"新冠疫情首先是一场健康危机。根据世界卫生组织的数据,截至 12 月 3 日,已记录了近 6400 万病例,包括 140 万例死亡,而且疫情还在向前发展。这场大流行病在扰乱生活的同时,也摧毁了生计。随着全球经济的衰退和数以百万计的工作机会的流失,预计极端贫困将加剧,全球为实现可持续发展目标所做的努力正处于危险之中。现在全人类都面临着这一共同威胁,秘书长古特雷斯在会上强调说受威胁最严重的还是最脆弱的群体,例如穷人、老年人、妇女和女童。展望复苏的前景时,秘书长古特雷斯表示,还必须解决新冠疫情暴露出并加以利用的先前存在的问题。他说:"我们不能给子孙后代遗留下一个破碎的星球和巨额的债务。我们花在恢复上的钱必须用于建设更绿色、更公平的未来。"此次特别会议最后通过一项第 A/RES/75/4号决议。

12 月 4 日 联合国当天宣布,太平洋岛国瓦努阿图已经从最不发达国家的官方名录中"毕业",成为自 1971 年建立发展这一分类以来第 6 个取得这一里程碑成就的国家。联合国秘书长古特雷斯在一份声明中表示,这次"毕业"是"经过多年来努力取得的来之不易的可持续发展成果的见证"。不断加深的气候变化、自然灾害和新冠疫情对汇款回流国内、贸易和旅游业造成了沉重打击,尽管如此,瓦努阿图还是实现了"毕业"的目标。该国已经制定了一项过渡战略,以帮助其实施发展战略的进一步措施。瓦努阿图这次"毕业"之旅殊属不易:早在 2012 年,联合国发展政策委员会建议宣布瓦努阿图从最不发达国家类别中"毕业",该国分别在 2006 年、2009 年和2012 年达到了人力资产指数和收入的"毕业"门槛。2012 年经社理事会批准了该建议,2013 年大会批准了该建议。但在飓风"帕姆"造成严重破坏后,瓦努阿图于 2015 年获准延期,"毕业"日期被推迟到 2020 年 12 月 4 日。现在尽管已经"毕业",但挑战犹存。如同亚太经社会所指,虽然此举反映了发展指标的"显著改善",但瓦努阿图仍然非常容易受到外部冲击,此外它是一个小岛屿国家这一事实仍然使它处于脆弱地位。亚太经社会表示,随时准备并承诺继续支持瓦努阿图实现其发展抱负和实施平稳过渡战略。

同日　安理会一致通过关于索马里局势的第 S/RES/2554(2020)号决议,决定给予在索马里沿海海域与索马里当局合作打击海盗和海上武装抢劫行为的国家和区域组织的授权再续延 12 个月,对索马里军火禁运措施不适用于为仅供采取打击措施的会员国以及国际、区域和次区域组织使用而提供的武器和军事装备或援助。

12 月 7 日　联合国大会通过第 A/RES/75/27 号决议,宣布将每年 12 月 27 日定为防范流行病国际日,"以宣传预防、准备并建立伙伴关系应对流行病的重要性"。

12 月 10 日　2020 年诺贝尔和平奖颁奖仪式当天在线举行。世界粮食计划署执行主任比斯利在接受诺贝尔和平奖奖章发表演讲时首先表示,他代表联合国秘书长、粮食计划署执行局、联合国机构、合作伙伴和捐助者和粮食计划署 1.9 万名和平缔造者及其服务的 1 亿饥饿人口感谢诺贝尔委员会授此殊荣。比斯利指出,粮食是通往和平的路径。面对世界当前的危机,诺贝尔和平奖更是"一项行动呼吁"。他指出,由于长年战争、气候变化、饥饿被广泛用作政治和军事武器,以及导致局势恶化的新冠疫情,全球 2.7 亿人正陷入饥饿,其中 3000 万人完全依赖人道援助生存。比斯利表示,让他欣慰的是,2019 年,1 亿人通过世界粮食计划署获得了粮食,避免了饥荒。然而,来年,成百上千万的人却要走向饥荒边缘。比斯利重申了粮食计划署的努力带来成效的原因。首先,粮食是神圣的。每个人,无论是否有信仰,都明白粮食的力量不仅可以维持生命,而且可以将人类团结在一起。其次,粮食计划署 1.9 万人所做的工作是一种"爱的行为"。比斯利最后强调,秉承诺贝尔和平奖勋章上篆刻的阿尔弗雷德·诺贝尔的精神——为了人类的和平与兄弟情谊——我们一起给所有人提供足够的粮食。比斯利敦促世界利用其财富挽救更多饥饿人口。

12 月 11 日 国际法院裁定赤道几内亚位于巴黎福煦大街 42 号的建筑不具备外交馆舍地位,法国胜诉。裁决同时认为,法国并没有像赤道几内亚所指称的那样违反《维也纳公约》规定的义务。这一判决属终审裁决,不得上诉,对双方均具有约束力。

12 月 14 日 联合国大会通过第 A/RES/75/131 号决议,宣布 2021 —2030 年为"联合国促进老龄健康 10 年"。

12 月 16 日 第 75 届联合国大会通过关于"不首先在外空部署武器"的第 A/RES/75/37 号决议,决议序言段重申应达成防止外空军备竞赛条约,协力构建人类命运共同体。

12 月 18 日 安理会一致通过关于中东局势的第 S/RES/2555(2020)号决议,决定将联合国脱离接触观察员部队的任务期限延长至 2021 年 6 月 30 日。

同日 安理会以 14 票赞成、1 票弃权(俄罗斯)通过关于刚果民主共和国的局势的第 S/RES/2556(2020)号决议,决定将联刚稳定团的任务期限,包括将稳定团干预旅的任务期限延长至 2021 年 12 月 20 日。

同日 安理会一致通过关于"恐怖主义行为对国际和平与安全造成的威胁"的第 S/RES/2557(2020)号决议,强调严重关切阿富汗安全局势,决定将第 S/RES/1526(2004)号决议第 7 段所设的 1267/1988 分析支助和制裁监测组(监测组)在 2020 年 12 月任期满后继续延长 12 个月。

12 月 21 日 联合国大会通过第 A/RES/75/200 号决议,宣布 2 月 4 日为人类博爱国际日。

同日 安理会一致通过关于建设和平与保持和平的第 S/RES/2558(2020)号决议,鼓励会员国和整个联合国系统与相关利益攸关方合作,继续采取行动执行关于建设和平和保持和平的各项决议,支持国家建设和平优先事项。

12 月 22 日 安理会一致通过关于"秘书长关于苏丹和南苏丹的报告"的第 S/RES/2559(2020)号决议,决定自 2020 年 12 月 31 日起终止达尔富尔混合行动的任务,并授权在达尔富尔混合行动缩编和清理结束期间从达尔富尔混合行动现有力量中留用一支警卫队,以保护达尔富尔混合行动的人员、设施和资产。

12 月 27 日 联合国纪念首个防范流行病国际日。秘书长古特雷斯为这一国际日发表的致辞指出:"今年许多人曾担心的场景悲剧性地变为了现实,防范流行病国际日首次纪念活动的举行正值这样一个年份结束之时。在我们努力控制并从目前的大流行病中恢复过来的同时,我们必须考虑下一次流行病。让我们下定决心,增强我们的预防能力,以便在世界面临下一次疫情时做好准备。"大会主席博兹克尔、卫生组织总干事谭德塞也都发表了致辞,强调新冠疫情的"灾难经历"清晰地凸显了预防与应对流行病的重要性,指出新冠疫情是给我们的最后警告,"我们必须从错误中吸取教训"。这一国际日是大会在本月 7 日通过的第 A/RES/75/27 号决议中宣布的。

12 月 28 日   秘书长古特雷斯在为即将到来的新年发表致辞指出,2020 年是经历考验、遭遇悲剧和饱含辛酸的一年。他说,新冠疫情颠覆了我们的生活,让世界陷入痛苦和悲痛。古特雷斯表示,除了这些,2020 年也展现了人们的拼搏与不断进取精神,这一年也是世界共同"拼"过来的 1 年。古特雷斯强调,如果人们齐心协力,团结一致,共同努力,这些希望之光定会照耀全球。这位秘书长认为,这就是 2020 年这个最艰难的一年的经验教训。展望 2021 年,古特雷斯呼吁人们携起手来,彼此和睦相处并与自然和谐共存,共同应对气候危机,遏制新冠疫情蔓延,让 2021 年成为治愈创伤的一年。古特雷斯祝大家新年快乐祥和,并宣告了 2021 年的新年决心:摆脱致命病毒的影响,恢复支离破碎的经济和社会,弥合分歧,并着手治愈地球的创伤。

12 月 29 日   大会主席博兹克尔为即将到来的新年发表致辞,呼吁全世界人民为结束新冠疫情继续做出共同努力。他表示:"我们度过了历史上的黑暗时期,但 2021 年还有更光明的日子在等着我们。"他强调,"我联合国人民"具有坚韧不拔的精神。我们可以共同建设世界和平,维护每个人的人权和固有尊严,并实现可持续发展目标。博兹克尔相信,人类有能力实现看似不可能的目标,就像 75 年前联合国的创始人所做的那样。他表示,在 2021 年,只有一个新年决心具有改变历史进程的力量,那就是同心协力,为所有人创造一个更加美好的世界。

同日   安理会一致通过关于"恐怖主义行为对国际和平与安全造成的威胁"的第 S/RES/2560(2020)号决议,继续鼓励所有会员国向委员会提交列名申请,以便将符合标准的个人、团体、企业和实体列入名单,向委员会提供有关补充识别信息和其他信息,以使"伊黎伊斯兰国(达伊沙)"和基地组织制裁名单可靠、跟上情况变化,并利用第 S/RES/2368(2017)号决议第 1(a)段和第 81(a)段所载措施的豁免规定。

12 月 31 日   联合国大会批准 2021 年 32 亿美元的联合国预算。

二〇二一年

（国际和平与信任年、国际创意经济促进可持续发展年、
国际果蔬年、消除童工现象国际年）

1月1日　英国正式脱欧，实现全面的政治和经济独立，实现全面的政治和经济独立。但脱欧后，双方仍时有风波。英国2021年1月正式脱离欧盟，《北爱尔兰议定书》是"脱欧"协议的一部分。根据协议，北爱尔兰地区留在欧洲单一市场与欧盟关税同盟内，以防止爱尔兰岛内出现陆上"硬边界"。不过，英国大不列颠岛进入北爱地区的部分商品需接受海关和边境安全检查。

1月6日　当天下午，美国国会参众两院就拜登当选总统进行认证。数百名抗议者聚集在美国首都华盛顿特区，向正在进行的国会联席会议施压。美国总统特朗普在白宫前讲话称绝不承认败选，他的部分支持者与警方发生冲突并闯入国会，当天的大选结果认证程序暂停，参众两院议员被迫疏散。其间，国会大厦一些门窗被捣毁、议员办公室遭侵入，且有一名妇女中弹身亡。随后，特朗普、拜登分别发表讲话，呼吁停止暴力活动。华盛顿宣布于当天晚6点直至1月7日早6点实施宵禁。骚乱意在以暴力手段阻止美国总统权力的有序过渡，被视为美国历史上影响最深远的本土暴力极端事件之一。

1月10日　纪念联大首次会议召开75周年的活动在伦敦举行在线会议，联合国秘书长古特雷斯在会议上回顾了联合国大会75年来取得的成就，指出联合国大会的工作有助于促进全球卫生、文化和生活水平、促进人权和性别平等。他强调，全球需要开展合作以应对当今的挑战，包括新冠疫情和气候变化等。

1月16日　联合国秘书长古特雷斯通过发言人发表声明，对巴勒斯坦总统阿巴斯周五（15日）宣布举行15年来首次全面议会和总统选举表示欢迎。

1月20日　美国当选总统、民主党人拜登当日在首都华盛顿宣誓就任美国第46任总统。在国会山举行的就职典礼上，78岁的拜登在联邦最高法院首席法官罗伯茨带领下完成宣誓。他随后发表约20分钟的就职演讲，称美国当前面临着新冠疫情肆虐、社会不平等加剧、系统性种族主义问题、气候变化等一系列危机与挑战。拜登呼吁国家团结，同时表示将打击政治极端主义、白人至上主义和国内恐怖主义。美国当选副总统哈里斯当天也

宣誓就职,成为美国历史上首位女性副总统。卸任总统特朗普打破美国政治惯例,未参加拜登的就职典礼,于 20 日一早离开白宫,前往在佛罗里达州海湖庄园的住所。此前因涉嫌煽动国会山骚乱,特朗普再遭国会众议院弹劾,成为历史上首位任内两遭弹劾的美国总统。

同日　美国新任总统拜登在宣誓就职几小时后在白宫签署了一项行政命令,取消上届政府退出 2015 年《巴黎协定》的决定。同时,美国拜登政府表示将与世界卫生组织接触,重返世界卫生组织。2000 年 4 月,特朗普政府曾宣布停止向世界卫生组织提供资金,并将在 2001 年 5 月下旬宣布美国退出该组织,但这一过程要到当年 7 月才能最终完成。事实上,拜登政府上台后终止了这一过程。

1 月 22 日　《禁止核武器条约》于 1 月 22 日午夜正式生效,这是 20 多年来国际社会达成并生效的第 1 个多边核裁军条约。《禁止核武器条约》明确规定缔约国不应发展、生产、制造或以其他方式获得、拥有或储存核武器,也不应使其领土或其管辖的任何地方存在其他国家的核武器;条约还规定拥有核武器的国家应当以不可逆转的方式消除核武器,并规定了具体的核查机制。虽然条约已经正式生效,但美国、英国、俄罗斯、中国和法国 5 个全球主要的核武国家并未加入其中,故难以发生实际效力。

1 月 25—26 日　首次"气候适应峰会"通过线上方式举行。会议期间,来自全球多个国家和国际组织的代表将回顾在应对极端天气和自然灾害方面所取得的进展,探讨如何进一步改善应对方法,并为 2021 年 11 月召开的《联合国气候变化框架公约》第 26 次缔约方大会规划路线图。

1 月 29 日　安理会一致通过关于塞浦路斯局势的第 S/RES/2561 (2021) 号决议,决定再次将联塞部队的任务期延长至 2021 年 7 月 31 日。

同日　联合国举行"新冠疫情背景下的科学促发展公开在线对话",并且发布了"新冠疫情复苏研究路线图",以期通过科学和全球科学合作的巨大力量和潜力,指导有关新冠病毒的科学研究,同时结束这场大流行及其所造成和加剧的紧迫的社会经济问题。

2 月 1 日　当日凌晨,缅甸国务资政昂山素季、总统温敏及一些民盟高级官员被军方扣押,缅甸仰光、内比都等多座城市出现大范围通信中断。缅甸军方控制了仰光、曼德勒、勃固等多地的政府和议会部门。缅甸国家电视台已被军方控制,各个频道均中断播出。缅甸 2020 年 11 月举行了大选,这是缅甸自 10 年前军事统治结束以来举行的第 2 次民主选举。昂山素季领导的政党全国民主联盟获得了压倒性胜利,军方则声称投票中存在舞弊现象,并用军事政变推翻大选结果,致使缅甸局势陷于一片混乱之中。

2月4日　首个国际人类博爱日。

同日　国际刑事法院宣判乌干达前叛乱武装首领多米尼克·昂格文于2002年7月至2005年12月在乌干达北部犯下了61项危害人类罪和战争罪。

2月11日　安理会一致通过关于"秘书长关于苏丹和南苏丹的报告"的第S/RES/2562(2021)号决议,决定将专家小组的任务期限延长至2022年3月12日。

2月12日　联合国人权理事会举行紧急会议,并一致通过决议,紧急要求缅甸立即无条件释放所有被任意拘禁的人,包括国务资政昂山素季和总统温敏,并取消紧急状态。

2月15日　在世界贸易组织举行的总理事会特别会议上,世贸组织全体成员一致同意,任命尼日利亚经济学家恩戈齐·奥孔乔—伊韦阿拉为新任总干事。当天,世贸组织在发布的新闻公报中表示,奥孔乔—伊韦阿拉将成为首位执掌该组织的女性总干事和首位非洲籍总干事,她的任期将从2021年3月1日至2025年8月31日。

2月17日　联合国安理会就新冠疫情、疫苗获取与国际安全问题举行线上公开会议。古特雷斯秘书长表示,国际社会共同建立的"新冠疫苗获取机制"是"为低收入和中等收入国家采购和运输疫苗的唯一全球工具",不但要为"新冠疫苗获取机制"提供充分的资金支持,还应在全球范围内启动更大规模、全面且充分协调的努力。

2月19日　七国集团承诺2021年为全球公平获取新冠肺炎病毒检测和治疗工具提供43亿美元,以便在世界范围内开发和分发有效的新冠肺炎病毒检测和治疗工具以及疫苗。其中,美国承诺向全球免疫联盟(Gavi)最初提供20亿美元,并将在2021年和2022年再提供20亿美元。德国承诺为加速计划提供18亿美元,欧盟委员会承诺提供3.63亿美元,日本承诺提供7900万美元,加拿承诺提供5900万美元。此外,英国承诺加入加拿大、法国、挪威和欧洲联盟,与发展中国家分享额外的疫苗,这是增加全球可用疫苗数量并支持迅速减少一些最脆弱国家和地区病毒传播的重要一步。

2月22—23日　第5届联合国环境大会22日在肯尼亚首都内罗毕举行。本次会议以线上会议形式召开,主题为"加大力度保护自然,实现可持续发展"。来自全球的政要、商界人士和民间机构代表共议新冠疫情下的全球环境政策。大会审议并批准了联合国环境规划署2022—2025年中期战略及2022—2023年工作计划和预算。

2月25日　安理会一致通过关于索马里局势的第S/RES/2563(2021)

号决议,决定授权非洲联盟成员国继续部署非洲联盟驻索马里特派团直至 2021 年 3 月 14 日。

同日 安理会以 14 票赞成、1 票弃权(俄罗斯)通过关于中东局势的第 S/RES/2564(2021)号决议,认定也门局势继续对国际和平与安全构成威胁,决定将资金冻结、旅行禁令等措施延至 2022 年 2 月 28 日,将专家小组任务期延长至 2022 年 3 月 28 日。

同日 联合国秘书长古特雷斯发表声明,宣布根据安理会相关决议,将黎巴嫩问题特别法庭的有效期从 2021 年 3 月 1 日起再延长两年。该法庭主要负责审理 2005 年黎巴嫩前总理哈里里遇刺一案。

2 月 26 日 安理会一致通过关于维护国际和平与安全的第 S/RES/2565(2021)号决议,呼吁制定新冠肺炎疫苗接种国家计划,把出现新冠肺炎严重症状风险较高者和最脆弱者纳入接种计划,邀请发达经济体和所有有能力的经济体向中低收入国家和其他有需要的国家捐赠疫苗剂量,特别是通过 COVAX 机制捐赠。

3 月 3 日 联合国大会通过关于 2023 年国际小米年的第 A/RES/75/263 号决议,决定宣布 2023 年为国际小米年。

3 月 10 日 联合国各会员国在统计委员会会议上通过了一个全新统计框架,名为"环境经济统计与生态统计体系"。该框架将在衡量经济繁荣与人类福祉的过程中把大自然的贡献纳入考量。联合国统计委员会是制定国际统计学标准的最高机构,这一全新经济和环境统计框架的通过预计将"重塑"决策和政策,为可持续发展和气候行动提供新的动力。

同日 利比亚国民代表大会在该国中部城市苏尔特召开会议,批准成立作为过渡期政府的新民族团结政府,该政府将于 15 日在东部城市班加西就职。

3 月 12 日 安理会以 14 票赞成、1 票弃权通过关于中非共和国局势的第 S/RES/2566(2021)号决议,决定将中非稳定团军事部分的核定人数增加 2750 人,将警察部分的核定人数增加 940 人。

同日 安理会一致通过关于"秘书长关于苏丹和南苏丹的报告"的第 S/RES/2567(2021)号决议,决定将南苏丹特派团任务期限延长至 2022 年 3 月 15 日,明确南苏丹特派团的任务旨在推进一项 3 年战略愿景,防止南苏丹重陷内战,在地方和国家各级建设持久和平,并支持根据《重振协议》进行包容、责任到位的治理及举行自由、公正与和平的选举。

同日 安理会一致通过关于索马里局势的第 S/RES/2568(2021)号决议,决定授权非洲联盟成员国继续部署 19626 名非索特派团军警人员直至

2021年12月31日,其中包括至少1040名非索特派团警务人员(含5支建制警察部队)以及由联合国索马里支助办公室支持的70名非索特派团文职人员,根据索马里过渡计划执行任务,并从2021年起分阶段向索马里安全部队移交安全职责。

3月18—22日 联合国大会召开高级别会议,讨论如何落实2030年可持续发展议程中与用水和卫生相关的目标和指标。来自塔吉克斯坦、荷兰等国家元首或政府首脑,以及70多个国家的部长以视频方式出席会议并讲话。各国代表在发言中表达了对推进实现可持续发展议程水目标的高度重视,倡议全球进一步加强水资源保护,深化国际合作,推进技术创新,早日实现可持续发展议程水目标。

3月23日 联合国人权理事会通过了一项由英国代表一些国家提出的决议草案,以加强对斯里兰卡长期内战的调查,人权理事会被授权收集和保存与斯里兰卡2009年结束的长达37年的内战有关的犯罪信息和证据。22个国家投票赞成该案文,11个国家反对,14个国家弃权,包括斯里兰卡的邻国印度和尼泊尔以及大多数穆斯林占多数的国家。中国、巴基斯坦、孟加拉国和乌兹别克斯坦等国反对。

3月26日 安理会一致通过关于"不扩散/朝鲜民主主义人民共和国"的第S/RES/2569(2021)号决议,决定将专家小组任务期限延长至2022年4月30日。

4月6日 世界卫生组织在4月7日世界卫生日到来之际发出了5项行动呼吁:加速国家之间和国家内部公平获得新冠应对技术的机会;投资于初级卫生保健;优先考虑健康和社会保护;建立安全、健康和包容的社区;加强数据和健康信息系统。世界卫生组织要求各国采取紧急行动改善所有人的健康。

4月7日 反思1994年针对图西族的卢旺达大屠杀国际日,这一天是卢旺达大屠杀27周年纪念日,卢旺达全国和联合国举行了纪念活动。卢旺达总统卡加梅在基加利举行的纪念活动上为遇难者默哀并发表讲话。联合国秘书长古特雷斯在致辞中呼吁国际社会采取协调一致的努力,应对"源于仇恨"的行动,防止历史重演。古特雷斯说,人们纪念那些被谋杀的人,是在反思罪行造成的苦难,向坚韧不拔的幸存者们致敬。他指出,"在共同声援卢旺达人民的同时,也必须认真审视当今世界,确保吸取教训","要防止历史重演,就必须打击这些源于仇恨的、已成为跨国威胁的行动"。古特雷斯说,极端主义是许多国家面临的首要安全威胁。新冠疫情对于全球各地人权造成了严重影响,"进一步加剧了歧视、社会极化和不平等现象,而所有这些都可能导致暴力和冲突"。古特雷斯呼吁各方,"在这个庄严的日子里……共同承诺建设一个人人享有人权和尊严的世界"。

4月8日　联合国粮农组织与国际海事组织同30个国家合作,发起一项"全球垃圾伙伴关系项目"。该项目将协助发展中国家寻找机会,防止和减少海洋运输和渔业部门产生的海洋垃圾,包括塑料垃圾。该项目旨在减少塑料在这些行业中的使用,并确定回收塑料的机会,以更好地保护脆弱的海洋环境以及人们的生命和生计。项目将涉及亚洲、非洲、加勒比、拉丁美洲和太平洋5个区域,巴西、印度等10个国家为牵头伙伴国家,阿根廷、菲律宾等20个国家为伙伴国家。

4月14日　联合国开发计划署和联合国秘书长"全球投资者促进可持续发展联盟"(GISD)启动"可持续发展投资者平台"。该平台建立在开发计划署原有的"可持续发展投资者地图"的基础之上,并融入了开发署在170多个国家和地区的办事处和联络机构所提供的信息,旨在为私营部门投资者提供获取国家层面市场信息的途径,为推进可持续发展目标做出贡献。

4月16日　安理会一致通过关于利比亚局势的第S/RES/2570(2021)号决议,欢迎临时总理委员会和民族团结临时政府作为利比亚政府,负责领导该国按照利比亚政治对话论坛路线图的规定于2021年12月24日举行全国选举,强烈敦促所有会员国尊重和支持停火协议的全面执行,从利比亚撤出所有外国部队和雇佣军。

同日　安理会一致通过关于利比亚局势的第S/RES/2571(2021)号决议,谴责企图从利比亚非法出口石油(包括原油和精炼石油产品)的行为,决定将第S/RES/2146(2014)号决议所载并经第S/RES/2441(2018)和S/RES/2509(2020)号决议第2段修正的授权和措施延长至2022年7月30日,将专家小组任务期限延长至2022年8月15日。

4月22日　安理会一致通过关于不扩散大规模毁灭性武器的第S/RES/2572(2021)号决议,决定将1540委员会的任务期限延长至2022年2月28日。

4月26—29日　联合国森林论坛以线上形式召开。会议审议了《联合国森林战略规划》的实施情况,发布了2021年全球森林目标报告,对联合国2030年森林战略计划的实施状况进行了评估。报告显示,虽然全球在增加森林面积、植树造林和森林恢复方面取得了一些进展,但自然环境的不断恶化正对这些来之不易的成果造成威胁。

4月27日　安理会一致通过关于武装冲突中保护平民的第S/RES/

2573(2021)号决议,强烈谴责武装冲突局势中对平民和其他受保护人员或民用物体发动的攻击以及不加区分或不相称的攻击,鼓励应要求尽一切努力,在武装冲突中保护平民生存必需物资和至关重要的民用基础设施,满足平民的基本需要。

4月28日 联合国大会通过关于女法官国际日的第 A/RES/75/274 号决议,决定宣布每年3月10日为女法官国际日。

5月1日 吉尔吉斯斯坦和塔吉克斯坦达成停火协议。4月29日下午,塔吉克斯坦和吉尔吉斯斯坦军队在两国边境发生交火,3天之内造成超过100人伤亡。此次双方冲突的起因是塔方相关人员4月28日在两国交界地区的电线杆上安装摄像头。吉边防部门对此表示反对,并要求停止安装。随后,居住在边境地区的两国居民发生肢体冲突。吉尔吉斯斯坦与塔吉克斯坦边界长约972公里,其中375公里处未勘定状态。两国居民时常因边境地区的基础设施建设和水资源利用等问题发生争执和冲突。

5月11日 安理会一致通过关于联合国哥伦比亚核查团的第 S/RES/2574(2021)号决议,规定核查团应核查和平特别司法管辖机制所作判决的遵守和执行情况,核查被判刑者刑期服刑情况以及哥伦比亚国家当局为判决得以遵守建立必要条件的情况,还决定将核查团任务期限延长至2021年10月31日。

同日 安理会一致通过关于"秘书长关于苏丹和南苏丹的报告"的第 S/RES/2575(2021)号决议,决定将联阿安全部队任务期限延长至2021年11月15日。

5月20日 以色列与巴勒斯坦伊斯兰抵抗运动(哈马斯)达成停火协议。停火将当地时间21日凌晨2时生效。根据停火协议,以军将停止对加沙地带的空袭,但是一旦哈马斯再向以色列境内发射火箭弹,那么停火协议将会立刻失效,以色列国防军将恢复对加沙地带的全面军事行动。哈马斯方面也表示,如果以色列没有遵守停火协议,那么哈马斯将立即发起大规模火箭弹攻势,"范围覆盖整片巴勒斯坦领土"。5月10日以来,以色列与加沙地带武装组织之间爆发严重冲突,造成200多人死亡,数千人受伤。

5月26日 安理会发表媒体声明,强烈谴责马里国防和安全部队成员于2021年5月24日逮捕共和国过渡总统、总理和其他官员,呼吁安全、立即和无条件释放所有被拘留的官员,并敦促国防和安全部队成员立即返回军营。

5月27日 安理会一致通过关于伊拉克的局势的第 S/RES/2576(2021)号决议,决定将联合国伊拉克援助团(联伊援助团)任务期限延长至

2022 年 5 月 27 日。

同日 联合国人权理事会通过一项决议,决定设立一持续调查委员会,对 2021 年 4 月 13 日之前和之后在包括东耶路撒冷在内的巴勒斯坦被占领土和以色列发生的侵犯和践踏人权的指控进行调查。以色列代表团针对加沙的袭击做了辩解,称从 5 月 10 日以来的 10 来天中,哈马斯向"以色列平民"发射了 4400 枚火箭弹。

5 月 28 日 安理会以 13 票赞成、2 票弃权(肯尼亚、印度)通过关于"秘书长关于苏丹和南苏丹的报告"的第 S/RES/2577(2021)号决议,决定军火禁运、旅行和金融措施延长至 2022 年 5 月 31 日,决定将专家小组任务期限延长至 2022 年 7 月 1 日。

同日 联合国难民署发起一项名为"志向高远"(Aiming Higher)的新运动,力求通过资助有才能的难民获得奖学金,使他们进入大学,获得高等教育和技术技能培训,解决年轻难民在高等教育方面的大量紧急需求。难民署希望通过这一运动,敦促私营部门参与努力,使年轻难民有机会创造自己的未来。

5 月 30 日 加拿大降半旗悼念被发现的原住民儿童遗骸。据美联社多伦多 5 月 31 日报道称,加拿大总理贾斯廷·特鲁多当地时间 5 月 30 日要求所有联邦政府大楼降半旗,以纪念在不列颠哥伦比亚省坎卢普斯一所印第安人寄宿学校旧址发现的 215 具原住民儿童遗骸。报道称,位于加拿大首都渥太华国会山上的和平塔也将降半旗。包括多伦多、渥太华、米西索加和布兰普顿在内的安大略省各地的市长也下令降半旗纪念孩子们。多伦多市长约翰·托里说,市旗将降 215 个小时以代表每个生命。

6 月 2 日 日本政府和全球疫苗免疫联盟共同在线举办了全球疫苗免疫联盟——新冠疫苗获取机制的预先市场承诺峰会,旨在实现为 2020—2021 年募集至少 83 亿美元资金的目标,以便通过全球疫苗免疫联盟——新冠疫苗获取机制的预先市场承诺加速为低收入经济体提供 18 亿剂新冠疫苗。

6 月 2—4 日 联合国大会召开题为"预防和打击腐败及加强国际合作领域的挑战和措施"的第 32 届(2021 年)特别会议。这是大会首次举行反腐败问题特别会议,在国际反腐败史上具有里程碑意义。各国代表以协商一致的方式通过了 1 份政治宣言。该份宣言成为继《联合国反腐败公约》之后全球性反腐败指导文件,将对引领全球反腐败治理进程产生深远影响。

6 月 3 日 安理会一致通过关于利比亚局势的第 S/RES/2578(2021)号决议,决定将有关军火禁运的各项授权从本决议通过之日起再延长 12

个月。

同日 安理会一致通过关于"秘书长关于苏丹和南苏丹的报告"的第 S/RES/2579（2021）号决议，决定将联合国苏丹过渡时期综合援助团（联苏综合援助团）的任务期限延长至 2022 年 6 月 3 日。

6 月 7 日 大会选举马尔代夫外交部部长阿卜杜拉·沙希德为第 76 届联合国大会主席。

6 月 8 日 安理会一致通过关于推荐联合国秘书长人选的第 S/RES/2580（2021）号决议，建议大会任命安东尼奥·古特雷斯先生连任联合国秘书长，任期为 2022 年 1 月 1 日至 2026 年 12 月 31 日。

6 月 11 日 大会举行全体会议，阿尔巴尼亚、巴西、加蓬、加纳和阿拉伯联合酋长国当选为 2022—2023 年联合国安理会非常任理事国，任期自 2022 年 1 月 1 日至 2023 年 12 月 31 日，为期两年。

6 月 18 日 第 75 届联合国大会举行会议，正式确认安东尼奥·古特雷斯连任联合国秘书长。他的第 2 个任期从 2022 年 1 月至 2026 年 12 月止。

6 月 21 日 第 1 个关于工作场所暴力和骚扰的国际条约——《2019 年暴力和骚扰公约》（第 190 号公约）将于 2021 年 6 月 25 日生效。该公约提供了工作场所暴力和骚扰的首个国际定义，包括基于性别的暴力和骚扰。为纪念条约生效，劳工组织将在 2021 年 6 月 21—25 日举行的劳工组织第 190 号公约行动周期间发起一场全球运动，以促进更多国家批准和实施该条约。

6 月 29 日 安理会一致通过关于中东局势的第 S/RES/2581（2021）号决议，决定将联合国脱离接触观察员部队任务期限延长至 2021 年 12 月 31 日。

同日 安理会一致通过关于刚果民主共和国局势的第 S/RES/2582（2021）号决议，决定将军火、运输、金融和旅行等措施延长至 2022 年 7 月 1 日，决定将专家组任务期限延长至 2022 年 8 月 1 日。

同日 安理会一致通过关于填补国际法院空缺的选举日期的第 S/RES/2583（2021）号决议，因詹姆斯·理查德·克劳福德法官于 2021 年 5 月 31 日去世，决定填补该空缺的选举将于 2021 年 11 月 5 日在安全理事会的一次会议和大会第 76 届会议的一次会议上进行。

同日 安理会一致通过关于马里局势的第 S/RES/2584（2021）号决议，决定将马里稳定团任务期限延长至 2022 年 6 月 30 日。

6 月 30 日—7 月 2 日 由联合国妇女署召集、法国和墨西哥政府共同主持的"世代平等论坛"在法国巴黎举行。与会各方将围绕打击针对女性的暴力行为,维护妇女权益与健康,促进女性教育和经济公平等重要议题展开讨论。论坛的目标是提出具体的行动计划,加速 26 年前通过的《北京宣言和行动纲领》的执行,在 2030 年之前切实推进全球性别平等。

7 月 7 日 海地总统莫伊兹于 7 月 7 日凌晨在位于首都太子港的家中遭不明身份的武装分子袭击并遇害。海地总理约瑟夫已宣布国家进入紧急状态,并呼吁各方保持克制。2020 年 1 月,反对派称,按照宪法,总统莫伊兹的 5 年任期从 2016 年 2 月 7 日开始,到 2020 年 2 月 7 日就应下台,同时还指责莫伊兹政府没有按时在 2019 年举行议会选举,导致议会真空,总统依靠签署法令执政。而莫伊兹则表示,前总统马尔泰利卸任后,国家陷入混乱,他直到 2017 年 2 月 7 日才正式就职,因此 5 年任期应到 2022 年 2 月 7 日为止。在此期间,海地全国各地因总统任期问题爆发最新一轮大规模抗议活动,大量抗议者要求莫伊兹辞职。

7 月 9 日 安理会一致通过关于中东局势的第 S/RES/2585(2021)号决议,重申坚定致力于叙利亚的主权、独立、统一和领土完整,决定将第 S/RES/2165(2014)号决议第 2 段和第 3 段所载各项决定的期限延长至 2022 年 1 月 10 日,仅适用于巴布哈瓦过境点,并可再延长至 2022 年 7 月 10 日,但须视秘书长发布实质性报告而定,该报告应特别侧重说明行动的透明度和在满足人道主义需要方面跨线通行的进展情况。

7 月 12 日 世界卫生组织发布两份相互关联的报告,就如何在全球范围内使人类基因编辑技术成为促进公共健康的工具提出了首份建议。该报告在 9 大不同领域分别对人类基因编辑的管理和监督提出了建议,包括人类基因编辑登记注册;国际研究以及出于医疗目的的跨国旅行;非法、未注册、不道德和不安全的研究;知识产权;以及教育、参与和赋权等。

7 月 14 日 安理会一致通过关于中东局势的第 S/RES/2586(2021)号决议,决定把联合国支助荷台达协议特派团(荷台达协议支助团)的任务期限延长至 2022 年 7 月 15 日。

7 月 15 日 因新冠疫情而延期 1 年的 2020 年东京奥运会和残奥会将分别于 7 月 23 日—8 月 8 日和 8 月 24 日—9 月 5 日举行。联合国秘书长古特雷斯就此发出一份声明,要求各国在奥运会期间和前后遵守奥林匹克休战传统,停止一切战争行为。古特雷斯表示,再过几天,来自世界各地的运动员将齐聚日本,参加奥运会和残奥会。他们不得不克服巨大的障碍,在新冠疫情的情况下参加比赛。他呼吁人们展示同样的力量和团结,努力为世界带来和平。古特雷斯强调,奥林匹克休战是一种传统的呼吁,要求现有冲突各方在奥运会进行期间停止交火。民众和他们所在的国家可以在这个暂时的喘息机会的基础上,建立持久的停火,并找到实现可持续和平的途径。

7 月 18 日 纳尔逊·曼德拉国际日。联合国秘书长古特雷斯日前就此发表视频致辞表示,新冠疫情凸显人类团结一致的重要性,强调这是曼德拉所倡导和体现的价值观。古特雷斯说,曼德拉"呼吁团结和消除种族主义",这在当前尤其具有现实意义,因为"社会凝聚力正受到分裂的威胁,社会渐趋两极分化,仇恨言论不断增多",仍在肆虐的新冠疫情使这些弊病变得更加严重,并使全球抗击贫困多年的进展出现倒退。古特雷斯呼吁人们在促进和平、人权、与自然和谐相处以及维护所有人的尊严方面有所作为。

7 月 23 日—8 月 8 日 第 32 届奥林匹克运动会在日本东京召开,共有204 个国家和地区以及俄罗斯奥运队和奥林匹克难民代表团 2 个参赛队伍参赛,共 11417 名参赛运动员。受新冠疫情的影响,原定于 2020 年召开的东京奥运推迟,本届奥运会的公众观赛活动也全部以线上形式进行。8月 8 日东京奥运会圆满结束,奥运火炬在奥林匹克体育场熄灭。中国体育代表团在东京奥运会上交出一份亮眼的成绩单:38 金、32 银与 18 铜共 88枚奖牌,金牌数和奖牌数仅次于美国,位居第二,金牌数追平 2012 年伦敦奥运会时取得的境外参赛最好成绩。中国体育代表团新闻发言人表示,东京奥运会中国体育代表团圆满完成了参赛任务,实现了参赛成绩和精神文明双丰收的目标,拿到了道德的金牌、风格的金牌、干净的金牌。

8 月 24 日—9 月 5 日 东京残奥会于 2021 年 8 月 24 日开幕,9 月 5 日闭幕。在本届残奥会上,来自全球 162 个国家和地区的 4400 多名残奥运动员相聚东京。在 12 天的赛程中,中国代表团参加了 20 个大项的比赛,获得了 96 金 60 银 51 铜共 207 枚奖牌,在金牌和奖牌榜上均遥遥领先,并连续第 5 次在残奥会上实现金牌、奖牌双第一。位居金牌榜的第 2—4 名,依次为英国(41 金)、美国(37 金)、俄罗斯(36 金)。国际残奥委会主席帕森斯在闭幕式致辞中称,这是一届出色的残奥会,不仅具有历史意义,而且非常精彩。残奥会帮助很多人实现了梦想,其旅程并没有结束。这个世界并不完美,但占世界 15% 的人口(残疾人)不会被丢下,会在包容的世界里积极生活。9 月 5 日晚 10 时,燃烧了 13 天的残奥会圣火缓缓熄灭,2020 年东京残奥会正式闭幕。第 17 届夏季残疾人奥林匹克运动会将于 2024 年 8 月 28日—9 月 8 日在巴黎举行。

7 月 29 日 安理会一致通过关于塞浦路斯局势的第 S/RES/2587(2021)号决议,决定将联塞部队任务期限延长至 2022 年 1 月 31 日。

同日 安理会以 14 票赞成、1 票弃权(中国)通过关于中非共和国局势的第 S/RES/2588(2021)号决议,决定将武器禁运、旅行禁令、资产冻结等措施和规定延至 2022 年 7 月 31 日。

8 月 2 日 联合国大会通过关于设立非洲人后裔问题常设论坛的第 A/RES/75/314 号决议,决定成立"非洲人后裔问题常设论坛"。论坛由 10 名成员组成,将与人权理事会密切合作,作为非洲人后裔和其他利益攸关方的协商机制,并有助于拟定一项联合国宣言,该宣言将是关于促进和充分尊重非洲人后裔权利的"迈向具有法律约束力的文书的第一步"。

8 月 15 日 阿富汗塔利班从 5 月开始对政府军发动攻势。8 月 15 日,塔利班反叛组织长驱直入喀布尔,在这之前,塔利班仅用了 10 天的时间就占领了全国其他地方,美国领导的联军培训和装备了多年的阿富汗政府军以令人震惊的速度土崩瓦解。阿政府内政部门宣布和平移交政权,总统阿什拉夫·加尼出走阿联酋,阿富汗政府自行垮台,阿富汗塔利班又东山再起。

8 月 16 日 联合国安理会呼吁阿富汗建立包容性新政府。但实际情况并非如此。9 月 7 日,阿富汗塔利班宣布临时政府组成人员,完全由清一色的阿富汗塔利班人士组成,至今未获联合国组织与众多会员国所承认。

8 月 18 日 安理会一致通过关于"联合国维持和平行动"的第 S/RES/2589(2021)号决议,致敬所有联合国维持和平行动人员,包括那些为了和平事业而因公殉职者,促请联合国维持和平行动东道国将杀害联合国人员和针对他们的一切暴力行为包括但不限于拘留和绑架行为的行为人绳之以法。

8 月 26 日 阿富汗首都喀布尔机场发生爆炸事件,造成 100 多人丧生,其中包括 13 名美国士兵。"伊斯兰国"南亚分支"呼罗珊"(ISKP)声称对当地时间周四晚间发生的致命爆炸事件负责。8 月 27 日,安理会发表声明,以最强烈的措辞谴责这起袭击事件,强调了在阿富汗打击恐怖主义行为的重要性。

8 月 30 日 安理会一致通过关于马里局势的第 S/RES/2590(2021)号决议,决定将旅行禁令、资产冻结等措施延至 2022 年 8 月 31 日,决定将专家小组任务以及对马里稳定团提出的要求延长至 2022 年 9 月 30 日。

同日 安理会一致通过关于中东局势的第 S/RES/2591(2021)号决议,决定将联黎部队任务期限延长至 2022 年 8 月 31 日。

同日 安理会一致通过关于索马里局势的第 S/RES/2592(2021)号决议,决定将联索援助团任务期限延长至 2022 年 5 月 31 日。

　　同日 安理会以 13 票赞成、2 票弃权(中国、俄罗斯)通过关于"阿富汗局势"的第 S/RES/2593(2021)号决议,最强烈地谴责 2021 年 8 月 26 日在阿富汗喀布尔哈米德·卡尔扎伊国际机场附近发生的袭击,要求不得利用阿富汗领土威胁或攻击任何国家、庇护或训练恐怖主义分子、策划或资助恐怖主义行为,并呼吁加大力度向阿富汗提供人道主义援助。

　　8 月 31 日 首个非洲人后裔国际日。

　　9 月 9 日 安理会一致通过关于联合国维持和平行动的第 S/RES/2594(2021)号决议,强调指出和平行动在寻求可持续政治解决办法及建设和平方面发挥的关键作用,鼓励国家政府在和平行动过渡之前制定和执行保护平民的全面国家计划、政策或战略。

　　同日 第 1 届全球议会反恐峰会在奥地利维也纳举行。这次大会是各国议会联盟和联合国有关反恐机构首次专门围绕反恐主题举办的全球性会议。本次主题为"议会在预防恐怖主义的战略前沿:为恐怖主义受害者搭建通往和平与更美好未来的道路",共有 112 个国家的 95 位议长、42 位副议长参加。

　　9 月 10 日 黎巴嫩候任总理米卡提宣布组成新政府。2020 年 8 月,总理迪亚卜因贝鲁特港口发生爆炸宣布政府集体辞职,成为看守政府。同年 10 月,萨阿德·哈里里获得授权组建新政府,但一直未能完成组阁。2021 年 7 月,哈里里宣布放弃组阁,米卡提被任命为新总理。

　　9 月 14 日 第 76 届联合国大会召开,阿卜杜拉·沙希德(马尔代夫)担任大会主席。本届会议的主题为"点亮希望,增强韧性——摆脱冠状病毒病实现复苏,致力可持续重建,顺应地球需要,尊重人民权利,振兴联合国"。

　　9 月 15 日 安理会一致通过关于利比亚局势的第 S/RES/2595(2021)号决议,决定将联合国利比亚支助团任务期延长至 2021 年 9 月 30 日。

　　9 月 17 日 安理会一致通过关于阿富汗局势的第 S/RES/2596(2021)号决议,决定将联阿援助团任务期限延长至 2022 年 3 月 17 日。

　　同日 安理会一致通过关于"恐怖主义行为对国际和平与安全造成的威胁"的第 S/RES/2597(2021)号决议,表示注意到伊拉克政府在 2021 年 9 月 16 日信函(S/2021/801)中提出的要求,决定将特别顾问和调查组的任务期限延长至 2022 年 9 月 17 日。

　　同日 苏丹大约 40 名军官试图接管国家广播公司的电视大楼和军事总指挥部。大部分军官已被捕。2019 年 4 月 12 日,苏丹发生军事政变,推翻了长期执政的巴希尔总统。苏丹目前仍处于军方和文官联合执政的过渡状态。联合国秘书长古特雷斯发表声明,谴责此次未遂政变。

9月28日　世界卫生组织及其合作伙伴发起世界首个战胜脑膜炎全球战略。新战略目标是到2030年消除最致命的细菌性脑膜炎流行,将死亡人数减少70%,病例数减半。

9月29日　安理会一致通过关于维护国际和平与安全的第S/RES/2598(2021)号决议,谴责所有向利比亚、经由利比亚和从利比亚领土及在利比亚沿海海域偷运移民和贩运人口的行为,决定把第S/RES/2240(2015)号决议第7段、第8段、第9段和第10段所定授权自本决议通过之日起再延长12个月。

9月30日　安理会一致通过关于利比亚局势的第S/RES/2599(2021)号决议,决定将联合国利比亚支助团任务期限延长至2022年1月31日。

10月1日　受新冠疫情影响被推迟的2020年迪拜世博会正式开幕,这是世博会首次在中东举行。本次世博会时间为2021年10月1日至2022年3月31日,以"沟通思想,创造未来"为主题,旨在凝聚国际社会力量,促进全球合作,创造美好未来。

10月1—5日　首届世界粮食论坛以线上形式在联合国粮农组织总部所在地意大利罗马开幕。该论坛以青年人为主导,旨在利用青年人的精力和创造力,共同应对世界面临的粮食问题。论坛以"创新日""创意日"及"青年行动大会"等为每日主题,邀请了来自农业和其他领域的全球青年领袖参与青年交流、研讨会、音乐会、电影展、大师课等各项活动,使用创新的方式来发现和推广年轻人最具新意的想法。

10月7日　世界卫生组织公布一项耗资80亿美元的计划,旨在让世界各地的所有人都能获得疫苗,从而结束新冠疫情。该计划目标是到年底为所有国家40%的人接种疫苗,到2022年年中为70%的人接种。

10月8日　人权理事会首次宣布,拥有一个清洁、健康和可持续的环境是一项人权。

10月11日　联合国大会通过关于联合国经费分摊比额表:根据《联合国宪章》第19条提出的请求的第A/RES/76/2号决议,同意科摩罗、圣多美和普林西比以及索马里之所以未能足额缴纳避免适用《联合国宪章》第19条所需的最低款额,是其无法控制的情形所致;决定准许科摩罗、圣多美和普林西比以及索马里在大会投票,到第76届会议结束为止。

10月14日　美国重返联合国人权理事会。

10月15日　安理会一致通过关于海地的问题的第S/RES/2600(2021)号决议,决定将联海综合办的任务期限及该决议具体规定的报告要求延长至 2022 年 7 月 15 日。

10 月 16 日　搭载神舟十三号载人飞船的长征二号 F 遥十三运载火箭,在酒泉卫星发射中心点火升空,发射成功。翟志刚、王亚平和叶光富 3 名宇航员进入了太空,开启了中国新的太空之旅。

10 月 25 日　苏丹武装部队总司令布尔汉宣布国家进入紧急状态,解散主权委员会和过渡政府,并解除所有州长的职务。苏丹过渡政府总理办公室同日发表声明说,哈姆杜克在其位于喀土穆的居所遭绑架。

10 月 28 日　世卫组织启动 2021—2030 年道路安全行动 10 年,旨在到 2030 年之前将道路交通伤亡人数降低至少 50%。

10 月 29 日　安理会一致通过关于儿童与武装冲突的第 S/RES/2601(2021)号决议,促请各方保障、保护、尊重和促进受教育权,敦促会员国制定有效措施,防止和应对针对学校和教育设施的袭击和袭击威胁,谴责违反国际法把学校置于军事用途的行为,促请会员国制止和预防冲突各方违背义务招募和重新招募儿童的行为。

同日　安理会以 13 票赞成、2 票弃权(俄罗斯、突尼斯)通过关于西撒哈拉局势的第 S/RES/2602(2021)号决议,决定将西撒特派团任务期限延长至 2022 年 10 月 31 日,重申需充分尊重与西撒特派团就停火问题达成的军事协定,促请各当事方充分遵守协定,履行承诺。

同日　安理会一致通过关于"哥伦比亚常驻联合国代表给秘书长和安全理事会主席的同文信(S/2016/53)"的第 S/RES/2603(2021)号决议,决定将核查团任务期限延长至 2022 年 10 月 31 日。

10 月 30—31 日　G20 第 16 次领导人峰会在意大利罗马举行。会议最后通过《二十国集团领导人罗马峰会宣言》,强调多边主义作用以及加强合作共同应对新冠疫情,同时敦促积极落实并努力将全球平均气温升高幅度限制在工业化前水平以上 1.5℃ 之内,但没有明确设定全球达到碳中和的限期。各方对新冠疫情的影响特别是对发展中国家的影响深表关切,将加强行动落实《二十国集团落实 2030 年可持续发展议程行动计划》。各方还期待北京 2022 年冬奥会和冬残奥会。这是来自世界各国的运动员竞技的重要机会,也是人类韧性的象征。

11 月 1—13 日　第 26 届联合国气候变化大会在英国格拉斯哥举行。受新冠疫情蔓延影响,联合国气候变化框架公约峰会延期至 2021 年举办,本应于 2020 年第 26 届联合国气候变化大会敲定的《巴黎协定》实施细则谈判也未能赶在协定生效前完成。因此,本届格拉斯哥第 26 届联合国气候变化大会备受全球关注,不仅将完善《巴黎协定》的具体实施细则,更将决定未来全球气候治理格局,也被广泛认为是"人类免于灾难性气候变化的最后一次机会"。为避免气候变化带来的灾难性后果,各国需要即刻采取行动。国际社会和公众舆论对在格拉斯哥举办的第26届联合国气候变化大会的关注度和期望值很高。第26届联合国气候变化大会主席、英国环保大臣夏尔马认为本次气候大会是实现1.5℃目标的"最后也是最好的机会"。

格拉斯哥大会盛况:11月1日在英国格拉斯哥正式开幕,来自全球近200个国家或地区的两万余名政府与民间代表齐聚格拉斯哥参加盛会,为致力于沿着2015年气候变化大会通过的《巴黎协定》所做的承诺继续前进,并明确将这些承诺转化为实际行动的具体细节。会期两周,第一周主要是政府首脑峰会、技术专家和官员之间的会议,第二周是高层会议,各国部长参会并达成最终的政治协议。大会前两日举行的世界领导人峰会进展顺利、气氛热烈,各国领导人纷纷做出雄心勃勃的承诺。在领导人峰会结束后的技术代表细节谈判阶段却遇到了很大困难。各国在讨论会议主席公布的一份《格拉斯哥气候协议》拟议草案时发生了很大争论。由于涉及各国的核心和切身利益,各国代表对淘汰化石燃料、建立全球碳市场等重大问题分歧严重,谈判一度陷入了僵持状态。致使原定12日18点结束的会议不得不推迟,但与会各方毕竟共同点大于分歧点。经过一天一夜的加班奋战后,英国当地时间11月13日晚上8点,格拉斯哥第26届联合国气候变化大会主席夏尔马敲下槌子,正式宣布全球197个国家达成了旨在加强气候行动的《格拉斯哥气候协议》。大会终于较为圆满地交出了一份最重要的成果文件。

《格拉斯哥气候协议》及其意义:气候协议是大会通过的主要成果,其要点为:协议各缔约方认可《巴黎协议》提出的"将气温上升控制在1.5℃之内"的目标;承诺到2030年将全球二氧化碳排放量削减将近一半。作为第26届联合国气候变化大会最突出的成果之一,各国还同意加快减排步伐,在2022年提出新的"国家自主决定贡献"(NDC)排放目标,并接受一年一度的审查,确认目标完成进度。各国还同意,2022年召开第27届联合国气候变化大会时,再将现有的国家自主贡献评估一遍,以使全球努力向1.5℃的温升目标更加靠拢;协议使《巴黎协定》中规定的SMD机制谈判获得初步通过,通往全球碳市场的大门正在徐徐打开,未来碳交易有望取代石油成为全球最大宗的商品市场;对发达国家兑现1000亿美元的资金承诺,①协

---

① 在2009年的哥本哈根气候大会上,发达国家承诺,在2020年前,每年向发展中国家提供1000亿美元的气候资金。但根据OECD数据,到2019年为止,该目标仅完成了80%。提供1000亿美元的承诺并没有完全兑现。

议敦促发达国家大幅增加对发展中国家的支持,每年向发展中国家提供1000亿美元以上的资金,帮助发展中国家应对气候变化、实现绿色转型。会议还提出需要"从所有来源调动气候资金,①以达到实现《巴黎协定》目标所需的水平;尽管在最终的《格拉斯哥气候协议》中将有关燃煤使用的规定由"逐步淘汰"("phase out")改为"逐步减少"("phase down")煤炭使用和对化石燃料的补贴,但这仍是极为振奋人心的大事,也是联合国气候大会宣言中首次触碰化石燃料话题,相比于过往规避探讨"终结化石燃料"已经进了一大步。应该说,格拉斯哥大会达成的协议,意义重大,开启了国际社会全面落实《巴黎协定》的新征程。

第 26 届联合国气候变化大会期间,除了达成最重要的《格拉斯哥气候协议》外,还取得了其他多项令人瞩目的重要成果:(1)拥有 85% 森林面积的 114 个国家共同签署了《关于森林和土地利用的格拉斯哥领导人宣言》,承诺到 2030 年停止砍伐森林,扭转土地退化状况,包括"地球绿肺"巴西。这是第 26 届联合国气候变化大会的首份实质性协议;(2)美国和欧盟等 90 多个国家加入"全球甲烷承诺",计划到 2030 年将甲烷排放减少至 2020 年的 70%;(3)根据英国政府发布的一份声明,有 190 多个国家和组织已承诺不再使用煤炭,其中波兰、越南、埃及、智利和摩洛哥等 18 个主要依赖煤炭发电的国家系首次作出此承诺。另外,"主要经济体"(较富裕国家)将在本世纪 30 年代逐步淘汰煤炭,而发展中国家将在本世纪 40 年代停止使用煤炭;(4)中国和美国关于加强气候行动的联合宣言,也成为本次第 26 届联合国气候变化大会的高光时刻,中国和美国达成气候行动联合宣言并组建气候行动强化工作小组,将在未来 10 年引领全球气候变化合作,并对双边关系的改善产生积极影响;等等。

第 26 届联合国气候变化大会确实取得了很大的成绩,具有里程碑的性质。但留下来尚待解决的问题也同样不少。联合国秘书长古特雷斯表示,第 26 届联合国气候变化大会没有达成的共识包括:结束对化石燃料的投资;逐步淘汰煤炭;对碳排放定价;保护易受气候变化影响的群体;兑现气候融资承诺等。尽管有多国代表对第 26 届联合国气候变化大会最终达成的《格拉斯哥气候协议》有所抱怨,但他们也不得不承认,在各国存在严重分歧的背景下,这份协议是本次大会多边谈判所能取得的"最平衡""最不坏"的结果。正如古特雷斯秘书长在作大会总结时所说,第 26 届联合国气候变

---

① 为解决气候融资问题提供了全新方法,"融资日"当天的公告宣布:拥有总额 130 万亿美元资产的近 500 家全球金融服务公司(约占全球金融资产的 40%)承诺实现《巴黎协定》中设定的气候目标,包括将全球变暖幅度控制在 1.5℃之内。

化大会的成果是妥协的产物,它反映了当今世界各方的利益、冲突和政治意愿。在回应一些国家对协议的不满时,古特雷斯表示,"我知道你们很失望。但是前进的道路并不总是一帆风顺。有时候会走弯路。有时候遇到艰难险壑。但我知道我们最终能够抵达目的地。我们在进行人生最重要的一场战斗,这场战斗必须取得胜利。我们将永不放弃,决不退缩,继续向前"。东道主英国首相约翰逊说,他希望全球"将格拉斯哥第26届联合国气候变化大会视为终止气候变化进程的开始","今天的协议是向前迈出的一大步。更重要的是,我们达成了逐步减少煤炭使用的第一份国际协议,还制定了将全球升温控制在1.5℃以内的路线图"。第26届联合国气候变化大会主席夏尔马在闭幕大会上表示,可以靠谱地说,"升温1.5℃"的目标已经触手可及,但"它的脉搏仍然很虚弱"。夏马尔明确地指出:"要让它(协议)生存下去,我们必须信守承诺,必须把承诺迅速转化为行动。"

第27届联合国气候变化大会将于2022年11月7—18日在埃及沙姆沙伊赫举办。它将推动全球气候谈判,动员行动,并提供一个重要的机会来审视气候变化对非洲的影响。

11月3日　安理会一致通过关于波斯尼亚和黑塞哥维那局势的第S/RES/2604(2021)号决议,授权通过欧盟采取行动或与欧盟合作采取行动的会员国续设一支多国稳定部队(欧盟部队木槿花行动),自本决议通过之日起为期12个月;决定将安理会第S/RES/2183(2014)号决议第11段规定的授权自本决议通过之日起再延续12个月。

11月12日　安理会以13票赞成、2票弃权(中国、俄罗斯)通过关于中非共和国局势的第S/RES/2605(2021)号决议,表示大力支持秘书长特别代表曼克尔·恩迪亚耶,决定将中非稳定团任务期限延长至2022年11月15日,其任务是通过全面办法,推进多年战略愿景,创造有利的政治、安全和体制条件,通过执行《和平协议》及消除武装团体构成的威胁,实现民族和解及持久和平。

11月15日　安理会一致通过关于"秘书长关于苏丹和南苏丹的报告"的第S/RES/2606(2021)号决议,决定将联阿安全部队任务期限延长至2021年12月15日。

同日　安理会以13票赞成、2票弃权(中国、俄罗斯)通过关于索马里局势的第S/RES/2607(2021)号决议。决定将第S/RES/2182(2014)号决议第15段的规定延长至2022年11月15日,要求会员国严格执行对索马里的军火禁运、木炭禁令和简易爆炸装置组件禁令,并决定续设索马里问题专家小组,任期从本决议通过之日起至2022年12月15日。

11月25日　联合国教科文组织通过首份有关人工智能伦理的全球框架协议——《人工智能伦理问题建议书》。该建议书旨在实现人工智能给社会带来的积极效果,同时预防潜在风险,用以指导建设必需的法律框架来确保人工智能的健康发展。

11月26日　世界卫生组织又宣布一种新的冠状病毒变种,并将其命名为"奥密克戎"(Omicron)。世卫组织表示,这种新的变异株出现大量突变,早期证据表明再感染风险增加。世界上多个国家因此立即采取了包括封锁边境的严格防控措施。对此,世卫组织表示这一新的病毒变种的确带来了新的挑战,需要严阵以待,但盲目采取过激做法实不可取。28日,世卫组织再次发布了有关新型冠状病毒变种"奥密克戎"的最新科学研究进展。它指出,广泛使用的聚合酶链反应(PCR)测试仍然能够检测出"奥密克戎"感染,目前的疫苗对降低严重疾病和死亡率仍然有效。

11月29日—12月1日　世界卫生大会举行特别会议。29日,卫生组织总干事谭德塞(Tedros Adhanom Ghebreyesus)在特别会议上专门谈到了新型冠状病毒的"奥密克戎"变体。他说,病毒的高度变异提醒我们:我们仍然处在脆弱、不稳定的状态中。世卫组织提醒公众:病毒传播得越多,发生改变的机会就越多。只要病毒在尚未接种疫苗的人群中继续传播,我们就会看到更多的突变。12月1日,特别会议闭幕式上,谭德塞再次强调:新冠病毒不会自行消失,结束疫情要靠所有人做出正确选择。谭德塞说:"我呼吁所有会员国选择共享技术和知识,支持放弃知识产权,为扩大疫苗生产消除一切障碍。现在是我们共同超越新冠肺炎大流行的时刻,几十年后,让我们的后人可以从我们手中接过一个更健康、更安全、更公平的世界。"

12月2日　第76届联合国大会协商一致通过关于奥林匹克休战的第A/RES/76/13号决议。该决议由中国和国际奥委会起草、173个会员国共提。决议呼吁各方通过和平和外交手段解决国际冲突,敦促各国在冬奥会开幕前7日至冬残奥会闭幕后7日遵守奥林匹克休战。

12月3日　秘书长在题为《索马里沿海海盗和海上武装抢劫活动的有关情况》的报告中对中国重视海上安全以及打击索马里沿海的海盗活动和海上有组织犯罪中的表现给予很高评价。该报告说,中国政府高度重视海上安全以及打击索马里沿海的海盗活动和海上有组织犯罪。自2008年12月以来,中国海军根据安全理事会有关决议,定期派出舰艇到该海域执行护航任务。13年来,中国海军共派出39批131艘舰艇执行护航行动,保护了包括12艘世界粮食计划署船只在内的近7000艘中外船只的安全,为打击索马里沿海海盗活动和海上武装抢劫作出了贡献。

同日 《索马里沿海海盗和海上武装抢劫活动的有关情况》的报告表明,自 2011 年以来,联合打击海盗的努力已导致袭击和劫持事件稳步减少。然而,死灰复燃的持续威胁依然存在。为此,12 月 3 日安理会一致通过关于"索马里局势"的第 S/RES/2608(2021)号决议,决定将第 S/RES/2554(2020)号决议第 14 段给予同索马里当局合作打击索马里沿海海盗和海上武装抢劫行为的国家和区域组织的授权自本决议通过之日起再延续 3 个月。决议表示,必须继续对所有"策划、组织、非法资助索马里沿海海盗袭击或从中获利"的人进行调查和起诉。决议呼吁索马里当局建立机制,安全归还海盗缴获的物品,并在沿海水域巡逻,以防止和制止未来的海上武装抢劫行为。安理会再次呼吁各国和区域组织部署海军舰艇、武器和军用飞机打击海盗行为,并强调国际协调的重要性。

12 月 6 日 大会以协商一致方式通过了一项决议,推迟就阿富汗和缅甸在联合国的代表问题作出决定。大会同意推迟采取行动,这意味着两国现任大使将暂时保持不变。阿富汗的事实当局塔利班当局,以及缅甸的军事统治者,都曾试图取代他们目前驻联合国的代表,两国代表均为当年被推翻和废黜的民选政府任命。

同日 缅甸内比都泽布迪瑞法院依据缅甸刑法第 505 条 b 款和《自然灾害管理法》,裁定国务资政昂山素季和总统温敏所谓"煽动罪"和"违反防疫规定"罪名成立,判处两人各 4 年监禁。缅甸军方在 2021 年 2 月 1 日发动的政变中逮捕了昂山素季、温敏总统和昂山素季领导的执政党"全国民主联盟"的许多成员。

12 月 15 日 安理会一致通过关于"秘书长关于苏丹和南苏丹的报告"的第 S/RES/2609(2021)号决议,决定将联阿安全部队任务期限延长至 2022 年 5 月 15 日,将核定兵力上限减至 3250 人,修订任务规定由联阿安全部队为边界核监机制提供支持,促请苏丹和南苏丹两国政府全力支持联阿安全部队执行任务和部署联阿安全部队人员。

同日 习近平主席同俄罗斯总统普京举行年内第 2 次视频会晤。2020 年是《中俄睦邻友好合作条约》签署 20 周年,该条约确立的世代友好理念符合两国根本利益,契合和平与发展的时代主题,是构建新型国际关系和人类命运共同体的生动实践。在世界进入动荡变革期、人类发展遭遇多重危机背景下,中俄密切合作,为国际社会注入了正能量。俄罗斯总统普京对北京冬奥会给予坚决支持,他在视频会晤中表示,他期待 2022 年 2 月与国家主席习近平在北京举行会见,随后将共同参加北京冬奥会开幕式。普京表示,他相信北京冬奥会将在最高水准上进行。普京强调俄罗斯和中国在国际体育合作方面一贯相互支持,不接受任何将体育和奥林匹克运动政治化的企图。

12 月 16 日 大会通过关于 2022 山区可持续发展国际年的第 A/RES/76/129 号决议,承认尽管在促进山区可持续发展和养护山区生态系统包括其生物多样性方面取得了进展,但贫困、粮食不安全、社会排斥、环境退化和灾害风险敞口仍在加剧,而获得安全、负担得起的饮用水和基本卫生条件以及可持续现代能源服务的机会继续受到限制,宣布 2022 年为山区可持续发展国际年。

同日 全球估计有 10 亿名吸烟者,而烟草每年导致 800 万人死亡。为减少烟草造成的危害,各国政府及各利益攸关者一直都在想各种方法帮助人们戒烟,但收效甚微。12 月 16 日,新西兰宣布了一项令人耳目一新、别开生面的立法,以期达到最终全面禁止吸烟,彻底淘汰烟草的目的。这次,新西兰推出了"无烟 2025"行动计划,制定了到 2025 年全国吸烟率降低到 5% 的国家目标,直至最终完全消除吸烟。"无烟 2025"行动计划规定要实施的一系列烟草控制措施包括:严格限制香烟的销售地点,禁止超市和杂货店销售香烟。新西兰"无烟 2025"行动计划的最具创新性的做法包括有史以来最严格的立法措施:终身禁止年轻一代购烟。根据这项禁烟计划,新西兰政府将把最低购烟年龄,从当前的 18 岁逐年提高 1 岁。随着年岁增长,那些在 2008 年以后出生的新西兰年轻一代,将永远无法达到在该国合法购烟的年龄。而且,随着该禁令的持续实施,被"终身禁烟"的人数会越来越多,最终将覆盖全部新西兰人口。新西兰内外许多公共卫生专家对新西兰政府这项强有力的举措都给予积极肯定,认为这项大胆举措为其他国家做出了表率,向推动无烟社会的目标迈出了有实际意义的步伐。

12 月 17 日 安理会一致通过关于"恐怖主义对国际和平与安全造成的威胁"的第 S/RES/2610(2021)号决议,重申所有国家应对达伊沙、基地组织以及相关联个人、团体、企业和实体采取资产冻结、旅行禁令、军火禁运等措施;决定为了防止达伊沙、基地组织以及相关联个人、团体、企业和实体获取、经手、储存、使用或谋取各类爆炸物,会员国应采取适当措施,促使参与生产、销售、供应、采购、移交和储存这些材料的本国国民、受本国管辖人员和在本国境内组建或受本国管辖的实体提高警惕。

同日 安理会一致通过关于"恐怖主义对国际和平与安全造成的威胁"的第 S/RES/2611(2021)号决议,决定所有国家应继续对在第 S/

RES/1988(2011)号决议通过之日前被指认为塔利班的个人和实体以及第 S/RES/1988 号决议第 30 段所设委员会在 1988 制裁名单中指认的其他威胁阿富汗和平、稳定与安全的个人、团体、企业和实体采取第 S/RES/2255（2015）号决议第 1 段规定的措施；为协助委员会执行任务，第 S/RES/1526（2004）号决议第 7 段所设的 1267/1988 分析支助和制裁监测组在现有任务期于 2021 年 12 月期满后继续支持委员会 12 个月。

同日 联合国人权理事会通过决议，决定设立一个关于埃塞俄比亚问题的国际人权专家委员会，彻底调查 2020 年 11 月 3 日以来冲突各方在埃塞俄比亚据称犯下的违反和践踏国际人权法、违反国际人道法和国际难民法的行为。

12 月 19 日 联合国主管人道主义事务的副秘书长马丁·格里菲思在巴基斯坦伊斯兰堡举行的伊斯兰合作组织（OIC）外交部长理事会第 17 届特别会议上讲述了阿富汗社会的现况。他说，阿富汗经济正处于"自由落体式"的下滑状态，并警告说，如果不立即采取果断和富有同情心的行动，阿富汗"全体人民"可能都将随之陷入贫困。他说，2300 万人面临饥饿；营养不良的儿童挤满了卫生设施；70%的教师无薪工作；代表阿富汗未来的数百万学生处于失学状态。此外，阿富汗货币的价值暴跌，对金融部门缺乏信心破坏了贸易，借贷和投资的空间急剧收缩。格里菲思说："现在迫切需要流动性并稳定银行系统——不仅是为了挽救阿富汗人民的生命，也是为了使人道主义组织能够应对。"格里菲思表示，阿富汗的危机是巨大的，阿富汗人民急需捐助者的慷慨支持和持续参与。展望未来，他还认为，与事实当局继续建设性的接触对于"澄清我们对彼此的期望"至关重要。伊斯兰会议组织成员在会上表示愿意帮助阿富汗避免灾难并为人道主义努力做出贡献。格里菲思表示，"联合国坚定地与你们站在一起，与阿富汗人民站在一起"。

12 月 20 日 安理会一致通过关于刚果民主共和国局势的第 S/RES/2612(2021)号决议，决定将联刚稳定团，包括稳定团干预旅的任务期限延长至 2022 年 12 月 20 日，决定联刚稳定团的核定兵力上限将包括 13500 名军事人员、660 名军事观察员和参谋人员、591 名警务人员和 1050 名建制警察部队人员，继续同意按照秘书长报告的第 S/2019/905 中的建议，临时部署最多 360 名建制警察部队人员以取代军事人员。

12 月 21 日 安理会一致通过关于中东局势的第 S/RES/2613(2021)号决议，决定将观察员部队任务期限延长至 2022 年 6 月 30 日。

同日 安理会一致通过关于索马里局势的第 S/RES/2614(2021)号决

议,决定授权非洲联盟成员国继续部署非洲联盟驻索马里特派团(非索特派团)至 2022 年 3 月 31 日,授权非索特派团采取一切必要措施执行第 S/RES/2568(2021)号决议第 12 段和第 13 段规定的任务。

12 月 22 日 安理会一致通过关于"恐怖袭击对国际和平与安全造成的威胁"的第 S/RES/2615(2021)号决议,对适用于阿富汗的制裁实行人道主义豁免,以便在阿富汗濒临经济崩溃之际向该国提供人道主义援助。联合国负责人道主义事务的副秘书长格里菲思随即发表声明,欢迎安理会的这一决议。格里菲思评价说,这是"一项具有里程碑意义的决定"。安理会曾于 2011 年通过第 S/RES/1988(2011)号决议,对塔利班相关人员实施了制裁。然而塔利班夺取政权后,制裁名单上的一些被指认个人现在负责阿富汗事实政府相关部门或政府实体。人道主义组织经常需要与这些实体打交道。因此,相关业务往来是否符合第 S/RES/1988(2011)号决议制裁制度的重大不确定性,导致了向阿富汗人民提供援助的人道主义组织面临业务困难,包括阻碍他们获得捐助资金。这项决议及时地解决了这一困难。格里菲思表示,这一具有里程碑意义的决定将使迫切需要的人道主义行动能够在阿富汗拯救生命和生计。这证明了安理会成员是如何认真地对待阿富汗令人震惊的需求和苦难。

同日 安理会一致通过关于维护国际和平与安全的第 S/RES/2616(2021)号决议,决定在延长位于安全理事会授权实施军火禁运的地方的相关和平行动的任务期时根据个案情况,酌情考虑和平行动在各自行动区是否以及如何能支持相关国家当局打击违反军火禁运而非法转让和转用军火行为。

12 月 24 日 联合国大会通过关于联合国维持和平行动经费分摊比额表的第 A/RES/76/239 号决议,联合国维持和平行动经费分摊比额表,经费分摊率依据 10 个缴款等级和参数确定,鼓励各等级联合国会员国自愿上调其缴款等级。

12 月 26 日 国际著名的南非反种族隔离领导人和人权活动家、诺贝尔和平奖获得者德斯蒙德·图图大主教在开普敦去世,享年 90 岁。当天,联合国秘书长古特雷斯发表声明表示:"图图大主教是全球和平的杰出人物,激励着世界各地的几代人。在种族隔离最黑暗的日子里,他是社会正义、自由和非暴力抵抗的闪亮灯塔。"古特雷斯表示,诺贝尔委员会 1984 年决定授予图图大主教诺贝尔和平奖,就是对其"坚持不懈地为缔造一个自由民主的南非建立全球团结的决心的认可"。他指出:"作为真相与和解委员会的主席,图图大主教为确保南非在民主化进程中实现和平而公正的过渡做出了不可估量的贡献。"秘书长称图图大主教是"多边主义的坚定拥护者",并指出近几十年来,图图大主教继续致力于为我们这个时代的许多关键问题而奋斗,包括贫困、气候变化、人权和艾滋病病毒/艾滋病等问题。古特雷斯强调:"尽管图图大主教的逝世在全球舞台上和在我们心中留下了巨大的空白,但我们将永远受到他的榜样的鼓舞,继续为所有人创造一个更美好的世界而奋斗。"

12 月 27 日　联合国教科文组织纪念人与生物圈计划启动 50 周年。该计划创建于 1971 年,多年来一直在促进人与自然之间的和谐发展。世界生物圈保护区网络目前在全世界 131 个国家拥有 727 个保护区,其中包括22 个跨境保护区。

12 月 28 日　秘书长古特雷斯发表新年献词,呼吁世界各国人民团结互助、同舟共济,致力于使 2022 年成为所有人的复苏之年。古特雷斯表示,"当世界迎来 2022 年之际,我们对未来所抱的希望正在经受各种考验:贫困日益加深、不平等更趋严重;新冠肺炎疫苗配发不均;气候承诺未能如期兑现;冲突持续不断、分裂状况严重、误导性信息泛滥。"他指出,这些不仅仅是对政策的考验,也是对道德的考验和对现实生活的考验。他在新年献词中列出了 5 大复苏领域和人类需要为此努力的方向:(1)从疫情中恢复过来,为此要制定一个大胆的计划,在所有地方为所有人接种疫苗;(2)各国经济实现复苏,为此富国要通过融资、投资、债务减免来支持发展中国家;(3)摆脱不信任与分裂,为此要再度重视科学、事实、理性;(4)实现冲突后复原,为此要重振对话、妥协、和解的精神;(5)让地球恢复元气,为此要作出与危机规模及紧迫性相符的气候承诺。他说:"让我们一起将实现复苏作为 2022 年的新年决心。为了人类、为了地球、为了繁荣。"古特雷斯在献词的最后祝大家"新年快乐祥和"。

12 月 30 日　安理会一致通过关于"恐怖袭击对国际和平与安全造成的威胁"的第 S/RES/2617(2021)号决议,着重指出反恐委员会的总目标是确保安理会第 S/RES/1373(2001)号决议得以充分执行,决定反恐执行局将在直至 2025 年 12 月 31 日终了期间继续作为接受反恐委员会政策指导的一项特别政治任务运作,还决定在 2023 年 12 月 31 日前开展一次中期审查。

12 月 31 日　秘书长古特雷斯即将在 2022 年元旦开始其第 2 个 5 年任期。古特雷斯于 2017 年 1 月 1 日就职,成为第 9 任联合国秘书长。2021 年6 月,他获得了连任。古特雷斯誓言要利用他的第 2 个任期,"倾尽全力,确保大小国家间的信任能够蓬勃生长,以搭建桥梁并不懈从事建立信任工作"。他表示,他还将设法激发希望,扭转局面,化不可能为可能。他说:"这种态度是永不放弃的态度。这并非理想主义或空想,而是基于对历史上发生大变革时期的了解。此外,其出发点是一种基本信念,即人性本善,即便困难重重,即便希望渺茫,也有可能取得突破。这是我坚定不移的承诺。"

本书编委会

主　编：李铁城

主要撰稿人：李铁城　石　磊　左　洁　胡王云

参与撰稿人：白　石　王昕雪　张利萍　王艺陶　丛琳娜

王海英　王　旭　林　琳　楚静莹　李佳辰

胡昊三　杨中一　郭彦君　雒景瑜　陈艳君

李乾坤　李进芳

对完成本书
作出贡献者：张小丽　李永霞　祝颖婷　柴　婧　李冰之

孙巧园　毕彩霞　王　珩　高晓兰　穆虹宇

戴伊宁　刘春翔　杨芳菲　林　翔

国际联盟与联合国大事长编

1920—2021（下）

李铁城　主编

人民出版社

第三篇

中　国　篇

上　篇

中国与国际联盟

巴黎和会与中国加入国联

一九一四年

8月23日 日本对德宣战,并开始在山东登陆,袭击青岛德军阵地。英国一支分遣队与日本会合,10月开始炮击青岛,同时从陆上配合进攻。大战爆发后,交战双方都想拉拢中国参加自己的一方,但中国政府倾向于向美国靠拢。11月7日,青岛德军向日军投降。

一九一七年

8月14日 北洋政府布告:即日起对德国正式断绝外交关系,同时宣布收回天津、汉口德租界,停付对德赔款与欠款,参与第一次世界大战。参战后将14万名中国青壮年运送到欧洲战场充当劳工,执行战场勤务工作。(其中英国雇佣了约10万人,其余由法国人雇佣,后来美国参战,向法国政府借用了约1万名华工。)在残酷的战争条件下,中国民工做出重大牺牲。此前,美国在与德国断交后就建议中国采取一致行动,英法两国也鼓励中国参战。

一九一八年

1月8日 中国北洋政府驻美公使顾维钧得知威尔逊的"十四点计划"原则后,电告北京注意这一新组织对中国很重要。

一九一九年

1月11日 中国派出以北洋政府外交总长陆徵祥为团长的中国代表团抵达法国参加巴黎和会。代表团有5名全权代表,除团长外,其余4人为南方政府代表王正廷、驻英公使施肇基、驻美公使顾维钧、驻比利时公使魏宸组。中国代表团一行52人,阵容强大,规模空前。中国代表团抵达巴黎之后,代表团成员顾维钧先后提出两份备忘录:一份是有关建立新世界组织的原则以及各主要协约国及参战国的观点;另一份是有关新世界组织对于中国的重要性以及中国应全力支持的理由。中国代表团希望通过这些努力能促使和推动国内公众对建立国联问题的广泛关注。

1月13日 陆徵祥偕胡惟德公使谒见法国外长,面商全权列席人数,法外长告昨日会议决定,依据战时军事上出力程度,中国两人列席。

1月13—17日 英、法、美、日、意5国举行巴黎和会准备会议,制定和会的议事规则,规定英、法、美、日、意5大国为有"普遍利益的交战国",可参加和会的一切会议。比利时、中国、塞尔维亚等国为有"个别利益的交战国",只能出席与其本国有关的会议。玻利维亚等与德国断交的国家,只在5大国认为有必要时,才得以用口头或书面陈述意见。议事规则还限定各国出席会议的全权代表的名额,5大国各5名,比利时、塞尔维亚、巴西各3名,中国、波兰等国各2名,古巴等国各1名,共计70名全权代表。这一规定遭到中国等国的强烈反对。

1月18日 巴黎和会在凡尔赛宫开幕。会议的一切重大问题均由最高委员会,即由美、英、法、意、日的行政首脑和外交部长组成的"10人会议"决定,"10人会议"为5大国"经常的正式会议"。

1月23日 中国代表团召开第3次会议,议决提出赞成国际联盟意见书,公推顾维钧起草。

1月25日 巴黎和会第2次全体大会,决定设立"国际联盟委员会"(Commission of League of Nations),负责起草《国联盟约》,并议决以《国联盟约》为和约不可分割的一部分。中国首席代表陆徵祥宣布中国鼎力支持国际联盟的成立。顾维钧也在会议上说:"正如没有哪个国家的人比中国人更渴望见到国际联盟的成立,也没有人比我们更乐于见到国际联盟委员会踏出实质性进展的一步。"在商讨5个委员会分派员额时,陆徵祥发言争取中国代表参与国际联盟、保工、交通3个委员会。

1月27日 午后3时开审查会选举各委员会成员,国际联合会(中国得14票)和海口及水路交通委员会(中国得13票)均当选。国际联盟委员会请顾维钧担任,交通委员会请王正廷担任,已通知大会。

2月3日 专门负责制定国联盟约的国联委员会正式组成并开始工作。委员会由14个国家的代表组成,除美国、英国、法国、意大利和日本外,其他9国为中国、比利时、巴西、葡萄牙、塞尔维亚、希腊、波兰、捷克斯洛伐克和罗马尼亚。按照规定,前5国各派两名代表,后9国各派1名代表。美国总统威尔逊和英国代表塞西尔勋爵分别任委员会的正、副主席。作为委员会中的中国代表顾维钧在盟约起草过程中提出过多项建议,比如已写入盟约中的国联行政院应由大国代表 5 人、中小国代表 4 人组成的条款案。又如讨论理事会组织时,顾氏主张:除大国外应有小国代表。顾维钧在委员会中建议 4 小国"应以各国人口、幅员、商务及其所在之洲为标准选定之",力争中国列名四席之一,但建议遭日本为首的多国反对而被否决。最后推定比利时、巴西、希腊、西班牙 4 国。此外,盟约有言,"按诸国际公法纯属该国法律权内事件,则理事会应据情报告而不必为解决该争议之建议。"顾维钧则力争在此句前加上"如相争各方之一对于争议自行声明并为理事会所承认"。其用意在于:国际公法所认为属于一国之内政范围者,在中国每为外国所干预,若发生交涉时不能秉公商妥,或须诉诸国际联盟,故应自留余地,此修正案获通过。

2 月 3—13 日 国联委员会先后开会 10 次,根据豪斯的建议,由美国戴维·米勒和英国的塞西尔 2 人以美国方案为基础,并吸收英国方案某些内容,而起草向和会全体会议提出的国联盟约方案,此即"赫斯特—米勒方案"。"赫斯特—米勒方案"版本的国联盟约一共 22 条,重要而突出的规定主要涉及国联的组织机构、军备缩减、争端解决、国际制裁 4 个方面。中国代表顾维钧全程参加了国联盟约的起草和修订工作,并对盟约的制定做出了积极贡献。顾维钧在会中积极参与,多次参与意见修订,当讨论行政院之组织时,草案原拟只由 5 大国代表组成,各小国代表皆主张次要国家在行政院亦应有代表,顾维钧发言赞成大国 5 人、中小国 4 人,最后依此通过。

2 月 5—12 日 国际联盟中国同志会在北京成立。2 月 3 日,国际联盟委员会开议,消息传回国内,国人对国联的发展密切注意,北京名流汪大燮、熊希龄、林长民、蔡元培、王宠惠、张謇 6 人,发起国际联盟同志会。5 日,在石驸马大街熊宅开发起人筹备会,传观宣言书及会章草案,是日到会者 27人,公推梁启超、汪大燮、蔡元培、王宠惠、李盛铎为临时理事,推林长民为总务。9 日,该会于南长街事务所开第 2 次筹备会,通过会章,增推严修、张謇、熊希龄为理事,举梁启超为理事长,胡适为编辑主任;即日发电巴黎,告梁启超开会情形,请其在巴黎为该会代表,协助进行。12 日,国联同志会召开全体大会,并通过决议,申明"本会赞成国际联盟并尽力促进其成立;本会赞成中国加入国际联盟",并规定工作内容为研究国联之各项问题及宣传国内外舆论以鼓吹国联之主张,与他国同类团体"互通声气,携手进行"。"国际联盟同志会"是主要与国联相关的民间团体,该会有会刊发行,后改名为"中国国联同志会",并一直延续到国联结束,联合国成立后,再改名为"联合国同志会"。

2月11日　因国际联盟同志会成立时,即有研究系与安福系之争执,王揖唐遂以国会议员为主体,另创国际联盟协会,推参议院议长李盛铎为会长,自任副会长,推顾维钧、王正廷为驻外代表,与国际联盟同志会相抗衡。

2月13日　在英国代表主持下,召开国际联盟宪章起草会议,顾维钧代表中方出席。美国方面提出,国联宪章中应列入这样一项条款:禁止歧视宗教之区别。也就是宗教信仰自由之意。但美方此项提议未能获得一致支持,"天主教各国纷纷议论,谓此种条款颇难实行。"最后表决的结果是:"中国、罗马尼亚及美国主张赞成,其余各国均未赞成。"接下来,为了解决西方排斥日本移民的问题,在国际上争取平等地位,日本代表牧野伸显提议将"种族平等"作为国联盟约关于宗教信仰自由的第21条的补充条款——各缔约国应尽快同意将种族平等作为国际联盟的基本原则,对于国际联盟全体成员之国民,不论其种族或民族,均应给予平等、公正、无差别之对待。[在具体措辞的表述上,日本方面将"种族平等"的英文表述"Racial Equality"改为了"Equality of Nations",用较为温和的"Nation"来取代较为敏感的"Race"一词(国外学界在论及日本的"种族平等"提议时,大部分仍采用"Racial Equality"或"Equality of Races"的表述),以减少阻力。]日本代表珍田舍巳发言,表示:"欲加种族平等一条,其意盖欲消除黄祸之说。"英美拒绝日本的要求,担心此项条款如果成立,将引发国际上对英美的移民潮。中国代表顾维钧发言,表示:"对于日本全权所提之修正案,中国政府与人民,均极所关心,诸君亦可料及。本席对于日本代表提议修正案之精神,自表同情,惟未奉政府训示以前,请以本席对于此问题发言之权,留待日后。"也就是以未奉政府训示为名,回避了正面表态。

2月14日　威尔逊于和会全体大会中宣读《国联盟约》草案,并发表演说,英、意、法、希腊、日本代表相继发言,顾维钧也致辞赞成盟约草案之成立。

2月16日　国民外交协会在北京石虎胡同七号开成立会,张展云宣布了协会宣言、章程及外交条款,并选定了张謇、熊希龄、王宠惠、严修、林长民、庄蕴宽等7人为理事,张謇为首席理事。协会宣言主张"赞助国际联盟之实行"。国民外交协会是中国近代第1个全国性的国民外交团体,其成立之初曾作为政府后援,积极配合中国代表团在巴黎和会的外交努力,后又对五四运动的发生及中国政府拒签《对德和约》产生了重要影响,并且为最终在华盛顿会议期间收回山东主权做出了自己的贡献。国民外交协会在五四运动前后发动和领导的国民外交运动无疑是中国近代历史转折时刻的辉煌篇章。

3月22日—4月11日 国联委员会5次开会,进一步审议、修改盟约草案。分别于3月22日、24日、26日召开3次会议,逐条审查盟约草案。顾维钧在这一阶段多次发表意见,着重防范日本将"人种(种族)平等"及美国将"门罗主义"加入盟约中。威尔逊为求得和约批准,迫于国内压力,提出把门罗主义纳入国联盟约。4月10日、11日,在最后两轮讨论中,顾维钧发言反对"门罗主义",希望加以限制,意在防范日本利用此条控制东亚。经此5轮会议,委员会最终敲定盟约草案,将"赫斯特—米勒方案"由22条扩充至26条,并将威尔逊关于"门罗主义"的提议列于第21条,规定不得使门罗主义与盟约内任何规定"有所抵触"。4月11日,经过激烈讨论,国联委员会通过决议,将国际联盟总部设在瑞士日内瓦,没有接受比利时和法国提出的以布鲁塞尔为国联总部的要求。

4月15日 英、法、美、日、意的"5人会议"开会商讨山东问题,美国外长兰辛主张将德国在华权利完全让与协约国,然后由协约国议决处置办法,日本代表则主张此种利权当由日本继承。英国代表复提议由国际联盟以委任统治制度管理。但随后日本以其与英国、法国的战前密约为依据,要求继承德国在中国山东的权益,为此甚至威胁退出巴黎和会,各国开始动摇。但是将国联作为解决中日山东问题争端的选项并没有就此结束。所以,当美国总统威尔逊于4月22日将最高会议(英、法、美、意组成)作出将德国在山东的权益让给日本的解决案通知中国的时候,同时建议中国,"和会结束之后,国联能够对各国所提要求重新调整并主持国际正义。作为国联会员国,中国可以在她愿意的任何时候,随时向国联提出自己的要求。他极力劝我们对此放心"。但是,随着美国不参加国联,美国总统威尔逊的此项建议并没有得以实施。

4月28日 巴黎和会全体会议上一致通过修正后的《国际联盟盟约》。顾维钧建议4小国"应以各国人口、幅员、商务及其所在之洲为标准选定之",力争中国列名四席之一,但遭日本为首的多国反对而被否决。

5月4日 北京大学等十几所学校的学生在天安门前集会示威,游行途经东交民巷美、英、法、意4国使馆,后转入崇文门大街。示威学生愤怒抗议巴黎和会在帝国主义操纵下将德国原来在中国山东的权益转让日本,严厉斥责北洋政府的卖国罪行,并坚决要求惩办亲日派卖国贼。反动军阀政府派出大批军警镇压。次日,北京全市学生总罢课,并通电全国,获得热烈响应。五四运动促使中国参加巴黎和会的代表拒签和约,是亚洲第一个觉醒的共和制国家首次向帝国主义列强说"不"。

5月6日 巴黎和会的全体会议上,公布对德和约草案,陆徵祥偕王正廷出席,中国代表宣告,中国对《凡尔赛条约》处理山东问题的条款提出保留。会后,又将该项保留意见正式通知会议主席克雷孟梭,但均被拒绝。中国代表于是提议以附件的方式提出该项保留,或将该项保留变换说法,即只说中国代表签署该公约的事实不得被了解为妨碍中国在有利的时机要求重新考虑山东问题。但这一提议又遭拒绝。中国作为协约国一员派代表参加了巴黎和会。参战前,协约国曾许诺说,如果中国参战,将保证中国会取得大国地位。但在和会上,许诺成为空话。5 强只肯给中国象征中小国家标准的两个代表席位,比巴西还少 1 席。尤其甚者,和会不顾中国的强烈反对,在《凡尔赛条约》中公然把德国在山东窃取的全部权益,原封不动地交给日本。

6 月 28 日 巴黎和会闭幕,大国在中国山东权益问题上行强权政治,激起了中国人民的坚决反对。在举国一致的强烈要求下,中国代表团拒绝在《凡尔赛条约》上签字。

9 月 10 日 协约及参战各国对奥地利和约《圣日耳曼条约》举行签字仪式,中国代表陆徵祥与王正廷出席签字,中国得以加入国际联盟成为创始会员国。

11 月 27 日 协约及参战各国对保加利亚和约《纳伊条约》(the Treaty of Neuilly)签订。中国虽未对保宣战,但中国以参战国之资格,仍派顾维钧代表出席签字。

一九二〇年

1 月 10 日 《凡尔赛条约》换约生效,国际联盟正式成立。中国代表团因《凡尔赛条约》第 4 部第 8 编关于山东问题(第 156—158 条)的条款受到中国人民坚决反对,不得不拒绝签字。

6 月 4 日 协约及参战各国对匈牙利和约《特里亚农条约》签订,中国代表顾维钧出席签字。

6 月 29 日 中国参加国际联盟,先后派王正廷、顾维钧等担任国联委员。

7 月 16 日 对奥和约(《圣日耳曼条约》)在巴黎换约,中国正式成为国际联盟会员。

8 月 10 日 协约及参战各国对土耳其和约《色佛尔条约》签订,因该条约中之规定仍保有列国在土耳其境内之领事裁判权,故中国代表未予签字。

11 月 11 日 中国北洋政府驻英公使顾维钧抵达日内瓦,设立中国"国联全权代表办事处",准备参加国联第 1 届大会。中国对国联此次大会非常重视,希望将在巴黎和会上未能得到公平处理的山东问题、废除"二十一条"等提交会议处理。因美国最终没有加入国联,中国失去了相对最有力的支持,遂决定将重心转移到竞选行政院非常任理事席位。顾维钧乃声明其保留提出之权,将于适当时期再行提出。不过,此后中国关于山东问题也没再向国联提出公断,而是在华盛顿会议期间,在美、英等国的斡旋下,由中、日直接交涉加以解决。

11 月 15 日—12 月 18 日 国联第 1 届大会在日内瓦隆重召开。这次大会审议和决定与中国有关的事项有:

• 北洋政府任命驻英公使顾维钧、驻荷兰公使唐在复为中国政府代表出席会议。大会通过了顾维钧提出的关于行政院非常任理事国竞选的"分洲主义"原则,即行政院 4 个非常任理事国,3 个由欧美地区选出,1 个由亚、非、澳洲选出。这为中国参选行政院非常任理事国奠定基础。经中国代表多方努力,中国当选为行政院首届非常任理事国(其余 3 个为比利时、西班牙、巴西),顾维钧兼任中国出席国联行政院会议代表。

• **12 月 15 日** 大会通过决议,由国联负责执行《海牙禁止鸦片公约》,并建议行政院指派与禁烟关系密切由包括中国在内的 8 国组成鸦片及其他危险药品贩卖咨询委员会("禁烟委员会"),以推动各国切实执行《海牙公约》。1912 年 1 月,中国、美国、日本、英国、德国等国家在海牙召开禁毒国际会议,签订《海牙禁止鸦片公约》。这是第 1 个国际禁毒公约,其要点是:缔约国应当制定法律管制"生鸦片"的生产、销售和进口;逐渐禁止"熟鸦片"的制造、贩卖和吸食;切实管理吗啡、海洛因、古柯等麻醉品。

• **12 月 18 日** 国联首届大会的最后一天,中国代表顾维钧声明保留日后将中国关切之问题提交大会或行政院的权利。

• 会议期间决定国联秘书处经费由会员依万国邮政联合会之例,分为七等分摊,中国与英、法、日等大国并列为一等国,承担 25/478(5.23%)最高额的会费。顾维钧等认为:出费既多,遇事在会发言,或可较有把握。后来改为依据各国户口及净收入两项为标准,自 1923 年起调整摊费比例,英、法为第一等,中国与意大利、日本、印度列为第二等,分摊 65/944(6.89%)之会费,反而较旧办法负担更重。1924 年中国负担的会费甚至高于日本(因关东大地震后减少会费)、意大利两常任会员国。同时,中国竞选连任失利,体认到出费之多寡,与国际实际地位似亦无甚关系,于是不断要求降低中国之会费负担。纵使如此,北洋政府因财政困难,根本无力负担国联会费,勉强付完 1920 年、1921 年的会费后,1922 年交了八成多,1923 年以后分文未交,因此每年大会时都被催交,代表们困窘不堪。

一九二一年

2月21日 行政院根据1920年第1届大会的建议通过的决议,决定成立鸦片及其他危险药品贩卖咨询委员会。其职责是接受各国政府报告,收集相关资料,研究防止非法贸易方法,与国联卫生委员会共同核定全世界医用麻醉品数量,向各国政府通报非法贩运麻醉药品分子"黑名单",推动各国切实执行1912年《监督生产和销售并逐步销毁鸦片公约》(又称《海牙禁止鸦片公约》),并准备拟定一份新的国际公约。

5月2—5日 鸦片及其他危险药品贩卖咨询委员会(国际禁烟委员会)召开首次会议。其间,委员会对中国禁烟情况相当不满,谴责中国鸦片吸食及贩运泛滥,违反1912年海牙禁烟公约,要求由各国领事与各省督军谈判禁烟,其技术顾问朱尔典曾建议"派员密查",但因遭到中国代表反对,此事作罢。北洋政府代表强调中国禁烟之决心,内政问题应由中国自行解决,并谴责各国纵容毒品贩运走私入中国。由于国际强大压力,北洋政府一再严令禁烟,并派大员前往各省调查,力阻国际干预。然而每年禁烟委员会中各国不断谴责中国禁烟不力,中国代表坚决反对各国干涉中国内政。1925年初,美国为订出禁烟期限与英、法发生严重争议,愤而退出会议,中国也随之退出。最后会议签署国际禁烟公约,中国因已退出遂未签署。此后,北洋政府对参与国联禁烟委员会愈趋消极。

8月29日—10月12日 行政院在日内瓦召开第14次会议。8月29日—9月1日召开关于上西里西亚问题的特别会议。行政院于9月1日决定成立由中国、比利时、西班牙和巴西4国代表顾维钧、海曼斯、莱翁和孔哈组成的专门委员会处理上西里西亚问题。经过6周的工作,委员会提出一份报告,建议先由经济专家对划分方案进行调查再做决定。

9月5日—10月5日 国联第2届大会在日内瓦召开。北洋政府派顾维钧、王宠惠以及驻意大利公使唐在复代表中国出席本届大会,顾维钧以行政院主席身份担任大会临时主席主持开幕式,中国顺利连任行政院非常任理事国1年。大会通过国际法庭规约,选出国际常设法院法官11人,副法官4人,任期9年。中国推举王宠惠为候选人,他以行政院全票、大会26票(多数票)当选国际常设法院副法官,后代表中国出席国联盟约修改委员会。

• **1923—1925年** 王宠惠在海牙国际法庭任职,曾起稿裁判两个案件,颇获各国法律家之推崇。他原有机会在国联第 4 届大会中改选为正法官,但因当时中国政局动荡,理事会非常任席位不保,错失机会。

●**1925 年** 王宠惠被推为编撰国际法委员会起草委员,他考虑到中国最关切的是"国家对外侨损害赔偿之责任"问题,于是在会中提出:一国家对于在其领土内之外国人民或外国人民之财产受损害时,应否负责? 按何种情形应行负责? 能否定一国际公约,以条文指定国家负责之事实,以及禁止此等案件发生时在未用平和方法以前所施行之各种强压手段? 王宠惠提出这一系列问题的用意在求得国联修订国际法时,能公正订立条规,通行各国,避免中外纠纷。王宠惠之提案被接受,多次被讨论,然而国际法编撰工作进行并不顺利,迟迟未能完稿。该年底王宠惠回国担任关税会议委员及法权调查委员会名誉主席兼法律增订馆馆长,主持法权会议。

10 月 12 日 行政院在日内瓦召开特别会议,印度代表提出针对中国的"领事禁烟"建议,中国代表强调事关国家主权,拒不让步。印度提案作罢。

11 月 12 日—1922 年 2 月 6 日 关于限制军备和重新划分远东地区势力范围的华盛顿会议召开。会议议程主要有两项:一是限制海军军备问题;二是太平洋和远东问题。为此组成两个委员会:"限制军备委员会"由英、美、日、法、意 5 个海军大国参加;"太平洋及远东问题委员会"则由 9 国代表参加,两个委员会分别进行讨论。该会议的主要成果包括 3 个重要条约:《四国公约》《限制海军军备条约》《九国公约》。这 3 个公约统称"华盛顿条约"。中国驻美公使施肇基、驻英公使顾维钧和前司法总长王宠惠参加会议。会议上,施肇基提出《十项原则》,要求尊重中国"领土之完整及政治与行政之独立",赞同美国要求中国实行的"门户开放"政策;王宠惠提出废除 1915 年日本向中国提出的"二十一条要求"的提案。中国还在会议上提出山东问题。经中日谈判,双方于 1922 年 2 月 4 日正式签署了《解决山东悬案条约》及《附则》。至此,延续多年的胶济铁路问题及整个山东问题遂告解决。

一九二二年

1 月 30 日 国联第 2 届大会选出的 9 位法官和包括王宠惠在内的 4 位副法官在海牙的和平宫就职,这个宫也被选定为国际常设法院的院址。

2 月 6 日 华盛顿会议上,美、英、法、意、日、荷、比、葡、中签订了《九国关于中国事件应适用各原则及政策之条约》(又称《九国公约》),尊重中国领土主权,确定在中国实行"门户开放、机会均等"原则。

9 月 4—30 日 国联第 3 届大会在日内瓦召开,中国在竞选连任行政院非常任理事国席位时,因内政不修又未能善尽国际义务而遭到强有力挑战。顾维钧以外交总长身份敦请各国协助,并在《英文北京日报》刊出《中国在国际联盟的地位》一文,强调中国与国联关系密切,地广人众,又负担相当比例之会费,绝不应单独被排除于理事会之外,否则中国人民对国联信心将大受影响。适逢该届大会决定理事会非常任会员由 4 席增至 6 席,中国最后有惊无险当选连任。在非常任理事国席位增至 6 席后勉强保住席位得以连任。

一九二三年

9 月 3—29 日 国联在日内瓦召开第 4 次大会,中国因北洋政府的混乱状态(临城匪案①),国际声望大跌。国联大会上,中国代表虽极力鼓吹"分洲主义",但因波斯出面竞争,失去了行政院非常任理事国席位。

一九二四年

9 月 1 日—10 月 2 日 国联召开第 5 届大会。中国代表再宣扬"分洲主义",并以若再落选将退出国联为要挟,结果仍是失败,没能获得行政院非常任理事国席位。10 月 1 日,大会决定成立国联国际法典渐进编纂专家委员会,作为行政院附属专家委员会之一,其任务为:(1)对最宜于而且能够由国际条约来规范的国际法诸问题,拟出一件目录。(2)由国联秘书处将目录通知各国(不论是否国联会员国)以征求意见,并审议其答复意见。(3)对认为已成熟的国际法问题,以及为准备开会议决这类问题应采取的工作程序,向行政院提出报告。委员初有 12 人,后增为 17 人(内有中国的王宠惠),以个人身份参加,不代表本国,只代表全世界各种文化传统与法律体系。

11 月 9 日—1925 年 2 月 11 日 国联在日内瓦召开关于鸦片问题的国际会议,前后分两个阶段,1924 年 12 月 11 日签订《关于熟鸦片的制造、国内贸易及使用的协定》,1925 年 2 月 19 日签订《国际鸦片公约》(《日内瓦

---

① 即临城劫车案,1923 年 5 月发生在山东省临城县(今枣庄市薛城区)境内的一起火车旅客绑架案,被称为继义和团运动以后中国最严重的涉外事件。

公约》)。中国和美国代表皆因主张在远东各国彻底禁止鸦片,严格限制鸦片和大麻的种植与生产以不超过医药和科研应用为限度的意见不为会议采纳而中途退出会议。《日内瓦公约》中列入使用鸦片出口许可证制度,事实上等于承认国际鸦片贸易是合法的。

一九二五年

8月 北洋政府决定加入国联知识合作国际委员会修订的《科学文艺出版品国际交换公约》及《官方报告及政府文件国际交换公约》。为此,该委员会设立国际交换局负责与其他缔约国交换出版品。

9月 国联召开第6届大会,中国又落选,没能获得行政院非常任理事国席位。

11月5日 北洋政府教育部正式设立出版品国际交换局,随后向国联图书室提供《四库全书》等赠书。

1925年冬 国联卫生组织负责人拉奇曼在访问日本归途中受到中国政府非正式邀请到北京考察卫生工作,与内务总长龚心湛及其他公共卫生行政有关人员讨论合作事宜。约定由中国政府向国联提出正式请求加入。由于时机不成熟,中国政府最终没有送出已经拟就的申请书。

一九二六年

3月8—17日 国联大会在日内瓦召开特别会议讨论德国的入会申请,决定组织一个专门委员会,负责筹划行政院的改选以及调停争当常任理事国的几国之间的关系。

5月10日 研究行政院席位一般问题的委员会开始工作,它包括行政院10理事国,以及阿根廷、波兰、中国、瑞士、德国代表。委员会于5月和8月先后开会两次,计划将行政院理事国席位从6席增加为9席,只有德国取得常任理事国资格,非常任理事国由6席增为9席,所增3席给波兰、西班牙和巴西。非常任理事国的任期原则上为3年,任期届满以后不得立即连选;但是,如经大会2/3多数同意,可对3个以内的国家放宽限制,允许其连选连任;一个国家在此种情况下连选的次数不受限制。这样,便产生"半常任理事国"制度。

9月6—25日 国联召开第7届大会,因德国加入国联并担任理事会常任会员,非常席位也由6席增至9席,每年改选1/3,按"分洲主义"分配让亚洲有充分代表权,中国遂当选任期两年之行政院非常任理事国。中国在国联大会上宣读了一份抗议英国制造万县惨案的声明,但国联不予理会。

1926 年底　北洋政府宣布中比条约期满失效,比利时政府坚持依据条约条文只有比国可提议修约,提出由国际法庭仲裁。北洋政府则主张此案应提交国联大会,拒绝出席国际法庭。次年比利时同意与中国谈判修约,终止在海牙国际法庭之诉讼。此为中国与国际法庭最早有关系的一个案例。

一九二七年

1 月 31 日　英国命令一支 1.2 万人的军团迅速开往中国,以驻防上海。英军这次干涉行动,发生在上海大街出现暴动和中国劳工夺取英租界之后。英国首相张伯伦向国联提出英国对华政策声明,对于中英冲突,他告诫"国联是无法给予帮助的"。在 1927 年英国外交部评估各地区情况的时候,认为在远东地区是华盛顿会议所达成的一系列条约在起作用,而国联当时在远东事务上仅能起到很小的作用。

一九二八年

5 月 3 日　中国国民革命北伐军 5 月 1 日攻克济南,日军于 5 月 3 日派兵侵入中国政府所设的山东交涉署,将交涉员蔡公时割去耳鼻,然后枪杀,又将交涉署职员全部杀害,日军在济南城内将北伐军 7000 余人缴械,大肆屠杀中国军民 1000 余人,并肆意焚掠,制造了震惊中外的"济南惨案"。

5 月 10 日　南京国民政府以主席谭延闿的名义致电国联秘书长德拉蒙德,要求按照《国联盟约》第 11 条第 2 项,即行召集理事会会议,处理日本有预谋地制造"济南惨案"的行为。但国联秘书长德拉蒙德回电称"已转告各国国际联盟会员及中国代表陈箓",实际上国联拒绝解决中日在济南所发生的争端。国联作出不予理会中日争端的决策过程,是由国联秘书长德拉蒙德和副秘书长日本代表杉村阳太郎商议后做出的。在决策过程中,德拉蒙德和副秘书长杉村以南京国民政府还没有正式被承认因而不符合手续为借口,实际上采取国联避免介入的态度。随后,副秘书长杉村为此赶赴巴黎就济南惨案与日本的安达大使以及佐藤、木村公使商讨解决办法,以便济南事件的处理更有利于日本方面。另一方面,由于当时北洋政府仍是国际社会承认的合法政府,中国驻国联代表陈箓也为北洋政府派遣,所以在提案程序上发生困难。北洋政府以停止北伐为前提条件提议与南京政府共同向国联申诉,遭到南京政府拒绝,中国将"济南惨案"申诉国联的计划受挫。之后南京政府希望英、法、美进行调停,但英国因与日本利益密切而颠倒是非、法国因一战元气大伤而避免卷入冲突、美国进行的调解又被日本政府拒绝,国联因英、法的偏袒,不仅没有受理中国的申诉,还在会员国中分发了日本送交的颠倒黑白、歪曲事实的《关于"济南事变"声明书》。南京国民政府因尚未得到国际承认只得对日本政府委曲求全,于 1929 年 3 月与日方签订《中日济案协定》,对"济南惨案"责任和赔偿等问题不了了之。

8 月 27 日 美国、比利时、英国、加拿大、澳大利亚、新西兰、南非、爱尔兰、德国、印度、意大利、波兰、法国、捷克斯洛伐克、日本代表签订《白里安—凯洛格公约》。该公约的主旨是废弃战争作为国家政策的工具,史称《非战公约》。当日美国向其他 48 个国家发出邀请,建议加入该公约。11 月 27 日,中国南京政府代表在华盛顿签署并加入《非战公约》。

8 月 30 日—9 月 8 日 行政院在日内瓦召开第 51 次会议。8 月 31 日,会议讨论国际鸦片问题,英国代表提出:禁止鸦片贸易之困难"尤以香港为最,其地近中国,水运方便"。他代表英国政府向国联提议,请行政院派代表团赴远东各地,调查各处吸食鸦片情形,作为下一届禁烟大会讨论的根据。中国代表王景岐赞成调查,但认为不能有歧视态度,他声明"中国向来欢迎拔除毒瘤之企图,但是调查不应限于亚洲一地"。

9 月 3—26 日 国联召开第 9 届大会。大会改选非常任理事国,根据行政院非常任理事国选举章程,非常任理事国可以要求重新入选,但必须获得 2/3 票数才能通过。南京国民政府第 1 次派出代表参加国联大会,对连任非常重视,竭力争取。但根据大会选举结果,中国在 52 票中得到 27 票赞成票,不足 2/3,没能连任行政院非常任理事国席位。国民政府为此敏感地认为国联对于被其取代的北洋政府要比自己更好,各国都担心中国会因此退出国联,因为之前已经有国家因为不满而退出国联,比如巴西。所以为了挽救国联与中国的关系,1928 年国联秘书长决定派副秘书长约瑟夫·爱文诺访问中国进行修补。

9 月 15 日 大会第五委员会(行政和预算委员会)讨论英国政府在行政院第 51 次会议上提出的禁烟问题的提案,南京国民政府指示中国代表王景岐坚持立场,力争使调查范围不限于远东。10 月 21 日,王景岐提出 3 项要求:调查范围应不限于鸦片,所有有害麻醉品均应包括;所有产烟土的国家都应前往调查;希望有中国委员参加调查团工作。该提议未被大会采纳,最后通过了英国政府的提议,但也对中国作出妥协,同意中国不在调查范围之内。

12 月 20 日 英国驻华公使蓝浦森向中国南京国民政府主席蒋介石递交国书,欧美各国开始承认南京国民政府为中国唯一合法政府的国际地位,并承认中国关税自主,南京政府同意不向英国货征收口岸税和内地税。随后,南京国民政府在日内瓦设立办事处,与国联建立正式外交关系。根据《国际联合会中国全权代表办事处暂行组织章程》之规定:中国驻国联办事处设有全权代表 3 人,其中 1 人兼任处长,由富有外交经验的人员或现任各驻外公使兼任,处长负责处理处内例行事务,并且在开会期间秉承全权代表处理一切事务。办事处还设一等秘书、二等秘书各 1 人,外加随员 2 人,主事 2 人,分理处内各科事务。

一九二九年

1929 年初 国联副秘书长爱文诺正式访问中国,与一统中国新成立的南京国民政府加强沟通和联系。随行的有国联秘书彭赉、在国联工作的中国职员吴秀峰。爱文诺在访华期间提出希望与南京国民政府进行技术合作。这次访问成为推动国联与中国进一步发展关系的契机。随后,国联机构官员和专家为具体事务访问中国渐渐成为惯例。这大大加强国民政府与国联的关系,尤其是开始了中国与国联的技术和管理合作关系,这也是国联与中国关系的主要部分。从此国联以其掌握的专家和管理能力参与到中国的建设中去。国民政府也重视与国联的关系,以往欠缴会费开始偿付,在中国的具体建设上也希望国联给予帮助,比如 1929 年 9 月,国民政府外交部向国联秘书长建议与国联卫生委员会合作。除此以外,也请求国联在公路建设、防洪、教育、农业等方面给予帮助。

1 月 25 日 中国代表王景岐在国联禁烟委员会第 12 届会议上对鸦片走私问题明确陈述了中国政府的立场,要求西方列强在其殖民地禁止种烟贩烟、吸鸦片,并提出在中国应该由中国政府和警察来处理禁烟事宜。大会因其发言涉及殖民侵略历史,牵涉英、日等国,被大会主席阻拦要求他勿谈政治,并决定不将其发言列入会议记录。对此,王景岐于 29 日再次提出抗议。

1 月 31 日 薛笃弼曾以卫生部部长之名义,致函国际联合会卫生股股长拉西曼氏,请求来华襄助办理卫生事宜。

3 月 9 日 行政院在日内瓦的第 54 次会议上,决定正式派遣禁烟问题调查团赴远东调查。

4 月 15 日—5 月 6 日 国联裁军筹备委员会召开第 6 次会议,对裁军公约草案进行第 3 次审议。土耳其开始参加国联裁军谈判,主张以一强国现役陆军数额为标准,规定其他国家自卫武装力量之限额,超过这一标准的部队予以裁减。中国代表蒋作宾提出废止强制征兵法案,德国代表提出各国军备一律公开的建议。美国代表吉布森提出裁减海军计划,内容为:(1)美国陆军远少于主要陆军国家;(2)美国不再坚持海军问题只能应用总吨位主义,同意法国曾经提出总吨位主义与舰别主义的折中方案。会议就化学武器、"可作战人员"限制方法以及空中、陆上可动用军备物资的上报制度达成部分协议,推迟讨论海军军备限制、公约执行以及杂项条款。

7 月 10 日 中东铁路事件爆发,张学良以武力接管中东铁路管辖权,解除路局管理层苏方人员的职务并将其遣送出境,逮捕苏方 200 余人,同时强行关闭了苏联驻哈尔滨的一切外交和商务机构。苏联外交部随即向南京国民政府发出最后通牒,要求立即释放所有被捕人员并取消一切不当行为等。遭到拒绝后,苏联政府遂正式宣布与南京国民政府断交,并于同年 10 月出动苏军进攻同江、扎兰诺尔和满洲里等地,双方爆发激烈的武装冲突,双方动用的一线兵力保守估计也超过 20 万,战事持续达近 5 个月之久,最终以中国方面的失败而告终。战事结束,苏联在中国东北的殖民特权不仅仍旧,而且公然侵占了属于中国领土的黑瞎子岛,据为己有。冲突期间,中国将之诉诸国联,要求国联出面解决,但国联仅仅发表一项谴责决议,要求苏联撤兵,根本无济于事,国联并没有发挥出其和平解决国际争端以及捍卫集体安全的能力和效率来。

9 月 2—25 日 国联在日内瓦召开第 10 届大会。中国希望在废除和修改不平等条约问题上得到国联大会的支持。《国联盟约》第 19 条规定:"大会可随时请联盟会员重新考虑已经不适用之条约以及长此以往将危及世界和平之国际局势"。9 月 10 日,中国首席全权代表、驻美公使伍朝枢建议大会讨论研究盟约第 19 条实行的具体办法,但英、美各国并未做出积极响应,大会只是将伍朝枢的提案有条件地列入大会议事日程,以后再无下文。此结果令南京政府十分失望。

9 月 11 日 国联禁烟调查团从欧洲启程,前往缅甸、新加坡、马来、印度、安南、广州湾、香港、澳门、台湾、关东租借地、南满铁路及菲律宾等地,历时 260 天。调查团在远东调查期间及返回欧洲之后,中国驻国联办事处曾两次向秘书处声明"此次调查团未被邀赴华,中国既不在该团调查之列,则将来于造送行政院之报告不得载入我国禁烟情形及对于我国任何之批评"。

9 月 14 日 南京政府请求国联秘书长派出卫生机构的专家委员会,来华研究各港口的卫生及检疫制度。1929 年 11 月 9 日—1930 年 1 月 4 日,国联卫生组织负责人拉奇曼一行走访南京、吴淞、无锡、杭州、广州、厦门、汕头、北平、天津、青岛等城市,向南京国民政府递交卫生行政计划书,提出发展公共卫生的 6 项建议。

一九三〇年

1月13—16日 行政院在日内瓦召开第 58 次会议,审议了国联禁烟调查团的报告书。1 月 15 日,鉴于该报告书不顾中国政府要求仍对中国禁烟状况提出批评,南京政府外交部提出严正抗议,指责列强的鸦片专卖制度妨害了中国的禁烟工作。

1月20日—2月14日 国联禁烟委员会召开第 13 届会议,中、日、德、法、英、意、印度等 12 国政府派正式代表参加,美国派非正式代表列席。秘书处将各国送至国联的禁烟常年报告分发给各国代表,并编出《各国禁烟常年报告摘要》,将所有的统计和各国统计不符合之处另外列表汇集,以便对照讨论。中国代表吴凯声在会议上表达了南京国民政府禁烟的决心并指出禁烟是一项国际性事务,需要各国互相配合,还强调列强在中国实行治外法权严重影响中国政府开展禁烟事业。

1月31日 南京国民政府卫生部部长薛笃弼正式邀请国联秘书处卫生科科长拉奇曼来华访问并担任卫生部长顾问。

3月5—8日 国联卫生组织召开第 15 次会议,主要讨论拉奇曼在中国的考察报告及中国政府递交与国联卫生合作的计划书。3 月 7 日,行政院接受中国的邀请,派遣拉奇曼来华担任卫生部长顾问。这标志国民政府卫生部与国联卫生组织合作的正式开始。

3月6日 国民政府教育部次长陈布雷致电国际联盟秘书处,希望能得到国联下属文化合作机构的帮助,从而加强中国与国联各成员国之间科技、文化、教育方面的联系。

4月25日 国民政府行政院副院长宋子文致电国联秘书长,提出了 6 大合作建议,其中第 5 条为"盼贵会协助中国聘请顾问,襄助中国教育制度之改进,并为中国与外国文化中心机构互相沟通"。

5月12—15日 行政院在日内瓦召开第 59 次会议。15 日,行政院接受中国关于改良中国卫生事业与国联合作的全部计划。

九一八事变与国联的调停

一九三一年

1月7日 中国南京政府主席蒋介石、财政部部长宋子文联名要求国联派遣经济财政委员会主席萨尔特、交通运输委员会主席哈斯来华讨论中国的经济和交通问题。国联秘书长表示:此事将转请行政院决定,倘若行政院对此事不发生管理上的困难,可立即答应中国政府的要求,萨尔特和哈斯将于2月中旬或3月上旬来华。

1月19—25日 行政院在日内瓦召开第62次会议,讨论了中国政府提出的派遣经济、财政官员来华的请求,未接到外交部训令的中国代表没有出席会议,但会议仍然同意中国政府提出的派遣经济、财政官员来华的请求,决定中国与国联的技术合作费用在行政院临时预算项下开支,总额以10万法郎为限。

3月6日 中国教育部次长陈布雷向国联秘书长建议中国与国联进行教育合作,并提出中外大学共建、交换专家教授、中国与国联智育互助院及国际电影教育学院合作等建议。1931年秋季,世界知识合作院选定的3名外籍教授开始在中国大学授课:英国诺丁汉大学英国语言文学教授大卫、瑞士日内瓦大学地质学教授巴里贾、当时任教于广州中山大学地理学系的德国教授施瑞德。后因施瑞德无法留任,国联又改聘奥地利维也纳大学地理学教授威斯曼来华。这3位教授每人来华任教两年,国联负担其年薪3000瑞士法郎及差旅费、保险费。在华期间,他们不仅在大学授课,还为即将出国留学的中国学生提供留学指导意见;巴里贾完成南京市地质图并参加在汉口举行的7省公路建设会议,为经济建设委员会提供咨询意见。

3月25日 宋子文致函国联交通运输委员会,请求国联派专家来华,研究治水、垦荒、防灾、港务等问题。同时,他还要求国联派顾问来华帮助改良教育制度。10月,鉴于中国长江流域水灾严重,国联派出3支防疫队,并向中国提供防疫经费200万瑞币。11月,国联卫生组织疟疾治疗专家裴格教授、黄子方博士来华办理水灾救济和疾病预防,行政院另派专家、前印度政务官员辛博森博士来华担任国民政府救济水灾委员会副委员长。

4月25日 经国民政府立法会议审议通过,宋子文电告国联,中国政府决定设置全国经济委员会,计划全国经济建设事宜,请国联技术机关予以合作,并提出具体合作办法。为加快与国联技术合作的步伐,南京国民政府中央政治会议草拟全国经济委员会组织条例,决定成立经济委员会这一专门机构,主要作用在于促进中国经济建设、改善人民生活、调节全国财政。

同日 国民政府财政部部长宋子文请求国联遴选专家顾问来中国"助商发展教育制度之方案"。5月19日,国联下属机构"国际文化合作委员会"训示其执行机关"国际文化合作社"派遣专家前往中国,考察教育现状,提出改革建议。6月,该考察团组成,正式代表4人。9月30日,考察团抵达上海,随后对上海、南京、北平等进行了为期近3个月的考察,于12月中旬结束。翌年9月,考察团完成报告书《中国教育之改造》(The Reorganization Education in China),同年12月,国立编译馆将其翻译成中文《中国教育之改造》。全书共计两编,分别叫"通论"与"各论",包括中国各级各类教育存在的问题与相应的改革建议。

5月7日—7月13日 国联在日内瓦召开限制麻醉品制造的国际会议,出席会议的有57个国家的代表,中国代表为施肇基、伍朝枢和吴凯声。会议旨在限制麻醉品制造、控制麻醉品流通的《关于限制制造及调节分配麻醉药品公约》,将毒品制造限于世界医药和科学需求,决定设立鸦片问题常设中央控制委员会和监督机构。这两个机构有权考虑、审定各签约国可制造或进口的毒品数量,如果认为某一国的毒品进口数量已超出估算数,它们还有权暂时停止该国的输入。南京国民政府于1932年11月9日加入该公约。

5月18日 国际联盟第13届行政会议讨论并通过了中国关于邀请国联考察团的提议,并指令"关于教育制度及沟通中外文化事业中心诸问题,亦由秘书长交由国联文化合作委员会,令其执行机关国际文化合作院教育电影院实行"。

5月19日 行政院会议接受南京政府的请求,决定在秘书处内设立国联与中国技术合作委员会,作为秘书长的顾问机关,协助中国新建之全国经济委员会促进经济建设、改善民生、调节全国财政。双方技术合作经费来源于中国历年积欠的会费。随后,国联先后向中国派遣了水利专家、农业专家、蚕桑专家。

同日 根据与国联卫生合作计划,南京政府中央卫生实验处开始工作,设立卫生教育、卫生工程、防疫及检验3个部门,主要工作为:训练医护人员、派实验室及其他附属机构人员出国培训、在北平和南京制造各种疫苗和血清、在南京配置药品、进行防疫研究、建立助产学校、制造各类卫生展览物品。

5月28日—6月2日　国联交通运输委员会召开第16次会议,委员会主席哈斯详细报告了2—4月的访华之行,提出与中国合作的具体办法,获得通过。

5月　国联依照中国政府的请求,指派有经验的专家、前印度政务官辛博森爵士,赴华担任国民政府救济水灾委员会副委员长。

7月20—25日　国际智育互助委员会召开第13届大会,我国委员为吴稚晖,但他并不热衷于世界文化合作委员会的活动,故临时由中央研究院西文编辑部主任林语堂代理出席。会议决定:继续保障智育权利,最重要的是切实保护科学家利用其发明的权利;大学合作,如交换教授、承认各校文凭等;图书馆合作,请各国图书馆为特设联合会书籍提供合作,并提倡智育作品的流通。本届大会同意派遣教授3人赴南京中央大学任教,瑞士日内瓦大学教授巴利加担任地质学教授,英国诺丁汉大学汉文讲师大卫担任英国文学教授,维也纳大学维司孟博士担任地理学教授,任期2年。

7月　国联为智育互助问题多次召集会议,包括国际智育互助委员会常年会议、国联宗旨教育青年分委员会会议、艺术文学永久委员会会议、科学家专家委员会会议、国际智育学院执行委员会会议等。其中国联宗旨教育青年分委员会的中国委员是里昂中法大学校长、中国人孙佩苍,智育互助委员会的中国委员是吴稚晖。教育青年专家委员会的东方委员原为日本人尼透(Nitobe),日籍委员回国后,我国向国联力争由中国人填补空缺,经过多方努力,国联第62届行政院会议决定由孙佩苍接任。

8月17日　国际劳工局会同国际联盟宣布仿照苏联5年计划,预备发展中国的10年计划,其中包括:开垦中国荒地约3万万英亩;扩充全国铁路、公路、空中航线及其他交通事业;沿中国海岸建设若干海港;建造商轮800万吨进行海上和江面贸易;建造大工厂制造华人所需物品。

9月7—29日　国联在日内瓦召开第12届大会,中国以全体一致票当选行政院理事国。中国代表吴凯声宣布中国政府已颁布防范毒品私运的新法规,再次强调因每年大宗毒品均由欧洲和日本向中国私运,私贩者享有领事裁判权,所受惩罚甚微,不足以起惩戒作用,他提出与各国合作的4条禁烟建议。

9月18日　日本关东军按预谋计划,炸毁沈阳北郊柳条湖附近一段铁路,诬称是中国军队所为,随即出兵攻占中国军队驻地北大营及沈阳内城。这次事件是日本侵华战争的开始,史称九一八事变。之后的4个月内,辽宁、吉林、黑龙江三省大部分地区相继沦陷。九一八事变发生后,南京国民政府确定军事上不抵抗、外交上不与日本直接谈判、一味依赖国联主持公道的方针。由于南京政府在军事上毫无抵抗,而美、英、法等国也不愿得罪日本,因此,虽然国联先后召开了 18 次行政院会议、1 次国联大会,通过了 4 项决议案,但这些对日本均无约束力。日本的态度愈加蛮横无理,其侵略中国的步伐有增无减。

9 月 19—30 日　行政院在日内瓦召开第 65 次会议第 1 阶段会议。从 9 月 19 日先后听取日中两国关于九一八事变的简报以来,直到 12 月 10 日,行政院第 65 次例会共举行 19 轮会议,以处理中日冲突,但除了最终决定派遣调查团前往东北外,没有产生任何实质性作用。

●**9 月 19 日**　行政院召开第 65 次例会第 1 轮会议,听取了中日双方关于九一八事变的简报。日本驻国联代表芳泽谦吉率先发言,声称日本政府已经采取了所有可能的措施以避免满洲"地方事件"升级。中国代表施肇基表示,根据他所得到的消息,这次事变并非中国方面挑起。行政院对日本"采取措施避免事态恶化"一说表示满意。

●**9 月 21 日**　中国驻国联行政院特别代表施肇基奉南京政府"训令",就九一八事变向国联提交正式书面申诉,根据国联盟约第 11 条向国联理事会指控日本侵略中国领土,破坏国联盟约,要求理事会"立采步骤,阻止情势之扩大","并恢复事前原状,决定中国应得赔偿之性质与数额"。

9 月 21 日　蒋介石从南昌返回南京,召开高层会议,主张以日本侵占中国东北的事实,先行提交国际联盟与签订非战公约诸国。第 2 天,蒋介石发表演讲,表示坚定依靠国联之决心:"余敢确信凡国际联合会之参加国及非战公约之签订国,对于日本破坏条约之暴行,必有适当之裁制。"23 日,蒋介石在南京市国民党党员大会上说明政府采取申诉国联方略的缘由。要求国人"暂取逆来顺受态度,以待国际公理之判断"。国民政府发表《告全国国民书》,向国人重申不抵抗和申诉国联的政策。

9 月 22 日　国联行政院召开第 65 次例会第 3 轮会议,施肇基正式援引国联盟约第 11 条控诉日本九一八事变后侵占中国东北城镇,他宣读了南京国民政府的两封电报以证明事态之严重,并要求行政院尽快委派调查团前往事发地。日本代表芳泽谦吉谎称此次事件是中国方面挑起,要求国联充分考虑日本在满洲拥有巨大的权益以及这种权益近年来一直遭到中国人破坏的事实。随后,行政院通过调处中日冲突的首项决议,要求双方避免采取任何可能恶化局势或损害冲突之和平解决的行动,在协商的基础上即刻撤离军队,使双方国民的人身和财产安全都不受威胁。中国代表接受这个提议,并指出,这应该只是国联处理中日冲突一系列行动中的第一步。日本代表则表示"非候本国政府训令,对一切提案不能加以承认"。

9月23日　在国联召开公开理事会会议之前,由理事会主席勒鲁斯和英、法、德、意代表组成的5人委员会同中日代表进行了内部协议。塞西尔提出,最必要的措施是详细了解中国东北当地的实情,因此需要派遣由理事会任命的观察员,并把派遣驻北平的第3国军事武官作为临时方案。芳泽回应称,"对于日本来说,很难接受来自他国的干涉,上述方案会刺激日本人的感情,不利于本事件的解决,严重怀疑日本政府是否会接受该方案"。尽管法国代表提议可以由日本自发提出派遣观察员,勒鲁斯和德、意代表亦反复强调派遣观察员对理事会来说是最为重要的,芳泽谦吉都没有正面答复,而是以等待日本政府批示为由予以拖延。施肇基对于5人委员会的提议则非常赞成,"敦促立即任命中立观察员",进一步强调"如果理事会在今天不能派遣调查团,将在明天的公开理事会上提出由中华民国邀请观察员"。9月23日,行政院致电中日两国政府,要求双方停止一切冲突,撤退军队。中国表示无条件服从,日本则采取敷衍和欺骗态度。

9月24日　5人委员会同中日代表再次召开闭门会议,施肇基要求理事会尽快采取措施防止东北局势恶化,并提出取代昨晚5人委员会方案的建议,即由中国选定第3国人员充任调查团。芳泽谦吉对此表示反对。塞西尔希望芳泽谦吉充分考虑理事会致力于恢复原状的苦心,第一要事就是确切知道事情的真相,并要求芳泽谦吉提出反对中国方案的替代方案。此次闭门会议的决定是让芳泽谦吉迅速联系日本政府,表明理事会认为非常有必要派遣调查团,以获取东北局势的正确信息,同时建议调查团由7人组成,理事会任命3人,中国和日本各自任命2人。面对上述5人委员会的会议决定,中日两国的应对截然相反。国民政府积极响应,提名代表人选。日本政府则对此明确表示反对。9月25日,日本外务省训示日本代表团:"确信两国间直接交涉是圆满解决本件的唯一手段",关于派遣观察员方案,日本政府认为"不仅没有实际好处,而且鉴于我国有关满洲事变的舆论,只会刺激国内民心,引发不愉快的事态"。外务大臣币原喜重郎还召见了驻日本的英、法、意、美等国大使,分别阐明反对派遣调查团的决定,"希望中止该方案"。

9月25日　日本驻行政院代表芳泽谦吉就九一八事变发表正式声明,说日军是迫不得已采取最低限度的预防手段以保护日本、日本国民免受中国的攻击,满洲不存在日本军事占领,日本没有战争意图和领土野心,日本已将大部分军队撤回到铁路区,并打算在满洲的日本人生命财产不再受威胁时撤回其余的军队。日本政府希望同中国政府直接谈判。

9月28日　国联行政院举行第5次会议,中日双方围绕国联是否应该介入展开了激烈辩论:中国希望通过派遣调查团实现国联介入;日本坚决反对,主张中、日直接谈判;英国虽不反对中国的建议,但根据国联的实际情况,优先建议中、日直接会谈。

9月30日　行政院就日本撤兵问题再次召开会议,主要还是倾向于通过日本的自觉合作来实现,而非中国建议的行政院派代表监督撤兵。当天通过一项内含9条的决议,主要确认、重申了日本和中国已作出的声明,包括日本撤兵的声明、中国保护日本国民生命与财产安全的声明等。其中第2条强调:"国联行政院已认明日本政府声明在满洲无领土企图之重要性。"第3条称:"国联行政院注意到日本代表在发言内容中声明日本政府将持续并迅速地撤出其军队,而相关动作已经开始进行。一旦日本国民的生命财产安全能得到有效保障,部队将按比例至铁路区,并希望能尽速全面实现此目标。"但日本方面拒不服从国联决议,不仅没有撤兵,还扩大对华军事侵犯。

同日　国联教育考察团赴华研究教育制度,该团赴南京、北平、天津、杭州、镇江等地进行了3个月的考察。1933年7月,完成报告书的编写并由国立编译局出版。考察团向中国教育部提出改革与重建教育体制、改良教育教学质量、尽快前往欧洲考察学校行政组织等建议。

9月　拉奇曼来华介绍国联各项技术机关的运用程序以及中国政府在制成与执行建设计划时可从国联获得的帮助,建议中国调度水灾区域的防疫事务。随后国联卫生组织捷克专家鲍熙来中国担任卫生署顾问,他建议设立中央卫生设施实验处作为全国公共卫生技术事业中心;添设医学教育机关,扩充原有国立医学院,设置全国海港检疫所,联络现有公共卫生机关团体。鉴于当时中国长江流域水灾十分严重,国联卫生组织疟疾治疗专家裴格教授、黄子方博士于11月来华办理水灾救济和疾病预防。国联依中国政府要求,另派专家、前印度政务官员辛博森博士来华担任国民政府救济水灾委员会副委员长。在国联帮助下,中国历时1年多,按照西方模式开始建立医疗卫生实验机构,培养本国医疗卫生人才,并输入普及国民卫生防治知识的思想。

10月1日　南京国民政府中央政治会议特种外交委员会(特外委)在第2次会议中议决,"中国对于日本之侵略与压迫,亦唯有信任国联,始终主持公道,以维持世界之和平",确定了继续寻求国联介入的策略。

10月5日　史汀生致电国联秘书长,强烈要求国联"绝不应该放松警惕,务必维护它职权范围之内的限制中日两国行动的一切压力和权利,……美国政府通过它的外交代表独立行事,将尽力支持国联所做的事情"。

10月7日 德拉蒙德与施肇基举行会谈,向施肇基指出"国联确实应该从外界得到消息",并知已经致电拉奇曼,尽快汇报中国控制排日运动和日军撤退情况。拉奇曼在回电中汇报了日军轰炸锦州、中国排日运动和日军撤退3方面的情况。拉奇曼认为大国没有对日本施加压力,控制中国民众情绪的责任应该在于国联理事会的举措,而非国民政府,意即建议国联派遣调查团前往中国东北,可以缓解中国民众的情绪。

10月8日 日军狂轰滥炸锦州,炸死大量无辜平民,激起国际舆论公愤。国民政府向德拉蒙德提出"采取紧急措施维护和平,要求向锦州立即派遣国联调查团,中国将为调查团提供所有便利"。德拉蒙德亦要求"中立国提交目前已经收到的领事报告"。

10月11日 国民政府再致电国联,指责日本"不但不履行撤兵之决定,实践该国政府所自发表之不扩大声明,且更继续在各地实行各种军事行动",要求理事会"另定有效解决办法,并请贯彻其原定令日本完全撤兵之主张"。这里的"有效解决办法"就包含了中国一直以来建议的派遣国联调查团,同时向美国政府提出"希望派遣两名美国代表"监督撤兵。

10月12日 蒋介石在《维护公理与抗御强权》的报告中称:"我国是世界国家之一,即不能离开世界,同样既是国际联合会的一分子,即不能离开国联。任何国家,离开国联,都不免失败,都要自取灭亡。"表明国民政府坚定地信任国联,将恢复中国东北原状寄托于国联调解的态度。

10月13日 国民政府特别外交委员召开会议讨论日方所提直接交涉问题。顾维钧竭力主张与日本直接交涉,认为"要日本遵守国联行政院决议是不可能的,行政院也无权强制日本实行它的决议","如果中国对日本的建议给予完全否定的回答,拒绝和日本谈判,那么就正中日本之计,使其可以遂行其抗拒国联的策略"。但大多数委员反对直接交涉,并提出"若国联再无办法,可再请美国提出《九国公约》以制日"。

10月13—24日 行政院在日内瓦召开第65次会议第2阶段会议,继续讨论中日冲突。16日,国联为处理满洲危机邀请美国派代表出席行政院会议。美国指派驻日内瓦领事普伦提斯·吉伯特参加行政院会议,讨论日本对中国东北的侵略,这是美国官方代表首次应邀参加国联行政院的活动。24日,行政院通过共7项内容的第2次决议,限日本于11月16日前将军队撤至南满铁路区域以内,并要求中日双方"不得诉诸于任何侵略政策和行动",建议两国在撤军后举行直接谈判。日本对这一建议置若罔闻。

●**10 月 13 日**　行政院因中日冲突事态严重而比原定时间提前 1 天开会,但有意回避了日本违背行政院决议、拒不撤兵且扩大军事侵占行动的事,主要采取以中日双方辩论的方式处理问题。14 日,轮值主席白里安私下与调处中日冲突的 5 国委员会(由英、法、德、意、西等国代表组成)商谈,决定寻求与美国的合作。15 日,行政院以 13 票赞成、1 票反对(日本),正式决定邀请美国参加行政院有关中日冲突的讨论。

●**10 月 13 日**　拉奇曼的报告被视为亲华,引起日本不满。为避免德拉蒙德受拉奇曼报告的影响,同时也出于满足德拉蒙德对信息的迫切需求,芳泽谦吉向德拉蒙德指出“如果沃尔特斯(当时在南京的国联秘书处成员沃尔特斯)或其他英国人以国联观察员身份来日本,日本政府肯定会极力欢迎”。德拉蒙德于是训令沃尔特斯前往日本,“听取日本当局关于九一八事变的意见”,并“探求关于撤兵及基本原则谈判问题”。沃尔特斯于 11 月 8 日从上海出发,12 日抵达东京,在日本各界的盛情招待之下停留了 1 个多月。

●**10 月 16 日**　行政院为处理满洲危机邀请美国派代表出席会议。美国指派驻日内瓦领事普伦提斯·吉伯特参加行政院会议,但他明确表示,美国不介入依据国联盟约而采取的任何行动,只参与涉及《非战公约》的讨论。这是美国官方代表首次应邀参加国联行政院的活动。

●**10 月 17 日**　行政院决议,行政院各理事国即以《非战公约》缔约国的身份分别照会中日两国,呼吁双方以和平手段解决国际争端。随后,5 国委员会建议效仿华盛顿会议解决山东问题的案例,在第 3 国旁听下,由中日双方代表直接交涉,遭到中日双方的反对。

●**10 月 22 日**　行政院作出一项决议草案,内含 7 项条款。其中第 4 项要求日本立即采取行动,并在行政院确定的下一次会议召开之前(11 月 16 日),将日军撤至满铁区域以内;中国政府则应履行其保护日本国民的保证,并订定接受日军撤退地域的办法。23 日,币原外相在日本内阁会议上表示,对于行政院要求日本于 11 月 16 日以前完成撤军一事,绝对不能赞成。10 月 24 日,行政院召开会议以对 22 日的决议草案进行表决,参会方包括中日双方在内一共 14 票,13 票赞成,1 票反对(日本)。根据国联盟约第 5 条的规定,此决议案适用全体一致原则,故因日本反对而不具法律效力。

10 月 26 日　日本向国联行政院提出“指导中日直接谈判的基本原则”,即“币原五原则”:(1)相互摒弃侵略政策和侵略行动;(2)尊重中国的领土完整;(3)全力镇压一切干涉贸易自由以及煽动国际仇恨的有组织的运动;(4)在满洲全境提供有效保护以便日本国民在当地从事和平职业;(5)尊重日本在满洲的条约权利。

11月15日　沃尔特斯向德拉蒙德发送了观察性质的电报,称国联理事会的"10·24"议决案过于急切,造成日本各界不满,反而强化了日本舆论界对军方的支持。沃尔特斯建议:"(1)下一次理事会不要使日本有被催促和逼迫的感觉;(2)避免暗示使用制裁,否则会使日本军方更加强硬;(3)下一次理事会应以'9·30'议决案为出发点,而不是'10·24'议决案,这样能够缓和东京的舆论氛围;(4)有关在满洲的条约重要权利,理事会将来要达成尊重日本的内容。"沃尔特斯的报告明显对日本有利。

11月16日　身处日本的国联观察员沃尔特斯向德拉蒙德报告,"日本军部的一部分人赞成缓和时局",而且"日本政府出现了邀请国联调查员观察满洲的计划,因此希望理事会应该予日本政府充分考虑上述计划的余地"。得此消息的德拉蒙德十分喜悦,回电告知"日本政府自己提出任命调查团,以调查中日一般关系的方案,并将之作为理事会的措施,这实在是太好了"。

11月16日—12月10日　行政院在巴黎召开第65次例会第3阶段会议,美国亦参与。

●**11月16日**　行政院在巴黎召开第65届会议第17轮会议。轮值主席白里安介绍了中国东北的事态,但未举行中日间的公开辩论,而决定此后采取各国秘密磋商的方式以探讨解决中日冲突的办法。

●**11月18—19日**　18日,史汀生密告道威斯:国联如果讨论对日经济制裁,美国不必参与;如果国联自定制裁,美国也不反对。19日,史汀生表示,如果行政院决定实行制裁,它的行动将会得到美国舆论压倒性的支持,美国政府也不会阻挠。美国表示将不参加国联对日经济制裁,但它指责日本对锦州的军事行动完全是不公正的侵略行动,并多次劝告日本放弃进攻锦州。同日,"颜惠庆抵达美国递交国书,并询问史汀生,可否应用九国公约对日本实行经济制裁,史汀生不作答复。"

●**11月21日**　行政院召开第18轮会议,日本代表芳泽谦吉正式向行政院提议,要求派遣调查团在全中国范围内进行调查,但调查团并非为了落实9月30日决议而建立,它不能介入中日双方的谈判、不能监督双方的军事行动。11月24日,行政院做出一项决议草案,"重申9月30日之决议……组织委员团,调查当地情形。该委员团应将任何可影响国际关系、扰乱中日间和平的情形报告于行政院……委员团对于日本政府对于9月30日决议所定之撤军至铁路区域内的保证并无任何妨碍"。

●**11 月 25 日**　中国政府向国联提出一项方案,提出划锦州为"中立区",中国军队撤往山海关内,但有两项先决条件:日本军队撤出占领区;英、法、美派兵进驻锦州,确保日军不进入锦州,不干涉中国在该地区的行政和治安事务。各国大体赞同这一方案,但不肯应允两项先决条件,只同意派观察员去锦州。

●**12 月 9 日**　第 19 轮会议上,行政院依照 24 日决议草案的基本精神拟定了一项能为中日双方同时接受的派遣调查团决议草案。

●**12 月 10 日**　行政院一致通过决议正式采纳 12 月 9 日拟定的决议草案,重申 9 月 30 日和 10 月 24 日决议,决定派遣国联调查团前往远东调查中日关系问题,就威胁和平和中日两国关系中具有国际性质的一切情况加以研究并提出报告。但调查团无权干涉任何一方的军事行动或发起两国间的谈判。该决议对调查团的任务确定为:"就地研究任何影响国际关系而有扰乱中日两国和平或和平所维系之谅解之虞者,并报告于行政院。"国联调查团据此对自己的角色确定为:"(1)审查中日间之争议(包括此项争议之原因发展及在调查时之现状)。(2)考虑中日争议之可能的解决办法(务须对于两国之根本利益予以调和)。"也就是既要调查事件真相,也要找到调和两国间争端的办法,并报告国联行政院。中小理事国们集中表达了不满,认为行政院本可对日本进行制裁,却最终采取了不温不火的方式调处中日冲突,由此开不良之先例,使军事力量较弱的国家日后在面临强大邻国的侵略时安全难有保障。

一九三二年

1 月 3 日　日军侵占锦州,进逼关内。国联无所作为,并且国民政府在美国的授意下,向国际联盟提议划锦州为"中立区",由英、美、法、意等国派兵驻扎。这一建议激起了全国人民及海外侨胞的愤怒和反对,旅居巴黎的侨胞要求国民政府退出国联。

1 月 7 日　美国国务卿史汀生照会中国和日本政府,声明对日本强占中国东北的局面和足以损害美国在华权益、违反"门户开放"的中日间任何协定、条约,美国均不予承认。此即"史汀生主义"或"不承认主义"。这是此后一个时期美国对华政策的基本方针。"不承认主义"构成一项国际规范的基础:对于外国侵略或以其他非法行为造成的事态,无论其以新国家还是新政府的面目出现,国际社会均不得承认其为合法。后来,许多普遍性和区域性国际文件、国际组织决议以及国家实践都充分肯定了"史汀生主义"

或"不承认主义"的立场。

1月21日 调查中日关系的国联调查团正式成立,由英、美、法、德、意这5国代表组成,并以英国驻国联代表罗伯特·李顿为团长,通称"李顿调查团"。根据行政院决议,中国派前外交部部长顾维钧担任代表团中方顾问,日本驻土耳其大使吉田伊三郎为日方代表,国联秘书处官员哈斯为代表团秘书长。调查团于2月3日从欧洲出发,29日到达东京与日本政府资本家举行会谈;4月20日抵达东北,经过半年调查,于9月4日完成了调查报告书。

1月25日—2月29日 行政院在日内瓦召开第66次会议,多次听取中国代表颜惠庆和日本代表佐藤尚武的辩论。

● **1月25日** 行政院召开第66次例会第1轮会议,听取了中日双方关于九一八事变后续发展、锦州局势和上海局势的立场,但未深入讨论。

● **1月28日** 日军进攻上海,挑起"一·二八"事变,国民党第十九路军广大官兵在全国人民支持下奋起反抗。英国代表提出上海停战谈判报告,其中所有的建议遭到日本拒绝。

● **1月29日** 中国代表依据训令,在行政院第66次例会第6轮会议上提出《我国政府致国联提请适用盟约第10条与第15条之申请书》,声明在不减损国联盟约第11条效力的同时,正式要求国联根据盟约第10条和第15条,采取一切适宜和必要的行动处理中日争端。根据中国的申请,行政院根据盟约第15条赋予国联秘书长的"调查权"邀请德拉蒙德列席会议。

● **1月30日** 在行政院第66次会议第7轮会议上,德拉蒙德建议行政院各理事国(中、日除外)驻上海的官方代表组成一个临时调查委员会,调查"一·二八"事变真相,向自己报告上海的情况,得到相关理事国的同意。

● **1月** 根据1931年5月国联交通运输委员会召开第16次会议通过的合作计划,国联选派技术道路建筑技术专家6人以及交通委员会代表1人前往中国。受邀请的专门技术人才分成工程专家组、经济专家组、行政专家组、教育专家组,与中国进行技术合作。

● **2月4日** 日本佐藤大使告知德拉蒙德,日本政府不愿第3国干涉,日本人杉村副秘书长希望中国撤回按盟约第15条处理的请求,并提出以日本同意上海停战为交换条件。

● **2月12日** 由于行政院始终难以采取实质性行动,秘书长依据国联盟约所能采取的行动也十分有限,上海地区的局势持续恶化,中国代表颜惠庆根据国联盟约第 15 条第 9 节,向德拉蒙德提交正式申请,要求召集国联特别大会,建议将中日争端移交给国联大会处理,目的是要避免大国操纵国联,希望"凭国联会员国全体公断"。

●**2 月 16 日**　日本关东军司令本庄繁主持东北各省所谓的"领袖"在沈阳大和旅馆召开"东北政务会议",决定迎接溥仪执政伪满洲国,并分配了参会者在伪满政权中的职务。这促使行政院在同一天首次仅针对日本作出一项有关中日冲突的宣示。除中日两国代表以外,行政院所有 12 理事国代表联合签署一份文件,指出中国很好地遵循国联盟约、努力地尝试和平处理中日冲突;提醒日本政府有义务克制本国行动(尤其是对上海的军事进犯)、妥善处理对华关系、遵循《九国公约》并保证中国的领土完整,呼吁日本遵守国联盟约(尤其是第 10 条)的规定以维持国际和平。文件表达出行政院非冲突当事国所有理事国的一致态度:日本应是中日冲突发生并持续恶化的肇事一方。

●**2 月 18 日**　所谓的"东北行政委员会"发布《独立宣言》,"即日起宣布满蒙地区同中国中央政府脱离关系,根据满蒙居民的自由选择与呼吁,满蒙地区从此实行完全独立,成立完全独立自主之政府"。

●**2 月 19 日**　行政院在第 66 次例会第 12 轮会议上应中国代表 2 月 12 日提出的正式要求通过决议,将中日冲突案移交给国联大会处理,并建议大会于 3 月 3 日召开特别会议处理中日冲突。然而,日本代表质疑行政院作出的决议,公然蔑称中国"不是有组织之民族",因而不能享受国联盟约给予"有组织之民族"的权利,以此为日本在东北、上海的行为做辩护。

●**2 月 23 日**　日本政府就 2 月 16 日行政院 12 理事国代表一致签署的文件作出正式答复:一方面以该文件的决定、签署过程不合国联盟约程序性规则为由质疑该文件的合法性;另一方面,污蔑中国"非有组织之民族",并将中日冲突难以和平解决的责任推给中国。对此,美国国务卿史汀生在致参议院外交关系委员会主席的信函中声明《九国公约》依然有效、美国应坚持一贯的对华政策,实际上反驳了"中国非有组织之民族"的言论。

●**2 月 27 日**　日本代表团向国联行政院提出通牒,指出:日本政府对于今后网罗各国,在沪召集圆桌会议,并无任何疑义,但绝对反对上海事件适用盟约第 15 条。日本代表宣称:"日本希望和平迅速实现,如华军能撤退,停止一切攻击行动,日本即时中止积极行动";"鉴于沪事发生原因及中国现在国情,如不顾日本公正立场,附以侮辱日本国家尊严之条件,则断难同意"。

●**2 月 29 日**　行政院第 66 次例会第 14 轮会议讨论解决上海危机的

方案,决定在上海召开国际会议以结束上海地区的军事冲突、恢复地区秩序。参会方除了中日两国代表以外,还应有意、法、英、美等国代表。中日两国代表都接受了这项决议,日军却并未停止在上海地区的军事行动。

2月3日 李顿调查团于当日从巴黎启程赴美,到达美国后麦考益将军加入。2月29日抵达东京,日本代表吉田善吾加入。3月14日抵上海,中国代表顾维钧加入。3月27日到南京,4月4日抵汉口,4月9日至北平。所到之处,调查团分别听取了中日双方政要的汇报并做了记录。至4月中旬,完成了对中国东北外围地区的调查。李顿调查团从4月19日起进入中国东北进行了为期6周的实地调研。实地调查结束后,李顿调查团于6月5日回到北平,6月28日赴日本,8月20日再回北平,起草报告书。9月1日,国联调查团总报告书(《李顿报告书》)整理完成,3日在北平签字,5日调查团离开北平返欧。

2月16日 日本关东军在沈阳召开"满洲建国会议",成立了"东北行政委员会",以汉奸张景惠为委员长,宣称与国民党政府脱离关系,"东北省军区完全独立"。2月29日,"全满建国促进运动大会"通过决议,选出代表,"敦请"溥仪出任"执政"。3月1日,日本发表"建国宣言",宣布伪满洲国成立。

3月3日 国联大会根据行政院2月19日决议的建议,正式召开特别会议以处理中日冲突。这是继1926年特别大会讨论德国入会问题以后国联大会第2次召开特别会议,断断续续召开直至1933年3月日本退出国联。在听取中日双方立场和初步讨论之后,大会决定将中日冲突问题交予大会总务委员会处理,由此结束了特别大会第1次全体会议。

3月4—8日 特别大会总务委员会共召开5轮会议,讨论上海局势、九一八事变以来的中日关系、解决办法以及国联的应对。许多中小会员国对日本的行为、对国联迄今为止处理中日冲突的方法和效果不满;认为国联此次特别大会的任务不仅仅是要解决中日之间的满洲冲突、上海冲突,更要进一步维护国联机制和国联盟约的效力。捷克斯洛伐克等国代表建议对日启动制裁机制。但因大国态度消极,会议最后任命了一个决议起草委员会,暂时结束了总务委员会关于中日冲突的讨论。

3月11日 大会总务委员会召开第6次、第7次会议,审议了决议起草委员会提交的有关中日冲突的决议草案,并一致通过决议草案,建议成立一个19国委员会,由行政院除中日两国以外的其他理事国、和大会经不记名投票选出的另外6国组成,由大会主席兼任委员会主席。19国委员会的职责包括:(1)就冲突现状作出报告,草拟最终得使日军遵照大会1932年3

月 4 日决议撤出军队的方案；(2)继续观察行政院 1931 年 9 月 30 日、10 月 10 日决议的执行情况；(3)根据国联盟约第 15 条第 3 款拟定一项可为中日双方同意的争端解决方案并向大会汇报；(4)必要时可建议大会向国际常设法院寻求咨询意见；(5)必要时根据国联盟约第 15 条第 4 款的要求准备一份报告；(6)拟定应急措施；(7)至迟于 1932 年 5 月 1 日向大会提交第一份进度报告。决议规定，特别大会仍在会期中，大会主席可随时召集开会。此外，要求行政院继续相关工作，并成立一个由英、法、意各国驻上海总领事组成调查委员会，协助中日两国解决"一·二八"事变后续问题。

同日　继大会总务委员会会议之后，国联特别大会召开第 4 次全体会议，44 个会员国一致通过上述决议。决议还根据美国在特别大会召开前就"不承认主义"所作的表态以及英国在会上正式提交的"不承认主义"议案作出一项决定，"国际联盟会员国，对违反盟约与非战公约之规定而造成的任何情势、条约或协定，有不予承认的义务。"日本弃权，中国代表虽弃权，但随后便通报了中国政府接受特别大会决议的决定。经不记名投票，特别大会选举瑞士、捷克斯洛伐克、哥伦比亚、葡萄牙、匈牙利、瑞典加入 19 国委员会。3 月 12 日，美国政府致电国联秘书长，表示同意特别大会 3 月 11 日的决议。

3 月 20—24 日　根据国联行政院和特别大会的要求，中日两国代表在其他大国代表的调处下在上海开会谈判，达成一项停止敌对行动的协议草案，即《淞沪停战协定》。中方希望在日军完全撤出后再正式签字，由于日方反对，致使该协议的正式签署一再推迟。

4 月 12 日　李顿调查团通过国联秘书长向行政院提交了初步报告，19 日抵达沈阳开始正式的实地调查。而此时，伪满洲国已成立 1 月之久。日方对李顿调查团严密监视、封锁消息、禁止外人与之接触。调查团同日本占领当局、伪满政权进行了会谈，也与中日两国政府进行了会谈。

4 月 29 日　19 国委员会向特别大会提交报告，认为中日双方都较好地执行了撤军、停止敌对行动的决议。在此基础上，报告就中日双方接下来的撤军作出部署，要求成立英、美、法、意 4 国委员会，以监督撤军，协助将日军撤离的地带交予中国警力控制。

4 月 30 日　国联特别大会召开第 5 次全体会议，一致通过 19 国委员会 4 月 29 日提交的决议草案，但未规定日军撤离的具体时间。对此决议，日本弃权。

5 月 5 日　中日两国代表正式签署《淞沪停战协定》，英、美、法、意代表列席。根据特别大会的要求，协定特设附件 3，规定成立由中、日、英、美、法、意6国军事、民政代表各2人组成的联合委员会,以确保协定的执行。

5月10日 李顿调查团向行政院提交了调查进展报告。行政院对调查团的汇报只是确认查收,并无深入审查。

5月31日 在中国坚决抵抗、国际舆论压力和国联调停的共同作用下,日本政府同意从上海撤军。

7月8日 南京政府教育部在国联知识合作国际委员和罗马国际电影学院的指导下成立中国教育电影协会,后被指定为中国教育电影代表机构。1933年起,上海、汉口、青岛等地陆续成立分会。抗战爆发后,又在中国香港、新加坡成立分会。

7月20日 国联之世界文化合作社在日内瓦召开第14届大会第5次会议,会议主题为审议关于考察中国教育的报告,中国教育考察团团长柏克、成员郎之万等人出席了会议。他们在发言中再次重申中国保存固有文化重要性。"考察团在中国时曾屡言之于中国当局,告以保持中国之立场,实为中国最稳健之政策"。与会人士基本上都赞赏考察团提出的教育中国化思想,主张"应保其固有之文化而发扬光大之,至仿效西方文明则应择其有价值者,使之同化于我,而成为中国之所有"。

7月23日 全体会议对本阶段裁军会议基于胡佛计划所作的最终决议案进行表决。这项决议是应英、法、美3国建议而作,以总结会议进展,为第2阶段的裁军会议作准备。41国勉强接受这份报告,但认为它过于空泛,实际上是裁军会议失败的表现。中国投了弃权票。

9月15日 日本政府与伪满洲国政府签署协议,伪满洲国成为日本的"保护国"。

9月24日 行政院在日内瓦召开第68次会议,以决定在行政院正式讨论李顿调查团报告之前,应给予中日双方多长时间来研究该调查报告并作出反馈。

9月26日—10月17日 国联在日内瓦继续召开特别大会,亦即第13次大会。为参加这次会议,国民政府任命顾维钧为驻法公使兼中国驻国联代表。

● **10月1日** 调查团提交《中日纷争调查委员会报告书》(即《李顿报告书》);10月2日,《李顿报告书》节要于国联办事处所在地日内瓦、南京、东京同时公布。10月13日,全文公布。报告书共10章,它一方面承认"东北为中国之一部分",判断日本"以强力侵吞并占领确属中国领土之广大地区"违反了国联盟约、《九国公约》和《非战公约》;另一方面,也为日本辩解,宣称东北对于日本有特殊重大的利害关系,日本"为开发满洲"付出了"高昂的代价"，并认为中国抵制日货是造成中日冲突的重要原因。报告书最后要求在东北地区实行"高度自治"，并提出了对东北实行国际共管的主张。中国舆论强烈谴责这份报告书，日本政府发言人则批评说："该报告书对日本不公正之处甚多"。多数会员国指责日本违反国联盟约，认为应强化对日制裁，中日关系应由19国委员会调解。

●根据《李顿报告书》，19国委员会向特别大会提出建议：确认中国对满洲的主权，"满洲国"不合法、不代表当地民意；促请中日两国举行谈判，以执行本报告的建议，由大会设立委员会予以协助；促请国际联盟会员国，不得予以"满洲国"事实或法律上的承认，亦不得从事任何妨碍本报告各建议之执行的行为。

10月3日—12月19日　行政院在日内瓦召开第69次会议。其间，11月21—28日是关于《李顿报告书》的集中讨论，中国代表顾维钧、日本代表松冈洋右也都提出了本国政府的意见，但只是各说各话。松冈洋右以极顽固的态度为日本侵略政策竭力辩护，发表了不满《李顿报告书》的论点。顾维钧对松冈的诡辩一一加以驳斥，最后从李顿报告书的调查结果推出3条补充原则："第一，不得鼓励侵略；第二，必须赔偿中国的损失；第三，日本撤军仍是先决条件，在军事占领或既成事实的压力下，不能进行谈判。"

10月6日　中华苏维埃共和国临时中央政府发表《反对国联调查团报告书通电》，严厉谴责它是"最公开无耻地宣布了瓜分中国的新计划：它公开宣布日本及其他帝国主义，不仅应该占领满洲并且应该瓜分中国的全部"，它是"帝国主义奴役中国民族的卖身契"！通电号召全国民众武装起来，以革命的民族战争来撕碎《李顿报告书》，把日本及一切帝国主义驱逐出中国，以求得中华民族完全的解放和独立！

10月7日　中共中央通过《关于李顿调查团的报告及加强反帝群众斗争的决议》，系统阐述了"九一八"时期中共对国联的政策：从九一八事变开始，中国共产党便提出了武装民众的民族革命战争，反对日本及一切帝国主义，从开始时便坚决反对对于国际联盟的幻想及国际联盟——这个世界帝国主义与瓜分中国奴役中国的组合。这个战争制造者的同盟。中国共产党是唯一的政党，从国联调查团第1天到中国时，即提出驱逐瓜分中国的执行者——国联调查团出中国的口号，因此，我们更应该在最广大的劳苦群众面前指出《李顿报告书》真面目。

10月　罗马国际农学会秘书长农业专家特赖贡尼和伯利来华考察农业经济情况，协助中国建设农村。他们考察了湖南、江西、华北等地，重点在江西和浙江。会同国联代表郭乐诚、斯丹巴进行调查,提出改良措施。同时,蚕桑专家、意大利蚕桑协会会长玛利博士携带意大利改良蚕种 40 箱赴广东等地视察,并进行技术指导。1934 年 2 月,玛利被聘为中国全国蚕桑改良委员会顾问,抗战爆发后才离开中国。

12 月 6—9 日 国联特别大会在日内瓦续会,审议《李顿报告书》。在一般性辩论中,大国和中小国家形成两大阵营。英、法、意、德等大国采取了为日本的侵略辩护的立场,加拿大代表竟不顾事实真相出人意料地攻击中国政府。但许多中小国家旗帜鲜明地站在中国一边,爱尔兰、捷克、挪威、西班牙、瑞士、希腊、危地马拉、乌拉圭等代表要求国联根据盟约采取有效行动制裁日本,强调违反国联的原则,实际上就意味着取消国联。9 日大会作出决定,要求 19 国委员会尽快为大会准备决议。

12 月 9 日 大会在审查过《李顿报告书》以及行政院 11 月 21—28 日会议结果后,要求 19 国委员会深入研究《李顿报告书》,并尽早提出危机解决方案。

12 月 12 日 特别大会指派英、法、美、意、瑞士、西班牙、比利时等 19 国委员会举行秘密会议,研究和起草有关《李顿报告书》的决议,讨论《李顿报告书》前 8 章关于"满洲"状况的事实陈述和解决中日冲突应遵循的原则决议,以及邀请美、苏代表参加可能成立的中立交涉委员会等问题。经过综合考量,国联决定不顾日本威胁,支持《李顿报告书》,提出中日双方在中国东北都存在着重要的经济利益,应该实行门户开放政策,和平解决中日武力争端,共同发展。而东北的管理最好实行东北三省自治,同时雇佣一定量的包括日本在内的外国顾问及行政长官进行共管。会议通过决议草案:根据国联盟约第 15 条,国联的职责是努力促成中日解决争端,国联解决冲突的原则体现在 1932 年 3 月 11 日通过的决议中。国联要求必须遵守国联盟约、凯洛格公约和九国公约的条款,决定设立由 19 国委员会代表组成的交涉委员会,邀请美、苏参加交涉委员会,要求交涉委员会于 1933 年 3 月 1 日前汇报调解的进展情况。在此期间,英国再次试图安抚日本以避免其退出国联。国联秘书长德拉蒙德与副秘书长日本人杉村阳太郎试图炮制出一个妥协方案,同意按日本要求删掉报告书中有关否认"满洲国"的部分,后因中国和 19 国委员会的反对,这一方案流产。

一九三三年

1933 年初 日军越过山海关侵袭热河,攻占承德后又向长城各口大举进攻。中华苏维埃共和国临时中央政府主席毛泽东,副主席项英、张国焘,工农红军革命军事委员会主席朱德等发表联合声明,指出:日本已经开始侵入华北,这是更进一步完全瓜分中国及奴役整个中国;在日本新的进攻下,国民党政府的外交,始终没有改变其投降国际帝国主义和欢迎国联瓜分中国的出卖民族和侮辱民族的政策;国际联盟是瓜分中国及一切殖民地的强盗机关。

2月14日　19国委员会历时2个月的讨论,就中日冲突拟订一份对日"劝告案",主要内容包括:(1)要求日本尊重国联盟约、《非战公约》和《九国公约》的规定,同意基于《李顿报告书》的解决方案;(2)承认中国对"满洲"的主权,日军撤至铁路附属地之内;(3)美国及苏联参加调解委员会促进中日交涉;(4)不承认"满洲国"。日本拒绝接受这些原则。

2月21日—3月27日　国联特别大会续会。2月24日,国联特别大会通过了《国联特别大会关于中日争议之报告书》,对"劝告案"和《李顿报告书》进行表决,42国赞成,暹罗弃权,日本反对。特别大会基本接受《李顿报告书》对中日冲突的判断,并声明国联将不给予"满洲国"以事实或法律性的承认,确认中国对东北三省的主权。决定成立远东咨询委员会,由19国加上荷兰、加拿大,再邀请美、苏参加合作,以跟踪局势,协助大会履行盟约第3条第3款"处理属于联盟行动范围以内或关系世界和平之任何事件"的职责。松冈洋右在会上正式宣布,"日本政府不得不认为日本就中、日纠纷而与国联合作之努力已达终点",然后率团退出会场。

3月15日　日本内阁召开会议,讨论了19国委员会提出的对日"劝告案",并决定日本退出国联。

3月27日　日本发表政府通告和天皇诏书,指责国联对日本采取"不公正"的态度,称大多数会员国不了解真相,在"满洲国"问题上诘难日本,宣布日本自即日起退出国联,不再受国联及国联盟约的任何约束。史汀生代表美国政府发表一项声明,赞成国联大会得出的结论及其建议的解决办法,接受大会关于请美国参加它设立的委员会的邀请,但会有保留。

5月31日　国民政府接受《塘沽协定》①,此后直到1937年,未再要求国联直接干预中日冲突。

---

①　中华民国南京政府北平军分会参议、中日停战谈判首席代表熊斌与日本关东军副参谋长冈村宁次于1933年5月31日在塘沽签订的停战协定,又称《塘沽协定》。该协定实际上默认了日本帝国主义侵占东北三省和热河的合法性,并承认冀东为"非武装区"。该协定使日本帝国主义巩固了在华攫取的利益,助长了日本帝国主义的侵略野心。

5月　国联知识合作国际委员会中国协会在上海成立,该会发行《图书季刊》,编译出版世界文化名著,举办各国文化展览。中国文化界人士还利用与国联文化机构的合作,与日本开展舆论斗争。北大校长蔡元培曾致电国际文化合作会,痛斥日军摧毁上海商务印书馆、东方图书馆及暨南大学等文化机构。七七事变后,国民党元老李石曾呼吁国联增强世界文化合作力量,他向巴黎世界文化合作院提供了日军破坏中国文化的罪证。

6月14日　国联远东咨询委员会就研究不承认"满洲国"问题小组的报告进行讨论,在《国联特别大会关于中日争议之报告书》基础上通过了关于不承认"满洲国"的决议。国联秘书长在发出该项文件的说明信中称:此文件能否生效,其希望寄托在各国政府的积极反应。但此后数月,国联只接到极少数国家的复函及极个别的肯定答复。作为"不承认"政策开创者的美国政府,直到1933年11月才通知国联秘书长其观点仍未改变,同意顾问委员会的结论。

6月15日　中国财政部部长宋子文在国联于6月12日—7月27日在伦敦主办的世界经济会议上发言,阐述了中国希望同西方各国扩大经济关系的方针,并代表中国政府正式提出向西方资本、技术、商品全面开放的主张。同时,宋子文致函秘书长爱文诺,请求国联指派技术合作代表来华,作为与中国合作的全国经济委员会的联络员。

7月18日　"国联与中国技术合作委员会"召开首次会议,会议决议获得行政院批准,决定由行政院委派技术合作代表,办理中国与国联有关机构技术合作事务。此前,根据秘书长爱文诺的建议,中、英、法、德、意、捷克、西班牙等国驻国联代表,组成"国联与中国技术合作委员会",卫生组织负责人拉奇曼为国联驻华技术合作代表,负责统筹各项事务。

9月23日—10月11日　国联在日内瓦召开第14届大会。9月29日,顾维钧在大会上发言,赞扬国联对中国提供的经济及技术援助,并表示感谢。发言对国联关于中日争端历次决议迄今未能实施表示遗憾,同时指出中日争端与目前日益紧张的欧洲形势密切相关,对维护世界和平至关重要。

10月3日　国联与中国技术合作委员会驻华代表拉西曼抵华任职,并于4日参加全国经济委员会三常委的首次会议,会议讨论了棉麦借款、交通建设、技术合作等问题,并将原设的筹备处改为秘书处。

12月30日　拉奇曼向国联秘书处提交报告,提出中国教育部希望国联遴选人员担任国联与中国文化合作会常任驻欧联络员等建议。上述建议经国联国际文化合作委员会讨论后,该会指派国际劳工局副局长莫列德于

1934 年 3 月到达南京。他与中国专家讨论后决定由教育部向全国经济委员会提议,合组全国学术工作咨询处,该处将在日内瓦设办事处,由莫列德进行联络与指导。

一九三四年

4 月 17 日　日本外务省情报部部长天羽英二发表《天羽声明》,显示出日本要独占中国的野心。

5 月 17 日　国联与中国技术合作委员会在日内瓦召开第 2 次会议,拉西曼发表著名的《拉西曼报告书》,介绍全国经济委员会设立经过、分述国联专家考察中国农业、棉业、蚕丝、水利、公路、卫生、教育等现状、经委会1934 年之后的工作计划,结论中提出进一步合作建议。拉西曼的任期到1934 年 7 月 31 日止,其在华任职期间,国联与中国的技术合作大体上顺利进行。但在拉西曼报告书发表前一个月,日本发表的《天羽声明》明确反对中国与国联的技术合作,致使拉西曼的连任愿望落空。之后国联未再正式指派对华技术合作代表,而是由在华的资深卫生专家鲍谦熙担任联络员。

10 月 1 日　根据国联与中国技术合作委员会的建议,南京政府成立全国学术工作咨询处,主要职责为掌握全国各机关团体人才需求、为登记的失业人才提供就业指导。至 1937 年 2 月,在北平、上海、安徽、湖北、云南 5 省市设立代办处。1937 年 4 月又与侨务委员会和外交部共同开展海外华侨专门技术人才调查统计工作。

一九三五年

12 月 9 日　中国爆发"一二·九"学生抗日救亡运动。

一九三六年

2 月 26 日　日本法西斯军人在东京发动武装叛变,此即二二六兵变,是日本近代史上最大的一次叛乱行动,也是 20 世纪 30 年代日本法西斯主义发展的重要事件,以军部为首的法西斯逐步发展壮大。

6 月 30 日—7 月 4 日　国联在日内瓦召开第 17 届大会,中国再次当选行政院理事国,并表示:中国绝不同意北方各省分离出去,也绝不承认"满洲国"独立,中国有权利指望其他会员国帮助自己收回由于国联盟约被蔑视而被夺走的权益。7月4日,大会决议取消根据盟约第16条采取的对意制裁,但可维持某些对意制裁措施。阿比西尼亚反对,南非和少数其他国家弃权;中国、新西兰、苏联、西班牙、墨西哥、美国否认意大利对阿国的占领。随后,大会制裁委员会决定于7月15日取消制裁措施。

　　6月　上海市总工会主席朱学范参加了第20届国际劳工大会。

对国联的幻想破灭

一九三七年

4月 国民政府派朱学范参加国际劳工组织在美国华盛顿举行的纺织工业会议暨第22届国际劳工大会。在大会的发言中,朱学范着重指出了阻碍中国纺织工人改善劳动条件的原因,使国际劳工界初步了解到中国纺织工人恶劣的工作条件和微薄的工资收入的情况。

5月11日 华北事变后,中日民族矛盾上升为主导地位,中共根据国内外政局的变化适时调整内外政策。张闻天阐述了新形势下中共对国际联盟的基本政策,指出:"我们希望有国际上的援助,我们愿意同英、美、法、苏等国根据平等互助的原则,订立太平洋集体安全制度或个别的互助公约,对国际联盟应采取支持的立场,促进其对侵略国家实施种种制裁的效能,在不损害中国领土主权的情况下可以利用外资,进行国防的与经济的建设。"这是中共对国联政策的一个重要转折点。

6月 国民政府派朱学范出席在日内瓦召开的第23届国际劳工大会。朱学范连续出席1936年和1937年的大会,得到了世界各国劳工代表的支持,在第23届大会上被选为国际劳工组织理事会候补理事,成为第1个被选举进理事会的中国劳方代表。

7月7日 日军在未通知北平地方当局情况下,在国民革命军驻地附近进行挑衅性的"军事演习",入夜后诡称一名日军士兵失踪,要求进入宛平城搜查,中国驻军严词拒绝。日军遂于当晚8时开枪炮轰卢沟桥,向城内守军进攻,此即七七事变。随后,日本发动全面侵华战争。事变初期,南京国民政府曾力图通过外交手段平息事态,要求东京政府约束日本军部的行动,并希望英、美等国立即出面调停,但皆落空。日军向中国展开全面进攻。全民族抗日战争爆发。7月7日是中国人民抗日战争纪念日。

9月10—16日 行政院在日内瓦召开第98次会议。9月13日,因日本侵华、形势严重,中国代表向国联申诉。行政院经过讨论,决定指派咨询委员会处理中国的申诉。中国获准参加委员会,美国也收到参加委员会的邀请。日军空袭南京、广州后,美国接受了国联的邀请。随后,委员会批准法国外长德尔博斯提出的成立一个具体研究制裁问题的小组委员会的建议,并应顾维钧要求通过了谴责日本飞机轰炸中国不设防城市的决议。之后,顾维钧分别草拟了宣布日本为侵略者和小组委员会职权的决议草案,国联秘书处要求中国撤回这两个草案,遭到拒绝。10月初,咨询委员会通过了小组委员会人员构成和职权,其中包括中国。

9月13日—10月6日 国联在日内瓦召开第18届大会。南京政府就日本侵华向大会提出申诉,中国代表顾维钧和郭泰祺向国联呼吁,希望获得国联的道义支持、其他国家的物质援助及美国的合作。10月5—6日,国联和美国政府谴责日本的侵华行为,支持中国购买军用飞机和进口军需物品以进行对日作战。另外,国联大会于6日通过两份报告:第1份虽避免正式把日本列为冲突的侵略一方,但仍然认为日本犯有违反它的条约义务的罪行;第2份则建议召开九国公约会议,并指出国联成员国应避免可能削弱中国或在中日冲突中给中国增加困难的任何活动,并请各国分别考虑对中国能作出多大程度的支援。

10月 中国要求国联派遣5支防疫队,集中于广东、湖北、江西、山西、江苏各省,防疫队必须配置1名卫生专家、1名细菌专家和1所有外国医生的隔离医院,配备1辆吉普车、两辆救护车,中国汽车司机和外国机械维修师。但因经费有限,国联只派出3支防疫队以及协助中国防疫经费200万瑞币,其中38万法币为公积金,此款项何时动用,须由国联秘书长决定。

11月3—24日 《九国公约》缔约国会议(即布鲁塞尔会议)在比利时召开。因美国拒绝担任东道国,故由比利时出面邀请。与会者有中、英、美、法、意、葡、比、荷,以及1922年以后参加《九国公约》的挪威、丹麦、瑞典、玻利维亚、墨西哥、英联邦成员国加拿大、澳大利亚、新西兰、印度、南非,以及苏联(共19国)。德国、日本拒绝参加。会议主要讨论日本侵略所造成的远东紧张局势,以及如何结束所谓的"中日冲突"。中国"力求在《九国公约》规定之精神下,谋求现状之解决"。中国代表顾维钧、郭泰祺在会上要求:谴责日本侵略,对日本进行经济制裁,英、美、法、苏等国以军事演习等方式对日本实行集体制裁,并在物质上援助中国。其他各国主张中、日先停火,再通过调解达成和平解决办法。英国极力将美国推到前台,企图借助美国对付日本,但又坚决反对制裁日本。法国表示只有各国联合保证印度支那防务,才考虑改变其禁止经由滇越路向中国运送军火的决定。美国不愿意带头,不做任何承诺,只讲"通过协商寻求解决中国当前局势的办法"。大国都空谈和平和条约尊严,对日本不采取任何实质行动,反而要中国代表团放弃制裁日本的要求和接受对日妥协,在援助中国的问题上都采取推诿的态度。只有苏联代表团建议集体制裁日本。会议最终以一纸"宣言"草草结束,既不谴责日本的侵略行径,又不规定任何制裁措施,仅确认日本在中国的行动违反《九国公约》,要求中、日中止战争行动而求助于和平方法。会议以让与会各国政府交换意见,进一步探索和平方法为由,宣布暂时休会,实际上无所作为,客观上成为纵容日本侵略的一次会议。

11月30日　意大利宣布承认"满洲国"。12月3日,中国以1933年意大利在国联作出不承认"满洲国"决议时投赞成票为由,向国联提出申诉,谴责意大利违背当初承诺和国联盟约、《九国公约》的相关条款。

12月13日　侵华日军攻陷南京,在城区开始了震惊中外的血腥大屠杀。据美国国家档案馆1994年9月9日解密公布的1934年7月至1938年7月档案,日本外相广田弘毅于1938年1月17日致日本驻美使馆电提到:"据可靠的目击者直接计算及可信度极高的一些人的来函,提供充分的证明:不少于30万的中国平民遭杀戮,很多是极其残暴血腥的屠杀。抢劫、强奸幼女及其对平民的残酷暴行,在战事早已于数星期前即已停止的区域内继续发生。"

一九三八年

1月11日　国联在香港召开第1次国联防疫委员会会议,在国联专家帮助下,国民政府中央卫生署、医疗防疫队等部门相继成立,通过建立疫苗试验室,供应各种传染病疫苗,改善难民营卫生条件,对疟疾、霍乱、鼠疫等传染病进行防治,直接为抗日军民提供医疗服务。当月,国联3支防疫队共519人携带药品和器具抵达香港,后分赴西北、华中、华南开展工作。

1月25日—2月2日　行政院在日内瓦召开第100次会议。1月29日,中国代表顾维钧与英、法、苏3国外长会晤,要求就行政院支援中国的决议草案修正稿进行讨论,3国推诿。2月1日,行政院召开秘密会议,研究中国针对日本的申诉。2日,小国代表要求将中日冲突问题和决议草案一起提交行政院公开会议,遭到大国反对。顾维钧提出把起草国国名删掉,决议得到通过。

4月1日　中国国民党临时全国代表大会通过《抗战建国纲领》。全文7大部分,共32条,号召全国人民团结抗战。关于外交部分,主要内容之一为,应"对于国际和平机构,及保障国际和平之公约,尽力维护,并充实其权威"。中国是一个饱受列强侵略之苦的国家,弱国办外交,对国际组织更寄予厚望。九一八事变后,当时的中国政府曾幻想循外交途径,期待国联能主持公道对日本加以制裁,结局却让中国大失所望。鉴于国联难以制止侵略的教训,故中国政府在公布的《抗战建国纲领》中曾明确列入应对于国际和平机构充实其权威的内容,旨在呼吁反侵略的国家能建立强有力的和权威性的国际组织,但当时中国政府这一呼吁并没有在国际上引起多大反响。

5 月 12 日 中国代表顾维钧以叙述中国所受战争之苦的事实,要求西方国家援助埃塞俄比亚的抗战,顾维钧警告行政院说,只要一天不联合努力来抵抗确实正在一些国家中进行的侵略,密集的战争危险就只会增加,不会降低。

5 月 16 日 中国卫生实验处颁发《关于卫生方面 1939 年之国联技术合作办法》并呈送国联,希望国联协助将防疫事业延长 1 年,希望国联提供 1939 年防疫经费 200 万瑞士法郎。

6 月 2 日 朱学范作为中国劳方代表出席了第 24 届国际劳工大会在日内瓦新建国际联盟大厦会议厅的开幕会议,在会上当选为提案审查委员会委员。

9 月 26—30 日 行政院在日内瓦召开第 103 次会议。9 月 30 日行政院通过决议,认为日本侵略行为违反盟约,并郑重宣布,国联会员国有权实行根据盟约第 16 条规定单独采取制裁措施;但就任何执行这些措施的共同宣言而言,决议也承认,必要的"协作要素尚未得到保证"。

9 月 27—28 日 国联大会经讨论宣布日本为侵略国,并呼吁国联会员国向中国提供援助。

10 月 15 日 中共中央机关刊物《解放周刊》发表时评《关于国联援华的决议》,中共中央通过以下决议:不能用国联力量实行集体援用盟约之义务,实有违国联之本旨。从实质上来说,在今天,国联远未能真正地从软弱无能的机关变成为一个坚强的集体力量。正在进行民族解放战争的我国,我们是始终维护国联盟约的,我们是需要国际的援助的,但是,我们也知道,要使我们的抗战得到胜利,主要的还得依靠我们自己的力量,特别是依靠我国抗日民族统一战线的巩固与扩大,坚持持久抗战到底。

11 月 2 日 日本宣布将退出所有与国联相关的专门组织。

11 月 25 日 毛泽东在《论新阶段》(载《解放周刊》)一文中指出:力争国际援助,集中力量反对日本帝国主义,从长期战争与集中反对日本帝国主义的原则出发,组织一切可能的外援是不可忽视的,我们要力争各民主国家与苏联对我国物质援助的增加,同时尽力促成各国实行国联制裁日本的决议,设立一定机关,系统收集一切敌军暴行并制成具体的文书、报告,宣扬国外,唤起全世界注意,起来惩罚日本法西斯,根据抗战的长期性,外交方针也应着眼于长期,不重在眼前的利益,而重在将来的增援,这一点远见是必要的。

一九三九年

1月16—20日　行政院在日内瓦召开第104次会议。20日,行政院通过一项决议,撤销1937年10月和1938年2月的决议,并要求各会员国为采取有效措施援助中国进行协商。

9月10日　中国政府接到通知,国联第20届大会和行政院第106次会议同时延期。国联处理远东冲突的政治使命以完全失败告终。1938年12月—1939年6月,美、英、日与中国政府曾酝酿召开国际会议,由英、美调停中日战争,未果。1939年6—9月,蒋介石政府重提续开九国公约缔约国会议,但英、美、法等大国均无意承担召集的责任,续会终未召开。

一九四〇年

11月10日　国联秘书处通知南京国民政府,国联财源枯竭,原定1941年合作经费无法支付,所有派赴中国的专家合同于本年底结束,中国需要专家服务可自行雇佣,薪水可与本人交涉。实际上,国联专家合同延长至1941年1月31日止,中国与国联的技术合作也随之宣告结束。

一九四一年

12月9日　中国政府正式对日本、德国、意大利宣战。

一九四四年

4月20日　在美国费城召开的第26届国际劳工大会上,朱学范得27票(共28票)当选为正式理事。

一九四五年

4月25—6月26日　国际联盟、国际劳工组织与国际常设仲裁法院、联合国粮食及农业组织以及联合国善后救济总署（简称"联总"）参加了联合国旧金山制宪会议。

5 月 8 日 德国签署无条件投降书。

8 月 15 日 日本天皇宣布投降。

9 月 2 日 在停泊于东京湾的美国战列舰"密苏里号"上举行了日本受降仪式，标志着第二次世界大战结束。

一九四六年

4 月 8—18 日 国联在日内瓦召开了最后一次大会，包括中国在内的 35 个国家派代表参加。国联最后一次大会通过了将国联的权力和职务移交给联合国的决议。大会最后宣告国际联盟正式解散，结束了 26 年的历史。自 1946 年 4 月 19 日起，国联已不复存在。

下　篇

中国与联合国

跻身四强与中国对创建联合国的贡献

一九四一年

8月14日 罗斯福和丘吉尔签署一项"美国总统和英国首相的联合宣言",史称《大西洋宪章》。《大西洋宪章》的发表极大地鼓舞和支持已独自抗战4年之久的广大中国军民,受到国共两党一致的赞扬和支持。

8月17日 中华民国外交部发表声明,宣布中国政府赞同8月14日美国总统罗斯福和英国首相丘吉尔的联合宣言。20日,延安《解放日报》载《中共中央关于最近国际事件的声明》(8月19日)指出,宪章的发表向世界表明英、美打倒法西斯主义的决心,它有利于中国,有利于世界。但国共两党也同时指出其不足,宪章仅提摧毁"纳粹暴政"后"希望重建和平"而没有涉及日本军国主义。当时中国政府还曾在内部提出可搞一"太平洋宪章"以补充《大西洋宪章》之没有涉及日本军国主义的不足。在进行这种可行性研究时,蒋介石的外交顾问、国防最高委员会秘书长王宠惠认为《大西洋宪章》有两点欠缺,①并提出当时盟国在远东和太平洋方面应强调的以下3点:第一,摧毁暴日。第二,民族自决。第三,种族平等。他向蒋介石建议虽不宜采取太平洋宪章之方式,但可提出以下3条普遍性原则作为《大西洋宪章》之补充,即"(1)《大西洋宪章》,尤其是关于各侵略国武装解除及各国与各民族自决等原则,一律适用于全世界。(2)日本之领土,应以其1894年发动侵略政策以前之范围为准。(3)各民族及各种族一律平等,为世界和平与进化之要素"②。尽管中国所要补充《大西洋宪章》的这些努力,当时并没有显现直接结果,但其意义与影响深远:(1)充分反映出中国主张民族自决、民族平等及种族平等的立场;(2)这些基本原则已成为开罗宣言与日后处理日本问题的重要指导原则。

12月8日 美国和英国对日宣战,太平洋战争爆发。12月9日,中国政府正式对日、德、意3国宣战。同日,中共中央发表《中国共产党为太平

---

① 参见《德黑兰、雅尔塔、波茨坦会议记录摘编》,上海人民出版社1974年版,第450页。

② 秦孝仪主编:《中华民国重要史料初编——对日抗战时期》第三编,战时外交(三),1981年,第797—798页。

洋战争的宣言》，郑重宣布，中国共产党领导的八路军、新四军决心继续忍受艰难困苦，坚持敌后抗战，粉碎敌人的"扫荡"，大量牵制敌人，实行配合作战。由此，中国人民的抗日战争与各同盟国人民抗击法西斯的战争联成一体，中国正式成为世界反法西斯联盟的重要一员。

一九四二年

1月1日　中、美、英、苏等 26 个反法西斯盟国代表在华盛顿签署《联合国家宣言》，一致赞同《大西洋宪章》的宗旨和原则作为盟国的共同纲领。该宣言指出，"完全战胜"敌国是十分必要的，各国兹宣告：(1)每一政府各自保证与各该政府正在作战的三国同盟成员及其附从者使用不论是军事的或经济的全部资源；(2)每一政府各自保证与本宣言签字国政府合作，并且不与敌人缔结单独的停战协定或和约。共同宣言中首次正式采用"联合国家"一词，是接受了美国总统罗斯福的建议，当时主要是指参加反法西斯联盟的国家。后来"联合国"组织的名称，即渊源于此。关于签署 26 国宣言的排序问题：1941 年 12 月 27 日，霍普金斯在即将发表的联合国家宣言文稿致罗斯福的备忘录中指出："要打破按字母编排的次序，把像中国和苏联这样的国家提到同我国和联合王国并列的地位；区别的办法可以是，那些在自己的国土上积极作战的国家为一类，另外则是已经被轴心国征服了的国家。我认为这种排列极为重要。"罗斯福完全赞同这一意见。显而易见，自太平洋战争爆发后，中国作为四个最主要的参战国之一的地位和作用，为战时盟国普遍重视。1942 年 1 月 1 日，由美、英、苏、中 4 国领衔发表了《联合国家宣言》，签署宣言的 26 国依次排列是：美国、英国、中国、苏联、澳大利亚、比利时、加拿大、哥斯达黎加、古巴、捷克斯洛伐克、多米尼加共和国、萨尔瓦多、希腊、危地马拉、海地、洪都拉斯、印度、卢森堡、荷兰、新西兰、尼加拉瓜、挪威、巴拿马、波兰、南非联邦和南斯拉夫。这是中国作为战时四强之一的地位首次正式出现在国际文件上，它表明中国在战争中的重要地位得到了盟国的承认。

1月7日　《大西洋宪章》发表后，当时英国首相丘吉尔曾多次强调《大西洋宪章》的主要目的在于恢复欧洲被纳粹占领各国的主权，而并不影响英帝国对于印度及缅甸等地的殖民政策等。鉴于英国这种顽固态度与盟国的共同作战目标相悖，1942 年 1 月 7 日，当时中国政府首脑蒋介石致电罗斯福总统，阐述英、荷对其亚洲殖民地的统治与这次战争失败的关系并促请罗斯福劝勉英、荷改变旧日对殖民地的态度。电文中说，亚洲"当地民众久受西方帝国之统治,统治者与被统治者间,经济、社会与政治,皆无平等可言,若闻人言日本之残酷,自意旨为宣传之夸大,……然彼等将谓,为保卫目前之统治者,以御将来之统治者,此种牺牲意义何在?"电文期望罗斯福能劝勉英、荷"一改其旧日之态度,而示以将来政治以《大西洋宪章》为基础,此将为对我共同作战之一大贡献。"

一九四三年

5月18日—6月3日　经美国总统罗斯福倡议,包括中国在内的45国代表在美国弗吉尼亚州的温泉城举行联合国家间粮食和农业会议,决定建立一个粮食和农业方面的永久性国际组织,并起草了《联合国粮食及农业组织章程》,为联合国粮食及农业组织奠定基础。

9月14—24日　美英首脑举行第1次魁北克会议,罗斯福说服丘吉尔赞同他提出的战后应以美、英、苏、中4国为中心建立国际和平组织的意见。

10月18—30日　苏、美、英3国外长莫洛托夫、赫尔、艾登在莫斯科举行会议,为即将举行的首脑会议做筹备工作。会议的主要任务之一是要讨论和签署一项由美国提出并已取得英国赞同的《关于普遍安全的宣言》草案。会议曾为签署一个"三国宣言"或"四国宣言"出现过明显分歧,最后终于在各方的努力下达成了一致。10月30日下午,由已获授权的中国驻苏大使傅秉常代表中国外长出席会议,并同苏、美、英3国政府代表共同签署一项《关于普遍安全的宣言》。4国政府在宣言中明确宣布:"它们承认有必要在尽速可行的日期,根据一切爱好和平国家主权平等的原则,建立一个普遍性的国际组织,所有这些国家无论大小,均得加入为会员国,以维护国际和平与安全"。四国宣言勾画出了新国际组织的轮廓,并向世界首次宣布要建立一个新的国际组织以及对要在"尽速可行"的时间内建立这一组织正式承担了义务。这是4国为筹建新国际组织的迈出了关键性一步。赫尔回到华盛顿在美国参众两院联席会议上报告此次莫斯科之行时说:"苏联、英国、美国和中国已为战后世界的合作奠定了基础,这种合作的目的在于使所有热爱和平的国家,不论大小,都能在和平与安全中生存,都能维护文明生活的各种自由与各种权利,并享受多方面的机会和便利以取得经济、社会和精神进步。在目前的大战中以及在战胜轴心国以后的和平时期,世界上再也没有别的重要国家像我们这样休戚与共了。"其意义如同11月3日中国政府首脑蒋介石为四国宣言之签订在分别电贺苏、美、英3国首脑斯大林、罗斯福、丘吉尔中所言:"此一历史性的重要文件,昭示反侵略大义于世界,不仅增强我四国为达成共同信念之合作,且对全世界爱好和平之民族,均予以建立国际和平及普遍安全之保证,此于世界之前途实有莫大之贡献"。

11 月 9 日　44 个反法西斯国家在华盛顿建立联合国善后救济总署,负责向遭受战乱之苦者提供物资救济,帮助恢复生产和重建家园,是联合国系统中最早建立的国际救援机构。战时和战后初期共向 17 国提供 40 多亿美元的救助(其中 27 亿美元来自美国捐款),一半开支用于中国、希腊、意大利等国;另一半则用于波兰和其他东欧国家。

11 月 22—26 日　中、美、英 3 国首脑蒋介石、罗斯福、丘吉尔在开罗举行会议,美国总统罗斯福在主持首次会议的开幕词中说,"今日开会仪式虽简,但本会为有历史性之意义,因本会为四国宣言之具体化"。开罗会议主要议题为反攻缅甸与在战后处置日本等问题。结果除解决军事问题外,3方同意并发表《开罗宣言》。会议期间,为尽速落实四国宣言和早日建立战后强有力的国际和平机构问题,蒋介石分别与罗斯福和丘吉尔双方都进行了友好的交谈,尤其是罗、蒋的双方谈话意见融洽,形成很多共识。丘吉尔在会见蒋时表示:"此次莫斯科会议及四国宣言,具有重大意义,影响所及,能奠定将来世界之和平。"罗斯福则明确认为,中国应取得它作为四强之一的国际地位,"并以平等的地位参加四强小组机构并参与制订该机构的一切决定"。蒋介石表示:"中国将欣然参加四强的一切机构和参与制订决定。"在随后召开的德黑兰会议上,《开罗宣言》也得到了斯大林的赞同。

11 月 28 日—12 月 1 日　美、苏、英 3 国首脑罗斯福、斯大林、丘吉尔在德黑兰举行会议。3 国首脑之间讨论了落实四国宣言和未来国际组织问题,特别是罗斯福与斯大林两人在 11 月 29 日下午的会晤中专门讨论了这一问题。罗斯福认为,战后应该成立一个世界性的组织,它将建立在联合国家的原则基础上,罗斯福向斯大林专门介绍了他对未来国际组织的构思。通过这次会见,斯大林终于赞成罗斯福关于未来国际组织应是世界性的,而不是区域性的意见。12 月 1 日,3 国政府首脑发表的《德黑兰宣言》向世界宣告:"我们完全承认我们以及所有联合国家负有至高无上的责任,要创造一种和平,这和平将博得全世界各民族绝大多数人民大众的好感,而在今后许多世代中,排除战争的灾难和恐怖。"宣言强调,"我们将力求所有大小国家的合作和积极参加,那些国家的人民,就和我们本国的人民一样,都是全心全意抱着消除暴政和奴役、迫害和压制的真诚。我们将欢迎他们,听他们抉择,到一个全世界民主国家的大家庭里来"。在开罗和德黑兰两次会议后,罗斯福政府把尽速建立新的国际组织作为美国对外政策的重要目标。

12月1日　中、美、英3国政府同时公布《开罗宣言》。该宣言中明确规定,剥夺日本自从1914年第一次世界大战开始后,在太平洋所夺得或占领的一切岛屿;日本窃取的中国领土,例如东北四省、台湾、澎湖列岛等归还中华民国;其他日本以武力或贪欲所夺取的土地亦务将日本驱逐出境;决定在相当时期使朝鲜自由与独立。罗斯福与蒋介石在双方会见时,当罗以废除日本天皇制度问题相询,蒋表示此次战争之祸首为日本军阀,应首先予以打倒,至于日本国体问题,应留待战后日本人民自行解决,并表示在此次战争中勿造成民族间永久错误,罗斯福总统对蒋介石委员长意见深为尊重,对日本天皇问题未予提及,此事对日本战后之安定关系极大。《开罗宣言》成为战后处置日本问题的指导性的文献,意义重大,影响久远。近代中国外交耆宿顾维钧先生结合亲身的外交经历对开罗会议在中国外交史上的地位曾作出过很高的评价。战后顾维钧先生在一篇著文中指出:"开罗会议召开于一九四三年,距中英鸦片战争江宁条约一百零一载,距中国收回英美治外法权约十一个月,距中国四强之一之莫斯科宣言,仅二十三日,其历史之意义,即就此年日之遇合而言,已甚深远。"顾先生认为:"开罗会议虽非和会,而其所讨论与规抚者,如中国甲午以后失地之收回,如印度与朝鲜之独立,以及日本天皇制度之维持,皆无一而非战后世局之安排。以如是重大而复杂之国际难题,而国力未充战祸犹急之中国,克以分庭抗礼之地位,与英美诸强,为推心促膝之通筹,不特非江宁条约时代所能梦见,且亦非巴黎和会时代所能想象。"他以亲身经历感言,"巴黎和会,召开于一九一九年,予获参斯会,亲见当时吾国争头等国代表五人之席数不可得,争次等国代表三人之席数又不可得。其后国际联盟、九国公约会议,我虽皆为与会国之一,而樽俎间之捭阖与周旋,尚时受列强之操纵与推排,求其能如开罗会议中之地位,实未获觏。"顾维钧先生所言极是。但开罗会议后的中国形势远不让人乐观,中国战场并无起色,内外形势发展仍然十分险恶,特别是罗斯福在开罗会议期间曾答应要对中国在军事上支持与经济上援助的承诺均未能兑现,中美关系出现反复。一次会议、一纸宣言当然可以大大鼓舞国人斗志,但打败日本、赢得战争,还需要全民族继续努力奋斗。

12月24日　罗斯福在圣诞节前夜关于德黑兰和开罗会议的"炉边谈话"中强调说,他与3大国领导人讨论的是国际关系中的大的主要目标。罗斯福认为:"英国、苏联、中国和合众国及其盟国,代表了全世界3/4以上的人口,只要这4个军事大国团结一致,决心维护和平,就不会出现一个侵略国再次发动世界大战的可能。"但他还说:"这4个大国必须同欧洲、亚洲、非洲和南、北美洲所有爱好和平的人民团结合作。所有国家不分大小,其权利都必须兢兢业业地予以尊重和保护,就像我们对待自己共和国之内的一切个人的权利那样。"罗斯福的这番话在相当程度上反映了 4 大国当时对战后世界的设想。同年 12 月,美国国务院组织了一个由赫尔领导的专家班子起草有关计划,以把罗斯福的设想具体化。

一九四四年

1 月 11 日　罗斯福在致国会的国情咨文中谈到经过开罗和德黑兰两次会议后更要认真吸取上次战争中国联的惨重教训。为此,他特别强调说:赫尔先生 10 月去莫斯科,以及他 11 月去开罗和德黑兰时,已经了解同盟邦是有共同决心把这场战争打下去并且打赢的。但是,当时还有涉及未来和平的许多关系重大的问题,而这些问题也在完全坦率和和谐的气氛中得到了讨论。在上一次大战中,这种讨论和会晤,一直到战火停息和代表们齐集和平谈判桌前才刚开始。事先不曾有机会进行足以导致思想交流的个人间的探讨。其结果是达成了一种并非和平的和平。那是我们在这次大战中不打算重犯的错误。绝不可以像建立国联那样达成"一种并非和平的和平",这是罗斯福生前一再告诫美国和战时盟国的。其实,苏联也同样关心要建立一个真正维护和平与有效的国际组织,并坚决反对"恢复毫无权柄和毫无势力的国际联盟"(莫洛托夫语)。斯大林不止一次强调在创建新安全组织时,必须吸取国际联盟的可悲教训,新组织"不应当是既没有权力又没有手段来防止侵略的那个可悲的国际联盟的重演"①,苏联鉴于自己在国联时曾遭受的挫折和耻辱,它也极为关心新组织能从制度上切实保证自己的大国地位。苏联希望新组织能成为防止德国东山再起的坚固堡垒,认为它应拥有制止侵略和维护和平的充分权威和手段。斯大林曾提出,有什么办法来防止德国的新侵略? 他说,"除了完全解除各侵略国的武装以外,只有一个办法:就是建立一个由爱好和平国家的代表组成的捍卫和平、保障安全的特别组织",并说:"这将是握有捍卫和平和防止新侵略所必需的一切东西的新的特别全权国际组织"②。

4 月　战时盟国的教育部部长在伦敦集会,提议成立联合国教育文化复兴组织。

5 月 29 日　美国国务卿赫尔正式宣布美国政府准备在英、美、中、苏 4

---

① 《斯大林文选》(1934—1952),人民出版社 1962 年版,第 400 页。
② 《斯大林文选》(1934—1952),人民出版社 1962 年版,第 400 页。

大国之间,就国际安全机构问题,开始非正式商讨。赫尔说,4强代表在莫斯科集会时,曾通过日后于华盛顿举行会议,商讨建立和平机构之议案。

6月1日 中国驻美大使魏道明、英国驻美大使哈里法克斯、苏联驻美大使葛罗米柯各代表本国政府接受美政府之邀请均往访赫尔,参与在华盛顿举行的非正式会谈,商讨建立国际和平机构之议案。赫尔把按照罗斯福指示起草的、并征得国会同意的"普遍国际组织暂定草案"作为美国的建议分送中、英、苏3国政府征求意见,同时邀请3国在美国举行会议,具体讨论未来国际组织的筹建问题。

6月2日 对战后和平组织事,中国政府首脑蒋介石专门致电罗斯福表示,"中国向来主张早日成立此种机构,如其可能,并望在战时结束以前成立。阁下现时采取领导行动,俾此一件得以实现,余等极为欣慰",电文还强调"阁下与赫尔国务卿深切注意中国必须参加此次会议,余更为欣感。盖东方人民如无代表,则此会议将对于世界之一半人类失去其意义也。"①

7月1—22日 联合国家及联盟国家国际货币金融会议(通称布雷顿森林会议)在美国新罕布什尔州布雷顿森林举行,包括中国在内的44国参加会议,与会者共有730人。美国财长摩根索为主席,澳、比、巴西、苏联代表为副主席。会议通过《联合和联盟国家货币金融会议最后决议书》、国际货币基金协定和国际复兴开发银行协定(通称布雷顿森林协定),成为战后国际货币体系即布雷顿森林体系的基础。

7月10日 中国驻美大使魏道明自华盛顿急电重庆请示对策,电文称:本日美外长面告,关于战后和平组织事,昨已接苏联答复,愿与美、英开始讨论,唯谓因日本关系,坚不欲此时与中国会商。赫尔经再三设法促成4强会议,但苏联态度坚决,故只得分别谈判。英方循美方之请,愿与中、美会谈,现美、英、苏3国定于8月21日在华府开始谈判,美政府希望中、美、英3国谈判亦能于此事件中分别进行云云。赫尔询我政府意见,乞核示。在这种形势下,中国只能接受仿开罗会议及德黑兰会议之方式举行两阶段会议。

8月21日—9月28日 由美、英、苏3国举行第1阶段会议:会议的主要议题和讨论都集中在第1阶段,由于与会各国的方案比较接近,会议进展颇为顺利。与会各国就以下原则问题达成协议:确立联合国的4项宗旨和6项原则,其基本结构应包括大会、安全理事会、秘书处和国际法院4个部分;大会重要决议只要与会会员国2/3多数票即可通过,其他决议应以简单

① 秦孝仪主编:《中华民国重要史料初编——对日抗战时期》第三编,战时外交(三),1981年,第826页。

多数决定,大会决议属建议性;维护世界和平与安全的主要权力在安全理事会,安理会由 11 个成员组成,中、美、英、苏以及"于相当时期后"的法国应在安理会拥有常任席位,并拥有否决权,安理会决议对所有会员国都有约束力;专门成立经济与社会理事会,军事问题交安理会成立的专门机构军事参谋团处理;同意美国总统罗斯福的建议,将新国际组织定名为联合国;联合国这一名称意味着,"战争时期盟国有 40 个国家共同作战,胜利后盟国仍将在这个名称之下共同合作"(赫尔语)。

第 1 阶段会议尚未解决之问题有两个:一是关于否决权问题。二是关于创始会员国资格问题。对哪些国家有资格作为创始会员国,苏美双方有分歧。

8 月 21 日—10 月 7 日　中、美、苏、英举行敦巴顿橡树园会议,这是为落实莫斯科四国宣言而筹建新国际组织所采取的第 1 个具体步骤。在苏联坚持下,为尊重苏联在对日战争中的中立地位,会议分美、苏、英(8 月 21 日—9 月 28 日)和中、美、英(9 月 29 日—10 月 7 日)两个阶段进行。应该指出,直到战争接近尾声时苏联才不再坚持一直让美、英两大盟国都难以理解的这一理由。

9 月 29 日—10 月 7 日　由中、美、英 3 国举行第 2 阶段会议(又称"中国阶段"):以顾维钧、斯退丁纽斯、贾德干分别为首席代表的中、美、英 3 国代表团举行了第 2 阶段会议。造成这种安排的唯一原因是苏联以自己在对日战争中所处中立地位为理由,拒绝与中国代表团坐在一起开会。苏联这种借口的原因实际还是不愿意承认或给予中国与美、英、苏 3 国同等的地位。应该指出,直到战争接近尾声时苏联才不再坚持这一理由。中方首席代表顾维钧认为:"不难回忆,莫斯科会议承认中国为四强之一。但是,敦巴顿橡树园会议在这方面几乎倒退了一步。由于迎合了苏俄的愿望,所以会议分成两个阶段,中国被排除在会议的主要阶段之外。"他认为,"英国代表团同美国代表团一起参加第 2 阶段的会议,主要是为了"维护中国的声望,而不是听取什么重要意见"。① 尽管如此,但中国并没有因此而减弱对国际组织的责任感和热情,中国把自己看作占世界人口半数的东方国家人民的代表。为这次会议成功,中国政府和中国代表团还是作了积极的、有成效的工作,先后准备了 5 个方案,系统表达了中国对新国际组织的基本态度与对重要国际问题的主张。8 月 22 日,在第 1 阶段会议开始的第 2 天,孔祥熙向美、英代表团团长斯退丁纽斯和贾德干分别送交一份文件,阐述中国

---

① 《顾维钧回忆录》第 5 分册,中华书局 1987 年版,第 405、417 页。

对制定国际组织宪章所持的基本观点,实际乃是中国的方案。随后当时中国驻美大使魏道明又将这份文件送交给苏方首席代表葛罗米柯。事后如将第1阶段会议结果与中国方案对照研究,就不难看出其中反映了不少中国的观点和主张。

在第2阶段会议中,中国代表团遵照当时中国政府要"全力促成会议成功"的精神,竭尽努力为会议多做贡献。中国代表团认为,不可能也不需要改变第1阶段美、苏、英3国已达成的一致意见。故当时中国提出的新建议和对第1阶段3国一致同意的建议的补充都已缩减到最低限度。中方首席代表顾维钧说:"对于第一阶段会议通过的提案,我们感到没有什么不可以接受的,只是遗漏了若干中国很关心的问题。"①

10月2日　中方首席代表顾维钧在第2阶段会议召开的全体会议上提出了14个与第1阶段会议已采纳的议案有关的问题,要求英美两国代表发表意见,以使中国代表团能够更确切地理解这些问题,与会英、美代表普遍赞赏中国代表对第1阶段会议结果了解得十分深刻,并认为中方所提问题很有见地。

10月3日　中国代表团在上午全体会议上又提出了7项补充建议:(1)解决争端应适用的原则;(2)尊重政治独立及领土完整;(3)侵略定义;(4)国际空军;(5)编纂国际法;(6)国际法院的强制管辖;(7)文化合作。经讨论英、美接纳以下3点:(1)处理国际争端应注重国际正义与国际公法原则。(2)国际公法之发展与修改,应由大会倡议研究并建议。(3)经济社会委员会应促进教育及其他文化合作事业。这些补充建议被称为"中国建议"②。在第2阶段会上"中国建议"虽得到英美两国的同意,但尚需征得苏联同意,方能作为4国一致同意的提案。会议决定如于9日前尚未得到苏方答复,即先以4国名义公布第1阶段会议达成的"关于建立普遍性的国际组织的建议案",作为整个两阶段会议的共同建树,揭示4强意见一致。这次会议结束后,中方首席代表顾维钧与代表团总结会议成果时认为已实现了原先对会议所抱的希望:"第一,我们希望维持中国作为世界第四大国的地位,并在这个基础上同美、英合作。第二,关于成立新国际组织这一问题,我们希望:(1)应该成立一个有效的组织;(2)应该保证这个组织所有成员国独立自主及领土完整;(3)应该以公正原则及国际法作为解决国际争端的基础;(4)最后要本着促进和平的利益修订国际法,并促进各国之间的文

---

① 《顾维钧回忆录》第5分册,中华书局1987年版,第411页。
② 参见周鲠生著:《国际法》下册,商务印书馆1976年版,第694页;[苏]克里洛夫著:《联合国史料》第一卷,中国人民大学出版社1955年版,第54页。

化协作;(5)中国能继续得到小国的同情。"据顾维钧讲,这个第5点是中国在外交事务中一向十分重视的。他曾"特别为实现这一目的而努力",中国的讲话应"不仅仅是为了中国自身的利益,也是为了弱小国家的利益"①。敦巴顿橡树园会议进一步巩固了中国的四大国之一的地位,这次会议的直接结果是导致召开旧金山会议。由于中国政府对创建联合国所作的杰出贡献,因而可以无愧地与美、苏、英3国平起平坐,共同发起召开并领导了旧金山制宪会议。敦巴顿橡树园会议虽然是作为专家会议召开的,但它一直受到4国政府领导人的高度重视,会议取得的成果意义重大。它公布的《关于建立普遍性的国际组织的建议案》,绘出了联合国的蓝图,为旧金山制宪会议奠定了坚实的基础。罗斯福和斯大林等盟国领导人对会议都给予很高的评价。

10月9日　中、美、英、苏4国同时发表敦巴顿橡树园会议《关于建立普遍性国际组织的建议案》全文,以供战时盟国政府研究讨论。该建议案在引言中建议将新国际组织命名为"联合国",之后12章依次涉及宗旨、原则、会员、主要机构、大会、安理会、国际法院、海陆空军维持国际和平与安全之办法、国际经济与社会合作办法、秘书处、修正之程序、过渡办法。根据这些建议,联合国保卫世界和平的主要机构将是安全理事会,"5大国"在其中将有常任席位。至于安理会的表决程序则未达成协议。该建议案绘制出未来国际组织的主要特征与基本特点。

12月5日　罗斯福就安理会表决程序问题致电斯大林和丘吉尔,提出如下建议方案:(1)安全理事会每一理事国应有一个投票权。(2)安全理事会关于程序事项的决议,应以7理事国的可决票表决之。(3)安全理事会对于其他一切事项的决议,应以7理事国的可决票包括全体常任理事国之同意票表决之;但对争端的和平解决内各事项之决议,争端当事国不得投票。

同日　旧金山制宪盛会与《联合国宪章》生效。

一九四五年

2月4—11日　苏、美、英3国首脑举行雅尔塔会议。2月11日,美、英、苏3国领袖发表雅尔塔公报,宣称他们"决定尽可能从速和盟邦建立一个普遍性的国际组织,以维持和平与安全。相信这对防止侵略以及通过所

---

① 《顾维钧回忆录》第5分册,中华书局1987年版,第420页。

有爱好和平民族的接近与持续合作来消除战争的政治、经济和社会原因,都是必要的"。公报确定"当于1945年4月25日在美国旧金山召开联合国家会议,以便按照在敦巴顿橡树园非正式会谈中建议的方针准备这样一个组织(普遍性国际组织)的宪章"。会议决定应邀请参加"关于拟议中的世界组织问题的联合国家会议"的国家,应是1945年2月8日前实有的联合国家和1945年3月1日以前向共同敌人宣战的协同国家(8个协同国家和土耳其)。关于这次会议的发起国问题,雅尔塔会议建议中国和法国同苏、美、英3国一起共同作为旧金山会议的发起国。中国政府接受了这一建议。法国同意参加会议,但决定不担任发起国,因为法国认为它没有参加敦巴顿橡树园会议和雅尔塔会议协商,故不能要求其他国家在没有自己参加的情况下制定的宪章上签字。

3月5日　美国代表中、苏、英、美4发起国向3月1日对德国或日本宣战的国家以及在联合国家宣言上签字的国家发出正式邀请,提议以敦巴顿橡树园会议的4国建议案为基础制定《联合国宪章》,并欢迎各被邀请国在会议召开之前对建议案提出"意见或评论"。邀请书中载有关于安全理事会表决问题的规定,这些规定后来为旧金山会议所采纳。

4月6日　中国共产党反映了中国人民的和平意愿,自始就表示支持建立这一组织的计划。[①] 1945年旧金山会议召开前夕,毛泽东同志在七大上所作《论联合政府》的政治报告中郑重宣布:"中国共产党对于保障战后国际和平安全的机构之建立,完全同意敦巴顿橡树林会议所作的建议和克里米亚会议对这个问题所作的决定。中国共产党欢迎旧金山联合国代表大会。中国共产党已经派遣自己的代表加入中国代表团出席旧金山会议,借以表达中国人民的意志。"[②]由国共两党代表组成的中国代表团参加这次历史性的伟大盛会,确实不是代表哪一党、哪一派的,是代表全中国的。中国代表团在旧金山制宪会议上以一个团结统一的阵容,国共两党和一些无党派民主人士密切合作,为会议的成功做出了很大的贡献。顾维钧在后来的回忆录中特别赞扬了中共代表董必武。他说,董必武是代表团内的年长者,为人和蔼可亲,通晓国际事务,在旧金山会议期间表现很好。他还说,董必武"挑选了一个很好的秘书章汉夫。他也是共产党的一个杰出人物,为人善良而谦虚,不引人注意但很能干"[③]。中国代表团在会议中的立场主要地

---

① 参见杨瑞广:《人民的使者——记董必武同志参加联合国旧金山制宪会议片断》,《人民日报》1985年10月21日。
② 《毛泽东选集》第三卷,人民出版社1991年版,第1085页。
③ 《顾维钧回忆录》第5分册,中华书局1987年版,第510页。

以中国自己的利益为依归,结好美国并同时注意改善同苏联的关系,并作为东方国家的代表能尽力为弱小国家伸张正义、主持公道,积极表达受强权政治之害和有色人类的心声。中国代表团在旧金山会议上的成就,写下了中国外交史上的光荣一页。中国为创建联合国所作出的重大贡献,是与中国的大国地位相称的。

4月9—20日　由美国政府代表 4 发起国邀请 44 国法学家在华盛顿举行联合国家法学家委员会会议,会商草拟《国际法院规约》事宜。这次会议修改了国际常设法院规约,使之更能适应联合国的新体制。但在修改规约之后,会议对是否保留现有的国际常设法院或是取消这一法院而建立新的国际法院问题并没有达成一致意见,认为应由旧金山制宪会议解决。

4月12日　美国总统罗斯福溘然长逝,反法西斯各国政府与民众同声悼念,认为是世界反法西斯战争的重大损失。斯大林赞誉罗斯福是一位"有世界声誉的伟大政治活动家和战后和平与安全组织的倡导者"。罗斯福逝世对战时盟国和即将举行的旧金山会议以及美苏同盟,不啻是一大打击。继任总统杜鲁门表示要继续奉行过世总统的对外政策。4 月 14 日,延安《解放日报》在《哀悼罗斯福总统》的社论中写道:中美两大民族的友好团结,在罗斯福总统执政以来,得有长足进展,他的逝世,使我们中国人民深深感到哀悼。对于我国的抗日战争,罗斯福总统一贯地采取同情和友谊的态度,自太平洋战争以来,美国成为我国的战友,罗斯福总统更不顾孤立主义分子的阻挠,采取促进我国团结和积极援助我国的政策。对罗斯福总统的逝世,中国政府代理行政院院长兼外交部部长宋子文在旧金山制宪会议首次大会讲话中沉痛地表示:"余谨首先代表中国,向已故罗斯福总统致追念之意,在吾人心目中,罗总统不仅为美国第一名之公民,抑且为世界有灵感之领袖,彼以热烈之情绪,为国际谋正义和平,其高瞻远瞩,与夫政治家风度及魄力,已使联合国之胜利在望,彼实兼有全世界各民族之理想与期望,且被公认持久和平体系之创议人与缔造者。"

4月25日　联合国会议在旧金山隆重举行。最初参加会议的有 46 国代表团。除 4 发起国外,还有最早在《联合国家宣言》上签字的除波兰以外的 21 国,以及后来在宣言上签字和按照雅尔塔会议的决定向轴心国宣战的 21 国,最后会议参加国达到 50 个。出席会议的各国代表 282 名。各代表团的顾问、专家、秘书及其他工作人员达 1726 名。大会秘书处工作人员有 1058 人。到会采访的记者达 2636 名。美国代表团首席代表是国务卿斯退丁纽斯,苏联首席代表为外交人民委员莫洛托夫,英国首席代表是外交大臣艾登,中国首席代表是代理行政院院长兼外交部部长的宋子文,中国共产党代表董必武作为中国代表团的代表之一参加了会议,法国首席代表是外交部部长皮杜尔。

4月26日—5月2日 制宪会议第1阶段会议主要是大会一般性辩论,就会议组织相关的各项工作进行研究、作出决定。大会主席由4发起国首席代表轮流担任,成立由各国首席代表组成的指导委员会,在该委员会之下又设立一个执行委员会,其成员是经选举产生包括5大国在内的14国首席代表,负责为指导委员会准备各种建议。斯退丁纽斯担任两委员会主席。执行委员会将起草的宪章分为4个部分,每一部分都有专门委员会研究。

4月30日 大会批准了接纳乌克兰、白俄罗斯两苏联加盟共和国参加会议。但在接纳阿根廷问题上,会议曾发生激烈争议,会议进行了几乎一整天的辩论。但最后美国自恃有多数票支持,要求强行表决,终以29票对5票通过接纳阿根廷参加会议,它首开联合国内由大国操纵投票的恶劣先例。

5月1日 敦巴顿橡树园会议的"中国建议"循外交文书的途径通知苏联,并在苏联赞同之下,于是日作为4发起国一致同意的提案提交给制宪会议审查。

5月5日 制宪会议规定到当日午夜12时止为提案的截止时间,先后共有36个国家对4国建议案提出了1200件修正案。旧金山会议秘书处将修正案分类整理,印成多达400页的整整一册。

5月7日 专门委员会与委员会的主席联席会议确定以敦巴顿橡树园会议建议案作为制宪工作的基础。现4国建议案范围已经扩大为:原建议案、雅尔塔公式、由4大国一致同意的中国建议,以及5月5日以4发起国名义提出并被会议通过的27条修正案,这些修正案实际上吸收了各与会国许多提案中的精神和内容。同日,白俄罗斯代表团与乌克兰代表团参加会议,与会国已有48个。

5月9日 是日之后,由4主席组成的会议被称为5大国会议,因为法国参加了这方面的一切讨论。代表大会进行得也颇为顺利,完成了一切初步的讨论和协议。重要的工作当时都由各种不同的委员会主持。

5月11日 中国代表团发表了对国际托管制度建议案,提出托管制度的基本目的应为:(1)促进国际和平与安全;(2)促进托管领土及居民的政治经济及社会发展,并依照各区及人民具体情形之所宜,推动他们向独立和自治政府途径发展;(3)对于一切会员国人民在托管领土的经济的及其他正当平民活动,予以平等待遇。中国还提出应置于托管制度之下的领土,只适用于以下3种情况:(1)现为委任统治地的领土;(2)因此次大战结果,由敌国割取之领土;(3)由负责治理国家自动置于托管制度之下的领土。中国提出的国际托管制度建议案,特别是主张托管领土应实现向独立和自治途径发展的 3 项基本目的,已在宪章的国际托管制度一章中有充分的体现。

5 月 12 日　阿根廷代表团参加会议,与会国已达 49 个。执行委员会还一致通过邀请丹麦参加制宪会议。会议请柬当即向已来到旧金山的丹麦代表团发出。这样,连同先前已被接纳的乌克兰、白俄罗斯、阿根廷 3 国,会议最后参加国达到 50 个。

5 月 28 日　经中国提出并得到巴西、挪威支持的一件“关于在最近数月内召开联合国全体会议,讨论设立国际卫生组织之问题”建议案在第二专门委员会通过。

6 月 7 日　4 个发起国发表了一项声明,阐明它们对雅尔塔公式的解释。这项声明并未逐条回答中小国家所提的 23 个问题,而是阐述“对常任理事国在安理会通过决议时需全体一致的整个问题的总态度”。面对中小国家企图限制大国权力的要求,4 国毫不含糊地声称:“鉴于常任理事国负有主要责任,在目前的世界情况下,不能期望它们缘于一项它们所未同意的决议而在维持国际和平与安全这样严重的事项上担负起行动和义务。”“如果要创立一个国际组织,而通过该组织所有爱好和平的国家能够有效地履行它们维持国际和平与安全的共同责任的话,这一公式是必要的。”①对于4 国声明,许多中小国家仍有许多保留和不满,但它们企图限制否决权的种种努力终究未能奏效。最后,雅尔塔公式以 30 票赞成,2 票反对,15 票弃权和 3 票缺席得到通过,被原封不动地正式列入宪章的第 27 条。

6 月 25 日　旧金山制宪会议举行第 9 次全体大会,一致通过了联合国宪章及《国际法院规约》。

6 月 26 日　在旧金山退伍军人礼堂举行了隆重的历时 8 小时的签字仪式。根据会议决定,全体代表均有签字权。各国代表均在宪章的 5 种文本(中、英、俄、法、西)上签字。中国代表团第 1 个签字,领衔签字的是已接替首席代表宋子文的顾维钧,中国共产党代表董必武作为正式代表也和其他中国代表一起在宪章上签了字。接着是苏联、英国和法国的代表团签字,然后是其他国家的代表团依照英文字母顺序签字,美国作为东道国,最后签字。在宪章上签字的总共有 50 个国家的 153 名全权代表,这 50 国和稍晚签字的波兰被称为联合国创始会员国。

制宪会议参加国代表又签署了一项被称为临时规章的《参加联合国国

---

①　[苏]克雷洛夫著:《联合国史料》第一卷,中国人民大学出版社 1955 年版,第 305、306、307 页。

际组织会议各政府所议定之过渡办法》。按照这一规定,应设立联合国筹备委员会,以在宪章尚未生效及宪章规定之联合国尚未成立之前,执行规定职务,以拟定临时办法,筹备大会、安理会、经社理事会及托管理事会之首次会议,并筹备秘书处之设立及国际法院之召开。该过渡办法还规定,待联合国秘书长选定后,筹委会即行解散。筹委会由宪章签字国各派 1 名代表组成,并于制宪会议结束后在旧金山举行了第 1 届会议。

　　旧金山制宪会议举行了盛大的闭幕式。中、美、英、苏、法等 10 个国家的代表在闭幕会上讲了话。除 5 常任理事国外,并有依照地理区域及语言类别之代表发言,各代表均以本国语言演说。代表们盛赞这次会议获得了历史性的成果,有益于世界的未来。这一天被赞誉为"历史上伟大的一天"。最后由美国总统杜鲁门发表演说称:"你们方才签字的《联合国宪章》是一个坚固的基础,在它上面我们可以建筑一个更美好的世界。""饱经忧患的人民热望产生一部这样的宪章,这种希望帮助他们保持勇气,度过战争最黑暗的日子。因为它是世界各国伟大信念的宣言——相信战争不是不可避免的,相信和平是能够保持的。"历时两个月的旧金山会议宣告圆满结束。旧金山会议已成为国际关系史和世界外交史上的一次盛会被载入史册。

　　6 月 27 日　由 50 个签署宪章国家之代表组成的联合国筹备委员会宣告成立并在旧金山举行第 1 次会议,选出了执行委员会,以在筹委会闭会期间内代行其职权。执行委员会由澳大利亚、巴西、加拿大、智利、中国、捷克斯洛伐克、法国、伊朗、墨西哥、荷兰、苏联、英国、美国、南斯拉夫等 14 国代表组成,筹委会会址设在伦敦。中国代表为顾维钧,并被推选为执行委员会轮流担任的五主席之一。执行委员会实际上乃是联合国正式机构成立前之过渡组织。

　　7 月 28 日　依据宪章"应由签字国各依其宪法程序批准之"的规定,美国参议院以 92 票对 2 票的绝对多数批准了宪章,8 月 8 日交存批准书,成为全部宪章签字国中第 2 个完成国内法定批准手续与第 1 个交存批准书的国家。

　　8 月 15 日　日本裕仁天皇颁布《停战诏书》,宣告日本无条件投降。中国人民经过 14 年浴血奋战,终于迎来了抗日战争的最后胜利。中国的抗日战争是 100 多年来中国人民抗击外敌入侵第 1 次取得完全胜利的民族解放战争,也是世界反法西斯战争的重要组成部分,为世界进步和人类正义事业做出了不可磨灭的贡献。

　　8 月 24 日　中国完成了国内法定批准手续,9 月 28 日交存批准书。

10 月 24 日　苏联以及乌克兰与白俄罗斯交存了批准书,使批准国达29 国,已符合宪章规定的"需要 5 常任理事以及其他签字国之过半数批准并将批准书交存美国政府时,本宪章即发生效力"。美国政府即日发表公告宣布,联合国宪章业经中、法、苏、英、美以及其他签字国的半数批准,已于10 月 24 日起正式生效。联合国宣告正式成立。10 月 24 日这一天,1947年被大会正式命名为"联合国日"。

《联合国宪章》生效。《联合国宪章》是 20 世纪的一部伟大的历史文献,是联合国组织的基本法,宪章对会员国有法律拘束力。《国际法院规约》是"宪章之构成部分"。宪章全面、完整地确定了联合国的体制和目标,是联合国一切活动所应依据的准绳和指针。宪章为指导当代国际关系规定了基本准则,并确认和发展了公认的国际法原则。《联合国宪章》的制定和生效无疑具有划时代的历史意义,引领和开创了战后世界秩序的新篇章。但正如与任何新生事物一样,总不可能十全十美。事物总是有局限性的,宪章只能反映出到第二次世界大战结束前后那段历史时期国际关系的特点,它必将随着时代的前进,不断修订、完善与发展,与时俱进。

12 月 27 日　布雷顿森林会议 44 个与会国中的包括中国在内的 29 国(苏联拒签)代表签署布雷顿森林协定,这些国家的份额达 70 多亿美元,已超过协定生效的规定。国际货币基金组织正式宣告成立。12 月 31 日总共有 35 国在布雷顿森林协定上签字。

一九四六年

1 月 10 日—2 月 14 日　第 2 届联合国大会第 1 阶段会议在伦敦举行,51 个创始会员国的代表全部参加了会议,联合国组织系统正式开始运作。联合国组织系统正式开始运作大会第 2 次全体会议授权执行秘书及其属下办事人员执行秘书长及秘书处职务之问题,邀请中国等国为全权证书委员会之委员。

1 月 12 日　中国代表顾维钧在大会上提及公匀之地域分配原则问题。

1 月 13 日　联合国安全理事会建立,中国为常任理事国之一。

2 月 6 日　大会和安理会同时选出了国际法院第 1 批法官,中国籍的徐谟法官当选为首批国际法院法官之一(任期 3 年)。国际法院是联合国六大主要机构之一和最主要的司法机关,根据《联合国宪章》设立。1946 年4 月 3 日,国际法院正式成立。

2月13日 大会通过第 A/RES/22(1)号决议,核准《联合国特权和豁免公约》,向会员国开放签署。大会授权秘书长在澳大利亚、比利时、玻利维亚、中国、古巴、埃及、法国、波兰、英国、苏联派出人员所组成的委员会之协助下与美国当局磋商因联合国设置于美国而生各需要之措施。

2月21日 大会通过关于联合国善后救济事务总署的第 A/RES/6(1)号决议,为推进善后救济总署理事会在欧洲及远东的工作,决定设置一个委员会,与会员国磋商、请其交付协议规定的援助。委定中国等国为其委员。

4月29日 安理会通过关于西班牙问题的第 S/RES/4(1946)号决议,指派一个以5理事国组成的小组委员会。委员会以澳大利亚、巴西、中国、法兰西、波兰代表为委员,澳大利亚代表为主席。

11月19日 大会通过关于"准许新会员国加入联合国"的第 A/RES/36(1)号决议请安理会指派一个委员会与大会之程序事宜委员会会商,以拟定关于准许新会员国加入联合国的规定。12月15日,大会指派澳大利亚、古巴、印度、挪威、苏联为委员会成员;安理会指派中国、巴西、波兰为委员会成员。

12月12日 中国海军根据《开罗宣言》和《波茨坦公告》,出动"太平"和"中业"两艘军舰到南沙群岛宣示主权。舰上水兵和海军陆战队登陆太平岛后,升挂国旗,并举行南沙群岛主权收复仪式,向世界宣告,先后被法、日侵占的南沙群岛回到祖国怀抱。

12月14日 大会通过关于托管理事会成立的第 A/RES/64(1)号决议,设立非自治领土特设委员会,专门负责对有关非自治领土的情报进行分析和审查。12月13日大会核准8项托管协定草案时,澳大利亚、比利时、法国、新西兰、英国成为相关委任统治地管理当局。大会通过的第 A/RES/64/(1)号决议,确认上述5国,中国、美国、苏联成为托管理事会之理事国,同时选举墨西哥、伊拉克为任期3年的理事国。

一九四七年

2月10日 苏、美、英、中、法等战胜国分别与意、保、罗、匈、芬5个战败国在巴黎签订和约,即《五国和约》,同年9月15日生效。

3月26日—4月28日 托管理事会举行第1次会议。会议讨论13项议题,其中比较重要的有:会议议事规则及程序,制定以托管地区人民为调查对象的有关当地政治、经济、社会、教育发展状况的问卷,审查国际劳工组织公约草案和有关坦噶尼喀（坦桑尼亚的一部分）、西萨摩亚的请愿书，以及新西兰政府的报告书，审议新西兰政府提交的年度报告书。包括中国在内的理事会 10 个成员国均出席会议。

8 月 25 日　由中国和澳大利亚代表提出，后经苏联修正的一项建议案被提交安理会讨论。建议案建议由安理会全体理事国派代表组成调查委员会，对印度尼西亚局势进行调查，并向安理会提出报告的议案。建议案最终被法国投票否决。

10 月 21 日　大会全体会议讨论关于希腊政治独立以及领土完整所受之威胁，希腊政府 1946 年 12 月 3 日就相关问题提出的申诉，安理会同年 12 月 19 日所做的相关决议，通过第 A/RES/109（2）号决议，要求阿尔巴尼亚、保加利亚和南斯拉夫停止援助希腊游击队，要求这 3 国和希腊为和平解决它们的争端而进行合作。大会还决定成立一个由 11 国代表组成的联合国巴尔干问题特别委员会（UNSCOB）来协助上述 4 国政府执行大会的建议并观察它们执行的情况。澳大利亚、巴西、中国、法兰西、墨西哥、荷兰、巴基斯坦、英国、美国、波兰、苏联被选为该特委会成员。

11 月 14 日　大会通过美国的提案，决定设立一个由中国等 9 个会员国组成的联合国朝鲜临时委员会并派驻朝鲜，协助和监督朝鲜议会选举，成立全国政府。

一九四八年

4 月 21 日　当时的中国政府签署了关贸总协定《临时适用议定书》，并于次年成为关贸总协定 23 个创始缔约国之一。1950 年 3 月，在未获得中国唯一合法政府——中华人民共和国政府授权的情况下，台湾当局擅自通知联合国秘书长，退出关贸总协定。显然，这一决定是无效的。

5 月 14 日　大会通过关于任命联合国驻巴勒斯坦斡旋专员及其任务规定的第 A/RES/186（S—2）号决议，中国代表被选定为联合国驻巴勒斯坦斡旋专员之一，配合安理会休战委员会的工作。

10 月 29 日　安理会通过关于巴勒斯坦问题的第 S/RES/60（1948）号决议，决定建立一个包括中国、英国、法兰西、比利时和乌克兰代表的小组委员会，讨论 S/1059/Rev.2 文件中的修正案，并与执行协调员磋商制定修订决议草案。

11 月 18 日　大会通过关于联合国经费分摊比额表的第 A/RES/238（3）号决议，中国的经费分摊比例为 6%。

中华人民共和国成立前后

一九四九年

1月19日 中共中央发出《关于外交工作的指示》，"凡属被国民党政府所承认的资本主义国家的大使馆、公使馆、领事馆及其所属的外交机关和外交人员，在人民共和国和这些国家建立正式外交关系以前，我们一概不予承认"。同月底，毛泽东在会见苏共中央政治局委员米高扬时说，旧中国这间大屋子，被西方帝国主义进来搞得太脏太乱，需要认真彻底地打扫，打扫完屋子才能请客嘛。此即新中国外交史上著名的"另起炉灶"和"打扫干净屋子再请客"政策。

4月29日 大会审议秘书长提请创设联合国警卫队的报告书，通过关于"联合国警卫队"的第A/RES/270（3）号决议。决定设立特别委员会，由中国等14国代表组成。

9月29日 中国人民政治协商会议第一届全体会议通过的《共同纲领》规定：中华人民共和国外交政策的原则为保障本国独立、自由和领土主权的完整，拥护国际的持久和平和各国人民之间的友好合作，反对帝国主义侵略政策和战争政策。

10月1日 中华人民共和国中央人民政府主席毛泽东在首都北京举行的开国大典上庄严宣告中华人民共和国中央人民政府成立，并宣读了《中华人民共和国中央人民政府公告》。该公告称：中华人民共和国中央人民政府是代表中华人民共和国全国人民唯一合法政府。凡愿遵守平等、互利及互相尊重领土主权等项原则的任何外国政府，本政府均愿与之建立外交关系。本政府任命周恩来为中央人民政府政务院总理兼外交部部长。

11月15日 周恩来总理兼外交部部长分别致电第4届联合国大会主席卡洛斯·罗慕洛和联合国秘书长特里格夫·赖伊，声明中华人民共和国中央人民政府是代表中华人民共和国全体人民的唯一合法政府，而所谓"中国国民政府"已逃亡溃散，丧失了代表中国人民的任何法律的与事实的根据，绝对没有代表中国人民的任何资格，因此要求联合国立即取消"中国国民政府代表团"继续代表中国人民参加联合国的一切权利。

11 月 23 日　苏联代表团团长维辛斯基在大会全体会议上发言支持周恩来总理兼外交部部长的声明,并且不承认国民党集团代表中国。

12 月 8 日　大会通过关于促进远东国际关系的安定的第 A/RES/291 (4)号决议,愿请各国尊重中国之政治独立,在其对中国之关系上恪守联合国之原则;尊重中国人民无论现在或将来均有自由选择其政治制度、维持独立政府不受外力控制的权利;尊重关系中国之现有条约;避免在中国领土内造成势力范围或建立外国操纵的政权,并取缔各种特权。

同日　大会讨论有关苏联违反 1945 年 8 月 14 日《中苏友好同盟条约》及《联合国宪章》、威胁中国政治独立与领土完整以及远东和平的议题。认为此事事关宪章基本原则以及联合国威信,至关重要,仍须进一步审查研究。并通过关于由于苏联违反 1945 年 8 月 14 日《中苏友好同盟条约》并由于苏联违反《联合国宪章》造成对中国政治独立与领土完整及对远东和平的威胁的第 A/RES/292(4)号决议,将此问题交付大会驻会委员会研究,必要时可提请秘书长注意、向安理会报告。

12 月 16 日　中共中央主席、中央人民政府主席毛泽东访问苏联。这是新中国成立后的一次重大外交行动,是新中国领导人第一次出国访问。访问期间,毛泽东与斯大林就中苏两国重大的政治、经济问题进行商谈。两国还谈判签订了新的《中苏友好同盟互助条约》,“使中苏两大国家的友谊用法律形式固定下来,使得我们有了一个可靠的同盟国,这样就便利我们放手进行国内的建设工作和共同对付可能的帝国主义侵略,争取世界的和平”。

一九五〇年

1 月 5 日　美国总统杜鲁门发表声明,再次确认历次有关台湾问题的国际决议,表示不干涉中国内政,确认联合国大会于 1949 年 12 月 8 日通过题为“关于促进远东国际关系的安定”的第 A/RES/291(4)号决议中所重申的对中国的原则:尊重中国领土完整,要求一切国家避免在中国领土内获得势力范围或建立外力控制的政权,或谋求特权;重申《开罗宣言》《波茨坦公告》关于台湾归还中国的规定。同日,美国国务卿艾奇逊也发表声明说:当台湾成为中国的一个省的时候,没有人对此提出过法律疑问。这被认为是符合过去承诺的。

1 月 8 日　周恩来总理兼外交部部长致电第 4 届大会主席罗慕洛、联合国秘书长赖伊,并转安理会会员国苏联、美国、法国、英国、厄瓜多尔、印度、古巴、埃及、挪威除南斯拉夫代表与中国国民党集团代表之外的全部政府代表,指出中国国民党集团的代表留在联合国安理会是非法的,要求安理会开除他们。

1月10日 苏联代表马立克在安理会提出一项支持周恩来8日声明的提案,要求安理会作出开除国民党集团的决议;苏联并声明,在国民党集团的代表未从安理会开除出去之前,将不参加安理会的工作。之后,由于中国代表权问题,苏联像同年早些时候退出原子能委员会那样,又退出常规军备委员会。两个委员会都于1952年初宣告解散。

1月13日 苏联提出开除中国国民党集团的代表的提案在安理会以3票(苏联、印度和南斯拉夫)对6票(美国、法国、古巴、厄瓜多尔、埃及和中国国民党集团),2票(英国和挪威)弃权未被通过。苏联代表马立克在表决后宣布,在国民党代表被驱逐出去以前,苏联代表团将不参加安理会的工作,苏联政府也将不承认在中国国民党代表参加下作出的任何决议是合法的。苏联代表随后退出安理会,以示抗议,直到8月1日才返回安理会。在此期间,苏联和其他一些支持苏联立场的国家也拒绝出席有中国国民党集体代表参加的联合国其他机构的会议。

1月19日 周恩来总理兼外交部部长照会联合国大会主席罗慕洛、联合国秘书长赖伊,并通知他们:我中央人民政府业已任命张闻天为中国出席联合国会议和参加联合国工作包括安理会的会议及其工作的代表团的首席代表,并要求回答以下两个问题:(1)何时开除中国国民党反动残余集团的非法代表出联合国及其安理会。(2)以张闻天为首席代表的合法的中华人民共和国的代表团何时可以出席联合国及其安理会的会议并参加工作。

2月2日 李克农副外长致电联合国大会主席罗慕洛、联合国秘书长赖伊并请转达联合国及经社理事会各会员国代表团,告以我中央人民政府已任命冀朝鼎为中国出席将于7日开会的联合国经社理事会的代表,并要求联合国迅即答复以张闻天为首的中国代表团及冀朝鼎分别出席联合国安理会及经社理事会的时间。

3月8日 联合国秘书长赖伊提出关于"联合国代表权问题的法律方面的备忘录",其中提到"中国问题在联合国的历史上是独特的,这并非因为牵涉到一个政府的革命变迭,而是因为第一次有两个敌对的政府并存着","当前争执的问题应该是,究竟这两个政府中哪一个在事实上具有使用国家资源及指导人民以履行会员国义务的地位"。备忘录认为,把取得一个国家在联合国组织中代表权问题和对一个政府的承认问题联结在一起,从法律观点看来是"错误的"。

3月29日　周恩来总理兼外交部部长致电国际电讯联盟秘书长弗朗兹·艾奈斯特:中国政府已任命邮电部电信总局局长李强为参加国际电讯联盟的首席代表,希即转告国际电讯联盟有关各国及其行政理事会。电报并告艾奈斯特,4月1日将在意大利佛罗伦萨召开的国际广播会议,如仍容许中国国民党集团的"代表"参加,中国政府将认为这是对中国人民的一种最不友好的举动。

4月1日　周恩来总理兼外交部部长再电国际电讯联盟秘书长艾奈斯特,通知中国已任命李强、宗之发、林定勖3人为参加4月1日在意大利佛罗伦萨召开的国际广播会议的代表。由于国际电讯联盟拒绝中国合法代表与会,苏联等6国退出佛罗伦萨会议。

4月22日—5月中旬　赖伊对华盛顿、伦敦、巴黎、海牙、日内瓦和莫斯科进行了一系列访问,就世界形势以及他提出的20年和平计划,同时也就中国在联合国的代表权问题进行会商、调停和斡旋。

4月28日　周恩来总理兼外交部部长就中国代表参加联合国经社理事会所属亚洲及远东经济委员会将于5月16日在曼谷召开的全体会议事,致电联合国秘书长赖伊,通知他:我中央人民政府已任命冀朝鼎为出席该委员会会议的代表。

同日　周恩来总理兼外交部部长致电国际红十字会协会秘书鲁希,对完全没有资格参加国际红十字协会和出席其各种会议的中国国民党集团的所谓代表,正式予以否认,并请将其从国际红十字协会开除出去。

5月5日　周恩来总理兼外交部部长分别致电联合国秘书长赖伊及万国邮政联盟执行及联络委员会秘书长弗里兹·赫斯,正式通知我中央人民政府已任命邮电部邮政总局局长苏幼农为参加万国邮政联盟执行及联络委员会的代表,将出席该委员会15日起在瑞士蒙特罗举行的会议;并指出中国国民党集团的所谓代表已无资格参加该联盟。

5月8日　周恩来总理兼外交部部长致电联合国秘书长赖伊,通知我中央人民政府已任命出席亚洲及远东经济委员会的代表冀朝鼎兼任出席5月9日在泰国曼谷召开的工业及贸易委员会会议的代表;中国国民党集团的非法代表必须从该委员会驱逐出去。

5月9日　我国同瑞典王国建交。瑞典是第一个与中国建交的西方国家。中国首任驻瑞典大使为耿飚。

5月12日　周恩来总理兼外交部部长分别致电联合国秘书长赖伊,联合国粮食及农业组织总干事毛里斯·陶德,世界卫生组织总干事布洛克·戚任姆,联合国教育、科学及文化组织总干事托里斯·鲍台特,及世界气象组织秘书处主任 G.斯渥波达,告以我中央人民政府是代表中国人民的唯一合法政府,要求将中国国民党集团代表从各该组织的各项机构和会议中驱逐出去。

5月15日　万国邮政联盟执行及联络委员会以秘密投票通过决议,允许中华人民共和国代表作为"唯一被认可的中国代表"出席会议。国民党集团的代表被迫离开会场。16日,赫斯将上述决议电告周恩来。

5月18日　赖伊秘书长在莫斯科与中国驻苏大使王稼祥会晤。

5月28日　出席万国邮政联盟执行及联络委员会会议的中国全权代表苏幼农在会上发表声明,中国政府的政策是:对内实行人民民主,对外维护世界和平。

5月30日　周恩来总理兼外交部部长致电联合国秘书长赖伊,通知中央人民政府已任命孟用潜为中国出席于6月1日开会的联合国托管理事会会议的代表;并询中国政府所任命的唯一合法的出席联合国代表团何时可以参加联合国工作,以及出席安理会、经社理事会、托管理事会和联合国其他机构的各代表何时可以参加各有关机构的会议与工作。

同日　周恩来总理兼外交部部长致电联合国秘书长赖伊,告以中国国民党集团"代表"已完全没有参加国际民用航空组织的资格,必须将其从该组织的各项机构和会议(包括5月30日在加拿大蒙特利尔召开的第4届代表大会)中驱逐出去。同日,周恩来致电国际民用航空组织秘书长罗拜博士,要求将国民党集团的代表从国际民用航空组织中驱逐出去。

6月5日　周恩来总理兼外交部部长致电联合国秘书长赖伊,并请其转达国际法委员会主席赫德逊、第一副主席柯莱茨基和第二副主席饶,通知他们,中国国民党集团委员必须从该委员会及其各项会议中驱逐出去。

同日　周恩来总理兼外交部部长致电联合国秘书长赖伊,告以中国国民党集团非法代表已完全没有参加国际劳工组织的资格,必须将其从该组织的各项机构和会议(包括7日在日内瓦召开的第33届国际劳工大会)中驱逐出去。当天,周恩来向国际劳工组织总干事摩斯发出了同样内容的电文。

6月6日　联合国秘书长特里格夫·赖伊发表一份20年和平计划,指出国际形势的严重性,并强调"在中国代表权问题获得解决以前,要取得重大的改进是不可能的"。

6月25日　朝鲜战争爆发。3天后,美国出兵参战,中国安全受到严重威胁。

6月28日　毛泽东主席在中央人民政府委员会第8次会议上讲话指

出："中国人民早已声明,全世界各国的事务应由各国人民自己来管,亚洲的事务应由亚洲人民自己来管,而不应由美国来管。美国对亚洲的侵略,只能引起亚洲人民广泛的和坚决的反抗。"

同日　周恩来总理兼外交部部长就美国总统杜鲁门 27 日关于美国武力阻止中国人民解放台湾的声明及美国第七舰队侵入台湾海峡的行动发表声明说:这是美国对中国领土的武装侵略,对联合国宪章的彻底破坏。周恩来还针对杜鲁门声明中所兜售的"台湾未来地位的决定,必须等待太平洋安全的恢复,对日和约的缔结,或联合国的考虑"的谬论,强调指出:不管美国如何阻挠,台湾属于中国的事实,永远不能改变;这不仅是历史的事实,而且已为开罗宣言、波茨坦宣言及日本投降后的现状所肯定。中国全体人民,必将万众一心,为从美国侵略者手中解放台湾而奋斗到底。

7 月 6 日　周恩来总理兼外交部部长致电赖伊秘书长,代表中国政府声明:安理会 6 月 27 日,在美国政府操纵下所通过的关于要求联合国会员国协助南朝鲜(即韩国)当局的决议,是支持美国武装侵略、干涉朝鲜内政和破坏世界和平的,并且是在没有中国和苏联两个常任理事国参加下通过的,显然是非法的。这一决议违反了联合国宪章关于不得授权联合国干涉在本质上属于任何国家国内管辖之事件的重要原则,因此,该决议不仅毫无法律效力,而且大大破坏了《联合国宪章》。苏联、乌克兰、白俄罗斯、波兰、捷克斯洛伐克等联合国会员国和朝鲜民主主义人民共和国均持同样立场。声明还针对杜鲁门在 6 月 27 日发表的声明再次表示强烈抗议:美国总统杜鲁门在 6 月 27 日关于以武力阻止我中华人民共和国解放台湾的声明和美国海军侵入我台湾沿海的行动,是彻底破坏《联合国宪章》关于任何会员国不得使用武力侵害任何其他国家之领土完整或政治独立的原则的公开侵略行为。台湾是中国领土不可分割的一部分。不管美国政府采取任何军事阻挠,中国人民抱定决心,必将要解放台湾。

7 月 10 日　章汉夫副外长接见印度驻华大使潘尼迦,就其所述印度政府关于朝鲜问题与新中国加入联合国各组织问题的意见宣读口头答复:我中央人民政府认为,中华人民共和国代表加入联合国问题必须与朝鲜问题先行区分开来解决。联合国只要仍将中国国民党集团的非法代表留在其内而拒绝中华人民共和国的合法代表,则其一切重大决议均将是非法的。并指出:安理会只有在中、苏两个常任理事会出席之后,一切符合《联合国宪章》规定的问题,才能合法地被提出讨论。到那时,和平调处朝鲜问题,制止美国侵略台湾问题,也才有提出解决的可能。

8 月 1 日　苏联重返安理会参加工作,并担任安理会轮值主席。在当天的会议上,苏联代表以会议主席的身份裁定"中国国民党集团"的代表不代表中国,因而不能参加安理会会议。这一裁定遭到安理会内多数反对,没能生效。

8月20日 周恩来总理兼外交部部长致电联合国安理会主席雅科夫·马立克及联合国秘书长赖伊,指出,美国出动海、陆、空三军侵略朝鲜;朝鲜是中国邻邦,中国人民不能不更关心朝鲜问题的解决。

8月24日 周恩来总理兼外交部部长致电联合国安理会主席马立克及联合国秘书长赖伊,控诉美国总统杜鲁门6月27日宣布以武力阻止我解放台湾、美国第七舰队向台湾海峡出动以及美国空军随即进入台湾的公然侵占中国领土的行动要求安理会予以制裁,并立即采取措施,使美国政府从台湾及其他属于中国的领土上完全撤出其武装侵略部队。

8月26日 周恩来总理兼外交部部长再次致电联合国秘书长赖伊,指出联合国及其各机构仍容留国民党集团的非法"代表",不但违背了联合国宪章,而且漠视了中国人民的正义要求;并正式通知我政府已任命张闻天为中华人民共和国出席联合国第5届大会的首席代表,李一氓、周士第、冀朝鼎、孟用潜为代表,请即为他们办理一切手续。

周恩来总理兼外交部部长致电国际电信联盟新任秘书长里昂·缪拉齐埃,通知我中央人民政府已任命李强为出席该联盟行政理事会第5届会议的中国理事,宗之发为顾问,并要求将国民党集团的所谓代表从该联盟的各项机构和会议中驱逐出去。

周恩来总理兼外交部部长致电联合国秘书长赖伊,并转联合国国际儿童紧急救济基金执行局主席赖赫门、总干事斐德,通知他们:我已任命伍云甫为参加联合国儿童紧急救济基金执行局的代表;中国国民党集团的所谓"代表"必须从该执行局及所属各项机构和会议中驱逐出去。

周恩来总理兼外交部部长致电联合国秘书长赖伊、国际货币基金总经理盖特、国际复兴开发银行总裁布莱克,正式通知他们:中国国民党集团的所谓"代表"现已完全没有资格参加国际货币基金、国际复兴开发银行的资格,必须将其从该组织的各项机构和会议(包括9月6日在巴黎召开的董事会第5届年会)中驱逐出去。

8月30日 周恩来总理兼外交部部长致电联合国安理会主席马立克及联合国秘书长赖伊,指出美国侵朝空军继27日之后,又于29日侵入中国领空并杀伤中国人民。这种继续挑衅和残杀行为充分暴露了美国政府扩大战争和破坏世界和平的意图。因此,我中央人民政府再度向联合国提出控诉和要求:联合国安理会应根据我27日建议,立即采取有效措施,制止美国侵朝军队扩大侵略的行为,并从速撤退美国侵朝军队,以免事态扩大,实为刻不容缓之举。

9月9日 周恩来总理兼外交部部长接见印度驻华大使潘尼迦时说,中华人民共和国应该加入联合国,那是一件无可争议的事情;问题是美国的阻挠。印度政府把这个问题提到美国面前,的确找着了对象。中国有句佛语"解铃还须系铃人",关键在美国。

9月10日 周恩来总理兼外交部部长致电联合国安理会主席杰伯及联合国秘书长赖伊,指出:安理会8月31日已通过将中华人民共和国政府控诉美国侵朝军队的军用飞机侵入中国领空扫射杀伤中国人民,损坏中国财产一案列入议程;周恩来提出,安理会在进行上述议程时必须有中华人民共和国代表出席陈述意见和参加讨论。否则,安理会所作的一切决议都是非法的、无效的。

9月11—12日 安理会审议中国控诉美国飞机侵犯中国领空,轰炸中国领土的问题。苏联提出邀请中国派代表参加的建议,由于美国等国的反对,未获得通过;而美国极力主张由印度和瑞典进行现场调查的提案则遭苏联否决,也未被通过。

9月16日 周恩来总理兼外交部部长致电联合国安理会主席杰伯及联合国秘书长赖伊,指出:联合国安理会8月29日已通过将中华人民共和国政府控诉美国武装侵略中国领土台湾一案列入议程,该案将于9月18日开始讨论,届时必须有中华人民共和国的代表出席陈述意见和参加讨论,这是程序上首先应解决的问题。

9月17日 周恩来总理兼外交部部长致电联合国秘书长赖伊,指出现第5届大会开会在即,国民党集团的所谓代表团仍然前往纽约参加大会。如果大会接纳该非法"代表团",中华人民共和国政府将认为这是联合国对中国人民极不友好的行为。周恩来再次请赖伊立即为中华人民共和国代表办理一切必要手续,以便他们届时出席大会。

9月19日 大会通过关于"谁应代表中国出席大会问题"的第A/RES/490(5)号决议,决定设置由主席推荐、经大会认可的7人组成的特别委员会审议中国在联合国大会合法代表问题。在大会有所决定以前,中国国民政府代表仍出席大会,其权利与其他代表相同。

9月24日 周恩来总理兼外交部部长致电联合国秘书长赖伊并转第5届联大主席安迪让及安理会主席杰伯,抗议美国侵朝军队的军用飞机22日又侵入中国东北上空,并在安东(今丹东)市市区投掷炸弹12枚,以致毁坏市区,炸伤居民。

9月25日 中国外交部发言人就联合国大会19日拒绝接纳中国代表参加大会的决定发表声明称,在美国操纵下,大会否决印度、苏联两国代表的提案,拒绝中国代表参加联合国及其所属一切机构,是完全没有道理的,完全非法的;中国人民不能接受这个破坏《联合国宪章》的决定。

9月29日 安理会通过关于"台湾('福摩萨')遭受侵略之控诉"的第S/RES/87(1950)号决议,决定邀请中华人民共和国派代表参加联合国讨论由中国政府提出的控诉美国武装侵略台湾案的会议。

9月30日 周恩来总理兼外交部部长在政协全国委员会举行的国庆节庆祝大会上作的题为《为巩固和发展人民的胜利而奋斗》的报告中说,"中国人民热爱和平,但是为了保卫和平,从不也永不害怕反抗侵略战争"。中国人民决不能容忍外国的侵略,也不能听任帝国主义者对自己的邻人肆行侵略而置之不理。

10月3日 周恩来总理兼外交部长约见印度驻华大使潘尼迦,强调指出:"美国军队正企图越过三八线,扩大战争。美国军队果真如此做的话,我们不能坐视不顾,我们要管。请将此点报告贵国政府总理。"关于朝鲜事件,我们主张和平解决,使朝鲜事件地方化,就是不使美军的侵略行动扩大成为世界性的事件。

10月8日 在美国和韩国军队已部分越过三八线的情况下,中国政府和毛泽东主席根据朝鲜党政方面请求和中国人民意愿,作出"抗美援朝,保家卫国"的战略决策。

10月10日 中国外交部发言人对联合国大会7日"决议"发表声明,表示坚决反对英国、澳大利亚等8国提案。指出,8国提案的实质就是授权美国占领全朝鲜;美国操纵联合国,否决了苏联等5国所提出的和平解决朝鲜问题的提案,甚至否决了印度代表所提出的成立一个小组委员会以审查各项关于朝鲜问题提案的折中提案,而通过8国提案,其目的在于继续盗用联合国的名义,扩大侵朝战争。中国人民对美国及其盟国侵略朝鲜的这种严重状态和扩大战争的危险趋势不能置之不理。

同日 中国人民银行行长致电国际复兴开发银行总裁布莱克,声明中国在国际复兴开发银行中的全部财产及权益属于中国人民,只有中华人民共和国国家银行中国人民银行才有合法权利处理。国际复兴开发银行对中国在该行中已缴股款及一切其他财产和权益必须负保全的全部责任,任何非法处理,均属无效。中国人民银行对于因此种非法处理而遭受的损失,保留清算和追偿的权利。

10月17日 周恩来总理兼外交部部长致电联合国第5届大会主席安

迪让和联合国秘书长赖伊,坚决要求大会及其所属有关委员会在讨论第5届大会9月26日正式通过并列入议程的苏联所提出的关于美国侵略中国的控诉案和10月7日正式通过并列入议程的控诉美国侵犯中国领空及侵犯中国航行权利案时,必须有我中央人民政府的代表出席陈述意见和参加讨论;并严重抗议大会10月7日将美国提出的所谓"福摩萨"问题列入大会议程,坚决要求取消此项非法决定。周恩来指出:"台湾,今天存在的只有美国侵略中国领土台湾的事实,并不存在关于台湾的地位或前途的所谓'福摩萨问题'。"

10月19日　中国人民志愿军在彭德怀司令员率领下,跨过鸭绿江,高举"抗美援朝,保家卫国"的旗帜,与朝鲜人民并肩作战参加朝鲜战争。

10月23日　周恩来总理兼外交部部长复联合国秘书长赖伊2日关于邀请中国派代表参加讨论控诉武装侵略台湾案会议并转达安理会9月29日有关决议的来电,通知他:我中央人民政府已任命伍修权为大使衔特派代表,乔冠华为顾问,其他7人为特派代表的助理人员(共9人),出席联合国安理会讨论中国政府提出的控诉武装侵略台湾案的会议。

11月5日　"联合国军"司令部报告称中国共产党军队在朝鲜参战。

11月8日　安理会通过关于"大韩民国遭受侵略之控诉"的第S/RES/88(1950)号决议,邀请中华人民共和国派代表参加安理会讨论"联合国军"总司令麦克阿瑟关于中国干涉朝鲜的报告。

11月11日　周恩来总理兼外交部部长电复联合国秘书长赖伊和安理会主席贝勃勒,表示不能接受8日安理会第520次会议关于邀请中国与会的决定。指出:该决定将中国代表的权利限制在讨论所谓"联合国(军)司令部"的特别报告上面,而不讨论中国所提出的美国政府武装干涉朝鲜和侵略中国的问题,所谓联合国(军)司令部是在安理会没有苏联和中华人民共和国两个常任理事国参加并在美国操纵之下非法产生的,因此它的报告不仅是片面的和别有用心的,而且是非法的,绝不能作为讨论的根据。周恩来提议:鉴于美国政府武装干涉朝鲜和侵略中国的台湾这两个问题的严重性而又被密切地联系着,安理会应将这两个问题合并讨论,以便中国代表出席安理会讨论中国政府控诉武装干涉侵略台湾议案时,得以同时提出控诉美国政府武装干涉朝鲜问题。

11月24日　中国出席安理会特别会议的代表伍修权和顾问乔冠华一行抵达纽约。这是中华人民共和国的代表第1次出席联合国的会议。

11月26日　周恩来总理兼外交部部长复联合国秘书长赖伊24日关于邀请中国代表参加大会政治及安全委员会会议的来电,通知他:中国政府已任命出席联合国安理会会议的特派代表伍修权、顾问乔冠华及其他助理人员兼任出席大会政治及安全委员会参加讨论美国侵略中国控诉案的会议的代表、顾问及助理人员。

11月28日 中国特派代表伍修权在联合国安理会发言时,援引美国总统杜鲁门当年1月5日关于美国及其盟国承认中国对台湾主权的言论,以及1943年12月1日发表的《开罗宣言》中有关日本所窃取于中国的领土例如满洲、台湾、澎湖群岛应归还中国的决定,驳斥了所谓"台湾地位未定"的种种谬论,强调:台湾的地位早已决定,台湾是中国领土神圣不可分割的一部分,在国际法上根本不存在所谓"台湾地位"问题。伍修权在发言中,指控美国武装侵略中国领土台湾的罪行,并提出对美国侵略台湾和干涉朝鲜的行径进行谴责和制裁的3项建议:(1)安理会公开谴责和制裁美国武装侵略台湾和武装干涉朝鲜的罪行;(2)安理会立即采取措施,使美国自台湾撤出其武装力量,以保证太平洋和亚洲的和平与安全;(3)安理会立即采取措施,使美国及其他外国军队一律撤出朝鲜,朝鲜内政由朝鲜人民自己解决,和平处理朝鲜问题。

11月30日 安理会表决一项要求一切国家和当局不援助北朝鲜的提案时,苏联投了否决票。而苏联提出的一项谴责美国武装侵略中国领土、武装干涉朝鲜的决议案,也未获通过。

12月1日 大会通过关于由于苏联违反1945年8月14日《中苏友好同盟条约》并由于苏联违反《联合国宪章》造成对中国政府独立与领土完整及对远东和平的威胁的第A/RES/383(5)号决议。

12月5日 中国邮政总局局长苏幼农奉命致电万国邮政联盟国际局局长赫斯:中国人民邮政当局自即日起接受1947年在巴黎签订的《万国邮政公约》《汇兑协定》《报价信函和箱匣协定》《包裹协定》《代收货价邮件协定》及公约和各该协定之随附细则,唯其中包裹及代收货价邮件两项业务暂时停办。

12月12日 大会依据第A/RES/490(5)号决议精神通过加拿大的一项提案,决定设立一个由加拿大、厄瓜多尔、印度、伊拉克、墨西哥、菲律宾和波兰7国代表组成的特别委员会,专门审议中国在联合国的代表权问题;在未作出结论前,仍允许"中华民国"的代表留在联合国内,并与其他会员国享有同样权利。

12月16日 伍修权在联合国记者招待会上发表谈话称:美国执拗地拒绝承认中华人民共和国的存在,抹杀它对所有和中国有关的远东重大问题的决定性的发言权和代表权;但事实证明,中华人民共和国对于亚洲事务的重大发言权及它在联合国中的地位,不是任何力量所能抹杀的。12 月 19 日,伍修权和乔冠华等离开纽约,30 日回到北京。

12 月 19 日 中国外交部欧非司司长宦乡召见瑞典驻华大使阿马斯顿,面交中国政府备忘录,对瑞典政府转来的第 5 届大会主席安迪让所提的要求给予答复:(1)关于要求中国代表伍修权留下与"朝鲜停战 3 人委员会"谈判的问题,备忘录指出:大会通过所谓朝鲜停战 3 人委员会的决议,中国代表既未参加又未同意,我政府曾多次声明,凡是没有中华人民共和国的合法代表参加和同意而被通过的联合国的一切重大决议,首先是有关亚洲的重大决议,中国政府都认为是非法的、无效的。据此,我政府不能命令伍修权将军继续留在纽约与非法的"3 人委员会"举行谈判。(2)关于联合国如何与朝鲜取得接触的问题,我政府认为,联合国应直接询问朝鲜政府。

12 月 22 日 周恩来总理兼外交部部长就联合国大会关于成立"朝鲜停战 3 人委员会"的决议发表声明,重申中国政府及其代表不准备与这个非法委员会进行任何接触;并称:中国人民亟望朝鲜战事能得到和平解决。我们坚持以一切外国军队撤出朝鲜及朝鲜内政由朝鲜人民自己解决为和平调处朝鲜问题的谈判基础,美国侵略军必须撤出台湾,中华人民共和国代表必须取得在联合国的合法席位。他认为,离开这几点朝鲜问题和亚洲重要问题的和平解决是不可能的。

一九五一年

1 月 11 日 中国政府就建议举行中、苏、英、美、法、印度和埃及 7 国会议谈判结束朝鲜战争问题致苏联政府一份备忘录,阐明中国对停战谈判问题的立场,内中提出拟在拒绝先停战后谈判的建议之后,主动提出下列主张:甲、在同意从朝鲜撤退一切外国军队及朝鲜内政由朝鲜人民自己解决的基础上举行有关各国的谈判,以结束朝鲜战争。乙、谈判内容必须包括美国武装力量从台湾及台湾海峡撤退和远东有关问题。丙、举行谈判的国家应包括中华人民共和国、苏联、英国、美国、法国、印度和埃及 7 国。中华人民共和国在联合国的合法地位即从举行 7 国会议起予以确定。丁、7 国会议的地点,提议在中国。1 月 14 日,中国政府将一份内容相同的备忘录送给朝鲜政府。

1 月 13 日 大会第一委员会(裁军与国际安全委员会)以 50 票对 7 票(苏联、乌克兰、白俄罗斯、波兰、捷克斯洛伐克、萨尔瓦多及中国国民党集团代表),1 票弃权(菲律宾),通过一项有关朝鲜及远东其他问题的决议,要求首先在朝鲜安排停火,然后外国军队分阶段撤出朝鲜,在朝鲜举行自由选举;在达成停火协议后,大会将设立一个包括英、美、苏和中华人民共和国政府代表在内的适当机构,"依照现有的国际义务与联合国宪章的规定来求得远东问题的解决,其中包括'福摩萨'(台湾)问题和中国在联合国中的代表权问题"。

1月17日 周恩来总理兼外交部部长在致大会第一委员会主席乌但尼塔·阿彼拉兹的复电中指出:大会一委通过的有关解决朝鲜及其他远东诸问题的各项原则,是在没有中国代表参加下通过的,且其基本点仍是先在朝鲜停战,然后举行有关各国谈判;而先行停战的目的,只是为美军取得喘息时间。因此,中国政府对此不能予以同意。为使朝鲜问题和亚洲重要问题真能得到和平解决,中国政府特向联合国提出召开7国会议的建议。

同日 周恩来总理兼外交部部长接见印度驻华大使潘尼迦,面交中国于同日致大会第一委员会的复电。在听了潘尼迦关于上述委员会建议的解释后,周恩来说:刚才大使提的是个基本问题,即先停战、后谈判,或先谈判、后停战,或是在谈判过程中停战。这是和平解决朝鲜问题的基本点。谈判的目的在于停战,结束朝鲜战事,保障远东和平。在谈判中必然要谈停战条件。因此,我们主张在谈判中规定停战的条件,然后停战。

1月18日 周恩来总理兼外交部部长致电联合国代理秘书长奥温并转经社理事会与亚洲及远东经济委员会各会员国:亚洲及远东经济委员会及所属工贸委员会将于2月在拉合尔开会,我再次声明,中国政府仍派冀朝鼎为出席上述各委员会会议的代表;中国国民党集团的非法"代表"必须从各该委员会驱逐出去。没有中国代表参加,各该委员会会议所作的任何决议,都将是非法的、无效的。

1月22日 章汉夫副外长接见印度驻华大使潘尼迦,就潘尼迦1月21日代表其政府向我外交部所提交的备忘录和对周恩来外长1月17日致大会第一委员会主席阿彼拉兹复电中的几点询问,作了如下答复:只要一切外国军队从朝鲜撤退的原则被接受,并付诸实施,中国政府将负责劝说中国人民志愿部队回到本国;我们认为关于停止朝鲜战争与和平调处朝鲜问题,可分两个步骤进行。第1个步骤,可在7国会议第1次会议中商定有限期的停火,并付诸实施。第2个步骤,商定从朝鲜撤退一切外国军队的步骤和办法;依据《开罗宣言》及《波茨坦公告》,美国武装力量自台湾及台湾海峡撤退;以及讨论远东有关诸问题;中华人民共和国在联合国的合法地位的确定必须得到保证。

1月25日 中国代表、邮政总局局长苏幼农在万国邮政联盟执行及联络委员会（简称"邮联"）与国际航空运输协会（1月22日—2月5日在开罗举行）联席会议上发言，列举多项事实，说明参加邮联会议及其工作是中华人民共和国的合法权利；并驳斥了美国代表所提出的反对中国代表团与会的提案。会议经过3小时辩论后，进行秘密投票，结果以5∶3通过我代表团出席本届会议；国民党集团的非法"代表"被驱逐出会。

2月1日　大会通过关于中华人民共和国介入朝鲜问题的第A/RES/498（5）号决议，指责中华人民共和国没有接受联合国在朝鲜停火的建议，宣称中华人民共和国对朝鲜进行了"侵略"；并决定设立一个斡旋委员会，促进和平解决朝鲜问题。

同日　大会通过关于苏联违反1945年8月14日《中苏友好同盟条约》及《联合国宪章》以致威胁中国政治独立与领土完整及远东和平案的第A/RES/505（6）号决议。

2月2日　周恩来总理兼外交部部长发表声明称：大会第一委员会1月30日在美国政府操纵下，拒绝印度、埃及等12个亚洲和阿拉伯国家所提的召开7国会议以和平解决朝鲜问题及远东其他问题的提案和苏联修正案，非法通过美国所提的诬蔑中国为对朝鲜"侵略者"的提案；接着，2月1日联合国大会又在美国控制下通过美国上述提案。这是美国在朝鲜武装侵略惨败、美国国内矛盾增加与世界和平民主力量空前强大的形势下一个铤而走险的步骤。

同日　中国外交部亚洲司代司长陈家康向印度驻华大使潘尼迦转达周恩来外长对印度坚持召开7国会议、反对美国提案所作努力的感谢。陈家康说，这次大会及其第一委员会非法通过美国提案，正如印度代表劳式先生所说"将意味着：不停火，不谈判，不要和平解决"。中国政府坚决反对非法诬蔑中国为"侵略者"的美国提案及根据该提案成立的所谓斡旋委员会。

2月4日　周恩来总理兼外交部部长复大会第一委员会主席阿彼拉兹2日来电，指出：1950年11月第一委员会邀请中国代表伍修权出席讨论对美国侵略中国控诉案，但该委员会在美国操纵下，又不进行讨论，致使中国代表不得不在12月中离开纽约返国之前，将其准备在该委员会会议上发表的发言稿交给联合国秘书处。现在，该委员会在非法通过美国诬蔑中国的提案之后，突然于2日恢复对苏联控诉美国侵略中国案的讨论，而事先并未通知中国政府，以致中国代表不可能出席参加讨论，这是完全不合理的。周恩来提出：在第一委员会2月6日的会议上，中华人民共和国代表伍修权的上述发言稿和这一复电，应由联合国秘书处宣读，并作为正式文件印发。

4月17日　中国邮政总局局长苏幼农致电万国邮政执行及联络委员

会秘书长赫斯,对该联盟国际局3月8日发出的通函竟将已被逐出联盟的中国国民党集团与中华人民共和国邮政总局相提并论,甚至征求各会员国对中国在该联盟中代表权的意见,感到非常诧异,并指出这是荒谬无理的,中国绝对不能同意。

5月13日 中国邮政总局局长苏幼农致电万国邮政执行及联络委员会秘书长赫斯,抗议万国邮政联盟追随美国意志、非法剥夺中华人民共和国合法地位的图谋,并指出:即使根据该联盟国际局4月12日通知所报的此次征求各会员国邮政对中国代表权意见的结果,也不过在86个会员国中,只有33国,包括美国及其盟国,支持国民党集团;其余53国对我合法地位并无反对意见。用上述结果来抹杀或否认4.75亿中国人民在该联盟中的合法地位,我邮政当局坚决反对。

5月18日 大会通过关于采取附加措施以应对朝鲜问题的第A/RES/500(5)号决议,建议各国对中华人民共和国和朝鲜民主主义人民共和国实行禁运。苏联、乌克兰、白俄罗斯、波兰和捷克斯洛伐克未参加投票。中国外交部发言人于5月22日发表谈话,斥责美国操纵联合国大会于18日非法通过对中国、朝鲜实行禁运的美国提案,并指出:中国人民坚决反对联合国这一非法的决议,而且有信心用彻底打败美国侵略者的事实来回答此决议。

5月20日 中国邮政总局局长苏幼农致电万国邮政执行及联络委员会秘书长赫斯,抗议万国邮政联盟当局未邀请中国代表参加该联盟执行及联络委员会21日在瑞士圣加仑召开的会议,并郑重声明:万国邮政联盟的一切会议,如果没有中华人民共和国邮政当局的代表参加,或竟容纳中国国民党集团的非法代表参加,则其一切决议都将是非法的、无效的。

5月22日 外交部发言人发表谈话,斥责美国操纵联合国大会于18日非法通过对中国、朝鲜实行禁运的美国提案。并指出:这个非法决议说明美国政府为了挽救侵略军队在朝鲜战场上所遭受的严重失败,正逼迫其盟国拿出更大的赌注投入到对中、朝的侵略战争;对中朝实行禁运是美国企图扩大侵略战争的一个重要步骤。发言人表示:中国人民坚决反对联合国这一非法的决议,而且有信心用彻底打败美国侵略者的事实来回答此决议。

5月31日 中国邮政总局局长苏幼农致电万国邮政联盟执行及联络委员会秘书长赫斯,抗议万国邮政联盟5月21日在瑞士圣加仑召开会议,不顾我邮政当局警告,竟邀请了中国国民党集团的非法代表参加,并在美国操纵下非法通过剥夺中国在该联盟中代表权的决议。

6月23日 苏联常驻联合国代表马立克在联合国新闻部举办的"和平的代价"广播节目中发表演说,提出一项和平结束朝鲜战争的建议,并认为

"第一个步骤是交战双方应该谈判停火与休战,而双方把军队撤离三八线"。这一建议很快得到中国和朝鲜的响应,一致同意在苏联建议的基础上开始停战谈判。美国表示愿参加朝鲜和平谈判。

6月25日 《人民日报》发表题为《朝鲜战争的一年》的社论,对苏联驻联合国代表马立克23日在联合国新闻部发表的演说中提出关于和平解决朝鲜问题的建议,表示完全赞同;并认为这是对美国的又一次考验;看它是否愿意和平解决朝鲜问题。

6月30日 "联合国军"总司令李奇微发表声明,表示愿意与朝中方面代表会晤,并准备举行停战谈判。

7月1日 朝鲜人民军司令官金日成和中国人民志愿军司令员彭德怀联名答复"联合国军"总司令李奇微6月30日关于举行和平谈判的声明,同意举行朝鲜停战谈判,并建议7月10—15日双方代表在开城地区会晤。

7月10日 以朝鲜人民军和中国人民志愿军为一方、"联合国军"为另一方开始举行朝鲜停战谈判首次会议在开城举行。

7月26日 朝鲜停战谈判双方就谈判议程问题达成协议:(1)通过议程。(2)作为在朝鲜停止敌对行为的基本条件,确定双方军事分界线,以建立非军事地区。(3)在朝鲜境内实现停火与休战的具体安排,包括监督停火休战条款实施机构的组成、权力与职司。(4)关于俘虏的安排问题。(5)向双方有关各国政府建议事项。

9月18日 周恩来总理兼外交部部长就美国等国召开旧金山会议和签订对日"和约"发表声明称:美国等国公然违反一切有关国际协议,排斥在击败日本帝国主义的伟大战争中经历时间最久、遭受牺牲最大、所作贡献最多的中华人民共和国,于4日召开了旧金山会议,并于8日在此会议上签订了对日单独"和约"。周恩来重申:旧金山对日"和约"由于没有中国参加准备拟制和签订,中国政府认为是非法的、无效的,因而是绝对不能承认的。

11月5日 中国代表团团长、世界和平理事会执行局副主席郭沫若在世界和平理事会第2届会议(11月1—7日在维也纳举行)上发言说,裁军问题对中国人民丝毫不感觉困难,我们不需要侵略任何国家,我们所需要的是和平建设,如果能把军费节省下来作为生产建设费,我们全中国4.75亿人谁也不会反对。

11月13日 大会在美国操纵下以37票对11票,4票弃权通过决议,决定"延期讨论"中国在联合国代表权的问题。

一九五二年

2月1日 大会审议苏联违反《中苏友好同盟条约》《联合国宪章》以致威胁中国政治独立与领土完整以及远东和平的问题。大会判断苏联在日本投降后不断阻挠中国国民政府在东北三省恢复主权的努力并对中国共产党给予经济、军事援助。

同日 大会通过关于中国政府请求订正《防止及惩治危害种族罪公约》中文约文事的第 A/RES/605（6）号决议，将"中国政府请求订正防止及惩治危害种族罪公约中文约文"列入大会第6届会议程。

5月17日 周恩来总理兼外交部部长致电14日起在比利时召开的第13届万国邮政大会，通知中国政府已任命邮政总局局长苏幼农为出席本届大会首席代表，并要求大会立即驱逐中国国民党集团的非法代表。

7月25日 出席第18届国际红十字会大会的中华人民共和国政府代表团团长、卫生部副部长苏井观和中国红十字会代表团团长李德全对国际红十字常设委员会24日关于给台湾国民党集团分子与中华人民共和国政府代表团同样"平等"地位参加大会的决定提出强烈抗议，并指出：中国只有一个政府，它就是中华人民共和国中央人民政府。只有它才有权代表中国参加各种国际会议，包括国际红十字会大会在内。

9月23日 周恩来总理兼外交部部长致电国际电信联盟秘书长缪拉齐埃，通知中国已经任命王子纲为出席该联盟10月1日在阿根廷布宜诺斯艾利斯召开的全权代表大会的代表；并声明：如果大会在美国操纵下，继续阻挠中国代表参加，或仍容纳中国国民党集团的所谓代表，则其一切决议都将是非法的、无效的；所有因此破坏国际和平而阻碍国际电信业务的畅通和引起天空电波方面的紊乱，应由美国及其盟国负完全责任。

10月25日 大会以42票对7票，11票弃权通过关于各国出席大会第7届会代表全权证书问题的第 A/RES/609（7）号决议，再次无理推迟讨论中国在联合国的代表权问题。

10月27日 周恩来总理兼外交部部长致电大会主席皮尔逊，指出第7届大会应立即邀请中国代表出席大会，向大会提出关于美国在中国进行细菌战的报告；并指出，没有中国代表参加，大会任何关于所谓调查指控美国进行细菌战的讨论和决定都将是非法的。电文强调，中国人民以美国进行细菌战的直接受害者的资格，有权并有必要派代表出席本届大会，参加上述提案的讨论，因此，要求大会立即邀请中国政府派遣代表前去向大会提出美国在中国进行细菌战的报告,并提供关于这一事实的充分证据。

11月1日　中国外交部办公厅主任王炳南致函联合国第7届大会主席皮尔逊,寄去由瑞典、法国、英国、意大利、巴西、苏联等国科学家组成的国际科学委员会发表的《调查朝鲜和中国的细菌战事实国际科学委员会报告及附件》60本,希其立即分发给除国民党集团"代表"以外的联合国各会员国和联合国秘书处。

12月14日　周恩来总理兼外交部部长电复联合国大会主席皮尔逊,反对第7届联大3日根据印度提案通过的关于朝鲜问题的决议案;指出该决议案是穿上印度外衣、以美国"自愿遣返原则"为其中心内容的非法决议案,它规定将十几万朝中战俘送到非军事区释放,交给中立国组成的遣返委员会,对"自愿回家"者准其回家,"不愿回家"者则在120天后转交联合国处理。联合国是朝鲜战争中的一方,把"不愿回家"的战俘的最后处理权交给它,"这真是荒唐达于极点的建议"。中国外长指出,这样一个非法决议案,"是根本不可能'作为一个协议的公正与合理的基础'的"。

12月20日　大会通过关于确立侵略的定义问题的第 A/RES/688(7)号决议,决定设置一特别委员会,由包括中国、美国在内的15会员国派代表1人组成之。

12月21日　大会通过关于限制大会经常届会期间的办法的第 A/RES/689(7)号决议,决议设置一特别委员会,由包括中国、美国、苏联和英国在内的15会员国各派代表一人组成。

同日　周恩来总理兼外交部部长致电联合国大会主席皮尔逊,严重抗议侵朝美军14日在峰岩岛打死朝中被俘人员87人、打伤120人的罪行。指出:峰岩岛的大屠杀,不仅是美军一贯屠杀战俘政策的扩大和发展,而且是在联大根据印度提案通过关于朝鲜问题的非法决议的直接鼓励下造成的。因此,要求联大取消上述非法决议,并采取措施制止美军暴行,严惩对这次以及过去历次血腥屠杀事件负有全部责任的美国官员。

一九五三年

7月27日　《朝鲜停战协定》在朝鲜板门店签字,历时3年多的朝鲜战争得以停止。朝鲜停战协定的签署为国际上争取和平解决国际争端树立了一个新的范例。为朝鲜人民医治战争创伤、开展和平建设,并为中国人民把更多注意力用于实施发展国民经济第1个5年计划创造了必要的前提。

9月15日　大会通过关于"谁应代表中国出席大会问题"的第 A/

RES/800(8)号决议,无理决定在第 8 届常会本年会期内所有关于拒绝"中华民国"政府代表出席及准许中华人民共和国中央人民政府代表出席的提案,一概暂不讨论。

12 月 31 日 周恩来总理兼外交部部长在接见以印度驻华大使赖嘉文为团长前来商谈关于中国西藏地方和印度之间关系问题的印度政府代表团时,首次提出和平共处五项原则。周恩来说:新中国成立后就确定了处理中印两国关系的原则,那就是,互相尊重领土主权、互不侵犯、互不干涉内政、平等互惠及和平共处的原则。并指出:"两个大国之间,特别是像中印这样两个接壤的大国之间,一定会有某些问题。只要根据这些原则,任何业已成熟的悬而未决的问题都可以拿出来谈。"

一九五四年

4 月 26 日 周恩来总理率中国政府代表团出席关于朝鲜问题和印度支那问题的日内瓦会议。在中国代表团的不懈努力下,会议通过《日内瓦会议最后宣言》,实现了印度支那的停战,结束了法国在这个地区进行多年的殖民战争,确认了印支 3 国的民族权利,是印支 3 国人民争取独立过程中的重要里程碑。通过日内瓦会议,全世界又一次看到,中国人民为国家安全、世界和平与人类进步的事业,为通过谈判解决国际争端做出了重要贡献。

4 月 29 日 以中国副外长章汉夫为全权代表的中国政府代表团同以印度驻华大使赖嘉文为全权代表的印度政府代表团(经过 4 个月的谈判)在北京签订《关于中国西藏地方和印度之间的通商和交通协定》。该协定是基于互相尊重领土主权、互不侵犯、互不干涉内政、平等互惠和和平共处的原则而缔结的。这五项原则被通称为和平共处五项原则,系首次在公开的外交文件上出现。

5 月 30 日 周恩来总理兼外交部部长在日内瓦接见英国工党议员、前贸易大臣威尔逊和保守党议员罗伯逊·布朗,谈到中国在联合国的代表权时指出,中国在联合国的代表权问题是一个权利的问题,而不是一个谈判的问题,中国的这一权利被美国操纵下联合国的多数会员国所剥夺了。

6 月 28—29 日 周恩来总理兼外交部部长应邀先后访问印度、缅甸,同尼赫鲁总理和吴努总理就共同关心的问题分别举行了会谈。周恩来强调,中国的立国政策是把自己的国家搞好,对别的国家没有任何领土野心。28 日、29 日先后发表《中印两国总理联合声明》《中缅两国总理联合声明》,

认为和平共处五项原则应是指中印、中缅之间关系的原则;这些原则如能为一切国家所遵守,则社会制度不同国家的和平共处就有了保证,而侵略和干涉内政的威胁和对于侵略和干涉内政的恐惧就将为安全感和互信所代替。联合声明明确表示:"如果这些原则不仅适用于各国之间,而且适用于一般国际关系之中,它们将形成和平和安全的坚固基础,而现时存在的恐惧和疑虑,则将为信任感所代替。"

9 月 21 日　大会以 45 票对 7 票、5 票弃权通过关于"谁应代表中国出席大会问题"的第 A/RES/903(9)号决议,决定推迟讨论中国在联合国的代表权问题。

10 月 10 日　周恩来总理兼外交部部长致电联合国秘书长哈马舍尔德并转第 9 届大会主席范·克里芬斯,控诉美国武装侵略中国领土台湾。并强调,第 9 届大会应该负起义不容辞的责任,促使安理会制止美国为了干涉中国人民解放台湾而进行的侵略行动,并责令美国政府自台湾、澎湖列岛和其他属于中国的岛屿完全撤走其各种武装力量和一切军事人员。

12 月 4 日　因为本届大会讨论侵略之定义的经过显示各国对此问题有较大分歧,实存协调观点的必要,大会通过第 A/RES/895(9)号决议,决定设置一特委会,参酌各国代表之意见,向大会第 11 届会议提交详细报告书并附以侵略定义草案。中国等 19 国为特委会成员。

12 月 10 日　大会通过关于"控诉违反朝鲜停战协定扣留及监禁联合国军人"的第 A/RES/906(9)号决议,审议了美国以"联合国军"司令部名义对中国扣留、监禁执行任务的"联合国军"美国部队官兵 11 人所提出之控诉,判断中国的行为违反朝鲜停战协定,对此非法行为进行谴责,并请秘书长采取最适当的方法使被拘军人早获释放。

12 月 17 日　大会通过关于控诉中国公海一带侵犯航海自由的第 A/RES/821(9)号决议。请国际法委员会及时完成关于公海制度,领水制度之最后报告书,并请各会员国政府向国际法委员会提交关于公海航行自由原则之意见。

同日　周恩来总理兼外交部部长致电联合国秘书长哈马舍尔德,坚决反对第 9 届大会 10 日在美国操纵下通过诬蔑中国判处 11 名美国间谍案件为"违反朝鲜停战协定、拘留和监禁联合国军事人员"的决议;指出,这 11 名和另 2 名美国间谍是侵入中国境内、进行间谍活动时被捕获的,中国法院于 11 月 23 日对这些查有确证的美国间谍依法判刑,是中国内政问题,与朝鲜战俘问题没有任何关系。

12 月 18 日　中国外交部发言人发表声明,坚决反对第 9 届联大 11 日在美国操纵下通过一项批准以美国为首的侵朝 15 国关于讨论朝鲜问题的日内瓦会议的报告的非法决议；并指出，该报告不仅推卸了美国中断日内瓦会议的责任，而且提出了实际上要由交战一方的联合国独断朝鲜问题的解决，以便于美国继续阻挠朝鲜问题的和平解决。

一九五五年

1月5—11日　联合国秘书长哈马舍尔德受联合国委托来京谈有关中国审判美国间谍等问题。6—10日，周恩来总理兼外交部部长同哈马舍尔德会谈 4 次，批驳了哈马舍尔德关于阿诺德等是朝鲜战争中被俘人员的说法，指出中国判处的唐奈、费克图 2 人和阿诺德等 11 人，共计 13 人，是在中国境内捕获、查有确凿证据的美国间谍，并非在朝鲜战场上抓获的美国战俘。中国判处上述两案系中国的主权和内政，而联合国大会 1954 年 12 月 10 日的决议对此进行干涉，违反了《联合国宪章》第 2 条第 7 款规定，抹杀了美国有关人员侵入中国进行间谍活动这一基本事实，我们坚决予以反对。周恩来还表示：中国政府和人民绝不会被美国政府利用上述间谍案在美国国内和联合国进行的叫嚣所吓倒。10 日，周恩来和哈马舍尔德发表联合公报，他们觉得此次会谈是有益的，希望能继续接触。11 日，哈马舍尔德离京返纽约。

1月21日　新华社受权公布：周恩来总理在同联合国秘书长哈马舍尔德会谈中曾表示，中国政府将为已被判罪的和正在审理中的美国犯人的家属提供便利，以便他们得以前来探访。中国红十字会并愿作一切必要的安排。

1月31日　安理会继续审议中国代表权问题，决定先讨论美国动议再讨论苏联动议，后决定"不考虑凡拟排除'中华民国'政府代表或以议席给予中华人民共和国政府代表之任何提案"。该决定以 10 票对 1 票（苏联）通过。安理会继续审议中国代表权问题，决定先讨论美国动议再讨论苏联动议，后决定"不考虑凡拟排除'中华民国'政府代表或以议席给予中华人民共和国政府代表之任何提案"。该决定以 10 票对 1 票（苏联）通过。

2月3日　周恩来总理兼外交部部长回复联合国秘书长哈马舍尔德 1 月 31 日来电，反对新西兰 1 月 28 日提出的由安理会审议中国政府和国民党集团在中国大陆沿岸某些岛屿地区的敌对行动的建议，并表示中国政府不能应安理会邀请，派遣代表参加对该建议的讨论，只有在讨论苏联提案并驱逐台湾代表的情况下，中国才同意派代表参加安理会会议。复电指出，该建议显然是干涉中国内政,掩盖美国对中国的侵略行为,直接违反《联合国宪章》的基本原则的。

2月5日 周恩来总理应约会见瑞典驻华大使雨果·维斯特朗,大使转达了联合国秘书长哈马舍尔德3日关于新西兰建议的口信。周恩来表示:国际上一切为缓和并消除远东紧张局势包括台湾地区的紧张局势在内的真正努力,中国总是给予支持的。但新西兰的提案是要通过联合国使中国政府同国民党集团谈判"停火"。从而把属于中国内政的事情,把任何外国或联合国都无权干涉的中国内政的事情,放在国际舞台上。这是要制造"两个中国",要割裂中国的领土。因此,中国不能应邀派代表参加这个议程的讨论。

2月6日 周恩来总理接见印度驻华大使赖嘉文。大使告:尼赫鲁总理5日表示对台湾地区紧张局势担心,认为安理会不能解决此问题,要另觅途径,想知道"怎样一个跳出目前僵局的出路是(中国)可以接受的"。周恩来表示,中国政府认为,如果在联合国以外,采取类似日内瓦会议式的国际会议来缓和远东的紧张局势,包括台湾地区的紧张局势,这种想法是可行的。

同日 中国气象局局长涂长望电复世界气象组织代理秘书长斯渥波达,抗议该组织拒不接受我国代表参加其亚洲区域协会第1届会议,而容许蒋介石集团的"代表"与会的做法,并要求立即驱蒋,接受我国代表出席会议。

2月8日 周恩来总理兼外交部部长接见印度驻华大使赖嘉文。赖嘉文转达尼赫鲁总理就苏联2月4日关于召开中、苏、美、英、法、印(度)、缅、印尼、巴(基斯坦)、锡(兰)10国会议来讨论台湾地区局势的建议,提出由苏联或别的国家要求安理会指定苏、英、印或3国中任何一国采取行动的意见。周恩来说,尼赫鲁总理已把印度政府意见告诉了苏联,他现在只答复同中国直接有关的问题:第一,美国政府怕开日内瓦会议式的会议,是我们预料到的。它的目的就是要造成"两个中国"的形势。这是中国不干的。第二,国民党集团不能参加这个国际会议,这是中国政府坚定不移的立场。第三,这个会议是在联合国以外召开的,联合国无权过问,也与联合国无关。

4月12日 周恩来总理兼外交部部长致电世界气象组织代理秘书长斯渥波达并转第2届世界气象大会主席,抗议该组织仍容许国民党集团非法窃据中国代表的席位,要求大会将国民党集团的"代表"从世界气象组织的一切机构和会议中驱逐出去,以便中华人民共和国的代表参加。

4月18—24日 亚非会议是由缅甸、锡兰、印度、印度尼西亚和巴基斯坦5国总理在1954年12月茂物会议上联合发起召开的,并邀请包括中华人民共和国在内的25个亚非国家参加。除中非联邦以外,其余24个国家全都接受了这一邀请。这次会议于1955年4月18—24日在印度尼西亚的万隆举行,共有29个国家派出约340名代表参加。会议讨论了国际形势和涉及亚非国家人民共同利害关系的有关问题。中国代表团团长周恩来总理在会上作了重要讲话,阐述了新中国的基本对外政策并提出了著名的"求同存异"方针,为各国代表普遍接受,奠定了会议成功的基础。

4月23日　周恩来总理在8国代表团团长会议上就台湾地区局势问题发表声明:"中国人民同美国人民是友好的。""中国人民不要同美国打仗。中国政府愿意同美国政府坐下来谈判,讨论和缓远东紧张局势的问题,特别是和缓台湾地区的紧张局势问题。"周总理这一重要声明,有力地粉碎了美国想利用它一手造成的台湾地区的紧张局势来影响亚非会议的阴谋,向全世界表达了中国人民的和平诚意,并导致了尔后的中美大使级谈判。在万隆的各国代表团和国际舆论对周恩来总理的声明几乎是一致地作出积极反应,认为它是"一篇非常好的声明","完全符合亚非会议的目的"。

4月24日　万隆会议举行最后1次全体会议。亚非会议获得了圆满成功,经过与会各国的努力并达成一致协议,会议发表了最后公报和关于促进世界和平和合作的宣言,确定了与会各国共同奋斗的方针和目标,完成了它的历史任务。29个与会国家全体一致地通过了会议的决议,即《亚非会议最后公报》。这是历时7天会议取得的历史性成果。亚非会议的召开深刻地反映了战后亚非地区的兴起已成为不可阻挡的历史趋势。最后会议还接受了周恩来总理关于亚非会议在将来应再次举行的建议,并将"亚非会议建议5个发起国在同与会国协商之下,考虑召开亚非会议下届会议的问题"的内容列入会议的最后公报。社会制度不同的29个亚非国家在短短7天的时间内,对于整个世界都有重要意义的上述广泛问题取得了完全一致的协议,"在亚非各国人民的历史上,是一件独一无二的事"。如同印度总理尼赫鲁说,亚非会议"表明亚洲和非洲在受到西方国家两百年来的统治和剥削后的觉醒"。亚非会议及形成的"万隆精神"揭开了亚非人民团结、反对帝国主义和殖民主义斗争的新篇章。

亚非会议提出的10项原则(或称万隆会议10项原则)见于《亚非会议最后公报》最后一部分"庚　关于促进世界和平和合作的宣言"之中。宣言提出的10项原则充分体现了中国、印度、缅甸所共同倡导的和平共处的五项原则,作为有关国家和平相处、友好合作的基础。如同周恩来总理随后指出:我们认为,亚非会议宣言的10项原则是和平共处的五项原则的引申和发展。这 10 项原则是不排斥任何国家的。宣言的 10 项原则中也规定了尊重基本人权、尊重联合国宪章的宗旨和原则,尊重正义和国际义务,和平解决国际争端等原则。这些都是中国人民的一贯主张,也是中国一贯遵守的原则。历史发展表明,10 项原则与五项原则一样,已经成为现代国际关系中公认的准则,构成了国际法的基本原理。

4 月 25 日　周恩来总理在万隆就美国《民族》周刊记者贾菲问"总理认为现在台湾地区的局势是否危险到足以引起第三次世界大战"时又进一步回答说:在现在的台湾局势中的确存在着新的国际战争的危机。但是现在的形势是否会导致大战,决定于美国,因为中国和美国之间现在并不存在着战争。中国人民的意愿,已经在 4 月 23 日的声明中说过了。

5 月 10 日　苏联向联合国裁军委员会小组委员会提出一份全面而详尽的裁军方案,建议分两个阶段实现英法两国提出的将苏、美、中 3 国武装部队最高限额各减至 100 万—150 万人,英法两国的最高限额为 65 万人的计划;把禁止核武器推迟到武装部队已完成 75% 削减之后;扩大国际监督机构的职能,使其享有包括视察在内的监督权利。

5 月 13 日　周恩来总理在全国人民代表大会常务委员会会议上关于亚非会议的报告中明确指出中国政府与联合国的关系问题。周恩来在报告中指出:宣言(亚非会议宣言)的 10 项原则中也规定了尊重基本人权、尊重《联合国宪章》的宗旨和原则,尊重正义和国际义务,和平解决国际争端等原则。这些都是中国人民的一贯主张,也是中国一贯遵守的原则。周恩来庄重宣示中国政府对联合国的原则立场:中国人民一贯支持联合国的宪章和原则。中国人民一向反对美国背弃《联合国宪章》的行为。联合国的许多决议是在美国操纵之下通过的,同时中华人民共和国又被剥夺了在联合国的合法地位,因此,我们对于联合国的决议并未承担义务。对于那些违反联合国宪章、完全不公正的联合国决议,我们一向是坚决反对的。这就是我们历来对联合国所持的态度。周恩来还强调指出:中国代表团在亚非会议中支持联合国的成员应该具有普遍性的原则和安全理事会非常任理事国席位的分配应该照顾亚非国家的主张,赞成亚非会议与会国家中具有会员国资格的国家应该被接纳为联合国会员国。这是符合于联合国宪章,也是有利于和平事业的。至于中华人民共和国,那是一个恢复它在联合国中的合法地位的问题,而不是一个取得会员国资格的问题。二者当然不能混为一谈。

8 月 1 日　中国以驻波兰大使王炳南为代表,美国以驻捷克斯洛伐克大使约翰逊为代表,正式开始在日内瓦举行中美大使级会谈。中、美就平民回国问题达成了协议,但在缓和台湾地区紧张局势这个关键问题上没有取得任何进展。截至 1970 年 2 月,中美大使级会谈共举行了 136 次会议,这成为两国在无外交关系情况下保持某种接触的特殊途径,在冷战时期的中美关系史上具有重要意义。

9 月 20 日 第 10 届联合国大会开幕。何塞·马萨(智利)当选为本届大会主席。

同日 大会通过关于中国在联合国之代表权问题的第 A/RES/990 (10)号决议,继续无理推迟讨论中国在联合国的代表权问题。

9 月 25 日 周恩来总理兼外交部部长在接见联合国协会世界联合会访华代表团团长(执委会主席)查尔斯·贾德和团员(执委会秘书长)贝纳尔斯时说:中国对联合国的态度一直是很清楚的,我们历来拥护《联合国宪章》的宗旨和原则。我在万隆会议上的发言和会议的决议,都提到支持《联合国宪章》。现在的情况是我们支持联合国,而联合国却不承认我们,反而剥夺新中国在联合国的地位和权利。但是,世界人民支持我们。这种矛盾的情况,不会永远如此下去,总有一天情况要改变。这是我们坚决相信的,也是诸位先生努力以求的。

12 月 13 日 安理会审议阿尔巴尼亚等一批国家加入联合国的申请。中国国民党集团代表对蒙古国的申请予以否决。

12 月 15 日 大会通过第 A/RES/970(10)号决议,确定 1956 年、1957 年、1958 年度联合国预算之分摊比额,其中中国所占比例升至 5.62%。

一九五六年

6 月 28 日 国际法院中国籍的徐谟法官在任上因心脏病突发逝世,终年 63 岁。

11 月 1 日 中国政府发表声明强烈谴责英法两国政府的侵略行为,坚决支持埃及人民维护国家主权和民族独立的神圣斗争,坚决要求英、法立刻停止对埃及的侵略和对阿拉伯国家的武装挑衅,并不再延迟地就苏伊士运河问题进行协商。

11 月 3 日 中国政府向英法两国政府提出抗议,指出:英法两国政府武装侵略埃及是对联合国宪章的粗暴破坏,是对亚非人民的公然挑衅,是对世界和平的严重威胁。并要求:英法两国政府必须立即停止对埃及的一切武装进攻,必须立即撤出它们侵入埃及的一切武装力量;以色列武装力量必须立即撤回到停战线后面,以保证苏伊士运河航行自由的问题经过和平协商求得解决。

11 月 16 日　大会通过关于中国在联合国的代表权问题的第 A/RES/1108（11）号决议，决定推迟讨论中国在联合国的代表权问题。

一九五七年

9 月 24 日　大会以 47 票对 27 票，7 票弃权通过关于中国在联合国的代表权问题的第 A/RES/1135（12）号决议，再次推迟讨论中国在联合国的代表权问题。

10 月 24 日　周恩来总理兼外交部部长同来访的阿富汗首相达乌德谈及阿方支持中国恢复在联合国的合法权利时说：新中国被承认、不被承认，是时间问题。现在美国及其追随者在搞"两个中国"的活动，把台湾不算中国的一部分，而想使它以独立国出现，我们绝不能容忍。因为中国只有一个，不同于东西德国、南北朝鲜，那是第二次世界大战结果造成的，也不同于南北越南，这是《日内瓦协定》肯定的。台湾是中国的领土，已由日本归还。我们的态度是，在一切国际组织中、国际会议上、国际活动中如果有造成"两个中国"的形势，我们决不参加。

同日　中国红十字会会长李德全抗议国际红十字会大会常设委员会邀请蒋介石集团分子以所谓"台湾政府"和"台湾红十字会"名义参加第 19 届国际红十字会大会。

11 月 5 日　参加第 19 届国际红十字大会的中国政府代表团团长潘自力在国际红十字会会议上发言指出：蒋介石集团根本没有任何资格参加大会，中国的内政问题不容许任何国家干涉。7 日下午，国际红十字会大会全体会议在美国压力下通过了美国要让蒋介石集团出席会议的提案后，中国、印度、苏联等 17 国代表团退出会场表示抗议。随后，中国政府代表团团长潘自力在新德里举行记者招待会，就中国代表团退出国际红十字大会发表谈话。他强调指出，即使美国一百年不承认新中国，新中国不能参加任何国际会议和国际组织，我们也不能承认美国侵占我国台湾是合法的，我们也不能容许在任何我们所参加的国际会议或国际组织中有"两个中国"的局面出现。

一九五八年

2 月 10 日　周恩来总理在第一届全国人民代表大会第五次会议上的政府工作报告中强调：在任何国际组织、国际会议和国际活动中造成"两个中国"的局面都是我们绝对不能容许的。这是我们坚定不移的立场。

4月1日 周恩来总理接见挪威工党议员、议会外交和宪法委员会主席芬·穆和夫人。周恩来在谈话时称,如果出现下面这种局面,那我们决不进入联合国:一方面承认新中国是人民的代表,但另一方面又把蒋介石作为一个单位的代表。我们绝不同意这么做。当客人提出台湾问题的解决是否作为中国进入联合国的条件时,周恩来说:不,这是两回事。台湾问题我们寻求解决,这是中国的内政问题,我们自己解决。至于恢复我们在联合国的席位的问题很简单,是美国阻挠的问题,这是中美关系问题。

6月5日 中华全国体育总会代表宣布退出国际足联,以抗议国际足球联合会玩弄"两个中国"的政治阴谋。

8月8日 中国政府发表关于支持苏联建议召开联合国大会紧急特别会议的声明。声明要求美英军队立即从黎巴嫩和约旦撤出,恢复中近东地区和平。声明指出,大会面临能否真正制止侵略、保卫和平的又一次考验。

8月20日 中国奥林匹克委员会就国际奥委会在其主席布伦代奇的操纵下,为美国制造"两个中国"的阴谋服务发表声明,断绝同国际奥委会的关系。

9月4日 中国政府发表关于领海的声明:宣布我国领海宽度为12海里,这项规定适用于我国的一切领土。

9月20日 陈毅副总理兼外长发表声明,驳斥美国国务卿杜勒斯在联合国大会上发言。声明指出,中国人民对于杜勒斯18日在大会发表的关于台湾海峡地区局势的言论感到愤怒。美国侵占中国领土台湾,最近又集结了大量兵力干涉中国人民收复金门、马祖等沿海岛屿,使远东及世界和平受到严重威胁。陈毅严正警告杜勒斯,美国武装力量必须撤出台湾地区。

9月23日 大会以42票赞成28票反对,11票弃权通过关于中国在联合国的代表权问题的第 A/RES/1239(13)号决议,再次无理推迟讨论中国在联合国的代表权问题。

10月28日 朝鲜外相南日致函联合国秘书长哈马舍尔德和第13届大会主席马利克,通知联合国,中国人民志愿军已全部撤离朝鲜,要求美国军队也尽快从南朝鲜全部撤出。

11月10日 中国外交部代表中国政府,并受朝鲜政府委托,照会英国驻华代办处并且要求英国政府转达参加"联合国军"的各国政府。照会称,中国人民志愿军已经全部从朝鲜撤出。朝中方面的这一主动措施打开了朝鲜问题的僵局,为和平解决朝鲜问题提供了有利条件。但是"联合国军"方面不仅迄未采取任何相应措施,还不断违反停战协定。朝中两国政府认为美国和参加"联合国军"的其他国家的军队继续留在朝鲜南部,是目前谋求和平解决朝鲜问题的主要障碍。

11 月 11 日　中华人民共和国外交部部长陈毅发表关于日、美修改《安全条约》的声明,明确表示中国人民从来不反对独立、和平、民主的日本拥有自卫的武装,来保卫自己的独立。但是,按照美国的打算,日本的武装力量并不是用来自卫,而是用来替美国看守基地,充当美国侵略的炮灰。

一九五九年

6 月 26 日　毛泽东主席接见应邀访华的由秘鲁众议员、世界和平理事会理事埃尔内斯托·莫雷率领的秘鲁议员团。

9 月 18 日　苏联部长会议主席赫鲁晓夫向大会提出一项"苏联政府关于全面彻底裁军宣言",建议在国际监督下,4 年内分 3 阶段解散一切武装部队和销毁一切军备。第 1 阶段,把苏联、美国、中国的武装部队裁减到 170 万人,英国和法国的武装部队则裁减到 65 万人。其他国家武装部队的人数将由大会的一次特别会议或国际会议议定,军备和军事装备则按照确定的武装部队人数做相应的裁减。第 2 阶段,解散剩余的武装部队,各国拆除一切外国军事基地。第 3 阶段应采取一系列综合性措施,包括销毁核武器、导弹,禁止军事研究和发展,停止军事开支。实现全面裁军以后,应设立一个监督机构,用空中视察和空中摄影制度对所有的监督对象进行自由调查,将违约行为根据提交给联大或安理会处理。

9 月 22 日　大会以 44 票对 29 票,9 票弃权通过关于中国在联合国的代表权问题的第 A/RES/1351(14)号决议,决定推迟审议中国在联合国的代表权问题。

10 月 14 日　全国人大常务委员会第 10 次会议通过关于支持苏联政府全面彻底裁军建议的决议,并且认为,这个新的建议完全符合世界各国人民的迫切愿望和根本利益。

10 月 21 日　大会通过一项干涉中国内政的关于"西藏问题"的第 A/RES/1353(14)号决议,对中国政府平息西藏分裂主义分子的武装叛乱所采取的措施表示"痛心"。

10 月 23 日　中国政府就联合国大会第 14 届会议讨论并通过所谓"西藏问题"的非法决议发表声明,指出这是一项诬蔑中国的决议,对此,中国政府和全中国人民感到极大的愤慨,并且表示强烈抗议。声明强调指出:西藏是中国领土,平定叛乱、实行民主改革完全是中国内政,任何国家和国际组织无权过问。联合国讨论所谓"西藏问题"是违反《联合国宪章》的。联合国大会关于所谓"西藏问题"的决议是非法的、无效的。

一九六〇年

1月21日 全国人大常委会扩大会议通过决议支持苏联最高苏维埃的裁军倡议。陈毅副总理兼外长在会上发言说:有关裁军的国际协议,如果没有中国正式参加和中国代表签字,不能对中国有任何约束力。

2月3—8日 中国观察员刘晓、伍修权等参加了在莫斯科召开的华沙条约国政治协商委员会高级会议。中国代表在会议上指出,我们希望有关各国就普遍裁军问题达成协议。但是,美国在国际关系中一直对中国采取排斥态度。因此,中国政府不能不向全世界声明,没有中华人民共和国的正式参加和它的代表签字,有关裁军的国际协议和其他一切国际协议,当然都不能对中国具有任何约束力。

3月11—24日 尼泊尔王国首相毕什韦什瓦·普拉萨德·柯伊拉腊应邀访华。毛泽东主席和刘少奇主席会见了柯伊拉腊。

3月21日 南非警察在沙佩维尔开枪杀害了69名参加反对种族隔离"通行证法"和平示威的人。为此,1976年11月9日,第31届联合国大会通过决议,规定每年3月21日为"消除种族歧视国际日",号召国际社会加倍努力消除各种形式的种族歧视。中国积极响应,参与了联合国"向种族主义战斗"3个10年的活动。中国政府认为,种族主义、种族歧视和排外等丑恶现象都是对人权的严重侵犯。

5月27日 毛泽东主席在上海会见英国陆军元帅蒙哥马利。蒙哥马利问毛泽东:将来中国成为拥有超过10亿人口的强国,那时将会发生什么情况?您的国家的最终目标究竟是什么?毛泽东听出了话外之音,当即点明:哦,你是否认为那时中国将向外国发动侵略?蒙哥马利说:我并不愿意这样设想,但历史教训是当一个国家强大以后,便要攫取外国领土,这样的例子很多,包括我的国家。毛泽东说:新中国绝不会越出边界侵略别人,也不企图将共产主义思想强加给别的国家。中国深受外国的侵略和欺凌,我们只要求外国不要干涉中国的事情。即使我不在世的时候,中国也不会扩张侵略。

6月6日 中国政府发表关于支持苏联政府新的裁军建议的声明,指出:苏联政府提出的新建议发展了苏联政府在1959年9月18日提出的全面彻底裁军的建议,采纳了西方国家在裁军谈判中所提出的某些主张,是苏联政府争取实现裁军的又一次努力。

9 月 20 日—12 月 20 日 第 15 届联合国大会第 1 阶段会议在纽约举行,爱尔兰人弗雷德里克·H.博兰当选为本届大会主席。会议主要议程包括讨论裁军、消除殖民主义、中国代表权、阿尔及利亚独立和刚果局势等问题。

10 月 8 日 大会以 43 票对 34 票,22 票弃权通过中华人民共和国在联合国合法权利的第 A/RES/1493(15) 号决议案,再一次推迟审议中国在联合国的代表权问题。

一九六一年

3 月 13 日 周恩来总理接见印度尼西亚驻华大使苏卡尼。在谈到中国进入联合国问题时,周恩来说:现在联合国内的趋势已经很清楚,亚非国家、社会主义国家和一部分欧洲国家都支持中国进入联合国。美国一向只承认蒋介石的"中华民国",不承认中华人民共和国,现在看到了这种趋势,知道在联合国再取得多数票比较困难了,因此不得不采取新的方式,企图拿"两个中国"来哄骗我们,即让中国进入联合国和安理会,台湾作为一个"台湾国"或者作为"另一个中国"仍留在联合国内。英国、日本也有这种想法,并正在进行活动。无论把台湾当作"台湾独立国"或者当作"另一个中国",我们都一概加以反对。

3 月 30 日 大会通过了《麻醉品控制单一公约》。中国于 1985 年宣布加入此公约。

9 月 5—26 日 英国蒙哥马利元帅访华。周总理在为蒙哥马利举行的饯别宴会上讲话时,重申中国政府关于恢复中国在联合国合法权利的立场,坚决反对美国制造"两个中国"的阴谋。

9 月 22 日 陈毅副总理兼外长在马里驻华大使科尼巴·普莱亚博士举行的国庆招待会上讲话时郑重声明:中国在联合国的合法权利应该迅速恢复,蒋介石集团的"代表"必须从联合国驱逐出去。中国坚决反对美国及其追随者利用议事程序来进行敌视中国的活动。

12 月 15 日 大会以 48 票对 37 票,19 票弃权,通过由美国、日本等 5 国提出的一项决议案,形成关于中国在联合国代表权问题的第 A/RES/1668(16) 号决议,认为任何要改变中国代表权的提案都属于宪章第 18 条规定范围内的"重要问题",需要以 2/3 的多数通过。

12 月 21 日 中国外交部发表声明,强烈抗议美国操纵联合国大会就所谓"中国代表权问题"和"西藏问题"通过侵犯我国主权的非法决议。声明指出:世界上只有一个中国,那就是中华人民共和国。中华人民共和国在联合国的一切合法权利必须恢复。西藏是中国的领土,有关西藏的一切事务,完全是中国的内政,任何外国和国际组织都无权过问。1959年9月22日,大会通过关于中国代表权问题的第A/RES/1351(14)号决议,拒绝印度请求,不将"中国在联合国代表权问题"列入议程,并决定在第14届常会期间,所有关于拒绝"中华民国"政府代表团或准许中华人民共和国中央人民政府代表出席的提案一概不予讨论。

一九六二年

12月7日 大会通过所谓香港中国难民的第A/RES/1978(17)号决议,重申对中国难民的关切,并呼吁会员国和有关非政府组织增加援助。

一九六三年

9月28日 中国外交部就大会讨论朝鲜问题发表声明,坚决支持朝鲜外务省25日声明。声明指出,大会再次讨论朝鲜问题,无非是为美国继续霸占南朝鲜制造借口,为朝鲜和平统一制造新的障碍。

10月18日 中国外交部就联合国派遣"调查团"去越南南方发表声明。表示完全支持越南民主共和国10月14日声明中表明的严正立场,即让南越人民自己解决南越问题。

10月21日 大会以41票赞成,57票反对,12票弃权的表决结果,拒绝讨论中国代表权问题。

10月24日 中国外交部就美国再次操纵联合国大会阻挠恢复我国合法权利发表声明。指出中国是联合国创始会员国,而且是安理会常任理事国。只有中华人民共和国才有权享有中国在联合国的一切合法权利。台湾是中华人民共和国领土不可分割的一部分。美国及其追随者以任何形式制造"两个中国"的阴谋,都是中国坚决反对的,也是永远不能得逞的。

一九六四年

1月30日 毛泽东主席在接见以弗朗索瓦·贝纳尔为首的法国议员代表团时说:我们之间有共同点,第一,反对大国欺侮我们;第二,就是使两国间互相往来,在商业上,在文化上。

2月3日　索马里是周恩来总理非洲10国之行的最后一站,在历时近两个月的访问中,周总理提出了中非关系五项原则和中国对外经济援助八项原则。周总理着重强调:国际问题不能只由几个大国来做出决定,站起来了的亚非新兴国家,在国际事务中发挥着日益重要的积极作用。无视亚非新兴国家的独立意志,企图抹杀这些国家的地位,是完全违背历史潮流的。世界上所有大国、小国、强国、弱国,应该一律平等。任何人采取以大凌小、以强欺弱的做法,都是绝对行不通的。周总理此次对非洲的访问极大地促进了中国和非洲国家友好关系的发展。

6月19日　陈毅副总理兼外长在回答东京广播报道局长桥本博提问时指出:关于中国加入联合国问题。我们决不拿原则和主权作交易,任何想以恢复我国在联合国的席位为诱饵换取我们接受"两个中国"的做法,都是注定要失败的。

10月16日　中国第一颗原子弹爆炸成功。这是我国国防科学技术方面取得的一项重大成就,这是中国人民在加强国防力量、反对美帝国主义核讹诈和核威胁政策的斗争中所取得的重大成就。同日,中国政府发表声明指出:中国政府一贯主张全面禁止和彻底销毁核武器;中国发展核武器是为了防御,为了打破核大国的核垄断。中国政府郑重宣布,中国在任何时候、任何情况下,都不会首先使用核武器,并建议召开讨论全面禁止和彻底销毁核武器问题的世界各国首脑会议。10月17日,周恩来总理致电世界各国政府首脑,转达这一建议。

12月22日　周恩来总理在第三届全国人民代表大会第一次会议上作政府工作报告时重申:中华人民共和国政府是代表全中国人民的唯一合法政府,任何其他人或集团都不得以任何名义代表中国或中国领土的一部分,在联合国占有席位;除非联合国把蒋介石集团的代表驱逐出去、完全恢复我国的合法权利,否则我们绝对不同联合国发生任何关系。

一九六五年

1月9日　毛泽东主席接见美国作家埃德加·斯诺,就世界主要矛盾、南越战争、核战争和恢复中国在联合国的合法席位等问题进行了交谈。毛主席说:不是我们不想加入联合国,而是美国一直操纵它为其侵略扩张服务,我们进去了,他们会感到碍手碍脚,所以美国千方百计地进行阻挠。

1月10日　中国政府发表声明,支持印度尼西亚共和国退出联合国的决定。12 日,中国国家主席刘少奇主席接见印度尼西亚空运部长伊斯埃达率领的印尼友好代表团时,热烈赞扬苏加诺总统宣布退出联合国的决定。

1 月 23—28 日 印度尼西亚第一副总理兼外长苏班德里约博士率印尼政府代表团访华。28 日,发表了联合声明。声明强调,中国政府和人民热烈赞扬和坚决支持苏加诺总统宣布退出联合国的决定。

3 月 17 日 周恩来总理在接见法国驻华大使佩耶时说:世界上发生这么多的事,实际上是一个根源,就是美国在世界上闯乱子。从第二次世界大战到现在快 20 年了,美国从不承认他闯乱子,总说别人惹他。我们不承认美国有权在世界闯乱子,我们不承认美国有权控制联合国,这是我们同美国的基本分歧。

9 月 2 日 周恩来总理在越南驻华大使举行的庆祝越南 20 周年国庆招待会讲话中指出:联合国同越南问题没有任何关系,它根本无权过问越南问题。中国人民坚决支持越南人民的立场,决不允许联合国插手越南问题。

9 月 8 日 周恩来总理书面答复正在中国访问的中东通讯社主编卡迈勒·阿密尔提出的问题。在书面答复中,周总理重申了中国政府在越南问题和第 2 次亚非会议上的立场。周总理强调,联合国同越南问题没有任何关系。1954 年日内瓦会议是在联合国范围以外召开的。因此,联合国根本无权过问越南问题。越南政府已经不止一次地反对联合国干预越南问题。中国政府坚决支持越南政府的立场。

9 月 26 日 中国外交部发表声明,强烈抗议国际红十字常设委员会不顾中国政府和中国红十字会一再抗议,邀请国民党集团和它的红十字会派代表团出席即将举行的第 20 届国际红十字大会,追随美国企图推行“两个中国”的阴谋。声明宣布,中国政府决定不派代表团出席大会,并且同国际红十字常设委员会断绝一切关系。

9 月 28 日 中国外交部发表声明,支持朝鲜外务省谴责联合国大会在美国操纵下企图再次非法讨论“朝鲜问题”,指出联合国根本没有资格讨论朝鲜问题。

9 月 29 日 陈毅副总理兼外长举行中外记者招待会,就中国政府的外交政策和当前国际局势中的许多问题发表了重要谈话。陈毅指出:联合国现在是几个大国的政治交易所,美国是它的主宰,联合国必须彻底进行改组和改造。当日本记者提出关于恢复中国在联合国合法权利的问题时,陈毅回答说:联合国一直受美国控制,今天又成了美苏两大国作政治交易的场所。尽管有几十个亚非国家和爱好和平的国家,在联合国做了不少努力,但是并没有改变这个局面。这样的联合国,中国可以不参加。

11月8日　大会开始举行关于中国在联合国席位问题的辩论。

同日　阿尔巴尼亚驻联合国代表在大会全体会议上发言,强烈谴责美国操纵联合国,阻挠恢复中国在联合国的合法权利和利用联合国为它的侵略政策服务。

11月17日　大会通过关于中国在联合国之代表权问题的第 A/RES/2025(20)号决议,讨论关于中国在联合国之代表权问题,决定按 1950年 12 月 14 日决议案第 A/RES/396(5)所载建议内称:凡遇主张有权代表某一会员国出席联合国非只一方,而该问题又成为联合国争执之点时,则此问题应依《联合国宪章》的宗旨和原则并就个别情形予以审议。

同日　大会投票表决阿尔巴尼亚等 15 国联合提案时,赞成与反对票数相等,首次打破美国控制的"多数"局面。但在美国操纵下,关于恢复中国代表权问题被列为需要 2/3 多数通过的所谓"重要问题",因此,联合提案未获通过。

11月19日　刘少奇主席、周恩来总理联名致电柬埔寨西哈努克亲王,感谢柬埔寨政府在第 20 届联合国大会上,又一次为驱逐国民党集团、恢复中国的合法权利进行了坚决的、成效卓著的斗争。

12月18日　大会通过干涉中国主权的关于"西藏问题"的第 A/RES/2079(20)号决议。鉴及《联合国宪章》所列并经世界人权宣言构筑之人权及基本自由原则,重申其关于"西藏问题"之 1959 年 10 月 21 日第 A/RES/1353(14)号决议案及 1961 年 12 月 20 日第 A/RES/1723(16)号决议案,由于西藏人民之基本权利与自由不断遭到侵害,其特殊文化生活与宗教生活不断遭受限制,大批难民逃入毗邻诸国可为佐证。对此,中国《人民日报》于 21 日发表题为《联合国的又一个可耻纪录》的社论,指出"西藏的事务完全是中国的内政,任何国家、任何国际组织都无权过问。""联合国大会就这问题作出的决议,也象过去的决议一样,是对中国内政的粗暴干涉,是对中国人民的恶毒诽谤,是完全非法的、无效的。"

一九六六年

1月2日　中国外交部照会印度驻华大使馆,强烈抗议印度政府利用"西藏问题"干涉中国内政。照会说,最近,印度政府和美国一起在联合国提出讨论所谓"西藏问题",并且通过诬蔑中国人民和干涉中国内政的决议。这是对中国人民的公然挑衅,粗暴地破坏了国际关系准则,严重地干涉了中国内政。对此中国政府向印度政府提出强烈抗议。

5月23日 中国驻阿拉伯联合共和国(简称"阿联")大使黄华约见阿联外交国务秘书费基,就世界裁军会议问题阐明中国立场。黄华指出,世界裁军会议是第12届联合国大会决定召开的。美国一贯操纵联合国剥夺中国在联合国的合法权利。中国同联合国没有任何关系。我们决不参加与联合国有关的任何裁军会议。在谈到中国政府是否在原则上同意参加在联合国之外由阿联或其他国家主持召开的世界裁军会议问题时,黄华说,我们理解亚非国家对维护世界和平的关心。但是我们不能不看到,美国目前正在加紧侵略越南南方,轰炸越南民主共和国,并且威胁着要把战火扩大到整个印度支那和中国。在这种情况下,同美国坐在一起谈论裁军,不仅没有实际意义,反而会转移世界人民的斗争目标,使美国得以在和平的烟幕下肆意扩大侵略战争。从目前形势看,即使与联合国不发生任何关系,召开世界裁军大会也是不适宜的。

6月16日 中国国家主席刘少奇复信阿尔及利亚民主共和国革命委员会主席、政府总理胡阿里·布迈丁,阐明中国政府对裁军问题的立场。信中说,帝国主义一直利用"裁军"做幌子,实行全面扩军备战,欺骗世界舆论。战后各种裁军会议开了1000多次,帝国主义的军队不仅没有减少,反而大量增加,根本没有一点裁军的影子。帝国主义企图利用所谓裁军来限制和剥夺爱好和平的国家(特别是亚洲国家)发展自卫武装力量的正当权利。中国同联合国没有任何关系。我们决不参加与联合国有关的包括裁军会议在内的任何会议。复信指出,目前美国正在侵略越南并且威胁要把战争扩大到整个印度支那和中国。在这种情况下,同美国坐在一起谈论裁军,不仅没有实际意义,反而会转移世界人民的斗争目标,使美国得以在和平的烟幕下肆意扩大侵略战争。

6月20日 中国外交部副部长韩念龙约见柬埔寨驻华大使张岗,就中国对参加国际法院的立场问题答复说,国际法院是联合国主要机构之一,中国对联合国的一贯态度是:在联合国驱逐蒋介石集团代表及恢复中国的合法权利之前,不同联合国任何机构发生任何关系。

10月7日 中国政府向越南、阿尔及利亚、罗马尼亚以及在联合国有席位的各亚非国家分别递交一份备忘录,揭露美国及其追随者利用联合国表决机器掩盖美国侵越实质、推行"和谈"阴谋。备忘录指出,联合国根本无权过问越南问题。美国的目的是利用参加联合国大会的多数国家对越南局势的正当关心,来为它的和谈骗局服务,并为它进一步利用联合国干预越南问题造成先例。中国政府坚决支持越南政府反对联合国干预越南问题的正当立场,并且认为任何一个有正义感的国家,都应该坚决支持越南的正当立场,都应该坚决反对联合国大会通过任何形式的关于越南问题的决议。

11 月 29 日 大会以 66 票对 48 票,7 票弃权通过关于中国在联合国之代表权问题的第 A/RES/2159(21)号决议,继续将中国在联合国的代表权问题列为需要 2/3 多数赞成才能通过的"重要问题"。阿尔巴尼亚等国关于"恢复中华人民共和国在联合国的合法席位,并将蒋介石集团的代表驱逐出联合国"的提案则以 46 票对 57 票,17 票弃权,未获通过。

12 月 1 日 周恩来总理接见刚果(布)驻华大使阿波利奈尔·巴赞加时表示:联合国目前在以美国为首的大国控制下,不可能通过合乎正义要求的东西,回想刚果(利)的卢蒙巴曾对联合国有所企图,但回答只有欺骗、侵略、压迫和屠杀。越南的抗美斗争能进行,幸而是因为它被排除在联合国之外,才能独立行动,如果越南在联合国内,不知要通过多少决议来干涉越南的正义斗争。中国在联合国没有合法地位,因此应该庆幸,我们不在联合国,美国就不能操纵我们,我们可以独立行动,不然讨论问题受束缚。

12 月 8 日 中国外交部照会荷兰驻华代办处,对荷兰政府在联合国投票赞成美国提出的所谓"重要问题"提案和意大利等提出的"6 国提案",阻挠恢复中华人民共和国在联合国的合法权利,粗暴干涉中国内政,提出抗议。

一九六七年

6 月 17 日 中国第一颗氢弹在中国西部上空爆炸成功。中国政府再次郑重宣布,中国在任何时候、任何情况下都不会首先使用核武器,中国人民和中国政府,将一如既往地继续同全世界一切爱好和平的人民和国家一道,共同努力,为全面禁止和彻底销毁核武器的崇高目标而奋斗。

9 月 3 日 中国红十字会对将于 9 月 5 日在荷兰海牙举行的红十字会第 29 届理事会和代表会议发表严正声明,严厉谴责国际红十字会的一些领导人,为美国敌视中国人民,制造"两个中国"的阴谋服务,为美国侵略越南效劳。声明指出:中国红十字会宣布不出席这次海牙会议,并不再担任红十字协会的执行委员。

11 月 6 日 周恩来总理和李先念副总理接见锡兰商业和贸易部长佩里斯率领的锡兰政府贸易代表团。周总理在谈及我国在联合国的合法地位时说,进不进联合国我们是无所谓的,我们在联合国外一样为人类进步事业而奋斗和反对帝国主义侵略。但在这个问题上是考验与我国有外交关系的国家对我国是否友好。如果同我国建交的国家赞成"两个中国"的提案,两国关系就会起变化。

一九六八年

4月20日　周恩来总理在接见罗马尼亚驻华大使杜马时说,联合国讨论禁止核扩散条约问题,完全是强权政治,应该打破大国垄断一切。无核国家不能掌握核武器,而提出停止核扩散的国家却可以无限扩大。

6月11日　周恩来总理、陈毅副总理兼外长出席尼泊尔驻华大使为马亨德拉国王生日举行的招待会。陈毅在讲话中强调说,联合国大会政治委员会在大国操纵下通过了一项兜售所谓防止核扩散条约的提案。这是维护大国核垄断、反对中国和世界各国人民的一个重大阴谋。这个条约是大国玩弄强权政治的产物,是一个地地道道的不平等条约。中国政府和中国人民表示坚决反对。

11月19日　大会以73票对47票,5票弃权,通过关于中国在联合国之代表权问题的第A/RES/2389(23)号决议,继续将中国在联合国的代表权问题当作"重要问题"来讨论,而阿尔巴尼亚等国要求恢复中华人民共和国合法席位的提案则以44票对58票,23票弃权,未获通过。

一九六九年

1月4日　《消除一切形式种族歧视的国际公约》生效。公约规定,基于种族、肤色、血统或人种来源,对人们加以任何区别、排斥、限制,其目的或效果是取消或损害他们在政治、经济、社会、文化或公共生活任何其他方面享受或行使人权或基本自由者,即为种族歧视。缔约国应采取措施消除一切形式的种族歧视,促进种族间的谅解。中国全国人民代表大会常务委员会于1981年11月26日通过决定,加入公约。同年12月29日,中国向联合国递交了加入书。

2月28日　周恩来总理接见瑞典驻华大使佩特里时说,关于中国进入联合国的问题,我们无法考虑。当前美、苏企图主宰世界,首先利用联合国,我们反对联合国成为大国强权政治的工具。

8月20日　中国红十字会复信给第21届国际红十字大会东道国土耳其红新月会会长理查·杰尔切尔,强烈抗议国际红十字会常设委员会在美国操纵下制造"两个中国"的阴谋。信中指出,中国红十字会是中国唯一的全国性红十字组织,是国际红十字会的正式成员。蒋介石集团和它的所谓"红十字会组织"无权参加国际红十字大会。中国红十字会严正宣布,对于大会通过的一切决议,中国红十字会将不受约束,也不承担任何义务。

9月7日　罗马尼亚部长会议主席毛雷尔率罗党政代表团前往河内参加胡志明主席葬礼途经北京时,周恩来总理与毛雷尔进行了会谈。周总理表示,关于中美关系,关键就是台湾问题和联合国问题。这些问题总有一天要解决。

11月11日　大会以71票对52票,4票弃权,决定继续将中国在联合国的代表权问题作为"重要问题"讨论。阿尔巴尼亚等国要求恢复中华人民共和国的合法席位并驱逐蒋介石集团的提案则以48票对56票,21票弃权,未获通过。

一九七〇年

3月17日　姬鹏飞副外长应约接见阿尔及利亚、叙利亚、阿联、也门、伊拉克、摩洛哥、南也门驻华大使和大使馆临时代办,以及巴勒斯坦解放组织驻京办事处负责人。姬鹏飞代表中国政府表示,以色列是美国利用联合国在巴勒斯坦制造出来的一个侵略工具。它通过发动侵略战争,强占了一大片阿拉伯国家的领土,使100多万名巴勒斯坦人沦为难民。

7月9日　周恩来总理接见毛里塔尼亚新任驻华大使穆罕默德·乌尔德·西迪·阿里。

10月13日　中国政府和加拿大政府发表关于中加两国建立外交关系的联合公报。中国政府和加拿大政府根据互相尊重主权和领土完整、互不干涉内政和平等互利的原则,决定自1970年10月13日起,互相承认并建立外交关系。

11月20日　大会通过关于中国在联合国之代表权问题的第A/RES/2642(25)号决议,美国等国提出继续将中国代表权问题作为需大会2/3多数赞成才能通过的"重要问题"。阿尔巴尼亚等国提出的恢复中华人民共和国在联合国的合法权利并驱逐蒋介石集团代表的提案在大会付诸表决时,结果为51票对49票,25票弃权,提案第1次得到多数支持,但由于未达到所谓"重要问题"的2/3多数,故提案未获通过。

12月5日　周恩来总理接见毛里塔尼亚驻华大使西迪·阿里、马里驻华大使甘多和几内亚驻华大使馆临时代办邦古拉。周恩来说,各国人民要靠自己的力量来保卫民族独立和主权。小国联合起来,就能使大国害怕。我们还不是个强国,我们不愿和大国站在一起,搞超级大国,搞强权政治。我们还是愿意跟亚非拉国家站在一起。

新中国恢复联合国合法席位

一九七一年

3月13日 中华人民共和国和大不列颠及北爱尔兰联合王国互换大使。1月15日,英国外交部政务次官罗伊尔向中国驻英临时代办裴坚章正式提出,英国准备将其在北京的外交代表提为大使级;3月2日,周恩来总理会见英国驻华代办谭森,指出两国互换大使的主要障碍是英在台湾仍设有领事馆和在联合国对中国合法席位问题的两面态度。周恩来提出了解决中、英全面建交的3点要求;6月,罗伊尔约见裴坚章,表示愿意完全满足中方条件,撤回其在台湾的官方代表,不再支持将恢复中华人民共和国席位列为"重要问题"的议案。

3月31日 中华全国体育总会向国际草地网球联合会发出抗议信,强烈谴责国际草地网联一小撮操纵者追随美国阴谋制造"两个中国"的卑劣行径,并严正声明,即日起中国退出国际网联,断绝同它的一切关系。

同日 中国射箭协会向国际射箭联合会发出抗议信,强烈谴责国际射箭联合会甘心为美国制造"两个中国"的阴谋效劳,并且郑重声明,中国退出国际射箭联合会,断绝同它的一切关系。

7月9日 美国总统国家安全事务助理基辛格经由巴基斯坦乘巴航班机直飞北京,对中国进行了48小时的秘密访问。其间,周恩来总理与基辛格博士先后进行了长达11小时的会谈,双方就尼克松总统访华一事达成协议,还商定了关于基辛格此次访华和尼克松将应邀访华的公告稿。基辛格秘密访华消息的公布,震动了全世界。

7月15日 中美发表联合公报,周恩来总理和尼克松总统的国家安全事务助理基辛格博士,于7月9—11日在北京进行了会谈。获悉,尼克松总统曾表示希望访问中华人民共和国,周恩来总理代表中华人民共和国政府邀请尼克松总统于1972年5月以前的适当时间访问中国。尼克松总统愉快地接受了这一邀请。中美两国领导人的会晤,是为了谋求两国关系的正常化,就双方共同关心的问题交换意见。

同日 阿尔巴尼亚、阿尔及利亚等18国向联合国秘书长提交一份联合提案,要求把中国在联合国的代表权问题列入第 26 届大会议程。

7 月 18 日　周恩来总理接见法国国民议会文化、家庭和社会事务委员会主席阿兰·佩雷菲特率领的法国议会代表团及随团记者。在谈到中美关系时,周恩来说:联合国只要出现"两个中国"或者"一中一台",或者类似的形式,我们就不去,坚决不去。

8 月 7 日　中国政府就核武器问题发表声明:少数核国家无权把世界上大多数国家撇在一边,擅自开会研究和决定核裁军问题。中国政府主张召开世界各国首脑会议,讨论全面禁止和彻底销毁核武器问题。中国政府认为,为了实现全面禁止和彻底销毁核武器,拥有大量核武器的美国和苏联应分别或联合发表声明,公开承担义务,即在任何时候、任何情况下,保证不首先使用核武器。

8 月 20 日　中华人民共和国外交部发表声明,谴责美国企图制造"两个中国",指出中华人民共和国政府坚决反对"两个中国""一中一台"或类似的荒唐主张,坚决反对"台湾独立"的阴谋;只要在联合国里出现"两个中国""一中一台""台湾地位未定"或类似情况,中华人民共和国政府就坚决不同联合国发生任何关系。声明认为,阿尔巴尼亚、阿尔及利亚等 18 国提出的主张才是恢复中华人民共和国在联合国合法权利的唯一正确的合理主张。

9 月 22 日　大会总务委员会否决了美国提出的把制造"两个中国"的美、日等国所谓"双重代表权"提案与阿尔巴尼亚、阿尔及利亚等国提案合并讨论的主张,决定把阿尔巴尼亚等国提案放在美、日等国提案之前讨论。

10 月 6—13 日　埃塞俄比亚皇帝海尔·塞拉西一世陛下访华。周恩来总理同塞拉西举行会谈。在谈到核裁军问题时,周总理说,国无论大小,不论他们是否参加了联合国都应该一起坐下来共同解决这个问题。我们主张全面禁止和彻底销毁核武器,作为第一步,首先不使用核武器。现在世界上有一两个超级大国实行强权政治,争霸世界,瓜分世界,所谓裁军根本办不到,只能是越裁越扩,这样就不可能禁止核武器。必须号召全世界各国,不论大小坐在一起进行讨论,这样才可能禁止扩军和使用核武器,首先是冲破核讹诈和核垄断。

10 月 20—26 日　美国总统国家安全事务助理基辛格博士访华,周恩来总理同基辛格博士举行多次会谈,他指出:既要进入一个新的时代,就要改变一些关系,否则就无改革可言;掌舵者应善于迎潮水而上,不然有可能被潮水淹没;只有掌握时代精神,才能改变世界情况。

10 月 25 日　大会自 18 日起就中国代表权问题进行辩论和审议,经过一周的激烈辩论,大会先是以 55 票对 59 票,15 票弃权,否决了美国等国关于取消蒋介石集团在联合国的代表权亦属"重要问题"(亦称"逆重要问题")的提案,然后以 76 票对 35 票,17 票弃权的压倒性多数通过了由阿尔巴尼亚、阿尔及利亚等 23 国提出的关于恢复中华人民共和国在联合国的合法权利的第 A/RES/2758(26)号决议,决定恢复中华人民共和国在联合国的一切合法权利,"承认它的政府的代表为中国在联合国组织的唯一合法代表,并立即把蒋介石的代表从它在联合国组织及其所属一切机构中所非法占据的席位上驱逐出去"。同日,中国政府发表声明称:该决议反映了世界各国人民要求同中国人民友好的大势。中国政府即将派出自己的代表参加联合国的工作。中国将同一切爱好和平和正义的国家和人民站在一起,为维护各国的民族独立和国家主权,为维护国际和平,促进人类进步事业而共同奋斗。

10 月 28 日　周恩来总理接见日本《朝日新闻》编辑局长后藤基夫等一行人时说:我们没有料到阿尔巴尼亚和阿尔及利亚等 23 个国家的提案会被通过,会议以压倒多数,就是超过 2/3 的多数被通过。22 年来,被推翻的蒋介石集团窃取中国在联合国的席位完全是不合理的。这一结果代表了世界大多数国家,76 个国家,再加上弃权的 17 个国家人民的愿望。

10 月 29 日　中国政府就 26 届大会通过的第 A/RES/2758(26)号决议发表声明,感谢坚持原则、主持正义的一切友好国家的政府和人民,认为大会表决的结果反映了世界各国人民要求同中国人民友好的大势,同时也说明超级大国操纵联合国和国际事务的蛮横做法已越来越没有市场。声明还宣布,中国即将派出自己的代表团参加联合国的工作,"将同一切爱好和平和正义的国家和人民站在一起,为维护各国的民族独立和国家主权,为维护国际和平,促进人类的进步事业而共同奋斗"。

同日　姬鹏飞代理外长致电联合国秘书长吴丹,中国政府将在近期内派出代表团出席联合国大会第 26 届会议。

同日　联合国教科文组织执行局第 88 届会议承认中华人民共和国政府为中国在该组织的唯一合法代表。教科文组织是联合国系统中第一个驱逐台湾当局代表的专门机构。

11 月 2 日　姬鹏飞代理外长致电联合国秘书长吴丹:中国政府委派黄华为中国常驻联合国安全理事会代表(大使衔),陈楚为副代表(大使衔)。

同日　姬鹏飞代理外长致电联合国秘书长吴丹:中国出席第 26 届联大代表团团长为外交部副部长乔冠华、副团长为黄华。

11 月 3 日　外交部举行宴会,对阿尔巴尼亚、阿尔及利亚等 23 国提案国和各友好国家为恢复我国在联合国的一切合法权利和驱逐蒋介石集团所做的努力和宝贵的支持表示感谢。姬鹏飞代外长在宴会讲话说,联合国大会冲破了美国的长期阻挠,以压倒多数通过了恢复我国在联合国的合法权利,并立即把蒋介石集团的代表从联合国及其所属一切机构中驱逐出去的决议,从而结束了20多年来中国在联合国合法权利被非法剥夺的局面。这是世界人民和一切主持正义的国家的共同胜利。

11月9日 中国出席联合国第26届大会的代表团团长、外交部副部长乔冠华,代表团代表符浩、熊向晖、陈楚,副代表唐明照、安致远、王海容、邢松鹤、张永宽等乘飞机离开北京前往纽约参加大会。代表团副团长黄华已在国外。

11月11日 中国出席联合国大会第26届会议代表团抵达纽约。乔冠华团长在机场发表讲话说,我们代表团将遵循我国政府的既定政策,在联合国里同一切爱好和平和主持正义的国家的代表一道,为维护国际和平和促进人类进步的事业而共同努力。乔冠华说:美国人民是伟大的人民,中美两国人民有着深厚的友谊。我们愿借此机会,向纽约市各界人民和美国人民表示良好的祝愿。

11月14日 中国出席联合国大会第26届会议代表团团长乔冠华和副团长黄华,前往纽约勒鲁瓦医院探望正在这里住院治疗的联合国秘书长吴丹。乔冠华和黄华向吴丹递交了中国代表团的证书,以及中国常驻联合国安全理事会代表和副代表的证书。

11月15日 以乔冠华、黄华为正、副团长的中国代表团首次出席第26届大会全体会议,受到热烈欢迎。57国代表在会上致欢迎词,表达了对中国人民的信任、鼓励和兄弟般的情谊。中国代表团团长乔冠华在经久不息的掌声和欢呼声中登上联合国大会的讲坛,发表了重要讲话。乔冠华指出,国家要独立,民族要解放,人民要革命,这已成为不可抗拒的历史潮流。他强调中国将同一切爱好和平、主持正义的国家和人民一起,为维护各国的民族独立和国家主权,为维护国际和平、促进人类进步事业而共同努力。中国在联合国恢复合法席位,是中国外交的重大突破,是世界上一切爱好和平和主持正义的国家共同努力的结果,具有极为深远的意义。

11月16日 大会全体会议以106票对2票(葡萄牙、南非),13票弃权通过关于南罗得西亚问题的第 A/RES/2765(26)号决议,谴责美国企图从南罗得西亚进口铬矿石,违反了安理会关于全面禁止同南罗得西亚进行贸易的决议。美国代表没有参加投票。中国代表第一次参加联合国大会表决,对此项决议投了赞成票。

11月22日　中国常驻联合国代表黄华首次出席安理会会议,开始代表中国履行安理会常任理事国的职责。

11月23日　中国当选为经社理事会的理事国。

11月24日　乔冠华团长在联合国大会全体会议上,就苏联代表团关于召开世界裁军会议的建议作了发言,阐述了中国政府对这一建议的原则立场。他指出,不能把军备竞赛的责任加在所有国家的身上,也不能不加分析地要求所有国家一律裁军。中国代表团认为,苏联代表团关于召开世界裁军会议的提议,既没有规定明确的目标,又没有提出切实的步骤。按照苏联的建议,这样的世界裁军会议势将成为一个议论不休、不解决任何实质问题的常设俱乐部,永远谈裁军,永远搞扩军。这是不符合各国人民的愿望的,也是我们不能同意的。因此,中国代表团建议本届联大不把苏联关于召开世界裁军会议的提案付诸表决。

11月26日　乔冠华团长在联合国全体会议上再次发言,严正驳斥了苏联常驻联合国代表马立克在24日的全体会议上的发言中针对中国政府在裁军问题上的原则立场的扭曲、诽谤和攻击。

11月30日　黄华代表在安理会会议上听取了安理会派遣到几内亚的特别调查团的报告后发表讲话,强烈谴责葡萄牙殖民主义者在其他帝国主义的支持下入侵几内亚的罪行,并且重申中国人民坚决支持英雄的几内亚人民为捍卫民族独立和国家主权的正义斗争。

12月5日　黄华代表在安理会继续讨论由于印度武装侵略巴基斯坦而造成的印巴次大陆紧张局势的紧急会议上,重申了中国政府在这一问题上的严正立场,并且针对苏联代表提出的支持印度侵略的提案和包庇印度侵略的种种谬论多次发言,严加批驳。

12月7日　乔冠华团长在联合国大会第26届会议紧急辩论由于印度武装侵略巴基斯坦而造成的印巴次大陆紧张局势问题的全体会议上的发言,强烈谴责印度在苏联的支持和包庇下对巴基斯坦进行军事侵略和政治颠覆,并指出联合国绝不要重蹈国际联盟的覆辙,而应坚决谴责印度的侵略,揭露苏联对印度的可耻支持,坚决支持巴基斯坦政府和人民反击印度侵略的正义斗争。

12月8日　乔冠华团长在联合国大会第26届会议辩论中东问题的全体会议上发言,强烈谴责以色列在美国的支持下,对巴勒斯坦人民和阿拉伯各国人民进行的侵略战争,揭露两个超级大国在中东进行肮脏的政治贸易;同时表示坚决支持巴勒斯坦和阿拉伯各国人民反对美以侵略的正义斗争。

同日　陈楚代表在安理会讨论南罗得西亚问题时发言,强烈谴责南罗得西亚殖民当局镇压津巴布韦人民争取民族独立的斗争,指出英国串通史密斯殖民政权炮制的所谓解决南罗得西亚问题的建议完全是一个骗局,并且重申中国政府和中国人民坚决支持津巴布韦人民的正义斗争。

12 月 9 日　陈楚代表在联合国大会第一委员会讨论停止核试验问题时发言,重申中国政府关于全面禁止和彻底销毁核武器问题的原则立场。陈楚表示,中国代表团在目前情况下将反对通过所谓禁止核试验的提案。

12 月 10 日　陈楚代表在联合国大会第一委员会讨论玻利维亚等 17 个拉丁美洲国家提出的一项提案(提案要求各拥有核武器的国家签署和批准拉丁美洲禁止核武器条约补充议定书)时发言,申述中国政府在这一问题上的原则立场,并表示中国代表团目前不参加对这项提案的表决。

12 月 13 日　陈楚代表在联合国安理会会议上发言,申述中国对在塞浦路斯派驻联合国部队的立场。他说,关于塞浦路斯问题,从根本上说是帝国主义的殖民统治遗留下来的问题。对于这个问题,我们一贯主张有关国家应当通过平等协商,合理解决。关于派驻联合国部队问题,中国政府在原则上历来有自己的主张,这是各代表所熟知的。因此,我们不能参加对这个提案的投票。

12 月 16 日　大会通过关于《禁止细菌(生物)和毒素武器的发展、生产及储存以及销毁这类武器的公约》的第 A/RES/2826(26)号决议及其所附《禁止细菌(生物)和毒素武器的发展、生产及储存以及销毁这类武器的公约》。中国没有参加投票。

同日　黄华副团长在联大全体会议上辩论"苏联关于召开世界裁军会议的建议"时重申,拥有大量核武器的美苏两国应该发表声明,公开承担不首先使用核武器,撤销设在国外的一切基地和核武器的义务,并且表示中国代表团赞成罗马尼亚、墨西哥等 27 国的提案。

一九七二年

1 月 6 日　中国代表安致远在联合国经济及社会理事会第 52 届组织工作会议上发言说:国家不分大小,必须一律平等。一个国家的事要由这个国家的人民来管;全世界的事,要由世界各国来管;联合国的事,要由参加联合国的所有国家来管。中国政府一贯支持中小国家和各国为维护国际关系中的平等地位而作的斗争,坚决反对一两个超级大国对别国的侵略、颠覆、干涉、掠夺、控制和欺负。

1 月 12 日　中国常驻联合国代表黄华照会联合国秘书长库尔特·瓦

尔德海姆,要求联合国秘书长根据联合国大会的决议,立即采取相应措施,停止同蒋介石集团的一切来往,并立即停止"开发计划署""技术合作局"和联合国所属其他一切机构对蒋介石集团的一切援助及往来,包括尚未进行和正在进行的项目在内。

1月26日 在日内瓦举行的世界卫生组织理事会会议通过决议,承认中华人民共和国为中国唯一合法的代表加入世界卫生组织。

1月27日 姬鹏飞外长致信联合国秘书长库尔特·瓦尔德海姆。信中指出:中国政府认为存在于南部非洲和其他地区的种族歧视和种族隔离是殖民主义、帝国主义政策的产物。信中谴责南非、罗得西亚和葡萄牙殖民当局以及幕后的支持者,并指出过去在帝国主义和新老殖民主义势力的阻挠和破坏下,联合国未能发挥应有作用,这种情况不应再继续下去。

1月31日 中国常驻联合国代表黄华在亚的斯亚贝巴举行的安理会关于非洲问题的首次特别会议上发言说,中国政府坚决支持非洲人民反帝反殖斗争,强调非洲的事务只能由非洲国家和人民自己解决,安理会必须尊重非洲国家和人民解决当前紧迫问题的意愿。

2月10日 周恩来总理会见菲律宾总统代表罗慕尔德斯时说,台湾是中国的一个省,是中国不可分割的领土。不论是中华人民共和国也好,蒋介石也好,都承认只有一个中国。这个中国包括台湾省在内。1971年联合国大会的决议,以76票对35票的绝大多数通过的决议证明了这一点是真理、是事实。

2月14日 中华人民共和国与墨西哥合众国建立外交关系。中国常驻联合国代表黄华和墨西哥常驻联合国代表阿方索·加西亚·罗夫莱斯在各自政府授权下进行谈判,并签署建交公报,决定自即日起建立外交关系,并尽快互派大使。

2月21日 美国总统尼克松开始对中国进行为期7天的历史性访问。周恩来总理、李先念副总理、叶剑英元帅等到北京机场迎接。尼克松是中华人民共和国成立以来第1位来访的美国总统。尼克松对此次访问评价说:"这是中美两国的领导人越过一个大洋、越过相互敌对的20多年的握手,这表明中美关系从此将揭开新的一页。"

2月21—28日 美国总统尼克松访华。周恩来总理前往机场迎接。21日下午,毛泽东主席会见了尼克松和随他来访的美国总统国家安全事务助理基辛格等人,并就广泛的话题进行了交谈。28日,双方共同发表了《中美联合公报》。其中针对台湾问题,《中美联合公报》指出,双方回顾了中美两国之间长期存在的严重争端。"中国方面重申自己的立场:台湾问题是阻碍中美两国关系正常化的关键问题;中华人民共和国政府是中国的唯一合法政府;台湾是中国的一个省,早已归还祖国;解放台湾是中国内政,别国无权干涉;全部美国武装力量和军事设施必须从台湾撤走。"中国政府坚决反对任何旨在制造"一中一台""一个中国、两个政府""两个中国""台湾独立"和鼓吹"台湾地位未定"的活动。美国方面声明:美国认识到,在台湾海峡两边的所有中国人都认为只有一个中国,台湾是中国的一部分。美国政府对这一立场不提出异议。它重申它对由中国人自己和平解决台湾问题的关心。考虑到这一前景,它确认从台湾撤出全部美国武装力量和军事设施的最终目标。在此期间,它将随着这个地区紧张局势的缓和逐步减少它在台湾的武装力量和军事设施。

2月24日　世界气象组织恢复中国的合法席位。

3月3日　中国代表安致远在联合国和平利用国家管辖范围以外海床洋底委员会会议上指出:当前国际上有关海洋权的斗争,实质上就是侵略与反侵略、掠夺与反掠夺、霸权与反霸权的斗争,是亚非拉国家维护民族权益,捍卫国家主权,反对超级大国海洋霸权主义的斗争。安致远重申:我们台湾省及其所有附属岛屿,包括钓鱼岛、黄尾屿、赤尾屿、南小岛、北小岛等岛屿在内,是中国的神圣领土。这些岛屿周围的海域和邻近中国的浅海海域的海底资源,都完全属于中国所有,决不允许任何外国侵略者染指。无论是什么人,制造什么样的借口,企图分割中国领土和掠夺属于中国所有的海洋资源,都是决不允许的,也是绝对办不到的。

3月8日　中国常驻联合国代表黄华致信联合国非殖民化特别委员会主席萨利姆,抗议联合国把香港、澳门列入所谓"殖民地领土"的做法,指出港澳问题是由历史遗留下来的不平等条约造成的,香港和澳门是被英国和葡萄牙当局占领的中国领土的一部分,根本不属于通常的所谓"殖民地"范畴,中国将在时机成熟的时候以适当的方式加以解决。

4月5日　根据中华人民共和国政府的推荐,联合国秘书长库尔特·瓦尔德海姆任命唐明照为负责政治事务和非殖民化的联合国副秘书长。

4月12日　周恩来总理致电联合国贸易和发展会议第3届会议,祝贺该会议在圣地亚哥召开,希望这届会议能够为全世界各国人民特别是发展中国家人民维护民族独立、发展民族经济、反对帝国主义和新老殖民主义的经济掠夺和垄断、建立平等互利的国际经济贸易关系等方面做出贡献。

4月13日　万国邮政联盟国际局总局长拉依致函中国外交部部长,通知万国邮政联盟决定承认中华人民共和国代表为中国在该组织中的唯一合法代表。5月8日,姬鹏飞外长通知该组织,中国决定参加万国邮联的活动。

4月13日—5月21日 联合国贸易和发展会议第3次会议在智利首都圣地亚哥举行,来自141个国家的3000名代表出席,中国代表团参加正式会议。这是中国恢复在联合国合法席位后第1次参加的大型国际会议。

4月20日 中国代表团团长、对外贸易部副部长周化民在联合国贸易和发展会议第3届会议大会上发言说,国家的独立、经济的发展,是关系到各国人民特别是发展中国家人民切身利益的大事。没有政治上的独立,就谈不上经济上的独立;而没有经济上的独立,一个国家的独立是不完全的。一切国际贸易关系都应当遵循和平共处五项原则。国际贸易应当建立在平等互利的基础上。不论何种形式的经济援助,必须严格尊重受援国家的主权,不附加任何条件,不要求任何特权,真正帮助受援国家发展独立的民族经济,而不是加重他们的负担。

5月8—10日 瓦尔德海姆秘书长同安理会各理事国代表举行紧急磋商,讨论美国在越南港口布雷并封锁越南海岸的行动,中国代表黄华在会上严厉谴责了美国的行径。

5月10日 世界卫生组织第25届世界卫生大会以76票对15票,27票弃权,决定承认中华人民共和国为中国在该组织的唯一合法代表通过决议恢复了中华人民共和国在该组织的合法席位。同日,世界卫生组织总干事坎道致函姬鹏飞外长,通报上述决定,并拟来华同我有关方面商谈有关事宜。6月7日,姬鹏飞外长复电坎道,通知他,我国决定参加世界卫生组织的活动并邀请其访华。世界卫生组织于1948年6月24日正式成立,是联合国的一个专门机构,其宗旨是使全世界人民获得尽可能高水平的健康。该组织给健康下的定义为"身体、精神和社会生活的完美状态"。中国是世界卫生组织的创始国之一,现为其执委会成员。

5月16日 中国代表王润生在联合国经社理事会第52届会议社会委员会会议上发言说,要解决危害各国人民健康的麻醉品毒害问题,主要应该由各国自己根据其具体情况,采取坚决有效的措施。他指出,在尊重各国主权的基础上,在国际上就麻醉品的管理问题达成某些切实可行的协议,共同努力,也是应当认真加以考虑的。

5月20日 中国常驻联合国代表黄华致信瓦尔德海姆秘书长和安理会,指出美国和日本两国政府拿中国领土钓鱼岛等岛屿私相授受,完全是非法、无效的,中国政府和中国人民绝不承认。

5月23日 政府间海事协商组织理事会第28届会议在伦敦通过决议,承认中华人民共和国政府为代表中国的唯一合法政府。

5月29日　国际电信联盟执行理事会第27次会议在日内瓦举行,通过了由阿尔及利亚、巴基斯坦和南斯拉夫代表团提出的关于恢复中华人民共和国在国际电信联盟中合法权利的决议。

6月10日　中国代表团团长、燃料化学工业部副部长唐克在斯德哥尔摩举行的联合国人类环境会议全体会议上说,中国主张支持发展中国家独立自主地发展民族经济,按照自己的需要开发本国的自然资源,逐步提高人民福利。各国有权根据自己的条件确定本国的环境标准和环境政策,任何国家不得借口环境保护,损害发展中国家的利益。国际上任何有关改善人类环境的政策与措施,都应该尊重各国的主权和经济利益,符合发展中国家的当前和长远利益。我们坚决反对帝国主义的掠夺政策、侵略政策和战争政策;坚决反对超级大国以改善人类环境为名,行控制和掠夺之实。对于那些侵犯别国主权,破坏别国资源,污染和毒化别国环境的肇事国,受害国家有权制裁并要求它们赔偿损失。对于那些向公海倾泻有害物质、污染海水、破坏海洋资源、威胁航行和沿海国家安全的行为,应当采取有力措施加以制止。唐克还指出,有一些国家担心核污染,心情是可以理解的。现在有人无视超级大国大量制造、大量储存核武器,威胁广大中小国家人民,无视美国正在越南、老挝、柬埔寨进行屠杀人民、毒化环境的野蛮战争,却装出貌似公正伪善的样子,不加区分地反对一切核试验。对此,中国代表团不能接受。

6月23—24日　安理会召开紧急会议,讨论以色列最近再次武装入侵黎巴嫩的问题。中国代表在会上强烈谴责以色列侵略黎巴嫩的罪行,要求安理会采取行动,制止以色列侵略者一再侵犯别国的罪恶行径。

7月31日　姬鹏飞外长致函联合国驻日内瓦办事处主任温斯拜阿雷·圭恰迪,中国决定设立"中华人民共和国日内瓦办事处和瑞士其他国际组织常驻代表处"。

8月11—15日　瓦尔德海姆秘书长访问中国。姬鹏飞外长在同他会谈时强调,国家不分大小,应该一律平等;全世界的事务要由世界各国来管,联合国的事要由参加联合国的所有国家来管,不能允许超级大国操纵和垄断。

8月13日　周恩来总理会见联合国秘书长库尔特·瓦尔德海姆和夫人。双方就联合国问题、印巴问题、孟加拉国加入联合国问题、裁军问题、越南问题等交换了意见。此前,姬鹏飞外长同瓦尔德海姆举行了会谈。

8月18日　周恩来总理会见日本自民党国会议员川崎秀二。当川崎秀二问起中国能否在国庆期间接待田中角荣时,周总理表示:1972年是国庆 23 周年,不是逢五逢十,我们不打算大搞庆祝活动,不请什么外宾,所以在国庆期间还是可以分出时间来的。如果田中首相想提前一点来更好。

8 月 25 日 安理会讨论孟加拉国申请加入联合国的问题。中国主张,在联合国有关决议还没有得到实施的情况下应推迟审议这一问题,以推动有关各方的和解,贯彻执行联合国的决议,因此在表决时投了否决票。几内亚、苏丹和索马里 3 国投弃权票。

9 月 10 日 中国否决了反对以色列侵略叙利亚、黎巴嫩提案的一项修正案。

9 月 22 日 大会总务委员会就《为促进朝鲜的自主和平统一创造有利条件》的议题是否列入本届大会议程进行了激烈辩论。中国等国代表在会上相继发言,反对大会推迟讨论朝鲜问题。

9 月 25 日 日本内阁总理大臣田中角荣访问中国。田中一行到达北京时,周恩来、叶剑英、郭沫若等到机场迎接。毛泽东主席在中南海会见了田中角荣,双方进行了认真、友好的谈话,周恩来与田中角荣进行了 4 次会谈。经过双方共同努力,9 月 29 日上午,《中华人民共和国政府和日本国政府联合声明》签字仪式在北京人民大会堂西大厅举行。中华人民共和国国务院总理周恩来、外交部部长姬鹏飞和日本国内阁总理大臣田中角荣、外务大臣大平正芳,分别代表本国政府在联合声明上签字。《中日联合声明》庄严宣布:"中华人民共和国和日本国之间迄今为止的不正常状态宣告结束","日本方面痛感日本国过去由于战争给中国人民造成的重大损害的责任,表示深刻的反省。""中华人民共和国政府宣布:为了中日两国人民的友好,放弃对日本国的战争赔偿要求。"双方决定从 1972 年 9 月 29 日起建立外交关系,同意进行以缔结和平友好条约以及政府间的贸易、航海、航空、渔业等协定为目的的谈判,决定在和平共处五项原则的基础上,建立两国持久的和平友好关系。签字后,周恩来总理和田中角荣内阁总理大臣交换了文本。中日两国关系从这一刻起实现邦交正常化,从而揭开了两国关系史上新的一页。

10 月 1 日—11 月 14 日 中华人民共和国代表团团长、外交部副部长乔冠华出席联合国大会第 27 届会议。10 月 3 日,乔冠华在大会一般性辩论的全体会议上作了长篇发言,全面阐述了中国政府对印度支那战争、印巴次大陆问题、中东"不战不和"局面、非洲特别是南部非洲问题、关于世界裁军会议等问题的原则立场和主张。

10 月 17 日 联合国教育、科学及文化组织第 17 届大会在法国巴黎举行。中华人民共和国代表团团长、驻法大使黄镇出席大会。

10 月 19 日　联合国教科文组织就孟加拉国申请加入问题,展开激烈辩论。在就此问题进行表决时,中国投了反对票。

10 月 20 日　中国代表在大会第一委员会发表声明,宣布台湾当局用"中国"名义签署有关外层空间的条约、协定和公约是非法的、无效的,中国一概不承担责任。

11 月 8 日　大会通过决议,批准非殖民化特别委员会关于把香港和澳门从"殖民地领土"名单中删除的报告,从而确认了中国对香港、澳门主权的立场和要求,并排除了其他国家参与解决港澳问题的可能性。

11 月 29 日　大会通过由苏联提出一项关于在国际关系中不使用武力和永远禁止使用核武器的第 A/RES/2936(27)号决议,谴责在国际关系中以任何方式使用武力,并要求永远禁止使用核武器。中国代表在表决前发言指出,苏联建议混淆了侵略和被侵略的界限,只能有利于帝国主义和超级大国的侵略扩张。中国对此决议投了反对票。

12 月 22 日　中华人民共和国和新西兰建立外交关系。中国常驻联合国代表黄华,新西兰常驻联合国代表约翰·维安·斯考特在纽约就两国建交问题进行谈判并达成协议,决定自即日起互相承认并建立外交关系。

12 月 25 日　姬鹏飞外长致电瑞士政府和电联秘书长,通知中国政府决定加入《国际电信公约》。

12 月 31 日　周恩来总理会见越南国会常务委员会主席长征。长征就当前越南和谈问题征求中方意见时,周恩来说:尼克松还是想走的,所以这次谈判要认真去谈,目的是要谈成,当然也是要准备谈不成,中间有一些波折。

一九七三年

1 月 9 日　中国常驻联合国代表黄华向联合国秘书长递交中国代表团声明,重申中国将不参加世界裁军会议特别委员会的工作。

2 月 1 日　姬鹏飞外长致函联合国秘书长库尔特·瓦尔德海姆,通知中国政府决定接受《海事协商组织公约》。3 月 1 日,中国正式加入该组织并参加该组织的活动。

2 月 23 日　姬鹏飞外长致函联合国粮农组织总干事布尔马,通知中国政府决定自 4 月 1 日起加入粮农组织。

3 月 1 日　中国正式加入国际海事组织。

4 月 1 日　中国正式恢复在联合国粮食及农业组织中的席位,从即日起参加该组织的活动。

5月20日 周恩来总理会见美国《圣路易邮报》专栏作家马奎斯·蔡尔兹和夫人,在谈到中美关系时说:杜勒斯人已经不在了,但他的错误和政治影响到现在还没有完全消除。从中美关系看,可以说突破了杜勒斯政策的主要方面,但其影响未完全肃清:如(1)杜勒斯搞的"条约还算数";(2)"老朋友不能丢掉";(3)"培养他自己的自卫能力"。关于台湾问题,我们相信最后会解决的,我们尽力不使台湾问题存在的时候妨碍中美关系走向正常化。

8月21日 中国驻墨西哥大使熊向晖代表中国政府签署《拉美禁止核武器条约》第2号附加协定书。熊向晖在签署时宣读中国政府声明说:拉丁美洲国家为了反对超级大国的核威胁和核讹诈政策,维护拉丁美洲的和平与安全,提出建立拉丁美洲无核区的主张。中国政府尊重和支持这一正义主张,并应墨西哥合众国和其他拉丁美洲国家的要求,决定于1973年8月21日于墨西哥城签署《拉丁美洲禁止核武器条约》第2号附加议定书。

9月24日 姬鹏飞外长致电国际货币基金组织总裁约翰内斯·韦特文和国际复兴与开发银行行长罗伯特·麦克纳马拉,严正要求国际货币基金组织和国际复兴与开发银行立即采取行动,把蒋介石集团的代表驱逐出去。

9月29日—10月30日 中华人民共和国代表团团长、外交部副部长乔冠华出席联合国大会第28届会议。10月2日,乔冠华在联合国大会全体会议上发言。他就当前世界形势的特点是什么、当前世界不得安宁的根源在哪里、究竟谁反对缓和、柬埔寨问题、朝鲜问题、孟加拉问题、中东问题、反对殖民主义问题、反对海洋霸权问题、裁军等问题全面阐述了中国政府的政策和立场。

10月8日 联合国教育、科学和文化组织第93届执行局会议以17票对1票,10票弃权通过了中国提出的关于敦促与教科文组织有联系的非政府性国际组织驱逐蒋介石集团代表的决议。据有关材料,和教科文组织保有"咨询及协作关系""情报及咨询关系"和"互通情报关系"的非政府组织共有300多个。

10月22日 安理会以14票对0票,通过关于中东问题的第S/RES/338(1973)号决议。中国代表当时认为,美苏联合提案表明两国的相互勾结,企图把"不战不和"的局面强加给阿拉伯国家。因此,中国未参加投票,中国使用这种出席不投票的做法,被认为是创造出了一种新的表决程序。

10 月 23 日　安理会通过关于"埃及—以色列"的第 S/RES/339(1973)号决议。中国未参加投票。

10 月 25 日　安理会通过关于中东问题的第 S/RES/340(1973)号决议。中国未参加投票。

10 月 27 日　安理会以 14 票对 0 票,通过关于联合国紧急部队的第 S/RES/341(1973)号决议。中国未参加投票,并声明中国将不承担联合国维和行动的摊款。

11 月 2 日　联合国秘书长发表声明说,除中国以外的安理会其他理事国已就第 2 支联合国紧急部队的组成达成协议,并说将吸收至少 3 个非洲国家参加,以更好地体现该部队的地域代表性。

11 月 5 日　姬鹏飞外长通知政府间海事协商组织秘书长科林·戈德,中国政府决定参加 1960 年 6 月 17 日在伦敦签订的《国际海上人命安全公约》和 1966 年 4 月 5 日在伦敦签订的《国际船舶载重线公约》,并退出 1930 年 7 月 5 日在伦敦签订的《国际船舶载重线公约》。

同日　在联合国大会政治和安全委员会表决关于"迫切需要停止核和热核试验"的两个决议草案时,中国代表团投票反对这两个决议草案。

11 月 23 日　联合国大会行政和预算委员会通过一项决议草案,就各会员国分担驻在中东的第 2 支联合国紧急部队头 6 个月的费用做了特别安排。中国没有参加投票。

12 月 7 日　大会关于安理会常任理事国各裁减军事预算 10%,并用所节减款项的一部分向发展中国家提供援助的第 A/RES/3093(28)号决议。中国代表在投票前发言指出,苏联的提案是一个假裁军的骗局,重申中国坚决反对这一提案的原则立场,美国、英国和法国代表则认为,在给军事预算下定义和比较不同国家的实际军事开支方面存在着严重困难,因而投了弃权票。

12 月 13—17 日　联合国大会全体会议这两天就全权证书审查委员会报告进行辩论。中国等 50 个国家在表决中投票反对承认朗诺傀儡集团代表的全权证书。

12 月 15 日　安理会审议澳大利亚等 10 个非常任理事国提出的对拟议中的中东和平会议做出安排的一项决议案。中国未参加投票。

一九七四年

1 月 17 日　中国常驻联合国代表黄华就联合国安理会在 1974 年第 1

次会议上通过决议,把中文列为安理会工作语言时指出:中文与英文、法文、俄文和西班牙文同为联合国的 5 种正式语言。联合国宪章明确规定 5 种文字具有同等效力。中国代表团在 1973 年第 28 届联合国大会提出了将中文列为联合国大会和安理会的工作语言的建议。他说:安理会的这一行动结束了联合国长期以来存在的不合理状态,是合乎逻辑的,符合宪章精神的,也将有助于提高安理会的工作效率。

2 月 12 日 姬鹏飞外长复信给阿尔及利亚外交部部长布特弗利卡,对阿尔及利亚革命委员会主席布迈丁最近提出的召开一次联合国大会特别会议讨论关于原料和发展问题的建议,中国政府特别表示赞同和支持。

2 月 15 日 姬鹏飞外长致函国际民航组织秘书长柯台特,通知中国政府决定承认《国际民航公约》,并自该日起参加该组织的活动。

2 月 15—28 日 应伊拉克的请求,安理会召开紧急会议,讨论伊拉克与伊朗之间边界冲突。28 日,安理会主席代表安理会发表声明,除中国外的理事国一致要求两伊采取克制态度,避免局势恶化,并请秘书长任命一位特使前往调查两伊边境最近发生的冲突事件。中国代表团声明:中国希望两伊在和平共处五项原则基础上通过谈判公正合理地解决边界争端。中国不赞成联合国以任何形式卷入边界争端。

2 月 22 日 毛泽东主席提出划分"三个世界"的战略思想。毛主席在会见来访的赞比亚总统卡翁达时,谈道:"我看美国、苏联是第一世界。中间派,日本、欧洲、澳大利亚、加拿大,是第二世界。咱们是第三世界。""第三世界人口很多。亚洲除了日本,都是第三世界。整个非洲都是第三世界,拉丁美洲也是第三世界。"

3 月 11 日 在联合国人口委员会第 3 次特别会议讨论"世界人口行动计划"草案时中华人民共和国观察员徐礼章发言,阐明了中国对人口问题的立场。他指出,世界人口会议应充分反映发展中国家反对帝国主义、新老殖民主义和大国霸权主义,支持发展中国家维护民族独立、发展民族经济,逐步改善和提高人民经济生活和文化水平的迫切愿望。他还着重说明,人口政策和人口统计指标的制定,人口普查和统计资源的分布,属于各国的内政和主权,应当由各国政府按照本国人民的意愿来处理。由联合国世界人口会议作出统一规定,是不适宜的,也是行不通的。人口方面的合作,必须在有关方面完全自愿、严格尊重国家主权并且有利于受援国自力更生的原则下进行。

4 月 9 日—5 月 2 日 联合国大会第 6 次特别会议在纽约联合国总部举行,通过关于原料和发展的第 A/RES/3200(S—6)—A/RES/3202(S—6)号决议。中国副总理邓小平率中国代表团出席,并在 4 月 10 日全体会议上作长篇发言,向国际社会全面阐述了中国的对外政策和毛泽东同志的三个世界的战略构想。他指出,从国际关系的变化看,现在的世界实际上存在着相互联系又相互矛盾着的三个方面、三个世界。美国、苏联是第一世界。亚非拉发展中国家和其他地区的发展中国家,是第三世界。处于这两者之间的发达国家是第二世界。两个超级大国是当代最大的国际剥削者和压迫者,最新的世界战争的策源地。他强调:中国是一个社会主义国家,也是一个发展中国家,中国属于第三世界。邓小平说:"什么叫超级大国? 超级大国就是到处对别国进行侵略、干涉、控制、颠覆和掠夺,谋求世界霸权的帝国主义国家。一个社会主义大国如果出现资本主义复辟,必然会变成超级大国。"邓小平并向世界庄重宣示:"如果中国有朝一日变了颜色,变成一个超级大国,也在世界上称王称霸,到处欺负人家,侵略人家,剥削人家,那么,世界人民就应当给中国戴上一顶社会帝国主义的帽子,就应当揭露它,反对它,并且同中国人民一道,打倒它。"邓小平宣布,中国永远不称霸,永远不做超级大国。

5 月 7 日 中国代表团出席在日内瓦召开的第 27 届世界卫生大会。9 日,中国代表团首席代表黄家驷在大会上发言指出:摆脱帝国主义和新老殖民主义的侵略和压迫,反对大国霸权主义和强权政治,争取和维护民族独立,依靠广大人民自主地发展民族经济,是第三世界各国人民发展民族卫生事业和提高人民健康水平的极其重要的条件。他说:世界卫生组织应该面向第三世界的各国人民,倾听他们的意见,尽最大的努力满足他们的愿望和要求。这应该是世界卫生组织进行工作的主要方向。

5 月 28 日 安理会通过关于"伊朗—伊拉克"的第 S/RES/348(1974) 号决议。中国未参加投票。

6 月 19 日 万国邮政联盟第 17 次代表大会全体会议在洛桑举行,选举万国邮政联盟执行理事会等机构的成员,中国被选为执行理事会的成员国。会议指定中国为万国邮政联盟邮政研究咨询理事会的成员国。

8 月 9—18 日 联合国大会第 28 届会议主席、厄瓜多尔常驻联合国代表奥波尔德·贝尼特斯访华。邓小平副总理会见贝尼特斯时,对他在特别联大期间与中国的合作表示感谢,对厄瓜多尔政府为发展两国关系所采取的积极步骤表示欣赏,希望两国能较快地建交,建交前可进行贸易、文化、体育交流。

9 月 25 日—10 月 8 日 中华人民共和国代表团团长、外交部副部长乔冠华出席联合国大会第 29 届会议。2 日,乔冠华在联合国大会第 29 届会议一般性辩论中发言,全面分析和阐述国际形势的发展、变化和面临的若干重大问题。

9月30日 中华人民共和国代表团团长、外交部副部长乔冠华应约在纽约会见孟加拉国出席联合国大会代表团团长、外长侯赛因。侯赛因介绍了孟加拉国情况和孟加拉国同巴基斯坦关系，并要求同我国建交。乔冠华表示，我们希望看到巴孟关系能较快正常化。

一九七五年

1月23—28日 联合国教育、科学及文化组织总干事阿马杜·马赫塔尔·姆博访华。邓小平副总理会见阿马杜·马赫塔尔·姆博时说，西方世界垄断的状态已开始改变了。

1月31日—2月6日 特立尼达和多巴哥总理埃里克·尤斯塔斯·威廉斯访华，周恩来总理在医院会见威廉斯。威廉斯作为联合国大学理事会的成员，就联合国大学问题同周总理交换了意见。邓小平副总理同威廉斯举行会谈，双方就中特两国间友好合作关系的进一步发展以及共同关心的国际问题，包括联大第7届特别会议、石油问题和技术转让等问题，长时间交换了意见。

9月1—12日 联合国大会第7届特别会议在联合国总部举行。这届会议是1974年研究原料和发展问题的联大第6届特别会议的继续。2日，中国代表团团长、对外贸易部部长李强在联大第7届特别会议的全体会议上作了长篇发言。

9月19日 大会通过一项由包括中国在内的55国提出的关于接纳越南为联合国会员国的第 A/RES/3366（30）号决议，接纳越南民主共和国和越南南方共和国为联合国会员国，并相应地要求安理会严格根据《联合国宪章》的有关规定，重新审议它们的申请。

9月19日—10月8日 中华人民共和国代表团团长、外交部部长乔冠华出席联合国大会第30届会议。26日，乔冠华在联大第30届会议全体会议上发言，回顾自29届联大以来国际形势发生的深刻变化，并就反殖民问题、朝鲜问题、中东问题、裁军问题、发展问题等，阐明了中国政府的原则立场。

10月28日 中国驻联合国日内瓦办事处和瑞士其他国际组织常设代表处首任常驻代表安致远向联合国副秘书长、联合国日内瓦办事处主任温斯拜阿雷·圭恰迪递交委任通知书。

11月10—21日 联合国贸易与发展会议航运委员会第7届会议在日内瓦举行。中国代表第1次出席了会议。

11 月 30 日　美国总统福特启程访问中国,这是在中美两国未建交的情况下,美国总统第 2 次访华。访问期间,毛泽东主席与福特总统就形势与战略问题高屋建瓴地交换了意见。中国国务院副总理邓小平与福特总统会谈时指出:在我们两国关系中,我们一直是把国际问题摆在第一位,台湾问题是第二位。并坚定地阐明了中国政府关于台湾问题的立场:用什么方式解决台湾问题,这是中国的内政,由中国决定。

一九七六年

1 月 8 日　中国总理周恩来逝世,联合国纽约总部门前的联合国旗降了半旗,以表悼念。

7 月 6 日　中国全国人大常委会委员长朱德逝世。在 9 日举行的联合国安理会上,安理会成员国和联合国秘书长对朱德的逝世表示哀悼。

9 月 9 日　中国国家主席毛泽东逝世,联合国总部下半旗志哀。10 日,安理会召开正式会议悼念毛泽东主席逝世。联合国第 31 届会议开幕时特意举行了毛泽东主席逝世的哀悼仪式,与会的 140 多个成员国代表起立默哀一分钟。

10 月 5 日　中国代表团团长、外交部部长乔冠华在联合国第 31 届会议全体会议上发言。

一九七七年

8 月 4—11 日　联合国秘书长库尔特·瓦尔德海姆访华。黄华外长同瓦尔德海姆就国际形势、非洲形势、中东问题、对联合国的看法等一些重大国际问题举行会谈。华国锋总理、邓颖超副委员长分别会见瓦尔德海姆。

9 月 23 日—10 月 3 日　中华人民共和国代表团团长、外交部部长黄华出席联合国大会第 32 届会议。29 日,黄华在联合国大会全体会议上发言,全面分析和阐述当前国际形势和中国的对外政策,对重大国际问题的原则和立场。会议期间,同印尼外长就两国关系正常化、同吉布提外长就建交问题进行了接触。

改革开放后与联合国关系的全面发展

一九七八年

1月7日 邓小平在接见美国参众两院议员代表团时进一步明确提出了中国"两手"解决台湾问题的可能。他说:"解决台湾问题就是两只手,两种方式都不能排除。力争用右手争取和平方式,用右手大概要力量大一点,实在不行,还得用左手,即军事手段。我们在这方面不可能有什么灵活性。要说灵活性,就是我们可以等。"

3月19日 安理会通过关于"以色列—黎巴嫩"的第 S/RES/426(1978)号决议。中国未参加投票。

5月3日 安理会通过关于"以色列—黎巴嫩"的第 S/RES/427(1978)号决议。中国未参加投票。

5月25日—6月3日 黄华外长率领中国代表团参加专门讨论裁军问题的联合国大会第10届特别会议。29日,黄华在讨论裁军问题的联合国大会第10届特别会议上发言指出:超级大国加剧军备竞赛,激烈争夺霸权,正在日益严重地威胁全世界人民。推迟新的世界战争爆发,已成为各国人民的共同任务。全世界人民,包括美苏两国人民联合起来,一切受到苏美两霸侵略、干涉、控制、颠覆和欺负的国家联合起来,建立和扩大最广泛的国际反霸统一战线,加强斗争,就一定能够挫败超级大国的侵略政策和战争政策,维持世界和平。

8月12日 签订《中华人民共和国和日本国和平友好条约》(简称《中日和平友好条约》或《中日友好条约》)。1972年中日邦交正常化后,双方在政治、经济等方面的交流发展很快。在此背景下,两国要求尽早展开和平友好条约谈判的呼声日益高涨。1975年1月,中日两国进行了预备性谈判,经历多轮艰苦谈判后,直到1978年谈判才最后完成,当年8月12日中国外交部部长黄华与日本外相园田直在北京正式签订了《中日和平友好条约》。1978年10月23日上午,《中日和平友好条约》批准书互换仪式在日本首相官邸举行,中国国务院副总理邓小平与日本首相福田赳夫出席,中国外交部部长黄华和日本外相园田直分别代表本国政府签署了"互换《中华人民共和国和日本国和平友好条约》批准书的证书"，互换了批准书的正本，《中日和平友好条约》从此生效。《中日和平友好条约》在文本上十分简单，主要是确认双方在和平共处五项原则的基础上发展两国持久的友好关系；在相互关系中用和平手段解决一切争端而不诉诸武力和武力威胁；反对霸权主义；发展两国经济和文化关系，促进人民交流等。条约有效期为 10 年，至今中日两国都没有宣布终止条约，所以条约一直自动继续有效。虽然《中日和平友好条约》全文不足 1000 字，但它以法律形式确认了《中日联合声明》的各项原则，为中日关系的全面发展奠定了政治基础。

9 月 24 日—10 月 4 日 黄华外长率领中国代表团出席第 33 届联合国大会。9 月 29 日，黄华在联合国大会第 33 届举行一般性辩论的全体会议上作了阐明中国政府政策和立场的发言。

10 月 6 日 陈慕华副总理会见世界卫生组织总干事马勒博士一行。同日，中国卫生部和世界卫生组织关于卫生技术合作的备忘录在北京签订。

10 月 22—29 日 邓小平副总理对日本进行为期 1 周的正式访问，是首位访问日本的中国国家领导人。访日期间，邓小平出席了互换《中日和平友好条约批准书》仪式，并参观过日本新日铁、松下、日产汽车等公司，乘坐新干线列车从东京到京都，在日本亲身体验了"现代化"。10 月 25 日，邓小平副总理出席东京日本记者俱乐部举行的记者招待会并发表讲话。有关钓鱼岛问题，他说，双方有着不同的看法，将来总会找到一个大家都能接受的方式来解决这个问题。

12 月 16 日 《中美建交联合公报》发表，自 1979 年 1 月 1 日起互相承认并建立外交关系，3 月 1 日互派大使并建立大使馆。同日，中国发表声明指出：中华人民共和国和美利坚合众国自 1979 年 1 月 1 日起互相承认并建立外交关系，从而结束了两国关系的长期不正常状态。这是中美两国关系中的历史性事件。声明重申，台湾是中国的一部分。解决台湾回归祖国、完成国家统一的方式，这完全是中国的内政。

一九七九年

1 月 1 日 中国和美国建交。卡特总统执政期间，美国政府接受中国提出的建交三原则，即在台湾问题上"断交、撤军、废约"。经双方努力，在《上海公报》发表将近 7 年后，两国于 1978 年 12 月 16 日发表建交公报。美国在建交公报中承认中华人民共和国政府是中国唯一合法政府，在此范围内美国人民同台湾人民保持文化、商务和其他非官方关系。中美关系的改善和发展给两国人民带来了实际利益,也促进了亚太乃至世界的和平、稳定与繁荣。公报宣布双方商定自 1979 年 1 月 1 日起互相承认并建立外交关系,两国 3 月 1 日互派大使并建立大使馆。中国首任驻美国大使为柴泽民。

1 月 28 日—2 月 5 日　邓小平副总理正式访问美国。他是第一位正式访美的中国领导人。访美期间,邓小平参加了 80 多场活动,并与卡特总统签署了中、美科技合作协定和文化协定。这次访问取得了圆满成功,对发展中美两国关系收到了良好和巨大的效果。中国从此告别了过去闭关锁国的局面,开始走上了"面向世界""面向未来"的道路。

2 月 23—28 日　安理会开会讨论东南亚紧张局势。苏联代表在会上要求中国从越南撤军。中国代表则针锋相对地指出,东南亚问题的关键是越南入侵柬埔寨,必须制止越南对柬埔寨的侵略和对中国的武装挑衅。会议未能取得成果。

2 月 28 日　安理会讨论苏联要求中国从越南撤军和中国要求越南从柬埔寨撤军的提案,会议在没有通过任何决议草案的情况下延期举行。

5 月 15 日—6 月 8 日　大会第 1 届裁军问题特别会议决定设立的联合国裁军审议委员会在纽约举行第 1 次会议。中国代表提出的《关于综合裁军方案主要内容的建议》为会议所通过,并将提交第 34 届联合国大会讨论。

一九八〇年

2 月 5 日—4 月 29 日　裁军谈判委员会 1980 年春季会议在日内瓦举行。40 个成员国的代表出席会议。由章文晋副外长率领下的中国代表团首次参加该委员会工作。瓦尔德海姆秘书长向会议致电说,这次会议"标志着第 2 个裁军 10 年的开始"。

3 月 4 日　中国交存加入《建立世界知识产权组织公约》证书。

4 月 14 日　中国恢复在国际复兴开发银行的合法席位。国际复兴开发银行是世界银行集团的成员之一,成立于 1945 年。中国是该组织的创始成员国。新中国成立后,我国的席位曾长期被台湾当局非法占据。1980 年 4 月 14 日,世界银行声明,自中华人民共和国政府在国际复兴开发银行、国际开发协会和国际金融公司中代表中国之日起,该 3 机构将按协定只同作为唯一代表成员国中国的中华人民共和国发生关系。中国自 1980 年恢复在世行的席位后,单独组成一个选区,并自行委任执行董事。

9 月 24 日　出席第 35 届联合国大会的中国代表团团长黄华外长在大会发言中提出公正合理地解决阿富汗问题和柬埔寨问题应遵循的 3 条基本原则,即外来侵略者无条件撤出全部军队;阿富汗和柬埔寨两国人民在没有任何外来干涉的情况下,决定自己的命运;恢复阿富汗和柬埔寨两国的独立与不结盟国家的地位。

9 月 26 日　国际宇航联合会接纳我国为会员国。

<h2 style="text-align:center">一九八一年</h2>

8 月 21 日　历时 10 周的日内瓦裁军委员会夏季会议结束,未取得任何进展。会议期间,中国代表重申,中国在任何时候、任何情况下都不首先使用核武器。

10 月 22—23 日　由来自 14 个发展中国家和 8 个发达国家的国家元首和政府首脑参加的关于合作与发展的国际会议在墨西哥坎昆举行。会议就南北经济关系的重大问题进行了广泛的讨论和磋商,其主要目的是要对全球谈判取得认识上的一致并予以积极推动,以促成联合国早日达成举行全球谈判的协议。但由于美国的阻挠,会议未能达成任何实质性协议,南北对话受挫。

10 月 27 日　安理会在推荐下一任秘书长的人选时,中国坚持应由第三世界国家的人出任,因此连续在秘密投票中对来自欧洲发达国家的现任秘书长瓦尔德海姆投反对票,迫使瓦尔德海姆退选,最后来自第三世界国家秘鲁的德奎利亚尔被推荐为新一任的联合国秘书长。之后,由各州轮流担任秘书长一职成为惯例。

12 月 14 日　安理会通过关于塞浦路斯局势问题的第 S/RES/495(1981)号决议。此次会议上,中国对于联合国维和决议的立场首次出现转换,即从出席会议不投票实为不赞成转变为不反对一直到后来积极支持的态度。

12 月 29 日　11 月 26 日,中国全国人民代表大会常务委员会通过决定加入联合国《消除一切形式种族歧视的国际公约》。12 月 29 日,中国向联合国正式递交了加入书。

<h2 style="text-align:center">一九八二年</h2>

1 月 1 日　来自第三世界国家秘鲁的新任联合国秘书长德奎利亚尔上

任,任期5年,至1987年12月31日。期满后又连任1届,至1991年12月底止。

8月17日 中美两国政府就分步骤直到最后彻底解决美国向台湾出售武器问题发表《八一七公报》,重申了中美上海公报和建交公报关于互相尊重主权和领土完整、互不干涉内政的原则。美国政府重申:它无意侵犯中国的主权和领土完整,无意干涉中国的内政,也无意执行"两个中国""一中一台"的政策,并声明:不寻求执行一项长期向台湾出售武器的政策。向台湾出售的武器在性能和数量上将不超过中美建交后近几年供应的水平,准备逐步减少对台的武器出售,并经过一段时间导致最后的解决。

8月21日 联合国秘书长德奎利亚尔首次访中国,邓小平与之会面,两人进行了十分友好的谈话。邓小平表示,中国是第三世界的一员。反对霸权主义,维护世界和平是中国对外政策的纲领。德奎利亚尔说,中国是联合国的重要成员,能捍卫第三世界的利益。中国忠于联合国的和平政策,遵循联合国宪章的原则,这使我们感到有信心。

9月24日 邓小平会见了英国首相撒切尔夫人,全面阐述了中国政府对香港问题的基本立场。邓小平指出:中国在香港主权问题上没有回旋余地,1997年中国将收回香港,不仅是新界,而且包括香港岛和九龙。1997年后,香港现行的政治、经济制度基本不变,仍将实行资本主义。中英两国政府要妥善商谈如何使香港从现在到1997年的15年中不出现大的波动。我相信我们会制定出收回香港后应该实行的、能为各方面所接受的政策。

12月23日 《关于难民地位的公约》对中国生效。该公约于1951年7月28日订于日内瓦。中国于1982年9月24日交存加入书。

一九八三年

3月4日 邓小平在接见访华的美国众议院代表团时,对美国众议院议长奥尼尔解释了中国对台湾问题的政策,明确表示:"我们不再用'解放台湾'这个提法了。只要台湾回归祖国,我们将尊重那里的现实和现行制度。"

4月3日 安理会就马尔维纳斯群岛问题再次举行会议,通过第S/RES/502(1982)号决议,中国投弃权票。

10月5日 联合国世界旅游组织(简称UNWTO),是联合国系统的政府间国际组织,是旅游领域的领导性国际组织,其宗旨是通过旅游业发展推动经济增长,增进各国了解,促进世界和平与繁荣。前身为国际官方旅游宣传组织联盟,1975 年改为现名。1983 年 10 月 5 日,该组织第 5 届全体大会通过决议,接纳中国为正式成员国。2003 年 11 月,成为联合国专门机构。至 2016 年正式成员有 156 个,联系成员有 6 个,附属成员有 450 个。总部设在西班牙马德里。

12 月 30 日　经全国人民代表大会常务委员会批准,中国加入了 1967 年生效的《关于各国探索和利用包括月球和其他天体在内外层空间活动的原则条约》。该条约是在外空委员会主持下制定的国际上第 1 个规定外空活动法律原则的造法性条约,被称为"外空宪章",对于各国和平探索和利用外空的活动具有指导意义。

一九八四年

1 月 1 日　中国正式成为国际原子能机构成员国。

3 月 23 日　日本首相中曾根访华期间,中日双方一致同意设立"中日友好 21 世纪委员会"。其基本任务是根据《中日政府联合声明》和《中日和平友好条约》的基本原则,遵照"和平友好、平等互利、相互信赖、长期稳定"四项原则,从政治、经济、文化、科技等广泛的角度,研究中日睦邻友好关系长期稳定发展的途径并向两国政府提出建议。

4 月 28 日　邓小平会见来访的美国总统罗纳德·里根和夫人时说,中国政府为解决台湾问题做了最大努力,就是在不放弃主权原则的前提下允许在一个国家内部存在两种制度。邓小平希望美国不要做妨碍中国大陆同台湾统一的事情。他说,海峡两岸可以逐步增加接触,通过谈判实现和平统一。统一后,台湾的制度不变,台湾人民的利益不会受到损害。

6 月 18 日—7 月 27 日　万国邮政联盟第 19 届代表大会在汉堡召开,中国等 145 个国家的代表在新的万国邮政公约上签字。

7 月 9—11 日　第 2 次援助非洲难民国际会议在日内瓦举行。中国代表团团长代表中国政府向大会认捐 100 万美元。

7 月 28 日　中国在阔别奥运会 32 年之后重返国际大家庭,参加了在美国洛杉矶举行的第 23 届奥运会。中国派出了有史以来规模最大的体育代表团,共 225 名运动员、50 名教练参加了 16 个项目的比赛。在该届奥运会上,射击运动员许海峰为中国人实现了奥运金牌"零的突破",中国代表团总共获得了 13 枚金牌。

9 月 8 日　邓小平会见意大利参议院议长弗朗切斯科·科西加时说,现在世界上有好多潜在的爆发点,如果不根据新的问题采取新的方法,就不可能解决这些问题。香港、台湾问题,是我们这一代和下代面临的必须解决的新问题。"一个国家,两种制度"和共同开发、解决争端的办法,从本质上讲,就是实事求是,是合乎马克思主义原则的,都是为了和平而不用战争方式,都叫和平共处。

9 月 26 日 中英在北京草签《关于香港问题的联合声明》,中国政府决定,1997 年 7 月 1 日对香港恢复行使主权,英国将在同时将香港交还给中国。

同日 中国外长吴学谦在大会一般性辩论发言中强调指出,和平与发展是当前世界的两大课题,也是中国内外政策的首要目标。

9 月 26 日(纽约时间) 秘书长德奎利亚尔发表声明,祝贺中国和英国就香港前途达成协议,并对两国政府为通过谈判"解决一个非常敏感而又复杂的问题所作的卓越的、竭诚的努力表示赞扬"。声明认为:"关于香港前途的谈判成功,无疑将被看成当代国际关系中悄悄外交成效卓越的一个最杰出的范例。"

10 月 22 日 邓小平在中共中央顾问委员会第 3 次全体会议上提出"搁置争议,共同开发"的政策。这是中国政府为解决与有关国家的领土主权争端而提出的政策主张。邓小平指出,钓鱼岛、南沙群岛等主权属于中国,中国政府尊重历史和现实,考虑到中国和有关国家利益,提出"搁置争议,共同开发",把主权问题搁置起来,共同开发,这就可以消除多年积累下来的问题。世界上这类国际争端还不少,我们中国人是主张和平的,希望用和平的方式解决争端。

10 月 23 日 中国向联大一委提交一项防止外层空间军备竞赛的决议草案,这是中国向联合国组织提交的第 1 份有关裁军问题的决议草案。

10 月 26 日 中国领导人邓小平在会见马尔代夫总统加尧姆时说:"中国是个大国,又是个小国。所谓大国就是人多,土地面积大。所谓小国就是中国还是发展中国家,还比较穷,国民生产总值人均不过三百美元。中国是名副其实的小国,但是又可以说中国是名副其实的大国。联合国安全理事会常任理事国,中国算一个。中国这一票是第三世界的,是名副其实地属于第三世界不发达国家的。我们多次讲过,中国属于第三世界,将来发展起来了,还是属于第三世界,永远不做超级大国。"

10 月 31 日 邓小平会见缅甸总统、缅甸国务委员会主席吴山友。邓小平说,国际上有两大问题非常突出,一个是和平问题,一个是南北问题。还有其他许多问题,但都不像这两个问题关系全局,带有全球性、战略性的意义。他说,总结国际关系的实践,最具有强大生命力的就是和平共处五项原则。在谈到中国对外开放问题时,邓小平指出:我们实行对外开放政策,有些人理解只是对发达国家开放,这只是一个方面,更重要的方面是南南合作。

11月7日　中国著名国际法专家、中国外交部法律顾问,国际法委员会委员倪征燠在联合国当选为国际法院的法官。这是中国自1971年恢复在联合国席位后第一次当选参加国际法院的工作。他的获选表明中国国际地位的提高,也反映了友好国家对中国的尊重、支持。倪征燠于1985年2月6日正式宣誓就任联合国国际法院法官,任期9年,至1994年2月5日期满。

11月15日　中国政府分别向美、苏、英3国政府递交了中国《禁止细菌(生物)和毒素武器的发展、生产及储存以及销毁这类武器的公约》的加入书。美、苏、英3国是该公约的保存国。按公约规定,从递交加入书之日起,公约将开始对加入国生效。

12月14日　大会通过第 A/RES/39/98 号决议,决定接受中国参加新闻委员会的申请,中国成为新闻委员会的成员。

12月17日　秘书长在关于非洲紧急经济形势的特别会议上宣布,将建立非洲紧急行动办事处(OEOA),以协助所有联合国机构的活动;呼吁各国政府、国际社会向正遭受饥饿和营养不良威胁的非洲人民提供援助。中国常驻联合国代表凌青在会上宣布,中国将再向非洲增加4万吨粮食的援助,从而使中国当年对非洲的紧急粮食援助总数达到12万吨。

12月19日　中国政府和英国政府在北京签订《关于香港问题的联合声明》。双方重申,将不折不扣地执行中英《关于香港问题的联合声明》,以便中国能在1997年恢复对香港行使主权,使香港继续保持稳定和繁荣。邓小平提出的"一国两制"的伟大构想,为成功地解决历史遗留下来的香港问题奠定了基础。

一九八五年

3月11—12日　有148国参加的联合国关于非洲紧急形势会议在日内瓦举行,中国代表团团长李鹿野在会上宣布,中国政府决定继1984年捐赠12万吨粮食后,1985年上半年再捐赠5万吨粮食作为对非洲的紧急援助。

3月19日　中国正式成为《保护工业产权巴黎公约》成员国。中国政府认为,知识产权保护制度对于促进科学技术进步、文化繁荣和经济发展具有重要意义和作用,它既是保证社会主义市场经济正常运行的重要制度,又是开展国际间科学技术、经济、文化交流与合作的基本环境和条件之一。中国把保护知识产权作为改革开放政策和社会主义法制建设的重要组成部分,从 20 世纪 70 年代末即着手制定有关法律、法规,同时积极参加相关国际组织的活动,加强与世界各国在知识产权领域的交往与合作。

5 月 17 日 继毕继龙之后,德奎利亚尔秘书长任命中国谢启美大使为联合国主管技术合作发展工作的副秘书长,任期从 1985 年 6 月 1 日开始,为期 5 年。

5 月 23 日 中央军委主席邓小平向世界宣布:中国人民解放军将裁军 100 万,用实际行动为维护世界和平作出贡献。邓小平对此的解释是:十一届三中全会后,我们对国际形势的判断有变化,对外政策也有变化。这是两个重要的转变。第一个转变,是对战争与和平的认识。我们认为,在较长的一个时期内世界大战不会打起来,维护世界和平是有希望的。第二个转变,是我们对外政策有了变化。中国不打别人的牌,也不许别人打中国牌。这就增强了中国在国际上的地位。只要坚持这样的判断和政策,我们就能一心一意地搞好我们的四个现代化建设。先把经济搞上去,一切都好办。现在就是要硬着头皮把经济搞上去,就这么一个大局,一切都要服从这个大局。

6 月 12 日 根据宪章第 102 条规定,中英两国政府共同向联合国秘书处登记《中英香港问题联合声明》。1984 年 12 月 19 日,中英签署《中英香港问题联合声明》,中国将于 1997 年 7 月 1 日对香港(香港岛、九龙和新界)恢复行使主权。

7 月 5—15 日 世界青年大会在西班牙巴塞罗那举行,中国等 118 个国家的 600 名代表出席大会。会议通过的文件呼吁全世界青年加紧努力以达到本年"国际青年年"所宣布的 3 大目标:参与、发展、和平。

7 月 17 日 中国联合国协会在北京正式成立,联合国前副秘书长毕继龙担任首任会长。

8 月 12—17 日 联合国工业发展组织第 1 届大会第 1 阶段会议在维也纳举行。中国当选为理事会的理事国及方案和预算委员会的成员国。

9 月 25 日 美国撤回原本划拨给联合国人口项目的 1000 万美元资金,声称在支持中国的一个项目中受益方使用了强制性堕胎和非自愿绝育。

9 月 26 日 安理会 15 个成员国举行外长级会议,纪念庆祝联合国成立 40 周年并讨论加强安理会作用的问题。中国外长吴学谦在发言中强调要加强安理会维护国际和平与安全的作用。

9 月 30 日　中国吴学谦外长在大会发言,阐述中国政府对和平与发展问题的立场,提出核裁军和常规裁军的 4 点建议。

9 月 30 日—10 月 5 日　第 30 届联合国协会世界联合会全体大会在日内瓦举行。中国是联合国协会世界联合会的创始国之一。从这届大会起,中国正式恢复在该组织的各项活动。这届大会的中心议题是《联合国、和平与安全——公众舆论的态度》,会议就世界经济形势、裁军和世界和平问题通过一系列决议。中国联合国协会会长、前联合国副秘书长毕继龙被选为世联会的执行委员会委员。

10 月 7 日　第 13 届《南极条约》协商会议一致同意接纳中国和乌拉圭为南极条约协商成员国。1983 年 6 月,中国加入《南极条约》。1984 年底,中国南极考察队对南极进行科学考察,并在那里正式建立"中国南极长城站"。

10 月 11 日　邓小平会见日本外相安倍晋太郎时谈到日本内阁成员正式参拜靖国神社问题时说:日本的教科书问题、参拜靖国神社问题,给我们出了很大的难题。两国领导人都要经常注意避免出现这样那样的政治问题。因为这些问题一出现,人民就联系到历史。我们知道日本政府有自己的解释,但对人民来说,不仅中国人民,也包括日本人民,他们看问题要看事实,看本质。出于继续发展中日友好关系的愿望,我建议日本的政治家、日本政府的领导人和各位朋友关注这个问题。对日本方面来说,不做这些事没有任何损失,不做这些事也可以很平静地、很稳定地、持续地发展两国之间的经济政治关系。真正达成谅解应该是在这个地方。

10 月 14—24 日　大会举行为期 10 天的纪念联合国成立 40 周年特别会议,纪念活动的主题为"联合国创造更美好的世界"。许多国家领导人在会上就全球性和地区性问题发表讲话。这次纪念活动被誉为外交史上世界各国领导人的一次重要聚会。24 日,大会隆重举行联合国成立 40 周年纪念仪式,成员国一致通过《国际和平年宣言》,宣布 1986 年为"国际和平年"。由于一些成员国间存在分歧,致使纪念仪式未能按原定计划通过一项关于联合国成立 40 周年的宣言,为隆重而盛大的纪念活动罩上了一片乌云。24 日,中国首都北京各界集会纪念联合国成立 40 周年。《人民日报》为纪念联合国成立 40 周年发表了题为《为争取美好世界而奋斗——纪念联合国成立四十周年》的社论。

10 月 28—31 日　大会全体会议举行关于南非问题辩论会,与会 100 多个国家和国际组织的代表发言,谴责南非当局的种族隔离政策。中国常驻联合国代表李鹿野在发言中呼吁国际社会对南非采取更为有效的制裁措施。

11 月 10 日　参加旧金山制宪会议的中国代表团成员、在《联合国宪章》上签字的第 1 位女代表中国著名教育家吴贻芳女士逝世,享年 93 岁。

11 月 14 日　中国著名外交家、参加旧金山制宪会议的中国代表团成员和代表团代理团长顾维钧先生在纽约寓所逝世,享年 98 岁。

12 月 12 日　大会通过 35 项有关全面彻底裁军问题等 53 项的第 A/RES/40/94 号决议,包括召开关于裁军与发展间关系的国际会议,以及第 3 次联合国大会裁军特别会议等。其中中国是"防止外层空间军备竞赛"决议的提案国之一。

12 月 16 日　大会以 151 票对 0 票,2 票弃权(美国、格林纳达)通过关于"和平利用外层空间的国际合作"的第 A/RES/40/162 号决议。中国是提案国之一。大会呼吁所有国家,尤其是拥有巨大空间能力的国家,为防止外层空间军备竞赛立即采取措施,这是推动以和平为目的开发利用宇宙空间国际合作的一个基本条件。

一九八六年

1 月 1 日　中国自 1981 年以来一直以观察员身份出席联合国麻醉品委员会的历届会议和特别会议。自 1986 年 1 月 1 日起,中国成为该委员会正式成员国。

1 月 17 日　适逢安理会第 1 次会议召开 40 周年,安理会轮值主席中国大使李鹿野授权代表安理会发表主席声明,以兹纪念。

1 月 20—24 日　非政府组织在日内瓦举行为期 4 天的"共同争取和平"会议,来自 50 多个国家和地区的约 340 名文化科学界人士与会,中国著名物理学家周培源教授出席会议。

2 月 10—21 日　中国代表团出席在维也纳召开的联合国麻醉品委员会第 9 届特别会议,并在会议上分别就 5 项主要议题发言,阐明中国的原则立场及具体主张。

2 月 24 日—3 月 5 日　中国代表团出席了在维也纳举行的联合国妇女地位委员会第 31 届会议。中国代表在会上作了 3 次主要发言,阐述了中国对和平、发展问题的基本立场,以及对"妇女 10 年"的评价和执行"到 2000 年提高妇女地位前瞻性战略"的建议。此外,中国还派代表分别在圣多明各、纽约、达卡、日本埼玉等地参加了联合国系统召开的有关妇女问题的会议,进行了积极的工作。

3月10日　中国正式成为亚洲开发银行成员。亚洲开发银行是亚太地区重要的政府间国际金融组织，它以促进亚太地区的社会经济发展与合作为宗旨，为亚太地区的发展中成员提供资金、技术和管理经验等。它由成员国或地区共同出资兴办，不以营利为目的。中国加入亚行后，积极参与亚行事务，与亚行及各成员之间的交流合作不断增加。2003年7月10日，中国前财政部副部长金立群被任命为亚行副行长，成为亚行历史上第一位中国籍副行长。

3月17日—4月11日　由国家海洋局、外交部和地质矿产部组成的中国政府代表团出席在金斯敦举行的海底筹委会第4届春季会议。

3月21日　为响应联合国关于开展"国际和平年"活动的倡议，中国人民维护世界和平大会在北京隆重举行。

4月8—12日　应中国卫生部邀请，世界卫生组织总干事马勒对中国进行友好访问，双方就进一步开展合作和制定国际卫生发展战略和加强卫生管理工作方面等共同关心的问题进行了会谈。

6月2—6日　中国代表出席在巴哈马首都拿骚市召开的国际残疾人立法会议。7月12日，中国成立了联合国"残疾人10年"中国组织委员会。

7月11日　中国政府正式提出恢复关税及贸易总协定缔约国地位的申请；之后又于1987年2月13日向关贸总协定提出了"中国对外贸易制度备忘录"，开始"复关"谈判。1995年1月，世界贸易组织成立，中国复关谈判转为加入WTO谈判。经过长达15年的艰苦努力，中国于2001年12月11日正式成为世界贸易组织成员。

7月20—25日　中国代表出席在加拿大举行的"世界青年大会"，主要围绕青年就业等问题进行讨论。

8月5—9日　中华全国青年联合会参加在加拿大蒙特利尔召开的国际青年年法律会议。

8月12日—9月5日　中国政府代表团继续出席海底筹委会第4季夏季会议。

9月15日　中国代表团列席关税及贸易总协定部长级会议，支持关税及贸易总协定发动和主持的新一轮（即第8轮）多边贸易谈判，并取得全面参加新一轮多边贸易谈判的资格。

9月23日—10月10日　国际民航组织在总部召开第29届大会，以中国民航总局局长胡逸洲为团长的中国代表团出席了会议。中国再次被选为理事国。

9月24日　中国代表团团长、外交部部长吴学谦在第41届大会上发表演说,系统地阐述了中国政府在和平、裁军、发展和人权问题上的基本观点,重申了中国政府对柬埔寨、阿富汗、朝鲜半岛、中东、中美洲、南部非洲等问题的原则立场。

9月24—26日 国际原子能机构大会特别会议在维也纳举行。这是苏联切尔诺贝利核电站发生事故以后召开的首次加强核安全合作的国际会议。26日,大会一致通过《及早通报核事故公约》和《核事故或辐射紧急情况援助公约》以及一项最后文件。中国、苏联、美国、法国和英国等50多国代表在两个公约上签了字。

9月25日 中国常驻联合国代表李鹿野通知秘书长:"为响应秘书长关于联合国当前的财政危机的报告中的呼吁,中国政府决定缴纳其历年来由于众所周知的理由所拒付的摊款。中国政府的这一行动完全是为了有助于缓和联合国面临的财政危机,并不意味着中国政府在这些拒付款问题上的一贯立场有任何改变"(拒付款共计约440万美元)。秘书长、大会主席及秘书处的高级官员纷纷赞扬中国的这一做法。

9月29日—10月3日 由蒋心雄部长率领的中国代表团参加国际原子能机构第30届大会。1986年国际原子能机构与中国合作举办了3个专业培训班和若干专业性国际会议。

10月2日—11月5日 全国青联、全国学联派代表赴西班牙参加拥护联合国国际青年学生组织第26次会议。

10月14日 由于联合国财政危机,18人专家组的报告在第41届联大期间成为最主要的议题之一。中国代表在大会审议该报告时指出:"我们当前的任务应该是爱护联合国,加强其职能,而不应该否定它,限制它。如果我们破坏平等原则,而代之以'以钱买权'的原则,把它变成一个商业实体,其基础就将遭到严重动摇。"

10月27—31日 国际劳工局局长勃朗夏对中国进行正式访问,吴学谦国务委员兼外长等会见了勃朗夏一行,就国际劳工组织面临的问题以及中国与劳工组织的关系进行了友好交谈。

11月16—25日 国际电信联盟秘书长巴特勒来北京参加该组织与中国邮电部共同举办的国际陆地移动通信业务研讨会。

11月21日 中国代表在联大审议巴勒斯坦问题时发言指出,中东问题的核心是巴勒斯坦问题,巴勒斯坦问题得不到公正合理的解决,中东就不会有和平与安宁。而巴勒斯坦问题的核心是恢复巴勒斯坦人民合法的民族权利,包括民族自决、返回家园和建立自己独立国家的权利。中国认为,有关各方平等参加的和平谈判是解决巴勒斯坦和中东问题的最好办法,中国支持为实现上述原则和目标所进行的一切努力,包括召开一次联合国主持下的中东问题国际和平会议。

11 月 联合国大会举行国际法委员会的改选,中国候选人史久镛以亚洲地区最高票当选为委员。

12 月 3 日 大会通过关于全面核裁军的第 A/RES/41/59 号决议,首次通过由中国第 1 次单独提出的关于核裁军和常规裁军的两项重要决议草案,即第 A/RES/41/59F 号决议和第 A/RES/41/59G 号决议。第 A/RES/41/59F 号决议敦促"拥有最重要核武库"的苏联和美国"履行它们对核裁军所负有的特别责任",敦促它们"率先采取行动"以停止军备竞赛,并通过认真谈判,尽快达成大幅度削减它们的核武库的协议。第 A/RES/41/59G 号决议强调"拥有最庞大军事武库的国家"和两大军事集团"对于裁减常规军备进程负有特别责任",它们应认真谈判,早日在有效国际监督下就"限制和逐步均衡地裁减军队和常规武器达成协议"。

12 月 12 日 中国常驻联合国代表李鹿野大使代表中国政府签署了《禁止酷刑和其他残忍、不人道或有辱人格的待遇和处罚公约》,同时声明不受公约第 20 条和第 31 条第 1 款的约束。

一九八七年

1 月 9 日 世界银行副行长卡劳斯曼诺古率世界银行考察团来华,并参加了赵紫阳总理的会见。

1 月 22 日 中国向联合国交存加入《承认及执行外国仲裁裁决公约》证书。

3 月 4 日 关贸总协定理事会会议决定成立工作小组,以审议恢复中国缔约国地位的要求。这标志着对中国的要求进行正式审议程序的开始。

3 月 23—27 日 联合国和中国政府首次在北京共同举办了联合国"世界裁军运动"区域讨论会,来自 18 个国家的 70 多位高级官员、知名人士和专家学者参加了会议。

3 月 23 日—4 月 10 日 联合国促进和平利用核能国际合作会议在日内瓦召开。中国愿在平等互利的基础上同各国加强合作,使核能的和平利用广泛造福于全人类。尽管联合国为召开这次全球性会议做了广泛的努力,但会议仍未能就关键性的政治问题达成协议,会议没有产生最后文件。

3 月 26 日 正在瑞士访问的吴学谦外长在裁军谈判会春季会议上发表讲话。他在讲话中指出了当代裁军问题的一些新特征,并全面阐述了中国对裁军问题的基本看法和政策。

5月4日 联合国裁军审议委员会在纽约举行。中国裁军大使范国祥在会上发言,敦促美苏两个超级大国"率先裁军特别是核裁军"。5月8日,中国代表团向会议提交了一份关于常规裁军问题的工作文件,敦促美苏和北约、华约两大军事集团,在核裁军的同时率先大幅度地裁减常规军备。

5月4—29日 第10届世界气象大会一致推选中国的邹竞蒙为世界气象组织主席(任期4年),这是中国代表在联合国专门机构里首次担任这样高级的职务。

5月8—14日 应中国政府邀请,联合国秘书长德奎利亚尔对中国进行正式访问。这是他任内第2次访华。当时世界还处在冷战结束前夕,联合国正处于一个大转折的历史时期。

5月11日 邓小平在会见访华时的联合国秘书长德奎利亚尔说,称赞这位来自第三世界的秘书长"干得一点都不比别人差"。德奎利亚尔感谢中国对其工作的支持。邓小平说,联合国安理会常任理事国拥有否决权,中国并不欣赏它,但有时还是有用的。秘书长表示中国使用否决权总是为了保护第三世界的利益,并高度赞扬中国在解决国际问题上的立场。当时邓小平强调指出,中国同联合国关心的问题一样,一个是和平,一个是发展。解决这两个问题,联合国的作用越来越重要。他说,有些人从自己的角度考虑,对联合国采取消极态度。然而从全世界、全人类的角度看,联合国是非常重要的。

5月18日 联合国国际贸易和发展会议在日内瓦召开贸发理事会第15届特别会议。中国代表李志敏向第15届特别会议秘书处提交了中国关于第7届贸发大会的立场文件。

5月25日—6月5日 第3届裁军特别联大筹委会会议召开,为特别会议制定议程草案,并审查一切有关问题。中国常驻联合国副代表俞孟嘉在5月29日的筹委会会议上,建议大会敦促美苏切实履行其特殊职责尽快就大幅度裁减核武器和常规武器达成协议。

6月8—11日 联合国世界粮食理事会在北京举行第13届部长级会议并通过了《北京宣言》,会议宣布获得粮食"是政府、人民和国际社会必须加以保护的一项人权",并指出贫困是饥饿问题的核心,"必须把改善人的境况放在经济发展的前面和中心地位"。这是首次在中国召开的高级别国际会议。

6月23日—7月9日 经社理事会第2届常会在日内瓦举行。中国代表团团长、中国常驻日内瓦办事处代表钱嘉东大使在会上重申支持发展中国家关于国际经济问题的合理主张,阐述了发展中国家进行调整与其经济发展之间的关系,指出调整问题不应掩盖发展问题,在调整中不应忽视长期发展的需要。

7月9日—8月3日 联合国贸易和发展会议第7届大会在日内瓦举行。对外经济贸易部部长助理沈觉人率中国代表团出席了会议,并在这届会议上提出了阐明自己立场的文件。7月13日,中国国务院副总理田纪云应邀到第7届贸发大会讲话。就南北问题及会议审议的发展资源、商品、国际贸易和最不发达国家问题阐述了中国政府的原则立场。

8月30日—9月6日 教科文组织总干事姆博应邀第5次访华,与中国联合国教科文组织全国委员会主任杨海波进行了工作会谈,并受到了国务院副总理兼国家教委主任李鹏和国务委员兼外交部部长吴学谦的会见。

9月1日 世界银行高级副行长库莱希来华访问。陈慕华、姚依林等领导人先后会见了库莱希。

9月5日 第六届全国人民代表大会常务委员会第二十二次会议批准了国际劳工组织第159号《残疾人职业康复和就业公约》。

9月8—14日 第38届世界卫生组织西太平洋区域委员会会议在北京举行。这是中国首次邀请世界卫生组织在中国召开会议,会议主要审议了年度工作报告,并讨论如何利用世界卫生组织的资源以及妇幼保健、环境卫生等议题。

9月9—16日 联合国开发计划署署长德雷珀对中国进行了访问。

9月21—25日 国际原子能机构第31届大会在维也纳召开。以核工业部部长蒋心雄为团长的中国代表团参加了大会以及机构成立30周年纪念活动。

9月21—31日 世界知识产权及其管辖的各联盟领导机构第18次系列会议在日内瓦召开。以中国专利局局长戈博为团长的中国代表团出席了此次会议。

9月23日 1987年是联合国进行全面改革的第1年。吴学谦外长在第42届联大一般性辩论发言中全面阐述了中国政府对联合国改革问题的立场。他指出:联合国正处于改革的关键时刻。我们支持联合国进行必要的合理的改革,进一步提高效率,更好地落实宪章宗旨。我们希望对当前财政困难负有直接责任的大国,履行宪章规定的义务。中国作为安理会常任理事国,将一如既往地严格遵守宪章的宗旨和原则,认真履行自己的职责。

9月24日—10月9日 中国派代表团参加劳工组织举行的第74届大会,讨论有关海事方面的问题。会议通过了《海员在海上和港口福利公约》

《海员医疗保健公约》《海员社会保障公约》《海员遣返公约》等项决议。

9 月 25 日 吴学谦外长在常任理事国外长磋商两伊问题时系统地阐述了中国的立场。他指出,安理会 S/RES/598(1987)号决议为和平解决两伊冲突提供了良好基础,应予以全面实施;当务之急是促使两伊停火,其他问题可逐步解决;迫切任务是进一步支持秘书长的调解努力并与之充分合作。吴学谦针对大国进一步插手海湾所造成的严重局势,再次呼吁有关各方力行克制,防止敌对行动升级,为秘书长的调停努力创造良好气氛。

9 月 26—30 日 国务委员兼中国人民银行行长陈慕华率中国代表团参加国际货币基金组织和世界银行联合年会。中国人民银行副行长邱晴、财政部副部长迟海滨和陈慕华分别在二十四国集团部长级会议、临时委员会、发展委员会和联合年会上发言。

10 月 5—21 日 第 34 届贸发理事会第 1 期会议在日内瓦举行。中国代表李志敏在 10 月 6 日的发言中强调指出,如何贯彻执行第 7 届贸发大会通过的《最后文件》是摆在各国政府面前的迫切任务。

10 月 8 日 中国代表在联合国大会第五委员会发言就制定会费比额的原则阐述了中国代表团的观点:第一,按支付能力分摊联合国的财政义务;第二,在制定比额表时,要充分考虑发展中国家的财政和经济情况,根据具体情况给予适当宽减;第三,分摊比额要从实际出发,在尽可能保证公平合理的情况下采取简便易行的办法。

同日 在第 42 届联大二委一般性辩论时,中国代表丁原洪大使指出,目前南北之间的关系仍是一种不平等、不对称的关系,不利于世界经济的发展,必须加以改变。中国代表团发起并与其他 15 个国家共同提出了关于"加强和改进发展中国家技术合作政府间协商会议"的提案。此提案于1987 年 12 月 11 日在联大全体大会上协商一致通过。

10 月 15 日 中国裁军大使范国祥在第 42 届联大第一委员会一般性辩论时发言。他说,在裁军领域出现某些积极发展的时候,要特别防止美苏进行以提高核武器质量为中心的军备竞赛或竞相发展更加尖端的新型武器系统,继续争夺军事优势。

10 月 24—30 日 关税及贸易总协定总干事邓克尔访问中国,就恢复中国在关贸总协定缔约国地位问题与中国有关方面交换意见。

10 月 27 日 中国代表团团长杨海波在联合国教科文组织第 24 届大会上发言。希望教科文组织以改革精神设计未来,将该组织近年来的改革继续下去。会上,中国首次当选为该组织专门机构——政府间信息学计划协调委员会的成员,并继任国际教育局理事会和综合情报计划政府间理事会的成员。

11 月 3 日 联合国教科文组织在巴黎总部向中国水稻专家袁隆平颁奖,表彰他在培育高产杂交水稻方面取得的卓越成果。"联合国教科文组织科学奖"创设于 1968 年,每两年颁奖 1 次,用于奖励在发展中国家科技发展中取得突出成就的科研人员。袁隆平是首位获得该奖的中国科学家,他培育的杂交水稻品种在美国、日本、印度、巴基斯坦、印度尼西亚等国试种均取得良好结果,并开始在有关国家大面积推广,造福于世界人民。教科文组织总干事在颁奖仪式上发表讲话时指出,袁隆平的科研成果是继 20 世纪70 年代初国际上培育半矮秆水稻之后的"第二次绿色革命"。

11 月 9—20 日 联合国国际海事组织在其伦敦总部召开了第 15 届大会,以交通部副部长林祖乙为团长的中国代表团出席了会议。会上,中国再次当选为该组织的理事国。

11 月 18 日 第 42 届联合国大会一致通过关于"在国际关系中不得进行武力威胁或使用武力的原则"的宣言。这是联合国第 1 次以宣言形式重申《联合国宪章》中规定的这项基本原则。这项宣言草案曾进行过多次讨论,中国代表在讨论中表示支持,并指出:侵略是非法使用武力的最严重和最危险的形式,应构成国际罪行;非法使用武力占领别国领土的,首先应停止侵略,撤出占领军。

11 月 30 日 中国代表团在本届大会上再次提出核裁军和常规裁军两项决议草案,当日获得一致通过。

一九八八年

1 月 15 日 外交部副部长周南和葡萄牙驻华大使瓦莱里奥分别代表本国政府在北京互换中葡关于澳门问题联合声明的批准书,中葡关于澳门问题联合声明生效。这为澳门回归祖国奠定了法律基础。

2 月 1—31 日 在第 44 届人权委员会上,中国人权专家田进当选该小组委员会成员。成为继顾以佶后的第 2 位中国专家委员。8 月,田进出席了小组委员会第 40 届会议并担任土著居民工作组成员,积极参加了委员会的工作。

2 月 8—19 日 中国作为联合国麻醉品委员会成员国派团参加了在维也纳召开的麻醉品委员会第 10 届特别会议。

2 月 9—24 日 国际民用航空组织在加拿大蒙特利尔总部召开 1 次关于航空法的会议。81 个国家的代表、8 个国际组织的观察员共 283 人出席了会议。会议审议并以协商一致的方式通过了《关于制止在国际民用航空机场内进行非法暴力行为的议定书》，包括中国在内的46个国家签署了该议定书。该议定书是对1971年9月23日签署的蒙特利尔公约的补充和完善，对破坏国际机场的犯罪分子有一定的威慑力，是近年来国际民航领域里制定的一个重要法律文件。

3月1—10日 国际海事组织在罗马召开制定《制止危及海上航行安全非法行为公约》的国际会议，中国代表团团长沈肇圻当选为大会副主席。

3月7—8日 中国派代表团出席在纽约举行的第4届《消除对妇女一切形式歧视公约》缔约国会议。

3月14日 1987年3月，联合国教科文组织委托中国在南沙群岛建立第74号海洋观察站。1988年1月31日，中国军队登上永暑礁，插上了第1面五星红旗。随后在当年3月14日，中国与越南为争夺南沙群岛岛礁发生一场小规模海战，中国战胜越南，确立了中国大陆对南沙群岛的实际控制。

3月14—25日 中国代表团出席在维也纳召开的联合国妇女地位委员会第32届会议。在此次会议上，中国代表当选为会议副主席。中国还参加了其他国家的7个提案，成为共同提案国。

3月23—30日 应王丙乾国务委员兼财政部部长的邀请，世界银行行长科纳布尔访华。中国党和国家领导人邓小平、李鹏和姚依林等分别会见了他。

3月26日—4月1日 应吴学谦外长邀请，第42届联大主席彼得·弗洛林（民主德国）访华。这是联大在任主席首次访问中国。国务院代总理李鹏、吴学谦外长分别会见了弗洛林，钱其琛副外长同弗洛林举行了会谈。

3月 联合国环境规划署第1届特别会议在肯尼亚首都内罗毕召开，会议讨论了《1990—1995年联合国全系统中期环境方案计划草案》。6月，中国科学院沙漠研究所、浙江省萧山县山一村和太原钢铁厂职工李双良获"全球500佳"环境奖。

4月11—14日 中国和国际原子能机构在北京主办了第10次《亚洲太平洋地区核科学应用技术研究、发展和培训班合作协定》（RCA）工作组会议。

5月12日 中国发表西沙、南沙群岛问题备忘录。备忘录指出：西沙群岛和南沙群岛自古以来就是中国领土，这不仅有古今中外的大量史料、文件、地图和文物可作证明，而且也为世界上许多国家和广泛国际舆论所承认。中国外交部1980年1月30日发表的文件已对此作了全面的、具有充分说服力的阐述。备忘录同时指出：中国一贯主张和平解决国与国之间的争端,在南沙问题上也是如此。正是本着这种精神,中国主张将南沙群岛问题暂时搁置一下,将来商量解决。

5月30日—6月9日　世界粮食计划署领导机构在罗马召开第25届会议,并举行庆祝该署建立25周年大会。中国首次以该委员会正式成员国的身份与会。

5月31日—6月26日　联合国第3届裁军特别大会在纽约举行。这是继1978年第1届和1982年第2届裁军特别联大以来又一次重要的国际裁军会议。中国代表团团长钱其琛外长在发言中分析了当前形势,在适当肯定裁军取得的进展后,指出美、苏军备竞赛的新特点及他们对裁军的特殊责任,强调世界各国的重要作用,重申中国独立自主的和平外交政策和裁军立场以及中国单方面裁军行动。

5月　中国当选为社会发展委员会的正式成员,在此之前,中国曾以观察员的身份出席过社会发展委员会的第27—30届会议。

6月6日—7月1日　由48个成员组成的开发计划署理事会在日内瓦举行第35届会议。1988年是中国与开发署方案合作10周年,由于双方的共同努力,方案合作取得了圆满成功。为此,7月在北京举行了庆祝会。

6月25日　反对麻醉品滥用和非法贩运国际日,中国在这一天举行了纪念活动。

7月17日　中国签署了《消除对妇女一切形式歧视公约》。1980年11月4日中国交存批准书,1981年9月3日,该公约对中国生效。

7月18—23日　联合国负责新闻事务的副秘书长萨文尼夫人访华。经协商,双方同意在设立新闻中心问题一时尚难落实的情况下,先在驻北京的联合国开发计划署设置一名新闻官员,该官员由中国派人担任。

8月22—24日　外交部副部长齐怀远率中国代表团出席了在奥斯陆举行的南部非洲难民问题国际会议。

8月23—31日　联合国犯罪预防和控制委员会在维也纳举行第10届会议,讨论国际犯罪、处决和罪行受害者等问题。由中国委员程味秋教授提出的《少年司法和预防少年犯罪,包括关于青少年犯罪研究的原则、指导方针和优先项目》决议草案获会议一致通过。这是中国在联合国社会领域提出的第1个并获一致通过的决议草案。

9月5日　中国国家主席杨尚昆,根据中华人民共和国全国人民代表大会常务委员会的决定,批准了中国驻斐济大使冀朝铸代表中国政府于1987年2月10日签署的《南太平洋无核区条约》的第2号和第3号附加议定书。

9 月 14 日 国际原子能机构理事会审议并通过了《中华人民共和国和国际原子能机构关于在中国实施保障的协定》,中国理事周平在审议此协定时发言指出:中国政府同国际原子能机构签订保障协定的决定是根据中国独立自主的和平外交政策作出的。

9 月 19—23 日 国际原子能机构第 32 届大会在维也纳召开。以周平理事为团长的中国代表团出席了大会。周平在一般性辩论的发言中,赞扬国际原子能机构在促进和平利用核能以及实施和保障方面取得的成绩,介绍了中国积极参加该机构活动的情况以及与其良好而有效的合作关系。

9 月 19—27 日 国务委员兼财政部部长王丙乾率中国代表团参加了国际货币基金组织和世界银行联合年会。团长王丙乾、中国人民银行副行长邱晴和财务部副部长项怀诚分别在联合年会、发展委员会、临时委员会和24 国集团部长级会议上发言。

9 月 20 日 钱其琛外长正式函告国际原子能机构总干事汉斯·布列克斯,中国决定加入《核材料实物保护公约》,并同时声明中国不受该公约第 17 条第 2 款所规定的两种争端解决程序的约束。中国参加国际原子能机构第 32 届大会代表团团长周平和国际原子能机构总干事汉斯·布列克斯分别代表中国政府和该机构签署了《中华人民共和国和国际原子能机构关于在中国实施保障的协定》。根据协定,中国将接受国际原子能机构对中国指定的在其领土内的和平核设施里的核材料实施保障,以使该机构核查这些材料在受保障期间不用于其他非和平目的。

9 月 21 日 邓小平会见斯里兰卡总理普雷马达萨时指出:现在看来,最经得住考验的不是霸权政治,不是集团政治,而是和平共处五项原则。我们要经过几十年的努力,在和平共处五项原则的基础上建立国与国之间的关系,特别是与邻国间的关系。解决战争与和平的问题,建立国际新秩序的问题,都需要这些原则。新的政治秩序就是要结束霸权主义,实行和平共处五项原则。

9 月 22 日 中国常驻联合国代表李鹿野大使致函联合国秘书长提出,中国代表团受权向联合国申请加入联合国维持和平行动特别委员会。

同日 国际原子能机构在维也纳召开《亚洲太平洋地区核科学应用技术研究、发展和培训班合作协定》(RCA)成员国代表会议,中国担任此次会议主席。

9 月 26 日—10 月 3 日 世界知识产权组织在日内瓦总部举行该组织及其所辖各联盟领导机构第 19 次系列会议,中国代表团团长高卢麟当选为该组织协调委员会主席。中国代表团在大会发言中宣布,中国将于 1988 年

11 月 1 日起采用商标注册用商品国际分类,并拟于 1989 年加入商标国际注册马德里协定。

9 月 28 日　中国代表团团长钱其琛外长在大会一般性辩论中发表讲话,阐述了中国政府对当前国际形势和重大问题的基本立场和主张,重申中国政府一贯倡导在国际关系中遵循和平共处五项原则,并强调说,中国政府一贯主张公正合理地政治解决所有的地区冲突。

10 月 4 日　邓小平会见联邦德国前总理赫尔穆特·施密特。邓小平在谈到国际关系要用什么新秩序、新原则来代替时说:就我个人的知识来说,经得起考验的是和平共处五项原则。这五项原则能够为不同制度的国家服务,能够为发达程度不同的国家服务,能够为左邻右舍服务。和平共处五项原则虽然是亚洲的产物,也适用于全世界。所有国家应该能够接受这些原则。

10 月 17—23 日　联合国社会发展和人道事务中心与中华全国青年联合会在北京召开了"青年政策、策略和方案一体化区域间磋商会议"。

10 月 31 日—11 月 11 日　国际海事组织在英国伦敦总部召开了修订《1974 年国际海上人命安全公约》的外交大会。中国交通部组团参加了会议,会议通过了《〈1974 年国际海上人命安全公约〉1988 年议定书》《〈1966 年载重线公约〉1988 年议定书》和上述安全公约及其 1978 年议定书修正案等有关技术性规定的法律文件。

11 月 7—8 日　关税及贸易总协定缔约国第 44 届年会在日内瓦举行,中国派代表列席了会议,与会代表就国际经济贸易形势、总协定体制的状况、新一轮多边贸易谈判(即乌拉圭回合)的进展和即将召开的乌拉圭回合部长级中期审评会议进行了讨论。

11 月 8 日　中国代表团在上届联大决议的基础上,根据形势的发展变化再次提出核裁军和常规裁军两项决议草案,并于 12 月 7 日获得大会通过。

11 月 15 日　中国在联大二委提出"加强发展中国家粮食和农业技术合作"的提案在会上获一致通过。该决议强调粮农技术合作对发展中国家农业发展以至整个经济社会发展的重要作用;肯定"三边合作"是一条技术合作的有效途径,呼吁发达国家和国际机构更多地支持这种合作。

11 月 20 日　中国与巴勒斯坦建交。

11 月 25 日—12 月 20 日　应大会要求在维也纳召开有 108 国代表参加的通过取缔非法贩运麻醉品和精神药物新公约全权代表会议。12 月 19 日,会议以协商一致方式通过了《联合国禁止非法贩运麻醉药品和精神药物公约》。中国等 43 国政府代表于 20 日在这项公约上签字。

12 月 3 日 中国国际法学会和中国联合国协会联合在北京召开座谈会,纪念《世界人权宣言》通过 40 周年。首都 150 多位有关人士参加了座谈会。

12 月 5—9 日 乌拉圭回合多边贸易谈判部长级中期审评会议在加拿大蒙特利尔市举行,作为乌拉圭回合的参加国,中国政府派代表团参加了会议,参与了就有关重要议题的磋商和谈判。

12 月 6 日 大会通过关于"整个维持和平行动问题所有方面的全盘审查"的第 A/RES/43/59 号决议,同意中国加入维持和平行动特别委员会。决议指出,大会认识到维持和平行动的重要性,"深信中华人民共和国的参加将有利于维持和平行动特别委员会的工作"。整个 20 世纪 80 年代,中国签署并批准或加入了《消除对妇女一切形式歧视公约》《联合国打击跨国有组织犯罪公约》《消除一切形式种族歧视国际公约》《关于难民地位的公约》《防止及惩治灭绝种族罪公约》《外空条约》《南极条约》《联合国禁止非法贩运麻醉药品和精神药物公约》等多项联合国公约与条约。

12 月 7 日 联合国大会一致通过 11 月 8 日中国提出的有关核裁军和常规裁军的两项提案。

12 月 8 日 丁原洪大使在联合国纪念《世界人权宣言》40 周年大会上发言指出,世界人权宣言的意义在于它反映了世界各国人民要求平等自由的意愿。它的影响由于它最初规定的内容不断得到充实和更新而得到加强。

一九八九年

1 月 7 日 日本裕仁天皇病逝。钱其琛外长以中国国家主席特使的身份赴日本出席裕仁天皇的葬礼,在东京停留了一天半时间。除了参加葬礼活动和同日本政府领导人接触外,还同前来参加葬礼的印度尼西亚总统苏哈托就中国与印尼关系正常化问题进行了会谈,达成"三点一致意见",从而打开了关闭 23 年之久的两国外交关系的大门。这条消息一时成为东京各媒体的头条,引起了广泛关注。

1 月 16—21 日 人口基金执行主任沙迪克博士访华,国务院副总理姚依林会见了她。

1 月 17—19 日 国际海事卫星组织在总部伦敦召开第 6 次特别大会,中国驻伦敦海事小组组长施壮怀率团出席,并当选为大会主席。

1月24—27日 国际农业发展基金会第12届管理大会在意大利罗马召开,会议主要审议了第3期补充货资认捐磋商工作、非洲特别计划进展情况等议题。农业部副部长相重阳率中国代表团出席了会议。

2月7日—4月27日 裁军谈判会议春季会议在日内瓦举行。2月21日,中国裁军大使范国祥在会上发言,阐述了战后裁军历史的特点。4月6日,范大使在裁军谈判会议全体会议上,就全面禁止化学武器公约谈判的各个方面阐述了中国的立场。

2月20日—3月3日 中国政府派观察员代表团出席了在维也纳召开的联合国"消除对妇女歧视委员会"第8届会议。委员会中国委员关敏谦被选为会议副主席。

2月21日 中国代表钱嘉东大使在联合国人权委员会第45届会议上发言指出:"民族自决是《联合国宪章》规定的基本原则之一,被公认为享受一切人权和基本自由的前提和保障。尽管殖民主义作为一个体系早已瓦解,但由于殖民主义残余的存在以及霸权主义、扩张主义的干涉和侵略,破坏和违反民族自决的现象仍然屡见不鲜。因此,如何实现和捍卫民族自决权,仍然是摆在世界人民面前的一个严肃问题。"

2月25日 邓小平会见美国总统布什。邓小平与布什总统会谈时指出:中国的问题,压倒一切的是需要稳定。中国一定要坚持改革、开放,这是解决中国问题的希望,但需要一个稳定的政治环境。我们的最终目标是要发展社会主义民主,但匆匆忙忙地搞不行。美国有一二百年搞选举的经验。如果我们现在搞十亿人的选举,一定会出现与"文化大革命"一样的混乱局面。民主是我们的目标,但国家必须保持稳定。

3月5—7日 拯救臭氧层世界大会在伦敦举行,有120多个国家代表参加。中国代表团团长在会上表示,中国政府支持保护臭氧层的维也纳公约和关于消耗臭氧层物质的蒙特利尔议定书的宗旨和原则,准备参加维也纳公约。

3月21—23日 联合国秘书长负责柬埔寨事务的特别代表、联合国副秘书长艾哈迈德访华,就柬埔寨问题向中国方面通报情况和交换意见。

3月29日—4月7日 中国代表团出席了在维也纳召开的联合国妇女地位委员会第33届会议,并担任会议副主席。会上,中国代表分别就"监测《提高妇女地位内罗毕前瞻性战略》的执行情况"和"平等、发展与和平"两个议题作了发言。

3月31日—4月4日 以中国人民银行副行长邱晴为团长、财政部副部长项怀诚为副团长的中国代表团出席了国际货币基金组织理事会临时委员会第30届例会和国际货币基金组织与世界银行的发展委员会第33届例会以及以被邀请者身份出席了发展中国家24国集团会议。

4月4日 由中国自行设计、制造的长城电脑中文处理系统在联合国有关部门试用成功,各项指标及功能均达到设计标准。这套电脑中文处理系统是由中国长城计算机集团和上海印刷技术研究所联合设计制造的,特点是输入速度较快。

4月9—19日 应李贵鲜国务委员兼中国人民银行行长的邀请,国际货币基金组织总裁康德苏访华。

4月10—14日 中国司法部副部长金鉴率团出席了在曼谷召开的第8届联合国预防犯罪和罪犯待遇大会亚洲及太平洋区域筹备会议。

4月12日 中国代表首次出席联合国"维持和平行动特别委员会"(特委会)会议,并在会上呼吁安理会和秘书长对维持和平行动给予"有力指导",各成员国给予"有力的政治支持"。

4月24日 联合国儿童基金会同意从1990年至1994年的5年内,向中国提供8000万美元的资金,以提高中国妇女、儿童的健康和教育水平。中国贫困地区的大约1.2亿名农民将成为这一援助计划的直接受益者。

5月8—12日 世界气象组织第5次应用云物理和人工影响天气科学会议在北京举行,中国气象局副局长章基嘉担任会议的联合主席。

5月8—19日 世界卫生组织第42届世界卫生大会在瑞士日内瓦举行。中国卫生部部长陈敏章率团与会,并当选为大会主席和会务委员会主席。这是世界卫生组织成立41年以来,自1972年恢复中国在该组织合法席位以来,首次由中国代表担任大会上述两项重要职务。在本届大会上,中国山西运城口腔卫生学校校长牛东平医师还荣获了世界卫生组织笹川卫生奖。

5月8—20日 世界知识产权组织在华盛顿召开"缔结集成电路知识产权保护条约外交会议"。中国专利局副局长高卢麟率团出席。会议讨论并通过了《集成电路知识产权保护条约》。

5月8—31日 联合国裁军审议委员会会议在纽约举行。中国代表团分别于5月9日和10日向会议提交了《对〈宣布20世纪90年代为第3个裁军10年宣言〉内容的建议》和《国际武器转让问题》两个工作文件。

5月11日 中国裁军大使范国祥在联合国裁军审议委员会重点阐述了中国关于武器转让问题的看法。这是中国首次在联合国就此全面、详尽地阐明自己的原则立场。并且中国的立场引起各国的重视,裁军审议委员会已将中国对此问题提交的工作文件散发给各成员国。

5月15日　中国常驻联合国副代表俞孟嘉大使出席托管理事会会议，并在会上表示，中国代表团将遵照《联合国宪章》，为完成国际托管制度的任务作出贡献，这是中国自1971年恢复在联合国席位后第1次参加托管理事会会议。

5月15—18日　苏共中央总书记、苏联最高苏维埃主席团主席戈尔巴乔夫应中国国家主席杨尚昆的邀请正式访问中国，这是自1959年以来，两国经历了30年的长期隔阂后，苏联最高领导人对中国进行的首次访问。5月16日，邓小平与戈尔巴乔夫进行了两个半小时的会谈，邓小平提出的"结束过去，开辟未来"的主张，得到了双方的一致认可。这次会晤确立了中苏关系正常化新框架，为双方建立超越意识形态的睦邻友好关系奠定了基础，也为后来中俄以及中国与苏联各加盟共和国进一步发展友好关系，提供了新的契机。通过这次历史性的会晤，中苏两大国终于结束了几十年的不正常状态，实现了关系正常化，意义重大、深远。

5月22—25日　联合国世界粮食理事会第15届部长级会议在埃及首都开罗召开。中国农业部副部长王连铮率中国代表团出席了会议。

5月22日—6月30日　国际电信联盟（简称"电联"）第13届全权代表大会在法国南部城市尼斯举行。中国邮电部副部长宋直元率中国电信代表团出席了大会。大会选举了各机构的领导人，改选了由43名理事国组成的理事会。中国再次连任理事会理事。语言问题也是这次大会争论很激烈的问题。由于中国、阿拉伯国家和苏联代表团多次磋商协调并据理力争，大会确定将中文、阿拉伯文和俄文列为电联的工作语言，在工作中对这3种语言采用有限的使用。

5月23日　联合国秘书长佩雷斯·德奎利亚尔日前发表谈话，对中国的局势表示关注。秘书长5月22日对聚集在安理会会议厅外的记者讲，他一直希望中国不要发生暴力事件。

6月5—17日　世界气象组织执行理事会第41届会议在日内瓦召开。中国气象局局长邹竞蒙作为世界气象组织主席主持了上述会议。

6月7—8日　国际农业发展基金会第12届管理大会续会在罗马召开，会议专门审议了1月大会期间未能完成的议题——第3期补充资金认捐磋商工作，并通过了有关决议。中国与会代表在发言中重申支持第3期补充资金的总指标，并表示将根据新的认捐情况做出承诺。

6月13日—8月31日　裁军谈判会议夏季会议在日内瓦举行。8月16日，中国裁军大使侯志通在裁军谈判会议化学武器特设委员会上就质疑核查问题作专题发言，重申了中国在这一问题上的立场。

6月20日 美国政府宣布将谋求国际金融机构推迟讨论对中国的贷款。随后,世界银行在西方7国的压力下暂停了关于对华贷款项目的讨论,1989年财政年度受影响的贷款共计7.8亿美元。截至1989年底,世界银行仍未恢复对华贷款。

7月4日 中国政府向世界知识产权总干事递交了加入《商标国际注册马德里协定》通知书,并对协定第3条之二和第14条第2款第4项持有保留意见。

7月5—28日 联合国经济及社会理事会第2届常会在日内瓦召开。会议审议了区域合作、贸易与发展、粮食与农业、环境、人口等议题。在一般性辩论中,西方国家对中国平息1989年北京政治风波进行无端攻击,中国代表先后4次进行答辩。中国代表团副团长王保流公使在答辩中指出,中国政府依照宪法和法律,被迫采取措施平息暴乱,这完全是为了维护宪法和社会稳定,保卫国家建设和中国10年改革开放的成果。

7月27日 中国批准了《维也纳保护臭氧层公约》。9月11日,中国加入该公约。中国政府有关部门正在积极进行研究蒙特利尔议定书的修正与加入问题。

8月7日—9月1日 中国委员田进出席了在日内瓦举办的人权委员会下属的防止歧视和保护少数小组委员会第41届会议。

9月3—5日 太平洋经济合作会议常委会在新西兰奥克兰举行会议。中国太平洋经济合作全国委员会秘书长陈鲁直等与会。会议讨论了太平洋经济合作会议与亚太经济合作部长级会议的关系问题,决定1990年在新加坡设立常设秘书处。

9月4日 七届全国人大常委会第九次会议批准了联合国《禁止非法贩运麻醉药品和精神药物公约》。10月25日,中国向联合国交存了该公约的批准书。同时声明中国不受公约第32条第2款和第3款的约束。

9月14日 中国常驻粮农组织代表致函农业发展基金总裁,确认中国向第3期补充资金认捐800万美元(上期为180万美元),分3年支付。

9月18日 《中华人民共和国和国际原子能机构关于在中国实施保障的协议》生效。

9月26—28日 国际货币基金组织和世界银行的理事会在华盛顿举行年会。由国务委员兼财政部部长李贵鲜为团长,财政部副部长迟海滨、中国人民银行副行长邱晴为副团长的中国代表团出席会议。中国代表团还以"被邀请人"身份出席9月21—23日举行的发展中国家二十四国集团的会议。团长李贵鲜、副团长邱晴和迟海滨分别在联合年会、临时委员会、发展委员会和二十四国集团会议上发言。

9月29日 钱其琛外长在第44届大会一般性辩论中发表讲话,他严正指出外国插手中国事务、干涉中国内政,是违背国际关系准则和《联合国宪章》基本原则的。

10月2—13日 贸发会议理事会第36届第1期会议在日内瓦举行。会议讨论了贸易、发展资金、国际货币制度三者相互依存及发展中国家债务等问题。10月5日举行的特别纪念会议通过了《贸发会议25周年宣言》。中国代表团团长、经贸部副部长沈觉人在会议发言中对贸发工作给予高度评价。

10月9—20日 国际海事组织第16届大会在伦敦召开,中国交通部副部长林祖乙率团出席。本届大会审议了自上届大会以来的各委员会报告,下两年度的工作计划和财政预算等,批准了新秘书长的任命,中国由原来B类理事国成功竞选为A类理事国。

10月13日 联合国海事组织第16届大会在伦敦举行,中国再次当选A类理事国。

10月14日 联合国协会世界联合会第32届大会在莫斯科举行。中国联合国协会会长毕季龙被推举为执委会主席。

10月20日 中国新任裁军大使侯志通在第44届联大第一委员会一般性辩论中发言。他在对双边和国际多边在裁军领域取得的进展表示欢迎的同时,强调指出,拥有最大核武库的两个超级大国之间的军备竞赛,仍然严重威胁着世界和平与安全,他们应该切实履行对裁军应负的特殊责任,立即停止一切形式的军备竞赛。

10月26日 应中国外交部邀请,亚太经社会执行秘书基勃里亚等一行5人来华访问,与中方就亚太经济合作等问题举行了会谈。国务院总理李鹏会见了基勃里亚。

10月30日 中国代表团在第43届联大决议的基础上,再次提出关于核裁军和常规裁军的两项决议草案。上述两项提案于12月15日连续第4次获一致通过。

11月1—2日 中国专利局与世界知识产权组织在北京联合举办"21世纪国际专利制度世界讨论会"。全国人大常委会副委员长王汉斌出席开幕式。会议期间,李鹏总理会见了全体与会代表。

11月7日 中国代表在第44届联合国大会第三委员会(社会、人道主义和文化委员会)发言时强调:促进经济和社会发展是各国人民的共同愿望。国际社会应该团结一致,克服实现发展权道路上存在的障碍,积极创造条件,为实现发展权这一崇高目标而努力。中国愿意与国际社会广大成员一道,共同努力,为《发展权宣言》的实施贡献我们的一份力量。

11月11—30日 联合国粮食及农业组织第25届大会在意大利罗马总部召开。会议主要审议了世界粮农形势、国际农业调整、粮农长期发展战略及粮农组织改革问题等议题。农业部部长何康率中国代表团出席了会议并作了发言。

11月13日 中国与苏联根据5月高级会晤达成的协议,开始了关于在中苏边境地区相互裁减军事力量和在军事领域加强信任的谈判。谈判取得了初步进展。

11月13日—12月10日 第20届万国邮政联盟代表大会在美国首都华盛顿举行。中国派出以邮电部部长杨泰芳为团长的邮政代表团出席了大会。美国任大会主席,中国、法国、苏联和赞比亚任大会副主席。中国代表团在会议上坚持了主张改革但又要考虑到有利于第三世界国家邮政发展的原则,支持合理方案。杨泰芳部长被选为大会的4位副主席之一,中国以比历届都高的得票即132票当选为执行理事会理事国,同时被选为执行理事会副主席和邮政研究咨询理事会的理事国。

11月20—24日 联合国工业发展组织第3届大会在奥地利维也纳召开。对外经济贸易部副部长沈觉人率中国代表团出席会议。会议期间,中国政府代表与工发组织总干事签署了《关于建立国际工业合作中心(工发北京中心)的协定》。

11月27日—12月2日 中国与教科文组织合作在北京举办了面向21世纪教育国际研讨会。全国人大常委会委员长万里出席开幕式,李鹏总理会见了与会代表和观察员。

11月28日 中国交存了《禁止和防止非法进出口文化财产和非法转让其所有权的方法的公约》的接受书,公约于1990年2月28日对中国生效。

12月4—5日 关税及贸易总协定缔约国第45届年会在日内瓦举行,中国派代表列席会议。与会代表就国际经济贸易形势和多边贸易制度的变化情况进行了讨论。中国代表范国祥大使在发言中阐述了中国对国际经济贸易形势的看法,指出多边贸易制度中存在的问题,强调中国继续执行改革开放政策,重申中国全面参与多边贸易制度的决策不变。

一九九〇年

1月29日—2月2日 世界知识产权组织在日本举行亚太地区圆桌研

讨会。中国专利局局长高卢麟在会上作了题为《专利文献工作是一项繁重而有意义的工作》的报告。

2月6日—4月24日　裁军谈判会议春季会议在日内瓦举行。成员国和一些非成员国派代表和观察员与会。会议重新成立了关于化学武器、外空、无核国家安全保障、放射武器的特委会，并在中断6年后再次成立了核禁试特委会。中国代表团本着积极推动裁军、维护世界和平的一贯立场，积极地建设性地参加了各议题的工作。

2月20—23日　中国已加入联合国《1961年麻醉品单一公约》《1971年精神药物公约》，并且是《禁止非法贩运麻醉药品和精神药物公约》缔约国。以卫生部副部长顾英奇为团长的中国代表团出席了联合国大会召开第17届特别会议，又称"禁毒特别联大"。会议通过了第A/RES/1(S—17)号决议、第A/RES/2(S—17)号决议以及《政治宣言》和《全球行动纲领》，并宣布1991—2000年为联合国禁用药物滥用10年。顾英奇在大会发言指出：中国政府一直密切关注毒品问题的严重形势，积极主张开展国际禁毒合作。全球范围内扫除毒品危害，必须有国家、地区和国际三级的共同努力，其中国家级的努力是基础。他还指出，在开展禁毒国际合作中，应该严格遵守尊重各国的主权和领土完整，相互平等以及不干涉别国内政的原则。

2月27日　钱其琛外长出席裁谈会并发表了重要讲话。他强调指出：拥有最大武库的两个超级大国对裁军负有特殊责任，它们不但应当削减武器的数量，也必须彻底停止武器质量的竞赛；他们应当撤回在国外的一切驻军，撤除在国外的一切军事基地；美苏之间的一切裁军协议必须有助于维护国际和平与稳定，而不应损害第三国的利益；裁减下来的军队应予解散，不得转移到其他地区；裁减下来的武器装备应予全部销毁、拆除或转为民用，不得转用于其他武器系统或部署到其他地区；他还强调指出，裁减军备、减少战争危险，是世界各国的共同要求，所有国家不论大小、强弱，在安全问题上享有平等的权利，都有权参加讨论和解决安全与裁军问题。钱其琛还就裁谈会的有关议题及相关国际武器转让、裁军与发展、军转民等问题阐述了中国的原则立场和观点。他的发言受到各方重视和第三世界国家的普遍欢迎。

3月6日　在人权委员会第46届会议上，一些西方国家提出了一项指责中国违反人权的所谓"中国局势决议草案"。中国代表团对此进行了坚决的斗争。6日，会议以17票对15票，11票弃权，通过了对这项决议草案不采取行动的动议，结果以程序方式否决了西方国家借口人权问题干涉中国内政的图谋。3月8日，中国外交部发言人指出："3月6日在日内瓦举行的联合国人权委员会通过了对某些西方国家提出的所谓'中国局势决议草案'不采取行动的动议,挫败了一些西方国家借口人权问题干涉中国内部事务的图谋。"

4月4日 中国政府首次向联合国停战监督组织派遣5名军事观察员,开启中国参加联合国维和行动的序幕。

4月5—6日 中国国家主席江泽民、国务院总理李鹏先后会见世界银行高级副行长库莱希。国务委员兼中国人民银行行长李贵鲜也于5日会见了世界银行高级副行长库莱希。

4月9—11日 联合国和英国政府一起在伦敦召开了世界部长级禁毒大会,明确指出消费国在减少麻醉品非法需求方面负有不可推卸的责任,会议还通过了宣言。外交部部长助理李道豫率中国代表团出席了会议并在大会上发言。

4月23—27日 联合国粮食及农业组织第20届亚太区域大会(部长级)在北京召开。这是联合国粮农组织第1次在中国召开的部长级会议,农业部部长何康率中国代表团出席了会议。

4月24日 中苏两国外长在莫斯科签署了《中华人民共和国和苏维埃社会主义共和国联盟政府关于在中苏边境地区相互裁减军事力量和加强军事领域信任的指导原则的协定》。为落实该协定,中苏外交和军事专家代表团还分别于9月10日—10月5日在苏联,11月30日—12月22日在中国进行了两次边境裁军谈判,就具体裁减对象和范围等问题交换了意见。

5月7—18日 世界卫生组织第43届卫生大会在瑞士日内瓦举行。中国卫生部部长陈敏章率团参加了会议。在本届大会上,中国当选为世界卫生组织执行委员会会员国,当选委员宋允孚在会后的执行委员会会议上被选为规划委员会委员。

5月7—29日 联合国裁军审议委员会会议在纽约举行。会议审议了"常规裁军""南非的核能力""联合国的裁军作用""海军军备与裁军""宣布20世纪90年代为第3个裁军10年宣言""核与常规裁军"和"关于军事情况的客观情报"等7项议题,结束了对前6项议题的审议,并就7项议题通过了向联大提交的报告和建议,其中前5项议题以协商一致方式通过。中国代表团积极参加了会议各议题的工作,并提出了具体建议和案文,阐明了中国对核裁军、核不扩散、海军裁军以及加强裁审会作用等一系列重大裁军问题的原则立场和主张。同年,中国在大会上提出的关于"核裁军"和"常规裁军"两个决议提案连续5年获得一致通过。决议要求负有特别责任、拥有庞大武库的国家继续就裁减常规军备问题加紧谈判,敦促美苏两国率先停止核军备竞赛,早日大幅度削减核武器。中国希望美、苏继续实施关于全部销毁两国中短程导弹的条约,并就制止核军备竞赛和进一步削减核武器达成协议,强调不仅要停止在军备数量方面的竞赛,而且要停止在军备质量方面的竞赛。中国十分重视加强外空的国际合作,主张全面禁止一切类型的外空武器,实现外空的"非武器化",大力支持联合国 1992 年国际空间年的活动。

5 月 7 日—6 月 11 日　联合国方案和协调委员会举行了第 30 届会议。作为该委员会成员,中国派代表团参加了会议。中国常驻联合国副代表丁原洪大使在会上就审查联合国行政和财政业务效率议题发言时指出:"以联合国大会通过的第 A/RES/41/213 号决议为起点的联合国 3 年改革已告一段落。""联合国的改革进程始终与严重的财政危机交织在一起,改革进程始终是十分艰难和曲折的。我们认为,一个稳定的财政基础是本组织正常运转的前提,也是有效改革的前提。"

5 月 10 日　中国代表在联合国维持和平行动特别委员会会议上表示,中国愿同其他成员国一起,为加强联合国维和行动的作用而努力。自 1989 年以来,中国首次向联合国中东停战监督机构派出 5 名军事观察员,向联合国纳米比亚过渡时期援助团派出 20 名文职官员。

6 月 4—13 日　亚太经社会第 46 届年会在泰国首都曼谷召开,主题为"20 世纪 90 年代亚太经济社会发展中经济的结构改革"。外交部副部长刘华秋率领中国代表团出席本届年会并在大会上发言。

6 月 12 日—8 月 24 日　裁军谈判会议夏季会议在日内瓦举行。8 月 10 日,中国代表团提出题为"关于质疑性核查问题的基本立场和主张"的工作文件。

7 月 4—27 日　联合国经社理事会在日内瓦召开 1990 年度第 2 届常会,会议审议了区域合作、贸易和发展、发展业务活动、第 2 次联合国最不发达国家会议等议题。中国代表团团长、中国常驻联合国日内瓦办事处代表范国祥大使率团参加会议并作了重要发言。

7 月 20 日—8 月 22 日　教科文组织发起的"丝绸之路综合研究"项目沙漠路线考察于 1990 年 7 月 20 日在中国西安正式开始。20 多个国家的学者和新闻媒介人员参加了考察活动。考察队途经陕西省、甘肃省和新疆维吾尔自治区,于 8 月 22 日抵达乌鲁木齐,圆满结束了考察活动。教科文组织副总干事夏尔马专程来中国参加在西安和乌鲁木齐举行的考察开幕式和闭幕式。国务委员、国家教育委员会主任李铁映在北京会见了副总干事夏尔马。

8月10日 中国代表团向核谈会提出了题为"关于质疑性核查问题的基本立场和主张"的工作文件,其主要内容为:化武公约应建立有效、合理、可行的核查制度,包括适当的质疑核查等多项重要原则与指导方针等内容。

8月20日—9月14日 中国代表团以观察员身份参加了在日内瓦举行的《不扩散核武器条约》第4次审议会。这是中国首次参与该条约的有关活动,受到各方重视。条约审议会每5年举行1次,前3次分别于1975年、1980年和1985年举行。该条约将于1995年到期。这次会议与1995年该条约是否能延长有关,是一次重要的会议。该条约的141个缔约国中有85个国家参加,另有15个非缔约国派了观察员。会议审议了防止核扩散、核能的和平利用、核裁军以及对无核武器国家的安全保障等问题,肯定了该条约对防止核扩散和维护世界和平与安全的重要作用,强调应进一步加强其权威性和普遍性,防止核武器扩散的危险,并呼吁未加入条约的国家尽快参约。中国代表团向会议提交了一个基本立场文件,阐明了中国政府在防止核扩散、核裁军、和平利用核能以及无核武器国家的安全保障等问题上的原则立场,重申了中国政府关于不主张、不鼓励、不从事核武器扩散,不帮助别国发展核武器的政策;支持条约所确定的关于防止核扩散、推动核裁军、促进和平利用核能的国际合作3大目标,并指出条约存在着对核武器缔约国和无核武器缔约国规定的义务失之平衡,也没有禁止在无核武器国家领土上部署核武器等重大缺陷。

8月25—28日 世界知识产权组织在朝鲜举办专利业务讲习班,邀请中国专利局局长高卢麟前往授课,主题为《专利申请的初步审定和异议》。

9月3—8日 教科文组织第42届国际教育会议在日内瓦召开。会议讨论扫盲和全民教育的有关问题。国家教育委员会副主任王明达率团参加会议。王明达当选为大会副主席,并在与会期间会见了教科文组织总干事马约尔等高级官员,就中国与教科文组织的业务合作交换了意见。

9月10—14日 世界卫生组织西太平洋地区委员会第42届会议在菲律宾马尼拉召开。中国卫生部副部长顾英奇率团参加了会议。中国香港第1次以"香港"名义派团与会。

9月20—21日 中国缔约国地位问题工作组第9次会议在日内瓦举行。会议继续对中国对外贸易政策的近期发展进行了审议。中国代表团团长范国祥发言,概述中国经济治理整顿措施、效果以及进一步改革开放情况,强调中国通过综合运用经济、法律和行政手段进行治理整顿,并已取得明显成效;经济改革不断深化,市场体系已有较大发展;加速对外开放采取了一系列重大措施;希望会议能完成中国外贸制度补充文件的审议并开始

"问题清单"的讨论。

9 月 25—27 日　国际货币基金组织和世界银行在华盛顿举行年会。以国务委员兼财政部部长王丙乾为团长，中国人民银行副行长陈元、财政部副部长项怀诚为副团长的中国代表团与会。国务委员兼财政部部长王丙乾在年会上指出，中国希望，全球环保基金能够尽快得以设立，并期待它在优惠基金和技术等方面成为对世界银行现有环保工作的额外的补充。

9 月 26 日　中国副总理兼外长钱其琛在联大会议期间会晤联邦德国外长根舍。钱其琛祝贺两德即将实现统一，并表示中国一贯支持德国统一，从不干涉欧洲事务、德国统一和其他国家的内部事务，一贯主张在和平共处五项原则基础上处理国家关系，希望中国与统一后的德国继续保持良好的合作关系，双方能从共同利益出发，逐步实现关系正常化。根舍表示，联邦德国在两国关系问题上要向前看，双方可进行政治级别对话，并表示期待两国政治关系新时期的到来。中、德外长会晤后，两国关系逐步恢复和改善。

9 月 28 日　中国外长钱其琛在大会发表讲话，全面阐述了中国政府对海湾问题及其他重大国际事务的原则立场和主张。

9 月 30 日　世界儿童问题首脑会议在纽约联合国总部举行。会议由加拿大、埃及、马里、墨西哥、巴基斯坦和瑞典 6 国首脑倡议召开。儿童基金会承担了这次会议的组织工作和秘书处工作。钱其琛外长作为中国政府首脑的代表，出席会议并草签了首脑会议通过的《儿童生存保护和发展世界宣言》和《执行 20 世纪 90 年代儿童生存保护和发展世界宣言行动计划》。

10 月 30 日　中国代表团再次提出关于核裁军和常规裁军的两项决议草案，并连续第 5 次获得一致通过。中国案文根据美、苏双边谈判及欧洲常规裁军谈判取得进展等新情况作了调整，但继续强调，两超及拥有最大军事武库国家负有率先裁军的特殊责任。此外，中国还作为共同提案国，与其他国家一起提出了"裁军审议委员会的报告""生物武器公约审议会""亚、非、拉和平与裁军中心""防止外空军备竞赛""联合国裁军研究所 10 周年""关于军控与裁军协定的情况（决定）"等项提案，其中后 3 项为中国首次参与共同提案。这些决议和决定均获通过。本届联大共通过了 59 项有关裁军和安全问题的决议和决定。

10 月 1—12 日　联合国贸易和发展会议理事会第 37 届第 1 期会议在日内瓦举行。中国代表李志敏在会议发言中指出，发展中国家外部经济环境的恶化是造成他们宏观经济失调的重要原因。

10 月 10 日　6 月，海地临时政府主席致信联合国秘书长，要求联合国派人去海地监督选举,并维持公共秩序。西方诸国要求安理会讨论海地的请求,拉美集团表示反对。中国认为,海地问题仍属一国内部事务,尚不构成对国际和平与安全的威胁。中国支持拉美集团的立场,赞成在大会讨论,不赞成由安理会通过决议。10 月 10 日,大会通过派人监督海地大选的第 A/RES/45/2 号决议。12 月底,大会又协商一致通过了派人监督海地大选的决议。这是继尼加拉瓜之后联合国又一次参与中美洲地区一个主权国家的大选。

10 月 15—19 日 第 15 届亚太地区禁毒执法机构负责官员会议在北京召开。会议期间,李鹏总理会见了出席会议的各国代表团团长和联合国有关官员。卫生部副部长顾英奇率中国代表团与会并当选为会议主席。

10 月 17 日 侯志通大使在联大一委所作的关于裁军问题的总发言中,对近年来裁军领域的新进展表示欢迎。侯大使就核裁军、核不扩散、常规裁军、化学武器公约、和平与发展等问题阐述了中国的原则立场。

10 月 23 日 中国又派学者和记者参加了教科文组织发起的"丝绸之路综合研究"项目在意大利威尼斯启程的海上丝绸之路的考察活动,并为考察活动得以于 1991 年 2 月 9—19 日在中国广州和泉州的顺利进行做了大量准备工作。中国参加这一场活动,不仅弘扬了中华民族的灿烂文化,促进了国际文化合作和中外学术交流,宣传了中国安定团结局面和现代化建设成就,而且进一步加强了中国与教科文组织的合作关系。

11 月 29 日 安理会以 12 票赞成、2 票反对、1 票弃权通过了第 S/RES/678(1990)号决议。该决议规定,除非伊拉克在 1991 年 1 月 15 日或此前完全执行安理会各有关决议,否则授权同科威特政府合作的会员国使用一切必要手段执行安理会有关决议,并恢复该地区的国际和平与安全。中国对该决议投了弃权票。这是安理会自海湾危机以来第 2 次举行外长级会议,钱其琛外长出席了会议并讲了话。这是中国首次对安理会关于海湾危机的决议投弃权票,表明了中国既反对侵略,又主张和平解决,反对诉诸武力的原则立场。

12 月 12—13 日 关税及贸易总协定缔约国第 46 届年会在日内瓦举行。中国派代表列席了会议。与会代表就国际经济贸易形势、乌拉圭回合谈判的多边贸易体制的变化情况进行了讨论。中国代表在会上表示,中国将继续致力于进一步改革开放和发展同世界各国的经济联系,积极推进恢复在总协定的缔约国地位的谈判,使中国更充分地参与到多边贸易体制中去。

一九九一年

1月28日　钱其琛外长代表中国政府正式致函联合国秘书长,邀请1995年世界妇女大会在北京召开。钱其琛在信中表示,亚洲是妇女人数最多的大陆,中国又是世界上妇女最多的国家,因此,在中国举办这次会议是合适的。中国政府将为会议的顺利召开作出一切必要的努力。中国政府的邀请受到联合国各成员国的重视,还在1990年5月联合国经社理事会通过决议,建议于1995年举行一次妇女问题世界会议。根据联合国在各区域轮流举办大会的习惯做法和广大发展中国家的期望,我国外交部部长钱其琛于1991年1月28日致函联合国秘书长,邀请1995年在北京举行第四次世界妇女大会。1992年3月联合国妇女地位委员会第36届会议决定:感谢并接受中国政府邀请,并决定于1995年9月4—15日在北京召开此次大会。

1月29日　秘书长德奎利亚尔任命中国驻英国大使冀朝铸为联合国负责技术合作事务的副秘书长。

2月28日　中国政府分别向美国、英国和苏联3国政府递交了中国《禁止在海床洋底及其底土安置核武器和其他大规模毁灭性武器条约》的加入书,宣布加入该条约。

3月2日　中国政府正式批准加入《关于向国外送达民事或商事司法文书和司法外文书公约》。

3月7日　联合国发布新闻公报宣布,联合国海洋法会议总务委员会已批准中国为先驱投资开采海底矿藏的国家之一。

3月14—15日　中国政府、联合国开发计划署和世界卫生组织首次在北京召开"中国预防和控制艾滋病国际合作会议"。

4月8—11日　世界知识产权组织在北京举行亚太地区食品加工工业中工业产权应用和技术转让研讨会。

4月23—26日　中国在北京主办了第12届亚太地区劳工部长会议。42个亚太地区国家和1个地区以及8个国际组织派代表出席了会议。中国劳动部部长阮崇武当选为大会主席。

5月1—25日　第11届世界气象大会在日内瓦举行,中国气象局局长邹竞蒙再次当选为世界气象组织主席。

6月18—19日　由中国政府发起召开的发展中国家环境与发展部长级会议在北京举行,会议通过了旨在推进环境与发展国际合作的《北京宣言》以及会议报告书。

6月19日 出席《关于破坏臭氧层物质的蒙特利尔议定书》缔约国第3次会议的中国代表团在内罗毕宣布,中国政府决定加入经过修正的《蒙特利尔议定书》,并表示中国将继续同各缔约国和有关国际组织一道,为保护人类赖以生存的臭氧层和全球环境作出应有的贡献。

9月18—23日 国家版权局副局长刘杲率中国政府版权代表团访问了世界知识产权组织。该组织总干事鲍格胥和刘杲团长就中国加入《伯尔尼公约》的有关问题进行了详细讨论。世界知识产权组织承诺为中国加入《伯尔尼公约》和此后执行公约的工作提供一切可能的帮助。

9月25日 中国国务委员兼外长钱其琛在第46届联大上发表讲话,阐述了中国政府对重大国际事务的原则立场和对建立和平、稳定、公正、合理的国际新秩序的主张。

10月3日 中国正式签署《关于环境保护的南极条约议定书》。

10月19日 为使关贸总协定各缔约国政府充分了解和支持中国关于尽早恢复在关贸总协定的缔约国地位及对台湾加入总协定的立场,李鹏总理致函关贸总协定各缔约国政府首脑,阐明中国政府的立场。

10月25日 中国常驻联合国代表李道豫大使向纽约华文报纸《侨报》发表谈话指出,一小撮人试图以"台湾共和国"的名义加入联合国是"荒谬绝伦的妄想"。

10月28日 外交部和中国联合国协会为庆祝中国恢复在联合国合法席位20周年在北京举行招待会,国务委员兼外长钱其琛和各国驻华使团团长、马达加斯加大使莫里斯及联合国系统组织代表在招待会上致辞。

10月30日 中国正式核准《万国邮政联盟总规则》和《万国邮政公约》。12月17日,中国政府向邮盟国际局总局长交存核准书。

11月1日 中国政府首次发表《中国的人权状况》白皮书,阐述了中国关于人权问题的基本立场和基本政策,以大量事实介绍新中国成立后中国人权状况发生的根本变化。白皮书指出:人权问题虽然有其国际性的一面,但主要是一个国家主权范围内的问题。由于各国的历史背景、社会制度、文化传统、经济发展状况有巨大差异,因而对人权的看法往往并不一致,对人权的实施各有不同。观察一个国家的人权状况,不能割断该国的历史,不能脱离该国的国情;衡量一个国家的人权状况,不能按一个模式或某个国家和区域的情况来套。

11月26—27日 安理会一致通过关于南斯拉夫社会主义联邦共和国的第S/RES/721(1991)号决议。中国代表李道豫在会上说,向南派遣维和部队是特殊情况下采取的特殊措施,不应为今后造成先例。

11 月　为了支持国际原子能机构的保障监督活动,中国常驻原子能机构代表陈士球大使通知"机构"总干事,中国政府决定在连续的基础上向"机构"通报中国向无核武器国家出口或从无核武器国家进口总量超过一有效公斤核材料的情况。

12 月 25 日　钱其琛国务委员兼外长在向七届全国人大常委会第二十三次会议作关于国际形势和外交工作的报告时称:苏联解体标志着第二次世界大战后近半个世纪的美苏对抗、东西方冷战和两极体制的最终结束。中国人民与苏联各共和国人民有着悠久的传统友谊和友好往来。苏联解体后,中国政府本着不干涉别国内政的原则,尊重各国人民的选择,同时,将继续与这些共和国保持和发展友好合作关系。

12 月 27 日　在独立国家联合体成立和 12 月 25 日戈尔巴乔夫宣布辞去总统职务与苏联停止存在之后,12 月 27 日中国外长分别致电苏联 12 个共和国外长,承认各国独立。此前,在苏联国务委员会宣布爱沙尼亚、拉脱维亚和立陶宛独立之后,中国政府于 9 月 7 日正式承认该 3 国独立,并派出田曾佩副外长访问 3 国,分别于 9 月 11 日、12 日和 14 日同上述 3 国签署了建交公报。

12 月 29 日　七届全国人大常委会第二十三次会议决定中国加入《不扩散核武器条约》。中国坚决反对任何形式的核武器扩散,一贯主张全面禁止并彻底销毁核武器。中国自拥有核武器的第 1 天起即单方面承诺在任何时候、任何情况下不首先使用核武器,并承担了不对无核国家和地区使用或威胁使用核武器的义务。中国在发展核武器的问题上一贯保持克制,唯一和始终的目的在于自卫。中国无意去威胁任何国家的安全,也无意与任何国家进行军备竞赛。

一九九二年

1 月 31 日　联合国首次安理会首脑会议在纽约召开,议题是"安理会维持国际和平与安全的责任"。会议一致通过一项主席声明,肯定了联合国在维和领域发挥的积极作用,要求秘书长就加强联合国在预防性外交、维持和缔造和平方面的作用向会员国提交报告。李鹏总理率团出席会议并发表讲话,阐述了中国对当前国际形势的看法和关于建立国际新秩序的主张,以及支持联合国在国际事务中发挥积极作用的主张。

同日　中国批准加入联合国《儿童权利公约》,公约于 1992 年 4 月 2 日对中国生效。

2月6—25日 第8届联合国贸易和发展会议在哥伦比亚首都卡塔赫纳举行。国务院副秘书长何椿霖率中国代表团出席会议并在发言中指出，当前世界正处于一个新旧格局交替的过渡时期，世界的和平、安全和发展依然面临严峻的挑战。发展是当今世界面临的一个主要问题，其实质是振兴发展中国家的经济，这是国际社会的共同使命。

2月17日—3月1日 联合国秘书长特别代表、智利常驻联合国代表胡安·索马维亚大使一行来华，就召开社会发展问题世界首脑会议一事与中国磋商。国务委员兼外交部部长钱其琛及刘华秋副外长分别会见，国家计委副主任郝建秀与之进行会谈。

3月2日 中国常驻联合国代表李道豫向联合国递交《儿童权利公约》的批准书。公约于1992年4月1日正式对中国生效。公约是国际社会为保护儿童权利制定的一项普遍适用的标准，中国政府承担并认真履行公约规定的各项义务。多年来，中国与联合国儿童基金会、联合国教科文组织和世界卫生组织在有关儿童保护领域进行了卓有成效的合作，获得有关国际组织和权威人士的好评。

3月4日 在联合国人权委员会第48届会议上，一些西方国家提出一项所谓"中国/西藏局势"决议草案，中国代表团对此进行了坚决斗争。3月4日，会议以27票对15票，11票弃权通过了巴基斯坦提出的对"中国/西藏局势"决议草案不采取行动的动议，挫败了国际反华势力借口人权问题干涉中国内政、损害中国主权的图谋。

3月9日 中国完成了正式加入《不扩散核武器条约》的法律手续，同日该条约对中国生效。中国向英国、美国和俄罗斯3个条约保存国分别递交了《不扩散核武器条约》加入书。加入书指出，中国支持条约确定的目标，即防止核武器扩散、推动核裁军、促进和平利用核能的国际合作，并认为这3个目标是相互联系的；防止核武器扩散本身并不是目的，而是实现全面禁止和彻底销毁核武器过程中的措施和步骤。加入书还声明，台湾当局以中国名义分别于1968年7月1日和1970年1月27日对该条约的签署和批准是非法的和无效的。

3月11日 中国加入《不扩散核武器条约》。中国是《不扩散核武器条约》缔约国，坚决反对任何形式的核武器扩散。中国一贯主张全面禁止并彻底销毁核武器。中国自拥有核武器的第1天起即单方面承诺在任何时候、任何情况下不首先使用核武器，并承担了不对无核国家和地区使用或威胁使用核武器的义务。中国在发展核武器的问题上一贯保持克制，唯一和始终的目的在于自卫。中国无意去威胁任何国家的安全,也无意与任何国家进行军备竞赛。

3月11—20日 联合国妇女地位委员会第36届会议在维也纳召开,会议一致通过决议,感谢并接受中国政府的邀请,决定第四次世界妇女大会于1995年9月4—15日在中国北京举行。8月28日,第四次世界妇女大会中国组委会在北京正式成立。10月,在77国集团倡议下,联合国大会通过了《提高妇女地位内罗毕前瞻性战略的执行情况》的决议,"感谢中国政府担当将于1995年9月4—15日在北京举行的妇女问题世界会议的东道国"。

3月31日 安理会通过关于利比亚局势的第S/RES/748(1992)号决议,中国投了弃权票。李道豫大使在投票前的一般性发言中重申中国一贯反对并谴责任何形式的恐怖主义的原则立场,并指出惩罚恐怖主义分子一要有明确的证据,二要符合国际法,根据有关国际公约来处理。中国原则上不赞成安理会对利比亚采取制裁行动,因为这不仅无助于问题的解决,反而可能使问题进一步复杂化,加剧地区紧张局势,使该地区有关国家蒙受严重经济损失。李道豫大使呼吁以协商对话的方式解决分歧。

4月6—15日 联合国麻醉品委员会第35届会议在维也纳召开。中国作为该委员会成员国参加了会议。中国代表团团长陈士球大使在会上作了发言。

4月13—14日 国际保护工业产权协会中国分会在北京举办了"中国知识产权法律制度讨论会",来自5大洲40多个国家和地区的知识产权界的律师、学者、政府官员和世界知识产权组织等国际组织的代表360多人与会。这是中国举办的外国人参加人数最多的一次知识产权国际会议,李鹏总理会见了与会的部分中外代表。

4月14—18日 联合国秘书长加利应中国政府邀请来华进行正式访问,江泽民总书记、李鹏总理分别会见,国务委员兼外长钱其琛与其进行会谈。双方就国际形势,联合国作用、改革、维和及柬埔寨等问题交换了意见。

4月14—23日 联合国亚太经社会第48届会议在北京举行,会议主题是"亚太经济区域合作:前景、优先事项和政策选择"。中国总理李鹏、联合国秘书长加利出席会议开幕式并致辞。会议通过《北京宣言》等12项决议和42项经社委员会的报告,会议还通过"1993—2002年亚洲及太平洋残疾人10年"提案。

4月16日 为执行安理会第S/RES/745(1992)号决议,中国向联柬权力机构派出 47 名军事观察员、3 名文职人员和一支 400 人的工程兵大队。这是中国派往联合国参加维和行动的第一支成建制部队。他们接受的第 1 项任务是紧急修复遭战争严重破坏的 4 号和 6 号公路,让运载联合国救援物资和维持和平部队的车队顺利开赴柬埔寨各地。在柬埔寨老百姓眼中,中国士兵是吉祥的化身,是真正为和平而来的使者。中国工程兵战士用自身的行动赢得了柬埔寨人民的尊重和赞许。此外,中国继续向联合国停战监督组织、西撒特派团、伊科观察团分别派遣 5 名、20 名和 15 名军事观察员。

4 月 18—22 日　联合国工业发展组织总干事夏松应经贸部佟志广副部长邀请访华,双方就中国与工发组织合作事宜等交换了意见。

4 月 20 日—5 月 11 日　联合国裁军审议委员会会议在纽约举行。中国代表积极参加了会议各议题的工作,阐明了中国的原则立场和主张,并就"国际和平与安全框架内以消除核武器为目标的核裁军进程"问题提出基本立场工作文件,受到第三世界国家欢迎。中国工作文件全面阐述了中国关于核裁军进程与国际和平与安全的关系、核裁军进程中采取的步骤、加强核裁军进程的措施、加强核裁军进程的必要条件、核裁军机制和联合国的作用等方面的观点和原则立场。

4 月 21—23 日　中国环境与发展国际合作委员会在北京召开成立大会并举行第 1 次会议。国务委员兼国家科委主任宋健主持会议并当选为委员会主席。中外方委员、特约代表和外国观察员 80 多人出席了开幕式。

4 月 27 日—5 月 2 日　应中国外交部邀请,第 46 届联大主席希哈比(沙特阿拉伯)正式访华,国家主席尚杨昆、国务院总理李鹏分别会见,钱其琛国务委员兼外长会见并宴请。

5 月 17 日　国际海事组织海上安全委员会第 59 届会议通过《〈1972 年国际安全集装箱公约〉1991 年修正案》。中国是该公约的缔约国,该修正案于 1993 年 1 月 1 日生效。

6 月 3—14 日　联合国环境与发展大会在巴西里约热内卢举行。会议通过了《里约热内卢环境与发展宣言》和《21 世纪议程》,签署了《联合国气候变化框架公约》和《生物多样性公约》。这次会议提高了世界各国对环境问题的认识,并将环境问题与经济、社会发展结合起来,提出了"可持续发展战略"。李鹏总理代表中国政府在上述两公约上签字。李鹏总理出席首脑会议并发表了重要讲话。他在讲话中明确提出了关于加强环发领域国际合作的 5 点主张,即:经济发展必须与环境保护相协调;保护环境是全人类的共同任务,但是发达国家负有更大的责任;加强国际合作要以尊重国家主权为基础;保护环境和发展离不开世界的和平与稳定;处理环境问题应兼顾各国现实的实际利益和世界的长远利益。

6月13日　中国交存《经修正的关于消耗臭氧层物质的蒙特利尔议定书》的加入书,议定书于1992年8月20日对中国生效。

6月17日　联合国秘书长加利根据首次安理会首脑会议要求向会员国提交了题为"和平纲领:预防性外交、建立和平与维持和平"的报告,提出了一系列关于国际集体安全的设想、主张和建议。安理会就此多次进行审议并发表主席声明。中国以积极务实的态度参加了有关审议。

7月10日　中国常驻日内瓦代表团侯志通大使向世界知识产权组织总干事鲍格胥博士递交了中国《保护文学和艺术作品伯尔尼公约》的加入书。

7月15—22日　国际海事卫星组织陆地移动业务部总经理菲利普、高级经理蔡敏康访华,先后在武汉、西安、成都、北京、上海、广州召开卫星移动通信研讨会,介绍国际海事卫星组织——A、C移动站应用的情况。

7月19—25日　联合国难民事务高级专员绪方贞子应中国外交部邀请率团来华访问。绪方贞子同外交部副部长刘华秋和民政部副部长阎明复进行了会谈,并与国务院副总理吴学谦和民政部部长崔乃夫会见。双方就世界难民形势、一些地区难民问题、在华印支难民、在华老挝难民遣返、中国同难民合作等问题交换了意见。

7月30日　中国向联合国教科文组织递交了加入《世界版权公约》的官方文件,标志着中国正式加入《世界版权公约》。中国加入该公约反映了中国在完善版权保护制度,促进国际文学、艺术和科学交流,加强国际合作方面的良好意愿,是中国政府深化改革、扩大对外开放政策在知识产权领域的新进展。

8月1日　国际原子能机构理事会一致通过聘任中国核动力院院长钱积慧为机构副总干事兼技术合作司司长,任期3年。这是中国加入该机构以来第1位担任这一高级职务的中国人。

8月26—28日　前南斯拉夫问题国际和平会议在伦敦举行,包括中国在内的23个国家及联合国、欧共体、欧安会、伊斯兰会议组织的代表和南冲突各方领导人与会。与会各方最后达成一致,统一联合发表一项原则性声明和关于波黑的声明。

9月1日　国务委员兼外交部部长钱其琛率领中国政府观察员代表团出席在印尼雅加达举行的第10次不结盟国家首脑会议,受到热烈欢迎。自此,中国正式成为不结盟运动的观察员国。钱外长在发言中指出:在东西方对峙、两大军事集团严重对抗的严峻形势下，正是不结盟运动勇敢地站出来，反对帝国主义、殖民主义和种族主义，反对国际关系中的霸权主义和强权政治，反对超级大国的军备竞赛，并坚定不渝地推动南北对话，加强南南合作，促进建立国际经济新秩序，为世界和平与发展事业做出了积极的贡献。

9月2日　美国总统布什宣布决定向台湾出售150架F—16A型和B型战斗机。公然违反中美《八一七公报》和5国军控会议所达成的有关原则。对此，中国政府表示最强烈的抗议，并指出美国这一行动破坏了由全体安理会常任理事国参加的5国军控谈判会议的基础，因此在美国取消这一错误行动之前，中国将难以继续参加5国军控会议。

9月10—15日　红十字国际委员会主席索马鲁加访华，李鹏总理会见。李鹏总理赞赏红十字国际委员会为人道主义事业所做的努力，指出中国是1949年4个日内瓦公约签署国之一，实行人道主义是中国政府一向所倡导的政策。

9月22日—10月8日　国际民航组织在加拿大蒙特利尔国际民航组织总部举行第29届大会。中国民航局局长蒋祝平率团出席会议并进行一般性发言。

9月23日　钱其琛国务委员兼外长在第47届联大的发言中就国际安全、军控与裁军等重要问题阐述了中国的原则立场和主张，并就裁军和军控提出3点建议。

9—10月　国际海事卫星组织在中国进行车载C站实验。公路试验在京郊及京津高速公路上进行，火车实验在北京—成都列车上进行，均取得圆满的效果。

10月2日　安理会通过关于征用伊部分被冻结海外石油资产问题的第S/RES/778(1992)号决议。中国对该决议投了弃权票。在投票前，中国常驻联合国代表李道豫发言指出，联合国有关活动所需费用应充分利用联合国已确立的机制，通过执行安理会第S/RES/706(1992)号决议和第S/RES/712(1992)号决议予以解决；有关各方应尽快恢复关于伊出口石油问题的谈判，早日达成协议，以便使安理会有关决议得到切实执行。在这样的情况下，没有必要采取征用伊被冻结的海外石油资产这样的非常措施。征用一国的被冻结财产，涉及该国主权和复杂的法律问题，安理会应谨慎从事。

10月10—17日　联合国粮食及农业组织新任执行主任贝尔蒂妮女士应中国农业部部长的邀请率团访华，田纪云副总理会见。贝尔蒂妮认为中方执行项目认真,效果较好,是发展项目中提倡自力更生的范例,并表示对今后执行得好的发展项目还要继续给予支持。

10月15—16日　第47届联合国大会举行了专门讨论老龄问题的特别全体会议,纪念《关于老龄问题国际行动计划》通过10周年。16日,特别全体会议通过由中国等23个国家提出的《老龄问题宣言》(第A/RES/47/5号决议),并决定1999年为国际老人年。

10月19—23日　中国与国际海事卫星组织联合在中国长江"西陵"轮上召开了"亚太地区签字者会议",共有13个国家(地区)参加。这是国际海事卫星组织首次召开的地区签字者会议,也是中国签字者担任地区理事以来首次组织的国际会议。会议交流了发展海事卫星通信业务的情况和经验,共同探讨了如何进一步加强地区合作的措施,向国际海事卫星组织执行局提出了建设性的意见。

11月10—16日　中华全国青年联合会在北京成功地主办了教科文组织第18届非政府青年组织集体磋商会议,来自世界60多个国家和地区的代表及教科文组织的官员近百人出席了会议,国家教委副主任、中国教科文全委会主任滕藤、全国青联主席张宝顺等参加了有关活动。这是近年来中国首次承办的大型国际青年多边交流活动,促进了中国同各国青年组织的相互了解,增进了友谊,密切了中国与教科文组织在青年领域中的合作。

11月14—17日　应中国卫生部陈敏章部长的邀请,世界卫生组织总干事中岛宏博士访华,这是他担任总干事以来第4次来访。万里委员长、陈敏章部长分别会见,外交部副部长刘华秋宴请。中岛宏总干事此次来访的主要目的是加强世界卫生组织与中国的卫生技术合作。

11月17—18日　国际海事卫星组织与中国国家无线电管理委员会在北京联合召开"卫星移动通信研讨会",国际海事卫星组织代表等3人和中国国家及地方无线电管理委员会、交通厅代表90余人参加。会上介绍了国际海事卫星组织各种业务的性能及发展情况,探讨如何使无线电管理有利于卫星通信业务服务于中国的改革开放事业。

11月20日　国际海事卫星组织在北京召开"21世纪工程新闻发布会",会上国际海事卫星组织陆地移动业务部总经理菲力普介绍了国际海事卫星组织—P系统,即手持卫星移动电话系统,中国记者20余人参加。

11月30日　安理会以14票赞成、1票弃权通过了关于柬埔寨问题的第S/RES/792(1992)号决议。中国代表投了弃权票,并作出解释性发言。发言指出,中国赞成决议草案中的一些内容,如要求各方履行停火义务及进行克制等。但决议中也包括不符合巴黎协定的内容,这不仅无助于问题的解决,反而会加深分歧和矛盾,可能使柬局势出现新的复杂问题。

12月2日　中国常驻联合国代表李道豫大使在第47届联大第三委员会发言,就召开世界人权大会提出5点建议。并强调中国重视发展权问题,认为发展权是一项不可剥夺的人权。

12月7—14日　教科文组织世界遗产委员会第16届会议在美国召开,会议批准中国武陵源、九寨沟和黄龙3个国家级风景名胜区作为自然遗产列入《世界遗产名录》。会上,中国当选为世界遗产委员会副主席。

12月10日　第47届联大以协商一致的方式通过了特委会主席国向大会提出的决议草案,就整个维持和平行动的资源、经费筹措、组织与功效、维持和平行动的发展等问题做出一系列决定;同时大会还通过确保维和人员安全的决议。

一九九三年

1月13日　《禁止化学武器公约》签约大会在巴黎联合国教科文组织总部召开。来自世界120多个国家的外长或政府代表出席会议,其中大多数国家在公约上签字。钱其琛外长代表中国政府在公约上签字。《禁止化学武器公约》是迄今为止世界上第1个旨在全面禁止和彻底销毁一整类大规模杀伤性武器的国际公约,通过严格的核查机制以监督公约的实施。中国于1997年4月25日向联合国递交《禁止化学武器公约》批准书。

1月20—22日　在农发基金第16届管理大会上,中国首次当选为农发基金执行局成员。

1月29日　联合国副秘书长戈尔丁来华与外交部官员就联合国有关事务进行了磋商。

3月10日　在日内瓦第47届联合国人权委员会上,中国代表提出对西方国家提出的所谓"中国人权局势"决议草案不采取行动的动议,以22票对17票,12票弃权的多数票获得通过,使西方借口人权问题干涉中国内政的企图第3次遭到挫败。

3月17—26日　联合国妇女地位委员会第37届会议在维也纳举行,全国妇联书记处书记王淑贤率中国代表团出席。会议就筹备召开第4次世界妇女大会的有关事宜协商一致通过了一项综合性决议。

3月26日　安理会通过关于索马里局势的第 S/RES/814(1993)号决

议,授权第 2 期联索行动在执行任务时可根据宪章第 7 章采取行动。中国投了赞成票。

3 月 29 日—4 月 2 日　国际民航组织在北京举办了统计工作研讨会,15 个国家和地区的代表出席了会议。

3 月 31 日　安理会通过关于波黑局势的第 S/RES/816(1993)号决议,决定强制执行波黑禁飞区决议。中国代表在表决时重申对在禁飞区使用武力持保留立场。

3 月　国际原子能机构技术合作司官员访华,向我国介绍了机构示范项目的新思想,并就我国向机构提出的候选示范项目考察了北京农科院原子能研究所、中国核动力院以及西南物理研究院。

4 月 5—10 日　应中国外交部邀请,联大主席加内夫访华,李鹏总理会见,钱其琛副总理兼外长会见并宴请。刘华秋副部长与其进行会谈,就国际形势、联合国作用、维和行动等问题交换了意见。

4 月 19 日—5 月 11 日　1993 年度联合国裁军审议委员会在纽约举行。会议审议了"核裁军""区域裁军""科技在安全和裁军方面的作用"等 3 项议题。中国代表团积极参加了各项议题的工作,并提出了具体的建议和案文。中国代表指出,各国科技的军事应用,应以增强必要的自卫能力为唯一目的,不得用来对别国进行军事干涉或侵略;任何限制或控制科技军事应用的措施,均不得损害各国民用科技的发展和国际科技合作。拥有最雄厚的军事科技力量和最庞大武库的国家对停止军备竞赛负有特殊责任,应率先采取实际措施。

4 月 30 日—5 月 1 日　以中国人民银行副行长陈元为团长的中国代表团参加了国际货币基金组织和世界银行在华盛顿举行的春季例会。

5 月 3—5 日　中国环境与发展国际合作委员会在浙江杭州召开第 2 次会议。会议开、闭幕式由委员会主席、中国国务委员宋健主持,正式会议由副主席曲格平、马塞、顾明分别主持。5 月 7 日,国家主席江泽民在北京会见了外方代表并发表重要讲话。他指出,中国环境与发展国际合作委员会的成立具有重要意义,中国的环境改善是对全球环境的重要贡献,中国政府愿意进一步加强在环境保护方面与国际社会的合作。

5 月 4 日　安理会发表主席声明谴责袭击联合国驻柬埔寨临时权力机构人员。4 日和 21 日,驻柬联合国维和部队中国工程兵营地遭炮击,中国工程兵 2 人死亡,7 人受伤。22 日,中国外交部发言人对此表示强烈谴责。安理会也发表声明谴责这一炮击事件。

5 月 10—21 日　联合国环境规划署第 17 届理事会在内罗毕举行。中国国家环保局副局长叶汝求率团出席,在会上再次强调了在国际环发领域应遵循以下5点:第一,环境保护要与经济发展并重,实现保持生态系统良性循环的发展战略,使经济发展与环境保护相协调;第二,保护环境是全人类的共同任务,也是每个国家义不容辞的义务,特别是发达国家负有更大的责任;第三,加强国际合作应以尊重国家主权为基础;第四,保护环境和促进发展离不开世界的和平与稳定;第五,处理环境问题应当兼顾各国现实的实际利益和世界的长远利益。

5月11日 安理会通过关于朝鲜核问题的第 S/RES/825(1993)号决议案,中国弃权。

5月11—13日 中国派代表参加了在挪威奥斯陆举行的中东和会难民多边工作组第3次会议。中国代表在会上阐述中国对解决巴勒斯坦难民问题的原则立场时指出,应根据国际法准则和联合国及安理会的有关决议,找到妥善解决难民问题的现实可行的方法。

5月30日 中国政府与国际海事卫星组织就该组织在华设立代表处举行协议签字仪式,中国政府代表胡景禄和国际海事卫星组织副总干事努勒·依索塔分别在协议上签字,中国交通部副部长刘锷出席签字仪式。这是国际海事卫星组织在签字国设立的第一个代表处。

5月31日—6月4日 中国青联与联合国社会发展和人道事务中心在北京联合举办了"家庭在青年社会化过程中的作用"区域间会议,作为纪念1994年国际家庭年及1995年国际青年年10周年的活动之一。十几个国家、联合国有关机构和非政府青年组织派代表或观察员出席了会议。

5月31日—6月6日 应外交部副部长刘华秋邀请,第四次世界妇女大会秘书长杰楚德·蒙盖拉夫人率联合国考察团访问北京。

6月14—25日 世界人权大会在维也纳举行。25日,大会通过《维也纳宣言和行动纲领》。7月1日,中国外交部发言人对这次大会通过的纲领评论说,该纲领既取得了一些重要的成果,也存在一些明显的局限性和消极影响。

6月30日 中国常驻联合国代表团在向联合国秘书处提交的报告中指出,安理会改革在政治、法律和程序上都会有比较复杂的问题,是一个长期的过程,应慎重、稳妥行事。

8月11日 中国常驻联合国代表李肇星致函加利秘书长,就中美洲少数几个国家要求在第48届联大增列所谓台湾在联合国平行代表权的议题一事阐明中国立场,并指明台湾没有资格参加联合国。

9月13—14日 中国专利局和世界知识产权组织联合在北京召开"专

利合作条约与中国"国际研讨会。世界知识产权组织总干事鲍格胥和 20
多个国家、地区近 200 名代表参加。会上,外交部副部长刘华秋代表中国政
府向鲍格胥总干事递交了《专利合作条约》加入书,自 1994 年 1 月 1 日生
效,届时中国将成为申请国际专利的国际检索和国际初审单位。

　　9 月 13—17 日　　国家版权局、国家工商行政管理局商标局和国家教委
分别与世界知识产权组织联合在北京召开"民间文学艺术法律保护"研讨
会、"马德里协定与中国"研讨会、"保护植物新品种"亚洲地区研讨会。

　　9 月 21 日　　联合国第 48 届大会在纽约总部开幕,中国国务院副总理
兼外长钱其琛在大会一般性辩论中发言全面阐述了中国政府对国际形势和
联合国有关问题的看法。关于国际形势,钱其琛指出随着两极格局的终结,
世界进入了向多极化方向发展的过渡时期。但是原来在两极格局下被掩盖
的许多矛盾突出起来,国际关系中的霸权主义和强权政治有增无减。

　　9 月 22 日　　大会总务委员会就是否列入"台湾在联合国的代表权"议
题进行了审议。中国常驻联合国代表李肇星大使在发言中驳斥个别中美洲
国家为该提案进行的辩解,指出该提案公然践踏《联合国宪章》的宗旨和原
则,完全违反联大有关决议,粗暴干涉中国内政,严重损害中国主权,中国政
府坚决反对将该提案列入联大议程。中国政府的立场得到了总务委员会大
多数成员国的理解与支持。在此情况下,总务委员会主席(圭亚那)随即作
出不将该提案列入当年联大议程的结论,并获委员会一致通过。

　　9 月 23 日　　中国外交部发言人在答记者问时对联合国大会总务委员
会 9 月 22 日宣布此次联大不讨论所谓"台湾加入联合国"议案一事发表谈
话说,"台湾重返联合国"的任何企图都是荒谬而徒劳的,根本不可能得逞。

　　9 月 24 日—10 月 3 日　　钱其琛副总理兼外长在出席第 48 届联合国大
会期间会见了 60 多个国家的领导人、外长和一些知名人士。

　　10 月 12—14 日　　中国派代表参加了在突尼斯举行的中东和会多边难
民工作组第 4 次会议。中国代表在会上发言,对以色列和巴解组织签署
"临时自治安排原则宣言"和宣布相互承认,中东和谈实现重大突破,向巴、
以双方表示祝贺;并指出,巴以协议为实现双方全面和解创造了基本条件,
协议清除了多边会议分组会议谈判的主要障碍,为从根本上解决难民问题
带来了希望;中国愿意同国际社会一道,继续推动中东和平进程,为实现中
东问题全面、公正、合理解决作出应有的努力。

　　10 月 15 日　　中国进行一次地下核试验,中国政府随后发表了关于核
试验问题的声明。声明指出,中国自拥有核武器之日起就郑重宣布,在任何
时候、任何情况下都不首先使用核武器,不对无核武器国家和无核武器区使

用或威胁使用核武器。中国支持早日谈判缔结《全面禁止核试验条约》,并将积极参加谈判进程,与其他国家一同努力,争取不晚于1996年缔结这一条约。

10月25日—11月16日 国家教委副主任韦钰率团出席教科文组织第27届大会。韦钰在发言中阐明了在国际智力合作中应尊重和承认不同国家和不同文化的差异,反对把某种特定模式强加于人的原则立场。

10月26日 中国、泰国、老挝、缅甸和联合国控制毒品计划署在联合国共同签署关于打击非法生产、贩运与使用毒品的禁毒国际合作谅解备忘录。

11月10日 大会和安理会分别举行会议选出国际法院5名法官。中国史久镛教授当选。

11月11日 安理会通过关于"强化对利比亚制裁并冻结利比亚海外资产"的第S/RES/883(1993)号决议,中国投弃权票。李肇星大使发言指出,解决炸机嫌疑犯问题的唯一有效办法是谈判和协商,不管问题多么复杂,都应通过外交和政治途径和平解决。

11月20日 江泽民主席出席在美国西雅图举行的亚太经济合作组织领导人非正式会议。这是自1989年亚太经济合作组织成立以来举行的首次最高级别会议。江泽民主席在会上提出,要把一个和平与繁荣的世界带入21世纪。江泽民主席还在与美国总统克林顿会晤时强调,中、美两个大国是在世界上具有重要影响的国家,在许多重大问题上有共同利益。中美之间增加信任,可以在国际上发挥积极作用。

11月24日 正在对巴西联邦共和国进行国事访问的中国国家主席江泽民应邀在巴西国会发表演讲,提出中国政府关于建立新型国际经济关系的四项主张:(一)世界各国不分大小、贫富都应相互尊重,作为国际社会的平等成员参与处理国际经济事务,都应当根据平等互利的原则发展经贸关系;(二)各国有权根据各自的国情独立自主地选择本国的社会制度、经济模式和发展道路,有权对本国及其开发进行有效控制;(三)加强南北对话和合作,在商品、贸易、资金、质量、货币、金融等重要国际经济领域做出必要的调整和改革。发达国家应当尊重和照顾发展中国家的利益,在提供援助时不附加任何政治条件;(四)促进南南合作,加强发展中国家之间的磋商和交流,相互学习,互通有无,谋求共同发展。

12月3日 大会协商一致通过了关于"安理会席位公平分配和成员数目增加问题"的决议。中国已于6月根据第47届联大有关决议复照秘书长,全面阐述了中国政府对安理会改革问题的立场,其主要内容为:随着国际形势和联合国自身的变化,安理会在国际事务中的地位和作用不断提高,在适当时候对安理会进行适当的调整和扩大是有必要的。安理会的任何改革必须以宪章的宗旨和原则为指导,并应充分顾及公平地域分配原则。安理会改革涉及各会员国利益,还涉及修改《联合国宪章》,在政治、法律以及程序上都会有较复杂的问题,因此是一个长期的过程,应慎重、稳妥行事。

12月12—16日　李岚清副总理受李鹏总理委托,率团出席在印度新德里召开的9个发展中人口大国全民教育首脑会议,介绍了中国发展全民基础教育的成就和经验。教科文组织总干事马约尔、儿童基金会主任格兰特、人口基金会执行主任沙迪克出席会议并发表讲话,会议通过了《德里宣言》和《行动纲领》。

12月21日　中国常驻联合国代表陈健大使在联合国大会就人权高专决议发言时强调,人权高专履行职责时,如决议所规定的,应尊重各国主权、领土完整和国内管辖权,要考虑到国家和区域的特点。人权高专尤其需要作出切实努力,促进所有人民均衡和可持续地发展,确保发展权的实现。

12月26—27日　加利秘书长访问中国。访问期间,李鹏总理会见加利,钱其琛副总理兼外长同加利举行会谈。

12月29日　《生物多样性公约》正式生效。中国于1992年6月11日签署,同年11月7日由八届全国人大常委会第二十八次会议批准。中国加入公约后,认真履约,重视科学研究和监测,重视公众教育和培训,加强立法,建立了成系统的生物多样性保护法律制度。中国的一些自然保护区加入了"世界人与生物圈保护区网络"或被列入"国际重要湿地名录"。

一九九四年

1月9—13日　国际海事卫星组织总干事奥洛夫·伯伦先生一行4人访华。在京期间,总干事与中国邮电部、机电部、航天工业总公司等部门领导就使用国际海事卫星组织的通信卫星一事举行了会谈,并主持了该组织驻华代表处的开馆仪式。

1月31日—3月11日　联合国人权委员会第50届会议在日内瓦举行。3月9日,会议以20票对16票,17票弃权。通过中国提出的一项动议,决定对一些西方国家提出的所谓"中国人权状况"决议草案不采取行动,使西方国家借人权问题向中国施加压力的企图再次受挫。

2月3日　中国常驻联合国副代表张义山在第50届人权委员会上发言指出,尊重民族自决权,首先就是要反对任何外来入侵、干涉和控制,维护国家的独立、主权和领土完整,由本国人民自己决定自己的政治前途、社会制度和经济发展模式。

2月8日 中国常驻联合国副代表庞森在联合国人权委员会第50届会议上指出,实现发展权的基本目标是促进经济发展特别是发展中国家的经济发展。世界各国的发展是相互联系的,实现发展权对发展中国家和发达国家都是重要的。发展、民主与人权是相互促进、相互加强的。

2月 经社理事会组织会议选举了53个成员国,中国当选。

3月1—3日 中国专利局与世界知识产权组织、日本特许厅在北京联合举办了"世界知识产权组织亚洲地区工业品外观设计研讨会",其主要议题是工业品外观设计保护的重要意义及其在商业上的应用。

3月7—18日 中国代表团出席了在纽约召开的、作为妇女大会筹备会议的联合国妇女地位委员会第38届会议,中国代表在妇女大会筹备议题下发言,介绍了中国筹备大会和论坛情况。并指出,尽管中国仍是个发展中国家,经济上并不宽裕,但为做好妇女大会的筹备工作,中国政府投入了大量人力、物力和财力,努力按联合国要求承担东道国应承担的各种责任,这既是对妇女大会的贡献,也是对提高全球妇女地位的贡献。

3月9日 在第50届人权委员会会议上,一些西方国家提出了一项所谓的"中国人权局势"决议草案,中国与会代表团进行了坚决的斗争。会议就中国提出的对西方所谓的"中国人权局势"草案不采取行动的动议进行表决,结果以20票对16票第4次挫败了国际反华势力借口人权问题干涉中国内政、损害中国主权的图谋。

3月30日 中国政府向国际海事组织秘书长递交了关于加入《1989年国际救助公约》的议定书。

4月25—26日 以中国人民银行副行长、基金组织中国副理事陈元为团长的中国代表团参加国际货币基金组织和世界银行在华盛顿举行的春季例会。

5月5日 中国政府向世界知识产权组织总干事递交了关于加入《关于供商标注册用商品和服务的国际分类的尼斯协定》议定书。

5月16—18日 世界粮食计划署项目小组委员会第12次会议在罗马举行。粮食计划署援助中国河南信阳地区光山县等10万吨粮食和价值1600万美元的农业综合开发项目在会上得到批准。

5月31日 中国根据联合国常规军备转让登记制度,继续向联合国提供1993年度的常规军备转让情况。

6月1日 中国政府向国际海事组织秘书长递交了关于加入《1974年

海上旅客及其行李运输雅典公约》及其 1976 年议定书。

6 月 16 日 国务院新闻办公室发表《中国知识产权保护状况》白皮书。白皮书阐明了中国保护知识产权的基本立场和态度,指出中国已建立保护知识产权的法律制度,并已具有完备的保护知识产权的执法体系。白皮书说,中国政府恪守保护知识产权有关国际公约及双边协定的真诚立场和充分承担国际义务的能力,获得了国际舆论广泛的赞誉和支持。

6 月 17 日 《核安全公约》外交大会在维也纳召开,中国常驻国际原子能机构代表陈士球大使率团出席会议。会议通过《核安全公约》文本草案并决定于在机构第 38 届大会期间开放供各国签署。9 月 20 日,陈士球大使代表中国签署了《核安全公约》。

6 月 22 日 安理会通过了关于授权成员国向卢旺达派遣多国部队的第 S/RES/929(1994)号决议,表决结果为 10 票赞成、5 票弃权,中国弃权。

6 月 29 日 台湾当局不甘在第 48 届联大的失败,因而拉拢尼加拉瓜等少数国家再次联合致函联合国秘书长,要求在 49 届联大增列所谓台湾"参加"联合国的议题,并提交了有关决议草案和备忘录。中国政府和人民对尼加拉瓜等少数国家的上述错误做法表示极大愤慨,并进行了坚决有力的斗争。

6 月 30 日—7 月 1 日 中国派团出席在老挝首都万象召开的 4 国(中、缅、泰、老挝)禁毒合作高级官员会议,就禁毒合作和执行禁毒《谅解备忘录》等问题同与会各国交换了意见。

7 月 20—22 日 中国人民银行副行长殷介炎出席在华盛顿举行的布雷顿森林机构成立 50 周年的庆祝大会。

7 月 20—23 日 联合国粮农组织总干事雅克·迪乌夫访华,目的是探讨加强该组织同中国的关系及中国在发展中国家间技术合作中的作用。江泽民主席会见了迪乌夫一行。

7 月 22 日 中国常驻联合国代表李肇星约见加利秘书长,奉命就尼加拉瓜等少数国家要求在第 49 届联大议程中列入所谓台湾在联合国"代表权"议题一事面交了有关信件,并郑重阐明中国政府的立场。李肇星大使在信中指出,尼加拉瓜等少数国家要求增列关于台湾在联合国"代表权"的议题,严重侵犯了中国的主权,是对中国内政的粗暴干涉,也严重违背了《联合国宪章》的宗旨和原则以及联大的有关决议。李肇星大使强调,台湾自古即属于中国,这是任何人也无法改变的事实。世界上绝大多数国家都承认世界上只有一个中国,中华人民共和国是中国唯一合法政府,台湾是中国的一部分。联合国第 26 届大会以压倒多数通过的第 A/RES/26/2758 号决议早已从政治、法律和程序上彻底解决了中国在联合国的代表权问题。

8月18日 中国政府在日内瓦签署了《1993年船舶优先权和抵押权国际公约》。

8月22日—9月14日 万国邮政联盟第21届大会在汉城举行,中国申办1999年北京万国邮联第22届大会获得本届大会通过。

8月31日 纪念联合国50周年国家委员会在北京召开首次会议,钱其琛副总理兼外长在会上发表讲话。

9月3日 江泽民主席在莫斯科与俄罗斯总统叶利钦签署《中华人民共和国主席和俄罗斯联邦总统联合声明》,宣布互不首先使用核武器,互不将各自的战略核武器瞄准对方。

9月13日 中国政府向国际海洋组织秘书长交存了接受《经1978议定书修订的1973年国际防止船舶造成污染公约》(73/78防污染公约)附则C的文件。该公约附则1994年12月31日起对我国生效。

9月14—17日 应中国政府邀请,联合国秘书长布特罗斯·布特罗斯·加利对中国进行正式访问。访华期间,江泽民主席、李鹏总理、彭珮云国务委员分别会见,钱其琛副总理兼外长主持会谈并设宴款待加利一行。会见和会谈中,双方就国际形势及联合国作用、联合国维持和平行动、纪念联合国成立50周年、社会与发展首脑会议、世界妇女大会、拟议中的安理会首脑会议等问题交换了意见。钱其琛副总理兼外交部长代表中国政府、加利秘书长代表联合国正式签署了《联合国与中华人民共和国关于联合国第四次世界妇女大会有关安排的协议》。

9月19—22日 中国环境与发展国际合作委员会在北京钓鱼台国宾馆举行第3次会议。该委员会是经国务院批准的高层次环境与发展咨询机构。

9月19—23日 世界卫生组织第45届西太区委员会会议在马来西亚吉隆坡举行。卫生部部长陈敏章率中国代表团出席会议。

9月20日 联合国大会第49届会议在纽约联合国总部开幕。钱其琛副总理兼外交部部长率团出席了大会。9月28日,钱其琛在大会一般性辩论中发表讲话,全面阐述了中国政府对国际形势和联合国有关问题的看法。

同日 在国际原子能机构第38届大会上,中国陈士球大使与美、英、俄、法、德、日、印度、巴基斯坦等38国代表共同签署《核安全公约》。中国核工业总公司总经理蒋心雄在大会发言中指出:促进核能的和平利用,使核能更好地服务于中国的经济发展和改革开放事业,造福于中国人民,是中国政府的既定方针。中国政府一贯主张全面禁止和彻底销毁核武器,不主张、不鼓励、从事核武器扩散,不帮助他国发展核武器。但是,防止核扩散不能无视成员国特别是广大发展中国家对和平利用核能的正当权益与要求。

9月21日　第49届联大总务委员会就是否列入所谓台湾在联合国"代表权"议题进行了讨论。李肇星大使发言重申中国政府关于台湾问题的原则立场,强调中国绝不能接受把所谓台湾参与联合国问题列入联大议程。会上,少数与台湾"建交"的国家代表发言为他们的提案辩解。但巴基斯坦、俄罗斯、乌拉圭、加纳等13个总务委员会成员国及古巴、科威特、贝宁等6个非成员国发言支持中国的严正立场,反对将该提案列入议程,并形成了压倒性的优势。在这种情况下,总务委员会主席(科特迪瓦)作出了不将有关提案列入第49届联大议程的结论,并获得一致通过。9月23日,总务委员会的上述结论在联大全体会议上获得一致通过。台湾当局"重返"联合国的图谋再一次以失败而告终。

9月24日—10月1日　国际劳工局国际劳工标准司司长巴特洛梅访华,与中国劳动部、中华全国总工会、中国企业家协会负责人就国际劳工公约与建议书的批准和实施问题交换了意见,就国际劳工局与中国在国际劳工标准方面的合作问题进行了探讨,并就劳动法方面的有关问题与中国科研和学术界人士座谈。

10月27日　中国政府向联合国秘书长交存了关于《国际海事组织公约1993年修正案》的接受书。

11月7—9日　联合国教科文组织总干事马约尔应中国国家教育委员会主任朱开轩邀请对中国进行正式访问。此次为马约尔自1989年担任总干事以来第2次正式访华。

11月14日　包括中国在内的100多个国家在巴黎签署了《国际防治沙漠化公约》。

11月19日—12月1日　中国政府邀请联合国人权委员会宗教问题特别报告员阿莫来华进行友好访问。这是我国首次邀请联合国人权会报告员访华。阿莫表示,此次访问使他看到了中国政府为保护和促进人权,尤其是尊重和保护宗教信仰自由确实作出了努力。

11月25日　中国卫生部在人民大会堂隆重聚会庆祝联合国成立50周年,举行《世界卫生组织合作指南》一书首发式。卫生部部长陈敏章、世界卫生组织合作中心主任、驻华代表、联合国开发计划署、儿童基金驻华官员出席了会议并讲话。

11月29日　联合国"声援巴勒斯坦人民国际日"纪念大会在纽约召开。中国国务院总理李鹏致电表示声援。李鹏总理在致电中说,巴勒斯坦已在加沙和杰里科实行自治,约旦和以色列签署了和平条约。这是中东和平进程的积极成果,是朝着恢复巴人民的合法民族权利、实现中东和平迈出的重要一步。

12月1日 中国卫生部部长陈敏章在控制艾滋病首脑会议上发言,并代表中国政府在《巴黎宣言》上签字。

12月2日 安理会对不结盟成员提出的关于加强对南联盟制裁的决议草案进行表决,结果因俄罗斯投票反对而被否决。中国在表决时投弃权票。中国常驻联合国代表李肇星大使在解释性发言中表示,中国支持该决议草案中关于尊重波黑和克罗地亚主权和领土完整、确保联保部队人员安全、加强人道主义援助、保证联保部队畅通无阻地执行任务等内容,但基于在制裁问题上的一贯立场,中国代表团对决议草案只能投弃权票。

12月12—16日 粮食计划署粮食援助政策和计划委员会第38届会议在罗马召开。会议审议了中国利用粮援的国家经验、国别规划的原则与方针、国别规划资源水平的方针、项目审批标准、资源政策和长期财务建议,以及执行联大 A/RES/47/199 和 A/RES/48/162 号决议的开放性工作小组的报告。

一九九五年

1月16日 中国政府代表向国际海事组织秘书长交存了加入经修正的《1965年便利国际海上运输公约》的文件。根据公约第11条的规定,该公约于1995年3月17日起对中国生效。

1月16日—2月3日 "消除对妇女歧视委员会"第14届会议在纽约联合国总部举行,中国委员参加。

1月30日—3月10日 联合国人权委员会第51届会议于日内瓦召开,中国政府派代表团出席。2月1日,中国代表团副代表张义山指出中国政府一贯主张,国际社会应当优先关注由于殖民主义、种族主义、种族歧视、外国侵略、占领所造成的大规模严重侵犯人权问题,充分尊重和实现民族自决权。2月7日,中国代表在会议上指出,尽管实现发展权的目标是为了使"每个人和所有各国人民均有权参与、促进并享受经济、社会、文化和政治发展",但目前最基本和最迫切的目标是促进经济发展,特别是发展中国家的经济发展。

1月30日—4月7日、5月29日—7月7日、7月31日—9月22日 1995年裁军谈判会议分3期于日内瓦举行。中国以积极和建设性的态度参加了《全面禁止核试验条约》谈判,有力地推动了谈判进程。在"条约"检查问题上,中国提出了"次声监测""大气监测""地震监测""卫星监测""电磁脉冲监测"等5份文件,其中"卫星监测"和"电磁脉冲监测"系中国为完善"条约"的国际监测系统独家提出的方案。此外,中国还就该条约与其他条约的关系问题提出了自己的工作方针。

2月15—18日　联合国人口基金执行主任沙迪克、副执行主任阿伦堂克应外经贸部部长吴仪的邀请访华,同中国商谈1996年后人口基金援助事宜。其间,李鹏总理会见了沙迪克一行,国务委员彭珮云向沙迪克介绍了中国的人口政策。

2月21—22日　中国派团出席在马来西亚首都吉隆坡召开的印支难民"综合行动计划"(CPA)指导委员会筹备会议。

3月6日　联合国社会发展世界首脑会议在丹麦首都哥本哈根举行,100多个国家的元首和政府首脑与会。李鹏总理出席会议并发表重要讲话,介绍了中国在社会发展领域取得的巨大成就,提出了中国政府关于促进全球社会发展5点主张:坚持各国和平共处,维护全球社会稳定等;努力加快经济发展,推动社会全面进步;相互尊重彼此国情,自主选择发展道路;遵循平等互利原则,不断扩大国际合作;富国承担更多责任,促进人类共同繁荣。这充分表明中国政府对解决社会发展问题的高度责任感,也具体地体现了中国人民致力于和平与发展崇高事业的坚强决心。李鹏总理的讲话受到与会代表和舆论界的普遍赞赏和欢迎。

3月8日　在联合国人权委员会第51届会议上由美国和欧洲联盟提出的旨在干涉中国内政的所谓"中国人权状况"的议案在会上以20票对21票,12票弃权的表决结果,遭到否决。中国第5次挫败了国际反华势力借口人权问题干涉中国内政、损害中国主权的图谋。对此,中国外交部发言人发表谈话指出,它表明在人权问题上采取双重标准,把人权问题政治化是不得人心的。

3月20—23日　儿童基金执行局1995年第2次常会在纽约举行。会上,儿童基金1996—2000年援华方案获顺利通过。根据批准的方案文件,儿童基金将向中国提供1.6亿美元的援助,就基金规模而言,该方案是儿童基金自成立以来最大的国别援助方案。会议同时核准,对儿童基金1994/1995年度援华方案追加198万美元拨款。

3月28日—4月7日　《联合国气候变化框架公约》在柏林举行第1次缔约方会议。在关于如何加强公约的义务问题上,中国代表团在发言中强调发达国家应对气候变化负主要责任,指出发达国家切实履行公约是实现公约目标的第一步,在现阶段不能强加给发展中国家任何新的义务。中国的发言得到了发展中国家的积极响应和支持,促进会议最终达成了有利于发展中国家的决定:设立一个各缔约国均可参加的特设工作组就公约缔约方 2000 年以后的行动进行磋商,其中主要是加强发达国家的义务,而不对发展中国家增加任何新义务。

3 月 全球环境基金(GEF)①会员国在日内瓦达成协议,在 GEF 第 1 期融资 3 年试运行的基础上对 GEF 进行了机构与管理的改革。1991 年 3 月 31 日,21 个国家捐款约 1.4 亿美元作为 3 年(1991—1994 年)试运行期的运行资金。在之后的正式运行期中,基金捐款国(主要是发达国家)定期向基金捐款。中国是捐款国之一。正式运行期的 GEF 第 1 期(1994 年 7 月 1 日至 1998 年 6 月 30 日)总承诺捐资额为 20.2337 亿美元。中国捐款 560 万美元。GEF 第 2 期(1998 年 7 月 1 日至 2002 年 6 月 30 日)的总承诺捐资额为 19.9128 亿美元,中国捐款 820 万美元。2002 年 8 月,GEF 第 3 期增资谈判结束,各国承诺新增捐款额约为 22.1 亿美元,中国承诺捐款 951 万美元。中国是 GEF 的受援国之一,并已成为基金的一个单独的选区。1995 年中国获得 GEF 赠款 2000 万美元,截至 1995 年底,中国获得 GEF 赠款共 8000 万美元,在所有受援国中居首位。

4 月 2—7 日 世界卫生组织总干事中岛宏博士、卫生组织西太区主任韩相泰博士访华,参加主题为"2020 年目标——一个无脊髓灰质炎的世界"世界卫生日活动,这是卫生组织有史以来第 1 次在总部以外庆祝世界卫生日。访问期间,江泽民主席会见了中岛宏博士。

4 月 5 日 中国再次正式声明,重申无条件向所有无核国家提供"消极安全保证",并承诺向这些国家提供"积极安全保证"。中国曾多次建议核国家谈判缔结互不首先使用核武器的国际条约。为逐步实现无核武器世界的目标,中国提出了完整的、相互联系的核裁军进程建议。

4 月 11 日 安理会通过关于安全保证的提案的第 S/RES/984(1995)号决议,向无核国家提供安全保证。中国常驻联合国代表李肇星在会上发言,阐述中国政府在这一问题上的原则立场。

4 月 11—28 日 联合国可持续发展委员会在纽约召开第 3 次实质性会议,有 50 多个国家派部长级代表团与会。以中国常驻联合国代表李肇星

---

① GEF,Global Environment Facility——世界上最大的环保基金。在 1989 年的国际货币基金和世界银行发展委员会年会上,法国提出建立一种全球性的基金用以鼓励发展中国家开展对全球有益的环境保护活动。1990 年 11 月,25 个国家达成共识建立全球环境基金,由世行、联合国开发计划署和联合国环境规划署共同管理。

大使为团长的中国代表团出席了会议。

4月29日—5月8日　第9届联合国预防犯罪和罪犯待遇大会在埃及首都开罗举行,本次大会主题为"减少犯罪,增加正义,人人安全"。会议期间还举办了反腐败专门会议,讨论了政府官员的腐败问题。司法部部长肖扬率中国代表团参会。

5月1日　国际原子能机构主管行政司的副总干事沃勒先生应中国核工业总公司总经理蒋心雄的邀请访问中国。

5月15—26日　联合国环境规划署第18届理事会在其总部内罗毕召开,会议主要讨论环境署改革的方向、作用和工作重点,审议1996—1997年环境基金方案。以国务委员宋健为团长、国家环保局长解振华和驻肯尼亚大使陈平初为副团长的中国代表团参加了本届理事会。

5月16—17日　世界卫生组织第96届执委会在日内瓦召开。中国卫生部派团参加。会议选举了中国卫生部国际合作司李世绰司长为本届会议主席。这是中国执委第1次当选为执委会主席,对提高中国在卫生组织中的政治影响和地位,加强与卫生组织的合作关系具有重要的意义。

5月25—27日　在北京召开了由柬埔寨、老挝、缅甸、泰国、越南、中国和联合国禁毒署参加的第1次亚区域禁毒合作部长级会议。中国公安部陶驷驹部长被选为大会执行主席。会议通过了以打击制毒化学品贩运和加强执法为目的的两个项目草案和《北京宣言》《亚区域禁毒行动计划》,吸收了柬埔寨和越南为《禁毒谅解备忘录》成员国。

5月　《消除对妇女一切形式歧视公约》第8届缔约国会议在纽约联合国总部举行。中国常驻联合国副代表王学贤大使率中国政府代表团与会。

6月16日　中国对安理会通过向波黑派遣快速反应部队问题的第S/RES/998(1995)号决议时投了弃权票,中国代表在作解释性发言时表示,联合国维和行动的使命应该是维持和平,而不是战斗,应该是为实现和平创造条件,而不是加剧危机,这应是安理会就维和行动作出决定的根本出发点和终极目标。

6月24日　秘书长加利在旧金山明确表示,台湾是中国不可分割的一部分,根本无权加入联合国。

7月20日　中国外交部发言人就尼加拉瓜等少数国家向联合国提出所谓台湾在联合国"代表权"问题发表谈话指出,这是一起粗暴干涉中国内政的严重事件。同日,中国常驻联合国代表秦华孙也就此事致信秘书长加利,严正阐明了中国政府的立场。

8月20—25日　第49届联大主席、科特迪瓦外长阿马拉·埃西应邀访问中国,江泽民主席会见了埃西一行,钱其琛副总理兼外长同埃西举行了会谈,双方就国际形势、联合国的作用和改革等问题交换了意见。

8月30日 北约以塞族炮击萨拉热窝平民为由,对其军事目标包括民用设施实行狂轰滥炸,发动了持续半月之久的空中打击,进行了北约成立46年以来最大规模的军事行动。对此,中国外交部发言人发表谈话指出,北约这种行动使它正在变成冲突一方,并呼吁安理会应认真、有效地行使自己的权利,制止北约滥用武力的强权行为。

8月30日—9月10日 儿童基金执行主任贝拉米访华,李鹏总理、陈慕华副委员会和彭珮云国务委员分别会见了贝拉米女士。

9月2—11日 世界银行新任行长沃尔芬森应邀访华。国家主席江泽民、国务院总理李鹏、副总理朱镕基会见了沃尔芬森。江泽民主席和李鹏总理等在会见中赞扬世界银行为促进中国的经济、社会发展和环境保护与中国所开展的合作,并表示中国支持世界银行在帮助发展中国家实现发展方面继续发挥积极作用。

9月5日 国家主席江泽民会见了正在北京参加联合国第四次世界妇女大会的联合国粮农组织总干事雅克·迪乌夫、国际农发基金总裁法乌兹·哈马德·阿尔苏丹和世界粮食计划署执行干事凯特琳·贝尔蒂尼。

9月19日 联合国大会第50届会议在纽约联合国总部开幕。钱其琛副总理兼外长率团出席了大会。9月27日,钱其琛副总理兼外长在大会一般性辩论中发言,全面阐述了中国政府对国际形势和联合国有关问题的基本观点和原则立场。

9月20日 在第50届联大总务委员会上,台湾当局"重返"联合国的图谋再一次以失败而告终。

10月3日—12月13日 联合国第50届联大二委于纽约联合国总部举行。中国常驻联合国代表团副代表王学贤大使在二委一般性辩论中就联合国与国际合作等问题作了发言。

10月4—10日 国际刑警组织第64届全体大会在北京举行。这是新中国成立以来中国承办的规模最大、层次最高、参加人数最多的警方国际会议。国家主席江泽民出席大会开幕式并致辞,表示中国政府将一如既往地支持中国警方开展执法的国际交流与合作。

10月16日—11月21日 第50届联大一委在纽约举行会议。中国裁军大使沙祖康在联大一委一般性辩论中发言,全面阐述了中国在裁军问题上的原则立场和主张。

10月21日 江泽民主席赴纽约出席联合国成立50周年特别纪念会

议。这是中国国家元首首次参加联合国大会并发表讲话。10 月 24 日,江泽民主席和联合国秘书长加利在纽约联合国总部共同出席了中国向联合国赠送"世纪宝鼎"的揭幕仪式。"世纪宝鼎"造型古朴浑厚,工艺精巧缜密,表达了来自礼仪之邦的中国人民对联合国实现其崇高使命的良好祝愿。

10 月 22—24 日　为期 3 天的联合国成立 50 周年特别纪念会议在联合国总部隆重举行,并于 10 月 24 日通过题为《联合国 50 周年纪念宣言》的第 A/RES/50/6 号决议。联合国 185 个成员国中有 150 多个国家的元首或政府首脑出席了大会并合影留念。

10 月 24 日　江泽民主席在会上发表了题为《让我们共同缔造一个更美好的世界》的重要讲话。

同日　联合国秘书长加利宣布"世界和平周"开始。加利为联合国日发表献词,指出联合国正处于世界局势的转折点,在纪念联合国成立 50 周年时,我们有责任"仔细考虑这个世界组织在未来 50 年应走的道路"。

同日　中国纪念联合国成立 50 周年国家委员会在北京举行纪念大会。国务院总理李鹏在会上发表了题为《维护联合国宪章的宗旨和原则　促进和平与发展的崇高事业》的重要讲话,回顾了中国同联合国的关系,全面阐述了中国政府关于世界局势、联合国事务的基本观点和原则立场。

11 月 3 日　联合国粮农组织第 110 届理事会于罗马举行会议。中国获得了世界粮食计划署首届执行局最长的 3 年任期席位。

11 月 6 日　教科文组织隆重举行了成立 50 周年纪念活动。中国国务院总理李鹏向马约尔总干事发了贺信并在其建议的宣言上签字。

同日　中国北大方正技术研究院院长王选教授荣获本年度"联合国教科文组织科学奖"。这是继袁隆平之后,中国科学家第 2 次获得该奖。联合国教科文组织在颁奖时指出,王选教授主持研制和开发的中文计算机照排系统引发了中国报业和出版业的一场技术革命。

11 月 27 日　在中国的倡议和广大发展中国家的支持下,国际原子能机构正式成立技术援助和合作常设顾问组,并于 11 月 27 日—12 月 1 日举行第 1 次会议。

11 月 29 日　中国常驻联合国代表王学贤大使在第 50 届联大三委会议上指出,冷战虽已成为历史陈迹,但"冷战意识"的幽灵却依然徘徊。某些国家推行的集团政治和将人权问题政治化的做法仍是当今联合国人权领域合作和健康发展的严重阻碍。

同日　联合国"声援巴勒斯坦人民国际日"纪念大会在纽约召开。李鹏总理致电表示声援。他在致电中说,中国政府和人民十分关注中东形势的发展,一贯同情巴勒斯坦人民的历史遭遇,支持巴勒斯坦人民的历史遭遇,支持巴勒斯坦人民的正义事业,支持中东和平进程;中国将一如既往地继续与国际社会一道为最终全面、公正、合理地解决巴勒斯坦问题和中东问题,实现中东的和平发展做出自己的贡献。

12月8日 中国复关非正式多边磋商最终以无结果在日内瓦结束。中国工作组在会上宣布,中国复关工作组将改名为中国加入世界贸易组织工作组,继续谈判。

一九九六年

1月17—19日 中国专利局副局长马连元和国家科委知识产权事务中心官员出席了在菲律宾马尼拉举行的世界知识产权组织加强工业产权制度亚洲地区圆桌会议。马连元在会上作了题为《工业产权管理自动化》的发言。

2月7日 加利秘书长任命中国外交官金永健大使为联合国负责发展、资助和管理服务部的副秘书长,任命明石康为联合国负责人道主义事务的副秘书长。

3月1日 中国批准在1994年6月国际原子能机构外交会议上通过的《核安全公约》,4月9日中国向原子能机构总干事递交了批准书。

3月2—5日 第50届联合国大会主席弗·多·阿马拉尔应邀对中国进行了访问。江泽民主席会见了阿马拉尔一行,李肇星副外长同阿马拉尔进行会谈,双方就国际形势、联合国的作用和改革等问题交换了意见。

3月5—6日 印支难民"综合行动计划"(CPA)指导委员会第7次会议在日内瓦召开。中国代表团重申了中国政府在滞港越南船、难民问题上的原则立场,强调CPA计划结束在即,有关国家应抓紧时间解决滞港越南船、难民问题,以全面实现CPA计划的最终目标。

3月18—28日 国际劳工局第265次理事会在日内瓦举行。中国驻日内瓦代表团大使吴建民作为中国政府代理理事出席了会议。

3月18日—4月26日 中国政府派代表团出席了在日内瓦举行的联合国人权委员会第52届会议。

3月19日 中国代表团在联合国人权委员会第52届会议上发言指出,人权会应把解决由于殖民主义、种族歧视、外来侵略、占领和外国统治所造成的严重侵犯人权问题作为优先关注的中心任务。

3月24—28日 联合国秘书长加利应邀对中国进行正式访问,江泽民主席和李鹏总理分别会见加利一行。钱其琛副总理兼外长与加利进行了会谈,双方就国际形势、联合国的作用、联合国财政危机和改革等问题交换了意见。

4月1—26日　联合国维和行动特委会1996年届会在纽约联合国总部举行,全面审议维和方面的各个问题。中国代表在发言中阐述了中国政府的原则和立场。

4月9—11日　应韩国要求,安理会讨论朝鲜单方面宣布不再执行停战协定有关义务并派兵进入非军事区一事。中国代表在磋商中表示,中国关注朝鲜半岛局势的最新发展,希望朝鲜半岛能维持和平稳定;朝鲜半岛停战协定签订至今已42年,现在应该建立一个新的和平机制,但此前,停战协定依然有效。朝鲜半岛问题只有通过直接有关各方的对话和协商才能得到妥善和根本解决。

4月11日　《非洲无核武器区条约》签约大会在开罗举行,非洲42个国家的代表在条约上签字。中国、法国、英国和美国的代表对该条约第1号和第2号议定书作了有待批准的签署,俄罗斯代表未签字。

4月18日—5月3日　联合国可持续发展委员会在纽约召开了第4次实质性会议,有50多个国家派部长级代表团与会。以中国常驻联合国代表秦华孙大使为团长的中国代表团出席了会议。

4月23日　在日内瓦举行的联合国人权委员会第52届会议上,一些西方国家提出了一项所谓"中国的人权情况"的涉华提案,中国代表团对此进行了坚决斗争。当天,会议就中国提出的对该提案"不采取行动"的动议进行表决,以27票对20票,6票弃权通过了中国的动议。这是西方国家在人权委员会借口人权问题干涉中国内政图谋的第6次失败。

4月26日　安理会通过关于埃塞俄比亚和苏丹的第S/RES/1054(1996)号决议,确定苏丹政府没有遵从第S/RES/1044(1996)号决议,根据宪章第7章采取制裁行动。中国代表在发言中指出,中国原则上不赞成动辄援引《联合国宪章》第7章,以实施制裁的办法来解决问题。

5月1日　联合国秘书长发言人福阿说,中国目前已一次付清1996年会费800万美元,成为第56个全额付清1996年联合国会费的国家。发言人说,目前安理会5个常任理事国中,只剩美国还没有缴纳会费。

5月15日　中国批准了《联合国海洋法公约》,7月7日中国成为该公约的正式成员国。中国在批准公约的同时,声明享有200海里专属经济区和大陆架的主权权利和管辖权。

5月21—31日　联合国社会发展委员会特别会议在纽约总部举行,主要审议社发首脑会议后社发委员会的职能、组成和工作方案,以及"消除贫困的战略和行动"等议题。中国代表团指出,社发委员会作为经社理事会的职司委员会,是联合国系统负责和监督落实社发首脑会议成果的主要机构,其职能应进一步加强。

6月3—15日 联合国第2次人类住区大会(简称"人居二",又称"城市首脑会议")在土耳其伊斯坦布尔举行。会议的主题是"人人享有适当的住房"和"城市化过程中的人类住区可持续发展"。中国副总理邹家华和中国代表团团长侯捷分别在会上发言。

6月7日 中国常驻联合国副代表王学贤大使向联合国递交了经国家主席江泽民签署的《联合国海洋法公约》批准书。批准书同时载明了中国对该公约所作的4点声明。根据公约第308条的规定,从交存公约批准书第30日起,公约开始对中国生效。

7月6日 《联合国海洋法公约》正式生效。该公约是联合国第3次海洋法会议历经近10年谈判取得的重要成果,它不仅编纂了海洋法方面的所有国际习惯法,而且发展了新的海洋法制度,建立了新的海洋秩序,对于维护发展中国家的正当权益、促进各国海洋事业的共同发展,发挥着十分重要的作用。中国对广大发展中国家期望建立公正合理的海洋新秩序给予了有力支持,为该公约的制定做出了积极贡献。

7月22日—8月2日 中国专利局副局长马连元参加了在斯里兰卡举行的世界知识产权组织对亚太地区发展中国家知识产权培训班,并就"专利与商标代理机构""中国知识产权法规和管理""中国专利局自动化建设"等分别做专题讲座。

7月23日 中国常驻联合国代表秦华孙会见联合国秘书长加利,就台湾当局唆使尼加拉瓜等少数国家企图再次把所谓台湾在联合国的"代表权"问题列入第51届联大议程一事,当面向加利递交信函,阐明中国政府的严正立场。

7月24日 中国外交部发言人就少数国家提出所谓台湾在联合国"代表权"问题发表谈话,重申中国坚决反对任何国家违背联合国宪章精神干涉中国内政。

7月26日 安理会通过了关于古巴击落美国民用飞机问题的第S/RES/1067(1996)号决议,表决结果为13票赞成、2票弃权(中、俄)。中国常驻联合国代表秦华孙大使在发言中重申中国关于全面、公正、平衡执行国际法的立场。

7月29日 中国发表了暂停核试验的政府声明,宣布中国于1996年7

月 30 日开始暂停核试验。这既是为了响应广大无核国家的要求,也是为了推动核裁军而采取的一项实际行动。

8 月 1 日　国际海洋法法庭首届法官选举在联合国总部举行,来自中国北京大学的著名海洋法专家赵理海教授当选。

8 月 5 日　亚非防治荒漠化论坛会在北京开幕,来自 30 多个国家和国际组织的代表出席了会议。这次由联合国防治荒漠化公约秘书处、联合国非洲及最不发达国家特别协调员办公室、中国政府和日本政府联合召开的亚非防治荒漠化论坛会,主要任务是根据《联合国防治荒漠化公约》的要求,协调亚洲地区在防治荒漠化方面的认识,互相交流经验,共同探讨加快亚非地区在荒漠化防治方面的保障措施,加强亚非防治荒漠化的区域合作。

8 月 16 日　安理会通过了限期对苏丹实行航空制裁的第 S/RES/1070(1996)号决议,表决结果为 13 票赞成、2 票弃权(中、俄)。秦华孙在发言中指出,中国对待制裁问题的原则立场是一贯的。我们不认为制裁是灵丹妙药。中国代表团在磋商中对决议草案提出了修改意见。但遗憾的是,中国的合理意见未被采纳。

9 月 9 日　在中国和俄罗斯的共同反对下,英国被迫撤回了仅谴责伊拉克对其北部的军事行动而只字不提美国对伊拉克导弹袭击的决议草案。中国常驻联合国代表秦华孙大使在发言中强调,对一个主权国家动辄使用武力,不仅严重违反国际关系准则,加剧地区紧张局势,而且必将产生严重后果。

9 月 11—14 日　联合国社发委员会残疾人事务特别报告员本·林奎斯特访华,考察中国对《联合国残疾人机会均等标准规则》的执行情况。林奎斯对中国残疾人事业的迅速发展给予高度评价。

9 月 18—20 日　第 51 届联合国大会总务委员会审议是否将尼加拉瓜等国提出的所谓台湾在联合国的"代表权"提案列入联合国大会议程。中国代表秦华孙发言全面阐述中国政府关于台湾问题的原则立场,坚决反对将该提案列入联合国大会议程。智利、巴基斯坦、巴西、古巴等 37 个国家的代表相继发言支持中国政府的严正立场,反对将该提案列入议程。总务委员会据此作出不将该提案列入第 51 届联合国大会议程的裁决,并获得一致通过。20 日,总务委员会的上述建议在联合国大会全体会议上获得通过。台湾当局"重返"联合国的图谋再一次被挫败。

9 月 24 日　中国等 16 个国家的领导人或外长在纽约联合国总部首批签署了《全面禁止核试验条约》。

9 月 25 日　中国副总理兼外长钱其琛在第 51 届联大上发言,全面阐述了中国对国内形势的看法,表达了对联合国改革和核裁军问题的关注,重申了中国维护国家主权和领土完整的决心,并呼吁各国抓住机遇、迎接挑战,共同推进世界的和平与发展。

9月28日 安理会通过第 S/RES/1073(1996)号决议,要求巴勒斯坦和以色列立即停止一切使局势恶化的行动,并立即在中东进程的基础上恢复谈判。表决结果为14票赞成、1票弃权(美国),中国投了赞成票。中国常驻联合国代表秦华孙大使在有关磋商中表示,巴以和谈正处于关键时刻,呼吁有关各方保持克制和冷静,严格遵守巴以双方已达成的协议,不要采取任何可能进一步恶化局势和有损中东和平进程的行动。

10月1日 安理会通过关于前南斯拉夫的马其顿共和国局势的第 S/RES/1074(1996)号决议,决定取消对前南地区的制裁。中国代表在磋商决议时指出,随着该地区各国关系正常化,国际社会应尽快考虑解决南联盟在联合国的席位问题。

10月1—3日 国际货币基金组织和世界银行联合年会在华盛顿举行。以中国人民银行行长、国际货币基金组织中国理事戴相龙为团长、财政部部长、世界银行中国理事刘仲藜为副团长的中国代表团出席了会议。中国代表团还以"被邀请人"的身份出席了9月27—28日举行的发展中国家二十四国集团会议。

10月7—11日 难民居委会第47届会议在日内瓦召开。外交部国际司副司长张义山率中国代表团出席了会议,并在会上发言指出,近年来,虽然一些地区难民问题,如中美洲、南部非洲、印支等难民问题得到了程度不同的解决,但世界难民形势仍不容乐观。

10月8—22日 第84届国际劳工(海事)大会在日内瓦举行。本届会议上,中国海员工会主席张士辉再度当选为国际劳工(海事)委员会委员。

10月11日 中国代表王学贤在联大审议秘书长工作报告时指出,联合国只有像对待国际冲突那样重视发展问题,才能在21世纪有所作为。

同日 世界卫生组织总干事中岛宏在印度举行的第2届国际消除麻风病会议上赞扬中国最早提出"在本世纪末基本消除麻风病"的倡议,并高度评价中国的麻风病防治工作。

10月14日—11月18日 第51届联大第一委员会在纽约举行会议。中国裁军大使沙祖康在联大一委一般性辩论中发言表示,在国际裁军领域,我们既面临机遇也面临挑战,为了和平、安全与发展而推动裁军是时代赋予我们的光荣使命,中国愿与世界上一切爱好和平、主持正义的国家和人民一道为此努力。中国是防止外空竞赛、裁军培训班两项议题的共同提案国,中国代表认真、积极地参加了第51届联大一委的工作,对47项决议或决定投了赞成票或参加了协商一致。

10月18日　中国常驻联合国代表秦华孙大使致函加利秘书长,对极少数国家在第51届联大一般性辩论中提出所谓台湾"代表权"问题,鼓吹"两个中国""一中一台"的做法表示强烈愤慨,希望这些国家不要再被台湾当局所蒙骗,严格遵守《联合国宪章》和国际法准则,停止一切干涉中国内政的错误行为。

10月22日　安理会通过关于在联合国驻格鲁吉亚观察团内设立人权办事处的第S/RES/1077(1996)号决议,中国投了弃权票。中国代表在投票前的解释性发言中表示,中国认为,维和行动应该有明确的范围,不应也不可能包罗万象,更不要越俎代庖,将属于其他机构职权范围的事情也包揽过来。中国认为,由安理会授权设立办事处,超出了安理会的职权范围。

10月23日　为纪念中国恢复在联合国合法席位25周年,美中关系基金会等5个团体在纽约联合举行研讨会。加利秘书长在讲话中赞扬中国对联合国所作的贡献,并高度评价中国恢复在联合国合法席位这一重要历史事件的意义。他说:"中国作为世界上一个伟大的文明古国和人口最多的国家,她在联合国的出现大大增强了联合国的信誉,使其真正成为一个世界性的组织。"他希望中国在未来与联合国进行更密切的合作。

10月26—31日　中国21世纪议程高级圆桌会议在北京召开第2次会议,参加此次会议的中外方代表共约600人。

11月6日　中国常驻联合国代表秦华孙签署了联合国有关公海捕鱼的协定《关于执行1982年12月10日联合国海洋法公约有关养护和管理跨界鱼类种群和高度洄游鱼类种群的规定的协定》,旨在阻止在公海的滥捕现象,保护世界渔业资源。中国是第54个签署该协定的国家。协定需要得到至少30个签字国递交批准书的1个月后开始生效。

11月13—17日　联合国粮农组织倡议召开的世界粮食首脑会议在罗马召开。这是历史上第1次关于粮食问题的世界首脑会议。李鹏总理率中国代表团出席大会并发表了题为《中国是维护世界粮食安全的重要力量》的讲话。

11月19—27日　联合国环境署召开的保护臭氧层国际会议在哥斯达黎加首都圣何塞举行,中国等160多个国家的500多名代表出席了会议。

11月29日　联合国"声援巴勒斯坦人民国际日"纪念大会在纽约召开。李鹏总理致贺电表示声援。

12月6日　联合国教科文组织世界遗产委员会第20届会议批准庐山

作为"世界文化景观"列入《世界遗产名录》,会议认为:"庐山的历史遗迹以其独特的方式,融合在具有突出价值的自然美之中,形成了具有重大美学价值的、与中华民族精神和文化生活紧密相连的文化景观。"

12 月 11 日 儿童基金成立 50 周年纪念日,中国在人民大会堂举行了纪念活动。

12 月 12 日 安理会通过第 S/RES/1088(1996)号决议,授权在波黑设立多国稳定部队以取代多国执行和平部队。中国常驻联合国代表秦华孙在投票前作解释性发言指出,多国稳定部队应该接受安理会的政治指导,并应按时向安理会报告其执行任务情况。

12 月 26 日 联合国防治荒漠化公约执行秘书处发表新闻公报,宣布1992 年里约热内卢环境与发展首脑会议通过的《国际防治荒漠化公约》于1996 年 12 月 26 日开始生效。中国于 1996 年 12 月 30 日批准了公约。

12 月 30 日 中华人民共和国第 8 届全国人民代表大会常委会第 23次会议审议并批准了《禁止化学武器公约》。

一九九七年

1 月 10 日 中国常驻联合国代表秦华孙在安理会投票否决了向危地马拉派遣 155 名联合国军事观察员的决议草案。秦华孙表示,中国一贯支持危地马拉的和平进程,但是危地马拉 4 年来竭力支持分裂中国的活动,甚至执意邀请台湾当局"外交部长"参加危地马拉和平协定的签署仪式,中国才使用了否决权。中国政府指出:危地马拉政府公然违背《联合国宪章》的宗旨和原则,违反联大第 2758 号决议,竭力支持分裂中国的活动,损害中国的主权和领土完整,干涉中国内政。一国和平进程不能以损害他国主权和领土完整为代价。

1 月 13 日 由七十七国集团加中国倡议的南南贸易、投资和金融大会在哥斯达黎加首都圣何塞开幕。来自七十七国集团的 108 个成员国和国际组织的 300 多名代表出席了本次会议。这是七十七国集团面对新的政治和经济形势,推动发展中国家进一步加强团结、联合自强、迎接新挑战的一次重要会议。

1 月 28 日 联合国秘书长安南任命了一个 8 名副秘书长和 10 名助理秘书长组成的联合国新任领导班子。中国金永健被任命为副秘书长。

2 月 19 日 联合国秘书长安南对邓小平的逝世表示最深切的哀悼,并说邓小平在中国历史上留下了不可磨灭的印迹。20 日,日内瓦裁军谈判会议和罗马国际农业发展基金第 20 届年会,当天举行会议时对邓小平逝世表示深切悼念。

2 月 27 日　安理会举行正式会议,对中国杰出领导人邓小平的逝世表示哀悼。3 月 12 日,大会举行仪式,追悼中国杰出领导人邓小平。本届大会主席、马来西亚大使拉扎利主持追悼仪式。

3 月 7 日、21 日　安理会两次审议中东问题,由于美国两次行使否决权,安理会未能通过有关决议。秦华孙在审议中发言指出:巴勒斯坦问题是中东问题的核心。尽早使巴勒斯坦问题获得公正、合理、持久的解决,恢复巴勒斯坦人民的合法民族权利,是实现中东地区的和平、稳定与发展的关键所在。

3 月 10 日—4 月 18 日　中国政府派代表团出席了于日内瓦召开的联合国人权委员会第 53 届会议。

3 月 28 日　安理会通过第 S/RES/1101(1997)号决议,授权在阿尔巴尼亚设立一支多国保护部队。中国投了弃权票。秦华孙表示,阿尔巴尼亚问题有其复杂性,属阿尔巴尼亚内部事务,安理会授权对一个国家因其内部事务而引发的动乱采取行动,与《联合国宪章》的规定不符。

4 月 15 日　由美国和丹麦等一些西方国家提出的所谓"中国人权状况议案"在联合国人权委员会第 53 届会议审议程序中被否决。美国利用人权问题干涉中国内政的图谋再次遭到失败。

4 月 16 日　关于阿富汗问题的国际会议在纽约联合国总部召开。联合国副秘书长基兰·普伦德加斯特主持会议,中国等 22 个国家和伊斯兰会议组织的代表参加了会议。

4 月 21 日　联合国裁军审议委员会实质性会议在纽约举行。会议审议了"建立无核区""第 4 届裁军特别联大"和"常规军备控制、限制和裁军的准则"3 项议题。中国代表团团长沙祖康大使全面阐述了中国对 3 项议题的观点和立场。中国代表团积极参加了会议议题的审议工作,并就上述 3 项议题提出了"工作文件"。

4 月 24 日　中国国家主席江泽民、俄罗斯总统叶利钦、哈萨克斯坦总统纳扎尔巴耶夫、吉尔吉斯斯坦总统阿卡耶夫、塔吉克斯坦总统拉赫莫诺夫在莫斯科共同签署关于在边境地区相互裁减军事力量的协定。5 国元首会晤机制的建立,为上海合作组织的成立奠定了基础。

5 月 7 日　应中国政府邀请,联合国秘书长科菲·安南当天下午抵达北京,开始对中国进行为期 5 天的正式访问。这是安南秘书长首次来华访问。

5月20日 联合国助理秘书长德索托通报了柬埔寨情况。中国代表在发言中表示,中国作为柬埔寨的友好近邻,始终关注柬埔寨的局势;目前柬埔寨国内出现的问题主要由两大执政党之间的政见分歧引起,属柬埔寨内部事务,应由柬埔寨人民自己解决,外界干预可能会给柬埔寨国内政局带来更复杂因素;中国不赞成将柬埔寨问题列入安理会议程。

5月22日 中国常驻联合国代表团照会联合国秘书长表示,中国决定原则上参加联合国维持和平行动待命安排。

5月29日 中国常驻联合国代理代表王学贤大使在纽约联合国总部宣布,中国政府决定原则上参加联合国维和待命安排,并将在适当时候向联合国维和行动提供军事观察员、民事警察和工程、医疗、运输等后勤保障分队。

6月19日 安理会以14票赞成、中国1票弃权通过第S/RES/1114(1977)号决议,决定将驻阿尔巴尼亚的多国保护部队任务期限延长45天。中国常驻联合国副代表王学贤大使作解释性发言。

6月30日 安理会一致通过第S/RES/1118(1997)号决议,决定于7月1日设立联合国驻安哥拉观察团。中国常驻联合国副代表王学贤大使在解释性发言中表示,有关方面对安哥拉前途有信心的表示令人鼓舞,但安哥拉和平进程仍面临诸多困难;希望安哥拉政府,尤其是争取安哥拉彻底独立全国联盟从国家和人民的根本利益出发,抓住历史机遇,继续本着团结、合作的精神,尽快完成政治、军事领域未完成的任务,早日实现民族和解。

6月 国际民航组织理事会第151次会议通过决议,为使国际民航组织内中文的使用基本提高到与其他工作语言同等的水平,从1998—2001年中文科的编制将增至22人。

7月11日 安理会就柬埔寨局势发表主席声明。中国常驻联合国副代表王学贤大使在磋商中表示,中方对柬埔寨国内局势最新发展极为关注,国际社会所采取的任何行动都必须有助于缓和柬埔寨的紧张局势。希望柬埔寨有关各方保持克制,以民族利益为重,妥善解决有关问题。中国一贯支持各方根据巴黎协定的原则,遵循西哈努克亲王倡导的民族和解精神,共同致力于国家和平、稳定与发展。

7月22日 针对尼加拉瓜等少数国家要求将"由于国际形势的根本变化和两个政府同时存在于台湾海峡两岸,因此需要重新审议联合国大会第2758号决议"的议题列入第52届联大议程,秦华孙大使奉命致函联合国秘书长,阐述了中国政府关于台湾问题的严正立场。尼加拉瓜等国向联合国提交的议案歪曲事实,明目张胆地利用联合国这个庄严组织,公然从事分裂一个主权国家的阴谋活动,企图制造"两个中国""一中一台"或"一国两府"。

8 月 21 日　联合国秘书长副发言人胡安·卡洛斯·布兰特在新闻发布会上宣布,由于巴拿马政府邀请台湾当局参加巴拿马运河会议,联合国决定不参加这次会议。布兰特说,如果联合国参加这次会议,它就违背了联合国大会关于中华人民共和国是中国在联合国的唯一合法代表的决议。

8 月 28 日　安理会一致通过第 S/RES/1127(1997)号决议,决定除非安盟完全履行对有关和平协议的承诺,将自 9 月 30 日起对其采取进一步的制裁措施。王学贤大使发言表示,中国对制裁问题一向持慎重和负责态度。但为促使安哥拉和平早日实现,作为一种特殊情况,中国对进一步制裁安盟的措施不持异议,这样做的唯一目的是要向安盟表明,安理会决心确保安哥拉和平进程取得成功,因为这符合安哥拉人民的利益;希望安盟尽快回到团结与合作的轨道上来,避免有关制裁措施付诸实施。中国赞成为制裁设立时限的建议,这符合中国的一贯主张。

同日　联合国人权小组委员会会议在日内瓦表决通过了一项关于促进有关人权问题对话的决议案。这一决议案是由中国倡议并得到美国等 20 多个国家支持而共同提出。决议敦促人权小组委员会同各国政府及非政府观察员在人权问题上开展建设性的对话和磋商,以便增进了解和寻求有效办法,在所有国家促进和保护人权。

9 月 17 日　第 52 届联合国大会总务委员会正式宣布,决定不将所罗门群岛等极少数国家所提出的所谓台湾"重返"联合国的提案列入本届联合国大会会议的正式议程。这是联合国大会总务委员会连续第 5 年挫败台湾当局在联合国内制造"两个中国"和"一中一台"的图谋。

9 月 23—25 日　国际货币基金组织和世界银行联合年会在香港特别行政区举行。这是国际货币基金组织和世界银行首次在中国举行年会,而且是在回归不久的香港举行,受到国际社会的普遍关注。本次会议共计1.7 万人参加,规模超过历届年会。国务院总理李鹏在开幕式致辞中提出 6项主张:充分重视发展中国家的紧迫发展问题;在平等互利的基础上广泛开展合作;尊重各国自主选择社会制度、发展模式和生活方式的权利;相互借鉴、优势互补;选择适合本国国情的发展道路;加强金融领域的国际合作。

9 月 24 日　钱其琛在大会一般性辩论中发表讲话,介绍了中国国内情况并全面阐述中国政府对国际形势和联合国重大问题的看法。关于国际形势,钱其琛指出,当前国际形势继续发生深刻的变化,和平与发展已经成为当今时代的主题。世界格局正走向多极化,各国政治、经济、文化的发展越来越多样化,这种趋势已成为不可阻挡的历史潮流。关于世界经济形势,钱其琛指出,一年来世界经济总体态势良好,各国和各地区经济间相互联系与渗透在不断加深,应重新认识国际合作的重要性。

9月25日 正在出席第52届联合国大会的安理会5常任理事国外长发表联合声明,重申对联合国的承诺和对联合国改革的支持,同时希望联合国能在维护世界和平与安全、促进世界经济持续发展等方面继续发挥作用。这5国外长分别是中国国务院副总理兼外长钱其琛、美国国务卿奥尔布赖特、俄罗斯外长普里马科夫、英国外交大臣库克和法国外长韦德里纳。

9月30日—10月10日 《联合国防治荒漠化公约》缔约国第1届大会在罗马召开。这次会议是联合国首次就防治荒漠化问题举行的首次专门会议,来自中国等112个缔约国的1000多名代表参加了大会。10月3日,大会通过投票表决,决定将公约常设秘书处设在德国波恩。

10月16日 中国正式加入桑戈委员会,并首次以成员国身份出席了委员会会议。

10月21日—11月12日 教科文组织第29届大会在巴黎总部举行。会上,中国以较高票连任教科文组织执行局成员,当选为文物归还原宗主国政府间委员会成员和社会变革管理委员会成员。

10月23日 安理会通过了准备加强对伊拉克制裁的第S/RES/1134(1997)号决议,表决结果为以10票赞成、5票弃权(俄罗斯、法国、中国、埃及、肯尼亚)。中国代表发言表示,伊拉克应全面执行安理会的有关决议,同时,伊拉克的主权、独立和领土完整,以及合理的安全关切也应受到尊重。中国政府一贯不赞成动辄对一国实施制裁,也不赞成以制裁相威胁。我们认为,目前的决议草案不利于妥善解决有关问题。因此,中国代表团对决议草案投了弃权票。

10月27日 中国签署《经济、社会和文化权利国际公约》。

10月29日 安理会审议秘书长就柬埔寨问题致安理会主席的信函。中国代表在发言中赞赏东盟和联合国在柬埔寨问题上发挥的积极作用;指出柬埔寨最近发生的事情是其内部事务,国际社会如果卷入过多,可能使问题复杂化。中国常驻联合国副代表王学贤大使阐述了中国关于阿富汗问题的原则立场。

11月29日 联合国"声援巴勒斯坦人民国际日"。12月1日,联合国在纽约举行纪念大会。中国国务院总理李鹏致电表示声援。

12月3日 121个国家的代表在加拿大渥太华签署了《关于禁止使用、储存、生产和转让杀伤人员地雷及销毁此种武器的公约》,即《渥太华禁雷公约》，并在 1999 年正式生效。《渥太华禁雷公约》的宗旨是立即、全面禁止杀伤人员地雷。中国派观察员出席《渥太华禁雷公约》签约大会及同时召开的关于扫雷问题的圆桌会议，介绍了中国在扫雷问题上的看法和经验，表示将在力所能及的范围内积极参与国际扫雷活动。

一九九八年

1 月 12 日　1998 年是《世界人权宣言》通过 50 周年。中国国家主席江泽民致函联合国秘书长安南，表示在过去近半个世纪里，宣言对推动世界人权事业发展发挥了重要的作用。中国政府完全支持联合国在纪念这一纲领性文件的时刻，回顾和总结人权领域的工作，并展望和规划未来。

1 月 13 日　中国常驻联合国代表秦华孙在安理会就有关伊拉克问题进行紧急磋商时表示，安理会在强调伊拉克必须全面遵守有关武器核查决议的同时，也应关注伊拉克的正当安全要求。

1 月 16 日　秘书长发言人埃克哈德宣布，由中国政府向联合国推荐的 3 名中国武器专家将于 2 月加入联合国特委会的武器核查小组，参加伊拉克武器核查工作。这是中国政府首次派遣有关专家参加此项工作。

1 月 18—23 日　国际民航组织亚太地区办事处主任沙阿访问中国民航总局，与鲍培德副局长就航空安全技术合作和空中交通管理等问题交换意见。

1 月 20 日　1998 年度裁军谈判会议在日内瓦开幕。包括中国新任裁军大使李长和在内的 61 个成员国的裁军大使或代表出席会议。

1 月　联合国前秘书长加利致函钱其琛副总理兼外长，请中国政府派人参加由他担任主席的联合国教科文组织国际民主与发展专家小组。该小组由 20 位各国知名人士组成，任务是从不同的社会、文化和历史背景出发，深入研究当今世界民主所面临的挑战，并向总干事提出行动建议。中国政府派过家鼎大使参加该小组的工作。

2 月 10 日　中国常驻联合国代表秦华孙重申，中国致力于通过外交途径解决伊拉克武器核查危机。中国认为，使用武力无助于促进联合国特委会与伊拉克的合作。

2 月 10—20 日　联合国社会发展委员会第 36 届会议在纽约举行。中国常驻联合国代表秦华孙大使率团与会。秦大使在发言中指出，贫困、失业、毒品和种族冲突等社会问题在世界范围内未得到根本解决，人类仍面临严峻的挑战。如不尽快解决这些问题，将会导致社会动荡甚至剧烈冲突。

社会稳定无法保证,社会发展就只能是空谈。保持稳定乃是重中之重。

3月2—13日 联合国妇女地位委员会第42届会议在纽约联合国总部举行。全国妇联书记处书记冯淬率中国代表团出席。中国代表团积极全面参加了本届会议,结合议题宣传了中国落实《北京宣言》和《行动纲领》的情况及新举措,介绍中国为维护妇女权益、提高妇女地位所做的立法、政策制定和规划等工作,以及通过普法教育、开展活动为妇女和儿童创造良好社会环境的有关情况。

3月13日 联合国人权事务高级专员玛丽·罗宾逊对中国政府准备签署《公民权利和政治权利公约》表示欢迎。12日,中国副总理兼外长钱其琛在北京宣布了这一决定。

3月14日 美国白宫发言人鲁宾在华盛顿宣布,美国政府决定不再在日内瓦联合国人权会议上提出针对中国人权状况的议案。他说,美国的决定是在中国采取了一系列改善人权的措施之后作出的。他对中国政府准备签署《公民权利和政治权利公约》的决定给予高度评价。欧盟也宣布了类似的立场,不再在人权委员会上提出针对中国人权状况的提案。

3月23日—4月1日 第2次世界电信发展大会在马耳他举行。邮电部副部长周德强率中国电信代表团与会。周德强当选为大会副主席。大会通过了《瓦莱塔宣言》和《瓦莱塔行动计划》。

3月30日 中国驻英国大使馆代表向国际海事组织秘书长奥尼尔先生递交了中国参加《1990年国际油污防备、反应和合作公约》(OPRC公约)的加入书,该公约自1998年6月30日起对中国生效。

3月31日—4月2日 秘书长安南抵达北京,开始对中国的正式访问。国家主席江泽民会见了安南。江泽民在谈话中提出,安南秘书长上任后在改革联合国方面做了很多尝试,中国希望通过改革和调整,使联合国能更好地适应新形势的发展需要,更加公正、有效地处理国际问题。国务院副总理钱其琛也与安南进行了会谈,安南高度评价中国在联合国中所发挥的积极作用,特别感谢中国在伊拉克武器核查危机中给予他的大力支持和帮助;对中国在稳定东亚金融形势方面所发挥的建设性作用表示高度赞赏。双方还就中东问题、东亚金融危机、柬埔寨、阿富汗、朝鲜问题四方会谈等问题交换了看法。

4月1日 全球环境基金第1届成员国大会在印度首都新德里召开,中国代表团积极参加了大会活动。在之前的1998年全球环境基金理事会例会上,中国的"节能无氟冰箱"和"可再生能源发展"两个项目获得批准,赠款额合计4500万美元。至此,中国从全球环境基金已获赠近2亿美元,在所有用款国中居第 1 位。

4 月 7—8 日　以外经贸部首席谈判代表龙永图为团长的中国代表团出席了在瑞士日内瓦举行的世贸组织中国工作组第 7 次会议,并在会前、会后与美国、欧盟、日本、加拿大等 18 个世贸组织成员进行了双边磋商。此次会议的重点是中方不久前提出的工业品一揽子降税方案和服务贸易中的分销与专业服务(法律、会计)等问题。

4 月 15—17 日　中国专利局与产权组织合办的中国知识产权培训中心落成典礼暨 21 世纪专利合作条约制度国际研讨会在北京举行,产权组织副总干事弗兰索阿斯·柯肖德及一些国家和地区的专利局局长应邀出席。国务委员吴仪会见了与会的外国贵宾。中国专利局局长高卢麟、国家工商行政管理局局长王众孚同产权组织副总干事举行了会谈。

4 月 20 日—5 月 1 日　联合国可持续发展委员会第 6 次实质性会议在纽约召开,其中后 3 天为高级别会议。中国代表在会上重点介绍了中国在水资源开发利用、保护以及工业发展与环境保护方面的政策和成绩,提出了中方对技术转让问题的主张。中国代表团在会间和发展中国家紧密合作,深入参与文件磋商,为维护广大发展中国家的利益发挥了积极的作用。

4 月 21 日　联合国人权委员会第 54 届会议首次否决了美国提出的关于古巴人权状况议案。中国等 19 个发展中国家投了反对票,美国等 16 个国家投赞成票,其他 18 个国家弃权。这是自 1990 年以来,美国利用人权议案干涉古巴内政的图谋首次遭到失败。

4 月 22—24 日　产权组织亚洲地区工业产权战略对经济发展影响研讨会在印度新德里举行,中国专利局局长高卢麟作为特邀发言人出席了研讨会。高卢麟局长以《中国专利局自动化现状和发展》为题发了言。

4 月 28 日　联合国粮食及农业组织总干事迪乌夫博士来华向江泽民主席颁发“农民”奖章,以表彰江泽民主席对发展世界农业和促进全球粮食安全所做的贡献。

5 月 6 日　由中国政府推荐,中国专利局副局长马连元担任世界知识产权组织产业委员会委员,该委员会由国际知识产权界知名人士组成。

5 月 7 日　联合国副秘书长兼禁毒署执行主任阿拉奇率联合国禁毒署代表团访华,就当前国际禁毒事务、中国在国际禁毒领域的作用和影响、中国参与东亚次区域禁毒合作等事项同有关部门进行了交流和磋商,并实地考察了云南省的禁毒工作。

5 月 11 日　世界卫生组织第 51 届大会在日内瓦召开。本届卫生大会未经表决,就一致通过了大会总务委员会不将所谓“邀请‘中华民国’(台湾)以观察员资格参加世界卫生组织大会"提案列入会议补充性议题的决定。

5月29日 中国常驻联合国代表秦华孙大使代表中国政府在联合国总部签署了《京都议定书》。秦华孙大使表示,中国政府欢迎《京都议定书》的通过,中国的签署充分显示中国政府认真对待气候变化问题的诚意和决心。中国成为该公约的第37个签约国。2002年8月30日,中国常驻联合国代表王英凡大使向联合国秘书长安南交存了中国政府对《京都议定书》的核准书。2002年9月3日,中国国务院总理朱镕基在约翰内斯堡可持续发展世界首脑会议上讲话时宣布,中国已核准《〈联合国气候变化框架公约〉京都议定书》。

6月4日 安理会5个常任理事国外长在日内瓦举行会议,讨论因印度和巴基斯坦进行核试验而引发的南亚紧张局势和防止核武器扩散等问题。这次会议是由中国和美国共同倡议召开的。中国外长唐家璇作为安理会常任理事国轮值协调员主持会议。会后发表了联合公报,谴责印度和巴基斯坦核试验,并呼吁两国立即无条件地签署或加入禁核条约,放弃核武器化及核部署。5国均不承认印度和巴基斯坦的核国家地位。

6月8—10日 大会召开关于世界药物问题的第20届特别会议,通过第A/RES/1(S—20)至A/RES/4(S—20)号共4项决议。中国国务委员罗干率中国代表团出席了这次大会。

6月10—17日 应万国邮联国际局利维总局长邀请,第22届万国邮联大会中国组委会副主席兼秘书长刘平源前往瑞士万国邮联总部并出席大会筹备工作高级会议,研究并共同落实筹备工作中的重点问题。

6月29日 国务院副总理吴邦国在北京会见来华访问的万国邮联国际局总局长利维,信息产业部部长吴基传、国家邮政局局长刘立清、外交部部长助理王光亚分别予以会见,双方就邮联大会筹备工作、如何开好邮联北京大会、邮政改革及世界邮政发展方向等问题交换了意见。

7月5—11日 机构总干事厄尔巴拉蒂应核工业总公司总经理、国际原子能机构理事会中国理事蒋心雄邀请首次访华。国务院副总理吴邦国、外交部部长唐家璇、国家原子能机构主任张华祝、核工业总公司总经理蒋心雄分别会见了厄尔巴拉蒂。

7月10日 国家知识产权局局长高卢麟出任世界知识产权组织世界学院高级顾问。

7月13日 中国常驻联合国代表秦华孙会见联合国常务副秘书长弗雷歇特,就尼加拉瓜等国于7月8日再次向联合国大会提出所谓"台湾在联合国的代表权"问题提案,严重阐明中国政府的一贯立场,并递交了他奉命就此致秘书长安南的信函。

7月17日　为期1个多月的"联合国设立国际刑事法院外交全权代表会议"在罗马闭幕。会议表决通过了《国际刑事法院规约》,中国等7国投了反对票。《国际刑事法院规约》从1998年7月17日至10月17日在罗马,并于其后至2000年12月31日在纽约联合国总部开放供签署。中国主张《国际刑事法院规约》在重大问题上应谨慎从事,避免法院成为政治斗争的工具或是干涉国家内政的手段。因此,中国在表决中投了反对票。中国认为,规约有关规定没有严格遵循补充性原则,可能影响有些国家司法体系对有关罪行的管辖;没有解决侵略罪的问题,特别是没有确立安理会根据《联合国宪章》对侵略行为进行判定的权力;对检察官自行调查权缺乏必要的制衡,容易造成不负责任的滥诉。

7月24日　以龙永图为团长的中国代表团出席了在日内瓦举行的世贸组织中国工作组第8次会议,并与欧盟、日本、加拿大等18个世贸组织成员进行了双边磋商。此轮多双边磋商情况表明,服务贸易与农产品贸易逐渐成为中国加入世贸组织的重大障碍。针对某些国家在中国加入谈判未能取得重大突破的情况下所散布的悲观论调,中方在各种场合重申,中国继续积极努力加入世贸组织的立场并没有改变。

7月　中国残疾人联合会获联合国经社理事会特别咨商地位。

8月8日　葡萄牙政府与联合国在葡首都里斯本合作举办首届世界青年事务部长会议。中国共青团中央书记处书记黄丹华率团与会,并当选为大会副主席。

8月8—12日　葡萄牙政府与联合国在葡首都里斯本合作举办了首届世界青年事务部长会议。会议审议了《到2000年及其后世界青年行动纲领》在各国的执行情况,讨论并通过了《关于青年政策与方案里斯本宣言》。共青团中央书记处书记黄丹华率团与会,并当选为大会副主席。黄丹华在会上发言,阐述了中国的青年政策,介绍了中国青年参与国家政治、经济和社会生活等情况,并呼吁国际社会在青年领域的合作应尊重世界的多样性。

8月16—25日　国际劳工局行将离任的汉森局长访华,吴邦国副总理会见了他。这是汉森就任该职10年来首次访华。

8月29日　中国全国人民代表大会常务委员会批准《特定常规武器公约》第4号议定书(激光致盲武器议定书)和修改后的第2号议定书(地雷议定书);11月4日,中国常驻联合国代表秦华孙向联合国秘书长递交两项议定书的批准书。

9月6日 联合国人权事务高级专员罗宾逊夫人应中国政府邀请访华。中国国家主席江泽民、国务院副总理钱其琛分别会见了罗宾逊夫人。外交部部长助理王光亚与其进行了会谈,达成了许多共识,双方就合作问题交换了看法,并签署了《合作意向备忘录》。

9月11日 第53届联合国大会总务委员会宣布,不把尼加拉瓜等极少数国家提出的所谓台湾"重返"联合国的提案列入本届联合国大会议程。这是台湾当局在联合国内制造"两个中国""一中一台"的图谋连续第6年遭到失败。

9月17日 中国与国际原子能机构就缔结保障监督附加议定书问题在维也纳举行了谈判,并就议定书文本达成一致,中国承诺申报与无核武器国家进行核合作的情况。11月,理事会核准了该议定书。12月31日,中国常驻国际原子能机构代表张义山大使在议定书上签字。

9月21日 信息产业部部长吴基传在北京会见万国邮联国际局副总局长马祖。同日,国家邮政局局长刘立清代表中国邮政主管部门与马祖共同签署《关于第22届万国邮政联盟大会组织工作的实施细则》。

9月21—26日 国际原子能机构第42届大会在维也纳总部举行。机构理事会新任中国理事、中国国家原子能机构主任张华祝首次率团与会并在大会上发言。他赞扬机构在主持制定核领域国际法律文书及加强核安全和放射性废物管理方面所做的有益工作,介绍了中国在核出口控制方面的立法工作及在核电建设中加强和重视核安全的做法,要求机构在印、巴核试验后的新形势下,为巩固和加强国际防扩散机制,为进一步促进和平利用核能活动的开展发挥积极作用。

9月23日 中国外交部部长唐家璇在第53届联大一般性辩论发言中指出,安理会改革关系到所有国家的利益,必须发扬民主,在广泛的范围内进行充分的磋商。发展中国家与发达国家代表性需要得到平衡。改革措施关系到加强安理会在维护国际和平与安全方面的作用,既要基于现实,也要顾及历史。为确保改革后的安理会能够得到会员国的广泛支持,坚持协商一致原则十分必要。关于裁军问题,唐家璇指出,南亚核试验后,国际社会面临的一项紧迫任务是巩固和加强国际防扩散体制,防止核武器进一步扩散,提高《不扩散核武器条约》的普遍性和权威性。但维护《不扩散核武器条约》并不意味着核武器国家有永远拥有核武器的特权。消除核扩散危险的根本途径是彻底销毁核武器。

同日 安理会以14票赞成、1票弃权(中国)通过S/RES/1199(1998)号决议,要求各方立即停火并以谈判方式解决争端,如南联盟不停止军事行动,将根据宪章第 7 章采取进一步行动。中国常驻联合国代表秦华孙大使在表决前作解释性发言,阐述了中国政府在科索沃问题上的一贯立场,强调中国主张国际社会实事求是地看待科索沃形势,客观、公正地评价南联盟政府的积极努力。中方不认为科局势对国际和平与安全构成威胁。由于决议草案未能充分考虑科索沃的现实及南联盟在其主权范围内的正当权利,并轻率援引《联合国宪章》第 7 章对南联盟进行威胁,不但无助于从根本上解决科索沃问题,反而可能助长该地区的分离主义和恐怖主义势力,从而加剧紧张局势,中国代表团不能赞成该项决议草案。

9 月 28 日—10 月 1 日　国际民航组织举行关于《国际民用航空公约》中文正式文本的外交会议,通过了《关于国际民用航空公约六种评议正式文本的议定书》,规定中文为公约的正式文本。中国驻国际民航组织理事会代表钱泽民在议定书上签字。

10 月 5 日　中国常驻联合国代表秦华孙代表中国政府在联合国总部签署了《公民权利和政治权利国际公约》。

10 月 5—8 日　世界高等教育会议在巴黎召开,中国政府派出以教育部部长陈至立为团长的代表团出席了会议。在本次会议上,中国当选为代表亚太地区的副主席,中国代表团的发言和演讲,受到总干事和与会各国的高度重视。

10 月 12 日—11 月 13 日　第 53 届联大裁军与国际安全委员会(一委)在纽约举行会议,审议了 18 项裁军和国际安全议题,通过了 49 项决议和 1 项决定。中国裁军大使李长和在大会一般性辩论中发言,全面阐述了中国在重大裁军问题上的立场。关于外层空间问题,李长和指出,近年来,出现了加紧发展和试验外层空间武器系统的活动。这些研制中的武器系统,有的完全部署于外层空间或以外层空间目标为打击对象,有的则以外层空间为基地,为地面武器系统提供目标信息或导引。这样做的结果很有可能将外层空间变成武器基地和战场,将对地区及世界的战略稳定产生消极影响。在这种情况下,应尽早谈判缔结一项防止外层空间武器化的国际条约,以补充现有法律体系的不足。

10 月 20 日　钱其琛副总理在"面向 21 世纪的世界人权"国际研讨会上发言指出,《世界人权宣言》是第 1 个系统地提出尊重和保护基本人权具体内容的国际文书。它反映了经历两次世界大战的世界人民决心根除战争祸害,实现和平与民主的良好愿望,表达了国际社会对促进人权与基本自由的重视。宣言通过半个世纪以来,人类在第二次世界大战的废墟上重建和平,近百个国家摆脱了殖民主义枷锁,获得了独立。今天,尊重人权与基本自由已成为各国人民的普遍信念和共同追求的目标。

10 月 23 日　由于中国和俄罗斯的反对,安理会未能通过英、美等西方国家草拟的含有支持北约对南联盟采取军事行动内容的决议草案。中国常驻联合国代表秦华孙表示,中国反对武力干涉南联盟内政,主张通过外交手段和平解决科索沃危机。

10 月 24 日　安理会以 13 票赞成、2 票弃权(中国、俄罗斯)通过第 S/RES/1203(1998)号决议,要求南联盟和科索沃阿尔巴尼亚族领导人遵守安理会第 S/RES/1160(1998)号和第 S/RES/1199(1998)号决议,要求南保障所有外交人员的安全,要求科阿族领导人谴责恐怖主义行动,并立即停止这种行动。秦华孙大使发言指出,中国理解南与有关方面围绕科索沃问题达成的协议,然而,就在上述协议达成的同时,有关区域组织却作出了对南采取军事行动、干涉其内政的决定。更为严重的是,上述决定是在未商定安理会、没有安理会授权的情况下单方面作出的。中国不赞成借安理会决议对南联盟施压、干涉南联盟内政。

11 月 2 日　《联合国气候变化框架公约》第 4 次缔约方大会在阿根廷的布宜诺斯艾利斯开幕。来自中国等 160 多个缔约方政府代表、观察员代表及非政府组织的代表共 4000 余人参加了大会。

11 月 4 日　中国常驻联合国代表秦华孙向秘书长安南交存中国政府对新"地雷议定书"的批准书。秦华孙宣布,中国 1998 年向联合国协助扫雷自愿信托基金认捐 10 万美元,专款用于波黑扫雷活动。在 2001 年之前,中国将向联合国协助扫雷自愿信托基金认捐一批探、扫雷器材,专项用于接受中国培训但未接受中国扫雷捐款的雷患国家。

11 月 21 日　联合国粮农组织第 115 届理事会在意大利罗马召开,会议改选了 6 个理事会成员。中国再次当选,任期 3 年。

11 月 21—26 日　世界卫生组织新任总干事布伦特兰夫人访华,江泽民主席与朱镕基总理予以会见,卫生部张文康部长与她举行了工作会晤。

11 月 25 日　1998 年 11 月 25—30 日应日本国政府邀请,中华人民共和国主席江泽民于对日本进行国事访问。这是中国国家主席首次访问日本。江泽民主席会见了日本天皇明仁,并同小渊惠三内阁总理大臣就国际形势、地区问题和中日关系深入交换了意见,达成广泛共识,共同发表了《中日联合宣言》(或称《中日关于建立致力于和平与发展的友好合作伙伴关系的联合宣言》)。双方回顾了中日邦交正常化以来两国关系在政治、经济、文化、人员往来等各个领域取得的长足发展。双方重申恪守 1972 年 9 月 29 日发表的《中华人民共和国政府和日本国政府联合声明》和 1978 年 8

月 12 日签署的《中华人民共和国和日本国和平友好条约》所阐述的各项原则,确认上述文件今后仍将是两国关系最为重要的基础。双方一致认为,中日两国有着两千多年的友好交往历史和共同的文化背景,弘扬友好传统,进一步发展互利合作是两国人民的共同愿望。双方认为,正视过去以及正确认识历史,是发展中日关系的重要基础。日方表示,遵守 1972 年的中日联合声明和 1995 年 8 月 15 日内阁总理大臣的谈话,痛感由于过去对中国的侵略给中国人民带来巨大灾难和损害的责任,对此表示深刻反省。中方希望日本汲取历史教训,坚持和平发展道路。在此基础上,两国发展长久友好关系。双方一致认为,在当前形势下,两国合作的重要性进一步增加,不断巩固和发展中日友好合作符合两国人民的根本利益,也将对亚太地区和世界的和平与发展做出积极贡献。双方确认中日关系对两国均为最重要的双边关系之一,并深刻认识到两国在和平与发展方面的作用与责任,宣布面向 21 世纪,建立致力于和平与发展的友好合作伙伴关系。

11 月 30 日　11 月 29 日是联合国"声援巴勒斯坦人民国际日"。11 月 30 日,联合国在纽约举行纪念大会。中国国务院总理朱镕基致信表示声援。

12 月 17 日　美国和英国以伊拉克拒绝同联合国特委会全面合作为由,当天凌晨向伊拉克发动了代号为"沙漠之狐"的空袭行动。美、英此举引起国际社会严重关切和强烈反应。中国和俄罗斯表示反对,安南秘书长对此表示遗憾。

一九九九年

1 月 15 日　联合国发言人埃克哈德宣布,安南秘书长已经任命了 11 名包括中国在内的新的裁军咨询委员会成员。

1 月 26 日　世界知识产权组织总干事伊德里斯博士率团访华。江泽民主席会见了伊德里斯一行。江泽民主席对中国与世界知识产权组织之间的合作表示满意,希望双方的合作关系不断得到加强。

2 月 8 日　中国常驻联合国代表秦华孙在安理会改革工作小组 1999 年第 1 次会议上发言强调,中国不赞成为安理会改革人为设立时间限制,也不赞成仅把讨论重点放在部分国家关心的问题上,而忽视广大成员国特别是发展中国家的主张和要求。

3 月 15 日　国务院总理朱镕基在中外记者招待会上说:中国就恢复 GATT 的地位和加入 WTO,已经谈判了 13 年,黑头发都谈成白头发了,该结束这个谈判了。现在存在这种机遇:第一是加入了 WTO 的国家知道没有中国的参加,WTO 就没有代表性,就是忽视了中国这个潜在的最大市场。第二是中国改革开放的深入和积累的经验,使我们对加入 WTO 可能带来的问题提高了监管能力和承受能力。

3 月 16—25 日 联合国麻醉品委员会第 42 届会议在维也纳召开。中国驻维也纳代表团张义山大使率团与会,并在会上发言,强调切实开展国际合作是消除毒品危害的重要途径,呼吁禁毒署及有关国家重视"金三角"地区的禁毒项目并增加资金投入。

3 月 23 日 中国科技部副秘书长段瑞春在日内瓦向国际植物新品种保护联盟副秘书长提交了中国加入该组织的加入书。中国成为国际植物新品种保护联盟的第 39 个成员国。

3 月 24 日 联合国维持和平行动特别委员会 1999 年届会在纽约举行,审议了维和行动的各项问题。中国代表指出,安理会在维和领域的主导地位和权威性是不可替代的,每一个会员国都有责任维护安理会的权威,确保维和行动经过安理会授权。任何绕过安理会,谋求以单方面行动取代联合国维和行动的做法,都有悖于《联合国宪章》的宗旨和原则。1999 年,除对建立联科特派团投弃权票外,中国对其他维和行动的建立均投了赞成票。中国还决定派民事警察参加联合国在东帝汶的维和行动,此系中国首次派民事警察参与联合国维和行动。

3 月 26 日 正在瑞士访问的中国国家主席江泽民在日内瓦裁军谈判会议上发表了题为《推动裁军进程维护国际安全》的重要讲话。这是中国国家主席首次在日内瓦裁谈会上发表讲话。江泽民主席在讲话中谴责以美国为首的北约轰炸南联盟的野蛮行径,全面阐述了中国在新安全观和重大军控与裁军问题上的原则立场和主张。

3 月 30 日 中国代表在第 55 届人权会上指出,当前国际人权领域的理论研究和实践存在重个人人权,轻集体人权;重公民政治权利,轻经社权利和发展权的倾向,纠正两类权利之间的不平衡是当务之急。占世界人口绝大多数的发展中国家应当把实现经社文权利和发展权放在首位。所有致力于促进人权的国家都有义务采取实际行动,创造有利于发展中国家发展的外部环境。

4 月 6—13 日 朱镕基总理访美。4 月 10 日,中美两国签署"中美农业合作协议",并就中国加入世贸组织发表联合声明,美方承诺"坚定地支持中国于 1999 年加入世贸组织"。

4 月 19—30 日 联合国可持续发展委员会第 7 次实质性会议在纽约

召开。中国代表团团长解振华在高级别会议上重点就海洋议题发言,并积极参与了可持续旅游和小岛屿发展中国家可持续发展的讨论。

4月23日　在联合国人权委员会第55届会议上,美国提出的一项所谓"中国人权状况议案",中国针对反华提案提出的"不采取行动"动议以22票赞成、17票反对、14票弃权获得通过。这是联合国人权会第8次拒绝反华提案,美国在日内瓦人权会议上利用人权问题干涉中国内政的图谋又一次遭到失败。

4月24日—5月3日　应中国民航总局局长刘剑锋的邀请,国际民航组织理事会主席柯台特和夫人来华访问。双方就南中国海空域组织和航路结构问题交换了意见。4月26日,国家主席江泽民在人民大会堂会见了柯台特。

5月8日　当天早晨5时45分(北京时间)以美国为首的北约至少使用3枚导弹从不同方位直接攻击中国驻南斯拉夫大使馆,导弹从主楼5层楼顶一直穿入地下室,使馆内浓烟滚滚,主楼附近的大使官邸房顶被掀落。新华社女记者邵云环、光明日报记者许杏虎和夫人朱颖不幸遇难,另有多人受伤,馆舍毁坏严重。北约的野蛮行径公然违反《联合国宪章》、国际法及国际关系准则,违反《维也纳外交关系公约》,是对中国主权的粗暴侵犯,中国政府对此表示极大愤慨和严厉谴责,并提出最强烈抗议。国际社会一致谴责北约严重违反《联合国宪章》和国际法的暴行。

同日　安理会应中国要求召开紧急公开会议,审议中国驻南使馆遭以美国为首的北约轰炸事件。会上许多国家的代表发言,强烈谴责北约暴行,要求北约立即停止轰炸南联盟,寻求政治解决科索沃危机。安理会并于凌晨由主席向新闻界发表谈话,对中国驻南使馆被导弹击中造成的伤亡和损失表示震惊和关切;对中国政府和受害者家属表示同情和哀悼。安理会将密切关注事态发展,期待北约对此的调查结果。同日,美国总统克林顿在俄克拉荷马向记者表示,中国使馆被炸事件是一起并非故意制造的不幸事件,对由此给中方造成的人员伤亡和财产损失,向中国领导人和中国人民真诚地表示深切哀悼和遗憾。在会议和磋商中,中国常驻联合国代表秦华孙大使发言指出,以美国为首的北约轰炸中国驻南使馆并造成人员和财产严重损失表示极大愤慨和强烈谴责,指出此种野蛮行径粗暴侵犯中国主权,公然违反保护外交人员的国际公约和国际关系的基本准则;强烈要求北约对此事件进行调查并做出交代,强调北约应对此承担全部责任,并保留采取进一步行动的权利。

5月10日　中国外交部部长唐家璇再次就以美国为首的北约用导弹

袭击中国驻南联盟大使馆事件向美国驻华大使尚慕杰提出严正交涉。

中国常驻联合国代表秦华孙会见安南秘书长,向他转交了中国政府强烈谴责以美国为首的北约袭击中国驻南使馆的严正声明,并要求将此声明作为联合国大会和安理会的文件散发。

应中国要求,安理会举行非正式磋商,讨论中国起草的谴责以美国为首的北约用导弹袭击中国驻南联盟大使馆的主席声明。

美国国防部部长科恩和美国中央情报局局长特尼特发表联合声明,对中国驻南联盟大使馆遭到轰炸所造成的人员伤亡深表遗憾。这次轰炸是一个错误,参与这次错误打击的人认为被击中的目标是南联盟物资供应局。中情局局长进一步解释,是一名情报分析家的误判,加上所用地图太旧造成的。声明还表示,北约将继续并加强对南联盟的空袭行动。5月11日,美国总统克林顿、国务卿奥尔布赖特就中国驻南联盟大使馆被炸公开道歉。

5月10—21日　《不扩散核武器条约》2000年审议会第3次筹备会在纽约举行。中国代表团团长沙祖康在会上发言,强烈谴责以美国为首的北约悍然轰炸中国驻南联盟使馆的野蛮行径,阐述了中国政府在核裁军、核不扩散、和平利用核能等问题上的立场。他指出,国际社会必须勇敢地面对美国和北约向一切爱好和平人民提出的挑战,努力建立公正、合理的国际政治经济新秩序,坚决反对和彻底摒弃霸权主义、强权政治、武装侵略和干涉,以及谋求绝对军事优势的做法。

5月14日　安理会召开正式会议,就北约袭击中国驻南联盟使馆通过了主席声明。声明对中国驻南使馆遭到北约轰炸所造成的严重人员伤亡和财产损失深表悲痛和关注,对中国政府和受害者家属表示最深切的同情和慰问。在会议和磋商中,中国常驻联合国代表秦华孙大使发言指出,以美国为首的北约轰炸中国驻南使馆并造成人员和财产严重损失表示极大愤慨和强烈谴责,指出此种野蛮行径粗暴侵犯中国主权,公然违反保护外交人员的国际公约和国际关系的基本准则;强烈要求北约对此事件进行调查并做出交代,强调北约应对此承担全部责任,并保留采取进一步行动的权利。

安理会表决通过关于巴尔干人道主义局势的第S/RES/1239(1999)号决议,中国投了弃权票。中国常驻联合国代表秦华孙大使在解释性发言中指出,对巴尔干地区人道主义危机深表不安,赞赏联合国和其他国际组织开展的救援工作。秦华孙大使严厉谴责以美国为首的北约未经安理会授权,绕过联合国对南进行军事打击,反对在不同地区对人道主义危机采取双重标准。

5月17日　世界卫生组织第51届大会在日内瓦召开。中国卫生部副部长王陇德率团与会,并在会上高度评价世界卫生组织所进行的改革。本届卫生大会协商一致决定,不将"邀请台湾作为观察员参加世界卫生大会"提案列入会议补充议题。这是连续第3年世界卫生大会作出这样的决定。

5月25日—6月11日 教科文组织第156届执行局会议在巴黎举行。中国派代表团出席了会议。针对执行局公约与建议委员会审议涉及中国人权问题的来函,中国代表对有关问题作了澄清。

6月10日 安理会表决通过关于科索沃问题的第 S/RES/1244(1999)号决议。

6月24日 中国常驻日内瓦代表团乔宗淮大使代表中国政府与国际电联秘书长内海善雄在日内瓦签署了关于在中国香港举办2000年亚洲电信展的"国际电联与东道国协议书"。这是国际电联首次在中国举办国际性大规模电信展。

8月19日 中国常驻联合国代表秦华孙大使奉命致函联合国秘书长安南,指出尼加拉瓜等国再次向联合国大会提出所谓"台湾参与联合国"的问题,是对国际社会公认的一个中国原则的严重挑衅,不仅严重违背了《联合国宪章》的宗旨和原则,而且严重损害了中国的主权和领土完整,粗暴地干涉了中国的内政。

8月23日 第22届万国邮政联盟大会在北京人民大会堂隆重开幕。这是万国邮政联盟成立125年和中国加入万国邮政联盟85年来首次在中国举行大会。本次会议共有170多个国家派团与会。江泽民主席出席大会开幕式并宣布开幕。大会选举中国信息产业部部长吴基传为大会名誉主席,选举中国国家邮政局的王占宁为大会主席。大会最后取得圆满成功,各国代表对大会的组织工作及中国政府为此所做的努力表示赞赏。

9月1日 中国国务院新闻办公室与联合国教科文组织联合举办了"99巴黎·中国文化周"。江泽民主席和希拉克总统分别为文化周题词。文化周是中国在欧洲地区举办的规模较大的文化宣传活动,受到法国及途经法国的各国观众的欢迎,参观各项活动的观众逾10万人次。

9月15日 第54届联大总务委员会审议是否将尼加拉瓜等国的提案列入联大议程。在审议中,47个国家的代表发言支持中国的有关立场。美首次在会上公开表态,重申了一个中国的有关立场。英、法表示反对将台湾问题列入第54届联大议程。这样,在联大总务委员会上第1次出现了安理会5个常任理事国均公开反对台湾"参与"联合国的局面。总务委员会作出决定,不将提案列入第54届联大议程。这是台湾当局制造"两个中国"图谋连续第7次遭到失败,也是对李登辉提出的"两国论"的又一沉重打击。

同日 第 22 届万国邮联大会在北京圆满结束,会议通过了世界邮政发展纲领《北京邮政战略》,中国签署了《万国邮政公约》及其最后议定书。万国邮政联盟成立于 1874 年 10 月 9 日,1948 年 7 月正式成为联合国关于国际邮政事务的专门机构,总部设在瑞士的伯尔尼,其宗旨是:组织和改善国际邮政业务,促进国际邮政合作,进行各种邮政技术的国际援助。

9 月 28 日 国际货币基金组织和世界银行召开年会,财政部部长项怀诚率团出席会议。在年会期间召开的七国集团财长和央行行长会议决定成立"G20",目的是讨论推动国际金融体制改革,其成员包括七国集团成员、部分发展中国家和两个国际组织。G20 第 1 次财政和央行副手级会议于 11 月 16 日在加拿大温哥华举行。财政部副部长金立群率中国代表团出席会议。

10 月 11 日 大会负责裁军和国际安全事务的第一委员会开始举行一般性辩论,包括中国在内的约 130 个国家的代表将在此次辩论中就有关问题阐述各自政府的立场。

同日 中国政府与联合国合作召开了北京社会发展问题国际研讨会,会议专题讨论了"国家、市场和社会进步:公共和私营部门的作用与合作"。

10 月 13—15 日 国家知识产权局与世界知识产权组织在昆明合作举办知识产权与知识经济国际研讨会。世界知识产权组织总干事伊德里斯应邀出席会议。朱镕基总理会见了伊德里斯一行。

10 月 19 日 中国环境与发展国际合作委员会在北京召开第 2 届委员会第 3 次会议,中、外方委员出席了会议。会议针对中国环境和可持续发展问题,在能源、农业、污染控制和综合决策等方面进行了讨论。会议通过了环发委向中国政府提出的有关生物多样性、清洁生产、环境和贸易、能源利用和交通运输的可持续发展等方面的多项建议。

10 月 22 日—11 月 17 日 教科文组织第 30 届大会在巴黎召开。中国教育部副部长韦钰率团与会。在此次会议上,中国当选为世界遗产委员会成员国。

11 月 14—17 日 应中国政府邀请,秘书长科菲·安南抵达北京,开始对中国进行为期 4 天的正式访问。在会见和会谈中,双方就联合国作用、世界多样性和多极化、"人道主义干预"、地区热点等问题交换了意见。安南还出席了由中国联合国协会主办的"21 世纪的联合国"专家座谈会。

11 月 15 日 中美双方就中国加入世贸组织达成协议。中国从而与美国正式结束双边谈判。

11 月 23 日　联合国难民署捐助募集处处长嘎巴丹访华。嘎巴丹一行分别与民政部印支难民办公室、外经贸部援外司和外交部国际司等有关单位官员举行了会谈。1999 年,中国政府向联合国难民署捐款 25 万美元。

12 月 20 日　澳门回归祖国。国家主席江泽民在交接仪式上宣布:中国政府对澳门恢复行使主权。江泽民说,中葡双方顺应历史潮流,经过共同努力,实现了澳门的平稳过渡和顺利交接。澳门回归后,中国政府将坚定不移地贯彻执行"一国两制"、"澳人治澳"、高度自治的方针。所有国家和地区在澳门的经济利益将依法获得保护。澳门回归祖国堪称为国际关系中两个主权国家通过平等协商妥善解决历史遗留问题的典范。

12 月 22 日　第 54 届联大以协商一致方式通过了由中国负责协调的"发展中国家间经济技术合作"决议,促进了南南合作的深化。

同日　1999 年国际刑事法院外交大会(罗马大会)为确保法院启动后的顺利运作,决定设立国际刑事法院预备委员会,并决定于 1999 年在纽约联合国总部召开 3 次会议,讨论制定《罪行要件》和《程序与证据规则》。中国作为建立国际刑事法院外交大会(罗马大会)最后文件签字国之一,本着认真、务实、建设性的态度,积极参与了这两个文件的制定工作。值得注意的是,1998 年 7 月罗马大会以投票表决的方式通过了《国际刑事法院罗马规约》,由于规约未能充分考虑中国对有关问题的严重关切,中国在表决时投了反对票。在《罪行要件》的讨论过程中,由于危害人类罪涉及许多人权法内容,引起广泛关注。一些欧洲国家力图扩大该罪的适用范围,企图将人权案件也纳入法院管辖。中国代表团强调法院管辖的危害人类罪是最严重的国际罪行之一,扩大该罪的适用范围将会导致人权案件的泛滥,使法院无法集中精力惩治最严重的犯罪。最后,各国同意暂时把争议写入脚注。在《程序与证据规则》的讨论过程中,中国代表同其他国家代表一道,坚持以规约为依据和准绳,据理力争,最大限度地捍卫了国家司法主权,维护了国家司法利益。中国代表的立场和观点多被纳入滚动案文,对于平衡法院和主权国家之间的管辖权,平衡参加诉讼各方权利和义务起到重要建设性作用。侵略罪问题的讨论始终未能取得实质进展,中国代表团发言表示,关于法院实施管辖的条件,中国认为法院管辖侵略罪应以安理会判定侵略情势的存在为前提。

新世纪、新挑战

二〇〇〇年

1月6日 联合国出版部将4所中国高校图书馆指定为首批联合国资料保存图书馆,这4所图书馆分别是北京大学法学院图书馆、武汉大学法学院图书馆、华东政法学院国际法系图书馆和广州中山大学法律系图书馆。

1月12日 中国政府向联合国东帝汶过渡行政当局派遣15名民事警察,这是中国政府首次派出民事警察执行联合国维和任务。

1月17日—3月24日 裁军谈判会议分别于2000年1月17日—3月24日、5月22日—7月7日、8月7日—9月22日在日内瓦举行了3期会议。由于美国反对就"外空"问题进行谈判,加之一些国家对在核裁军问题上是否应开展实质工作存在较大分歧,裁谈会2000年未能就年度工作计划达成一致。中国认为,作为目前世界上唯一的军控与裁军多边谈判机构,裁谈会应全面、平衡地照顾各方的关切。那种坚持只能谈判自己关切的议题、不许谈判其他国家关切的议题的做法,无助于打破目前裁谈会的僵局。

2月11日 联合国维持和平行动特别委员会2000年届会在纽约联合国总部举行。

2月28日 联合国提高妇女地位委员会第44届会议在纽约联合国总部举行。会议审议落实第四次世界妇女大会后续行动的进展情况,就特别联大的《成果文件》《政治宣言》草案进行了磋商,通过了特别联大临时议程、组织事项、非政府组织参与的有关规定。

3月1日 中国政府与联合国人权高专办公室合作在北京成功举办了第8届亚太人权研讨会。江泽民主席向会议致贺信,钱其琛副总理和联合国人权高专罗宾逊夫人出席研讨会开幕式并分别致辞。亚太地区的40多个国家的代表参加研讨会,围绕国家人权计划、国家人权机构、人权教育、经济社会文化权利和发展的实现以及世界反种族主义大会区域筹备会等议题进行了深入讨论,并一致通过一项结论性文件。

4月18日 在联合国第56届人权委员会上,中国针对美国的反华提案提出的"不采取行动"动议以22票支持、18票反对、12票弃权,1国未参加投票获得通过。这是联合国人权委员会第 9 次拒绝反华提案。

5 月 15—20 日　世界卫生组织第 53 届卫生大会在日内瓦召开。会议主要审议了《2000 年世界卫生报告》、控制结核行动、艾滋病、食品安全、婴幼儿营养、根除脊髓灰质炎、世界卫生组织烟草控制框架公约、非传染病预防和控制全球战略等问题,通过了 17 项决议和 12 项决定。卫生部部长张文康率中国代表团出席了会议并在全会发言介绍了中国卫生系统改革的进展情况,强调必须以科学、全面的评价方法来衡量卫生系统的绩效。本届卫生大会未经表决,一致通过了大会总务委员会不将"邀请'中华民国'(台湾)以观察员资格参加世界卫生组织大会"提案并入补充性议题的决定,这是中国第 4 次挫败台湾挤入世界卫生组织的图谋。

5 月 18 日　中国外交部部长唐家璇在北京会见来访的联合国秘书长巴尔干问题特使卡尔·比尔特。

5 月 23 日　中国世界遗产工作会议在江苏苏州开幕,旨在交流世界文化遗产保护经验,探讨解决管理中国文化遗产中面临的问题。

5 月 30 日　中国代表团团长、中国常驻联合国维也纳办事处和其他国际组织代表张义山大使在联合国工业发展组织会议上发言时表示,中国欢迎联合国工发组织参与中国西部地区的开发。

6 月 5—9 日　主题为"妇女 2000 年:21 世纪两性平等、发展与和平"的妇女问题的第 23 届特别会议在纽约联合国总部举行。特别会议通过 A/RES/1(S—23)至 A/RES/9(S—23)号决议。国务委员吴仪率团出席了第 23 届特别会议。香港、澳门特别行政区派员作为中国政府代表团成员与会。会议审议了自 1995 年第四次世界妇女大会召开以来,国际社会执行《北京宣言》和《行动纲领》的有关情况,并提出今后行动方案,通过了《成果文件》和《政治宣言》。吴仪国务委员在会上发言,就全球妇女发展的形势和任务阐述了中国政府的有关立场、主张,并介绍了中国在妇女领域取得的成绩。吴仪还代表中国政府向国际社会发出 4 项呼吁:(1)为妇女进步事业创造和平环境;(2)切实解决妇女贫困问题;(3)确保妇女充分参与经济全球化进程;(4)积极发挥联合国系统的作用,联合国应鼓励各地区建立或加强协调有关妇女问题的机制,以加强区域合作促进各区域妇女事业的发展。

6 月 13 日　联合国新闻部宣布,联合国出版部已经将中国香港大学图书馆指定为联合国资料保存图书馆,香港大学图书馆因此成为中国第 11 个联合国资料保存图书馆。至此,全球共有 143 个国家和地区的 383 个图书馆被联合国指定为联合国资料保存图书馆。

6月26日 "21世纪联合国维和行动"研讨会在北京开幕。外交部部长唐家璇和英国国防大臣杰夫·胡恩出席开幕式并讲话。

7月18日 中国国家主席江泽民和俄罗斯总统普京发表联合声明。声明指出,《反导条约》仍是全球战略稳定与国际安全的基石,是削减和限制进攻性战略武器和防止大规模杀伤性武器扩散的关键性国际协议框架的基础,维护和严格遵守《反导条约》至关重要。声明指出,美国欲建立的国家导弹防御系统违反《反导条约》,其实质是谋求单方面的军事和安全优势,实施这一计划不仅对俄罗斯、中国和其他国家的安全,而且也对美国自身的安全以及全球战略稳定造成最严重的消极后果。11月,中国与俄罗斯等国在第55届联大再度提出"维护和遵守《反导条约》"的决议案。该决议再次以高票通过,而且赞成票的数目与上年相比还有所增加,这进一步表明美国的反导计划不得人心。

8月3日 台湾当局再次唆使塞内加尔等12国代表联名致函联合国秘书长安南,要求将所谓"需要审查'中华民国'在台湾所处的特殊国际处境,以确保其2300万人民参与联合国工作和活动的基本权利得到充分尊重"的议题列入第55届联大议程。9月7日,第55届联大总务委员会对此议题进行审议。在审议中,中国常驻联合国代表王英凡大使阐述了中国对塞内加尔等国提案列入联大议程的原则立场,并对提案的谬论进行了驳斥。包括安理会其他4个常任理事国和巴基斯坦、古巴等在内共47国发言支持中国立场。第55届联大主席据此裁决不把塞内加尔等国提案列入联大议程。充分反映了绝大多数会员国维护《联合国宪章》的宗旨和原则,坚持一个中国原则的坚定立场。这是台湾当局制造"两个中国"的图谋在联合国连续第8次遭到失败。

8月22日 应教育部部长陈至立邀请,教科文组织总干事松浦晃一郎对中国进行了正式访问。中方对与教科文组织在全民教育、文化遗产和自然资源保护等方面的有效合作表示满意,希望双方进一步加强合作。

8月31日 由联合国举行的"宗教和精神领袖世界和平千年大会"在纽约闭幕。由五大宗教领袖组成的中国代表团出席了这次大会。中国佛教协会副会长圣辉法师在大会闭幕式上做了和平祈祷。各国宗教领袖在共同签署的《全球和平宣言》中呼吁尊重宗教信仰自由,铲除贫穷,提供财富均等,维护生态环境,所有国家共同努力销毁核武器和大规模杀伤性武器,倡导和平。宗教人士们指出,只有以互相尊重与宽容的精神处理文化差异,才能够获得真正的和平。

9月6—8日 联合国千年首脑会议在纽约联合国总部隆重举行,会议的主题是"加强 21 世纪联合国的作用"。这次联合国千年首脑会议规模空前,超过了 1995 年举行的联合国成立 50 周年庆典。188 个会员国的代表齐聚一堂,共同商讨维护世界和平、促进共同发展的世纪大计。会议由第 55 届联大主席国芬兰总统哈洛宁、第 54 届联大主席国纳米比亚总统努乔马共同主持。联合国秘书长安南出席开幕式并致开幕词。安南呼吁国际社会为加强联合国在新世纪的作用和实现人类的持久和平与发展做出努力。包括 143 名国家元首、政府首脑在内的 188 个国家的领导人和代表出席会议并发言。各国就加强 21 世纪联合国在国际事务中的作用达成共识,并就国际关系准则、强化联合国机构职能、联合国改革、经济全球化、非洲地区被边缘化、地区热点问题等问题广泛发表了看法。9 月 6 日,中国国家主席江泽民在联合国千年首脑会议上发表讲话。9 月 8 日,联合国千年首脑会议最后以鼓掌方式通过了具有历史意义的关于千年首脑会议宣言的第 A/RES/55/2 号决议。《千年宣言》共分 8 个部分,包括价值和原则,和平、安全与裁军,发展与消除贫穷,保护共同环境,人权、民主和善政,保护易受伤害者,满足非洲的特殊需要和加强联合国的作用。其中加强联合国的作用是核心内容。《千年宣言》具体制定出在 2015 年底前应在全球实现的 8 项千年发展目标。宣言被认为是联合国在新世纪、新千年工作的蓝图,对人类社会谋求和平、促进发展、实现共同进步具有重要的指导意义。宣言确定的各项千年发展目标,是联合国历史上一件具有重大影响的事件。它是全世界领导人为了解决和平、安全、发展、人权和基本自由等问题,所做出的前所未有的一揽子允诺。联合国秘书长安南指出:"八项千年发展目标,从将极端贫困减半,到制止艾滋病病毒/艾滋病的蔓延和普及初等教育,全部都以 2015 年这一目标日期为限。它们构成了世界各国和世界所有主要发展机构共同商定的蓝图,这是从纽约到内罗毕,再到新德里,每一个普通人都很容易支持和理解的一套简单但影响巨大的目标。这些目标自通过以来,已推动了为满足世界最贫穷人口的需要所进行的史无前例的努力。"9 月 6—8 日,除大会外,千年首脑会议还分组举行了 4 次圆桌会议。同时,还举行了安理会成员国首脑会议和安理会 5 常首脑会晤。中国国家主席江泽民出席了这些会议并就维护《联合国宪章》的宗旨和原则等一系列重要问题阐述了中国的立场。江泽民主席在各国领导人的分组讨论会上着重论述了经济全球化给人类社会带来的挑战,呼吁实现各国共同发展和繁荣,并就联合国的作用以及人权与主权的关系等问题作了书面发言。关于联合国的作用,江泽民强调,在人类历史上,从未有过任何一个机构具有像联合国这样广泛代表性并通过国际合作对世界产生如此重大和深远的影响。关于人权与主权的关系,江泽民指出,各国人民有权自主选择符合本国国情的社会制度和发展道路,创造自己的生活,而国家主权则是一国人民充分享受人权的前提和保障,这两者不是相互对立,而是相辅相成的。会议期间,85个国家响应联合国秘书长的呼吁,在40多项多边条约上签了字。

9月7日 在中国倡议下,联合国安理会5个常任理事国首脑在纽约成功举行了历史上首次会晤,在联合国历史上写下了意义深远的一页。5国领导人发表了会晤文件,重申5个常任理事国在国际安全领域的核心作用,承诺加强联合国在维护世界和平与安全方面的领导作用,同意在各个级别就重大国际问题进行更经常的磋商。国家主席江泽民出席了此次会晤并指出,世界的安与危、人类的福与祸、各地区的稳与乱,安理会5个常任理事国责无旁贷,应进一步加强磋商,通过各种形式就国际重大问题经常交换意见。

9月13日 唐家璇外长在大会一般性辩论中发表讲话,就联合国和国际社会面临的有关重大原则问题等阐述了中国政府的原则立场。关于联合国在新世纪的作用问题,唐家璇指出,坚持《联合国宪章》的宗旨和原则,促进国际关系的民主化,维护世界和平与稳定推动各国发展与繁荣,是联合国在新世纪中担负的首要使命。关于和平与发展问题,唐家璇表示,联合国应当将发展问题置于优先地位,致力于调整国际经济事务主要由少数国家主导的现状,保障发展中国家在世界经济决策中的平等参与权。关于裁军问题,唐外长指出,安全是相互的,也是相对的。加强自身安全,不能以牺牲他国安全为代价。改变以军事联盟为基础、以加强军备为手段的旧安全观,建立以平等、互信、互利合作、通过对话解决争议为核心的新安全观,是维护各国根本利益,增进世界普遍安全的必由之路。保持全球战略稳定是维护世界安全的基础。1972年的《反导条约》是全球战略稳定的重要基石。任何削弱该条约完整性和有效性的做法,都将对国际和平与安全带来深远的消极影响。关于台湾问题,唐家璇指出,坚持"和平统一、一国两制"的方针解决台湾问题,有利于两岸社会的共同发展,有利于两岸同胞感情的融洽和团结,有利于亚太地区的和平与稳定。中国政府和人民比任何人都更致力于实现和平统一的目标,表现出最大的诚意,做出最大的努力。我们坚信,依靠包括台湾同胞在内的全中国人民的共同努力,中国的完全统一一定能够早日实现。

9月15日 联合国环境署第8次环境部长非正式会议在挪威卑尔根举行。31个国家的政府代表,包括25位环境部长或副部长出席了会议,中国国家环保总局副局长王玉庆率团出席会议。会议主要讨论了环发10年大会、加强国际环境管理的组织机构、可持续能源等议题。

10月2日—12月8日　大会二委举行会议。中国常驻联合国代表王英凡大使在发言中指出,20世纪90年代全球化的迅猛发展给世界带来深刻变化,却未能改变穷国日益被边缘化的局面。21世纪应是人类共同发展与繁荣的世纪,全球化应惠泽全世界。帮助发展中国家融入世界经济,支持其实现可持续发展和消除贫困的努力至关重要。国际社会,包括联合国领域,应采取具体措施来实现这些目标。

10月16—21日　由世界卫生组织推动并主持召开的《烟草控制框架公约》政府间谈判机构第1次会议在日内瓦举行。150个国家、10个国际组织和25个非政府组织派代表参加了会议。由国家计委、卫生部、国家经贸委、外交部、财政部和国家烟草专卖局组成的中国代表团出席了会议。中国代表团积极、建设性地参加了所有会间磋商,维护了中国作为世界烟草生产和消费大国的权益,又树立了负责任大国的形象。

10月17日　中国常驻联合国代表王英凡大使在大会审议安理会年度工作报告会上发言指出,加强联合国的维和能力不仅需要会员国表现出政治意愿和提供充足的资金,而且还应加强安理会在维和领域决策的科学性和针对性,加强安理会与出兵国的沟通非常重要。

10月18日　针对以色列右翼利库德集团领导人沙龙强行进入耶路撒冷伊斯兰圣地,导致巴以爆发严重暴力冲突的行为,第10届紧急特别联大续会在纽约联合国总部召开。会议通过谴责以色列对巴勒斯坦平民过度使用武力的决议,中国投了赞成票,中国常驻联合国代表王英凡大使发言,对巴以冲突持续和升级导致地区局势恶化深表关切,谴责针对巴勒斯坦平民使用武力和破坏中东和平进程的任何暴力行为,赞赏沙姆沙伊赫首脑会议为平息冲突、缓解局势发挥的积极作用。

11月13日　难民署和中国香港特区政府在香港召开第5届亚太地区难民、流离失所者和移民问题磋商会议。中国政府派代表出席。会议着重讨论了解决难民问题的责任分担和打击非法移民两项议题。中国代表重申中国政府坚决打击非法移民和贩卖人口犯罪活动的立场,介绍中方在完善立法、加强执法、宣传教育、开展国际合作等方面的情况。

11月16日　中国常驻联合国代表王英凡在大会讨论安理会改革问题时指出,应在遵循公平地域分配原则的基础上优先解决发展中国家代表性不足的问题。

12月4日　国际电信联盟2000年亚洲电信展在中国香港举行。此展由国际电联主办、中国香港特区政府承办,也是国际电联首次在中国举办的地区电信展。吴邦国副总理出席电信展开幕式并发表讲话。

12 月 19 日 安理会通过关于阿富汗局势的第 S/RES/1333(2000)号决议,表决结果为 13 票赞成、2 票(中国和马来西亚)弃权。中国常驻联合国代表王英凡大使重申中方在制裁问题上的原则立场,指出制裁是一把双刃剑,即使产生有限作用,也难免伤及无辜。阿富汗人道主义局势已极其严峻,新制裁是雪上加霜,同时还将对阿富汗和平进程造成消极影响。

二〇〇一年

1 月 20 日 应中国政府邀请,联合国秘书长安南对中国进行正式访问。安南访华期间,国家主席江泽民、国务院副总理钱其琛、全国政协副主席宋健分别会见,唐家璇外长与其会谈。安南与部分政协委员和青年举行了座谈。在会谈和会见中,双方就国际形势、千年首脑会议及其后续行动、联合国的作用、联合国改革等问题交换了看法。

2 月 8 日 安理会一致通过关于前南法庭法官人选的第 S/RES/1340(2001)号决议,将刘大群(中国)等 26 位来自 26 个不同国家的常任法官提名人选送交大会。

2 月 28 日 中国全国人大常委会通过了关于批准《经济、社会和文化权利国际公约》的决定,充分体现了中国致力于促进和保护人权,积极开展人权领域国际合作的一贯立场,也表明了中国政府对保障公民充分享有各项经济、社会及文化权利的坚定决心和信心。

3 月 27 日 安理会就不结盟成员关于巴以冲突问题的决议草案进行表决,结果以 9 票赞成、4 票弃权、1 票反对而未获通过。中国投了赞成票。王英凡大使在投票前发言中呼吁巴以双方尽快结束暴力冲突,恢复和谈,指出向该地区派遣适当的国际存在有利于双方立即停止暴力活动,建立互信、保障双方平民安全,也有助于为双方和谈创造良好气氛。

4 月 6—12 日 第 55 届联合国大会主席哈里·霍尔克里访华,与中方就加强联合国作用、推动安理会改革、落实千年首脑会议后续行动等方面的问题交换意见。这是他的首次中国之行。

4 月 17 日 中国国务院副总理李岚清访问教科文组织巴黎总部。李岚清在会见教科文组织总干事松浦晃一郎时充分肯定了教科文组织同中国的合作,表示中国愿继续加强同教科文组织在各领域的合作。

5 月 14—16 日 第 5 次东亚及太平洋地区儿童发展问题部长级会议在北京举行。国务委员兼国务院妇女儿童委员会主任吴仪主持了本届会议。中国代表团介绍了过去 10 年中国在儿童发展领域取得的成就,并阐述了中国在儿童问题上的一贯立场,受到与会代表的好评与赞扬。会议顺利通过了《北京宣言》。

5 月 21—24 日　联合国禁毒署及法国、美国、日本、奥地利和澳大利亚等国的代表组成的联合国禁毒捐资国代表团访问北京和云南两地。中方向代表团介绍了中国禁毒及云南省禁毒工作情况。

5 月 23 日　中国政府签署了《关于持久性有机污染物的斯德哥尔摩公约》。

5 月 24 日　第 55 届联合国大会主席霍尔克里就安理会改革问题致函唐家璇外长,希望各国政府领导人推动改革进程,将千年首脑会议的势头转化为大会安理会改革工作组富有成效的讨论。6 月 5 日,唐家璇外长复函霍尔克里,赞赏其为推动安理会改革所作的努力,并阐述了中国对安理会改革问题的看法和主张。

6 月 15 日　上海合作组织成立大会在上海举行。中国、俄罗斯、哈萨克斯坦、吉尔吉斯斯坦、塔吉克斯坦、乌兹别克斯坦 6 国元首与会,并签署《上海合作组织宣言》和《打击恐怖主义、分裂主义和极端主义上海公约》。

6 月 18 日　联合国维持和平行动特别委员会 2001 年届会在纽约联合国总部举行。中国常驻联合国代表王英凡大使在发言中指出,加强待命安排机制是广大会员国的共识。中方注意到普拉西米报告中提出的关于建立军事、民警与民事人员待聘名单的建议已在逐步落实。中方欢迎秘书处就此继续保持与会员国的密切磋商,并鼓励会员国予以积极配合。王英凡说,近年来,民警参与维和行动的比重不断上升。有必要不断总结经验教训,使民警行动更加规范化和职业化。

6 月 26 日　安理会举行伊拉克问题公开会议。王英凡大使表示,伊拉克问题目前出现的僵局不利于海湾地区的和平与安全,不利于维护安理会权威,也不利于从根本上缓解伊拉克人道主义局势。伊拉克应严格执行安理会的有关决议,解决遗留的裁军问题,恢复同联合国的合作。

7 月 2 日　联合国消除对妇女歧视委员会第 25 届会议在纽约召开。会议继续审议《消除对妇女一切形式歧视公约》缔约国国家报告,并对改进审议报告形式进行了讨论。中国委员冯淬参加了会议并成为公约议定书工作组成员。

7 月 13 日　中国北京在莫斯科举行的国际奥委会第 112 次全体会议上获得 2008 年第 29 届奥运会主办权。

7 月 16 日　江泽民主席在莫斯科与俄罗斯总统普京签署《中华人民共

和国和俄罗斯联邦睦邻友好合作条约》。该条约将两国"世代友好、永不为敌"的和平思想和永做好邻居、好朋友、好伙伴的意愿以法律形式加以确定。

8月8日 台湾当局再次唆使冈比亚等10国代表联名致函联合国秘书长安南,要求将所谓"需要审查'中华民国'在台湾所处的特殊国际处境,以确保其2300万人民参与联合国工作和活动的基本权利得到充分尊重"的议题列入第56届联大议程。8月9日,中国常驻联合国代表王英凡大使奉命致函联合国秘书长安南,指出冈比亚等国2001年再次向联合国大会提出所谓台湾"参与"联合国问题,不仅公开违背了《联合国宪章》的宗旨和原则,严重歪曲了联合国组织的性质,而且是对国际社会公认的一个中国原则的公然挑衅,严重损害了中国的主权和领土完整。

8月21日 中国与教科文组织在北京联合举办第4次"9个人口大国全民教育部长会议"。来自孟加拉国、巴西、埃及、印度、印度尼西亚、墨西哥、尼日利亚、巴基斯坦和中国的教育部部长及教科文组织总干事等国际组织代表参加会议。此次会议回顾了自2000年在塞内加尔首都达喀尔召开的世界全民教育论坛以来9国全民教育的进展,就如何利用远距离教育和新的信息与传播技术促进全民教育发展进行探讨,并通过一项《北京宣言》,作为实施达喀尔会议提出的普及全民教育目标的后续行动。

8月28日 中国、老挝、缅甸、泰国4国禁毒合作部长会议在北京举行,并讨论通过了《北京宣言》。此次会议作为4国部长的首次专门会议,是4国政府谋求以高层次禁毒会晤和磋商方式来解决地区毒品问题的有益实践。与会各国都高度重视本地区的毒品问题,认为切实加强区域内的国际禁毒合作,对于推动世界范围内的禁毒斗争和从根本上解决本国的毒品问题都是十分重要的。

8月31日 由古巴等发展中国家发起的联合国第3届反对种族主义世界大会在南非德班举行,中国政府高度重视此会,积极参与了亚洲区域筹备会议等各项筹备工作。为响应联合国号召和提高社会各界对当今种族主义问题的认识,中国政府于7月25日在北京举办了"因特网与种族主义言论传播"研讨会。

9月12日 安理会通过第S/RES/1368(2001)号决议,确认按照《联合国宪章》有单独或集体自卫的固有权利,最强烈谴责"9·11"恐怖袭击,表示安理会将根据宪章采取一切必要步骤,打击一切形式的恐怖主义。王英凡大使在发言中对恐怖袭击事件表示震惊和谴责,对遇难者家属表示慰问,指出国际恐怖主义是影响国际和平与安全的一大隐患;重申中国一贯谴责和反对一切恐怖主义的暴力活动,支持联合国加强在制止和打击恐怖主义方面的工作;表示安理会作为维护国际和平与安全的主要机构,亦应发挥应有的作用。

9 月 14 日　第 56 届联合国大会总务委员会作出决定,拒绝将冈比亚等极少数国家提出的所谓"台湾参与联合国"的提案列入本届大会议程。这是台湾当局制造"两个中国"的图谋第 9 次遭到失败。

10 月 1 日　第 56 届大会就"消除恐怖主义措施"议题举行专题辩论。中国常驻联合国代表王英凡大使发言阐述了中国在反恐问题上的原则立场,谴责"9·11"恐怖袭击,表示恐怖主义对国际和平与安全构成严重威胁,国际社会必须加强国际反恐合作,建立国际反恐机制,联合国应在国际反恐斗争中发挥主导作用,安理会应发挥其应有作用,各国应全面执行安理会第 S/RES/1373(2001)号决议。

10 月 24 日　外交部在人民大会堂举行招待会,热烈庆祝中国恢复在联合国合法席位 30 周年。钱其琛在讲话中说,30 年前,在广大发展中国家和其他友好国家的大力支持下,第 26 届联合国大会以压倒多数通过具有历史意义的第 2758 号决议,恢复了中华人民共和国在联合国的一切合法权利。作为联合国创始会员国和安理会常任理事国,30 年来,中国恪守《联合国宪章》的宗旨和原则,为加强联合国作用,维护国际和平,推动世界发展作出了不懈的努力和应有的贡献。钱其琛指出,中国对外政策的宗旨是维护世界和平,促进共同发展。中国主张坚持和维护《联合国宪章》的宗旨和原则以及公认的国际关系基本准则,各国的事务应由本国政府和人民决定,世界上的事情应由各国政府和人民协商;主张进一步发挥联合国的作用,维护联合国及安理会的权威,维护和促进国际和平与发展。

10 月 27 日　中国决定加入《制止恐怖主义爆炸的国际公约》。

同日　九届全国人大常委会第二十四次会议批准了《劳动行政管理公约》。

11 月 8—10 日　人权高专罗宾逊夫人第 6 次访华,中国国家主席江泽民、国务院副总理钱其琛分别会见,就反对恐怖主义、反对种族主义世界大会、人权教育等问题与其交换了意见。外交部副部长王光亚与罗宾逊夫人进行了会谈,双方还签署了 2002 年度合作计划。罗宾逊夫人积极评价中国广泛开展的人权领域国际合作,并感谢中国在反对种族主义世界大会期间发挥的建设性作用。她对中国政府在发展经济、改善人民生活等方面取得的成就表示赞赏。

11 月 10 日　在卡塔尔首都多哈召开的世界贸易组织第 4 次部长级会

议上,以全体协商一致的方式,审议并通过了中国加入世贸组织的决定。11日,中国政府代表团团长、外经贸部部长石广生代表中国政府,在中国加入世贸组织的议定书上庄严地签字。自 1986 年申请复关以来,中国经过 15年复关和入世谈判,成为世贸组织的第 143 个成员。石广生部长在决定通过后发表讲话,向 WTO 所有成员以及为中国加入作出贡献的 WTO 历任总干事表示感谢,称中国将在权利和义务平衡的基础上在 WTO 中发挥积极和建设性的作用。石广生说,中国为复关和加入世贸组织做出了长期不懈的努力,充分表明了中国深化改革和扩大开放的决心和信心。加入世贸组织不仅有利于中国,而且有利于所有世贸组织成员,有助于多边贸易体制的发展。它必将对新世纪的中国经济和世界经济产生广泛和深远的影响。

11 月 11 日 唐家璇外长在联合国大会一般性辩论中发表讲话,就国际形势、反对恐怖主义、安全、发展、全球化、中东局势和阿富汗等各方普遍关心的重大国际问题和地区热点问题阐述了中国政府的立场和主张,并介绍了中国在新世纪的发展目标和主要任务,重申了中国关于解决台湾问题的基本方针。关于反对恐怖主义问题,唐家璇表示,恐怖主义是严重威胁世界和平与稳定的国际公害。中国政府强烈谴责 9 月 11 日在美国发生的恐怖袭击事件,对无辜受害者和他们的家属,对美国政府和人民,表示深切的同情和慰问。

同日 第 2 次促进《全面禁止核试验条约》生效大会在纽约举行。会议一致通过了《最后宣言》,呼吁尚未签、批约的国家尽快签、批约。

11 月 12 日 安理会首次就反对国际恐怖主义问题举行外长会议。中国外长唐家璇出席会议并发表讲话,阐述中国政府对反恐问题的主张和立场。

同日 中国外长唐家璇在纽约联合国总部出席阿富汗问题"6+2"外长会议并发表讲话,主张通过谈判和对话来实现阿富汗问题的政治解决。

11 月 13 日 唐家璇外长在纽约联合国总部向联合国秘书长交存《制止恐怖主义爆炸的国际公约》加入书并签署《制止向恐怖主义提供资助的国际公约》。

11 月 19 日 国际海事组织第 22 届大会在伦敦召开。135 个成员国、两个联系会员中国香港和中国澳门及 43 个国际组织派代表或观察员出席了会议。中国竞选并连任该组织 A 类理事。

11 月 19—24 日 联合国难民署驻华代表处邀请外交部、民政部、公安部等单位考察在华越南难民安置情况及难民署援华项目周转金实施情况。

11 月 22 日 联合国难民署和民政部在广州召开难民署援华项目工作

会议。民政部、外交部、国内安置难民 6 省区的主管官员参加。会议讨论了如何加强对难民署援华项目周转金的有效使用及回收。

11 月 29 日　联合国在纽约召开"声援巴勒斯坦人民国际日"大会。朱镕基总理 11 月 28 日致电表示声援。朱镕基在声援电中说,2001 年召开的"声援巴勒斯坦人民国际日"大会是中东地区局势持续动荡、中东和平进程停滞不前的情况下召开的,具有重要意义。中国对巴勒斯坦人民的困难处境表示同情,并谴责以色列对巴勒斯坦使用武力和经济封锁的行为。巴以冲突的持续不仅严重阻碍了中东和平进程,而且对世界的稳定与发展产生了消极影响。巴勒斯坦问题是中东问题的核心,实现中东地区持久和平的正确途径是以联合国有关中东问题的决议和"土地换和平"原则为基础,通过和平谈判实现巴勒斯坦问题的政治解决。中国政府认为,只有巴勒斯坦人民的合法民族权利得以实现,中东地区各国的和平与安全才能得到保障。

12 月 6 日　中国驻美国大使馆举行记者招待会,隆重庆祝中华人民共和国恢复在联合国合法席位 30 周年。美政界、文化、新闻界及驻美外交使团各界人士 350 多人出席了记者招待会,并参观"世界遗产在中国"图片展。

12 月 7 日　中国联合国协会在北京举行第 3 届理事会。国务院副总理钱其琛在讲话中指出,非政府组织的异军突起是 20 世纪 90 年代初以来国际政治、经济和社会生活的一个显著特征。

12 月 11 日　11 月,世贸组织第 4 届部长级会议在卡塔尔首都多哈举行,中国外经贸部部长率团与会。11 月 10 日下午,会议通过了中国加入世界贸易组织的决定。11 月 11 日,中国签署了加入议定书。11 月 11 日,会议还通过了中国台北作为"台、澎、金、马单独关税区,简称中国台北"加入世贸组织的决定。这样在世界贸易组织中同时有中国、中国台北、香港与澳门 4 个成员,出现"一国四席"。无疑这有利于祖国的统一事业。加入世贸组织,是中国改革开放和现代化建设的必然要求,是中国在经济全球化的新形势下,审时度势作出的重大战略决策。它标志着中国的对外开放进入了新的阶段,对我国进一步完善社会主义市场经济体制,促进国民经济与社会发展,都具有重大意义。

12 月　中国国防部维和事务办公室成立,负责统一协调和管理中国军队参与联合国维和行动等工作。

二〇〇二年

1 月 16 日　安理会审议刚果(金)局势。中国代表王英凡在发言中指出,刚果(金)面临的问题既有内部因素,也有外部原因,应从内外两方面研究解决办法;呼吁刚冲突各方立即执行安理会决议和有关协议,停止一切军事行动和敌对行为,尽快进行内部政治对话,促进民族和解;呼吁国际社会继续向刚果(金)提供援助。

2月8日 联合国可持续发展世界首脑会议筹备委员会以93票对44票、16票弃权的压倒多数通过了中国代表提出的拒绝给予"支持西藏国际运动"这一非政府组织与会资格的动议。

2月13—15日 第3届全球部长级环境论坛会议在哥伦比亚海滨城市卡塔赫纳举行,会议再次向世界各国发出了环境恶化对人类可持续发展构成严峻挑战的警报。中国国家环保总局局长解振华率团与会。

2月 中国正式加入联合国一级维和待命安排机制,指定1个工程建筑营、1个二级医院和2个运输连为联合国待命安排部队,承诺在接到联合国派兵请求后90天内部署到维和任务区。

3月11—15日 联合国麻醉品委员会第45届会议在维也纳举行。中国驻联合国维也纳办事处代表张炎大使率团出席会议。

3月18日—4月26日 联合国人权委员会第58届会议在日内瓦举行。外交部副部长王光亚作为贵宾首次在人权委员会发表题为《携手合作,促进人权事业健康发展》的讲话,全面阐述了中国政府在人权问题上的原则立场,介绍了中国在人权领域取得的巨大成就。

3月28日 中国与国际原子能机构保障监督协定附加议定书(1998年12月签署)对中国生效,中国成为第1个完成该议定书生效法律程序的核武器国家。

4月5日 联合国可持续发展世界首脑会议筹备委员会在联合国总部纽约通过了中国代表提出的拒绝给予"西藏正义中心"与会资格的动议。

4月8—12日 第2届世界老龄大会在西班牙马德里举行。中国国务委员、全国老龄工作委员会常务副主任司马义·艾买提率团与会。大会分析和讨论了新形势下的老龄化问题,提出建立"不分年龄,人人共享的社会"。

4月16日 世界能源理事会亚太地区工作会议在上海召开,来自11个国家或地区的20多位代表交流了近期工作,并就定于2004年在澳大利亚举行的第19届世界能源大会筹备工作进行了讨论。

4月16—25日 联合国预防犯罪和刑事司法委员会第11届会议在维也纳举行。中国驻联合国维也纳办事处代表张炎大使率团与会。

4月20—21日 国际货币基金组织和世界银行春季例会在华盛顿召

开,中国人民银行行长戴相龙率团出席了会议。会议主要讨论了当前世界经济形势、国际金融体制改革、反恐融资和反洗钱等问题。

4月22日　安理会审议对利比亚制裁延期问题。中国常驻联合国副代表张义山发言指出,为保护塞拉利昂来之不易的和平成果和维护利比亚的和平安定,有必要继续对利比亚实施武器禁运,并继续通过建立钻石出口证书制度和旅行限制对利比亚保持压力。

4月29日　经社理事会举行会议,进行一年一度的联合国人权委员会改选,经过秘密投票,中国以亚洲组最高票再次当选为联合国人权委员会成员,任期至2005年。

5月3日　应阿拉伯小组要求,安理会召开公开审议中东/巴勒斯坦局势。中国常驻联合国代表王英凡大使指出,中东问题包括巴以冲突,必须通过政治谈判,以和平方式来解决,军事手段、以暴易暴没有出路。中国支持秘书长和国际社会所有各方为缓和中东紧张局势,促进政治解决做出的努力,呼吁国际社会向巴方提供紧急人道援助以及其他各种形式的援助。

6月7日　上海合作组织元首第2次峰会在俄罗斯圣彼得堡市举行。国家主席江泽民出席。6国元首共同签署《上海合作组织宪章》《关于地区反恐怖机构的协定》和《上海合作组织成员国元首宣言》3个政治、法律文件。

6月10日　国务院副总理温家宝在罗马出席世界粮食会议时指出,粮食安全是全球性问题,世界各国和国际社会都有责任努力消除饥饿和贫困,保障生活在我们这个地球上的每一个人获得充足食物和免于饥饿的基本权利。中国政府关于解决粮食安全问题的原则立场和主张是:(1)维护世界和平与稳定,是根除饥饿、保障粮食安全的基本前提。(2)解决粮食安全问题是各国政府的基本职责。一个国家只有首先解决本国人民生存的基本问题,社会才能稳定,其他各项事业才有发展的基础。(3)发展粮食生产必须重视合理开发利用资源和保护环境。(4)确保全球粮食安全需要加强国际合作。

7月1—26日　联合国经社理事会实质性会议在纽约举行,中国常驻联合国代表王英凡大使在高级别会议的发言中阐述了中国在人力资源开发方面的立场和主张,并介绍了中国在此领域的做法和贡献。

7月17日　中国向安理会反恐委员会提交了中国执行安理会第S/RES/1373(2001)号决议的后续报告。

8月2日　中国常驻联合国代表王英凡大使奉命致函联合国秘书长安南,严正指出冈比亚等国2001年再次向联合国大会提出所谓"'中华民国'

（台湾）在联合国代表权问题"的提案,更加露骨地企图在联合国内制造"两个中国""一中一台"。这种错误做法不仅公开违背了《联合国宪章》的宗旨和原则,严重歪曲了联合国组织的性质,也是对国际社会公认的一个中国的公然挑衅,严重损害了中国的主权和领土完整,粗暴干涉了中国内政。中国政府对此表示强烈和坚决反对,要求这些国家立即停止其破坏中国主权和领土完整的非法行径。

8月18—20日 联合国人权高专罗宾逊夫人应邀来华出席中国外交部与高办共同举行的"法官与律师人权研讨会"。钱其琛副总理会见了罗宾逊夫人一行,外交部副部长王光亚与罗宾逊夫人举行了会谈。

8月21日 《中华人民共和国可持续发展国家报告》发表,这是中国政府首次发表可持续发展国家报告。

8月26—9月4日 联合国在南非约翰内斯堡召开了可持续发展世界首脑会议。中国总理朱镕基率代表团出席会议,分别在大会一般性辩论、圆桌会议及"多边主义的未来"高级别会议上发表讲话,就可持续发展及有关重大国际问题阐述中国立场和主张,并宣布中国已核准《京都议定书》,收到良好效果。

8月29日 九届全国人大常委会第二十九次会议批准《〈儿童权利公约〉关于买卖儿童、儿童卖淫和儿童色情制品问题的任择议定书》。

9月2日 在第57届联大总务委员会上,王英凡大使阐述了中国政府反对将冈比亚等国提案列入联大议程的原则立场,驳斥了提案的谬论。包括俄、英、法和巴基斯坦等63国代表发言支持中国立场,反对将该提案列入联大议程。第57届联大总务委员会主席卡万据此裁决不将冈比亚等国提案列入联大议程。事实又一次证明,台湾当局图谋在联合国制造"两个中国""一中一台"是不得人心的,是注定要失败的。

9月2—4日 联合国难民署亚太局局长法库里作为难民署驻华代表处客人来华,分别拜会了外交部、民政部及中国红十字会等有关部门领导。双方就在难民保护领域的进一步合作交换了意见。

9月3日 联合国难民高专吕贝尔斯向中国南方水灾捐款5万美元。

9月11日 在中国、美国、阿富汗、吉尔吉斯斯坦4国共同要求下,安理会正式将"东突伊斯兰运动"列入安理会颁布的恐怖主义组织和个人名单。

9月13日 联合国大会第57届会议于9月10日在纽约联合国总部开幕。唐家璇外长率团出席了大会,并在一般性辩论中发表讲话,全面阐述了中国政府对国际形势的看法。

9月17日 联合国贸发会议发表"2002年度投资报告",依据发表的最新统计,2001年全球外国直接投资萎缩过半,中国是吸收外资最多的发展中国家。报告认为跨国公司在发展中国家的出口贸易中起着积极的作用。

9月26—27日 联合国难民署驻华代表处与外交部在南京共同举办中国保护难民研讨会,民政部、公安部及部分省市公安厅也派代表参加。与会各方就印支难民、寻求庇护者及难民地位甄别、难民署驻华代表处与中国政府的进一步合作等问题深入交换了看法。

9月29日 国际货币基金组织和世界银行年会在华盛顿召开,以中国人民银行行长戴相龙为团长、财政部副部长金立群为副团长的中国政府代表团出席了会议。

9月30日—10月4日 联合国难民高专方案执行委员会第53届会议在日内瓦举行。中国常驻日内瓦代表团沈永祥参赞率团出席会议。

10月7日 世界人居日。在比利时首都布鲁塞尔举行的全球庆典活动中,中国包头市政府因在改善住房与城市环境方面的杰出成就及与中国其他城市间的成功合作而获得联合国所授予的"联合国人居奖"。

10月13—16日 联合国秘书长科菲·安南应中国政府的邀请访华,国家主席江泽民和副主席胡锦涛分别会见了安南。14日,浙江大学授予安南荣誉博士学位。

10月16日 大会全会审议安理会改革问题时,中国常驻联合国副代表张义山大使发言指出,中国支持安理会进行适当和必要的改革,强调安理会要履行其维护国际和平的神圣使命,适应新的形势并更好地应对新的挑战,也应与时俱进,进行适当和必要的改革。

10月16—18日 全球环境基金第2届成员国大会在北京举行,来自138个国家和55个国际组织的政府和非政府组织代表出席会议。江泽民主席出席会议开幕式并发表讲话。财政部部长项怀诚当选大会主席并主持会议。

10月17日 54岁的中国陕西农民石光银在曼谷荣获联合国粮农组织颁发的杰出农民奖。石光银用38年治理19.5万亩荒沙地,并在毛乌素沙漠的南缘营造了近100公里长的绿色屏障。

11月21—22日 难民、流离失所者及移民问题亚太政府间磋商论坛(APC)第7届会议在越南举行,20个APC成员国及联合国难民署、国际移民组织派代表与会。中国代表团出席会议,并在发言中全面介绍了中国在难民、移民问题上的原则立场,呼吁本地区加强信息交流及能力建设,进一步促进国际和地区合作。

11 月 25—26 日　安理会审议利比亚问题。中国常驻联合国代表王英凡大使发言表示,同意专家延长任期,以利于安理会更好地监督对利制裁的执行情况。

11 月 27 日　中国国家主席、中国红十字会名誉会长江泽民在会见红十字国际委员会主席雅各布·克伦贝格尔时说,中国一贯高度重视人道主义事务。长期以来,中国红十字会与红十字国际委员会保持了良好的合作关系。江泽民表示,红十字国际委员会是世界上最重要的人道主义机构之一,是公认的《日内瓦公约》监护人,在保护战争和武装冲突受害者的生命和尊严方面做了大量工作,取得了举世公认的成绩。克伦贝格尔感谢中国政府对红十字国际委员会的一贯支持。他强调,红十字国际委员会重视中国在国际红十字运动事务中的重要作用。

11 月 29 日　联合国举行"声援巴勒斯坦人民国际日"纪念大会。中国国务院总理朱镕基致电表示声援。

12 月 3 日　国际展览局主席诺盖斯宣布,中国上海成为 2010 年世界博览会主办城市。世界博览会是展示人类在社会、经济、文化和科技领域取得成就的国际盛会。自 1851 年举办至今,经历了 150 多年。中国国务院副总理李岚清向国际展览局大会作陈述时指出,讲求和谐、注重共赢的中国文化,必将有利于国际展览局"理解、沟通、欢聚、合作"的理念发扬光大,促进各国在经济和文化领域的广泛交往与合作,促进世界和平、繁荣和稳定。

12 月 4 日　由联合国教科文组织和中国常驻联合国代表团联合举办的,主题为"我们的过去,我们的未来"的世界文化遗产图片展在纽约联合国总部举行,中国秦始皇兵马俑、北京猿人遗址、洛阳龙门石窟、大同云冈石窟、敦煌莫高石窟和明定陵地宫等 6 幅图片参加了展览。

12 月 9 日　中国常驻联合国代表王英凡大使代表中国政府在纽约联合国总部签署了《联合国打击跨国有组织犯罪公约》所附的《打击非法制造和贩运枪支及其零部件和弹药的补充议定书》。

12 月 22 日　阿富汗举行喀布尔"睦邻关系国际会议",与中国、伊朗、巴基斯坦、塔吉克斯坦、土库曼斯坦和乌兹别克斯坦等邻国签署了《喀布尔睦邻友好宣言》。中国驻阿大使孙玉玺代表唐家璇外长出席会议并签署宣言。

二〇〇三年

1 月 20 日　唐家璇外长出席安理会反恐问题外长会议并发言,阐述了中方对深化反恐斗争的 4 项主张。唐家璇强调,打击"东突"恐怖势力是国际反恐斗争的重要组成部分,中国愿在此方面加强与各国合作,以维护地区的和平与稳定。

2月3—7日 环境署理事会第 22 届会议暨全球部长级环境论坛在内罗毕召开。国家环保总局局长解振华率中国代表团参加会议并作了题为《走循环之路,实现可持续生产与消费》的发言,受到各方好评。

2月5日 外交部部长唐家璇出席联合国安理会伊拉克问题外长会议。他在会上强调,中方一直主张在联合国框架内以安理会各有关决议为基础,通过政治手段解决伊拉克问题,只要有政治解决的一线希望,就要做出百分之百的努力。

2月6日 中国著名的国际法专家史久镛当选为国际法院院长,任期 3 年。这是国际法院自 1946 年成立以来首位中国籍法官担任院长。1994 年史久镛曾在第 48 届联大上当选为国际法院法官。

2月11日 新华社报道,中国首次派出女军人参与联合国维和行动,她们是来自沈阳军区某部医院的军医和护士,将加入中国赴刚果(金)执行联合国维和任务的医疗队,与中国人民解放军某工兵部队的 175 名官兵一同赴刚果(金)。自 1990 年首次参加联合国维和行动以来,中国军队先后向联合国 10 个维和任务区派出 1450 人参与维和行动。继 2000 年 1 月中国首次派遣 15 名民事警察执行联合国维和任务后,中国政府先后向"联合国东帝汶过渡行政当局"和"联合国驻波斯尼亚和黑塞哥维那特派团"派遣了 198 名民事警察,其中包括女警察参与维和任务。联合国维持和平行动是指联合国根据安理会或联合国大会决议向冲突地区派遣没有强制力军事人员以恢复和维持和平的行动。这些军事人员头戴蓝色贝雷帽,佩戴有"地球和橄榄枝"图案的臂章。人们习惯称之为"蓝色贝雷帽"部队。

3月3—14日 妇女地位委员会第 47 届会议在纽约联合国总部举行。中国代表团团长张义山大使在会上介绍了中国政府在保护妇女权益、消除对妇女和女童暴力等方面的措施,表示中国注意根据国际公约不断制定和完善保护妇女的法律法规,并加强对执法人员的培训,有效维护了妇女权益。

3月10—12日 难民署在泰国曼谷举办难民甄别程序、待遇及其持久解决问题研讨会。包括中国在内的亚太地区 24 个国家和地区派团与会。各国就难民甄别与保护广泛地交流经验,探讨难民问题持久解决办法。

3月20日 美英两国绕开联合国公开发动伊拉克战争的当天,中国外交部发表声明:3 月 20 日,美国等国家绕开联合国安理会,对伊拉克发动了军事行动。中国政府对此表示严重关切。中国政府一直主张在联合国框架内政治解决伊拉克问题，要求伊拉克政府全面、切实地执行安理会有关决议；同时认为伊拉克的主权和领土完整应该得到国际社会的尊重。

4月8—17日 联合国第46届麻醉品委员会暨部长级会议在维也纳召开。中国驻维也纳办事处代表张炎大使率团出席了会议，张大使阐述了中方对世界毒品形势及发展趋势的看法，介绍了中国政府在落实禁毒特别联大相关决议和目标、制定实施综合均衡的国家禁食战略、积极开展国际禁毒合作等领域的工作及取得的显著成果，呼吁国际社会加强合作，共同打击毒品犯罪。

4月12—13日 国际货币基金组织世界银行春季例会在华盛顿召开。财政部副部长李勇和人民银行副行长李若谷率团出席会议。李勇副部长表示，资金不足是阻碍实现千年发展目标的最根本制约条件，希望发达国家尽快采取行动兑现承诺，增加发展援助资金。中国希望两机构决策充分考虑各方，特别是发展中国家的关切。

4月 中国向"联合国刚果（金）特派团"派了1个175人的工兵连和1个43人的医疗分队，并于12月完成了首次轮换。

5月7—23日 中国专家秦小梅女士出席了在纽约召开的联合国土著问题常设论坛第2次会议，阐述了中国在人权问题上的原则主张，为促进国际人权合作与交流做出积极贡献。

5月13日 中国维和民事警察圆满结束为期1年的联合国维和使命，从东帝汶任务区经泰国曼谷返回祖国。

5月13—22日 联合国预防犯罪和刑事司法委员会第12届会议在维也纳举行。中国驻维也纳代表团团长张炎大使率团与会。会上，他阐述了中国对打击贩卖妇女、儿童的立场和政策以及采取的具体措施，重申了中国对遵守有关国际公约、加强国际合作的承诺。

5月20日 国务院副总理兼卫生部部长吴仪在日内瓦举行的第56届世界卫生大会上表示，中国政府愿意真诚地与国际社会合作，在应对全球疾病灾害方面承担自己的责任，履行自己的义务，发挥建设性作用。

5月30日 中国国际救援队圆满完成赴阿尔及利亚地震灾区救援任务并回国。这是组建仅两年的中国国际救援队第1次赴国外实施救援行动。

6月9—13日 《联合国海洋法公约》第13次缔约国会议在纽约联合国总部举行。会议各方在缔约国会议是否可以审议公约的执行问题上产生分歧。中国认为，缔约国会议是否可审议公约的执行问题，不仅关系会议的职权范围,还将影响公约的修改,应慎重对待;主张维持现行做法。

6月16日 中国加入《关于消耗臭氧层物质的蒙特利尔议定书》的《伦敦修正案》和《哥本哈根修正案》。

6月16—27日 联合国"促进和保护残疾人权利和尊严的全面综合国际公约特设委员会"在纽约召开第2届会议。中国参加了特设委员会会议,积极支持并推动制定公约的工作,并就公约草案提出具体建议,主张公约应是人权与社会发展并重、权利与措施兼顾的有法律拘束力的文书,应鼓励各国建立国内监督机制,应加强国际合作,同时需尊重各国主权。

6月27日 中国政府如期向联合国提交《经济、社会和文化权利国际公约》首次履约报告,全面介绍了近年来中国在促进和保护人民经济、社会和文化权利方面取得的进展。

6月28日—7月25日 联合国经社理事会实质性会议在日内瓦召开,会议最终通过19项决议和决定。中国驻日内瓦代表团大使沙祖康在高级别会议发言,介绍了中国多年来促进农业和农村发展的体会和经验,并就农业方面的国际合作阐述了中国政府的有关立场。

6月30日—7月2日 联合国教科文组织第27届世界遗产大会在法国首都巴黎举行。大会一致决定,将中国云南省西北部的"三江并流"自然景观列入联合国教科文组织的《世界遗产名录》。

7月11日 中国第4次向安理会反恐委员会提交中国执行第S/RES/1373(2001)号决议的补充报告。

7月14—18日 《关于持久性有机污染物的斯德哥尔摩公约》政府间谈判委员会第7届会议在日内瓦举行。中国代表团出席了本届会议,并积极参加了各项议题的审议。作为会议副主席和亚太组联合主席,中国代表团积极开展工作,在重大问题上阐明中方立场,提出建议,为维护中国和其他发展中国家的利益发挥了重要作用。

7月28日—8月15日 中国专家陈士球大使出席了在日内瓦召开的联合国人权委员会促进和保护人权小组委员会第55届会议。

8月6日 冈比亚等15个台湾的"邦交国"致函联合国秘书长安南,要求将所谓"'中华民国'(台湾)在联合国的代表权问题"作为补充议题列入第58届联大议程。次日,中国常驻联合国代表王光亚大使致函联合国秘书长安南,对冈比亚等国的提案提出强烈谴责和坚决反对,重申了中国政府在涉台问题上的一贯立场,并阐述了中国"和平统一、一国两制"的政策。

8月11日 中国常驻联合国代表王光亚大使在纽约联合国总部,向安南秘书长交存了中国关于《〈禁止或限制使用某些可被认为具有过分伤害力或滥杀滥伤作用的常规武器公约〉第 1 条修正案》(也称《〈特定常规武器公约〉第 1 条修正案》)的批准书。

8 月 20 日 国家主席胡锦涛就联合国驻伊拉克办事处遭袭击发表谈话,对此事件深感震惊。强烈谴责这一恐怖暴力事件,并对伤亡人员表示慰问和哀悼。

8 月 25 日—9 月 5 日 《联合国防治荒漠化公约》第 6 次缔约方会议在古巴首都哈瓦那举行。中国被选举为本次缔约方会议的副主席,在一系列重要问题上推动各方弥合分歧,对促成会议顺利进行发挥了重要作用。祝列克团长在高级别会议上介绍了中国在防治荒漠化方面采取的措施和取得的成就,并表示将进一步加强国际合作。

8 月 27 日 中国批准《联合国打击跨国有组织犯罪公约》,并于 9 月 23 日向联合国秘书长交存批准书,就公约第 35 条第 2 款关于通过仲裁和国际法院解决争议条款做出保留。公约于 2003 年 10 月 23 日对中国生效。

9 月 13 日 李肇星外长出席在日内瓦举行的安理会 5 常外长与安南秘书长关于伊拉克问题的专门会晤,在会上阐述了中国政府对伊拉克问题的看法和主张。

9 月 18 日 第 58 届联大总务委员就冈比亚等国的涉台提案议题进行审议。王光亚发言阐述中国原则立场,对提案进行了针对性的批驳。其后,阿富汗、俄罗斯、英国、法国、巴基斯坦等 79 个国家发言,重申坚持一个中国立场,反对将该提案列入联大议程。支持中国立场的国家形成压倒性优势。在此情况下,根据主席提议,总务委员会一致决定拒绝将该提案列入本届联大议程。这是自 1993 年以来,台当局"参与"联合国图谋第 11 次遭到总务委员会的拒绝。

9 月 23—24 日 国际货币基金组织和世界银行 2003 年年会在迪拜举行。财政部部长金人庆和人民银行行长周小川率团出席会议。

9 月 24 日 李肇星外长率团参加在纽约举行的第 58 届联合国大会,并在一般性辩论中发表题为《加强联合国作用,促进和平与发展》的讲话。李肇星外长指出:和平与发展是时代主题,合作应对挑战已成为国际社会共识。但局部战争和冲突时有发生,非传统安全问题日益突出,南北差距持续扩大,使人类面临的安全形势更加复;加强多边合作,走多边主义道路,促进世界多边性,是未来人类的福祉所系。要推动国际关系民主化,树立新安全观,支持发展方式的多样性,致力于发展中国家的崛起;应建立公正合理的国际经济新秩序,加强南南合作和南北交流,缩小南北差距,实现共同发展和经济社会协调发展;各国应坚守《联合国宪章》的宗旨和原则,维护联合国及其安理会的主导地位和权威。中国支持联合国进行必要合理的改革，加强作用，提高效率。李肇星还介绍了我国内形势和外交政策，并在会议期间进行了一系列多边、双边活动。

9月29日—10月3日　难民署第54届执委会在日内瓦举行，64个成员国派团出席会议。中国常驻日内瓦代表团沙祖康大使率团与会。中国代表团积极评价难民署在解决阿富汗及伊拉克难民问题上的努力，指出国际社会应认识到接收难民的发展中国家做出的牺牲和贡献，强调通过加强国际合作，实现责任分担，寻求难民持久解决办法的重要性和紧迫性。

10月1日—12月16日　在大会二委举行会议期间，中国常驻联合国副代表张义山大使在发言中全面阐述了中国对世界经济的国际发展合作的看法，并就如何落实千年发展目标和实现共同发展提出具体建议。

10月2日　第46届麻醉品委员会第11次会议在维也纳召开，中国驻维也纳代表团张炎大使出席了会议。

10月6—10日　《防止倾倒废物及其他物质污染海洋的公约》第25届协商会议在伦敦国际海事总部举行。国家海洋局和外交部组成的中国代表团与会。中国政府按要求向公约秘书处提交了年度倾废报告，表明中国政府重视并严格履行公约，积极保护海洋环境。

10月10日　中国常驻日内瓦代表团大使沙祖康当选为贸发11大筹备委员会主席。这是中国1972年加入贸发会议以来首次担任这一重要职务。

10月19日　世界旅游组织第15届全体大会在北京开幕。国务院总理温家宝出席大会开幕式并致辞。

11月10日　中国常驻联合国代表王光亚在纽约联合国总部签署了《烟草控制框架公约》。中国成为第77个签约国。

11月10—14日　《关于消耗臭氧层物质的蒙特利尔议定书》第15次缔约方大会在肯尼亚首都内罗毕举行。中国代表团在会上呼吁尽快制定法终止计量吸入器（MDI）的导则，为发展中国家开展MDI的相关调查和替代工作提供必要的资金和技术援助；反对欧盟提出修正议定书中关于各国汇报数据最后期限的提案。中国代表团团长汪纪戎在高级别会议上介绍了中国的履约行动，强调了中国在打击消耗臭氧层物质非法贸易问题上的积极努力。

11月26日　第58届联合国大会通过决议，重申支持卡尔扎伊总统及阿富汗过渡政府。中国常驻联合国代表王光亚大使表示，中方赞赏阿富汗在制宪、大选筹备进程等国家重建工作中取得的积极成果。强调稳定的安全形势是阿富汗重建与发展的前提和保障,国际社会应继续关注阿富汗问题并向其提供援助,确保《波恩协定》所确定的各项目标顺利实现。

11月27—28日 难民署驻华代表处与中国外交部在北京共同举办第2届难民问题研讨会。中国公安部、民政部及部分省市公安厅(局)派代表与会。会议就全球难民形势、难民甄别、保护在华印支难民及难民署驻华代表处与中国政府进一步等问题广泛交换了看法。

12月1日 联合国在纽约举行"声援巴勒斯坦人民国际日"纪念大会。温家宝总理致电声援。温总理在声援电中说,中东问题的核心是巴勒斯坦问题。解决中东问题的最终目标是实现阿拉伯与犹太两个民族的和解,恢复巴勒斯坦人民的合法权利,保障本地区所有国家的共同安全、生存与发展。电文说,以巴局势正处于关键时刻。我们主张有关各方积极配合国际社会促和努力,在联合国有关决议和"土地换和平"原则的基础上,通过谈判政治解决中东问题。

12月1—12日 《联合国气候变化框架公约》第9次缔约方大会在意大利米兰举行。由于本次会议将在一定程度上影响未来谈判的走向,各方对此十分重视。会议期间,中国代表团积极同各方接触,宣传中方一贯立场和观点,重申了"在可持续发展框架下应对气候变化问题"和"技术开发、应用和转让在应对气候变化问题中应发挥核心作用"的重要性,要求发达国家切实履行公约下的义务,特别是向发展中国家提供资金和技术支持、帮助发展中国家进行能力建设的义务。同时,中国代表团还强调中国为应对气候变化做出了极大努力,为实现公约目标做出了重要贡献。

12月7日 温家宝总理在纽约联合国总部会见安南秘书长。双方就国际形势和联合国作用等问题进行了友好的交谈。温家宝重申联合国的重要性以及新形势下合理改革的必要性;安南感谢新近成立的名人小组就联合国改革思路提出建议,高度赞赏中国在非洲经济发展、联合国非洲维和、防治艾滋病等方面所做的巨大努力,重申"一个中国"的政策。

12月8日 难民署2003年度认捐会在日内瓦举行。中国政府向难民署捐款25万美元。

12月8—9日 难民、流离失所者及移民问题亚太政府间磋商论坛在澳大利亚悉尼召开。会议重点就论坛未来发展方向、难民问题的广泛和持久解决、提高公众意识和促进被贩卖人口回归社会等问题进行了讨论。中国代表团在会上介绍了中国对解决难民和非法移民等问题的立场和主张。

12月9日　中国政府决定向联合国利比里亚特派团派出维和部队,包括一支275人工兵分队、一支240人运输分队和一支43人医疗分队。将分批前往执行任务地区,首批60名官兵于是日从北京首都机场启程。这是迄今中国参与联合国维和行动规模最大、人数最多的一次。

12月10日　中国外交部副部长张业遂代表中国政府在《联合国反腐败公约》上签字。2005年10月27日,十届全国人大常委会第十八次会议审议并批准《联合国反腐败公约》。2006年2月,我国成为《联合国反腐败公约》缔约国。

同日　第59届联合国大会主席朱里安·亨特向中国残疾人联合会主席邓朴方颁发了"2003年联合国人权奖",高度评价他为促进和保护人权所做的巨大努力。

12月16—17日　中国政府与联合国联合举办的"联合国巴勒斯坦问题亚太区域会议"在北京召开,外交部副部长戴秉国出席开幕式并致辞。戴秉国提出了国际社会支持解决巴勒斯坦问题的3项建议:推动联合国发挥应有作用;坚持国际调解的中立和公正;充分发挥民间社会的作用。

12月18日　中国首批赴刚果(金)维和部队中的最后99名官兵乘联合国专机回到北京,顺利完成首次轮换。中国第2批赴刚果(金)执行维和行动的218名官兵已全部抵达指定区域。

同日　四川省农业厅植保站因在"农村鼠害系统控制"上做出突出贡献,获得联合国粮农组织颁发的爱德华·萨乌马奖。

二〇〇四年

1月14日　联合国公布的《2004年世界经济形势预测报告》说,随着2003年下半年经济复苏势头在未来几个月中会进一步加强,本年全球经济增长将可望达到3.5%。报告称,2004年全球经济加速增长的主要原因是美国采取低利率和刺激性的财政政策,以及进出口大国中国的经济快速发展。报告称,2003年中国经济增长率高达8.5%,居世界各国或经济体之首。

3月1—5日　联合国国家及其财产管辖豁免特委会第3次会议于纽约联合国总部召开。本次会议通过了"联合国国家及其财产管辖豁免公约草案"。中国一直积极参与并支持国家及其财产管辖豁免公约的制定工作,希望通过制定公约来规范国家行为,维护国际关系的和谐与稳定。中国代表团在特委会上强调,公约不应影响国家依习惯国际法在刑事诉讼中享有的豁免权。

3月29日—4月16日 联合国维持和平行动特别委员会2004年例会在纽约联合国总部举行。在特委会会议上,中国常驻联合国副代表张义山大使发言表示:第一,解决当前维和需求的增长与联合国实际维和能力不足的矛盾,需要所有成员国从维护全球和地区稳定的战略高度来看待维和,拿出应有的政治意愿,并提供各种人员、技术和财政等方面的支持。第二,为解决当前维和行动面临的各项挑战,当务之急是帮助非洲提高区域维和能力。第三,支持秘书处把保障维和人员安全置于最优先考虑,支持有关区域组织等维和伙伴为稳定局势、避免人道危机而采取的符合《联合国宪章》的行动。

4月2—4日 由中国主办的"威胁、挑战与变革"亚洲高级别研讨会在杭州召开。此次会议是中国国务院副总理、名人小组成员钱其琛应名人小组要求举行的,也是名人小组举行的首次区域性研讨会。与会人员围绕国际和平与安全面临的威胁和挑战、应对威胁和挑战的集体行动以及联合国的运作、协调和改革等3项议题进行了广泛和深入的讨论。

4月15日 联合国第60届人权会议以28票赞成、16票否决、9票弃权通过了中国代表团提出的一项动议,决定对美国提出所谓"中国境内的人权状况"的反华提案不予审议。这是中国在联合国人权会上第11次挫败美推动反华人权提案的图谋。

4月19—21日 世界卫生组织总干事李钟郁博士首次应邀访华。国家主席胡锦涛、国务院总理温家宝分别会见了李钟郁博士。李钟郁博士参观了北京市疾病控制中心,并在中国医学科学院发表了题为《中国和世界卫生》的演讲。

5月17—22日 第57届世界卫生大会在日内瓦召开。卫生部常务副部长高强率中国代表团出席了会议。高强在发言中就世界卫生组织涉台问题、非典、艾滋病控制和资源筹集等问题阐述了中国的立场和观点。大会期间,高强还与世界卫生组织总干事签订了关于进一步加强卫生合作与交流的谅解备忘录。本次卫生大会以133票赞成、25票反对、2票弃权的表决通过总务委员会建议,再次拒绝将"邀请台湾以观察员身份参与世界卫生大会"提案列入补充议题,这是世界卫生大会连续第8次拒绝涉台提案。

5月19—21日 联合国粮农组织第27届亚太区域大会在北京召开。

5月26日 由世界银行发起的首届全球扶贫大会在上海国际会议中心开幕,中国国务院总理温家宝出席开幕式并发表题为《为减少全球贫困而携手行动》的讲话。

6月3日　中国香港特别行政区成功申办2006年世界电信展。这是自1971年世界电信展创办以来,首次在日内瓦之外的城市举行。

6月16—17日　中国外交部与联合国新闻部联合在北京举办中东问题国际媒体研讨会,会议主题为"民间社会对促进中东公正、持久和平的作用"。外交部副部长张业遂出席开幕式并致辞,指出:中东问题的解决必须依靠国际社会共同努力,民间社会的作用不可忽视。中国政府将一如既往地支持联合国在中东问题上发挥作用,支持中国民间社会为推动中东和平进程继续做出自己的贡献。

6月23日　国务院总理温家宝在北京会见了国际货币基金组织总裁罗德里戈·拉托。

6月27日　世界地质公园网络办公室在中国国土资源部正式挂牌运行。这是联合国教科文组织在中国设立的少数几个机构之一。为指导、协调、支持和帮助世界各国的地质公园建设,增加各地质公园之间的联系、合作与交流,联合国教科文组织2003年决定成立世界地质公园网络办公室。

6月28日　和平共处五项原则创立50周年纪念大会在北京举行,中国国务院总理温家宝出席会议并发表了题为《弘扬五项原则　促进和平发展》的重要讲话。在讲话中,温家宝总理指出:和平共处五项原则的创立是历史的必然,在半个世纪以来,和平共处五项原则经受住了时间的考验。面对当今的国际局势,和平共处五项原则作为指导国际关系的基本准则,仍然具有重大的现实意义。中国政府愿与各国共同努力,坚定不移地维护国家主权平等;尊重和维护世界文明的多样性;在平等互利基础上促进各国经济的共同发展;通过对话和协作维护世界的和平与安全;充分发挥联合国及其他多边机制的重要作用。

同日　联合国教科文组织第28届世界遗产委员会会议在江苏省苏州市开幕。

7月6日　中国与联合国开发计划署在北京正式启动"促进21世纪南南合作"项目,着眼于支持中国在全球化和区域经济一体化的新形势下,为促进南南合作所付出的努力,特别是鼓励中国的私营经济在南南合作中发挥更大的作用。

7月7日　历时10天的第28届世界遗产委员会会议在中国苏州闭幕,通过"苏州决定"等200多项大会决定,并发表了《世界遗产青少年教育苏州宣言》。

7月20日　中国常驻联合国副代表张义山在安理会公开辩论会上发

言指出,联合国和区域组织应进一步加强合作,实现优势互补,以便更加有效地应对当今世界面临的各种威胁和挑战。

7月30日 国务院总理温家宝在北京会见了联合国粮食及农业组织总干事雅克·迪乌夫。

8月19日 由世界联合国协会主办,中国联合国协会和外交学院承办的亚太地区模拟联合国活动开始在北京举行。模拟活动的主题为"2015年全球性的挑战:亚洲/太平洋地区的问题和前景",来自20多个亚太国家和地区的选手以及中国内地8所著名高校的学生参加了这次活动。

8月22—27日 第59届联合国大会主席、加蓬国务部部长兼外长、合作和法语国家事务部部长让·平对中国进行访问。

8月31日 外交部部长李肇星在北京会见了联合国改革问题高级别名人小组主席、泰国前总理阿南·班雅拉春。

9月13—17日 世界卫生组织第55届西太区委员会会议在中国上海召开。国务院副总理兼卫生部部长吴仪、全国人大常委会副委员长韩启德出席会议开幕式。

9月15日 第59届大会总务委员会做出裁决,拒绝把乍得等少数国家提出的所谓台湾"参与"联合国问题列入本届联合国大会议程。8月13日,台湾当局再次唆使乍得等15国代表联名致函联合国秘书长安南,要求将所谓"2300万台湾人民在联合国的代表权问题"的补充议题列入第59届联大议程。8月13日,中国常驻联合国副代表张义山大使致函联合国秘书长安南表示强烈谴责和坚决反对。在9月15日的总务委员会上,中国常驻联合国代表王光亚大使阐述了中国政府反对将乍得等国提案列入联大议程的原则立场,驳斥了提案谬论。俄、英、法和巴基斯坦等93国发言支持中国立场,反对将该提案列入联大议程。第59届联大主席让·平据此裁决不将乍得等国提案列入联大议程。这是中国政府连续第12次挫败台"重返"联合国的图谋。

9月15日—10月5日 万国邮联第23届大会在罗马尼亚布加勒斯特举行。中国国家邮政局局长刘安东率团出席。在会上,中国国家邮政局国际合作司司长黄国忠当选为万国邮联国际局副总局长,此系邮联130年历史上首次由亚太国家人选担任该职务,巩固和提高了中国在邮联的影响。

9月20日 由联合国教科文组织、联合国基金会、世界自然保护联盟以及其他相关国际保护组织和中国建设部联合发起的"中国世界遗产生物多样性保护试点项目"在昆明正式启动。

9月24日 联合国贸易与发展会议发表的《2004年世界投资报告》显

示,2003 年中国第 1 次超越美国成为全球最大的外国直接投资接受国。

同日　联合国驻利比亚特派团授予中国维和民事警察"和平勋章",以表彰和肯定中国赴利比亚民事警察大队在维和行动中的贡献。

9 月 27—29 日　环境署笹川环境奖 20 周年庆祝大会在北京举行。国务院副总理曾培炎出席 27 日庆典仪式并致辞。笹川环境奖系全球环境领域最具影响的奖项之一,每年评选 1 次,旨在奖励在全球环保领域做出突出贡献的个人及组织。

10 月 3 日　世界银行和国际货币基金组织年会在华盛顿召开。基金组织理事、中国人民银行行长周小川和世界银行理事、财政部部长金人庆率中国政府代表团出席会议。周小川行长在年会上介绍了中国经济运行状况和中国政府采取的宏观经济调控措施,肯定基金组织在增加透明度、促进金融体系稳定方面所做的努力,同时重申基金组织推行国际标准和准则应坚持自愿和渐进的原则,呼吁国际社会尽快落实蒙特雷共识,推动多哈贸易谈判,促进全球的可持续发展。

10 月 4 日—12 月 17 日　联合国第 58 届联大第二委员会(经济和金融委员会)在纽约举行会议。中国常驻联合国副代表张义山大使在一般性辩论中发言,就推动实现消除贫困等千年发展目标、进一步促进联合国在发展领域的工作全面阐述中国的立场和主张。

10 月 17 日　中国维和警察防暴队赴海地执行维和任务。

11 月 18 日　联大举行了前南斯拉夫国际刑事法庭法官换届选举,中国籍候选人刘大群获得连任。

11 月 20—25 日　安理会中非访问团访问刚果(金),中国常驻联合国副代表张义山大使参加。2004 年,刚果(金)过渡进程进入制宪和大选的中间阶段,总体保持稳定,东部地区形势仍紧张。5 月,刚民盟与政府军在布卡武市发生军事冲突,刚果(金)与卢旺达相互指责,关系一度紧张。安理会多次审议刚果(金)问题,此次访问也是安理会为解决刚果(金)问题作出的努力之一。

11 月 22—23 日　中国政府特使、常驻联合国代表王光亚大使率团出席了在埃及沙姆沙伊赫举行的伊拉克问题国际会议。王光亚大使在会议发言中表示:第一,伊拉克的前途应由伊人民决定,伊独立、主权、统一和领土完整应得到维护。第二,伊安全问题需要全面的政治解决方案,安全形势改善应与伊政治进程发展相辅相成。第三,中国希望伊拉克即将进行的选举公正、民主、透明,产生具有广泛代表性和权威性的过渡政府。第四,中方主张在联合国框架内解决伊问题,支持联合国在伊重建进程中发挥重要作用,各方应为此提供必要的政治支持和安全保障。第五,中方欢迎伊与邻国加强合作,和睦相处。国际社会也应听取和尊重伊邻国及阿拉伯国家的意见,充分发挥其积极作用。

11 月 29 日　联合国在纽约举行"声援巴勒斯坦人民国际日"纪念大会。温家宝总理致电声援。

12 月 6 日　《联合国气候变化框架公约》第 10 次缔约方大会部长级会议在布宜诺斯艾利斯举行。本次会议未通过任何政治宣言或声明,但通过了一个关于适应气候变化的 5 年工作计划,是本次会议的重要成果。会议期间,中方重申了"在可持续发展框架下应对气候变化问题"和"技术开发、应用和转让在应对气候变化问题中应发挥核心作用"的重要性,要求发达国家切实履行公约下的义务,特别是向发展中国家提供资金和技术支持、帮助发展中国家进行能力建设的义务。

12 月 13 日　国务院总理温家宝在北京会见世界粮食计划署执行干事詹姆斯·莫里斯。

二〇〇五年

1 月 13—14 日　中国与联合国难民署驻华地区代表处在海南三亚市共同举办关于永久性解决在华印支难民问题综合计划研讨会。国务院法制办、公安部、民政部及广东、海南等 6 省(区)公安厅、难民办及联合国开发计划署驻华代表处共 29 人出席会议。会议通过了一项非正式总结文件,双方重申有关印支难民问题的立场。

2 月 10—11 日　2005 年是联合国成立 60 周年,也是联合国社会发展世界首脑会议举行 10 周年以及社会发展问题特别联大召开和千年发展目标制定 5 周年。2 月 10—11 日,联合国社发委第 43 届会议期间举行高级别圆桌会议,就社发问题进行深入讨论。会议主题为:消除贫困、促进全面就业和推动社会融合。外交部领导成员乔宗淮率团出席会议并发言。乔宗淮在肯定国际社会在社发领域所做工作的同时,强调了落实社发首脑会议10 项承诺和千年发展目标的紧迫性,并提出了 4 点工作建议。

2 月 18 日　第 59 届联合国大会法律委员会以 71 票赞成、35 票反对、43 票弃权的表决通过《联合国关于人的克隆宣言》,宣言要求各国考虑禁止任何形式的克隆人。中国代表团投了反对票。中国代表苏伟表示,中国政府积极支持制定一项国际公约,禁止生殖性克隆人。但是治疗性克隆研究与生殖性克隆有着本质的不同,治疗性克隆对于挽救人类生命,增进人类身体健康有广阔前景和深厚潜力,如把握得当,可以造福人类。中方反对将两个性质不同的问题混为一谈。

2月21—25日 环境署理事会第23届会议暨全球部长级论坛在内罗毕举行。会议主要讨论如何从环境保护角度促进千年发展目标的实现;联合国环境署对联合国可持续发展委员会第13次会议的贡献;国际环境管理;联合国环境署工作规划及常规事务等。国务院副总理曾培炎作为特别嘉宾出席了部长级论坛并发表了题为《加强环境保护,实现可持续发展》的主旨演讲,介绍了中国在环境保护和可持续发展方面的政策和举措。

2月28日—3月11日 联合国妇女地位委员会第49届会议在纽约联合国总部召开。会议审议了各国和各区域执行《北京行动纲领》和妇女问题特别联大成果文件情况,就促进性别平等国际体制创新、联合国千年发展目标等主题举行了8场高级别圆桌会和对话会。国务院妇女儿童工作委员会副主任、全国妇联副主席赵少华率中国代表团与会,并在高级别会议开幕式上致辞。

3月7—14日 联合国麻醉品委员会第48届会议在维也纳召开。中国驻维也纳代表团张炎大使率团出席会议。会议讨论了减少毒品需求、非法药物贩运和供应等议题,就"社区能力建设"和"在防止药物滥用框架下预防艾滋病毒和艾滋病及其他经血液传染疾病"进行了主题辩论,并讨论通过了促进毒品预防等17项决议。

3月14日—4月22日 联合国人权委员会第61届会议在日内瓦召开。会议审议了经济、社会、文化权利,公民政治权利,国别人权,种族主义等21项议题,通过了104项决议和决定。中国代表团积极参加了各项议题的讨论和磋商。代表团团长沙祖康大使在开幕式上代表由中国、巴基斯坦、印度、马来西亚、埃及等19个发展中国家组成的"相同观点集团"发言,呼吁各国以建设性态度讨论人权问题,妥善处理分歧,加强对话,反对对抗。此外,中国联署了"反对种族主义""粮食权""全球化对人权的影响"等15项决议草案,并提出"亚太地区人权合作"决议,获得协商一致通过。

3月23日 联合国开发计划署与中国政府合作建立的"支持中国全面建设小康社会(2005—2009)"项目在北京启动,该项目启动资金为1000万美元。

3月29日 中国常驻联合国代表王光亚大使在安理会通过对苏丹实施制裁的安理会第S/RES/1591(2005)号决议时表示,安理会应充分尊重非盟在达尔富尔问题上的意见,中方历来对搞制裁持谨慎态度,认为安理会应对任何可能影响和平进程的措施慎之又慎。一味施压,无助于推动达尔富尔问题的政治解决,只会使局势更加复杂与困难。中方提出修改案文的有关建议未得到积极回应,因此只得投弃权票。

3月31日 中国常驻联合国代表王光亚大使在安理会通过决定将达尔富尔人权问题提交国际刑事法院(ICC)审理的第 S/RES/1593(2005)号决议时指出,在问题相关责任人审判机制问题上,中国一直主张安理会应充分尊重苏丹主权,由苏丹司法机构审判有关责任人。中方不赞成在未经苏丹政府同意的情况下,把达尔富尔人权问题提交国际刑事法院审理。

5月3—27日 中国参加了《不扩散核武器条约》第7次审议大会,大会虽未取得实质性成果,但中国将继续致力于维护《不扩散核武器条约》的权威性和普遍性,与各方共同平衡推进核裁军、防扩散和和平利用核能3大目标。中国坚定支持《全面禁止核试验条约》,积极参加了条约筹委会的工作和促进条约生效大会,正在为批准条约积极履行国内的法律程序。

5月16—25日 第58届世界卫生大会在日内瓦召开。会议讨论了财务预算、流感应对、妇幼卫生、健康保险等诸多议题,通过了34项决议。中国卫生部部长高强率中国代表团出席会议,就世界卫生组织涉台、妇幼卫生、新发传染病控制、《国际卫生条例》修订、千年发展目标等问题发言阐述了中国立场和观点,并与世界卫生组织总干事就中国台湾参与世界卫生组织技术活动签署了谅解备忘录。本届卫生大会以主席裁决方式,通过了总务委员会的建议,拒绝个别国家提出的涉台提案。这是世界卫生大会连续第9次拒绝涉台提案。

8月28日 第十届全国人民代表大会常务委员会第十七次会议决定批准世界卫生组织《烟草控制框架公约》同时声明在中华人民共和国领域内禁止使用自动售烟机。中国批准该公约有利于进一步提高全社会对吸烟危害的认识,有利于提高全民健康素质,促进经济社会协调发展和全面进步。中国将按照该公约规定,加强与世界各国及相关国际组织的合作,进一步做好国内的控烟工作。

8月29日 联合国人权事务高级专员阿尔布尔开始对中国进行为期5天的访问,旨在加强联合国人权高专办与中国政府自2000年以来的合作关系。

8月29日—9月1日 2005年是第四次世界妇女大会召开10周年,8月29日—9月1日在北京举行纪念世妇会10周年活动,约800名中外代表出席会议。国家主席胡锦涛出席了会议开幕式并致辞。他强调,各国妇女是维护世界和平、促进共同发展的重要力量,在推进人类和平与发展的崇高事业中应该也能够大有作为。中国将高举和平、发展、合作的旗帜,坚定不移地走和平发展道路,积极加强同国际社会的交流合作,同各国人民一道,继续推进世界妇女事业,造福各国妇女和世界人民。会议主题为"共同发展,实现两性平等",会议通过了《北京+10宣言》,有力地推动了全球妇女事业的发展。

9月1日　中国政府发表《中国的军控、裁军与防扩散努力》白皮书。白皮书含前言、正文和附录3个部分,其中正文分6个部分,分别介绍了中国对国际安全和军控形势的看法,在军控、裁军与防扩散领域的基本政策主张,参与和推进国际军控与裁军进程的努力,致力于国家和区域裁军的举措,积极参加国际防扩散努力以及加强防扩散出口管制的措施。附录列举了中国参加的军控、裁军和防扩散条约、中国的防扩散出口管制法规和中国与有关国家达成的裁军和建立信任措施协定。这是中国政府继1995年发表《中国的军备控制与裁军》白皮书和2003年发表《中国的防扩散政策和措施》白皮书后,再次发表军控和防扩散政策白皮书。这部白皮书内容全面、丰富,反映了10年来国际安全和军控形势的深刻变化,展示了中国推动国际军控、裁军与防扩散进程、致力于世界和平与发展事业的积极态度,是了解中国军控、裁军和防扩散政策举措最权威的窗口。

9月13日　第60届联合国大会总务委员会对所谓台湾"参与"联合国及"台海和平"两提案进行审议,采取"2+2"的方式(即支持与反对各两国发言)进行讨论。冈比亚与乍得分别介绍两提案后,中国常驻联合国副代表张义山大使发言阐述立场,对提案进行了有针对性的批驳。巴基斯坦发言支持中方立场。9月14日,第60届联合国大会总务委员会以主席裁决方式,决定不将冈比亚等台湾"邦交国"提出的所谓台湾"参与"联合国及"台海和平"两提案列入联大议程。这是自1993年以来,台湾类似提案第13次遭到总务委员会拒绝。

9月14日　第60届联合国大会在纽约联合国总部开幕,中国外长李肇星外长率团参加。本届联大共审议政治、经济、社会、裁军、财政、法律等150多项议题。

同日　胡锦涛主席在联合国成立60周年首脑会议开幕式后,出席了发展筹资高级别会议并发表了题为《促进普遍发展实现共同繁荣》的重要讲话,强调中国的发展与世界的发展紧密相关。中国愿同世界各国一道努力,使21世纪真正成为"人人享有发展的世纪"。9月15日,联合国成立60周年首脑会议举行第2次全体会议,国家主席胡锦涛出席会议并发表了题为《努力建设持久和平、共同繁荣的和谐世界》的重要讲话,提出建设一个持久和平、共同繁荣的和谐世界,全面阐述了中国对当前国际形势及重大国际问题的看法和立场,对加强联合国作用、推动联合国改革、促进国际发展合作等问题提出了具体主张。

9月14—16日　联合国成立60周年首脑会议在纽约联合国总部举行,包括170多位国家元首和政府首脑在内的各国代表出席,是联合国历史上规模最大的首脑会议。会议期间还举行了安理会首脑会议、发展筹资高级别会议和4次圆桌会议。与会各国领导人讨论了改革联合国、加强集体安全机制、落实千年发展目标等重大问题,重申促进世界和平与发展及加强多边合作的承诺,进一步确认了联合国在多边合作机制中的中心地位。中国国家主席胡锦涛应邀参加在纽约联合国总部举行的联合国成立60周年首脑会议。胡锦涛主席出席了首脑会议开幕式,并在全会、安理会首脑会议、圆桌会、发展筹资高级别会议上发表讲话,全面阐述中国对国际形势和重大问题的立场。

9月19日　大会在首脑峰会开幕之际开放《制止核恐怖主义行为国际公约》《联合国反腐败公约》和《联合国国家及其财产管辖豁免公约》等30余项条约供各国签署。中国外交部部长李肇星在联合国总部举行的"条约活动"中代表中国政府签署了《制止核恐怖主义行为国际公约》和《联合国国家及其财产管辖豁免公约》。当日,中国外长李肇星在大会一般性辩论中发表题为《走和平、和谐、共同发展之路》的讲话。

9月24日　国际货币基金组织和世界银行年会在华盛顿召开。世界银行理事、财政部部长金人庆和国际货币基金组织理事、中国人民银行行长周小川率中国政府代表团出席。

10月18—20日　第2届东盟和中国禁毒合作国际会议在北京召开。东盟十国、中国、联合国毒品和犯罪问题办公室以及有关捐资国和国际组织的近200名代表出席会议。中共中央政治局常委、中央政法委书记罗干会见与会代表。

11月2日　联合国贸易和发展会议发表报告,首次公布了110个国家的贸易和发展指数排名。中国位列第51位。

11月9—11日　朝鲜半岛核问题第5轮6方会谈第1阶段会议在北京举行。各方围绕如何落实6方会谈共同声明提出了有关方案和思路。会议发表了各方一致同意、基调积极的主席声明。各方重申,将根据"承诺对承诺、行动对行动"原则全面履行共同声明,早日可核查地实现朝鲜半岛无核化目标,维护朝鲜半岛及东北亚地区的持久和平与稳定。各方商定尽快举行第5轮会谈第2阶段会议。从主席声明看,6方会谈取得了重要的阶段性进展。

11月21日—12月2日　联合国人权会酷刑问题特别报告员诺瓦克先生应邀访华。外交部、司法部、公安部和最高人民检察院等有关部门负责人分别与诺瓦克会见、会谈。

11月28日—12月3日　《国际刑事法院罗马规约》(以下简称"规约")于2002年7月1日生效。国际刑事法院根据规约设立,对犯有灭绝种族罪、战争罪、反人类罪和侵略罪的个人追究刑事责任。2005年11月28日—12月3日,第4届规约缔约国大会在荷兰海牙举行。截至2005年底缔约国数已达到100个。中国虽尚未参加规约,但一贯支持建立一个独立、公正、有效和具有普遍性的国际刑事法院,以惩治最严重的国际罪行。中国以观察员国身份参加了这届规约缔约国大会。中国以建设性的态度参与了建立国际刑事法院的各项工作,希望国际刑事法院能以其有效、公正的运作获得普遍支持。关于侵略罪问题,中国政府主张:该问题的最终解决方案应符合《联合国宪章》。

11月29日　联合国在纽约举行"声援巴勒斯坦人民国际日"纪念大会。温家宝总理致电声援。

11月30日　中国常驻联合国副代表张义山在大会审议巴勒斯坦问题时指出:(1)2005年,巴勒斯坦领导层实现顺利过渡,阿巴斯主席和沙龙总理两度会晤,以色列从加沙和约旦河西岸部分地区撤离。这些都是朝着解决巴以问题迈出的重要步骤。中国表示欢迎。(2)巴以之间仍存分歧,重启和谈依然面临诸多困难。只要有关各方真正开始建立互信,切实履行中东和平"路线图",最终实现两个独立国家的和平共处是完全可以实现的。(3)中东问题的核心是巴勒斯坦问题。在联合国有关决议和"土地换和平"原则基础上展开政治谈判,按照"路线图"计划建立独立的巴勒斯坦国,是解决巴勒斯坦问题的正确途径,符合以巴双方和中东各国人民的根本利益,也有利于推动该地区早日实现和平与稳定,应成为国际社会和有关各方共同努力的目标。(4)中方赞赏"四方机制"等为推动以巴和平进程所做的积极努力,希望其发挥更大主动性,推动以巴双方尽快执行"路线图"计划。联合国作为维护世界和平与安全的重要机构,也应在这方面切实承担起自己的责任。(5)叙以、黎以谈判是中东和平进程的重要组成部分。尽快恢复谈判并取得进展有助于中东地区实现全面和平。中国希望有关国家能尽早开始谈判,根据马德里会议确定的原则,寻求彼此都能接受的解决办法。(6)中国将一如既往地与所有爱好和平的力量一道,继续为实现中东全面、公正、持久和平发挥建设性作用。

　　同日　大会一致通过由中国提出的关于加强全球公共卫生能力建设的

第 A/RES/60/35 号决议,呼吁国际社会采取有效措施,开展积极合作,加强全球公共卫生能力建设。

12 月 13—18 日 世界贸易组织第 6 届部长级会议在香港举行,会议通过《香港部长宣言》,在取消农产品出口补贴、优先解决棉花问题、对最不发达成员国给予免关税和免配额待遇以及确定非农关税削减公式等方面取得了进展。中国为会议的成功举行发挥了积极作用。

12 月 15 日 世界粮食计划署执行主任莫里斯在北京表示,鉴于中国政府在解决贫困人口温饱方面已取得巨大成果,粮食署将于 2005 年底停止对华粮食援助。

二○○六年

1 月 9 日 世界卫生组织《烟草控制框架公约》对中国生效。

1 月 13 日 中国向联合国秘书长交存了《联合国反腐败公约》批准书;2 月 12 日,该公约对中国生效。

2 月 13 日 9 个人口最多的发展中国家普及教育部长级会议在墨西哥城市蒙特雷召开。来自中国、孟加拉国、巴西、埃及、印度、印度尼西亚、墨西哥、尼日利亚和巴基斯坦的教育部长们围绕着"普及教育"的主题相互交流经验和共同研讨面临的挑战。

2 月 14 日 安理会举行科索沃问题公开会议。中国常驻联合国代表王光亚大使发言表示,应采取措施抓紧落实各领域标准的执行工作,为未来地位谈判做好必要准备。

2 月 27 日—3 月 10 日 第 50 届联合国妇女地位委员会在纽约联合国总部举行。国务院妇女儿童工作委员会副主任赵少华率团出席,并在开幕式及高级别圆桌会议上发言,介绍了中国修改《中华人民共和国妇女权益保障法》、举办第四次世界妇女大会 10 周年纪念会议等情况以及为落实《北京行动纲领》所采取的措施和取得的成效。

2 月 27 日—3 月 17 日 第 60 届联合国维持和平行动特别委员会在纽约联合国总部举行。中国常驻联合国副代表张义山大使出席会议并发言。

2 月 28 日 第十届全国人民代表大会常务委员会第二十次会议批准了《制止向恐怖主义提供资助的国际公约》,同时保留了部分条款。4 月 19 日,中国常驻联合国代表王光亚大使向该公约保存人联合国秘书长交存批准书,并就保留条款做出声明。5 月 19 日,该公约对中国生效。

3 月 1 日 驻利比里亚的 598 名中国维和军人被授予联合国维和

奖章。

3月9—10日　中国与联合国难民署驻华代表处在山西平遥联合举办难民立法研讨会。最高人民法院、国务院法制办、公安部、司法部、民政部及外交部等有关部门代表出席会议。会议主要就中国难民立法过程中遇到的问题进行了讨论，难民署还介绍了其他国家的立法经验及有关做法。

3月15日　第60届联合国大会以表决方式通过第 A/RES/60/251 号决议，决定成立人权理事会，取代人权委员会。中国代表团积极参与成立理事会的磋商，主张理事会应按公平地域分配原则确定各地区组成员，同等重视经济、社会及文化权利和公民政治权利，通过对话与合作促进和保护人权，避免政治化、双重标准和选择性。中国并就理事会职权、组成、选举方式和工作方法等提出具体建议，为推动最终达成较为公正和平衡的方案作出积极贡献。

3月20—22日　联合国难民署事务高级专员古特雷斯访华，就国际难民形势、双方合作等问题与中国有关部门交换看法。国务委员唐家璇会见古特雷斯，外交部部长李肇星、部长助理崔天凯，以及民政部副部长罗平飞、商务部副部长高虎城等与其会见、会谈。

4月25日　安理会通过关于苏丹问题的第 S/RES/1672（2006）号决议，表决结果为 12 票赞成、3 票弃权（中国、俄罗斯、卡塔尔）。中国常驻联合国代表王光亚大使表示，中方对此持保留态度，只能投弃权票。

4月　中国军队向联合国驻黎巴嫩临时部队派出一支 182 人工兵分队。

5月9日　第60届大会选举产生首届人权理事会 47 个成员国并抽签决定任期。中国以 146 票成功当选，任期 3 年，至 2009 年底。

5月10日　安理会一致通过关于索马里问题的第 S/RES/1676（2006）号决议，将索马里武器禁运检测小组延期 6 个月。中国常驻联合国副代表张义山大使强调，国际社会应积极有效帮助过渡联邦政府加强能力建设，包括建立和训练国家警察和军队。

同日　联合国大会行政与预算委员会 4 月底打破过去 20 年的传统，在无法取得共识的情况下，首次以投票方式通过南非代表"七十七国集团加中国"提出的联合国改革决议草案。欧盟、美国、日本等 50 个国家投了反对票，中国、俄罗斯、南非等 108 个国家投了赞成票，挪威、亚美尼亚和乌干达弃权。

5月29日—6月2日　外交部与联合国难民署危机紧急救助培训中心合作，在重庆市举办危机应对培训班。

5月 中国军队向联合国苏丹特派团派出维和部队,包括一支 275 人工兵分队、一支 100 人运输分队和一支 60 人医疗分队。

6月5—6日 联合国秘书长科索沃地位问题特使阿赫蒂萨里访华。唐家璇国务委员、李肇星外长分别会见。

6月19—30日 人权理事会首届会议在日内瓦举行。杨洁篪副外长作为贵宾出席会议并作发言。杨洁篪在发言中重点介绍了中国"以人为本"的科学发展观和构建和谐社会理念,提出了对人权理事会未来工作的 5 点主张。

7月8日 教科文组织世界遗产委员会在立陶宛首都维尔纽斯召开年会,讨论增补世界遗产名录。审议了包括中国在内的 30 个国家提出的 27 个文化遗址、8 个自然遗址和 3 个文化自然混合遗址的申请,并审核 34 个濒危世界遗产。

7月16日 安理会一致通过关于朝鲜试射导弹问题的第 S/RES/1695(2006)号决议。中国常驻联合国代表王光亚大使表示,中方对半岛局势出现一些新的复杂因素表示严重关切,愿与有关各方共同努力,推动 6 方会谈进程,共同维护半岛及东北亚地区的和平稳定。

8月10日 联合国消除对妇女歧视委员会在纽约审议中国执行《消除对妇女一切形式歧视公约》第 5、6 次合并报告,包括香港特区第 2 次报告和澳门特区首次报告。国务院妇女儿童工作委员会副主任黄晴宜率中央政府、港、澳特区政府组成的代表团参加审议。

8月31日 安理会以 12 票赞成、3 票弃权(中国、俄罗斯和卡塔尔)通过关于苏丹达尔富尔问题的第 S/RES/1706(2006)号决议。中国常驻联合国代表王光亚大使在解释性发言时表示,在未获苏丹政府同意的情况下通过一个不具操作性的决议,无助于缓解形势,有违安理会初衷。故中方只能对决议投弃权票。

9月12日 第 61 届联合国大会总务委员会以主席裁决方式,决定不将布基纳法索、冈比亚等少数国家提出的所谓台湾"参与"联合国及"联合国在维护东亚和平方面的积极作用"两提案列入联大议程。

9月15日 安理会举行全体磋商。美国常驻联合国代表提出将缅甸局势列入安理会议程,要求安理会就"缅甸局势"议题举行会议,听取联合国主管政治事务副秘书长甘巴里通报。对此中国投了反对票。表决前,中国常驻联合国代表王光亚大使发言,对将"缅甸局势"列入安理会议程表示严重保留。

9月17—23日 李肇星外长率中国代表团出席第 61 届联合国大会。

9月22日,李肇星外长在一般性辩论中发表题为《加强对话合作,共谋和平发展》的讲话,重点就朝鲜核、伊朗核、中东、联合国改革、秘书长选举、联合国会费比额等问题阐述中方立场和主张,并介绍中非合作论坛北京峰会筹备情况。

9月21—23日　中国作为亚太难民、流离失所者和移民问题政府间磋商论坛(APC)协调员,与联合国难民署驻华代表处在大连共同举办 APC 能力建设和区域合作问题的会议。

10月2日—11月30日　大会三委审议了人权议题。中国常驻联合国副代表刘振民大使在人权议题下作综合性发言,介绍中国人权成就并阐述中国政府对人权理事会未来工作的立场和看法。

10月2—6日　第57届难民执委会在日内瓦召开。执委会68个成员国、90多个观察员国及有关国际组织与会。中国外交部国际司、驻日内瓦代表团组团与会。

10月3日　安理会决定讨论朝鲜宣布将进行首次核武器试验的问题。美国大使博尔顿表示,朝鲜此举严重威胁国际和平与安全,比起7月份该国试射导弹后通过的决议,安理会此次应该采取更强有力的手段。中国大使王光亚说,中国不欢迎朝鲜的举动,但在这一敏感的问题上各方应该审慎行事。

10月5日　联合国邮政局发行包括中国国旗和钱币在内的新的邮票系列,并计划在大约8年内完成包括所有192个会员国的这一系列。

10月15日　安理会一致通过关于朝鲜核试问题的第 S/RES/1718(2006)号决议。决定在重型常规武器、大规模杀伤性武器及弹道导弹、奢侈品、金融、人员旅行等5个领域对朝实施制裁。中国常驻联合国代表王光亚大使发言表示,朝鲜核试验不利于东北亚地区和平与稳定,中方赞同安理会作出有力而适度的反应,既要表明国际社会的坚定立场,又应为最终通过对话和平解决朝核问题创造有利条件,维护半岛和东北亚和平稳定。

11月9日　世界卫生大会特别会议决定任命中国推荐的陈冯富珍为该组织第7任总干事,任期5年。陈冯富珍当选世界卫生组织总干事,成为首位担任联合国专门机构一把手的中国人。此后,联合国及其附属机构出现越来越多的"中国面孔":如国际电信联盟秘书长赵厚麟、联合国工业发展组织总干事李勇、国际民航组织秘书长柳芳等。

11月16日　安理会5个常任理事国、苏丹、联合国、非盟、欧盟、阿盟及部分非洲国家代表参加在非盟总部亚的斯亚贝巴召开的达尔富尔问题高级别对话会。中国常驻联合国代表王光亚大使代表李肇星外长与会。会议就在达尔富尔区域部署维和行动达成重要共识。

11月23—25日 中国作为亚太难民、流离失所者和移民问题政府间磋商论坛(APC)2006年度主席国在厦门主办APC第11届年会,主题为"加强区域合作应对难民保护和移民问题的现实挑战"。来自APC19个成员国政府和联合国难民署、国际移民组织的代表出席本届年会。

11月29日 应英国要求,安理会在"秘书长2006年11月22日来函"议题下听取联合国秘书长尼泊尔和平进程特别代表马丁通报当前尼泊尔局势。中国代表在会上发言,表示作为尼泊尔邻国,中国一直密切关注尼泊尔和平进程,欢迎尼泊尔政府与反政府武装签署《全面和平协议》,希望尼泊尔各宪政力量继续在维护尼泊尔主权、独立和领土完整基础上,通过政治对话实现和平与稳定。

12月1日 联合国驻华机构在北京举行题为"红丝带奖:表彰团体领导力和行动"的颁奖仪式,向中国非政府组织"中国爱之关怀"颁发红丝带奖,以表彰其在社区领域抗击艾滋病的积极贡献。

12月13日 安理会就科索沃问题举行公开会。中国常驻联合国副代表刘振民大使发言表示,标准执行工作取得一定进展,但在安全保障、难民重返、族裔融合等方面仍面临一些挑战。应全面、有效落实各项标准。支持塞尔维亚政府和科索沃当局在阿赫蒂萨里特使斡旋下继续谈判。

12月22日 大会通过关于192个成员国在2007—2009年应该承担的联合国会费分摊比例的第A/RES/61/254号决议。中国会费份额有所上升。

12月23日 安理会一致通过关于伊朗核问题的第S/RES/1737(2006)号决议,决定根据《联合国宪章》第7章第41条对伊采取行动。中国常驻联合国代表王光亚大使发言表示,伊朗迟迟未能积极回应国际原子能机构和安理会的要求,未能在暂停铀浓缩活动问题上体现灵活,令人遗憾和失望。他强调,制裁不是目的,而是促使伊朗回到谈判轨道的一种手段。安理会不可能一手包办伊核问题,国际原子能机构仍是处理该问题的主要机制,对话和谈判始终是解决问题的唯一和根本出路。

12月29日 十届全国人大常委会第二十五次会议决定加入《世界知识产权组织版权条约》,中国政府声明,该公约暂不适用于香港和澳门地区。

二〇〇七年

1月4日 中国香港特别行政区前卫生署署长陈冯富珍正式就任世界

卫生组织总干事,任期至 2012 年 6 月 30 日。这是自 1971 年恢复中国在联合国合法席位以来中国人首次当选联合国专门机构最高负责人。

1 月 13 日　中方在关于缅甸问题的表决中与俄罗斯一道投了否决票,南非投了反对票,印尼、卡塔尔、刚果(布)弃权。美草案未获通过。此前,美国曾不顾中国及有关国家强烈反对,提出缅甸问题安理会决议草案并推动表决。草案主要内容是:认定缅局势对地区和平与安全构成威胁;呼吁缅无条件释放包括昂山素季在内的政治犯,允许言论、结社等自由;停止对少数民族地区平民进行军事袭击等。表决前,中国常驻联合国代表王光亚大使发言表示,中方希望看到缅甸实现经济发展、社会和谐、法制健全和政治民主。中方鼓励和支持联合国秘书长斡旋,支持东盟在解决缅问题上继续发挥领导作用。同时,中方认为缅问题本质上并未对国际和地区和平与安全构成威胁。安理会强行介入缅问题并试图通过决议不仅逾越安理会职责,而且无助于其他机构的正常讨论,更不利于秘书长继续斡旋。缅内部事务应由缅政府与人民自主协商解决,国际社会可提供建设性帮助,但不能强行干涉。基于此,中方只能对缅问题决议草案投反对票。

1 月 26 日　中国工作场所艾滋病教育项目在北京正式启动,旨在保护中国艾滋病患者和感染者的就业权、消除工作场所歧视。项目由国际劳工组织、中国劳动和社会保障部与美国劳工部合作进行,将在安徽、广东和云南等地的高风险行业开展宣传与教育。

1 月　中国军队向联合国驻黎巴嫩临时部队增派一支 60 人医疗分队,并将工兵分队扩编至 275 人。

2 月 5—9 日　联合国环境署理事会第 24 届会议暨全球部长级环境论坛在肯尼亚内罗毕举行。会议主要讨论了全球化对环境的影响、国际环境管理、环境署改革、化学品管理等问题。国家环保总局周建副局长率中国代表团与会,并在部长级论坛上发表讲话。

2 月 5 日、6 日和 15 日　联合国大会下设的反恐特别委员会第 11 届会议在联合国总部召开,中国代表团认为,反恐应采取同一标准而非双重标准,绝不能把恐怖主义与特定文明、民族或宗教挂钩。

2 月 6 日　联合国开发计划署和中国政府在北京联手启动促进中国实现千年发展目标的碳基金项目,试图通过在西部省份设立减排项目,减少温室气体的排放,促进西部地区的发展。

2 月 12—23 日　联合国和平利用外层空间委员会科技小组委员会在维也纳举行了第 44 届会议,就多项议题作了发言,并参加了有关非正式磋商。

2月15日 安理会在一致通过关于联合国驻海地特派团延期的第S/RES/1743(2007)号决议的会议中,中国常驻联合国代表王光亚大使在解释性发言中表示,在包括中国在内的各方坚定支持下,联海团为稳定海地局势,成功举行总统和议会选举,协助海地启动重建进程等发挥了核心作用。中方高度赞赏联海团所做的各项努力。联海团下一步中心任务,是协助并推动海地从维和向建设和平过渡。海地能否走向稳定与发展,从根本上讲取决于海地自身。中方希望海地政府恪守其对海地民众和国际伙伴做出的承诺。这对确保联海团的工作持续取得成效,将是不可或缺的。

2月26日 联合国维持和平行动特别委员会第61届会议在纽约联合国总部举行。中国常驻联合国副代表刘振民大使表示,联合国维和行动近年来在帮助驻在国巩固和平、实现稳定和开展重建方面发挥了重要作用,提高了联合国信誉与权威。同时,成员国对维和行动的需求与期待也给联合国维和工作带来挑战。面对新形势与挑战,联合国维和行动需进一步加以改革和完善,并提出4点建议。

2月26日—3月9日 第51届联合国妇女地位委员会在纽约联合国总部举行。中国常驻联合国副代表刘振民大使率团出席,并在一般性辩论和第61届联大非正式辩论中发言,介绍了中国落实《北京行动纲领》、妇女问题特别联大成果文件和履行《消除对妇女一切形式歧视公约》等方面采取的措施和取得的成就。

2月 中国国家主席胡锦涛在对利比里亚进行国事访问期间,视察慰问在当地执行维和任务的中国官兵,并题词:"忠实履行使命,维护世界和平"。

3月12—30日、6月11—18日 联合国人权理事会第4次、第5次会议分别在日内瓦召开。6月19日,经过长达1年的艰苦磋商,理事会正式通过建章立制一揽子方案,确立了普遍定期审议、人权特别机制、专家咨询委员会、来文申诉机制的运作方式,并制定了理事会议程、工作方法和议事规则,为理事会全面开展实质性工作铺平道路。中国全面、积极、深入地参与会议磋商,主张普遍定期审议由成员国主导并遵循平等、合作原则,坚持咨询委员会专家由选举产生,支持终止白俄罗斯和古巴国别机制,支持非洲组提出的特别机制"行为准则"。中国的主张获得理事会采纳,有利于确保理事会今后工作的公正性和严肃性。

3月17—21日 国际移民组织总干事麦金利访华,国际移民组织驻华联络处正式成立。

3月19—20日 中国政府在北京主办了联合国土著问题常设论坛第6

届会议预备会。中国外交部部长助理崔天凯到会致辞。与会专家高度评价中国政府长期以来对国际土著事业的支持。

3月23日 中国目前有140万活动性结核病人，占全球结核病例的15%，但全球30%的多药耐药性结核病例都在中国。为此，世界卫生组织在3月24日"世界防治结核病日"前夕表示，该组织将为中国提供技术支持，分享通行的国际做法，协助中国获得资金购买高质量的结核药物，以帮助实现中国确定的到2010年将结核病发病率和死亡率减半的目标。

3月25日 安理会在一致通过了关于伊朗核问题的第S/RES/1747（2007）号决议后，中国常驻联合国代表王光亚大使做解释性发言，表示中方对伊核问题形势发展感到担忧，尊重并承认伊和平利用核能的权利，但也对伊迄未积极回应国际原子能机构和安理会要求感到失望。因此赞成安理会通过新决议。

3月26日 联合国开发计划署与中国和挪威政府在北京签署谅解备忘录，支持中国地方政府制定和执行缓解和适应气候变化的战略。温家宝总理和挪威首相斯托尔滕贝格出席了签字仪式。

3月29日 联合国环境规划署可持续基建和建筑倡议发布的一份报告认为，良好的政府管制、节能技术的更好利用以及居民行为的改变能大幅度降低建筑物的二氧化碳排放；中国的新建筑正以每年20亿平方米的速度增加，建议中国直接采用高能效的建筑物解决方案。

3月30日 《残疾人权利公约》在纽约开放供各国签署，中国常驻联合国代表王光亚大使代表中国政府签署了该公约。该公约由第61届联合国大会于2006年12月13日在纽约联合国总部通过，是联合国历史上第1个专门和系统保护残疾人权利的国际文书。中国是制定《残疾人权利公约》的倡导者和参与者。中国积极倡议将残疾人事务纳入联合国2030年可持续发展议程，共同推动残疾人成为各国经济社会发展的参与者、贡献者和享有者。

4月6日 开发计划署任命第1位中国籍的驻在国代表徐浩良，任开发署驻哈萨克斯坦代表，作为联合国系统各机构在该国的总协调人。

4月14—15日 国际货币基金组织和世界银行春季例会在华盛顿召开。财政部副部长李勇和中国人民银行副行长胡晓炼率中国政府代表团出席。会议主要围绕全球检测报告和全球发展援助框架、非洲行动计划、清洁能源投资框架行动计划、布雷顿森林机构改革、世行治理与反腐败工作、有利于经济增长与发展的财政政策等议题展开讨论。

4月25日 联合国开发计划署宣布，《中国人类发展报告2005》等5份国家或地区报告荣获人类发展奖。这份报告由一组中国专家编写,由中国国家发展研究基金负责协调,对中国在抗击造成不稳定的城乡财富差距方面所取得的进步进行了评估。

4月25—28日 中国常驻联合国代表团派人员参加安理会赴塞尔维亚、科索沃访问团。中国常驻联合国副代表刘振民大使在5月10日的安理会科索沃访问团公开通报会上表示,通过访问,中方注意到落实第S/RES/1244(1999)号决议和标准执行工作的进展,同时存在改进的余地,对阿、塞两族相互隔离、甚少交往的状况表示关切,希科索沃领导人恪守其"为所有族裔建设科索沃"的承诺,并尽全力采取各项必要措施,为最终解决地位问题创造良好基础。截至2007年11月30日,在联合国科索沃临时行政当局特派团中有18名中国维和民警。

4月30日 可持续发展委员会第15次会议在纽约举行。因各方分歧太大,会议未就成果文件达成一致。中国国家发展和改革委员会副主任杜鹰率代表团与会并发言。

4月30日—5月4日 《关于持久性有机污染物的斯德哥尔摩公约》第3次缔约方会议在塞内加尔首都达喀尔举行。中国代表团出席了会议。在中国和其他发展中国家的推动下,会议决定对发展中国家2010—2014年的履约资金需求进行评估,将评估结果用于指导全球环境基金的下一次增资。

4月 中国向联合国秘书长提交了关于外空活动透明和建立信任措施的意见和建议。

5月14—18日 国际海事组织在肯尼亚内罗毕召开外交大会,审议并通过了《内罗毕国际船舶残骸清除公约》。包括中国在内的国际海事组织64个成员国、联系会员中国香港、国际海洋法法庭、国际油污损害赔偿基金组织和一些行业组织派代表出席了会议。中国与会代表在最后文件上签了字。会议最后决定公约在10个国家批准后第12个月生效。

5月14—23日 联合国开发计划署与欧盟在北京签署协议,共同支持中国加强法制建设和公民社会的发展。项目涉及3个领域:人大的立法过程、最高人民法院的司法改革及公民社会的参与。项目为期4年,预算1050万美元,是迄今中国实施的同类国际合作项目中规模最大的。

5月23日 联合国教科文组织保护非物质文化遗产政府间委员会在中国成都开会,讨论按照非物质文化遗产国际公约设立的两个名录的入选标准。这两个名录分别是需要紧急保护的非物质遗产名录和人类非物质遗产代表名录。并考虑把教科文组织已有的90件人类口头及非物质遗产代表作纳入人类非物质遗产名录。本次特别会议是中国首次承办保护非物质文化遗产会议，会议期间还举办了首届成都国际非物质文化遗产节。

5月30日—6月16日　第96届国际劳工大会在瑞士日内瓦举行。劳动和社会保障部副部长胡晓义率团出席，并在一般性辩论中发言，介绍了中国在促进就业、完善社会保障和保护劳工权益等方面采取的措施、取得的经验和成就。

5月31日　世界卫生组织驻华代表贝汉卫向世界最大的烟草生产、消费国中国发出呼吁，希望中国政府和普通百姓进一步认识到吸烟所带来的危害和严峻挑战。

6月6—15日　联合国和平利用外层空间委员会第50届会议在维也纳举行。中国常驻联合国维也纳办事处和其他国际组织代表唐国强大使率团与会。中国代表团积极参与了各议题的讨论，在发言中积极评价了人类50年外空活动的突破性进展，介绍了中国外空活动的新成就和开展国际合作的新情况，全面阐述了中国和平利用外空、反对外空军事化和外空军备竞赛的政策，强调未来外空国际合作应立足于为发展中国家经济社会发展服务。

6月14—22日　《联合国海洋法公约》第17届缔约国大会在纽约召开，由外交部、国家海洋局和常驻联合国代表团有关人员组成的中国代表团与会。会议听取了国际海洋法法庭年度报告、国际海底管理局年度报告及大陆架界限委员会年度报告，进行了大陆架界限委员会委员选举，中国候选人吕文正教授当选连任。

6月14—23日　第60届世界卫生大会在日内瓦召开。会议举行了主题为"国际卫生安全"的一般性辩论，讨论了《国际卫生条例》、禽流感和流感大流行应对、病毒毒株共享以及公共卫生、创新和知识产权等诸多议题，通过了30项决议和2项决定。中国卫生部部长高强率团出席会议，就世界卫生组织涉台、《国际卫生条例》、禽流感和流感大流行等问题发言阐述了中国立场和观点。本届卫生大会唱名表决方式，以148票支持，17票反对、2票弃权，15票缺席表决结果，核准总务委员会关于不将个别国家提出的涉台提案列入世卫大会日程的建议。这是世界卫生组织连续第11次拒绝涉台提案。

6月17—20日　世贸组织总干事帕斯卡尔·拉米访华，赞赏了中国在世贸组织中发挥的建设性作用，并就多哈回合谈判等问题与中方交换了意见。

6月18—19日　纪念日内瓦公约两个附加议定书通过30周年国际人

道法研讨会在北京召开。包括中国在内的 10 个亚洲国家外交部和国防部官员共 70 余人出席会议。外交部部长助理孔泉和国际红会常务副主席雅克·福斯特出席研讨会开幕式并致辞。

6 月 19 日 经过长达 1 年的艰苦磋商,联合国人权理事会正式通过建章立制一揽子方案。中国全面、积极、深入地参与会议磋商,主张普遍定期审议由成员国主导并遵循平等、合作原则,坚持咨询委员会专家由选举产生,支持终止白俄罗斯和古巴国别机制,支持非洲组提出的特别机制"行为准则"。为防止滥用国别提案导致理事会重蹈原人权会政治对抗的覆辙,中国提出为国别提案设置"门槛"的建议,即"国别人权提案提出国有责任在理事会采取行动前确保其倡议获得尽可能广泛(最好是 15 个成员国)的支持"。中国的上述主张获得理事会采纳,有利于确保理事会今后工作的公正性和严肃性。

同日 联合国环境规划署宣布,中国关闭了 5 家生产氟利昂工厂,由此提前 2 年半完成保护臭氧层的《蒙特利尔议定书》所规定的目标——氟利昂产量从 1998 年的 55000 吨降低到 550 吨。此前中国是世界上最大的氟利昂和哈龙生产国。

7 月 2—27 日 联合国经社理事会 2007 年实质性会议在瑞士日内瓦举行。中国常驻联合国日内瓦代表处及其他国际组织代表李保东大使率团与会。李保东大使在发言中介绍了中国在扶贫和构建和谐社会方面的有关举措和成就,对如何进一步推动国际发展合作提出 4 点建议。

7 月 9—11 日 移民与发展全球论坛首次会议在比利时布鲁塞尔举行,中国驻欧盟使团关呈远大使率团与会。

7 月 9—20 日 国际海底管理局第 13 届会议在牙买加金斯敦举行。中国代表团积极参与大会和理事会各项讨论,强调国际社会目前对海底多金属硫化物资源的了解程度较低,特别是对矿床规模和分布特征等地质因素以及资源的经济分析等方面的研究存在很大不足,制定规章应审慎行事,不能急于求成。中国的立场得到许多国家的理解和支持,理事会最后决定有关问题留待以后解决。

7 月 11—13 日 中国政府接待了新任人权事务副高专康京和(韩国籍)女士访华。外交部部长助理崔天凯、人权事务特别代表沈永祥分别与康京和会见和会谈。为支持高专办工作,中国政府向高专办捐款两万美元,用于德班审议大会筹备志愿基金。

8 月 13 日 在台湾当局唆使下,所罗门群岛等 14 个台"邦交国"常驻联合国代表致函第 61 届联大主席哈亚,要求将所谓"以台湾名义加入联合国"提案列入第 62 届联合国大会议程。16 日,中国常驻联合国代表王光亚大使奉命致函联合国秘书长潘基文,对所罗门群岛等少数国家在台湾当局的唆使下,提出所谓"台湾申请加入联合国"问题表示强烈谴责和坚决反对,认为这是恣意践踏《联合国宪章》的宗旨和原则及联大第 2758 号决议,严重侵犯中国主权和领土完整,粗暴干涉中国的内政的行为。

9 月 10—14 日　世界卫生组织西太区委员会第 58 届会议在韩国济州召开,卫生部部长陈竺率团出席会议。中国当选为第 2008 年世界卫生大会总务委员会和提名委员会成员。

9 月 10—28 日、12 月 10—14 日　联合国人权理事会第 6 次会议及续会分别举行。中国继续发挥建设性作用,推动理事会就建章立制有关后续工作达成较为客观、平衡的方案。

9 月 17—21 日　《关于消耗臭氧层物质的蒙特利尔议定书》第 19 次缔约方会议在加拿大蒙特利尔举行。中国代表团阐述了中国政府在履约方面的立场、观点和成就,得到与会各方高度赞赏。国家环保总局和海关总署荣获了会议授予的《蒙特利尔议定书》实施者奖。

9 月 19 日　第 62 届联合国大会总务委员会以主席裁决方式,拒绝将所谓"以台湾名义加入联合国"提案列入第 62 届联大议程。王光亚大使在发言中指出,中方坚决反对将涉台提案列入第 62 届联大议程。世界上只有一个中国,台湾自古以来就是中国领土的一部分。这是国际社会公认的事实。22 日,第 62 届联合国大会通过总务委员会报告,拒绝将所谓"以台湾名义加入联合国"提案列入本届联大议程。

9 月 23—29 日　外交部部长杨洁篪率团参加在纽约举行的第 62 届联合国大会。9 月 28 日,杨洁篪外长在一般性辩论中发表题为《共谋合作,共建和谐》的讲话,阐述了对当前国际形势的看法,重点就朝鲜核、伊朗核、中东、苏丹达尔富尔、气候变化、联合国改革等问题阐述中方立场和主张,并简要介绍北京奥运会筹备情况。

9 月　赵京民少将就任联合国西撒哈拉全民投票特派团司令,成为首位担任联合国维和部队高级指挥官的中国军人。

10 月 1—6 日　中国外交部国际司、驻日内瓦代表团组团参加在日内瓦召开的第 58 届难民执委会。

10 月 3—5 日　《联合国打击跨国有组织犯罪公约》技术援助政府间工作组会议在维也纳举行。中国代表团要求加强国际合作领域的技术援助,并强调应重视发展中国家的实际需要。会议决定保留技术援助政府间工作组并继续开展工作。

10 月 8 日—11 月 28 日 第 62 届联大第三委员会在纽约举行会议,审议了人权议题并通过 39 项决议。中国常驻联合国副代表刘振民大使在人权议题下作综合性发言,介绍中国人权事业新进展,阐述中方对人权理事会工作的看法和希望。中国代表团将在儿童权利、人权文书、反对种族主义、民族自决权、人权理事会报告、死刑等议题下发言并参加决议磋商,与其他发展中国家一起提出合理主张,对美国、欧盟等提出的白俄罗斯、缅甸、朝鲜、伊朗等国的国别提案投反对票。

10 月 8 日—12 月 19 日 中国代表团参加在纽约举行的联合国第 62 届大会第二委员会会议。在一般性辩论发言中,中国代表团阐述了对当前国际经济和发展合作形势的基本看法,呼吁加强南北、南南政府间对话与协调,倡导共同发展、和谐发展,增强发展中国家在有关国际机构的参与权和决策权。中国代表团还就世界各国实现平衡、可持续发展提出建议。

10 月 8 日—12 月 22 日 中国代表团全面参加了第 62 届联大各项法律议题的审议,并积极参加了有关议题的磋商。中国代表团在消除国际恐怖主义的措施、追究联合国官员和特派专家刑事责任等共 12 个议题下做了 13 篇正式发言,简述了中国政府的有关政策主张,介绍了中国的有关实践情况。

10 月 12 日 安理会发表了缅甸问题主席声明。王光亚大使在安理会通过主席声明时发言表示,中方注意到缅甸局势近日趋于平静,希缅局势进一步向积极方向发展。缅问题未构成对国际与地区和平与安全的威胁,缅的未来也只能由缅政府依靠自身努力,通过协商得到最终妥善解决。国际社会应发挥建设性作用,帮助缅实现民主进程。

10 月 19—22 日 国际货币基金组织和世界银行年会在华盛顿召开。财政部副部长李勇和中国人民银行副行长吴晓灵率中国政府代表团出席。中国政府代表团在会议发言中介绍了中国经济发展情况,重申了中国积极推进国际货币基金组织份额改革的基本立场,强调世行应积极推动促进劳动力的合理流动和技术转让。在气候变化问题上,认为世行应始终坚持"共同但有区别的责任"原则并遵循联合国气候变化公约的主导地位,以此作为解决全球气候变化问题的基本原则。

10 月 21 日—11 月 2 日 南极海洋生物资源养护委员会第 26 届年会在澳大利亚霍巴特举行。中国代表团团长在本次会议开幕式上作专门发言,表示中国将与委员会积极合作,为实现公约目标做出贡献。作为南极条约协商国和南极海洋生物资源养护委员会成员,中国将致力于南极生态环境保护和生物资源的养护工作,积极开展国际南极科学考察交流和合作,为维护南极地区和平稳定、合理开发和利用南极资源做出应有贡献。

10月26日　中国外交部条法司司长段洁龙参加了在美国华盛顿举行的安理会5常条法司司长（法律顾问）磋商。各方介绍了各自相关国际法实践，并就国际司法机构、国际法委员会的议题和联大六委的工作等交换了意见。

11月12日　中国常驻联合国代表王光亚大使在第62届联大关于安理会工作报告与安理会改革联合辩论时进一步阐述了中方立场：（1）第61届联大关于安理会改革的讨论出现了一些新的积极发展势头。安理会改革牵涉所有会员国重大利益，能取得上述进展实属不易。各方应加倍珍惜目前的积极势头，继续展现灵活性，保持建设性协商，争取就安理会改革具体方案达成广泛共识。中方对举行政府间谈判持开放态度，同时认为，启动谈判是第一步，为帮助谈判尽快取得成果，应尽快明确谈判的基本框架和内容，解决谈什么、如何谈等问题。（2）安理会改革工作组作为192个会员国均参与的开放性平台，应在未来谈判中发挥作用。这样可确保谈判的公开性、包容性及所有成员的平等参与。关于谈判基础，各方应在充分协商的基础上，首先就此达成共识。（3）多年来的实践证明，安理会改革问题十分敏感、复杂。要取得实际进展，需要各方拿出新思维、新举措，在现有良性互动基础上，通过协商以求最广泛共识。

11月12—16日　联合国互联网治理论坛第2届会议于在巴西里约热内卢召开。联合国秘书长潘基文向大会发来贺信，联合国副秘书长沙祖康等出席开幕式并致辞。中国信息产业部外事司司长陈因率团与会。

11月26日　世贸组织副总干事辛格应邀出席在上海举办的首届中国服务贸易大会暨中国服务贸易协会成立大会。

11月26—30日　第30届国际红十字和红新月大会在日内瓦举行。中国政府向大会递交了承诺书，内容主要包括：积极推动国际人道法和红十字精神的传播和普及；加强中国红会人才培训和能力建设；继续与国际红会加强合作，积极参与国际人道主义救援活动。中国政府代表团还对外宣布建立"国际人道法国家委员会"。

11月27日　王光亚大使在苏丹达尔富尔问题公开辩论会的发言中表示，国际社会的当务之急是采取切实措施，力促有关叛军组织参与政治进程。自安理会通过1769号决议以来，中国将向联合国苏丹达尔富尔维和行动派遣315人的多功能工兵连，2007年底已部分部署到位。中国并将向为联合国和非盟特使斡旋工作提供资金支持的达尔富尔问题信托基金提供50万美元的捐款。

11 月 29 日 "声援巴勒斯坦人民国际日"纪念大会在纽约联合国总部召开,温家宝总理致电祝贺,表示巴勒斯坦问题是中东问题的核心,中国坚定支持恢复巴勒斯坦人民合法民族权利主张尽快重启中东和平进程,希望有关各方根据联合国有关决议和"土地换和平"原则,通过政治谈判解决争端,建立独立的巴勒斯坦国,实现巴以两国的和平共处。

11 月 29 日—12 月 3 日 第 62 届联合国大会审议巴勒斯坦问题和中东局势。中方表示,巴独立建国、实现巴以两国及阿拉伯和犹太民族和平共处是国际社会普遍愿望,联合国决议、"路线图"和"阿拉伯和平倡议"为基础谈判实现上述目标是唯一选择。巴、以应认真谈判,争取早日达成协议,同时应继续增进互信,凝聚广泛内部共识。国际社会包括联合国应为谈判提供坚定支持,可考虑设立多边促和、监督和执行机制。适时重启叙以、黎以谈判并取得进展,有助于中东实现全面和平,并可能与巴以和谈相互促进。

11 月 30 日—12 月 14 日 中国以观察员国身份参加了在纽约联合国总部举行的《国际刑事法院罗马规约》缔约国大会第 6 届会议。

11 月 中国军队向非盟—联合国达尔富尔混合行动派出一支由 315 人组成的多功能工兵分队,成为第一支进驻该地区的联合国维和部队。

12 月 3—15 日 《联合国气候变化框架公约》第 13 次缔约方会议暨《京都议定书》第 3 次缔约方会议在印度尼西亚巴厘岛举行。中国代表团积极参与各项议题讨论与磋商并与有关各方协调立场,为推动巴厘会议取得成功发挥了积极、建设性作用。中国还在会间举办了"保护气候中国在行动"主题宣传活动。

12 月 4—6 日 难民署亚大局局长林燕卿访华,就国际难民形势、双方合作等问题与中国有关部门交换看法。

12 月 10 日 中国外交部和国际移民组织签署了《中国移民管理能力建设项目》合作谅解备忘录。

12 月 10 日、18 日和 21 日 第 62 届联大在非正式磋商的基础上召集全体会议,审议海洋和海洋法议题。中国常驻联合国副代表刘振民大使在会上发言,呼吁各国努力维护和谐海洋秩序;强调,《联合国海洋法公约》是解决海洋领域各种问题和挑战的重要依据,特别是各国的法律和规章应符合公约规定的航行自由原则;指出,发展中国家在提交外大陆架划界申请方面的特殊困难,主张 2008 年《联合国海洋法公约》缔约国会议探讨包括调整最后提交期限在内的各种可能办法。

12 月 29 日 第十届全国人民代表大会常务委员会第三十一次会议做

出决定,批准《儿童权利公约关于儿童卷入武装冲突问题的任择议定书》。这是中国在国际人权法领域,特别是在儿童权利方面取得的又一成果。

二〇〇八年

1月21—26日 世界卫生组织第122届执委会在日内瓦召开,会议拒绝了个别国家借《国际卫生条例》实施提出的涉台提案。

1月22—24日 中国和联合国共同举办以"防治荒漠化,促进可持续发展"为主题的国际会议。来自55个国家、40余个国际组织和机构共约240位代表与会。国务院副总理回良玉出席会议开幕式并会见与会国代表和国际组织高级官员。会议讨论了荒漠化成因,发展中国家治理荒漠化遇到的问题、成功经验和解决方法、相关技术和能力建设以及荒漠化治理与促进经济发展和保护生态环境等问题。

1月28日—2月1日 《联合国反腐败公约》第2届缔约国大会在印度尼西亚巴厘岛举行。中国代表团积极参加了会议讨论,介绍中国在履约方面取得的进展和反腐倡廉建设的有关情况,全面阐述中国加强反腐败国际合作的主张,展示了反腐倡廉的良好形象。

1月31日 由中国政府提名的国际法专家高之国在联合国总部召开的国际海洋法法庭缔约国特别会议上当选为该法庭的法官,任期至2011年。

2月5日 世界银行行长佐利克宣布任命北京大学中国经济研究中心主任林毅夫为世界银行副行长兼首席经济学家。林毅夫将成为世行有史以来第1位来自发展中国家的首席经济学家。

2月11—22日 联合国和平利用外层空间委员会科技小组委员会第45届会议在联合国维也纳办事处召开。中国代表团在一般性发言中对中国2007年的主要航天活动进行了总结,介绍了中国在探月工程和民用航天等领域取得的成果,阐述了中国在研制新一代运载火箭、月球探测、载人航天、高分辨率卫星系统等重大工程和民用航天领域的发展规划,阐述了中国和平利用外空立场以及航天国际合作原则,并就空间碎片、全球卫星导航系统等议题作了发言。

2月12日 中国和俄罗斯在日内瓦共同向裁军谈判会议全体会议提交"防止在外空放置武器、对外空物体使用或威胁使用武力条约"草案。

2月17日 科索沃单方面宣布脱离塞尔维亚独立。安理会多次就此问题进行审议,中方建设性参与了有关审议并表示,科问题的解决,应由塞、科双方通过谈判找到彼此均可接受的解决方案。安理会 1244 号决议仍是解决科问题的法律基础。中方将继续支持秘书长特别代表及联科特派团根据安理会 1244 号决议展开工作。

2月19日 中国政府向联合国秘长交存《儿童权利公约关于儿童卷入武装冲突问题的任择议定书》批准书,该议定书于 2008 年 3 月 20 日对中国生效。

2月20—22日 联合国环境署第 10 届特别理事会暨全球部长级环境论坛在肯尼亚内罗毕举行。中国国家环保总局副局长李干杰率中国代表团与会,并在全体委员会会议和部长级论坛上发言。

2月25日—3月7日 第 52 届联合国妇女地位委员会在纽约联合国总部举行。中国常驻联合国副代表刘振民大使率团出席,并在一般性辩论会上发言,介绍中国执行《北京行动纲领》和妇女问题特别联大成果文件及履行《消除对妇女一切形式歧视公约》方面所取得的进展。会议期间,中国参加了联合国妇女地位司主办的"女性与体育"专题活动,介绍北京奥运会筹备及女性参与奥运的有关情况。中国香港特区举办专题会边会,介绍香港特区妇女发展。

2月27日 世界知识产权组织宣布,中国连续第 3 年成为该组织商标国际注册马德里体系被指定最多的国家,反映了外国企业贸易活动在中国不断增多。

3月3日 安理会通过强化对伊制裁的第 S/RES/1803(2008)号决议,表决结果为以 14 票赞成、1 票弃权(印尼)。中国常驻联合国代表王光亚大使在表决后的解释性发言中表示,安理会就伊核问题通过新决议,既是国际社会维护核不扩散机制的又一次努力,又表达了各方对尽早通过外交谈判和平解决伊核问题的期待。新决议的目的不是惩罚伊朗,而是推动激活新一轮外交努力。有关制裁措施不针对伊朗人民,也不影响各国与伊之间正常的经贸和金融往来。

3月3日—4月1日 联合国人权理事会第 7 次会议在日内瓦召开,这是理事会完成建章立制工作后的首次主会。理事会选举产生了首届人权理事会咨询委员会,中国专家陈士球当选为委员会成员。中国代表团团长李保东大使发言积极评价理事会完成建章立制工作,对理事未来发展提出建议。李保东大使介绍了中国科学发展观与和谐社会理念、中国经济社会建设取得的积极成果。

3月20日 中国与联合国儿童基金会驻华代表处在北京举办了"保障儿童受教育权利"研讨会。外交部、国务院妇儿工委、教育部、全国妇联等政府部门以及教育机构代表与会。会议特邀儿童权利委员会委员做专题报告。

3月　中国常驻联合国副代表刘振民大使代表中国政府向联合国达尔富尔问题政治进程信托基金捐款60万美元。

4月7—24日　联合国裁军审议委员会实质性会议于在纽约联合国总部举行。中国代表团以积极和建设性姿态参加了裁审会工作,介绍了中国在核裁军、防止核武器扩散、常规武器领域建立信任措施方面各项政策举措。

4月7—18日、5月5—16日　联合国人权理事会在日内瓦召开普遍定期审议工作组会议。中国代表团积极参加与接受审议国的互动对话,肯定突尼斯、巴林、印度等国在人权领域取得的成绩,对其面临的困难和挑战表示理解。

4月12—13日　国际货币基金组织和世界银行春季例会在华盛顿召开。人民银行行长周小川和财政部副部长李勇率中国政府代表团出席。中国代表团在会议发言中表达了对全球经济和金融市场前景不确定性的关注,介绍了中国为避免国内经济过热,抑制通货膨胀所采取的一揽子政策措施,并呼吁发达国家切实履行官方发展援助承诺,缓解国际发展资金不足问题;呼吁世界银行和国际货币基会组织加强协调,尤其是加强与联合国的伙伴关系,妥善应对粮食危机,在布雷顿森林体系机构改革问题上,中国代表团继续强调应提高发展中国家和转轨国家在布雷顿森林机构中的发言权和代表性。

4月16日　国家主席胡锦涛特别代表、外交部副部长王毅出席在联合国总部举行的联合国与区域组织关系问题高级别公开辩论会。

同日　安理会举行关于联合国与区域组织合作问题的公开辩论会,通过关于"非洲和平与安全:加强与区域组织尤其是非盟的合作"的第S/RES/1809(2008)号决议。国家主席胡锦涛特别代表、外交部副部长王毅出席会议。王毅副部长强调,中国同非洲以相互尊重、平等相待、互惠互利、合作共赢为原则,积极发展新型战略伙伴关系,开展符合中非各国及人民福祉的合作,中方一直并将继续向非盟及非洲国家提供力所能及的帮助,继续支持加强联合国和非盟的伙伴关系。

4月20—24日　外交部部长助理刘结一、人权事务特别代表沈永祥分别与来华出席国际会议的联合国日内瓦办事处总干事奥尔忠尼启则(俄罗斯籍)会见和会谈,就加强中国与日内瓦办事处以及中国与联合国的关系交换意见。

4月28日—5月2日 联大国家管辖范围以外海域生物多样性（BBNJ）养护与可持续利用问题特设工作组第2次会议在纽约联合国总部举行。中国认为，养护与可持续利用BBNJ，应立足于现有法律框架和机构，加强研究、协调与合作；深海基因资源的科研、利用应予鼓励，同时可考虑建立某种公正的利益分享机制，使广大发展中国家从中受益。

4月28日—5月9日 《不扩散核武器条约》第8次审议大会第2次筹备会在日内瓦召开。中国代表团出席了第2次筹备会，并强调，NPT面临着日益严峻的新形势和新挑战，国际社会需要巩固和加强NPT作用，维护其有效性和完整性，促进其普遍性。

5月5—16日 可持续发展委员会第16次会议在纽约举行。国家发改委副主任杜鹰率中国代表团与会并发言。会上，中国代表团还提交了2008年中国可持续发展战略回顾报告，并举办了中国专场活动。

5月7日 中日双方共同签署关于全面推进战略互惠关系的联合声明 "中日战略互惠关系"最早由日本首相安倍晋三2006年访华时提出。2008年5月6—10日，应日本国政府邀请，中华人民共和国国家主席胡锦涛对日本国进行国事访问。访问期间，胡锦涛主席会见了明仁天皇，并同福田康夫内阁总理大臣举行会谈，就全面推进战略互惠关系达成广泛共识。5月7日，胡锦涛主席和福田康夫内阁总理大臣在东京签署了《中日关于全面推进战略互惠关系的联合声明》，其要点如下：（1）双方一致认为，中日关系对两国都是最重要的双边关系之一。两国对亚太地区和世界的和平、稳定与发展有着重要影响，肩负着庄严责任。长期和平友好合作是双方唯一选择。双方决心全面推进中日战略互惠关系，实现中日两国和平共处、世代友好、互利合作、共同发展的崇高目标。（2）双方重申，1972年9月29日发表的《中日联合声明》、1978年8月12日签署的《中日和平友好条约》及1998年11月26日发表的《中日联合宣言》构成中日关系稳定发展和开创未来的政治基础，确认继续恪守3个文件的各项原则。（3）双方决心正视历史、面向未来，不断开创中日战略互惠关系新局面。双方将不断增进相互理解和相互信任，扩大互利合作，使中日关系的发展方向与世界发展潮流相一致，共同开创亚太地区和世界的美好未来。（4）双方确认，两国互为合作伙伴，互不构成威胁。双方重申，相互支持对方的和平发展。双方确信，坚持和平发展的中国和日本将给亚洲和世界带来巨大机遇和利益。双方同意就联合国改革问题加强对话与沟通，努力增加共识。中方表示重视日本在联合国的地位和作用，愿意看到日本在国际事务中发挥更大的建设性作用。双方坚持通过协商和谈判解决两国间的问题。（5）日方重申，继续坚持在《日中联合声明》中就台湾问题表明的立场。(6)双方决定在以下 5 大领域构筑对话与合作框架,开展合作:一是增进政治互信。二是促进人文交流,增进国民友好感情。三是加强互利合作。四是共同致力于亚太地区的发展。五是共同应对全球性课题。

5 月 12 日　14 时 28 分 04 秒,中国四川省汶川发生 8 级大地震。这是新中国成立以来破坏性最强、波及范围最大的一次地震。地震波及大半个中国及亚洲多个国家和地区,北至辽宁,东至上海,南至香港、澳门、泰国、越南,西至巴基斯坦均有震感。汶川大地震造成 69227 人死亡,374643 人受伤,17923 人失踪,是唐山大地震后伤亡最严重的一次地震。

5 月 19—24 日　第 61 届世界卫生大会在日内瓦召开。中国卫生部部长陈竺率团出席会议,在一般性辩论中发言介绍了中国抗震救灾工作情况、手足口病防控工作和中国在卫生领域取得的成就,并对国际社会卫生相关的千年发展目标提出建议。会议期间,陈竺部长与世界卫生组织总干事签署了自愿捐款协议,并与世界卫生组织西太区主任共同启动了中国政府与世界卫生组织 2008—2013 年国家合作战略。本届大会以主席裁决方式,通过了总务委员会的建议,拒绝个别国家提出的涉台提案。

5 月 21 日　联合国系统正式向中国政府捐赠了从联合国中央应急基金紧急调拨的 800 万美元,以支援中国 5 月 12 日汶川大地震的抗震救灾工作。

5 月 24 日　潘基文秘书长从泰国首都曼谷亲自赶往四川汶川地震灾区慰问,并与在那里的温家宝总理会面。

5 月 26 日—6 月 6 日　国际海底管理局第 14 届会议在牙买加首都金斯敦举行。中国代表团指出,多金属硫化物勘探规章的制定不应操之过急,在国际社会对新资源认识不足的情况下,不应盲目出台规章。这得到了巴西等代表团的支持。理事会最终决定在下一届会议上继续审议多金属硫化物勘探规章。

5 月 28 日—6 月 13 日　第 97 届国际劳工大会在日内瓦举行,通过了《关于促进社会正义、实现公平全球化宣言》。人力资源和社会保障部副部长胡晓义、中华全国总工会副主席徐振寰、中国企业联合会执行副会长兼理事长陈兰通率团组成中国 3 方代表团与会。

6 月 2 日—6 日　国际联合会主席托罗专程访华赴四川绵竹和都江堰两地考察灾情。

6 月 5 日　安理会举行公开会,听取国际刑事法院检察官奥坎波通报国际刑事法院处理苏丹达尔富尔问题情况。中国代表发言表示,中方谴责违反人权和国际人道主义法的暴力行为,支持国际刑事法院发挥建设性作用,妥善解决"有罪不罚"的问题。希望苏丹政府在发挥国内司法体制主渠道作用的前提下,与国际刑事法院加强沟通、建立互信、加强合作,共同解决达区"有罪不罚"问题。

6月13—20日 《联合国海洋法公约》第18次缔约国会议在纽约联合国总部举行。中国代表团支持发展中国家关于延长外大陆架划界案提交期限的请求。在席位分配问题上,中国代表团充分肯定各方在寻求协商一致方面所做的努力,呼吁各方继续发挥灵活性,尽最大努力达成协议。会议决定将该问题留待下届缔约国会议解决。

6月19日 教科文组织向处于中国地震灾区的青城山—都江堰遗产地和大熊猫栖息地提供总额为8万美元的紧急援助。

6月26日 中国全国人大常委会批准《残疾人权利公约》,中国政府于2007年3月30日签署该公约。2008年8月1日,中国常驻联合国代表王光亚向联合国秘书长递交了批准书,该公约自8月31日起对中国生效。

6月30日—7月3日 联合国经社理事会2008年实质性会议高级别部分会议在纽约联合国总部举行。中国常驻联合国副代表刘振民大使发言并阐述了中国以人为本、全面、协调、可持续的发展战略,呼吁各国加强合作,早日落实可持续发展目标,重点应从实现可持续发展需要优先解决最紧迫的问题,如粮食危机和能源危机、保护生态环境需要采取全面战略、应对气候变化需要加强国际合作三方面着手。

7月1—3日 联合国秘书长潘基文对中国进行正式访问。

7月2—10日 教科文组织第32届世界遗产委员会会议在加拿大魁北克城召开。中国"三清山风景名胜区"和"福建土楼"两项世界遗产提名项目被列入《世界遗产名录》。教育部副部长章新胜率团出席。

7月11日 俄罗斯和中国在安理会否决了美国等国家提出的制裁津巴布韦的决议草案。除了俄罗斯和中国两个常任理事国行使了否决权,南非、利比亚和越南也投了反对票。印度尼西亚投了弃权票。中国常驻联合国代表王光亚在发言中指出,对话是解决问题的最佳方法,在国际上动辄使用或威胁使用制裁都无助于解决问题。他强调,迄今为止津巴布韦的局势尚未超出其内政范畴,未对世界和平与安全构成威胁。当前,津巴布韦的局势高度敏感,而有关谈判进程已经启动;如果安理会此时通过制裁决议,将不可避免地干扰谈判进程,导致局势进一步恶化。

7月17—18日、10月9—10日 国际联合会与中国红十字会总会分别在西安和北京联合举办灾后重建国际会议,讨论各国红会和国际联合会参与中国灾后重建事宜。

7月21日　为了整合中国国内研究联合国问题的各种力量,逐步形成全国联合国问题研究网络,并将中国对联合国及多边问题具有前瞻性、战略性的研究成果推向国际舞台,一个联合国与国际组织研究培训中心在北京成立。

7月23日　联合国教科文组织亚太地区世界遗产培训与研究中心在北京大学正式揭牌成立。这是唯一设在发展中国家的专门从事世界遗产培训与研究的教科文组织下属机构,主要职能是通过培训、研究、信息传播和网络建设加强亚太地区参与世界遗产地申报、保护、保存和管理的专业人员的能力建设,从而推进《世界遗产公约》在亚太地区的落实,促进亚太的遗产保护水平及《世界遗产名录》的平衡性和代表性。

7月23日—8月12日　第24届万国邮联大会召开,原国家邮政局国际司司长黄国忠连任万国邮联国际局副总局长,任期4年。

7月28日　第62届联大核准皮雷(南非籍)女士出任新一任联合国人权事务高级专员。外交部部长杨洁篪致函祝贺其当选。为支持高专办工作,中国政府向高专办再次捐款2万美元。

8月4—11日　应国际奥林匹克委员会和中国政府邀请,教科文组织总干事松浦晃一郎来华出席北京奥运会开幕式并访问中国。中共中央政治局委员、国务委员刘延东会见。

8月8—24日　第29届奥运会在北京成功召开,共有来自205个国家和地区的10000多名运动员参加,参赛国家和地区超过往届;获得奖牌的国家和地区达87个,为历史之最;刷新了132项奥运会纪录和32项世界纪录。中国代表团共获得51枚金牌、21枚银牌、28枚铜牌,位居金牌榜首位。北京残奥会于9月7—16日举行,共有来自144个国家和地区的约4000名运动员参加,中国代表团共获得80枚金牌、70枚银牌、52枚铜牌,位居金牌榜首位。

8月15日　在台湾当局的唆使下,瑙鲁、冈比亚等16个台湾"邦交国"常驻联合国代表正式致函联合国秘书长,提交所谓"需要审查'中华民国'(台湾)2300万人民有意义地参与联合国专门机构活动的根本权利"的提案,并附"解释性备忘录",要求列入第63届联合国大会议程。18日,中国常驻联合国代表王光亚大使致函联合国秘书长潘基文,表达了中国涉台问题的一贯立场。

9月17日　第63届联合国大会总务委员会以主席裁决方式,拒绝将瑙鲁、冈比亚等台湾"邦交国"提出的所谓"需要审查'中华民国'(台湾)

2300 万人民有意义地参与联合国专门机构活动的根本权利"议题列入第 63 届联大议程。王光亚大使在发言中表达了中国涉台问题的一贯立场,并向汶川大地震中广大台湾同胞慷慨解囊的爱国举动表示感谢,向联合国及绝大多数会员国坚持一个中国立场表示赞赏。19 日,第 63 届联合国大会通过总务委员会报告,拒绝将所谓"需要审查'中华民国'(台湾)2300 万人民有意义地参与联合国专门机构活动的根本权利"提案列入本届联大议程。

9 月 20—27 日 中国外交部部长杨洁篪出席在纽约举行的第 63 届联合国大会。

9 月 22 日 教科文组织和美国政府在纽约举行"推进全球扫盲讨论会"。全国人大常委会副委员长陈至立率团出席并作主旨发言。

9 月 22—30 日 世界知识产权组织第 45 届成员国系列会议在瑞士日内瓦召开。中国国家知识产权局局长田力普率团与会。

9 月 24 日 中国国务院总理温家宝在第 63 届联合国大会一般性辩论中作了题为《坚持改革开放、坚持和平发展》的发言,全面阐述了中国的外交政策以及在重大国际问题上的立场和主张。

9 月 25 日 中国国务院总理温家宝在联合国千年发展目标高级别会议上发表讲话,回顾了中国自改革开放以来在脱贫事业上取得的成就和中国对全球脱贫事业做出的贡献;提出坚持政府第一要务是发展的理念、坚持鼓励各国选择自身发展道路和模式、坚持加强发达国家对不发达国家的援助、坚持完善《千年宣言》发展目标的工作机制的建议;表示中国愿为千年目标的实现做出切实行动并对这些行动进行了介绍;呼吁各方团结一致、共克时艰,为千年目标的实现努力奋斗。

10 月 6—10 日 第 59 届难民署执委会会议在日内瓦召开。中国驻日内瓦代表团参赞钱波率团参会。中方在发言中指出,难民署应继续积极倡导"国际团结、责任分担"的原则,帮助有关发展中国家加强能力建设,促进难民问题的持久解决,同时维护国际难民保护机制的严肃性,防止其被滥用。

10 月 6 日—11 月 26 日 联合国第 63 届大会三委在纽约联合国总部举行会议。中国常驻联合国副代表刘振民大使在人权议题下作综合性发言,介绍中国在国内以及国际人权领域保护和促进人权的积极进展。中国代表团在儿童权利、人权及反对种族主义、民族自决权、人权理事会报告、死刑等议题下发言并参加决议磋商,联合发展中国家提出合理主张,对欧盟、日本和加拿大等提出的针对朝鲜、缅甸和伊朗等国的国别提案投反对票。

10 月 6 日—12 月 19 日 联合国第 63 届大会第二委员会在纽约联合

国总部举行会议。中国代表团在一般性辩论发言中阐述了对当前世界经济形势的看法以及对推动国际发展合作的政策主张,呼吁各国加强合作,特别要对涉及全局的重大问题予以优先解决,并提出建议。

10 月 11—13 日 国际货币基金组织和世界银行年会在华盛顿召开。中国人民银行副行长易纲和财政部副部长李勇率中国政府代表团出席。中国代表团在会议发言中表示,应对当前的金融危机需要国际社会协调合作、共同采取行动,中国愿与各国一道维护全球货币金融体系的稳定。中国代表团介绍了中国经济发展情况,并指出在当前形势下,中国经济保持平稳较快发展本身就是对世界经济最大的贡献。中国代表团还重申了在布雷顿森林机构改革问题上的基本立场。在气候变化问题上,认为世行在推动有关合作时应始终坚持"共同但有区别的责任"原则并维护联合国气候变化框架公约的主渠道地位,以此作为解决全球气候变化问题的基本原则。

10 月 13—15 日、12 月 10—14 日 国际红会同中国人民解放军总政治部分别在西安和上海联合举办武装冲突法研讨班。

10 月 14 日 安理会通过关于延长联合国海地稳定特派团任务期限的第 S/RES/1840(2008)号决议。中国代表团表示,联海团多年来为确保海地稳定发挥了关键作用。中方一向支持联海团的工作,同时,希望海地政府在国际社会帮助下加强自身能力建设,尤其在国家机制、警察、司法改革、反腐败等方面做出更大努力。2008 年全年,中国继续向联海特派团派遣 143 名民警。

10 月 20—24 日 国际海事组织法律委员会第 94 届会议在英国伦敦召开。中国作为国际海事组织成员出席了会议。中国香港作为该组织的联系会员也出席了会议。

10 月 27—30 日 移民与发展全球论坛第 2 届会议在菲律宾马尼拉举行。中国驻菲律宾使馆邓锡军临时代办率团与会,在发言中强调移民促进社会发展的积极作用,呼吁国际社会全面客观认识移民问题,促进移民正常、有序流动,切实保护移民合法权益。要求国际社会在资金、技术等方面提供必要援助,帮助发展中国家加强能力建设,促进共同发展。

10 月 31 日—11 月 3 日 《残疾人权利公约》首届缔约国大会举行。中国常驻联合国代表张业遂大使率团出席,副代表刘振民大使发言介绍中国修改《残疾人保障法》,实现国内法与公约衔接及中国成功举办第 13 届残奥会情况,重申中国促进残疾人事业发展和改善残疾人状况的决心。中国盲人专家杨佳(女)成功当选残疾人权利委员会成员,任期 4 年。

10 月 中国国家原子能机构主任陈求发率中国代表团出席国际原子

能机构第 52 届大会,就和平利用核能、防止核武器扩散等问题阐述了中国政府的立场和观点,全面介绍了中国积极发展核电的政策,以及在核安全、核保安等方面所取得的成就和中国核能事业发展的最新情况,积极评价中国与机构的合作,表示中国愿与机构成员国,特别是发展中国家分享核电发展的经验和技术。

11 月 3 日 由联合国人居署与中国住房和城乡建设部共同主办的第 4 届世界城市论坛在南京国际博览中心举行。目标是推动打造更加健康、安全和繁荣的都市,并确保人人得享公平与公正。

11 月 4 日 联合国教科文组织宣布正式设立《人类非物质文化遗产代表作名录》,收录了教科文组织于近年来宣布的 90 项"人类口头与非物质文化遗产代表作",其中包括中国的昆曲、蒙古族长调民歌及新疆维吾尔木卡姆艺术。

11 月 12—14 日 中国环境与发展国际合作委员会(简称"国合会")2008 年年会在北京召开。温家宝总理会见了国合会外方委员,李克强副总理出席会议开幕式并发表讲话。国合会中外方委员、有关国家和国际组织代表、专家学者等 200 余人参加了会议。会议主题是"机制创新与和谐发展"。会议听取了中外专家关于环境与发展领域的政策报告,并讨论通过了给中国政府的相关政策建议。

11 月 17—22 日 世界卫生组织《烟草控制框架公约》第 3 次缔约方会议于南非德班举行。中国代表团积极参与了相关议题的磋商,并充分表达了中方关切。中国代表团针对禁止或限制国家投资、经营烟草行业的相关规定提出了修改意见,使执行准则与中国实行的国家烟草专卖制度相适应。在有关烟草包装标签的执行准则中,中国代表团强调制定准则的目的是协助缔约方履行公约义务,而不是为了增加缔约方义务。

11 月 22—23 日 国际红会、中国红十字会总会和人民大学法学院在北京联合举办第 2 届中国大陆高校国际人道法模拟法庭竞赛,16 所高校参加。

11 月 25—28 日 教科文组织和美国政府在瑞士日内瓦联合主办主题为"全纳教育:未来之路"的第 48 届国际教育大会。各国政府官员和教育专家共 1500 余名出席。中共中央政治局委员、国务委员刘延东率团出席并做主旨发言。

11 月 29 日—12 月 2 日 联合国发展筹资后续国际会议在卡塔尔首都多哈举行。外交部副部长何亚非作为国家主席胡锦涛特别代表率团出席。本次会议是在联合国千年发展目标进程过半、全球金融危机给发展问题带来严重冲击的背景下召开的,是联合国 2008 年在发展领域工作的重头戏。会议期间,代表团参加了全会以及关于资金、投资、贸易、债务、技术合作、国际体制协调为主题的 6 场圆桌会议和成果文件磋商。何亚非副部长在全会发言,阐述了中国对当前国际发展问题的看法,呼吁各方建立全球发展伙伴关系,采取切实行动帮助发展中国家解决难题。与会期间,何亚非副部长还应邀出席了联合国秘书长潘基文举行的金融问题小范围高级别会议,阐述了中国政府关于国际金融体系改革和应对金融危机的立场,呼吁各方避免因应对金融危机忽视对发展问题的关注和投入。

12 月 1—12 日　《联合国气候变化框架公约》第 14 次缔约方会议暨《京都议定书》第 4 次缔约方会议在波兰波兹南举行。本次会议是落实"巴厘路线图"、迈向哥本哈根会议的重要一站。中国代表团积极参与各议题讨论与磋商并与有关各方协调立场,为推动波兹南会议取得成功发挥了积极、建设性作用。中国还在会间积极开展宣传活动,积极宣传中国政府应对气候变化的政策、措施及成果,特别是中国新颁布的《中国应对气候变化的政策与行动》白皮书,得到各国与会代表、新闻媒体及非政府组织的极大关注和好评。

12 月 3 日　安理会举行公开会,听取国际刑事法院检察官通报处理达尔富尔"有罪不罚"问题进展情况。中国常驻联合国代表张业遂大使表示,国际社会在达尔富尔问题上有两大突出关切:一是苏丹和平局面能否得到维持;二是联合国有史以来最大规模的维和行动能否在达区顺利实施,并取得预期成效。中方支持国际社会以对话合作方式在达区实现和平及司法正义,呼吁国际刑事法院与国际社会其他各方解决达尔富尔问题的努力能够形成良性互动,共同推进苏丹和平进程。

12 月 3—6 日　联合国互联网治理论坛第 3 届会议在印度海德拉巴召开。会议分别就互联网关键资源管理、网络安全及互联网介入等 3 项主议题进行了广泛的探讨。联合国助理秘书长桑德拉姆、国际电联秘书长哈马德·图埃等出席开幕式并致辞。中国工业和信息化部通话保障局副局长赵志国率团与会。

12 月 4—5 日　第 63 届联合国大会审议了海洋和海洋法议题,并表决通过"海洋和海洋法决议",协商一致通过了"可持续渔业决议",中国常驻联合国副代表刘振民大使在会上发言,重申各国在共同发展的理念基础上维护和谐海洋秩序的主张;欢迎本年《联合国海洋法公约》缔约国会议对 200 海里以外大陆架划界案提交截止期限的决定。

12 月 10—16 日　联合国人权高专办公室技术评估团访华,评估中国与高专办签署的 2005—2008 年技术合作《谅解备忘录》项目落实情况。

12 月 16 日 安理会就索马里海盗问题举行高级别会议,外交部副部长何亚非率团出席会议并发言。中国代表团表示,欢迎安理会通过有关决议,支持开展国际合作,共同打击索马里海盗。中国政府已经派遣海军舰艇前往亚丁湾、索马里海域执行护航任务。非盟已经多次呼吁联合国尽快接管非盟在索维和行动,中方始终对此持积极态度。

同日 安理会通过关于巴以问题的第 S/RES/1850(2008)决议,重申安理会支持巴以实现两个国家和平共处的前景,支持双方努力通过谈判达成和平协议。外交部副部长何亚非出席会议并发言。何亚非表示,中国一贯主张安理会应在中东问题上发挥应有的作用,支持安理会就中东问题通过决议。中国始终认为,政治谈判是在中东实现持久和平的唯一正确途径。中国希望双方在新的形势下,尽快重新凝聚谈判势头,并在联合国有关决议和"土地换和平"原则基础上,通过谈判,早日实现巴以两个国家和平共处的前景。

同日 中国派遣军舰赴索马里和亚丁湾海域执行护航任务,以保障中国船只和人员安全,以及有关国际组织运送人道主义物资的船只的安全。这是中国海军首次组织海上作战力量赴海外履行国际人道主义义务、首次在远海保护重要运输线安全。

二〇〇九年

1 月 8 日 安理会通过了关于中东局势的第 S/RES/1860(2009)号决议,表决结果为 14 票赞成、1 票(美国)弃权。中国常驻联合国代表张业遂大使在决议通过后作解释性发言,表示加沙冲突爆发以来,中方一直支持安理会尽快通过一项决议,敦促有关方面立即实现停火并撤军,开放过境口岸,缓解加沙人道主义局势。决议的通过,反映了国际社会的共同期待和愿望。中方敦促有关各方立即实现停火,全面、有效落实决议,避免造成更多平民伤亡和人道主义灾难。中方希望国际社会共同努力,推动有关各方回到谈判的轨道上来,公正、持久地解决巴以问题。

2 月 6 日 中国常驻联合国代表团照会联合国秘书长潘基文,就日本 2008 年 11 月 12 日向大陆架界限委员会提交的 200 海里以外大陆架划界案表明立场。中国政府认为,"冲之鸟礁依其自然状况,显然是不能维持人类居住或其本身的经济生活的岩礁,不应有专属经济区和大陆架,更不具备扩展 200 海里以外大陆架的权利",要求大陆架界限委员会不对日本划界案中涉及冲之鸟礁部分采取行动。

2月9—11日　中国首次接受联合国人权理事会国别人权审查（又称"普遍定期审议"）工作组对中国人权状况的审议。中国派出高级别、跨部门代表团参加审议，全面介绍中国人权事业的发展、面临的挑战和努力目标，并以开放、坦诚的精神与各方进行对话。在审议中，许多国家肯定中国政府为促进人权所作的努力及中国人权事业的进步。一些国家指出存在的问题并提出建议。中国从本国国情出发，接受了各国提出的建议共42条。2月11日，人权理事会国别人权审查工作组协商一致通过了审议中国的报告。6月11日，人权理事会全会核可该报告。中国圆满完成首次接受人权理事会国别人权审查的工作。

2月18日　国际联合会秘书长比开利访华。中国外交部部长助理刘结一、中国红十字会总会常务副会长江亦曼会见。

2月19日　第62届联合国大会决定，第63届联大以非正式全会方式启动安理会改革政府间谈判。此后，联大分别于3月4日—4月20日、5月22日—6月11日、9月1—3日举行了3轮谈判。11月12—13日，第64届联大就安理会改革问题举行辩论。12月18日，联大启动第4轮谈判。中国代表团积极参与了安理会改革政府间谈判。中国常驻联合国代表张业遂大使在联大辩论中发言表示，中方坚定支持对安理会进行必要、合理的改革，以增强其代表性和透明度，更好地服务会员国。改革应优先增加发展中国家特别是非洲的代表性，必须体现国际关系民主化潮流，让中小国家有更多机会参与安理会决策。改革涉及的5大类问题相互关联，不能采取"分步走"或"零散解决"的方式，只有整体推进、一揽子解决，才能兼顾会员国在不同问题上的利益和关切。谈判进程应由会员国主导，充分照顾各方关切，努力寻求普遍共识。

2月20—22日　联合国环境署理事会第25届会议暨全球部长级环境论坛在肯尼亚内罗毕举行。本次会议在全球金融和经济危机背景下召开，会议采取部长级环境论坛和理事会全体委员会会议并行召开的形式举行。环境保护部副部长李干杰率代表团与会并发言，以及参加会议的相关活动。

2月24—28日　第63届联大主席布罗克曼对中国进行访问。

2月26日　中国政府和联合国毒品与犯罪问题办公室联合在上海举行了活动，纪念1909年2月26日在上海举行的国际鸦片委员会会议（史称"万国禁烟会"），这是世界上第1次国际禁毒会议，会议的召开为3年之后签署的第1个国际禁毒条约《国际鸦片公约》奠定了基础。

3月2—13日　第53届联合国妇女地位委员会在纽约联合国总部举

行。中国常驻联合国副代表刘振民大使率团出席并在一般性辩论会上发言,全面介绍中国近两年提高妇女地位,特别是促进男女分担责任方面的新做法和新进展。

3月4日 国际刑事法院第一预审分庭以战争罪和反人类罪向苏丹总统巴希尔发出逮捕令,并要求各国和国际组织根据《罗马规约》和安理会有关决议规定,向ICC提供合作。中国外交部发言人表示,中方对ICC发出对苏丹总统的逮捕令表示遗憾和不安。当前国际社会的首要任务是维护达尔富尔地区局势稳定,继续推进政治进程和联合国—非盟混合行动部署。中方反对任何可能干扰达尔富尔地区和苏丹和平大局的举动。我们希望安理会尊重和听取广大非洲和阿拉伯国家呼声,根据《罗马规约》第16条采取必要行动,要求国际刑事法院暂停审理此案。

3月20日 世界银行同中国政府在北京签署文件,向汶川地震恢复与重建贷款项目提供7.1亿美元的贷款。这一项目是世行迄今最大的紧急救援贷款项目。

3月30日—4月1日 世界知识产权组织(WIPO)新任总干事高锐首次访华并出席国家知识产权局、国家工商总局、国家版权局与WIPO联合举办的"WIPO跨区域知识产权高级论坛"。国务院总理温家宝、副总理王岐山分别予以会见。其间,北京大学授予高锐"荣誉教授"称号。

3月 国际民航组织宣布同意在中国成立亚太地区基于性能导航(PBN)飞行程序办公室。这是国际民航组织在世界建成的首个飞行程序办公室,有利于提升中国民航飞行程序设计能力,促进和提高中国民航在世界上的技术地位。

4月1—3日 由世界卫生组织、中国卫生部、比尔及梅琳达·盖茨基金会联合举办的耐多药及广泛耐多药结核病高负担国家部长级会议北京举行。来自30多个国家、国际组织和非政府组织的官员和专家出席会议,重点讨论耐多药、广泛耐药结核病所带来的巨大健康威胁,并强调研发新的防治手段,以有效应对全球结核病控制领域的挑战。

4月3日 "自然灾害医学救援国际研讨会"在中国四川开幕,来自世界50多个国家的卫生专家就自然灾害发生时,如何有效应对灾害、降低损失进行讨论,并通过回顾汶川地震、印度洋海啸等特大灾害发生后的卫生应急救援协调措施,总结出可供借鉴的救灾经验。

4月10—16日、25—29日、5月4—11日 中国红十字会总会和国际红会分别在苏州、上海、南京联合举办"纪念索尔费里诺战役150周年图片展"。

4月14—15日　《联合国打击跨国有组织犯罪人口贩运议定书》第1次不限名额临时工作组会议在维也纳举行。中国作为尚未批准议定书的观察员派代表团与会,并在会上介绍了中国在打击人口贩运方面的成绩,了解各国履行议定书的经验和做法。

4月17日　世界银行宣布,世行执行董事会最近批准两笔贷款,分别向贵广铁路项目和湖北宜巴公路项目提供3亿美元和1.5亿美元的资金支持。这两个项目旨在协助中国满足公路铁路客货运需求增长,改善中西部地区的交通状况。

4月20—24日　联合国德班反对种族主义世界大会审议大会在日内瓦举行。联合国秘书长、联合国人权高专等出席会议开幕式并发言。中国积极参与前期筹备和大会各项工作,在大会上介绍了中国反对种族歧视、保护少数民族权益的政策,建设性参与成果文件磋商,为弥合各方分歧发挥重要作用,受到各国好评。中国民间组织国际交流促进会和中国西藏文化保护与发展协会参加了审议大会。

4月21日　由教科文组织和美国国会图书馆主要牵头,由包括中国国家图书馆在内的19个国家33个合作伙伴共同发起的"世界数字图书馆"正式上线。

4月28日　联合国开发计划署和中国政府在北京启动将小额信贷融入整个金融体系的合作项目。这一项目将在今后4年中为促进中国农村发展并惠及农村贫困人口投入总额达1440万美元的资金。

5月11—15日　国际海事组织在香港特区成功举行拆船公约外交大会,通过了以香港特区命名的《2009年香港国际安全与无害环境拆船公约》。这是海事组织有史以来在亚洲举办的首次外交大会。中国交通运输部副部长徐祖远率团与会。

5月18—22日　第62届世界卫生大会在日内瓦召开。卫生部部长陈竺率团出席会议,在一般性辩论中发言介绍了中国防控甲型H1N1流感疫情的措施和策略,以及中国当前医药卫生体制改革的思路和重点工作。经两岸协商,中华台北卫生署首次以观察员身份参加了本届大会。

6月1日　由联合国教科文组织、中国文化部和四川省政府联合主办的非物质文化遗产国际论坛在成都举行。本次论坛的主题是:灾难与非物质文化遗产保护。来自31个国家常驻联合国教科文组织的代表、教科文组织官员及专家学者一致达成《成都共识》,呼吁各国深入探讨现代化、全球化以及灾难给非物质文化遗产保护所带来的影响,并为此建立有效的保护措施和机制。

6月3—12日 联合国和平利用外层空间委员会第52届会议在维也纳举行。中国派出由外交部等国内相关部门和驻维也纳代表团共同组成的代表团与会。中国航天员代表杨利伟、景海鹏参加会议开幕式并发言,介绍了中国神舟系列航天飞船在载人航天方面所取得的突出成就,重申中国层空间委员会的航天事业始终体现和谐和平的主旨。

6月3—19日 第98届国际劳工大会在日内瓦举行,通过了《全球就业协定》。会议期间,中国代表团发言介绍了中国政府在应对危机中保增长、保民生、保稳定,扩大就业、加强社会保障的政策措施,中国工会应对危机采取的促发展,倡约定、促和谐,重民生、促就业,抓培训,提素质等措施,以及中国企业联合会积极组织和帮助企业和企业家坚定信心,承担社会责任,并通过加强管理和技术创新应对危机影响的做法,并就加强国际合作共同应对危机提出建议。

6月5日 安理会听取国际刑事法院检察官奥坎波通报处理达尔富尔"有罪不罚"问题进展情况。中国常驻联合国副代表刘振民大使发言表示,近年来,有关各方围绕达尔富尔问题的国际共识在逐步增加,以和平、合作方式解决问题的努力也正在取得积极进展。在解决地区热点问题的过程中兼顾打击"有罪不罚",努力实现司法公正,是国际社会的共同目标。中方希望 ICC 为妥善解决达尔富尔问题做出应有贡献。

6月10—12日 中国与禁化武组织在香港联合举办"海关在履行《禁止化学武器公约》中的作用"亚洲地区履约研讨会,禁化武组织总干事罗赫略·菲尔特出席研讨会。来自亚太地区 22 个国家的 30 余位海关高级官员参加研讨会,会议通过交流海关执法经验、观摩香港海关执法实践等,促进和提高了亚太地区公约缔约国的履约水平。

6月22—26日 《联合国海洋法公约》第 19 次缔约国会议在纽约联合国总部举行。中国与巴基斯坦、科特迪瓦提议在会议议程中增列"作为人类共同继承财产的国际海底区域和公约第 121 条"的议题,得到阿根廷、俄罗斯、德国等十几个国家的支持。

6月22—30日 教科文组织世界遗产委员会第 33 届会议在西班牙塞维利亚举行。中国常驻教科文组织代表师淑云率团与会。会议审议通过将中国山西省五台山风景名胜区等 45 个项目列入《世界遗产名录》。

6月24—26日 联合国"世界金融和经济危机及其对发展影响高级别会议"在纽约举行。本次会议是联合国为应对全球金融危机召开的首次高级别会议,各方尤其是发展中国家高度关注。外交部部长杨洁篪率团出席。会议期间,代表团参加了全会以及关于危机对发展影响、如何应对、联合国作用等议题的 4 场圆桌会议和成果文件磋商。杨洁篪外长在全会上发言，阐述了中国在金融危机背景下推进国家发展合作的主张，表示中国将继续积极参与国家发展合作，推动如期实现联合国千年发展目标。

6 月　中国国防部维和中心成立，担负中国军队维和培训、理论研究、国际合作与交流等任务。

6—7 月　中国军队与蒙古国军队首次举行代号为"维和使命—2009"的维和联合训练，这是中国军队首次与外军开展维和联合训练。

7 月 2—4 日　世界知识产权组织新任总干事高锐来华参加中国国际经济交流中心举办的全球智库峰会。

7 月 6—31 日　联合国经社理事会 2009 年实质性会议在日内瓦举行，其中 7 月 6—9 日为高级别部分，主题为"全球公共卫生领域国际商定的目标与承诺"并通过了《部长宣言》。中国卫生部部长陈竺在会上发言，介绍了中国社会经济发展情况、实现卫生相关的千年发展目标进展、面临的挑战和医药卫生体制改革等情况，并在一般性辩论中介绍了中国医药卫生领域发展情况，建议将防控慢性非传染性疾病和伤害纳入千年发展目标议程，并表示中国愿继续加强与世界卫生组织及有关国家的合作。

7 月 7 日　联合国艾滋病规划署、万国邮联和国际劳工组织等机构联合启动了一个通过邮政网络宣传艾滋病预防的全球性项目。这一项目将在包括中国在内的全球 1.6 万多个邮局展开，通过张贴宣传画和散发传单等方式提高人们防范艾滋病的意识。

8 月 10—12 日　外交部部长杨洁篪对约旦进行正式访问，并出席在日内瓦举行的裁军谈判会议。

8 月 12 日　外交部部长杨洁篪出席日内瓦裁军谈判会议并就核裁军等问题发表政策讲话。杨洁篪外长指出，全面禁止和彻底销毁核武器是中国一贯倡导并不懈追求的目标，并重点从核裁军、防扩散及和平利用核能 3 方面，就如何实现上述目标系统介绍了中国的政策主张。

8 月 12—13 日　中国国际人道法国家委员会与国际红会在北京联合举办"纪念 1949 年《日内瓦公约》通过 60 周年研讨会"。

8 月 21—22 日　中国卫生部与世界卫生组织在北京联合举办流感大流行应对与准备国际科学研讨会。

8 月 24 日　为纪念联合国亚太经社委员会同中国开展合作 30 周年，亚太经社同中国政府在北京举行了一个活动，强调为了应对粮食危机和发展可持续农业而加强南南合作的重要性。

8 月　《禁止生物武器公约》专家组会在日内瓦举行，会议议题为疫情监控能力建设和国际合作。中国代表团以建设性姿态参加了此次会议,积极参与各项议题讨论,全面介绍中国在疫情监控,包括中国应对禽流感、甲型 H1N1 流感等方面的政策措施,以及在国际合作领域,特别是在援助发展中国家、增强其疫情监控能力建设方面所做的大量工作。

9 月 14 日—10 月 2 日　人权理事会在日内瓦举行第 12 次会议。中国代表团发言介绍了落实《国家人权行动计划》情况等人权领域新进展,呼吁加沙冲突有关各方全面落实联合国有关决议,保证加沙重建和人道主义工作顺畅展开,在针对戈德斯通报告决议表决时投了赞成票,并作解释性发言。

9 月 22 日　在联合国秘书长潘基文倡议下,各国领导人聚首纽约,出席联合国气候变化峰会,纷纷就如何加强应对气候变化国际合作发表意见,充分表达了积极应对气候变化的政治意愿,为"巴厘路线图"谈判提供了政治指导和推动力。中国国家主席胡锦涛出席联合国气候变化峰会开幕式,并发表题为《携手应对气候变化挑战》的重要讲话。胡锦涛在讲话中详细阐释中国应对全球气候变化的原则、立场和对哥本哈根会议的期望,并宣布中国进一步应对气候变化的政策、措施和行动。胡锦涛提出,中国争取到 2020 年单位国内生产总值二氧化碳排放比 2005 年有显著下降,2020 年非化石能源占一次能源消费比重达到 15% 左右,2020 年森林面积比 2005 年增加 4000 万公顷,森林蓄积量比 2005 年增加 13 亿立方米,充分展示了中国积极应对气候变化的负责任国家形象,受到国际社会高度评价。

同日　中国国际问题研究所与国际红会东亚地区代表处在北京联合举办"当代武装冲突中的人道主义行动和法则"研讨会。

9 月 22 日—10 月 2 日　国家知识产权局局长田力普率团出席在瑞士日内瓦召开的世界知识产权组织成员国大会第 47 届系列会议及高级别会议并作发言,介绍了中国过去一年在知识产权领域的工作和成绩,阐述了知识产权在当前金融危机形势下对促进各国经济复苏的积极作用,表示中国愿以积极开放的态度同各国开展合作,探索应对方法,共克时艰。

9 月 23 日　中国国家主席胡锦涛出席第 64 届联合国大会一般性辩论,并发表题为《同舟共济　共创未来》的重要讲话。这是中国国家元首第 1 次在联大一般性辩论中亮相。胡锦涛呼吁国际社会推动建设持久和平、共同繁荣的和谐世界,并提出 4 点主张——用更广阔的视野审视安全,用更全面的观点看待发展,用更开放的态度开展合作,用更宽广的胸襟相互包容。

9 月 28 日—10 月 2 日　第 60 届难民署执委会会议在日内瓦召开。中国驻日内瓦代表团副代表王群大使率团参会,发言指出,解决难民问题须从根源入手,呼吁国际社会向发展中国家提供更多资金和技术援助,希望难民署采取切实措施,维护国际难民保护机制的严肃性,防止其被滥用。

10月2—9日　国家旅游局祝善忠副局长率团参加世界旅游组织第18次全体大会,介绍了中国旅游业发展情况及中国旅游界为应对世界金融危机所采取的一系列措施。大会确定中国为2010年世界旅游日主办国。

10月4—7日　国际货币基金组织和世界银行年会在伊斯坦布尔召开。中国财政部部长谢旭人和人民银行副行长易纲率中国政府代表团出席。中国代表团在发言中呼吁各国要继续加强宏观政策协调,保持经济刺激力度,共同反对和抵制任何形式的保护主义,促进全球经济的复苏和可持续发展。

10月5日—11月27日　第64届联大三委在纽约举行,审议了儿童权利、土著问题等人权议题并通过38项决议。中国常驻联合国副代表刘振民大使在人权议题下作综合性发言,介绍中国在人权问题上的立场和主张以及新中国成立60年来人权领域的显著进展。中国代表团在人权文书、人权理事会报告、儿童权利、反对种族主义、民族自决权等议题下发言并参加了与人权高专和酷刑问题等特别机制的互动对话,支持发展中国家提出的合理主张,对针对朝鲜、缅甸和伊朗等国的国别人权提案投反对票。

10月5日—11月底　联合国第64届大会第二委员会在纽约联合国总部举行会议。中国代表团在一般性辩论发言中阐述了对当前世界经济形势的看法以及对推动国际发展合作的政策主张,呼吁国际社会必须提高对发展问题的重视,坚持合作促发展,强化全球发展伙伴关系;强调当前的首要任务是应对国际金融危机、推动世界经济健康复苏;呼吁国际社会要在联合国气候变化峰会政治共识的基础上,本着对各自国家和人类社会负责任的态度,推动哥本哈根会议取得成功;指出各方应加大对农业和粮食问题的重视,加强合作,统筹解决。

10月24—27日　国家版权局在京举办第2届版权博览会,世界知识产权组织副总干事王彬颖出席开幕式并致辞。

10月29—30日　国家知识产权局与世界知识产权组织在香港特区联合举办"知识产权资产管理"年地区研讨会。研讨会由香港特区政府知识产权署承办。

10—11月　国家邮政局苏和副局长率团参加万国邮联行政理事会年会,就中国新修订的《邮政法》和邮政普遍服务情况作了主旨发言,得到与会代表广泛关注和重视。

11月2—5日　移民与发展全球论坛(GFMD)第3届会议在希腊雅典举行。中国驻希腊大使罗林泉率团与会,在发言中强调移民促进社会发展的积极作用,呼吁国际社会加强对话与合作,要求发达国家帮助发展中国家加强能力建设,指出各国在应对金融危机和制定发展战略时应切实保护移民合法权益,支持论坛进一步发挥作用。

11月4—8日　《关于消耗臭氧层物质的蒙特利尔议定书》第21次缔约方会议于在埃及加里卜港举行。中国代表团积极参加了会议各项议题的讨论,与印度、马来西亚、沙特阿拉伯等发展中国家充分沟通和协调立场,使会议通过的有关决定基本体现了中方的立场。中国代表团团长、环境保护部副部长吴晓青在高级别会议上发言,就加强发展中国家能力建设、加速淘汰含氢氯氟烃(HCFC)等问题阐述了中国政府的立场和观点,得到了与会代表的好评。

11月5日　中国常驻联合国代表张业遂大使致函联合国秘书长潘基文,指出:图瓦卢、冈比亚等国在联合国论坛上鼓吹"两个中国""一中一台",违背了《联合国宪章》的宗旨和原则,侵犯了中国主权和领土完整,干涉了中国的内政。他们的举动也与台湾海峡两岸中国人维护当前两岸关系和平发展的良好势头背道而驰,中国政府和人民对此表示坚决反对。

11月9—10日　《特定常规武器公约》所附《战争遗留爆炸物议定书》第3次缔约方会议在日内瓦举行。中国派观察员代表团与会。中国观察员代表团在发言中积极评价议定书生效以来的履约工作,希望各方继续在履约机制建设等方面取得进展,不断推进议定书的普遍性和有效性。中国政府致力于早日加入议定书,将加快国内批约进程,尽早完成必要批约程序。

11月11—13日　中国环境与发展国际合作委员会2009年年会在北京召开。温家宝总理会见了国合会外方委员,李克强副总理出席会议开幕式并发表讲话。国合会中外方委员、有关国家和国际组织代表、专家学者等200余人参加了会议。会议主题是"能源、环境与发展"。会议听取了中外专家关于环境与发展的政策报告,并讨论通过了给中国政府的相关政策建议。

11月15—18日　联合国互联网治理论坛第4届会议在埃及沙姆沙伊赫召开。会议分别就互联网关键资源管理、安全、开放与隐私、接入和多样性以及论坛是否延续等议题进行了广泛的探讨。中国工业和信息化部国际合作司司长陈因率团与会。

11月16—18日　世界粮食安全峰会在罗马联合国粮农组织总部召开,会议主题是完善农业治理体系,为全球饥饿问题寻找长期解决方案。会议通过了《世界粮食安全峰会宣言》。回良玉副总理出席峰会并发表题为《加强合作　携手努力　共同维护全球粮食安全》的讲话。

11月20—22日　中国红十字会总会、人民大学法学院和国际红会在北京联合举办第3届中国大陆高校国际人道法模拟法庭竞赛,20所高校参加。

11月30日　安理会一致通过第S/RES/1897(2009)号决议,决定将有关打击索马里海盗的授权延期至2010年12月。中国代表在安理会审议索马里海盗问题时表示,中国支持国际社会为解决索马里海盗问题所做的集体努力。为更有效地打击索马里海盗,各国应严格遵守国际法和安理会相关决议。

11月30日—12月4日　《渥太华禁雷公约》第2次审议大会在哥伦比亚卡塔赫纳举行,中国派观察员代表团与会。中国观察员代表团发言表示,中国认同公约宗旨和目标,赞赏公约体现的人道主义精神,将继续加强与公约缔约国和有关国际组织的合作与交流,为早日彻底解决地雷造成的人道主义问题做出应有贡献。

同日　《禁止化学武器公约》第14届缔约国大会在海牙举行。大会任命土耳其候选人阿赫迈特·尤祖姆居为禁化武组织新任总干事。中国代表团发言阐述了中国政府在化武销毁、工业核查、化工领域国际合作等问题上的立场和主张,敦促日本采取切实措施,尽快启动日本遗弃在华化学武器销毁工作。

12月2—3日　国家版权局与世界知识产权组织在北京联合举办"WIPO数字环境下的版权和相关权集体管理国家区域研讨会"。WIPO官员、国际权利人组织和国外著作权集体管理组织的专家与会,就数字环境下全球版权和相关权集体管理面临的机遇和挑战进行了讨论。

12月4日　第64届联合国大会审议了海洋和海洋法议题,并表决通过"海洋和海洋法决议"。中国常驻联合国副代表刘振民大使在会上发言,强调外大陆架划界应避免侵蚀作为人类共同继承财产的国际海底区域的范围;大陆架界限委员会应全面、严格按照《联合国海洋法公约》规定,公正履行职责并取得经得起科学、法律和时间考验的成果;大陆架界限委员会根据公约第76条和附件二审议划界案,不应影响各国对公约其他部分的适用;国际社会应关注复杂法律问题给委员会审议带来的困难,并探讨解决途径等。

12月15—18日　国家知识产权局与世界知识产权组织在北京联合举办"非洲国家高级官员和高级审查员知识产权培训研讨会"。国家版权局与世界知识产权组织共同开展"中国版权经济贡献率"调研项目为期 3 年，于 2009 年结题。

12 月 17—18 日 国务院总理温家宝出席在丹麦举行的哥本哈根气候变化会议领导人会议，发表了题为《凝聚共识 加强合作 推进应对气候变化历史进程》的重要讲话。在讲话中，温家宝总理回顾了中国为应对气候变化做出的不懈努力和积极贡献，呼吁国际社会在应对气候变化的过程中应牢牢把握保持成果的一致性、坚持规则的公平性、注重目标的合理性和确保机制的有效性 4 点原则，表示不论会议成果如何，中国都将继续为实现甚至超过减排目标而努力。此外，温家宝总理在近 60 小时内与有关国家领导人开展密集磋商与会谈，以最大的政治意愿和耐心，力推谈判进程不断向前，尤其是在会议关键时刻，亲自出面与有关方面做了大量艰苦细致的工作，为最终推动会议取得积极成果发挥了重要作用。

12 月 23 日 安理会通过关于非洲和平与安全的第 S/RES/1907（2009）号决议，中国投了弃权票。

12 月 29 日 根据联合国大会圣诞节前夕通过的未来 3 年会员国承担联合国费用的分摊比额表，中国的分摊比额有所上升。对此，中国常驻联合国副代表刘振民表示，分摊比额的计算方法并没有改变，中国分摊比额的增加是经济增长的结果，也是中国应尽的国际义务。

12 月 《禁止生物武器公约》缔约国会议在日内瓦举行，各方在专家组会的基础上继续讨论疫情监控能力建设和国际合作等议题。中国代表团提出，各缔约国应建立并完善符合本国国情及需要的疫情监测与应对机制，有能力的国家应在平等、协作、互相尊重的基础上积极帮助有需要的国家增强疫情监控应对能力建设，推动各缔约国之间的交流与合作。

二〇一〇年

1 月 6 日 安理会轮值主席、中国常驻联合国代表张业遂大使主持安理会阿富汗问题审议会议。张业遂表示，中国支持阿富汗政府和人民为稳定阿富汗局势所做的努力，希望国际社会加大投入，协助阿富汗政府加强军队和警察能力建设，使其尽早承担起维护安全的职责。中国支持阿富汗政府和人民为促进经济社会发展、改善民生所作的努力，呼吁国际社会根据阿富汗发展需要，提供更多支持和援助。

1 月 27 日 作为安理会当月轮值主席，中国主持召开安理会中东问题公开辩论会。中国常驻联合国代表张业遂大使在发言中表示，当前中东和平进程陷于僵局,恢复和谈的前景暗淡,中方对此深表忧虑。中方希望有关各方坚定和谈信念,排除困难和干扰,为尽快恢复和谈创造有利条件。

2月8—19日　联合国外空委科技小组委员会第47届会议在联合国维也纳办事处召开。中国代表团在一般性发言中对中国2009年的主要航空活动进行了总结,介绍了中国在探月工程和民用航天等领域取得的成果,阐述了中国将在研制新一代运载火箭、月球探测、载人航天、高分辨率卫星系统等重大工程和民用航天领域的发展规划,阐述了中国和平利用外空立场以及航天国际合作原则,并着重就空间碎片、全球卫星导航系统等议题作了发言。

3月1—12日　第54届联合国妇女地位委员会在纽约联合国总部举行会议。全国妇联副主席、书记处书记孟晓驷率团出席并在三八节纪念会议及一般性辩论会上发言,高度评价第四次世界妇女大会产生的深远影响和国际妇女运动的长足进步,积极宣传中国为履行《北京行动纲领》《消除对妇女一切形式歧视公约》和千年发展目标作出的巨大努力和取得的积极成果,特别是中国政府在科学发展观指引下,采取积极措施,缩小教育中的性别差距、改善孕产妇健康、促进妇女参政以及应对金融危机促进妇女就业创业等行动。呼吁各国关注最不发达国家和发展中国家妇女的声音,共建和谐世界。

3月1—29日　人权理事会在日内瓦举行第13次会议(主会)。5月31日—6月8日,人权理事会在日内瓦举行第14次会议;9月13日—10月1日,人权理事会在日内瓦举行第15次会议。中国代表团在上述会议中深入参与各项议题的审议和磋商,结合国内召开全国人民代表大会和全国政治协商会议最新情况,介绍了中国在人权领域取得的最新成就,客观评价人权高专报告和有关特别机制工作,与发展中国家密切沟通与协作,维护了共同利益。

3月18日　安理会举行阿富汗问题辩论会。中国常驻联合国代表李保东大使发言表示,阿富汗局势目前正处于承上启下的关键时期。国际社会应持续关注阿富汗,加大支持和援助力度,通过加强阿富汗的主权、自主权和发展能力,为过渡到全面的"阿人治阿"做好准备。实现阿富汗的长治久安,关键是加快经济发展,改善民生。中方支持联合国在帮助阿富汗重建进程中继续发挥主导和协调作用。阿富汗是中国的友好邻邦,中国是阿富汗和平重建的积极支持者、参与者和推动者。今后中方还将在力所能及的范围内向阿富汗提供支持。

3月26日　人权理事会以协商一致、未经表决的方式通过一项由欧盟提出的有关缅甸人权状况的决议。决议认为缅甸存在系统性地侵犯人权和人民基本自由的行为,呼吁缅甸政府确保选举进程自由、透明和公正;并决定将缅甸人权形势特别报告员的任期延长1年。中国、俄罗斯、印度等国抵制该决议。

3月29日—4月16日 2010年裁审会实质性会议在纽约联合国总部举行。在一般性辩论和各议题讨论中,中国代表团阐述了对国际安全形势、多边军控进程以及核裁军、核不扩散等问题的看法,介绍了中国有关积极政策举措。中国并就"裁军10年宣言"的原则和内容、裁审会工作和作用等提出看法。

3月30日—4月15日 联合国教科文组织执行局第184届会议在巴黎举行。教育部副部长郝平率团与会。会议审议了该组织机构调整和高层人事任命、中东地区教育和文化设施保护、海地重建与文化遗产保护等议题,任命新的副总干事1名、助理总干事8名,其中,来自中国的唐虔被任命为教育助理总干事。

4月12—30日 国家邮政局副局长徐建洲率团参加在瑞士伯尔尼举行的万国邮联邮政经营理事会年会。9月22—23日,国家邮政局局长马军胜率团参加在肯尼亚内罗毕举行的万国邮联邮政战略大会,就"邮政未来环境与发展趋势"作了发言,受到与会代表广泛关注。

4月14日 外交部部长助理刘振民会见联合国难民署新任驻中国和蒙古地区代表文森蒂斯(意大利人),接受其委任书。

4月15日 联合国开发计划署在北京正式发布《2010年中国人类发展报告》,其主题为"迈向低碳经济和社会的可持续未来"。这份由开发署委托中国人民大学完成的报告称,中国目前的增长模式很难长期维持;在制定未来社会和经济发展政策上,除了走低碳之路,别无选择。

4月15—16日 中国在广西桂林举办了中国国家知识产权局、美国专利商标局、欧洲专利局、日本特许厅、韩国特许厅等参加的第3次五局局长会议。会议由国家知识产权局局长田力普主持,世界知识产权组织总干事高锐以观察员身份列席会议。

4月24—25日 国际货币基金组织和世界银行春季例会在华盛顿召开。财政部部长谢旭人和中国人民银行行长周小川率中国政府代表团出席。中国代表团对全球经济和金融市场前景进行展望,介绍了中国的经济形势和政策,从治理改革、监督、融资3方面阐述了中国在基金组织治理和职能改革上的立场,呼吁现行内部改革应明确方向、渐进务实、贴近现实。

4月26日—5月7日 国际海底管理局第16届会议在牙买加首都金

斯敦举行。中国代表团积极参加了会议各项工作。会议结束当天,根据本届会上通过的硫化物规章,中国大洋协会向海管局提出"区域"内多金属硫化物勘探矿区申请。

4月27日 中国政府日前正式公布了关于修改《中华人民共和国国境卫生检疫法实施细则》和《中华人民共和国外国人入境出境管理法实施细则》的有关决定,删除了有关禁止患有艾滋病的外国人入境的内容。潘基文秘书长、联合国艾滋病规划署和世界卫生组织纷纷就此发表声明,表示欢迎。

4月 中国成功竞选连任2011—2014年度联合国非政府组织委员会成员。

5月3—14日 联合国可持续发展委员会第18届会议在纽约举行,会议主要就可持续生产和消费、矿业、交通运输、废弃物管理、化学品等主题进行了讨论,呼吁加大国际合作力度,采取措施使经济增长与环境恶化脱钩,实现各国经济向绿色经济转型,实现资源节约型社会。中国常驻联合国代表李保东大使与会并在会议开幕式上发言,呼吁各国加强合作,根据"共同但有区别的责任"原则,采取切实行动,促进全球可持续发展目标的实现。

5月6日 为纪念5月8日第二次世界大战欧洲战场结束65周年,大会召开全会。潘基文秘书长、中国、美国、英国、俄罗斯等战胜国代表作了发言。

5月11日 举行反恐问题通报会。中国常驻联合国代表李保东大使发言表示,中方积极评价反恐委员会、1540委员会、1267委员会的工作成效,支持安理会在国际反恐合作中发挥重要作用,希望3个委员会在工作中倾听发展中国家的声音,帮助他们提高反恐能力。中方鼓励3个委员会在授权范围内积极参与联大《全球反恐战略》的落实工作,使联合国系统的反恐努力协调一致,维护联合国在国际反恐合作中的核心作用。

5月17日 世界电信和信息社会日,活动主题是"信息通信技术让城市生活更美好"。国际电联特别在中国上海世博园举行大型庆典,以呼应2010年世界博览会"城市,让生活更美好"的主题。

5月17—19日 联合国亚太经社会(ESCAP)第66届年会在韩国仁川举行。外交部部长助理刘振民率团出席并发表讲话,指出当前是亚太地区经济从危机中复苏的关键时期,亚太各国积极采取应对措施,率先实现经济回升,但在全面落实千年发展目标、实现经济社会可持续发展方面仍面临严峻挑战。

5月17—21日 第63届世界卫生大会在日内瓦召开。中国卫生部部长陈竺率团出席会议,在一般性辩论中发言介绍了中国在实现卫生相关千年发展目标方面取得的进展,提出了将妇幼健康纳入社会经济发展核心内容,加强卫生系统能力建设,控制慢性非传染病对健康和社会、经济的损害,以及加大对发展中国家支持等4项建议。经两岸协商,中华台北卫生署继续以观察员身份参加本届世界卫生大会。

5月17—22日 联合国教科文组织总干事博科娃对中国进行正式访问。国务院总理温家宝会见博科娃一行。国务委员刘延东与其举行工作会谈,双方并于会后共同签署了中国政府与联合国教科文组织合作谅解备忘录。

5月18日 世界卫生组织和北京奥运城市发展促进会在北京首发《北京2008年奥运会的健康遗产》论文集,这部具有奠基意义的论文集评估了奥运会对主办地产生的健康方面的长期影响,并为将来的大型活动积累了经验。

5月19日 由联合国教科文组织发起的"国际多元文化节"在中国北京拉开帷幕。这是该活动首次在该组织巴黎总部以外的城市举办。

5月24日—6月4日 第5届世界电信发展大会在印度海德拉巴举行,工业与信息化部党组成员、办公厅主任刘利华率团出席。

6月1—18日 第99届国际劳工大会在日内瓦举行,中国人力资源和社会保障部副部长王晓初、中华全国总工会副主席徐振寰、中国企业联合会执行副会长兼理事长陈兰通率团组成中国3方代表团与会。中国代表团发言介绍了中国促进体面就业、加强社会保障、维护劳动者权益、推动企业可持续发展等一系列政策和措施,提出中国对国际劳工领域问题的建议和主张。会议期间,人力资源和社会保障部、中华全国总工会和中国企业联合会共同举办以"应对国际金融危机、稳定扩大就业"为主题的专场报告会,宣传了中国政府以人为本的科学发展理念,展示中国应对国际金融危机的有力措施,各方反应积极。

6月2日—7月12日 第64届联大第5轮安理会改革政府间谈判举行。中国积极参加讨论,中国常驻联合国代表李保东大使表达了中国关于联合国改革的一贯立场,反对为改革人为设定时限,反对"分步走"或者"零散处理",支持"一揽子改革方案"。

6月9—18日 联合国和平利用外层空间委员会第53届会议在维也纳举行。中国常驻联合国维也纳办事处和其他国际组织代表胡小迪大使率团与会。

6月14日 安理会举行公开会,听取非盟达尔富尔问题高级别执行小组主席姆贝基通报达尔富尔地区局势。中国常驻联合国代表李保东大使表示,经过国际社会的不懈努力,苏丹问题近期取得积极进展。苏丹全国大选顺利举行,达区维和部署及政治谈判均取得进展,南方全民公投作为苏丹《全面和平协议》的最后重要步骤也在筹备之中。只要有关各方能以苏丹及非洲的和平稳定大局为重,真诚合作,相向而行,就有可能妥善应对苏丹和平进程"冲刺阶段"的困难与挑战。要充分发挥非盟在苏丹问题上的独特作用。中国为推动苏丹问题的妥善解决作出了不懈努力,积极参与促成"双轨制"和"三方机制",搭建达区问题国际合作框架。中国维和士兵始终坚守在苏丹国际维和第一线。中国政府和企业为帮助苏丹发展经济、改善民生作出了务实贡献。

6月14—18日 《联合国海洋法公约》第20次缔约国会议在纽约联合国总部举行会议。中国代表团与会并发言。

6月22—24日 联合国教科文组织《保护非物质文化遗产公约》第3届缔约国大会在巴黎举行。会议改选了该委员会半数(12个)委员国。亚太地区中国、日本、印尼3国经地区组协商一致当选,任期2010—2012年。

6月29日 安理会举行不记名投票,选举中国驻东盟大使薛捍勤担任国际法院法官。

7月12日 国际刑事法院以种族灭绝罪向苏丹总统巴希尔发出第2份逮捕令,并要求各国和国际组织根据《罗马规约》和安理会有关决议规定与ICC合作。中国外交部发言人表示,当前苏丹《全面和平协议》的落实取得积极进展,达尔富尔问题总体趋缓。国际社会尤其是非洲国家普遍对此表示欢迎和鼓励。希望有关机构多倾听非盟、阿盟及有关地区国家的意见,从大局出发,为苏丹及地区实现持久和平稳定发挥建设性作用。

7月25日—8月3日 联合国教科文组织第34届世界遗产委员会会议在巴西首都巴西利亚举行。会议批准将中国申报的"登封天地之中历史建筑群"和"中国丹霞"项目列入《世界遗产名录》,通过中国提出的"三江并流"遗产地边界细化方案。

8月16日 国际原子能机构宣布与中国国家原子能机构签署合作协议,进一步加强双方在核安全方面的合作。

8月25日 中国常驻联合国代表李保东大使在安理会审议索马里海盗问题时表示,索马里海盗滋生的根源没有消除,打击海盗任务依然艰巨,需要国际社会尽快进一步作出全面努力,争取标本兼治。中国支持各国根据国际法及安理会有关决议为打击索海盗开展各项行动,并支持国际社会在现行国际法框架下就起诉索海盗问题加强国际合作。从根本上解决海盗问题,必须坚持综合治理,积极推进索国内和平进程,帮助应对索经济、社会问题,并制定打击索海盗的地区战略。

8月31日 中国政府正式向联合国残疾人权利委员会提交了首次履约报告,详细介绍了中国执行公约的情况,详细列举了在保障残疾人生命权、健康权、人身安全、言论自由、提高残疾人就业和社会保障水平、促进残疾人参与政治生活等方面采取的各项措施及进展,通过案例和数据展现了中国残疾人事业发展的成就。

9月1—3日 联合国难民事务高级专员安东尼奥·古特雷斯(葡萄牙人)访华,国务委员戴秉国、外交部部长杨洁篪和部长助理刘振民分别与古特雷斯会见或会谈。古特雷斯对中国遭受泥石流等自然灾害表示同情和慰问,积极评价中国政府救灾高效有力,给世界留下深刻印象。古特雷斯高度赞赏中国为保护印支难民所作出的巨大努力,充分肯定中国在国际难民事务中发挥的重要作用,赞同中国对当前难民形势的看法,表示难民署重视中国的地位与影响,愿继续加强与中国在难民领域的合作。

9月6日 为传播孔子思想,让世界更好地了解中国文化,中国文化部等部门在联合国教科文组织巴黎总部共同举办丰富多彩的"孔子文化周"活动。

9月13—15日 财政部与世界银行在北京联合举办了中国与世界银行合作30周年系列纪念活动。其间,胡锦涛主席、李克强副总理、王岐山副总理、戴秉国国务委员等国家领导人分别会见了世界银行行长佐利克一行,充分肯定中国与世行30年来的合作成果,高度赞赏世界银行为全球减贫与发展所作的努力,表示中国愿继续深化与世界银行的合作。

9月14—17日 联合国互联网治理论坛第5届会议在立陶宛维尔纽斯举行。中国工业和信息化部、外交部、国务院新闻办组团与会。

9月20—29日 世界知识产权组织成员国大会第48次系列会议在瑞士日内瓦召开。国家知识产权局局长田力普率团与会并在高级别会议上发言。

9月22日 中国总理温家宝在联合国千年发展目标峰会上发表讲话,介绍了中国的减贫经验和成绩,并就向发展中国家,特别是最不发达国家提供援助做出新的承诺。今后3年内,中国将向全球艾滋病、结核病和疟疾基金捐款1400万美元;进一步免除重灾穷国和最不发达国家2010年到期未还的政府无息贷款;继续向发展中国家提供一定规模的优惠贷款和优惠出口买方信贷融资支持;继续扩大输华零关税产品范围和受惠国家范围,并鼓励国内企业扩大对发展中国家的投资。

9月23日 中国总理温家宝出席第65届联合国大会一般性辩论,并作了题为《认识一个真实的中国》的讲话。温家宝表示,中华人民共和国成立以来,特别是改革开放30多年来,发生了翻天覆地的变化,已经实现了由解决温饱到总体上达到小康的历史性跨越。中国对取得的成就感到自豪,同时,我们也对面临诸多前所未有的挑战有着清醒的认识。中国仍然处于社会主义初级阶段,仍然属于发展中国家。这就是我们的基本国情,这就是一个真实的中国。

同日 中国总理温家宝出席联合国安理会首脑会议,并发表了题为《实现共同安全 缔造持久和平》的讲话。温家宝表示,中国将坚定不移地走和平发展道路,并为新形势下安理会的工作提出了推动以和平方式解决争端等4点主张。

同日 联合国开发计划署与中国政府签署一项关于加强长期合作的协议,以进一步加强南南合作。开发计划署署长海伦·克拉克和正在纽约联合国总部参加系列峰会的中国总理温家宝出席了签字仪式。

9月27日 安理会举行反恐问题通报会。李保东大使发言表示,打击恐怖主义应坚持国际合作,加强协调配合。过去几年,安理会通过一系列反恐决议,联大通过了《全球反恐战略》,为国际反恐合作提供了必要指导。国际反恐合作应坚持《联合国宪章》的宗旨和原则,充分尊重各国的独立、主权和领土完整。打击恐怖主义应标本兼治,综合应对,坚持文明对话,促进理解宽容。

9月29日 安理会举行阿富汗问题辩论会。中国常驻联合国副代表王民大使发言指出,安理会和国际社会下步工作重点在于推动落实喀布尔会议通过的《喀布尔会议公报》。中方呼吁国际社会持续关注和支持阿富汗和平重建进程,尊重阿富汗独立、主权和领土完整,切实兑现和履行对阿承诺。中方对阿富汗安全局势持续恶化、安全事件增多十分关注,对无辜平民的持续伤亡表示高度关切。

9月 中国国防部维和事务办公室与联合国维和行动部在中国北京共同举办"联合国维和特派团高级官员国际培训班",这是中国军队首次举办维和高级培训。

10月1—5日 联合国教科文组织下属世界地质公园网络执行局大会在希腊莱斯沃斯岛举行。会议审议并通过决定,将来自9个国家的11处地质公园入选"世界地质公园",其中包含位于广西壮族自治区西北部的凤山地质公园和地处云贵高原向广西盆地过渡地带两处中国地质公园。

10月4—8日 第61届难民署执委会会议在日内瓦召开。难民高专古特雷斯作年度报告,指出国际难民形势不容乐观,武装冲突、气候变化、极度贫困、食品和能源危机仍是导致流离失所的主要原因,难民署工作面临更大挑战。中国常驻日内瓦代表团代表何亚非大使率团与会并发言,积极评价难民署工作和难民高专访华成果,强调难民形势严峻复杂,需采取综合性措施,从根源入手,注重预防,鼓励对话与和解,同时希难民署平衡好扩大保护范围与防止国际庇护体系被滥用之间的关系。

10月4—21日 联合国教科文组织执行局第185届会议在巴黎举行。教育部副部长郝平率团与会。会议讨论了教科文组织改革、"世界全民教育计划"等议题,通过了中国提议设立"国际科学技术战略研究与培训中心"的建议。

10月4—22日 国际电联第18届全权代表大会在墨西哥瓜达拉哈拉举行。在大会有关选举中,中国以134票连任国际电联理事会成员国,中国政府推荐的候选人赵厚麟以155票连任国际电联副秘书长。

10月4—29日 第65届联合国大会第一委员会在纽约联合国总部举行会议。在一般性辩论中,中国代表团阐述了中国对国际安全形势的看法,指出为继续推动国际裁军、军控和防扩散进程,各国应做出进一步努力。

10月4日—12月1日 第65届大会第二委员会在纽约举行会议。中国代表团在一般性辩论中阐述了对当前世界经济形势的看法以及对全球经济治理和国际发展合作的政策主张,呼吁提高发展中国家的代表性和发言权,呼吁各方充分尊重发展中国家的发展阶段和发展权。

10月8日 安理会通过关于延长联合国驻海地稳定特派团的第A/RES/1944(2010)号决议。中国代表在安理会审议海地问题时表示,中国对海地地震感同身受,与国际社会团结一致向海地提供了力所能及的支持和援助。中国支持联合国与海地政府密切合作,整合各方救灾与重建资源,成立联合国支持海地灾后重建协调机制,统筹协调国际社会救灾重建努力。中国赞赏联海稳定团为海地和平稳定作出的大量努力和贡献。

10月8—9日 国际货币基金组织和世界银行年会在华盛顿召开。中国人民银行行长周小川和财政部副部长朱光耀率中国政府代表团出席。会议主要讨论了世界经济形势与走向、国际货币基金组织份额改革、世行增资以及气候变化融资等议题。中国代表团在发言中呼吁各国应加强合作,建立公平、公正、包容、有序的国际金融新秩序,支持国际货币基金组织/世界银行推进自身改革,从根本上改善治理结构,提高发展中国家的代表性和发言权。

10月11—15日　世界卫生组织西太区委员会第61届会议在马来西亚举行。会议审议了双年度规划预算、加强卫生系统、妇女健康、遏制结核、新发传染病和千年发展目标等议题。中国卫生部副部长尹力率团出席会议。

10月14日　安理会通过关于苏丹局势的第S/RES/1945(2010)号决议,中国投了弃权票。

10月15日　教科文组织与中国新华通讯社签署谅解备忘录,旨在加强双方合作,在全球范围内促进教科文组织在教育、科学、文化和新闻传播领域的工作。

10月25—29日　人权理事会重审政府间工作组第1次会议在日内瓦召开。中国常驻联合国日内瓦办事处和瑞士其他国际组织代表何亚非大使率团与会。何亚非大使对人权理事会工作做出客观评价,并就下一步工作及重审工作提出期望。

10月25日—11月12日　国家邮政局外事司副司长林洪亮率团参加在瑞士伯尔尼举行的万国邮联行政理事会年会。

10月31日　潘基文秘书长在中国南京大学接受了该校向他授予的名誉博士称号。他演讲中表示,接受这一荣誉,并不是为了自己,而是为了他所服务的组织——联合国;并呼吁中国遵循一种更加具有可持续性的发展模式,并在应对发展、和平、安全和维护人权的各种全球挑战中,肩负起重大的责任。

11月3日　来自10个国家的30个在社会及环境领域最具潜力的初创公司荣获一年一度的联合国环境署"种子奖",其中包括中国一家生产便携式太阳能发电装置的公司,该装置在农村市场具有较大的应用和发展潜力。

11月8—11日　移民与发展全球论坛第4届会议在墨西哥巴亚尔塔港举行,中国驻墨西哥大使殷恒民率团与会。

11月10日　经社理事会投票选举产生刚刚成立的联合国促进两性平等和增加妇女权能署执行委员会的41名成员国,其中包括中国、日本、韩国,以及美国、巴西、俄罗斯、沙特阿拉伯等国。

11月10—12日　中国环境与发展国际合作委员会2010年年会在北京召开。国务院总理温家宝会见了国合会外方委员,副总理李克强出席会议开幕式并发表讲话。国合会中外方委员、有关国家和国际组织代表、专家学者等200余人参加了会议。会议主题是"生态系统管理与绿色发展"。

会议听取了中外专家关于环境与发展领域的政策报告,并讨论通过了给中国政府的相关政策建议。

11月11—12日 第65届联大举行安理会改革问题的讨论,并提交了在安理会改革问题上的立场文件。中国积极参与联大框架下关于安理会改革问题的讨论,并提交了在安理会改革问题上的立场文件。中国常驻联合国代表李保东大使在第65届联大全会上发言,强调安理会改革应优先增加发展中国家特别是非洲国家的代表性,让更多中、小国家有机会进入安理会,参与决策。安理会改革是一项复杂、艰巨的系统工程,涉及联合国未来和全体会员国的切身利益。当前会员国对改革思路还存在不同看法,应继续坚持民主、耐心协商,相向而行。中方反对为改革人为设定时限。改革只能达成"一揽子解决方案","分步走"或"零散处理"没有出路。希望本届联大秉持公开、透明、包容和会员国主导的原则进行政府间谈判,努力寻求能够在会员国间达成总体一致的改革方案。

11月12日 2010年联合国新闻部宣布启动联合国语文日。这项倡议的提出旨在庆贺多种语文的使用和文化多样性,并促进6种官方语文在联合国的平等使用。

同日 联合国首届"中文日"庆祝活动在纽约联合国总部举行。

11月15日 安理会举行1267委员会、反恐委员会、1540委员会联合通报会。中国常驻联合国副代表王民大使发言表示,恐怖主义依然是国际社会面临的重大威胁,全球各地的恐怖袭击事件时有发生。联合国及其安理会在推动国际反恐合作中发挥着核心作用。中方支持安理会1540委员、反恐委员会、1267委员会在各自授权范围内,积极参与反恐工作组的相关工作,推动平衡落实联合国《全球反恐战略》"四大支柱"。同时,希望3个委员会在工作中更加关注发展中国家的反恐需求,积极推动向发展中国家提供援助。

11月15—19日 联合国教科文组织保护非物质文化遗产政府间委员会第5届会议在肯尼亚首都内罗毕举行。会议批准将中国申报的"麦热西甫""中国水密隔舱福船制造技艺"和"中国活字印刷术"列入《急需保护的人类非物质文化遗产名录》项目,将京剧和中医针灸列入《人类非物质文化遗产名录》。

12月1日 第65届联大召开人权理事会地位重审政府间磋商第1次非正式会议。中国常驻联合国副代表王民大使与会发言,对纽约审议范围问题提出建设性意见。

12月7日 第65届联合国大会审议了海洋和海洋法议题,并表决通过"海洋和海洋法决议",协商一致通过"可持续渔业决议"。中国常驻联合国副代表王民大使在会上强调,中国主张各国加强平等对话和相互合作,实现海洋的和平、安全、开放、有效保护和可持续利用,实现国际社会成员的共同发展和互利共赢。

12 月 15—23 日　联合国人权理事会粮食权特别报告员舒特访华。舒特一行会见了中国政府相关部门及专家、学者,并赴山东省走访。舒特对中国在农业和粮食安全等领域取得的巨大成就表示赞赏,认为中国在扶贫开发、提高粮食产量等领域的成功经验值得其他发展中国家学习。

12 月 17 日　为了更好地反映新兴市场和发展中国家在当今世界经济中的地位与作用,国际货币基金组织决定对该组织的份额与治理进行重大改革,目前改革方案已经获得最高决策机构理事会的批准。按照这个一揽子方案进行调整之后,中国将成为基金组织第 3 大成员国,而印度和巴西也将跻身 10 大成员国行列。

12 月 19 日　朝鲜半岛于 11 月 23 日发生延坪岛炮击事件,半岛局势逐渐升级。12 月 19 日,韩国宣布要在延坪岛附近海域举行海上实弹射击训练。随后朝鲜提出强硬抗议,声称如果韩国在这个区域演习,必定遭到朝鲜的坚决反击。在此背景下,安理会召开紧急会议,讨论日益紧张的朝鲜半岛局势。会后,中国常驻联合国副代表王民大使向中外媒体发表新闻谈话,表示注意到朝鲜半岛局势事态的最新发展。保持半岛和平稳定符合半岛南北双方的利益,也符合其他有关各方的利益。中方强烈呼吁有关方面保持最大限度的克制,采取负责任的态度,避免事态恶化升级。

12 月 22 日　安理会举行阿富汗问题辩论会。中国常驻联合国副代表王民大使发言表示,欢迎阿富汗议会举行选举,支持"喀布尔进程"。各方应尊重阿富汗独立、主权和领土完整,切实兑现援阿承诺。向阿移交安全防卫职责应在确保阿安全稳定的前提下有序进行。联合国应在协调各方援助阿和平重建过程中发挥中心协调作用。

二〇一一年

1 月 4 日　世界银行首次发行人民币债券,债券总额为 5 亿元人民币,相当于 7600 万美元,2 年定期,票面利率为 0.95%,每半年付息一次。

1 月 15 日　外交部与难民署驻华代表处在京联合举办庆祝《关于难民地位的公约》通过 60 周年研讨会。外交部、公安部、民政部、商务部、国务院法制办、中国红会及联合国难民署、联合国开发计划署、联合国妇女署、联合国教科文组织等联合国驻华机构代表、部分中外学者专家等共约50人与会。

2月27日 安理会一致通过第S/RES/1970(2011)号决议,决定对利比亚实施全面武器禁运、对利比亚领导人卡扎菲等16人实行旅行限制和资产冻结。中国常驻联合国代表李保东大使在解释性发言中表示,中方十分关切利比亚动荡的局势,认为当务之急是立即停止暴力,避免进一步流血和平民伤亡,尽快恢复社会稳定和正常秩序,通过对话等和平手段解决当前危机。在此过程中,必须确保各国在利比亚侨民的安全和利益。考虑到利比亚当前极为特殊的情况和阿拉伯及非洲国家的关切和主张,中国代表团对安理会第S/RES/1970(2011)号决议投了赞成票。

2月28日—3月25日 人权理事会在日内瓦举行第16次会议(主会)。会议听取了人权高专皮雷提交的年度报告,与反恐、任意拘留、酷刑、缅甸、朝鲜问题等16个人权特别机制进行了互动对话,审议了少数人论坛、社会论坛等下属机构报告,选举产生咨询委员会部分新成员,核可了美国、蒙古等16国接受国别人权审查的工作组报告,任命结社和集会自由、人权卫士等特别机制人选,通过了缅甸人权状况等39项决议,决定和主席声明。中国代表团深入参与各项议题的审议和磋商,发言介绍中国在人权领域取得的最新成就,积极参加与人权高专和有关特别机制互动对话。

4月26—29日 国际移民组织总干事斯温访华,出席中国移民管理能力建设二期项目启动仪式并致辞。中国外交部副部长张志军、部长助理吴海龙、国家人口和计划生育委员会副主任赵白鸽、民政部副部长孙绍骋、商务部部长助理俞建华、公安部出入境管理局及中国武警学院负责人分别与其会见。

4月29日 人权理事会通过决议,谴责叙利亚当局对和平抗议者使用致命暴力,敦促叙利亚政府立即停止一切侵犯人权的行为。决议要求联合国人权高级专员办公室紧急向叙利亚派遣一个小组进行调查。此项决议草案由美国提出,美国等26个国家赞成,中国、俄罗斯等9个国家反对,沙特阿拉伯等7国弃权,巴林等4国缺席。

5月2—13日 联合国可持续发展委员会第19届会议在纽约举行。会议主要就可持续生产和消费、矿业、交通运输、废弃物管理、化学品等主题进行了讨论。全国政协副主席郑万通在会议高级别部分开幕式上发言,介绍了中国加快转变经济发展方式的政策措施,并呼吁国际社会加强伙伴关系,促进共同发展。

5月5日 国际联合会主席近卫忠辉应邀来华参加中国红十字会汶川

地震 3 周年国际研讨会。

5 月 11—12 日 国际民航组织秘书长雷蒙·邦雅曼来华参加了在北京举行的"2011 中国民航发展论坛"。

5 月 16—24 日 第 64 届世界卫生大会在日内瓦召开。中国卫生部部长陈竺率团出席会议,在一般性辩论中作了题为《慢性非传染性疾病防控刻不容缓》的发言,呼吁国际社会必须增强使命感和紧迫感,坚定实施慢性非传染性疾病全球战略行动计划,将慢性非传染性疾病防控纳入衡量本国经济社会发展状况的核心指标,进一步加强卫生体系建设。经两岸协商,中华台北卫生署继续以观察员身份参加本届世界卫生大会。

5 月 23 日 联合国教科文组织为表彰中国张军长期以来在推动昆曲艺术的传播方面所做出的积极贡献,决定授予其"和平艺术家"的称号。

5 月 23—25 日 联合国亚太经社会第 67 届会议部长级会议在泰国曼谷举行。外交部部长助理吴海龙率团出席并发表讲话。他指出,当前亚太地区政治形势总体稳定,经济增长势头强劲,但亚太地区经济复苏与增长存在不确定性,粮食和能源价格高企,通货膨胀压力加大,地震、海啸等自然灾害频发。总体看,亚太地区实现千年发展目标和可持续发展任务仍很艰巨。

5 月 30 日—6 月 17 日 人权理事会在日内瓦举行第 17 次会议。中国代表团建设性地参与各项议题的讨论并与特别机制对话、积极宣传中国人权成就和主张,维护发展中国家的正当利益。

6 月 1—17 日 第 100 届国际劳工大会在日内瓦举行。中国人力资源和社会保障部部长尹蔚民、中国企业联合会会长王忠禹、中华全国总工会副主席王玉普率团组成中国 3 方代表团与会。中国代表团发言从不同角度介绍了中国在后危机时代积极转变经济发展方式,保障和改善民生等一系列政策和措施,提出了中国对国际劳工问题的主张和建议。会议选举了新一届理事会。中华全国总工会书记江广平,中国企联代表、国际事务专员刘寒松分别当选工人组正理事和雇主组副理事(中国为政府组常任理事)。

6 月 13—17 日 《联合国海洋法公约》第 21 次缔约国会议在纽约联合国总部举行。会议改选了国际海洋法法庭 7 名法官,中国籍候选人、法庭时任法官高之国以高票获选连任,任期至 2020 年。

6 月 15 日 安理会举行利比亚问题会议,听取非盟利比亚问题高级别特设委员会部长级代表团通报。中国外交部副部长翟隽出席会议并发言。翟隽指出,2010 年底以来,西亚北非地区陷入持续动荡。其中,利比亚的冲突最为激烈、局势最为严峻。翟隽表示,中方一直高度关注利比亚局势的发展,始终秉持客观、公正的立场,呼吁利比亚问题的政治解决。作为安理会常任理事国,中方愿与国际社会一道,继续为解决利比亚问题提供建设性帮助,尽快推动利比亚局势实现稳定,走上政治解决轨道。

6月15—16日 中国与禁化武组织在西安联合举办"援助与化武防护研讨会",来自20个国家的40余名代表与会,与会代表交流了援助与化武防护方面的经验,并就如何有效开展此领域工作提出相关建议。2011年,中国还积极支持和响应在公约框架下开展对非援助活动,邀请2名非洲缔约国学员来华参加化工研修项目。禁化武组织新任副总干事阿瑟瓦森访华期间赴西安出席中国与禁化武组织合办的"援助与化武防护研讨会"开幕式并致辞。

6月20—29日 第35届世界遗产大会在联合国教科文组织巴黎总部举行。此次大会共对35处申请加入《世界遗产名录》的遗产进行了审议,包括中国杭州西湖文化景观在内的25处遗产最终被正式列入《世界遗产名录》。

6月20日—7月1日 第34届南极条约协商会议暨第14届南极环境保护委员会会议在阿根廷布宜诺斯艾利斯举行。会议举行了南极条约生效50周年纪念活动,通过了纪念宣言及加强南极环保、提高会议机制等22项措施、决定和决议,包括将中国长城站一号栋列为历史遗址和纪念物。杨洁篪外长特别代表、中国驻阿根廷大使殷恒民在50周年纪念活动上致辞;中国代表团本着加强南极环境保护和科研合作的精神,积极参与了会议有关讨论。

7月9日 南苏丹正式独立。中国常驻联合国代表李保东大使向媒体表示,中国人民与南苏丹人民有着深厚的传统友谊,中方欢迎南苏丹建国,支持南苏丹加入联合国,成为国际社会的一员。中方愿同南苏丹在和平共处等原则基础上不断发展友好合作关系,我们也愿意与南苏丹在联合国框架下全面加强沟通与合作。我们祝愿南苏丹人民在建国的事业中不断取得新的成就。我们也希望南苏丹人民通过自己的努力,与地区国家和国际社会一道,为促进该地区的和平、稳定与发展作出贡献。

7月9—16日 世界卫生组织总干事陈冯富珍访华。国务院总理温家宝、卫生部部长陈竺、外交部部长杨洁篪分别会见了陈冯富珍。温家宝总理正式宣布,中国政府支持陈冯富珍竞选连任世界卫生组织总干事。

7月11—22日 国际海底管理局第17届会议在牙买加金斯敦举行。会上,中国位于西南印度洋的1万平方公里多金属硫化物勘探矿区申请获得核准,两名专家分别当选法技委和财委委员。中国代表团积极参与了富钴结壳规章谈判。

7月13日　安理会一致通过第 S/RES/1999（2011）号决议，建议联大接纳南苏丹为联合国会员国。中国代表在安理会审议苏丹和南苏丹问题时表示，中方呼吁苏丹和南苏丹双方尊重对方主权和领土完整，避免任何挑衅性言行，并积极配合非盟高级别执行小组的斡旋努力。通过对话妥善解决石油利益分配等问题，是消除北南关系紧张的关键所在。我们支持尽快建立北南苏丹边界非军事区及监督机制，希望双方尽快就有关未决问题达成一致。

8月11日　胡锦涛主席在深圳会见了来华出席第26届世界大学生运动会开幕式的教科文组织总干事博科娃。胡锦涛主席赞赏教科文组织对世界的教育普及提高、科技发展进步、文化传承创新所做的工作，表示中国高度重视与该组织的友好合作，积极支持和参与教科文组织举办的一系列重要项目，如全民教育、自然文化遗产工作等。

8月21日　中国政府向联合国世界粮食计划署提供迄今单笔最大额度捐款1600万美元，支持其在索马里的饥荒救援行动。

8月25—26日　国际红会主席克伦贝格尔来华出席中国红会第43届南丁格尔奖章颁奖大会。国家主席胡锦涛为中国获奖者颁奖，并在颁奖大会前与克伦贝格尔寒暄。25日下午，外交部部长杨洁篪会见克伦贝格尔一行。

8月26日　安理会发表关于联合国维和行动的主席声明。中国常驻联合国代表李保东大使在安理会关于联合国维和行动问题公开辩论会中发言表示，维和行动已成为联合国维护国际和平与安全的重要手段之一。联合国维和行动的规模不断扩大，授权日益广泛，面临的挑战也日益增多。各方应继续坚持"当事国自愿、中立、非自卫时不使用武力"的维和行动三原则，更加重视维和行动与建设和平的统筹协调，切实履行保护平民授权，加强联合国维和行动能力建设，加强安理会出兵国及秘书处之间的合作。

9月1日　国务院副总理王岐山在中南海会见联合国世界旅游组织秘书长塔勒布·瑞法，表示中国政府高度重视旅游业的发展，明确把旅游业培育成国民经济的战略性支柱产业。王岐山副总理感谢世界旅游组织对中国旅游业发展的支持，愿继续与世界旅游组织加强合作。

9月8—9日　为筹备2012年联合国可持续发展大会，中国政府与联合国可持续发展大会秘书处在北京共同举办联合国可持续发展大会高级别研讨会。来自30多个国家、10多个国际组织和机构的代表以及国际环发领域知名专家学者共上百人参加了研讨会。外交部部长杨洁篪与国家发展改革委主任张平出席会议开幕式并讲话。会议讨论了"可持续发展和消除贫困背景下的绿色经济"和"促进可持续发展机制框架"两大主题与"就可持续发展作出新的政治承诺""评估可持续发展领域的进展与差距"和"应对新挑战"3大目标,会议通过了主席总结并提交联合国可持续发展大会秘书处。

9月22日 外交部人权事务特别代表、国际司副司长祁小夏会见来华参加第4届北京人权论坛的联合国人权高专办公室特别机制司司长康妮(澳大利亚籍)。最高人民法院、最高人民检察院、公安部、司法部等单位相关部门负责人参加。双方就答复人权理事会特别机制涉华来函、特别机制工作等问题交换看法。

9月 国家原子能机构秘书长王毅韧率中国代表团出席第55届大会并作主题发言。王毅韧回顾了机构一年来为促进核能发展所做的工作,强调在福岛核事故后的新形势下,机构应在提高全球核安全水平、进一步促进核能发展及其相关国际合作方面发挥主导作用,重塑国际社会发展核能的信心。

10月3—7日 第62届难民署执委会会议在日内瓦召开。中国驻日内瓦代表团何亚非大使率团与会并发言,积极评价难民署工作和难民高专所做工作,强调国际难民形势日益复杂,国际社会应继续推进国际关系民主化、发展经济,消除贫困。坚持"国际团结、责任共担"原则,加强合作。难民署应发挥作用,防止国际庇护体系被滥用。

10月3—31日 第66届联合国大会第一委员会在纽约联合国总部举行会议。在一般性辩论中,中国代表团阐述了中国对国际安全形势的看法,指出国际社会应以"命运共同体"的新视角,为国际军控、裁军和防扩散进程作出进一步努力。

10月3日—11月22日 第66届联大三委在纽约举行会议。中国常驻联合国副代表王民大使在人权议题下作综合性发言,介绍中国在人权问题上的立场和主张以及新中国成立60年来人权领域的显著进展,强调尊重《联合国宪章》和不干涉内政原则,呼吁通过平等和相互尊重基础上的对话和交流,妥善解决各国在人权问题上的分歧,反对将人权问题政治化。中国代表团在人权理事会报告议题下发言,肯定人权理事会重审成果,在人权文书、人权理事会报告、儿童权利、反对种族主义等议题下发言并参加了与人权高专、粮食权、教育权、极端贫困等特别报告员的互动对话,支持发展中国家提出的合理主张,对针对朝鲜、缅甸和伊朗等国的国别人权提案投反对票,对针对叙利亚的国别人权决议投弃权票。

10月3日—12月9日 联合国第66届大会第二委员会在纽约联合国

总部举行会议。中国常驻联合国副代表王民大使在一般性辩论发言中阐述了对当前世界经济形势的看法以及对全球经济治理和国际发展合作的政策主张,呼吁国际社会凝聚共识,采取行动,促进世界经济复苏,夯实发展基础;转变发展方式,提高发展质量;切实履行承诺,加大发展投入;提高政治意愿,健全发展体系。

10月5日 安理会就法国、英国、德国、葡萄牙提出的涉叙利亚问题决议草案进行表决。中国、俄罗斯行使否决权,印度、巴西、南非、黎巴嫩4国弃权,其他9国投赞成票。决议草案未获通过。该决议草案强烈谴责叙政府严重侵犯人权,要求叙政府停止侵犯人权和对平民使用武力,呼吁各国对叙出口武器保持警惕和克制,在30天内审查叙执行决议情况并考虑根据《联合国宪章》第41条对叙采取措施等。中国常驻联合国代表李保东大使在解释性发言中表示,安理会是否在叙利亚问题上采取进一步行动,应看是否有助于缓和叙利亚紧张局势、有助于推动政治对话化解分歧、有助于维护中东地区的和平与稳定,更应看是否符合《联合国宪章》及不干涉内政原则。中国认为在当前形势下,制裁或威胁使用制裁无助于叙利亚问题的解决,反而可能导致局势进一步复杂化。当前决议草案一味对叙利亚施压甚至威胁使用制裁,不利于叙利亚局势走向缓和。因此,中国对这一决议草案投了反对票。中国愿同国际社会一道,继续为妥善解决叙利亚问题发挥积极和建设性作用。中国也将继续支持有关地区国家和组织的斡旋努力。

10月9日 万国邮联第40届"国际少年书信写作比赛"颁奖活动在北京举行,国家邮政局徐建洲副局长出席活动并为获奖选手颁奖。

10月24日 在安理会中东问题公开辩论会上,中国常驻联合国代表李保东大使阐述了中方在巴以问题上的原则立场,强调欢迎和支持一切有助于弥合巴以间分歧、推动重启对话和谈判的国际促和努力。中国一贯支持巴勒斯坦独立建国的正义事业,支持通过政治谈判推进"两国方案",建立以1967年边界为基础、以东耶路撒冷为首都、拥有完全主权、独立的巴勒斯坦国。中方支持巴勒斯坦成为联合国会员国。有关各方应为对话与谈判努力创造条件,结束中东地区长期对峙和紧张的状态。

10月24—25日 中国与教科文组织共同在巴黎举办了教科文组织—非洲—中国大学校长研讨会。教科文组织总干事博科娃出席会议。来自非洲和中国共25所大学领导及部分非洲国家常驻教科文组织使节与会,就中非大学毕业生就业能力现状、面临的挑战和3方高等教育领域内的务实合作进行了研讨。

10月24—28日 《联合国反腐败公约》第4届缔约国大会在摩洛哥马

拉喀什举行。中国代表团积极参加了会议讨论,并与广大发展中国家一道努力,推动会议设立了"国际合作专家组"。

10月 中方再次接待国际原子能机构总干事天野之弥访华,双方就核能安全、核安保以及中国与机构合作深入交换了意见,并签署了《中国国家原子能机构与国际原子能机构在核电站安全建设领域进行合作的实际安排》。

11月9—10日 《战争遗留爆炸物议定书》第5次缔约方会议在日内瓦举行。中国代表团在发言中表示,为更有效解决战争遗留爆炸物问题,国际社会应建立"谁使用、谁清除"原则,以此促使各国在使用和转让相关武器时采取更加负责和克制的态度。此外,中国还提交了首份履约国家报告。

11月10日 第66届联合国大会和安理会同时举行国际法院法官换届选举,就法院15个席位中的5个进行改选。薛捍勤法官作为中国籍候选人以安理会15票全票、大会162票高票当选。新当选法官的任期自2012年2月6日开始,为期9年。

同日 全国人大常委会副委员长路甬祥会见世界知识产权组织总干事高锐。路甬祥副委员长感谢世界知识产权组织对中国产权事业发展的支持,表示中国政府一直支持知识产权体系的建立,并深知知识产权对鼓励发明的重要性,希望加强与世界知识产权组织的合作。

11月15—17日 中国环境与发展国际合作委员会2011年年会暨20周年主题论坛在北京召开。国务院总理温家宝会见了国合会外方委员,副总理李克强出席会议开幕式并发表讲话。国合会中外方委员、有关国家和国际组织代表、专家学者等200余人参加了会议。会议主题是"经济发展方式的绿色转型"。会议听取了中外专家关于环境与发展领域的政策报告,并讨论通过了给中国政府的相关政策建议。

11月23—25日 第11届亚欧非正式人权研讨会在捷克首都布拉格举行,主题为"国家和区域人权机制"。中国外交部陈士球大使作为政府代表出席,中国社会科学院和中国政法大学教授作为民间组织代表参会。

11月28日—12月2日 《禁止化学武器公约》第16届缔约国大会在荷兰海牙举行。中国代表团在发言中阐述了中国政府在化武销毁、日遗化武销毁、工业核查、化工国际合作和禁化武组织未来发展等问题上的立场和主张,并对日本无法按期于2012年最后期限内完成日遗化武销毁表示严重关切,敦促日本尽快与中国达成多双边安排。香港特区代表作为中国代表团成员向大会介绍了特区履约情况。大会期间,中国还举办了日遗化武图片展。

11月28日—12月6日　国务委员刘延东访问纳米比亚、博茨瓦纳和喀麦隆期间宣布,为落实胡锦涛主席8月会见博科娃总干事时双方达成的加强合作的共识,中国政府将于2012—2015年在教科文组织设立信托基金,每年提供200万美元,为期4年,重点支持非洲教育发展项目。

11月28日—12月11日　《联合国气候变化框架公约》第17次缔约方会议暨《京都议定书》第7次缔约方会议在南非德班举行。中国代表团全面、积极、深入参与了各个议题的磋商,并积极开展与发展中国家的协调和与发达国家的对话,支持东道国南非为确保会议公开、透明和广泛参与所做的努力,广做各方工作,最大限度体现诚意,展现灵活,为德班会议取得成功发挥了积极和建设性作用。

12月1—2日　中国—联合国司法研讨会在浙江杭州举行。外交部国际司司长陈旭、外交部人权事务特别代表祁小夏以及联合国人权高专办代表麦加利出席研讨会并致辞。研讨会围绕世界范围内死刑改革等问题进行了坦诚深入的讨论,取得积极效果,开启了下阶段中国与联合国人权高专办公室合作的新篇章。

12月5—7日　国际移民组织第100届理事会在瑞士日内瓦举行,纪念国际移民组织成立60周年。中国驻日内瓦代表团何亚非大使率团与会,呼吁国际社会充分肯定移民所作出的贡献,以更加开放和理性的态度看待移民问题,加强合作,促进共同发展,并介绍了中国便利人员往来的举措及在利比亚危机中快速、高效撤出中国公民及部分外国公民的情况,强调中方愿继续积极参与移民领域国际合作。

12月6日　第66届联大审议了海洋和海洋法议题,并协商一致通过"可持续渔业决议"。中国常驻联合国副代表王民大使在海洋和海洋法议题下发言介绍了中国建设和谐海洋的立场,呼吁妥善制订全球海洋环境状况综合评估大纲,表示愿与各国一道致力于加强对渔业资源的养护、管理和可持续利用。

12月7—8日　难民署在日内瓦举行纪念《关于难民地位的公约》通过60周年和《减少无国籍状态的公约》通过50周年部长级会议。中国驻日内瓦代表团何亚非大使率团与会,并代表中国政府作出"国家承诺",表示中国将积极参与国际热点问题的解决,致力于共同发展与繁荣;建设性参与国际对话,推动难民问题持久解决;推动在华印支难民问题的最终解决;加快相关国际立法;与国际社会分享减灾备灾经验,共同应对国际人道危机。

12月12—21日　《国际刑事法院罗马规约》第10届缔约国大会在美国纽约联合国总部召开。本届会议选举产生了国际刑事法院第2任检察官法图・本苏达、缔约国大会新一届主席团、6 名法官等重要职位。中国以观察员身份与会。

二〇一二年

1 月 16—23 日 世卫组织执委会第 130 届会议在瑞士日内瓦召开,中国卫生部党组书记、副部长张茅率团参会。会议提名世卫组织总干事陈冯富珍为下任总干事唯一候选人。

1 月 31 日 安理会就叙利亚问题举行公开辩论,听取了阿拉伯联盟关于叙利亚问题调查团的进展报告,并就阿盟以及法国、英国、德国共同提出的一份决议草案进行了讨论。中国常驻联合国代表李保东表示,中国坚决反对使用武力解决叙利亚问题,坚决反对强行推动"政权更迭"等违背《联合国宪章》的宗旨和原则以及国际关系基本准则的做法。俄罗斯常驻联合国代表丘尔金明确表示,该国不会支持任何含有对叙利亚进行制裁和使用武力条款的决议,也不会支持对将来干涉叙利亚内部事务作铺垫的决议。

2 月 4 日 安理会以 13 票赞成、2 票反对(中国和俄罗斯)、0 票弃权的投票结果对一份有关叙利亚问题的决议草案进行表决,因中俄两国否决而未获通过。中国常驻联合国代表李保东在解释性发言中指出,在当前形势下,片面向叙利亚政府施压,预断对话的结果,或强加任何解决方案都无助于叙利亚问题的解决,反而可能导致局势进一步复杂化。中国支持俄罗斯提出的修改建议,但是一些合理关切未被采纳,在各方仍有严重分歧的情况下强行推动表决,无助于维护安理会的团结和权威,无助于问题的妥善解决。因此,中国对这一决议草案投了反对票。

2 月 16 日 联合国大会通过了关于叙利亚局势的第 A/RES/66/253 号决议,中国等国投了反对票。

2 月 27 日—3 月 9 日 第 56 届联合国妇女地位委员会在纽约联合国总部举行。全国妇联副主席、书记处书记孟晓驷率团出席并在一般性辩论和高级别圆桌讨论会上发言,介绍中国在落实《北京行动纲领》及妇女问题特别大会成果文件方面的新举措和新进展,并结合本届会议主题介绍了中国推动农村妇女发展的做法和经验以及推动农村妇女参与基层村民自治等工作。

2 月 27 日—3 月 31 日 人权理事会在日内瓦举行第 19 次会议,中国代表团深入参与各项议题的审议和磋商,发言介绍中国在人权领域取得的最新成就,积极参加与人权高专和有关特别机制互动对话。

3月1日　人权理事会通过决议,谴责叙利亚境内的暴力和侵犯人权行为,并要求叙利亚政府立即停止武装镇压反政府示威者,允许向所有受暴力影响的平民提供重要的救援物资和服务。中国、俄罗斯和古巴投了反对票。

4月2—20日　2012年联合国裁军审议委员会实质性会议在纽约联合国总部举行。在一般性辩论和各议题讨论中,中国代表团阐述了对国际安全形势、多边军控进程以及核裁军、核不扩散等问题的看法,介绍了中国有关政策举措和努力。

5月4日　常驻联合国代表李保东大使在安理会反恐问题高级别会议上发言表示,恐怖主义是国际社会面临的共同威胁。中国谴责并支持坚决打击一切形式的恐怖主义。为加强国际反恐合作,中方提出4点建议:第一,会员国在反恐问题上应坚持统一标准。第二,打击恐怖主义应坚持标本兼治,综合应对。第三,加强国际反恐合作应发挥联合国及其安理会的主导作用。第四,打击恐怖主义应坚持文明对话,促进理解宽容。

5月7日—6月1日、7月2日—8月3日　联合国国际法委员会第64届会议分两期在联合国日内瓦办事处举行。中国籍委员黄惠康博士出席会议并参与各项议题讨论,还在驱逐外国人、灾害中的人员保护、国家官员的外国刑事管辖豁免等议题上重点发言。

5月14—16日　中国与教科文组织合作在上海举行了第三国际职业技术教育与培训大会。国务委员刘延东出席会议开幕式并致辞。教育部部长袁贵仁发表主旨演讲,107个国家、72个国际组织的代表共计800余人参加了会议,其中部长级代表42位。会议通过了关于世界职业教育改革发展的《上海共识》。

5月21—26日　第65届世界卫生大会在瑞士日内瓦举行。中国卫生部部长陈竺率团出席会议,并在一般性辩论中围绕"通往全民覆盖"发言,呼吁国际社会在实现全民覆盖的道路上同舟共济、共克时艰。大会还正式核准了世卫组织执委会对陈冯富珍担任下一届总干事的提名,陈冯富珍竞选连任获得成功。

5月28日—6月14日　第101届国际劳工大会在日内瓦举行。中国人力资源和社会保障部副部长王晓初、中国企业联合会常务副会长兼理事长李德成、中华全国总工会书记处书记江广平率团组成中国3方代表团与会,提出了中国对劳工问题的主张和建议。

6月1日　联合国人权理事会在日内瓦举行特别会议,就叙利亚胡拉镇屠杀事件以及叙境内不断恶化的人权状况进行讨论。中国、俄罗斯、古巴对决议投了反对票,认为决议没有对政府和反政府武装力量采取不偏不倚的态度。

6月4—11日 《联合国海洋法公约》第22届缔约国会议在纽约联合国总部举行。会议举行了大陆架界限委员会换届选举,中国籍候选人、委员会现任委员吕文正以高票获选连任,任期至2017年。中国代表团积极参与了会议各项议题的审议,阐述中方倡导构建和维护和谐海洋秩序的基本主张,强调应统筹兼顾海洋的科学保护与合理利用、平衡处理沿海国利益和国际社会整体利益、妥为顾及所有国家合法利用海洋的权利和自由,尤其应保障发展中国家分享海洋为人类带来的福祉。

6月5日 安理会6月轮值主席、中国常驻联合国代表李保东大使主持安理会审议几内亚比绍问题会议并表示,中方关注几内亚比绍局势,希望有关各方通过广泛参与的包容性对话,尽早妥善解决分歧,化解分歧,恢复宪政秩序,维护几内亚比绍社会稳定和国家安宁。

6月6—15日 联合国和平利用外层空间委员会第55届会议在维也纳举行。中国代表团积极参与了各议题的讨论,并在发言中阐述了在外空活动中实现包容性发展的理念,呼吁关注外空活动的长期可持续性问题,倡导对空间环境的保护、空间技术应用和空间探索的成果共享以及所有国家的共同发展。

6月15日 安理会6月轮值主席、中国常驻联合国代表李保东大使代表安理会发表主席新闻讲话:安理会成员对刚果(金)北南基伍地区形势发展表示严重关切,强烈谴责前政府军人员叛变,支持刚果(金)政府遣散武装团体。

6月20—22日 联合国可持续发展大会("里约+20"峰会)在巴西里约热内卢举行。中国国务院总理温家宝出席了峰会,并发表《共同谱写人类可持续发展新篇章》的演讲。温家宝全面阐述中国对可持续发展国际合作的原则立场,并就推进可持续发展提出3点建议:应当坚持公平公正、开放包容的发展理念;应当积极探索发展绿色经济的有效模式;应当完善全球治理机制。一是应当坚持公平公正、开放包容的发展理念。既要勇于承担保护地球的共同责任,又要正视各国发展阶段、发展水平不同的客观现实,坚持里约原则,特别是"共同但有区别的责任"原则,确保实现全球可持续发展。二是应当积极探索发展绿色经济的有效模式。绿色经济没有绝对的标准和统一的模式,发展绿色经济应当坚持因地制宜,支持各国自主决定绿色经济转型的路径和进程。三是应当完善全球治理机制。充分发挥联合国的领导作用,形成有效的可持续发展机制框架,更好地统筹经济发展、社会进步和环境保护这 3 大支柱,提高发展中国家的发言权和决策权,解决发展中国家资金、技术和能力建设等实际困难。建立包括相关国际机构、各国政府和社会公众共同参与的可持续发展新型伙伴关系。

6 月 26 日　联合国《消除对妇女一切形式歧视公约》第 17 届缔约国大会在纽约召开。大会改选了联合国消除对妇女歧视委员会 11 名委员。中国委员邹晓巧竞选连任并以高票当选。

6 月 28 日　常驻联合国副代表王民大使表示,联合国《全球反恐战略》是会员国迄今在反恐领域达成的最广泛共识,具有重要意义。中国希望国际社会更加重视解决恐怖主义的根源问题,均衡、全面地落实全球反恐战略。

6 月 30 日　叙利亚问题行动小组外长会议在日内瓦举行。中国外交部部长杨洁篪出席会议,并就如何推动会议取得成果、妥善解决叙利亚问题提出 4 点主张:应始终坚持政治解决的正确方向;坚定支持安南特使的斡旋努力;切实尊重叙利亚人民的自主选择;对政治解决叙利亚问题保持耐心。

7 月 2 日　世界遗产委员会第 36 届会议对《世界遗产名录》项目进行审议。中国申报的自然遗产澄江化石遗址和文化遗产元上都遗址成功入选。至此,中国的世界遗产总数已达到 43 个。

7 月 17—19 日　联合国秘书长潘基文访问中国,并与中国国家主席胡锦涛举行会谈,双方就应对全球性挑战和解决地区热点问题交换了意见。潘基文还与外交部部长杨洁篪举行会晤。

7 月 19 日　安理会以 11 票赞成、2 票反对和 2 票弃权的表决结果未通过由英、美、法、德等国提交的叙利亚问题决议草案。中国和俄罗斯第 3 次共同否决涉叙决议草案。

8 月 3 日　第 66 届联合国大会围绕"预防武装冲突"的主题举行全体会议,并表决通过一份有关叙利亚局势的新决议草案。中国、俄罗斯等国投了反对票,决议案被否决。

9 月 13—14 日　联合国难民署与中国外交部国际司联合举办"难民立法"研讨会,主要介绍《关于难民地位的公约》有关规定及联合国难民署对国内难民立法的理解,分享其他国家难民立法的经验做法。

9 月 15 日　2012 世界自然保护大会在韩国济州岛正式闭幕,教育部原副部长章新胜就职新一届世界自然保护联盟理事会主席。世界自然保护联盟是在教科文组织自然保护领域最具影响力的自然保护组织。作为中国生态文明论坛的创始人之一,章新胜在 9 月 12 日的会员投票中脱颖而出,是该国际组织成立 64 年来首位出自东亚地区的理事会主席。此次大会是历届大会中规模最大的一次,共有来自 180 多个国家的 1 万多名人士参加,并对 176 个提案进行了讨论。

9 月 20 日 安理会举行阿富汗问题公开辩论会。中国常驻联合国代表李保东大使发言表示,中方坚定支持阿富汗维护国家主权、独立和领土完整,希望国际社会坚持"阿人主导、阿人所有"原则,推动早日实现"阿人治阿"目标,中方也将向阿富汗和平重建进程提供力所能及的帮助。

9 月 24—29 日 外交部部长杨洁篪出席第 67 届联合国大会一般性辩论。在一般性辩论发言中,杨洁篪外长全面介绍中方对当前国际形势,和国际地区问题的看法及主张。杨洁篪外长表示,中方主张在国际关系中倡导平等民主,在发展进程中寻求合作共赢,在全球治理中实现公正实效,在多元文明中推动共同进步,在相互依存中谋求普遍安全。中国始终不渝走和平发展道路,既通过争取和平国际环境发展自己,又通过自身发展维护世界和平、促进共同发展。杨洁篪外长阐述了中方在钓鱼岛问题上的严正立场,指出钓鱼岛及其附属岛屿自古以来就是中国固有领土,中方对此拥有无可争辩的历史和法理依据;揭露日本政府采取所谓"购岛"等单方面行动严重侵犯中国主权,是对世界反法西斯战争胜利成果的公然否定,是对战后国际秩序和《联合国宪章》宗旨和原则的严重挑战;敦促日方立即停止一切损害中国领土主权的行为,以实际行动纠正错误。

10 月 1—5 日 第 63 届难民署执委会会议在日内瓦召开,中国驻日内瓦代表团刘振民大使率团与会并发言,积极评价难民署工作,强调各国应和平解决争端,完善冲突预防机制。坚持"国际团结、责任共担"原则,加强合作,防止国际庇护体系被滥用。

10 月 2 日 粮农组织总干事达席尔瓦在北京人民大会堂向中国总理温家宝颁发粮农组织最高奖项"农业奖章",以表彰温家宝为中国及世界改善粮食安全和减少贫困事业所做出的贡献。

10 月 8 日—11 月 7 日 第 67 届联合国大会第一委员会在纽约联合国总部举行会议。在一般性辩论中,中国代表团阐述了中国对国际安全与多边军控进程的看法与主张,指出国际社会应奉行互信、互利、平等、协作的新安全观,摒弃安全领域的冷战思维和零和理念,共同营造一个和谐稳定的国际安全环境;坚定维护多边裁军机制的权威,努力重振裁谈会工作;稳步推进国际核裁军努力,尽早实现全面禁止和彻底销毁核武器的最终目标;继续开展预防性外交,防止信息空间和外空成为新的战场;积极稳妥推进化学武器和常规领域军控进程。

10 月 8 日—11 月 16 日 中国代表团全面参加了第 67 届联合国大会

各项法律议题的审议和决议草案的磋商,在消除国际恐怖主义的措施、国内和国际法治、普遍管辖权原则的范围和适用、国际法委员会第 64 届会议报告等议题下发言,阐述中国政府的有关立场主张,介绍中国的有关实践。

10 月 8 日—11 月 30 日　联合国第 67 届大会第二委员会在纽约联合国总部举行会议。中国常驻联合国副代表王民大使在一般性辩论发言中阐述了对当前世界经济形势的看法以及对全球经济治理和国际发展合作的政策主张,呼吁国际社会拿出政治意愿,加紧落实千年发展目标;发挥联合国核心作用,加强全球经济治理;加紧落实联合国可持续发展大会成果,振兴全球发展伙伴关系。

10 月 15 日　安理会举行中东问题公开辩论会,中国常驻联合国代表李保东大使发言表示中方对巴以和谈长期陷入停滞深感忧虑,敦促巴以双方采取切实措施,消除和谈障碍,争取早日重启和谈并取得实质性进展。

10 月 31 日　杨洁篪外长与联合国—阿盟叙利亚问题联合特别代表卜拉希米举行会谈,就叙利亚问题提出 4 点建议。第一,叙利亚有关各方应全力实现停火止暴;第二,叙利亚有关各方应尽快指定并派遣各自的全权谈判代表,在卜拉希米联合特别代表及国际社会的协助下,协商制定有关政治过渡路线图,组建具有广泛代表性的过渡管理机构,实施政治过渡;第三,国际社会应以更强烈的紧迫感和责任感,全力配合、支持卜拉希米联合特别代表的斡旋工作,切实推动落实叙利亚问题"行动小组"日内瓦外长会议公报、安南"6 点建议"及安理会有关决议;第四,有关各方应采取切实有效措施缓解叙利亚的人道主义危机,人道主义问题不应被政治化,人道主义救援不应被军事化。

11 月 29 日　第 67 届大会审议巴勒斯坦问题,表决关于给予巴勒斯坦联合国观察员国地位的决议草案,草案由 70 多国签署,最终以 138 票支持(包括中国),9 票反对(包括美国、以色列、加拿大、澳大利亚等)。

12 月 3—14 日　国际电联国际电信世界大会在阿联酋迪拜召开。中国工业和信息化部副部长尚冰率团出席。会议审议修订了《国际电信规则》,并将网络安全、宽带、国际漫游、防止垃圾信息等当前电信行业发展的新内容纳入规则。89 个成员国代表当场签署新规则,美国、英国、瑞典等西方 20 余国拒绝签署。

12 月 12 日　联合国难民署驻华代表处在北京召开"无国籍人保护"研讨会,介绍无国籍人保护国际公约与实践。外交部、公安部、民政部、国务院法制办等派员参加。

12 月 26—28 日　第 67 届联合国大会主席耶雷米奇访问中国。耶雷米奇与中共中央总书记习近平进行会谈。此外,耶雷米奇还同中国外长杨洁篪举行了会谈,双方就联合国大会工作、中国与联合国合作及其一些国际和地区问题交换了意见。

二〇一三年

1月15日 中国外交部副部长崔天凯在安理会反恐问题高级别会议上发言,阐述了中方关于加强国际反恐合作的4点主张:第一,要充分尊重各国的主权和领土完整;第二,要发挥联合国及其安理会的主渠道作用;第三,要坚持标本兼治,综合应对;第四,要坚持统一标准,摒弃双重标准。

1月22日 菲律宾单方面就中菲有关南海问题提起强制仲裁。其后,菲律宾不顾中国的强烈反对,执意推进仲裁程序。

2月18—22日 联合国环境规划署实行普遍会员制后首次理事会暨全球部长级环境论坛在肯尼亚首都内罗毕举行。本次会议主要任务是落实联合国可持续发展大会成果文件对加强和提升环境署的相关要求,重点讨论环境署的机制安排和议事规则等问题。会议期间召开的部长级论坛主要围绕"里约+20:从成果到实施"主题展开政策对话。全体委员会重点讨论了环境署机构安排包括汞在内的化学品和废物管理、化学品和废物融资方案磋商进程、绿色经济等议题。中国由环保部、外交部及中国常驻联合国环境规划署代表处等部门组成中国代表团出席会议。

2月26日 世界卫生组织和中国卫生部共同发布《中国—世界卫生组织国家合作战略(2013—2015)》,提出了中国政府和世卫组织为改善中国人民健康而展开合作的中期框架。此次战略共提出4大工作重点:加强卫生系统,向实现全民保健迈进;减少由一些影响公众健康的主要疾病和卫生安全危险因素所引起的发病和死亡;通过开展省级公共卫生行动,减少中国西部地区卫生服务不公平的状况;通过支持中国参与国际卫生合作,为加强全球卫生工作做出贡献。

4月2日 联合国大会通过了《武器贸易条约》,为监管8个类别的常规武器国际贸易制定了共同国际标准。中国、俄罗斯等国投了弃权票。

4月8日 中国部分省份出现人感染H7N9禽流感疫情后,中国及时向世卫组织通报了有关信息。中国国家卫生和计划生育委员会与世卫组织联合召开新闻发布会,通报疫情最新信息,并回答记者提问。4月18—24日,世卫组织专家来华与中方专家组成联合考察组,对疫情防控工作开展了客观、全面的评估。国务院副总理刘延东会见联合考察组。

4月24日 安理会通过第 S/RES/2100(2013)号决议,决定部署联合国驻马里综合稳定特派团。中国向联合国驻马里综合稳定特派团派遣一个工兵连、一个二级医院和一个战区司令部警卫连共计395人,并于2014年1月完成部署。马里北方主要城市已收复,但有关清剿行动尚未结束,部分极端恐怖组织退入北部山区和周边国家。

4月 中国与世界知识产权组织在瑞士日内瓦签署"关于设立世界知识产权组织中国办事处的协定",正式确认世界知识产权组织将在北京设立驻外办事处。

5月14—17日 中方与教科文组织合作在杭州举办"文化:可续发展的关键"国际会议,这是教科文组织首次在全球范围内举办以文化为中心议题的会议。国务院副总理刘延东、教科文组织总干事博科娃出席开幕式并致辞,81个国家、20多个国际组织的代表共计400余人参加会议。会议通过《杭州宣言》,呼吁将文化置于可持续发展的核心位置。

5月15日 联合国大会围绕"预防武装冲突"的主题举行全体会议,通过一份由法、德、英、美等国共同起草的有关叙利亚问题的第 A/RES/67/262号决议。中国、俄罗斯等12个国家投了反对票。

5月20—28日 第66届世界卫生大会在瑞士日内瓦举行。会议审议了《世卫组织第12个工作总规划(2014—2019)》、摊款比额表、世卫组织改革、卫生研发筹资和协调等42项技术和管理议题,通过了24个决议和5项决定。中国国家卫生和计划生育委员会主任李斌率团出席会议,并在一般性辩论中作题为《为实现人人享有卫生保健而共同努力》的发言。中国代表团还与世卫组织联合举办了感染 H7N9 禽流感防控情况边会宣传中国防控经验和举措。来自世卫组织成员国、非政府组织、新闻媒体近300人出席会议。中国有关防控工作获得外界高度评价。

5月27—30日 教科文组织人与生物圈计划国际协调理事会在巴黎召开。会议决定在世界生物圈保护区网络中新添包括中国大连旅顺蛇岛老铁山在内的12个新保护区。

6月4日 联合国叙利亚问题国际调查委员会向联合国人权理事会正式提交了工作报告,称有"合理理由"相信,叙利亚近期曾在4起武装冲突中使用了"有限数量的有毒化学品"。该报告还称,冲突双方都犯下了战争罪行,但反政府武装方面的罪行没有达到叙政府的强度和规模。

同日 中国代表当天在发言中强调,军事手段不能解决叙利亚问题,政治解决叙利亚问题是唯一现实出路。中方希望推动各方依据叙利亚问题"行动小组"日内瓦外长会议公报精神,立即停火止暴,启动由叙利亚人民主导的政治过渡进程。人权理事会的行动应为实现这一目标发挥积极作用；叙利亚的独立、主权、统一和领土完整应得到尊重。

6月18—19日 联合国支持巴以和平国际会议在北京举行。外交部部长王毅集体会见主要与会代表。外交部部长助理马朝旭出席开幕式并致辞。马朝旭积极评价联合国为推动巴以和谈、促进巴以和平进程发挥的建设性作用，重申中方坚定支持巴勒斯坦人民的正义事业，坚定支持巴以和平进程的一贯立场。

6月18—21日 联合国秘书长潘基文访问中国。其间，潘基文与中国国家主席习近平就国际事务和联合国与中国在共同应对全球挑战方面加强合作等议题深入地交换了意见。潘基文还与中国国务院总理李克强、国务委员杨洁篪举行了会谈，双方就中国和联合国合作、朝鲜半岛及叙利亚局势等国际问题进行了探讨。潘基文期望中国在可持续发展、气候变化、可再生能源等领域发挥积极作用。潘基文还参观访问了中国国防部维和中心。

6月21日 教科文组织第37届世界遗产大会决定将中国申报的新疆天山、纳米比亚的"纳米布沙海"以及肯尼亚的肯尼亚山—里瓦野生动物保护区列入《世界遗产名录》。

6月24—27日 联合国工业发展组织第41届理事会在维也纳举行，选举新任总干事。中国候选人、财政部副部长李勇获得53票中的37票，以绝对优势赢得选举，并由6月28日举行的工发组织特别大会正式任命，任期4年。

6月24—28日 中国与禁化武组织联合在北京举办援助与化武防护高级国际培训班。来自巴西、印度、匈牙利、尼日利亚、乌克兰、伊拉克、津巴布韦等19个国家的20名学员参加了培训。2013年，中国还积极支持和响应在公约框架下开展对非援助活动，邀请2名非洲缔约国学员来华参加化工研修项目。

6月27日 国际民航组织亚太地区办事处在北京正式挂牌成立。中国民用航空局局长李家祥、国际民航组织理事会主席高贝、秘书长邦雅曼以及亚太有关国家民航部门负责人出席。

7月9—12日 第4届中非减贫与发展会议在中国杭州召开，此次会议由联合国开发计划署与中国国际扶贫中心共同举办。

8月13日 联合国秘书长潘基文任命联合国开发计划署中国籍职员徐浩良为联合国助理秘书长、联合国开发计划署助理署长兼亚太局局长。

8月14—17日 联合国人口基金执行主任巴巴图德·奥索提迈辛访华，商务部部长高虎城等会见。

8 月 14—22 日　世卫组织总干事陈冯富珍访华。中国国家主席习近平、国务院副总理刘延东、全国人大常委会副委员长陈竺、卫生计生委主任李斌、外交部副部长张业遂、国家食品药品监管总局局长张勇等分别会见。

8 月 29 日　第 67 届大会通过决定,要求第 68 届大会根据以往大会相关授权,继续就安理会改革问题进行政府间谈判。中国积极参与了安理会改革政府间谈判,中国常驻联合国代表刘结一大使在大会辩论中发言表示,中国支持安理会通过合理、必要的改革增强权威和效率,主张优先增加发展中国家特别是非洲国家在安理会的代表性。

8 月 29 日—9 月 3 日　联合国开发计划署署长海伦·克拉克访华并出席第三届中国——亚欧博览会。国家副主席李源潮、外交部部长王毅、商务部部长高虎城等分别会见。

9 月 8—13 日　禁化武组织总干事尤祖姆居访华。外交部副部长张业遂会见尤祖姆居,重申了中国政府对公约和禁化武组织工作的一贯支持,并就叙利亚化武、处理日遗化武等问题与其交换意见。尤祖姆居高度评价中国履约工作及在禁化武组织中发挥的重要作用,希望进一步加强与中方良好合作关系。

9 月 23 日　联合国大会举行"残疾与发展问题"高级别会议。会议通过成果文件《前进的道路:朝向 2015 年和之后的包容残疾的发展议程》。中国残联主席张海迪在会上发言,呼吁加强残疾问题的区域和国际合作,并提出了 4 点建议:第一,深化南南合作,将残疾人问题纳入全球经济社会发展的主要议题;第二,优先考虑发展中国家残疾人的生存与发展问题;第三,重视区域与次区域合作;第四,国际发展机构和发达国家向发展中国家提供更多援助。

同日　中国外交部部长王毅与南非外长马沙巴内共同主持了中非外长第 3 次联合大会政治磋商中国与来自非洲几十个国家的外长或代表共同就深化中非合作、推进中非论坛建设等问题进行了讨论。会议最后通过了 1 份联合公报。

9 月 24 日　联合国可持续发展高级别政治论坛在第 68 届大会一般性辩论期间正式启动,它表明已取代了联合国经社理事会下设的可持续发展委员会。论坛属于政府间机制,联合国 193 个成员国均是论坛正式成员,旨在对全球可持续发展进行政治领导和监督落实。中国外交部部长王毅出席了论坛首次会议并发表讲话。王毅外长从建设生态文明、营造有利外部环境、坚持"共同但有区别的责任"、重视社会问题及创新思维、模式和方式等

5个角度出发,阐述了中国对未来可持续发展国际合作的看法。王毅外长并介绍了中国建设生态文明的举措和成就,强调中国将继续落实以人为本、全面协调可持续的科学发展观,维护人民的根本和长远利益。

9月25日 联合国大会举行了有关实现千年发展目标进程会议。中国外长王毅出席会议,并发言指出,在加快落实既定目标和制定2015年后发展议程路线图的过程中,应当充分听取发展中国家的意见。王毅表示,中国不仅是第1个提前实现减贫目标的发展中国家,也是为南南合作做出重大贡献的国家之一。尽管目前中国还不富裕,但是中方将在办好自己的事情的同时,对朋友们提供力所能及的帮助,为人类的发展事业提供正能量。

9月27日 王毅外长在大会一般性辩论中发言。王毅表示,中国将坚定不移地走和平发展道路,无论过去、现在和将来,中国都是维护世界和平的坚定力量。中国身体力行地走和平发展道路,同时也主张世界各国共同走和平发展道路。我们主张共同致力于以和平方式解决各种国际和地区争端。对于中国与一些国家之间存在的领土主权和海洋权益争端,我们真诚希望通过直接当事国的谈判协商妥善处理,一时解决不了的,可以先搁置起来。中国在任何时候都将坚定捍卫国家的主权和领土完整,坚定维护中国的正当与合法权益。王毅表示,中国将推进以联合国为核心的全球治理体系变革,主张增加广大发展中国家在国际治理体系中的代表性和话语权,支持G20、金砖国家等新兴机制发挥更大作用。王毅还就叙利亚、伊核、朝鲜半岛、气候变化等问题阐述了中国政府的立场。

10月7日—11月27日 在大会三委举行的会议上,中国常驻联合国副代表王民大使在人权议题下作综合性发言介绍中国在人权问题上的政策主张和巨大发展成就,强调中国新一届中央领导集体提出了实现中华民族伟大复兴的中国梦,带领13亿中国人民朝着实现"两个一百年"奋斗目标迈进。随着中国梦的逐步实现,中国人权事业必将再上新台阶。中国代表团全面深入参与各议题讨论及决议磋商,积极发出中国声音、提出中国方案,呼应发展中国家提出的合理主张,对针对伊朗、叙利亚等国的国别人权提案投反对票。

10月9日 中国生产的乙型脑炎疫苗得到了世卫组织预认证,进入国际采购市场体系。这是中国疫苗首次通过世卫组织的预认证。

10月22—24日 联合国难民高专古特雷斯访华,与杨洁篪国务委员会见,与外交部、民政部、公安部等部门领导会谈,并与民政部签署人道主义救灾合作意向书。古特雷斯此访与中方就国际形势、人道及难民问题交换意见,推动双方在难民管理、难民立法、在华难民保护、国际救灾等方面继续开展合作。

10月22—25日　中国在日内瓦接受人权理事会第2轮国别人权审议。外交部特使吴海龙大使率团出席,中央政府有关部委和香港、澳门特别行政区政府派人参加。代表团以开放、自信、包容、合作的姿态参与审议。137国在会上发言,大多数国家充分肯定中国人权事业成就,支持中国根据本国国情进一步促进和保护人权,希望中国分享在保障发展权和生存权等方面的经验和做法。会议最终通过中国接受审议的报告。

10月29日　安理会就改善工作方法举行公开辩论会。中国常驻联合国副代表王民大使在发言中表示,安理会应避免强行推动各方仍有严重分歧的案文,以维护安理会的团结。他指出,在安理会决策过程中,应通过充分谈判和耐心磋商,达成广泛共识,并确保安理会所有成员均有充分时间对有关决议或主席声明草案进行研究。

10月30日　联合国经社理事会改选,中国以全票通过的方式成功连任经社理事会成员,任期为2014—2016年。

11月7日　第68届联合国大会就"安全理事会席位公平分配和成员数目增加问题及有关事项"等议题举行全体会议。中国常驻联合国代表刘结一大使出席会议,并在会上阐述中国政府立场。刘结一指出,安理会的改革事关联合国的未来和全体会员国的切身利益,只能通过民主讨论和耐心协商,不断积累共识,寻求达成广泛共识的一揽子解决方案。他表示,安理会改革应优先增加发展中国家,特别是非洲国家代表性,并让更多国家特别是占联合国会员国大多数的中小国家有更多机会进入安理会,参与安理会的决策。

11月12日　联合国人权理事会进行改选,中国高票成功当选为人权理事会成员,任期为2014—2016年。

11月18日　国际电信联盟和泰国通信技术部在曼谷联合举办连通亚太峰会,泰国总理英拉、国际电信联盟秘书长图埃以及来自国际电信联盟亚太地区37个成员国政府的7名政府首脑、30名部级官员与会。中国工业和信息化部苗圩部长率团出席。峰会通过《亚太2020领导人愿景》和《峰会公报》,提出到2020年在亚太地区实现包容、发展、创新的智能数字社会总体目标,并确定了加快信息通信基础设施建设、鼓励信息通信创新加强公共私营合作、利用信息通信技术促进可持续发展等重点工作领域。

11月20—24日　伊核问题6国与伊朗在日内瓦举行新一轮对话。经过密集谈判,伊朗核问题6国(美国、英国、法国、俄罗斯、中国和德国)与伊朗终于达成了第1份阶段性协议,提供了长期、全面解决伊核问题的路径。

各方同意作为伊核问题全面解决过程的第一步,在 6 个月内采取"初步的互让措施"。声明表示,落实"第一步"的工作将会很快展开。伊核问题取得历史性突破。

11 月 25 日 联合国"声援巴勒斯坦人民国际日"纪念大会在联合国总部举行,安理会轮值主席、中国常驻联合国代表刘结一大使出席纪念大会并向联合国巴勒斯坦人民行使不可剥夺权利委员会主席转交习近平主席致纪念大会的贺电。习近平主席在贺电中重申了中方在巴以问题上的一贯立场,希望国际社会齐心协力,共同致力于推动中东和平进程不断向前,中方作为联合国安理会常任理事国和负责任的国家,愿同国际社会一道,为早日实现中东持久和平作出不懈努力。刘结一大使还介绍了安理会过去 1 年审议巴勒斯坦问题情况,表示安理会一直密切关注巴勒斯坦问题,支持在联合国有关决议、原则、倡议等基础上,通过对话谈判,寻求问题的全面解决,实现巴、以两个国家和平共处。

12 月 2—6 日 联合国工业发展组织第 15 届大会在秘鲁利马举行,大会主题为"为新工业革命建立伙伴关系,实现包容与可持续增长"。大会通过了以实现包容与可持续工业发展理念为核心的《利马宣言》,强调要实现消贫目标,就必须推动强劲、包容、可持续的经济和工业增长,促进经济、社会和环境发展 3 方面的有机统一。李克强总理向大会致视频贺辞。商务部国际贸易谈判代表兼副部长钟山率中国代表团出席会议。

12 月 2—7 日 联合国教科文组织保护非物质文化遗产第 8 届政府间委员会在阿塞拜疆首都巴库举行。会议期间,教科文组织将中国珠算、韩国"泡菜的腌制与分享"等列入人类非物质文化遗产代表作名录。至此,中国目前已有 30 个项目入选,位居世界第一。

12 月 3 日 中国应联合国请求向联合国马里多层面综合稳定特派团派遣维和部队,包括一支 155 人工兵分队、一支 170 人警卫分队和一支 70 人医疗分队。3 日,沈阳军区在哈尔滨太平国际机场举行仪式,欢送中国首批赴马里维和部队先遣队出征。晚上 20 时整,135 名官兵带着国家嘱托登上专机,飞赴位于非洲西部的马里共和国,执行为期 8 个月的维和任务。这是中国军队自 1990 年参加联合国维和行动以来首次派出安全部队。

12 月 3—7 日 世界贸易组织第 9 次部长级会议在印度尼西亚巴厘岛举行。在各方共同努力下,会议发布的巴厘岛部长宣言共包括理事会日常工作、多哈发展议程进展和巴厘岛会议后工作展望 3 大部分。多哈发展议程进展一项即为此前各方期盼的多哈回合谈判"早期收获",包含贸易便利化、农业、棉花、发展和最不发达国家 4 项议题共 10 份协定。中国为协议的通过作出重要贡献。会议期间,中国与贝宁、布基纳法索、马里、乍得组成的"棉花四国"发表联合新闻公报,宣布将在世界贸易组织框架下进一步加强棉花领域合作,该合作将成为南南合作的新模式。

12月5日　安理会通过第 S/RES/2127(2013)号决议,决定给予 MISCA 6 个月授权并考虑提出将 MISCA 转变为联合国维和行动的建议。安理会 11 月轮值主席、中国常驻联合国代表刘结一大使在主持安理会相关审议时表示,中方对中非共和国局势持续动荡表示关切,希望有关方面停止暴力,通过对话和协商解决分歧。

同日　安理会发表主席新闻谈话,谴责当日发生的针对也门国防部与医院的恐怖袭击事件。中国常驻联合国代表刘结一大使在安理会审议也门局势时发言表示,中方欢迎也门政治进程稳步推进,希望也门各方认真落实海合会倡议及其执行机制,通过对话协商弥合分歧,不断推进全国政治进程和民族和解,中方将继续对也门提供支持和帮助,也呼吁国际社会兑现援助承诺,帮助也门加快经济重建的步伐。

12月6日　大会第二委员会决定自 2014 年起将每年的 10 月 31 日设为"世界城市日"。早在 2010 年 10 月 31 日上海世博会闭幕之日中国就倡议将是日设立为"世界城市日"。3 年多来,在中国政府和有关各方的共同努力下,联合国大会终于批准设立。这是中国首次在联合国推动设立的国际日。

12月10日　中国代表在安理会审议马里问题时发言称,马里形势近期继续向好的方向发展,但和平安全局面仍较脆弱,国际社会应积极伸出援助之手。中方希望联合国继续为马里举行的第 2 轮立法选举提供支持,帮助其顺利完成选举,结束政治过渡期。中方同时希望联合国驻马里综合稳定特派团尽快全面部署到位,并与马里政府保持密切沟通协调,严格根据安理会授权开展行动。

12月12日　中国常驻联合国代表刘结一大使在安理会审议萨赫勒地区问题时表示,萨赫勒地区安全、人道局势虽有改善,但仍然脆弱,中方对此表示关切。萨赫勒地区的诸多问题彼此关联,相互影响。迅速全面改善该地区形势需要综合施策。国际社会应继续支持地区国家维护和平稳定的努力;应充分尊重当事国意见;应继续增加对该地区的援助和投资,提升地区国家自主发展能力。

12月中旬　刚果(金)政府与武装团体 M23 签署和平文件,刚果(金)政府已在有关地区重建政府机构,并致力于打击"乌干达民主同盟军"和"解放卢旺达民主力量"等武装团体。安理会 11 月轮值主席、中国常驻联合国代表刘结一大使在主持安理会相关审议时表示,中方欢迎刚果(金)东部局势取得的积极进展。中方支持刚果(金)政府及有关方面加大努力,寻求持久的政治解决方案。安理会将密切关注刚果(金)东部和大湖地区形势发展,为保持当前积极势头推动形势向更好方向发展作出进一步努力。

12月24日 安理会一致通过第 S/RES/2132(2013)号决议,核可联合国秘书长关于临时提高联合国南苏丹特派团兵力上限的建议,授权秘书长采取措施,从联合国驻刚果(金)、苏丹达尔富尔等地维和人员中抽调人员增援特派团。中国常驻联合国代表刘结一大使在安理会审议苏丹和南苏丹问题时表示,中方欢迎苏丹和南苏丹关系近来取得积极进展,两国总统实现互访,并就非军事边界安全区、开放跨境口岸、石油运输安排等一系列问题达成协议。中方支持苏丹和南苏丹落实有关协议,以改善关系、解决未决问题。在阿布耶伊问题上,苏丹和南苏丹已发表联合公报,确定通过对话商讨建立阿区行政机构等安排,有关各方均应认真予以落实,避免采取有悖于苏丹和南苏丹共识的单边行动。

12月28日 第68届联大通过决议,决定自2014年起,将10月31日上海世博会闭幕之日定为"世界城市日"。"世界城市日"来源于上海世博会"城市,让生活更美好"的理念,是为了适应全球城市化加速发展的趋势。"世界城市日"的设立将提升国际社会对全球城市化进程的关注,促进各国携手应对城市化进程带来的机遇和挑战,推进城市可持续发展和全球可持续发展事业,也为加强中国与各方在新型城镇化建设领域的合作提供重要契机。

二〇一四年

3月1日 中国云南昆明火车站发生暴力恐怖袭击事件,至少造成28人死亡、113人受伤。

3月3—28日 联合国人权理事会在日内瓦举行第25次会议。其间,举行了高级别会议,与人权高级专员皮雷以及粮食权、文化权、宗教信仰自由、朝鲜、缅甸等特别机制进行对话,举行"儿童享有司法公正""在联合国促进预防方式"等专题研讨会,核可中国、沙特、以色列等15国国别人权审查报告,通过42项决议、决定和主席声明。3月20日,人权理事会核可中国第2轮国别人权审议报告。中国常驻日内瓦代表吴海龙大使率团与会,香港、澳门特别行政区派代表作为中国政府代表团成员参加。中国接受了各国提出的252条建议中的204条,占总数的81%,涉及减贫、教育、司法改革等 20 多个领域,展示了中国开放、积极和认真的态度,受到一致好评。

3 月 8 日　由马来西亚吉隆坡国际机场飞往中国北京首都机场的 MH370 航班失联。航班上共载有 227 名乘客、12 名机组人员。MH370 航班已确定失事,但至今仍未能找到空难现场。

3 月 10—21 日　第 58 届联合国妇女地位委员会在纽约联合国总部举行,就各国和各区域落实《北京宣言》和《行动纲领》及妇女问题特别联大成果文件进行一般性辩论,就优先议题"实现千年发展目标中的有关妇女和女童目标的进展和挑战情况"、审查议题"妇女接受教育培训,特别是科技教育"和新出现问题"平等获得生产资料"举行高级别圆桌会议和专题讨论。中国代表团团长王民大使在一般性辩论中发言,积极宣传中国在妇女事业方面的成就和主张,支持在 2015 年后发展议程中单独设立妇女赋权目标,强调关注妇女经济发展和减贫等领域,在有关就业、卫生教育等相关目标中充分考虑妇女需要,呼吁各国加强妇女领域国际发展合作。

3 月 15 日　安理会就乌克兰克里米亚共和国 3 月 16 日举行"脱乌入俄"全民公投问题召开紧急会议。安理会审议了由美国、法国和英国联合起草的一份旨在拥护乌克兰"领土完整"的决议草案。中国投了唯一的 1 张弃权票。决议因俄罗斯一票否决未获通过。

3 月 24—25 日　第 3 届核安全峰会在荷兰海牙举行,主题为"加强核安全、防范核恐怖主义"。中国国家主席习近平出席并在会上发言。习近平在会上提出中国的核安全观,指出,要坚持理性、协调、并进的核安全观,把核安全进程纳入健康持续发展的轨道。要坚持"4 个并重":发展与安全并重;权利和义务并重;自主与协作并重;治标和治本并重。习近平在发言中还介绍了我国在核安全方面的努力和承诺。中方向峰会提交了《中国在核安全领域的进展报告》。峰会最后通过《海牙核安全峰会公报》,重申各国对核安全负有根本责任,强调核安全不应妨碍各国和平利用核能;提出提升国家核安全水平、强化国际核安全体系、深化核安全国际合作等 16 个领域具体建议。

3 月 27 日　联合国大会就乌克兰问题举行全体会议,并通过一项有关乌克兰领土完整的第 A/RES/68/262 号决议,确认乌克兰克里米亚全民公投无效。中国、巴西投了弃权票。

同日　国家主席习近平访问巴黎教科文组织,会见博科娃总干事并发表重要演讲。习近平全面深刻阐述对文明交流互鉴的看法和主张,强调应该推动不同文明相互尊重、和谐共处,让文明交流互鉴成为增进各国人民友谊的桥梁、推动人类社会进步的动力、维护世界和平的纽带。习近平指出,实现中国梦,是物质文明和精神文明比翼双飞的发展过程。中国人民将按照时代的新进步,推动中华文明创造性转化和创新性发展,让中华文明同世界各国丰富多彩的文明一道,为人类提供正确的精神指引和强大的精神动力。习近平主席夫人彭丽媛女士访问期间接受了教科文组织授予的"促进女童和妇女教育特使"荣誉称号。

3 月 30 日 菲律宾向仲裁庭正式提交"诉状"。6 月 3 日,仲裁庭确定 12 月 15 日为中国提交"辩诉状"最后期限。中国外交部发言人多次明确表示,中国不接受、不参与菲律宾所提仲裁的立场不会改变。

4 月 7—25 日 联合国裁军审议委员会在纽约联合国总部举行会议。2014 年是本轮裁审会审议周期的最后一年。会议继续审议"关于实现核裁军与防止核武器扩散目标的建议"和"常规武器领域建立切实可行的建立信任措施"两项议题。由于各方在裁审会工作方法、核裁军与不扩散等问题上分歧严重,会议未达成实质性成果,仅通过程序性报告。中国代表团以建设性姿态参加 2014 年裁审会工作。在一般性辩论和各议题讨论中,中国代表团阐述对国际安全形势、多边军控进程以及核裁军、核不扩散、常规武器军控等问题的看法,介绍中国有关政策举措和努力。

4 月 14—15 日 中国坚定致力于维护和加强《不扩散核武器条约》(NPT)的普遍性、权威性和有效性,忠实履行条约义务,积极落实 NPT 第 8 次审议大会最后文件,建设性参与新一轮审议进程。中国主办中、美、俄、英、法 5 个核武器国家(简称"五核国")北京会议,为推动五核国战略互信、共同落实 NPT 审议成果作出重要贡献。外交部副部长李保东出席会议,就加强核领域全球治理提出 5 点主张。

5 月 8 日 中国重视国际人权文书对促进和加强保护人权的积极作用,已加入包括《经济、社会和文化权利国际公约》在内的 26 项国际人权条约。中国继续与有关人权条约机构合作,认真履行已加入的条约义务。中国执行《经济、社会和文化权利国际公约》第 2 次报告顺利接受联合国经济、社会和文化权利委员会审议。中国常驻日内瓦代表吴海龙大使率团参加,香港、澳门特区政府代表作为中国政府代表团成员参加。审议中,委员会专家积极评价中国履约成绩,肯定中国根据自身国情制定的各项政策措施。

5 月 5 日—6 月 6 日、7 月 7 日—8 月 8 日 联合国国际法委员会第 66 届会议分两期在联合国日内瓦办事处举行。中国籍委员黄惠康博士出席会议并参与各专题讨论,在习惯国际法的识别、国家官员的外国刑事管辖豁免等专题下重点发言。

5 月 16 日　中国全国人大常委会批准加入《京都议定书多哈修正案》。9 月 3 日,国务院决定加入《建立国际反腐败学院的协定》。11 月 28 日,国务院批准《北太平洋公海渔业资源养护和管理公约》。

5 月 17—23 日　第 67 届世界卫生大会在瑞士日内瓦举行。来自 180 多个世卫组织成员国、相关国际组织和非政府组织等共 3300 多人参会。大会审议 27 项卫生技术议题和世卫组织与非国家行为者等 30 项行政、规划和管理议题,最终通过了 32 项决议和决定。大会通过由中国提出的“传统医学”和“获得基本药物”的两项决议。国家卫生和计划生育委员会副主任王国强率团出席会议,并在主题为“气候与健康之间的联系”一般性辩论中发言,介绍中国应对气候变化、制定实施气候变化与健康相关规划等工作。

5 月 18—22 日　联合国秘书长潘基文应邀访华。潘基文先后与中国国家主席习近平、国务院总理李克强举行会晤,对中国与联合国合作,以及中国在促进国际和平与安全、可持续发展等领域做出的贡献予以高度肯定。潘基文还与国务委员杨洁篪就联合国气候变化峰会以及中国在应对气候变化方面所扮演的角色、人权问题以及缅甸、朝鲜半岛、叙利亚、乌克兰、南苏丹等国际和地区问题进行了讨论。20—21 日,潘基文出席了在上海举办的亚信第 4 次峰会。

5 月 22 日　安理会就法国等国提交的将叙利亚局势提交国际刑事法院审理的决议草案进行表决。中国和俄罗斯投了反对票,决议草案未获通过。中国大使王民在投票后所做的解释性发言中阐述了中国在这一问题上的立场。王民表示,中方认为决议草案存在几点重大困难。第一,中方认为,由国际刑事法院追究严重违法行为人的责任,应当以尊重国家司法主权为前提,遵守补充性原则。中国不是《罗马规约》缔约国,一贯对安理会将一国局势提交国际刑事法院持保留态度,这是我们的原则立场;第二,当前叙利亚问题政治解决正面临困难,国际社会必须坚定信心,保持耐心,坚持政治解决大方向不动摇。第三,在各方对决议草案尚存重大分歧的情况下,安理会应继续磋商,不应强行表决,以免损害安理会团结,干扰安理会在叙利亚问题及其他重大问题上的协调合作。

5 月 28 日—6 月 12 日　人力资源和社会保障部副部长邱小平率中国 3 方代表出席第 103 届国际劳工大会。中国代表团介绍了中方多渠道扩大就业、加强对就业人员保护的政策措施,呼吁成员国创造更多更高质量的就业,强化劳务移民输出国与输入国的共同责任,加强监管私营招聘机构,创造公平劳务移民的良好环境。

5 月 30 日　中国政府向 2012 年 12 月 8 日签订的《京都议定书多哈修

正案》交接受书,并于 6 月 2 日复照确认,该条约适用香港、澳门特区。

6 月 2 日 国际工程与技术科学院理事会、中国工程院和教科文组织在北京联合举办 2014 年国际工程科技大会。大会主题为"科技与人类未来",来自全球 30 多个国家的 1500 人与会。习近平主席出席大会并发表题为《让工程科技造福人类、创造未来》的主旨演讲。

6 月 9—13 日 《联合国海洋法公约》第 24 次缔约国会议在纽约联合国总部举行。其间还举行了公约生效 20 周年特别纪念活动。会议讨论了国际海洋法法庭、国际海底管理局、大陆架界限委员会工作有关情况,以及联合国秘书长关于海洋和海洋法问题新进展的报告。中国代表团在会上发言中阐述中国构建和维护和谐海洋秩序的主张,强调应尊重所有国家合法利用海洋的权利和自由,统筹兼顾对海洋的合理利用与科学保护,平衡处理沿海国利益和国际社会整体利益,以实现海洋的可持续发展。针对个别国家在会上提及南海问题,中国代表团严正阐明中国在相关问题上的原则立场,匡正视听。

6 月 11—20 日 联合国外空委第 57 届会议在维也纳举行。中国代表团在发言中介绍了自上届会议一年来中国空间活动进展和国际合作项目,重申中国和平利用外空的一贯立场,明确提出法律小组应以强化现有外空条约体系有效性为核心,从 3 方面重点推进:一是推动外空条约的普遍接受;二是强化外空条约的实施;三是加强各国空间法能力建设。中国代表团还向联合国外空司捐赠了"玉兔"号月球车原比例模型,并举办了"嫦娥"系列工程图片展。

6 月 15—25 日 教科文组织第 38 届世界遗产委员会会议在卡塔尔多哈召开。会议决定将包括中国的大运河、南方喀斯特(2 期)和由中国、哈萨克斯坦、吉尔吉斯斯坦联合申报的"丝绸之路:长安—天山廊道路网"等 26 处地点列入《世界遗产名录》。至此,中国世界遗产总数达到 47 项,位居全球第二,仅次于拥有 50 项世界遗产的意大利。

6 月 23—27 日 联合国环境规划署首届联合国环境大会在肯尼亚首都内罗毕举行。本次会议是联合国环境规划署理事会升格为联合国环境大会(实行普遍会员制,联合国会员国均可参加)后的首次会议。会议主要目标和任务是,落实联合国可持续发展大会成果文件中关于提升和加强环境署的相关要求,讨论环境署未来的机制安排和议事规则。环境保护部部长周生贤率中国政府代表团出席会议。

6 月 28—29 日 和平共处五项原则发表 60 周年纪念活动在北京举行。28 日,国家主席习近平、缅甸总统登盛、印度副总统安萨里共同出席纪念大会。习近平主席发表题为《弘扬和平共处五项原则　建设合作共赢美好世界》的主旨讲话。在回顾和平共处五项原则的发展历程,总结和平共处五项原则的历史和现实意义的基础上,就新形势下坚持和弘扬和平共处五项原则、推动建设新型国际关系和美好世界提出6点主张,即坚持主权平等、坚持共同安全、坚持共同发展、坚持合作共赢、坚持包容互鉴、坚持公平正义。习近平主席还宣布中国政府设立"和平共处五项原则友谊奖"和"和平共处五项原则卓越奖学金",以表彰和鼓励更多人士和团体坚持和弘扬和平共处五项原则。

7月2—9日　世卫组织总干事陈冯富珍访华。国务院总理李克强、全国人大常委会副委员长陈竺等多位领导人分别会见。

7月9—12日　世界知识产权组织总干事高锐访华,出席该组织中国办事处揭幕仪式。10日,世界知识产权组织中国办事处正式揭幕。这是继该组织在新加坡、日本、巴西设立办事处,在美国设立协调办公室后的又一新增驻外机构。办事处将为政府部门和机构提供法律和技术援助,为其更加高效地运用《专利合作条约》、商标国际注册马德里体系等提供帮助。11日,国务院总理李克强会见高锐,就深化双方合作交换看法。

7月17日　马航MH17客机在乌克兰东部坠毁,机上298人全部遇难。7月18日,安理会通过主席新闻谈话,对马航MH17客机遇难人员家属、所在国政府及人民表示慰问和哀悼,呼吁对事件进行全面、深入和独立的国际调查并追究责任,强调各方应立即允许调查人员进入坠机地区,以查明事件原因。

8月3日　当年夏巴勒斯坦抵抗组织哈马斯和以色列在加沙地区爆发大规模武装冲突,造成大量人员伤亡,国际社会高度关注,有关各方纷纷加大斡旋力度。8月3日,外交部部长王毅在访问埃及期间提出中方解决巴以冲突包括"以巴双方应从维护人民安危与地区和平出发,立即实现全面停火,包括空袭、地面军事行动、发射火箭弹等都应停下来"等5点和平倡议,并表示中方将向加沙人民提供150万美元紧急人道主义现汇援助,中国红十字会也向加沙人民提供了人道援助。在有关各方的共同努力下,巴以双方于8月底实现停火。

8月7日　中国常驻联合国代表刘结一大使在安理会刚果(金)问题公开会议上发言表示,2014年以来,刚果(金)东部局势不断取得积极进展,联合国等国际社会以及非盟和大湖地区国际会议等区域和次区域组织为此做了大量工作,中方对此高度赞赏。中方呼吁国际社会从以下3个方面努力,推动大湖地区实现持久和平、稳定与发展:第一,坚持共同安全;第二,坚持共同发展;第三,坚持合作共赢。

8月7—8日 亚太经社会第70届年会部长级会议在泰国曼谷举行。会议以"促进区域互联互通,共享繁荣"为主题,就促进区域互联互通、推动地区经济一体化进行深入讨论。外交部副部长李保东出席会议并发表讲话,他在讲话中还重点介绍了中国提出建设"一带一路"、亚洲基础设施投资银行等重要倡议,欢迎各方积极参与相关合作,共同推进亚太区域互联互通。

8月15—17日 潘基文访问中国,并出席南京青奥会。16日,中国国家主席习近平会见了潘基文秘书长,双方对当前的国际热点问题,包括乌克兰、伊拉克、叙利亚、加沙及东北亚局势交换了意见。

8月16—28日 第2届夏季青年奥林匹克运动会在南京举行。国家主席习近平出席开幕式。布隆迪、马尔代夫、新加坡、摩纳哥、黑山、斐济、瓦努阿图等国领导人,联合国秘书长潘基文和国际奥委会主席巴赫等出席开幕式。国务院总理李克强,安提瓜和巴布达、马达加斯加、吉布提、克罗地亚等国领导人和国际奥委会主席巴赫出席闭幕式。

8月29日 安理会通过关于也门局势的主席声明,对胡塞组织围攻也门首都导致局势恶化表示严重关切,谴责该组织军事领导人,并呼吁该组织尽快撤出阿姆兰省。声明同时谴责"基地"组织阿拉伯半岛分支在也门从事恐怖活动。安理会多次就也门恐怖袭击发表主席新闻谈话,对恐怖行为予以强烈谴责。中国代表在安理会通过主席声明后发言表示,中方支持也门政府在哈迪总统领导下推进政治过渡、实现国家稳定所作努力;敦促也门有关武装组织停止军事行动,与也门政府通过对话和平解决分歧;呼吁国际社会加强合作,协助推进也门政治进程和民族和解,帮助也门政府稳步推进经济改革。

9月3日 中国加入《建立国际反腐败学院的协定》,于9月15日递交加入书,条约于11月15日始对中国生效。该条约适用香港和澳门特区,中国政府声明不受协定第19条"争议解决"约束。

9月5日 中国政府发表关于第69届联合国大会中方立场文件。

9月8日 第68届大会协商一致通过决定,要求第69届大会根据以往大会相关授权,在第68届大会所取得进展及会员国立场和建议的基础上,继续就安理会改革问题进行政府间谈判。当前会员国对改革基本思路仍缺乏共识。但中方认为,越是有分歧,就越需要会员国进行耐心协商,寻求一致。

9月23日 联合国气候峰会在美国纽约召开。国家主席习近平特使、国务院副总理张高丽出席会议。张高丽在峰会全会上发表题为《凝聚共识 落实行动 构建合作共赢的全球气候治理体系》的讲话，全面阐述中国 2020 年前应对气候变化的方针政策、目标行动和取得的显著成效，宣布中国对未来新协定的积极态度和原则立场，表明中方高度重视应对气候变化，将主动承担与自身国情、发展阶段和实际能力相符的国际义务。张高丽表示，中国坚定支持 2015 年巴黎会议如期达成协议，同时提出 3 点倡议：一要坚持公约框架，遵循公约原则；二要兑现各自承诺，巩固互信基础；三要强化未来行动，提高应对能力。并且，中国将在现有基础上把每年的资金支持翻一番，建立气候变化南南合作基金。中国还将提供 600 万美元资金，支持联合国秘书长推动应对气候变化南南合作。

9 月 24 日—10 月 2 日 外交部部长王毅赴纽约出席第 69 届联合国大会。其间，王毅出席第 69 届大会一般性辩论并发言。王毅说，2014 年是第一次世界大战爆发 100 周年，2015 年是第二次世界大战结束 70 周年。为了共建和平、共守安宁，王毅强调：各国应该平等相待，恪守主权和领土完整原则；应该开放包容，实现不同社会制度、不同宗教信仰、不同文化传统国家的和谐相处；应该合作共赢，努力扩大各国利益汇合点；应该讲求公道，推动国际关系民主化、法治化，在国际法框架内促和平、谋发展等多项原则与主张。王毅外长还就乌克兰、伊拉克、叙利亚、巴勒斯坦、南苏丹、阿富汗、伊朗核、朝鲜核、恐怖主义、气候变化、埃博拉疫情、2015 年后发展议程等问题阐述中方的原则立场和主张。与会期间，王毅外长还出席安理会反恐峰会、联合国埃博拉疫情防控高级别会议、联合国维和行动问题高级别会议、金砖国家外长会晤等多边活动，并举行一系列双边会见。

10 月 6 日—11 月 5 日 第 69 届联合国大会第一委员会于纽约联合国总部举行会议。在一般性辩论中，中方指出，中国是核领域全球治理的重要建设者，化学武器销毁进程的重要贡献者，安全"新疆域"规则制定的积极推动者，以及维护常规、生物军控进程的积极践行者。

10 月 6 日—11 月 14 日 第 69 届联合国大会共审议 31 项法律议题，通过了 19 项决议。在关于"消除国际恐怖主义的措施"，中国代表团重申反对一切形式的恐怖主义，坚定支持国际社会消除恐怖主义的努力。中国代表团指出，"东突"恐怖势力是中国面临的现实恐怖威胁，中国政府正加紧制定"反恐怖主义法"，严惩暴力恐怖犯罪，维护国家和社会稳定。同时，中国政府高度重视国际反恐合作，积极参与和推进双多边领域的合作，支持地区国家反恐努力。关于"普遍管辖权原则的范围和使用"方面，中国代表团强调，普遍管辖权应审慎使用，避免被滥用。

10月15日 国务院总理李克强访问设在罗马的联合国粮食及农业组织总部并发表题为《依托家庭经营推进农业现代化》的演讲。李克强积极评价粮农组织为维护全球粮食安全、促进国际农业合作、推动全球减贫事业所作努力。他指出,维护粮食安全既需要各国将粮农问题作为国家发展的首要任务,也需要国际社会的共同努力。中国作为最大的发展中国家,虽已解决温饱问题,但仍然有上亿贫困人口。我们将尽最大努力彻底消除因饥饿造成的贫困,有信心主要依靠自身解决好13亿人的吃饭问题,为全球粮食安全作出贡献。中国愿进一步加强同粮农组织的沟通协调和相互支持,深化农业南南合作和3方合作。希望粮农组织继续充分发挥作用,完善全球粮农治理体系,加强政策协调和资源整合力度,促进国际农业合作。其间,李克强总理会见格拉齐亚诺总干事,表示向粮农组织提供5000万美元额外捐款用于开展农业南南合作。

10月23日 国际电信联盟第19届全权代表大会在韩国釜山召开。中国籍国际电信联盟副秘书长赵厚麟在大会上当选为国际电联秘书长,2015年1月1日上任,任期至2018年底。

10月24日 安理会一致通过第S/RES/2182(2014)号决议,决定将非盟索马里特派团授权延期12个月、授权会员国可在索海域和公海检查可能载有索木炭及向索运送武器等违反安理会决议的船只等项措施。中国常驻联合国副代表王民大使在安理会表决非盟索马里特派团延期决议草案后作解释性发言,强调中方一贯主张安理会磋商相关决议时,应广泛听取各方意见,切实尊重有关国家和区域组织的合理要求。第S/RES/2182(2014)号决议明确规定,本决议不应视作确立习惯国际法,各国根据本决议采取的措施不得影响船旗国对公海上船舶享有的专属管辖权,各国在检查有关船只时应先征得船旗国的同意。中方主张,第S/RES/2182(2014)号决议应得到全面、准确执行。会员国在执行本决议时应恪守有关国际法原则,切实保障船旗国和有关国家的合法权益。

10月31日 阿富汗问题伊斯坦布尔进程第4次外长会在北京举行,此次会议是阿富汗大选后首次涉阿问题大型国际会议,也是中方首次承办阿富汗国际问题会议。该进程的14个地区成员国、16个域外支持国、12个国际和地区组织及4个主席国共46方的外长或高级别代表出席会议。中国国务院总理李克强和阿富汗总统加尼共同出席外长会开幕式,外交部部长王毅和阿富汗外交部部长奥斯马尼共同主持会议,李克强总理发表题为《携手促进阿富汗及地区的安全与繁荣》的主旨讲话,就解决阿富汗问题提出坚持"阿人治阿"、推进政治和解、加快经济建设、探索发展道路、加强外部支持等 5 点主张,得到与会代表和国际社会的积极响应。会议各方就阿富汗局势和伊斯坦布尔进程合作等进行了深入交流,通过《伊斯坦布尔进程北京宣言:深化地区合作,促进阿富汗及地区持久安全与繁荣》(简称《北京宣言》),确定了伊斯坦布尔进程框架下建立信任措施 64 个优先合作项目,决定由巴基斯坦筹办 2015 年伊斯坦布尔进程第 5 次外长会。

11 月 7 日　由中国国务委员杨洁篪与来访的日本国家安全保障局局长谷内正太郎举行会谈,双方就处理和改善中日关系达成以下 4 点原则共识:(1)双方确认将遵守中日 4 个政治文件的各项原则和精神,继续发展中日战略互惠关系。(2)双方本着“正视历史、面向未来”的精神,就克服影响两国关系政治障碍达成一些共识。(3)双方认识到围绕钓鱼岛等东海海域近年来出现的紧张局势存在不同主张,同意通过对话磋商防止局势恶化,建立危机管控机制,避免发生不测事态。(4)双方同意利用各种多双边渠道逐步重启政治、外交和安全对话,努力构建政治互信。

11 月 12 日　中国国家主席习近平与到访的美国总统奥巴马在北京发布《中美气候变化联合声明》,宣布两国将分别采取步骤,大幅度减少温室气体排放量。美国宣布到 2025 年将使温室气体排放在 2005 年的基础上减少 26%—28%。中国则计划 2030 年左右二氧化碳排放达到峰值且将努力早日达峰,并计划到 2030 年非化石能源占一次能源消费比重提高到 20% 左右。

同日　安理会通过第 S/RES/2184(2014)号决议,将国际社会打击索马里海盗授权延期 1 年。中国支持国际社会就打击索马里海盗加强合作。截至 2014 年底,中国共向亚丁湾和索马里海域派出 19 批护航编队,完成 800 批 5854 艘船舶护航任务,为维护海上交通要道安全发挥了重要作用。

12 月 7 日　中国外交部受权发表《中华人民共和国政府关于菲律宾共和国所提南海仲裁案管辖权问题的立场文件》,重申中国不接受、不参与该仲裁的严正立场,并从法律角度全面阐述中国关于仲裁庭没有管辖权的立场和理据。2013 年 1 月 22 日,菲律宾单方面就中菲有关南海问题提起强制仲裁,并不顾中国的强烈反对,执意推进仲裁程序。立场文件中指出:菲律宾提请仲裁事项的实质是南海部分岛礁的领土主权问题,超出《联合国海洋法公约》的调整范围,仲裁庭无权审理。以谈判方式解决在南海的争端是中菲两国通过双边文件和《南海各方行动宣言》所达成的协议,菲律宾单方面将有关争端提交强制仲裁违反国际法,且中国已根据《联合国海洋法公约》的规定于 2006 年作出声明,将涉及海域划界等事项的争端排除适用仲裁等强制争端解决程序。立场文件强调,仲裁庭对于菲律宾提起的仲裁明显没有管辖权;各国有权自主选择争端解决方式,中国不接受、不参与菲律宾提起的仲裁具有充分的国际法依据。菲律宾单方面提起仲裁案的做法,不会改变中国对南海诸岛及其附近海域拥有主权的历史和事实,不会动摇中国维护主权和海洋权益的决心和意志,不会影响中国通过直接谈判解决有关争议以及本地区国家共同维护南海和平稳定的政策和立场。中国政府的立场文件聚焦仲裁案管辖权问题,发表立场文件,不意味着中国接受或参与菲律宾提起的仲裁。中国不接受、不参与该仲裁的立场不会改变。

12月18日 安理会举行阿富汗问题公开辩论会。中国常驻联合国代表刘结一大使在发言中表示,中方支持"阿人主导、阿人所有"的和平和解进程,希望阿富汗各派别以人民利益为重,积极参与和解。中方支持阿富汗国家安全部队维护国内安全稳定的努力,国际社会应继续帮助阿富汗加强安全能力建设。

12月22日 中国大使刘结一对安理会召开会议讨论朝鲜人权局势表示反对。他表示中国反对以朝鲜存在大规模侵犯人权问题将朝鲜局势列入安理会议程,强调不应将人权问题政治化,各方应坚持通过对话协商解决问题。

12月30日 安理会对约旦提交的巴勒斯坦问题决议草案进行表决。中国、俄罗斯、法国、卢森堡、约旦、乍得、阿根廷、智利 8 票赞成,英国、立陶宛、韩国、卢旺达、尼日利亚 5 票弃权,美国、澳大利亚 2 票反对,草案未获通过。中国常驻联合国代表刘结一大使在表决后的解释性发言中表示,中方高度关注巴以问题,一直为推动中东和平进程作出建设性努力。中方支持巴勒斯坦人民恢复民族合法权利的正义事业,支持建立以 1967 年边界为基础、以东耶路撒冷为首都、拥有完全主权、独立的巴勒斯坦国,支持巴勒斯坦加入联合国等国际组织,希望巴以双方尽快恢复和谈,早日结束占领,实现两个国家和平共处等。

二〇一五年

1月26日 安理会就乌克兰问题举行公开会议。中国大使刘结一在会上表示,中方谴责针对平民的暴力袭击事件,支持对有关袭击事件展开客观调查,将肇事者绳之以法。他指出,当前事态充分表明,处理乌克兰问题,必须坚持政治解决的大方向,必须充分考虑乌克兰问题复杂的历史经纬和现实,必须充分照顾乌克兰各地区、各民族的正当权益和诉求,重视解决有关各方的合理关切,实现各方的利益平衡,以根本和长远解决乌克兰问题。

1月　中国军队首次向联合国南苏丹特派团派遣一支700人维和步兵营,这也是中国军队首次成建制派遣步兵营赴海外执行维和任务。

2月17日　安理会举行公开会并一致通过关于乌克兰问题的第2202号决议,核可2月12日乌克兰问题3方联络小组签署的《执行明斯克协议综合措施》,敦促有关各方全面执行上述措施。安理会当月轮值主席、中国常驻联合国代表刘结一大使在安理会审议乌克兰问题时表示,安理会通过了第S/RES/2202号决议,表明了国际社会对4国领导人外交努力、政治解决乌克兰问题的坚定支持。从根本和长远上解决乌克兰问题,既要充分照顾乌克兰国内各地、各民族的正当权益和诉求,也要重视解决有关各方的合理关切,实现各方的利益平衡。国际社会应继续加大推动乌克兰危机政治解决的外交努力。中方呼吁有关各方继续保持冷静和克制,全面落实明斯克协议,巩固来之不易的停火局面,实现乌克兰的和平、安宁、稳定与发展。中方将继续为政治解决乌克兰问题发挥建设性作用。

3月12日　国际民航组织第204届理事会在加拿大蒙特利尔举行,36个理事国投票选举下任秘书长。中国籍候选人柳芳成功当选国际民航组织下任秘书长,成为继世界卫生组织总干事陈冯富珍、联合国工业发展组织总干事李勇和国际电信联盟秘书长赵厚麟后第4位在联合国专门机构担任负责人的中国人,也是国际民航组织历史上首位女性秘书长。柳芳于8月1日就任,任期3年。

同日　中国常驻联合国副代表王民大使在安理会审议刚果(金)问题公开会议上发言表示,中方欢迎刚果(金)政府积极筹备选举,鼓励刚果(金)有关各方通过耐心对话与协商,和平解决选举分歧,呼吁国际社会多做劝和促谈工作,为刚果(金)和平进程提供建设性帮助。联合国应加大同大湖地区国际会议等区域组织的协调与配合,敦促地区国家尊重彼此主权和领土完整,加紧落实《刚果(金)与大湖地区和平、安全与合作框架文件》。

3月16日　第1届国际减灾最佳电视纪录片获奖名单在日本仙台举行的第3次世界减灾大会召开期间揭晓,反映2008年四川地震重建工作的纪录片《重建四川》荣获本届最佳减灾故事奖。

3月17日　由英国卫生部和经济合作与发展组织共同倡议并支持的首届抗击痴呆症全球行动部长级会议在世界卫生组织日内瓦总部开幕。来自全球80多个国家的卫生部长以及研究、临床和非政府组织的专家应邀首次相聚,共同讨论痴呆症这一日趋严重却被忽视的全球问题。世卫组织总干事陈冯富珍在出席首届抗击痴呆症全球行动部长级会议时致辞指出:据统计,全世界现有超过 4750 万名痴呆症患者,而且每年新增病例高达 770 万人,其中将近 60% 都生活在中、低收入国家。痴呆症对社会和经济影响巨大,包括直接医疗成本、直接社会成本和非正式护理成本。随着人口老龄化持续加速,据预测,痴呆症患者总数到 2030 年将达到 7560 万,到 2050 年更将超过 1.355 亿人,由此将使中、低收入国家背负上沉重的负担。陈冯富珍说,本次全球行动会议的目标就是提高人们对痴呆症造成的社会经济负担的认识,同时强调如果全世界做出共同承诺,将痴呆症放在全球政治议程的重要位置,就可减轻这一疾病负担。为此,出席首届抗击痴呆症全球行动部长级会议的各国代表 17 日发出共同倡议,呼吁世界各国采取协同一致的有效行动,不断加强对痴呆症的认识,提高抗击痴呆症行动在全球公共卫生议程中的优先地位,制定出台基于人权的干预政策、计划及方案等措施。

3 月 26—29 日 国际电联秘书长赵厚麟(中国籍)应邀来华出席博鳌论坛 2015 年年会,并出席开幕式。28 日,中国国家主席习近平会见了赵厚麟。习近平指出,中国积极参与国际电联工作,致力于同各成员国一道推进全球信息社会发展。希望国际电联抓住当前信息技术融合创新、快速发展的重大机遇,使国际电联更加开放高效、富有活力。赵厚麟于 2015 年 1 月出任秘书长,是继世界卫生组织总干事陈冯富珍、联合国工业发展组织总干事李勇后第 3 位在联合国专门机构担任负责人的中国人。

4 月 25 日 尼泊尔发生 8.1 级强烈地震,此后余震不断,造成尼近 9000 人死亡,2.25 万多人受伤,50 多万间房屋被摧毁或破坏,175 座具有较高历史和文化价值的古建筑受损。"4·25"地震是尼泊尔百年不遇的特大地震,中国西藏自治区部分县市也受地震波及。中国政府在全力救助在尼公民的同时,快速、高效地开展对尼抗震救灾有关工作,获国际社会特别是尼各界赞誉。地震发生当晚,国家主席习近平、国务院总理李克强、外交部部长王毅分别向尼泊尔总统亚达夫、总理柯伊拉腊、外长潘迪致电慰问。中国国际救援队 24 小时内抵达震区,成为第一支抵尼的国际重型救援队。中国政府短时间内共向尼泊尔派出 400 余名救援队、医疗队、防化洗消队人员和 500 余名交通救援大队官兵,运送约 1300 吨、价值 1.5 亿元人民币的紧急救援物资。6 月底,王毅外长出席在加德满都举行的尼泊尔重建国际会议,代表中国政府宣布中方参与尼灾后重建一揽子援助方案。中国援尼灾后重建稳步推进。

4 月 27 日—5 月 22 日 《不扩散核武器条约》在纽约举行第 9 次审议大会。NPT 于 1968 年达成协议,1970 年正式生效。1995 年召开的 NPT 审议大会决定条约无限期有效。NPT 主要目的是推动核裁军、防止核武器扩散及促进和平利用核能。中国于1992年加入。至2015年底,共有190个成员国,印度、巴基斯坦、以色列未加入,朝鲜于2003年宣布退约。NPT规定每5年召开1次审议大会,审议条约实施情况,其间召开3次筹备会。中国坚定致力于维护和加强NPT的普遍性、权威性和有效性,忠实履行条约义务,积极落实NPT第8次审议大会最后文件,并建设性参与2015年2月在伦敦举行的五核国会议,为推动五核国加强战略互信、共同落实NPT审议成果作出了贡献。中国参加了2015年4月27日—5月22日在纽约举行的第9次审议大会,会议未达成最后文件。

5月19日　中国常驻联合国代表团近日向联合国秘书处和各国常驻联合国代表团正式提交"2015年后发展议程中方立场文件"。文件指出,政府间谈判进程应重点解决贫困、饥饿、卫生等涉及发展中国家人民基本生存的问题,并在此基础上,有效应对气候变化、能源资源安全、经济增长乏力等新挑战,实现可持续发展。文件强调,应尊重各国不同国情、发展水平和发展阶段,支持各国自主选择适合本国的发展政策、发展模式和发展道路,遵循"共同但有区别的责任"原则,实现合作共赢和平等协商。文件还提出,应加强国际层面执行手段的监督,重点审议官方发展援助、技术转让和能力建设等承诺的落实情况,发挥联合国可持续发展高级别政治论坛的统筹协调作用,并由各国根据本国国情,按照自愿原则落实并对执行情况进行评估。

5月25—29日　联合国亚太经社会第71届年会在泰国曼谷举行。会议围绕"平衡落实可持续发展的3个方面:从整合到实施"为主题进行了研讨,并就亚太经社会改革、工作优先事项等作出决定和安排。中国外交部部长助理钱洪山率团出席,并发表讲话,肯定了亚太经社会成员国推进可持续发展的成绩,呼吁亚太国家在2015年后发展议程制定中发挥引领作用,阐述中方对2015年后发展议程的主要立场,介绍中方落实千年发展目标成就,宣传中方推进"一带一路"、筹建亚洲基础设施投资银行、推进南南合作等举措以表达中方推进与亚太经社会务实合作的积极意愿。

6月1日　中国长江客轮"东方之星"在长江中游湖北省荆州市监利段水域发生翻沉,442人遇难。6月2日,潘基文通过发言人发表声明,对长江客轮翻沉事件遇难者家属表示诚挚哀悼,并向中国政府和人民表达深切的同情。

6月17日　安理会就维和问题举行公开会议,听取来自第一线的维和行动指挥官的年度工作汇报,并关注当前维和行动的进展情况以及困难与挑战。中国常驻联合国副代表王民大使在会上发言并提出了4点看法。第一,维和行动的基本原则不应动摇。当事国同意、中立和非自卫或履行授权不使用武力的维和三原则是确保维和行动顺利实施、保持公正性和赢得会员国支持的前提和基础;第二,维和行动授权应切实可行,解决地区热点问题需要综合施策,联合国维和行动不可能也不应该"包打天下"。第三,联合国维和行动应尊重当事国主权。维和行动保护平民的适用范畴、条件和权限应有明确界定,确保得到当事国和国际社会的认可和支持,避免引发维和行动同当地民众的误解甚至敌视;第四,维和行动应加强能力建设和科学管理,争取少花钱、多办事,合理调配并利用现有资源,全面提高利用效率,避免不必要的重复和浪费。

同日 由中国国防部维和事务办公室、国防部维和中心和联合国妇女署共同举办的维和行动保护平民培训班 17 日在北京开班。此次培训班为期 3 天,是中国首次与联合国机构合作举办维和行动保护平民培训班。此次培训使用了联合国部署前核心教程和保护平民培训教材并且结合中国军队的维和经验,围绕部门协作、威胁研判、交战规则等方面展开教学。通过教官授课、分组讨论、模拟演练等方式,使参训人员理解联合国维和行动的复杂性和敏感性,了解联合国保护平民体系和机制。来自中国国防部、公安部及有关任务军区共 35 名学员参加,其中包括 10 名女学员。授课专家共 3 人,包括国防部维和中心 1 名高级顾问和 2 名联合国妇女署专家,其中 1 名专家曾任联合国秘书长军事顾问。

6 月 21 日 秘书长潘基文在纽约总部与到访的中国国务委员杨洁篪举行会晤。双方就可持续发展、气候变化、发展议程融资、国际和地区热点等一系列问题交换了意见。其间,潘基文对中国在缓解朝鲜半岛紧张局势的工作中所发挥的建设性作用表示赞赏。

6 月 28 日—7 月 8 日 教科文组织第 39 届世界遗产委员会会议在德国波恩召开。其中包括中国的湖南永顺老司城遗址、湖北唐崖土司城遗址以及以贵州播州海龙屯遗址为代表的中国土司遗址等 3 处被成功列入《世界遗产名录》。至此,中国共有 48 项世界遗产,数量居世界第二,仅次于拥有 51 项世界遗产的意大利。

7 月 9 日 中国代表在安理会布隆迪问题公开会议上发言,强调选举是内政,应由当事国主导。安理会及国际社会应尊重并听取布政府意见,鼓励布有关各方相向而行,通过对话尽快解决有关分歧。

7 月 27 日 安理会发表主席新闻谈话,对索马里首都摩加迪沙恐怖爆炸袭击导致包括 1 名中国驻索马里使馆安全人员在内的多人遇难表示诚挚哀悼,对遇难者家属表示深切同情。

8月12日 中国天津市滨海新区瑞海公司危险品仓库发生火灾爆炸事故,造成165人遇难,8人失踪,798人受伤。联合国秘书长潘基文发表声明,向遇难者家人以及中国政府和人民表示慰问。

9月2—3日 中国人民抗日战争暨世界反法西斯战争胜利70周年纪念活动在北京隆重举行。此次纪念活动主题为"铭记历史、缅怀先烈、珍爱和平、开创未来",主要包括9月2日举行的颁发"中国人民抗日战争胜利70周年纪念章"仪式和9月3日举行的纪念中国人民抗日战争暨世界反法西斯战争胜利70周年大会、招待会和文艺晚会。中共中央总书记、国家主席、中央军委主席习近平在纪念大会上发表重要讲话并检阅受阅部队。习近平强调,中国人民抗日战争和世界反法西斯战争是正义和邪恶、光明和黑暗、进步和反动的大决战。在那场惨烈的战争中,中国人民抗日战争开始时间最早、持续时间最长。中国人民以巨大的民族牺牲支撑起了世界反法西斯战争的东方主战场,为世界反法西斯战争胜利作出了重大贡献。中国人民抗日战争也得到了国际社会广泛支持中国人民将永远铭记各国人民为中国抗战胜利作出的贡献。习近平指出,我们要牢固树立人类命运共同体意识,世界各国应该共同维护以联合国宪章宗旨和原则为核心的国际秩序和国际体系,积极构建以合作共赢为核心的新型国际关系,共同推进世界和平与发展的崇高事业。习近平宣布,中国将裁减军队员额30万。

9月3日 联合国秘书长潘基文出席中国为纪念二战胜利70周年举行的阅兵式。潘基文秘书长与中国国家主席习近平应邀参加了会谈,潘基文对中国在多边主义和包括维和与应对埃博拉疫情等方面所做出的贡献表示赞赏。潘基文还会晤了中国国务院总理李克强以及副总理刘延东和外长王毅等领导人,双方就气候变化、可持续发展议程、纪念第四次世界妇女大会《北京宣言》和《行动纲领》通过20周年、朝鲜半岛局势的等问题进行了交谈。

9月14日 联合国大会就安理会改革问题进行讨论。中国大使刘结一在会上指出,本届联合国大会安理会改革政府间谈判机制主席有关做法和散发的框架文件并没有得到会员国的授权,割裂了会员国立场的完整性,违背了会员国主导原则和联合国大会决议精神。他表示,安理会改革政府间谈判必须坚持会员国主导原则,必须坚持以会员国立场和建议为基础。中方希望下届联合国大会安理会改革政府间谈判能重返会员国主导的正确轨道,在2009年谈判启动以来各国提出的立场、主张、建议和所做努力的基础上开展工作,避免重蹈本年联合国大会政府间谈判机制的覆辙。

9月17日 安理会通过第S/RES/2239号决议,决定将联利团授权延期至 2016 年 9 月 30 日,决定于 2016 年 6 月 30 日前将联利团兵力从 3590 人缩减至 1240 人,警力从 1515 人缩减至 606 人。中国代表在安理会审议利比里亚问题时表示,中方呼吁国际社会积极帮助利政府提高执政能力,加快经济、社会和安全部门建设,巩固来之不易的和平。

9 月 21 日 中国外交部发布《中国关于联合国成立 70 周年的立场文件》,该立场文件提出,在联合国成立 70 周年之际,国际社会应携手努力,推动联合国成为国际和平与安全的有力维护者,世界发展与繁荣的积极促进者。中国建议重点围绕实现发展是世界各国的共同诉求、建立更加平等均衡的全球发展伙伴关系是实现共同发展的坚实保障等 12 个方面开展工作。

9 月 25 日 中美发表关于气候变化的联合声明。两国元首重申坚定推进落实国内气候政策、加强双边协调与合作并推动可持续发展和向绿色、低碳、气候适应型经济转型的决心。双方将支持实现富有雄心的国内行动,并承诺通过中美气候变化工作组进一步深化和加强这些努力,气候工作组是促进建设性中美气候变化对话合作的首要机制。此外,中国宣布提供 200 亿元人民币建立"中国气候变化南南合作基金",以支持其他发展中国家应对气候变化,包括增强其使用绿色气候基金资金的能力,美国也重申了向绿色气候基金捐资 30 亿美元的许诺。

9 月 26—28 日 中国国家主席习近平赴纽约出席联合国成立 70 周年系列峰会。这是习近平主席首次到访联合国总部。出席联合国峰会是中国开展的一次重大外交行动,充分体现了中国领导人对多边主义的重视,充分彰显了中国政府和人民对联合国的支持。26—27 日,联合国可持续发展峰会在纽约联合国总部召开。会议通过了一份由 193 个会员国共同达成的成果文件,即《2030 年可持续发展议程》。这项包括了 17 项可持续发展目标和 169 项具体目标的纲领性文件将推动世界在今后 15 年内实现 3 个史无前例的非凡创举——消除极端贫穷、战胜不平等和不公正以及遏制气候变化。其间,习近平主席参加联合国成立 70 周年系列峰会的多场重大活动并发表多次重要讲话,反响热烈、友好,显著地增强了中国在世界上的地位和影响。

9 月 30 日 王毅外长出席安理会中东反恐问题高级别会议并发言,表示恐怖主义是人类公敌,恐怖主义没有好坏之分,打击一切形式的暴力恐怖行径,应该成为地区国家和国际社会的共同职责和优先任务。中方主张在联合国框架下开展广泛、综合性的国际反恐合作。地区不稳定和发展不平衡是恐怖主义的滋生土壤,妥善处理地区纠纷,恢复地区局势稳定,增强各国治理能力,加快经济发展,切实改善民生,就能从根本上解决恐怖主义得以产生蔓延的各种问题。

10月6日—11月25日 大会三委审议了人权、社会发展、妇女、预防犯罪和刑事司法等议题并通过62项决议。中国代表全面参与各项议题讨论和决议磋商,阐述中国立场和主张。中国常驻联合国代表刘结一大使在人权议题下作了综合性发言,介绍中国在人权问题上的政策主张和发展成就。国家主席习近平在出席联合国成立70周年系列峰会期间,宣布了设立中国—联合国和平与发展基金等一系列重大举措,再次彰显中国是国际人权事业的推动者和贡献者。中国人民正在努力实现"两个一百年"奋斗目标,这将在更高水平上保障中国人民的人权,促进人的全面发展为世界人权事业作出更大贡献。

10月9日 教科文组织正式宣布将中国提交的《南京大屠杀档案》列入世界记忆名录,此举有利于帮助国际社会铭记历史、珍惜和平、共创未来、捍卫人类尊严的积极作用。

10月29日 菲律宾南海仲裁案仲裁庭就管辖权和可受理性问题作出裁决。10月30日,中国外交部发表《中华人民共和国外交部关于应菲律宾共和国请求建立的南海仲裁案仲裁庭关于管辖权和可受理性问题裁决的声明》,表示仲裁庭所作裁决无效,重申中国不接受、不参与仲裁案的立场具有充分的国际法根据,并敦促菲律宾遵守承诺、尊重中国依据国际法享有的权利、回到通过谈判和协商解决南海有关争议的正确道路上来。

10月30日 中国常驻联合国代表刘结一大使在第70届联大全会上发言表示,中方一贯积极支持安理会进行合理、必要改革,目标是增强安理会的效力和权威,增加发展中国家,特别是非洲国家的代表性和发言权,让更多国家,特别是占会员国大多数的中、小国家有更多机会参与安理会决策,发挥更大作用。根据大会第62/557号决定和会员国共识,政府间谈判应由会员国主导。中方希望在政府间谈判启动以来各国提出的立场、主张、建议和所作努力基础上开展工作。中方希望会员国继续以建设性态度参与政府间谈判,通过广泛、民主协商寻求"一揽子"解决方案,达成最广泛共识。不应为改革人为设定时限,也不应强推不成熟改革方案。中方愿同各方共同努力,推动安理会改革朝符合会员国共同利益和联合国长远利益方向发展。

11月7日 中共中央总书记、国家主席习近平与台湾方面领导人马英九在新加坡实现66年来两岸领导人的首次会面,就坚持"九二共识"、推动两岸关系和平发展直接沟通对话,迈出了两岸高层互动往来的关键一步,开辟了两岸关系新的前景。

11月9日 纽约联合国总部举办《为和平而来——中国军队参加联合国维和行动25周年图片展》,来自联合国相关部门官员,包括联合国副秘书长加亚克、副秘书长哈雷、助理秘书长穆雷、副军事顾问福斯特少将,及各国常驻联合国军事顾问等100余人出席开幕式。中国常驻联合国代表刘结一在开幕式致辞中说,中国是联合国维和行动的主要出兵国和出资国,已累计派出维和官兵3万余人。联合国在全球开展的16项维和行动中,中国军队正在参加的有9项。习近平主席在联合国维和峰会上宣布了中方为支持改进和加强联合国维和行动做出的6项承诺。中国将认真落实这6项承诺,愿意以更加积极的姿态参加联合国维和行动,维护世界和平发挥更大作用。联合国秘书长潘基文委托副秘书长加亚克致辞。加亚克致辞称,中国作为联合国安理会常任理事国,25年来先后参与29项联合国维和行动,位列全球贡献最多的10个国家之一。中国军队在全球范围内为联合国维和行动做出的宝贵贡献令人钦佩。习近平主席在维和峰会上作出的承诺将为联合国维和行动增添重要能力。联合国感谢中方所做贡献,愿与中方保持合作,将之付诸实践。该展览以摄影图片为主,配合部分维和主题绘画,共计64幅,全景展现中国维和部队克服战乱频仍、环境恶劣等不利因素,积极履行使命,高标准完成各项维和任务的情况,生动反映了中国维和官兵文明之师、和平之师的良好形象。该展览由中国常驻联合国代表团、国防部维和事务办公室、国防部国际传播局共同主办,为期1周。

11月10日 安理会通过第S/RES/2246(2015)号决议,将国际社会打击索海盗授权延期一年。中国支持国际社会就打击索马里海盗加强合作。在国际社会合作打击下,已有一段时间未发生索马里海盗劫持得逞事件。截至2015年12月初,中国共向亚丁湾和索马里海域派出21批护航编队,完成895批6085艘船舶护航任务,为维护海上交通要道安全发挥了重要作用。

11月14日 由联合国、安理会5个常任理事国、欧盟、阿拉伯联盟、德国、伊朗以及沙特等阿拉伯国家代表组成的"国际叙利亚支持小组"在维也纳举行会议,就如何结束叙利亚冲突问题进行讨论。中国是"国际叙利亚支持小组"的成员之一。

12月1日 中国接任G20峰会主席国。习近平主席发表致辞,进一步阐述中方办会思路和设想。

12月17日 联合国反恐委员会召开特别会议,就如何在保护人权和基本自由的同时,防止恐怖主义团体利用互联网和社交媒体招募恐怖分子和煽动恐怖主义行为进行讨论。来自谷歌、脸书、推特、微软、俄罗斯最大社交媒体公司 VK 以及中国的新浪和腾讯的代表参加了这次会议。反恐委员会执行局执行主任拉博德在会上建议国际社会需要在政府机构、公民社会和私人企业之间建立互信并相互协调合作,各国也需要在立法上应对恐怖主义的犯罪行为,与私人企业机构加强合作,做好提前预防。

12 月 23 日　联合国大会通过了 2016—2018 年维和预算,中国的分摊比例上升到 10.2%,在会员国中位居第 2 位。

12 月 24 日　第 70 届联合国大会正式批准了总额为 54 亿美元的联合国 2016—2017 年双年度常规预算案。根据 2016—2018 年度就联合国常规预算及维和预算摊款的最新分摊比额,中国应缴纳经常预算的比额将从 2013—2015 年的 5.148% 上升至 7.921%,仅次于美国的 22% 和日本的 9.68%,位居第 3 位。中国常驻联合国副代表王民表示,中国反对任何在预算比额方面把中国同其他发展中国家区别对待的做法,不会接受超出中国支付能力的计算方法。只要计算方法公平、公正、合理,中国会及时、足额缴纳。

12 月底　联合国维和行动是联合国维护国际和平与安全的重要手段,是国际社会共同践行多边主义的一项创举,几十年来在缓和紧张局势、解决地区冲突方面发挥了重要作用。截至 2015 年底,联合国共部署 71 项维和行动,正在实施的有 16 项,共有 90889 名军事人员、13550 名警务人员、16791 名文职人员和 1710 名联合国志愿者参加。2015 年 7 月—2016 年 6 月,联合国维和预算约为 82.7 亿美元。中国坚定支持和积极参与联合国维和行动。自 1989 年以来,中国共向 30 项联合国维和行动派出维和人员约 3 万人次。目前,中国派遣约 3100 名维和人员在叙利亚、黎巴嫩、塞浦路斯、西撒哈拉、利比里亚、科特迪瓦、苏丹达尔富尔、刚果(金)、南苏丹、马里 10 个任务区执行任务。

二〇一六年

2 月 11 日　中国常驻联合国代表刘结一在安理会有关改进安理会下属机构工作方法的公开辩论中表示,中国支持安理会持续改进工作方法。刘结一在发言中表示,安理会应集中资源和精力,处理国际和平与安全领域重大和紧迫问题,应重视预防性外交和斡旋工作,应充分协商,争取达成广泛共识。他还指出,安理会下属机构如制裁委员会等应全面履行授权。

2 月 17 日 安理会举行公开会并一致通过关于乌克兰问题的第 S/RES/2202(2016)号决议,核可 2 月 12 日乌克兰问题 3 方联络小组签署的《执行明斯克协议综合措施》,敦促有关各方全面执行上述措施。安理会当月轮值主席、中国常驻联合国代表刘结一大使在安理会审议乌克兰问题时表示,安理会通过了第 S/RES/2202(2016)号决议,表明了国际社会对 4 国领导人外交努力、政治解决乌克兰问题的坚定支持。从根本和长远上解决乌克兰问题,既要充分照顾乌克兰国内各地、各民族的正当权益和诉求,也要重视解决有关各方的合理关切,实现各方的利益平衡。国际社会应继续加大推动乌克兰危机政治解决的外交努力。中方呼吁有关各方继续保持冷静和克制,全面落实明斯克协议,巩固来之不易的停火局面,实现乌克兰的和平、安宁、稳定与发展。中方将继续为政治解决乌克兰问题发挥建设性作用。

3 月 31 日 国家主席习近平与美国总统奥巴马发表《中美元首气候变化联合声明》,宣布两国将于 4 月 22 日签署《巴黎协定》,并各自采取国内步骤以便 2016 年尽早参加《巴黎协定》。

4 月 11 日 中国外交部部长王毅与联合国亚太经社会执行秘书阿赫塔尔在北京签署《中华人民共和国外交部和联合国亚洲及太平洋经济社会委员会关于推进地区互联互通和"一带一路"倡议的意向书》,推动双方合作步入实质阶段,这是我国与国际组织签署的首份"一带一路"合作文件。同年 9 月,中国与联合国开发计划署签署关于共同推进"一带一路"建设的谅解备忘录。

4 月 14 日 中国在担任安理会轮值主席期间主持召开安理会反恐问题公开会议,推动国际社会加大重视网络反恐问题,凝聚共识,加强反恐协调合作,呼吁各国根据安理会要求通过立法形式加大反恐力度。

4 月 16 日 由世界银行主办的"全球基础设施论坛"在华盛顿举行。亚洲基础设施投资银行行长金立群、中国财政部部长楼继伟等人员出席会议并发言。

4 月 21 日 联合国大会举行高级别主题辩论,来自 130 多个国家的国家元首、政府首脑和高级代表在会上就如何在未来 15 年落实 2030 年可持续发展议程进行探讨。会议期间,中国向联合国提交落实 2030 年可持续发展议程立场文件。这份文件从落实可持续发展所应遵循的 6 大总体原则、努力的 9 个重点领域和优先方向、5 大落实途径,以及中国的具体政策落实方面进行了全面概述。

4 月 28 日 应乌克兰要求,安理会举行乌克兰问题公开会议,重申政治解决是乌克兰问题唯一正确途径,支持全面落实明斯克协议,通过诺曼底机制等推进乌克兰问题政治进程。中国常驻联合国代表刘结一大使在公开会上表示,安理会一致通过第 S/RES/2202(2016)号决议和《明斯克协议》,体现了对政治解决乌克兰问题的坚定支持。有关各方应切实停火止暴,执行明斯克协议,坚持通过对话协商,寻求乌克兰问题的全面、持久、平衡解决方案。从根本和长远上解决乌克兰问题既要充分照顾乌克兰国内各地区、各民族的正当权益和诉求,也要重视解决有关各方的合理关切,实现各方的利益平衡。

4 月 22 日　中国于《巴黎协定》开放签署首日在联合国总部签署协定,并于 9 月 3 日批准协定。

5 月 3 日　安理会通过第 S/RES/2286(2016)号决议,关切冲突中攻击和威胁医疗人员和设施行为,要求冲突各方遵守国际义务,协助医护人员和人道主义人员及其设备的安全和通行。中国代表在安理会审议中表示,保护武装冲突中的平民已成为联合国有关维和行动的重要授权之一,有关人道主义人员的安全问题也日益得到国际社会高度重视。

5 月 6 日　中国与联合国签署设立《中国—联合国和平与发展基金协议》。根据协议,中国将在未来 10 年向联合国提供 2 亿美元,设立联合国和平与发展基金,下设两个子基金:一是秘书长和平与安全基金,由联合国秘书长办公室托管;二是落实 2030 年可持续发展议程基金,由联合国经济和社会事务部托管。中方和联合国将共同派人组成的基金指导委员会。

5 月 19 日　中国常驻联合国代表团近日向联合国秘书处和各国常驻联合国代表团正式提交"2015 年后发展议程中方立场文件"。文件指出,政府间谈判进程应重点解决贫困、饥饿、卫生等涉及发展中国家人民基本生存的问题,并在此基础上,有效应对气候变化、能源资源安全、经济增长乏力等新挑战,实现可持续发展。文件强调,应尊重各国不同国情、发展水平和发展阶段,支持各国自主选择适合本国的发展政策、发展模式和发展道路,遵循"共同但有区别的责任"原则,实现合作共赢和平等协商。文件还提出,应加强国际层面执行手段的监督,重点审议官方发展援助、技术转让和能力建设等承诺的落实情况,发挥联合国可持续发展高级别政治论坛的统筹协调作用,并由各国根据本国国情,按照自愿原则落实并对执行情况进行评估。

5 月 19—20 日　由中国政府和联合国世界旅游组织共同举办,国家旅游局和北京市人民政府承办的首届世界旅游发展大会在北京成功举行。本次大会主题为"旅游促进和平与发展",国务院总理李克强出席大会开幕式并发表题为《让旅游成为世界和平发展之舟》的重要讲话,与莫桑比克总统纽西等中外贵宾共同启动联合国大会确定的"2017年国际可持续旅游发展年"。大会一致通过成果文件《北京宣言——推动可持续发展,促进发展与和平》。来自世界107个国家旅游部门、15个国际组织负责人及来自国内各相关部门、各地方的1000余名中外代表参加会议。

5月25—29日 联合国亚太经社会第71届年会在泰国曼谷举行。会议围绕"平衡落实可持续发展的三个方面:从整合到实施"为主题进行了研讨,并就亚太经社会改革、工作优先事项等作出决定和安排。中国外交部部长助理钱洪山率团出席,并发表讲话,肯定了亚太经社会成员国推进可持续发展的成绩,呼吁亚太国家在2015年后发展议程制定中发挥引领作用,阐述中方对2015年后发展议程的主要立场,介绍中方落实千年发展目标成就,宣传中方推进"一带一路"、筹建亚洲基础设施投资银行、推进南南合作等举措以表达中方推进与亚太经社会务实合作的积极意愿。

5月31日 中国驻马里维和部队遭遇恐怖袭击,造成中方人员伤亡。对此,安理会通过主席声明,强烈谴责过去数月马里境内破坏停火协议的行为,敦促有关各方执行和解协议。中国常驻联合国代表刘结一大使在联合国驻马里维和部队遭遇恐怖袭击事件后发言表示,中方要求马里政府和联合国方面立即对此次恐怖袭击展开调查,将凶手绳之以法,并加强对联合国维和部队的安保措施,密切配合中方做好善后工作。中国是联合国维和行动主要出兵国之一,为联合国维和行动作出了重大贡献。中国将继续坚定支持联合国维和行动,继续积极参与联合国维和行动,为维护国际和平与安全作出贡献。

6月6日 首届联合国教科文组织女童和妇女教育奖颁奖仪式在北京人民大会堂举行。国家主席习近平夫人、联合国教科文组织促进女童和妇女教育特使彭丽媛出席颁奖仪式并致辞。

6月15日 近年来,联合国、非盟等组织重视妇女在维护和平、预防冲突方面发挥的重要作用。2016年,安理会于3月28日、6月2日、10月25日就妇女、和平与安全问题举行3次公开辩论会,通过一份主席声明。6月15日,安理会通过主席声明,欢迎非盟通过2015—2020年性别、和平与安全方案,呼吁将妇女保护、增强妇女权能作为打击暴力极端主义的重大考虑因素,要求将妇女、和平与安全纳入联合国与区域、次区域组织合作议题范畴等。中国代表在公开辩论会发言中指出,当前,国际安全形势复杂严峻,许多妇女成为暴力冲突和恐怖威胁的受害者。同时,妇女在参与预防和解决地区冲突方面承担越来越重要的责任。国际社会应加强对冲突中妇女权

益的保护,更多发挥妇女在预防和解决冲突中的作用并提出4点:一要加大
对冲突中妇女的保护。二要加大地区热点问题政治解决,重视发挥妇女在
解决冲突中的作用。三要推动妇女为构建和谐包容文化发挥更大作用。四
要推动妇女促进经济社会发展,消除冲突根源。中方愿继续同国际社会共
同体,共同促进妇女实现全面发展,让妇女为非洲大陆的和平、发展与繁荣
贡献更多力量。

6月30日　国际移民组织成立于1951年,是移民领域唯一的全球性
政府间国际组织,宗旨是在世界范围内确保移民有序流动,并协助有关国家
处理移民问题。2001年中国成为国际移民组织观察员国。2016年6月30
日国际移民组织特别理事会在日内瓦举行,会议通过国际移民组织成为联
合国联系组织的决议草案,会议还通过中国加入国际移民组织的申请。中
国正式加入了国际移民组织。9月19日,联合国秘书长潘基文和国际移民
组织总干事斯温签署协定加入联合国系统,国际移民组织成为联合国联系
组织。移民组织总部设在瑞士日内瓦,2016年有166个成员国。

7月6—10日　潘基文秘书长对中国进行正式访问。访问期间,潘基
文与中国国家主席习近平、国务院总理李克强、国务委员杨洁篪、外交部部
长王毅等举行了会晤,秘书长充分肯定了中国在与联合国不断深化合作的
过程中对国际事务所作出的重要贡献,并就朝鲜局势、缅甸、苏丹、南苏丹、
叙利亚等问题与中国方面交换了意见。访问期间,潘基文还走访了中国维
和直升机分队训练基地并对该队说,你们是中国向苏丹达尔富尔地区派遣
的第一支维和直升机部队,相信你们一定会表现出色。

7月12日　菲律宾南海仲裁案仲裁庭作出所谓最终裁决,企图否定中
国在南海断续线内的历史性权利,否定中国南沙群岛有关岛礁的领土地位,
否定中国南沙群岛作为整体主张专属经济区和大陆架的资格,否定中国黄
岩岛和南沙群岛全部岛礁个体主张专属经济区和大陆架的资格,并企图否
定中国在南海维权执法活动的合法性,进一步侵蚀中国对南沙群岛和黄岩
岛的主权。

同日　外交部发布《中华人民共和国外交部关于应菲律宾共和国请求
建立的南海仲裁案仲裁庭所作裁决的声明》,严正指出该裁决是无效的,没
有拘束力,中国不接受、不承认,中国在南海的领土主权和海洋权益在任何
情况下不受仲裁裁决的影响,中国反对且不接受任何基于该仲裁裁决的主
张和行动。同日,外交部受权发布《中华人民共和国政府关于在南海的领
土主权和海洋权益的声明》,重申中国在南海的领土主权和海洋权益,表示
中国愿继续与直接有关当事国在尊重历史事实的基础上,根据国际法,通过

谈判协商和平解决南海有关争议。

7 月 13 日 国务院新闻办公室发表《中国坚持通过谈判解决中国与菲律宾在南海的有关争议》白皮书,系统回顾中菲有关南海争端的历史经纬,全面阐述中国处理南海问题的政策主张。

7 月 19—21 日 联合国可持续发展高级别政治论坛部长级会议在美国纽约联合国总部举行。外交部副部长李保东出席一般性辩论并发表讲话,强调各国应全面落实可持续发展议程,牢固树立命运共同体意识,全面贯彻以人为本原则,统筹推进经济、社会、环境发展,深化全球发展伙伴关系,支持联合国发挥中心作用,完善全球发展合作架构。作为 2016 年二十国集团的主席国,中国积极推动 G20 首次将发展问题置于全球宏观政策框架的突出位置,邀请 G20 历史上最多的发展中国家参与全年活动,充分听取发展中国家呼声和关切,努力为国际发展合作增添新的动力。

7 月 21—22 日 世界知识产权组织与国家知识产权局、国家工商行政管理总局、国家版权局和北京市政府共同在北京举办“一带一路”知识产权高级别系列会议。

7 月 22 日 首次“1+6”圆桌对话会在北京召开。此后,中国同世界银行、国际货币基金组织、世界贸易组织、国际劳工组织、经济合作与发展组织、金融稳定理事会每年召开 1 次“1+6”圆桌对话会。

7 月 27 日 第 70 届大会决定在第 71 届大会继续进行有关安全理事会改革的政府间谈判。中国常驻联合国代表刘结一大使表示,根据大会第 A/RES/62/557 号决议,政府间谈判应坚持会员国主导,以会员国的立场、主张和建议为基础,各方继续就安理会改革涉及的 5 大类问题展开广泛、民主协商,相向而行,逐步为寻求“一揽子”解决方案并达成最广泛共识积累条件。

8 月 5 日 国际法院院长亚伯拉罕率国际法院代表团首次访华。

8 月 25—27 日 第 71 届联合国大会当选主席汤姆森应邀访华。访问期间,国务院总理李克强和外交部部长王毅会晤了汤姆森,双方就共同关心的国际和地区问题交换了看法。

8 月 31 日 中国驻吉尔吉斯共和国大使馆遭遇恐怖袭击,发生剧烈爆炸,馆舍受损严重,3 名中方人员受轻伤。9 月 1 日,安理会发表主席新闻谈话,强烈谴责恐怖袭击事件,强调将恐怖袭击的实施者、组织者、资助者和支持者绳之以法,敦促各国按照国际法和安理会相关决议规定的义务,在打击恐怖主义方面和相关政府开展积极合作等。中国常驻联合国代表刘结一在安理会召开反恐问题公开会时表示,恐怖主义是全人类的公敌,国际社会应结合恐怖主义发展的新趋势和新特点,确定有针对性的新举措,同时综合运用政治、经济、文化等手段,全面施策,标本兼治。为此他提出了应采取的6项措施,并表示,一是强化反恐的政治投入,进一步凝聚国际共识。二是切断跨恐怖分子跨境流动,有效打击"回流"现象。三是更新应对手段,有效打击利用互联网及社交媒体从事恐怖活动。四是全面加强合作,切断恐怖分子资金、武器来源。五是加大预防力度,前置反恐"关口"。六是各国应致力于构建以合作共赢为核心的新型国际关系,树立共同、综合、合作、可持续的安全观。

9月3日　中国国家主席习近平在二十国集团工商峰会开幕式上作了题为《中国发展新起点　全球增长新蓝图》的主旨演讲。强调中方希望同各方一道,建设创新、开放、联动、包容型世界经济,推动世界经济走上强劲、可持续、平衡、包容增长之路,正面回应了国际社会对中国经济前景和发展方向的关注,同时针对世界经济面临的问题,提出共同构建创新型、开放型、联动型和包容型世界经济的主张,全面阐述了中方的全球经济治理观。

9月4—5日　20国集团领导人第11次峰会在中国杭州召开,G20成员、8位嘉宾国领导人以及7位国际组织负责人与会。4日中国国家主席习近平在领导人峰会上致开幕词。此次峰会主题为"构建创新、活力、联动、包容的世界经济",与会人员围绕着创新增长方式、更高效的全球经济金融治理、强劲的国际贸易和投资、包容和联动式发展4个主题进行讨论。最后峰会会后发表了《G20领导人杭州峰会公报》和28份具体成果文件。

9月7日　中国政府发表第71届联合国大会中方立场文件。

9月18—28日　中国国务院总理李克强赴纽约出席第71届联合国大会一系列高级别会议,并发表重要讲话。

9月23日　中国外交部部长王毅在联合国安理会叙利亚问题高级别会议上发言。

9月24日—10月5日　《濒危野生动植物种国际贸易公约》第17届缔约方大会在南非约翰内斯堡举行,会议讨论了野生动植物非法贸易、遵约与执法、大宗贸易回顾、议事规则等综合性议题以及非洲象、穿山甲、石首鱼、鳗鲡和红木等物种议题,并讨论对公约附录的修订,决定将鲨鱼、穿山甲,等近400个物种列入公约附录或提高附录等级。由国家林业局、外交部等多个政府单位及香港特别行政区政府、澳门特别行政区政府代表组成的中国代表团出席会议,由国家林业局副局长刘东生担任代表团团长。中国代表团参加了全会、工作组会议及《濒危野生动植物种国际贸易公约》与联合国可持续发展目标部长级会议、全球野生动植物执法网络第2次会议,发言阐述中国保护野生动植物、建设生态文明的立场和实践。会议期间,代表团还举办"中国履约执法和保护成果展览",展示自公约第16届缔约方大会以来中国履行公约和野生动植物保护工作所取得的成就,包括贸易管理、执法监测、公众参与和国际合作等内容。

10月18—20日 《联合国防治沙漠化公约》履约审查委员会第15次会议在肯尼亚内罗毕举行会议。讨论了该公约未来战略框架及其相应的监测和报告框架,提出关于国家土地退化零增长自愿目标制定工作的报告,并讨论执行公约的最佳做法、增加公约的融资渠道等议题。会议宣布,内蒙古鄂尔多斯市将承办2017年《联合国防治沙漠化公约》第13次缔约方大会。国家林业局、外交部及内蒙古自治区等部门组成中国代表团与会,积极参加会议讨论,并介绍中国履约成果。

10月底 2015年中方宣布加入新的联合国维和能力待命机制。到2016年10月,8000人规模的维和待命部队组建方案已经完成制定,结合部队建设进展,中方将使其中部分部队达到60天部署等级。中方率先组建常备成建制维和警队,部分警队于2016年10月通过联合国的人员征选和装备验收,达到了维和能力待命机制第二级。中方还对非洲9个国家的17名高级警官进行了外警培训。中方宣布向非盟提供总额1亿美元的无偿军事援助,支持非洲常备军和危机应急快速反应部队建设,正在同非洲就此加紧协商。

11月16—24日 《罗马规约》第15届缔约国大会在荷兰海牙召开,中国代表团以观察员身份与会并发言,指出应重视有关国家的合理关切,反思法院深陷争议的原因,要求法院根据规约审慎行使职权,尊重包括豁免权在内的习惯国际法规则,妥善处理和平与正义等重要目标的关系,强调侵略罪修正案不应对安理会维护国际和平与安全的职能产生影响,应对有关重大分歧进行充分讨论,寻求共识。

11月17日 第71届联合国大会协商一致通过关于阿富汗问题的第A/RES/71/9号决议,呼吁国际社会进一步凝聚援阿共识,在政治、经济、安全领域向阿富汗提供援助。该决议欢迎"一带一路"等经济合作倡议,敦促各方通过"一带一路"倡议等加强阿富汗及地区经济发展,呼吁国际社会为"一带一路"倡议建设提供安全保障环境。

11月21—25日 联合国工业发展组织(简称"工发组织")成立于1966年,总部位于奥地利维也纳,1985年成立联合国专门机构。现任总干事李勇(中国籍)于2013年6月上任。11月21—25日,工发组织成立50周年系列活动在维也纳举行,国务院总理李克强致贺信,感谢工发组织支持包括中国在内的广大发展中国家的工业发展,表示将一如既往支持工发组

织和总干事工作,拓展与各国的双边、三边和多边国际产能合作。中国于
1973年加入工发组织,自1979年双方开展合作项目以来,工发组织已在华
完成项目共计约350个,涉及工业发展、贸易能力建设、环境保护等领域,总
金额约3.23亿美元。这些项目为中国引进了先进技术、经验和部分关键设
备,并培养了大批专业技术人员。

11月28—29日　候任联合国秘书长古特雷斯访华。

11月30日　教科文组织保护非物质文化遗产政府间委员会第11届
常会在埃塞俄比亚亚的斯亚贝巴举行。中国"二十四节气"成功列入教科
文组织人类非物质文化遗产代表作名录。

12月23日　安理会对美国提出的南苏丹武器禁运等制裁措施决议草
案进行表决,决议以7票赞成、8票弃权未能通过。中方在表决中投弃权
票,中国代表在表决后作解释性发言,表示中方一贯主张慎用制裁,认为制
裁应服务于政治解决大局,不赞成利用制裁向发展中国家施压。

12月26日　国家主席习近平应约同联合国秘书长潘基文通电话。
习近平积极评价潘基文担任联合国秘书长10年来为促进世界和平、发展、
繁荣事业作出的积极努力,以及为深化中国同联合国合作作出的重要贡献。
潘基文表示,中国在推进全球可持续发展目标、促进"南南合作"、帮助广大
发展中国家以及应对气候变化等诸多领域发挥了重要领导作用,并对中国
在其担任联合国秘书长期间所给予的大力支持深表感谢。

12月底　《全面禁止核试验条约》于1996年达成并开放签署。条约迄
今已有183国签署,166国批准。条约生效所必需的44国中,已有36国批
约。中国于1996年9月24日签署条约,是筹备委员会首批成员国之一。
中国坚定支持条约宗旨和原则,在核武器国家中进行核试验次数最少,并一
直恪守"暂停式"承诺。中国积极支持条约早日生效,以建设性姿态参与历
次促进条约生效大会,并投票支持历届联大有关条约的决议。中国积极支
持并以建设性姿态全面参与筹委会工作。2016年6月,外交部副部长李保
东出席纪念条约达成20周年部长级会议。截至2016年底,中国境内已建
成两个基本地震台站、4个辅助地震台站、3个放射性核素站、1个核素实验
室以及中国国家数据中心。2016年12月,兰州放射性核素台站正式通过
核证验收。

二○一七年

1月18日　中国国家主席习近平在联合国日内瓦总部出席"共商共筑

人类命运共同体"高级别会议,发表题为《共同构建人类命运共同体》的主旨演讲,提出要树立命运共同体意识和合作共赢理念,坚定不移构建开放型世界经济,树立新发展理念,坚持走多边主义道路,改革完善全球治理体系。习近平的主旨演讲深刻、全面、系统阐述了人类命运共同体理念。

2月2日 应乌克兰要求,安理会举行乌克兰问题公开会,对乌东部冲突升级、人道主义局势恶化表示关切,呼吁冲突各方停火,重申尊重乌克兰主权和领土完整,支持政治解决乌克兰问题立场。中国代表在安理会审议中表示,中方一直密切关注乌克兰东部地区局势发展,对该地区交火事件时有发生、导致平民伤亡深感忧虑。有关各方应全面落实安理会第 S/RES/2202(2015)号决议,切实停火止暴,执行明斯克协议,坚持通过对话协商,寻求乌克兰问题全面、持久、平衡的解决方案,推动乌克兰实现和平、稳定和发展。

2月10日 联合国社会发展委员会第55届会议一致通过"非洲发展新伙伴关系的社会层面"决议,"构建人类命运共同体"理念首次被写入联合国决议中。

2月27日—3月24日 联合国人权理事会在日内瓦举行第34次会议。联合国人权理事会第34次会议通过关于"经济、社会、文化权利"和"粮食权"两个决议,议议明确表示要"构建人类命运共同体"。这是人类命运共同体重大理念首次载入人权理事会决议,标志着这一理念成为国际人权话语体系的重要组成部分。

3月13—24日 第61届联合国妇女地位委员会在纽约联合国总部举行,主题为"在不断变化的工作世界中实现妇女经济赋权"。中方代表团积极参加会议各项议程,宣传中方政策主张和妇女领域工作成果。"构建人类命运共同体"理念写入妇地会商定结论。

3月17日 联合国安理会一致通过关于阿富汗问题的第2344号决议,首次载入"构建人类命运共同体"重要理念,反映了国际社会的共识。

3月 国家知识产权局与世界知识产权组织在博鳌亚洲论坛上共同举办2017年世界知识产权研讨会,这是博鳌亚洲论坛首次设置知识产权相关议题并开展研讨交流。

4月3—21日 联合国裁军会议在纽约联合国总部举行。中国代表团以建设性姿态参加了2017年裁审会工作。在一般性辩论和各议题讨论中,中国代表团阐述了中方关于构建人类命运共同体和树立共同、综合、合作、可持续新安全观理念,同时介绍了中方参与全球安全治理,为推动国际军控、裁军和防扩散进程健康发展所作的贡献。

4月10—12日、12月4—6日　"加强国际人道法的执行"政府间进程第2次和第3次正式会议在日内瓦召开。各方主要分歧在于是否设立新的国际人道法执行机制。中国代表团在会上发言表示,政府间进程应立足于完善现有机制,重在补充其不足。是否及如何建立新机制,应坚持以各国充分协商并达成共识为基础。即使决定建立新机制,应采取以交流各方履约情况为主的缔约国会议等形式,而非履约委员会式的强制性审议机制。

4月13日　安理会通过了关于延长联合国海地稳定特派团任务期限的第S/RES/2350(2017)号决议。中国代表在安理会审议中表示,联海团为促进海地稳定与发展发挥了重要作用,包括8名中方人员在内的100余名联合国维和人员献出了宝贵生命。联海团实现有序撤出,维护了海地局势稳定,为联海司法支助团顺利部署创造了条件。中方期待联海司法支助团、联合国海地工作队等加强协调,巩固联海团取得的成果,为实现海地全面稳定发展作出更大贡献,海司法支助团不能无限期驻留海地,海地政府等有关各方应切实承担起维护国家稳定发展的责任。海地人道局势依然严峻,中方希望国际社会加大援助。

4月17日　"一带一路"青年创意与遗产论坛在湖南长沙岳麓书院开幕。来自"一带一路"的65个国家的83位青年代表,联合国教科文组织官员和专家、有关国家驻华使节共100余人出席论坛。活动分为长沙和泉州两个会场。主题聚焦人类文明中的创意创造和遗产保护。联合国教科文组织总干事伊琳娜·博科娃在论坛开幕式发表视频致辞。她致辞中说:"作为丝绸之路上的节点城市,长沙和泉州拥有生动丰富的文化遗产。基于此,我们必须助力丝绸之路国家青年投身文化遗产和文化多样性的保护中,为人类创造更加美好的未来。中国政府高度重视此次青年论坛,正在国外访问的国务院副总理刘延东寄语出席论坛的青年代表。刘延东指出,千百年来,海陆"丝绸之路"沿线人民弘扬丝绸之路精神,谱写了友好往来、相知相交的历史篇章。新的历史时期,中国提出建设丝绸之路经济带和21世纪海上丝绸之路倡议,是扩大全方位开放的重要举措,也是致力于使更多国家共享发展机遇和成果。

4月20日　以"创新时代:知识产权保护"为主题的2017中国知识产权保护高层论坛在京拉开帷幕。此次论坛由中国知识产权报社、世界知识产权组织中国办事处共同主办。据介绍论坛呈现出6个特点:一是层级高。二是内容实。三是视野宽。四是形式新。五是国际化。六是影响广。

5月13日　秘书长古特雷斯首次访华,并与王毅外长进行会晤。古特雷斯表示,联合国愿和中国加强合作,充分挖掘并发挥"一带一路"倡议的重要价值和积极效应,为实现 2030 年可持续目标、协助发展中国家加快发展作出贡献。

同日 联合国难民高专中国事务特别顾问林燕卿应邀来华出席"一带一路"国际合作高峰论坛,并参加"推进贸易畅通"平行主题会议。"一带一路"国际合作高峰论坛达成 270 多项成果,其中包括中国将向"一带一路"国家提供 100 个食品、帐篷、活动板房等难民援助项目,为 500 名青少年提供受教育机会,资助 100 名难民运动员参加国际和区域赛事活动。论坛期间,商务部与难民署签署经济技术合作协定,用于在"一带一路"国家实施人道主义援助项目。

5月14—15日 "一带一路"国际合作高峰论坛在北京举行。国家主席习近平出席开幕式等活动,并发表题为《携手推进"一带一路"建设》的主旨演讲。阿根廷总统马克里、白俄罗斯总统卢卡申科、智利总统巴切莱特、捷克总理泽曼、印度尼西亚总统佐科、哈萨克斯坦总统纳扎尔巴耶夫、肯尼亚总统肯雅塔、吉尔吉斯斯坦总统阿塔姆巴耶夫、老挝国家主席本扬、菲律宾总统杜特尔特、俄罗斯总统普京、瑞士联邦主席洛伊特哈德、土耳其总统埃尔多安、乌兹别克斯坦总统米尔济约耶夫、越南国家主席陈大光、柬埔寨首相洪森、埃塞俄比亚总理海尔马里亚姆、斐济总统姆拜尼马拉马、希腊总理齐普拉斯、匈牙利总理欧尔班、意大利总统真蒂洛尼、马来西亚总理纳吉布、蒙古总理额尔登巴特、缅甸国务资政昂山素季、巴基斯坦总理谢里夫、波兰总理谢德沃、塞尔维亚总统武契奇、西班牙首相拉霍伊、斯里兰卡总理维克拉马辛哈、联合国秘书长古特雷斯、世界银行行长金墉、国际货币基金组织总裁拉加德等政要出席。5月15日,高峰论坛发表了《"一带一路"国际合作高峰论坛圆桌峰会联合公报》。6月28日,联合国秘书处将论坛圆桌峰会联合公报作为第71届联大正式文件散发。

论坛期间,中国民用航空局局长冯正霖与国际民航组织(ICAO)秘书长柳芳签订了《中国民用航空局与国际民航组织合作意向书》,商务部代表中国政府与 ICAO 签署了 400 万美元的经济技术合作协定,将在"南南合作援助基金"项下向 ICAO 提供指定用途基金,用于在民航安全和安保等领域共同实施援助项目。

教科文组织总干事博科娃来华出席"一带一路"国际合作高峰论坛。刘延东副总理在北京会见博科娃总干事,双方就加强在"一带一路"建设中的合作交换了意见,签署了《中华人民共和国政府与联合国教育、科学与文化组织合作谅解备忘录(2017—2020)》。

世卫组织总干事陈冯富珍应邀出席"一带一路"国际合作高峰论坛,并与国家卫生计生委签署了《中华人民共和国政府和世界卫生组织关于"一带一路"卫生领域合作的执行计划》。

论坛期间,世界知识产权组织总干事弗朗西斯·高锐应邀访华。国家知识产权局代表中国政府与世界知识产权组织签署《中华人民共和国政府与世界知识产权组织加强"一带一路"知识产权合作协议》。

5月16日 中国工业和信息化部副部长刘利华在瑞士日内瓦出席国际电信联盟2017年理事会并致辞。刘利华在致辞中指出,国际电联长期以来一直致力于推动全球信息通信事业发展,为人类文明和社会进步做出了卓越贡献。近年来中国信息通信业发展迅速,积极参与国际电联等相关国际组织工作,不断深化与世界各国政策和技术层面的交流合作,支持和推动全球信息通信持续协调发展。中国将一如既往地支持国际电联在全球信息通信事务中发挥更大作用,并继续努力在资金、技术和能力建设方面提供力所能及的支持。刘利华宣布,自2018年起,中国将认担的国际电联会费在原有基础上再增加6个单位,即由目前的14个会费单位提高到20个会费单位。同时,中国政府将推荐国际电联现任秘书长赵厚麟在2018年全权代表大会上竞选连任秘书长职位,希望各成员国继续支持赵厚麟竞选连任。

5月17—19日 联合国亚洲及太平洋经济社会委员会第73届年会在泰国曼谷举行。外交部部长助理钱洪山率团出席并发表讲话,提出坚持创新和可持续发展、建设开放型经济、推动亚太互联互通等主张,并重点介绍"一带一路"国际合作高峰论坛成果,欢迎各方参与"一带一路"建设。会议通过了中国提交的"加强全面无缝互联互通,促进亚太可持续发展"决议,同意通过共商、共建、共享实现一体化无缝互联互通,促进政策沟通、设施联通、贸易畅通、资金融通、民心相通。

5月18日 联合国欧洲经济委员会与中国山西焦煤集团签署备忘录,决定建立煤炭瓦斯国际高级中心,以减少煤炭对环境的影响。中心拟定于2018年启动运营。

5月22日—6月1日 第40届南极条约协商会议和第20届南极环境保护委员会会议在北京举行。这是中国于1983年加入《南极条约》及1985年获得南极条约协商国地位以来,首次担任协商公议东道国。来自《南极条约》45个缔约国和11个国际组织的代表约400人出席了会议,外交部副部长刘振民担任大会主席。中国政府高度重视此次会议。国务院副总理张高丽出席会议开幕式并发表主旨演讲,全面阐述中国参与南极国际治理、推动南极科学探索和践行南极环境保护的主张和成绩;提出坚持以和平方式利用南极、坚持遵守南极条约体系、坚持平等协商互利共赢、坚持南极科学考察自由和坚持保护南极自然环境 5 项倡议。国务委员杨洁篪为与会代表举行欢迎晚宴并致辞,深入阐释南极合作理念。中国还以东道国名义举办"我们的南极:保护与利用"特别会议,外交部副部长张业遂作主旨演讲,各方就南极的保护与利用这一南极治理中的重要问题及相关挑战进行了深入交流。这在南极条约协商会议历史上尚属首次。

5 月 26 日 安理会就武装冲突中保护平民及医疗人员和设施问题举行了公开会。中国代表在安理会审议中表示,中方支持国际社会采取有力措施,保障平民及医疗人员和设施安全。

6 月 2 日 针对朝鲜频繁试射弹道导弹,安理会一致通过第 S/RES/2356(2017)号决议,增列朝鲜受制裁个人和实体。安理会第 S/RES/2356(2017)号决议通过后,中国常驻联合国代表刘结一大使发言表示,中方反对朝鲜进行有关发射活动。中方呼吁各方全面、完整执行安理会涉朝决议,通过防扩散和促和谈"双加强",推进半岛核问题和平解决。希望有关各方同中方一道,坚持推动对话协商,在 6 方会谈框架下解决半岛有关问题,为早日实现半岛无核化和长治久安发挥积极和建设性作用。

6 月 8 日 联合国秘书长古特雷斯宣布中国外交部副部长刘振民将接任吴红波担任联合国负责经济和社会事务的副秘书长,任期将从 2017 年 8 月 1 日开始。

6 月 12—15 日 《联合国海洋法公约》第 27 次缔约国会议在纽约联合国总部举行。中国代表团在会议发言中强调中国"一带一路"倡议与海洋可持续发展理念完全契合,呼吁各国树立人类命运共同体意识,切实促进海洋可持续发展,强调应维护公约完整性和权威性,正确解释和适用公约条款等。

6 月 12—16 日 应中日双方共同邀请,禁化武组织执理会代表团访问哈尔巴岭日遗化武销毁设施。应中方邀请,禁化武组织总干事艾哈迈德·尤祖姆居同期访华。国务委员杨洁篪会见尤祖姆居总干事,重申中国政府对公约和禁化武组织工作的一贯支持,并就叙利亚化武、处理日遗化武等问题与其交换意见。尤祖姆居总干事高度评价中国履约工作及在禁化武组织中发挥的重要作用,表示理解、支持中方在日遗化武问题上的关切。外交部副部长李保东会见执理会代表团,并与代表团团长、孟加拉国常驻禁化武组织代表谢赫·穆罕默德·贝勒尔大使和禁化武组织总干事尤祖姆居就日遗化武问题深入交换意见。执理会代表团于 13—15 日赴哈尔巴岭日遗化武销毁设施实地考察,对日遗化武历史经纬、现实危害性和销毁紧迫性有了更全面、直观的认识。

6 月 15 日　在人权理事会第 35 次会议期间,中国举办以"人类命运共同体与人权"为主题的国际研讨会,引导各方加深对人类命运共同体重大理念人权内涵的理解和认识。

6 月 24 日　中国四川省阿坝州茂县发生特大山体滑坡,100 多人被掩埋。秘书长古特雷斯通过发言人发表声明,向中国人民和政府表示慰问,并表示联合国随时准备在需要时提供支持。

6 月 29 日—7 月 1 日　中国政府与世界知识产权组织在江苏扬州联合举办世界地理标志大会和中国商标金奖颁奖大会。国务院总理李克强为世界地理标志大会发来贺电,国务委员王勇出席并致辞。

7 月 3—7 日　中国与禁化武组织在北京联合举办了亚洲地区援助与化武防护培训班。

7 月 8 日　联合国教科文组织世界遗产委员会决定将中国鼓浪屿国际历史社列为世界遗产。

7 月 12 日　在波兰召开的第 41 届世界遗产委员会上,"青海可可西里"和"鼓浪屿:历史国际社区"被列入《世界遗产名录》,至此中国世界遗产总数达 52 处,总数位列世界第二。"阿尔山世界地质公园""可可托海世界地质公园"列入教科文组织世界地质公园,中国世界地质公园总数达 35 个,位列世界第一。中国申报的"甲骨文""近现代苏州丝绸样本档案"和中国与葡萄牙共同申报的"清代澳门地方衙门档案(1693—1886 年)"列入《世界记忆名录》。中国是教科文组织创意城市网络中加入城市最多的国家。

7 月 17—20 日　经社理事会高级别会议与可持续发展高级别政治论坛部长级会议在纽约联合国总部背靠背举行。中国常驻联合国代表刘结一大使出席一般性辩论并发表讲话,强调各国应坚持发展优先,将落实 2030 年可持续发展议程同本国发展战略对接,加强伙伴关系,共同构建新型全球发展伙伴关系,坚持开放包容,构建以合作共赢为核心的新型国际关系。

7 月 19 日　中国常驻联合国代表刘结一大使在第 71 届联大全会上发言表示,2017 年以来,会员国围绕安改 5 大类问题及其内在关联性进行了讨论,总体氛围良好。尽管各方分歧依旧,但耐心协商本身就是建设性的,有利于逐步积累条件,最终达成最广泛共识。中方愿继续同广大会员国共同努力,推动安理会改革朝符合全体会员国共同利益和联合国长远利益的方向发展。

8 月 15 日　世界卫生组织宣布,该组织总干事谭德塞将率领世卫组织代表团参加 2017 年 8 月 18—19 日在北京举行的"一带一路"暨"健康丝绸之路"高级别研讨会。18—19日,世卫组织总干事谭德塞应邀访华并出席由国家卫生计生委举办的"一带一路"暨"健康丝绸之路"高级别研讨会。中国国务院总理李克强、副总理刘延东分别会见谭德塞总干事,国家卫生计生委与世卫组织签署了关于自愿捐款安排的协议。

8月20—25日 国际移民组织总干事斯温应邀访华。22日,外交部副部长李保东会见斯温总干事,双方并签署《中华人民共和国政府和国际移民组织关于设立国际移民组织驻华代表处的协议》,国际移民组织驻华联络处升级为代表处。23日,国务委员杨洁篪会见斯温总干事,就国际移民形势与加强双方合作交换意见。

8月31日 中国残疾人艺术团在日内瓦万国宫举行"我的梦"主题演出,展示中国在保障残疾人权利、推动残疾人事业发展方面取得的巨大成就。

9月6—17日 《联合国防治荒漠化公约》第13次缔约方大会在内蒙古自治区鄂尔多斯举行。这是中国首次承办全球性的防治荒漠化环境峰会。会议主题为"携手防治荒漠,共谋人类福祉",重点探讨落实联合国2030年可持续发展议程,制定《2018—2030年战略框架》,推动各国制定国家土地退化零增长目标,并讨论未来履约措施与资金保障。会议期间,还举行了"中国防治荒漠化成就展",并启动"一带一路"防治荒漠化合作机制。

9月11—18日 中国在万国宫举办"全面建成小康社会与中国人权事业进展"展览,全方位、多层次展示中国人权事业的发展进步以及中国为推动国际人权事业健康发展所作贡献。

9月17—22日 外交部部长王毅出席第72届联合国大会一般性辩论。与会期间,王毅外长共开展38场外交活动,在联大一般性辩论中发表了题为《人人得享和平与发展》的讲话,出席联合国维和行动安理会高级别会议及其他多边和双边会见。在联大一般性辩论发言中,王毅外长表示,联合国为人类和平与发展事业作出卓越贡献,但人人得享和平、发展和尊严的理想尚未实现。联合国精神需要"再传承",联合国工作需要"再出发"。中国愿与各国携起手来,共同开创人类更加美好的未来。在联合国维和行动安理会高级别会议中,王毅外长表示,当前联合国维和行动面临不少新问题和新挑战,中国支持对维和行动进行合理和必要改革,以更好更充分履行授权。中国一贯坚定支持并积极参与联合国维和行动。

9月18日 秘书长古特雷斯在联合国纽约总部会见了王毅外长。古特雷斯对中国在落实《2030年可持续发展议程》方面所发挥的领导力和所做出的承诺以及中国对维和行动做出的贡献表示赞赏。双方还就朝鲜半岛和缅甸局势进行了讨论。

9月19日 外交部部长王毅在联合国气候变化问题高级别对话会上表示,中国会积极采取实际行动,实施好国家自主贡献,并呼吁各国不折不扣落实领导人在巴黎大会做出的庄严承诺,坚持合作应对气候变化的大方向不动摇。

9月21日 王毅外长在联大一般性辩论中发言。他表示,12年前6方会谈达成的共同声明和朝鲜半岛无核化路线图在今天仍具有重要意义。他敦促朝鲜不要再沿着危险的方向一意孤行,同时要求有关各方为缓解紧张局势发挥建设性作用,不要放弃和平的希望。他还指出,叙利亚危机已出现政治解决的曙光,要积极用好日内瓦和阿斯塔纳两个轨道,推动实质性直接谈判。他还表示,国际社会亏欠巴勒斯坦人民一个迟到的正义,尽快停止在被占领土的一切定居点活动,尽快恢复和谈。

9月24—29日 《关于汞的水俣公约》第1次缔约方会议在瑞士日内瓦举行。环境保护部副部长翟青担任中国代表团率团出席,并在高级别会议上发言。中国代表团积极参加了大会、区域会议和接触小组的磋商和谈判,与各方协商交流,推动会议取得积极成果。

9月28日 在当天下午3点举行的国防部例行记者会上,国防部新闻发言人吴谦大校主动发布一条关于中国人民解放军参与联合国维和任务的信息。吴谦大校谈到,截止到9月22日,中国维和部队在联合国注册规模已经达到8000人,包括6个步兵营、3个工兵连、2个运输连、4个二级医院、4个警卫连、3个快反连、2个中型多用途直升机分队、2个运输机分队、1个无人机分队、1个水面舰艇分队,共10类专业力量28支分队。维和待命部队将按照联合国训练标准,组织开展针对性、适应性训练,根据联合国派兵邀请情况,适时转换成维和任务部队出国执行维和任务。这位新闻发言人指出,组建维和待命部队,是落实习主席出席联合国维和峰会成果的重要举措,是积极支持联合国和联合国维和行动的具体措施,是承担更多国际责任履行大国义务的重要表现,对维护世界和平与地区稳定将发挥建设性作用。

9月 中国政府正式提名国际民航组织现任中国籍秘书长柳芳竞选连任。该选举将于2018年3月在加拿大蒙特利尔举行。

10月2日—11月22日 第72届联大三委在纽约联合国总部举行会议。中国代表团在人权议题下作了综合性发言,介绍了中国在人权问题上的政策主张、发展成就和参与国际人权合作情况。强调要推动国际人权事业健康发展,必须维护国际和平与安全、关注发展中国家正当诉求、尊重弱势群体权益、倡导对话与合作。指出中国将与世界各国携手努力,推动国际人权事业健康发展,共同构建人类命运共同体友好合作关系。

10月2日—11月30日 联合国第72届大会第二委员会在纽约联合国总部举行会议。中方参会代表结合第二委员会一般性辩论和各议题发言,全面阐述推动构建新型国际关系、推动构建人类命运共同体,以及创新、协调、绿色、开放、共享的新发展理念,呼吁完善国际经济治理,强化全球发展伙伴关系,共同落实2030年可持续发展议程。

11月6—10日 《联合国反腐败公约》第7届缔约国大会在维也纳举行,外交部部长助理钱洪山率中国代表团出席会议。钱洪山部长助理代表中国代表团在一般性辩论环节发言,介绍了中共中央总书记习近平在党的十九大报告中关于反腐败的重要论述,以及中国在反腐败领域取得的成果,并根据党的十九大关于共同共建共享的全球治理观提出关于加强国际反腐败合作的主张。会议期间,中央纪委监察部还举行宣介会,介绍了十九大情况以及中国党风廉政建设和反腐败斗争的经验。

11月6—11日 第21届红十字会与红新月会国际联合会全体大会在土耳其安塔利亚举行,全国人大常委会副委员长、中国红十字会会长陈竺在会上成功当选国际联合会副主席,任期4年。

11月7日 安理会通过缅甸问题主席声明,谴责暴力袭击事件,严重关切缅甸政府军等在若开邦系统性使用武力等侵犯人权行为,要求缅甸政府对此加强问责,呼吁缅甸政府允许联合国等人道救援机构安全、不受阻碍地进入若开邦,加快难民自愿回返,呼吁缅甸、孟加拉国开展合作等。中国代表在安理会审议中表示,当前若开邦当地局势明显缓解,中方希望国际社会客观看待缅甸政府面临的困难与挑战,保持耐心并提供支持和帮助。希望缅甸、孟加拉国双方继续落实有关措施,安理会和国际社会应为此发挥积极和建设性作用。

11月13日 中国的古脊椎动物学家张弥曼教授获得了2018年欧莱雅—联合国教科文组织生命科学领域妇女与科学奖。教科文组织表示,张弥曼在化石记录方面的开创性工作给全球带来了对水生脊椎动物如何适应陆地生活的洞见。

11月13—17日 首次"致命性自主武器系统"(LAWS)政府专家组会议在日内瓦举行。各方主要围绕LAWS的定义、技术、军事价值、法律适用等问题开展讨论。中国代表团建设性参与专家组会讨论,并在发言中介绍了中方在LAWS问题上的立场和主张,强调当前各方工作重点应放在LAWS工作定义上,争取达成一致。

11 月 20 日　中国海航集团与世界粮食计划署在北京发起一项总额为 500 万美元的全球伙伴关系计划,向具有需求的叙利亚人提供粮食援助。

11 月 24 日　联合国亚洲及太平洋经济社会委员会与中国在泰国曼谷成功合办"一带一路"政策研讨会,为双方在该领域下一步合作规划了方向。

11 月 27 日　来自中国的李勇成功连任联合国工业发展组织总干事,任期直至 2021 年。

11 月 27 日—12 月 1 日　《禁止化学武器公约》第 22 届缔约国大会在荷兰海牙举行。中国代表团在一般性辩论发言中阐述了中国政府在叙利亚化武、日化武、国际合作、禁化武组织未来发展等问题上的立场和主张。中方强调日遗化武销毁工作刻不容缓,敦促日方拿出政治意愿、切实履行公约义务、遵守执理会相关决定,严格按照禁化武组织第 84 届执理会审议通过的新销毁计划,加大投入,确保按期完成销毁。香港特区代表作为中国代表团成员向大会介绍了特区履约情况。

11 月 29 日　联合国粮农组织指定中国、韩国和西班牙的 5 个传统农业系统为"全球重要农业文化遗产系统"。其中,中国获认可的两个遗产地为扎尕那农林牧复合系统和湖州桑基鱼塘系统。

同日　朝鲜成功试射"火星—15"型号洲际弹道导弹。安理会举行公开会紧急审议。中国常驻联合国代表团临时代办吴海涛大使发言表示,安理会决议对朝鲜利用弹道导弹技术进行发射活动有明确规定。中方对朝方有关发射活动表示严重关切和反对。当前形势下,安理会应承担历史责任,推动各方综合施策,以和平、外交和政治方式解决问题,维护朝鲜半岛和平稳定。

11 月 30 日—12 月 3 日　中国共产党与世界政党高层对话会在北京举行。中共中央总书记、国家主席习近平出席开幕式并发表题为《携手建设更加美好的世界》的主旨讲话。来自 120 多个国家近 300 个政党和政治组织的领导人共 600 多名中外代表与会。12 月 3 日,对话会发表了《中国共产党与世界政党高层对话会北京倡议》。

12 月 1 日　7 名在联合国南苏丹特派团任职的中国维和警察荣获联合国维和奖章,以表彰他们对联合国和南苏丹人民的承诺和服务。

12 月 4 日　在第 4 届世界互联网大会(乌镇峰会)期间,外交部主办"打击网络犯罪国际合作"论坛。来自俄罗斯、巴西、南非、古巴、印尼、马来西亚、土耳其、伊朗、以色列等国,联合国、亚洲—非洲法律协商组织、上海合作组织等国际组织,以及国内外业界和研究机构的 80 余名代表出席论坛。

12月5日 第72届联大就"海洋和海洋法"议题举行一般性辩论。中国代表团在一般性辩论中积极宣传中国有关立场和主张:呼吁构建人类命运共同体,实现海洋可持续发展;呼吁促进海洋法治,维护公平合理的海洋秩序;呼吁加强沟通协调,稳步推进相关国际海洋立法进程。决议积极评价了中国有关打击海盗国际合作、促进海洋垃圾管理和发展水产养殖等方面开展的工作。

12月6日 世界知识产权组织发布报告,2016年中国的全球专利、商标和工业品外观设计申请量再创新高,中国受理的专利申请量超过了美利坚合众国、日本、大韩民国和欧洲专利局的总和,名列世界第一。

12月7日 1997年国际竹藤组织成立,总部设在北京。这是第1个总部设在中国的全球性政府间国际组织。当日,经中国提案,第72届联合国大会第67次全会协商一致通过第A/RES/72/125号决议,给予国际竹藤组织联合国大会观察员地位。

12月8日 在美国总统特朗普12月6日宣布美承认耶路撒冷是以色列首都,并称将把美国驻以色列大使馆搬迁至耶路撒冷后,安理会举行耶路撒冷问题紧急公开会,听取联合国中东和平进程特别协调员姆拉德诺夫视频通报。安理会多数成员对巴勒斯坦局势最新进展及此后可能出现的局势动荡表示关切,重申支持"两国方案"前景,呼吁在联合国相关决议和国际法基础上实现巴以问题的公正、持久解决。中国代表在安理会审议中表示,巴勒斯坦问题是中东问题的核心,是中东地区的根源性问题,维护巴勒斯坦人民合法民族权益是国际社会的共同责任。以色列持续扩大巴定居点建设、没收巴人财产、摧毁巴人房屋,巴以局势依然严峻,这削弱了"两国方案"实现前景。安理会及国际社会应增强紧迫感,以"两国方案"为基础推进巴勒斯坦问题政治解决进程。一方面,应继续加大外交努力,做巴以双方工作,推动巴以复谈取得进展。另一方面,应切实落实安理会第S/RES/2334(2016)号决议及联大有关决议,消除阻碍巴以恢复和谈的消极因素。

12月 中国以副主席国身份主持《联合国维和军事情报手册》编写工作。

二〇一八年

1月23日 安理会就叙利亚近期再次发生化学武器袭击事件举行紧急磋商。中国常驻联合国代表团申博公参表示,中方坚决反对任何国家、任何组织或个人出于任何目的在任何情况下使用化武。无论在何时何地使用化武的行为都不能容忍。

1月31日—2月1日　首届亚太地区民航部长级会议在北京成功举行。会议以"共享、包容、协作、共塑亚太航空新未来"为主题,来自国际民航组织亚太及其他地区的 36 个成员国和国际民航组织、国际航空运输协会等 6 个国际组织的近 300 名代表出席会议。会议通过《北京宣言》。

2月26日—3月23日　联合国人权理事会在日内瓦举行第 37 届会议。会议了通过中国提出的"在人权领域促进合作共赢"决议,呼吁各国共同努力,构建相互尊重、公平正义、合作共赢的新型国际关系,构建人类命运共同体要坚持多边主义,加强人权领域对话与合作,实现合作共赢。3 月 7 日,中国人权研究会在日内瓦万国宫举办"西藏文化的保护与发展"边会,深入介绍西藏在保护和发展传统文化方面所采取的努力和取得的成就。

3月12—23日　第 62 届联合国妇女地位委员会在纽约联合国总部举行,主题为"实现农村妇女和女童性别平等和赋权面临的挑战和机遇"。中国代表团积极参加会议各项议程,宣传中方政策主张和妇女领域工作成果。会议通过决议,决定 2020 年妇女地位委员会以纪念北京世界妇女大会 25 周年为主题,并建议在 2020 年 9 月联大一般性辩论期间举行 1 天的高级别会议。

3月19日　法国、美国等推动安理会举行公开会,讨论叙利亚人权问题。中国、俄罗斯表示反对。安理会就此举行程序性表决,因未获得足够赞成票,会议未能召开。

3月23日　联合国人权理事会第 37 届会议通过中国提出的"在人权领域促进合作共赢"决议。首次将构建相互尊重、公平正义、合作共赢的国际关系、构建人类命运共同体重大理念同时纳入联合国决议,为在人权领域实现合作共赢、推动全球人权治理健康发展提供了中国智慧和中国方案。

4月3—5日　联合国网络犯罪政府专家组第 4 次会议在维也纳举行。会上,中国代表团提出的尊重网络主权、推动树立网络空间命运共同体理念、制定打击网络犯罪国际合作示范法、采取全面综合方法应对网络犯罪以及开展能力建设和技术援助应充分尊重接受国意愿等理念和主张,以及关于"立法"和"定罪"的具体建议被纳入会议最终报告。

4月8—11日　世界知识产权组织总干事弗朗西斯·高锐(澳大利亚籍)应邀来华出席博鳌亚洲论坛 2018 年年会。

4月10日　安理会通过关于海地问题的第 S/RES/2410(2018)号决议,中国投了弃权票。

4月27日　安理会通过关于西撒哈拉局势的第 S/RES/2414(2018)号

决议,中国投了弃权票。

5月7—9日 国际移民组织总干事斯温应邀访华,其间拜访外交部、应急管理部、国家移民管理局、国家国际发展合作署,就国际移民形势与加强双方合作交换意见。

5月13—18日 第41届南极条约协商会议和第21届环境保护委员会会议在阿根廷布宜诺斯艾利斯举行。中国代表团积极参与会议各个议题讨论,所提关于罗斯海新站综合环境影响评估、在恩克斯堡岛新设南极特别保护区的预评估程序和中山站内陆考察车库建设初步环境影响评估等3个提案获得通过。

5月29—31日 红十字国际委员会主席彼得·莫雷尔来华访问,国家副主席王岐山,全国人大常委会副委员长、中国红十字会会长陈竺及外交部、司法部等有关部门负责人分别与其会见。

5月31日 安理会通过关于苏丹和南苏丹问题的第 S/RES/2418 (2018)号决议,中国投了弃权票。

6月18日—7月6日 人权理事会在日内瓦举行第38届会议。中国在会议上联合近140国发表"坚持以人民为中心,促进和保护人权"的联合声明。6月25日,中国人权研究会举办"新疆人权事业的发展与进步"边会,全面介绍新疆在扶贫、教育、文化、反恐、医疗等方面所采取的措施和取得的成就。

6月20—21日 "联合国外空会议50周年"纪念活动在维也纳举行。中国代表团出席高级别会议,还通过举办"中国的航天合作:构建命运共同体和造福全人类"主题宣介会、参加展览和向联合国捐赠模型等方式宣介中国在载人航天、深空探测、北斗导航、空间能力建设等领域的成就和国际合作情况。

6月29日 第72届联合国大会以协商一致方式通过决定,表示将在第73届联合国大会期间继续进行安理会改革政府间谈判。中国常驻联合国代表马朝旭在大会发言时说,今年以来,联大政府间谈判举行了5次非正式会议。政府间谈判共同主席阿联酋常驻代表和格鲁吉亚常驻代表根据联大第62/557号决定授权履职,尊重会员国主导,广泛听取各方面意见。各成员国在政府间谈判中就安改所涉5大类问题及其内在关联性进行了坦诚、深入和耐心协商,增进了相互了解,为达成最广泛共识积累条件。中方对联大主席和政府间谈判共同主席为此发挥的积极作用表示高度赞赏。马朝旭说,共同主席提出的"立场要素文件更新版"是共同主席个人的工作文件。会员国没有给予其正式地位。近年来政府间谈判主席或共同主席根据各方讨论情况所提文件,均反映了会员国为推进安改问题所作努力,均为会员国讨论安改问题提供帮助和参考。中方认为,应同等重视4份文件,不应区别对待。马朝旭强调,安理会改革政府间谈判机制是会员国讨论安改问题的重要机制,会员国主导原则是政府间谈判平稳发展的关键保障。马朝旭表示,中方期待下届联大按照联大第62/557号决定授权,坚持会员国主导和"一揽子解决"思路,继续耐心广泛协商,不断积累各方共识,推动安理会改革政府间谈判沿着正确轨道,朝着凝聚最广泛共识、符合全体会员国共同利益和联合国长远利益的方向发展。

6月 中国国防部维和事务办公室改编为中国国防部维和事务中心,中国国防部维和中心改编为中国国防部维和事务中心培训基地,开启中国军队维和工作新局面。

7月2日 在巴林首都麦纳麦召开的第42届世界遗产委员会会议审议了中国申报的自然遗产项目梵净山。委员会一致认可梵净山具备世界遗产所需的"突出普遍价值",决定将该项目列入《世界遗产名录》。至此,中国共拥有53项世界遗产,居世界第二,包括文化遗产36项,自然遗产13项(居世界第一),自然与文化双遗产4项。同月,中国高票当选保护非物质文化遗产政府间委员会委员国(任期为2018—2022年)。梵净山位于贵州省铜仁市境内,是武陵山脉主峰,遗产地面积402.75平方公里,缓冲区面积372.39平方公里。世界自然保护联盟(IUCN)认为:梵净山满足了世界自然遗产第10条(生物多样性)标准,展现和保存了中亚热带孤岛山岳生态系统和显著的生物多样性。梵净山生态系统保留了大量古老孑遗、珍稀濒危和特有物种,拥有4394种植物和2767种动物,是东方落叶林生物区域中物种最丰富的热点区域之一;梵净山是黔金丝猴和梵净山冷杉唯一的栖息地和分布地,也是水青冈林在亚洲最重要的保护地,是全球裸子植物最丰富的地区,也是东方落叶林生物区域中苔藓植物最丰富的地区。

7月13日 安理会通过关于苏丹和南苏丹问题的第S/RES/2428(2018)号决议,中国投了弃权票。

7月15—18日 世卫组织总干事谭德塞应邀访华。访华期间,国家主席习近平夫人彭丽媛、国家副主席王岐山、国务委员兼外交部部长王毅以及国家卫生健康委员会、国家国际发展合作署、国家市场监督管理总局等部委负责人分别会见谭德塞。

7月16日 中国国家主席习近平在钓鱼台国宾馆会见联合国教科文组织总干事阿祖莱。习近平欢迎阿祖莱总干事首次访华。习近平指出,当今世界,各国人民前途命运越来越紧密相连。人类文明是多元并存的。进入新时代的中国,我们一方面坚定文化自信,大力发展教育、科技、文化事业,提高文明素质,一方面秉持"世界大同"、和合共生的传统理念,主张各国文化相互尊重,交流互鉴。中国提出"一带一路"倡议,既要促进共同发展,也要促进民心相通。中国愿为促进世界文明对话和人类发展进步作出更大贡献。习近平强调,联合国教科文组织作为全球最大的智力合作组织,可以为构建人类命运共同体发挥重要作用。阿祖莱表示,当今世界,孤立主义、单边主义抬头。国际社会应开放包容,坚持多边主义、坚持对话交流,这也是全球治理的重要内容。联合国教科文组织感谢中国的坚定支持,高度评价双方合作,赞赏中方致力于多边主义。联合国教科文组织同中方理念高度契合,赞同习近平主席提出的构建人类命运共同体主张,愿积极参与"一带一路"合作,为世界和平、安全与合作作出贡献。习近平主席夫人彭丽媛会见并宴请,双方就加强在教科文组织相关领域合作交换意见。

7月16—18日 联合国可持续发展高级别政治论坛部长级会议在纽约联合国总部举行。中国常驻联合国代表马朝旭大使出席会议并发表讲话,强调各国应坚持发展优先,将落实2030年可持续发展议程同本国发展战略对接。马朝旭大使表示,中方一贯反对单边主义和贸易保护主义,愿同各方一道,共同维护自由贸易和多边贸易体制,坚定维护世界各国共同利益。

8月10日、13日 中国政府代表团与联合国消除种族歧视委员会在日内瓦就中国履行《消除一切形式种族歧视国际公约》第14—17期合并报告举行对话会。中国代表团详细介绍了中国在保护少数民族权利方面的新进展。

8月18日 联合国第七任秘书长科菲·安南在瑞士首都伯尔尼一家医院病逝,享年80岁。安南的一生与联合国"密不可分"。根据联合国官方微博发布的消息,安南是出身联合国公务员行列而当选的第1位秘书长,是来自撒哈拉以南非洲地区的首位黑人联合国秘书长。安南与中国渊源颇深,在联合国第7任秘书长任内曾于1997年5月、1998年3月、1999年11月、2001年1月、2002年10月、2004年10月、2006年5月7次访华。科菲·安南逝世后,中国国家主席习近平就安南逝世向联合国秘书长古特雷斯致慰问电。习近平对安南不幸逝世表示深切的哀悼,并向安南的家人以及联合国表示诚挚的慰问。习近平在慰问电中表示,安南先生是中国人民的老朋友,在他任内,中国同联合国的合作得到全面加强。安南先生是享誉世界的国际活动家,始终积极倡导多边主义,推动加强联合国作用,为世界和平与发展作出了卓越贡献。安南先生是非洲人民的杰出代表。他来自非洲,心系非洲,一直推动国际社会加大对非洲的关注和投入。习近平强调,在当今世界不稳定、不确定因素增多的形势下,安南先生所积极倡导的多边主义具有特殊现实意义,他的努力和贡献将为各国人民缅怀。

8月28—29日　国家知识产权局、国家版权局、商务部、北京市人民政府和世界知识产权组织共同在北京举办 2018 年"一带一路"知识产权高级别会议,会议主题为"包容、发展、合作、共赢",会议发布了《关于进一步推进"一带一路"国家知识产权务实合作的联合声明》,国家主席习近平向大会致贺信,国务院总理李克强会见世界知识产权组织总干事高锐及与会代表,国务委员王勇出席会议并讲话。

9月2—4日　世卫组织总干事谭德塞来华出席中非合作论坛北京峰会,并出席"中非携手抗艾　共享美好未来"主题会议。国务院副总理孙春兰会见谭德塞。

9月3日　中非合作论坛北京峰会在人民大会堂开幕。盛会现场,50名身着迷彩服、头戴蓝色贝雷帽的官兵成为一道亮丽的风景。他们是中国蓝盔的代表,来自我国参加过联合国维和行动的部队和维和待命部队,其中很多人曾赴非洲执行维和任务。接受记者采访时,他们表示,坚决贯彻落实习主席在中非合作论坛北京峰会开幕式上的主旨讲话精神,忠实履行维护世界和平的神圣使命,以实际行动为构筑中非命运共同体贡献力量。作为维和待命部队的一名代表,陆军第 82 集团军某旅副旅长李永军深知肩负使命之重。李永军说,和平是人类的共同愿望和崇高目标,维护和平是中国军队向世界作出的庄严承诺。作为肩负神圣使命的维和军人,随时做好了出征的准备。为了和平,中国军人不畏艰险、不怕牺牲。一旦走出国门,将以实际行动传递来自中国人民的善意,展现中国爱和平、负责任的大国风范。

9月10—28日　人权理事会在日内瓦举行第 39 届会议。在会议上,中国代表不结盟运动成员国等近 140 个国家在人权理事会发表"携手合作消除贫困,共同推进国际人权事业发展"的联合声明。9 月 11 日,中国人权研究会举办"中国改革开放与人权发展"边会,全面介绍改革开放 40 年来中国人权发展成就。

9月18—19日　"2018·北京人权论坛"举行,主题为"消除贫困:共建一个没有贫困、共同发展的人类命运共同体"。中共中央政治局委员、中共中央宣传部部长黄坤明,中国人权研究会会长向巴平措,中国人权发展基金会理事长黄孟复,外交部部长助理张军出席开幕式并致辞。来自近 50 个国家、地区和国际组织的官员、专家学者、知名人士等 200 余人出席。

9月24—28日　国务委员兼外交部部长王毅出席第 73 届联合国大会

一般性辩论。与会期间,国务委员兼外长王毅在联大一般性辩论中发言,并出席一系列多边和双边活动。在联大一般性辩论发言中,王毅国务委员兼外长表示,中国始终是国际秩序的维护者和多边主义的践行者。中国坚持走和平发展道路,愿同各国一道,为世界和平与安全做出应有贡献。王毅国务委员兼外长还阐述了中方在朝鲜半岛局势、伊朗核、巴勒斯坦、缅甸若开邦、反恐、2030年可持续发展议程等问题上的立场和主张。

10月2日—11月21日　第73届联大三委会议在纽约联合国总部举行。中国代表团全面参与各议题讨论和决议磋商,阐述中国立场和主张。中国代表团在人权议题下作了综合性发言,就推动国际人权事业发展提出4点主张:一是要维护和平安全;二是要推动全球发展;三是要加强交流合作;四是要完善全球治理。表示将继续与各方携手努力,推动国际人权事业健康发展,共同构建人类命运共同体。

10月3日—12月20日　第73届联合国大会共审议30余项法律议题。中国代表团全面参加了各项议题的审议和决议草案的磋商、在有关议题上积极发言。阐述中国政府的立场和主张,介绍中国有关实践。

10月4日—12月3日　联合国第73届大会第二委员会会议在美国纽约联合国总部举行。驻联合国代表马朝旭大使在第二委员会一般性辩论上发言,呼吁各国采取实际行动支持多边主义,加速推进2030年可持续发展议程,共同推动更加开放、包容、普惠、平衡、共赢的经济全球化,共同构建人类命运共同体。

10月5日　联合国世界旅游组织第5届全体大会通过决议,接纳中国为正式成员国。中国多次当选该组织执行委员会委员,2015年连任,本届任期至2019年。中国同联合国世界旅游组织保持良好合作关系,多次共同组织国际旅游盛会,分别于2003年10月、2017年9月承办了联合国世界旅游组织第15届、第22届全体大会。

10月8日—11月9日　第73届联合国大会第一委员会会议在纽约联合国总部举行。中国代表团以积极和建设性姿态参与会议各项工作。在一般性辩论中,中国代表团全面阐述了对国际安全形势的看法与主张,并就有效应对国际安全挑战提出建议。

10月11日　联合国教科文组织第3届女童和妇女教育奖颁奖仪式在法国巴黎举行。国家主席习近平夫人、联合国教科文组织促进女童和妇女教育特使彭丽媛向颁奖仪式致书面贺词,对颁奖仪式的举行表示衷心祝贺。彭丽媛贺词中表示,女童和妇女教育是一项崇高的事业。发展女童和妇女教育,让女性享有与男性同等释放自身发展潜力的机会,是实现全球2030

年可持续发展目标的重要内容和重要举措。联合国教科文组织女童和妇女教育奖为鼓励更多人投身这项伟大事业发挥了独特而重要的作用。表示作为联合国教科文组织促进女童和妇女教育特使,愿同各位一道,共同支持联合国教科文组织性别平等全球优先事项,让世界上每个女童、每位女性都获得人生出彩的机会。

10 月 15—19 日　《联合国打击跨国有组织犯罪公约》第 9 次缔约方大会在维也纳举行。中国常驻联合国维也纳办事处和其他国际组织代表团常驻代表王群大使代表中国代表团在一般性辩论中发言,全面介绍中方履约成就,呼吁各国高举合作、共赢、法治、创新旗帜,共同打击跨国犯罪,推动构建普遍安全的人类命运共同体。在大会期间举行了国际合作工作组第 10 次会议,中方派专家代表亚太组作专题发言,系统介绍了中国引渡制度。中国代表团还利用大会间隙举办了主题为"公安部失踪儿童信息紧急发布平台"的边会,宣介中国通过高科技手段打击贩运人口的成就。

10 月 21—29 日　《关于特别是作为水禽栖息地的国际重要湿地公约》第 13 次缔约方大会在阿联酋迪拜举行。由国家林业和草原局、外交部、生态环境部、北京林业大学及香港特别行政区政府代表组成的中国代表团出席会议。中国代表团全面介绍了中国湿地保护和恢复工作的举措和成就、首次提出关于"小微湿地"的决议案获得通过,中国有 6 个城市获得首批"国际湿地城市"证书,中方在湿地保护方面的成就赢得广泛赞誉。

10 月　中国派出的 13 支维和待命分队通过联合国组织的考察评估,晋升为二级待命部队。2019—2020 年,先后有 6 支维和待命分队由二级晋升为三级待命部队。

11 月 5 日　安理会通过关于利比亚局势的第 S/RES/2441(2018)号决议,中国投了弃权票。

11 月 5—10 日　首届中国国际进口博览会在上海举办。国家主席习近平出席开幕式并发表题为《共建创新包容的开放型世界经济》的主旨演讲。多个国家和地区领导人、国际组织负责人、各国政府代表以及中外企业家代表等 1500 余人出席开幕式。其间,萨尔瓦多总统桑切斯、多米尼加总统梅迪、古巴国务委员会主席兼部长会议主席迪亚斯—卡内尔对中国进行国事访问,巴基斯坦总理伊姆兰·汗对中国进行正式访问。

11 月 6—7 日　世界知识产权组织总干事高锐应邀来华参加首届中国国际进口博览会。国家知识产权局、商务部、上海市人民政府和世界知识产权组织共同在上海举办第 15 届上海知识产权国际论坛暨全球知识产权保护和创新发展大会。

11月6—9日 中国参加联合国人权理事会第3轮国别人权审议。中国代表团全面介绍了中国在促进和保护人权方面取得的巨大成就,阐述了新时代中国特色发展道路和人权观,阐明了中国保障和促进人权的发展方向,并宣布了中国将采取的30项人权保障新举措。120多个国家高度肯定中国发展成就,高度评价中国特色人权理念和实践,表示中国在保障人权和发展权、消除贫困等方面的经验和做法值得学习和借鉴。

11月25—28日 11月29日,中国国防部举行例行记者会,国防部新闻局副局长、国防部新闻发言人任国强大校答记者问时宣布,25—28日,联合国安理会成员国常驻代表团访问中国。其间,于26日专门到我维和待命步兵营进行了参访,听取了中国军队参加国际维和行动的情况介绍,观摩了维和待命步兵营战术科目演练,并与中国维和官兵进行了座谈交流。中国维和部队过硬的专业素养、顽强的战斗作风给代表团留下了深刻的印象。任国强说,组建维和待命部队是习近平主席支持联合国维和行动的庄严承诺。中国军队认真贯彻落实习近平主席指示,全面推进维和待命部队建设,在完成8000人规模待命部队注册基础上,顺利组织协调联合国对我部队进行考核评估。10月,联合国主管维和事务副秘书长拉克鲁瓦代表联合国向全世界宣布,中国13支维和待命分队一次性全部高标准通过联合国组织的考核评估,晋升为二级待命部队,这标志着我军维和待命部队建设取得阶段性成果。此外,中国还积极为各国培训维和人员,目前已经为几十个国家培训了1500余名维和人员。中国军队以实际行动彰显了维护世界和平、构建人类命运共同体的大国担当。任国强说,下一步,中国将一如既往地履行对联合国维和事业的庄严承诺,积极参加联合国维和行动,积极考虑应联合国邀请,派遣更多类型维和人员参与维和行动,为促进联合国维和事业发展、维护世界和地区和平稳定作出新的更大贡献。

11月28日 在毛里求斯首都路易港举行的联合国教科文组织保护非物质文化遗产政府间委员会第13届常会通过审议,批准中国申报的"藏医药浴法"列入联合国教科文组织人类非物质文化遗产代表作名录。"藏医药浴法",藏语称"泷沐",是藏族人民以土、水、火、风、空"五源"生命观和隆、赤巴、培根"三因"健康观及疾病观为指导,通过沐浴天然温泉或药物煮熬的水汁或蒸汽,调节身心平衡,实现生命健康和疾病防治的传统知识和实践。

12月5—12日 《罗马规约》第17届缔约国大会在海牙召开。中国代表团作为观察员与会发言,阐述对法院的原则立场与关切,指出法院在司法活动中应切实尊重和维护豁免规则;在根据《罗马规约》及相关文书确立管辖权并据此作出裁定时,应受一般国际法原则指导,在涉及非缔约国时尤应谨慎;对侵略罪的管辖不应削弱联合国安理会在认定侵略行为方面承担的特殊职责,不应涉及非缔约国及未批准侵略罪修正案的缔约国国民实施的以及发生在上述国家领土范围内的行为;敦促缔约国大会充分保障观察员国参加缔约国大会及其各附属机构、磋商、工作组等会议的权利。

12月12日　工业和信息化部与国际电联共同在北京举办"落实中非合作论坛北京峰会成果加强中非信息通信合作"研讨会。陈肇雄副部长、赵厚麟秘书长出席并致辞。

12月13日　安理会通过关于中非共和国局势的第 S/RES/2448 (2018)号决议,中国投了弃权票。

同日　安理会以 13 票赞成、2 票弃权通过关于"中东局势"的第 S/RES/2449(2018)号决议,将叙跨境人道救援措施延期 1 年。中、俄对决议投了弃权票。中国代表在审议中表示,叙利亚问题有关各方应根据安理会第 S/RES/2254(2015)号决议精神,在尊重叙主权、独立、统一和领土完整的基础上,根据"叙人所有、叙人主导"原则,推动叙各方通过包容性政治进程,寻找各方都能接受的解决方案。

12月13—29日　《生物多样性公约》第 14 次缔约方大会、《卡塔赫纳生物安全议定书》第 9 次缔约方会议以及《获取遗传资源和公正公平分享其利用所产生惠益的名古屋议定书》第 3 次缔约方会议在埃及沙姆沙伊赫召开。中国代表团参加了全会、高级别会议及有关工作组会议,就重要议题阐述中方立场,并与各方开展广泛交流,为会议取得成功发挥积极作用。会议期间,中国相关部门举办了"中国日"招待会、主题展览和边会,介绍中国生物多样性保护做法及经验,展示中国生态文明建设成果。同时,作为下届缔约方会议主席国,中国还同现任主席国埃及及公约秘书处共同发起"从沙姆沙伊赫到北京自然与人类行动议程",为推动全球生物多样性进程保护贡献力量。

12月17日　第 73 届联合国大会通过联合国难民署决议及其附件《难民问题全球契约》。中国政府积极参与契约磋商和谈判进程,提出坚持综合施策、标本兼治应对难民问题等主张,受到普遍欢迎。

同日　第 73 届联大全会表决通过俄罗斯提交、中国参与提出的"打击为犯罪目的利用信息和通信技术行为"决议草案。包括中国在内的 94 个联合国成员国投赞成票,59 国投反对票,33 国投弃权票。决议要求第 74 届联大将网络犯罪列为正式议题,联合国秘书长就网络犯罪问题拟定报告,鼓励各国向联合国秘书长提交相关信息。

二〇一九年

1月3日 中国向世界粮食计划署提供700万美元的捐款,以加强该机构在南苏丹的粮食和营养援助。这笔捐款将用于向受冲突和粮食不安全影响最严重地区的人提供校餐和基本口粮。

1月22日 联合国秘书长古特雷斯宣布任命来自中国的夏煌担任秘书长非洲大湖区问题特使一职。非洲大湖区一般指非洲坦噶尼喀湖以北、艾伯特、爱德华、基伍湖以西,以及维多利亚、基奥加湖以东的地区,包括布隆迪、卢旺达、刚果民主共和国东北部、乌干达以及肯尼亚、坦桑尼亚两国的部分地区。该地区人口稠密,多年内战和暴力使其成为世界上最贫困的地区之一。

2月28日 安理会分别就美国和俄罗斯提交的有关解决委内瑞拉危机的决议草案进行投票表决,两个决议草案均未能获得通过。安理会首先就美国提交的决议草案进行表决,该草案呼吁启动和平的政治进程,并强调为委内瑞拉全境所有有需要的人不受阻碍地获得和运送援助提供便利,建议将2018年总统选举视为非法。表决时,美国等9个国家投了赞成票,俄罗斯、中国和南非投了反对票,赤道几内亚、印度尼西亚、科特迪瓦投了弃权票,草案未获通过。随后安理会对俄罗斯提交的决议草案进行了表决。由俄罗斯起草的决议草案呼吁在对话的基础上和平解决危机,承认委内瑞拉政府在发起、组织、协调和实施其领土上的国际人道主义援助措施方面发挥的主导作用,并表示只有在委内瑞拉政府的同意和请求下,才能实施这些举措。表决结果是俄罗斯、中国、南非和赤道几内亚投了赞成票,美国、英国、法国、比利时、德国、波兰、秘鲁投了反对票,印度尼西亚、科威特、科特迪瓦和多米尼加共和国投了弃权票。草案最后也未获通过。

3月10日 埃塞俄比亚航空公司一架客机从该国首都亚的斯亚贝巴起飞不久后坠毁,机上157人全部丧生。遇难者中包括19名联合国工作人员以及8名中国籍乘客。联合国秘书长古特雷斯发表声明,对坠机事故"深表悲伤",向包括联合国工作人员在内的遇难者家属表达"由衷的慰问"。

3月25日 企业领袖圆桌会议在北京召开,联合国全球契约、中国国务院国有资产监督管理委员会,有40多位中外企业领袖与会。本次会议以"责任企业共建'一带一路',合作共赢推进可持续发展"为主题,与会者探讨了企业如何通过负责任的商业行为,实现可持续发展的共同目标。

3月26日 应教科文组织邀请,国家主席习近平夫人、教科文组织促进女童和妇女教育特使彭丽媛出席该组织在巴黎总部举行的促进女童和妇女特别会议。会上,彭丽媛发表讲话,赞赏联合国教科文组织及获奖者在促进女童和妇女教育方面所做的努力,介绍了中国有关成功经验,回顾她履职特使5年来所开展的工作,特别是推动"春蕾计划"等活动。彭丽媛强调,中方将继续支持联合国教科文组织办好这一奖项,并利用好共建"一带一路"为国际教育交流合作提供的机遇和平台,帮助更多孩子、更多姐妹在人生道路上能够拥有更加美好的未来。教科文组织总干事阿祖莱表示,目前世界上有近1.3亿失学女童,全球7.5亿文盲者中,女性占2/3。促进女童和妇女教育是联合国2030年可持续发展议程的重要内容,也是教科文组织的重点工作。该组织高度评价中国在这方面取得的非凡成就,感谢彭丽媛教授做出的突出贡献。

4月4日 联合国环境署在丹麦哥本哈根与智利环境部、卢旺达环境部、丹麦外交部,中国能源基金会,以及来自丹麦和法国的能源企业等20多家政府、企业和机构,共同成立"清凉联盟",通过推广清洁和高效的制冷手段,节约用电、节省开支、应对气候变化,同时减少因高温而出现的生命损失。

4月10日 安理会就委内瑞拉问题举行了公开会议。中国常驻联合国代表马朝旭在会上表示,中国反对外部势力干涉委内瑞拉内政,反对对委内瑞拉进行军事干预,反对封锁,反对利用人道主义问题达到政治目的。为了帮助委内瑞拉克服暂时的困难,中国正在提供紧急民生物资援助,不附加任何政治条件。

4月17日 联合国教科文组织执行局会议批准了8处新增世界地质公园,中国的九华山和沂蒙山入选。

4月25—27日 第2届"一带一路"国际合作高峰论坛在北京举行,本次论坛主题是共建"一带一路"、开创美好未来。论坛期间举行高峰论坛开幕式、领导人圆桌峰会、高级别会议、12场分论坛和1场企业家大会。包括中国在内,38个国家的元首和政府首脑等领导人以及联合国秘书长和国际货币基金组织总裁共40位领导人出席圆桌峰会。来自150个国家、92个国际组织的6000余名外宾参加了论坛。

5月15日 中国国家主席习近平在北京国家会议中心出席亚洲文明对话大会开幕式,并发表题为《深化文明交流互鉴 共建亚洲命运共同体》的主旨演讲,强调"坚定文化自信"与提倡"文明交流互鉴",让中国文化遗产走向世界。

5 月 20 日　安理会就俄罗斯倡议召开讨论乌克兰通过"独尊"乌克兰语法律的会议举行程序性投票,德国、英国、波兰、法国、美国和比利时 6 个国家投票反对召开这一会议,加上印度尼西亚、科特迪瓦、科威特和秘鲁投弃权票,使得召开此类会议需达到 9 票门槛的要求未能得到满足,会议未能召开。中国、俄罗斯、南非、赤道几内亚和多米尼加共和国投了赞成票。

5 月 30 日　安理会通过关于苏丹和南苏丹问题的第 S/RES/2471 (2019)号决议,中国投了弃权票。

同日　中国与国际移民组织签署一份合作备忘录。这份备忘录将促进国际移民组织与中国应急管理部之间的知识和专业交流,包括分享应急行动和协调的相关标准与指南,交流有关帮助受灾人群的经验。根据备忘录,国际移民组织还将支持中国应急管理部建立减少灾害风险和应急管理的"一带一路"国际合作框架。这是朝着合作和 3 边协作迈出的第 1 步,以提高参与"一带一路"倡议的国家减少灾害风险和应急管理方面的能力。

6 月 5 日　世界环境日。本年的环境日由中国杭州主办,聚焦"空气污染"主题,提出"蓝天保卫战、我是行动者"口号,呼吁全球共同采取行动,对抗空气污染。

6 月 23 日　中国农业农村部副部长屈冬玉在粮农组织第 41 届大会选举中,以 108 票当选为联合国粮食及农业组织第 9 任总干事,成为粮农组织历史上首位中国籍总干事,其任期将于 2019 年 8 月 1 日开始,并于 2023 年 7 月 31 日结束。

6 月 25 日　安理会通过关于海地问题的第 S/RES/2476(2019)号决议,中国投了弃权票。

6 月 28—29 日　二十国集团领导人第 14 次峰会在日本大阪举行。本次峰会共有 8 大主题:全球经济、贸易与投资、创新、环境与能源、就业、女性赋权、可持续发展以及全民健康。中国国家主席习近平出席峰会并发表题为《携手共进,合力打造高质量世界经济》重要讲话,从构建新型国际关系和人类命运共同体的高度,为世界经济和全球治理明确方向,为大国关系和国际合作把脉开方。联合国秘书长古特雷斯出席峰会并在会上发言表示,在"政治局势高度紧张"的背景下,二十国集团领导人必须加强在气候行动和经济合作方面的承诺。会议期间,中国国家主席习近平会见了古特雷斯,古特雷斯对习近平在促进实现可持续发展目标方面所发挥的领导作用表示感谢,对习近平在加强气候行动方面的个人参与表示赞赏。双方还讨论了朝鲜半岛局势以及联合国改革问题。

6 月 29 日　G20 大阪峰会期间,联合国秘书长古特雷斯会见了中国国务委员兼外交部部长王毅和法国外交部部长让伊夫·勒德里昂,并就气候变化发表了联合新闻声明。中国和法国在声明中承诺将提高减排温室气体的国家自主贡献目标。

7月3日　联合国秘书长古特雷斯任命来自中国的徐浩良担任助理秘书长兼联合国开发计划署政策和方案支助局局长。徐浩良于1994年加入开发计划署,自2013年起担任助理秘书长级别的联合国开发计划署亚洲及太平洋区域局局长。

7月5日　联合国教科文组织宣布将江苏省盐城市的黄(渤)海候鸟栖息地(第1期)列入《世界遗产名录》,成为中国的第54处世界遗产。至此,中国已有55项遗产被列入《世界遗产名录》,与意大利同居世界第一。会议期间,福建省福州市获得第44届世界遗产大会举办权,该会议将于2020年6月29日—7月9日在福州举行。

7月12日　联合国人权理事会第41届会议通过中国提交的"发展对享有所有人权的贡献"决议,重申发展对享有所有人权具有重大贡献,呼吁各国推进可持续发展,加强发展和消除贫困的国际合作。这是中国继2017年人权理事会通过同名决议后,第2次提出这一重要决议并得到人权理事会成员的广泛支持。

7月29日　由外交部和中国国际法学会共同举办的"大变局下的国际法:发展中国家的作用"研讨会在北京举行。国务委员兼外交部部长王毅为会议致贺信。外交部副部长罗照辉出席会议并讲话。罗照辉副部长表示,中国作为发展中国家的一员,愿与其他发展中国家密切合作,维护以联合国为核心、以国际法为基础的国际体系,把世界带向更加光明的未来。出席会议的国际法院院长优素福在讲话中回顾了发展中国家对国际法发展作出的重要贡献,呼吁发展中国家继承和发扬万隆精神,在新时代推动国际法的新发展,为日益活跃的国际交往与合作提出普遍适用、更可预测且更公平的国际法原则。

7月31日　中国向与联合国近东巴勒斯坦难民救济和工程处捐款100万美元,以支持在加沙地带提供粮食援助的工作。这笔捐助彰显了中国对近东救济工程处这一为500万名巴勒斯坦难民提供重要援助机构的支持。

8月16日　安理会就查谟和克什米尔问题举行非正式闭门磋商会议,中、印、巴3国向记者阐述了各自立场。中国常驻联合国代表张军表示,印方修宪改变了克什米尔地区的现状,引发地区紧张。中方对当前克什米尔局势表示严重关切,反对任何使局势复杂化的单方面行动,呼吁有关方面保持克制。他还指出,印方的举措还挑战了中国的主权权益,有违双方关于维护两国边境地区和平安宁的协议。他强调,印方举措对中方不产生任何效力,更不会改变中方对相关领土行使主权的事实和进行有效管辖的现状。

9月2—7日 禁化武组织总干事阿里亚斯和执理会主席贝鲁吉尼率俄、美、英、日等18个国家驻该组织大使及官员组成的代表团一行22人访华,徐宏大使全程参加。代表团赴吉林省哈尔巴岭日遗化武销毁设施参观并与有关部门进行了座谈,代表团一行观看了吉林省哈尔巴岭日遗化武销毁设施,了解了日遗化武销毁进展和问题,增进对销毁工作重要性和紧迫性的认识。访问期间,外交部乐玉成副部长会见总干事,外交部军控司傅聪司长同总干事工作磋商,国防部国际军事合作办公室慈国巍主任会见代表团。

9月4日 联合国贸易和发展会议组织发布首份数字经济报告,表示数字经济的财富创造高度集中在美国和中国,全球需要协调一致,努力缩小数字鸿沟,让迅速增长的数字经济收益惠及更多人。

9月13日 在联合国人权理事会第42届会议上,中国代表139国发表题为"充分实现发展权,让发展惠及全体人民"的联合声明,强调发展是人类社会永恒的主题,人民幸福生活是最大的人权,各国实践特别是发展中国家成功经验表明,发展对实现和享有人权至关重要,表达了广大发展中国家的心声。

9月19日 安理会就中东问题举行会议,并就两份不同的要求在叙利亚西北部的伊德利卜停止敌对行动的决议草案进行投票。比利时、德国和科威特提出的草案要求所有各方应在9月21日中午之前立即停止在伊德利卜的敌对行动,所有各方允许并促进联合国及其执行伙伴获得安全、畅通和持续的人道主义准入等。该份草案表决时,获12张赞成票,俄罗斯和中国否决了草案。中国和俄罗斯也提出了一份决议草案,同样要求从9月21日开始在伊德利卜实现停火,要求"停止敌对行动不适用于针对安理会指定的与恐怖主义集团有关的个人、团体、企业和实体的军事行动",突出了对在该地区恐怖主义团体活动的担忧。此份草案获9张反对票,4张弃权票,也未获通过。

9月23—27日 国务委员兼外交部部长王毅率团出席第74届联合国大会一般性辩论,并表示,新中国成立70年来,中国坚持走符合中国国情的发展道路,通过自身发展积极促进世界和平与繁荣,已成为全球发展的主要动力源和国际和平的重要稳定器。

9月26日 联合国人权理事会第42届会议通过中国等国提交的"纪念《北京宣言》和《行动纲领》通过25周年"决议,强调1995年北京第四次世界妇女大会的重要性,呼吁各方发扬大会精神,以实际行动重申对促进男女平等和妇女发展的共同承诺,并决定于 2020 年即大会 25 周年之际,在人权理事会举办高级别纪念活动。该决议得到各方强烈响应,认为中国和有关国家的倡议有助于推动各方重申性别平等承诺、共谋妇女事业发展,再次体现中国在世界妇女事业发展方面的领导作用。

9 月 27 日　中国国务委员兼外交部部长王毅在联合国大会一般性辩论发言表示,当前单边主义和保护主义在冲击国际秩序,但"中国作为一个拥有五千年文明史、14 亿勤劳勇敢人民、960 万平方公里辽阔国土的国家,任何威胁都吓不倒,任何压力也压不垮"。王毅还就《中导条约》、伊朗核问题、巴勒斯坦问题、阿富汗问题、朝鲜半岛问题、罗兴亚难民危机、克什米尔问题等国际热点问题阐述了中国的立场。

10 月 1 日　庆祝中华人民共和国成立 70 周年大会在北京隆重举行,维和部队方队首次在国庆阅兵中接受检阅。

10 月 1 日—11 月 21 日　第 74 届联合国大会第三委员会在纽约联合国总部举行会议。中国代表团在人权议题下作综合性发言,指出新中国成立 70 年来人权事业取得举世公认的卓越成就,就推动国际人权事业发展提出主张。

10 月 7 日—11 月 8 日　第 74 届联合国大会第一委员会在纽约联合国总部举行会议。在一般性辩论中,中国代表团全面阐述了对国际安全形势的看法,并就有效应对国际安全挑战提出建议。中国代表团强调,在中华人民共和国迎来新中国成立 70 周年、联合国迎来成立 75 周年之际,中国和世界都站在了新的起点上。中国将继续坚定维护多边主义,走和平发展道路,努力推动国际军控进程健康发展,以负责任姿态参与全球安全治理,为维护国际和地区和平与安全、构建人类命运共同体作出新的贡献。

10 月 16 日　联合国宣布启动由秘书长古特雷斯召集的"可持续发展全球投资者联盟"。该联盟由安联集团首席执行官贝特与南非约翰内斯堡证券交易所首席执行官福里担任联合主席,成员包括美国银行、花旗集团、英国渣打集团、中国工商银行、印孚瑟斯、西班牙桑坦德银行,以及瑞士银行等 30 位具有影响力的商界领袖。联盟在未来两年内从私营部门为实现可持续发展目标筹措数亿美元资金。

10 月 23 日　中国两支灾害救援队——中国救援队和中国国际救援队通过联合国国际重型救援队测评和复测,取得联合国国际重型救援队的资格认证。中国成为亚洲首个拥有两支获此认证的国际救援队的国家。中国救援队于 2018 年 8 月成立,此次是首次测评;中国国际救援队于 2001 年 4 月组建,2009 年 11 月首次通过测评,根据每 5 年复测的要求,这是第 2 次复测。

11月15日 安理会通过关于索马里局势的第 S/RES/2498（2019）号决议，中国投了弃权票。

11月21日 中国国家主席习近平夫人、世界卫生组织结核病和艾滋病防治亲善大使彭丽媛在北京会见美国盖茨基金会联席主席比尔·盖茨。彭丽媛积极评价盖茨基金会同中方卓有成效的合作，赞赏基金会支持四川省凉山州艾滋病防治和健康扶贫项目取得进展。彭丽媛表示，中国把健康扶贫作为打赢脱贫攻坚战的关键举措之一，希望盖茨基金会继续支持和参与。中方愿同基金会继续开展结核病和艾滋病防治合作，总结推广有益经验，帮助包括非洲在内的发展中国家提高医疗卫生水平。比尔·盖茨高度赞赏中国在健康扶贫领域取得的巨大成就以及中国为推动国际合作、促进世界可持续发展作出的重大贡献。他表示，美、中加强合作将造福两国人民和世界人民。盖茨基金会愿同中方继续加大卫生、减贫、社会公益等领域合作，并共同致力于帮助其他发展中国家农业、卫生事业发展。

12月16—20日 《联合国反腐败公约》第8届缔约国会议在阿布扎比举行。外交部副部长罗照辉率由外交部、中央纪委国家监委、最高人民检察院、审计署、中国常驻维也纳联合国和其他国际组织代表团、中国驻阿联酋大使馆及香港特别行政区政府代表组成的中国代表团出席会议。罗照辉副部长在大会开幕发言中介绍了中共十八大以来中国反腐败成就和十九届四中全会部署，强调中国铁拳反腐顺应了时代潮流，反映了人民呼声，体现了中国特色社会主义制度的独特优势，凝聚了中国共产党自我革命的勇气和决断，呼吁各国携手打造共商共建共享的反腐败国际治理体系。

12月17—18日 首届全球难民论坛在瑞士日内瓦举行。中国常驻联合国日内瓦代表处和瑞士其他国际组织代表陈旭大使率团出席论坛并在一般性辩论、"就业与民生"高级别对话会和"阿富汗难民问题解决战略"支持平台启动仪式上发言，阐述中国政府关于难民问题的立场主张及中方为全球难民问题解决所作贡献。

二〇二〇年

1月10日 安理会通过关于中东局势的第 S/RES/2504（2020）号决议，中国投了弃权票。

1月27日 世卫组织总干事谭德塞与该组织西太平洋区域主任葛西健抵达北京，与中国政府及卫生专家讨论新型冠状病毒疫情。世界卫生组织在 1 月 23 日和 24 日就新型冠状病毒疫情在日内瓦召集紧急委员会会议。委员会在会议结束时发表的声明表示,这一疫情"毫无疑问在中国是一个紧急情况,它尚未成为但有可能成为全球性的卫生紧急情况。"

1 月 31 日　安理会通过关于中非共和国局势的第 S/RES/2507(2020)号决议,中国投了弃权票。

2 月 6 日　世界卫生组织通过推特发文表示,对于中国李文亮医生的去世感到悲痛:我们所有人都应当赞美他就新型冠状病毒疫情所做的工作。李文亮是最初就新型冠状病毒疫情向人们发出警讯的 8 名武汉医生之一。不幸的是,他最终也感染这一病毒并因此去世。

2 月 24 日　联合国秘书长古特雷斯在日内瓦表示,他想向在中国所有被剥夺了正常生活许多方面的人表达的一个信息就是:感激。因为正是这些被剥夺了其他人正在享有的积极生活方面的人做出的牺牲,疾病才得以被阻止传播,他们是在为人类做出贡献。

2 月 25 日　安理会通过关于也门局势的第 S/RES/2511(2020)号决议,中国投了弃权票。

2 月 28 日　世卫组织在中国进行了为期 9 天(2 月 16—24 日)的考察之后,发布了一份报告,表示中国对一种新发传染病"采取了历史上最勇敢、最灵活、最积极的防控措施"。报告分析了中国的暴发数据,向中国和其他国家和地区推荐了应对 COVID—19 的具体行动。

3 月 24 日　联合国秘书长古特雷斯任命来自中国的丛光为负责南苏丹政治事务的副特别代表,兼联合国南苏丹特派团副团长,接替来自马里的前任副特别代表苏马雷。丛光在国际事务领域拥有丰富经验,长期在联合国维和行动中工作,熟悉南苏丹及地区情况。

3 月 26 日　二十国集团领导人应对新冠肺炎特别峰会以视频会议形式召开。中国国家主席习近平 26 日晚在北京出席二十国集团领导人应对新冠肺炎特别峰会并发表题为《携手抗疫　共克时艰》的重要讲话。习近平强调,面对突如其来的新冠肺炎疫情,中国政府、中国人民不畏艰险,始终把人民生命安全和身体健康摆在第一位,按照坚定信心、同舟共济、科学防治、精准施策的总要求,坚持全民动员、联防联控、公开透明,打响了一场抗击疫情的人民战争。峰会最后发表了《二十国集团领导人应对新冠肺炎特别峰会声明》,强调病毒无国界,需要本着团结精神,采取透明、有力、协调、大规模、基于科学的全球行动以抗击疫情。

5 月 27 日　美国常驻联合国代表团对全国人大关于中国香港特区维护国家安全立法事项妄加评论,对中方合法正当之举横加指责,并提出联合国安理会讨论的无理要求,粗暴干涉中国内政。对此,中国常驻联合国代表团就美常驻团干涉中国内政发表声明,中方对此表示强烈不满和坚决反对,已向美方提出严正交涉。声明指出:香港是中国的一个特别行政区。香港事务纯属中国内政,不容任何外来干涉,安理会承担着维护国际和平与安全的首要责任,不是讨论干涉会员国国内立法的场合。香港国家安全立法纯属中国内政,同安理会职责毫无关系。美方的无理要求,完全出于政治动机,严重违背《联合国宪章》宗旨原则和国际关系基本准则,严重破坏联合国会员国互信与合作,严重干扰联合国工作秩序。美方不负责任的行为,再次暴露其强权政治和霸凌行径的真实面目。

6月13日 中国第4个文化和自然遗产日。中国自加入《世界遗产公约》以来,已成功申报世界遗产55项。其中,文化遗产37项、自然遗产14项、自然与文化双遗产4项。世界遗产总数、自然遗产和双遗产数量均居世界第一,是近年全球世界遗产数量增长最快的国家之一。至今我国已有武陵源、九寨沟、黄龙、三江并流、四川大熊猫栖息地、中国南方喀斯特、三清山、中国丹霞、澄江化石地、新疆天山、湖北神农架、青海可可西里、梵净山、中国黄(渤)海候鸟栖息地(第1期)14项世界自然遗产,有泰山、黄山、峨眉山—乐山大佛和武夷山4项双遗产,总面积达6.8万平方公里,保护了最重要的自然生态系统和自然遗迹。世界遗产是列入联合国教科文组织《世界遗产名录》的具有突出普遍价值的自然区域和文化遗存。截至目前,全世界已有193个国家加入《世界遗产公约》,1121个项目列入《世界遗产名录》,其中文化遗产869项、自然遗产213项、自然与文化双遗产39项。

6月20日 第十三届全国人民代表大会常务委员会第十九次会议决定:中国加入2013年4月2日由联合国大会通过的《武器贸易条约》。7月6日,中国常驻联合国代表张军大使在纽约联合国总部,向联合国秘书长古特雷斯交存了《武器贸易条约》加入书。这标志着中国完成了加入这一条约的所有法律程序。条约自7月6日起90天后对中国生效。对此,中国外交部发言人赵立坚表示,加入《武器贸易条约》是中国积极参与全球武器贸易治理、维护世界和地区的和平与稳定的重要举措,体现了中方支持多边主义、维护国际军控体系、践行构建人类命运共同体理念的决心和诚意。

6月30日 日内瓦裁军谈判会议在万国宫举行全会,中国裁军大使李松到场全程参会,介绍中方对新冠疫情背景下国际政治安全形势和国际军控进程的看法主张。美国裁军大使伍德通过视频连线发言,在新冠疫情问题上恶毒攻击中国政府隐瞒疫情、贻害世界。伍德还对中国核军控政策及军力建设无理指责,妄称中国对世界和平与安全构成主要威胁,并援引《环球时报》主编胡锡进发表的关于中国应将核弹头数量扩充至1000枚的言论，要求中方作出解释。李松大使两次行使答辩权，对美方予以严词驳斥。李松对美国大使在发言中对中国的一系列恶毒攻击和无理指责表示强烈反对、坚决拒绝。李松表示，美方提出所谓"中、美、俄三边军控对话"，完全是其摆脱自身核裁军责任与义务、谋求在欧洲和亚太地区部署战略力量的借口，中方早就表明了坚决反对的态度。李松表示，中国从不回避自身承担的国际责任和义务，愿与各方在裁谈会、五核国机制和联合国其他军控机制积极开展对话合作，共同推进国际军控、裁军和防扩散进程。关于《环球时报》主编发表的言论，李松说，一位报纸主编在个人微博上发表的看法，不能代表中国军控政策，但我们同时坚决反对有人借此对中国的国防现代化建设横加指责。

7月1日　联合国安理会以15票赞成通过关于新冠疫情的第S/RES/2532(2020)号决议。中国对决议草案投赞成票。决议认可联合国秘书长古特雷斯提出的全球停火倡议和人道主义应对计划，要求安理会议程上冲突各方立即停止敌对行动，实现为期90天的停火，确保人道主义援助准入，加强维和人员安全。决议肯定联大关于新冠疫情的A/RES/74/270号决议，强调联合国在全球抗疫中的关键协调作用，重申"以人民为中心"等重要理念，呼吁国际社会团结合作抗击疫情。投票后，中国常驻联合国代表张军大使在回答央视记者的问题时说，安理会达成这份决议，反映了安理会成员和联合国会员国加强联合国及其专门机构作用、团结合作抗击疫情的普遍共识，体现了安理会的行动力、领导力，是安理会成员和联合国的一项重要成果，是多边主义的胜利。同时张军指出，安理会有国家推行单边主义，为全球抗击疫情制造了障碍，这对决议案的推迟通过也有一定影响。张军指出，在此关键时刻，中国坚决站在多边主义一边，站在绝大多数会员国一边，站在公平正义一边。中国呼吁各方践行命运共同体理念，弘扬多边主义，加强团结协作，捍卫《联合国宪章》宗旨和原则，维护以联合国为核心的国际体系，共同建设人类更加美好的明天。

7月10日　联合国教科文组织宣布，该组织执行局批准了15个新的教科文组织世界地质公园设立申请，其中包括中国湖南湘西和甘肃张掖世界地质公园。

7月11日　安理会通过关于叙利亚（人道主义局势）的第S/RES/2533(2020)号决议，中国投了弃权票。

8月10日　联合国贸发会议表示，本年第二季度的数据显示，全球有939个货运港口接收常规航运服务。中国上海在港口间直接运输方面位列本年全球 50 大港口之首。

8 月 24 日　中国驻匈牙利大使段洁龙当选为国际海洋法法庭法官。他将与另外 6 名新当选的法官一道，自 10 月 1 日履新，任期 9 年。

8 月 26 日　中国与联合国近东巴勒斯坦难民救济和工程处签署协议，向该处捐赠一批抗疫援助物资，旨在保护巴勒斯坦难民，提高他们在加沙地带抗击新冠疫情的能力。中国捐助的重要个人防护设备包括医用口罩、消毒手套、眼罩、防护服和面罩。这批物资将提供给工程处下属位于巴勒斯坦（约旦河西岸和加沙地带）、约旦、黎巴嫩、叙利亚境内的医疗机构，并通过工程处发放健康包和个人防护用品，服务和保护巴勒斯坦难民，提高抗击新冠疫情能力。

9 月 3 日　二十国集团外交部长举行视频会议。中国国务委员兼外交部部长王毅在北京出席了视频会议，并就一些国际问题作出了重要发言。王毅认为，如今的世界面临着百年变局和全球疫情相互叠加的危机，单边保护主义正不断抬头，全球化遭遇了难以想象的逆风。面对这些威胁以及挑战，多边主义是全球唯一的选择，二十国集团除了要维护以国际法为基础的国际秩序，加强并推动以联合国为核心的国际体系的逐步完善。对于全球抗疫，王毅表示，各方应该逐步且有序地扩大人员相互往来，彼此开展政策对接并创新合作体制，在便利货物需求旺盛的时期，应该建立一个"绿色通道"来提高货物通关效率，打通货物供应链的限制。王毅还强调，中国正同 11 个国家开展第 3 期临床试验，疫苗如果研制成功了，那么将会优先与其他国家共同分享，落实中国政府此前的有关承诺，将疫苗作为全球公共产品，为实现疫苗能够在广大的发展中国家可及和可担负，中国政府也希望二十国集团其他国家加入到疫苗的研发与推广过程中。

同日　新冠肺炎大流行准备和应对评估独立小组共同主席新西兰前总理海伦·克拉克和利比里亚前总统埃伦·约翰逊·瑟里夫宣布，包括中国著名传染病专家钟南山在内的 11 名来自卫生健康等领域的著名人士将出任该小组的成员。

9 月 15 日　安理会通过关于利比亚局势的第 S/RES/2542（2020）号决议，中国投了弃权票。

9 月 17 日　第 3 届联合国教科文组织创意城市北京峰会开幕。会议将采取线上线下相结合的形式，邀请 16 个国家和地区 30 余位国际组织、城市领导、创新主体和研究机构代表发表演讲。本次峰会还发布了教科文组织的最新电子出版物《教科文组织创新城市应对新冠肺炎》案例集，展示全球创意城市发挥文化和创意力量应对新冠疫情的种种创举。该出版物拥有中、英、法 3 种语言版本,收录了北京、罗马、新加坡、特拉维夫—雅法、蒙特利尔等 44 个国家 90 多个城市提交的 70 个抗疫创新案例,其中也包括武汉的"战疫情、武汉能"主题创意海报。

9 月 18 日　国务院新闻办公室发表《中国军队参加联合国维和行动 30 年》白皮书。白皮书由前言、正文、结束语和附录 4 部分组成,全面回顾中国军队参加联合国维和行动 30 年来的历程、实践和贡献,全面展示中国军队落实习近平主席出席联合国维和峰会时宣布承诺的重要成果,系统阐述中国军队参加联合国维和行动的初心使命和政策主张,深入阐明中国军队为世界和平出征,是服务构建人类命运共同体的坚定力量。30 年来,中国军队先后参加 25 项联合国维和行动,累计派出 4 万余人次执行维和任务。在联合国维和行动中,先后有 16 名中国军人为了人类和平事业献出了宝贵生命。

9 月 21 日　联合国在纽约总部举行成立 75 周年纪念峰会。中国国家主席习近平提出:"面对新形势新挑战,我们必须严肃思考:世界需要一个什么样的联合国? 在后疫情时代,联合国应该如何发挥作用?"习近平提出 4 点建议:一是主持公道。任何国家都没有包揽国际事务、主宰他国命运、垄断发展优势的权力,更不能在世界上我行我素,搞霸权、霸凌、霸道。二是厉行法治。各国关系和利益只能以制度和规则加以协调,不能谁的拳头大就听谁的。三是促进合作。以对话代替冲突,以协商代替胁迫,以共赢代替零和,把本国利益同各国共同利益结合起来,努力扩大各国共同利益汇合点。四是聚焦行动。联合国要以解决问题为出发点,以可视成果为导向,平衡推进安全、发展、人权。习近平表示,中方将始终做多边主义的践行者,积极参与全球治理体系改革和建设,坚定维护以联合国为核心的国际体系,坚定维护以国际法为基础的国际秩序,坚定维护联合国在国际事务中的核心作用。

9 月 22 日　中国国家主席习近平在大会一般性辩论中发表视频讲话指出,在新冠疫情期间,中国积极投身国际抗疫合作,为维护全球公共卫生安全贡献中国力量。中国已有多支疫苗进入第 3 期临床试验,研发完成并投入使用后将作为全球公共产品,优先向发展中国家提供。中国将落实好两年提供 20 亿美元国际援助的承诺,深化农业、减贫、教育、妇女儿童、气候变化等领域国际合作,助力各国经济社会恢复发展。习近平表示,中国将向联合国新冠疫情全球人道主义应对计划再提供 5000 万美元支持;设立规模 5000 万美元的第 3 期中国—联合国粮农组织南南合作信托基金;中国—联合国和平与发展基金将在 2025 年到期后延期 5 年;中国将设立联合国全球地理信息知识与创新中心和可持续发展大数据国际研究中心,为落实联合国《2030年可持续发展议程》提供新助力。习近平在讲话中提出,要树立命运共同体意识和合作共赢理念,坚定不移构建开放型世界经济,树立新发展理念,坚持走多边主义道路,改革完善全球治理体系。宣布中国支持联合国发挥核心作用重大举措。宣布中国二氧化碳排放力争于2030年前达到峰值,努力争取2060年前实现碳中和。

9月30日 生物多样性峰会在纽约联合国总部举行。此次生物多样性峰会由联大召集。各国领导人在线对《全球生物多样性展望》报告的结论进行了审议。中国国家主席习近平在峰会上讲话表示,当前全球物种灭绝速度不断加快,生物多样性丧失和生态系统退化对人类生存和发展构成重大风险。新冠疫情告诉我们,人与自然是命运共同体。我们要同心协力,抓紧行动,在发展中保护,在保护中发展,共建万物和谐的美丽家园。他提出了4点建议:一是坚持生态文明,增强建设美丽世界动力。二是坚持多边主义,凝聚全球环境治理合力。三是保持绿色发展,培育疫后经济高质量复苏活力。四是增强责任心,提升应对环境挑战行动力。他指出,加强生物多样性保护、推进全球环境治理需要各方持续坚忍努力。习近平主席宣示:"中国将秉持人类命运共同体理念,继续作出艰苦卓绝努力,提高国家自主贡献力度,采取更加有力的政策和措施,二氧化碳排放力争于2030年前达到峰值,努力争取2060年前实现碳中和,为实现应对气候变化《巴黎协定》确定的目标作出更大努力和贡献。"最后,习近平欢迎大家2021年聚首春城昆明,共商全球生物多样性保护大计,期待各方达成全面平衡、有力度、可执行的行动框架。

10月1日 联合国举行纪念北京世界妇女大会25周年高级别会议。中国国家主席习近平向大会发表了视频致辞。他表示,妇女是人类文明的开创者、社会进步的推动者,在各行各业书写着不平凡的成就。习近平说,25年来,北京世界妇女大会精神不断催生积极变化。妇女社会地位显著提高,"半边天"作用日益彰显,性别平等和妇女赋权已成为联合国《2030年可持续发展议程》的重要目标。在我们抗击疫情和推动经济社会复苏进程中,尤其要关注妇女特殊需要,落实《北京宣言》和《行动纲领》。他说,中国主张:第一,主张帮助妇女摆脱疫情影响;第二,让性别平等落到实处;第三,推动妇女走在时代前列;第四,加强全球妇女事业合作。习近平主席说,中国支持联合国把妇女工作放在优先位置,在消除暴力、歧视、贫困等老问题上加大投入,在解决性别数字鸿沟等新挑战上有所作为,使妇女目标成为《2030年可持续发展议程》的早期收获。习近平说:"5年前,我倡议召开了全球妇女峰会,提出了一系列全球合作倡议,已经得到全面落实。我们将继续加大对全球妇女事业支持力度。未来 5 年内,中国将再向联合国妇女署提供 1000 万美元捐款。中国将继续设立中国—联合国教科文组织女童和妇女教育奖,支持全球女童和妇女教育事业。中国倡议在 2025 年再次召开全球妇女峰会。"

10 月 24—25 日　由联合国教科文组织与南京市政府等机构共同举办的首届"南京和平论坛"于 10 月 24—25 日举行,本次论坛的主题是"构建全面、多元与持久的和平愿景"。论坛期间,国际组织代表、学术界人士以及青年代表,通过线上线下的方式,深入分析建设持久和平的关键因素。本次论坛在中国南京设置了主会场,在中东、中亚、非洲、欧洲、南美等区域的 5 座城市设置分会场,并相继举行平行论坛,向世界传播中国和平发展理念。教科文组织与南京市政府于本年 9 月 21 日"国际和平日"签署了谅解备忘录,推进紧密合作。教科文组织和南京市政府共同发起了南京和平论坛活动,该论坛将于 2020—2022 年每年举办 1 届。

11 月 10 日　上海合作组织轮值主席国俄罗斯总统普京主持召开上海合作组织成员国元首理事会第 20 次会议。中国国家主席习近平在北京以视频方式出席上海合作组织成员国元首理事会第 20 次会议并发表题为《弘扬"上海精神"　深化团结协作　构建更加紧密的命运共同体》的重要讲话。习近平强调,上海合作组织要弘扬"上海精神",加强抗疫合作、维护安全稳定、深化务实合作、促进民心相通,携手构建卫生健康共同体、安全共同体、发展共同体、人文共同体,为推动构建人类命运共同体作出更多实践探索。

11 月 12 日　经过历时两天的两轮投票,国际法院在当天完成了三年一度的法官改选。中国女法官薛捍勤与日、德、斯洛伐克和乌干达 4 国法官从总共 8 名候选人中脱颖而出,将从 2021 年 2 月 6 日起开始新的任期。法院共由 15 名法官主持,每位法官任期 9 年,可以重复当选。法官不代表所在国家,仅以个人身份参与工作。

11 月 14 日　第 15 届东亚峰会召开。会议由越南总理阮春福主持会议,以视频形式举行。中国国务院总理李克强出席峰会。李克强指出,东亚峰会成立 15 年来始终坚持东盟中心地位,坚持不干涉内政、协商一致、照顾各方舒适度等基本原则,平衡推进政治安全合作与经济社会发展。面对新形势,东亚峰会要在应对危机、促进合作方面发挥积极作用。李克强提出了 3 点建议:一是团结抗击疫情,提升公共卫生能力;二是加强政策协调,形成经济复苏合力;三是开展务实合作,增强可持续发展能力。

11 月 16 日 第 75 届联合国大会全会例行审议联合国安理会改革问题。中国常驻联合国代表张军在会议上表示,中方支持安理会与时俱进、革故鼎新,进行合理、必要改革,确保改革成果为人人共享。如何实现人人共享的改革,关键要把握正确方向。张军强调,改革要体现公平。发展中国家群体性崛起是当今国际格局最重要的特征。安理会组成南北失衡、发达国家代表性过剩是催生这一轮安改进程的重要动因。改革要实现公平,唯一的正确方向就是提高发展中国家特别是非洲国家在安理会的代表性和发言权,纠正非洲国家遭受的历史不公。张军指出,改革要坚持平等。各国不论大小、强弱、贫富都应从改革中受益,能够更多参与安理会。改革的优先方向就是要增加中小国家进入安理会并参与决策的机会。安改决不能以牺牲他们的机会平等为代价,仅仅满足个别国家的私利。改革要基于共识。只有建立在共识基础上的改革方案,才能确保改革的合法性和安理会的权威性,才能确保改革成果经得起时间和历史的检验。

11 月 21—22 日 2020 年二十国集团领导人第 15 次峰会在沙特首都利雅得举行,这也将是 G20 峰会首次在阿拉伯国家举行,受疫情影响,G20峰会以视频的形式召开。中国国家主席习近平在北京以视频方式出席。习近平在北京出席了这次峰会第 1 阶段会议、第 2 阶段会议以及二十国集团领导人利雅得峰会"守护地球"主题边会。在此次 G20 峰会上,习近平主席发表题为《勠力战疫 共创未来》的重要讲话,就 G20 进一步发力提出了4 点意见:一是构筑全球抗疫防火墙;二是畅通世界经济运行脉络;三是发挥数字经济的推动作用;四是实现更加包容的发展。

12 月 12 日 中国国家主席习近平以视频方式出席纪念《巴黎协定》达成 5 周年气候雄心峰会,并发表重要讲话。习近平主席在讲话中对未来全球气候治理提出了"团结一心,开创合作共赢的气候治理新局面""提振雄心,形成各尽所能的气候治理新体系"和"增强信心,坚持绿色复苏的气候治理新思路"等 3 点倡议。习近平主席在讲话中还宣布提高中国国家自主贡献的 4 项新举措,包括到 2030 年,中国单位国内生产总值二氧化碳排放将比 2005 年下降 65% 以上,非化石能源占一次能源消费比重将达到 25%左右,森林蓄积量将比 2005 年增加 60 亿立方米,风电、太阳能发电总装机容量将达到 12 亿千瓦以上。这是继 9 月 22 日习近平主席在第 75 届联大一般性辩论中宣示中国碳排放达峰目标和碳中和愿景后,又一次重大的气候政策宣示,擘画了中国实现碳排放达峰目标的具体路线图,展现了中国应对气候变化的坚定决心和重信守诺的责任担当。中国是推动全球气候治理的行动派和实干家。

12 月 31 日 新年前夕,中国国家主席习近平通过中央广播电视总台和互联网发表了 2021 年新年贺词。他回望了过去的一年中国所创造的成就,并对新的一年做出了期许。他说过去的一年"无数人以生命赴使命、用挚爱护苍生";他也说"平凡铸就伟大,英雄来自人民",过去的一年"每个人都了不起!"

二○二一年

1 月 25 日 中国国家主席习近平出席世界经济论坛"达沃斯议程"对话会并发表特别致辞,提出我们要解决好这个时代面临的 4 大课题:加强宏观经济政策协调,共同推动世界经济强劲、可持续、平衡、包容增长;摒弃意识形态偏见,共同走和平共处、互利共赢之路;克服发达国家和发展中国家发展鸿沟,共同推动各国发展繁荣;携手应对全球性挑战,共同缔造人类美好未来。解决问题的出路是维护和践行多边主义,推动构建人类命运共同体。

2 月 25 日 中国召开全国脱贫攻坚总结表彰大会。中国国家主席习近平宣告,我国脱贫攻坚战取得了全面胜利,现行标准下 9899 万农村贫困人口全部脱贫,832 个贫困县全部摘帽,12.8 万个贫困村全部出列,区域性整体贫困得到解决,完成了消除绝对贫困的艰巨任务。习近平讲话指出,脱贫攻坚伟大斗争,锻造形成了上下同心、尽锐出战、精准务实、开拓创新、攻坚克难、不负人民的脱贫攻坚精神。我们走出了一条中国特色减贫道路,形成了中国特色反贫困理论。习近平指出,脱贫摘帽不是终点,而是新生活、新奋斗的起点。解决发展不平衡不充分问题、缩小城乡区域发展差距、实现人的全面发展和全体人民共同富裕仍然任重道远。要切实做好巩固拓展脱贫攻坚成果同乡村振兴有效衔接各项工作,让脱贫基础更加稳固、成效更可持续。

3 月 30 日 世界卫生组织在日内瓦正式发布中国—世卫组织新冠病毒溯源联合研究报告。1 月 14 日—2 月 10 日,17 名中方专家和 17 名外方专家组成联合专家组,分为流行病学、分子溯源、动物与环境 3 个小组,在武汉开展了为期 28 天的全球溯源研究中国部分工作,并在此基础上撰写了研究报告。联合专家组评估了关于病毒引入人类的 4 个路径,认为新冠病毒"比较可能至非常可能"经中间宿主传人,"可能至比较可能"直接传人,"可能"通过冷链食品传人,"极不可能"通过实验室传人。

4 月 22 日 习近平出席领导人气候峰会并发表讲话,阐述构建人与自然生命共同体理念,强调要坚持人与自然和谐共生,坚持绿色发展,坚持系统治理,坚持以人为本,坚持多边主义,坚持共同但有区别的责任原则。

5月6日 中国国家主席习近平当日晚同联合国秘书长古特雷斯通电话。习近平说,2021年是中国共产党成立100周年,中国脱贫攻坚取得了全面胜利,全面建设小康社会取得重大战略性成果,开启了全面建设社会主义现代化国家新征程。习近平说,2021年是新中国恢复在联合国合法席位50周年,中国将举行隆重的纪念活动。中国愿同联合国加强合作,继续推动落实《2030年可持续发展议程》。古特雷斯祝贺中国共产党迎来百年华诞、新中国恢复在联合国合法席位50周年,他表示,联合国高度赞赏中国在摆脱贫困方面取得的伟大成就,高度赞赏中国坚定支持多边主义,坚定支持联合国工作,赞赏中国为应对全球气候变化宣布的国家自主贡献目标和重大举措,感谢中国为国际抗疫合作特别是为实现新冠肺炎疫苗在发展中国家公平分配和推动世界经济复苏增长做出的重要贡献。他表示完全赞同各国应基于《联合国宪章》和国际法,奉行真正的多边主义。中国对国际多边体系至关重要。联合国期待在世界和平与安全、生物多样性保护、应对气候变化、帮助发展中国家实现可持续发展等方面同中国开展更加紧密的合作,把联合国同中国的关系推向新的高度。

5月21日 中国国家主席习近平出席全球健康峰会并发表讲话,就提高应对重大突发公共卫生事件能力和水平,提出5点意见:坚持人民至上、生命至上;坚持科学施策,统筹系统应对;坚持同舟共济,倡导团结合作;坚持公平合理,弥合"免疫鸿沟";坚持标本兼治,完善治理体系。习近平强调要坚定不移推进抗疫国际合作,共同推动构建人类卫生健康共同体,共同守护人类健康美好未来。

6月16日 中国国家原子能机构向国际原子能机构表示,近期,台山核电站一号机组出现少量燃料棒破损,导致该机组反应堆一回路冷却剂的放射性水平增高。中国国家原子能机构表示,这种情况在核电机组运行过程中属于常见现象,目前正根据相关运行标准和程序进行处理。中国国家原子能机构同时告知国际原子能机构,目前,作为放射性包容屏障的反应堆冷却剂系统压力边界,以及安全壳密封性均满足要求。对核电站周边环境辐射水平的持续监测也确认,并未发生放射性泄漏,并无环境受到放射性污染的担忧。国际原子能机构表示,将继续与中国国家原子能机构保持沟通。

7月1日 庆祝中国共产党成立100周年大会在北京天安门广场隆重举行,各界代表7万余人以盛大仪式欢庆中国共产党百年华诞。中共中央总书记、国家主席、中央军委主席习近平发表重要讲话。他强调,过去100

年,中国共产党向人民、向历史交出了一份优异的答卷。现在,中国共产党团结带领中国人民又踏上了实现第二个百年奋斗目标新的赶考之路。中国共产党立志于中华民族千秋伟业,百年恰是风华正茂。回首过去,展望未来,有中国共产党的坚强领导,有全国各族人民的紧密团结,全面建成社会主义现代化强国的目标一定能够实现,中华民族伟大复兴的中国梦一定能够实现。习近平代表党和人民庄严宣告,经过全党全国各族人民持续奋斗,我们实现了第一个百年奋斗目标,在中华大地上全面建成了小康社会,历史性地解决了绝对贫困问题,正在意气风发向着全面建成社会主义现代化强国的第二个百年奋斗目标迈进。这是中华民族的伟大光荣,这是中国人民的伟大光荣,这是中国共产党的伟大光荣。历史川流不息,精神代代相传。习近平的重要讲话,必将极大地鼓舞着中国人民继续在全面建设社会主义现代化国家新征程上开拓前进,增强对实现中华民族伟大复兴的信心,锲而不舍向第二个百年奋斗目标胜利进军,在顺应世界大势中书写中华民族千秋伟业。习近平在庆祝中国共产党成立100周年大会上的重要讲话引发热烈反响。世界多国政党、政府领导人等热烈祝贺中国共产党成立100周年,多国人士高度评价习近平在庆祝中国共产党成立100周年大会上的重要讲话。

7月25日　16—31日,第44届世界遗产大会在福建省福州市举办。在25日大会上,"泉州:宋元中国的世界海洋商贸中心"顺利通过审议,被联合国教科文组织正式列入《世界遗产名录》,成为中国第56个世界遗产。

9月21日　中国国家主席习近平在北京以视频方式出席第76届联合国大会一般性辩论并发表题为《坚定信心　共克时艰　共建更加美好的世界》的重要讲话。习近平指出,2021年是中国共产党成立100周年,也是中华人民共和国恢复在联合国合法席位50周年,中国将隆重庆祝这一历史性事件。我们将继续积极推动中国同联合国合作迈向新台阶,为联合国崇高事业不断作出新的更大贡献。习近平强调,当前,疫情仍在全球肆虐,人类社会已被深刻改变。世界进入新的动荡变革期。每一个负责任的政治家都必须以信心、勇气、担当,回答时代课题,作出历史抉择。第一,我们必须战胜疫情,赢得这场事关人类前途命运的重大斗争。第二,我们必须复苏经济,推动实现更加强劲、绿色、健康的全球发展,共同推动全球发展迈向平衡协调包容新阶段。第三,我们必须加强团结,践行相互尊重、合作共赢的国际关系理念。第四,我们必须完善全球治理,践行真正的多边主义。

10月11—15日　在2020年9月30日联合国生物多样性峰会和11月22日G20峰会上,中国国家主席习近平两次发出"春城之邀",请全球代表聚首中国昆明,共商生物多样性保护大计。联合国《生物多样性公约》第15次缔约方大会(COP15)于2021年10月11—15日和2022年上半年分两阶段在昆明召开。第1阶段会议以线上线下结合的方式召开,第2阶段将以线下会议方式召开。10月11—15日,在昆明举行第1阶段会议。此次大会主题是"生态文明:共建地球生命共同体",这是联合国《生物多样性公约》缔约方大会首次将"生态文明"作为大会主题。来自140多个缔约方及30多个国际机构和组织的共计5000余位代表,通过线上线下结合方式参会,共同开启全球生物多样性治理新进程。

10月12—13日 大会举办高级别会议,包括领导人峰会及部长级会议,多位国家及国际组织领导人出席峰会并致辞。12日,联合国秘书长古特雷斯在领导人峰会上发表视频致辞时说,全球生态系统崩溃将重创发展中国家,正在昆明举行的《生物多样性公约》第15次缔约方大会是人类与自然"停战"契机。古特雷斯在致辞时警告,人类持续两个世纪的破坏自然的活动造成了生物圈灾难。当前物种灭绝速度是过去1000万年平均水平的数十倍到数百倍,而且还在加速,其中许多物种灭绝将在几十年内发生。古特雷斯在会上指出,超过100万个物种正面临灭绝的风险,他呼吁各国共同努力,确保为人类和地球实现可持续的未来。古特雷斯还就推动昆明第2阶段大会制定《2020年后全球生物多样性框架》提出5方面的建议。① 最后,古特雷斯对中国召集和举办昆明大会推动"2020年后全球生物多样性框架"相关工作表示感谢。他说,这个框架应与应对气候变化《巴黎协定》以及其他有关森林保育、荒漠化治理以及海洋保护方面的多边协议形成合力,推动人和自然的关系重回正轨。这次大会应与即将在英国举办的《联合国气候变化框架公约》第26次缔约方大会一道,为人类与自然间的"永久和平协议"奠定基础。13日下午,会议通过了《昆明宣言》。这是联合国多边环境协定框架下首个体现生态文明理念的政治文件。《昆明宣言》是此次大会的主要成果。宣言承诺,确保制定、通过和实施一个有效的"2020年后全球生物多样性框架",以扭转当前生物多样性丧失,并确保最迟在2030年使生物多样性走上恢复之路,进而全面实现"人与自然和谐共生"的2050年愿景。COP15主席、中国生态环境部部长黄润秋对《昆明宣言》评价说,《昆明宣言》是一个政治性宣言,主要目的是集中反映各方政治意愿。

---

① 古特雷斯就框架制定提出以下5方面建议:支持全球所有人享有健康环境的合法权利;支持旨在解决生物多样性丧失问题的国家政策和计划;推动国家和全球层面核算体系转型,体现经济活动对自然和气候等的真正影响;对发展中国家提供一揽子支持,包括财政资源和技术转让;终止对农业等领域的不合理补贴,将相关资金转投生态环境修复领域。

宣言将释放出强有力的信号,向世界展现我们解决生物多样性丧失问题的决心,并展示出我们将在相关问题上采取更有力的行动。

10月14—15日　大会举行生态文明论坛,也是大会唯一一场现场举办的平行活动,国内外嘉宾围绕主题进行讨论。联合国《生物多样性公约》第15届缔约方大会(第2阶段)将于2022年4月25日—5月8日在中国昆明举办。该阶段将通过重新定义人类与自然环境关系的框架——《2020年后全球生物多样性框架》,这标志着全球生物多样性的一个重要时刻。它将包括到2030年要实现的21个目标和10个里程碑。

10月14—16日　第2届联合国全球可持续交通大会在中国北京举办。本届大会的主题是"可持续的交通,可持续的发展",采用线上线下相结合的方式举办。10月14日晚,中国国家主席习近平以视频方式出席第2届联合国全球可持续交通大会开幕式并发表题为《与世界相交　与时代相通　在可持续发展道路上阔步前行》的主旨讲话。习近平指出,交通是经济的脉络和文明的纽带。当前,百年变局和世纪疫情叠加,给世界经济发展和民生改善带来严重挑战。我们要顺应世界发展大势,推进全球交通合作,书写基础设施联通、贸易投资畅通、文明交融沟通的新篇章。第一,坚持开放联动,推进互联互通。第二,坚持共同发展,促进公平普惠。第三,坚持创新驱动,增强发展动能。第四,坚持生态优先,实现绿色低碳。第五,坚持多边主义,完善全球治理。习近平宣布,中方将建立中国国际可持续交通创新和知识中心,为全球交通发展贡献力量。

10月25日　中华人民共和国恢复联合国合法席位50周年纪念会议在北京人民大会堂隆重举行。国家主席习近平出席纪念会议并发表了重要讲话。习近平指出,50年前的今天,第26届联合国大会以压倒性多数通过第2758号决议,决定恢复中华人民共和国在联合国的一切权利,承认中华人民共和国政府代表是中国在联合国的唯一合法代表。这是世界上一切爱好和平和主持正义的国家共同努力的结果,标志着占世界人口1/4的中国人民从此重新走上联合国舞台。这对中国、对世界都具有重大而深远的意义。习近平强调,新中国恢复在联合国合法席位以来的50年,是中国和平发展、造福人类的50年。中国将坚持走和平发展之路,始终做世界和平的建设者;坚持走改革开放之路,始终做全球发展的贡献者;坚持走多边主义之路,始终做国际秩序的维护者。中国愿同各国秉持共商共建共享理念,弘扬全人类共同价值,践行真正的多边主义,站在历史正确的一边,站在人类进步的一边,为实现世界永续和平发展、为推动构建人类命运共同体而不懈奋斗。联合国秘书长古特雷斯向会议发表的致辞表示,中国恢复联合国合法席位 50 年来,为联合国作出日益重要贡献,是联合国的可靠伙伴和国际合作的中流砥柱。感谢中国为实现联合国 2030 年可持续发展目标、消除贫困、能源绿色低碳发展发挥重要作用。联合国将为落实全球发展倡议提供支持。呼吁国际社会支持多边主义,强化多边体系,团结应对全球性挑战。强调联合国将继续做中国的坚定伙伴,共同构建更加公正和可持续的未来。

11 月 10 日 中美两国在格拉斯哥发布《中美关于在 21 世纪 20 年代强化气候行动的格拉斯哥联合宣言》。双方承诺继续共同努力,并与各方一道,加强《巴黎协定》的实施。在共同但有区别的责任和各自能力原则、考虑各国国情的基础上,采取强化的气候行动,有效应对气候危机。双方同意建立"21 世纪 20 年代强化气候行动工作组",推动两国气候变化合作和多边进程。对此,中国代表解振华在大会上表示,中国已经提前实现了先前承诺的 2020 年要实现的目标,为 2030 年前实现碳达峰、2060 年前实现碳中和奠定了良好的基础。为此,中国不仅提出了目标,还发布了具有可操作性的指导意见,为相关部门和地方政府制定了清晰的时间表和路线图,"既是顶层设计,又很具体"。

同日 中国国家主席习近平夫人、联合国教科文组织促进女童和妇女教育特使彭丽媛接受联合国教科文组织《信使》①杂志特刊书面专访。彭丽媛表示,消除贫困和实现性别平等是全人类的共同理想,更是全世界女性的共同企盼。经过不懈努力,中国实现了消除绝对贫困的目标,教育减贫是其中十分重要的措施。我们应该更加坚定推动女童和妇女教育的决心,努力让更多女性接受良好教育,为实现联合国 2030 年可持续发展目标贡献力量。当前,新冠疫情仍在全球蔓延,不让一个女童因疫情掉队,是我们的共同心愿。我们要团结合作、加大投入、探索创新,共同应对挑战。彭丽媛表示,教科文组织发起"教育的未来"倡议很有意义。未来的教育可以着重帮助人们提高人与自然和谐共生的能力,与不同国家、不同文化背景的人和谐相处的能力,以及学习创新和运用新科技的能力,相信未来的世界将因教育而更加精彩。女性是推动人类文明发展、共创人类美好未来的重要力量,希望各国政府以及越来越多的国际组织、民间机构、热心人士积极行动起来,通过教育为女性赋能,推动女童和妇女教育取得更大发展,为推动构建人类命运共同体注入源源动力。

11 月 16 日 中国国家主席习近平同美国总统拜登举行视频会晤。会

---

① 《信使》杂志是联合国教科文组织创办的旗舰刊物。2022 年是联合国教科文组织成立 75 周年,《信使》杂志出版特刊,旨在聚焦当今世界教育面临的主要挑战并提出因应方略。

晤持续将近 4 个小时,双方围绕中美关系战略性、全域性、根本性问题,各自发展议程与内外政策,以及共同关心的国际地区问题等广泛交换了意见。会晤期间,习近平主席阐明新时期中美正确的相处之道,两国元首就中美关系重要性、反对打"新冷战"等达成重要原则共识。会晤增进了双方相互了解,增加了国际社会对中美关系的正面预期,向中美两国和世界发出了强有力信号。这是中美关系史上两国元首首次视频会晤,是拜登上台以来首次与习近平主席面对面会晤,更是中美关系和国际关系中的一件大事。在当前形势下,两国元首把舵引航对中美关系发展至关重要。这次会晤为今后一个时期中美关系发展指明了方向、注入了动力,也再次证明,合作是中美两国唯一的选择,别无他途。

11 月 21 日　中国外交部发表声明指出,18 日立陶宛不顾中方严正抗议和反复交涉,允许台湾当局设立"驻立陶宛台湾代表处",是公然在国际上制造"一中一台",背弃立方在两国建交公报中所作政治承诺,损害中国主权和领土完整,粗暴干涉中国内政。中方对此表示强烈不满和严正抗议,决定将中立两国外交关系降为代办级。中立两国关系严重恶化。世界上只有一个中国,中华人民共和国政府是代表全中国的唯一合法政府。立陶宛"一中一台"的做法严重干涉中国内政,严重侵犯中国的核心利益。从中立两国关系的变化来看,任何拿台湾问题挑衅中国的国家都将受到反制,为自己错误的对华政策付出代价。

12 月 6 日　第 76 届联合国大会通过关于"不首先在外空部署武器"的第 A/RES/76/23 号决议,决议序言段强调应达成防止外空军备竞赛条约,努力构建人类命运共同体。这是联大决议连续第 5 年写入人类命运共同体理念。

12 月 8 日　中国外交部发言人汪文斌在主持的例行记者会上答记者问时说,12 月 6 日,第 76 届联合国大会全会高票通过联大一委提交的"不首先在外空部署武器"决议,决议序言段强调应达成防止外空军备竞赛条约,努力构建人类命运共同体。这是联大决议连续第 5 年写入人类命运共同体理念,充分表明人类命运共同体理念深入人心,同国际社会维护外空共同安全的美好愿望完全契合。汪文斌指出,令人遗憾的是,美国等个别国家一方面声称各国命运与共,无意挑动新冷战,另一方面罔顾国际社会共同呼声,刻意破坏团结、挑动对抗,竭力抹黑和歪曲人类命运共同体理念。事实充分证明,美方这种不负责任、双重标准的霸凌行径,必然会受到联合国广大成员国的坚决反对。

12 月 31 日　习近平发表 2022 年新年贺词:让我们一起向未来! 贺词

指出:"回首这一年,意义非凡。我们亲历了党和国家历史上具有里程碑意义的大事。'两个一百年'奋斗目标历史交汇,我们开启了全面建设社会主义现代化国家新征程,正昂首阔步行进在实现中华民族伟大复兴的道路上。"贺词说:"从年头到年尾,农田、企业、社区、学校、医院、军营、科研院所……大家忙了一整年,付出了,奉献了,也收获了。在飞逝的时光里,我们看到的、感悟到的中国,是一个坚韧不拔、欣欣向荣的中国。这里有可亲可敬的人民,有日新月异的发展,有赓续传承的事业。"习近平在贺词的最后祝福说:"新年的钟声即将敲响……大家辛苦了,我向大家致以诚挚的新年问候! 让我们一起向未来! 祝福国泰民安!"

重要的历史文献

《国际联盟盟约》

（1919 年 6 月 28 日列入《凡尔赛条约》第一部）

缔约各国，为增进国际间合作并保持其和平与安全起见，特允承受不从事战争之义务，

维持各国间公开、公正、荣誉之邦交，

严格遵守国际公法之规定，以为今后各国政府间行为之规范，

在有组织之民族间彼此关系中维持正义并恪遵条约上之一切义务，[①]

议定《国际联盟盟约》如下：

第一条

（一）国际联盟之创始会员国应以本盟约附件内所列之各签字国及附件内所列愿意毫无保留加入本盟约之各国为限，此项加入应在本盟约实施后两个月内备声明书交存秘书处并应通知联盟中之其他会员国。

（二）凡一切国家、领地或殖民地为附款中所未列者，[②]如经大会三分之二之同意得加入为国际联盟会员，惟须确切保证有笃守国际义务之诚意并须承认联盟所规定关于其海、陆、空实力暨军备之章程。

（三）凡联盟会员国，经两年前预先通告后，得退出联盟，但须于退出之时将其所有国际义务，及为本盟约所负之一切义务履行完竣。

第二条

联盟按照本盟约所规定之行动应经由一大会一行政院执行之，并以一

---

① 这个序言主要是由威尔逊总统提出来的。日本曾经建议在序言中增加一项条款，宣布国联会员国接受民族平等的原则。

② 英文原文采用的是 any fully self—governing State, Dominion or Colony。有理由认为，Dominion 这个词在威尔逊心中有"自治""具有民主制度"的意思。安齐洛蒂（Anzilotti）法官在但泽自由市和国际劳工组织案件中的意见也说明在国际法领域，该词的确有"能自由做出决定，不受他人命令而被迫采取行动"的意味。但大会没有、不可能以具有一部民主宪法作为入会的条件之一，也从没有建议过由于任何一个会员国的民主制度为某种形式的专制统治所剥夺而把这个国家驱逐出去。所以，这里忠于国际条约集，用"国家""领地"。

常设秘书处予以助理。

第三条

（一）大会由联盟会员国之代表组织之。

（二）大会应按照所定时期或随时遇事机所需,在联盟所在地或其他择定之地点开会。

（三）大会开会时处理属于联盟行动范围以内或关系世界和平之任何事件。

（四）大会开会时联盟每一会员国只有一投票权且其代表不得逾三人。

第四条

（一）行政院由主要协约及参战各国之代表①与联盟其他四会员国之代表②组织之。此联盟四会员国由大会随时斟酌选定。在大会第一次选定四会员国代表以前,比利时、巴西、西班牙、希腊之代表应为行政院理事。

（二甲）行政院经大会多数核准,得指定联盟之其他会员国,其代表应为行政院常任理事。行政院经同样之核准,得增加大会所欲选举为行政院理事之名额。

（二乙）大会应以三分之二之多数决定关于选举行政院非常任理事之规则,特别是决定关于非常任理事任期及被选连任条件之各项规章。③

（三）行政院应随时按时机所需并至少每年一次在联盟所在地或其他择定之地点开会。

（四）行政院开会时得处理属于联盟行动范围以内或关系世界和平之任何事件。

（五）凡联盟会员未列席于行政院者,遇该院考量事件与之有特别关系时,应请其派一代表,列席该院。

（六）行政院开会时联盟每一会员列席于行政院者只有一投票权,并只有代表一人。

----

① 原先是"行政院由美国、英国、法国、意大利和日本代表组成",后来意大利代表团愤怒地退出和会,且不知其是否会签署和约,因而在最后时刻用"协约及参战各国"来代替。但这种措辞,在德国眼中简单明了的就是战胜国代名词,盟约的性质也因此而定。

② 在行政院中加入另外4个理事国是多番争论的结果。塞西尔和史末资都赞成行政院只有大国,但盟约起草委员会中以海门斯为首的效果代表激烈抵抗,说这样组成的行政院将不过是1815年神圣同盟的重复。中立国也希望增加小国的名额。

③ 此条款为1921年10月5日修改议定书所增加,1926年7月29日生效。目的是要保证大会能够控制选举行政院非常任理事国的一切问题。如果不增加这一款,从法律上说将不可能制定一条防止一些国家一再连任的规则。

第五条

(一)除本盟约或本条约另有明确规定者外,凡大会或行政院开会时之决议应得联盟出席于会议之会员国全体同意。

(二)关于大会或行政院之程序问题,连指派审查特别事件之委员会在内,均由大会或行政院予以规定并由联盟出席于会议之会员国多数决定。

(三)大会第一次会议及行政院第一次会议均应由美国总统召集。

第六条

(一)常设秘书处设于联盟所在地。秘书处设秘书长一人暨应需之秘书及职员。

(二)第一任秘书长以附件所载之人员充之。嗣后,秘书长应由行政院得大会多数之核准委任之。

(三)秘书长之秘书及职员由秘书长得行政院之核准委任之。

(四)联盟之秘书长当然为大会及行政院之秘书长。

(五)联盟经费应由联盟会员国依照大会决定之比例分担之。①

第七条

(一)以日内瓦为联盟所在地。

(二)行政院可随时决定将联盟所在地改移他处。

(三)凡联盟或其所属各部门之一切职位,包括秘书处在内,无分男女,均得充任。

(四)联盟会员国之代表及其办事人员当服务联盟时应享有外交特权及豁免。

(五)联盟或其人员或出席会议代表所占之房屋及他项产业均不得侵犯。

第八条

(一)联盟会员国承认为维持和平起见,必须缩减各本国军备至适足保卫国家安全及共同履行国际义务的最少限度。

(二)行政院,应在估计每一国家之地理形势及其特别状况下,准备此项减缩军备之计划,以便由各国政府予以考虑及修正一次。

(三)此项计划至少每十年须重新考虑及修正一次。

(四)此项计划经各国政府采用后,所定军备之限制非得行政院同意,不得超过。

---

① 本条为1921年10月5日议定书所修改,1924年8月13日生效。原文:秘书处经费应照国际邮政联合会国际事务局经费分配之比例,由联盟会员国分担之。

（五）因私人制造军火及战争器材引起重大之异议，联盟会员国责成行政院筹适当办法，以免流弊，惟应兼顾联盟会员国有未能制造必需之军火及战争器材以保持安全者。

（六）联盟会员国担任将其国内关于军备之程度，陆、海、空之计划，以及可为战争服务之工业情形互换最坦白、最完整之情报。

第九条

关于第一、第八两条各规定之实施及大概关于陆、海、空各问题应设一常设委员会，俾向行政院陈述意见。

第十条

联盟会员国担任尊重并保持所有联盟各会员国之领土完整及现有之政治上独立，以防御外来之侵犯。如遇此种侵犯或有此种侵犯之任何威胁或危险之虞时，行政院应筹履行此项义务之方法。

第十一条

（一）兹特声明，凡任何战争或战争之威胁，不论其直接影响联盟任何一会员国与否，皆为有关联盟全体之事。联盟应采取适当有效之措施以保持各国间之和平。如遇此等情事，秘书长应依联盟任何会员国之请求，立即召集行政员会议。

（二）又声明，凡影响国际关系之任何情势，足以扰乱国际和平或危及国际和平所依之良好谅解者，联盟任何会员国有权以友谊名义，提请大会或行政院注意。

第十二条①

（一）联盟会员国约定，倘若联盟会员国间发生争议，势将决裂者，当将此事提交仲裁或依司法解决，或交行政院审查。联盟会员国并约定无论如何，非俟仲裁员裁决或法庭判决或行政院报告三个月届满以前，不得从事战争。

（二）本条内无论何案仲裁员之裁决或法庭之判决应于适当期间宣告，而行政院之报告应自受理争议之日起六个月内作成。

第十三条②

（一）联盟会员国约定，无论何时联盟会员国间发生争议认为适于仲裁

---

① 1921年10月5日修改议定书在第（一）款中增加"或依司法解决"，在第（二）款中增加"或法庭之判决"，1924年9月26日生效。

② 1921年10月5日修改议定书在（一）、（二）款中加入"或司法解决"，另修改第（三）款，1924年9月26日生效。1919年第（三）款原文：受理此项争议之仲裁法庭应为当事各方所同意或其现行条约所规定之法庭。

或司法解决,而不能在外交上圆满解决者,将该问题完全提交仲裁或司法解决。

(二)兹声明,凡争议有关条约之解释或国际法中任何问题或因某项事实之实际,如其成立,足以破坏国际义务,并由于此种破坏应议补偿之范围及性质者,概应认为在适于提交仲裁或司法解决之列。

(三)为讨论此项争议起见,受理此项争议之法庭应为按照第十四条所设立之国际常设法院或为当事各方所同意或照各方间现行条约所规定之任何法庭。

(四)联盟会员国约定彼此以完全诚意执行所宣告之裁决或判决,并对于遵行裁决或判决之联盟任何会员国,不得进行战争。设有未能实行此项裁决或判决者,行政院应拟办法使生效力。

第十四条

行政院应筹拟设立国际常设法院之计划并交联盟各会员国采用。凡各方提出属于国际性质之争议,该法院有权审理并判决之。凡有争议或问题经行政院或大会有所咨询,该法院亦可发表意见。

第十五条

(一)联盟会员国约定,如联盟会员国间发生足以决裂之争议而未照第十三条提交仲裁或司法解决者,①应将该案提交行政院。为此目的,各方中任何一方可将争议通知秘书长,秘书长应采取一切措施,以便详细调查及研究。

(二)争执各方应以案情之说明书连同相关之事实及证件从速送交秘书长。行政院可将此项案卷立即公布。

(三)行政院应尽力使此项争议得以解决。如其有效,须将关于该争议之事实与解释并此项解决之条文酌量公布。

(四)倘争议不能如此解决,则行政院经全体或多数之表决,应缮发报告书,说明争议之事实及行政院所认为公允适当之建议。

(五)联盟任何会员列席于行政院者亦得将争议之事实及其自国之决议以说明书公布之。

(六)如行政院报告书除争执之一方或一方以上之代表外,该院理事一致赞成,则联盟会员国约定彼此不得向遵从报告书建议之任何一方从事战争。

---

① 1921年10月5日修改议定书在第(一)款中增加"或依司法解决",1924年9月26日生效。

（七）如行政院除争执之一方或一方以上之代表外,不能使该院理事一致赞成其报告书,则联盟会员国保留权利施行认为维持正义或公道所必需之行动。

（八）如争执各方任何一方对于争议自行声明并为行政院所承认,按诸国际法纯属该方国内管辖之事件,即行政院应据情报告,而不作解决该争议之建议。

（九）对于本条所规定之任何案件,行政院得将争议移送大会。经争执之一方请求,大会亦应受理;惟此项请求应于争议送交行政院后十四日内提出。

（十）对于提交大会之任何案件,所有本条及第十二条之规定关于行政院之行为及职权,大会亦适用之。大会之报告书除争执各方之代表外,如经联盟出席于行政院会员国之代表并联盟其他会员国多数核准,应与行政院之报告书除争执之一方或一方以上之代表外经该院理事全体核准者同其效力。

第十六条

（一）联盟会员国如有不顾本盟约第十二条、第十三条或第十五条所定之规约而从事战争者,则据此事实应即视为对于所有联盟其他会员国有战争行为。其他各会员国担任立即与之断绝各种商业上或财政上之关系,禁止其人民与破坏盟约国人民之各种往来并阻止其他任何国,不论为联盟会员国或非联盟会员国之人民与该国之人民财政上、商业上或个人之往来。

（二）遇此情形行政院应负向关系各政府建议之责,裨联盟各会员国各出陆、海、空之实力组成军队,以维护联盟盟约之实行。

（三）又联盟会员国约定当按照本条适用财政上及经济上应采之办法时,彼此互相扶助,使因此所致之损失与困难减至最少限度。如破坏盟约国对于联盟中之一会员国实行任何特殊措施,亦应互相扶助以抵制之。对于协同维护联盟盟约之联盟任何会员国之军队,应采取必要步骤给予假道之便利。

（四）联盟任何会员国违反联盟盟约内之一项者,经出席行政院之所有联盟其他会员国之代表投票表决,即可宣告令其出会。

第十七条

（一）若一联盟会员国与一非联盟会员国或两国均非联盟会员遇有争议,应邀请非联盟会员之一国或数国承受联盟会员国之义务,俾按照行政院所认为正当之条件,以解决争议。此项邀请如经承受,则第十二条至第十六条之规定,除行政院认为有必要之变更外,应适用之。

（二）前项邀请发出后，行政院应即调查争议之情形并建议其所认为最适当与最有效之办法。

（三）如被邀请之一国拒绝承受联盟会员国之义务以解决争议而向联盟一会员从事战争，则对于采取此行动之国即可适用于第十六条之规定。

（四）如争执之双方被邀请后均拒绝承受联盟会员国之义务以解决争议，则行政院可筹一切办法并提各种建议以防止战事，解除纷争。

第十八条

嗣后联盟任何会员国所定条约或国际协议应立送秘书处登记并由秘书处从速发表。此项条约或国际协议未经登记以前不生效力。

第十九条

大会可随时请联盟会员国重新考虑已经不适用之条约以及长此以往将危及世界和平之国际局势。

第二十条

（一）联盟会员国各自承认凡彼此间所有与本盟约条文相抵触之义务或谅解均因本盟约而告废止并庄严保证此后不得订立类似协议。

（二）如有联盟任何一会员国未经加入联盟以前负有与本盟约条文抵触之义务，则应采取措施以摆脱此项义务。

第二十一条

国际协议如仲裁条约或区域协商类似门罗主义者，皆属维持和平，不得视为与本盟约内任何规定有所抵触。

第二十二条

（一）凡殖民地及领土于此次战争之后不复属于从前统治该地之各国，而其居民尚不克自立于今世特别困难状况之中，则应适用下列之原则，即此等人民之福利及发展成为文明之神圣任务，此项任务之履行应载入本盟约。

（二）实行此项原则之最妥善方法莫如以此种人民之保佐委诸资源上、经济上或地理上足以承担此项责任而亦乐于接受之各先进国，该国即以受委任统治之资格为联盟施行此项保佐。

（三）委任统治之性质应依该地人民发展之程度、领土之地势、经济之状况及其他类似之情形而区别之。

（四）前属奥斯曼帝国之各民族其发展已达可以暂认为独立国之程度，惟仍须由受委任国予以行政之指导及援助，至其能自立之时为止。对于该受委任国之选择，应首先考虑各该民族之愿望。

（五）其他民族，尤以中非洲之民族，依其发展之程度，不得不由受委任国负地方行政之责，惟其条件为担保其信仰及宗教之自由，而以维持公共安全及善良风俗所能准许之限制为衡,禁止各项弊端,如奴隶之贩卖、军械之贸易、烈酒之贩卖并阻止建筑要塞或设立海陆军基地,除警察和国防所需外,不得以军事教育施诸土人,并保证联盟之其他会员国在交易上、商业上之机会均等。

(六)此外土地如非洲之西南部及太平洋之数岛因居民稀少,或因幅员不广,或因距文明中心辽远,或因地理上接近受委任国之领土,或因其他情形最宜受治于委任国法律之下,作为其领土之一部分,但为土人利益计,受委任国应遵行以上所载之保障。

(七)受委任国须将委任统治地之情形向行政院提出年度报告。

(八)倘受委任国行使之管辖权、监督权或行政权,其程度未经联盟会员国间订约规定,则应由行政院予以明确规定。

(九)设一常设委员会专任接收及审查各受委任国之年度报告并就关于执行委任统治之各项问题向行政院陈述意见。

第二十三条

除按照现行及将来订立之国际公约所规定外,联盟会员国应:

(一)勉力设法为男女及儿童在其本国及其工商关系所及之各国确保公平、人道之劳动条件,并为此项目的设立于维持必要之国际机构。

(二)承允对委任统治地内之土人保持公平之待遇。

(三)关于贩卖妇女、儿童,贩卖鸦片及危害药品等各种协定之实行,概以监督之权授给联盟。

(四)军械军火之贸易对于某等国为公共利益计有监督之必要者,概以监督之权授给联盟。

(五)采用必要的办法,对联盟所有会员国确保并维持交通及国境之自由,暨商务上之公平待遇。关于此节应注意 1914 年至 1918 年战争期间受毁地区之特别需要。

(六)努力采取措施,以便在国际范围内预防及扑灭各种疾病。

第二十四条

(一)凡经公约规定而成立之有关国际事务之机关,如经缔约各方之认可,均应置于联盟管理之下。此后创设各项国际事务机构及管理国际利益事件之各项委员会统归联盟管理。

(二)凡有关国际利益之事件,为一般公约所规定而未置于国际事务机构或委员会监督之下者,联盟秘书处如经有关各方之请求、并行政院之许可,应征集各种有用之消息而公布之,并予以各种必要或相需之援助。

(三)凡归联盟管理之任何国际事务机构或委员会,其经费可由行政院决定列入秘书处经费之内。

第二十五条

联盟会员国对于获得准许之国内志愿红十字机关,以在世界范围内改良卫生、防止疾病、减轻痛苦为宗旨者,应鼓励并促进其设立和合作。

第二十六条

(一)本盟约之修正,经行政院全体及联盟大会代表多数之批准,即生效力。

(二)联盟任何会员国有自由不承认盟约之修正案,但因此即不复为联盟会员国。

附件

(一)国际联盟之创始会员国

美利坚合众国、比利时、玻利维亚、巴西、不列颠帝国(加拿大、澳大利亚、南非洲、新西兰、印度)、中国、古巴、厄瓜多尔、法兰西、希腊、危地马拉、海地、汉志、洪都拉斯、意大利、日本、利比里亚、尼加拉瓜、巴拿马、秘鲁、波兰、葡萄牙、罗马尼亚、塞尔维亚—克罗地亚——斯洛文尼亚国、暹罗、捷克斯洛伐克、乌拉圭。

被邀请加入本盟约之国家:

阿根廷、智利、哥伦比亚、丹麦、荷兰、挪威、巴拉圭、波斯、萨尔瓦多、西班牙、瑞典、瑞士、委内瑞拉。

(二)国际联盟第一任秘书长:

詹姆斯·埃里克·德鲁蒙爵士。

《联合国宪章》

(1945 年 6 月 26 日)

序言

我联合国人民同兹决心

欲免后世再遭今代人类两度身历惨不堪言之战祸,

重申基本人权,人格尊严与价值,以及男女与大小各国平等权利之信念,

创造适当环境,俾克维持正义,尊重由条约与国际法其他渊源而起之义务,久而弗懈,

促成大自由中之社会进步及较善之民生,

并为达此目的

力行容恕,彼此以善邻之道,和睦相处,

集中力量,以维持国际和平及安全,

接受原则,确立方法,以保证非为公共利益,不得使用武力,

运用国际机构,以促成全球人民经济及社会之进展,

用是发愤立志,务当同心协力,以竟厥功。

爰由我各本国政府,经齐集金山市之代表各将所奉全权证书,互相校阅,均属妥善,议定本联合国宪章,并设立国际组织,定名联合国。

第一章　宗旨及原则

第一条

联合国之宗旨为:

一、维持国际和平及安全;并为此目的:采取有效集体办法,以防止且消除对于和平之威胁,制止侵略行为或其他和平之破坏;并以和平方法且依正义及国际法之原则,调整或解决足以破坏和平之国际争端或情势。

二、发展国际间以尊重人民平等权利及自决原则为根据之友好关系,并采取其他适当办法,以增强普遍和平。

三、促成国际合作,以解决国际间属于经济、社会、文化及人类福利性质之国际问题,且不分种族、性别、语言或宗教,增进并激励对于全体人类之人权及基本自由之尊重。

四、构成一协调各国行动之中心,以达成上述共同目的。

第二条

为求实现第一条所述各宗旨起见,本组织及其会员国应遵行下列原则:

一、本组织系基于各会员国主权平等之原则。

二、各会员国应一秉善意,履行其依本宪章所担负之义务,以保证全体会员国由加入本组织而发生之权益。

三、各会员国应以和平方法解决其国际争端,俾免危及国际和平、安全及正义。

四、各会员国在其国际关系上不得使用威胁或武力,或以与联合国宗旨不符之任何其他方法,侵害任何会员国或国家之领土完整或政治独立。

五、各会员国对于联合国依本宪章规定而采取之行动,应尽力予以协助,联合国对于任何国家正在采取防止或执行行动时,各会员国对该国不得给予协助。

六、本组织在维持国际和平及安全之必要范围内,应保证非联合国会员国遵行上述原则。

七、本宪章不得认为授权联合国干涉在本质上属于任何国家国内管辖

之事件,且并不要求会员国将该项事件依本宪章提请解决;但此项原则不妨碍第七章内执行办法之适用。

第二章　会　员

第三条

凡曾经参加金山联合国国际组织会议或前此曾签字于一九四二年一月一日联合国宣言之国家,签订本宪章,且依宪章第一百一十条规定而予以批准者,均为联合国之创始会员国。

第四条

一、凡其他爱好和平之国家,接受本宪章所载之义务,经本组织认为确能并愿意履行该项义务者,得为联合国会员国。

二、准许上述国家为联合国会员国,将由大会经安全理事会之推荐以决议行之。

第五条

联合国会员国,业经安全理事会对其采取防止或执行行动者,大会经安全理事会之建议,得停止其会员权利及特权之行使。此项权利及特权之行使,得由安全理事会恢复之。

第六条

联合国之会员国中,有屡次违犯本宪章所载之原则者,大会经安全理事会之建议,得将其由本组织除名。

第三章　机　关

第七条

一、兹设联合国之主要机关如下:大会、安全理事会、经济及社会理事会、托管理事会、国际法院及秘书处。

二、联合国得依本宪章设立认为必需之辅助机关。

第八条

联合国对于男女均得在其主要及辅助机关在平等条件之下,充任任何职务,不得加以限制。

第四章　大　会

组织

第九条

一、大会由联合国所有会员国组织之。

二、每一会员国在大会之代表，不得超过五人。

职权

第十条

大会得讨论本宪章范围内之任何问题或事项，或关于本宪章所规定任何机关之职权；并除第十二条所规定外，得向联合国会员国或安全理事会或兼向两者，提出对各该问题或事项之建议。

第十一条

一、大会得考虑关于维持国际和平及安全之合作之普通原则，包括军缩及军备管制之原则；并得向会员国或安全理事会或兼向两者提出对于该项原则之建议。

二、大会得讨论联合国任何会员国或安全理事会或非联合国会员国依第三十五条第二项之规定向大会所提关于维持国际和平及安全之任何问题；除第十二条所规定外，并得向会员国或安全理事会或兼向两者提出对于各该项问题之建议。凡对于需要行动之各该项问题，应由大会于讨论前或讨论后提交安全理事会。

三、大会对于足以危及国际和平与安全之情势，得提请安全理事会注意。

本条所载之大会权力并不限制第十条之概括范围。

第十二条

一、当安全理事会对于任何争端或情势，正在执行本宪章所授予该会之职务时，大会非经安全理事会请求，对于该项争端或情势，不得提出任何建议。

二、秘书长经安全理事会之同意，应于大会每次会议时，将安全理事会正在处理中关于维持国际和平及安全之任何事件，通知大会；于安全理事会停止处理该项事件时，亦应立即通知大会，或在大会闭会期内通知联合国会员国。

第十三条

大会应发动研究，并作成建议：

（子）以促进政治上之国际合作，并提倡国际法之逐渐发展与编纂。

（丑）以促进经济、社会、文化、教育及卫生各部门之国际合作，且不分种族、性别、语言或宗教，助成全体人类之人权及基本自由之实现。

二、大会关于本条第一项（丑）款所列事项之其他责任及职权，于第九章及第十章中规定之。

第十四条

大会对于其所认为足以妨害国际间公共福利或友好关系之任何情势，

不论其起源如何,包括由违反本宪章所载联合国之宗旨及原则而起之情势,得建议和平调整办法,但以不违背第十二条之规定为限。

第十五条

一、大会应收受并审查安全理事会所送之常年及特别报告;该项报告应载有安全理事会对于维持国际和平及安全所已决定或施行之办法之陈述。

一、大会应收受并审查联合国其他机关所送之报告。

第十六条

大会应执行第十二章及第十三章所授予关于国际托管制度之职务,包括关于非战略防区托管协定之核准。

第十七条

一、大会应审核本组织之预算。

二、本组织之经费应由各会员国依照大会分配限额担负之。

三、大会应审核经与第五十七条所指各种专门机关订定之任何财政及预算办法,并应审查该项专门机关之行政预算,以便向关系机关提出建议。

投　票

第十八条

一、大会之每一会员国,应有一个投票权。

二、大会对于重要问题之决议应以到会及投票之会员国三分之二多数决定之。此项问题应包括:关于维持国际和平及安全之建议,安全理事会非常任理事国之选举,经济及社会理事会理事国之选举,依第八十六条第一项(寅)款所规定托管理事会理事国之选举,对于新会员国加入联合国之准许,会员国权利及特权之停止,会员国之除名,关于施行托管制度之问题,以及预算问题。

三、关于其他问题之决议,包括另有何种事项应以三分之二多数决定之问题,应以到会及投票之会员国过半数决定之。

第十九条

凡拖欠本组织财政款项之会员国,其拖欠数目如等于或超过前两年所应缴纳之数目时,即丧失其在大会投票权。大会如认拖欠原因,确由于该会员国无法控制之情形者,得准许该会员国投票。

程　序

第二十条

大会每年应举行常会,并于必要时,举行特别会议。特别会议应由秘书长经安全理事会或联合国会员国过半数之请求召集之。

第二十一条

大会应自行制定其议事规则。大会应选举每次会议之主席。

第二十二条

大会得设立其认为于行使职务所必需之辅助机关。

第五章　安全理事会

组织

第二十三条

一、安全理事会以联合国十五会员国组织之。中华民国、法兰西、苏维埃社会主义共和国联盟、大不列颠及北爱尔兰联合王国及美利坚合众国应为安全理事会常任理事国。大会应选举联合国其他十会员国为安全理事会非常任理事国,选举时首宜充分斟酌联合国各会员国于维持国际和平与安全及本组织其余备宗旨上之贡献,并宜充分斟酌地域上之公匀分配。

四、安全理事会非常任理事国任期定为二年。安全理事会理事国自十一国增至十五国后第一次选举非任理事国时,所增四国中两国之任期应为一年。任满之理事国不得即行连选。

三、安全理事会每一理事国应有代表一人。

职权

第二十四条

一、为保证联合国行动迅速有效起见,各会员国将维持国际和平及安全之主要责任,授予安全理事会,并同意安全理事会于履行此项责任下之职务时,即系代表各会员国。

二、安全理事会于履行此项职务时,应遵照联合国之宗旨及原则。为履行此项职务而授予安全理事会之特定权力,于本宪章第六章、第七章、第八章及第十二章内规定之。

三、安全理事会应将常年报告、并于必要时将特别报告,提送大会审查。

第二十五条

联合国会员国同意依宪章之规定接受并履行安全理事会之决议。

第二十六条

为促进国际和平及安全之建立及维持,以尽量减少世界人力及经济资源之消耗于军备起见,安全理事会借第四十七条所指之军事参谋团之协助,应负责拟具方案,提交联合国会员国,以建立军备管制制度。

投票

第二十七条

一、安全理事会每一理事国应有一个投票权。

二、安全理事会关于程序事项之决议,应以九理事国之可决票表决之。

三、安全理事会对于其他一切事项之决议,应以九理事国之可决票包括全体常任理事国之同意票表决之;但对于第六章及第五十二条第三项内各事项之决议,争端当事国不得投票。

程序

第二十八条

一、安全理事会之组织,应以使其能继续不断行使职务为要件。为此目的,安全理事会之各理事国应有常驻本组织会所之代表。

二、安全理事会应举行定期会议,每一理事国认为合宜时得派政府大员或其他特别指定之代表出席。

三、在本组织会所以外,安全理事会得在认为最能便利其工作之其他地点举行会议。

第二十九条

安全理事会得设立其认为于行使职务所必需之辅助机关。

第三十条

安全理事会应自行制定其议事规则,包括其推选主席之方法。

第三十一条

在安全理事会提出之任何问题,经其认为对于非安全理事会理事国之联合国任何会员国之利益有特别关系时,该会员国得参加讨论,但无投票权。

第三十二条

联合国会员国而非为安全理事会之理事国,或非联合国会员国之国家,如于安全理事会考虑中之争端为当事国者,应被邀参加关于该项争端之讨论,但无投票权。安全理事会应规定其所认为公平之条件,以便非联合国会员国之国家参加。

<h3 style="text-align:center">第六章　争端之和平解决</h3>

第三十三条

一、任何争端之当事国,于争端之继续存在足以危及国际和平与安全之维持时,应尽先以谈判、调查、调停、和解、公断、司法解决、区域机关或区域办法之利用,或各该国自行选择之其他和平方法,求得解决。

二、安全理事会认为必要时,应促请各当事国以此项方法,解决其争端。

第三十四条

安全理事会得调查任何争端或可能引起国际磨擦或惹起争端之任何情势,以断定该项争端或情势之继续存在是否足以危及国际和平与安全之维持。

第三十五条

一、联合国任何会员国得将属于第三十四条所指之性质之任何争端或情势,提请安全理事会或大会注意。

二、非联合国会员国之国家如为任何争端之当事国时,经预先声明就该争端而言接受本宪章所规定和平解决之义务后,得将该项争端,提请大会或安全理事会注意。

三、大会关于按照本条所提请注意事项之进行步骤,应遵守第十一条及第十二条之规定。

第三十六条

一、属于第三十三条所指之性质之争端或相似之情势,安全理事会在任何阶段,得建议适当程序或调整方法。

二、安全理事会对于当事国为解决争端业经采取之任何程序,理应予以考虑。

三、安全理事会按照本条作成建议时,同时理应注意见具有法律性质之争端,在原则上,理应由当事国依国际法院规约之规定提交国际法院。

第三十七条

一、属于第三十三条所指之性质之争端,当事国如未能依该条所示方法解决时,应将该项争端提交安全理事会。

二、安全理事会如认为该项争端之继续存在,在事实上足以危及国际和平与安全之维持时,应决定是否当依第三十六条采取行动或建议其所认为适当之解决条件。

第三十八条

安全理事会如经所有争端当事国之请求,得向各当事国作成建议,以求争端之和平解决,但以不妨碍第三十三条至第三十七条之规定为限。

第七章　对于和平之威胁、和平之破坏及侵略行为之应付办法

第三十九条

安全理事会应断定任何和平之威胁、和平之破坏或侵略行为之是否存在,并应作成建议或抉择依第四十一条及第四十二条规定之办法,以维持或

恢复国际和平及安全。

第四十条

为防止情势之恶化,安全理事会在依第三十九条规定作成建议或决定办法以前,得促请关系当事国遵行安全理事会所认为必要或合宜之临时办法。此项临时办法并不妨碍关系当事国之权利、要求或立场。安全理事会对于不遵行此项临时办法之情形,应予适当注意。

第四十一条

安全理事会得决定所应采武力以外之办法,以实施其决议,并得促请联合国会员国执行此项办法。此项办法得包括经济关系、铁路、海运、航空、邮、电、无线电及其他交通工具之局部或全部停止,以及外交关系之断绝。

第四十二条

安全理事会如认第四十一条所规定之办法为不足或已经证明为不足时,得采取必要之空海陆军行动,以维持或恢复国际和平及安全。此项行动得包括联合国会员国之空海陆军示威、封锁及其他军事举动。

第四十三条

一、联合国各会员国为求对于维持国际和平及安全有所贡献起见,担任于安全理事会发令时,并依特别协定,供给为维持国际和平及安全所必需之军队、协助及便利,包括过境权。

二、此项特别协定应规定军队之数目及种类,其准备程度及一般驻扎地点,以及所供便利及协助之性质。

三、此项特别协定应以安全理事会之主动,尽速议订。此项协定应由安全理事会与会员国或由安全理事会与若干会员国之集团缔结之,并由签字国各依其宪法程序批准之。

第四十四条

安全理事会决定使用武力时,于要求非安全理事会会员国依第四十三条供给军队以履行其义务之前,如经该会员国请求,应请其遣派代表,参加安全理事会关于使用其军事部队之决议。

第四十五条

为使联合国能采取紧急军事办法起见,会员国应将其本国空军部队为国际共同执行行动随时供给调遣。此项部队之实力与准备之程度,及其共同行动之计划,应由安全理事会以军事参谋团之协助,在第四十三条所指之特别协定范围内决定之。

第四十六条

武力使用之计划应由安全理事会以军事参谋团之协助决定之。

第四十七条

一、兹设立军事参谋团,以便对于安全理事会维持国际和平及安全之军事需要问题,对于受该会所支配军队之使用及统率问题,对于军备之管制及可能之军缩问题,向该会贡献意见并予以协助。

二、军事参谋团应由安全理事会各常任理事国之参谋总长或其代表组织之。联合国任何会员国在该团未有常任代表者,如于该团责任之履行在效率上必须该国参加其工作时,应由该团邀请参加。

三、军事参谋团在安全理事会权力之下,对于受该会所支配之任何军队,负战略上之指挥责任;关于该项军队之统率问题,应待以后处理。

四、军事参谋团,经安全理事会之授权,并与区域内有关机关商议后、得设立区域分团。

第四十八条

一、执行安全理事会为维持国际和平及安全之决议所必要之行动,应由联合国全体会员国或由若干会员国担任之,一依安全理事会之决定。

二、此项决议应由联合国会员国以其直接行动及经其加入为会员之有关国际机关之行动履行之。

第四十九条

联合国会员国应通力合作,彼此协助,以执行安全理事会所决定之办法。

第五十条

安全理事会对于任何国家采取防止或执行办法时,其他国家,不论其是否为联合国会员国,遇有因此项办法之执行而引起之特殊经济问题者,应有权与安全

理事会会商解决此项问题。

第五十一条

联合国任何会员国受武力攻击时,在安全理事会采取必要办法,以维持国际和平及安全以前,本宪章不得认为禁止行使单独或集体自卫之自然权利。会员国因行使此项自卫权而采取之办法,应立向安全理事会报告,此项办法于任何方面不得影响该会按照本宪章随时采取其所认为必要行动之权责,以维持或恢复国际和平及安全。

第八章 区域办法

第五十二条

一、本宪章不得认为排除区域办法或区域机关、用以应付关于维持国际

和平及安全而宜于区域行动之事件者;但以此项办法或机关及其工作与联合国之宗旨及原则符合者为限。

二、缔结此项办法或设立此项机关之联合国会员国,将地方争端提交安全理事会以前,应依该项区域办法,或由该项区域机关,力求和平解决。

三、安全理事会对于依区域办法或由区域机关而求地方争端之和平解决,不论其系由关系国主动,或由安全理事会提交者,应鼓励其发展。

四、本条绝不妨碍第三十四条及第三十五条之适用。

第五十三条

一、安全理事会对于职权内之执行行动,在适当情形下,应利用此项区域办法或区域机关。如无安全理事会之授权,不得依区域办法或由区域机关采取任何执行行动;但关于依第一百零七条之规定对付本条第二项所指之任何敌国之步骤,或在区域办法内所取防备此等国家再施其侵略政策之步骤,截至本组织经各关系政府之请求,对于此等国家之再次侵略,能担负防止责任时为止,不在此限。

二、本条第一项所称敌国系指第二次世界大战中为本宪章任何签字国之敌国而言。

第五十四条

关于为维持国际和平及安全起见,依区域办法或由区域机关所已采取或正在考虑之行动,不论何时应向安全理事会充分报告之。

第九章　国际经济及社会合作

第五十五条

为造成国际间以尊重人民平等权利及自决原则为根据之和平友好关系所必要之安定及福利条件起见,联合国应促进:

(子)较高之生活程度,全民就业,及经济与社会进展。

(丑)国际间经济、社会、卫生及有关问题之解决;国际间文化及教育合作。

(寅)全体人类之人权及基本自由之普遍尊重与遵守,不分种族、性别、语言或宗教。

第五十六条

各会员国担允采取共同及个别行动与本组织合作,以达成第五十五条所载之宗旨。

第五十七条

一、由各国政府间协定所成立之各种专门机关,依其组织约章之规定,于经济、社会、文化、教育、卫生及其他有关部门负有广大国际责任者,应依第六十三条之规定使与联合国发生关系。

二、上述与联合国发生关系之各专门机关,以下简称专门机关。

第五十八条

本组织应作成建议,以调整各专门机关之政策及工作。

第五十九条

本组织应于适当情形下,发动各关系国间之谈判,以创设为达成第五十五条规定宗旨所必要之新专门机关。

第六十条

履行本章所载本组织职务之责任,属于大会及大会权力下之经济及社会理事会。为此目的,该理事会应有第十章所载之权力。

第十章　经济及社会理事会

组织

第六十一条

一、经济及社会理事会由大会选举联合国五十四会员国组织之。

二、除第三项所规定外,经济及社会理事会每年选举理事九国,任期三年。任满之理事国得即行连选。

三、经济及社会理事会理事国自十八国增至二十七国后第一次选举时,除选举理事六国接替任期在该年年终届满之理事国外,应另增选理事九国。增选之理事九国中,三国任期一年,另三国任期二年,一依大会所定办法。

四、经济及社会理事会之每一理事国应有代表一人。

职权

第六十二条

一、经济及社会理事会得作成或发动关于国际经济、社会、文化、教育、卫生及其他有关事项之研究及报告;并得向大会、联合国会员国及关系专门机关提出关于此种事项之建议案。

二、本理事会为增进全体人类之人权及基本自由之尊重及维护起见,得作成建议案。

三、本理事会得拟具关于其职权范围内事项之协约草案,提交大会。

四、本理事会得依联合国所定之规则召集本理事会职务范围以内事项之国际会议。

第六十三条

一、经济及社会理事会得与第五十七条所指之任何专门机关订立协定,订明关系专门机关与联合国发生关系之条件。该项协定须经大会之核准。

二、本理事会,为调整各种专门机关之工作,得与此种机关会商并得向其提出建议,并得向大会及联合国会员国建议。

第六十四条

一、经济及社会理事会得取适当步骤,以取得专门机关之经常报告。本理事会得与联合国会员国及专门机关商定办法,俾就实施本理事会之建议及大会对于本理事会职权范围内事项之建议所采之步骤,取得报告。

二、本理事会得将对于此项报告之意见提送大会。

第六十五条

经济及社会理事会得向安全理事会供给情报,并因安全理事会之邀请,予以协助。

第六十六条

一、经济及社会理事会应履行其职权范围内关于执行大会建议之职务。

二、经大会之许可,本理事会得应联合国会员国或专门机关之请求,供其服务。

三、本理事会应履行本宪章他章所特定之其他职务,以及大会所授予之职务。

投票

第六十七条

一、经济及社会理事会每一理事国应有一个投票权。

二、本理事会之决议,应以到会及投票之理事国过半数表决之。

程序

第六十八条

经济及社会理事会应设立经济与社会部门及以提倡人权为目的之各种委员会,并得设立于行使职务所必需之其他委员会。

第六十九条

经济及社会理事会应请联合国会员国参加讨论本理事会对于该国有特别关系之任何事件,但无投票权。

第七十条

经济及社会理事会得商定办法使专门机关之代表无投票权而参加本理事会及本理事会所设备委员会之讨论,或使本理事会之代表参加此项专门机关之讨论。

第七十一条

经济及社会理事会得采取适当办法,俾与各种非政府组织会商有关于本理事会职权范围内之事件。此项办法得与国际组织商定之,关于适当情形下,经与关系联合国会员国会商后,得与该国国内组织商定之。

第七十二条

一、经济及社会理事会应自行制定其议事规则,包括其推选主席之方法。

经济及社会理事会应依其规则举行必要之会议。此项规则应包括因理事国过半数之请求而召集会议之条款。

第十一章　关于非自治领土之宣言

第七十三条

联合国各会员国,于其所负有或担承管理责任之领土,其人民尚未臻自治之充分程度者,承认以领土居民之福利为至上之原则,并接受在本宪章所建立之国际和平及安全制度下,以充量增进领土居民福利之义务为神圣之信托,且为此目的:

(子)于充分尊重关系人民之文化下,保证其政治、经济、社会及教育之进展,予以公平待遇,且保障其不受虐待。

(丑)按各领土及其人民特殊之环境及其进化之阶段,发展自治;对各该人民之政治愿望,予以适当之注意;并助其自由政治制度之逐渐发展。

(寅)促进国际和平及安全。

(卯)提倡建设计划,以求进步;奖励研究;各国彼此合作,并于适当之时间及场合与专门国际团体合作,以求本条所载社会、经济及科学目的之实现。

(辰)在不违背安全及宪法之限制下,按时将关于各会员国分别负责管理领土内之经济、社会及教育情形之统计及具有专门性质之情报,递送秘书长,以供参考。本宪章第十二章及第十三章所规定之领土,不在此限。

第七十四条

联合国各会员国共同承诺对于本章规定之领土,一如对于本国区域,其政策必须以善邻之道奉为圭臬;并于社会、经济及商业上,对世界各国之利益及幸福,予以充分之注意。

第十二章　国际托管制度

第七十五条

联合国在其权力下,应设立国际托管制度,以管理并监督凭此后个别协定而置于该制度下之领土。此项领土以下简称托管领土。

第七十六条

按照本宪章第一条所载联合国之宗旨,托管制度之基本目的应为:

(子)促进国际和平及安全。

(丑)增进托管领土居民之政治、经济、社会及教育之进展;并以适合各领土及其人民之特殊情形及关系人民自由表示之愿望为原则,且按照各托管协定之条款,增进其趋向自治或独立之逐渐发展。

(寅)不分种族、性别、语言或宗教,提倡全体人类之人权及基本自由之尊重,并激发世界人民互相维系之意识。

(卯)于社会、经济及商业事件上,保证联合国全体会员国及其国民之平等待遇,及各该国民于司法裁判上之平等待遇,但以不妨碍上述目的之达成,且不违背第八十条之规定为限。

第七十七条

一、托管制度适用于依托管协定所置于该制度下之下列各种类之领土:

(子)现在委任统治下之领土。

(丑)因第二次世界大战结果或将自敌国割离之领土。

(寅)负管理责任之国家自愿置于该制度下之领土

二、关于上列种类中之何种领土将置于托管制度之下,及其条件,为此后协定所当规定之事项。

第七十八条

凡领土已成为联合国之会员国者,不适用托管制度;联合国会员国间之关系,应基于尊重主权平等之原则。

第七十九条

置于托管制度下之每一领土之托管条款,及其更改或修正,应由直接关系各国包括联合国之会员国而为委任统治地之受托国者,予以议定,其核准应依第八十三条及第八十五条之规定。

第八十条

一、除依第七十七条、第七十九条及第八十一条所订置各领土于托管制度下之个别托管协定另有议定外,并在该项协定未经缔结以前,本章任何规定绝对不得解释为以任何方式变更任何国家或人民之权利、或联合国会员国个别签订之现有国际约章之条款。

二、本条第一项不得解释为对于依第七十七条之规定而订置委任统治地或其他领土于托管制度下之协定,授以延展商订之理由。

第八十一条

凡托管协定均应载有管理领土之条款,并指定管理托管领土之当局。

该项当局,以下简称管理当局,得为一个或数个国家,或为联合国本身。

第八十二条

于任何托管协定内,得指定一个或数个战略防区,包括该项协定下之托管领土之一部或全部,但该项协定并不妨碍依第四十三条而订立之任何特别协定。

第八十三条

一、联合国关于战略防区之各项职务,包括此项托管协定条款之核准及其更改或修正,应由安全理事会行使之。

二、第七十六条所规定之基本目的,适用于每一战略防区之人民。

三、安全理事会以不违背托管协定之规定且不妨碍安全之考虑为限,应利用托管理事会之协助,以履行联合国托管制度下关于战略防区内之政治、经济、社会及教育事件之职务。

第八十四条

管理当局有保证托管领土对于维持国际和平及安全尽其本分之义务。该当局为此目的得到用托管领土之志愿军、便利及协助,以履行该当局对于安全理事会所负关于此点之义务,并以实行地方自卫,且在托管领土内维持法律与秩序。

第八十五条

一、联合国关于一切非战略防区托管协定之职务,包括此项托管协定条款之核准及其更改或修正,应由大会行使之。

托管理事会于大会权力下,应协助大会履行上述之职务。

第十三章 托管理事会

组织

第八十六条

一、托管理事会应由下列联合国会员国组织之:

(子)管理托管领土之会员国。

(丑)第二十三条所列名之国家而现非管理托管领土者。

(寅)大会选举必要数额之其他会员国,任期三年,俾使托管理事会理事国之总数,于联合国会员国中之管理托管领土者及不管理者之间,得以平均分配。

二、托管理事会之每一理事国应指定一特别合格之人员,以代表之。

职权

第八十七条

大会及在其权力下之托管理事会于履行职务时得：

（子）审查管理当局所送之报告。

（丑）会同管理当局接受并审查请愿书。

（寅）与管理当局商定时间，按期视察各托管领土。

（卯）依托管协定之条款，采取上述其他行动。

第八十八条

托管理事会应拟定关于各托管领土居民之政治、经济、社会及教育进展之问题单；就大会职权范围内，各托管领土之管理当局应根据该项问题单向大会提出常年报告。

投票

第八十九条

一、托管理事会之每一理事国应有一个投票权。

二、托管理事会之决议应以到会及投票之理事国过半数表决之。

程序

第九十条

一、托管理事会应自行制定其议事规则，包括其推选主席之方法。

二、托管理事会应依其所定规则，举行必要之会议。此项规则应包括关于经该会理事国过半数之请求而召集会议之规定。

第九十一条

托管理事会于适当时，应利用经济及社会理事会之协助，并对于各关系事项，利用专门机关之协助。

第十四章　国 际 法 院

第九十二条

国际法院为联合国之主要司法机关，应依所附规约执行其职务。该项规约系以国际常设法院之规约为根据并为本宪章之构成部分。

第九十三条

一、联合国各会员国为国际法院规约之当然当事国

二、非联合国会员国之国家得为国际法院规约当事国之条件，应由大会经安全理事会之建议就个别情形决定之。

第九十四条

一、联合国每一会员国为任何案件之当事国者，承诺遵行国际法院之

判决。

二、遇有一造不履行依法院判决应负之义务时,他造得向安全理事会申诉。安全理事会如认为必要时,得作成建议或决定应采办法,以执行判决。

第九十五条

本宪章不得认为禁止联合国会员国依据现有或以后缔结之协定,将其争端托付其他法院解决。

第九十六条

一、大会或安全理事会对于任何法律问题得请国际法院发表咨询意见。

联合国其他机关及各种专门机关,对于其工作范围内之任何法律问题,得随时以大会之授权,请求国际法院发表咨询意见。

第十五章　秘　书　处

第九十七条

秘书处置秘书长一人及本组织所需之办事人员若干人。秘书长应由大会经安全理事会之推荐委派之。秘书长为本组织之行政首长。

第九十八条

秘书长在大会、安全理事会、经济及社会理事会及托管理事会之一切会议,应以秘书长资格行使职务,并应执行各该机关所托付之其他职务。秘书长应向大会提送关于本组织工作之常年报告。

第九十九条

秘书长得将其所认为可能威胁国际和平及安全之任何事件,提请安全理事会注意。

第一百条

一、秘书长及办事人员于执行职务时,不得请求或接受本组织以外任何政府或其他当局之训示,并应避免足以妨碍其国际官员地位之行动。秘书长及办事人员专对本组织负责。

二、联合国各会员国承诺尊重秘书长及办事人员责任之专属国际性,决不设法影响其责任之履行。

第一百零一条

一、办事人员由秘书长依大会所定章程委派之。

二、适当之办事人员应长期分配于经济及社会理事会、托管理事会,并于必要时,分配于联合国其他之机关。此项办事人员构成秘书处之一部。

三、办事人员之雇用及其服务条件之决定,应以求达效率、才干及忠诚之最高标准为首要考虑。征聘办事人员时,于可能范围内,应充分注意地域上之普及。

第十六章 杂 项 条 款

第一百零二条

一、本宪章发生效力后,联合国任何会员国所缔结之一切条约及国际协定应尽速在秘书处登记,并由秘书处公布之。

二、当事国对于未经依本条第一项规定登记之条约或国际协定,不得向联合国任何机关援引之。

第一百零三条

联合国会员国在本宪章下之义务与其依任何其他国际协定所负之义务有冲突时,其在本宪章下之义务应居优先。

第一百零四条

本组织于每一会员国之领土内,应享受于执行其职务及达成其宗旨所必需之法律行为能力。

第一百零五条

一、本组织于每一会员国之领土内,应享受于达成其宗旨所必需之特权及豁免。

二、联合国会员国之代表及本组织之职员,亦应同样享受于其独立行使关于本组织之职务所必需之特权及豁免。

为明定本条第一项及第二项之施行细则起见,大会得作成建议,或为此目的向联合国会员国提议协约。

第十七章 过渡安全办法

第一百零六条

在第四十三条所称之特别协定尚未生效,因而安全理事会认为尚不得开始履行第四十二条所规定之责任前,一九四三年十月三十日在莫斯科签订四国宣言之当事国及法兰西应依该宣言第五项之规定,互相洽商,并于必要时,与联合国其他会员国洽商,以代表本组织采取为维持国际和平及安全宗旨所必要之联合行动。

第一百零七条

本宪章并不取消或禁止负行动责任之政府对于在第二次世界大战中本宪章任何签字国之敌国因该次战争而采取或受权执行之行动。

第十八章　修　正

第一百零八条

本宪章之修正案经大会会员国三分之二表决并由联合国会员国三分之二包括安全理事会全体常任理事国,各依其宪法程序批准后,对于联合国所有会员国发生效力。

第一百零九条

一、联合国会员国,为检讨本宪章,得以大会会员国三分之二表决,经安全理事会任何九理事国之表决,确定日期及地点举行全体会议。联合国每一会员国在全体会议中应有一个投票权。

二、全体会议以三分之二表决所建议对于宪章之任何更改,应经联合国会员国三分之二包括安全理事会全体常任理事国,各依其宪法程序批准后,发生效力。

如于本宪章生效后大会第十届年会前,此项全体会议尚未举行时,应将召集全体会议之提议列入大会该届年会之议事日程;如得大会会员国过半数及安全理事会任何七理事国之表决,此项会议应即举行。

第十九章　批准及签字

第一百一十条

一、本宪章应由签字国各依其宪法程序批准之。

二、批准书应交存美利坚合众国政府。该国政府应于每一批准书交存时通知各签字国,如本组织秘书长业经委派时,并应通知秘书长。

三、一俟美利坚合众国政府通知已有中华民国、法兰西、苏维埃社会主义共和国联盟、大不列颠及北爱尔兰联合王国与美利坚合众国以及其他签字国之过半数将批准书交存时,本宪章即发生效力。美利坚合众国政府应拟就此项交存批准之议定书并将副本分送所有签字国。

四、本宪章签字国于宪章发生效力后批准者,应自其各将批准书交存之日起为联合国之创始会员国。

第一百一十一条

本宪章应留存美利坚合众国政府之档库,其中、法、俄、英、及西文各本同一作准。该国政府应将正式副本分送其他签字国政府。

为此联合国各会员国政府之代表谨签字于本宪章,以昭信守。

公历一千九百四十五年六月二十六日签订于金山市

《国际法院规约》
（1945 年 6 月 26 日）

法院之组织

第一条

联合国宪章所设之国际法院为联合国主要司法机关，其组织及职务之行使应依本规约之下列规定。

第二条

法院以独立法官若干人组织之。此项法官应不论国籍，就品格高尚并在各本国具有最高司法职位之任命资格或公认为国际法之法学家中选举之。

第三条

一、法院以法官十五人组织之，其中不得有二人为同一国家之国民。

二、就充任法院法官而言，一人而可视力一个国家以上之国民者，应认为属于其通常行使公民及政治权利之国家或会员国之国民。

第四条

一、法院法官应由大会及安全理事会依下列规定就常设公断法院各国团体所提出之名单内选举之。

二、在常设公断法院并无代表之联合国会员国，其候选人名单应由各该国政府专为此事而委派之团体提出；此项各国团体之委派，准用一九〇七年海牙和平解决国际纷争条约第四十四条规定委派常设公断法院公断员之条件。

三、凡非联合国会员国而已接受法院规约之国家，其参加选举法院法官时，参加条件，如无特别协定应由大会经安全理事会之提议规定之。

第五条

一、联合国秘书长至迟应于选举日期三个月前，用书面邀请属于本规约当事国之常设公断法院公断员及依第四条第二项所委派之各国团体于一定期间内分别由各国团体提出能接受法官职务之人员。

二、每一团体所提人数不得超过四人，其中属其本国国籍者不得超过二人。在任何情形下，每一团体所提候选人之人数不得超过应占席数之一倍。

第六条

各国团体在提出上项人员以前，宜咨询本国最高法院、大学法学院、法律学校、专研法律之国家研究院及国际研究院在各国所设之各分院。

第七条

一、秘书位应依字母次序，编就上项所提人员之名单。除第十二条第二项规定外，仅此项人员有被选权。

二、秘书长应将前项名单提交大会及安全理事会。

第八条

大会及安全理事会各应独立举行法院法官之选举。

第九条

每次选举时，选举人不独应注意被选人必须各具必要资格，并应注意务使法官全体确能代表世界各大文化及各主要法系。

第十条

一、候选人在大会及在安全理事会得绝对多数票者应认为当选。

二、安全理事会之投票，或为法官之选举或为第十二条所称联席会议人员之指派，应不论安全理事会常任理事国及非常任理事国之区别。

三、如同一国家之国民得大会及安全理事会之绝对多数票者不止一人时，其中事最高者应认为当选。

第十一条

第一次选举会后，如有一席或一席以上尚待补选时，应举行第二次选举会，并于必要时举行第三次选举会。

第十二条

一、第三次选举会后，如仍有一席或一席以上尚待补选时，大会或安全理事会得随时声请组织联席会议，其人数为六人，由大会及安全理事会各派三人。此项联席会议就每一悬缺以绝对多数票选定一人提交大会及安全理事会分别请其接受。

二、具有必要资格人员，即未列入第七所指之候选人名单，如经联席会议全体同意，亦得列入该会议名单。

三、如联席会议确认选举不能有结果时，应由已选出之法官，在安全理事会所定之期间内，就曾在大会或安全理事会得有选举票之候选人中，选定若干人补足缺额。

四、法官投票数相等时，年事最高之法官应投决定票。

第十三条

一、法官任期九年，并得连选，但第一次选举选出之法官中，五人任期应为三年，另五人为六年。

二、上述初期法官，任期孰为三年孰为六年，应于第一次选举完毕后立由秘书长以抽签方法决定之。

三、法官在其后任接替前,应继续行使其职务,虽经接替,仍应结束其已开始办理之案件。

四、法官辞职时应将辞职书致送法院院长转知秘书长。转知后,该法官之一席即行出缺。

第十四条

凡遇出缺,应照第一次选举时所定之办法补选之,但秘书长应于法官出缺后一个月内,发出第五条规定之邀请书并由安全理事会指定选举日期。

第十五条

法官被选以接替任期未满之法官者,应任职至其前任法官任期届满时为止。

第十六条

一、法官不得行使任何政治或行政职务,或执行任何其他职业性质之任务。二、关于此点,如有疑义,应由法院裁决之。

第十七条

一、法官对于任何案件,不得充任代理人律师或辅佐人。

二、法官曾以当事国一造之代理人、律师,或辅佐人,或以国内法院或国际法院或调查委员会委员,或以其他资格参加任何案件者,不得参与该案件之裁决。

三、关于此点,如有疑义,应由法院决定之。

第十八条

一、法官除由其余法官一致认为不复适合必要条件外,不得免职。

二、法官之免职,应由书记官长正式通知秘书长。

三、此项通知一经送达秘书长,该法官之一席即行出缺。

第十九条

法官于执行法院职务时,应享受外交特权及豁免。

第二十条

法官于就职前应在公开法庭郑重宣言本人必当秉公竭诚行使职权。

第二十一条

一、法院应选举院长及副院长,其任期各三年,并得连选。

二、法院应委派书记官长,并得酌派其他必要之职员。

第二十二条

一、法院设在海牙,但法院如认为合宜时,得在他处开庭及行使职务。

二、院长及书记官长应驻于法院所在地。

第二十三条

一、法院除司法假期外,应常川办公。司法假期之日期及期间由法院定之。

二、法官得有定时假期,其日期及期间,由法院斟酌海牙与各法官住所之距离定之。

三、法官除在假期或因疾病或其他重大原由,不克视事,经向院长作适当之解释外,应常川备由法院分配工作。

第二十四条

一、法官如因特别原由认为于某案之裁判不应参与时,应通知院长。

二、院长如认某法官因特别原由不应参与某案时,应以此通知该法官。

三、遇有此种情形,法官与院长意见不同时,应由法院决定之。

第二十五条

一、除本规约另有规定外,法院应由全体法官开庭。

二、法院规则得按情形并以轮流方法,规定准许法官一人或数人免予出席,但准备出席之法官人数不得因此减至少于十一人。

三、法官九人即足构成法院之法定人数。

第二十六条

一、法院得随时设立一个或数个分庭,并得决定由法官三人或三人以上组织之。此项分庭处理特种案件,例如劳工案件及关于过境与交通案件。

二、法院为处理某特定案件,得随时设立分庭,组织此项分庭法官之人数,应由法院得当事国之同意定之。

三、案件经当事国之请求应由本条规定之分庭审理裁判之。

第二十七条

第二十六条及第二十九条规定之任何分庭所为之裁判,应视为法院之裁判。

第二十八条

第二十六条及第二十九条规定之分庭,经当事国之同意,得在海牙以外地方开庭及行使职务。

第二十九条

法院为迅速处理事务,应于每年以法官五人组织一分庭。该分庭经当事国之请求,得用简易程序,审理及裁判案件。法院并应选定法官二人,以备接替不能出庭之法官。

第三十条

一、法院应订立规则,以执行其职务,尤应订定关于程序之规则。

二、法院规则得规定关于襄审官之出席法院或任何分庭,但无表决权。

第三十一条

一、属于诉讼当事国国籍之法官,于法院受理该诉讼案件时,保有其参与之权。

二、法院受理案件,如法官中有属于一造当事国之国籍者,任何他造当事国得选派人为法官,参与该案。此项人员尤以就第四条及第五条规定所提之候选人中选充为宜。

三、法院受理案件,如当事国均无本国国籍法官时,各当事国均得依本条第二项之规定选派法官一人。

四、本条之规定于第二十六条及第二十九条之情形适用之。在此种情形下,院长应请分庭法官一人,或于必要时二人,让与属于关系当事国国籍之法官,如无各当事国国籍之法官或各该法官不能出席时,应让与各当事国特别选派之法官。

五、如数当事国具有同样利害关系时,在上列各规定适用范围内,只应作为一当事国。关于此点,如有疑义,由法院裁决之。

六、依本条第二项、第三项及第四项规定所选派之法官,应适合本规约第二条、第十七条第二项、第二十条及第二十四条规定之条件。各该法官参与案件之裁判时,与其同事立于完全平等地位。

第三十二条

一、法院法官应领年俸。

二、院长每年应领特别津贴。

三、副院长于代行院长职务时,应按日领特别津贴。

四、依第三十一条规定所选派之法官而非法院之法官者,于执行职务时,应按日领酬金。

五、上列俸给津贴及酬金由联合国大会定之,在任期内,不得减少。

六、书记官长之俸给,经法院之提议由大会定之。

七、法官及书记官长交给退休金及补领旅费之条件,由大会订立章程规定之。

八、上列俸给津贴及酬金,应免除一切税捐。

第三十三条

法院经费由联合国担负,其担负方法由大会定之。

法院之管辖

第三十四条

一、在法院得为诉讼当事国者,限于国家。

二、法院得依其规则,请求公共国际团体供给关于正在审理案件之情报。该项团体自动供给之情报,法院应接受之。

三、法院于某一案件遇有公共国际团体之组织约章或依该项约章所缔结之国际协约发生解释问题时,书记官长应通知有关公共国际团体并向其递送所有书面程序之文件副本。

第三十五条

一、法院受理本规约各当事国之诉讼。

二、法院受理其他各国诉讼之条件,除现行条约另有特别规定外,由安全理事会定之,但无论如何,此项条件不得使当事国在法院处于不平等地位。

三、非联合国会员国为案件之当事国时,其应担负法院费用之数目由法院定之。如该国业已分组法院经费之一部,本项规定不适用之。

第三十六条

一、法院之管辖包括各当事国提交之一切案件,及联合国宪章或现行条约及协约中所特定之一切事件。

二、本规约各当事国得随时声明关于具有下列性质之一切法律争端,对于接受同样义务之任何其他国家,承认法院之管辖为当然而具有强制性,不须另订特别协定:

(子)条约之解释。

(丑)国际法之任何问题。

(寅)任何事实之存在,如经确定即属违反国际义务者。

(卯)因违反国际义务而应予赔偿之性质及其范围。

三、上述声明,得无条件为之,或以数个或特定之国家间彼此拘束为条件,或以一定之期间为条件。

四、此项声明应交存联合国秘书长并由其将副本分送本规约各当事国及法院书记官长。

五、曾依常设国际法院规约第三十六条所为之声明而现仍有效者,就本规约当事国间而言,在该项声明期间尚未届满前并依其条款,应认为对于国际法院强制管辖之接受。

六、关于法院有无管辖权之争端,由法院裁决之。

第三十七条

现行条约或协约或规定某项事件应提交国际联合会所设之任何裁判机关或常设国际法院者,在本规约当事国间,该项事件应提交国际法院。

第三十八条

一、法院对于陈诉各项争端,应依国际法裁判之,裁判时应适用:

（子）不论普通或特别国际协约,确立诉讼当事国明白承认之规条者。

（丑）国际习惯,作为通例之证明而经接受为法律者。

（寅）一般法律原则为文明各国所承认者。

（卯）在第五十九条规定之下,司法判例及各国权威最高之公法学家学说,作为确定法律原则之补助资料者。

二、前项规定不妨碍法院经当事国同意本"公允及善良"原则裁判案件之权。

程序

第三十九条

一、法院正式文字为英法两文。如各当事国同意用法文办理案件,其判决应以法文为之。如各当事国同意用英文办理案件,其判决应以英文为之。

二、如未经同意应用何种文字,每一当事国于陈述中得择用英法两文之一,而法院之判词应用英法两文。法院并应同时确定以何者为准。

三、法院经任何当事国之请求,应准该当事国用英法文以外之文字。

第四十条

一、向法院提出诉讼案件,应按其情形将所订特别协定通告书记官长或以请求书送达书记官长。不论用何项方法,均应叙明争端事由及各当事国。

二、书记官长应立将请求书通知有关各方。

三、书记官长并应经由秘书长通知联合国会员国及有权在法院出庭其他之国家。

第四十一条

一、法院如认情形有必要时,有权指示当事国应行遵守以保全彼此权利之临时办法。

二、在终局判决前,应将此项指示办法立即通知各当事国及安全理事会。

第四十二条

一、各当事国应由代理人代表之。

二、各当事国得派律师或辅佐人在法院予以协助。

三、各当事国之代理人、律师及辅助人应享受关于独立行使其职务所必要之特权及豁免。

第四十三条

一、诉讼程序应分书面与口述两部分。

二、书面程序系指以诉状、辩诉状及必要时之答辩状连同可资佐证之各种文件及公文书送达法院及各当事国。

三、此项送达应由书记官长依法院所定次序及期限为之。

四、当事国一造所提出之一切文件应将证明无讹之抄本一份送达他造。

五、口述程序系指法院审讯证人、鉴定人、代理人、律师及辅佐人。

第四十四条

一、法院遇有对于代理人、律师及辅佐人以外之人送达通知书,而须在某国领土内行之者,应径向该国政府接洽。

二、为就地搜集证据而须采取步骤时,适用前项规定。

第四十五条

法院之审讯应由院长指挥,院长不克出席时,由副院长指挥;院长副院长均不克出席时,由出席法官中之资深者主持。

第四十六条

法院之审讯应公开行之,但法院另有决定或各当事国要求拒绝公众旁听时,不在此限。

第四十七条

一、每次审讯应作成记录,由书记官长及院长签名。

二、前项记录为唯一可据之记录。

第四十八条

法院为进行办理案件应颁发命令;对于当事国每造,应决定其必须终结辩论之方式及时间;对于证据之搜集,应为一切之措施。

第四十九条

法院在开始审讯前,亦得令代理人提出任何文件,或提供任何解释。如经拒绝应予正式记载。

第五十条

法院得随时选择任何个人、团体、局所、委员会、或其他组织,委以调查或鉴定之责。

第五十一条

审讯时得依第三十条所指法院在其程序规则中所定之条件,向证人及鉴定人提出任何切要有关之诘问。

第五十二条

法院于所定期限内收到各项证明及证据后,得拒绝接受当事国一造欲提出之其他口头或书面证据,但经他造同意者,不在此限。

第五十三条

一、当事国一造不到法院或不辩护其主张时,他造得请求法院对自己主张为有利之裁判。

二、法院于允准前项请求前,应查明不特依第三十六条及第三十七条法院对本案有管辖权,且请求人之主张在事实及法律上均有根据。

第五十四条

一、代理人律师及辅佐人在法院指挥下陈述其主张已完毕时,院长应宣告辩论终结。

二、法官应退席讨论判决。

三、法官之评议应秘密为之,并永守秘密。

第五十五条

一、一切问题应由出席法官之过半数决定之。

二、如投票数相等时,院长或代理院长职务之法官应投决定票。

第五十六条

一、判词应叙明理由。

二、判词应载明参与裁判之法官姓名。

第五十七条

判词如全部或一部分不能代表法官一致之意见时,任何法官得另行宣告其个别意见。

第五十八条

判词应由院长及书记官长签名,在法庭内公开宣读,并应先期通知各代理人。

第五十九条

法院之裁判除对于当事国及本案外,无拘束力。

第六十条

法院之判决系属确定,不得上诉。判词之意义或范围发生争端时,经任何当事国之请求后,法院应予解释。

第六十一条

一、声请法院复核判决,应根据发现具有决定性之事实,而此项事实在判决宣告时为法院及声请复核之当事国所不知者,但以非因过失而不知者为限。

二、复核程序之开始应由法院下以裁决,载明新事实之存在,承认此项新事实具有使本案应予复核性质,并宣告复核之声请因此可予接受。

三、法院于接受复核诉讼前得令先行履行判决之内容。

四、声请复核至迟应于新事实发现后六个月内为之。

五、声请复核自判决日起逾十年后不得为之。

第六十二条

一、某一国家如认为某案件之判决可影响属于该国具有法律性质之利益时,得向法院声请参加。

二、此项声请应由法院裁决之。

第六十三条

一、几协约发生解释问题,而诉讼当事国以外尚有其他国家为该协约之签字国者,应立由书记官长通知各该国家。

二、受前项通知之国家有参加程序之权;但如该国行使此项权利时,判决中之解释对该国具有同样拘束力。

第六十四条

除法院另有裁定外,诉讼费用由各造当事国自行担负。

咨询意见

第六十五条

一、法院对于任何法律问题如经任何团体由联合国宪章授权而请求或依照联合国宪章而请求时,得发表咨询意见。

二、凡向法院请求咨询意见之问题,应以声请书送交法院。此项声请书对于咨询意见之问题,应有确切之叙述,并应附送足以释明该问题之一切文件。

第六十六条

一、书记官长应立将咨询意见之声请,通知凡有权在法院出庭之国家。

二、书记官长并应以特别且直接之方法通知法院(或在法院不开庭时,院长)所认为对于咨询问题能供给情报之有权在法院出庭之任何国家或能供给情报之国际团体,声明法院于院长所定之期限内准备接受关于该问题之书面陈述,或准备于本案公开审讯时听取口头陈述。

三、有权在法院出庭之任何国家如未接到本条第二项所指之特别通知时,该国家得表示愿以书面或口头陈述之意思,而由法院裁决之。

四、凡已经提出书面或口头陈述或两项陈述之国家及团体,对于其他国家或团体所提之陈述,准其依法院(或在法院不开庭时,院长)所定关于每案之方式,范围及期限,予以评论。书记官长应于适当时间内将此项书面陈述通知已经提出此类陈述之国家及团体。

第六十七条

法院应将其咨询意见当庭公开宣告并先期通知秘书长、联合国会员国及有直接关系之其他国家及国际团体之代表。

第六十八条

法院执行关于咨询意见之职务时,并应参照本规约关于诉讼案件各条款之规定,但以法院认为该项条款可以适用之范围为限。

修正

第六十九条

本规约之修正准用联合国宪章所规定关于修正宪章之程序,但大会经安全理事会之建议得制定关于本规约当事国而非联合国会员国参加该项程序之任何规定。

第七十条

法院认为必要时得以书面向秘书长提出于本规约之修正案,由联合国依照第六十条之规定,加以讨论。

《世界人权宣言》
(1948 年 12 月 10 日)

序言

鉴于对人类家庭所有成员的固有尊严及其平等的和不移的权利的承认,乃是世界自由、正义与和平的基础,

鉴于对人权的无视和侮蔑已发展为野蛮暴行,这些暴行玷污了人类的良心,而一个人人享有言论和信仰自由并免于恐惧和匮乏的世界的来临,已被宣布为普通人民的最高愿望,

鉴于为使人类不致迫不得已铤而走险对暴政和压迫进行反叛,有必要使人权受法治的保护,

鉴于有必要促进各国间友好关系的发展,

鉴于各联合国国家的人民已在联合国宪章中重申他们对基本人权、人格尊严和价值以及男女平等权利的信念,并决心促成较大自由中的社会进步和生活水平的改善,

鉴于各会员国业已誓愿同联合国合作以促进对人权和基本自由的普遍尊重和遵行,

鉴于对这些权利和自由的普遍了解对于这个誓愿的充分实现具有很大的重要性,

因此现在,

大会,

发布这一世界人权宣言,作为所有人民和所有国家努力实现的共同标准,以期每一个人和社会机构经常铭念本宣言,努力通过教诲和教育促进对权利和自由的尊重,并通过国家的和国际的渐进措施,使这些权利和自由在各会员国本身人民及在其管辖下领土的人民中得到普遍和有效的承认和

遵行；

第一条

人人生而自由，在尊严和权利上一律平等。他们赋有理性和良心，并应以兄弟关系的精神相对待。

第二条

人人有资格享有本宣言所载的一切权利和自由，不分种族、肤色、性别、语言、宗教、政治或其他见解、国籍或社会出身、财产、出生或其他身份等任何区别。并且不得因一人所属的国家或领土的政治的、行政的或者国际的地位之不同而有所区别，无论该领土是独立领土、托管领土、非自治领土或者处于其他任何主权受限制的情况之下。

第三条

人人有权享有生命、自由和人身安全。

第四条

任何人不得使为奴隶或奴役；一切形式的奴隶制度和奴隶买卖，均应予以禁止。

第五条

任何人不得加以酷刑，或施以残忍的、不人道的或侮辱性的待遇或刑罚。

第六条

人人在任何地方有权被承认在法律前的人格。

第七条

法律之前人人平等，并有权享受法律的平等保护，不受任何歧视。人人有权享受平等保护，以免受违反本宣言的任何歧视行为以及煽动这种歧视的任何行为之害。

第八条

任何人当宪法或法律所赋予他的基本权利遭受侵害时，有权由合格的国家法庭对这种侵害行为作有效的补救。

第九条

任何人不得加以任意逮捕、拘禁或放逐。

第十条

人人完全平等地有权由一个独立而无偏倚的法庭进行公正的和公开的审讯，以确定他的权利和义务并判定对他提出的任何刑事指控。

第十一条

（一）凡受刑事控告者，在未经获得辩护上所需的一切保证的公开审判而依法证实有罪以前,有权被视为无罪。

(二)任何人的任何行为或不行为,在其发生时依国家法或国际法均不构成刑事罪者,不得被判为犯有刑事罪。刑罚不得重于犯罪时适用的法律规定。

第十二条

任何人的私生活、家庭、住宅和通信不得任意干涉,他的荣誉和名誉不得加以攻击。人人有权享受法律保护,以免受这种干涉或攻击。

第十三条

(一)人人在各国境内有权自由迁徙和居住。

(二)人人有权离开任何国家,包括其本国在内,并有权返回他的国家。

第十四条

(一)人人有权在其他国家寻求和享受庇护以避免迫害。

(二)在真正由于非政治性的罪行或违背联合国的宗旨和原则的行为而被起诉的情况下,不得援用此种权利。

第十五条

(一)人人有权享有国籍。

(二)任何人的国籍不得任意剥夺,亦不得否认其改变国籍的权利。

第十六条

(一)成年男女,不受种族、国籍或宗教的任何限制有权婚嫁和成立家庭。他们在婚姻方面,在结婚期间和在解除婚约时,应有平等的权利。

(二)只有经男女双方的自由和完全的同意,才能缔婚。

(三)家庭是天然的和基本的社会单元,并应受社会和国家的保护。

第十七条

(一)人人得有单独的财产所有权以及同他人合有的所有权。

(二)任何人的财产不得任意剥夺。

第十八条

人人有思想、良心和宗教自由的权利;此项权利包括改变他的宗教或信仰的自由,以及单独或集体、公开或秘密地以教义、实践、礼拜和戒律表示他的宗教或信仰的自由。

第十九条

人人有权享有主张和发表意见的自由;此项权利包括持有主张而不受干涉的自由,和通过任何媒介和不论国界寻求、接受和传递消息和思想的自由。

第二十条

(一)人人有权享有和平集会和结社的自由。

（二）任何人不得迫使隶属于某一团体。

第二十一条

（一）人人有直接或通过自由选择的代表参与治理本国的权利。

（二）人人有平等机会参加本国公务的权利。

（三）人民的意志是政府权力的基础；这一意志应以定期的和真正的选举予以表现，而选举应依据普遍和平等的投票权，并以不记名投票或相当的自由投票程序进行。

第二十二条

每个人，作为社会的一员，有权享受社会保障，并有权享受他的个人尊严和人格的自由发展所必需的经济、社会和文化方面各种权利的实现，这种实现是通过国家努力和国际合作并依照各国的组织和资源情况。

第二十三条

（一）人人有权工作、自由选择职业、享受公正和合适的工作条件并享受免于失业的保障。

（二）人人有同工同酬的权利，不受任何歧视。

（三）每一个工作的人，有权享受公正和合适的报酬，保证使他本人和家属有一个符合人的尊严的生活条件，必要时并辅以其他方式的社会保障。

（四）人人有为维护其利益而组织和参加工会的权利。

第二十四条

人人有享有休息和闲暇的权利，包括工作时间有合理限制和定期给薪休假的权利。

第二十五条

（一）人人有权享受为维持他本人和家属的健康和福利所需的生活水准，包括食物、衣着、住房、医疗和必要的社会服务；在遭到失业、疾病、残废、守寡、衰老或在其他不能控制的情况下丧失谋生能力时，有权享受保障。

（二）母亲和儿童有权享受特别照顾和协助。一切儿童，无论婚生或非婚生，都应享受同样的社会保护。

第二十六条

（一）人人都有受教育的权利，教育应当免费，至少在初级和基本阶段应如此。初级教育应属义务性质。技术和职业教育应普遍设立。高等教育应根据成绩而对一切人平等开放。

（二）教育的目的在于充分发展人的个性并加强对人权和基本自由的尊重。教育应促进各国、各种族或各宗教集团间的了解、容忍和友谊，并应促进联合国维护和平的各项活动。

（三）父母对其子女所应受的教育的种类,有优先选择的权利。

第二十七条

（一）人人有权自由参加社会的文化生活,享受艺术,并分享科学进步及其产生的福利。

（二）人人对由于他所创作的任何科学、文学或美术作品而产生的精神的和物质的利益,有享受保护的权利。

第二十八条

人人有权要求一种社会的和国际的秩序,在这种秩序中,本宣言所载的权利和自由能获得充分实现。

第二十九条

（一）人人对社会负有义务,因为只有在社会中他的个性才可能得到自由和充分的发展。

（二）人人在行使他的权利和自由时,只受法律所确定的限制,确定此种限制的唯一目的在于保证对旁人的权利和自由给予应有的承认和尊重,并在一个民主的社会中适应道德、公共秩序和普遍福利的正当需要。

（三）这些权利和自由的行使,无论在任何情形下均不得违背联合国的宗旨和原则。

第三十条

本宣言的任何条文,不得解释为默许任何国家、集团或个人有权进行任何旨在破坏本宣言所载的任何权利和自由的活动或行为。

联合国千年首脑会议宣言

（2000 年 9 月 8 日）

一、价值和原则

1. 我们各国元首和政府首脑,在新的千年开始之际,于 2000 年 9 月 6 日至 8 日聚集于联合国纽约总部,重申我们对联合国的信心,并重申《联合国宪章》是创建一个更加和平、繁荣和公正的世界所必不可少的依据。

2. 我们认识到,除了我们对各自社会分别要承担的责任外,我们还有在全球维护人的尊严、平等与公平原则的集体责任。因此,作为领导人,我们对世界所有人民,特别易受伤害的人,尤其是拥有未来的全球儿童,负有责任。

3. 我们重申对《联合国宪章》各项宗旨和原则的承诺,它们已证实是永不过时的,是普遍适用的。事实上,随着国家和人民之间的相互联系和相互依赖日益增加,它们的现实意义和感召能力业已加强。

4.我们决心根据《宪章》的宗旨和原则,在全世界建立公正持久的和平。我们再次申明矢志支持一切为维护各国主权平等的努力,尊重其领土完整和政治独立,以和平手段并按照正义与国际法原则解决争端,给予仍处于殖民统治和外国占领下的人民以自决权,不干涉各国内政,尊重人权和基本自由,尊重所有人的平等权利,不分种族、性别、语言或宗教,进行国际合作以解决经济、社会、文化或人道性质的问题。

5.我们深信,我们今天面临的主要挑战是确保全球化成为一股有利于全世界所有人民的积极力量。因为尽管全球化带来了巨大机遇,但它所产生的惠益目前分配非常不均,各方付出的代价也不公平。我们认识到发展中国家和转型期经济国家为应付这一主要挑战而面临特殊的困难。因此,只有以我们人类共有的多样性为基础,通过广泛和持续的努力创造共同的未来,才能使全球化充分做到兼容并蓄,公平合理。这些努力还必须包括顾及发展中国家和转型期经济体的需要、并由这两者有效参与制订和执行的全球性政策和措施。

6.我们认为某些基本价值对二十一世纪的国际关系是必不可少的。这包括:

·自由。人们不分男女,有权在享有尊严、免于饥饿和不担心暴力、压迫或不公正对待的情况下过自己的生活,养育自己的儿女。以民心为本的参与性民主施政是这些权利的最佳保障。

·平等。不得剥夺任何个人和任何国家得益于发展的权利。必须保障男女享有平等的权利和机会。

·团结。必须根据公平和社会正义的基本原则,以公平承担有关代价和负担的方式处理各种全球挑战。遭受不利影响或得益最少的人有权得到得益最多者的帮助。

·容忍。人类有不同的信仰、文化和语言,人与人之间必须相互尊重。不应害怕也不应压制各个社会内部和社会之间的差异,而应将其作为人类宝贵资产来加以爱护。应积极促进所有文明之间的和平与对话文化。

·尊重大自然。必须根据可持续发展的规律,在对所有生物和自然资源进行管理时谨慎行事。只有这样,才能保护大自然给我们的无穷财富并把它们交给我们的子孙。为了我们今后的利益和我们后代的福祉,必须改变目前不可持续的生产和消费方式。

·共同承担责任。世界各国必须共同承担责任来管理全球经济和社会发展以及国际和平与安全面临的威胁,并应以多边方式履行这一职责。联合国作为世界上最具普遍性和代表性的组织,必须发挥核心作用。

7. 为了把这些共同价值变为行动,兹将我们特别重视的一些关键目标列举于后。

二、和平、安全与裁军

8. 我们将竭尽全力,使我们的人民免于战祸,不受国内战争和国家间战争之害,在过去十年,有五百多万人在这些战争中丧生。我们还将力求消除大规模毁灭性武器造成的危险。

9. 因此,我们决心:

·在国际和国家事务中加强尊重法制,特别是确保会员国在涉及它们的任何案件中依照《联合国宪章》遵守国际法院的判决。

·加强联合国维护和平与安全的效力,为它提供预防冲突、和平解决争端、维持和平及冲突后建设和平与重建所需要的资源和工具。在这方面,我们注意到联合国和平行动问题小组的报告,并请大会迅速审议它的各项建议。

·按照《宪章》第八章的规定,加强联合国同各区域组织之间的合作。

·确保诸如军备控制和裁军等领域的各项条约以及国际人道法和人权法得到缔约国的执行,并吁请所有国家考虑签署和批准《国际刑事法院罗马规约》

·采取协调行动打击国际恐怖主义,并尽快加入所有相关的国际公约。

·加倍努力履行我们关于反击世界毒品问题的承诺。

·加强努力打击所有方面的跨国犯罪,包括贩卖和偷运人口以及洗钱行为。

·尽量减少联合国经济制裁对无辜百姓的不利影响,定期审查制裁制度,以及消除制裁对第三方的不利影响。

·努力消除大规模毁灭性武器,特别是核武器,灵活选择实现这个目标的一切办法,包括可能召开一次国际会议,以确定消除核危险的方式。

·采取协调行动,特别是考虑到即将召开的联合国小武器和轻武器非法贸易问题会议的所有建议,增加武器转让的透明度和支持区域裁军措施,制止小武器和轻武器的非法贩运。

·吁请所有国家考虑加入《关于禁止使用、储存、生产和转让杀伤人员地雷及销毁此种地雷的公约》以及常规武器公约的地雷问题修正议定书。

10. 我们促请会员国从今以后个别及集体遵守奥林匹克休战,并支持国际奥林匹克委员会努力通过体育和奥林匹克理想促进和平及人与人之间的相互谅解。

三、发展与消除贫穷

11. 我们将不遗余力地帮助我们十亿多男女老少同胞摆脱目前凄苦可怜和毫无尊严的极端贫穷状况。我们决心使每一个人实现发展权,并使全人类免于匮乏。

12. 因此,我们决心在国家一级及全球一级创造一种有助于发展和消除贫穷的环境。

13. 上述目标能否成功实现,除其他外,取决于每个国家内部施行善政。这也取决于国际一级的善政,并取决于金融、货币和贸易体制的透明度。我们承诺建立一个开放的、公平的、有章可循的、可预测的和非歧视性的多边贸易和金融体制。

14. 我们对发展中国家在筹集资助其持续发展所需的资源时面临各种障碍表示关切。因此我们将竭尽全力确保订于 2001 年举行的发展融资问题高级别国际和政府间活动圆满成功。

15. 我们还承诺设法满足最不发达国家的特殊需要。在这方面,我们欢迎在 2001 年 5 月举行第三次联合国最不发达国家问题会议,并努力确保会议圆满成功。我们呼请工业化国家:

· 最好在此次会议召开之前,通过一项允许最不发达国家基本上所有出口产品免税和免配额进口的政策;

· 不再拖延地实施更加优惠的重债穷国减免债务方案,并同意取消已作出明显减贫承诺的国家的一切官方双边债务;

· 给予更慷慨的发展援助,特别是援助那些真正努力将其资源用于减贫的国家。

16. 我们还决心以全面有效的方式解决中低收入发展中国家的债务问题,采取各种国家和国际措施使其债务可以长期持续承受。

17. 我们还决心设法满足小岛屿发展中国家的特殊需要,迅速全面执行《巴巴多斯行动纲领》以及大会第二十二届特别会议的结果。我们促请国际社会在制订脆弱性指数时考虑到小岛屿发展中国家的特殊需要。

18. 我们认识到内陆发展中国家的特殊需要和问题,并促请双边和多边捐助者增加对这组国家的财政和技术援助,以满足其特殊发展需要,并通过改善其过境运输系统,帮助其克服地理障碍。

19. 我们还决心:

· 在 2015 年年底前,使世界上每日收入低于一美元的人口比例和挨饿人口比例降低一半,并在同一日期之前,使无法得到或负担不起安全饮用水的人口比例降低一半。

·确保在同一日期之前,使世界各地的儿童,不论男女,都能上完小学全部课程,男女儿童都享有平等的机会,接受所有各级教育。

·在同一日期之前,将目前产妇死亡率降低四分之三,将目前五岁以下儿童死亡率减少三分之二。

·届时制止并开始扭转艾滋病毒/艾滋病的蔓延、消灭疟疾及其他折磨人类的主要疾病的祸害。

·向艾滋病毒/艾滋病孤儿提供特别援助。

·到 2020 年年底前,根据“无贫民窟城市”倡议,使至少一亿贫民窟居民的生活得到重大改善。

20. 我们也决心:

·促进性别平等和赋予妇女权能,以此作为战胜贫穷、饥饿和疾病及刺激真正可持续发展的有效途径。

·制订并实施各种战略,让世界各地青年人有机会找到从事生产的正当工作。

·鼓励制药行业让发展中国家所有有此需要的人更容易买到价格相宜的必要药品。

·在谋求发展和消除贫穷过程中,与私营部门和民间社会组织建立稳固的伙伴关系。

·依照《经社理事会 2000 年部长宣言》所载建议,确保人人均可享受新技术特别是信息和通讯技术的好处。

四、保护我们的共同环境

21. 我们必须不遗余力,使全人类尤其是我们的子孙后代不致生活在一个被人类活动造成不可挽回的破坏、资源已不足以满足他们的需要的地球。

22. 我们重申支持联合国环境与发展会议商定的可持续发展原则,包括列于《21 世纪议程》的各项原则。

23. 因此,我们决心在我们一切有关环境的行动中,采取新的养护与管理的道德标准,作为第一步,我们决心:

·竭尽全力确保《京都议定书》生效,最好在 2002 年联合国环境与发展会议十周年之前生效,并开始按规定减少温室气体的排放。

·加紧进行集体努力,以管理、保护和可持续地开发所有各类森林。

·推动全面执行《生物多样性公约》和《在发生严重干旱和/或荒漠化的国家特别是在非洲防治荒漠化公约》。

·通过在区域、国家和地方各级拟订促进公平获取用水和充分供水的水管理战略,制止不可持续地滥用水资源。

·加紧合作以减少自然灾害和人为灾害的次数及其影响。

·确保自由获取有关人类基因组序列的资料。

五、人权、民主和善政

24. 我们将不遗余力,促进民主和加强法治,并尊重一切国际公认的人权和基本自由,包括发展权。

25. 因此,我们决心:

·全面遵守和维护《世界人权宣言》。

·力争在我们所有国家充分保护和促进所有人的公民、政治、经济、社会和文化权利。

·加强我们所有国家的能力,以履行民主的原则与实践,尊重包括少数人权利在内的各项人权。

·打击一切形式的对妇女的暴力行为,并执行《消除对妇女一切形式歧视公约》。

·采取措施以确保尊重和保护移徙者、移民工人及其家属的人权,消除许多社会中日益增加的种族主义行为和排外行动,并增进所有社会中人与人之间的和谐与容忍。

·作出集体努力,以促进更具包容性的政治进程,让我们所有国家的全体公民都能够真正参与。

·确保新闻媒体有发挥其重要作用的自由,也确保公众有获取信息的权利。

六、保护易受伤害者

26. 我们将不遗余力,确保遭受自然灾害、种族灭绝、武装冲突和其他人道紧急状态的影响特别严重的儿童和所有平民均能得到一切援助和保护,使他们尽快恢复正常生活。

因此,我们决心:

·依照国际人道法,扩大和加强保护处于复杂紧急状态下的平民。

·加强国际合作,包括分担责任及协调对难民收容国的人道援助;协助所有难民和流离失所者自愿地、有尊严地安全返回其家园,并顺利重新融入其社会。

· 鼓励批准和全面执行《儿童权利公约》及其关于儿童卷入武装冲突问题的任择议定书和关于买卖儿童、儿童卖淫和儿童色情制品的任择议定书。

七、满足非洲的特殊需要

27. 我们支持巩固非洲的民主,并帮助非洲人为实现持久和平、消除贫穷和促进可持续发展而斗争,从而将非洲纳入世界经济的主流。

28. 因此,我们决心:

· 全力支持非洲新兴民主政体的政治和体制结构。

· 鼓励建立和维持防止冲突和促进政治稳定的区域和分区域机制,并确保非洲大陆的维持和平行动获得可靠的资源流入量。

· 采取特别措施来应付非洲消除贫穷和促进可持续发展的挑战,包括取消债务,改善市场准入条件,增加官方发展援助,增加外国直接投资的流入量以及转让技术。

· 帮助非洲建立应付艾滋病毒/艾滋病和其他传染病蔓延的能力。

八、加强联合国

29. 我们将不遗余力使联合国成为致力实现以下所有优先事项的更有效工具:努力使全世界所有人民实现发展,战胜贫穷、无知和疾病;维护正义;打击暴力、恐怖和犯罪;以及防止我们的共同家园出现退化和受到破坏。

30. 因此,我们决心:

· 重申大会作为联合国主要的议事、决策和代表机构的核心地位,并使它能有效发挥这一作用。

· 加紧努力全面改革安全理事会的所有方面。

· 在经济及社会理事会最近成就的基础上,进一步加强经济及社会理事会,帮助它发挥《宪章》为其规定的作用。

· 加强国际法院,在国际事务中确保正义与法制。

· 鼓励联合国各主要机构在履行其职责时定期进行磋商和协调。

· 确保以可预期的方式及时为联合国提供其完成任务所需的资源。

· 促请秘书处根据大会商定的明确规则和程序,通过采用现有的最佳管理办法和技术,以及集中力量开展反映会员国商定优先事项的那些工作,为所有会员国的利益,尽量使这些资源得到最佳利用。

· 促进遵守《联合国人员和有关人员安全公约》。

· 确保联合国、其机构、布雷顿森林机构和世界贸易组织以及其他多边机构之间的政策更加协调一致,并进行更好的合作,以期对和平与发展问题采取全面协调的对策。

·通过各国议会的世界组织各国议会联盟,进一步加强联合国同各国议会在和平与安全、经济和社会发展、国际法和人权、民主及性别问题等各个领域的合作。

·使私营部门、非政府组织和广大民间社会有更多的机会协助实现联合国的目标和方案。

31. 我们请大会定期审查实施本宣言各项规定的进展情况,并请秘书长印发定期报告,供大会审议,并作为采取进一步行动的依据。

32. 在此具有历史意义的盛会,我们庄严重申,联合国是整个人类大家庭不可或缺的共同殿堂,我们将通过联合国努力实现我们全人类谋求和平、合作与发展的普遍愿望。因此,我们庄严承诺毫无保留地支持这些共同目标,并决心实现这些共同目标。

2000 年 9 月 8 日第 8 次全体会议

改变我们的世界:2030 年可持续发展议程
(2015 年 10 月 21 日)

序言

本议程是为人类、地球与繁荣制订的行动计划。它还旨在加强世界和平与自由。我们认识到,消除一切形式和表现的贫困,包括消除极端贫困,是世界最大的挑战,也是实现可持续发展必不可少的要求。

所有国家和所有利益攸关方将携手合作,共同执行这一计划。我们决心让人类摆脱贫困和匮乏,让地球治愈创伤并得到保护。我们决心大胆采取迫切需要的变革步骤,让世界走上可持续且具有恢复力的道路。在踏上这一共同征途时,我们保证,绝不让任何一个人掉队。

我们今天宣布的 17 个可持续发展目标和 169 个具体目标展现了这个新全球议程的规模和雄心。这些目标寻求巩固发展千年发展目标,完成千年发展目标尚未完成的事业。它们要让所有人享有人权,实现性别平等,增强所有妇女和女童的权能。它们是整体的,不可分割的,并兼顾了可持续发展的三个方面:经济、社会和环境。

这些目标和具体目标将促使人们在今后 15 年内,在那些对人类和地球至关重要的领域中采取行动。

人类

我们决心消除一切形式和表现的贫困与饥饿,让所有人平等和有尊严地在一个健康的环境中充分发挥自己的潜能。

地球

我们决心阻止地球的退化,包括以可持续的方式进行消费和生产,管理地球的自然资源,在气候变化问题上立即采取行动,使地球能够满足今世后代的需求。

繁荣

我们决心让所有的人都过上繁荣和充实的生活,在与自然和谐相处的同时实现经济、社会和技术进步。

和平

我们决心推动创建没有恐惧与暴力的和平、公正和包容的社会。没有和平,就没有可持续发展;没有可持续发展,就没有和平。

伙伴关系

我们决心动用必要的手段来执行这一议程,本着加强全球团结的精神,在所有国家、所有利益攸关方和全体人民参与的情况下,恢复全球可持续发展伙伴关系的活力,尤其注重满足最贫困最脆弱群体的需求。

各项可持续发展目标是相互关联和相辅相成的,对于实现新议程的宗旨至关重要。如果能在议程述及的所有领域中实现我们的雄心,所有人的生活都会得到很大改善,我们的世界会变得更加美好。

宣言

导言

1. 我们,在联合国成立七十周年之际于 2015 年 9 月 25 日至 27 日会聚在纽约联合国总部的各国的国家元首、政府首脑和高级别代表,于今日制定了新的全球可持续发展目标。

2. 我们代表我们为之服务的各国人民,就一套全面、意义深远和以人为中心的具有普遍性和变革性的目标和具体目标,做出了一项历史性决定。我们承诺做出不懈努力,使这一议程在 2030 年前得到全面执行。我们认识到,消除一切形式和表现的贫困,包括消除极端贫困,是世界的最大挑战,对实现可持续发展必不可少。我们决心采用统筹兼顾的方式,从经济、社会和环境这三个方面实现可持续发展。我们还将在巩固实施千年发展目标成果的基础上,争取完成它们尚未完成的事业。

3. 我们决心在现在到 2030 年的这一段时间内,在世界各地消除贫困与饥饿;消除各个国家内和各个国家之间的不平等;建立和平、公正和包容的社会;保护人权和促进性别平等,增强妇女和女童的权能;永久保护地球及其自然资源。我们还决心创造条件,实现可持续、包容和持久的经济增长,让所有人分享繁荣并拥有体面工作,同时顾及各国不同的发展程度和能力。

4. 在踏上这一共同征途时,我们保证,绝不让任何一个人掉队。我们认识到,人必须有自己的尊严,我们希望实现为所有国家、所有人民和所有社会阶层制定的目标和具体目标。我们将首先尽力帮助落在最后面的人。

5. 这是一个规模和意义都前所未有的议程。它顾及各国不同的国情、能力和发展程度,尊重各国的政策和优先事项,因而得到所有国家的认可,并适用于所有国家。这些目标既是普遍性的,也是具体的,涉及每一个国家,无论它是发达国家还是发展中国家。它们是整体的,不可分割的,兼顾了可持续发展的三个方面。

6. 这些目标和具体目标是在同世界各地的民间社会和其他利益攸关方进行长达两年的密集公开磋商和意见交流尤其是倾听最贫困最弱势群体的意见后提出的。磋商也参考借鉴了联合国大会可持续发展目标开放工作组和联合国开展的重要工作。联合国秘书长于 2014 年 12 月就此提交了一份总结报告。

愿景

7. 我们通过这些目标和具体目标提出了一个雄心勃勃的变革愿景。我们要创建一个没有贫困、饥饿、疾病、匮乏并适于万物生存的世界。一个没有恐惧与暴力的世界。一个人人都识字的世界。一个人人平等享有优质大中小学教育、卫生保健和社会保障以及心身健康和社会福利的世界。一个我们重申我们对享有安全饮用水和环境卫生的人权的承诺和卫生条件得到改善的世界。一个有充足、安全、价格低廉和营养丰富的粮食的世界。一个有安全、充满活力和可持续的人类居住地的世界和一个人人可以获得价廉、可靠和可持续能源的世界。

8. 我们要创建一个普遍尊重人权和人的尊严、法治、公正、平等和非歧视,尊重种族、民族和文化多样性,尊重机会均等以充分发挥人的潜能和促进共同繁荣的世界。一个注重对儿童投资和让每个儿童在没有暴力和剥削的环境中成长的世界。一个每个妇女和女童都充分享有性别平等和一切阻碍女性权能的法律、社会和经济障碍都被消除的世界。一个公正、公平、容忍、开放、有社会包容性和最弱势群体的需求得到满足的世界。

9. 我们要创建一个每个国家都实现持久、包容和可持续的经济增长和每个人都有体面工作的世界。一个以可持续的方式进行生产、消费和使用从空气到土地、从河流、湖泊和地下含水层到海洋的各种自然资源的世界。

一个有可持续发展包括持久的包容性经济增长、社会发展、环境保护和消除贫困与饥饿所需要的民主、良政和法治,并有有利的国内和国际环境的世界。一个技术研发和应用顾及对气候的影响、维护生物多样性和有复原力的世界。一个人类与大自然和谐共处,野生动植物和其他物种得到保护的世界。

共同原则和承诺

10. 新议程依循《联合国宪章》的宗旨和原则,充分尊重国际法。它以《世界人权宣言》、国际人权条约、《联合国千年宣言》和2005年世界首脑会议成果文件为依据,并参照了《发展权利宣言》等其他文书。

11. 我们重申联合国所有重大会议和首脑会议的成果,因为它们为可持续发展奠定了坚实基础,帮助勾画这一新议程。这些会议和成果包括《关于环境与发展的里约宣言》、可持续发展问题世界首脑会议、社会发展问题世界首脑会议、《国际人口与发展会议行动纲领》、《北京行动纲要》和联合国可持续发展大会。我们还重申这些会议的后续行动,包括以下会议的成果:第四次联合国最不发达国家问题会议、第三次小岛屿发展中国家问题国际会议、第二次联合国内陆发展中国家问题会议和第三次联合国世界减少灾害风险大会。

12. 我们重申《关于环境与发展的里约宣言》的各项原则,特别是宣言原则7提出的共同但有区别的责任原则。

13. 这些重大会议和首脑会议提出的挑战和承诺是相互关联的,需要有统筹解决办法。要有新的方法来有效处理这些挑战。在实现可持续发展方面,消除一切形式和表现的贫困,消除国家内和国家间的不平等,保护地球,实现持久、包容和可持续的经济增长和促进社会包容,是相互关联和相辅相成的。

当今所处的世界

14. 我们的会议是在可持续发展面临巨大挑战之际召开的。我们有几十亿公民仍然处于贫困之中,生活缺少尊严。国家内和国家间的不平等在增加。机会、财富和权力的差异十分悬殊。性别不平等仍然是一个重大挑战。失业特别是青年失业,是一个令人担忧的重要问题。全球性疾病威胁、越来越频繁和严重的自然灾害、不断升级的冲突、暴力极端主义、恐怖主义和有关的人道主义危机以及被迫流离失所,有可能使最近数十年取得的大部分发展进展功亏一篑。自然资源的枯竭和环境退化产生的不利影响,包括荒漠化、干旱、土地退化、淡水资源缺乏和生物多样性丧失,使人类面临的各种挑战不断增加和日益严重。气候变化是当今时代的最大挑战之一,它产生的不利影响削弱了各国实现可持续发展的能力。全球升温、海平面上升、海洋酸化和其他气候变化产生的影响,严重影响到沿岸地区和低洼沿岸国家,包括许多最不发达国家和小岛屿发展中国家。许多社会和各种维系地球的生物系统的生存受到威胁。

15.但这也是一个充满机遇的时代。应对许多发展挑战的工作已经取得了重大进展,已有千百万人民摆脱了极端贫困。男女儿童接受教育的机会大幅度增加。信息和通信技术的传播和世界各地之间相互连接的加强在加快人类进步方面潜力巨大,消除数字鸿沟,创建知识社会,医药和能源等许多领域中的科技创新也有望起到相同的作用。

16.千年发展目标是在近十五年前商定的。这些目标为发展确立了一个重要框架,已经在一些重要领域中取得了重大进展。但是各国的进展参差不齐,非洲、最不发达国家、内陆发展中国家和小岛屿发展中国家尤其如此,一些千年发展目标仍未实现,特别是那些涉及孕产妇、新生儿和儿童健康的目标和涉及生殖健康的目标。我们承诺全面实现所有千年发展目标,包括尚未实现的目标,特别是根据相关支助方案,重点为最不发达国家和其他特殊处境国家提供更多援助。新议程巩固发展了千年发展目标,力求完成没有完成的目标,特别是帮助最弱势群体。

17.但是,我们今天宣布的框架远远超越了千年发展目标。除了保留消贫、保健、教育和粮食安全和营养等发展优先事项外,它还提出了各种广泛的经济、社会和环境目标。它还承诺建立更加和平、更加包容的社会。重要的是,它还提出了执行手段。新的目标和具体目标相互紧密关联,有许多贯穿不同领域的要点,体现了我们决定采用统筹做法。

新议程

18.我们今天宣布17个可持续发展目标以及169个相关具体目标,这些目标是一个整体,不可分割。世界各国领导人此前从未承诺为如此广泛和普遍的政策议程共同采取行动和做出努力。我们正共同走上可持续发展道路,集体努力谋求全球发展,开展为世界所有国家和所有地区带来巨大好处的"双赢"合作。我们重申,每个国家永远对其财富、自然资源和经济活动充分拥有永久主权,并应该自由行使这一主权。我们将执行这一议程,全面造福今世后代所有人。在此过程中,我们重申将维护国际法,并强调,将采用信守国际法为各国规定的权利和义务的方式来执行本议程。

19.我们重申《世界人权宣言》以及其他涉及人权和国际法的国际文书的重要性。我们强调,所有国家都有责任根据《联合国宪章》尊重、保护和促进所有人的人权和基本自由,不分其种族、肤色、性别、语言、宗教、政治或其他见解、国籍或社会出身、财产、出生、残疾或其他身份等任何区别。

20.实现性别平等和增强妇女和女童权能将大大促进我们实现所有目标

和具体目标。如果人类中有一半人仍然不能充分享有人权和机会,就无法充分发挥人的潜能和实现可持续发展。妇女和女童必须能平等地接受优质教育,获得经济资源和参政机会,并能在就业、担任各级领导和参与决策方面,享有与男子和男童相同的机会。我们将努力争取为缩小两性差距大幅增加投入,在性别平等和增强妇女权能方面,在全球、区域和国家各级进一步为各机构提供支持。将消除对妇女和女童的一切形式歧视和暴力,包括通过让男子和男童参与。在执行本议程过程中,必须有系统地顾及性别平等因素。

21. 新的目标和具体目标将在 2016 年 1 月 1 日生效,是我们在今后十五年内决策的指南。我们会在考虑到本国实际情况、能力和发展程度的同时,依照本国的政策和优先事项,努力在国家、区域和全球各级执行本议程。我们将在继续依循相关国际规则和承诺的同时,保留国家政策空间,以促进持久、包容和可持续的经济增长,特别是发展中国家的增长。我们同时承认区域和次区域因素、区域经济一体化和区域经济关联性在可持续发展过程中的重要性。区域和次区域框架有助于把可持续发展政策切实变为各国的具体行动。

22. 每个国家在寻求可持续发展过程中都面临具体的挑战。尤其需要关注最脆弱国家,特别是非洲国家、最不发达国家、内陆发展中国家和小岛屿发展中国家,也要关注冲突中和冲突后国家。许多中等收入国家也面临重大挑战。

23. 必须增强弱势群体的权能。其需求被列入本议程的人包括所有的儿童、青年、残疾人(他们有 80% 的人生活在贫困中)、艾滋病毒/艾滋病感染者、老人、土著居民、难民和境内流离失所者以及移民。我们决心根据国际法进一步采取有效措施和行动,消除障碍和取消限制,进一步提供支持,满足生活在有复杂的人道主义紧急情况地区和受恐怖主义影响地区人民的需求。

24. 我们承诺消除一切形式和表现的贫困,包括到 2030 年时消除极端贫困。必须让所有人的生活达到基本标准,包括通过社会保障体系做到这一点。我们决心优先消除饥饿,实现粮食安全,并决心消除一切形式的营养不良。我们为此重申世界粮食安全委员会需要各方参与并发挥重要作用,欢迎《营养问题罗马宣言》和《行动框架》。我们将把资源用于发展中国家的农村地区和可持续农业与渔业,支持发展中国家特别是最不发达国家的小户农民(特别是女性农民)、牧民和渔民。

25. 我们承诺在各级提供包容和平等的优质教育——幼儿教育、小学、中学和大学教育、技术和职业培训。所有人,特别是处境困难者,无论性别、年龄、种族、族裔为何,无论是残疾人、移民还是土著居民,无论是儿童还是青年,都应有机会终身获得教育,掌握必要知识和技能,充分融入社会。我们将努力为儿童和青年提供一个有利于成长的环境,让他们充分享有权利和发挥能力,帮助各国享受人口红利,包括保障学校安全,维护社区和家庭的和谐。

26. 为了促进身心健康,延长所有人的寿命,我们必须实现全民健康保险,让人们获得优质医疗服务,不遗漏任何人。我们承诺加快迄今在减少新生儿、儿童和孕产妇死亡率方面的进展,到 2030 年时将所有可以预防的死亡减至零。我们承诺让所有人获得性保健和生殖保健服务,包括计划生育服务,提供信息和教育。我们还会同样加快在消除疟疾、艾滋病毒/艾滋病、肺结核、肝炎、埃博拉和其他传染疾病和流行病方面的进展,包括处理抗生素耐药性不断增加的问题和在发展中国家肆虐的疾病得不到关注的问题。我们承诺预防和治疗非传染性疾病,包括行为、发育和神经系统疾病,因为它们是对可持续发展的一个重大挑战。

27. 我们将争取为所有国家建立坚实的经济基础。实现繁荣必须有持久、包容和可持续的经济增长。只有实现财富分享,消除收入不平等,才能有经济增长。我们将努力创建有活力、可持续、创新和以人为中心的经济,促进青年就业和增强妇女经济权能,特别是让所有人都有体面工作。我们将消灭强迫劳动和人口贩卖,消灭一切形式的童工。劳工队伍身体健康,受过良好教育,拥有从事让人身心愉快的生产性工作的必要知识和技能,并充分融入社会,将会使所有国家受益。我们将加强所有最不发达国家所有行业的生产能力,包括进行结构改革。我们将采取政策提高生产能力、生产力和生产性就业;为贫困和低收入者提供资金;发展可持续农业、牧业和渔业;实现可持续工业发展;让所有人获得价廉、可靠、可持续的现代能源服务;建立可持续交通系统,建立质量高和复原能力强的基础设施。

28. 我们承诺从根本上改变我们的社会生产和消费商品及服务的方式。各国政府、国际组织、企业界和其他非国家行为体和个人必须协助改变不可持续的生产和消费模式,包括推动利用所有来源提供财务和技术援助,加强发展中国家的科学技术能力和创新能力,以便采用更可持续的生产和消费模式。我们鼓励执行《可持续消费和生产模式方案十年框架》。所有国家都要采取行动,发达国家要发挥带头作用,同时要考虑到发展中国家的发展水平和能力。

29. 我们认识到,移民对包容性增长和可持续发展做出了积极贡献。我们还认识到,跨国移民实际上涉及多种因素,对于原籍国、过境国和目的地国的发展具有重大影响,需要有统一和全面的对策。我们将在国际上开展合作,确保安全、有序的定期移民,充分尊重人权,不论移民状况如何都人道地对待移民,并人道地对待难民和流离失所者。这种合作应能加强收容难民的社区特别是发展中国家收容社区的活力。我们强调移民有权返回自己的原籍国,并忆及各国必须以适当方式接受回返的本国国民。

30. 我们强烈敦促各国不颁布和实行任何不符合国际法和《联合国宪章》,阻碍各国特别是发展中国家全面实现经济和社会发展的单方面经济、金融或贸易措施。

31. 我们确认《联合国气候变化框架公约》是谈判确定全球气候变化对策的首要国际政府间论坛。我们决心果断应对气候变化和环境退化带来的威胁。气候变化是全球性的,要开展最广泛的国际合作来加速解决全球温室气体减排和适应问题以应对气候变化的不利影响。我们非常关切地注意到,《公约》缔约方就到 2020 年全球每年温室气体排放量作出的减缓承诺的总体效果与可能将全球平均温升控制在比实现工业化前高 2℃或1.5℃之内且需要达到的整体排放路径相比,仍有巨大的差距。

32. 展望将于巴黎举行的第二十一次缔约方大会,我们特别指出,所有国家都承诺努力达成一项有雄心的、普遍适用的气候协定。我们重申,《公约》之下对所有缔约方适用的议定书、另一份法律文书或有某种法律约束力的议定结果,应平衡减缓、适应、资金、技术开发与转让、能力建设以及行动和支持的透明度等问题。

33. 我们确认,社会和经济发展离不开对地球自然资源的可持续管理。因此,我们决心保护和可持续利用海洋、淡水资源以及森林、山地和旱地,保护生物多样性、生态系统和野生动植物。我们还决心促进可持续旅游,解决缺水和水污染问题,加强在荒漠化、沙尘暴、土地退化和干旱问题上的合作,加强灾后恢复能力和减少灾害风险。在这方面,我们对预定 2016 年在墨西哥举行的生物多样性公约第十三次缔约方会议充满期待。

34. 我们确认,可持续的城市发展和管理对于我们人民的生活质量至关重要。我们将同地方当局和社区合作,规划我们的城市和人类住区,重新焕发它们的活力,以促进社区凝聚力和人身安全,推动创新和就业。我们将减少由城市活动和危害人类健康和环境的化学品所产生的不利影响,包括以对环境无害的方式管理和安全使用化学品,减少废物,回收废物和提高水和能源的使用效率。我们将努力把城市对全球气候系统的影响降到最低限度。我们还会在我们的国家、农村和城市发展战略与政策中考虑到人口趋势和人口预测。我们对即将在基多举行的第三次联合国住房与可持续城市发展会议充满期待。

35. 没有和平与安全,可持续发展无法实现;没有可持续发展,和平与安全也将面临风险。新议程确认,需要建立和平、公正和包容的社会,在这一社会中,所有人都能平等诉诸法律,人权(包括发展权)得到尊重,在各级实行有效的法治和良政,并有透明、有效和负责的机构。本议程论及各种导致暴力、不安全与不公正的因素,例如不平等、腐败、治理不善以及非法的资金和武器流动。我们必须加倍努力,解决或防止冲突,向冲突后国家提供支持,包括确保妇女在建设和平和国家建设过程中发挥作用。我们呼吁依照国际法进一步采取有效的措施和行动,消除处于殖民统治和外国占领下的人民充分行使自决权的障碍,因为这些障碍影响到他们的经济和社会发展,以及他们的环境。

36. 我们承诺促进不同文化间的理解、容忍、相互尊重,确立全球公民道德和责任共担。我们承认自然和文化多样性,认识到所有文化与文明都能推动可持续发展,是可持续发展的重要推动力。

37. 体育也是可持续发展的一个重要推动力。我们确认,体育对实现发展与和平的贡献越来越大,因为体育促进容忍和尊重,增强妇女和青年、个人和社区的权能,有助于实现健康、教育和社会包容方面的目标。

38. 我们根据《联合国宪章》重申尊重各国的领土完整和政治独立的必要性。

执行手段

39. 新议程规模宏大,雄心勃勃,因此需要恢复全球伙伴关系的活力,以确保它得到执行。我们将全力以赴。这一伙伴关系将发扬全球团结一致的精神,特别是要与最贫困的人和境况脆弱的人同舟共济。这一伙伴关系将推动全球高度参与,把各国政府、私营部门、民间社会、联合国系统和其他各方召集在一起,调动现有的一切资源,协助落实所有目标和具体目标。

40. 目标 17 和每一个可持续发展目标下关于执行手段的具体目标是实现我们议程的关键,它们对其他目标和具体目标也同样重要。我们可以在 2015 年 7 月 13 日至 16 日在亚的斯亚贝巴举行的第三次发展筹资国际会议成果文件提出的具体政策和行动的支持下,在重振活力的可持续发展全球伙伴关系框架内实现本议程,包括可持续发展目标。我们欢迎大会核可作为 2030 年可持续发展议程组成部分的《亚的斯亚贝巴行动议程》。我们确认,全面执行《亚的斯亚贝巴行动议程》对于实现可持续发展目标和具体目标至关重要。

41. 我们确认各国对本国经济和社会发展负有首要责任。新议程阐述了落实各项目标和具体目标所需要的手段。我们确认,这些手段包括调动财政资源,开展能力建设,以优惠条件向发展中国家转让对环境无害的技术,包括按照相互商定的减让和优惠条件进行转让。国内和国际公共财政将在提供基本服务和公共产品以及促进从其他来源筹资方面起关键作用。我们承认,私营部门——从微型企业、合作社到跨国公司——民间社会组织和慈善组织将在执行新议程方面发挥作用。

42. 我们支持实施相关的战略和行动方案,包括《伊斯坦布尔宣言和行动纲领》、《小岛屿发展中国家快速行动方式(萨摩亚途径)》、《内陆发展中国家2014—2024年十年维也纳行动纲领》,重申必须支持非洲联盟2063年议程和非洲发展新伙伴关系方案,因为它们都是新议程的组成部分。我们认识到,在冲突和冲突后国家实现持久和平与可持续发展面临很大挑战。

43. 我们强调,国际公共资金对各国筹集国内公共资源的努力发挥着重要补充作用,对国内资源有限的最贫困和最脆弱国家而言尤其如此。国际公共资金包括官方发展援助的一个重要用途是促进从其他公共和私人来源筹集更多的资源。官方发展援助提供方再次做出各自承诺,包括许多发达国家承诺实现对发展中国家的官方发展援助占其国民总收入的0.7%,对最不发达国家的官方发展援助占其国民总收入的0.15%至0.20%的目标。

44. 我们确认,国际金融机构必须按照其章程支持各国特别是发展中国家享有政策空间。我们承诺扩大和加强发展中国家——包括非洲国家、最不发达国家、内陆发展中国家、小岛屿发展中国家和中等收入国家——在国际经济决策、规范制定和全球经济治理方面的话语权和参与度。

45. 我们还确认,各国议会在颁布法律、制定预算和确保有效履行承诺方面发挥重要作用。各国政府和公共机构还将与区域和地方当局、次区域机构、国际机构、学术界、慈善组织、志愿团体以及其他各方密切合作,开展执行工作。

46. 我们着重指出,一个资源充足、切合实际、协调一致、高效率和高成效的联合国系统在支持实现可持续发展目标和可持续发展方面发挥着重要作用并拥有相对优势。我们强调,必须加强各国在国家一级的自主权和领导权,并支持经社理事会目前就联合国发展系统在本议程中的长期地位问题开展的对话。

后续落实和评估

47. 各国政府主要负责在今后15年内落实和评估国家、区域和全球各级落实各项目标和具体目标的进展。为了对我们的公民负责,我们将按照本议程和《亚的斯亚贝巴行动议程》的规定,系统进行各级的后续落实和评估工作。联合国大会和经社理事会主办的高级别政治论坛将在监督全球的后续落实和评估工作方面起核心作用。

48. 我们正在编制各项指标,以协助开展这项工作。我们需要优质、易获取、及时和可靠的分类数据,帮助衡量进展情况,不让任何一个人掉队。这些数据对决策至关重要。应尽可能利用现有报告机制提供的数据和资料。我们同意加紧努力,加强发展中国家,特别是非洲国家、最不发达国家、内陆发展中国家、小岛屿发展中国家和中等收入国家的统计能力。我们承诺制定更广泛的衡量进展的方法,对国内生产总值这一指标进行补充。

行动起来,变革我们的世界

49. 七十年前,老一代世界领袖齐聚一堂,创建了联合国。他们在世界四分五裂的情况下,在战争的废墟中创建了联合国,确立了本组织必须依循和平、对话和国际合作的价值观。《联合国宪章》就是这些价值观至高无上的体现。

50. 今天,我们也在做出具有重要历史意义的决定。我们决心为所有人,包括为数百万被剥夺机会而无法过上体面、有尊严、有意义的生活和无法充分发挥潜力的人,建设一个更美好的未来。我们可以成为成功消除贫困的第一代人;我们也可能是有机会拯救地球的最后一代人。如果我们能够实现我们的目标,那么世界将在 2030 年变得更加美好。

51. 我们今天宣布的今后十五年的全球行动议程,是二十一世纪人类和地球的章程。儿童和男女青年是变革的重要推动者,他们将在新的目标中找到一个平台,用自己无穷的活力来创造一个更美好的世界。

52. "我联合国人民"是《联合国宪章》的开篇名言。今天踏上通往2030 年征途的,正是"我联合国人民"。与我们一起踏上征途的有各国政府及议会、联合国系统和其他国际机构、地方当局、土著居民、民间社会、工商业和私营部门、科学和学术界,还有全体人民。数百万人已经参加了这一议程的制订并将其视为自己的议程。这是一个民有、民治和民享的议程,我们相信它一定会取得成功。

53. 我们把握着人类和地球的未来。今天的年轻人也把握着人类和地球的未来,他们会把火炬继续传下去。我们已经绘制好可持续发展的路线,接下来要靠我们大家来圆满完成这一征程,并保证不会丧失已取得的成果。

可持续发展目标和具体目标

54. 在进行各方参与的政府间谈判后,我们根据可持续发展目标开放工作组的建议 15(建议起首部分介绍了建议的来龙去脉),商定了下列目标和具体目标。

55. 可持续发展目标和具体目标是一个整体,不可分割,是全球性和普遍适用的,兼顾各国的国情、能力和发展水平,并尊重各国的政策和优先事项。具体目标是人们渴望达到的全球性目标,由各国政府根据国际社会的总目标,兼顾本国国情制定。各国政府还将决定如何把这些激励人心的全球目标列入本国的规划工作、政策和战略。必须认识到,可持续发展与目前在经济、社会和环境领域中开展的其他相关工作相互关联。

56. 我们在确定这些目标和具体目标时认识到,每个国家都面临实现可持续发展的具体挑战,我们特别指出最脆弱国家,尤其是非洲国家、最不发达国家、内陆发展中国家和小岛屿发展中国家面临的具体挑战,以及中等收入国家面临的具体挑战。我们还要特别关注陷入冲突的国家。

57. 我们认识到,仍无法获得某些具体目标的基线数据,我们呼吁进一步协助加强会员国的数据收集和能力建设工作,以便在缺少这类数据的国家制定国家和全球基线数据。我们承诺将填补数据收集的空白,以便在掌握更多信息的情况下衡量进展,特别是衡量那些没有明确数字指标的具体目标的进展。

58. 我们鼓励各国在其他论坛不断作出努力,处理好可能对执行本议程构成挑战的重大问题;并且尊重这些进程的独立授权。我们希望议程和议程的执行工作支持而不是妨碍其他这些进程以及这些进程作出的决定。

我们认识到,每一国家可根据本国国情和优先事项,采用不同的方式、愿景、模式和手段来实现可持续发展;我们重申,地球及其生态系统是我们共同的家园,"地球母亲"是许多国家和地区共同使用的表述。

可持续发展目标

目标 1. 在全世界消除一切形式的贫困

目标 2. 消除饥饿,实现粮食安全,改善营养状况和促进可持续农业

目标 3. 确保健康的生活方式,促进各年龄段人群的福祉

目标 4. 确保包容和公平的优质教育,让全民终身享有学习机会

目标 5. 实现性别平等,增强所有妇女和女童的权能

目标 6. 为所有人提供水和环境卫生并对其进行可持续管理

目标 7. 确保人人获得负担得起的、可靠和可持续的现代能源

目标 8. 促进持久、包容和可持续的经济增长,促进充分的生产性就业和人人获得体面工作

目标 9. 建造具备抵御灾害能力的基础设施,促进具有包容性的可持续工业化,推动创新

目标 10. 减少国家内部和国家之间的不平等

目标 11. 建设包容、安全、有抵御灾害能力和可持续的城市和人类住区目标

目标 12. 采用可持续的消费和生产模式

目标 13. 采取紧急行动应对气候变化及其影响

目标 14. 保护和可持续利用海洋和海洋资源以促进可持续发展

目标 15. 保护、恢复和促进可持续利用陆地生态系统,可持续管理森林,防治荒漠化,制止和扭转土地退化,遏制生物多样性的丧失

目标 16. 创建和平、包容的社会以促进可持续发展,让所有人都能诉诸司法,在各级建立有效、负责和包容的机构

目标 17. 加强执行手段,重振可持续发展全球伙伴关系

目标 1. 在全世界消除一切形式的贫困

1.1 到 2030 年,在全球所有人口中消除极端贫困,极端贫困目前的衡量标准是每人每日生活费不足 1.25 美元。

1.2 到 2030 年,按各国标准界定的陷入各种形式贫困的各年龄段男女和儿童至少减半。

1.3 执行适合本国国情的全民社会保障制度和措施,包括最低标准,到 2030 年在较大程度上覆盖穷人和弱势群体。

1.4 到 2030 年,确保所有男女,特别是穷人和弱势群体,享有平等获取经济资源的权利,享有基本服务,获得对土地和其他形式财产的所有权和控制权,继承遗产,获取自然资源、适当的新技术和包括小额信贷在内的金融服务。

1.5 到 2030 年,增强穷人和弱势群体的抵御灾害能力,降低其遭受极端天气事件和其他经济、社会、环境冲击和灾害的概率和易受影响程度。

1.a 确保从各种来源,包括通过加强发展合作充分调集资源,为发展中国家特别是最不发达国家提供充足、可预见的手段以执行相关计划和政策,消除一切形式的贫困。

1.b 根据惠及贫困人口和顾及性别平等问题的发展战略,在国家、区域和国际层面制定合理的政策框架,支持加快对消贫行动的投资。

目标 2. 消除饥饿,实现粮食安全,改善营养状况和促进可持续农业

2.1 到 2030 年,消除饥饿,确保所有人,特别是穷人和弱势群体,包括婴儿,全年都有安全、营养和充足的食物。

2.2 到 2030 年,消除一切形式的营养不良,包括到 2025 年实现 5 岁以下儿童发育迟缓和消瘦问题相关国际目标,解决青春期少女、孕妇、哺乳期妇女和老年人的营养需求。

2.3 到 2030 年,实现农业生产力翻倍和小规模粮食生产者,特别是妇女、土著居民、农户、牧民和渔民的收入翻番,具体做法包括确保平等获得土地、其他生产资源和要素、知识、金融服务、市场以及增值和非农就业机会。

2.4 到 2030 年,确保建立可持续粮食生产体系并执行具有抗灾能力的农作方法,以提高生产力和产量,帮助维护生态系统,加强适应气候变化、极端天气、干旱、洪涝和其他灾害的能力,逐步改善土地和土壤质量。

2.5 到 2020 年,通过在国家、区域和国际层面建立管理得当、多样化的种子和植物库,保持种子、种植作物、养殖和驯养的动物及与之相关的野生物种的基因多样性;根据国际商定原则获取及公正、公平地分享利用基因资源和相关传统知识产生的惠益。

2.a 通过加强国际合作等方式,增加对农村基础设施、农业研究和推广服务、技术开发、植物和牲畜基因库的投资,以增强发展中国家,特别是最不发达国家的农业生产能力。

2.b 根据多哈发展回合授权,纠正和防止世界农业市场上的贸易限制和扭曲,包括同时取消一切形式的农业出口补贴和具有相同作用的所有出口措施。

2.c 采取措施,确保粮食商品市场及其衍生工具正常发挥作用,确保及时获取包括粮食储备量在内的市场信息,限制粮价剧烈波动。

目标 3. 确保健康的生活方式,促进各年龄段人群的福祉

3.1 到 2030 年,全球孕产妇每 10 万例活产的死亡率降至 70 人以下。

3.2 到 2030 年,消除新生儿和 5 岁以下儿童可预防的死亡,各国争取将新生儿每 1000 例活产的死亡率至少降至 12 例,5 岁以下儿童每 1000 例活产的死亡率至少降至 25 例。

3.3 到 2030 年,消除艾滋病、结核病、疟疾和被忽视的热带疾病等流行病,抗击肝炎、水传播疾病和其他传染病。

3.4 到 2030 年,通过预防、治疗及促进身心健康,将非传染性疾病导致的过早死亡减少三分之一。

3.5 加强对滥用药物包括滥用麻醉药品和有害使用酒精的预防和治疗。

3.6 到 2020 年,全球公路交通事故造成的死伤人数减半。

3.7 到 2030 年,确保普及性健康和生殖健康保健服务,包括计划生育、信息获取和教育,将生殖健康纳入国家战略和方案。

3.8 实现全民健康保障,包括提供金融风险保护,人人享有优质的基本保健服务,人人获得安全、有效、优质和负担得起的基本药品和疫苗。

3.9 到 2030 年,大幅减少危险化学品以及空气、水和土壤污染导致的死亡和患病人数。

3.a 酌情在所有国家加强执行《世界卫生组织烟草控制框架公约》。

3.b 支持研发主要影响发展中国家的传染和非传染性疾病的疫苗和药品,根据《关于与贸易有关的知识产权协议与公共健康的多哈宣言》的规定,提供负担得起的基本药品和疫苗,《多哈宣言》确认发展中国家有权充分利用《与贸易有关的知识产权协议》中关于采用变通办法保护公众健康,尤其是让所有人获得药品的条款。

3.c 大幅加强发展中国家,尤其是最不发达国家和小岛屿发展中国家的卫生筹资,增加其卫生工作者的招聘、培养、培训和留用。

3.d 加强各国,特别是发展中国家早期预警、减少风险,以及管理国家和全球健康风险的能力。

目标 4. 确保包容和公平的优质教育,让全民终身享有学习机会

4.1 到 2030 年,确保所有男女童完成免费、公平和优质的中小学教育,并取得相关和有效的学习成果。

4.2 到 2030 年,确保所有男女童获得优质幼儿发展、看护和学前教育,为他们接受初级教育做好准备。

4.3 到 2030 年,确保所有男女平等获得负担得起的优质技术、职业和高等教育,包括大学教育。

4.4 到 2030 年,大幅增加掌握就业、体面工作和创业所需相关技能,包括技术性和职业性技能的青年和成年人数。

4.5 到 2030 年,消除教育中的性别差距,确保残疾人、土著居民和处境脆弱儿童等弱势群体平等获得各级教育和职业培训。

4.6 到 2030 年,确保所有青年和大部分成年男女具有识字和计算能力。

4.7 到 2030 年,确保所有进行学习的人都掌握可持续发展所需的知识和技能,具体做法包括开展可持续发展、可持续生活方式、人权和性别平等方面的教育、弘扬和平和非暴力文化、提升全球公民意识,以及肯定文化多样性和文化对可持续发展的贡献。

4.a 建立和改善兼顾儿童、残疾和性别平等的教育设施,为所有人提供安全、非暴力、包容和有效的学习环境。

4.b 到 2020 年,在全球范围内大幅增加发达国家和部分发展中国家为发展中国家,特别是最不发达国家、小岛屿发展中国家和非洲国家提供的高等教育奖学金数量,包括职业培训和信息通信技术、技术、工程、科学项目的奖学金。

4.c 到 2030 年,大幅增加合格教师人数,具体做法包括在发展中国家,特别是最不发达国家和小岛屿发展中国家开展师资培训方面的国际合作。

目标 5. 实现性别平等,增强所有妇女和女童的权能

5.1 在全球消除对妇女和女童一切形式的歧视。

5.2 消除公共和私营部门针对妇女和女童一切形式的暴力行为,包括贩卖、性剥削及其他形式的剥削。

5.3 消除童婚、早婚、逼婚及割礼等一切伤害行为。

5.4 认可和尊重无偿护理和家务,各国可视本国情况提供公共服务、基础设施和社会保护政策,在家庭内部提倡责任共担。

5.5 确保妇女全面有效参与各级政治、经济和公共生活的决策,并享有进入以上各级决策领导层的平等机会。

5.6 根据《国际人口与发展会议行动纲领》、《北京行动纲领》及其历次审查会议的成果文件,确保普遍享有性和生殖健康以及生殖权利。

5.a 根据各国法律进行改革,给予妇女平等获取经济资源的权利,以及享有对土地和其他形式财产的所有权和控制权,获取金融服务、遗产和自然资源。

5.b 加强技术特别是信息和通信技术的应用,以增强妇女权能。

5.c 采用和加强合理的政策和有执行力的立法,促进性别平等,在各级增强妇女和女童权能。

目标 6. 为所有人提供水和环境卫生并对其进行可持续管理

6.1 到 2030 年,人人普遍和公平获得安全和负担得起的饮用水。

6.2 到 2030 年,人人享有适当和公平的环境卫生和个人卫生,杜绝露天排便,特别注意满足妇女、女童和弱势群体在此方面的需求。

6.3 到 2030 年,通过以下方式改善水质:减少污染,消除倾倒废物现象,把危险化学品和材料的排放减少到最低限度,将未经处理废水比例减半,大幅增加全球废物回收和安全再利用。

6.4 到 2030 年,所有行业大幅提高用水效率,确保可持续取用和供应淡水,以解决缺水问题,大幅减少缺水人数。

6.5 到 2030 年,在各级进行水资源综合管理,包括酌情开展跨境合作。

6.6 到 2020 年,保护和恢复与水有关的生态系统,包括山地、森林、湿地、河流、地下含水层和湖泊。

6.a 到 2030 年,扩大向发展中国家提供的国际合作和能力建设支持,帮助它们开展与水和卫生有关的活动和方案,包括雨水采集、海水淡化、提高用水效率、废水处理、水回收和再利用技术。

6.b 支持和加强地方社区参与改进水和环境卫生管理。

目标 7. 确保人人获得负担得起的、可靠和可持续的现代能源

7.1 到 2030 年,确保人人都能获得负担得起的、可靠的现代能源服务。

7.2 到 2030 年,大幅增加可再生能源在全球能源结构中的比例。

7.3 到 2030 年,全球能效改善率提高一倍。

7.a 到 2030 年,加强国际合作,促进获取清洁能源的研究和技术,包括可再生能源、能效,以及先进的和更清洁的化石燃料技术,并促进对能源基础设施和清洁能源技术的投资。

7.b 到 2030 年,增建基础设施并进行技术升级,以便根据发展中国家,特别是最不发达国家、小岛屿发展中国家和内陆发展中国家各自的支持方案,为所有人提供可持续的现代能源服务。

目标 8. 促进持久、包容和可持续经济增长,促进充分的生产性就业和人人获得体面工作

8.1 根据各国国情维持人均经济增长,特别是将最不发达国家国内生产总值年增长率至少维持在 7%。

8.2 通过多样化经营、技术升级和创新,包括重点发展高附加值和劳动密集型行业,实现更高水平的经济生产力。

8.3 推行以发展为导向的政策,支持生产性活动、体面就业、创业精神、创造力和创新;鼓励微型和中小型企业通过获取金融服务等方式实现正规化并成长壮大。

8.4 到 2030 年,逐步改善全球消费和生产的资源使用效率,按照《可持续消费和生产模式方案十年框架》,努力使经济增长和环境退化脱钩,发达国家应在上述工作中做出表率。

8.5 到 2030 年,所有男女,包括青年和残疾人实现充分和生产性就业,有体面工作,并做到同工同酬。

8.6 到 2020 年,大幅减少未就业和未受教育或培训的青年人比例。

8.7 立即采取有效措施,根除强制劳动、现代奴隶制和贩卖人口,禁止和消除最恶劣形式的童工,包括招募和利用童兵,到 2025 年终止一切形式的童工。

8.8 保护劳工权利,推动为所有工人,包括移民工人,特别是女性移民和没有稳定工作的人创造安全和有保障的工作环境。

8.9 到 2030 年,制定和执行推广可持续旅游的政策,以创造就业机会,促进地方文化和产品

8.10 加强国内金融机构的能力,鼓励并扩大全民获得银行、保险和金融服务的机会。

8.a 增加向发展中国家,特别是最不发达国家提供的促贸援助支持,包括通过《为最不发达国家提供贸易技术援助的强化综合框架》提供上述支持。

8.b 到 2020 年,拟定和实施青年就业全球战略,并执行国际劳工组织的《全球就业契约》。

目标 9. 建造具备抵御灾害能力的基础设施,促进具有包容性的可持续工业化,推动创新

9.1 发展优质、可靠、可持续和有抵御灾害能力的基础设施,包括区域和跨境基础设施,以支持经济发展和提升人类福祉,重点是人人可负担得起

并公平利用上述基础设施。

9.2 促进包容可持续工业化,到 2030 年,根据各国国情,大幅提高工业在就业和国内生产总值中的比例,使最不发达国家的这一比例翻番。

9.3 增加小型工业和其他企业,特别是发展中国家的这些企业获得金融服务包括负担得起的信贷的机会,将上述企业纳入价值链和市场。

9.4 到 2030 年,所有国家根据自身能力采取行动,升级基础设施,改进工业以提升其可持续性,提高资源使用效率,更多采用清洁和环保技术及产业流程。

9.5 在所有国家,特别是发展中国家,加强科学研究,提升工业部门的技术能力,包括到 2030 年,鼓励创新,大幅增加每 100 万人口中的研发人员数量,并增加公共和私人研发支出。

9.a 向非洲国家、最不发达国家、内陆发展中国家和小岛屿发展中国家提供更多的财政、技术和技能支持,以促进其开发有抵御灾害能力的可持续基础设施。

9.b 支持发展中国家的国内技术开发、研究与创新,包括提供有利的政策环境,以实现工业多样化,增加商品附加值。

9.c 大幅提升信息和通信技术的普及度,力争到 2020 年在最不发达国家以低廉的价格普遍提供因特网服务。

目标 10. 减少国家内部和国家之间的不平等

10.1 到 2030 年,逐步实现和维持最底层 40% 人口的收入增长,并确保其增长率高于全国平均水平。

10.2 到 2030 年,增强所有人的权能,促进他们融入社会、经济和政治生活,而不论其年龄、性别、残疾与否、种族、族裔、出身、宗教信仰、经济地位或其他任何区别。

10.3 确保机会均等,减少结果不平等现象,包括取消歧视性法律、政策和做法,推动与上述努力相关的适当立法、政策和行动。

10.4 采取政策,特别是财政、薪资和社会保障政策,逐步实现更大的平等。

10.5 改善对全球金融市场和金融机构的监管和监测,并加强上述监管措施的执行。

10.6 确保发展中国家在国际经济和金融机构决策过程中有更大的代表性和发言权,以建立更加有效、可信、负责和合法的机构。

10.7 促进有序、安全、正常和负责的移民和人口流动,包括执行合理规划和管理完善的移民政策。

10.a 根据世界贸易组织的各项协议,落实对发展中国家特别是最不发达国家的特殊和区别待遇原则。

10.b 鼓励根据最需要帮助的国家,特别是最不发达国家、非洲国家、小岛屿发展中国家和内陆发展中国家的国家计划和方案,向其提供官方发展援助和资金,包括外国直接投资。

10.c 到2030年,将移民汇款手续费减至3%以下,取消费用高于5%的侨汇渠道。

目标 11. 建设包容、安全、有抵御灾害能力和可持续的城市和人类住区

11.1 到2030年,确保人人获得适当、安全和负担得起的住房和基本服务,并改造贫民窟。

11.2 到2030年,向所有人提供安全、负担得起的、易于利用、可持续的交通运输系统,改善道路安全,特别是扩大公共交通,要特别关注处境脆弱者、妇女、儿童、残疾人和老年人的需要。

11.3 到2030年,在所有国家加强包容和可持续的城市建设,加强参与性、综合性、可持续的人类住区规划和管理能力。

11.4 进一步努力保护和捍卫世界文化和自然遗产。

11.5 到2030年,大幅减少包括水灾在内的各种灾害造成的死亡人数和受灾人数,大幅减少上述灾害造成的与全球国内生产总值有关的直接经济损失,重点保护穷人和处境脆弱群体。

11.6 到2030年,减少城市的人均负面环境影响,包括特别关注空气质量,以及城市废物管理等。

11.7 到2030年,向所有人,特别是妇女、儿童、老年人和残疾人,普遍提供安全、包容、无障碍、绿色的公共空间。

11.a 通过加强国家和区域发展规划,支持在城市、近郊和农村地区之间建立积极的经济、社会和环境联系。

11.b 到2020年,大幅增加采取和实施综合政策和计划以构建包容、资源使用效率高、减缓和适应气候变化、具有抵御灾害能力的城市和人类住区数量,并根据《2015—2030年仙台减少灾害风险框架》在各级建立和实施全面的灾害风险管理。

11.c 通过财政和技术援助等方式,支持最不发达国家就地取材,建造可持续的,有抵御灾害能力的建筑。

目标 12. 采用可持续的消费和生产模式

12.1 各国在照顾发展中国家发展水平和能力的基础上,落实《可持续消费和生产模式十年方案框架》,发达国家在此方面要做出表率。

12.2 到 2030 年,实现自然资源的可持续管理和高效利用。

12.3 到 2030 年,将零售和消费环节的全球人均粮食浪费减半,减少生产和供应环节的粮食损失,包括收获后的损失。

12.4 到 2020 年,根据商定的国际框架,实现化学品和所有废物在整个存在周期的无害环境管理,并大幅减少它们排入大气以及渗漏到水和土壤的几率,尽可能降低它们对人类健康和环境造成的负面影响。

12.5 到 2030 年,通过预防、减排、回收和再利用,大幅减少废物的产生

12.6 鼓励各个公司,特别是大公司和跨国公司,采用可持续的做法,并将可持续性信息纳入各自报告周期

12.7 根据国家政策和优先事项,推行可持续的公共采购做法。

12.8 到 2030 年,确保各国人民都能获取关于可持续发展以及与自然和谐的生活方式的信息并具有上述意识。

12.a 支持发展中国家加强科学和技术能力,采用更可持续的生产和消费模式。

12.b 开发和利用各种工具,监测能创造就业机会、促进地方文化和产品的可持续旅游业对促进可持续发展产生的影响。

12.c 对鼓励浪费性消费的低效化石燃料补贴进行合理化调整,为此,应根据各国国情消除市场扭曲,包括调整税收结构,逐步取消有害补贴以反映其环境影响,同时充分考虑发展中国家的特殊需求和情况,尽可能减少对其发展可能产生的不利影响并注意保护穷人和受影响社区。

目标 13. 采取紧急行动应对气候变化及其影响

13.1 加强各国抵御和适应气候相关的灾害和自然灾害的能力。

13.2 将应对气候变化的举措纳入国家政策、战略和规划。

13.3 加强气候变化减缓、适应、减少影响和早期预警等方面的教育和宣传,加强人员和机构在此方面的能力。

13.a 发达国家履行在《联合国气候变化框架公约》下的承诺,即到 2020 年每年从各种渠道共同筹资 1000 亿美元,满足发展中国家的需求,帮助其切实开展减缓行动,提高履约的透明度,并尽快向绿色气候基金注资,使其全面投入运行。

13.b 促进在最不发达国家和小岛屿发展中国家建立增强能力的机制,帮助其进行与气候变化有关的有效规划和管理,包括重点关注妇女、青年、地方社区和边缘化社区。

目标 14. 保护和可持续利用海洋和海洋资源以促进可持续发展

14.1 到 2025 年,预防和大幅减少各类海洋污染,特别是陆上活动造成

的污染,包括海洋废弃物污染和营养盐污染。

14.2 到 2020 年,通过加强抵御灾害能力等方式,可持续管理和保护海洋和沿海生态系统,以免产生重大负面影响,并采取行动帮助它们恢复原状,使海洋保持健康,物产丰富。

14.3 通过在各层级加强科学合作等方式,减少和应对海洋酸化的影响。

14.4 到 2020 年,有效规范捕捞活动,终止过度捕捞、非法、未报告和无管制的捕捞活动以及破坏性捕捞做法,执行科学的管理计划,以便在尽可能短的时间内使鱼群量至少恢复到其生态特征允许的能产生最高可持续产量的水平。

14.5 到 2020 年,根据国内和国际法,并基于现有的最佳科学资料,保护至少 10% 的沿海和海洋区域。

14.6 到 2020 年,禁止某些助长过剩产能和过度捕捞的渔业补贴,取消助长非法、未报告和无管制捕捞活动的补贴,避免出台新的这类补贴,同时承认给予发展中国家和最不发达国家合理、有效的特殊和差别待遇应是世界贸易组织渔业补贴谈判的一个不可或缺的组成部分。

14.7 到 2030 年,增加小岛屿发展中国家和最不发达国家通过可持续利用海洋资源获得的经济收益,包括可持续地管理渔业、水产养殖业和旅游业。

14.a 根据政府间海洋学委员会《海洋技术转让标准和准则》,增加科学知识,培养研究能力和转让海洋技术,以便改善海洋的健康,增加海洋生物多样性对发展中国家,特别是小岛屿发展中国家和最不发达国家发展的贡献。

14.b 向小规模个体渔民提供获取海洋资源和市场准入机会。

14.c 按照《我们希望的未来》第 158 段所述,根据《联合国海洋法公约》所规定的保护和可持续利用海洋及其资源的国际法律框架,加强海洋和海洋资源的保护和可持续利用。

目标 15. 保护、恢复和促进可持续利用陆地生态系统,可持续管理森林,防治荒漠化,制止和扭转土地退化,遏制生物多样性的丧失

15.1 到 2020 年,根据国际协议规定的义务,保护、恢复和可持续利用陆地和内陆的淡水生态系统及其服务,特别是森林、湿地、山麓和旱地。

15.2 到 2020 年,推动对所有类型森林进行可持续管理,停止毁林,恢复退化的森林,大幅增加全球植树造林和重新造林。

15.3 到 2030 年,防治荒漠化,恢复退化的土地和土壤,包括受荒漠化、干旱和洪涝影响的土地,努力建立一个不再出现土地退化的世界。

15.4 到 2030 年,保护山地生态系统,包括其生物多样性,以便加强山地生态系统的能力,使其能够带来对可持续发展必不可少的益处。

15.5 采取紧急重大行动来减少自然栖息地的退化,遏制生物多样性的丧失,到 2020 年,保护受威胁物种,防止其灭绝。

15.6 根据国际共识,公正和公平地分享利用遗传资源产生的利益,促进适当获取这类资源。

15.7 采取紧急行动,终止偷猎和贩卖受保护的动植物物种,处理非法野生动植物产品的供求问题。

15.8 到 2020 年,采取措施防止引入外来入侵物种并大幅减少其对土地和水域生态系统的影响,控制或消灭其中的重点物种。

15.9 到 2020 年,把生态系统和生物多样性价值观纳入国家和地方规划、发展进程、减贫战略和核算。

15.a 从各种渠道动员并大幅增加财政资源,以保护和可持续利用生物多样性和生态系统。

15.b 从各种渠道大幅动员资源,从各个层级为可持续森林管理提供资金支持,并为发展中国家推进可持续森林管理,包括保护森林和重新造林,提供充足的激励措施。

15.c 在全球加大支持力度,打击偷猎和贩卖受保护物种,包括增加地方社区实现可持续生计的机会。

目标 16. 创建和平、包容的社会以促进可持续发展,让所有人都能诉诸司法,在各级建立有效、负责和包容的机构

16.1 在全球大幅减少一切形式的暴力和相关的死亡率

16.2 制止对儿童进行虐待、剥削、贩卖以及一切形式的暴力和酷刑。

16.3 在国家和国际层面促进法治,确保所有人都有平等诉诸司法的机会。

16.4 到 2030 年,大幅减少非法资金和武器流动,加强追赃和被盗资产返还力度,打击一切形式的有组织犯罪。

16.5 大幅减少一切形式的腐败和贿赂行为。

16.6 在各级建立有效、负责和透明的机构。

16.7 确保各级的决策反应迅速,具有包容性、参与性和代表性。

16.8 扩大和加强发展中国家对全球治理机构的参与。

16.9 到 2030 年,为所有人提供法律身份,包括出生登记。

16.10 根据国家立法和国际协议,确保公众获得各种信息,保障基本自由。

16.a 通过开展国际合作等方式加强相关国家机制,在各层级提高各国尤其是发展中国家的能力建设,以预防暴力,打击恐怖主义和犯罪行为。

16.b 推动和实施非歧视性法律和政策以促进可持续发展。

目标17. 加强执行手段,重振可持续发展全球伙伴关系

筹资

17.1 通过向发展中国家提供国际支持等方式,以改善国内征税和提高财政收入的能力,加强筹集国内资源。

17.2 发达国家全面履行官方发展援助承诺,包括许多发达国家向发展中国家提供占发达国家国民总收入0.7%的官方发展援助,以及向最不发达国家提供占比0.15%至0.2%援助的承诺;鼓励官方发展援助方设定目标,将占国民总收入至少0.2%的官方发展援助提供给最不发达国家。

17.3 从多渠道筹集额外财政资源用于发展中国家。

17.4 通过政策协调,酌情推动债务融资、债务减免和债务重组,以帮助发展中国家实现长期债务可持续性,处理重债穷国的外债问题以减轻其债务压力。

17.5 采用和实施对最不发达国家的投资促进制度。

技术

17.6 加强在科学、技术和创新领域的南北、南南、三方区域合作和国际合作,加强获取渠道,加强按相互商定的条件共享知识,包括加强现有机制间的协调,特别是在联合国层面加强协调,以及通过一个全球技术促进机制加强协调。

17.7 以优惠条件,包括彼此商定的减让和特惠条件,促进发展中国家开发以及向其转让、传播和推广环境友好型的技术。

17.8 促成最不发达国家的技术库和科学、技术和创新能力建设机制到2017年全面投入运行,加强促成科技特别是信息和通信技术的使用。

能力建设

17.9 加强国际社会对在发展中国家开展高效的、有针对性的能力建设活动的支持力度,以支持各国落实各项可持续发展目标的国家计划,包括通过开展南北合作、南南合作和三方合作。

贸易

17.10 通过完成多哈发展回合谈判等方式,推动在世界贸易组织下建立一个普遍、以规则为基础、开放、非歧视和公平的多边贸易体系。

17.11 大幅增加发展中国家的出口,尤其是到2020年使最不发达国家在全球出口中的比例翻番。

17.12 按照世界贸易组织的各项决定,及时实现所有最不发达国家的产品永久免关税和免配额进入市场,包括确保对从最不发达国家进口产品的原产地优惠规则是简单、透明和有利于市场准入的。

系统性问题

政策和机制的一致性

17.13 加强全球宏观经济稳定,包括为此加强政策协调和政策一致性。

17.14 加强可持续发展政策的一致性。

17.15 尊重每个国家制定和执行消除贫困和可持续发展政策的政策空间和领导作用。

多利益攸关方伙伴关系

17.16 加强全球可持续发展伙伴关系,以多利益攸关方伙伴关系作为补充,调动和分享知识、专长、技术和财政资源,以支持所有国家尤其是发展中国家实现可持续发展目标。

17.17 借鉴伙伴关系的经验和筹资战略,鼓励和推动建立有效的公共、公私和民间社会伙伴关系。

数据、监测和问责

17.18 到 2020 年,加强向发展中国家,包括最不发达国家和小岛屿发展中国家提供的能力建设支持,大幅增加获得按收入、性别、年龄、种族、民族、移徙情况、残疾情况、地理位置和各国国情有关的其他特征分类的高质量、及时和可靠的数据。

17.19 到 2030 年,借鉴现有各项倡议,制定衡量可持续发展进展的计量方法,作为对国内生产总值的补充,协助发展中国家加强统计能力建设。

执行手段和全球伙伴关系

59. 我们再次坚定承诺全面执行这一新议程。我们认识到,如果不加强全球伙伴关系并恢复它的活力,如果没有相对具有雄心的执行手段,就无法实现我们的宏大目标和具体目标。恢复全球伙伴关系的活力有助于让国际社会深度参与,把各国政府、民间社会、私营部门、联合国系统和其他参与者召集在一起,调动现有的一切资源,协助执行各项目标和具体目标。

60. 本议程的目标和具体目标论及实现我们的共同远大目标所需要的手段。上文提到的每个可持续发展目标下的执行手段和目标 17,是实现议程的关键,和其他目标和具体目标同样重要。我们在执行工作中和在监督进展的全球指标框架中,应同样予以优先重视。

61. 可在《亚的斯亚贝巴行动议程》提出的具体政策和行动的支持下,在恢复全球可持续发展伙伴关系活力的框架内实现本议程,包括实现各项可持续发展目标。《亚的斯亚贝巴行动议程》是 2030 年可持续发展议程的一个组成部分，它支持和补充 2030 年议程的执行手段，并为其提供背景介绍。它涉及国内公共资金、国内和国际私人企业和资金、国际发展合作、促进发展的国际贸易、债务和债务可持续性、如何处理系统性问题以及科学、技术、创新、能力建设、数据、监测和后续行动等事项。

62. 我们工作的中心是制定国家主导的具有连贯性的可持续发展战略，并辅之以综合性国家筹资框架。我们重申，每个国家对本国的经济和社会发展负有主要责任，国家政策和发展战略的作用无论怎样强调都不过分。我们将尊重每个国家在遵守相关国际规则和承诺的情况下执行消贫和可持续发展政策的政策空间和领导权。与此同时，各国的发展努力需要有利的国际经济环境，包括连贯的、相互支持的世界贸易、货币和金融体系，需要加强和改进全球经济治理。还需要在全球范围内开发和协助提供有关知识和技术，开展能力建设工作。我们致力于实现政策连贯性，在各层面为所有参与者提供一个有利于可持续发展的环境，致力于恢复全球可持续发展伙伴关系的活力。

63. 我们支持执行相关的战略和行动方案，包括《伊斯坦布尔宣言和行动纲领》、《小岛屿发展中国家快速行动方式》（萨摩亚途径）、《内陆发展中国家 2014 — 2024 年十年维也纳行动纲领》，并重申必须支持非洲联盟《2063 年议程》和非洲发展新伙伴关系，因为它们都是新议程的组成部分。我们意识到在冲突和冲突后国家中实现持久和平与可持续发展有很大挑战。

64. 我们认识到，中等收入国家在实现可持续发展方面仍然面临重大挑战。为了使迄今取得的成就得以延续下去，应通过交流经验，加强协调来进一步努力应对当前挑战，联合国发展系统、国际金融机构、区域组织和其他利益攸关方也应提供更好、重点更突出的支持。

65. 我们特别指出，所有国家根据本国享有自主权的原则制定公共政策并筹集、有效使用国内资源，对于我们共同谋求可持续发展，包括实现可持续发展目标至关重要。我们认识到，国内资源首先来自经济增长，并需要在各层面有一个有利的环境。

66. 私人商业活动、投资和创新，是提高生产力、包容性经济增长和创造就业的主要动力。我们承认私营部门的多样性，包括微型企业、合作社和跨国公司。我们呼吁所有企业利用它们的创造力和创新能力来应对可持续发展的挑战。我们将扶植有活力和运作良好的企业界，同时要求《工商业与人权指导原则》、17 劳工组织劳动标准、《儿童权利公约》18 和主要多边环境协定等相关国际标准和协定的缔约方保护劳工权利,遵守环境和卫生标准。

67. 国际贸易是推动包容性经济增长和减贫的动力,有助于促进可持续发展。我们将继续倡导在世界贸易组织框架下建立普遍、有章可循、开放、透明、可预测、包容、非歧视和公平的多边贸易体系,实现贸易自由化。我们呼吁世贸组织所有成员国加倍努力,迅速结束《多哈发展议程》19 的谈判。我们非常重视向发展中国家,包括非洲国家、最不发达国家、内陆发展中国家、小岛屿发展中国家和中等收入国家提供与贸易有关的能力建设支持,包括促进区域经济一体化和互联互通。

68. 我们认识到,需要通过加强政策协调,酌情促进债务融资、减免、重组和有效管理,来帮助发展中国家实现债务的长期可持续性。许多国家仍然容易受到债务危机影响,而且有些国家,包括若干最不发达国家、小岛屿发展中国家和一些发达国家,正身处危机之中。我们重申,债务国和债权国必须共同努力,防止和消除债务不可持续的局面。保持可持续的债务水平是借债国的责任;但是我们承认,贷款国也有责任采用不削弱国家债务可持续性的方式发放贷款。我们将协助已经获得债务减免和使债务数额达到可持续水平的国家维持债务的可持续性。

69. 我们特此启动《亚的斯亚贝巴行动议程》设立的技术促进机制,以支持实现可持续发展目标。该技术促进机制将建立在会员国、民间社会、私营部门、科学界、联合国机构及其他利益攸关方等多个利益攸关方开展协作的基础上,由以下部分组成:联合国科学、技术、创新促进可持续发展目标跨机构任务小组;科学、技术、创新促进可持续发展目标多利益攸关方协作论坛以及网上平台。

· 联合国科学、技术、创新促进可持续发展目标跨机构任务小组将在联合国系统内,促进科学、技术、创新事项的协调、统一与合作,加强相互配合、提高效率,特别是加强能力建设。任务小组将利用现有资源,与来自民间社会、私营部门和科学界的 10 名代表合作,筹备科学、技术、创新促进可持续发展目标多利益攸关方论坛会议,并组建和运行网上平台,包括就论坛和网上平台的模式提出建议。10 名代表将由秘书长任命,任期两年。所有联合国机构、基金和方案以及经社理事会职能委员会均可参加任务小组。任务小组最初将由目前构成技术促进非正式工作组的以下机构组成:联合国秘书处经济和社会事务部、联合国环境规划署、联合国工业发展组织、联合国教育、科学及文化组织、联合国贸易和发展会议、国际电信联盟、世界知识产权组织和世界银行。

· 网上平台负责全面汇集联合国内外现有的科学、技术、创新举措、机制和方案的信息，并进行信息流通和传输。网上平台将协助人们获取推动科学、技术、创新的举措和政策的信息、知识、经验、最佳做法和相关教训。网上平台还将协助散发世界各地可以公开获取的相关科学出版物。我们将根据独立技术评估的结果开发网上平台，有关评估会考虑到联合国内外相关举措的最佳做法和经验教训，确保这一平台补充现有的科学、技术、创新平台，为使用已有平台提供便利，并充分提供已有平台的信息，避免重叠，加强相互配合。

· 科学、技术和创新促进可持续发展目标多利益攸关方论坛将每年举行一次会议，为期两天，讨论在落实可持续发展目标的专题领域开展科学、技术和创新合作的问题，所有相关利益攸关方将会聚一堂，在各自的专业知识领域中做出积极贡献。论坛将提供一个平台，促进相互交流，牵线搭桥，在相关利益攸关方之间创建网络和建立多利益攸关方伙伴关系，以确定和审查技术需求和差距，包括在科学合作、创新和能力建设方面的需求和差距，并帮助开发、转让和传播相关技术来促进可持续发展目标。经社理事会主席将在经社理事会主持召开的高级别政治论坛开会之前，召开多利益攸关方论坛的会议，或可酌情在考虑到拟审议的主题，并同其他论坛或会议组织者合作的基础上，与其他论坛或会议一同举行。会议将由两个会员国共同主持，并由两位共同主席起草一份讨论情况总结，作为执行和评估2015年后可持续发展议程工作的一部分，提交给高级别政治论坛会议。

· 高级别政治论坛会议将参考多利益攸关方论坛的总结。可持续发展问题高级别政治论坛将在充分吸纳任务小组专家意见的基础上，审议科学、技术和创新促进可持续发展目标多利益攸关方论坛其后各次会议的主题。

70. 我们重申，本议程、可持续发展目标和具体目标，包括执行手段，是普遍、不可分割和相互关联的。

后续落实和评估

71. 我们承诺将系统地落实和评估本议程今后15年的执行情况。一个积极、自愿、有效、普遍参与和透明的综合后续落实和评估框架将大大有助于执行工作，帮助各国最大限度地推动和跟踪本议程执行工作的进展，绝不让任何一个人掉队。

72. 该框架在国家、区域和全球各个层面开展工作，推动我们对公民负责，协助开展有效的国际合作以实现本议程，促进交流最佳做法和相互学习。它调动各方共同应对挑战，找出新问题和正在出现的问题。由于这是一个全球议程，各国之间的相互信任和理解非常重要。

73. 各级的后续落实和评估工作将遵循以下原则：

（a）自愿进行，由各国主导，兼顾各国不同的现实情况、能力和发展水平，并尊重各国的政策空间和优先事项。国家自主权是实现可持续发展的关键，全球评估将主要根据各国提供的官方数据进行，因此国家一级工作的成果将是区域和全球评估的基础。

（b）跟踪所有国家执行普遍目标和具体目标的进展，包括执行手段，同时尊重目标和具体目标的普遍性、综合性和相互关联性以及可持续发展涉及的三个方面。

（c）后续评估工作将长期进行，找出成绩、挑战、差距和重要成功因素，协助各国作出政策选择。相关工作还将协助找到必要的执行手段和伙伴关系，发现解决办法和最佳做法，促进国际发展系统的协调与成效。

（d）后续评估工作将对所有人开放，做到包容、普遍参与和透明，还将协助所有相关利益攸关方提交报告。

（e）后续评估工作以人为本，顾及性别平等问题，尊重人权，尤其重点关注最贫困、最脆弱和落在最后面的人。

（f）后续工作将以现有平台和工作（如果有的话）为基础，避免重复，顺应各国的国情、能力、需求和优先事项。相关工作还将随着时间的推移不断得到改进，并考虑到新出现的问题和新制定的方法，同时尽量减少国家行政部门提交报告的负担。

（g）后续评估工作将保持严谨细致和实事求是，并参照各国主导的评价工作结果和以下各类及时、可靠和易获取的高质量数据：收入、性别、年龄、种族、族裔、迁徙情况、残疾情况、地理位置和涉及各国国情的其他特性。

（h）后续评估工作要加强对发展中国家的能力建设支持，包括加强各国特别是非洲国家、最不发达国家、小岛屿发展中国家和内陆发展中国家以及中等收入国家的数据系统和评价方案。

（i）后续评估工作将得到联合国系统和其他多边机构的积极支持。

74. 将采用一套全球指标来落实和评估这些目标和具体目标。这套全球指标将辅以会员国拟定的区域和国家指标，并采纳旨在为尚无国家和全球基线数据的具体目标制定基线数据而开展工作的成果。可持续发展目标的指标跨机构专家组拟定的全球指标框架将根据现有的任务规定，由联合国统计委员会在 2016 年 3 月前商定，并由经社理事会及联合国大会在其后予以通过。这一框架应做到简明严格，涵盖所有可持续发展目标和具体目标，包括执行手段，保持它们的政治平衡、整合性和雄心水平。

75. 我们将支持发展中国家，特别是非洲国家、最不发达国家、小岛屿发展中国家和内陆发展中国家加强本国统计局和数据系统的能力,以便能获得及时、可靠的优质分类数据。我们将推动以透明和负责任的方式加强有关的公私合作,利用各领域数据包括地球观测和地理空间信息,同时确保各国在支持和跟踪进展过程中享有自主权。

76. 我们承诺充分参与在国家以下、国家、区域和全球各层面定期进行的包容性进展评估。我们将尽可能多地利用现有的后续落实和评估机构和机制。可通过国家报告来评估进展,并查明区域和全球各层面的挑战。国家报告将与区域对话及全球评估一起,为各级后续工作提出建议。

国家层面

77. 我们鼓励所有会员国尽快在可行时制定具有雄心的国家对策来全面执行本议程。这些对策有助于向可持续发展目标过渡,并可酌情借鉴现有的规划文件,例如国家发展战略和可持续发展战略。

78. 我们还鼓励会员国在国家和国家以下各级定期进行包容性进展评估,评估工作由国家来主导和推动。这种评估应借鉴参考土著居民、民间社会、私营部门和其他利益攸关方的意见,并符合各国的国情、政策和优先事项。各国议会以及其他机构也可以支持这些工作。

区域层面

79. 区域和次区域各级的后续落实和评估可酌情为包括自愿评估在内的互学互鉴、分享最佳做法和讨论共同目标提供机会。为此,我们欢迎区域、次区域委员会和组织开展合作。包容性区域进程将借鉴各国的评估结果,为全球层面(包括可持续发展问题高级别政治论坛)的后续落实和评估工作提出意见建议。

80. 我们认识到,必须巩固加强现有的区域后续落实和评估机制并留出足够的政策空间,鼓励所有会员国寻找交换意见的最恰当区域论坛。我们鼓励联合国各区域委员会继续在这方面支持会员国。

全球层面

81. 高级别政治论坛将根据现有授权,同联合国大会、经社理事会及其他相关机构和论坛携手合作,在监督全球各项后续落实和评估工作方面发挥核心作用。它将促进经验交流,包括交流成功经验、挑战和教训,并为后续工作提供政治领导、指导和建议。它将促进全系统可持续发展政策的统一和协调。它应确保本议程继续有实际意义,具有雄心水平,注重评估进展、成就及发达国家和发展中国家面临的挑战以及新问题和正在出现的问题。它将同联合国所有相关会议和进程包括关于最不发达国家、小岛屿发展中国家和内陆发展中国家的会议和进程的后续落实和评估安排建立有效联系。

82. 高级别政治论坛的后续落实和评估工作可参考秘书长和联合国系统根据全球指标框架、各国统计机构提交的数据和各区域收集的信息合作编写的可持续发展目标年度进展情况报告。高级别政治论坛还将参考《全球可持续发展报告》，该报告将加强科学与政策的衔接，是一个帮助决策者促进消除贫困和可持续发展的强有力的、以实证为基础的工具。我们请经社理事会主席就全球报告的范围、方法和发布频率举行磋商，磋商内容还包括其与可持续发展目标进展情况报告的关系。磋商结果应反映在高级别政治论坛 2016 年年会的部长级宣言中。

83. 经社理事会主持的高级别政治论坛应根据大会 2013 年 7 月 9 日第 67/290 号决议定期开展评估。评估应是自愿的，鼓励提交报告，且评估应让发达和发展中国家、联合国相关机构和包括民间社会、私营部门在内的其他利益攸关方参加。评估应由国家主导，由部长级官员和其他相关的高级别人士参加。评估应为各方建立伙伴关系提供平台，包括请主要群体和其他相关利益攸关方参与。

84. 高级别政治论坛还将对可持续发展目标的进展，包括对贯穿不同领域的问题，进行专题评估。这些专题评估将借鉴经社理事会各职能委员会和其他政府间机构和论坛的评估结果，并应表明目标的整体性和它们之间的相互关联。评估将确保所有相关利益攸关方参与，并尽可能地融入和配合高级别政治论坛的周期。

85. 我们欢迎按《亚的斯亚贝巴行动议程》所述，专门就发展筹资领域成果以及可持续发展目标的所有执行手段开展后续评估，这些评估将结合本议程的落实和评估工作进行。经社理事会发展筹资年度论坛的政府间商定结论和建议将纳入高级别政治论坛评估本议程执行情况的总体工作。

86. 高级别政治论坛每四年在联合国大会主持下召开会议，为本议程及其执行工作提供高级别政治指导，查明进展情况和新出现的挑战，动员进一步采取行动以加快执行。高级别政治论坛下一次会议将在联合国大会主持下于 2019 年召开，会议周期自此重新设定，以便尽可能与四年度全面政策评估进程保持一致。

87. 我们还强调，必须开展全系统战略规划、执行和提交报告工作，以确保联合国发展系统为执行新议程提供协调一致的支持。相关理事机构应采取行动，评估对执行工作的支持，报告取得的进展和遇到的障碍。我们欢迎经社理事会目前就联合国发展系统的长期定位问题开展的对话，并期待酌情就这些问题采取行动

88.高级别政治论坛将根据第 67/290 号决议支持主要群体和其他利益攸关方参与落实和评估工作。我们呼吁上述各方报告它们对议程执行工作做出的贡献。

89.我们请秘书长与会员国协商,为筹备高级别政治论坛 2016 年会议编写一份报告,提出在全球统一开展高效和包容的后续落实和评估工作的重要时间节点,供第七十届联合国大会审议。这份报告应有关于高级别政治论坛在经社理事会主持下开展国家主导的评估的组织安排包括关于自愿共同提交报告准则的建议。报告应明确各机构的职责,并就年度主题、系列专题评估和定期评估方案,为高级别政治论坛提供指导意见。

91.我们重申,我们将坚定不移地致力于实现本议程,充分利用它来改变我们的世界,让世界到 2030 年时变得更美好。

2015 年 9 月 25 日第 4 次全体会议

《巴黎气候变化协定》

（2015 年 12 月 12 日）

本协定缔约方,

作为《联合国气候变化框架公约》(下称《公约》)缔约方,

按照《公约》缔约方会议第十七届会议第 1/CP.17 号决定建立的德班加强行动平台,

根据《公约》目标,并遵循其原则,包括以公平为基础并体现共同但有区别的责任和各自能力的原则,同时要根据不同的国情,

认识到必须根据现有的最佳科学知识,对气候变化的紧迫威胁作出有效和逐渐的应对,

又认识到《公约》所述的发展中国家缔约方的具体需要和特殊情况,特别是那些对气候变化不利影响特别脆弱的发展中国家缔约方的具体需要和特殊情况,

充分考虑到最不发达国家在筹资和技术转让行动方面的具体需要和特殊情况,

认识到缔约方不仅可能受到气候变化的影响,而且还可能受到为应对气候变化而采取的措施的影响,

强调气候变化行动、应对和影响与平等获得可持续发展和消除贫困有着内在的关系,

认识到保障粮食安全和消除饥饿的根本性优先事项,以及粮食生产系统对气候变化不利影响的特殊脆弱性,

考虑到务必根据国家制定的发展优先事项,实现劳动力公正转型以及创造体面工作和高质量就业岗位,

承认气候变化是人类共同关注的问题,缔约方在采取行动处理气候变化时,应当尊重、促进和考虑它们各自对人权、健康权、土著人民权利、当地社区权利、移徙者权利、儿童权利、残疾人权利、弱势人权利、发展权,以及性别平等、妇女赋权和代际公平等的义务,

认识到必须酌情养护和加强《公约》所述的温室气体的汇和库,

注意到必须确保包括海洋在内的所有生态系统的完整性,保护被有些文化认作大地母亲的生物多样性,并注意到在采取行动处理气候变化时关于"气候公正"的某些概念的重要性,

申明必须就本协定处理的事项在各级开展教育、培训、宣传,公众参与和公众获得信息和合作,认识到在本协定处理的事项方面让各级参与的重要性,

认识到按照缔约方各自的国内立法使各级政府和各行为方参与处理气候变化的重要性,

又认识到在发达国家缔约方带头下的可持续生活方式以及可持续的消费和生产模式,对处理气候变化所发挥的重要作用,

协定如下:

第一条

为本协定的目的,《公约》第一条所载的定义都应适用。此外:

1."公约"指 1992 年 5 月 9 日在纽约通过的《联合国气候变化框架公约》;

2."缔约方会议"指《公约》缔约方会议;

3."缔约方"指本协定缔约方。

第二条

1.本协定在加强《公约》,包括其目标的执行方面,旨在联系可持续发展和消除贫困的努力,加强对气候变化威胁的全球应对,包括:

(a)把全球平均气温升幅控制在工业化前水平以上低于 2°C 之内,并努力将气温升幅限制在工业化前水平以上 1.5°C 之内,同时认识到这将大大减少气候变化的风险和影响;

(b)提高适应气候变化不利影响的能力并以不威胁粮食生产的方式增强气候抗御力和温室气体低排放发展;

（c）使资金流动符合温室气体低排放和气候适应型发展的路径。

2. 本协定的执行将按照不同的国情体现平等以及共同但有区别的责任和各自能力的原则。

第三条

作为全球应对气候变化的国家自主贡献，所有缔约方将保证并通报第四条、第七条、第九条、第十条、第十一条和第十三条所界定的有力度的努力，以实现本协定第二条所述的目的。所有缔约方的努力将随着时间的推移而逐渐增加，同时认识到需要支持发展中国家缔约方，以有效执行本协定。

第四条

1. 为了实现第二条规定的长期气温目标，缔约方旨在尽快达到温室气体排放的全球峰值，同时认识到达峰对发展中国家缔约方来说需要更长的时间；此后利用现有的最佳科学迅速减排，以联系可持续发展和消除贫困，在平等的基础上，在本世纪下半叶实现温室气体源的人为排放与汇的清除之间的平衡。

2. 各缔约方应编制、通报并保持它打算实现的下一次国家自主贡献。缔约方应采取国内减缓措施，以实现这种贡献的目标。

3. 各缔约方下一次的国家自主贡献将按不同的国情，逐步增加缔约方当前的国家自主贡献，并反映其尽可能大的力度，同时反映其共同但有区别的责任和各自能力。

4. 发达国家缔约方应当继续带头，努力实现全经济绝对减排目标。发展中国家缔约方应当继续加强它们的减缓努力，应鼓励它们根据不同的国情，逐渐实现全经济绝对减排或限排目标。

5. 应向发展中国家缔约方提供支助，以根据本协定第九条、第十条和第十一条执行本条，同时认识到增强对发展中国家缔约方的支助，将能够加大它们的行动力度。

6. 最不发达国家和小岛屿发展中国家可编制和通报反映它们特殊情况的关于温室气体低排放发展的战略、计划和行动。

7. 从缔约方的适应行动和/或经济多样化计划中获得的减缓共同收益，能促进本条下的减缓成果。

8. 在通报国家自主贡献时，所有缔约方应根据第1/CP.21号决定和作为《巴黎协定》缔约方会议的《公约》缔约方会议的任何有关决定，为清晰、透明和了解而提供必要的信息。

9. 各缔约方应根据第1/CP.21号决定和作为《巴黎协定》缔约方会议

的《公约》缔约方会议的任何有关决定,并参照第十四条所述的全球总结的结果,每五年通报一次国家自主贡献。

10. 作为《巴黎协定》缔约方会议的《公约》缔约方会议应在第一届会议上审议国家自主贡献的共同时间框架。

11. 缔约方可根据作为《巴黎协定》缔约方会议的《公约》缔约方会议通过的指导,随时调整其现有的国家自主贡献,以加强其力度水平。

12. 缔约方通报的国家自主贡献应记录在秘书处保持的一个公共登记册上。

13. 缔约方应核算它们的国家自主贡献。在核算相当于它们国家自主贡献中的人为排放量和清除量时,缔约方应促进环境完整性、透明、精确、完整、可比和一致性,并确保根据作为《巴黎协定》缔约方会议的《公约》缔约方会议通过的指导避免双重核算。

14. 在国家自主贡献方面,当缔约方在承认和执行人为排放和清除方面的减缓行动时,应当按照本条第 13 款的规定,酌情考虑《公约》下的现有方法和指导。

15. 缔约方在执行本协定时,应考虑那些经济受应对措施影响最严重的缔约方,特别是发展中国家缔约方关注的问题。

16. 缔约方,包括区域经济一体化组织及其成员国,凡是达成了一项协定,根据本条第 2 款联合采取行动的,均应在它们通报国家自主贡献时,将该协定的条款通知秘书处,包括有关时期内分配给各缔约方的排放量。再应由秘书处向《公约》的缔约方和签署方通报该协定的条款。

17. 以上第 16 款提及的这种协定的各缔约方应根据本条第 13 款和第 14 款以及第十三条和第十五条对该协定为它规定的排放水平承担责任。

18. 如果缔约方在一个其本身是本协定缔约方的区域经济一体化组织的框架内并与该组织一起,采取联合行动开展这项工作,那么该区域经济一体化组织的各成员国单独并与该区域经济一体化组织一起,应根据本条第 13 款和第 14 款以及第十三条和第十五条,对根据本条第 16 款通报的协定为它规定的排放量承担责任。

19. 所有缔约方应努力拟定并通报长期温室气体低排放发展战略,同时注意第二条,根据不同国情,考虑它们共同但有区别的责任和各自能力。

第五条

1. 缔约方应当采取行动酌情养护和加强《公约》第四条第 1 款 d 项所述的温室气体的汇和库,包括森林。

2. 鼓励缔约方采取行动,包括通过基于成果的支付,执行和支持在《公约》下已确定的有关指导和决定中提出的有关以下方面的现有框架：为减少毁林和森林退化造成的排放所涉活动采取的政策方法和积极奖励措施，以及发展中国家养护、可持续管理森林和增强森林碳储量的作用；执行和支持替代政策方法，如关于综合和可持续森林管理的联合减缓和适应方法，同时重申酌情奖励与这种方法相关的非碳收益的重要性。

第六条

1. 缔约方认识到，有些缔约方选择自愿合作执行它们的国家自主贡献，以能够提高它们减缓和适应行动的力度，并促进可持续发展和环境完整。

2. 缔约方如果在自愿的基础上采取合作方法，并使用国际转让的减缓成果来实现国家自主贡献，就应促进可持续发展，确保环境完整和透明，包括在治理方面，并应运用稳健的核算，以主要依作为《巴黎协定》缔约方会议的《公约》缔约方会议通过的指导确保避免双重核算。

3. 使用国际转让的减缓成果来实现本协定下的国家自主贡献，应是自愿的，并得到参加的缔约方的允许的。

4. 兹在作为《巴黎协定》缔约方会议的《公约》缔约方会议的授权和指导下，建立一个机制，供缔约方自愿使用，以促进温室气体排放的减缓，支持可持续发展。它应受作为《巴黎协定》缔约方会议的《公约》缔约方会议指定的一个机构的监督，应旨在：

（a）促进减缓温室气体排放，同时促进可持续发展；

（b）奖励和便利缔约方授权下的公私实体参与减缓温室气体排放；

（c）促进东道缔约方减少排放量，以便从减缓活动导致的减排中受益，这也可以被另一缔约方用来履行其国家自主贡献；

（d）实现全球排放的全面减缓。

5. 从本条第4款所述的机制产生的减排，如果被另一缔约方用作表示其国家自主贡献的实现情况，则不应再被用作表示东道缔约方自主贡献的实现情况。

6. 作为《巴黎协定》缔约方会议的《公约》缔约方会议应确保本条第4款所述机制下开展的活动所产生的一部分收益用于负担行政开支，以及援助对气候变化不利影响特别脆弱的发展中国家缔约方支付适应费用。

7. 作为《巴黎协定》缔约方会议的《公约》缔约方会议应在第一届会议上通过本条第4款所述机制的规则、模式和程序。

8. 缔约方认识到，在可持续发展和消除贫困方面，必须以协调和有效的方式向缔约方提供综合、整体和平衡的非市场方法，包括酌情主要通过，减缓、适应、融资、技术转让和能力建设，以协助执行它们的国家自主贡献。这些方法应旨在：

(a)提高减缓和适应力度；

(b)加强公私部门参与执行国家自主贡献；

(c)创造各种手段和有关体制安排之间协调的机会。

9.兹确定一个本条第8款提及的可持续发展非市场方法的框架,以推广非市场方法。

第七条

1.缔约方兹确立关于提高适应能力、加强抗御力和减少对气候变化的脆弱性的全球适应目标,以促进可持续发展,并确保在第二条所述气温目标方面采取适当的适应对策。

2.缔约方认识到,适应是所有各方面临的全球挑战,具有地方、次国家、国家、区域和国际层面,它是为保护人民、生计和生态系统而采取的气候变化长期全球应对措施的关键组成部分和促进因素,同时也要考虑到对气候变化不利影响特别脆弱的发展中国家迫在眉睫的需要。

3.应根据作为《巴黎协定》缔约方会议的《公约》缔约方会议第一届会议通过的模式承认发展中国家的适应努力。

4.缔约方认识到,当前的适应需要很大,提高减缓水平能减少对额外适应努力的需要,增大适应需要可能会增加适应成本。

5.缔约方承认,适应行动应当遵循一种国家驱动、注重性别问题、参与型和充分透明的方法,同时考虑到脆弱群体、社区和生态系统,并应当基于和遵循现有的最佳科学,以及适当的传统知识、土著人民的知识和地方知识系统,以期将适应酌情纳入相关的社会经济和环境政策以及行动中。

6.缔约方认识到必须支持适应努力并开展适应努力方面的国际合作,必须考虑发展中国家缔约方的需要,特别是对气候变化不利影响特别脆弱的发展中国家的需要。

7.缔约方应当加强它们在增强适应行动方面的合作,同时考虑到《坎昆适应框架》,包括在下列方面：

(a)交流信息、良好做法、获得的经验和教训,酌情包括与适应行动方面的科学、规划、政策和执行等相关的信息、良好做法、获得的经验和教训；

(b)加强体制安排,包括《公约》下服务于本协定的体制安排,以支持相关信息和知识的综合,并为缔约方提供技术支助和指导；

(c)加强关于气候的科学知识,包括研究、对气候系统的系统观测和预警系统,以便为气候服务提供参考,并支持决策；

(d)协助发展中国家缔约方确定有效的适应做法、适应需要、优先事

项、为适应行动和努力提供和得到的支助、挑战和差距,其方式应符合鼓励良好做法;

（e）提高适应行动的有效性和持久性。

8.鼓励联合国专门组织和机构支持缔约方努力执行本条第7款所述的行动,同时考虑到本条第5款的规定。

9.各缔约方应酌情开展适应规划进程并采取各种行动,包括制订或加强相关的计划、政策和/或贡献,其中可包括:

（a）落实适应行动、任务和/或努力;

（b）关于制订和执行国家适应计划的进程;

（c）评估气候变化影响和脆弱性,以拟订国家制定的优先行动,同时考虑到处于脆弱地位的人民、地方和生态系统;

（d）监测和评价适应计划、政策、方案和行动并从中学习;

（e）建设社会经济和生态系统的抗御力,包括通过经济多样化和自然资源的可持续管理。

10.各缔约方应当酌情定期提交和更新一项适应信息通报,其中可包括其优先事项、执行和支助需要、计划和行动,同时不对发展中国家缔约方造成额外负担。

11.本条第10款所述适应信息通报应酌情定期提交和更新,纳入或结合其他信息通报或文件提交,其中包括国家适应计划、第四条第2款所述的一项国家自主贡献和/或一项国家信息通报。

12.本条第10款所述的适应信息通报应记录在一个由秘书处保持的公共登记册上。

13.根据本协定第九条、第十条和第十一条的规定,发展中国家缔约方在执行本条第7款、第9款、第10款和第11款时应得到持续和加强的国际支持。

14.第十四条所述的全球总结,除其他外应:

（a）承认发展中国家缔约方的适应努力;

（b）加强开展适应行动,同时考虑本条第10款所述的适应信息通报;

（c）审评适应的适足性和有效性以及对适应提供的支助情况;

（d）审评在实现本条第1款所述的全球适应目标方面所取得的总体进展。

第八条

1.缔约方认识到避免、尽量减轻和处理与气候变化（包括极端气候事件和缓发事件）不利影响相关的损失和损害的重要性,以及可持续发展对于减少损失和损害的作用。

2. 气候变化影响相关损失和损害华沙国际机制应受作为《巴黎协定》缔约方会议的《公约》缔约方会议的领导和指导,并由作为《巴黎协定》缔约方会议的《公约》缔约方会议决定予以加强。

3. 缔约方应当在合作和提供便利的基础上,包括酌情通过华沙国际机制,在气候变化不利影响所涉损失和损害方面加强理解、行动和支持。

4. 据此,为加强理解、行动和支持而开展合作和提供便利的领域包括以下方面:

(a)预警系统;

(b)应急准备;

(c)缓发事件;

(d)可能涉及不可逆转和永久性损失和损害的事件;

(e)综合性风险评估和管理;

(f)风险保险设施,气候风险分担安排和其他保险方案;

(g)非经济损失;

(h)社区的抗御力、生计和生态系统。

5. 华沙国际机制应与本协定下现有机构和专家小组以及本协定以外的有关组织和专家机构协作。

第九条

1. 发达国家缔约方应为协助发展中国家缔约方减缓和适应两方面提供资金,以便继续履行在《公约》下的现有义务。

2. 鼓励其他缔约方自愿提供或继续提供这种支助。

3. 作为全球努力的一部分,发达国家缔约方应继续带头,从各种大量来源、手段及渠道调动气候资金,同时注意到公共基金通过采取各种行动,包括支持国家驱动战略而发挥的重要作用,并考虑发展中国家缔约方的需要和优先事项。对气候资金的这一调动应当逐步超过先前的努力。

4. 提供规模更大的资金资源,应旨在实现适应与减缓之间的平衡,同时考虑国家驱动战略以及发展中国家缔约方的优先事项和需要,尤其是那些对气候变化不利影响特别脆弱和受到严重的能力限制的发展中国家缔约方,如最不发达国家,小岛屿发展中国家的优先事项和需要,同时也考虑为适应提供公共资源和基于赠款的资源的需要。

5. 发达国家缔约方应适当根据情况,每两年对与本条第 1 款和第 3 款相关的指示性定量定质信息进行通报,包括向发展中国家缔约方提供的公共财政资源方面可获得的预测水平。鼓励其他提供资源的缔约方也自愿每两年通报一次这种信息。

6. 第十四条所述的全球总结应考虑发达国家缔约方和/或本协定的机构提供的关于气候资金所涉努力方面的有关信息。

7. 发达国家缔约方应按照作为《巴黎协定》缔约方会议的《公约》缔约方会议第一届会议根据第十三条第 13 款的规定通过的模式、程序和指南，就通过公共干预措施向发展中国家提供和调动支助的情况，每两年提供透明一致的信息。鼓励其他缔约方也这样做。

8. 《公约》的资金机制，包括其经营实体，应作为本协定的资金机制。

9. 为本协定服务的机构，包括《公约》资金机制的经营实体，应旨在通过精简审批程序和提供进一步准备支助发展中国家缔约方，尤其是最不发达国家和小岛屿发展中国家，来确保它们在国家气候战略和计划方面有效地获得资金。

第十条

1. 缔约方共有一个长期愿景，即必须充分落实技术开发和转让，以改善对气候变化的抗御力和减少温室气体排放。

2. 注意到技术对于执行本协定下的减缓和适应行动的重要性，并认识到现有的技术部署和推广工作，缔约方应加强技术开发和转让方面的合作行动。

3. 《公约》下设立的技术机制应为本协定服务。

4. 兹建立一个技术框架，为技术机制在促进和便利技术开发和转让的强化行动方面的工作提供总体指导，以根据本条第 1 款所述的长期愿景，支持本协定的执行。

5. 加快、鼓励和扶持创新，对有效、长期的全球应对气候变化，以及促进经济增长和可持续发展至关重要。应对这种努力酌情提供支助，包括由技术机制和由《公约》资金机制通过资金手段提供支助，以便采取协作性方法开展研究和开发，以及便利获得技术，特别是在技术周期的早期阶段便利发展中国家缔约方获得技术。

6. 应向发展中国家缔约方提供支助，包括提供资金支助，以执行本条，包括在技术周期不同阶段的技术开发和转让方面加强合作行动，从而在支助减缓和适应之间实现平衡。第十四条提及的全球总结应考虑为发展中国家缔约方的技术开发和转让提供支助方面的现有信息。

第十一条

1. 本协定下的能力建设应当加强发展中国家缔约方，特别是能力最弱的国家，如最不发达国家，以及对气候变化不利影响特别脆弱的国家，如小岛屿发展中国家等的能力,以便采取有效的气候变化行动,其中主要包括执行适应和减缓行动,并应当便利技术开发、推广和部署、获得气候资金、教育、培训和公共宣传的有关方面,以及透明、及时和准确的信息通报。

2. 能力建设,尤其是针对发展中国家缔约方的能力建设,应当由国家驱动,依据并响应国家需要,并促进缔约方的本国自主,包括在国家、次国家和地方层面。能力建设应当以获得的经验教训为指导,包括从《公约》下能力建设活动中获得的经验教训,并应当是一个参与型、贯穿各领域和注重性别问题的有效和迭加的进程。

3. 所有缔约方应当合作,以加强发展中国家缔约方执行本协定的能力。发达国家缔约方应当加强对发展中国家缔约方能力建设行动的支助。

4. 所有缔约方,凡在加强发展中国家缔约方执行本协定的能力,包括采取区域、双边和多边方式的,均应定期就这些能力建设行动或措施进行通报。发展中国家缔约方应当定期通报为执行本协定而落实能力建设计划、政策、行动或措施的进展情况。

5. 应通过适当的体制安排,包括《公约》下为服务于本协定所建立的有关体制安排,加强能力建设活动,以支持对本协定的执行。作为《巴黎协定》缔约方会议的《公约》缔约方会议应在第一届会议上审议并就能力建设的初始体制安排通过一项决定。

第十二条

缔约方应酌情合作采取措施,加强气候变化教育、培训、公共宣传、公众参与和公众获取信息,同时认识到这些步骤对于加强本协定下的行动的重要性。

第十三条

1. 为建立互信并促进有效执行,兹设立一个关于行动和支助的强化透明度框架,并内置一个灵活机制,以考虑进缔约方能力的不同,并以集体经验为基础。

2. 透明度框架应为发展中国家缔约方提供灵活性,以利于由于其能力问题而需要这种灵活性的那些发展中国家缔约方执行本条规定。本条第13 款所述的模式、程序和指南应反映这种灵活性。

3. 透明度框架应依托和加强在《公约》下设立的透明度安排,同时认识到最不发达国家和小岛屿发展中国家的特殊情况,以促进性、非侵入性、非惩罚性和尊重国家主权的方式实施,并避免对缔约方造成不当负担。

4. 《公约》下的透明度安排,包括国家信息通报、两年期报告和两年期更新报告、国际评估和审评以及国际协商和分析,应成为制定本条第13 款下的模式、程序和指南时加以借鉴的经验的一部分。

5. 行动透明度框架的目的是按照《公约》第二条所列目标,明确了解气候变化行动,包括明确和追踪缔约方在第四条下实现各自国家自主贡献方面所取得进展;以及缔约方在第七条之下的适应行动,包括良好做法、优先事项、需要和差距,以便为第十四条下的全球总结提供参考。

6. 支助透明度框架的目的是明确各相关缔约方在第四条、第七条、第九条、第十条和第十一条下的气候变化行动方面提供和收到的支助,并尽可能反映所提供的累计资金支助的全面概况,以便为第十四条下的全球总结提供参考。

7. 各缔约方应定期提供以下信息:

(a)利用政府间气候变化专门委员会接受并由作为《巴黎协定》缔约方会议的《公约》缔约方会议商定的良好做法而编写的一份温室气体源的人为排放量和汇的清除量的国家清单报告;

(b)跟踪在根据第四条执行和实现国家自主贡献方面取得的进展所必需的信息。

8. 各缔约方还应当酌情提供与第七条下的气候变化影响和适应相关的信息。

9. 发达国家缔约方应,提供支助的其他缔约方应当就根据第九条、第十条和第十一条向发展中国家缔约方提供资金、技术转让和能力建设支助的情况提供信息。

10. 发展中国家缔约方应当就在第九条、第十条和第十一条下需要和接受的资金、技术转让和能力建设支助情况提供信息。

11. 应根据第 1/CP.21 号决定对各缔约方根据本条第 7 款和第 9 款提交的信息进行技术专家审评。对于那些由于能力问题而对此有需要的发展中国家缔约方,这一审评进程应包括查明能力建设需要方面的援助。此外,各缔约方应参与促进性的多方审议,以对第九条下的工作以及各自执行和实现国家自主贡献的进展情况进行审议。

12. 本款下的技术专家审评应包括适当审议缔约方提供的支助,以及执行和实现国家自主贡献的情况。审评也应查明缔约方需改进的领域,并包括审评这种信息是否与本条第 13 款提及的模式、程序和指南相一致,同时考虑在本条第 2 款下给予缔约方的灵活性。审评应特别注意发展中国家缔约方各自的国家能力和国情。

13. 作为《巴黎协定》缔约方会议的《公约》缔约方会议应在第一届会议上根据《公约》下透明度相关安排取得的经验,详细拟定本条的规定,酌情为行动和支助的透明度通过通用的模式、程序和指南。

14. 应为发展中国家执行本条提供支助。

15. 应为发展中国家缔约方建立透明度相关能力提供持续支助。

第十四条

1. 作为《巴黎协定》缔约方会议的《公约》缔约方会议应定期总结本协定的执行情况,以评估实现本协定宗旨和长期目标的集体进展情况(称为"全球总结")。评估工作应以全面和促进性的方式开展,同时考虑减缓、适应问题以及执行和支助的方式问题,并顾及公平和利用现有的最佳科学。

2. 作为《巴黎协定》缔约方会议的《公约》缔约方会议应在 2023 年进行第一次全球总结,此后每五年进行一次,除非作为《巴黎协定》缔约方会议的《公约》缔约方会议另有决定。

3. 全球总结的结果应为缔约方提供参考,以国家自主的方式根据本协定的有关规定更新和加强它们的行动和支助,以及加强气候行动的国际合作。

第十五条

1. 兹建立一个机制,以促进执行和遵守本协定的规定。

2. 本条第 1 款所述的机制应由一个委员会组成,应以专家为主,并且是促进性的,行使职能时采取透明、非对抗的、非惩罚性的方式。委员会应特别关心缔约方各自的国家能力和情况。

3. 该委员会应在作为《巴黎协定》缔约方会议的《公约》缔约方会议第一届会议通过的模式和程序下运作,每年向作为《巴黎协定》缔约方会议的《公约》缔约方会议提交报告。

第十六条

1. 《公约》缔约方会议——《公约》的最高机构,应作为本协定缔约方会议。

2. 非本协定缔约方的《公约》缔约方,可作为观察员参加作为本协定缔约方会议的《公约》缔约方会议的任何届会的议事工作。在《公约》缔约方会议作为本协定缔约方会议时,在本协定之下的决定只应由为本协定缔约方者做出。

3. 在《公约》缔约方会议作为本协定缔约方会议时,《公约》缔约方会议主席团中代表《公约》缔约方但在当时非为本协定缔约方的任何成员,应由本协定缔约方从本协定缔约方中选出的另一成员替换。

4. 作为《巴黎协定》缔约方会议的《公约》缔约方会议应定期审评本协定的执行情况,并应在其授权范围内作出为促进本协定有效执行所必要的

决定。作为《巴黎协定》缔约方会议的《公约》缔约方会议应履行本协定赋予它的职能,并应:

(a)设立为履行本协定而被认为必要的附属机构;

(b)行使为履行本协定所需的其他职能。

5.《公约》缔约方会议的议事规则和依《公约》规定采用的财务规则,应在本协定下比照适用,除非作为《巴黎协定》缔约方会议的《公约》缔约方会议以协商一致方式可能另外作出决定。

6.作为《巴黎协定》缔约方会议的《公约》缔约方会议第一届会议,应由秘书处结合本协定生效之日后预定举行的《公约》缔约方会议第一届会议召开。其后作为《巴黎协定》缔约方会议的《公约》缔约方会议常会,应与《公约》缔约方会议常会结合举行,除非作为《巴黎协定》缔约方会议的《公约》缔约方会议另有决定。

7.作为《巴黎协定》缔约方会议的《公约》缔约方会议特别会议,将在作为《巴黎协定》缔约方会议的《公约》缔约方会议认为必要的其他任何时间举行,或应任何缔约方的书面请求而举行,但须在秘书处将该要求转达给各缔约方后六个月内得到至少三分之一缔约方的支持。

8.联合国及其专门机构和国际原子能机构,以及它们的非为《公约》缔约方的成员国或观察员,均可派代表作为观察员出席作为《巴黎协定》缔约方会议的《公约》缔约方会议的各届会议。任何在本协定所涉事项上具备资格的团体或机构,无论是国家或国际的、政府的或非政府的,经通知秘书处其愿意派代表作为观察员出席作为《巴黎协定》缔约方会议的《公约》缔约方会议的某届会议,均可予以接纳,除非出席的缔约方至少三分之一反对。观察员的接纳和参加应遵循本条第5款所指的议事规则。

第十七条

1.依《公约》第八条设立的秘书处,应作为本协定的秘书处。

2.关于秘书处职能的《公约》第八条第2款和关于就秘书处行使职能作出的安排的《公约》第八条第3款,应比照适用于本协定。秘书处还应行使本协定和作为《巴黎协定》缔约方会议的《公约》缔约方会议所赋予它的职能。

第十八条

1.《公约》第九条和第十条设立的附属科学技术咨询机构和附属履行机构,应分别作为本协定附属科学技术咨询机构和附属履行机构。《公约》关于这两个机构行使职能的规定应比照适用于本协定。本协定的附属科学技术咨询机构和附属履行机构的届会,应分别与《公约》的附属科学技术咨询机构和附属履行机构的会议结合举行。

2. 非为本协定缔约方的《公约》缔约方可作为观察员参加附属机构任何届会的议事工作。在附属机构作为本协定附属机构时,本协定下的决定只应由本协定缔约方作出。

3.《公约》第九条和第十条设立的附属机构行使它们的职能处理涉及本协定的事项时,附属机构主席团中代表《公约》缔约方但当时非为本协定缔约方的任何成员,应由本协定缔约方从本协定缔约方中选出的另一成员替换。

第十九条

1. 除本协定提到的附属机构和体制安排外,根据《公约》或在《公约》下设立的附属机构或其他体制安排按照作为《巴黎协定》缔约方会议的《公约》缔约方会议的决定,应为本协定服务。作为《巴黎协定》缔约方会议的《公约》缔约方会议应明确规定此种附属机构或安排所要行使的职能。

2. 作为《巴黎协定》缔约方会议的《公约》缔约方会议可为这些附属机构和体制安排提供进一步指导。

第二十条

1. 本协定应开放供属于《公约》缔约方的各国和区域经济一体化组织签署并须经其批准、接受或核准。本协定应自 2016 年 4 月 22 日至 2017 年 4 月 21 日在纽约联合国总部开放供签署。此后,本协定应自签署截止日之次日起开放供加入。批准、接受、核准或加入的文书应交存保存人。

2. 任何成为本协定缔约方而其成员国均非缔约方的区域经济一体化组织应受本协定一切义务的约束。如果区域经济一体化组织的一个或多个成员国为本协定的缔约方,该组织及其成员国应决定各自在履行本协定义务方面的责任。在此种情况下,该组织及其成员国无权同时行使本协定规定的权利。

3. 区域经济一体化组织应在其批准、接受、核准或加入的文书中声明其在本协定所规定的事项方面的权限。此类组织还应将其权限范围的任何重大变更通知保存人,保存人应再通知各缔约方。

第二十一条

1. 本协定应在不少于 55 个《公约》缔约方,包括其合计共占全球温室气体总排放量的至少约 55% 的《公约》缔约方交存其批准、接受、核准或加入文书之日后第三十天起生效。

2. 只为本条第 1 款的有限目的,"全球温室气体总排放量"指在《公约》缔约方通过本协定之日或之前最新通报的数量。

3. 对于在本条第 1 款规定的生效条件达到之后批准、接受、核准或加入本协定的每一国家或区域经济一体化组织,本协定应自该国家或区域经济一体化组织批准、接受、核准或加入的文书交存之日后第三十天起生效。

4.为本条第1款的目的,区域经济一体化组织交存的任何文书,不应被视为其成员国所交存文书之外的额外文书。

第二十二条

《公约》第十五条关于通过对《公约》的修正的规定应比照适用于本协定。

第二十三条

1.《公约》第十六条关于《公约》附件的通过和修正的规定应比照适用于本协定。

2.本协定的附件应构成本协定的组成部分,除另有明文规定外,凡提及本协定,即同时提及其任何附件。这些附件应限于清单、表格和属于科学、技术、程序或行政性质的任何其他说明性材料。

第二十四条

《公约》关于争端的解决的第十四条的规定应比照适用于本协定。

第二十五条

1.除本条第2款所规定外,每个缔约方应有一票表决权。

2.区域经济一体化组织在其权限内的事项上应行使票数与其作为本协定缔约方的成员国数目相同的表决权。如果一个此类组织的任一成员国行使自己的表决权,则该组织不得行使表决权,反之亦然。

第二十六条

联合国秘书长应为本协定的保存人。

第二十七条

对本协定不得作任何保留。

第二十八条

1.自本协定对一缔约方生效之日起三年后,该缔约方可随时向保存人发出书面通知退出本协定。

2.任何此种退出应自保存人收到退出通知之日起一年期满时生效,或在退出通知中所述明的更后日期生效。

3.退出《公约》的任何缔约方,应被视为亦退出本协定。

第二十九条

本协定正本应交存于联合国秘书长,其阿拉伯文、中文、英文、法文、俄文和西班牙文文本同等作准。

二〇一五年十二月十二日订于巴黎

常用专业词汇中英文对照表

A

阿拉伯国家联盟

League of Arab States

阿诺德·麦克奈尔(英国)

Arnold McNair

阿卜杜勒·巴达维(埃及)

Abdul Badawi

阿米娜·穆罕默德(尼日利亚)

Amina J.Mohammed

阿马杜—马赫塔尔·姆博(塞内加尔)

Amadou-MahtarM'Bow

阿布哈吉特·巴纳吉(印度)

Abhijit Banerjee

阿里·阿卜杜萨拉姆·图里基(利比亚)

Ali Abdussalam Treki

阿马拉·埃西(科特迪瓦)

Amara Essy

阿梅拉辛格(斯里兰卡)

H.S.Amerasinghe

阿卜杜拉齐兹·布特弗利卡(阿尔及利亚)

Abdelaziz Bouteflika

阿南·班雅拉春(泰国)

Anan Panyarachun

阿穆尔·穆萨(埃及)

Amr Mohammed Moussa

阿德克·亨德里克·布尔马(荷兰)

Addeke Hendrik Boerma

阿卜杜勒·拉赫曼·帕日瓦克(阿富汗)

Abdul Rahman Pazhwak

阿明托雷·范范尼(意大利)

Amintore Fanfani

阿方索·加西亚·罗夫莱斯(墨西哥)

Alfonso García Robles

亚西尔·阿拉法特(巴勒斯坦)

Yasser Arafat

阿德克·亨德里克·布尔马(荷兰)

Addeke Hendrik Boerma

阿克塞尔·C.韦恩—尼尔森(丹麦)

Aksel C.Wiin-Nielsen

阿里·阿拉塔斯(印度尼西亚)

Ali Alatas

爱德华·汉布罗(挪威)

Edvard Hambro

爱德华·维克多·萨乌马(黎巴嫩)

Edouard Victor Saouma

爱德瓦尔多·希门尼斯·德阿雷恰加(乌拉圭)

Eduardo Jiménez de Aréchaga

约瑟·艾冯诺(法国)

Joseph Avenol

罗伯特·安东尼·艾登(英国)

Robert Anthony Eden

迪安·古德哈姆·艾奇逊(美国)

Dean Gooderham Acheson

德怀特·大卫·艾森豪威尔(美国)

Dwight David Eisenhower

艾米利亚·皮雷斯(东帝汶)

Emilia Pires

埃德加·斯诺(美国)

Edgar Snow

埃内斯托·泽迪罗(墨西哥)

Ernesto Zedillo Ponce de Leon

埃尔科·N.范克里芬斯(荷兰)

Eelco N.van Kleffens

埃米略·阿雷纳莱斯·卡塔兰（危地马拉）

Emilio Arenales Catalán

埃默里克·克鲁塞（法国）

Emeric Crucé

安东尼奥·玛丽·科斯塔

Antonio Maria Costa

安理会

Security Council

安理会首脑会议

Summit of Security Council

安南（科菲·安南）

Kofi Annan

安德斯·努德斯特伦（瑞典）

Anders Nordström

安德里斯·耶巴尔格斯（拉脱维亚）

Andris Piebalgs

安东尼奥·古特雷斯（葡萄牙）

António Guterres

安吉·布鲁克斯—伦道夫（利比里亚）

Angie E.Brooks

奥恩·肖卡特·哈苏奈（约旦）

Awn Shawkat Al-Khasawneh

奥古斯特·林德特（瑞士）

Auguste R.Lindt

奥斯瓦尔多·阿拉尼亚（巴西）

Oswaldo Aranha

奥德蕾·阿祖莱（法国）

Audrey Azoulay

贝拉克·奥巴马（美国）

Barack Obama

B

巴黎宣言

Paris Declaration

八国集团

Group of 8(G-8)

八国首脑会议

G-8 Summit

巴尔干综合症

Balkan Syndrome

巴勒斯坦民族权力机构

The Palestinian National Authority

巴黎海战宣言

Paris Declaration on Naval War

白里安(法国)阿里斯蒂德·白里安

Aristide Briand

白赉士(英国)

James Bryce

白赉士小组

the Bryce Group

保护臭氧层维也纳公约

Vienna Convention on the Protection of Ozone Layer

保罗·波尔曼(荷兰)

Paul Polman

保罗·卢萨卡(赞比亚)

Paul J.F.Lusaka

保罗—亨利·斯巴克(比利时)

Paul-Henri Spaak

保罗·格雷·霍夫曼(美国)

Paul Gray Hoffman

保罗·哈特林(丹麦)

Poul Hartling

北京行动纲领

Beijing Platform for Action

北约(北大西洋公约组织)

NATO(North Atlantic Treaty Organization)

爱德华·贝奈斯(捷克斯洛伐克)

Edvard Beneš

阿瑟·贝尔福(英国)

Arthur Balfour

贝蒂·麦纳(肯尼亚)

Betty Maina

贝尔纳·库什内(法国)

Bernard Kouchner

贝尔纳多·塞普尔韦达·阿莫尔(墨西哥)

Bernardo Sepúlveda Amor

币原喜重郎(日本)

Shidehara Kijuro

毕季龙(中国)

Bi Jilong

彼得·通卡(斯洛伐克)

Peter Tomka

彼得·萨瑟兰(爱尔兰)

Peter Sutherland

彼得·汤姆森(斐济)

Peter Thomson

彼得·佛洛林(德意志民主共和国)

Peter Florin

比奈·兰詹·森(印度)

Binay Ranjan Sen

庇埃尔·杜布瓦(法国)

Pierre Dubois

避免战争计划

Proposals for the Avoidance of War

边沁(英国)

Jeremy Bentham

边缘化

Marginalization

表决权

Right to vote

不发达国家

Under-developed countries

不干涉原则

Non-interference Principle

不结盟国家

Non-aligned nations

不结盟运动

The Non-Aligned Movement

不扩散核武器条约

Treaty on the Non-Proliferation of Nuclear Weapons

勒翁·布尔日瓦（法国）

Léon Bourgeois

布尔日瓦委员会

The Bourgeois Committee

亚尔马·布兰亭（瑞典）

Hjalmar Branting

安东尼·查尔斯·林顿·布莱尔（英国）

Anthony Charles Lynton Blair

布雷顿森林体系

Bretton Woods System

布罗克·奇泽姆（加拿大）

George Brock Chisholm

格罗·哈莱姆·布伦特兰（挪威）

Gro Harlem Brundtland

布伦特兰委员会

Brundtland Commission

布洛克·戚任姆（加拿大）

George Brock Chisholm

布特罗斯·布特罗斯—加利

Boutros Boutros-Ghali

乔治·沃克·布什（美国）

George Walker Bush

拉赫达尔·卜拉希米（阿尔及利亚）

Lakhdar Brahimi

卜拉希米小组

Brahimi Panel

珀西·克劳德·斯彭德（澳大利亚）

Percy Spender

伯特兰·拉姆查兰先生（圭亚那）

Bertrand Ramcharan

亨利·柏格森（法国）

Henri Bergson

博格丹·维尼亚斯基（波兰）

Bohdan Winiarski

C

财政危机

Financial crisis

裁减小型武器

Reduction of mini-weapons

裁军谈判会议

Conference on Disarmament

裁军委员会

Committee on Disarmament

裁军小组委员会

Subcommittee of the Disarmament Commission

裁军与发展国际会议

International Conference on Disarmament and Development

裁军与国际安全委员会

Commission for Disarmament and International Security

铲除殖民主义国际十年

International Decade for the Eradication of Colonialism

查尔斯·马利克（黎巴嫩）

Charles Malik

调查和延缓

Inquiry and Delay

常规裁军委员会

Commission on Conventional Disarmament

常规军备委员会

Commission for Conventional Armaments

常规武器

Conventional weapons

常任理事国

Permanent members of the Security Council

常设委员会

Standing committee

常务副秘书长

Deputy Secretary-General

陈楚（中国）

Chen Chu

陈冯富珍（中国）

Margaret Chan

陈健（中国）

Chen Jian

陈毅（中国）

Chen Yi

出席并投票

Present and Voting

创始成员国

Initial members

促进持久和平中央组织

The Central Organization for a Durable Peace

促进和保护人权小组委员会

Sub-Commission on the Promotion and Protection of the Human Rights

D

达格·哈马舍尔德

Dag Hammarskjöld

大规模杀伤性武器

Massive destructive weapons

大会

General Assembly

大陆架

Continental shelf

大卫·阿瑟·戴维斯（英国）

David Arthur Davies

大西洋宪章

Atlantic Charter

代顿协议

Dayton Agreement

待命安排

Standby Arrangement

戴维·米勒(美国)

David Hunter Miller

单边主义

Unilateralism

单独和集体自卫

Individual and collective self-defense

到 2000 年提高妇女地位内罗毕前瞻性战略

Forward-looking Strategies for the Advancement of Women to the Year 2000

丹特·卡普托(阿根廷)

Dante M.Caputo

但丁(意大利)

Dante Alighieri

查尔斯·盖茨·道威斯(美国)

Charles G.Dawes

德莫特·埃亨(爱尔兰)

Dermot Ahern

埃里克·德拉蒙德(英国)

Eric Drummond

佩雷斯·德奎利亚尔

Javier Pérez de Géullar

邓小平(中国)

Deng Xiaoping

迪迪埃·奥佩蒂·巴丹(乌拉圭)

Didier Opertti

迪奥戈·弗雷塔斯·多阿马拉尔(葡萄牙)

Diogo Freitas

蒂贾尼·穆罕默德·班迪(尼日利亚)

Tijjani Muhammad-Bande

地区一体化

Regional integration

地域平衡

Geographic balance

第二代维和行动

The second generation peacekeeping operations

第二轨道

The second track

第二阶段削减战略核武器条约

START Ⅱ:Second Strategic Arms Reduction Treaty

第四次世界妇女大会

The Fourth World Conference on Women:Beijing Declaration

第一阶段削减战略核武器条约

START Ⅰ:First Strategic Arms Reduction Treaty

缔约方

Contracting parties

调查委员会

Commission of Inquiry

调解委员会

Commission of conciliation

东帝汶

East Timor

东盟(东南亚国家联盟)

ASEAN(Association of South-East Asian Nations)

东南亚金融危机

Southeastern Asian Financial Crisis

东南亚无核区

Nuclear-Free Zone in South-East Asia

哈里·S.杜鲁门(美国)

Harry S.Truman

约翰·福斯特·杜勒斯(美国)

John Foster Dulles

独立厅方案

Convention on the Prevention and Punishment of the Crime of Genocide

防止歧视和保护少数小组委员会

Sub-Committee on the Prevention of Discrimination against and the Protection of Minorities

非常任理事国

Non-permanent Member of the Security Council

非歧视原则

Non-discrimination principle

非统组织(非洲统一组织)

Organization of African Unity(OAU)

非政府组织

Non-Government Organizations

非政府组织论坛

Non-governmental Organization Forum

非政府组织委员会

Committee on Non-Governmental Organizations

非殖民化

Decolonization

非洲合作、发展和经济独立宣言

African Declaration of Co-operation,Development and Economic Independence

非洲、加勒比和太平洋国家集团

African,Caribbean and Pacific Group

非洲无核区

Nuclear-Free Zone in Africa

菲利普·卡登(美国)

Philip V.Cardon

菲利克斯·施奈德(瑞士)

Félix Schnyder

菲利普·格兰迪(意大利)

Filippo Grandi

费立摩尔(英国)费立摩尔

Walter G.F.Philimore

费德里科·马约尔(西班牙)

Federico Mayor

费用分摊

Apportionment of expenses

废除战争协会

The Society for Abolishing War

否决权

Right to veto

弗雷德里克·H.博兰(爱尔兰)

Frederick Henry Boland

弗朗兹·艾奈斯特(瑞士)

Franz von Ernst

弗拉基米尔·科列茨基(苏联)

Vladimir Koretsky

弗雷德里克·贝耶(丹麦)

Fredrik Bajer

福阿德·阿蒙(黎巴嫩)

Fouad Ammoun

福乐伯特·洁柔·阿缪苏嘎(贝宁)

Fulbert Gero Amoussouga

附属机构

Subsidiary organs

副秘书长

Under-Secretary-General

妇女地位委员会

Commission on the Status of Women

G

刚果行动

Congo Operation

哥本哈根社会发展宣言

Copenhagen Declaration on Social Development

格劳秀斯(法国)

Hugo Grotius

戈德温·奥卢·帕特里克·奥巴西(尼日利亚)

Godwin Olu Patrick Obasi

戈尔巴乔夫(苏联)米哈伊尔·谢尔盖耶维奇·戈尔巴乔夫

Mikhail Sergeyevich Gorbachev

格林·哈克沃斯(美国)

Green Hackworth

各国经济权利和义务宪章

Charter of Economic Rights and Duties of States

各民族享有平等权利与自决权之原则

Principle of equal rights and self-determination of peoples

各国议会联盟

Inter—Parliamentary Union

公海

Open sea; High sea

公民投票特派团

(UN)Special mission to(a)referendum

巩固和平

Peace-building

共同协调

To concert together

关贸总协定

General Agreement on Tariff and Trade(GATT)

关税壁垒

Tariff barriers

关税减让

Tariff concessions

关于环境与发展的里约宣言

The Rio Declaration on Environment and Development

关于建立新国际经济秩序的宣言

Declaration on the Establishment of a New International Economic Order

关于可持续发展的约翰内斯堡宣言

The Johannesburg Declaration on Sustainable Development

关于人类环境的斯德哥尔摩宣言

The Stockholm Declaration on Human Environment

关于所有类型森林的管理、养护和可持续开发的无法律约束力的全球
协商一致意见的原则声明

Non-legally Binding Authoritative Statement of Principles for a Global Consensus on the Management, Conservation and Sustainable Development of All Types of Forests

关于消耗臭氧层物质的蒙特利尔公约

Montreal Protocol on Substances that Delete the Ozone Layer

观察团

Observing mission

管辖权范围

Jurisdiction scope

顾维钧(中国)

V.K.Wellington Koo

古特雷斯(葡萄牙)安东尼奥·古特雷斯

António Guterres

古斯塔夫·斯沃博达(瑞士)

Gustav Swoboda

古尼拉·卡尔松(瑞典)

Gunilla Carlsson

国际残疾人年

International Year for Disabled Persons

国际电报联盟

the International Telegraph Union(ITU)

国际电报联盟局

Bureau of the International Telegraphic Union

国际电信联盟

International Telecommunication Union

国际儿童年

International Year of the Child

国际法的目标

Objects of International Law

国际法庭庭长

President of the International Tribunal

国际法委员会

Commission on International Law

国际法学会

Institut de Droit International

国际法协会

International Law Association

国际法院

International Court of Justice

国际法院规约

Statute of the International Court of Justice

国际法原则

Principles of International Law

国际法主体

Subject of international law

国际妇女年

International Women's Year

国际复兴开发银行

International Bank for Reconstruction and Development

国际关系研究会

Council for the Study of International Relations

国际惯例

International usage

国际海底管理局

International Sea-bed Authority

国际海事组织

International Maritime Organization

国际海洋法庭

International Tribunal for the Law of the Sea

国际和平局

International Peace Bureau(IPB)

国际货币基金组织

International Monetary Fund

国际计量局

International Bureau of Weights and Measures

国际减少自然灾害十年

International Decade for Natural Disaster Reduction

国际禁毒日

International Day for the Prohibition of Drugs

国际经济新秩序

New international economic order

国际军备控制

International arms control

国际军控和裁军机制

International mechanism on arms control and disarmament

国际空间站

International space station

国际劳工组织

International Labor Organization

国际联盟

League of Nations

国际联盟盟约

Covenant of the League of Nations

国际联盟问题委员会

Council on the League of Nations

国际联盟协会

the League of Nations Society

国际民用航空组织

International Civil Aviation Organization

国际农业研究所

International Institute of Agriculture

国际气象组织

International Meteorological Organization(IMO)

国际青年年

International Youth Year

国际人道主义法

International humanitarian law

国际水道

International waterway

国际托管制度

International trusteeship system

国际习惯法

International customary law

国际刑事法院

International Criminal Court

国际刑事法院规约

International Criminal Court Covenant

国际原子能机构

International Atomic Energy Agency

国际争端

International dispute

国际政治经济新秩序

New international economic and political order

国际自然及自然资源保护联盟

International Union for Conservation of Nature and Natural Resources

国家导弹防御系统

National Missile Defense System

国家主权平等原则

Principle of sovereign equality of states

国家主权原则

Principle of national sovereignty

国民生产总值

Gross National Production(GNP)

国内生产总值

Gross Domestic Production(GDP)

过渡时期权力机构

Transitional authority

H

哈夫丹·马勒(丹麦)

Halfdan Mahler

哈里逊(美国)华莱士·哈里逊

Wallace Harrison

哈马舍尔德(瑞典)达格·哈马舍尔德

Dag Hammarskjöld

哈亚·拉希德·阿勒哈利法(巴林)

Sheikha Haya Rashed Al Khalifa

哈里·霍尔克里(芬兰)

Harri Holkeri

哈维尔·鲁佩雷斯(西班牙)

Javier Rupérez

保罗·海曼斯(比利时)

Paul Hymans

海尔·塞拉西一世(埃塞俄比亚)

Haile Selassie I

海梅·托雷斯·博德(墨西哥)

Jaime Torres Bodet

海梅·德皮涅斯(西班牙)

Jaime de Piniés

海湾战争综合症

Gulf-war Syndrome

海牙国际和平会议

Hague International Peace Conference

海牙禁止鸦片公约

International Opium Convention

韩升洙(韩国)

HanSeung-soo

汉弗莱·沃尔多克(英国)

Humphrey Waldock

阿瑟·汉德森(英国)

Arthur Henderson

汉斯·布利克斯(瑞典)

Hans Blix

豪尔赫·伊留埃卡(巴拿马)

Jorge E.Illueca

爱德华·豪斯(美国)

Edward House

和平促进联盟

The League to Enforce Peace

和平纲领

Agenda for peace

和平共处五项原则

The Five Principles of Peaceful Co-existence

和平和国际合作纲领

Programme for Peace and International Cooperation

和平利用外层空间委员会

Committee on Peaceful Use of Outer Space

和平联盟

The League of Peace

和平协会

The Peace Society

和解会议

Council of Conciliation

核裁军公约

Convention on Nuclear Disarmament

核国家

Nuclear state

核恐怖主义

Nuclear terrorism

核武器

Nuclear weapons

何塞·阿亚拉—拉索先生(厄瓜多尔)

José Ayala-Lasso

何塞·古斯塔沃·格雷罗(萨尔瓦多)

José Gustavo Guerrero

何塞·路易斯·布斯塔曼特·伊·里韦罗(秘鲁)

José Bustamante y Rivero

何塞·马丽亚·鲁达(阿根廷)

José Ruda

何塞·马萨(智利)

José Maza

何塞·格拉齐亚诺·达席尔瓦(美国)

Jose Graziano Da Silva

何亚非(中国)

He Yafei

赫纳迪·乌多文科(乌克兰)

Hennadiy Udovenko

爱德华·赫里欧(法国)

Édouard Herriot

科德尔·赫尔(美国)

Cordell Hull

尼基塔·谢尔盖耶维奇·赫鲁晓夫(苏联)

Nikita Khrushchev

赫斯特—米勒方案

Hurst—Miller Draft

黑尔格·克莱斯塔特(挪威)

Helge Klæstad

后续行动

Follow-up action

黄华(中国)

Huang Hua

胡马云·拉希德·乔杜里(孟加拉国)

Humayun Rasheed Choudhury

胡塞·塞特—卡马拉(巴西)

JoseSette-Camara

胡世泽(中国)

Hu Shize

徽章

Emblem

会费

Assessed contributions

会费分摊比额表

Scale of assessments

会费拖欠

Arrearage

会费委员会

Committee on Contributions

会议事务部

Conference Affairs Department

会员国

Member states

霍斯特·科勒(德国)

Horst Kohler

H.V.伊瓦特(澳大利亚)

H.V.Evatt

J

即行连选

Immediate reelection

极端民族主义

Ultra-nationalism

极权主义

Totalitarianism

吉多·德马尔科(马耳他)

Guido de Marco

吉塞拉·阿隆索(古巴)

Gisela Alonso

吉尔贝·纪尧姆(法国)

Gilbert Guillaume

吉米·卡特(美国)

Jimmy Carter

技术合作促进发展部

Department of Technical Cooperation for Development

技术性贸易壁垒

Technical barriers to trade

技术性贸易壁垒协议

Agreement on Technical Barriers to Trade

技术转让

Technology transfer

冀朝铸(中国)

Ji Chaozhu

加利(布特罗斯·加利)

Boutros Boutros-Ghali

加斯东·托恩(卢森堡)

Gaston Thorn

加权表决制

Weighted voting system

监督停火

Truce supervision

减免外债

Reduction and relief of debts

建立和平

Peace-making

建立南亚无核武器区

Establishment of a nuclear-weapon-free zone in South Asia

建立新的国际经济秩序的行动纲领

Programme of Action on the Establishment of a New International Economic Order

简—皮埃尔·胡克(瑞士)

Jean-Pierre Hocké

简·亚当斯(美国)

Jane Addams

菅直人(日本)

Naoto Kan

江泽民(中国)

Jiang Zemin

接战规则

Rule of engagement

解除武装

Disarmament

金永健(中国)

Jin Yongjian

金墉(韩国)

Jim Yong Kim

紧急特别联大

Emergency Special Session of UN General Assembly

禁毒特别联大

Special Session on Drug Problem

禁飞区

No-flying zone

禁奴公约

Slavery Convention

禁止化学武器公约

Convention on Test Ban of Chemical Weapons

禁止化学武器组织

Organization for the Prohibition of Chemical Weapons

禁止酷刑和其他残忍、不人道或有辱人格的待遇或处罚公约

Convention against Torture and Other Cruel, Inhuman or Degrading Treatment

禁止生物武器公约

Biological Weapons Convention

禁止使用核武器公约

Convention on the Prohibition of the Use of Nuclear Weapons

禁止药物滥用和非法贩运国际日

International Day against Drug Abuse and Illicit Trafficking

京都议定书

Kyoto Protocol

经常预算

Regular budget

经济合作与发展组织

Economic Cooperation and Development Organization

经济和社会事务部

Department of Economic and Social Affairs

经济及社会理事会

Economic and Social Council

经济全球化

Economic globalization

经济制裁

Economic sanction

经济转型国家

Economic transitional countries

鸠山由纪夫(日本)

Yukio Hatoyama

居伊·拉德雷·德拉夏里埃(法国)

Guy Ledreit de Lacharrière

具有拘束力

Become binding(to)

捐助国疲劳症

Donor fatigue

决议草案

Resolution draft

均衡地域分配

Equitable geographical distribution

均势

balance of power

K

卡梅伦(英国)

David Cameron

卡迪尔·托巴斯(土耳其)

Kadir Topbaş

卡洛斯·P.罗慕洛(菲律宾)

Carlos P.Rómulo

卡洛斯·索萨·罗德里格斯(委内瑞拉)

Carlos Sosa Rodríguez

卡内基国际和平基金会

Carnegie Endowment for International Peace

坎昆会议

Cancun Conference

弗兰克·B.凯洛格(美国)

Frank Billings Kellogg

康德(德国)

Immannuel Kant

科索沃危机

Kosovo Crisis

科尔内尔·费鲁塔(罗马尼亚)

Cornel Feruta

克巴·姆巴耶(塞内加尔)

Kéba Mbaye

克里斯托弗·威拉曼特里(斯里兰卡)

Christopher Weeramantry

科尔内留·曼内斯库(罗马尼亚)

Corneliu Manescu

比尔·克林顿(美国)

Bill Clintion

可持续发展

Sustainable development

可持续发展世界首脑会议实施计划

Plan of Implementation of the World Summit on Sustainable Development

可持续发展委员会

Commission on Sustainable Development

肯尼迪(美国)约翰·菲茨杰尔德·肯尼迪

John Fitzgerald Kennedy

控制危险废物越境转移及其处置巴塞尔公约

Basel Convention on theTransboundary Movement of Hazardous Wastes and their Disposal

口头程序

Oral procedure

快速反应部队

Quick-reaction troops

昆西·亚当斯(美国前总统)

Quincy Adams

L

拉美无核区

Nuclear-Free Zone in Latin America

拉斐尔·马里亚诺·格罗西(阿根廷)

Rafael Mariano Grossi

拉尼娅(约旦)约旦王后拉尼娅

Queen Rania of Jordan

拉齐曼(波兰)路德维克·维托尔德·拉齐曼

Ludwik WitoldRajchman

拉马斯(阿根廷)卡洛斯·萨维德拉·拉马斯

Carlos Saavedra Lamas

拉扎尔·莫伊索夫(南斯拉夫)

Lazar Mojsov

拉扎利·伊斯梅尔(马来西亚)

Razali Ismai

拉夫·邦奇(美国)

Ralph Bunche

拉宾(以色列)伊扎克·拉宾

Yitzhak Rabin

拉夫罗夫(俄罗斯)谢尔盖·维克托罗维奇·拉夫罗夫

Sergey Viktorovich Lavrov

赖伊(特里格夫·赖伊)

Trygve Lie

莱奥波尔多·贝尼特斯(厄瓜多尔)

Leopoldo Benítes

莱巴赫会议

The Congress of Laibach

莱斯持·B.皮尔逊(加拿大)

Lester B.Pearson

莱斯利·孟罗(新西兰)

Leslie Munro

莱斯特(爱尔兰)肖恩·莱斯特

Sean Lester

莱茵河航运中央委员会

Central Commission on the Navigation of the Rhine

蓝盔部队

Blue Helmets Troops

滥用权力

Abuse of power

劳合·乔治(英国)

Lloyd George

勒内·维维亚尼(法国)

René Viviani

勒内·马厄(法国)

René Maheu

雷蒙德·朗热瓦(马达加斯加)

Raymond Ranjeva

雷纳托·鲁杰罗(意大利)

Renato Ruggiero

里卡多·阿尔法罗(巴拿马)

Ricardo Alfaro

里昂·缪拉齐埃(法国)

Leon Mulatier

李保东(中国)

Li Baodong

李道豫(中国)

Li Daoyu

李顿(英国)

Victor Alexander George Robert Bulwer-Lytton

李鹿野(中国)

Li Luye

李鹏(中国)

Li Peng

李肇星(中国)

Li Zhaoxing

李锺郁(韩国)

LEE Jong-wook

联大特别会议

Special Session of UN General Assembly

联合国艾滋病规划署

Joint United Nations Programme on HIV/AIDS

联合国巴勒斯坦停战监督组织

UN Truce Supervision Organization(UNTSO)in Palestine

联合国保护部队

UN Protection Force

联合国裁军审议委员会

United Nations Disarmament Commission

联合国裁军事务部

U.N.Department for Disarmament Affairs

联合国裁军事务咨询委员会

United Nations Advisory Board on Disarmament Matters

联合国裁军研究所

United Nations Institute on Disarmament

联合国残疾人十年后半期的全球优先活动和方案

Priorities for global activities and programmes during the second half of the United Nations Decade of Disabled Persons

联合国常设快速反应部队

UN Standing Quick-Reaction Troops

联合国筹委会

Preparatory Committee for the United Nations

联合国大会国际安全和裁军委员会

International Security and Disarmament Committee of the UN General Assembly

联合国打击跨国有组织犯罪公约

U.N.Convention against Transnational Organized Crime

联合国的经费

Expenses of United Nations

联合国第二次人类住区大会(人居二,城市首脑会议)

Second UN Conference on Human Settlements(Habitat Ⅱ)

联合国第四次世界妇女大会

The UN Fourth World Conference on Women

联合国毒品和犯罪问题办公室

The United Nations Office on Drugs and Crime

联合国毒品控制和犯罪预防办公室

U.N.Office for Drug Control and Crime Prevention

联合国儿童基金会

United Nations Children's Fund

联合国发展集团(联发集团)

United Nations Development Group

联合国发展中国家间经济合作行动纲领

Action Programme for Economic Co-operation among Developing Countries, United Nations

联合国反腐败公约

U.N.Anti-Corruption Convention

联合国防治荒漠化公约

United Nations Convention to Combat Desertification

联合国妇女地位委员会

U.N.Commission on the Status of Women

联合国妇女发展基金

United Nations Development Fund for Women

联合国妇女十年

United Nations Decade for Women

联合国改革协调小组

Coordinating Unit for UN Reform

联合国工业发展组织

United Nations Industrial Development Organization

联合国国际法委员会

International Law Commission of the United Nations

联合国海洋法公约

United Nations Convention on the Law of the Sea

联合国环境规划署

United Nations Environment Programme

联合国环境与发展大会(地球首脑会议)

UN Conference on Environment and Development (the Earth Summit, UNCED)

联合国环境与发展会议

United Nations Conference on Environment and Development

联合国教科文组织

United Nations Educational, Scientific and Cultural Organization

联合国经费分摊比额表

Scale of assessments for the apportionment of the expenses of the United Nations

联合国开发计划署

United Nations Development Program

联合国科特迪瓦行动

Operation des Nations Uniesen Cote d' Ivoire

联合国跨国公司中心

UN Center for Transnational Companies

联合国粮食及农业组织

Food and Agriculture Organization of the United Nations

联合国卢旺达援助团

United Nations Assistance Mission for Rwanda

联合国麻醉品委员会

United Nations Commission of Narcotic Drugs

联合国贸易法委员会

UN Commission on International Trade Law

联合国贸易与发展会议

United Nations Conference on Trade and Development

联合国难民地位公约

United Nations Convention Relating to the Status of Refugees

联合国难民事务高级专员

The United Nations High Commissioner for Refugees

联合国难民事务高级专员办事处

Office of the United Nations High Commissioner for Refugees

联合国难民署

UN Refugee Program

联合国农业发展基金会

International Fund for Agriculture Development

联合国气候变化框架公约

UN Framework Convention on Climate Change

联合国千年发展目标

U.N.Millennium Development Goals

联合国千年首脑会议

United Nations Millennium Summit

联合国人居署

United Nations Human Settlements Programme

联合国人居中心

United Nations Center of Human Settlements

联合国人口基金

United Nations Population Fund

联合国人口与发展大会（人口会议）

International Conference on Population and Development（ICPD）

联合国人类环境会议

United Nations Conference on the Human Environment

联合国人权事务高级专员

U.N.High Commissioner for Human Rights

联合国人权中心

U.N.Center for Human Rights

联合国人类住区规划署

The United Nations Human Settlements Programme

联合国人类住区委员会

U.N.Commission on Human Settlement

联合国生物多样性公约

UN Convention on Protection of Bio-diversity

联合国社会发展问题世界首脑会议（社发首脑会议）

UN World Summit for Social Development（WSSD）

联合国维和部队待命安排制度

United Nations Standby Arrangements System（UNSAS）

联合国系统

United Nations System

联合国宪章

Charter of the United Nations

联合国宪章和加强联合国作用特别委员会

Special Committee on Charter of the United Nations and on Strengthening of
Role of Organization

联合国小武器和轻武器非法贸易各方面问题国际大会

The UN Conference on the Illicit Trade in Small Arms and Light Weapons
in All Its Aspects

联合国协会世界联合会

World Federation of UN Associations

联合国亚洲及太平洋经济社会委员会

United Nations Economic and Social Commission for Asia and the Pacific

联合国预防犯罪和罪犯待遇大会

United Nations Congress on the Prevention of Crime and the Treatment of Offenders

联合国周转基金

Working Capital Fund

联合国总部

UN headquarter

联合国最不发达国家问题会议

United Nations Conference on the Least Developed Countries

联合、协调、补助条约

Treaty of Union, Concert and Subsidy

联席会议(大会和安理会)

Joint conference

零增长

Zero growth

凌青(中国)

Ling Qing

领海

Territorial sea

刘结一(中国)

Liu Jieyi

刘振民(中国)

Liu Zhenmin

刘少奇(中国)

Liu Shaoqi

龙尼·亚伯拉罕(法国)

Ronny Abraham

卢旺达国际刑事法庭

International Criminal Tribunal for Rwanda

陆克文(澳大利亚)凯文·迈克尔·拉德

Kevin Michael Rudd

路易斯·帕迪利亚·内尔沃(墨西哥)

Luis Padilla Nervo

路易斯·阿尔布尔(加拿大)

Louise Arbour

鲁德辛多·奥尔特加(智利)

Rudecindo Ortega

路易丝·阿博尔

Louise Arbour

卢瑟·埃文斯(美国)

Luther Evans

卢梭

J.J.Rousseau

论欧洲和平的现在与未来

An Essay toward the Present and Future Peace of Europe

论世界帝国

De Monarchia

论永久和平

On Perpetual Peace

小西奥多·罗斯福(美国)

Theodore Roosevelt Jr

罗伯特·詹宁斯爵士(英国)

Robert Jennings

罗莎琳·希金斯(英国)

Rosalyn Higgins

罗伯托·阿泽维多(巴西)

Roberto Azevêdo

罗马俱乐部

The Club of Rome

洛克比空难

Lokerbie Aircrash

洛里默(英国)

James Lorimer

吕丁格尔·冯·韦希马尔(德意志联邦共和国)

Rüdiger von Wechmar

吕德·吕贝尔斯(荷兰)

Ruud Lubbers

绿色和平运动

Green Peace Movement

M

麻醉品委员会

Commission on Narcotic Drugs

马戈林诺·戈梅斯·坎道（巴西）

Marcolino Gomes Candau

雅科夫·马立克（苏联）

Yakov Malik

马朝旭（中国）

Ma Zhaoxu

马萨诸塞和平协会

Massachusetts Peace Society

玛丽·罗宾逊夫人（爱尔兰）

Mary Robinson

玛丽亚·费尔南达·埃斯皮诺萨·加西斯（厄瓜多尔）

María Fernanda Espinosa Garcés

玛丽亚·安吉拉·奥尔金（哥伦比亚）

Maria Angela Holguin

玛丽·罗宾逊

Mary Robinson

麦克唐纳（英国）拉齐姆·麦克唐纳

Ramsay Mac Donald

麦可·穆尔（新西兰）

Mike Moore

曼德拉（南非）纳尔逊·罗利赫拉赫拉·曼德拉

Nelson Rolihlahla Mandela

曼弗雷德·拉赫兹（波兰）

Manfred Lachs

曼谷宣言

Bangkok Declaration

毛泽东（中国）

Mao Zedong

美国和平协会

American Peace Society

美苏关于限制进攻性战略武器协议

US-Soviet Agreement on the Limitation of Strategic Offensive Arms

美洲国家组织

Organization of American States

蒙特利尔议定书

Montreal Protocol

蒙蒂·琼斯(塞拉利昂)

Monty Jones

蒙吉·斯陵(突尼斯)

Mongi Slim

盟约(国联)

Covenant(of League of Nations)

米罗斯拉夫·莱恰克(斯洛伐克)

Miroslav Lajčák

米格尔·德斯科托·布罗克曼(尼加拉瓜)

Miguel d'Escoto Brockmann

米歇尔·巴切莱特·赫里亚女士(智利)

Michelle Bachelet Jeria

米歇尔·雅罗(法国)

Michel Jarraud

秘书处

Secretariat

秘书长

Secretary-general

民主化

Democratization

民族分离主义

Ethnic separatism

民族平等

Equality of Nations

民族自决权

Right of national self-determination

莫洛托夫(苏联)维亚切斯拉夫·米哈伊洛维奇·莫洛托夫

Vyacheslav Mikhaylovich Molotov

莫恩斯·吕克夫特(丹麦)

Mogens Lykketoft

莫里斯(英国)詹姆斯·莫里斯

James Mirrlees

墨索里尼(意大利)贝尼托·阿米尔卡雷·安德烈亚·墨索里尼

Benito Amilcare Andrea Mussolini

牧野伸显(日本)

Makino Nobuaki

穆罕默德·埃尔巴拉迪(埃及)

Mohamed ElBaradei

穆罕默德·查弗鲁拉汗(巴基斯坦)

Muhammad Zafrulla Khan

穆罕默德·贝德贾维(阿尔及利亚)

Mohammed Bedjaoui

N

纳金德拉·辛格(印度)

Nagendra Singh

纳瓦尼特姆·皮莱女士(南非)

Navanethem Pillay

纳西尔·阿卜杜勒阿齐兹·纳赛尔(卡塔尔)

Nassir Abdulaziz Al-Nasser

纳斯罗拉·安迪让(伊朗)

Nasrollah Entezam

南北对话

North-South dialogue

南极条约

Antarctic Treaty

南南合作

South-South cooperation

南森(挪威)弗里乔夫·南森

Fridtjof Nansen

南太平洋无核区

Nuclear-Weapon-Free Zone in South Pacific

难民营

Refugee camp

内陆国家

Land-locked countries

倪征燠(中国)

Ni Zhengyu

纽约和平协会

New York Peace Society

诺贝尔和平奖

Nobel Peace Prize

诺里斯·爱德华·多德(美国)

Norris Edward Dodd

O

欧盟

European Union(EU)

欧洲安全和合作组织

Organization for Security and Cooperation in Europe(OSCE)

欧洲多瑙河委员会

European Danube Commission

欧洲永久和平计划

Projet Pour Rendre La Paix Perpetuelle En Europe

P

帕斯卡尔·拉米(法国)

Pascal Lamy

帕特里夏·埃斯皮诺萨(墨西哥)

Patricia Espinosa

潘基文(韩国)

Ban Ki-moon

潘尼迦(印度)卡瓦拉姆·马达夫·潘尼迦

Kavalam Madhava Panikkar

佩雷斯(以色列)希蒙·佩雷斯

Shimon Peres

彭威廉

William Penn

平等互利原则

Principle of equality and mutual benefit

普遍和永久和平的计划

A Plan for a Universal and Perpetual Peace

普遍咨商地位

General consultative status

普京（俄罗斯）弗拉基米尔·普京

Vladimir Putin

普密蓬·阿杜德（泰国）

Bhumibol Adulyadej

Q

弃权

Abstention

七十七国集团

Group of 77（G-77）

七十七国集团加中国

Group 77 + China

千年大会

Millennium Assembly

千年宣言

Millennium Declaration

钱其琛（中国）

Qian Qichen

前南斯拉夫国际刑事法庭

International Criminal Tribunal for the Former Yugoslavia

遣返难民

Repatriation of Refugee

强力维和行动

Robust Peacekeeping Operation

强权即公理

Might is right

强制措施

Coercive measure；Compulsive measure

强制管辖权

Compulsive jurisdiction

乔冠华（中国）

Qiao Guanhua

乔杜里·穆罕默德·查弗鲁拉·汗(巴基斯坦)

Muhammad Zafrulla Khan

秦华孙(中国)

Qin Huasun

温斯顿·伦纳德·斯宾塞·丘吉尔(英国)

Winston Leonard Spencer Churchill

屈冬玉(中国)

Qu Dongyu

区域和次区域

Region and Sub-region

区域委员会

Regional Commissions

全面彻底裁军

General and Complete Disarmament

全面禁止核试验条约

Treaty on Comprehensive Ban of Nuclear Test

全球共识

Global Consensus

全球治理委员会

Commission on Global Governance

全权代表

Plenipotentiary

全权证书

Full Powers

全权证书委员会

Credentials Committee

R

让·平(加蓬)

Jean Ping

让·米歇尔·塞韦里诺(法国)

Jean-Michel Severino

人道主义干预

Humanitarian Intervention

人道主义事务部

Department of Humanitarian Affairs

人道主义灾难

Humanitarian Disaster

人居议程

Habitat Agenda

人均收入

Per capita income

人类环境会议

Conference on Human Environment

人类环境行动计划

Action Plan for Human Environment

人类住区委员会

Commission on Human Settlements

人权高于主权

Human Rights is superior to Sovereignty

人权事务高级专员

High Commissioner for Human Rights

人权事务中心

Center for Human Rights

人权委员会

Commission on Human Rights

日内瓦裁军谈判委员会

Geneva Commission on Disarmament Negotiation

儒勒·巴德望(法国)

Jules Basdevant

若泽·拉莫斯·奥尔塔(东帝汶)

José Ramos-Horta

若阿金·阿尔贝托·希萨诺(莫桑比克)

Joaquim Alberto Chissano

S

萨德鲁丁·阿卡汗(伊朗)

Sadruddin Aga Khan

萨姆·卡汉巴·库泰萨(乌干达)

Sam Kahamba Kutesa

萨米尔·希哈比(沙特阿拉伯)

Samir S.Shihabi

萨利姆·艾哈迈德·萨利姆(坦桑尼亚)

Salim A.Salim

萨科齐(法国)尼古拉·萨科齐

Nicolas Sarkozy

萨利姆·艾哈迈德·萨利姆(坦桑尼亚)

Salim Ahmad Salim

塞西尔(英国)罗伯特·塞西尔

Robert Cecil

塞尔吉奥·维埃拉·德梅洛(巴西)

Sergio Vibira De Mello

塞西尔·赫斯特(英国)

Cecil Hurst

塞缪尔·因萨纳利(圭亚那)

Samuel R.Insanally

丧失能力的国家

Failed states

瑟利夫(利比里亚)

Ellen Johnson Sirleaf

沙祖康(中国)

Sha Zukang

社会发展委员会

Commission for Social Development

社会进步和发展宣言

The Declaration on Social Progress and Development

生存权

Right to subsistence

生态平衡

Ecologic balance

生物多样性

Bio-diversity

生物多样性公约

Convention on Biological Diversity

圣皮埃尔（法国）

Charles Irenee Castel De Saint—Pierre

18 国裁军委员会

Eighteen—Nation Disarmament Committee

实况调查

Fact-finding

施肇基（中国）

Alfred Sao-keSze

格哈特·弗里茨·库尔特·施罗德（德国）

Gerhard Fritz Kurt Schröder

亨利·刘易斯·史汀生（美国）

Henry Lewis Stimson

扬·克里斯蒂安·史末资（南非）

Jan Christiaan Smuts

史久镛（中国）

Shi Jiuyong

石井菊次郎（日本）

Ishii Kikujiro

石油输出国组织

Organization of the Petroleum Exporting Countries

世界裁军运动

World Disarmament Campaign

世界儿童首脑会议

World Summit for Children（WSC）

世界和平大会

The Universal Peace Congress

世界减灾大会

World Conference on Natural Disaster Reduction

世界粮食大会

World Food Congress

世界粮食计划署

World Food Programme

世界粮食首脑会议

World Food Summit

世界旅游组织

World Tourism Organization

世界贸易组织

World Trade Organization

世界能源理事会

World Energy Council

世界气象组织

World Meteorological Organization

世界人口会议

World Population Conference

世界人权大会

World Conference on Human Rights

世界人权宪章

World Charter of Human Rights

世界人权宣言

World Declaration on Human Rights

世界生物多样性保护监测中心

World Monitoring Center of Protection of Bio-diversity

世界卫生组织

World Health Organization

世界野生基金会

World Wildlife Fund

世界银行

World Bank

世界知识产权组织

World Intellectual Property Organization

世界最不发达国家发展大会

World Conference on Development of Least Developed Countries

首席代表

Chief delegate

受援国

Aid recipient states

双重标准

Double standards

斯大林(苏联)约瑟夫·斯大林

Joseph Stalin

斯蒂芬·施韦贝尔(美国)

Stephen Schwebel

斯特林·科尔(美国)

Sterling Cole

古斯塔夫·斯特莱斯曼(德国)

Gustav Stresemann

斯格杨·克里姆(前南斯拉夫马其顿共和国)

Srgjan Kerim

斯托扬·加内夫(保加利亚)

Stoyan Ganev

斯坦尼斯瓦夫·特雷普钦斯基(波兰)

Stanislaw Trepczynski

爱德华·斯退丁纽斯(美国)

Edward Reilly Stettinius,Jr.

布伦特·斯考克罗夫特(美国)

Brent Scowcroft

苏利(法国)

Duc de Sully

苏加诺(印度尼西亚)

Bung Sukarno

苏西洛(印度尼西亚)

Susilo Bambang Yudhoyono

素帕猜·帕尼帕迪(泰国)

Supachai Panitchpakdi

索弗尔德·斯图尔腾伯格(挪威)

Thorvald Stoltenberg

宋焕金(韩国)

Sung-Hwan Kim

松浦晃一郎(日本)

Koïchiro Matsuura

孙文(中国)

Sun Yat-Sen

T

塔里娅·哈洛宁（芬兰）

Tarja Kaarina Halonen

谭德塞·阿达诺姆（埃塞俄比亚）

Tedros Adhanom Ghebreyesus

唐家璇（中国）

Tang Jiaxuan

唐明照（中国）

Tang Mingzhao

特别账户

Special account

特别咨商地位

Special consultative status

特洛波会议

the Congress of Troppau

特设机构

Ad hoc bodies

唐纳德·约翰·特朗普（美国）

Donald John Trump

特斯林·奥拉瓦莱·伊莱亚斯（尼日利亚）

Taslim Elias

提高妇女地位国际研究训练所

International Research and Training Institute for the Advancement of Women

提高妇女地位内罗毕前瞻性战略

The Nairobi Forward-looking Strategies for the Advancement of Women

听证会

Hearing testimony

停火线

Truce line

停战协定

Armistice agreement

天野之弥（日本）

Amano Yukiya

通过欧洲联邦达成持久和平

A Lasting Peace Through Federation of Europe

土著人

Aboriginals

忒瓦库·卡门(也门)

Tawakel Karman

托管理事会

Trusteeship Council

W

外层空间条约

Treaty on Outer Space

外交特权和豁免

Diplomatic privileges and immunities

瓦尔德海姆(奥地利)库尔特·瓦尔德海姆

Kurt Waldheim

万国邮政联盟

Universal Postal Union

万国公法概要

The Institutes of the Law of Nations：a Treatise of the Jural Relations of Separate Political Communities

万斯—欧文方案

Vance-Owen Arrangement

王英凡(中国)

Wang Yingfan

王光亚(中国)

Wang Guangya

王炳南(中国)

Wang Bingnan

王学贤(中国)

Wang Xuexian

王毅(中国)

Wang Yi

王宠惠(中国)

Wang Ch'ung-hui

旺·微泰耶康·瓦拉旺亲王（泰国）

Wan Waithayakon

威斯特伐利亚条约

Westphalia Treaty

违反人类罪行

Crime against humanity

违反人权

Human rights violation

魏道明（中国）

Wei Tao-ming

威尔逊（美国）托马斯·伍德罗·威尔逊

Thomas Woodrow Wilson

威廉·莱德（美国）

William Ladd

维克托·安德列斯·贝朗德（秘鲁）

Víctor Andrés Belaúnde

维克多·雨果（法国）

Victor Marie Hugo

维托里诺·韦罗内塞（意大利）

Vittorino Veronese

维贾雅·拉克希米·潘迪特（印度）

Vijaya Lakshmi Pandit

维持和平部队

Peacekeeping force

维持和平行动

Peacekeeping operation

维罗纳会议

The Congress of Verona

维也纳宣言和行动纲领

Vienna Declaration and Programme of Action

委任统治地

Mandated territory

委任统治制度

Mandate system

温室气体

Green-house gas

温室效应

Green-house effect

斡旋

Good office

乌得勒支条约

Treaty of Utrecht

乌拉圭回合谈判

Uruguay-Round Talks

无核国家

Non-nuclear state

无核武器区

Nuclear-weapon-free zone

吴丹(缅甸)

UThant

吴学谦(中国)

Wu Xueqian

吴海涛(中国)

Wu Haitao

伍修权(中国)

Wu Xiuquan

武克·耶雷米奇(塞尔维亚)

Vuk Jeremić

五大国(安理会常任理事国)

Big Five

武器禁运

Arms embargo

X

西奥—本·古里拉布(纳米比亚)

Theo-Ben Gurirab

西哈努克(柬埔寨)诺罗敦·西哈努克

Norodom Sihanouk

西格瓦德·埃克隆德(瑞典)

Sigvard Eklund

雅克·勒内·希拉克(法国)

Jacques René Chirac

希拉里·黛安·罗德姆·克林顿(美国)

Hillary Diane Rodham Clinton

习近平(中国)

Xi Jinping

宪章修正案

A revision for UN Charter

消除对妇女一切形式歧视公约

Convention on the Elimination of All Forms of Discrimination against Women

消除种族歧视委员会

The Committee on the Elimination of Racial Discrimination

小田滋(日本)

Shigeru Oda

小和田恒(日本)

Hisashi Owada

小岛屿发展中国家可持续发展全球会议(小岛国全球会议)

UN Global Conference on the Sustainable Development of SmallIsland Developing States

小型联大

Little Assembly

协调一致

in Perfect Concert

协商一致原则

Principle of Consensus

谢启美(中国)

Xie Qimei

新干涉主义

Neo-interventionism

新殖民主义

Neo-colonialism

信息时代

Information era

刑事管辖

Criminal jurisdiction

行政和预算问题咨询委员会

The Advisory Committee on Administrative and Budgetary

休蒙条约

the Treaty of Chaumont

徐谟(中国)

Hsu Mo

绪方贞子(日本)

Sadako Ogata

宣战咨文

War Message

薛捍勤(中国)

Xue Hanqin

Y

亚琛会议

The Congress of Aix-la-chapelle

亚当·马利克(印度尼西亚)

Adam Malik

亚利克斯·奎森—萨基(加纳)

Alex Quaison-Sackey

雅尔塔体制

Yalta System

雅克·迪乌夫(塞内加尔)

Jacques Diouf

雅各布·祖玛(南非)

Jacob Gedleyihlekisa Zuma

亚太经合组织

APEC(Asian-Pacific Economic and Cooperation Organization)

沿海国

Costal states

扬·埃利亚松(瑞典)

Jan Eliasson

杨·卡万（捷克共和国）

Jan Kavan

扬·埃格兰（挪威）

Jan Egeland

杨洁篪（中国）

Yang Jiechi

鲍里斯·尼古拉耶维奇·叶利钦（俄罗斯）

Boris Yeltsin

一般性辩论

General discussion

一揽子改革方案

Reform package

1986—1990年联合国非洲经济复苏和发展行动纲领

Programme of Action for African Economic Recovery and Development 1986–1990, United Nations

20世纪90年代联合国非洲发展新议程

United Nations New Agenda for the Development of Africa in the 1990s

20世纪90年代支援最不发达国家行动纲领

Programme of Action for the Least Developed Countries for the 1990s

议事规则

Rules of procedure

伊琳娜·博科娃（保加利亚）

Irina Bokova

伊莎贝拉·特谢拉（巴西）

Izabella Teixeira

伊姆雷·霍拉伊（匈牙利）

Imre Hollai

伊斯马特·基塔尼（伊拉克）

Ismat T.Kittani

因达莱西奥·利埃瓦诺（哥伦比亚）

Indalecio Liévano

英阿马岛之战

Battle of Is.las Malvinas 或 Battle of Falkland Islands

有关新的国际经济秩序的国际法原则和规范

Principle and norms of international law relating to the new international economic order

邮政总联盟

The General Postal Union

预防部署

Preventive deployment

预防犯罪和刑事司法

Crime prevention and criminal justice

预防犯罪和刑事司法委员会

Commission on Crime Prevention and Criminal Justice

预防性外交

Preventive diplomacy

预警制度

Early-warning system

预算零增长

Zero growth of budget

原子能委员会

Atomic Energy Commission

袁隆平(中国)

Yuan Longping

约翰·威廉·阿什(安提瓜和巴布达)

John W.Ashe

约翰·博伊德·奥尔(英国)

John Boyd Orr

约翰·C.卡尔霍恩(美国)

John Caldwell Calhoun

约瑟夫·戴斯(瑞士)

Joseph Deiss

约翰·波德斯塔(美国)

John Podesta

约瑟夫·南文·加尔巴(尼日利亚)

Joseph Nanven Garba

Z

扎伊德·拉阿德·侯赛因先生(约旦)

Zeid Ra'ad Al Hussein,Jordan

债权国

Debtor states

债务宽减

Debt relief

战略核导弹

Strategic nuclear missile

战区导弹防御系统

Theater Missile Defense System

战争与和平法

deJure Belli ac Pacis

张伯伦(英国)奥斯丁·张伯伦

Austen Chamberlain

张军(中国)

Zhang Jun

张业遂(中国)

Zhang Yesui

章汉夫(中国)

Hanfu Zhang

正常预算

Regular budget

政府间组织

Inter-governmental organization

政治避难

Political asylum

政治多极化

Political multi-polarization

支付能力

Capacity to pay

支付能力原则

Principle of capacity to pay

知识产权

Intellectual property

职司委员会

Functional Commissions

执行和平行动

Peace enforcement

智囊团

Think tank

中东和平进程

Middle-East peace process

中岛宏(日本)

Hiroshi Nakajima

种族隔离

Apartheid

种族灭绝

Genocide

种族歧视

Racial discrimination

仲裁院

Court of Arbitral Justice

周恩来(中国)

Zhou Enlai

朱利安·赫胥黎(英国)

Julian Huxley

朱利安·罗伯特·亨特(圣卢西亚)

Julian RobertHunte

主权国家

Sovereign states

主权平等

Sovereignty equality

主要机构

Principal Organs

助理秘书长

Assistant Secretary-General

专门机构

Specialized agency

专属经济区

Exclusive economic zone

自由人民的协调

a concert of free peoples

咨商地位

Consultative status

咨询意见

Advisory opinion

总干事

Director-General

总务委员会

General Committee

走廊外交

Corridor diplomacy

最不发达国家

Least developed countries

最后文件

Final act

最惠国待遇

Most-favored-nation treatment

附录三

联合国系统机构示意图（中、英文）

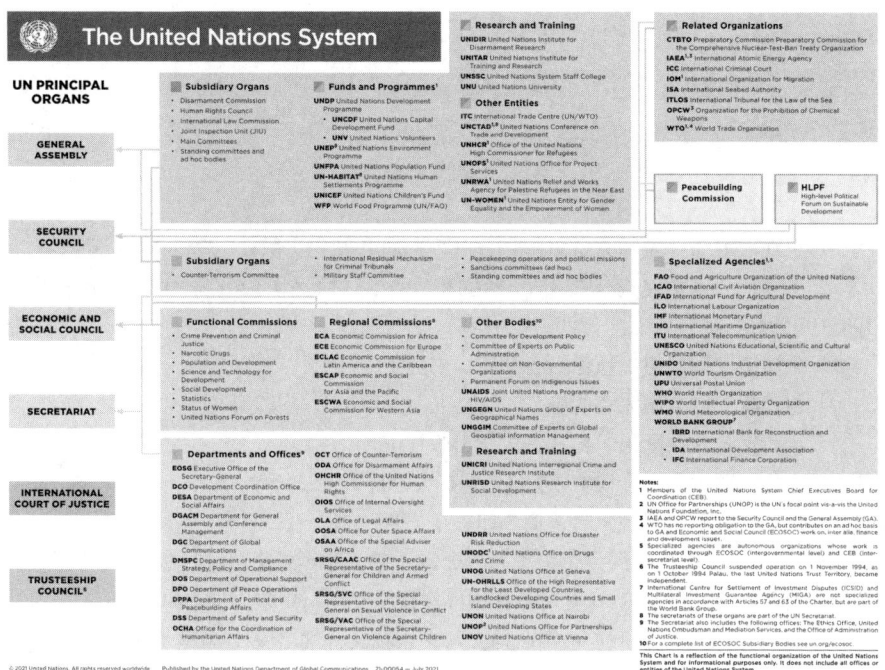

© 2021 United Nations. All rights reserved worldwide. Published by the United Nations Department of Global Communications. 21-00054 — July 2021

参 考 文 献

一、中文专著

1. 王绳祖主编:《国际关系史》第1—12卷,世界知识出版社1995—2006年版。

2. 中国社会科学院近代史研究所编译:《顾维钧回忆录》第1—13册,中华书局1983—1994年版。

3. 朱建民:《国际组织新论》,台北正中书局1976年版。

4. 赵理海:《联合国宪章的修改问题》,北京大学出版,1982年版。

5. 梁西:《现代国际组织》,武汉大学出版社1984年版。

6. 大公报:《旧金山会议实录》(上、下),大公报馆,1945年。

7. 陈治世:《国际法院》,台湾商务印书馆1983年版。

8. 费正清、费维恺编:《剑桥中华民国史》(下卷),中国社会科学出版社1994年版。

9. 国际联盟秘书处编、章骏琦译:《国际联盟十年记》,中华书局1930年版。

10. 洪岚:《南京国民政府的国联外交》,中国社会科学出版社2010年版。

11. 洪秀菊:《21世纪联合国与全球治理》,商鼎数位出版有限公司2013年版。

12. 金光耀主编:《顾维钧与中国外交》,上海古籍出版社2001年版。

13. 金问泗:《从巴黎和会到国联》,台湾传记文学出版社1983年版。

14. 陈鲁直、李铁城主编:《联合国与世界秩序》,北京语言学院出版社1993年版。

15. 李铁城:《联合国的历程》,北京语言学院出版社1993年版。

16. 李铁城:《联合国五十年》(增订本),中国书籍出版社1996年版。

17. 郑启荣、李铁城主编:《联合国大事编年(1945—1996)》,北京语言大学出版社1998年版。

18. 李铁城主编:《世纪之交的联合国》,人民出版社2002年版。

19. 李铁城主编:《联合国里的中国人1945—2003》(上、下),人民出版社2004年版。

20. 李铁城、钱文荣主编:《在联合国框架下的中美关系》,人民出版社2006年版。

21. 李铁城主编:《走近联合国》(上、下),人民出版社2008年版。

22. 李铁城、邓秀杰:《联合国简明教程》,北京大学出版社2015年版。

23. 刘铁娃:《霸权地位与制度开放性:美国的国际组织影响力探析(1945—2010)》,北京大学出版社2013年版。

24. 陈鲁直:《东西方道路与世界秩序》,中国经济出版社2007年版。

25. 陈鲁直:《沉思的记录——从报人到大使》,中国经济出版社2011年版。

26. 贾烈英:《构建和平:从欧洲协调到联合国》,时事出版社2013年版。

27. 袁士槟:《联合国机制与改革》,北京语言学院出版社1995年版。

28. 洪岚:《南京国民政府的国联外交》,中国社会科学出版社 2010 年版。

29. 张中绂:《中华民国外交史(1911—1921)》,华文出版社 2012 年版。

30. 唐启华:《巴黎和会与中国外交》,社科文献出版社 2014 年版。

31. 邓野:《巴黎和会与北京政府的内外博弈:1919 年中国的外交争执与政派利益》,社科文献出版社 2014 年版。

32. 魏格林、朱嘉明主编:《一战与中国:一战百年会议论文集》,东方出版社 2015 年版。

33. 裴坚章主编:《中国人民共和国外交史》第 1—3 卷,世界知识出版社 1994 年版。

34.《西洋全史》(十七)(国际联盟时代),燕京文化事业股份有限公司印行 1979 年版。

35.《国际条约集》(第 1—15 卷相关部分),世界知识出版社 1974 年版。

36. 唐启华:《北京政府与国际联盟:1919—1928》,(台湾)东大图书公司 1998 年版。

37. 陶文钊、杨奎松、王建朗:《抗日战争时期中国对外关系》,中共党史出版社 1995 年版。

38. 田曾佩主编:《改革开放以来的中国外交》,世界知识出版社 1993 年版。

39. 王铁崖、田如萱主编:《国际法资料选编》,法律出版社 1982 年版。

40. 王铁崖、田如萱、夏德富主编:《联合国基本文件集》,中国政法大学出版社 1991 年版。

41. 齐世荣主编:《世界通史资料选辑》第三册,商务印书馆 1980 年版。

42. 卫林主编:《第二次世界大战后国际关系大事记(增订本)》(1945—1986),中国社会科学出版社 1991 年版。

43. 王杰主编:《大国手中的权杖:联合国行使否决权纪实》,当代世界出版社 1998 年版。

44. 新华月报编:《中国改革开放 30 年大事记》(上、下),人民出版社 2008 年版。

45. 新华月报社编:《新中国 65 年大事记》(上、下),人民出版社 2014 年版。

46. 仪名海主编:《联合国大会特别会议》,世界知识出版社 2009 年版。

47. 张力:《国际合作在中国:国际联盟的角色考察,1919—1946》,(台湾)中央研究院近代史研究所,1999 年版。

48. 杜农一、陆建新主编:《维和行动概论》,军事谊文出版社 2004 年版。

49. 中国国际战略学会军控与裁军研究中心:《当代国际维和行动》,军事谊文出版社 2006 年版。

二、中文工具书

1.《不列颠百科全书》(国际中文版)第 1—20 卷,中国大百科全书出版社 1999 年版。

2.《国际形势发展轨迹》(2002—2006),各卷相关部分,世界知识出版社。

3.《联合国纪事》(中文版)(1—12 卷,1—45 期),各卷相关部分,中国对外翻译出版公司。

4.《联合国手册》各卷,中国对外翻译出版公司。

5.《世界知识大辞典》(修订本),世界知识出版社 1998 年版。

6.《SIPRI 年鉴》(1999—2013),各卷相关部分,世界知识出版社。

7.《世界知识年鉴》(1982—2016/2017),各卷相关部分,世界知识出版社。

8.《中国国际法年刊》(1982—2014),各卷相关部分,法律出版社、世界知识出版社。

9.《中华民国与联合国史料汇编》(筹设篇),国史馆印行,2001 年。

10.《中华民国与联合国史料汇编》(重新参与篇上、下),国史馆印行,2002 年。

11.《中华民国与联合国史料汇编》(中国代表权),国史馆印行,2001 年。

12.《中华人民共和国对外关系文件集》(1949—1963),共 10 册相关部分,世界知识出版社。

13.《中国外交概览》(1987—1993),各卷相关部分,世界知识出版社。

14.《中国外交》(1993—2017),各卷相关部分,世界知识出版社。

15. 中华民国外交档案:

《外交档案》03-23/118—(2)

《外交档案》03-23/119—(1)

《外交档案》03-37/2—(1)

《外交档案》03-37/3—(2)

《外交档案》03-37/3—(3)

《外交档案》03-37/11—(3)

《外交档案》03-38/3—(1)

《外交档案》03-38/8—(1)

《外交档案》03-38/21—(2)

《外交档案》03-38/22—(1)

《外交档案》03-38/44—(1)。

三、外 文 译 著

1.[美]威廉·兰格主编:《世界史编年手册(现代部分)》(上、下卷),高望之、罗荣渠、张广达、李开物译,生活·读书·新知三联书店 1978 年版。

2.[美]马士、宓亨利著:《远东国际关系史》(上、下),姚曾廙译,商务印书馆 1975 年版。

3.[日]信夫淳平著:《国际纷争与国际联盟》,萨孟武译,商务印书馆 1928 年版。

4.[日]篠原初枝著:《国际联盟的世界和平之梦与挫折》,牟伦海译,社会科学文献出版社 2020 年版。

5.[英]华尔脱斯著:《国际联盟史(上、下)》,汉敖、宁京译,商务印书馆 1964 年版。

6.[法]让—巴蒂斯特·迪罗塞尔著:《外交史》(1919—1978),李仓人等译,上海译文出版社 1982 年版。

7.[苏]克雷洛夫著:《联合国史料》第一卷,中国人民大学出版社 1955 年版。

8.[美]保罗·肯尼迪著:《联合国:过去与未来》,卿劼译,海南出版社 2008 年版。

9.［美］弗雷德里克·埃克哈德著:《冷战后的联合国》,J.Z.爱门森译,浙江大学出版社 2010 年版。

10.［美］韦贝罗著:《中日纠纷与国联》,吕怀君译,上海商务印书馆 1937 年版。

11.［英］阿诺德·托因比主编:《国际事务概览》(战时篇,1939—1946 年各册),郑玉质、关仪等译,上海译文出版社 1990 年版。

12.［英］阿诺德·托因比主编:《国际事务概览》(战后篇,1947—1963 年各册),郑玉质、关仪译,上海译文出版社 1990 年版。

13.［英］阿兰·帕尔默著:《二十世纪历史辞典》,郭健等译,社会科学文献出版社 1988 年版。

14.［埃及］加利著:《永不言败——加利回忆录》,张敏谦、钟天祥等译,世界知识出版社 2001 年版。

15.［美］斯坦利·梅斯勒著:《安南传》,曹化银译,中信出版社 2007 年版。

16.［加纳］科菲·安南、［美］纳德尔·莫萨维萨德著:《安南回忆录:干预:战争与和平中的一生》,尹群、王小强、王帅译,译林出版社 2014 年版。

17.［英］亚当·罗伯茨、［新西兰］本尼迪克特·金斯伯里主编:《全球治理分裂世界中的联合国》,吴志成、张蒂、刘丰等译,中央编译出版社 2010 年版。

四、英文专著和工具书

1. Abass, Ademola, *Regional Organisations and the Development of Collective Security: Beyond Chapter VIII of the UN Charter*. Oxford and Portland, Oregon: Hart Publishing, 2004.

2. Adebajo, Adekeye and Sriram, Chandra Lekha, *Managing Armed Conflicts in the 21st Century*. London, Portland and Oregon: Frank Cass Publishers, 2001.

3. Alagappa, Muthiah and Inoguchi, Takashi, *International Security Management and the United Nations*. United Nations University Press, 1999.

4. Alikhani, Hossein, *Sanctioning Iran: Anatomy of a Failed Policy*. London and New York: I.B. Tauris Publishers, 2000.

5. Altchiller, Donald, ed., *The United Nations' Role in World Affairs*. New York: the H.W. Wilson Company, 1993.

6. AmyJanello and Brennon Jones, *A Global Affair: An Inside Look at The United Nations*, New York: Jones &Janello, 1995.

7. Anique H.M.van Ginneken, *Historical Dictionary of the League of Nations*, The Scarecrow Press, Inc., 2006.

8. Ask, Sten and Mark−Jungkvist eds., *The Adventure of Peace: Dag Hammarskjöld and the Future of the UN*. New York, Palgrave Macmillan Press, 2005.

9. Baehr, Peter R. and Gordenker, Leon, *The United Nations in the* 1990s. London: The Macmillan Press LTD, 1992.

10. Basu, Rumki, *The United Nations: Structure and Functions of an International Organization*. New Delhi: Sterling Publishers Private Limited, 1993.

11. BerhanykunAndemicael, *Regionalism and the United Nations*, New York: Ocean Publi-

cations, INC.1979.

12. Blum, Yehuda Z., ed., *Eroding the United Nations Charter*. London: MartinusNijhoff Publishers, 1993.

13. Boulden, Jane, *Dealing with Conflict in Africa*: *The United Nations and Regional Organizations*. New York: Palgrave Macmillan, 2003.

14. Bourantonis, Dimitris and Evriviades, Marios, *A United Nations for the Twenty-first Century*: *Peace, Security and Development*. Hague, London and Boston: Kluwer Law Institutional, 1996.

15. Bourne, Kenneth and Watt, D. Cameron, eds., *Part 2*: *From the First to the Second World War, Series J*: *The League of Nations*, 1918-1941, *vol.* 1. British Documents on Foreign Affairs(BDFA): Reports and Papers from the Foreign Office Confidential Print.

16. Boutros-Ghali, Boutros, *Unvanquished*: *A U.S.-U.N. Saga*. New York: Random House, 1999.

17. Brown, Shery J. and Schraub, Kimber M., *Resolving Third World Conflict Challenges for New Era*. Washington, D.C.: United States Institute of Peace Press, 1992.

18. Butlter, Geoffrey et al., *A Handbook to the League of Nations with a Chronological-record of its Achievement Brought down to April* 1928, London, New York and Toronto: Longmans, Green and Co. LTD, 1928.

19. Burgess, Stephen F., *The United Nations under Boutros-Ghali*, 1992-1997. In: *Partners for Peace*, No.6. Lanham, Maryland, and London: The Scarecrow Press, Inc., 2001.

20. Carpenter, Ted Galen, *Delusions of Grandeur*: *The United Nations and Global Intervention*. Washington, D.C.: CATO Institute, 1997.

21. Chasek, Pamela S., *The Global Environment in the Twenty-First Century*: *Prospects for International Cooperation*. Tokyo, New York, Paris: United Nations University Press, 2000.

22. Chesterman, Simon, ed., *Secretary or General? The UN Secretary-General in World Politics*. Cambridge: Cambridge University Press, 2007.

23. Childers, Erskine, ed., *Challenges to the United Nations*: *Building a Safer World*. New York: St. Martin's Press, 1995.

24. Childers, Erskine and Urquhart, Brian, *Renewing the United Nations System*. Sweden: Dag Hammarskjold Foundation, 1994.

25. Chinmaya R. Gharekhan, *The Horseshoe Table*: *An Inside View of The UN Security Council*, Delhi: Dorling Kindersley(India) Pvt. Ltd., licensees of Pearson Education, 2006.

26. Coate, Roger A., ed., *U.S. Policy and the Future of the United Nations*. New York: the Twentieth Century Fund Press, 1994.

27. Coleman, Katharina P., *International Organizations and Peace Enforcement*: *The Politics of International Legitimacy*, Cambridge: Cambridge University Press, 2007.

28. Cordier, Andrew and Foote, Wilder eds., *Public Papers of Secretaries-General of the United Nations, Volume I, Trygve Lie*(1946-1953). New York and London: Columbia University Press, 1969.

29. Cordier, Andrew and Foote, Wilder eds. , *Public Papers of Secretaries-General of the United Nations* , *Volume II* , *Dag Hammarskjöld* (1953-1956).New York and London: Columbia University Press, 1972.

30. Cordier, Andrew and Foote, Wilder eds. , *Public Papers of Secretaries-General of the United Nations* , *Volume III* , *Dag Hammarskjöld* (1956-1957).New York and London: Columbia University Press, 1973.

31. Cordier, Andrew and Foote, Wilder eds. , *Public Papers of Secretaries-General of the United Nations* , *Volume IV* , *Dag Hammarskjöld* (1958-1960).New York and London: Columbia University Press, 1974.

32. Cordier, Andrew and Foote, Wilder eds. , *Public Papers of Secretaries-General of the United Nations* , *Volume V* , *Dag Hammarskjöld* (1960-1961).New York and London: Columbia University Press, 1975.

33. Cordier, Andrew and Foote, Wilder eds. , *Public Papers of Secretaries-General of the United Nations* , *Volume VI* , *U Thant* (1961-1964).New York and London: Columbia University Press, 1976.

34. Cordier, Andrew and Foote, Wilder eds. , *Public Papers of Secretaries-General of the United Nations* , *Volume VII* , *U Thant* (1965-1967). New York: Columbia University Press, 1976.

35. Cordier, Andrew and Foote, Wilder eds. , *Public Papers of Secretaries-General of the United Nations* , *Volume VIII* , *U Thant* (1968-1971). New York: Columbia University Press, 1977.

36. Cortright, David, Lopez, George A. , and Gerber, Linda, *Sanctions and the Search for Security* : *Challenges to UN Action*.Boulder and London: Lynne RiennerPublishers, 2002.

37. Cos, David andLegault, Albert, ed. , *UN Rapid Reaction Capabilities* : *Requirements and Prospects* , Canadian: The Canadian Peacekeeping Press, 1995.

38. Coulon, Jocelyn, *Soldiers of Diplomacy* : *The United Nations* , *Peacekeeping* , *and the New World Order*.Toronto Buffalo London: University of Toronto Press, 1994.

39. Cox, Micheal, ed. , *Twentieth Century International Relations* , *Volume* 2: *The International System* , 1815-1945.London: Sage Publications, 2007.

40. Cox, Micheal, ed. , *Twentieth Century International Relations* , *Volume* 2: *The Rise and Fall of the Cold War*.London: Sage Publications, 2007.

41. Cox, Micheal, ed. , *Twentieth Century International Relations* , *Volume* 3: *The United States from Superpower to Empire*.London: Sage Publications, 2007.

42. Cox, Micheal, ed. , *Twentieth Century International Relations* , *Volume* 4 *Globalization*. London: Sage Publications, 2007.

43. Dasgupts, Subharanjan, *The Secretary General of The United Nation-A Study in International Relation*.Calcutta: Barnali Publisher, 1991.

44. Diehl, Paul F. , ed. , *The Politics of Global Governance* : *International Organizations in an Interdependent World* , London: Lynne Rienner Publishers, 2001.

45. DietrichRauschning, Katja Wiesbrock and Martin Lailach, ed, *Key Resolutions of the United Nations General Assembly(1946–1996)*.London:Cambridge University Press.1997.

46. Durch, William J., ed, *The Evolution of UN Peacekeeping:Case Studies and Comparative Analysis*.New York:St.Martin's Press,1993.

47. Fawcett, Eric andNewcombe, Hanna, ed., *United Nations Reform:Looking Ahead After Fifty Years*.Toronto:Science for Peace,1995.

48. Firestone, Bernard J., ed., *The United Nations under U Thant*,1961–1971.In:*Partners for Peace*,No.3.Lanham,Maryland,and London:The Scarecrow Press,Inc.,2001.

49. Foote, Wilder, ed., *Servant of Peace:A Selection of the Speech & Statements of Dag Hammarskjold Sectary–General of the UN*,1953–1961.New York and Evanston:Harper & Row,Publisher,1961.

50. Fröhlich, Manuel, *Political Ethics and the United Nations:Dag Hammarskjöld as Secretary–General*.London and New York:Routledge,Taylor & Francis Group,2008.

51. Gaglione, Anthony, ed., *The United Nations under Trygve Lie*,1945–1953.*Partners for Peace*,No.1.Lanham,Maryland,and London:The Scarecrow Press,Inc.,2001.

52. Ginifer, Jeremy, *Beyond the Emergency:Development within UN Peace Mission*.London,Portland:Frank Cass,1997.

53. Goodrich, Leland M., *The United Nations*.New York:Thomas Y.Crowell Company,1959.

54. Goodrich, Leland M.andHambro, Edvard, *Charter of the United Nations:Commentary and Documents*.Boston:World Peace Foundation,1949.

55. Gordenker, Leon, *The UN Secretary–General and Secretariat*.London and New York:Routledge,2005.

56. Gordon, D.S., andToase, F.H., *Aspects of Peacekeeping*.London,Portland and Oregon:Frank Cass Publishers,2001.

57. Gordon, Wendell, *The United Nations at The Crossroads of Reform*. Armonk:M.E.Sharpe,1994.

58. Gray, Christine, *International Law and the Use of Force*.New York:Oxford University Press,2000.

59. Green, Richard, *Chronology of International Organizations*. London and New York:Routledge,2008.

60. Groom, A.J.R.and Taylor, Paul, ed., *Frameworks for International Co–operation*,London:Pinter publisher,1990.

61. Gunnar M.Sorbo and Peter Vale, *Out of Conflict from War to Peace in Africa*,NordiskaAfrikainstitutet,Uppsala 1977.

62. Hans vonMangoldt and Volker Rittberger, *The United Nations System and Its Predecessors* Volume I,New York:Oxford University Press,1997.

63. Heller, Peter B., *The United Nations under Dag Hammarskjöld*,1953–1961.Lanham,Maryland,and London:The Scarecrow Press,2001.

64. Hillen, John, *Blue Helmets: The Strategy of UN Military Operations*. Washington and London: Brassey's, 1998.

65. Hovet, Thomas, and Hovet, Erica, *Annual Review of United Nations Affairs: The United Nations* 1941-1985. Dobbs Ferry, New York: Oceana Publications, Inc., 1986.

66. Howard, Lise, M. *UN Peacekeeping in Civil Wars*. Cambridge and New York: Cambridge University Press, 2008.

67. Hull, Cordell, *The Memories of Cordell Hull*, Volume 1. New York: The Macmillan Company, 1948.

68. Hull, Cordell, *The Memories of Cordell Hull*, Volume 2. New York: The Macmillan Company, 1948.

69. Jolly, Richard et al., *UN Ideas that Changed the World*. Bloomington and Indianapolis: Indiana University Press, 2009.

70. Jordan, Robert S., ed., *Dag Hammarskjold Revisited: The UN Secretary-General as a Force in World Politics*. Durham, North Carolina: Carolina Academic Press, 1983.

71. Joyner, Christopher C., ed., *The United Nations and International Law*. Cambridge: The University Press, Cambridge, 1997.

72. Karns, Margaret P. and Mingst, Karen A., *International Organizations: The Politics and Processes of Global Governance*, Colorado: Lynne Rienner Publishers, Inc., 2004.

73. Kanninen, Tapio, *Leadership and Reform: The Secretary-General and the UN Financial Crisis of the Late* 1980s. The Hague, Boston, London: Kluwer Law International, 1995.

74. Kille, Kent J., *From Manager to Visionary: The Secretary-General of the United Nations*. New York: Palgrave Macmillan, 2006.

75. Kille, Kent J., ed., *The UN Secretary-General and Moral Authority: Ethics and Religion in International Leadership*. Washington D.C.: Georgetown University Press, 2007.

76. Kiljunen, Kimmo, ed., *Finns in the United Nations*. Helsinki: the Finns UN Association, 1996.

77. Kim, Samuel S., *China, the United Nations, and World Order*. New Jersey: Princeton University Press, 1979.

78. Knipping, Franz, ed., *The United Nations System and Its predecessors*, Volume 2: *Predecessors of the United Nations*. New York: Oxford University Press, 1997.

79. Kratochwil, Friedrich and Mansfield, Edward D., *International Organization and Global Governance*. New York: Pearson Longman, 2006.

80. Lankevich, George J., ed., *The United Nations under Javier Pérez de Cuéllar*, 1982-1991. In: *Partners for Peace*, No.5. Lanham, Maryland, and London: The Scarecrow Press, Inc., 2001.

81. Last, David M., *Theory, Doctrine and Practice of Conflict De-Escalation in Peacekeeping Operations*, Toronto: Brown Book Company Ltd., 1997.

82. Lawrence, T.J., *Lectures on the League of Nations*, Bristol: J.W. Arrosmith, Ltd., 1919.

83. Link, Arthur S. et al., eds., *The Papers of Woodrow Wilson*, Vol.53, 9 November 1918—

7 *January*,1919,Princeton,NJ:Princeton University Press,1986.

84. Luard,Evan,ed.,*A History of The United Nations*,Volume 1:*The Years of Western Domination*,1945–1955.London:The Macmillan Press Ltd,1984.

85. Luard,Evan,ed.,*A History of The United Nations*,Volume 2:*The Age of Decoloniza-tion*,1955–1965.London:The Macmillan Press Ltd,1989.

86. Luck,Edward C.,*Mixed Messages:American Politics and International Organization* 1919–1999.Washington D.C.:Brookings Institution Press,1999.

87. MacFarlane,S.Neil andEhrhart,Hans–Georg,*Peacekeeping at a Crossroads*.The Cana-dian Peacekeeping Press,1997.

88. Macartney,C.A.,ed.,*Survey of International Affairs* 1925,*Vol.*2,London,Humphrey Milford:Oxford University Press,1928.

89. Marín–Bosch,Miguel,*Votes in the UN General Assembly*.The Hague and London and Boston:Kluwer Law International,1998.

90. Mark S.Ellis and Richard J.Goldstone,*The International Criminal Court:challenges to achieving justice and accountability in the 21*st *century*,New York,Amsterdam,Brussels:Inter-national Debate Education Association,2008.

91. May,Ernest R.andLaiou,Angeliki E.,eds.,*the Dumbarton Oaks Conversations and the United Nations* 1944–1994.Washington D.C.:Harvard University Press,1998.

92. Meisler,Stanley,*United Nations:The First Fifty Years*.New York:the Atlantic Monthly Press,1995.

93. Mendlovitz,Saul H.and Weston,Burns H.,*Preferred Futures for the United Nations*. New York:Transnational Publishers,Inc.,1995.

94. HilaireMcCoubrey and Justin Morris,*Regional Peacekeeping in the Post–Cold War Era*.Kluwer Law International,2000.

95. McDermott,Anthony,*the New Politics of Financing the UN*.London:Macmillan Press Ltd,2000.

96. Meron,Theodor,*The United Nations Secretariat:The Rules and the Practice*.Lexington and Massachusetts and Toronto:Lexington Books,1977.

97. Michael G.Schechter,*Historical Dictionary of International Organizations*, 2nd edi-tion,The Scarecrow Press,Inc.,2010.

98. Miller,Richard I.,ed.,*Dag Hammarskjold and crisis Diplomacy*.Manufactured: Oceana Publications,Inc.,1962.

99. Mingst,Karen A.and Karns,Margaret P.,*The United Nations in The Post–Cold War Era*.Colorado:Westview Press,1995.

100. Morrison,Alex and Anderson,Dale,eds.,*Peacekeeping and The Coming Anarchy*. Canada:Pearson Roundtable Series,1996.

101. Morrison,Alex,Fraser,Douglas A.andKiras,James D.,*Peacekeeping with Muscle: The Use of Force in International Conflict Resolution*,Toronto:The Peacekeeping Press,1997.

102. Morrison,Alex,Kiras,James and Blair,Stephanie A.,*the New Peacekeeping Partner-

*ship.*Canadian International Peacekeeping,1994.

103. Müller,Joachim,ed.,*Reforming the United Nations：New Initiatives and Past Efforts*, *Volume* 1.1.The Hague and London and Boston：Kluwer Law International,1997.

104. Müller,Joachim,ed.,*Reforming the United Nations：New Initiatives and Past Efforts*, *Volume* 1.2.The Hague and London and Boston：Kluwer Law International,1997.

105. Müller,Joachim,ed.,*Reforming the United Nations：New Initiatives and Past Efforts*, *Volume* 2.1.The Hague and London and Boston：Kluwer Law International,1997.

106. Müller,Joachim,ed.,*Reforming the United Nations：New Initiatives and Past Efforts*, *Volume* 2.2.The Hague and London and Boston：Kluwer Law International,1997.

107. Müller,Joachim,ed.,*Reforming the United Nations：New Initiatives and Past Efforts*, *Volume* 3.1.The Hague and London and Boston：Kluwer Law International,1997.

108. Müller,Joachim,ed.,*Reforming the United Nations：New Initiatives and Past Efforts*, *Volume* 3.2.The Hague and London and Boston：Kluwer Law International,1997.

109. Murphy,Sean D.,*The United Nations and an Evolving World Order.*Philadelphia：University of Pennsylvania Press,1996.

110. Myers,Denys P.,*Handbook of the League of Nations since* 1920,Boston：World Peace Foundation,1930.

111. N.D.White,*The Law of International Organisations*,Manchester and New York：Manchester University Press.

112. Nelson,Paul R.,*Courage of Faith：Dag Hammarskjold's Way in Quest of Negotiated Peace,Reconciliation and Meaning.*Frankfurt am Main：Peter Lang GmbH,2007.

113. Newman,Edward,*The UN Secretary-General from the Cold War to the New Era.*New York：St.Martin's Press,1998.

114. Nicholas,H.G.,*The United Nations：As a Political Institution.*London：Oxford University Press,1962.

115. Northedge,F.S,*The League of Nations：its life and times*,1920-1946,NY：Holmes & Meier,1986.

116. Otunnu,Olara A.and Doyel,Michael W.,eds.,*Peacemaking and Peacekeeping for The Century.*Lanham：Rowman& Littlefield Publishers,Inc.,1998.

117. Pastor,Robert A.,ed.,*A Century's Journey：How the Great Powers Shape the World.* New York：Basic Books,1999.

118. Pease,Kelly-Kate S.,*International Organizations：Perspectives on Governance in The Twenty-First Century*,New Jersey：Pearson Education,Inc.,2011.

119. Perez deCuellar,Javier,*Pilgrimage for Peace：A Secretary - General's Memoir.*New York：St.Martin Press,1997.

120. Peters,Ingo,ed.,*New Security Challenges：The Adaptation of International Institutions-Reforming the UN,NATO,EU and CSCE since* 1989.New York：St.Martin Press,1996.

121. Pugh,Michael,ed.,*Maritime Security and Peacekeeping：A Framework for United Nations Operations.*Manchester and New York,1994.

122. Pugh, Michael, ed., *The UN, Peace and Force*. Portland: Frank Cass, 1997.

123. Pugh, Michael and Sidhu, Waheguru P.S., *The United Nations & Regional Security: Europe and Beyond*. Boulder and London: Lynne Rienner Publishers, 2003.

124. Ramcharan, B.G., *Keeping Faith with the United Nations*. Boston, Lancaster: MartinusNijhoff Publishers, 1987.

125. Ratner, Steven R., *The New UN Peacekeeping*. London: Macmillan, 1995.

126. Rauschning, Dietich, Wiesbrock, Katja and Lailach, Martin, eds., *Key Resolutions of the United Nations General Assembly* 1946—1996. Cambridge University Press: 1997.

127. Renninger, John P., ed., *The Future Role of the United Nations in an Interdependent World*. Boston, London: MartinusNijhoff Publishers, 1989.

128. Richardot, Jean, *Journeys for a Better World: A Personal Adventure in War and Peace*. Lanhan, New York, London: University Press of America, 1994.

129. Riggs, Robert E. and Plano, Jack C., eds., *The United Nations: International Organization and World Politics*. California: A Division of Wadsworth, Inc., 1994.

130. Righter, Rosemwry, *Utopia Lost: The United Nations and World Order*. New York: The Twentieth Century Fund Press, 1995.

131. Rikhye, Indar J., *The Theory & Practice of Peacekeeping*. New York: St. Martin's Press, 1984.

132. Rivlin, Benjamin and Gordenker, Leon, ed., *The Challenging Pole of the UN Secretary-General: Making "The Most Impossible Job in the World" Possible*. Westport Connecticut: Praeger Publishers, 1993.

133. Roberts, Adam and Kingsbury, Benedict, eds., *United Nations, Divided World: The UN's Roles in International Relations*. New York: Oxford University Press Inc., 1993.

134. Roberts, Brad, *U.S. Security in an Uncertain Era*. Cambridge, Massachusetts, London, England: MIT Press, 1993.

135. Rotberg, Robert I., Albaugh, Ericka A., et al., eds, *Peacekeeping and Peace Enforcement in Africa: Methods of Conflict Prevention*. Washington, D.C.: Brooking Institution Press, 2000.

136. Russell, Ruth B., ed., *A History of The United Nations Charter: The Role of the United States* 1940-194The 5. Wisconsin: The George Banta Company, Inc., 1958.

137. Ryan, James D., ed., *The United Nations under Kurt Waldheim*, 1972-1981. In: *Partners for Peace*, No.4. Lanham, Maryland, and London: The Scarecrow Press, Inc., 2001.

138. Sabel, Robbie, *Procedure at International Conferences: A Study of the Rule of Procedure at the UN and at Inter-Governmental Conferences*. Cambridge: Cambridge University Press, 2006.

139. Sakamoto, Yoshikazu, ed., *Global Transformation: Challenges to the State System*. Tokyo, New York, Paris: United Nations University Press, 1994.

140. Saksena, K.P., *Reforming the United Nations: The Challenge of Relevance*. New Delhi: Sage Publications, 1993.

141. Sampson, Gary P.and Chambers, W.Bradnee, eds., *Trade, Environment and the Millennium.Tokyo, New York, Paris*: United Nations University Press, 1999.

142. Schechter, Michael G., *United Nations Global Conferences.*London and New York: Routledge, 2005.

143. Shicun Wu, Mark Valencia and Nong Hong, U*N Convention on the Law of the Sea and the South China Sea*, Ashgate Publishing Company, 2015.

144. Sitkowski, Andrzej, *UN Peacekeeping*: *Myth and Reality.*Westport, Connecticut and London: Praeger Security International, 2006.

145. Simons, Geoff, *UN Malaise*: *Power, Problems and Realpolitik.* New York: St. Martin Press, 1995.

146. Snider, Don M.andSchwartzstein, Stuart J.D., *The United Nations at Fifty*: *Sovereignty, Peacekeeping, and Human Rights*, Washington, D.C.: The Center for Strategic and International Studies, 1995.

147. South Centre, *For a Strong and Democratic United Nations*: *A South Perspective on UN Reform.*London and New York: Zed Books Ltd., 1997.

148. StanleyMeisler, *United Nations*: *A History*, New York: Grove Press, 1995.

149. Starr, Harvey, *Approaches, Levels, and Methods of Analysis in International Politics Crossing Boundaries*, New York: Palgrave Macmillan, 2006.

150. Talukdar, Ghanashyam, *Role of the United Nations in World Politics.*New Delhi: Anmol Publications, 1993.

151. *The Peace-Keeping Power of The United Nations General Assembly*, Ram Nagar, New Delhi: S.Chand & CO(Pvt) LTD.

152. Thomas G.Weiss and RameshThakur, *Global Governance and the UN*: *An Unfinished Journey*, Bloomington: Indiana University Press,

153. Toynbee, Arnold J., *Survey of international affairs* 1920 – 1923, London, Humphrey Milford: Oxford University Press, 1927.

154. Toynbee, Arnold J., *Survey of international affairs* 1924, London, Humphrey Milford: Oxford University Press, 1928.

155. Toynbee, Arnold J., *Survey of international affairs* 1926, London, Humphrey Milford: Oxford University Press, 1928.

156. Toynbee, Arnold J., *Survey of international affairs* 1927, London, Humphrey Milford: Oxford University Press, 1929.

157. Toynbee, Arnold J., *Survey of international affairs* 1928, London, Humphrey Milford: Oxford University Press, 1929.

158. Toynbee, Arnold J., *Survey of international affairs* 1929, London, Humphrey Milford: Oxford University Press, 1930.

159. Toynbee, Arnold J., *Survey of international affairs* 1930, London, Humphrey Milford: Oxford University Press, 1931.

160. Toynbee, Arnold J., *Survey of international affairs* 1931, London, Humphrey Milford:

Oxford University Press, 1932.

161. Toynbee, Arnold J., *Survey of international affairs* 1932, London, Humphrey Milford: Oxford University Press, 1933.

162. Toynbee, Arnold J., *Survey of international affairs* 1935, *Vol.* 1, London, Humphrey Milford: Oxford University Press, 1936.

163. Toynbee, Arnold J., *Survey of international affairs* 1935, *Vol.* 2, London, Humphrey Milford: Oxford University Press, 1936.

164. Toynbee, Arnold J., *Survey of international affairs* 1936, London, Humphrey Milford: Oxford University Press, 1937.

165. Urquhart, Brian, *Hammarskjöld.* New York: Alfred A. Knopf, 1972.

166. Urquhart, Brian, *Palph Bunche: An American Life.* New York and London: W. W. Norton & Company, 1993.

167. UN, *The Blue Helmtes: A review of United Nations Peace-keeping.* New York: Department of Public Information United Nations, 1990.

168. UN, *the United Nations and Human Rights* 1945 – 1995. The United Nations Blue Book Series, Volume 8. New York: Department of Public Information United Nations, 1995.

169. UN, *Trade Prospects for the Year* 2000 *and Beyond for the Asian and Pacific Region.* New York: The United Nations, 1995.

170. UN, *Basic Facts about the United Nations.* New York: Department of Public Information United Nations, 1995.

171. UN, *the United Nations and Somalia* 1992 – 1996. New York: Department of Public Information United Nations, 1996.

172. UN, *Basic Facts about the United Nations.* New York: Department of Public Information United Nations, 1998.

173. UN, *Basic Facts about the United Nations.* New York: Department of Public Information United Nations, 2000.

174. UN, *the United Nations Disarmament Yearbook*, *Volume* 24. New York: Department of Disarmament Affairs, 2000.

175. UN, *The United Nations: Yearbook of the United Nations* 1998, *Volume* 52. New York: Department of Public Information, 2001.

176. UN Institute for Training and Research, *The United Nations and the Maintenance of International Peace and Security.* The Netherlands: MartinusNijhoff Publishers, 1987.

177. United Nations Association of the USA, *A Global Agenda: Issues Before the* 53rd *General Assembly of the United Nations.* Lanham, New York, Boulder, Oxford: Rowman & Littlefield Publisher, Inc., 1998.

178. United Nations Association of the USA, *A Global Agenda: Issues Before the* 54th *General Assembly of the United Nations.* Lanham, New York, Boulder, Oxford: Rowman & Littlefield Publisher, Inc., 1999.

179. US Department of State, United Nations Conference on International Organization.

Washington: United States Government Printing Office, 1946.

180. Yongjin, Zhang, *China in the International System*, 1918–1920, London: Macmillan, 1991.

181. Warner, Daniel, ed., *New Dimensions of Peacekeeping*. Dordrecht, Boston and London: MartinusNijhoff Publishers, 1995.

182. Weiss, Thomas G., *Beyond UN Subcontracting: Task-sharing with Regional Security Arrangements and Service-Providing NGOs.* London: Macmillan Press, 1998.

183. Weiss, Thomas G. et al., *the Struggle for Development and Social Justice.* Bloomington and Indianapolis: Indiana University Press, 2005.

184. Weiss, Thomas G., Forsythe, David P. and Coate, Roger A., *The United Nations and Changing World Politics.* Boulder: Westview Press, 1997.

185. White, N.D., *Keeping the Peace: The United Nations and the Maintenance of International Peace and Security.* Manchester and New York: Manchester University Press, 1993.

186. Whittaker, David J., *United Nations in action.* Armonk: M.E.Sharpe, 1995.

187. Willetts, Peter, ed., " *The Conscience of the World" : The Influence of Non-Governmental Organisations in the UN System*, London: the David Davies Memorial Institute of International Studies, 1996.

188. Woodhouse, Tom, Bruce, Robert andDando, Malcolm, *Peacekeeping and Peacemaking: Toward Effective Intervention in Post-Cold War Conflicts.* London: Macmillan Press Ltd, 1998.

189. Zacher, Mark W., ed., *Dag Hammarskjold's United Nations.* New York and London: Columbia University Press, 1970.

190. Zimmen, Alfred, *The League of Nations and the Rule of Law*, London: Macmillan and Co.Limited, 1936.

后　　记

　　《国际联盟与联合国大事长编　1920—2021》一书是国家社科基金后期资助项目"国际联盟与联合国大事记"(项目批准号 12FGJ001)的最终成果。本书于 2018 年 5 月 30 日完成校内所有审批手续,上送至全国哲学社会科学工作办公室审核批准后,由其转入指定出版社出版。后因突发疫情等因素,致使本书未能如期出版。现在,本书终于问世,我们参与这项工作的全体同志都深感欣慰。

　　顾名思义,本书的书名也正是本书的主题词和主要内容:国际联盟与联合国。

　　人类社会进入 20 世纪后,先后创建了国际联盟与联合国。这两个国际组织的诞生是世界现代史上的大事,具有里程碑的意义。

　　国联与联合国之间有着较为密切的历史渊源和联系。国联为联合国铺了路,是联合国的前身,但联合国并不是国联的改组和再版。联合国是在吸取国联经验教训的基础上建立起来的一个更高水平的全新的国际组织,是当今世界上最具普遍性、最有影响和最重要的国际组织。

　　本书所收条目,起于 14 世纪初,止于 2021 年 12 月 31 日,其中主要内容集中在 1920 年 1 月 10 日起至 2021 年 12 月 31 日止,时空跨越百年。本书的全部内容包括正文以及多项附录。正文的四个部分为:序篇:国际组织的早期形态,属历史背景;第一篇:国际联盟篇;第二篇:联合国篇;第三篇:中国篇。其中"联合国篇"是全书的主体和基础,"中国篇"中的中国与联合国部分是全书的一大重点。

　　在本书编写过程中,我们遵循唯物史观的指引,尊重历史,尊重事实,按照事件的本来面目予以全面、客观地辑录。书稿充分利用尽可能多的国联与联合国网站中的第一手材料,并参考和借鉴国内外已有的研究成果,究难悉当、深耕细作,用心撰写好每一个词条。我们一直都很努力,力求把本书写成一部可读、可信、可用的有关国际联盟与联合国的大事长编,写成一部信史。

　　但由于编者水平所限,书中一定存在思有未周、述有疏漏、详略失当、处置不妥甚至错误之处,诚请广大读者与专家学者不吝批评指正,以便我们作出进一步完善。

　　值本书即将出版之际,我们编委会全体同志感谢国家社科基金对本课题的立项和大力支持,感谢北京语言大学对本课题的支持和帮助。

　　我们怀念和感谢已故的知名历史学家、首都师范大学齐世荣教授对本书的热心指导、支持和鼓励。衷心感谢北京外国语大学洪育沂教授与外交学院郑启荣教授对本书的大力帮助、热心支持和鼓励。

李铁城

2023 年 12 月 1 日